Le droit de l'emploi au Québec

Le droit de l'emploi au Québec

par

Me Fernand MORIN

et

Me Jean-Yves BRIÈRE

FILIALE DE
COMMUNICATIONS QUEBECOR INC.

Wilson & Lafleur ltée
40, rue Notre-Dame Est
Montréal H2Y 1B9
(514) 875-6326
(sans frais) 1-800-363-2327

Données de catalogage avant publication (Canada)

Morin, Fernand, 1933-

 Le droit de l'emploi au Québec

 Comprend des réf. bibliogr. et un index.

 ISBN 2-89127-423-7

 1. Travail — Droit — Québec (Province). 2. Relations industrielles — Québec (Province). 3. Employeur et employé (Droit) — Québec (Province). I. Brière, Jean-Yves. II. Titre.

KEQ842.M672 1998   344.71401   C98-940165-0

Typographie et mise en pages : Typo Litho composition inc.

Conception de la page couverture : Martineau design graphique

© Wilson & Lafleur ltée, Montréal 1998
Une filiale de Communications Quebecor inc.
Tous droits réservés
Dépôt légal — 3e trimestre 1998
2e tirage, revu et corrigé, 3e trimestre 1999
3e tirage, 4ieme trimestre 2001
Bibliothèque nationale du Québec
Bibliothèque nationale du Canada
ISBN 2-89127-423-7

PLAN DU VOLUME

Avant-propos

Le droit de l'emploi connaît de multiples bouleversements et remises en cause dont les facteurs principaux proviennent à la fois de l'état même du droit et du marché de l'emploi. Cette assertion ne peut surprendre puisque le droit exprime la société, bien que son message ne soit pas toujours clair ni immédiat. Le canevas socio-économique se modifie sans cesse, notamment en raison de l'élasticité des marchés de production et de distribution. Les frontières s'estompent ou disparaissent, les lieux de fabrication n'ont plus de « domicile fixe », l'emploi à temps plein se métamorphose et se fractionne en emplois à temps partiel, occasionnels, intermittents, etc. On devine que demain le salarié devra posséder une formation générale fort plus solide et pouvoir sans cesse poursuivre sa formation en concomitance avec ses autres activités professionnelles.

Il y a 50 ans, on croyait amorcer une ère nouvelle par la mise en place d'un régime de rapports collectifs du travail susceptible de démocratiser les lieux de travail et de réduire d'autant l'intervention de l'État. Ce même système connaît, depuis 20 ans, des ratés annonciateurs d'un vieillissement précoce. Le législateur retarde ou plutôt semble craindre d'effectuer une véritable mise à jour du *Code du travail* et, à titre compensatoire, il multiplie ses interventions directes, ponctuelles et fragmentaires. Un jour, on impose une pièce législative portant sur la formation professionnelle, le lendemain on traite de l'équité salariale puis, le jour suivant, c'est la semaine normale de travail que l'on réduit tout en remodelant la coiffure des organismes administratifs et finalement, on recorrige le tir législatif au sujet de la formation professionnelle, etc. Dans certains cas, ces interventions législatives sont si précipitées que l'on a à peine reçu une copie des modifications apportées à une loi de l'emploi que l'on annonce l'étude d'un autre projet de loi corrigeant ce deuxième tir, etc. Il devient dès lors difficile de faire le point sur l'état réel des lois de l'emploi pour celui qui n'a ni le temps ni l'occasion de suivre de près ce processus législatif et qui doit néanmoins puiser à l'une ou l'autre de 30 lois de l'emploi sans trop savoir ce qui n'est plus, ce qui est et ce qui n'est pas encore, ou ce qu'en disent les tribunaux. Le risque est grand d'errer et de se tromper. Telle fut la problématique sous-jacente au présent ouvrage de synthèse des grands paramètres du droit de l'emploi à titre de contribution à une meilleure compréhension de l'ensemble des composantes de ce droit et des grandes règles de fond qui lui servent de liant.

L'ampleur du sujet traité nous oblige à contenir nos exposés à une présentation analytique et critique du droit sans trop faire usage d'éloquentes citations d'auteurs et des tribunaux. Le nombre de nos renvois témoigne néanmoins que ces sources nous furent d'un précieux secours et de même pourrait-il être pour les lecteurs. Nous avons surtout voulu situer les principales règles du droit de l'emploi dans leur contexte, souligner leur genèse respective et leur finalité déclarée et réelle. Ces tenants et aboutissants constituent des bases plus stables et peuvent permettre de mieux apprécier la valeur, la pertinence et l'efficience des dispositions des lois de l'emploi. S'il est fort probable que plusieurs de ces règles de droit connaîtront encore de nombreuses modifications au cours des prochaines années, les données épistémologiques que nous rappelons évoluent à un rythme plus modéré et ainsi peuvent-elles servir à conférer une certaine cohérence à ce tout qui compose le droit de l'emploi

Outre les règles générales étudiées d'une façon plus précise aux deux premiers titres, nous présentons au titre III de brèves synthèses de seize lois de l'emploi, de manière à pouvoir les repérer plus facilement et avoir une vue générale de chacune d'elles. Finalement, nous avons réuni au titre V l'ensemble des règles du droit de l'emploi relatives au contentieux, afin de comprendre cette dimension inéluctable du droit, la sanction, mais dont la rationalité n'est pas toujours évidente. Cette opération permettait également des économies d'échelle en évitant d'innombrables doublons.

Les questions relatives à l'emploi et à son contraire, le non-emploi (l'inéluctable *janus*), sont traitées, analysées et discutées par les tenants de plusieurs disciplines : la politique, le droit, l'économie, la sociologie, l'éthique, etc. Il convient qu'il en soit ainsi puisque notre société industrielle est aménagée principalement en fonction du citoyen-salarié. Pour s'en convaincre, il suffit de considérer le modèle qui sert à l'élaboration des régimes relatifs à la fiscalité, à la santé, à l'éducation, à la sécurité sociale, à la retraite, etc. Dès que le mode d'emploi se modifie, que l'on n'embauche plus de la même façon et que l'on fait le constat qu'il ne peut exister un nombre suffisant « d'emplois à temps complet » pour tous et chacun, ce sont autant de piliers importants de l'organisation actuelle de notre société qui en sont ébranlés. Sur le plan juridique, le corpus même du droit de l'emploi est ainsi remis en cause. Dès lors, on ressent le besoin d'une réforme importante des assises de l'aménagement de notre société dite industrielle et notamment la nécessité de trouver des voies et moyens susceptibles d'assurer une meilleure redistribution à la fois des activités professionnelles nécessaires à la croissance de notre société et des richesses qu'elles procurent. Il va de soi que la réalisation de ce projet entraînerait un changement tout aussi radical de l'actuel droit de l'emploi. À l'aube d'un tel processus, plus ou moins conscient et voulu par les uns ou les autres, le présent ouvrage propose une synthèse de l'état du droit de l'emploi permettant de faire le point sur la situation avant d'entreprendre la réforme qui paraît, à moyen terme, inévitable.

Cet ouvrage a été rendu possible grâce aux travaux de recherche de Me Réjane Caron, au soutien sans défaillance de l'éditeur, notamment M. Claude Wilson et Mme Monique Picard, et à Mmes Lise Gagné, Louise Lavallée et Ginette Lachance qui rendirent le manuscrit lisible. Il va de soi que nous devons remercier tous les auteurs cités qui furent, parfois à leur insu, nos véritables collègues de travail. Finalement, nous voulons remercier la direction du département des relations industrielles de l'Université Laval qui facilita de multiples façons la réalisation de cette aventure.

Montréal, le 9 mai 1998*

Me Fernand Morin
Professeur
Département des relations industrielles
Université Laval

Me Jean-Yves Brière
Responsable du secteur
Droit public et administratif
École du Barreau du Québec

---

* Les données retenues pour cet ouvrage s'arrêtent à cette même date.

Abréviations

I. Législation et réglementation

A.A.N.B.	Acte de l'Amérique du Nord britannique
C.c.Q.	Code civil du Québec
C.c.B.-C.	Code civil du Bas-Canada (1865–1993)
C.cr.	Code criminel
C.c.t.	Code canadien du travail, L.R.C., ch. L-2
Charte (la)	Charte des droits et libertés de la personne, L.R.Q., c. C-12
C.L.F.	Charte de la langue française, L.R.Q., c. C-11
C.p.c.	Code de procédure civile
C.t.	Code du travail, L.R.Q., c. C-27
G.O.	Gazette officielle du Québec
L.A.T.M.P.	Loi sur les accidents du travail et les maladies professionnelles, L.R.Q., c. A-3.001
L.D.C.C.	Lois sur les décrets de convention collective, L.R.Q., c. D-2
L.E.S.	Loi sur l'équité salariale
L.E.S.C.P.	Loi sur le ministère de l'Emploi et de la Solidarité et instituant la Commission des partenaires du marché du travail, L.Q. 1997, c. 63
L.F.D.F.M.	Loi favorisant le développement de la formation professionnelle, L.R.Q., c. D-7.1
L.F.P.	Loi sur la fonction publique, L.R.Q., c. N-1.1
L.F.Q.M.	Lois sur la formation et la qualification professionnelles de la main-d'œuvre, L.R.Q., c. F-5
L.P.R.P.	Loi sur la protection des renseignements personnels, L.Q. 1993, c.17

L.Q.	Lois du Québec (depuis 1969)
L.R.C.R.	Lois sur les régimes complémentaires de retraite, L.R.Q., c. R-15.1
L.R.Q.	Lois refondues du Québec (depuis 1977)
L.S.S.T.	Loi sur la santé et la sécurité du travail, L.R.Q., c. S-2.1
N.L.R.A.	National Labor Relations Act (U.S.)
par.	paragraphe
r.	Règlement
R-20	Loi sur les relations du travail, la formation profession-nelle et la gestion de la main-d'œuvre dans l'industrie de la construction, L.R.Q., c. R-20
R.R.Q.	Règlements refondus du Québec
S.C.	Statuts du Canada
S.Q.	Statuts du Québec (avant 1969)
S.R.Q.	Statuts refondus du Québec (avant 1977)

II. Jurisprudence

A.C.	Appeal Cases
B.R.	Cour du Banc de la Reine (du Roi) ou Rapports de la
C.A.	Cour d'appel ou Recueils de la
Can. L.R.B.R.	Canadian Labour Relations Board Reports
C.C.C.	Canadian Criminal Cases
C.F.	Cour fédérale ou Recueils de la
C.L.L.C.	Canadian Labour Law Cases
C.P.	Cour provinciale ou Recueils de la
C. privé	Comité judiciaire du Conseil privé
C.Q.	Cour du Québec
C.S.	Cour supérieure ou Recueils de la
C.S.C.	Cour suprême du Canada
C.S.P.	Cour des sessions de la paix ou Recueils de la
C.T.	Commissaires du travail ou Décisions des
D.L.R.	Dominion Law Reports
D.T.E.	Droit du travail Express
H.C.	High Court of Justice
J.E.	Jurisprudence Express
L.R.	Law Reports
O.R.	Ontario Reports
R.C.S.	Recueils de la Cour suprême du Canada
R.J.Q.	Recueils de jurisprudence du Québec (depuis 1986)
R.J.D.T.	Recueils de jurisprudence en droit du travail (depuis 1998)
R.P.	Rapports de pratique du Québec
S.A.G.	Sentences arbitrales de griefs
T.A.	Tribunal d'arbitrage ou Décisions du
T.T.	Tribunal du travail ou Décisions du

III. Revues et autres documents

C. de D.	Cahiers de droit (Université Laval)
Can. Bar J.	Canadian Bar Journal
Gaz. Trav.	Gazette du travail
Harv. L. Rev.	Harvard Law Review
I.L.R.R.	Industrial Labour Relations Review
McGill L.J.	McGill Law Journal
Modern L. Rev.	Modern Law Review
R.D.T.	Revue de droit du travail
R. du B.	Revue du Barreau
R. du B. can.	Revue du Barreau canadien
R.D.U.S.	Revue de droit de l'Université de Sherbrooke
R.G.D.	Revue générale de droit (Université d'Ottawa)
Rel. Ind.	Revue Relations industrielles (Université Laval)
R.J.T.	Revue juridique Thémis (Université de Montréal)
R.L.	Revue légale
S.C. Law Rev.	Supreme Court Law Review

IV. Organismes et institutions

A.E.C.Q.	Association des entrepreneurs de la construction du Québec
ALENA	Accord de libre-échange nord-américain
A.N.A.C.T.	Accord nord-américain de coopération dans le domaine du travail
A.S.P.S.S.	Association sectorielle paritaire de santé et sécurité
B.C.G.T.	Bureau du commissaire général du travail
B.I.T.	Bureau international du travail
C.A.I.	Commission d'accès à l'information
C.C.R.T.	Conseil canadien des relations du travail
C.C.Q.	Commission de la construction du Québec
C.C.T.M.	Conseil consultatif du travail et de la main-d'œuvre
C.D.L.P.	Commission des droits et libertés de la personne et des droits de la jeunesse
C.G.T.	Commissaire général du travail
C.L.P.	Commission des lésions professionnelles
C.N.T.	Commission des normes du travail
C.R.A.A.A.P.	Commission de reconnaissance des associations d'artistes et des associations de producteurs
C.R.O.	Commission des relations ouvrières (1944–1961)
C.R.T.	Commission des relations du travail (1961–1969)
C.S.E.	Conseil des services essentiels
C.S.S.T.	Commission de la santé et de la sécurité du travail
I.R.I.R.	Institut de recherche et d'information sur la rémunération

M.T.	Ministère du Travail
N.L.R.B.	National Labor Relations Board (U.S.)
O.I.T.	Organisation internationale du travail
S.Q.D.M.	Société québécoise de développement de la main-d'œuvre
T.D.P.Q.	Tribunal des droits de la personne du Québec

Table des matières[1]

---

1. Les numéros renvoient aux paragraphes.

CHAPITRE I-3
L'INÉLUCTABLE PRÉSENCE DE L'ÉTAT

CHAPITRE I-4
LES CARACTÉRISTIQUES GÉNÉRALES DU DROIT DE L'EMPLOI

TITRE II
DU CONTRAT DE TRAVAIL

CHAPITRE II-1
L'ENGAGEMENT

CHAPITRE II-2
LE SALARIÉ ET L'EMPLOYEUR SELON LE C.C.Q.

CHAPITRE II-3
LES IMPLICATIONS DES STATUTS DE SALARIÉ ET D'EMPLOYEUR

CHAPITRE II-4
LA RÉSILIATION ET LA SUSPENSION DU CONTRAT DE TRAVAIL

TITRE III
APERÇU GÉNÉRAL DES LOIS DE L'EMPLOI

CHAPITRE III-1
LES CHARTES ET LE DROIT DE L'EMPLOI

CHAPITRE III-2
LA *LOI SUR LES NORMES DU TRAVAIL* (L.N.T.)

CHAPITRE III-3

LA *LOI SUR LES ACCIDENTS DU TRAVAIL ET LES MALADIES PROFESSIONNELLES* (L.A.T.M.P.)

CHAPITRE III-4

LA *LOI SUR LA SANTÉ ET LA SÉCURITÉ DU TRAVAIL* (L.S.S.T.)

CHAPITRE III-5

LA *LOI SUR LES DÉCRETS DE CONVENTION COLLECTIVE* (L.D.C.C.)

CHAPITRE III-6

LA *LOI SUR LES RELATIONS DU TRAVAIL, LA FORMATION PROFESSIONNELLE ET LA GESTION DE LA MAIN-D'ŒUVRE DANS L'INDUSTRIE DE LA CONSTRUCTION* (LOI R-20)

TITRE IV
LE DROIT DES RAPPORTS COLLECTIFS DU TRAVAIL

TITRE V

LES CONTENTIEUX DE L'EMPLOI

CHAPITRE V-3

CERTAINS RECOURS ADMINISTRATIFS ET LE CONTENTIEUX PÉNAL

TITRE VI

ÉPILOGUE : L'EMPLOI ATYPIQUE
SELON LE DROIT DE L'EMPLOI

CHAPITRE VI-1

CHAPITRE VI-2

(Les numéros des parties qui suivent renvoient aux pages.)

Table des matières

CHAPITRE I-3
L'INÉLUCTABLE PRÉSENCE DE L'ÉTAT

CHAPITRE I-4
LES CARACTÉRISTIQUES GÉNÉRALES
DU DROIT DE L'EMPLOI

TITRE I

INTRODUCTION
AU DROIT DE L'EMPLOI

Introduction

I-1 — *Du général au particulier* — Notre démarche est fort simple et consiste à faire précéder les analyses techniques et particulières de notions générales et de vues d'ensemble. Cette présentation panoramique permet de situer par la suite la fonction relative de chacune des règles de droit étudiées dans le cadre des divers titres du présent ouvrage. En raison de ce premier objectif, il est inévitable que cette mise en contexte escamote bien des notions fondamentales et qu'elle soit farcie de sous-entendus et de points de suspension. Il nous paraît néanmoins nécessaire de tisser un tel canevas afin de pouvoir mieux procéder à une analyse critique des règles de droit, alors que l'on aura établi auparavant la place et l'importance relatives de chacune d'elles[1]. Certes, nous devons à l'occasion faire appel à des notions économiques, politiques, sociologiques et historiques pour mieux camper le droit de l'emploi. En effet, comment serait-il possible d'esquiver ces données fondamentales pour traiter de cette branche du droit qui, selon les circonstances, permet, facilite, bloque, explique ou provoque tel ou tel acte politique ou économique, tel comportement ou geste des acteurs principaux, y réagit ou en résulte ? Bien entendu, ces dernières données sont évoquées ou rappelées au passage et

---

1. Si tout voyage commence par un premier pas, encore faut-il savoir où le placer. Sénèque, déjà, déclarait : « Il n'y a pas de vent favorable pour le bateau qui ne connaît pas son port. »

nullement traitées puisque nous devons nous en tenir à notre propos principal, soit une présentation méthodique et analytique des grandes règles de droit relatives à l'emploi.

I-2 — *Le plan* — L'introduction au droit de l'emploi comporte quatre chapitres distincts et complémentaires. Il convient, en premier lieu, de préciser l'objet du droit de l'emploi afin d'en saisir la genèse et la fonction (**chapitre I-1**). Dès lors, un tour rapide de son champ d'action et d'intervention met en relief ses diverses sources et leurs interrelations (**chapitre I-2**). Pour mieux saisir le particularisme de ces règles de droit, nous soulignons différents modes d'intervention de l'État et leurs implications respectives (**chapitre I-3**). Finalement, nous clôturons ce titre I par un bref exposé des caractéristiques générales du droit de l'emploi, de manière à mieux en saisir la dynamique évolutive (**chapitre I-4**). Une telle démarche, bien que rapide, entend donner au lecteur l'horizon nécessaire pour qu'il puisse resituer chaque règle ou problématique étudiée par la suite et, ainsi, faire lui-même les corrélations qui peuvent s'imposer.

CHAPITRE I-1

UN DROIT DE L'EMPLOI!

I-3 — *Qu'est-ce à dire ?* — L'expression « droit de l'emploi » peut paraître équivoque à certains qui lui prêtent plus que ce que l'on veut vraiment y mettre ou, encore, parce que ces derniers écartent quelques-unes de ses composantes, croyant, à tort nous semble-t-il, que l'étiquette ne les coifferait pas. Pour cette raison, il convient que nous nous arrêtions à préciser les tenants et les aboutissants du droit de l'emploi et à le circonscrire tant soit peu (**s. 1.1**). Dans un second temps, nous voulons présenter les principales données que comprendrait le droit de l'emploi et leur lien respectif de complémentarité (**s. 1.2**). Ce dernier exercice facilite la compréhension de notre démarche générale, qui correspond au plan même de l'ouvrage.

Section 1.1

Un droit de l'emploi, définition provisoire

———

I-4 — *Sens et portée* — Que comprend le droit de l'emploi ? Est-ce simplement une nouvelle appellation du droit du travail ou ce changement d'étiquette révélerait-il une quelconque modification de son objet initial ? Bien que nous l'explicitions peu après, nous retenons dorénavant cette qualification principalement pour les deux raisons suivantes :

— le terme « emploi » renvoie certes au travail, mais il a une connotation spécifique, soit la relation préétablie entre celui qui emploie une autre personne et cette dernière alors qualifiée d'employé. Parce que nous voulons traiter tant du sujet que de l'objet de ce même rapport, le terme « emploi » circonscrit davantage notre champ d'étude, qui comprend plusieurs questions limitrophes, connexes ou complémentaires au travail, en tenant compte de la personne qui est le sujet-objet de l'opération et qui lui donne ainsi sa spécificité : libertés publiques, formation professionnelle, carrière, accident du travail, régime de rentes, avantages sociaux, etc. Il s'agit, d'une certaine manière, d'embrasser les aspects juridiques de l'ensemble des péripéties susceptibles de survenir au cours de la vie professionnelle d'un salarié ;

— la connotation « emploi » suggère notamment le statut juridique, professionnel, social et économique de son titulaire et, aussi, son contraire, c'est-à-dire la personne qui est occasionnellement en manque d'emploi, non parce que ce serait le propre de la vie de détenir un emploi, mais parce que la société est aujourd'hui aménagée sous ce signe. Il est vrai que le terme emploi peut aussi comprendre des activités multiples de formation professionnelle à titre de composantes d'un poste détenu par le salarié, ou susceptible de lui être confié ou, encore, les activités nécessaires au maintien de son emploi.

Le vocable emploi couvre les multiples liens de services non nécessairement aménagés selon la formule traditionnelle ou usuelle à laquelle renvoie le contrat de travail : le rapport tripartite où un intermédiaire se place entre le donneur d'ouvrage et le prestataire, le travail à la pige, etc. En raison de ces métamorphoses, de ces élargissements, assouplissements et laminages de l'objet de ce droit et de son contenu, nous délaissons l'appellation généralement retenue *droit du travail*, afin de mieux marquer ces nouvelles données. Cette nomenclature nouvelle permet aussi de souligner l'importance, en cette fin de siècle, de la délicate question de la répartition de ce bien rarissime que peut être l'emploi. Partage qui découle certes de calculs économiques et financiers, mais aussi politiques, et dont cette branche du droit doit de plus en plus tenir compte. Ainsi le droit de l'emploi concerne tous les nouveaux types d'emploi, de sous-emploi et même le non-emploi, les divers mécanismes d'embauche et de fin d'emploi, la réalisation de la prestation de travail et la contre-prestation de travail qu'elle engendre comprenant, dans ces deux cas, les modes d'élaboration de leurs conditions d'exécution et, bien évidemment, la formation professionnelle acquise à différents stades d'une carrière. Parce que ces questions sont celles que nous étudions dans le présent volume, il nous a fallu nous couvrir d'un chapeau plus approprié, opération qui n'est pas nouvelle en ce milieu.

I-5 — *Dénomination évolutive* — Depuis le début du siècle, l'appellation de cette branche du droit fut successivement modifiée de manière à pouvoir mieux coiffer l'objet alors saisi. C'est pourquoi ce changement de dénomination suppose une recherche constante d'adaptation. Dans un premier temps, les interventions du législateur consistèrent à corriger les effets les plus pénibles qu'éprouvèrent les travailleurs embauchés dans les usines des «capitaines» d'industrie. Ces lois de la première génération, sous-produits de l'industrialisation, furent qualifiées de législation industrielle[2]. Par la suite, alors que le législateur ciblait plus directement une clientèle particulière, ce nouvel ensemble de règles de droit prenant peu à peu corps fut dénommé «droit ouvrier». À compter des années 1960, d'autres catégories de travailleurs, y compris des membres de professions libérales voulurent se soumettre à ces régimes juridiques du travail, et les titres de ces lois changèrent également, marquant ainsi l'élargissement de la population visée[3]. Cette branche du droit fut depuis qualifiée de *droit du travail*. Pour de semblables facteurs portant à la fois sur le sujet et l'objet de cette branche du droit, il

---

2. Léon-Mercier GOUIN donna, sans aucun doute, le premier enseignement universitaire au Québec en cette matière : *Cours de droit industriel*, Montréal, École des hautes études commerciales, 1937.

3. La *Loi des relations ouvrières de 1944*, S.Q. 1944, c. 30, fut modifiée en 1961 pour porter le titre de *Loi des relations du travail* et, en 1964, nous nous sommes donné un *Code du travail*, S.Q. 1964, c. 45, etc.

convient, nous semble-t-il, d'emprunter un qualificatif adapté à la nouvelle réalité sociétale : le droit de l'emploi[4].

I-6 — *Le concept « travail »* — Le concept même de « travail » ne repose pas sur une définition claire, précise, constante et générale. Sa signification évolua en fonction de la réalité évoquée selon le temps, le lieu et la personne. Ainsi, le travail en Grèce avait une connotation péjorative et visait les diverses tâches nécessaires en vue de pourvoir aux besoins de la vie. Il n'intéressait nullement l'homme digne, le citoyen qui n'avait d'attention que pour les affaires de la Cité[5]. Selon cette conception, le travail consistait dans un ensemble d'activités complémentaires ou d'adaptation des produits naturels pour satisfaire les besoins de l'homme. En somme, la notion de travail n'avait pas un sens abstrait ni une fonction sociale; le travail n'était qu'exécution de tâches à des fins vitales. On retenait le sens de labeur pénible et ingrat auquel devait être asservie la condition humaine comme en témoigne le décalogue : « Tu travailleras à la sueur de ton front... ». Bien évidemment, pareille idée du travail fut maintenue à travers les siècles, et ne travaillait, en ce sens, que celui qui ne disposait pas des moyens ou du pouvoir d'y échapper grâce au labeur des autres. Progressivement, on confondit le résultat avec l'activité génératrice de son auteur et on put même y dégager un moyen de réalisation de soi et d'expression. Semblable confusion du sujet avec le produit de son travail modifia le sens même du travail, mais d'abord seulement à l'égard des artisans et à l'occasion d'élaboration d'œuvres durables. Outre ces premières exceptions ou percées, le travail n'était pas alors vraiment conçu comme une activité d'épanouissement personnel et un important facteur créateur de liens sociaux. Ce ne serait qu'au cours des XVe et XVIe siècles que se développa fort lentement et péniblement une certaine valorisation du travail : « [...] la multiplication des talents », source de richesse[6]. Une longue et vague démarche à travers les siècles précéda la conception marxiste selon laquelle la seule véritable valeur serait le travail même, soit la plus-value « humaine » ajoutée à la matière, qui permet ainsi d'exprimer l'individualité de celui qui l'exerce. Peu à peu, on passa à l'acception du travail à titre de double phénomène : intervention ou action de l'homme sur l'objet et sur le sujet, soit le bien produit et la personne qui le réalise. Ainsi, fabrique-t-on de plus en plus non pas pour satisfaire directement ses besoins, mais pour constituer une « monnaie d'échange », en faire commerce.

---

4. Peut-être, au XXIe siècle, parlerons-nous davantage du droit des activités professionnelles!
5. André GORZ, *Métamorphoses du travail, Quête du sens*, Paris, éd. Galilée, 1988; Alain COTTA, *L'homme au travail*, Paris, éd. Fayard, 1987; Dominique MEDA, *Le travail : une valeur en voie de disparition*, Coll. Alto, Paris, Aubier, 1995.
6. Jacques ATTALI, *Au propre et au figuré, une histoire de la propriété*, coll. Livre de poche, Paris, Fayard, 1988, notamment p. 330 et suiv. (travail-marchandise).

I-7 — *Une société industrielle* — Grâce à la maîtrise de multiples sources d'énergie, aux développements techniques et à la réunion d'importantes ressources financières (constitution de capitaux à risque par la voie des sociétés à responsabilité limitée), la production de biens s'est industrialisée. Il s'agit des nombreux moyens mis en place et conjugués de manière à produire massivement des biens au plus bas coût en vue de répondre à une demande réelle ou éventuelle. On comprend que la mise en place de tels lieux de fabrication (l'entreprise prend alors les vocables d'usine, de fabrique ou de manufacture) suppose la concentration sous un même toit d'importants moyens de production, une organisation complexe en amont et en aval du processus de production et la participation de centaines de travailleurs voués à cette même mission. À ces fins, la « machine » réalise des opérations divisibles ou sectionnées et l'homme se situe à chacune des différentes étapes à franchir : préparation des matériaux, alimentation, mise en marche de la machine, complément et contrôle du produit, passage à la phase suivante, etc. La division des opérations est faite alors de manière que la formation requise des travailleurs soit fort limitée et ainsi, chacun d'eux demeure interchangeable[7]. Dans un tel cadre, le travail s'effectue principalement en contrepartie d'un salaire et chaque travailleur ne produit pas nécessairement ce qu'il consomme ni ne consomme seulement ce qu'il produit lui-même. Pour une partie importante de la population, le travail prend un sens pratique fort différent. Le donneur d'ouvrage tente d'obtenir le plus de temps de travail possible et l'exécution à une cadence la plus rapide qui soit pour une plus grande production et au meilleur coût. Il s'ensuit que les conditions d'exécution du travail, les conditions de vie au travail et la contre-prestation, soit le salaire, sont celles qui sont les moins coûteuses au donneur d'ouvrage. Par ailleurs, comme on se bouscule au vestibule des entreprises, la capacité respective des travailleurs à demander plus que l'offre initiale est à peu près nulle et chaque salarié demeure économiquement et juridiquement isolé, c'est-à-dire placé seul devant le même employeur.

I-8 — *Le salariat* — À la fin du XIXe et au début du XXe siècle, le travail prend un tout autre sens, celui de travail-salarié. Dans le contexte d'industrialisation, pour répondre aux offres d'emploi, les campagnes se vident et on connaît ainsi une urbanisation rapide et constante, comme l'indique le tableau qui suit.

---

7. Parmi les « classiques », on peut avantageusement consulter Georges FRIEDMANN et Pierre NAVILLE, *Traité de sociologie du travail* (collectif) Paris, Éd. Armand Colin, 1961 ; Raymond ARON, *Dix-huit leçons sur la société industrielle*, Paris, Gallimard, 1962 ; Simonne WEIL, *L'enracinement*, coll. Idées, n° 10, Paris, Gallimard, 1949 ; Georges FRIEDMAN, *Le travail en miettes : spécialisation et loisirs*, coll. Idées, n° 51, Paris, Gallimard, 1964 ; S. NOSOW et W.H. FORM (éd.) *Man, Work and Society*, New York, Basic Book inc., 1962 ; Georges ELGOZY, *Automation et humanisme*, Paris, Calmann-Lévy, 1968 ; John DIEBOLD, Dominique LAHALLE, Pierre NAVILLE et Jerry ROSENBERG, *Cahiers d'étude de l'automation*, Paris, Librairie Marcel Rivière et cie, 1958.

Évolution du taux d'urbanisation au Québec[8]
(1871–1991)

Année	Taux d'urbanisation
1871	19 %
1881	23 %
1891	29 %
1901	40 %
1911	48 %
1921	56 %
1931	63 %
1941	63 %
1951	67 %
1961	74 %
1971	80 %
1981	80 %
1991	79,2 %

On assiste alors à la formation spontanée, c'est-à-dire nullement plani-
fiée ni consciente, d'une nouvelle classe sociale, le salariat. Sous ce vocable,
on comprend la partie de la population dont la principale, sinon exclusive,
source de revenu provient du salaire direct versé en contrepartie du travail
exécuté pour le compte d'un autre. Pareil statut signifie un changement complet d'horaire, de genre, de mode et de niveau de vie. En effet, ce n'est pas
seulement le temps effectif de travail qui est ainsi modifié, modulé ou aménagé au rythme de la machine, mais le temps en dehors de l'entreprise en est
aussi tributaire : les périodes de repos et de libres activités varient selon la
durée et le quart de travail; le pouvoir d'achat est en fonction du salaire, de sa
quotité et de la régularité de son versement, etc. En somme, il s'agit pour une
partie importante de la société d'un mode de vie inédit jusqu'à l'avènement
de l'industrialisation et résultant de ce même phénomène[9].

---

8. Données tirées en partie de Jean HAMELIN et Yves ROBY, *Histoire économique du Québec
   1851–1896*, Montréal, Fides, p. 292; Gilles LEBEL, *Horizon 1980, Étude sur l'évolution de
   l'économie du Québec de 1946 à 1968 et sur ses perspectives d'avenir*, Québec, Ministère
   de l'Industrie et du Commerce, 1970, p. 36; Pierre FRÉCHETTE, *Croissance et changements
   structurels de l'économie, Le Québec en jeu*. Depuis 1981, le taux d'urbanisation est stable
   ou quelque peu décroissant (Gérard DAIGLE et Guy ROCHER, dir., Montréal, Université de
   Montréal, 1992, p. 23).

9. La vie familiale et sociale, l'alimentation, l'habillement, l'éducation, les loisirs, l'hygiène,
   la santé sont tous modulés par les contingences de la vie salariale. Voir : Simone WEIL,
   Réflexions sur les causes de la liberté et de l'oppression sociale, coll. Idées, n° 422, Paris,
   Gallimard, 1980.

I-9 — *Métamorphose de la société* — Ces changements radicaux des processus de production de biens exigeant un nombre toujours plus important de travailleurs se réalisèrent par brusques mouvements et sans grande planification politique et sociale et, bien évidemment, sans une parfaite maîtrise de telles gestions. Au cours de la première moitié du XXᵉ siècle, ce mouvement connut aussi des soubresauts dramatiques :

— la crise économique de 1930 sensibilisa la population urbaine à la vulnérabilité des familles dont le seul revenu provenait d'un salaire[10] ;

— les guerres de 1914–1918 puis de 1939–1945 imposèrent la construction rapide d'usines et permirent l'arrivée des femmes dans ces milieux de travail alors que trop d'hommes étaient aux champs de bataille[11].

La composition de cette population active devint progressivement mixte, notamment dans les manufactures, les entreprises de services et les commerces. De plus, s'y joignirent un grand nombre d'immigrants qui disposaient souvent d'une culture « industrielle » fort plus avancée que celle des Québécois de souche[12].

I-10 — *De l'isolement à la solidarité* — Il était inévitable que ces travailleurs réunis en grand nombre sous ces mêmes toits prissent peu à peu conscience de la vulnérabilité de leurs relations atomisées avec leur employeur. Pour briser ce rapport de faiblesse, des liens de solidarité se tissèrent, permettant ainsi l'union des forces, germe essentiel à l'action syndicale. On connut alors la mise en place de divers syndicats devant servir de structures de regroupements susceptibles de rompre ainsi l'isolement de chacun et de servir de porte-parole auprès de l'État et des employeurs (**I-53; IV-11**). On ne peut donc dissocier le mouvement syndical tel qu'on l'entend aujourd'hui de l'avènement de l'industrialisation et de sa nécessité pour sortir quelque peu les salariés de leur précarité structurelle. En ce sens, l'institution de rapports collectifs du travail, la négociation collective des conditions de travail et l'élaboration par la convention collective d'un régime de travail adapté à chaque entreprise ainsi visée donnaient à certains groupes de salariés un statut particulier. On assiste peu à peu à la formation de deux catégories de salariés selon le régime de travail qui, finalement, les régit. Un premier groupe de

---

10. T.H. ELIOT, *Recollections of the New Deal : When the People Mattered*, Boston, Northeastern University Press, 1992.

11. John Kenneth GALBRAITH, *Voyage dans le temps économique*, Paris, Éd. du Seuil, 1995, p. 138 et suiv.

12. L'industrialisation et ses effets auprès des travailleurs furent connus en Angleterre et en Europe continentale au moins un demi-siècle avant le Québec. Voir : Sidney WEBB et Beatrice POTTER-WEBB, *The History of Trade Unionism*, rev. ed., New York, A.M. Kelley, 1973.

salariés[13] ne dispose que des règles légales leur garantissant des conditions de travail minimales auxquelles peuvent s'ajouter, dans certains lieux, celles librement négociées sur une base individuelle (**II-29, 50**). Un deuxième groupe de salariés bénéficie d'un régime conventionnel auquel ils participent par le truchement de leur syndicat à l'élaboration de leurs conditions de travail (**IV-2**). Parce que les emplois se situent maintenant de plus en plus dans le secteur tertiaire, soit près de 72 %, l'importance relative du premier groupe de salariés augmente d'année en année, puisqu'ils travaillent dans des lieux où le régime de négociation collective est fort peu accessible (**IV-237**).

I-11 — *Types d'emploi* — Outre le passage des emplois du secteur secondaire au secteur tertiaire, on assiste à une évolution qualitative des emplois et notamment des modes d'emploi. Le modèle traditionnel ou typique d'emploi dans l'industrie, soit l'engagement pour une période indéterminée mais pour des semaines complètes et, par voie de conséquence, pour un seul employeur, n'est plus le seul retenu. Pour de multiples raisons ou motifs, les entreprises privées et publiques offrent de plus en plus d'autres types d'engagement : le temps partiel plus ou moins régulier, le travail occasionnel, le télétravail, la pige, le tripartisme ou le travail médiatisé, la sous-traitance individuelle, etc. Dans ces divers régimes, le salarié peut travailler à la fois pour le compte de plusieurs employeurs ou encore, être plus fidèle à son véritable donneur d'ouvrage en distinguant celui qui fournit des occasions de travail et celui qui bénéficie directement de sa prestation. Ces modes différents d'emploi ont certes des implications sociales et économiques pour le travailleur dont le temps de travail, élément fongible, n'est jamais totalement retenu et dont la pérennité dans une entreprise ne lui est nullement assurée, sauf s'il fait partie de petits groupes de salariés, les noyaux durs (**VI-4**).

I-12 — *Un droit à définir* — En raison de cette évolution historique du travail et des modes d'emploi, le législateur dut établir un grand nombre de règles pour tenir compte d'une multitude de situations distinctes et de problèmes particuliers survenant avant, pendant et après une relation d'emploi. Cet ensemble de règles de droit touchent à la fois les phases préparatoires à l'emploi, les multiples péripéties découlant de l'exécution du travail, les obligations inhérentes des parties, les effets de la perte d'emploi, les conditions de recherche d'emploi et finalement, la fin de la carrière professionnelle. Ce serait cet ensemble complexe et étriqué de règles de droit articulées par diverses sources que l'on coiffe de l'appellation « droit de l'emploi ». Compte tenu du sens que nous retenons du terme « emploi » (**I-4**), de l'évolution et de la multiplicité des modes d'emploi, nous dirions que le droit de l'emploi vise ou comprend l'ensemble des données juridiques applicables à la personne qui se

---

13. La majorité des salariés, mais répartis inégalement selon les branches d'activité et l'importance des entreprises visées.

prépare à pouvoir offrir ou qui offre ses services, ou encore, qui réalise une prestation personnelle à la demande ou pour le compte d'une autre personne en contrepartie d'une rémunération versée directement ou non par cette dernière. Cette capsule de synthèse du droit de l'emploi, aussi incomplète et partielle soit-elle, souligne principalement la situation où une personne répond ou entend se placer en condition de répondre à ses besoins propres à l'aide de son activité personnelle et sans égard à l'existence formelle d'une totale sujétion juridique au bénéficiaire de sa prestation. On y vise également les situations préalables et postérieures à la relation même d'emploi. Ce droit de l'emploi implique la prise en considération des aléas de la vie active et professionnelle des personnes, pour lesquelles il est nécessaire d'assurer, sur le plan juridique, un rééquilibre vis-à-vis de leurs interlocuteurs actuels ou éventuels, en raison même des inégalités économiques qui déstabilisent sans cesse ces rapports. La diversité des modes d'emploi, la multiplicité et la complexité des questions que soulèvent la réalisation d'un emploi de même que le nombre d'emplois actuels disponibles ou à « créer » sont prises en considération dans ce droit. Ainsi, le contenu de cette branche du droit serait tout autant varié, complexe et arborescent.

Section 1.2
Les composantes du droit de l'emploi

I-13 — *Son contenu* — Nous présentons une esquisse générale et sommaire du contenu du droit de l'emploi qui peut contribuer du même coup à circonscrire davantage la définition de cette branche du droit. En effet, la cohérence du droit (réelle ou recherchée), l'interdépendance de ses sources et l'intertextualité de ses normes font en sorte que chacune des composantes du droit de l'emploi explique et s'explique, se comprend et se délimite par ses règles avoisinantes respectives. La toile de fond économico-politique assez uniforme qui sied à toute l'Amérique du Nord, le phénomène généralisé de l'industrialisation, les multiples implications économiques, en amont et en aval, des processus de production et de consommation, l'urbanisation rapide et à vau-l'eau de ces nouveaux salariés permettent de comprendre que les grandes règles du droit relatives à l'emploi peuvent fondamentalement être assez semblables à celles relevant des différentes provinces canadiennes et en partie à celles applicables aux États-Unis (**1-54**). Bien évidemment, ce tronc commun n'empêche pas que le droit de l'emploi du Québec puisse connaître une coloration et une facture qui lui soient propres et qui le distinguent notamment par la présence incontournable du *Code civil du Québec*.

I-14 — *Les divisions du droit* — Les nombreuses règles de droit, sans égard pour l'instant à leur source respective (**I-23**) peuvent être divisées en fonction de leur rôle singulier à titre de composantes du droit de l'emploi. Il existe, en premier lieu, certaines grandes règles générales qui servent de toile de fond au droit de l'emploi. On les retrouve notamment dans la Constitution canadienne, dans les chartes relatives aux libertés fondamentales et dans le *Code civil du Québec* (**I-24**). Parce qu'il survient de multiples événements au cours d'une vie professionnelle et que le salarié doit pouvoir disposer de moyens pour subvenir à ses besoins, plusieurs lois lui garantissent des conditions de travail minimales et aménagent différents services et moyens de dépannage : accidents et maladies professionnelles, formation professionnelle, chômage, recherche d'emploi, régime de retraite, etc. (**I-44**). Il existe également un ensemble de règles de droit qui traitent de la relation individuelle de travail, soit l'aménagement des rapports particuliers qui s'établissent entre la personne qui travaille pour le compte d'une autre et cette dernière personne (**I-51**). Le contenu des conditions de travail peut aussi être élaboré par voie d'une négociation collective et, à cette fin, divers régimes juridiques sont mis en place (**I-53**). Nous reprenons maintenant cette description sommaire du droit de l'emploi afin de mieux appréhender son contenu réel et, du même coup, de mieux expliciter le plan même de cet ouvrage.

I-15 — *Règles fondamentales* — Le premier volet de cette branche du droit comprend les règles relatives au partage des compétences législatives entre le gouvernement fédéral et celui du Québec. Ces premières données sont essentielles pour savoir qui dispose de l'autorité législative afin de valablement intervenir dans tel ou tel domaine : la formation professionnelle, la relation de travail, les conflits de travail, le chômage, etc. Nous disposons de deux chartes qui garantissent certaines libertés fondamentales dans l'exercice d'une activité professionnelle. Il s'agit notamment de la libre circulation des personnes et des biens, de la libre expression et association, des garanties d'égalité des chances d'accès à l'emploi et de garanties de conditions de travail non discriminatoires. Finalement, le *Code civil du Québec* reconnaît le droit de chaque individu de se lier par contrat sans que l'employeur puisse abuser de la faiblesse de négociation du salarié. Ces diverses sources de droit sont étudiées notamment au prochain chapitre de ce même titre (**I-24 à 36**).

I-16 — *Socialisation des risques* — La carrière professionnelle du salarié peut comprendre de multiples péripéties puisqu'il est relativement rare qu'une même relation d'emploi soit ininterrompue par quelques aléas. Que ce soit en raison de facteurs extérieurs à l'entreprise telles la force majeure, les fluctuations de l'économie, etc., de changements qui surviennent du chef même de l'employeur (fusion, nouveau créneau, gestion déficiente, etc.) ou encore, des événements qui touchent sa personne (sa santé, sa formation professionnelle inadéquate, un accident de travail, etc.), le salarié peut devoir se repositionner ou connaître des temps d'arrêt de travail plus ou moins prolongés et, même, devoir rechercher un autre emploi. On traite donc, dans ce deuxième volet, des règles de droit relatives à la formation professionnelle dans un établissement scolaire ou sur le tas. On y ajoute les diverses mesures de substitution du salaire ou de garantie de revenu entre deux emplois[14] et les règles relatives à la prévention et à la réparation des accidents de travail[15].

---

14. *Loi sur l'assurance-emploi*, L.C. 1996, ch. 23.
15. Deux lois traitent principalement de cette double question : la *Loi sur la santé et la sécurité du travail*, L.R.Q., c. S-2.1 et la *Loi sur les accidents du travail et les maladies professionnelles*, L.R.Q., c. A-3.001 (**III-301, 401**).

I-17 — *Le lien d'emploi* — Le lien juridique entre le salarié et l'employeur constitue le noyau central du droit de l'emploi puisqu'il s'agit de l'élément principal qui y est visé : l'engagement personnel à exécuter une prestation de travail. On y traite de l'amorce de ce rapport, soit l'engagement, puis des droits et des obligations des parties découlant de ce même rapport : la protection du salarié qui travaille chez et pour l'employeur, le pouvoir de commander de ce dernier, son droit au produit du travail et son obligation à exécuter sa contre-prestation, soit la rémunération, etc. Ce deuxième segment comprend à la fois les règles de droit provenant principalement du *Code civil du Québec* et de la *Loi sur les normes du travail* (**I-41; II-49; III-201 et suiv.**).

I-18 — *Rapports collectifs* — La négociation collective des conditions de travail représente un aspect fort dynamique du droit de l'emploi. En effet, il s'agit de l'ensemble des règles de droit mises en place pour permettre aux salariés de négocier leurs propres conditions de travail par la voie d'un syndicat. À cette fin, le *Code du travail* donne différents moyens pour identifier le syndicat habilité à la tenue de cette fonction représentative et établir le processus même de la négociation collective. Dans cette section du droit de l'emploi, on tient compte des actes et institutions qui résultent de la négociation collective, la convention collective, et qui assurent le respect de son application intégrale (**titre IV**).

I-19 — *Interrelation des règles* — Ces derniers énoncés (**I-15 à 18**) laissent entrevoir les questions traitées dans cette branche du droit, bien qu'elles ne soient pas toujours étudiées selon l'ordre même de cette présentation préliminaire. Il nous faut aussi connaître comment surviennent ou s'élaborent ces différentes règles de droit et leur interrelation ou ordre de préséance. Tel est l'objet du prochain chapitre qui comprend, à ces mêmes fins, une présentation des principales lois de l'emploi. Par la suite, nous soulignons de multiples manières la nécessité d'un droit qui soit bien adapté à ce champ d'activité et les différentes techniques d'intervention de l'État dans ces milieux (**I-63 et suiv.**). Nous terminons ce titre I à l'aide d'un tableau récapitulatif des grandes caractéristiques du droit de l'emploi (**1-86 et suiv.**). C'est alors que nous amorçons l'étude détaillée ou plus particulière des principales composantes du droit de l'emploi. Le titre II nous permet d'analyser les principales étapes d'une relation d'emploi : l'engagement, les parties au contrat de travail, le statut juridique de l'employeur et du salarié, certains incidents de parcours qui peuvent survenir à ces occasions et divers voies et moyens de rupture du lien d'emploi. Par la suite, nous voyons le régime juridique général de l'emploi, soit les grandes règles d'encadrement et les conditions de travail minimales. Cette partie de l'ouvrage comprend l'étude du contenu des principales lois, en les considérant, si l'on peut dire, d'une façon abstraite dans le but d'en connaître le contenu (**titre III**). Le titre IV aborde dans l'ordre séquentiel le processus de la négociation collective des conditions de travail et on y ajoute quelques notes de présentation des régimes particuliers ou d'exception de rapports collectifs du travail. Ces différentes données nous permettent, dans un cinquième titre, de considérer les contentieux qui peuvent découler de l'application de ces multiples règles de droit. L'exposé de ces questions sous un même titre devrait nous assurer certaines économies d'échelle en évitant des doublons ou redites puisque plusieurs procédures de règlement de conflits s'appliquent sous de multiples chefs ou sont autorisées par de nombreuses lois différentes. Finalement, le dernier titre de l'ouvrage traite de diverses questions que soulèvent les nouveaux types d'emploi et la situation des personnes exclues des régimes généraux. Malheureusement, nous soulevons, à ces dernières occasions, fort plus de questions que nous sommes capables de proposer d'hypothèses valables de solutions à ces situations dramatiques qui affligent, de multiples manières, la plupart des pays industrialisés. L'exclusion systémique et le non-emploi ne peuvent plus être perçus comme de simples accidents périphériques. Il nous faut les appréhender comme des menaces de la régulation sociale et des facteurs de déstabilisation économique et politique. À ces titres, l'exclusion et le chômage concernent l'ensemble de la société et, par voie de conséquence, le droit de l'emploi. Sur le strict plan historique, si le droit du travail fut initialement nécessaire pour contrer certains effets pervers d'une application outrancière des règles générales du droit d'alors, un semblable défi s'imposerait au droit de l'emploi pour aménager un régime de vie plus juste pour tous et, d'abord, moins manichéen : salarié ou chômeur. La pérennité de l'ensemble du système économico-juridique en dépend[16].

---

16. Didier DEMAZIÈRE, *Sociologie du chômage*, coll. Repères, n° 179, Paris, La Découverte, 1995.

CHAPITRE I-2

LES SOURCES GÉNÉRALES DU DROIT
DE L'EMPLOI ET LEURS INTERRELATIONS

I-20 — *Nécessaire harmonisation* — Poursuivant notre démarche de définition du droit de l'emploi, nous considérons maintenant ses multiples sources pour ainsi mieux établir l'état des lieux. Bien évidemment, nous soulignons leurs nécessaires conjugaisons avec la formation d'un droit de l'emploi qui soit à la fois cohérent et dynamique. Ces deux dernières qualités sont essentielles; l'une pour conférer la sécurité juridique dont les parties ont besoin (la cohérence), et l'autre, le dynamisme, pour que les règles de droit puissent tenir compte de l'évolution des rapports des parties ainsi que de la diversité des modes d'emploi et de leurs contraintes respectives. D'une manière plus précise, nous qualifions de sources du droit de l'emploi les origines mêmes des règles de droit dans le sens de foyers d'élaboration de normes et non pas en considérant ces règles sur le plan historique ou dans l'ordre de leur temps respectif de promulgation. L'étude de ces sources implique que nous considérions tantôt l'autorité des auteurs mêmes des règles de droit et tantôt les fondements juridiques respectifs de ces mêmes règles. Puisque ces règles de droit relatives au domaine de l'emploi proviennent de diverses sources, nous devons également traiter de l'ordre prioritaire ou hiérarchique selon lequel elles se rangent et se complètent harmonieusement de manière à former cette même branche du droit de l'emploi.

I-21 — *Mise en garde* — Reprenant pour nos fins les théorèmes du doyen Carbonnier[17], nous devons énoncer dès maintenant une mise en garde qui,

---

17. Jean CARBONNIER, *Flexible droit : pour une sociologie du droit sans rigueur*, 7ᵉ éd., Paris, L.G.D.J., 1992, p. 19 à 22.

nous semble-t-il, serait valable pour tous : les auteurs, les lecteurs, les praticiens du droit, les justiciables, les critiques, etc. Il s'agit de reconnaître les limites de cette branche du droit qui résultent de sa fonction même à l'égard d'un objet fort plus vaste et complexe, l'emploi. Il en serait ainsi du droit de l'emploi comme du droit en général qui a une portée arborescente à l'égard des seules lois ou d'une simple règle particulière. On peut résumer ce double phénomène ainsi :

$$\boxed{\text{loi} < \text{droit} < \text{emploi}}$$

Nous aurons de multiples occasions pour mieux saisir la portée de ce double énoncé qui signifie notamment que notre étude :

— ne traite que des aspects juridiques du domaine de l'emploi; elle est nécessairement partielle, alors que d'autres dimensions seraient essentielles à une saisie satisfaisante de ces mêmes questions : économie, sociologie, psychologie, politique[18];

— porte sur le droit dans sa dimension la plus large possible et, si nécessaire, nous pourrions écarter des considérations trop techniques et procédurières à l'occasion de l'étude d'une règle de droit spécifique ou d'une loi, afin de mieux garder le cap sur l'ensemble du droit de l'emploi qui ne se résume nullement à un simple agrégat de règles particulières[19].

C'est dans ce cadre même, croyons-nous, que l'étude des diverses sources de ce droit peut fournir une compréhension générale et pragmatique. Comment d'ailleurs ne pas reconnaître d'emblée que la première et principale saisie de la question de l'emploi relève de l'économie : le travail n'est-il pas la première manière de produire des biens et des richesses sur les plans micro-économique et macro-économique en vue de satisfaire nos besoins individuels et collectifs ?

I-22 — *Hiérarchisation des règles* — Pourquoi serait-il utile de souligner quelque peu et dès maintenant la question de la hiérarchie des règles de droit ? Puisque plusieurs sources contribuent à l'élaboration des normes juridiques touchant de près ou de loin l'emploi, il est plus que probable qu'elles s'entrecroisent parfois et même, qu'elles s'opposent réellement ou en apparence les unes aux autres et que l'on connaisse ainsi des conflits de droit. L'ordre de préséance ou hiérarchique établi entre ces règles tend justement à éviter de tels conflits ou, s'ils se produisent, à indiquer la règle qui devrait prévaloir sur l'autre. Cet ordre de préséance s'articule principalement en

---

18. Il est vrai que cette situation comporte un danger pour le juriste : celui de négliger parfois certains aspects du droit de l'emploi sous prétexte d'explorer des avenues économiques, politiques ou sociologiques de l'emploi.

19. Il s'agit d'éviter le formalisme juridique ou de se cantonner au seul droit positif de l'emploi.

fonction de la nature et des qualités respectives des sources de droit et aussi, dans certains cas, à l'aide des qualités et des caractéristiques d'une norme qui autorise l'élaboration d'une autre norme qui lui est ainsi tributaire[20]. Outre ce second ordre, la hiérarchie des normes est établie en fonction de leur autorité juridique relative. Ainsi, l'ordre hiérarchique général ou traditionnel des sources de droit serait le suivant : la constitution, les chartes des droits et libertés de la personne, la loi, le décret du gouvernement ou le règlement, la convention collective, le contrat, les usages, la jurisprudence[21]. Ajoutons aussi que la validité, la force et l'autorité d'une règle de droit lui proviennent d'une autre norme hiérarchique supérieure[22]. Ces dernières normes habilitantes établissent souvent des conditions et réserves de manière à établir par voie préventive une certaine harmonisation ou cohérence entre elles[23]. Dans certains cas, l'État confère à des règles de droit un caractère si exclusif que le gouvernement ne peut par décret, ni les parties par convention ou contrat, moduler autrement ces normes que l'on qualifie alors «d'ordre public» (**I-95**). On comprend qu'un tel ordonnancement des normes en fonction de

---

20. Dans ce dernier cas, la validité de ce deuxième type de norme dépend de la règle habilitante. L'article 59.1 de la *Loi sur les normes du travail*, L.R.Q., c. N-1.1 (L.N.T.) en serait un bel exemple puisque l'on y précise que la convention collective peut établir des jours fériés et chômés autres que ceux déjà arrêtés dans cette même loi à son article 60. Dans ce sens, l'article 59.1 serait une règle permissive d'une dérogation conditionnelle d'une norme législative par la voie d'un acte conventionnel. En pratique, ce sera la norme conventionnelle qui s'imposera, comme le précise l'article 59.1 L.N.T. qui autorise pareille dérogation. Dans la mesure où il y a dérogation réelle en vertu de 59.1, l'article 60 ne s'applique plus, du moins pas d'une façon directe, bien qu'elle soit la raison d'être de la règle conventionnelle.
21. Il serait dangereux d'attribuer à cet ordre une valeur absolue, catégorique et automatique car il est possible, selon le deuxième ordre, qu'un décret puisse avoir préséance sur une disposition législative portant sur le même objet ou qu'un contrat prime la loi qui comprend une règle supplétive ou, encore, qu'un usage, dans certains cas, écarte ou atténue la portée d'une disposition conventionnelle ou contractuelle. À titre d'illustrations, voir : les articles 91, al. 29 et 92, al. 10 de l'*Acte de l'Amérique du Nord britannique* (ci-après identifié par le sigle A.A.N.B.) et les articles 3 et 90 L.N.T.
22. On suppose alors que l'État précède ses membres. Les articles 91 et 92 A.A.N.B. confèrent aux parlements la prérogative de légiférer dans certains domaines, les lois qui en résultent peuvent à leur tour donner compétence aux gouvernements d'établir des décrets qui peuvent même limiter ou pondérer l'application de la loi habilitante. Plusieurs lois précisent que les parties peuvent par convention et contrat élaborer des modalités différentes ou bien complémentaires ou supérieures à celles déjà arrêtées dans ces mêmes lois : le *Code du travail*, L.R.Q., c. C-27, art. 100.1, 100.2 et 100.3 et la *Loi sur les normes du travail*, art. 90, 93 et 94 en sont des illustrations.
23. Bien que les conditions de travail garanties dans la *Loi sur les normes du travail* soient d'ordre public, des dérogations sont possibles à la condition expresse qu'elles soient elles-mêmes objectivement « plus avantageuses » (art. 94 L.N.T.). Il en est de même dans la *Loi sur la santé et la sécurité du travail* (art. 4). Les parties à la convention collective peuvent établir une procédure arbitrale qui sied mieux à leurs besoins que les modalités du *Code du travail*, sauf que, s'il y a incompatibilité entre ces deux types de règles, les dispositions du Code doivent prévaloir (art. 100, al. 3, C.t.).

leur source respective ou de leur autorité plus ou moins impérative ou permissive vise la cohérence du droit et la sécurité juridique des parties. Bien évidemment, en cours d'analyse des multiples composantes du droit de l'emploi, nous revenons en maintes occasions à ces notions et en faisons des applications précises[24].

I-23 — *Quatre strates* — Nous regroupons en quatre strates différentes les diverses composantes du droit de l'emploi en fonction cette fois de la nature de leur source respective. La première source comprend les règles fondamentales provenant de la Constitution canadienne, des chartes et des normes internationales (**s. 2.1**). Le deuxième palier hiérarchique serait formé des normes d'encadrement que l'on trouve dans le *Code civil du Québec*, les lois et les règlements (**s. 2.2**). Au troisième palier hiérarchique, se trouvent les normes qui visent d'une façon plus immédiate les parties mêmes à une relation d'emploi et qui sont élaborées principalement par voie de conventions collectives et de contrats de travail (**s. 2.3**). Finalement, la quatrième source produit des normes d'application indirecte ou circonstancielle tels la jurisprudence, les usages et la doctrine, etc. (**s. 2.4**). Nous voyons en autant de sections distinctes ces sources générales du droit de l'emploi de manière à pouvoir mieux saisir et distinguer les foyers d'où émanent les règles de droit qui traitent de la question. Cette première étape de familiarisation avec le droit de l'emploi nous paraît essentielle pour apprendre comment se conjuguent, se complètent et s'entrecroisent ces règles de droit provenant de sources différentes. Ce n'est qu'au titre III que nous étudions le contenu même de ces lois pour alors connaître la facture de la toile de fond législative sur laquelle se réalise l'engagement d'une personne à travailler pour le compte d'une autre et les obligations respectives des parties dès qu'un contrat de travail est conclu.

---

24. À titre indicatif, ces questions de la hiérarchie des normes et des conflits de droit sont reprises au moment de l'analyse du partage des compétences législatives entre le gouvernement fédéral et celui du Québec (**I-25**), de la portée du *Code civil du Québec*, L.Q. 1991, c. 64 (**I-41**) ainsi que de la coexistence du contrat de travail et de la convention collective (**II-79; IV-169**), etc.

Section 2.1
Les sources premières et fondamentales
du droit de l'emploi

I-24 — *A.A.N.B.* — La Constitution d'un pays précise les principales modalités de son organisation politique et juridique. D'une façon sommaire, nous dirions que l'on y trouve notamment les règles d'aménagement des institutions nécessaires à l'exercice des trois grands pouvoirs de l'État : législatif, exécutif et judiciaire[25]. À ces fins, elle précise les conditions d'admissibilité ou, selon le cas, d'éligibilité des titulaires des hautes fonctions liées à ces pouvoirs. Dans l'ordre hiérarchique des sources, la Constitution serait la première source interne puisqu'elle est, somme toute, la loi des lois du pays. À titre d'illustration, l'article 52(1) de la *Loi de 1982 sur le Canada* précise ainsi cette idée : « La Constitution du Canada est la loi suprême du Canada; elle rend inopérantes les dispositions incompatibles de toute autre règle de droit. » La Constitution sert à la fois de fondement à chacune des lois qui en découlent, en ce sens qu'elle autorise les titulaires du pouvoir législatif (Assemblée nationale ou Chambre des communes) à les édicter et légitime de ce fait leurs œuvres. La Constitution impose également des limites ou réserves aux parlements au sujet de leur champ de compétence respectif et concernant le processus même d'élaboration des lois. Ces derniers éléments sont particulièrement importants au

---

25. On lira avec intérêt les études portant sur le rapport État–droit, dont notamment celles de Georges BURDEAU, *L'État*, coll. Point Politique, n° 35, Paris, Éd. du Seuil, 1970; Jacques DONNEDIEU DE VABRES, *L'État*, 3e éd., coll. Que sais-je ? n° 616, Paris, Presses Universitaires de France, 1967; René DUSSAULT et Louis BORGEAT, *Traité de droit administratif*, tome I, Sainte-Foy, Les Presses de l'Université Laval, 1984, p. 20; Patrice GARANT, *Droit administratif*, 4e éd., tome I, Cowansville, Les Éditions Yvon Blais inc., 1996; Henri BRUN et Guy TREMBLAY, *Droit constitutionnel*, 2e éd., Cowansville, Les Éditions Yvon Blais inc., 1990, p. 55 et suiv.

Canada puisque des lois concernant l'emploi peuvent provenir à la fois de la Chambre des communes et de l'Assemblée nationale et que le partage de cette compétence doit respecter la ligne de distribution arrêtée dans la Constitution canadienne[26]. Les articles 91 et 92 A.A.N.B. renferment les principales modalités relatives à ce partage et sont énoncées par voie de simples rubriques. Aucune d'elles ne confère expressément et clairement le domaine de l'emploi à l'une ou l'autre de ces deux chambres législatives. Il est ainsi possible qu'une entreprise soit soumise à des lois relatives à l'emploi édictées par le Parlement fédéral et que sa voisine soit assujettie aux lois de l'emploi émanant de l'Assemblée nationale[27]. Aussi est-il nécessaire de déterminer comment telle ou telle entreprise peut être soumise aux lois fédérales ou aux lois provinciales et pourquoi il peut en être ainsi dans un cas et non dans un autre[28].

I-25 — *Partage des compétences* — La question du partage de la compétence législative relative à l'emploi prend une importance accrue en raison même de la complexité des problèmes soulevés à ces occasions et de leurs implications sur les plans économique, politique et pratique (l'intérêt immédiat des parties). L'approche que l'on peut croire préférable en droit ou en fait peut d'ailleurs varier sensiblement en fonction de la question particulière étudiée. Ainsi, la réponse relative à la pertinence de l'autorité compétente et de sa congruence pourrait différer selon qu'il s'agit de considérer l'un ou l'autre de ces champs d'intérêts :

— la stricte négociation des conditions de travail sur la base individuelle ou collective dans la petite et moyenne entreprise ;

— la réduction des effets inflationnistes des conventions collectives ;

— la mise sur pied d'un régime assurant le maintien d'un revenu minimal annuel ou d'un régime de sécurité d'emploi ;

— la formation professionnelle dans un établissement scolaire ou sur le tas, initiale ou entre deux emplois, etc. ;

— la libre circulation des personnes et des biens ou la libre concurrence entre les agents ;

— etc.

---

26. *Loi constitutionnelle de 1867*, 30 et 31 Vict., R.-U., c. 3.

27. Même dans les cas où une entreprise est assujettie aux lois québécoises, elle est néanmoins soumise à certaines lois fédérales exclusives : le *Code criminel*, l'assurance-emploi, la citoyenneté, les brevets, etc.

28. Sur les questions de portée générale relatives à la Constitution et notamment sur celles du partage de la compétence législative, nous renvoyons le lecteur aux ouvrages spécialisés tels que : Peter W. HOGG, *Constitutional Law of Canada*, 3rd ed., Scarborough, Carswell, 1992 ; H. BRUN et G. TREMBLAY, *op. cit.*, note 25 ; André TREMBLAY, *Précis de droit constitutionnel*, Montréal, Les Éditions Thémis inc., 1982 ; Gérald A. BEAUDOIN, *La Constitution du Canada*, Montréal, Wilson & Lafleur ltée, 1990.

Parce que la Constitution canadienne ne confère pas ce champ de compétence de l'emploi d'une façon exclusive à l'une ou à l'autre des chambres législatives, on doit procéder par voie inductive ou déductive et nullement selon une division rationnelle ou formelle ni en fonction de la pertinence pratique ou d'un souci d'efficacité pour connaître, en l'occurrence, le régime juridique applicable. Pour répondre à cette dernière question, nous devons retenir principalement les deux variables suivantes : la nature de la relation juridique des personnes en présence et le type d'activité économique de l'entreprise visée. En somme, la question de l'emploi n'est pas abordée d'une manière directe ou immédiate dans la Constitution. Elle serait plutôt englobée ou intégrée dans celle relative aux matières économiques et sociales dont la répartition entre les deux chambres dépend de critères généraux de rattachement dégagés laborieusement de la jurisprudence. Ainsi, les variables « emploi », « relation de travail » « rapports collectifs du travail », « placement » et « formation » demeurent secondaires et tributaires de la qualification de la nature de l'activité générale en cause.

I-26 — *Compétences générales* — Pour des raisons historiques, assez faciles à saisir d'ailleurs compte tenu de l'état de l'économie canadienne au milieu du XIXe siècle, les rédacteurs de la Constitution canadienne n'ont pas retenu l'emploi comme un titre de compétence particulier. Il en résulte que le Parlement fédéral et celui du Québec ont respectivement compétence dans cette matière, mais à des titres différents. Ainsi, en raison de la compétence générale et exclusive du gouvernement fédéral en matière criminelle, le *Code criminel* du Canada traite d'une manière exclusive de tous les aspects de nature proprement criminelle relatifs à la relation d'emploi. De même en est-il de toutes questions relatives à l'emploi au sein des institutions fédérales. Outre ces deux aspects, il est admis que les multiples questions relatives à l'emploi, au sens que nous lui donnons (**I-3**), relèvent généralement de la rubrique « droit de propriété et droits civils » (art. 92, al. 13, A.A.N.B.) et il s'ensuit que le Québec jouit, en fait, de la compétence inhérente pour régir notamment les relations d'emploi de la très grande majorité des entreprises au Québec[29]. En raison de cette situation de fait, on peut dire que le Québec a généralement compétence en matière d'emploi, ce que plusieurs arrêts ont déjà clairement reconnu :

> Under the scheme of distribution of legislative authority in the British North America Act, legislative jurisdiction touching the subject matter of this convention [heures de travail] is, subject to a qualification to be mentioned, primarily vested in the provinces. [...] This

---

29. Dans une brochure explicative de l'état des relations du travail au Canada, on affirmait que seulement 10 % des relations du travail au Canada serait de compétence fédérale : Ministère du Travail du Canada, *Le climat syndical au Canada*, Ottawa, Ministère des Approvisionnements et Services Canada, 1987, p. 6.

general proposition is subject to this qualification, namely, that as a rule a province has no authority to regulate the hours of employment of the servants of the Dominion Government[30].

I-27 — *Compétence du gouvernement fédéral* — Il serait inexact de prétendre, au point de vue strictement juridique et sans égard aux faits, que le Québec a une compétence générale en matière d'emploi alors que le Canada n'aurait qu'une compétence particulière ou d'exception. Pour mieux saisir ce point, il suffirait de considérer les nombreuses incidences du *Code criminel* sur tout le droit des rapports collectifs du travail : coalition, grève, piquet de grève, boycott, etc.[31]. Une autre illustration nous a été donnée à l'occasion des efforts ponctuels entrepris par le gouvernement fédéral pour juguler l'inflation sur le plan national. La décision de la Cour suprême du Canada au sujet de cette loi anti-inflation établit qu'en raison des impératifs économiques majeurs, la législation fédérale peut toucher directement les rapports collectifs du travail d'entreprises qui, par ailleurs, ne seraient aucunement de compétence fédérale[32]. La *Charte canadienne des droits et libertés* exerce également un effet niveleur en imposant les mêmes consignes jurisprudentielles données par la Cour suprême du Canada sur plusieurs questions importantes et qui sont également traitées dans la *Charte des droits et libertés de la personne* du Québec (**I-32**) : la libre circulation des travailleurs, l'égalité des chances, les libertés d'expression et d'association, le piquet de grève, la grève, le maintien des services essentiels, l'arbitrage des différends, etc.[33]. Ces arrêts font autorité et ainsi guident pareillement les parties dans leurs rap-

---

30. *Re Legislative Jurisdiction over Hours of Labour*, [1925] R.C.S. 505, 510; consultez également : *Toronto Electric Commissioners* c. *Snider*, [1925] A.C. 396 (Conseil privé), où il s'agissait d'établir la constitutionnalité de la *Loi des enquêtes en matière de différends industriels*, S.C. 1907, c. 20, édictée par le gouvernement fédéral; *Vassard* c. *Commission des relations ouvrières de Québec*, [1963] B.R. 1, où on étudiait la *Loi des différends entre les services publics et leurs salariés*, S.Q. 1944, c. 31 (maintenant abrogée), par rapport au *Code criminel*. *Construction Montcalm inc.* c. *Commission du salaire minimum*, [1979] 1 R.C.S. 754, où on analysait l'application de la *Loi sur le salaire minimum* à l'occasion de la construction d'un aéroport international : *Northern Télécom ltée* c. *Travailleurs en communication du Canada*, [1980] 1 R.C.S. 115.

31. Marie-Louis BEAULIEU, *Les conflits de droit dans les rapports collectifs du travail*, Sainte-Foy, Les Presses de l'Université Laval, 1955, p. 73; André TREMBLAY, *Les compétences législatives au Canada et les pouvoirs principaux en matière de propriété et de droits civils*, Ottawa, Éditions de l'Université d'Ottawa, 1967, p. 229; P. W. HOGG, *op. cit.*, note 28.

32. *Renvoi Loi anti-inflation*, [1976] 2 R.C.S. 373.

33. À l'occasion de l'étude de chacune de ces questions, nous rendons compte de ces arrêts de la Cour suprême du Canada relatifs à la *Charte canadienne des droits et libertés*, L.R.C. (1985), app. II, n° 44 : **I-32; II-7, 38, 73; IV-13**. À titre d'exemple, la Cour suprême du Canada reconnut l'applicabilité de la *Charte canadienne des droits et libertés* à l'arbitre de griefs et le droit au travail comme valeur que sous-tend une société libre et démocratique comme le Canada : *Slaight Communications inc.* c. *Davidson*, [1989] 1 R.C.S. 1038; *Weber* c. *Ontario Hydro*, [1995] 2 R.C.S. 929.

ports en matière d'emploi, et la législation québécoise doit également en tenir compte, ce qui ne fait que tendre à une uniformisation des règles (**I-33**).

I-28 — *Départage judiciaire* — On peut trouver, dans une même localité, des entreprises qui sont les unes soumises exclusivement aux lois fédérales de l'emploi et les autres, aux lois québécoises de l'emploi, mais néanmoins assujetties à certaines lois fédérales pour des questions particulières (criminalité, concurrence, citoyenneté, chômage, etc.). La ligne frontalière pour effectuer ce partage n'est certes pas toujours facile à tracer. Il existe des zones grises parfois assez opaques, ce qui exige, dans ces cas, de procéder par voie de qualification judiciaire[34]. Selon l'objet, le but et les incidences de telle ou telle activité et, parfois, selon l'idée que l'on s'en fait, les tribunaux ont décidé que certaines questions rattachées à l'emploi qui résultent d'une activité principale de production de biens ou de services d'une entreprise sont ou ne sont pas soumises à la législation du travail du gouvernement québécois ou à celle du gouvernement fédéral. Pour mieux rendre compte de ce processus de qualification ou d'attribution judiciaire et de la portée des décisions qui en donnent acte, nous proposons les sept exemples suivants.

i) La fixation du taux des salaires et de la durée des périodes de travail fut considérée comme une prérogative importante de gestion de l'entreprise alors que cette dernière était visée à l'article 92, al. 10 a), A.A.N.B. : « Lignes de bateaux à vapeur ou autres navires, chemins de fer, canaux, télégraphes et autres ouvrages et entreprises reliant la province à d'autres provinces ou s'étendant au-delà des limites de la Province. » Pour cette raison, la Cour suprême du Canada décida que la compagnie de téléphone Bell ne pouvait être assujettie à la *Loi du salaire minimum*[35] du Québec[36].

ii) S'il est vrai que la notion d'entreprise n'est pas toujours comprise de la même façon, on n'entend pas cependant l'étendre nécessairement et immédiatement aux filiales et autres « entreprises » ou activités connexes. Pour assurer cette extension, ces filiales ou établissements satellites doivent être liés à l'entreprise fédérale principale d'une manière essentielle ou immédiatement permanente à la réalisation de sa fonction première. De

---

34. Benoit PELLETIER, « Le partage des pouvoirs législatifs en matière de relations de travail », (1992) 26 *R.J.T.* 197; Robert P. GAGNON, Louis LEBEL et Pierre VERGE, *Droit du travail*, 2ᵉ éd., Sainte-Foy, Les Presses de l'Université Laval, 1991, p. 32 et 35.

35. S.Q. 1940, c. 39.

36. *Commission du salaire minimum* c. *Bell Telephone Company of Canada*, [1966] R.C.S. 767. Pour saisir davantage la portée de cette dernière décision, lire : *Re Legislative Jurisdiction over Hours of Labour*, précité, note 30 et, plus récemment, la Cour suprême du Canada réitéra sa prise de position de 1966 dans *Bell Canada* c. *Québec* (*Commission de la santé et de la sécurité du travail*), [1988] 1 R.C.S. 749 commentée par Yves TARDIF, « L'applicabilité d'une loi provinciale sur la santé et la sécurité du travail à une entreprise fédérale », (1988) 48 *R. du B.* 702 et *Téléphone Guèvremont* c. *Québec* (*Régie des télécommunications*), [1994] 1 R.C.S. 878.

telles distinctions furent faites dans les cas de Northern Electric Co. par rapport à la Compagnie de téléphone Bell et de Paul Langlais Inc. par rapport à Télé-Métropole[37]. Parfois, la distinction ou le rattachement peut être difficile à effectuer en raison de la complexité des relations et de l'interdépendance des entreprises en cause. Dans d'autres cas, la situation peut être fort simple, tel le cas du sous-traitant pour l'entretien ménager des entrepôts d'Air Canada[38].

iii) La qualification ne peut simplement s'effectuer en fonction de l'origine de la formation juridique de la structure de l'entreprise. Une société commerciale formée en vertu d'une loi fédérale ne serait pas, pour cette seule raison, également soumise aux lois de l'emploi fédérales[39]. La nature de l'activité est généralement déterminante. Ainsi, le « banking » relève de la compétence fédérale et il en découle que les questions relatives à l'emploi au sein des institutions bancaires sont soumises aux lois fédérales. Il en est autrement des sociétés coopératives de crédit et de placement puisque, à ce dernier titre, ces institutions ne feraient pas directement des opérations proprement bancaires[40].

iv) La construction de pistes d'atterrissage à un aéroport devant éventuellement servir à la navigation aérienne n'est pas pour cela immédiatement rattachée à cette dernière activité qui est par ailleurs de la compétence exclusive du gouvernement fédéral. Que cette construction et les relations d'emploi qu'elle nécessite se situent sur la propriété de l'État fédéral ne peut servir de critère déterminant à cette qualification[41]. Sur

---

37. R. c. *Ontario Labour Relations Board, Ex-parte Dunn*, [1963] 2 O.R. 301. Sur les nuances maintenant apportées par la Cour suprême, voir : *Northern Telecom Ltée c. Travailleurs en communication du Canada*, précité, note 30; *Northern Telecom Ltée c. Syndicat des travailleurs en communication du Canada*, [1983] 1 R.C.S. 733; *Conseil canadien des relations du travail c. Paul L'Anglais Inc.*, [1983] 1 R.C.S. 147; *Installations de Câbles R.P. inc. c. Syndicat des travailleurs de I.C.R.P. (C.S.N.)*, [1990] T.T. 459.

38. La Cour supérieure a décidé que cette activité n'était pas indispensable, vitale et essentielle aux activités aéronautiques. Voir : *Service d'entretien Avant-Garde Inc. c. Conseil canadien des relations du travail*, [1986] R.J.Q. 164 (C.S.).

39. *Canadian Pioneer Management Ltd. c. Conseil des relations du travail de la Saskatchewan*, [1980] 1 R.C.S. 433. La propriété des actions d'une entreprise provinciale par une corporation fédérale n'est pas un élément de qualification retenu par les tribunaux. Voir : *A.M.F. Technotransport inc. c. Syndicat national des travailleurs et travailleuses de l'automobile, de l'aérospatiale et de l'outillage agricole du Canada*, [1994] R.J.Q. 2598 (C.S.).

40. *Canadian Pioneer Management Ltd. c. Conseil des relations du travail de la Saskatchewan*, précité, note 39. Pour cette raison d'ailleurs, les caisses populaires Desjardins demeurent sous l'égide du droit de l'emploi du Québec.

41. *Construction Montcalm Inc. c. Commission du salaire minimum*, précité, note 30, commenté par Guy Gérard TREMBLAY, « L'application du droit du travail provincial à l'entreprise construisant des pistes d'atterrissage à Mirabel », (1979) 34 *Rel. Ind.* 370. Sur le même thème : *Groupe Admari Inc. c. Comité paritaire de l'entretien d'édifices publics*, [1990] R.J.Q. 945 (C.A.).

l'absence d'enclave territoriale au Québec, la Cour suprême du Canada le rappela alors qu'il s'agissait cette fois de la fabrication de chaussures sur une réserve indienne et également à propos de l'exploitation d'une ligne de chemin de fer située dans une province mais reliée au réseau du Canadien National[42].

v) Dans le cas où l'activité principale d'une entreprise (transport ferroviaire) est de compétence fédérale, il faut également savoir tirer la ligne entre ce qui est inhérent à cette activité de transport et ce qui ne l'est pas. L'hôtellerie n'est pas, habituellement, une activité nécessaire ou intimement tributaire du transport ferroviaire ou aérien et ainsi, les relations d'emploi au sein de l'hôtel relèvent-elles du Québec[43]. On n'a pas cependant appliqué le même critère dans le cas des enseignants auprès des enfants de militaires. La défense nationale est de compétence exclusivement fédérale, ainsi a-t-on considéré que l'éducation donnée à la base militaire aux enfants qui s'y trouvent devait relever de la même autorité, et de même en fut-il de la question des relations d'emploi de ces enseignants. Les faits que l'éducation relève strictement du gouvernement provincial, que ces enseignants ne soient nullement des militaires et que les élèves ne soient pas des militaires ne semblent pas avoir constitué des éléments suffisamment importants pour inciter les juges de la Cour suprême du Canada à retenir l'approche de la Cour d'appel; on préféra le jugement initial de la Cour supérieure[44].

vi) Le fait qu'une personne reçoive des prestations d'assurance-emploi ne l'exclut pas du statut de salarié au sens et aux fins des lois de l'emploi du Québec. Le cumul même de ces deux statuts (chômeur et salarié) ne serait pas conflictuel ni contradictoire en droit et en fait[45].

vii) L'énergie atomique ayant été déclarée de compétence fédérale en vertu des paragraphes 91(29) et 92(10 c) A.A.N.B., il s'ensuit que même les relations d'emploi des salariés travaillant pour le compte d'une centrale nucléaire provinciale sont soumises aux lois fédérales[46].

---

42. *Four B. Manufacturing Ltd.* c. *Travailleurs unis du vêtement d'Amérique*, [1980] 1 R.C.S. 1031, notamment à la page 1046; *Bell Canada* c. *Québec (Commission de la santé et de la sécurité du travail)*, précité, note 36; *Travailleurs unis des transports* c. *Central Western Railway Corp.*, [1990] 3 R.C.S. 1112.

43. *Canadian Pacific Railway Company* c. *Attorney-General for British Columbia*, [1950] A.C. 122.

44. *Procureur général du Canada* c. *St-Hubert Base Teacher's Association*, [1979] C.S. 29, infirmé par la Cour d'appel, J.E. 81-352 et ce dernier jugement fut infirmé : *Procureur général du Canada* c. *St-Hubert Base Teachers' Association*, [1983] 1 R.C.S. 498.

45. *YMHA Jewish Community Centre of Winnipeg Inc.* c. *Brown*, [1989] 1 R.C.S. 1532.

46. *Ontario Hydro* c. *Ontario (Commission des relations du travail)*, [1993] 3 R.C.S. 327.

Ces sept observations ne sont qu'indicatives de l'approche retenue par les tribunaux pour faire ces qualifications et rattachements. On notera que ces rapports à l'égard des salariés, du lien d'emploi ou des rapports collectifs du travail s'effectuent en fonction de l'entreprise en cause et que celle-ci est considérée comme un tout indivisible. À l'aide de la jurisprudence (le connu particulier), on peut néanmoins procéder par voie déductive afin d'établir d'une manière pratique si les relations d'emploi dans telle ou telle autre entreprise seraient ou non soumises aux lois de l'emploi du gouvernement québécois ou à celles du gouvernement canadien. Tant que la Cour suprême du Canada n'a pas tranché, la réponse pratique que l'on peut dégager par voie d'extrapolation jurisprudentielle demeure approximative, et la seule logique ne serait pas parfaite conseillère (**I-60**).

I-29 — *L'approche des tribunaux* — Ces mêmes décisions judiciaires permettent de comprendre que le processus décisionnel des tribunaux procède généralement par voie d'anticipation assez favorable aux provinces (**I-26**). En effet, on semble exiger une démonstration satisfaisante, dans chaque cas, comme quoi les relations d'emploi visées dépendent bien d'une activité principale proprement et exclusivement de compétence fédérale avant de retenir cette dernière qualification[47]. *A priori*, on suppose que la relation d'emploi serait soumise aux lois provinciales. Pour illustrer cette approche, nous rappelons la précision apportée par M. le juge Beetz :

> Cette question doit être tranchée selon les principes établis, le premier étant que les relations de travail comme telles et les termes d'un contrat de travail ne relèvent pas de la compétence du Parlement ; les provinces ont une compétence exclusive dans ce domaine [...]. Cependant par dérogation à ce principe, le Parlement peut faire valoir une compétence exclusive dans ces domaines s'il est établi que cette compétence est partie intégrante de sa compétence principale sur un autre sujet [...]. Il s'ensuit que la compétence principale du fédéral sur un sujet donné peut empêcher l'application des lois provinciales relatives aux relations de travail et aux conditions de travail, mais uniquement s'il est démontré que la compétence du fédéral sur ces matières fait intégralement partie de cette compétence fédérale[48].

---

47. L'histoire des enseignants de la base militaire de Saint-Hubert indique bien que le scepticisme et la prudence s'imposent. À titre d'illustration d'un autre cas difficile de rattachement, nous proposons celui des relations d'emploi chez un courtier en douane et accises.

48. *Construction Montcalm Inc.* c. *Commission du salaire minimum*, précité, note 30, p. 768 et 769 et, sur ce thème, voir : *Four B. Manufacturing Ltd.* c. *Travailleurs unis du vêtement d'Amérique*, précité, note 42 ; *Northern Telecom Ltée* c. *Travailleurs en communication du Canada*, précité, note 30 ; *Canadian Pioneer Management Ltd.* c. *Conseil des relations du travail de la Saskatchewan*, précité, note 39 ; *Toronto Electric Commissioners* c. *Snider*, précité, note 30.

I-30 — *Le champ fédéral* — Pour mieux saisir la portée de l'approche judiciaire et la replacer dans son contexte, nous devons retenir que le Parlement fédéral dispose d'une compétence exclusive en matière de relations d'emploi réalisées au sein des entreprises qui relèvent de sa juridiction (art. 91 et 92, al. 10, A.A.N.B.). Il en serait également ainsi, mais alors à titre exceptionnel, dans le cas d'urgence nationale[49]. L'énoncé de l'article 2 du *Code canadien du travail*[50] fournit d'ailleurs une bonne indication des types d'activités qui sont du ressort du gouvernement fédéral :

a) tout ouvrage, entreprise ou affaire réalisé ou dirigé dans le cadre de la navigation et des expéditions par eau (internes ou maritimes), y compris la mise en service de navires et le transport par navire partout au Canada;

b) tout chemin de fer, canal, télégraphe ou autre ouvrage ou entreprise reliant une province à une ou plusieurs autres, ou s'étendant au-delà des limites d'une province;

c) toute ligne de navires à vapeur ou autres, reliant une province à une ou plusieurs autres, ou s'étendant au-delà des limites d'une province;

d) tout service de transbordeurs entre provinces ou entre une province et un pays autre que le Canada;

e) tout aéroport, aéronef ou ligne de transport aérien;

f) toute station de radiodiffusion;

g) toute banque;

h) tout ouvrage ou entreprise que le Parlement du Canada déclare (avant ou après son achèvement) être à l'avantage du Canada en général, ou de plus d'une province, bien que situé entièrement dans les limites d'une province; et

i) tout ouvrage, entreprise ou affaire ne ressortissant pas au pouvoir législatif exclusif des législatures provinciales[51].

Notons que la problématique du partage des compétences législatives en matière d'emploi peut même trouver écho sur le plan international. Ainsi, la Cour suprême du Canada a refusé à un syndicat le droit d'agir à titre d'agent

---

49. *Fort Frances Pulp and Power Co.* c. *Manitoba Free Press Co.*, [1923] A.C. 695 et *Renvoi Loi anti-inflation*, précité, note 32. Pour une illustration d'une entreprise déclarée être à l'avantage général du Canada, voir : *Syndicat des services du grain* c. *Alberta Wheat Pool*, D.T.E. 95 T-382 (CCRT); *Ontario Hydro* c. *Ontario (Commission des relations du travail)*, précité, note 46.
50. L.R.C. (1985), ch. L.-2.
51. Un semblable énoncé à une loi antérieure au *Code canadien du travail* fut reconnu par la Cour suprême du Canada. Voir : *Re Validity of Industrial Relations and Disputes Investigation Act*, [1955] R.C.S. 529.

négociateur pour représenter les civils canadiens travaillant sur une base militaire américaine située sur l'île de Terre-Neuve[52]. Nous avons déjà indiqué que le gouvernement fédéral a compétence exclusive en matière criminelle et il va de soi que toute question de cette nature soulevée à l'occasion ou dans le cadre des relations d'emploi en tout lieu au Canada relève de l'autorité fédérale. Finalement, la *Charte canadienne des droits et libertés*, intégrée à la Constitution, exerce un effet uniformisant à l'égard des lois relatives à l'emploi, qu'elles soient provinciales ou fédérales (**I-33**).

I-31 — *Du pouvoir législatif au pouvoir exécutif* — Il va de soi que le partage de la compétence administrative (le pouvoir exécutif) suit la ligne d'attribution de la compétence législative. La question comporte un intérêt pratique certain, notamment dans les situations suivantes qui ne sont données qu'à titre d'illustrations :

— l'accréditation recherchée par un syndicat (**IV-43**) s'acquiert-elle auprès du commissaire général du travail (Québec) ou du Conseil canadien des relations du travail ?

— l'inspecteur de la Commission de la santé et de la sécurité du travail du Québec peut-il intervenir dans toute entreprise ?

— les salariés en grève bénéficient-ils des règles anti-briseurs de grève du *Code du travail* du Québec (art. 109.1), car le *Code canadien du travail* ne renferme pas de dispositions semblables (**IV-117 et suiv.**).

— le salarié de telle entreprise peut bénéficier de jours fériés et chômés selon la *Loi sur les normes du travail*, alors que ces jours fériés et chômés sont en partie différents si l'employeur est assujetti au *Code canadien du travail*;

— etc.

On comprend que le citoyen n'a pas le choix du service administratif et qu'il doit savoir lequel a compétence, car il peut lui en coûter de s'adresser au mauvais endroit, apprenant que son recours au bon lieu est forclos pour s'être adressé au mauvais endroit en premier lieu.

I-32 — *Les chartes* — Au nombre des sources premières et fondamentales du droit de l'emploi, nous devons également inclure les chartes des droits et libertés, tant canadienne que québécoise[53]. Trois raisons principales justifient cette qualification. D'abord, le rang prioritaire conféré à ces chartes :

---

52. *Re Code canadien du travail*, [1992] 2 R.C.S. 50.
53. *Charte canadienne des droits et libertés*; *Charte des droits et libertés de la personne*, L.R.Q., c. C-12; *Charte de la langue française*, L.R.Q., c. C-11. Elles sont étudiées au titre III-101.

— la Charte canadienne a un rang constitutionnel et lie le Parlement du Canada et les chambres législatives provinciales;

— la Charte québécoise précise sa prépondérance générale sur toute autre loi québécoise sauf disposition spécifique et expresse à l'effet contraire (art. 52 et 53). Même le *Code civil du Québec* tient compte de l'autorité de la Charte : « Le *Code civil du Québec* régit, en harmonie avec la *Charte des droits et libertés...* » (disposition préliminaire (**I-41**)).

En deuxième lieu, les chartes s'imposent en raison même de leur objet, soit l'affirmation de libertés fondamentales garanties à tous les citoyens. Il s'agit notamment des libertés d'expression, de réunion, d'association d'établissement sur le territoire du Canada de même que de la libre circulation sur ce territoire. La Charte québécoise comprend aussi pareille affirmation des libertés fondamentales et confirme quelques garanties supplémentaires relatives à l'emploi[54]. Ces dispositions servent, à tout le moins, de balises pour l'élaboration des conditions de travail ou de politiques de gestion du personnel par voie de lois, de règlements, de conventions ou, encore, de contrats. En troisième lieu, l'application de ces mêmes chartes, selon l'interprétation judiciaire qui leur est donnée, exerce une influence certaine à l'égard du traitement de multiples facettes du droit de l'emploi. Au-delà ou en sus de leur prééminence respective, ces deux chartes comprennent quelques caractéristiques qui permettent aussi de les distinguer l'une de l'autre :

---

54. Il s'agit notamment des articles 16 (embauche), 17 (adhésion aux associations), 18 (placement), 18.1 (demande de renseignements au postulant), 19 et 46 (conditions de travail) (**III-106**). André MOREL, « L'originalité de la Charte québécoise en péril », dans SERVICE DE LA FORMATION PERMANENTE, BARREAU DU QUÉBEC, *Développements récents en droit administratif, (1993)*, Cowansville, Les Éditions Yvon Blais inc., 1993, p. 65; voir également : Guy ROCHER, « Les fondements de la société libérale, les relations industrielles et les Chartes », dans Rodrigue BLOUIN, Jean BOIVIN, Esther DÉOM et Jean SEXTON (dir.), *Les relations industrielles au Québec, 50 ans d'évolution*, Sainte-Foy, Les Presses de l'Université Laval, 1994, p. 257; Rodrigue BLOUIN, Gilles FERLAND, Gilles LAFLAMME, Alain LAROCQUE et Claude RONDEAU (dir.), *Les Chartes des droits et les relations industrielles*, Les Presses de l'Université Laval, Sainte-Foy, 1988; Bernard GODBOUT, « Le droit au travail : une garantie constitutionnelle à définir », dans SERVICE DE LA FORMATION PERMANENTE, BARREAU DU QUÉBEC, *Développements récents en droit administratif (1992)*, Cowansville, Les Éditions Yvon Blais inc., 1992, p. 121; Anne-Marie BRUNET, « Les limites à la liberté d'expression dans l'entreprise », (1991) 32 *C. de D.* 341; Katherine LIPPEL, *La Charte et les tribunaux administratifs : enjeux dans les domaines du droit social et du travail*, Actes de la 3e journée en droit social et du travail, Département des sciences juridiques, UQAM, Cowansville, Les Éditions Yvon Blais inc., 1992; Donald D. CARTER et Thomas MCINTOSH, « Collective Bargaining and the Charter », (1991) 46 *Rel. Ind.* 722.

— la Charte canadienne vise tous les gouvernements au Canada dans l'exercice des trois pouvoirs (législatif, exécutif et judiciaire), ce qui exclut les actes privés[55];

— la Charte québécoise couvre, dans le cadre de son aire juridictionnelle, les liens d'emploi privés, y compris les rapports collectifs du travail et les relations du travail de l'État québécois[56].

1-33 — *Portée des chartes* — Pour mieux illustrer l'importance pratique des chartes, nous citons quelques arrêts de la Cour suprême du Canada prononcés en marge de la Charte canadienne et qui servent maintenant de guides pratiques et juridiques en matière d'emploi.

i) L'arrêt *Brossard (ville de)*[57] indique bien qu'un employeur peut avoir raison d'imposer des règles prévenant le népotisme, mais il doit cependant savoir en pondérer l'application à l'égard des seuls postes où pareil danger serait normalement susceptible de se réaliser. Malgré l'intention louable d'une telle politique d'engagement, elle ne saurait justifier sous ce chef le refus automatique d'embauche de toute personne en raison de son seul lien de parenté avec un employé de l'entreprise (**II-7**).

ii) L'arrêt *Slaight Communications inc.*[58], où la Cour suprême du Canada reconnut le pouvoir d'un arbitre de griefs de contenir, en raison des circonstances, la liberté d'expression de l'ex-employeur du salarié injustement congédié, de manière à lui permettre d'exercer son droit au travail et de ne pas limiter ses chances de trouver un nouvel emploi. Il s'agit certes là d'une balise indicative relative à un comportement réprouvé de la part d'un employeur et aussi, de la priorité reconnue au droit à l'emploi (**II-6**), bien que la Charte renferme une garantie formelle concernant la liberté d'expression.

iii) L'arrêt *Central Okanagan School*[59] précise qu'un syndicat ne saurait valablement s'opposer à une formule d'accommodement des périodes

---

55. *Lavigne* c. *Syndicat des employés de la fonction publique de l'Ontario*, [1991] 2 R.C.S. 211; *Douglas/Kwantlen Faculty Assn.* c. *Douglas College*, [1990] 3 R.C.S. 570.
56. Précité, note 52 : les règles particulièrement importantes relatives aux garanties de l'égalité des chances et à la protection des salariés à l'égard d'injustes discriminations sont étudiées au titre III, chapitre I.
57. *Brossard (ville de)* c. *Québec (Commission des droits de la personne)*, [1988] 2 R.C.S. 279.
58. *Slaight Communications inc.* c. *Davidson*, précité, note 33 et annoté à Fernand MORIN, *Jurisprudence commentée en droit du travail de 1898 à nos jours*, Cowansville, Les Éditions Yvon Blais inc., 1992, p. 739.
59. *Central Okanagan School District no. 23* c. *Renaud*, [1992] 2 R.C.S. 970 et commenté à Fernand MORIN, « La convention collective et l'obligation d'accommodement selon l'arrêt Okanagan », (1993) 48 *Rel. Ind.* 732. Sur l'obligation d'accommodement de l'employeur, voir également : *Commission scolaire régionale de Chambly* c. *Bergeron*, [1994] 2 R.C.S. 525; *Large* c. *Stratford (Ville)*, [1995] 3 R.C.S. 733; Donald D. CARTER, « The Duty to Accommodate », (1997) vol. 52, *Rel. Ind.* 185.

de travail d'un salarié pour répondre à ses exigences religieuses, sous prétexte que cette mesure pouvait violer une disposition de la convention collective. Selon cet arrêt, la liberté conventionnelle des parties serait ainsi contenue dans la Charte, du moins *a posteriori*. En pratique, les négociateurs pourraient dorénavant devoir en tenir compte *a priori* (**III-107**).

iv) L'arrêt *Bhinder*[60] nous enseigne que la Cour suprême du Canada privilégie le respect de la pratique religieuse d'un salarié (liberté de religion affirmée par la Charte) si ces préceptes contredisent l'obligation du port d'un casque de sécurité imposée à tous salariés placés en pareille situation de travail. L'employeur ne saurait donc réagir trop brusquement ni rapidement à l'égard d'un salarié refusant de se conformer à cette dernière obligation de sécurité, sans rechercher préalablement et convenablement une solution plus accommodante pour ce salarié (**III-107**).

v) L'arrêt *McKinney*[61] rappelle que l'article 15 de la Charte canadienne prohibe la terminaison d'une relation d'emploi au seul motif de l'âge du salarié, et ce, pour assurer l'égalité des chances des citoyens. La rupture du lien d'emploi doit donc reposer, si elle doit avoir lieu, sur d'autres chefs. Notons que les lois québécoises garantissent pareille protection : la Charte du Québec, art. 10 et la *Loi sur les normes du travail*, art. 84.1, 122.1 et 123.1 (**II-183**).

Dans le cadre de ce chapitre I-2, nous ne pouvons que fixer la prééminence de ces deux chartes dans l'ordre hiérarchique des sources de droit. Aux titres II et III, nous analysons plus en détail certaines modalités de ces chartes qui traitent expressément ou par voie inductive de l'emploi et des personnes mises en présence à cette occasion.

I-34 — *Ententes internationales* — Le Canada et, de ce fait, ses constituantes sont liés par des ententes relatives à l'emploi et aux conditions de travail qui interviennent dans le cadre d'organismes internationaux, notamment celles élaborées au sein de l'Organisation internationale du travail (ci-après citée sous le sigle O.I.T.) ou par des traités avec différents pays dont le traité de l'A.L.E.N.A. (Mexique, États-Unis et Canada). Ces normes internationales ainsi arrêtées lient les gouvernements qui ont charge de les traduire dans leur fonction législative et d'en assurer le respect auprès des salariés, des syndi-

---

60. *Bhinder* c. *Cie des chemins de fer nationaux du Canada*, [1985] 2 R.C.S. 561 et annoté à F. MORIN, *op. cit.*, note 58, p. 625.
61. *McKinney* c. *Université de Guelph*, [1990] 3 R.C.S. 229; voir également : *Douglas/Kwantlen Faculty Assn.* c. *Douglas College*, précité, note 55; *Harrison* c. *Université de la Colombie-Britannique*, [1990] 3 R.C.S. 451; *Large* c. *Stratford (Ville)*, précité, note 59; *Dickason* c. *Université de l'Alberta*, [1992] 2 R.C.S. 1103.

cats et des entreprises. Si ces derniers éprouvent quelques difficultés quant à leur application, ils disposent de recours particuliers auprès des organismes internationaux responsables de pareils contentieux[62].

I-35 — O.I.T. — À titre de pays membre de l'O.I.T., le Canada participe à l'élaboration de conventions internationales du travail. Selon le processus applicable de ratification spécifique, le Canada peut par la suite y obtempérer. L'O.I.T. fut instituée au lendemain de la Première Guerre mondiale pour réunir sous forme de conférence générale annuelle les représentants de chaque gouvernement membre et des représentants des organisations les plus représentatives des employeurs et des salariés de ces mêmes pays[63]. À ces conférences, le schéma opérationnel consiste en l'élaboration par les membres de vastes conventions relatives au travail susceptibles d'améliorer les conditions de vie dans l'ensemble des pays industrialisés, sans que ce soit au détriment d'une entreprise ou d'un pays en particulier puisque tous les concurrents d'un secteur ou d'une branche économique donné respecteraient ces mêmes normes internationales. L'O.I.T. dispose d'un organisme administratif qui assure la permanence et notamment l'application des conventions internationales du travail : le Bureau international du travail (B.I.T.). Cet organisme procède aux recherches préparatoires, à la rédaction de projets de convention puis, voit à la diffusion et à la publicité d'une vaste documentation au soutien de pareilles entreprises[64]. Ces conventions internationales bien que conclues au sein de l'O.I.T. ne lient chaque pays membre qu'à la suite de la ratification expresse par ce dernier. Au Canada, si l'objet de la convention internationale ressortit de la compétence particulière des provinces (**I-29**), ces dernières doivent aussi les adopter. En raison de la complexité de cette procédure en deux temps, fort peu de telles conventions internationales sont officiellement adoptées par le Canada, alors que la situation de fait est fort plus glorieuse[65].

I-36 — A.L.E.N.A. — Dans le cadre du traité tripartite (Mexique, États-Unis et Canada) de libre-échange commercial (A.L.E.N.A.) est intervenu un

---

62. Pour une illustration d'un recours exercé par les centrales syndicales à la suite de la mise en place d'une loi du travail au Québec, voir : Alain BARRÉ, « Le cadre juridique de la négociation collective dans le secteur public au Québec », (1987) 42 *Rel. Ind.* 831.

63. Au sujet de la participation initiale du Canada, voir : Jean-Pierre DESPRÉS, *Le Canada et l'Organisation internationale du travail*, Montréal, Fides, 1947. Pour une compréhension générale de cette institution et de ses organes, voir : Nicolas VALTICOS, *Droit international du travail*, 2e éd., Paris, Dalloz, 1983 ; John MAINWARING, *The International Labour Organizating, a Canadian View*, Ottawa, Travail Canada, 1986 ; Jean-Claude JAVILLIER, « Le droit international du travail entre pragmatisme et créativité », (1994) 133 *Revue internationale du travail*, 533.

64. Il suffit pour s'en convaincre de consulter les multiples publications du B.I.T. et notamment la *Revue internationale du travail*.

65. L'annexe I indique les conventions internationales déjà ratifiées par le Canada.

accord particulier portant sur certaines dimensions du travail : *Accord nord-américain de coopération dans le domaine du travail* (A.N.A.C.T.)[66]. On peut comprendre que ces nouvelles institutions à caractère économique auront aussi des effets certains sur l'emploi : le volume, les branches d'activité plus ou moins privilégiées ou préjudiciées et, bien évidemment, les conditions de travail, la santé et la sécurité au travail, etc.[67]. Notons que l'A.N.A.C.T. est un accord parallèle ou complémentaire à l'A.L.E.N.A. qui met en place différents mécanismes, à la manière d'une chambre de compensation, permettant l'échange tripartite d'information pertinente sur les régimes réels du travail dans ces trois pays en vue d'une meilleure coopération et, à défaut, une procédure permet l'étude de plaintes qui peut aboutir à une consultation de nature politique. Dans certains cas très limités, il est possible que cette plainte donne prise à un arbitrage. Certes, il ne serait pas de notre propos de traiter du contenu de l'A.N.A.C.T., des moyens devant assurer sa mise en œuvre, du réalisme de ses fins et surtout, des implications possibles de sa présence et de sa mise en œuvre[68]. Il convient cependant de souligner que cet

---

66. Au sujet du débat sur l'opportunité d'une telle « clause sociale » dans le cadre de traités commerciaux, voir : Dalil MASCHINO, « L'accord nord-américain de coopération dans le domaine du travail, l'ALENA et la "clause sociale" », dans *Droits du travail et commerce international : Actes de la 6ᵉ journée en droit social du travail*, UQAM, Cowansville, Les Éditions Yvon Blais inc., 1995, p. 3 ; Luis APARICIO-VALDEZ, « L'intégration en Amérique et le droit du travail », dans les *Actes du Congrès régional américain de droit du travail et de la sécurité sociale*, Société internationale de droit du travail et de la sécurité sociale, Cowansville, Les Éditions Yvon Blais inc., 1995, p. 153 ; Marie-Ange MOREAU et Gilles TRUDEAU, « Les modes de réglementation sociale à l'heure de l'ouverture des frontières : quelques réflexions autour des modèles européen et nord-américain », (1992) 33 *C. de D.* 345.

67. L'A.N.A.C.T. lie, au Canada, les provinces qui le ratifient. Pour le Québec, voir : *Loi concernant la mise en œuvre des accords de commerce international*, L.Q. 1996, c. 6 et l'*Accord intergouvernemental canadien* (A.I.C.) permettant au gouvernement du Québec de participer à la gestion locale de l'A.N.A.C.T.

68. Des textes fort intéressants sont déjà disponibles : D. MASCHINO, *loc. cit.*, note 66 ; Éric LEROUX, *Le libre-échange nord-américain et les services financiers*, Cowansville, Les Éditions Yvon Blais inc., 1996 ; Gilles TRUDEAU, « L'impact de l'accord de libre-échange canado-américain sur les relations du travail au Québec et leur encadrement juridique », (1991) 25 *R.J.T.* 279 ; Michael J. McGUINNESS, « The Protection of Labor Right in North America : a Commentary on the North America Agreement on Labour Cooperation », (1994) 30 *Standford Journal of International Law* 579 ; « L'accord nord-américain de coopération dans le domaine du travail et l'ALENA, dans *Le marché du travail*, mars 1995, p. 6 ; Bernard CLICHE, Serge LAFONTAINE et Richard MAILHOT, *Traité de droit de la santé et de la sécurité au travail*, Cowansville, Les Éditions Yvon Blais inc., 1993, p. 73 ; « Les lois du travail, les conventions collectives et le libre-échange », Études et recherches du ministère du Travail, Les Publications du Québec ; Guylaine VALLÉE, « L'ANACT et les normes du travail : le travail des enfants et le salaire minimum », dans *Droits du travail et commerce international : Actes de la 6ᵉ journée en droit social et du travail*, *op. cit.*, note 66, p. 979 ; Ian ROBINSON, « NAFTA, Social Unionism, and Labour Movement Power in Canada and the United States », (1994) 49 *Rel. Ind.* 657 ; Jean BERNIER, « Le libre-échange Canada–États-Unis et les relations du travail à la lumière de l'expérience du marché commun européen », dans Pierre J. HAMEL (dir.), *Un marché, deux sociétés ? » — libre-échange : aspects socio-économiques*, Actes du

accord est fondé sur le principe de l'amélioration de la productivité susceptible d'être atteint par l'innovation, la qualité des produits et la formation professionnelle : « [...] désirant faire en sorte que les possibilités économiques
ouvertes par l'Aléna soient complétées par le développement des ressources
humaines, la coopération patronale–syndicale et l'apprentissage continu qui
garantissent les économies à forte productivité » (préambule). L'Accord comprend la reconnaissance de principes généraux applicables dans une société
industrielle démocratique : liberté d'association, droit à la négociation collective, droit de grève, etc. On y reconnaît aussi la nécessité d'améliorer les conditions de travail essentielles : salaire, santé et sécurité du travail, réparation
des accidents du travail, égalité des chances. L'application de l'A.N.A.C.T.
relève d'une commission qui dispose d'un secrétariat. Chaque pays constitue
un Bureau administratif national (B.A.N.) assurant la liaison avec le secrétariat de la Commission. Le B.A.N. comprend un comité consultatif national
constitué de représentants des syndicats et des associations patronales les
plus représentatives. Bien évidemment, l'A.N.A.C.T. n'impose pas et
n'imposerait pas directement des conditions d'emploi ni ne modulera à distance le régime juridique de travail dans chacun de ces trois pays. Les échanges systématiques d'information entre ces trois pays, les structures
permettant d'observer régulièrement les conditions réelles d'emploi dans
chacun d'eux, les plaintes qui peuvent être enclenchées et, dans certains cas,
les amendes imposées, et enfin, la participation sur le plan national des associations syndicales et patronales permettent de croire que la présence de
l'A.N.A.C.T. devrait éventuellement exercer une influence sur l'évolution et
les orientations nationales et provinciales en matière d'emploi. Il serait
cependant prématuré et aussi inopportun de porter quelque jugement de
valeur que ce soit sur la nature même de cette influence, sur sa pertinence et
sur ses éventuelles implications pour les salariés du Québec. Par ailleurs, ce
sont là des faits réels que l'on ne saurait valablement occulter pour bien connaître les foyers possibles d'influence sur l'orientation du droit de l'emploi.

---

colloque *Le Libre-échange : quelques questions sur cet autre « beau risque »*, Congrès de
l'A.C.F.A.S., mai 1986, Montréal, A.C.F.A.S., 1987, p. 140; Claude RIOUX, « Libre-échange
et pratiques du syndicalisme au Canada et aux États-Unis, rétrospective et perspective », dans
Pierre J. HAMEL (dir.), *ibid.*, p. 158; Jacques LACHAPELLE, « Les normes et politiques gouvernementales en matière de travail — La loi du plus fort est-elle toujours la meilleure ? »,
allocution présentée au XXᵉ colloque de l'École des relations industrielles de l'Université de
Montréal, *La libération des échanges Canada–États-Unis et les relations industrielles du
Québec*, Montréal, Commission des droits de la personne du Québec, 3 novembre 1989.

Section 2.2
Les sources prochaines et d'encadrement du droit de l'emploi

I-37 — *L'approche générale* — Dans cette section, nous esquissons à grands traits les principales sources de droit qui servent à tisser la toile de fond du régime juridique de l'emploi au Québec. Les rapports d'emploi, comme toutes autres relations sociales, ne sont pas des robinsonnades. Chaque individu dispose, en quelque sorte, d'un costume juridique qui affirme et assure sa présence dans la société et qui garantit son autonomie, sa liberté d'être, de se réaliser, de disposer de biens et d'entretenir des rapports multiples avec ses concitoyens. À ces fins, des règles générales sont élaborées pour tenir compte des conditions de vie en société qui sont applicables à toute personne. On les retrouve principalement dans le *Code civil du Québec* et s'y ajoute une série de lois particulières, dans le sens qu'elles tiennent respectivement compte de diverses facettes de la vie professionnelle : formation, engagement, conditions de travail, garanties de revenu, rapports individuels et collectifs du travail, fin d'emploi, etc. Il est préférable, croyons-nous, de connaître d'un même jet la facture générale de cette toile de fond juridique alors que, dans un second temps et à l'occasion de l'étude de questions particulières, nous étudions les modalités pertinentes de ces dernières lois. Ce passage du général au plus particulier (**I-1**) permet ou devrait permettre une saisie plus solide de ces questions de droit en réduisant les occasions de dérapage par une étude autrement trop hâtive des questions à plus fort dosage technique.

I-38 — *Le* Code civil du Québec — Nous disposons au Québec d'un droit commun codifié depuis 1865 et fortement inspiré du droit français (le Code

Napoléon de 1804) au point d'en être une fidèle adaptation[69]. Cette pièce magistrale de notre droit privé reflétait les dogmes du libéralisme politique et économique de l'époque, notamment par la sublimation de l'autonomie de la volonté, de la liberté de convention, de l'autorité du contrat à titre de « loi des parties », de la propriété et de ses attributs, dont l'accession, et de la responsabilité individuelle (**II-4, 46**). En 1994, après plus de 30 ans d'études[70], Québec se dotait d'un Code civil renouvelé, c'est-à-dire mieux adapté aux nouvelles réalités de notre société. Ce *Code civil du Québec* comprend 3 168 articles qui traitent notamment de la personne, des rapports avec les proches (la famille) et avec les tiers, des biens, des contrats, de la responsabilité civile, etc. Sous ces multiples titres, on trouve de nombreuses dispositions qui ont des incidences certaines sur l'emploi et les personnes alors mises en présence : la capacité de se lier par contrat, l'appropriation par le travail, la responsabilité civile, la conclusion, la réalisation et la résiliation du contrat de travail, etc. Pour ces raisons, nous ne pouvons ignorer le *Code civil du Québec* et il nous faut pouvoir établir sa portée véritable et sa prééminence dans l'ordre général du droit de l'emploi.

I-39 — *Un droit arborescent* — Quelles seraient les implications du nouveau *Code civil du Québec* à l'égard du droit de l'emploi ? Il serait certes téméraire de tenter de répondre d'un simple trait de plume à cette question, tellement un grand nombre de données nous échapperont encore pendant bien des années. En effet, il est de commune connaissance qu'entre l'intention du codificateur et l'écrit formel du législateur de même qu'entre l'entendement des praticiens et celui des tribunaux peuvent exister, pour l'instant, des écarts insoupçonnés. De semblables difficultés d'harmonisation sont quintuplées lorsqu'il faut établir quelques liaisons particulières entre ce droit commun régénéré de 1994 et les règles d'un droit qui évolua justement ou très souvent à contre-courant ou en réaction au droit commun d'alors (**I-70**). On trouve dans chacune des lois de l'emploi de nombreuses dispositions qui constituent d'historiques efforts pour contrer les effets autrement inéluctables du droit commun de 1865 et qui ne furent pas nécessairement ni absolument évacués en 1994. Il est bien évident qu'une harmonisation de l'ensemble de ces composantes du droit de l'emploi s'impose.

---

69. Le rapport entre ces deux codes civils fut si étroit que les premiers commentateurs du *Code civil du Bas-Canada* purent également retenir les exposés des auteurs français pour expliciter ce droit commun du Québec. Voir : Pierre Basile MIGNAULT, *Le droit civil canadien*, tome 1, Montréal, Whiteford et Théoret, 1895, p. V et suiv. La loi qui prévoyait la codification des textes législatifs du Bas-Canada (*Loi concernant la codification des lois du Bas-Canada qui se rapportent aux matières civiles et à la procédure*, S.R. du Bas-Canada, chap. II) précisait dans son article 7 que les commissaires devaient s'inspirer du plan général et des dispositions du *Code civil français*.

70. Plusieurs comités se sont relégués les uns après les autres pour préparer ce travail de mise à jour du *Code civil du Bas-Canada*. L'Office de révision du Code civil agissait à titre de maître d'œuvre : BARREAU DU QUÉBEC et CHAMBRE DES NOTAIRES DU QUÉBEC, *La réforme du Code civil*, Sainte-Foy, Les Presses de l'Université Laval, 1993.

1-40 — *Nécessité de connaître le* Code civil du Québec — Puisque ce nouveau droit commun tient maintenant compte de certaines contraintes de la vie en société industrielle, ne nous faut-il pas mieux connaître ses effets réels et éventuels à l'égard du droit de l'emploi ? Ce grand événement législatif n'est ni révolutionnaire, ni radical. On y précise d'ailleurs dans la disposition préliminaire que la Charte et les principes généraux du droit lui servent toujours d'assises. Dans bien des domaines, les codificateurs n'ont fait que verbaliser l'état actuel du droit tel qu'il fut développé, circonscrit et articulé au cours du dernier siècle. Si le *Code civil du Québec* n'a pas une portée absolue, il n'empêche qu'il constitue un souffle nouveau en droit et nous oblige à nous interroger sur sa possible portée à l'égard du droit de l'emploi. Pour nos fins immédiates, nous soulignons fort rapidement le caractère fondamental du *Code civil du Québec*, alors que l'étude des treize dispositions particulières relatives au lien d'emploi est faite au titre II.

I-41 — *Préséance relative du* Code civil du Québec — La disposition préliminaire situe le *Code civil du Québec* dans l'ordre hiérarchique des sources juridiques (**I-22**), aussi nous faut-il en soupeser la teneur[71]. Ce préambule est partie intégrante du Code et sert de phare à son étude. On y emploie d'ailleurs des formules assez élastiques conférant à l'énoncé suffisamment de souplesse pour subir, selon les circonstances de temps et de lieu, la rétractilité ou l'expansivité requise à la prise en considération nécessaire de multiples lois qui traitent de l'emploi (**I-42**). Pour mieux saisir le sens et la portée de cette disposition préliminaire, nous soulignons quelques-unes des expressions qu'elle renferme.

i) « Le *Code civil du Québec* régit, en harmonie avec la *Charte des droits et libertés de la personne...* » : S'il y a conflit de droit réel ou apparent, on nous indique ainsi de puiser dans la Charte l'éclairage voulu pour saisir le Code civil d'une façon compatible, c'est-à-dire de manière à respecter les garanties données à ce premier acte, comme le précise par ailleurs l'article 53 de cette même charte (**I-32**).

---

71. Disposition préliminaire : « Le *Code civil du Québec* régit, en harmonie avec la *Charte des droits et libertés de la personne* et les principes généraux du droit, les personnes, les rapports entre les personnes, ainsi que les biens. Le Code est constitué d'un ensemble de règles qui, en toutes matières auxquelles se rapportent la lettre, l'esprit ou l'objet de ses dispositions, établit, en termes exprès ou de façon implicite, le droit commun. Dans ces matières, il constitue le fondement des autres lois qui peuvent elles-mêmes ajouter au Code ou y déroger. » Ces observations sur cette disposition furent initialement publiées sous le titre : Fernand MORIN, « La convention collective sous le prisme du nouveau Code civil ! », (1993) *R. du B.* 283. Récemment, la Cour suprême du Canada confirmait le caractère fondamental du *Code civil du Québec* dans notre corpus législatif, et ce, à l'aide notamment de cette disposition préliminaire. Voir : *Doré* c. *Verdun (Ville)*, [1997] 2 R.C.S. 862.

ii) « Le *Code civil du Québec* régit, en harmonie avec [...] les principes généraux du droit... » : Ce deuxième volet apparaît de nature quelque peu différente du premier (point i) parce que ces mêmes principes généraux ne sont pas toujours clairement définis et leur étendue ou portée demeure discutable. Certes, le droit à une défense et à l'impartialité du juge sont du nombre, mais y aurait-il entendement général pour élever au rang de « principe » les autres qualités du droit qui servent bien souvent à moduler l'application des règles : l'équité, la cohérence, le juste, la sécurité, la célérité, la prévisibilité, la non-rétroactivité, etc. ? Ces principes fondamentaux nullement énumérés et qui supposent qu'ils soient généralement reconnus à ce titre pour constituer des postulats pouvant servir de grilles d'analyse et d'interprétation ne permettraient pas d'écarter, sous ce chef, une disposition d'ordre public du même Code civil et qui, par ailleurs, serait suffisamment claire.

iii) Le Code civil, tant par ce qui y est dit que par ce qu'il sous-entend (la lettre, l'esprit ou l'objet), renferme le droit commun en ce qui concerne les « [...] personnes, les rapports entre les personnes, ainsi que les biens ». Ces précisions relatives à l'objet et à la portée du Code civil nous paraissent, en l'occurrence, fort intéressantes puisque la relation résultant du fait qu'un individu travaille pour le compte d'un autre moyennant rémunération vise à la fois les personnes, les rapports entre elles et les biens produits par l'une ou dus par l'autre. En somme, ce sont tous ces rapports juridiques qui sont ainsi directement soumis au Code civil, ce qui comprend explicitement la relation d'emploi réalisée, en voie de réalisation ou encore, en voie de résiliation.

iv) Ce droit commun ainsi codifié sert d'assise aux autres lois, en ce sens qu'il en serait le fondement, bien que ces dernières puissent ajouter ou déroger à ce même code comme l'indique la finale de cette disposition préliminaire. Il est facile de saisir l'effet du premier volet, l'ajout, puisque le plus contient le moins et qu'il est dit que le Code civil sert de base de départ. Au sujet des règles dérogatoires que d'« autres lois » peuvent édicter, nous croyons que ces déviations doivent être explicites, c'est-à-dire que le législateur doit lui-même l'énoncer d'une façon non équivoque. En d'autres termes, ces dérogations possibles ne sauraient être implicites ou provenir par voie interprétative, entendu que ce droit commun s'applique à tous et que son contenu, même implicite, sert de fondement à toutes les autres lois promulguées par le même législateur (point iii)[72].

---

72. Les affirmations de la priorité du Code civil énoncées aux articles 3, 4 et 5 de la *Loi sur l'application de la réforme du Code civil*, L.Q. 1992, c. 57, peuvent valablement étayer cette assertion. Cette priorité est telle que l'on ne saurait s'autoriser d'emprunter facilement des principes provenant de systèmes juridiques étrangers. Ce point de vue est conforme à l'entendement de la Cour suprême. Voir : *Doré* c. *Verdun (Ville)*, précité, note 71.

Ces données sont reprises à l'occasion de l'étude des nouvelles dispositions du Code civil au sujet du contrat de travail (art. 2085 à 2097 C.c.Q.) et de la portée relative des lois et des conventions collectives (**titres II et IV**).

I-42 — *Les lois de l'emploi* — L'encadrement juridique de la relation d'emploi, soit l'élaboration des conditions générales applicables dans cette occasion, fut peu à peu articulé par voie de lois particulières. Ces lois traitent respectivement d'un objet distinct et furent édictées au cours du siècle passé en fonction des besoins alors ressentis. L'urbanisation de la société et l'industrialisation obligèrent l'État à tenir compte des nouvelles manières d'être et de travailler, alors que les règles du *Code civil du Bas-Canada*, même par voie d'interprétation large et souple, ne pouvaient fournir des réponses satisfaisantes à ces nouvelles problématiques[73]. Nous comptons aujourd'hui plus de 30 lois relatives à l'emploi donnant respectivement prise à plusieurs règlements d'application[74]. Aux fins immédiates de la présente section et selon notre démarche progressive, du général au particulier, nous nous limitons à une simple présentation de ce substrat juridique sur lequel se tissent les multiples rapports entre apprenti, stagiaire, postulant, salarié, cadre, fonctionnaire, recruteur, agent de placement, gestionnaire, syndicat, employeur, etc., à l'occasion ou en raison de l'emploi des uns par les autres en vue de la réalisation d'un bien ou d'un service. Aux fins d'une présentation générale, ces lois sont divisées en cinq groupes en fonction de leur objet distinct : administration publique, conditions de travail, santé et sécurité, formation professionnelle et rapports individuels et collectifs du travail. Sous chacun de ces cinq chefs, nous présentons, en autant de paragraphes, les principales lois dont le contenu et la portée de plusieurs sont étudiés d'une façon fort plus détaillée aux autres titres de l'ouvrage.

I-43 — *L'administration* — Les différents services de l'État qui traitent des questions relatives à l'emploi et aux affaires connexes sont placés au Québec sous la responsabilité politique du ministre du Travail. L'articulation de ces premières fonctions de l'administration publique se trouve à la *Loi sur le ministère du Travail*, où l'on décrit d'une façon fort peu modeste la mission confiée au ministre du Travail (art. 10 à 15)[75]. Cette loi autorise notamment le

---

73. Au chapitre I-3 nous soulignons les raisons de cette intervention accrue et directe de l'État, les moyens retenus à ces fins et certaines de leurs implications.

74. L'annexe 2 donne les coordonnées respectives de ces lois et celles des principaux règlements d'application s'y rattachant (**I-47**).

75. *Loi sur le ministère du Travail*, L.Q. 1996, c. 29. Les missions confiées au titulaire de ce ministère ont varié au cours des ans et ainsi en fut-il de son appellation, afin sans doute d'indiquer par ce signe sur quel point le gouvernement entendait, à ces différentes époques, mettre l'accent : ministre du Travail; ministre du Travail et de la Main-d'œuvre; ministre du Travail, de la Main-d'œuvre et de la Sécurité du revenu; ministre de l'Emploi; et maintenant, ministre du Travail.

ministre à proposer au gouvernement des politiques générales dans ces domaines, à faire effectuer les études préalables qui s'imposeraient, à dépêcher des fonctionnaires pour aider les parties à améliorer les relations d'emploi, etc. Certaines activités de cette administration publique exigent une spécialisation certaine et, pour cette raison, elles sont confiées à des organismes satellites qui agissent sous le contrôle politique du ministre du Travail (**IV-5**)[76]. Une facette particulière des politiques d'emploi est confiée à un autre ministère, soit le ministère de l'Emploi et de la Solidarité. On y traite notamment de politiques visant au maintien du revenu et des moyens d'y pallier de même que de la formation professionnelle[77]. Finalement, le Conseil consultatif du travail et de la main-d'œuvre constitue la voie officielle de communication entre le ministre du Travail et les grands partenaires syndicaux et patronaux[78]. Cet organisme a une fonction conseil auprès du ministre, notamment à l'occasion de l'étude de projets de loi en matière d'emploi[79].

I-44 — *Conditions minimales* — Au terme de la première étape d'industrialisation, l'État dut constater que les seules lois économiques ne pouvaient suffire à l'établissement de justes conditions de travail en raison d'un déséquilibre fonctionnel des forces en présence : le salarié et l'employeur. Ainsi, le législateur promulgua, au fil des ans et des besoins, différentes lois édictant des seuils ou conditions minimales de travail ainsi que des règles d'encadrement servant de protection aux travailleurs face à d'éventuels abus de certains employeurs. Sous ce second chef, on compte principalement la *Loi sur les normes du travail* de 1979 qui garantit aux travailleurs de multiples conditions minimales de travail : protection du versement du salaire, congés sociaux et parentaux, contrôle de la rupture du lien d'emploi, etc. (**III-201 et suiv.**). Soulignons également la loi qui tend à faciliter aux handicapés l'exercice des activités usuelles de tous citoyens et particulièrement l'accès à l'emploi : la *Loi assurant l'exercice des droits des personnes handicapées*[80] (**II-10**). On compte également quatre autres lois relatives aux conditions de

---

76. Il s'agit notamment de la Commission des normes du travail (**III-223**) et de la Commission de la santé et de la sécurité du travail (**III-308**).
77. *Loi sur le ministère de l'Emploi et de la Solidarité sociale et instituant la Commission des partenaires du marché du travail*, L.Q. 1997, c. 63.
78. *Loi sur le Conseil consultatif du travail et de la main-d'œuvre* (C.C.T.M.), L.R.Q., c. C-55.
79. Le C.C.T.M. publie annuellement un rapport faisant état de ses travaux, ce qui permet de connaître la participation de ses membres et celle du ministre à l'égard des multiples projets qui y furent étudiés depuis sa fondation en 1969. Voir : Fernand MORIN, « La représentation démocratique au sein de l'administration publique du Québec », dans Michel AUDET, Esther DÉOM, Anthony GILES et Alain LAROCQUE (dir.), *La représentation, miroir ou mirage de la démocratie au travail ?*, Actes du XLIXe congrès du département des relations industrielles, Sainte-Foy, Les Presses de l'Université Laval, 1994, p. 57.
80. L.R.Q., c. E-20.1.

travail : la *Loi sur la fête nationale*[81] ; la *Loi sur les employés publics*[82] ; la *Loi sur la fonction publique*[83] ; la *Loi sur les décrets de convention collective*[84].

I-45 — *Socialisation des risques généraux* — Le troisième grand volet législatif traite de la santé, de la sécurité et des avantages sociaux. En premier lieu, on y trouve deux lois complémentaires et quasi inséparables puisqu'elles visent le même objet, les risques inhérents au travail. La *Loi sur la santé et la sécurité du travail* porte particulièrement sur la prévention des accidents de travail par l'adoption de multiples moyens : la participation des salariés à l'œuvre préventive, l'élimination à la source des dangers prévisibles, le contrôle planifié et adapté par voie d'inspection technique et médicale, etc. (**III-401, 405**). Le deuxième volet de ce *janus* législatif porte sur la prise en charge collective des accidents du travail, soit la réparation physique, psychique, matérielle et professionnelle de l'accidenté. Il s'agit de la *Loi sur les accidents du travail et les maladies professionnelles* (**III-301, 304**). Un autre champ de protection est aménagé dans la *Loi sur la protection des renseignements personnels dans le secteur privé*[85]. Pour le secteur public, *la Loi sur l'accès aux documents des organismes publics et sur la protection des renseignements personnels*[86] prend en charge ces mêmes questions. Ces deux dernières lois édictent des mesures particulières en vue d'assurer le plus possible le respect de la vie privée des personnes et de leur dignité, et elles se situent dans le prolongement des articles 35 à 41 C.c.Q. (**II-19; III-741**). Si la question de la retraite survient en fin de carrière, elle se prépare tout au long de la vie professionnelle et ainsi les lois relatives à l'emploi visent cette réalité, surtout par la conjugaison de trois actes législatifs : la *Loi sur le régime de rentes du Québec*[87] ; la *Loi sur les régimes supplémentaires de rentes*[88] ; et la *Loi sur les régimes complémentaires d'avantages sociaux dans l'industrie de la construction*[89]. Au fédéral, trois lois complètent le tableau législatif : la *Loi sur la sécurité de la vieillesse*[90] ; la *Loi sur l'assistance-vieillesse*[91] ; et la *Loi de l'impôt sur le revenu* qui crée les régimes enregistrés d'épargne-retraite (REER).

---

81. L.R.Q., c. F-1.1.
82. L.R.Q., c. E-6.
83. L.R.Q., c. F-3.1.1.
84. L.R.Q., c. D-2.
85. L.R.Q., c. P-39.1.
86. L.R.Q., c. A-2.1.
87. L.R.Q., c. R-9.
88. L.R.Q., c. R-17.
89. L.R.Q., c. R-15.
90. S.C. 1951, c. 18.
91. S.C. 1950–1951, c. 55.

I-46 — *Formation professionnelle* — Le quatrième volet de la législation sur l'emploi porte sur la formation professionnelle dans un établissement scolaire ou en entreprise et sur les mécanismes de contrôle des qualifications professionnelles exigibles. La conjoncture économique et sociale incita l'État à retenir de nouvelles mesures pour mieux coordonner l'action collective de formation professionnelle, tant initiale, c'est-à-dire dans le cadre des programmes scolaires des jeunes pour mieux assurer leur entrée sur le marché de l'emploi, que pour compléter, adapter ou parfaire cette formation en cours de carrière (**III-761**). Ainsi, l'État constitua un maître d'œuvre pour assurer un suivi constant et cohérent des politiques relatives à l'emploi (formation, reclassement, placement, etc.)[92]. Pour assurer une présence et une action plus directe et pratique, des sociétés régionales de développement de la main-d'œuvre sont également instituées, ce qui devrait permettre une action plus directe et une participation plus grande de nombreux agents socio-économiques. L'État prit récemment des mesures incitatives afin de donner de meilleurs moyens d'action à cette œuvre importante et gigantesque de la formation professionnelle. Il s'agit de la *Loi favorisant le développement de la formation de la main-d'œuvre*[93], dont l'objet principal est ainsi libellé à son article 1 : « [...] améliorer, par l'accroissement de l'investissement dans la formation et par l'action concertée des partenaires patronaux, syndicaux et communautaires et des milieux de l'enseignement, la qualification de la main-d'œuvre et ainsi de favoriser l'emploi de même que l'adaptation, l'insertion en emploi et la mobilité des travailleurs ». Il existe également des règles relatives au contrôle des qualifications professionnelles exigibles pour l'exercice de certaines fonctions et de certains métiers. On trouve ces diverses dispositions dans deux lois : la *Loi sur la formation et la qualification professionnelles de la main-d'œuvre*[94] ; et la *Loi sur le bâtiment*[95].

I-47 — *Rapports collectifs* — Le cinquième volet des lois de l'emploi porte sur l'aménagement des rapports collectifs entre syndicats et employeurs en vue de l'élaboration conjointe de conditions de travail, soit sur la base d'une branche ou d'un secteur d'activité, soit sur celle d'une seule entreprise à la fois[96]. En premier lieu, on y trouve une de nos plus vieilles lois dont l'objet consiste à permettre aux associations de salariés de coiffer leur collectivité d'une structure

---

92. *Loi sur la Société québécoise de développement de la main-d'œuvre*, L.R.Q., c. S-22.001, société remplacée par la Commission des partenaires du marché du travail, L.Q. 1997, c. 63, art. 125, 150.
93. L.R.Q., c. D-7.1.
94. L.R.Q., c. F-5.
95. L.R.Q., c. B-1.1.
96. Parmi les sources privées du droit de l'emploi, nous devrions aussi retenir le contrat de travail qui repose essentiellement, à titre d'instrument juridique, sur le *Code civil du Québec* (**I-38**). Nous soulignons sa présence au paragraphe I-51 et analysons sa portée et son usage au chapitre II-2.

juridique distincte : la *Loi sur les syndicats professionnels*[97] (**I-53; III-714; IV-28**). Les deux lois les plus importantes dans ce domaine seraient le *Code du travail* et le *Code canadien du travail* qui aménagent les rapports collectifs du travail sur la base de l'entreprise en obligeant l'employeur à négocier les conditions de travail des salariés avec le seul représentant syndical habilité à cette fonction (**IV-43**). Dans certains secteurs économiques, une autre loi permet d'élargir le champ d'application d'une convention collective d'abord intervenue entre un groupe d'employeurs et des associations de salariés par ailleurs suffisamment représentatifs. Cette extension s'effectue par voie d'un décret gouvernemental qui assure à toutes les personnes en cause dans un marché donné l'application des mêmes conditions de travail : la *Loi sur les décrets de convention collective* (**III-501 et suiv.**). Finalement, nous disposons de régimes distincts d'aménagement des rapports collectifs du travail à l'égard de secteurs d'activité assez particuliers pour qu'ils soient écartés totalement ou en partie du régime général articulé au *Code du travail*. À ces fins, nous rappelons ces trois lois : la *Loi sur les relations du travail, la formation professionnelle et la gestion de la main-d'œuvre dans l'industrie de la construction* (**III-601 et suiv.**)[98] ; la *Loi sur le régime de négociation des conventions collectives dans les secteurs public et parapublic* (**IV-195**)[99] ; et la *Loi sur le régime syndical applicable à la Sûreté du Québec* (**IV-222**)[100].

I-48 — *Règlements* — À cet ensemble de lois, il nous faut ajouter quantité de règlements d'application qui peuvent moduler de multiples façons la portée pratique des règles de droit que ces lois renferment. Sur le strict plan quantitatif, il suffit de consulter l'annexe 2 où l'on trouve en marge de ces lois une liste imposante de ces règlements. On entend par règlement, les normes qui émanent non pas directement de l'Assemblée nationale, mais du gouvernement dans le cadre d'une délégation qui lui est conférée de manière expresse dans chacune de ces lois et qui peut varier à l'intérieur de chacune d'elles. La loi indique généralement les fonctions possibles de ces règlements telles que :

— préciser les conditions d'exercice d'un droit ou d'une obligation;

— déterminer les personnes qui peuvent faire ou ne pas faire un acte ou un métier quelconque;

— établir, de temps à autre, les barèmes, les seuils, les critères d'application d'une norme générale;

— etc.

---

97. L.R.Q., c. S-40.
98. L.R.Q., c. R-20.
99. L.R.Q., c. R-8.2.
100. L.R.Q., c. R-14.

Parce que les données techniques, conjoncturelles, politiques et pratiques évoluent, il est souvent nécessaire que le gouvernement puisse adapter par voie de règlement les modalités complémentaires des lois de l'emploi afin de répondre au mieux à ces besoins[101]. À titre d'illustration, on ne saurait accepter que le salaire minimum soit directement fixé par la loi, ce qui signifierait qu'il ne pourrait être adapté sans une modification précise à cette même loi. Sur le plan juridique et pratique, l'usage de ce moyen d'élaboration de normes constitue une donnée fort importante puisque sans une connaissance précise du contenu actuel de ces règlements à une époque déterminée, il devient impossible, à titre d'exemple, de répondre aux dix questions suivantes parce que ces dispositions législatives supposent la venue de ces règles complémentaires.

— Un salarié employé dans une ferme peut-il bénéficier du salaire minimum au sens de la *Loi sur les normes du travail* (art. 39.1) ?

— Quelles données complémentaires doivent apparaître au bulletin de paie préparé par l'employeur (art. 46 L.N.T.) ?

— La semaine de travail peut-elle être autre que celle de 44 heures (art. 52 L.N.T.) ?

— Dans quels cas la durée du congé de maternité peut-elle être prolongée (art. 81.7, 89, al. 6, L.N.T.) ?

— Quand un salarié peut-il exiger son retrait en raison de la présence d'un contaminant précis (art. 32, 34 L.S.S.T.) ?

— Compte tenu de la nature des tâches requises, l'employeur peut-il tenir compte de l'âge et de l'état de santé du postulant (art. 53 L.S.S.T.) ?

— L'employeur doit-il constituer au sein de l'entreprise un comité de santé et de sécurité (art. 68 L.S.S.T.) ?

— L'employeur est-il soumis à un taux particulier de cotisation selon la Commission de santé et de sécurité du travail (art. 304 L.S.S.T.) ?

— L'arbitre de griefs peut-il lui-même exiger une rémunération à un taux préfixé (art. 103 C.t.) ?

— Quel employeur n'est pas tenu de participer financièrement à la formation de sa main-d'œuvre (art. 3 L.D.F.M.O.) ?

Outre cet intérêt pratique, la combinaison de normes relatives à l'emploi provenant en partie de la loi et en partie d'un règlement comprend une dimension juridico-politique nullement négligeable que nous reprenons au troisième chapitre (**I-77**).

---

101. L'élaboration des conditions de travail exige souvent de procéder en deux temps; il suffit de consulter certaines lois de l'emploi pour constater qu'elles sont construites sur cette base : art. 29, 88 L.N.T.; art. 223 L.S.S.T., 454 L.A.T.M.P.

I-49 — *Autres lois* — Bien évidemment, il existe un grand nombre d'autres lois qui peuvent avoir des incidences certaines sur l'emploi, sur les conditions d'admissibilité à un poste ou sur les modalités de temps, de lieu et du type de personne pour l'exercice d'activités professionnelles. À titre d'illustrations, nous pouvons dégager de multiples implications pratiques résultant de ces autres lois dont l'objet respectif principal ne porte pas sur l'emploi.

i) La *Charte de la langue française* : la connaissance d'une langue autre que le français peut être exigée, selon la nature du poste et la situation **(III-110)**.

ii) Les 23 lois relatives à des professions d'exercice exclusif prévoyant que seuls les membres des ordres professionnels constitués par ces mêmes lois peuvent pratiquer dans ces domaines **(II-27)**. Il s'agit d'autant de champs d'activité professionnelle assujettis à un grand nombre de règles particulières, et pour y accéder et pour leur exercice (déontologie).

iii) La *Loi sur les heures et les jours d'admission dans les établissements commerciaux*[102] : lorsque l'établissement est fermé en raison de cette loi, bien des salariés ne peuvent en pratique y travailler, et l'inverse est aussi vrai. Lorsque cette loi autorise l'ouverture à certains moments où l'on avait l'habitude de jouir d'un congé (soir, dimanche, etc.), bien des salariés doivent être disponibles **(III-213)**.

iv) Le *Code de la sécurité routière*[103] : la conduite de certains véhicules exige que le chauffeur dispose préalablement et maintienne en vigueur une autorisation spéciale, et cette dernière constitue dès lors une condition d'accès ou de maintien à de tels postes.

v) La *Loi sur le statut professionnel et les conditions d'engagement des artistes de la scène, du disque et du cinéma*[104].

Etc.

---

102. L.R.Q., c. H-2.1.
103. L.R.Q., c. C-24.2.
104. L.R.Q., c. S-32.1.

Section 2.3

Les sources de droit directes et immédiates d'aménagement de la relation d'emploi

---

I-50 — *Contrat et convention* — Les parties en présence dans la relation d'emploi participent à l'élaboration d'un cadre normatif juridique directement applicable à l'exécution de leur prestation respective. Ces règles particulières s'imposent puisque les seules lois et règlements, en raison de leur caractère général et abstrait, ne pourraient répondre aux exigences immédiates et concrètes de chacune de ces relations professionnelles (**I-47**). Ce besoin de règles bien moulées à la réalité de chaque milieu d'emploi, c'est-à-dire qui tiennent bien compte des obligations et des droits des parties, des contraintes propres à la production de tel ou tel bien ou service et du lieu dans lequel se réalise le travail, n'est certes pas contestable tellement cette exigence semble évidente. En effet, ne s'agit-il pas de considérer à la fois des éléments aussi distinctifs et parfois disparates à l'égard de chaque salarié et de chaque entreprise tels que :

— les qualités professionnelles, l'expérience et même, parfois, les conditions physiques et mentales du postulant ?

— les caractéristiques du poste à pourvoir ?

— les types de production et les moyens mis à la disposition du futur titulaire du poste visé ?

— les engagements antérieurs de l'entreprise, notamment ceux relatifs au rappel de salariés déjà mis à pied ou du bassin des personnes disposant d'un droit prioritaire ?

— la capacité de payer de l'entreprise et les conditions de travail déjà appliquées, et dans l'entreprise et dans la branche d'activité ?

— le besoin d'uniformisation du régime de travail dans une entreprise pour en assurer une gestion à la fois efficace et moins arbitraire ?

— la volonté du groupe de salariés déjà en fonction de participer collectivement à la négociation de leurs conditions de travail ?

— le type de gestion et d'organisation du travail qui peut varier d'une entreprise à une autre ?

— etc.

Pour ces motifs et pour bien d'autres encore, un employeur et un salarié, un postulant ou celui déjà en fonction, doivent convenir de quelque manière du travail de l'un pour l'autre et de leurs obligations et droits réciproques. Bien évidemment, il existe deux temps forts d'exécution de ces opérations. La première opération se situe au moment de la réalisation même d'une relation d'emploi, ce qui suppose qu'il y a au préalable offre et demande d'emploi. La seconde vise l'élaboration de l'ensemble des conditions réciproques des parties dans cette relation d'emploi en raison desquelles une partie, soit un groupe de salariés, accepte de travailler, et l'autre, de lui verser une rémunération. La réalisation de ces opérations s'effectue généralement à l'aide de deux actes juridiques principaux qu'il nous faut situer dans l'ensemble du corpus juridique de l'emploi : le contrat de travail et la convention collective de réglementation du travail. Nous le réitérons, nous ne faisons que présenter ces deux actes en soulignant leur particularisme et leur rattachement au droit de l'emploi, alors qu'ils font l'objet d'amples études aux titres II et IV.

I-51 — *Contrat de travail* — Le contrat de travail est l'acte juridique qui explique, aménage et tient compte de la relation d'emploi constituée du fait même qu'une personne accepte de se mettre au service d'une autre personne, alors que cette dernière, du même coup, retient volontairement sa prestation. En somme, il existe un accord de volontés clairement exprimé ou bien que l'on présume ou dégage du seul fait de cette situation. Cet accord donné librement, sur le plan juridique du moins, constitue le fondement substantiel du contrat. La définition du contrat de travail retenue maintenant à l'article 2085 C.c.Q. résume bien cette dernière situation : « Le contrat de travail est celui par lequel une personne, le salarié, s'oblige, pour un temps limité et moyennant rémunération, à effectuer un travail sous la direction ou le contrôle d'une autre personne, l'employeur » (**II-52**). Depuis l'abolition de l'esclavage, comment autrement expliquer juridiquement qu'une personne puisse travailler pour le compte d'une autre, selon les besoins, les directives et les moyens de cette dernière et sans acquérir un droit de propriété sur les biens et services produits, mais pouvant exiger le versement d'une contre-prestation, la rémunération ? Comment expliquer et justifier sans ce contrat de travail que cette autre personne qui dispose des services du salarié puisse être en autorité et imposer légitimement ses exigences quant à la manière d'exécuter cette prestation de travail, qu'elle jouisse à cette fin d'un pouvoir disciplinaire et qu'elle acquière la propriété du bien ou du service ainsi produit ? Autrefois, cette même relation d'emploi était perçue et traitée en droit comme s'il s'agissait d'une simple facticité, soit la location de service personnel où l'on confondait le sujet et l'objet du travail (**II-46, 53**). Les codificateurs du *Code civil du Québec* ont maintenant retenu une approche un peu plus humaniste et respectueuse des personnes en cause[105]. Le fondement juridique pour justifier et légitimer un tel rapport entre ces deux personnes est et demeure, croyons-nous, le contrat de travail (**II-43**).

I-52 — *Contrat d'adhésion* — Sur le strict plan juridique, les deux parties à ce contrat de travail disposent certes d'une vaste liberté de convention et peuvent arrêter ensemble un nombre considérable de modalités en vue de préciser leurs droits, obligations et devoirs respectifs. En pratique, il en est tout autrement, notamment parce que, le plus souvent, le salarié ne peut véritablement exercer sa liberté de négociation, car il ne bénéficie guère du pouvoir de négociation lui permettant de convaincre son interlocuteur, d'autant plus que bien d'autres postulants attendent au vestibule. D'autre part, l'employeur doit normaliser les conditions de travail pour assurer une meilleure gestion et il dispose généralement de moyens pour atteindre cet objectif. Par ailleurs, ce contrat de travail se situe sur une toile de fond juridique qui limite, conditionne et aménage la liberté de manœuvre des parties par la conjugaison des composantes du cadre normatif législatif et réglementaire (**I-37 à 49**). Dans un très grand nombre de situations, le salarié ne peut refuser les conditions de travail qu'offre l'employeur si elles respectent les règles générales de droit. Il se doit d'y obtempérer ou de refuser l'emploi. Sur le strict plan juridique, il existe néanmoins un contrat, qu'il soit, selon les circonstances de temps, de lieu et les personnes, d'adhésion ou de gré à gré (art. 1379 C.c.Q.). C'est sur cette base contractuelle, aussi embryonnaire soit-elle, que la présence du salarié s'explique dans l'entreprise et lui confère dès lors un statut juridique assez complexe articulé par l'ensemble des composantes du droit de l'emploi qui lui sont applicables (**II-36**).

I-53 — *Convention collective* — L'élaboration des conditions de travail par la voie de la négociation collective émergea peu à peu comme un moyen utile dont pouvaient disposer les salariés : participer ensemble à l'établissement de conditions de travail, puisque séparément chacun ne peut guère faire valoir ses besoins et ses prétentions. La voie collective suppose cependant la mise en place d'une association pour briser l'isolement structurel dans lequel se retrouve autrement tout salarié et pour qu'il puisse se doter de représentants capables de réaliser cette mission (**I-10**). L'acte syndical exige une prise de

---

105. Ces distinctions entre les dispositions du *Code civil du Bas-Canada* et celles du *Code civil du Québec* ainsi que l'analyse des treize modalités nouvelles du *Code civil du Québec* se trouvent au titre II.

conscience de la faiblesse de chacun et du partage de cette commune situation pour engendrer, en réaction, un mouvement de solidarité. Ainsi, des syndicats furent constitués depuis le début du siècle et, dès 1924, la *Loi des syndicats professionnels* conféra à l'association formée volontairement et sous son égide un statut juridique distinct de ses membres lui permettant, grâce à sa personnalité juridique ainsi acquise, de conclure avec des employeurs des ententes relatives aux conditions de travail et ayant alors force de contrat[106]. Malgré cette première étape juridique franchie, encore fallait-il pouvoir effectivement conclure des ententes avec les employeurs, compte tenu de la réticence de ces derniers à réduire quelque peu leur emprise, ce qu'implique la négociation collective :

— sur le strict plan juridique, l'employeur n'était encore nullement tenu à la négociation collective des conditions de travail, même avec un syndicat constitué sous cette dernière loi[107] ;

— en se liant à un syndicat pour garantir certaines conditions de travail, l'employeur pouvait craindre la concurrence des entreprises rivales encore libres de moduler à leur guise les conditions de travail si le marché le permettait.

Pour répondre à cette seconde objection, la *Loi sur les décrets de convention collective* de 1934 permettait d'assujettir ces autres entreprises rivales à ces mêmes ententes, et ce, dans un même secteur ou une même branche d'activité (**III-501**). Un tel effet d'élargissement de l'application de l'entente collective par voie d'un décret pouvait réduire d'autant les réticences d'un employeur à conclure pareille entente puisqu'il n'en paierait pas le prix au profit des concurrents. Tel était un des objectifs de cette dernière loi. Au sujet de la première réticence de l'employeur, la *Loi des relations ouvrières de 1944* obligea, à certaines conditions, l'employeur à négocier collectivement les conditions de travail si un syndicat était préalablement reconnu à titre de représentant exclusif de ses salariés (**IV-102**).

I-54 — *Rapports collectifs du travail* — Au lendemain de la guerre de 39–44 et à la suite des expériences acquises dix ans auparavant aux États-Unis (le *Wagner Act*), le Québec se dota de la *Loi des relations ouvrières* aménageant un régime obligatoire de rapports collectifs du travail. Le système retenu est construit sur des bases les plus simples et les plus directes qui soient. En effet, il s'agit de l'application concrète de la règle des trois unités.

---

106. Jean-Charles BONENFANT, « Nature juridique de la convention collective de travail », (1941) 1 *R. du B.* 250 (**III-714**).
107. Le fait que des salariés adhèrent à un syndicat ne crée directement aucune obligation pour l'employeur qui demeure tout à fait libre de négocier avec qui il veut. C'est exactement ce postulat civiliste qu'il fallut éventuellement écarter pour imposer juridiquement l'institution de rapports collectifs sur les plans juridique et pratique (**IV-85**).

— Une seule entreprise : La négociation collective des conditions de travail s'effectue à l'égard d'un seul groupe de salariés à la fois au sein d'une entreprise donnée ou d'une de ses composantes (établissement, succursale, service, département, etc.).

— Un seul syndicat : Le groupe de salariés visé est représenté auprès de l'employeur par un seul syndicat dont les qualités sont préalablement vérifiées par un agent de l'État (procédures d'accréditation ou d'agrément) et dont le statut peut être périodiquement remis en cause.

— Une seule convention collective : Pour un temps déterminé, l'entente conclue entre ce syndicat et cet employeur lie les parties et tous les salariés, membres ou non du syndicat.

Cette triple règle sert encore de fondement au *Code du travail* actuel. Ce code fut, en fonction d'expériences plus ou moins heureuses au cours des 50 dernières années, adapté et complété de multiples façons (**IV-3**). On peut comprendre que le *Code du travail* conçu en premier lieu pour les salariés des secteurs primaire et secondaire ne pouvait s'appliquer directement et sans adaptations idoines à l'égard des salariés de l'État. La *Loi sur le régime de négociation et de convention collective dans les secteurs public et parapublic* (**IV-195**) aménage le régime de négociation collective des salariés de l'État en tenant compte à la fois du caractère des services en cause et de l'unicité du bailleur de fonds. Il va de soi que les conventions collectives qui résultent de ce processus de négociation dans le secteur public soient d'une facture et d'une structure fort plus complexes que celles qui émanent des entreprises privées, où généralement les salariés sont moins nombreux et dont le régime de travail est relativement plus simple.

I-55 — *Plasticité des conventions* — Les conventions collectives qui résultent de ces divers régimes de négociation collective établissent d'une façon détaillée les conditions générales de travail à l'égard de chaque groupe de salariés visé. Parce que l'on saisit mieux le particularisme de chacun de ces groupes, son milieu, les contraintes de l'employeur directement en cause et les besoins des salariés, ces règles conventionnelles sont assez précises et peuvent tenir compte de la culture de chaque entreprise. Ainsi, le contenu d'une convention collective particulière peut-il, au-delà des premières apparences, être différent de celui d'une autre, et ses modalités, suffisamment précisées pour tenir compte de la vie professionnelle du milieu de travail directement visé. Il est évident que plus le groupe est grand et disparate, plus l'articulation des conditions de travail qui résulte de cette négociation collective doit être modulée d'une façon plus générale et abstraite. Dans ce sens, on peut facilement constater le grand écart qui existe entre une convention collective négociée au Québec pour tout le réseau de l'éducation ou pour un sous-secteur de l'industrie du bâtiment par rapport à la convention collective élaborée pour les salariés d'une entreprise particulière de 25, 30 ou 50 salariés. On comprend que ce mode d'élaboration des règles de vie dans un milieu donné par voie de la négociation collective permet de tailler quasi sur mesure le vêtement juridique couvrant de quelque manière un milieu de travail particulier. Telles sont la beauté et la dynamique de cet instrument juridique, la convention collective du travail (**IV-156**), qui est une composante déterminante du droit de l'emploi.

Section 2.4

Les sources indirectes et circonstancielles du droit de l'emploi

---

I-56 — *Le non-écrit* — Nous savons que les lois de l'emploi et les règles d'application qui s'y greffent forment la toile de fond juridique sur laquelle les relations d'emploi s'élaborent, se réalisent et se terminent (**I-4 à 19**). Dans ces trois temps, avons-nous vu, les acteurs et les agents élaborent des actes juridiques, notamment le contrat de travail et la convention collective de travail, par lesquels ils articulent des conditions plus précises ou plus particulières pour aménager leurs rapports. Il est vrai que certains éléments du contenu de ces mêmes actes sont préalablement fixés d'autorité par les lois de l'emploi et, ainsi, la liberté de convention des parties en est d'autant limitée, orientée ou contenue (**I-38 et suiv.**)[108]. Malgré cette combinaison ou conjugaison de règles étatiques et conventionnelles, qui peuvent être volumineuses ou ténues, l'écriture ne peut suffire à tout dire, à tout prévoir, et ce, d'une manière claire et d'application certaine. Toute relation sociale, y inclus sa dimension juridique, comprend une part importante de non-dit ou de non-écrit qui occupe les interstices de la partie écrite ou autrement exprimée[109]. Ces sous-entendus, chaque partie à la relation d'emploi se doit d'en tenir compte. Cette partie cachée du droit ou qui forme son ombre est aussi nécessaire pour assurer des rapports stables, sécuritaires et efficaces dans une

---

108. Dans certains cas, ces lois imposent aux parties des seuils, par exemple le salaire à l'article 40 L.N.T., ou l'élaboration d'une règle particulière sur un point donné et, à défaut, l'application de la règle supplétive (art. 59.1 et 60 L.N.T.) ou encore, ces lois occupent totalement une question telles la langue officielle de la convention collective (*Charte de la langue française*, art. 43) ou la soumission à l'arbitrage à titre de recours terminal d'un grief (art. 100 C.t.) etc.
109. J. CARBONNIER, *op. cit.*, note 17, notamment aux p. 23 à 109.

société de droit. Les prédicats du respect du droit, de la bonne foi présumée, de la volonté d'une exécution complète des obligations réciproques et de la confiance en l'autre constituent toujours des éléments essentiels à la bonne marche des rapports sociaux, économiques et politiques. Les articles 1426 et 1434 C.c.Q. rendent fort bien compte de cette nécessité, à savoir que le non-dit ou parfois le « ce qui va de soi » complète, éclaire, précise ou détermine, si nécessaire, le sens et la portée des modalités exprimées aux actes écrits :

> On tient compte, dans l'interprétation du contrat, de sa nature, des circonstances dans lesquelles il a été conclu, de l'interprétation que les parties lui ont déjà donnée ou qu'il peut avoir reçue, ainsi que des usages (art. 1426 C.c.Q.).

Cette seconde facette de la règle de droit a une fonction constructive et ajoute un éclairage très souvent salutaire au dispositif exprimé, comme le reconnaissait déjà en toutes choses de la vie, le philosophe chinois LaoTseu :

> On façonne l'argile pour en faire des vases, mais c'est du vide interne que dépend leur usage [...].

> L'être donne des possibilités, c'est par le non-être qu'on les utilise[110].

I-57 — *Le contexte* — Si le non-dit ou « ce qui va sans le dire » fait partie du droit de l'emploi, on ne saurait donc le négliger, l'ignorer ni l'estomper. Que faut-il entendre par « usage », « nature », « circonstance » et « comportement » des parties tels que ces termes sont employés au *Code civil du Québec* et entendus dans le milieu juridique ? La logique pratique ou ce que l'on dénomme parfois le « gros bon sens » permet facilement de saisir que tout ne peut être dit, spécifié ni clairement écrit quant à l'ensemble des obligations professionnelles qui incombent à la personne engagée pour assumer une fonction, un métier, une profession donné. On suppose qu'elle connaît l'étendue de ses obligations professionnelles, qu'elle dispose du savoir-faire nécessaire pour les assumer et qu'elle prend les mesures pour s'acquitter convenablement des tâches qui lui sont assignées, ce que l'on qualifie parfois de « règles de l'art » **(II-61)**[111]. De même en est-il, à titre d'exemples, des règles de civilité et de courtoisie ou des habitudes culturelles qui ont cours dans le milieu de travail et que le nouveau salarié se doit de respecter **(II-104 et 105)**[112]. Dans une situation donnée, le

---

110. Liou-Kia-Hway (trad.), *Lao Tseu, cinq siècles avant J.-C.*, Paris, Gallimard, 1967.

111. Sous ce dernier vocable, on comprend aussi les règles techniques qui peuvent porter sur l'usage des équipements et des matériaux, sur l'environnement, les mises en marche, etc.

112. Généralement, aucune règle écrite ne précise la tenue vestimentaire, la qualité du langage exigée tant à l'endroit des collègues que des visiteurs ou des clients, ni davantage la disponibilité que doit manifester un salarié aux autres membres de l'équipe ou aux demandeurs de services, etc. Pourtant, dirions-nous qu'un employeur ne pourrait valablement s'attendre qu'un nouveau salarié se soumette et se conforme à certaines façons de faire en ces matières ? **(II-104)**.

comportement des parties, leur tolérance, leur attitude, leur souplesse ou leur rigueur sont, d'une certaine manière, leur lecture pratique du libellé de la norme applicable. Elles s'en donnent ainsi une mutuelle « interprétation ». Lorsque les parties ont ostensiblement et régulièrement fait tel geste ou tel acte, bien qu'il soit quelque peu différent de l'entendement ordinaire du libellé même du contrat ou de la convention collective, ne peuvent-elles pas croire, de part et d'autre, que ce comportement ne viole pas nécessairement leur accord ? À titre d'illustration, imaginons ces situations alors que l'entente écrite comprendrait qu'une journée de travail s'entend de 9 h à 17 h, alors que dans les faits connus et répétés régulièrement :

— l'arrivée au travail des salariés s'étend réellement entre 8 h 45 et 9 h 20;

— l'anniversaire d'un collègue de travail donne généralement lieu à une petite fête de 15 à 20 minutes en milieu d'après-midi;

— le départ en fin de journée commence vers 16 h 40 et peut s'étendre jusqu'à 18 h pour certains, car tous conviennent de parachever les tâches déjà entreprises avant de quitter;

— etc.

Ne serions-nous pas désagréablement surpris, pour ne pas dire plus, d'un changement brusque et sans préavis de ces façons de faire sous prétexte que ces comportements maintes fois répétés, connus et commis au vu et au su de tous ne seraient plus conformes au libellé de la disposition de la convention collective ou du contrat de travail ?

I-58 — *Les usages* — La commune expression « savoir lire entre les lignes et entre les mots » n'est nullement une simple métaphore; elle traduit bien une réalité juridique et, surtout, une nécessité pratique. Aussi, l'étude du droit de l'emploi doit tenir compte de ce contenu implicite, mais néanmoins réel (**I-21**). Comme dans bien d'autres domaines, tant et aussi longtemps que les parties persévèrent dans la gestion de leurs rapports individuels et collectifs et qu'elles maintiennent mutuellement les mêmes comportements et entendements pratiques, les usages ne font que donner une modulation aux règles écrites applicables (contrat de travail et convention collective). Il en est autrement lorsqu'une partie croit que cet apport implicite à la règle écrite n'a pas ou n'aurait plus sa raison d'être. Pareil événement peut survenir dans de multiples occasions :

— parce que le nouveau libellé de la convention collective ou du contrat de travail comprend une modalité qui contredit ou traite d'une autre manière la même question, de façon telle que la donnée implicite en serait maintenant plus ou moins réduite ou modifiée;

— parce que des événements extérieurs, des contraintes nouvelles incitent une partie à lire autrement le texte de l'entente, à lui faire dire autre chose ou encore, à s'en tenir à une approche plus rigoureuse ou différente;

— parce que l'une des parties à l'entente fut remplacée à la suite d'une fusion ou d'une cession de l'entreprise ou en raison du départ de salariés et qu'elle entend dorénavant agir autrement.

On peut comprendre que l'interlocuteur, dans l'un ou l'autre de ces cas, dont l'ajout implicite l'avantageait ou pour qui le changement recherché serait susceptible de perturber la façon de faire ou d'agir riposte et que cet enjeu donne prise à un contentieux fort complexe et parfois délicat[113]. De multiples manières, les usages du lieu ou du milieu peuvent servir en droit pour compléter les modalités conventionnelles expresses ou encore, pour les préciser qualitativement ou quantitativement; ces usages constituent aussi d'utiles moyens d'interprétation du libellé même des dispositions visées **(II-65)**. D'ailleurs, les tribunaux judiciaires ou spécialisés susceptibles d'être appelés à départager, soit à dire le droit des uns et les obligations correspondantes des autres, ne peuvent négliger cette face cachée du *janus* juridique :

> Le contrat valablement formé oblige ceux qui l'ont conclu non seulement pour ce qu'ils y ont exprimé, mais aussi pour tout ce qui en découle d'après sa nature et suivant les usages, l'équité ou la loi (1434, C.c.Q.).

Comment les parties ne pourraient-elles pas tenir compte de cette source implicite du droit qui se conjugue aux sources du droit positif ?

1-59 — *Jurisprudence* — Certes, les tribunaux interviennent pour départager les parties, et ces jugements participent du même coup à l'élaboration du droit de l'emploi[114]. Cet apport des tribunaux s'exercerait à la fois d'une manière concrète et abstraite. Saisi d'une affaire entre deux parties, le tribunal prend d'abord en considération les faits et arguments présentés puis, départage en précisant l'étendue des droits et des obligations de chacune d'elles selon les règles de droit applicables et impose, s'il y a lieu, des mesures correctives ou réparatrices idoines. Cette décision d'autorité, c'est-à-dire soutenue par la puissance publique, lie d'abord et surtout les parties visées, mais elle peut aussi produire des effets d'entraînement ou d'enseignement pratique au profit de multiples autres personnes susceptibles d'être placées en

---

113. Il suffit de consulter les deux décisions suivantes pour mieux saisir la problématique et aussi la difficulté de tirer parfois au clair l'intention réelle des parties à modifier leur « implicite » : *Aciers Ralfor Ltée* c. *Lussier*, [1981] C.S. 1068 et *Centre d'accueil Miriam* c. *Syndicat canadien de la fonction publique*, [1985] 1 R.C.S. 137.

114. Fernand MORIN et Rodrigue BLOUIN, *Droit de l'arbitrage de griefs*, 4e éd., Cowansville, Les Éditions Yvon Blais inc., 1995, p. 102 à 112; Donald J.-M. BROWN et David M. BEATTY, *Canadian Labour Arbitration*, 3rd ed., Aurora, C.L.B. mis à jour, nos 4 : 2000 à 4 : 2320; Earl Edward PALMER et Bruce Murdoch PALMER, *Collective Agreement Arbitration in Canada*, 3rd ed., Toronto, Butterworths, 1991, p. 117 à 169; Mario SIMARD, « L'interprétation des conventions collectives par l'usage et l'historique des négociations », (1979) 39 *R. du B.* 357.

pareilles situations ou encore, pour éviter qu'elles ne le soient[115]. Ce départage du juge, saisi d'une situation de fait ou d'un cas concret, suppose qu'il a fait au préalable une analyse de la portée du droit qui, selon les circonstances, peut exiger une démarche assez délicate comprenant notamment :

— la détermination de la question de droit soulevée en l'occurrence[116];

— le repérage des règles de droit généralement applicables à l'égard de la question retenue;

— la qualification de ces mêmes règles de droit et, s'il y a lieu, la détermination de leur portée, leur étendue, leurs conditions et leurs limites : l'interprétation;

— la liaison établie entre la situation de fait telle qu'elle est circonscrite aux règles de droit retenues et précisées, soit le passage de l'abstrait au concret.

Sur le plan strictement juridique, cet exercice pratique du tribunal apporte un éclairage certain à la règle de droit, que cette dernière soit de source publique ou privée. Par la suite, le législateur, le gouvernement ou les parties doivent tenir compte de ce jugement, soit qu'ils en sont confortés, soit qu'ils doivent relire autrement leur œuvre, soit qu'ils décident de la réécrire[117]. Bien évidemment, tous les jugements des tribunaux n'ont pas une telle portée déterminante parce que les enjeux ne s'y prêtent pas ou encore, parce qu'en raison de la complexité de la problématique, un seul jugement ne peut fixer d'un trait l'état du droit. Pour ces raisons, on dira communément que tel ou tel jugement fait ou ne fait pas « jurisprudence » !

I-60 — *Faire jurisprudence!* — Le terme « jurisprudence » renvoie à différents entendements. Il peut s'agir, selon les circonstances de lieu et les personnes, de l'ensemble des décisions des tribunaux judiciaires ou spécialisés portant sur une branche du droit ou sur un point particulier du droit. À ce dernier titre, il s'agira de la jurisprudence relative à l'article 45 C.t. ou de la jurisprudence en matière disciplinaire ou encore, de la jurisprudence arbitrale

---

115. Ces actes de prudence, ces mises en garde ou ces décodages jurisprudentiels peuvent notamment être l'œuvre des avocats pratiquant le droit de l'emploi.

116. C'est souvent sur ce point même que le juge peut errer s'il pose la mauvaise question. C'est parfois la seule façon de comprendre le fait que tous les juges saisis d'une même affaire peuvent l'aborder autrement les uns les autres, et alors des dissidences et des appels peuvent en découler. Voir : Fernand MORIN, « L'approche dite "pragmatique et fonctionnelle" retenue à la Cour suprême du Canada », (1994) 25 *R.G.D.* 95.

117. Cette dynamique entre la jurisprudence et les lois, les contrats et la convention collective est soulignée dans un prochain chapitre (**I-86 à 108**). Sur l'élaboration du droit par le juge, voir : Gérard TIMSIT, *Gouverner ou juger, blasons de légalité*, Paris, Presses Universitaires de France, 1995 et Christian ATIAS, « Savoir des juges et savoir des juristes », *McGill Legal Studies*, Cowansville, Les Éditions Yvon Blais inc., 1990.

de griefs ou de différends, etc. Ces appellations concernent l'ensemble des jugements constants des tribunaux ayant retenu ou privilégié une approche ou un entendement assez précis pour que les praticiens dans chacun de ces domaines puissent en tenir compte pour étayer leur argumentation de manière que le juge saisi d'une nouvelle affaire puisse s'y référer dans l'énoncé de ses motifs, soit pour y obtempérer, soit pour s'en écarter. Dans d'autres cas, « jurisprudence » a un sens fort plus rigoureux; on entend alors l'autorité du précédent ou, si l'on préfère, le *stare decisis*. Cette autorité du jugement ne comprend, sur le strict plan juridique, que la réponse judiciaire donnée à la question de droit soulevée dans une affaire, le *ratio decidendi*. Cette limite signifie que les remarques, commentaires ou observations consignés dans ce même jugement n'ont pas cette force d'autorité; bien qu'il puisse être utile, en pratique, de les retenir à titre d'énoncés annonciateurs d'une approche probable du même tribunal à l'égard de telle autre question qui pourrait ultérieurement lui être soumise ou encore, comme bémol à la conclusion principale. Au Québec, les arrêts de la Cour suprême du Canada disposent de cette force juridique de « dire le droit » au point qu'il devient ce qu'elle dit, que les autres tribunaux doivent s'y soumettre lorsqu'ils sont saisis de la même question, le *ratio decidendi*, et que la règle de droit applicable est bien celle qui fut traitée par la Cour suprême du Canada[118]. En second lieu, un arrêt unanime de la Cour d'appel lie les autres tribunaux du Québec sauf, bien évidemment, si la Cour suprême du Canada en est ultérieurement saisie et l'infirme. Au-delà de cet élément d'autorité hiérarchique, il serait inexact de soutenir ou de prétendre que les jugements rendus par la Cour supérieure, la Cour du Québec et les tribunaux spécialisés n'auraient aucun effet en droit, outre celui relatif à l'affaire directement traitée. Ces jugements et décisions apportent un éclairage en ce qu'ils précisent ou délimitent le sens et la portée des règles de droit applicables ou encore, la façon appropriée de l'aborder ou de l'appliquer. Par la suite, les tribunaux et les praticiens du droit appliquent ces mêmes règles de droit à l'aide et non pas en raison de cette jurisprudence.

I-61 — *Doctrine* — Il existe une autre source circonstancielle ou, à tout le moins, indirecte du droit de l'emploi; il s'agit de la doctrine. Ce terme s'entend généralement des études produites par les spécialistes du droit de l'emploi qui peuvent être prises en considération par les tribunaux ou le gouvernement à l'occasion de la saisie d'un problème relativement complexe. Parfois, ces études permettent de mieux circonscrire les véritables enjeux du débat et elles proposent différentes hypothèses de solutions possibles. Dans d'autres cas, la doctrine se limite à effectuer des synthèses méthodiques de la jurisprudence pour en signaler les qualités et les implications pratiques et

---

118. Cette double identité de droit et de fait est fréquente au sujet de questions relatives à l'application de la *Charte canadienne des droits et libertés* et de la *Charte des droits et libertés de la personne* (**I-33**).

alors, les tribunaux peuvent en tirer profit, soit en maintenant, soit en modulant autrement leur approche. Il suffit de lire certains jugements pour constater que les tribunaux se réfèrent parfois à la doctrine pour conforter leur position. Le *Journal des débats* de l'Assemblée nationale permet également ce même constat de l'usage qu'en font députés et ministres à l'occasion de l'étude de projets de loi. Dans l'un et l'autre cas, il faut aussi présumer que les avocats et juristes qui sont intervenus dans ces affaires ont d'abord retenu ces travaux de doctrine à titre de guides et d'autorités. Bien évidemment, la doctrine n'exerce pas une influence directe auprès des juges et des ministres, mais elle peut aider à la réflexion et à la saisie d'une question. La suite de notre étude sur le droit de l'emploi devrait permettre de mieux saisir l'apport respectif de ces multiples sources : charte, code, loi, règlement, contrat, convention, usage, jurisprudence et doctrine. À ces fins, nous devons aussi considérer les facteurs qui incitèrent l'État à intervenir de plus en plus dans ce champ et à tenir compte des implications sociales, économiques et politiques de sa présence. Ces derniers objectifs peuvent être atteints si l'on connaît les moyens retenus par l'État pour réaliser ses interventions sans vraiment remettre en cause les lois économiques de base de notre société. Tels sont les thèmes développés au chapitre I-3.

CHAPITRE I-3

L'INÉLUCTABLE PRÉSENCE DE L'ÉTAT

———

I-62 — *L'État!* — Il n'est certes pas notre propos principal, mais il convient néanmoins de s'interroger sur la signification même de l'État et sa fonction historique en matière d'emploi. Sans cette donnée, nous ne pourrions comprendre les racines mêmes du droit de l'emploi. Nous avons tous un certain entendement du concept, bien qu'il puisse être vague ou nébuleux, tout comme la notion de droit et sans doute pour les mêmes raisons. En effet, la notion d'État est difficile à définir dans une formule simple, claire et également partagée. Selon les besoins, l'époque, la fonction occupée ou, encore, selon notre interlocuteur, la définition de l'État retenue et les qualificatifs qui lui sont attribués peuvent varier sensiblement. Le contribuable, le justiciable, le citoyen, le fonctionnaire, l'employeur et le chômeur n'auraient-ils pas respectivement une façon distincte de le décrire? Nous pourrions dire, à l'instar de Georges Burdeau[119], que l'État est avant tout une idée à la fois chimérique et aussi fort réelle en raison de l'ensemble des manifestations de pouvoir qu'elle évoque. Pour nos fins, nous définissons l'État comme la «puissance publique» manifestée et réalisée par un faisceau de moyens et d'institutions mis en place pour assurer les fonctions jugées essentielles à l'organisation structurée d'une société donnée. L'État assure à une nation une permanence, une stabilité et un cadre nécessaire au maintien de sa survie, pour assurer la sécurité de ses membres et permettre son développement. Ces moyens, services et structures peuvent être regroupés, selon la typologie de Montesquieu[120], en fonction des trois grands pouvoirs: législatif, exécutif et judiciaire. Ces trois catégories révèlent

———

119. G. BURDEAU, *op. cit.*, note 25; J. DONNEDIEU DE VABRES, *op. cit.*, note 25; Gérard BERGERON, *Petit traité de l'État*, Paris, Presses Universitaires de France, 1990.
120. MONTESQUIEU, *De l'esprit des lois*, coll. Folio/essais, Paris, Gallimard, 1995.

déjà que l'on ne saurait valablement traiter de l'État sans l'usage de deux maîtres-mots constamment conjugués pour le mieux ou le pire, soit POUVOIR et DROIT. Le droit sert à la fois à contenir l'exercice du pouvoir, à légitimer l'action de ceux qui le détiennent et à procurer stabilité et sécurité aux rapports entre citoyens. Pour ces raisons, il demeure important que ces trois pouvoirs soient confiés à autant de titulaires distincts, de manière que ces derniers soient mutuellement placés dans une dynamique de poids et de contrepoids[121].

I-63 — *La dynamique des pouvoirs* — La société est façonnée et aménagée selon les règles et les services qu'elle se donne par le truchement de l'État. On peut vite comprendre que les acteurs économiques, du financier à l'ouvrier, ne peuvent demeurer indifférents ou impassibles à ces données, surtout lorsqu'un groupe tente de faire modifier en sa faveur le contenu de ces mêmes règles. Inversement, chefs d'entreprises, syndicats et salariés exercent chacun à leur manière des pressions auprès des titulaires du pouvoir législatif pour faire adapter les grandes règles de vie en société, de manière qu'elles leur soient toujours plus avantageuses ou, selon le cas, un peu moins préjudiciables. Pareils jeux d'influence s'effectuent aussi à l'égard du gouvernement (gestionnaires des grands services publics) puis, auprès des tribunaux, par la voie du procès[122], afin de faire reconnaître ou imposer le respect de leurs droits respectifs et des obligations des autres. Cette dynamique politico-juridique se réalise dans toutes les sphères d'activité et, bien évidemment, au sujet ou à l'occasion de l'emploi. Les uns, les employeurs, tentent de maintenir leur héritage du XIXe siècle, alors que le droit leur était assez favorable, tandis que les salariés, par le truchement des syndicats ou de groupes de personnes, essaient de faire moduler le régime pour une meilleure prise en considération des conditions de vie du salariat (**II-46, 48**). On ne saurait traiter du droit de l'emploi sans faire, même sommairement, un rappel historique de l'évolution de ce droit dans notre société industrialisée pour mieux saisir sa genèse, ses caractéristiques et peut-être, dans une certaine mesure, son orientation probable en cette fin de siècle et amorce du XXIe.

I-64 — *Libéralisme juridique* — Dès le début du XXe siècle et toujours de plus en plus par la suite, l'intervention de l'État en matière d'emploi devint inévitable, voire essentielle. Sa présence était bien évidemment sollicitée par certains et, sans doute avec autant de fermeté, combattue par d'autres. Ce

---

121. À l'égard de sa fonction respective principale (l'élaboration de la loi par l'Assemblée nationale, l'administration des affaires de l'État par le gouvernement et, au besoin, la sanction des lois par les tribunaux), chaque titulaire agit distinctement des deux autres, tout en tenant compte de leurs interventions en amont ou en aval. Chacune de ces trois institutions dispose d'une certaine autonomie de fonctionnement, bien que tributaire des actes des deux autres.

122. Le *one man lobby* selon l'expression américaine pour souligner l'usage de ce moyen pour la défense d'intérêts individuels ou de groupes distincts.

phénomène historique s'explique, sur le plan juridique, par l'état du droit aux premiers moments de l'industrialisation du Québec. En effet, les grandes règles de droit d'alors étaient articulées en fonction des dogmes du libéralisme économique et elles visaient à les étayer et à assurer leur pérennité. Il s'agit notamment de la reconnaissance du principe d'égalité des individus, de l'affirmation de la liberté de commerce pour tous et chacun, de la libre concurrence entre tous, de la libre propriété comprenant l'accession, de la liberté contractuelle et de la responsabilité personnelle des actes de chacun. Il suffit de consulter le *Code criminel* de l'époque et le *Code civil du Bas-Canada* (1865) pour y retrouver un nombre considérable de règles traduisant en forme juridique ces mêmes postulats politico-économiques et assurant ainsi leur application concrète. À titre d'illustrations, nous rappelons ces quelques dispositions.

Liberté contractuelle

C.cr., art. 365 : maintenant art. 422(1)

Quiconque, volontairement, viole un contrat, sachant ou ayant un motif raisonnable de croire que les conséquences probables de son acte, qu'il agisse seul ou en liaison avec d'autres seront :

a) de mettre en danger la vie humaine;

b) d'infliger des blessures corporelles graves;

c) d'exposer des biens de valeur, immeubles ou réels, ou membres ou personnels, à une ruine totale ou à de graves dommages; [...]

C.c.B.-C. : art. 466

Toute personne est capable de contracter, si elle n'en est pas expressément déclarée incapable par la loi.

La libre concurrence

C.cr., art. 409 : maintenant art. 466(1)

Un complot en vue de restreindre le commerce est une convention entre deux ou plusieurs personnes pour accomplir ou faire accomplir un acte illégal destiné à restreindre le commerce. [...]

art. 411

Est coupable d'un acte criminel et passible d'un emprisonnement de deux ans, quiconque complote, se coalise, se concerte ou s'entend avec un autre

a) pour limiter indûment les facilités de transport, de production, de fabrication, de fourniture, d'emmagasinage ou de commerce d'un article quelconque; [...].

Droit de propriété et d'accession

C.C.B.-C. : art. 406   La propriété est le droit de jouir et de disposer des choses de la manière la plus absolue, pourvu qu'on n'en fasse pas un usage prohibé par les lois ou les règlements.

art. 408   La propriété d'une chose soit mobilière, soit immobilière, donne droit sur tout ce qu'elle produit, et sur ce qui s'y unit accessoirement, soit naturellement, soit artificiellement. Ce droit se nomme droit d'accession.

Responsabilité

C.C.B.-C. : art. 1053   Toute personne capable de discerner le bien du mal est responsable du dommage causé par sa faute à autrui, soit par son fait, soit par imprudence, négligence ou inhabileté.

Par le postulat juridique de l'égalité abstraite de chacun et de tous, l'État n'entendait faire ni permettre aucune distinction, nuance ou exception entre le riche et le pauvre ou l'instruit et l'ignorant ou encore, le tâcheron et le « capitaine d'industrie ». Bien plus, le libéralisme politique et économique[123] supposait un quasi-devoir de réserve de l'État, c'est-à-dire qu'il n'intervienne que pour assurer la libre circulation des personnes et des biens et, par ailleurs, qu'il impose de son autorité (la vindicte publique) le respect des contrats. Ainsi, l'abstention ou le silence du législateur confortait même ces grandes règles économiques que constituait ce magistère. C'est ainsi que ces silences pouvaient avoir un sens certain, mais fort opposé selon que l'on était employeur ou salarié. Ces silences n'étaient pas des manifestations d'indifférence et devinrent rapidement des licences dans les situations nouvelles engendrées par l'industrialisation et le salariat.

---

123. Maurice FLAMANT, *Histoire du libéralisme*, coll. Que sais-je ?, n° 1797, Paris, Presses Universitaires de France, 1988; Raymond ARON, *Essai sur les libertés*, Paris, Calmann-Lévy, 1965; Fernande ROY, *Progrès, Harmonie, Liberté : le libéralisme des milieux d'affaires francophones de Montréal au tournant du siècle*, Montréal, Boréal Express, 1988; D. MEDA, *op. cit.*, note 5.

Section 3.1

Un changement radical des rapports : la révolution industrielle

———

I-65 — *Une révolution* — Progressivement et d'une manière ininterrompue au cours de la première moitié du XXe siècle, le Québec connut une profonde mutation économique et, par voie de conséquence, sociale et politique. Ces changements et même ces bouleversements coiffés postérieurement de l'épithète « révolution industrielle » résultèrent principalement d'une transformation radicale des processus de production. En effet, la production de masse impliquait une concentration importante de capitaux nécessaires à l'aménagement de vastes installations mécaniques et la réunion d'un grand nombre de travailleurs sous ces mêmes toits. Ces derniers sont ainsi appelés à produire pour le compte des autres des biens généralement étrangers à leurs besoins propres en contrepartie d'un salaire leur permettant de consommer ce qu'ils ne produisent pas eux-mêmes. Cette révolution industrielle suppose également la maîtrise de nouvelles sources d'énergie (du moteur à vapeur au microprocesseur, etc.), des méthodes de travail simplificatrices au point de décortiquer les « temps et mouvements » de chaque opération et l'élaboration de réseaux d'alimentation de matières premières et de distribution pour assurer et provoquer, en aval et en amont, le roulement des cycles de production. Sur le plan de la relation d'emploi, soit du rapport entre le travailleur et le donneur d'ouvrage, ces changements qualitatifs et quantitatifs modifièrent sensiblement la nature de ce lien de travail et, aussi, le statut des personnes ainsi mises en présence ou susceptibles de l'être[124].

---

124. Pour mieux saisir le statut dans lequel pouvait se retrouver les travailleurs et chômeurs dans le régime libéral initial, on peut lire avec grand intérêt : J. ATTALI, *op. cit.*, note 6, notamment p. 330 et suiv. (le travail marchandise); Robert CASTEL, *Les métaphores de la question sociale*, Paris, Éditions Fayard, 1995.

I-66 — *Le salariat* — L'industrialisation et l'urbanisation qu'elle entraîna à sa suite modifièrent sensiblement le mode de vie par la constitution d'une société salariée. Il s'agissait ni plus ni moins de changements profonds des façons de vivre, d'une quasi-révolution culturelle et même d'une autre manière d'être. L'environnement spatial et temporel, le processus d'engagement des travailleurs et aussi la manière de travailler relevaient dorénavant du chef d'entreprise et ce dernier concédait au salarié des temps libres comme s'il était son maître absolu. Ce nouveau contexte dans lequel une personne pouvait travailler pour le compte d'une autre accentua l'écart entre elles au point que le salarié était de moins en moins pris en considération[125]. Dans la tourmente de la mise en place d'entreprises de production faisant face à de multiples contraintes financières et techniques, ces nouveaux « capitaines d'industrie » accordaient fort peu d'importance aux questions relatives à la qualité de vie de cette main-d'œuvre. Elle était abondante par surcroît, souvent inexpérimentée parce que d'origine rurale, et les tâches étaient relativement simples, répétitives et pénibles[126]. Ainsi, le salarié fournissait son travail personnel pour une durée quotidienne et hebdomadaire fixée par l'employeur et recevait, en contrepartie, le salaire que ce dernier croyait devoir lui verser. S'il demeurait à l'emploi, on pouvait juridiquement présumer qu'il acceptait librement l'offre de l'employeur et, par la suite, ce contrat servait d'assise juridique pour établir les droits et les obligations des parties (absence pour maladie, accident de travail, pouvoir disciplinaire, rupture du lien d'emploi, etc.) (**I-51**).

I-67 — *Lois économiques prévalentes* — La position très avantageuse de l'employeur, tant sur les plans économique que juridique, et la dépendance professionnelle et juridique du salarié dans un contexte semblable firent que les lois du marché prévalaient. Le salarié ne disposait guère de moyens pour moduler le contrat tant soit peu à son avantage. La durée du travail fut prolongée au maximum, l'engagement des enfants et des femmes à titre de main-d'œuvre d'appoint devint une pratique courante et les salaires les plus bas possible étaient consentis[127]. Si l'amorce de l'industrialisation se situe au début du XXe siècle, ce même phénomène connut des temps d'arrêt certains puis, des mouvements brusques de développement qui ne permirent

---

125. Il était considéré davantage comme l'objet du contrat plutôt qu'à titre de sujet et, ainsi, les civilistes de l'époque qualifièrent cette relation juridique de « location de service personnel », ce qui illustre bien l'importance donnée à l'objet du contrat occultant ainsi le sujet. Cette expression méprisante fut heureusement écartée du *Code civil du Québec* de 1994 (**II-50**).

126. Le film *Les temps modernes* de Charlie Chaplin constitue une éclatante caricature de ce genre de travail. Une analyse critique saisissante nous est proposée par S. WEIL, *op. cit.*, note 9.

127. Jean FOURASTIÉ, *Machinisme et bien-être : niveau de vie et genre de vie de 1700 à nos jours*, 3e éd., Paris, Éditions de Minuit, 1962; Simone WEIL, *La condition ouvrière*, Paris, Gallimard, 1951.

guère la réflexion nécessaire à une action sage, pondérée et prudente. Ainsi, la crise économique des années 30[128], les deux guerres mondiales de 1914 et 1939 sont autant de coups de fouet provoquant des soubresauts à la production de biens et à la mise en place des structures afférentes. L'État, dans ces dernières occasions, dut intervenir pour secourir les victimes et instaurer un cadre strict assurant une production massive, rapide et continue, jugée nécessaire à la défense nationale. Ce cheptel industriel bâti en catastrophe en raison de l'urgence nationale fut néanmoins reconverti en créneaux «civils» dès la fin de la guerre, ce qui permit de poursuivre pour quelques décennies l'essor industriel (**III-203**).

I-68 — *Les trente glorieuses* — Au cours de la seconde moitié du XXᵉ siècle, d'autres facteurs modifièrent autrement cette toile de fond industrielle, notamment la technologie, la laïcisation de grands services publics et l'éducation. Il est indéniable, et maintenant de commune connaissance, que la maîtrise de nouvelles techniques permit des développements importants dans tous les secteurs industriels. Il s'agit, entre autres domaines, des voies et moyens d'extraction des matières premières (tirées des mines, de la forêt, de la pêche, etc.), de l'exploitation de ces produits et de la mécanisation de certaines étapes de la production de biens, d'abord assistées et contrôlées par l'homme puis, allant progressivement de l'informatisation jusqu'à la robotisation (la production de l'objet par l'objet), etc. Ces changements permirent de faire davantage appel à un grand nombre de personnes. Ainsi, au cours des «trente glorieuses» (1950–1980), syndicats et employeurs négocièrent le «progrès», c'est-à-dire les questions relatives au nombre de nouveaux postes à créer chaque année dans l'industrie et les taux consentis d'augmentations de salaire.

I-69 — *Évolution des institutions* — Nous avons également connu, au cours de ces mêmes trente ans, une augmentation constante des besoins de services, notamment ceux rattachés à la santé, à l'éducation et aux services sociaux. Pour mieux répondre à ces demandes, la première opération consista à laïciser les institutions déjà en place[129]. La prise en charge publique de ces grands services demanda la création de réseaux hospitalier et d'enseignement secondaire, collégial et universitaire. Ces changements améliorèrent certes la qualité de vie des citoyens québécois ainsi que leur niveau de vie. Ainsi, la population fut progressivement mieux informée, mieux formée, plus avertie des données sociales, économiques et politiques et, conséquemment, plus

---

128. *Loi relative à la limitation des heures de travail*, S.Q. 1933, c. 40 : disposition assurant une meilleure distribution du travail dans le cadre de grands travaux publics et à un plus grand nombre de personnes; J.K. GALBRAITH, *op. cit.*, note 11.

129. C'est l'époque où les « Hôtel-Dieu » ne conservèrent que leur appellation religieuse, où les séminaires des pères devinrent des cégeps, etc.

consciente des enjeux. Il était donc inévitable qu'elle devint davantage partie prenante et agissante à la fois sur les plans social, économique et politique. Ces quelques données brièvement rappelées exigèrent des adaptations au régime juridique afin de répondre à ces nouveaux besoins. Nous devons également considérer le fait que le mouvement syndical prit proportionnellement beaucoup d'ampleur au cours de cette même époque[130]. Les salariés disposèrent dès lors de « porte-parole » pour transmettre avec conviction leurs revendications, tant auprès des employeurs que de l'État. Les structures nécessaires au dialogue, soit la tenue de rapports collectifs du travail, furent amorcées assez péniblement il y a plus de cinquante ans, alors qu'elles font maintenant partie de l'organisation générale de notre société[131].

---

130. En 1950, 27 % de la population active, soit 250 000 personnes, était syndiquée, alors qu'en 1992, ce taux était de 49,7 %, soit plus de 1,2 million de personnes. Ces chiffres n'ont qu'une valeur approximative puisque ce nombre semble varier en fonction des études. Voir : Fernand HARVEY, *Le mouvement ouvrier au Québec*, Montréal, Boréal Express, 1980, p. 288; « La présence syndicale au Québec en 1995 », dans *Le marché du travail*, volume 17, n°s 1 et 2, p. 6; Robert BOILY, Alfred DUBUC, François-Marc GAGNON et Marcel RIOUX, *Données sur le Québec*, 2e éd., Montréal, Les Presses de l'Université de Montréal, 1974, p. 210; Gérard DION et Gérard HÉBERT, « L'avenir du syndicalisme au Canada », (1989) 44 *Rel. Ind.* 5; Gregor MURRAY, « La représentation en relations industrielles, Perspectives et prospectives », dans M. AUDET, E. DÉOM, A. GILES et A. LAROCQUE (dir.), *op.cit.*, note 79, p. 7.

131. Colette BERNIER, Roch LAFLAMME, Fernand MORIN, Gregor MURRAY et Claude RONDEAU (dir.), *La négociation collective du travail, adaptation ou disparition ?*, Actes du 48e Congrès des relations industrielles, Sainte-Foy, Les Presses de l'Université Laval, 1993.

Section 3.2

Les lois de premiers secours
et autres lois d'encadrement

─────────

I-70 — *Premières lois* — Ces bouleversements sociaux et économiques devinrent si évidents et, du coup, si préjudiciables que l'État ne pouvait plus maintenir son silence[132]. C'est ainsi que les premières interventions législatives apparurent pour répondre aux situations les plus pressantes. Ces lois d'urgence servirent à limiter les abus, à corriger des situations devenues publiquement inacceptables ou, encore, à adapter ou à moduler certaines règles générales pour tenir compte de ces nouvelles conditions de vie. Les titres de ces premières lois et le rappel de leur objet respectif permettent de mieux saisir comment fut constitué l'embryon du droit de l'emploi.

— *Acte pour exempter de la saisie, la moitié des gages des journaliers*[133] : L'application de la règle générale à savoir que les biens d'une personne servent de gage commun à ses créanciers était ainsi limitée en raison du caractère alimentaire de ce seul revenu du salarié et nécessaire à sa subsistance quotidienne et même, pour qu'il puisse poursuivre son « labeur » (**V-59**).

— *Acte des manufactures de Québec, 1885*[134] : Mise en place d'une inspection des établissements industriels permettant des interventions *ad hoc* nécessaires. Cette loi établissait également un âge minimal pour

─────────

132. Lacordaire ne résuma-t-il pas d'une manière lapidaire cette situation, bien qu'il ne soit pas certain que son message fut reçu et compris de tous : « Entre le faible et le fort, la liberté opprime et la loi affranchit » ? Voir : John A. DICKINSON, « La Législation et les travailleurs québécois (1894–1914) », (1986) 41 *Rel. Ind.* 357.
133. S.Q. 1881, c. 18.
134. S.Q. 1885, c. 32.

travailler ainsi que des heures maximales de la journée de travail pour
les jeunes et pour les femmes.

— *Loi relative aux établissements industriels*[135] : En vertu de cette loi,
l'âge pour travailler était alors fixé à 13 ans pour les garçons et à 14 ans
pour les filles.

— *Loi concernant les responsabilités des accidents dont les ouvriers sont
victimes dans leur travail, et la réparation des dommages qui en
résultent*[136] : Le risque inhérent au travail en entreprise incombait dorénavant, sans égard à la faute, à l'employeur et, à défaut d'accord entre
les parties pour fixer le montant de l'indemnité due à la suite d'un accident de travail, le tribunal l'établissait d'autorité.

— *Loi du salaire minimum pour les femmes*[137] : Fixation du salaire par
l'État, et ce, d'abord pour les femmes, puis en 1937, cette norme salariale minimale protégea tous les salariés.

— *Loi des différends ouvriers de Québec*[138] : Un service volontaire de conciliation et d'arbitrage était offert aux parties d'un conflit de travail[139].

— Etc.

Dans ce même début de siècle, le *Code criminel* fut également modifié
de manière à rendre licite l'action syndicale et à ne plus concevoir les revendications des salariés à l'égard d'un même employeur comme s'il s'agissait
d'une coalition autrement défendue (art. 466 C.cr.) (**IV-114**).

I-71 — *Garanties minimales* — Ces premières lois du travail étaient, en quelque sorte, un produit dérivé de l'industrialisation puisque la dynamique régula-
trice de la loi de l'offre et de la demande ne pouvait équitablement jouer entre
les deux parties dans de semblables relations. Ces premières lois constituaient
principalement des interventions « de premiers soins » aux salariés pour leur
assurer un minimum de garanties, tant pour leur subsistance matérielle que

---

135. S.Q. 1894, c. 30.
136. S.Q. 1909, c. 66.
137. S.Q. 1919, c. 11.
138. S.Q. 1901, c. 31.
139. Pour d'autres rappels historiques de ces interventions législatives, voir : Fernand MORIN et
Claudine LECLERC, « L'usage de la loi pour contenir les relations du travail : l'expérience
du Québec », Études, vol. 46, Commission MacDonald, Ministère des Approvisionnements
et Services Canada, 1986; Lise POULIN SIMON et Judith CARROLL, « Historique des interventions du gouvernement du Québec dans le domaine de la main-d'œuvre », (1991) 46
Rel. Ind. 766. Les difficultés d'élaboration puis d'application des lois d'intervention dans
les conflits collectifs du travail sont exposées dans une série de quatre articles publiés par
Jacques GUILBAULT : « Lois québécoises de conciliation et d'arbitrage », (1951) *R. du B.*
221 et suiv., 277 et suiv., 329 et suiv. et 385 et suiv.

pour leur survie personnelle dans l'entreprise. Le préambule justificatif de la *Loi du salaire minimum de 1940* indiquait fort bien l'effet recherché : « Considérant que la justice sociale impose la réglementation du travail lorsque la situation économique entraîne pour le salarié des conditions contraires à l'équité. » Ces interventions, notamment en matière contractuelle, s'imposèrent aussi parce que le droit civil d'alors était principalement un droit patrimonial garantissant davantage la sécurité juridique des propriétaires de biens meubles et immeubles. À l'égard du salarié, la liberté contractuelle n'avait guère de valeur pratique puisqu'il ne pouvait véritablement refuser de se lier et qu'il devait assumer sa prestation de travail selon les conditions de travail qu'imposait le cocontractant. En somme, les inégalités économiques et professionnelles étaient si fortes que l'égalité juridique formelle des citoyens masquait l'iniquité, l'injustice et l'assujettissement réels. Ce phénomène n'était certes pas propre au Québec ni même au Canada : l'histoire respective de la législation relative à l'emploi en Angleterre, en Allemagne, en France et aux États-Unis se situe dans ce même créneau, quoique les solutions retenues aient pu être quelque peu distinctes et survenir à des époques différentes selon les périodes où ces pays connurent l'éclosion du même phénomène, l'industrialisation[140].

I-72 — *Législation arborescente* — Au milieu du XXᵉ siècle, le législateur imposa par voie de lois particulières de nouvelles règles de conduite établissant ainsi des droits et des obligations propres aux salariés et aux employeurs. Dans une certaine mesure, il s'agit à la fois d'autant d'aveux des carences du droit commun que de réponses précises de l'État à ces nouvelles réalités sociales et économiques dans ces milieux de travail. Seulement pour la période de 1940 à 1984, soit la période principale de l'industrialisation au Québec, nous avons répertorié 112 lois promulguées par l'Assemblée nationale relatives à l'emploi, réparties ainsi en fonction de leur objet :

— main-d'œuvre et milieu du travail : 16 lois ;

— relations collectives et individuelles du travail : 20 lois ;

— conflits et imposition de conditions de travail particulières : 38 lois ;

— rapports entre l'État employeur et ses employés (secteurs public et parapublic) : 38 lois[141].

---

140. Sidney WEBB et Beatrice POTTER-WEBB, *Industrial Democracy*, New York, A.M. Kelley, 1965 ; Peter N. STEARNS, *Lives of labor : Work in a Maturing Industrial Society*, New York, Holmes and Meier, 1975 ; Gérard AUBIN et Jacques BOUVERESSE, *Introduction historique au droit du travail*, Paris, Presses Universitaires de France, 1995.

141. F. MORIN et C. LECLERC, *loc. cit.*, note 139, p. 89 et suiv. : on y trouve une analyse qualitative et critique de ces lois et l'annexe complétant cette étude donne les coordonnées de chacune de ces 112 lois.

Sauf pour une des périodes où l'Union nationale constitua le gouvernement (1947–1959), l'Assemblée nationale maintint un rythme toujours progressif de production de ces lois et sans trop de différences en fonction des partis politiques en présence : 1940–1950 : 13 lois; 1950–1960 : 7 lois; 1960–1970 : 22 lois; 1970–1980 : 47 lois; 1980–1984 : 23 lois. Au-delà des programmes politiques respectifs des partis, les divers gouvernements ne bloquèrent pas d'une façon systématique les grands projets de loi non menés à terme par leurs prédécesseurs[142]. Il en est ainsi notamment lorsque ces mêmes lois sont attendues par l'ensemble des salariés ou qu'elles s'imposent en raison des difficultés qui dépassent le seuil des partisaneries politiques.

I-73 — *Contenu de onze lois* — Parmi les lois les plus importantes promulguées au cours de cette seconde moitié du siècle, nous en signalons onze que nous énumérons à titre indicatif des grands changements apportés à la toile de fond juridique initiale :

— 1944 : *Loi des relations ouvrières* : Première loi d'aménagement des rapports collectifs du travail et contraignant l'employeur à reconnaître le syndicat accrédité et à négocier avec lui seul les conditions de travail (**IV-3**);

— 1964 : *Code du travail* : Réunion sous une seule couverture et dans un texte cohérent et simplifié d'un ensemble de dispositions qui se trouvaient principalement dans plusieurs lois différentes, et ce, afin que le régime des rapports collectifs du travail soit accessible et d'une administration plus facile. Ce code fut depuis corrigé, complété et adapté à l'aide de nombreuses lois, notamment, en 1969, 1977, 1983 et 1994 (**IV-4**);

— 1965 : *Loi sur la fonction publique* : L'État se reconnaît d'abord comme employeur et, en conséquence, cette loi fixe le régime syndical applicable à la fonction publique;

— 1968 : *Loi des relations du travail dans l'industrie de la construction*[143] : Aménagement d'un régime de relations du travail adapté au particularisme de cette industrie et qui lui est exclusif : négociation pour tout le secteur, administration sous la direction des parties négociatrices et mise en place d'un régime unique d'avantages sociaux. En raison de sa nouveauté, ce même régime fut depuis remodelé à l'aide de plusieurs lois (**III-601**);

---

142. Les modifications apportées au *Code du travail* en 1977, à la *Loi sur les normes du travail* et, en partie, à la *Loi sur la santé et la sécurité du travail* de 1979 sont de ce nombre. Notons que les programmes des différents partis politiques reprenaient, les uns et les autres avec un décalage de quelques années, les mêmes thèmes.

143. S.Q. 1968, c. 45.

— 1969 : *Loi modifiant le Code du travail*[144] : Remplacement de la Commission des relations du travail par une structure administrative tripartite : agent d'accréditation, commissaire du travail et Tribunal du travail. Cette nouvelle structure devait permettre une administration plus directe, plus diligente et plus spécialisée (**IV-5**);

— 1975 : *Charte des droits et libertés de la personne* : Affirmation des grandes libertés et protection de l'égalité des droits, notamment à l'occasion de l'embauche et du traitement des salariés (**I-32; II-7; III-101; V-93**);

— 1977 : *Charte de la langue française* : Dispositions relatives notamment à l'usage de la langue française en milieu de travail et qui imposent que le texte officiel de la convention collective soit en français (**III-110; IV-163; V-18**);

— 1979 : *Loi sur la santé et la sécurité du travail* : Incitation à l'élimination à la source des risques d'accidents de travail et affirmation du droit du salarié de participer réellement à l'application de mesures de sécurité et de santé dans son propre milieu de travail (**III-401; V-18, 98**);

— 1979 : *Loi sur les normes du travail* : En remplacement de la *Loi sur le salaire minimum*, cette loi garantit à tous les salariés plusieurs conditions de travail : salaire, durée du travail, congés hebdomadaires et annuels, jours fériés, contrôle du congédiement, etc. Par leur caractère impératif, ces normes servent de seuil à toute négociation individuelle et collective des conditions de travail (**II-37, 77; III-201; IV-164; V-19, 31**);

— 1985 : *Loi sur les régimes de négociation des conventions collectives dans les secteurs public et parapublic* : Après plusieurs autres lois édictées depuis 1965 à cette même fin, cette loi établit le régime actuel de la négociation collective applicable aux secteurs public et parapublic (**IV-195 et suiv.**);

— 1994 : *Code civil du Québec* : Comprend maintenant un chapitre consacré au contrat de travail (**II-50; V-39**).

Au cours de la dernière décennie, l'Assemblée nationale édicta peu de lois relatives à l'emploi outre celles concernant la durée possible des conventions collectives[145]. Ses récentes interventions portèrent principalement sur trois chefs : la protection des renseignements personnels des salariés, la

---

144. S.Q. 1969, c. 47.
145. *Loi modifiant le Code du travail*, L.Q. 1994, c. 6 : abolition de la règle imposant une durée maximale de trois ans en laissant aux parties le soin d'établir la durée de leur convention collective selon leurs besoins (**IV-100**).

formation professionnelle et l'équité salariale[146]. Certes il y eut la promulgation du *Code civil du Québec* en 1994, dont la portée et les effets, à court et à long termes en milieu de travail sont certains, mais encore difficiles à soupeser[147]. Les principales lois de l'emploi actuelles et les règlements afférents sont énumérés à l'annexe 2.

---

146. *Loi sur la protection des renseignements personnels dans le secteur privé* (**III-741**); *Loi sur le ministère de l'Emploi et de la Solidarité et instituant la Commission des partenaires du marché du travail*, L.Q. 1997, c. 63 (**III-761**); *Loi sur l'équité salariale*, L.Q. 1996, c. 43 (**III-721**).
147. L'étude des dispositions pertinentes du *Code civil du Québec* est faite notamment au titre II.

Section 3.3

L'État-providence ou la socialisation
de risques communs

I-74 — *L'État-providence* — Il est souvent question de l'État-providence en droit de l'emploi, aussi devons-nous préciser le sens de ce qualificatif pour mieux saisir ce dont il s'agit[148]. En deux mots, nous dirions que l'on coiffe sous ce double vocable diverses prises en charge par l'État de risques sociaux. D'une façon plus directe, il s'agit généralement de risques ou besoins communs dont souffrent ou que peuvent subir tous les citoyens au cours de leur vie personnelle ou professionnelle : besoins liés à l'enfance, à la vieillesse, à la santé ou à l'éducation, risques d'accident du travail, de maladie professionnelle, de chômage, etc. Cette socialisation de risques communs initialement aménagée selon les techniques assurantielles est prise en charge par l'État et, ainsi, ces risques sont quelque peu à l'abri des lois du marché et de l'imprévoyance ou de l'incapacité individuelle (physique, intellectuelle ou matérielle). Dans la plupart des pays industrialisés, la réparation des accidents du travail fut l'un des premiers risques collectivement assumés et, ainsi, écartés du champ de la responsabilité civile administrée par les tribunaux judiciaires **(III-304)**[149]. L'État-providence

---

148. Sur ce thème, voir : François EWALD, *L'État-providence*, Paris, B. Grasset, 1986; Pierre ROSANVALLON, *La crise de l'État-providence*, coll. Point Politique, n° Po121, Paris, Seuil, 1984 et *La nouvelle question sociale : repenser l'État-providence*, Paris, Éditions du Seuil, 1995; Isabel DA COSTA, « Les progressistes aux États-Unis : pionniers de l'État-providence », dans Actes du colloque *L'État à l'épreuve du « social »*, doc. n° 22, Noisy-le-Grand, Centre d'étude de l'emploi, septembre 1995.

149. L'histoire québécoise de cette opération révèle que, dans un premier temps, on avait simplement écarté cette question du régime de la responsabilité civile en contraignant l'employeur d'assumer cette charge sans égard à la faute. Ce dernier fit appel à l'assurance privée pour supporter ce risque et plusieurs employeurs tentèrent par la suite d'en faire

reconnaît les aléas de la vie en société et tente de prévenir certains effets désastreux, alors que l'État libéral ou minimal n'entendait intervenir que pour réprimer les abus ou atteintes aux libertés de chacun. La distinction des rôles, on s'en rend bien compte, est énorme. On ne saurait alors être surpris que les tenants du libéralisme s'opposèrent et s'opposent encore, à quelques nuances près, à cette prise en charge collective, alors que le rôle réservé à l'État, selon leur compréhension, devrait se limiter à conférer la sûreté aux actes des parties et non à assurer directement une quelconque sécurité aux membres de la société.

I-75 — *Rôle de l'État* — Notre conception commune du rôle de l'État au Québec est quelque peu différente de celle des Américains en raison de facteurs géopolitiques, historiques et culturels. Ainsi, dès 1943, soit au moment de l'élaboration de la *Loi des relations ouvrières*, la commission d'enquête chargée de conseiller le gouvernement au sujet des choix à faire, fit ces recommandations :

> Nous suggérons que le tribunal ait le pouvoir :
>
> a) de décider toutes les difficultés concernant la formation du contrat collectif ;
>
> b) de connaître aussi, à défaut de règlement par le comité des griefs ou par l'arbitrage, de toute plainte, de quelque nature qu'elle soit, par une union ou par un groupement d'ouvriers touchant à l'exécution d'un contrat collectif, le respect des conditions de ce contrat, et des dispositions de la loi s'y rapportant ;
>
> c) de prendre les mesures qu'il jugera à propos pour s'assurer de l'effectif des unions qui voudraient participer à la formation d'un contrat collectif ; ou pour connaître l'opinion des ouvriers sur un point particulier.
>
> d) de révoquer les permis qu'il aurait accordés, dans les cas suivants :
>
>   1 – lorsque le permis aura été obtenu par fraude ou à la suite d'erreur ;
>
>   2 – lorsque le détenteur du permis aura négligé de se conformer aux ordonnances du tribunal ;
>
> e) d'établir lui-même les conditions de travail dans une usine dont le patron aura refusé de négocier un contrat autorisé par le tribunal ;

---

payer la prime aux salariés, ce qui, dans une deuxième loi, fut prohibé : *Loi concernant les responsabilités des accidents dont les ouvriers sont victimes dans leur travail et la réparation des dommages qui en résultent* puis, *Loi relative à la retenue sur le salaire des ouvriers pour fins d'assurance*, S.Q. 1915, c. 71.

f) de régler, par des règles de pratique, la procédure à suivre pour
la formation, le renouvellement ou la prolongation d'un contrat collectif, de même que son application, sa mise en œuvre,
y compris les avis, délais, signification et autres procédés.

Ces règles de pratique seraient publiées dans la Gazette Officielle de
Québec, après avoir été approuvées par le Lieutenant-Gouverneur-
en-Conseil[150].

Ces propositions des commissaires indiquent bien que ces derniers sou-
haitaient que l'État exerce un contrôle direct sur les rapports collectifs du travail tellement on craignait les conflits de travail, les luttes intersyndicales et
les abus de pouvoir de la part des syndicats et des employeurs[151]. Placée dans
son contexte nord-américain, cette approche des commissaires, par ailleurs
tous des juristes, peut paraître assez singulière. À tout le moins révèle-t-elle
un aspect de notre culture. Pour mieux saisir la question de la pertinence historique de l'avènement de l'État-providence, il faut rappeler que l'essor des
régimes sociaux coïncida avec la fin de la Seconde Guerre mondiale où l'on
avait promis à tous que la qualité de vie des citoyens serait dès lors meilleure,
les incitant ainsi à maintenir leurs efforts de guerre[152]. Ces mesures sociales
constituent diverses applications concrètes et générales d'une justice distributive qui, sur le plan politique, établit des liens tangibles de solidarité entre les
citoyens et confère une marque distinctive à une société ainsi dotée de telles
institutions[153]. La conjoncture actuelle nous permet de mieux prendre conscience de la nécessité du maintien de cette solidarité sociale et économique
alors que bien des difficultés qu'éprouvent les citoyens ne dépendent nullement de leurs faits et gestes, d'une part, et, d'autre part, il s'agit souvent de
charges que les employeurs ne peuvent distinctement, même s'ils le voulaient
vraiment, prendre à leur compte. Si la question du risque de l'accident de travail est une évidence séculaire, la formation professionnelle en cours de carrière l'est maintenant tout autant. Cette dernière fonction exige un travail de
longue haleine (parfois une génération) et doit aussi tenir compte des qualités
et aspirations des travailleurs, alors que les employeurs, qui sont isolés, ne
peuvent s'intéresser qu'à des actions à court et à moyen termes, à l'égard des

---

150. Le rapport de cette commission d'enquête communément appelée « Commission Prévost »
apparaît à Gérard VAILLANCOURT (éd.), *Les lois ouvrières de la province de Québec*, Montréal, Wilson & Lafleur ltée, 1957, p. 105 à 122.

151. Plusieurs de leurs recommandations furent progressivement retenues et intégrées aux lois
de l'emploi entre 1944 et 1964.

152. La *Charte de l'Atlantique* élaborée par Churchill et Roosevelt en 1941 donna prise aux études de Lord Beveridge : *Social Insurance and Allied Services*, de 1942.

153. Le Canada se distingue de bien d'autres pays par la qualité de ses régimes sociaux, notamment par un respect concret du principe de l'égalité traduit par l'accès général à ces mêmes
services. Cette universalité des services constitue un liant fort plus probant qu'un réseau
ferroviaire, du moins, à l'égard des citoyens.

seules personnes par eux choisies en fonction de leurs besoins immédiats. Pour ces raisons, on constate que ces questions portent certes sur l'impartition des coûts à leur réalisation et que cette dernière suppose des règles de fond sanctionnées selon les voies démocratiques habituelles, soit celles de l'État[154]. D'un point de vue philosophique, cette socialisation de risques généraux liés à la vie en société moderne serait essentielle au respect du principe d'égalité des chances[155]. Puisque l'intervention de l'État était inévitable en raison des effets de l'industrialisation et de la complexité du type de société qu'elle engendre, nous devons maintenant considérer les voies et moyens retenus pour assurer pareille présence qui se voudrait respectueuse des principes de justice et d'équité.

---

154. Ne pourrait-on pas soutenir que quelle que soit la voie retenue, ce sont les citoyens qui, finalement, en assumeront les frais, d'où la question importante de l'application des principes d'une justice distributive et non simplement d'une justice commutative? Par ailleurs, la capacité financière d'un État connaît des limites certaines; aussi il ne peut être étonnant que l'on reconsidère les voies et moyens d'application de ces régimes sociaux sans pour cela remettre en cause leur nécessité sociale, économique et politique.
155. John RAWLS, *Théorie de la justice*, Paris, Éditions du Seuil, 1987, notamment le chapitre intitulé: *Les deux principes de la justice*, p. 91 et suiv.

Section 3.4
Les techniques d'intervention de l'État et leurs implications

I-76 — *Intervention variable* — L'intensité de l'intervention étatique peut varier selon de multiples facteurs qui sont à la fois d'ordre politique, économique et social. N'est-il pas de commune connaissance que l'État ponctue sa présence :

— selon l'ascendance dont peut disposer le gouvernement majoritaire à une époque donnée ;

— selon le programme politique qui a pu servir de base au parti à qui incombe la direction du gouvernement ;

— selon que la conjoncture économique et sociale est plus ou moins favorable à de pareilles interventions ;

— selon les prises de position plus ou moins fermes du patronat et des milieux financiers ;

— selon la nature et l'intensité des revendications des centrales syndicales et l'amplification qu'elles reçoivent de la part des médias ;

— selon les expériences plus ou moins favorables que connaissent les pays concurrents, clients ou apporteurs de capitaux, etc. ?

D'une façon schématique et théorique, nous pouvons concevoir quatre voies différentes retenues par l'État à l'égard des questions relatives à l'emploi dont il peut se saisir.

i) *La voie du silence* : L'État peut refuser d'intervenir en faisant confiance au libre jeu des lois du marché et, notamment, aux effets correcteurs ou d'ajustements de la loi de l'offre et de la demande (le laisser-faire).

ii) *Le maintien d'une ligne de flottaison* : Stimulé par l'expérience et constatant certaines déficiences, l'État peut décider d'encadrer ou de contenir l'exercice des lois du marché dans le but d'éviter la répétition d'abus ou d'excès. On établit alors des seuils, des conditions préalables ou des prix de départ au-dessus desquels le libre marché peut évoluer.

iii) *La coordination* : L'intervention de l'État peut consister en un aménagement d'un réseau de rapports entre les parties, notamment par l'élimination des obstacles majeurs d'harmonisation puis, par la détermination des rôles et des moyens de chacune et, finalement, par la sanction des actes qui en résultent.

iv) *La prise en main* : L'État peut aussi décider de prendre à sa charge telle ou telle question ou d'en conserver l'initiative principale tout en laissant aux parties la liberté de compléter ou d'adapter au mieux le régime. Cette approche peut être générale, c'est-à-dire viser l'ensemble des conditions de travail ou d'emploi dans un secteur donné, comme elle peut être retenue simplement pour des questions particulières telles la santé et la sécurité, la réparation des accidents du travail, les périodes de travail et de repos, la rémunération, l'embauche et la rupture du lien d'emploi, etc. Elle peut aussi être générale ou limitée à un secteur ou à une branche d'activité et d'une durée indéfinie ou prédéterminée.

Ces quatre modes et degrés d'intensité de la présence de l'État ne sont pas nécessairement successifs ni exclusifs. L'analyse des différentes lois de l'emploi permet de constater que le législateur utilise encore ces quatre voies et qu'il les conjugue au gré des aléas ou des conjonctures économiques et politiques. Ces interventions de l'État s'effectuent à l'aide de diverses techniques ou moyens que nous voulons rappeler succinctement pour deux motifs :

— l'initiation à ces diverses méthodes législatives devrait permettre de mieux saisir la portée des multiples règles de droit étudiées au cours des prochains titres;

— ce bref exposé permet également de saisir certains aspects du particularisme du droit de l'emploi, que nous mettons davantage en relief dans la prochaine section.

I-77 — *Choix de techniques* — Le législateur emploie principalement cinq approches ou techniques pour réaliser ses interventions.

i) *La loi-cadre* : L'intervention s'effectue alors en deux temps et dans deux lieux distincts. Premièrement, l'Assemblée nationale fixe dans une loi les grands paramètres, notamment pour y préciser l'objet général, la problématique retenue, les hypothèses, les principaux moyens conférés à l'organisme chargé de son administration, les droits et obligations généraux des parties en présence dans ces situations. On y indique également que les modalités d'application, les réserves et limites nécessaires seront, dans un second temps, édictées par voie de règlements qui peuvent être décrétés par le gouvernement ou sous son contrôle selon les besoins et l'expérience. Un tel procédé confère au législateur beaucoup de souplesse pour moduler l'application des règles selon la conjoncture politique, économique et sociale[156]. Il est vrai que cette souplesse ou élasticité ou, encore, la rétractilité de ces règles de droit peuvent réserver des surprises aux justiciables selon la qualité de la teneur de ces règlements d'application[157]. Trois grandes lois de l'emploi ont été élaborées sur cette base : la *Loi sur les normes du travail*, la *Loi sur la santé et la sécurité du travail* et la *Loi sur les accidents du travail et les maladies professionnelles*.

ii) *L'exception* : Devant une règle générale de droit que l'on ne saurait totalement écarter, le législateur peut vouloir éviter son application à l'égard de certaines situations ou personnes. Historiquement, ce fut le premier moyen législatif retenu en matière du travail, notamment pour rendre licite l'action syndicale à l'occasion de grèves, de piquets de grève ou de coalitions : les articles 422, 423, 430, 466 et 467 du *Code criminel* sont encore de belles illustrations de l'usage de cette technique.

iii) *Dérogation aux principes généraux de droit* : À l'instar de la technique de l'exception ci-avant, on précise parfois que des grandes règles de droit ne s'appliquent pas dans certains cas. Nous saisissons mieux la portée de ce procédé à l'aide de cinq exemples.

— L'absence du salarié à son poste de travail en raison d'une grève dont il est partie ne saurait être comprise comme une rupture unilatérale du contrat de travail puisque cette absence s'inscrit dans l'ordre collectif (art. 110 C.t.).

— Bien que le salarié ne soit pas membre du syndicat signataire de la convention collective et qu'il fût embauché après la conclusion de cet acte, il en bénéficie néanmoins (art. 67 C.t.) et ce syndicat peut exercer à l'avantage du salarié un recours qui lui échoit (art. 69 C.t.) sans mandat de la part de ce dernier et même, ce syndicat doit le représenter d'une façon juste et loyale (art. 47.2 C.t.). On constate alors que les règles générales relatives au mandat sont écartées (art. 2130 et suiv. C.c.Q.).

---

156. Pour mieux saisir cette technique, voir : la *Loi sur les normes du travail* et notamment l'art. 40 (salaire minimum), l'art. 52 (semaine de travail), l'art. 89 (normes éventuelles) et l'art. 90 (population visée), où l'on annonce clairement la liaison entre ces dispositions législatives et les modalités réglementaires qui peuvent au besoin en moduler les applications (**III-221**).

157. Sur ce thème, voir : Patrice GARANT, *Droit administratif*, vol. 1, 4ᵉ éd., Cowansville, Les Éditions Yvon Blais inc., 1996, p. 387 ; Roderick MACDONALD, « L'intervention réglementaire par la réglementation », dans Ivan BERNIER; Andrée LAJOIE (dir.), *Les règlements, les sociétés d'État et les tribunaux administratifs*, coll. Les Études, vol. 48, Ottawa, Commission royale sur l'union économique et les perspectives de développement du Canada, 1986.

— La règle de la relativité du contrat (art. 1440 C.c.Q.) est inapplicable aux parties à la convention collective et au contrat de travail puisqu'un tiers acquéreur de l'entreprise y est obligatoirement lié selon les articles 45 C.t. et 2097 C.c.Q.

— Dans le cas de résiliation abusive ou du délai de congé insuffisant, le salarié ne pourrait juridiquement renoncer valablement à son droit à réparation (art. 2092 C.c.Q.).

— Le fardeau de la preuve est mis à la charge du défendeur et non plus à celle du demandeur comme c'est la règle générale, et ce, dans les situations où l'on constate qu'il serait trop difficile, voire impossible, qu'un salarié puisse établir les véritables motifs de l'employeur qui l'a congédié (art. 15 C.t.).

iv) *Imposition de seuils, de* minima, *de forfaits, de barèmes* : Parce que le législateur recherche une administration diligente, simple et facile de certaines mesures ou normes de l'emploi, il fixe d'avance le montant dû ou il limite considérablement les éléments pris en considération pour le circonscrire. Cette technique est retenue notamment dans la *Loi sur les normes du travail* (salaire de base et temps supplémentaire) ou pour fixer la réparation due à l'accidenté du travail (art. 44 et suiv. L.A.T.M.P.) ou, encore, pour établir la durée de l'exercice du droit de retour à l'emploi de l'accidenté (art. 240 L.A.T.M.P.) ou, enfin, pour vérifier la représentativité requise aux fins d'accréditation syndicale (art. 21, 36.1 et 37.1 C.t.).

v) *La règle de jugement* : Dans de multiples situations, il devient impossible d'établir des modalités suffisamment précises d'application d'une règle de droit et alors le législateur se limite à énoncer une règle générale servant de critère ou de balise puis, il abandonne à la discrétion d'un tribunal spécialisé l'application idoine. À titre d'exemples, considérons le libellé de cinq dispositions.

— « [...] S'il est établi à sa satisfaction que l'article 12 n'a pas été respecté [...] » (art. 31 C.t.).

— « [...] Lorsqu'il [l'arbitre] est d'avis qu'il est impensable que les parties puissent en arriver à la conclusion d'une convention collective dans un délai raisonnable [...] » (art. 93.4 C.t.).

— « Le tribunal peut, en outre, rendre toute autre ordonnance qu'il juge nécessaire dans les circonstances » (art. 49.5 C.t.).

— « Si le commissaire juge que le salarié a été congédié sans causes justes et suffisantes, il peut [...] rendre toute autre décision qui lui paraît juste et raisonnable [...] » (art. 128 L.N.T.).

— « [...] Si, de l'avis de l'inspecteur, le refus du travail repose sur des motifs qui sont acceptables dans le cas particulier du travailleur [...] » (art. 18 L.S.S.T.).

L'usage combiné de plusieurs de ces techniques confère une grande souplesse d'intervention aux agents de l'État, de manière qu'ils puissent tenir compte à la fois des situations les plus diversifiées et adapter l'application des règles aux conditions spatiales et temporelles qu'ils peuvent observer. Parce qu'il leur faut très souvent intervenir rapidement, soit dès qu'une situation problématique apparaît, et que leurs décisions doivent être rendues avec diligence et d'une manière pragmatique en raison notamment du caractère continu du lien d'emploi ou du caractère alimentaire du salaire, les résultats finalement obtenus sont plutôt ceux d'une justice toute relative. Ainsi, les *minima*, les seuils et les barèmes légaux ne sont que provisoirement arrêtés puisqu'il est sous-entendu qu'ils seront, de temps à autre, adaptés à la conjoncture et que le libellé de ces dispositions pourrait éventuellement être resserré pour tenir compte des expériences plus ou moins heureuses. L'usage de ces divers moyens illustre l'approche pragmatique et nullement abstraite des interventions de l'État en matière d'emploi. En conséquence, les parties dans ces relations, sur le plan collectif ou individuel, doivent également tenir compte de ces interventions virtuelles ou réelles pour leur propre gouverne, tant pour l'analyse de leur situation respective que pour leur mutuelle conduite.

I-78 — *Les agents de l'État* — Pour mieux saisir les implications potentielles et réelles de l'intervention de l'État, il faut savoir que ses agents sont nombreux et que chacun d'eux agit en fonction d'affaires particulières et pour lesquelles il se spécialise. Pour mieux illustrer notre propos, nous rappelons douze occasions distinctes où des agents de l'État peuvent intervenir dans leur champ propre de spécialisation[158] :

Situations	Agents
i) Le salarié disposant de trois ans de service continu peut exiger un contrôle des motifs de son congédiement et demander, s'il y a lieu, sa réintégration.	Un médiateur et le commissaire du travail (art. 124 et 125 L.N.T.).
ii) Des actions judiciaires en vue d'une réclamation salariale d'un salarié peuvent être entreprises.	La Commission des normes du travail (art. 113 et 119 L.N.T.) et le tribunal de droit commun.
iii) La détermination d'un syndicat suffisamment représentatif pour la tenue des rapports collectifs du travail.	Un agent d'accréditation ou un commissaire du travail et le Tribunal du travail (art. 23, 118 C.t.).
iv) Les parties connaissent un différend dans le cadre de la négociation des conditions de travail.	Un conciliateur ou médiateur dépêché à leur demande ou du chef du ministre (art. 54 C.t.).

158. Il va sans dire que ces douze situations ne sont nullement exhaustives, tant au sujet des situations où un agent de l'État peut intervenir que des titres de ces divers agents.

Situations	Agents
v) Détermination d'autorité des conditions de travail, soit parce que les parties en sont à leur première expérience dans ce domaine et connaissent un échec, soit parce qu'il s'agit de la négociation des conditions de travail des pompiers et policiers municipaux.	L'arbitre de différend nommé par le ministre (art. 93.4 et 94 C.t.).
vi) Un salarié congédié croit ne pas avoir été représenté d'une façon juste et loyale par le syndicat accrédité.	Tribunal du travail et possiblement, un arbitre de griefs (art. 47.4 C.t.).
vii) Les parties éprouvent des difficultés d'application de leur convention collective.	Un arbitre de griefs choisi par elles et, à défaut, par le ministre (art. 100 C.t.).
viii) Un salarié exerce un droit de refus et persiste en cela malgré l'avis contraire de l'employeur.	L'inspecteur de la Commission de la santé et de la sécurité du travail (C.S.S.T.) (art. 19 L.S.S.T.).
ix) Un accidenté du travail est insatisfait de la réparation accordée par la C.S.S.T.	La Commission des lésions professionnelles (art. 359 L.A.T.M.P.), antérieurement la Commission d'appel en matière de lésions professionnelles.
x) Les modalités d'exercice du droit de retour au travail de l'accidenté ne sont pas arrêtées dans la convention collective.	Le Comité de santé et sécurité du travail de l'entreprise et, si nécessaire, la Commission de santé et de la sécurité du travail (art. 245 L.A.T.M.P.).
xi) Un chômeur est insatisfait de la décision l'excluant du bénéfice des prestations d'assurance-emploi.	Le Conseil arbitral (art. 76), *Loi sur l'assurance-emploi et le juge-arbitre* (art. 77).
xii) Un salarié à qui l'on refuse l'accès à des renseignements personnels	La Commission d'accès à l'information (art. 43 L.P.R.P.).

I-79 — *Multiples facettes* — Ces quelques exemples indiquent bien que le salarié, le syndicat et l'employeur ne sont jamais totalement seuls dans leurs relations du travail. Les actes de chacun comme ceux qu'ils font en commun (contrat, règlement, compromis, convention collective, etc.) peuvent être, selon les cas ou les circonstances, revus, triturés, interprétés ou appliqués par l'un ou l'autre de ces agents de l'État. Ainsi, comment un employeur ne pourrait-il pas penser aux multiples lecteurs éventuels de la lettre de congédiement qu'il rédige à l'endroit d'un salarié, car :

— ce salarié pourrait réagir s'il n'est pas convaincu du sérieux des motifs avancés et consulter ou le syndicat ou un avocat;

— le médiateur, le commissaire du travail ou l'arbitre de griefs agiront en fonction directe des allégations ainsi exprimées par l'employeur et ce dernier pourrait difficilement en ajouter *post facto*;

— les autres salariés qui demeurent en poste pourront croire que, placés en semblable situation, l'employeur agirait de la même façon à leur égard (la jurisprudence interne)?

Un syndicat qui rédige un grief sous prétexte que la convention collective aurait été violée par l'employeur ne doit-il pas lui-même s'assurer qu'il maîtrise bien les faits qu'il décrit, que la disposition conventionnelle alléguée peut valablement lui servir de fondement et qu'il dispose des moyens de preuve suffisants pour étayer sa prétention? Une fois amorcé, ce grief est lu et relu par les conseillers de l'employeur, puis étudié en comité de relations du travail et il se peut que le syndicat doive décider alors s'il va encore de l'avant ou s'il accepte un compromis ou, finalement, s'il en saisit un arbitre. Chacune de ces dernières étapes suppose des décisions qui peuvent elles-mêmes être reconsidérées par le salarié visé, par l'employeur, par l'arbitre et par les tribunaux judiciaires de contrôle. Il nous paraît donc évident que les relations d'emploi ne sont pas des robinsonnades et que chaque « village professionnel » dans lequel ces rapports évoluent est plus populeux qu'on ne l'aurait cru ou encore, espéré, et surtout, qu'il n'est plus tout à fait du seul domaine « privé ».

I-80 — *De trop nombreux agents?* — Une question surgit dès lors à l'esprit de plusieurs : y aurait-il trop d'agents ou est-ce une situation inévitable? Il serait difficile de répondre *in abstracto* à cette question, surtout dans une seule et simple proposition. En effet, ne faudrait-il pas, pour l'aborder d'une façon sérieuse, prendre en considération un faisceau de données, notamment celles qui suivent?

i) Les intérêts sont parfois fort opposés entre salariés, syndicats et employeurs. Même à l'égard de chacun de ces trois groupes, des nuances importantes s'imposeraient selon que :

— le salarié est congédié, accidenté, handicapé, un télétravailleur, un employé occasionnel, à temps partiel, à temps complet ou un chômeur;

— il s'agit d'un syndicat de petite taille, d'un membre d'une centrale syndicale, d'un travailleur du secteur secondaire ou tertiaire, ou d'un réseau public, etc.;

— l'employeur est gestionnaire d'une petite ou moyenne entreprise, d'un établissement faisant partie d'une multinationale ou d'une entreprise rattachée à un réseau du secteur public.

ii) La complexité et la diversité des problèmes qui peuvent survenir. En effet, serait-il possible d'avoir un « comptoir unique » ou de se limiter seulement à quelques agents de l'État alors qu'il peut s'agir de traiter :

— d'un congédiement pour activité syndicale;

— d'un retrait préventif d'une travailleuse enceinte;

— d'une réclamation salariale pour congé annuel;

— d'un conflit intersyndical à l'occasion d'une accréditation;

— de l'ingérence de l'employeur dans la formation d'un syndicat;

— de la détermination d'autorité de la date d'expiration d'une convention collective;

— du différend que connaissent les parties à la négociation collective;

— du contrôle des décisions de la Commission de la santé et de la sécurité du travail en matière de réparation;

— de l'évaluation d'un programme de santé d'une entreprise;

— de mises à pied, d'une fermeture ou d'une fusion d'entreprises;

— d'un programme de formation professionnelle commandité par l'entreprise;

— de la protection de renseignements personnels d'un salarié;

— de questions relatives au maintien des services essentiels en cas de grève; de la saisie de salaire;

— de la formation complémentaire de salariés à la suite de changements technologiques de l'entreprise, etc.[159] ?

I-81 — *Compétence multidisciplinaire!* — Existerait-il quelques personnes suffisamment formées pour se saisir à la fois de ces diverses questions avec diligence et compétence[160]? Certes, pourrait-on répliquer que ces multiples situations sont soulevées parce que l'on a préalablement décidé de les traiter de cette manière et qu'en conséquence, il a fallu spécialiser des agents à ces intentions. Les tenants de la thèse de l'État minimal soutiendraient alors qu'il suffirait de placer les parties en situation où elles devraient seules affronter ces mêmes difficultés et alors, elles trouveraient forcément une voie de solution pragmatique, facile, rapide et efficace. Pareil débat soulève de nouveau la question du rôle de l'État et aussi, celle de la pertinence du droit de l'emploi. Nous en avons déjà discuté en considérant à la fois la nécessité historique de l'intervention de l'État dans notre régime libéral et de la situation économique

---

159. La complexité de ces diverses questions apparaît davantage au moment de leur étude aux autres titres de l'ouvrage et la réponse à la question relative au trop grand nombre d'agents de l'État pourrait alors être plus facilement circonscrite et mieux étayée.

160. Nous ne prétendons pas que les institutions de l'État en matière de l'emploi sont de parfaits et irremplaçables modèles. Cependant, la complexité des affaires traitées empêche que l'on puisse y répondre convenablement à l'aide d'un seul et même type d'agents de l'État. Cette observation ne permet nullement de nier la nécessité d'une réflexion sur une certaine uniformisation des recours, que l'on pense par exemple à la multitude des délais pour déposer une plainte, et autres problèmes. Voir le titre V sous ce chef.

déséquilibrée des parties directement en présence, le salarié actuel ou potentiel et l'employeur (**I-70**). Dans un tel contexte politico-économique, qui est notre toile de fond et que nous ne pouvons occulter, ces interventions de l'État sont des applications pratiques en milieu de travail du principe général relatif à la nécessité d'écarter le plus possible le régime brutal de la loi du talion et malthusienne par l'institution d'une société de droit.

I-82 — *Effets civilisateurs* — En raison même de cette présence de l'État (**I-75**), le droit de l'emploi produit des effets civilisateurs certains et les quelques exemples que nous développons en divers titres peuvent l'illustrer.

— Dans le cas du refus de l'employeur de reconnaître la présence du syndicat et l'incitation qui en résulte à une grève de « reconnaissance », ne faut-il pas reconnaître que la procédure d'accréditation instituée au *Code du travail* écarte dorénavant pareil conflit par l'institution d'un contrôle administratif des qualités requises d'un syndicat ?

— Au lieu d'inciter un employeur ou un syndicat à l'usage de moyens de pression pour que le vis-à-vis respecte la convention collective, on confie à un tiers, soit l'arbitre de griefs, le soin de trancher pareille question en tenant compte des positions respectives des parties.

— Constatant le peu d'empressement de certains employeurs à prendre les mesures idoines de prévention des accidents de travail, on reconnaît l'intérêt réel du salarié et du syndicat à participer à cette mission préventive, et ce, dans le meilleur respect de l'intégrité physique et de la dignité du salarié.

— L'employeur dispose de multiples occasions ou prétextes pour se défaire facilement d'un salarié gênant en raison de ses activités syndicales. Le renversement de la preuve permet au salarié de contrer ce possible abus de pouvoir car, selon les règles habituelles, il devrait autrement faire la preuve des motifs de l'employeur, obstacle quasi infranchissable.

— Au moment de l'engagement, l'employeur ne peut valablement profiter de sa situation avantageuse pour obtenir du salarié la renonciation inconsidérée à sa liberté de commerce et à son droit au travail au terme de cet emploi[161].

— La formation professionnelle porte sur la personne même du salarié, aussi doit-on prendre cela en considération pour ne pas le traiter comme s'il s'agissait d'une machine nécessitant une simple mise au point ou quelque rafistolage.

---

161. Fernand MORIN, « Légitimité du mensonge "non violent" du salarié ou du postulant ! », (1995) 26 *R.G.D.* 313.

— Au moment du déclenchement d'un conflit de travail, un employeur ne peut recourir aux services de briseurs de grève.

— Etc.

Nous ne prétendons nullement que toutes les règles de droit relatives à l'emploi soient parfaites, essentielles et irremplaçables; nous soulignons cependant que ce droit et que l'intervention d'agents de l'État s'imposaient et demeurent encore nécessaires à l'aménagement d'une société civilisée au sein de laquelle le respect de l'homme demeure toujours un réel objectif[162]. Somme toute, le rôle de l'État dans les relations d'emploi pourrait être semblable à celui de la virgule dans une phrase : sa présence comme son absence ont un sens... à nous de le découvrir.

---

162. L'étude des lois de l'emploi (**titre III**) et de leur mise en application (**titres II, IV et V**) devrait permettre de mieux saisir la nécessité du droit dans ce champ d'action et aussi, les difficultés inhérentes à sa réalisation.

CHAPITRE I-4

LES CARACTÉRISTIQUES GÉNÉRALES DU DROIT DE L'EMPLOI

I-83 — *Traits distinctifs* — Dans le cadre du titre I, nous nous limitons à de larges descriptions afin de permettre une saisie panoramique de cette « province du droit » (**I-1**). Il va de soi que cet exercice comprend bien des sous-entendus relatifs à des règles particulières et qui sont parfois énoncées à titre indicatif, alors que ces mêmes dispositions sont vues et analysées en détail à l'un des cinq autres titres de l'ouvrage. On voudra s'y référer au besoin ou supporter le poids de l'interrogation jusqu'à la lecture de l'exposé principal au titre approprié. Pour ces raisons, il est possible que cette esquisse des traits caractéristiques du droit de l'emploi paraisse quelque peu abstraite ou elliptique. C'est le risque que nous avons voulu néanmoins assumer et qui est souvent le propre de toute introduction générale pouvant parfois servir aussi bien à présenter l'ensemble d'un champ d'étude que de synthèse au terme de l'ouvrage[163]. Ce dernier chapitre du titre I comprend trois volets qui permettent de souligner le caractère pragmatique du droit de l'emploi (**s. 4.1**) puis, différents effets de l'interaction de ces sources normatives (**s. 4.2**). Finalement, nous mettons en relief quelques traits forts du droit de l'emploi, de manière à dégager certaines règles générales ou principes qui lui servent de guides ou de balises ou, encore, de critères pour évaluer, par voie téléologique, ses propres règles particulières. (**s. 4.3**).

---

163. Après la lecture des six titres, il pourrait être utile de reconsidérer ce premier exposé dans une deuxième lecture, qui serait alors plus critique et, de ce fait, plus dynamique.

Section 4.1
Un droit pragmatique

I-84 — *Lois réactives* — La genèse même du droit de l'emploi permet de mieux saisir son approche générale qui serait, dirions-nous, réactive. Ce sont les effets néfastes d'une application stricte, pure et dure du droit libéral en milieu de travail qui expliqueraient les premières grandes législations de l'emploi (**I-70**). On a déjà signalé que ces réactions législatives étaient souvent provoquées en raison des conséquences pratiques de l'application de certaines règles du droit commun qui, si elles pouvaient être acceptables dans d'autres milieux, produisaient des effets pervers à l'égard des salariés et que l'on tentait ainsi de contrer. Dans une certaine mesure, il en fut de même :

— de l'exercice de la liberté contractuelle par le salarié : n'est-ce pas la justification première de l'aménagement des rapports collectifs du travail au *Code du travail* qui consiste à permettre la négociation collective parce qu'elle est, pour trop de salariés, impraticable sur le plan individuel ? (**I-53 ; IV-1**) ;

— de la règle de la responsabilité civile à l'égard de l'accidenté du travail : le droit de l'accidenté à une réparation n'est plus tributaire des règles de preuve de l'existence d'une faute (**I-45 ; III-304**) ;

— de la relativité du contrat dont l'application pouvait perturber la viabilité de toute entente : l'arrivée d'un autre employeur n'affecte plus directement le contrat de travail ni la convention collective si l'entreprise subsiste à cette substitution (**II-123 ; IV-88**) ;

— la règle du mandat pour circonscrire la fonction du syndicat accrédité : la convention collective demeure un acte collectif conclu par le syndicat accrédité à titre d'agent de la collectivité et non de mandataire de chacun des salariés visés (**IV-167**) ;

— etc.

I-85 — *Approche sociologique* — Ces réactions ou interventions législatives ne se limitent pas seulement à bloquer certaines applications du régime général du droit, comme nous l'avons déjà illustré (**I-72**), mais elles proviennent également du constat de nouveaux besoins ou de conduites particulières des principaux acteurs dont on veut modifier le cours. Dans ce sens, le droit de l'emploi serait en partie le produit d'une approche sociologique. Pour illustrer l'application d'un semblable procédé, considérons quelques règles particulières qui résultent de l'observation de situations de fait.

— La présomption favorable au salarié congédié pour activité syndicale établie à l'article 17 C.t. ne résulte-t-elle pas du constat qu'il était placé dans une situation où il lui était quasi impossible d'assumer lui-même le fardeau de preuve pour inculper l'employeur, c'est-à-dire pour établir la nature des véritables motifs de la décision de ce dernier ?

— La double règle supplétive de l'article 100 C.t. relative à la nomination d'un arbitre ne provient-elle pas du constat de la difficulté que peuvent éprouver les parties à la convention collective à choisir ensemble un arbitre de griefs ?

— Pour mieux protéger chacun et l'ensemble des salariés d'un groupe donné, on a compris que l'on ne pouvait exiger leur consentement personnel autorisant le syndicat accrédité à faire grief (art. 100 C.t.) ou pour qu'il exerce quelque autre recours au nom de chacun des salariés (art. 69 C.t.). Si ces derniers devaient personnellement se commettre, l'expérience enseigne qu'ils ne le feraient pas toujours par crainte d'en subir des contrecoups à l'intérieur de l'entreprise.

— À la suite de violations de la *Loi sur les normes du travail* et compte tenu des revenus limités du bénéficiaire de cette loi, des aléas du procès et de la nécessité du maintien de bonnes relations entre l'employeur et le salarié, ne convenait-il pas que la commission administrative entreprenne ces recours pour lui et sans que le salarié se soit personnellement commis (art. 111, 113 L.N.T.) ? Autrement, il serait plus sage que le salarié attende sa mise à pied avant de se plaindre et de s'abstenir, s'il maintient son emploi !

— Le droit de refus du salarié ne serait-il pas fondé sur le fait que le salarié doit, au premier chef, s'enquérir de sa propre sécurité (art. 12 L.S.S.T.) ?

— L'interdiction faite à l'employeur de faire appel à des briseurs de grève permet de rééquilibrer le rapport de force qui existe dans un conflit de travail et d'éviter des occasions de rixes.

Il est possible d'ajouter des dizaines d'autres exemples illustrant des réactions ou des choix du législateur à des expériences répétées dans ce milieu qu'on a voulu faire cesser ou qui permirent de tirer un enseignement pratique[164].

I-86 — *Intervention en cascade* — Il arrive également, comme nous l'avons déjà observé (**I-48**), qu'il soit difficile d'établir d'un seul trait de plume une règle permettant de bien saisir l'intégralité d'une question et d'y répondre directement d'une façon juste et équitable. Dans ces cas, on procède en cascade de préférence à un libellé plus abstrait, plus emphatique ou nébuleux. Ainsi, lorsqu'il s'agit d'imposer l'arbitrage du différend aux parties au cours d'une première négociation collective (**IV-144**), on énonce et leur annonce cette éventualité d'une façon à la fois progressive et incitative (art. 93.1 et suiv. C.t.). Les parties peuvent, dès l'amorce de leur première séance de négociation, savoir que cette liberté pourrait leur être retirée et de quelle manière on le ferait. L'initiative qui enclenche la procédure est laissée à l'une ou l'autre partie, mais demeure sous le contrôle du ministre. Une phase de médiation suit afin de permettre aux parties, si elles le jugent alors préférable, de conclure elles-mêmes la négociation collective. Finalement, il n'y a arbitrage que si l'arbitre est, à ce tout dernier stade, convaincu, en raison du comportement même des parties, qu'il n'existe plus d'autres issues et qu'il lui faut trancher d'autorité. Cette pression progressive serait le produit direct d'une analyse du comportement souvent observé chez les parties qui en sont à leurs premières expériences dans le domaine des rapports collectifs du travail (**IV-145**). Dans d'autres milieux ou domaines du droit, le législateur ne fait pas tant de manières : il intervient directement ou refuse clairement de se commettre. Pour compléter cette illustration d'intervention en cascade, prenons le cas de l'exercice du droit de refus reconnu au salarié sur une base individuelle (art. 12 L.S.S.T.) (**III-420**). Puisqu'il peut exercer ce droit dès qu'il « [...] a des motifs raisonnables de croire que l'exécution de ce travail l'expose à un danger [...] », et qu'il peut « [...] persister dans son refus [...] » alors que ses supérieurs hiérarchiques et le représentant à la prévention sont d'avis contraire, il était normal que l'inspecteur intervenant d'autorité, dans un deuxième temps, puisse également considérer le caractère subjectif de ce refus au-delà de la seule situation objective : « Si, de l'avis de l'inspecteur, le refus de travailler repose sur des motifs qui sont acceptables dans le cas particulier du travailleur [...] » (art. 19, al. 2, L.S.S.T.). Cette méthode peut ainsi conduire l'inspecteur à une double conclusion : celle de l'existence d'un danger pour ce salarié et, à la fois, celle d'absence de danger à l'égard des autres salariés (**III-422**). Pareil résultat aurait été difficile à obtenir par la voie directe d'une simple règle de droit écrite. Cette intervention en deux ou trois temps permet de distinguer diverses perceptions et d'apprécier

---

164. Il suffirait de lire l'article 47 C.t. (cotisation obligatoire), l'article 234 L.A.T.M.P. (retour au travail de l'accidenté), l'article 20.2 C.t. (autorisation de grève) et l'article 47.3 C.t. (juste représentation) pour découvrir que ces règles et bien d'autres visent à réprimer un comportement ou une situation après maints constats d'abus sous ces mêmes chefs.

des réalités qui sont complexes et souvent fugaces. Dans maints domaines du droit de l'emploi, on retient également la technique législative que constitue la loi-cadre (**I-77**) afin d'ajuster constamment le tir législatif par la voie de modalités d'application des règles générales qui sont énoncées par décret. Le droit de l'emploi repose fondamentalement sur l'inégalité des parties d'abord mises en présence, salarié et employeur, ce qu'il ne nie aucunement par quelque déclaration formelle de principe[165]. Au contraire, on y reconnaît cette inégalité de fait et propose des solutions pratiques pour contrer ou réduire ses méfaits réels ou possibles. À ces fins, le droit de l'emploi recourt à bien des techniques, ou pour suppléer aux faiblesses du salarié, ou pour limiter la situation avantageuse de l'employeur (**I-64; II-70**). De même, le droit de l'emploi ne nie pas le conflit ni le refuse; il tente, bien au contraire, de le contenir, d'en réduire dans le temps et l'espace les manifestations, soit en imposant des voies de solutions adaptées tels la conciliation, la médiation ou l'arbitrage afin de réduire les occasions de l'usage réel de la force. Ce rééquilibrage des forces en présence dans la relation individuelle s'effectue certes à l'aide d'interventions directes de l'État (les seuils, les *minima*, les forfaits obligatoires, etc.) (**I-77**), mais aussi, en donnant accès à la voie collective (**I-47**).

I-87 — *La voie collective* — L'aspect collectif des relations du travail constitue certes l'élément le plus innovateur et consiste à permettre à des collectivités de salariés d'aménager avec leur employeur des rapports en vue de l'élaboration des conditions de travail puisque ces salariés ne peuvent pratiquement le faire sur la base de la relation individuelle (**I-53**). En choisissant de privilégier la voie collective, l'État réduisait d'autant le nombre et l'intensité de ses propres interventions directes, et cette façon de faire permettait du même coup d'atteindre à une certaine démocratisation des milieux du travail. Ce double effet confère à cette partie du droit de l'emploi une dimension fort intéressante et d'un dynamisme certain (**IV-2**). Ce passage, quoique partiel, de l'individuel au collectif exigea la mise en place d'institutions et de règles assez originales telles que la représentativité, le devoir de représentation juste et loyale, l'usage contenu et autorisé de moyens de pression, l'arbitrage obligatoire dont les modalités peuvent être d'origine conventionnelle, etc. Pour certaines questions, on donne priorité à la collectivité, considérant que le salarié est d'abord une partie de ce tout et que ce tout lui est antérieur. Sur d'autres points, on précise les droits et les obligations du salarié à l'égard de l'organe collectif, le syndicat, afin d'éviter une certaine hégémonie. Il est aussi vrai qu'une partie du droit de l'emploi s'adresse uniquement aux individus sans distinction, qu'ils relèvent d'un groupe, d'un métier ou d'une profession ou qu'ils travaillent dans une petite, moyenne ou grande entreprise ou, encore, sans égard à leur titre ou fonction hiérarchique (**I-44; III-415**).

---

165. François EWALD, « Le droit du travail : une légalité sans droit ? », (1985) *Droit social* 723.

I-88 — *Inéluctables interstices* — En somme, ce pragmatisme et cette approche des questions par voie de réaction et par à-coups servent à mieux saisir la sinuosité du monde de l'emploi. Non seulement le législateur intervient-il à la fois au sujet d'une question particulière, qu'il traite d'ailleurs souvent en l'isolant de son ensemble, mais il revient à plusieurs reprises à la charge pour préciser, corriger ou adapter l'énoncé de la loi initiale. Ainsi, il n'est pas rare que des dispositions du *Code du travail* ou de la *Loi sur les normes du travail* et de bien d'autres lois subissent quatre ou cinq retouches durant une période de cinq à dix ans[166]. Une telle approche législative au cas par cas et de modification en modification signifie également autant de lacunes, d'interstices ou de silences entre chacune de ces lois de l'emploi et, souvent, à l'égard des différents problèmes laissés plus ou moins pour compte ou qui ne peuvent trouver place dans le cadre étroit choisi à une époque donnée[167]. Un tel procédé à la pièce comporte bien d'autres effets, car la mise en application de semblables règles particulières permet vite de découvrir leurs propres limites et suscite d'autres interventions législatives pour corriger, compléter ou préciser cette fois ces mêmes lois particulières de l'emploi. Cette façon de faire révèle également la propension de l'État à s'immiscer dans ce domaine[168]. D'une certaine manière, nous pourrions dire que la législation de l'emploi fut élaborée par voie inductive et nullement par la démarche opposée qui exigerait que l'on s'arrête d'abord à cerner de grandes règles générales ou des principes de droit pour en déduire par la suite des applications concrètes et cohérentes. Les difficultés éprouvées tant sur les plans pratique que juridique ne permirent sans doute pas une telle approche logique et rationnelle, alors qu'il fallait innover et colmater sans nécessairement maîtriser parfaitement, à ce moment, toutes les données de la problématique de l'industrialisation, compte tenu du régime juridique général alors applicable (**I-64**).

---

166. Il en est ainsi, à titre d'exemple, de la définition du salarié donnée à l'article 1, al.1, C.t.; pour établir le droit à l'accréditation (art. 21 C.t.); pour préciser les règles anti-briseurs de grève (art. 109.1 C.t.); pour établir les personnes exclues de l'application de la *Loi sur les normes du travail* (art. 3 L.N.T.); pour fixer les jours fériés et les jours chômés (art. 60 L.N.T.); pour établir le pouvoir de réglementation du gouvernement (art. 88 L.N.T.); pour définir le régime d'arbitrage de différends des policiers et pompiers municipaux (art. 94 C.t.).

167. Si les personnes visées par les lois de l'emploi diffèrent quelque peu selon les définitions retenues dans chacune d'elles du salarié ou du travailleur, il est donc inévitable qu'une même personne puisse tantôt être saisie par une loi, tantôt rejetée aux fins de l'application d'une autre loi, etc. (**II-76**).

168. Un exemple assez récent nous est donné par les retouches apportées au régime de l'arbitrage des différends des policiers et pompiers municipaux (art. 94 et suiv. C.t.): il fut modifié d'une façon assez importante en 1993 à la suite d'un long débat et pourtant, on apporta d'autres corrections à ces mêmes articles en 1994 et 1996 (L.Q. 1993, c. 6; L.Q. 1994, c. 6; L.Q. 1996, c. 30): il n'y a pas lieu de croire que cette opération d'adaptation de ce régime soit terminée, bien au contraire (**IV-151**)!

I-89 — *Lois brouillons* — On dispose très souvent de lois brouillons qui furent initialement considérées comme des règles d'exception au droit commun. Un tel qualificatif signifie que le juge devait leur prêter un sens limité, sinon restrictif, de manière à laisser la plus grande application possible aux règles générales et, en l'occurrence, à celles du droit civil. Pour cette première raison, les tribunaux ont souvent abordé ces lois de l'emploi avec beaucoup de réserve, de circonspection et, au moindre doute, ils s'en remettaient aux règles générales[169]. Il faut reconnaître que les juges qui exerçaient au cours de la première moitié du siècle avaient été très peu préparés à ce genre de législation qui heurtait souvent leur « culture juridique » imprégnée des grandes règles du droit tirées du consensualisme et du libéralisme[170]. Dans un semblable contexte, on peut comprendre qu'il eût été difficile de conférer la souplesse et la plasticité désirables à ces nouvelles règles de droit et, en même temps, de se doter de dispositions au libellé concis, clair, précis et rédigé avec cohérence.

I-90 — *Circularité* — Le droit de l'emploi est aussi un droit où ses sujets exercent un rôle actif tant à la phase de son élaboration qu'à celle de son application. Dans une certaine mesure, on peut concevoir ce processus dans un mouvement quasi circulaire à compter des demandes des parties patronales et syndicales, des propositions des partis politiques[171] puis, des avis reçus des divers réseaux officiels et officieux de consultation qui sont généralement suivis de débats publics qu'entraîne l'étude de tels projets de loi à l'Assemblée nationale. Après la proclamation d'une loi, les parties sont parfois invitées à prendre part à son administration ou encore, à élaborer leurs propres règles d'application pour les adapter ou les compléter et, finalement, à proposer de nouveau d'autres changements pour ainsi redémarrer un autre cycle d'élaboration législative[172]. Cette quasi- « intimité » entre l'œuvre du législateur et les

---

169. Dans de nombreuses occasions, les tribunaux discutèrent du champ possible d'une loi de l'emploi, alors que l'on soutenait qu'un gouvernement local ou qu'un organisme de l'État ne saurait y être lié à titre d'employeur ou encore, que les contrôles mis en place par ces lois ne pouvaient réduire les prérogatives de ces institutions publiques ou celles des employeurs : *Association catholique des institutrices du district n° 16 inc.* c. *Commissaires d'écoles pour la municipalité de la paroisse de St-Athanase*, [1947] B.R. 703 ; *Aluminium Co. of Canada* c. *Syndicat national des employés de l'Aluminium d'Arvida*, [1966] B.R. 641 ; *Port Arthur Shipbuilding Co.* c. *Arthurs*, [1969] R.C.S. 85 ; *Comité paritaire de l'industrie du meuble de Québec* c. *Woodskill*, [1958] B.R. 769 ; *Syndicat canadien de la fonction publique* c. *Société des alcools du Nouveau-Brunswick*, [1979] 2 R.C.S. 227. Pour une analyse critique de l'apport des tribunaux au droit de l'emploi, voir : F. MORIN, *op. cit.*, note 58, p. 825 et suiv.

170. Le premier véritable exposé systématique des lois de l'emploi fut publié en 1955 par M.-L. BEAULIEU, *op. cit.*, note 31, et ce ne serait qu'au début des années 1950 qu'un cours portant sur le « droit ouvrier » fut offert aux étudiants des facultés de droit du Québec.

171. F. MORIN et C. LECLERC, *loc. cit.*, note 139.

172. F. MORIN, *loc. cit.*, note 79.

multiples actions et réactions des parties, c'est-à-dire leur présence à toutes les phases de l'axe législatif, confère au droit de l'emploi des traits particuliers, notamment celui de règles de droit qui ont déjà des racines dans les milieux de travail. Heureusement, ce que ces lois de l'emploi peuvent perdre en beauté plastique du fait d'une genèse parfois mouvementée par la présence active de multiples participants aux intérêts divers, sinon opposés, elles le gagnent souvent par leur réalisme et leur pragmatisme. Le droit de l'emploi renferme aussi d'autres traits caractéristiques qui résultent de ces diverses sources contributoires dont nous voulons maintenant souligner la présence.

Section 4.2

Un droit, produit d'une conjugaison dynamique de ses sources

I-91 — *Conjugaison des sources* — D'autres traits caractéristiques du droit de l'emploi résultent de ses sources étrangères et internes et de leurs apports respectifs **(I-23)**. Ce deuxième volet peut permettre de comprendre davantage sa dynamique et de saisir les difficultés qui peuvent survenir à l'occasion de diverses opérations destinées à assurer son développement. En effet, il n'est pas toujours évident que les approches retenues par le législateur coïncident parfaitement avec l'entendement des multiples parties qui élaborent des règles conventionnelles par la voie de la négociation collective et la compréhension que peuvent en avoir les tribunaux spécialisés ou judiciaires. Malgré la diversité de ces apports et les méthodes différentes employées, on recherche néanmoins un droit de l'emploi qui puisse avoir les qualités idéales du droit, soit la cohérence et la complétude afin de contribuer à la sécurité et à la stabilité des parties en présence.

I-92 — *Sources extérieures* — Il convient, dans un premier temps, de rappeler quelques données géopolitiques qui participent à la facture même du droit de l'emploi. Les premières interventions du législateur visant directement les salariés apparaissent au *Code criminel*. Initialement, il s'est agi de rendre licites les revendications collectives relatives aux conditions de travail en affirmant qu'elles n'étaient plus des coalitions prohibées, des atteintes à la libre concurrence, voire des incitations à des ruptures de contrat **(IV-114)**[173]. Ces corrections furent apportées au *Code criminel* en s'inspirant fortement des libellés

---

173. *Code criminel*, art. 422, 423, 430, 466 et 467; Pierre VERGE, *Le droit de grève : fondements et limites*, Cowansville, Les Éditions Yvon Blais inc., 1985.

correspondants retenus en Angleterre pour effectuer de semblables changements quelques décennies auparavant. On ne peut être surpris d'ailleurs que la méthode et les textes employés soient de bonnes copies du législateur britannique puisque la pièce maîtresse, le texte initial du *Code criminel* canadien dut emprunter ce même modèle[174]. Pour des raisons à la fois d'ordre historique, constitutionnel et politique, les premières lois touchant directement le lieu de travail, les conditions de travail et les parties dans la relation d'emploi furent d'inspiration française. Le *Code civil du Bas-Canada*, base de notre droit commun[175], servait en conséquence à établir directement ou par analogie le statut juridique des personnes en présence de même que leurs droits et obligations, notamment à l'aide de notions civiles relatives à la propriété, à l'accession, au contrat de location, à la responsabilité, etc. Comment alors être surpris que le législateur fût influencé par ces mêmes sources pour adapter le droit privé aux nouvelles contingences d'une société en voie d'industrialisation ? Ainsi, la loi québécoise de 1924 conférant un statut juridique aux associations de salariés fut une traduction de la *Loi des syndicats professionnels* promulguée en France en 1884 (**III-712**)[176]. La première loi permettant aux parties d'une branche ou d'un secteur industriel de prendre l'initiative d'établir pour leur secteur les conditions de travail applicables à l'ensemble fut également d'inspiration européenne (**I-53 ; III-501**)[177]. Au sujet de la *Loi sur les accidents du travail de 1931*, nous dirions que le législateur québécois retint le modèle français, alors que celui-ci était inspiré des lois anglaises et allemandes qui précédaient la loi française (**III-303**)[178]. À l'occasion de la guerre de 1939 et compte tenu des influences importantes des États-Unis sur le développement industriel canadien, le régime des rapports collectifs du travail fut moulé au creuset du *Wagner Act* américain de 1935[179] (**I-54 ; IV-44**). En ce qui a trait à la défense nationale, le gouvernement fédéral légiférait d'une façon exclusive et par voie de décret applicable sur tout le territoire canadien, et le mode retenu était assez semblable

---

174. L'*Acte de Québec* de 1774 précisait ce point.

175. L'*Acte de l'Amérique du Nord britannique* de 1867, aux articles 91 et 92. Le *Code civil du Bas-Canada* de 1865 est une adaptation du *Code civil français* parfois dénommé « Code Napoléon » (**I-38 ; II-46**).

176. Jean-Réal CARDIN, « L'influence du syndicalisme national catholique sur le droit syndical québécois », dans *Les cahiers de l'institution sociale populaire*, n° 488, Montréal, 1957.

177. Les rédacteurs de la *Loi relative à l'extension des conventions collectives de travail*, S.Q. 1934, c. 56, s'inspirèrent des modèles allemand et italien. Il faut savoir que la doctrine sociale de l'Église catholique favorisait de telles approches d'intervention tripartite (État– employeur– syndicat). En France, ce même modèle fut retenu en 1936. Voir : Paul DURAND, R. JAUSSAUD, Georges PICHAT et André VITU, *Traité de droit du travail*, tome III, Paris, Dalloz, 1956, p. 446.

178. F. EWALD, *op. cit.*, note 148, p. 225.

179. Il s'agissait d'une pièce maîtresse du plan de relance de l'économie américaine instauré sous le président Roosevelt. Voir : Harry Alvin MILLIS et Emily CLARK BROWN, *From the Wagner Act to Taft-Hartley : a Study of National Labor Policy and Labor Relations*, Chicago, University of Chicago Press, 1950.

à celui des Américains[180]. Au terme de la guerre, Québec reprit ce champ de compétence législative et retint le même modèle, soit la négociation collective à l'intérieur seulement de l'entreprise et par le truchement d'un seul syndicat **(I-54)**. C'est ainsi que le régime des rapports collectifs du travail maintenant consigné au *Code du travail* est encore à l'image, quant à ses coordonnées principales, du régime américain, et il en est de même du régime s'appliquant aux entreprises fédérales et à celles des autres provinces canadiennes.

I-93 — *Mélange hétéroclite* — On constate que ces lois reflètent et réfractent les grandes sources d'influence historiques, culturelles et économiques de notre société. Elles coexistent encore et chacune d'elles est le produit de l'histoire du processus d'industrialisation de notre société. Malgré quelques souhaits dans ce sens, le législateur n'a pas encore entrepris une véritable opération permettant l'intégration cohérente et systématique de ces pièces législatives dans un même code[181]. Depuis 1980, on remarque cependant que le législateur québécois semble moins directement influencé par les lois des États avoisinants, sans pour cela, bien évidemment, les ignorer. À titre d'exemples d'un contenu québécois original à un degré plus élevé, nous pouvons citer la *Loi sur les normes du travail*, la *Loi sur la santé et la sécurité du travail*, la *Loi favorisant le développement de la formation de la main-d'œuvre* et la *Loi sur l'équité salariale*. Il faut reconnaître que la diversité des sources rend plus difficile une parfaite harmonisation entre chacune de ces pièces législatives afin d'assurer la cohérence et la stabilité. Ce caractère hétéroclite de la somme des lois de l'emploi peut facilement être démontré par quelques illustrations.

— Certains syndicats au Québec sont constitués selon la *Loi sur les syndicats professionnels*, tandis que d'autres furent formés par voie de conventions privées d'obédience canadienne ou américaine et, pourtant, tous sont admissibles à l'accréditation **(IV-2)**[182];

---

180. L'arrêté en Conseil 1003 de 1943 était à ce point conforme au modèle américain que des auteurs de l'époque le qualifièrent de «The Canadian Wagner Act». Voir : J.C. CAMERON et F.J.L. YOUNG, *The Status of Trade Union*, éditions Queen's University, Kingston, 1960, p. 65. Pour une critique récente de cette influence, voir : Roy J. ADAMS, *A Pernicious Euphoria : 50 Years of Wagnerism in Canada*, (1995) 3 C.L.E.L.J. 321.

181. La Commission consultative sur le travail et la révision du Code du travail (commission Beaudry) de 1985 proposa en vain une codification de l'ensemble des lois du travail, notamment pour la raison suivante : «Considérant la nécessité d'intégrer en un tout homogène et plus accessible l'ensemble des dispositions législatives actuelles». Voir : le rapport publié sous le titre *Le travail, une responsabilité collective*, Direction générale des publications gouvernementales, Québec, 1985, p. 364.

182. Il fallut que la définition de l'association de salariés retenue à l'article 1 a) du *Code du travail* tienne compte de cette situation afin d'éviter toute discrimination à leur égard : «[...] un groupement de salariés constitué en syndicat professionnel, union, fraternité ou autrement [...]».

— La *Loi sur les décrets de convention collective* ne précise nullement le processus d'élaboration d'une convention collective pouvant servir d'étalon à un décret, et ce n'est qu'en 1994 que l'on établissait un rapport avec les syndicats accrédités selon le *Code du travail* (**II-509**);

— Le *Code civil du Québec* énonce treize dispositions particulières relatives à la relation de travail (art. 2085 à 2097) et sa disposition préliminaire précise la compétence générale de ce code pour tous les rapports juridiques entre les personnes (**I-41**). Par ailleurs, aucune bretelle expresse n'assure une complète harmonisation entre ce droit commun et le droit de l'emploi et les actes qui en ressortissent (**II-78; IV-173**).

I-94 — *Droit étatique et conventionnel* — Le cadre normatif relatif à l'emploi et aux multiples rapports qui en découlent n'est pas exclusivement de souche étatique et provient, du moins en partie, d'une double source conventionnelle : le contrat et la convention collective. Dans le premier cas, nous savons que les règles fondamentales d'encadrement se trouvent au *Code civil du Québec* (**I-38**) et, dans l'autre, au *Code du travail* (**I-55**). D'un côté, les acteurs sont le salarié ou le syndicat accrédité et, de l'autre, l'employeur (**II-110**). Ainsi, les règles législatives sont rédigées, avons-nous vu (**I-44**), de manière à fixer bien souvent des seuils et des balises, et parfois elles servent aussi d'incitatifs pour ces parties à faire mieux ou plus. Ce trait caractéristique des lois de l'emploi résulte de l'impossibilité technique d'établir d'un même trait une norme qui puisse bien s'appliquer aux réels et multiples besoins des parties en relation d'emploi, du souci que cette intervention étatique ne soit pas trop intempestive ni rigide et du souhait que les diverses personnes en présence puissent réellement participer à l'élaboration des conditions relatives à leurs rapports ainsi qu'à leurs apports réciproques[183].

I-95 — *Ordre prioritaire* — En raison de la coexistence entre les normes étatiques et conventionnelles, un ordre de priorité devait être établi entre elles afin d'éviter trop de conflits de droit réels ou apparents (**I-22**). Dans certains cas, des dispositions législatives imposent leur préséance en raison de leur caractère impératif, c'est-à-dire qu'elles ne souffrent pas d'être modulées par voie d'une convention ou d'un contrat. Il en est ainsi notamment en raison de la nature même des obligations qu'elles renferment et les quelques exemples qui suivent permettent de mieux saisir cette réalité.

— Comment et pourquoi une entente pourrait-elle être valablement conclue entre un syndicat et un employeur au sujet du droit à l'accréditation

---

183. Il suffit de consulter quelques conventions collectives des secteurs privé et public pour réaliser à quel point cette liberté conventionnelle peut être largement utilisée dans certains milieux. Il n'est pas rare qu'une convention collective comprenne des centaines de modalités relatives aux conditions de travail.

par ailleurs clairement affirmé aux articles 21 et 22 C.t. en faveur de tout syndicat ? Pareille entente, si elle était possible, risquerait de bloquer l'accès au régime de la négociation collective à tout autre syndicat.

— Le devoir d'avoir une représentation juste et loyale qui incombe au syndicat accrédité (art. 47.2 C.t.) ne saurait être mitigé par une entente avec l'employeur. Cette question porte sur la qualité des rapports internes entre le syndicat et le salarié, dans lesquels l'employeur ne doit pas intervenir.

— L'égalité des chances et les garanties contre toute discrimination résultant de la *Charte des droits et libertés de la personne* ne sauraient valablement être atténuées ou édulcorées par un contrat liant un salarié ni par une convention collective.

— La partie non saisissable du salaire d'un employé ne pourrait connaître quelques réductions à la demande de ses créanciers ou pour satisfaire son employeur.

— Un employeur qui décide d'aliéner une partie de son entreprise ne peut valablement s'entendre avec l'acquéreur pour écarter le syndicat en place (art. 45 C.t.).

— Un salarié ne pourrait juridiquement accepter de travailler à un salaire moindre que le minimum fixé par la réglementation, sans égard à ses motifs personnels car, en peu de temps, cette mesure protectrice perdrait toute efficacité et prendrait la forme d'un simple vœu du législateur (art. 40 L.N.T.).

— Etc.

Parfois, l'objet et la finalité de la règle de droit permettent de dégager son nécessaire caractère impératif et, dans d'autres cas, la loi elle-même le précise : il en est ainsi à l'article 93 L.N.T. et à l'article 4 L.S.S.T. Par ailleurs, de multiples normes étatiques relatives à l'emploi peuvent être complétées, précisées ou dépassées par le contrat de travail ou la convention collective, et parfois même remplacées. On peut expliciter cette situation par la formule « le plus contient le moins ou + > – », qui met davantage l'accent sur le bien-être du salarié. Selon une théorie juridique, la priorité donnée à la condition la plus avantageuse s'autoriserait de l'ordre public social[184]. Cette dernière règle est d'ailleurs clairement exprimée dans plusieurs lois.

— « Malgré l'article 93, une convention ou un décret peut avoir pour effet d'accorder à un salarié une condition de travail plus avantageuse qu'une norme prévue par la présente loi ou les règlements » (art. 94 L.N.T.).

---

184. Alain SUPIOT, *Critique du droit du travail*, Paris, Presses Universitaires de France, 1994, p. 137 et suiv.; Fernand MORIN, « Liberté des parties à la négociation collective », (1993) 48 *Rel. Ind.* 461.

— « Cependant une convention ou un décret peut prévoir pour un travailleur, une personne qui exerce une fonction en vertu de la présente loi ou une association accréditée des dispositions plus avantageuses pour la santé, la sécurité ou l'intégrité physique du travailleur » (art. 4, al. 2, L.S.S.T.).

— « La convention collective peut contenir toute disposition relative aux conditions du travail qui n'est pas contraire à l'ordre public ni prohibée par la loi » (art. 62 C.t.).

— « Cependant, une convention ou une entente ou un décret qui y donne effet peut prévoir pour un travailleur des dispositions plus avantageuses que celles que prévoit la présente loi » (art. 4, al. 2, L.A.T.M.P.).

— « À moins qu'elles ne soient expressément interdites par le décret, les clauses d'un contrat de travail sont valides et licites, nonobstant les dispositions des articles 9 et 11 ci-dessus, dans la mesure où elles prévoient pour le salarié une rémunération en monnaie courante plus élevée ou des compensations ou avantages plus étendus que ceux fixés par le décret » (art. 13 L.D.C.C.).

I-96 — *Le plus comprend le moins* — Employeur et syndicat accrédité disposent d'une liberté de manœuvre par le truchement de leur convention collective pour établir, dans une certaine mesure, des conditions de travail particulières et distinctes des normes étatiques, tout en respectant la portée substantielle de ces dernières. Voyons, à titre illustratif quelques exemples.

i) Si l'article 60 L.N.T. accorde sept jours fériés et chômés, une convention collective peut néanmoins retenir des jours autres que ceux qui y sont expressément mentionnés, pourvu que ce minimum y soit consenti et entendu que le plus comprend le moins (art. 59.1 L.N.T.) (**III-215**).

ii) L'article 124 L.N.T. confère un droit de contrôle de la décision de l'employeur en faveur de tout salarié congédié après trois ans de service continu. Ce recours particulier ne peut être exercé si un semblable moyen est applicable selon les modalités d'une convention collective (**V-32**).

iii) L'arbitrage de tout grief fondé sur la convention collective s'effectue selon les règles du *Code du travail* (nomination de l'arbitre, règles de procédure, définition du grief, etc.), sauf si la convention collective en prévoit d'autres qui ont alors préséance (art. 100, 100.2 et 102 C.t.).

iv) Les dispositions relatives au retour au travail de l'accidenté édictées aux articles 234 et suivants L.A.T.M.P. peuvent être modulées aux fins d'application pratique par la convention collective (art. 244 L.A.T.M.P.).

v) Bien que l'article 107 C.t. prohibe expressément la grève durant le terme d'une convention collective, cette dernière peut doubler cette

prohibition de nature pénale (art. 142 C.t.) d'une obligation conventionnelle (**IV-166**), ce qui donne alors prise à un autre recours en réparation
par le truchement de l'arbitrage des griefs (art. 100 C.t.).

vi) La *Loi sur les normes du travail* n'établit pas directement le taux applicable pour le travail effectué en temps supplémentaire. On se limite à
spécifier qu'il s'agit du taux horaire réel pour le travail habituel majoré
de 50 % (art. 55 L.N.T.). Dans ce cas, comme dans bien d'autres semblables, les parties ne peuvent négocier moins et ainsi, ce critère sert à
la fois de point de départ et de stimulus à l'une ou l'autre des parties
pour en traiter ou en convenir.

vii) Si l'arbitre de griefs dispose du pouvoir de modifier la sanction disciplinaire imposée par l'employeur, on reconnaît néanmoins la liberté des
parties à la convention collective de réduire ou de contenir autrement ce
même pouvoir (art. 100.12 f), C.t.).

viii) Les parties au contrat de travail peuvent réduire l'exercice de la liberté de
commerce ou de travail du salarié au terme du contrat, c'est-à-dire alors
même que ce dernier n'est plus employé par l'autre partie (art. 2089,
al. 1, C.c.Q.). Cependant, cette astreinte contractuelle doit être contenue,
précise, claire et non utilisée abusivement (art. 2089, al. 2 et 3, et 2095
C.c.Q. (**II-37, 69**).

Ces multiples rapports de complémentarité entre ces deux grandes
sources normatives étatiques et conventionnelles permettent d'atteindre
mieux et plus sûrement à la finalité du droit de l'emploi. On comprend du
même coup que cette plasticité juridique exige d'être prudent et circonspect
dès qu'il nous faut préciser l'état du droit sur un point précis. La donnée
réelle du droit applicable n'est pas totalement ni exclusivement énoncée dans
un seul libellé de la loi ou du règlement ni davantage du contrat de travail ou
de la convention collective. Il faut examiner la mixture complète applicable
dans chaque milieu, entendu par ailleurs que la vérité qui s'applique à une
entreprise peut être quelque peu différente dans une autre. C'est aussi le cas
lorsque l'on consulte la jurisprudence dont, outre la diversité des faits, les
décisions sont tributaires de semblables amalgames de règles applicables
dans tel ou tel lieu (**I-59**).

I-97 — *Rôle des tribunaux* — Nous avons déjà signalé l'intervention des tribunaux spécialisés qui disposent d'un vaste pouvoir discrétionnaire pour
assurer une application idoine des règles de droit (**I-77**). Déjà, par une telle
dualité et parfois une triade des normes de droit, le cadre normatif provenant
d'une ou de deux sources complémentaires (**I-93**) interprétées et appliquées
par un tribunal disposant d'une certaine liberté de manœuvre peut alors avoir
une portée ou des implications pratiques ou juridiques que le profane ne saurait soupçonner à la seule lecture intelligente des textes. Considérons quelques exemples pour mieux saisir cette autre réalité.

— Le concierge qui, à la demande expresse de son donneur d'ouvrage, doit constituer une compagnie, entendu que cette dernière l'embauchera pour exécuter le travail visé, perdrait de ce fait son statut de salarié à l'endroit de ce même donneur d'ouvrage! Pour arriver à une pareille gymnastique des techniques juridiques, il a fallu que le tribunal dépasse la simple définition de «salarié» donnée au *Code du travail* pour l'induire de multiples autres considérations[185].

— L'obligation faite au salarié de minimiser les dommages de l'employeur qui l'a illégalement congédié pour activité syndicale n'est pas expressément énoncée au texte des articles 15 à 20 C.t. et pourtant, c'est ce que le commissaire du travail et le Tribunal du travail ont vu entre les lignes de ces mêmes dispositions[186] **(V-13)**.

— L'obligation formulée à l'employeur d'imposer d'une manière progressive les sanctions disciplinaires proposées par les arbitres de griefs n'est pas énoncée ni annoncée expressément aux articles 100 à 102 C.t., bien qu'elle soit retenue par tous en raison de l'économie même du système[187].

— Le degré de dangerosité normalement acceptable pour l'exercice d'un métier donné n'est nullement établi à l'article 13 L.S.S.T., aussi revient-il à l'inspecteur de le fixer et celui-ci peut moduler ce degré en fonction des personnes et des circonstances de lieu et de temps (art. 19, al. 2, L.S.S.T.) **(III-422)**.

— L'article 93.4 C.t. ne permettrait nullement d'établir à l'avance si un médiateur-arbitre tranchera vraiment le différend d'une première négociation collective par voie d'une sentence arbitrale : le comportement réel des parties peut varier dans chaque cas, le médiateur-arbitre peut être plus ou moins efficace et son appréciation dépend d'une certaine impression subjective, etc. Ainsi, l'article 93.4 C.t. ne peut être qu'un

---

185. *Commission scolaire du Lac Témiscamingue* c. *Syndicat canadien de la fonction publique, section locale 1911*, [1986] T.T. 106 et commenté sous le titre «La double personnalité d'un concierge!», (1986) 41 *Rel. Ind.* 835. Sur cette question, mais relativement à l'application de la *Loi sur les normes du travail*, la jurisprudence de la Cour d'appel semble divisée; voir : *Dazé* c. *Messageries Dynamiques*, D.T.E. 90T-538 (C.A.), où l'on a refusé de reconnaître le statut de salarié à un travailleur «incorporé», et *Leduc* c. *Habitabec inc.*, D.T.E. 94T-1240 (C.A.), où la Cour d'appel lui a reconnu ce statut. Pour sa part, la Cour supérieure réaffirma récemment le premier entendement de la Cour d'appel. Voir : *Villiard* c. *Dale-Parizeau*, D.T.E. 97T-507 (C.S.).

186. Fernand MORIN, «Le salarié injustement congédié doit-il mitiger les dommages causés par l'employeur?», dans Gilles TRUDEAU, Guylaine VALLÉE et Diane VEILLEUX (dir.), *Études en droit du travail à la mémoire de Claude D'Aoust*, Cowansville, Les Éditions Yvon Blais inc., 1995, p. 221.

187. F. MORIN et R. BLOUIN, *op. cit.*, note 114, p. 451; Claude D'AOUST, Louise DUBÉ et Gilles TRUDEAU, *L'intervention de l'arbitre de griefs en matière disciplinaire*, monographie n° 29, Coll. Relations industrielles, Cowansville, Les Éditions Yvon Blais inc., 1995, p. 25 et suiv.

cadre indicatif où le non-dit normatif semble tout aussi important que son contenu apparent (**I-56 et 57**).

— Aucune règle de droit n'affirme expressément ni directement le pouvoir disciplinaire de l'employeur et pourtant, aucun tribunal ne s'est permis d'en douter (**II-113**)!

1-98 — *Le contrôle judiciaire* — En outre, les décisions de ces tribunaux spécialisés peuvent être soumises au contrôle des tribunaux judiciaires (**V-76**) qui, à ces occasions, peuvent aussi toucher aux questions de fond. Compte tenu de l'autorité hiérarchique de ces jugements, notamment ceux de la Cour d'appel et de la Cour suprême du Canada afin d'assurer la sécurité et la cohérence juridique, cette jurisprudence judiciaire ajoute fort plus qu'un simple éclairage aux règles du droit positif (**I-60**). Illustrons cette dernière assertion à l'aide de quelques exemples.

i) L'article 45 C.t. précise qu'une partie d'une entreprise cédée à un tiers lie ce dernier à titre de nouvel employeur auprès du syndicat accrédité et à la convention collective jusqu'alors applicable. La Cour suprême du Canada précisa qu'il devait exister un lien direct entre les deux employeurs pour que cette disposition puisse s'appliquer, alors que cette condition n'apparaît pas à l'article 45 C.t.[188]

ii) Bien que les articles 139 et 139.1 C.t. placent les tribunaux spécialisés à l'abri du contrôle judiciaire, sauf sur la question de compétence, les tribunaux judiciaires comprennent aussi, par cette dernière expression, la violation des règles fondamentales de justice, ce qui élargit sensiblement l'assiette de ce contrôle[189].

iii) La *Charte canadienne des droits et libertés de la personne* affirme les grandes libertés publiques et prohibe certains actes discriminatoires pouvant porter atteinte à l'égalité des chances. La Cour suprême du Canada précisa que la question de l'intention discriminatoire de la part du défendeur n'était pas pertinente et qu'il suffisait de constater l'effet réel discriminatoire à l'égard du salarié-plaignant. Par la suite, le tribunal dégagea une obligation nullement exprimée dans la charte, soit celle de l'accommodement (**I-32; III-107**)[190].

iv) Le droit à l'accréditation serait strictement rattaché au syndicat, au point que des salariés démissionnaires seraient dépourvus de l'intérêt

---

188. *U.E.S., local 298* c. *Bibeault*, [1988] 2 R.C.S 1048; F. Morin, *op. cit.*, note 58, p. 712.

189. *Blanchard* c. *Control Data Canada Ltée*, [1984] 2 R.C.S. 476; F. Morin, *op. cit.*, note 58, p. 590.

190. *Central Okanagan School District no. 23* c. *Renaud*, précité, note 59 et commenté à F. Morin, *loc. cit.*, note 58.

juridique nécessaire pour contester la requête en accréditation du syndicat susceptible de les représenter[191].

On peut ainsi mieux constater que la portée des jugements des tribunaux judiciaires, notamment ceux de la Cour d'appel et de la Cour suprême du Canada, dépassent de beaucoup le cadre des parties directement visées dans chacune des décisions qu'ils rendent, car ces arrêts servent de guide pour la conduite future des agents du milieu et aussi, aux tribunaux spécialisés (**I-60**). Dans cette mesure, la jurisprudence constitue une véritable source de droit. En effet, si le rôle du juge est d'abord juridictionnel, soit celui de trancher un litige, il peut, à cette occasion, exprimer le droit par chacune de ses décisions d'espèce et en sus de chacune d'elles. Bien entendu, ce droit jurisprudentiel n'est nullement concurrent, mais plutôt complémentaire à la loi, à la convention collective et au contrat. En somme, cette voie prétorienne de production de normes comprend également une approche générale, une manière partagée d'abord par plusieurs juges, puis souvent, par une forte majorité d'entre eux pour envisager une question de droit, pour comprendre une règle ou encore, pour retenir une façon de l'appliquer. C'est ainsi qu'une règle écrite, abstraite et générale du législateur acquiert, d'une certaine manière, sa dimension réelle, sa portée véritable par l'ajout d'un grand nombre de précisions, de nuances, de réserves apportées par les tribunaux, puis retenues par les praticiens du droit.

1-99 — *Du jugement à la loi* — Dans ce domaine, la conjugaison des sources formelles du droit (loi, convention, contrat et jurisprudence) était et demeure nécessaire afin de permettre de toujours mieux saisir les multiples problèmes que suscitent les rapports entre les parties à l'occasion du travail des uns pour le compte des autres. Pour cette raison, le libellé même de plusieurs lois de l'emploi laisse sous-entendre qu'il s'agit d'interventions ponctuelles et susceptibles d'être rapidement modifiées : l'imprécision des termes, les renvois à de futurs règlements d'application, la délégation de pouvoirs discrétionnaires aux tribunaux spécialisés, les rapports présentés à l'Assemblée nationale sur l'application de la loi, etc.[192]. Nous ne pourrions alors être surpris des écarts que l'on peut découvrir entre certaines règles de jugement retenues dans ces

---

191. *Association internationale des commis du détail* c. *Commission des relations de travail du Québec*, [1971] R.C.S. 1043.

192. La *Loi favorisant le développement de la formation de la main-d'œuvre* prévoit une étude annuelle en commission parlementaire des états financiers et du rapport d'activités de la Commission paritaire du marché du travail (art. 43), et le ministre du Travail doit, tous les cinq ans, faire rapport à l'Assemblée nationale au sujet de l'efficacité de cette loi (art. 68). Semblable obligation incombe au ministre à l'égard des conventions collectives de longue durée : *Loi modifiant le Code du travail*, L.Q. 1994, c. 6, art. 38. Avant le 20 juin 1999, pareille obligation incombe au ministre du Travail au sujet du régime d'arbitrage de différends applicable aux policiers et pompiers municipaux (**IV-151**).

lois et leur application dans des situations particulières, selon les intérêts des parties et l'intelligence des tribunaux spécialisés. De semblables distorsions proviennent également des tribunaux judiciaires qui scrutent les décisions des tribunaux spécialisés pour déterminer si elles s'insèrent bien dans le champ juridictionnel qui est le leur (**V-78**). Quand les approches des uns et des autres ne coïncident pas avec les vues premières du législateur ou quand les tribunaux démontrent, à l'occasion d'un cas particulier, que la règle légale comprend des failles ou de dangereux silences ou encore, autoriserait une pratique contraire à sa finalité, l'on voit parfois le législateur apporter des corrections. Il va de soi que ces dernières réponses ou réactions législatives ne résultent pas toujours de l'initiative de quelques savants légistes. Les centrales syndicales et le patronat, distinctement et parfois même ensemble, proposent ou exigent que le législateur apporte des modifications ou des précisions particulières à la suite de semblables jugements ou l'incitent à le faire. Pour mieux illustrer cette dynamique des sources et aussi la contribution de certains tribunaux à l'évolution du droit de l'emploi, nous rappelons ci-dessous la portée de quelques-uns de ces jugements et des réactions législatives qu'ils provoquèrent.

i) L'arrêt *Syndicat catholique des employés de magasins de Québec Inc. c. Cie Paquet ltée*[193] reconnut haut et clair la légalité d'une disposition conventionnelle relative à la perception par l'employeur de la cotisation syndicale ou de son équivalent (formule Rand). Cet arrêt fut généralisé à l'article 38 C.t. en 1964. Au cours de cette même période de 1959–1977, les parties ont fait davantage usage de la formule Rand dans leur convention collective. Et, dix-huit ans après, le législateur faisait formellement sienne cette formule en contraignant tout salarié à contribuer financièrement au seul syndicat accrédité qui doit le représenter auprès de l'employeur : l'actuel article 47 C.t. (**IV-22**).

ii) À la suite de l'arrêt *Port Arthur*[194], le législateur adoptait la thèse opposée à celle retenue par la Cour suprême du Canada en précisant, à l'article 102.12 f), C.t., que l'arbitre de griefs dispose du pouvoir de modifier la sanction initiale imposée par l'employeur, sauf lorsque la convention collective lui retire expressément pareil pouvoir (**IV-188**).

iii) La Cour suprême du Canada entendit contraindre les tribunaux spécialisés à évaluer la représentativité d'un syndicat en fonction des statuts singuliers de chaque requérant syndical : l'arrêt *Metropolitan Life Insurance Co. c. International Union of Operating Engineers, local 796*[195]. Le législateur imposa expressément la règle contraire en édictant les

---

193. [1959] R.C.S. 206; F. MORIN, *op. cit.*, note 58, p. 191.
194. Précité, note 133; F. MORIN, *op. cit.*, note 58, p. 346.
195. [1970] R.C.S. 425; F. MORIN, *op. cit.*, note 58, p. 352.

seules conditions exigibles à tous et en précisant ainsi son intention d'écarter cet arrêt, à l'article 36.1 : « [...] ne doivent tenir compte d'aucune autre condition exigible selon les statuts et règlements de cette association de salariés » **(IV-68)**.

iv) L'arrêt *U.E.S., local 298* c. *Bibeault*[196] cassa la décision du commissaire du travail parce que, selon la Cour suprême du Canada, ce dernier ne disposait pas d'une compétence directe pour décider s'il s'agissait d'une aliénation ou d'une concession totale ou partielle de l'entreprise. Cette lacune déclarée par le tribunal fut peu après comblée à l'aide d'une précision apportée en 1990 à l'article 46 C.t. **(IV-90)**.

Nous signalons, à l'annexe 3, vingt jugements au sujet desquels le législateur dut réagir, c'est-à-dire qui provoquèrent plus ou moins directement une correction ou une précision au libellé des lois de l'emploi.

I-100 — *Privé et public* — Ce qui nous paraît constituer l'élément le plus original au sujet des sources du droit de l'emploi provient des effets résultant de leur conjugaison. Souvent, la loi écarte des obstacles, permet ou facilite une pratique dans tel ou tel domaine ou corrige le tir, alors que les parties à la négociation collective ou individuelle élaborent des règles précises applicables à leur situation propre. Par la suite, les tribunaux pondèrent, circonscrivent ou adaptent ces règles étatiques et professionnelles à l'occasion de litiges. Parfois, comme nous venons de le signaler, le tout est repris par le législateur qui le confirme, l'infirme ou le module. Si l'on tient compte de ces sources et de leur particularisme, il semble difficile de vouloir placer le droit de l'emploi dans la division dichotomique traditionnelle de notre système juridique : droit privé ou droit public[197]. Dans la mesure où l'on admet que cette division traditionnelle du droit repose sur une conception du XVIIIe siècle selon laquelle il n'existait dans la société que des individus et l'État, ce qui ne laissait guère de place aux « intermédiaires », on peut comprendre la difficulté de procéder maintenant à cette qualification. En effet, le droit de l'emploi comprend particulièrement la présence très active de collectivités professionnelles, éléments pour le moins ignorés et même prohibés jusqu'à un certain degré par le droit du siècle dernier. Ce droit de l'emploi est aussi constitué, nous l'avons déjà signalé, d'un grand nombre de règlements d'application et de modalités conventionnelles et contractuelles qui

---

196. Précité, note 152 ; F. MORIN, *op. cit.*, note 58, p. 712.
197. Cette division manichéenne du droit suppose que l'on nie le droit social pour ne voir que l'individu et son ombre, l'État. Voir : Maurice TANCELIN, « Origine et pertinence de la distinction entre droit privé et droit public », dans Vincent LEMIEUX (dir.), *Les institutions québécoises, leur rôle, leur avenir — Actes du colloque du 50e anniversaire de la Faculté des sciences sociales de l'Université Laval*, Québec, Les Presses de l'Université Laval, 1990, p. 215.

conjuguent ou prolongent les règles étatiques, ce qui en fait certes un droit hétérogène et pluraliste. Si on le regarde d'une façon globale, pour mieux respecter son particularisme, le droit de l'emploi ne peut entrer ni dans l'une ni dans l'autre partie de cette double division privé–public. Issu du droit privé (le contrat et la convention), empruntant au passage des techniques du droit public, aménageant des rapports où différents agents de l'État interviennent dans de multiples occasions et organisent même les relations entre l'État et ses propres serviteurs, il ne peut être véritablement classé ni dans l'une ni dans l'autre de ces deux catégories. C'est un droit qui sous-tend le compromis, un droit de transaction et qui abhorre le catégorique, l'absolu, le définitif apparent, etc. C'est plus qu'un simple amalgame de règles diverses prises au droit civil, au droit pénal et au droit administratif et adaptées aux besoins du secteur du travail et de l'emploi. Par ses institutions propres, par son approche générale des questions traitées, par les contraintes qui s'imposent (le temps, la collectivité, les pressions de production, etc.), par son objet (la vie professionnelle et ses fruits) et par sa finalité (améliorer la qualité des rapports entre des parties structurellement et économiquement inégales), le droit de l'emploi constitue une branche particulière du droit, tout en faisant partie de l'ensemble du corpus juridique qui encadre, aménage et organise les rapports dans notre société. Pour cette dernière raison, on ne peut ni le connaître, ni en respecter l'économie si on ignore les règles du droit commun auxquelles il demeure à la fois relié ou qui lui servent d'environnement juridique ou encore, qui expliquent son orientation (**I-93; II-47**).

Section 4.3

Un droit sous l'égide de principes généraux

I-101 — *Lignes de force* — S'il est vrai que le droit de l'emploi fut construit sur le tas, c'est-à-dire selon une démarche pragmatique, et que son évolution est tributaire des aléas de la conjoncture politique et économique, nous croyons cependant que l'orientation générale et le choix des moyens retenus par ses principaux acteurs découlent de quelques grandes lignes directrices qui leur servent de stimulus, de guides ou, encore, de balises. En considérant ce construit juridique d'une manière rétrospective, nous pouvons dégager des lignes de force qui constituent la trame de fond de ce droit, lui confèrent une certaine cohérence au-delà des premières apparences et permettent de former ainsi une branche du droit, et non un simple agrégat de règles d'accommodement particulières ou ponctuelles. Outre ces orientations de base, il existerait aussi certains principes généraux servant de critères pour distinguer, discriminer ou privilégier les règles de droit les mieux adaptées en raison des personnes et des circonstances de temps et de lieu. En d'autres termes, ces principes, le plus souvent sous-entendus mais néanmoins présents, qui sont la raison d'être et la justification profonde des principales règles de ce droit, servent aussi à l'élaboration, à l'évaluation et à la critique de celles susceptibles d'être proposées. Cette orientation générale et ces principes devraient permettre de mieux saisir la véritable facture du droit de l'emploi. Pour ces raisons, nous tentons d'en faire part au terme du titre premier.

I-102 — *Protection du salarié* — Quelles sont ces grandes lignes de force qui confèrent au droit de l'emploi sa dynamique particulière ? À notre avis, l'élaboration progressive du droit de l'emploi résulte de réactions à l'égard de multiples effets du droit commun que l'on a voulu écarter, éviter ou réduire, soit par la mise en place d'institutions nouvelles, soit en conférant des droits et des obligations distincts aux personnes ainsi mises en présence par ou pour l'emploi (**I-72**). Ce construit juridique fut élaboré à la pièce, c'est-à-dire dans les limites de ce que l'on jugea, selon la conjoncture politique et économique, nécessaire, inévitable, légitime ou équitable à un moment donné. Bien que fort pondérés et généralement nullement radicaux, ces ajouts ou ajustements au droit commun furent néanmoins retenus et justifiés par quelques objectifs généraux. Le premier objectif consiste en un apport de mesures de protection à la partie la plus vulnérable de la relation d'emploi actuelle ou éventuelle, soit le salarié. Tel fut le souci des premières dispositions législatives et pendant un siècle, bien que les moyens de protection retenus adoptèrent de multiples formes. Suivant l'ordre chronologique de leur arrivée sur la scène juridique, les onze exemples qui suivent démontrent bien le souci constant de protection témoigné au salarié au cours du siècle[198] :

— 1881 : L'insaisissabilité partielle du salaire : *Acte pour exempter de la saisie, la moitié des gages des journaliers*;

— 1885 : La prohibition de l'embauche d'enfants trop jeunes et les limites imposées aux heures de travail des jeunes et des femmes : *Acte des manufactures de Québec, 1885*;

— 1909 : L'indemnisation obligatoire des accidentés du travail : *Loi concernant les responsabilités des accidents dont les ouvriers sont victimes dans leur travail et la réparation des dommages qui en résultent*;

— 1924 : La libre association des salariés pour la défense de leurs intérêts mutuels : *Loi des syndicats professionnels*[199];

— 1940 : Le salaire plancher et le temps de repos obligatoire : *Loi du salaire minimum*;

— 1944 : La tenue des rapports collectifs du travail devant permettre aux salariés de négocier collectivement leurs conditions de travail : *Loi des relations ouvrières*;

— 1961 : La protection du salarié exerçant des droits collectifs : les articles 15 à 20 du *Code du travail*;

— 1979 : La participation réelle des salariés à la prévention des accidents de travail : *Loi sur la santé et la sécurité du travail*;

— 1980 : Le contrôle des décisions unilatérales de rupture des contrats de travail : *Loi sur les normes du travail*, notamment l'article 124;

— 1993 : La protection des données confidentielles du salarié : *Loi sur la protection des renseignements personnels dans le secteur privé*;

---

198. Ce sont là de simples illustrations de nos propos; de nombreuses autres lois auraient pu aussi servir à cette même démonstration.

199. S.Q. 1924, c. 112.

— 1994 : L'incapacité du salarié à renoncer valablement à la réparation due en raison d'une brusque rupture : article 2092 C.c.Q.

En raison de cette première trame du droit de l'emploi, on le qualifia souvent de « droit protectionniste ». Si telle est et devait être sa principale raison d'être, il était normal que la démarche générale qui en découle et les techniques employées soient davantage tournées d'un même côté, celui du salarié. D'ailleurs, pour mieux le protéger, on a déjà souligné (**I-77**) divers moyens employés dont :

— celui de « l'incapacité » déclarée : On empêche juridiquement un salarié de participer à sa propre perte en déclarant nuls et sans effets certains actes juridiques auxquels il pourrait apparemment participer. Ainsi, il ne peut valablement se lier par contrat à des conditions inférieures à celles qui lui sont garanties par les lois et la convention collective, ni souffrir de certaines lésions (art. 2092, 2095 C.c.Q.);

— celui qui consiste à imposer à l'employeur certaines obligations particulières ou conditions pour l'exercice de ses prérogatives, notamment à l'occasion de l'embauche et de la résiliation unilatérale du contrat de travail[200];

— celui de permettre au syndicat accrédité ou à la Commission des normes du travail d'intenter des recours au bénéfice du salarié sans obtenir de ce dernier un mandat exprès (art. 69 C.t.; art. 113 L.N.T.).

I-103 — *La vie collective* — Un deuxième élément de la trame de base du droit de l'emploi serait le régime institué pour assurer la tenue de rapports collectifs du travail et la préséance conférée aux actes qui en découlent. Le rappel historique des lois de l'emploi promulguées depuis le début du siècle (**I-70 et suiv.**) illustre l'importance et la réelle présence de cette donnée dans la construction de cette « province du droit ». Vers la fin du XIXe siècle, on rendit licite l'action de groupe à l'aide de modifications apportées au *Code criminel*; en 1924, on donna un moyen pour reconnaître la légalité et la légitimité des associations de salariés dûment constituées (*Loi des syndicats professionnels*) et on conféra la capacité juridique à ces associations de conclure des « contrats collectifs » puis, en 1944, on obligea l'employeur à négocier collectivement avec le seul syndicat accrédité (*Loi des relations ouvrières*) et finalement, certains droits et obligations du salarié à l'endroit du syndicat furent progressivement articulés (art. 20.1 et suiv., 47, 47.2 et suiv., 63, etc. C.t.) (**IV-40**). Ce volet dynamique et original qui constitue le droit collectif du travail fut élaboré en fonction d'un objectif politique bien précis. En effet,

---

200. *Charte des droits et libertés de la personne*, art. 10, 16, 18.1, 19 et 20; *Code civil du Québec*, art. 2087, 2092, 2095, 2096 et 2097; *Code du travail*, art. 13, 17, 109.1 et 110.1; *Loi sur les normes du travail*, art. 122, 124, etc.

on cherche à assurer, depuis 1944, une certaine démocratisation des milieux de travail en adaptant à ces fins certaines règles du droit public applicables aux États démocratiques et devant permettre de distinguer le champ collectif relevant du syndicat du domaine propre à l'individu :

— le choix du seul syndicat habilité à représenter les salariés s'établit en fonction du nombre majoritaire des adhésions ou par la tenue d'un scrutin secret (art. 21, 28, 37 et 37.1 C.t.);

— les salariés membres du syndicat disposent d'un droit de participation par scrutin pour désigner leurs dirigeants, pour autoriser la grève ou la conclusion d'une convention collective (art. 20.1, 20.2 et 20.3 C.t.);

— le syndicat élu, semblable au député, demeure en fonction pour la durée de son terme (art. 22, 61 C.t.), malgré le roulement des salariés ou leurs changements d'opinion ou d'allégeance;

— les décisions prises par l'organe collectif s'appliquent à chacun des salariés, qu'ils soient membres ou non de ce syndicat (art. 67, 69, 100, 100.3, 109.1, etc. C.t.);

— tous les salariés, membres ou non du syndicat, doivent contribuer à son financement, et ce, par voie de perception à la source (art. 47 C.t.), tout comme le contribuable;

— les salariés peuvent, à une période fixe, choisir un autre syndicat par voie de scrutin ou par adhésion (art. 22, 61 C.t.)[201].

I-104 — *Sous influence politique* — Une troisième composante de la trame de fond serait constituée de la dépendance du droit de l'emploi à la conjoncture politique. Règle générale, les projets de loi relatifs à l'emploi donnent prise à un débat public où les centrales syndicales et le patronat prennent une part active sur la place publique ou à l'écart. En effet, il serait à la fois faux et irréaliste de croire ou de laisser entendre que de semblables lois ne dérangent personne. Il suffirait de parcourir les journaux publiés au moment où l'Assemblée nationale étudia différents projets de loi relatifs à l'emploi pour en faire une éclatante démonstration : les uns ne titraient-ils pas « Mesures insuffisantes ou incomplètes » et les autres, « Projets catastrophiques et destructeurs », etc.[202] ? Sur le plan juridique, il est vrai que de telles lois ont souvent des effets originaux qui vont parfois à contre-courant de l'orientation générale du droit

---

201. En raison de l'importance du droit des rapports collectifs du travail, nous en traitons distinctement au titre IV.
202. Il suffirait de parcourir les journaux de 1997 au sujet des règles anti-briseurs de grève (maintenant art. 109.1 C.t.) ou de 1979 au sujet du droit de refus conféré au salarié (art. 12 L.S.S.T.) ou encore, de 1997 relatifs à la nouvelle Commission des lésions professionnelles, etc.

commun à vocation fort plus patrimoniale. En d'autres termes, souvent ces lois de l'emploi bousculent les préceptes juridiques qualifiés jusqu'alors de fondamentaux, notamment par les gens du « Palais ». En somme, ces mesures réactives de correction ou de protection peuvent desservir, du moins à court terme, les intérêts immédiats des employeurs et des titulaires de titres de propriété des entreprises. C'est ainsi que le gouvernement qui prend quelques initiatives dans ce domaine subit des pressions des groupes d'intérêt opposés les uns aux autres. Ainsi, il ne se commet et ne peut le faire que s'il est d'abord convaincu ou de la nécessité fondamentale d'agir dans ce sens ou qu'il y va de ses intérêts politiques. Nous avons connu une longue période du gouvernement de l'Union nationale où le législateur fut assez silencieux dans ce domaine, il s'est fait plus prolixe durant la première phase de la révolution tranquille (1961 à 1969) puis, le Québec connut une autre période d'accalmie de 1970 à 1977 suivie d'un soubresaut en 1979–1980 et, finalement, nous assistons à une pause relative, sauf pour le secteur public (**I-73**). Cette courbe sinueuse de la production législative suit dans l'ombre celle des gouvernements aux commandes et pareille similitude se retrouve aussi en moult pays. En le considérant sous cet angle, on ne saurait être surpris que le droit de l'emploi soit tributaire de la conjoncture politique et des forces vives qui, pour les uns requièrent des changements et, pour les autres, exigent le maintien de l'ordre établi. Cette ambivalence manifeste du droit de l'emploi explique son évolution saccadée, tant quantitative que qualitative, et sa forte teneur politique.

I-105 — *Équilibre instable* — Il existerait un quatrième élément à cette même trame de fond sur laquelle se tisse depuis son origine le droit de l'emploi et qui consiste en une recherche constante de rééquilibre des positions des interlocuteurs. Les préceptes fondamentaux du libéralisme (**I-64**) ne sont pas directement ni radicalement écartés, ni même dangereusement contestés par ce droit de l'emploi. On agit et réagit pour corriger ou éviter des applications abusives des grandes règles du droit commun, et cela, en fonction de l'enseignement que l'on peut ou veut progressivement dégager de la pratique des parties dans différents milieux. Une multitude de facteurs modifient sans cesse le contexte économico-politique où se réalisent les relations d'emploi (de l'embauche jusqu'à la retraite) et leurs interactions entraînent leur propre accélération. En effet, considérons sous cet angle les implications de quelques données, qui peuvent être elles-mêmes indicatives de l'évolution prochaine du droit de l'emploi.

— *La qualité des personnes en présence* : Les salariés ne sont-ils pas de plus en plus instruits, mieux formés et professionnellement plus autonomes, etc. ?

— *Les moyens de production* : L'équipement utilisé dans l'entreprise est souvent fort coûteux, complexe et permet l'exécution directe, l'objet produit l'objet, de multiples tâches sont sous la seule surveillance de salariés qui sont ainsi appelés de plus en plus « à la gestion des signes ».

— *L'évolution des secteurs de production de biens et de services* : La population active passa du primaire au secondaire et maintenant, le tertiaire comprend plus de 70 % des emplois; bientôt, un secteur quaternaire pourrait survenir[203].

— *Les emplois* : Le modèle du salarié qui travaille toute la semaine pour le compte d'un seul employeur et pour une durée indéterminée n'est plus le seul qui puisse s'appliquer ni servir à rendre compte de la situation de fait. De nombreux salariés travaillent à temps partiel ou sont des télétravailleurs ou offrent leurs services par le truchement d'entreprises intermédiaires de placement ou de relocation, etc.

— *Le financement* : Il semble de plus en plus difficile d'établir une nette distinction entre l'entreprise exclusivement financée par l'apport de capitaux privés de quelques-uns et le financement public provenant de diverses contributions de l'État et de celles de nombreux « collectifs financiers », de l'épargne publique[204].

Rétrospectivement, c'est-à-dire en comparant l'état des lieux d'emploi d'aujourd'hui et les bouillonnements qu'ils connaissent à ceux du début du siècle, le bilan justifierait peut-être le titre de révolution « numérique » qui survient à la suite de la révolution industrielle. Il serait fort surprenant si cette deuxième grande secousse socio-économique ne donnait pas prise à l'élaboration de nouvelles règles de droit et même, à de profondes remises en cause des règles actuelles.

I-106 — Incessante évolution — Ces divers facteurs et combien d'autres obligèrent l'État et les parties à corriger sans cesse leur tir pour tenter de trouver un rééquilibre d'ailleurs jamais vraiment satisfaisant des rapports entre ceux qui travaillent, ceux qui cherchent un emploi et ceux qui en offrent un ou qui bénéficient du travail des autres. Ces ajustements exigèrent et d'élargir l'assiette juridique des mesures de protection et d'y œuvrer d'une manière fort plus précise, prenant toujours plus en considération des questions particulières et plus délicates. Par le seul changement de destinataires de ce droit, il fallut modifier à quatre reprises déjà son appellation : législation industrielle, droit ouvrier, droit du travail et maintenant, droit de l'emploi (**I-5**). Ce seul changement d'étiquette serait en lui-même suffisamment indicatif de modifications internes profondes. De même peut-on penser que son évolution ne serait guère terminée en raison des changements structuraux de l'économie et du fait que l'on pourra de moins en moins retenir le modèle classique

---

203. Jacques DELORS, *L'unité d'un homme*, Paris, Éditions Odile Jacob, 1994; Jean BOISSONNAT, *Le travail dans vingt ans*, Paris, Éditions Odile Jacob, 1995.
204. Caisse de dépôt et de placement, Fonds de solidarité, régime de retraite, fonds commun de placement, caisse d'épargne, etc.

du salarié typique à titre de base pour établir, bâtir ou encore, reconstruire les régimes importants de vie dans cette société de droit qui se voudrait à la fois démocratique et équitable. Pour ces raisons, il nous paraît logique d'affirmer que cette constante recherche de rééquilibre aboutissant à des solutions fragiles et évanescentes, et qui servit néanmoins de fil conducteur depuis un siècle pour expliquer et replacer chacune des interventions juridiques, devrait encore être retenue au cours des prochaines décennies. Ainsi pourrions-nous imaginer qu'à l'amorce du XXIe siècle, nous pourrions alors connaître le droit de l'activité professionnelle!

I-107 — *Règles de jugement* — En sus de ces grandes orientations et fortes tendances qui marquent l'évolution du droit de l'emploi, existe-t-il quelques règles fondamentales ou directrices servant de guides, de règles de jugement ou de conduite aux multiples acteurs du milieu de l'emploi? La présence de semblables critères incontournables et qui s'imposeraient à tous de leur seule autorité pourrait être utile aux parties, tant dans leurs rapports individuels que collectifs et, aussi, à tous les autres agents, notamment aux législateurs, aux tribunaux, aux arbitres, aux commissaires, aux médiateurs, etc. En effet, de pareils principes directeurs permettraient, par exemple, ce qui suit.

— Le législateur pouvait harmoniser un peu mieux les nouvelles pièces législatives avec l'ensemble du corpus juridique et conférer ainsi plus de cohérence au droit positif de l'emploi. Obéissant, au fil des ans, aux mêmes balises, la législation et les règlements comporteraient peut-être moins de stigmates de leur genèse respective.

— Les juges, arbitres et commissaires pourraient décrypter avec plus d'assurance, de cohérence et de sécurité les lois, les règlements, les conventions collectives et les contrats. Faisant tous appel à de mêmes règles de jugement et critères, leurs décisions s'harmoniseraient plus facilement et permettraient davantage de faire le point quant au développement sur des éléments importants tels que l'embauche, les obligations respectives des parties dans une relation d'emploi ou la rupture de cette relation. De plus, l'existence d'un tel corpus jurisprudentiel s'imposant à tous permettrait aux parties de jauger plus sûrement la qualité de leurs prétentions respectives et ainsi, d'agir avec plus de sagesse.

— Les parties pourraient rédiger avec plus de sécurité divers actes tels la convention collective, le contrat de travail, le compromis, le règlement d'une mésentente, etc., en connaissant à l'avance l'éclairage jurisprudentiel sous lequel ils pourraient être éventuellement interprétés[205].

---

205. Gérard LYON-CAEN, « Les principes généraux du droit du travail », dans *Tendances du droit du travail français contemporain : études offertes à G.H. Camerlynck*, Paris, Dalloz, 1978, p. 35.

Malgré tous ces bienfaits possibles, il est clair que nous ne disposons pas d'une façon précise de semblables paramètres juridiques et à ce point bien articulés qu'ils s'imposeraient du seul fait de leurs valeurs intrinsèques. Il en existe cependant quelques-uns qui, bien qu'en nombre limité, projettent un éclairage certain, parce qu'ils furent déjà retenus et articulés sous de multiples formes et que les parties y ont recours en maintes occasions. Nous les soulignons en cette fin du premier titre et nous les rappelons ou nous y référons très souvent dans le cadre des développements des autres titres de l'ouvrage pour expliciter, analyser ou critiquer une règle de droit, un jugement ou un comportement. Pour cette dernière raison, nous énonçons à grands traits seulement ces règles fondamentales qui servent, en quelque sorte, d'assises au droit de l'emploi et participent ainsi à sa dynamique interne.

i) *Le travail est libre* : Si le travail est nécessaire pour chacun selon la diversité des connotations que l'on peut lui donner, le travail pour le compte d'un autre ne peut juridiquement être obligatoire. Dans ce dernier sens, l'homme est libre de travailler avec qui il veut et personne ne pourrait valablement renoncer à cette dernière liberté. Dès 1865, le *Code civil du Bas-Canada* reconnaissait cette liberté par la négation de l'esclavage et du servage[206]. Les chartes des droits et libertés comprennent des garanties d'exercice de la liberté de travail sans affirmer totalement cette notion d'une façon expresse[207].

ii) *Le respect de la personne du salarié* : Ce respect a trait à la fois à la santé, à la sécurité, à l'intégrité physique du salarié et aussi, à des dimensions plus personnelles : dignité, vie privée, familiale, sociale et politique, etc. Les chartes canadienne et québécoise le reconnaissent et plusieurs lois traitent de diverses facettes de cette règle fondamentale[208]. Ce même principe sert à bien des occasions pour circonscrire la sphère où l'employeur et même le syndicat peuvent exercer leur pouvoir disciplinaire (**II-76; IV-192**) et, par voie de conséquence, les limites à ne pas franchir. D'une façon caricaturale, nous pourrions dire que cette règle de base départage le 9 à 5 du 5 à 9 du salarié, signalant

---

206. « Le contrat de louage de service personnel ne peut être que pour un temps limité, ou pour une entreprise déterminée » (art. 1667 C.c.B.-C.). L'article 2085 du *Code civil du Québec* (1994) reprend cet énoncé, mais en lui donnant moins d'importance en raison, sans doute, de son actuelle évidence (**II-50**).

207. *Charte canadienne des droits et libertés*, art. 6, al. 2 ; *Charte des droits et libertés de la personne*, art. 16 à 20 ; *Slaight Communications inc.* c. *Davidson*, précité, note 33 ; F. MORIN, *op. cit.*, note 58, p. 739 (**I-32; II-7; III-104**).

208. *Charte canadienne des droits et libertés*, art. 7 ; *Charte des droits et libertés de la personne*, art. 4, 5, 46 ; *Code civil du Québec*, art. 2087 ; *Loi sur la protection des renseignements personnels dans le secteur privé* ; *Loi sur la santé et la sécurité du travail*, art. 9 ; *Loi sur les normes du travail*, art. 122 *in fine*.

ainsi que son statut professionnel ne résume pas la personne même du salarié[209].

iii) *L'égalité des chances* : L'affirmation de ce principe et les nombreux supports juridiques qui en garantissent la pratique sont, *a contrario*, la reconnaissance d'une situation de départ économique et sociale inégale entre les personnes. Sur le plan juridique, et pour les besoins de l'aménagement d'une vie agréable en société, on occulte ces conditions préalables de nature génétique, culturelle, politique et économique pour permettre le plus possible que tous soient placés sur la même ligne de départ. Dans ces circonstances, le droit ne peut rechercher cet objectif que d'une façon négative, c'est-à-dire en prohibant les actes discriminatoires les plus ostentatoires. Ces dernières interventions visent particulièrement les grandes étapes de la vie professionnelle : embauche, promotion, rémunération, mise à pied, etc. (**II-7; III-106**)[210].

iv) *L'ordre public social* : Le salarié doit bénéficier de la norme la plus avantageuse qui lui soit applicable. Cette règle entend assurer le respect de la finalité historique et pratique du droit de l'emploi et, pour ce faire, écarte, si nécessaire, l'ordre hiérarchique formel des normes établies en fonction de leur source respective : les lois, les règlements, les conventions, les contrats, etc. (**I-22, 95**). Il va sans dire également que ce principe s'entend de la norme objectivement et non pas subjectivement la plus avantageuse pour le salarié[211].

v) *Un juste accès à la formation* : Facilitant l'accès, l'insertion et le maintien du salarié au marché de l'emploi suppose une formation générale et professionnelle. Cette question prendra sans doute plus d'importance alors qu'il faudra de plus en plus aménager et concilier le temps de formation et le temps de travail qui constituent ensemble les principales composantes des activités professionnelles d'une personne (**III-768**).

---

209. La Cour suprême du Canada donna ainsi préséance à la personne du salarié : « Lorsque l'intérêt de plus de sept salariés vulnérables à jouir d'un congé dominical est opposé à l'intérêt qu'a leur employeur à faire des affaires le dimanche, je ne saurais blâmer le législateur de décider que la protection des employés doit l'emporter. » : *R.* c. *Edwards Book and Art. Ltd.*, [1986] 2 R.C.S. 713, 779 (**II-7, 38, 126**).

210. *Charte des droits et libertés de la personne*, art. 10, 10.1, 16, 18, 18.1, 18.2, 19, 46, 86 à 92. Des applications en sont faites également au *Code du travail*, notamment aux art. 14, 47, 47.2, 63, 67 et 100.

211. Les articles 4 et 5 L.S.S.T. et 93 L.N.T. reposent sur ce principe. Sur le sens et la portée générale de ce même principe, voir : Nikitas ALIPRANTIS, *La place de la convention collective dans la hiérarchie des normes*, Paris, Librairie générale de droit et de jurisprudence, 1980, p. 280 et suiv. Voir, sur le thème : *Commission de l'industrie de la construction* c. *Commission du transport de la Communauté urbaine de Montréal*, [1986] 2 R.C.S. 327; F. MORIN, *op. cit.*, note 58, p. 644.

vi) *Le droit du préalable de l'employeur* : La règle « obéir, puis se plaindre » en serait la principale application. En contrepartie, tout contrôle autorisé des décisions unilatérales de l'employeur implique que ce dernier ait le fardeau de démontrer la qualité de ses motifs. La situation des parties impose pareille approche, qui n'est d'ailleurs que le revers de ce droit du préalable. En matière disciplinaire, par exemple, les articles 14, al. 2 et 110.1, al. 1 du *Code du travail* retiennent cette règle dont on retrouve de nombreuses autres applications aux conventions collectives. Si, dans un premier temps, l'employeur peut être juge et partie, en ce sens qu'il exige l'exécution immédiate de sa décision, il nous paraît juste, s'il y a contrôle *a posteriori*, qu'il doive démontrer la qualité de ses motifs. L'article 100.12 f), C.t. repose aussi sur cette dernière règle de jugement (**II-113, 161, 176; III-421**).

vii) *Le gouvernement syndical se réalise en application des principes démocratiques* : Déjà, plusieurs dispositions du *Code du travail* s'infèrent de ce postulat et, notamment, les articles 20.1, 20.2, 20.3, 21, 25, 36.1, 37, 47.2 et 67. (**I-103; IV-37**). L'économie générale du régime des rapports collectifs du travail est aussi articulée en fonction du principe de la démocratie syndicale. L'aménagement même des rapports collectifs du travail n'est-il pas de permettre aux salariés de participer à la négociation de leurs conditions de travail ? Cet objectif ne peut être véritablement atteint si le syndicat n'est pas le réel représentant de la volonté du groupe des salariés visé (**IV-32 et suiv.**).

viii) *L'autorité de la convention collective* : L'autorité de cet acte collectif semble généralement admise, privilégiée et souvent encouragée. Ainsi, la convention collective aurait-elle immédiatement priorité sur tout contrat de travail pouvant en limiter ou en réduire la portée. En raison des impératifs du régime collectif, le salarié est protégé sans égard à sa volonté; voir à ce sujet les articles 59, 67 et 69 du *Code du travail*. On doit reconnaître cependant que si le salarié pouvait s'y soustraire, la convention collective perdrait dès lors son utilité première. Cette autorité de la convention collective n'est cependant pas absolue, mais plutôt relative (**II-79; IV-173**).

Ces énoncés de principe, dont plusieurs sont encore en voie de développement, ne font certes pas le poids pour empêcher praticiens et tribunaux de puiser dans bien d'autres sources du droit des guides et des règles supplétives pour combler des lacunes réelles ou déclarées du droit de l'emploi. Il est tout aussi évident que ces huit énoncés ne sont pas tous parfaitement acceptés par les principaux interlocuteurs du milieu du travail et par leurs conseillers respectifs. Néanmoins, nous croyons que ces propositions reposent sur les fondements historiques du droit de l'emploi et sur sa finalité sociale et politique. D'une certaine manière, ce sont là des énoncés qui servent aussi de règles de jugement pour effectuer l'inévitable passage de la modalité abstraite à son application concrète par le truchement ou à l'aide d'un certain raisonnement juridique. Puisque telle est notre conviction intime, nous y recourrons au cours des prochains développements, soit pour en donner des applications particulières, soit pour étayer certaines prises de position.

I-108 — *En guise de conclusion* — Le statut du salarié dans l'entreprise évolue, la gestion des relations du travail se modifie et s'imbrique davantage dans la gestion générale de l'entreprise, le rôle des syndicats et leur influence changent à l'intérieur et à l'extérieur des entreprises, les contraintes externes sont plus fortes et les moyens de production sont à la fois plus coûteux, plus efficaces, mais rapidement dépassés. Dans un contexte semblable ou un tel humus, pourrions-nous être surpris que la relation d'emploi, les types d'emploi et les rapports collectifs du travail connaissent et connaîtront encore d'importantes métamorphoses ? Le droit de l'emploi en voie d'élaboration en témoignera et en portera aussi à coup sûr les stigmates[212]. Pour l'instant, nous nous limitons aux quelques observations qui suivent.

— L'histoire de la législation, les techniques employées, l'approche retenue et la dynamique des principales sources du droit de l'emploi permettent de comprendre que l'on ne pouvait aboutir à un corpus juridique qui soit cohérent, monolithique et harmonieux. Il faut apprécier le droit de l'emploi par ses effets réels et nullement par la beauté littéraire des actes qui l'articulent.

— En raison des grands ensembles qu'il vise et de sa portée sur la qualité de vie de ses acteurs, il s'agit d'un droit doté d'un fort accent politique, notamment parce qu'il impose de tenir compte de variables autres que celles qui sont inhérentes à la loi de l'offre et de la demande. Ainsi, le droit de l'emploi impose des mesures qui ont certains effets civilisateurs, dans le sens qu'elles éloignent quelque peu l'application brutale de la loi du plus fort. On aborde les questions selon une approche sociologique pour mieux saisir l'ensemble d'une situation donnée et pour en tirer un enseignement pratique.

— La fragile mixture des multiples sources du droit de l'emploi (loi, règlement, convention, contrat, jugement et usage) exige que l'on tienne compte des effets exponentiels de leurs inéluctables conjugaisons. De plus, les règles de ce droit n'imposent pas toujours une conduite précise ni unique. On y indique davantage selon quel critère pourrait être jugé, à l'occasion, celui qui y dévie. En ce sens, elles sont souvent perçues à titre de données incitatives d'une conduite préventive.

---

212. C. Bernier, R. Laflamme, F. Morin, G. Murray et C. Rondeau (dir.), *op. cit.*, note 131.

En somme, le droit de l'emploi fait partie du droit social et il est fort plus qu'un simple complément au droit civil pour répondre à des questions nouvelles et particulières. Il repose essentiellement sur le schéma concret de la solidarité sociale et vise notamment des applications pratiques d'une justice distributive. Le droit de l'emploi tente de saisir l'homme dans ses dimensions à la fois individuelle et collective ou sociale et suppose au départ que la personne du salarié ne puisse être isolée de son tout. En effet, on ne peut ignorer qu'un salarié est plus qu'un producteur de biens ou de services et qu'il est aussi contribuable, citoyen, consommateur, usager des services publics, etc. Cette personne, le salarié, est donc à la fois un individu et un membre d'une société industrialisée, ces deux aspects formant un *janus* inséparable. Parce qu'il cherche à tenir compte de ces données, le droit de l'emploi demeure à forte teneur politique, sociale et économique. Nous devrons aussi considérer ces mêmes éléments au cours des prochaines analyses et, notamment, pour l'étude du processus d'élaboration du lien d'emploi et les conditions de vie en milieu de travail (**titres II et III**). Nous pourrons alors constater que ces règles premières sont généralement souples : elles tracent les voies, établissent les conditions préalables et balises fondamentales, fournissent les moyens, laissant aux parties les plus directement intéressées le soin de moduler les règles qui leur sont mutuellement applicables, et évitent ainsi le danger d'une uniformité *a priori* absolue, laquelle est trop souvent un leurre de l'égalité.

Table des matières

CHAPITRE II-4

LA RÉSILIATION ET LA SUSPENSION DU CONTRAT DE TRAVAIL

TITRE II

DU CONTRAT DE TRAVAIL

Introduction

II-1 — *Le lien d'emploi* — Le titre II traite du lien d'emploi et, de ce fait, il constitue le point central de l'ouvrage puisqu'il s'agit du fondement initial des droits et des obligations qui résultent d'un tel rapport. C'est en quelque sorte le «ce sans quoi», l'ipséité même du droit de l'emploi. Les titres I et III permettent d'acquérir une certaine connaissance de la toile de fond juridique sur laquelle se réalise le rapport entre le salarié et l'employeur. Ces dernières données sont certes générales et abstraites puisque l'on y traite, au titre I, des différentes sources du droit de l'emploi, de leur conjugaison et des multiples techniques employées pour leur élaboration et leur mise en application. L'analyse du contenu des principales lois applicables que l'on trouve au titre III permet de saisir les grandes règles d'encadrement de ces relations et l'application selon les personnes et les circonstances de temps et de lieu. Les énoncés généraux et abstraits de ces lois sous-entendent le même antécédent, soit la relation concrète d'une personne qui travaille sous la direction d'une autre ou qui recherche l'établissement d'une pareille relation. Ces données des titres I et III acquièrent une portée réelle par et en raison de l'existence de la relation d'emploi qu'il nous faut maintenant étudier d'une façon toute particulière. Aux fins de ce deuxième versant de notre démarche, nous suivons presque l'ordre chronologique des événements en nous arrêtant quelque peu à chacune des principales phases d'une vie professionnelle type : l'embauche, l'exécution des prestations respectives des parties, les droits et les obligations qui s'y rattachent, puis les multiples occasions de suspension, d'interruption et de résiliation de ce même contrat de travail.

II-2 — *Le plan* — Le développement comprend quatre chapitres dont l'interdépendance est flagrante, car il ne s'agit que de segments d'une même réalité ou de sa représentation juridique. Ainsi, le premier chapitre est consacré à l'analyse de l'embauche et des conditions qui président à la conclusion du contrat de travail (**chapitre II-1**). Il s'agit notamment de l'étude du processus suivi par l'un pour rechercher un emploi et établir ses qualifications et, par l'autre, pour trouver la personne susceptible de mieux lui fournir la prestation désirée. Cette recherche devant se faire dans les limites déterminées par les différentes lois de l'emploi et particulièrement par la *Charte des droits et libertés de la personne*. Le rapport par lequel une personne se place au service d'une autre comprend des caractéristiques assez particulières puisqu'il s'agit de l'engagement d'un individu et non d'une quelconque location. Distinction qui ne fut pas toujours évidente, notamment en droit. Nous le rappelons en maintes occasions, ce contrat vise une personne, le salarié, qui serait, en quelque sorte, à la fois sujet et objet de l'opération. Pour cette dernière raison, il nous faut analyser le substrat juridique d'un tel contrat et, plus précisément, les dispositions du *Code civil du Québec* qui encadrent expressément ce rapport (**chapitre II-2**). Au chapitre suivant, nous soulignons plus en détail les droits et les obligations respectifs des deux parties au contrat de travail : le statut du salarié et celui de l'employeur puis, le contenu de leurs prestations respectives. Le chapitre II-3 trace le profil juridique du salarié et, du même coup, il permet d'entrevoir celui de l'employeur et d'analyser certaines de ses prérogatives. Le quatrième et dernier chapitre traite des principaux aléas qui peuvent survenir à l'occasion ou en raison de cette relation d'emploi. Dans un premier temps, nous voyons que le salarié doit très souvent poursuivre sa formation professionnelle pour conserver sa capacité à fournir une prestation de travail et qu'il peut aussi être victime de quelques défaillances physiques naturelles ou à la suite d'un accident de travail. Parce qu'il doit fournir une prestation de qualité, il est aussi possible que ce salarié connaisse quelques perturbations à la suite de l'appréciation de son comportement par l'employeur. Finalement, le salarié peut être contraint de suspendre ses activités de travail en raison de facteurs externes qui bousculent l'entreprise : fluctuation des marchés en aval ou en amont, changement de créneaux, réorganisation interne, crise financière, fusion, intégration à un réseau complexe sous le contrôle de société de portefeuilles, etc. Puis, nous abordons différentes situations où les parties mettent un terme définitif à cette relation d'emploi : rupture unilatérale par voie de congédiement, de démission, de fermeture de l'entreprise, de décès du salarié, etc. Nous terminons le chapitre II-4 par un bref aperçu du statut du salarié à son départ, au moment de sa recherche d'un autre emploi ou à celui de son retrait de la vie professionnelle à titre de salarié. Notons finalement que les nombreux renvois que l'on trouve en bas de page de ce titre II constituent autant d'indices de sa dépendance au titre qui le précède ou aux quatre autres qui le suivent, tellement le contrat de travail constitue le pivot central du droit de l'emploi puisqu'il est la mesure juridique de l'engagement et du lien de rattachement du salarié à l'entreprise.

CHAPITRE II-1

L'ENGAGEMENT

II-3 — *Sélection du personnel* — Par le contrat de travail, un salarié s'engage pour un temps limité à travailler au service d'un employeur moyennant rémunération (art. 2085 C.c.Q.) (**II-52**). Mais avant qu'une telle entente puisse intervenir, il est nécessaire qu'il y ait échange de consentement libre et éclairé (art. 1385, 1399 C.c.Q.). En somme, l'employeur offre à un salarié un emploi, et ce dernier doit accepter de relever ce défi professionnel. Le rapport juridique qui s'établit alors entre les parties est plutôt unique, car l'une d'elles, le salarié, est à la fois l'objet et le sujet de l'opération (**II-53**). Cette caractéristique exerce une influence marquante puisqu'elle conditionne toute l'opération et nous oblige continuellement à faire ressortir les déterminants propres au contrat de travail. En plus de vouloir s'engager l'une envers l'autre, les parties doivent également circonscrire les tenants et les aboutissants d'un tel contrat. Quelles en sont la durée, la rémunération, les avantages sociaux, les obligations particulières de chacune des parties, les modalités de terminaison de l'emploi, etc. ? Il appartient aux parties de trouver les compromis idoines qui soient mutuellement satisfaisants et juridiquement bien fondés. Dans ce domaine, la volonté seule des parties n'est pas absolue, plusieurs règles juridiques doivent être respectées. Mais avant toute chose et à titre de préalable, l'employeur doit mettre en place un processus parfois complexe pour tenter de recruter les meilleurs candidats. La sélection du personnel[1] relève, à bien

---

1. L'expression « sélection du personnel » nous paraît plus conforme à la réalité et plus respectueuse de la personne du postulant que celle de : « processus d'acquisition des ressources humaines ». Voir : Laurent BÉLANGER, Charles BENABOU, Jean-Louis BERGERON, Roland FAUCHER et André PETIT, *Gestion stratégique des ressources humaines*, Boucherville, Gaëtan Morin éditeur, 1993, p. 129.

des égards, davantage de la prospective ou de l'acte divinatoire que de la démarche scientifique. En effet, lorsque l'on embauche un candidat plutôt qu'un autre, c'est parce que l'on estime qu'il est le plus apte à occuper le poste ou qu'il dispose d'un ensemble de qualités professionnelles et personnelles lui permettant de s'intégrer utilement et harmonieusement à l'entreprise et à sa culture. En somme, on peut croire que l'apport du candidat retenu sera important pour la mission de l'entreprise[2]. Par ailleurs, cette dernière étant civilement responsable des actes de ses préposés (art. 1463 C.c.Q.), il est normal qu'elle cherche à écarter dès le départ les candidats indésirables[3]. Un tel jugement sur les qualités d'une personne comporte toujours une marge d'erreurs et tout gestionnaire cherche à réduire ce risque, car le recrutement du personnel est un processus difficile, long et coûteux pour l'employeur[4], le postulant et parfois même pour ses futurs collègues de travail. L'employeur doit mettre en place des mécanismes propres à attirer des candidats de valeur et s'efforcer d'instaurer un mode de sélection fiable et efficace. Pour le candidat, cette démarche exige également beaucoup d'efforts, car ce processus est parfois laborieux, obscur[5] et, par-dessus tout, constitue un jugement de valeur

---

2. L'expression « mission de l'entreprise » est ici utilisée dans le strict sens des buts et objectifs que l'entreprise se fixe, car une entreprise commerciale ne peut revendiquer un des sens du mot mission qui a trait à une opération de prosélytisme, et ce, malgré les souhaits de certains auteurs à la mode en gestion. Pour une critique de cette tendance à considérer l'entreprise comme une œuvre caritative, voir : Laurent LAPLANTE, *L'angle mort de la gestion*, Québec, Institut québécois de recherche sur la culture, Coll. Diagnostic, 1995 ; Marie-Josée GAGNON, *Le travail, une mutation en forme de paradoxes*, Québec, Institut québécois de recherche sur la culture, Coll. Diagnostic, 1996, p. 94 ; Viviane FORRESTER, *L'horreur économique*, Paris, Fayard, 1996, p. 119 et 120.

3. Par exemple, l'employeur peut être contraint de compenser une salariée victime de harcèlement sexuel de la part d'un cadre de l'entreprise (**II-132**).

4. Déjà en 1975, on établissait ainsi les coûts de sélection du personnel :
   — employé de bureau : 1 500 $ — ingénieur : 4 235 $ — cadre de premier niveau : 11 050 $ — cadre intermédiaire : 18 300 $. Voir : R.S. SIBSON, « The High Cost of Hiring », Nation's Business, February 1975, p. 85. Les coûts reliés à la sélection du personnel sont certes importants, mais les coûts résultant d'un mauvais recrutement peuvent être astronomiques. Voir également : Wayne F. CASCIO, *Costing Human Resources : The Financial Impact of Behavior in Organizations*, 3rd ed., Kent Series in Human Resources Management, Boston, PWS-Kent, 1991, p. 19 et suiv.

5. Nos lois de l'emploi n'imposent pas à l'employeur l'obligation d'informer le postulant du processus d'embauche. À cet égard, la sélection du personnel est souvent pour le postulant une course à obstacles dont les difficultés sont inconnues. Soulignons que le *Code du travail français* encadre davantage cette démarche : « Art. L. 121-7. Le candidat à un emploi est expressément informé, préalablement à leur mise en œuvre, des méthodes et techniques d'aide au recrutement utilisées à son égard. Le salarié est informé de la même manière des méthodes et techniques d'évaluation professionnelle mises en œuvre à son égard. Les résultats obtenus doivent rester confidentiels. Les méthodes et techniques d'aide au recrutement ou d'évaluation des salariés et des candidats à un emploi doivent être pertinentes au regard de la finalité poursuivie. »

à son endroit. Ce cheminement peut lui paraître d'autant plus pénible que l'état de non-emploi du postulant lui est également insupportable. Un candidat dont la carrière professionnelle et la vie personnelle et familiale connaissent de fortes turbulences par le chômage peut éprouver de graves difficultés à assumer plusieurs refus successifs. Les sentiments de honte et de rejet qui peuvent l'étreindre rendent certes plus ardue, pour ne pas dire insupportable, l'épreuve d'un recrutement réalisé sans discrétion ou de manière grossière. Dans une économie de marché comme la nôtre, la rareté de l'emploi fait en sorte que la recherche effective d'un emploi devient pour certains un état quasi permanent :

> À coup de refus, de rejets en chaîne, n'est-ce pas là surtout une mise en scène destinée à persuader ces « demandeurs » de leur néant ? À inculquer au public l'image de leur déconfiture et à propager l'idée (fausse) de la responsabilité, coupable et châtiée, de ceux-là mêmes qui paient l'erreur générale ou la décision de quelques-uns, l'aveuglement de tous, le leur inclus[6] ?

À cette fin de sélection du personnel, l'employeur dispose de plusieurs outils : le formulaire de demande d'emploi[7] ; l'entrevue de sélection ; la lettre de recommandation ; le concours de sélection ; l'examen médical et différentes formes de tests dits de personnalité[8], d'aptitudes[9], de connaissances et de

---

6. V. FORRESTER, *op. cit.*, note 2, p. 19 et 20.
7. Leaetta M. HOUGH, « Development and Evaluation of the Accomplishment Record Method of Selecting and Promoting Professionnals », *Journal of Applied Psychology*, vol. 69, 1984, p. 135 ; Claude LECORRE, « Incidences de la *Charte des droits et libertés de la personne du Québec* sur l'embauche dans une perspective patronale », dans SERVICE DE LA FORMATION PERMANENTE, BARREAU DU QUÉBEC, *Congrès annuel du Barreau du Québec (1992)*, Cowansville, Les Éditions Yvon Blais inc., 1992, p. 619.
8. Les résultats de nombreuses recherches empiriques sur ce type de tests démontrent clairement que, sauf de rares exceptions, les tests de personnalité sont très peu valides dans un contexte de sélection de personnel. Voir : Robert M. GUION et Richard F. GOTTIER, « Validity of Personality Measures in Personnel Selection », *Personnel Psychology*, vol. 18, 1965, p. 135 ; Abraham K. KORMAN, « The Prediction of Managerial Performance : a Review », *Personnel Psychology*, vol. 21, 1968, p. 295 ; Robert T. HOGAN, « Personality and Personality Measurement », dans Marvin Dale DUNNETTE et Leaetta M. HOUGH (ed.), *Handbook of Industrial and Organizational Psychology*, vol. 2, 2nd ed., Palo Alto, Consulting Psychologists Press, 1991, p. 873.
9. Dans un processus de sélection du personnel, ce sont les tests d'aptitudes particulières qui sont les plus fréquemment utilisés. Ainsi, on tentera de mesurer certaines aptitudes plus particulières tels la compétence, la fluidité verbale, la maîtrise du vocabulaire, la compréhension numérique, la rapidité de perception, la mémoire, la visualisation spatiale et le raisonnement par induction. Voir : C.H. STONE et F.L. RUCH, « Selection, Interviewing and Testing », dans D. YODER et H.G. HENEMAN JR. (éd.), *Staffing Policies and Strategies, ASPA Handbook of Personnel and Industrial Relations*, Washington (D.C.), BNA Inc., 1974, p. 138 et 139 ; Edwin A. FLEISHMAN et Maureen E. REILLY, *Handbook of Human Abilities : Definitions, Measurement and Job Tasks Requirements*, Palo Alto, Consulting Psychologists Press, 1992.

performance[10], etc. La marge de manœuvre de l'employeur est certes fort grande; il n'en demeure pas moins que sa liberté[11] est balisée par les lois de l'emploi[12]. Nos propos dans ce premier chapitre portent principalement sur le corpus juridique applicable au processus d'embauche et à l'entente qui en résulte.

II-4 — *La liberté contractuelle* — Pour bien circonscrire les règles de droit applicables en matière d'embauche, il faut, à titre de préalable, rappeler très succinctement certaines notions générales sur la théorie des contrats car, avouons-le, bien qu'il possède certaines caractéristiques uniques, le contrat de travail n'a pas fait sécession du *Code civil du Québec*. Bien au contraire, il s'intègre dans notre corpus juridique commun à tous les contrats **(II-65)**. D'ailleurs, au *Code civil du Québec*, le contrat de travail n'est-il pas un des contrats nommés[13]? Selon notre régime juridique, l'embauche est un acte purement consensuel par lequel les parties acceptent de s'obliger l'une envers l'autre[14]. Cette autonomie des volontés est le fruit d'une longue tradition historique **(II-45 et 46)**. Sur le plan philosophique, le contrat est la loi optimale puisqu'elle est non pas imposée aux parties, mais plutôt librement consentie par chacune d'elles. En somme, si les parties se sont engagées, on doit présumer qu'elles l'ont bien voulu. Ce postulat repose sur l'idée que tous les hommes sont égaux et qu'ils disposent tous du même pouvoir de négocier une entente juste et

---

10. Les tests de performance prennent habituellement la forme de mises en situation, de groupes de discussion ou de jeux simulés. Le degré de fiabilité de ce style de test semble, selon certaines études, très élevé. Voir : J.J. ASHER et J.A. SCIARRINO, « Realistic Work Sample Tests : A Review », *Personnel Psychology*, vol. 27, 1974, p. 519 à 533; Bernard GANGLOFF, *Les tests de recrutement*, Paris, M.A. Éditions, 1988, 239 p.

11. N'oublions pas que le contrat de travail, comme tout contrat d'ailleurs, doit résulter d'un accord de volonté de deux parties (art. 1378 C.c.Q.). Voir : Jean-Yves BRIÈRE et Jean-Pierre VILLAGGI, *Le contrat de travail, vos droits, vos obligations*, Farnham, Éditions CCH/FM, 1996, p. 15.

12. À titre d'exemples, mentionnons : *La Charte des droits et libertés de la personne* (L.R.Q., c. C-12); le *Code Civil du Québec* (L.Q. 1991, c. 64), la *Loi sur la protection des renseignements personnels dans le secteur privé* (L.R.Q., c. P-39.1); la *Loi sur l'accès aux documents des organismes publics et sur la protection des renseignements personnels* (L.R.Q., c. A-2.1); le *Code du travail* (L.R.Q., c. C-27); la *Loi sur les accidents du travail et les maladies professionnelles* (L.R.Q., c. A-3.001); la *Loi sur la santé et la sécurité du travail* (L.R.Q., c. S-2.1); la *Charte de la langue française* (L.R.Q., c. C-11); la *Loi sur les normes du travail* (L.R.Q., c. N-1.1); la *Loi sur les décrets de convention collective* (L.R.Q., c. D-2); et la *Loi sur l'équité salariale* (L.Q. 1996, c. 43).

13. Le *Code civil du Québec* contient dix-huit types distincts de contrats nommés.

14. Le contrat de travail est la résultante d'un accord de volontés (art. 1378 C.c.Q.). Chaque partie doit librement consentir à exécuter certaines prestations. Soulignons que cette perception des choses est quelque peu théorique dans une société où l'emploi se rétrécit comme une peau de chagrin. Il est plutôt illusoire de croire que le postulant peut moralement refuser un emploi, s'il s'agit bien évidemment d'un emploi qui appartient normalement à son « aire professionnelle ».

équitable (**I-64**). Le paradigme de la liberté contractuelle prend assise sur des fondements qui, avec les années, sont devenus quelque peu bancals (**I-65 et suiv.**). Il n'en demeure pas moins que ce principe a, encore de nos jours, de nombreuses résonances.

i) L'engagement n'est soumis à aucune forme particulière; seul l'échange des volontés compte. Il n'est pas nécessaire que les parties se lient à l'aide d'un écrit, une simple entente verbale peut suffire.

ii) Aucune formalité de publicité n'est rattachée au contrat de travail, les parties n'ont aucunement l'obligation d'enregistrer, de publiciser ou d'aviser qui que ce soit de la réalisation de leur entente[15].

iii) Hormis certaines conditions minimales de travail qui sont obligatoires (**II-39**), les parties sont généralement libres de consentir les engagements qu'elles veulent.

iv) L'entente n'est soumise, pour être valable, à aucune approbation préalable ou à quelque contrôle de qualité par un organisme de l'État.

Cette liberté contractuelle, en principe quasi totale, n'est à bien des égards qu'apparente et on ne saurait prétendre que l'acte d'embauche et le contrat de travail qui en résulte se réalisent dans un désert juridique. La disposition préliminaire du *Code civil du Québec* le rappelle fort bien : « Le *Code civil du Québec* régit, en harmonie avec la *Charte des droits et libertés de la personne* et les principes généraux du droit, les personnes, les rapports entre les personnes, ainsi que les biens. » (**I-4**) Cette liberté est donc contenue dans la Charte, les législations sur l'emploi, l'ordre public et parfois, la réglementation domestique[16]. Dans ce contexte, il s'agit presque d'un euphémisme que de parler de liberté contractuelle puisque du seul point de vue phénoménologique, elle présupposerait une absence de contrainte. Ne pouvant ignorer ce contexte juridique, nous visons davantage à délimiter ces contraintes qu'à discourir sur la liberté des parties. Dégager le corpus juridique applicable à l'embauche et au contrat de travail, c'est délimiter, dresser et circonscrire l'ensemble des règles qui, en quelque sorte, contiennent la liberté des parties. Par voie de résultante, la facture de ce chapitre premier est quelque peu négative puisqu'elle dresse l'état d'un droit prétorien régulateur qui constitue autant de barrières, de contraintes et de réserves pour les parties[17]. Notre

---

15. Cette situation se distingue de la convention collective, qui doit nécessairement, pour prendre effet, être déposée au Bureau du commissaire général du travail. Voir : art. 72 C.t. (**IV-163**).

16. Pensons aux conventions collectives ou aux règles de régie interne d'une entreprise.

17. Semblable à la navigation sur ce long fleuve, on indique au pilote, à l'aide de ces règles, les embûches qui peuvent se présenter, les hauts-fonds qu'il lui faut éviter, entendu par ailleurs qu'il dispose d'une liberté de manœuvre suffisante pour atteindre le port choisi. C'est ce qui explique que nous traitons plus des obstacles à la liberté et de ses limites que de la liberté *stricto sensu*.

objectif n'est pas de décourager l'entreprise à embaucher des candidats, bien au contraire, nous visons plutôt à faire connaître ces règles, car leur transgression peut entraîner de fâcheux coûts et contrecoups, d'abord aux contrevenants francs-tireurs et aussi aux salariés qui peuvent en être les victimes.

II-5 — *Présentation du chapitre* — Afin de dégager de façon méthodique et progressive le corpus juridique applicable en matière d'embauche, nous procédons en quatre étapes distinctes constituant autant de sections. D'ailleurs, chacune d'elles doit être analysée à la lumière des autres, car l'embauche constitue en quelque sorte la résultante d'un ensemble de règles juridiques tricotées serré. La première section pose brièvement les principes applicables en matière d'égalité des chances. Il s'agit de circonscrire les tenants et les aboutissants des règles décrétées par la *Charte des droits et libertés de la personne* qui servent de base à l'ensemble de l'étude du chapitre. En effet, la Charte est toujours présente en filigrane à l'analyse du corpus juridique relatif à l'embauche puisque l'opération consiste à lier des personnes. La seconde section aborde les aides au recrutement. Les outils de sélection du personnel doivent certes être efficaces et fiables, ils doivent également et par-dessus tout respecter les règles imposées par les lois de l'emploi. Ces données fixent ainsi les balises de la liberté de manœuvre de l'employeur. Dans ce cadre, nous abordons l'offre d'emploi, le formulaire et l'entrevue d'embauche, le pouvoir d'enquête de l'entreprise, le recours au bureau de placement et la question de l'examen médical préalable à l'embauche. La troisième section traite des obstacles légaux à la liberté d'embaucher ou de refuser d'embaucher un candidat. En effet, il nous faut circonscrire les dispositions législatives qui imposent à l'employeur certaines contraintes quant à sa liberté d'embauchage. Ces contraintes sont de deux ordres : celles qui interdisent à l'employeur de refuser d'embaucher un candidat pour l'un des motifs prohibés par la loi et celles qui contraignent l'employeur à n'embaucher que des candidats qui possèdent certaines compétences ou caractéristiques. Finalement, à la quatrième et dernière section du présent chapitre, nous traitons de la résultante du processus de sélection du personnel, soit l'engagement. Il s'agit de présenter sommairement les conditions de forme et de fond qu'impose la réalisation d'un contrat de travail respectant les règles de droit.

Section 1.1
L'égalité des chances d'embauche

II-6 — *Le droit à l'emploi* — Avant d'aborder notre propos principal, un préalable s'impose, que nous formulons sous forme de mise en garde. Si tout postulant dispose du droit à l'égalité des chances (**II-7**) susceptible de lui assurer un processus de sélection exempt de discrimination directe ou indirecte, il ne peut prétendre au droit d'obtenir un emploi[18]. Dans une société de libre marché, l'existence d'un tel droit serait antinomique ou, à tout le moins, exorbitant. Bien que l'article 1 de la Charte puisse peut-être garantir une certaine « sécurité économique[19] » à tout individu, il ne peut certainement pas être interprété comme octroyant à chaque personne le droit à un travail. D'ailleurs, sur cette question, le juge Baudouin de la Cour d'appel écrivait :

> Ceci étant dit, il me paraît difficile de lire l'existence d'un droit à un travail précis et illimité, ou même d'un droit général au travail dans le concept du droit à la liberté protégé par l'article 1 [...][20].

---

18. Sur les paradoxes du droit au travail, voir : Pierre ROSANVALLON, *La nouvelle question sociale : repenser l'État-providence*, Paris, Seuil, 1995, p. 144 et suiv. La revendication du « droit au travail » fut faite la première fois au XIXe siècle, par le mouvement ouvrier français. Voir : M.-J. GAGNON, *op. cit.*, note 2, p. 19.

19. Christian BRUNELLE, « Les droits et libertés fondamentaux dans le contexte civil », dans Denis LEMIEUX (resp.), *Droit public et administratif*, Collection de droit 1996–1997, vol. 6, Cowansville, Les Éditions Yvon Blais inc., 1996, p. 167 ; Jean Pierre VILLAGGI, « Le droit à la sécurité de sa personne : le droit à des bénéfices sociaux ? », dans SERVICE DE LA FORMATION PERMANENTE, BARREAU DU QUÉBEC, *Congrès annuel du Barreau du Québec (1991)*, Cowansville, Les Éditions Yvon Blais inc., 1991, p. 111.

20. *Godbout* c. *Ville de Longueuil et Procureur général du Québec*, [1995] R.J.Q. 2561, 2568 (C.A.). Confirmé par la Cour suprême du Canada : *Godbout* c. *Longueuil (Ville de)*, [1997] 3 R.C.S. 844. L'expression « droit au travail » s'entend généralement de la libre activité de chacun d'œuvrer comme bon lui semble et selon ses talents et les possibilités de les exercer.

D'autre part, soulignons que le Canada ratifia, en 1976[21], le *Pacte international relatif aux droits économiques, sociaux et culturels* adopté par les Nations Unies en 1966[22]. Ce pacte précise que chaque État doit reconnaître « le droit au travail, qui comprend le droit qu'a toute personne d'obtenir la possibilité de gagner sa vie par un travail librement choisi ou accepté[23] ». À cette fin, les États doivent prendre des mesures qui comprennent l'orientation et la formation technique et professionnelle, l'élaboration de programmes, de politiques et de techniques propres à assurer un développement économique, social et culturel constant et un plein emploi. Comme on peut le constater, la garantie affirmée par ce pacte vise davantage le droit à la formation professionnelle et au libre accès au travail que le droit à un travail. Même s'il garantissait un tel droit, il ne pourrait s'agir que d'une position de principe et aucunement d'une garantie concrète d'une vie professionnelle intense pour chacun. Il n'en demeure pas moins que chaque postulant est titulaire de certaines garanties procédurales visant à l'égalité des chances d'obtenir un emploi. Pour ces raisons, il nous faut analyser la *Charte des droits et libertés de la personne*.

II-7 — *L'égalité des chances* — Peu d'articles de la Charte visent particulièrement l'embauche, la majorité des règles s'appliquent de façon incidente et, plus souvent, ses dispositions n'affirment pas spécialement de droits subjectifs et procèdent plutôt par la négative en imposant des prohibitions. Ainsi, l'article 16 de la Charte décrète que nul employeur ne peut exercer de discrimination dans l'embauche, l'apprentissage, la durée de la période d'essai, la formation professionnelle, la promotion, la mutation, le déplacement, la mise à pied, la suspension, le renvoi ou les conditions de travail d'une personne **(III-106)**. En prohibant la discrimination, la Charte entend ainsi garantir par la négative le droit à l'égalité des chances de tout individu[24] :

> [La lutte contre la discrimination] est un combat dirigé contre les préjugés ancestraux, la crainte non raisonnée et non fondée, l'ignorance, les superstitions, la haine, l'étroitesse d'esprit, le

---

La Cour suprême du Canada en dégagea d'ailleurs le principe à l'occasion de l'analyse de l'article 1 de la *Charte canadienne des droits et libertés* dans l'arrêt *Slaight Communications inc.* c. *Davidson*, [1989] 1 R.C.S. 1038 ou Fernand MORIN, *Jurisprudence commentée en droit du travail : de 1898 à nos jours*, Cowansville, Les Éditions Yvon Blais inc., 1992, p. 739.

21. NATIONS UNIES, *Recueil des traités*, 1976, n° 46.

22. Pour une analyse de l'apport du droit international en cette matière, voir : Lucie LAMARCHE, *Perspectives occidentales du droit international des droits économiques de la personne*, Bruxelles, Éditions de l'Université de Bruxelles et Éditions Bruylant, 1995.

23. Art. 6 du *Pacte international relatif aux droits économiques, sociaux et culturels*.

24. Le droit à l'égalité ne sous-entend pas que tous les candidats seraient d'égale valeur professionnelle. Aussi l'employeur peut légitimement choisir le meilleur candidat disponible. Voir : *Forget* c. *Québec (Procureur général)*, [1988] 2 R.C.S. 90.

fanatisme, le mépris ou la mésestime etc. [...] qui sont encore le triste apanage de beaucoup d'hommes vivant en société[25].

Le concept même de discrimination est quelque peu évanescent, il est certes difficile d'en cerner la portée exacte, comme l'illustre l'observation de la Cour suprême du Canada :

> J'affirmerais alors que la discrimination peut se décrire comme une distinction, intentionnelle ou non, mais fondée sur des motifs relatifs à des caractéristiques personnelles d'un individu ou d'un groupe d'individus, qui a pour effet d'imposer à cet individu ou à ce groupe des fardeaux, des obligations ou des désavantages non imposés à d'autres ou d'empêcher ou de restreindre l'accès aux possibilités, aux bénéfices et aux avantages offerts à d'autres membres de la société. Les distinctions fondées sur des caractéristiques personnelles attribuées à un seul individu en raison de son association avec un groupe sont presque toujours taxées de discriminatoires, alors que celles fondées sur les mérites et capacités d'un individu le sont rarement[26].

La Charte ne vise pas à interdire toute forme de discrimination, mais uniquement celle qui se fonde sur l'un des motifs spécifiquement énoncés à l'article 10 : choix, distinction, exclusion ou préférence fondée sur la race, la couleur, le sexe, la grossesse, l'orientation sexuelle, l'état civil, l'âge, sauf dans la mesure prévue par la loi, la religion, les convictions politiques, la langue, l'origine ethnique ou nationale, la condition sociale, le handicap ou l'utilisation d'un moyen pour pallier ce handicap[27]. La discrimination prohibée peut être directe, indirecte[28] ou systémique (**III-105**). L'intention discriminatoire de l'auteur n'est pas requise[29], il suffit que l'acte soit objectivement discriminatoire, comme le souligne l'article 10, al. 2, de la Charte. Il appartient au salarié de faire la preuve de l'acte discriminatoire[30].

II-8 — *Les exceptions* — Bien que la Charte prohibe la discrimination, il ne s'agit cependant pas d'un absolu, comme en témoigne l'article 20 qui renferme

---

25. *Commission des droits de la personne du Québec* c. *Paquet*, [1981] C.P. 78, 81 (j. Décary).
26. *Andrews* c. *Law Society of British Columbia*, [1989] 1 R.C.S. 143, 174.
27. Selon le professeur Carignan, l'objectif de l'article 10 est « la recherche d'un résultat égalitaire confiné au domaine des droits et libertés ». Voir : Pierre CARIGNAN, « L'égalité dans le droit : une méthode d'approche appliquée à l'article 10 de la *Charte des droits et libertés de la personne* », (1987) 21 *R.J.T.* 491, 526.
28. Sur le concept de discrimination indirecte en emploi, voir : Pierre BOSSET, *La discrimination indirecte dans le domaine de l'emploi : aspects juridiques*, Cowansville, Les Éditions Yvon Blais inc., 1989.
29. *Commission ontarienne des droits de la personne et O'Malley* c. *Simpsons-Sears Limited*, [1985] 2 R.C.S. 536, 549; *Commission scolaire St-Jean-sur-Richelieu* c. *Commission des droits de la personne du Québec*, [1994] R.J.Q. 1227, 1243 (C.A.).
30. *Hadji* c. *Montréal (ville de)*, D.T.E. 96T-1321 (T.D.P.Q.).

deux exceptions[31]. D'abord, on soustrait, à l'interdiction générale de discrimination directe, une distinction, exclusion ou préférence fondée sur une exigence professionnelle normale (**III-106**) qui se rapporte objectivement à l'exécution efficace et économique du travail (**III-107**). En somme, il doit s'agir d'une aptitude ou d'une qualité normalement requise pour l'emploi. Cette exception, comme toute autre d'ailleurs, doit recevoir une interprétation restrictive[32]. Pour qu'elle puisse s'appliquer valablement, la condition exigée doit répondre positivement à un test comportant ce double volet: d'abord, l'employeur doit présenter une preuve de sa bonne foi à l'effet qu'il a imposé honnêtement et d'une façon constante cette exigence dans le but d'assurer une bonne exécution du travail, et ce, de manière diligente, sûre[33] et économique[34] (test subjectif). Cependant, depuis 1982 ce dernier critère n'aurait plus d'application au Québec (**III-107**). De plus, il doit démontrer que l'exigence se rapporte « objectivement à l'exercice de l'emploi en question, en étant raisonnablement nécessaire pour assurer l'exécution efficace et économique du travail sans mettre en danger l'employé, ses compagnons de travail et le public en général[35] »

---

31. Pour une analyse détaillée des exceptions prévues à l'article 20 de la Charte, voir: Daniel PROULX, *La discrimination dans l'emploi: les moyens de défense*, Cowansville, Les Éditions Yvon Blais inc., 1993. Précisons que l'obligation de loyauté qui échoit à tous les salariés ne serait pas une exigence professionnelle normale. Voir: *Commission des droits de la personne et des droits de la jeunesse* c. *Lithochrome inc.*, D.T.E. 97T-637 (T.D.P.Q.).

32. À cet égard, la Cour suprême écrit: « [...] les exceptions relatives aux exigences professionnelles réelles, que l'on retrouve dans les lois en matière de droits de la personne, doivent, en principe, s'interpréter restrictivement puisqu'elles suppriment des droits qui autrement recevraient une interprétation libérale », *Brossard (ville de)* c. *Québec (Commission des droits de la personne)*, [1988] 2 R.C.S. 279, 307.

33. Pour une analyse des risques qui pourraient être compris dans la notion d'aptitudes au sens de l'article 20 de la Charte, voir: Hélène GUAY, Bartha Maria KNOPPERS et Isabelle PANISSET, « La génétique dans les domaines de l'assurance et de l'emploi », (1992) 52 *R. du B.* 185, 258 à 262. Les auteurs classent en cinq catégories les emplois en fonction du risque qu'ils représentent:
    1. ceux qui comportent un risque très important et qui, pour cette raison, font l'objet d'une réglementation particulière;
    2. ceux qui comportent un risque temporaire en raison d'un changement dans le milieu ou chez le travailleur;
    3. ceux qui méritent une surveillance biomédicale des employés en raison des risques de transmission de maladie;
    4. ceux qui méritent un contrôle aléatoire en raison de la clientèle qu'ils desservent;
    5. ceux qui ne comportent aucun risque apparent.

34. Ce principe a été formulé pour la première fois dans l'arrêt *Commission ontarienne des droits de la personne* c. *Etobicoke*, [1982] 1 R.C.S. 202, 208. Pour une analyse de la jurisprudence en cette matière, voir: Patrick MACKLEM, « Developments in Employment Law: the 1989–90 Term », (1991), 2 *Suprême Court Law Review* (2nd) 347.

35. *Commission ontarienne des droits de la personne* c. *Etobicoke*, précité, note 34, p. 208. Les économies réalisées sur les primes d'assurance en refusant l'accès à un poste à une personne handicapée ne respectent pas le test objectif imposé à l'article 20 de la Charte. Voir: *Ville de Kirkland* c. *Syndicat des employés municipaux de la ville de Kirkland (FISA)*, [1997] R.J.Q. 534 (C.S.).

(test objectif). Cette exception permet à l'employeur de légitimer une exclusion ou préférence qui est, par ailleurs, discriminatoire. Dans la mesure où cette défense est reconnue, l'employeur n'est tenu aucunement à une obligation d'accommodement (**I-32**). Cette exclusion ou préférence discriminatoire imposée à bon droit par l'employeur contraint dès lors chaque postulant à s'y conformer. La seconde exception décrétée par l'article 20 (**III-107**) vise un organisme sans but lucratif à caractère charitable, philanthropique, religieux, politique ou éducatif ou une institution exclusivement vouée au bien-être d'un groupe ethnique. Hormis ces deux exceptions, la discrimination directe fondée sur un des motifs énoncés à l'article 10 de la Charte est prohibée. En matière de discrimination indirecte[36], la condition exigée par l'employeur revêt, sous toute apparence, une complète neutralité, mais produit un effet pervers portant atteinte au droit à l'égalité des chances. Dans ce cas, l'employeur serait tenu à une obligation d'accommodement raisonnable (**I-32; III-107**) en vue de restreindre ou d'éliminer l'effet discriminatoire de la condition, par ailleurs, neutre. Ce devoir d'accommodement susceptible d'être imposé à l'employeur ne doit pas comporter pour lui de contrainte excessive :

> Les mesures que l'auteur de la discrimination doit prendre pour s'entendre avec le plaignant sont limitées par les expressions « raisonnables » et « sans s'imposer de contrainte excessive ». Il s'agit là non pas de critères indépendants, mais de différentes façons d'exprimer le même concept. Ce qui constitue des mesures raisonnables est une question de fait qui variera selon les circonstances de l'affaire[37].

Il appartient au juge saisi du litige de déterminer si, dans les circonstances, « l'accommodement » proposé impose ou implique en contrepartie une contrainte excessive à l'employeur. À cette fin, on tient compte de certains paramètres : la taille de l'entreprise; le coût financier de la mesure; les considérations de sécurité; le caractère interchangeable de l'effectif et des installations; l'effet de la mesure sur les autres salariés et l'attitude du plaignant.

II-9 — *L'obligation d'accommodement à l'embauche* — Cette obligation pour l'employeur de proposer un accommodement raisonnable pour son salarié

---

36. Discrimination indirecte : « Ce genre de discrimination se produit lorsqu'un employeur adopte, pour des raisons d'affaires véritables, une règle ou une norme qui est neutre à première vue et qui s'applique également à tous les employés, mais qui a un effet discriminatoire pour un motif prohibé sur un seul employé ou un groupe d'employés en ce qu'elle leur impose, en raison d'une caractéristique spéciale de cet employé ou de ce groupe d'employés, des obligations, des peines ou des conditions restrictives non imposées aux autres employés. » Voir : *Commission ontarienne des droits de la personne et O'Malley* c. *Simpsons Sears Limited*, précité, note 29, p. 551. Voir également : *Alliance de la Capitale nationale sur les relations interraciales C. R.*, D.T.E. 97T-508 (T.D.P.).

37. *Central Okanagan School District n° 23* c. *Renaud*, [1992] 2 R.C.S. 970, 984; au même effet, voir : *Rodriguez* c. *Colombie-Britannique (Procureur général)*, [1993] 3 R.C.S. 519.

s'applique-t-elle à l'embauche ? Par exemple, un employeur qui désire combler un poste de vendeur à temps partiel les fins de semaine serait-il contraint d'accommoder un candidat qui ne pourrait travailler le samedi en raison de ses croyances religieuses ? De même, un employeur qui désire remplacer un salarié absent du travail pour une période de six mois pourrait-il écarter une candidate enceinte pour le seul motif qu'elle ne serait pas disponible pour la totalité du remplacement ? Deux entendements sont possibles.

i) Certains pourraient soutenir qu'en raison du libellé de l'article 16 de la Charte qui prohibe la discrimination directe et indirecte à l'embauche, il s'imposerait que l'employeur soit contraint à une obligation d'accommodement visant à écarter ou à amoindrir l'effet préjudiciable d'une règle qui est en apparence neutre, et ce, même si les parties se trouvent au stade précontractuel[38]. Par ailleurs, même pour les tenants de cet entendement, l'employeur ne pourrait être tenu à une mesure qui constituerait une contrainte excessive (**II-8**).

ii) Pour d'autres, ce premier entendement serait trop rigoriste et reposerait sur une approche dogmatique, voire même catéchistique de la Charte. La Charte devrait être analysée dans le contexte plus général de l'obligation faite aux parties d'agir et de négocier de bonne foi (art. 6 et 7 C.c.Q.). On soutiendrait alors que le Code civil impose aux parties l'obligation de se comporter équitablement et en toute bonne foi dès le stade de la naissance de l'obligation (art. 1375 C.c.Q.). Comment pourrait-on prétendre qu'un postulant puisse agir en toute bonne foi lorsqu'il pose sa candidature pour un poste alors qu'il sait ne pas être disponible ? Dans un tel contexte, l'obligation d'accommodement serait une incongruité puisque le salarié ne respecterait pas deux des conditions de base à tout contrat de travail : l'obligation d'agir de bonne foi et d'être disponible pour fournir sa prestation de travail (art. 2088 C.c.Q.) (**II-87 à 92**).

Il nous semble difficile, dans l'absolu et l'abstrait, de prendre position pour l'une ou l'autre de ces écoles de pensée. Chaque situation doit être examinée à la lumière des faits particuliers du dossier, et la solution doit tenir compte des intérêts légitimes de chacune des parties. Dans l'hypothèse où l'obligation d'accommodement s'imposerait à l'employeur au stade précontractuel, il nous faudrait néanmoins retenir qu'elle s'articule en fonction de la notion de contrainte excessive. À titre d'illustration, il serait difficile de prétendre que l'obligation d'accommodement ainsi imposée à l'employeur l'obligerait à embaucher une postulante enceinte qui ne serait pas disponible pour la totalité d'un contrat à durée déterminée. Dans un tel cas, il nous semblerait qu'à bon droit, un employeur puisse exiger que la candidate soit disponible et que l'on ne saurait le contraindre à embaucher plus d'un candidat pour effectuer un seul

---

38. *Canada (Procureur général)* c. *Mongrain*, D.T.E. 91T-1208 (C.A.F.).

remplacement[39]. La solution opposée nous paraît trop exigeante pour l'entreprise. Par ailleurs, la solution pourrait être différente dans d'autres circonstances. À titre d'exemple, une exigence relative à la taille des candidats pourrait faire en sorte que l'on exclut certaines minorités ethniques. Dans un tel cas, l'employeur aurait l'obligation d'analyser le poste pour déterminer s'il n'est pas possible qu'un candidat ne possédant pas cette caractéristique puisse néanmoins exécuter en toute sécurité les mêmes fonctions[40]. Naturellement, il en serait autrement s'il s'agissait de situations visées par l'une ou l'autre des deux exceptions prévues à l'article 20 de la Charte (**II-8**).

II-10 — *Accès à l'égalité* — Bien que le libellé formel de la Charte assure pour certaines catégories de personnes une égalité des chances dans l'emploi, il serait naïf de croire que la réalité reflète cet état de droit. Les statistiques[41] démontrent éloquemment que certains groupes cibles tels les femmes, les minorités ethniques ou les handicapés sont sous-représentés ou autrement défavorisés. Plusieurs qualifient cette situation généralisée de discrimination systémique (**III-105**). Sur le plan de la justice sociale et de l'équité, n'est-il pas inacceptable que des groupes de personnes soient défavorisés sous de tels prétextes, qu'ils soient l'objet d'exclusion sans aucune considération de leurs qualités respectives et de leurs compétences professionnelles ? Dans cette perspective, le législateur est intervenu pour instaurer certaines mesures de redressement et pour faciliter l'embauche de ces groupes discriminés de façon systémique. À ce sujet, nous analysons ces deux solutions mises en avant par le législateur.

i) La partie III de la Charte permet à l'employeur de mettre en place un programme d'accès à l'égalité (**III-108**). Un tel programme vise à rétablir un équilibre en augmentant le nombre total de représentants d'un groupe cible à la suite d'un constat de sa sous-représentation au sein de l'entreprise. Le programme d'accès à l'égalité comporte habituellement deux

---

39. Cette question est controversée non seulement pour l'embauche d'un candidat de l'extérieur, mais également pour l'octroi d'un poste à l'interne. Voir : *Commission scolaire du Lac–St-Jean* c. *Caron*, J.E. 94-717 (C.S.), en appel : n° 200-09-000178-944; *Gobeil* c. *Ménard*, C.S. Québec, n° 200-05-000484-933, 27 juin 1994, en appel : n° 200-09-000467-941; *contra : Syndicat du personnel de l'enseignement du Nord de la Capitale* c. *Morin*, D.T.E. 94T-768 (C.S.) (en appel : n° 200-09-000385-945).

40. Pour d'autres exemples, voir : Madeleine CARON, « Les concepts d'égalité et de discrimination dans la *Charte québécoise des droits et libertés de la personne* », dans SERVICE DE LA FORMATION PERMANENTE, BARREAU DU QUÉBEC, *Développements récents en droit administratif (1993)*, Cowansville, Les Éditions Yvon Blais inc., 1993, p. 39, 58.

41. Pour une analyse statistique sur la discrimination de certains groupes cibles, voir : Marie-Thérèse CHICHA-PONTBRIAND, *Discrimination systémique : fondement et méthodologie des programmes d'accès à l'égalité en emploi*, Cowansville, Les Éditions Yvon Blais inc., 1989; Ginette LEGAULT et Évelyne TARDY, « Les programmes d'accès à l'égalité au Québec : une condition nécessaire mais non suffisante pour assurer l'égalité des femmes », (1986–1987) 17 *R.D.U.S.* 149.

volets. Le premier a trait à l'égalité des chances et consiste à définir puis à éliminer des politiques et pratiques qui défavorisent les membres du groupe pour lesquels l'entreprise veut augmenter la représentation. En somme, il s'agit d'écarter les obstacles à l'embauche. Le second volet est relatif à l'égalité des résultats; on y trouve l'ensemble des mesures pratiques qui peuvent s'imposer afin d'atteindre un taux de réussite d'intégration des représentants du groupe cible au sein de l'entreprise. Ce second volet implique une augmentation effective du nombre de salariés issus du groupe sous-représenté. Par ces deux volets, on comprend que le « programme d'accès à l'égalité a pour objet de corriger la situation de personnes faisant partie de groupes victimes de discrimination dans l'emploi » (art. 86 de la Charte)[42]. Le moyen effectif retenu dans ces programmes serait donc l'instauration systémique d'un régime discriminatoire dans le but d'enrayer une discrimination systémique. L'usage d'une telle catharsis objectivement discriminatoire nécessiterait qu'elle soit exceptionnellement autorisée par la Charte et qu'elle y apparaisse (art. 86, al. 2). Règle générale, l'élaboration d'un programme d'accès à l'égalité est une démarche essentiellement volontaire soumise à plusieurs exigences et qui fait l'objet d'une analyse détaillée au titre III (**III-105**).

ii) Certes, les personnes handicapées peuvent aussi constituer un groupe cible pour un programme d'accès à l'égalité. Par ailleurs, le législateur a instauré un système propre favorisant leur embauche. Ces deux mesures peuvent donc être jumelées de façon à atteindre plus sûrement l'objectif d'un plus grand embauchage de personnes handicapées. En effet, la *Loi assurant l'exercice des droits des personnes handicapées*[43] embrasse de vastes objectifs qui dépassent le cadre du présent exposé, aussi nous limitons notre analyse aux seules dispositions relatives à l'embauche. L'Office des personnes handicapées du Québec (art. 2) a comme mission de veiller à la coordination, à l'information et à l'intégration professionnelle des personnes handicapées. Afin de réaliser cet objectif, il agit sur quatre plans.

— À la demande d'une personne handicapée, il peut préparer un plan individualisé favorisant l'intégration professionnelle de la personne handicapée. Ce plan comprend, notamment, un programme de formation professionnelle en fonction d'un travail rémunérateur que la personne handicapée peut convenablement effectuer (art. 45, 50).

---

42. Le libellé quelque peu alambiqué de cet article 86 de la Charte soulève une question intéressante : Pour bénéficier d'une mesure de redressement, la personne faisant partie du groupe cible doit-elle démontrer qu'elle a été personnellement victime de discrimination ou sa simple appartenance au groupe cible suffit-elle ? Sur cette question, voir : COMMISSION DES DROITS DE LA PERSONNE ET DES DROITS DE LA JEUNESSE, résolution COM-284-9.1.1, 24 avril 1987, 21 p.
43. L.R.Q., c. E-20.1.

— À l'aide d'une entente intervenue entre un employeur et une personne handicapée, on élabore les mesures permettant son intégration professionnelle (art. 61)[44].

— L'apport d'une aide financière permettant, s'il y a lieu, d'adapter un poste de travail aux possibilités d'une personne handicapée ou autrement de favoriser son emploi (art. 62).

— L'obligation faite à tout employeur qui compte plus de 50 salariés de soumettre un plan visant à faciliter l'embauchage de personnes handicapées (art. 63 et 63.1)[45]. On comprend que cette quatrième mesure serait sans doute la plus importante pour la réalisation de la mission de l'Office relative à l'embauche des personnes handicapées.

Le *Règlement visant à favoriser l'embauchage de personnes handicapées*[46] détermine le contenu du plan et des rapports que doit produire l'employeur. Ce dernier doit, en collaboration avec l'association accréditée (art. 63), préparer et soumettre à l'Office un plan favorisant l'embauchage de personnes handicapées. Depuis l'avis de l'Office, l'employeur dispose d'un délai de neuf mois pour déposer un tel plan (art. 6 du règlement). Ce plan d'embauchage comprend, entre autres choses, une description des moyens que l'employeur entend retenir en vue d'assurer l'embauche de personnes handicapées : recrutement, sélection, intégration, réintégration de salariés devenus handicapés, développement de l'emploi à l'intention des personnes handicapées, etc. Contrairement aux programmes d'accès à l'égalité, l'employeur n'a aucune obligation de mettre en place des mesures de discrimination positive. Le plan vise davantage à abolir les contraintes à l'emploi pour les personnes handicapées qu'à contraindre l'employeur à embaucher un ratio quelconque de personnes handicapées. Une fois le plan approuvé par l'Office, l'employeur transmet annuellement un rapport de mise en œuvre du plan. Ce rapport comprend les renseignements nécessaires à l'Office pour évaluer le suivi et la pérennité du plan d'embauchage[47] (art. 12 et 13 du règlement).

---

44. Depuis le début du programme en 1980 jusqu'au 31 mars 1991, 6 379 contrats ont été convenus avec 4 291 personnes handicapées et 2 274 entreprises. Voir : OFFICE DES PERSONNES HANDICAPÉES DU QUÉBEC, *Données statistiques 1995*, p. 42.

45. En 1991, l'Office a approuvé 3 313 plans d'embauche touchant 10 733 établissements. Voir : OFFICE DES PERSONNES HANDICAPÉES DU QUÉBEC, *Données statistiques 1995*, p. 39.

46. Décret 2996-82, (1982) 114 G.O. 2, 1127 et modifications.

47. Parmi ces renseignements, soulignons les suivants :
   — une description des actions réalisées ou qui devraient l'être à la date de production du rapport ;
   — une description des raisons pour lesquelles les actions prévues au plan n'ont pu être mises en œuvre et des suggestions d'autres actions en vue de réaliser le plan ;
   — une énumération des actions prévues pour l'année qui suit le dernier rapport ;
   — le nombre de salariés qui sont des personnes handicapées ;

II-11 — *Les conséquences d'une violation de la Charte* — La violation par l'employeur des obligations découlant de la Charte peut être lourde de conséquences. Précisons six contrecoups qui peuvent en résulter.

i) La victime peut obtenir la cessation de l'atteinte préjudiciable, et ce, par voie d'injonction (art. 49 de la Charte) (**V-82**)[48].

ii La victime de l'atteinte illicite peut obtenir réparation pour le préjudice moral ou matériel qui découle de l'atteinte (art. 49 de la Charte), et ce, dans la mesure où elle peut prouver une faute, un dommage et un lien de causalité (art. 1457 C.c.Q.). Par exemple, un employeur qui refuserait d'accorder un emploi à une postulante enceinte pourrait, aux conditions ci-dessus, être condamné à lui payer l'équivalent de la rémunération perdue jusqu'à son intégration dans l'entreprise[49].

iii) Dans la mesure où l'atteinte illicite fut intentionnellement causée par l'employeur, ce dernier pourrait être condamné à des dommages exemplaires (art. 49, al. 2, de la Charte; art. 1621 C.c.Q.[50]) (**V-94**).

iv) La victime peut déposer une plainte écrite à la Commission des droits de la personne et des droits de la jeunesse (art. 74 de la Charte) (**V-97**). Après enquête, la Commission doit déterminer s'il y a lieu de favoriser la négociation d'un règlement entre les parties, de proposer l'arbitrage du différend ou de soumettre le litige à un tribunal (art. 78 de la Charte). Dans le but de régler le litige, la Commission peut suggérer aux parties des mesures de redressement (art. 79 de la Charte). Si les parties refusent la négociation ou l'arbitrage du différend ou lorsque les mesures de redressement proposées par la Commission ne sont pas mises en œuvre, cette dernière peut s'adresser au Tribunal des droits de la personne en vue d'obtenir toute mesure de redressement jugée adéquate (art. 80, 111, al. 2, de la Charte).

— le nombre de personnes embauchées depuis le dernier rapport;
— le nombre de salariés qui sont des personnes handicapées embauchées depuis le dernier rapport.

48. Le droit à l'injonction lorsqu'il y a discrimination ne fait aucun doute. Cependant, la question qui ne semble pas résolue est celle de déterminer si les critères de l'injonction tels qu'ils sont prévus au *Code de procédure civile* s'appliquent en matière d'injonction puisant sa source à l'article 49 de la Charte. Sur cette question, voir : *Lambert* c. *P.P.D. Rim-spec inc.*, [1991] R.J.Q. 2174 (C.A.).

49. *Canada (Procureur général)* c. *Morgan*, D.T.E. 92T-421 (C.A.F.). À titre d'illustrations, voir également : *Halkett* c. *Ascofigex inc.*, [1986] R.J.Q. 2697 (C.S.); *Tevan* c. *Hôtel du Bord du Lac inc./Lakeshore Hotel Inc.*, [1988] R.J.Q. 2155 (C.S.); *Commission des droits de la personne du Québec* c. *Entreprises L.D. Skelling Inc.*, D.T.E. 94T-566 (T.D.P.Q.).

50. À titre d'illustration, voir : *Québec (Curateur public)* c. *Syndicat national des employés de l'Hôpital St-Ferdinand*, [1996] 3 R.C.S. 211.

v) L'employeur pourrait, dans certaines circonstances, être contraint d'embaucher un candidat victime de discrimination[51], dans la mesure où ce dernier pourrait prouver qu'il avait une sérieuse possibilité d'obtenir le poste[52] (art 82, al. 2, de la Charte). Cette mesure de redressement est exorbitante du droit commun qui, avouons-le, répugne à imposer l'exécution forcée en matière de contrat. Cependant, elle s'imposerait en raison du caractère d'ordre public et prééminent de la Charte.

vi) L'employeur peut être condamné au paiement d'amendes (**V-104**)[53].

Compte tenu de l'importance des conséquences que peut représenter une transgression de la Charte, les gestionnaires se doivent de revoir fréquemment leur pratique, leur politique et leur façon de faire, afin de prévenir toute mésaventure. Seule une approche souple et pragmatique de la part des tribunaux dans l'application de la Charte à l'égard de l'embauche permettrait d'éviter le piège de la « victimisation sociale[54] » où chaque postulant qui n'obtiendrait pas un emploi se percevrait comme une victime de discrimination fondée sur la Charte. S'il fallait en arriver à un tel état de droit, les fondements philosophiques, phénoménologiques et sociaux de la Charte en seraient fortement secoués. Nous devons maintenant étudier l'acte d'embauche en le situant sur la toile de fond tissée de ces mesures qui visent à assurer l'égalité de chances des postulants.

---

51. *Commission des droits de la personne du Québec* c. *Société d'électrolyse et de chimie Alcan ltée*, [1987] D.L.Q. 340 (C.A.).
52. *Canada (Procureur général)* c. *Morgan*, précité, note 49.
53. Voir : art. 134, 135 et 136 de la Charte.
54. « Aujourd'hui, à l'État-providence tend à se substituer, à l'instar de ce qui se passe aux États-Unis, une victimisation générale de la société où chacun réclame indemnisation au nom des dommages subis par ses ancêtres, sa race, sa nation, son sexe, etc. Ce n'est plus du renforcement du lien social et national qu'on attend le perfectionnement de la société, mais d'une exacerbation de l'individualisme. La valeur centrale n'est plus la solidarité mais la tolérance. Le but de l'action publique n'est plus de permettre à chacun de s'insérer mais à chaque individu, à chaque groupe, de vivre à sa guise selon ses principes. » Voir : Jacques JULLIARD, *L'année des dupes*, Paris, Seuil, 1996, p. 50; sur ce même thème, le lecteur peut consulter : P. ROSANVALLON, *op. cit.*, note 18.

Section 1.2
Les aides au recrutement

II-12 — *Présentation* — Les aides au recrutement sont des outils qui permettent à l'employeur de sélectionner les candidats les plus aptes à remplir les postes et à s'intégrer harmonieusement à l'entreprise. Ces instruments sont efficaces dans la mesure où l'entreprise a fait précéder sa phase de recrutement d'une période réflective lui permettant de définir ses besoins réels et ses objectifs. Une fois cette première étape franchie, elle peut déterminer si elle doit faire appel aux ressources humaines internes ou externes afin de pourvoir aux postes vacants. Habituellement, les aides au recrutement sont utilisées dans la mesure où l'entreprise recherche *extra muros* un candidat. Ces outils sont utiles notamment s'ils s'inscrivent dans un processus étapiste que nous schématisons ainsi :

Processus de sélection du personnel

Étape 1	Étape 2	Étape 3	Étape 4	Étape 5	Étape 6	Étape 7	Étape 8
L'offre d'emploi	Analyse des demandes d'emploi	Entrevues de sélection	Tests	Complément d'information	Deuxième entrevue	Examen médical	Entente sur les conditions de travail

Ce processus en huit étapes n'est pas absolu ni exclusif. Il doit être adapté aux besoins particuliers de l'entreprise, au poste à pourvoir[55] et aux ressources que l'entreprise peut mettre à la disposition du recruteur. Les aides au recrutement soulèvent de multiples questions d'intérêt. En voici quelques-unes.

---

55. Le processus retenu est plus ou moins complexe en fonction de la nature du poste à pourvoir. Ainsi, pour un poste de directeur général, la démarche peut être plus complexe que pour celui d'un manœuvre.

— Quelle est la capacité prédictive de chacun de ces moyens ?

— Quel est leur niveau de fiabilité[56] ?

— Comment les valider ?

— Quelle est leur utilité pratique ?

— Quelle est leur interaction ?

— Quel est l'encadrement juridique qui balise chacun d'eux ?

Bien évidemment, il serait hors de notre propos et, avouons-le, de nos capacités, de tenter de répondre à ces multiples interrogations. Nous ne traitons des aides au recrutement que sous le seul angle du droit positif, ce qui ne réduit aucunement l'importance ni la pertinence pratique de ces mêmes questions.

II-13 — *L'offre d'emploi* — Le premier outil dont dispose le recruteur est l'offre d'emploi. L'annonce qui paraît dans un quotidien, une revue, un journal ou autres médias spécialisés est certainement le moyen de recrutement le plus connu et le plus utilisé par les entreprises, des PME aux multinationales. L'offre d'emploi a l'avantage de fournir à l'entreprise un flux important de candidatures dans un court laps de temps, et ce, à un faible coût. Précisons dès le départ qu'habituellement, l'offre d'emploi publiée dans un journal ne constitue pas une offre de contracter au sens du *Code civil du Québec* (art. 1386 C.c.Q.). Autrement, si tel devait être le cas, l'employeur serait tenu de conclure le contrat de travail dès l'acceptation de l'offre par le candidat qui satisfait aux conditions publiées (art. 1387 C.c.Q.). L'offre d'emploi comme outil de sélection du personnel constitue plutôt une sollicitation ou une invitation à poser sa candidature. Par cet acte, l'employeur ne promet rien d'autre que d'accepter de mettre en place un processus de sélection des candidats. Cet engagement ne comprend même pas l'obligation d'embaucher l'un des postulants. De façon générale, on peut préciser que l'annonce doit contenir les renseignements pertinents sur l'emploi : sa description (art. 2087 et 2088 C.c.Q.), sa durée (art. 2086 C.c.Q.) et les exigences requises du candidat. Cet instrument, aussi banal puisse-t-il paraître, doit cependant respecter certaines exigences. L'offre d'emploi ne doit pas contenir quelque distinction, exclusion ou préférence que ce soit fondées sur un motif de discrimination prohibé à l'article 10 de la Charte (**II-7**). En effet, l'offre d'emploi constitue un avis diffusé, distribué ou exposé au public et, aussi, elle doit respecter l'article 11 de la

---

56. Anne ANASTASI, « Evolving Concepts of Test Validation », (1986) 37 *Annual Review of Psychology* 1 ; W.F. CASCIO, R.A. ALEXANDER et G.V. BARRETT, « Setting Cut-off Scores : Legal, Psychometric, and Professional Issues and Guidelines », (1981) 41 *Personnel Psychology* 1 ; Neal SCHMITT, Walter C. BORMAN and associates, *Personnel Selection in Organizations*, San Francisco, Jossey Bass Publishers, 1993 ; A. ANASTASI, *Psychological Testing*, 6th ed., New York, Macmillan Publishing Co., 1988.

Charte qui interdit de publier un avis comportant de la discrimination. Afin d'être conforme à la Charte et d'éviter l'inclusion des éléments discriminatoires, l'offre d'emploi doit énoncer en termes clairs et précis les exigences recherchées par l'entreprise. Il doit s'agir d'exigences professionnelles normales au sens de l'article 20 de la Charte (**II-8**). À titre illustratif de la portée réelle des obligations de l'employeur dans la rédaction d'une offre d'emploi, nous donnons ci-dessous cinq exemples tirés de la jurisprudence.

i) Un employeur ne peut y stipuler que le postulant ne doit avoir aucun lien de parenté avec un salarié de l'entreprise[57]. Une telle exigence pourrait être illégale parce qu'elle imposerait une distinction fondée sur l'état civil du candidat. Certes, une telle politique d'anti-népotisme vise à éviter des situations de conflit d'intérêts et peut être retenue honnêtement et de bonne foi par l'employeur. Appliqué sans nuance selon les fonctions en cause, un tel critère pourrait être injustifié et telle fut la conclusion de la Cour suprême du Canada en raison d'une application trop rigoureuse d'une politique d'anti-népotisme :

> Il s'agit d'une règle inexorable qui écarte des candidats peu importe l'emploi postulé et sans tenir compte du poste occupé par le membre de la famille immédiate du postulant. Elle ne tient pas compte du degré de probabilité d'un abus de pouvoir. C'est là une façon maladroite de s'assurer qu'il n'y a aucun conflit d'intérêts réel ou éventuel ni même l'apparence d'un tel conflit. Line Laurin en est un bon exemple. Étant donné qu'elle postulait un emploi de sauveteur et compte tenu du fait que sa mère était dactylographe au service de police, il n'y avait aucun conflit d'intérêts réel, aucune possibilité raisonnable de conflit d'intérêts ni aucune crainte raisonnable de partialité qui aurait pu justifier de conclure à une apparence de conflit d'intérêts[58].

ii) Il n'est pas interdit d'y préciser que l'emploi s'adresse exclusivement aux hommes ou aux femmes dans la mesure où l'emploi sous-tend pareille exigence selon l'une ou l'autre des situations visées à l'article 20 de la Charte[59] (**II-8**). Ainsi, un poste de préposé aux bénéficiaires peut requérir qu'il soit détenu par un homme s'il consiste à aider des

---

57. Précisons qu'il serait tout aussi illégal d'accorder une préférence aux fils et aux filles des membres du personnel pour pourvoir à certains emplois temporaires.

58. *Brossard (ville de)* c. *Québec (Commission des droits de la personne du Québec)*, précité, note 32, p. 315. Pour un exemple où l'on a refusé, à bon droit, à un candidat un poste où le supérieur immédiat était sa sœur, voir : *The National Union of Sir George Williams University Employees (CSN)* c. *L'Université Concordia*, [1997] T.A. 58.

59. Si l'emploi ne nécessite pas rationnellement ou professionnellement qu'il soit détenu par un candidat d'un sexe déterminé, il y aurait discrimination illégale. Voir : *Institut Val-du-Lac inc.* c. *Lavoie*, D.T.E. 91T-263 (C.A.).

personnes âgées de sexe masculin à faire leur toilette, si telle est la volonté des bénéficiaires[60]. De même, il serait possible d'exiger un candidat d'un sexe déterminé dans le but d'assurer la mixité d'une équipe d'intervention auprès de malades mentaux pour faciliter l'apprentissage par mimétisme[61]. Cette exigence doit cependant s'appuyer sur des études sérieuses démontrant un lien important entre la présence d'une personne d'un sexe donné et le bien-être des bénéficiaires des soins[62].

iii) À l'inverse, on ne saurait justifier une exclusion en fonction des préférences raciales exprimées par la clientèle[63].

iv) L'exigence en matière d'expérience professionnelle pertinente peut parfois cacher un motif discriminatoire. Éventuellement, l'employeur pourrait être contraint de démontrer que cette exigence est raisonnable compte tenu de l'emploi et du fait que le candidat refusé n'y satisfaisait clairement pas[64].

v) Un employeur dont la clientèle se compose d'une très forte majorité de clients anglophones peut validement exiger que les préposés à la réception disposent d'une bonne maîtrise de la langue anglaise. Selon le Tribunal des droits de la personne, il s'agit là d'une exigence professionnelle qui se justifie aux termes de l'article 20 de la Charte :

> C'est ainsi qu'à Montréal un employeur pourrait sûrement refuser d'embaucher comme réceptionniste un candidat unilingue, un candidat bilingue qui s'exprime dans un anglais de rue ou dans un français peu châtié : ces situations sont incompatibles avec les exigences de l'emploi[65].

Finalement, soulignons que la *Charte de la langue française* impose à certains employeurs[66] qui publient une offre d'emploi dans un quotidien diffusant dans une langue autre que le français, l'obligation de publier simultanément l'offre dans un quotidien francophone (**III-111**).

---

60. *Newfoundland Association of Public Employees* c. *Terre-Neuve (GreenBay Health Care Centre)*, [1996] 2 R.C.S. 3.
61. *Syndicat des travailleuses et travailleurs de l'Hôpital Louis-H. Lafontaine* c. *Lussier*, D.T.E. 95T-337 (C.A.).
62. *Centre de jeunesse Mont St-Patrick inc.* c. *Dubé*, D.T.E. 97T-487 (C.S.); en appel : C.A.M. n° 500-09-004786-976.
63. *Commission des droits de la personne du Québec* c. *Entreprises L.D. Skelling inc.*, précité, note 49.
64. *Di Giovanni et Syndicat des employé-e-s de la Commission des droits de la personne* c. *Commission des droits de la personne*, [1994] R.J.Q. 577 (T.D.P.Q.).
65. *Commission des droits de la personne du Québec* c. *Dupont, Desmeules et associés inc. et Rhyna Salinas*, [1994] R.J.Q. 2092, 2096 (T.D.P.Q.).
66. L'administration publique, un organisme parapublic ou une entreprise qui doit, selon le cas, instituer un comité de francisation, posséder une attestation d'application d'un programme de francisation ou un certificat de francisation (art. 42 de la *Charte de la langue française*).

II-14 — *Le formulaire d'emploi et l'entrevue de sélection* — Deux autres outils de sélection du personnel sont d'usage fréquent. Il s'agit du formulaire de demande d'emploi et de l'entrevue de sélection. Ce sont certainement des instruments essentiels puisqu'ils permettent à l'entreprise de rassembler, de façon uniforme et méthodique, un ensemble de renseignements significatifs sur chacun des candidats. Il est certes tout à fait légitime que l'employeur procède à une telle collecte de données sur chacun des postulants. En effet, en raison du caractère personnel du contrat de travail (**II-53**), l'employeur doit disposer d'une information suffisante et pertinente sur la personne même du candidat afin d'être en mesure de donner un consentement éclairé (**II-32**)[67]. Comme ces deux instruments ont la même finalité et qu'ils sont soumis aux mêmes règles de droit, nous en faisons une analyse commune, bien qu'ils soient différents, du fait que l'un est la réponse écrite du postulant aux questions énoncées au formulaire et que l'autre se réalise oralement et privément. L'objectif ultime de ces deux instruments consiste à permettre à l'entreprise d'évaluer les qualifications des candidats au regard des mêmes exigences de l'emploi et d'une même grille d'analyse. Il appartient à l'employeur de recueillir l'information pertinente et nous ne croyons pas que le candidat soit débiteur d'une obligation de renseignements[68]. En somme, il appartient à l'employeur d'établir les éléments au sujet desquels il croit devoir être informé, de les faire connaître et de s'y tenir. Il va de soi que dans la mesure où ces questions sont claires, pertinentes et non discriminatoires, le postulant ne saurait valablement s'y soustraire (**II-18, 32**).

II-15 — *Renseignements illégaux* — La sélection du personnel doit se fonder uniquement sur les exigences de l'emploi. De ce fait, il serait illégal de recueillir par l'une ou l'autre de ces deux voies toute information sur l'un des motifs protégés par la Charte (**II-7**), comme l'indique d'ailleurs l'article 18.1 : « Nul ne peut, dans un formulaire de demande d'emploi ou lors d'une entrevue relative à un emploi, requérir d'une personne des renseignements sur les motifs visés dans l'article 10 sauf si ces renseignements sont utiles à l'application de l'article 20 ou à l'application d'un programme d'accès à l'égalité existant au moment de la demande[69]. » Cette interdiction oblige l'employeur à

---

67. Le consentement doit être libre et éclairé (art. 1399 C.c.Q.); l'erreur peut être une cause qui vicie le consentement (art. 1400 C.c.Q.).

68. On ne saurait considérer le salarié à titre de débiteur d'une telle obligation; *contra*, voir : Véronique L. MARLEAU, « Les droits et libertés dans l'entreprise : le dépistage et l'utilisation de renseignements personnels dans le domaine de l'emploi », dans SERVICE DE LA FORMATION PERMANENTE, BARREAU DU QUÉBEC, *Développements récents en droit administratif (1993)*, Cowansville, Les Éditions Yvon Blais inc., 1993, p. 107, 178.

69. Sur cette question, voir : Patrick L. BENAROCHE, « Droits et obligations de l'employeur face au recrutement d'employés et aux références après emploi », dans SERVICE DE LA FORMATION PERMANENTE, BARREAU DU QUÉBEC, *Développements récents en droits du travail (1995)*, Cowansville, Les Éditions Yvon Blais inc., 1995, p. 101.

formuler ses questions uniquement sur les qualifications professionnelles du postulant eu égard au poste sollicité. Par exemple, l'employeur peut poser au candidat toutes questions relatives à son niveau d'instruction, aux diplômes ou aux certificats de compétence professionnelle acquis et aux expériences antérieures de travail. Il peut également s'informer sur les attentes du postulant vis-à-vis du travail, sur ses attitudes[70], sur les conditions de travail qu'il exigerait, sur sa disponibilité, sa volonté d'acquisition de formation complémentaire ou encore, sa motivation à travailler pour l'entreprise, etc. Soulignons qu'il est possible qu'une question légitime entraîne une réponse fournissant à l'employeur des indications sur un des motifs discriminatoires. Ainsi, le nom d'une institution d'enseignement ou d'un ancien employeur peut, à l'occasion, indiquer l'origine nationale d'une personne ou son âge approximatif, etc. Malgré ces effets pervers, de telles questions n'en seraient pas moins pertinentes et légitimes, ce qui ne pourrait par ailleurs autoriser l'employeur à se servir de ces renseignements pour discriminer un candidat.

II-16 — *Renseignements contraires à la Charte, mais légitimes* — Dans certaines circonstances, l'employeur peut soulever des questions autrement discriminatoires si elles visent à préciser une qualité ou une aptitude objectivement requise pour l'emploi ou justifiée par le caractère charitable, philanthropique, religieux, politique ou éducatif d'une institution sans but lucratif ou vouée au bien-être d'un groupe ethnique (art. 20 de la Charte) (**II-8**). Ainsi, un parti politique qui désire pourvoir à un poste au sein de son organisation pourrait soulever des questions relatives à l'adhésion du postulant à ce parti. De même, une institution religieuse pourrait requérir du postulant des renseignements sur ses croyances religieuses. Il peut être parfois essentiel de s'assurer de l'âge du candidat alors que cette donnée est exigible pour l'exercice de certains métiers[71] (**II-26**) ou encore, de sa citoyenneté ou s'il est titulaire d'un permis de travail. De même, selon le poste visé, pourrait-on l'interroger sur la maîtrise d'une langue requise[72]. Comme nous l'avons déjà signalé, ces questions de nature discriminatoire devront respecter les tests subjectif et objectif afin d'être validées (**II-8**). Précisons que certaines questions prohibées avant l'embauche deviennent souvent essentielles et tout à fait légales après celle-ci. Ainsi, il serait légitime que l'employeur connaisse l'âge et l'état civil du salarié à des fins fiscales ou pour déterminer les avantages sociaux. De même, l'employeur peut demander une photographie d'un salarié aux fins d'identification ou encore, demander le lien de parenté avec une personne à prévenir en cas

---

70. *Hadji* c. *Montréal (ville de)*, précité, note 30.
71. Il en est ainsi pour le métier de mineur dans une mine souterraine ou de technicien en dynamitage, etc. Seule une personne ayant atteint l'âge de la majorité peut travailler dans une mine souterraine. Voir, notamment : art. 26 du *Règlement sur la santé et la sécurité du travail dans les mines et modifiant certaines dispositions législatives*, Décret 213-93, (1993) 125 G.O. 2, 2131 et art. 53(1°) de la *Loi sur la santé et la sécurité du travail*.
72. Il serait préférable d'éviter de demander au candidat de préciser sa langue maternelle.

d'urgence, etc. Constatons que nous ne pouvons que donner des indications par voie analogique parce qu'il nous paraît impossible de fixer en quelques traits de plume une règle de comportement aussi arborescente.

II-17 — *Situations particulières* — Deux autres questions parfois abordées dans le cadre d'une entrevue ou au moyen d'un formulaire de demande d'emploi doivent être particulièrement soulignées et précisées en raison de l'ambivalence des règles de droit applicables. Il s'agit de l'interdiction de discrimination fondée sur le handicap et les antécédents judiciaires.

i) La protection contre la discrimination fondée sur le handicap soulève quelques interrogations[73]. Juridiquement, au stade de l'entrevue, l'employeur ne peut poser aucune question sur l'état de santé, les déficiences ou l'historique des lésions professionnelles du candidat[74]. Cependant, il peut arriver que l'on refuse un emploi à un candidat en raison de son handicap puisque cette personne n'aurait pas les aptitudes ou qualités requises par l'emploi (art. 20 de la Charte). Parallèlement à ce refus, l'employeur doit faire une évaluation individuelle des qualifications de la personne handicapée pour déterminer si elle peut ou non effectuer le travail de façon sécuritaire. De plus, même si le candidat handicapé peut s'acquitter du travail, la présence d'une déficience peut soulever la question des risques éventuels. Ainsi, l'employeur doit analyser la possibilité d'une dégradation de l'état de santé du candidat. Par exemple, une personne atteinte d'épilepsie peut certes travailler, mais dans certains postes les risques éventuels d'une crise pourraient mettre en danger la santé et la sécurité de la personne handicapée, des compagnons de travail ou du public en général. Ainsi, pour un poste de pilote d'avion ou de conducteur de train, un candidat épileptique pourrait être valablement refusé, selon l'état des connaissances médicales. Avant d'exclure un candidat en raison d'un risque découlant d'un handicap, l'employeur doit être en mesure de démontrer si la question était soulevée, la probabilité raisonnable qu'une défaillance survienne, la gravité objective des conséquences qui découleraient d'un tel accident,

---

73. La notion de handicap n'est guère claire. En effet, l'étendue réelle de cette définition semble incertaine et la jurisprudence est contradictoire (**III-106**). À ce sujet, voir : Daniel PROULX, « La discrimination fondée sur le handicap : étude comparée de la *Charte québécoise* », (1996) 56 *R. du B.* 317. Il est à souhaiter qu'une décision récente de la Cour d'appel clarifie cette question. Voir : *Commission des droits de la personne et des droits de la Jeunesse* c. *Montréal (Ville de)*, J.E. 98-512 (C.A.).

74. Il en serait autrement après un engagement, de manière à connaître l'état de santé du salarié, à compter de ce moment et aux fins de la responsabilité civile de l'employeur de même que pour les questions relatives aux coûts d'éventuelles réclamations au sens de la *Loi sur les accidents du travail et les maladies professionnelles* (**III-304**).

la dangerosité de l'emploi, la gravité du handicap, puis la connexité entre le poste et la probabilité du risque[75]. On ne saurait prétendre à la responsabilité de l'employeur dans l'éventualité d'un tel accident, d'une part, et, d'autre part, l'empêcher d'évaluer le risque qu'il peut assumer au moment de l'embauche.

ii) Les antécédents judiciaires soulèvent également de difficiles questions **(II-155)**[76]. Certes, la Charte n'interdit pas à un employeur de demander à un candidat s'il a un casier judiciaire[77], mais elle lui proscrit de refuser de l'embaucher du seul fait que le candidat a déjà été déclaré coupable d'une infraction pénale ou criminelle (art. 18.2 de la Charte). Compte tenu de cette prohibition, il serait préférable que l'employeur évite de poser des questions générales, telle l'existence ou non d'un casier judiciaire. Il devrait limiter ses questions sur les seules condamnations qui peuvent avoir un lien rationnel et direct avec l'emploi convoité. Par exemple, à l'égard d'un poste d'expert en sinistres, une compagnie d'assurances pourrait légalement refuser d'embaucher un candidat qui aurait plaidé coupable à des accusations de voies de fait et de vol à l'étalage[78]; une garderie pourrait refuser l'embauche d'un éducateur condamné pour une infraction commise à l'égard d'enfants, une institution financière pourrait écarter un candidat qui ne pourrait satisfaire à l'exigence légale d'obtenir un cautionnement pour le motif qu'il fut déjà déclaré coupable d'une infraction criminelle[79]. Ces exemples indiquent bien l'existence d'un lien certain entre l'infraction reconnue et les qualités exigibles à l'égard du poste recherché[80].

---

75. *Commission des droits de la personne du Québec* c. *Montréal (Ville de)*, D.T.E. 94T-600 (T.D.P.Q.); *Commission des droits de la personne et des droits de la jeunesse* c. *Abitibi-Price inc.*, [1997] R.J.Q. 2039 (T.D.P.Q.).

76. Le lecteur pourra lire avec intérêt: Hélène DUMONT, «Le casier judiciaire: criminel un jour, criminel toujours?», dans André POUPART (dir.), *Le respect de la vie privée dans l'entreprise: de l'affirmation à l'exercice d'un droit*, Journées Maximilien-Caron 1995, Montréal, Les Éditions Thémis inc., 1996, p. 105.; T.J. SINGLETON, «La discrimination fondée sur le motif des antécédents judiciaires et les instruments anti-discriminatoires canadiens», (1993) 72 *R. du B. can.* 456.

77. Une telle question serait cependant interdite dans certaines circonstances. Voir: art. 8 de la *Loi sur le casier judiciaire*, L.R.C. (1985), ch. C-47.

78. *Syndicats des salariés de Bélair (C.S.D.)* c. *Compagnie d'assurances Bélair*, D.T.E. 91T-1216 (T.A.). Soulignons que dans cette affaire, l'arbitre a pris en considération les dispositions de la *Loi sur les assurances* qui stipulent qu'un expert en sinistres ne doit pas être reconnu ou avoir été reconnu coupable d'un acte criminel ayant un lien avec l'emploi.

79. *Caisse populaire Charlemagne* c. *Savard*, [1988] T.T. 185.

80. Dans l'établissement d'un lien entre l'infraction judiciaire reconnue et l'emploi, on doit tenir compte de deux facteurs: la nature de l'emploi et celle de l'infraction pénale ou criminelle dont le plaignant a été trouvé coupable. Cette question peut aussi être soulevée en cours d'emploi **(II-155)**.

II-18 — *Le droit au silence* — Bien qu'une entreprise puisse requérir du demandeur d'emploi certains renseignements personnels[81], tels son nom, son adresse, sa scolarité, ses expériences de travail, ses qualifications, etc., un candidat peut-il refuser de fournir ces renseignements ? Dispose-t-il d'un droit au silence ? En d'autres mots, quelle est l'étendue du droit au respect de sa vie privée, comment peut-il lui-même imposer ce respect ou est-il en légitime défense ? En somme, comment départager le droit légitime de l'employeur d'obtenir certains renseignements personnels et le droit à la vie privée du postulant[82] ? La question est d'autant plus délicate que le rapport entre les deux parties en présence à cette occasion est généralement inégal. Le droit à la vie privée ou plus particulièrement le droit à la protection des renseignements privés puise sa source dans trois lois distinctes :

— l'article 5 de la Charte précise que « toute personne a droit au respect de sa vie privée[83] » ;

---

81. Par renseignements personnels, il faut entendre « tout renseignement qui concerne une personne physique et permet de l'identifier ». Telle est la définition retenue à l'article 2 de la *Loi sur la protection des renseignements personnels dans le secteur privé*. Cette définition reçoit une interprétation large et libérale. Ainsi, tous les renseignements qui peuvent directement ou indirectement être reliés à une personne et permettent de l'identifier sont inclus dans cette définition. Pour un exposé général de cette loi, voir : Jean-Yves BRIÈRE et Jean-Pierre VILLAGGI, *La protection des renseignements personnels dans le secteur privé*, Farnham, Publications CCH/FM, 1995 ; Lyette DORÉ, « Panorama de la *Loi sur l'accès à l'information* et la *Loi sur la protection des renseignements personnels* », dans SERVICE DE LA FORMATION PERMANENTE, BARREAU DU QUÉBEC, *Développements récents en droit de l'accès à l'information (1991)*, Cowansville, Les Éditions Yvon Blais inc., 1991, p. 46.
82. Sur cette question, voir : A. MOLLOY, « Psychological Testing in the Workplace : Is it an Unjustified Invasion of Privacy ? », (1991) Institute C.B.A. Ontario Constitutional Labour, The Charte and Human Rights in the Workplace : Are they Working ?, p. 1 à 3.
83. Le droit à la vie privée n'est pas une notion bien circonscrite en jurisprudence. À cet égard, ce droit est davantage en devenir qu'une règle bien précise. Analysant le droit à la vie privée à la lumière de la Charte canadienne, la Cour suprême a d'ailleurs refusé de s'embrigader dans une définition obtuse. Voir : *Hunter* c. *Southmam Inc.*, [1984] 2 R.C.S. 145 ; *La Reine* c. *Dyment*, [1988] 2 R.C.S. 417 ; *Thomson Newspapers Ltd.* c. *Canada (Directeur des enquêtes et recherches, Commission sur les pratiques restrictives du commerce)*, [1990] 1 R.C.S. 425. Pour sa part, le juge Baudouin de la Cour d'appel propose cette explication téléologique sans risquer une définition : « D'une façon générale, le droit à la vie privée comprend au minimum le droit d'être laissé tranquille, c'est-à-dire, celui de jouir d'une sphère irréductible d'intimité à l'intérieur de laquelle un tiers non autorisé ne peut librement pénétrer en toute impunité. » Voir : *Godbout* c. *Ville de Longueuil et Procureur général du Québec*, précité, note 20, p. 2569. Cette dernière décision fut confirmée par la Cour suprême du Canada : *Godbout* c. *Longueuil (Ville)*, précité, note 20. Sur cette question du droit à la vie privée, voir : René LAPERRIÈRE et Nicole KEAN, « Le droit des travailleurs au respect de leur vie privée », (1994) 35 *C. de D.* 675 ; France ALLARD, « La vie privée : cet obscur objet de la prestation contractuelle », dans CENTRE DE RECHERCHE EN DROIT PRIVÉ ET COMPOSÉ DU QUÉBEC, Faculté de droit, Université McGill, *Mélanges offerts par ses collègues de McGills à Paul-André Crépeau*, Cowansville, Les Éditions Yvon Blais inc., 1997, p. 1.

— l'article 3 du *Code civil du Québec* circonscrit les droits rattachés à la personnalité : « Toute personne est titulaire de droits de la personnalité, tels le droit à la vie, à l'inviolabilité et à l'intégrité de sa personne, au respect de son nom, de sa réputation et de sa vie privée[84] » ;

— l'article 35 du *Code civil du Québec* décrète que « Toute personne a droit au respect de sa réputation et de sa vie privée[85] ».

En sus, la *Loi sur les renseignements personnels dans le secteur privé* (ci-après L.R.P.) qui, sans garantir formellement le droit à la vie privée, encadre très rigoureusement la collecte, la détention, l'utilisation ou la communication de renseignements personnels. Comme principe, nous pourrions soutenir qu'une demande de renseignements personnels à un postulant constituerait une atteinte au respect de sa vie privée[86]. Ce fait ne pose habituellement aucune difficulté pratique ni juridique puisque le candidat accepte volontiers de répondre à ces questions. C'est d'ailleurs ce que reconnaît l'article 35 du *Code civil du Québec* : « Nulle atteinte ne peut être portée à la vie privée d'une personne sans que celle-ci ou ses héritiers y consentent ou sans que la loi l'autorise. » Si, au contraire, le candidat refuse d'y répondre, il ne peut certes y être contraint et l'employeur ne pourrait rejeter sa candidature de ce seul fait, sauf si cette donnée est nécessaire eu égard aux caractéristiques du poste visé. En effet, l'article 9 L.R.P. précise que « Nul ne peut refuser d'acquiescer à une demande de bien ou de service ni à une demande relative à un emploi à cause du refus de la personne qui formule la demande de lui fournir un renseignements personnel. [...]. »

---

84. Pour un historique du droit à la vie privée, voir : H. Patrick GLENN, « Le droit au respect de la vie privée », (1979) 39 *R. du B.* 879 ; Robert DUPONT et Laurent LESAGE, « Le droit au respect de la vie privée en milieu de travail : impact du *Code civil du Québec* et de la Loi 68 », dans SERVICE DE LA FORMATION PERMANENTE, BARREAU DU QUÉBEC, *Congrès annuel du Barreau du Québec (1995)*, Cowansville, Les Éditions Yvon Blais inc., p. 941.

85. Le droit à la vie privée s'appliquerait également aux personnes morales selon une décision de la Cour supérieure. Voir : *Jardins du Mont inc.* c. *Provigo Distribution inc.*, J.E. 94-1341 (C.S.). Pour une critique de cette position, voir : Raymond DORAY, « La protection de la vie privée et les renseignements personnels », dans SERVICE DE LA FORMATION PERMANENTE, BARREAU DU QUÉBEC, *Développements récents en droit administratif (1995)*, Cowansville, Les Éditions Yvon Blais inc., 1995, p. 111.

86. À titre d'analogie, soulignons que les tribunaux ont reconnu qu'il y avait violation du droit au respect de la vie privée lorsque l'on utilisait une photographie d'une personne sans son consentement. Voir : *Cohen* c. *Queeswear International Ltd.*, [1989] R.R.A. 570 (C.S.) ; *Aubry* c. *Les Éditions Vice Versa Inc.*, [1991] R.R.A. 421 (C.Q.), appels rejetés avec dissidence, [1996] R.J.Q. 2137 (C.A.), confirmé par la Cour suprême du Canada : *Aubry* c. *Vice Versa inc.*, décision n° 25579, 9 avril 1998. Il en est de même pour l'exigence d'un examen médical sans autorisation légale. Voir : *Syndicat des travailleurs de l'industrie du fibre de Chambly inc.* c. *Bennett Fleet inc.*, [1990] T.A. 470 ; *Fraternité des policiers de la ville de Sainte-Thérèse inc.* c. *Sainte-Thérèse (Ville de)*, [1990] T.A. 586 ; *Association des policiers et pompiers de la ville de l'Ancienne-Lorette inc.* c. *Ancienne-Lorette (Ville de l')*, [1990] T.A. 738. Ou encore lorsque l'on voulait contraindre la famille d'un cadre à le suivre dans la localité où était situé l'employeur, voir : *Brasserie Labatt ltée* c. *Villa*, [1995] R.J.Q. 73 (C.A.).

Malgré la généralité de cet énoncé, on y traite directement du demandeur d'emploi et on confirme *a contrario* le droit au silence du candidat. On peut certes imaginer le cas d'un candidat qui refuserait de dévoiler le nom d'un employeur antérieur qui l'aurait congédié, et ce, à plus forte raison si le candidat conteste le bien-fondé de ce congédiement. On comprendra qu'il peut y avoir bien des circonstances qui incitent un postulant à ne pas dévoiler un renseignement personnel. De même, un candidat n'a aucune obligation de répondre à des questions illégales ou contraires à la Charte (**II-32**). À titre d'exemples, voici quelques questions qui justifieraient certes un salarié à garder le silence et peut-être même à faire preuve de restriction mentale[87] : Avez-vous l'intention d'avoir des enfants ? Quelle est votre religion ? Avez-vous eu des démêlés avec la justice ? Souffrez-vous d'un handicap ? Quel âge avez-vous ? Etc. Ce même article 9 L.R.P. n'est nullement de portée absolue. On y reconnaît qu'un employeur peut rejeter la demande d'un candidat qui refuserait de préciser certains renseignements personnels si :

— ces renseignements sont nécessaires à la conclusion ou à l'exécution du contrat;

— l'obtention de ces renseignements est autorisée par la loi;

— des motifs sérieux permettent de croire que le postulant ne peut légalement solliciter un tel poste.

En cas de doute, ce même article 9 L.R.P. décrète que le renseignement demandé est présumé non nécessaire. À titre indicatif, nous proposons ci-après quelques situations où l'obtention de certains renseignements serait nécessaire à la conclusion du contrat de travail ou dont la collecte serait autorisée par la loi.

i) Un employeur peut légitimement refuser l'embauche d'un individu qui refuserait de lui dévoiler certains renseignements personnels essentiels à une exécution sécuritaire du travail. Par exemple, si une entreprise utilise un produit chimique quelconque, il serait légitime qu'elle sache si le candidat peut être sujet à des réactions allergiques à cette substance ou à toute autre substance pouvant être présente dans le milieu de travail.

ii) Un employeur peut demander au candidat les coordonnées de son domicile ou encore, celles d'une personne à prévenir en cas d'urgence.

iii) Une entreprise peut requérir d'un candidat qu'il fournisse des attestations de ses expériences. L'exigence d'un nombre d'années d'expé-

---

87. Voir : Fernand MORIN, « Légitimité du mensonge "non violent" du salarié et du postulant! », (1995) 26 *R.G.D.* 313; *Syndicat des employés de Firestone de Joliette (C.S.N.) affilié à la Fédération des syndicats des mines, de la métallurgie et des produits chimiques inc. (C.S.N.)* c. *Firestone Canada Inc.*, [1982] T.A. 566; Louis LECLERC et Laurent LESAGE, « L'obligation précontractuelle de renseignements de l'employeur et du postulant », dans *Développements récents en droit du travail*, Cowansville, Les Éditions Yvon Blais inc., 1997, p. 131.

rience pertinente peut être un critère de sélection du personnel tout à fait légitime et qui peut être essentiel à la conclusion du contrat.

iv) Pour l'embauche d'un professionnel régi par le *Code des professions*, l'employeur peut certes s'assurer qu'il est encore régulièrement inscrit au tableau de son ordre professionnel.

v) Dans certaines circonstances, la Charte autorise l'employeur à poser des questions autrement discriminatoires dans la mesure où les réponses sont nécessaires pour vérifier certaines aptitudes ou habiletés du candidat qui sont requises pour l'exécution du travail (art. 20 de la Charte) (**II-8**).

Comme on peut le constater, le postulant dispose d'un droit relatif au silence, car les exceptions prévues dans la *Loi sur les renseignements personnels dans le secteur privé* sont d'applications nombreuses. Il est vrai cependant que la portée réelle et pratique de cette loi demeure incertaine et nébuleuse, car les tribunaux n'ont guère encore circonscrit ses tenants et ses aboutissants. De plus, les réactions de l'employeur à la suite de tels refus de répondre sont encore imprévisibles et d'un difficile contrôle.

II-19 — *Recherche d'information* — Au-delà de l'entrevue et du formulaire d'emploi, il arrive fréquemment qu'une entreprise veuille recueillir de l'information par d'autres sources ou encore, qu'elle cherche à s'assurer de l'exactitude des renseignements donnés par le candidat. Cette façon de procéder soulève d'autres interrogations.

— Une entreprise peut-elle exiger d'un candidat qu'il lui fournisse certaines références?

— Jusqu'où et comment l'entreprise peut-elle fouiller le passé professionnel d'un candidat?

— Comment l'entreprise doit-elle gérer l'information recueillie?

— À quelles fins peuvent servir les renseignements obtenus à cette occasion?

— Quelles obligations sont imposées à l'ex-employeur qui détient de l'information à caractère confidentiel au sujet d'un candidat?

L'encadrement juridique visant la collecte et la détention de renseignements sur les candidats exige quelques précisions. En cette matière, l'entreprise doit respecter principalement cinq axiomes de base.

i) Les renseignements personnels sur un candidat doivent être obtenus par des moyens licites[88]. Notons que l'article 36 C.c.Q. énumère notamment

---

88. L'article 5 de la *Loi sur la protection des renseignements personnels dans le secteur privé* prévoit que: « [...] la personne qui recueille des renseignements personnels afin de constituer un dossier sur autrui ou d'y consigner de tels renseignements ne doit recueillir que les renseignements nécessaires à l'objet du dossier. Ces renseignements doivent être recueillis par des moyens licites ». Au sujet de cette loi, voir III-740 et suiv.

six façons illicites de porter atteinte au droit à la vie privée et, pour nos fins, nous paraphrasons les plus pertinentes. On ne saurait considérer licite le fait d'intercepter ou d'utiliser volontairement une communication privée (art. 36, par. 2°, C.c.Q.), de capter ou d'utiliser l'image ou la voix d'une personne lorsqu'elle se trouve dans des lieux privés (art. 36, par. 3°, C.c.Q.); de surveiller la vie privée par quelque moyen que ce soit (art. 36, par. 4°, C.c.Q.) et d'utiliser la correspondance, les manuscrits ou les autres documents personnels d'un candidat (art. 36, par. 6°, C.c.Q.). Ainsi, à titre d'exemple, l'employeur qui ferait surveiller et filmer un candidat alors qu'il est chez lui, violerait cette première règle relative à la collecte légale de l'information au sujet d'un candidat (**III-741**).

ii) La deuxième règle établit que l'entreprise ne peut recueillir que des renseignements qui sont nécessaires pour identifier le candidat qui puisse le mieux remplir les exigences du poste (art. 5 L.R.P.). Ainsi, en matière d'embauche, il semble clair qu'une entreprise ne peut grappiller que les seuls renseignements nécessaires à la sélection du candidat eu égard au poste visé. Des questions relatives à l'orientation sexuelle, aux convictions politiques, aux pratiques religieuses, à l'état du crédit du candidat, à son numéro d'assurance sociale, à son numéro de compte bancaire, au nom et à l'adresse du propriétaire de sa résidence nous paraissent non pertinentes à l'embauche[89], sauf naturellement si elles sont justifiées par une exigence professionnelle normale (**II-8**) ou si elles sont nécessaires pour assurer la protection des intérêts légitimes de l'employeur[90].

iii) La troisième règle découle de l'article 6 L.R.P. qui précise que les renseignements personnels doivent être obtenus directement de la personne en cause, à moins que cette dernière n'ait consenti à ce qu'ils soient recueillis auprès d'un tiers. Cette disposition limite le pouvoir d'enquête de l'employeur, ce dernier ne pouvant investiguer à sa guise sur la vie personnelle ou professionnelle du candidat, à moins qu'il n'obtienne explicitement le consentement de ce dernier. D'ailleurs, l'article 14 L.R.P. précise que le consentement doit être manifeste, libre, éclairé et donné spécialement à cette fin[91]. Dans cette perspective, il est important que le candidat autorise, par écrit, l'employeur à obtenir ou à vérifier les renseignements[92]. Ce consentement du postulant n'est cependant pas requis lorsque la loi l'autorise : si les renseignements sont recueillis dans l'intérêt de la personne intéressée et que cette dernière ne peut les fournir en temps

---

89. *X.* c. *Résidence L'Oasis Fort-St-Louis*, D.T.E. 95T-1229 (C.A.I.).
90. *Syndicat des travailleurs et des travailleuses de Loto-Québec* c. *Loto-Québec*, D.T.E. 91T-704 (T.A.).
91. Le consentement ne peut s'inférer par la simple remise d'un document ou du seul fait que la personne ait postulé ou accepté de se présenter en entrevue.
92. Cette autorisation écrite est habituellement incluse dans le formulaire de demande d'emploi.

opportun ou encore, que cette collecte est nécessaire pour s'assurer de leur exactitude. Dans ces deux dernières exceptions, l'employeur doit être néanmoins en mesure de justifier de son intérêt sérieux et légitime. En matière d'embauche, c'est certainement la seconde exception qui peut être le plus souvent invoquée. Il nous semble que l'employeur disposerait d'un tel intérêt sérieux et légitime à vérifier, auprès des employeurs antérieurs du candidat, ses états de service. Dans un tel cas, l'employeur doit indiquer au dossier qu'il a obtenu les renseignements d'un tiers et il doit identifier ce dernier. Cependant, les employeurs antérieurs ne peuvent communiquer aucun renseignement personnel sur la personne du candidat sans le consentement de ce dernier (art. 13 L.R.P.). Cette dernière disposition vient restreindre considérablement le droit de l'entreprise à vérifier les références du postulant. Dans cette perspective, avant de scruter le passé d'un candidat, celui-ci doit y consentir et autoriser ses employeurs antérieurs à dévoiler l'information demandée. Ce consentement peut être obtenu du candidat par le formulaire de demande d'emploi qui sera expédié aux employeurs antérieurs. D'autre part, les employeurs antérieurs sont tenus de respecter le droit à la vie privée de leur ancien salarié et de ne fournir que les renseignements strictement liés à l'exécution du travail[93]. Finalement, précisons que rien n'interdit cependant à un employeur d'avoir accès à l'information à caractère public tel le plumitif des tribunaux, où l'on mentionne les procédures civiles ou criminelles entreprises à l'égard de tous les justiciables.

iv) La quatrième règle vise l'information qui doit être divulguée au candidat : cette donnée est importante de manière à pouvoir prendre les mesures administratives qui s'imposent. En effet, l'entreprise a l'obligation (art. 8 L.R.P.)[94] d'informer le candidat de l'utilisation faite des renseignements recueillis, des salariés de l'entreprise y ayant accès, de l'endroit où son dossier est physiquement conservé dans l'entreprise et de la possibilité offerte au candidat de consulter son dossier et de le faire rectifier s'il y a lieu. Le candidat retenu ou non par l'entreprise peut demander l'accès à son dossier[95]. Il peut ainsi prendre connaissance de l'ensemble de son dossier, ce qui inclut les notes personnelles prises par celui qui dirige l'entrevue[96], ou

---

93. A. Edward AUST et Lyse CHARRETTE, *Le contrat d'emploi*, 2e édition, Cowansville, Les Éditions Yvon Blais inc., 1993, p. 241.

94. Le droit du salarié à l'information relative à son dossier d'embauche peut se fonder également sur l'article 44 de la Charte qui décrète que : « [...] toute personne a droit à l'information, dans la mesure prévue par la loi ».

95. Pour être valide, cette demande doit se faire par écrit (art. 30 L.R.P.).

96. Il s'agit des notes insérées au dossier. Il est intéressant de noter que la *Loi sur la protection des renseignements personnels dans le secteur privé* n'exclut pas de la définition de l'expression « Renseignement personnel », les notes personnelles, et ce, contrairement à l'article 9(2) de la *Loi sur l'accès aux documents des organismes publics et sur la protection des renseignements personnels*; *C. c. Hôpital Ste-Croix*, (1984–1985) C.A.I. 248.

encore, les opinions, jugements et commentaires que ce dernier a pu inscrire au dossier[97], de même que les résultats d'un examen écrit du postulant[98]. Cependant, l'entreprise n'a aucunement l'obligation de répondre aux précisions exigées par le candidat[99]. Par conséquent, le contenu du dossier d'embauche ne devrait se limiter qu'aux seuls renseignements pertinents et essentiels pour procéder à la sélection du personnel.

v) La cinquième et dernière obligation a trait à la gestion de l'information personnelle recueillie par l'entreprise. Cette dernière doit retenir les mesures de sécurité nécessaires pour assurer le caractère confidentiel des renseignements détenus, de manière à réserver leur accès aux seules personnes autorisées (art. 10 L.R.P.)[100]. Notons que la loi ne définit pas les mesures que l'entreprise doit mettre en place pour respecter son obligation de réserve. Nous croyons que l'entreprise assume cette obligation si elle retient des mesures de sécurité qui sont généralement reconnues comme efficaces et utiles, et ce, même si dans les faits l'obligation de confidentialité est malencontreusement violée. De plus, les renseignements obtenus ne peuvent être utilisés qu'aux fins pour lesquelles ils ont été recueillis. Tout autre usage est interdit (art. 13 L.P.R.). Ainsi, les renseignements obtenus des postulants à l'occasion d'un concours donné ne peuvent plus être utilisés une fois l'emploi accordé à un candidat. L'entreprise qui désire conserver l'information relative aux autres candidats dans le but de se constituer une banque de références doit obtenir l'autorisation de chacun des candidats. Cet accord peut être donné à l'aide du formulaire de mise en candidature.

II-20 — *Bureau de placement* — Il arrive que des entreprises recourent aux services d'entreprises spécialisées pour s'occuper de certaines phases du processus de sélection du personnel (**II-12**). Dans ces cas, les activités de ces bureaux de placement ou services-conseils en sélection sont soumises à l'article 18 de la Charte[101] :

---

97. *Stebenne* c. *Assurance-vie Desjardins*, [1995] C.A.I. 14; commenté par R. DORAY, *loc. cit.*, note 85.
98. *Lafleur* c. *Montréal (Ville de)*, D.T.E. 95T-128 (C.A.I.); *Association des pompiers de Montréal inc.* c. *Montréal (Ville de)*, D.T.E. 97T-455 (T.A.).
99. *Sauvageau* c. *Caisse populaire de Deschambault*, C.A.I. 94 01 39.
100. Non seulement la personne doit être autorisée à y accéder, mais encore les renseignements doivent être nécessaires à l'exercice des fonctions de cette même personne à qui l'information est communiquée (art. 20 L.R.P.). Ainsi, un cadre qui est témoin d'un incident mais qui n'a aucune autorité sur le salarié impliqué ne peut recevoir une copie de l'avis disciplinaire transmis au salarié. Voir : *X.* c. *Centre hospitalier de l'Université Laval*, D.T.E. 96T-800 (C.A.I.); *X* c. *Komdresco Canada inc.*, D.T.E. 95T-1376 (C.A.I.).
101. À titre d'exemple, un bureau de placement ne pourrait refuser de recommander une candidate disponible pour le seul motif qu'elle est enceinte. Voir : *Morrissette* c. *Commission de l'emploi et de l'immigration du Canada*, D.T.E. 87T-729 (T.A.).

Un bureau de placement ne peut exercer de discrimination dans la réception, la classification ou le traitement d'une demande d'emploi ou dans un acte visant à soumettre une demande à un employeur éventuel.

Cette disposition implique qu'un bureau de placement ne pourrait donner suite à une demande d'une entreprise qui comporterait des restrictions ou des préférences injustifiées. En donnant suite à une telle demande, le bureau de placement s'exposerait aussi à des poursuites judiciaires (**II-11**). Ajoutons qu'un bureau de placement est certainement une entreprise soumise à la *Loi sur les renseignements personnels dans le secteur privé* et qu'à ce titre, il ne pourrait communiquer les renseignements personnels qu'il a recueillis à l'égard des postulants que dans la mesure où ces derniers ont consenti expressément à leur transmission[102]. Finalement, le recours au bureau de placement peut, dans certaines circonstances, engendrer quelques interrogations sur l'identité du véritable employeur. Nous reprenons plus avant cette question (**II-57, 76, 123**).

II-21 — *L'examen médical* — L'examen médical est un autre moyen de quête d'information qui soulève d'innombrables questions[103]. Pour l'entreprise, il permet de vérifier si le candidat possède les aptitudes et qualités nécessaires pour l'exercice effectif et sécuritaire du poste. Pour le candidat, il constitue une intrusion dans sa vie privée et l'intégrité de sa personne. Compte tenu de ces enjeux, il n'est pas surprenant que les examens médicaux donnent lieu à un contentieux des plus volumineux que nous ne pouvons analyser dans le cadre du présent ouvrage. Nos propos se limitent à la question suivante : Un employeur peut-il légalement contraindre un candidat à se soumettre à un examen médical préalable à l'embauche ? Il convient de situer le cadre juridique de cette problématique puisque l'acte visé porte indéniablement atteinte à l'inviolabilité et à l'intégrité de la personne du candidat (art. 1 de la Charte; art. 3 et 10 du *Code civil du Québec*). Cependant, l'entreprise aussi dispose de certains droits et doit assumer certaines obligations qui engendrent en quelque sorte des devoirs[104]. Les lois de l'emploi[105]

---

102. Une décision laconique de la Cour d'appel laisse entendre que le postulant accepte que le « chasseur de têtes » puisse transmettre cette information. Voir : *Biochem Pharma inc.* c. *Jean Pouliot et Dion Management Groupe Conseil inc.*, [1987] R.J.Q. 1 (C.A.).

103. Ces questions peuvent également être soulevées en cours d'emploi (**II-132**).

104. Le fondement du droit de l'employeur de contraindre le candidat à un examen médical ne peut être contractuel puisqu'à ce stade, le contrat de travail n'a pas encore pris naissance. Voir : Andrée LAJOIE, *Pouvoir disciplinaire et tests de dépistage de drogues en milieu de travail : illégalité ou pluralisme*, Collection relations industrielles, n° 27, Cowansville, Les Éditions Yvon Blais inc., 1995, p. 41 et 42.

105. Voir, notamment : art. 2087 C.c.Q. et 51 de la *Loi sur la santé et la sécurité du travail*.

n'obligent-elles pas l'employeur à protéger la santé et la sécurité des travailleurs à son service[106]? De ce fait, l'employeur a non seulement le droit, mais il a le devoir de s'assurer que le candidat est en état d'assumer en toute sécurité le travail qui peut lui être confié :

> Un établissement comme celui de la défenderesse a non seulement le pouvoir mais aussi le devoir d'énoncer une politique d'embauche pour faire en sorte de ne pas exposer des personnes qui présentent une anomalie anatomique et/ou physiologique à certains risques inhérents à certaines tâches, et ce, pour assurer le bien-être des salariés concernés et celui des patients[107].

De cette confrontation des droits et des obligations des uns et des autres, nous retenons cinq observations.

i) À proprement parler, l'examen médical ne doit pas être un outil de sélection du personnel. Il ne peut servir à trouver parmi les candidats celui qui est en meilleure santé. Une telle façon de procéder pourrait constituer une pratique discriminatoire (**II-7**). L'examen médical consiste à s'assurer que le candidat retenu peut effectuer en toute sécurité les tâches reliées à l'emploi visé. D'ailleurs, la Commission des droits de la personne recommande qu'il n'ait lieu qu'après avoir formulé au candidat une offre officielle d'emploi[108]. Naturellement, cette offre sera conditionnelle à ce que l'examen médical démontre la capacité du candidat à remplir chacune des tâches du poste.

ii) Un examen médical à l'embauche ne saurait se métamorphoser en un quelconque bilan général de santé du candidat, et ce, même si ce dernier y consentait[109]. Une telle pratique pourrait violer l'article 18.1 de la Charte tout comme d'ailleurs un accès illimité aux dossiers médicaux et hospitaliers du candidat. Un candidat écarté pourrait être tenté de contester la décision de l'entreprise et invoquer que son consentement ne pouvait impliquer une renonciation à ses droits fondamentaux garantis

---

106. Sur l'étendue de cette obligation de l'employeur, voir : Jean-Pierre VILLAGGI, *La protection des travailleurs, l'obligation générale de l'employeur*, Cowansville, Les Éditions Yvon Blais inc., 1996.

107. *Commission des droits de la personne du Québec* c. *Hôpital Rivière-des-Prairies*, [1991] R.J.Q. 2943, 2947 (C.S.).

108. « Le respect des droits fondamentaux dans le cadre des examens médicaux en emploi », *Commission des droits de la personne*, C.O.M. n° 2990-9.1.2.

109. Un auteur est d'avis que le postulant à un emploi consent implicitement aux exigences de l'emploi, en l'occurrence à un test de dépistage. Le consentement paraît, selon lui, libre et volontaire, car la décision de postuler appartient uniquement au candidat. Voir : Karim BENYEKHLEF, « Réflexions sur la légalité des tests de dépistage de drogues dans l'emploi », (1988) 48 *R. du B.* 315, 352 et 353.

par la Charte[110]. D'autre part, un employeur ne peut se servir de l'examen médical et des analyses qui en découlent pour dépister l'utilisation de drogues ou le SIDA, ou pour procéder à des analyses génétiques à l'insu du candidat. Une telle pratique serait abusive, car elle irait à l'encontre des droits fondamentaux du salarié[111]. L'examen doit se limiter à la recherche des empêchements d'ordre médical qui ne permettraient pas à un candidat d'occuper un poste déterminé, ce qui sous-entend que le médecin examinateur connaît les caractéristiques du poste. Par exemple, soulignons qu'il serait possible, en raison de la spécificité d'un emploi, d'exiger qu'un candidat ne soit pas porteur du VIH, pensons par exemple à un poste de chirurgien ou de dentiste[112]; dans ce cas, l'examen médical pourrait sans doute comprendre un test de dépistage du SIDA.

iii) Pour certains métiers à risque particulièrement élevé, la loi[113] impose certains examens médicaux à l'embauche. La nature et l'étendue de ces examens varient en fonction des risques reliés à cet emploi.

— Le candidat devant travailler dans une mine et qui sera exposé à des poussières d'amiante ou de silice doit se soumettre à un examen de santé pulmonaire préalable à l'embauche[114]. Cet examen comprend un questionnaire médical, un examen physique et une radiographie pulmonaire[115].

---

110. À cet égard, le salarié pourrait citer les propos du juge McIntyre de la Cour suprême du Canada : « Il ressort clairement de la doctrine, tant canadienne qu'anglaise, que les parties n'ont pas la faculté de renoncer par contrat aux dispositions de telles lois et que les contrats à cet effet sont nuls parce que contraires à l'ordre public. » Voir : *Commission ontarienne des droits de la personne* c. *Etobicoke*, précité, note 34, p. 213. Voir également : Laurent Roy, « Incidences de la *Charte québécoise des droits et libertés de la personne* en matière d'embauche », dans SERVICE DE LA FORMATION PERMANENTE, BARREAU DU QUÉBEC, *Congrès annuel du Barreau, (1990)*, Cowansville, Les Éditions Yvon Blais inc., 1990, p. 665.

111. K. BENYEKHLEF, *loc. cit.*, note 109; H. GUAY, B. M. KNOPPERS et I. PANISSET, *loc. cit.*, note 33; Sylvie GRÉGOIRE, *La problématique du sida en milieu de travail, pour l'employé, l'employeur et les tiers*, Montréal, Wilson & Lafleur ltée, 1994; Dominique CADIEUX et Claude D'AOUST, « Le sida en milieu de travail », (1989) 49 *R. du B.* 769.

112. À cet égard, Santé et Bien-Être social du Canada affirme que les travailleurs de la santé, médecins, infirmières, infectés par le virus peuvent continuer à travailler. Seuls devraient être écartés les employés travaillant en salle d'opération. Voir : Santé et Bien-Être social Canada, « Recommandations visant à prévenir la transmission du VIH en milieu de soins », nov. 1987, vol. 1353, 11 p.

113. Le paragraphe 13 de l'article 223 de la *Loi sur la santé et la sécurité du travail* accorde à la Commission le pouvoir d'établir des règlements pour exiger un examen de santé de préembauche ou des examens de santé en cours d'emploi et de déterminer le contenu, la fréquence et la forme du certificat de santé.

114. Art. 2 et 3 du *Règlement sur les examens de santé pulmonaire des travailleurs des mines*, Décret 1325-95, (1995) 127 G.O. 2, 4444.

115. *Ibid.*, art. 6.

— Les travailleurs qui sont exposés à des poussières dangereuses pour la santé sont également contraints de subir un examen physique et radiologique à l'embauche[116].

— D'autres types d'emploi exigent non seulement un examen médical de préembauche, mais également un suivi médical périodique[117].

— Dans certains cas, l'examen médical de préembauche peut comprendre également des analyses sanguines[118].

— Pour les candidats à un emploi dans un milieu de travail où l'air est comprimé, un médecin doit attester que le candidat est physiquement apte à exercer un tel emploi[119].

— Aux fins de protection du public, un ordre professionnel peut contraindre un membre à se soumettre à un examen médical pour déterminer si son état physique ou psychique est compatible avec l'exercice de sa profession[120].

iv) Le médecin expert qui évalue le candidat est lié par le secret professionnel, bien qu'il soit habituellement désigné par l'employeur. Le rapport médical remis à l'employeur doit aussi se limiter à décrire les incapacités du candidat à exécuter certaines tâches ou encore, les mesures préventives à prendre pour préserver la santé du candidat. Le rapport ne devrait jamais faire état d'une situation médicale étrangère à ce qui fait l'objet de l'examen médical à des fins professionnelles, car autrement le candidat pourrait prétendre que le médecin a violé son droit au respect du secret professionnel (art. 9 de la Charte)[121].

v) Le candidat qui se soumet à un examen médical préalable à son embauche a certainement le droit d'obtenir communication de cette expertise (**II-19**).

Soulignons que ces propos peuvent s'appliquer également à un test psychologique qu'un employeur exigerait d'un candidat (**II-132**). L'utilisation

---

116. Art. 5 du *Règlement sur les établissements industriels*, R.R.Q., 1981, c. S-2.1, r. 8.
117. Lieu où l'on manipule le plomb. Voir : art. 18 du *Règlement sur les établissements industriels*.
118. Entreprise où l'on utilise le benzol. Voir : art. 14 du *Règlement sur les établissements industriels*.
119. Art. 9.8.2 du *Code de sécurité des travaux de construction*, R.R.Q., 1981, c. S-2.1, r. 6.
120. Art. 48 du *Code des professions*, L.R.Q., c. C-26. À titre d'exemple, pensons au cas d'un avocat en proie à des crises de *delirium tremens*; le Barreau pourrait lui retirer son droit de pratique après lui avoir fait subir un examen médical établissant le diagnostic.
121. Le secret professionnel puise sa source également à l'article 3.01 du *Code de déontologie des médecins*, R.R.Q., 1981, c. M-9, r. 4 : « Le médecin doit garder secret ce qui est venu à sa connaissance dans l'exercice de sa profession; il doit, notamment, s'abstenir de tenir des conversations indiscrètes au sujet de ses patients ou des services qui leur sont rendus ou de révéler qu'une personne a fait appel à ses services, à moins que la nature du cas ne l'exige. »

de cet autre moyen soulève une double question : celle de la validité du test et de sa légalité. Quant à la validité, qu'il suffise de rappeler qu'il serait dangereux et sans doute déraisonnable de prendre la décision d'embaucher ou d'écarter un candidat sur la seule foi de résultats obtenus par l'administration d'un test de personnalité[122]. Les résultats de semblables tests sont très souvent ambivalents dans un contexte de sélection du personnel[123]. Habituellement, les recruteurs font plutôt appel à des tests d'aptitudes ou de performance parce que leur fiabilité semble plus probante[124]. Pour ce qui est de leur légalité, soulignons qu'un test de nature générale pour connaître les traits de personnalité d'un candidat pourrait constituer une violation de l'article 18.1 de la Charte en ce qu'il pourrait demander des renseignements sur un handicap psychologique du candidat. Pour justifier l'utilisation d'un tel test, l'entreprise devrait être en mesure de démontrer sa pertinence, c'est-à-dire que cette donnée est essentielle pour s'assurer que le candidat peut exercer l'emploi. Dans le cas d'un emploi très stressant, par exemple, l'entreprise pourrait être justifiée d'utiliser un test psychologique pour écarter la candidature d'une personne prédisposée à la dépression nerveuse ou encore, qui manifesterait des tendances suicidaires. S'il y avait contestation, l'employeur pourrait être tenu de démontrer la fiabilité du test et une probabilité suffisamment grande et non une lointaine possibilité. Il serait dangereux d'écarter un candidat sur la seule base d'une vague possibilité, ce qui conduirait à l'arbitraire. En matière d'examens médicaux, de nombreuses zones obscures demeurent et il n'est pas toujours évident de départager de façon claire et précise les droits et obligations des uns et des autres. Il s'agit de la question par excellence où les conditions de temps, de lieu et relativement aux personnes doivent, dans chaque cas, être parfaitement conjuguées.

II-22 — *Conclusion* — Au terme de notre analyse des aides au recrutement, il peut être utile de dégager certaines observations générales. Au-delà des libellés des lois citées, on peut s'interroger sur leur efficacité et leur portée réelle. En effet, dans le cadre d'un processus de sélection, un candidat est dans une position de faiblesse, alors que l'employeur dispose d'une généreuse marge discrétionnaire et qu'il y va de son intérêt de choisir le candidat le meilleur à ce qui lui paraît. Le postulant n'a certes pas intérêt à refuser de

---

122. A. ANASTASI, *loc. cit.*, note 56 ; N. SCHMITT et W.C. BORMAN, *op. cit.*, note 56.

123. Les résultats de nombreuses recherches empiriques sur ce type de tests démontrent clairement que, sauf de rares exceptions, on ne saurait certes accorder une trop grande confiance à ces tests aux fins de sélection de personnel. Voir : R.M. GUION et R.F. GOTTIER, *loc. cit.*, note 8 ; A.K. KORMAN, *loc. cit.*, note 8.

124. Dans un processus de sélection de personnel, ce sont les tests d'aptitudes qui sont les plus fréquemment utilisés. Ainsi, on tentera de mesurer certaines aptitudes plus particulières tels la compétence, la fluidité verbale, la maîtrise du vocabulaire, la compréhension numérique, la rapidité de perception, la mémoire, la visualisation spatiale et le raisonnement par induction. Voir : C.H. STONE et F.L. RUCH, *loc. cit.*, note 9.

collaborer ou même à hésiter à le faire avec l'entreprise de peur d'être écarté du processus de sélection. Cette position fait en sorte que peu de candidats osent se plaindre lorsqu'un employeur abuse de sa situation. De toute façon, obtenir un emploi par la contrainte des tribunaux n'aiderait guère l'aménagement de leurs rapports ni à assurer au candidat le maintien à ce poste. Il nous faut également noter l'absence de règles générales qui viennent encadrer l'utilisation des aides au recrutement. La Charte vise surtout à prémunir les candidats contre la discrimination fondée sur certains motifs. Aucune loi n'assure expressément le caractère loyal et équitable de la démarche de sélection qui demeure, de fait sinon de droit, au nombre des prérogatives implicites de l'employeur[125]. Néanmoins, nous devons rappeler que l'employeur se doit d'agir en toute bonne foi à l'égard de tous les candidats (art. 6, 7, 1375 C.c.Q.). Cette obligation générale devrait inciter l'entreprise à faire preuve d'une très grande transparence dans son processus de recrutement, ce qui sous-entend le devoir de :

— fournir aux candidats l'information pertinente sur les méthodes et techniques d'aide au recrutement utilisées;

— transmettre à chaque candidat l'ensemble des résultats qu'il a obtenus dans le cadre de ce processus;

— faire appel aux seules méthodes et techniques d'aide au recrutement qui sont pertinentes au regard de la finalité poursuivie.

Cette obligation de bonne foi s'impose également à chacun des candidats qui doit s'engager dans ce processus de façon honnête et responsable. Ces agissements réciproques peuvent être une garantie supplémentaire de la cohabitation harmonieuse nécessaire à l'établissement d'une relation professionnelle stable.

---

125. Même si la sélection du personnel demeure l'apanage du patronat, il ne faut pas oublier, comme le soulignait Voltaire, qu'un « droit porté trop loin devient une injustice ».

Section 1.3
La liberté d'embauche contenue

II-23 — *Présentation* — Selon l'ordre juridique consigné notamment au *Code civil du Québec*, le contrat demeure en quelque sorte l'archétype de la manifestation de l'autonomie de la volonté (**II-4**). L'adage populaire affirmant que le contrat serait la loi des parties illustre fort éloquemment cette même idée. En matière d'emploi, cette autonomie des volontés se traduit par l'accord d'un salarié à se lier, à ce titre, à un employeur, alors que ce dernier accepte de retenir ses services. Si, au point de vue du droit civil, le salarié est libre de s'engager ainsi, l'employeur est aussi libre de l'embaucher ou de refuser de le faire. Aussi important puisse-t-il être, le *Code civil du Québec* n'est pas un acte isolé, et il nous faut le saisir en conjonction avec les autres lois qui, y lit-on, « [...] peuvent elles-mêmes ajouter au *Code* ou y déroger[126] ». Plusieurs dispositions des lois de l'emploi complètent ou modulent ce premier corpus juridique pour contenir l'exercice de la liberté de l'employeur d'embaucher ou de refuser de le faire. Ces réserves, limites et conditions doivent être connues de l'employeur, car leur transgression peut entraîner de lourdes charges au contrevenant et parfois même, au candidat. Pour ces raisons, il convient de bien circonscrire les balises posées à l'exercice de la liberté d'embauche qui normalement échoit à l'employeur et que nous divisons en deux catégories :

— celles qui visent à contenir la liberté de l'employeur de façon qu'il n'abuse pas de son droit de refus. Il s'agit notamment des mesures protégeant certaines facettes de la liberté des salariés et qui ont ainsi pour effet d'interdire à l'employeur d'écarter un candidat ayant exercé certains droits ou encore, disposant de certains traits caractéristiques spécialement protégés;

---

126. Disposition préliminaire du *Code civil du Québec* (**I-41**).

— celles qui restreignent d'une façon plus générale le droit de l'employeur d'embaucher qui il veut.

Sous forme de tableaux de synthèse, nous dressons un bilan de ces limites légales qui contiennent la liberté de l'employeur de refuser d'embaucher, de même qu'un bref aperçu des recours dont dispose un candidat victime de pratiques illégales[127]. Dans un second temps, nous abordons les contraintes, limites ou réserves de l'employeur à n'embaucher que les seuls candidats qui possèdent certaines caractéristiques ou qualifications particulières.

II-24 — *La liberté contenue de ne pas embaucher* — L'employeur dispose d'un large pouvoir discrétionnaire; cependant, il ne peut l'utiliser pour écarter un candidat sous un des chefs protégés par la loi. Plus particulièrement, nous relevons sept mesures de protection.

i) La *Charte de la langue française* (ci-après C.L.F.) interdit à un employeur « d'exiger pour l'accès à un emploi ou à un poste la connaissance d'une langue autre que la langue officielle [la langue française], à moins que l'accomplissement de la tâche ne nécessite la connaissance de cette autre langue » (art. 46, al. 1, C.L.F.)[128]. S'il y a contestation d'une telle exigence, il incombe à l'employeur de démontrer au postulant, à l'Office de la langue française, au commissaire du travail ou à un arbitre de griefs que la connaissance de cette autre langue est nécessaire pour occuper le poste convoité (art. 46, al. 2, C.L.F.). Il est certes possible et même nécessaire pour certains emplois que le candidat maîtrise une autre langue que le français et cette exigence de l'employeur peut ainsi être tout à fait légitime. Par exemple, pour une entreprise dont la vaste majorité de la clientèle est hispanophone, l'exigence de parler couramment l'espagnol serait légitime, nécessaire et bien justifiée. La loi prohibe cette exigence de maîtriser une autre langue lorsque cette condition n'est qu'utile, commode, mais nullement nécessaire. Le candidat à un poste, écarté sous ce seul chef et qui aurait raison de croire que la maîtrise de cette autre langue ne serait pas nécessaire pour occuper convenablement le poste, peut porter plainte auprès du commissaire général du travail[129], et ce, au même titre que s'il s'agissait d'un congédiement pour activités syndicales. Dans un tel cas, la procédure particulière prévue aux articles 15 à 20 du *Code du*

---

127. Pour une analyse plus approfondie des recours applicables, nous renvoyons ponctuellement le lecteur au titre V.

128. Sur la question de la langue de travail, voir : III-110 et suiv.; Raynald MERCILLE, « La langue de travail : analyse de la jurisprudence relative à l'application des articles 41 à 50 de la *Charte de la langue française* », (1985) 45 *R. du B.* 33; Louis GARANT, « La *Charte de la langue française* et la langue du travail », (1982) 23 *C. de D.* 263.

129. Selon la Cour d'appel, bien que le commissaire du travail dispose de la juridiction nécessaire pour entendre une telle plainte, le Tribunal du travail n'aurait pas juridiction en appel, et ce, puisque la *Charte de la langue française* ne se réfère pas aux articles 118 et suiv. du *Code du travail*. Voir : *Lacombe c. W.T.H. Canada Inc.*, [1986] R.J.Q. 2865 (C.A.) (**V-18**).

travail trouve application (**V-8**). Le commissaire du travail saisi de cette plainte et qui croit que l'employeur n'a pas repoussé la présomption (art. 17 C.t.) voulant que ce dernier ait refusé l'emploi au candidat parce qu'il ne maîtrisait pas une autre langue pourrait ordonner l'embauche du candidat et le versement d'une indemnité équivalant à la rémunération dont il fut privé. Il en serait ainsi parce que l'article 47 C.L.F. assimile le refus d'embauche à un congédiement illégal. Ce mimétisme pourrait impliquer, selon nous, le pouvoir pour le commissaire d'ordonner la fin de cette mesure illégale et, par conséquent, l'embauche du candidat. S'il s'agit de l'accès à un poste qui a été refusé à un salarié régi par une convention collective, ce dernier exerce son recours par la voie d'un grief[130] (**IV-183**). Ce recours à l'arbitre peut exceptionnellement être entrepris seul par le salarié si le syndicat accrédité fait défaut de le faire ou même, si la convention collective le privait de cette voie, par exemple parce qu'il est un employé en période probatoire, etc. En effet, l'article 50 C.L.F. précise que les articles 46 et 47 C.L.F. sont réputés faire partie de toutes conventions collectives[131]. De plus, à l'analyse de ce grief, le salarié bénéficie du mécanisme de la présomption prévu à l'article 17 C.t.

ii) La *Loi sur les accidents du travail et les maladies professionnelles* (ci-après L.A.T.M.P.), à son article 243, interdit à un employeur de « refuser d'embaucher un travailleur parce que celui-ci a été victime d'une lésion professionnelle, si ce travailleur est capable d'exercer l'emploi visé » (**III-314**)[132]. Cette prohibition empêche l'employeur de refuser d'embaucher un candidat en raison du seul fait qu'il fut déjà victime d'une lésion professionnelle. Il pourrait refuser de le faire si les séquelles résultant d'une lésion professionnelle l'empêchent d'effectuer normalement le travail brigué. En cas de violation de la part d'un employeur de cette disposition, il nous semble que la seule sanction possible consisterait en l'imposition d'une amende (art. 465 L.A.T.M.P.) (**V-104**).

iii) Le *Code du travail* (art. 14 C.t.) interdit à un employeur de refuser d'employer une personne pour le motif que cette dernière a exercé un droit résultant du *Code du travail* (**V-25**)[133]. Ainsi, une entreprise ne

130. Le cumul de la plainte chez le commissaire général du travail et du grief n'est pas possible. Voir : *Richard* c. *Compagnie Borden Catelli (1989) inc. (Division de la compagnie Borden ltée)*, D.T.E. 94T-1114 (C.T.).

131. *Presseault* c. *Centre local de services communautaires St-Louis du Parc*, D.T.E. 92T-518 (C.T.); *Cara Operations Ltd* c. *Prud'homme*, [1980] T.T. 21.

132. Le libellé même de la disposition nous laisse quelque peu dubitatifs, car il nous paraît curieux que le législateur utilise le mot « travailleur » alors qu'il ne peut s'agir que d'un postulant. L'utilisation du mot « travailleur » présuppose d'habitude l'existence d'un lien d'emploi, et ce, en raison de la définition de ce mot retenue à la L.A.T.M.P. Voir : art. 2 L.A.T.M.P.

133. Par exercice d'un droit résultant du Code, l'on entend habituellement « les activités syndicales » au sens de l'article 3 C.t.; cette dernière expression peut parfois être difficile à cerner (**V-15**).

pourrait refuser d'embaucher un candidat qui a été militant syndical chez un autre employeur. Même s'il a vaqué à de telles occupations, l'entreprise pourrait légalement refuser de lui accorder le poste que si elle dispose d'autres motifs raisonnables et que ces derniers ne sont pas de simples prétextes (**V-15**). D'une certaine façon, cette disposition trouve appui dans la *Charte des droits et libertés de la personne* et plus particulièrement aux articles 16 et 18 (**II-7, 20**). Dans la mesure où un candidat peut démontrer hors de tout doute la contravention à l'article 14 C.t., l'employeur ou ses représentants sont passibles de sanctions pénales (art. 143, 145 C.t.) (**V-30**).

iv) L'atteinte à l'exercice de la liberté syndicale est aussi prohibée à l'article 425 du *Code criminel*. L'employeur qui refuserait d'embaucher une personne pour la seule raison que cette dernière serait membre d'un syndicat (**IV-14**) se rendrait coupable d'une infraction punissable sur déclaration sommaire de culpabilité (**V-6**).

v) La *Loi sur les relations du travail, la formation professionnelle et la gestion de la main-d'œuvre dans l'industrie de la construction*[134] (ci-après L.R.F.G.C.) décrète qu'il est interdit à un employeur de refuser d'embaucher une personne pour le seul motif que cette dernière est membre d'une association de salariés[135], pour la contraindre à devenir membre d'une association particulière, pour qu'elle s'en abstienne ou encore, pour qu'elle la quitte (art. 101 L.R.F.G.C.). Il est également interdit à un employeur de refuser d'embaucher un salarié pour la seule raison que ce dernier ne lui a pas été présenté par l'entremise d'une association de salariés ou d'un bureau de placement syndical (art. 103 L.R.F.G.C.). Cette dernière disposition vise à limiter le contrôle syndical sur le placement des salariés dans cette industrie. La personne qui croit avoir été victime d'une telle pratique doit d'abord porter plainte, par écrit, au ministre du Travail (art. 105 L.R.F.G.C.). Sur réception de la plainte, le ministre nomme un enquêteur pour faire rapport. Si le salarié n'a pas reçu satisfaction, la question est soumise à un arbitre désigné par le ministre. Si le salarié établit qu'il a exercé un droit résultant de la loi, il incombe à l'employeur de prouver[136] qu'il avait un motif juste et suffisant pour agir dans le sens dont

---

134. L.R.Q, c. R-20. Au sujet de cette loi, voir : III-601 et suiv.

135. Le mot « association » aux fins de cette loi signifie toute association ayant pour but l'étude, la défense et le développement des intérêts économiques, sociaux et éducatifs de ses membres, et dont la compétence s'étend à tous les métiers et emplois de la construction. Voir : art. 1 a) L.R.F.G.C.

136. Le libellé de l'article 106 prévoit, selon nous, un renversement du fardeau de la preuve et non la naissance d'une présomption. Pour qu'une présomption puisse exister, le texte législatif doit le prévoir expressément (art. 2847 C.c.Q.). Pour cette raison, nous ne pouvons partager l'opinion d'un auteur qui écrit : « Si l'arbitre en arrive à la conclusion que le salarié exerce un droit protégé, il y a présomption en sa faveur que l'emploi lui a été refusé

se plaint le salarié (art. 106 L.R.F.G.C.). Selon le libellé de l'article 107 L.R.F.G.C., il ne semble pas que l'arbitre dispose du pouvoir d'ordonner l'embauche de la personne lésée. En effet, le texte ne traite que du pouvoir d'ordonner la réintégration avec ou sans compensation financière d'un salarié. Le vocable « réintégration » présuppose que le salarié a déjà occupé le poste. D'autre part, l'utilisation même du mot « salarié[137] » confirme que la personne doit déjà travailler pour un employeur. Notons que l'employeur qui refuserait d'embaucher une personne pour l'un des motifs prohibés par la loi serait passible d'une amende (art. 119 L.R.F.G.C.).

vi) La *Loi sur la protection des renseignements personnels dans le secteur privé* (ci-après L.R.P.) interdit à un employeur de refuser d'embaucher un candidat pour le seul motif que ce dernier refuse de lui fournir un renseignement personnel, à moins que ce renseignement ne soit nécessaire pour la conclusion du contrat de travail ou encore, si la collecte de cette information est autorisée par un texte législatif (art. 9 L.R.P.). Cette prohibition consacre en quelque sorte le droit au silence du salarié. Ce droit comporte de nombreuses restrictions, car l'employeur est justifié, dans bien des occasions, d'exiger certains renseignements personnels (**II-18, 32; III-744**).

vii) La *Charte des droits et libertés de la personne* interdit à un employeur de refuser d'embaucher un candidat pour le seul fait qu'il a déjà été déclaré coupable d'une infraction pénale ou criminelle qui n'a aucun lien avec l'emploi convoité (art. 18.2) (**II-17, 155**). Cette prohibition n'empêche pas une entreprise d'écarter un candidat délinquant, dans la mesure où il existe un lien rationnel et direct avec l'emploi. À cet égard, voir les exemples déjà cités (**II-17**). Une contravention à cette prohibition pourrait donner ouverture à plusieurs recours (**II-11**).

L'ensemble de ces dispositions fait clairement ressortir l'importance que le législateur consacre à certaines libertés ou à certains droits accordés directement et indirectement aux postulants. De telles mesures limitent d'autant la discrétion d'embauche de l'employeur. Cependant, la personne qui bénéficie de l'une ou l'autre de ces mesures de protection articulées dans ces lois n'a pas automatiquement droit à l'emploi offert. On se limite à interdire à l'employeur de refuser d'embaucher un candidat sous l'un ou l'autre de ces chefs. Dans bien des cas, l'employeur peut avoir un autre motif, par

---

pour un tel motif et l'employeur doit démontrer qu'il a posé le geste reproché pour un motif juste et suffisant. » Voir : Pierre SAINT-LAURENT, *Le lien d'emploi : du corpus législatif régissant les droits de gestion de l'employeur*, Collection Instruments de travail, n° 26, Sainte-Foy, Département des relations industrielles, Université Laval, 1995, p. 19.

137. La loi définit ainsi le mot salarié : « tout apprenti, manœuvre, ouvrier non spécialisé, ouvrier qualifié, compagnon ou commis, qui travaille pour un employeur et qui a droit à un salaire ». Voir : art. 1., par. r., L.R.F.G.C.

ailleurs tout à fait légitime, pour refuser l'emploi à un candidat. Au-delà du libellé de ces différentes dispositions protectrices, nous devons souligner l'absence dans certains cas (C.t., L.A.T.M.P., L.R.P.) d'un mécanisme souple et efficace pour contraindre l'employeur délinquant à embaucher la personne qui aurait été victime de telle manœuvre discriminatoire[138]. Par ailleurs, là où un tel mécanisme existe (*Charte de la langue française, Charte des droits et libertés de la personne, Loi sur les relations du travail, la formation professionnelle et la gestion de la main-d'œuvre dans l'industrie de la construction*, qualifications professionnelles dans l'industrie de la construction), ces moyens varient considérablement de l'un à l'autre (forum approprié, délai pour déposer une plainte, enquête, pouvoir de redressement, etc.), il nous paraît évident qu'une certaine uniformisation de ces mesures faciliterait l'accès aux justiciables et améliorerait leur efficacité pratique.

II-25 — *La liberté contenue d'embaucher* — Non seulement l'employeur ne peut justifier son refus d'un candidat sous un des chefs retenus par l'une ou l'autre des mesures de protection décrétées par ces lois, mais il existe également d'autres règles qui limitent le pouvoir d'une entreprise d'embaucher qui elle veut. Ces contraintes visent particulièrement à protéger certaines catégories de personnes, et parfois même le public en général. Ainsi, on y trouve des règles en matière d'âge minimum pour assumer certains postes ou fonctions ou des règles qui précisent les qualités et qualifications que doivent posséder certains candidats pour exécuter un travail déterminé. Finalement, nous devons aussi considérer la problématique de l'embauche d'un candidat par ailleurs lié à une autre entreprise. Chacun de ces trois thèmes fait l'objet d'une analyse distincte en autant de paragraphes.

II-26 — *Les contraintes d'âge* — Aucune loi de l'emploi n'interdit de façon directe, générale et absolue, le travail des enfants et, par conséquent, leur embauche. À titre exceptionnel, la *Loi sur les normes du travail* interdit le travail de nuit aux enfants de moins de 16 ans (art. 84.2 L.N.T.)[139]. Il faut plutôt se référer à la *Loi sur l'instruction publique*[140] qui, à l'article 16, interdit à un employeur d'embaucher et de faire travailler, pendant les heures de fré-

---

138. L'obligation ainsi imposée à l'employeur poserait des problèmes pratiques. Mais nous croyons que seul ce remède permettrait de compenser efficacement la personne lésée. L'imposition d'une amende n'apporte guère de réconfort à la victime.
139. Il n'en a pas toujours été ainsi. *L'Acte des manufactures de Québec* de 1885, S.Q. 1885, c. XXXII fixait à 12 ans pour les garçons et à 14 ans pour les filles l'âge minimum pour travailler en usine. La *Loi relative aux heures de travail des femmes*, S.Q. 1910, c. 27 précisait que pour le travail en usine, il fallait que les garçons et les filles aient atteint l'âge de 16 ans, sauf si l'enfant savait lire et écrire couramment. La *Loi sur les établissements industriels et commerciaux*, L.R.Q. 1977, c. E-15 fixait à 16 ans l'âge minimum pour le travail dans un établissement régi par la loi. Cette dernière loi fut remplacée par la *Loi sur la santé et la sécurité du travail*, L.R.Q., c. S-2.1 qui n'a pas repris cette prohibition.
140. L.R.Q., c. I-13.3.

quentation scolaire, un enfant de moins de 16 ans astreint à l'obligation de fréquenter l'école[141]. La transgression par l'employeur de cette prohibition peut entraîner une condamnation à une amende des plus symboliques[142]. Ajoutons que rien ne limite le pouvoir d'une entreprise d'embaucher et de faire travailler un enfant le soir, la fin de semaine pendant l'année scolaire et durant tout l'été. De même, aucune règle ne limite la durée ou la fréquence du travail des enfants. Dans certaines situations extrêmes, le directeur de la protection de la jeunesse peut intervenir lorsque la sécurité ou le développement d'un enfant pourrait être compromis[143]. Nous pourrions également croire que les règles relatives à l'équité et à la bonne foi (art. 6, 7, 1375 C.c.Q.) interdiraient à tout employeur d'abuser ou d'exploiter économiquement les enfants qui travaillent pour lui[144]. D'autre part, la *Loi sur la santé et la sécurité du travail* (**III-417**) précise que la Commission peut adopter un règlement pour fixer l'âge minimum qu'un travailleur doit avoir atteint pour exécuter un travail déterminé

---

141. La *Loi sur l'instruction publique pour les autochtones cris, inuit et naskapis*, L.R.Q., c. I-14 contient une disposition semblable. Cependant, elle permet aux parents de demander une dérogation d'au plus six semaines afin que l'enfant puisse travailler à la ferme ou en raison de travaux urgents et nécessaires à la maison ou pour le soutien de cet enfant ou de ses parents (art. 259 et 260).
142. L'article 486 L.I.P. prévoit que le contrevenant est passible d'une amende de 100 à 200 $.
143. Voir : art. 32 et 38 de la *Loi sur la protection de la jeunesse*, L.R.Q., c. P-34.1.
144. Sur le plan international, l'interdiction de l'exploitation économique des enfants se trouve à l'article 10, al. 3, du *Pacte international relatif aux droits économiques, sociaux et culturels* qui précise :

    Les États parties au présent Pacte reconnaissent que :

    [...]

    3. Des mesures spéciales de protection et d'assistance doivent être prises en faveur de tous les enfants et adolescents, sans discrimination aucune pour des raisons de filiation ou autres. Les enfants et adolescents doivent être protégés contre l'exploitation économique et sociale. Le fait de les employer à des travaux de nature à compromettre leur moralité ou leur santé, à mettre leur vie en danger ou à nuire à leur développement normal doit être sanctionné par la loi. Les États doivent aussi fixer des limites d'âge au-dessous desquelles l'emploi salarié de la main-d'œuvre enfantine sera interdit et sanctionné par la loi.

    Et à l'article 32 de la *Convention relative aux droits de l'enfant* :

    1. Les États parties reconnaissent le droit de l'enfant d'être protégé contre l'exploitation économique et de n'être astreint à aucun travail comportant des risques ou susceptible de compromettre son éducation ou de nuire à sa santé ou à son développement physique, mental, spirituel, moral ou social.

    2. Les États parties prennent des mesures législatives, administratives, sociales et éducatives pour assurer l'application du présent article. À cette fin, et compte tenu des dispositions pertinentes des autres instruments internationaux, les États parties, en particulier :

    a) Fixent un âge minimum ou des âges minimums d'admission à l'emploi ;

    b) Prévoient une réglementation appropriée des horaires de travail et des conditions d'emploi ;

    c) Prévoient des peines ou autres sanctions appropriées pour assurer l'application effective du présent article.

(art. 223, al. 11, L.S.S.T.). Lorsqu'un tel règlement existe, il est interdit à un employeur de confier un emploi à un salarié qui n'a pas atteint l'âge réglementaire (art. 53 L.S.S.T.). À titre d'exemples, cinq dispositions fixent à 16, 18 et 20 ans l'âge minimum pour exécuter certains travaux[145]. Pour le secteur de la construction, il est obligatoire d'avoir atteint 16 ans pour être titulaire d'un certificat de compétence (**II-27**)[146], ce qui implique que l'embauche d'un travailleur n'ayant pas atteint cet âge serait prohibée. Dans ce même secteur, l'employeur doit accorder une priorité d'embauche pour certains postes aux salariés ayant atteint l'âge de 50 ans et qui ne peuvent plus exercer leur premier métier. À titre d'exemple, l'employeur électricien qui désire embaucher un magasinier doit obligatoirement embaucher un électricien de plus de 50 ans qui ne peut plus travailler à titre d'électricien et il doit le rémunérer au taux de salaire applicable aux électriciens[147]. Finalement, soulignons que l'accès à la Sûreté du Québec et à un corps de policiers municipaux est réservé aux candidats âgés d'au moins 18 ans et 6 mois[148].

II-27 — *Les contraintes de qualification.* — Des dispositions législatives peuvent limiter l'accès à certaines occupations ou professions aux seules personnes qui possèdent les qualités et qualifications reconnues par un organisme compétent. Ces contraintes visent principalement la protection du public. Plus particulièrement, mentionnons trois mesures législatives, que nous présentons ci-après de façon schématique.

  i) Le *Code des professions*[149] crée deux catégories de professionnels. Il y a d'abord les professions d'exercice exclusif, elles sont au nombre de vingt-trois[150]. Seules les personnes inscrites à leur ordre professionnel,

---

145. *Règlement sur la santé et la sécurité du travail dans les mines et modifiant diverses dispositions réglementaires*, Décret 213-93, précité, note 71, art. 26 (16 ans pour le travail dans une mine à ciel ouvert, 18 ans pour travailler dans une mine souterraine et 20 ans pour être préposé au dynamitage); *Code de sécurité pour les travaux de construction*, art. 2.15.10 (18 ans pour exécuter un travail sur un appareil de levage), art. 3.15.10 (18 ans pour exécuter un travail dans les excavations), art. 8.13.1 (18 ans pour le travail sous terre ou sur un équipement servant à hisser ou à déplacer des objets) et art. 9.1.8 (18 ans pour effectuer un travail dans l'air comprimé).

146. Art. 2, 3 et 4 du *Règlement sur la délivrance des certificats de compétence*, Décret 673-87 (1987) 119, G.O. 2, 2351 et modifications.

147. Art. 25.07 du *Décret de la construction*, Décret 172-87 (1987) 119, G.O. 2, 1271 et modifications.

148. *Règlement sur les normes d'embauche des agents et cadets de la Sûreté du Québec et des corps policiers municipaux*, R.R.Q., 1981, c. P-13, r. 14, art. 2 h) et i).

149. L.R.Q., c. C-26.

150. Art. 32 du *Code des professions* : avocat, notaire, médecin, dentiste, pharmacien, optométriste, médecin vétérinaire, agronome, architecte, ingénieur, arpenteur-géomètre, ingénieur forestier, chimiste, comptable agréé, technologue en radiologie, denturologiste, opticien d'ordonnances, chiropraticien, audioprothésiste, podiatre, infirmière ou infirmier, acupuncteur ou huissier de justice.

habilité à délivrer un permis d'exercice, peuvent exercer une activité professionnelle réservée aux membres de cet ordre. Ainsi, à titre d'exemple, une entreprise qui désire embaucher un médecin ou un avocat ne peut retenir les services que d'une personne dûment inscrite au Collège des médecins ou au Barreau du Québec. La seconde catégorie établie au Code porte sur les professions à titre réservé; il y en a vingt différentes[151]. Pour cette catégorie, il est interdit à toute personne non inscrite à l'ordre professionnel en cause d'utiliser le titre d'emploi réservé aux membres de cet ordre. Cependant, rien n'interdit à un individu d'exercer les tâches propres aux membres de ces professions à titre réservé. Par exemple, une entreprise peut embaucher qui elle veut pour agir comme directeur de son personnel. Cependant, seul un membre de l'Ordre professionnel des conseillers en relations industrielles peut légalement se coiffer du titre de conseiller en relations industrielles du Québec (C.R.I.).

ii) La *Loi sur la formation et la qualification professionnelles de la main-d'œuvre*[152] permet au gouvernement d'adopter un règlement visant à déterminer les qualifications que requiert l'exercice d'un métier et à rendre obligatoire un certificat de qualification (art. 30 a) et b)[153]). Une fois qu'un tel règlement impose un certificat de qualification, aucun employeur ne peut embaucher un salarié qui n'en serait pas titulaire. L'employeur qui violerait cette prohibition serait passible d'amende (art. 47) (**V-104**).

iii) Pour le secteur de la construction[154], la *Loi sur les relations du travail, la formation professionnelle et la gestion de la main-d'œuvre dans l'industrie de la construction*[155] confie à la Commission de la construction le

---

151. Art. 36 du *Code des professions* : comptable en management accrédité, comptable général licencié, diététiste ou nutritionniste, travailleur social, psychologue, conseiller en relations industrielles, conseiller d'orientation, urbaniste, administrateur agréé ou conseiller en management, évaluateur agréé, hygiéniste dentaire, technicien dentaire, orthophoniste, physiothérapeute, ergothérapeute, infirmière auxiliaire, technologiste médical, technologiste des sciences appliquées, inhalothérapeute, traducteur agréé.

152. L.R.Q., c. F-5.

153. À titre d'illustration, voir : *Règlement sur la formation et la qualification professionnelles de la main-d'œuvre s'appliquant aux métiers d'électricien, de tuyauteur, de mécanicien d'ascenseur et d'opérateur de machines électriques dans les secteurs autres que celui de la construction*, R.R.Q., 1981, c. F-5, r. 4 et modifications.

154. La *Loi sur la formation et la qualification professionnelles de la main-d'œuvre* ne s'applique pas au secteur de la construction (art. 124).

155. Pour déterminer avec exactitude l'aire d'application de cette loi, il faut également se référer à la *Loi modifiant la Loi sur les relations du travail, la formation professionnelle et la gestion de la main-d'œuvre dans l'industrie de la construction*, L.Q. 1992, c. 42; la *Loi modifiant la Loi sur les relations du travail, la formation professionnelle et la gestion de la main-d'œuvre dans l'industrie de la construction et modifiant d'autres dispositions législatives*, L.Q. 1993, c. 61; la *Loi modifiant la Loi sur les relations du travail, la formation professionnelle et la gestion de la main-d'œuvre dans l'industrie de la construction et modifiant d'autres dispositions législatives*, L.Q. 1995., c. 8 (**III-607**).

rôle de s'assurer de la compétence et de la formation de la main-d'œuvre (art. 4 (3°), 85.3). À cet effet, la Commission délivre des certificats de compétence[156] aux salariés qui satisfont aux exigences prévues à la réglementation[157]. Seuls les titulaires d'un tel certificat peuvent exécuter des travaux de construction (art. 85.5 et 85.6). De ce fait, il est interdit à un employeur d'embaucher pour des travaux de construction une personne qui ne possède pas un certificat de compétence, sous peine d'être condamné au paiement d'amendes (art. 119.1 (3°), (4°)). Ajoutons que l'employeur ne peut également embaucher un salarié qui ne serait pas titulaire d'une attestation d'adhésion à une association représentative (art. 39). Cette dernière exigence ne vise pas les qualités propres du salarié, mais rend plutôt obligatoire l'adhésion syndicale (**III-607**).

Ces dispositions législatives viennent contenir la liberté de l'employeur d'embaucher qui il veut, et toute transgression pourrait entraîner non seulement une responsabilité pénale, comme nous l'avons vu, mais également la responsabilité civile de l'entreprise (art. 1463 C.c.Q.), car le public a, selon ces lois, le droit d'exiger que certains services ne soient rendus que par des personnes qualifiées[158].

II-28 — *Le candidat lié à une autre entreprise* — Comme nous le voyons plus avant (**II-102**), l'obligation de loyauté qui s'impose à tout salarié[159] (art. 2088 C.c.Q.) ne le prive pas de son droit de tenter d'améliorer sa situation et de rechercher un nouvel emploi qui serait plus rémunérateur ou tout simplement plus conforme à ses attentes professionnelles ou personnelles[160]. La réciproque est également vraie; une entreprise peut légitimement solliciter et embaucher un candidat qui travaille déjà pour un autre employeur, et ce, dans le but de s'adjoindre une nouvelle contribution professionnelle qui serait pour lui une plus-value. En effet, aucune loi de l'emploi n'interdit de débaucher un

---

156. Il peut s'agir d'un certificat de compétence-compagnon, de compétence-apprenti et d'un carnet d'apprentissage.

157. Voir, notamment : *Règlement sur la délivrance des certificats de compétence*, Décret 673-87, précité, note 146; *Règlement sur la formation et la qualification professionnelles de la main-d'œuvre dans l'industrie de la construction*, R.R.Q., (1981) c. F-5, r. 3 et modifications.

158. Jean-Louis BAUDOUIN, « La responsabilité civile et pénale de l'employeur résultant de la violation des lois professionnelles », (1976) 36 *R. du B.* 175.

159. L'intensité de cette obligation varie en fonction du poste occupé. Voir : *Savoie c. Tremblay*, D.T.E. 97T-118 (C.S.); *Banque de Montréal c. Kuet Leong Ng*, [1989] 2 R.C.S. 429; A. Edward AUST, « Les obligations de loyauté, de diligence et de coopération du cadre supérieur », dans SERVICE DE LA FORMATION PERMANENTE, BARREAU DU QUÉBEC, *Développements récents en droit du travail (1993)*, Cowansville, Les Éditions Yvon Blais inc., 1993, p. 47.

160. L'obligation de loyauté ne doit pas constituer un empêchement pour le salarié de gagner sa vie. Voir : *Écolab ltée c. Robert*, D.T.E. 97T-157 (C.S.); *A.D. Bernier inc. c. Véronneau*, D.T.E. 97T-6 (C.S.); *Positron inc. c. Desroches*, [1988] R.J.Q. 1636 (C.S.).

salarié à l'emploi d'un concurrent[161], la façon de le faire importe par ailleurs. Cette absence d'encadrement législatif n'accorde pas pour autant quelque blanc-seing permettant à l'employeur d'agir à sa seule guise et de façon déloyale puisqu'il se doit de « respecter les règles de conduite qui, suivant les circonstances, les usages ou la loi, s'imposent à [lui] de manière à ne pas causer de préjudice à autrui » (art. 1457 C.c.Q.). En effet, les règles générales relatives à la responsabilité extracontractuelle sanctionneraient certains comportements, dont ceux-ci :

— embaucher en connaissance de cause un salarié qui serait assujetti à une clause de non-concurrence à l'égard de l'employeur précédent (art. 2089 C.c.Q.) (**II-69**);

— embaucher un salarié afin de tirer avantage d'information privilégiée (liste de prix, procédés de fabrication, etc.) au détriment de l'employeur précédent (art. 2088 C.c.Q.);

— embaucher un salarié pour tirer avantage de la transgression par ce dernier de l'obligation de loyauté qu'il doit à son ex-employeur;

— embaucher un salarié dans le but de s'approprier de façon déloyale la clientèle d'un concurrent[162].

Ces comportements dolosifs seraient sanctionnés par l'octroi à la victime de dommages compensatoires. Cette dernière pourrait également requérir une ordonnance visant à faire cesser ces actes illégaux. Un tel recours en injonction pourrait viser le salarié délinquant et le nouvel employeur (**V-82**)[163]. Ces quel-

---

161. L'état du droit au Québec est à cet égard diamétralement opposé à celui retenu par le législateur français. En effet, la législation française impose au nouvel employeur l'obligation de vérifier que le travailleur qu'il embauche est libre de son dernier engagement, car le nouvel employeur serait responsable civilement des conséquences d'embaucher un salarié déjà lié par un contrat de travail. Voir : art. 122-15 du *Code de travail français*.

162. Cet énoncé ne doit pas nous faire oublier la vérité voulant que « le client n'appartient qu'à lui-même ». De ce fait, un simple transfert de clientèle non accompagné de manœuvre dolosive ne constitue pas une faute civile. Voir : *L'Excelsior compagnie d'assurance-vie* c. *La Mutuelle du Canada, compagnie d'assurance-vie*, [1992] R.J.Q. 2666 (C.A.).

163. Cette solution a été retenue dans plusieurs décisions. Voir : *Gestion D. Bertrand & fils inc.* c. *9008-3122 Québec inc.*, D.T.E. 94T-1228 (C.S.); *Voyages Robillard inc.* c. *Consultour/ Club Voyages inc.*, D.T.E. 94T-95 (C.A.); *André Blouin Assurance inc.* c. *Gamache*, D.T.E. 94T-493 (C.S.); *Voyages Routair inc.* c. *Hanna*, J.E. 94-1012 (C.S.); *Groupe financier Assbec* c. *Dion*, D.T.E. 95T-70 (C.A.). Au contraire, la demande d'injonction sera refusée si l'employeur n'a accompli aucun acte répréhensible. Voir : *Bergeron* c. *Roy*, J.E. 95-1405 (C.S.); *Groupe alimentaire Courtal inc.* c. *Boivin*, D.T.E. 96T-65 (C.S.). Pour une analyse de ces décisions, voir : Clément GASCON et Claire VACHON, « Grandeurs et misères de l'obligation de loyauté du salarié », dans SERVICE DE LA FORMATION PERMANENTE, BARREAU DU QUÉBEC, *Développements récents en droit du travail (1996)*, Cowansville, Les Éditions Yvon Blais inc., 1996, p. 307; *Écolab ltée* c. *Robert*, précité, note 160. Sur la notion des clauses restrictives d'emploi, voir également : Frédérick CHARETTE, « Les

ques exemples sont autant d'illustrations des obligations de loyauté, d'équité et de bonne foi que l'entreprise doit assumer à l'embauche comme en cours d'emploi, et ce, tant à l'égard de ses salariés[164], de ses concurrents que du public en général.

---

clauses restrictives de la liberté du travail », (1990) 50 *R. du B.* 531 ; Clément GASCON, « Les récents développements en matière de clauses restrictives d'emploi », dans SERVICE DE LA FORMATION PERMANENTE, BARREAU DU QUÉBEC, *Développements récents en droit du travail (1992)*, Cowansville, Les Éditions Yvon Blais inc., 1992, p. 109 ; Clément GAS-CON, « Clauses restrictives : le tribunal peut-il en devenir le rédacteur ? », (1993) 53 *R. du B.* 399 ; Georges AUDET, Robert BONHOMME et Clément GASCON, *Le congédiement en droit québécois en matière de contrat individuel de travail*, 3e éd., Cowansville, Les Éditions Yvon Blais inc., 1994, p. 10-1.

164. Pour une illustration de l'obligation de bonne foi dont l'employeur doit faire preuve à l'égard de ses salariés, voir : *Société Hostess Frito-Lay* c. *Union des Teamsters-Québec, section locale 1999*, D.T.E. 97T-417 (T.A.). Pour une analyse plus détaillée de cette question, voir : Nicola DI IORIO et Laurent LESAGE, « La bonne foi et le contrat de travail : affaire de morale ou morale d'affaires », (1993) 27 *R.J.T.* 351.

Section 1.4

L'entente et sa résultante : le contrat

II-29 — *La liberté retrouvée* — L'état du droit prétorien en matière de sélection du personnel déjà esquissé laisserait croire de prime abord à un droit négationniste, procédurier et interventionniste, voire même pour certains « policier ». Fort heureusement, la réalité est tout autre; les parties disposent, malgré les restrictions et obstacles signalés (**s. 1.2 et 1.3**), d'une très grande marge de manœuvre pour définir, circonscrire et préciser les solutions idoines qui régiront leur liaison professionnelle. Une fois « l'épreuve » de la sélection du personnel terminée (**II-3**), il incombe aux parties de s'entendre sur la nature et la portée du contrat de travail devant les lier (**II-4**). En cette matière, il y a peu de prêt-à-porter, chaque entente doit être basée sur les particularismes des acteurs et de l'emploi. Ainsi, selon le poste occupé et son importance stratégique, les parties pourront rédiger un contrat longuement mûri ou, au contraire, se contenter d'une simple entente verbale puisque plusieurs conditions de travail pourront être prédéterminées par les politiques internes de l'entreprise ou même fixées par la convention collective (**II-47**). Nos propos dans la dernière section du présent chapitre portent sur l'engagement, c'est-à-dire l'acte par lequel les parties échangent leur consentement et se lient ainsi contractuellement l'une à l'autre. Le contrat qui est la résultante de ce consensualisme doit, pour être valide, respecter un certain nombre de conditions :

— le consentement doit est libre et éclairé et ne pas être vicié par l'erreur, la crainte ou la lésion (art. 1399 C.c.Q.) (**II-32**);

— la cause et l'objet du contrat de travail doivent être licites et non contraires à l'ordre public (art. 1411, 1413 C.c.Q.) (**II-33**);

— les parties doivent être aptes à s'obliger (art. 1398, 1409 C.c.Q.) (**II-34**);

— son contenu (**II-37**) doit être conforme à la Charte (**II-38**), aux lois de l'emploi (**II-39**), à l'ordre public (**II-40**) et parfois, aux lois internes de l'entreprise (convention collective et autres) (**II-41**).

Nous présentons chacun de ces volets dans le contexte particulier du contrat de travail, de manière à bien en circonscrire les tenants et les aboutissants, puis nous tentons de cerner le contenu normatif du contrat de travail qui intervient entre les parties. Finalement, nous signalons sommairement certaines limites ou barrières à la liberté contractuelle des parties relatives au contenu même du contrat de travail.

II-30 — *Fondement du consentement* — L'engagement des parties doit respecter un certain nombre de conditions. La première suppose le concours de deux volontés qui acceptent de se lier ainsi dans un tel rapport. Il ne s'agit pas d'une question purement technique, et cette première exigence constitue en quelque sorte le fondement et la justification même du contrat de travail puisque le salarié est à la fois sujet et objet de ce contrat (**II-3**). Cette condition repose sur le postulat juridique de la liberté et de l'égalité des parties (**II-4**) qui, on le sait trop, se heurte à maints égards à la réalité sociologique et économique du monde du travail. Malgré ses heurts et contrecoups, le consensualisme de notre système civiliste entend trouver, dans l'autonomie des volontés, la source juridique de l'engagement. L'esclavage étant aboli et l'égalité des personnes proclamée haut et fort, il était normal de considérer que le lien d'emploi découle de la décision de deux personnes de s'engager l'une envers l'autre (**II-45**), chacune étant à la fois créancière et débitrice des obligations résultant de ce contrat. On ne saurait admettre que deux personnes puissent être liées par un contrat de travail sans qu'elles y aient librement consenti (**II-44**).

II-31 — *L'offre et l'acceptation* — D'un point de vue philosophique, l'échange de consentements se justifie et se comprend aisément, mais en pratique il est parfois plus difficile de déterminer avec exactitude le moment où cet échange de volontés se noue. On considère habituellement que l'échange des consentements se réalise en deux temps, soit celui de l'offre et de l'acceptation. L'offre qui retient ici notre attention n'est pas l'offre d'emploi visée à titre d'instrument de sélection du personnel (**II-13**)[165]; il s'agit plutôt d'un engagement formel unilatéral de l'une des parties à être liée dès que l'autre accepte ces mêmes conditions (art. 1396 C.c.Q.). Une telle offre ne peut intervenir qu'au terme du processus de sélection[166]. Une fois le candidat

---

165. La publication d'une annonce dans un journal n'est rien d'autre qu'un appel d'offres auquel vont soumissionner les candidats intéressés. Par cet acte, l'employeur promet d'accepter de mettre en place le processus de sélection des candidats. Cet engagement ne comprend même pas l'obligation d'embaucher l'un des postulants.
166. En cette matière, les coups de foudre contractuels sont plutôt rares.

choisi, il revient habituellement à l'employeur[167] de lui offrir l'emploi[168]. Pour être valide, cette offre à contracter doit contenir les éléments essentiels du contrat envisagé (description du poste, durée et principales conditions de travail, etc., (art. 1388 C.c.Q.)[169]. Ces propositions faites par l'une des parties n'équivalent pas à un véritable contrat de travail. Si le bénéficiaire d'une semblable proposition (le salarié) accepte l'offre, les parties s'engagent alors à conclure un contrat et, dans bien des cas, elles le concluent sur-le-champ (art. 1396 C.c.Q.). L'employeur qui n'assortit pas sa promesse d'un délai d'acceptation peut la retirer tant qu'il n'a pas reçu l'acceptation du salarié (art. 1390 C.c.Q.). Si, au contraire, l'employeur a accordé au postulant un délai de réflexion, il ne peut le retirer avant qu'il ne soit expiré (art. 1390 C.c.Q.). Cette proposition est importante car elle est un engagement formel à embaucher le candidat. Ainsi, l'employeur qui refuserait de donner suite à une telle promesse s'exposerait à une action en dommages (art. 1607 C.c.Q.) ou même, dans certaines circonstances, à une ordonnance le contraignant à embaucher le candidat (art. 1590 C.c.Q.)[170]. Si l'acceptation n'est pas conforme à l'offre, par exemple si le salarié exige un salaire supérieur à celui proposé, il s'agirait alors d'une contre-offre du candidat comprenant implicitement une acceptation de la proposition ainsi modulée. Si cette dernière est alors acceptée par l'employeur, elle lie les deux parties. Cependant, sauf de façon exceptionnelle, le silence en parole ou en acte du salarié ne peut être interprété comme une acceptation implicite (art. 1394 C.c.Q.).

II-32 — *Vice de consentement* — Le consentement à conclure un contrat de travail doit être donné de façon libre et éclairée (art. 1399 C.c.Q.). Il ne doit pas être vicié par l'erreur, la crainte ou la lésion (art. 1399 C.c.Q.). En matière de contrat de travail, la principale cause qui vicie le consentement serait l'erreur. L'erreur, selon Mignault[171], se comprend comme « [u]ne croyance qui n'est pas conforme à la vérité » entraînant une partie à contracter, alors qu'autrement, elle ne l'aurait pas fait. Cette erreur peut porter sur la nature du contrat, son objet, les qualités du candidat[172] ou encore, sur tout autre élément

---

167. L'offre est faite par l'employeur puisque c'est habituellement lui qui a pris l'initiative du contrat (art. 1389 C.c.Q.) en recherchant un candidat.
168. Bien que cela soit possible en vertu de l'article 1390 C.c.Q., l'offre d'emploi ne s'adresse jamais au public en général, et ce, en raison du caractère *intuitus personæ* du contrat de travail. À ce stade, le candidat est habituellement déjà trouvé.
169. Pour être contraignante, l'offre doit être suffisamment précise afin de la distinguer des simples sollicitations précontractuelles qui ne sont pas susceptibles d'entraîner d'effets contraignants immédiats pour les deux parties.
170. *Aubrais* c. *Ville de Laval*, [1996] R.J.Q. 2239 (C.S.); *Canuel* c. *Union canadienne (L'), compagnie d'assurances*, D.T.E. 98T-900 (C.S.).
171. Pierre Basile MIGNAULT, *Le droit civil canadien*, tome 5, Montréal, C. Théoret, éditeur, 1901, p. 211.
172. Jean-Louis BAUDOUIN, *Les obligations*, 4e éd., Cowansville, Les Éditions Yvon Blais inc., 1993, p. 114.

essentiel (art. 1400 C.c.Q.)[173]. Il ne saurait suffire que l'employeur allègue qu'il n'aurait pas retenu les services du candidat pour conclure qu'il s'agissait là d'un élément essentiel[174] ou de la considération principale du contrat[175]. Pour déterminer s'il s'agit d'un tel élément, il faut tenir compte de la politique d'embauche de l'employeur, de la nature de la fonction convoitée et des circonstances dans lesquelles est faite la déclaration[176]. Par ailleurs, même s'il ne s'agit pas d'une erreur qui vicie le consentement, il est possible, selon les circonstances, que l'employeur puisse prétendre que ce mensonge constitue un motif sérieux pour procéder au congédiement du salarié (art. 2094 C.c.Q.) **(II-176)**. Sur la question des fausses déclarations à l'embauche, nous soulignons ci-après quatre décisions de la Cour d'appel[177].

i) En 1978, la Cour d'appel retint une approche on ne peut plus rigoureuse alors que l'employeur avait résilié un contrat de travail après avoir découvert, deux années après l'embauche, la fausse déclaration du salarié (affirmation du salarié qu'il n'avait pas souffert d'une condamnation pénale)[178]. De façon liminaire, M. le juge Dubé considéra que la question ne pouvait relever d'un arbitre de griefs puisque cette personne ne pouvait être salariée en raison même de l'inexistence du contrat de travail : « L'engagement du pompier Dignard est nul *ab initio* ayant été obtenu au moyen de fausses représentations : en conséquence son renvoi ne peut faire l'objet d'un grief, Dignard n'ayant jamais été régi par la convention collective[179]. »

---

173. *Aubrais* c. *Ville de Laval*, précité, note 170.
174. Le tribunal saisi du litige peut tenir compte de la bonne foi du candidat et de son intention ou non de tromper l'employeur. Voir : *Syndicat des travailleurs et travailleuses de La Plaine (CSN)* c. *Corporation municipale de La Plaine*, [1997] T.A. 71; *Ville de Québec* c. *Syndicat des fonctionnaires municipaux de Québec*, [1996] T.A. 1004; *H. St-Jean Enrg. (division viandes Olympia ltée)* c. *Union internationale des travailleurs unis de l'alimentation et du commerce, local 625*, D.T.E. 89T-887 (T.A.).
175. *Ville d'Anjou* c. *Patry*, [1988] R.J.Q. 502 (C.S.); en appel : C.A.M. n° 500-09-001431-873.
176. *Purolator Courrier ltée* c. *Teamsters du Québec, local 931, l'Union des employés du transport local et industries diverses*, D.T.E. 89T-1194 (T.A.).; *Déry* c. *Montréal-Nord (ville de)*, D.T.E. 97T-662 (C.S.). Pour une analyse de la question des fausses déclarations faites à l'embauche, voir : Louis LECLERC et Laurent LESAGE, « L'obligation précontractuelle de renseignement de l'employeur et du postulant », dans SERVICE DE LA FORMATION PERMANENTE, BARREAU DU QUÉBEC, *Développements en droit du travail (1997)*, Cowansville, Les Éditions Yvon Blais inc., 1997, p. 131.
177. Ces décisions n'abordent pas toutes les questions des fausses déclarations à l'embauche sous l'angle du vice de consentement, mais elles n'en demeurent pas moins pertinentes et éclairantes.
178. Depuis cette affaire, la *Charte des droits et libertés de la personne* (art. 18.2) écarte cette considération aux fins d'embauche, sauf si cet élément est directement pertinent à l'égard du poste visé **(II-17)**.
179. *Ville de Montréal-Est* c. *Gagnon*, [1978] C.A. 100, 102 (j. Dubé); nos observations à F. MORIN, *op. cit.*, note 20, p. 467.

ii) En 1981, dans l'affaire *Les Biscuits Associés du Canada*[180], la Cour
   d'appel reconnut qu'une fausse déclaration (affirmation d'une candidate
   qu'aucune personne ayant un lien de parenté avec elle travaillait pour
   l'employeur, alors que c'était le cas de deux de ses sœurs) pouvait justifier le congédiement, car l'employeur ne pouvait plus avoir confiance en
   ce salarié : « Il m'apparaît cependant que si de fausses déclarations sont
   faites par une postulante à un emploi, en connaissance de cause comme
   c'est le cas ici, l'employeur est justifié de ne pas garder à son emploi
   telle personne. Le motif de renvoi est alors, non pas la parenté avec des
   employés mais les fausses déclarations [...]. L'employeur doit pouvoir se
   reposer sur la franchise de celui ou de celle qui lui sollicite un emploi et
   conserver le droit de congédier le menteur qui, de propos délibéré, lui a
   fait de fausses représentations en vue d'obtenir tel emploi[181]. » Rétrospectivement, cette décision est pour le moins curieuse, car la Cour
   d'appel reconnaît ainsi que l'employeur serait justifié de refuser
   d'embaucher une personne au seul motif qu'elle était la sœur d'une
   employée (**II-13**). Cette condition imposée par l'employeur était illégale
   en ce qu'elle violait clairement l'article 16 de la Charte (**II-7**).

iii) En 1992, dans l'arrêt *Maribro*[182], la Cour d'appel analyse la compétence
   de l'arbitre de griefs : « [...] ce pourvoi soulève essentiellement la question
   de déterminer si, dans le cas *d'un congédiement pour fausses déclarations
   à l'embauche, c'est l'arbitre qui a compétence exclusive pour disposer
   du grief* [...][183] ». M. le juge Proulx signale néanmoins l'objectif de
   l'employeur : « [...] l'employeur invoque l'annulation du contrat d'engagement en raison des fausses représentations afin d'échapper à la convention collective[184] ». Malheureusement, la Cour d'appel évacua la question
   du vice de consentement en retenant la thèse de l'inexistence du contrat de
   travail en raison de l'omniprésence de la convention collective[185].

iv) En 1995, dans l'affaire de la *Commission de transport de la Communauté urbaine de Québec*, la Cour d'appel[186] réaffirme qu'un arbitre a

---

180. *Les Biscuits Associés du Canada ltée* c. *Commission des droits de la personne*, [1981]
   C.A. 521.

181. *Ibid.*, p. 525.

182. *Maribro Inc.* c. *L'Union des employés(ées) de service, local 298 (FTQ)*, [1992] R.J.Q. 572
   (C.A.) et commenté par Claude D'AOUST sous le titre : « L'arrêt *Maribro* : un changement
   de cap de la Cour d'appel », (1992) 23 *R.G.D.* 583.

183. *Maribro inc.* c. *L'Union des employés(ées) de service, local 298 (FTQ)*, précité, note 182,
   p. 575.

184. *Ibid.*, p. 580.

185. Cette thèse s'inspire de l'approche de la Cour suprême du Canada que nous critiquons en
   d'autres lieux (**II-79; IV-170**).

186. *Syndicat des employés des transports publics du Québec métropolitain inc.* c. *Québec
   (Commission de transport de la Communauté urbaine de)*, D.T.E. 95T-332 (C.A.) : requête
   pour autorisation de pourvoi à la Cour suprême du Canada rejetée.

entière compétence pour déterminer la justesse d'un congédiement découlant d'une fausse déclaration (affirmation du postulant comme quoi il n'avait aucuns maux de dos) faite par le salarié à son embauche. L'arbitre avait retenu que l'employeur était justifié de procéder au congédiement compte tenu du fait que sa politique prévoyait qu'il n'engageait pas de postulant souffrant de maux de dos, attendu que cette dernière condition ne donne pas prise à contestation.

Au-delà de la question de la compétence juridictionnelle, la fausse déclaration faite à l'embauche peut, dans certaines circonstances, être un motif d'erreur[187] qui vicie le consentement et qui permet à l'employeur de demander la nullité du contrat (art. 1407 C.c.Q.). En cette matière, chaque situation est une situation d'espèce et il appartient au forum compétent de déterminer s'il y a eu fausse déclaration, si elle porte sur un élément essentiel au contrat et si la question était légitime et conforme à la loi et à la Charte. Dans l'hypothèse où la question posée par l'employeur serait illégale, en ce qu'elle serait prohibée par la Charte ou une loi, le postulant pourrait être placé devant une alternative en droit : soit choisir entre l'honnêteté qu'il doit à un employeur éventuel, d'une part, et, d'autre part, sa juste prétention au respect de ses droits fondamentaux. Devant une telle situation, il faut éviter les solutions toutes faites et se garder d'énoncer une réponse qui serait une panacée, tant les faits particuliers du dossier doivent nous guider pour circonscrire le débat[188].

II-33 — *L'objet et la cause* — Le contrat de travail, avons-nous dit, résulte d'un acte de volonté (**II-4, 29**); de ce fait, la logique veut que chacune des parties ait une motivation à s'engager. Cette raison intrinsèque est la cause du contrat (art. 1410, al. 1, C.c.Q.), elle est l'ipséité du consentement. Elle peut ne pas être clairement exprimée au contrat (art. 1410, al. 2, C.c.Q.), tant l'usage dans le domaine de l'emploi en fait ressortir l'évidence :

— pour le salarié, il s'agit de trouver le moyen de subsistance pour lui et sa famille, qui sera le mieux en mesure d'assurer son épanouissement professionnel et personnel;

— pour l'entreprise, l'adjonction d'un candidat qualifié et motivé sera certainement une plus-value devant lui permettre de tendre vers ses objectifs.

Si la cause est subjective et peut varier d'une personne à une autre, l'objet du contrat est fondamentalement différent puisqu'il s'agit de l'opération juridique envisagée par les parties. La qualification de cette opération s'effectue en tenant compte de l'ensemble des droits et obligations que les parties assumeront réellement au-delà de leurs déclarations respectives (art. 1412 C.c.Q.).

---

187. À certains égards, la fausse déclaration peut également être assimilée à un dol. De même, le dol peut résulter du silence ou d'une réticence (art. 1401 C.c.Q.).
188. F. Morin, *loc. cit.*, note 87.

Ainsi, l'objet du contrat de travail serait la prestation de services personnels de l'un et rendue par lui seul en contrepartie du paiement d'une rémunération (art. 2085 C.c.Q.) (**II-50 et suiv.**). Tout contrat de travail doit avoir une cause et un objet qui sont conformes à la loi et à l'ordre public (art. 1411, 1413 C.c.Q.). Ainsi, à titre d'illustration, le contrat de travail conclu à l'encontre d'une loi professionnelle d'ordre public qui impose l'obligation pour le salarié d'être titulaire d'un permis ou d'un « certificat de compétence professionnelle » serait frappé de nullité et le salarié ne pourrait réclamer en justice les avantages résultant d'un tel contrat[189]. Lorsque la cause ou l'objet du contrat de travail sont contraires à une loi d'ordre public, la seule sanction possible serait la nullité même du contrat (art. 1416 et 1417 C.c.Q.); il est réputé n'avoir jamais existé (art. 1422 C.c.Q.). Une telle nullité peut être invoquée par toute personne qui a un intérêt né et actuel de même que d'office par le tribunal (art. 1418 C.c.Q.). Si le contrat comporte une cause et un objet licites mais qu'une disposition contrevient à une loi de l'emploi (par exemple, le contrat de travail comporte une norme inférieure à celle décrétée par la *Loi sur les normes du travail*), la validité du contrat ne sera pas remise en question. Cependant, la seule disposition illégale sera frappée de nullité[190].

II – 34 — *La capacité* — La dernière condition générale de validité du contrat serait la capacité des parties (art. 1398 C.c.Q.), soit l'aptitude reconnue par la loi à s'obliger par contrat (art. 1409 C.c.Q.). Le *Code civil du Québec* considère deux types de personnes incapables, soit le mineur et le majeur, qui nécessitent un régime de protection. L'âge de la majorité[191] est fixé à 18 ans (art 153 C.c.Q.)[192]. Cependant, en matière d'emploi ou d'exercice d'un art, le mineur de 14 ans est réputé majeur (art. 156 C.c.Q.), ce qui implique nécessairement qu'il peut valablement convenir d'un contrat de travail[193]. Cette disposition vise sûrement à refléter et à considérer la réalité moderne du marché de l'emploi où de plus en plus de jeunes travaillent parallèlement à leurs études et en vue de poursuivre celles-ci. Ainsi, le mineur de 14 ans ou plus peut valablement

---

189. *Office de la construction du Québec* c. *Les industries JAL ltée*, [1986] R.J.Q. 1202 (C.S.); *Office de la construction du Québec* c. *Corporation municipale de Paspébiac*, [1980] C.S. 70.
190. De plus, les salariés en cause ne peuvent renoncer volontairement à l'application d'une telle norme (**III-210**). Voir : *Mole Construction inc.* c. *Commission de la construction du Québec*, [1996] R.J.Q. 1180 (C.A.).
191. Dans un document de présentation, le ministère de la Justice a déclaré ce qui suit : « Il a semblé difficile d'attribuer au mineur la pleine capacité. Une telle position n'a pas semblé réaliste, d'autant plus qu'elle ne correspond pas aux lois de la nature. En effet, l'être humain est ainsi fait qu'il acquiert graduellement science, jugement, maturité et sagesse. » Voir : « Code civil du Québec, textes, sources et commentaires », Livre 1, Ministère de la Justice du Québec, mai 1992, p. 7.
192. Sauf si le mineur est émancipé par déclaration auprès du curateur public (art. 167 C.c.Q.) ou par le tribunal (art. 168 C.c.Q.). Dans le cas du mineur émancipé, il n'a besoin d'aucune assistance pour conclure un contrat de travail.
193. Sous réserve des dispositions de la *Loi sur l'instruction publique* (**II-26**).

conclure un contrat de travail. Pour celui de moins de 14 ans, la conclusion d'un contrat de travail nécessiterait l'intervention de son tuteur (art. 158 C.c.Q.)[194] et, s'il était conclu sans cette intervention, il ne serait cependant pas frappé de nullité absolue (art. 1419 C.c.Q.). Ce mineur peut alors réclamer en justice la rescision ou la réduction de ses obligations résultant du contrat de travail (art. 163, 1407 C.c.Q.) pour cause de lésion (art. 1405 C.c.Q.). En somme, il appartiendrait au tribunal de prononcer la nullité du contrat ou la réduction des obligations, dans la mesure où ce mineur démontrerait qu'il a été victime d'une exploitation entraînant une disproportion entre les droits et les obligations qui en résultent (art. 1406 C.c.Q.)[195]. À l'endroit du majeur protégé[196] par suite d'une maladie, d'une déficience ou d'un affaiblissement dû à l'âge qui altère ses facultés mentales ou son aptitude physique à exprimer sa volonté (art. 258 C.c.Q.), le contrat de travail ne peut être valablement conclu sans l'assistance de son curateur ou de son tuteur. L'incapacité qui résulte en faveur d'un majeur protégé ne peut être soulevée qu'en sa faveur. De ce fait, le majeur protégé peut demander l'annulation ou la réduction des obligations découlant de son contrat de travail pour cause d'incapacité dans le cas du majeur sous curatelle (art. 283 C.c.Q.) et, dans les autres cas (tutelle et conseiller), comme pour le mineur, pour lésion (art. 294, 1405 C.c.Q.). Tant pour le mineur que pour le majeur protégé (tutelle et conseiller), l'employeur ne pourrait soulever ce moyen que dans la seule mesure où il est de bonne foi et qu'il subit un préjudice sérieux (art. 1420 C.c.Q.).

II-35 — *Le contenu du contrat* **—** Une fois posées et respectées, les conditions de base du contrat (consentement — cause — objet — capacité), il nous faut prendre en considération le contenu normatif exact du contrat de travail : sa durée, son objet, les obligations respectives des parties, les conditions d'exécution du travail, les modalités de terminaison, etc. En somme, il s'agit de décrire les tenants et les aboutissants de ce contrat. Le *Code civil du Québec*, avons-nous vu (**II-29**), retient une vision souple, flexible et pragmatique de cet acte juridique. Le contrat de travail découle de la volonté des parties, il a force obligatoire entre elles (art. 1434 C.c.Q.) et, au surplus, ces dernières disposent d'une très grande discrétion pour articuler le contenu de leurs obligations respectives. En aucun cas, ce contenu ne peut contrevenir à l'ordre public, aux lois de l'emploi (art. 9, 1373, 1411, 1413 C.c.Q.) et aux autres lois du lieu : convention collective, règles de régie interne (**I-95; II-41; IV-168**). Ces multiples dis-

---

194. Les pères et mères sont de plein droit tuteurs à leurs enfants (art. 192, 193 C.c.Q.). La norme relative au travail de nuit des enfants de moins de 16 ans est d'ordre public (art. 84.2, 93 L.N.T.).

195. Précisons que la simple déclaration faite par le mineur affirmant qu'il était majeur à la signature du contrat de travail ne le prive pas de son droit de réclamer la nullité du contrat (art. 165 C.c.Q.).

196. Le *Code civil du Québec* reconnaît trois types de majeurs protégés : les majeurs en curatelle, les majeurs en tutelle et les majeurs à qui l'on a nommé un conseiller.

positions encadrent et contiennent l'exercice de la liberté contractuelle des parties. Nous dressons à grands traits[197], en autant de paragraphes, le contenu normatif du contrat de travail et nous discutons des limites à la liberté contractuelle imposées aux parties. Auparavant, il nous faut savoir si une partie peut, grâce à sa position stratégique, imposer ses vues et ses conditions à l'autre.

II-36 — *Contrat d'adhésion* — Le contrat de travail est un contrat synallagmatique (art. 1380 C.c.Q.), onéreux (art. 1381 C.c.Q.), commutatif (art. 1382 C.c.Q.) et à exécution successive (art. 1383 C.c.Q.). Cependant, dans certaines circonstances, il peut aussi être d'adhésion[198] lorsque l'une des parties, habituellement le salarié[199], est vraiment dépourvue d'un quelconque pouvoir de négociation sur les composantes principales du contrat (art. 1379 C.c.Q.). Ainsi, à titre d'exemple, le contrat de travail pourrait être qualifié d'adhésion lorsque certaines données de base (le travail de l'un, la rémunération de l'autre et la subordination du premier au second (**II-54**)) sont imposées d'autorité par l'employeur. Les autres clauses secondaires ou accessoires ne pourraient être retenues pour la qualification initiale du contrat de travail. Le contrat d'adhésion suppose ainsi l'impossibilité pratique pour le salarié de discuter de ces mêmes conditions : pour lui, il est placé dans une situation « à prendre ou à laisser ». Quelle serait cette impossibilité et comment la reconnaître ? Il serait hasardeux de tenter une réponse bien ciselée à cette question puisque la jurisprudence n'a pas encore tissé de canevas à ce sujet. Cependant, il nous apparaît clair que l'employeur qui impose de façon prétorienne le contenu du contrat de travail de telle manière que le candidat fait face à cette seule alternative, accepter ou quitter, il doit s'agir d'un contrat d'adhésion[200]. Au-delà des premières apparences, la situation peut être plus difficile à qualifier lorsque l'impossibilité d'une véritable négociation résulterait plutôt de la conjoncture où la loi de l'offre et de la demande joue nettement en faveur de l'entreprise. Par exemple, l'entreprise qui annonce quelques postes vacants alors qu'elle reçoit plusieurs milliers de candidatures[201]. Il est alors possible,

---

197. Cette présentation n'est que schématique et chacun des thèmes soulevés est repris plus avant dans le présent titre.

198. Pour une analyse complète de ce type de contrat, nous renvoyons le lecteur à Nathalie CROTEAU, *Le contrat d'adhésion : de son émergence à sa reconnaissance*, Montréal, Wilson & Lafleur ltée, 1996. Voir également : Benoît MOORE, « À la recherche d'une règle générale régissant les clauses abusives en droit québécois », (1994) 28 *R.J.T.* 177.

199. Il n'est pas impossible que les rôles puissent être inversés. Ainsi, dans certaines circonstances, quoique rares, un salarié extrêmement spécialisé, performant ou possédant des attributs uniques pourrait littéralement imposer ses vues à son futur employeur.

200. À titre d'illustrations de situations semblables, voir : *Blais c. I.T.T. Canada Finance inc.*, D.T.E. 95T-434 (C.S.); *Commission des normes du travail du Québec c. Centre Lux ltée*, D.T.E. 94T-999 (C.Q.); *Gagnon c. Groupe Admari inc.*, D.T.E. 97T-476 (C.Q.).

201. Certaines entreprises conçoivent la sélection du personnel comme une simple opération de marketing. Elles annoncent quelques postes à grand renfort de publicité et montent une vaste opération de sélection sous le regard des caméras de la télévision!

dans un tel contexte, que la pression soit tellement forte sur le postulant qu'il ne puisse véritablement avoir le temps et les moyens pour transiger sur le contenu du contrat de travail. Pareille question n'est pas simple et exige la prise en considération de plusieurs facteurs, tant intrinsèques qu'extrinsèques : la nature de l'emploi, l'attitude et le comportement de l'employeur, la personne même du postulant, etc. Par ailleurs, cette qualification d'adhésion n'est pas neutre puisqu'elle entraîne d'importantes conséquences :

— en cas d'ambiguïté, le contrat d'adhésion s'interprète en faveur du salarié (art. 1432 C.c.Q.);

— les énoncés illisibles ou incompréhensibles pour une personne raisonnable sont nuls si le salarié en subit préjudice, à moins que l'employeur ne prouve que des explications adéquates lui furent données (art. 1436 C.c.Q.);

— les clauses abusives sont également nulles ou les obligations qui en résultent sont réductibles par le tribunal (art. 1437 C.c.Q.)[202];

— les clauses externes au contrat (par exemple, les règlements internes de l'entreprise) ne lient pas l'adhérent, à moins qu'il n'en ait pris connaissance avant de conclure le contrat de travail (art. 1435 C.c.Q.).

Cette qualification peut être particulièrement importante et s'inscrit dans un courant visant à rétablir l'équilibre entre les contractants et à protéger la partie qui est souvent la plus vulnérable (**I-102**).

II-37 — *Le contenu normatif* — Sans vouloir proposer un quelconque *vademecum* sur la rédaction d'un contrat de travail, nous présentons une simple vue d'ensemble de ses principales dispositions constitutives. Tout au long du titre II, nous reprenons de façon ponctuelle et plus détaillée ces mêmes notions esquissées à grands traits. Le contrat de travail peut être écrit ou verbal (**II-29**), formé d'un faisceau complexe de modalités ou se limiter à quelques simples énoncés. De ce fait, il serait présomptueux de vouloir décrire un contrat type; aussi, nous nous bornons à présenter les dispositions les plus usuelles.

i) *Son objet* : Il comprend une double prestation : l'engagement personnel et direct du salarié à se mettre à la disposition professionnelle de l'autre (**II-53, 87**) et la rémunération que doit verser l'employeur (**II-136**). En outre, ce dernier doit « permettre l'exécution de la prestation de travail convenue » (art. 2087 C.c.Q.) (**II-89**). Pour ce faire, l'entreprise accepte de

---

202. Une clause sera considérée comme abusive si elle désavantage le salarié de manière excessive, allant ainsi à l'encontre de ce qu'autorise la bonne foi (art. 1437, al. 2, C.c.Q.). À titre d'illustration, voir : *McAndrew* c. *Supermarché Tassé ltée*, D.T.E. 96T-1491 (C.Q.); *Gagnon* c. *Groupe Admari inc.*, précité, note 200.

recevoir le salarié dans ses locaux et lui permet l'usage de l'ensemble des biens et services de l'entreprise qui sont utiles à l'exécution de sa prestation de travail. De même, l'entreprise doit mettre en place les mesures appropriées pour assurer la santé et la sécurité du salarié (**II-106**), ce qui peut inclure la formation du candidat pour qu'il soit en mesure d'exécuter de façon sécuritaire son emploi (art 10, 51(9°) L.S.S.T.) ainsi que des conditions de travail qui respectent sa santé et sauvegardent sa dignité (art. 9 L.S.S.T.; art. 2087 C.c.Q.; art. 46 de la Charte).

ii) *Sa durée* : Le terme du contrat de travail résulte d'une division dichotomique; il est pour un terme prédéterminé ou pour une durée indéterminée (art. 2086 C.c.Q.) (**II-63**). Cette distinction est importante pour établir les règles de terminaison du contrat. Cependant, en aucun cas le contrat ne pourrait être pour la vie durant (art. 2085 C.c.Q.).

iii) *La rémunération* : La principale contre-prestation de l'employeur est la rémunération qu'il doit verser au salarié (**II-136 et suiv.**)[203]. Cette rémunération peut être polymorphe, en ce sens qu'elle doit comprendre l'ensemble des avantages de nature pécuniaire dus au salarié (**II-138**) tels le numéraire, les primes, les gratifications, les titres, etc. De plus, le contrat peut préciser les modalités de paiement (**II-142, 143**) qui peuvent varier en fonction des besoins ou des particularismes de l'entreprise (**II-145**).

iv) *Les fruits* : La résultante du travail, soit la production de biens ou de services, exige parfois certaines précisions ou modulations au contrat de travail. Il s'agira pour les parties de préciser la propriété intellectuelle ou industrielle des fruits du travail (**II-146**). Certes, ces questions ne se posent pas pour l'ensemble des salariés, mais dans certains domaines de pointe (informatique, industrie pharmaceutique, secteur biomédical, etc.), ces données revêtent une importance cruciale en raison des investissements massifs que peuvent requérir la mise au point d'un produit. À cet égard, les parties pourront circonscrire l'obligation de confidentialité (art. 2088 C.c.Q.) du salarié, et ce, afin d'assurer la pérennité du produit pour l'entreprise. Cette obligation pourra être plus ou moins étendue et il appartient aux parties de la moduler (**II-96**), car elle peut s'étendre au-delà même de la durée du contrat de travail (**II-98**).

---

203. « Qui travaillerait *pour rien* ? Tout au plus travaille-t-on pour le plaisir, parfois, et le plaisir n'est pas rien... Il est bien rare d'ailleurs, notons-le en passant, que le travail comporte en lui-même sa gratification. Le plus souvent, on travaille pour autre chose que le travail, et même si l'on travaille avec plaisir, cela arrive, ce n'est pas pour ce plaisir-là qu'on le fait, mais pour un autre, même lointain, même indéterminé, que l'argent promet ou permet. "Tout travail mérite salaire", dit-on. Travaillerait-on autrement ? L'égoïsme est roi, en l'homme, et c'est pourquoi l'argent est roi », André COMTE-SPONVILLE, « Impromptus », 1996, Paris, Presses Universitaires de France, p. 27 et 28.

v) *La loyauté et la non-concurrence* : L'obligation de loyauté s'impose de plein droit à tous les salariés (art. 2088 C.c.Q.). Certes, son étendue et sa portée peuvent varier en fonction du poste occupé dans l'entreprise (cadre supérieur ou simple manœuvre) (**II-103**)[204], de même que des termes du contrat. Il est loisible aux parties de l'étendre ou d'en contenir la portée. Ainsi, pour certaines entreprises, il peut être nécessaire d'interdire le double emploi (**II-100**) afin d'assurer une exclusivité de service (**II-101**) ou de préciser de façon concrète la notion de conflit d'intérêts (**II-102**). Les parties pourront délimiter l'équilibre que devra respecter le salarié entre ses intérêts et ceux de l'employeur. En ce qui a trait à la liberté de concurrence, après la résiliation du contrat de travail, elle est, en principe, permise. Toute disposition contractuelle à ne point faire concurrence, soit directement par la mise en place d'une entreprise concurrente ou en acceptant un emploi dans une entreprise rivale, doit nécessairement être stipulée par écrit au contrat, et ce, en termes exprès. Ainsi, le *Code civil du Québec* (art. 2089) permet, à certaines conditions précises et tout à fait restrictives, de limiter la liberté de concurrence même après la rupture du contrat de travail. Pour être juridiquement bien fondée, cette clause restrictive doit respecter une triple condition : une délimitation de contenu de temps, de lieu et d'objet. La rédaction de cette clause revêt une importance toute particulière puisque le fardeau d'en prouver la validité échoit nécessairement à l'employeur (art. 2089, al. 1 et 3, C.c.Q.) (**II-69**).

vi) *Le préavis de résiliation* : L'ultime étape de la relation d'emploi peut être franchie par l'une ou l'autre des parties. Chacune d'elles peut décider de mettre un terme à la relation contractuelle (art. 2091 C.c.Q.) (**II-168**)[205]. Ce droit est cependant astreint à une condition importante : la partie qui prend l'initiative d'une telle démarche doit donner à son vis-à-vis un délai de congé suffisant, à moins qu'elle ne dispose d'un motif sérieux de résiliation (**II-177**). Il est possible de procéder par la voie d'équivalence (**II-171**) en versant au salarié une indemnité qui représente la valeur de la rémunération pour la durée autrement exigible du délai de congé. Cette façon de procéder peut être avantageuse aux deux parties puisqu'elle permet au salarié de se consacrer entièrement à

---

204. *Savoie* c. *Tremblay*, précité, note 159; *Banque de Montréal* c. *Kuet Leong Ng*, précité, note 159; A. Edward Aust, « Les obligations de loyauté, de diligence et de coopération du cadre supérieur », dans Service de la formation permanente, Barreau du Québec, *Développements récents en droit du travail (1993)*, Cowansville, Les Éditions Yvon Blais inc., 1993, p. 47.

205. Sauf, naturellement, si le salarié dispose d'une certaine sécurité d'emploi en vertu de la *Loi sur les normes du travail* (art. 124) (**V-31**) ou d'une convention collective (**IV-192**). L'employeur ne pourrait également mettre fin au contrat de travail pour l'un des motifs protégés par une loi de l'emploi. À titre d'exemple, voir : art. 122 L.N.T.

la recherche d'un autre emploi et à l'employeur de se départir d'un élément qui pourrait devenir perturbateur s'il demeurait dans cet état au sein de l'équipe de travail. Cette indemnité ou ce préavis de départ peut être prédéterminé au contrat (**II-172**). À cet égard, il est loisible aux parties de s'entendre d'avance sur la durée du préavis ou son équivalent en numéraire et sur les modalités de paiement. Cette solution est avantageuse, car elle pourrait éviter la judiciarisation du litige. De plus, la clause pourra circonscrire les circonstances pour lesquelles une partie peut mettre fin à la relation d'emploi. Par ailleurs, pour être valide et légale, une telle clause de rupture doit pouvoir être qualifiée de « raisonnable » selon les trois critères énoncés à l'article 2091 C.c.Q. (**II-170**) : la nature de l'emploi, les circonstances particulières de son exercice et la durée de la prestation de travail. Compte tenu du caractère temporel de ces trois critères, on ne saurait utilement prévoir une clause *omnibus* qui trop étreint. Par exemple, une clause qui stipulerait que la partie qui met fin au contrat doit donner un préavis de six mois pourrait, dans certaines circonstances, être amplement suffisante[206], alors que dans d'autres cas, elle serait nettement déraisonnable[207]. Voilà pourquoi, règle générale, les parties retiendront une formule gigogne plus souple et flexible, où le calcul de l'indemnité serait à géométrie variable. Ainsi, la clause pourra prévoir un préavis ou une indemnité qui varie en fonction des années de service. Une telle clause prendrait modèle sur ce qui est prévu à l'article 82 de la *Loi sur les normes du travail* (**III-218**). Par ailleurs, il faut ajouter que ce forfait préétabli ne doit pas constituer une renonciation du salarié à son droit inaliénable d'obtenir une indemnité raisonnable (art. 2092 C.c.Q.) (**II-172**)[208]. Il s'agit là d'une incapacité de protection (**I-89; II-70**) qui vise uniquement le salarié et lui assure le droit à une indemnité suffisante.

Ce survol de synthèse des principales clauses du contrat de travail est loin d'être exhaustif; il ne s'agit que d'une esquisse du contrat que peuvent élaborer les parties. Cette démarche fait ressortir nettement la marge de manœuvre dont disposent les parties. Cependant, cette liberté est contenue par la *Charte des droits et libertés de la personne*, les lois de l'emploi, les contraintes de l'ordre public et parfois, les termes de la convention collective. Il y a lieu de le signaler.

II-38 — *La liberté contenue par la Charte* — La rédaction du contrat de travail doit se faire dans le respect de la *Charte des droits et libertés de la personne* et des lois de l'emploi (**I-22, 32**). Ainsi, le contrat de travail ne peut valablement

---

206. Pensons au salarié qui ne compterait que quelques mois de service.
207. Le chef de direction qui compte 20 ans de service.
208. Soulignons que l'article 2092 C.c.Q. ne semblerait pas s'appliquer dans le cas d'un contrat à durée déterminée. Voir : *Philibert c. Centre d'intégration scolaire inc.*, D.T.E. 97T-117 (C.S.).

contenir aucune disposition comportant une distinction, exclusion ou préférence fondée sur l'un des motifs protégés à l'article 10 de la Charte (**II-7; III-105**), sauf si cette exigence est requise par l'emploi (art. 20) (**II-8**). Parallèlement à cette prohibition, l'article 19 de la Charte (**III-106**) impose à l'employeur l'obligation d'accorder un traitement, ou une rémunération, égal aux membres de son personnel qui accomplissent un travail équivalent. Cependant, il n'y a pas de discrimination si la différence salariale est fondée sur l'expérience, l'ancienneté, la durée du service, l'évaluation au mérite, la quantité de production ou les heures supplémentaires dans la mesure où ces critères sont communs à tous les salariés[209]. L'article 19 de la Charte vise principalement à réduire les écarts salariaux existant entre les hommes et les femmes pour un travail équivalent. Cet objectif n'étant pas atteint[210], le législateur intervint en 1996 en imposant des mesures correctives qui lui soient propres avec la *Loi sur l'équité salariale*[211] (**III-721**). De plus, selon l'article 46 de la Charte, toute personne a le droit, conformément à la loi, à des conditions de travail justes et raisonnables qui respectent sa santé, sa sécurité et son intégrité physique. Cette disposition a comme objet d'assurer à tous les salariés des conditions de travail dites justes et raisonnables. Il est difficile de cerner avec exactitude la portée exacte de cette déclaration de principe, tellement la jurisprudence est rarissime sous ce chef[212]. Il n'en demeure pas moins que cette disposition nous amène à nous interroger.

— Peut-on retenir des conditions de travail (salaire, vacances, etc.) inférieures ou différentes pour les salariés atypiques (à temps partiel, sur appel, travail intermittent, à la pige, etc.) de l'entreprise (**VI-11**)[213] ?

— Un syndicat et un employeur peuvent-ils s'entendre partiellement pour exclure de l'application de la convention collective quelques catégories de salariés (occasionnels, temporaires, en période probatoire)[214] ?

---

209. Cette formule gigogne embrasse tellement largement qu'elle permet bien des échappatoires.
210. En 1994, au Québec, l'écart moyen entre le salaire d'un homme et d'une femme était de 30 %. Autrement dit, une femme recevait uniquement 70 % du salaire d'un homme pour un travail équivalent. Voir : *Journal des débats* du 28 mai 1996, vol. 35, n° 26, p. 1385.
211. L.Q. 1996, c. 43.
212. À titre d'illustrations de la portée potentielle de l'article 46 de la Charte, voir : *Tremblay* c. *Syndicat des employées et employés professionnels-les et de bureau, section locale 57*, [1996] R.J.Q. 1850 (C.S.); requête pour permission d'en appeler, C.A.M. n°s 500-09-002658-961 et 500-09-002707-966.
213. À cet égard, il nous faut rappeler les articles 41.1 et 74.1 de la *Loi sur les normes du travail* qui visent à assurer une certaine équité aux salariés à temps partiel. Voir : Jean-Yves BRIÈRE, « Le Big-Bang de l'emploi ou la confrontation de la *Loi sur les normes du travail* et des emplois atypiques », dans *Emploi précaire et non-emploi : droits recherchés*, Actes de la 5e journée en droit social et du travail, Cowansville, Les Éditions Yvon Blais inc., 1994, p. 1.
214. Pour ce qui est du droit à l'arbitrage, il semblerait que les salariés atypiques ne pourraient s'appuyer sur l'article 23 de la Charte pour prétendre qu'ils ont le droit fondamental de recourir à la procédure d'arbitrage. Voir : *Syndicat canadien de la fonction publique, section*

Le second volet de cet article 46 vise à assurer la santé et la sécurité du salarié et fait double emploi avec l'article 2087 du *Code civil du Québec* (**II-106**).

II-39 — *La liberté contenue par la législation* — Parmi les astreintes qui limitent ou modulent la liberté de manœuvre de l'employeur (**II-127**), il faut signaler principalement trois lois de l'emploi qui affectent directement les conditions de travail.

i) *La* Loi sur les normes du travail *(III-201)* : Cette loi impose à l'employeur le respect de certaines normes dites minimales. Les parties seraient libres de prévoir des conditions de travail différentes que dans la seule mesure où elles sont plus avantageuses pour le salarié (art. 93 et 94 L.N.T.) (**III-210**). En somme, le législateur fixe le seuil minimal du contrat de travail. Ces normes ont trait à plusieurs aspects : le salaire minimum (art. 39.1 à 51.1) (**III-211**); la durée du travail (art. 52 à 59) (**III-213**); les jours fériés, chômés et payés (art. 59.1 à 65) (**III-215**); le congé annuel (art. 66 à 77) (**III-216**); les congés pour événements familiaux (art. 80 à 81.3) (**III-217**); les congés de maternité (art. 81.4 à 81.17), etc.

ii) *La* Loi sur les décrets de convention collective *(I-47; III-501)* : En vertu de cette loi, le gouvernement peut adopter un décret (art. 6 et 7) visant à imposer à l'ensemble d'un secteur d'activité les conditions de travail élaborées par un groupe d'employeurs et de syndicats de ce même secteur. Par un tel décret, le gouvernement vise un double objectif : assurer aux salariés de ce secteur des conditions de travail décentes et une saine concurrence entre les entreprises du secteur. Ces conditions de travail fixées par le décret sont d'ordre public (art. 11 et 12) et les parties peuvent convenir d'une rémunération plus élevée et d'avantages plus étendus (art. 13).

iii) *La* Loi sur l'équité salariale *(III-721)* : Cette loi impose à certaines catégories d'entreprises[215] l'obligation de corriger les écarts salariaux dus à la discrimination fondée sur le sexe à l'égard des personnes qui occupent des postes dans des catégories d'emplois à prédominance féminine (art. 1). Ainsi, les entreprises visées devront modifier la rémunération de leurs salariés afin de tenir compte de cet objectif législatif. Les conditions de travail de ces salariés seront donc directement touchées et l'employeur n'aura d'autre choix que d'accorder l'équité salariale.

---

locale 2466 c. *Jonquière (Ville de)*, D.T.E. 97T-12 (C.A.); *Dion c. Syndicat canadien de la fonction publique, section locale 3562 et Hôpital Notre-Dame*, [1994] T.T. 518. Cependant, en matière de congédiement, ils pourraient s'adresser au tribunal de droit commun : *Déry* c. *Montréal-Nord (ville de)*, précité, note 176.

215. La loi reconnaît quatre catégories d'entreprises : celles qui ont moins de 10 salariés. Cette dernière n'est pas assujettie à la loi (art. 4); celles qui emploient de 10 à 49 salariés; celles qui comptent entre 50 et 99 salariés et, finalement, celles de plus de 100 salariés. Les obligations imposées par la loi varient considérablement en fonction des catégories d'entreprises (**III-723**).

Plusieurs autres lois de l'emploi[216] participent à la détermination de la marge de manœuvre de l'entreprise, mais nous nous limitons pour cette démonstration à ces trois lois qui touchent plus directement les conditions de travail qui peuvent avoir été convenues entre les parties.

II-40 — *La liberté contenue par l'ordre public* — Les prestations réciproques que les parties décident de s'imposer au contrat de travail ne doivent « être ni prohibées par la loi ni contraires à l'ordre public » (art. 1373 C.c.Q.). Le concept d'ordre public est quelque peu évanescent, fluide, en mouvance continuelle et comprendrait ces deux dimensions. D'abord, celle de l'ordre public décrété par les lois de l'emploi en vue d'assurer une protection efficace aux salariés (**I-95, 102**). L'ordre public peut aussi être entendu dans sa connotation générale (art. 9 C.c.Q.) qui vise à promouvoir les intérêts de la société tout entière et ainsi transcende les intérêts des individus qui la composent. Ce dernier volet de la notion d'ordre public est parfois invoqué pour justifier la nullité même du contrat de travail (**II-33**) ou de certaines conditions de travail imposées par l'employeur[217]. Notons que l'employeur ne pourrait davantage utiliser la convention collective pour déroger aux prescriptions de l'ordre public (art. 62 C.t.) (**IV-99**).

II-41 — *La liberté contenue par la loi interne* — Le droit interne propre à l'entreprise (**I-53**) qui se manifeste par la convention collective ou encore par certaines politiques ou pratiques vient également circonscrire et moduler la liberté des parties de s'entendre sur les conditions de travail (**II-133**). Comme nous le voyons plus avant (**II-75; IV-170**), la convention collective n'écarte pas le contrat de travail. Bien au contraire, la coexistence de ces deux actes est assurée par le *Code civil du Québec*. Il est vrai cependant qu'elle peut parfois soulever la problématique de la prééminence des textes. En somme, le contrat de travail pourrait-il contenir des conditions de travail supérieures à celles prévues dans la convention collective ? Une réponse affirmative s'imposerait, sauf si les parties renoncent toutes deux à cette liberté dans la convention collective. Cette règle conventionnelle signifierait que l'employeur ne pourrait offrir de conditions de travail plus avantageuses, entendu qu'il ne peut, en

---

216. Voir, notamment : la *Loi sur la santé et la sécurité du travail* (**III-401**); la *Loi sur les accidents du travail et les maladies professionnelles* (**III-301**); le *Code du travail* (**IV-4**); la *Loi favorisant le développement de la formation professionnelle de la main-d'œuvre*, L.R.Q., c. D-7.1 (**III-761**); la *Loi sur la protection des renseignements personnels dans le secteur privé* (**III-741**); la *Loi sur la formation et la qualification professionnelles de la main-d'œuvre* (**III-771**).

217. *Brossard (ville de)* c. *Québec (Commission des droits de la personne)*, précité, note 32; *Machtinger* c. *HOJ Industries Ltd.*, [1992] 1 R.C.S. 986; *Brasserie Labatt ltée* c. *Villa*, précité, note 86; *Godbout* c. *Ville de Longueuil*, précité, note 20; *Municipalité de Notre-Dame-de-la-Merci* c. *Bureau du commissaire général du travail*, [1995] R.J.Q. 113 (C.S.); *Tardif* c. *Cascades inc.*, D.T.E. 97T-397 (C.T.).

aucun cas, offrir moins que ce que garantit la convention collective (art. 67 C.t.) (**IV-168**). Une telle prohibition s'explique non seulement pour garantir la pérennité de la convention collective, mais également pour assurer une gestion uniforme des conditions de travail dans l'entreprise. Il appartiendrait aux parties (employeur–syndicat accrédité) de s'entendre, s'il y a lieu, sur la place et l'étendue que revêt le contrat de travail en présence d'une convention collective, bien que cette dernière ne saurait valablement nier l'existence de ces contrats de travail (**II-44**). Dans bien d'autres cas, les politiques internes de l'entreprise constituent le substrat du contrat de travail. Elles définissent les conditions de travail et régissent le comportement du salarié. Lorsqu'elles existent, ces politiques doivent être prises en considération dans la rédaction du contrat de travail (**I-56**).

II-42 — *Conclusion* — On ne saurait se méprendre, l'embauche constitue, et pour le salarié, et pour l'employeur, une opération dynamique, longue, coûteuse et à risque élevé. Processus coûteux non seulement en argent, mais également à l'endroit des personnes qui y participent. Nous avons également signalé les risques et les conséquences juridiques d'une embauche faite à la hâte, sans discernement ou de façon cavalière. Le gestionnaire doit tenir compte de l'ensemble du corpus juridique afin d'adapter ses processus de sélection et d'éviter, par inadvertance ou autrement, tout contrecoup. Dans ce domaine, la question dépasse la seule dimension de l'engagement du salarié; il nous faut aussi saisir la portée et les ramifications de la relation d'emploi. À ces fins, nous devons analyser davantage les caractéristiques du contrat de travail tel qu'il est défini, encadré et modulé dans le *Code civil du Québec*, pour mieux saisir sa portée, et pour le salarié, et pour l'employeur. Tel est l'objet des prochains chapitres.

CHAPITRE II-2

LE SALARIÉ ET L'EMPLOYEUR SELON LE C.C.Q.

———

II-43 — *Travailleur ou salarié* — Il est de commune expérience que de multiples personnes offrent leurs services à d'autres sous les formes les plus diverses : services professionnels, services-conseils, comme démarcheurs, courtiers, réalisateurs de projets, artisans, entrepreneurs, etc. Par ailleurs, nous savons aussi que le droit de l'emploi ne s'adresse qu'au type de rapport où le prestataire de services est généralement qualifié de salarié (**I-51**). Il nous faut donc pouvoir le définir, établir à quoi ou comment on peut juridiquement le reconnaître de manière à le distinguer des autres prestataires de services. Soulignons dès maintenant, et nous y reviendrons à maintes reprises, que les règles de droit servant à la qualification du salarié et à l'aménagement de ses rapports avec l'employeur s'élaborent, s'articulent et se comprennent en partant du concret, de la situation factuelle qui est la leur. Il nous semble que cette approche ascendante permet de mieux considérer la vraie nature de la relation qui s'établit et se réalise entre ces deux personnes dont les particularités peuvent sans cesse varier. Ce passage du concret à l'abstrait paraît plus réaliste et prudent parce qu'il s'agit de rapports qui dépendent de contingences si volatiles et si diverses qu'une règle de droit qui se voudrait *a priori* trop précise et détaillée ne pourrait valablement contenir ou saisir de telles réalités éparses et fugaces. Pour cette raison, nous considérons d'abord les données factuelles susceptibles d'aider à mieux comprendre le choix des règles applicables et, aussi, leur évolution. Bien évidemment, il nous faudra reprendre cette approche pragmatique dans bien d'autres occasions au cours du présent chapitre.

II-44 — *Singularité du travail pour un autre* — Quels sont les faits assez distinctifs ou particuliers pour qu'il faille, en droit, en tenir compte d'une manière précise ? On ne saurait être indifférent à la situation assez singulière où une personne travaille pour le compte d'une autre, selon les besoins et dans le cadre des consignes d'exécution de cette dernière, sans acquérir quelque titre de propriété à l'égard des fruits de son œuvre. En effet, comment expliquer, sur le plan juridique, la présence de plusieurs personnes :

— regroupées sous un toit qui n'est pas le leur ?

— qui participent à une œuvre qu'elles n'ont pas conçue ni nécessairement désirée ?

— qui utilisent du matériel et un équipement dont elles n'ont nullement la propriété ?

— qui aménagent leurs actions respectives en fonction de directives qu'elles reçoivent d'un tiers qui, très souvent, dispose lui-même d'un mandat à cet effet du propriétaire des lieux et des moyens de production ?

— qui sont susceptibles de recevoir des réprimandes ou autres sanctions à la suite de leurs manquements professionnels en fonction de l'appréciation de cette même autre personne ?

— qui doivent normalement pouvoir répondre aux demandes d'heures supplémentaires de travail, ce qui écourte d'autant leur temps libre ?

— qui reçoivent un salaire déterminé ou déterminable en contrepartie de leur travail et sans rapport direct ni immédiat avec les résultats bons ou mauvais de leur contribution ?

— dont les services peuvent être interrompus de manière plus ou moins définitive par décision de leur hôte ?

— qui ne peuvent juridiquement prétendre à quelque titre de propriété sur l'entreprise ? Etc.

Ces quelques traits laissent entrevoir le particularisme d'une semblable relation d'emploi et la nécessité d'en tenir compte à chacune des étapes que ces parties peuvent franchir. Puisque cette situation n'est nullement nouvelle[218] et que la révolution industrielle n'en fut que l'accélératrice et nullement l'instigatrice, on trouve, sous tous les régimes politiques et économiques des règles de droit qui traitent de ce type de relation. L'approche juridique de la question varie cependant selon les époques puisque ces données réfractent les régimes politico-économiques en place et que ceux-ci

---

218. « Parabole des ouvriers envoyés à la vigne : Car le royaume des cieux est semblable à un maître de maison qui sortit dès le matin, afin de louer des ouvriers pour sa vigne. Il convint avec eux d'un denier par jour, et il les envoya à sa vigne. Il sortit vers la troisième heure, et il en vit d'autres qui étaient sur la place sans rien faire. Il leur dit : Allez aussi à ma vigne, et je vous donnerai ce qui sera raisonnable. » Évangile selon Saint-Matthieu, chapitre XX.

évoluent selon la conjoncture et la culture. Ainsi, ces diverses règles de droit pourraient être placées en fonction de leur progression selon un axe où, à un pôle, on s'attarderait principalement à l'objet de ce rapport, la force de travail, selon une approche matérialiste ou mercantiliste. À l'autre pôle du même axe, on retiendrait d'abord la personne, le sujet de la prestation de travail, ce qui correspond à une conception plus humaniste de cette même réalité. Parce qu'il y eut et qu'il y a encore de la place pour bien des variantes entre ces deux pôles, nous situons, dans une première section, l'approche retenue au Québec, comme peut en rendre compte le *Code civil du Québec*.

Section 2.1
La genèse de l'article 2085 C.c.Q.

II-45 — *Location de service personnel* — Dans bien des civilisations, les prestataires de service personnel (esclaves, serfs, moujiks, serviteurs, etc.) furent représentés en droit comme s'il s'agissait de biens de la famille, d'une composante du cheptel vif du *paterfamilias* et progressivement, à titre de partie intégrante de l'organisation de la famille dans toutes ses activités de production de biens et de services. Au fil des siècles, on leur reconnut un certain statut, une existence juridique distincte de celle des maîtres[219]. Cette dernière approche s'est développée au cours des époques et fut particulièrement reprise et modulée par les juristes anglais et allemands. Notre culture juridique, plus imprégnée du droit français, nous porta davantage à retenir une conception latine, ce qui n'améliorait guère la situation de fait des prestataires de services. Elle tire même ses origines du droit romain où, toutes choses étant égales par ailleurs, on distinguait le contrat d'entreprise, soit celui par lequel l'exécution d'une œuvre ou d'un acte est confiée à une personne en contrepartie d'un prix (*locatio conductio operis faciendi*) et l'engagement d'une personne à son service, soit la *locatio conductio operarum*[220]. Dans ce dernier cas, le caractère fondamentalement servile de cet engagement et l'assimilation de la personne du travailleur à l'ensemble des composantes du patrimoine familial ne sont pas totalement effacés. Les deux aspects de cette division dichotomique des contrats (entreprise et service personnel) s'est

---

219. William BLACKSTONE, *Commentaries on the Law of England*, 1765–1769, Oxford, Clarendon Press, Wederberg.

220. Le bénéficiaire de ce service étant, selon les époques, le propriétaire du prestataire, le *paterfamilias*, le seigneur, le maître, l'employeur, etc.

perpétuée et se retrouve encore, côte à côte dans le *Code civil du Québec*[221]. Ainsi, cette approche formelle relative au contrat pour justifier, sur le plan juridique, la présence de l'un chez l'autre fut retenue en droit français et même synthétisée au *Code de 1804*. Beudant l'expliquait ainsi :

> Le louage de services n'échappait pas au libéralisme triomphant : conclu par deux individus libres et égaux en droit, il ferait la loi des parties. On ne peut enfin manquer d'observer qu'à cette sou-mission aux théories du moment la bourgeoisie trouvait trop bien son compte pour que son intérêt ne fût pas une troisième raison de la position neutre du Code[222].

Le libéralisme se traduit en droit par des garanties de l'État relatives notamment à la liberté de convention des individus, à la libre propriété, aux libertés de commerce, d'entreprise et de concurrence et à la responsabilité personnelle des actes de chacun (**I-64**). Ainsi était-il facile et presque normal que le droit explique la relation d'emploi à l'aide de ces mêmes concepts et principalement par la conjugaison de ceux de propriété et de contrat. L'un, capable de réaliser ses projets parce qu'il dispose de biens matériels, a néan-moins besoin d'une force de travail qu'il loue de l'autre. Dès lors, l'aménage-ment de cette relation d'emploi pivote, s'articule ou s'imbrique en fonction des droits inhérents à la propriété et au contrat.

II-46 — *Le* Code civil du Bas-Canada de 1865 — Les grandes règles du *Code civil du Bas-Canada de 1865* s'imprégnaient également des mêmes principes et valeurs tirés du libéralisme et en fournissaient des transpositions particulières en très grand nombre (**I-64**). Ce droit commun d'antan était cer-tes d'ordre patrimonial, en ce sens que l'on percevait d'abord l'homme par l'intermédiaire de ses biens, de sa facticité. On constate que cette conception fut aussi celle des codificateurs de 1865 pour traiter de la relation d'emploi : parfaite obédience au modèle retenu, le *Code civil français de 1804*[223]. Ainsi s'expliquerait le laconisme du *Code civil du Bas-Canada* au sujet du lien d'emploi alors qualifié de location de service personnel et de la similarité des

---

221. Comparez les articles 2085 et 2098 C.c.Q. Notons aussi que l'article 2099 C.c.Q. établit clairement la distinction entre ces deux contrats en précisant que l'un, le contrat d'entre-prise ou de services n'engendre « aucun lien de subordination quant à son exécution ». Ce critère distinctif est, en quelque sorte, un relent de cette conception séculaire.

222. Charles BEUDANT, *Cours de droit civil français*, tome 12, Paris, Librairie Arthur Rousseau, 1947, p. 3. Sur les plans historique et politique, voir : Robert CASTEL, *Les métamorphoses de la question sociale : une chronique du salariat*, Paris, Éditions Fayard, 1995, chap. IV, « La modernité libérale ».

223. Pierre LAPORTE, *La réintégration du salarié*, Montréal, Wilson & Lafleur ltée, 1995 ; l'auteur rend compte de l'état du droit relatif aux maîtres et serviteurs en Nouvelle-France et au Bas-Canada, p. 7 à 41.

dispositions relatives au travail des uns pour les autres[224]. Faisant grande foi au contrat, loi des parties, la relation salarié–employeur fut ainsi assimilée à une simple location, celle d'une « force de travail[225] ». Peut-être était-ce suffisant pour camper la question puisque le traitement des rapports résultant de cette location pouvait dès lors s'autoriser, à titre supplétif, du régime général de la location des choses (art. 1600 à 1665 C.c.B.-C.) et des règles applicables à tous contrats (art. 984 et suiv.). Ces quelques dispositions du Code de 1865 (art. 1666 à 1671) comportaient peu de précisions sur la relation d'emploi et les obligations qui y sont rattachées. Un rappel succinct de leur contenu en facilite la démonstration.

i) L'article 1666 imposait une grande division des contrats de « louage d'ouvrage » : le service personnel et celui des « contracteurs ».

ii) L'article 1667 précisait que cette location ne devait être que « pour un temps limité, ou pour une entreprise déterminée », prohibant ainsi l'usage d'un contrat dit perpétuel qui aurait pu autrement constituer indirectement un retour à l'esclavage ou au servage.

iii) L'article 1668 précisait que si le prestataire de services était dans l'impossibilité d'exécuter son obligation (décès ou incapacité), il y avait dès lors extinction du contrat de louage. En tout temps, l'une des parties pouvait y mettre fin par voie d'un préavis dont la durée était fonction de la période de paiement du loyer (salaire).

iv) L'article 1669 comportait des vestiges du XVIIIᵉ siècle où le serment du « maître » pouvait, à défaut d'écrit, faire foi au sujet des conditions d'engagement et des versements du loyer[226]. Au lieu de bannir totalement cette règle déjà vétuste dès 1866, alors qu'on avait proclamé l'égalité des personnes, on se limita à la bémoliser en 1878 par l'ajout de la mention : « mais ce serment peut être contredit comme tout autre témoignage[227] ».

v) L'article 1670 renvoyait, pour le surplus, aux règles communes au contrat.

On peut comprendre, au-delà de la conception philosophique inhérente, que ces dispositions pouvaient recevoir une certaine application en milieu rural ou dans les entreprises de type artisanal ou familial, mais guère davantage sans

---

224. L'annexe 4 permet de comparer le contenu initial de ces deux codes : le *Code civil français de 1804* et celui du Québec de 1866.

225. N'est-il pas révélateur le fait que le chapitre traitant du louage d'ouvrage était situé entre celui du louage de choses et celui portant sur le bail à cheptel (location de bétail) ? Une première version de ces commentaires apparaît sous le titre : Fernand MORIN, « Le salarié, nouvelle conception civiliste », (1996) 51 *Rel. Ind.* 5.

226. La jurisprudence poussa la règle jusqu'à reconnaître que si le maître était décédé, les héritiers pouvaient témoigner à sa place. Voir : *Lussier c. Gloutenay*, (1859) 9 L.C.R. 433 (B.R.)

227. S.Q. 1878, 41 et 42 Vict., c. 12, art. 1.

comporter autrement des dangers d'abus néfastes en raison du postulat d'égalité qui sied au contrat, mais qui est trop souvent absent lorsqu'un être « loue sa propre personne » pour assurer sa subsistance et qu'il est dépourvu, à cette fin, de tout autre moyen.

II-47 — *Anachronisme du droit civil* — Par leur rareté et leur contenu, nous dégageons ci-après de ces dispositions du premier code civil, deux observations générales relatives à la conception de la relation d'emploi.

i) La personne même qui offrait le service n'importait guère; sa prestation était seule l'objet de la location et de toute l'attention. On détachait ainsi l'homme de son travail pour objectiver le rapport contractuel selon une conception strictement marchande. L'opération juridique qui en découlait était dès lors grandement facilitée et le renvoi à titre supplétif aux dispositions générales de la location des choses devenait apparemment logique, cohérente et même inéluctable. Le prix d'une telle transposition consistait cependant à écarter la personne même de son propre apport, c'est-à-dire à confondre le sujet avec l'objet, pour ne voir que ce dernier.

ii) Puisque l'objet du louage était le service et que les bras, les jambes et sûrement la tête en constituent l'instrument, la personne derrière ce schéma juridique avait le rang de locateur, et son employeur, celui de locataire. Terminologie assez paradoxale selon laquelle le locataire est le propriétaire et maître des lieux alors qu'en pratique, la situation inversée (locateur–propriétaire) nous serait plus familière. La transposition analogique des titres ne dépassa pas cette dimension formelle.

Telle était la place initiale réservée à la relation d'emploi dans le *Code civil de 1865* et qui servit de base à une construction lente et laborieuse d'un droit prétorien pour tenter de tenir compte des nouvelles réalités d'une société en voie de métamorphoses profondes résultant de son urbanisation, de son industrialisation et de l'avènement du salariat (**I-66**). Il va de soi, dans un tel terreau rachitique du droit, que le législateur dut intervenir par à-coups, à l'aide d'une série de lois de colmatage à la suite de constats d'abus intolérables des premiers grands capitaines d'industries (**I-71**). Les faits têtus de cette société nouvelle engendrée par l'industrialisation et l'urbanisation contraignirent le législateur et les tribunaux à élaborer des règles de droit hors de l'enceinte du droit commun en instituant au besoin des techniques et catégories distinctes de celles retenues au *Code civil du Bas-Canada* (**I-70**). Par exemple, l'évolution de notre droit relatif à la responsabilité civile en matière d'accident du travail constitue un échantillon symbolique et dramatique des tiraillements et conflits que nous avons connus pour corriger, contenir ou compléter ces règles générales du droit relatives à la propriété et au contrat afin de mieux saisir la réalité de la relation d'emploi. Les tribunaux exigèrent d'abord que l'accidenté fasse lui-même la preuve de la négligence fautive de l'employeur; à défaut, il n'avait qu'à s'en prendre à lui-même[228]. Le législateur dut intervenir par trois lois différentes étalées sur une période de vingt ans pour établir que l'accident de travail était, de ce seul fait, un risque inhérent à l'entreprise et que l'employeur devait en assumer les conséquences comme tout autre coût ou aléa de production (**III-303**)[229].

II-48 — *Réticence au* Code civil du Québec — Ce fond de scène historique, aussi sommaire soit-il, peut permettre néanmoins de comprendre l'attitude de bien des juristes à vouloir refuser tout emprunt au droit civil pour analyser, saisir ou harmoniser les règles du droit de l'emploi et ses institutions. Ils y voient des relents d'une conception vétuste, étrangère et même néfaste aux salariés et à la qualité des rapports modernes d'emploi[230]. Il est vrai que cette « province du droit » s'est constituée en marge du droit commun et souvent en réaction à ses applications parfois trop favorables à une seule des deux parties (**I-64, 86**)[231]. Le droit de l'emploi connut aussi de grands développements, il s'y élabora de nombreuses techniques, notamment celles de la représentativité. Sa composante dynamique, les rapports collectifs du travail, est fondée sur des données étrangères au droit civil du XIXe siècle, la collectivité structurée et agissant par et pour ses membres (**I-106; IV-43**). Mais, personne n'affirme, bien que certains semblent le souhaiter, que le droit de l'emploi serait ou pourrait être un droit autonome disposant de tous les principes et règles générales pour se saisir de la totalité de la personne du salarié et de sa vie juridique. Nous le réitérons (**I-108**), l'aspect professionnel, objet principal

---

228. Katherine LIPPEL, *Le droit des accidentés du travail à une indemnité : analyse historique et critique*, Montréal, Les Éditions Thémis inc., 1986. À titre d'exemples, on peut consulter : *Dorin c. La compagnie de chemin de fer canadien du Pacifique*, (1910) 37 C.S. 493; *The Shawinigan Carbide Company c. Doucet*, (1910) 42 R.C.S. 281. Fort heureusement, ce fardeau fut en partie allégé par une attitude plutôt favorable aux travailleurs manifestée par plusieurs juges. À ce sujet, voir : Marie-Louis BEAULIEU, « Les rapports de l'employeur avec la sécurité sociale à l'occasion des accidents de travail et des maladies professionnelles », (1963) 13 *Thémis* 219.

229. *Loi concernant la responsabilité des accidents dont les ouvriers sont victimes dans leur travail, et la réparation des dommages qui en résultent*, S.Q. 1909, c. 66; *Loi relative à la retenue sur le salaire des ouvriers pour fins d'assurance*, S.Q. 1915, c. 71; *Loi des accidents du travail*, S.Q. 1930–1931, c. 100.

230. Pierre VERGE, « Vision d'une révision du Code du travail », (1979) 20 *C. de D.* 900. L'auteur posait déjà fort bien la question (p. 905) et proposait un clair détachement par rapport au droit commun. Une approche plus réconciliatrice semble apparaître depuis l'avènement du *Code civil du Québec* (1994). Voir : Pierre VERGE et Guylaine VALLÉE, *Un droit du travail ?, Essai sur la spécificité du droit du travail*, Cowansville, Les Éditions Yvon Blais inc., 1997.

231. À titre d'exemple, l'article 1019 C.c.B.-C. précisait qu'en cas de doute, le contrat s'interprétait, sans autres nuances, en faveur de celui qui s'oblige. Or, selon l'économie du système, c'est l'employeur qui s'oblige davantage dans le cadre d'une convention collective puisqu'on tente généralement d'y inclure ses prérogatives. En conséquence, l'article 1019 C.c.B.-C. ne pouvait être que favorable à l'employeur, d'où l'effort pour éviter un tel emprunt du droit commun. Le nouvel article 1432 C.c.Q. comporte un bémol qui tarda trop à venir (**II-65**).

du droit de l'emploi, n'est qu'une facette, aussi importante soit-elle, de la personne du salarié et de ses préoccupations principales. Ses autres volets échappent, en tout ou en partie, à cette branche particulière du droit : citoyenneté, politique, formation scolaire, culture, consommation, vie sociale et familiale, sport, sécurité sociale, etc. Il est vrai que l'on aurait pu garnir davantage le droit de l'emploi en le complétant d'un régime détaillé et précis relatif à la relation individuelle entre le salarié et l'employeur. Le législateur refusa cette approche[232] et préféra, nous semble-t-il, considérer le droit de l'emploi comme une branche particulière et attenante au tronc commun qu'est le *Code civil du Québec* dans sa nouvelle version (**I-38**). Ainsi s'expliquerait la présence d'un chapitre portant expressément sur le contrat de travail (art. 2085 à 2097 C.c.Q.) et dont la vocation générale, à titre de partie de ce tout, serait du même coup précisée dans la disposition préliminaire du même code (**I-41**). En conséquence, il nous importe de bien saisir la portée pratique de ces treize dispositions telles qu'elles sont situées au sein même du *Code civil du Québec*[233]. Tel est l'objet de la prochaine section du présent chapitre (**s. 2.2**).

II-49 — *Les bases du droit de l'emploi* — Au préalable, il convient de dégager deux observations générales relatives au chapitre du contrat de travail du *Code civil du Québec*.

   i) Si le contrat de travail, dans sa formule quelque peu renouvelée, est partie intégrante du *Code civil du Québec*, il va de soi, selon la logique juridique et le souci de cohérence du droit, que les autres dispositions du même code lui servent d'humus, d'environnement ou de règles supplétives pour couvrir, au besoin, les interstices, les lacunes réelles ou déclarées et aussi, à titre de guides pour son interprétation par son intertextualité, notamment quand les règles générales et les principes propres au droit de l'emploi ne suffisent pas (**I-108**).

---

232. Elle lui fut d'ailleurs proposée d'une façon particulière par la Commission consultative sur le travail et la révision du *Code du travail* (commission Beaudry), Gouvernement du Québec, 1985, notamment aux p. 115 et suiv. Voir également : Pierre VERGE, « Faut-il "nommer" le contrat de travail ? », (1988) 29 *C. de D.* 977 et Georges AUDET, Robert BONHOMME, Clément GASCON et Laurent LESAGE, « Le contrat individuel de travail en vertu du nouveau *Code civil du Québec* : deux pas en avant, un pas en arrière », (1992) 52 *R. du B.* 455.

233. D'autres analyses de ces dispositions sont présentées par Robert BONHOMME, Clément GASCON et Laurent LESAGE, *Le contrat de travail en vertu du Code civil du Québec*, Cowansville, Les Éditions Yvon Blais inc., 1994; STIKEMAN et ELLIOTT, *Les dirigeants : leurs droits et leurs obligations*, Cowansville, Les Éditions Yvon Blais inc., 1995; Fernand MORIN et Rodrigue BLOUIN, *Le Code civil et les relations du travail*, Coll. Instruments du travail, Sainte-Foy, *Département des relations industrielles*, Université Laval, 1993; Marie-France BICH, « Le contrat de travail et le *Code civil* : du nouveau à l'horizon », (1990) 24 *R.J.T.* 111; J.-Y. BRIÈRE et J.P. VILLAGGI, *op. cit.*, note 11; Marie-France BICH, « Contrat de travail et *Code civil du Québec* — Rétrospective, perspectives et expectatives, » dans SERVICE DE LA FORMATION PERMANENTE, BARREAU DU QUÉBEC, *Développements récents en droit du travail (1996)*, Cowansville, Les Éditions Yvon Blais inc., 1996, p. 189.

ii) L'apport du Code civil, synthèse du droit commun[234] peut apporter une sève nouvelle et féconde à la branche du droit de l'emploi. Nous ne croyons pas que cet événement de 1994, et notamment la réaffirmation de la vocation générale du *Code civil du Québec* (**I-41**), puisse être perçu comme une dangereuse astreinte imposée au droit de l'emploi ou un quelconque détournement de cette branche du droit à finalité sociale[235]. Les principes généraux du *Code civil du Québec*, particulièrement ceux relatifs à la bonne foi et à l'équité, peuvent être éclairants. De plus, une meilleure harmonisation entre ces deux corpus du droit positif peuvent également conférer plus de sécurité et de stabilité aux parties (**II-74 et suiv.**)[236].

En somme, la qualification juridique du rapport entre l'employeur et le salarié par le contrat de travail suppose, d'une part, que les intéressés puissent librement en moduler le contenu dans le respect des lois et de l'ordre public et, d'autre part, que les tribunaux judiciaires et spécialisés puissent, au besoin, vérifier la qualité juridique de la teneur de ces modalités contractuelles. À ces fins, le contrat de travail fait fonction de fenêtre ouverte sur le *Code civil du Québec*, notamment à l'égard des treize dispositions particulières qui encadrent le contrat de travail et aussi, des règles générales applicables à tous contrats.

---

234. Jean-Maurice BRISSON, « Le *Code civil*, droit commun ? », dans *Le nouveau Code civil — interprétation et application*, Journées Maximilien-Caron 1992, Montréal, Les Éditions Thémis inc., 1993, p. 292.

235. Cela ne témoigne pas de notre part d'une satisfaction totale de ces treize dispositions du Code civil. Voir : F. MORIN, *loc. cit.*, note 225, notamment p. 31 et suiv.

236. Il est aussi possible que la Cour suprême du Canada doive tenir compte de cette étroite liaison du droit de l'emploi et du *Code civil du Québec* pour sauvegarder ce trait distinctif en évitant de le confondre avec la common law par simple souci de commodité ou par inadvertance. D'ailleurs, la Cour suprême a souligné à maintes reprises le caractère autonome de notre droit civil. Voir : *Farber* c. *Cie Trust Royal*, [1997] 1 R.C.S. 846.

Section 2.2

Les premiers effets du contrat de travail

II-50 — *Observations liminaires* — Que cela plaise ou non aux « travaillistes », aux institutionnalistes ou aux traditionalistes, le législateur fit un choix ou plutôt, il réitéra l'option déjà prise depuis fort longtemps (**II-46**) à savoir que le rapport établi entre une personne qui travaille sous la direction d'une autre se conçoit, s'articule et se définit par le contrat[237]. Tel serait, nous semble-t-il, le premier enseignement dégagé de la seule présence de l'article 2085 C.c.Q. : « Le contrat de travail est celui par lequel une personne, le salarié, s'oblige, pour un temps limité et moyennant rémunération, à effectuer un travail sous la direction ou le contrôle d'une autre personne, l'employeur. » Nous devrons en tirer bien d'autres leçons au cours du présent développement, outre ces observations liminaires.

i) Le qualificatif retenu « contrat de travail » évacue l'appellation quelque peu désobligeante, matérialiste et depuis longtemps vétuste de « location de service personnel » ou encore, l'expression pour le moins anachronique de « maître et serviteur[238] ». Symboliquement, ces nouvelles dispositions énoncées aux articles 2085 à 2097 forment aussi un chapitre bien démarqué et distinct de celui sur le louage[239].

---

237. Le « rapport de travail » peut certes être expliqué autrement mais au risque, croyons-nous, d'un droit de l'emploi balkanisé. Voir : Pierre VERGE, « Réalité juridique du rapport de travail », dans Gilles TRUDEAU, Guylaine VALLÉE et Diane VEILLEUX (dir.), *Études en droit du travail à la mémoire de Claude D'Aoust*, Cowansville, Les Éditions Yvon Blais inc., 1995, p. 346.

238. Encore récemment, la Cour suprême du Canada employait les termes de « maître et serviteur » dans la traduction française de l'arrêt *Knight* c. *Indian Head School Division no. 19*, [1990] 1 R.C.S. 653.

239. Le chapitre consacré au louage se trouve aux articles 1851 à 2000.

ii) Il s'agit d'un contrat, ce qui signifie que les règles générales applicables à tout contrat peuvent, au besoin, lui servir d'assises et d'encadrement (art. 1377 et suiv. C.c.Q.): formation, interprétation, obligation, effets, responsabilité civile, extinction, etc.

iii) Les deux parties à ce même contrat sont qualifiées l'une de salarié, l'autre d'employeur. Sans soutenir l'exclusivité de ces deux appellations pour les seules parties à ce contrat, il nous faut reconnaître que certaines lois retiennent un terme apparemment plus vague, celui de « travailleur » qui comprend le salarié et aussi d'autres prestataires de service personnel[240] (**II-77**).

iv) Les termes utilisés renvoient avec insistance aux deux personnes en cause (le prestataire et son bénéficiaire) en indiquant la nature du rapport que le contrat engendre: le premier se place sous la direction ou le contrôle du deuxième (**II-55**).

v) La genèse de l'article 2085 C.c.Q., l'économie générale du contrat de travail, notamment le pouvoir de direction qu'il justifie et les effets qui en résultent selon les articles 2087 (santé, sécurité et dignité), 2093 (décès) et 2096 (certificat d'emploi), nous permettent d'affirmer que « le salarié » dont il s'agit à l'article 2085 ne peut être qu'un individu et nullement une personne morale[241].

vi) Ce choix postérieur du législateur signifie que les lois relatives à l'emploi chronologiquement antérieures doivent dorénavant être lues, interprétées et appliquées en tenant compte du chapitre VII du *Code civil du Québec*. Bien évidemment, les définitions et dispositions expresses de ces dernières lois qui dérogent ou diffèrent clairement des treize dispositions du Code civil devraient prévaloir dans cette même mesure, mais nullement au-delà (**I-41 ; II-78**).

vii) L'objet du contrat est le travail de l'un au bénéfice de l'autre, sans distinction par ailleurs de la nature physique ou intellectuelle de cette prestation, ni de sa destination: production d'un bien ou d'un service avec idée de

---

240. La *Loi sur la santé et la sécurité du travail* et la *Loi sur les accidents du travail et les maladies professionnelles* (**III-306, 406**). Il est vrai que la définition de salarié donnée dans la *Loi sur les décrets de convention collective* (art. 1 j)) embrasse formellement plus que la notion civiliste de salarié: un anachronisme inversé. La définition de salarié apparaissant au *Code du travail* (art.1, al. l) ne pose pas pareil problème d'harmonisation bien qu'elle soit plus restrictive. Ces dernières exclusions confirment *a contrario* que ces personnes ainsi écartées sont néanmoins des salariés pour toute autre fin que celle de l'aménagement des rapports collectifs en fonction du *Code du travail*. Autrement, il n'y avait pas lieu de les en exclure.

241. Voir: Jean-Yves BRIÈRE, « Le *Code civil du Québec* et la *Loi sur les normes du travail*: convergence ou divergence ? », (1994) 49 *Rel. Ind.* 104, 116; *Dazé* c. *Messageries Dynamiques*, D.T.E. 90T-538 (C.A.); *Villiard* c. *Dale-Parizeau*, D.T.E. 97T-507 (C.S.). À l'effet contraire, voir: *Leduc* c. *Habitabec inc.*, D.T.E. 94T-1240 (C.A.).

lucre ou de charité, etc. Aux seules fins de la qualification de ce contrat, ces dernières données n'importent pas, bien qu'elles puissent parfois servir d'indices[242].

viii) Le salarié au sens de l'article 2085 C.c.Q. serait un préposé à son employeur commettant, et ce dernier est, de ce fait, responsable des actes que le premier pose à ce même titre (art. 1463 C.c.Q.). L'élargissement de la définition de salarié par l'effet des lois de l'emploi ou des conventions n'emporte pas automatiquement ni nécessairement ce même effet juridique et pourrait, pour cette raison, préalablement exiger une qualification *ad hoc*.

ix) La présence de la définition du contrat de travail au *Code civil du Québec* ne saurait signifier que les tribunaux judiciaires disposeraient d'une compétence exclusive à sa qualification. Aux fins directes d'exercice de leur compétence respective, les tribunaux spécialisés (commissaire du travail, Tribunal du travail, arbitre de griefs) peuvent certes établir les statuts de salarié et d'employeur qui découlent de ce contrat et, partant, de son existence.

On constate dès lors que la simple présence de l'article 2085 C.c.Q. n'est pas indifférente et peut produire bien des effets non totalement perceptibles au premier abord.

II-51 — *Lié par contrat* — Celui qui s'oblige «[...] à effectuer un travail sous la direction ou le contrôle d'une autre personne [...]» est présumé y être liée par un contrat (art. 2085 C.c.Q.)! Qu'est-ce à dire ? En premier lieu, nous devons dégager, sur le strict plan juridique, qu'il y eut accord de volontés (art. 1378 C.c.Q.) **(II-32)** et que cet accord peut être exprès ou implicite. Dans ce deuxième cas, il s'agit d'une présomption[243] que l'on dégage du fait que l'un se soit placé en pareille situation envers l'autre et réciproquement **(II-44)**. Sans employeur, nul ne peut se prétendre salarié, ni employeur celui qui n'a pas de salarié. Si, par leur comportement mutuel et au-delà d'un accord explicite, il en est ainsi, alors on déduit de cette situation de fait qu'il y eut pareil accord de volontés et que cette entente, aussi ténue soit-elle, précède les faits constatés et y préside juridiquement; dès lors, l'article 2085 C.c.Q. s'applique. Un tel accord expressément conclu ou simplement dégagé

---

242. Il est vrai que l'on fit un temps une distinction entre le travail du salarié et celui du «professionnel»-salarié pour les fins de l'aménagement des rapports collectifs du travail **(IV-65)** : Marie-France BICH, « Le professionnel-salarié — Considérations civiles et déontologiques », dans André POUPART (dir.), *Le défi du droit nouveau pour les professionnels — Le Code civil du Québec et la réforme du Code des professions*, Journées Maximilien-Caron (1994), Montréal, Les Éditions Thémis inc., 1995, p. 47.

243. L'article 2846 C.c.Q. définit ainsi la présomption : « La présomption est une conséquence que la loi ou le tribunal tire d'un fait connu à un fait inconnu. »

d'une situation de fait comporte néanmoins maintes implications juridiques, notamment celles qui suivent.

i) Ce contrat existe si les parties disposaient respectivement de la capacité juridique leur permettant d'y consentir (art. 1398 et suiv. C.c.Q.)[244].

ii) Le consentement échangé entre les parties doit être libre et éclairé (art. 1399 C.c.Q.)[245].

iii) L'objet du contrat ne doit pas être prohibé par la loi ou contraire à l'ordre public (art. 1413 C.c.Q.). Il peut être de nature intellectuelle ou manuelle et, bien évidemment, une mixture des deux[246].

iv) La nature même du contrat de travail tel qu'il est défini à l'article 2085 C.c.Q. suppose qu'il soit à titre onéreux et synallagmatique, c'est-à-dire qu'il comporte des obligations pour les deux parties, de manière que l'objet de l'obligation de l'une soit la cause de l'obligation de l'autre (art. 1380, 1410 C.c.Q.) (**II-33**).

v) La conclusion de ce contrat n'exige pas qu'il soit précédé d'une négociation précise et détaillée du contenu des obligations respectives des parties. Il est possible qu'il y donne lieu, mais ce n'est pas là un préalable indispensable. Les prestations réciproques des parties peuvent être sous-entendues, mais néanmoins fort bien connues de part et d'autre (**II-35**).

vi) Le contrat de travail peut, selon les circonstances particulières de chaque cas, être de gré à gré ou seulement d'adhésion. Il existe de nombreuses situations où sa conclusion est précédée d'une négociation réelle du contenu possible (gré à gré ou donnant donnant), alors que dans d'autres cas, la conclusion d'un tel contrat ne porte que sur la mutuelle acceptation des deux personnes en présence alors que le contenu de leurs obligations seraient unilatéralement dicté par l'employeur (contrat d'adhésion : art. 1379 C.c.Q.)[247]. Dans ce dernier cas, un tel contrat s'interprète, si un doute subsiste bien évidemment, « [...] en faveur de l'adhérent » (art. 1432 C.c.Q.) (**II-36**)[248]. Dans le cas où le salarié est

---

244. Dans le cadre d'un emploi, le mineur de 14 ans ou plus peut valablement convenir d'un contrat de travail (art. 155 C.c.Q.) (**II-26, 34**).

245. Le consentement peut être vicié par l'erreur, le dol ou fraude et la crainte. Pour des illustrations jurisprudentielles de l'erreur, voir : *Ville d'Anjou* c. *Patry*, précité, note 175 ; de dol ou de fraude, voir : *Ville de Montréal-Est* c. *Gagnon*, précité, note 179 ; *Maribro inc.* c. *L'Union des employés(es) de service, local 298 (FTQ)*, précité, note 182 ; *Épiciers unis Métro-Richelieu inc.* c. *Lefebvre*, D.T.E. 95T-207 (C.S.) ; de la crainte, voir : *J.J. Joubert* c. *Lapierre*, [1972] C.S. 476.

246. *Office de la construction du Québec* c. *Les industries JAL ltée*, précité, note 189 ; M.-F. BICH, *loc. cit.*, note 242 (**II-40**).

247. Sur le contrat dit d'adhésion, voir : N. CROTEAU, *op. cit.*, note 198.

248. Benoit MOORE, « À la recherche d'une règle générale régissant les clauses abusives en droit québécois », (1994) 28 *R.J.T.* 177, 202.

aussi lié par convention collective, nous ne croyons pas que son contrat puisse être d'adhésion parce que, par la voie collective, le contenu des conditions de travail est bilatéralement négocié (**I-50; II 79**).

vii) S'agissant d'un contrat, les dispositions générales relatives à son interprétation lui sont certes applicables (art. 1425 à 1432 C.c.Q.) si, bien évidemment, il y a lieu d'emprunter cette voie et en tenant compte de sa nature particulière (**II-65**) ainsi que du contexte juridique dans lequel un pareil contrat s'inscrit. Nous devons retenir à ce sujet la présence d'un grand nombre de lois, règlements, conventions et usages (**I-42 à 61**) et des règles relatives à la hiérarchie des sources (**I-22, 101**). En somme, il faut pouvoir aborder cette question de manière à sauvegarder la cohérence et la stabilité des rapports entre les parties, sachant que les dispositions du *Code civil du Québec* ne sont ni immuables, ni absolues, comme il est dit d'ailleurs à la finale de la disposition préliminaire (**I-41**).

En sus de ces considérations générales, nous devons procéder plus avant pour circonscrire toujours davantage le particularisme du contrat de travail.

II-52 — *Trois composantes* — Le contrat de travail tel qu'il est défini à l'article 2085 C.c.Q. (**II-50**) résulte de la conjugaison de trois éléments qu'il nous faut toujours retrouver : le travail de l'un, la rémunération de l'autre et la subordination du premier au second. Sans la présence réelle de ces trois données, le rapport entre les parties ne saurait juridiquement être qualifié de contrat de travail. En pratique, cela signifierait que toute contestation au sujet de l'existence d'un tel contrat en vue de connaître la nature des obligations respectives des interlocuteurs porterait principalement sur ces trois mêmes éléments. En conséquence, il convient de reprendre distinctement ces trois points de manière à mieux saisir à la fois leur portée respective et leurs nécessaires conjugaisons. L'intérêt d'un tel débat peut être important pour chacune des parties. Si le prestataire est qualifié de salarié, les lois de l'emploi lui sont applicables. À l'égard des tiers, c'est l'employeur qui répondrait des actes du salarié accomplis à ce titre (art. 1463 C.c.Q.), etc. Il en est tout autrement si ce prestataire est qualifié d'entrepreneur (art. 2099 C.c.Q.)[249].

---

249. Pour mieux illustrer l'intérêt de cette qualification, nous rappelons l'histoire judiciaire d'un arrêt classique : *Québec Asbestos Corporation* c. *Couture*, [1929] R.C.S 166 et commenté à F. Morin, *op. cit.*, note 20, p. 46. La victime Couture connut successivement ces deux qualifications et les conséquences finales lui furent néfastes. La Cour supérieure et la Cour d'appel déclarèrent qu'il travaillait à titre de salarié, alors que la Cour suprême du Canada vit finalement en lui un entrepreneur ! Cette dernière conclusion signifiait, en pratique, qu'il assumait lui-même les coûts de l'accident. N'est-ce pas suffisant pour reconnaître que l'exercice de la qualification juridique n'est pas neutre ?

II-53 — *Une prestation de travail* — En premier lieu, la prestation de travail dont il s'agit comprend celle que doit apporter la personne même qui est engagée et nulle autre (**II-57**). En effet, la personne qui s'oblige à titre de salarié est celle qui doit fournir directement la prestation et elle ne saurait valablement imposer un remplaçant ou un substitut, quelle que soit par ailleurs la qualité de ce dernier. On notera le libellé de l'article 2085 C.c.Q. qui spécifie bien qu'il s'agit d'une personne qui s'oblige. Il doit en être ainsi parce qu'il revient au bénéficiaire de cette prestation de choisir librement la personne dont il accepte le service[250]. Nous verrons d'ailleurs que celui qui fait ce choix de la personne du salarié doit également respecter son engagement, c'est-à-dire qu'il « [...] est tenu de permettre l'exécution de la prestation de travail convenue [...] » (art. 2087 C.c.Q.) (**II-89**). Cette obligation personnelle relative à la prestation de travail constitue l'élément le plus important de cette liaison et module, selon son intensité et ses spécificités, les deux autres données du contrat. En effet, la rémunération peut être plus ou moins élevée en fonction de la qualité, de l'exclusivité et de la rareté de semblable prestataire, et les moyens de diriger ou de contrôler varieront selon la complexité du travail et l'étendue de l'autonomie professionnelle requise pour son exécution. L'intimité ainsi établie entre la personne du prestataire et le travail requis laisse bien entendre que dans ce contrat, objet et sujet peuvent souvent se confondre, ce qui peut provoquer quelques dérapages. D'ailleurs, le caractère protectionniste des lois de l'emploi (**I-102, 107**) est principalement justifié par cette première donnée. Il va sans dire, bien qu'il soit plus prudent de le rappeler, que l'obligation personnelle du salarié est une obligation de moyens puisqu'elle est effectuée, sur le plan juridique, sous la direction ou le contrôle de l'autre. D'une certaine manière, cette situation distingue le salarié de l'entrepreneur (petit ou grand), alors que ce dernier s'engage normalement à un certain résultat et, à cette fin, il jouit d'une réelle liberté de manœuvre, à des degrés variables cependant, en vue de l'atteindre. N'est-ce pas d'ailleurs pour cette même raison qu'il est dit à l'article 2099 C.c.Q. que l'entrepreneur n'entretient pas de « [...] lien de subordination quant à son exécution [...] » à l'endroit de son client[251] ?

---

250. En pratique, certains employeurs ne s'intéressent guère aux qualités subjectives de la personne du salarié, pourvu que cette dernière dispose des qualités professionnelles objectives requises. Dans ces cas, ils peuvent même déléguer la sélection à un bureau-conseil spécialisé pour leur dépêcher pareille personne (**II-20**). Cette situation de fait ne modifie en rien le droit de l'employeur à ne retenir que la personne désirée; s'il renonce à cet exercice, il ne s'agirait que d'une autre façon d'exercer cette prérogative. Marie-Annick PEANO, « *L'intuitu personæ* dans le contrat de travail », (1995) *Droit social* 129; *Centre d'accueil Horizons de la jeunesse* c. *Schacter*, [1993] R.J.Q. 2489 (C.S.); appel accueilli par jugement rendu le 28 mai 1997, C.A.M. n° 500-09-001687-938.

251. Les moyens de contrôle du bénéficiaire du service varient également selon qu'il est employeur ou donneur d'ouvrage et ces moyens s'exercent généralement aussi dans des temps différents : pour l'un, l'employeur, c'est davantage pendant l'exécution, et pour l'autre, le donneur d'ouvrage, le contrôle est *a posteriori*.

II-54 — *Subordination* — L'article 2085 C.c.Q. précise que le salarié s'engage à effectuer sa prestation en se plaçant « [...] sous la direction ou le contrôle » de l'employeur. Ces deux qualificatif sont-ils une modification ou une simple atténuation de la rigueur du critère jusqu'alors retenu, soit la subordination juridique ? À notre avis, ce changement d'expression ne touche pas vraiment le fond de la question, bien que les termes employés permettent une appréhension plus souple et une adaptation plus facile aux conditions contemporaines de réalisation de cet assujettissement juridique[252] (**II-76**). En effet, l'autorité juridique de l'un est fort distincte et sans rapport avec sa compétence professionnelle ou technique en raison même de la spécialisation ou de la complexité des tâches qui peuvent relever du salarié. Nous devons aussi souligner que le salarié se place, en quelque sorte, en situation d'inégalité consentie envers l'employeur, et ce « déséquilibre » juridique, cette sujétion est prise en considération de multiples manières aux différents événements ou étapes qui surviennent en cours d'exécution du contrat de travail (**I-107**). Elle permet d'ailleurs d'expliquer l'origine et aussi le contenu de plusieurs autres règles de droit (**II-77**). L'étude du contrat de travail et de ses implications pratiques pour les parties nous permet de revenir sans cesse à la notion de subordination juridique. Ainsi, l'analyse des multiples obligations du salarié envers l'employeur permet d'approfondir davantage la « position » dans laquelle se trouve un salarié à l'égard de l'employeur : disponibilité (**II-87**); discrétion (**II-96**); loyauté (**II-99**); convivialité (**II-105**). De même en est-il lorsque nous considérons le statut de l'employeur, son autorité et les pouvoirs qui s'y rattachent (**II-113, 130, 167**). Nous préférons tenter de saisir ou, plutôt, de circonscrire ce rapport de subordination en considérant davantage les parties en cours d'exécution du contrat de travail. Cette approche pragmatique évite d'appréhender un concept fondamentalement évolutif à l'aide de notions, de clichés ou de formules bien connus qui, de ce fait, conduisent à des conclusions anachroniques. L'enjeu de cette qualification juridique est trop important, nous semble-t-il, et nous invite à la prudence et à la circonspection.

II-55 — *Direction* — À cette subordination du salarié correspond le pouvoir de direction et de contrôle de l'employeur, entendu que ce *janus* résulte du contrat de travail, soit de la volonté réelle ou présumée de l'une et

---

252. Le fait que le législateur ait repris le critère classique de subordination à l'article 2099 C.c.Q. pour qualifier *a contrario* l'entrepreneur n'en serait-il pas une claire indication ? Il est vrai que l'usage d'expressions différentes aux articles 2085 et 2099 C.c.Q. peut laisser place à quelques interstices. Michel DESPAX, « L'évolution du rapport de subordination », (1982) *Droit social* 11; Jean-Emmanuel RAY, « Nouvelles technologies et nouvelles formes de subordination », (1992) *Droit social* 525; Marie-France BICH, « Le contrat de travail, Code civil du Québec, livre cinquième, titre deuxième, chapitre septième (articles 2085–2097 C.c.Q.) », dans *La réforme du Code civil*, tome II, Sainte-Foy, Les Presses de l'Université Laval, 1993, p. 743.

l'autre partie de se placer en pareille situation[253]. Deux remarques préliminaires s'imposent.

i) L'instrument enclencheur pour conférer à l'un l'autorité et à l'autre le
devoir correspondant d'obéissance demeure le contrat de travail. Le
Code civil du Québec reconnaît et précise cet effet. Bien évidemment,
les modalités d'exercice de cette double donnée, tout comme leur contenu respectif, peuvent être aménagées par la loi, la convention collective et le contrat (**II-62**). Plusieurs dispositions du *Code civil du Québec*
encadrent déjà la liberté contractuelle des parties (**II-68**).

ii) Cette autorité et cette obéissance s'entendent aux seules fins de la prestation de travail, soit la durée où le salarié est en disponibilité professionnelle, pour le compte de l'entreprise. L'ascendance de l'employeur ne
vaut que pour cette aire professionnelle, bien qu'il puisse parfois surgir
des zones grises où il est plus délicat de tracer la ligne frontalière entre
l'obligation professionnelle et les activités personnelles du salarié et entre
l'exercice légitime de l'autorité patronale et l'abus de pouvoir (**II-130**)[254].
À cet égard, nous rappelons les observations du professeur Lyon-Caen :

> [...] le salarié qui conclut un contrat de travail consent à la subordi-
> nation pour la seule exécution de la prestation de travail; dans le
> reste de sa vie il demeure libre. Encore est-il indispensable d'admet-
> tre que même dans l'exécution du travail, il ne peut consentir à
> n'importe quel abandon de liberté. Les droits de la personnalité (ou
> la liberté civile, si on préfère) sont en eux-mêmes inaliénables. Con-
> tre le salaire, le travailleur échange une prestation, des services, qui
> seront définis par l'employeur, mais qui laissent intact un noyau dur
> qui correspond à ce qui, à une époque donnée, et dans une civilisa-
> tion donnée, constitue l'idée qu'on se fait de la liberté humaine[255].

---

253. Sur le rapport de complémentarité des deux concepts de subordination et de direction, voir : *Commission des normes du travail du Québec* c. *Les immeubles Terrabelle Inc.*, [1989] R.J.Q. 1307 (C.Q.).

254. Une conduite *extra muros* peut parfois avoir des effets perturbateurs sur la qualité de la prestation de travail, et ce qui peut être le cas dans un milieu donné peut être tout à fait faux dans
un autre. Le secrétaire permanent d'une organisation politique peut-il changer d'allégeance
sans qu'il lui en coûte son emploi, alors que ce même coût serait abusif et discriminatoire s'il
s'agissait d'un emploi dans une tout autre entreprise ? Que faire lorsqu'une salariée veut
obtenir un poste de secrétaire de direction alors que son conjoint est un salarié syndiqué de la
même entreprise et que le poste convoité lui permettrait d'obtenir de l'information à caractère
confidentiel ? *Commission des droits de la personne* c. *Hudon & Daudelin ltée*, [1994] R.J.Q.
264 (T.D.P.); voir aussi : *Banque de commerce canadienne impériale* c. *Boisvert*, [1986]
2 C.F. 431.

255. Gérard LYON-CAEN, *Les libertés publiques et l'emploi, Rapport pour le ministre du Travail, de l'Emploi et de la Formation professionnelle, Rapport officiel*, Paris, La documentation française, 1992, p. 154.

Bien évidemment, il n'est nullement nécessaire ni même pertinent que le dépositaire de l'autorité patronale dispose d'une ascendance équivalente sur le plan professionnel ou technique. La situation est d'ailleurs de plus en plus inversée. C'est-à-dire que le salarié serait embauché en raison même de ses compétences (savoir, faire et être). Cette autorité existe, en droit, à l'avantage de l'employeur, sans égard à l'intensité de l'usage qu'il en fait que l'entreprise soit organisée selon une structure paramilitaire, en fonction de principes participatifs ou à haute teneur démocratique : seule la manière de l'exercer diffère. Cette autorité peut être partagée, déléguée et même, son titulaire peut refuser de l'exercer[256]. Pour illustrer ce que l'on peut entendre par ce pouvoir de direction et de contrôle qui émane du contrat de travail, nous nous référons à l'affaire *Lemay Construction ltée* c. *Dame Poirier*[257]. Il s'agissait d'identifier l'employeur, alors que le statut du salarié en cause ne faisait aucun doute. Ce dernier avait été dépêché par Lemay Construction ltée pour faire des opérations à l'aide d'une pelle mécanique dans le cadre de l'exécution de travaux réalisés principalement par les employés de la Ville de Victoriaville et agissant sous la direction du surintendant de ce donneur d'ouvrage. L'accident survint au moment d'une fausse manœuvre de l'opérateur de la pelle à la suite des indications données par le représentant de la Ville. La question consistait à déterminer si la Ville devint provisoirement l'employeur de l'opérateur de la pelle ou si ce dernier demeura néanmoins salarié de l'entrepreneur. La Cour d'appel conclut que le pouvoir de commander ou, en d'autres mots, l'autorité patronale, relevait toujours de Lemay Construction ltée :

> La Ville ne pouvait congédier Paquet. Si elle n'était pas satisfaite soit de la pelle, soit de l'opérateur, elle devait se plaindre à la défenderesse qui seule pouvait le remercier de ses services. C'est dans l'exécution d'un travail spécialisé, au sujet duquel l'opérateur Paquet était soumis entièrement à l'autorité et à la subordination de la défenderesse que la faute a été commise[258].

Cet arrêt permet de mieux distinguer l'autorité patronale de la capacité d'émettre des directives d'exécution[259].

---

256. Il serait ridicule de laisser entendre que l'employeur devrait sévir au moindre manquement d'un salarié. L'exercice contenu de ce pouvoir peut lui être aussi plus profitable.

257. [1965] B.R. 565; F. MORIN, *op.cit.*, note 20, p. 247.

258. *Lemay Construction ltée* c. *Dame Poirier*, précité, note 257, p. 571. Cette question est reprise plus loin (**II-110**).

259. Un tiers bénéficiant des services du chauffeur de la voiture de son propriétaire ne devient pas pour cela l'employeur momentané de ce chauffeur parce qu'il peut lui donner quelques directives d'exécution (lieux, vitesse, etc.). Voir : *Grimaldi* c. *Restaldi*, [1933] R.C.S. 489. Il est vrai que la distinction n'est pas toujours apparente lorsque la personne dépêchée par une autre entreprise est bien intégrée à l'ensemble du personnel de son hôte au point d'occulter ses liens d'origine (**II-123**). À titre d'illustration, voir : *Messageries Dynamiques, division du Groupe Quebecor inc.* c. *Syndicat québécois de l'imprimerie et des communications, local 145,*

II-56 — *Rémunération* — La rémunération constitue le troisième élément de base du contrat de travail. Cette condition est essentielle puisque le contrat de travail est à titre onéreux par opposition à gratuit[260]. En ce sens, le bénéficiaire d'une bourse, d'une commandite, d'un cadeau ou d'une prime quelconque de la part d'une entreprise ne devient pas de ce seul fait un salarié puisque ce versement serait fondé sur d'autres considérations que le travail (**II-96**). Ajoutons trois autres observations.

i) Le terme « rémunération » retenu à l'article 2085 C.c.Q. est certes plus large et englobant que celui de salaire, quoique ce dernier jouisse d'un sens et d'une portée depuis longtemps mis à l'épreuve par la pratique. L'expression peut certes comprendre l'ensemble des avantages d'ordre pécuniaire dus par l'employeur en raison ou à l'occasion du travail d'un salarié[261].

ii) Par voie de fiction et pour l'application d'une loi ou par commodité, il est possible d'assimiler la personne bénévole à un salarié[262]. Cette dernière ne dispose pas pour cela d'un contrat de travail, et le bénéficiaire direct ou indirect de sa prestation peut, en conséquence, être assimilé à son employeur, mais pour ces mêmes besoins, sans plus. Cette personne ne pourrait s'autoriser de cette loi pour réclamer après coup une quelconque rémunération.

iii) Normalement, le versement d'une somme ne peut être qualifié de rémunération si elle n'est pas la contrepartie d'une prestation de travail. Par ailleurs, cette notion ne se limite pas au seul versement direct; elle peut aussi comprendre des versements différés ou circonstanciels néanmoins fondés sur un travail réalisé ou en voie de l'être (**II-138**).

[1986] T.T. 431; *Hôpital Royal Victoria* c. *Infirmières et infirmiers unis inc.*, [1990] T.T. 63. Dans cette affaire, une requête en révision judiciaire fut rejetée. Voir : *Hôpital Royal Victoria* c. *Vassart*, [1990] R.J.Q. 1961 (C.S.); *Pointe-Claire (Ville de)* c. *Syndicat des employées et employés professionnels-les et de bureau, section locale 57*, D.T.E. 93T-806 (T.T.); [1995] R.J.Q. 1671 (C.A.); D.T.E. 97T-571 (CSC). Dans cette affaire, la Cour suprême du Canada illustre bien par les notes des juges formant la majorité et celles du juge dissident que la question d'une relation tripartite peut embrouiller le paysage juridique que l'on croyait bien connu.

260. Il en est de même en vertu de la vaste majorité des lois particulières de l'emploi. À titre d'exemple sous la *Loi sur les normes du travail*, voir : *Guimont* c. *Lévesque, Beaubien, Geoffrion inc.*, D.T.E. 91T-610 (C.T.).

261. Ainsi, l'octroi d'un appartement, de l'électricité et du téléphone sont des avantages assimilables à une rémunération. Voir : *Commission des normes du travail du Québec* c. *Lemcovitz*, D.T.E. 90T-1288 (C.Q.).

262. La définition de « travailleur » dans la *Loi sur la santé et la sécurité du travail* comprend la personne bénévole. Se trouvant à un autre titre sur le même lieu de travail, la protection de la santé et de l'intégrité de cette personne est aussi pertinente et nécessaire. Il est possible que cette même définition puisse supporter avantageusement quelques retouches! (**III-415**)

Les modalités relatives à la détermination de sa quotité et à celles du versement sont certes importantes pour le salarié puisqu'il s'agit généralement de sa principale source de revenu. Elles sont cependant secondaires pour établir s'il s'agit bien d'une rémunération-salaire et non d'une rémunération-profit[263]. L'étude de la rémunération se poursuit dans une prochaine section (**II-96**).

II-57 — *Recherche du contrat de travail* — La présence des trois éléments (travail, subordination et rémunération) est essentielle à l'existence d'un contrat de travail, au point que l'absence de l'une de ces données devrait conduire à une autre qualification de ce lien juridique, sauf si une loi particulière permet de quelque manière d'y déroger (**II-77**). Bien évidemment, l'intensité de la présence de chacun d'eux peut varier sensiblement d'un cas à un autre, ce qui nécessite parfois une analyse plus approfondie afin d'effectuer une qualification idoine. Cette opération est souvent périlleuse et délicate et peut être remplie d'embûches en raison de la diversité des modalités d'aménagement de tels rapports entre les parties. Pour illustrer nos propos, considérons quelques situations où la question de la qualification juridique du rapport peut certes poser problème.

i) Le travailleur est propriétaire des instruments essentiels à l'exécution de sa prestation;

ii) Le travailleur assume certains frais non compressibles, comportant un risque certain de pertes;

iii) Le travailleur participe au résultat ou retient une partie des revenus, déduction faite des coûts de location des biens et des services auxquels il est tenu;

iv) Le travailleur établit lui-même le rythme et les temps d'exécution, dans le cadre, cependant, d'un certain protocole;

v) Le travailleur n'est en service que sur appel, à intervalles irréguliers et pour des durées variables et indéterminées au départ;

vi) Le travailleur demeure à sa résidence pour effectuer, à l'aide d'un ordinateur ou d'autres instruments, les travaux demandés[264];

---

263. Dans l'arrêt *Yellow Cab Ltd.* c. *Board of Industrial Relations*, [1980] 2 R.C.S. 761, la Cour suprême du Canada refusa notamment de qualifier le locateur de la voiture-taxi d'employeur parce que ce dernier ne versait pas lui-même au « locataire » un salaire. *Union des chauffeurs de taxi, Métallurgistes unis d'Amérique, local 9217* c. *Municipale Taxi inc.*, [1990] T.T. 138, révision judiciaire refusée : D.T.E. 90T-1038 (C.S.).

264. Jean-Emmanuel RAY, « Le droit du travail à l'épreuve du télétravail : le statut du télétravailleur », (1996) *Droit social* 121.

vii) Le travailleur sélectionné, engagé et rémunéré par une entreprise puis, dépêché par cette dernière pour se joindre à l'équipe d'un autre entrepreneur en exécution d'un contrat de services intervenu entre ces deux entreprises[265].

Ces quelques exemples permettent à tout le moins de mieux saisir les difficultés pratiques qui surviennent parfois dans une société libérale où les rapports entre les prestataires de travail et leur bénéficiaire peuvent être aménagés en fonction de modalités assez complexes, subtiles et évolutives. Souvent, la seule propriété des moyens directs de production par l'initiateur de l'organisation n'est pas toujours probante de la véritable nature juridique de la relation établie entre le prestataire de services et son bénéficiaire. La difficulté s'accroît parfois du fait que le statut du salarié n'est pas nécessairement exclusif ni unique, en ce sens qu'une même personne peut, à l'égard d'une entreprise, être à la fois liée par contrat de travail et associée, actionnaire, sociétaire ou mandataire de cette même organisation[266]. La Cour suprême du Canada reconnut déjà que le statut de chômeur à l'égard d'une loi ne constituait pas un empêchement dirimant à ce que cette même personne puisse être concurremment qualifiée de salarié au sens et pour l'application d'une autre loi[267]. On peut également concevoir qu'un même individu puisse à la fois être salarié et employeur. La jurisprudence relève notamment les deux cas suivants :

— celui d'un capitaine de navire (salarié de l'armateur) et employeur de l'équipage[268];

— le livreur-vendeur qui embauche un aide de manière à effectuer l'ensemble des opérations de vente et de livraison[269].

---

265. Andrée GOSSELIN, « L'affaire Cavalier : les agences de location de personnel et la détermination du véritable employeur », dans SERVICE DE LA FORMATION PERMANENTE, BARREAU DU QUÉBEC, *Développements récents en droit de la santé et de la sécurité au travail, (1994)*, Cowansville, Les Éditions Yvon Blais inc., p. 99; *Pointe-Claire (Ville de)* c. *Syndicat des employées et employés professionnels-les et de bureau, section locale 57*, précité, note 259.

266. Le cumul de ces multiples titres est possible si dans leur exercice concurrent ils ne s'opposent pas les uns aux autres, notamment quant aux obligations de disponibilité, de bonne foi et de loyauté propres au contrat de travail (**II-95**) et aussi, d'une façon quelque peu différente, au sujet des contrats de société ou de mandat. À titre d'illustrations, voir : *Association coopérative forestière de St-Louis* c. *Fraternité unie des charpentiers, menuisiers d'Amérique, section locale 2817*, [1986] T.T. 330; *FRI Information Services Ltd.* c. *Larouche*, (1982) C.S. 742; *Public Idée* c. *Auclair*, D.T.E. 92T-699 (T.T.); *Bruult* c. *Balances Leduc & Thibeault inc.*, D.T.E. 89T-911 (T.A.); *André* c. *Harvey's*, [1987] T.A. 67; *Décarie* c. *Produits pétroliers d'Auteuil inc.*, D.T.E. 85T-24 (C.T.); *Visionic inc.* c. *Michaud*, J.E. 82-50 (C.S.); *Marché à go-go Alma inc.* c. *Tremblay*, [1987] T.A. 517; M.-F. BICH, *loc. cit.*, note 242.

267. *YMHA Jewish Community Center of Winnipeg Inc.* c. *Brown*, [1989] 1 R.C.S. 1532.

268. *Montréal* c. *Montréal Locomotive Work Ltd.*, [1947] 1 D.L.R. 161, 169 (Conseil privé).

269. *Gaston Breton inc.* c. *Union des routiers, brasseries et liqueurs douces et ouvriers de diverses industries, local 1999*, [1980] T.T. 471.

Le professeur-chercheur qui embauche lui-même ses assistants de recherche demeure néanmoins à l'emploi de l'université à titre de salarié et il pourrait, selon les circonstances, se constituer l'employeur de ses assistants[270]. Il est aussi possible qu'un entrepreneur retienne quelques techniques juridiques pour éviter le statut d'employeur, notamment en interposant entre lui et le salarié un quelconque écran[271]. En retenant *a contrario* la règle édictée à l'article 2099 C.c.Q. selon laquelle il ne doit y avoir entre l'entrepreneur et le client « [...] aucun lien de subordination quant à son exécution », nous pourrions soutenir que la présence d'un tel lien emporterait la qualification des statuts de salarié pour celui qui exécute la prestation de travail et d'employeur pour celui qui en dispose. Sans cette approche dichotomique entrepreneur–salarié et sans une interprétation souple et englobante de la définition du contrat de travail, on risque que les nouvelles techniques d'embauche tripartite ou à distance laissent de nombreux travailleurs en situation juridique précaire, alors que celui à qui profite directement le travail pourrait ne pas être qualifié d'employeur, que le prestataire de services ne saurait être un véritable entrepreneur et que le tiers intervenant ne serait qu'un rabatteur.

II-58 — *Une qualification souple* — Certes, le particularisme du contrat de travail apparaît déjà par la réunion de ses trois composantes (travail, subordination et rémunération) et s'accentue davantage lorsque l'on prend en considération la réalité économique que le droit tente ainsi de saisir. En effet, la relation d'emploi exige la présence active d'une personne et sa disponibilité professionnelle en vue de l'exécution de tâches demandées par l'autre, sous l'autorité de laquelle elle se place. Si nous devons utiliser le contrat pour qualifier la dimension juridique de ce rapport, nous devons le faire avec souplesse et éviter les rigueurs technicistes susceptibles autrement d'étouffer la réalité factuelle de cette même liaison qu'occupe la personne même du salarié, objet principal de l'opération et premier sujet du droit de l'emploi[272]. On peut comprendre, à

---

270. En raison des contrôles de l'université sur les fonds de recherche attribués aux professeurs, la qualification semble difficile et la conclusion dans ces cas ne peut souffrir une généralisation hâtive en raison du particularisme de chaque situation. Voir : *Syndicat des employés de soutien de l'Université de Sherbrooke* c. *Université de Sherbrooke*, [1992] C.T. 309; [1993] T.T. 265. Voir également : *Association professionnelle des assistants de recherche de Québec* c. *Université Laval*, D.T.E. 94T-1147 (C.T.); *Syndicat des professionnels des affaires sociales du Québec* c. *Centre hospitalier Maisonneuve-Rosemont*, [1995] T.T. 409.

271. L'article 317 C.c.Q. peut, selon les circonstances, permettre au juge de faire fi de cet écran : Paul MARTEL, « Le "voile corporatif" et l'article 317 du *Code civil du Québec* », (1995) 55 *R. du B.* 447. À titre d'illustrations, voir : Fernand MORIN, « La double personnalité d'un concierge ! », (1986) 41 *Rel. Ind.* 835; *Pointe-Claire (Ville de)* c. *Syndicat des employées et employés professionnels-les et de bureau, section locale 57*, précité, note 259.

272. L'article 2093 C.c.Q. rend compte de l'effet ultime du rattachement du contrat de travail à la personne même du salarié visé : « Le décès du salarié met fin au contrat de travail. » Le décès, le départ ou le retrait de l'employeur ne produit pas automatiquement ni nécessairement pareil effet. L'article 2097 C.c.Q. repose d'ailleurs sur cette dernière donnée (**II-71**).

cette même fin, qu'une connaissance sociologique de la relation d'emploi pourrait avantageusement précéder ou préparer l'étude plus approfondie du contrat de travail. Ne peut-on pas soutenir que cette relation d'emploi dépend chronologiquement d'un besoin de service personnel résultant de l'action de l'employeur[273]? Dans le cadre du libéralisme juridique (**I-64**), l'employeur peut organiser la production d'un service ou d'un bien comme il l'entend, compte tenu de ses propres moyens et des risques qu'il accepte d'assumer. Sur les plans économique, sociologique et organisationnel, on peut constater que cette démarche semble généralement être à sens unique : de l'employeur au salarié. La rémunération que l'employeur verse en contrepartie du travail révèle également la dépendance socio-économique du salarié : la quotité, la régularité et l'intégralité de son versement sont des facteurs déterminants de son niveau de vie et même, de son genre de vie (**II-142**). En troisième lieu, l'exécution réelle de ce contrat s'échelonne nécessairement dans le temps; les deux obligations principales étant à exécution successive. Dans la mesure où l'on reconnaît ces dernières caractéristiques, il nous paraît difficile de concevoir la résolution ou même l'annulation *ab initio* du contrat de travail, mais bien sa résiliation (**II-148**). Sans égard à ses causes, la rupture de ce contrat ne peut réellement produire des effets pour le passé, pour le temps fait, c'est-à-dire pour le travail déjà effectué. Autant ce dernier élément est irrécupérable et se fond dans les activités de l'entreprise, autant le salaire qui est sa contre-prestation deviendrait la propriété inaliénable du salarié. Une approche trop rigoureuse de la relation d'emploi fondée strictement sur le droit général des contrats pourrait faire oublier cette situation irréversible de fait et de droit. La Cour d'appel avait déjà nié cette même réalité en affirmant qu'un contrat de travail n'avait jamais existé entre les parties après plusieurs années de service, en raison d'une fausse déclaration formulée à l'embauche du salarié[274]. Heureusement, cette approche techniciste est maintenant écartée par la Cour d'appel et l'article 1699 C.c.Q. fournit, par voie analogique, une approche plus réaliste et certes plus juste (**II-32**)[275].

II-59 — *Une situation évolutive* — Si le contrat de travail se réalise dans le temps, il faut aussi en déduire que ce dernier élément le façonne et le conditionne de multiples manières et, par voie de conséquence, salarié et employeur en sont partiellement tributaires. Les cinq situations qui suivent permettent de mieux saisir cette contingence.

---

273. C'est en ce sens que l'on dit communément que l'employeur « crée » l'emploi, c'est-à-dire qu'il entreprend de répondre à un besoin réel, ou qu'il suscite lui-même, et qui lui est antérieur ou extérieur.
274. *Ville de Montréal-Est* c. *Gagnon*, précité, note 179; F. MORIN, *op. cit.*, note 20, p. 467.
275. *Maribro inc.* c. *Union des employés(ées) de service, local 298, (F.T.Q.)*, précité, note 182 et commenté par C. D'AOUST, *loc. cit.*, note 182; *Entreprises M.D. de Chicoutimi Inc.* c. *Tremblay*, [1990] R.J.Q. 1533 (C.A.).

i) Les effets ultimes du contrat de travail varient selon que le terme de l'engagement est pour une durée déterminée ou indéterminée (**II-63**).

ii) L'importance des obligations réciproques fondées sur le contrat de travail varie selon l'intensité et la régularité de la prestation du salarié : travail à temps complet, à temps partiel, occasionnel, etc. (**II-100**).

iii) Les années de service sont aussi retenues pour établir les garanties d'emploi, le quantum de la rémunération et les autres avantages sociaux[276].

iv) Les années de service servent à moduler les modalités économiques de la terminaison de l'emploi (art. 2091 C.c.Q.) (**II-168**).

v) L'évolution technique et la modification des besoins de biens et de services rendent l'apport du salarié plus ou moins désirable ou recherché au fil des ans et ainsi, le droit à la formation professionnelle continue peut être soulevé (**III-768**).

vi) L'entreprise est aussi en constante mouvance : adaptation aux impératifs des marchés, changements technologiques provoquant des réorganisations des processus de production, des changements d'équipements, des répartitions de tâches, etc.

Comment croire que les salariés et aussi les employeurs qui se retrouvent sur de tels tapis roulants ne subissent pas de quelque manière les coups et contrecoups de ces multiples métamorphoses ? C'est ainsi que le contrat de travail retenu comme moyen de qualification juridique peut ne pas être d'usage facile, ni même satisfaisant, parce qu'il ne permet pas toujours de saisir une réalité à la fois fugace, complexe et arborescente.

II-60 — *Singularité du contrat de travail* — Contenir l'intégralité d'une relation d'emploi dans le seul contrat de travail est encore plus difficile sinon impossible pour les tenants d'une thèse pure et dure relative au contrat. Combien de pratiques en milieu de travail sont apparemment contraires au caractère synallagmatique de ce contrat ? À titre d'illustrations, considérons quelques exemples.

i) La suspension disciplinaire imposée du chef de l'employeur à un salarié qui devrait normalement fournir une prestation de travail ! Sur le plan contractuel, on fait face à la situation apparemment anachronique où celui qui s'oblige à fournir une prestation de travail en est autoritairement dispensé en raison de la sanction imposée par l'autre cocontractant

---

276. La *Loi sur les normes du travail* retient la durée du service à titre de critère acquisitif de droits : la notion de « service continu » (art. 1, al. 12); le congé annuel (art. 67); la mise à pied (art. 82), le contrôle du congédiement (art. 124), etc. (**III-207**).

(**II-115**). En conséquence, le salarié est ainsi privé de la rémunération, et ce, tout en demeurant lié par ce même contrat[277].

ii) La mise à pied plus ou moins temporaire qu'impose au salarié l'employeur pour des motifs d'ordre technologique ou économique! Ce dernier est alors excusé de verser la rémunération, bien que le salarié mis à pied conserve son statut de salarié (**II-159, 164**) et qu'il doive demeurer disponible[278].

iii) La grève et le lock-out à titre d'arrêts stratégiques ne font que suspendre l'exécution des obligations de l'employeur et des salariés. L'action collective prévaut alors sur le rapport individuel de travail (art. 110 C.t.). Bien plus, l'employeur est tenu, pour ce temps, de ne pas rechercher les services de salariés de l'unité d'accréditation visée et même, de procéder à leur remplacement par des tiers (art. 109.1 C.t.) (**IV-117**).

iv) L'inexécution de la prestation de travail en raison d'une maladie ou d'un accident du salarié suspend pour autant l'exécution de la prestation du contrat de travail : la règle *non adimpleti contractus* ne pourrait valablement justifier, pour un temps, la rupture du contrat de travail (art. 122.2 L.N.T.) (**II-150**).

v) L'employeur qui impose abusivement la rupture du contrat de travail d'un salarié disposant de trois années de service continu peut être contraint à le reprendre (art. 124 L.N.T.) (**V-31**) et pareille sanction peut aussi lui être imposée si sa décision est en réaction à l'exercice de la liberté syndicale du salarié (art. 15 C.t.) ou s'il succombe à certaines pratiques interdites (art. 122 L.N.T.) (**V-23**).

Ces éléments aussi peu « civilistes » poussent certains juristes à soutenir que l'institution contractuelle serait inappropriée et que l'on devrait plutôt considérer la relation d'emploi à titre de seul fondement pour conférer, à compter de ce seul fait, un statut juridique distinct au salarié (**II-79**). Il est

---

277. Ce particularisme du contrat de travail dont l'exécution peut être suspendue par décision unilatérale d'une partie fut déjà souligné par la Cour d'appel. Voir : *Laurier Auto inc.* c. *Paquet*, [1987] R.J.Q. 804 (C.A.).

278. Selon les articles 82 et 82.1 L.N.T., il faut croire que le salarié disposant de moins de trois mois de service continu pourrait être mis à pied sans préavis. Même s'il disposait de plus de trois mois de service, il n'aurait pas droit à un préavis si la mise à pied était inférieure à six mois. Il est évident que la convention collective ou le contrat de travail peuvent aménager différemment cette situation. La mise à pied n'est pas une rupture du contrat; elle est une suspension unilatérale de son exécution. Cet article 82 L.N.T. ne traite pas du droit substantif d'imposer pareille suspension de l'exécution du contrat de travail; on n'y précise que les modalités d'application d'une mesure qui répond aux impératifs organisationnels de l'entreprise sans trop d'égard envers le salarié. C'est à croire que ce droit substantif serait inhérent au statut d'employeur (**II-114**)!

possible que le cadre juridique du contrat soit trop étroit et parfois trop rigide pour contenir toute la relation d'emploi puisqu'il s'agit d'une réalité à la fois arborescente et évanescente. Cette délicate et importante question mérite certes que l'on s'y attarde davantage. Auparavant, il convient de considérer les autres règles du *Code civil du Québec* relatives au contenu même de ce contrat, ce qu'il comprend comme ce qui ne peut s'y rattacher.

Section 2.3
La liberté contenue des parties au contrat de travail

II-61 — *La démarche* — Le *Code civil du Québec* ne se limite pas à préciser que la relation d'emploi se traduit juridiquement en un contrat de travail (**II-50**); on y dégage également divers effets implicites de cet acte. Ainsi, d'autres règles du Code civil campent la relation d'emploi à un certain niveau au-dessous duquel l'un ne peut valablement travailler pour le compte d'un autre, et ce dernier ne saurait légalement embaucher. Les codificateurs tirèrent aussi quelques enseignements pratiques auparavant mis en relief par les tribunaux. En effet, on trouve au *Code civil du Québec* certaines règles d'encadrement des parties à l'occasion de l'élaboration du contenu des conditions de travail fixées de gré à gré ou imposées par l'employeur (contrat d'adhésion). En d'autres termes, la liberté contractuelle des parties s'exerce dans le respect de limites tracées d'abord au *Code civil du Québec* puis, par diverses lois de l'emploi (**titre III**) et, dans certains cas, par la convention collective (**titre IV**). Ce sont les deux volets que nous traitons maintenant, entendu qu'au prochain chapitre nous développons davantage les droits et les obligations respectifs des parties à ce même contrat de travail (**II-85 et suiv.**).

II-62 — *Encadrement du contrat de travail* — Le *Code civil du Québec* établit des règles particulières constitutives du régime contractuel de l'emploi et elles sont, de ce fait, autant d'éléments que les parties ne sauraient valablement expressément écarter ni même ignorer par simple silence ou par inadvertance. Ces règles qui sont, en quelque sorte, des composantes du contrat de travail, portent sur quatre chefs :

— la durée de l'engagement : articles 2086, 2090 C.c.Q. (**II-64**);

— le contenu implicite découlant de la seule existence de ce contrat de travail formel ou présumé : articles 1425 à 1439 C.c.Q. (**II-65 et 66**);

— le comportement réciproque des parties en fonction de la nature particulière de cette relation contractuelle : articles 2087 et 2088 C.c.Q. (**II-66 à II-69**);

— le caractère fondamentalement résiliable du contrat de travail et certaines implications de la fin d'emploi : articles 2091, 2092, 2094, 2096 et 2097 C.c.Q. (**II-70, 147**).

Ces seuls énoncés permettent déjà de saisir que la relation contractuelle employeur–salarié repose sur un fond juridique certain qui encadre l'exercice de la liberté conventionnelle des parties. Certaines de ces modalités s'imposent d'une manière impérative du seul fait de la conclusion du contrat de travail et d'autres règles s'appliquent à titre supplétif. Dans ce dernier cas, la présence de telles règles peut inciter les parties à prendre position sur ces mêmes questions puisque autrement, leur silence aurait le sens préétabli (**I-56**)[279]. Nous reprenons maintenant chacun de ces quatre points dans des paragraphes distincts[280].

II-63 — *Durée déterminée* — Au sujet de son terme, le contrat de travail dépend de cette seule division dichotomique : ou sa durée est prédéterminée ou elle est indéterminée. L'article 2086 C.c.Q. ne laisse guère de place à une catégorie hybride se situant quelque part entre ces deux types. Les conditions de terminaison du contrat de travail diffèrent selon qu'il s'agit de l'une ou de l'autre de ces deux situations. Le contrat à durée déterminée comprend l'indication expresse du moment où il prend fin. En ce sens, on pourrait dire qu'il renferme implicitement son propre préavis de terminaison à l'égard des deux parties. La seule arrivée de son terme met fin au contrat de travail, et le salarié tout comme l'employeur ne sauraient valablement prétendre en être surpris (**II-167**). Il peut arriver que ces parties maintiennent leur relation au-delà du terme initial de leur contrat et alors, ou elles renouvellent expressément ce contrat pour une autre période fixe ou elles poursuivent leur rapport, sans mot dire. Dans ce deuxième volet, l'article 2090 C.c.Q. établit que d'une tacite reconduction de cinq jours ou plus résulte un contrat présumé à durée indéterminée[281].

---

279. Si les parties ne procèdent pas à l'élaboration d'un contrat écrit, et c'est généralement le cas, ces règles supplétives peuvent davantage s'appliquer. En présence d'une convention collective, cette question serait différente pour les tenants de la thèse abolitionniste (**II-79**).

280. Une autre lecture de ces dispositions du *Code civil du Québec* est proposée par Pierre VERGE : « Le contrat de travail selon le *Code civil du Québec* : pertinence ou impertinence », (1993) 24 *R.G.D.* 237, 245 et suiv.

281. Cet article 2090 C.c.Q. ne tient pas compte de la notion de service continu si importante dans la *Loi sur les normes du travail* (art. 1, al 12, et 82.1, al. 2) : J.-Y. BRIÈRE, *loc. cit.*, note 241, p. 117. Sur l'état du droit avant l'article 2090 C.c.Q., voir : *Moore* c. *Cie Montréal Trust*, [1988] R.J.Q. 2339 (C.A.); *Commission scolaire Berthier Nord-Joli* c. *Beauséjour*, [1988] R.J.Q. 639 (C.A.); Michel COUTU, « Le non-renouvellement du contrat de travail à durée déterminée : Évolution comparée du droit français et de la jurisprudence québécoise récente », (1986) 46 *R. du B.* 57.

Pour éviter pareille reconduction, l'employeur doit s'y opposer au cours de la période transitoire de cinq jours, mais encore faut-il qu'il soit lui-même en mesure d'en faire la preuve. Cet article 2090 C.c.Q. ne précise pas comment ni quand une telle opposition patronale peut être effectuée. Nous croyons cependant qu'elle devrait l'être au cours de cette même période excédentaire, pour trois raisons :

— avant l'arrivée du terme, on ne peut valablement savoir si le salarié poursuivra l'exécution de sa prestation, et alors on ne ferait que répéter ce qui est déjà convenu;

— l'opposition présentée avant l'arrivée du terme ne signifierait guère plus que ce que le contrat à durée déterminée renferme déjà, soit une condition résolutoire implicite;

— l'avis par anticipation rendrait caduque l'application possible de cet article 2090 C.c.Q. qui repose sur une situation de fait contraire; ce serait la négation de l'antécédent de cette règle, ce qui la rendrait inopérante[282].

Bien que l'employeur puisse valablement s'opposer à la reconduction dans les cinq jours, le salarié bénéficiaire de cette règle pourrait aussi y renoncer, durant cette même période, en acceptant de prêter un autre sens à cette absence d'opposition formelle sauf, bien évidemment, s'il y avait vice de consentement de sa part (art. 1398 et suiv. C.c.Q.). Il est normal, croyons-nous, que l'article 2090 C.c.Q. ne traite que de l'opposition de l'employeur parce que, dans le cas du salarié, son refus irait de soi. Il n'a qu'à cesser de travailler dès l'arrivée du terme du contrat, sous réserve cependant des règles générales de droit relatives à la garde des biens qu'il pourrait jusqu'alors avoir en sa possession ou à son usage (art. 1463, 2286 C.c.Q.). La question pourrait être plus délicate à trancher lorsque la détermination de sa durée ne l'est pas au moyen d'une date fixe, mais que son échéance est précisée par son objet[283]. En effet, sa durée prédéterminée peut l'être par son objet, alors que ce dernier se réalise dans une période fixe. Ainsi, cette durée peut être arrêtée au moyen de l'avènement d'un acte ou d'un fait ou encore, par l'exécution d'un projet précis (une campagne électorale, la préparation d'une fête, la construction d'un immeuble, etc.). En somme, si les parties sont libres de convenir de la durée initiale du contrat de travail, elles peuvent retenir des modalités particulières pour en fixer l'avènement, pourvu qu'elles soient claires et non purement potestatives (art. 1500 C.c.Q.)[284]. Cette transformation

---

282. Le salarié ne pourrait, à notre avis, renoncer expressément à ce même contrat à durée déterminée selon cette mutation de régime établie à l'article 2090 C.c.Q.

283. La *Loi sur les normes du travail* reconnaît ce type de contrat à durée déterminée, notamment à l'article 82.1.

284. *St-Laurent* c. *Lapointe*, [1950] B.R. 229; *Thibodeau* c. *Corporation municipale de Ste-Julienne*, [1994] R.J.Q. 2819 (C.A.).

substantive de la nature du contrat par son passage à un contrat à durée indéterminée selon l'article 2090 C.c.Q. met sans doute fin à quelques débats judiciaires sur la question et modifie sensiblement le régime juridique des parties quant à la façon d'y mettre dorénavant un terme[285].

II-64 — *Durée indéterminée* — Le contrat à durée indéterminée est nécessairement résiliable selon la volonté de l'une ou de l'autre partie puisqu'il ne peut être à vie durant (**II-51, 167**). Compte tenu du rôle essentiel du salarié qui est à la fois sujet et objet de ce contrat (**II-58**), il va de soi que son décès entraîne *ipso facto* l'extinction du contrat de travail (art. 2093 C.c.Q.)[286]. Bien évidemment, cette cessation d'emploi peut aussi découler d'un consentement mutuel sans égard à la partie qui peut prendre l'initiative de la négociation du processus de résiliation. Il suffit que cette convention soit valablement consentie et qu'elle soit réalisée selon des modalités qui permettent de le croire[287]. De même en serait-il de la démission volontairement donnée par le salarié (**II-180**). Notons que le caractère bilatéral de l'article 2091 C.c.Q. impose que le démissionnaire donne à l'employeur un délai de congé puisque son départ hâtif peut être préjudiciable à l'entreprise[288]. La résiliation du chef de l'employeur suppose cependant que le salarié reçoive un avis de congé valable et raisonnable, au sens de l'article 2091 C.c.Q. Le deuxième alinéa de cette dernière disposition énonce des critères permettant d'établir la durée de ce préavis ou la quotité de l'indemnité équivalente (**II-170**). Notons que le caractère raisonnable de ce délai est en quelque sorte modulé par au moins trois critères, ce qui signifie que cette période peut ainsi être, selon les circonstances, plus ou moins réduite ou allongée. Ainsi en serait-il de l'indemnité versée à

---

285. Avant l'adoption du *Code civil du Québec*, lorsqu'il y avait tacite reconduction, le contrat était prolongé pour une période équivalant à celle du contrat original. Sur cette question, voir : *Stewart* c. *Hanover Fire Insurance Co.*, [1936] R.C.S. 177 ; *Moore* c. *Cie Montréal Trust*, précité, note 281.

286. Parce que le rôle de l'employeur peut être fort différent, son décès ne produit pas automatiquement ce même effet (art. 2093, al. 2, C.c.Q.). Il s'agit certes d'une autre facette du particularisme du contrat de travail.

287. À l'aide des balises retenues à l'article 2091 C.c.Q., on peut croire que cette entente en résiliation tiendrait compte de la nature de l'emploi, de sa durée et des circonstances qui incitent les parties à procéder ensemble à cette rupture (**II-169**).

288. L'employeur pourrait-il exiger un départ immédiat sur réception d'un semblable préavis ? Nous le croyons et il lui suffirait alors de verser au salarié l'équivalent de la rémunération due pour la période du préavis, tout en exigeant son départ immédiat. On ne saurait valablement soulever, en pareilles circonstances, la question de l'obligation de l'employeur de permettre l'exécution du travail (art. 2087 C.c.Q.). Dans cette hypothèse, le salarié qui avait jugé raisonnable de donner un préavis de départ de deux semaines serait malvenu d'exiger une indemnité plus généreuse, du moins sous ce chef. Notons qu'avec la spécialisation des tâches, le départ d'un salarié peut être préjudiciable à l'entreprise. Voir : *Poirier* c. *Charron*, [1995] R.J.Q. 1197 (C.S.). Dans cette affaire, la Cour a condamné le salarié à payer à son ex-employeur 44 333,53 $ à titre de dommages et 15 000 $ pour troubles et inconvénients. *Métro-média, C.M.R. inc.* c. *Tétreault*, [1994] R.J.Q. 777 (C.S.).

titre d'équivalent, moyen qui nous semble toujours possible en raison des qualités exigibles de la prestation de travail[289]. L'article 2091, alinéa 2, C.c.Q. reprend succinctement les principaux critères développés par la jurisprudence au cours des 20 dernières années[290]. On peut croire que la conjugaison des trois critères d'évaluation (la nature de l'emploi, les circonstances du départ et la durée du service) ne serait nullement exclusive. Par ailleurs, pour déterminer le délai raisonnable circonstancié, ces trois mêmes critères pourraient permettre aux tribunaux d'aller quelque peu plus avant pour tenir compte des contingences particulières que peut connaître chaque salarié[291]. Ces faits têtus ne peuvent guère être écartés par le législateur et sont, en quelque sorte, considérés à l'article 2092 C.c.Q., alors que le bilatéralisme n'est pas repris. On n'y traite que d'une situation, celle du salarié susceptible d'être victime d'une tentative d'abus de pouvoir de la part de son employeur. Cet article 2092 vise deux situations distinctes, bien que le salarié puisse, à la fois, les connaître toutes deux : un délai de congé insuffisant juxtaposé à une procédure abusive. Ce sont donc deux chefs distincts d'indemnisation possibles. Les articles 2091 et 2092 C.c.Q. sont maintenant parties intégrantes de notre droit commun et ainsi applicables à l'égard de tout salarié, qu'il soit bénéficiaire des normes du travail édictées dans la *Loi sur les normes du travail*, de celles d'un décret ou de conditions de travail articulées dans une convention collective[292]. Parce que la brusque rupture de contrat de travail, nullement précédée d'un préavis raisonnable (art. 2094 C.c.Q.), est généralement l'œuvre de l'employeur dans le cadre de l'exercice des prérogatives inhérentes à la gestion, nous l'étudions d'une façon plus détaillée sous la dernière rubrique (**II-168**) et aussi, par l'intermédiaire des recours qui s'y rattachent (**V-42**).

---

289. La condition principale à la résiliation serait le préavis et il revient à l'employeur, s'il est l'initiateur de la résiliation, de choisir la voie palliative (l'indemnité). C'est aussi l'approche retenue à l'article 83 L.N.T.

290. Voir, notamment : *Steinberg's Limited* c. *Lecompte*, [1985] C.A. 223; *Vorvis* c. *Insurance Corporation of British Colombia*, [1989] 1 R.C.S. 1085; *Columbia Builders Supplies Co.* c. *Bartlett*, [1967] 111; *Jolicœur* c. *Lithographie Montréal ltée*, [1982] C.S. 230; *Bazinet* c. *Radiodiffusion Mutuelle ltée*, D.T.E. 85T-640 (C.S.); *Gignac* c. *Radio Futura ltée*, [1986] R.J.Q. 866; *Loiselle* c. *Brunet Lasalle Corp.*, [1987] R.J.Q. 2536 (C.S.). Sur cette question, voir : Isabelle JOLICOEUR, *L'évolution de la notion de délai-congé raisonnable en droit québécois et canadien*, Cowansville, Les Éditions Yvon Blais inc., 1993.

291. L'application pratique de cette grille d'analyse qui renvoie à une situation de fait particulière à chaque cas implique l'intervention possible des tribunaux pour départager. Il s'agit d'un savoir-faire qu'une règle de droit positif ne saurait remplacer. La Cour d'appel souligna que la résiliation du contrat de travail à durée indéterminée serait *a priori* purement discrétionnaire. Voir : *Computertime Network Corp.* c. *Zucker*, [1994] R.J.Q. 2852, 2856 (C.A.).

292. L'article 82 L.N.T., al. 4, le précise à titre de règle d'ordre public (art. 93 L.N.T.) que la convention collective conclue en vertu du *Code du travail* ne saurait valablement le nier ni le mitiger (art. 94 L.N.T.; art. 67 C.t.). Les modalités conventionnelles traitant de cette même question ne peuvent constituer, de ce seul fait, une renonciation implicite à une telle indemnité (art. 2092, al. 1, C.c.Q.).

II-65 — *Interprétation du contrat* — Puisque la relation d'emploi est qualifiée de contrat (**II-50**), nous devons alors présumer que cet acte juridique est articulé, compris et appliqué à l'aide de grilles d'analyse propres à tous les contrats. Il s'agit notamment des dispositions du *Code civil du Québec* relatives à l'interprétation et aux effets généraux des contrats. Aux seules fins de notre exposé, nous pouvons concevoir ces règles d'interprétation énoncées aux articles 1425 à 1432 du C.c.Q. comme s'il s'agissait d'autant de clés d'un code, ce qui signifierait qu'elles serviraient à la fois à encoder l'écrit et, si nécessaire, à le décoder[293]. Certes devons-nous partir du postulat opposé, selon lequel un texte juridique clair ou sans ambiguïté réelle doit être lu et compris selon l'entendement qu'une personne sage, raisonnable et de bonne foi peut normalement en dégager. On sait cependant qu'il n'est pas toujours facile de rédiger un texte clair ou reconnu comme tel. Même ce qui peut paraître clair aux deux parties peut devenir polysémique à l'une d'elles dès que l'éclairage contextuel est modifié ou que l'intérêt, même légitime, obstrue la vue ou élargit trop l'iris du lecteur. C'est pourquoi l'exercice d'interprétation judiciaire suppose au départ un constat de l'autorité compétente qu'il existe une réelle ambiguïté. Ce ne serait que dans ce dernier cas que le contrat peut souffrir l'opération interprétative, c'est-à-dire qu'on impose d'autorité aux parties un même entendement du texte. Pour cette dernière raison, il devient nécessaire de connaître les règles d'interprétation afin d'appréhender soi-même comment il serait possible que le contrat soit compris par d'autres. En pratique, on s'inspirera de ces règles au cours même de la rédaction du contrat de travail afin d'écarter de désagréables surprises au moment de son interprétation ou encore, pour éviter cette aventure, l'immixtion d'un tiers lecteur (approche nullement techniciste et davantage préventive) (**II-29**). Quoi qu'il en soit, salarié et employeur ne peuvent ignorer ces règles, ni prétendre les méconnaître. On constate, à leur lecture, qu'elles[294] respectent l'intelligence des parties, qu'elles ne sont nullement fantaisistes ni arbitraires et qu'elles respectent les grands objectifs du droit (cohérence, stabilité et

---

293. Il pourrait en être ainsi, au-delà de la métaphore, dans le cas où auteur et lecteur retiennent les mêmes clés. Quand il en est autrement, le texte peut être encore plus hermétique et donner prise à bien des surprises chez le lecteur. Voir : Umberto ECO, *Lector in Fabula ou la coopération interprétative dans les textes narratifs*, Collection Livre de Poche, n° 4098, Paris, Librairie générale française, 1989.

294. Ces huit règles ne sont pas exclusives et bien d'autres canons et techniques peuvent participer à découvrir ou à dégager l'intention présumée des parties. Voir : Pierre-André CÔTÉ, *Interprétation des lois*, Cowansville, Les Éditions Yvon Blais inc., 1990; Elmer A. DRIEDGER, *Construction of Statutes*, 2nd ed., Toronto, Butterworths, 1983; Peter B. MAXWELL et Peter S. LANGAN, *On the Interpretation of Statutes*, 7th ed., London, Sweet and Maxwell, 1929; Albert MAYRAND, *Dictionnaire des maximes et locutions latines utilisées en droit*, 3e éd., Cowansville, Les Éditions Yvon Blais inc., 1994; Michel VAN DEKERCHOVE, *L'interprétation en droit : approche pluridisciplinaire*, Bruxelles, Facultés universitaires Saint-Louis, 1978.

sécurité)[295]. Par voie de paraphrases des articles 1425 et suivants et en les adaptant à la situation des parties au contrat du travail, nous rappelons ci-après fort succinctement ces huit règles.

i) La commune intention des parties prévaut sur le sens littéral des modalités du contrat de travail (art. 1425 C.c.Q.).

ii) Le contexte, le milieu et la pratique des parties fournissent un éclairage permettant de mieux saisir le sens véritable du contrat de travail (art. 1426 C.c.Q.)[296].

iii) Chaque modalité n'est qu'une composante du contrat de travail et cette intertextualité lui sert de nécessaire éclairage (art. 1427 C.c.Q.).

iv) Les parties recherchent un effet pratique par leur énoncé d'une modalité, et c'est ce sens qu'il faut déceler et privilégier (art. 1428 C.c.Q.).

v) Dans le cas d'une réelle polysémie, il convient de retenir le sens le plus conforme à la nature du contrat de travail (point ii et art. 1429 C.c.Q.) **(II-59)**.

vi) Une disposition particulière portant sur un point précis ne saurait permettre de prêter pareil sens aux autres dispositions du même contrat (art. 1430 C.c.Q.).

vii) L'interprétation du contrat de travail porte exclusivement sur les dispositions qu'il renferme et ne peut servir à en ajouter d'autres par voie d'extrapolation (art. 1431 C.c.Q.).

viii) S'il faut choisir entre deux lectures, on retient celle favorable à la partie à qui incombe l'obligation qui résulte de l'acte, sauf dans le cas d'un contrat de travail d'adhésion où le sens favorable au salarié prévaut (art. 1432 C.c.Q.) **(II-36)**.

II-66 — *Contenu explicite du contrat* — Ces règles d'interprétation propres au contrat servent ultimement de guides autorisés pour la lecture du contrat et peuvent ainsi fixer sa portée véritable, parfois même au-delà de ce que chaque partie put distinctement considérer. Le *Code civil du Québec* précise aussi certains autres effets possibles du contrat, ce qui, par voie de conséquence, circonscrit sa portée juridique. Il s'agit notamment des articles 1434, 1435, 1438 et 1439 C.c.Q. relatifs à la force obligatoire et au contenu des contrats,

---

295. Dans le cas de l'interprétation des lois de l'emploi, on se réfère non à ces règles relatives au contrat, mais à celles de la *Loi d'interprétation*, L.R.Q., c. I-16. Bien que les principes sous-jacents se ressemblent dans l'un ou l'autre cas, les techniques sont quelque peu différentes à l'égard de la loi qui n'est certes pas de même nature, structure et facture que le contrat. À titre d'exemple, il suffirait de comparer l'article 1432 C.c.Q. et l'article 41 de cette dernière loi.

296. *Sinyor Spinners of Canada Ltd.* c. *Leesona Corp.*, [1976] C.A. 395.

normes applicables au contrat de travail comme à tout autre (**II-50**). À l'instar des règles d'interprétation, ces autres règles reposent sur les prédicats de la logique, de la cohérence et de la stabilité des rapports entre les parties. De commune expérience, nous savons que dans tous rapports sociaux, il existe des sous-entendus, des « ce qui va de soi » qui diffèrent bien évidemment selon le milieu et la nature des activités en cause. La confiance, l'honnêteté et la bonne foi présumées des partenaires sont essentielles à l'établissement de rapports sociaux et de tout commerce, et de même en est-il en droit. S'il est de pratique courante dans un milieu que les choses se réalisent de telle ou telle manière, comment être surpris que les interlocuteurs n'en traitent pas spécialement et de manière détaillée dans leur entente ? Ces silences signifient qu'elles s'en remettent à la pratique du milieu, aux us et coutumes, et nullement qu'elles entendaient ainsi s'en esquiver. Tel est le sens profond de l'article 1434 C.c.Q. : « Le contrat valablement formé oblige ceux qui l'ont conclu, non seulement pour ce qu'ils y ont exprimé, mais aussi pour tout ce qui en découle d'après sa nature et suivant les usages, l'équité ou la loi[297]. » Une relation d'emploi n'est pas une robinsonnade et ne saurait juridiquement être contenue par le seul libellé du contrat de travail. Par ailleurs, on ne pourrait retenir l'article 1434 C.c.Q. pour prétendre qu'un salarié serait automatiquement soumis aux règles de conduite édictées par l'employeur (règlements d'ateliers, politiques générales ou guides d'opérations, etc.) si ces mêmes règles lui étaient inconnues à l'engagement et notamment au moment de leur mise en application (art. 1435 et 1436 C.c.Q.). À tout le moins, l'employeur doit prendre des mesures idoines pour qu'un nouveau salarié puisse les connaître. On comprend l'importance pratique de cette dernière question puisqu'il pourrait autrement s'agir d'un manquement réel ou prétendu de la part du salarié si ces données devaient le lier et qu'il y contrevenait à son insu ou par inadvertance. Aussi, reprenons-nous ce débat plus avant (**II-117, 167**).

II-67 — *Comportements réciproques* — Les articles 2087 et 2088 C.c.Q. circonscrivent, qualifient, complètent et précisent la vraie nature du contrat de travail exprès ou implicite tel qu'il est défini à l'article 2085 C.c.Q. On y indique les grandes obligations réciproques auxquelles sont astreintes les parties à ce contrat si particulier du fait qu'une personne se place en service commandé auprès d'une autre. Certes, des modalités particulières relatives à chacune de ces obligations peuvent être arrêtées par les parties et aussi par des lois, mais les premières règles résultent du *Code civil du Québec*. Elles indiquent le comportement général que l'employeur et le salarié se doivent réciproquement et, du même coup, ce que chacun est en droit d'attendre de l'autre. Nous ne faisons qu'énoncer ces règles pour mieux saisir la portée des fondements législatifs de cette relation d'emploi. Ainsi, le caractère synallagmatique du

---

297. Nous avons déjà souligné la portée du non-dit plus haut (**I-56**).

contrat de travail (**II-51**), l'interdépendance et l'interrelation des obligations et des droits des deux parties sont bien mis en relief par une lecture continue des articles 2087 et 2088 C.c.Q. On constate dès lors qu'ils s'expliquent et se justifient l'un par l'autre.

i) En acceptant de se lier ainsi, le salarié s'oblige à un comportement précis au cours et à l'occasion de l'exécution de sa prestation. Il se doit de la réaliser avec loyauté, prudence, diligence et discrétion (art. 2088 C.c.Q.) (**II-95**).

ii) L'employeur doit par ailleurs prendre les mesures idoines pour que le salarié puisse s'acquitter de ses obligations professionnelles dans le respect de sa santé, de sa sécurité et de sa dignité. De plus, il lui incombe d'assigner le salarié à l'emploi convenu et non à des tâches d'une tout autre nature (**II-52**) puis, de lui verser la rémunération due (art. 2087 C.c.Q.) (**II-56, 139**).

Les expressions employées dans ces deux brefs énoncés aux articles 2087 et 2088 C.c.Q. comprennent ou évoquent de si lourdes charges que nous devons les analyser point par point au prochain chapitre (**II-85**). Ce double condensé renferme l'évolution lente et parfois pénible de la jurisprudence qui tenait un rôle primordial dans ces matières, en raison des trop longs silences du *Code civil du Bas-Canada* (**II-47**). Compte tenu de la genèse de ces deux articles, cette même jurisprudence peut certes servir encore d'éclairage, bien que des effets d'ombre soient encore possibles, mais non inévitables. Pour nos fins immédiates, ces deux dispositions indiquent bien que le contrat de travail, acte juridique couvrant la relation d'emploi selon l'article 2085 C.c.Q., produit de sa seule existence des droits et des obligations précis que les parties ne peuvent valablement écarter ni ignorer, et qu'à l'égard de certaines autres questions, il leur est cependant loisible de les moduler, de les contenir ou d'en éviter certaines applications. Pour ces raisons, nous devons maintenant souligner ces nouvelles dispositions du *Code civil du Québec* qui encadrent l'exercice de la liberté contractuelle des parties.

II-68 — *Liberté contractuelle contenue* — Puisqu'il s'agit d'un contrat, les parties disposent d'une certaine liberté de manœuvre pour modeler à leur « convenance » leurs rapports. Outre par les règles déjà soulignées, cette liberté contractuelle est aussi contenue par le droit général applicable à tout contrat (**II-29**)[298]. Le Code civil impose aussi quelques règles particulières d'encadrement du contenu explicite que les parties au contrat de travail pourraient vouloir

---

298. Il s'agit notamment des articles 6 à 9 et 1374 à 1707 du *Code civil du Québec*; il serait hors propos d'en faire l'étude, et le lecteur peut à ces fins consulter notamment : Maurice TANCELIN, *Sources des obligations*, Montréal, Wilson & Lafleur ltée, 1993; J.-L. BAUDOUIN, *op. cit.*, note 172; Jean PINEAU, Danielle BURMAN et Serge GAUDET, *Théorie des obligations*, 3ᵉ éd., Montréal, Les Éditions Thémis inc., 1996.

articuler. Selon l'économie même de cette relation, on comprend que ces quelques dispositions tentent d'éviter certains abus caractéristiques. Il s'agit notamment des dispositions dont l'objet porte sur quatre chefs :

— les restrictions contractuelles au droit au travail et à la libre concurrence du salarié (art. 2089, 2095 C.c.Q.);

— l'incapacité de protection conférée au salarié à la suite d'une brusque rupture du contrat de travail (art. 2092 C.c.Q.);

— la survie du contrat de travail, s'il y a changement d'employeur (art. 2097 C.c.Q.);

— l'usage contenu de la liberté d'expression de l'employeur au terme de la relation d'emploi (art. 2096 C.c.Q.).

Nous reprenons ces quatre points en autant de paragraphes pour en saisir davantage la portée[299].

II-69 — *Limites à la libre concurrence* — S'il est facile de comprendre l'intérêt de l'employeur à renforcer le devoir de loyauté du salarié (**II-99**) et même à en étendre la portée au-delà de la durée du contrat de travail, on peut aussi saisir que cette protection contractuelle pourrait, en contrepartie, constituer un prix énorme pour obtenir ou maintenir un emploi. En effet, toutes les dispositions contractuelles à ne point faire concurrence à l'employeur, soit directement par la mise en place de sa propre entreprise, soit en acceptant un emploi chez un rival, limitent d'autant les moyens du salarié de gagner sa vie. En somme, il s'agit de réelles atteintes contractuelles à la liberté de commerce ou au droit au travail d'une personne qui peuvent être réalisées au moment où celle-ci peut être très vulnérable, soit à l'engagement. L'expérience démontre que l'on devait établir une ligne frontalière entre la protection légitime des intérêts de l'employeur, de manière que le salarié ne dilapide pas les biens de l'entreprise à l'aide des acquis qui lui proviennent de son emploi, et celle de l'employé en s'assurant que l'employeur n'abuse pas de la faiblesse du salarié au moment de la conclusion du contrat de travail pour mieux l'asservir. Ce tracé frontalier de droits opposés fut élaboré progressivement par les tribunaux au cours des dernières décennies et les articles 2089 et 2095 C.c.Q. en sont maintenant la synthèse[300]. Ainsi, l'article 2089 C.c.Q. permet, à des conditions précises et restrictives, de limiter la liberté de concurrence du salarié au cours et même après la rupture de son emploi. On prohibe cependant d'une façon expresse toute entente ayant pour effet de

---

299. Ces brèves analyses sont complétées et précisées en de multiples occasions au cours des développements dans le cadre du présent titre et aussi plus loin (**titres III; IV; V**).

300. Au sujet de l'état du droit français, voir : Jean-Jacques SERRET, « Le droit commun des obligations et la concurrence d'un ancien salarié », (1994) *Droit social* 759.

limiter abusivement la liberté de commerce ou de travail d'un ex-salarié. Pour cette raison, ces restrictions doivent être particulièrement contenues dans le temps, le lieu et leur objet, conformément à l'enseignement jurisprudentiel[301]. Cette triple condition doit nécessairement répondre à un critère qui leur donne respectivement une étendue toute relative, c'est-à-dire que la portée de chacune de ces trois limites ne peut excéder « [...] ce qui est nécessaire pour protéger les intérêts légitimes de l'employeur » (art. 2089, al. 2 *in fine*, C.c.Q.). Les trois conditions principales de temps, de lieu et d'objet doivent aussi respecter trois qualités formelles qui enclavent ainsi le contenu de l'obligation et cirsconscrivent d'autant sa portée :

— l'entente n'est valide que si elle est écrite ;

— ces restrictions doivent être formulées en termes exprès ;

— la preuve de la validité de ces restrictions incombe à l'employeur (art. 2089, al. 1 et 3, C.c.Q.)[302].

Par ce triple moyen extrinsèque, il est plus facile de circonscrire l'étendue réelle de ces restrictions et d'apprécier d'une manière plus certaine leur valeur respective à l'égard du critère déterminant que nous réitérons : « [...] ce qui est nécessaire pour protéger les intérêts légitimes de l'employeur ». Ce dernier élément est d'autant plus important qu'il revient à l'employeur d'établir, à la satisfaction du tribunal, qu'il en est ainsi. Cette obligation suppose que l'employeur ferait acte de prudence et de sagesse au moment même de la rédaction de l'acte[303]. Pour accentuer le caractère restrictif d'une pareille entente, on précise qu'elle devient caduque si l'employeur s'en prévalait après avoir « [...] résilié le contrat sans motif sérieux ou s'il a lui-même donné au salarié un tel motif de résiliation » (art. 2095 C.c.Q.). En pratique, tout constat judiciaire de résiliation arbitraire ou sans motif sérieux du contrat de travail devrait entraîner cette autre conclusion, conséquence

---

301. *Cameron* c. *Canadian Factors Corporation Ltd.*, [1971] R.C.S. 148 ; *Elsley* c. *J.G. Collins Insurance Agencies Ltd.*, [1978] 2 R.C.S. 916 ; *Les aliments Humpty Dumpty Ltée* c. *P.E. Gagnon et Frito-Lay Canada Ltée*, [1988] R.J.Q. 1840 (C.S.) ; *Emballages Dawson inc.* c. *Béland*, [1994] R.J.Q. 1613 (C.S.). Pour des analyses de l'état de la jurisprudence, voir : Clément GASCON, « Les récents développements en matière de clauses restrictives d'emploi », dans SERVICE DE LA FORMATION PERMANENTE, BARREAU DU QUÉBEC, *Développements récents en droit du travail (1992)*, Cowansville, Les Éditions Yvon Blais inc., 1992, p. 109 ; Frédérick CHARETTE, « Les clauses restrictives de la liberté du travail », (1990) 50 *R. du B.* 531 ; *Béchard* c. *Traitement postal 2000 inc.*, D.T.E. 95T-106 (C.S.).

302. Cette disposition change l'état du droit, car avant l'entrée en vigueur du *Code civil du Québec*, la clause de non-concurrence était présumée valide (présomption de validité en droit civil) ; il appartenait au salarié qui la contestait de faire la démonstration de sa non-raisonnabilité.

303. Ce renversement du fardeau de la preuve est exceptionnel (art. 2803 C.c.Q.), mais s'autorise fort bien de la règle relative à l'interprétation des contrats d'adhésion (art. 1432 C.c.Q.) **(II-36)**.

directe de l'article 2095 C.c.Q.[304]. Cette disposition peut paraître draconienne à certaines personnes, mais n'est-elle pas conçue en fonction d'une situation de fait (**II-44**) où l'auteur de ces dispositions restrictives est celui-là même qui recherche cette protection et qui est généralement en position de force pour les imposer et finalement, qui prend aussi la décision d'une brusque résiliation ? Sans cette mesure protectrice, le salarié abusivement congédié subirait un second préjudice, celui provenant des restrictions contractuelles au droit au travail, au profit de ce même employeur. Les articles 2089 et 2095 C.c.Q. ne font pas de distinction selon que la relation d'emploi est à durée déterminée (**II-63**) ou à durée indéterminée et aussi, seraient-ils applicables dans ces deux cas. Par ailleurs, il nous semble que la légitimité des trois restrictions contractuelles (temps, lieu et objet) serait aussi tributaire des caractéristiques de chaque relation d'emploi. Selon les contingences propres à chaque milieu, l'appropriation de données pertinentes par le salarié pourrait varier en fonction de la durée de son emploi et de son statut dans l'entreprise, et ainsi en serait-il du caractère raisonnable de ces restrictions contractuelles (**II-51**)[305].

II-70 — *Incapacité de protection* — Sous réserve de notre analyse des règles relatives à la résiliation unilatérale (**II-168**), il est révélateur que le nouveau Code civil renferme une mesure favorable au salarié, à savoir qu'il ne saurait valablement renoncer à une juste indemnité de départ à la suite d'une résiliation hâtive ou abusive de la part de l'employeur (art. 2092 C.c.Q.). Il s'agit véritablement d'une incapacité de protection selon une technique bien connue (**I-102**) et cette mesure rend caduques la renonciation implicite que l'on dégagerait du préavis contractuel et celle obtenue sur réception d'une quelconque indemnité[306]. En raison de cette mesure de protection d'ordre public, toute transaction entre l'employeur et le salarié (art. 2631 C.c.Q.) survenue après la résiliation pourrait néanmoins être contestée si l'indemnité convenue était objectivement insuffisante compte tenu de l'ensemble des circonstances (art. 2632 C.c.Q.).

II-71 — *L'employeur successeur* — L'article 2097 C.c.Q. limite la liberté de manœuvre de l'employeur à l'occasion de modifications structurelles ou d'une transaction de ses titres de propriété (aliénation, fusion, etc). Selon

---

304. L'article 2095 C.c.Q. n'annonce pas cette nullité à l'endroit de l'employeur à titre de simple conséquence possible, mais bien comme un effet direct d'une résiliation arbitraire (**II-178**). Voir : *Aliments en vrac M.F. inc. c. St-Onge et Les Aliments Jardi inc.*, [1995] R.J.Q. 2663 (C.S.).

305. La question peut être fort importante dans les cas d'un salarié à temps partiel ou occasionnel (**II-60**).

306. La présence de la disposition 2092 C.c.Q. exigerait la prise en considération par les tribunaux de ces éléments, alors qu'ils donnaient auparavant force au préavis contractuel. Voir : *Sofati ltée c. Laporte*, [1992] R.J.Q. 321 (C.A.).

cette disposition, l'employeur ne pourrait valablement libérer l'ayant cause des contrats de travail qui le liaient jusqu'alors. Cette nouvelle disposition de portée générale s'ajoute aux semblables modalités déjà retenues à l'endroit de certaines catégories de travailleurs : ceux visés dans la *Loi sur les normes du travail* (art. 96 et 97); les salariés représentés par un syndicat accrédité ou en voie de l'être selon l'article 45 du *Code du travail* et les salariés assujettis à un décret (*Loi sur les décrets de convention collective*, art. 14.1)[307]. Les expériences pratiques et l'enseignement des tribunaux au sujet de ces dernières modalités permettent certaines transpositions ou du moins de dégager plus rapidement la portée de ce nouvel article 2097 C.c.Q., bien que son libellé diffère quelque peu de ces pendants à ces trois lois de l'emploi. Néanmoins, nous pouvons appliquer la règle d'interprétation *ejusdem generis* pour saisir l'expression « ou autrement » qui suit les situations précisées (les antécédents). Cette règle garantissant le maintien des actuels contrats de travail malgré cette turbulence provenant de l'employeur ne précise pas que ce dernier en serait ainsi libéré, notamment pour tout ce qui est alors dû au salarié au moment de la succession d'employeurs[308]. Dans le cas où il s'agit effectivement d'une vente de l'entreprise, les articles 1767 et suivants du *Code civil du Québec* devraient s'appliquer et, à ces fins, les salariés auraient le titre de créanciers[309]. Puisque l'on y déclare que ce même contrat lie l'ayant cause, il faut comprendre qu'il y aurait aussi continuité de service et, qu'en conséquence, les modalités afférentes à toutes résiliations du chef du nouvel employeur seraient établies en tenant compte de la durée totale du contrat ininterrompu[310]. Finalement, nous croyons que l'article 2097 C.c.Q. est d'ordre public, dans le sens qu'un salarié ne pourrait valablement renoncer par anticipation à cette protection. S'il devait en être autrement, quelle pourrait être alors l'utilité de cet article[311] ? À l'instar de l'article 45 du *Code du travail* (**IV-90**), ce nouvel article laisse l'employeur libre d'effectuer à son choix pareille transaction relative à l'entreprise, mais non au mépris de ses

---

307. On peut ainsi saisir l'importance et l'intérêt d'une approche intégrative du droit de l'emploi permettant de conjuguer les règles du droit commun et celles du droit positif pour l'analyse d'un même problème (**II-82**).

308. Pour les cas où la *Loi sur les normes du travail* s'applique, la réponse est précisée à son article 96. Voir : J.-Y. BRIÈRE, *loc. cit.*, note 241, p. 127.

309. Les créances salariales peuvent provenir de multiples sources : salaire dû, commission, participation au profit, indemnité de congé ou versement salarial différé, régime de retraite, etc. (**II-138**).

310. À titre d'illustration, rappelons que la durée du congé annuel (art. 67 à 79 L.N.T.) (**III-216**), celle du préavis de congé ou de mise à pied (art. 82 L.N.T.) ainsi que le droit au contrôle de la décision en congédiement (art. 124 L.N.T.) (**III-31**) sont établis en fonction du nombre d'années de service continu (art. 1, al. 12, L.N.T.) (**III-207**).

311. Voir la réponse donnée par Robert BONHOMME et Guy TREMBLAY, « Impact de l'aliénation de l'entreprise sur le contrat individuel de travail », dans SERVICE DE LA FORMATION PERMANENTE, BARREAU DU QUÉBEC, *Congrès du Barreau du Québec (1994)*, 1994, p. 965; M.-F. BICH, *loc. cit.*, note 233, p. 289 et suiv.

engagements à l'égard des salariés. En ce sens, l'article 2097 C.c.Q. s'autorise implicitement du concept «entreprise» permettant ainsi de distinguer tant soi peu l'organisation, d'une part, et, d'autre part, les détenteurs ou gestionnaires de ses titres de propriété (**II-120**). Bien évidemment, cet article ne confère pas une sécurité d'emploi à toute épreuve[312]. L'employeur cédant pourrait, si les circonstances le lui permettent et en obtempérant aux règles applicables, réduire sensiblement le personnel avant la cession des titres (art. 2091 C.c.Q.) (**II-169**). Il est vrai que l'employeur acquéreur peut faire de même dans le respect des règles applicables à la résiliation[313]. Si le contrat de travail survit à ce changement d'employeur, ce doit être tout le contrat, c'est-à-dire autant les obligations qu'il entraîne pour l'employeur que celles qui incombent au salarié, dont notamment les restrictions relatives à la concurrence (**II-66, 175**).

II-72 — *Un certificat de travail* — L'article 2096 C.c.Q. limite la liberté d'expression de l'employeur relativement au libellé du certificat de travail. Il doit alors s'en tenir exclusivement à deux mentions : la nature et la durée de l'emploi. Il s'agit presque d'un doublon de l'article 84 L.N.T., dont le libellé y est un peu plus explicite. Pareille prohibition qui ne vise que le certificat de travail n'empêche pas l'ex-employeur de fournir à des tiers des références, pourvu que ces données ne soient ni diffamatoires, ni mensongères et qu'elles respectent les exigences de la *Loi sur la protection des renseignements personnels dans le secteur privé* (**II-15; III-745**)[314]. Ces deux dispositions ne semblent guère avoir donné prise à un lourd contentieux. Quoi qu'il en soit, on n'en ferait pas grand usage[315].

II-73 — *L'ajout du droit positif* — Le contenu implicite du contrat de travail et les règles servant de balises aux parties (**II-61 à 72**) nous sont aussi rappelés d'une manière fort succincte et abstraite à l'article 1373 C.c.Q. : la prestation de chacune des parties «[...] ne doit être ni prohibée par la loi ni contraire à l'ordre public». Cette double consigne signifie notamment que la négociation du contrat de travail se réalise dans le respect de la *Charte des droits et libertés de la personne*, de la *Charte de la langue française*, du *Code civil du Québec*, particulièrement ses dispositions 2085 à 2097, des lois de

---

312. Pour une étude comparative d'un grand intérêt, voir : Alain POUSSON, «Cession d'entreprise et relations du travail», (1993) 34 *C. de D.* 847; *Groupe S.N.C.-Lavalin inc.* c. *Lebeuf*, [1995] R.J.Q. 170 (C.S.).

313. J.-Y. BRIÈRE, *loc. cit.*, note 241.

314. Loi commentée par J.-Y. BRIÈRE et J.-P. VILLAGGI, *op. cit.*, note 81. Dans l'arrêt *Slaight*, un bâillon fut imposé d'autorité à l'employeur pour des raisons particulières; aussi ne faudrait-il pas généraliser ce *ratio decidendi*. Voir : *Slaight Communications inc.* c. *Davidson*, précité, note 20, analysé à F. MORIN, *op. cit.*, note 20, p. 739.

315. Claude D'AOUST et Emmanuelle NAUFAL, «La lettre de recommandation et la règle de droit», (1993) 24 *R.G.D.* 433.

l'emploi (**I-42**) et, s'il y a lieu, de la convention collective applicable. Il suffirait de relire quelques arrêts récents pour constater qu'il peut parfois être difficile de déterminer si une condition de travail peut être contraire à l'ordre public[316] ou l'étendue réelle de la liberté contractuelle des parties. Pour préciser davantage le contenu du droit qui régit les parties, nous abordons maintenant l'étude des limites apportées à la fonction même du contrat de travail.

---

316. *Brossard (Ville de)* c. *Québec (Commission des droits de la personne)*, précité, note 32; *Machtinger* c. *HOJ Industries Ltd.*, précité, note 217; *Brasserie Labbatt Ltée* c. *Villa*, précité, note 86; *Godbout* c. *Ville de Longueuil*, précité, note 20; *Municipalité de Notre-Dame-de-la-Merci* c. *Bureau du commissaire général du travail*, précité, note 217.

Section 2.4

Les limites à la fonction du contrat de travail

———

II-74 — *Les lois de l'emploi* — Si la relation d'emploi s'amorce juridiquement par le contrat de travail (**II-29, 44**), c'est aussi par celui-ci qu'il nous faut
saisir et comprendre ce lien d'emploi, du moins à titre de base juridique sur
laquelle peuvent reposer bien d'autres normes complémentaires provenant à la
fois de diverses sources (lois, règlements, conventions collectives, etc.) (**I-23**).
Ce choix suppose la mise à l'écart des autres approches théoriques possibles,
notamment celle de la « relation de travail » ou celle plus technique du détachement du contrat de travail du *Code civil du Québec* pour l'intégrer dans un
quelconque code sur l'emploi qui regrouperait l'ensemble de ce droit positif.
Si le législateur a clairement retenu le contrat de travail intégré au *Code civil
du Québec*, nous devons aussi reconnaître les limites et les contraintes de ce
modèle contractuel pour camper la réalité du lien d'emploi souvent plus docile
aux impératifs du marché qu'aux contraintes du droit ou pour en rendre
compte. Il est aussi vrai que bien des lois de l'emploi ont depuis longtemps
défini, chacune à leur manière, le « salarié » visé par leurs différentes mesures.
On ne saurait donc esquiver la question de l'association de ces autres définitions à celle du contrat de travail. Il en est de même de la jurisprudence puisque les tribunaux prirent certaines positions qui ne sont pas sans heurter
l'économie même du *Code civil du Québec*, notamment au sujet de l'évanescence du contrat de travail en raison d'une certaine plénitude reconnue dans la
convention collective. L'analyse de ces questions clôture l'esquisse générale
des dispositions du *Code civil du Québec* traitant du contrat de travail, alors
qu'au prochain chapitre, nous reprenons d'une façon plus détaillée l'étude des
treize articles du Code civil où l'on précise les obligations particulières qui
incombent respectivement aux deux parties à ce même contrat.

II-75 — *La résistance du contrat* — Nous le réitérons, le droit de l'emploi fut
élaboré très souvent en réaction au droit civil, notamment pour contrer certains

de ses effets pervers à l'endroit du salarié (**I-70, 86, 102**). Par méfiance des institutions et des théories civilistes, plusieurs juristes plaidèrent avec ardeur et conviction en faveur de l'obtention d'une plus grande autonomie du droit de l'emploi à l'égard du droit civil. C'est ainsi que l'on a déjà proposé la théorie dite de la « relation de travail[317] ». Les tenants de cette thèse considéraient que le « contrat de travail » constituait trop souvent une trompeuse fiction et n'était qu'un relent d'un droit patrimonial dépassé ou, tout au plus, une coquille vide remplie par les lois de l'emploi et les conventions collectives. Cette théorie de la « relation de travail » se substituant à celle du contrat de travail repose principalement sur le concept « entreprise-institution » et, sans doute pour cette raison, elle n'eut guère de prise, devant les difficultés pratiques et juridiques, à circonscrire les fondements de l'institution susceptible de conférer un tel statut au salarié. Ce statut lui viendrait d'ailleurs non de l'employeur, mais bien de l'État imposant de quelque manière une distinction entre l'employeur et l'entreprise. Assertion sans doute prématurée, mais qui laisse bien voir que l'on ne saurait se limiter à réduire la notion d'entreprise à un simple ensemble de biens, objet de propriété. (**II-120**). Par ailleurs, le *Code du travail français* semble avoir choisi une autre voie, celle qui consiste à intégrer en son sein les règles relatives au contrat de travail pour en faire le pivot de cette construction juridique[318]. L'approche française influença sans doute la Commission consultative sur le travail du Québec qui recommandait, en 1985, le détachement du contrat de travail du corpus civil pour en faire une composante d'un nouveau code intégratif de l'emploi (**II-48**). Malgré la promulgation du *Code civil du Québec* de 1994, des juristes tentent encore de saisir le lien d'emploi et ses multiples implications juridiques par d'autres voies que celle du contrat de travail. On propose d'écarter au besoin ce « construit juridique » pour « [...] appréhender directement la réalité du travail subordonné [...] position fondant directement l'application de ce droit sur le fait même de l'exécution d'un travail subordonné, sur l'existence, peut-on dire, d'une relation de travail[319] ». En somme, cette thèse serait bâtie sur le fait du travail, élément justifiant l'acquisition du statut de salarié. Une semblable idée n'explique pas et ne prend pas en considération les conditions de cette

---

317. Georges SCELLE, *Précis élémentaire de législation industrielle*, Paris, Sirey, 1927, p. 174 et suiv. ; Alfred LÉGAL et Jean BRETHE DE LA GRESSAYE, *Le pouvoir disciplinaire dans les institutions privées*, Paris, Sirey, 1938 ; Paul DURAND, *Traité du droit du travail,* tome I, Paris, Dalloz, 1950, p. 200 ; Guillaume Henri CAMERLYNCK, *Le contrat de travail*, tome 1, Paris, Éditions Dalloz, 1968, p. 74 et suiv.

318. Les règles du droit commun relatives au contrat sont cependant maintenues. Voir : *Code du travail français*, art. 121-1. Pareil aménagement ne suppose aucun bouleversement radical de l'économie du contrat de travail.

319. P. VERGE, *loc. cit.*, note 237, p. 353 et 354. L'auteur fait une stimulante analyse comparative des deux thèses en présence : celle des contractualistes et celle des institutionnalistes. Voir aussi Pierre VERGE, « Le contrat de travail selon le *Code civil du Québec* : pertinence ou impertinence ? », *loc. cit.*, note 280, p. 243 et suiv. ; Guylaine VALLÉE, *Un droit du travail ? Essai sur la spécificité du droit du travail*, Cowansville, Les Éditions Yvon Blais inc., 1997.

situation : pourquoi et comment, sur le plan juridique, ce même fait peut-il se réaliser, et notamment les neuf questions déjà posées relatives au particularisme de ce lien d'emploi (**II-44**) ? D'une certaine manière, ces différentes analyses ou propositions semblent résulter d'une méfiance à l'égard du contrat de travail compris, sans aucun doute, selon une acception civiliste assez péjorative. Il est exact qu'une approche trop formaliste du droit du contrat pourrait conduire à des conséquences parfois fâcheuses, notamment en refoulant certaines relations de travail sous d'autres branches du droit (commercial, de la société, etc.) et du même coup, l'effet protecteur du droit de l'emploi serait à tort, bien évidemment, esquivé (**I-101 ; II-48**). Devant ces recherches théoriques d'une autre voie que le contrat de travail pour définir le lien d'emploi et en préciser la nature juridique, il nous paraît utile de formuler deux observations.

i) L'article 2085 C.c.Q. n'exige pas de conditions formelles pour que l'on puisse dégager l'existence d'un contrat. On y vise davantage la situation où une personne travaille pour le compte et sous la direction d'une autre moyennant rémunération (**II-51**). Un libellé aussi souple devrait permettre une approche évolutive et dynamique de qualification judiciaire, de manière à saisir sous ce titre des situations diverses comprenant néanmoins les trois éléments essentiels, mais dont le dosage respectif peut être fort variable (**II-52 ; VI-3**).

ii) Il paraît évident que le procédé de qualification juridique dépend de la situation de fait quels que soient par ailleurs les artifices de nature juridique ou autre que pourraient retenir les parties pour occulter cette réalité ou la vêtir d'une autre forme juridique. L'impératif du fait pour circonscrire un acte juridique n'est pas exclusif au droit de l'emploi, loin de là, mais il lui est essentiel en raison de sa finalité (**I-105**). D'ailleurs, dans de multiples circonstances en cours d'emploi, la situation de fait évolue notamment par la durée du service et impose des qualifications juridiques idoines, au-delà des divers écrans, dans cette recherche de précision des droits de chacun[320].

II-76 — *La réalité dépasse le contrat* — Il va de soi que la seule définition du contrat de travail donnée à l'article 2085 C.c.Q. ne saurait en quelques lignes tenir compte de la diversité des liens d'emploi actuels et, encore moins, de ceux de demain. À cette fin, nous n'avons qu'à reconsidérer les situations déjà signalées (**I-66 ; II-60**) et plus particulièrement les cas où un tiers, placé en

---

320. La substitution d'employeur (art. 45 C.t. ; art. 96 L.N.T. ; art. 2097 C.c.Q.), la continuité du service (art. 1, al. 12, L.N.T.), la rémunération des salariés du sous-traitant (art. 95 L.N.T.), la mise à pied de fait de plus de six mois (art. 82 L.N.T.), le maintien au travail de plus de cinq jours au terme d'un contrat à durée déterminée (art. 2090 C.c.Q.) ne sont là que quelques exemples où les règles de droit applicables s'établissent et évoluent en fonction de la situation de fait circonscrite à ces différents moments et au-delà de toute apparence juridique ou déclaration partisane à l'effet contraire.

amont ou en aval du processus, s'immisce soit pour la sélection ou la formation du personnel, pour reprendre à charge ces salariés ou encore, pour assumer certains actes comptables (versement du salaire, prise en compte des avantages sociaux, etc.). N'est-il pas de commune connaissance que le modèle traditionnel ou « typique » qui avait force au cours des « trente glorieuses » soit l'embauche pour une période indéterminée et stable pour le compte d'une même entreprise et pour des « planches complètes » de travail est de moins en moins en usage[321] ? Avec la recherche de la meilleure flexibilité qui soit, bien des entreprises modifient sensiblement la morphologie de leur personnel et parfois, selon cette division dichotomique : un noyau dur servant d'encadrement professionnel et assurant la permanence, et les autres dont le temps de travail et la régularité de la présence active varient au gré des conjonctures (travail à temps partiel, permanent ou intermittent, occasionnel, télétravail et divers types de sous-traitance)[322]. S'y entremêlent parfois sous le toit du même établissement des travailleurs qui dépendent d'autres employeurs et qui y sont dépêchés à divers titres : stagiaires en formation, salariés spécialisés préposés au rodage de l'équipement ou au traitement de matériaux nouveaux, travailleurs d'un sous-traitant, etc.[323]. De plus, la réalité des milieux d'emploi est fort plus complexe et on ne saurait la réduire aux seules variations du temps de travail ou de la permanence des uns et des prestations épisodiques des autres. En effet, pour vraiment saisir cette réalité à l'aide d'un même acte juridique il faudrait aussi tenir compte de bien des facteurs susceptibles de modifier de multiples façons cette relation, dont notamment :

— les diverses techniques de gestion participative qui entraînent une contraction du personnel d'encadrement et permettent une communication plus directe entre tous selon une structure hiérarchique assouplie ou moins formaliste;

— la formation générale et professionnelle plus diversifiée du personnel permettant à un grand nombre de saisir la dynamique interne du processus de production et des contraintes extérieures que peut connaître l'entreprise : financement, fourniture, distribution, présence de l'État, concurrence, prise de contrôle par des tiers, etc.;

— la participation au financement de l'entreprise et à ses résultats, soit par des contributions directes des salariés, soit par des « écrans mélangeurs »;

---

321. Cette permanence était de fait si bien établie qu'en langage populaire elle se traduisait en identifiant parfois les employés par le nom de leur entreprise; ainsi, on connaissait les filles de la « Dominion Corset », les gars de la « C.I.P », etc.

322. *Confection Coger Inc.* c. *Comité paritaire du vêtement pour dames*, [1986] R.J.Q. 153 (C.A.).

323. Même dans les établissements commerciaux à grande surface, ce cosmopolitisme professionnel est devenu réalité. Les universités n'échappent pas aux situations où le professeur, d'abord salarié, se fait employer auprès de ses assistants, et chef d'entreprise à l'égard des bailleurs de fonds. Sur ce thème de l'éclatement de l'emploi, voir VI-3 à 9.

— l'informatisation des données permettant l'exercice d'un contrôle précis et parfois fort discret sur le processus de production d'ordre technique et aussi d'ordre personnel (présence physique réelle et présence professionnelle plus ou moins active, etc.)[324];

— la formation d'entreprise réseau constituée d'une ou de plusieurs entreprises principales et auxquelles se greffent, en aval ou en amont, différents sous-traitants, et parfois ce bassin de main-d'œuvre ainsi formé se déplace au besoin de l'une à l'autre des entreprises participantes sans qu'il existe nécessairement de liens formels pour supporter ces réels mouvements (un micro-marché d'emploi), etc.

Bien que le droit soit « l'art de la définition », comme le suggérait Stendhal, on ne saurait être surpris que l'article 2085 C.c.Q. relatif au contrat de travail ne puisse suffire à circonscrire de telles réalités aussi fugaces et évanescentes[325].

II-77 — *Autres définitions* — Nous croyons que le contrat de travail ainsi défini peut néanmoins servir de point central, et ce, à la condition que l'on retienne un entendement souple du contrat jouxté aux définitions des diverses lois de l'emploi relatives au salarié. La définition retenue à l'article 2085 C.c.Q. paraît aller dans ce sens, notamment en raison de l'expression « [...] sous la direction ou le contrôle » au lieu de « sous la subordination » **(II-44)**. Cette définition nous conduit à considérer premièrement l'employeur pour savoir s'il est vraiment placé en situation de direction ou de contrôle, expression qui, dans une certaine mesure, permet d'être moins rigoureux au sujet du degré de subordination requis **(II-55)**. Le fait que ce dernier critère, la subordination, soit utilisé pour définir par voie d'exclusion le prestataire de services ou l'entrepreneur (art. 2099 C.c.Q.) indique bien aussi qu'il devrait s'agir d'une approche quelque peu différente retenue dans ces deux cas, ce qui ne saurait être un simple effet du hasard. Nous y voyons un choix conscient destiné à imprégner un sens particulier. Pour ces raisons, il nous semble que l'entendement actuel de la définition du contrat de travail retenue au *Code civil du Québec* permet de se délester d'une conception traditionnelle souvent austère, rigide et inadaptée aux besoins nouveaux. En deuxième lieu, cette même définition de l'article 2085 C.c.Q. n'est pas seule en droit de l'emploi pour circonscrire la personne visée. Les nombreuses lois de l'emploi qui traitent distinctement d'un objet ou d'un secteur déterminé définissent respectivement leur « clientèle », c'est-à-dire le salarié et la personne occasionnellement assimilée à ce statut et à des fins

---

324. Ne peut-on pas, ainsi, savoir combien de fois par jour et pour combien de temps chaque salarié quitte son poste pour « vacation personnelle » ou autre activité non productive ?
325. Michael BENDEL, « The Dependent Contractor : An Unnecessary and Flawed Development in Canadian Labour Law », (1982) 32 U.T.L.J. 374.

particulières[326]. Il est normal qu'il en soit ainsi afin de mieux atteindre, par ces adaptations circonstanciées la finalité principale de ce droit (**I-86**), alors que les problématiques retenues varient dans chacune de ces lois.

i) Les personnes qui doivent être protégées des risques physiques d'accidents ou de maladies professionnelles (L.S.S.T.; L.A.T.M.P.) (**1-45; III-415**) peuvent être plus ou moins les mêmes que celles à qui on doit garantir des conditions minimales de travail (L.N.T.) (**I-44; III-207**).

ii) Les salariés susceptibles d'aménager des rapports collectifs du travail avec l'employeur (**I-43, 103**) ne sont pas tous les salariés de l'entreprise; certains en sont exclus, par exemple les cadres, etc. (**II-125; IV-65**).

iii) Les cadres, bien qu'ils ne soient pas définis dans cette loi, sont néanmoins tantôt inclus et tantôt exclus de l'application des normes du travail (art. 54, 124, L.N.T.), sans nier par ailleurs qu'ils soient des salariés au sens de l'article 2085 C.c.Q.

Il en est autrement des définitions données du salarié et de l'employeur dans des lois étrangères et qui dépendent alors d'une tout autre économie, telles les lois fiscales[327].

II-78 — *Zones grises* — Cette approche suppose que l'on aborde ces lois de l'emploi comme partie d'un tout où le noyau central serait formé du contrat de travail au sens du *Code civil du Québec*. Bien évidemment, la contribution des tribunaux demeure essentielle pour donner une telle interprétation intégrative des composantes du droit de l'emploi, puisque la cohérence et l'efficacité du droit est à ce prix[328]. Cette proposition n'aurait rien d'incongru, nous semble-t-il, puisque la disposition préliminaire annonce clairement ces liens de complémentarité actuels ou éventuels : « [...] il constitue le fondement des autres lois qui peuvent elles-mêmes ajouter au code ou y déroger » (**I-41**). On peut ainsi accepter que ces lois de l'emploi précisent, en plus ou en moins, comment ce corpus juridique peut être applicable à ceux qui travaillent pour le compte d'autrui. D'ailleurs, aucune des définitions de ces lois ne nie ou n'exclut la définition du contrat de travail. Parfois, elles ne font que l'assouplir, l'élargir, l'adapter ou la contenir pour répondre aux besoins particuliers de ces mêmes lois[329]. On ne

---

326. À titre d'exemples, il suffit de consulter les articles 9 à 20 L.A.T.M.P. pour y trouver, et non sans raison, des catégories assez hétéroclites de travailleurs : artisans, bénévoles, fonctionnaires fédéraux, stagiaires, prisonniers, etc. (**III-306**).

327. *North American Automobile Association Ltd.* c. *Commission des normes du travail*, D.T.E. 93T-429 (C.A.).

328. À titre d'illustration, voir : *École Weston Inc.* c. *Tribunal du travail*, [1993] R.J.Q. 708 (C.A.).

329. La définition de travailleur dans la *Loi sur la santé et la sécurité du travail* comprend le bénévole, non pour en faire un salarié pour toute autre fin, mais strictement pour que ce dernier puisse bénéficier de la protection résultant de cette même loi, pour le temps où il se trouve dans ce milieu de travail, etc.

saurait prétendre pour autant qu'il existerait déjà une parfaite harmonisation des définitions que l'on trouve dans ces lois de l'emploi et celle du contrat de travail. Il suffit de constater qu'elles ne sont nullement incompatibles, qu'elles ne s'opposent pas, ni qu'elles supposent la négation du contrat de travail. Ce dernier demeure, selon une acception large et maintenant assouplie, la pierre angulaire du droit de l'emploi à titre de fondement juridique du lien d'emploi. Sur le plan pratique, cela signifie que tout le droit de l'emploi s'articule sur cette fondation principale que constitue le *Code civil du Québec* et que tout son contenu lui est théoriquement applicable, sauf bien évidemment, dans la mesure où d'autres parties du droit de l'emploi établissent des règles précises qui s'y opposent ou qui prévalent (**II-125**)[330]. Par l'élargissement de la définition des personnes visées par certaines lois de l'emploi, il est possible que l'on y vise des personnes qui ne sont pas des salariés au sens de l'article 2085 C.c.Q., et l'inverse est aussi vraisemblable : l'exclusion des cadres de certaines de ces lois ne les prive pas de leur statut de salarié au sens du *Code civil du Québec*[331]. Certes, il existe déjà des zones grises, des situations où il est encore difficile de distinguer le salarié de l'artisan, du travailleur dit autonome, du pigiste et, par voie de conséquence, d'apercevoir l'employeur et non l'associé, le partenaire, le mandataire, le donneur d'ouvrage ou le client. On ne saurait davantage nier la tendance actuelle dans bien des milieux qui consiste à ériger les travailleurs en petits entrepreneurs. Il est vrai que cette façon de faire, dans un premier temps simplifie les rapports, allège le fardeau de l'entreprise porteuse et peut aussi plaire à bien des salariés qui bénéficient dès lors d'une apparente indépendance, mais qui peut être plus juridique qu'économique, plus formelle que réelle. Cependant, à convertir juridiquement des salariés en entrepreneurs, on les écarte des dispositions enveloppantes du droit de l'emploi fondé sur la justice distributive pour les soumettre aux règles malthusiennes du droit commercial où la justice comminatoire a plus d'emprise (**I-105**). La différence entre les statuts est énorme et les conséquences peuvent être dramatiques (**VI-16**)[332].

II-79 — *Contrat et convention* — Pour terminer le présent chapitre, nous soulevons une question susceptible de paraître aux profanes assez surprenante ou

---

330. On ne saurait limiter, circonscrire ni réduire le contrat de travail au seul acte d'engagement (**II-35**) ; à titre de contrat (art. 1377 C.c.Q.), il est juridiquement tributaire de tout le droit civil, notamment des règles du *Code civil du Québec*.

331. La règle de la mitigation des dommages, à titre d'exemple, ne saurait s'appliquer sans nuances, ni adaptations, lorsque des lois de l'emploi établissent des mesures spéciales de protection en faveur du salarié congédié. Voir : Fernand MORIN, « Le salarié injustement congédié doit-il mitiger les dommages causés par l'employeur ? », dans G. TRUDEAU, G. VALLÉE et D. VEILLEUX (dir.), *op. cit.*, note 237, p. 221.

332. Ainsi convertis en entrepreneurs, ils sont isolés les uns des autres et ne pourraient exercer quelque action collective de défense sans danger de « coalitions » commerciales (art. 466 *Code criminel ; Loi relative aux enquêtes sur les coalitions*, L.R.C. (1985), ch. C-34, art. 4 ; *Natrel inc.* c. *Syndicat démocratique des distributeurs (C.S.D.)*, [1996] T.T. 567 ; requête en évocation : C.S.Q. n° 200-05-005123-968.

incongrue, compte tenu de nos précédents développements. Il s'agit de savoir si le contrat de travail subsiste ou résiste à l'avènement d'une convention collective. En d'autres termes, la convention collective s'imposerait-elle d'une manière si absolue, si exclusive et si impérative que sa seule présence dans une entreprise rendrait les contrats de travail des salariés évanescents[333] ? Cette question sous-entend que s'ils subsistaient, ces contrats de travail seraient susceptibles de porter atteinte aux effets valablement recherchés dans la convention collective. On comprend qu'une telle crainte provient d'une méfiance certaine à l'endroit du droit civil et de ses institutions, dont notamment le contrat de travail (**I-52; II-48**). Il est vrai que la voie collective fut aménagée par l'État (**I-53**) puis, empruntée par des collectivités de salariés pour ainsi se libérer des diktats de l'employeur et participer vraiment à l'élaboration de leurs conditions de travail. Pour ces raisons, on craindrait que la coexistence des contrats de travail et de la convention collective puisse permettre à l'employeur de briser par ce moyen individuel la solidarité nécessaire à l'action collective et qu'ils constituent des stigmates d'un système révolu dans les milieux où un régime de rapports collectifs du travail est institué. Plusieurs auteurs développèrent ce dernier thème, pouvant même étayer leur thèse d'une riche et florissante jurisprudence (**II-80**). On affirma même que s'il subsistait une liberté contractuelle résiduelle aux salariés sous convention collective, cette situation serait « [...] incompatible avec le principe de la représentation légale obligatoire des salariés par le syndicat accrédité[334] ». Le fondement des droits et des obligations du salarié se retrouverait, selon un auteur, non plus au contrat de travail, mais « [...] au contenu exprès et même implicite de la convention collective[335] ». Le professeur A.W.R. Carrothers soutient aussi que la relation contractuelle n'existerait plus là où un syndicat est accrédité et qu'il s'agirait alors d'une relation institutionnelle entre le salarié et l'employeur : « [...] the continuing relationship between the employee and the employer cannot be contractual but must be one of status imposed by the *Labour Code*[336] ».

II-80 — *Approche des tribunaux* — Nous devons reconnaître la difficulté de qualifier la convention collective, notamment si l'on entend recourir aux dichotomies traditionnelles : contrat/loi, public/privé, etc. (**I-108; IV-172**).

---

333. La même question est reprise et discutée sous d'autres angles plus loin quant aux rapports collectifs de travail (**IV-169**). Aussi, par Claude D'AOUST, « Les ententes individuelles et la convention collective », (1983) 38 *Rel. Ind.* 155.

334. Robert GAGNON, Louis LEBEL et Pierre VERGE, *Droit du travail*, 2ᵉ éd., Sainte-Foy, Les Presses de l'Université Laval, 1991, p. 544.

335. P. VERGE, *loc. cit.*, note 280. Dans une plus récente publication, on semble bémoliser cette position. Voir : P. VERGE et G. VALLÉE, *op. cit.*, note 319.

336. A.W.R. CARROTHERS, « Labour Law through the Prism of Paccar », (1990) 45 *Rel. Ind.* 585, 596. Il est vrai que cet auteur se fonde sur le common law. Pas plus que la Cour suprême du Canada ne le fit dans ce même arrêt *Paccar*, cet auteur ne fit de distinction entre le droit civil du Québec et la common law.

Sans doute par souci de simplification et aussi en se fondant sur une certaine généralisation du constat du contrat de travail d'adhésion (**II-36**), la Cour suprême du Canada fit plusieurs observations pour souligner l'omniprésence de la convention collective. De citation en citation, osons-nous dire, l'approche du plus haut tribunal prit la facture d'un réel postulat au soutien de la plénitude conventionnelle. À titre d'illustrations, nous reprenons quelques-uns de ces énoncés placés selon leur ordre chronologique.

— « There is no room left for private negotiation between employer and employee. Certainly to the extent of the matters covered by the collective agreement, freedom of contract between master and individual servant is abrogated[337]. »

— « When a collective agreement has expired, it is difficult to see how there can be anything left to govern the employer–employee relationship. Conversely, when there is a collective agreement in effect, it is difficult to see how there can be anything left outside, except possibly the act of hiring[338]. »

— « The reality is, and has been for many years now throughout Canada, that individual relationships as between employer and employee have meaning only at the hiring stage and even then there are qualifications which arise by reason of union security clauses in collective agreements[339]. »

— « Quand il existe une convention collective, les droits individuels sont à toutes fins pratiques écartés[340]. »

— « Tout en acceptant qu'il n'y a plus de contrats individuels de travail lorsque les parties se trouvent dans une relation de négociation collective, une conclusion inéluctable depuis l'arrêt de notre Cour *McGavin Toastmaster Ltd.* [...][341]. »

Par voie de conséquence ou en poursuivant le développement d'une pareille approche, certains juges de la Cour suprême du Canada cherchèrent à

---

337. *Syndicat catholique des employés de magasins de Québec inc.* c. *Compagnie Paquet Ltée*, [1959] R.C.S. 206, 212 (j. Judson).

338. *Canadian Pacific Railway Company* c. *Zambri*, [1962] R.C.S. 609, 624 (j. Judson).

339. *McGavin Toastmaster Ltd.* c. *Ainscough*, [1975] 54 D.L.R. (3d) 1, 6 (j. Laskin) (C.S.C.) et [1976] 1 R.C.S. 718.

340. *Hémond* c. *Coopérative fédérée du Québec*, [1989] 2 R.C.S. 962, 975. L'auteur, le juge Gonthier, n'a-t-il pas aussi participé à l'arrêt *Central Okanagan School District n° 23* c. *Renaud*, précité, note 37, où la Cour écarta pourtant la convention collective par respect des droits fondamentaux d'un salarié conventionné ?

341. *CAIMAW* c. *Paccar of Canada Ltd.*, [1989] 2 R.C.S. 983, 1006 (j. La Forest). Nous commentons cet arrêt sous le titre : « Modification unilatérale des conditions de travail au terme d'une négociation collective ! », (1990) 50 *R. du B.* 592 et (1990) 45 *Rel. Ind.* 566.

récupérer le salarié en l'intégrant à titre de partie à cet acte collectif. À ces fins, on proposa de concevoir la convention collective comme s'il devait s'agir d'une œuvre tripartite :

> *M. le juge Estey* : « [...] la structure consacre une nouvelle forme de contrats tripartites avec seulement deux signataires, une solution législative aux lacunes de la *common law* dans le domaine des droits des tiers[342] ».

> *M. le juge La Forest* : « [...] la relation tripartite qui existe entre le syndicat, l'employeur et l'employé en raison du Code, supplante les principes de *common law*[343] ».

Par la suite, la Cour d'appel du Québec reprenait à son compte cette même approche : « On ne peut faire revivre le contrat individuel, qui pour reprendre les mots du juge Estey, n'a pas survécu dans le cadre d'un régime de convention collective[344]. » Ce mouvement prit de l'ampleur, si l'on peut dire, lorsqu'un juge de la Cour supérieure s'interrogeant sur la portée de l'article 59 du *Code du travail* (l'entre-deux conventions collectives) affirma sans autre explication que « le contrat de travail n'existe pas[345] ». Les difficultés d'effectuer une juste qualification judiciaire de la convention collective seraient telles qu'aux fins de l'application des règles relatives aux mises à pied selon la *Loi sur les normes du travail*, plusieurs tribunaux l'assimilèrent à un contrat de travail à durée déterminée[346]. Il y eut alors une telle confusion entre le contrat de travail et la convention collective que l'on considéra que tous ces salariés n'avaient point droit à un préavis de mise à pied en vertu de l'article 82 L.N.T. alors ainsi libellé :

> Malgré l'article 1668 du *Code civil* et sauf dans le cas d'un contrat à durée déterminée ou pour une entreprise déterminée, un salarié qui justifie chez le même employeur d'au moins trois mois de service continu a droit à un préavis écrit avant son licenciement ou sa mise à pied pour au moins six mois [...][347].

---

342. *St-Anne Nackawic Pulp et Paper Company* c. *Section locale 219 du Syndicat canadien des travailleurs du papier*, [1986] 1 R.C.S. 704, 718 (j. Estey).

343. *CAIMAW* c. *Paccar of Canada Ltd.*, précité, note 341, p. 1008 (j. La Forest).

344. *Maribro Inc.* c. *Union des employés de service, local 298*, précité, note 182 et commenté par C. D'AOUST, *loc. cit.*, note 182.

345. *Gordon Yarn Dyers Ltd.* c. *Brière*, [1993] R.J.Q. 1214, 1220 (C.S.).

346. *Commission des normes du travail* c. *Campeau Corp.*, [1986] R.J.Q. 1189 (C.S.); *Commission des normes du travail* c. *Les Producteurs de sucre d'érable du Québec*, [1986] R.J.Q. 2763 (C.Q.); *Commission des normes du travail* c. *Hawker Siddley Canada Inc.*, D.T.E. 85T-607 (C.S.), jugement du 15 mars 1985. Ces décisions furent commentées par Fernand MORIN sous le titre : « Un préavis de licenciement ou son équivalent », (1988) 43 *Rel. Ind.* 943.

347. Ce libellé de l'article 82 L.N.T. fut depuis modifié : L.Q. 1990, c. 73, art. 36. Entre-temps, la Cour d'appel avait aussi corrigé sa position. Voir : *Commission des normes du travail* c. *Campeau Corporation*, [1989] R.J.Q. 2108 (C.A.).

Ces seules données permettent de saisir comment et pourquoi la question de l'évanescence des contrats de travail du seul fait de la présence d'une convention collective dans un milieu donné est vraiment posée et qu'elle n'est nullement l'œuvre d'une imagination débordante ou déformante.

II-81 — *Coexistence des deux actes* — On ne saurait valablement réduire ni minimiser la fonction de la convention collective applicable dans un milieu de travail au seul prétexte de faire place au contrat de travail. Tel ne saurait être l'objectif de la thèse de complémentarité ni d'ailleurs, croyons-nous, l'effet véritable de la coexistence de ces deux actes juridiques. Sous réserve de l'étude détaillée de ce régime collectif (**IV-2**), le rôle essentiel dévolu à la convention collective consiste à consigner les résultats de la négociation collective pour la meilleure sécurité des parties et la stabilité de leurs rapports. Ce dernier processus vise principalement à placer auprès de l'employeur un valable interlocuteur, ce qui permet aux salariés de prendre collectivement part à l'élaboration de leurs conditions de travail. De plus, ce processus collectif ne se limite pas à la seule phase de la négociation des conditions de travail, car il assure aussi la présence syndicale à l'administration de ce même acte (**I-47, 177**). On constate que ces institutions collectives servent à rééquilibrer les rapports des personnes en présence à l'aide de la force du groupe, de l'action collective et solidaire vis-à-vis de l'employeur et pour des fonctions particulières. À cette fin, des garanties juridiques sont données de manière à assurer la réalisation d'un tel projet collectif. Il peut suffire, pour l'instant, de mentionner cinq mesures :

— l'employeur est tenu de négocier les conditions de travail avec le seul représentant syndical identifié par la voie de l'accréditation (art. 53 C.t.);

— tous les salariés du groupe visé doivent participer aux frais engagés par le syndicat accrédité (art. 47 C.t.);

— la convention collective qui résulte de la négociation lie tous les salariés actuels et futurs sans égard à leur volonté individuelle (art. 67 C.t.);

— le départ de l'employeur et son remplacement ne remettent pas en cause la convention collective qui perdure à la suite de cette secousse (art. 45 C.t.);

— la qualité des décisions de l'employeur portant sur des questions traitées dans la convention collective peut être soumise au contrôle d'un tiers par l'entremise du syndicat (art. 100 C.t.).

Par ailleurs, ce régime de rapports collectifs et la présence d'une convention collective n'ont pas un effet radical, absolu ni exclusif dans l'entreprise.

i) L'administration de l'entreprise ne devient pas dès lors bicéphale; l'employeur n'est nullement tenu de partager automatiquement et de ce seul fait ses prérogatives de direction et de contrôle. Il conserve une liberté de manœuvre certaine en tant que gestionnaire et aussi, son pouvoir de direction ou de contrôle des affaires de l'entreprise et notamment la gestion du personnel, dans toute la mesure où la convention collective ne prévoit pas un autre aménagement de ces fonctions.

ii) Le syndicat n'agit nullement à titre de mandataire de chacun des salariés actuels et futurs de telle manière qu'il négocierait collectivement au lieu et place de chacun des salariés la conclusion de leur contrat de travail respectif[348].

iii) Du seul fait de son accréditation, de sa nomination à titre d'agent négociateur, le syndicat ne devient pas un fournisseur de main-d'œuvre et la convention collective ne signifie pas que le syndicat s'engage à fournir pareille force de travail[349].

Outre ces premières considérations, nous devons retenir que la convention collective tire principalement son autorité juridique du *Code du travail*, notamment de la conjugaison des articles 22, 45, 47, 53, 59, 62, 65, 67, 69 et 72 C.t. Sans ce support législatif précis et essentiel, l'entente collective que pourraient conclure un employeur et un syndicat aurait tout au plus la valeur juridique d'un simple contrat ne liant alors que ses parties signataires et leurs membres respectifs **(IV-168)**[350]. Si la force juridique réelle de la convention collective lui provient de la loi, ce qui nous semble par ailleurs incontestable, il nous faudrait aussi s'y référer pour établir la portée juridique conférée à cet acte collectif.

II-82 — *Impossible évanescence* — Ni le *Code du travail* ni les autres lois de l'emploi ne confèrent directement ou indirectement à la convention collective une emprise absolue et exclusive à l'égard du groupe de salariés visé au point que sa seule présence ferait disparaître les contrats de travail au sens de l'article 2085 C.c.Q. ou empêcherait leur conclusion **(II-44, 50)**. On trouve, au contraire, dans ces autres lois, des dispositions au soutien de la thèse opposée, notamment lorsque l'on affirme le principe de « l'ordre public social » donnant préséance à la « norme la plus avantageuse » **(I-95)**[351]. On pourrait

---

348. *Syndicat catholique des employés des magasins de Québec inc.* c. *Compagnie Paquet ltée*, précité, note 337; F. MORIN, *op. cit.*, note 20, p. 191.

349. Autrement, il s'agirait d'un contrat de marchandage. Il est vrai par ailleurs que la clause conventionnelle dite d'atelier fermé pourrait engager le syndicat à fournir la main-d'œuvre demandée, du moins dans les limites de la disponibilité de ses membres **(IV-19)**. La thèse contraire fut soutenue par le professeur P. VERGE, *loc. cit.*, note 232, p. 979.

350. Tout comme peut le faire encore une association d'employeurs à l'égard de ses membres selon l'article 68 C.t. et comme c'était le cas autrefois pour les syndicats constitués selon la *Loi des syndicats professionnels*, L.R.Q., c. S-40. Voir: Marie-Louis BEAULIEU, *Les conflits de droit dans les rapports collectifs du travail*, Sainte-Foy, Les Presses de l'Université Laval, 1955, p. 130 et suiv.

351. Les tribunaux ont, à plusieurs reprises, fait des applications pratiques de la « norme la plus avantageuse ». Voir: *Commission de l'industrie de la construction* c. *C.T.C.U.M.*, [1986] 2 R.C.S. 327; F. MORIN, *op. cit.*, note 20, p. 644; *Ville de Rimouski* c. *Morin*, [1990] R.D.J. 385 (C.A.).

alors répliquer que cette plénitude de la convention collective et son exclusivité seraient néanmoins nécessaires à la véritable protection des salariés, au
maintien de la solidarité entre eux et résulteraient de l'économie même et de
la finalité d'un tel régime. On ajouterait sans doute que sans cette complète
présence, l'employeur pourrait déstabiliser le groupe à l'aide d'avantages
particuliers conférés par la voie du contrat de travail à certains salariés ou leur
donner ce qu'il aurait peut-être même refusé préalablement au cours de la
négociation collective! Ces arguments au soutien de l'hégémonie de la convention collective ne reposent sur aucun fondement d'ordre juridique, alors
que l'on trouve au *Code du travail* au moins trois règles qui tiennent compte
des quelques malencontreuses tentatives patronales susceptibles de briser le
système, mais sans exiger ni conclure pour cela à l'anéantissement du contrat
de travail.

i)   L'article 63 C.t. comprend trois modalités qui traitent expressément des
     rapports à trois (syndicat, employeur et salarié). Dans un premier
     temps, on précise que l'employeur peut embaucher et garder à son
     emploi un salarié alors que le syndicat refuserait son adhésion, lorsque
     cette dernière condition s'impose en vertu même de la convention col-
     lective. En deuxième lieu, on reconnaît qu'un employeur est astreint à
     respecter la procédure d'embauche, s'il y en a une de prévue à la con-
     vention collective. Finalement, on sanctionne la complicité d'un salarié
     avec l'employeur dans le but de nuire au syndicat (**IV-23**).

ii) L'article 62 C.t. délimite la liberté de convention du syndicat et de
     l'employeur en se référant au respect des lois et de l'ordre public. Ce
     double critère serait à tout le moins indicatif que la convention collec-
     tive ne saurait être assimilée à un acte étranger et disparate du corpus du
     droit de l'emploi. Bien au contraire, on y indique clairement qu'elle est
     partie de ce tout et qu'elle y est subordonnée (**IV-99**).

iii) S'il est vrai que l'article 67 C.t. précise bien que la convention collective
     « [...] lie tous les salariés actuels et futurs visés [...] », on n'y indique pas
     pour autant que cette soumission obligatoire serait absolue ni exclusive.
     On peut y voir, selon sa finalité même, que la convention collective
     s'applique obligatoirement et automatiquement à tous les salariés, qu'ils
     soient membres ou non du syndicat et qu'ils aient été embauchés avant,
     pendant ou après sa conclusion (**IV-168**). En somme, cette disposition
     confère à la convention collective son rang dans l'ordre hiérarchique des
     sources du droit (**I-22**). Ce qui signifie qu'elle est elle-même soumise
     aux lois et à l'ordre public et qu'elle s'impose à son tour comme base et
     encadrement pour l'élaboration des règles hiérarchiquement subalter-
     nes : le contrat de travail, le règlement d'atelier, etc.

Finalement, il nous semble que plusieurs tenants de la thèse abolitionniste (**II-80**) assimilent l'absence d'une négociation réelle du contrat de travail pour conclure à la négation même de l'acte contractuel. Sur le strict plan

de la logique, cette approche comporterait une contradiction puisque l'assertion sous-entend qu'une négociation pourrait autrement avoir lieu, ce qui, par surcroît, constituerait la reconnaissance implicite du contrat de travail. Le seul fait que trop souvent les salariés ne négocient pas réellement leurs conditions de travail ne peut signifier l'absence ou la négation de l'acte lui-même[352]. Il est vrai que les rapports collectifs du travail furent institués pour suppléer à cette absence de négociation individuelle, mais ils ne sont pas fondés sur un agrégat de mandats conférés par chacun des salariés pris individuellement. Le syndicat représente la collectivité visée (les salariés actuels et futurs), et ce, en vertu des dispositions habilitantes du *Code du travail*. Sur le strict plan juridique, ne pourrions-nous pas affirmer que la subordination du salarié résultant même du contrat de travail justifie et légitimise le droit des rapports collectifs du travail ?

II-83 — *Le Code civil s'applique* — La présence au sein du *Code civil du Québec* des treize dispositions relatives à la relation d'emploi ne peut qu'imposer une réaction ou une opposition à la thèse abolitionniste retenue par les tribunaux et soutenue par quelques auteurs (**II-79 et 80**). Pour mieux illustrer et aussi justifier notre position voulant qu'un contrat de travail existe entre l'employeur et le salarié nonobstant la présence d'une convention collective et la dynamique intervention d'un syndicat accrédité, considérons les effets juridiques possibles si un tel contrat ne devait plus exister[353]. En effet, ne devrions-nous pas alors en déduire que le *Code civil du Québec* ne s'appliquerait nullement à ces salariés sous convention collective, du moins pour les fins visées au *Code du travail* et à cet acte collectif ? Si tel devait être l'état du droit, ces salariés, ces syndicats et ces employeurs se verraient particulièrement écartés à ces mêmes fins et pour ce temps, de l'application des articles suivants :

— article 2085 C.c.Q. : reconnaissance de la sujétion du salarié et du pouvoir de direction de l'employeur ;

— article 2087 C.c.Q. : respect de la personne du salarié ;

— article 2088 C.c.Q. : devoir de loyauté du salarié et obligation de réserve ;

— articles 2089 et 2095 C.c.Q. : limites à la libre concurrence ;

---

352. Le contrat d'adhésion, bien reconnu en droit, n'est-il pas fondé sur l'absence d'une négociation bilatérale préalable à sa conclusion sans, pour cela, nier sa présence ? Le Code civil traite expressément des effets de ce même contrat, notamment aux articles 1379, 1432, 1435 et 1436 C.c.Q. (**II-36**).

353. Nous reprenons sommairement notre exposé sur ce même thème. Voir : Fernand MORIN, « Effets combinatoires de deux codes : *Code du travail* et *Code civil du Québec* », (1994) 49 *Rel. Ind.* 227.

— articles 2091, 2092 et 2094 C.c.Q. : résiliation du contrat de travail;

— article 2097 C.c.Q. : survie de la relation d'emploi après l'arrivée d'un nouvel employeur.

Il en serait de même des dispositions relatives notamment au respect de l'exigence de la bonne foi (art. 6 et 7 C.c.Q.), de la réputation et de la vie privée (art. 35 à 41 C.c.Q.); de l'interprétation des contrats et des articles 1379, 1432, 1435 et 1436 C.c.Q. concernant le contrat d'adhésion, etc. En d'autres termes, il nous faudrait admettre ou reconnaître que la lettre sinon l'esprit du *Code du travail* et l'économie générale du droit des rapports collectifs du travail pourraient constituer, du seul fait de leur mise en application par la convention collective, une dérogation globale au *Code civil du Québec*, alors que sa disposition préliminaire, avons-nous vu, précise qu'il « [...] constitue le fondement des autres lois qui peuvent elles-mêmes ajouter au code ou y déroger » (**I-41**). De plus, l'inexistence du contrat de travail à l'endroit de ces salariés soumis à une convention collective soulèverait quelques difficultés à justifier ou à expliquer sur le plan juridique des pratiques et des situations bien connues et nullement contestées telles que celles qui suivent.

i) Le bénéficiaire du régime des rapports collectifs du travail fut et est encore identifié à l'aide du contrat de travail dès qu'il s'agit d'établir s'il est admissible aux droits résultant du *Code du travail* : accréditation, liberté syndicale, réintégration à la suite d'un congédiement, etc.

ii) Si la convention collective devait être la seule source des droits et des obligations du salarié, il pourrait être difficile d'expliquer le fondement juridique de son devoir de disponibilité professionnelle, de son obligation de loyauté, de sa sujétion à l'endroit de l'employeur et du pouvoir disciplinaire de ce dernier, alors que la convention collective peut ne pas traiter de ces mêmes questions. D'ailleurs, le plus souvent, lorsqu'elle y touche, ce n'est pas pour établir le fondement de ces mêmes droits et obligations, mais surtout pour en moduler l'exercice et le contrôle.

iii) En raison du caractère lacunaire inévitable des lois de l'emploi (**I-98**) et du contenu limité de la convention collective, seul le droit prétorien compléterait ces premières sources du droit, ce qui conférerait au droit des rapports collectifs du travail une originalité assez particulière.

iv) Si une personne dispose du statut de salarié au sens du *Code civil du Québec* avant qu'elle ne soit assujettie à une convention collective de travail et qu'elle le recouvre à sa sortie de ce même réseau collectif, comment pourrait-on expliquer cette double métamorphose juridique ou encore, le caractère évanescent que l'on voudrait prêter au contrat de travail ?

v) Les salariés sous convention collective bénéficient des avantages prévus par la *Loi sur les accidents du travail et les maladies professionnelles* et pourtant la définition du mot « travailleur » retenue dans cette loi précise qu'il doit être titulaire « d'un contrat de louage de service personnel » (art. 2 L.A.T.M.P.). Il en est de même en vertu de la *Loi sur la santé et la sécurité du travail*.

En somme, une approche aux effets aussi sectaires et aux conséquences pratiques et juridiques aussi imprévisibles répugne à l'économie générale du droit et à ses attributs les plus fondamentaux, réels ou recherchés. Nous croyons toujours que le droit de l'emploi doit pouvoir puiser à une source générale et généreuse qui peut lui servir d'assiette pour combler ses inévitables interstices, lacunes et silences (**I-41**). Cette source et cet encadrement général ne sauraient de façon occulte ou avouée, notamment pour des raisons constitutionnelles, politiques et culturelles être la common law. Seul le *Code civil du Québec* peut et doit servir à ce titre. Telle est normalement la fonction juridique et politique du *Code civil du Québec* et ce rôle ne peut que nous rapprocher davantage (le relatif serait de mise) des attributs propres du droit : cohérence, sécurité, logique, prévisibilité, etc.[354].

II-84 — *Contrat de travail* — Nous croyons néanmoins incontestable que les institutions et les actes propres aux rapports collectifs du travail soient de nécessaires et bénéfiques porteurs pour les salariés qui se retrouvent au sein des collectivités dont ils sont membres du seul fait de leur *situs* professionnel. Les données historiques du droit des rapports collectifs du travail expliquent et justifient parfaitement ces mesures protectrices, civilisatrices et démocratiques (**IV-1**). D'une certaine manière, nous pouvons dire maintenant que ces institutions collectives (syndicat accrédité, convention collective, arbitrage, etc.) sont antérieures aux salariés et s'imposent à eux à titre de construits[355]. Mais, au-delà de ces bienfaits et de ces nécessités, ce régime de rapports collectifs du travail ne saurait valablement écarter ni ignorer les individus en les confondant dans une masse opaque, uniforme et lénifiante. En ce sens, les treize articles du *Code civil du Québec* et tous les autres qui s'y rattachent (**II-61**) permettent de percevoir le salarié à titre de sujet du contrat de travail et non plus seulement comme objet de cet acte. Il serait maintenant inconcevable qu'on refuse cette reconnaissance sous un quelconque prétexte (**II-79**). Il est vrai qu'un certain néolibéralisme juridique permettrait un transfuge de certains salariés en « petits entrepreneurs » (**II-78**), mais ce danger ne saurait justifier l'imposition préventive d'une convention collective aussi absorbante

---

354. Nous poursuivons cette même question au titre IV sous le thème de l'harmonisation du droit des rapports collectifs au *Code civil du Québec* (**IV-170**).

355. Antérieures, disons-nous, tout comme ce peut être le cas pour chaque génération qui, à son arrivée, n'a pas à faire ni à refuser la constitution, ni les règles générales de vie en société... la vie étant ce long fleuve...

pour exiger la négation du contrat de travail. Bien évidemment, il nous faut espérer que les tribunaux aborderont ces questions sous ce nouvel éclairage du *Code civil du Québec*. Il nous semble, sur les plans social et politique, que l'on ne pourrait honnêtement et légitimement exiger que le salarié « s'investisse » dans l'entreprise, qu'il y soit corps et âme et du même coup, ne plus percevoir la personne du salarié, pour n'y voir qu'une collectivité anonyme ou la facticité du travail.

CHAPITRE II-3

LES IMPLICATIONS DES STATUTS DE SALARIÉ ET D'EMPLOYEUR

II-85 — *Questions étudiées* — Ce troisième chapitre du titre II traite des principales obligations des parties au contrat de travail telles qu'elles sont maintenant articulées et conjuguées au *Code civil du Québec* puis modulées par les diverses autres sources publiques et privées du droit (**I-23**). Le créneau de l'ouvrage et l'ordre séquentiel de l'exposé nous contraignent à ne retenir que les principales obligations respectives du salarié et de l'employeur. Nous renvoyons le lecteur à bien d'autres auteurs pour l'étude plus détaillée ou plus technique de multiples facettes ainsi écartées[356]. Néanmoins, nous tentons de répondre aux questions qui suivent.

— À quoi le salarié s'oblige-t-il à l'endroit de l'employeur ?

— Quelles sont les principales composantes quantitatives et qualitatives de la prestation de travail et, lorsqu'elles sont mesurables, par qui et comment pourraient-elles être évaluées ?

— Le salarié doit-il s'en tenir à un comportement prédéterminé en fonction de règles générales de droit, et l'employeur peut-il les préciser, les moduler et les modifier en fonction de ses besoins ?

— Quand et où s'arrêtent les obligations professionnelles du salarié en vue de respecter ses droits et ses libertés personnels ?

---

356. Les notes peuvent aider à trouver les compléments ou les prolongements parfois indispensables à la bonne saisie de questions particulières ou qui peuvent, selon les circonstances, être de toute nécessité.

— Lui suffit-il de verser la rémunération due pour que l'employeur puisse accéder à la propriété exclusive du résultat ?

— Quels moyens de contrôle l'employeur peut-il valablement retenir afin de s'assurer qu'il reçoit la bonne « mesure » ?

— À quoi l'employeur s'oblige-t-il ?

— Que peut-il légitimement réclamer de son salarié ?

— Sur quel fondement juridique l'employeur peut-il sévir à l'égard d'un employé délinquant ?

Il n'y a pas lieu d'établir la taxinomie des obligations du salarié et de l'employeur. Il importe cependant de bien saisir l'étendue des principales obligations des parties puisqu'un manquement sérieux à leur égard par l'une d'elles peut provoquer de vives réactions de la part du vis-à-vis. Bien évidemment, notre analyse est faite sur la base du contrat de travail, ce qui signifie que les données du chapitre précédent servent de point d'appui[357].

II-86 — *La démarche retenue* — Le caractère synallagmatique du contrat de travail nous permet d'emprunter à l'occasion une formule « deux dans un » qui consiste à prolonger l'étude des droits et des obligations du salarié en considérant les droits et les obligations afférents de l'employeur et aussi, d'inverser ce rapport. Cette approche asymétrique évite des doublons autrement inéluctables en raison de l'étroite corrélation des droits et des obligations de l'un et de l'autre, bien qu'ils ne soient pas de même nature ni toujours de même intensité. Nous considérons, en premier lieu, l'obligation de disponibilité du salarié vue sous de nombreuses facettes. En second lieu, nous analysons le comportement général du salarié à titre de collaborateur de l'entreprise. Selon le degré d'autonomie professionnelle dont jouit le salarié, l'employeur doit adapter en conséquence ses moyens d'appréciation de la prestation de travail. Il peut être nécessaire de bien établir ce rapport pour mieux saisir la légitimité de ces mesures et aussi, pour en délimiter la portée. Ainsi nous faut-il en étudier les fondements et les moyens de sanction dont dispose l'employeur ainsi que les dimensions juridiques de son obligation de payer la rémunération due. Tel est le contenu du troisième chapitre.

---

357. Notre prise de position générale au sujet de la relation d'emploi traduite juridiquement à l'article 2085 C.c.Q. (**II-50**) nous conduits à poursuivre notre développement selon cette même orientation. Ceux qui réfutent cette approche initiale relative au contrat établissent sans doute autrement les fondements des obligations et des droits de ces deux mêmes parties à cette relation d'emploi. Autrement, il leur serait logiquement difficile de nier l'application de l'article 2085 C.c.Q. tout en faisant appel aux douze autres articles de ce même chapitre du *Code civil du Québec* !

Section 3.1

La disponibilité du salarié

II-87 — *Quelle disponibilité ?* — La première et principale obligation du salarié porte sur l'exécution successive de la prestation de travail convenue, ce qui suppose sa disponibilité puisque cette réalisation se prolonge dans le temps. Constatons d'abord l'indissociabilité de la personne même du salarié à son travail, c'est-à-dire du fait immédiat de sa prestation. Cette intimité est telle que l'on peut être tenté, et parfois très facilement, d'occulter l'auteur par son œuvre en inversant alors le rapport du sujet à l'objet ou en laissant supposer que le travail résumerait la personne du salarié. En considérant la question sous l'angle de la disponibilité, nous pouvons éviter ce dérapage et mieux nous attacher à la personne même du salarié. Nous pouvons ainsi souligner certaines caractéristiques du travail subordonné fondamentalement tributaire des qualités et des dispositions professionnelles et personnelles de son auteur. L'obligation de disponibilité comprend la présence physique du salarié et, bien évidemment, sa présence professionnelle réelle. Mais, qu'en est-il vraiment ? En tout premier lieu, nous réitérons le point de droit à savoir que cette présence doit être celle même de la personne engagée et de nulle autre (**II-53**). L'exécution de la prestation requise suppose ou comprend généralement la présence physique du salarié dans un lieu dit, bien qu'il soit possible que l'exécution se fasse dans d'autres lieux que celui de l'établissement de l'employeur[358]. Outre ces situations marginales, la disponibilité implique la présence du salarié ne serait-ce que pour recevoir les directives nécessaires, pour fournir la prestation quantitative requise, pour permettre de coordonner

---

358. N'est-ce pas le cas notamment du télétravailleur ou du salarié itinérant ? Pour cette même raison, l'obligation principale de l'employeur relative à la rémunération emprunte d'autres critères que le temps disponible (**II-144**) pour en établir la quotité.

directement l'action du salarié avec celle de ses collègues ou pour exercer un contrôle efficace et en temps opportun. Pour ces dernières raisons, l'assiduité se révèle souvent une qualité inhérente à cette même disponibilité et constitue de ce fait un premier élément quantitatif mesurable de la prestation de travail. Cet élément temporel peut ne pas être essentiel à l'exercice de certains métiers ou professions alors que pour d'autres, il s'agit d'une donnée préalable importante. Lorsque la présence physique du salarié est requise, il est évident que toutes ses absences, totales ou partielles, sont autant d'inexécutions de son obligation de disponibilité : retard, départ précipité, vacation personnelle prolongée, allongement des pauses et des périodes de repos, maladie, etc.[359]. Bien évidemment, ces réductions de temps réel de travail peuvent être justifiées ou non et leurs implications respectives varient beaucoup selon la nature et l'organisation du travail dans chaque milieu et, par voie de conséquence, les moyens retenus pour leur évaluation directe ou *a posteriori* doivent en tenir compte (**II-167**). Constatons qu'il serait impossible de tirer déjà une conclusion valable de portée générale sur les implications réelles d'un quelconque manquement du temps de travail de la part du salarié. Des données précises relatives au temps, au lieu et à la personne doivent être considérées.

II-88 — *Une présence professionnelle* — Cette présence en temps et dans un lieu donné pour répondre à l'obligation de disponibilité est de moins en moins requise pour disposer de la force physique du salarié, mais davantage pour s'assurer de sa présence professionnelle. Ce dernier vocable coiffe l'ensemble des facultés et qualités intellectuelles du salarié mises à contribution pour l'exécution de sa prestation : intelligence, mémoire, connaissance, savoir-faire, expérience, dextérité, sociabilité, perspicacité, etc. Ces qualités varient en nombre et en degré selon chaque profession, si bien que leurs mixtures diffèrent dans chaque cas et se modifient en fonction du poste occupé, de l'organisation du travail dans une entreprise donnée et qu'elles évoluent en fonction de multiples facteurs endogènes et exogènes[360]. Dans la mesure où ces qualités intellectuelles et professionnelles sont nécessaires, le salarié doit pouvoir en disposer et les utiliser afin d'assurer la prestation attendue. Cette dernière facette de la disponibilité professionnelle du salarié sous-entend, à tout le moins, deux conditions :

— être dans un état lui permettant de réaliser la prestation en faisant usage en temps utile et d'une manière convenable des qualités requises, ce qui signifie une présence professionnelle réelle, attentive, soignée, active, diligente et prudente pour tout le temps où le salarié est en exercice;

---

359. Pour chacun des dix métiers suivants, des absences sporadiques peuvent avoir un sens et une portée bien différents : commis-vendeur, journaliste, chauffeur de camion, monteur, ambulancier, professeur, policier, grutier, pigiste, musicien.

360. En plus de notre commune expérience, pensons à la diversité des dosages de qualités professionnelles requises d'un pilote d'airbus, d'un technicien de laboratoire, d'un bibliothécaire, d'un professeur de philosophie, d'un pompier, etc.

— prendre les dispositions préalables requises pour disposer réellement et utilement de ces mêmes qualités.

Dès lors, ces deux sous-entendus peuvent avoir des effets certains sur les activités personnelles du salarié, et ce, notamment en raison du caractère continu de sa prestation (de jour en jour ou d'année en année). C'est à cause de ces derniers que l'on peut parfois soulever des questions sur les activités *extra muros* du salarié selon qu'elles peuvent réellement affecter la qualité de son service. Par exemple :

— après un quart de travail, il est certes libre de danser la nuit durant, mais peut-il enseigner convenablement le lendemain matin ?

— si une infirmière consomme une quantité importante d'alcool dès sa sortie de l'hôpital, peut-elle être d'un secours certain, rapide et précis auprès d'un chirurgien à son prochain quart de travail ?

— après son quart de travail, un salarié peut-il exercer un autre emploi qui le priverait d'un repos salutaire ?

— peut-il participer régulièrement à des compétitions sportives tenues de ville en ville alors qu'il devrait pouvoir être en mesure de faire du temps supplémentaire sur demande en raison des contraintes de l'entreprise ?

Pareilles questions peuvent aussi être soulevées au sujet du comportement du salarié à moyen terme, notamment en raison de l'évolution technologique, des développements scientifiques ou des changements progressifs dans l'organisation du travail. Ainsi, la question de la disponibilité professionnelle du salarié peut parfois se prolonger jusqu'à celle de l'acquisition de connaissances nouvelles, de la formation continue, etc., car tout ne peut s'apprendre sur le tas en effectuant sa prestation quotidienne (**III-768**). Une approche stationnaire ou statique de la part du salarié comporterait souvent le risque d'être rapidement dépassé par les événements et alors, la qualité de sa prestation pourrait en souffrir, et la fragilité de son statut, en être la conséquence. La prestation de travail du salarié doit comporter, finalement, une quadruple qualité : une exécution normale, régulière, continue et avec compétence. Il est certes difficile de préciser *in abstracto* le contenu d'une prestation normale, et son évaluation ne saurait être que relative. On doit, règle générale, reconnaître qu'un employeur est en droit d'exiger une prestation semblable à celle généralement fournie par les autres salariés de la même classe d'emploi ou de même formation, et ce, à chaque séance ou quart de travail. Réciproquement, l'employeur ne saurait exiger de l'un ce qu'il ne demande pas aux autres ni valablement chercher à obtenir des uns et des autres ce qui excède une mesure raisonnable. Ces quelques données indiquent bien que l'obligation de disponibilité professionnelle d'un salarié comporte une connotation active et une étendue difficile à cerner. Répétons-le, chacune des facettes de la prestation peut être valablement considérée à

l'engagement (**II-35**), pour apprécier la prestation reçue (**II-131**) et aussi, pour prolonger la durée du contrat, en modifier le contenu ou y mettre un terme. (**II-177**).

II-89 — *L'objet de la prestation* — L'obligation de disponibilité profession-nelle du salarié est logiquement délimitée par l'objet de la prestation de tra-vail, c'est-à-dire par le poste et les tâches convenus ou présumés l'avoir été entre les parties[361]. Cette limite est importante parce qu'elle indique bien que la personne du salarié n'est pas asservie en raison du contrat de travail qui la lie et que sa sujétion ne porte que sur cet aspect professionnel. Ainsi, un employeur ne saurait valablement imposer à un informaticien de conduire un camion ni à un pompier d'être éducateur en maternelle, etc.[362]. L'article 2087 C.c.Q. érige maintenant en obligation pour l'employeur « [...] de permettre l'exécution de la prestation de travail convenue [...] ». Pareille disposition empêcherait pour le moins l'employeur de contester le refus du salarié d'exé-cuter des tâches vraiment étrangères à celles pour lesquelles ses services furent retenus[363]. Concrètement, la question ne se présente pas toujours d'une façon aussi claire et bien des nuances s'imposent comme on peut s'en rendre compte à l'aide des situations suivantes.

i) Une personne disposant des qualifications professionnelles nécessaires à l'exercice d'un emploi n'a pas de ce seul fait le droit d'exiger qu'on ne lui confie que des tâches propres à cette même fonction, et encore moins si elle ne fut pas embauchée à ce premier titre[364].

ii) Il est possible qu'une personne soit engagée pour occuper un poste pré-cis et qu'au fil des ans et des circonstances, d'autres tâches lui soient progressivement confiées, ces dernières pouvant modifier au même rythme les données caractéristiques du poste initial. Cette lente méta-morphose peut résulter d'autant de consentements de la part du salarié, et ce dernier pourrait alors être en mauvaise posture pour justifier subrepticement et en bout de ligne son refus de poursuivre, prétextant l'obligation initiale de l'employeur à l'aide de l'article 2087 C.c.Q.[365].

---

361. L'objet de l'obligation principale du salarié s'entend de sa prestation (art. 1373 C.c.Q.) et ne se confond pas avec l'objet juridique du contrat de travail au sens de l'article 1412 C.c.Q.

362. Chaque poste, fonction ou emploi comprend bien évidemment des activités connexes, complémentaires ou préparatoires qui peuvent être de différents ordres et parfois, consti-tuer des servitudes plus ou moins agréables.

363. Semblable refus de la part du salarié ne peut donc constituer un « motif sérieux » justifiant la brusque rupture de la part de l'employeur (**II-177**).

364. Un avocat peut fort bien être engagé à titre de secrétaire d'une institution publique ou pri-vée et rien n'empêche un électricien d'accepter un poste de concierge et d'en effectuer les tâches afférentes. La question vise l'objet de la prestation convenue et non son sujet.

365. *Gilbert c. Hôpital général de Lachine*, [1989] R.J.Q. 1824 (C.S.); *Municipalité de Notre-Dame-de-la-Merci c. Bureau du commissaire général du travail*, précité, note 217.

iii) Compte tenu de la réorganisation de l'entreprise, de ses changements de créneaux ou d'équipement, le contenu de plusieurs postes peut être profondément bouleversé, ce qui place alors les parties devant une alternative : ou le salarié accepte de suivre le mouvement et de s'y adapter (formation complémentaire sur le tas ou dans un établissement scolaire, etc.), ou il refuse, ou encore, il ne dispose pas des qualifications professionnelles de base maintenant requises, et alors, il peut y avoir rupture du contrat de travail selon l'une des voies légalement possibles à cet effet (**II-168**).

iv) Cette obligation imposée à l'employeur à l'article 2087 C.c.Q. pourrait le priver d'imposer une rétrogradation à titre de mesure disciplinaire. Il est vrai que ce dernier moyen n'est guère employé, mais lorsqu'il l'est, la marge de manœuvre du salarié est généralement assez étroite[366]. Selon la nature du poste où il est rétrogradé, le salarié pourrait y voir un congédiement déguisé, en lui imposant un réel et quasi inévitable « motif de résiliation » à l'instar de la situation appréhendée à l'article 2095 *in fine* C.c.Q.[367]. Si telle devait être la situation, ce contentieux serait soumis aux règles applicables à la brusque rupture du contrat (**II-178**).

v) L'obligation de l'employeur de s'en tenir à « la prestation de travail convenue » comprend-elle le lieu d'exécution au point où une modification du lieu de l'établissement constituerait un manquement ? Le lieu peut certes constituer une condition de travail et pareil changement peut modifier la qualité de vie du salarié et même entraîner des coûts financiers, psychologiques ou familiaux importants. Il est des cas où d'éventuelles mutations sont sous-entendues, notamment lorsque l'entreprise dispose de plusieurs établissements. Il arrive aussi que des changements de lieu résultent d'une fusion ou d'une réorganisation du travail. Il est également possible que le changement survenu du chef de l'employeur ne porte pas sur le contenu ni sur la nature du travail, mais sur sa durée : de temps complet à temps partiel; de quart de jour à quart de nuit; période fixe à roulement, etc. Il nous semble que ce débat s'inscrit davantage au nombre des aléas de l'entreprise remettant en cause la pérennité du contrat de travail et il conviendrait alors de l'étudier sous

---

366. La question est différente lorsqu'une promotion ou une mutation est donnée sous une condition résolutoire qui peut être exercée à la discrétion de l'une des deux parties : l'employeur, comme le salarié, peut au cours d'une période d'essai, demander ou imposer le retour à la case départ. Plusieurs conventions collectives retiennent de semblables formules qui ne sont nullement de nature disciplinaire ni perçues à ce titre. Voir : *Confédération des syndicats nationaux* c. *Verret*, [1992] R.J.Q. 975 (C.A.).

367. *Bandag Canada Ltée* c. *Syndicat national des employés de Bandag de Shawinigan*, [1986] R.J.Q. 956 (C.A.); *Gilbert* c. *Hôpital général de Lachine*, précité, note 365, p. 1832; *Reilly* c. *Hotels of Distinction (Canada) inc. (Hôtel Le Grand/Grand Hotel)*, [1987] R.J.Q. 1606 (C.S.); *Roy* c. *Caisse populaire de Thetford Mines*, [1991] R.J.Q. 2693 (C.S.).

cet angle (**II-168**). Dans ces situations, on ne saurait valablement soutenir qu'il y aurait manquement à l'obligation édictée à l'article 2087
C.c.Q., car on ne peut aborder d'une manière statique cette obligation
alors que le contrat de travail se réalise nécessairement sur un fond
dynamique.

vi) Cette mesure de protection conférée à l'article 2087 C.c.Q. ne nous
semble pas être d'ordre public; aussi le salarié pourrait-il légitimement
et utilement y renoncer complètement par l'acceptation d'une description large mais suffisamment déterminable des tâches visées (art. 1373
C.c.Q.).

vii) On ne peut également dégager de cette disposition une obligation corollaire consistant dans le maintien d'un poste ou d'une fonction maintenant
non justifié ou, si des circonstances objectives l'exigeaient par ailleurs,
une prohibition de procéder à des mises à pied temporaires (**II-161**).

viii) Le défaut ou le refus de l'employeur de fournir au salarié le travail convenu et son arrêt dans le versement de la rémunération afférente constituent ni plus ni moins une résiliation unilatérale qui doit être traitée à ce
titre (**II-169**). En pareil cas, il serait superfétatoire que le salarié démissionne puisque l'initiative de la rupture relèverait de l'employeur.

Il peut arriver cependant des situations où cette disposition de l'article
2087 C.c.Q. peut être fort utile, notamment pour éviter la répétition d'expériences malheureuses telles que :

— la sollicitation d'une personne en dehors de l'entreprise pour occuper un
poste prestigieux ou valorisant, ou constituant une nette progression de
carrière et, à son arrivée chez le nouvel employeur, elle serait assignée à
des fonctions tout autres ou sans rapport avec le poste proposé et accepté;

— la réintégration en exécution d'un jugement d'un salarié précédemment
congédié, suspendu ou déplacé et auquel on confierait à son retour des
tâches nullement compatibles avec ses fonctions antérieures. Selon le
libellé même de ces mesures protectrices, il s'agirait dès lors d'un autre
déplacement également prohibé[368].

Cette obligation qui incombe à l'employeur selon l'article 2087 C.c.Q.
comporte une dimension qualitative importante, à savoir que le « travail convenu » doit s'effectuer dans des conditions propres à « [...] protéger la santé,
la sécurité et la dignité du salarié ». On ne saurait n'y voir qu'une simple bretelle assurant la liaison avec les lois de l'emploi qui traitent de ces questions

---

368. Le *Code du travail* (art. 15 à 18), la *Loi sur les normes du travail* (art. 122 et suiv.), la *Loi sur
les accidents du travail et les maladies professionnelles* (art. 256), la *Loi sur la santé et la
sécurité du travail* (art. 31) et bien d'autres encore protègent expressément le salarié à l'égard
des déplacements, suspensions ou congédiements effectués en guise de représailles (**V-18**).

d'une manière plus précise. Il s'agit, à notre avis, d'une règle de droit substantive dont il faut tenir compte pour bien saisir les obligations contractuelles de l'employeur (**II-106, 152**).

II-90 — *Disponibilité contenue* — Quelles sont les autres limites de l'obligation de disponibilité qui incombe au salarié ? Elles sont nombreuses et peuvent aider du même coup à mieux définir le contenu et la nature de cette première obligation en la circonscrivant d'un peu plus près. Puisque le travail est à exécution successive et conséquemment échelonné dans le temps, il convient de considérer davantage ce dernier aspect. L'obligation de disponibilité du salarié s'arrête-t-elle au terme de la journée et de la semaine normale de travail ? En fin de journée ou de semaine, le salarié serait-il néanmoins tenu, le cas échéant, de répondre à l'appel de l'employeur ? Ce dernier serait-il en droit d'exiger une prestation supplémentaire, et le refus de la part du salarié de la lui fournir pourrait-il constituer un manquement ? D'une certaine manière, cette question nous conduirait finalement à traiter du statut réel du salarié dans l'entreprise. En effet, pour les tenants d'une conception marchande fondée sur le libéralisme, le salarié « vendrait ou échangerait » son temps de travail et alors, l'acheteur ne pourrait certes demander ou exiger plus que la fourniture de service qu'il exigea au départ. Pareille conception, si elle devait être retenue, nous paraîtrait dépassée, irréaliste et certes insatisfaisante pour les deux parties. Une approche plus pragmatique et aussi plus sociale permettant de concevoir le salarié à titre de collaborateur et d'une certaine manière de « partie prenante » nous porte dès lors à reconnaître qu'il serait aussi tributaire des contingences de l'entreprise. Ainsi, le salarié devrait-il répondre aux demandes raisonnables de l'entreprise de prolonger son temps de travail, c'est-à-dire lorsque les contraintes de production de biens ou de services l'exigeraient alors que ce surcroît était imprévisible, qu'il est accidentel ou qu'il n'existerait pas d'autres moyens utiles et efficaces d'y répondre[369]. Nous ajoutons ces dernières balises pour mieux contenir l'extension possible de l'obligation de disponibilité en fonction des exigences rattachées à la vie privée du salarié (familiales, sociales, politiques, sportives, communautaires, etc.) et que l'employeur se doit de respecter (**II-150**).

II-91 — *Temps supplémentaire* — Selon le milieu professionnel considéré, la question du temps supplémentaire peut être abordée comme s'il s'agissait d'un droit subjectif dont l'exercice doit se répartir selon un ordre prioritaire. Dans

---

369. Dans l'arrêt *Syndicat des employés de production du Québec et de l'Acadie* c. *Conseil canadien des relations du travail*, [1984] 2 R.C.S. 412, bien que le débat s'inscrive dans un cadre de rapports collectifs, la question du refus individuel puis collectif reposait sur le postulat de la nécessité pour le salarié de répondre aux besoins de l'entreprise. Sur le concept de « vie privée », voir : Édith DELEURY et Dominique GOUBAU, *Le droit des personnes physiques*, Cowansville, Les Éditions Yvon Blais inc., 1994.

d'autres lieux, il peut s'agir d'une d'obligation imposée qui incombe aux salariés en fonction d'un ordre prioritaire inversé[370]. Cette question du travail supplémentaire demandé peut aussi être considérée sous l'angle du comportement du salarié : loyauté et diligence du salarié et sauvegarde de sa dignité par l'employeur (**II-107**). C'est le tracé frontalier entre les contraintes de l'entreprise auxquelles le salarié est aussi soumis et le droit à une « vie privée » que l'employeur doit respecter qu'il nous faut alors toujours mieux percevoir. À ce sujet, plusieurs normes du travail établissent d'autorité le droit à des prises de congés et participent ainsi à la délimitation de l'obligation de disponibilité temporelle du salarié[371]. Ces règles de droit d'ordre public (**III-210**) reconnaissent que dans certaines circonstances les contraintes de la vie privée du salarié ont préséance sur celles de l'entreprise et qu'en conséquence, l'employeur ne saurait valablement s'y opposer, *a priori* comme *a posteriori*[372]. S'il fallut intervenir par voie législative pour garantir cette priorité au salarié, n'était-ce pas pour contrer une application trop extensive de l'obligation de disponibilité que pourrait autrement retenir l'employeur ? En dehors de ces dernières garanties légales, cette même conception relative à la discrétion de l'employeur est retenue dans bien des milieux et l'on en perçoit les reflets, notamment dans les conventions collectives, où l'on encadre l'exercice de cette discrétion et aménage un régime de répartition de la surcharge de travail. De même, l'obligation d'accommodement imposée à l'employeur pour permettre un réel exercice des libertés fondamentales du salarié peut contenir, dans certains autres cas, la portée de l'obligation de disponibilité du salarié (**I-32**)[373]. Nous pouvons aussi

---

370. Il est aussi possible de traiter cette question à la fois comme un droit et une obligation pour les salariés : chacun peut, selon son rang, refuser le temps supplémentaire demandé, à la condition qu'un autre salarié y consente, puisque le travail doit être effectué. En d'autres termes, ce dernier objectif, l'exécution des tâches requises, serait le critère prévalent dans la mesure où la demande ne serait pas elle-même abusive. Contrairement à certaines autres provinces, la *Loi sur les normes du travail* ne traite pas directement de cette question, quoiqu'il serait possible d'en toucher par voie réglementaire (**III-221**).

371. La *Loi sur les normes du travail* comprend neuf types de congé : article 60 (jours fériés); article 66 (congé annuel); article 78 (repos hebdomadaire); article 79 (temps de repos); article 80 et suiv. (congés sociaux); article 81.3 (congé de grossesse); article 81.4 et suiv. (congé de maternité); article 81.10 et suiv. (congé parental); article 122.2 (congé de maladie).

372. Sauf pour l'aménagement du congé annuel (**III-216**), il peut suffire au salarié d'informer l'employeur de telles absences prioritaires, et ce, dans les meilleurs délais, de manière à lui éviter quelque préjudice. Un certain partage entre la protection de la vie privée du salarié et son obligation professionnelle envers l'employeur fut effectué à l'aide de plusieurs dispositions ajoutées en 1990 à la *Loi sur les normes du travail*, articles 80 à 83.2 (**II-150; III-218**).

373. Œuvre initiale de la Cour suprême du Canada, notamment dans les arrêts : *Central Alberta Dairy Pool* c. *Alberta (Human Rights Commission)*, [1990] 2 R.C.S. 489; *Commission ontarienne des droits de la personne et O'Malley* c. *Simpsons-Sears Limited*, précité, note 29; *Central Okanagan School, district no. 23* c. *Renaud*, précité, note 37, commenté à (1993), 48 *Rel. Ind.* 732.

croire que ce débat sur l'extension de l'obligation de disponibilité n'est pas clos, en raison des deux facteurs suivants, dont le premier est d'ordre économique, et le second, technologique.

i) Dans le but de réduire le chômage, on pourrait inciter les entreprises à moins recourir au temps supplémentaire pour offrir ce travail à d'autres personnes[374].

ii) Dans certaines entreprises où la robotisation et l'informatisation occupent une bonne place (la production de l'objet par l'objet), des salarié doivent être prêts à intervenir au besoin dès que les indicateurs électroniques en donnent le signal. À ces fins, on pourrait alors demander à des salariés de demeurer disponibles à leur résidence ou dans un territoire délimité pour répondre rapidement à ces appels. Cette astreinte à demeurer à la résidence limite-elle partiellement la liberté de manœuvre du salarié autrement en congé ou s'agirait-il alors de « demi-congé[375] » ? Dans ce dernier cas, le salarié aurait-il droit à une certaine rémunération proportionnelle ?

II-92 — *Obligation de moyens* — Nous savons que la prestation de travail se réalise par voies successives dans le temps (**II-87**) et qu'elle s'exécute sous la direction ou le contrôle de l'employeur (**II-131**). Il nous faut en déduire que cette obligation « de faire » qui incombe au salarié est une obligation de moyens et non de résultat[376]. En conséquence, l'employeur directement ou par ses représentants doit agir ou réagir s'il n'est pas satisfait de la prestation, notamment si elle diffère des directives données expressément ou sous-entendues (**I-56**). Selon la nature de la profession en cause, le salarié dispose d'une plus ou moins grande autonomie de manœuvre à laquelle, dirions-nous, la promptitude de réaction de l'employeur serait, en quelque sorte, inversement proportionnelle. Plus le salarié dispose réellement d'une autonomie d'action, plus l'employeur ne peut qu'attendre la fin d'une période d'exercice pour réagir et, par ailleurs, plus le salarié est assujetti à des directives immédiates d'exécution, plus rapidement la réaction de l'employeur doit être

---

374. Cette question peut éventuellement faire l'objet d'une loi et peut aussi être aménagée par la voie des conventions collectives à l'initiative des syndicats qui délaissent l'approche corporatiste. Pour déterminer le nombre supplémentaire d'emplois ainsi constitués, on ne saurait procéder à une simple opération mathématique : la somme des heures supplémentaires épargnées divisée par 40 heures. Il semble que près de la moitié de ces heures épargnées sont autrement récupérées par l'entreprise. La *Loi sur les normes du travail* fut néanmoins amendée dans cet esprit : réduction progressive de la semaine normale de travail de 44 heures à 40 heures en l'an 2000, soit d'une heure le 1er octobre de chaque année qui y mène (L.Q. 1997, c. 45, art. 1).

375. Bruno ACAR et Gilles BÉLIER, « Astreintes et temps de travail », (1990) *Droit social* 502.

376. Ces expressions classiques en droit : « faire », « moyens », « résultat », ont depuis longtemps subi l'épreuve du feu « judiciaire » : leur usage peut ainsi permettre d'éviter d'autres débats.

clairement exprimée. Cette réaction peut être positive ou négative et généralement l'employeur utilise à cette fin une politique de rémunération et une autre de sanction pour traduire d'une manière tangible son appréciation (**II-131**). À ce sujet, nous devons prendre en considération les autres faits têtus qui suivent.

i) Le travail se réalise dans un espace de temps, et ce dernier élément est irrécupérable par le salarié et par l'employeur : on ne peut faire marche arrière et toute correction suppose un autre temps de travail, et tout temps de travail inutilisé ne peut être recouvré.

ii) Le travail étant effectué, le salarié a dès lors droit à la rémunération due et l'employeur ne saurait valablement refuser de la verser ou en réduire la quotité sous prétexte d'une insatisfaction (**II-141**)[377].

iii) Quel que soit le résultat du travail (moins bon que souhaité ou supérieur à toute attente, etc.), le salarié n'a droit qu'au salaire convenu sauf, bien évidemment, s'il y a entente préalable sur un partage des bénéfices ou un droit à une rétention quelconque (**II-143**).

À cette disponibilité professionnelle que comprend la prestation de travail s'ajoutent des obligations particulières rattachées à la personne même du salarié. Ces autres obligations visent principalement le comportement ou l'attitude du salarié.

---

377. Autrement, ce serait une forme d'amende imposée et établie à la discrétion d'une même personne qui agirait à la fois comme juge et partie (art. 49 L.N.T.). Dans les cas où la rémunération est fixée en fonction du travail accompli (travail à la pièce, à commission, etc.), la situation est assez différente, car on ne se base plus sur le temps de travail et généralement il s'agit de cas où l'employeur ne dispose guère de moyens pour exercer un contrôle en cours d'exécution : l'itinérant, le vendeur, etc.).

Section 3.2
Le comportement du salarié

II-93 — *Quel comportement ?* — Nous traitons du comportement du salarié sous le seul aspect juridique, sans nullement toucher aux riches et dynamiques dimensions d'ordre psychologique que ce concept peut aussi comprendre[378]. Néanmoins, nous devons prendre en considération divers faits du salarié qui peuvent servir de supports aux règles de droit ou d'occasions pour provoquer leur passage de l'abstrait au concret. On voit alors l'intérêt à les analyser et à tenter de mieux en saisir le sens et la portée. De plus, l'étude des règles de droit relatives au comportement du salarié en cours d'exécution de sa prestation de travail ou encore, à cette occasion, aide à comprendre davantage la vraie nature juridique de cette relation d'emploi. Car, à l'étape de l'exécution du travail, l'auteur et l'œuvre sont difficilement dissociables. Nous analysons différentes attitudes du salarié dans de multiples circonstances, rapports et conflits qu'il peut alors connaître. Il s'agit de considérer l'acte même de travail, soit le salarié dans sa réalisation et, dans une certaine mesure, se réalisant lui-même à titre de travailleur. Pour bien saisir cette réalité, nous devons considérer le salarié dans ses rapports avec ses supérieurs hiérarchiques, ses collègues et son milieu, où l'on peut trouver les fournisseurs, les clients et les concurrents de l'entreprise. Parce que le seul emploi n'occupe qu'une partie de l'existence du salarié et de son rayonnement social et qu'il n'est au travail que pour un temps déterminé ou déterminable, ses activités paraprofessionnelles peuvent s'entrechoquer avec celles qu'il accomplit ou pourrait accomplir pour le compte de son employeur.

---

378. Claude LÉVY-LEBOYER et Jean-Claude SPERANDIO, *Traité de psychologie du travail*, Paris, Presses Universitaires de France 1987; Peter JOHAN et Diederik DRENTH, *Handbook of Work and Organizational Psychology*, 2 volumes, Chichester, John Wiley and Sons, 1984; M.D. DUNNETTE et L. M. HOUGH, *op. cit.*, note 8.

Des lignes frontalières doivent parfois être clairement tracées entre les diverses activités d'une personne pour effectuer les qualifications juridiques qui s'imposent selon les situations retenues.

II-94 — *Le plan retenu* — L'abordant principalement de la fenêtre du droit, nous brossons un tableau général de l'attitude du salarié à son travail et à l'égard du poste dont il est titulaire et qui est, au-delà de son importance relative, une réelle composante de l'entreprise. Cette question est si fondamentale que le *Code civil du Québec* impose maintenant un modèle de comportement à l'article 2088. L'analyse des qualités exigibles porte notamment sur les obligations de discrétion et de loyauté qui incombent au salarié, tant pendant la durée du contrat qu'au-delà de son terme. Cet exercice permet de cerner d'un peu plus près la liberté de manœuvre du salarié en dehors de l'enceinte de l'entreprise, autant à ses sorties quotidiennes qu'à la suite de son départ définitif. Cette brève étude s'effectue, tout comme ce fut le cas pour la question de la disponibilité du salarié, en considérant aussi les droits et obligations correspondants de l'employeur. Ce dernier aspect se prolonge également dans la prochaine section par l'étude des voies et des moyens retenus pour l'exercice des pouvoirs de direction et de contrôle qui relèvent de l'employeur (**II-150**).

II-95 — *Qualités exigibles* — À l'aide d'une formule fort succincte, l'article 2088 C.c.Q. décrit l'attitude générale du salarié à l'égard de l'employeur par quatre traits de comportement : prudence, diligence, loyauté et discrétion[379]. Les deux premières qualités exigibles (prudence et diligence) ont trait particulièrement à l'exécution du travail. On constate que ces deux règles de conduite s'ajoutent à celle de la disponibilité professionnelle du salarié qui consiste en une exécution qui résulterait de la mise à réelle contribution des qualités de la personne engagée (**II-89**). La prudence concernerait davantage la façon d'aborder le travail de manière à éviter des gâchis de toutes natures[380], et la diligence suppose de l'auteur un soin attentif et aussi, une certaine célérité[381]. Ces qualités de prudence et de diligence doivent être respectées par un salarié agissant de bonne foi. Ce dernier attribut est sous-jacent et nécessaire à toutes les phases et facettes de l'exécution du contrat et aussi, pour l'étude du comportement général des deux parties[382]. Il en est ainsi pour

---

379. Vingt ans auparavant, le juge en chef Laskin retenait de semblables critères dans l'arrêt *Canadian Aero Service Ltd.* c. *O'Malley*, [1974] R.C.S. 592, 610, au sujet des principes d'équité fondés sur « [...] la loyauté, la bonne foi et l'absence de conflits d'intérêts et d'obligations ».
380. Le premier acte de prudence du salarié vise sa personne même et celles de ses collègues de travail (art. 49 L.S.S.T.) (**III-415**).
381. Le temps étant une composante du travail (**II-59**), il va de soi, notamment sur les plans économique et social, qu'on le réduise le plus possible : productivité et qualité de vie.
382. Nous devons revenir à maintes reprises sur la question de la bonne foi exigible en tout temps et en tout lieu, car il est difficile parfois de distinguer la bonne foi de la mauvaise, alors que les gestes apparents peuvent être trompeurs. Voir : Nicola Di Iorio et Laurent

l'exécution de toutes les obligations résultant du contrat de travail qui supposent la bonne foi des parties et qui est appréciée à l'aide de cette même mesure (art. 6, 7, 1375 C.c.Q.). Notons qu'il peut être difficile de prétendre à l'absence de bonne foi de la part du vis-à-vis quand on n'en a pas soi-même fait montre d'une manière claire. Il est vrai que l'absence de bonne foi chez ce dernier ne justifie certes pas la mauvaise foi du premier, mais pourrait-on ignorer ce double fait?

II-96 — *Obligation de réserve* — L'article 2088 C.c.Q. impose aussi au salarié un devoir de discrétion relatif à « [...] l'information à caractère confidentiel [...] » obtenue dans le cadre de son travail. Le deuxième alinéa du même article prolonge particulièrement la durée de cette obligation de confidentialité au-delà du temps d'emploi en distinguant à cette fin entre l'information technique et celle concernant la réputation et la vie privée d'autrui. Il convient d'abord de circonscrire l'objet général même de cette obligation, notamment en cours d'emploi. Il s'agit exclusivement d'information à caractère confidentiel, ce qui bien évidemment élimine ce qui ne serait pas de cette nature[383]. On ne saurait qualifier de confidentiel au sens et selon l'article 2088 C.c.Q. ce que l'employeur considère lui-même à ce titre sans plus d'analyse; l'entendement subjectif pourrait être hégémonique[384]. Il convenait de faire cette première distinction éliminatoire parce qu'il est parfois difficile de départager ce qui serait de ce qui ne serait pas de nature confidentielle, et la réponse donnée dans un cas pourrait être opposée ou différente dans un autre milieu ou un autre contexte[385]. Il va de soi, en raison du deuxième alinéa du même article, que l'information confidentielle comprend certaines données ayant trait à la réputation et à la vie privée de tous les membres de l'entreprise et même de tiers si, par ailleurs, elles sont objectivement à caractère confidentiel[386]. Il est des cas

---

LESAGE, « La bonne foi et le contrat de travail : affaire de morale ou morale d'affaires », (1993) 27 *R.J.T.* 351; *Vachon* c. *Lachance*, [1994] R.J.Q. 2576 (C.S.); *Ref-Com Commercial inc.* c. *Holcomb*, D.T.E. 91T-98 9 (C.S.).

383. L'exploitation de l'information non confidentielle par un salarié pourrait, selon les circonstances de temps et de lieu, constituer néanmoins un acte déloyal (**II-99**).

384. *Contra* : A.E. AUST et L. CHARETTE, *op. cit.*, note 93. Ces auteurs proposent une définition conférant une grande discrétion de qualification à l'employeur, que nous ne pouvons retenir (p. 128).

385. Le commis comptable connaît certes la rémunération versée au PDG de l'entreprise et il peut s'agir d'une donnée confidentielle dans un lieu mais nullement dans une autre organisation où cette même information serait transmise aux actionnaires ou connue en vertu de la *Loi sur l'accès aux documents des organismes publics et sur la protection des renseignements personnels*. Voir : Louis BORGEAT et Anne-Marie BEAULIEU, « Salaire des fonctionnaires et vie privée », (1994) 35 *C. de D.* 675.

386. À cette fin, on puisera avec avantage et assurance dans les articles 35 à 41 C.c.Q., la *Loi sur la protection des renseignements personnels dans le secteur privé* et la *Loi sur le droit d'auteur*, L.R.C. (1985), ch. C-42 (**III-741**).

également où il serait difficile d'établir la paternité de certaines données puisque l'on fait partout et davantage de la gestion de signes. De plus, le caractère confidentiel des données traitées n'est pas toujours évident à tous et en tout temps. Dans certains lieux, la source des données sera facilement identifiable en raison de sa nature ou du support matériel qui lui sert de substrat. Dans d'autres entreprises, l'intangibilité et la volatilité de l'information traitée rendent l'identification d'une paternité quelconque assez hasardeuse pour qu'elle conserve véritablement son caractère confidentiel, bien qu'elle puisse être encore essentielle à la viabilité de l'entreprise[387]. Ces difficultés pratiques peuvent aussi résulter du fait que bien des salariés sont embauchés à temps partiel, à l'occasion ou d'une façon plus ou moins irrégulière ou encore, qu'ils butinent d'une entreprise à une autre à titre de conseillers, de techniciens, de dépanneurs, etc. Or, ces mêmes salariés peuvent acquérir ainsi un faisceau de données, de savoir-faire et de techniques qui ne peuvent être facilement séparées d'eux-mêmes et qui, par effet de sédimentation, font partie de leur propre « capital professionnel ». Puisque l'objet de cette réserve porte sur l'information, on ne peut y inclure la formation acquise par le salarié, bien qu'elle puisse parfois sous-entendre en partie l'acquisition d'un savoir-faire, d'un processus ou d'une méthode de traitement d'une question, etc.[388]. En somme, le temps et le roulement du personnel peuvent éroder le caractère confidentiel, et ainsi en serait-il de l'étendue réelle de l'obligation particulière de confidentialité qui incombe à ces salariés, sauf évidemment quant aux données relatives à la réputation et à la vie privée (**II-98**). D'une certaine manière, la discrétion exigible serait, en pratique, tributaire du type d'emploi exercé par le salarié. Le va-et-vient systématique qu'on impose à certains d'entre eux réduit d'autant le devoir d'allégeance du salarié et augmente davantage le risque d'indiscrétion plus ou moins volontaire ou provoquée par des tiers. Pour cette dernière raison, bien des employeurs doivent limiter au strict nécessaire l'information transmise aux salariés de « passage », ce qui peut exiger un investissement important en contre-mesures de sécurité (**II-131**). Outre cette obligation de réserve édictée à l'article 2088 C.c.Q., on y trouve aussi le devoir de loyauté que nous abordons sous de multiples facettes qui se complètent les unes les autres (**II-99 à 103**).

II-97 — *L'intérêt public* — Il peut arriver, dans des cas exceptionnels, qu'un salarié prenne connaissance de données si particulières qu'il croirait de l'intérêt

---

387. Dans ce dernier cas, ce serait sous l'aspect de l'obligation de loyauté que l'on pourrait sans doute mieux évaluer la question (**II-99**).

388. *Excelsior, compagnie d'assurance-vie* c. *Mutuelle du Canada, compagnie d'assurance-vie*, précité, note 162, où l'on peut lire : « [...] aucun devoir implicite découlant d'un contrat d'emploi ne saurait empêcher un individu de gagner sa vie en utilisant ses connaissances et ses aptitudes professionnelles chez un concurrent. Ces dernières se rattachent à sa personne et à son patrimoine » (p. 2682).

public de les divulguer[389]. Cette situation peut survenir parce qu'il dispose d'une formation spécialisée qui le place en position privilégiée pour percevoir rapidement les effets pervers du produit ou du service offert au public. Pourrait-il légitimer son prudent silence ou sa simple discrétion à l'aide de son devoir de loyauté, de son obligation à la confidentialité et de son intérêt à la sauvegarde de son emploi ? Au contraire, devrait-il invoquer l'article 1472 C.c.Q. pour dévoiler haut et clair ce danger ou cette pratique dolosive[390] ? Avant de répondre à ces questions et pour tenter de mieux le faire, nous devons considérer l'hypothèse selon laquelle ces défauts ou ces effets pervers seraient encore inconnus de la part des gestionnaires et leur divulgation impromptue et fracassante provoquerait des effets catastrophiques pour l'entreprise, etc. Pour ces raisons, il convient de prendre en considération ces derniers éléments avant qu'un salarié ne sonne le tocsin public. Il ne s'agit nullement de proposer au salarié de se taire, mais bien de rechercher à la fois une solution efficace qui ne soit pas inutilement dévastatrice[391]. D'une certaine manière, nous devons considérer la balance des inconvénients puisqu'il pourrait en exister à la fois pour le salarié, pour l'employeur et pour le public. On ne saurait reconnaître que le salarié respecte ses obligations de loyauté et de confidentialité à l'endroit de l'employeur s'il se précipite d'une façon inconsidérée pour rendre publique pareille information avant d'avoir épuisé le réseau interne, dans la mesure où ce dernier moyen peut être efficace à la correction de cette faiblesse. Ainsi, le salarié doit s'interroger à savoir s'il y a lieu d'en informer lui-même la direction ou s'il doit le faire par personne interposée. Si, par inadvertance ou autrement, les gestionnaires

---

389. À titre d'exemples, il s'agirait de l'enfouissement de produits dans un lieu prohibé; de la faiblesse d'une composante d'un produit augmentant d'autant pour les usagers le risque d'accidents; d'une déclaration fausse sur certaines données d'un produit pour déjouer ainsi les concurrents, alors que sa composition réelle pourrait provoquer certaines allergies; ou de la vente d'un produit à des personnes non autorisées à les consommer, etc. La question peut se présenter dans tout autre contexte lorsque le salarié est un « professionnel » et obtient à ce titre des données qui lui imposent une conduite contraire à celle que lui commande l'entreprise ou l'institution. Voir : M.-F. BICH, *loc. cit.*, note 242.

390. L'article 1472 C.c.Q. est ainsi libellé : « Toute personne peut se dégager de sa responsabilité pour le préjudice causé à autrui par suite de la divulgation d'un secret commercial si elle prouve que l'intérêt général l'emportait sur le maintien du secret et, notamment, que la divulgation de celui-ci était justifiée par des motifs liés à la santé et à la sécurité du public. » L'article 1463 C.c.Q. relatif à la responsabilité du commettant ne nous paraît pas un argument suffisant pour imposer un bâillon au salarié, compte tenu notamment de la règle générale donnée à l'article 1457 C.c.Q., à savoir que « [...] toute personne a le devoir de respecter les règles de conduite qui, suivant les circonstances, les usages ou la loi, s'imposent à elle, de manière à ne pas causer de préjudice à autrui ». S'il est vrai que cet article 1472 C.c.Q. ne peut être directement invoqué que s'il s'agit d'un « secret commercial », l'information à caractère confidentiel (art. 2098 C.c.Q.) ne serait-elle pas elle aussi un secret commercial, sauf les données touchant la réputation et la vie privée ?

391. Kenneth P. SWAN, « Whistleblowing Employee Loyalty and the Right to Criticize : an Arbitrator's Viewpoint », dans William KAPLAN, Jeffrey SACK et Morley GUNDERSON (ed.), *Labour Arbitration Yearbook 1991*, vol. 2, Toronto, Butterworths, 1991, p. 191.

ignoraient les méfaits possibles de ce produit ou de ce service, ce salarié pose-rait alors un acte loyal, honnête et utile en leur dévoilant la situation. Dans cer-taines circonstances, cette divulgation interne peut paraître impossible, sauf si le salarié est un kamikaze et alors, il se doit d'en informer les autorités compéten-tes. En tout salarié n'y a-t-il pas d'abord un citoyen ? En se fondant sur les prin-cipes généraux servant de fondement au *Code civil du Québec*, ne pourrait-on pas dégager de l'article 1472 une exonération globale, c'est-à-dire que la divul-gation serait faite à titre de citoyen et ne pourrait lui être reprochée comme sala-rié ? En ce sens, une telle divulgation ne constituerait pas, à notre avis, un usage prohibé au sens de l'article 2088 C.c.Q. de « l'information à caractère confi-dentiel ». Dans le cas où ce salarié est fonctionnaire, il lui revient de tenir compte du caractère politique de l'institution gouvernementale et de la nature publique du service auquel il participe. Autant les lacunes ou les erreurs seraient intolérables de la part de ce service, autant le fonctionnaire doit de son côté évi-ter une approche partisane, mesquine ou malicieuse. Entre autres choses, M. le juge en chef Dickson rappelait à ce sujet que les fonctionnaires « [...] doivent être loyaux envers le gouvernement du Canada et non envers le parti politique au pouvoir[392] ». Le salarié qui agit à titre de représentant syndical doit égale-ment reconnaître l'aire des récriminations qu'il peut publiquement adresser à l'endroit de l'entreprise pour la sauvegarde des intérêts collectifs des salariés. Son deuxième titre, celui de représentant syndical, ne lui confère aucune immu-nité lui permettant la diffamation, la calomnie, etc.[393].

II-98 — *Une réserve prolongée* — L'obligation de confidentialité se pro-longe au terme du contrat de travail et « [...] pour un temps raisonnable ». Qu'est-ce à dire ? Le deuxième alinéa de l'article 2088 C.c.Q. signifierait que le salarié ne saurait utiliser ces données confidentielles pour un certain temps, mais seulement pour ce temps et, au-delà de cette période, l'embargo serait levé. C'est alors qu'il nous faudrait pouvoir connaître en quoi consisterait la durée réelle du délai raisonnable postérieur au contrat de travail. En la pro-longeant un peu trop au bénéfice de l'employeur, ne porterions-nous pas atteinte au droit au travail ou tout simplement au droit de faire concurrence ? S'inspirant du caractère restrictif des articles 2089 et 2095 C.c.Q. (**II-69**), fondé essentiellement sur le respect du droit au travail, nous dirions qu'en pareille situation, le doute quant à l'usage abusif de données à caractère con-fidentiel au-delà d'une certaine durée devrait bénéficier au salarié[394]. Par

---

392. *Fraser* c. *Commission des relations de travail dans la fonction publique*, [1985] 2 R.C.S. 455, 470. Voir également : *SEFPO* c. *Ontario (Procureur général)*, [1987] 2 R.C.S. 2.

393. *Douglas Aircraft Co. of Canada Ltd.* c. *McConnell*, [1980] 1 R.C.S. 245 ; F. MORIN, *op. cit.*, note 20, p. 535.

394. Deux arrêts de la Cour suprême du Canada mettent bien en évidence ce droit au travail à titre de valeur fondamentale d'une société industrielle « libre et démocratique » : *Slaight Communications inc.* c. *Davidson*, précité, note 20 et F. MORIN, *op. cit.*, note 20, p. 739 ; *Renvoi relatif à la Public Service Employee Relations Act* (Alb.), [1987] 1 R.C.S. 313.

ailleurs, l'article 2088 *in fine* C.c.Q. précise, au contraire, que le devoir de réserve ne connaîtrait pas de limite de temps lorsque « [...] l'information réfère à la réputation et à la vie privée d'autrui ». Notons que cette obligation de réserve sans limite de temps protège toute personne et non seulement l'employeur. Ce peut être aussi bien un collègue de travail, un supérieur hiérarchique, un client ou un fournisseur. Par ailleurs, cette même obligation ne vise que l'information de nature confidentielle au sens du premier alinéa (**II-56**) portant sur la réputation et la vie privée de même que celle acquise en cours d'emploi ou à cette occasion. Parce que l'information circule parfois par de multiples canaux, ces derniers éléments relatifs à la réputation et à la vie privée, nous semble-t-il, peuvent rendre difficile l'administration d'une preuve satisfaisante à cette fin. Pour ces raisons, il serait encore prématuré de circonscrire avec précision la portée véritable de cet ultime volet de l'obligation de confidentialité, qualité pourtant essentielle à l'établissement de rapports vrais et dynamiques entre des personnes qui doivent travailler ensemble au sein d'une même entreprise. Il est cependant possible que son seul énoncé à l'article 2088 C.c.Q. produise quelques effets salutaires[395]. Ce premier profil du comportement exigible du salarié doit être complété par l'étude de la règle de loyauté, notion qui déborde également la seule période contractuelle. Au surplus, les parties peuvent y ajouter des règles sur mesure, soit par voie de modalités contractuelles singulières, soit sous un tout autre registre, des directives maison.

II-99 — *Loyauté* — Il est une autre qualité exigible du salarié et également exprimée à l'article 2088 C.c.Q. : l'obligation de loyauté[396]. L'aspect pratique de cette obligation impose de nombreux rattachements aux qualités de prudence, de diligence, de fidélité et de discrétion. La loyauté exigible du salarié peut susciter bien des entendements, jusqu'à la confondre parfois avec un genre de servitude, aussi contenue soit-elle. Il s'en faudrait de beaucoup pour légitimer pareille extrapolation qui, bien évidemment, mettrait directement en cause l'obligation de sauvegarde de la dignité du salarié qui incombe à l'employeur (**II-106**). L'obligation de loyauté fait notamment appel à l'honnêteté, à la bonne foi et à la fidélité du salarié. Si la règle de la bonne foi (**II-95**) permet de soupeser le degré de gravité d'un acte objectivement

---

395. L'article 2088 *in fine* C.c.Q. n'est pas assimilable à un bâillon enclavant ainsi tout salarié sous un quelconque « secret professionnel » assimilé. Voir aussi : *Compagnie d'Assurance Standard Life* c. *Rouleau*, [1995] R.J.Q. 1407 (C.S.).

396. France HÉBERT, *L'obligation de loyauté du salarié*, Montréal, Wilson & Lafleur ltée, 1995 ; Yves PICOD, *Le devoir de loyauté dans l'exécution du contrat*, Paris, Librairie générale de droit et de jurisprudence, 1989 ; Louis LECLERC et Laurent LESAGE, « Les liaisons conjugales et amoureuses au travail : le droit de regard de l'employeur et ses limites » ; Louise DUBÉ et Gilles TRUDEAU, « Les manquements du salarié à son obligation d'honnêteté et de loyauté en jurisprudence arbitrale », dans G. TRUDEAU, G. VALLÉE et D. VEILLEUX (dir.), *op. cit.*, note 237, p. 52, 161 ; C. GASCON et C. VACHON, *loc. cit.*, note 163.

déloyal, ce dernier acte peut néanmoins exister et subsister alors que l'auteur pouvait être de bonne foi en le commettant. En somme, l'absence d'une intention malicieuse ou de mauvaise foi n'absout pas quelqu'un d'un acte par ailleurs déloyal[397]. Cette obligation de loyauté connaît, tout comme celle de disponibilité, sa propre limite intrinsèque résultant de la prestation de travail. On ne saurait exiger plus du salarié sous ce chef que ce à quoi il s'est réellement engagé et ce pour quoi ses services furent retenus. À titre d'exemples, un salarié occupant un poste de technicien de laboratoire, un enseignant, un commis de bureau ou un directeur de service doivent assumer respectivement vis-à-vis de leur entreprise les obligations de loyauté, d'honnêteté et de fidélité dans tous les actes commis en exécution de leurs prestations respectives et à ces occasions, mais ils n'en sont pas pour cela réduits au silence et à l'inaction en dehors de ce cadre professionnel par crainte de nuire à un quelconque intérêt de l'employeur. Faut-il aussi souligner qu'un acte ne devient pas déloyal parce qu'il serait ainsi qualifié par l'employeur ou qu'il lui déplaît ? Déjà on constate que bien des distinctions s'imposent. Nous devons aussi considérer que le libellé même de l'article 2088 C.c.Q. souligne que cette obligation de loyauté comprend deux temps : celui de la période d'exécution du contrat de travail et son prolongement « [...] pendant un délai raisonnable [...] » au terme de ce contrat (**II-96**). L'obligation de loyauté peut être précisée et modulée par des dispositions contractuelles particulières dont le contenu peut différer sensiblement, selon qu'il s'agit de l'une ou de l'autre des deux périodes mentionnées plus haut (**II-69**). Il est parfois possible que la défense des intérêts légitimes des salariés à titre de membres d'une collectivité qui entretient des rapports collectifs avec l'employeur prévale sur les intérêts de l'employeur et, dirions-nous, non nécessairement sur ceux de l'entreprise, lorsqu'une telle distinction s'impose. Ces premiers énoncés indiquent bien que l'obligation de loyauté embrasse grand et de multiples façons. Aussi, nous pouvons mieux en explorer l'étendue et la portée par l'étude de quelques occasions ou circonstances pratiques où le devoir de loyauté s'impose directement au salarié. À cette fin, nous traitons distinctement les questions relatives à l'exclusivité de service, au conflit d'intérêts, à l'exploitation ou à la divulgation de l'information acquise en cours d'emploi et à la situation particulière des cadres.

II-100 — *Exclusivité de service* — La loyauté à l'égard de l'employeur n'exige pas, en principe, ni ne sous-entend l'exclusivité de service. Bien évidemment, les activités extérieures du salarié ne doivent pas être incompatibles avec celles qu'il exécute pour le compte de l'employeur. À cette réserve près, il peut entreprendre toute activité de son choix au cours de ses heures « libres ». Il est des situations évidentes et d'autres où il faut d'abord bien

---

397. *L'improthèque inc.* c. *St-Gelais*, [1995] R.J.Q., 2469 (C.S.); M.-F. BICH, *loc. cit.*, note 233, p. 197 et suiv.

circonscrire les intérêts légitimes de l'employeur pour en décider, par crainte de limiter injustement le libre exercice des droits du salarié : « La liberté de travail, de commerce et de libre concurrence doivent prévaloir sous réserve des limites résultant de la bonne foi et du devoir de loyauté[398]. » La démarcation peut être délicate lorsque les intérêts de l'employeur portent sur des éléments intangibles : réputation, image, éthique, orientation politique, etc. Dans ces cas, ce ne serait que si l'action ou l'intervention du salarié porte vraiment atteinte aux intérêts légitimes de l'entreprise, et non aux intérêts personnels des gestionnaires, que l'on peut percevoir une atteinte au devoir de loyauté. À titre d'exemples, considérons les situations suivantes :

— les gestionnaires de l'entreprise sont d'ardents tenants d'un parti politique dont le chef entend visiter l'établissement : les salariés d'obédience politique autre seraient-ils tenus de l'acclamer outre les règles de bienséance seules toujours applicables ? (**II-105**);

— un salarié est accusé d'avoir consommé de la marijuana dans un club gai à la suite d'une perquisition policière et les journaux l'identifient en soulignant le nom de l'entreprise qui l'embauche...;

— un candidat à la mairie s'engage à revoir à la hausse la taxe de services aux entreprises commerciales, alors que cette personne est elle-même commis-vendeur dans un semblable commerce;

— un salarié qui travaille dans une entreprise d'armements militaires est également membre actif de l'association Greenpeace et participe ostentatoirement à des manifestations de protestation.

Dans ces cas, la participation *extra muros* du salarié peut agacer, déplaire et peut-être même gêner les gestionnaires ou l'employeur. Mais ces derniers ne doivent-ils pas s'en accommoder ? L'inverse de ces situations pourrait être tout aussi vrai pour chaque salarié.

II-101 — *Double emploi* — L'employeur peut-il étayer l'obligation de loyauté qui lui est due en exigeant formellement l'exclusivité de service ? L'article 2089 C.c.Q. reconnaît pareille initiative de l'employeur pendant comme après le terme du contrat de travail, en tenant compte de l'ultime critère déjà souligné, celui de la sauvegarde « [...] des intérêts légitimes de l'employeur » (**II-69**). On peut croire que de semblables dispositions contractuelles n'ont pas la même portée pratique en cours d'emploi, puisque l'employeur peut exercer des pressions sur le salarié, sur lesquelles un contrôle judiciaire réel demeure généralement assez problématique et surtout, hypothétique. Il en est autrement cependant du contrôle de ces dispositions restrictives au terme du contrat de travail, alors que les articles 2089 et 2095

---

398. *L'improthèque inc.* c. *St-Gelais*, précité, note 397, p. 2474.

C.c.Q. comportent une grille d'analyse assez précise (**II-69**). Pour tous les salariés dont la période complète de travail n'est pas retenue totalement par le même employeur (travail à temps partiel, occasionnel, intermittent, etc.), l'obligation de loyauté exige une approche plus souple et peut même parfois être plus complexe à circonscrire (**II-96**). Puisque tout le temps utile de travail d'un tel salarié n'est pas retenu, il demeure libre de s'engager pour le compte de tout autre employeur, dans la mesure, bien évidemment, où il ne se met pas lui-même en contradiction de service. L'adage populaire le rappelle bien, à savoir que « l'on ne peut bien servir deux maîtres à la fois[399] ». Outre cette dernière réserve, ce ne serait pas par l'exclusivité d'emploi qu'on peut établir si le salarié à temps partiel respecte l'obligation de loyauté. Le double emploi n'est pas, en principe, déloyal, et l'employeur ne pourrait en faire grief au salarié si la prestation de ce dernier n'en est pas qualitativement et quantitativement vraiment affectée ni perturbée (**II-88**). Il en est tout autrement dans les cas où le salarié est dispensé de fournir sa prestation de travail en raison d'une convalescence, d'un congé de maladie, etc. Le manquement du salarié ne porterait pas alors sur le double emploi, mais sur le détournement de la finalité même du congé, alors que l'employeur doit supporter les inconvénients de son absence sous ce dernier chef[400]. On pourrait, selon la personne et les circonstances de temps et de lieu, analyser cette dernière question à l'aide de l'un ou l'autre des critères : de bonne foi, d'honnêteté, de loyauté et de disponibilité.

II-102 — *Conflit d'intérêts* — Dès que le salarié est en situation de conflit d'intérêts, sa loyauté est mise en alerte[401]. Il y aurait un possible conflit quand le salarié se place en situation d'équilibre instable entre la sauvegarde de ses intérêts et les intérêts légitimes de l'employeur[402]. Il se peut que cette situation réelle ou apparente de conflit résulte de faits qui lui sont étrangers ou qu'il n'a nullement recherchés, et de semblables éléments doivent certes être pris en considération à la phase de la recherche d'une solution idoine. L'obligation de loyauté qui sous-entend certes la fidélité et la bonne foi exigerait que le salarié se libère de pareils tiraillements. Dans certaines situations plus ou moins graves, l'autodénonciation peut suffire à provoquer une correction de tir de part et d'autre. Si le fait est celui même

---

399. Un comptable ou un informaticien peut-il, à titre de salarié, occuper la même fonction chez des concurrents ? Un vendeur d'automobiles peut-il travailler certains jours chez un concessionnaire et les autres jours pour un représentant d'une autre marque de voitures ?

400. *Bridgestone Firestone Canada inc.* c. *Syndicat des travailleurs(euses) de Bridgestone Firestone de Joliette (C.S.N.)*, [1995] T.A. 505 ; *Anne Lafontaine* c. *C.H.L.P. et C.S.S.T.*, [1994] R.J.Q. 1563 (C.A.). Dans cette affaire, on constate bien les difficultés pratiques et juridiques du double emploi à temps partiel.

401. Les faits donnant prise à l'arrêt *Banque de Montréal* c. *Kuet Leong Ng*, précité, note 159, constituaient une situation flagrante de conflit d'intérêts sans égard aux consignes de l'employeur prohibant de tels actes.

402. L. Dubé et G. Trudeau, *loc. cit.*, note 396.

du salarié, la violation de l'obligation de loyauté est déjà réalisée et la solution relève de l'initiative de l'une ou de l'autre partie par la rupture du contrat de travail ou l'acceptation de mesures correctives mutuellement acceptables. Il est aussi possible que les activités des personnes de l'entourage même du salarié (famille, conjoint, etc.) le placent, par voie d'association, dans une situation ambiguë[403]. Au-delà de l'apparent conflit d'intérêts, il faut aborder ces questions avec circonspection en retenant que la liberté de commerce et le droit au travail sont des biens également partagés entre tous. Pour éviter certaines situations de conflit et signaler aux salariés celles qu'il doit particulièrement évacuer, l'employeur peut émettre des directives au sujet de leurs rapports avec les fournisseurs ou les clients. À titre d'exemple, pareilles consignes sont souvent données au sujet de la réception de cadeaux ou autres avantages[404]. Ces mises en garde sensibilisent le salarié et rendent certes plus difficile sa disculpation s'il y contrevient, dans la mesure où elles seraient respectées dans les deux sens et de bas en haut dans la hiérarchie. Sur un tout autre registre, celui des rapports collectifs du travail, il est également possible que le salarié participe à des actes collectifs de solidarité : grève, boycott, lock-out, piquet de grève, etc. Selon les circonstances de temps et de lieu, l'employeur peut considérer que ses salariés outrepassent la simple défense de leurs droits et intérêts et qu'ils causent ainsi préjudice à l'entreprise **(IV-130)**[405]. À ces occasions, il nous paraît important de ne pas assimiler l'action collective à des actes individuels pour apprécier la véritable portée, et l'inverse peut être aussi vrai, c'est-à-dire que des individus peuvent commettre des actes dolosifs sous le couvert d'une action collective ou en abusant de telles circonstances. D'ailleurs, le *Code du travail* renferme quelques dispositions imposant la distinction entre l'acte collectif et l'acte individuel et on y reconnaît que l'employeur peut refuser le retour de certains salariés au lendemain d'une grève, si ces derniers se sont trop distingués; à sa charge cependant d'établir la justesse de son refus (art. 106, 110, 110.1 C.t.) **(IV-129)**. Pour réduire les occasions de conflits d'intérêts dans le contexte des rapports collectifs du travail, on a, depuis ses origines, exclu de ce régime les cadres en les déclarant « non-salariés », à cette seule fin (art. 1, al. 1, C.t.) **(IV-65)**

---

403. Une de ces personnes obtient un poste chez le concurrent, met en place une entreprise concurrente, prend des positions politiques opposées aux intérêts de l'entreprise ou encore, est postulante au poste de secrétaire de direction alors que son mari est un travailleur syndiqué. Voir : *Commission des droits de la personne de Québec* c. *Hudon & Daudelin*, précité, note 254. Voir également : *Banque de commerce canadienne impériale (Montréal)* c. *Chayer*, [1984] T.A. 300, infirmé par la Cour fédérale [1986] 2 C.F. 431. On lira avec intérêt sur ce dernier thème : L. LECLERC et L. LESAGE, *loc. cit.*, note 396.

404. *Blanchard* c. *Control Data Canada ltée*, [1984] 2 R.C.S. 476.

405. Judith GAGNON, « Boycottage des produits de l'entreprise par le syndicat, devoir de loyauté envers l'employeur », dans *Le marché du travail*, novembre 1995, p. 12; *Lafrance* c. *Commercial Photo Service Inc.*, [1980] 1 R.C.S. 536 et à F. MORIN, *op. cit.*, note 20, p. 545.

de même que les fonctionnaires « [...] dont l'emploi est de caractère confidentiel » (art. 1 a), al. 1–3, C.t.) (**II-124**)[406].

II-103 — *Vulnérabilité des cadres* — Les critères de l'article 2088 C.c.Q. et notamment celui de loyauté s'appliquent à tous les salariés sans distinction de poste hiérarchique ni davantage en fonction de la nature de leur travail : manuel, intellectuel, d'exécution, de conception, de direction, de conseil, etc. En pratique, il est des postes cependant où la nécessité d'une application plus rigoureuse ou plus intensive s'impose, soit parce que leurs titulaires sont placés en situation où les occasions de violation sont plus fréquentes ou plus pressantes, soit parce qu'ils représentent directement l'employeur ou encore, qu'ils sont plus immédiatement son prolongement auprès des autres salariés ou des tiers (fournisseurs, clients réels ou potentiels, concurrents, etc.). Dans ces cas, le lien de confiance nécessaire entre l'employeur et ces salariés exige une loyauté sans faille parce qu'elle est essentielle à l'exercice même de la fonction qu'ils occupent[407]. Toutes les autres qualités de comportement exigibles du salarié (bonne foi, honnêteté, prudence, sagesse, discrétion, etc.) se conjuguent à celle de loyauté et y demeurent intimement liées en fonction des caractéristiques du poste en cause. Plus il dispose ou contrôle des éléments vitaux de l'entreprise, plus il se doit d'être rigoureusement loyal : « L'intensité de l'obligation de bonne foi imposée à l'employé augmente avec la responsabilité qui se rattache au poste[408]. » Le débat sur l'application de la notion de fiduciaire relevant de la common law n'ajouterait guère, croyons-nous, à la question depuis l'avènement de l'article 2088 C.c.Q. applicable à tout salarié, alors que les articles 322 et suiv., 2138 et 2146 C.c.Q. traitent distinctement et expressément des obligations des administrateurs de personnes morales et des mandataires. D'ailleurs, la Cour suprême du Canada avait déjà écarté cette embûche juridique dans l'arrêt *Banque de Montréal* citée ci-avant.

II-104 — *L'obligation de convivialité* — Bien que l'article 2088 C.c.Q. n'y fasse pas directement allusion, il existerait néanmoins une autre qualité exigible relative au comportement du salarié et que nous croyons pouvoir qualifier d'obligation de convivialité[409] ! Il s'agit d'un ensemble d'attitudes propres à

---

406. Pareille exclusion en fonction du caractère confidentiel s'applique aussi dans le secteur privé, dans certains gouvernements provinciaux et au gouvernement fédéral. Voir : Louis GARANT, « La confidentialité et la notion de salarié dans la fonction publique québécoise », dans *Le marché du travail*, décembre 1984, p. 83.

407. A. Edward AUST, « Les obligations de loyauté, de diligence et de coopération du cadre supérieur », dans SERVICE DE LA FORMATION PERMANENTE, BARREAU DU QUÉBEC, *Développements récents en droit du travail (1993)*, Cowansville, Les Éditions Yvon Blais inc., p. 47.

408. *Banque de Montréal* c. *Kuet Leong Ng*, précité, note 159, p. 438. Voir aussi : *Houle* c. *Banque canadienne nationale*, [1990] 3 R.C.S. 122.

409. Cette obligation fut fort bien traitée par Claude D'AOUST, Sylvain SAINT-JEAN et Gilles TRUDEAU sous le titre « L'obligation de civilité du salarié », (1986) 41 *Rel. Ind.* 157. En

favoriser la communication, le commerce, le dialogue et la coopération entre les membres de l'entreprise. Nous le répétons, la relation d'emploi n'est pas une robinsonnade; chaque salarié travaille pour et avec les autres ou en raison de ces derniers et, à ces fins :

— il participe à une œuvre collective;

— il reçoit et transmet de l'information;

— il est membre de divers comités, équipes ou regroupements;

— il rencontre les fournisseurs ou les clients ou dépend de leurs apports respectifs;

— il est identifié par des tiers à titre de membre du personnel de l'entreprise, etc.

Bien plus, nous dirions que les collègues de travail, à titre de personnes sociables, peuvent normalement s'attendre à échanger des propos et à entretenir des rapports paraprofessionnels avec lui, à tout le moins au cours des périodes de travail. Dans la mesure où nous admettons que le contrat de travail vise aussi le sujet de cet engagement distinctement de son objet (**II-53**), il nous paraît normal de tenir compte de l'attitude du salarié dans ses rapports avec les autres membres du milieu social où il évolue, aux fins de sa prestation et à cette occasion. C'est en ce sens que la sociabilité chez tout salarié est non seulement désirable, mais nécessaire au point de constituer souvent une caractéristique de sa prestation. Une lacune grave ou prononcée dans ce domaine, qu'elle soit préméditée ou inconsciente, peut constituer un manquement professionnel, selon les circonstances de temps et de lieu. En effet, la convivialité requise peut varier sensiblement selon le poste, le métier et le milieu visés et l'on doit, dans chaque cas, tenir compte de son importance relative[410]. Si le salarié refuse ou néglige d'enrober sa prestation d'une enveloppe conviviale, du moins au degré minimal où elle serait nécessaire, sa contribution ne pourrait être satisfaisante. Pareille lacune peut même être préjudiciable à l'apport des collègues, en raison d'un manque de contribution à la transmission utile, claire et convenable d'information ou même, en provoquant par ses retenues, ses sautes d'humeur ou ses réactions négatives des effets perturbateurs ou autres réactions défavorables au maintien d'un climat serein, dynamique et incitatif à l'entraide et à la solidarité. Cette obligation de convivialité incombe au premier chef à chaque salarié et consisterait, si

---

France, on la qualifie d'obligation de sociabilité; Jean-Emmanuel RAY, « Fidélité et exécution du contrat de travail », (1991) *Droit social* 376. Pour une analyse plus globale de la question, voir : Denis DUCLOS, *De la civilité* (comment les sociétés apprivoisent la puissance), Paris, Éditions la Découverte, 1993.

410. Le degré de convivialité exigible ne diffère-t-il pas selon qu'il s'agit du sténographe officiel, de l'assistant de recherche, du commis-vendeur, du contremaître, de l'agent-recruteur, du tourneur, de l'enseignant, du chauffeur de camion, du journaliste, du secrétaire exécutif, etc. ?

nécessaire, en un effort réel d'adaptation au groupe social dans lequel il s'immisce du fait même de son emploi. On peut donc établir un rattachement réel et généralement implicite au contrat de travail, dans le sens que le salarié qui accepte de se lier ainsi reconnaît qu'il doit travailler dans un milieu social précis et, de ce fait, comportant des règles de vie qui sont propres à ce lieu. De plus, l'exécution de ce contrat de travail suppose la bonne foi de sa part (II-95), ce qui comprendrait un réel effort, s'il y a lieu, de respect à l'égard de ses collègues de travail, sans égard à l'ordre hiérarchique[411]. Aussi nécessaire soit-elle, on ne saurait cependant dégager de cette obligation de convivialité un quelconque devoir d'amitié[412].

II-105 — *Convivialité contenue* — L'obligation de convivialité ne porte pas seulement sur la communication verbale, écrite ou gestuelle, mais aussi sur l'attitude générale de la personne. Son contenu, soit le comportement attendu, peut être plus ou moins défini et exprimé par l'employeur, et les us et coutumes du milieu peuvent aussi en préciser les modalités, tout comme le groupe de travail peut le moduler (le non-écrit) (I-56). Cette obligation peut comprendre des normes de toute nature et certaines peuvent même paraître anodines ou nullement pertinentes dès qu'elles sont extraites de leur contexte. N'en serait-il pas ainsi des consignes formelles ou implicites relatives :

— au comportement physique et vestimentaire que l'employeur demanderait ou encore, que le milieu exigerait ?

— à la qualité de l'expression orale et écrite alors que l'on n'apprécierait nullement l'emploi de termes vulgaires, méprisants ou provocateurs[413] ?

— à la courtoisie comprenant des gestes élémentaires de politesse et de civilité et qui sont à l'opposé du rustre repli sur soi et des mouvements intempestifs ?

— à l'entraide de manière à prêter main-forte à des collègues ou à la ponctualité pour la prise en charge du quart de travail alors que le précédent titulaire ne peut quitter avant de « passer la main », etc. ?

---

411. Il va de soi que les manifestations de respect peuvent différer s'il s'agit de la relation entre deux collègues de travail ou entre un salarié et le directeur du service.
412. L'entreprise n'est pas une famille, ni un club social, ni une meute de scouts. D'ailleurs, l'amitié est un cadeau et nullement une obligation, d'une part, et, d'autre part, elle ne serait pas toujours garante d'une force vive assurant la bonne marche de l'entreprise.
413. L'article 10.1 de la *Charte des droits et libertés de la personne* prohibe le harcèlement de tous les salariés : *Janzen* c. *Platy Enterprises Ltd.*, [1989] 1 R.C.S. 1252. On sait d'ailleurs que l'employeur peut en être tenu responsable, d'où son intérêt à prévenir de tels actes. Voir : *Robichaud* c. *Canada (Conseil du Trésor)*, [1987] 2 R.C.S. 84. Au sujet de gestes et de paroles portant atteinte à la dignité des autres, voir : *Agropur coopérative agro-alimentaire* c. *Lamothe*, [1989] R.J.Q. 1764 (C.A.); *Beauparlant* c. *Corporation municipale de St-Calixte*, [1992] R.J.Q. 2303 (C.S.).

— aux manifestations de solidarité et de sympathie par une participation aux activités sociales ?

Dès qu'un salarié refuse ces façons ou ces manières d'être, on peut comprendre que sa marginalisation ou que ses actes déviants peuvent certes déplaire ou être gênants. Si l'écartement ne dépasse pas ce seul niveau, il ne s'agit alors que de contrariétés. Parfois ces actes peuvent vraiment être perturbateurs, et pour le groupe de travail qui les subit et pour l'employeur, parce qu'ils affectent la qualité de la prestation de travail du salarié en cause ou constituent de malheureux précédents dont les effets d'entraînement possibles pourraient aussi être préjudiciables à l'ensemble du personnel. On peut alors s'attendre que des mesures soient prises pour en faire cesser l'usage **(II-167)**[414]. Il peut arriver que des normes de comportement provenant du milieu visent des objectifs propres aux intérêts immédiats du groupe de salariés sans coïncider nécessairement alors avec ceux de l'entreprise et même, qu'elles y soient opposées[415]. Dans ces cas, la situation pourrait être inversée au point que le salarié marginalisé par le groupe devrait obtenir l'appui de l'employeur pour contrer l'ostracisme dont il peut être victime dans ces dernières occasions. Encore faudrait-il, dirions-nous, que l'employeur puisse connaître ou reconnaître pareilles situations et qu'il dispose des moyens idoines pour régler la difficulté sans en subir lui-même des effets pervers. L'obligation de sauvegarde de la sécurité et de la dignité du salarié justifierait cependant l'intervention protectrice de l'employeur[416].

II-106 — *Comportement de l'employeur* — Le comportement exigible du salarié ne peut être analysé et défini sans considérer celui de l'employeur, et ce, d'autant plus que l'article 2087 C.c.Q. lui impose de « [...] prendre les mesures appropriées à la nature du travail, en vue de protéger la santé, la sécurité et la dignité du salarié ». Les deux premiers objectifs ainsi tracés ont trait à la protection de la santé et de la sécurité du salarié et sont articulés, précisés et contrôlés à l'aide de plusieurs modalités que l'on trouve particulièrement dans la *Loi sur*

---

414. Dans l'arrêt *Compagnie des chemins de fer nationaux du Canada* c. *Canada (Commission canadienne des droits de la personne)*, [1987] 1 R.C.S. 1114, la discrimination systémique que l'on voulut radier s'exerçait en cours d'exécution du travail et non seulement à l'embauche.
415. À titre d'exemples, considérons des mots d'ordre à l'effet d'imposer à chacun le respect d'une même cadence de travail, des quotas maximums de production, un refus de faire du temps supplémentaire, des incitations à ne pas obtempérer aux consignes antitabagistes, de contester l'autorité même d'un chef d'équipe ou la mise au ban d'un collègue, etc.
416. *Perrault* c. *Gauthier*, (1898) 28 R.C.S. 241 ; *Terminal Construction Co.* c. *Piscitelli*, [1960] B.R. 593 ; *Corporation de l'Hôpital Bellechasse* c. *Pilotte*, [1975] 2 R.C.S. 454 ; *Hôpital Saint-Jean* c. *Ass. des employés de l'Hôpital St-Jean inc.*, [1963] R.D.T. 97 ; *Jacmain* c. *P.G. Canada*, [1978] 2 R.C.S. 15, 38.

la santé et la sécurité du travail[417]. Cette consigne s'entend notamment de l'obligation de fournir au salarié l'information nécessaire et l'équipement requis pour une exécution sécuritaire et convenable de sa prestation de travail et également, les compléments de formation professionnelle qui peuvent de temps à autre s'imposer[418]. Ainsi, l'article 2087 C.c.Q. enjoint à l'employeur d'une façon expresse et impérative de « [...] prendre les mesures appropriées à la nature du travail [...] ». Cette dernière expression peut comprendre deux volets.

i) Il s'agirait d'une obligation de faire que l'employeur ne saurait esquiver, même si le salarié y consentait. Ce dernier bénéficie à cet égard d'une incapacité de protection (**I-102**).

ii) Le contenu de ces mesures appropriées à la nature du travail comme il y est dit, serait, à titre d'exemple, circonscrit par l'expression « [...] si les conditions d'exécution du travail sont normales dans le genre de travail qu'il exerce » (art. 12 *in fine* L.S.S.T.). Cette dernière expression souligne le caractère relatif de cette obligation (**III-420**).

Outre ce coup d'envoi à l'article 2087 C.c.Q. et les règles législatives et réglementaires d'encadrement, il est aussi possible que les conventions collectives particularisent certaines mesures au même effet. À défaut ou en sus, l'employeur peut également émettre ses propres directives en vue de satisfaire à ses obligations de sauvegarde (**II-107**). Ce devoir qui incombe à l'employeur ne saurait se métamorphoser en un pouvoir d'imposer quelque conduite ou comportement au salarié en des matières qui n'auraient pas de rapports directs avec l'exécution de la prestation de travail, ni ne produiraient d'effets pervers réels pour l'entreprise. Entre autres questions, les directives, politiques, règlements d'ateliers, manuels ou guides d'opérations, codes de conduite, parfois dénommés d'une façon outrancière codes d'éthique, ne peuvent imposer une façon « de vivre », d'être ou d'apparaître qui transgresserait l'aire de l'emploi et, de ce fait, ne serait aucunement pertinente. Ce thème ne peut donc être épuisé et nous devons en poursuivre l'étude par l'analyse des pouvoirs de l'employeur et de leurs limites (**II-114, 129**).

II-107 — *Sauvegarde de la dignité* — Le dernier volet de cette même consigne donnée à l'article 2087 C.c.Q. traite de la sauvegarde de la dignité du salarié. Cette règle permet de moduler, sous certains de ses aspects, la liberté

---

417. Il suffirait, pour s'en convaincre, de relire notamment les articles 2 et 51 L.S.S.T., les nombreux règlements qui s'y rattachent, les directives et interventions possibles de la C.S.S.T. et des autres agents. Notons que l'article 46 de la *Charte des droits et libertés de la personne* comprenait déjà cette même consigne. L'article 2087 C.c.Q. illustre bien la nécessité d'aborder la question du droit de l'emploi d'une façon large pour prendre en considération et d'une manière harmonieuse l'ensemble du contenu normatif provenant de multiples sources (**I-22, 91**).

418. Sur l'étendue de cette obligation, voir : J.-P. VILLAGGI, *op. cit.*, note 106.

de manœuvre de l'employeur quant à ses exigences relatives à la prestation de travail. L'objet de cette règle dépasse, nous semble-t-il, la seule dimension de la santé et de la sécurité au travail et occupe la personne même du salarié entendue au sens large et notamment, sur le plan juridique, à l'aide de la portée des articles 1 à 20 de la *Charte des droits et libertés de la personne* et des articles 3, 10 et 35 C.c.Q.[419]. Au-delà de ces renvois aux règles fondamentales, on peut difficilement circonscrire *in abstracto* l'étendue de cette obligation du respect de la personne sous ces multiples facettes et quelle que soit par ailleurs la nature du travail convenu (manuel ou intellectuel). C'est du sujet dont il s'agit, et non de l'objet du contrat de travail (**II-53**), et cette même personne, outre son statut de salarié, est un citoyen et un contribuable à part entière (**I-108**). Cette consigne quant au respect de la dignité du salarié peut aussi servir de critère d'évaluation au moment de l'étude des mesures prises par l'employeur pour imposer une sanction disciplinaire (**II-167**) ou pour rompre le contrat de travail (**II-176**). Cette phase ultime d'une relation d'emploi est néanmoins située dans l'aire contractuelle et alors, l'employeur se doit d'obtempérer à cette règle pour sa gouverne dans ces deux dernières occasions. Il nous semble également que l'obligation relative à la dignité du salarié se prolonge au-delà du terme du contrat de travail et notamment pour prohiber toute atteinte à sa réputation auprès de tiers (les employeurs potentiels d'un ex-salarié) (**II-19**). Si certaines obligations du salarié outrepassent le « temps contractuel », il paraît logique qu'il en soit ainsi d'une obligation de même nature qui incombe à l'employeur. D'ailleurs, l'article 2096 C.c.Q. relatif au contenu limité du certificat de travail émis par l'employeur reposerait sur ce même fondement (**II-72**). Pour ces raisons, nous poursuivons l'étude de cette question au chapitre suivant portant sur les modalités relatives à la terminaison du contrat de travail (**II-168 et suiv.**).

II-108 — *Privé ou professionnel* — Il est indéniable que la ligne frontalière qui séparerait le champ professionnel que constitue l'objet du contrat de travail et la sphère privée qui relève exclusivement de la personne du salarié peut être parfois difficile à percevoir en raison de nombreux effets d'ombre, produits en même temps, de sa sinuosité selon qu'on a pris en considération les lieux et les contingences, et elle peut même être chaotique avec les avancées et les reculs des décisions des tribunaux. Il va de soi que le départage des droits et des obligations des parties au contrat de travail ne peut éventuellement parvenir que d'un enseignement progressif et

---

419. *Commission des droits de la personne du Québec* c. *Linardabris*, [1990] R.J.Q. 1169 (C.c.Q.); *Beauparlant* c. *Corporation municipale de St-Calixte*, précité, note 413. Dans un contexte de harcèlement à l'endroit d'un salarié par ses collègues de travail, l'employeur se doit de protéger le salarié victime, mais ce dernier doit collaborer aux mesures correctives proposées. Voir : *Bertrand* c. *Hôpital général juif et Commission des droits de la personne du Québec*, [1994] R.J.Q. 2087 (T.D.P.).

nullement linéaire de la pratique et de la jurisprudence. Ce débat porte notamment sur le respect du domaine privé du salarié, tant au moment de son engagement (**II-29**) qu'en cours d'emploi. L'application de la *Loi sur la protection des renseignements personnels dans le secteur privé* (**III-741**) peut servir sans doute de bon tremplin pour circonscrire le contenu infranchissable de la « vie privée » du salarié, sans pour cela constituer la seule voie de recherche[420].

II-109 — *La loyauté : concept arborescent* — Cette brève revue des qualités caractéristiques de la prestation de travail permet de constater leur complémentarité. En effet, comment un salarié serait-il de bonne foi mais déloyal ou comment pourrait-il se placer en conflit d'intérêts tout en demeurant loyal, diligent, prudent, disponible et discret ? L'application de ces critères de jugement est souvent délimitée à l'aide de multiples variables de temps, de lieu et de personne. Il s'ensuit que l'appréciation dans un cas peut parfois ne pas pouvoir servir de guide ou de précédent dans une autre affaire. C'est pourquoi l'automatisme, les clichés et les conclusions stéréotypées ne peuvent être que dangereux, approximatifs ou fort inappropriés. À titre d'exemples, l'acceptation d'un cadeau d'un fournisseur ou d'un client serait-elle toujours une violation des devoirs du salarié et, si elle en est une, revêt-elle toujours le même degré de gravité ? Pour répondre à cette double question, ne nous faudrait-il pas tenir compte, à tout le moins, des éléments suivants ?

— la fonction du salarié et le type de rapports qu'il doit entretenir avec le donateur;

— la valeur du « cadeau »;

— les circonstances qui expliquent le geste de l'un et de l'autre;

— la culture et les usages du donateur;

— le caractère répétitif, exceptionnel ou symbolique du don;

— la pratique dans ce milieu de la part des autres personnes placées dans une situation semblable à celle du bénéficiaire;

— les directives de l'employeur et les pratiques jusqu'alors tolérées : prohibition absolue ou relative, dévoilement[421].

---

420. René LAPERRIÈRE et Nicole KEAN, « Le droit des travailleurs au respect de leur vie privée », (1994) 35 *C. de D.* 709.

421. L'employeur peut-il prohiber à ses salariés l'acceptation du cadeau, mais par ailleurs utiliser ce même procédé à l'endroit des clients de l'entreprise ? Voir : Alain ETCHEGOYEN, *Le corrupteur et le corrompu*, Paris, Julliard, 1995. L'auteur s'interroge à savoir quelle conduite serait la plus méprisable : celle du corrupteur ou celle du corrompu (p. 165 et suiv.).

On constate qu'il serait présomptueux, dans ces cas relativement simples, de retenir *a priori* une seule réponse et, croyons-nous, les multiples applications pratiques du devoir de loyauté considérées sous bien d'autres aspects exigeraient pareille circonspection. Certains éléments de réponse peuvent provenir de l'employeur, car la qualité de sa gestion et de son comportement à l'endroit des salariés peut faire toute la différence. C'est donc de ce côté que nous considérons maintenant certaines facettes du lien d'emploi.

Section 3.3
Le statut d'employeur

II-110 — *Définir l'employeur* — Aux deux sections précédentes, nous traitons principalement des implications juridiques du statut du salarié, ce qui fournit déjà de multiples occasions pour souligner certains droits et obligations qui relèvent de l'employeur puisque l'un reflète l'autre. Il en est de même, mais en sens inverse, dans la présente section consacrée à l'étude du statut de l'employeur, où l'on percevra du même coup le cadre et le milieu qui échoient au salarié. L'intimité de ce rapport juridique employeur–salarié est telle que pour bien saisir la réalité de l'un, il nous faut parfois considérer l'autre. Nous ne pourrions étudier les deux données caractéristiques de l'employeur (son autorité et sa contre-prestation) sans circonscrire du même coup l'étendue de la sujétion du salarié et son droit à recevoir une pleine rémunération. Ainsi, les sections 3.3 et 3.4 visent au premier chef l'employeur, mais sans délaisser pour autant l'autre, le salarié. Pour mieux connaître l'employeur, nous proposons, en 3.3, quelques éléments de réponse aux cinq questions qui suivent :

— Quels peuvent être les fondements juridiques de l'autorité de l'employeur ?

— Comment circonscrire l'étendue des prérogatives organisationnelles et administratives de l'employeur ?

— L'employeur dispose-t-il du pouvoir d'établir unilatéralement des normes de conduite applicables au sein de l'entreprise ?

— Dans quelle mesure et comment les lois de l'emploi encadrent-elles, confirment-elles ou limitent-elles la liberté de manœuvre de l'employeur ?

— Quels sont les moyens de contrôle que l'employeur peut exercer sur les actes et le comportement du salarié ?

De tels sujets ne peuvent être contenus dans cette seule section; nous devons faire appel, à l'occasion, aux développements qui se trouvent en amont et en aval pour obtenir des réponses plus satisfaisantes, en raison de la complexité de ces questions. Ainsi, nous avons déjà traité du créneau de l'entreprise pour établir les lois de l'emploi applicables selon le partage constitutionnel des compétences (**I-25**); de la liberté contractuelle de l'employeur pour l'embauche de salariés (**II-29**); et des obligations de ces derniers à fournir à l'employeur une prestation de « qualité » (**II-85**). De même, analysons-nous ci-après l'obligation de l'employeur de verser intégralement la rémunération due (**II-136**); l'initiative des parties dans la résiliation du contrat de travail (**II-147**) ou encore, l'obligation de négocier de bonne foi avec le syndicat représentant les salariés (**IV-102**), etc. Outre ces quelques facettes que nous étudions, il faut aussi reconnaître que de multiples aspects juridiques du statut de l'employeur n'ont pas encore fait l'objet de grandes analyses par les auteurs québécois dans ce champ d'étude[422]. Les fondements mêmes des droits de l'employeur expliquent en partie cette lacune.

II-111 — *L'entrepreneur d'abord* — Il est remarquable mais nullement surprenant que les études relatives à l'employeur ne s'arrêtent guère à la question des fondements de son autorité et abordent plus directement les manifestations de ce même pouvoir. Ce silence résulte, croyons-nous, d'une reconnaissance générale de cette autorité qui serait fondée, à tort ou à raison, sur deux paliers intimement reliés l'un à l'autre :

— la nécessité pratique de cette élection dans le cadre de notre régime économique et politique;

— les principes généraux de notre régime juridique qui incitent à ce laconisme.

L'unicité du gouvernement d'une entreprise s'impose par une nécessité pratique dont le principe n'est nullement contesté et difficilement contestable : choix des créneaux, mise en place d'un ensemble complexe de moyens, coordination des services, planification stratégique, etc. Selon notre régime économique libéral, toute action est présumée celle de l'individu agissant librement en fonction de ses propres initiatives et de ses moyens, entendu que celui-ci demeure responsable de ses actes (profits et pertes). Cette liberté économique reconnue au profit de tous signifie ou implique que chacun est le concurrent de l'autre et que tous obéissent aux lois du marché. Ces affirmations abstraites

---

422. Les structures juridiques des entreprises font l'objet d'une autre branche du droit, le droit des compagnies et des sociétés font par contre l'objet de nombreuses études : Maurice MARTEL et Paul MARTEL, *La compagnie au Québec : les aspects juridiques*, Montréal, Wilson & Lafleur ltée, 1996; Bruce L. WELLING, *Corporate Law in Canada, the Governing Principles*, 2ᵉ éd, Toronto, Butterworths, 1991; ÉCOLE DU BARREAU, « Droit des affaires », vol. 8, Cowansville, Les Éditions Yvon Blais inc., 1996.

connaissent bien évidemment de fortes modulations à leur passage *in concreto*, car tous ne disposent pas des mêmes talents, ambitions, goûts, et ne bénéficient pas des mêmes connaissances techniques, des mêmes soutiens familiaux et sociaux ni des mêmes moyens financiers ou autres, etc. C'est ainsi qu'en pratique, certains peuvent et veulent entreprendre de telles aventures économiques et jouissent de moyens logistiques et matériels nécessaires à leur réalisation. Bien que l'exécution de semblables projets économiques ne puisse se réaliser par une seule personne et que l'apport des autres soit nécessaire (fournisseurs, collaborateurs et consommateurs), l'initiateur est seul porteur de la responsabilité à titre d'individu. L'entreprise est la sienne et se confond avec sa personne même; les collaborateurs contribuent par leur savoir-faire et leurs prestations diverses; ils sont payés pour l'achat de tout objet et les opérations s'effectuent à l'aide des biens de l'initiateur et selon la manière par lui souhaitée (**II-46**). Ainsi, les actes faits à sa demande expresse ou implicite sont réputés, sur le strict plan juridique, être les siens et il doit en répondre (profit, perte et responsabilité). Ces données propres au régime libéral sont principalement fondées sur la conjugaison de deux éléments : la personne et la propriété (**I-64**).

II-112 — *Sens d'un silence* — L'individualisme, pierre angulaire de notre régime économique, ne permet pas encore de considérer d'autres moyens d'élection du « chef » de l'entreprise que les titres de propriété. Dans un sens, l'initiateur propriétaire est naturellement (selon la nature du régime) l'employeur disposant de l'autorité nécessaire, c'est-à-dire de la liberté de manœuvre rattachée à ce double titre pour exercer sa liberté et réaliser son projet. Ainsi, pourrions-nous dire, l'autorité de l'employeur serait le fruit de l'exercice de ses libertés. Le droit, nous l'avons déjà souligné (**I-64; II-46**) avalise ce régime politico-économique, notamment par la reconnaissance juridique des libertés de commerce, de concurrence et de convention dont jouit l'individu et par la libre propriété (titre, usage, accession et cession). Selon ce régime, un individu est maître chez lui (sa résidence ou son atelier de travail), se lie avec d'autres qui acceptent son offre d'emploi et d'y travailler à sa convenance[423]. Il demeure seul propriétaire des fruits de l'opération tout comme s'il s'agissait de la récolte naturelle de son verger. Cette vue simple et peut-être réductrice d'une réalité maintenant fort complexe, demeure néanmoins le schéma de base connu et reconnu comme allant de soi dans notre régime. Peut-être y trouve-t-on la raison pour laquelle ce régime n'a pas eu à souffrir l'analyse ni la dissection méthodique des auteurs en droit de l'emploi. On pourrait certes opposer qu'un tel schéma, dans la mesure où il est fondamentalement valable, ne le serait qu'à l'égard de l'entreprise artisanale, de celle d'un simple individu, mais qu'il ne saurait expliquer, sur le plan juridique,

---

423. Telle est la grande caractéristique du contrat de travail, la sujétion du salarié, que l'article 2085 C.c.Q. affirme ou confirme (**II-50**).

l'emprise et la force d'une multinationale disposant de milliers de salariés qui travaillent dans des dizaines d'établissements (**II-120**). À notre avis, cette dimension quantitative n'ébranlerait pas les données de base qui subsistent, bien que leurs applications pratiques puissent parfois exiger dans de tels lieux des modifications plus subtiles en raison notamment de la volatilité des titres et des pouvoirs ancillaires rattachés à la « force économique ». L'entreprise, au sens d'un ensemble de moyens matériels et techniques voués à une activité économique (production de biens ou de services), qu'elle soit l'affaire d'un individu, d'une société, d'une compagnie ou d'une coopérative, respecte sur le plan juridique, le primat de l'unicité, celui de la personne. Les structures juridiques diverses retenues s'emploient toutes à assurer cette première qualité. Si des personnes s'unissent ou mettent ensemble leurs biens en vue de réaliser un projet commun et si, à cette fin, elles disposent d'une structure juridique qui coiffe bien leur aventure, il n'y a là qu'application pratique des mêmes principes libéraux[424]. Cela serait d'autant plus vrai que les grandes structures juridiques (compagnie et coopérative) sont respectivement assimilées à une personne, et leur gouvernement interne est unique (un nom, un patrimoine, un conseil d'administration, un pdg, un processus décisionnel, etc.).

II-113 — *Pouvoir disciplinaire* — S'il en est ainsi du schéma général, il nous faut admettre que l'autorité patronale et le pouvoir corollaire qui s'y rattacherait (l'imposition de sanction) ne sont pas de ce seul fait fondés ni justifiés, ils seraient tout au plus explicités. Cela est d'autant plus réel que notre droit positif ne renferme pas de dispositions sanctionnant d'une façon claire et directe cette autorité patronale. D'une manière générale et nullement exclusive, on utilise deux approches différentes pour expliciter le fondement ou du moins l'existence de ce double pouvoir patronal : une théorie inspirée du droit public et une autre, du droit privé. Selon la première, on concevrait l'entreprise comme une institution disposant, à titre analogique, des trois pouvoirs traditionnels pour assurer la bonne gouverne de ce microcosme : législatif, exécutif et judiciaire[425]. L'employeur titulaire de ce triple pouvoir pourrait établir des règles de conduite (directives, règlements d'atelier, etc.), en assurer l'application en situation concrète (ordre, commandement, etc.) et, en cas de violation, imposer des sanctions pour assurer son autorité et éviter la répétition de semblables manquements. Cette explication à l'aide d'une grille généralement applicable au gouvernement d'un État repose néanmoins sur une réalité observable puisque l'employeur agit en fait à la fois sur ces trois plans. Cette transposition quelque peu métaphorique

---

424. La compagnie, *cum panis*, consiste dans une mise en commun de biens en vue d'un partage proportionnel des profits et pertes, ce qui est susceptible de stimuler les apports nécessaires à la réalisation d'un projet par la répartition du risque ainsi contenu (la responsabilité interne et externe).

425. A. LAJOIE, *op.cit.*, note 104. Cet auteur semble être un tenant de cette thèse si l'on en juge par le postulat sous-jacent à sa problématique, p. 5 et 6.

facilite la perception d'une réalité sans pour cela nous permettre de saisir les fondements de ce triple pouvoir. Le droit privé n'établit pas davantage d'une façon directe les bases mêmes de l'autorité de l'employeur. Cette deuxième voie permet néanmoins de comprendre que l'autorité patronale serait le résultat pratique de l'exercice d'une double faculté : la liberté de convention et le droit de propriété. Disposant d'abord de moyens, l'employeur accepte les services de l'autre dans la mesure où ce dernier se soumet, à cette fin, à sa volonté (subordination de l'un et pouvoir de commander de l'autre). Ainsi peut-il imposer sa façon de faire, à laquelle le salarié, présume-t-on, accepte de se soumettre, ce qui implique que tout manquement pourrait entraîner de la part du donneur d'ouvrage des représailles au même titre qu'un commerçant non satisfait du produit offert par un fournisseur pourrait agir envers ce dernier. En pratique, l'employeur réagit par des voies plus douces ou moins brusques que la simple rupture de la liaison en raison des effets autrement pervers d'une solution trop draconienne dans un contexte d'obligations successives. L'employeur temporise ses mesures de correction face à un manquement du salarié en recourant à diverses sanctions non terminales : refus de promotion ou d'augmentation salariale, avertissement, suspension, etc. Cette façon de faire pragmatique serait plus bénéfique aux deux parties et elle est ainsi reconnue par tous et acceptée par les tribunaux de contrôle judiciaire et les tribunaux spécialisés, si bien qu'on ne les remet guère en cause. Cette situation de fait et de droit serait implicitement avalisée dans certaines lois de l'emploi où l'on reconnaît ce pouvoir disciplinaire du fait qu'on en module l'exercice.

i) Après l'énoncé de pratiques interdites au *Code du travail* (art. 12, 13 et 14), le législateur s'empresse d'apporter cette précision par crainte que l'on ne puisse prêter une portée trop absolue à ces mêmes dispositions prohibitives : « Le présent article n'a pas pour effet d'empêcher un employeur de suspendre, congédier ou déplacer un salarié pour une cause juste et suffisante dont la preuve lui incombe » (art. 14, al. 2, C.t.).

ii) Les mesures protectrices du salarié qui exerce des droits en vertu du *Code du travail* ou de la *Loi sur les normes du travail* (art. 15 à 20 C.t.; art. 122 et suiv. L.N.T.) sont instituées sur la base du constat que certaines décisions en congédiement, suspension ou déplacement imposées par l'employeur peuvent être abusives ou fondées sur des motifs illégaux. Dans les autres cas, le législateur présume que ces mêmes décisions disciplinaires sont valides comme le précisent d'ailleurs les articles 17 *in fine* C.t. et 123 L.N.T.

iii) À la suite d'une grève ou d'un lock-out, l'employeur peut refuser, selon l'article 110.1 C.t., de reprendre à son service un salarié s'il dispose d'une cause juste et suffisante.

iv) La mesure de contrôle édictée à l'article 124 L.N.T. sous-entend que la rupture unilatérale imposée par l'employeur ne serait invalide que s'il y a absence d'une cause juste et suffisante.

v) Puisqu'il s'agit d'un contrat synallagmatique (**II-51**), l'employeur convaincu qu'il ne reçoit pas la prestation exigible dans le cadre de ce contrat à exécution successive ne pourrait-il pas refuser à l'avenir de verser sa contre-prestation, la rémunération (art. 1591 C.c.Q.)? Vue sous cet angle, la suspension disciplinaire pourrait être comprise à titre d'adaptation de la règle classique et draconienne du droit civil, soit *l'exceptio non adimpleti contractus.*

vi) Le *Code civil du Québec* reconnaît que la résiliation unilatérale et brusque du contrat de travail demeure toujours possible si les circonstances le justifient et sans contrôle ni autorisation préalable (art. 2095 C.c.Q.).

Partant de cet ensemble de règles du droit positif fondées sur les principes généraux de notre droit libéral, nous dirions que celui qui peut le plus peut le moins, et ce, d'autant plus qu'il n'existe pas de critères transcendants particuliers pour apprécier la légitimité des mesures disciplinaires imposées. Cette transposition de ce qui peut être raisonnable, juste et prévisible s'articule par voie de la pratique, confirmée ou exprimée par la jurisprudence interne et externe (**I-59**). Ainsi, les situations qui se présentent dans un milieu de travail peuvent n'avoir aucun pendant dans d'autres champs juridiques puisque l'on accepte que l'employeur puisse se faire lui-même justice.

II-114 — *Pouvoirs de l'employeur* — Le particularisme du statut de l'employeur peut néanmoins être mieux saisi par cette même voie analogique de notre régime politique. On peut ainsi percevoir l'employeur à titre de titulaire d'un pouvoir législatif, exécutif et judiciaire, de telle manière que s'il est d'avis que ses directives ne sont pas parfaitement respectées et qu'il juge nécessaire d'imposer une sanction, cette dernière devient dès lors applicable. Son pouvoir normatif peut être élaboré à l'aide d'énoncés écrits ou verbaux (règlement d'atelier, directives, notes de service, etc.), les règles qu'il établit lient tout le personnel et leur violation peut donner prise à des sanctions. Si cette analogie rend compte de la situation de fait, on ne saurait cependant valablement transposer les règles d'un État démocratique à un tel regroupement de personnes. Ce dernier n'est constitué qu'à l'initiative de l'entrepreneur et dans un but précis (la production de biens ou de services), pour lequel tous acceptent de travailler en se plaçant sous la direction de cet entrepreneur et de faire usage des voies et moyens dont ce dernier dispose, mais pour les seules finalités de l'entreprise et pour le seul temps où ils agissent à titre de salariés. On comprend dès lors les dangers de pousser trop loin l'analogie avec le modèle politique, car une entreprise n'est pas un royaume, ni une société politique, ni même un mini-État[426]. On ne saurait véritablement soutenir que l'employeur puisse être investi d'un véritable pouvoir législatif, qu'il

---

426. Notons que cette même analogie peut s'appliquer à la conduite éthique de chaque individu : il établit ses règles de vie bonne, dirige sa conduite en fonction des valeurs privilégiées et,

soit habilité à déterminer unilatéralement des règles de droit. On comprend qu'il existe des dangers d'abus de pouvoir et de manquement au respect de la dignité et de l'intégrité de la personne, situations qui ne peuvent souffrir, en temps et dans ce lieu, un certain laxisme. Pour ces raisons, le droit devait pondérer de moult façons l'exercice de ce triple pouvoir de l'employeur.

II-115 — *Fondement des sanctions* — Si l'on considère le pouvoir disciplinaire de l'employeur sous l'angle du droit général applicable au contrat, la surprise peut être très grande. En effet, comment expliquer à l'aide du droit contractuel la faculté d'imposer une suspension disciplinaire ? Il n'existe guère de relations contractuelles où l'une des parties peut ordonner à l'autre, de son seul chef et selon son seul jugement, une suspension temporaire de l'exécution des prestations synallagmatiques du contrat (le travail pour l'un et la rémunération pour l'autre) puis, exiger sous peine d'une autre sanction le retour au travail à un jour fixe (c'est-à-dire au terme de la sanction). Un locateur pourrait-il valablement suspendre l'usage du lieu loué par son locataire pour quelques gestes intempestifs de ce dernier ? Toute comparaison avec d'autres types de contrat ne saurait aider à la compréhension réelle de cette situation, qui est certes fort particulière dès son origine. Ne s'agit-il pas d'une personne, le salarié, qui se place juridiquement sous la direction d'une autre pour l'exécution de sa propre prestation (**II-44**) ? Ce particularisme est tel qu'il ne peut être surprenant que ses manifestations, sa réalisation et ses effets soient aussi assez différents de ceux produits dans toute autre relation contractuelle. Pourquoi alors le législateur n'a-t-il pas traité du pouvoir disciplinaire d'une façon explicite au *Code civil du Québec*, alors qu'un chapitre distinct sur le contrat de travail porte enfin sur cette relation ? À notre avis, s'il l'eût fait, il aurait sans doute dû définir et même circonscrire le pouvoir disciplinaire, ce qui signifie qu'il en aurait, de quelque manière, limité ou élargi davantage l'exercice, ce qui aurait pu être une délicate entreprise politique. Encore une fois, on constate qu'en droit, le silence et le non-dit révèlent un certain sens, qu'ils ne sont pas le fruit d'une simple inadvertance. Aussi nous faut-il le reconnaître et savoir en tenir compte (**I-56**). Comme nous le voyons peu après, les règles du droit positif, qu'elles soient générales ou particulières, ne traitent nullement des fondements des pouvoirs de l'employeur et s'en tiennent à la mise en place de quelques balises pour assurer son meilleur exercice par la présence de certains contrôles *a posteriori* (**II-129, 178**).

---

au besoin, corrige ou adapte son tir en fonction de ses visées. L'idée de concevoir l'employeur à titre de « législateur » dans l'enceinte de l'entreprise fut, il y a longtemps, déjà retenue. Voir : P. DURAND, *op. cit.*, note 317.

II-116 — *Nécessaire discipline* — Par voie de sédimentation, par l'effet d'une pratique générale constante et connue, par nécessité pratique (le bon ordre, la coordination de l'action de chacun, les risques inhérents à l'opération, etc.) et par la conjugaison de l'exercice de la liberté conventionnelle et de la propriété servant encore de piliers dans notre régime politico-juridique, on explicite encore et même, on tente de légitimer les pouvoirs traditionnels de l'employeur[427]. La lecture de certains arrêts ne permet guère de nourrir quelque doute que ce soit à ce sujet et il en est de même des études spécialisées sur l'exercice du pouvoir disciplinaire de l'employeur, où les auteurs traitent rapidement de la question du fondement du pouvoir de l'employeur pour analyser, décortiquer et situer l'exercice de ce pouvoir et les modalités des mécanismes de son contrôle[428]. Si le législateur n'aborde pas directement la question de fond, les parties aux conventions collectives n'en traitent guère davantage, si ce n'est pour reconnaître l'existence de ce même pouvoir dans le but d'en juguler l'exercice par quelques dispositions de contrôle *a priori* et surtout, *a posteriori* (**IV-192**). Pour ces raisons, les mesures disciplinaires imposées du seul chef de l'employeur dans l'exercice de son autorité ne pourraient guère s'expliquer autrement qu'à titre de moyens pratiques dont la légitimité pourrait résulter d'un faisceau de motifs tels :

— la logique pratique qui reconnaît la nécessité de ces mesures incitatives à une correction immédiate d'un comportement déviant ;

— le respect de la finalité même du pouvoir de commander de l'employeur pour l'obtention d'une prestation de service qui soit utile et efficace ; en ce sens, cette fin explique ce moyen ;

— la sanction à titre de mesure tangible permettant au salarié de se ressaisir sans perdre, à la suite de quelque incartade, les bénéfices de son statut et de ses privilèges acquis ;

— des moyens moins coûteux pour l'employeur puisque les services du salarié jusqu'alors habilité à effectuer ce travail sont maintenus, ce qui dispense de former une autre personne pour le remplacer ;

— des mesures servant d'avertissement aux autres salariés et affirmant de surcroît l'autorité de l'employeur auprès de tous.

---

427. *Aluminium Company of Canada Ltd.* c. *Syndicat national des employés de l'aluminium d'Arvida inc.*, [1966] B.R. 641, 652 ; *Port Arthur Shipbuilding Co.* c. *Arthurs*, [1969] R.C.S. 85 ; *Lafrance* c. *Commercial Photo Services inc.*, précité, note 405.

428. Claude D'AOUST, Louis LECLERC et Gilles TRUDEAU, *Les mesures disciplinaires : étude jurisprudentielle et doctrinale*, monographie n° 13, École de relations industrielles, Université de Montréal, 1982 ; Rodrigue BLOUIN, « Notion de cause juste et suffisante en contexte de congédiement », (1981) 41 *R. du B.* 807. Une analyse plus poussée en la matière fut l'œuvre de Marie-France BICH, « Le pouvoir disciplinaire de l'employeur et fondements civils », (1988) 22 *R.J.T.* 85.

Les sanctions disciplinaires seraient des modalités d'exercice du pouvoir de commander de l'employeur, autorité que nous devons tirer du contrat de travail et dont les ramifications épistémologiques nous conduisent consciemment ou non au servage. Comment pourrions-nous autrement expliquer la sujétion de l'un à l'autre alors qu'ils seraient formellement égaux ? En somme, le pouvoir disciplinaire serait l'inéluctable corollaire du pouvoir de commander, de l'autorité qui échoit à l'employeur comme, par analogie peut-être, la sanction à la règle de droit. S'il est vrai que dans d'autres milieux associatifs, la décision de l'organisme lie chacun des membres (associé, sociétaire, actionnaire, etc.), les rapports entre ces institutions et leurs membres seraient différents de la liaison employeur–salarié. Le sujet y est moins partie prenante et son engagement personnel est généralement limité en temps et en espace, alors que la prestation du salarié se prolonge dans le temps et qu'elle est intimement liée aux prestations des autres membres, tous placés dans un continuum structuré, coordonné ou voué à une fin précise et déterminée par ailleurs par l'autre, l'employeur (**II-43**).

II-117 — *Directives évolutives* — Selon une coupe linéaire de l'autorité patronale, l'exercice du pouvoir disciplinaire constituerait la dernière étape du processus, alors que l'énoncé de directives ou d'ordres serait la première (**II-54**). Cette manifestation de l'autorité de l'employeur (**II-55**) peut prendre bien des formes : directive verbale, note écrite *ad hoc* ou plus générale visant l'ensemble des activités de l'entreprise ou qui s'y rapportent. Rien n'empêche l'employeur de faire connaître à l'avance et d'une façon précise et claire comment il entend exercer son autorité dans telle ou telle situation actuelle ou éventuelle (le règlement d'atelier). Parce que l'on y vise des actes d'une situation concrète et nécessairement tributaire des aléas plus ou moins incontournables et non toujours prévisibles, il est logique que ces mêmes directives puissent être modifiées ou adaptées au fil des expériences et des contingences. Sur les plans juridique et pratique, il est nécessaire que le salarié puisse facilement avoir accès à ces directives. Autrement, si le salarié les ignorait et si elles n'avaient pas été rendues publiques avant le manquement reproché, on ne pourrait légitimement lui en tenir rigueur (**II-167**). Du seul fait de son statut à l'égard de l'employeur, le salarié serait-il contractuellement lié par ces directives au point qu'un manquement de sa part constituerait dès lors une violation de son contrat de travail ? Quelques remarques et mesures s'imposent pour éviter de donner prise à une approche contractualiste trop absolue ou à un formalisme désuet.

i) À l'engagement même du salarié, il est possible qu'on lui fasse connaître les « règles maison » à titre de conditions d'embauche, et ce contenu normatif lierait très certainement ce salarié adhérent (art. 1432 C.c.Q.). Il importe de souligner que le contenu de ces règlements internes doit cependant être légal et respecter la hiérarchie des normes (**I-22** ; **II-37**) : chartes, *Code civil du Québec*, lois, règlements et convention collective (**II-79**). Par ailleurs, admettre que ces règlements internes puissent être parties du contrat de travail signifierait que l'employeur y serait aussi lié et qu'il ne saurait unilatéralement les modifier sans l'assentiment du salarié. Pour éviter cet effet boomerang[429], les employeurs n'empruntent guère ou nullement cette voie contractuelle.

ii) Les directives, notes ou règlements internes énoncés par l'employeur en cours d'engagement ne sauraient être considérés comme autant de modifications unilatérales au contrat de travail, outre la situation ci-avant. Le salarié ne peut valablement être lié à l'avance par de telles modalités éventuelles et uniquement potestatives (art. 1500 C.c.Q.). Dans ces cas, il ne peut s'agir que d'ordres à effets immédiats ou d'applications concrètes ou éventuelles dont la portée et peut-être la validité peuvent faire l'objet d'une évaluation ou d'un contrôle selon les circonstances de temps et de lieu. À l'occasion d'un contrôle *a posteriori* à la suite d'une sanction imposée à l'égard d'une prétendue violation de ces directives, la question doit nécessairement porter sur la valeur intrinsèque de la norme, de sa connaissance par le salarié puis, des faits entourant le manquement pour apprécier s'il y a eu violation et, si oui, son degré de gravité eu égard à la sanction imposée (**II-167, 177**). S'il y a manquement, ce sera une désobéissance à l'autorité de l'employeur et non une violation d'une prétendue disposition particulière ajoutée au contrat depuis sa conclusion[430].

iii) Il faut aussi considérer la qualité du libellé de ces énoncés. L'employeur peut se limiter à n'émettre que des avis, des conseils, des guides, des recommandations et même des suggestions du comportement qu'il croit le meilleur, le plus pertinent dans telle ou telle situation, sans pour cela se lier lui-même et aussi, afin de permettre au salarié de considérer l'ensemble des circonstances particulières propres à une situation donnée. Aussi indicatifs et utiles que soient ces énoncés, leur valeur réelle serait en fonction de leur qualité intrinsèque et de l'usage qu'en fait l'employeur lui-même (sa jurisprudence) (**I-59**).

iv) Le règlement d'atelier ne saurait valablement contredire les dispositions de la convention collective. Si le règlement lui était antérieur, on concilierait les deux actes en faisant prévaloir la disposition conventionnelle à titre de renonciation implacable à la règle unilatérale et si le règlement lui était postérieur, il devrait s'agir d'une violation de la convention collective, et un arbitre de griefs pourrait, au besoin, constater et réconcilier les actes (**IV-188**).

---

429. Il s'agirait de l'application de l'adage *Tu patere legem quam fecisti rubis* : Subis les conséquences de ta propre loi.

430. Nous doutons que l'on puisse imposer ces règlements d'atelier à titre de modifications unilatérales au contrat de travail en vue de leur conférer une enveloppe contractuelle, alors qu'ils sont des manifestations de l'autorité patronale et peuvent par ailleurs être légitimés à ce dernier et seul titre.

v) Dans tous les cas, un règlement d'atelier ne pourrait servir de base valable à quelque sanction de la part de l'employeur que s'il respecte les autres conditions de base suivantes :

— son objet est pertinent, c'est-à-dire justifié en raison de la nature des activités de l'entreprise et tributaire de ses impératifs ;

— l'acte ou le comportement exigé est raisonnable et respectueux de la personne du salarié ;

— son contenu est clairement exprimé et bien accessible au salarié ;

— la destinée que lui donne l'employeur (portée, sens, usage et sanction) est connue du salarié ;

— son application est uniforme et constante de la part de l'employeur.

II-118 — *Légitimité de l'autorité patronale* — Ces explications sur le fondement de l'autorité de l'employeur ne peuvent être totalement satisfaisantes et elles ne le deviendront qu'au moment où le législateur prendra une position à ce sujet qui soit claire, précise et bien rattachée aux principes généraux du droit. Par ailleurs, nous croyons que ces distinctions fondées sur la nature du contrat de travail où une personne est assujettie à l'autre et sur la pratique nécessaire pour réaliser la finalité même de ce contrat ne sont nullement exorbitantes. On retrouve pareille approche déductive pour expliquer bien d'autres relations contractuelles où la pratique dans un milieu et les nécessités d'exécution comblent les inéluctables interstices du contrat (**I-58**). N'est-ce pas ce qui est précisé à l'article 1434 C.c.Q. : « Le contrat valablement formé oblige ceux qui l'ont conclu non seulement pour ce qu'ils y ont exprimé, mais aussi pour tout ce qui en découle d'après sa nature et suivant les usages, l'équité ou la loi » ? Si nous tenons compte de cet usage dans un milieu de travail où l'employeur pondère l'exercice de son pouvoir disciplinaire selon les circonstances de temps et de lieu et aussi, si nous considérons les nombreux mécanismes particuliers de contrôle de ce même pouvoir (**II-127**), bien que la question du fond ne soit pas directement abordée dans le *Code civil du Québec*, ne nous faut-il pas admettre que le législateur a néanmoins considéré la question en traitant de l'exercice abusif possible que l'employeur pouvait faire de ces mêmes pouvoirs ? (art. 2092, 2094, 2095, 2096 et 2097 C.c.Q.). Notons d'ailleurs que la brusque rupture pour un « motif sérieux » (**II-176**) du contrat de travail au sens de l'article 2094 C.c.Q. serait, en quelque sorte, une reconnaissance que l'employeur peut *a priori* se faire justice lui-même[431]. Il est vrai cependant qu'il aurait été possible qu'elle soit préalablement autorisée par un tribunal, à l'instar d'une injonction interlocutoire, hypothèse qui ne fut pas retenue, tant s'en faut[432].

---

431. S'il est vrai que l'article 2094 C.c.Q. s'adresse techniquement aux deux parties au contrat de travail, en pratique, son usager le plus fréquent est l'employeur, et cette situation est de commune connaissance avant et depuis 1994.

432. M.-F. BICH, *loc. cit.*, note 428, p. 101 et suiv.

II-119 — *L'employeur identifié* — La qualification juridique de l'employeur s'établit par la présence du salarié, entendu que l'un ne va pas sans l'autre, dans le sens que la prestation du salarié et la contre-prestation de l'employeur s'articulent dans le cadre d'un contrat de travail et non d'une location, d'une association, d'une société, d'un mandat ou d'un contrat de services[433]. Ce titre d'employeur n'est pas, sur le strict plan juridique, tributaire de la présence ou de l'absence de l'un ou l'autre des trois éléments suivants.

i) *La structure juridique retenue* : Il n'importe pas que l'employeur soit constitué sous la forme d'une société, d'une compagnie, d'une coopérative ou qu'il soit un individu (**II-112**).

ii) *La finalité de l'entreprise* : La nature des opérations auxquelles participe le salarié ne sont pas prises en considération aux fins de la qualification de l'employeur. Qu'il s'agisse d'un service avec ou sans but lucratif, de la fabrication d'objets quelconques ou d'une opération financière, ces éléments ne sont guère importants à cette seule fin.

iii) *La dimension quantitative* : Le nombre de salariés n'est pas pris en considération (10 000 ou un salarié; un milliard de dollars de chiffre d'affaires ou dix milles, etc.). Il est remarquable d'ailleurs que la présence d'un seul salarié soit suffisante pour soumettre un employeur au régime de rapports collectifs du travail (art. 21, al. 4, C.t.)[434].

Bien évidemment, la qualification juridique d'employeur, aussi générale et absolue puisse-t-elle être, exige que l'on y apporte par la suite des nuances selon les qualités et les caractéristiques du lien d'emploi. En effet, le caractère pragmatique du droit de l'emploi impose, par la force des choses, la prise en considération de multiples éléments extrinsèques qui composent réellement et concrètement la vraie nature du lien d'emploi. Pour illustrer nos propos, nous considérons les trois situations suivantes.

i) Si l'État est assimilé à un employeur (art. 1, par. l, C.t.) (art. 1373 C.c.Q.), il n'empêche que le rapport qu'il entretient avec ses salariés fonctionnaires et assimilés sont induits de la fonction propre de cet employeur (**IV-195**). Ces fonctionnaires ne sont-ils pas les organes de l'État ?

ii) Si une personne est salariée d'un employeur qui est lui-même salarié d'un autre employeur, ce rapport s'articule fort différemment de celui d'une entreprise composante d'une multinationale où la culture, le mode de fonctionnement, la capacité de payer, les possibilités de

---

433. *Yellow Cab Ltd.* c. *Board of Industrial Relations*, précité, note 263; *Union des chauffeurs de taxi, Métallurgistes unis d'Amérique, local 9217* c. *Municipale Taxi inc.*, précité, note 263.

434. Il est vrai cependant que certaines obligations particulières sont imposées aux employeurs en fonction du nombre de salariés en présence au sein de l'entreprise (art. 223, al. 1, L.S.S.T.; art. 240 L.A.T.M.P.).

promotion, les occasions de mutation d'un établissement à un autre et la délégation d'autorité peuvent être aménagés à l'aide d'un faisceau de rapports assez complexes ou ténus[435].

iii) Si l'entreprise reçoit les services d'un salarié qui lui est dépêché à sa demande par une entreprise de placement de personnel, il peut être difficile d'établir quand et comment ce salarié devient celui de l'employeur bénéficiaire de sa prestation et parfois, il peut être tout aussi pénible d'affirmer qu'il l'est encore de l'agence[436]!

II-120 — *Entreprise et établissement* — L'identification de l'employeur peut parfois soulever des difficultés particulières, bien qu'en même temps et dans les mêmes circonstances, la question de la présence réelle d'un salarié ne présente aucune autre difficulté. Le statut de ce dernier peut être facilement reconnu, alors qu'il en va autrement pour lever les écrans juridiques qui recouvrent parfois le véritable employeur. Cette difficulté peut aussi résulter des associations, partenariats ou aventures communes que forment plusieurs employeurs ou encore, de la complexité des structures organisationnelles mises en place[437]. Cette question d'un grand intérêt juridique et pratique exige souvent que nous distinguions l'employeur de l'entreprise et celui-ci de l'établissement[438]. Il est de commune connaissance que l'on met souvent sur pied un grand nombre d'entités juridiques pour constituer une organisation suffisamment souple et susceptible ainsi de mieux répondre aux diverses contraintes de financement, de production, de commercialisation, de fiscalité ou encore, de contrôle ou de pouvoir. L'enchevêtrement de ces organes, leurs mutations constantes, la multiplicité des établissements et des succursales qui

---

435. Pour ceux qui croient que ces éléments n'auraient pas en droit une résonance quelconque, nous posons une seule question : la Cour suprême du Canada aurait-elle suivi la même démarche et retenu la même position s'il s'était agi d'un employeur de trois salariés dans les arrêts *Robichaud* c. *Canada (Conseil du trésor)*, précité, note 413; *Compagnie des chemins de fer nationaux du Canada* c. *Canada (Commission canadienne des droits de la personne)*, précité, note 414; *Central Okanagan School District no. 23* c. *Renaud*, précité, note 37?

436. *Pointe-Claire (Ville de)* c. *Syndicat des employées et employés professionnels et de bureau*, précité, note 259.

437. Dans l'arrêt *Lemay Construction Ltée* c. *Dame Poirier*, précité, note 258, la Cour d'appel dut distinguer l'employeur apparent de l'employeur réel, c'est-à-dire celui qui disposait juridiquement du pouvoir de commander, alors que le statut du salarié ne posait aucune difficulté. Dans une autre affaire, la Cour suprême du Canada n'a-t-elle pas refusé de qualifier de salariés des travailleurs parce qu'elle fut incapable d'y percevoir l'employeur? Voir : *Yellow Cab Ltd.* c. *Board of Industrial Relations*, précité, note 263.

438. Nuances que l'on ne saurait établir d'un seul trait dans la présente section. Nous y revenons en plusieurs occasions et notamment lorsqu'il s'agit de la question de la succession d'employeurs (**II-71; III-208; IV-89**) ou pour établir l'ultime responsable de la créance salariale (**II-135**). Pour des fins particulières, le *Code civil du Québec* renferme une définition descriptive de l'entreprise à l'article 1525 : donnée intéressante et utile, mais qui ne peut fixer à elle seule une réalité aussi fugace et prolifique.

ressortissent d'une même entreprise constituent les principaux éléments qui font qu'il est parfois difficile de déceler sous ces artefacts l'organisme qui est effectivement l'employeur des salariés. Cette situation est d'autant plus complexe que la notion d'entreprise demeure assez floue et qu'elle se confond souvent avec celle de la propriété des moyens de production ou avec ses succédanés (les titres). Pour cette raison, nous devons utiliser les concepts « entreprise » et « établissement » avec prudence, quoiqu'il soit nécessaire de les employer parfois pour distinguer un lieu de travail donné de l'ensemble du patrimoine d'une personne physique ou morale. Il en est souvent ainsi en raison des contraintes socio-économiques qui nous obligent à nous départir, du moins en partie et d'une façon pragmatique, du schéma simple de l'employeur propriétaire qui serait personnellement partie au contrat de travail. Dans bien des milieux et pour diverses fins, on tente de concevoir l'entreprise comme une entité qui se détacherait de la personne de l'entrepreneur, qui la dépasserait et qui pourrait même lui survivre. Cette disjonction devient parfois nécessaire, du moins sur le plan conceptuel, afin de répondre aux impératifs propres de l'action économique : besoin de permanence et de stabilité, thésaurisation des moyens économiques, complexité de la gestion et du contrôle, etc. On ne peut alors ignorer que ces métamorphoses économiques et sociales ont sensiblement modifié les structures juridiques de l'entreprise. Face à ses structures et organigrammes complexes, il nous faut néanmoins rechercher le véritable employeur des salariés visés. Cette identification précise de l'employeur s'effectue par voie directe, par présomption, par analogie ou encore, par fiction[439]. Il y a des situations où la relation tripartite rend difficile l'identification du véritable employeur, alors que l'agence de placement brise quelque peu le rapport direct entre le prestataire de services et son bénéficiaire[440].

II-121 — *Définir l'entreprise* — Il existe assurément un certain flottement entre les deux notions *employeur* et *entreprise*. Tantôt et au besoin, on écarte ou ignore le propriétaire pour ne voir que l'entreprise, comme s'il devait s'agir d'une institution distincte et presque autonome. Dans d'autres cas, on considère le propriétaire comme le véritable et ultime détenteur du pouvoir décisionnel au-delà des écrans juridiques. Aussi serait-il utile de connaître et de reconnaître l'un et l'autre. Au sens large, l'entreprise est comprise comme l'activité économique, l'organisation, l'affaire ou même l'aventure mise sur pied par une personne, lui appartenant (individu ou personne morale) ou

---

439. Au seul *Code du travail*, on retrouve l'usage de ces techniques : à l'article 1 k), pour Sa Majesté, à l'article 2, pour le concessionnaire forestier et à l'article 45, pour le présumé nouvel employeur, Le concept « entreprise » est aussi retenu dans la *Loi sur les normes du travail*, article 124 et à l'article 14 de la *Loi sur les décrets de convention collective*.

440. *Pointe-Claire (Ville de)* c. *Syndicat des employées et employés professionnels et de bureau*, précité, note 259.

dirigée par elle. Sur le plan organisationnel, nous dirions que l'entreprise recouvre généralement les principaux éléments suivants:

— elle est vouée à une fin lucrative ou sociale;

— elle a pour objet la production de biens ou de services;

— elle dispose d'une certaine manière d'un patrimoine, soit un ensemble de moyens matériels (capital, équipement, matières premières, etc.) et intellectuels (le savoir-faire, les méthodes, le contrôle, une comptabilité distincte, etc.);

— elle bénéficie des services d'un personnel encadré d'une structure hiérarchique et dont les activités dépendent des directives de l'entrepreneur;

— l'entrepreneur peut être un ou des individus ou bien une personne morale.

Bien entendu, ces quelques éléments ne permettent pas de définir d'une façon précise et satisfaisante l'entreprise. Sa structure juridique doit aussi être considérée et surtout, sa dépendance financière à l'entrepreneur ou à d'autres promoteurs, commanditaires, prêteurs, etc.[441] Partant de cette description sommaire ou schématique de l'entreprise et en application des règles de notre régime (notamment celles relatives à la propriété, à la liberté de commerce et au contrat), on peut facilement concevoir qu'un même propriétaire entrepreneur puisse mettre sur pied ou acquérir plusieurs entreprises distinctes et, à l'aide de multiples titres de propriété, qu'il puisse être et demeurer le maître de chacune. Si cet entrepreneur peut ainsi former plusieurs entreprises, il dispose également de la liberté de les défaire, de les annihiler, de les fondre les unes aux autres, de les aliéner ou de les céder en tout ou en partie. On comprend dès lors que le lien d'emploi dans ces mêmes entreprises repose sur une assiette assez fragile dont la viabilité ultime dépend des décisions unilatérales et exclusives de l'entrepreneur. Pour asseoir ces liens d'emploi sur une base plus stable et moins strictement dépendante de la seule discrétion d'une partie, on tente, de plusieurs manières, de développer différentes théories de l'entreprise. Il existe notamment la théorie dite institutionnelle qui analyse, conçoit et traite l'entreprise non plus quant à ses

---

441. Dans l'arrêt *U.E.S., local 298* c. *Bibeault*, [1988] 2 R.C.S. 1048, 1105, le juge Beetz fit sienne l'explication donnée par le juge Lesage du Tribunal du travail: «L'entreprise consiste en un ensemble organisé suffisant des moyens qui permettent substantiellement la poursuite en tout ou en partie d'activités précises. Ces moyens, selon les circonstances, peuvent parfois être limités à des éléments juridiques ou techniques ou matériels ou incorporels. La plupart du temps surtout lorsqu'il ne s'agit pas de concession en sous-traitance, l'entreprise exige pour sa constitution, une addition valable de plusieurs composantes qui permettent de conclure que nous sommes en présence des assises mêmes qui permettent de conduire ou de poursuivre les mêmes activités: c'est ce qu'on appelle le *going concern*»; *Mode Amazone* c. *Comité conjoint de Montréal de l'Union internationale des ouvriers du vêtement pour dames*, [1983] T.T. 227, 231.

aspects contractuels et individualistes, mais plutôt institutionnels et communautaires. Selon cette approche, cette communauté de travail réunirait dirigeants et salariés dans une solidarité organique. Dans ce cadre, les fondements des prérogatives du chef de l'entreprise autant que leurs limites se retrouveraient dans la recherche du bien commun de l'entreprise. On perçoit vite qu'il s'agit plus d'une vue idéale, utopique, généreuse, mais assez loin de la réalité vécue. Pour l'instant, cette théorie de l'entreprise-institution ne repose pas sur une analyse de la réalité, malgré certaines apparences et même, malgré certains liens conjoncturels qui peuvent unir provisoirement ou partiellement salariés et employeur[442]. Il en serait tout autrement, et alors cette théorie serait fort plus utile, si les intérêts de l'entreprise et ceux du propriétaire ou des détenteurs de titres étaient moins intimement et exclusivement liés[443]. De plus, l'application de cette théorie institutionnelle supposerait que les gestionnaires de ces pouvoirs fonctionnels rendent compte à la communauté, ce qui nous éloignerait encore de la réalité[444]. Quoi qu'il en soit, la difficile définition de l'entreprise demeure et il devient de plus en plus insatisfaisant d'expliquer ce concept strictement à l'aide du droit de propriété et du contrat. En effet, la réalité de l'entreprise d'aujourd'hui est trop complexe, ses tenants et ses aboutissants sont trop enchevêtrés et soudés au tissu social et politique du milieu pour que l'on puisse se contenter et se limiter de confondre l'entreprise uniquement avec des titres de propriété, avec une seule composante du patrimoine d'une personne. Cette métamorphose résulte de la conjugaison de plusieurs facteurs qui obligent que l'on perçoive l'entreprise autrement et que l'on bouscule ce concept, notamment parce que :

— la gestion des ressources humaines dépend davantage des méthodes de participation;

— l'organisation plus dynamique du travail permet aux salariés de s'impliquer davantage dans le choix des moyens et le contrôle de la qualité du produit;

---

442. Il est évident qu'à un même moment, salariés et employeur peuvent parfois dépendre de la viabilité de l'entreprise qui subit les secousses des marchés et de la conjoncture économique et politique, etc. Mais ces salariés ne sont-ils pas dans des situations semblables à celles des passagers d'un paquebot ou d'un avion qui connaissent les mêmes coups et contrecoups des manœuvres du pilote, bien qu'ils ne soient pas pour cela parties liées à l'équipage. Voir : Nabil N. ANTAKI et Yves GUYOLD (dir.), *La survie des entreprises privées en difficulté*, Rapport du Colloque de la Fondation internationale pour l'enseignement du droit des affaires, Montréal, Wilson & Lafleur ltée, 1982.

443. Cette théorie institutionnelle fut déjà signalée à l'occasion de l'étude de la survie du contrat de travail en présence d'une convention collective (**II-80**).

444. Pour une analyse critique de cette théorie, voir : Jean SAVATIER, « Les groupes de sociétés et la notion d'entreprise en droit du travail », dans *Études de droit du travail offertes à André Brun*, Paris, Librairie sociale et économique, 1974, p. 527; Nicole CATALA, « L'entreprise », dans Guillaume Henri CAMERLYNCK (dir.), *Traité de droit du travail*, tome 4, Paris, Dalloz, 1980; Raymond SOUBIE, « L'entreprise dans la doctrine et la pratique syndicales », (1984) *Droit social* 15.

— l'intéressement des salariés aux résultats par l'acquisition de titres sur une base collective ou individuelle modifie l'entendement du lien d'emploi;

— l'information diligente et partagée sur les contraintes et les projets de l'entreprise permet aux uns et aux autres d'appréhender à plus long terme l'avenir[445].

Il s'agit certes d'une autre situation où le droit accuse un retard certain à conceptualiser une réalité et sans doute parce qu'une avancée dans le domaine exigerait ou supposerait quelques retouches de plusieurs autres concepts fondamentaux : propriété, salarié, autorité, etc.

II-122 — *L'établissement* — Il peut encore être plus difficile de bien saisir la notion d'entreprise si elle se compose de multiples établissements. Ce terme « établissement » comprend ou recouvre l'unité de production de biens ou de services située au premier niveau de la structure et qui n'est pas juridiquement ni économiquement parfaitement autonome[446]. Lorsque l'on traite de l'exécution même de la prestation de travail, c'est directement, et au premier chef, de l'établissement dont il s'agit. La notion juridique d'établissement n'est pas très claire et porte aussi à confusion. On peut croire qu'elle sera progressivement mieux circonscrite par les tribunaux puisqu'en certaines occasions le législateur s'y réfère[447]. Si l'établissement est nécessairement le premier milieu ou le premier champ où s'exécute la prestation de travail, où s'établissent et se réalisent les rapports entre les salariés, l'employeur et les cadres et où s'articulent les rapports collectifs du travail, cela ne nous permet cependant pas d'ignorer les autres niveaux ou structures de l'entreprise ou du groupe de sociétés. D'une façon générale ou schématique, on peut distinguer trois paliers d'intervention en matière d'emploi au sein d'une organisation.

i) *Les décisions d'orientation* : choix des créneaux, des moyens, de l'organisation structurelle, des délégations de pouvoir, etc.

ii) *La gestion des opérations* : embauche, gestion du personnel, négociation collective, administration des différents régimes d'avantages sociaux (congés, soins de santé, régime de retraite, etc.).

iii) *Les rapports quotidiens et réguliers à l'occasion et aux fins de l'exécution du travail* : relations entre collègues de travail et entre ces derniers et les chefs d'équipe, les coordonnateurs, etc.

---

445. Linda ROULEAU et Harold BHÉRER, « La participation des travailleurs dans l'entreprise — un état de situation », *Étude de la Commission consultative sur le travail et la révision du Code du travail*, Québec, Direction générale des publications gouvernementales, 1986.

446. Cette dépendance se manifeste généralement, mais non nécessairement, par la tenue d'une comptabilité intégrée à celle de l'entreprise dont elle est une composante.

447. *Code du travail*, art. 109.1, 111.0.16, 111.2; *Loi sur la santé et la sécurité du travail*, art. 1, 55, 58, 68, 87, 112, etc. (**III-417**); *Loi sur les accidents du travail et les maladies professionnelles*, art. 34, 240 et suiv. (**III-240**).

La nature, la fréquence et l'importance des questions soulevées à ces trois niveaux sont certes différentes et permettent de les aborder de bien des façons selon le type d'organisation en cause, le nombre d'établissements qui la composent et la qualité des personnes en présence. Par ailleurs, il existe d'étroites relations entre ces trois paliers; aucun acteur à un niveau ou à un autre ne peut être complètement indifférent à ce qui se passe aux deux autres. Chacun doit être prêt, selon les questions étudiées, à les traiter au niveau approprié, étant entendu que le dernier ne comprend pas toujours le premier. Quoi que l'on fasse ou que l'on dise, on ne saurait nier la réalité organisation-nelle des entreprises ni refuser d'en tenir compte pour traiter du lien réel d'emploi. Si, au niveau de l'établissement, les salariés se retrouvent et se reconnaissent, il ne s'agit pourtant que d'une partie, une composante d'une entreprise qui peut elle-même être intégrée ou regroupée au sein d'une société mère plus gigantesque et souvent fort plus anonyme[448]. Ces systèmes gigognes ont des effets certains sur le statut du salarié, la stabilité de son poste et même, l'évolution de sa carrière au sein de l'organisation, et il en est ainsi également pour les gestionnaires.

II-123 — *Enchevêtrement des entreprises* — Il arrive que l'on éprouve des difficultés à identifier l'employeur lorsque l'on trouve dans un lieu des sala-riés provenant de diverses entreprises qui participent à une même œuvre. D'une façon générale, les salariés d'un sous-traitant effectuant leur prestation en collaboration ou en équipe avec les salariés du donneur d'ouvrage conser-vent cependant leur employeur initial. Plusieurs indices peuvent parfois ser-vir à déceler, en pareille situation, quel est le véritable employeur ou du moins, celui qui doit assumer cette fonction :

— la personne qui dirige effectivement l'exécution du travail;

— la personne qui exerce le pouvoir disciplinaire;

— la personne qui embauche et licencie;

— la personne qui paie la rémunération;

— la personne qui bénéficie en premier lieu du fruit du travail.

Ce ne sont là que de simples données permettant d'identifier l'employeur et aucun de ces éléments ne saurait seul être suffisant ni satisfai-sant à cette fin même. Que ce soit d'une manière délibérée ou par accident, il

---

448. Il arrive souvent que ces sociétés mères passent elles-mêmes en bloc sous le contrôle de sociétés encore plus gargantuesques. Les récentes vagues de fusion et de prises de contrôle nous ont donné des exemples de pareilles absorptions ou fusions. Sur les effets de ces chan-gements, voir : Laurent BÉLANGER, Carla LIPSIG, Fernand MORIN et Michel PÉRUSSE (dir.), *Acquisition ou fusion d'entreprises et emplois*, Actes du XLIVe Congrès des relations in-dustrielles de l'Université Laval, Québec, Les Presses de l'Université Laval, 1989.

est possible que l'enchevêtrement des structures juridiques des organisations en présence rende invisible, à premier vue, le véritable employeur situé derrière ces écrans. L'article 317. C.c.Q. pourrait permettre, au besoin, de dévoiler l'employeur réel pour s'approcher de plus près de la réalité[449]. Il est aussi possible que l'employeur propriétaire cède, aliène ou concède une partie de ses activités à un tiers et c'est alors que la question de la survie du lien initial d'emploi peut être soulevée. À ces fins, plusieurs dispositions visent à conférer une certaine stabilité au lien d'emploi malgré ces changements apportés à la seule initiative de l'employeur[450]. Depuis leur mise en vigueur, ces dispositions sont d'une application judiciaire et administrative assez difficile puisque la transposition *in concreto* de ces règles suppose une opération délicate qui consiste à distinguer l'entreprise de l'employeur, ce qui permet de la détacher du cédant. Les implications pratiques de ces dispositions sont étudiées à l'occasion de l'analyse de chacune de ces mesures législatives. Pour l'instant, leur seule présence permet de constater l'intérêt en droit de savoir juguler cette triple notion télescopique : employeur, entreprise et établissement.

II-124 — *Les cadres* — La complexité organisationnelle des entreprises et des groupes et leur gigantisme impliquent la présence de nombreux agents, représentants et conseillers qui participent à leur gestion. Au sein de ces structures hiérarchiques pyramidales, ovales ou circulaires, un personnel d'encadrement et de conseil voit à l'exécution et au contrôle des opérations de production et, à ce titre, ces mêmes personnes bénéficient de certaines délégations d'autorité de la part de l'employeur. Il nous faut connaître et, à l'occasion, reconnaître le statut distinctif de ces cadres et aussi, savoir situer ces fondés de pouvoir tant à l'égard de l'employeur que des salariés placés sous leur direction[451]. Il importe, en tout premier lieu, de retenir que ces personnes « en autorité » sont néanmoins des salariés et que les règles de droit applicables à ce dernier statut s'appliquent aussi à elles puisque leur présence auprès de l'employeur est tributaire également du contrat de travail (**II-51**). Bien évidemment, certaines de ces modalités doivent être adaptées ou modulées pour tenir compte de l'état de proximité auprès de l'employeur et pour mieux saisir le degré de leurs droits et obligations. D'ailleurs, certaines lois de l'emploi imposent d'importantes nuances qu'il nous faut bien souligner pour mieux identifier ce salarié cadre. À ce sujet,

---

449. Il y a déjà trente ans, la Cour suprême du Canada adopta pareille approche. Voir : *Bakery and confectionery Workers Int. Union of America* c. *White Lunch Ltd.*, [1966] R.C.S. 282; F. MORIN, *op. cit.*, note 20, p. 264.

450. Il s'agit notamment de l'article 2097 C.c.Q. (**II-71, 175**), de l'article 45 C.t. (**IV-88**), de l'article 96 L.N.T. (**III-208**), de l'article 34 L.A.T.M.P. et de l'article 14.1 L.D.C.C. (**III-516**).

451. Les expressions « cadre » et « cadre supérieur » maintenant retenues dans la *Loi sur les normes du travail* (art. 3, al. 6 et 54) et la *Loi sur l'équité salariale* (art. 8) sont de plus en plus utilisées pour désigner tout le personnel de gestion.

nous devons d'abord établir qu'il n'existe pas de structures hiérarchiques obligatoires au point où toutes les entreprises seraient aménagées selon un même modèle de gestion. L'employeur demeure libre d'organiser à volonté son gouvernement interne : déléguer à qui il veut et comme il l'entend des parties de son autorité et instituer « la chaîne de délégation » qu'il désire[452]. Pour ces mêmes raisons, il demeure libre de coiffer à sa guise les fonctions de : président-directeur général, directeur général, vice-président, directeur, gérant, surintendant, coordonnateur, contremaître, etc.[453]. En raison de cette diversité, il importe d'éviter des extrapolations d'une entreprise à une autre pour connaître, à l'aide de son seul titre, le degré de pouvoir réellement délégué à un cadre. Dans ce domaine, on pourrait facilement paraphraser Pascal et soutenir que la vérité en tel lieu peut ailleurs fort bien être une grave erreur. La question de la délégation d'autorité se complique dès que l'on délaisse l'organisation militariste, comme on le veut maintenant, pour aménager une direction ou une organisation plus dynamique, plus souple et recherchant le plein emploi des talents. Alors, le diagramme de la structure de l'entreprise prend plus la forme d'un cercle ou d'un ovale au lieu et place de la ligne verticale ou du triangle. La direction hiérarchique de l'entreprise moderne paraît vouloir se confondre avec l'autorité professionnelle et technique ou encore, la désignation des coordonnateurs et des responsables immédiats incombe, du moins en partie, aux membres de l'équipe, etc.[454].

II-125 — *Statut de cadre* — Les dispositions du *Code civil du Québec* relatives au contrat de travail ne font pas de distinction entre un salarié ordinaire et un salarié gestionnaire puisque, dans ces deux cas, ce sont des salariés, c'est-à-dire des personnes qui travaillent pour le compte d'une autre, sous son autorité et moyennant rémunération (**II-50**). Disposant de l'autorité déléguée pour agir à ce titre et exerçant son libre arbitre, le cadre peut devoir répondre de ses actes abusifs à l'égard des salariés ou des tiers, et les tribunaux prennent en

---

452. Ces gestionnaires répondent certes de leurs actes à l'employeur, mais ce dernier demeure juridiquement responsable à l'égard des tiers de leurs décisions prises à ces titres : l'article 1463 C.c.Q. n'apporte aucune distinction sur ce chapitre.
453. Certaines entreprises ajoutent beaucoup de dorure à ces coiffures, alors que d'autres en font un usage plus parcimonieux, ce qui signifie que les titres retenus peuvent être trompeurs. Il n'est pas rare qu'une banque puisse disposer de plus de 25 vice-présidents, alors que la gestion générale d'importants établissements d'une entreprise minière peut être confiée à un « surintendant ».
454. D'une manière ou d'une autre, il s'agira néanmoins d'une délégation faite au groupe, à l'équipe de salariés pour qu'ils se dotent eux-mêmes d'un « coordonnateur » alors investi d'une certaine autorité. On peut comprendre qu'un tel coordonnateur puisse être difficile à situer entre le directeur des ressources humaines de l'entreprise et les délégués syndicaux. Voir : Dalil MASCHINO, « Les changements de l'organisation du travail dans le contexte de la mondialisation économique », dans *Le marché du travail*, juillet et août 1992.

considération cette qualité de cadre[455]. Il en est ainsi des lois de l'emploi qui, selon leur objet respectif, apportent nuances, précisions ou distinctions entre le salarié et le salarié cadre. À titre indicatif, considérons quelques exemples.

i) *La* Loi sur les normes du travail[456] : Le cadre supérieur est exclu de l'application de cette loi, sauf pour les questions qui touchent plus directement la personne même du titulaire de ce poste, comme le précise l'article 3, alinéa 6 : congés familiaux et parentaux ; changement d'employeur par fusion, aliénation ou concession ; discrimination et pénalité (**III-207**). Les autres cadres de l'entreprise sont exclus de l'application de certaines normes (la durée hebdomadaire de travail (art. 54)) et disposent du recours pour congédiement sans cause juste et suffisante (art. 124) (**III-218**).

ii) *La* Loi sur la santé et la sécurité du travail : Le travailleur visé par cette loi ne comprendrait pas, règle générale, le « [...] gérant, surintendant, contremaître ou représentant de l'employeur dans ces relations avec ses travailleurs » (art. 1). Par ailleurs, ces mêmes personnes ainsi exclues subissent néanmoins des risques d'accident de travail et devraient donc bénéficier du régime de prévention mis en place par cette loi. C'est ainsi que ces personnes, au-delà de leur statut hiérarchique, sont assujetties aux obligations de prévention applicables aux travailleurs (art. 7, al. 1 et 8) (**III-406**). À titre de cadres, ces salariés peuvent aussi être complices des violations réputées commises par l'employeur (art. 241) (**V-105**)[457].

iii) *Le* Code du travail : L'aménagement des rapports collectifs du travail repose sur un postulat simple et strict qui consiste à scinder en deux groupes le personnel de l'employeur : ceux qui représentent ce dernier et les autres. Ainsi, l'article 1, paragraphe 1 exclut de la définition de salarié « [...] une personne qui, au jugement du commissaire du travail, est employée à titre de gérant, surintendant, contremaître ou représentant de l'employeur dans ses relations avec ces salariés ». Pareille division permet de ne retrouver que des salariés ayant les mêmes intérêts à défendre face à l'employeur. Cette dichotomie devrait aussi permettre à l'employeur de mieux faire confiance à ses représentants (du directeur

---

455. *Canadian Aero Service Ltd.* c. *O'Malley*, précité, note 379 ; *Houle* c. *Banque Nationale du Canada*, précité, note 408 ; *Household Finance Corporation of Canada* c. *Garon*, [1992] T.A. 109.

456. Cette loi ne définit pas expressément le cadre supérieur ni ne donne quelque indication pour le distinguer des autres cadres. Voir : *Chabot* c. *Plomberie Albert Paradis inc.*, D.T.E. 93T-302 (C.T.) ; A. E. AUST, *loc. cit.*, note 407 ; Jean-Louis DUBÉ et Nicola DI IORIO, *Les normes du travail*, 2e édition, Sherbrooke, Éditions Revue de droit, 1992, p. 196 et suiv.

457. Pareilles infractions peuvent aussi lui être imputées en vertu de l'article 469 de la *Loi sur les accidents du travail et les maladies professionnelles* ou de l'article 145 du *Code du travail* (**V-30**).

général au contremaître) puisqu'ils sont exclus de la négociation collective et évitent d'être placés en conflit d'intérêts (**IV-65**). Ces exclusions des cadres ne peuvent être assurées en pratique par la seule présence d'une disposition législative puisque les titres et leur définition varient d'une entreprise à une autre. Pour cette raison, la transposition pratique de la règle incombe au commissaire du travail (**IV-60**).

Ces exclusions générales ou relatives de la définition de salarié dans chacune de ces trois lois indiquent *a contrario* que ces mêmes cadres seraient d'abord et avant tout des salariés. Autrement, pareil exercice serait superfétatoire. De plus, la distinction entre salarié et salarié cadre ne peut être fixée de façon définitive et par conséquent connaît et connaîtra de constantes adaptations à la conjoncture. En somme, les salariés exclus, en tout ou en partie de l'application d'une loi, constituent généralement le personnel d'encadrement de l'employeur et sont assimilés à ce dernier aux fins de l'aménagement des rapports collectifs ou pour assurer les devoirs qui leur incombent à ce titre. Ces cadres disposent du contrat de travail pour élaborer leurs conditions de travail. Dans certains cas, cet instrument peut être suffisant pour qu'ils puissent entretenir des contacts directs avec l'employeur ou son représentant immédiat. Là où ils se retrouvent en grand nombre et répartis dans de nombreux sous-groupes ou placés à différents paliers de la pyramide hiérarchique, la négociation réelle de leur contrat de travail respectif et de son renouvellement s'effectue au gré de l'autre cocontractant, l'employeur. Dans ce dernier cas, la situation personnelle de ces cadres semble plus précaire. L'apparition récente d'un moyen de recours ultime à leur endroit prévu dans la *Loi sur les normes du travail* illustre bien leur situation et justifie de ce fait la sollicitude de l'État à leur endroit (**V-31**).

II-126 — *Employeur et chartes* — Si l'autorité de l'employeur et ses pouvoirs corollaires ne sont pas clairement précisés en droit positif, il existe néanmoins un grand nombre de règles de droit qui, de multiples manières, interviennent pour en contenir l'exercice. Il n'y a pas lieu pour nos fins de tenter de dresser un inventaire exhaustif de ces modalités, aussi ne signalons-nous que celles qui nous paraissent les plus significatives, entendu que nous poursuivons ce même exercice dans bien d'autres sections de l'ouvrage[458]. En principe, la liberté de manœuvre de l'employeur est fort grande. Bien que cette liberté soit un des fondements de notre régime économico-juridique (**I-64**), cela ne signifie nullement qu'elle soit absolue. Il va de soi d'affirmer que la subordination juridique du salarié (**II-54**) n'implique aucunement de sa part une renonciation

---

458. Serait-il possible de traiter des libertés fondamentales du salarié, de la rémunération, de la formation professionnelle, de la résiliation du contrat, etc., sans aborder, sous différentes facettes, l'autorité patronale, les prérogatives de l'employeur et, par voie de conséquence, les règles de droit applicables ?

aux libertés fondamentales qui lui sont garanties par les chartes[459]. Ainsi, la *Charte canadienne des droits et libertés* et la *Charte des droits et libertés de la personne* (**I-32**) donnent et donneront directement ou indirectement encore bien des occasions d'un départage des droits et libertés dont les titulaires sont à la fois l'employeur et le salarié, comme le démontrent déjà de façon éclatante certains arrêts que nous citons à titre d'exemples :

— la protection du salarié à la suite du harcèlement d'un cadre[460] ;

— l'obligation imposée à l'employeur de modifier les conditions d'embauche et de travail afin de mettre un terme à une discrimination systémique[461] ;

— la priorité accordée au droit au travail du salarié face à des manœuvres dolosives de l'employeur[462] ;

— l'assouplissement des règles conventionnelles relatives à l'aménagement des périodes de travail permettant l'exercice de la pratique religieuse d'un salarié[463].

Plusieurs dispositions de la *Charte des droits et libertés de la personne* du Québec portent expressément sur le lien d'emploi et, par voie de conséquence, limitent ou encadrent l'exercice des prérogatives patronales : la discrimination interdite sous plus de quinze chefs (art. 10, 10.1, 19 et 20) (**II-7; III-104**), notamment à l'embauche (art. 16, 18.1 et 18.2) (**II-38**) et aux fins de rémunération (art. 19) (**III-211**).

II-127 — *Encadrement législatif* — Notre étude des articles 2085 à 2097 C.c.Q. au chapitre précédent (**II-50 à 73**) nous permet également de constater que l'on trouve au *Code civil du Québec* un certain encadrement de l'exercice des libertés de manœuvre de l'employeur. À ces mêmes fins, plusieurs lois de l'emploi imposent à des fins déterminées des réserves, conditions ou modalités qui tissent ainsi un filet sur lequel l'employeur doit et peut exercer ses prérogatives. Pour étayer cette dernière assertion et saisir davantage la portée de ces lois, nous donnons ci-après quelques exemples[464].

---

459. Sur ce thème, voir l'analyse comparative de Bernard BOSSU, « Droits de l'homme et pouvoirs du chef d'entreprise : vers un nouvel équilibre », (1994) *Droit social* 747.

460. *Robichaud* c. *Canada (Conseil du trésor)*, précité, note 413.

461. *Compagnie des chemins de fer nationaux du Canada* c. *Canada (Commission canadienne des droits de la personne)*, précité, note 414; F. MORIN, *op. cit.*, note 20, p. 701.

462. *Slaight Communications inc.* c. *Davidson*, précité, note 20; F. MORIN, *op. cit.*, note 20, p. 739.

463. *Central Okanagan School District no. 23* c. *Renaud*, précité, note 37, commenté sous le titre « La convention collective et l'obligation d'accommodement », (1993) 48 *Rel. Ind.* 732.

464. Il va de soi que l'étude, au titre III, de chacune de ces lois permet une appréciation plus complète des implications de ces règles sur les pouvoirs et devoirs de l'employeur.

i) *La* Loi sur les normes du travail : En raison de son caractère général (**III-210**), cette loi impose de nombreuses règles ayant des effets certains sur la gestion de l'entreprise : salaire minimum (art. 40); heures supplémentaires (art. 52); travail à temps partiel (art. 41.1, 74.1); congés annuels (art. 66 et suiv.); jours fériés (art. 60); congés sociaux (art. 80); tenue comptable (art. 29, 46); modalités de versement du salaire (art. 42); responsabilité du versement des salaires par les sous-traitants (art. 95); mise à pied (art. 82); pratiques interdites et congédiement (art. 122, 124).

ii) *La* Loi sur la santé et la sécurité du travail : Dans de multiples occasions et parfois d'une façon indirecte, les règles relatives à la prévention des accidents du travail et au respect de l'intégrité physique du salarié imposent la participation directe des salariés ou par la voie de leurs représentants en toute affaire relative à la prévention des accidents du travail (art. 2, 12, 68, 78, 79, 87, 94). Cette même loi contraint l'employeur à retirer certains travailleurs de leur poste en raison de l'état de leur santé (art. 32, 40), et une série d'autres mesures préventives sont imposées à l'employeur (art. 51), ce qui peut comprendre des conditions particulières d'embauche (art. 53) et également pour l'acquisition d'équipement et d'instruments de travail ou de matériaux déclarés dangereux de même que pour leur entreposage et leur usage (art. 62.1) (**III-401**)[465].

iii) *La* Loi sur les accidents du travail et les maladies professionnelles : Les risques inhérents au travail sont à la charge des employeurs par voie d'une mutuelle obligatoire. Les frais varient en fonction de la nature de l'activité de l'entreprise et comprennent le remplacement de la rémunération et les coûts inhérents à la réadaptation physique, sociale et professionnelle de l'accidenté (**III-310**). En sus, l'employeur doit continuer à verser la rémunération aux salariés accidentés pour les quatorze premiers jours de l'événement, qui par ailleurs lui est remboursée par la C.S.S.T. (art. 60). L'accidenté réadapté a droit prioritairement de réintégrer son emploi ou un poste équivalent (art. 236 L.A.T.M.P.).

iv) *Le* Code du travail : La principale règle imposée à l'employeur pour la tenue des rapports collectifs du travail l'oblige à reconnaître le syndicat accrédité à titre de seul représentant d'un groupe de ses salariés, puis à négocier de bonne foi avec ce dernier les conditions de travail applicables (art. 53). À ces mêmes fins, il lui est interdit de s'immiscer dans les affaires syndicales (art. 12 à 14) et d'exercer quelque pression que ce soit sur les salariés qui exercent des droits en vertu du *Code du travail* (art. 14 à 20). Il lui est aussi imposé d'effectuer la retenue à la source des cotisations syndicales ou de leurs équivalents (art. 47) puis d'appliquer

---

465. *Bell Canada* c. *Québec (Commission de la santé et de la sécurité du travail)*, [1988] 1 R.C.S. 749.

uniformément la convention collective à tous les salariés visés (art. 67, 100, 110.1). Bien évidemment, la convention collective qui résulte de ce processus peut elle-même comprendre un nombre important de modalités, d'aménagements des prérogatives de l'employeur sous de multiples autres chefs : embauche, évaluation des tâches, promotion, mise à pied, contrôle *a priori* et *a posteriori* de l'application de la convention collective ou de mesures disciplinaires, etc.

v) *La* Loi favorisant le développement de la formation professionnelle de la main-d'œuvre : Notamment par l'investissement obligatoire imposé à l'employeur sous ce chef, cette loi tend à favoriser la formation, l'adaptation, la mobilité professionnelle au sein de l'entreprise (art. 2 et 3) et l'oblige incidemment à la mise en place de programmes de formation continue (**III-772**).

vi) *La* Loi sur la protection des renseignements personnels dans le secteur privé : Depuis cette loi, l'employeur qui dresse des dossiers relatifs à son personnel doit le faire en fonction de consignes précises pour justifier leur contenu par respect de la personne du salarié et pour permettre l'accès aux intéressés (**II-15; III-744**).

vii) *Les autres lois et normes* : Il existe plusieurs autres lois de l'emploi ou qui portent principalement sur des objets différents tout en ayant des incidences certaines sur la gestion de l'entreprise et la conduite de l'employeur à l'égard des salariés. Ainsi, en est-il :

— de la *Charte de la langue française* au sujet de la communication interne (art. 41 et 42) (**III-111**);

— de la *Loi sur les décrets de convention collective* pour la détermination d'un salaire minimal sectoriel et de certaines qualifications professionnelles (**I-47; III-501**);

— de la *Loi sur la formation et la qualification professionnelles de la main-d'œuvre* qui peut avoir des incidences sur l'embauche, en raison des qualités exigibles pour certaines activités, et sur le licenciement collectif (**III-771**);

— de la *Loi sur les heures et les jours d'admission dans les établissements commerciaux* : l'accès du public dans ces lieux devient une variable incontournable pour la fixation des heures de travail des salariés qui y travaillent et il en est indirectement ainsi pour les salariés des fournisseurs et des distributeurs;

— des vingt et une lois sur les ordres professionnels qui réservent l'exercice exclusif d'activités aux seuls membres de chacun de ces ordres imposant aux employeurs d'en tenir compte, et pour l'embauche et pour la répartition des tâches, puis, pour le partage des responsabilités dès que leurs activités exigent la contribution de ces professionnels (**II-27**).

Serait-ce encore possible d'assumer la gestion de l'entreprise sans la prise en considération de ces astreintes législatives, réglementaires et conventionnelles ?

II-128 — *Normes techniques* — Outre ces lois et les règlements qui s'y rattachent (**I-48**), il existe une multitude de normes techniques qui imposent, avec plus ou moins de rigueur selon les cas, des façons de faire ou de se comporter. Chaque secteur d'activité économique dispose de son lot de normes techniques et administratives aux finalités les plus diverses : uniformisation ou standardisation des produits; sécurité et contrôle pour la protection des usagers; durabilité et économie des matériaux, etc. À titre d'exemples, pensons aux règles techniques relatives aux poids et mesures, à l'outillage, à la compatibilité des composantes des produits informatiques, aux formules chimiques des colorants, aux dimensions des contenants et des emballages, à la standardisation des produits électriques, à la conservation et à l'entreposage des contaminants, etc. Il n'y a pas une entreprise retenant les services d'un tuyauteur, d'un camionneur, d'un chimiste, d'un comptable, d'un électricien, d'un informaticien, d'un ingénieur, etc., qui ne doit pas tenir compte de ces règles techniques pour sa gouverne auprès de ses salariés, fournisseurs ou clients. Parfois, ces normes ou fiches techniques sont l'œuvre directe des manufacturiers; dans d'autres situations, ce sont les associations des divers intéressés (fabricants, installateurs, usagers) qui les élaborent et dans certains cas, l'opération est conduite ou avalisée par des organismes publics de surveillance[466]. Cette voie technique d'établissement de normes peut comporter des dangers d'abus parce qu'il est parfois plus facile d'enrober sous une formule chiffrée et hermétique quelques contraintes que l'on n'oserait pas clairement énoncer. On peut comprendre la facilité de l'opération puisque la norme revêt une facture « scientifique » et aborde la question par l'intermédiaire de l'objet en fonction de données techniques ou supposément à des fins mécaniques. Sur le plan juridique, il est souvent nécessaire de s'assurer que ces normes techniques sont bien au service des valeurs retenues dans notre société et qu'elles ne sont pas par elles-mêmes considérées à ce titre sous prétexte de leur apparence scientifique, retenue sous le signe du progrès ou en raison de leur facture aseptique[467]. Ces normes techniques constituent des composantes du faisceau de règles provenant de multiples sources publiques et privées et servant d'encadrement à l'exercice des fonctions patronales. À l'aide de quelques situations concrètes, nous essayons, au terme de la présente section, de cerner d'un peu plus près la liberté de gestion de l'employeur, la portée réelle de son droit de commander en vue de la réalisation des fins propres de l'entreprise.

---

466. La *Loi sur la santé et la sécurité du travail* traite plus ou moins directement de ce type de normes techniques par voie de règlement d'application ou de directive (art. 34, al. 1 et 53).

467. Sur le thème, voir : Alain SUPIOT, *Critique du droit du travail*, Paris, Presses Universitaires de France, 1994, p. 229 à 254.

II-129 — *Autorité à finalité précise* — Ne pouvant effectuer une analyse exhaustive des attributs fonctionnels rattachés à la gestion patronale, nous nous limitons à quelques illustrations vues sous le prisme d'une règle générale, à savoir que l'employeur ne dispose de cette autorité à l'égard du salarié qu'aux fins de la bonne gouverne de l'entreprise et dans le respect du contrat de travail et des droits afférents[468]. Ainsi, ce ne serait pas directement en raison de ses droits de propriété sur la chose que l'employeur peut s'autoriser à prescrire ou à proscrire au salarié des modalités quant à l'usage des biens mis à sa disposition, et pas davantage parce qu'il serait propriétaire des lieux qu'il peut valablement moduler la circulation intérieure et leur accès au salarié[469]. Nous pourrions croire cependant que la valeur « propriété » dans son sens absolu, comme l'énonçait jadis l'article 406 C.c.B.-C., conserve encore suffisamment d'emprise dans bien des milieux (de la gestion et judiciaire) pour inciter à retenir une acception fort élargie de l'autorité patronale. Cette première distinction peut parfois être importante afin d'éviter des emprunts anachroniques ou antinomiques à d'autres sources du droit[470]. Selon une formulation plus négative, nous dirions que l'employeur n'est nullement investi, par quelque source de droit, d'une fonction disciplinaire générale pour maintenir le bon ordre ou réprimer les actes par ailleurs répréhensibles du salarié, alors que ces mêmes actes n'auraient pas de rapport certain et direct avec l'emploi ni avec la liaison professionnelle. En d'autres mots, l'employeur n'est pas « un préfet de discipline » ni un quelconque substitut du procureur général à l'égard des salariés[471].

---

468. De nombreuses études et monographies abordent l'une ou l'autre de ces mêmes questions. À titre d'illustrations, voir : Claude D'AOUST et Gilles TRUDEAU, *L'obligation d'obéir et ses limites dans la jurisprudence arbitrale québécoise*, monographie n° 4, École de relations industrielles, Université de Montréal, 1979 ; Claude D'AOUST et François MEUNIER, *La jurisprudence arbitrale québécoise en matière d'ancienneté*, monographie n° 9, École de relations industrielles, Université de Montréal, 1989 ; C. D'AOUST, L. LECLERC et G. TRUDEAU, *op. cit.*, note 428 ; Claude D'AOUST et Sylvain SAINT-JEAN, *Les manquements du salarié associés à l'alcool et aux drogues*, monographie n° 17 ; Marc RENAUD, Gilles TRUDEAU, Chantal SAINT-JACQUES et Louise DUBÉ, *Le droit de refus : une révolution tranquille*, monographie n° 21, École de relations industrielles de l'Université de Montréal ; Claude D'AOUST, Louise DUBÉ et Gilles TRUDEAU, *L'intervention de l'arbitre de griefs en matière disciplinaire*, monographie n° 29, Collection Relations industrielles, Cowansville, Les Éditions Yvon Blais inc., 1995.

469. Certes, avons-nous vu (**II-114**) que les droits de propriété expliquent en partie le statut d'employeur qui est corollaire à celui d'entrepreneur. Ne lui faut-il pas d'abord disposer de biens avant de faire appel aux services des autres, les salariés ? Il est vrai cependant que ce n'est que dans les phases préalables ou préliminaires et sous-entendues que le droit de propriété entre en ligne de compte.

470. A. LAJOIE, *op. cit.*, note 104. Notons que l'auteur rapporte notamment des décisions arbitrales des provinces de common law où l'on se réfère à la propriété à titre de fondement des règles de conduite imposées par l'employeur (p. 15 et suiv.).

471. Une autre application de la règle sous-jacente se trouve à l'article 18.2 de la *Charte des droits et libertés de la personne* où l'on indique bien que l'employeur ne peut tenir compte des infractions pénales de ces personnes (postulant ou salarié) lorsqu'elles n'ont aucun lien direct avec l'emploi (**II-155**).

En somme, le champ du droit criminel ne saurait directement ou par voie détournée être « privatisé » et placé sous la surveillance de l'employeur[472]. Outre cette première observation voulant que l'employeur ne puisse utiliser son autorité à d'autres fins que celles visant la bonne exécution de la prestation de travail, il va de soi qu'il ne saurait pas davantage, à cette même fin ou à cette occasion, porter atteinte aux droits irréductibles du salarié, notamment ceux qui lui sont garantis par la *Charte des droits et libertés de la personne* (**I-32; II-126; III-103**) ou le *Code civil du Québec* (**I-38, 49**).

II-130 — *Droits des uns et des autres* — Il survient cependant de nombreuses occasions de frictions entre les pouvoirs et les droits de l'employeur pour entreprendre des mesures de contrôle, de sauvegarde ou de prévention et les droits rattachés à la protection et au maintien de l'intégrité, de la dignité et de la liberté du salarié. De tels conflits de droit ne sont-ils pas possibles de survenir lorsque l'employeur exige un examen médical, une fouille corporelle ou matérielle, le dépistage de consommation de drogues, etc. ? La discussion de ces questions doit se faire, nous semble-t-il, sous l'égide des articles 10, 10.1, 18.1 et 20 de la *Charte des droits de la personne* et des articles 6 et 24 du *Code civil du Québec*, où l'on précise notamment qu'une personne ne peut valablement renoncer à son droit à l'inviolabilité et au respect de son intégrité que s'il s'agit de soins nécessaires qui doivent lui être apportés (le dépistage en serait-il l'amorce ?)[473]. De plus, le consentement alors donné individuellement et par écrit demeure révocable (art. 11, 24 C.c.Q.). L'objet de l'obligation de sauvegarde de la dignité du salarié imposée à l'employeur selon l'article 2087 C.c.Q. est assez vaste et dépasse largement la seule dimension physique du salarié (**II-107**). On comprend alors que ces mesures de contrôle, même lorsqu'elles sont légitimes et bien justifiées, doivent être prises avec les moyens idoines qui assurent la sauvegarde de la dignité du salarié. Au sujet de cette dernière obligation, on ne saurait même admettre une renonciation valable[474]. De la même manière, et cette fois en sens inverse, l'employeur à titre de responsable des conditions générales de vie en milieu de travail se doit de prendre les mesures de protection nécessaires au bénéfice du salarié sur tous les chefs au sujet desquels ces mêmes obligations lui échoient : discrimination, harcèlement, santé, sécurité et même, au sujet de la

---

472. L'employeur et ses cadres, à l'instar de tout autre citoyen, peuvent certes porter plainte s'ils sont témoins ou victimes d'actes commis en violation d'une loi pénale ou criminelle, sans pour cela s'arroger le rôle de justiciers ou de policiers.
473. Si le consentement préalable est nécessaire, la question consisterait à savoir comment l'employeur peut réagir au refus du salarié d'y acquiescer.
474. Puisque « moi, c'est l'autre », on saisit bien qu'une renonciation de l'un porterait néanmoins atteinte à la dignité de l'autre. Ainsi, le principe de l'altérité empêcherait même d'admettre la validité d'une telle renonciation qui ne respecterait pas les règles fondamentales de notre droit. La dignité de l'homme suppose qu'il soit à la fois vu dans sa particularité et perçu comme le miroir de l'humanité et en dehors de toute comparaison.

qualité conviviale des relations interpersonnelles (**II-104**). Par sa subordination et en raison de son engagement personnel (**II-53**), le salarié ne renonce nullement en faveur de l'employeur au respect intégral de ses libertés fondamentales et de sa vie privée. L'employeur ne saurait valablement s'autoriser de son pouvoir de commander correspondant et de ses obligations de protection envers ses salariés pour exiger toute l'information personnelle qu'il croit utile d'obtenir et selon les moyens qu'il juge les plus pratiques. Nous étayons cette double assertion à l'aide des articles 18.1 et 20 de la *Charte des droits de la personne*, à savoir que l'employeur ne peut demander au salarié que les renseignements personnels nécessaires en fonction de l'emploi visé (**II-15**). Cette position de principe ne signifie pas par ailleurs qu'un salarié ne pourrait valablement y renoncer volontairement et fournir les renseignements personnels souhaités par l'employeur. S'il y consentait expressément, ce salarié ne ferait que reconnaître la légitimité de cette communication au moment où la question lui serait posée. Le titulaire d'un droit n'a pas l'obligation de l'exercer coûte que coûte sous réserve, en l'occurrence, que sa renonciation soit volontaire et qu'elle ne constitue pas de sa part une violation des impératifs d'ordre public[475]. Il va de soi que le salarié ne saurait renoncer sous forme de blanc-seing aux droits fondamentaux qui lui sont conférés en vertu de la Charte et du *Code civil du Québec*. Faut-il le rappeler, les règles de conduite imposées par l'employeur doivent être en rapport direct avec la relation d'emploi et la finalité réelle et connue de l'entreprise et aussi, être inspirées de la bonne foi de son initiateur (art. 6 et 7 C.c.Q.). En dehors de ce cadre, l'intervention ou l'inquisition de l'employeur ne saurait être légitime. Partant de ces règles générales relatives à la sauvegarde de la dignité, du respect et de l'intégrité du salarié, nous croyons que ce dernier dispose d'une « bulle privée » au sein de l'entreprise, à un point où il existerait des lieux que l'employeur et ses représentants ne sauraient de leur seul chef et à l'insu ou non des salariés, légitimement violer. À titre de simples exemples, nous pourrions considérer, selon les circonstances, le vestiaire personnel, les salles d'eau, les pupitres, les tables ou postes de travail, etc.[476]. Nier l'existence de ces « bulles privées » chez l'employeur signifierait, à notre point de vue, admettre l'hégémonie du droit de propriété et la survie d'un droit patriarcal sous le couvert de prétextes apaisants (bon ordre, bien-être, responsabilité, etc.). Ces observations relatives à la circulation physique du salarié s'appliqueraient *mutatis mutandis* à la libre expression de ses opinions[477].

---

475. *Garcia Transport Ltée* c. *Cie Trust Royal*, [1992] 2 R.C.S. 499 : art. 49 de la Charte (*a contrario*) et art. 35 C.c.Q.

476. La cafétéria ou ce qui en tient lieu, les salles de repos ou de sport seraient davantage des lieux quasi privés : l'employeur doit y assurer le maintien de l'ordre au profit de chacun, mais les salariés y sont libres, notamment dans leurs propos.

477. À titre indicatif d'une orientation intéressante, voir : Olivier DE TISSOT, « La liberté d'expression des opinions politiques d'un salarié », (1994) *Droit social* 353.

II-131 — *Renonciation contenue* — Dans une certaine mesure, on ne pourrait assimiler un lieu de travail, ce qui implique la présence réelle de salariés dans l'entreprise, à un endroit strictement et parfaitement privé au bénéfice du « maître des lieux ». Certes, ces mêmes lieux sont-ils du domaine privé à l'égard des véritables tiers, mais non totalement ni vraiment pour les salariés, du moins au sujet des espaces où ils peuvent normalement circuler[478]. Sur le plan pratique, la question peut être soulevée à l'occasion de l'usage de divers moyens de contrôle exercés dans ces mêmes lieux de travail : présence soutenue d'agents de sécurité, caméras vidéo, microphones, capteurs électroniques, écoute électronique, glaces sans tain, etc.[479]. Les conditions pouvant justifier la pratique de telles mesures de contrôle, d'investigation ou d'enquête ne peuvent être énumérées d'une façon exhaustive car, dans chaque affaire, des données particulières doivent être considérées. Cependant, il existe des règles d'application générale, nous semble-t-il, et valables dans tous les cas :

— aucun moyen de contrôle semblable même préventif, ne saurait être acceptable s'il n'est pas réellement justifié en fonction de la finalité propre de l'entreprise et de ses activités légitimes[480] ;

— le choix des moyens et leur usage doivent respecter le critère de proportionnalité à l'égard de la situation particulière visée ;

— la mise en place de ces moyens et leur justification doivent normalement être connues des salariés : la confiance mutuelle le suppose et le respect de l'autre l'impose[481].

---

478. Certes, l'établissement n'est pas un lieu public, mais il n'est pas la « maison » du maître, et les salariés ne sont pas des domestiques. Cette difficile distinction entre propriété privée et domaine public n'est pas exclusivement soulevée par la question de l'irréductibilité de la « bulle privée » du salarié. Il y a vingt ans, la Cour suprême du Canada avait déjà refusé de trancher ce débat entre public et privé. Voir : *Harrison* c. *Carswell*, [1976] 2 R.C.S. 200; F. MORIN, *op. cit.*, note 20, p. 417.

479. Ces instruments ne sont en soi prohibés; il en est autrement de l'usage qui peut en être fait lorsqu'ils portent atteinte aux droits et libertés fondamentaux du salarié et que leur utilisation serait susceptible de déconsidérer l'administration de la justice. Les résultats obtenus en violation des droits et libertés fondamentaux ne sauraient être reçus en preuve (art. 2858 C.c.Q.) **(III-104)** bien qu'alors le préjudice soit déjà accusé. Voir : Beth WILSON, « Search and Surveillance in the Workplace : an Arbitrator's Perspective », dans William KAPLAN, Jeffrey SACK et Morley GUNDERSON (ed.), *Labour Arbitration Yearbook 1992*, Toronto, Butterworths, 1992, p. 143; Bernard JACOB, « Pouvoirs d'enquête de l'employeur par filature et moyens électroniques », dans SERVICE DE LA FORMATION PERMANENTE, BARREAU DU QUÉBEC, *Développements récents en droit du travail (1996)*, Cowansville, Les Éditions Yvon Blais inc., 1996, p. 113.

480. Les situations les plus normales seraient celles provoquées par les exigences de la loi et des règlements d'application : l'âge et l'état de santé exigibles selon l'article 53 L.S.S.T., etc.

481. Dans certains cas exceptionnels ou particuliers, cette information préalable empêcherait d'atteindre le but légitimement recherché. Voir : *Bombardier* c. *Association internationale*

Sans obtempérer à ces règles de base de conduite, comment un employeur ou ses représentants pourraient-ils vraiment respecter les droits fondamentaux du salarié et affirmés principalement aux articles 1, 3, 4 et 5 de la *Charte des droits et libertés de la personne* et aux articles 3, 10, 11, 12, 24, 35, 36 et 2087 C.c.Q. ?

II-132 — *Dépistage* — L'employeur pourrait-il valablement imposer au salarié un test de dépistage relatif à la consommation de drogues ou d'alcool, etc. ? À la suite d'absences diverses ou en raison de son comportement jugé bizarre, l'employeur pourrait-il exiger du salarié qu'il subisse un examen médical ? S'il doute de la commission d'un vol, pourrait-il procéder à des fouilles corporelles ou vestimentaires, etc.[482] ? Il va sans dire que la règle générale s'applique toujours, à savoir que de telles initiatives patronales ne sauraient être admissibles que si elles peuvent s'autoriser de la finalité réelle de l'entreprise (**II-129**)[483]. Même dans ces cas, les moyens retenus doivent être contenus de manière qu'ils demeurent des intrusions minimales dans l'enceinte privée du salarié. Par ailleurs, on ne saurait valablement nier le droit et parfois le devoir de l'employeur de rechercher plus d'information pour être ainsi en mesure d'assumer ses responsabilités et de prendre les mesures préventives nécessaires. Bien évidemment, ces derniers moyens ne peuvent servir d'autres fins et doivent être adaptés à chaque situation réelle. Si l'employeur doit assurer la sécurité et le respect de la personne du salarié au cours de l'emploi, il lui faut prendre des mesures certaines de sauvegarde, notamment au sujet du harcèlement, compte tenu de sa responsa-

---

des machinistes et travailleurs de l'aérospatiale, section locale 712, [1996] T.A. 251. Nous hésiterions beaucoup à faire usage trop rapidement de la jurisprudence établie à l'égard des contrôles exercés auprès des détenus ou tirés d'un contexte de droit pénal. Voir : *R.* c. *Dyment*, [1988] 2 R.C.S. 417 ; *Dion* c. *Canada (Procureur général)*, [1987] R.J.Q. 2196 (C.S.).

482. Sur la fiabilité de certains tests relatifs à la consommation de drogues, A. LAJOIE, *op. cit.*, note 104, formule l'observation suivante : « Ce ne sont pas des examens médicaux : ils ne révèlent rien sur l'état de santé du donneur ; ce ne sont pas des indices d'ébriété ou d'état psychologique quelconque, ni d'aptitude au travail en général, ni à une tâche en particulier ; ils ne permettent pas de distinguer entre la prise de certains médicaments et l'abus de drogues récréatives, ni entre la consommation ponctuelle et l'habitude, ni de doser la consommation, ni de la situer dans le temps. Ils indiquent seulement qu'à un moment indéterminé, le donneur a été en contact avec un médicament ou une drogue », p. 54. Si le moyen ou test retenu n'est pas fiable ou n'est pas utilisé de manière utile, la pertinence de l'exercice pourrait, à tout le moins, certes être soulevée.

483. V. L. MARLEAU, *loc. cit.*, note 68. On notera que l'auteur transpose rapidement les données tirées du droit commercial et du droit des assurances au droit de l'emploi. Voir son résumé aux p. 188 et suiv.

bilité[484]. C'est alors que certains pourraient déduire de l'arrêt *Robichaud* que l'employeur devrait pouvoir vérifier, sous ce même chef, les qualités des personnes choisies à titre de cadres. En simple logique, notre opinion va dans ce sens, bien qu'un refus d'embauche ou de promotion sous ce chef supposerait que l'employeur dispose déjà d'indices sérieux incriminant le postulant[485]. On saisit déjà l'insécurité pratique qui peut découler de l'application inversée de tels arrêts. Par ailleurs, il deviendra éventuellement nécessaire que la Cour suprême du Canada complète ainsi le cycle de tels arrêts. Au-delà des interventions directes sur la personne du salarié et sur ses biens personnels, l'employeur peut aussi vouloir investiguer son esprit à l'aide de tests psychologiques. Pareille initiative peut s'expliquer dans un contexte où l'employeur recherche parmi son personnel les salariés disposant d'aptitudes particulières ou de caractéristiques en vue de l'acquisition d'une formation nouvelle ou pour occuper un poste différent[486]. Dans chaque cas, une double question est soulevée : celle de la validité du test et des conditions de son application puis, celle de sa pertinence. On saisit alors le danger que l'on ne prenne pas la bonne mesure et que les résultats obtenus soient faussement favorables pour les uns et injustement préjudiciables pour les autres, et servent ainsi de piètres guides à l'employeur.

II-133 — *Assouplissement collectif* — Serait-il possible que l'employeur puisse disposer d'une certaine renonciation aux droits garantis aux salariés par les chartes et les lois, par la voie de la convention collective ou, à tout le moins, qu'il obtienne ainsi quelques modalités d'assouplissement ou un quelconque blanc-seing ? Par exemple, la convention collective pourrait-elle fixer les coordonnées minimales relatives à la taille et au poids des

---

484. *Robichaud* c. *Canada (Conseil du trésor)*, précité, note 413 : l'employeur fut responsable des actes de harcèlement de son représentant puisque, selon le haut tribunal, il l'avait choisi à ce titre. *Béliveau St-Jacques* c. *Fédération des employées et des employés de services publics inc.*, [1996] 2 R.C.S. 345. Voir également : Pierre DOUVILLE, « Harcèlement sexuel : les sanctions », dans Denis NADEAU et Benoit PELLETIER (dir.), *Actes du colloque Relations d'emploi et droit de la personne : évolution et tensions!*, Cowansville, Les Éditions Yvon Blais inc., 1994, p. 105 ; Mylène SABOURIN et Caroline MEILLEUR, « Le harcèlement sexuel en milieu de travail », dans D. NADEAU et B. PELLETIER, *ibid.*, p. 121.

485. Est-ce à dire que pareille interrogation pourrait être formulée à l'égard de toutes questions au sujet desquelles l'employeur serait soumis à une obligation d'accommodement ? Mais ne faudrait-il pas en bonne logique qu'il puisse s'en informer pour déterminer s'il entend assumer cette obligation ? On ne saurait le forcer à attendre qu'on lui impose le respect de cette obligation d'accommodement par voie de jugement. Ce sont là quelques effets pratiques de ces arrêts de la Cour suprême du Canada qui susciteront sans doute l'énoncé d'autres arrêts pour en contenir les extrapolations.

486. Cette question ressemble alors à celle déjà soulevée aux fins de l'embauche initiale et nous nous y référons (**II-21**). À ce sujet, l'article 18.1 de la Charte énonce la règle générale quant au tracé frontalier entre les droits d'enquête et d'information de l'employeur et les droits au respect de la personne du salarié.

postulants ou encore, réserver certains postes à une catégorie prédéterminée de salariés, etc.? On comprend que de telles modalités seraient discriminatoires au sens strict de l'article 10 de la Charte et, à titre général, une réponse négative s'imposerait, d'autant plus que l'article 62 du *Code du travail* contient expressément l'exercice de la liberté de convention des parties dans les limites de l'ordre public[487] **(IV-100)**. Par ailleurs, cette même charte comprend aussi une disposition permettant de tenir compte des exigences professionnelles particulières en fonction de l'emploi visé ou en raison du caractère sans but lucratif de l'entreprise (art. 20 C.t.) **(II-38; III-107)**. Il serait donc possible que ce particularisme soit valablement considéré par les parties à la négociation collective et qu'une disposition conventionnelle puisse arrêter sous ces deux chefs des conditions de travail qui seraient autrement discriminatoires au sens strict de l'article 10 de la Charte. Au-delà de ces deux exceptions, les parties à la convention collective ne peuvent valablement écarter l'application de la Charte, et la convention collective ne saurait être un instrument utile à de tels assouplissements. Dans le cadre de ces deux situations visées à l'article 20 de la Charte, ces modalités exceptionnelles seraient valables et lieraient tous les salariés de l'unité d'accréditation (art. 67 C.t.), s'il est bien établi, au besoin, qu'elles sont nécessaires et d'application équitable envers l'ensemble des salariés du groupe. En cas de contestation, le fardeau de la preuve de cette double qualité incomberait à la partie qui entendrait s'en prévaloir. Dans le cas où une convention collective fixerait l'âge obligatoire de la prise d'une retraite, alors une autre question devrait être soulevée, à savoir si la prohibition expresse formulée aux articles 84.1 et 122.1 L.N.T. d'établir un âge butoir de mise à la retraite constitue un empêchement infranchissable puisqu'il s'agit de dispositions d'ordre public au sens de l'article 93 L.N.T.[488]. Si la double condition est satisfaite aux fins de l'article 20 de la Charte, en est-il ainsi pour celle de la *Loi sur les normes du travail*? Il nous semble alors que la preuve devrait en outre clairement démontrer que cette mise à la retraite particulière d'un salarié n'est pas directement due à son âge, mais bien en raison des qualités normalement exigibles pour le poste qu'il occupe[489]. La protection conférée par la *Loi sur les normes du travail* est en quelque sorte individualisée et vise bien la personne même du salarié en cause: «Un salarié a le droit de demeurer au travail malgré

487. Fernand MORIN, «Liberté des parties à la négociation collective», (1993) 48 *Rel. Ind.* 461.

488. Jacques-André LEQUIN, «Interdiction de la discrimination dans l'emploi: évolution des obligations et des moyens de défense des employeurs et des syndicats», dans D. NADEAU et B. PELLETIER (dir.), *op. cit.*, note 484, p. 197.

489. On notera que le libellé de l'article 84.1, al. 1, L.N.T. sous-entend la présence possible, dans la convention collective, d'un «âge butoir». Cette disposition serait donc un moyen indicatif mais non directement valable puisque l'article 84.1 L.N.T. vise chacun des salariés distinctement, d'où la nécessité de la considération de son réel état de santé ou subjectif et non par une donnée statistique.

[...][490] ». Ainsi, la preuve générale ou « objective » recevable selon l'article 20 de la Charte devrait être complétée par une preuve singulière au sujet de l'état de la personne même du salarié. Dans ce sens, la disposition conventionnelle qui serait par ailleurs valable n'aurait pas un effet automatique à l'égard de tous et chacun des salariés qui y sont assujettis. On ne saurait valablement retenir, nous semble-t-il, l'assentiment du syndicat pour écarter d'une façon générale et immédiate l'application de ces mesures protectrices particulières au sujet de l'âge de la prise d'une retraite édictées aux articles 84.1 et 122.1 L.N.T. (**II-182**).

II-134 — *Renonciation par contrat* — L'assouplissement ou la liberté de manœuvre que l'employeur ne peut obtenir par la convention collective peuvent-ils être acquis à l'aide du contrat de travail ? En d'autres mots, le salarié peut-il valablement renoncer en faveur de l'employeur à l'exercice de certains droits qui lui sont conférés par la loi ou la convention collective ? Au sujet même de la convention collective, il va de soi que ces conditions de travail furent négociées avec le syndicat et qu'elles ne sauraient être valablement niées par le salarié (art. 67 C.t.). S'il devait en être autrement, ce serait nier la raison d'être même de la négociation collective (**I-47; IV-168**). Au sujet des lois, l'article 9 C.c.Q. énonce la règle générale suivante : « [...] Dans l'exercice des droits civils, il peut être dérogé aux règles du présent code qui sont supplétives de volonté; il ne peut, cependant, être dérogé à celles qui intéressent l'ordre public. » Le caractère protectionniste des lois de l'emploi (**I-102**) limite d'autant la liberté contractuelle du salarié, de crainte que ce qui lui serait donné de la main de l'État lui soit soutiré par celle de l'employeur (le contrat d'adhésion (art. 1432 C.c.Q.) (**II-36**). Pour cette raison d'ailleurs, les grandes lois de l'emploi affirment le caractère impératif de leurs dispositions, à défaut des mentions expresses à l'effet contraire (**I-22; II-95**). Outre ces normes législatives et conventionnelles d'ordre public, l'employeur peut, par la voie du contrat de travail, vouloir obtenir certaines garanties ou des obligations supplémentaires de la part du salarié (**II-35**) et, sous réserve de leur légalité, elles lieraient valablement le salarié. Ce dernier pourrait-il renoncer à certains bénéfices accordés par la loi ou la convention collective ? En principe, pareille renonciation à quelque droit ne serait valable, nous semble-t-il, qu'une fois celui-ci acquis, mais encore de nombreuses autres réserves s'imposent. La première de ces réserves est exprimée à l'article 2092 C.c.Q. et elle est fort significative en ce qu'elle vise une situation délicate : « Le salarié ne peut renoncer au droit qu'il a d'obtenir une indemnité en réparation du préjudice qu'il subit, lorsque le délai de congé est insuffisant ou que la résiliation est faite de manière abusive. » (**II-70, 172**) On constate que cette négation n'est

---

490. *Dickason* c. *Université de l'Alberta*, [1992] 2 R.C.S. 1103; *Central Okanagan School District no. 23* c. *Renaud*, précité, note 37; Daniel PROULX, « Les arrêts *Dickason* et *Renaud* de la redéfinition des rapports hiérarchiques entre les lois sur les droits de la personne et les conventions collectives de travail », dans D. NADEAU et B. PELLETIER (dir.), *op. cit.*, note 484, p. 181.

nullement absolue; elle serait davantage relative, en ce sens que le salarié ne peut valablement renoncer à ce qui pourrait lui être effectivement dû, toutes choses considérées. De même en serait-il dans bien d'autres situations, telles que :

— la modification du terme du contrat de travail à durée déterminée;

— l'ajout ou la reformulation de l'objet du contrat de travail;

— l'acceptation d'une astreinte à suivre une formation professionnelle en dehors du temps de travail, d'une astreinte de disponibilité, etc.

Lorsque le salarié démissionne véritablement, il renonce également, et de ce seul fait, à bien des droits jusqu'alors acquis, d'où la tentation pour l'employeur d'emprunter cette dernière voie pour réduire ses charges (**II-180; V-45**).

II-135 — *La sous-traitance ou l'interdépendance* — L'employeur peut également vouloir se délester de quelques charges par la voie de la sous-traitance. Ce procédé consiste à confier à des tiers entrepreneurs le soin de l'exécution de certaines œuvres qu'il devrait autrement exécuter ou afin de cesser de le faire. En principe, l'employeur dispose d'une telle liberté de manœuvre comme il peut être lui-même le sous-traitant d'un autre entrepreneur[491]. Il existe cependant un faisceau de règles de droit qui visent à ce que la répartition des opérations d'une entreprise ne produise pas d'effets pervers directs à l'endroit des salariés de l'entrepreneur, sans nullement prohiber la liberté de l'employeur à effectuer de telles manœuvres[492]. Les implications juridiques et pratiques de ces substitutions ou enchevêtrements d'entreprises sont fort complexes et imposent de conjuguer à la fois plusieurs règles provenant du *Code civil du Québec* (art. 1767 à 1778, 2097), s'il y a présence d'un ou de plusieurs syndicats accrédités, les articles 45 et 46 du *Code du travail* et, dans tous les cas, les dispositions 96 et 97 de la *Loi sur les normes du travail*. La difficulté d'élaborer une solution claire et rassurante provient du fait notamment que les hypothèses (les antécédents) retenues dans chacune de ces lois ne coïncident pas toujours parfaitement les unes avec les autres et que l'enseignement jurisprudentiel n'est pas davantage d'une limpidité éclatante, alors que les conflits d'intérêts des parties sont patents.

---

491. Notons que les articles 2097 C.c.Q., 45 C.t., 96 et 97 L.N.T. ne réduisent pas directement la liberté de manœuvre de l'employeur; on y traite seulement de certaines conséquences de ces opérations (**II-175; III-135; IV-88**).

492. Il existe de moins en moins d'entreprises complètement autonomes, c'est-à-dire qui occupent tout le champ d'une même activité économique : de l'extraction des matières premières au service après-vente. Le saucissonnage de la trame économique s'impose en raison de la complexité des opérations et de la nécessité alors d'une exécution spécialisée pour chacune de ces tranches. Ainsi voit-on apparaître des réseaux d'entreprises dans un secteur donné : certains ne sont pas formellement structurés mais sont néanmoins réels, et d'autres résultent d'une planification privée (les conglomérats) ou publique (l'État).

Section 3.4
La rémunération

II-136 — *Multiples sens* — Cette dernière section du chapitre 3 porte sur la contre-prestation principale de l'employeur, soit la rémunération. Nous avons déjà traité de la prestation du salarié, le travail (**II-53**) et des conditions générales afférentes à son exécution (**II-87, 93**). Dans un deuxième temps, nous avons analysé le statut de l'employeur et ses prérogatives à l'endroit du salarié (**II-114**). Pour fermer la boucle, nous étudions maintenant la cause principale de l'obligation du salarié, soit la rémunération due par l'employeur (art. 1410 C.c.Q.). Cette question est fort importante sur les plans économique et social et aussi, pour assurer une gestion efficace et dynamique au sein de l'entreprise, comme le rappelait si bien le professeur Gilles Ferland :

> [...] Elle sert, d'une part, à satisfaire les besoins matériels et sociaux des travailleurs et des travailleuses (besoins de sécurité économique, besoins de reconnaissance, d'équité et de justice) et, d'autre part, à satisfaire les besoins d'efficacité des organisations (besoins d'attirer, de motiver et de retenir du personnel compétent ainsi que de le rétribuer selon l'apport de chacun à l'atteinte des objectifs de l'organisation)[493].

Le droit positif sur l'emploi intervint dès le début du siècle pour établir le seuil salarial et les modalités nécessaires pour assurer l'exécution de cette première obligation de l'employeur. Ces diverses modalités découlent toujours

---

493. Gilles FERLAND, « Introduction — Les défis de la rémunération », dans Michel AUDET, Esther DÉOM, Jean-Paul DESCHÊNES, Gilles FERLAND, Rock LAFLAMME et Jean SEXTON, *Le défi de la rémunération*, *Actes du 47ᵉ Congrès des relations industrielles de l'Université Laval*, Sainte-Foy, Les Presses de l'Université Laval, 1992, p. 1.

d'un principe fondamental de justice, soit la remise au salarié d'une rémunération qui soit équitable et juste, toutes choses considérées. C'est pourquoi la question de la rémunération peut être délicate et complexe à traiter parce qu'elle ne se réduit pas, et de loin, à la seule dimension du quantum. Certes, le numéraire versé demeure important puisqu'il détermine notamment le pouvoir d'achat du salarié et de ce fait, plusieurs facettes de sa qualité de vie et de celle des siens. En outre, la rémunération sert à de multiples fins, et pour l'employeur et pour le salarié. N'est-elle pas le prisme à travers lequel le salarié :

— constate si la valeur de sa prestation de travail est plus ou moins bien reconnue ?

— établit son *situs* par rapport à ses collègues de travail (la pyramide salariale réfracte l'organisation hiérarchique ou professionnelle en plusieurs entreprises) ?

— évalue la qualité des politiques de gestion qui prévalent dans l'entreprise selon qu'il bénéficie plus ou moins d'un régime équitable, transparent, appliqué uniformément et régulièrement ?

— peut être plus ou moins stimulé à fournir une prestation de travail pleine et entière sachant par ce moyen pourquoi et comment sa contribution personnelle peut être nécessaire ou utile à la réussite de l'entreprise ?

— prend acte de sa propre valeur, de sa contribution à la société et des gratifications familiales et sociales qui peuvent s'y rattacher ?

Il est aussi vrai qu'à l'autre pôle de l'axe, la rémunération soulève de multiples questions d'intérêt pour l'employeur :

— selon les créneaux de l'entreprise, la rémunération peut être une composante plus ou moins importante du coût de revient. Dans le cas d'une entreprise de services, le rapport peut être direct et l'apport du travail constituer un élément principal, alors que pour la production de biens, le ratio salaire–coût peut varier substantiellement selon le niveau de la technologie employée : l'objet par l'objet ou la fabrication de type artisanal ;

— la productivité peut dépendre de la qualité de sa politique salariale et de son application, sans qu'il existe nécessairement un lien direct et automatique à l'égard du montant réellement versé à ce titre ;

— le versement à intervalles réguliers suppose une liquidité financière qui ne suit pas nécessairement toujours le rythme des entrées de fonds de l'entreprise ;

— la prise en considération des règles du marché pour obtenir le personnel nécessaire ou pour conserver les salariés déjà en place et aussi, pour éviter de bousculer les habitudes culturelles du milieu ;

— l'ensemble des autres charges sociales rattachées au salaire, alors que ce dernier sert de base de calcul des contributions diverses : sociales, assurancielles, pour taxes, retraite et impôts, etc.

Bien évidemment, il serait hors de notre propos de tenter d'aborder ces multiples volets, en supposant que nous serions en mesure de le faire. Nous traitons de la question de la rémunération sous le seul angle du droit positif en considérant notamment un triple volet :

— la définition de la rémunération, soit son contenu potentiel et réel ;

— les modes d'acquisition du droit à la rémunération et les modalités assurant sa jouissance ;

— divers aléas susceptibles de moduler l'exécution de cette obligation de l'employeur.

II-137 — *Les définitions retenues* — Si le droit est « l'art de la définition », la question de la rémunération fournit moult occasions de pratiquer cet art[494]. Il s'agit d'un terme certes générique qui recoupe autant d'entendements qu'il peut y avoir de méthodes pour déterminer les tenants et les aboutissants de cette rétribution du travail. Ces derniers d'ailleurs varient en fonction de diverses techniques d'évaluation des tâches, selon les qualifications et habiletés réelles ou exigibles du titulaire du poste, le mérite de chacun, qui est évalué à l'aide de critères qui sont également plus ou moins subjectifs, la pérennité du service, la productivité, la position stratégique du titulaire au sein de l'entreprise ou en fonction des aléas du marché, etc. La culture et le milieu sont aussi des facteurs qui influent sur les modes de rétribution et, par voie de conséquence, la nomenclature pour désigner cette contre-prestation versée par le bénéficiaire de la prestation de travail est tout autant diversifiée et fort évocatrice : émoluments, solde, vacation, appointements, gages, salaire, etc. Cette contre-prestation de l'employeur est maintenant qualifiée au *Code civil du Québec* par son terme générique de rémunération, bien que l'expression « salaire » soit la plus courante dans le milieu de l'emploi (**II-56**). Il est vrai que certaines lois de l'emploi définissent le salaire par la rémunération, et inversement.

i) *Salaire* : « La rémunération en monnaie courante et les avantages ayant une valeur pécuniaire due pour le travail ou les services d'un salarié » (art. 1, al. 9, L.N.T.).

ii) *Salaire* : « La rémunération en monnaie courante et les compensations ou avantages ayant une valeur pécuniaire que détermine un décret pour le travail qu'il régit » (art. 1 i), L.D.C.C.).

---

494. Le législateur a préféré le terme générique « rémunération » plutôt que celui de salaire, bien qu'il qualifie son titulaire de salarié à l'article 2085 C.c.Q. (**II-56**).

II-138 — *Trois strates de rémunération* — Que pouvons-nous comprendre par le terme « rémunération » ? Règle générale, il devrait s'agir de l'ensemble des avantages de nature pécuniaire dus au salarié par l'employeur en raison ou à l'occasion de la prestation de travail du salarié[495]. Cette formulation, aussi large et généreuse soit-elle, est sans doute trop floue et imprécise pour servir de réponse satisfaisante dans bien des situations concrètes. Parfois il devient nécessaire de cerner d'un peu plus près la notion de rémunération et à cette fin, il est possible de la scinder en trois strates.

i) *La rémunération directe* : On entend alors les sommes versées périodiquement au salarié sans égard par ailleurs aux critères retenus pour en fixer le quantum : temps, quantité, disponibilité, etc.

ii) *La rémunération indirecte* : Il s'agit des sommes dues en raison du travail déjà exécuté, mais dont le versement réel serait suspendu jusqu'à l'arrivée de certains événements récursifs et déterminés : congés annuels, jours fériés, période de formation professionnelle, retraite[496], etc.

iii) *La rémunération circonstancielle* : La rémunération due par l'employeur à l'occasion de circonstances exceptionnelles, accidentelles ou fortuites et non récurrentes : congés ou événements familiaux tels un décès, une naissance, une maladie, etc.

Dans les deux premiers cas, le lien est subjectif, en ce sens que la rémunération serait due en raison du travail direct du salarié bénéficiaire. Il en serait autrement pour la troisième catégorie, où les fonds servant à son versement sont collectifs, en ce sens qu'ils sont constitués en raison du travail de l'ensemble des salariés de l'entreprise et non pas selon une comptabilité individuelle. Par ailleurs, dans ces trois cas, l'obligation de paiement incombe à l'employeur et non à une tierce personne[497]. Cette division quelque peu abstraite peut aider à sérier certaines variantes, mais elle ne permet pas de qualifier avec exactitude et sécurité tous les cas. La relativité de la notion de rémunération qui est tributaire des actes juridiques en cause et la dualité de sa fonction (économique et sociale) rendent fort difficile la saisie d'une pareille réalité. Pour mieux illustrer ces propos, nous tirons des lois de l'emploi quelques situations claires et d'autres qui peuvent prêter certes à discussion ou à confusion.

---

495. *Commission des normes du travail* c. *Beausignol Inc.*, [1987] R.J.Q. 688 (C.P.).

496. *Ferris* c. *Les industries Domco ltée*, [1986] R.J.Q. 1512, 1517.

497. L'indemnité due en vertu de la L.A.T.M.P. n'est pas de la nature d'une rémunération alors que le statut de salarié ne sert que de condition de qualification pour l'accidenté, et même celle versée à ce titre par l'employeur pour les quatorze premiers jours (art. 60 L.A.T.M.P.) **(III-312)**. Les points consentis directement à un salarié à l'occasion des voyages et autres frais exécutés pour l'employeur et remboursés par lui ne font pas partie de la rémunération que verse l'employeur. Voir : *P.G. du Québec* c. *Brunet et Air Canada*, [1994] R.J.Q. 337 (C.A.). Ces points sont versés par un tiers pour stimuler la fidélité de l'usager.

i) *Les « avantages ayant une valeur pécuniaire »* : Si cette expression est employée pour définir la rémunération (**II-137** *in fine*), l'article 41 L.N.T. précise néanmoins que ces avantages ne doivent pas entrer dans le calcul du salaire minimum. Cette disposition ne nie nullement qu'un tel avantage soit de la nature d'une rémunération, mais entend empêcher l'employeur d'en tenir compte aux fins du respect du paiement complet du « salaire minimum », soit la rémunération directe.

ii) *Le « pourboire »* : Cette gratification provient du client et serait versée par simple libéralité ou sous pression sociale et pour cette raison, elle ne ferait pas partie de la rémunération directe, indirecte et circonstancielle qui incombe à l'employeur (art. 50 L.N.T.)[498].

iii) *Les « jours fériés et les congés annuels »* : Les montants dus à ce titre par l'employeur et qualifiés d'indemnité selon les articles 62 et 74 L.N.T. reposent néanmoins sur le fait que le salarié travailla pour le compte de l'employeur pour une période minimale prédéterminée (art. 65, 74 L.N.T.). En ce sens, il s'agirait d'une rémunération indirecte, c'est-à-dire acquise en raison du travail et en fonction de la rémunération directe déjà gagnée, mais versée sur une base temporelle autre : l'article 74.1 L.N.T. l'illustre bien en distinguant la durée du congé du montant dû sous ce chef.

iv) *L'« indemnité de remplacement de revenu »* : Il s'agit de l'indemnité versée au travailleur à titre de réparation du préjudice subi en raison d'un accident survenu par le fait ou à l'occasion du travail : ce risque est assumé obligatoirement par l'ensemble des employeurs. Cette indemnité lui est versée par la C.S.S.T. peu importe si l'employeur s'acquitte correctement du paiement de sa cotisation (art. 26 L.A.T.M.P.). On ne saurait qualifier cette indemnité de rémunération circonstancielle, car il s'agit d'un mode de réparation d'un risque sociétal et qui est aménagé et géré par l'État (**III-304**).

Parce que la rémunération ainsi définie sous de multiples formules sert respectivement de base à des fins précises, il importe de bien en saisir le contenu, les raisons qui distinguent chacune des définitions retenues et aussi, les éléments qui ont pu être écartés dans un cas ou ajoutés dans un autre. Tel est l'intérêt de comprendre la problématique de ces définitions et des difficultés afférentes. D'ailleurs, nous devrons compléter ces distinctions à maintes reprises pour tenir compte du particularisme des différentes situations étudiées. Si l'on reconnaît volontiers que les mots ont sur les

---

498. L'alinéa 3 du même article 50 L.N.T. tient compte cependant des pourboires « déclarés » pour constituer l'assiette afférente au calcul de certaines rémunérations indirectes, ce qui illustre bien la volatilité du concept. Notons que l'on peut pour d'autres considérations, telle la fiscalité, considérer le pourboire à titre de revenu, ce qui n'en changerait pas pour autant la nature juridique intrinsèque dans le cadre du contrat de travail.

idées une puissance certaine, la définition de la rémunération peut avoir des effets insoupçonnés puisqu'il s'agit pour le salarié de sa principale, sinon exclusive source de revenu[499].

II-139 — *Obligation caractéristique de l'employeur* — La rémunération, à titre de contre-prestation du travail, est aussi une des composantes principales du contrat de travail (**II-52**). Si le « prix » versé ne peut recevoir cette qualification, la liaison juridique visée devrait être considérée autre ou différente de celle saisie par le contrat de travail et, par voie de conséquence, on en déduirait que ni un employeur ni un salarié ne sont en présence ou considérés à ces titres. Le prix alors versé par le donneur d'ouvrage, le bénéficiaire du service ou le client le serait à un entrepreneur, à un prestataire de services au sens de l'article 2099 C.c.Q., à un professionnel, à un mandataire, à un vendeur, etc. On constate déjà que cette composante peut être fort importante pour la qualification juridique de l'employeur puisque cette donnée peut également être déterminante pour établir les divers régimes applicables, notamment à l'égard des principales lois de l'emploi[500]. La jurisprudence fournit d'ailleurs de nombreux exemples où la qualification du contrat de travail fut effectuée en fonction du critère de la rémunération. À titre d'illustrations, nous rappelons trois affaires.

i) *Québec Asbestos Corporation* c. *Couture* : Selon la Cour suprême du Canada, il ne s'agissait pas d'un accident de travail puisque Couture n'était pas salarié mais bien entrepreneur : « [...] Couture recevait "20 cents du char". Il était responsable en dommages s'il manquait à son obligation de fournir toute la pierre dont on avait besoin pour la marche régulière de l'usine[501] ».

ii) *Yellow Cab Ltd.* c. *Board of Industrial Relations* : La Cour suprême du Canada refusa de qualifier de salarié ces chauffeurs de taxi parce que le vis-à-vis ne leur devait pas directement et personnellement une rémunération : « Vu mon opinion qu'aucun salaire ne passe de l'employeur propriétaire au chauffeur locataire, il m'est impossible de conclure à l'existence en l'espèce d'une relation employeur–employé au sens de la Loi[502]. » Puisque les sommes reçues venaient des clients, la partie retenue pour la fourniture d'une voiture pour les services nécessaires à ce commerce de taxi consistait, selon le plus haut tribunal, en un loyer.

---

499. *Barette* c. *Crabtree (succession de)*, [1993] 1 R.C.S. 1027 ; *Hudon* c. *Frishling*, D.T.E. 96T-67 (C.A.).

500. Aux fins de l'analyse, nous postulons, toutes choses étant égales par ailleurs, que les deux autres conditions ne sont pas simultanément soulevées, soit la prestation de travail et la subordination juridique.

501. *Quebec Asbestos Corporation* c. *Couture*, précité, note 249. Il est vrai que la Cour constata aussi l'absence de subordination juridique (**II-52**) et ne pouvait qualifier de rémunération le prix payé par le bénéficiaire de l'œuvre de Couture.

502. *Yellow Cab Ltd.* c. *Board of Industrial Relations*, précité, note 263.

iii) *Union des chauffeurs de taxi, local 9217* c. *Tribunal du travail*[503] : La Cour supérieure retint une approche semblable à celle de l'arrêt *Yellow Cab* en disant : « Un chauffeur de taxi ne travaille pas et n'exécute pas un travail pour un propriétaire-taxi. Il loue un véchicule-taxi du propriétaire moyennant un loyer quotidien établi d'avance, et il l'utilise pour gagner des revenus pour son propre compte » (p. 15).

Selon ces trois cas, il ne saurait y avoir d'employeur si une rémunération n'est pas versée et alors, ces personnes qui ne sont pas qualifiées de salariés, faute d'employeur, ne peuvent disposer des régimes établis par la *Loi sur les normes du travail* et le *Code du travail* (**III-307 ; IV-65**).

II-140 — *Le tiers-payeur* — L'agent payeur de la rémunération peut être un tiers si par ailleurs la dette est bien celle d'un employeur. Par commodité administrative et peut-être davantage pour réduire les coûts de l'opération (économie d'échelle), il est possible que la gestion administrative de la rémunération (calcul du quantum, exercice des diverses retenues volontaires ou forcées et paiement direct, etc.) soit confiée à une entreprise spécialisée. Cette sous-traitance de la gestion salariale ne modifie en rien le statut de l'employeur ni ses obligations réelles à l'endroit du salarié. Il est des cas cependant où le fait que la rémunération de la prestation de travail provienne d'un tiers puisse, à tout le moins, servir d'indice d'une situation équivoque ou ambiguë qui incite à une analyse plus serrée de la situation. Bien évidemment, on ne saurait effectuer une véritable synthèse de ces diverses modalités ; nous nous limitons à quelques variations sur ce tripartisme réel ou apparent. À titre hypothétique, imaginons qu'un travailleur serait sélectionné et embauché par une première entreprise qui le dépêche peu après au service d'une deuxième entreprise où il se joint à l'équipe déjà en place. Pareille situation de départ peut connaître différentes variables, par exemple :

— le bénéficiaire direct de cette prestation de travail verse à la première entreprise une somme globale à l'aide de laquelle cette dernière paie la rémunération due au travailleur et retient le reste pour son service ! ou

— le bénéficiaire direct de la prestation de travail paie au travailleur la rémunération qui lui est due pour le temps où il travaille pour son compte et verse en sus à la première entreprise un certain montant pour service rendu ! ou

— la première entreprise se spécialise dans la sélection, la formation et le placement du personnel, tandis que la seconde est son client et à ce titre, clle lui paie un forfait en fonction de la rémunération qu'elle verse aussi au salarié ! ou

---

503. *Union des chauffeurs de taxi, local 9217, Métallurgistes unis d'Amérique* c. *Tribunal du travail*, D.T.E. 90T-1038 (C.S.).

— la première entreprise vend du matériel technologique de haute précision et son personnel participe à la formation professionnelle sur le tas
des salariés de ses entreprises acheteuses!

— etc.

Si une situation réelle peut ressembler à l'une ou l'autre de ces quatre
hypothèses, d'importantes nuances s'imposent généralement dans chaque cas
concret afin de savoir qui devient ou demeure l'employeur alors que le statut
personnel du salarié ne serait guère mis en doute. Dans certaines situations, la
question de cette qualification peut être importante lorsque le premier payeur
ne peut acquitter complètement la créance. Dans ce cas, la nature de ce rapport tripartite peut parfois fournir au salarié une garantie complémentaire de
paiement :

— l'entrepreneur peut être responsable du salaire et des indemnités dus
aux salariés de son sous-traitant, selon les articles 95 L.N.T. ou 14
L.D.C.C. (**III-208; V-49**);

— l'employeur initial ne peut esquiver sa dette par le truchement d'une
aliénation ou concession de l'entreprise ou de l'une de ses parties
(art. 2097 C.c.Q.; art. 96 L.N.T.; art. 14.1 L.D.C.C.) (**II-175; III-208**).

II-141 — *Rémunération due puis versée* **—** On comprend que ces questions ne
servent pas seulement à l'identification de l'employeur et à la qualification du
contrat de travail; elles permettent aussi de connaître qui doit effectivement
assurer le paiement de la rémunération. À ce sujet, nous devons distinguer la
question de l'acquisition du droit à la rémunération de celle de son exécution.
D'une façon générale et en raison de la nature même du contrat de travail, ce
dernier engendre des obligations successives et réciproques, c'est-à-dire que la
rémunération serait due au fur et à mesure que la prestation de travail est rendue ou considérée à ce titre. La prestation du salarié consiste principalement,
avons-nous vu (**II-87**), en sa disponibilité professionnelle offerte dans le cadre
temporel convenu : le salarié ne peut généralement choisir à sa seule convenance le rythme, la cadence et le lieu de l'exécution de son travail. Il en est de
même de la contre-prestation de l'employeur, bien que cette dernière soit de
nature différente : la première est personnelle et la seconde, matérielle. Il
n'empêche que la rémunération, à titre de principale source de revenu et de son
caractère alimentaire, doit aussi respecter de semblables contraintes pour la
fixation de sa quotité minimale et assurer l'intégralité et la régularité de son
versement. Le niveau et le genre de vie du salarié dépendent du respect de cette
triple condition[504]. D'ailleurs, il est de commune connaissance que le mode de
rémunération peut moduler son attitude générale au travail et souvent la qualité

---

504. On note l'importance donnée à l'ensemble de ces mêmes questions dans la *Loi sur les normes du travail*, art. 39.1 à 51.1 L.N.T. (**III-212**).

et la quantité de sa prestation[505]. En aucun cas, un salarié insatisfait de la rémunération due pourrait être justifié de soutirer de l'employeur ou des clients et des fournisseurs le complément dont il croit avoir droit. Même s'il était vraiment spolié, il ne saurait se faire lui-même justice par cette même voie[506].

II-142 — *Le temps du versement* — Affirmer que l'employeur s'oblige financièrement envers le salarié au rythme de l'exécution de la prestation de ce dernier ne saurait suffire à vider la question. Plusieurs nuances s'imposent et d'abord celle de la distinction entre l'acquisition progressive du droit à une rémunération et l'obligation d'en effectuer le versement. Pour des considérations pratiques ou de commodité et selon l'usage dans chaque milieu, le versement est dû à des périodes préétablies de manière que l'employeur puisse disposer en temps utile de la liquidité financière nécessaire et que le salarié puisse, à ce même rythme, aménager les paiements de ses frais. Pour chaque prestation de travail réalisée ou considérée à ce titre, l'employeur est débiteur de cette dette auprès de chacun des salariés, mais cette rémunération n'est exigible qu'à des moments convenus. Ainsi, le facteur temps peut être retenu de deux manières :

— l'heure, le jour, la semaine, le mois, l'année peuvent respectivement servir de critère pour en fixer le quantum;

— le jour, la semaine, la quinzaine ou le mois peuvent établir le rythme de son versement.

Il en est ainsi également pour l'acquisition de la rémunération indirecte, bien que son versement repose sur une autre logique (**II-138**). Dans certaines situations, cette rémunération indirecte peut être ajoutée à la rémunération directe et versée sous forme de forfait au même rythme que ce dernier[507]. Il faut aussi comprendre que la rémunération est due dans la mesure où la prestation de travail fut rendue, c'est-à-dire si le salarié assuma d'abord son obligation principale (**II-53, 87**). Cela suppose notamment que le salarié fut disponible physiquement et professionnellement à la fournir. C'est en raison de cet ordre

---

505. Les modes de rémunération (rendement, commission, temps réel, à la semaine, au mois ou à l'année) exercent respectivement des pressions diverses sur la personne du salarié. Il revient aux gestionnaires de retenir la formule idoine permettant d'atteindre les meilleurs résultats à long terme. Nous renvoyons le lecteur aux *Actes du 47ᵉ Congrès de relations industrielles de l'Université Laval*, *op. cit.*, note 493, où les différents auteurs présentent des bibliographies fort stimulantes.

506. *Banque de Montréal c. Kuet Leong Ng*, précité, note 159.

507. Dans le cas d'un contrat à durée déterminée relativement bref ou pour des salariés occasionnels, on établit sous forme d'un pourcentage du salaire direct l'ensemble des « avantages sociaux » et autres modalités du salaire indirect et l'on verse cette somme à ces titres avec le salaire direct. Il n'est pas sûr que cette « équivalence comptable » permette aussi d'atteindre les objectifs sociaux de ces autres mesures, compte tenu du caractère fongible de la monnaie et des habitudes de consommation du salarié (**VI-14**).

séquentiel des obligations que l'on qualifie de contre-prestation la rémunération qui incombe à l'employeur. Si l'employeur refuse sans juste motif de recevoir la prestation de travail ou s'il ne prend pas les mesures nécessaires pour que le salarié puisse convenablement réaliser sa prestation, il ne pourrait par la suite justifier, sous ce chef, son refus à exécuter sa propre obligation. Lorsque l'employeur n'est pas satisfait de la prestation reçue, il ne peut davantage diminuer d'autant la rémunération due, sauf s'il s'agit d'un critère pour en établir le quantum. En somme, une absence réelle et non autorisée du salarié justifierait l'absence de rémunération, alors qu'une prestation de moins bonne qualité que celle généralement fournie ou exigible n'autoriserait pas l'employeur à se faire justice lui-même. Autrement, cette réduction unilatérale de la rémunération serait semblable à l'imposition d'une amende[508]. Si l'employeur est insatisfait de la qualité ou de la quotité de la prestation de travail, il se doit d'en traiter par la voie de sa gestion salariale ou par voie disciplinaire. L'absence autorisée par la loi, la convention collective ou le contrat de travail peut donner droit à une rémunération indirecte dans la mesure où ces dispositions y pourvoient et de la manière qu'elles le font. La fixation du quantum de la rémunération relève de la négociation des parties, sous réserve du respect des règles de droit applicables selon l'ordre hiérarchique des normes : loi, décret, convention collective, contrat (**I-22, 95**)[509]. Dans le cas d'un contrat à durée déterminée, l'employeur ne pourrait échapper au paiement de la totalité de la contre-prestation pour sa durée entière s'il résiliait unilatéralement ce contrat. S'il devait alors refuser de recevoir la prestation de travail, on considérerait juridiquement cet acte de l'employeur comme l'octroi d'un congé avec solde au salarié (**II-63**)[510]. Cette dernière question peut être soulevée lorsque l'employeur procède à des mises à pied de salariés liés par contrat à durée déterminée (**II-163**).

II-143 — *Modalités du versement* — La question du versement de la rémunération porte sur deux points principaux : sa pleine et entière exécution et sa régularité aux périodes prédéterminées. Il suffit d'ailleurs de consulter la *Loi sur les normes du travail* pour constater l'importance donnée à cette double qualité[511].

---

508. L'article 49 L.N.T. qui limite le droit de l'employeur à n'effectuer sur la rémunération due que les retenues autorisées, repose sur cette même règle essentielle : une fois acquise par le travail, la rémunération devient la propriété du salarié et l'employeur en demeure dès lors le garant.

509. Dans le cadre de la négociation directe entre l'employeur et le salarié, il est évident que l'employeur dispose bien souvent d'un poids énorme qui conduit le salarié à y souscrire (contrat d'adhésion). La *Loi sur les normes du travail* et la *Loi sur l'équité salariale* imposent des balises impératives. Au-delà, les lois du marché ont aussi des effets d'entraînement certain.

510. Il y a déjà fort longtemps, les tribunaux en avaient ainsi décidé. Voir : *City of Montreal* c. *Dugdale*, (1878) 20 R.L. 246.

511. On y compte plus de quinze articles qui traitent de la qualité du mode de paiement et de la régularité de son versement, dont les principales modalités se trouvent aux articles 39.1 à 51.1 L.N.T. Il faut rappeler que ces dernières dispositions sont pour la plupart le fruit de lentes et laborieuses expériences ainsi consignées dans ce « procès-verbal » directif.

Il va de soi que l'employeur verse la totalité de la rémunération directe due et qu'il ne peut en étaler autrement le paiement à titre de mesures indirectes de financement de l'entreprise[512]. Dès que le versement est dû, il s'agit d'une créance entièrement exigible et, pourrions-nous dire, le salarié disposerait alors techniquement d'un recours pour en forcer au besoin l'exécution (**V-44**)[513]. Le paiement de la rémunération doit aussi s'effectuer selon un mode comptable qui puisse permettre au salarié de savoir comment l'employeur put ainsi établir le montant qu'il verse : l'article 46 L.N.T. comprend treize alinéas à cette même fin. De plus, l'employeur se doit de payer en devises canadiennes et nullement en nature (par équivalence, bon d'achat, produit quelconque, etc. (art. 42, 44 L.N.T.) (**III-212**). Au sujet du montant reçu, il faut souligner l'inévitable écart entre la rémunération brute et la somme nette effectivement versée. L'employeur agit à titre de percepteur pour retenir à la source des sommes dues à des tiers par le salarié ou dont ce dernier désire s'acquitter par cette voie commode et directe :

— l'État utilise au premier chef les services de l'employeur : impôt et diverses cotisations sociales obligatoires[514] ;

— le *Code du travail* autorise le syndicat accrédité à recevoir par cette voie la cotisation syndicale ou son équivalent (art. 47 C.t.) (**IV-22**) ;

— les pensions alimentaires peuvent être payées par ce canal (**V-62**) ;

— les créanciers personnels du salarié peuvent être autorisés par le tribunal à emprunter cette même voie (**V-60**) ;

— le salarié peut autoriser l'employeur à retenir sur son salaire certaines autres sommes, soit pour épargne, pour payer sa quote-part à un régime complémentaire d'avantages sociaux ou de rentes, etc.[515] ;

— l'employeur ne saurait s'autoriser lui-même à retenir à la source la partie saisissable de la rémunération du salarié alors que ce dernier serait

---

512. Il est vrai qu'il existe très souvent un écart entre le « temps payé » par l'employeur et le moment où il peut encaisser le prix du produit ; la qualité de sa gestion se jauge très souvent à ces occasions comme à celles du contrôle de ses autres coûts et entrants.

513. Nous disons techniquement, car en pratique l'exercice de semblables recours entrepris trop hâtivement ou d'une manière agressive et ostentatoire rendrait pour le moins chaotique ou problématique le maintien de cette relation d'emploi. Voilà pourquoi ces recours sont entrepris généralement en fin de parcours. C'est ainsi que des montants assez importants peuvent alors constituer l'enjeu de ces débats judiciaires (**V-49**).

514. Il n'est pas rare qu'un bulletin de paie puisse compter près de quinze chefs de retenues à la source.

515. Si les articles 44, al. 2, et 49 *in fine* L.N.T. reconnaissent que le salarié peut autoriser l'employeur à verser à un tiers une partie ou la totalité de sa rémunération, cela ne signifie pas que l'employeur soit contraint de toujours y acquiescer.

en dette envers lui[516]. Il en serait autrement lorsqu'il s'agit d'une dette liquide et exigible et alors, en raison du principe de la compensation (art. 1672, 1673 C.c.Q.).

Parce qu'il s'agit de sommes dues aux salariés, l'employeur doit pouvoir établir qu'il s'en est convenablement acquitté sous un ou l'autre de ces chefs, comme l'en autorise l'article 49 L.N.T. Si certains montants non directement versés au salarié ne pouvaient être ainsi justifiés, alors l'employeur a l'obligation d'en rendre compte et, au besoin, de les verser de nouveau puisqu'il en avait dès lors la garde (art. 911 C.c.Q.). Ce versement de la somme nette doit s'effectuer conformément à la périodicité applicable[517]. Cette dernière condition revêt une grande importance pour le salarié puisque ses besoins vitaux sont incompressibles et aussi, parce qu'il a pu déjà s'engager à faire lui-même des paiements selon cette même périodicité. Le caractère alimentaire de la rémunération et la situation délicate où peut se situer le salarié vis-à-vis de son débiteur (difficile inversion des rôles) incitèrent le législateur à doter le salarié d'une incapacité de protection (**I-105, 107, point iv**). Ainsi, la signature d'une quittance quelconque ne peut établir quoi que ce soit, outre l'adéquation entre la somme versée et celle arrêtée au bulletin de paie à titre de rémunération nette (art. 47 et 48 L.N.T.)[518].

II-144 — *À un type d'emploi, une rémunération donnée* — L'évolution des modes d'organisation du travail et surtout des modes d'emploi (**I-11**) peuvent avoir d'innombrables conséquences sur la rémunération. Dès que l'on s'écarte du modèle d'emploi typique qui servit de base à l'élaboration de la plupart des systèmes de rémunération, bien des façons de faire sont plus ou moins directement et ouvertement remises en cause. À titre indicatif, nous n'aurions qu'à considérer les questions particulières que soulève la rémunération du salarié engagé à temps partiel, du salarié occasionnel ou du télétravailleur. Dans ces cas, les modalités relatives à la rémunération directe et indirecte peuvent exiger de délicates adaptations. N'est-il pas symptomatique qu'en 1990 la *Loi sur les normes du travail* dut être modifiée, notamment pour tenir compte de ces nouvelles réalités (art. 41.1 L.N.T.)? Cette dernière disposition garantit

---

516. *Syndicat des professionnels et professionnelles du réseau scolaire du Québec (C.E.Q.)* c. *Commission scolaire de la Mitis*, [1989] R.L. 603 C.A.; *Syndicat des professionnels de la Commission des écoles catholiques de Montréal* c. *Moalli*, D.T.E. 91T-679 (C.A); *La Presse ltée* c. *Jasmin*, [1987] R.J.Q. 2632 (C.S.).

517. Selon l'article 43 L.N.T., il devrait s'agir d'un versement aux quinze jours, sauf celui des cadres qui peut être au mois.

518. L'article 2092 C.c.Q. qui traite de la renonciation formelle du salarié à la suite de la réception d'une indemnité de départ, s'inspire du même souci de protection du salarié. Il est évident par ailleurs que les dispositions 47 et 48 L.N.T. ne peuvent bloquer parfaitement divers subterfuges retenus pour éviter le parfait et complet paiement de la dette de l'employeur envers le salarié et souvent, reconnaissons-le, avec la complicité plus ou moins passive du salarié créancier.

l'application des mêmes taux que ceux applicables aux salariés à temps complet; il ne s'agit là cependant que d'une facette des adaptations nécessaires. En effet, il peut parfois être difficile pour un salarié à temps partiel d'obtenir ailleurs un deuxième emploi complémentaire susceptible de lui apporter la rémunération globale nécessaire, etc. Dans le cas du télétravail, la base du calcul de la rémunération peut être fort discrétionnaire (le forfait approximatif fixé en fonction du temps que l'on croit qu'une personne à temps complet pourrait prendre pour assumer de pareilles tâches, ou à la pièce, c'est-à-dire par le nombre d'octets ou de méga-octets utilisés, etc.[519]. D'ailleurs, dans tous les cas où le salarié travaille à l'extérieur de l'enceinte de l'entreprise, les règles minimales relatives à la rémunération pour le temps supplémentaire ne s'appliquent pas (art. 54, al. 4, L.N.T.) (**VI-14**).

II-145 — *Une juste rémunération* — On peut percevoir que l'évolution des modes d'emploi, les remises en cause de l'organisation du travail et le développement technologique produiront encore de nombreux effets sur les emplois, notamment au sujet des modes de rémunération. Nous ne citons ci-après que quelques exemples des difficultés appréhendées concernant la rémunération dans cette société en ébullition et qui, bien évidemment, auront aussi des incidences juridiques.

   i) L'évolution technologique exige des investissements en capitaux fort élevés et permet d'augmenter sensiblement la production. Il peut dès lors devenir difficile de cerner l'apport direct de la prestation de travail et, par voie de conséquence, de fixer une juste rémunération à l'aide des seuls critères jusqu'ici retenus[520].

   ii) La production à jet continu de l'objet par l'objet (la robotisation) suppose une intervention rapide et spécialisée à la moindre défaillance de ces « organes techniques ». Ainsi, des salariés spécialisés peuvent être appelés au travail à des moments où ils seraient normalement en congé et alors il faudra déterminer quand et comment rémunérer ces salariés sous « astreinte à domicile ».

   iii) La formation professionnelle doit aussi être continue, afin de permettre aux salariés de suivre l'évolution technologique que connaît l'entreprise, d'où la question de savoir combiner le temps de travail effectif et le temps de formation professionnelle et adapter un mode de rémunération applicable pour ce dernier volet puisqu'il s'agit d'un investissement à long terme, et pour le salarié et pour l'entreprise (**III-768**).

---

519. Au-delà de l'instrument technologique utilisé, le lien d'emploi du télétravailleur est semblable parfois à celui que l'on a connu au cours de la première moitié du siècle à l'égard du travailleur à domicile.
520. Jean-Marc MOUSSERON, « Nouvelles technologies et créations des salariés », (1992) *Droit social* 563, 572.

La présence directe de salariés actionnaires ou leur apport de capitaux par des « écrans-mélangeurs » (fonds de retraite, fonds de solidarité, etc.) peut remettre en cause les bases de la rémunération du « travail » et celles qui reviendraient au « capital ». La question peut être d'un intérêt certain lorsque les gestionnaires se situent à la fois dans ces deux groupes. Le salarié serait-il contraint à ne recevoir que la rémunération applicable pour son travail direct et immédiat ou serait-il parfois en droit d'exiger plus ? Existerait-il des situations où il pourrait réclamer une rétribution aléatoire ? La question peut être soulevée notamment lorsque l'employeur met en place certains programmes d'encouragement à la productivité, à la fidélisation ou au rendement, etc.[521]. Dès que ces mesures débordent le cadre de simples libéralités de l'employeur, il va de soi que ce qui fut « promis devient chose due ». D'où il est difficile de pousser plus à fond cette dernière question sans connaître la nature de l'engagement initial. Le problème est normalement soulevé à l'égard des modes de rémunération périphérique : privilège de souscription d'actions, crédit bancaire, voiture, voyages, etc. Selon la régularité en temps et en espace d'une application claire de ces diverses rétributions, il devient possible qu'elles puissent s'ajouter, à titre d'usage, aux autres modes de rémunération (**I-58**). Si le salarié détient des titres de la société employeur et sans égard aux causes qui expliquent ses souscriptions, nous croyons qu'il n'y a pas lieu de confondre son titre d'actionnaire ou d'obligataire, d'une part, avec celui de salarié, d'autre part. Ce qui lui serait versé d'une main ne peut modifier ce qui doit lui être remis de l'autre[522]. Il est cependant possible d'affronter des situations plus délicates alors qu'il s'agit d'un conflit de droits. Il pourrait en être ainsi lorsqu'un salarié participe à la production d'un bien dont la valeur proviendrait principalement de son acte personnel (découverte, invention, etc.) et qu'aucune convention entre le salarié et l'employeur n'établit la manière d'en traiter. Bien que cette situation puisse rarement se présenter, il conviendrait néanmoins de prendre en considération l'article 972 C.c.Q. ainsi libellé : « La personne, qui a travaillé ou transformé une matière qui ne lui appartenait pas, acquiert la propriété du nouveau bien si la valeur du travail ou de la transformation est supérieure à celle de la matière employée. » Les termes retenus « travail » et « main-d'œuvre » (art. 972 et 973 C.c.Q.) indiquent bien que cette plus-value ajoutée pourrait aussi être l'œuvre d'un salarié. En d'autres mots, le statut de salarié ne serait plus suffisant pour exclure, le cas échéant, cette personne de l'application de ces dernières dispositions, et la théorie de l'accession ne permettrait pas plus de clore le débat sans autres nuances en faveur de l'employeur. À défaut des dispositions conventionnelles expresses relatives au partage des résultats de ses travaux, la question pourrait être

---

521. Jean-Claude JAVILLIER, « Fidélité et rémunération », (1991) *Droit social* 386 à 404.
522. Sur le plan psychologique, il est possible qu'un salarié actionnaire se comporte différemment que s'il n'était qu'actionnaire ou que salarié, mais il s'agit là d'une sphère où le droit demeure coi.

soulevée et permettre des développements jurisprudentiels surprenants alors que les tribunaux jugeraient en équité cette question d'accession (art. 975 C.c.Q.). En somme, en reconnaissant davantage la personne au travail comme on le fit aux articles 2085, 2087, 2088, 2091 et 2093 C.c.Q., il serait normal, si les circonstances le permettent, de personnaliser aussi son apport réel et de réduire d'autant la facticité de la prestation du salarié.

CHAPITRE II-4

LA RÉSILIATION ET LA SUSPENSION DU CONTRAT DE TRAVAIL

II-146 — *Inévitable résiliation* — Dès l'amorce de la liaison professionnelle contenue juridiquement dans un contrat de travail, sa finitude est immédiatement annoncée, et de multiples façons. L'accord de volontés à la base de cette relation professionnelle (**II-30**) doit, en raison même de ses sujets et de son objet, se terminer de quelque manière et dans un temps ou dans un autre. Sa durée est parfois prédéterminée ou, dans d'autres cas, indéterminée au moment de la conclusion du contrat, mais elle demeure nécessairement et impérativement déterminable[523]. S'il est de l'essence même du contrat de travail d'être résiliable (**II-63**), l'initiative relève, en principe, de l'une ou de l'autre partie et, selon le cas, les causes et le contexte qui peuvent justifier pareille décision doivent néanmoins respecter certains critères. On peut comprendre que le décès, le congédiement ou la démission n'engagent pas les parties à suivre le même processus de clôture ni n'engendrent les mêmes conséquences. Par ailleurs, il survient d'innombrables accidents ou incidents de parcours qui peuvent suspendre l'exécution des prestations principales des parties, sans pour cela mettre un terme définitif au contrat de travail et d'une manière automatique ou immédiate. Parmi ces événements qui peuvent causer néanmoins quelques turbulences à cette relation contractuelle d'emploi,

---

523. Il est de la nature du contrat de ne pas lier abusivement les cocontractants. À l'égard du contrat de travail, un « contrat à vie » signifierait un quelconque retour à l'esclavage ; c'est ce qui expliquait la nécessité historique de l'article 1667 C.c.B.-C. de 1864 pour écarter cette déviation possible. On n'a pas cru nécessaire, en 1994, de reproduire cette disposition au *Code civil du Québec* (**II-46**).

n'y a-t-il pas les diverses réorganisations structurelles ou technologiques de l'entreprise, les fusions d'entreprises et aussi, la maladie, l'accident de travail ou le décès du salarié, etc. ? Certains de ces événements perturbateurs soulèvent de difficiles et complexes questions juridiques qui font parfois l'objet de longs développements en droit positif, tandis que d'autres semblent être laissés au traitement d'un droit prétorien. Dans le cadre du présent chapitre, nous présentons quelques synthèses et analyses critiques de certaines de ces situations. Ces brefs exposés sont généralement complétés et précisés par l'étude des lois de l'emploi (**titre III**), par l'analyse du régime des rapports collectifs du travail (**titre IV**) et aussi, par l'exposé de certains recours qui peuvent être entrepris par les parties dans ces diverses circonstances (**titre V**). À l'instar du droit de l'emploi dont les principales composantes sont interreliées, aucun des titres de cet ouvrage qui vise à rendre compte de ce droit n'est autonome, et chacun explique et s'explique à l'aide des autres titres.

II-147 — *La démarche retenue* — Nous scindons en deux grandes strates les divers événements qui suspendent ou arrêtent pour un temps plus ou moins prolongé ou d'une manière définitive l'exécution des prestations réciproques des parties au contrat de travail. En premier lieu, il y a les situations qui provoquent des interruptions occasionnelles, soit parce qu'elles sont les conséquences de contraintes personnelles qu'éprouve le salarié (maladie, famille, accident, etc.), soit parce qu'elles résultent de perturbations d'ordre économique ou financier que subit l'entreprise et qui dégénèrent en mises à pied, fusion, transfert, etc. Certes pourrions-nous aussi ranger dans ce dernier groupe les grèves et lock-out, mais ces événements assez complexes sont plutôt analysés dans leur contexte propre des rapports collectifs du travail (**IV-107 à 137**). Nous retenons cependant les effets de la lésion professionnelle, le statut du salarié lésé et les obligations qui incombent à l'employeur à l'égard de ce dernier. Bien évidemment, ces arrêts accidentels donnent ouverture à l'étude des quelques mesures particulières mises en place pour les prévenir. Dans deux autres sections, nous voyons les interruptions définitives : celles qui proviennent du chef de l'employeur (congédiement, résiliation unilatérale et même décès) et celles provoquées par le salarié qui démissionne ou qui décède. L'étude de ces questions se situe généralement entre deux pôles opposés l'un à l'autre, mais suffisamment interreliés pour donner lieu à une tension dynamique. D'un côté, on trouve des règles de droit, dont notamment les articles 2086, 2091 et 2094 C.c.Q., les articles 82 et suiv., 124 et suiv. L.N.T. relatifs à la résiliation du contrat de travail, et à l'autre extrémité se situe un grand nombre de règles de droit qui visent à assurer aux parties la stabilité et la continuité de leurs rapports. Il en est ainsi parce que le contrat de travail se réalise par voie d'exécution successive des prestations réciproques et, en conséquence, elles sont étalées dans le temps. L'employeur doit pouvoir compter sur la régularité et la continuité du service personnel du salarié pour la planification, l'organisation et la coordination des activités de l'entreprise. Sur le plan strictement personnel, nous savons maintenant que le salarié compte sur cette même stabilité pour l'aménagement de son temps en dehors de l'entreprise (l'organisation de sa vie privée), pour assurer la rentabilité de son «temps de travail», élément particulièrement fongible, et pour recevoir, tout aussi régulièrement, une rémunération, sa principale sinon exclusive source de revenu (**II-56**). Tout arrêt de la relation d'emploi, qu'il soit temporaire, accidentel ou définitif, remet en cause les mêmes données fondamentales (son caractère essentiellement temporaire et la continuité de l'exécution des obligations réciproques des parties) en les opposant les unes aux autres. L'étude des principales occasions où la relation d'emploi peut ainsi être discontinuée comporte un intérêt pratique certain et permet également de compléter l'étude de plusieurs éléments déjà analysés, tant pour la formation que pour l'exécution du contrat de travail.

II-148 — *Le facteur temps* — Parce qu'elle est à exécution successive (art. 1383 C.c.Q.), la réalisation du contrat de travail s'étale dans le temps, élément qui est d'ailleurs de l'essence même de la prestation de travail. Celle-ci ne peut être instantanément exécutée dans un seul flux continu, et l'employeur ne saurait recevoir massivement cet apport[524]. Cette contrainte fondamentale tant pour l'employeur que pour le salarié repose également sur une autre donnée que partagent généralement les parties :

— le salarié travaille notamment pour recevoir une rémunération, qui est elle-même échelonnée dans le temps, tout comme ses frais de subsistance (**II-142**);

— l'employeur offre un produit ou un service pour satisfaire à une demande qui est également étalée sur une période donnée ou selon un cycle plus ou moins régulier : la saison, la mode, l'usage, les besoins des usagers ou clients, etc.

Par ailleurs, il est possible que l'une ou l'autre des parties connaisse des difficultés, des défaillances ou des besoins qui dépendent de causes étrangères à la relation d'emploi ou qui empêchent ou contraignent soit le salarié, soit l'employeur à interrompre momentanément l'exécution de sa prestation. Pareils événements qu'éprouve l'un d'eux se répercutent presque aussitôt chez l'autre. Ce sont ces incidents que nous voulons maintenant étudier et d'abord en considérant ces mêmes aspects à l'égard du salarié : les congés, la maladie, les accidents de travail, etc.

---

524. Cette donnée sur l'ipséité du travail n'est certes pas de nature juridique, mais le droit doit néanmoins en tenir compte à titre de fait têtu. En mathématique simple, nous dirions que mille jours de travail d'un salarié n'ont aucune équivalence avec des prestations de travail de mille personnes fournies un même jour.

Section 4.1

Les interruptions occasionnelles et accidentelles de la prestation de travail par le salarié

——

II-149 — *Événements personnels* — Le salarié peut être contraint de discontinuer sa prestation de travail en raison de besoins personnels prioritaires. Certes, les limites imposées aux différentes périodes de travail (jour, semaine, mois, année) reposent sur les mêmes considérations d'ordre physiologique, moral, social ou familial. Il suffit de consulter notamment la *Loi sur les normes du travail* pour constater qu'on en tient compte d'une façon fort précise (**III-217**). Outre les rythmes de travail entrecoupés de pauses, de congés ou d'absences prévisibles et reconnues de part et d'autre, il survient des événements dont l'arrivée est imprévisible ou dont l'impératif est tel qu'ils doivent prévaloir sur l'obligation de maintenir une prestation de travail continue. À titre indicatif, ces événements peuvent survenir parce que le salarié est aussi :

— citoyen : juré, témoin, électeur, maire, député, etc.[525] ;

— membre d'une famille : articles 80, 80.1, 81, L.N.T. ;

— parent : articles 81.1 et 81.2 L.N.T. ;

— mère : articles 81.3 à 81.17 L.N.T. et 40 à 48 L.S.S.T. (**III-218**).

La seule présence de ces dispositions, même s'il ne s'agit que des normes minimales (**I-44; III-210**), nous permet néanmoins de dégager les premières observations suivantes :

---

525. Plusieurs lois et aussi plusieurs conventions collectives confèrent au salarié un droit à des congés de fonction : *Lois électorales*, L.R.Q., c. E-3.3, art. 270; *Loi sur les jurés*, L.R.Q., c. J-2, art. 47.

— l'État dut imposer de tels seuils pour compléter et contenir les contrats de travail trop souvent lacunaires (**II-68**);

— l'engagement professionnel du salarié par la voie du contrat ne saurait soustraire, occulter ou nier les autres dimensions de la personne du salarié;

— en établissant d'autorité de tels droits à des congés, le législateur indique à la fois que certains besoins de la vie du salarié doivent prévaloir sur les contraintes de production de l'entreprise et que l'employeur doit s'y plier et en tenir compte dans l'organisation de la production;

— ce départage d'autorité entre les contraintes personnelles du salarié et celles de la production fut nécessaire car l'expérience avait clairement démontré que tous les salariés ne pouvaient autrement en bénéficier sans coup férir de certains employeurs;

— ces occasions d'absences selon la *Loi sur les normes du travail* sont en quelque sorte légitimées et ainsi, l'employeur ne saurait valablement imposer un contre-ordre ou traiter ces absences comme si elles n'étaient pas autorisées. En un sens, la discrétion administrative de l'employeur en est d'autant contenue.

Nous savons aussi que les droits fondamentaux garantis par la *Charte des droits et libertés de la personne* ont permis aux tribunaux de dégager une règle pouvant contraindre l'employeur à divers accommodements au bénéfice du salarié (**I-32; II-9; III-107**). Pareille problématique relative au respect de la vie privée du salarié et aux contraintes qui en résultent pour l'employeur est soulevée, notamment lorsque la question du travail en temps supplémentaire est étudiée (**II-90**). À cette dernière occasion, on constate que le temps de travail exigible d'un salarié connaît une élasticité relative : l'employeur peut, selon les circonstances de temps et de lieu, demander le prolongement du temps de travail, et le salarié peut aussi revendiquer qu'il lui soit accordé, alors que l'inverse, soit le refus ou du salarié ou de l'employeur, est aussi possible. Dans d'autres lieux, les salariés peuvent être contraints à partager leur temps de travail avec des collègues en « panne » de travail, ce qui suppose un sens réel de solidarité et illustre encore l'intime rapport entre temps et travail.

II-150 — *Absence pour accident et maladie* — Outre les activités personnelles du salarié qui peuvent provoquer des absences légitimes ou des arrêts de l'exécution régulière de sa prestation de travail, il peut subir des défaillances physiques ou psychiques exigeant d'autres absences. Parce que le travail n'occupe qu'une partie du temps du salarié, il arrive également qu'à l'occasion de ses autres activités, il puisse connaître des accidents qui lui imposent une mise à l'écart provisoire[526].

---

526. Combien de nos activités privées comprennent de tels risques : la conduite automobile, le sport, le bricolage, etc.! Sans égard à ces causes ou occasions, l'effet pratique de tels accidents consiste à ne pas pouvoir assumer sa prestation de travail pour le temps de la réparation.

Bien évidemment, nous semble-t-il, l'employeur doit supporter certains contre-coups de ces situations inévitables pour les uns et les autres et souvent pénibles pour la victime. D'ailleurs, dans bien des milieux de travail, l'avènement de ces absences inéluctables ou inévitables fait l'objet d'un préarrangement, soit pour assumer d'une certaine manière le maintien de la rémunération [rémunération circonstancielle (**II-138**)], soit pour la prise en charge des frais inhérents ou com-plémentaires aux régimes publics de santé[527]. De façon générale et sur le seul plan des principes qui prévalent, ces situations ne soulèvent guère de difficultés juri-diques. Il en est cependant tout autrement lorsque l'employeur croit qu'il y aurait abus de la part de certains salariés et entend alors exercer un quelconque contrôle pour réduire cet absentéisme, ou s'il est d'avis que les contraintes de production qu'il éprouve l'empêcheraient d'attendre le retour du salarié malade ou accidenté et qu'il entend dès lors le remplacer sur-le-champ. Ainsi, les droits et les obli-gations des uns et des autres peuvent s'entrechoquer et il nous faut savoir les départager.

II-151 — *Sauvegarde de la santé* — La *Charte des droits et libertés de la personne* (art. 1) et le *Code civil du Québec* (art. 3, 2087) reconnaissent le droit à l'intégrité de toute personne, ce qui doit comprendre le devoir pour chacun à la sauvegarde de sa santé et, lorsque c'est nécessaire, le devoir d'y remédier. En ce sens, le salarié qui s'absente en raison d'une maladie ou d'un accident ne ferait qu'exercer un devoir envers lui-même et nullement une prérogative. D'ailleurs, l'article 2087 C.c.Q. impose à l'employeur le devoir de « [...] prendre les mesures appropriées à la nature du travail en vue de protéger la santé [...] » du salarié[528]. On sait également que cette disposi-tion générale connaît des applications particulières dans la *Loi sur la santé et la sécurité du travail*, notamment à l'égard des expositions à des contami-nants (art. 35), de la travailleuse enceinte ou qui allaite (art. 41, 47) et pour la pratique de certains métiers de façon à satisfaire à certains critères de santé (art. 53, al. 3, L.S.S.T.) (**III-417**). De la lettre de cette loi à sa mise en application, il existe parfois certains écarts, soit parce que l'une des deux parties ou encore les deux sont myopes ou presbytes. En d'autres termes, un employeur peut avoir un entendement fort étroit et mesquin du droit d'absence du salarié pour maladie ou accident et une saisie fort large et accablante des contraintes de production, alors que le salarié peut parfois croire qu'il lui suffirait d'employer les mots « maladie » ou « malaise » pour excuser toute absence, sans égard à son prolongement ou à sa répétition. Il serait possible que ce contentieux relatif à la légitimité des absences résulte

---

527. Dans de nombreuses conventions collectives, des régimes privés portent sur ces deux volets, et dans bien d'autres, ces mêmes questions font l'objet de semblables mesures protectrices qui sont souvent administrées par des sociétés d'assurances.

528. La *Loi sur la santé et la sécurité du travail* articule ce devoir d'une façon fort précise en quinze alinéas à son article 51 (**III-415**).

de quelques abus de droit[529]. Avant d'aborder cette dernière question et pour mieux considérer la façon dont les tribunaux en imposent l'application, nous rappelons que la *Loi sur les normes du travail* fut modifiée en 1990 en vue d'établir une norme minimale importante que nous paraphrasons ainsi : l'absence pour maladie ou accident pour une durée maximale de dix-sept semaines au cours d'une même année ne peut constituer une cause valable de congédiement, de suspension ou de déplacement (art. 122.2 L.N.T.) (**III-218**).

II-152 — *Admissibilité aux congés* — L'article 122.2 L.N.T. précise bien que l'absence pour maladie ne peut, à ce seul titre, constituer une cause valable de congédiement. N'est-il pas d'ailleurs assez symptomatique que cette intervention législative survienne en 1990 alors que le problème n'est guère nouveau[530] ? Nous devons aussi noter les modalités accompagnatrices de cette nouvelle mesure et qui en balisent l'application.

i) Le salarié protégé doit être en service continu pour l'employeur depuis au moins trois mois. Cette période s'entend au sens de la définition de « service continu » (art. 1., al. 12, L.N.T.), ce qui signifierait que le salarié à temps partiel y serait visé si son engagement initial fut ininterrompu pour une telle période, sans égard par ailleurs à la fréquence de ses prestations quotidiennes ou hebdomadaires. De même en serait-il pour le salarié qui connaît un nouvel employeur au sens de l'article 97 L.N.T. (**II-175; III-208**).

ii) L'antécédent, c'est-à-dire l'hypothèse visée, serait l'absence pour maladie ou accident, ce qui suppose un certain entendement de ces deux termes. Ces qualifications peuvent donner prise à quelques discussions, tant au sujet de leur définition qu'à l'égard de leur gravité relative. C'est alors qu'il nous faut savoir si l'appréciation du délai d'absence relèverait uniquement de la victime et si elle peut être contestée par l'employeur. Le deuxième alinéa de l'article 122.2 L.N.T. y répond partiellement en reconnaissant que l'employeur peut néanmoins :

— congédier, suspendre ou déplacer le salarié « [...] si les conséquences de la maladie ou de l'accident ou le caractère répétitif des absences constituent une cause juste et suffisante, selon les circonstances » ;

— déplacer le salarié absent de plus de quatre semaines consécutives à un autre emploi comparable à celui qu'il délaissa ; notons qu'un emploi dit « comparable » n'est pas nécessairement semblable.

---

529. Jean-Yves BRIÈRE, « L'abus de droit et la rupture du contrat de travail », *Développements récents en droit du travail, (1992)*, Cowansville, Les Éditions Yvon Blais inc., 1992, p. 165.
530. *Leduc* c. *Centre d'accueil Marie-Lorraine inc.*, [1991] C.T. 384; *Tibbitts* c. *Service pétrolier Techsan Canada Ltée*, [1992] C.T. 10.

iii) La mesure administrative de contrôle (art. 123 L.N.T.) renvoie à l'exercice du recours applicable au « congédiement pour activités syndicales », ce qui signifie qu'un employeur peut être contraint à établir la qualité de sa décision de congédiement, suspension ou déplacement sous peine de réintégration du salarié (**V-22**).

iv) L'absence pour maladie ou accident n'est pas déductible de la période de congé annuel à laquelle le salarié a droit ni de la rémunération afférente (art. 70, al. 2, 74, al. 2, L.N.T.) (**III-216**).

v) Ces maladies et accidents visés à cette disposition 122.2 L.N.T. ne comprennent pas les lésions professionnelles qui font l'objet d'une autre loi (L.A.T.M.P.) (**II-156; III-307; V-18**).

On constate que la justification de l'absence pour maladie peut soulever des questions fort délicates parce qu'elles sont imprégnées de subjectivité : la douleur, la souffrance, l'incapacité provisoire d'assumer physiquement et psychologiquement les tâches et responsabilités professionnelles inhérentes à une prestation de travail, le besoin réel d'une prolongation d'un repos pour une meilleure rémission, etc. Il faut parfois aussi prendre en considération la subjectivité de l'employeur compte tenu des coûts induits de ces absences et des ennuis qu'elles peuvent provoquer au sein de l'entreprise. Cette situation mixte de droits et d'obligations fait aussi l'objet d'appréciations diverses ou contradictoires de la part de l'employeur et des salariés.

II-153 — *Justification des absenses* — Compte tenu des règles particulières de contrôle des décisions prises par l'employeur en pareilles occasions, nous devons d'abord considérer le comportement du salarié. Il est évident qu'il ne saurait valablement tirer abusivement profit de cette « subjectivité » pour prendre congé à volonté sous prétexte de maladie. Il va également de soi que ce droit à l'absence et ce devoir de sauvegarde de sa santé s'exercent dans le respect intégral « [...] des exigences de la bonne foi » au sens des articles 6 et 7 C.c.Q. Parce que ce dernier critère est toujours d'application difficile en droit alors que les tribunaux et leurs aides sont mal outillés pour « scruter les cœurs », on s'attarde souvent à l'analyse de faits externes à titre d'indices possibles d'abus de ces droits et privilèges, tels que :

— la répétition d'absences alors que les symptômes de la maladie semblent fluides ou volatiles;

— l'occurrence des absences répétées formant trop souvent d'heureuses coïncidences avec d'autres périodes de congé : avant et après une fin de semaine, un congé prolongé, etc.;

— un comportement ou des activités en cours d'absence qui seraient incompatibles avec la souffrance alléguée : la pratique d'un sport par celui qui devait souffrir d'arthrite, etc.;

— l'achat de titres de transport bien avant la période d'absence pour maladie, etc.[531].

En somme, le salarié qui utilise de quelque manière la maladie à titre de
subterfuge pour s'évader de son obligation professionnelle principale à
l'égard de l'employeur (**II-87**) abuserait de ses droits et violerait son engagement, même si ce salarié n'agit pas par malice, car l'acte juste ou injuste est
un fait, non une intention[532]. Il est vrai que cette seule violation ne saurait suffire à donner à l'employeur pleine discrétion pour se faire justice lui-même
en un seul temps et mouvement, comme le rappela la Cour d'appel :

> Toutefois, en matière de contrat de travail, l'usage de la théorie de
> l'abus de droit ne saurait remplacer les règles prévues par le légis-
> lateur quant au préavis de congé devant être donné lors de la rési-
> liation du contrat de travail. Cette théorie ne saurait fonder non
> plus l'obligation de l'employeur, hors les cas expressément pré-
> vus par la loi, de donner un préavis avec délai raisonnable[533].

II-154 — *L'enseignement des tribunaux* — Ces subjectivités en présence, celle
du salarié malade et celle de l'employeur déçu ou mécontent d'être ainsi privé
des services d'un salarié, provoquent parfois des appréciations opposées au
sujet de la situation réelle qu'ils éprouvent. Ces distorsions peuvent donner
prise par la suite à un départage, soit par la voie d'un conseil médical, soit par
celle des tribunaux spécialisés ou judiciaires. Dans ces derniers cas, la fluidité
ou la volatilité des données rend aussi difficile l'obtention d'une tierce intervention qui soit satisfaisante pour les deux parties. À cette première dimension
relative à la fragilité de la problématique, nous devons aussi considérer la portée directe ou parfois implicite du deuxième alinéa de l'article 122.2 L.N.T. qui
précise que l'on ne vise nullement à réduire la prérogative de l'employeur
« [...] de congédier, de suspendre ou de déplacer un salarié si les conséquences
de la maladie ou de l'accident ou le caractère répétitif des absences constituent
une cause juste et suffisante,[...] ». Il semble qu'il suffirait à l'employeur qui
entend résilier le contrat de travail en pareilles circonstances, de pouvoir
démontrer, s'il y a contrôle (**II-150**), que le fait de cette absence, sa répétition
ou ses conséquences sont susceptibles d'entraîner ou de provoquer un préjudice
réel et grave à la bonne marche de l'organisation[534]. Puisque l'employeur dispose de cette prérogative lorsque ces absences « [...] constituent une cause juste

---

531. Jacques A. NADEAU, « L'encadrement juridique de l'invalidité de courte et de longue durée »,
      dans SERVICE DE LA FORMATION PERMANENTE, BARREAU DU QUÉBEC, *Récents développe-
      ments en droit du travail (1995)*, Cowansville, Les Éditions Yvon Blais inc., 1995, p. 169.

532. *Houle* c. *Banque canadienne nationale*, précité, note 40.

533. *Domtar inc.* c. *St-Germain*, [1991] R.J.Q. 1271, 1274 (C.A.).

534. Vu sous cet angle, l'article 122.2 L.N.T. ne ferait qu'exprimer et peut-être consolider l'état
      de la jurisprudence d'alors. Voir : *Verreault* c. *Café Laurier*, [1991] C.T. 381.

et suffisante [...] », il en résulte que la démonstration de cette dernière qualité lui incombe, mais *a posteriori* et seulement lorsqu'un recours est entrepris (art. 123 L.N.T.) (**V-22**). Par voie de conséquence, l'employeur serait pleinement justifié, si les circonstances l'y autorisent, d'exiger que le salarié lui fournisse les attestations médicales nécessaires pour mieux saisir quand le salarié pourrait être en état d'assumer sa prestation de travail (**II-87**). Pourrait-il, à cette même fin, contester ou faire valider les attestations médicales déposées par le salarié, et ce, à l'aide d'un contre-examen médical ? Pourrait-il refuser des attestations sous prétexte de leur imprécision ? Le salarié peut-il se défendre et comment pourrait-il le faire ? Pareil débat soulève la question de la protection de la vie privée du salarié et du secret auquel est tenu tout professionnel, même le médecin salarié de l'entreprise[535]. Les absences qu'impose une cure de désintoxication peuvent aussi être traitées à ce même titre puisque l'on reconnaît généralement que l'alcoolisme et certaines autres toxicomanies constituent des types de maladie. Finalement, il nous faut signaler que l'absence pour maladie ne signifie pas que le salarié soit tenu à une entière oisiveté : il peut certes entreprendre quelques activités personnelles compatibles et non contradictoires avec les prescriptions médicales[536]. En somme, le fait qu'il soit vu à faire de tels actes en dehors de l'entreprise et au cours d'une absence pour maladie ne saurait suffire à établir immédiatement et directement un abus de droit de sa part, un acte déloyal ou une violation automatique de son obligation de disponibilité.

II-155 — *Emprisonnement* — Il est aussi possible qu'un salarié s'absente parce qu'il est détenu ou retenu en prison sous l'effet d'une inculpation ou en exécution d'un jugement l'y condamnant. Nous savons cependant que la *Charte des droits et libertés de la personne* précise bien à l'article 18.2 qu'un tel jugement de culpabilité ne peut constituer une cause valable pour congédier « [...] ou autrement pénaliser » ce salarié (**III-104**). Si un jugement d'ordre pénal ou criminel condamnant le salarié ne peut constituer un motif sérieux et raisonnable de résiliation du contrat de travail puisque l'employeur n'est pas une doublure du procureur général du Québec, la portée de ce même article 18.2 n'est pas absolue puisqu'elle comporte cette réserve : « [...] si cette infraction n'a aucun lien avec l'emploi [...] ». En conséquence, des distinctions ou nuances s'imposent et à ces fins, nous considérons quatre situations où, hypothétiquement, la violation visée par le jugement d'ordre pénal ou criminel :

— se rapporterait à des faits survenus en dehors du lieu de travail et sans aucun rapport direct avec l'entreprise ; ou

---

535. James E. DORSEY et Susan D. CHARLTON, « Alcoholism, Drug Dependency and the Workplace : Problems and Responses », dans W. KAPLAN, J. SACK et M. GUNDERSON (ed.), *op. cit.*, n° 391, vol. 1, p. 69.

536. *Léger* c. *Produits chimiques Expro inc.*, D.T.E. 92T-1292 (C.T.).

— aurait eu lieu à l'occasion ou au cours du travail, mais sans lien avec l'emploi du salarié; ou

— aurait eu lieu en cours d'exécution du travail, en ce sens que le comportement fautif serait opposé aux qualités exigibles du titulaire de l'emploi; ou encore

— se situerait à l'extérieur des lieux de l'entreprise, mais remettrait en cause les qualités requises à l'exercice même des fonctions que son titulaire doit exercer dans l'entreprise.

Dans le cas de la première hypothèse, l'employeur ne peut prendre en considération la cause de cette absence et il se doit d'en supporter les inconvénients, sauf si cette absence est de longue durée. Il nous paraît alors difficile de soutenir que l'employeur ne puisse remplacer définitivement le salarié sous ce dernier chef si les contraintes de production l'y obligent, et ce, d'autant plus que la *Loi sur les normes du travail* lui permet de le faire, dans certaines circonstances, à l'égard du salarié absent pour maladie (art. 122.2). Les faits donnant prise à l'emprisonnement peuvent survenir dans l'entreprise ou à l'occasion du travail sans qu'il y ait un rapport direct avec l'emploi du salarié emprisonné (2e hypothèse). Dans ce cas, il serait néanmoins possible que l'employeur puisse justifier sa décision en résiliation unilatérale si l'événement causal perturba réellement le bon ordre, souleva effectivement la question de la sécurité au sein du personnel ou encore put perturber les rapports essentiels de convivialité (**II-104**). Si de tels rattachements ne peuvent être établis, comment serait-il possible à l'employeur de sévir de nouveau tout en respectant l'esprit et la lettre de l'article 18.2 de la Charte ? Selon les circonstances et la démarche suivie, la décision de l'employeur basée sur une telle situation serait de nature ou disciplinaire ou professionnelle (**II-176; V-31**). Dans le cas où un lien direct ou assez certain peut être établi entre la faute pénale ou criminelle sanctionnée et l'emploi (3e et 4e hypothèses), il incomberait à l'employeur d'en tirer d'autres conséquences pertinentes et réalistes. Si les circonstances lui permettent de résilier valablement le contrat de travail sous ces derniers chefs, il n'est jamais tenu de le faire puisqu'il se doit, à titre de gestionnaire, d'apprécier l'ensemble des intérêts de l'entreprise, toutes choses considérées. Notons encore que sa décision doit être en fonction de l'acte imputé au salarié et non simplement fondée sur le fait de la condamnation à l'emprisonnement[537]. Il est des situations connues où l'établissement de ce rapport à l'égard des conditions d'exercice d'un emploi est très vraisemblable. Ainsi, lorsque le salarié fut condamné :

— pour vol : pourrait-il encore agir à titre de caissier, de préposé au transport de titres ou de comptable, etc. ?

---

537. L'article 18.2 de la Charte respecte cette distinction par l'usage des expressions « du seul fait qu'il a été déclaré coupable » et « si cette infraction n'a aucun lien » (**III-104**).

— pour pédophilie : devrait-on lui confier encore un enseignement au secteur primaire, un poste de chauffeur d'autobus scolaire, etc. ?

— pour viol : comment pourrait-il encore détenir un poste de concierge, de cuisinier ou de technicien dans un collège pour jeunes filles ?

— etc.[538].

On connaît des situations où un salarié put, à l'occasion d'un conflit de travail, commettre des actes individuels graves : molestation d'un cadre; bris de l'équipement ou d'un immeuble; atteinte à la réputation de l'entreprise ou de ses gestionnaires; altercation avec des salariés récalcitrants ou des francs-tireurs (briseurs de grève); refus d'assumer correctement une assignation au maintien de services essentiels ou d'obtempérer à une ordonnance d'astreinte, etc. Dans de tels cas, l'employeur peut, selon les circonstances de temps et de lieu, sévir, et alors d'autres règles sont applicables (**IV-130**)[539]. Dans le contexte particulier d'un conflit collectif de travail, il est possible que de tels actes soient déjà sanctionnés par les tribunaux et encore, ce seul acte de justice, ce jugement ne constituerait pas un blanc-seing justifiant d'une façon automatique et immédiate la décision de l'employeur en résiliation de ce contrat de travail[540].

II-156 — *La lésion professionnelle* — Il existe plusieurs autres situations où le salarié peut interrompre l'exécution de sa prestation en raison d'événements occasionnels ou accidentels. Sous ce titre, nous rangeons, en tout premier lieu, l'accident de travail. Bien évidemment, l'accident de travail n'est que la cause occasionnelle, alors que l'absence du salarié ne serait justifiée sous ce chef que s'il est lui-même victime de « lésions professionnelles[541] ».

---

538. Christian BRUNELLE, « La charte québécoise et les sanctions de l'employeur contre les auteurs d'actes criminels œuvrant en milieu éducatif », (1995) 29 R.J.T. 313.

539. Le refus de l'employeur de réintégrer un salarié à la suite d'une grève ou d'un lock-out peut être soumis au contrôle d'un arbitre de griefs, et la qualité de la représentation du syndicat accrédité à son endroit à cette même occasion peut aussi être appréciée par le Tribunal du travail (art. 47.3, 110.1, al. 2 et 3, C.t.) (**IV-183; V-90**).

540. Il s'agit notamment du refus que peut légitimement opposer l'employeur au retour au travail d'un tel salarié. De l'article 110.1, al. 2, C.t., on induit que l'employeur peut disposer alors d'une cause juste et suffisante pour exercer pareil refus, mais s'il y a contestation, il lui faudra établir la qualité de sa décision (**IV-40; V-90**).

541. Notons que la définition d'accident de travail est assez large : « un événement imprévu et soudain attribuable à toute cause, survenant à une personne par le fait ou à l'occasion de son travail et qui entraîne pour elle une lésion professionnelle ». La définition de « lésion professionnelle » est ainsi donnée : « une blessure ou une maladie qui survient par le fait ou à l'occasion d'un accident du travail ou une maladie professionnelle, y compris la récidive, la rechute ou l'aggravation » (art. 2 L.A.T.M.P.). Une intéressante analyse de ces définitions fut réalisée par Mᵉ Jean-Marie ROBERT, « L'accident du travail : à la recherche du fil d'Ariane », dans SERVICE DE LA FORMATION PERMANENTE, BARREAU DU QUÉBEC, *Développements récents en droit de la santé et sécurité au travail (1992)*, Cowansville, Les Éditions Yvon Blais inc., 1992, p. 67. Au sujet de la définition de l'accident de travail, on consultera l'une

L'absence de l'accidenté du travail est de ce seul fait justifiée et ne saurait être considérée à titre de manquement à son obligation de disponibilité (**II-87**)[542]. Selon la *Loi sur les accidents du travail et les maladies profession-nelles*, cette absence ne saurait lui causer d'autres préjudices de nature professionnelle et, à cette fin, on précise :

— que l'accumulation de l'ancienneté au sens de la convention collective applicable et que son service continu au sens de la *Loi sur les normes du travail* ne sont pas interrompus pour ce même temps (art. 235, al. 1, L.A.T.M.P.);

— que le régime de sécurité sociale de l'entreprise (assurances diverses, régime de retraite, etc.) est maintenu si ce salarié continue de payer sa quote-part régulière, s'il y a lieu, et alors, l'employeur doit maintenir le paiement de sa contribution, et ce, pour un an si l'établissement visé comprend vingt travailleurs ou moins et pour deux ans dans les autres cas (art. 235, al. 2, 240, 242 L.A.T.M.P.);

— que l'accidenté dispose d'un droit prioritaire, également limité dans le temps, de réintégration à son emploi ou à un emploi équivalent et, s'il souffre d'une réduction de sa capacité professionnelle, à un autre emploi convenable (art. 236, 239 et 240 L.A.T.M.P)[543].

Un contentieux s'établit au moment de l'application de ces droits prio-ritaires et peut donner prise à des débats parfois tripartites ou quadripartites : l'employeur, l'accidenté, le syndicat et la C.S.S.T. (**III-314**). Outre les diffi-cultés d'application pratique de ces dispositions de la *Loi sur les accidents du travail et les maladies professionnelles*, la convention collective peut égale-ment comprendre des modalités particulières qui se conjuguent à celles de la loi (art. 238; 244 L.A.T.M.P.) et, dans ce cas, les litiges peuvent être soulevés par voie de griefs, donnant ainsi compétence à l'arbitre de griefs[544].

---

des premières décisions rendues dans ce domaine : *The Montreal Tramways Company* c. *Girard*, (1920), LXI R.C.S. 12; ou la jurisprudence dans : F. MORIN, *op. cit.*, note 20, p. 23.

542. Les questions relatives à la réparation physique, professionnelle et sociale sont vues plus loin (**III-311 à 314**).

543. Si l'employeur ne peut refuser d'embaucher un salarié au motif qu'il fut déjà victime d'une lésion professionnelle (art. 243 L.A.T.M.P.) (**III-314**), il allait de soi qu'il ne puisse, sous ce même chef, bloquer le retour du salarié accidenté. Voir : Nathalie-Anne BÉLIVEAU, « La gestion de l'absentéisme non fautif dans le cadre des lésions professionnelles », dans SERVICE DE LA FORMATION PERMANENTE, BARREAU DU QUÉBEC, *Développements récents en droit de la santé et sécurité du travail (1995)*, Cowansville, Les Éditions Yvon Blais inc., p. 17.

544. Ce retour prioritaire de l'accidenté peut perturber ou rendre difficile l'application des règles conventionnelles applicables aux autres salariés et relatives aux mouvements de per-sonnel. Aussi, les parties à la convention collective peuvent-elles harmoniser l'ensemble de ces dispositions virtuellement en conflit (**III-314; IV-158; V-18**).

II-157 — *Refus et retrait préventif* — La *Loi sur la santé et la sécurité du travail* autorise également des absences momentanées et généralement de courte durée, la santé et l'intégrité du salarié devant prévaloir sur l'obligation d'exécution de sa prestation de travail. Le législateur affirma de multiples fois le droit inaliénable à l'intégrité de la personne et à la sauvegarde de sa dignité, soit d'une manière générale ou parfois d'une façon plus précise à l'égard du salarié.

i) *La* Charte des droits et libertés de la personne : « Tout être humain a droit à la vie, ainsi qu'à la sûreté, à l'intégrité et à la liberté de sa personne » (art. 1).

ii) *Le* Code civil du Québec : « Toute personne est titulaire de droits de la personnalité, tels le droit à la vie, à l'inviolabilité et à l'intégrité de sa personne, au respect de son nom, de sa réputation et de sa vie privée. Ces droits sont incessibles » (art. 3).

« Toute personne est inviolable et a droit à son intégrité. Sauf dans les cas prévus par la loi, nul ne peut lui porter atteinte sans son consentement libre et éclairé » (art. 10).

« L'employeur, outre qu'il est tenu de permettre l'exécution de la prestation de travail convenue et de payer la rémunération fixée, doit prendre les mesures appropriées à la nature du travail, en vue de protéger la santé, la sécurité et la dignité du salarié » (art. 2087).

iii) *La* Loi sur la santé et la sécurité du travail : Le travailleur a droit à des conditions de travail qui respectent sa santé, sa sécurité et son intégrité physique (art. 9).

Le travailleur doit : « [...] prendre les mesures nécessaires pour protéger sa santé, sa sécurité ou son intégrité physique » (art. 49, al. 2).

« L'employeur doit prendre les mesures nécessaires pour protéger la santé et assurer la sécurité et l'intégrité physique du travailleur. Il doit notamment : [...] » (art. 51).

En conséquence, il convenait que l'on excuse sous ces mêmes chefs l'inexécution de la prestation de travail. En d'autres termes, on a dû retenir des situations particulières où le droit à la sauvegarde de l'intégrité physique du salarié devait nécessairement prévaloir sur son obligation professionnelle. C'est ainsi que l'on justifie :

— le droit de refus du salarié : « [...] s'il a des motifs raisonnables de croire que l'exécution de ce travail l'expose à un danger pour sa santé, sa sécurité ou son intégrité physique [...] » (art. 12 L.S.S.T). Par ailleurs, l'exercice de ce droit de refus ne doit pas mettre en danger la vie d'une autre personne, comme le précise l'article 13 de cette même loi (**III-420; V-18**)[545] ;

---

545. M. Renaud, G. Trudeau, C. Saint-Jacques et L. Dubé, *op. cit.*, note 468.

— le retrait préventif du salarié exposé à certains contaminants (art. 32 L.S.S.T.) ou de la travailleuse enceinte ou qui allaite, si les conditions de son travail comportent des dangers physiques pour elle-même ou pour l'enfant (art. 40, 41, 46 et 47 L.S.S.T.) (**III-424**)[546].

Ces diverses dispositions précisent que l'absence de la prestation de travail n'affecte pas le maintien du contrat de travail, ce qui pourrait indiquer *a contrario* que l'employeur aurait pu autrement, selon les circonstances de temps et de lieu, en dégager un autre entendement. Il va sans dire d'ailleurs que ces interventions législatives résultent d'expériences ou de pratiques que l'on cherche ainsi à contrer à titre de mesures protectrices du salarié. Il s'agit, avons-nous vu (**II-149**), de divers moyens assurant le maintien du lien d'emploi malgré la discontinuité de la prestation de travail du chef du salarié, entendu que dans d'autres circonstances, l'employeur pourrait autrement entreprendre de semblables initiatives.

---

546. Les procédures d'exécution de ces refus ou retraits sont analysées plus loin (**V-18**).

Section 4.2

La suspension de la prestation de travail du chef de l'employeur

---

II-158 — *La mise à pied* — Il survient des situations où l'employeur doit lui-même refuser la prestation de travail du salarié en raison de difficultés d'ordre économique, technique, administratif ou structurel. Sous ce titre, nous ne traitons que des suspensions provisoires de la prestation de travail qui seraient imposées par l'employeur dans trois circonstances principales :

— des événements extérieurs à l'entreprise perturbent, en amont et en aval, le flux continu de ses activités;

— des modifications apportées au processus de production, aux créneaux ou à la structure même de l'entreprise;

— un comportement du salarié provoquant de sa part une réaction correctrice.

Le refus patronal de recevoir la prestation du salarié emprunte la voie de la mise à pied et, à la troisième situation, celle de la suspension disciplinaire. Afin d'éviter toute confusion au sujet des expressions communément employées dans de semblables circonstances, soit la mise à pied et le licenciement, nous qualifions de mises à pied tous les cas où l'employeur suspend l'exécution de la prestation du salarié, sans vouloir cependant rompre le lien d'emploi, alors qu'il s'agirait de licenciement ou, selon le cas, de congédiement si la rupture du contrat était recherchée ou imposée par l'employeur (**II-168**). Ces précisions terminologiques s'imposaient parce que l'entendement de ces quatre termes, mise à pied, licenciement, renvoi et congédiement, n'est pas uniformément partagé par tous, et certaines dispositions législatives sur l'emploi peuvent même alimenter cette confusion[547]. Si le législateur est libre de définir comme il l'entend ces mêmes réalités, les parties aux conventions collectives peuvent également se doter à leur convenance de définitions, ce qui peut parfois rendre encore plus délicates mais davantage nécessaires les qualifications juridiques à l'égard d'une même situation concrète. Par voie de conséquence, il est toujours prudent de s'assurer, dans chaque cas, que les interlocuteurs traitent bien de la même question, au-delà des termes qu'ils emploient pour l'identifier; cette consigne vaut également pour la lecture des décisions judiciaires. Outre cette première source de confusion résultant des expressions différentes employées, le contexte, les objectifs recherchés et autres facteurs peuvent parfois brouiller davantage les pistes de qualification. Ces dernières situations se produisent, par exemple, lorsque :

— l'employeur refuse l'accès au travail d'un groupe de salariés dans le contexte d'un conflit collectif du travail. Les premiers effets qu'éprouvent les salariés en lock-out ou mis à pied ne seraient-ils pas semblables[548] ?

— l'employeur entend réduire son personnel à la suite d'un contrat de services ou de sous-traitance prenant la relève d'une partie de son processus de production. Cette mesure peut n'être que provisoire, pour le temps nécessaire au redéploiement de l'ensemble de son personnel ou constituer une première étape d'un cheminement définitif de sortie, en tout ou en partie (**II-166**);

— la mise à pied réelle ou apparente s'effectue dans un contexte de fusion d'entreprises ou d'absorption (**II-175**).

II-159 — *Caractéristiques d'une mise à pied* — La mise à pied comporterait généralement trois caractéristiques.

i) Elle est nécessairement provisoire, en ce sens que les parties sont ainsi placées l'une par rapport à l'autre en situation passagère ou provisoire, situation qui devrait connaître un quelconque aboutissement. En somme, cette mise en attente forcée ne saurait, par définition, être permanente.

---

547. La *Loi sur la formation et la qualification professionnelles de la main-d'œuvre* définit ainsi le licenciement : « une cessation de travail d'un salarié du fait de l'employeur, y compris une mise à pied » (art. 1, al. 0.1). L'article 82 L.N.T. assimile certaines mises à pied à des licenciements : « Un employeur doit donner un avis écrit à un salarié avant de mettre fin à son contrat de travail ou de le mettre à pied pour six mois ou plus. » Les effets pratiques et juridiques respectifs de la mise à pied ou du licenciement sont assez différents pour qu'il soit nécessaire de respecter une certaine rigueur terminologique.

548. La qualification de la décision de l'employeur peut parfois retarder, et ce, d'autant plus qu'une grève ou même une menace réelle de grève peuvent provoquer la mise à pied de salariés travaillant à proximité. La grève et le lock-out pratiqués au sein de l'entreprise et conformément aux dispositions du *Code du travail* ne peuvent constituer à l'égard de l'employeur des cas fortuits. Voir : *McGavin Toast-master Ltd.*, précité, note 339; Alain RAMAIN, *Le lock-out et le chômage technique*, Paris, éditions L.G.D.J., 1977.

ii) La décision de l'employeur n'est nullement tributaire des faits et gestes du salarié. Ce dernier tient alors un rôle strictement passif, en ce sens qu'il n'aurait aucunement provoqué ni voulu cette mise à pied, il ne fait que la subir.

iii) Pour l'employeur, il s'agit davantage d'un moyen pratique et non d'une fin, en ce sens qu'il en prend l'initiative non pas parce qu'il recherche nécessairement à imposer l'inaction au salarié, mais parce que cette mesure est, à un degré ou à un autre, une conséquence d'une situation ou d'une contrainte qu'il éprouve, qu'il doit assumer ou subir.

Il ne s'agit que de traits caractéristiques et bien des situations particulières peuvent comprendre d'autres éléments modifiant quelque peu cette perception. Parce que la mise à pied est une situation évolutive, la discontinuité de la prestation de travail devrait normalement aboutir à un rappel et alors, les parties reprendraient leur position professionnelle et juridique antérieure : exécution de la prestation de travail pour l'un (**II-87**) et versement d'une rémunération pour l'autre (**II-136**). Au-delà de cette dernière assertion, on ne saurait évacuer l'ensemble des questions relatives aux statuts et aux obligations des parties au cours de cette même période forcée d'inactivité professionnelle (**II-161 et 162**). Il arrive qu'une mise à pied ne vise pas seulement quelques individus isolés et que l'opération s'adresse à un groupe plus ou moins important de salariés : c'est une mise à pied collective. En raison de la nature des causes occasionnelles qui provoquent de semblables mises à pied, on peut saisir qu'un ensemble de salariés soient à la fois soumis à un tel partage, notamment dans certains milieux industriels (**II-165**). Cette donnée quantitative ne fait que s'ajouter aux premiers effets produits par la mise à pied chez chaque salarié. Si la mise à pied ne se résorbe pas par la voie d'un rappel et si cette situation de fait se prolonge, alors cette mise en attente provisoire peut prendre l'allure d'une situation plus ou moins permanente. Ainsi, la mise à pied initiale se transformerait en un licenciement et devrait dès lors être traitée à ce nouveau titre. Il se peut que telle était foncièrement la situation dès le départ, mais qu'elle fut mal appréciée par l'employeur, soit par ignorance, inadvertance ou subterfuge. Dans ces derniers cas, il nous faut à nouveau aborder la question à l'aide des règles de droit applicables au licenciement, au congédiement ou à la résiliation du contrat de travail (**II-169, 176**). Pour l'instant, le caractère intrinsèquement provisoire de la mise à pied nous oblige à considérer distinctement cette situation en gardant bien à l'esprit le statut du salarié avant ce fait unilatéral et celui qui est toujours le sien à son terme.

II-160 — *Fondement de la mise à pied* — Comment articule-t-on en droit l'opération de la mise à pied ? L'analyse juridique de la question, si on entendait la considérer exclusivement sous le prisme du contrat de travail, provoquerait des embarras certains. En effet, comment une partie à un même contrat pourrait-elle, de sa seule initiative, valablement imposer une telle halte, une telle mise en attente de l'exécution des obligations successives normalement engendrées par le contrat de travail (**II-55**) ? Si, en raison des contraintes qui sont siennes, l'employeur ne peut momentanément recevoir la prestation de travail du salarié, pourquoi n'assumerait-il pas lui-même cette responsabilité en accordant au salarié un congé avec solde puisque le salarié demeure disponible (**II-87**) ? De quel droit peut-il imposer d'une certaine manière un congé sans solde pour le temps par lui fixé, alors que le temps de travail du salarié est fongible et irrécupérable et que ce même salarié est disponible pour fournir sa prestation ? Comment justifier cet acte unilatéral alors que l'actuel article 2085 C.c.Q. précise que l'employeur « [...] est tenu de permettre l'exécution de la prestation de travail convenue [...] » et en présumant que le salarié entendait bien la lui fournir ? On comprend que cette problématique juridique serait semblable à celle abordée au sujet des fondements du pouvoir disciplinaire de l'employeur (**II-115 et suiv., 176**). Nous devons encore reconnaître que l'on ne saurait, par la voie de la doctrine générale relative au contrat, dégager quelques éléments de réponse qui seraient satisfaisants, et ce, nous semble-t-il, sans autrement gommer la situation de fait. La rationalisation juridique de l'opération exige que nous nous attardions au caractère particulier, distinctif et *sui generis* du contrat de travail (**I-51; II-44, 58**). À ces fins, nous croyons devoir prendre en considération deux éléments :

— l'employeur retient les services professionnels du salarié parce qu'il a un besoin à satisfaire et que ce dernier ne peut être toujours constant : si la question ne soulève pas de difficulté dans le cas d'une croissance de ce besoin qui stimule l'activité ou l'embauche, il ne saurait théoriquement y en avoir davantage par sa baisse, sous réserve des obligations implicites et explicites rattachées aux contrats déjà conclus (**II-162 et 163**)[549];

— parce qu'il s'agit d'un contrat à durée indéterminée[550]; il est toujours résiliable sous réserve des modalités applicables (art. 2091 C.c.Q.) (**II-169**).

Selon ces données de base, nous pourrions concevoir, sur le plan théorique, que l'employeur puisse, au lieu et place de cette mesure provisoire, résilier le contrat de travail, quitte à le « renouer » au besoin. Pareille solution entraînerait certes des coûts aux deux parties. Ces frais pourraient être assez élevés pour l'employeur au moment d'une telle rupture et aussi, pour effectuer le réengage-

---

549. Cet élément de base vise seulement à rappeler qu'en l'absence d'un besoin initial de main-d'œuvre, l'employeur n'aurait pas engagé le salarié et que ce dernier est depuis susceptible d'être mis à pied, licencié, congédié, etc. (art. 2091 C.c.Q.). Il est évident par ailleurs que la mise à pied d'un salarié demeure étrangère à l'embauche d'un autre salarié en période de croissance.

550. Dans le cas du contrat à durée déterminée (**II-63**), il ne saurait y avoir vraiment de mise à pied puisque ce salarié remercié hâtivement aurait néanmoins droit à la pleine rémunération rattachée à la durée complète du contrat. D'ailleurs, il est aussi exclu de l'application des règles relatives à la mise à pied édictées par la *Loi sur les normes du travail* (art. 82.1, par. 2).

ment éventuel ou aléatoire. D'autre part, ils seraient aussi élevés pour le salarié qui perdrait notamment l'«investissement» professionnel rattaché à la continuité de son service et son attachement personnel à ce lieu de travail, outre le fait qu'il devrait supporter le risque de ne pas être réengagé, etc. Cette balance des inconvénients mutuels serait donc prise en considération plus ou moins implicitement et ce sous-entendu serait, depuis fort longtemps, consacré par l'usage (art. 1434 C.c.Q.) (**I-58**). C'est ainsi, croyons-nous, que l'on expliquerait la discrétion reconnue à l'employeur d'imposer la mise à pied[551]. S'il est vrai que ces dernières notes ne dépassent guère le niveau de la rationalisation juridique de cette initiative patronale, il nous faut néanmoins compléter l'exposé en considérant les règles applicables à l'exercice de cette prérogative (**II-161**) et rendre compte du statut des parties au contrat durant cette période (**II-162**).

II-161 — *L'article 82 L.N.T.* — Pas plus qu'il ne traite des fondements de l'autorité patronale (**II-111**), le *Code civil du Québec* ne comprend aucune disposition pouvant directement servir d'assises à la discrétion de l'employeur de procéder à des mises à pied[552]. En droit positif, on trouve deux ensembles de dispositions qui traitent non des fondements juridiques de ce procédé, mais des voies et moyens applicables à son exercice[553]. La *Loi sur les normes du travail* assimile la mise à pied pour six mois ou plus à un licenciement (art. 82, al. 1, L.N.T.) et ainsi, la même procédure s'applique dans cette double situation (**III-219**). On peut déjà dégager de ce premier alinéa de l'article 82 L.N.T. les premières observations qui suivent.

i) La mise à pied de moins de six mois serait possible, mais nullement contenue par ces règles de droit; c'est à croire ou à supposer qu'elle serait laissée à l'initiative de l'employeur (**II-165**).

---

551. Dans l'arrêt *Air Care Ltd.* c. *United Steel Workers of America*, [1976] 1 R.C.S. 2, la Cour suprême du Canada ne s'est guère interrogée sur les fondements de cette prérogative patronale. Voir : F. MORIN, *op. cit.*, note 20, p. 436. Notons que l'usage ne saurait valablement être invoqué par le salarié pour entreprendre une semblable initiative par inversion des rôles : quitter de son propre chef son poste pour vaquer à ses activités personnelles, puis imposer son retour sous peine de qualifier de congédiement le refus de l'employeur de le reprendre. On sait par ailleurs que le salarié mis à pied puis rappelé et qui ne se présente pas au travail, pourrait être présumé avoir démissionné (**II-181**). En somme, les deux éléments de base ci-avant ne se retrouvent pas dans le rapport salarié–employeur et c'est pourquoi l'on ne saurait valablement inverser la situation malgré l'égalité formelle des deux parties à ce contrat.

552. Indirectement, on pourrait invoquer l'article 2091 C.c.Q. reconnaissant le caractère résiliable du contrat de travail pour arguer que celui qui peut le plus peut le moins. Cet argument, reconnaissons-le, ne servirait guère à répondre aux questions juridiques concrètes que soulève la mise à pied.

553. Il s'agit de la *Loi sur les normes du travail*, articles 82 à 83.2 et de la *Loi sur la formation et la qualification professionnelles de la main-d'œuvre*, article 45. Cette dernière loi ne traite que des mises à pied dites collectives (**II-124**). Voir : J.-L. DUBÉ et N. DI IORIO, *op. cit.*, note 456, p. 228 et suiv.

ii) La période de six mois serait suffisamment longue pour que s'estompe son caractère provisoire et que l'on traite ce départ imposé comme s'il s'agissait d'une résiliation du contrat de travail. Malgré cette assimilation aux fins du traitement de la procédure applicable édictée par la *Loi sur les normes du travail*, il subsiste une distinction puisque le législateur sous-entend que cette mise à pied comprendrait un éventuel rappel (**II-159**). Sans ce sous-entendu, il ne peut pas ou ne peut plus s'agir d'une mise à pied, mais d'une résiliation, d'un licenciement.

iii) On ne saurait valablement donner un avis de résiliation formulé au moment où le salarié est déjà mis à pied, sauf à certaines conditions applicables aux emplois saisonniers habituellement de moins de six mois (art. 82, al. 3, L.N.T.) : cette condition peut néanmoins être respectée par voie d'équivalence (art. 84 L.N.T.)[554].

iv) Dans tous les cas, la situation de fait doit prévaloir sur la déclaration ou la prévision de l'employeur au sujet de la durée de la mise à pied. Ainsi, la mise à pied qui excède six mois, bien qu'elle fût initialement appréhendée ou déclarée pour une plus courte durée, contraint l'employeur à respecter dès lors le préavis exigible par voie d'équivalence (art. 83, al. 2, L.N.T.).

À ces premières conditions, il faut savoir que les règles qui traitent de la mise à pied de six mois ou plus ne s'appliqueraient pas selon l'article 82.1 L.N.T. :

— s'il s'agit d'un salarié disposant, au sein de l'entreprise, de moins de trois mois de service continu;

— si elle résulte d'un cas fortuit[555] : événement extérieur, imprévisible et irrésistible rendant ainsi impossible la continuation des opérations habituelles;

— si le salarié est lié par un contrat à durée déterminée[556].

---

554. L'arrêt *La Compagnie de Sable Ltée* c. *Commission des normes du travail*, [1985] C.A. 281 n'aide guère à saisir cet article 82, al. 3, L.N.T.

555. Sur la qualification d'acte fortuit, voir : *Commission des normes du travail* c. *Campeau Corp.*, précité, note 346; *Commission des normes du travail* c. *Les producteurs de sucre d'érable du Québec*, précité, note 346; *Internote Canada inc.* c. *Commission des normes du travail*, [1989] R.J.Q. 2097 (C.A.).

556. Notons que l'article 82 fut modifié de telle sorte que la question traitée aux décisions précitées, note 555, relatives à la qualification de la convention collective à titre de contrat à durée déterminée n'est plus pertinente. Ces mêmes décisions sont commentées sous le titre : « Un préavis de licenciement ou son équivalent », (1988) 43 *Rel. Ind.* 943. Voir également : *Commission des normes du travail* c. *Hawker Siddeley Canada*, précité, note 346.

Cette mise à pied de six mois ou plus doit être précédée d'un avis dont la durée est en fonction de celle du service continu du salarié[557]. Il est entendu qu'il ne s'agit que de règles minimales qui peuvent être complétées par une loi, une convention collective ou le contrat de travail (art. 82 *in fine*, 94 L.N.T.). On reconnaît que ce préavis peut être donné par voie d'équivalence : le versement d'un montant égal à la rémunération normalement due pour une période de travail égale à la durée de l'avis. Lorsque le salarié sous convention collective bénéficie d'un droit de rappel qui se prolonge au-delà de cette première période de six mois, l'employeur peut retarder de verser l'indemnité afférente si elle est par ailleurs due, et ce, pour une année depuis sa mise à pied (art. 83 et 83.1 L.N.T.) si, évidemment, il ne fut pas déjà rappelé au travail[558]. Les modalités particulières de l'article 83.1 L.N.T. laissent supposer que les conventions collectives où l'on traite de cette question devraient comprendre des modalités de sortie et de retour articulées d'une façon parcimonieuse[559]. Il va de soi que ces dernières dispositions conventionnelles lient l'employeur, et leur application, s'il y a lieu, peut être imposée par l'arbitre de griefs[560]. Le libellé de l'article 83, al. 1, L.N.T. permet de croire que le salarié à temps partiel recevrait l'équivalent de la rémunération qui lui échoit habituellement au cours d'une période semblable à celle du préavis et non en fonction du nombre total de jours et d'heures que peut comprendre ce même préavis (art. 41.1 L.N.T.). Au-delà ou en sus de ces quelques règles de droit, le salarié mis à pied dispose aussi des droits qui lui sont conférés par le *Code civil du Québec*, notamment ceux que l'on peut dégager de l'article 2091 C.c.Q. (**II-168**)[561]. La question peut être importante en raison de la véritable portée juridique de cette initiative patronale et des effets qu'elle peut produire chez les personnes mises à pied.

---

557. Ce délai est d'une semaine, si ce service continu est de moins d'un an; de deux semaines, s'il est de un an à cinq ans; de quatre semaines, s'il est de cinq à dix ans; et de huit semaines, s'il est de dix ans ou plus (art. 82, al. 2, L.N.T.). À ces fins, nous devons tenir compte des articles 97 et 97 L.N.T. (**II-135**).

558. Le lecteur voudra bien tenir compte de l'ensemble des restrictions, conditions et réserves énoncées dans cet article 83.1 L.N.T. pour établir, dans chaque cas, les droits et obligations des parties en présence.

559. Toutes les conventions collectives ne traitent pas d'une façon détaillée de la procédure de mise à pied. On les trouve principalement dans les milieux de travail de production cyclique ou saisonnière ou bien, dans les milieux où on est plus susceptible d'effectuer des modifications de créneaux, d'équipement, etc. Notons également que les salariés soumis à la *Loi de la fonction publique* peuvent être assujettis à un règlement particulier relatif à diverses conditions de leur mise en disponibilité (art. 83.2 L.N.T.).

560. *Canada (Procureur général)* c. *Alliance de la fonction publique du Canada*, [1993] 1 R.C.S. 941 ; *Flieger* c. *Nouveau-Brunswick*, [1993] 2 R.C.S. 651.

561. L'article 82 *in fine* L.N.T. précise bien que les modalités particulières de cette loi ne se substituent pas ni n'écartent les règles générales applicables et notamment celles édictées par le *Code civil du Québec*. C'est alors que la congruence juridique de la mise à pied peut être de nouveau discutée (**II-160**).

II-162 — *Mise à pied ou résiliation* — L'étude des droits et des obligations des parties en situation de mise à pied implique la prise en considération à la fois de la position de l'employeur et du statut possible du salarié au cours de cette période. Ainsi nous faut-il savoir si le salarié peut valablement renoncer à cette mise à pied, c'est-à-dire à subir la suspension imposée de l'exécution de sa prestation de travail et à être privé de sa contrepartie, la rémunération. Il est évident, selon l'économie générale du régime, que le salarié ne pourrait valablement imposer à l'employeur sa présence. De même, l'employeur ne saurait, sur le strict plan juridique (**II-160**), légitimement imposer pareil statut au salarié, notamment pour les motifs suivants :

— le travail, source principale de revenu du salarié, est une donnée fongible : le temps de travail est irrécupérable et les besoins du salarié sont constants ;

— le contrat de travail est synallagmatique et comporte fondamentalement des obligations mutuelles à exécution successive : on ne saurait unilatéralement modifier le rythme des prestations dues de part et d'autre ;

— à l'obligation de disponibilité qui incombe normalement au salarié (**II-87**) correspond l'obligation pour l'employeur d'en permettre l'exécution et de payer la rémunération fixée (art. 2087 C.c.Q.) ;

— la suspension n'a d'intérêt que pour l'employeur, qui bénéficie d'une réduction de ses coûts de main-d'œuvre, tandis que le salarié est placé en position d'inactivité indésirée et pour le temps voulu par l'intéressé.

Pour ces raisons, nous semble-t-il, la mise à pied peut, *a priori*, être perçue et traitée à titre de résiliation unilatérale du contrat de travail, et les règles alors applicables pourraient s'imposer (**II-168**)[562]. Cependant, la situation concrète des parties comprend d'autres données qui nous incitent à une analyse de la mise à pied sous un angle moins dogmatique ou draconien. En effet, dès l'engagement initial, il est possible que l'éventualité d'une mise à pied puisse être considérée ou sous-entendue[563] et s'il en est ainsi, même les modalités du délai de congé exigible devraient dépendre de cette donnée, comme l'indique d'ailleurs implicitement l'article 2091, al. 2, C.c.Q. (**II-169**). Dans l'hypothèse où la mise à pied imposée par l'employeur comprend un éventuel retour au

---

562. Ainsi pourrions-nous concevoir qu'un salarié nouvellement mis à pied puisse valablement refuser ce statut et exiger de l'employeur le respect des dispositions relatives à la résiliation du contrat de travail (**II-167**).

563. Selon le lieu et le milieu, il est parfois de pratique courante d'effectuer de telles mises à pied en raison de situations bien connues des deux parties au contrat. On pourrait alors soutenir qu'il s'agit d'une condition implicite du contrat de travail au sens de l'article 1434 C.c.Q. (**II-66**). Le fait que certaines conventions collectives aménagent ces sorties et ces retours sous-entend aussi dans ces lieux que l'événement est déjà prévu ou très certainement prévisible.

travail, mais dans un temps plus ou moins déterminé (**I-159**), le salarié ne saurait, d'une part, valablement considérer cette suspension à titre de résiliation et, d'autre part, vouloir profiter d'un probable rappel. En retenant l'hypothèse que l'employeur résilierait le contrat de travail en voulant imposer la mise à pied, il ne saurait avoir l'obligation de réembaucher ce même salarié, sauf s'il s'était déjà engagé à le faire[564]. Par ailleurs, un salarié mis à pied et non rappelé parce que l'employeur en préférerait un autre ne donnerait pas nécessairement droit à une réintégration forcée, sauf si une telle réparation lui est garantie par une quelconque mesure particulière[565]. Cette dernière donnée pourrait être retenue dans l'évaluation de l'indemnité compensatoire due à la suite de cette résiliation finale « rétroactive », et ce, à titre de « circonstances particulières dans lesquelles il s'exerce... » (art. 2091 C.c.Q.) (**II-169**).

II-163 — *Statut du salarié mis à pied* — Quel serait le statut du salarié mis à pied au cours de cette période d'attente ? Serait-il condamné à l'oisiveté professionnelle ? Certes, il peut légitimement offrir ses services à un autre employeur, sous réserve de son obligation résiduelle encore applicable selon l'article 2088 C.c.Q. (**II-95**). Il est vrai que cette situation peut comporter des risques de conflits de droits et d'obligations vis-à-vis de ce deuxième employeur, mais comment saurait-il être seul à les assumer ? Il ne nous semble pas cependant, toutes choses considérées, que ce deuxième engagement puisse, de ce seul fait, constituer un acte déloyal de sa part[566]. Autrement, il nous faudrait reconnaître que l'employeur pourrait unilatéralement imposer et la mise à pied et la disponibilité passive du salarié, ce qui constituerait un déséquilibre d'ordre juridique et pratique qui serait manifestement déraisonnable[567]. Une question plus délicate peut cependant survenir au moment du rappel par l'employeur initial si ce dernier met ainsi fin à la suspension dans un délai raisonnable. Son retard ou son trop long délai à faire connaître sa volonté de répondre à l'appel de retour pourrait être compris comme s'il s'agissait d'une démission[568]. On note d'ailleurs que plusieurs conventions

---

564. Même si le contrat de travail initial est résilié, cette obligation expresse peut lui survivre, comme on le fait à l'égard de certains autres éléments (art. 2088, 2089 C.c.Q.).

565. Il est des cas où la réintégration forcée pourrait être obligatoire si la convention collective applicable fut violée par le refus de rappel ou par la voie d'un recours en vertu des articles 124 et suiv. L.N.T. (**V-23**).

566. On pourrait comparer son statut provisoire à celui du salarié à temps partiel qui occupe un deuxième emploi et, fort souvent, par nécessité (**II-100**).

567. Dans le cas où le salarié mis à pied reçoit une rémunération circonstancielle (**II-98**) pour ce temps d'attente, nous ne croyons pas qu'il soit davantage voué à l'oisiveté, mais à une obligation de répondre prestement à un rappel et alors, une réponse tardive de sa part pourrait être assortie de sanction plus sévère.

568. Il en serait ainsi, sauf dans le cas où le salarié peut, selon les circonstances de temps et de lieu, valablement prétendre que la mise à pied initiale était déjà une résiliation déguisée de la part de l'employeur et que ce rappel tardif n'est que factice. Si c'était bien le cas, on devrait constater qu'il n'est pas démissionnaire, mais congédié ou licencié (**II-179**).

collectives assimilent expressément ce refus ou ce retard à répondre à l'appel de retour à une démission. Privé de son emploi par décision unilatérale de l'employeur, ce salarié est admissible aux divers régimes publics de soutien de revenu dans la mesure où il respecte les autres conditions qui y sont rattachées.

II-164 — *Mise à pied collective* — Les mises à pied collectives seraient celles qui visent à la fois et pour la même cause un groupe de salariés d'une même entreprise. Outre les règles générales applicables à toute mise à pied (**II-161**), cette dimension collective peut entraîner l'application de deux séries de règles de droit : celles provenant de la *Loi sur la formation et la qualification professionnelles de la main-d'œuvre* (L.F.Q.P.M.) et celles, s'il y a lieu, des conventions collectives applicables. En effet, l'article 45 L.F.Q.P.M. impose à l'employeur l'obligation d'informer préalablement le ministre du Travail de tout licenciement collectif[569]. Cette disposition ne comporte nullement une demande d'autorisation préalable de la part du ministre ; elle constitue l'envoi d'une information pertinente pour enclencher, en temps utile et s'il y a lieu, les mesures idoines à la prise en charge publique de ces salariés. Nous rappelons très succinctement la procédure applicable et sa portée (**III-771**). Ce préavis donné au ministre vise tant les licenciements collectifs que les mises à pied collectives[570] et il est requis :

— lorsque cette décision de l'employeur est prise pour des raisons d'ordre technique ou économique, mais non pas s'il s'agit d'une activité à caractère saisonnier ou intermittent ou encore, si la mise à pied collective résulte d'une grève ou d'un lock-out[571] ;

— si ce licenciement collectif est à l'origine pour une durée indéterminée, mais se révèle de plus de six mois. On doit comprendre que l'employeur qui croit que le rappel pourrait avoir lieu avant ce délai de six mois ne

---

569. On notera que le législateur utilise l'expression « licenciement collectif » et non « mise à pied collective ». Au sujet des modalités d'application de l'article 45 L.F.Q.P.M., voir : *Règlement sur l'avis de licenciement collectif*, R.R.Q., 1981, c. F-5, r. 1 ; François DELORME et Réjean PARENT, *Les licenciements collectifs au Québec : un bilan partiel du dispositif public en vigueur*, monographie n° 12, École de relations industrielles de l'Université de Montréal, 1982 ; Jean SEXTON et Jacques MERCIER, « Préavis de licenciement collectif », (1976) 31 *Rel. Ind.* 175.

570. Bien que l'un, le licenciement, comprenne l'autre, la mise à pied, ils sont qualifiés de collectifs s'ils visent à la fois dix salariés ou plus au cours de deux mois consécutifs (art. 1, al. 0.2, L.F.Q.P.M.).

571. Il est possible qu'un lock-out ou une grève dans un lieu donné contraigne l'employeur à suspendre les opérations d'un autre service ou établissement en raison de ses liens de proximité, en aval ou en amont. Le texte de loi ne précise pas qu'il puisse s'agir strictement d'une grève ou d'un lock-out au sein de la même entreprise et, à notre avis, il n'y aurait pas lieu de faire pareille distinction.

serait pas tenu de donner un tel préavis au ministre (art. 45 d) *in fine* L.F.Q.P.M.).[572].

La durée du préavis varie en fonction du nombre de salariés visés : deux mois, s'il s'agit de 10 à 99 salariés; 3 mois, pour 100 à 299 salariés; et 4 mois, pour plus de 300 salariés (art. 45 a) L.F.Q.P.M.). Un tel préavis au ministre enclenche, par le truchement du ministre de l'Emploi et de la Solidarité, la formation d'un comité de reclassement[573]. Si l'on tient compte de la finalité de ce préavis, on comprend que les institutions publiques n'auraient pas à être informées si la suspension devait être relativement de courte durée. Il va de soi que les conventions collectives qui traitent de la même question comprennent des dispositions fort plus précises, notamment au sujet de l'ordre de sortie et de retour des salariés mis à pied et, bien évidemment, des modalités afférentes aux indemnités payables en pareilles circonstances.

II-165 — *Suspension provisoire* — L'employeur peut faire face à divers événements, pressions ou contraintes qui l'obligent momentanément à écarter des salariés du lieu de travail ou, autrement dit, à les priver de leur travail. De telles situations peuvent provenir à la suite :

— d'une réorganisation du processus même de production, soit par l'apport d'un nouvel équipement, d'une technologie de pointe, soit par une nouvelle répartition des tâches ou une redéfinition des postes, etc.;

— d'une fusion, cession ou concession d'une partie de l'entreprise ou d'un allégement du processus de production pour en confier certains éléments à des entreprises spécialisées;

— etc.

Nous ne considérons, pour l'instant, que la situation où l'employeur n'entend nullement résilier le contrat de travail de ses salariés dans ces circonstances, mais veut seulement suspendre provisoirement l'exécution de leurs obligations réciproques (**II-158**). Malgré l'importance de l'événement ou de la nécessité apparemment inéluctable de cette suspension temporaire, cela ne modifie en rien le fait de la mise à pied et de ses premiers effets. Si elle est pour une durée inférieure à six mois, l'article 82 de la *Loi sur les normes du travail* ne s'applique pas, avons-nous vu (**II-161**) et aucun des événements visés dans ces hypothèses ne permettrait d'y voir une résiliation implicite et, en conséquence, les articles 2097 C.c.Q. (**II-71, 174**), 96 et 97 L.N.T. (**III-208**) et 45 C.t. (**IV-90**) assurant le maintien du lien d'emploi ne

---

572. Certains employeurs préfèrent, pour des raisons de productivité, retarder le plus possible l'annonce de ces mises à pied collectives et afficher un optimisme de circonstance quant à leur durée probable.

573. Selon le rapport annuel de la S.Q.D.M. de 1994–1995, 239 pareils préavis furent donnés durant cette même année par des employeurs, visant globalement 13 195 salariés.

seraient pas immédiatement applicables, du moins pour le temps de la mise à pied inférieure à six mois[574]. En conséquence, la problématique juridique déjà étudiée relativement au statut des parties durant cette période passive peut être retenue comme pour toute autre mise à pied (**II-162**). Ces mêmes situations ne peuvent être assimilées à des cas fortuits puisqu'elles résultent plus ou moins directement d'actes provoqués ou voulus par l'employeur ou demeurant sous son contrôle. Aussi, on ne saurait contraindre le salarié à les partager ou à en assumer partiellement les contrecoups.

II-166 — *Suspension disciplinaire* — Dans d'autres cas, le manquement du salarié à ses obligations professionnelles peut contraindre l'employeur à lui imposer une suspension de travail à titre de mesure disciplinaire. Cet acte unilatéral de l'employeur produit, en premier lieu, les mêmes effets auprès du salarié que s'il s'agissait d'une mise à pied : à la suite d'une décision unilatérale de l'employeur, il est privé de l'exécution de sa prestation de travail et ainsi, de l'acquisition de la rémunération afférente. À ces premiers effets se rajoutent ceux rattachés à la finalité de cette sanction : expression tangible de la désapprobation de l'acte, doublée d'une incitation expresse à une réelle correction du comportement, ainsi qu'un avertissement implicite qu'une récidive entraînerait une plus forte sanction. Semblable initiative de la part de l'employeur soulève les premières questions suivantes :

— Quels pourraient être les fondements de ce pouvoir disciplinaire[575] ?

— À quelles conditions le pouvoir disciplinaire de l'employeur peut-il être ainsi utilisé ?

— Quel contrôle peut être exercé sur l'usage de cette prérogative patronale, compte tenu du salarié visé, des circonstances et du cadre au sein duquel se situe la décision de l'employeur (**IV-192; V-35**) ?

En raison de l'importance de ces trois questions et pour éviter des doublons, il convient de renvoyer le lecteur aux divers exposés déjà signalés afin de mieux saisir la problématique juridique que soulève la suspension disciplinaire du chef de l'employeur. À l'instar des autres questions relatives au fondement de l'autorité de l'employeur, le législateur n'en traite pas directement ni n'aborde expressément le fait que l'employeur puisse lui-même se faire justice. Les seules interventions législatives connues s'articulent par d'éventuels contrôles *a posteriori*. Par ailleurs, plusieurs lois de l'emploi attestent clairement et manifestement l'existence de ce pouvoir de suspension. L'article 122.2, al. 2, L.N.T. reconnaît que dans certaines situations l'employeur n'est pas « empêché » de suspendre le salarié, et l'article 122 L.N.T. prohibe

---

574. Il en serait autrement si le statut du salarié était modifié (**II-162**) ou si l'employeur actuel ou nouveau procédait effectivement à la résiliation du contrat de travail (**II-168**).

575. Ce point fut amorcé au moment de l'étude des caractéristiques de l'employeur (**II-115, 159**).

la suspension dans certains cas, ce qui signifie qu'elle est valable dans d'autres[576]. Le seul fait qu'un salarié soit lié par un contrat de travail à durée déterminée ne prive pas l'employeur de sa prérogative d'imposer une suspension disciplinaire, bien que la durée de cette mesure dépende du terme du contrat. Bien évidemment, la suspension disciplinaire ne peut être que de courte durée, compte tenu de sa finalité même et des coûts qu'elle implique, d'abord et surtout pour le salarié et aussi, pour l'employeur. Il est très rare qu'elle dépasse six mois et le plus souvent, elle varie entre un jour et deux mois, selon les milieux et les circonstances[577].

---

576. De semblables références au pouvoir implicite de l'employeur d'imposer une suspension disciplinaire se retrouvent dans de nombreuses dispositions, tel l'article 14, al. 2, C.t., etc.

577. À simple titre d'illustration de l'importance pratique de ces derniers éléments, considérons la situation d'un salarié du bâtiment qui serait soumis à une suspension assez longue. Cette mesure disciplinaire signifierait ni plus ni moins l'obligation de se chercher immédiatement un nouvel emploi parce qu'au terme de la suspension, le travail sur le chantier pourrait être terminé ou sur le point de l'être. Alors, cette suspension équivaudrait en pratique à un congédiement et serait ainsi comprise par les deux parties. Cette hypothèse peut aussi valoir dans bien d'autres secteurs.

Section 4.3

Le contrat de travail résilié par l'employeur

II-167 — *Résiliation unilatérale possible* — L'étape terminale du contrat de travail peut être provoquée par l'employeur ou par le salarié. Parce que les causes et la démarche sont différentes dans l'un et l'autre cas, nous les étudions dans deux sections distinctes. Il est vrai que nous nous arrêtons plus longuement aux situations qui visent l'employeur puisqu'il exerce davantage cette prérogative et aussi, en raison des effets qu'entraîne cette résiliation pour le salarié alors que la situation inverse est rarissime[578]. Évidemment, il n'y a pas lieu de traiter directement de la rupture du contrat de travail à durée déterminée puisque, selon l'économie de cet acte, il se dissout de lui-même par la seule extinction de son terme (**II-63**)[579]. Bien qu'il s'agisse d'un contrat à durée déterminée, il est aussi possible que les parties soient par ailleurs soumises par voie d'une loi, d'un décret ou d'une convention collective à un régime qui impose des obligations autres ou qui module autrement leur statut respectif. Dans ce dernier cas, il va de soi que les parties doivent en tenir compte en sus des seuls droits et obligations qui leur reviennent en vertu des règles générales applicables au contrat à durée déterminée[580]. L'employeur

---

578. Le salarié résilie le contrat de travail lorsqu'il croit qu'il y va de son intérêt de le faire : autre emploi, prise de la retraite, incapacité professionnelle, physique, etc. (**II-178**).

579. Si le contrat de travail à durée déterminée devient de quelque manière un contrat à durée indéterminée, alors les règles relatives à la résiliation s'appliquent comme à tout autre contrat de pareille nature (**II-168 à 172**). Notons que les dispositions de la *Loi sur les normes du travail* relatives à la mise à pied ne sont d'ailleurs pas applicables en présence d'un contrat à durée déterminée (art. 82.1, al. 2, L.N.T.) (**II-161**).

580. Une illustration d'une telle situation juridique nous est donnée à l'arrêt *Guilbeault c. Centre d'intégration socio-professionnel de Laval*, D.T.E. 90T-88 (C.A.) : l'employeur imposa une mise à pied, et l'indemnité versée fut inférieure à la somme du salaire due pour la durée résiduelle du contrat de travail à durée déterminée.

peut entreprendre lui-même la résiliation[581] du contrat de travail d'une manière simple et, tout comme il peut prestement conclure ce même acte, il peut aussi provoquer sa brusque rupture s'il croit que les circonstances l'y autorisent. Dans l'un ou l'autre de ces deux cas, les premiers effets à l'égard du salarié sont généralement les mêmes; il est à la fois dépourvu de son emploi et momentanément privé d'une rémunération. Par ailleurs, le processus applicable est différent, tout comme les recours auxquels ces deux voies peuvent respectivement donner prise.

II-168 — *Comment résilier ?* — L'article 2091 C.c.Q. annonce haut et clair le caractère résiliable du contrat de travail à la charge de l'initiateur de respecter les moyens afférents (**II-64**)[582]. Cet article 2091 C.c.Q. indique bien que la décision de rupture prise par l'une des parties serait irréversible et prendrait effet le moment dit[583]. La Cour d'appel a déjà dégagé par la voie simple de la déduction la portée qu'elle prête à l'article 2091 C.c.Q. en l'opposant à l'article 2094 C.c.Q.: « Si le contrat de travail peut être résilié sans préavis lorsqu'il existe des motifs sérieux pour ce faire, on peut déduire que le contrat de travail à durée indéterminée peut être résilié sans motif si un préavis est donné[584]. » Malgré cet énoncé, il peut en être

---

581. Il s'agirait en effet de résiliation et non de résolution puisque le contrat de travail est à exécution successive (**II-50**) et, à ce dernier titre, il ne cesse d'exister que « pour l'avenir seulement » (art. 1606 C.c.Q.). Outre la question de la juste terminologie, la Cour d'appel dut aussi reconnaître en droit que le contrat de travail ne pouvait rétroactivement être annulé. Voir : *Maribro inc.* c. *L'Union des employés de service, local 298*, précité, note 182 et commenté par C. D'AOUST, *loc. cit.*, note 182.

582. La rupture du contrat de travail donne souvent prise à quelques difficultés terminologiques. Si le *licenciement* a trait à l'acte de résiliation unilatérale de l'employeur, il est visé à l'article 2091 C.c.Q., mais non exclusivement puisque le salarié peut également prendre pareille initiative. Nous réservons le terme *congédiement* pour la brusque rupture imposée par l'employeur selon l'article 2094 C.c.Q. (**II-175**), même lorsque le départ précipité n'est pas toujours de nature disciplinaire. Par ailleurs, le terme *renvoi* nous paraît plus générique et s'entend de toute rupture du chef de l'employeur. Voir : *United Last Company Ltd.* c. *Tribunal du travail*, [1973] R.D.T. 423 (C.A.); *Cappco Tubular* c. *Montpetit*, [1990] T.T. 286.

583. Il nous faut en déduire que la réintégration ordonnée d'autorité ne serait pas retenue à titre de mesure corrective générale. Bien évidemment, la réintégration peut être une mesure corrective (le *statu quo ante*) selon plusieurs lois de l'emploi (**V-36**). Voir : Marie-France BICH, « Du contrat de travail en droit québécois : essai en forme de point d'interrogation », (1986) 17 *R.G.D.* 85; Pierre LAPORTE, *La réintégration du salarié, nouvelle perspective*, Montréal, Wilson & Lafleur ltée, 1995. L'auteur rappelle que la Coutume de Paris telle qu'elle était appliquée en Nouvelle-France forçait déjà les serviteurs à demeurer chez leur maître et, en cas de désertion, prohibait à toute autre personne de les embaucher. On ne saurait guère se servir de cette base historique en l'inversant, croyons-nous, pour soutenir aujourd'hui le droit à la réintégration du salarié injustement congédié, à titre de règle générale. Voir : *Ville de Rock Forest* c. *Gosselin*, [1991] R.J.Q. 1000 (C.A.).

584. *Computertime Network Corporation* c. *Zucker*, précité, note 291, p. 2856. Cet argument *a contrario* s'ajoute à la règle générale relative à la résiliation du contrat à durée indéterminée. À l'opposé, le contrat de travail à durée déterminée comporte implicitement une

autrement dans certaines situations soumises à des conditions préalables singulières selon des lois, des conventions collectives ou des contrats qui aménagent expressément d'une façon particulière l'acte de rupture ou qui imposent *a priori* ou *a posteriori* un contrôle de la décision initiale de l'employeur **(II-176; V-31)**[585]. Il existe des situations où l'employeur ne saurait valablement résilier le contrat de travail, même en respectant le délai de congé ou son équivalent, lorsque le motif réel ou qualifié tel est expressément prohibé par une loi et que la réparation prévue consiste en une réintégration[586]. Sous cette réserve, le moyen général de résiliation consiste en un délai de congé dont l'étendue raisonnable et juste serait fixée en tenant compte à la fois de trois critères : la nature de l'emploi, les circonstances particulières de l'événement et la durée de la prestation de travail du salarié. Vis-à-vis du salarié, ce délai de congé devrait normalement lui éviter une préjudiciable surprise en lui permettant d'entreprendre, en temps utile et de manière convenable, la recherche d'un nouvel emploi. Et ainsi :

— cette opération peut lui être moins pénible lorsqu'il est encore en emploi (des périodes de temps libre lui sont alors parfois accordées à cette même fin);

— prévenu, il peut prendre les mesures personnelles idoines afin de disposer des ressources financières nécessaires durant une éventuelle période de transition[587].

Bien que les trois critères énoncés à l'article 2091 C.c.Q. ne soient pas exclusifs, ils couvrent néanmoins fort grand, tant distinctement que par leur nécessaire conjugaison. Seul l'enseignement de la jurisprudence permet d'en saisir la possible portée, et ce, d'autant plus que ces trois mêmes critères sont déjà la synthèse d'une lente et laborieuse évolution de l'approche des tribunaux[588]. Il suffit de consulter certaines monographies sur le thème

---

modalité préétablie de résiliation. Lorsque la Cour d'appel dit qu'il peut être résilié « sans motif », il faut y voir une formulation elliptique, car il serait surprenant que l'employeur puisse prendre une telle décision réellement dépourvue d'un motif!

585. Sous cet angle et à titre illustratif, voir : *Moore* c. *Compagnie Montréal Trust*, précité, note 281; *École Weston inc.* c. *Tribunal du travail*, précité, note 328.

586. À titre d'exemples, l'article 15 C.t. et l'article 122 L.N.T. prohibent le licenciement à la suite de l'exercice par le salarié d'un droit qui lui est accordé par l'une ou l'autre de ces deux lois, etc. **(IV-18; V-8)**. D'une manière générale, les prohibitions applicables à l'embauche s'appliquent également à l'employeur qui entend résilier le contrat de travail **(II-24 et suiv.)**.

587. *Standard Broadcasting Corporation Ltd.* c. *Stewart*, [1994] R.J.Q. 1751 (C.A.).

588. L'amorce d'une approche jurisprudentielle plus réaliste fut sans doute l'arrêt *Columbia Builders Supplies Co.* c. *Bartlett*, précité, note 290 et réitéré par l'arrêt *Domtar inc.* c. *St-Germain*, précité, note 533.

où on théorise cette jurisprudence pour déceler à la fois l'étendue, la diversité et même la complexité des situations étudiées[589].

II-169 — *Trois critères* — Le premier critère énoncé à l'article 2091 C.c.Q., soit la nature de l'emploi, comprend de multiples facettes et permet ainsi de tenir compte du caractère saisonnier ou non de l'emploi, du statut plus ou moins permanent ou occasionnel du salarié, du rang hiérarchique de ce dernier, des conditions du marché du travail pour de semblables emplois, etc. En raison de ses propres caractéristiques, le type d'emploi visé renvoie à des indices implicites qui doivent aussi être pris en considération pour établir la durée réelle du délai de congé ou de son équivalent. Puisqu'il s'agit toujours de minimiser les coûts et contrecoups de ce départ, ces derniers sont plus ou moins importants selon la prévisibilité du départ ou encore, d'une prochaine embauche. Quelques exemples permettent de saisir davantage ces variations rattachées à la nature de l'emploi et à son contexte professionnel :

— l'emploi d'un musicien en vue d'un prochain festival et l'embauche du même musicien par l'Orchestre symphonique de Montréal ;

— l'emploi d'un agent de sécurité dans un chantier de construction ou à l'Université du Québec ;

— l'emploi d'un comptable au service d'une commission d'enquête et son embauche par une entreprise de production d'appareils électroniques ;

— l'embauche d'une personne à titre de cadre supérieur de l'entreprise et l'emploi d'un expert en vue d'apporter un soutien aux techniciens qui connaissent momentanément des difficultés de mise en opération d'un nouvel équipement ;

— etc.

Outre les sous-entendus qui se dégagent ainsi du contexte de l'embauche et des conditions directes des tâches confiées, on doit également, sous ce même chef, considérer les conditions prévalant au « point de chute », celles relatives à l'obtention possible d'un nouvel emploi. À ce sujet, on accepte généralement qu'il doit s'agir des conditions ayant cours dans la même famille d'emploi[590]. On comprend dès lors que le marché de l'emploi varie sensiblement d'un métier à un autre, d'une année à une autre et souvent, d'une région à une

---

589. I. JOLICOEUR, *op. cit.*, note 290 ; Georges AUDET, Robert BONHOMME et Clément GASCON, *Le congédiement en droit québécois en matière de contrat individuel de travail*, 3ᵉ éd., Cowansville, Les Éditions Yvon Blais inc., 1991 ; Réjean BRETON, « L'indemnité de congédiement en droit commun », (1990) 31 *C. de D.* 3.

590. *Thomas Cook Overseas Ltd.* c. *McKee*, [1984] R.L. 396 (C.A.) ; *Corriveau* c. *P.G. du Québec*, [1986] R.J.Q. 2349 (C.S.)

autre[591]. Cette triple dimension indique bien que l'on ne saurait guère dégager quelques règles abstraites permettant d'arrêter *a priori* ce que peut être, sous cet aspect, la durée raisonnable d'un délai de congé. Ainsi, les tribunaux reconnurent jadis qu'un cadre trouvait plus difficilement un emploi qu'un autre salarié et, la conjoncture se modifiant, on cessa par la suite de faire cette nuance. Il demeure encore possible que la conjoncture puisse varier à leur égard au cours des prochaines décennies[592]. En somme, il ne devrait pas y avoir de prime en fonction du *situs* hiérarchique, mais bien en raison de la situation préjudiciable qui existe selon la conjoncture dans laquelle chaque départ a lieu. En raison de la difficulté appréhendée d'établir cet éventuel délai de congé, des parties peuvent vouloir arrêter d'une façon plus ou moins définitive les balises applicables à cette fin, et ce, dès la conclusion du contrat. De telles mesures contractuelles préventives indiquent l'intention des parties, leur compréhension, du moins à cette époque, des effets possibles d'un départ, et il va de soi que les tribunaux ne pourraient les ignorer (**II-171**). Par ailleurs, ces mêmes modalités contractuelles ne sauraient évacuer, écarter ni nier la règle énoncée à l'article 2092 C.c.Q., à savoir que : « Le salarié ne peut renoncer au droit d'obtenir une indemnité [...] ». Il s'agit bien évidemment d'une « incapacité de protection » (**I-102; II-70**) qui ne vise, soulignons-le, que le salarié, malgré l'approche bilatérale de l'article 2091 C.c.Q. Si, en raison de données inconnues ou nullement reconnues au moment de la conclusion d'un tel contrat de travail, le délai de congé ou le forfait préétabli n'est pas ou n'est plus raisonnable, le salarié peut exercer un recours judiciaire pour le faire réévaluer, à défaut d'une nouvelle entente sur ce point précis. Le deuxième critère retenu à l'article 2091 C.c.Q. porte sur les circonstances particulières de l'affaire, soit ses données caractéristiques propres. À cette fin, elles doivent d'abord être repérées et appréciées puisqu'elles ne peuvent être toutes d'égale pertinence. À titre d'exemple, le salarié sollicité par un deuxième employeur pour joindre ses rangs puis remercié peu après par ce dernier, subit certes un préjudice grave rattaché à ce deuxième départ provoqué, dans ces deux cas, par le même auteur, circonstance on ne peut plus particulière[593]. Par définition même, les circonstances particulières sont indétermina-

---

591. Un salarié ayant travaillé plusieurs années pour le compte d'une entreprise dont le créneau est assez rare et exceptionnel peut à sa sortie éprouver plus de difficulté à se reclasser ou à se trouver un nouvel emploi. La situation inverse peut être tout aussi vraie, selon les circonstances. Voir : *Morden et Helwig Ltée* c. *Perreault-Mathieu et cie*, [1987] R.J.Q. 1572 (C.S.); *Corriveau* c. *P.G. du Québec*, précité, note 590; *Charest* c. *Institut Val du Lac inc.*, [1981] C.S. 858.

592. *Couture* c. *Volcano inc.*, [1984] C.S. 546; *Barnabé* c. *F. Pilon inc.*, [1987] R.J.Q. 390 (C.S.); *Villa* c. *John Labatt Ltée*, [1990] R.J.Q. 2247 (C.S.) et [1995] R.J.Q. 73 (C.A.).

593. Ces éléments sont si aggravants que l'indemnité due pourrait être fondée sur la base de l'abus de droit d'un tel employeur (art. 2092 *in fine* C.c.Q.). Même s'il n'y a pas malice ou malveillance de la part de cet employeur, le préjudice que subit le salarié n'en serait pas moins sérieux. Ne lui serait-il pas difficile d'expliquer cette double aventure à un éventuel troisième employeur ? Voir : *Miron inc.* c. *Des Cheneaux*, [1987] R.L. 636 (C.A.); *Loiselle*

bles d'une façon générale ou abstraite et, à défaut par les parties d'en convenir, elles doivent être appréciées par les tribunaux[594]. Selon la conjoncture ou la période particulière de l'année, il peut arriver que la recherche d'un nouvel emploi soit fort plus difficile et les résultats, bien précaires. Ce deuxième critère autorise donc les tribunaux à prendre en considération ces derniers faits sans pour cela, diront-ils, en étendre trop la durée pour en faire un long congé avec solde ou pour rendre la résiliation si onéreuse à l'employeur qu'elle deviendrait quasi inapplicable[595]. Sous ce même chef, nous devons aussi ranger les données particulières qui visent plus directement la personne même du salarié (âge, famille, handicap, etc.)[596]. Le troisième critère, la durée de la prestation de travail, s'entend de la durée totale du service et s'explique de plusieurs manières, notamment par le fait que le temps agit à la fois pour conforter le salarié dans son statut, tout en réduisant sa mobilité professionnelle en raison de la spécialisation trop pointue qui peut découler de ce long séjour. Ce troisième critère relatif à la durée du service est aussi celui retenu par la *Loi des normes du travail* en raison de la facilité de son calcul (**II-161**)[597]. La durée du service, telle qu'on l'entend dans ce troisième critère comprend toute la durée de la prestation, même s'il y eut quelques interruptions, contrairement au concept de « service continu » propre à la *Loi sur les normes du travail* (art. 1, al. 12) (**III-207**). Bien des conventions collectives retiennent ce même critère de la durée du service en l'aménageant en un régime plus complet relatif à l'ancienneté, qui renferme notamment des indemnités afférentes à la résiliation[598].

II-170 — *Par voie d'équivalence* — Selon l'article 2091 C.c.Q., une résiliation s'effectue par la voie d'un délai de congé; aussi nous faut-il savoir si l'employeur peut juridiquement procéder par voie d'équivalence. La traduction par équivalence du délai de congé constitue un moyen usuel en droit (art. 1590 C.c.Q.) et l'article 83 L.N.T. retient expressément cette deuxième voie pour

---

c. *Brunet Lasalle Corporation*, précité, note 290; *Barth* c. *B. & Z. Consultants inc.*, [1989] R.J.Q. 2837 (C.S.); *Morden and Helwig Ltée.* c. *Perreault-Mathieu et cie*, précité, note 591; *Carle* c. *Comité paritaire du vêtement pour dames*, [1987] R.J.Q. 2553 (C.S.).

594. La Cour d'appel signala qu'en cette matière du délai de congé ou de son équivalent, une grande part d'appréciation devait relever du juge de première instance. Voir : *Standard Radio inc.* c. *Doudeau*, [1994] R.J.Q. 1782 (C.A.).

595. *Dupuis* c. *Centre hospitalier Georges-Frédéric*, [1987] R.J.Q. 1157 (C.S.); *Loiselle* c. *Brunet Lasalle Corporation*, précité, note 290; *Steinberg's Limited* c. *Lecomte*, précité, note 290; *Benson* c. *Brown Boveri Canada Ltée*, [1983] C.S. 229.

596. *Barth* c. *B. & Z. Consultants inc.*, précité, note 593; *Morden et Helwig ltée* c. *Perreault et Mathieu et cie*, précité, note 591.

597. Il fut retenu, il y a déjà fort longtemps par les tribunaux qui le dégagèrent des règles applicables à la résiliation d'un bail puisque la location de service personnel était alors quasi assimilée à celle d'une chose (**II-7**).

598. *Drouin* c. *Électrolux Canada Ltée*, [1988] R.J.Q. 950 (C.A.); *Les imprimeries Stellac inc.* c. *Plante*, [1989] R.J.Q. 256 (C.A.); *Brousseau* c. *R. Godreau Automobile ltée*, [1992] R.J.Q. 1037 (C.S.), en appel.

satisfaire au délai d'avis exigible selon l'article 82 (**II-161; III-219**). Il nous faut reconnaître que ce « congé avec solde mais sans retour » peut être difficile à supporter, mais il permet néanmoins au salarié de consacrer tout son temps à la recherche d'un emploi. À cette fin, les parties peuvent elles-mêmes s'entendre sur l'ensemble des données nécessaires à son calcul. Pour des raisons pratiques, nous devons reconnaître que les critères retenus à l'article 2091 C.c.Q. (**II-169**) servent fort plus de moyen pour établir l'équivalence de ce délai-congé pour la double raison qui suit.

i) L'employeur préfère souvent cette voie plutôt que d'en aviser des mois à l'avance le salarié, craignant que la qualité de son travail n'en soit affectée et aussi, pour éviter que sa présence, sous l'effet d'un tel avis couperet, soit néfaste au sein de ses collègues de travail ou encore, pour toute autre raison particulière.

ii) Si le délai de congé initialement donné fut trop court, il doit *a posteriori* être complété par cette deuxième voie.

La somme due à ce titre est établie en fonction de la rémunération qui lui serait autrement versée au cours d'une période équivalant à la durée hypothétique totale du délai de congé[599]. Nos renvois aux articles 82 et 83 L.N.T. soulèvent une autre question, à savoir s'il y a confusion des délais de congé ou s'il s'agit de deux opérations distinctes qui ne pourraient être confondues l'une avec l'autre et qui sont cumulatives. L'article 2091 C.c.Q. établit le droit commun applicable à toutes les parties liées par contrat de travail, alors que les articles 82 et suivants L.N.T. ne visent que des situations déterminées et à l'aide de critères particuliers[600]. Il y a donc des cas où un salarié serait admissible à la fois à la norme minimale et aux règles générales du Code civil et alors, la détermination du délai de congé s'effectue en combinant l'ensemble de ces règles, entendu d'ailleurs que le plus contient le moins (**I-95, 107**). Il est par ailleurs précisé à l'article 82 *in fine* L.N.T. que : « Le présent article n'a pas pour effet de priver un salarié d'un droit qui lui est conféré par une autre loi » (**II-161**). En somme, le critère retenu à l'article 82 L.N.T., soit la durée de service continu, est simple, facile à établir par chacune des parties et susceptible d'une application sans difficulté administrative ni judiciaire. Dans les entreprises où l'on connaît un certain roulement de personnel, l'article 82 L.N.T. peut alors être le critère principal retenu. De plus, cette même donnée

---

599. Nous disons hypothétique parce qu'il s'agit le plus souvent alors d'une unité de mesure puisque l'employeur ne peut ou ne veut donner réellement à un salarié un délai-congé d'une aussi longue durée. La rémunération servant de base de calcul de l'équivalence comprend l'ensemble des rémunérations que son emploi engendrait (prime, participation au profit, avantages sociaux, etc.).

600. Les articles 82, alinéa 1, et 82.1 L.N.T. comportent des exclusions *a priori* que l'on ne trouve pas à l'article 2091, alinéa 1. De plus, l'article 82, alinéa 2, L.N.T. ne retient qu'un critère, soit la durée de service continu, alors que l'article 2091, alinéa 2, C.c.Q. en énonce trois, et ce, à simple titre indicatif (**II-168**).

est une des composantes du troisième critère également énoncé à l'article 2091 C.c.Q., soit la durée de la prestation (**II-169**). Cette combinaison de deux sources de droit permet d'atteindre à une même finalité, la détermination d'un « délai raisonnable » ou de son équivalent[601].

II-171 — *L'indemnité de départ* — L'obligation relative au délai de congé ou à son équivalent comporte d'autres questions d'un intérêt certain : celle relative à sa prédétermination par voie contractuelle et celle à savoir si la résiliation abusive constitue une cause distincte d'indemnisation. Ainsi, les parties au contrat de travail peuvent prévoir l'élaboration d'un forfait, à l'aide d'une échelle d'évaluation particulière ou de quelque autre manière une indemnité afférente au lieu et place de l'application stricte des trois critères établis à l'article 2091 C.c.Q. ou encore, en les ayant elles-mêmes considérés à cette même occasion, mais après les avoir adaptés à leurs besoins respectifs (**II-169**). Une semblable disposition au contrat de travail par ailleurs respectée par l'employeur ne priverait pas cependant le salarié de toute autre réclamation fondée sur l'article 2092 C.c.Q. Certes, les parties disposent d'une liberté contractuelle leur permettant de traiter de la question dans la mesure où le résultat contractuel réel peut être qualifié de « raisonnable », et ce, à l'aide notamment des trois critères de l'article 2091 C.c.Q. En dessous de cette base d'application générale, il nous semble que le salarié ne saurait être lié par une telle disposition contractuelle sans égard au fait qu'elle fut négociée librement ou non[602]. Il est vrai que l'article 2092 C.c.Q. vise principalement une situation *post facto*, mais l'assise de notre position repose sur la finalité première de l'article 2091 C.c.Q. qui est alors bien manifestée par la consigne énoncée ainsi : « [...] le délai de congé doit être raisonnable [...] ». Cette qualité, répétons-le, vise une situation de fait et nullement une intention, comme toute appréciation de ce qui est juste. Une entente intervenue même après la résiliation en vue de moduler l'indemnité afférente aurait-elle l'effet final d'une transaction au sens de l'article 2631 C.c.Q. ? Nous ne le croyons pas, notamment lorsque le résultat contractuel pratique se situerait en dessous de la base du « raisonnable » édictée à l'article 2091 C.c.Q., et ce, en raison de l'« incapacité de protection » garantie au salarié à l'article 2092 C.c.Q. Cette dernière disposition serait à notre avis, au nombre des « [...] autres questions qui intéressent l'ordre public » (art. 2632 C.c.Q.). Compte tenu du libellé de l'article 2092 C.c.Q., on constate que l'indemnité afférente peut reposer distinctement sur l'un et l'autre de ces deux chefs : le délai de congé ou son équivalent qui ne serait pas suffisant et la manière abusive selon laquelle la résiliation fut exécutée. Il se peut qu'il n'y ait prise que sur l'un ou l'autre de ces deux chefs, mais cela

---

601. La Cour d'appel retenait déjà cette approche dans *La Compagnie de Sable Ltée* c. *Commission des normes du travail*, précité, note 554 : « Le droit commun subsiste, mais l'article 82 apporte un remède plus précis, plus spécifique, plus général. » Depuis 1994, les articles 2091 et 2092 C.c.Q. sont certes plus généraux et plus souples que ne l'était en 1985 le droit commun prétorien.

602. *Machtinger* c. *HOJ Industries Ltd.*, précité, note 217 ; *Sofati Ltée* c. *Laporte*, précité, note 306.

ne prive en rien le droit du salarié à une juste indemnité réparatrice. Bien évidemment, l'incapacité de protection (**I-89**) accordée au salarié vaut pour l'une et l'autre de ces deux situations. Il est possible que le délai de l'avis de congé soit si court qu'il équivaille, en raison de ses effets auprès du salarié, à une brusque rupture[603]. On constate alors que l'indemnité afférente repose sur un autre fondement que celui du délai de congé (art. 2091 C.c.Q.), bien qu'il y soit souvent rattaché à titre de cause occasionnelle. Parfois, on y voit un abus de droit de la part de l'employeur, notamment lorsque celui-ci impose la brusque rupture, alléguant à tort la présence d'un motif sérieux (**II-177**)[604]. En pareille situation, il nous faut tenir compte du contre-effet qui peut aussi en résulter à l'égard d'une disposition contractuelle de non-concurrence (art. 2095 C.c.Q.) (**II-69**). On comprend que cette disposition protectrice énoncée à l'article 2092 C.c.Q. s'applique, s'il y a lieu, tant dans le cas de simple résiliation sous l'article 2091 C.c.Q., que dans celui de brusque rupture non valablement fondée sur un motif sérieux (art. 2094 C.c.Q.)[605]. Dans cette situation notamment, les tribunaux peuvent aussi imposer réparation pour les dommages moraux qui peuvent en résulter[606]. Une autre question consisterait à savoir si la durée du délai de congé ou de son équivalent pouvait être réduite en raison des actes mêmes du salarié. Après quelques tergiversations jurisprudentielles, les tribunaux semblent maintenant refuser une telle pondération ou un tel mélange des genres, du moins dans leur déclaration[607]. Le fait que le salarié connaissait bien les contraintes économiques qui sévissaient dans l'entreprise ne saurait, à notre avis, faire en sorte qu'elle soient directement considérées, bien qu'elles pourraient, à titre de circonstances particulières, (art. 2091, al. 2, C.c.Q.) priver le salarié de prétendre à la surprise de l'arrivée rapide de sa fin d'emploi. Il nous semble cependant que le décès de l'employeur, notamment lorsqu'il y a confusion ou grande intimité entre sa personne et l'entreprise, constituerait aussi une « circonstance particulière » qui puisse justifier un délai de congé plus court puisque le salarié ne saurait alors ignorer cette relation entre la personne de l'employeur et l'entreprise dont il faisait partie (art. 2093, al. 2, C.c.Q.) (**II-64**).

---

603. Imaginons, à titre illustratif, un avis de congé de quelques jours à un salarié qui jusqu'alors jouissait d'une excellente réputation auprès de ses collègues et des milieux professionnels où il exerçait. Ce rapide départ ne peut être que préjudiciable à la réputation du salarié en raison même des sous-entendus qu'il suscite, alors qu'il n'y aurait pas par ailleurs de « motifs sérieux » pour le justifier (**II-177**).

604. Guylaine VALLÉE et Emmanuelle NAUFAL-MARTINEZ, « La théorie de l'abus de droit dans le domaine du travail », dans G. TRUDEAU, G. VALLÉE et D. VEILLEUX (dir.), *op. cit.*, note 237, p. 303 ; J.-Y. BRIÈRE, *loc. cit.*, note 529.

605. *Machtinger* c. *HOJ Industries Ltd.*, précité, note 217 : sous réserve d'adaptation aux règles générales du *Code civil du Québec*, cet arrêt fondé sur la common law demeure d'un intérêt certain.

606. *Taxis Coop Québec, 572-5191* c. *Proulx*, [1994] R.J.Q. 603 (C.A.); *Standard Broadcasting Corporation Ltd.* c. *Stewart*, précité, note 587.

607. *Maheu, Noiseux et associés* c. *Roneo Vickers Canada Ltée*, [1988] R.J.Q. 1597 (C.A.); *Villa* c. *John Labatt Ltd.*, précité, note 592.

II-172 — *Le salarié sous préavis* — Que peut être le comportement du salarié sous avis de congé ? Sur le plan juridique, cette situation ne réduirait aucunement ses obligations professionnelles à l'endroit de l'employeur (**II-85 à 109**). Des réactions intempestives de sa part au cours de cette période terminale peuvent tout aussi bien faire l'objet de mesures disciplinaires et même, selon les circonstances, précipiter la rupture du contrat de travail (**II-176**). C'est souvent pour éviter de telles situations qu'ils peuvent plus ou moins bien appréhender que certains employeurs préfèrent procéder par voie d'équivalence (**II-171**). Par ailleurs, on induit des règles générales le droit du salarié de prendre des mesures utiles à la recherche d'un nouvel emploi. Soulignons que le salarié licencié n'est pas tenu, en principe, de rechercher un nouvel emploi; il peut modifier à cette occasion son plan de carrière, cesser toute activité professionnelle, etc. S'il conteste sous l'article 2092 C.c.Q. la durée du délai de congé ou de son équivalent, nous devons présumer, en raison de la finalité de cette même mesure, qu'il entend obtenir un autre emploi. Dans ce seul cadre, il se doit de démontrer, en défense, qu'il a entrepris des démarches utiles et normales pour trouver un nouvel emploi, alors que l'employeur cherche à réduire l'indemnité due en raison d'un prétendu laxisme. Cette obligation de mitigation des dommages, fort ancienne, par ailleurs, repose encore sur les règles fondamentales du droit et notamment sur les articles 6, 7, 1457, 1478, 1479 et 1591[608]. Dans un récent arrêt, la Cour d'appel résumait ainsi la portée pratique de cette même règle : « Cette obligation de minimiser son préjudice comporte deux volets. Le premier emporte celle de faire un effort raisonnable pour se retrouver un emploi dans le même domaine d'activités ou un domaine connexe; le second est de ne pas refuser d'offres d'emploi qui, dans les circonstances, sont raisonnables. Ces principes doivent naturellement être évalués en fonction des éléments pertinents en chaque espèce[609]. » Dans bien des situations, on peut y dégager des éléments qui modifient sensiblement le droit à l'indemnité fondé sur les articles 2091 et 2092 C.c.Q. Ainsi en serait-il lorsque :

— l'employeur offre au salarié une mutation à un poste plus ou moins semblable, mais néanmoins raisonnable[610];

---

608. Anne MICHAUD, « Mitigation of Damages in the Context of Remedies for Breach of Contract », (1984) 15 *R.G.D.* 293; Claude D'AOUST, « Minimisation des dommages : source et application en cas de congédiement », (1991) 22 *R.G.D.* 325. Il est des cas où les dommages subis par le salarié résultent d'un acte répréhensible de l'employeur, tel un congédiement pour activité syndicale et alors, nous croyons que la règle générale de la mitigation des dommages ne saurait s'appliquer. Voir : F. MORIN, *loc. cit.*, note 331.

609. *Standard Radio inc.* c. *Doudeau*, précité, note 594, p. 1785 (j. Baudoin); *A Logiciels Suivitel inc.* c. *Coupal*, [1995] R.J.Q. 375 (C.A.); *Red Deer College* c. *Michaels*, [1976] 2 R.C.S. 324; *Jolicœur* c. *Lithographie Montréal ltée*, précité, note 290.

610. *Compagnie Montreal Trust* c. *Moore*, [1991] T.T. 466.

— le salarié pouvait, par les soins de l'employeur, bénéficier d'un service de placement d'une entreprise spécialisée, mais qu'il le refuse : il lui incomberait d'établir pourquoi il lui était préférable d'agir seul.

Une brusque rupture s'autorisant à tort de l'article 2094 C.c.Q. (**II-177**) signifie que l'employeur aurait dû retenir la voie normale de résiliation établie à l'article 2091 C.c.Q. Si l'absence de motifs sérieux est ainsi constatée par l'autorité judiciaire compétente, il s'ensuit que cet employeur devra s'acquitter par voie d'équivalence du délai-congé esquivé et verser une indemnité complémentaire pour résiliation « [...] de manière abusive » (art. 2092 C.c.Q.). En sus, la disposition de non-concurrence, si elle existait, serait de ce seul fait rendue caduque (art. 2095 C.c.Q.) (**II-69**).

II-173 — *Licenciement collectif* — Dans certaines situations ou dans certains milieux, il est possible que l'employeur procède à un licenciement collectif. Il s'agit alors de la résiliation simultanée des contrats de travail liant distinctement plusieurs salariés. Outre ce qui est prévu dans la *Loi sur la qualification et la formation professionnelles de la main-d'œuvre* et la *Loi sur les normes du travail* et qui fut déjà souligné (**II-165**), on y trouve, dans chaque cas, une rupture unilatérale à l'initiative de l'employeur et produisant les mêmes effets juridiques et pratiques à l'égard de chacun de ces salariés. En conséquence, les droits et les obligations articulés aux articles 2091 et suiv. C.c.Q. s'appliquent et, sous cet aspect, la dimension collective de l'événement n'en modifie pas la portée ni le régime juridique applicable (**II-169**). Il arrive cependant que ces situations soient traitées de façon précise dans des conventions collectives applicables à ces salariés et qui prévoient un aménagement particulier pour de tels départs en groupe. Ces modalités conventionnelles sont les conditions de travail qui lient chaque salarié, l'employeur et le syndicat (art. 67 C.t.) (**IV-168**), sous réserve du contrôle de leur caractère raisonnable au sens de l'article 2092 C.c.Q.[611]. Les trois critères principaux retenus à l'article 2091 C.c.Q., alinéa 2 (**II-169**) demeurent certes applicables par ailleurs et l'étude du contenu de multiples conventions collectives révèle que généralement leurs modalités respectent *mutatis mutandis* ces mêmes trois critères[612].

---

611. Ne peut-on y avoir une illustration particulière de la coexistence nécessaire du contrat de travail et des droits afférents, d'une part, et de la convention collective, d'autre part ? (**II-81** ; **IV-169**)

612. La seule présence de telles modalités particulières dans la convention collective indique bien que dans ces milieux, cette rupture du lien d'emploi était plus que prévisible. On y a retenu spécifiquement et par la voie de la négociation bilatérale des critères acceptables de part et d'autre en vue d'une juste rupture. L'arbitre de griefs (**IV-179**) ou le tribunal judiciaire ne pourront valablement intervenir, à notre avis, que s'il y a véritablement un écart entre les droits généraux affirmés dans le *Code civil du Québec* et les résultats concrets obtenus en application d'une convention collective à l'endroit de chacun des salariés. La capacité de chaque salarié d'entreprendre un tel recours civil comporte des difficultés juridiques certaines (**V-43**).

II-174 — *Un nouvel employeur* — La restructuration de l'entreprise, la réorganisation du processus de production, l'arrivée d'un nouvel employeur ayant acquis l'entreprise ou l'une de ses parties sont au nombre des événements qui peuvent entraîner de manière directe ou indirecte de multiples ruptures des liens d'emploi. Des réductions de personnel peuvent toujours avoir lieu dans un pareil contexte, soit pour faciliter les opérations financières, juridiques ou techniques, soit à titre de conséquences pratiques qu'elles entraînent de façon plus ou moins reconnue. L'article 2097 C.c.Q. précise bien que de semblables changements du côté patronal ne mettent pas fin immédiatement ni automatiquement aux contrats de travail ayant cours[613]. En somme, on ne saurait recourir aux règles générales du contrat pour soutenir que la présence d'un de ces seuls faits suffirait à entraîner l'extinction du contrat de travail. Si ce dernier subsiste, sa fragilité congénitale n'est pas pour cela meilleure par la seule présence de l'article 2097 C.c.Q. Cette nouvelle disposition établit seulement qu'une substitution d'employeur qui peut résulter d'une semblable opération, ne constitue pas en elle-même une cause automatique et directe de rupture du contrat de travail. L'ancien comme le nouvel employeur ne sauraient s'autoriser de l'article 2094 C.c.Q. pour qualifier ces mêmes événements de « motifs sérieux ». Cependant, il demeure possible que ce contrat soit résilié au moyen d'un délai de congé raisonnable ou de son équivalent (art. 2091 C.c.Q.) (**II-169**), ou par la voie d'une brusque rupture si, par ailleurs, un « motif sérieux » le justifie (**II-177**). De telles initiatives peuvent, selon les circonstances, être entreprises tant par l'employeur original que par le nouvel employeur ou l'ayant cause au sens de l'article 2097, al. 2, C.c.Q. Cette disposition nouvelle du *Code civil du Québec* soulève déjà bien des interrogations, notamment au sujet de son caractère plus ou moins impératif et de la possibilité d'en contourner les effets par voie contractuelle. Les éléments de réponse qu'apporteront les tribunaux s'inspireront sans doute des acquis jurisprudentiels obtenus en marge des articles 45 et 46 du *Code du travail* (**IV-91**) et des article 96 et 97 L.N.T. (**III-208**). À cette fin, il faut reconnaître que toutes ces dispositions ont trait à une même finalité qui consiste à maintenir la pérennité du lien d'emploi malgré les turbulences de nature juridique, financière ou organisationnelle que l'employeur peut connaître ou provoquer[614]. Elles permettent de mieux

---

613. Les hypothèses visées par l'article 2097 C.c.Q. portent sur l'aliénation, la cession ou la fusion totale ou partielle de l'entreprise (art. 1525 C.c.Q.), même si l'opération se réalise par vente en justice. Malgré la finale élastique de l'énoncé « [...] ou autrement », nous ne croyons pas que l'on y vise aussi la sous-traitance, dans la mesure où elle n'est pas un subterfuge à une aliénation ou cession partielle de la même entreprise (**II-135; IV-90**).

614. La jurisprudence développée depuis 1961 sous l'article 45 C.t. illustre bien les difficultés culturelles, juridiques et pratiques que provoquent de semblables dispositions stabilisatrices. Aussi, nous faudrait-il savoir y puiser un utile enseignement et entretenir un prudent scepticisme.

saisir la tentative qui consiste à distinguer toujours plus l'entreprise de l'employeur, de manière à ne pas trop réduire la liberté de manœuvre de ce dernier, sans perturber la relation d'emploi ni réduire la sécurité du salarié (**IV-88**)[615]. La première et peut-être la principale question consiste à savoir si l'article 2097 C.c.Q. serait d'ordre public. Si cette disposition comportait un tel caractère (**I-95**), les parties ne pourraient valablement en traiter autrement au contrat de travail ou par « codicille » (art. 9 C.c.Q.). Dans la mesure où l'on resitue la position relative de l'article 2097 C.c.Q. dans l'ensemble des dispositions du septième chapitre « Du contrat de travail » (**II-40**) et que l'on reconnaît que les articles 2091 et 2094 n'y sont pas directement altérés, nous croyons que cette mesure protectrice de l'article 2097 C.c.Q. serait d'ordre public. Ainsi, elle ne saurait souffrir aucune modulation contractuelle réductrice. En effet, si l'employeur pouvait l'esquiver dès la conclusion d'un contrat de travail ou obtenir une valable renonciation à cette garantie avant d'effectuer ou pour effectuer la vente ou la cession de l'entreprise, alors cette même disposition serait sans signification réelle depuis la promulgation même du *Code civil du Québec*. En effet, pourquoi inscrire une telle garantie favorable au salarié et pourquoi un tel énoncé quelque peu dérogatoire au droit commun, si cette même mesure pouvait être écartée ou encore, si ces seuls événements visés à l'article 2097 C.c.Q. pouvaient, par voie contractuelle, être qualifiés de quelque manière, de causes résolutoires[616] ? En somme, le contrat de travail qui a cours au moment des événements visés à l'article 2097 C.c.Q. y survit et le nouveau titulaire du poste de patron, s'il y a lieu, assume depuis les droits et obligations afférents à ce titre (**II-123**). Il est possible d'éprouver quelques difficultés au départage des obligations qui incombent vraiment à ce nouvel employeur de celles qui relèvent toujours de l'employeur original. Ainsi, ce dernier n'est certes pas libéré du fait de son départ de ses dettes envers le salarié (**V-43**). Par ailleurs, le salarié n'acquiert pas, de ce même fait, un deuxième débiteur, sauf si sa créance est fondée sur la *Loi sur les normes du travail* où, selon l'article 96, « [l]'ancien employeur et le nouveau sont liés conjointement et solidairement à l'égard d'une telle réclamation[617] ». Puisque le contrat de travail est

---

615. Vu sous cet angle, l'article 2097 C.c.Q. ne remettrait nullement en cause le caractère personnel du contrat de travail puisque cette qualité relève principalement de la personne du salarié, sujet et objet de ce contrat (**II-53**).

616. La thèse contraire est soutenue par Robert P. GAGNON, *Droit du travail*, Collection de droit, 1995–1996, vol. 7, Cowansville, Les Éditions Yvon Blais inc., p. 58 et suiv. ; Charles CAZA, « L'embarquement pour un tour d'horizon », dans SERVICE DE LA FORMATION PERMANENTE, BARREAU DU QUÉBEC, *Développements récents en droit du travail (1997)*, Cowansville, Les Éditions Yvon Blais inc., p. 292.

617. Si la substitution de l'employeur résulte de la vente de l'entreprise, alors l'employeur acheteur peut devoir acquitter la créance du salarié à l'aide du prix d'achat (art. 1768 C.c.Q.) (**V-57**).

à exécution successive, chaque employeur répond, règle générale, de sa part des obligations contractuelles qui en résultent, selon le temps où il est en fonction[618]. Ainsi, le salarié congédié par le nouvel employeur peut exercer à son endroit les mêmes recours dont il aurait autrement disposé n'eût été cette substitution[619]. L'article 2097 suppose-t-il un lien de droit direct entre l'employeur initial et le nouvel employeur? En d'autres termes, si le passage de l'un à l'autre n'est pas direct, s'il y eut un intermédiaire et qu'ainsi l'opération s'est effectuée en deux temps distincts (de l'employeur à un tiers non employeur et de ce dernier à l'acquéreur), le contrat de travail initial survit-il? La Cour suprême du Canada interpréta l'article 45 C.t. comme si un tel lien direct était requis et la Cour d'appel reprit cette interprétation, ce qui nous laisse croire que, règle générale, les tribunaux imposeraient encore cette condition, si toutefois ce tiers ne peut valablement être lui-même qualifié d'ayant cause de l'employeur initial[620]. En effet, il nous faut noter que tout nouvel employeur est expressément qualifié « d'ayant cause de l'employeur » à l'article 2097, al. 2, C.c.Q., ce qui suppose, il est vrai, l'existence d'un rapport étroit entre eux, et qui peut être parfois le cas pour ce tiers intermédiaire[621].

II-175 — *Brusque rupture* — Il survient des situations où l'employeur croit devoir procéder subrepticement à la rupture du lien d'emploi, et ce, dans l'intérêt même de la bonne gestion de l'entreprise. Ces événements sont, règle générale, de nature disciplinaire, bien qu'il soit possible que d'autres situations exceptionnelles puissent autoriser la prise d'une semblable mesure draconienne. Parfois, le manquement grave du salarié est à la fois si flagrant et si subit que l'employeur doit exiger son départ immédiat. Dans d'autres cas, il peut s'agir d'un acte culminant du salarié, c'est-à-dire le dernier d'une série de semblables manquements qui furent eux-mêmes sanctionnés et, selon la théorie de la progression des sanctions (**IV-192**), l'employeur entend maintenant démontrer que la situation est dès lors intolérable pour la bonne marche de l'organisation. De semblables décisions impératives sont admises

---

618. Ces règles peuvent valoir pour les dettes salariales, mais il peut en être autrement des droits et recours garantis par le *Code du travail* ou la *Loi sur les normes du travail*. Ainsi, dans l'arrêt *Adam* c. *Daniel Roy Ltée*, [1983] 1 R.C.S. 683, le nouvel employeur dut réintégrer la salariée illégalement congédiée par l'employeur précédent (**IV-91; V-9**).

619. Il s'agit notamment des recours acquis après un certain temps de service continu, selon les articles 82.1 et 124 L.N.T. (**V-31**); l'avènement du nouvel employeur n'interrompt pas la continuité du service du salarié. Voir : *Gilles Moncion* c. *Marché Jean Renaud inc.*, [1994] C.T. 199; *Leblanc* c. *Industries Cover inc./Vitrerie Bouchard (1994) inc.*, [1995] C.T. 364.

620. *U.E.S., local 298* c. *Bibeault*, précité, note 441 et commenté à F. MORIN, *op. cit.*, note 20, p. 724; *Bergeron* c. *Métallurgie Frontenac Ltée*, [1992] R.J.Q. 2656 (C.A.).

621. En pratique, la question peut être d'un intérêt certain, notamment dans le cas des commerces sous franchise, alors que le franchiseur sert généralement de lien de passage obligé d'un commerçant à celui qui prend la relève.

selon l'article 2094 C.c.Q. lorsque l'auteur[622] dispose d'un « motif sérieux » pour réagir ainsi brusquement et sans autre préavis (**II-114**)[623]. Sur le strict plan juridique, ce traitement de la situation est assez particulier et irait presque à l'encontre des règles générales du droit. En effet, l'article 2094 C.c.Q. affirme clairement qu'une même personne peut à la fois être « juge et partie » : elle apprécie elle-même la gravité de l'acte puis impose de son seul chef l'exécution immédiate de la sanction qu'elle croit nécessaire. Telle pourrait être la première lecture du comportement de l'employeur qui rend un tel « jugement ». Pour cette raison et afin de mieux saisir la portée réelle de l'article 2094 C.c.Q., il nous faut comprendre le sens du seul critère retenu, soit le « motif sérieux » puis, analyser les effets directs et indirects d'une pareille décision[624]. Auparavant, soulignons que l'article 2094 C.c.Q. reconnaît ce pouvoir draconien de rupture unilatérale sans énoncer un préalable sur le fondement du pouvoir disciplinaire de l'employeur[625]. Retenons que cette brusque rupture unilatérale reconnue à l'article 2094 C.c.Q. n'est nullement réservée aux seuls cas de nature disciplinaire que l'on qualifie généralement de congédiement. On y comprend un registre plus large qui couvrirait également l'insuffisance professionnelle grave et subite[626].

II-176 — *Un motif sérieux* — Selon l'article 2094 C.c.Q., la brusque rupture unilatérale fondée sur « un motif sérieux » serait seule valable et, ainsi réalisée, elle ne serait que l'exercice d'un droit. Le libellé de cette disposition 2094 C.c.Q. permet de repousser de prime abord le scénario inversé selon lequel l'acte causal du salarié produirait déjà la rupture du contrat de travail et l'employeur ne disposerait que d'une simple discrétion de faire ou de refuser de faire le constat de cette situation juridique par ailleurs consumée, et cela, en

---

622. Nous disons « l'auteur » et non l'employeur parce que la formule utilisée dans l'article 2094 C.c.Q. vise les deux parties au contrat de travail, bien qu'il soit rare mais nullement impossible que le salarié puisse utiliser cette même voie s'il dispose aussi d'un motif sérieux ou impérieux.

623. Les expressions anglaises *for cause* et *without cause* sont parfois traduites trop simplement par congédiement « pour cause » et « non motivé ». Ces formulations sont dépourvues de sens logique puisque l'employeur accomplit nécessairement de tels actes parce qu'il a ses motifs et qu'il recherche des effets particuliers. Ainsi, l'emploi de ces expressions « pour cause » et « non motivé » n'ajoute rien, sauf un effet tautologique. À titre d'illustration, voir : l'arrêt *Machtinger* c. *HOJ Industries Ltd.*, précité, note 217.

624. Bien évidemment, cette décision de l'employeur peut donner prise à divers mécanismes de contrôle de la part de tribunaux spécialisés (**IV-181** ; **V-31**) ou des tribunaux judiciaires (**V-31**).

625. Constat déjà souligné à l'occasion d'une mise en relief des caractéristiques de l'employeur et de ses prérogatives générales, notamment de son « pouvoir de commander » (**II-111 et suiv.**). Voir : M.-F. BICH, *loc. cit.*, note 428.

626. Nous préférons cette dernière épithète à celle très souvent employée de « congédiement administratif » puisque, dans tous les cas, la décision de l'employeur s'autorise de sa fonction administrative dans l'entreprise. Voir : Rodrigue BLOUIN, « Le contrôle juridictionnel arbitral sur la cessation d'emploi motivée par insuffisance professionnelle », (1985) 45 *R. du B.* 3.

exigeant le départ immédiat. Pareille inversion des rôles ne saurait s'autoriser du libellé même de l'article 2094 C.c.Q., où l'on ne traite que de l'existence d'un motif et non d'un effet. La reconnaissance d'une telle discrétion en faveur de l'employeur ne peut être assimilée à une obligation ni même à la reconnaissance de l'opportunité de l'exercer qui fait d'ailleurs partie de la même discrétion. Si cette même inversion devait être retenue, il s'ensuivrait aussi que l'auteur de la rupture unilatérale serait le salarié, et ce dernier devrait alors faire la preuve principale de cet acte causal, de manière à contester le prétendu constat de l'employeur. Une telle situation serait contraire à l'économie de tous les moyens de contrôle judiciaire mis en place depuis un demi-siècle et même, de l'entendement du législateur[627]. Outre cette question au sujet de la position relative des parties, nous devons tenter de saisir le sens de l'expression « motif sérieux ». Le choix de ce dernier critère, le motif sérieux, nous paraît quelque peu énigmatique en raison d'une double interrogation que juges, praticiens et juristes peuvent, à leur manière respective, poser ou se poser.

— En ne reprenant pas le libellé usuel retenu depuis des décennies, pour autoriser pareille initiative, soit un motif juste, suffisant ou raisonnable, le législateur entendait-il ainsi manifester sa volonté d'écarter la jurisprudence et la doctrine développées au moyen de ces trois qualificatifs[628] ?

— Un motif juste, suffisant ou raisonnable est-il l'équivalent d'un « motif sérieux » ?

À cette fin, il nous faudrait savoir si un motif sérieux implique toujours une cause juste, suffisante ou raisonnable, alors que l'on peut logiquement croire ou déduire qu'une cause juste, suffisante ou raisonnable puisse être qualifiée à la fois de « motif sérieux ». Cet écart de langage ne serait-il qu'un simple accident de rédaction ? Nous ne pourrions le croire, d'autant plus que la Cour suprême du Canada utilisa déjà cette même expression pour déterminer la fonction de contrôle du Tribunal du travail. Dans deux arrêts, la Cour suprême du Canada voulut préciser en quoi devait consister le contrôle du Tribunal du travail à l'égard d'un employeur astreint à établir qu'il congédia un salarié « pour une cause juste et suffisante » (art. 17 C.t.), fardeau qui lui incombait afin d'écarter ainsi une présomption l'incriminant (**IV-18; V-15**). Le juge Chouinard, au nom de la Cour suprême du Canada, affirma qu'il suffisait au

---

627. Les articles 14, 100.2 f), et 110.1 C.t. et les articles 84.1, al. 2, 122.2, al. 2, L.N.T. traitent du pouvoir de l'employeur de congédier sous réserve d'une justification de l'exercice de cette discrétion et non d'un simple constat de rupture.

628. Le critère de la cause juste et suffisante est retenu aux articles 122.2 et 124 L.N.T. et aussi aux articles 14 et 17 du *Code du travail*; celui de « faute grave » se trouve à l'article 82 L.N.T. et celui de cause « juste et raisonnable » apparaît à l'article 100.12 f) du *Code du travail* (**IV-192; V-35**). Ces mêmes expressions sont reprises dans la plupart des conventions collectives puis discutées et triturées depuis 50 ans par les arbitres de griefs et les tribunaux judiciaires de contrôle.

Tribunal du travail de s'assurer que la cause alléguée et mise en preuve par l'employeur était sérieuse et véritable. Il ajouta que le Tribunal du travail ne devait pas se prononcer sur la rigueur de la sanction eu égard à la gravité du manquement : « Sa juridiction consistant à déterminer si l'autre cause invoquée par l'employeur est une cause sérieuse par opposition à un prétexte, et si elle constitue la cause véritable du congédiement[629]. » Techniquement, on pourrait affirmer que la Cour suprême du Canada assimila « cause juste et suffisante » à une cause sérieuse ou traduisit l'expression ainsi, bien que les termes *suffisant*, *raisonnable* et *juste* retenus dans cette loi devraient normalement entraîner la recherche d'une adéquation, d'un équilibre entre l'acte de l'un, le manquement et la décision de l'autre et la sanction imposée. Est-ce en raison de cette assimilation dans ces deux arrêts que les codificateurs crurent sages de s'en tenir au critère « motif sérieux » en l'assimilant à la cause juste, suffisante ou raisonnable ? Si nous ne pouvons maintenir cette assimilation ou interchangeabilité des critères, comme le fit la Cour suprême du Canada, nous devrions alors conclure que la jurisprudence développée par les tribunaux spécialisés (Tribunal du travail, commissaires du travail et arbitres de griefs) portant sur la cause juste, suffisante ou raisonnable ne serait d'aucun secours pour préciser le contenu et la portée de ce critère d'évaluation retenu à l'article 2094 C.c.Q. Cette dernière déduction, si elle devait être retenue, nous paraîtrait déstabilisatrice et exorbitante de l'économie du droit de l'emploi. De plus, le contrôle judiciaire exercé en fonction du « motif sérieux » deviendrait alors assez ténu puisqu'il ne porterait que sur l'authenticité de la cause et la sincérité de l'employeur, ce qui élargirait sensiblement la discrétion de l'employeur. Au-delà de la confusion des termes que fit la Cour suprême du Canada, nous devons néanmoins tenir compte du fait que l'article 2094 C.c.Q. renvoie expressément et exclusivement à ce seul critère, le « motif sérieux ». Pour cette raison, il faut croire et espérer que les tribunaux reconnaîtront qu'un motif sérieux justifiant la brusque rupture doit être tributaire de son degré de suffisance, de son caractère juste et raisonnable. En d'autres termes, le motif sérieux ne peut avoir qu'une connotation relative et directement rattachée à la brusque rupture qu'il provoqua pour ainsi constituer sa justification. De plus, on ne saurait qualifier juridiquement de « motif sérieux » une mesure qui violerait de ce fait ou par ses effets des libertés, prérogatives ou droits garantis par la loi[630]. Au-delà de ce *quiproquo* juris-

---

629. *Lafrance* c. *Commercial Photo Service inc.*, précité, note 405, p. 545. Un arrêt de pareille facture fut rendu au même moment, voir : *Hilton Quebec ltée* c. *Tribunal du travail*, [1981] R.C.S. 548. Au sujet de cette assimilation euphémique du motif sérieux et de la cause juste et suffisante, voir : F. MORIN, *op. cit.*, note 20, p. 550 et suiv. Une illustration pratique de l'assimilation et de la confusion de ces critères apparaît à : *Hakim* c. *S. Provost*, [1994] R.J.Q. 1922 (C.S.).

630. À titre d'illustrations : un acte discriminatoire selon les chartes, le refus d'un retour au travail de l'accidenté (art. 236 L.A.T.M.P.), l'âge (art. 84.1, 122.1 L.N.T.). L'existence d'un recours particulier au soutien de ces dernières règles protectrices et de bien d'autres ne changerait pas le caractère de la décision de l'employeur (**V-18**).

prudentiel, et par souci de sécurité et de cohérence juridique, il nous paraît souhaitable que ces règles de jugement (sérieux, suffisant, raisonnable ou juste) soient pratiquement équivalentes, mais nullement en les inversant comme le fit la Cour suprême du Canada. La qualification de « motif sérieux » au sens de et selon l'article 2094 C.c.Q. implique une appréciation en fonction du manquement professionnel reproché en tenant compte des implications réelles de temps et de lieu qui peuvent normalement en découler[631]. Cette harmonisation des critères nous semble nécessaire par respect même des attributs fondamentaux du droit que sont la sécurité, la stabilité et la cohérence (**I-86**). Ces dernières qualités peuvent être atteintes notamment en puisant à ce fond jurisprudentiel acquis fort lentement, même laborieusement, et qui est l'œuvre des divers tribunaux spécialisés et des tribunaux judiciaires de contrôle. Ces acquis jurisprudentiels auraient certes pu servir d'enseignement utile à la rédaction de l'article 2094 C.c.Q., mais ce ne fut pas le cas. De même aurait-on pu y reconnaître la possible réparation, selon les circonstances de temps et de lieu, d'une rupture vraiment intempestive par la voie d'une réintégration, ce qui ne fut certes pas retenu dans ce même article du *Code civil du Québec*[632].

II-177 — *Recherche d'un motif sérieux* — Quand y aurait-il « motif sérieux » dans le sens, proposons-nous, de cause juste, suffisante ou raisonnable ? Compte tenu de la portée juridique et pratique d'une telle décision unilatérale, nous dirions que l'avènement causal doit être objectivement sérieux pour justifier la brusque rupture. Certes ne pourrait-on laisser à l'employeur pleine et exclusive discrétion envers cette qualification au point que la continuité de tout contrat de travail dépendrait de son « bon plaisir[633] ». S'il en était ainsi, on ajouterait à l'inégalité économique des parties à ce contrat un déséquilibre juridique constant, ce qui rendrait encore plus précaire le rapport d'emploi. Il existe d'ailleurs de nombreux moyens de contrôle de telles décisions de l'employeur qui sont mis en place afin de s'assurer qu'il n'y a pas abus et plus encore, pour éviter qu'il y en ait par l'effet préventif qu'engendre la seule présence de ces recours (**V-24**)[634].

---

631. Il va de soi que cette prérogative exceptionnelle exercée par l'employeur soit exclusivement rattachée aux obligations professionnelles du salarié (**II-114**).

632. *Ville de Rock Forest* c. *Gosselin*, précité, note 583. Malgré de nombreuses embûches techniques, la Cour d'appel se serait déjà montrée réceptive à la réintégration à titre d'exécution particulière d'un contrat de travail. Sur le thème, voir : *Computertime Network Corp.* c. *Zucker*, précité, note 291 ; *Aubrais* c. *Ville de Laval*, précité, note 170.

633. Il est possible qu'en son âme et conscience un employeur considère « sérieux » le grief qu'il entretient à l'égard d'un salarié, mais cela ne saurait suffire. Son appréciation doit pouvoir être partagée par l'organe de contrôle réel ou éventuel. Parfois, l'employeur exprime son motif sérieux en alléguant « sa perte de confiance » dans un salarié, cette appréciation doit pareillement être partagée à titre de guide d'évaluation (**IV-192 ; V-35**).

634. Parmi ces recours selon diverses lois de l'emploi, nous renvoyons le lecteur principalement aux articles 15 C.t. ; 122, 122.1, 122.2 L.N.T. ; 30, 227 L.S.S.T. ; 32, 252, 262, 358, 390 L.A.T.M.P. ; 41 à 50 *Charte de la langue française* ; *Loi sur les jurés*, L.R.Q., c- J-2 ; *Loi électorale*, L.R.Q., c. F-3.3, etc.

L'employeur qui dispose néanmoins d'un autre « motif sérieux » pourrait-il parallèlement être soumis à une ordonnance en réintégration du salarié à la suite de l'exercice d'un recours pour congédiement illégal ? En effet, il est possible qu'un même employeur nourrisse des objectifs prohibés selon l'une ou l'autre des lois de l'emploi et qui peuvent être occultés pour ce « motif sérieux » allégué et aussi réel. Le caractère impératif de l'ordonnance en application de règles de droit d'ordre public nous laisse croire que la réintégration doit prévaloir[635]. Il s'agit certes d'un autre champ où il peut être difficile *a priori* d'établir des critères, des guides ou des balises par voie législative afin de contenir l'exercice de ce pouvoir. Pour être en mesure de bien apprécier la qualité de semblables décisions de l'employeur et au-delà des toutes premières apparences, nous devons prendre en considération une situation assez complexe : la culture du milieu, les contraintes particulières de production, la nature du travail, le particularisme de l'emploi visé, etc. Même dans les cas où le législateur institua un mécanisme de contrôle particulier à l'égard de questions précises (activité syndicale, acte discriminatoire, etc.), il fallut utiliser des moyens fort spéciaux pour réussir l'opération : revirement du fardeau de la preuve par voie de présomption, grande discrétion d'appréciation laissée aux tribunaux spécialisés, etc. **(IV-18 ; V-12)**. Pour ces raisons, il nous semble impossible de définir et même de décrire ce que pourrait être *in abstracto* un « motif sérieux », tellement les éléments particuliers de temps et de lieu peuvent moduler différemment les premiers faits. Nous pouvons cependant formuler dix observations susceptibles de cerner tant soit peu ce critère.

i) S'il s'agit d'une mesure disciplinaire, l'acte doit être imputable au salarié visé. La rupture du contrat de travail s'adresse à une personne en particulier et il n'y aurait de motif sérieux à son endroit que si l'acte reproché lui est directement imputable.

ii) L'objet du motif sérieux doit porter sur une question d'ordre professionnel, c'est-à-dire qui relève des obligations du salarié selon son contrat de travail **(II-87 à 109)**.

iii) Il y aurait motif sérieux si l'acte reproché est lui-même grave ou peut être ainsi qualifié en raison de son contexte ou par ses effets d'entraînement directs et certains[636]. À l'égard du salarié, on doit prendre en considération les consignes et avertissements déjà donnés par l'employeur, le respect par ce dernier de la règle de la progression des sanctions et de la proportionnalité, les effets d'entraînement susceptibles d'être ainsi évités ou contenus par une telle sanction, etc.

---

635. *Fleury* c. *Épiciers unis Métro-Richelieu inc.*, [1987] R.J.Q. 2034 (C.A.).

636. Depuis longtemps, les tribunaux reconnaissent qu'un motif sérieux doit être plus qu'un « prétexte » plus ou moins futile. Si un simple manquement quelconque pouvait suffire, l'employeur n'aurait jamais à emprunter la voie ordinaire de rupture inscrite à l'article 2091, C.c.Q. **(II-129)**. Voir : *Hakim* c. *Provost*, précité, note 629.

iv) Il n'est nullement requis, bien évidemment, que la qualification de sérieux, juste ou raisonnable soit partagée par le salarié visé, mais elle doit l'être, s'il y a lieu, par l'organe de contrôle.

v) Les tribunaux spécialisés qui interviennent sous un chef ou sous un autre (Tribunal du travail, commissaire du travail, arbitre de griefs, etc.) se réfèrent soit à la jurisprudence du milieu, soit à la doctrine qui théorise cette même jurisprudence à l'aide de classifications des situations et par voie d'analyses des distinctions et nuances apportées d'un cas à un autre (la formule gigogne). On tente alors de dégager quelques approches générales et des guides : exercises, analyses, réflexions portant sur une multitude de situations les plus diverses que l'on ne saurait maintenant écarter ni ignorer[637].

vi) Un motif sérieux pouvant justifier la brusque rupture du contrat de travail peut aussi être d'un autre ordre que disciplinaire. Il peut en être ainsi lorsque le salarié perd, en dehors du champ du travail, une qualification fondamentale à l'existence même du contrat de travail :

— le professionnel radié de l'Ordre professionnel et devenu ainsi sur-le-champ inhabile à l'exercice de son emploi au sein d'un cabinet d'avocats, d'une clinique médicale, d'un bureau d'ingénieurs, etc.;

— le chauffeur de camion privé par les tribunaux pour cinq ans de son permis de conduire[638].

vii) L'employeur ne saurait considérer l'aliénation de son entreprise ou sa réorganisation structurelle ou de production pour y voir un motif sérieux de brusque rupture[639].

viii) L'avis de démission donné par le salarié ne saurait constituer, de ce seul fait, un « motif sérieux » justifiant l'employeur de riposter par voie d'un congédiement immédiat (**II-180**).

ix) La brusque rupture au sens de l'article 2094 C.c.Q. est aussi possible alors que le salarié dispose d'un contrat à durée déterminée. Cette dernière caractéristique ne réduit pas les obligations professionnelles du salarié. S'il y a manquement grave de sa part, l'employeur peut rompre précipitamment ce contrat car, s'il était privé de cet ultime moyen, un tel contrat de travail à durée déterminée ébranlerait l'économie même

---

637. Voir C. D'AOUST, L. DUBÉ et G. TRUDEAU, *op. cit.*, note 468.

638. La maladie ou l'accident de travail ainsi que l'âge et le nombre d'années de service ne peuvent directement constituer un « motif sérieux » (**II-111, 181**).

639. De tels changements auxquels l'employeur participe à l'avènement peuvent néanmoins provoquer (cause occasionnelle) la résiliation du contrat de travail selon la démarche contenue aux articles 2091 et 2092 (**II-169, 174**).

du contrat de travail en réduisant le pouvoir potentiel de contrôle de l'employeur[640].

x) Il serait possible qu'un salarié congédié cherche à se libérer d'une entente de non-concurrence, comme le prévoit l'article 2095 C.c.Q., c'est-à-dire en demandant au tribunal de déclarer « non sérieux » le motif de l'employeur qui imposa son congédiement et qui entend néanmoins que cet ex-salarié respecte la clause contractuelle de non-concurrence. En pareille situation, il reviendrait alors à l'employeur d'établir que cette stipulation de non-concurrence est valide selon l'article 2089, al. 3, C.c.Q. puis, de repousser la prétention du salarié en prouvant qu'il résilia le contrat de travail pour un motif sérieux (art. 2094 C.c.Q.)[641].

En raison de la fragilité énigmatique de la formule retenue à l'article 2094 C.c.Q., il nous semble que les tribunaux judiciaires et spécialisés devront intervenir par petites touches, à la manière des pointillistes, pour préciser, contenir ou harmoniser ces différents critères de motif sérieux, grave, juste et raisonnable. L'étude du recours entrepris à la suite des congédiements peut avantageusement et utilement parfaire ce premier exposé.

---

640. Par ailleurs, un salarié abusivement congédié malgré le contrat à durée déterminée pourrait réclamer la totalité de la rémunération résiduelle tenant alors lieu d'avis de congé et, s'il y a lieu, une indemnisation réparatrice de dommages résultant de ce départ précipité (art. 2092 C.c.Q.) (**II-171**).

641. *Aliment en Vrac M.F. inc.* c. *St-Onge et Les Aliments Jardi inc.*, précité, note 304.

Section 4.4
Le contrat de travail résilié par le salarié

II-178 — *Trois situations* — Sur le strict plan juridique, le salarié dispose d'une liberté de manœuvre semblable à celle de l'employeur. Il peut, comme ce dernier, prendre l'initiative de la rupture du contrat de travail en empruntant les moyens appropriés, notamment pour éviter que son départ ne soit injustement préjudiciable à l'employeur. En pratique, il est vrai que le départ du salarié se présente généralement différemment puisque l'employeur n'est pas personnellement ni économiquement dans la même situation que peut l'être le salarié licencié[642]. Sur le plan juridique, l'accord de volontés à la base du contrat de travail peut aussi être défait de la même manière, c'est-à-dire par un autre accord de volontés des mêmes parties. Il est donc possible que l'employeur et le salarié conviennent, sans doute pour des motifs distincts, de rompre ce lien d'emploi et les modalités afférentes, sans autres formalités et conditions[643]. Si le processus alors retenu est régulièrement suivi, question de forme et de fond, alors ces parties mettent fin à leurs rapports et sont mutuellement libérées de leurs obligations respectives. Fort plus souvent, le salarié prend l'initiative de la rupture du contrat de travail par la voie d'une démission ou en raison des exigences ou des implications de son nouveau statut ou encore, par la prise d'une retraite. Ce sont les trois volets que nous considérons dans cette dernière

---

642. Le « temps » du salarié, à ce titre, fait partie de sa personne et demeure un élément éminemment fongible. Il n'est d'ailleurs nullement récupérable en nature, alors que le temps de travail dont est privé l'employeur par le départ du salarié pourrait être assumé par le substitut de ce dernier.

643. Cette convention de rupture peut, selon les circonstances, produire ses effets aussi immédiatement que peut le faire l'embauche (art. 1439 C.c.Q.) et n'entraîner aucun droit à une quelconque indemnité. Il suffit à cette fin qu'il y ait eu réellement libre consentement de part et d'autre, en tenant compte des circonstances de temps et de lieu. Cette entente de libre rupture peut alors revêtir la forme d'une transaction (art. 2631 C.c.Q.).

section. Dans tous les cas de fin d'emploi (**II-167 et suiv.**), certaines obligations et certains droits résiduaires peuvent survivre à cette rupture. Nous les rappelons en guise de clôture du titre II.

II-179 — *La démission* — Sans égard à ses motifs personnels, le salarié peut résilier le contrat de travail par simple avis de congé donné à l'employeur. Cette démission se réalise aux mêmes conditions, *mutatis mutandis*, que celles applicables à l'employeur qui procède à une résiliation unilatérale ou à un licenciement (art. 2091 C.c.Q.) (**II-169**)[644]. Sur le plan juridique, la question se pose très souvent différemment parce que les prestations des deux parties ne sont pas de même nature. Ainsi, l'employeur qui reçoit du salarié pareil avis de congé peut, pour des raisons les plus diverses d'ailleurs, réagir de l'une ou l'autre des façons qui suivent.

i) Respecter la volonté du salarié en le maintenant en emploi jusqu'au terme de l'avis et alors, lui verser la rémunération directe et indirecte due (**II-141**).

ii) Refuser de garder plus longtemps le salarié démissionnaire et le libérer de sa prestation de travail pour le temps de l'avis de congé. L'employeur doit alors verser un montant équivalant à la rémunération autrement due pour la durée de ce même délai de congé donné par le salarié[645].

iii) Procéder par voie d'une contre-offensive et prendre l'initiative d'une résiliation immédiate par la voie d'un congédiement (**II-176**)[646].

Les effets réels et pratiques d'une démission sont différents de ceux d'un licenciement ou d'un congédiement du fait que le salarié en est l'initiateur. Techniquement, l'employeur disposerait d'un recours en dommages si la démission consistait en un brusque départ du salarié dépourvu de « motif sérieux ». Par ailleurs, le salarié démissionnaire ne peut valablement exiger de l'employeur une quelconque indemnité en raison de cette fin d'emploi puisqu'il en est l'auteur. En somme, ce salarié ne saurait contester sa propre décision, si toutefois elle est bien la sienne. Il s'agit certes d'une question préalable, s'il en est une, à savoir si telle est bien la volonté du salarié, au-delà des premières apparences. Il arrive que le salarié soit placé en situation où l'acte posé pourrait être autrement qualifié en raison des circonstances qui auraient pu affecter son consentement, par exemple :

---

644. *Poirier* c. *Charron*, [1995] R.J.Q. 1197 (C.S.). La qualification de l'acte de démission exige la prise en considération de tous les faits de l'affaire, d'où les difficultés que l'opération peut susciter ; à cet effet, voir l'analyse de J.L. DUBÉ et N. DI IORIO, *op. cit.*, note 456, p. 479 à 489.

645. Le salarié démissionnaire ne pourrait certes prétendre que cet équivalent serait insuffisant, ayant lui-même fixé la durée de l'avis de congé.

646. L'avis de congé du démissionnaire ne saurait constituer un « motif sérieux » puisque le salarié ne ferait qu'exercer son droit à la rupture et son obligation de prévenir l'employeur (**II-177**).

— sur le choc d'une situation personnelle telle que le décès d'un proche ou un accident, etc., le salarié abdique et cherche à briser tous liens, y compris ceux de sa vie professionnelle[647];

— à l'instigation de l'employeur, le salarié est dans une situation si intenable qu'il croit devoir sortir de ce guêpier par une démission[648].

Dans de telles situations, le débat juridique porte sur la qualité du consentement que peut donner le salarié. À ces fins, on reconnaît qu'il y a démission effective lorsque :

— la décision de quitter l'emploi est celle clairement manifestée par le salarié et directement adressée à l'employeur[649];

— l'acte est volontaire, c'est-à-dire librement fait par le salarié disposant alors de toutes ses facultés mentales (**II-30**)[650];

— son expression est claire, bien qu'elle puisse s'inférer de ses gestes et comportements tels le refus de répondre à un rappel précis de retour au travail après une mise à pied ou un congé alors que le sens d'un tel silence lui fut préalablement notifié (**II-163**) ou est prévu au contrat, à la convention ou à la loi (art. 81.14 L.N.T.) ou encore, l'acceptation d'un emploi chez un autre employeur et qui serait incompatible en raison des contraintes de temps ou de la nature respective des deux postes;

— le comportement ultérieur du salarié relève normalement et manifestement d'une démission[651].

Il survient certaines situations où l'employeur disposerait d'un « motif sérieux » (**II-176**) l'autorisant à une brusque rupture par voie de congédiement et, pour d'autres considérations, il peut offrir au salarié de le quitter de son propre gré, lui évitant ainsi les préjudices rattachés à un départ forcé. Est-ce là une véritable démission ou un réel congédiement revêtu d'un plus noble manteau[652] ? En semblable situation, il est possible que les deux parties y gagnent en réputation, temps, coûts et contrecoups et alors, il nous paraîtrait

---

647. *Pierreau* c. *Sirbain inc.*, [1984] T.A. 581.
648. Cette situation est déjà envisagée à l'article 2095 C.c.Q.; *Langevin* c. *St-Léonard Toyota ltée*, [1988] T.A. 455; *Lagacé* c. *Bande Naskapi du Québec*, D.T.E. 94T-237 (C.S.).; *Ross* c. *Hawker Siddeley Canada Inc.*, [1988] R.L. 228 (C.A.).
649. Qu'un salarié confesse à un collègue ou à un tiers quelconque qu'il entend démissionner, qu'il quittera l'entreprise, etc., ne peut être un acte de démission, mais souvent une simple expression de déception ou de frustration.
650. *Lamonde* c. *La Brasserie Labatt ltée*, [1995] R.J.Q. 429 (C.S.); *Syndicat des travailleuses et travailleurs d'Épiciers unis Métro-Richelieu (C.S.N.)* c. *Lefebvre*, D.T.E. 96T-817 (C.A.).
651. *Ralfor Plus inc.* c. *Déom*, D.T.E. 89T-1193 (C.S.); *Auto Photo Canada ltée* c. *Banon*, D.T.E. 88T-777 (T.A.).
652. *Stratford* c. *Engrenages Sherbrooke inc.*, D.T.E. 95T-1247 (C.T.); *Otis* c. *Avon Canada ltée.*, [1995] C.T. 76.

difficile de contester la valeur d'une telle démission[653]. Bien évidemment, si le salarié donne librement et consciemment son consentement à cette démission, il ne saurait valablement se dédire sous prétexte qu'il le regrette après coup ou qu'on lui a démontré par la suite qu'il existait bien d'autres voies plus profitables que celle de la démission, etc.

II-180 — *L'acte de démission* — À l'instar de la conclusion du contrat de travail (**II-29**), l'acte de démission peut être verbal ou écrit et aucune condition formelle n'est exigible à sa réalisation. La manière retenue pour le faire peut cependant rendre plus ou moins facile sa mise en preuve. S'il y a débat entre la démission alléguée par l'employeur et le congédiement prétendu par le salarié, on pourrait départager cette ambiguïté réelle par le bénéfice du doute concédé au salarié, notamment lorsque ce contrat de travail était un contrat d'adhésion (art. 1432 C.c.Q.) (**II-36**). Il n'y aurait pas ambiguïté cependant si l'employeur modifia substantiellement les tâches au point que le salarié ne pouvait légitimement subir pareille rétrogradation ou, selon le cas, accepter une promotion casse-cou. La démission qui survient en pareil contexte ne saurait être qualifiée d'un acte libre et volontaire. Compte tenu de l'obligation de l'employeur formulée à l'article 2087 C.c.Q., on y retrouverait davantage les éléments essentiels d'un congédiement prémédité ou télécommandé (**II-179**)[654]. Un salarié lié par un contrat de travail à durée déterminée peut-il néanmoins démissionner ? Sauf dans les situations déjà signalées où l'employeur donne prise au départ sous cette forme apparente ou le provoque lui-même, nous sommes d'avis que ce salarié ne disposerait pas d'une telle initiative de libération par simple délai de congé parce que ce geste serait contraire à l'économie même d'un tel contrat. En effet, l'employeur est alors en droit d'escompter un tel apport pour le temps convenu et d'ailleurs, s'il le refusait, il devrait en payer néanmoins le prix entier (**II-63**). Ainsi, le salarié qui quitterait subrepticement l'employeur avant l'arrivée du terme d'un contrat à durée déterminée ne pourrait certes pas être forcé *manu militari* d'y revenir, mais il pourrait être tenu de verser à l'employeur la différence qu'il lui en coûterait de le remplacer pour le temps de cette défaillance[655].

---

653. Si ce « motif sérieux » allégué n'en était pas réellement un, mais un simple montage ou une inflation verbale de la part de l'employeur en vue d'obtenir à l'arraché la démission du salarié, la situation finale pourrait être tout autre.

654. Dans de telles situations, on constate l'importance des données de chaque affaire et de la preuve qui peut en être faite. De plus, le revirement de la qualification de démission à congédiement peut dépendre de l'importance objective des modifications apportées aux tâches et ne relève pas de la seule appréciation de l'une des deux parties. Voir : *Reilly c. Hotels of distinction (Canada) Inc. (Hotel Le Grand/Grand Hotel)*, précité, note 367 ; *Bilodeau c. Bata Industries Ltd.*, [1986] R.J.Q. 531 (C.A.) ; *Lavigne c. Sidbec-Dosco inc.*, [1985] C.S. 26.

655. Pareille situation peut être assez exceptionnelle, mais elle est néanmoins plausible dans certains milieux professionnels où la prestation de travail est intimement tributaire de la qualité de la personne : radio, télévision, journaux, spectacle, etc. Voir notamment sous ce chef : *Centre d'accueil Horizons de la jeunesse c. Schacter*, précité, note 250, en appel : n° 500-09-001687-938 ; *Poirier c. Charron*, précité, note 644.

II-181 — *Retraite et âge butoir* — Le contrat de travail peut également prendre fin avec la prise d'une retraite. En choisissant la rente viagère, le salarié se met en retrait, cesse de fournir sa prestation de travail habituelle à l'égard de l'employeur. Le régime de retraite exige généralement un tel statut pour être admissible au versement d'une rente. Cette dernière condition, si elle existe, ne signifie pas que les services de l'ex-salarié ne peuvent être retenus sous un autre titre par le même employeur (contrat de travail à durée déterminée, conseiller à vacation, etc.). Le salarié retraité peut bien évidemment travailler à quelque titre que ce soit pour tout employeur; l'opportunité ou la pertinence de le faire peut cependant dépendre de sa capacité professionnelle et personnelle[656]. Si le salarié prend sa retraite conformément aux modalités du régime qui lui est applicable, on peut y voir généralement un départ de gré à gré puisque ces modalités sont applicables et acceptées tant par l'employeur que par le salarié, soit directement, soit par le truchement d'un syndicat accrédité. Il ne s'agit véritablement pas d'une démission ni davantage d'un licenciement puisque l'acte n'est pas exclusivement celui du salarié ni même celui de l'employeur; on peut davantage y voir un départ aménagé par les deux à la fois. Si l'employeur offre quelques mesures complémentaires en vue de stimuler la prise anticipée de la retraite, l'initiative de la décision, sur le strict plan juridique, demeure néanmoins celle du salarié. La problématique est différente lorsqu'un âge péremptoire est fixé. Dans ce cas, plusieurs distinctions s'imposent selon que cette limite temporelle :

— relève d'une décision unilatérale de l'employeur;

— résulte d'une négociation collective qui est consignée dans la convention collective[657];

— apparaît à titre « d'âge normal » aux fins du calcul actuariel ou pour faciliter la gestion du régime, mais sans réelle contrainte de départ.

Si l'âge butoir ou le nombre d'années de service sont fixés par l'employeur ou par la convention collective à titre indicatif, soit le moment à partir duquel le salarié peut bénéficier du régime, aucune difficulté n'en résulte puisque le salarié peut emprunter cette voie ou retarder de le faire. La question est tout autre cependant lorsque la limite temporelle est obligatoire. Sur le strict plan juridique, trois sous-questions peuvent alors théoriquement être soulevées.

i) Ce départ forcé par l'employeur constituerait-il aussi une résiliation unilatérale ou un licenciement, et cette rupture devrait-elle être traitée à ce titre **(II-169)** ?

---

656. Cette même question comporte néanmoins une dimension éthique en raison du grand nombre de personnes également compétentes, qui sont sans ressources financières assurées et dépourvues d'emploi.

657. La *Loi sur les régimes supplémentaires de rentes*, L.R.Q., c. R-17, notamment l'article 3, assure la pérennité de ce régime ainsi mis en place.

ii) Ce départ obligatoire même arrêté dans la convention collective serait-il discriminatoire au sens de la *Charte des droits et libertés de la personne* ?

iii) Les articles 84.1, 122.1 et 123.1 L.N.T. disposent-ils parfaitement de cette même problématique, de telle manière qu'il suffirait de les respecter ?

Il nous semble que le départ forcé par l'employeur aurait la même portée que toute autre résiliation unilatérale du contrat de travail et ainsi, les articles 2091 et 2092 C.c.Q. **(II-169)** y trouveraient pleine application. Ce motif ou cette occasion, l'accès obligatoire au régime de retraite, ne changerait nullement le sens ni la portée de l'acte de rupture induit d'un tel changement et ne saurait être assimilé à un congé avec solde. Bien plus, un tel couperet en raison de l'âge ou du nombre d'années de service serait discriminatoire puisque l'âge constitue expressément un chef de discrimination prohibé à l'article 10 de la *Charte des droits et libertés de la personne* et à l'article 15 de la *Charte canadienne des droits et libertés*[658]. La Cour suprême du Canada prend en considération la qualité de la décision de l'employeur en imposant une telle limite d'âge et considère que le fait qu'elle soit intégrée à la convention collective peut constituer une preuve de bonne foi et de sincérité en imposant cette exigence. À notre avis, la question se poserait fort différemment au Québec en raison de la *Charte des droits et liberté de la personne* (art. 10, al. 2 et 20) et de la *Loi sur les normes du travail* (art. 84.1)[659].

II-182 — *Prohibition d'un âge limite* — Depuis 1982, la *Loi sur les normes du travail* prohibe toute mise à la retraite obligatoire en raison de l'âge ou du nombre d'années de service (art. 84.1, 122.1, 123.1). Les libellés de ces dispositions ne permettent aucunement de faire des distinctions pour ce chef en fonction de la source d'autorité de cette discrimination : loi, décret, convention collective, sentence arbitrale de différend, contrat de travail ou pratique. De plus, l'employeur ne pourrait davantage exercer de pressions auprès d'un salarié par la voie de la suspension ou du congédiement pour le forcer à prendre une retraite en raison de son âge ou du nombre d'années de service. S'il y a lieu, le

---

658. Les arrêts de la Cour suprême du Canada portant sur la question reconnaissent cette situation discriminatoire objective. On y apporte des distinctions d'espèce pour tenir compte soit des emplois visés, soit des modalités d'atténuations subjectives à l'égard des salariés victimes ou de l'impossibilité pratique pour l'employeur d'en atténuer la rigueur. Voir : *Commission ontarienne des droits de la personne* c. *Etobicoke*, précité, note 34 ; *Saskatchewan (Human Rights Commission)* c. *Saskatoon (ville)*, [1989] 2 R.C.S. 1297 ; *Saskatchewan (Human Rights Commission)* c. *Moose Jaw (ville)*, (1989) 2 R.C.S. 1317 ; *McKinney* c. *Université de Guelph*, [1990] 3 R.C.S. 230 ; *Dickason* c. *Université de l'Alberta*, précité, note 490 ; *Dayco (Canada) Ltd.* c. *T.C.A.-Canada*, [1993] 2 R.C.S. 230 ; *Large* c. *Stratford (ville)*, [1995] 3 R.C.S. 733.

659. On doit cependant prendre en considération l'article 20.1 de la Charte qui déclare non discriminatoires les contrats d'assurance, de rente ou d'avantages sociaux imposant des distinctions en fonction de l'âge, etc. (L.Q. 1996, c. 10).

salarié que l'on voudrait ainsi écarter dispose d'un recours particulier et précis comprenant la réintégration et le remboursement de la rémunération perdue (art. 123 L.N.T.) (**V-19**)[660]. On peut donc concevoir des situations où l'employeur pourrait techniquement établir que l'âge obligatoire de prise de la retraite ne serait pas discriminatoire au sens de l'article 20 de la *Charte des droits et libertés de la personne* parce que l'exclusion serait objectivement (art. 10, al. 2) « fondée sur les aptitudes ou les qualités requises pour un emploi ». Même s'il en était ainsi, il faudrait néanmoins tenir compte de l'article 84.1 L.N.T. qui confère une garantie personnelle au salarié et oblige de ce fait l'employeur à établir que c'est directement et personnellement ce salarié qui ne dispose plus des « [...] aptitudes ou qualités requises » pour cet emploi[661]. Il en serait également ainsi dans le cas où ces conditions couperets seraient justifiées « [...] par le caractère charitable, philanthropique, religieux, politique ou éducatif d'une institution [...] » (art. 20 *Charte des droits et libertés de la personne*). Le caractère d'ordre public de l'article 84.1 L.N.T. (art. 93 L.N.T.) confère un droit personnel au salarié que l'on ne saurait pour ces raisons lui nier. Il convient finalement de souligner que ces mesures protectrices de la *Loi sur les normes du travail* s'appliquent à tous les salariés au sens le plus large du terme, et même au « cadre supérieur » (art. 3.1 L.N.T.); cette prévision législative nous paraît suffisamment indicative de l'intention ferme du législateur.

II-183 — *Effets de la retraite* — Malgré ces règles protectrices, le moment de la prise de la retraite ne soulève généralement pas de difficultés lorsque le régime de rentes est satisfaisant ou si le salarié reconnaît que ce changement de statut s'imposerait en raison de son état personnel ou de son vœu d'un changement de carrière. Notons aussi que la présence d'un régime de rapports collectifs du travail ne réserve pas au syndicat accrédité tout l'espace dans ce domaine vis-à-vis de l'employeur ou du gestionnaire du régime. Il demeure des éléments de l'opération auxquels le salarié doit prendre part et intervenir personnellement puisque c'est de son départ dont il s'agit et aussi, de l'aménagement d'une autre période de sa vie. À titre de retraité, il ne fait plus partie de l'unité d'accréditation, et le syndicat accrédité ne le représente plus. Par ailleurs, les droits et avantages qui lui sont attribués par la convention collective applicable au moment de

---

660. Compte tenu de ces règles protectrices particulières de la *Loi sur les normes du travail*, les arrêts de la Cour suprême du Canada doivent être lus et saisis en faisant les adaptations nécessaires pour tenir compte de l'état réel du droit au Québec. Dans chaque cas, l'employeur devrait établir que ce n'est pas en raison de son âge, ni du nombre de ses années de service, mais bien parce que ce salarié ne peut dorénavant assumer les tâches qui relèvent normalement de son emploi (art. 84.1, al. 2, L.N.T.) qu'un salarié est écarté. Voir : Michel COUTU, « La discrimination fondée sur l'âge dans l'emploi et la *Charte des droits et libertés de la personne* », (1986) 46 *R. du B.* 507.

661. L'imposition d'un âge limite ou d'un nombre maximum d'années de service établie dans la convention collective n'aurait aucune valeur pour passer outre à la garantie personnelle conférée au salarié en vertu de ces mêmes articles 84.1, 122.1 et 123.1 L.N.T.

son départ peuvent néanmoins être maintenus[662]. Si le salarié précipite son départ ou si l'employeur lui facilite cette anticipation à titre exceptionnel, il semble alors que l'opération comprendrait un acte de démission de la part du salarié, de manière à identifier l'auteur de cet acte de départ. Pour valoir à ce denier titre, les conditions applicables à la démission, sans égard à ce contexte particulier et à l'effet recherché, doivent être respectées (**II-180**).

II-184 — *Fin et mutation du contrat* — Le contrat de travail s'éteint de lui-même par le décès du salarié (**II-64**). La seule présence de l'article 2093 C.c.Q. évacue toute prétention quant aux modalités de rupture. L'employeur doit aux ayants droit du salarié défunt la totalité de la rémunération due jusqu'au jour du décès (**II-141**). Aucune retenue ou rétention sur la rémunération acquise ne pourrait être autorisée en raison du préjudice subi par ce brusque départ. De même en serait-il des ayants droit qui ne sauraient valablement réclamer quoi que ce soit au-delà du temps de travail accompli[663]. Telle serait, nous semble-t-il, la portée pratique de l'article 2093 C.c.Q. Sans être aussi draconiens, il survient parfois des événements susceptibles de modifier plus ou moins profondément le statut contractuel du salarié, alors que ce dernier maintient néanmoins son service au sein de la même organisation. Selon la nature de cette mutation ou selon qu'elle affecte plus ou moins profondément les éléments caractéristiques du contrat de travail, il y a lieu de s'interroger à savoir s'il s'agit d'une simple retouche ou adaptation du même contrat ou d'une substitution par un autre contrat de travail ou encore, par un contrat d'entreprise, de société ou de mandat. S'il est vrai que les cumuls de contrats sont toujours possibles, il en est certains dont la coexistence peut être difficile ou souvent incompatible, tel le cumul du contrat de travail et du contrat d'entreprise ou de services[664]. Il est des situations où un salarié accède au sein de l'institution à un statut d'associé, et ce, notamment dans des cabinets de professionnels[665]. Parfois, ces changements ne portent que sur des modalités

---

662. L'arrêt *Dayco (Canada) Ltd.* c. *T.C.A.-Canada*, précité, note 658.
663. Il est vrai que l'on peut parfois se demander si un salarié payé à la semaine ou au mois a droit à la rémunération complète de ce mois ou de cette semaine inachevé, ou si la prétention inversée pourrait être soutenue par l'employeur, soit de refuser de verser quoi que ce soit pour le temps fait parce que le mois ou la semaine ne fut pas complet. Il est possible également que le contrat de travail ou la pratique indique des moyens applicables pour résoudre ces questions, assez lugubres par ailleurs.
664. L'entrepreneur ou le prestataire de services au sens de l'article 2098 C.c.Q. ne peut juridiquement être subordonné à son client ou donneur d'ouvrage selon l'article 2099 C.c.Q. Ce dernier peut-il être à la fois client et employeur ? On verrait dans ce cumul un dangereux mélange des genres, notamment si les deux contrats portent sur des activités de même nature.
665. Il est possible que l'octroi de ce nouveau titre ou statut ne soit qu'honorifique ou une façon d'indiquer que sa rémunération comprend maintenant une quote-part des profits. Si le cabinet est vraiment l'affaire d'une société et que le salarié en devient membre, à titre d'associé, alors seulement il peut s'en tenir à ce dernier statut et mettre fin au contrat de travail ou cumuler

de la prestation de travail ou sur celles relatives à la rémunération et alors, il ne s'agirait que d'un nouveau souffle apporté au contrat de travail initial. Dans d'autres cas, il faudrait prendre en considération la nature exacte de ces modifications et leur importance relative afin de pouvoir dégager leur portée véritable dans le rapport entre les deux parties selon que le salarié est devenu associé, sociétaire, mandataire ou entrepreneur. Selon les cas, les lois de l'emploi peuvent plus ou moins perdre leur emprise puisqu'il ne s'agirait plus d'un salarié. Il peut en être ainsi parce que ces dernières lois occupent respectivement des champs d'application différents et à cette fin, elles comportent des définitions distinctes des personnes qu'elles touchent (**II-77**). Il faut savoir, dans chaque cas, si la même personne demeure toujours assujettie à chacune de ces lois de l'emploi selon les situations ou questions étudiées. À titre d'illustrations, considérons quelques exemples.

i) Le salarié promu directeur d'un service demeure néanmoins soumis à la *Loi sur les normes du travail*, bien que ce parapluie se rétrécisse selon son ascension jusqu'au rang de « cadre supérieur » (**II-125 ; III-207**). Par ailleurs, dès sa nomination comme directeur, il cesse d'être un salarié au sens et pour l'application du *Code du travail*; la convention collective jusqu'alors applicable ne le lie plus (art. 67 C.t.) (**IV-65**).

ii) Le salarié devenu travailleur autonome peut aussi être écarté de l'application du *Code du travail* et de la convention collective de même que, dans certains cas, de la *Loi sur les normes du travail*, selon le degré d'autonomie juridique dont il dispose, en fait et en droit[666]. La protection qu'offre la *Loi sur les accidents et les maladies professionnelles* semble cependant être plus résistante à de tels changements (art. 9) (**III-306**).

iii) L'élection ou la nomination d'un salarié comme membre du conseil d'administration de l'entreprise ne lui fait pas perdre son statut de salarié lorsqu'il est désigné à titre de représentant de son groupe (art. 1, al. 1 et 2, C.t.).

II-185 — *Droits résiduaires* — Au terme du contrat de travail, dès qu'une personne cesse juridiquement d'être un salarié à l'égard d'un employeur donné, certains droits et obligations subsistent néanmoins entre ces mêmes parties. En raison de leur nature et de leur qualité, ces liens résiduaires s'éteignent d'une manière plus progressive et autrement que les obligations principales du contrat de travail. L'article 2088, al. 2, C.c.Q. l'atteste clairement au sujet de la survie de l'obligation de loyauté et de réserve quant à l'information à caractère confidentiel (**II-96, 102**). En pratique, il peut n'être

---

les deux titres, entendu que l'employeur est et demeure la société. Ce cumul est possible tout comme celui d'un actionnaire ou d'un administrateur d'une société à responsabilité limitée (compagnie) qui peut aussi être le salarié de cette même organisation.

666. Voir l'affaire *J.J. Joubert* dans F. MORIN, *loc. cit.*, note 271.

pas toujours facile de circonscrire cette double obligation lorsque le salarié entend peu après travailler pour le compte d'un autre employeur ou devenir travailleur autonome. À cette fin, il voudra mettre à profit ses connaissances professionnelles acquises ou peaufinées chez l'ex-employeur ou encore, exercer ses fonctions dans le même champ d'activité que chez ce dernier. Notons d'ailleurs que cette disposition du *Code civil du Québec* fait bien la distinction entre les données confidentielles d'ordre général acquises chez l'employeur et celles qui ont trait à la réputation et à la vie privée de toute personne. Dans ce dernier cas, l'obligation de réserve perdure à jamais, alors que pour les autres questions de nature confidentielle, il y a extinction après un délai raisonnable. Il faut reconnaître cependant que ce dernier critère peut être plus ou moins extensible selon les circonstances de temps, de lieu et même selon les personnes (**II-98**). Outre cette première obligation générale qui survit au contrat de travail, il y aurait aussi celle expressément convenue à cette même fin en vertu de l'article 2089 C.c.Q. pour contenir l'activité de concurrence de l'ex-salarié. Ce sont généralement des ententes qui donnent prise à des litiges, alors que la portée de ces restrictions professionnelles est parfois mal soupesée ou avec trop de légèreté par le salarié au moment de la conclusion du contrat ou encore surévaluée par l'employeur quand survient la séparation (**II-69**). L'article 2096 C.c.Q. impose aussi à l'employeur l'obligation d'attester le séjour du salarié dans l'entreprise. Cette obligation généralise celle déjà édictée depuis 1979 à l'article 84 L.N.T. (**II-72**). Ce certificat de travail devrait permettre au salarié d'établir son curriculum vitæ quant à la nature et à la durée de ses activités professionnelles. Ces limites relatives au contenu du certificat s'expliquent en raison de la finalité de ce document et au fait qu'il ne peut être assimilé à une lettre de recommandation ni davantage lui servir de substitut. Les libellés des deux dispositions des articles 2096 C.c.Q. et 84 L.N.T. nous permettent de dégager les observations suivantes :

— l'employeur n'est pas tenu d'émettre pareil certificat de travail immédiatement et automatiquement à la suite d'un départ, mais seulement si le salarié le lui demande[667];

— le salarié peut l'exiger sans égard aux voies empruntées pour sa sortie : résiliation simple, congédiement, démission, prise de retraite, etc.;

— le libellé de l'article 84 L.N.T. est certes plus explicite que celui de l'article 2096 C.c.Q., mais les éléments principaux se retrouvent dans l'une et l'autre de ces deux dispositions : l'objet doit exclusivement ou uniquement porter sur la nature et la durée du service, en prenant soin d'identifier dans le certificat les deux parties au contrat de travail;

---

667. Selon le langage juridique traditionnel, il s'agirait alors d'une obligation quérable et non portable.

— ces deux dispositions ne privent pas l'employeur de transmettre en sus une lettre de recommandation, et le salarié, d'en solliciter une[668].

Il n'est pas évident cependant que l'employeur soit tenu de remettre une lettre de recommandation, c'est-à-dire de dépasser l'objet de l'obligation expresse qui lui incombe selon l'article 2096 C.c.Q. Il existe également d'autres questions qui peuvent être traitées au terme d'un emploi, tels le remboursement de la rémunération indirecte jusqu'alors acquise pour congé annuel (art. 76 L.N.T.) (**III-216**), l'émission d'un relevé d'emploi requis selon la *Loi sur l'assurance-emploi*[669], etc.

II-186 — *Fragilité du contrat de travail* — En maintes occasions, nous avons pu constater la fragilité et la complexité de la relation d'emploi tout au long du titre II. Cette situation résulte à la fois des deux acteurs principaux : le salarié et l'employeur. Certes, il ne peut s'agir de simples rapports marchands où l'objet serait interchangeable à volonté, soit en nature, soit par équivalence. La relation d'emploi met d'abord en présence une personne, le salarié qui est, avons-nous vu et revu, à la fois le sujet et l'objet de l'opération (**II-87**). Pour cette raison, le respect et la dignité de sa personne, ses facultés intellectuelles, les multiples aspects de sa vie personnelle, familiale, sociale et politique sont au nombre des riches composantes que l'on ne saurait esquiver en traitant même de la seule dimension juridique de l'emploi du salarié. En deuxième lieu, il nous a fallu prendre en considération les moyens économiques certains et la situation stratégique de l'employeur, tant au moment de l'embauche qu'à la suite de la conclusion du contrat de travail. Assez timidement, il est vrai, le *Code civil du Québec* prend acte de cette situation d'inégalité et édicte quelques règles correctrices et impose des balises pour traiter de ces réalités, et notamment aux articles 2087, 2089, 2092, 2095 et 2097. La prochaine décennie servira sans doute à roder ces mêmes dispositions et surtout, à établir les colmatages inévitables entre les règles générales de notre droit commun et celles des grandes lois de l'emploi. Ce sont là des exercices essentiels si nous voulons un droit de l'emploi qui soit cohérent, juste et stabilisateur. Puisque ces lois de l'emploi furent promulguées à la pièce et par à-coups pour répondre aux besoins nouveaux d'un Québec en voie d'industrialisation (**I-70**), il n'est pas surprenant qu'il existe quelques distorsions et anachronismes entre les

---

668. S'il est vrai que de telles lettres peuvent être malicieuses, il n'empêche que d'ordinaire, elles ne le sont pas et qu'elles aident le salarié tout comme le futur employeur dans leur prise de décision. Devant l'impossibilité pratique de stopper cette transmission d'information, nous devons rappeler que ces lettres, comme tout autre acte juridique, sont soumises à l'impératif de la bonne foi (art. 6 et 7 C.c.Q.).

669. Dans certains cas, ce peut être aussi l'occasion de monnayer les crédits de congé de maladie si, bien évidemment, l'acte en vertu duquel ce régime est constitué permet pareille liquidation.

multiples règles de droit. L'harmonisation entre ces deux corps de règles suppose une connaissance certaine des grandes lois de l'emploi afin de mieux saisir leur portée respective et leur fonction relative dans notre corpus du droit de l'emploi. Tel est l'objet du titre III. Outre la présentation des principales lois de l'emploi, nous y indiquons en quoi ou comment elles complètent, explicitent ou modulent les règles générales du *Code civil du Québec* relatives au contrat de travail et analysées au présent titre.

Table des matières

TITRE III
APERÇU GÉNÉRAL DES LOIS DE L'EMPLOI

III-001 — *Introduction* — La logique pratique qui préside à l'élaboration du plan de l'ouvrage nous conduits à regrouper en un seul faisceau les principales lois de l'emploi pour en faire un exposé mieux intégré. Cette façon de faire s'autorise d'un double objectif :

— il peut ainsi être plus facile de nous référer à chacune de ces descriptions des lois de l'emploi et d'éviter un nombre certain de doublons dans le cadre des exposés des grands thèmes retenus aux autres titres. Il nous serait impossible de traiter des caractéristiques du droit de l'emploi (**titre I**), de l'engagement et du statut des parties dans une relation d'emploi (**titre II**), du contenu possible de la convention collective (**titre IV**), des multiples recours disponibles (**titre V**) et de terminer l'ouvrage par l'analyse du statut des travailleurs autonomes ou atypiques sans nous référer constamment à ces diverses lois de l'emploi.

— pour les personnes qui doivent d'abord s'initier à ce champ d'étude, la réunion systématique de brefs exposés des lois pertinentes peut faciliter leur entreprise et leur permettre, notamment à l'aide des renvois intégrés au texte, un élargissement graduel ou ciblé de leur connaissance.

Nous croyons qu'aucune loi de l'emploi ne peut être sérieusement comprise, jaugée, analysée ni valablement critiquée dans l'ignorance de son histoire et de son contexte socio-économique. Chacune a ses raisons particulières d'être et a pu connaître des tiraillements plus ou moins profonds, acerbes ou simplement déclamatoires à la période de sa gestation. Peu de projets de loi de l'emploi, sinon aucun, furent présentés à l'Assemblée nationale sans susciter un débat interne entre les partis politiques et externe entre les centrales syndicales et, parfois même, entre ces dernières, d'une part, et, d'autre part, les associations patronales, les chambres de commerce, les corporations professionnelles, les associations ou regroupements de défense des intérêts particuliers, etc. Ces lois de l'emploi ont des racines plus ou moins profondes, selon le cas, de nature politique, économique et sociale, et la connaissance de leur genèse respective permet de mieux saisir les causes de la longueur ou de la minceur de leurs branches et rameaux. Malgré la brièveté des exposés de chacune de ces lois de l'emploi, nous avons voulu signaler leurs fonctions, leurs effets, leurs liaisons et ne pas nous limiter à de simples descriptions techniques parsemées de paraphrases d'articles de loi et de citations d'arrêts. Ces lois de l'emploi peuvent être perçues comme autant de stigmates économico-politiques du corps social parce qu'elles furent souvent engendrées dans le déchirement d'intérêts opposés et qu'elles représentent des compromis que le gouvernement de l'époque crut possibles ou qu'il était nécessaire d'imposer ou de ne pas dépasser. Bien évidemment, entre le libellé de la loi initialement retenu par l'Assemblée nationale et son application réelle, il existe nombre d'étapes ou d'obstacles à franchir et aussi à vaincre tels que :

— la ferme volonté des uns d'y donner suite et les efforts des autres pour en réduire la portée ou en ralentir la mise en application;

— l'intérêt du gouvernement d'édicter les règlements d'application nécessaires et d'y affecter les ressources humaines et budgétaires afférentes ou d'en ralentir ou d'en réduire les apports;

— l'entendement des tribunaux et la hardiesse des avocats et des conseillers pour assurer un efficace passage de la lettre au fait;

— les effets d'entraînement plus ou moins heureux que les premières mises en application des nouvelles règles de droit peuvent produire auprès des salariés, des syndicats et des employeurs, etc.

— la maîtrise des contraintes administratives et techniques dont disposent les administrateurs (du ministre au premier commis).

En raison de la conjugaison de ces nombreux facteurs, on ne saurait tirer tout le suc d'une loi de l'emploi en se limitant à sa simple lecture ou présentation.

III-002 — *Les lois retenues* — Dans la mesure du possible et sans pour cela nous enclaver dans un plan stéréotypé, nous adoptons pour chacune des lois étudiées un même ordre séquentiel comprenant quatre grands thèmes : la genèse de la loi et son objet; sa structure ou son économie générale; ses éléments particuliers ou caractéristiques; son administration et les difficultés éprouvées avant sa complète réalisation. Des contraintes de temps et d'espace nous imposent également de scinder en deux groupes les lois de l'emploi que nous présentons[1]. L'importance relative que nous donnons à la présentation de ces lois de l'emploi est tributaire de leur usage respectif dans le cadre des analyses présentées aux cinq autres titres. Il allait de soi, nous semble-t-il, qu'il nous fallait analyser d'un peu plus près le contenu et la portée des chartes, de manière à les situer en fonction de l'ensemble du corpus du droit de l'emploi. L'intérêt porté d'ailleurs à l'emploi par la *Charte des droits et libertés de la personne*[2] indique bien qu'elle fut conçue pour une société industrialisée (**III-101**)[3]. Nous omettons une description systématique des dispositions du *Code civil du Québec* relatives à l'emploi parce que déjà l'étude en est faite au titre II. Après les chartes et le *Code civil du Québec*, la *Loi sur les normes du travail* comprend le champ d'application le plus vaste et dont les implications directes et aussi indirectes sont les plus grandes (**III-201**). Ensuite, nous présentons le tandem formé par la *Loi sur les accidents du travail et les maladies professionnelles* et la *Loi sur la santé et la sécurité du travail*, où l'on traite respectivement des risques inhérents à l'activité professionnelle pour la santé, la sécurité, l'intégrité physique et aussi la dignité du salarié (**III-301 et 401**). Nous terminons cette première partie des exposés détaillés par l'étude de la première loi qui permit et facilita l'élaboration des conditions de travail par les parties elles-mêmes (la *Loi sur les décrets de convention collective*) ainsi que de la loi qui établit un régime général et propre à l'industrie de la construction (**III-501 et 601**). Parce que nous y consacrons un titre distinct, il n'y a pas lieu d'aborder de nouveau le régime des rapports collectifs du travail tel qu'il est aménagé au *Code du travail* (**titre IV**). Dans une deuxième partie de ce titre III, soit le chapitre III-7, nous présentons de plus brefs exposés de certaines autres lois de l'emploi auxquelles nous nous référons de temps à autre dans le présent ouvrage. Ce dernier chapitre comprend six sections :

— La *Loi sur les syndicats professionnels* (**III-711**);

— La *Loi sur l'équité salariale* (**III-720**);

— Les régimes applicables aux artistes (**III-730**)[4];

— La protection des renseignements personnels (**III-741**);

---

1. S'il existe plus de 30 lois de l'emploi ou dont l'objet comporte des incidences certaines sur l'emploi, nous n'en présentons que les principales ou celles qui ont le plus d'incidences directes sur l'emploi (**annexe 2**).
2. L.R.Q., c. C-12.
3. Pour faciliter le repérage, la numération des paragraphes de chacun des chapitres est amorcée par un centième distinct.
4. Sous ce titre, nous présentons sommairement la *Loi sur le statut professionnel des artistes, des arts visuels, des métiers d'art et de la littérature et sur leurs contrats avec les diffuseurs*, L.R.Q., c. S-32.01 et la *Loi sur le statut professionnel et les conditions d'engagement des artistes de la scène, du disque et du cinéma*, L.R.Q., c. S-32.1.

— Les régimes de retraite (**III-750**);

— La formation professionnelle (**III-761**)[5].

D'aussi brefs exposés doivent emprunter de multiples raccourcis et ne peuvent être étayés d'une jurisprudence détaillée ni comprendre de longues citations. Telles sont les économies qu'il nous a fallu retenir pour atteindre le double objectif du titre III.

---

5. Trois lois y sont présentées : la *Loi sur la formation et la qualification professionnelles de la main-d'œuvre*, L.R.Q., c. F-5; la *Loi favorisant le développement de la formation de la main-d'œuvre*, L.R.Q., c. D-7.1; la *Loi sur le ministère de l'Emploi et de la Solidarité et instituant la Commission des partenaires du marché du travail*, L.Q. 1997, c. 93.

CHAPITRE III-1

LES CHARTES ET LE DROIT DE L'EMPLOI

———

———

III-101 — *Introduction* — Au corpus juridique du droit de l'emploi, les chartes occupent une place prééminente (**I-32**). Elles orientent et guident les parties dans la relation d'emploi, et ce, de l'embauche jusqu'à la rupture du lien d'emploi. En somme, on y trouve les premières limites, balises et points de rupture que les parties ne peuvent franchir[1-1]. Qu'il nous suffise de rappeler quelques interrogations pour jauger l'importance du sujet :

— Dans quelle langue doit être rédigée une offre d'emploi ?

— Peut-on exiger d'un postulant un minimum d'expérience professionnelle ?

— Un formulaire de demande d'emploi peut-il requérir du postulant le dévoilement de certains renseignements personnels ?

———

1-1. Le *Code civil du Québec* reconnaît aux parties une très grande liberté contractuelle (**II-4**) qui demeure cependant soumise aux préceptes édictés par l'ordre public (**II-40**) et par les chartes (**II-39**).

— Un employeur doit-il convenir d'un horaire à la carte pour tenir compte des préceptes religieux d'un salarié ?

— Peut-on congédier un salarié à la suite d'une incarcération ?

— Comment définir et circonscrire l'obligation d'accommodement qui incombe à l'employeur ?

— Une convention collective peut-elle être rédigée uniquement en anglais si tous les salariés maîtrisent bien cette langue ?

Plusieurs de ces questions font l'objet d'analyse dans les autres titres du présent ouvrage, aussi renvoyons-nous ponctuellement le lecteur aux paragraphes pertinents. Le premier chapitre du titre III comprend une vue d'ensemble de deux chartes : la *Charte des droits et libertés de la personne*[1-2] (ci-après la Charte) et la *Charte de la langue française*[1-3] (ci-après C.L.F.). Sans mésestimer la valeur transcendante de la *Charte canadienne des droits et libertés*[1-4], nous n'en présentons pas l'exposé analytique pour les deux raisons qui suivent.

— Les dispositions de cette charte ne traitent pas spécifiquement ni directement de la relation d'emploi. Son implication dans notre corpus juridique du droit de l'emploi serait davantage indirecte, notamment par l'enseignement qu'en dégage la Cour suprême du Canada (**I-32**).

— Juridiquement, la Charte canadienne ne reçoit application que dans la seule mesure où il existe une action de l'État (art. 32)[1-5]. Cette restriction fait en sorte que la vaste majorité des relations d'emploi du secteur privé au Québec échappe à l'assujettissement direct et immédiat à la Charte canadienne. Elle peut cependant être invoquée pour contester la validité d'un acte, ou d'une action, fondé sur une législation[1-6] fédérale ou provinciale qui serait contraire à certaines prescriptions de la Charte canadienne[1-7].

1-2. L.R.Q., c. C-12.

1-3. L.R.Q., c. C-11.

1-4. L.R.C. (1985), app. II, n° 44.

1-5. Soulignons que la Cour suprême du Canada a retenu une conception très large de l'État et de ses démembrements. Voir : *Hill* c. *Église de scientologie de Toronto*, [1995] 2 R.C.S. 1130.; *McKinney* c. *Université de Guelph*, [1990] 3 R.C.S. 229; *Lavigne* c. *Syndicat des employés de la fonction publique de l'Ontario*, [1991] 2 R.C.S. 211; *Godbout* c. *Longueuil (Ville)*, [1997] 3 R.C.S. 844; *Eldridge* c. *Colombie-Britannique (Procureur général)*, [1997] 3 R.C.S. 624.

1-6. Le terme « législation » doit ici recevoir une interprétation large de telle sorte qu'il peut englober un règlement, un décret ou un arrêté en conseil, etc.

1-7. À titre d'exemple, certains ont prétendu que l'interdiction faite à l'employeur d'intervenir sur le caractère représentatif du syndicat prévu à l'article 32 du *Code du travail* violait l'article 15 de la Charte canadienne qui décrète que la loi doit s'appliquer également à tous. Voir : *Les Aliments Supra inc.* c. *Union internationale des travailleurs et travailleuses unis de l'alimentation et du commerce, section locale 501*, [1992] T.T. 658.

Si nous ne traitons pas directement ni expressément de la Charte canadienne[1-8], nous nous y référons ponctuellement par le truchement des arrêts de la Cour suprême du Canada, attendu que les grandes libertés qui y sont affirmées le sont aussi à la *Charte des droits et libertés de la personne* du Québec. Au sujet de cette dernière, nous présentons une brève synthèse des seules dispositions susceptibles de recevoir application en matière d'emploi. Ainsi, la première section du chapitre comprend un bref rappel historique, suivi de l'étude de certains droits et libertés affirmés dans la Charte, de même que de l'interdiction de la discrimination en emploi. Nous abordons aussi les moyens de défense mis à la disposition de l'employeur et traitons de l'obligation d'accommodement telle qu'elle fut dégagée par les tribunaux (**I-33**). Nous terminons la section à l'aide d'une brève présentation des programmes d'accès à l'égalité et de l'organisme administratif responsable de son application, soit la Commission des droits de la personne et des droits de la jeunesse. La seconde section (**s. 1.2**) traite de la *Charte de la langue française*. Nous répondons à quelques interrogations relatives à son champ d'application et aux droits et obligations qui s'en dégagent pour le salarié, l'employeur et le syndicat. Serait-elle d'un quelconque secours pour le salarié ? La convention collective y est-elle visée ? Etc. Ces brefs exposés sur les deux chartes sont nécessairement parcellaires et limités. Il va de soi que nous ne pouvions offrir, dans le présent ouvrage sur le droit de l'emploi, beaucoup plus que certains apophtegmes de base quant au contenu des chartes.

1-8. Sur le champ d'application de la Charte canadienne, on peut consulter : Christian BEAULIEU, « La Charte canadienne des droits et libertés : domaine d'application », (1992) 52 *R. du B.* 387 ; Christian BRUNELLE, *L'application de la Charte canadienne des droits et libertés aux institutions gouvernementales*, Scarborough, Carswell, 1993 ; Steven R. CHAPLIN, « The *Charter* and Public Sector Employment Law in Canada Collective Bargaining and Arbitration », (1993) 18 *Queen's L.J.* 406 ; Didier LLUELLES et Pierre TRUDEL, « L'application de la Charte canadienne des droits et libertés aux rapports de droit privé », (1984) 18 *R.J.T.* 219.

Section 1.1
La *Charte des droits et libertés de la personne*

———

III-102 — *Notes historiques* — Le paradigme des droits humains n'est pas un concept intemporel ni universel; aussi, il est difficile de parler de droits fondamentaux qui transcenderaient la conception qu'une société peut se faire de la justice[1-9]. L'idée de proclamer ces droits solennellement dans une formule de synthèse est assez récente, et les droits de l'homme ainsi affirmés ressortissent d'une société libérale et capitaliste[1-10]. Ainsi, l'Assemblée nationale française, en 1789, rédigeait la *Déclaration des droits de l'homme et du citoyen*, qui prévoyait l'inviolabilité de tout individu. Puis, ce phénomène[1-11] est repris aux États-Unis vers 1791 avec l'adoption en bloc des dix premiers amendements à la Constitution américaine formant le *Bill of Rights*[1-12]. Ils garantissent entre autres droits, à chaque citoyen, la liberté de religion, de parole et de presse ainsi que le droit de tenir des assemblées paisibles (premier amendement). Ces deux textes traduisaient de façon pragmatique les enseignements dégagés des philosophes du siècle des lumières qui luttaient

———

1-9. Alain RENAULT et Lukas K. SOSOE, *Philosophie du droit*, Paris, Presses Universitaires de France, 1991.

1-10. Michel VILLEY, *Le droit et les droits de l'Homme*, Paris, Presses Universitaires de France, 1983.

1-11. Il n'est pas exagéré de parler de phénomène, car les droits de l'homme, tels l'honneur, la dignité, la vie privée, etc., sont certainement à leur zénith. Chacun se réclame de quelque droit. La Cour suprême nous en donnait récemment un exemple en proclamant que le « droit à l'image » est une composante du « droit à la vie privée » et qu'un photographe ne pouvait impunément photographier sans son consentement un quidam sur la rue. Voir : *Aubry* c. *Éditions Vice-versa inc.*, J.E. 98-879 (C.S.C.), 9 avril 1998.

1-12. Harry CRAANKBROOK ALLEN, *Les États-Unis, histoire, politique, économie*, Paris, Marabout université, 1964.

pour la reconnaissance des « droits naturels » des citoyens[1-13]. Malgré ces premiers balbutiements, il faut attendre après la Seconde Guerre mondiale pour l'adoption, en 1948, d'un texte fondamental, la *Déclaration universelle des droits de l'homme*. Rédigée au lendemain de ce terrible conflit, il ne serait pas exagéré de dire qu'en filigrane, le fantôme de Hitler hantait ses auteurs :

> Considérant que la méconnaissance et le mépris des droits de l'homme ont conduit à des actes de barbarie qui révoltent la conscience de l'humanité et que l'avènement d'un monde où les êtres humains seront libres de parler et de croire, libérés de la terreur et de la misère, a été proclamé comme la plus haute aspiration de l'homme.

Après quelques tergiversations, le Canada vota en faveur de la déclaration[1-14]. Il faudra cependant attendre plusieurs années avant que la législation nationale fasse écho aux droits humains. Un rappel des principaux jalons de cette reconnaissance législative au Canada indique bien la progression que nous avons connue :

— 1960 : La *Déclaration canadienne des droits*[1-15]. Cette loi a un champ d'application limité puisqu'elle ne touche que les lois du Canada, l'Administration fédérale et les tribunaux (art. 2, 5, al. 2).

— 1964 : La *Loi sur la discrimination dans l'emploi* (Québec).

— 1976 : La *Charte des droits et libertés de la personne* (Québec).

— 1977 : La *Loi canadienne sur les droits de la personne*[1-16]. Elle est l'équivalent, au niveau fédéral, de la Charte québécoise puisqu'elle protège, notamment, le droit à l'égalité dans le domaine de l'emploi.

— 1982 : La *Charte canadienne des droits et libertés*.

1-13. Émile BRÉHIER, *Histoire de la philosophie*, Paris, Quadrige, Presses Universitaires de France, 1988.

1-14. Un auteur explique ainsi l'hésitation du gouvernement canadien : « [...] le Canada a été très lent à s'intéresser aux travaux des Nations Unies relativement à la protection des droits fondamentaux au plan international. Lors de l'adoption de la Déclaration universelle des droits, [...] le Canada s'est abstenu tout comme l'Union Soviétique, l'Arabie Saoudite et l'Afrique du Sud ; ce n'est qu'après avoir constaté en quelle compagnie il se trouvait que le Canada a voté avec réticence pour la Déclaration lors de l'Assemblée plénière ». Voir : Michel LEBEL, « L'interprétation de la *Charte canadienne des droits et libertés* au regard du droit international des droits de la personne — Critique de la démarche suivie par la Cour suprême du Canada », (1988) 48 *R. du B.* 743, 773 ; J. HUMPHREY, « The Canadian Charter of Rights and Freedoms and International Law », (1986) 50 *Sask. L.R.* 13.

1-15. L.R.C. (1985), app. III.

1-16. L.R.C. (1985), ch. H-6.

Le 28 juin 1976, la *Charte des droits et libertés de la personne* était proclamée[1-17]. Cette charte vise plusieurs objectifs et son préambule les rappelle éloquemment :

CONSIDÉRANT que tout être humain possède des droits et libertés intrinsèques, destinés à assurer sa protection et son épanouissement ;

Considérant que tous les êtres humains sont égaux en valeur et en dignité et ont droit à une égale protection de la loi ;

Considérant que le respect de la dignité de l'être humain et la reconnaissance des droits et libertés dont il est titulaire constituent le fondement de la justice et de la paix ;

Considérant que les droits et libertés de la personne humaine sont inséparables des droits et libertés d'autrui et du bien-être général ;

Considérant qu'il y a lieu d'affirmer solennellement dans une Charte les libertés et droits fondamentaux de la personne afin que ceux-ci soient garantis par la volonté collective et mieux protégés contre toute violation ; [...].

III-103 — *Caractéristiques et champ d'application* — D'un strict point de vue juridique, la *Charte des droits et libertés de la personne* n'est qu'une loi adoptée par l'Assemblée nationale. À ce titre, elle ne fait pas partie de la Constitution canadienne et rien n'empêcherait le législateur de la modifier à sa guise, voire même de la supprimer, sous réserve du risque politique inhérent à une telle opération, d'ailleurs purement hypothétique. Cependant, plusieurs dispositions (art. 1 à 38 de la Charte) enchâssant les libertés et droits fondamentaux sont déclarées être d'ordre public (art. 52 de la Charte). À ce titre, toute loi du Québec doit s'y conformer, à moins d'une dérogation expresse[1-18]. De plus, la Charte doit servir de règle interprétative aux lois actuelles et futures : en cas de doute dans « l'interprétation d'une disposition de la loi, il est tranché dans le sens indiqué par la Charte » (art. 53 de la Charte). Malgré ce statut de loi sur le strict plan technique, les tribunaux confèrent à la Charte un caractère quasi constitutionnel[1-19], ce qui impose, selon la Cour suprême du Canada, certaines règles d'interprétation particulière :

1-17. Pour une approche historique de ce texte législatif, voir : André MOREL, « La charte québécoise : un document unique dans l'histoire législative canadienne », (1987) 21 *R.J.T.* 1.

1-18. Richard CADIEUX, « *Charte des droits et libertés de la personne*, L.R.Q., c. C-12, articles 9.1, 49 et 52 : développements récents », dans SERVICE DE LA FORMATION PERMANENTE, BARREAU DU QUÉBEC, *Développements récents en droit administratif (1993)*, Cowansville, Les Éditions Yvon Blais inc., 1993, p. 1.

1-19. *Frenette* c. *Métropolitaine (La), compagnie d'assurance-vie*, [1992] 1 R.C.S. 647; *Newfoundland Association of Public Employees* c. *Terre-Neuve (Green Bay Health Care*

La charte n'est pas une loi ordinaire mise en vigueur par le législateur québécois au même titre que n'importe quel autre texte législatif. Il s'agit plutôt d'une loi bénéficiant d'un statut spécial, d'une loi fondamentale, d'ordre public, quasi constitutionnelle, qui commande une interprétation large et libérale de manière à réaliser les objets généraux qu'elle sous-tend de même que les buts spécifiques de ses dispositions particulières[1-20].

L'interprétation téléologique de la Charte suppose que les parties à la relation d'emploi (employeur, salarié et syndicat) fassent preuve de beaucoup d'ouverture et qu'ils adhèrent par leurs attitudes et décisions aux objectifs de la Charte. Elle ne saurait être perçue comme une mesure d'exception ou particulière justifiant une approche rigoriste et restrictive. Au contraire, elle doit être comprise et appliquée d'une façon libérale, voire généreuse. Soulignons-le de nouveau (**I-41**), même le *Code civil du Québec* doit trouver application « [...] en harmonie avec la *Charte des droits et libertés de la personne* » (disposition préliminaire). Une fois posé ce caractère unique et prééminent de la Charte, il nous faut délimiter son champ d'intervention : À qui s'applique-t-elle ? Quand doit-elle recevoir application ? Le gouvernement y est-il lié ? etc. À ces fins, nous fixons, dans un tableau de synthèse, son champ d'application.

i) *Le partage des compétences* : La *Charte des droits et libertés de la personne*, comme toutes les lois adoptées par l'Assemblée nationale, est tributaire du partage des compétences (**I-25**). Elle ne peut s'appliquer qu'aux seules matières qui sont de la compétence législative du Québec (art. 55 de la Charte) (**I-29**). Ainsi, la Charte ne peut affecter les lois et règlements fédéraux, les actes du gouvernement central et ses politiques. Elle n'a également aucune application sur la relation d'emploi (contrat de travail ou convention collective) lorsque l'employeur est une entreprise dont les activités échoient à la juridiction de la Chambre des communes. Ainsi, le contrat de travail conclu entre un salarié et une entreprise de télécommunication échappe complètement à la Charte, et ce, même s'il contient des conditions de travail qui y seraient contraires[1-21].

Centre), [1996] 2 R.C.S. 3, commenté par Denis NADEAU, « Arbitres de griefs, tribunaux des droits de la personne et normes de contrôle judiciaire : une critique des arrêts *Ross* et *Green Bay* », (1997) 28 *R.G.D.* 149.

1-20. *Béliveau-St-Jacques* c. *Fédération des employées et employés de services publics inc.*, [1996] 2 R.C.S. 345, 371.

1-21. *Kealty* c. *Société internationale de télécommunications aéronautiques (SITA) inc.*, [1991] R.J.Q. 397 (C.S.), en appel : C.A. (Mtl), n° 500-09-001732-908. En pareille situation, le salarié devra se prévaloir de la *Loi canadienne sur les droits de la personne* (**III-102**).

ii) *Les personnes visées* : La Charte s'applique à tous les citoyens du Québec, autant aux personnes physiques que morales[1-22]. Les salariés, les employeurs et les syndicats y sont donc assujettis et à ce titre, ils sont tenus de la respecter, ils peuvent s'en prévaloir et réclamer le respect des droits ou libertés qui y sont protégés. La Charte s'applique également aux personnes morales de droit public (art. 298 et suiv. C.c.Q.), qu'il s'agisse, à titre d'exemples, d'une commission scolaire[1-23] ou d'une municipalité[1-24] D'autre part, les tribunaux compris dans un sens large, ce qui inclut les organismes spécialisés du droit de l'emploi (art. 56 de la Charte)[1-25], sont également tenus de respecter certaines garanties qui y sont précisées (**III-104**).

iii) *Les secteurs visés* : La Charte s'applique aussi bien au secteur privé[1-26] qu'aux secteurs public et parapublic. L'article 54 précise que « la Charte lie la Couronne ». À ce titre, l'État, que ce soit dans sa fonction législative[1-27], administrative ou à titre d'employeur, ne peut se soustraire à ses dispositions.

iv) *Les actes assujettis* : La Charte s'applique à tous les actes juridiques, qu'il s'agisse d'une loi, d'un règlement, d'un arrêté en conseil, d'un contrat de travail (**II-38**), d'une convention collective (**IV-158**)[1-28], d'une offre d'emploi ou de service, etc. Elle s'applique également aux actes et décisions que peuvent prendre les parties à la relation d'emploi. À ce titre, il peut s'agir d'un congédiement, de l'octroi d'un poste, de l'imposition d'une mesure disciplinaire, d'un examen médical ou encore, de l'obtention de renseignements personnels, etc.

Dans tous ces cas, circonstances et situations, ce sont les libertés et les droits fondamentaux des personnes en cause qui y sont affirmés et protégés.

III-104 — *Les droits et libertés visés* — Outre l'interdiction de la discrimination (**III-105**), la Charte proclame certains droits fondamentaux qui ont des implications en matière d'emploi. Les parties ne peuvent les ignorer et se

---

1-22. Il va sans dire que certains droits ne peuvent cependant être revendiqués par une personne morale, tel le droit à la vie (art. 1 de la Charte). Voir : *Hôpital Reine-Elizabeth de Montréal* c. *Rochon*, [1996] R.J.Q. 1862 (C.S.), appel rejeté [1996] R.J.Q. 2804 (C.A.).

1-23. *Commission scolaire régionale de Chambly* c. *Bergevin*, [1994] 2 R.C.S. 525.

1-24. *Godbout* c. *Longueuil (Ville)*, précité, note 1-5.

1-25. Commissaire du travail, Tribunal du travail, arbitre de griefs, Commission des lésions professionnelles, etc.

1-26. À titre d'exemple, voir : *Brasserie Labatt ltée* c. *Villa*, [1995] R.J.Q. 73 (C.A.).

1-27. La loi doit respecter la Charte (art. 52 de la Charte). Par le mot loi, il faut entendre une loi, un règlement, un décret, une ordonnance ou un arrêté en conseil (art. 56, al. 3 de la Charte).

1-28. *Commission ontarienne des droits de la personne* c. *Etobicoke (Municipalité d')*, [1982] 1 R.C.S. 202 ; *Ateliers d'ingénierie Dominion ltée* c. *Commission des droits de la personne du Québec*, [1980] R.P. 209 (C.A.).

doivent de les respecter (**II-11 ; V-93, 104**). Nous ne faisons ci-après qu'un trop bref rappel de ces droits fondamentaux à l'aide de dix observations illustrées de quelques exemples.

i) *Le droit à la vie (art. 1 de la Charte)* : Ce droit comprend le respect de l'intégrité de la personne[1-29], bien qu'il s'agisse habituellement de situations exceptionnelles et limitées. Dans certaines circonstances, un salarié pourrait l'invoquer pour refuser de se soumettre à un examen médical, à une analyse d'urine ou à un test de dépistage du V.I.H. qui ne serait nullement requis ou justifié pour l'emploi (**II-21**)[1-30]. Par ailleurs, bien que l'article 1 de la Charte puisse, dans certaines circonstances, être invoqué pour garantir une sécurité économique à tout individu, il ne comprendrait pas un droit clair ni absolu d'obtenir un travail rémunérateur. Le droit au travail dans le sens d'un droit à un emploi n'est nullement affirmé par la Charte (**II-6**).

ii) *Le droit au secours (art. 2 de la Charte)* : Toute personne a droit au secours si sa vie est en péril. Ce droit comprend l'obligation correspondante : toute personne doit porter secours à celui dont la vie est en péril. Dans le cadre de l'exécution du travail, l'employeur, les contremaîtres et les salariés doivent porter assistance à un collègue en danger. À titre d'exemple, pensons au mineur qui serait victime d'un éboulis ; avant de quitter les lieux, ses collègues doivent tenter de lui venir en aide[1-31]. L'article 13 L.S.S.T. repose sur cette même règle fondamentale (**III-421**).

iii) *La liberté de religion, d'opinion, d'expression et d'association (art. 3 de la Charte)* : La liberté de religion[1-32] peut être invoquée par certains salariés pour exiger de l'employeur certains accommodements leur permettant de respecter leurs rites religieux (**I-32**). Ainsi, un salarié demanda d'être relevé de l'obligation de porter son casque de sécurité parce qu'il l'empêchait de porter son turban[1-33]. De même, un salarié pourrait obtenir un horaire de travail adapté aux exigences de sa

---

1-29. Cet article premier de la Charte doit être lu en corrélation avec les articles 3 et 10 du *Code civil du Québec*.

1-30. Sylvie GRÉGOIRE, *La problématique du sida en milieu de travail, pour l'employé, l'employeur et les tiers*, Montréal, Wilson & Lafleur ltée, 1994.

1-31. Cette obligation comporte certaines limites que l'on qualifie habituellement de défense du bon samaritain (art. 2 de la Charte ; art. 1471 C.c.Q.).

1-32. Le concept de la religion se définit comme « le droit de croire ce que l'on veut en matière religieuse, le droit de professer ouvertement des croyances religieuses sans crainte d'empêchement ou de représailles et le droit de manifester ses croyances religieuses par la mise en pratique et par le culte ou par leur enseignement et leur propagation ». Voir : *R. c. Big M. Drug Mart Ltd.*, [1985] 1 R.C.S. 295, 336.

1-33. *Bhinder c. Compagnie des chemins de fer nationaux du Canada*, [1985] 2 R.C.S. 561.

religion[1-34]. La liberté d'opinion et d'expression peut être invoquée par l'employeur, les salariés ou le syndicat, puisque les personnes morales bénéficient de ce droit[1-35]. Cette liberté comprendrait la possibilité pour chaque citoyen de communiquer de façon non violente ses pensées, ses croyances et ses sentiments, et ce, sans crainte de censure[1-36]. Dans le cadre d'une organisation syndicale ou d'une négociation collective, l'employeur peut valablement exprimer à ses salariés son point de vue, dans la mesure où il fait preuve d'une certaine réserve (**V-27**). Il en sera de même du syndicat qui organise un boycott des produits de l'employeur[1-37]. La liberté d'expression comprend cependant de nombreuses limites. Par exemple, un syndicat ne peut se servir du logo de l'employeur sur des macarons ou des tracts syndicaux[1-38]. De même, un arbitre de griefs pourrait, selon les circonstances, dicter à l'employeur le contenu d'une lettre de recommandation à la suite du congédiement illégal d'un salarié[1-39]. Quant à la liberté d'association, elle comprend le droit de constituer et de maintenir en vigueur une association[1-40] ainsi que d'y appartenir. Cette liberté ne peut être revendiquée que par des individus puisqu'il s'agit d'un droit individuel. Les manifestations collectives du droit d'association, comme la négociation collective ou le droit de faire grève ne seraient pas des composantes de la liberté d'association garantie à la Charte[1-41].

iv) *La sauvegarde de la dignité (art. 4 de la Charte)* : Toute personne a droit à la sauvegarde de sa dignité, de son honneur et de sa réputation[1-42]. L'expulsion par un syndicat d'un membre qui a refusé de participer à une grève illégale peut, dans certaines circonstances, constituer une violation de l'article 4 de la Charte[1-43]. Il en sera de même du congédiement d'un

---

1-34. *Central Okanagan School District No. 23* c. *Renaud*, [1992] 2 R.C.S. 970; *Commission scolaire régionale de Chambly* c. *Bergevin*, précité, note 23; *Large* c. *Stratford (Ville)*, [1995] 3 R.C.S. 733; Donald D. CARTER, « The Duty to Accommodate », (1997) 52 *Rel. Ind.* 185.

1-35. *Ford* c. *Québec (Procureur général)*, [1988] 2 R.C.S. 712.

1-36. *Irwin Toy Ltd.* c. *Québec (Procureur général)*, [1989] 1 R.C.S. 927.

1-37. *Larose* c. *Malenfant*, [1988] R.J.Q. 2643 (C.A.). En l'espèce, la Cour d'appel a maintenu l'injonction accordée en première instance parce qu'elle considéra diffamatoire le message véhiculé par le syndicat.

1-38. *Les Rôtisseries Saint-Hubert Ltée* c. *Syndicat des travailleurs(euses) de la Rôtisserie Saint-Hubert de Drummondville (C.S.N.)*, [1987] R.J.Q. 443 (C.S.), désistement d'appel : C.A. (Mtl), n° 500-09-000068-874.

1-39. *Slaight Communications inc.* c. *Davidson*, [1989] 1 R.C.S. 1038.

1-40. *Institut professionnel de la fonction publique du Canada* c. *Territoires du Nord-Ouest (Commissaire)*, [1990] 2 R.C.S. 367.

1-41. Renvoi relatif à la *Public Service Employee Relations Act (Alb.)*, [1987] 1 R.C.S 313.

1-42. Le droit à la dignité du salarié est également protégé à l'article 2087 C.c.Q. (**II-107**).

1-43. *West Island teachers' association* c. *Nantel*, [1988] R.J.Q. 1569 (C.A.); *Association des professeurs de Lignery (A.P.L.), syndicat affilié à la C.E.Q.* c. *Alvetta-Comeau*, [1990] R.Q. 130 (C.A.)

salarié pour des motifs diffamatoires qui ne seraient pas fondés[1-44]. Il est aussi possible que les usagers ou bénéficiaires d'un service injustement interrompu par une grève illégale réclament des dommages-intérêts pour atteinte à leur dignité (**V-73**).

v) *Le respect de la vie privée (art. 5 de la Charte)* : Le concept de vie pri-vée est quelque peu évanescent et difficilement cernable tant les situa-tions factuelles peuvent varier. Il nous serait impossible d'en donner une définition englobante applicable à tous les cas d'espèce. D'ailleurs, les tribunaux préfèrent analyser chaque cause à la lumière des circons-tances particulières plutôt que de définir globalement le concept (**III-742**). À titre indicatif, l'article 36 du *Code civil du Québec* énonce quelques situations d'atteinte à la vie privée : pénétrer chez quelqu'un, intercepter ou utiliser une communication privée, capter ou utiliser l'image ou la voix, surveiller la vie privée ou utiliser la correspondance ou les documents personnels. À titre d'exemple, au cours d'un litige l'une des parties au contrat de travail (employeur ou salarié) entend mettre en preuve une bande audio ou encore une vidéocassette qui serait préjudiciable pour l'adversaire. Dans ce contexte, la victime invo-que l'article 2858 C.c.Q. pour demander l'exclusion d'une telle preuve, mais il semble que les tribunaux spécialisés (arbitre de griefs, commis-saire du travail, etc.) soient assez réticents à exclure une preuve perti-nente qui offre des garanties de fiabilité[1-45]. Finalement, ajoutons que la Cour suprême du Canada reconnaissait que l'obligation de résidence imposée à un employé par une municipalité portait atteinte au « droit de prendre des décisions fondamentalement personnelles sans influence externe indue[1-46] ».

vi) *Le secret professionnel (art. 9 de la Charte)* : Le respect du secret pro-fessionnel est un droit fondamental, et le tribunal se doit même d'en assurer d'office le respect. Il est possible qu'un salarié puisse l'invoquer pour empêcher son employeur de prendre connaissance, par exemple,

---

1-44. *Tremblay* c. *Anjou (Ville)*, [1991] R.J.Q. 1989 (C.S.).

1-45. *Société des alcools du Québec* c. *Syndicat des employés de magasins et de bureaux de la S.A.Q.*, [1983] T.A. 335; *Association des techniciennes et techniciens en diététique du Québec* c. *Centre hospitalier Côte-des-neiges*, [1993] T.A. 1021; *Lapointe* c. *Commis-sion d'appel en matière de lésions professionnelles*, [1995] C.A.L.P. 1319 (C.A.); *Ead* c. *Jenkins Canada inc.*, [1995] C.A.L.P. 1070; *Bridgestone/Firestone Canada inc.* c. *Syn-dicat des travailleurs(euses) de Bridgestone Firestone de Joliette (C.S.N.)*, [1995] T.A. 505, requête en évocation rejetée : C.S. n° 705-05-000334-956, en appel : C.A.M. n° 500-09-001456-953; *Bombardier inc. Canadair* c. *Association internationale des machinis-tes et des travailleurs de l'aérospatiale, loge d'avionnerie de Montréal, loge 712*, [1996] T.A. 251. Soulignons que dans une décision récente, la Cour supérieure mettait quelques bémols à l'admissibilité d'un tel élément de preuve. Voir : *Houle* c. *Mascouche (Ville)*, [1998] R.J.Q. 466 (C.S.), en appel : C.A.M. n° 500-09-005984-976.

1-46. *Godbout* c. *Longueuil (Ville)*, précité, note 1-5, p. 913.

de son dossier médical ou d'hôpital. Il nous faut rappeler que ce droit comprend de nombreuses limites (**II-21**).

vii) *L'incarcération ou la déclaration de culpabilité (art. 18.2 de la Charte)* : À l'aide d'une formulation négative, l'article 18.2 assure l'égalité des chances en interdisant à l'employeur de congédier, de refuser d'embaucher ou de pénaliser autrement un salarié du seul fait qu'il a été déclaré coupable d'une infraction pénale. Cette mesure vise à rendre plus efficient le principe de la réhabilitation sociale du délinquant. Elle comporte cependant une limite : l'infraction ne doit avoir aucun lien avec l'emploi détenu par le salarié. L'étendue exacte de cette mesure protectrice peut être difficile à cerner (**II-17, 24, 156**).

viii) *Les droits judiciaires* : Parmi les droits judiciaires mentionnés à la Charte, quelques-uns peuvent recevoir application devant les organismes spécialisés de l'emploi (arbitre de griefs, commissaire du travail, Tribunal du travail, Commission des lésions professionnelles, etc.)[1-47]. Nous entendons notamment le droit au respect du secret professionnel (art. 9 de la Charte), le droit d'être jugé dans le cadre d'une audition publique et par un tribunal impartial (art. 23 de la Charte), le droit d'être assisté d'un avocat, si désiré (art. 34 de la Charte) et la protection contre l'auto-incrimination (art. 38 de la Charte). La transgression par le tribunal spécialisé d'un de ces droits judiciaires pourrait donner prise à une requête en révision judiciaire (**V-76**).

ix) *L'instruction publique (art. 40 de la Charte)* : Notre système public d'éducation constitue la pierre angulaire de tout régime de formation professionnelle. La Charte consacre donc le droit de toute personne à l'instruction publique gratuite dans la mesure des normes édictées par la législation pertinente (**III-768**).

x) *Les conditions de travail (art. 46 de la Charte)* : On y reconnaît le droit à des conditions de travail justes et raisonnables qui respectent la santé, la sécurité et l'intégrité physique du salarié[1-48]. Nous l'avons déjà souligné (**II-38**), il serait difficile, voire téméraire de tenter de circonscrire avec exactitude l'entendement réel de cette déclaration de principe ou d'en faire une transposition concrète.

Les droits et libertés que nous venons d'esquisser ne sont ni absolus ni inexpugnables[1-49]. Plusieurs facteurs peuvent en moduler l'étendue et la portée.

1-47. Notons que pour certains articles de la Charte, le mot tribunal comprend un organisme exerçant des fonctions quasi judiciaires (art. 56, al. 1 de la Charte).

1-48. Cette disposition réaffirme un principe, par ailleurs établi dans d'autres lois (art. 2087 C.c.Q.; art. 51 de la *Loi sur la santé et la sécurité du travail*).

1-49. *Commission ontarienne des droits de la personne* c. *Simpsons Sears Limited*, [1985] 2 R.C.S. 536.

i) Le bénéficiaire peut, dans certaines circonstances, renoncer à certains droits fondamentaux. Ainsi, un salarié peut certainement renoncer au secret professionnel (art. 9 de la Charte) et communiquer à son employeur le contenu de son rapport médical. Le salarié peut refuser d'être assisté d'un procureur lors de l'analyse par le Tribunal du travail de sa plainte contre son syndicat pour défaut d'une juste et loyale représentation (**V-90**). Une telle renonciation devrait être libre, éclairée et non équivoque.

ii) L'étendue des droits des uns se jauge à l'aide des droits des autres, s'il y a conflit de droit. Fréquemment, les litiges en droit de l'emploi opposent les droits fondamentaux d'une partie à ceux de l'autre. Par exemple, la liberté d'association des salariés et la liberté d'expression de l'employeur, ou la liberté d'expression du salarié à l'occasion d'un boycott et le droit de l'employeur à la protection de sa réputation et de son intégrité. Il incombe alors au tribunal de départager ces droits ou de délimiter leur usage respectif.

iii) Une législation pourrait volontairement et expressément écarter l'application de la Charte (art. 52 de la Charte) et ainsi restreindre, voire même supprimer certains droits fondamentaux (**III-103**).

iv) L'article 9.1 de la Charte précise que « Les libertés et droits fondamentaux s'exercent dans le respect des valeurs démocratiques, de l'ordre public et du bien-être général des citoyens du Québec[1-50]. » Selon la Cour suprême du Canada, celui qui invoque l'article 9.1 pour justifier la limitation d'un droit se doit d'établir que cette limite est imposée par la poursuite d'un objectif légitime et important et qu'une telle contrainte est proportionnelle à cet objectif, c'est-à-dire qu'elle est rationnellement liée à l'objectif et que cette atteinte au droit serait minimale[1-51]. De plus, ajoutons que le paragraphe 2 du même article 9.1 stipule que la législation peut fixer la portée et aménager l'exercice de certains droits. À titre d'illustration, mentionnons la *Loi sur les accidents du travail et les maladies professionnelles* qui oblige un travailleur accidenté à se soumettre à un examen médical à la demande de son employeur[1-52]. Une telle exigence module certainement le droit à l'intégrité et à la vie privée qui échoit autrement au salarié selon la Charte.

Parallèlement à ces droits fondamentaux, la Charte confère certaines garanties devant assurer l'égalité des chances en matière d'emploi, et ce, en prohibant plusieurs formes de discrimination.

1-50. Cette limitation ne s'appliquerait qu'aux articles 1 à 9 de la Charte. Voir : *Commission des droits de la personne du Québec* c. *Centre d'accueil Villa Plaisance*, [1996] R.J.Q. 511 (T.D.P.Q.).

1-51. *Godbout* c. *Longueuil (Ville)*, précité, note 1-5, p. 916.

1-52. Article 209 L.A.T.M.P.

III-105 — *L'égalité des chances en emploi* — L'article 10 de la Charte garantit haut et clair pour tous l'exercice, en pleine égalité, des droits et libertés affirmés à cette même charte. L'égalité des chances est articulée par voie négative à l'aide notamment de l'interdiction de la discrimination en emploi[1-53]. Les interdits s'adressent d'abord et avant tout à l'employeur puisque ce dernier exerce une fonction centrale et déterminante dans la relation d'emploi (**II-4**). Ces prohibitions ne pouvaient être absolues ni radicales; elles sont davantage de force relative. L'article 10 de la Charte énonce quatorze chefs de discrimination prohibés, que nous rappelons : la race, la couleur, le sexe, la grossesse, l'orientation sexuelle, l'état civil, l'âge (sauf dans la mesure prévue par la loi), la religion, les convictions politiques, la langue, l'origine ethnique ou nationale, la condition sociale, le handicap[1-54] ou l'utilisation d'un moyen pour palier ce handicap[1-55]. La discrimination sous l'un ou l'autre de ces titres doit se réaliser à certaines conditions que nous résumons ainsi :

— l'acte incriminant doit consister en une distinction, exclusion ou préférence. Par exemple, le congédiement d'un salarié pour le seul motif qu'il est homosexuel est certainement une exclusion. Il en serait de même dans le cas d'un employeur qui adopterait une politique privilégiant l'embauche des enfants des salariés, puisqu'il s'agirait alors d'une préférence accordée à certaines personnes en raison de leur état civil, etc.;

— la discrimination réalisée doit détruire, compromettre ou réduire l'égalité des chances;

— cette même distinction, exclusion ou préférence doit être préjudiciable au plaignant[1-56];

— l'intention discriminatoire n'est pas nécessaire, seul l'acte discriminatoire suffit (art. 10, al. 2 de la Charte);

— il incombe au plaignant de faire la démonstration qu'il y eut discrimination[1-57].

1-53. Sur ce qu'il y a lieu d'entendre par le mot « discrimination », voir nos propos antérieurs (**II-7**).

1-54. La notion de handicap est complexe et difficilement cernable avec exactitude. D'ailleurs, la jurisprudence est très hétérogène sur sa définition. Fort heureusement, la Cour d'appel s'est récemment prononcée sur cette question, pour retenir celle qui soit « le plus susceptible de permettre à la loi d'atteindre sa finalité spécifique, soit la protection contre les préjugés et stéréotypes privant les personnes qui en sont atteintes d'être considérées, dans l'emploi notamment, selon leurs mérites et capacités réels ». Voir : *Commission des droits de la personne et des droits de la jeunesse* c. *Montréal (Ville de)*, J.E. 98-512 (C.A.).

1-55. Il s'agit là d'une énumération limitative. Voir : *Les Modes Cohoes inc.* c. *Procureur général du Québec*, [1993] R.J.Q. 2801 (C.A.).

1-56. *Forget* c. *Québec (Procureur général)*, [1988] 2 R.C.S. 90.

1-57. *Hadji* c. *Montréal (Ville de)*, D.T.E. 96T-1321 (T.D.P.Q.).

La discrimination peut revêtir trois formes et il peut être utile de les connaître en raison des applications pratiques respectives qui s'y rattachent.

i) *La discrimination directe* : La discrimination est qualifiée de directe lorsque l'employeur adopte une pratique, une conduite, un comportement ou une règle qui, de prime abord, établit une distinction, une exclusion ou une préférence fondée sur un motif prohibé (art. 10 de la Charte). Par exemple, un employeur qui, systématiquement refuserait toute promotion aux conjoints, femmes ou homosexuels.

ii) *La discrimination indirecte* : La discrimination est indirecte si l'employeur adopte une politique, une conduite, un comportement ou une règle qui, *a priori*, est licite et non discriminatoire puisqu'elle s'applique uniformément à tous, mais dont les effets réels sont particulièrement préjudiciables à certains, et ce, en raison d'un des motifs prohibés. M. le juge McIntyre, de la Cour suprême du Canada, illustre ainsi ce type de discrimination :

> Ce genre de discrimination se produit lorsqu'un employeur adopte, pour des raisons d'affaires véritables, une règle ou une norme qui est neutre à première vue et qui s'applique également à tous les employés, mais qui a un effet discriminatoire pour un motif prohibé sur un seul employé ou un groupe d'employés en ce qu'elle leur impose, en raison d'une caractéristique spéciale de cet employé ou de ce groupe d'employés, des obligations, des peines ou des conditions restrictives non imposées aux autres employés[1-58].

Ainsi, l'obligation du port du casque de sécurité pour un électricien professant la religion sikh engendre un effet discriminatoire puisqu'il ne peut porter à la fois son turban et son casque de sécurité[1-59]. Il en est de même pour l'obligation de respecter un horaire de travail qui entre en conflit avec les rites d'une religion[1-60].

iii) *La discrimination systémique* : La discrimination est dite systémique si les politiques, conduites, règles, méthodes ou pratiques provoquent une situation discriminatoire à l'égard de certaines personnes qui possèdent des caractéristiques liées à l'un des motifs prohibés (art. 10 de la

---

1-58. *Commission ontarienne des droits de la personne* c. *Simpsons Sears Limited*, précité, note 1-49, p. 551.

1-59. *Bhinder* c. *Compagnie des chemins de fer nationaux du Canada*, [1985], précité, note 1-33.

1-60. *Commission des droits de la personne de l'Ontario* c. *Simpsons Sears Limited*, précité, note 49; *Central Alberta Dairy Pool* c. *Alberta (Human Rights Commission)*, [1990] 2 R.C.S. 489; *Central Okanagan School District No. 23* c. *Renaud*, précité, note 1-34; *Commission scolaire régionale de Chambly* c. *Bergevin*, précité, note 1-23.

Charte). Par exemple, une politique d'embauche comprenant des exigences relatives au poids et à la taille des candidats. Dès lors, pourraient être systématiquement exclues les femmes et certaines personnes d'ethnies particulières.

L'article 10.1 de la Charte interdit de harceler une personne sous l'un ou l'autre des mêmes quatorze chefs de discrimination retenus à l'article 10. Cette dernière interdiction vise en pratique et d'une façon plus répétée le harcèlement sexuel, et une volumineuse jurisprudence en témoigne[1-61]. D'une façon sommaire, le harcèlement sexuel en milieu de travail consiste en une conduite ou en des propos à connotation sexuelle non sollicités, qui ont un effet défavorable sur le milieu de travail ou qui provoquent certaines conséquences préjudiciables à la personne outragée[1-62]. Il va de soi que cette dernière dispose de certains recours pour assurer le respect de son droit inaliénable de travailler dans un milieu où l'on respecte sa dignité (**II-106; V-94**) et d'être indemnisée pour le préjudice subi (**V-97**). Rappelons que l'employeur pourrait être tenu responsable des dommages subis par une victime de harcèlement sexuel de la part d'un collègue de travail[1-63].

III-106 — *La discrimination en emploi* — La discrimination revêt une connotation particulièrement importante dans le domaine de l'emploi. Elle peut entraîner des coûts et contrecoups non seulement à la victime et à sa famille, mais également à l'employeur délinquant (**V-94, 97, 104**). Il devient dès lors important de connaître les tenants et les aboutissants des dispositions de la Charte qui tendent à assurer l'égalité des chances en prohibant la discrimination. Nous les rappelons dans les paraphrases qui suivent.

i) *L'acte juridique* : Il est interdit de stipuler dans un acte juridique (contrat de travail, convention collective, politique d'embauche, règles de régie interne, etc.), une clause qui comporterait une discrimination (art. 13 de la Charte). Ainsi, il serait illégal d'inclure dans une convention collective une clause visant à donner préséance aux enfants des administrateurs de l'entreprise dans l'embauche du personnel[1-64].

1-61. Pour une analyse détaillée de la jurisprudence, voir : Maurice DRAPEAU, *Le harcèlement sexuel au travail*, Cowansville, Les Éditions Yvon Blais inc., 1991 ; Maurice DRAPEAU, « Le harcèlement sexuel », dans SERVICE DE LA FORMATION PERMANENTE, BARREAU DU QUÉBEC, *Développements récents en droit du travail (1992)*, Cowansville, Les Éditions Yvon Blais inc., 1992, p. 27 ; Josée BOUCHARD, « L'indemnisation des victimes de harcèlement sexuel au Québec », (1995) 36 *C. de D.* 125.

1-62. *Janzen* c. *Platy Enterprises*, [1989] 1 R.C.S. 1252.

1-63. *Robichaud* c. *Canada (Conseil du Trésor)*, [1987] 2 R.C.S. 84 ; *Halkett* c. *Ascofigex inc.*, [1986] R.J.Q. 2697 (C.S.).

1-64. *Syndicat national des employés de garage de Québec inc. (C.S.D.)* c. *Roy*, [1987] D.L.Q. 409 (C.S.).

ii) *L'action discriminatoire* : Selon l'article 16 de la Charte, « Nul ne peut exercer de discrimination dans l'embauche, l'apprentissage, la durée de la période de probation, la formation professionnelle, la promotion, la mutation, le déplacement, la mise à pied, la suspension, le renvoi, les conditions de travail d'une personne ainsi que dans l'établissement de catégories ou de classifications d'emploi ». Le libellé de cette disposition est très large et ratisse les multiples facettes de l'emploi, mais il ne s'applique que dans la seule mesure où l'on peut invoquer l'un des motifs protégés par la Charte (art. 10 de la Charte) (**III-105**)[1-65]. Très peu de décisions judiciaires furent rendues en vertu de l'article 16 de la Charte et cette situation peut résulter du fait du lourd fardeau de la preuve qui échoit au salarié victime d'une telle discrimination !

iii) *L'association* : Nulle association de salariés ou d'employeurs ne peut exercer de discrimination dans l'administration, la jouissance d'avantages, la suspension ou l'expulsion d'un membre (art. 17 de la Charte). L'obligation d'une juste et loyale représentation qui incombe à l'association accréditée (art. 47.2 C.t.) serait, en quelque sorte, le prolongement de l'article 17 de la Charte (**IV-39 ; V-90**).

iv) *Bureau de placement* : Un bureau de placement ne doit pas exercer de discrimination dans la réception, la classification ou le traitement d'une demande d'emploi ou dans un acte visant à soumettre une demande à un éventuel employeur (art. 18 de la Charte) (**II-20**).

v) *Les renseignements illégaux* : Lors de l'embauche, la collecte des renseignements est soumise à un ensemble de règles législatives, notamment à l'article 18.1 de la Charte : « Nul ne peut, dans un formulaire de demande d'emploi ou lors d'une entrevue relative à un emploi, requérir d'une personne des renseignements sur les motifs visés dans l'article 10 sauf si ces renseignements sont utiles à l'application de l'article 20 ou à l'application d'un programme d'accès à l'égalité existant au moment de la demande » (**III-107 et 108**). Si l'obtention d'information pertinente est essentielle à la sélection du personnel, il n'en demeure pas moins que l'employeur ou son mandataire doit respecter d'importantes balises (**II-15, 16 ; III-744**).

vi) *La rémunération* : L'employeur doit accorder sans discrimination une rémunération égale aux membres de son personnel qui accomplissent un travail équivalent dans un même établissement (art. 19 de la Charte). Que faut-il entendre par travail équivalent ? À titre indicatif, nous pourrions retenir la définition donnée à la *Loi sur les accidents du travail et les maladies professionnelles* : « Un emploi qui possède des caractéristiques

---

1-65. *Tremblay c. Syndicat des employées et employés professionnels et de bureau, section locale 57*, [1996] R.J.Q. 1850 (C.S.).

semblables [...] relativement aux qualifications professionnelles requises, aux salaires, aux avantages sociaux, à la durée et aux conditions d'exercice.» La comparaison devrait donc se faire entre deux salariés occupant des emplois qui revêtent des caractéristiques semblables. L'article 19 ajoute un bémol: il n'y a pas de discrimination si la différence peut s'expliquer en raison de l'expérience, de l'ancienneté, de la durée de service, de l'évaluation au mérite, de la quantité de production ou du temps supplémentaire. Une telle discrétion reconnue à l'employeur réduit sensiblement la rigueur de l'article 19 de la Charte. D'une certaine manière, la seule présence de la *Loi sur l'équité salariale* témoigne de son insuffisance **(III-720)**[1-66].

Ces mesures de protection vis-à-vis de ces formes de discrimination en emploi ne sont pas absolues et peuvent varier selon diverses circonstances de temps, de lieux et les personnes en cause.

III-107 — *Pondération des règles* — Certaines modalités de la Charte permettent de pondérer la rigueur de ces articles 10, 13, 16, 17, 18.1 et 19[1-67]:

i) *L'exigence professionnelle normale*[1-68]: Cette exception ne vaut qu'en matière de discrimination directe **(III-105, point i)**. En somme, la distinction, l'exclusion ou la préférence fondée sur une exigence professionnelle normale ne constituerait pas une discrimination prohibée (art. 20 de la Charte)[1-69]. Il doit s'agir d'aptitudes ou de qualités requises par l'emploi. Cette notion ne correspond pas à une définition stricte et précise, elle doit être suffisamment souple et élastique pour s'adapter à la mouvance de la réalité du monde de l'emploi. En 1982, la Cour suprême du Canada, dans l'arrêt *Etobicoke*[1-70] demandait que cette exigence de l'employeur soit imposée honnêtement, de bonne foi et avec sincérité et qu'elle soit nécessaire à la bonne exécution du travail de manière raisonnablement sûre et économique. Selon le Tribunal des droits de la personne[1-71] **(III-109)**, le critère relatif à l'intention de bonne

---

1-66. L'article 19, alinéa 3, précise que les ajustements salariaux ainsi qu'un programme d'équité salariale sont réputés non discriminatoires.

1-67. Une analyse de ces mesures pondératrices est proposée par Daniel PROULX, *La discrimination dans l'emploi: les moyens de défense*, Cowansville, Les Éditions Yvon Blais inc., 1993.

1-68. À titre d'exception à la règle générale qui interdit la discrimination, ce moyen de défense requiert une interprétation restrictive. Voir: *Brossard (Ville)* c. *Québec (Commission des droits de la personne)*, [1988] 2 R.C.S. 279.

1-69. Ce moyen de défense existe également relativement au processus de sélection des candidats **(II-8)**. Notons que les tribunaux retiennent parfois l'expression «qualification professionnelle normale». Ces deux qualificatifs seraient synonymes. Voir: *Central Alberta Dairy Pool* c. *Alberta (Human Rights Commission)*, précité, note 1-60, p. 502.

1-70. *Commission ontarienne des droits de la personne* c. *Etobicoke (Municipalité d')*, précité, note 1-28.

1-71. *Dufour* c. *Centre hospitalier St-Joseph-de-la-Malbaie*, [1992] R.J.Q. 825 (T.D.P.Q.).

foi ne s'appliquerait plus au Québec puisque l'article 20 de la Charte fut modifié en 1982 pour substituer l'expression « sur les aptitudes et qualités exigées de bonne foi par un emploi » par « sur les aptitudes ou qualités requises par un emploi[1-72] ». Nous partageons ce point de vue dans le sens que l'élément intentionnel n'importe plus. Au-delà de l'intention bonne ou mauvaise, il faut considérer la nécessité réelle de la condition imposée et son effet au sens de l'article 10, alinéa 2 de la Charte. Le second critère demeure et il incombe à l'employeur de faire la démonstration que son exigence professionnelle s'impose en raison de la nature même de l'activité et des circonstances de temps, de lieux et les personnes. En somme, elle serait nécessaire pour « assurer l'exécution efficace et économique du travail sans mettre en danger l'employé, ses compagnons de travail et le public en général[1-73] ». Cette exigence doit être rationnelle et raisonnable[1-74] dans les circonstances. Dans la mesure où l'employeur peut faire cette démonstration, selon les critères de la prépondérance de la preuve, et qu'il n'existe pas une autre solution qui serait non discriminatoire[1-75], il lui est possible de maintenir cette exigence qui est, par ailleurs, discriminatoire. À titre d'illustration[1-76], un arbitre de griefs considéra discriminatoire un affichage de poste réservé aux hommes seulement, mais rejeta néanmoins le grief considérant que l'employeur avait rationnellement justifié cette exigence en démontrant que le poste devait être réservé à un homme en raison de l'approche thérapeutique retenue par le centre hospitalier[1-77].

ii) *Le caractère particulier de l'employeur* : Cette autre mesure d'exception découle également du libellé de l'article 20 de la Charte. On y précise qu'une distinction, exclusion ou préférence peut être justifiée par « le caractère charitable, philanthropique, religieux, politique ou éducatif d'une institution sans but lucratif ou qui est vouée exclusivement au bien-être d'un groupe ethnique ». À titre d'exemple, une centrale syndicale pourrait validement exiger que ses conseillers syndicaux adhèrent à ses orientations fondamentales[1-78] ou qu'un collège confessionnel privé puisse tenir compte pour l'embauche d'un responsable

---

1-72. L.Q. 1982, c. 6, art. 6.

1-73. *Commission ontarienne des droits de la personne* c. *Etobicoke (Municipalité d')*, précité, note 1-28, p. 208.

1-74. Jean-Pierre VILLAGGI, *La protection des travailleurs, l'obligation générale de l'employeur*, Cowansville, Les Éditions Yvon Blais inc., 1996, p. 301 et suiv.

1-75. *Commission des droits de la personne et des droits de la jeunesse* c. *Lachine (Ville de)*, D.T.E. 98T-138 (T.D.P.Q.).

1-76. Pour d'autres exemples, voir : le titre II (**II-13, 17**).

1-77. *Syndicat des travailleuses et travailleurs de l'hôpital Louis-H.-Lafontaine* c. *Lussier*, [1995] R.D.J. 337 (C.A.).

1-78. *Lusignan* c. *Confédération des syndicats nationaux*, [1992] R.J.Q. 684 (C.S.).

des relations publiques de la compatibilité des valeurs spirituelles des candidats avec celles de l'institution[1-79].

iii) *Le caractère particulier de certains contrats*: L'article 20.1 de la Charte stipule que dans certains contrats, dont un régime d'avantages sociaux, de retraite ou d'assurance, une distinction, exclusion ou préférence fondée sur l'âge, le sexe, l'état civil, ou l'état de santé est réputée non discriminatoire dans la mesure ou un tel motif constitue un facteur de détermination de risque.

iv) *L'obligation d'accommodement*: Une quatrième voie d'exception fut dégagée par les tribunaux, bien qu'aucune disposition de la Charte n'en traite. En somme, lorsqu'une politique, exigence ou condition de travail requise par l'employeur, et par ailleurs légitime, a un effet discriminatoire, il incomberait à ce dernier de trouver une solution idoine pour accommoder la personne ou le groupe de personnes autrement victimes de cette discrimination à effet indirect (**III-105, point ii**)). Cette obligation imposée à l'employeur demeure encore mal définie. Selon la Cour suprême du Canada, elle ne doit pas imposer à l'entreprise de contraintes excessives:

> Je ne crois pas qu'il soit nécessaire de définir de façon exhaustive ce qu'il faut entendre par contrainte excessive mais j'estime qu'il peut être utile d'énumérer certains facteurs permettant de l'apprécier. J'adopte d'abord à cette fin les facteurs identifiés par la commission d'enquête en l'espèce — le coût financier, l'atteinte à la convention collective, le moral du personnel et l'interchangeabilité des effectifs et des installations. L'importance de l'exploitation de l'employeur peut jouer sur l'évaluation de ce qui représente un coût excessif ou sur la facilité avec laquelle les effectifs et les installations peuvent s'adapter aux circonstances. Lorsque la sécurité est en jeu, l'ampleur du risque et l'identité de ceux qui le supportent sont des facteurs pertinents[1-80].

Le concept de contrainte excessive peut varier d'une situation à une autre, ce qui rend impossible de le contenir dans une définition précise. La jurisprudence enseigne cependant que le fardeau imposé à l'employeur est particulièrement lourd. Il doit établir qu'aucun compromis n'est possible sans entraîner des coûts excessif ou une ingérence indue dans l'exploita-

---

1-79. *Commission des droits de la personne du Québec* c. *Collège Mérici*, [1990] R.J.Q. 604 (C.Q.).

1-80. *Central Alberta Dairy Pool* c. *Alberta (Human Rights Commission)*, précité, note 1-60, p. 520 et 521 (juge Wilson).

tion de son entreprise. Ajoutons que cette obligation ne s'impose pas seulement à l'employeur, mais également à l'association accréditée. Cette dernière doit raisonnablement tenter d'adapter ou de modifier la convention collective pour tenter de régler le litige qui peut ainsi survenir[1-81]. À titre d'exemple, l'obligation d'accommodement pourrait contraindre l'employeur et le syndicat à écarter ou à assouplir les termes de la convention collective visant l'horaire de travail pour permettre à certains salariés de respecter leurs rites religieux.

Ces quatre mesures d'exception peuvent certes être légitimes, mais leur mise en application concrète n'est pas sans soulever de nombreuses difficultés. Par exemple, un employeur de Montréal qui compte plusieurs salariés de différentes ethnies ou religions pourrait-il être tenu d'élaborer des horaires à la carte alors que son concurrent immédiat installé en région n'aurait pas à faire face à de tels coûts indirects grâce à l'homogénéité de son personnel? Dans un avenir rapproché, les tribunaux devront sans doute moduler et préciser davantage les tenants et les aboutissants de ces mêmes mesures d'exception apportées au principe d'égalité des chances.

III-108 — *Programmes d'accès à l'égalité* — Sans reprendre nos commentaires relatifs aux programmes d'accès à l'égalité (**II-10**), il nous faut néanmoins en souligner l'importance pour assurer et maintenir une justice sociale. Historiquement, ces programmes s'inscrivent dans la lutte qu'ont menée les femmes et les Noirs du continent nord-américain pour acquérir *in concreto* une égalité de chances. Dans les années 70, aux États-Unis, on revendiquait déjà l'adoption de tels programmes. Depuis 1972, l'Equal Employment Opportunity Commission (E.E.O.C.)[1-82] peut demander aux tribunaux judiciaires d'imposer un programme d'action positive aux entreprises reconnues coupables de discrimination. En 1982[1-83], on ajouta à la *Charte des droits et libertés de la personne* une partie III portant sur les programmes d'accès à l'égalité. Cependant, ces dispositions législatives n'entrèrent en vigueur que le 26 juin 1985 et un an plus tard, la réglementation sous-jacente et nécessaire à l'application concrète de ces mesures fut promulguée. Avant l'ajout de cette partie III, certains employeurs pouvaient craindre d'entreprendre de telles

---

1-81. *Central Okanagan School District No. 23* c. *Renaud*, précité, note 34, commenté par Fernand MORIN, « La convention collective et l'obligation d'accommodement », (1993) 48 *Rel. Ind.* 461; *Rodriguez* c. *Colombie-Britannique (Procureur général)*, [1993] 3 R.C.S. 519; *Commission des droits de la personne et des droits de la jeunesse* c. *Montréal (Ville)*, D.T.E. 98T-136 (T.D.P.Q.); *Commission des droits de la personne et des droits de la jeunesse* c. *Centre hospitalier Robert-Giffard*, [1998] R.J.Q. 651 (T.D.P.Q.).

1-82. Soit l'équivalent américain de notre Commission des droits de la personne et des droits de la jeunesse (**II-109**).

1-83. Mémoire de la Commission des droits de la personne du Québec présenté à la Commission permanente de la justice, octobre 1981, p. 52 et 53.

mesures constructives d'accès à l'égalité qui auraient pu alors constituer, au-delà de leur bonne intention, une discrimination. On y précise bien qu'un tel programme, dans la mesure où il respecte la finalité retenue à la Charte (art. 86) (**II-22**), n'est pas discriminatoire. Un programme d'accès à l'égalité[1-84] vise à rééquilibrer la situation en augmentant le nombre total de représentants d'un groupe cible à la suite d'un constat de sa sous-représentation au sein de l'entreprise. Comme le soulignait la Cour suprême du Canada, il s'agit « d'imposer un correctif systémique à un problème systémique » :

> Pour rendre vaine toute discrimination future, détruire les stéréotypes discriminatoires et créer la « masse critique » requise d'intégration du groupe visé à la main-d'œuvre, il est essentiel de combattre les effets de la discrimination systémique antérieure. Ce faisant, on crée des possibilités d'amélioration permanente des chances d'emploi pour le groupe autrefois exclu. L'objet dominant des programmes d'équité en matière d'emploi est toujours d'améliorer la situation future du groupe visé[1-85].

Ces programmes correctifs visent à augmenter le pourcentage de la représentativité du groupe cible discriminé dans l'entreprise et, à cette fin, il comporte habituellement deux volets (art. 86 de la Charte). Le premier consiste à identifier puis à éliminer les politiques et pratiques qui défavorisent les membres du groupe cible. En somme, il s'agit d'abord d'écarter les obstacles à leur embauche. Le second volet comporte différentes mesures pratiques

---

1-84. Sur les programmes d'accès à l'égalité, on peut lire : Pierre BOSSÉ et Madeleine CARON, « Un nouvel outil de lutte contre la discrimination : les programmes d'accès à l'égalité », (1987) 21 *R.J.T.* 71; Madeleine CARON, « Le droit à l'égalité dans la "nouvelle" Charte québécoise telle que modifiée par le projet de loi 86 », dans SERVICE DE LA FORMATION PERMANENTE DU BARREAU DU QUÉBEC, *L'interaction des Chartes canadienne et québécoise des droits et libertés de la personne*, Cours 83, 1983–1984, p. 113; Marie-Thérèse CHICHA-PONTBRIAND, *Discrimination systémique — Fondement et méthodologie des programmes d'accès à l'égalité en l'emploi*, Études et documents de recherche sur les droits et libertés, Cowansville, Les Éditions Yvon Blais inc., 1989; Michael KRAUSS (dir.), *Action positive : Théorie et conséquences*, Cowansville, Les Éditions Yvon Blais inc., 1989; Lucie LAMARCHE, « L'égalité des femmes en matière d'emploi : rien n'est acquis », dans Robert D. BUREAU et Pierre MACKAY (dir.), *Le droit dans tous ses états*, Montréal, Wilson & Lafleur ltée, 1987, p. 163; Conrad WINN, « Affirmative Action for Women : More than a Case of Simple Justice », (1985) 28 *Adm. Pub. Can.* 24; Lucie LAMARCHE, *Les programmes d'accès à l'égalité en emploi*, Montréal, Louise Courteau éditrice, 1990; Pierre BLACHE, « Affirmative Action : To Equality Through Inequalities ? », dans : Joseph M. WEILER et Robin M. ELLIOT (edit.), *Litigating the Values of a Nation : The Canadian Charter of Rights and Freedoms*, Toronto, Carswell, 1986, p. 165 et suiv.; Michel ROSENFELD, « Justice, égalité et action positive : justification et limite », (1986) 17 *R.D.U.S.* 347; Harich C. JAIN, « Racial Minorities and Affirmative Action — Employment Equity Legislation in Canada », (1989) 44 *Rel. Ind.* 593.

1-85. *Compagnie de chemins de fer nationaux du Canada c. Canada (Commission canadienne des droits de la personne)*, [1987] 1 R.C.S. 1114, 1145.

susceptibles d'entraîner une augmentation effective du nombre de salariés issus de ce même groupe. Le moyen retenu pour la réalisation de ces programmes serait donc l'instauration systémique d'un régime discriminatoire fondamentalement provisoire, dans le but d'enrayer cette discrimination. Ces programmes sont essentiellement volontaires[1-86], bien que le gouvernement ait instauré une mesure incitative concrète communément appelée « obligation contractuelle ». Depuis avril 1989, toute entreprise, ou organisme, de plus de 100 salariés qui offre ses services au gouvernement ou qui souhaite obtenir une subvention de 100 000 $ ou plus doit s'engager à élaborer un programme d'accès à l'égalité pour les femmes, les minorités visibles et les autochtones, si elle obtient un contrat d'achat de biens ou de services ou ladite subvention[1-87]. Dans le cadre d'un programme volontaire, la Commission n'a pas le pouvoir d'approuver le programme ni de le refuser. En cette matière, elle n'a qu'un rôle de soutien et d'aide (art. 87, al. 2 de la Charte)[1-88]. Sans l'approuver formellement, la Commission doit en surveiller l'application (art. 89 de la Charte). Au-delà de son rôle de soutien, si la Commission constate des pratiques discriminatoires de la part d'une entreprise, elle peut proposer l'implantation d'un programme d'accès à l'égalité. Dans ce cas, le refus ou le retard de cette entreprise dans l'implantation d'un tel programme autoriserait la Commission à s'adresser au Tribunal des droits de la personne (**III-109**) pour contraindre l'employeur à s'y soumettre (art. 88, 111 de la Charte). Selon l'ordonnance rendue, l'employeur doit présenter son programme au Tribunal, qui peut y apporter les modifications qu'il estime nécessaires. Soulignons que le gouvernement, ses ministères et ses organismes ne sont pas directement soumis à ce régime de programme d'accès à l'égalité; ils doivent cependant s'en inspirer pour élaborer leur propre programme (art. 92 de la Charte). Les mesures de redressement proposées par l'entreprise dans le cadre d'un programme doivent être contenues par certaines limites qui sont de trois ordres.

i) Les mesures doivent être temporaires; elles cessent dès que l'équilibre est atteint selon les objectifs retenus et l'échéancier critique respecté.

1-86. De juin 1990 à décembre 1995, 145 entreprises se sont volontairement engagées dans un processus d'élaboration d'un programme d'accès à l'égalité. De ce nombre, 119 entreprises ont soumis un plan d'action, 103 en sont à la phase d'implantation du programme, 42 ont terminé une première année d'implantation; 36, une deuxième année; 22, une troisième année et 3, une quatrième année. Deux entreprises sont arrivées au terme de leur programme. Voir : COMMISSION DES DROITS DE LA PERSONNE, *Rapport annuel 1995*, Québec, p. 50.

1-87. Depuis la mise en vigueur de l'obligation contractuelle, jusqu'au 31 décembre 1995, 240 entreprises ont pris l'engagement de mettre en œuvre un programme d'accès advenant l'obtention d'un contrat ou d'une subvention et 162 d'entre elles ont effectivement obtenu le contrat ou la subvention en question. De ce nombre, 9 entreprises ne se seraient pas conformées à leur engagement. Voir : COMMISSION DES DROITS DE LA PERSONNE, *Rapport annuel 1995*, Québec, p. 48.

1-88. Cette limitation des pouvoirs de la Commission résulte du fait que l'article 87, alinéa 1 de la Charte n'est toujours pas en vigueur.

ii) L'intensité et la portée de ces mesures doivent être proportionnelles à celles de la discrimination en cause. Elles doivent être raisonnables et cohérentes : on ne pourrait, par exemple, attribuer, par voie prioritaire, 90 % des postes à pourvoir à des candidats noirs, alors que ceux-ci ne représentent que 20 % de la main-d'œuvre locale.

iii) Les mesures retenues ne doivent pas être inéquitables envers les autres personnes ne faisant pas partie du groupe cible, ce qui signifie notamment que ces mesures ne peuvent être exclusives au point d'écarter *a priori* tout autre candidat. On ne saurait, à titre d'exemple, accorder tous les postes disponibles à des femmes.

Bien souvent, ces programmes constituent fort plus que certains changements de structures, de directives et de politiques, et s'attaquent à la culture même de l'organisation, c'est-à-dire à l'ensemble des valeurs qui prévalent dans le milieu. Le coordonnateur désigné par l'employeur pour assurer l'implantation du programme d'accès à l'égalité agit à titre de maître d'œuvre, mais sa réalisation relève d'un processus paritaire qui peut prendre la forme d'un comité de concertation, ce qui permet aux gens en cause de participer à sa mise en place. Finalement, l'employeur fait parvenir annuellement à la Commission un rapport sur l'ensemble des activités en vue de la réalisation du programme, les progrès obtenus, les difficultés éprouvées et, le cas échéant, les moyens retenus pour y remédier de même que, s'il y a lieu, les changements qu'il entend apporter au programme.

III-109 — *Les organismes de contrôle* — Le maître d'œuvre en matière de droits et libertés du Québec est la Commission des droits de la personne et des droits de la jeunesse (ci-après la Commission) (art. 57 de la Charte). La Commission assume depuis 1995 une double mission dont les liens ne sont pas *a priori* évidents (art. 57 de la Charte) :

— veiller au respect des principes énoncés dans la Charte ;

— assurer la protection de l'intérêt de l'enfant et le respect des droits que lui reconnaît la *Loi sur la protection de la jeunesse*[1-89].

La Commission est composée de quinze membres nommés par l'Assemblée nationale sur proposition du premier ministre. Un vote des deux tiers des membres de l'Assemblée nationale doit approuver chaque nomination (art. 58 de la Charte). Sept membres sont choisis parmi des personnes susceptibles de contribuer de façon importante à l'étude et à la solution des problèmes relatifs aux droits et libertés de la personne ; les sept autres membres doivent posséder les mêmes qualités, mais en matière de protection des droits de la jeunesse (art. 58.1 de la Charte). Tous les membres de la

---

1-89. L.R.Q., c. P-34.1.

Commission participent aux délibérations sur les matières de la compétence de la Commission. Cependant, les décisions concernant la Charte ou la protection de la jeunesse doivent être entérinées par la majorité des membres nommés selon leur expertise particulière dans le domaine (art. 58.2 de la Charte). En matière d'emploi, la Commission doit assurer la promotion et le respect des principes contenus à la Charte, et notamment (art. 71 de la Charte) :

— faire enquête sur toute situation qui lui paraît constituer un cas de discrimination au sens des articles 10 à 19 (**V-95**);

— favoriser un règlement entre les personnes dont les droits auraient été violés et la personne à qui cette violation est imputée;

— élaborer et appliquer un programme d'information et d'éducation destiné à faire accepter l'objet et les principes de la Charte;

— diriger et encourager les recherches et les publications en cette matière;

— relever les dispositions des lois du Québec qui violeraient la Charte;

— recevoir les suggestions, recommandations et demandes qui lui sont faites touchant les droits et libertés de la personne;

— coopérer avec toute autre organisation vouée aux mêmes fins;

— faire enquête sur une tentative ou un acte de représailles (**V-96, point iv**) ou sur toute autre infraction à la Charte (**V-104**).

La Commission et son personnel sont investis des pouvoirs et des immunités accordés au commissaire en vertu de la *Loi sur les commissions d'enquête*[1-90]. En matière d'enquête et de poursuite, nous renvoyons le lecteur à nos propos au titre V (**V-93 et suiv.**). Le second organisme mis en place pour assurer l'atteinte des objectifs de la Charte est le Tribunal des droits de la personne, dont le rôle, les fonctions et les pouvoirs sont signalés aux paragraphes **V-97 et suivants.** La *Charte des droits et libertés* est certainement un texte majeur et fondamental dans la législation de l'emploi. Sa présence façonne d'une façon lente, mais constante, la trame du droit de l'emploi. En somme, elle est indéniablement une pièce législative déterminante de notre progrès social par ses effets civilisateurs. Cependant, elle peut aussi engendrer, par quelques usages abusifs, certains effets pervers. L'un de ceux-là serait une certaine victimisation sociale :

> Aujourd'hui, à l'État-providence tend à se substituer, à l'instar de ce qui se passe aux États-Unis, une victimisation générale de la société, où chacun réclame indemnisation, au nom des dommages

---

1-90. L.R.Q., c. C-37.

subis par ses ancêtres, sa race, sa nation, son sexe, etc. Ce n'est plus du renforcement du lien social et national qu'on attend le perfectionnement de la société, mais de l'exacerbation de l'individualisme. La valeur centrale n'est plus la solidarité, mais la tolérance[1-91].

1-91. Jacques JULLIARD, *L'année des dupes*, Paris, Seuil, 1996, p. 50.

Section 1.2

La langue de travail selon la
Charte de la langue française

III-110 — *Une charte* — En 1977, le Québec se dotait d'une charte devant assurer l'usage de la langue française sur son territoire :

> L'Assemblée nationale reconnaît la volonté des Québécois d'assurer la qualité et le rayonnement de la langue française. Elle est donc résolue à faire du français la langue de l'État et de la Loi aussi bien que la langue normale et habituelle du travail, de l'enseignement, du commerce et des affaires.

L'expression de cette volonté de l'Assemblée nationale fut consignée dans une charte, ce qui devait permettre, en fait et en droit, de signaler et de souligner à la fois le caractère prioritaire de ces règles de droit à l'égard de tout acte juridique : loi, décret, convention, contrat, directive, etc. (**I-22, 95**)[1-92]. L'élaboration de cette charte fut une opération politique délicate et laborieuse, notamment parce qu'on y traite d'une question qui touche un domaine très personnel et intime pour chacun et qui a trait au premier moyen de communication et d'identification d'un peuple puisque la langue demeure son principal véhicule de culture[1-93]. Cette intervention de l'État, et les choix qu'elle implique, constitue un acte politique important qui devait emprunter la forme d'une loi prépondérante afin d'éviter toute dérobade. Pour assurer et garantir l'usage de la langue française, la Charte comprend des modalités particulières adaptées aux différentes sphères de la vie en société. Ainsi, on y

---

1-92. *Charte de la langue française* (ci-après C.L.F.), L.R.Q., c. C-11.

1-93. Notre langue maternelle respective nous marque d'une façon indélébile, au point qu'elle est une partie de nous-mêmes, de notre propre ipséité.

trouve des dispositions qui traitent d'une façon précise de la législation et de la justice (art. 7 à 9 C.L.F.); de l'administration (art. 14 à 29.1 C.L.F.); des services publics (art. 30 à 40 C.L.F.); de l'emploi et du travail (art. 41 à 50 C.L.F.); du commerce et des affaires (art. 51 à 71 C.L.F.) et de l'enseignement (art. 72 à 88 C.L.F.). Pour assurer une application uniforme et cohérente de la Charte, on devait aussi confier des missions de contrôle, de recherche, d'aide et de consultation à divers organismes spécialisés : l'Office de la langue française (art. 100 et suiv. C.L.F.); la Commission de toponymie (art. 122 et suiv. C.L.F.); la Commission de protection de la langue française (art. 157 et suiv. C.L.F.) et le Conseil de la langue française (art. 186 et suiv. C.L.F.). C'est ainsi que les relations d'emploi et que les milieux du travail soulèvent de multiples questions pratiques qui devaient être traitées à la Charte puisqu'une grande partie des Québécois travaillent à titre de salariés. Dans ce contexte, un grand nombre de salariés doivent aussi communiquer avec des usagers, des consommateurs ou des bénéficiaires de leurs services[1-94]. L'employeur, qui dispose d'une autorité certaine pour l'organisation du travail (**II-114**), pouvait-il imposer la langue de son choix ? La règle générale en droit, *locus regit actum*, devait-elle prévaloir ? En somme, la communication au sein de l'entreprise pouvait-elle demeurer du seul domaine privé au sens patrimonial du terme ? La première réponse à ces questions, et sans doute la plus importante, s'énonce ainsi à l'article 4 C.L.F : *Les travailleurs ont le droit d'exercer leurs activités en français*. Ainsi affirme-t-on que la langue n'est plus du domaine privé dans le milieu du travail. Il fallait dès lors que la Charte comporte des règles d'application particulières pour tenir compte de la dynamique propre à ce milieu, et on les trouve au chapitre VI (art. 41 à 50 C.L.F.) sous le titre nullement ambigu : *La langue du travail*. Dans le cadre du présent ouvrage, nous ne présentons que les seules modalités du chapitre VI de la Charte.

III-111 — *Communication avec le personnel* — La première consigne donnée au chapitre VI de la *Charte de la langue française* vise les communications écrites de l'employeur à son personnel : on impose qu'elles soient en français. L'énoncé de l'article 41 C.L.F. est général et ne permet pas de distinctions en raison de la nature de la communication ou du nombre de salariés visés. Par ailleurs, il doit s'agir des messages écrits qui s'adressent bien au personnel en raison même de leur objet[1-95]. L'expression « à son personnel » laisse entendre qu'il devrait s'agir des communications écrites qui visent un ensemble de travailleurs et non d'une note ou d'une lettre adressée personnellement et directement à un travailleur, tel un avis de promotion ou de sanction disciplinaire. Dans ces derniers cas, le destinataire peut s'autoriser des articles 2 et 4 de la

---

1-94. Plus de 72 % des emplois se situent dans le secteur tertiaire : les services.

1-95. Une note du président adressée aux actionnaires ne serait pas sous le coup de l'article 41 C.L.F. du seul fait que tous les salariés de l'entreprise seraient aussi des actionnaires.

Charte pour obtenir que cette lettre lui soit transmise en français[1-96]. Cette même consigne comprend les offres d'emploi et de promotion qui peuvent être affichées ou publiées (**II-13**). De plus, l'expression « son personnel » retenue à l'article 41 C.L.F. s'entend de toutes les personnes salariées de l'entreprise. Il n'y a pas lieu de distinguer en fonction de l'ordre hiérarchique établi au sein de l'entreprise ou de la division retenue au *Code du travail* (**IV-65**). L'article 42 C.L.F. complète ou précise la portée de cette règle générale à l'égard des offres d'emploi que publient les institutions et les entreprises publiques ou privées qui pourraient légitimement emprunter une autre langue que le français (**II-13**)[1-97]. Dans ces cas, ces mêmes avis doivent aussi être publiés dans un quotidien de langue française. Selon le libellé de cette dernière disposition, cette règle de réciprocité ne s'appliquerait qu'à l'égard de la presse écrite (journal, revue, etc.) et nullement si l'entreprise retenait un support de diffusion électronique, informatique ou autre. À l'égard des associations de salariés, l'article 49 C.L.F. impose que les communications écrites avec leurs membres soient en français, sauf s'il s'agit d'une communication individuelle, où l'on peut faire usage de la langue choisie par le membre. Cet article 49 C.L.F. ne viserait pas les statuts et les règlements de l'association de salariés[1-98]. À titre de règle générale, l'article 2 C.L.F. reconnaît le droit de toute personne d'exiger que les associations de salariés et les entreprises privées et publiques communiquent avec elle en français. Cette dernière règle peut être fort utile pour départager les droits de chacun dans une situation douteuse.

III-112 — *Convention collective et sentence* — Les articles 43 et 44 C.L.F. imposent que les principaux actes écrits qui résultent du processus des rapports collectifs du travail soient rédigés en français. Au sujet de la convention collective, nous devons souligner que l'on n'exige nullement que la négociation entreprise en vue de la conclusion de cet acte collectif soit elle-même tenue en français. Seul le résultat écrit, la convention collective, est soumis à cette consigne. En pratique, il peut être difficile *a posteriori* qu'un tiers puisse traduire en français et à la satisfaction des deux parties le résultat d'une négociation collective qui fut plus ou moins ardue et qui est composé d'un faisceau de compromis particuliers. Cette difficulté ne proviendrait pas de la qualité linguistique du traducteur, mais bien de l'impossibilité objective de saisir à la fois la palette de couleurs et de nuances que chaque partie peut

---

1-96. *Syndicat canadien de la fonction publique* c. *Centre d'accueil Miriam*, [1984] C.A. 104. Voir : Raynald MERCILLE, « La langue du travail : analyse de la jurisprudence relative à l'application des articles 41 à 50 de la Charte de la langue française », (1985) 45 *R. du B.* 33.

1-97. Les situations où on peut publier dans une langue autre que le français sont énumérées à l'article 42 C.L.F.

1-98. Des considérations d'ordre pratique conduisent à cette proposition, mais la logique nous inciterait à une conclusion opposée, car ces statuts et ces règlements ne sont-ils pas la première communication qui unit les membres et à laquelle ils se réfèrent pour agir ensemble ? Voir : *Lagacé* c. *Union des employés de commerce, local 504*, [1988] R.J.Q. 1791 (C.A.).

prêter à une telle composition. Pour cette raison, d'ailleurs, la négociation collective qui avait lieu dans une langue autre que le français avant 1977 fut très rapidement tenue en français, du moins en partie, afin d'éviter d'inévitables traductions par des tiers au lendemain de l'avènement de la Charte. Dans plusieurs cas, on rédige encore, au cours de la négociation et en concomitance, le libellé des modalités convenues en français et dans l'autre langue retenue afin d'éviter de désagréables surprises au moment où les deux parties pourraient croire que le processus de la négociation collective est terminé. Notons aussi que l'article 43 C.L.F. n'empêche nullement les parties de se doter d'une convention collective dans toute autre langue de leur choix[1-99]. On saisit davantage la portée pratique de cette finale à l'article 43 C.L.F. en rappelant que le dépôt de la copie française constitue la dernière condition essentielle à la mise en vigueur juridique de la convention collective (art. 72 C.t.) (**IV-162**)[1-100]. Cette dernière consigne relative au français vise également et aux mêmes effets tous les ajouts, compléments ou modifications qui peuvent être apportés à la convention collective principale. L'expression « y compris » permettrait sans doute de conclure que cette règle générale touche toutes les conventions collectives et non exclusivement celles assujetties au *Code du travail*, autrement cet ajout serait superfétatoire[1-101]. Il allait de soi que la sentence arbitrale de différend soit soumise à une règle semblable (art. 44 C.L.F.) à celle applicable à la convention collective, puisque ces deux actes partagent le même objet : l'énoncé des conditions de travail applicables à un groupe de travailleurs (art. 67, 89, 93 C.t.) (**IV-142**). De même en est-il de la sentence arbitrale de grief qui interprète la convention collective ou en impose l'application intégrale (art. 100 C.t.)[1-102]. La portée de l'article 44 C.L.F. relatif aux sentences diffère quelque peu de l'obligation édictée à l'article 43 C.L.F. puisqu'elle ne porte que sur le droit à une traduction en langue française ou anglaise de la sentence et aux frais des parties. Il s'agit de modulations retenues pour tenir compte du fait que la sentence est le

---

1-99. Il n'est pas rare, dans certains milieux, que la convention collective soit reproduite dans un plus grand nombre de copies dans une autre langue que le français : anglais, italien, hébreu, grec, etc.

1-100. L'article 48 C.L.F. précise bien que le dépôt d'une convention collective dans une autre langue serait nul et que l'exigence du français ne peut être qualifiée de simple condition de forme.

1-101. Il existe d'autres régimes juridiques qui aménagent la conclusion des conventions collectives pour établir les conditions d'exécution de prestation des personnes visées. Il en est ainsi à *la Loi sur les décrets de convention collective* (**III-512**), à la *Loi sur les relations du travail, la formation professionnelle et la gestion de la main d'œuvre dans l'industrie de la construction* (**III-618**) et aussi, pour les ententes collectives conclues dans le cadre de la *Loi sur le régime syndical à la Sûreté du Québec* (**IV-222**) ou des lois relatives aux artistes (**III-736**).

1-102. Dans ces deux cas, négociation et arbitrage, les articles 43 et 44 C.L.F. concernent les résultats, les actes écrits qui arrêtent les règles applicables dans ces milieux et non les processus qui y conduisent : les propositions, la correspondance, le grief, la plaidoirie, etc.

produit d'une personne, l'arbitre, et qu'il peut rédiger sa décision dans sa propre langue, le français ou l'anglais, et aussi que le salarié dispose du droit de s'exprimer oralement ou par écrit en anglais ou en français en toute affaire judiciaire (art. 7, al. 4, 9 C.L.F.). Il peut aussi arriver que la langue retenue par le travailleur ne soit pas celle utilisée par le syndicat, l'employeur ou l'arbitre. Ce choix se limite cependant à une traduction française ou anglaise. Ces dernières modalités de l'article 44 C.L.F. se conçoivent bien à l'égard de la sentence qui dispose d'un grief, mais fort moins pour la sentence de différend puisque cette dernière est, en pratique, un substitut de la convention collective (art. 89, 93 C.t.).

III-113 — *Mesures de protection* — L'article 45 C.L.F. confère une protection très vaste en raison des personnes visées et de son objet. Semblable à l'article 41 C.L.F., cette mesure profite à tout le personnel de l'entreprise, sans aucune réserve ni distinction (**III-112**). On peut y recourir à l'égard des actes de réprobation de l'employeur les plus usuels (congédiement, mise à pied, rétrogradation, déplacement, etc.) qu'il imposerait du fait qu'un salarié «[...] ne parle que le français ou qu'il ne connaît pas suffisamment une langue donnée autre que la langue officielle ou parce qu'il a exigé le respect d'un droit découlant des dispositions du présent chapitre» (art. 45 *in fine* C.L.F.) (**V-18, point i**). De même, l'employeur ne saurait valablement refuser d'embaucher une personne ou encore, une mutation ou une promotion à un travailleur parce qu'il ne connaîtrait pas une autre langue que le français «[...] à moins que l'accomplissement de la tâche ne nécessite la connaissance de cette autre langue» (art. 46, al. 1 *in fine*, C.L.F.) (**II-24**). L'employeur doit pouvoir justifier pareille exigence et, s'il y a lieu, l'Office de la langue française tranche d'autorité cette dernière question relative à la qualité de cette exigence et ne peut aller au-delà (art. 46, al. 2, C.L.F.)[1-103]. Ces seuls énoncés des articles 45 et 46 C.L.F. ne pouvaient suffire pour assurer le respect de l'usage de la langue française. Des mesures pratiques d'intervention complètent ces deux dispositions pour faciliter, au besoin, la démonstration de l'infraction commise et imposer des corrections idoines. À cette fin, tous les membres du personnel de l'employeur peuvent porter plainte auprès du commissaire général du travail et alors, l'affaire est entendue en suivant, autant que possible, la procédure retenue aux articles 15 à 20 du *Code du travail* (art. 47 C.L.F.) (**IV-18; V-18**)[1-104]. De plus, l'article 47 C.L.F. vise le travailleur, ce qui pourrait comprendre le postulant dont la candidature fut refusée sous le seul motif de la connaissance d'une autre langue, et ce, d'autant plus que l'article 47 C.L.F. indique qu'il nous faut considérer chacune des situations qui y sont énumérées comme «[...] s'il s'agissait d'un

1-103. Alain Prujiner, «Les décisions de l'Office de la langue française en vertu de l'article 46 de la Charte de la langue française», (1981) 22 *C. de D.* 827.
1-104. *Mitchell* c. *Lesiège*, [1981] T.T. 325.

congédiement pour activités syndicales[1-105] ». Ce recours fondé sur l'article 47 C.L.F. est de la compétence d'un arbitre de griefs lorsqu'il s'agit d'un salarié assujetti à une convention collective. Ce salarié peut alors entreprendre directement ce recours auprès de l'arbitre de griefs si le syndicat accrédité refusait d'agir, et cela sans devoir entreprendre un recours préalable auprès du Tribunal du travail en vertu de l'article 47.3 *Code du travail* (**IV-40; V-90**). Cette initiative du salarié serait entreprise aux frais du syndicat. Ce droit à l'arbitrage conféré à l'article 47 C.L.F. vaut aussi pour le salarié autrement privé de l'accès à l'arbitrage selon les autres dispositions de la convention collective. Il en est ainsi notamment parce que les articles 41 à 49 sont réputés être des parties intégrantes de la convention collective (art. 50 C.L.F.). L'arbitre s'en saisit à titre de grief assimilé (**IV-183**)[1-106]. Dans l'un ou l'autre cas, il n'y a pas d'appel auprès du Tribunal du travail à la suite de la décision du commissaire du travail ou de l'arbitre de griefs[1-107]. Finalement, l'article 47 C.L.F. précise bien que ces mesures de protection et de correction au bénéfice du travailleur ne sont pas exclusives puisqu'une contravention aux articles 45 et 46 C.L.F. donnerait également prise à un recours de nature pénale (**V-104**).

1-105. Certaines décisions du commissaire du travail refusent cette approche à l'effet qu'il ne disposerait pas du pouvoir d'ordonner l'embauche. Voir : *Pinsonneault* c. *Monk Econ-o-Mart*, [1983] C.T. 6.

1-106. *Cara Operations Ltd.* c. *Prud'homme*, [1979]; *Presseault* c. *Centre local de services communautaires St-Louis du Parc*, [1992] C.T. 154.

1-107. *Lacombe* c. *W.T.H. Canada inc.*, [1986] R.J.Q. 2865 (C.A.)

CHAPITRE III-2

LA *LOI SUR LES NORMES DU TRAVAIL*[2-1] (L.N.T.)

III-201 — *Introduction* — Il s'agit sans doute de la loi qui intervient le plus directement et impérativement dans la relation d'emploi[2-2]. Elle impose des conditions minimales de travail auxquelles l'employeur et le salarié ne peuvent valablement accepter de se soustraire : elle est d'ordre public (**I-195; III-210**). Il s'agit d'un faisceau de seuils, de balises et de barèmes qui aménagent la toile de fond normative à partir de laquelle les parties peuvent exercer respectivement et mutuellement leur liberté contractuelle (**I-44; II-73; IV-100**)[2-3]. Pour atteindre sa finalité historique et pratique, cette base générale en droit de l'emploi doit être constamment adaptée aux besoins de la société

2-1. *Loi sur les normes du travail*, L.R.Q., c. N-1.1, ci-après : L.N.T.

2-2. Selon les derniers rapports annuels de la Commission des normes du travail, la *Loi sur les normes du travail* s'appliquerait à près de 1,3 million de salariés de 160 000 entreprises.

2-3. Si les articles 2085 à 2097 C.c.Q. établissent le cadre général du lien d'emploi, la *Loi sur les normes du travail* articule un contenu minimal de conditions de travail. Voir : Jean-Yves BRIÈRE, « Le *Code civil du Québec* et la *Loi sur les normes du travail* », (1994) 49 *Relat. Ind.* 104.

et, aussi, disposer de mécanismes juridiques efficaces pour assurer son application réelle dans d'innombrables milieux de travail dont le contexte économique, social et politique peut être très diversifié[2-4]. Pour atteindre à la double qualité d'adaptabilité et d'efficacité, la *Loi sur les normes du travail* constitue un « chantier législatif » en constante évolution[2-5] en vue de mieux répondre aux besoins des salariés ou, encore, pour corriger le libellé des dispositions actuelles en fonction d'expériences plus ou moins heureuses que la Commission des normes du travail (**III-223**) ou les salariés ont pu connaître. Afin d'assurer le respect réel de ces normes minimales et d'éviter qu'il ne s'agisse que d'un paravent législatif à fonction électoraliste ou de « relation internationale », il fallut s'assurer de l'intervention directe de nombreux agents de l'État au soutien des salariés : contrôle de la comptabilité salariale de l'employeur, enquêteur, médiateur, représentation des salariés auprès des instances judiciaires, etc. (**III-223**). De plus, les voies et moyens retenus pour atteindre ce double objectif expliquent, sans aucun doute, la facture de cette loi. Son libellé n'est pas toujours de lecture facile, en raison des différentes techniques employées pour prohiber, permettre, contraindre ou faciliter l'exercice de tel ou tel acte à certains, tout en excluant, au besoin, de l'application de la même norme un sous-groupe de salariés ou d'employeurs, etc.[2-6]. En d'autres termes, ces dispositions législatives permettent, selon la situation de temps, de lieu et la personne, autant d'élasticité que de rétractilité que peut le désirer le gouvernement du moment pour adapter les normes à la conjoncture par voie de règlements ou pour s'en remettre à la « main invisible » (**IV-221**). Nous faisons état, dans cette brève présentation, des caractéristiques de la loi qui peuvent paraître parfois contradictoires. Sans aucun doute, le lecteur devra lui-même s'en rendre compte par les difficultés qu'il peut éprouver, à l'occasion, à saisir la rationalité de certaines dispositions. Quelques normes, et parmi les plus importantes, sont le produit d'une longue et souvent pénible expérience pratique et judiciaire et, pour cette raison, provoquèrent l'ajout de multiples modifications. Ainsi, le résultat ne peut être formulé en un libellé clair, harmonieux et simple. Dans ce domaine, le législateur préfère l'efficacité à l'élégance, tout comme les parties font parfois un tel choix lorsqu'elles rédigent leur propre convention collective (**IV-174**).

2-4. Comment élaborer une même condition de travail minimale applicable à la fois à quelques salariés d'une entreprise de type familial (une pâtisserie) et en même temps, à l'ensemble des salariés de l'industrie du meuble ou de l'assurance, etc. ?

2-5. Pour la seule année 1997, le ministre du Travail présenta à l'Assemblée nationale les projets de loi suivants : P.L. 96, *Loi modifiant la Loi sur les normes du travail concernant la durée de la semaine de travail* (L.Q. 1997, C-45); P.L. 88, *Loi modifiant la Loi sur les normes du travail en matière de congé annuel et de congé parental* (L.Q. 1997, c. 10); P.L. 31, *Loi modifiant la Loi sur les normes du travail* (L.Q. 1997, c. 2).

2-6. Cette loi fait usage, à tout le moins, des cinq techniques d'intervention déjà signalées (**I-77**).

III-202 — *Intervention nécessaire* — La présence d'un tel cadre normatif s'imposait au début de l'ère industrielle moderne et, croyons-nous, elle demeure encore inéluctable. Fondamentalement, la raison historique de cette intervention de l'État serait directement rattachée à notre régime politico-économique. On peut y voir une contre-mesure à l'exercice outrancier du libéralisme économique étayé et soutenu par les grandes règles de notre droit (**I-63 à 68**). Devant la faiblesse du salarié, en raison de sa capacité réelle de négociation réduite à sa dernière expression (le non hypothétique), il importait que l'État établisse des seuils par respect pour l'homme, alors que certains employeurs, les «capitaines d'industrie», semblaient incapables de saisir le tort qu'ils causaient, aveuglés qu'ils étaient par les contraintes de la production ou par leurs ambitions. Ainsi, ces seuils infranchissables ou ces lois de premiers secours apparurent pour contenir quelque peu l'exercice des grandes libertés : propriété et contrat (**I-70**). Face à une situation précise devenue socialement inacceptable, l'État sonnait l'alarme, en quelque sorte, et tentait de résoudre le problème par une intervention aussi précise, limitée et incisive que pouvaient apparaître de telles pointes d'icebergs trop visibles. Comment pourrions-nous autrement expliquer, en ce pays où pourtant le socialisme n'avait guère de prise, la venue des premières lois :

— pour assurer au salarié la garde d'au moins la moitié de sa rémunération ?

— pour limiter le nombre d'heures de travail quotidien des jeunes et des femmes ?

— pour éviter que le salarié ne soit contraint de payer lui-même la prime d'assurance devant le protéger s'il devait être victime d'un accident du travail ?

— pour exiger que l'on verse au moins au salarié un salaire minimum, que l'on crut un temps pouvoir qualifier de « salaire raisonnable[2-7] » ?

III-203 — *Genèse* — Les premiers éléments de normes minimales garanties par l'État et qui servirent de creuset initial se trouvent à la *Loi du salaire minimum pour les femmes*[2-8]. Cette loi visait notamment l'amélioration des conditions générales de travail imposées aux femmes travaillant dans les établissements industriels[2-9]. La seule lecture de cette loi permet de constater la timidité de l'intervention législative, et par les voies indirectes retenues et par les mesures de

---

2-7. Il y eut la *Loi des salaires raisonnables* (S.Q. 1937, c. 30). Ces premières lois de secours ont déjà été présentées et resituées dans leur contexte (**I-70**).

2-8. 9 Geo. V, c. 11 ou S.R.Q. 1925, c. 100.

2-9. Le travail à domicile et dans les services n'y était pas visé et, pourtant, il s'agissait déjà de lieux où des abus étaient fort bien connus. Voir : Roger CHARTIER, «Les Lois du salaire minimum des femmes, des grèves et contre-grèves municipales, du département du travail et des syndicats professionnels (1919–1924)», (1962) 17 *Relat. Ind.* 444, 452 et suiv.

protection fort contenues[2-10]. Cela n'empêcha pas le patronat de l'époque d'y voir une intrusion malvenue de la part de l'État et de rechercher des moyens pour en contourner l'application en embauchant des hommes de préférence aux femmes. C'est ainsi que s'expliquerait la modification apportée en 1934 à cette même loi, de manière que ces mesures protectrices s'appliquent aussi à l'homme dans le cas où il pouvait être assigné à une fonction « [...] qui d'ordinaire et selon la coutume est exécutée par des femmes[2-11] ». En 1940, on édicta une loi de portée plus générale, la *Loi du salaire minimum*[2-12], dont l'élément justificatif était ainsi rappelé à son préambule : « Considérant que tolérer l'acceptation forcée d'une rémunération insuffisante c'est de ne pas tenir compte de la dignité du travail et des besoins du salarié et de sa famille[2-13] ». Cette loi de 1940 était déjà de facture plus moderne en imposant expressément certaines conditions de travail, bien qu'en nombre limité : salaire, apprentissage, durée de travail, etc. L'opération s'effectuait par voie d'ordonnances rendues par la Commission du salaire minimum (organe de l'État) après enquête et consultation. Bien évidemment, ces ordonnances devaient, pour valoir, être entérinées par le gouvernement, ce qui, selon la conjoncture politique, pouvait moduler ou retarder leur promulgation[2-14]. Ces dispositions étaient d'ordre public social, c'est-à-dire que seules les conditions de travail contractuelles ou conventionnelles plus avantageuses demeuraient possibles et légales (**I-94, 107, al. iv; II-39, 73**). Ainsi, le régime de base du travail fut tissé par voie d'ordonnances et d'amendements aux ordonnances, et ce, durant 40 ans. À l'aide de critères plus contemporains, nous dirions qu'il s'agissait certes d'une intervention minimaliste de l'État, mais nullement perçue de cette manière durant cette première moitié du siècle.

III-204 — *Recherche d'un équilibre* — Ce bref rappel des quelques lois qui précédèrent la venue de la *Loi sur les normes du travail* indique bien que l'État intervint en ce domaine d'une façon parcimonieuse, tant par l'étendue limitée des questions touchées que par les méthodes employées : ordonnances comprenant maintes exceptions promulguées après enquête et consultation, puis soumises à l'approbation du gouvernement. Cette prudence et ces silences

---

2-10. En 1937, on édicta une autre loi semblable à celle visant les femmes et qui s'adressa cette fois aux bûcherons : *Loi assurant des salaires raisonnables aux ouvriers travaillant dans les exploitations forestières* (I Geo. VI, c. 30).

2-11. Réaction du législateur à la pratique de certains employeurs de ne pas engager de femmes afin d'éviter l'application de la loi de 1919 : *Loi modifiant la Loi du salaire minimum des femmes*, 24 Geo. V, c. 30. En 1996, il fallut, d'une certaine manière, inverser l'approche : *Loi sur l'équité salariale*, L.Q. 1996, c. 43 (**III-721**).

2-12. 4 Georges VI, c. 39 ou S.R.Q. 1941, c. 164.

2-13. Pour un bref rappel historique, voir : « Évolution de la *Loi du salaire minimum de 1919 à 1974* », *Travail Québec*, (mai 1975).

2-14. Ces ordonnances comportaient parfois bien des exceptions, réserves et conditions, de manière à préciser les groupes de salariés et d'employeurs assujettis. Ainsi, l'ordonnance générale relative au salaire comprenait onze chefs d'exception, ce qui réduisait d'autant son caractère général.

provenaient de la gêne d'une immixtion trop directe de l'État dans la relation d'emploi. La présence d'une telle loi traitant de la relation d'emploi donnait nécessairement prise à la grande question politique à savoir jusqu'où l'État pouvait intervenir sans trop perturber l'exercice des libertés économiques[2-15]. Certes pourrions-nous théoriquement mettre en opposition les deux thèses en présence, soit le laisser-faire ou le libéralisme, d'une part, et, d'autre part, l'étatisme ou la détermination d'autorité des conditions de travail par l'État. En raison même de l'extrémisme de ces deux approches, elles ne peuvent nous être d'un grand secours pratique. Selon notre commune expérience et l'orientation assez pondérée de nos partis politiques, des syndicats et du patronat, il n'existe pas vraiment au Québec de propension claire et déterminée pour l'un ou l'autre de ces deux pôles. Devant les abus constatés, l'État dut imposer et impose encore des *minima* et des seuils, tout en laissant aux parties une zone libre certaine et vaste où des aménagements peuvent être élaborés par la voie de la négociation individuelle et collective **(I-74; II-39, 73)**. Outre ces *minima* impératifs, l'État peut également encadrer et même inciter les parties à convenir de conditions de travail mieux adaptées aux contraintes et aux besoins de chaque milieu. Sous cet aspect, il paraît évident que le dosage de la juste intervention étatique demeure une problématique mal partagée. Pour certains, cette intervention serait toujours trop pressante, et pour bien d'autres, non suffisamment présente[2-16]. La recherche d'un juste équilibre, ce besoin parfois contradictoire de règles assurant une application réelle des principes que commandent la justice distributive et le libre exercice d'activités professionnelles demeure certes une contrainte et aussi une constante dans notre société[2-17].

III-205 — *La réforme de 1979* — L'approche retenue depuis 1940 fut radicalement modifiée en 1979 par une réforme importante des techniques employées[2-18]. La *Loi sur les normes du travail* comporte notamment les multiples changements qui suivent.

2-15. Cette même question demeure encore d'actualité. Voir : John Kenneth GAILBRAITH, *Pour une société meilleure*, Paris, éd. Seuil, 1997, p. 87 et suiv.

2-16. Jean-Daniel REYNAUD, « Les sociétés néo-libérales et la transformation du rôle de l'État dans la détermination des conditions de travail »; Pierre FORTIN, « Les conditions minimales de travail. Leurs conséquences économiques ? », Acte du 35e Congrès des relations industrielles de l'Université Laval, Les Presses de l'Université Laval, 1980, p. 125 à 139 et 203 à 220.

2-17. Les auteurs Gérard HÉBERT et Gilles TRUDEAU témoignent bien de ces lancinantes hésitations dans *Les normes minimales du travail au Canada et au Québec*, Cowansville, Les Éditions Yvon Blais inc., 1987, p. 24 à 31.

2-18. Le gouvernement constitua un groupe de travail pour l'étude de multiples aspects au sujet desquels l'État devait intervenir, et ce rapport servit de base de discussion préalable entre les représentants des organisations syndicales, patronales et le Ministère. Voir : Claude CASTONGUAY, Jean BARIL, Diane JEAN-LABERGE et Louis J. LEMIEUX, « Rapport du groupe de travail sur la politique de salaire et des conditions minima de travail », 1975, 11 *Travail Québec* 3.

i) Elle constitue une véritable loi-cadre, dans le sens que l'on y trouve d'abord les grandes règles d'orientation puis, une série de renvois spécifiques aux règlements que le gouvernement peut, au besoin, édicter pour préciser ou moduler les conditions de travail selon la conjoncture (**I-48, 77; III-221**).

ii) La répartition des fonctions est modifiée et plus précise : l'administration directe de la loi est confiée à la Commission des normes du travail (**III-223**), et l'élaboration de normes du travail par voie de règlement incombe directement au gouvernement.

iii) Elle comprend près de 25 normes de travail spécifiques dont les principales modalités sont déjà articulées à la loi, bien que ces dernières puissent connaître des adaptations par voie de règlement (**III-221**).

iv) Elle vise une population de salariés assez vaste, laquelle est divisée ou susceptible de l'être en sous-groupes, de manière à pouvoir mieux adapter les normes du travail à leurs besoins et contraintes respectifs (**III-209**).

v) Elle prévoit des recours particuliers et mieux adaptés aux circonstances : réintégration possible du salarié abusivement congédié, etc. (**III-219**).

vi) Elle établit certains rapports dynamiques entre les normes du travail arrêtées ainsi par la loi et les conditions de travail que les parties peuvent librement conclure en sus ou autrement (**III-210**).

L'importance sociale et économique de la *Loi sur les normes du travail* ressort particulièrement dès que l'on prend en considération trois aspects :

— plus de 65 % des salariés du Québec bénéficient de la protection directe de la loi, soit complètement ou en partie;

— ces seuils situent autrement les parties à la négociation collective du travail et constituent autant d'incitatifs à l'acquisition de meilleures conditions de travail (**IV-166**)[2-19];

— la présence plus active et plus intense de l'État dans ce champ permet de généraliser des mesures sociales aux salariés et de contenir d'autant l'arbitraire de l'employeur[2-20].

2-19. Dans certains milieux et vu l'ampleur de son contenu réel ou possible, on qualifia initialement cette loi de « convention collective des salariés non syndiqués ». La présence de cette loi ne signifie aucunement que ces normes étatiques peuvent constituer une quelconque invitation aux salariés à délaisser la voie de la négociation collective.

2-20. Les premières réactions envers cette loi de 1979 sont en quelque sorte consignées aux Actes du 35e Congrès des relations industrielles, *loc. cit.*, note 2-16. Ces réactions permettent de mieux saisir la portée historique, sociale et politique que produisit cette loi et les perceptions que l'on pouvait dès lors en dégager.

Ces normes, *minima*, seuils ou barèmes sont ni plus ni moins de simples moyens pour tenter d'établir ce qui pourrait être considéré, selon les circonstances de temps, de lieu et les personnes, comme les conditions de travail relativement justes ou présentées à titre de *minima*. À ces fins, la notion de « service continu » (art. 1, par. 12, L.N.T.) exerce une fonction capitale puisqu'elle sert très souvent de critère acquisitif de droit subjectif[2-21]. Par analogie, nous pourrions prétendre que sa fonction serait semblable à celle de la notion d'ancienneté dans le cadre de nombreuses conventions collectives. En raison de son rôle clé, les parties ont tout intérêt à bien saisir son sens et sa portée[2-22]. Il va de soi que l'étude que nous présentons aux prochaines sections permettra de jauger davantage la portée réelle de cette loi et de préciser l'écart entre le libellé initial et la portée réelle de ces mêmes dispositions.

III-206 — *La démarche suivie* — La *Loi sur les normes du travail* comprend près de 200 articles qui se prolongent dans une dizaine de règlements dont la nomenclature apparaît à l'annexe 2. Pour les besoins de l'exposé, nous ne faisons pas une analyse détaillée de chacune de ces dispositions ni l'étude de leurs relations de complémentarité[2-23]. Notre démarche est plutôt contenue dans un simple triptyque :

— section 2.1 : les personnes visées et celles qui ne le sont pas ou pas toujours ;

— section 2.2 : le contenu général et particulier des normes minimales du travail ;

— section 2.3 : l'administration et son financement.

Cette division indique bien que nous laissons de côté maintes questions particulières bien que ces dernières puissent être d'un intérêt certain. Nous recherchons à souligner surtout l'économie de cette loi et, par voie de conséquence, sa dynamique, ses fonctions dans l'ordonnancement général de la relation d'emploi et aussi, ses limites et faiblesses.

2-21. Charles CAZA, « L'embarquement pour un tour d'horizon des développements récents concernant la Loi sur les normes du travail », dans *Développements récents en droit du travail* (1997), Cowansville, Les Éditions Yvon Blais inc., 1997, p. 229.

2-22. *Club de Golf Murray Bay inc.* c. *C.N.T.*, [1986] R.J.Q. 950 (C.A.); *Produits Pétro-Canada inc.* c. *Moalli*, [1987] R.J.Q. 2097, 261 (C.A.); *Internote Canada Inc.* c. *C.N.T.*, [1989] R.J.Q. 2097 (C.A.); *Boucher* c. *Centre de placement spécialisé du Portage*, [1993] R.D.J. 137 C.A.

2-23. Des ouvrages comportent déjà cette information et nous y renvoyons le lecteur. Voir : J.-Y. BRIÈRE et J.-P. VILLAGGI, éd. Relations de travail, vol. I, Farham CCH/FM Ltée; Charles CAZA, *Loi sur les normes du travail*, collection Alter ego, Montréal, Wilson & Lafleur ltée, 1997; Jean-Louis DUBÉ et Nicola DI IORIO, *Les normes du travail*, 2ᵉ éd., Sherbrooke, Les Éditions Revue de droit, Université de Sherbrooke, 1992.

Section 2.1
Les personnes visées

III-207 — *Qui est salarié ?* — La notion de salarié au sens de l'article 2085 C.c.Q. (**II-51 et suiv.**) est retenue au départ et ce premier modèle est quelque peu assoupli aux fins de l'application pratique de cette loi[2-24]. En effet, on définit la clientèle protégée par voie d'ajouts, de soustractions, d'exceptions ou de réserves en partant de la notion initiale de salarié. Ainsi, la définition statique de « salarié » retenue en premier lieu à l'article 1, paragraphe 10, L.N.T. est complétée par l'ajout de celle du travailleur qui s'engage à fournir le matériel et l'équipement requis par l'employeur et dont la rémunération serait constituée du reliquat des sommes reçues, déduction faite des coûts de l'opération[2-25]. Selon le vocabulaire américain, on qualifie parfois ce même travailleur *d'entrepreneur dépendant* et on le traite maintenant de salarié dans cette loi, mais sans l'assimiler à un entrepreneur ou à un prestataire de services au sens de l'article 2099 C.c.Q.[2-26]. La présence d'un tel ajout à la définition du salarié indiquerait qu'il nous faudrait effectuer cette qualification juridique avec souplesse, notamment pour l'identification des composantes du contrat de travail (**II-52**)[2-27]. Partant de ces premiers éléments, les articles 2, 3 et 3.1 L.N.T.

2-24. *Cléroux* c. *Gagnon*, [1986] R.J.Q. 2820 (C.A.); *C.N.T.* c. *Immeubles Terrabelle inc.*, [1989] R.J.Q. 1307; *Dazé* c. *Messageries Dynamiques*, [1991] R.D.J. 2195 (C.A.); *Leduc* c. *Habitabec*, D.T.E. 94 T-1240 (C.A.); *North American Automobile Association Ltd.* c. *Commission des normes du travail du Québec*, D.T.E. 93T-429 (C.A.).

2-25. Il est même possible que ce travailleur soit exclu en vertu d'une autre loi (art. 3, par. 4, L.N.T.).

2-26. J.-Y. BRIÈRE, « Le *Code civil du Québec* et la *Loi sur les normes du travail* », *loc. cit.*, note 2-3, p. 112 et suiv.

2-27. Il nous paraît cependant évident que l'on ne saurait éviter cette condition, soit l'existence d'un contrat de travail, car la définition retenue de « service continu » dans cette même loi l'indique d'une façon claire (art. 1, par. 12, L.N.T.).

apportent des conditions, des réserves et des exceptions complémentaires aux fins de l'identification du salarié. Ainsi, on y précise que :

— le lieu d'exécution de la prestation ne modifierait pas le statut du salarié ni l'applicabilité de la loi si ce salarié est domicilié ou réside au Québec et s'il travaille dans une entreprise ayant un bureau au Québec[2-28] ;

— le salarié demeure assujetti à cette loi, même dans le cas où l'employeur est l'État (art. 2 *in fine* L.N.T.).

Par ailleurs, ce salarié peut être exclu de la protection de cette loi, soit totalement, soit partiellement, dans l'une ou l'autre des situations suivantes :

— sa prestation consiste en l'apport d'aide ou de soins personnels, si cette opération est effectuée sans but lucratif de la part de celui qui l'embauche[2-29] ;

— le salarié dont le travail est déjà soumis au régime applicable à l'industrie de la construction (art. 3, par. 3)[2-30] ;

— l'étudiant stagiaire (art. 3, par. 5)[2-31] ;

— le salarié qui exerce les fonctions de « cadre supérieur ». Selon les tribunaux, ce titre coiffe le salarié représentant l'employeur au premier chef et disposant à cette fin d'un pouvoir décisionnel important, alors qu'il relèverait directement des premières instances de l'organisation (le conseil d'administration ou le P.D.G.)[2-32].

Ce découpage de la « clientèle » de cette loi est un peu plus complexe du fait de la conjugaison de trois variables :

— les mesures protectrices relatives à la prise de la retraite en raison de l'âge (art. 84.1, 122.1, 123.1 L.N.T.) s'appliquent à tous les salariés au sens de l'article 1, paragraphe, 10 L.N.T. ;

2-28. *Lucien Brunet* c. *M. Loeb Ltd.*, [1983] T.A. 818; *Ladouceur* c. *Almico Plastics Canada inc.*, D.T.E. 90T-490 (T.A.).

2-29. *Dalcourt* c. *Souft*, [1994] C.T. 1. Cette exclusion n'est pas totale ni absolue puisqu'un règlement édicté selon l'article 90, alinéa 2, L.N.T. pourrait le soumettre à certaines normes particulières.

2-30. Même dans ce cas s'appliquent les dispositions relatives aux congés de maladie (art. 74 L.N.T.), aux congés familiaux (art. 81.1 à 81.17 L.N.T.) ainsi qu'aux effets des normes (art. 93 à 97 L.N.T.), aux pratiques interdites (art. 122 à 123.3 L.N.T.) et aux sanctions (art. 139 à 147 L.N.T.). Voir : *Laliberté* c. *Otis Canada inc.*, D.T.E. 94T-109 (T.T.); *Entreprises Vibec inc.* c. *Normand Audet*, [1990] T.A. 725.

2-31. *Corporation Cité-Joie inc.* c. *Commission des normes du travail*, [1994] R.J.Q. 2425 (C.A.).

2-32. *Household Finance Corporation of Canada* c. *Garon*, [1992] T.A. 109; *Igino Spina* c. *E.M.C. Marbre et céramique européen (1985) inc.*, [1992] C.T. 148; *Chabot* c. *Plomberie Albert Paradis*, [1993] C.T. 62; *Matte* c. *Hôtels et villégiatures Canadien Pacifique le Château Montebello*, [1994] C.T. 50. Les dispositions signalées à la note 2-30 s'appliquent également au cadre supérieur.

— au sujet de plusieurs normes du travail, la loi ajoute des exceptions possibles et particulières. Ainsi un salarié au sens large peut être bénéficiaire d'une norme et exclu d'une autre, etc.[2-33] ; cette modulation à la pièce invite à ne pas faire trop d'extrapolation puisque la réponse positive ou négative sous un chef n'indiquerait nullement ce que serait la solution retenue dans une autre situation ;

— les règlements édictés par le gouvernement peuvent également préciser des groupes de salariés déjà exclus par une disposition de cette loi ou encore les assujettir en tout ou en partie à des normes particulières et plus adaptées (art. 88 à 91 L.N.T.) (**III-221**)[2-34].

III-208 — *Définition de l'employeur* — Si la définition du salarié ne s'inspire pas du mode « prêt-à-porter », il en est de même de celle de l'employeur. S'il est ce « [...] quiconque fait effectuer un travail par un salarié » (art. 1, par. 7, L.N.T.), on comprend que la définition de l'employeur devient tributaire de celle du salarié. On ne saurait s'enclaver dans un tel cercle et dire que la seule présence d'un salarié suffirait pour établir l'existence d'un employeur. Une partie isolée d'un tout ne peut suffire à établir directement ni nécessairement la présence de l'autre partie de ce même tout et dont l'existence ne peut être qu'apparente. Même si on établissait la présence d'un employeur à l'aide de cette double définition, la loi comprend aussi d'autres modalités ayant l'effet d'exclure ou d'ajouter des organisations au titre d'employeur. Ces exclusions ou inclusions apportées au besoin à la définition d'employeur visent à :

— déterminer les employeurs soumis à la tenue comptable des données salariales (art. 29, par. 3, L.N.T.) ;

— préciser les employeurs assujettis au versement d'une cotisation pour les frais de l'administration de cette loi. À cette fin, certaines institutions publiques sont exclues[2-35] et la rémunération totale ou partielle versée à certaines catégories de salariés est aussi écartée[2-36] ;

— annoncer que certaines catégories d'employeurs peuvent être exclues par voie de règlement (art. 90 et 90.1 L.N.T.) ;

2-33. Voir : les articles 39.1, 59.1, 77, 82.1 qui renferment de semblables exclusions pour les salaires, les jours fériés, les congés annuels, la mise à pied, etc.

2-34. Ce pouvoir de réglementation est vaste et permet autant la soustraction que l'addition. Aussi, il serait toujours délicat de se prononcer sur l'applicabilité d'une norme à l'égard d'un groupe de salariés sans consulter au préalable le contenu des règlements en vigueur à ce même moment.

2-35. L'article 39.0.1 L.N.T. énonce seize catégories d'employeurs expressément écartés de cette charge (**III-222**).

2-36. La définition de « rémunération assujettie » donnée à l'article 39.0.1 comprend à cette fin huit sous-groupes de salariés.

— souligner les obligations correspondantes entre entrepreneurs et sous-entrepreneurs (art. 95 L.N.T.);

— établir des liens de succession d'un employeur à un autre à la suite d'une aliénation et d'une concession au sens des articles 96 et 97 L.N.T.[2-37].

Si l'on considère à la fois l'interdépendance des définitions de salarié et d'employeur et des nombreuses exceptions d'inclusion et d'exclusion qui s'y greffent, nous devons être prudents et ne pas qualifier rapidement l'un par l'autre et inversement. La Cour suprême du Canada reconnaissait encore récemment que la qualification d'employeur selon une loi de l'emploi n'engageait nullement pareille conclusion dans le cadre ou pour l'application d'une autre loi de l'emploi :

> Toutefois, je ne peux conclure à une incohérence dans l'application de ces deux lois. Chaque loi du travail comporte un objectif distinct et l'interprétation des dispositions de la loi doit se faire en fonction de leur finalité spécifique. En outre, le litige porte sur les dispositions du *Code du travail*, et plus spécifiquement sur le caractère manifestement déraisonnable de la décision du Tribunal du travail, et non pas sur la *Loi sur les normes du travail*[2-38].

2-37. La notion de « service continu » (art. 1, para. 12, L.N.T.) utilisée à titre de critère acquisitif de droit pour le salarié rend la question de la succession d'employeur fort importante et, partant, fait l'objet de bien des débats judiciaires. Voir : *Réal Bergeron* c. *Métallurgie Frontenac ltée et al.*, [1992] R.J.Q. 2656 (C.A.).

2-38. *Pointe-Claire (Ville)* c. *Syndicat des employés et employées professionnels et de bureau, section locale 57 et Québec (Tribunal du travail)*, (1997) 1 R.C.S. 1015, 1054.

Section 2.2

Le contenu réel et potentiel

III-209 — *L'élasticité du contenu* — L'objet principal de la *Loi sur les normes du travail* consiste à établir d'autorité des conditions de travail minimales au-dessous desquelles salarié et employeur ne peuvent valablement conclure un contrat de travail. Aux fins de l'élaboration de cet acte, nous savons que la liberté des parties est encadrée par les dispositions du *Code civil du Québec* (**II-61 à 72**) et que le contenu même des conditions de travail, c'est-à-dire l'articulation des obligations particulières qui incombent respectivement à l'une et l'autre partie n'est pas davantage laissée à leur seule initiative (**II-73**)[2-39]. Ainsi, la *Loi sur les normes du travail* comporte plus de 25 modalités distinctes qui constituent le noyau dur du cadre normatif de base de la relation d'emploi. Nous voulons signaler et souligner ces principaux seuils afin de mieux saisir la portée, le sens et les implications pratiques de chacune de ces garanties légales. On doit bien comprendre que la présence de ces dispositions n'est nullement le fruit du hasard ni davantage le résultat d'une quelconque recherche scientifique conduite par de savants sociologues ou juristes. Il s'agit bien davantage de modalités articulées, martelées ou ciselées au burin de l'expérience concrète et, souvent, péniblement conquises puis difficilement acquises dans la pratique. D'ailleurs, comment ne pas reconnaître le sens unilatéral de ces normes ou seuils qui visent généralement à offrir au salarié quelques garanties ou un soutien face aux abus passés et

---

2-39. Outre les normes minimales imposées par la *Loi sur les normes du travail*, les autres lois de l'emploi participent également à l'élaboration d'un régime de travail plus complet : hygiène, salubrité, santé, réparation des accidents de travail, contrôle des abus du pouvoir discrétionnaire de l'employeur, sauvegarde des données personnelles, etc. D'une certaine manière, chacune des 27 lois de l'emploi (**annexe 2**) ajoute un trait distinct et complémentaire au même tableau du régime de travail au sein duquel se réalise la relation d'emploi.

possibles de certains employeurs ? Cette situation ne peut surprendre puisque, avons-nous vu, le droit de l'emploi tend à un rééquilibre continu des parties en se fondant sur le primat de leur inégalité réelle (**I-85 et suiv.**). L'analyse de ces modalités permet également de constater que le législateur ne pouvait élaborer d'un seul trait définitif et satisfaisant un tel ensemble de conditions de travail minimales. De différentes manières, ces dispositions législatives sont complétées, mises à jour, adaptées et imposées de multiples façons. Ainsi :

— des amendements à la loi sont apportés à un rythme important[2-40] ;

— des règlements d'application et d'adaptation sont eux-mêmes amendés de temps à autre;

— le dynamisme de l'administration de la loi connaît des fluctuations certaines, et l'approche judiciaire peut parfois stimuler ou ralentir la rigueur de l'application de ces mesures auprès des salariés et des employeurs.

Pour les besoins de notre exposé, nous scindons en trois grands segments ces 25 normes du travail selon qu'elles portent principalement sur des aspects d'ordre économique (**III-211**), personnel ou familial (**III-215**) et de sécurité d'emploi (**III-219**). Bien évidemment, cette division n'est retenue que pour faciliter leur présentation car, en pratique, une norme d'aspect économique comporte des implications sociales, et les normes relatives à la sécurité d'emploi entraînent des coûts et quelques inscriptions aux fiches comptables.

III-210 — *La portée des normes* — Les normes du travail édictées par cette loi directement ou en partie par règlement d'application (**III-221**) sont d'ordre public, c'est-à-dire qu'elles s'imposent impérativement aux parties. Salarié et employeur ne disposent pas de la capacité juridique pour valablement convenir de s'en esquiver (art. 93 L.N.T.)[2-41]. Ce caractère impératif s'impose en raison même de la finalité de ces mesures protectrices (**I-95**). En ce sens, on pourrait dire que le salarié souffre d'une incapacité juridique de protection[2-42]. Par ailleurs, cet effet impératif n'est pas absolu, catégorique ni entier puisqu'il demeure possible d'y obvier de deux façons. En premier lieu, l'article 93 L.N.T. précise bien que les modalités de la loi peuvent contenir

---

2-40. Depuis 1979, la *Loi sur les normes du travail* aurait été amendée dix fois et parfois à quelques reprises au cours d'une même année.

2-41. *Martin* c. *Cie d'assurance du Canada sur la vie*, [1987] R.J.Q. 514 (C.A.); *Montréal Standard* c. *Middleton*, [1989] R.J.Q. 1101 (C.A.); *Syndicat des professionnels de la C.E.C.M.* c. *Moalli*, [1991] R.J.Q. 521 (C.A.); *Corporation Cité-joie inc.* c. *C.N.T.*, [1994] R.J.Q. 2425 (C.A.); *Machtinger* c. *H.O.J. Industries Ltd.*, [1992] 1 R.C.S. 986.

2-42. Comme le précise l'article 93 *in fine* L.N.T., une partie à ce contrat pourrait nier son propre engagement illégal, et un juge pourrait de son propre chef en écarter au besoin la teneur.

des exceptions, des modulations différentes ou permettre expressément certaines dérogations par voie contractuelle ou conventionnelle. Plus avant, l'analyse détaillée de ces dispositions permet de mettre en relief ces normes qui seraient davantage d'ordre supplétif[2-43]. En deuxième lieu, l'article 94 L.N.T. précise qu'il s'agit d'un impératif d'ordre public social, dans le sens que les parties peuvent toujours convenir de conditions plus avantageuses (**I-96**). Cette dernière expression signifie que la règle contractuelle ou conventionnelle prévalente doit être objectivement supérieure à celle qui lui cède le pas ou meilleure qu'elle, et ce, à l'égard de toutes personnes et non en raison du consentement ou des contraintes des seules parties en cause (**I-107, par. iv**). D'une certaine manière, la loi autorise de modifier ou de moduler autrement l'ordre hiérarchique des règles de droit (**I-22**) dans le but de mieux atteindre les résultats réels recherchés et sans être enclavé à cette fin par des règles primaires trop rigides ou inadaptées aux circonstances[2-44].

III-211 — *Un salaire minimum* — À la fois sur les plans historique et économique, l'article 40 L.N.T. édicte la règle pivot de cette loi, soit « [...] le salaire minimum payable à un salarié[2-45] ». Le quantum de ce salaire est fixé par voie de règlement, ce qui signifie que :

— il peut évoluer au fur et à mesure des besoins ;

— ces variations dépendent d'une décision politique ;

— les implications de telles majorations ou de leur retard ne sont imputables qu'au gouvernement[2-46].

Le salaire minimum entraîne de multiples implications sociales et économiques d'une façon directe ou indirecte puisqu'il sert souvent d'unité de mesure économique pour établir la rémunération globale du salarié (**II-136**) et les divers avantages pécuniaires qui s'y greffent. On s'y réfère également à titre de base comparative pour fixer la rémunération réelle dans le cadre de la

---

2-43. L'effet supplétif s'entend d'une règle applicable à défaut d'une autre règle législative ou contractuelle portant sur le même objet. À titre d'exemple, voir les articles 59.1 et 60 L.N.T. Cette dernière disposition confère à tous salariés sept jours fériés chômés et déterminés par ailleurs. Alors que l'article 59.1 permet aux parties à la convention collective de majorer le nombre de ces jours fériés et chômés, et aussi d'en modifier les dates (**III-215**).

2-44. Selon l'exemple précité, note 2-43, en l'absence de l'article 59.1 L.N.T., les salariés d'une entreprise à forte majorité irlandaise pourraient, dans la convention, préférer qu'un des sept jours fériés soit le 17 mars au lieu du 2ᵉ lundi d'octobre, etc.

2-45. N'était-ce pas d'ailleurs la première mesure de protection édictée dès 1919 à l'endroit des femmes (**III-203**) ? La loi de 1940 fut aussi identifiée par cette même mesure : *Loi du salaire minimum.*

2-46. On constate que les majorations apportées au salaire minimum varièrent beaucoup en importance et de rythme au cours des 30 dernières années : 1970 : 1,40 $; 1980 : 3,65 $; 1990 : 5,25 $; 1998 : 6,80 $.

négociation d'un contrat de travail ou d'une convention collective[2-47]. Ce salaire minimum est établi sur la base horaire, ce qui constitue le plus bas ou le plus simple commun dénominateur[2-48]. Il allait de soi que la fixation d'un salaire pour des fins aussi générales devait nécessairement tenir compte du facteur temps, qui est une composante fondamentale du travail (**II-59, 141**). Ce régime salarial de base ne s'applique pas au salarié qui exploite une ferme tel qu'il est défini à l'article 39.1 L.N.T. ni à certains apprentis[2-49], et il peut être aménagé autrement par voie de règlement à l'égard de ces sous-groupes de salariés (**III-221**). Par ailleurs, nous pouvons dire *a contrario* que tout autre salarié au sens de cette loi doit en être bénéficiaire (**III-207**). L'employeur ne saurait s'acquitter de cette obligation par voie d'équivalence et notamment en y substituant d'autres avantages ou privilèges (art. 41, 51 L.N.T.)[2-50]. Depuis 1990, on précise que le même taux de salaire réel doit s'appliquer à tous les salariés qui effectuent les mêmes tâches dans un établissement, sans distinction fondée sur le fait que certains y travailleraient à temps partiel (art. 41.1 L.N.T.)[2-51]. Cette dernière protection ne vaut cependant que si le taux réel de salaire ne dépasse pas le double du salaire minimum. L'article 41 L.N.T. ne traite que du « taux de salaire » et nullement des autres composantes du salaire (**II-138**), et l'article 74.1 L.N.T. relatif au congé annuel se limite aussi à garantir l'application du même mode de calcul de la rémunération afférente (**III-216**) pour le salarié à temps partiel. Cette protection ainsi contenue peut paraître assez arbitraire et laisse présumer qu'elle serait le résultat d'un quelconque compromis[2-52]. Dans la mesure où l'article 41.1 L.N.T. s'inspire du principe d'égalité, on ne pourrait guère saisir la rationalité d'un plafonnement aussi simpliste, et ce, d'autant plus que le salarié à temps partiel peut être davantage en situation précaire que pourrait

---

2-47. Plusieurs lois de l'emploi se réfèrent au salaire minimum pour calculer des indemnités ou des prestations à verser (art. 81 L.A.T.M.P.).

2-48. Une autre base de calcul pourrait être retenue, pourvu que, dans les faits, le salaire horaire minimum soit respecté. Voir : *C.N.T.* c. *Immeuble Terrabelle inc.*, [1989] R.J.Q. 1307 (C.Q.); *Clérous-Strasbourg* c. *Gagnon*, [1986] R.J.Q. 2820 (C.A.); *Syndicat des professionnels de la Commission des écoles catholiques de Montréal* c. *Moalli*, [1991] R.J.Q. 521 (C.A.).

2-49. L'article 40.1 L.N.T. exclut les apprentis entendus au sens de la *Loi favorisant le développement de la formation de la main-d'œuvre* : leur salaire peut être arrêté par la voie d'un règlement particulier.

2-50. Les uniformes (art. 85 L.N.T.), le logement ou les repas (art. 51, 86 L.N.T.), l'usage d'une voiture ou d'un mode quelconque de transport, l'accès à des spectacles, voyages ou autres semblables avantages que procure l'employeur ne peuvent être que des ajouts ou compléments, mais ils ne peuvent participer au respect du versement intégral du salaire minimum au sens et pour l'application de l'article 40 L.N.T.

2-51. Dans certaines entreprises, notamment celles de services publics et privés, le nombre des salariés à temps partiel peut être assez élevé et il tend à s'accroître d'année en année. En vingt ans, il passa de 7 % à 17,1 % du nombre d'emplois total. Voir : STATISTIQUE CANADA, *Moyennes annuelles de la population active*, catalogue 71-529.

2-52. *Maison Simons inc.* c. *Commission des normes du travail.*, D.T.E. 98T-18 (C.A.).

l'être son collègue à temps plein[2-53]. Compte tenu du vaste pouvoir de réglementation du gouvernement (**III-221**), il est aussi possible qu'un règlement module, précise ou limite d'une façon particulière le droit au salaire minimum pour un ou plusieurs sous-groupes de salariés. On ne saurait donc se restreindre à l'étude de la loi pour résoudre une question pratique aussi névralgique que celle du salaire.

III-212 — *Trois qualités du versement* — Nous savons que l'acquisition juridique d'un salaire est distincte de l'opération de son versement (**II-142**). Ce dernier acte concret est vital pour le salarié et, sans ce versement réel, le seul article 40 L.N.T. ne serait qu'une abstraction. Pour cette raison, la loi énonce de nombreuses modalités particulières et précises afin d'assurer au salarié un versement réel, intégral et régulier des sommes qui lui sont dues à ce titre. En premier lieu, ce versement doit être réellement exécuté et l'on précise :

— les modes de paiement acceptables : en espèces, par chèque ou, si autorisé, par virement bancaire (art. 42, al. 1, L.N.T.)[2-54] ;

— la procédure à suivre : sauf s'il s'agit d'un virement bancaire autorisé, ce versement est fait en main propre au salarié sur les lieux de travail et un jour ouvrable (art. 44 et 45 L.N.T.) ;

— le contenu du justificatif : ce versement doit être accompagné d'un bulletin de paie explicite (art. 29, al. 3, 46, 89, al. 2, L.N.T.).

En deuxième lieu, cette loi entend assurer au salarié un versement intégral du salaire dû et, à cette fin :

— l'article 49 L.N.T. précise que l'employeur ne peut effectuer de son seul chef des retenues, c'est-à-dire qu'il doit s'acquitter totalement de sa dette auprès du salarié, sauf si une loi, une ordonnance judiciaire, une convention ou un décret, ou encore, si le salarié lui-même l'autorise à effectuer quelque précompte[2-55]. Il est possible que l'employeur puisse aussi opérer compensation[2-56] ;

2-53. L'article 85 L.N.T. relatif au coût des uniformes imposés par l'employeur souffre d'une même mesquinerie : la gratuité est assurée au seul salarié ne recevant que le salaire minimum. Les vêtements et l'équipement qui assurent la sécurité des salariés sont à la charge de l'employeur (art. 51, par. 7, L.S.S.T.).

2-54. *Commission des normes du travail* c. *Beausignol inc.*, [1987] R.J.Q. 688 (C.P.).

2-55. Sur l'obligation de fidéicommis de l'employeur à l'égard des sommes dues au salarié et à ses créanciers, voir : Jean-Yves BRIÈRE et Jean-Pierre VILLAGGI, *op. cit.*, note 2-23, section 4.1.

2-56. *Syndicat des professionnels et professionnelles du réseau scolaire du Québec (C.E.Q.)* c. *Commission scolaire de L'Amitié*, D.T.E. 90T-105 (C.A.) ; *La Presse Limitée* c. *Jasmin*, [1987] R.J.Q. 2632 (C.S.) ; *Syndicat des professionnels de la Commission des écoles catholiques de Montréal* c. *Moalli*, D.T.E. 91T-679 (C.A.).

— l'article 51.1 L.N.T. protège le salarié de toute contrainte à contribuer au paiement de la cotisation patronale pour les frais de l'administration de cette loi (art. 39.0.1 L.N.T.);

— les articles 47 et 48 L.N.T. limitent la portée d'une quelconque quittance ou renonciation que pourrait donner le salarié au sujet du salaire versé. Un tel acte du salarié ne vaut que pour la somme nette payée qui apparaît au bulletin de paie (art. 46 L.N.T.).

La troisième qualité relative au versement porte sur la régularité, qui est aussi un élément important pour le salarié afin de lui permettre une bonne gestion de ses propres affaires. Pour assurer cette régularité, on établit une séquence type maximale de seize jours[2-57]. Cet échéancier n'est pas obligatoire pour le premier versement du salaire depuis l'engagement (art. 43, al. 2, L.N.T.) et pour la rémunération supplémentaire dont les versements peuvent chevaucher la période qui suit le temps de travail visé. Il existe également des modalités particulières relatives aux pourboires ou « frais de service » :

— on y précise qu'il s'agit bien de la propriété du salarié, sans égard au mode de versement par le client et qu'ils ne peuvent dès lors être retenus pour le respect du salaire par ailleurs dû (art. 50, al. 1, L.N.T.);

— l'employeur doit cependant tenir compte des sommes versées à titre de pourboire si ces dernières sont déclarées selon la *Loi sur les impôts*, et ce, lorsqu'il s'agit d'établir la base de calcul de certaines indemnités que l'employeur doit aux salariés, notamment à l'occasion des jours fériés, chômés et payés (art. 62 L.N.T.), des congés annuels (art. 74 L.N.T.), des congés familiaux (art. 80 et 81 L.N.T.) et des mises à pied (art. 83 L.N.T.).

III-213 — *La durée du travail* — Si le salaire dû est le produit de deux variables principales, le taux et le temps, il nous faut aussi considérer ce second facteur. Bien que le temps soit d'abord vu sous son aspect économique (un revenu possible pour l'un et un coût pour l'autre), il comporte plusieurs autres dimensions que l'on ne saurait négliger :

— il engage la personne même du salarié pour cette période (obligation de disponibilité (**II-87**);

— le temps dévolu au travail au profit d'une autre personne réduit d'autant la liberté du salarié pour toute autre activité de son choix : personnelle, familiale, sociale, sportive, etc. (**II-59**);

— élément particulièrement fongible : le temps occupé ou inoccupé est irrécupérable pour d'autres fins, parfois pour l'employeur, et très certainement pour le salarié (**II-90**).

2-57. Elle peut être d'un mois lorsqu'il s'agit d'un cadre ou d'un travailleur dit « dépendant » (art. 43 L.N.T.) (**III-209**).

D'ailleurs, la *Loi sur les normes du travail* prend en considération, dans certains cas du moins, ces dernières facettes du temps et nous y revenons pour notre part dans bien d'autres occasions. Cette loi aborde le facteur temps principalement pour établir le taux de salaire applicable en fonction de sa durée et pour préciser à quelle occasion un salaire peut être dû bien que le travail ne soit pas effectué, alors que le temps de travail fut en quelque sorte réquisitionné. L'article 52 L.N.T. établit qu'au-delà d'une période hebdomadaire dite normale, le temps de travail doit être rémunéré à un taux supérieur, soit une majoration de 50 % du taux réel et non du taux du salaire minimum (art. 55 L.N.T.). Depuis plus de vingt ans, la semaine normale de travail était fixée à 44 heures établies en une période de sept jours consécutifs[2-58]. Le 1er octobre 1997, elle fut réduite à 43 heures et sera ainsi diminuée d'une heure par année les 1er octobre 1998 et 1999 pour atteindre 40 heures le 1er octobre de l'an 2000[2-59]. Le libellé de l'article 52 L.N.T. précise bien que cette semaine normale de travail ne vaut que pour établir le taux alors applicable selon que l'on se trouve en deçà ou au-dessus de cette ligne frontalière temporelle. Cette même limite ne constitue pas une garantie au salarié qu'il doit profiter d'une telle semaine de travail et elle ne prohibe pas son dépassement; bien au contraire, elle l'aménage[2-60].

III-214 — *Exceptions et modulations* — Cette règle générale relative au « temps supplémentaire » arrêtée uniquement à des fins salariales ne s'applique pas à quelques sous-groupes de salariés :

— l'étudiant qui travaille dans une colonie de vacances ou pour le compte d'organismes sans but lucratif[2-61] ;

— un salarié cadre[2-62] ;

— un salarié itinérant sans possibilité de contrôle du temps de travail effectué;

— un préposé à la pêche et à la préparation immédiate des produits de la pêche;

2-58. Il existe plusieurs exceptions relatives à la semaine normale (art. 8 à 13 L.N.T.). Notons aussi que l'étalement peut être aménagé sur une base autre que sept jours sur autorisation expresse et préalable de la Commission des normes du travail (art. 53 L.N.T.).

2-59. *Loi modifiant la Loi sur les normes du travail concernant la durée de la semaine de travail*, L.Q. 1997, c. 45.

2-60. Sur le plan économique, on emploie néanmoins cette méthode pour contraindre les employeurs à réduire le temps supplémentaire en croyant que l'on pourrait ainsi multiplier le nombre d'emplois : la démonstration d'un tel résultat n'est pas encore établie.

2-61. Il n'est pas toujours facile de justifier cet assouplissement, surtout du point de vue des étudiants.

2-62. *Darney* c. *Kirk Equipment Ltd.*, [1989] R.J.Q. 891 (C.S.); *C.N.T.* c. *Gestion Welfab*, [1989] R.J.Q. 2547. (C.S.).

— un travailleur agricole[2-63] ;

— un salarié de ferme[2-64].

Ces exceptions sont certes favorables aux entreprises en cause, mais l'objectif social que la règle générale sous-tend (art. 55, al. 1, L.N.T.) n'en serait pas moins négligé[2-65]. Il est vrai qu'un règlement pourrait moduler autrement la discrétion laissée à ces mêmes employeurs, mais les adaptations par cette voie secondaire demeurent encore virtuelles (art. 54 *in fine* L.N.T.). Il est possible d'établir les heures normales de travail autrement qu'en fonction de la semaine, c'est-à-dire sur une autre période que celle de sept jours consécutifs (art. 1, par. 11, L.N.T.), soit par autorisation préalable obtenue de la Commission des normes du travail ou aménagée à la convention collective ou au décret. Cette flexibilité est d'autant plus grande qu'il n'existe pas de limite journalière[2-66]. Il suffit que la moyenne mathématique d'une « semaine normale de travail » soit respectée (art. 53 L.N.T.). Le travail en sus de la semaine normale est rémunéré au taux de 150 % du « salaire horaire habituel » et non en fonction du salaire minimum, et la rigueur de cette règle ne peut être assouplie, même par la voie de la convention collective. Il est cependant possible que le temps supplémentaire soit compensé par voie d'équivalence, soit à la demande du salarié ou selon les modalités arrêtées à la convention collective. Ce congé équivalent au temps supplémentaire déjà effectué et majoré de 50 % doit normalement être pris dans les douze mois depuis son acquisition (art. 55, al. 2 et 3, L.N.T.). La *Loi sur les normes du travail* prend aussi en considération certaines situations particulières pour établir le calcul des heures constitutives de la « semaine normale de travail » :

— le jour chômé et payé et la partie du congé annuel qui surviennent au cours de cette période hebdomadaire sont assimilés à des jours de travail (art. 56 L.N.T.). Autrement, le salarié pourrait être préjudicié si de tels événements tombent au cours d'une même semaine;

— les périodes d'attente et de disponibilité passives exigées par l'employeur sont retenues aux fins de ce même calcul (art. 57 et 58 L.N.T.);

— les pauses café ne peuvent être déduites des heures de travail normales (art. 59 L.N.T.).

2-63. L'expression « travailleur agricole » devrait être distincte de celle de « salarié de ferme » (art. 54, par. 8, L.N.T.), d'où la recherche d'une définition particulière ?

2-64. Cette 8ᵉ exception de l'article 54 L.N.T. comporte une élasticité certaine parce que le nombre d'associés visés (al. c)) n'est pas déterminé et qu'une ferme de six salariés (al. b)) ne peut guère maintenant être qualifiée de petite ferme ou de ferme familiale.

2-65. Le *Règlement sur les normes du travail*, R.R.Q. 1981, c. N-1.1, r. 3, établit une semaine normale différente pour plusieurs sous-groupes de salariés (art. 8 à 13).

2-66. En vertu de l'article 52 L.S.S.T., on peut établir des limites quotidiennes pour l'exercice de certaines activités professionnelles (**III-417**).

III-215 — *Temps de repos* — L'obligation de disponibilité professionnelle qui incombe au salarié (**II-87**) n'est certes pas à flux continu et illimité. Des temps d'arrêt et de repos sont aménagés, permettant au salarié de récupérer physiquement et mentalement, de lui assurer un certain équilibre entre ses activités professionnelles et sa vie personnelle et, peut-être, de prendre un certain recul, une saine distanciation. Ces quelques périodes de relâche aménagées à cette loi sous forme de règles minimales et de portée très générale pour un ensemble des plus hétéroclites d'entreprises sont articulées à l'aide de formules assez vagues. Ainsi, l'article 59 L.N.T. relatif aux pauses prises au cours d'un quart de travail ne précise nullement l'obligation d'une telle ponctuation; on y indique simplement ou négativement que, si elles ont lieu, ces périodes ne peuvent être déduites du temps de travail effectué et payé. L'article 79 L.N.T. relatif à la prise d'un repas ne pourrait guère servir de modèle à une quelconque diététique. On y réserve trente minutes après une période de travail déjà effectuée de cinq heures, et ce temps n'est pas rémunéré[2-67]. Ces *minima* peuvent bien évidemment être comblés par voie conventionnelle et, même, du seul chef de l'employeur[2-68]. La troisième pause retenue porte sur le repos hebdomadaire d'une durée minimale de vingt-quatre heures consécutives (art. 78, al. 1, L.N.T.). Ce repos ne survient pas nécessairement le 7e jour d'une période d'une semaine (art. 1, par. 11, L.N.T.). Si l'étalement est en fonction d'une autre période autorisée (art. 53 L.N.T.), des adaptations s'imposent, sans toutefois pouvoir saucissonner la période de vingt-quatre heures consécutives de ce congé dit « hebdomadaire » : ce dernier élément constitue la base spécifique d'un tel congé[2-69]. La finalité historique et sociale du congé hebdomadaire minimal nous permet d'y voir une norme d'ordre public qui ne saurait souffrir de modulations conventionnelles à la baisse[2-70]. Outre le congé hebdomadaire, l'article 60 L.N.T. reconnaît le droit au salarié à sept jours chômés au cours de l'année[2-71]. Ces

---

2-67. La période du repas serait rémunérée si le salarié était contraint de rester à son poste de travail, ce qui sous-entend que l'employeur pourrait l'exiger. Voir : *Domtar inc.* c. *Syndicat canadien des travailleurs de papier, section locale 1492*, [1992] R.L. 420 (C.A.).

2-68. Ces initiatives patronales, si elles ont lieu, s'inscrivent au contrat de travail qui est qualifié de « convention » à l'article 1, paragraphe 4, L.N.T. L'article 94 L.N.T. utilise d'ailleurs le terme « convention » et non convention collective.

2-69. L'exception formulée à l'égard du travailleur agricole nous paraît difficile à saisir puisqu'il existe toujours une semaine suivante et que chaque semaine en suit une autre. Selon l'article 54, paragraphes 7 et 8, faudrait-il maintenir une distinction entre le travailleur agricole et le salarié de ferme selon l'article 78 L.N.T. ?

2-70. Dans certains milieux à haute technologie, il est possible que la question soit de nouveau soulevée, alors que l'on voudrait pouvoir faire appel, au besoin, à certains salariés : l'astreinte professionnelle (**II-91**) au cours d'un congé hebdomadaire.

2-71. Il existe également un 8e jour, la fête nationale du 24 juin. Les modalités relatives à cette prise de congé sont plus détaillées de manière à assurer à un plus grand nombre de salariés les bénéfices de cette fête. À cette fin, l'aménagement en est fait à la *Loi sur la fête nationale*, L.R.Q., c. F-1.1. Le droit à l'indemnité afférente à ce congé est dû si le salarié

jours fériés ne peuvent coïncider avec le dimanche[2-72] et sont déterminés en fonction d'un calendrier établi à l'article 60 L.N.T., sous réserve de l'article 59.1 L.N.T., où l'on reconnaît qu'une convention collective ou un décret peuvent établir un tout autre agenda comprenant au moins sept jours. Chacun de ces jours fériés est rémunéré comme si le salarié avait effectivement travaillé (art. 63 L.N.T.), ce qui sous-entend qu'un tel jour férié aurait autrement été un jour ouvrable pour ce même salarié (art. 62 L.N.T.). Si le salarié doit néanmoins travailler ce même jour, une rémunération additionnelle égale à la moyenne de ses gains journaliers lui est versée en sus de son salaire (art. 62 L.N.T.). Au lieu et place de ce complément salarial, l'employeur peut, à sa discrétion, accorder un jour de congé rémunéré au cours des trois semaines qui précèdent ou qui suivent ce même jour férié (art. 63 L.N.T.). Certaines autres situations particulières sont aussi considérées, telles que :

— la prise d'un congé annuel (**III-216**) ne fait pas perdre le droit à un jour férié qui survient au cours de cette même période (art. 64 L.N.T.);

— seul le salarié disposant déjà de 60 jours de service continu (art. 1, par. 12, L.N.T.) et qui n'est pas indûment absent la veille ni le lendemain du jour férié est bénéficiaire de ce jour férié chômé et payé et peut recevoir la rémunération afférente si ce même jour devait autrement être à son égard « jour ouvrable » (art. 62, 65, L.N.T.)[2-73]. Bien évidemment, l'employeur peut être plus généreux et la convention collective ou le décret peuvent établir des modalités plus avantageuses.

III-216 — *Congés annuels* — Outre ces ponctuations journalières et hebdomadaires, il en existe une troisième établie sur une base annuelle. Il s'agit d'un temps d'arrêt certain permettant au salarié un changement radical de son rythme de vie, une évasion possible ou un moment où il peut accorder priorité à ses autres besoins d'ordre personnel, familial ou social. À l'instar du salaire dont le quantum est le produit du taux applicable et du temps de travail, nous dirions que la qualité du congé annuel dépend de la conjugaison de sa durée et de la rémunération qui lui est rattachée[2-74]. Les articles 66 à 79 L.N.T. aménagent ce régime en traitant et de sa dimension opérationnelle et de ses aspects économiques (coûts et avantages). Pour la mise en œuvre de ce

---

fut rémunéré pour au moins dix jours entre le 1er et le 23 juin précédant la fête nationale (art. 7). Voir : *C.N.T.* c. *Ville de Sept-Îles*, [1986] R.J.Q. 543 (C.Q.).

2-72. À l'exception du 1er janvier et du 25 décembre, pour les salariés d'établissements commerciaux habituellement ouverts le dimanche, le dimanche de Pâques est jour férié et chômé (art. 60, par. 2, L.N.T.).

2-73. Si, selon la période de travail du salarié, il y avait coïncidence entre le jour de congé habituel et l'un de ces sept jours fériés, alors ce salarié n'aurait pas droit à l'indemnité afférente. L'application de ces réserves édictées à cette loi donne ouverture à plusieurs difficultés pratiques. La lecture de la jurisprudence permet d'en rendre compte.

2-74. Un « congé » non rémunéré et néanmoins obligatoire (fermeture annuelle de l'établissement à ce titre) s'inscrit comme une perte de revenu à la fiche comptable du salarié.

congé annuel, c'est-à-dire pour permettre aux gestionnaires de retenir les mesures administratives qui s'imposent et aux salariés de savoir en temps utile ce qu'il en est, on y trouve les coordonnées qui suivent.

i) *Année de référence* : La durée de ce congé et le calcul de la rémunération qui y est rattachée sont en fonction de la période du 1er mai au 30 avril suivant (art. 66 L.N.T.).

ii) *Durée du congé* : La notion de service continu (art. 1, par. 12, L.N.T.) sert de base de calcul et pour fixer l'étendue du congé et pour établir le droit proportionnel à la rémunération afférente[2-75]. Ainsi, une année de service continu donne droit à deux semaines de congé, et ce congé est porté à trois semaines lorsque le salarié atteint cinq ans ou plus de service continu[2-76]. Depuis le 16 avril 1997, un salarié disposant d'une année de service continu peut ajouter à ses deux semaines de congé annuel, une troisième semaine, mais alors sans salaire et sans que ce congé supplémentaire, qui ne peut être fractionné, soit nécessairement contigu à son premier congé rémunéré[2-77].

iii) *Continuité du congé* : En principe, le congé est pris d'un trait continu (art. 68 *in fine* et 69, al. 1 *in fine* L.N.T.). Ce congé ne peut être fractionné si sa durée est d'une semaine ou moins (art. 71 *in fine* L.N.T.). Dans les autres cas, le salarié peut demander de le prendre en deux temps et l'employeur peut refuser d'y acquiescer si la période de fermeture annuelle de l'établissement est équivalente ou supérieure à la durée totale du congé de ce salarié (art. 71, al. 1, L.N.T.). Dans le cas où le congé annuel est de trois semaines (art. 69 L.N.T.), l'employeur peut lui-même imposer un fractionnement en deux périodes en raison de la fermeture annuelle de l'établissement et pourvu qu'une de ces deux périodes soit égale à deux semaines continues de congé (art. 71, al. 2, L.N.T.)[2-78]. En cette situation une indemnité compensatrice peut être versée en guise de troisième semaine, si le salarié le demande et si l'employeur y consent (art. 73, al. 2, L.N.T.).

iv) *Prise de congé* : Pour des raisons respectivement différentes, la fixation de la période de ce congé est importante et pour l'employeur et pour le

---

2-75. Si ce service continu est inférieur à une année, alors l'acquisition de ce droit s'effectue au rythme d'un jour par mois de service continu, sans excéder par ailleurs deux semaines (art. 67 L.N.T.).

2-76. La continuité du service n'est pas brisée par l'arrivée d'un nouvel employeur au sens des articles 96 et 97 L.N.T.

2-77. *Loi modifiant la Loi sur les normes du travail*, L.Q. 1997, c. 10, art. 1 : cette disposition insère au corps de la *Loi sur les normes du travail* le nouvel article 68.1 L.N.T.

2-78. Le fractionnement en plus de deux périodes requiert le double consentement des parties (art. 71, al. 3, L.N.T.), bien qu'il puisse être aussi autorisé ou encore prohibé par la convention collective ou le décret (art. 71.1 L.N.T.).

salarié. En premier lieu, ce congé annuel doit normalement se situer au cours de l'année qui suit l'année de référence (art. 70 L.N.T.). Selon l'article 72 L.N.T., le salarié doit connaître au moins quatre semaines à l'avance le moment où il peut bénéficier de son congé annuel. Puisqu'il s'agit en fait d'une suspension de l'obligation de disponibilité du salarié, on laisse à l'employeur la discrétion administrative nécessaire pour établir cette période[2-79]. Outre la fixation de la période de congé, l'employeur ne peut imposer la prise d'un congé par voie d'équivalence (art. 73 L.N.T.).

Le droit au congé annuel est ainsi acquis au profit de tout salarié sans distinction, qu'il soit à temps plein ou à temps partiel (art. 74.1 L.N.T.). Dans ce dernier cas, la durée du congé est la même que celle du salarié à temps plein, bien que sa rémunération soit proportionnelle au salaire gagné au cours de l'année de référence[2-80]. Par ailleurs, certains salariés sont exclus de ce régime de congé : les étudiants employés dans une colonie de vacances ou un organisme sans but lucratif et à vocation sociale; les agents rémunérés exclusivement à commission dans le domaine du courtage des valeurs mobilières ou immobilières ou de l'assurance; les surnuméraires en période de récolte[2-81]; et les stagiaires dans le cadre des programmes de formation professionnelle autorisée[2-82]. À ces modalités opérationnelles s'ajoutent plusieurs autres dispositions relatives à la rémunération afférente. Cette charge salariale incombe directement et exclusivement à l'employeur et elle est l'équivalent de 4 % de la rémunération brute versée au salarié au cours de l'année de référence[2-83]. À l'instar du salaire direct, la question du versement réel et en temps opportun de cette rémunération annuelle importe, et l'article 75 L.N.T. précise que la totalité de la rémunération due à ce titre doit lui être

---

2-79. L'article 70, alinéa 2, L.N.T. laisse entendre que le congé annuel peut entrecouper une période d'invalidité.

2-80. Le salarié qui travaille habituellement à un rythme hebdomadaire de trois jours par semaine reçoit 60 % de la somme versée à son collègue à temps plein. Bien qu'il bénéficie également de deux semaines de congé annuel, il n'est pas sûr que ce salarié à temps partiel soit économiquement capable de profiter de ce même congé. La question nous semble de plus en plus pertinente puisque le nombre de salariés soumis au régime de travail à temps partiel ne fait que progresser.

2-81. L'expression « surnuméraire » en période de récolte n'est certes pas la formulation la plus claire et précise qui soit. Pour être en surnombre, encore faudrait-il connaître le nombre. Le temps visé, soit « pendant la période de récolte », n'est guère indicatif du milieu ni de la durée.

2-82. Malgré ces exclusions, il est possible qu'un règlement autorise certains de ces mêmes sous-groupes à quelques bénéfices de ce régime de congé annuel (art. 77 *in fine* L.N.T.); *C.N.T.* c. *Outremont (Ville de)*, [1986] R.J.Q. 1737 (C.Q.).

2-83. Ce taux est porté à 6 % dans le cas où le congé est de trois semaines. L'article 74 L.N.T. prévoit une façon de corriger ce calcul lorsque le salarié connaît une baisse de rémunération annuelle, notamment si, au cours de cette période, il fut absent pour maladie, accident ou maternité. Voir : *Kraft Ltée* c. *C.N.T.*, [1989] R.J.Q. 2678 (C.A.).

versée « [...] avant le début de ce congé ». Cette somme fait strictement partie de la rémunération totale due au salarié; son versement n'est que différé (**II-138**)[2-84]. Ainsi, ces montants s'acquièrent en même temps et au même titre que la rémunération directe, et l'employeur en est en quelque sorte le fiduciaire. Si le contrat de travail est résilié avant la prise du congé annuel, cette dette de l'employeur devient automatiquement exigible : la somme retenue au cours de l'année de référence et, s'il y a lieu, la somme déjà retenue pour l'année en cours (art. 76 L.N.T.).

III-217 — *Congés sociaux et parentaux* — La *Loi sur les normes du travail* reconnaît expressément qu'un salarié peut connaître des événements personnels qui peuvent se répercuter sur son obligation de disponibilité à l'égard de l'employeur. Ainsi, le législateur limite les exigences possibles de l'employeur en accordant priorité à certaines contraintes et besoins du salarié (**II-87 et suiv.**). Dans chacune des situations retenues, le salarié dispose d'un droit direct à l'absence sans autorisation préalable et de telle manière que l'employeur ne pourrait juridiquement lui en faire grief. Cette prérogative signifie que le salarié n'a pas à recevoir l'autorisation de l'employeur pour légitimer ou régulariser son absence, et ce dernier ne saurait considérer celle-ci à titre de manquement ou de faille à la disponibilité continue du salarié[2-85]. À cette fin, il importe que l'employeur sache néanmoins de quoi il s'agit puisque les absences, au-delà de leur cause respective, revêtent le même fait négatif et imposent le même constat, et ce, pour toute personne. Bien évidemment, les règles de convivialité (**II-104**) qui traitent du comportement des uns vis-à-vis des autres demeurent applicables tout comme celles relatives à la loyauté (**II-99**). Pour ces raisons, le salarié doit exercer ses prérogatives de manière à éviter, dans la mesure du possible, tout préjudice à l'employeur. À cette fin, il est normal, voire nécessaire, que le salarié informe l'employeur de son éventuelle et imminente absence, de sa durée, si elle est connue, et de sa cause[2-86]. Telles seraient les bases sur lesquelles sont articulées ces dispositions que nous résumons à l'aide de trois tableaux synthèses[2-87].

2-84. *C.N.T.* c. *Beausignol inc.*, [1987] R.J.Q. 686 (C.Q.).

2-85. *Rainville* c. *Supermarché M. G. inc.*, [1992] T.T. 122.

2-86. Ce rappel au salarié qu'il lui faut faire diligence pour informer l'employeur de telles absences est donné aux articles 80.2; 81, alinéa 3; 81.1, alinéa 3; 81.2 *in fine*; 81.3, alinéa 2; 81.6; 81.12 et 81.13 L.N.T.

2-87. Nous procédons par simples voies de rappel du contenu de ces vingt et une dispositions en raison de leur libellé technique et aride. Au besoin, il faut refaire la lecture de ces textes pour bien saisir les modalités particulières applicables à chacune des situations envisagées. Les nuances ou distinctions des modalités d'application ne sont pas toujours d'une logique éblouissante.

Congés sociaux et parentaux

L.N.T.	Causes	Conditions	Absences
80	1. Décès, funérailles	1.1 Conjoint, enfant, père, mère, frère, sœur	1 j. avec solde et 3 j. sans solde
80.1		1.2 Gendre, bru, un des grands-parents ou des petits-enfants et père, mère, frère ou sœur du conjoint	1 j. sans solde
81	2. Mariage	2.1 Celui du salarié	1 j. avec solde
		2.2 Celui de l'enfant du salarié ou de ses père, mère, frère ou sœur (préavis d'une semaine)	1 j. sans solde
81.1	3. Naissance et adoption	Enfant du salarié ou adoption (congé pris dans les 15 j. de l'événement)	5 j. dont 2 j. avec solde si 60 j. de service continu
		Adoption de l'enfant du conjoint	2 j. sans solde
81.2 122, par. 6	4. Présence et intervention imprévisible ou impérative	Enfant mineur	5 j. sans solde par an et fractionnés au besoin

Congé parental à la suite de la naissance ou de l'adoption d'un enfant autre que celui du conjoint

L.N.T.	Absences	Modalités
81.10 81.11	52 s. continues, sans solde et prises au cours des 70 s. de la naissance ou de l'adoption[2-88].	Préavis de 3 s. à l'employeur
81.16	Statut de l'absent	Par voie de règlement, on peut préciser certains avantages que le salarié absent peut néanmoins conserver : ancienneté, congé annuel, assurance, etc.
81.13	Absence écourtée	Préavis de retour de 3 s. à l'employeur
81.14	Retour : le retardataire est démissionnaire présumé.	Le fardeau de la preuve pour renverser la présomption incombe au retardataire.
81.15, al. 2	L'absence de plus de 12 s.	Si le poste ne peut être repris, l'employeur réinstalle le salarié dans un poste comparable dans le même établissement[2-89].
81.15, al.1	L'absence de 12 s. ou moins	Le salarié réintègre son poste habituel aux mêmes conditions que s'il y était resté[2-90].
81.15, al. 3	Si le poste fut aboli au cours de son absence, le salarié dispose du dispositif applicable comme s'il avait été alors présent.	

2-88. Depuis le 16 avril 1997, la durée de ce congé de 34 semaines est portée à 52 semaines, et la période pour la prise de ce congé est maintenant de 70 semaines et non plus de 52 semaines : *Loi modifiant la Loi sur les normes du travail en matière de congé annuel et de congé parental*, L.Q. 1997, c. 10, art. 2 et 3.

2-89. Ce qui est « comparable » n'aide guère à déterminer la qualité du poste assigné. Voir : *Bernard* c. *Garderie Au Petit Nuage*, D.T.E. 94T.704 (C.T.); *Vermer* c. *Bureau d'audiences publiques sur l'environnement*, 95T-995 (T.T.).

2-90. *Société immobilière Trans-Québec inc.* c. *Labbée*, D.T.E. 94T-791 (T.T.); *Hébert* c. *Garderie éducative Citronnelle*, [1994] C.T. 451.

Grossesse et maternité

L.N.T.	Causes	Conditions	Absences
81.3	Examen relié à la grossesse (médecin ou sage-femme)	Préavis diligent à l'employeur	Durée idoine sans solde selon fréquence nécessaire
81.4 à 81.7	Maternité	Congé pris entre la 16e s. précédant la naissance prévisible et normalement après un préavis de 3 s. du départ et du retour prévisible et étayé d'un certificat médical. Ces modalités peuvent être complétées par voie de règlement.	18 s. continues
81.8	Départ ou retour prévu	La salariée peut être contrainte d'établir par voie d'un certificat médical sa capacité de travail depuis la 6e s. précédant la date prévue pour l'accouchement.	À défaut du certificat exigible, le refus ou la mise à pied forcée sont possibles.
81.9 81.13		Un retour dans la 2e s. depuis l'accouchement peut nécessiter un certificat médical.	Le retour avant la date prévue exige un préavis de 3 s.
81.14 81.15 123.2	Conditions de retour	Voir tableau précédent sous ces deux mêmes articles.	

Au sujet de la salariée enceinte, la loi reconnaît le devoir de sauvegarde qui incombe à l'employeur (art. 2087 C.c.Q.), notamment en lui permettant de se rassurer que la salariée peut poursuivre son travail au-delà de la sixième semaine précédant la date prévue de l'accouchement (art 81.8 L.N.T.). Il en est ainsi pour le retour précoce au lendemain de la naissance (art. 81.8 L.N.T.). L'article 122 *in fine* L.N.T. lui impose également le devoir de muter une salariée enceinte si son poste la place en situation physiquement dangereuse « [...] pour elle ou pour l'enfant à naître ». Cette dernière disposition suppose ou implique un devoir de vigilance particulière que doit assumer l'employeur dans ces situations. Au cours de son absence pour maternité, la salariée peut recevoir une indemnité afférente en vertu de la *Loi sur l'assurance-emploi*. Il est également possible que la maternité et ses suites imposent ou provoquent d'autres absences à la salariée; elles s'autorisent alors en vertu de la *Loi sur la santé et la sécurité du travail*[2-91].

III-218 — *Autres absences* — Parce que le statut de salarié ne recouvre qu'une facette de sa personne, certaines autres contraintes personnelles peuvent l'obliger à s'absenter et à interrompre l'exercice de sa prestation de travail. Ces incidents sont autant d'occasions susceptibles de provoquer une réaction de la part de l'employeur ainsi privé de la collaboration continue du salarié. Certes, selon l'économie du contrat synallagmatique (**II-52**), l'employeur pourrait être justifié de cesser, pour le temps de l'absence, de verser sa contre-prestation salariale (**II-56**). De plus, ne pourrait-il pas prétendre qu'une telle absence impromptue ou inopinée constituerait une rupture de contrat de la part du salarié ou, à tout le moins, un motif sérieux justifiant un tel constat? Si telle devait être la situation, on imagine que, face à ce danger, le salarié hésiterait beaucoup à s'absenter, malgré les besoins réels ressentis. Pour résoudre ces dilemmes et tenir compte des situations pénibles ou importunes qui échoient au salarié, la *Loi sur les normes du travail* édicte des mesures protectrices ou pondératrices vis-à-vis de possibles réactions trop vives de la part de l'employeur. Parce que ces mêmes dispositions sont traitées en d'autres lieux (**II-149**), nous nous limitons à les rappeler par simple commodité.

i) *Absence pour maladie ou accident*: Les articles 122.2 et 123 L.N.T. reconnaissent depuis 1990 qu'une défaillance du salarié ne saurait constituer aussitôt une cause valable de résiliation ou de représailles de la part de l'employeur. Plusieurs modalités aménagent cette mesure protectrice pour assurer son respect par l'employeur[2-92]. D'une certaine manière, ces moyens se situent dans le prolongement logique du devoir de sauvegarde de la santé, de la sécurité et de la dignité du salarié articulé à la fois à l'article 2087 C.c.Q. (**II-107**) et à la *Loi sur la santé et la sécurité du travail* (**III-405**). L'absence à la suite d'un accident du travail ou en raison d'une maladie professionnelle ne peut davantage être retenue pour justifier des réactions disciplinaires ou autres à l'égard de la victime (**II-156**). Ces règles de réparation et de protection découlent de la *Loi sur les accidents du travail et les maladies professionnelles* (**III-314**).

ii) *Infraction pénale et criminelle*: Si l'employeur ne peut valablement congédier un salarié du seul fait de sa culpabilité à une infraction pénale ou criminelle, sauf s'il existe un lien avec l'emploi (art.18.2 *Charte des*

2-91. Le retrait préventif de la travailleuse enceinte ou qui allaite est aménagé aux articles 40 à 48 L.S.S.T. (**III-426**). Voir: Nathalie-Anne BÉLIVEAU, *La situation juridique de la femme enceinte au travail*, Cowansville, Les Éditions Yvon Blais inc., 1993.

2-92. On trouve aux paragraphes II-151 à II-154 une brève analyse de l'article 122.2 L.N.T. et au paragraphe V-19 une étude des modalités du recours dont dispose le salarié selon l'article 123 L.N.T.

droits et libertés de la personne) (**II-17, 155**), il peut en être cependant autrement à l'égard d'un emprisonnement de longue durée qui en résulte. Il ne s'agit pas d'une absence spécialement protégée par mesure législative, et alors la décision de l'employeur serait plus ou moins justifiée selon le préjudice réel qu'il peut en subir. Un trop grand laxisme à ce sujet pourrait permettre de contourner facilement la prohibition qui est faite à l'employeur à l'article 18.2 de la Charte puisque l'emprisonnement n'est que la conséquence du constat judiciaire de l'infraction.

III-219 — *Protection de l'emploi* — Une troisième série de normes du travail vise la sécurité d'emploi ou, plus exactement, à pondérer ou à contenir l'exercice du pouvoir discrétionnaire de l'employeur de suspendre ou de résilier le contrat de travail. Le *Code civil du Québec* affirme clairement maintenant (art. 2091 C.c.Q.) (**II-168**) le caractère fondamentalement résiliable du contrat de travail. L'article 82 L.N.T. le sous-entendait déjà, mais il se limite à préciser quelques voies et moyens à sa réalisation et ne s'adresse qu'à l'employeur[2-93]. Ce même article 82, alinéa 7, L.N.T. assimile la résiliation claire et nette et la mise à pied pour six mois ou davantage à un licenciement (**III-161**). *A contrario*, il nous faut comprendre que la mise à pied inférieure à six mois serait néanmoins possible, mais nullement soumise aux règles protectrices de la loi[2-94]. En deuxième lieu, nous dirions que le législateur reconnaît implicitement que ces mesures protectrices sont de véritables *minima*; on y souligne qu'elles ne sauraient « [...] priver un salarié d'un droit qui lui est conféré par une autre loi » (art. 82 *in fine* L.N.T.). Outre les critères plus réalistes et plus complets retenus à l'article 2091, alinéa 2, C.c.Q. pour établir la durée de l'avis de congé ou son équivalent, l'article 82, alinéa 2, L.N.T. ne traite que du temps de service continu. Il est vrai que les salariés assujettis à une convention collective peuvent disposer de modalités fort mieux adaptées à leur milieu respectif de travail. De plus, cette protection squelettique ne s'applique pas à tous les salariés : l'article 82.1 L.N.T. comprend quatre types d'exclusion et l'article 83 L.N.T. reconnaît que l'avis de cessation ou de suspension pourrait être donné par voie d'équivalence (**II-170**). Malgré les règles restrictives articulées à l'article 83.1 L.N.T. relatives au versement de cette indemnité compensatrice au salarié sous conven-

---

2-93. On aura sans doute remarqué la rédaction fort différente de ces deux dispositions (art. 2091 C.c.Q. et 82 L.N.T.). Dans le premier cas, on emploie une formule bicéphale pour reconnaître que le salarié et l'employeur peuvent respectivement exercer cette faculté, alors que l'article 82 L.N.T. ne vise que la situation où l'employeur en est l'initiateur. La finalité même de la *Loi sur les normes du travail*, sa vocation protectrice, expliquerait cette approche unilatérale. Voir : *Machtinger* c. *HOJ*, [1992] 1 R.C.S. 986.

2-94. Une telle mise à pied de moins de six mois n'est pas sans provoquer des difficultés économiques et professionnelles au salarié et soulève d'importantes questions juridiques. Nous en traitons d'une façon plus détaillée aux paragraphes II-158 à 164. Nous nous y référons pour éviter d'inutiles doublons.

tion collective, ce dernier acte peut toujours et sans difficulté être plus avantageux (art. 94 L.N.T.) (**I-96**). Au sujet d'une prise de retraite en fonction de l'âge ou du nombre d'années de service, l'article 84.1 L.N.T. est fort plus protecteur et les moyens pour en assurer l'application sont plus incisifs et convaincants (art. 122.1 et 123.1 L.N.T.)[2-95]. La formulation liminaire de l'article 84.1 L.N.T. est elle-même indicative de sa finalité : « Un salarié a droit de demeurer au travail [...] » ! Le conséquent de ce dispositif apparaît sous forme de prohibition à l'article 122.1 L.N.T., où l'on vise non seulement la mise à la retraite obligatoire en fonction d'un âge butoir, mais tout congédiement ou suspension pour ces mêmes motifs. L'article 122.1 L.N.T. indique à la fois que les dispositions législatives ou conventionnelles aménageant un régime de retraite ne sauraient justifier ni autoriser l'employeur à imposer sous ces chefs (âge et années de service) un tel départ et que le syndicat ne saurait davantage libérer l'employeur d'une telle contrainte par la voie de la convention collective. D'ailleurs, le recours particulier articulé à l'article 123.1 L.N.T. relève directement du salarié lui-même et non du syndicat (**V-19**). La *Loi sur les normes du travail* prohibe expressément à l'employeur l'exercice de représailles à l'endroit d'un salarié qui exerce certains droits qui lui sont garantis par cette loi (art. 122 L.N.T.). À cette fin, un recours spécial facilite la prise de mesures correctives idoines (art. 123 L.N.T.). De plus, tout salarié (**III-207**) ayant trois ans de service continu et qui est congédié peut contraindre l'employeur à justifier sa décision, c'est-à-dire à démontrer le caractère juste et suffisant de ses motifs. Les modalités de ce recours articulées aux articles 124 à 131 L.N.T. prévoient la réintégration possible du salarié abusivement congédié et sont étudiées au titre V (**V-31 et suiv.**)[2-96].

2-95. Nous analysons la question de la retraite d'abord sous l'angle de la résiliation du contrat de travail par le salarié et notamment aux paragraphes II-181 et suivants. L'article 90.1 L.N.T. permet au gouvernement de soustraire de l'application des articles 82.1 et 84.1 (retraite) certains sous-groupes de salariés et d'employeurs.

2-96. Il s'agit de mesures conférant une certaine sécurité d'emploi face à l'exercice discrétionnaire de résiliation unilatérale du contrat de travail par l'employeur. Voir : *Bilodeau* c. *Bata Industries Ltd.*, [1986] R.J.Q 53 (C.A.); *Boyer* c. *Hewitt Equipment Ltd.*, [1988] R.J.Q. 2112 (C.A.).

Section 2.3

Son administration et son application

III-220 — *Difficultés congénitales* — Sous ce double titre, nous soulignons les différents moyens retenus pour assurer une transposition concrète et réaliste des normes minimales qui répondent à une triple nécessité :

— adapter les normes de manière à pouvoir suivre l'évolution constante de la conjoncture économique et sociale et, aussi, pour tenir compte des difficultés pratiques : le règlement permet cette souplesse (**III-221**);

— disposer de ressources financières suffisantes provenant du milieu : la cotisation des entreprises visées (**III-222**);

— mettre en place un organisme spécialisé pour assurer un suivi continu : la Commission des normes du travail (**III-223**).

Malgré l'élasticité des dispositions de cette loi et les multiples conjugaisons des techniques employées (**I-85, 91**), on ne saurait croire, prétendre ou laisser entendre qu'il soit possible d'établir un régime de conditions de travail à la fois de portée générale et adapté à des lieux de travail aussi divers et en constante mouvance. Parce qu'il s'agit de seuils, de *minima* ou de barèmes, il est évident que peu de salariés peuvent en être satisfaits et s'en contenter[2-97]. Pour des motifs assez opposés, l'employeur peut y voir une intrusion trop marquée dans ce domaine qu'il souhaiterait plus libre ou plus souple pour qu'il puisse participer à mouler l'ensemble des conditions de

---

2-97. Par exemple, le 1er octobre 1997, le salarié à temps plein qui travaille 43 heures par semaine à 6,70 $ n'obtient hebdomadairement que 288,10 $ ou 14 405 $ (288 x 52), alors que le seuil de pauvreté établi selon Statistique Canada (catalogue 13-207-x P.B.) serait de 16 874 $ (une personne d'un centre urbain).

travail à ses besoins et capacités et qui sont bien souvent différents même entre entreprises de même taille, mais dans d'autres branches d'activités. Ces insatisfactions fondamentales à l'égard du contenu et de la portée de cette loi rendent plus précaire, plus difficile et parfois même plus belliqueuse la mise en œuvre pratique de la *Loi sur les normes du travail.* Il nous semble utile de rappeler cette situation contextuelle pour mieux saisir et apprécier les divers moyens d'application retenus et leur efficacité relative.

III-221 — *Lois à deux temps* — Peu de lois de l'emploi peuvent aussi bien recevoir le qualificatif de loi-cadre (**I-48, 70, point i**). L'adaptation des normes du travail aux besoins et aux contraintes des divers milieux visés impose de constants ajustements qui sont articulés par voie d'ajouts, de conditions, de réserves, de limites, d'exceptions, de précisions, d'exemptions, etc. En somme, la diversité des milieux d'emploi et l'évolution constante de la conjoncture ne permettent nullement au législateur de formuler d'un trait de plume les normes applicables (**III-209**). Cette situation fut prise en considération dès la rédaction initiale de la *Loi sur les normes du travail* et c'est ce qui lui donne une facture assez complexe. Ainsi, dans une même section de la loi, on peut y trouver :

— des énoncés de règles générales ;

— des avis que certaines modalités d'application peuvent de temps à autre être ajoutées par voie de règlement ;

— des précisions relatives aux groupes de salariés qui en sont nommément exclus et d'autres sous-groupes de salariés qui en sont les seuls bénéficiaires ;

— des réserves selon lesquelles il serait possible que d'autres normes particulières soient éventuellement applicables à l'un ou à l'autre des sous-groupes jusqu'alors exclus ou inclus[2-98].

Cette très grande flexibilité ou adaptabilité permet au gouvernement de modifier rapidement et directement la plupart des normes en fonction de sa saisie des problèmes et de sa volonté de les résoudre (**III-204, 209**)[2-99]. Les articles 88 à 92 L.N.T. rappellent les diverses questions au sujet desquelles le

---

2-98. À titre d'exemple, le salaire minimum, qui est une norme générale et d'ordre public, ne protège pas certains salariés, bien qu'il soit possible qu'un règlement y pourvoie de quelque façon (art. 39.1 et 40.1 L.N.T.). On utilise la même technique pour l'application de la « semaine de travail » à l'article 54 L.N.T. et pour le congé annuel à l'article 77 L.N.T. De plus, le cadre supérieur n'est pas totalement exclu de l'application de la norme malgré ce qui est dit à l'article 3, alinéa 6, L.N.T.

2-99. Cette grande discrétion conférée au gouvernement signifie que son refus d'agir ou son intervention expresse lui sont directement imputables. Ainsi, ses actes et ses silences ont-ils toujours un sens.

gouvernement peut intervenir par voie de règlement. Cette technique d'une législation à deux temps peut permettre d'agir avec prudence ou avec largesse au moment de la rédaction de la loi puisqu'il ne s'agit bien souvent que d'énoncés de principe, de règles de droit abstraites qui s'appliquent, d'une certaine manière, sous condition suspensive : celle de la venue d'un règlement. Nous en donnons quelques exemples ci-après.

i) Le gouvernement est lui-même lié à titre d'employeur au respect des normes du travail (art. 2 *in fine* L.N.T.), mais il lui est possible d'adapter les règlements qu'il édicte de manière à tenir compte de ses propres besoins et contraintes. De plus, certains articles de la loi précisent qu'il peut en être ainsi (art. 83.2, 89 h) L.N.T.).

ii) Les avantages sociaux auxquels peut avoir droit le salarié au cours d'un congé parental ou de maternité dépendent, s'il y a lieu, d'un règlement (art. 81.16, 89, par. 6, L.N.T.).

iii) Si le salaire minimum édicté en vertu des articles 39.1 à 51.1 L.N.T. est d'application générale (**III-211**), un règlement peut cependant moduler autrement la définition des salariés assujettis, et ce, par ajout, soustraction ou imposition de modalités particulières (art. 88 L.N.T.).

iv) Certaines normes du travail peuvent aussi être édictées à l'égard de diverses autres questions non directement traitées par la loi : prime, indemnité, allocation, outil, douche, vestiaire, lieu de repos (art. 86, 89, par. 7 et 8, L.N.T.).

v) Chacun des règlements édictés sous un chef ou sous un autre peut comporter des nuances en fonction des branches d'activité (art. 91 L.N.T.).

Cette loi de l'emploi tient également compte d'une autre source normative, soit la convention collective de travail (**I-55, 95; IV-158**). Dans plusieurs situations, la *Loi sur les normes du travail* précise bien l'ordre prioritaire des normes provenant de l'une ou l'autre de ces deux sources et il en est ainsi :

— pour l'établissement des jours fériés (59.1 L.N.T.) (**III-215**);

— pour l'étalement des périodes de travail (art. 53, al. 2, L.N.T.) (**III-214**);

— pour le fractionnement du congé annuel (art. 71.1 L.N.T.) (**III-216**);

— pour les périodes de repas (art. 79 L.N.T.) (**III-215**);

— pour l'exercice de certains recours édictés aux articles 123 et 123.1 (art. 102, al. 2, L.N.T.) (**III-219**);

— pour le rappel des salariés mis à pied (art. 83.1 L.N.T.) (**II-162**);

— pour la règle générale relative à l'ordre public social selon l'article 94 L.N.T. (**II-210**).

Une telle conjugaison, quelque peu dérogatoire à l'ordre hiérarchique traditionnel, confère certes plus de souplesse aux normes, une plus grande adaptabilité aux différents milieux et permet de mieux atteindre un double objectif : l'obtention de meilleures conditions de travail et, si possible par la voie la plus démocratique (**I-107, points iv, viii**).

III-222 — *Financement* — Les frais inhérents à l'application de la *Loi sur les normes du travail* incombent *pari passu* aux employeurs dont la cotisation respective est proportionnelle à leur masse salariale annuelle. Cette cotisation est établie à l'aide d'un taux fixé par la Commission des normes du travail par voie de règlement, entendu qu'elle ne peut excéder 1 % (art. 29, par. 7, L.N.T.)[2-100] du total de la « rémunération assujettie » (art. 39.0.1 L.N.T.) versée par l'employeur ou réputée à ce titre (art. 39.0.2 L.N.T.). Depuis 1994, le ministre du Revenu prend charge de la perception des cotisations qu'il remet par la suite à la Commission des normes du travail (art. 39.0.5 L.N.T.). Ces règles relatives à la cotisation obligatoire des employeurs (art. 39.0.1 à 39.0.6 L.N.T.) sont intégrées aux fins d'interprétation et d'application au corpus des lois fiscales, ce qui peut en modifier l'économie et les critères de jugement sans rendre plus facile pour cela leur compréhension[2-101]. Aux fins de la cotisation seulement, plusieurs catégories d'employeurs sont exclues de toute contribution, mais demeurent néanmoins soumises au respect des normes à l'endroit de leurs salariés (**III-208**).

III-223 — *La C.N.T.* — L'administration de cette loi incombe à un organisme public distinct du ministère du Travail, mais qui agit sous la tutelle du ministre (art. 1, par. 8, 170 L.N.T.) : il s'agit de la Commission des normes du travail (C.N.T.)[2-102]. La mission de cette commission comprend principalement la surveillance de l'application des normes du travail auprès des personnes assujetties (employeurs et salariés) et la mise en œuvre de moyens assurant son respect, notamment par la communication de l'information pertinente, l'exercice de mesures de contrôle et le traitement des plaintes (art. 5 L.N.T.). L'article 8 L.N.T. précise que cette commission est composée de treize membres dont douze sont choisis par le gouvernement après consultation des organismes visés et parmi neuf groupes distincts : salariés non syndiqués, salariés syndiqués, employeurs du milieu de la grande

---

2-100. Voir : le *Règlement sur le prélèvement autorisé par la Loi sur les normes du travail*, R.R.Q. 1981, c. N-1.1, r. 4.

2-101. À titre d'exemple, la *Loi modifiant la Loi sur les impôts, la Loi sur la taxe de vente du Québec et d'autres dispositions législatives*, L.Q. 1995, c. 63 modula autrement certains paragraphes de l'article 39.0.1 L.N.T. relatifs aux employeurs exclus du régime de cotisation.

2-102. Il s'agit d'un organisme administratif et non d'un tribunal judiciaire. Voir : *G.E. Hamel Ltée* c. *André Cournoyer et al.*, [1987] R.J.Q. 2767 (C.S.) ; *Société québécoise d'information juridique* c. *Commission des normes du travail*, [1986] R.J.Q. 2086 (C.S.).

entreprise, employeurs du milieu de la petite et de la moyenne entreprise, employeurs du milieu coopératif, femmes, jeunes, familles et communautés culturelles. On précise également que le nombre de membres venant du milieu des salariés devrait être égal à celui d'origine patronale. Ce conseil d'administration est placé sous la présidence du directeur général de la Commission des normes du travail, et ce dernier est nommé à ce double titre par le gouvernement (art. 10 L.N.T.). Un tel conseil d'administration apparaît davantage constitué comme un conseil consultatif au bénéfice du directeur général qui est le véritable « [...] responsable de l'administration et de la direction de la Commission [...] » (art. 10, al. 2, L.N.T.). Sa composition ressemble à un échantillon minimal ou miniaturisé de la population assujettie à la *Loi sur les normes du travail*, ce qui n'est pas un gage certain de compétence pour l'élaboration de politiques administratives bien adaptées à la mission de la C.N.T. Il importe cependant de souligner certaines interventions particulières de la C.N.T., ce qui permet d'illustrer sa fonction pratique en divers milieux de travail. L'article 5, paragraphe 5, L.N.T. reconnaît la fonction de médiation de la C.N.T., et certaines autres dispositions de la loi inscrivent bien cette intervention dans le cadre d'une recherche de solutions concrètes :

— à la suite d'une plainte fondée sur une pratique interdite en vertu des articles 122 à 123.1 L.N.T., il est possible que la C.N.T. dépêche un médiateur si toutefois les parties y consentent (art. 123.3 L.N.T.) (**V-21**);

— la demande d'un contrôle exercé en vertu de l'article 124 L.N.T. peut aussi donner prise à une médiation offerte par la C.N.T. aux parties. (art. 125 L.N.T.) (**V-3**). Dans ce domaine, la C.N.T. peut aussi circonscrire le débat en exigeant de l'employeur un énoncé écrit des motifs de sa décision de congédiement (art. 125, al. 2, L.N.T.).

En matière salariale, la C.N.T. peut intervenir directement pour le salarié et en son nom (art. 98 et 99 L.N.T.). Dès lors, le salarié ne pourrait lui-même valablement accepter un règlement inférieur à celui de la réclamation qu'elle formula (art. 101 L.N.T.). La C.N.T. dispose également d'un vaste pouvoir d'enquête et, à cette fin, l'enquêteur qu'elle dépêche sur les lieux de travail peut vérifier les livres comptables des entreprises (art. 108 et 109 L.N.T.) Finalement, l'intervention de la C.N.T. peut se prolonger jusqu'à la prise d'un recours judiciaire en réclamation de salaires (art. 113 L.N.T.). Depuis le 20 mars 1997, la C.N.T. peut également représenter le salarié auprès du commissaire du travail dans le cadre d'une plainte fondée sur les articles 123 et 124 L.N.T[2-103]. La *Loi sur les normes du travail* comprend de

---

2-103. *Loi modifiant la Loi sur les normes du travail*, L.Q. 1997, c. 2 : ajout de l'article 126.1. De tels recours ont lieu à un rythme toujours croissant : en 1990, il y eut 1 308 plaintes, en 1995, 3 017 et en 1996, 3 500, etc.

multiples recours qui peuvent être entrepris et qui sont ou de nature civile (art. 98 à 131 L.N.T.) ou de nature pénale (art. 139 à 147 L.N.T.). Ces mesures sont vues et discutées au titre V.

III-224 — *Pour conclure* — Cette brève analyse du contenu de la *Loi sur les normes du travail* permet sans doute de constater l'incessante mouvance de ces règles de droit et la recherche constante d'adaptation. La loi connaît des changements par la voie de nombreux amendements (**III-201**) et elle engendre elle-même d'autres normes par voie de règlements qui modulent ces premières dispositions dans le but d'adapter les conditions minimales de travail aux besoins du jour. De plus, les techniques employées (seuils, *minima*, barèmes, etc.) laissent bien comprendre que l'on cherche à remédier à la fois aux défaillances des uns et à l'inégalité des parties en présence (**I-105**) et en même temps, la nature des techniques retenues indique bien que ces normes minimales ne peuvent être que provisoires et qu'elles sont susceptibles d'incessants ajustements. L'existence de telles normes n'affirme nullement que ces conditions de travail seraient parfaitement justes et raisonnables; elle sous-entend seulement qu'en deçà, les conditions de travail seraient manifestement injustes ou déraisonnables. De tels moyens provisoires signifient, du seul fait de leur caractère, qu'ils doivent être adaptés pour suivre l'évolution constante des multiples milieux de travail visés. En ce sens, cette loi s'autorise du principe de la justice distributive, sans pour cela témoigner de résultats toujours éclatants d'une telle justice. Il va de soi que les multiples facteurs d'évolution et d'adaptation confèrent à ce régime une instabilité et parfois même une insécurité et pour les employeurs et pour les salariés. De plus, le libellé des dispositions peut parfois rendre difficile leur application du fait que les parties peuvent en percevoir une portée bien différente les unes des autres. Est-ce à dire que cette loi vieillit mal, qu'elle serait déjà désuète ou seulement inadaptée à la conjoncture actuelle? Il nous semble, bien au contraire, que la *Loi sur les normes du travail* est d'autant plus nécessaire que le nombre d'emplois précaires s'accroît et, du même coup, que l'inégalité des rapports en est davantage socialement ressentie. À l'égard du télétravailleur, du pigiste, du travailleur dit autonome, du salarié à temps partiel, occasionnel ou en relation tripartite, il nous faudrait savoir si les normes actuelles tiennent bien compte de leurs conditions de vie. Au sujet de ces mêmes groupes de salariés, certaines normes pourraient avantageusement être établies autrement, notamment en faisant moins appel à la variable temps de travail[2-104]. Cette loi, qui n'a que vingt ans, connaît néanmoins quelques anachronismes parce que la relation d'emploi se modifie de multiples façons et emprunte des

---

2-104.　Si un salarié à temps partiel a aussi droit à deux semaines de congé annuel ne devrait-il pas recevoir une indemnité lui permettant d'exercer ce droit? S'il le fallait, la C.N.T. pourrait combler la différence sous la même réserve qu'aux articles 65, alinéa 2 et 81.17 L.N.T.

formes qui étaient fort moins connues en 1979. Ainsi, il y aurait lieu de redéfinir les moyens d'intervention de l'État, leur finalité et leur intensité. Il en serait ainsi tant que d'autres voies ne seront pas mises à la disposition des salariés pour les protéger, tel un régime de rapports collectifs du travail mieux adapté aux contraintes de l'époque. L'actuel régime aménagé selon un modèle conçu en 1944, que l'on retrouve au *Code du travail* (**IV-3**) est périmé quant aux conditions préalables qui y donnent accès. En d'autres termes, ou l'intervention directe de l'État demeure essentielle à la sauvegarde des salariés ou l'État permet à ces salariés en situation précaire ou plus isolés les uns des autres de négocier collectivement leurs conditions de travail, et ce, à l'aide de moyens adaptés aux conditions des activités professionnelles d'un proche XXIe siècle! La question est reprise au titre VI.

CHAPITRE III-3

LA *LOI SUR LES ACCIDENTS DU TRAVAIL ET LES MALADIES PROFESSIONNELLES* (**L.A.T.M.P.**)

III-301 — *Introduction* — L'exécution d'un travail entraîne ou comprend un risque d'accident à tout le moins aussi élevé que toute autre activité et souvent davantage selon la nature, le contexte et les voies et moyens employés[3-1]. Cependant, cette activité professionnelle, cause réelle ou occasionnelle d'accidents, est voulue, commandée et réalisée par et pour un autre, l'employeur; ainsi se poserait la question de la responsabilité à l'égard des coûts inhérents. Si l'opération est exécutée pour le compte de l'employeur, à l'aide des moyens qu'il met à la disposition du salarié, selon les méthodes qu'il retient, impose ou permet et le tout à son profit, il devenait logique et même nécessaire que les coûts inhérents à l'accident qui survient à cette occasion soient aussi pris en charge par ce même employeur à l'instar de ses autres frais de production d'un bien ou d'un service. Telle est la logique

---

3-1. Il est vrai que les activités domestiques et l'exercice de certains sports donnent souvent prise à de nombreux accidents. Il suffit, pour s'en convaincre, de constater la tenue vestimentaire des personnes circulant dans les services d'urgences des hôpitaux.

fondamentale et simple sur laquelle serait articulé et réalisé le régime de réparation des accidents du travail et des maladies professionnelles. Si cette première assertion paraît maintenant facile à dégager de notre système économico-juridique (**II-47, 112**), il n'en fut pas toujours ainsi en raison des multiples questions incidentes que cette même problématique de la responsabilité civile de l'employeur pouvait soulever. En effet, ne fallait-il pas avoir réponse aux questions qui suivent ?

— Pourquoi ou quand l'employeur devrait-il néanmoins répondre de ces coûts alors qu'il peut n'être nullement fautif et que l'accidenté peut avoir été imprudent ou téméraire ?

— Comment déterminer les coûts réels rattachés à un accident du travail ou en quoi consisterait une juste réparation ?

— Cette même réparation serait-elle due et réalisée en tenant compte de la capacité financière de chaque employeur ?

— Si la réparation est fonction de normes et de forfaits à l'avantage de l'accidenté et que les coûts sont répartis entre tous les employeurs, pourquoi ceux qui sont prudents et sages paieraient-ils pour des faits résultant de concurrents perfides ou téméraires ?

— Qui établirait ce qui est dû à l'accidenté, et l'employeur pourrait-il alors exercer son droit de défense de manière que l'accident ne soit pas injustement créateur de rentes ?

Ces quelques interrogations indiquent déjà que l'institution d'un régime intégré de réparation des accidents du travail et des maladies professionnelles ne pouvait être aménagée à l'aide de quelques simples énoncés ajoutés au *Code civil du Québec* au chapitre de la responsabilité civile[3-2]. Ainsi, le régime concernant la réparation des accidents et les maladies professionnelles devait être principalement articulé en une loi distincte : la *Loi sur les accidents du travail et les maladies professionnelles* (L.A.T.M.P.)[3-3]. On y trouve près de 600 articles auxquels s'ajoute un nombre impressionnant de modalités d'application édictées par voie de règlements, et ce tout est conjugué, traité et appliqué par le truchement de nombreuses institutions administratives et judiciaires qui rendent annuellement des centaines de décisions. Ces données sont déjà indicatives de la complexité des questions soulevées et de la technicité des solutions retenues pour tenter de

---

3-2. L'article 1463 C.c.Q. s'énonce ainsi : « Le commettant est tenu de réparer le préjudice causé par la faute de ses préposés dans l'exécution de leur fonction; il conserve, néanmoins, ses recours contre eux. » En raison de la finale de cet énoncé, on imagine qu'il aurait fallu, à tout le moins, établir les limites du recours de l'employeur envers ses préposés, etc.

3-3. L.R.Q., c. A-3.001.

relever un tel défi. En effet, l'opération consiste en la mise en place d'un dispositif capable d'assumer collectivement la réparation réelle ou par voie d'équivalence des préjudices causés par les accidents du travail et les maladies professionnelles au bénéfice de tous les travailleurs, sans égard à la faute de l'un et de l'autre, et à la capacité de payer des employeurs respectifs. Pour mieux saisir la portée de cette loi et les multiples processus qui y sont rattachés, nous nous arrêtons d'abord à son histoire, à sa lente évolution et au raffinage que le temps et l'expérience imposèrent. Pour les mêmes raisons, il nous faut aussi connaître et souligner son objet réel, ses sujets et les limites intrinsèques des moyens retenus. Dès lors, nous pouvons plus facilement et plus sûrement traiter des mécanismes de réparation et de réadaptation mis en place et, bien évidemment, des processus de contrôle permettant au besoin de corriger le tir administratif et ainsi, de mieux atteindre les objectifs déclarés. Tel serait le bref parcours proposé ou les fenêtres que nous entrouvrons sur la *Loi sur les accidents du travail et les maladies professionnelles*.

III-302 — *Faute et risque* — Comme toutes les autres lois de l'emploi, la *Loi sur les accidents du travail et les maladies professionnelles* n'a pu être énoncée d'un seul trait de plume. Elle connut et connaît encore une lente et parfois difficile évolution en fonction de certains développements de la pensée sociale et politique, des connaissances scientifiques et aussi, de la capacité de payer des employeurs. En d'autres termes, le cours de l'évolution de cette loi témoigne de la sinuosité de l'humus politico-économique sur lequel elle repose et des découvertes technologiques (assurance et informatique). Ces deux dernières dimensions de nature fort différente à première vue sont néanmoins réelles et nécessaires pour mieux saisir la complexité administrative d'un tel système. Au moment même où une personne travaille pour le compte d'une autre, la question de la responsabilité devient inévitable dans notre régime libéral (**I-64; II-46**). En effet, pourquoi le salarié victime d'un accident survenu en cours d'exécution du travail devrait-il seul en répondre ou pourquoi l'employeur assumerait-il les coûts inhérents à la réparation et quels coûts ? Dès la première période de l'industrialisation en tout pays (**I-8**), cette même question s'est posée, au point que le traitement des accidents du travail constitue un produit dérivé et, du même coup, un volet important de l'histoire du droit de l'emploi. Il en est ainsi en Angleterre, en France, en Allemagne, aux États-Unis et ailleurs. Quand un de ces pays eut franchi un certain niveau d'industrialisation, le nombre d'accidentés, de laissés-pour-compte, d'éclopés et de veuves devint assez important pour que l'on doive reconsidérer la façon d'aborder ces bavures du régime et il dut alors instituer des mécanismes de prise en charge collective. À ces époques, on croyait que l'État ne pouvait s'immiscer dans un tel domaine réservé à la charité individuelle et religieuse. Il fallut que la pensée économique et sociale connaisse une évolution certaine, notamment sur le plan juridique, pour imposer une telle assomption collective au lieu et place du régime traditionnel de la responsabilité civile en fonction de la faute réelle ou déclarée[3-4]. Cette prise en charge collective du risque inhérent au travail constituait un bouleversement profond du régime parce qu'elle exigeait :

— de délaisser les dogmes du libéralisme pur et dur voulant que chacun réponde de ces seuls actes et que l'aide volontaire apportée aux autres ne constitue qu'un acte individuel de simple charité à l'égard de ceux qui ne sont pas suffisamment prudents ou sages;

— l'immixtion de l'État dans le rapport privé « employeur–salarié » pour établir des normes particulières et distinctes du régime général de responsabilité civile, pour préciser ce qui devait être versé à l'accidenté et ce qu'il devait en coûter à chaque employeur;

— que l'employeur soit tenu d'assumer des frais alors qu'il n'aurait pas commis de faute ou encore, en raison de la négligence de ses salariés ou de ses propres concurrents.

Ainsi, la mise en place d'un régime assumant collectivement la prise en charge des frais inhérents à la réparation des accidents du travail soulevait et soulève toujours la question de l'avènement de l'État-providence **(1-74)**[3-5]. Cette opération implique que l'on délaisse l'application d'une justice commutative au profit d'une justice distributive en vue d'une certaine équité sociale. Au-delà du dernier constat de l'État au sujet de la nécessité de son intervention et de l'impuissance du système juridique d'alors, il fallait aussi disposer de moyens techniques capables d'assurer cette réparation. En d'autres termes, cette prise en charge collective sous-entend ou implique :

— l'évaluation des préjudices subis en cette situation précise du travail pour le compte d'un employeur : dommages physiques et psychologiques, réadaptation physiologique, sociale et professionnelle, etc.;

— l'établissement de normes, de barèmes et d'échelles de manière à pouvoir offrir à chacun une même protection qui soit juste à la fois envers l'accidenté et l'employeur;

— l'identification de l'importance du risque collectif ainsi assumé de manière à constituer les ressources financières et administratives requises pour permettre la réalisation à long terme du projet;

3-4. Notons que les techniques juridiques de la responsabilité civile ne constituent qu'un système d'imputabilité des dommages à l'autre déclaré auteur de la faute, sans directement s'attarder à savoir si cette faute peut être la véritable *causa causans* du préjudice subi. Il s'agit toujours d'une rationalisation simple et relativement efficace empreinte d'un certain déterminisme, ce qui facilite l'opération de l'imputabilité des dommages.

3-5. Ce n'est pas le fruit du hasard si François EWALD traite si abondamment de l'avènement de la *Loi sur les assurances d'accident de travail* dans son étude : *État-providence*, Paris, Grasset, 1986.

— l'élaboration d'un processus administratif capable de traiter convenablement les demandes d'indemnisation de manière à les verser en temps utile, d'une manière régulière et constante.

Ces données techniques sont de nature assurantielle et il est patent que les techniques administratives propres à l'assurance privée, au commerce du risque, furent transposées et appliquées à cette opération collective d'assurance sociale. Ainsi, ce « risque » inhérent à l'emploi est maintenant socialement assumé au-delà des aléas propres à chaque employeur, mais en fonction de normes et de barèmes établis pour tous selon les profils statistiques élaborés de temps à autre et au gré de l'expérience acquise (**I-74**). Cette prise en charge collective du risque d'accident du travail permet d'assurer réparation en fonction de règles de justice, d'un droit reconnu à chaque travailleur du seul fait qu'il travaille pour le compte d'un autre et en dissociant le volet de la réparation et celui de son financement sans considérer à cette double fin la question de la faute possible de l'un ou de l'autre.

III-303 — *Évolution législative* — Une première loi traitant de la question des accidents du travail au Québec fut promulguée en 1909[3-6]. Le régime individualiste de la responsabilité civile n'était pas encore remis en cause : l'indemnité due pouvait être versée sous forme d'une rente viagère par l'employeur ou, au choix du salarié, par le truchement d'une compagnie d'assurances à l'aide d'une seule prime payée par l'employeur. Encore fallait-il que cette responsabilité qui incombait à un employeur déterminé soit établie soit par admission de sa part, soit par voie de jugement. Par ailleurs, seul l'accidenté ou sa succession pouvait entreprendre l'aventure préalable et coûteuse du procès et, finalement, en tirer avantage[3-7]. Peu après cette loi de 1909, plusieurs employeurs voulurent répartir à leur tour le coût de la prime d'assurance entre les salariés et ainsi ils court-circuitèrent l'opération du fait que les bénéficiaires éventuels devenaient les payeurs actuels. Il fallut une deuxième intervention législative prohibant cette pratique : la *Loi des retenues sur le salaire des ouvriers pour fins d'assurance*[3-8]. Ce n'est qu'en 1929 que l'on constitua un organisme responsable de la fixation des indemnités dues avec la *Loi de la Commission des accidents du travail*[3-9]. En 1931, on reconnut le principe du risque inhérent au travail qui devait ainsi être collectivement

---

3-6. *Loi concernant la responsabilité des accidents dont les ouvriers sont victimes dans leur travail et la réparation des dommages qui en résultent*, S.Q. 1909, c. 66.

3-7. Au sujet de cette difficulté opérationnelle de la justice et des tergiversations des tribunaux, voir : Katherine LIPPEL, *Le droit de l'accidenté du travail à une indemnité — analyse historique et critique*, Montréal, Les Éditions Thémis inc., 1986.

3-8. S.Q. 1915, c. 71.

3-9. S.Q. 1928, c. 80 : l'assurance devint obligatoire pour les employeurs alors qu'elle n'était auparavant que facultative.

assumé par l'ensemble des employeurs[3-10]. Dès lors, tout le régime d'indemnisation des accidents du travail fut écarté du système de la responsabilité civile et des décisions des tribunaux judiciaires. Cette loi de 1931 conférait à la Commission des accidents du travail un vaste pouvoir discrétionnaire aux fins de l'administration du régime, sans prévoir l'apport de règlements susceptibles de permettre certains assouplissements et adaptations d'application pour tenir compte des diverses contraintes des milieux professionnels. Pour cette raison, des changements devaient être apportés par voie de modifications à la loi[3-11]. En 1964, cette loi de 1931 fut remaniée de façon importante, mais dans le respect des principes initiaux[3-12]. En 1985, il y eut une autre mise à jour générale du système avec la *Loi sur les accidents du travail et les maladies professionnelles*[3-13]. Il s'agit, et nous le constaterons à maintes reprises, d'une véritable loi-cadre (**I-77**). Au fur et à mesure des expériences et des études entreprises, on tente de corriger, de compléter et de parfaire les services de réparation et d'indemnisation et de jouxter au plus près l'action préventive à celle de la réparation. Ainsi, la loi de 1985 connut au cours des dix dernières années des retouches pour assurer une meilleure réparation en prenant mieux en considération les préjudices subis, à la fois d'ordre social et professionnel, en assurant un versement plus direct et plus rapide des indemnités de remplacement de revenu et, plus récemment, en remaniant le processus de contrôle des décisions de la C.S.S.T.[3-14]

III-304 — *Les postulats du régime* — Ce régime vise la réparation des dommages que peut subir un travailleur victime d'une lésion professionnelle, et cette réparation devrait couvrir à la fois trois volets essentiels : physique, professionnel et matériel. On peut facilement comprendre qu'en raison des effets de l'arrêt de travail provoqué par cette lésion, cette triple réparation doit être réalisée en fonction d'un mécanisme administratif qui soit à la fois simple, rapide et équitable. Ces premières données permettent de dégager certaines observations générales, quelques règles de jugement et même certaines limites intrinsèques rattachées à un tel régime ou en résultant. Nous les énumérons

---

3-10. *Loi sur les accidents du travail*, S.Q. 1931, c. 100.

3-11. Nous comptons, de 1933 à 1985, 27 lois modifiant la *Loi des accidents du travail*, qui furent édictées au cours de ces 52 ans. Depuis 1985, la *Loi sur les accidents du travail et les maladies professionnelles* fut elle-même modifiée à huit reprises. Ces multiples modifications ne sont certes pas d'égale importance, mais leur grand nombre impose une certaine prudence lorsque l'on traite d'une question particulière, afin de s'assurer préalablement que l'on se réfère bien au texte alors en vigueur de la loi ou pour situer les décisions administratives ou judiciaires déjà rendues dans le cadre du texte de la loi applicable au moment où elles furent prises.

3-12. *Loi sur les accidents du travail*, L.R.Q., c. A-3. Cette loi s'applique encore à l'égard des accidents du travail survenus avant le 19 août 1985.

3-13. L.R.Q., c. A-3001.

3-14. *Loi instituant la Commission des lésions professionnelles et modifiant diverses dispositions législatives*, L.Q. 1997, c. 27.

ci-après, sous réserve d'en faire davantage état plus avant à l'aide de quelques démonstrations tirées des pratiques administratives et de la jurisprudence.

i) L'inéluctable présence de l'État pour assurer l'application générale et obligatoire du régime auprès de tous les employeurs et au bénéfice de l'ensemble des travailleurs. D'ailleurs, ce régime :

— constitue une garantie de maintien de revenu et, à ce titre, il s'inscrit dans le cadre d'une politique générale de sécurité sociale;

— doit tenir compte de l'aide que la société apporte aux autres victimes de risques sociaux (accident de circulation routière, agression criminelle, etc.) lorsqu'il s'agit d'établir les barèmes d'indemnisation;

— allège d'autant les autres régimes publics puisqu'il ne peut y avoir cumul d'indemnité et de soins.

ii) La voie judiciaire devait être écartée en raison des coûts inhérents pour y avoir accès, de l'inadaptation de ce processus pour traiter de telles questions (le débat contradictoire) et de l'approche trop individualiste qu'elle suppose ou impose.

iii) Parce qu'il s'agit d'un régime général et intégré de compensation, les moyens retenus pour fixer les indemnités doivent avoir des critères, des barèmes et des seuils relativement uniformes afin d'éviter des appréciations trop subjectives de la part des médecins et des gestionnaires. De plus, pour permettre un versement rapide, on ne peut considérer d'une façon précise et détaillée les conditions de temps, de lieux et les personnes. En clair, cette indemnisation générale et rapide exigeait une certaine banalisation des prestations versées contenue à l'aide de seuils et de *maxima* (**I-77**). Il devait en résulter qu'un véritable accidenté du travail ne saurait être parfaitement satisfait des indemnités reçues. En effet, trop d'éléments intangibles et personnels, mais non moins réels, ne peuvent ainsi être pris en considération, et le processus administratif ne peut tailler aux mesures de chacun la protection, le soutien et les compensations auxquels il pourrait autrement légitimement prétendre[3-15];

iv) Le travailleur accidenté subit des pertes physiques, professionnelles et matérielles en cours d'exécution du contrat de travail et, compte tenu des obligations générales de l'employeur résultant de ce même contrat et à titre de bénéficiaire de la prestation de travail, il doit assumer cette réparation. En ce sens, les indemnités versées, le soutien et l'aide à la réhabilitation personnelle et professionnelle de l'accidenté ne sont pas des privilèges ni des avantages qui découlent de la généreuse discrétion

---

3-15. Pour ces mêmes raisons, mais en sens inverse, il est aussi possible que les victimes plus ou moins réelles d'accident de travail abusent du système et s'infiltrent joyeusement dans ces mailles peu serrées.

ou de la charité de l'employeur ou de l'État, mais ils sont bel et bien des droits réels et certains du travailleur. À ce titre, l'accidenté fait de véritables concessions (point iii) de manière à pouvoir recevoir, sans les affres d'un procès, les indemnités dues en temps utile et de façon certaine (points i et ii).

v) Si ce régime comprend des avantages certains et importants au bénéfice des accidentés du travail, il est aussi profitable à l'employeur, en ce qu'il permet d'établir à l'avance et d'une façon assez certaine ce qu'il lui en coûte sous ce chef, et ce prix à payer dépend de normes également applicables à ses concurrents et évite aussi de lourdes charges qui pourraient autrement provenir de condamnations par jugements exemplaires.

vi) Le système de cotisation peut permettre à l'employeur de réduire ses coûts en fonction de l'efficacité de son action préventive : taux individualisé et approche rétrospective du dossier de certains employeurs[3-16].

Ces balises et ces réserves permettent de comprendre qu'il ne pouvait être facile d'élaborer des modalités qui puissent à la fois :

— être appliquées à des situations concrètes et trop souvent dramatiquement pénibles ;

— demeurer dans la limite des possibilités financières des employeurs ;

— permettre une administration assez uniforme et équitable à l'aide d'un grand nombre de gestionnaires et de professionnels intervenant aux différentes phases du processus.

Les péripéties de l'histoire de cette loi, de la Commission de la santé et de la sécurité du travail et des organismes satellites sont marquées ou provoquées :

— par la constante recherche d'équilibre en raison de l'insatisfaction chronique manifestée autant par les employeurs que par les accidentés, mais pour des motifs bien différents les uns des autres ;

— par un besoin d'assouplissement devant la rigidité administrative sclérosante provenant du besoin d'afficher une apparente objectivité ;

— par une dialectique plus ou moins assourdie entre les professionnels de la santé et les titulaires d'autres fonctions tels les gestionnaires, les ergothérapeutes, les orienteurs professionnels, les travailleurs sociaux, etc.

Quoi qu'il en soit de la qualité et de l'étendue de la protection ainsi apportée, le régime de réparation est d'ordre public (art. 4 L.A.T.M.P.), c'est-à-dire que l'employeur et le travailleur y sont impérativement soumis (**I-95**).

3-16. *Règlement sur le taux personnalisé*, Décret 260-90, (1990) 122 G.O. 2, 875.

Section 3.1
Le contenu général

III-305 — *Vue d'ensemble* — Pour acquérir certaines notions fondamentales au sujet de la *Loi sur les accidents du travail et les maladies professionnelles*, nous en soulignons d'abord quelques grands paramètres. Il s'agit notamment de son champ d'application, de ses sujets, de son objet et des institutions chargées de donner la version concrète et pratique de ses énoncés. En d'autres termes, il nous faut préciser les bénéficiaires admissibles à ces mesures de sécurité et de soutien, les occasions ou circonstances qui justifient leur mise en application, les comptoirs où l'on donne ces mêmes services et la façon de le faire et, finalement, les ressources financières qui y sont affectées. Ces premières données sont en quelque sorte ancillaires à l'étude des différents régimes d'aide articulés dans cette loi (**III-311**). Il s'agit d'abord du régime assurant un certain maintien du revenu sur une base provisoire ou permanente, des services de réparation physiologique, de rééducation sociale et professionnelle et du retour au travail. Compte tenu de l'importance des multiples décisions alors prises, nous devons connaître aussi les mécanismes de contrôle devant permettre à tous de bénéficier d'une pareille mesure de soins et de soutien. Bien que cela paraisse évident et même redondant à certains, un aussi bref exposé d'une loi dont l'articulation est si complexe et d'une si grande ampleur ne peut donner une vue vraiment complète du système. Néanmoins, cette carte postale d'un aussi vaste paysage par ailleurs fort accentué peut permettre de se sensibiliser aux traits caractéristiques des lieux. Tel est le but véritable du présent exposé.

III-306 — *Travailleur admissible* — Le risque d'une lésion au cours d'une activité professionnelle ou à cette occasion peut survenir à tout travailleur quel que soit son titre ou son rang hiérarchique et sans égard à la nature de son travail : création, invention, intellectuel, manuel, production d'un bien ou d'un service, etc. Il faut aussi ajouter que ce même risque d'accident subsiste sans distinction en fonction de la nature juridique du rapport établi entre la personne qui accomplit l'acte et celle qui en bénéficie ou le requiert. Historiquement, la prise en main collective du risque d'accident du travail visait d'abord et surtout les salariés qui, dans le cadre d'une société industrielle, furent les plus durement et massivement touchés (**III-302**). Maintenant, en raison des multiples formes que peut prendre la relation d'emploi et de service, ce régime de protection fut mis à la disposition d'un plus grand nombre de travailleurs. Ainsi retrouve-t-on à la *Loi sur les accidents du travail et les maladies professionnelles* plusieurs techniques d'identification des personnes qui sont nécessairement protégées ou qui peuvent être admissibles à cette même protection. Sans procéder par voie d'analyse méthodique et exégétique de multiples situations retenues aux articles 1 à 24 L.A.T.M.P., nous proposons le bref tableau de synthèse qui suit[3-17].

i) *Travailleur nécessairement bénéficiaire de la loi*

— Le salarié : Selon l'article 1 L.A.T.M.P., on le qualifie de travailleur, mais les définitions retenues du travailleur et de l'employeur correspondent suffisamment à la situation juridique retenue à l'article 2085 C.c.Q. (**II-74**). Le fait que les services du salarié soient prêtés à un tiers ne modifie pas le statut de salarié protégé (art. 5 L.A.T.M.P.). Il est aussi le seul parmi les bénéficiaires de la loi à pouvoir disposer d'un droit de retour (**III-314**);

— Le fonctionnaire et assimilé à l'emploi du gouvernement du Québec ou de l'un de ses organismes satellites (art. 3 L.A.T.M.P.);

— Le travailleur autonome : Celui qui travaille au bénéfice d'un employeur dont les salariés exécutent des travaux similaires à ceux de ce même travailleur autonome (art. 9 L.A.T.M.P.)[3-18]. Dans bien des cas, la situation du travailleur autonome, du pigiste ou du télétravailleur peut poser des difficultés pratiques de qualification, notamment en situation tripartite selon que le choix de ce travailleur relève d'un employeur autre que celui qui reçoit le service ou encore, que la rémunération n'est pas versée directement par le bénéficiaire du service au travailleur qui exécute réellement la tâche (**VI-15**)[3-19];

— L'étudiant : Celui qui œuvre à ce titre à l'occasion d'un stage non rémunéré réalisé dans l'établissement d'un tiers et à l'instigation d'une institution d'enseignement (art. 10 L.A.T.M.P.);

3-17. Il va de soi que nous omettons certaines modalités secondaires ou techniques d'inclusion et d'exclusion aux fins de cette description sommaire et récapitulative.

3-18. Pierre PRATTE, « Le travailleur autonome et la Loi sur les accidents du travail », (1995) 55 *R. du B.* 553.

3-19. *Zeller's inc.* c. *Agence de Personnel Cavalier inc.*, [1994] C.A.L.P. 719; *Messageries Dynamiques, division du Groupe Quebecor* c. *Syndicat québécois de l'imprimerie et des communications, local 145*, [1986] T.T. 431; *Dupont* c. *Aérotech 2414-5849 Québec inc.*, [1994] C.A.L.P. 250.

— Le travailleur présumé à l'emploi du gouvernement : Il s'agit notamment de la personne qui exécute par voie d'équivalence un travail compensatoire ou communautaire (art. 11 L.A.T.M.P.), de la personne qui apporte gratuitement son aide dans le cadre de mesures d'urgence (art. 12 L.A.T.M.P.) ou encore, de la personne incarcérée qui exécute un travail rémunéré et autorisé (art. 12.1 L.A.T.M.P.).

ii) *Personnes admissibles à la protection*[3-20]

— Le travailleur bénévole, si l'activité effectuée est déclarée à la C.S.S.T. par l'établissement (art. 13 et 14 L.A.T.M.P.);

— La personne qui exécute un travail en vue d'une rééducation physique, mentale et sociale dans le cadre d'un travail autorisé selon les prescriptions de l'article 15 L.A.T.M.P.;

— Les employés et autres personnes visés par une entente entre la C.S.S.T. et un autre gouvernement (art. 16 et 17 L.A.T.M.P.; art. 170 L.S.S.T.);

— Le travailleur autonome, le domestique ou le gestionnaire qui est inscrit sous l'un ou l'autre de ces titres et à cette fin à la C.S.S.T. (art. 18 à 24 L.A.T.M.P.)[3-21].

Outre les qualités de la personne, un second point d'ancrage à l'assujettissement à la loi est aussi nécessaire et a trait au lieu d'exécution de l'activité professionnelle. L'article 7 L.A.T.M.P. impose la double condition suivante :

— l'accident causal doit survenir sur le territoire du Québec;

— l'employeur doit disposer d'un établissement au Québec.

Dans le cas d'un travailleur domicilié au Québec et travaillant pour le compte d'une entreprise ayant un établissement au Québec, la loi s'applique même si l'accident survient en dehors du territoire québécois, s'il s'agit toutefois d'une activité professionnelle visée dans un contrat de travail déjà conclu au Québec au sujet d'une affectation à l'extérieur du Québec pour une durée maximale de cinq ans (art. 8 L.A.T.M.P.)[3-22]. Semblables à toutes les

---

3-20. On déduit que les personnes visées sous cette rubrique ne sont pas liées impérativement ni automatiquement à ce régime.

3-21. Comme cette inscription peut être faite par la voie d'une association, il importe que chaque membre connaisse bien la période où il demeure sous la protection de cette loi de même que quand et comment prend fin cette protection. Les avis publics prévus aux articles 23 et 24 L.A.T.M.P. servent à cette fin et c'est pourquoi le seul défaut de l'association ne pourrait être directement préjudiciable à l'un de ses membres jusqu'alors inscrit et protégé.

3-22. *Boucher* c. *Société Sofati Socanav*, [1991] C.A.L.P. 906; les modalités de l'article 8 peuvent paraître insuffisamment précises et donner prise à bien des débats et c'est sans doute pourquoi le nouvel article 8.1 L.A.T.M.P. permet que l'entente conclue avec la C.S.S.T. puisse assouplir et adapter les conditions d'assujettissements énoncées à la loi (L.Q. 1996, c. 70, art. 3).

autres grandes lois de l'emploi, les dispositions de la *Loi sur les accidents du travail et les maladies professionnelles* sont d'ordre public (art. 4 L.A.T.M.P.). On ne saurait valablement par contrat ou convention en réduire de quelque manière la portée ni l'esquiver (**I-96; III-210, 407, 516; IV-99**). Si l'employeur ne peut obtenir du travailleur le renoncement à ses droits de réparation, ce dernier ne peut préférer la voie judiciaire pour tenter d'obtenir plus de l'employeur (art. 438, 442 L.A.T.M.P.)[3-23]. En raison même de l'objet propre de cette loi et de sa raison d'être historique, il nous semble qu'une interprétation libérale de son libellé convient davantage qu'une approche exégétique et, de ce fait, restrictive. À la lecture de la jurisprudence, on constate que ce n'est pas toujours l'approche proposée ni celle toujours retenue par les tribunaux[3-24].

III-307 — *Lésions professionnelles* — Cette loi ne cherche pas à établir un régime intégré de sécurité sociale; elle porte exclusivement sur une situation précise, celle de la lésion professionnelle. Aussi importe-t-il de bien circonscrire l'antécédent retenu. Par ailleurs, en présence de la situation visée, ce régime particulier s'applique exclusivement et intégralement, l'étendue des services qui en découlent peut être fort plus vaste que le régime public de santé et de sécurité de revenu et il s'autorise d'une source de financement propre. Selon la définition donnée de la lésion professionnelle (art. 1 L.A.T.M.P.), il doit s'agir d'une blessure provoquée par un accident du travail ou une maladie reliée aux caractéristiques d'un travail donné. Il va de soi que le contenu réel des définitions retenues (lésion professionnelle, accident du travail et maladie professionnelle) est important puisque l'applicabilité de la loi en dépend. Le grand nombre de décisions qui traitent de la portée de ces définitions pourrait laisser entendre qu'elles renferment une grande élasticité et que parfois la présence ou l'absence d'un seul élément plus ou moins important pourrait suffire à qualifier ou à disqualifier telle ou telle situation autrement assez semblable aux autres. On tente, avec plus ou moins de bonheur, de prendre en considération la situation de fait dans chaque cas. Cette approche pragmatique rend fort plus difficile et périlleuse toute tentative d'en dégager par la suite une synthèse claire, cohérente et précise. Pour cette raison, nous nous limitons à rappeler quelques situations caractéristiques extraites de la jurisprudence et susceptibles de permettre ainsi de saisir la portée pratique des trois mêmes définitions : accident du travail, maladie professionnelle et lésion professionnelle[3-25].

3-23. *Bell Canada* c. *C.S.S.T.*, [1980] 1 R.C.S. 749 à 851. Il en serait ainsi même si le recours prenait assise sur la *Charte des droits et libertés de la personne*. Voir : *Béliveau St-Jacques* c. *Fédération des employées et employés des services publics inc.*, [1996] 2 R.C.S. 345.

3-24. *Succession Clément Guillemette et al.* c. *J.-M. Astestos inc. et al.*, [1995] R.J.Q. 2444 (C.A.).

3-25. Raymond LEVASSEUR, « Les notions d'accidents et de maladies professionnelles dans la L.A.T.M.P. : principaux problèmes d'application », dans *Développements récents en droit du travail (1989)*, Cowansville, Les Éditions Yvon Blais inc., p. 101 ; Claude BERNARD, « L'indemnisation des maladies professionnelles reliées à l'exécution d'un

i) *Un événement imprévu et soudain* : L'accident ainsi qualifié serait la situation particulière au cours de laquelle survient la lésion. Cet événement imprévu et soudain est suffisant sans qu'il soit nécessaire de rechercher la cause qui put le produire, le provoquer ou qui expliquerait son avènement (point iii). À simple titre d'illustrations, un faux mouvement, une erreur d'appréciation des données, un geste nerveux peuvent provoquer l'accident, l'événement imprévu et soudain causant lésion[3-26]. Il n'y a pas lieu alors de s'interroger à savoir si le travailleur fut diligent, prudent et s'il respecta l'ensemble des règles de l'art, si toutefois le résultat (la lésion) n'était pas volontairement recherché[3-27].

ii) *Un événement survenu par le fait ou à l'occasion du travail* : Telle serait l'origine circonstancielle obligatoire de ces trois phénomènes. Il est des situations où la qualification ne pose aucune difficulté tellement les faits sont patents et flagrants. Il en est d'autres où ils se situent dans des activités limitrophes, mais qui peuvent être suffisamment rattachées à l'activité professionnelle ou qui lui sont tributaires. Quelles peuvent être ces activités occasionnelles inhérentes ou rattachables au travail ? Déjà, en 1920, la Cour suprême du Canada reconnut qu'il s'agissait d'un accident du travail alors que le conducteur d'un tramway se blessa au terme de son quart de travail et à l'occasion de son retour à sa demeure par tramway, puisque ce mode de transport était gratuit et autorisé par l'employeur. La réponse retenue par la Cour suprême du Canada s'appuyait sur une semblable affaire survenue quelques années auparavant en France[3-28].

iii) *« Toute cause »* : Selon la définition de l'accident du travail, l'événement imprévu et soudain peut provenir de « toute cause », en ce sens que le fait suffit à la qualification sans détermination préalable de la cause et, par voie de conséquence, de la faute[3-29]. Ce dernier débat n'a pas lieu ni ne peut être entamé pour assurer l'application des mesures réparatrices, bien que l'on puisse encore y revenir pour des questions d'imputabilité financière entre les employeurs (**III-310**) ou de responsabilité à l'égard

---

travail répétitif », dans *Développements récents en droit de la santé et sécurité du travail (1995)*, Cowansville, Les Éditions Yvon Blais inc., p. 79.

3-26. *Chaput* c. *S.T.C.U.M.*, [1992] R.J.Q. 1774 (C.A.); *Lefebvre* c. *C.A.S.*, [1991] R.J.Q. 1864 (C.A.).

3-27. La blessure résultant d'une négligence grossière du travailleur pourrait ne pas être qualifiée de lésion professionnelle (art. 27 L.A.T.M.P.); Line CORRIVEAU, *Les accidents du travail*, Cowansville, Les Éditions Yvon Blais inc., 1991; *Roger Gauvin et Construction B.M.L., division Sintra inc.*, [1990] C.A.L.P. 123.

3-28. *The Montreal Tramways Co.* c. *Girard*, (1920) LXI R.C.S. 12 ou *Jurisprudence commentée en droit du travail*, p. 23; *Air Canada* c. *Commission d'appel en matière de lésions professionnelles*, [1995] C.A.L.P. 437 (C.S.).

3-29. *Antenucci* c. *Canada Steamship Lines Ltée*, [1991] R.J.Q. 968 (C.A.).

des tiers. Notons que l'article 27 L.A.T.M.P. exclut de la lésion professionnelle l'automutilation du travailleur, et ce même refus de réparation comporte deux exceptions (le décès et l'atteinte permanente grave), ce qui illustre, *a contrario*, l'étendue possible du champ de protection retenu.

iv) *Une lésion professionnelle présumée* : Pour faciliter l'application de la loi, l'article 28 L.A.T.M.P. établit une présomption voulant qu'une blessure qui survient alors que le travailleur est au travail et en fonction constituerait de ce seul fait une lésion professionnelle[3-30]. Cette technique vise à éviter des débats préalables à l'application de la loi puisque historiquement on entend écarter, dans la mesure du possible, la voie judiciaire. D'une certaine manière, l'article 28 L.A.T.M.P. assouplit quelque peu la définition initiale de la lésion professionnelle que l'on rattache à un accident, c'est-à-dire un événement imprévu et soudain. Par voie d'ellipse, il suppose que la blessure survenue sur le lieu de travail doit résulter d'un quelconque accident, même si celui-ci n'est pas patent ni clairement établi. Malgré ces dispositions d'assouplissement, diverses questions peuvent être soulevées :

— une douleur ressentie en cours d'exécution d'un travail et qui persiste par la suite peut-elle être assimilée à une blessure ? S'il est impossible de l'objectiver, c'est-à-dire d'établir qu'elle existe bien et qu'elle survint en cours d'exécution du travail, il pourrait alors être difficile de se prévaloir de cette présomption[3-31] ;

— compte tenu de l'article 28 L.A.T.M.P., l'événement imprévu et soudain qui constituerait l'accident de travail peut être plus ou moins occulté et s'induit du seul fait de la blessure. Tel serait l'entendement de cet article 28 si on veut donner plus de poids à sa finalité particulière et moins aux définitions statiques de la loi[3-32].

— La lésion professionnelle peut aussi être d'ordre psychique et non exclusivement et nécessairement physique. Ainsi, le harcèlement sexuel en milieu de travail pourrait entraîner une telle blessure

---

3-30. Le lien de travail dont il s'agit à l'article 28 L.A.T.M.P. peut être à l'extérieur de l'établissement si tel est l'endroit où le salarié doit se trouver pour exécuter ses fonctions.

3-31. *Société de transport de la communauté urbaine de Montréal* c. *Commission d'appel en matière de lésions professionnelles du Québec et al.*, [1989] C.A.L.P. 1258; *General Motors du Canada inc.* c. *Guilbault*, [1986] C.A.L.P. 184; *General Motors of Canada* c. *Bélanger*, [1987] C.A.L.P. 600; *Viglione* c. *Commission scolaire Jérôme-Le Royer*, [1994] C.A.L.P. 1090; *Bérubé* c. *Fromage Crescent Ltée*, [1995] C.A.L.P. 1185.

3-32. *Chaput* c. *Société de transport de la Communauté urbaine de Montréal et Commission d'appel en matière de lésions professionnelles et autres et C.S.S.T.*, [1992] R.J.Q. 1774 (C.A.). Au sujet de l'inférence d'un accident du fait de la blessure, voir : *The Workmen's Compensation Board* c. *Theed*, [1940] R.C.S. 533.

constituant une lésion professionnelle présumée au sens de l'article 28 L.A.T.M.P.[3-33].

v) *Un accident limitrophe* : Un événement imprévu et soudain causant une lésion et qui survient alors que le travailleur se livre à une activité de confort personnel (boire, manger, présence à la salle d'eau, pause-café, etc.) est considéré comme survenant à l'occasion du travail[3-34]. Il en est autrement des activités sportives exercées avant ou après le travail ou durant une pause alors qu'elles ne sont pas organisées ni commanditées par l'employeur[3-35], ou de l'accident qui survient à l'occasion du trajet effectué pour se rendre au travail ou en revenir selon le mode de transport choisi librement par le travailleur[3-36]. Parce qu'il s'agit souvent de situations frontalières, en ce sens que le travail, l'emploi ou l'activité professionnelle fait souvent partie du contexte, de l'environnement ou se situe à proximité, la qualification de la lésion ou de l'accident peut vaciller selon la présence ou l'absence de quelques éléments plus ou moins secondaires.

vi) *Une maladie professionnelle* : Il s'agit d'une maladie dont les caractéristiques peuvent être rattachées au type de travail exécuté. Ce rapport n'est certes pas toujours évident. Dans certaines situations, il est établi par la reconnaissance directe et préalable de ce lien en annexe à la loi (art. 29 L.A.T.M.P.) : dans l'hypothèse où un soudeur souffre d'une rétinite, on pourrait ainsi présumer dès lors l'existence d'un tel lien de causalité (**annexe 1, section IV, 7e**) etc.[3-37]. Dans les autres cas, ce rapport est établi par le travailleur (art. 30 L.A.T.M.P.). Bien évidemment, la question du diagnostic demeure problématique et c'est concernant ce point que le débat a lieu le plus souvent[3-38].

3-33. *Béliveau St-Jacques* c. *Fédération des employés et employées de services publics inc.*, précité, note 3-23. Au sujet de la question psychique, voir : Katherine LIPPEL, « L'indemnisation du stress au travail », dans *Développements récents en droit de la santé et sécurité au travail*, 1992, Cowansville, Les Éditions Yvon Blais inc., p. 23 et suiv. Francine MERCURE, « L'admissibilité à titre de lésions professionnelles des maladies à caractères psychologiques : où en sommes-nous ? », dans *Développements récents en droit de la santé et sécurité au travail*, (1995), Cowansville, Les Éditions Yvon Blais inc., p. 181.

3-34. *Métro-Richelieu et Rochon*, [1986] C.A.L.P. 310; *Provigo Distribution inc. et L. Renaud-Desharnais*, [1990] C.A.L.P. 456.

3-35. *Moneau et Hudon et Daudelin Ltée*, [1986] C.A.L.P. 95; *Jacques Bérubé et Revenu Canada Impôt*, [1987] C.A.L.P. 607.

3-36. *Henrie et Directeur général des élections*, [1987] C.A.L.P. 24. La situation peut être différente si le trajet d'aller ou de retour au travail est couvert par la convention collective. Voir : *Laforest* c. *Compagnie minière de Québec-Cartier*, [1989] C.A.L.P. 678; *Millette et Hôpital Rivière des Prairies*, [1991] C.A.L.P. 35.

3-37. *Succession Clément Guillemette et al.* c. *J.-M. Asbestos inc. et al.*, précité, note 3-24; *Société canadienne des postes et Sévigny*, [1995] C.A.L.P. 1450.

3-38. Claude BERNARD, *L'indemnisation des maladies professionnelles reliées à l'exécution d'un travail répétitif*, précité, note 3-25; Raymond LEVASSEUR, *Les notions d'accident*

vii) *Une rechute, une récidive, une aggravation* : La réapparition d'une blessure ou d'une maladie dont la consolidation était déclarée constitue une lésion professionnelle, même si ce retour résulte d'une activité personnelle[3-39].

viii) *Des présomptions* : Les présomptions de qualification de la lésion établies par la loi peuvent être écartées (art. 2847 C.C.Q.) à l'aide d'une preuve directe et prépondérante à la charge de l'employeur[3-40].

III-308 — *La C.S.S.T.* — Le renouveau entrepris en 1980 en matière de santé et de sécurité du travail devait comprendre l'élection d'un maître d'œuvre disposant à la fois de la confiance des parties, de moyens d'intervention solides et efficaces et de ressources financières suffisantes. Ainsi, la Commission de la santé et de la sécurité du travail (C.S.S.T.) fut instituée dès la mise en branle des nouvelles politiques de prévention en 1980 (**III-405**). Cette commission remplaça la Commission des accidents du travail, dont le principal mandat portait sur la réparation. La C.S.S.T. peut agir en amont et en aval, c'est-à-dire traiter de la prévention et de la sécurité du travail tout en poursuivant l'action d'indemnisation et de réadaptation[3-41]. Lors de la réforme de la *Loi des accidents du travail* en 1985, on y précisa les droits et les pouvoirs de la C.S.S.T. dans le domaine de la réparation[3-42]. Cette double mission confiée à la C.S.S.T. est très vaste et suppose sa présence dans de multiples domaines et sous autant de titres. Ne lui connaît-on pas les fonctions suivantes ?

— *Commanditaire* : Elle lance de vastes programmes de recherche et d'analyse qui sont entrepris notamment par l'Institut de recherche en santé et sécurité du travail, dont le conseil d'administration est présidé par le P.D.G. de la C.S.S.T.[3-43].

— *Arbitre* : Elle départage les parties, notamment au sein des C.S.S. et des A.P.S.S. (**III-410**).

---

et de maladie professionnelle de la L.A.T.M.P. : principaux problèmes d'application, précité, note 3-25.

3-39. *Robert Létourneau* c. *C.A.L.P. et C.S.S.T.*, [1992] C.A.L.P. 399 (C.S.); *Boisvert et Halco inc.*, [1995] C.A.L.P. 19; *Derv et Exeltor inc.*, [1996] C.A.L.P. 429.

3-40. *Forex inc.* c. *Gaétan Deschamps*, [1987] C.A.L.P. 328; *Coulonne* c. *Daishowa*, [1992] C.A.L.P. 279 (C.S.); *Defeault (succession de) et Autostock inc.*, [1994] C.A.L.P. 1075; *Centre hospitalier de l'Université de Sherbrooke et Grégoire*, [1994] C.A.L.P. 1430.

3-41. C'est ce qui explique que les modalités constitutives de la C.S.S.T. se retrouvent à la *Loi sur la santé et la sécurité du travail* et non à la *Loi sur les accidents du travail et les maladies professionnelles*; cette dernière ne fut édictée qu'en 1985. L'article 167 L.S.S.T. énonce en dix-sept alinéas les fonctions propres de la C.S.S.T.

3-42. On trouve des énoncés relatifs aux voies et moyens dont dispose la C.S.S.T. à la fois à la *Loi sur la santé et la sécurité du travail* (art. 137 à 176, 223 à 226) et à la *Loi sur les accidents du travail et les maladies professionnelles* (art. 349 à 366).

3-43. En 1996, la C.S.S.T. versa à l'I.R.S.S.T. la somme de 14 millions de dollars (art. 167, al. 7, L.S.S.T.).

— *Gestionnaire* : Elle traite de manière exclusive tous les dossiers d'indemnisation des victimes de lésions professionnelles[3-44].

— *Animatrice* : Elle coordonne et stimule l'action préventive des organismes paritaires d'établissement et de secteur (C.S.S., A.P.S.S.).

— *Assureur* : Elle assure aux travailleurs ou à leur succession des indemnités et des rentes et dispose à cette fin de réserves fixées par voie actuarielle[3-45].

— *Éducatrice* : Elle doit fournir l'information et la formation à l'ensemble des travailleurs et des employeurs et, de façon plus directe, aux représentants à la prévention, aux membres des comités de santé et de sécurité et des associations paritaires sectorielles.

— *Agent public* : Elle répond de son administration aux instances politiques[3-46].

Outre sa double mission principale, préventive et réparatrice, la C.S.S.T. traite également de divers autres régimes d'indemnisation articulés notamment à :

— la *Loi sur l'indemnisation des victimes d'actes criminels*[3-47] ;

— la *Loi visant à favoriser le civisme*[3-48] ;

— la *Loi sur l'indemnisation des agents de l'État*[3-49].

Afin de permettre à la C.S.S.T. de disposer de solides racines dans tous les milieux de travail, son conseil d'administration est formé de sept membres des centrales syndicales et de sept autres d'origine patronale (art. 141 L.S.S.T.). La présidence revient d'office au chef de la direction et il est nommé par le gouvernement. À ces quinze membres se joignent deux observateurs désignés respectivement par le ministre du Travail et le ministre de la Santé et des Services sociaux[3-50]. À tout le moins, la présence de ces personnes aux plus hautes instances de la direction politique de l'organisme peut permettre une véritable et rapide circulation d'information : de la C.S.S.T. aux centrales syndicales et associations patronales, et de ces dernières à la

---

3-44. En matière d'indemnisation, la C.S.S.T. versa, en 1996, une somme de 1 milliard 179 millions ; elle traita plus de 160 000 dossiers.

3-45. Cette réserve administrée par la Caisse de dépôt et placement du Québec s'élevait à 5 milliards en 1996.

3-46. Le ministre du Travail est son répondant auprès de l'Assemblée nationale (art. 590 L.A.T.M.P.).

3-47. L.R.Q., c. I-6.

3-48. L.R.Q., c. C-20.

3-49. L.R.C. (1985) c. G-5.

3-50. La procédure de nomination, la répartition des fonctions et le processus décisionnel sont donnés aux articles 137 à 165 L.S.S.T. Outre le P.D.G., on y ajoute un président et un chef des opérations (art. 141.1, 154.1 L.S.S.T.).

C.S.S.T. Chacun peut ainsi faire savoir directement et rapidement ses besoins et ses prétentions. Outre le caractère démocratique induit de ce paritarisme, il était nécessaire que les représentants collectifs des travailleurs et des employeurs puissent y exercer une présence active et constante, compte tenu de leurs intérêts et de leurs fonctions respectives et de ce qui suit :

— les principes directeurs de ces deux lois (**III-304, 405**);

— la qualité de la vie et de la santé des travailleurs est en cause, et aussi, la responsabilité des employeurs;

— les victimes occasionnelles et permanentes et leur famille doivent pouvoir compter sur le versement régulier et intégral des indemnités dues;

— les frais inhérents à la réalisation de ces régimes[3-51].

La C.S.S.T. dispose d'un vaste pouvoir d'action et d'intervention et, même, de réglementation, en vue d'assurer une application efficace et réaliste de ces deux lois[3-52]. Selon l'article 349 L.A.T.M.P., elle possède une compétence exclusive en matière de réparation due à la suite d'une lésion ou d'une maladie professionnelle, en plus de sa fonction de maître d'œuvre en santé et sécurité du travail (art. 166 L.S.S.T.) (**III-405**), sous réserve cependant des contrôles et révisions que peuvent effectuer le Bureau d'évaluation médicale et la Commission des lésions professionnelles (**III-309**). À ces fins, la C.S.S.T. jouit d'une immunité à l'égard des recours judiciaires (art. 160 L.S.S.T.; art. 350 L.A.T.M.P.), elle est habilitée à décider d'autorité en fonction des principes d'équité (art. 351 L.A.T.M.P.) et peut déléguer ses pouvoirs à toute personne (art. 172 L.S.S.T.).

III-309 — *Contrôle et révision* — Vu l'importance des décisions que peut rendre la C.S.S.T. dans le cadre du traitement des régimes de réparation et de réadaptation personnelle, sociale et professionnelle, et compte tenu de la complexité et de la fragilité des mécanismes d'évaluation des indemnités et rentes dues, il était nécessaire que des moyens de contrôle y soient jouxtés. De tels organismes de contrôle sont spécialisés en ces matières pour intervenir rapidement en de telles problématiques et pour y répondre avec réalisme et cohérence. En vue d'atteindre ces divers objectifs, on mit en place des institutions disposant respectivement d'un champ de compétence particulier dans le but de permettre aux travailleurs et aux employeurs de s'assurer de la

---

3-51. En 1996, le budget annuel de la C.S.S.T. était de 2 246 millions et les frais d'administration de 265 millions.

3-52. L'article 223 L.S.S.T. énumère en 42 paragraphes distincts les points sur lesquels la C.S.S.T. peut établir quelques règlements, et l'article 454 L.A.T.M.P. renferme 15 autres paragraphes aux mêmes effets (**I-48, 77**). Afin d'assurer plus de cohérence et d'uniformisation, la C.S.S.T. émet aussi des directives à l'intention de ses propres gestionnaires, qui peuvent aussi être accessibles aux parties.

qualité des décisions initiales rendues par la C.S.S.T. et, au besoin, d'en faire corriger le tir[3-53]. À ces fins, la réforme de 1985 (**III-305**) mettait en place trois agents[3-54] :

— *le médecin-arbitre* : appelé à départager entre les rapports du médecin traitant et du médecin examinateur retenu par l'employeur ou par la C.S.S.T.[3-55];

— *le Bureau de révision paritaire* : ce sont des comités régionaux constitués de représentants de milieux syndicaux et patronaux et présidés par un gestionnaire de la C.S.S.T. Ces bureaux entendaient toutes plaintes autres que médicales (art. 176.1 et suiv. L.S.S.T.);

— *la Commission d'appel en matière de lésions professionnelles* (C.A.L.P.) : elle intervenait en appel de toute décision de la C.S.S.T. (art. 397 et suiv. L.A.T.M.P.)[3-56].

On recherchait, par cette triple formule, à se doter d'un processus décisionnel global qui soit à la fois efficace, diligent, pragmatique et dépourvu de lourdeurs technicistes d'ordre judiciaire et médical. Après douze années d'expérience de ce régime et de pénibles constats selon lesquels ces mêmes qualités n'étaient pas parfaitement réunies, le législateur remania ces mécanismes de contrôle de la façon décrite ci-après.

i) Le Bureau d'évaluation médicale : Un médecin membre de ce bureau peut être appelé à départager entre les rapports médicaux établis par le médecin traitant, le médecin retenu par l'employeur ou celui qui intervient à l'initiative de la C.S.S.T. (art. 199, 204, 212 L.A.T.M.P.)[3-57]. Ce bureau dispose d'une large liberté de manœuvre et ses conclusions d'ordre médical lient la C.S.S.T. (art. 224.1 L.A.T.M.P.).

3-53. Denis-Émile GIASSON, *Synopsis sur le nouveau régime*, Actes du XLIIe Congrès des relations industrielles de l'Université Laval, Sainte-Foy, Les Presses de l'Université Laval, 1987, p. 9.

3-54. Compte tenu des objectifs du système et des moyens retenus (**III-302**), il ne peut être surprenant qu'une victime d'un accident du travail ne soit pas satisfaite de l'indemnité qu'elle reçoit, et le scepticisme des employeurs ne peut être que ravivé en raison des coûts qu'ils assument. Aussi, employeurs et salariés doivent pouvoir être rassurés par l'exercice de ces contrôles.

3-55. Les articles 212 et suivants L.A.T.M.P. précisent le champ de contestation et la procédure retenue à ces fins. Depuis 1992, le groupe de médecins-arbitres forme le Bureau d'évaluation médicale.

3-56. La composition, les pouvoirs et la procédure applicable de ces trois instances sont rappelés sommairement dans Rodrigue BLOUIN, René BOULARD, Gilles FERLAND, Gregor MURRAY et Michel PÉRUSSE, Actes du XLIIe Congrès des relations industrielles de l'Université Laval, *Les lésions professionnelles*, p. 131 et suiv.

3-57. *Loi instituant la Commission des lésions professionnelles et modifiant diverses dispositions législatives*, L.Q. 1997, c. 27, notamment les nouveaux articles 205.1 et 212.1.

ii) Les bureaux de révision régionaux sont abolis et la C.S.S.T. procède directement à la révision de ses décisions et à celles des inspecteurs selon les articles 358 et suivants L.A.T.M.P. Cette révision s'effectue sur dossier, mais les parties peuvent faire valoir leurs observations respectives (art. 358 L.A.T.M.P.) La C.S.S.T. peut confirmer, modifier ou infirmer la décision (art. 358.5 L.A.T.M.P.)[3-58].

iii) La Commission des lésions professionnelles (C.L.P.) se substitue à la C.A.L.P.[3-59]. Elle dispose d'une pleine compétence pour entendre en appel toutes les décisions rendues par la C.S.S.T. (art. 359 L.A.T.M.P.). Le commissaire saisi d'une affaire dispose de l'aide de deux assesseurs (art. 379, 429.49 L.A.T.M.P.)[3-60].

La lourdeur et la complexité des modifications apportées en 1997 et le fait de leur promulgation par vagues successives, c'est-à-dire par voie de décrets ultérieurs à sa sanction, nous imposent une grande réserve quant à l'analyse des implications possibles de ces nouvelles dispositions. À n'en point douter, les grands objectifs déjà retenus en 1985 semblent être toujours de mise, du moins quant aux énoncés, et la formulation de plusieurs nouvelles dispositions en témoigne. Il s'agit notamment des quatre objectifs suivants :

— se doter de processus susceptibles de conférer aux intéressés une connaissance convenable du cheminement des affaires, de manière qu'ils puissent faire valoir leurs droits respectifs;

— assurer aux parties une plus grande confiance dans ce régime par la précision des processus décisionnels;

— rechercher une administration plus réaliste par une meilleure répartition des fonctions et une meilleure adaptation des moyens d'action et d'intervention;

— assurer une célérité au système, de manière qu'une décision finale soit rendue dans les meilleurs délais.

Il serait difficile de s'opposer à de tels objectifs et nous devons souhaiter leur réalisation. Le seul fait de la loi de 1997 indique bien qu'entre une déclaration abstraite qui vise l'absolu et la réalité qui doit se limiter au relatif et au simple possible, il existe toujours de grands écarts, quelle que fût ou pourrait être, par ailleurs, la bonne foi des instigateurs de la réforme de 1985, puis de 1997 et, aussi, celle des personnes en cause et de leurs con-

---

3-58. L.Q. 1997, c. 27, art. 42, qui abroge les art. 176.1 à 176.20, et l'art. 43 de cette loi modifie en ce sens l'art. 191.1 L.S.S.T.

3-59. L.Q. 1997, c. 27, art. 24 : un nouveau chapitre XII de la loi remplace l'ancien, soit les art. 367 à 429.59.

3-60. La décision du commissaire est finale et sans appel (art. 429.29) et elle est exécutoire par voie de dépôt au greffe de la Cour supérieure (art. 429.58 L.A.T.M.P.).

seillers (**III-304**). Finalement, soulignons que le processus décisionnel en matière de santé et sécurité au travail est repris au titre V (**V-98 et suiv.**).

III-310 — *Financement* — La C.S.S.T. dispose d'un revenu annuel d'environ 2 milliards 200 millions[3-61]. L'importance de ces sommes est fortement bémolisée si l'on prend en compte les frais annuels d'environ 1 milliard 800 millions qu'elle doit assumer. Ces revenus proviennent des cotisations imposées à tous les employeurs au prorata de leur masse salariale respective[3-62]. Si les frais de risques assumés collectivement sont répartis à l'aide de techniques assurantielles, ce fait ne saurait justifier l'assimilation de la C.S.S.T. à une quelconque société d'assurances[3-63]. Il faut noter qu'elle peut percevoir des employeurs « [...] les sommes requises pour l'application de la présente loi » (art. 281 L.A.T.M.P.)[3-64]. Aux fins du calcul de la masse salariale à l'égard d'un établissement donné, on établit un salaire brut maximum; il est de 50 000 $ en 1998 (art. 289 L.A.T.M.P.). Dans le cadre du système de cotisation mis en place, la dette de chaque employeur à l'égard de la C.S.S.T. s'établit sur une base distincte en fonction de la rémunération totale versée, alors que la masse des sommes perçues demeure indivisible au soutien des prestations dues à tous et à chacun des bénéficiaires (art. 283 L.A.T.M.P.). Ainsi, les mauvaises créances des uns ne réduisent pas l'obligation de payer qui incombe à la C.S.S.T. à l'égard des autres, les travailleurs. Les réserves nécessaires en vue d'assumer le paiement des rentes et des indemnités sont établies en fonction des pratiques actuarielles (art. 285 et 286 L.A.T.M.P.).

3-61. Le rapport annuel de 1996 de la C.S.S.T. répartit ainsi ses revenus : cotisation des employeurs (1 milliard 733 millions), placement et intérêts (709 millions), autres (3 millions).

3-62. Le taux de cotisation applicable varie d'un établissement à un autre en fonction de plusieurs facteurs, notamment de l'effort réel relatif à la prévention, des classifications selon les expériences de risque (319 unités), du partage des coûts selon l'historique des accidentés, du calibrage rétrospectif des cotisations, etc.

3-63. Elle ne connaît pas de concurrents, les employeurs sont tenus d'y contribuer, les bénéficiaires doivent accepter les prestations et s'en satisfaire; certains de ses revenus sont affectés à des services publics (inspectorat, révision par la C.L.P., etc.) et des activités non directement reliées aux accidents et aux maladies professionnelles sont assumées par la C.S.S.T. : la prévention, l'information, la formation, la recherche, etc.

3-64. Le taux moyen de la cotisation est de 2,52 $ par tranche de 100 $ de la masse salariale de l'employeur à l'égard d'un établissement, et la masse salariale générale au Québec était de 67 milliards en 1996.

Section 3.2
Les régimes de réparation

III-311 — *L'objet de la réparation* — Il y a près de 80 ans que l'on tente d'établir un processus distinct approprié au traitement de la réparation des accidents du travail (**III-303**). Par mouvements saccadés, il fallut saisir de manière toujours plus réaliste l'objet même de cette réparation, puis instituer des processus d'évaluation assurant le passage des règles abstraites à des situations trop souvent dramatiquement concrètes. À ce sujet, il peut être utile de lire ou de relire l'article 1 L.A.T.M.P., où l'on retrouve en cinq volets l'énoncé de ce programme de réparation comprenant ce qui suit.

i) « [...] la fourniture des soins nécessaires à la consolidation d'une lésion, [...] » : On entend les premières interventions médicales et aussi toutes celles nécessaires et normalement disponibles pour atteindre à cette consolidation (art. 188 à 233 L.A.T.M.P.) (**III-312**).

ii) « [...] la réadaptation physique, sociale et professionnelle [...] » : Sans faire de la C.S.S.T. un « milieu miraculeux », cette triple réadaptation est certes vaste et peut, selon les circonstances, être exigeante et particulièrement coûteuse si on entendait vraiment prendre toutes les mesures idoines utiles à la remise en état fonctionnelle du travailleur (art. 145 à 187 L.A.T.M.P.) (**III-313**).

iii) « [...] le paiement d'indemnités de remplacement du revenu [...] » : Cette expression pourrait signifier que la substitution serait égale à la rémunération manquante. Parce que la capacité de payer est nécessairement limitée, qu'il fallait plus ou moins arrêter par voie actuarielle le risque total annuel pris en charge par la collectivité pour en répartir le coût et qu'il s'agit d'un régime général d'indemnisation, quelques balises devaient préciser la partie compensée de cette rémunération manquante, étant donné d'ailleurs qu'elle est aussi versée malgré les vicissitudes ultérieures de l'entreprise et de l'emploi du travailleur (art. 44 à 82 L.A.T.M.P.) (**III-310**).

iv) Le paiement d'indemnités pour « [...] dommages corporels et, le cas échéant, d'indemnités de décès [...] ». En ce sens, toutes atteintes à l'intégrité physique du travailleur et celles qui lui seraient fatales devraient être indemnisées. Cet énoncé écarte la considération du traumatisme psychique que pourrait aussi produire l'accident de travail (**III-307**). Par ailleurs, on assume l'obligation alimentaire du travailleur à l'endroit des siens et c'est à ce dernier titre que ses dépendants peuvent recevoir une indemnité (art. 83 et suiv. L.A.T.M.P.) (**III-313**).

v) « [...] le droit au retour au travail du travailleur [...] » : Ce droit est contenu comme il est dit « [...] dans les limites prévues au chapitre VII [...] ». Le caractère fondamentalement résiliable du contrat de travail (**II-146**), les contraintes de production de l'entreprise, le nombre limité de postes disponibles dans une entreprise peuvent rendre aléatoire et précaire le retour réel au travail dans cette même entreprise (art. 234 à 251 L.A.T.M.P.) (**III-314**).

vi) Bien évidemment, ce ne sont là que des énoncés liminaires. Pour en apprécier le sens et le contenu réel, il nous faut prendre acte de l'ensemble des règles de droit particulières qui transposent en forme juridique ces premières déclarations (art. 44 à 251 L.A.T.M.P.) et mieux savoir comment ces mêmes règles sont appliquées dans des situations concrètes par les organismes spécialisés (**III-309**) et les tribunaux judiciaires de contrôle (**V-76**)[3-65]. En faisant le pont entre l'article 1 et l'article 235 L.A.T.M.P. où l'on précise que le salarié « [...] continue à accumuler de l'ancienneté [...] » malgré cette absence fortuite, nous pourrions croire que le législateur cherchait à le traiter de manière que sa lésion professionnelle ne lui porte pas préjudice au terme de l'opération administrative et curative. Cet exposé de la loi, assez sommaire par ailleurs, permet néanmoins de comprendre que la réalité juridique et pratique est fort plus limitée. Les postulats du régime expliqueraient, du moins en partie, cette réduction inévitable de la portée concrète de la loi (**III-304, point iii**).

3-65. *Chaput* c. *S.T.C.U.M.*, [1992] R.J.Q. 1774 (C.A.); *Côté* c. *C.S. Brooks Canada inc. et C.S.S.T.*, [1993] C.A.L.P. 1; *Domtar inc.* c. *Commission d'appel en matière de lésions professionnelles*, [1993] 2 R.C.S. 756. Le nombre de décisions rendues annuellement au sujet des divers régimes de réparation est tel que l'on ne saurait en faire une véritable synthèse : les index analytiques peuvent faciliter la recherche des décisions indicatives de solutions possibles et notamment celles de Monique DESROSIERS, *Accidentés du travail et maladies professionnelles (1985–1996)*, 3e éd., coll. Atout maître, SOQUIJ et aussi, Murielle DRAPEAU et Richard MAILHOT, *Santé et Sécurité au travail*, Farnham, CCH/F.M. inc., mis à jour.

III-312 — *Soins et indemnités* — Dès que survient une lésion professionnelle (**III-307**), quatre types de réparation fort différents peuvent s'imposer :

— celle que requiert l'état physique du travailleur : les premiers soins, puis les traitements médicaux principaux qu'impose sa guérison ;

— celle résultant de l'absence de rémunération, conséquence directe de l'arrêt de la prestation de travail (**II-56, 136 et suiv.**) ;

— celle à laquelle peuvent avoir droit les personnes à charge du travailleur décédé (art. 92 à 111 L.A.T.M.P.) ;

— celle relative à l'indemnisation pour la perte de l'intégrité physique du travailleur.

Dans le premier cas, l'article 188 L.A.T.M.P. précise d'une manière fort explicite que le travailleur a « [...] droit à l'assistance médicale que requiert son état en raison de cette lésion ». On y précise l'étendue générale de l'aide médicale qui peut lui être prodiguée, y compris les premiers soins qui incombent à l'employeur (art. 189 à 191 L.A.T.M.P.). Le travailleur dispose cependant du libre choix du médecin et du lieu d'hospitalisation (art. 192 et 193 L.A.T.M.P.). Les frais reliés aux soins médicaux sont à la charge de la C.S.S.T. et non à celle du régime public d'assurance-maladie (art. 196 et 197 L.A.T.M.P.). Afin d'éviter des délais quant au versement des indemnités de remplacement de revenu (I.R.R.), l'indemnité afférente pour les quatorze premiers jours d'absence est versée par l'employeur à charge de la C.S.S.T. de les lui rembourser. (art. 59 à 62 L.A.T.M.P.)[3-66]. Au terme de cette première période, la C.S.S.T. verse elle-même au travailleur les indemnités de remplacement de revenu établies selon les articles 44 à 58 L.A.T.M.P., et ce, « [...] tant qu'il a besoin de réadaptation pour redevenir capable d'exercer son emploi... ou un emploi convenable » (art. 47 L.A.T.M.P.). À ce sujet, une double question assez délicate peut être soulevée : celle relative à l'avènement de la consolidation réelle ou présumée et celle concernant le moment où le travailleur retrouve sa capacité professionnelle. Les énoncés des articles 46 et 47 L.A.T.M.P. sont certes fort prometteurs, bien qu'ils sous-entendent néanmoins plusieurs appréciations et jugements[3-67]. En effet, selon ces deux

---

3-66. On utilise à tort, nous semble-t-il, le terme « salaire » à l'article 60 L.A.T.M.P. alors qu'il n'y a pas de prestation de travail ni de contre-prestation réelle (**II-138**). De plus, dès qu'il est ainsi absent, le travailleur n'est plus soumis aux vicissitudes de l'entreprise, son droit aux I.R.R. étant dès lors acquis. Voir : *Domtar* c. *C.A.L.P.*, [1993] 2 R.C.S. 756. Le travailleur reçoit, pour cette première période, 90 % de sa rémunération nette (art. 60, 62 L.A.T.M.P.).

3-67. Aux articles 44 à 49 L.A.T.M.P., on traite différemment la question de la consolidation (guérison ou stabilisation d'une lésion) et celle d'une capacité professionnelle retrouvée ou ainsi qualifiée. Voir : *Berthe Gagné et Résidence Christophe Colomb et C.S.S.T.*, [1988] C.A.L.P. 305.

articles, le critère principal serait « [...] la capacité retrouvée d'exercer à plein temps un emploi convenable » (art. 47 *in fine*, 49, al. 1, L.A.T.M.P.). Au sujet de la consolidation de la lésion professionnelle, le jugement médical que sous-entend cette qualification peut être strictement technique, ce qui ne signifierait pas toujours que le travailleur soit physiquement, psychologiquement et socialement parfaitement en état. En médecine comme en droit, le jugement qu'autorise la discipline ne peut embrasser, loin de là, l'intégralité de l'univers visé[3-68]. Quant à l'appréciation de l'emploi convenable à temps plein, on doit supposer que la correspondance entre l'état du travailleur et ses aptitudes professionnelles, d'une part, et, d'autre part, les caractéristiques spécifiques de cet emploi exigeraient une bonne connaissance et de la personne et de l'emploi[3-69]. En raison du libellé de ces dispositions, on se réfère encore au modèle de l'emploi à temps plein. Il faudra sans doute tenir compte aussi du fait que plus de 15 % des emplois actuels sont à temps partiel et que le travailleur victime d'une lésion travaillait peut-être à ce rythme[3-70]. On trouve, à ces mêmes articles de la loi, plusieurs incitatifs pour que le travailleur se reprenne en main et que le droit aux indemnités (I.R.R.) soit d'une durée déterminée. Par exemple[3-71] :

— le quantum de l'indemnité versée est égal à 90 % du revenu net du travailleur, qui est contenu dans une fourchette ayant un plafond et aussi un seuil[3-72];

— le droit à l'I.R.R. peut cesser dès que le travailleur recouvre sa capacité professionnelle à l'égard de l'emploi laissé et au sujet duquel il peut encore exercer son droit de retour (art. 57, 240 L.A.T.M.P.) (**III-314**)[3-73];

3-68. Notons que la définition retenue de la consolidation (art. 1 L.A.T.M.P.) a trait à l'amélioration prévisible, ce qui est assez contingent et loin de l'absolu.

3-69. On ne pourrait certes se limiter à une simple description livresque des emplois types pour établir ce qui peut être « convenable » à un travailleur donné, notamment si celui-ci ne bénéficie pas d'une intégrale et parfaite consolidation comme le sous-entend l'hypothèse retenue à l'article 47 L.A.T.M.P. Voir : *Jutras et Pâtisserie Régal Ltée*, [1989] B.R.P. 95.

3-70. Le fait que ce salarié travaillait à temps partiel au moment de l'accident ne pourrait justifier qu'on le traite à ce seul titre, alors que ce statut au moment de l'accident ne pouvait être qu'occasionnel et ne dépendait nullement de sa volonté mais fort plus de la conjoncture.

3-71. Comme tout sevrage, le passage à l'autonomie est souvent une opération délicate, difficile et parfois périlleuse, sinon téméraire.

3-72. L'article 45 vise le revenu réel au moment de l'arrêt du travail à la suite de la consolidation déclarée. On retiendrait le revenu hypothétique, c'est-à-dire celui que le travailleur devrait retirer de l'emploi déclaré convenable (art. 50 L.A.T.M.P.). Dans le cas des travailleurs visés aux articles 10 à 13 L.A.T.M.P. (**III-306**), l'I.R.R. est versée en fonction des articles 77 à 82 L.A.T.M.P.

3-73. Notons que la durée du versement de l'indemnité de remplacement varie en fonction de l'âge du travailleur (art. 53, 56 et 57 L.A.T.M.P.).

— le refus d'accepter un emploi convenable ou de réintégrer son emploi au terme déclaré de sa réadaptation lui fait perdre son droit à l'I.R.R. de remplacement (art. 48 L.A.T.M.P.);

— l'I.R.R. est réduite des sommes versées en vertu d'une autre loi du Québec (art. 31, 48, 49, 448 L.A.T.M.P.);

— le travailleur qui souffre d'une incapacité partielle permanente au terme de la consolidation de sa lésion et de sa réadaptation professionnelle doit accepter l'offre d'un emploi convenable à plein temps (art. 49 L.A.T.M.P.);

— dès que la lésion est consolidée et que le travailleur dispose d'une capacité professionnelle pour assumer un emploi convenable à plein temps, et qu'il entend personnellement l'assumer si on le lui offre, il reçoit encore l'I.R.R., mais pour au plus un an « [...] à compter de la date où il redevient capable d'exercer son emploi » (art. 48, al. 1 *in fine*, 49, al. 2 *in fine*, L.A.T.M.P.)[3-74];

— si le travailleur exerce un emploi convenable réel ou présumé, il a droit à la différence entre l'I.R.R. et la rémunération rattachée à cet emploi (art. 52 L.A.T.M.P.).

Ces diverses règles servent d'incitatifs à un retour réel et maintenu au travail puisqu'on y vise davantage la perte présumée d'une rémunération rattachée à un emploi convenable disponible[3-75]. Il est vrai que l'objectif de la recherche d'un emploi convenable à plein temps au sens de ces articles peut devenir quelque peu anachronique alors qu'il existe de plus en plus des emplois à temps partiel. De plus, bien des emplois à temps partiel peuvent fort bien convenir à un travailleur ne disposant plus d'une pleine capacité professionnelle ou physique[3-76]. Le versement de ces indemnités (I.R.R.) cesse notamment du fait du décès du travailleur (art. 57 L.A.T.M.P.). Dans ce cas, la C.S.S.T. verse des indemnités aux personnes à sa charge (art. 98 à 111 L.A.T.M.P.). Le conjoint et les enfants reçoivent des indemnités forfaitaires et une rente pour une durée de un à trois ans dans le premier cas et jusqu'à la

---

3-74. S'il y a rechute au cours des deux premières années de sa réintégration professionnelle, ce travailleur peut, aux conditions édictées aux articles 51 et 52 L.A.T.M.P., recevoir de nouveau l'indemnité afférente.

3-75. Katherine LIPPEL, Actes des Journées du droit social et du travail, mai 1990, *Le nouveau droit de la sécurité sociale : une obligation de travailler ?*, UQUAM, Département des sciences juridiques, avril 1991, p. 21 et suiv.

3-76. Jean-Pierre NÉRON, « La détermination de la possibilité raisonnable d'embauche dans la définition de l'emploi convenable », dans *Développements récents en droit de la santé et sécurité au travail (1995)*, Cowansville, Les Éditions Yvon Blais inc., p. 3. La C.S.S.T. dispose de la compétence pour réviser les indemnités à la hausse et à la baisse. Voir : *Riopel c. Kushner*, [1995] C.A.L.P. 1948 (C.S.).

majorité des enfants mineurs[3-77]. Une atteinte à l'intégrité physique du travailleur donne également droit à une indemnité proportionnelle à cette perte (art. 83, 84 et 91 L.A.T.M..P.)[3-78].

III-313 — *Réadaptation* — En fonction de l'objet de la loi (art. 1 L.A.T.M.P.) **(III-311)**, divers programmes de réadaptation sont offerts au travailleur qui « [...] subit une atteinte permanente à son intégrité physique ou psychique [...] » (art. 145 L.A.T.M.P.). Ces programmes en vue d'une réadaptation physique, sociale et professionnelle doivent bien évidemment être adaptés aux besoins propres du travailleur dont l'autonomie physique ou psychique est maintenant réduite. Il s'agit d'un « plan individualisé de réadaptation (P.I.R.) arrêté par la C.S.S.T. avec la participation du travailleur (art. 146 L.A.T.M.P.)[3-79]. La réalisation d'un tel plan peut s'échelonner sur une longue période et être adaptée et corrigée au besoin selon les circonstances[3-80]. Cette donnée doit être aussi retenue afin de mieux saisir l'étendue possible de la durée du versement de l'indemnité de remplacement de revenu (art. 47 L.A.T.M.P.) **(III-312)**. Bien évidemment, ces coûts demeurent à la charge de la C.S.S.T. qui doit cependant retenir les voies de solutions les plus économiques « [...] parmi celles qui permettent d'atteindre l'objectif recherché » (art. 181 L.A.T.M.P.)[3-81]. Cette réadaptation peut comprendre trois grands volets décrits ci-après.

i) *La réadaptation physique (art. 148 à 150 L.A.T.M.P.)* : Il s'agit de l'ensemble des moyens normalement disponibles et susceptibles de permettre au travailleur de recouvrer la plus grande autonomie possible de sa personne. Elle comprend les soins médicaux et infirmiers, la physiothérapie, l'ergothérapie et autres soins nécessaires (art. 149 L.A.T.M.P.).

ii) *La réadaptation sociale (art. 151 à 165 L.A.T.M.P.)* : On entend par là l'élimination possible des obstacles à l'exercice des activités habituelles du travailleur. Ce champ est fort vaste puisqu'il peut comprendre l'ensemble des activités d'une personne en société : aide domestique, garde des enfants, voies d'accès et de libre circulation au domicile, adaptation d'un véhicule, etc.

3-77. Les montants arrêtés aux articles 100 à 111 L.A.T.M.P. sont adaptés annuellement en fonction de l'indice des prix à la consommation (art. 117 à 123 L.A.T.M.P.).

3-78. *Règlement sur le barème des dommages corporels*, Décret 1291-87, (1987) 119 G.O. 2, 5577,

3-79. Michel CHARETTE, « La réadaptation pour le meilleur et pour le P.I.R... » dans *Développements récents en droit de la santé et sécurité au travail*, 1993, p. 119 et suiv., Cowansville, Les Éditions Yvon Blais inc.

3-80. *Éthier et Foyer Père Guinard*, [1992] C.A.L.P. 1512.

3-81. Contrairement aux techniques de rédaction employées dans une loi-cadre, on trouve dans le chapitre de la réadaptation certains *maxima* déjà quantitativement arrêtés (art. 154, 160, 165, 177, 186, L.A.T.M.P.).

iii) *La réadaptation professionnelle (art. 166 à 178 L.A.T.M.P.)* : Cette réinsertion professionnelle pourrait permettre au travailleur de reprendre la poursuite de son métier ou d'apprendre un métier qui puisse dorénavant lui convenir, ou l'adaptation d'un poste de travail pour compenser son handicap, ou encore, dédommager un employeur pour les faux frais que pourrait occasionner cette situation, etc.

L'affectation temporaire à un autre emploi convenable peut également s'inscrire dans un programme de réinsertion professionnelle. Ce moyen peut aussi être retenu par l'employeur lui-même si les conditions préalables arrêtées à l'article 179 L.A.T.M.P. sont respectées. Parce qu'un emploi convenable n'est pas nécessairement celui que qualifierait à ce titre l'employeur, la proposition de ce dernier doit faire l'objet d'un contrôle préalable, et le travailleur peut aussi contester cette qualification retenue par l'employeur ou le médecin intervenant (art. 179 *in fine* L.A.T.M.P.)[3-82]. Dans un tel cas de retour précoce chez son employeur, ce travailleur est rémunéré au taux dont il bénéficiait avant la lésion (art. 180 L.A.T.M.P.). Si le travailleur refuse l'offre de l'employeur sans raison déclarée valable (art. 179 *in fine* L.A.T.M.P.), il peut alors être privé de l'I.R.R. (art. 46, 183 L.A.T.M.P.).

III-314 — *Retour* — Puisque le travailleur victime d'une lésion professionnelle doit forcément s'absenter de son travail, on pouvait présumer qu'il y retournerait une fois rétabli. Par-delà cette réaction logique et normale, ce travailleur dispose maintenant d'un droit de retour affirmé et garanti à l'article 234 L.A.T.M.P. Un tel retour suppose que l'on puisse encore le recevoir chez son employeur, ce qui implique à tout le moins que sa prestation serait encore nécessaire, que ce travailleur dispose encore des qualités professionnelles requises pour réintégrer normalement le même poste et aussi, la prise en considération, s'il y a lieu, des droits du travailleur qui l'a remplacé. Ce sont là quelques contraintes pratiques qu'il fallut résoudre pour assurer au travailleur le droit à un réel retour au travail. À ces fins, les articles 234 à 251 L.A.T.M.P. précisent ce qui suit.

i) Ce droit de retour ne vise pas tous les travailleurs, mais seulement ceux liés par contrat de travail (**II-50**) au moment de la lésion (**III-306**).

ii) Si le contrat de travail est à durée déterminée (**II-63**), la garantie de retour ne dépasse pas la partie résiduelle de la durée initiale de ce même contrat (art. 234, 237 L.A.T.M.P.).

3-82. *Société Canadienne des postes et Denise Landry Thibault*, [1987] C.A.L.P. 377; *François Borduas et Hôtel-Dieu de Montréal*, [1987] C.A.L.P. 826; *Gaudet Leblanc et Centre hospitalier de l'Archipel*, [1990] C.A.L.P. 655. Il peut parfois être intéressant pour l'employeur de faciliter ce retour par voie d'affectation temporaire puisqu'elle lui permet de réduire ses frais (**III-311**).

iii) Le travailleur soumis au régime applicable à l'industrie de la construction peut réintégrer son emploi si le chantier se poursuit au moment où il est rétabli et, alors, aux conditions déterminées par le comité de santé et de sécurité ou, à défaut, par entente entre lui et l'employeur et, au besoin, selon les modalités arrêtées par la C.S.S.T. (art. 250 et 251 L.A.T.M.P.).

iv) Le seul fait que le salarié fut déjà victime d'une lésion professionnelle ne saurait constituer une cause valable du refus d'embauche et encore mieux, de refus de le réintégrer (art. 243 L.A.T.M.P.) (**II-24, 156**).

Les articles 234 et 237 L.A.T.M.P. sous-entendent le maintien du contrat de travail durant la suspension obligée de son exécution en raison de la lésion professionnelle. Puisque ce contrat de travail subsiste, il convenait que les droits dérivés lui soient aussi préservés. Ainsi, le temps d'absence serait assimilé à un temps de travail pour ce qui est de l'ancienneté au sens de la convention collective ou du service continu selon l'article 1, alinéa 12, L.N.T. (**III-207**), et cette absence n'interrompt pas son droit aux avantages sociaux (retraite, assurance, etc.) rattachés à son emploi (art. 235 L.A.T.M.P.) (**II-156**). Notons que l'on n'y vise que l'ancienneté et nullement le salaire et les avantages réels qu'aurait pu recevoir ce travailleur s'il avait effectivement assumé sa prestation de travail. À titre d'exemple, il serait possible que le cumul de l'ancienneté ou de service continu lui confère le droit à trois semaines de congé annuel, mais par ailleurs, la rémunération afférente, selon la convention collective ou la *Loi sur les normes du travail*, sera établie en fonction de la rémunération globale annuelle réellement gagnée et non selon celle qu'il aurait pu autrement recevoir n'eût été de son absence due à cette lésion professionnelle[3-83]. Dès qu'il est rétabli, c'est-à-dire dès qu'il recouvre ses qualités professionnelles, ce salarié dispose d'un droit prioritaire à l'égard du poste qu'il a dû subrepticement laisser (art. 236 L.A.T.M.P.)[3-84]. Dans cette même logique, la lésion professionnelle ne procure pas une immunité complète au salarié; il nous faut faire comme s'il avait été au travail au cours de cette période et considérer qu'il aurait connu les vicissitudes de l'entreprise. Si, au cours de cette même période, l'employeur avait effectué une mise à pied collective, une réorganisation interne, etc., on placerait le salarié dans cette même condition à son retour, entendu qu'il disposerait aussi des recours

---

3-83. Rosaire S. HOUDE, « Les avantages et les conditions de travail du travailleur absent pour lésions professionnelles : pendant et après », dans *Développements récents en droit de la santé et sécurité au travail* (1994), Cowansville, Les Éditions Yvon Blais inc., p. 1 ct suiv.

3-84. Si l'avènement de la lésion professionnelle n'a pas rompu le contrat de travail, il faut croire que le droit dont il s'agit à l'article 236 L.A.T.M.P. serait le poste occupé à l'égard duquel un autre salarié a pu temporairement être affecté. Selon les définitions des termes « emploi convenable » et « emploi équivalent » données dans cette loi, on semble confondre parfois les deux concepts emploi et poste. De plus, l'emploi équivalent au sens de l'article 236 L.A.T.M.P. renvoie à l'emploi laissé, alors que l'emploi convenable visé à l'article 239 L.A.T.M.P. se jauge en fonction de la capacité résiduelle du salarié.

qu'il aurait pu exercer s'il avait été effectivement déplacé ou mis à pied (art. 238 L.A.T.M.P.)[3-85]. Il est aussi possible que ce salarié ne recouvre pas l'intégralité de ses aptitudes professionnelles ou physiques et alors, son droit prioritaire de retour vaudrait pour « [...] le premier emploi convenable qui devient disponible dans un établissement de son employeur » (art. 239, al. 1, L.A.T.M.P.)[3-86]. L'employeur n'est nullement tenu d'adapter un emploi aux capacités résiduelles du salarié. L'application de cette dernière règle peut entraîner un conflit de droit en raison des droits prioritaires dont peuvent aussi bénéficier les autres travailleurs du même employeur en vertu de la convention collective (art. 239, al. 2, L.A.T.M.P.). À ces fins, l'article 244 L.A.T.M.P. précise que la convention collective pourrait déterminer la manière de concilier ces droits conflictuels d'accès à un même poste vacant. À défaut de dispositions conventionnelles, le comité de santé et de sécurité (**III-309**) est habilité à trancher un tel conflit de droit et ultimement, la C.S.S.T. (art. 245 et 246 L.A.T.M.P.)[3-87]. Ces dernières dispositions de la loi indiquent qu'un tel retour peut ne pas être toujours facile d'application, tant pour la bonne gestion de l'organisation du travail, alors que le remplaçant de la victime peut fort bien avoir acquis des droits. Pour cette raison, nous semble-t-il, ce droit de retour est d'une durée limitée : un an, si l'établissement en cause comprend vingt travailleurs ou moins, et deux ans dans les autres cas (art. 240 L.A.T.M.P.). On peut croire également que l'existence du droit de retour au travail devrait inciter l'employeur à tenir compte de cet éventuel événement et à prendre les mesures nécessaires ou les réserves à l'égard du salarié qui occupe temporairement le poste subrepticement laissé.

III-315 — *Derniers propos* — Notre simple et trop bref exposé rend compte d'une façon bien parcellaire d'un régime socialement fort important et fondamentalement complexe en raison :

— *de son objet* : La réparation des atteintes à l'intégrité du travailleur à la suite d'un accident ou d'une maladie professionnelle (**III-307**);

— *des moyens nécessaires* : Un dispositif administratif multidisciplinaire comprenant néanmoins l'intervention de nombreux conseillers (en

---

3-85. L'article 238 L.A.T.M.P. ne s'applique que lorsque le salarié est assujetti à une convention collective. Nous ne pourrions croire que, dans les autres cas, le salarié disposerait d'une plus grande immunité !

3-86. Outre la difficulté d'établir, dans chaque cas, ce qui constitue un « emploi convenable » (**III-312**), l'article 239 L.A.T.M.P. élargit alors l'assiette d'exercice du droit de retour à l'ensemble des établissements de l'employeur.

3-87. Une règle conventionnelle établissant l'ordre prioritaire applicable doit prévaloir puisqu'elle s'autorise même de la loi : les deux voies retenues aux articles 245 et 246 L.A.T.M.P. ne sont que supplétives du contenu de la convention collective. Si cette dernière était vraiment abusive, l'arbitre de griefs pourrait y remédier (art. 145 *in fine*, 100.12 g) C.t.).

médecine, en rééducation physique et sociale, en formation professionnelle, en assurance, etc.) (**III-308**);

— *de son financement* : La prise en charge collective d'un risque induit de l'activité professionnelle exige une équitable répartition des frais entre les employeurs qui exercent par ailleurs dans diverses branches et secteurs, qui sont respectivement de tailles différentes et dont l'action de prévention peut également varier (**III-310**).

À ces contraintes de départ, il faut ajouter qu'il aurait été nécessaire d'analyser plus en détail le fait que les résultats d'un tel régime ne peuvent être que très relativement satisfaisants. L'économie de cette loi repose sur des présomptions, des seuils et des barèmes, ce qui ne permet pas de considérer parfaitement et complètement le réel dommage subi par l'accidenté (**III-302**). Aussi cherche-t-on à rendre toujours plus perfectibles les mécanismes mis en place, et cette tentative se traduit souvent par voie de corrections apportées à la loi (**III-303**). Nous n'avons pu, en quelques pages, bien traduire ces diverses contraintes et les étudier en profondeur. Quoi qu'il en soit, il s'agit d'un régime socialement important, voire indispensable, tant qu'il y aura des accidents du travail susceptibles de priver un travailleur de l'intégralité de ses facultés personnelles et professionnelles. Notre exposé se limitait à indiquer les grandes voies retenues et à établir quelques liaisons entre elles.

CHAPITRE III-4

LA *LOI SUR LA SANTÉ ET LA SÉCURITÉ DU TRAVAIL* (L.S.S.T.)[4-1]

III-401 — *Cheminement proposé* — À l'égard des risques inhérents au travail, la *Loi sur la santé et la sécurité du travail* constitue, en quelque sorte, le volet positif de la prise en charge relative effectuée par l'État. Il s'agit d'un ensemble de mesures retenues en vue de prévenir les accidents du travail et les maladies professionnelles, notamment par l'élimination à la source même de ce risque ou en le contenant le plus possible. Plus ces mesures préventives peuvent être efficaces et moins les mécanismes de réparation sont mis à contribution, ce qui illustre la dynamique de la double action de prévention et de réparation. Cette base commune et la problématique qu'elle sous-tend se trouvent de multiples fois exprimées dans deux lois-cadres : la *Loi sur les accidents du travail et les maladies professionnelles* et la *Loi sur la santé et la sécurité du travail*. On peut ainsi comprendre que plusieurs institutions

---

4-1. *Loi sur la santé et la sécurité du travail*, L.R.Q., c. S-2.1, ci-après : L.S.S.T.

mises en place à ces occasions interviennent tantôt pour des affaires relevant de la prévention et tantôt relativement à l'une ou l'autre des multiples dimensions de la réparation. Pour ces raisons, l'ensemble des dispositifs devant assurer l'application de ce double régime relève du même maître d'œuvre, la Commission de la santé et de la sécurité du travail (C.S.S.T.) (**III-308**). La *Loi sur la santé et la sécurité du travail* comprend plus de 200 articles, et les règlements qui en résultent renferment davantage de dispositions à teneur plus technique et certes plus spécifique. Dans le cadre du présent ouvrage, nous nous limitons à une simple présentation générale de cette loi pour ainsi compléter certains exposés présentés aux autres titres, notamment lorsque l'on traite du statut et des obligations des employeurs, des syndicats et des salariés ainsi que du contentieux qui résulte de l'application de cette loi (**V-98**)[4-2]. Cette vue générale comprend trois sections :

— section 4.1 : la genèse de la loi de 1979 (**III-402 à 404**);

— section 4.2 : une vue panoramique de la loi (**III-405 à 417**) : lignes directrices, objet, institutions et principaux agents;

— section 4.3 : les mesures particulières et caractéristiques du régime (**III-418 à 426**).

4-2. Des analyses fort plus détaillées et approfondies sont disponibles et peuvent apporter aux lecteurs d'utiles éclairages. Il s'agit notamment de : Bernard CLICHE, Serge LAFONTAINE et Richard MAILHOT, *Traité de droit de la santé et de la sécurité au travail*, Cowansville, Les Éditions Yvon Blais inc., 1993; *Développements récents en droit de la santé et sécurité au travail*, publication annuelle, Cowansville, Les Éditions Yvon Blais inc.; Paul LANOIE, *Aspects économiques de la santé et sécurité au travail*, (1994) 49 *Rel. Ind.* 62. Pour un excellent aperçu de la problématique concernant la santé et la sécurité au travail dans les pays européens, voir : Laurent VOGEL, *L'organisation de la prévention sur les lieux de travail*, Bureau technique syndical européen pour la santé et la sécurité, 1994, I.S.B.N. : 2-930003-09X.

Section 4.1

La genèse de la loi de 1979

III-402 — *Avant 1979* — Bien évidemment, la *Loi sur la santé et la sécurité du travail* de 1979 ne fut pas la première ni la seule intervention de l'État en cette matière. L'histoire de la législation enseigne que la protection de la santé et de l'intégrité physique des travailleurs fut l'objet des premières lois de l'emploi au Québec dans : l'*Acte des manufactures de Québec*[4-3]. Cette loi prohibait le travail des garçons de moins de 12 ans, des filles de moins de 14 ans et limitait à 60 heures la semaine de travail des femmes, des jeunes filles et des enfants. On y trouvait plusieurs dispositions relatives à la salubrité, à l'hygiène et aux risques d'accident. Un premier service d'inspection des lieux du travail était aussi institué et fut mis en place au cours des années suivant la promulgation de cette loi[4-4]. Peu à peu et fort lentement, cette première loi de 1885 fut implantée et, par la voie de modifications, on tenta de résoudre les difficultés d'application qui survinrent. En 1894, le législateur la réécrivit et en précisa fort mieux les tenants et les aboutissants dans : la *Loi des établissements industriels de Québec* (S.Q. 1894, c. 30) jouxtée à la *Loi relative aux édifices publics* (57 Vict., c. 29). Ces deux lois permirent d'édicter des règlements pour préciser de façon plus détaillée des normes d'hygiène, de salubrité et de sécurité applicables distinctement dans certains secteurs ou

---

4-3. (1885) 48 Vict., c. 32 : le terme « manufacture » laisse bien comprendre que la production de biens reposait alors pour une bonne part sur le travail manuel des salariés. Cette loi était rédigée en fonction d'une loi anglaise qui lui servit de modèle : *Factory and Workshop Act* de 1878.

4-4. Roger CHARTIER, « L'inspection des établissements industriels et des édifices publics (1865–1900) », (1962) 17 *Rel. Ind.*, p. 43 : À l'aide de nombreux extraits, l'auteur rapporte les constats des premiers inspecteurs sur l'état des conditions de travail dans ces manufactures à la fin du XIXᵉ siècle.

branches d'activité. En 1936, la *Loi de l'hygiène publique* autorisait la formation d'un groupe spécialisé d'inspecteurs en matière d'hygiène sous l'égide du ministre de la Santé. Les exploitations minières devenaient, en 1939, soumises à un certain contrôle en vertu du *Règlement concernant la salubrité et la sécurité du travail dans les mines et les carrières* appliqué par un service d'inspection distinct. Selon les époques et les catastrophes subies, le gouvernement édicta par la suite de nombreux règlements particuliers relatifs à la santé et à la sécurité. En 1965, on comprit que ce faisceau de règles éparses n'était nullement articulé en fonction d'une politique cohérente et uniforme. Les multiples groupes d'inspecteurs intervenaient d'après les directives de leurs différents ports d'attache ministériels, procédé qui réduisait d'autant l'efficacité du système. Aussi, on tenta d'harmoniser ces interventions en confiant à « un comité interministériel » l'étude des lois et règlements concernant la santé publique et la sécurité des travailleurs en vue d'un quelconque regroupement. Cette opération fut peine perdue puisque chaque ministère et organisme entendait conserver ses prérogatives. On réussit néanmoins, entre 1972 et 1975, à établir quelques liaisons entre ces services et à simplifier la teneur de certains règlements. Une loi particulière au secteur des mines fut édictée face à la situation lamentable mise à découvert : la *Loi sur l'indemnisation des victimes d'amiantose ou de silicose dans les mines et les carrières* (L.Q. 1975, c. 55). En 1977, on pouvait dresser le tableau récapitulatif suivant du régime relatif à la santé et à la sécurité au travail :

— trois ministères s'en préoccupaient : le ministère du Travail et de la Main-d'œuvre, le ministère des Affaires sociales et le ministère des Richesses naturelles;

— trois organismes publics traitaient également de la question : la Commission des accidents du travail, le Service de protection de l'environnement et l'Office de la construction du Québec;

— cinq lois portaient de façon directe ou en partie sur les questions relatives à la santé et à la sécurité : la *Loi des établissements industriels et commerciaux*, la *Loi de la qualité de l'environnement*, la *Loi de la protection de la santé publique*, la *Loi des mines*, la *Loi sur les relations du travail dans l'industrie de la construction*;

— vingt règlements d'application complétaient ou prolongeaient ces cinq lois.

Pareille approche parcellaire, décousue, fragmentaire, lourde par la quantité de règlements et lente ou discordante par la multiplicité des corps d'inspecteurs ne pouvait être encore supportée, alors que le mouvement syndical et le patronat prenaient fort mieux conscience de l'importance cruciale de la question de la sécurité et du recul du Québec dans ce domaine. En effet, il suffit d'imaginer la situation où, dans un même établissement industriel ou commercial, un inspecteur du ministère du Travail pouvait visiter les lieux, suivi de l'inspecteur du ministère des Affaires sociales préposé aux questions de la santé des travailleurs, puis l'inspecteur des services de protection de l'environnement pouvait aussi vouloir faire un autre constat. Il n'était donc pas surprenant que le gouvernement décide, en 1978, d'entreprendre une vaste consultation en vue d'élaborer une politique générale en santé et sécurité au travail, où on y trouverait des énoncés de grands principes directeurs, des propositions de moyens nécessaires à leur application et la mise en place des institutions afférentes[4-5].

III-403 — *Intervention syndicale* — À l'égard des personnes directement en cause, l'employeur et le salarié, la situation était quelque peu paradoxale et simpliste. En effet, le salarié était pratiquement ignoré de l'action préventive. Les ministères, par leurs inspecteurs respectifs, intervenaient auprès des employeurs, visitaient certes les lieux du travail, mais sans que la participation du salarié soit requise, sollicitée et mise à profit. Pourtant, ne s'agissait-il pas de sa santé, de son intégrité et de sa dignité ? Selon ce régime, le salarié n'était que le bénéficiaire passif des interventions des ministères et des actes bienveillants ou malheureux de l'employeur. Sur le plan collectif, la situation juridique n'était guère meilleure pour les syndicats. Il fallut d'ailleurs une modification spéciale apportée à la *Loi sur les mines* pour autoriser qu'un représentant syndical puisse accompagner l'inspecteur lors des visites des mines[4-6]. Les syndicats tentèrent avec plus ou moins de succès, selon les lieux et les circonstances, d'établir par la voie de la convention collective certaines conditions relatives à la santé et à la sécurité. Cette question devenait alors tributaire des aléas du processus de la négociation collective. De plus, les syndicats ne pouvaient recevoir un soutien financier de la part de la C.A.T. pour agir avec efficacité dans ce domaine. Seules les associations patronales recevaient cette aide[4-7]. Cette situation qui peut nous paraître aujourd'hui assez anachronique respectait néanmoins la logique juridique de l'époque. En effet, l'employeur étant responsable des accidents du travail, on pouvait alors supposer qu'il prendrait les mesures préventives nécessaires, comme tout bon père de famille, pour éviter ou réduire les risques de tels accidents, et ainsi était-il le seul à disposer d'un intérêt juridique réel ou patrimonial dans ce domaine[4-8]. La convention collective fut certes un support juridique permettant la mise en place de quelques modalités essentielles relatives notamment au refus de poursuivre une prestation de travail en

---

4-5. Cette proposition prit la forme d'un *Livre blanc pour la santé et la sécurité du travail*, Éditeur officiel du Québec, 1978.

4-6. Cette présence était pourtant importante parce que le mineur pouvait plus péniblement s'exprimer auprès de l'inspecteur en présence du contremaître.

4-7. *Loi des accidents du travail*, L.Q. 1931, c. 100, art. 110.

4-8. En 1977, la Commission des accidents du travail versa à ce titre 2 700 000 $ à cinq associations patronales.

situation dangereuse, à l'institution d'un comité paritaire de santé et de sécurité, à l'aménagement de visites des lieux de travail en situation d'urgence par des représentants syndicaux et patronaux, à l'équipement individuel de sécurité fourni par l'employeur, etc.[4-9]. Au cours des années 1975 à 1980, la formation d'un comité paritaire de santé et de sécurité au sein d'un établissement était devenue plus facile compte tenu de l'obligation faite pour la formation d'un comité en vertu d'un règlement[4-10]. Il n'est pas évident cependant que la convention collective soit un instrument facilitant et permettant la mise en place de mesures de santé et de sécurité qui soient bien stables et bien établies puisque que ces questions sont intégrées à un ensemble d'éléments sensibles aux vicissitudes de la négociation collective. C'est ainsi que l'on put dire : « [...] la convention collective ne dépasse pas le cadre d'une entreprise, ce qui empêche souvent les parties d'innover et de voir grand. La sécurité entraîne des coûts et ces coûts peuvent avoir de lourdes conséquences si des entreprises concurrentes n'ont pas le même souci pour la sécurité. Une obligation générale peut seule arriver à des résultats concrets[4-11] ». Ces derniers développements indiquent néanmoins que nous étions, en 1978–1979, prêts pour l'entreprise d'une grande réforme en santé et sécurité au travail. D'ailleurs, cette opération s'imposait et le gouvernement le comprit par la présentation d'un « livre blanc ».

III-404 — *Un livre blanc* — En 1978, le gouvernement publiait une proposition générale de politique en matière de santé et sécurité au travail. À la suite d'une analyse de la situation au Québec et d'un rappel de l'évolution de la législation en cette matière, ce projet comportait un énoncé des objectifs de la réforme qui consistait en l'élimination à la source des risques d'accidents du travail et de maladies professionnelles, notamment par une véritable prise en charge par les agents du milieu. On y trouvait aussi diverses propositions quant aux voies et moyens pertinents : droit de refus, comité paritaire, choix du médecin, programme d'intervention et de formation, soutien logistique, technique et financier, etc. Ce projet général de 1978 fut étudié d'une façon méthodique par le Conseil consultatif du travail et de la main-d'œuvre, c'est-à-dire conjointement par les représentants des centrales

---

4-9. Chantal BRISSON, « La santé au travail et la convention collective », (1981) 36 *Relat. ind.* 152 : l'auteur traite de l'utilisation de la convention collective en tant qu'outil d'intervention en matière de santé au travail et analyse le contenu des conventions collectives de l'époque.

4-10. A.C. 3787 du 13 décembre 1972 fondé sur la *Loi des établissements industriels et commerciaux.* C'est ainsi que l'on comptait en 1977 près de 1080 comités de santé et de sécurité dans les établissements industriels et commerciaux. Chacun ne disposait que des pouvoirs d'intervention que lui reconnaissait l'entente constitutive : les variations étaient fort grandes entre l'existence officielle d'un comité et sa présence concrète, réelle et efficace.

4-11. Robert SAUVÉ (président de la C.A.T.) : *La réforme des lois du travail*, Actes du IXe Colloque des relations industrielles de l'Université de Montréal, Montréal, 1978, p. 9.

syndicales et patronales[4-12], puis par une commission parlementaire qui tint des séances publiques permettant également à tous les autres intéressés de faire valoir leurs observations. La *Loi sur la santé et la sécurité du travail* fut par la suite promulguée en 1979[4-13]. Elle devait entraîner de profonds changements de comportements et d'attitudes de la part des agents des milieux du travail, soit les employeurs et les syndicats. En effet, elle situait ces parties dans une toute nouvelle dynamique du fait que des droits et des obligations précis leur étaient respectivement dévolus et que leur action était campée en dehors du processus collectif de la négociation habituelle des conditions de travail et placée sous la surveillance générale d'un organisme public, la Commission de la santé et de la sécurité du travail. Si l'élaboration du libellé de cette loi fut réalisée selon un échéancier prédéterminé, l'implantation d'un pareil régime connut un rythme fort plus lent. Ses instigateurs durent faire face à des contraintes ou à des obstacles plus ou moins prévisibles, ce qui exigea et exige encore de toutes parts des coûts et même, certains contrecoups. Après vingt ans de mise en application, bien que graduée, il serait certes possible d'effectuer une analyse plus critique du cheminement parcouru et des champs encore laissés en friche. Pour les besoins du présent chapitre, nous contenons nos observations à une vue générale des principales règles et institutions ainsi mises en place **(section 4.2)** et à une analyse plus détaillée de quelques questions particulières : les droits et obligations de l'employeur et du travailleur et le droit individuel de refus et de retrait préventif **(section 4.3)**.

4-12. Les 9e et 10e rapports annuels du C.C.T.M. (1977–1978 et 1978–1979).

4-13. L.Q. 1979, c. 63 : cette loi initiale fut modifiée notamment aux dates suivantes : 1979, c. 63; 1983, c. 55; 1984, c. 47; 1985, c. 6; 1988, c. 61; 1992, c. 11 et c. 21; 1993, c. 51; 1994, c. 23.

Section 4.2
Une vue panoramique

III-405 — *Les phares lointains* — Il est maintenant rare qu'une loi de l'emploi amorce l'énoncé de règles de droit en faisant d'abord connaître les principes qui ont guidé le législateur, qui donnent *a priori* un sens aux moyens retenus et jettent un éclairage certain sur l'ensemble du dispositif[4-14]. La *Loi sur la santé et la sécurité du travail* donne, à l'article 2, deux lignes directrices lui servant de justification générale et circonscrivant par ailleurs sa portée. Il s'agit d'abord de « [...] l'élimination à la source même des dangers pour la santé, la sécurité et l'intégrité physique des travailleurs » puis d'assurer la « [...] participation des travailleurs et de leurs associations, ainsi que des employeurs et de leurs associations [...] ». On comprend que la déclaration liminaire à savoir que « [...] la loi a pour objet l'élimination [...] » constitue davantage un objectif qu'une réalité actuelle et même prochaine. Le passage de l'abstrait au concret est toujours plus ardu et fort plus lent que ce que l'on peut concevoir et vouloir. Par ailleurs, ce principe directeur devrait servir de guide sûr et déterminant à la prise de décision quant au choix des moyens appropriés. Un premier exemple en est aussitôt donné à l'article 3 L.S.S.T., à savoir que l'usage de moyens de protection individuels et collectifs « [...] ne doit diminuer en rien les efforts requis pour éliminer à la source même les dangers [...][4-15] ». L'énoncé de ce même article donne une portée

---

4-14. Autrefois, il était coutume de procéder ainsi à l'aide d'un préambule; ce fut délaissé, semble-t-il parce qu'il n'était pas toujours possible d'énoncer des lignes directrices lorsque les moyens retenus par une loi pouvaient être plus ou moins contradictoires les uns avec les autres et que ces lignes directrices imposaient une voie cohérente d'interprétation. Nous donnons quelques exemples de préambules en d'autres lieux (**I-71; III-203**).

4-15. En sus de la protection de la santé, de la sécurité et de l'intégrité du salarié, il faut y voir ainsi le rappel du devoir de respect et de dignité envers le salarié (art. 2087 C.c.Q.)

plus pondérée de l'application pratique du premier principe en incitant les parties à « [...] ne pas diminuer en rien les efforts requis pour éliminer à la source [...] ». Cette intervention correctrice à la source signifie notamment la prise de dispositions le plus radicales possible pour écarter le risque d'accident du travail et de maladie professionnelle **(III-307)**[4-16]. Cette règle générale, bien qu'elle permette une application concrète qui ne peut être que progressive, implique néanmoins une approche à flux continu et des investissements de toutes sortes : bonne saisie des causes réelles de risques, choix des moyens appropriés, programme d'implantation et de formation, etc. À ces fins, il importe que tout le personnel de l'organisation participe à l'opération, que tous soient conscients des implications des décisions prises, notamment à l'égard de leur comportement et de la façon de travailler et même, de leurs conditions de travail. Ainsi pouvons-nous mieux saisir le lien implicite entre cette première règle relative à l'élimination à la source et la deuxième concernant la participation de tous (individuelle et collective) « [...] à la réalisation de cet objet » (art. 2 *in fine* L.S.S.T.). Cette deuxième règle générale constitue aussi un changement radical sur le strict plan juridique puisqu'on avait toujours considéré jusqu'alors que la prévention constituait un acte de prudence évident et nécessaire qui incombait à celui qui, autrement, était responsable des dommages, soit, en l'occurrence, l'employeur **(III-403)**. On sait d'ailleurs que les syndicats avaient pu, souvent bien timidement et partiellement, pénétrer ce champ par la seule voie de la négociation collective du travail **(III-403)**. Par cette disposition générale de l'article 2, alinéa 2, L.S.S.T., on affirme à la fois le droit de participation individuelle du travailleur à sa sécurité et aussi, celui des syndicats et des associations patronales. Ce deuxième volet comprend implicitement une troisième règle, à savoir que ces questions relatives à la prévention doivent d'abord être traitées distinctement du processus de la négociation collective du travail. Il ne s'agit pas d'une exclusion totale et impérative, mais nous dirions systémique et qui se traduit par le choix de plusieurs mesures retenues par cette loi **(III-408, 416)**[4-17]. Remarquons que ce choix du législateur ne signifie pas que la convention

---

(**II-67**). Convertir un salarié en robot en serait l'antithèse : casque de sécurité, sourdines, visière, salopette d'amiante, harnais contenant les mouvements, souliers de plomb, etc.

4-16. On ne saurait expliciter d'une façon précise la portée de ces moyens appropriés puisque la situation dans un lieu ou dans un autre peut être tellement différente au sujet des bruits, du rythme de travail, de l'aération, de l'hygiène, etc. Il est vrai aussi que dans chaque branche ou secteur d'activité industrielle, on trouve des traits communs : le milieu et les contraintes que peut connaître l'industrie du transport sont nécessairement différents de ce qui a cours dans les alumineries ou les boulangeries, etc. Cette double donnée concernant et l'établissement et le secteur explique divers autres moyens retenus par cette loi (**III-408**).

4-17. Au moment de l'étude de cette loi, cette question fit l'objet de grands débats, notamment à la C.S.N. Dans son mémoire présenté à la commission parlementaire qui l'étudia en 1978, cette centrale syndicale affirmait : « On ne peut pas d'une part vouloir aider les travailleurs et, d'autre part, s'attaquer à leur organisation syndicale. »

collective ne peut traiter des questions relatives à la santé et à la sécurité au travail. On y indique seulement que l'on ne peut utiliser cet acte pour contredire et moduler à la baisse les multiples mécanismes et processus mis en place[4-18]. Ce que l'on cherche avant tout, semble-t-il, consiste en l'instauration d'une structure de concertation et d'action qui ne soit pas tributaire des aléas de la négociation collective, qui soit stable et qui puisse ainsi permettre d'entreprendre une action concertée de longue haleine et en fonction d'une demande partagée qui soit instamment modulée par le premier principe : l'élimination à la source des dangers[4-19]. Nous dégageons une quatrième règle générale qui consiste à situer l'ensemble du régime relatif à la santé et à la sécurité au travail dans un cadre administratif unitaire et, à cette fin, encadré par un seul organisme public, la Commission de la santé et de la sécurité du travail (C.S.S.T.) (**III-308**). Les grandes orientations politiques, les moyens logistiques et financiers et les mécanismes de contrôle et de départage relèvent de cet organisme public dont le conseil d'administration est constitué de représentants syndicaux et patronaux et dont le financement provient également du milieu par la voie d'une cotisation patronale. Il nous faut lire, analyser, soupeser, critiquer cette loi et l'ensemble des voies et moyens qui s'y rattachent à l'aide d'une première grille politico-juridique retenue : élimination à la source des dangers, participation de tous à l'action préventive, organisation de la démarche en marge des rapports collectifs du travail au sens du *Code du travail* et encadrement administratif unitaire devant procurer la cohérence nécessaire à une action efficace et capable de dénouer imbroglios et impasses.

III-406 — *Champ d'application* — Contrairement à bien d'autres lois, la *Loi sur la santé et la sécurité du travail* ne renferme pas une description liminaire de son champ d'application, sauf pour préciser que le gouvernement et ses satellites sont aussi soumis à cette loi (art. 6 L.S.S.T.). L'opération s'effectue néanmoins par l'usage de quatre définitions des termes retenus dans les énoncés des droits et des obligations qui s'y trouvent : les libellés des articles 9 et 51 illustrent bien cette méthode[4-20]. Cette façon de faire résulte du fait que le risque d'accident du travail ou de maladie professionnelle dans un même lieu frappe tout au passage, comme la peste. Aussi n'y avait-il pas lieu de faire de

---

4-18. Ces questions relatives à la santé et à la sécurité, et surtout la façon concrète dont elles sont traitées et appliquées dans un lieu, sont des « conditions de travail » au sens de l'article 62 C.t. (**IV-99, 164**). L'ordre hiérarchique des normes est d'ailleurs établi aux articles 4, alinéa 2, et 5 L.S.S.T. (**III-407**).

4-19. L'analyse, bien que succincte, des moyens retenus dans cette loi peut permettre d'apprécier la portée pratique de cette troisième règle générale relative à la séparation des deux champs d'intervention suivants : celui de la santé et de la sécurité et celui de la négociation collective des autres conditions de travail.

4-20. Il s'agit principalement des termes « employeur », « travailleur », « établissement » et « lieu de travail ».

distinctions en fonction du statut ou du titre de chacun lorsqu'il s'agit de l'expansion d'un gaz toxique, d'un frein défectueux, d'un plancher visqueux, etc. Partant de ces faits revêches, il fallut élargir et assouplir les définitions traditionnelles d'employeur et de salarié. Le terme « travailleur » retenu comprend le salarié et aussi la personne qui travaille sans rémunération, tel le bénévole, etc. (**II-77**). Pour la même raison inéluctable, l'artisan ou le pigiste qui réalise son propre travail dans un lieu où d'autres travailleurs se trouvent devient de ce seul fait tenu aux obligations de comportement imposées par cette loi et, à cette occasion, tant à titre de travailleur, puisque c'est son cas, qu'à celui d'employeur, alors qu'il peut disposer du choix des moyens employés (art. 7 L.S.S.T.)[4-21]. Si la définition retenue du travailleur exclut, règle générale, les représentants de l'employeur (gérant, contremaître, etc.) (**II-124**), il fallut néanmoins reconnaître que ces mêmes personnes pouvaient aussi être victimes de pareils dangers et qu'elles devaient alors être soumises, dans ces occasions, aux obligations de prévention imposées aux travailleurs et, aussi, aux prérogatives individuelles de protection et de sauvegarde (**III-415**). Cette double règle est donnée par voie de renvois aux articles 8 et 11 L.S.S.T. En dehors des situations ou occasions visées dans ces deux articles, il va de soi que l'on maintient une distinction du fonctionnement entre les représentants de l'employeur et les autres travailleurs. Ainsi, l'intérêt des définitions données à l'article 1 L.S.S.T. demeure important, même si elles peuvent, au besoin, exiger plus de souplesse, car cette loi confère aussi des droits et des obligations à l'employeur, qui sont fort différents de ceux qui relèvent du travailleur. Le terme « établissement » a trait davantage à une organisation concrète aménagée dans un certain lieu en vue d'assurer la production d'un bien ou d'un service, caractéristiques qui le distinguent du concept « entreprise », lequel peut dégager une connotation fort plus juridique (**II-121 et suiv.**). L'expression « lieu de travail » apparaît plus aléatoire, s'agissant d'un lieu où un travailleur peut momentanément se trouver pour effectuer la prestation ou l'action requise ou autorisée par l'employeur[4-22]. Parce qu'il s'agit d'une loi-cadre, son champ d'application réel peut varier sensiblement selon le contenu des règlements qui s'y rattachent, et ces derniers sont fort nombreux.

4-21. Le fait de travailler à son propre compte dans un lieu où les autres travailleurs doivent porter un équipement de sécurité tels un casque, des souliers etc., ne saurait justifier qu'il en soit exempté.

4-22. Le camionneur ou le vendeur itinérant ne connaissent pas de lieu fixe que suppose l'établissement. De même, la cafétéria, le gymnase, la salle d'eau ne sont pas destinés à la production d'un bien ou d'un service, quoiqu'ils soient intimement liés à la présence de travailleurs dans un établissement. Ainsi, lorsque les travailleurs se trouvent dans ces autres lieux, ils demeurent dans leur lieu de travail. Une route en terre battue peut-elle être un lieu de travail pouvant porter atteinte à la santé du camionneur qui la fréquente ? *C.S.S.T.* c. *Société d'énergie de la Baie James*, [1981] C.S. 655; *Simard et Beaudry inc.* c. *C.S.S.T.*, [1987] C.A.L.P. 695; *C.S.S.T.* c. *C.U.M.*, [1987] R.J.Q. 272 (C.A.).

III-407 — *Ordre prioritaire* — De façon semblable à la portée impérative des normes du travail (**III-210**), les modalités de cette loi sont également d'ordre public, ce qui signifie qu'une « [...] disposition d'une convention et d'un décret qui y déroge est nulle de plein droit » (art. 4, al. 1, L.S.S.T.). Il s'agit toujours de l'ordre public social (**I-96, 107, point iv**), c'est-à-dire dont le caractère impératif vise la protection du travailleur. En conséquence, le contrat de travail, la convention collective ou le décret peuvent valablement comporter des modalités objectivement plus avantageuses dans la mesure où elles sont ainsi valablement qualifiées (art. 4, al. 2, L.S.S.T.)[4-23]. Dans ce domaine, la loi ne pouvait se limiter à des règles indicatives ou simplement supplétives. De plus, les parties doivent respectivement connaître ou pouvoir connaître leurs droits et obligations. Par ailleurs, affirmer que le travailleur doit disposer de « [...] conditions de travail qui respectent sa santé, sa sécurité et son intégrité physique » (art. 9 L.S.S.T.) demeure au niveau de l'abstraction et de l'intention, et il faut bien souvent rabattre l'énoncé à un niveau plus actuel et plus concret[4-24]. À ces fins, la loi retient plusieurs moyens d'articulation de normes de conduite et de comportement pouvant ainsi mieux tenir compte du particularisme des situations possibles qui peuvent parfois exiger des adaptations précises au sujet des situations placées en aval et en amont du lieu de travail (art. 62.1 et suiv., 63 L.S.S.T.). Ainsi certaines normes de santé et de sécurité s'adressent-elles aux fournisseurs de biens ou encore aux usagers d'un bien ou d'un service. Pour ces raisons, un grand nombre de normes d'application proviennent de règlements. La C.S.S.T. dispose de ce pouvoir d'initiative de règlement selon l'article 223 L.S.S.T., où l'on énumère en 42 paragraphes distincts les objets et situations où la Commission peut établir des normes d'application et, s'il y a lieu, en faisant les distinctions nécessaires pour tenir compte des éléments de temps, de lieux et des personnes selon les secteurs ou les branches d'activités visés[4-25]. À l'égard de plusieurs questions, la C.S.S.T. dispose également du pouvoir décisionnel pour préciser, autoriser ou encore, prohiber telle ou telle initiative des parties et, s'il y a lieu, les départager (**III-308**)[4-26].

4-23. En un sens, la règle d'interprétation édictée à l'article 5 L.S.S.T. précise que la venue de cette loi ne pouvait réduire les droits et avantages d'alors, et c'est ainsi qu'il nous faut encore interpréter cette loi, tant pour les acquis antérieurs que postérieurs à sa venue.

4-24. Notons l'énoncé répétitif de cette triple qualité rattachée aux conditions de travail : l'article 46 de la *Charte des droits et libertés de la personne* (**III-100**), l'article 2087 du *Code civil du Québec* (**II-67**) et l'article 9 L.S.S.T.

4-25. Le projet de règlement de la C.S.S.T. est publié à la *Gazette officielle* pour avis et il doit être entériné par le gouvernement (art. 224 L.S.S.T.). Il existe déjà plus de 50 règlements distincts et plusieurs d'entre eux sont volumineux et à très bonne teneur technique.

4-26. À titre d'exemple, considérons l'article 98 *in fine* L.S.S.T. relatif à l'approbation que doit donner la C.S.S.T. au sujet de la formation d'une association sectorielle paritaire ou son pouvoir de départager en cas d'imbroglio au sein du comité de santé et de sécurité (art. 79, al. 2, L.S.S.T.).

III-408 — *Les institutions* — Les questions afférentes rattachées à la santé et à la sécurité au travail occupent certes le travailleur et l'employeur et, en raison de leur nature et de leurs implications, elles sont aussi traitées à l'aide ou par le truchement de différents intermédiaires. Dans certaines affaires, le travailleur doit recevoir appui et conseil d'un représentant syndical. Parfois, la question vise une situation commune ou générale et, pour en disposer convenablement, on mit en place des réseaux de communication afin d'en permettre l'étude conjointe, la concertation possible et la prise de décision applicable à ces ensembles. Certains problèmes peuvent être communs à une même branche d'activité, et l'expérience des uns doit pouvoir être partagée et communiquée aux autres du même secteur. Ainsi, il fallut instituer des points sectoriels de rencontre permettant des économies d'échelle pour effectuer les études préparatoires à l'élaboration d'une orientation commune et au choix de moyens appropriés. Dans ces occasions, alors que les intérêts divergents peuvent empêcher la prise d'une décision conjointe, on a également formé des agents capables de trancher d'autorité ces questions. De telles problématiques exigent de doter le régime de santé et de sécurité au travail de multiples institutions et organismes. Ces derniers demeurent néanmoins assez près des parties représentatives de ces milieux, du fait que les titulaires de ces fonctions soient directement ou indirectement désignés ou nommés par les associations syndicales et patronales. Nous présentons fort brièvement ces différentes instances en suivant l'ordre ascendant de leurs champs de compétence. Cette première description demeure quelque peu statique et elle est, bien évidemment, complétée par l'étude de situations plus concrètes à l'occasion de l'exercice de certains droits et des mesures de contrôle ou d'intervention qui s'y rattachent (**section 4.3**). Ce dernier volet permet de saisir la dynamique qui préside aux interventions des institutions ainsi mises en place et des problématiques sous-jacentes.

III-409 — *Représentant à la prévention (R.P.)* — Il s'agit d'un travailleur de l'établissement désigné pour intervenir au premier niveau en toute matière relative à la santé et à la sécurité au travail. La description détaillée en neuf paragraphes à l'article 90 L.S.S.T. de la fonction du représentant à la prévention indique bien qu'il devrait être l'œil, l'oreille et la bouche de l'ensemble des travailleurs d'un même lieu de travail. On peut comprendre alors qu'il puisse recevoir copie des rapports d'accidents du travail qui surviennent, inspecter les lieux, accompagner l'inspecteur au cours de ses visites, aider les travailleurs dans l'exercice de leurs droits individuels, tenter d'identifier les sources de danger et souligner au comité de santé et de sécurité les points d'interventions nécessaires, etc.[4-27]. Compte tenu de l'importance pratique de ce premier agent, deux questions

---

4-27. Ce représentant à la prévention est d'office membre du comité de santé et de sécurité (**III-410**) (art. 87, al. 2, L.S.S.T.). L'exercice de l'ensemble des fonctions décrites à l'article 90 L.S.S.T. suppose que le représentant à la prévention dispose d'une formation certaine et d'une information pertinente : la seule bonne volonté ne saurait lui suffire.

principales peuvent alors être soulevées : son mode de désignation et la liberté de manœuvre dont il peut disposer. La loi prévoit deux situations où un tel agent peut être nommé : dans tout établissement où un comité de santé et de sécurité est déjà formé (art. 87 L.S.S.T.) et sur demande expresse d'un syndicat accrédité ou, à défaut, à la demande conjointe de 10 % des travailleurs dans le cas où un tel comité de santé et de sécurité serait susceptible d'être formé selon le règlement applicable (art. 88 L.S.S.T.)[4-28].Ce représentant à la prévention est désigné par le syndicat accrédité pour l'ensemble des travailleurs de l'établissement et il est choisi parmi ces derniers. À défaut, la nomination relève de la procédure prévue à cette même loi pour la désignation des travailleurs au sein du comité de santé et de sécurité (art. 72 , 89 L.S.S.T.)[4-29]. Les différentes fonctions du représentant à la prévention sont dès lors assimilées à ses autres tâches et c'est pourquoi sa rémunération n'est pas affectée en raison du temps qu'il y consacre (art. 92, 96 L.S.S.T.)[4-30]. Le temps alloué à ses fonctions de représentant à la prévention est déterminé au minimum par voie du règlement[4-31] et, pour le surplus et s'il y a lieu, par le comité de santé et de sécurité, sauf en ce qui a trait aux trois situations visées à l'article 92, alinéa 1, L.S.S.T. Lorsqu'il doit quitter ses fonctions habituelles à titre de travailleur pour assumer ses tâches de représentant à la prévention, il le fait de son propre chef, bien qu'il doive en informer son supérieur immédiat (art. 93 L.S.S.T.). De telles absences ne peuvent être prises en compte par l'employeur et l'autoriser à sévir, sauf s'il y a abus (art. 96 et 97)[4-32].

III-410 — *Comité de santé et de sécurité (C.S.S.)* — Il s'agit, sans doute, de la principale institution au niveau de l'établissement. Un tel comité doit être formé dans chaque établissement comprenant plus de 20 salariés qui travaillent dans un des secteurs d'activité retenu à cette fin par voie du règlement (art. 68 L.S.S.T.). L'une des parties (syndicat accrédité, employeur ou 10 % des travailleurs) peut prendre l'initiative de sa formation, et cette dernière se réalise dans le cadre du règlement édicté par la C.S.S.T. (art. 70, 71 et 72 L.S.S.T.)[4-33].

4-28. *Règlement sur les comités de santé et de sécurité du travail*, R.R.Q., c. S- 2.1, r. 6.1

4-29. La formule retenue illustre la priorité donnée au syndicat accrédité tout en permettant la nomination d'un représentant à la prévention en l'absence d'un tel syndicat : troisième ligne directrice (**III-405**).

4-30. Au nombre de ses tâches, on compte celle relative à sa propre formation réalisée dans le cadre des programmes autorisés par la C.S.S.T. (art. 91 L.S.S.T.). Voir : *Champion et Minnova inc. — division Opémiska*, [1990] C.A.L.P. 316.

4-31. *Règlement sur le représentant à la prévention dans un établissement*, S- 2.1, r. 18.01.

4-32. Le représentant à la prévention victime d'une mesure disciplinaire en raison de telles absences dispose d'un recours spécial prévu aux article 227 et 228 L.S.S.T. (**V-18**). Notons que les articles 29 et 31 L.S.S.T. confèrent expressément cette même protection lorsque le représentant à la prévention intervient à la suite d'un refus d'un travailleur (**III-422**).

4-33. *Règlement sur le comité de santé et de sécurité du travail*, précité, note 4-28. On constate l'importance de ces règlements et, par voie de conséquence, celle de l'étroite présence de la C.S.S.T. (**III-30**). Cette dernière intervient aussi pour départager les parties (art. 79 L.S.S.T.) et reçoit annuellement un rapport d'activités du C.S.S. (art. 78, par. 8, L.S.S.T.).

L'existence, la mission, les moyens et le champ d'action du comité sont placés et s'exercent sur une voie parallèle à celle du processus de la négociation collective, et les travailleurs visés ne sont pas directement ni nécessairement tributaires des découpes des unités d'accréditation **(IV-60)**[4-34]. Il est vrai que les parties en présence dans un établissement relativement important peuvent constituer plus d'un comité de santé et de sécurité mais, en quelque sorte, ils sont rattachés au premier (art. 82 à 86 L.S.S.T.). Le comité de santé et de sécurité est fondamentalement paritaire, en ce sens que l'ensemble des représentants des travailleurs disposent d'un seul vote, et il en est de même pour la délégation patronale, quel que soit le nombre de membres qui composent chaque délégation (art. 73 L.S.S.T.). S'il n'y a pas consensus à la prise d'une décision commune à l'égard d'une des principales questions litigieuses prévues à l'article 79, paragraphes 1 à 4, L.S.S.T., un mécanisme à deux temps permet une sortie de l'impasse : la position du groupe des travailleurs est transmise par écrit aux représentants de l'employeur; ces derniers doivent faire connaître leur réponse et, si le désaccord persiste, la C.S.S.T. peut, sur demande, départager[4-35]. Comme dans le cas des mesures de protection applicables au représentant à la prévention, les travailleurs membres du C.S.S. sont réputés être au travail lorsqu'ils y siègent ou qu'ils effectuent des tâches rattachées à cette mission, et ce, même si ce temps se situe en dehors des périodes normales de travail, mais sous réserve des modalités du règlement interne (art. 74, 76, 81 L.S.S.T.). Les fonctions expressément dévolues au C.S.S sont fort vastes et doivent lui permettre de s'intéresser à toutes questions relatives à la santé et à la sécurité au sein de l'établissement. Ainsi, il peut intervenir notamment pour désigner le médecin responsable des services de santé **(III-412)**, approuver le programme de santé proposé par ce médecin, élaborer divers programmes d'intervention relatifs à la prévention et à l'information des travailleurs, déterminer l'équipement de protection individuelle, etc. (art. 78 L.S.S.T.). D'une certaine manière, ce comité agit aussi comme mémoire active de l'établissement pour établir la situation en matière de santé et de sécurité[4-36].

III-411 — *L'association sectorielle paritaire de santé et de sécurité (A.S.P.S.S.)* — Au sein d'un même secteur d'activité, les employeurs et les travailleurs partagent un grand nombre de difficultés et de contraintes semblables et qui sont leur lot commun. Aussi était-il souhaitable que des points de rencontre puissent être établis de manière à mieux agir ensemble. À titre d'exemples, les problèmes

---

4-34. L'article 72, alinéa 3, L.S.S.T. tient compte de ce fait. Cette approche résulte de l'orientation principale de la loi déjà soulignée : troisième règle directrice (**II-405**).

4-35. On ignore le nombre de fois que la C.S.S.T. doit départager et en quelle occasion elle est appelée à le faire.

4-36. Il est gardien des archives et tient à cette fin un registre des accidents du travail, reçoit les suggestions et plaintes des intéressés, les copies des rapports des inspecteurs, les rapports statistiques du médecin, etc. (art. 78, par. 7 à 12, L.S.S.T.).

de santé et de sécurité que peuvent connaître les camionneurs de long-courrier ou encore, les techniciens de laboratoire, peuvent être assez semblables, sans égard aux entreprises distinctes qui les embauchent, pour que l'on entreprenne, dans leur secteur respectif, avec efficacité et au moindre coût, l'étude des problématiques soulevées, l'analyse des multiples voies de solutions possibles, l'élaboration de programmes de formation et d'information applicables à chaque établissement, etc. Ce sont ces économies d'échelle et aussi cette force collective que l'on tend ainsi à engendrer par l'institution d'une association sectorielle paritaire de santé et de sécurité (A.S.P.S.S.). Le processus de formation de telles associations suppose la conjugaison de certains actes précis :

— la conclusion d'une entente entre des associations syndicales et patronales d'un même secteur;

— le respect, dans le contenu de l'entente, des conditions édictées par le règlement de la C.S.S.T. (art. 98 L.S.S.T.)[4-37];

— l'approbation de l'entente par la C.S.S.T.

Déjà, on constate les liens de dépendance de ces associations sectorielles à la C.S.S.T. : la constitution des A.S.P.S.S. est moulée au creuset de son règlement; la formation de l'association exige son approbation; sa survie est tributaire des subventions qu'elle lui verse et dont l'association sectorielle demeure comptable (art. 100 L.S.S.T.). Dans une certaine mesure, l'association sectorielle peut être perçue comme une courroie d'intervention et d'action bilatérale entre la C.S.S.T. et les établissements d'un même secteur. L'énoncé des fonctions possibles de cette association paritaire sectorielle à l'article 101 L.S.S.T. indique bien son statut et sa position au sein du régime de santé et de sécurité au travail. Si l'A.S.P.S.S. constitue une entité juridique selon l'article 99.1 L.S.S.T., elle ne dispose pas pour cela d'une complète autonomie sur les plans politique et fonctionnel en raison de la qualité des membres qui forment obligatoirement son conseil d'administration (art. 98, al. 2, L.S.S.T.), de son objet arrêté à l'article 101 L.S.S.T., des contrôles qu'exerce la C.S.S.T. et des limites expresses qui lui sont imposées : elle ne peut agir en matière des relations du travail ni prélever de cotisation de ses membres (art. 103 L.S.S.T.). Cependant, on ne saurait douter de la nécessité d'associations sectorielles paritaires pour contrer les faiblesses ou l'incapacité d'agir utilement au seul niveau de l'établissement et pour permettre à la C.S.S.T. de multiplier ainsi ses compétences en matière de santé et de sécurité au travail malgré la diversité des secteurs où il lui faut intervenir. En 1997, il existait déjà douze associations sectorielles paritaires :

— Association paritaire pour la santé et la sécurité du travail, secteur des affaires sociales;

4-37. *Règlement sur les associations sectorielles paritaires de santé et de sécurité du travail*, R.R.Q., 1981, c. S-2.1, r. 1.

— Association paritaire pour la santé et la sécurité du travail, secteur transport et entreposage;

— Association paritaire pour la santé et la sécurité du travail, secteur services automobiles;

— Association paritaire pour la santé et la sécurité du travail, secteur fabrication d'équipements de transport et de machines;

— Association paritaire pour la santé et la sécurité du travail pour l'industrie des textiles primaires;

— Association paritaire pour la santé et la sécurité du travail, secteur administration provinciale;

— Association paritaire pour la santé et la sécurité du travail, secteur imprimerie et activités connexes;

— Association paritaire pour la santé et la sécurité du travail, secteur de la construction;

— Association paritaire pour la santé et la sécurité du travail, secteur des affaires municipales;

— Association paritaire pour la santé et la sécurité du travail, secteur minier;

— Association paritaire pour la santé et la sécurité du travail, secteur habillement;

— Association paritaire pour la santé et la sécurité du travail, secteur de la fabrication d'équipement de transport et de marchandise.

En somme, la deuxième règle directrice de ce régime, soit le paritarisme actif (**III-405**), est ainsi transposée concrètement et par les modes de formation de trois institutions et agents (R.P., C.S.S. et A.S.P.S.S.) de même que par les fonctions et pouvoirs qui leur sont respectivement dévolus.

III-412 — *Médecin et inspecteur* — Le générique de la *Loi sur la santé et la sécurité du travail* comprend également deux autres agents qui exercent respectivement des fonctions importantes dans plusieurs situations. Il s'agit du médecin du travail et de l'inspecteur. Pour des raisons historiques fort différentes, ces deux fonctions furent l'objet de bien des discussions, parfois même acerbes, entre les parties et au sein de l'administration publique au moment de l'aménagement de leur statut respectif dans le cadre de cette loi. Il faut reconnaître que la médecine du travail était à cette époque assez peu développée au Québec et que ce volet de la pratique professionnelle n'était guère prisé. Jusqu'en 1980, les grandes entreprises disposaient certes des services de médecins qu'elles choisissaient elles-mêmes et qui intervenaient en fonction d'objectifs ou d'orientations trop souvent liés aux impératifs de la gestion générale. Dans plusieurs secteurs industriels, le médecin de l'entreprise était malheureusement perçu, à tort ou à raison, à titre de gestionnaire-conseil chargé notamment du contrôle des absences. Cette situation, sans qu'elle fût généralisée, est à l'opposé de l'orientation réservée maintenant au médecin selon la *Loi sur la santé et la sécurité du travail*. Le premier grand changement apporté en 1979 et consigné aux articles 78 et 118 L.S.S.T. consistait à conférer au comité de santé et de sécurité (**III-410**) le choix du « médecin responsable », sous réserve de son admissibilité à la fonction (art. 117 L.S.S.T.), et l'approbation du programme de santé proposé par ce médecin. Notons que ce dernier participe aux réunions du C.S.S. (art. 75 L.S.S.T.) et qu'il lui fait part de ses constats au sujet de « [...] toute déficience dans les conditions de santé et de sécurité ou de salubrité susceptible de nécessiter une mesure de prévention » (art. 123 L.S.S.T.). De plus, les membres du comité peuvent, s'il y a lieu, présenter une demande de destitution du médecin auprès de la Commission des affaires sociales (art. 120 L.S.S.T.). Ainsi, le médecin choisi ou accepté par les deux parties au sein de l'établissement dispose maintenant de nouvelles assises juridiques, sociales et professionnelles à la fois intégrées aux dispositifs internes de l'action préventive de santé et de sécurité et au réseau de santé mis en place par voie d'ententes entre la C.S.S.T., les régies régionales et le ministère de la Santé et des Services sociaux (art. 107 et suiv. L.S.S.T.). Ce médecin préposé à un établissement doit se commettre par l'élaboration d'un programme de santé particulier (art. 112 et 113 L.S.S.T.) (**III-419**), entendu qu'il lui faut d'abord effectuer une évaluation des besoins, connaître les lieux (art. 125 et 126 L.S.S.T.), informer les travailleurs des dangers (art. 124 L.S.S.T.) et aussi, s'assurer de l'application réelle du programme de santé (art. 122 L.S.S.T.)[4-38]. Cette double intégration du médecin et des services publics de santé dans l'ensemble des mesures d'une politique générale de santé et de sécurité du travail peut paraître aujourd'hui ordinaire, évidente et nécessaire, mais il fallut néanmoins modifier la courbe de l'histoire en 1979 pour réaliser ce changement, et une volonté aussi ferme demeure nécessaire pour en assurer l'implantation d'une manière concrète, durable et efficace. De la même manière, la question de l'inspectorat posa initialement des difficultés certaines d'orientation administrative. La première entrave consistait à réunir sous une seule direction administrative les différents corps d'inspecteurs en poste avant 1979 (**III-402**). Jusqu'à cette époque, chaque ministère considérait que ses inspecteurs lui étaient essentiels pour réaliser sa mission propre et qu'il lui fallait en conserver la direction. Dans le cadre de l'administration unitaire souhaitée (4ᵉ règle directrice) (**III-405**), ces inspecteurs devaient aussi être réunis sous la direction du seul maître d'œuvre général de la réforme, la C.S.S.T. Cette condition préalable s'imposait afin d'assurer une intervention cohérente, uniforme et conforme aux nouvelles prescriptions et aux objectifs résultant de cette loi de 1979. Ainsi, tous les inspecteurs relèvent maintenant

---

4-38. *Gagnon et Robert et Robert Ltée*, [1989] C.A.L.P. 525; *Turcotte-Guérin* c. *Magasin Allard*, [1989] C.A.L.P. 520.

de la C.S.S.T. (art. 177 et 178 L.S.S.T.) et disposent de multiples moyens d'intervention leur permettant d'agir avec célérité, pragmatisme et efficacité. À ces fins, l'inspecteur dépêché sur un lieu de travail peut, au besoin :

— accéder en tout lieu et en faire l'inspection; obtenir copie des plans et devis; relever des échantillons; obtenir les données requises relatives à la composition des matériaux et des produits utilisés, etc. (art. 179 et 180 L.S.S.T.)[4-39];

— exiger des attestations de solidité, installer des appareils de contrôle (art. 180, al. 5 et 6, L.S.S.T.);

— émettre des avis de correction; suspendre l'exécution du travail (art. 182, 184, 186 L.S.S.T.);

— exercer les pouvoirs de commissaire dans le cadre d'une assignation spécifique de la part de la C.S.S.T. (art. 160, 161, 185, 191 L.S.S.T.)[4-40], entendu qu'il dispose d'une immunité personnelle dans l'exercice de bonne foi de ses fonctions.

L'inspection n'est pas assimilable à une descente policière où l'élément de surprise peut être un facteur stratégique capital. Elle est effectuée en vue d'une élimination à la source de risques d'accident ou de maladie professionnelle et dans le cadre d'une politique de participation de l'employeur, du syndicat accrédité et, s'il en existe un, du comité de santé et de sécurité. Pour ces raisons, ces derniers doivent être informés de la présence d'un inspecteur et, s'il y a lieu, faciliter son intervention. Ainsi :

— l'article 90, paragraphe 6, L.S.S.T. reconnaît le droit du représentant à la prévention d'accompagner l'inspecteur au cours de ses visites;

— l'article 181 L.S.S.T. précise que cette information doit leur être donnée « [...] avant d'entreprendre une enquête ou une inspection [...] »;

— les articles 183, 186 et 190 L.S.S.T. exigent respectivement que l'inspecteur fasse rapport aux parties et, s'il y a lieu, au comité de santé et de sécurité de ses conclusions d'enquête ou des motifs de son ordonnance en suspension des travaux ou encore, pour stopper l'usage d'un produit, sa fabrication, sa distribution ou sa vente, etc.;

— selon l'article 189 L.S.S.T., la possibilité de suspendre les travaux est aussi transmise aux parties.

4-39. *Domtar* c. *C.A.L.P.*, [1990] R.J.Q. 2190 (C.A.); *Mathurin* c. *Coffrage Dominic Ltée*, [1983] T.T. 250.

4-40. *Domtar inc.* c. *Calp*, [1990] C.A.L.P. 989; *Albert* c. *Cie Gaspésia Ltée*, [1985] T.T. 444. Sur l'effet d'une suspension des travaux à l'égard des travailleurs, voir la portée de l'article 187 L.S.S.T. telle que comprise par la Cour d'appel : *Théberge* c. *Habitat Ste-Foy*, [1991] R.J.Q. 1616 (C.A.).

Compte tenu des implications des décisions unilatérales de l'inspecteur, les parties disposent d'une procédure de révision en deux temps (art. 191.1, 193 L.S.S.T.), (**V-98**)[4-41]. Il est indéniable que l'exercice de la fonction d'inspecteur peut être difficile et délicate parce qu'il représente, d'une part, la C.S.S.T. pour assurer l'application concrète et directe de la loi, des règlements et de ses politiques et, d'autre part, il lui faut savoir départager sur le vif entre employeur, syndicat et travailleur à l'égard de situations parfois complexes et particulières. L'inspecteur serait en quelque sorte le bras et l'œil de la C.S.S.T. dans un lieu de travail parce que dans ce domaine, la loi, les règlements et les directives ne peuvent tenir compte du particularisme de chaque situation. Il est vrai cependant que l'intervention directe et spécifique de l'inspecteur dans une affaire peut ne pas clore définitivement le débat puisqu'il existe de nombreux contrôles administratifs et judiciaires que les parties savent, selon leurs intérêts respectifs, utiliser ou ignorer[4-42].

III-413 — *Construction* — Le particularisme de l'industrie de la construction exigeait que des modalités précises soient édictées de manière à rendre praticables en pareil lieu les politiques générales de santé et de sécurité du travail. L'élément caractéristique principal de ce secteur est sans aucun doute le chantier de construction (art. 1 L.S.S.T.). L'érection comme la démolition d'un immeuble supposent souvent la présence d'ouvriers et de techniciens exerçant des métiers fort différents les uns des autres et qui sont à l'emploi de dizaines de sous-entrepreneurs spécialisés dans un même lieu, non toujours en concomitance, mais en fonction des mêmes plans et devis généraux et dont la coordination de l'exécution de l'ensemble des opérations relève d'un maître d'œuvre non nécessairement propriétaire des lieux, etc. (**III-603**)[4-43]. La spécificité de cette industrie avait déjà imposé la mise en place d'un régime distinct pour la tenue des rapports collectifs du travail, élaboré sur une base sectorielle et nationale (**III-604**). Le choix des agents en matière de santé et sécurité au travail devait effectivement tenir compte de cette donnée structurelle. Il faut également prendre en considération la nature même de l'activité de construction qui comprend un facteur de danger assez élevé en raison du caractère provisoire des opérations, du roulement de personnel, d'un échéancier critique imposant à tous et à chacun un rythme particulier

---

4-41. *Loi instituant la Commission des lésions professionnelles et modifiant diverses dispositions législatives*, L.Q. 1997, c. 27; *Teamster C.C. 1991 c. Pepsi-Cola Ltée*, [1991] C.A.L.P. 1166; *C.S.S.T. c. Béton mobile Mallette inc.*, [1989] T.T. 35. L'étendue pratique des pouvoirs de l'inspecteur peut être illustrée à l'occasion de son contrôle du refus de travail d'un salarié (**III-420**).

4-42. Les recours qui peuvent être exercés sont rappelés plus avant (**V-100**).

4-43. À titre d'exemple, l'électricien peut être le premier à se présenter sur le chantier puis repartir aussitôt que le travail d'excavation s'amorce, revenir par la suite pour effectuer les installations électriques de base puis quitter de nouveau les lieux et enfin, participer à la toute dernière phase des opérations pour la fixation des appareils et accessoires électriques.

pour assurer une coordination de l'ensemble des travaux et un faisceau d'activités comportant des risques certains tels la manipulation d'équipement et de matériaux lourds, la présence d'une installation électrique temporaire, des monte-charges, etc. Ces dispositions particulières (art. 194 à 222 L.S.S.T.) constituent un ensemble de mesures distinctes, bien que le régime général de la *Loi sur la santé et la sécurité du travail* y demeure autrement applicable pour couvrir toutes lacunes réelles ou déclarées (art. 195 L.S.S.T.)[4-44]. L'article 99 L.S.S.T. impose la formation d'une association sectorielle paritaire constituée des parties représentatives syndicale et patronale au sens de la *Loi sur les relations de travail, la formation professionnelle et la gestion de la main-d'œuvre dans l'industrie de la construction* (L.R.Q., c. R-20) (**III-408**). En deuxième lieu, l'aménagement et l'application des règles relatives à la santé et à la sécurité du travail sont établis en fonction du chantier de construction[4-45]. Le maître d'œuvre est le titulaire principal des droits et des obligations qui incombent généralement à l'employeur (art. 196 L.S.S.T.)[4-46]. En raison du caractère provisoire d'un chantier de construction, il importe que la C.S.S.T. puisse connaître en temps utile et son ouverture et sa fermeture; à cette fin, le maître d'œuvre doit l'en aviser (art. 197 L.S.S.T.)[4-47]. On peut comprendre que cette information est de première importance dans le cas des grands travaux qui requièrent l'aménagement d'installations préalables et la présence de nombreux travailleurs. Dans ces cas, des mesures préparatoires doivent être retenues avant même l'ouverture d'un tel chantier, alors qu'il peut être même nécessaire d'y affecter des inspecteurs en permanence (art. 216, al. 2, 220 L.S.S.T.). Ces mesures appropriées de prévention sont tributaires des caractéristiques de chaque chantier de construction : le nombre de travailleurs en présence, la durée du chantier, la nature du travail et sa complexité technique, etc.[4-48]. Pour ces raisons, l'élaboration d'un

---

4-44. *C.S.S.T.* c. *Acibec (LaRose) inc.*, [1988] R.J.Q. 80 (C.A.).

4-45. Un chantier de construction tel que défini à l'article 1 L.S.S.T. : le libellé de cette définition illustre bien qu'il peut être parfois difficile d'établir avec certitude et par voie d'abstraction les tenants et les aboutissants d'un tel chantier. Voir : *C.S.S.T.* c. *J.R. Weir Ltée*, 1986, T.T. 341.

4-46. L'élection provisoire du maître d'œuvre signifie davantage la désignation formelle d'un responsable aux fins d'une application uniforme, directe et claire des mesures préventives sur le chantier de construction, sans pour cela épargner l'entrepreneur et les sous-entrepreneurs de leur responsabilité et obligations respectives. Les articles 198 et 202 L.S.S.T. découlent de cette réalité. Il est possible que le propriétaire des lieux et instigateur du projet assume la fonction de maître d'œuvre, mais ce dernier n'est pas nécessairement, loin de là, le propriétaire. Voir : *Ville de Québec et Savard et Dion Inc.*, [1986] C.A.L.P.

4-47. Le *Code de sécurité pour les travaux de construction*, S-2.1, r. 6, précise les types de chantier de construction où un tel avis est requis et les modalités applicables.

4-48. La construction d'un métro au centre-ville comporte certains traits communs avec l'exploitation d'une mine, et les dangers inhérents sont différents, mais non moins intensifs de ceux relatifs à l'érection de hautes structures métalliques nécessaires à un gratte-ciel ou à la soudure aux fins de l'installation d'un gazoduc, etc.

programme de prévention doit être adaptée à chaque chantier (art. 198 à 201, 221 L.S.S.T.)[4-49]. Les articles 204 à 215 L.S.S.T. relatifs au comité de chantier et au représentant à la prévention ne sont pas encore promulgués. Au lieu et place, on applique le règlement intitulé : *Code de sécurité pour les travaux de la construction*, qui était en vigueur avant 1979 et qui, par le truchement des mesures transitoires, est considéré être édicté en vertu de l'actuelle loi (art. 286 et suiv. L.S.S.T.).

III-414 — *Fournisseur* — Parce que les causes possibles d'accident du travail et de maladie professionnelle peuvent provenir de l'extérieur d'un lieu de travail et s'y infiltrer en tout espace libre, semblable à l'eau et au gaz, il était nécessaire que les écrans de protection, que les mesures préventives débordent le cadre de l'établissement et du lieu de travail. Ainsi, l'article 63 L.S.S.T. couvre fort grand à l'égard de l'usage de produits, de procédés, de techniques, d'équipement, de matériel et de contaminants susceptibles de comporter un danger. On y indique que des méthodes sécuritaires doivent être élaborées à ces fins et, s'il y a lieu, être conformes aux dispositions du règlement applicable (art. 63, 64, 223, par. 3, L.S.S.T.)[4-50]. À ces fins, un inspecteur peut imposer une expertise d'un tel produit ou d'un procédé pour en déterminer la dangerosité (art. 65 L.S.S.T.)[4-51]. De plus, la C.S.S.T. dispose du pouvoir de prohiber totalement ou sous réserve précise la fabrication, la distribution ou l'usage de ces produits, procédés ou matériaux (art. 67 L.S.S.T.). Pour ces raisons, le fournisseur doit étiqueter les produits de manière à y indiquer la composition des matières dangereuses qu'ils renferment, la nature du danger qu'ils comportent et le protocole d'urgence à suivre (art. 67 L.S.S.T.). À l'égard des « produits contrôlés » (art. 1 L.S.S.T.), les articles 62.1 à 62.21 L.S.S.T. aménagent, depuis 1980, un traitement particulier de manière à exercer un contrôle préventif plus efficace tout en préservant les droits de propriété des fabricants[4-52]. Ce régime comprend un volet sur l'information relative aux contenus et aux dangers possibles que ces matériaux comprennent, la formation nécessaire que doivent recevoir les travailleurs qui peuvent y être exposés et les modes d'entreposage de ces produits. L'exemption de divulgation de leur contenu est possible sur autorisation spéciale et souvent conditionnelle obtenue selon la procédure énoncée aux articles 62.7 à 62.21 L.S.S.T.

4-49. Un règlement de la C.S.S.T. précise les modalités applicables à ces programmes de prévention *ad hoc* : le *Règlement sur les programmes de prévention*, S-2.1, r. 13.1.

4-50. *Plamondon* c. *J.E. Livernois Ltée*, [1982] C.S. 594.

4-51. *Les Tuyaux Logard inc.* c. *C.A.L.P. et al.*, [1992] C.A.L.P. 328.

4-52. Ces règles de contrôle, pour être efficaces, devaient s'appliquer outre-frontière québécoise, en raison de la libre circulation des personnes et des biens et aussi, de la loi fédérale en la matière : la *Loi sur les produits dangereux*. Il y eut à cette fin une entente canadienne, le Système d'information sur les matières dangereuses utilisées au travail (S.I.M.D.U.T.) dont l'historique et l'étendue sont rappelés dans Bernard CLICHE, Serge LAFONTAINE et Richard MAILHOT, *Traité de la santé et de la sécurité au travail*, Cowansville, Les Éditions Yvon Blais inc., 1993 et notamment aux p. 325 à 331.

III-415 — *Statut du travailleur* — Le travailleur se situe au centre même du régime de santé et de sécurité du travail parce que c'est de sa santé et de sa sécurité dont il s'agit et que l'on entend aussi qu'il participe à l'œuvre de prévention. Le dispositif retenu considère le travailleur non seulement comme sujet mais aussi à titre d'agent actif en ce qui a trait à sa propre sécurité. Dans un premier temps, l'article 9 L.S.S.T. énonce ce droit premier de travailler dans des conditions « [...] qui respectent sa santé, sa sécurité et son intégrité physique » (**III-407**). Ce droit fondamental est articulé, explicité et même décomposé en trois volets : la formation, l'information et la participation du travailleur (art. 10, 49 L.S.S.T.)[4-53]. Bien évidemment, il s'agit là d'un énoncé généreux et abstrait puisque dans chaque établissement, les conditions réelles d'exécution du travail peuvent être si particulières et si différentes de celles des autres entreprises qu'on ne pouvait guère dépasser le simple niveau de l'affirmation générale[4-54]. En somme, l'article 10 L.S.S.T. repose sur le principe du respect du travailleur en imposant aux autres le devoir de l'instruire des dangers inhérents au travail commandé et en lui permettant d'apprendre à travailler d'une manière sécuritaire et, au besoin, sous surveillance. En ce sens, l'article 10 L.S.S.T. est complété par l'article 49, où l'on précise l'obligation correspondante qui incombe au travailleur : celle de la vigilance et de la prudence pour lui et son milieu. Bien évidemment, le droit du travailleur à l'information, à la formation et à l'encadrement se traduit, dans une certaine mesure, en autant d'obligations pour l'employeur (art. 51 L.S.S.T.) (**III-417**). Ces droits, devoirs et obligations sont édictés à des fins précises et ne peuvent être détachés de la loi pour les exercer ou en imposer le respect comme s'il s'agissait de prérogatives personnelles et discrétionnaires[4-55]. L'énoncé liminaire de l'article 10 L.S.S.T. module bien la portée de ces droits en soulignant qu'ils s'exercent « [...] conformément à la présente loi et aux règlements ». Nous savons que le travailleur participe également à ce même régime par la voie des agents qui le représentent : syndicat accrédité, représentant à la prévention, membres du comité de santé et de sécurité. D'une façon plus directe et certes plus individuelle, la loi confère à chaque travailleur certains droits précis lui permettant d'intervenir personnellement et au premier chef pour assurer sa santé et sa sécurité : droit de refus et droit de retrait préventif qui sont articulés aux articles 12 à 48 L.S.S.T. (**III-420 et suiv.**).

III-416 — *Syndicat accrédité* — Selon la troisième règle directrice du régime, les mécanismes et processus de prévention relatifs à la santé et à la

---

4-53. Il ne pourrait vraiment être lui-même un agent actif s'il ignore ses droits et ses obligations. Voir : Vivienne WALTERS et Margaret DENTON, *Workers' Knowledge of their Legal Rights and Resistance to Hazardous Work*, [1990] 45 *Rel. Ind.* 531.

4-54. Les règlements de la C.S.S.T., les interventions du comité de santé et de sécurité et celles du représentant à la prévention, du médecin et de l'inspecteur peuvent, au besoin, préciser ou transposer d'une manière plus directe et plus concrète ces règles abstraites.

4-55. *Nepveu* c. *Commission de la construction du Québec*, [1989] C.A.L.P. 600.

sécurité au travail furent aménagés sur une voie parallèle à celle des rapports collectifs du travail et distincte d'elle (**III-405**). Une telle distinction ne signifie pas que l'on faisait fi du syndicat accrédité, c'est-à-dire de l'organisme constitué des mêmes travailleurs que l'on trouve dans l'établissement et dont le caractère représentatif fut déjà vérifié et demeure sous contrôle périodique (**IV-31, 48**). Il aurait été d'ailleurs, nous semble-t-il, socialement et politiquement irrationnel, illogique et même illégitime de nier au syndicat accrédité le droit de participer à ce volet important de la défense des intérêts de ses membres. L'objectif de la séparation des structures et des régimes consiste simplement à éviter la confusion des genres, de manière que certaines questions essentielles relatives à la santé et à la sécurité du travailleur ne dépendent pas des aléas toujours imprévisibles et souvent incontrôlables de la négociation collective des conditions de travail[4-56]. Puisqu'il est indéniable que les questions relatives à la santé et à la sécurité au travail sont aussi des conditions d'exercice du travail, on ne pouvait davantage prohiber toute négociation collective à ce sujet, mais dans la stricte mesure où la convention collective qui en résulterait ne pourrait valablement restreindre les droits et prérogatives garantis par la *Loi sur la santé et la sécurité du travail* et les institutions et processus qui en découlent (**III-407**). Dans ce cadre et sous ces réserves, le syndicat accrédité exerce des activités certaines dans le domaine de la santé et de la sécurité du travail, et la loi lui reconnaît d'ailleurs de nombreuses interventions, des droits et des prérogatives, notamment pour :

— la formation du comité de santé et de sécurité (art. 69, 82 L.S.S.T.) et aussi, la nomination de la délégation des travailleurs à ce comité (art. 72, al. 2 et 3, 84 L.S.S.T.);

— la désignation du représentant à la prévention (art. 89 L.S.S.T.);

— la réception de subsides de la C.S.S.T. à des fins précises (art. 104 L.S.S.T.);

— la nomination de membres au sein du conseil d'administration de la C.S.S.T. (art. 141, al. 1, L.S.S.T.) (**III-308**);

— la nomination du bureau de révision et à la C.A.L.P.;

— l'obtention de la part de l'employeur d'une information pertinente relative aux accidents du travail, aux composantes dangereuses des produits, etc. (art. 51, par. 10; 62 *in fine*; 62.5, al. 2; 62.6, par. 1 et 3; 62.13 L.S.S.T.).

III-417 — *L'employeur* — Si nous considérons à la fois le statut et l'autorité de l'employeur (**II-110 et suiv.**) et l'objet de la *Loi sur la santé et la sécurité du travail* (**III-405**), il ne peut être surprenant que son rôle, ses devoirs et ses

---

4-56. Inversement, on prohibe à l'association sectorielle paritaire de santé et de sécurité d'intervenir en matière de relations du travail (art. 103 L.S.S.T.) (**III-411**).

obligations y soient traités d'une façon explicite et extensive[4-57]. La présence, l'action et les interventions de l'employeur dans l'établissement devaient faire l'objet d'une attention soutenue puisque le choix des créneaux, des moyens de production, de l'organisation interne, de la répartition des fonctions et du personnel relève principalement, sur les plans juridique et pratique, de sa compétence. Pour éliminer à la source les dangers d'accident du travail et de maladie professionnelle, pour inculquer des comportements sécuritaires au travailleur, pour faciliter la participation de tous à la réduction maximale des risques et pour instaurer des mesures de contrôle préventif ou correctif, le législateur devait contenir la liberté de manœuvre de l'employeur et lui imposer, au besoin, la participation et l'intervention des autres : travailleur, syndicat accrédité, inspecteur, médecin, etc. Ces derniers qui participent aussi, à un titre ou à un autre, à l'application du régime de santé et de sécurité du travail ne diminuent ni n'altèrent directement la responsabilité juridique de l'employeur quant à la garde des biens (art. 1465 C.c.Q.), à la sauvegarde de la santé, de la sécurité et de la dignité du travailleur (art. 2087 C.c.Q.; art. 51, al. 1, L.S.S.T.) et aux préjudices subis par des tiers à cause de ses actes et de ceux de ses préposés (art. 1463 C.c.Q.). Ces mesures de protection ne sont cependant pas absolues ni d'application automatique puisque l'employeur ne peut *manu militari* imposer un comportement sécuritaire constant et intégral à chacun des travailleurs. Il n'empêche que les quinze paragraphes de l'article 51 L.S.S.T. donnent une vue générale des obligations de l'employeur en matière de santé et de sécurité et ne laissent aucun doute quant à l'amplitude de sa mission. On demeure cependant dans le relatif et on ne saurait dégager de ces mêmes paragraphes autant d'obligations de résultat exigibles expressément de l'employeur. Il s'agirait fort plus d'un faisceau d'obligations de moyens qui comprennent ou sous-entendent une diligence et une vigilance raisonnables et pertinentes[4-58]. D'ailleurs, selon l'article 50 L.S.S.T., l'employeur doit recevoir les appuis techniques nécessaires afin d'être en mesure de s'acquitter convenablement de ses tâches. Ce soutien peut certes lui être donné par la C.S.S.T. et il peut provenir de l'association sectorielle paritaire, qui est un organisme plus près de lui et qui connaît ses besoins (art. 78, 101 L.S.S.T.). Signalons aussi que l'employeur doit clairement identifier la personne chargée d'agir en son nom en toutes affaires relatives à la santé et à la sécurité au travail (art. 51, al. 2, L.S.S.T.). De cette

---

4-57. En raison des obligations qui incombent à l'employeur, la question de cette qualification peut être d'un grand intérêt. Voir : Andrée GOSSELIN, « L'affaire Cavalier; les agences de location de personnel et la détermination d'un véritable employeur », dans *Développements récents en droit de la santé et sécurité au travail* (1994), Cowansville, Les Éditions Yvon Blais inc., p. 101.

4-58. *C.S.S.T.* c. *Entreprise Lagacé, 1981 Inc.*, 1990 T.T. 100; *Domtar inc.* c. *C.A.L.P.*, [1990] R.J.Q. 2190 (C.A.); *Provigo Distribution Inc. et Girard*, [1991] C.A.L.P. 539; Me Pierre LESSARD, *Les obligations de l'employeur en santé et sécurité du travail en regard de l'arrêt Domtar de la Cour d'appel*, Actes du Congrès du Barreau du Québec, [1991], p. 863.

manière, tous les agents (syndicat, inspecteur et travailleur) peuvent valablement se référer à cette personne désignée, et les actes de cette dernière, comme ses silences, peuvent être imputés à l'employeur[4-59]. Elle a aussi la mission d'informer de même que de former le travailleur et de lui assurer un encadrement approprié de manière qu'il puisse travailler en toute sécurité (art. 10, al. 1, 51, al. 9, L.S.S.T.). L'installation d'un nouvel établissement et sa mise en fonction tout comme sa fermeture exigent également des contrôles de la part de la C.S.S.T., mais selon les modalités édictées par règlement (art. 54 et 55 L.S.S.T.). Il existe déjà plusieurs règlements qui encadrent et précisent les voies et moyens sécuritaires que doit retenir l'employeur[4-60]. Ainsi, l'article 53 L.S.S.T. comprend trois paramètres relatifs au travailleur (son âge, la durée quotidienne de travail et son état de santé) qui peuvent, selon les règlements applicables, s'imposer à la gestion des ressources humaines (**II-26**). Au sujet de l'équipement de protection individuelle (art. 51, par. 11, L.S.S.T.), l'employeur est astreint à fournir gratuitement au travailleur le matériel retenu par le comité de santé et de sécurité ou, à défaut, imposé par règlement, et il doit s'assurer de plus qu'il l'utilise convenablement, sous peine même de mesures disciplinaires[4-61].

4-59. Jean-Pierre VILLAGGI, *La santé et la sécurité au travail et les changements dans les moyens de production : l'obligation pour l'employeur de dévoiler ses projets lors de la négociation de la convention collective,* Étude en droit du travail à la mémoire de Claude D'Aoust, Cowansville, Les Éditions Yvon Blais inc., p. 371.

4-60. À titre d'exemples, mentionnons quatre règlements : le *Règlement sur les établissements industriels et commerciaux* (S-2.1, r. 9); le *Règlement sur la qualité du milieu de travail* (S-2.1, r. 15); le *Règlement sur la salubrité et la sécurité du travail dans les mines et carrières* (S-2.1, r. 19); le *Règlement sur la sécurité et l'hygiène dans les travaux de fonderie*.

4-61. *Hôtel-Dieu de Montréal* c. *Syndicat national des employés de l'Hôtel-Dieu,* [1990] C.A.L.P. 636; *Hôpital Notre-Dame* c. *Syndicat des travailleurs de l'Hôpital Notre-Dame,* [1986] C.A.L.P. 153; *Ingénierie B.G. Checo Ltée* c. *Service d'inspection du Comité de l'industrie de la construction,* [1976] C.S. 1497.

Section 4.3

Des mesures particulières

III-418 — *Contenu* — Outre la description générale des grands lignes directrices du régime, la présentation des institutions mises en place et des droits et obligations qui incombent aux trois acteurs principaux, nous devons aussi connaître les plans d'orientation et d'action élaborés en vue d'une transposition concrète et adaptée de la *Loi sur la santé et la sécurité du travail*. À ce premier volet, nous ajoutons une brève analyse des mesures toutes particulières élaborées par cette même loi de manière à assurer un véritable respect de la personne même du travailleur. Il s'agit, en premier lieu, du droit de refus du travail, un «holà de sécurité» qui repose sur le postulat que le travailleur serait le premier responsable de sa propre protection et de celle des personnes à proximité (**III-420**). En fonction de ce même principe, des mesures protectrices sont articulées de manière à bien prendre en considération la situation toute spéciale de la femme enceinte ou qui allaite (**III-425**). Nous les soulignons parce que ces moyens permettent de mieux saisir la facture originale de la loi de 1979 (**III-402**) et son importance historique, politique et sociale (**III-405**) en raison même des changements radicaux qu'elle apporte à l'aménagement même de l'organisation du travail et de la relation d'emploi.

III-419 — *Programme de prévention* — L'application méthodique, intégrale et efficace des normes relatives à la santé et à la sécurité au travail se réalise au sein d'un établissement en fonction d'un programme de prévention. Pour tout établissement visé par le règlement[4-62], l'employeur se doit d'élaborer pareil programme en suivant en cela le processus applicable et le

---

4-62. *Règlement sur le programme de prévention*, S.-2.1, r. 13.1; *Cie Eaton de Montréal Ltée c. C.S.S.T.*, [1988] C.A.L.P. 666.

contenu minimal qui y est imposé. Ce programme de prévention constitue un plan d'action et un cheminement critique visant l'élimination à la source des dangers pour la santé et la sécurité au travail au sein de l'établissement. À cette fin, il comprend notamment des indications appropriées relatives aux voies et moyens retenus d'une façon spécifique, de manière que les normes applicables édictées à la *Loi sur la santé et la sécurité du travail* et les règlements soient effectivement respectés. L'article 59 L.S.S.T. énumère en six points le contenu du programme dont on doit tenir compte, selon les situations de lieux, de temps et les personnes, soit des données relatives :

— aux processus du travail;

— à l'équipement et au matériel;

— au contrôle de la qualité du milieu;

— aux normes d'hygiène;

— aux moyens de protection individuelle et aux normes de sécurité;

— au programme de formation et d'information.

Parce que l'élaboration d'un tel plan d'action ne signifie pas que les objectifs seraient dès lors atteints, on doit y ajouter un échéancier critique d'exécution qui soit pratique et réalisable. À ce sujet, l'article 60 *in fine* L.S.S.T. prévoit que la C.S.S.T. peut tenir compte des contraintes propres à chaque établissement pour cet échéancier. À l'égard de deux volets particuliers du programme général d'action, l'initiative ne relève pas de l'employeur :

— les programmes de formation et d'information en santé et sécurité du travail sont élaborés au sein du C.S.S., où l'employeur s'y retrouve, mais en parité avec la délégation des travailleurs (art. 78, par. 3, L.S.S.T.). Il en est également ainsi du choix de l'équipement de protection individuelle (art. 78, par. 4, L.S.S.T.);

— le programme de santé est élaboré en premier lieu par le médecin (art. 112 L.S.S.T.) (**III-412**), dont la proposition est soumise pour approbation au C.S.S. (art. 78 L.S.S.T.) (**III-410**), et est par la suite intégré au programme général de prévention (art. 59 *in fine* L.S.S.T.). Ainsi, l'employeur doit également tenir compte de ce programme de santé au moment de la préparation et de la mise à jour du programme général de prévention. Le projet préparé par le médecin responsable doit respecter le programme général de santé dressé par la C.S.S.T., conformément aux ententes intervenues avec les régies régionales de santé (art. 107, 112 L.S.S.T.). Selon l'article 113 L.S.S.T., le contenu de ce programme devrait être assez détaillé et adapté pour qu'il puisse permettre le dépistage précoce des atteintes possibles à la santé des travailleurs, ce qui impliquerait une évaluation constante des sources de risques dans chaque milieu et une connaissance de l'état de santé des travailleurs qui s'y trouvent[4-63].

Il va de soi que l'association sectorielle paritaire de santé et de sécurité (**III-411**) donne aux établissements de son secteur un cadre général et adapté, facilitant ainsi l'élaboration des programmes de prévention (art. 101, par. 5, L.S.S.T.). Le programme de prévention propre à un établissement doit être cohérent et intégré en fonction de sa finalité, puis soumis pour approbation à la C.S.S.T. qui dispose alors des observations que peut formuler le C.S.S. (art. 60, 78, par. 5, L.S.S.T.). Aux fins de son approbation, la C.S.S.T. peut exiger des modifications au programme proposé par l'employeur et à son échéancier critique (art. 60 et 61)[4-64]. Selon le règlement applicable, l'employeur devrait effectuer une mise à jour annuelle de son programme de prévention et en transmettre copie à la C.S.S.T.

III-420 — *Le refus protecteur* — La loi reconnaît maintenant le droit du travailleur de refuser de poursuivre l'exécution de sa prestation de travail s'il y a danger pour sa santé, sa sécurité ou son intégrité physique. Avant 1979 (**III-402**), un salarié pouvait prendre pareille initiative, mais il lui incombait d'établir la qualité de sa décision dès que l'employeur interprétait son geste à titre de désobéissance caractérisée justifiant une mesure disciplinaire. Selon les règles générales du droit civil, le salarié doit obéissance à l'employeur et assume une obligation de disponibilité professionnelle (**II-87**). Ainsi, un refus d'obtempérer à une directive ou de poursuivre l'exécution de sa prestation de travail peut encore être considéré comme l'inexécution des obligations contractuelles du salarié et constituer, par le fait même, une rupture de contrat. Si l'employeur abusait de ses prérogatives ou exigeait des actes contraires aux obligations professionnelles normales du salarié, ce dernier, disait-on, devait néanmoins les exécuter et, après, entreprendre les recours disponibles[4-65]. On peut déjà saisir le caractère unilatéral de cette approche compte tenu de la difficulté inhérente pour le salarié d'établir une telle preuve d'abus de la part de l'employeur, et cela, en fonction d'une situation de fait généralement évanescente, des coûts inhérents à cette entreprise judiciaire et des risques de multiplier ou de provoquer d'autres réactions patronales à la suite de cette contestation. La *Loi sur la santé et la sécurité du travail* apporta une solution à

4-63. À la seule lecture des huit paragraphes de l'article 113 L.S.S.T. décrivant le contenu du programme de santé d'un établissement, on peut en déduire que l'ensemble de ses composantes ne sont pas encore parfaitement réalisées.

4-64. *C.S.S.T.* c. *Entreprises Jacques Meunier inc.*, [1984] T.T. 256; *C.S.S.T.* c. *Groupe Lechasseur Ltée*, [1988] R.J.Q. 613 (C.A.).

4-65. La formule concise de la common law « Obey and Grieve » traduit bien cette idée. Voir : Claude D'AOUST et Gilles TRUDEAU, *L'obligation d'obéir et ses limites dans la jurisprudence arbitrale québécoise*, monographie n° 4, Montréal, École des relations industrielles de Montréal, 1979.

ce problème, qui devait être à la fois conforme aux principes sous-jacents à ce régime et réaliste. En effet, il ne pourrait suffire de déclarer que le travailleur peut refuser d'obéir s'il existe un quelconque danger; encore fallait-il prévoir un mécanisme qui soit suffisamment clair, accessible et pratique pour que ce refus puisse être exercé et contenu sans causer d'inutiles préjudices à l'employeur et au travailleur. Il allait de soi, dans le cadre des règles directrices de cette loi (**III-405**), que l'on accorde au travailleur une prérogative personnelle d'exercer un « holà de sécurité » puisqu'il s'agit de sa santé, de sa sécurité, de son intégrité physique. En somme, la situation visée est celle qui occupe au premier chef le travailleur, et ce devait être à ce même niveau qu'il devait pouvoir y « participer » (art. 2, al. 2, L.S.S.T.). Par ailleurs, un tel moyen conféré au travailleur réduit d'autant les prérogatives traditionnelles de l'employeur, et ce dernier pouvait percevoir cette intervention comme une atteinte sérieuse et certaine à son autorité. Pour ces raisons, cette question constitua un des points les plus contestés de cette loi de 1979 par tout le patronat. On y voyait une façon de conférer indirectement au syndicat le moyen de faire une grève au moindre prétexte et sous le couvert d'atteinte à la santé ou à la sécurité des travailleurs. Avec le mécanisme de protection retenu, on entend tenir compte de cette dernière appréhension en conférant directement et personnellement à chaque travailleur ce droit de refus à l'égard de son seul poste[4-66]. Cette orientation législative est aussi conforme à une autre règle directrice du régime, soit la mise sur des voies parallèles de deux régimes, celui de la santé et sécurité du travail et celui des rapports collectifs du travail (**III-405**). En 1994, les règles générales du droit civil furent elles-mêmes adaptées pour se conformer à ce même principe limitant les prérogatives patronales induites du contrat de travail par l'obligation faite à l'employeur de « [...] prendre les mesures appropriées à la nature du travail, en vue de protéger la santé, la sécurité et la dignité du salarié » (art. 2087 C.C.Q.) (**II-106**)[4-67]. En d'autres termes, si la prestation de travail commandée contrevient à cette consigne générale, l'employeur ne pourrait valablement prétendre qu'il y eut désobéissance à son propre manquement. S'il en est ainsi des règles générales maintenant harmonisées, les difficultés de leur mise en application subsistaient et

---

4-66. Depuis quinze ans, ces mêmes mesures de protection individuelle ne furent généralement pas exercées pour d'autres fins que des questions relatives à la santé et à la sécurité du travail, du moins si on en juge d'après les études entreprises à ce sujet. Voir : Marc RENAUD, Gilles TRUDEAU, Chantal SAINT-JACQUES et Louise DUBÉ, *Le droit de refus : une révolution tranquille*, Monographie n° 21, Montréal, École des relations industrielles de Montréal, 1989; L. CHAMBERLAND, « L'exercice du droit de refus en vertu de la L.S.S.T. », (1984) *R. du B.* 939; J.-F. GILBERT, « Dangers et risques selon la L.S.S.T. : une question d'appréciation », dans *Développements récents en droit de la santé et de la sécurité au travail* (1992), Cowansville, Les Éditions Yvon Blais inc., 1992. D'ailleurs, les protestations véhémentes du patronat sont maintenant plus rares et plus pondérées.

4-67. Ce même article 2087 C.c.Q. reprend une règle déjà énoncée à l'article 46 de la *Charte des droits et libertés de la personne* (**III-101**).

c'est à ces questions que les articles 12 à 31 L.S.S.T. tentent de fournir des éléments de solutions pragmatiques et efficaces. À ces fins, il fallait d'abord préciser la situation visée, c'est-à-dire celle où l'on entendait protéger l'exercice de ce refus (**III-421**), puis élaborer un processus qui soit applicable de manière à respecter la finalité même de ce moyen (**III-422**).

III-421 — *Situation visée* — Bien évidemment, le caractère exceptionnel ou singulier d'un tel acte de refus de poursuivre de la part du travailleur ne peut être valablement exercé que dans le cas d'une situation suffisamment circonscrite et caractérisée. Ce n'est qu'à ces conditions que cet acte pouvait être légitime et imposé à l'employeur. Celles-ci visent à la fois le titulaire et les circonstances de fait. L'article 12 L.S.S.T. précise bien qu'il s'agit d'un droit individuel : « Un travailleur a le droit de refuser [...] ». Ce travailleur est celui défini à l'article 1 L.S.S.T., ce qui exclut l'artisan et les représentants de l'employeur (**III-406**)[4-68]. De plus, l'article 12 L.S.S.T. précise que cet individu travailleur doit lui-même éprouver « [...] des motifs raisonnables de croire [...] ». Cette dernière expression indique bien qu'il doit s'agir d'une appréhension personnelle, d'une crainte subjective bien réelle, c'est-à-dire vraiment ressentie et de bonne foi (art. 6 et 7 C.C.Q.). Certes, il n'est pas facile, par des voies extrinsèques, de cerner de près et de façon certaine en quoi consiste ou à quoi peut ressembler un tel ressentiment. Nous devons procéder par voie inductive, à l'aide des expériences déjà acquises, ce qui nous permet d'énoncer les premières observations qui suivent.

i) Puisqu'il est question de « motifs », il n'y a pas lieu de se limiter ou de se référer exclusivement à la situation réelle pour apprécier la qualité de ceux du travailleur. En d'autres termes, il est possible que la situation soit techniquement, scientifiquement ou objectivement sécuritaire tout en donnant valablement prise à une appréhension raisonnable et légitime de danger[4-69].

ii) La situation de danger varie en fonction de la nature même du travail. Bien évidemment, le caractère dangereux d'une fonction ou d'un métier évolue de multiples façons et en raison de la nature respective de chacun et même, selon les circonstances particulières de temps, de lieux et personnes[4-70]. On doit en déduire que l'on ne saurait *a priori*

4-68. Les obligations du travailleur édictées à cette loi s'appliquent aussi à ces deux dernières catégories de personnes (artisan et représentant de l'employeur) et non les droits du travailleur provenant de cette même source (art. 7 et 8 L.S.S.T.).

4-69. *Villeneuve* c. *Gouvernement du Québec (ministère des Transports)*, [1986] T.T. 274 ; *General Motors Canada Ltd.* c. *Daviault*, [1990] C.A.L.P. 33.

4-70. Il suffit d'énumérer quelques métiers bien connus pour pouvoir facilement les placer les uns par rapport aux autres sur une échelle de sécurité de 1 à 10 : démolisseur, monteur de ligne électrique, mineur, chauffeur de camion, policier, équilibriste, infirmière, tourneur, informaticien, serveur, commis aux écritures, etc.

soutenir qu'un métier ou une fonction soit trop dangereux et qu'en tout temps, toute circonstance et à volonté, son préposé pourrait valablement exercer un droit de refus. L'article 13 *in fine* L.S.S.T. impose cette réserve en plaçant cette problématique dans le « relatif » : « [...] si les conditions d'exécution de ce travail sont normales dans le genre de travail qu'il exerce[4-71] ».

iii) Ce ressentiment, cette crainte peut varier d'un travailleur à un autre puisque l'intelligence d'une situation n'est pas nécessairement partagée également entre tous les collègues de travail exerçant la même fonction dans un même lieu et selon les mêmes méthodes et équipement. Par ailleurs, le travailleur doit pouvoir préciser quelque peu pourquoi la poursuite de ses tâches constituerait pour lui et selon sa perception un danger alors qu'il en est autrement pour les autres et qu'il en fut peut-être également autrement pour lui-même les jours précédents. Des éléments extérieurs doivent corroborer sa déclaration d'un danger appréhendé[4-72]. Les seules conditions de santé du travailleur ne sauraient justifier un refus (une vision affaiblie, un dos endolori, l'hypertension, etc.[4-73]). Dans ces derniers cas, il se peut que le travailleur puisse recourir à une autre mesure protectrice et non à un arrêt immédiat, direct et personnel : le retrait préventif (**III-424**). D'ailleurs, en ces mêmes situations, le danger ne serait pas immédiat et réel, mais plutôt éventuel et plausible !

iv) La situation dangereuse susceptible d'enclencher le refus de poursuivre peut aussi être à l'endroit d'une autre personne que le travailleur. Si, selon l'article 12 *in fine* L.S.S.T., le travail, la manœuvre ou l'opération avait pour « [...] effet d'exposer une autre personne à un semblable danger ». Cette deuxième facette de la situation retenue indique bien que les conséquences du travail sont aussi considérées et non seulement son exécution même[4-74].

4-71. Cette normalité relative implique néanmoins que le travailleur peut encore exécuter son travail dans le respect des « règles de l'art » et que l'équipement et les matériaux qu'il emploie sont conformes aux règles applicables en se rappelant que les errements d'hier ne sauraient servir à justifier ceux d'aujourd'hui. Voir : *Pilon* c. *Corp. Raymor*, [1985] C.T. 413; *Paré* c. *Ministère de la Justice*, D.T.E. 83 T-708 (C.T.); *Ministère de la Justice* c. *Pierre-Paul Therrien*, [1988] C.A.L.P. 205; *Sirois* c. *Cyanamid*, [1990] B.R.P. 25.

4-72. À titre d'exemple, il se peut qu'un jour donné, la température du lieu soit excessivement froide ou chaude au point de rendre l'exécution des tâches plus périlleuse par le manque de maîtrise des mouvements, etc. Voir : *Société d'électrolyse et de chimie Alcan Limitée* c. *Marcotte*, D.T.E. 82 T.-831 (T.T.); *D'Anjou* c. *Mines Wabush*, [1987] C.A.L.P. 774.

4-73. *Bootlegger inc.* c. *Couture*, D.T.E. 84 T-171 (C.S.); *Maisonneuve* c. *Steinberg*, D.T.E. 87-T-202 (C.S.); *Lévesque* c. *Hôtel-Dieu de Québec*, D.T.E. 84T-457 (T.T.); *Bédard* c. *Minerais Lac Ltée*, [1987] C.A.L.P. 286.

4-74. *Desmarchais* c. *Steinberg*, [1988] C.A.L.P. 622.

v) Malgré l'appréhension d'un danger immédiat, qui justifierait autrement un refus de poursuivre, un tel refus ne peut être exercé si, en contre-partie, ce même arrêt mettait « [...] en péril immédiat la vie, la santé, la sécurité ou l'intégrité physique d'une autre personne [...] » (art. 13 L.S.S.T.). Bien évidemment, cette autre personne peut être un travailleur ou tout autre tiers[4-75].

III-422 — *Processus suivi* — D'une façon schématique et en suivant l'ordre chronologique général des étapes du processus, nous rappelons ci-après le cheminement suivi dès qu'un travailleur exerce son droit de refus[4-76].

i) *L'avis initial (art. 15 L.S.S.T.)* : Le travailleur avertit aussitôt de son refus l'une ou l'autre des personnes qui seraient le plus immédiatement présentes : le supérieur immédiat, l'employeur lui-même ou son représentant désigné selon l'article 51, alinéa 2, L.S.S.T. (**III-417**). Il est aussi possible qu'un même danger puisse provoquer une réaction concomitante de refus de la part de plusieurs travailleurs (art. 27 L.S.S.T.)[4-77].

ii) *Le premier constat (art. 16 L.S.S.T.)* : La personne ainsi avisée (point i) convoque à son tour le représentant à la prévention (**III-409**) en vue qu'ils effectuent ensemble une première appréciation de la situation et déterminent, s'il y a lieu, les mesures immédiates qui peuvent s'imposer. Ce premier constat constitue une opération conjointe et, à cette fin, deux mesures supplétives sont prévues à l'article 16 L.S.S.T. pour parer à l'absence du représentant à la prévention.

iii) *L'inspecteur (art. 18 L.S.S.T.)* : Pour des raisons diverses, le travailleur qui maintient son refus, le représentant à la prévention ou son substitut, l'employeur ou son représentant peuvent respectivement demander l'intervention d'un inspecteur (**III-412**) pour bien faire clarifier la situation. Ce dernier peut confirmer ou infirmer la position de l'un ou de l'autre[4-78]. Il se peut que l'employeur et le représentant à la prévention conviennent de l'absence d'un tel danger ou reconnaissent que les mesures immédiatement prises auraient déjà éliminé ce possible danger, mais cette conclusion ne lie pas le travailleur qui peut « [...] persister

---

4-75. *Pâtes Domtar inc.* c. *Dubuc*, [1987] C.A.L.P. 9; *Bernard Beaulé* c. *Hôpital St-François d'Assise*, [1989] B.R.P. 573.

4-76. Nous supposons que ce travailleur respecte les conditions préalables lui conférant pareille prérogative personnelle, du moins selon les premières apparences (art. 12 et 13 L.S.S.T.) (**III-421**).

4-77. Ce qui n'en ferait pas pour autant un refus collectif. Voir : *Mutual Steel Corporation* c. *Synotte*, n° 500-28-000-482-810; *Nightingale Saro. inc.* c. *Paquet*, [1985] T.T. 252 (T.T.); *Papier Rolland inc.* c. *Synd. can. des travailleurs du papier*, [1987] C.A.L.P. 418.

4-78. Sans être formel, cet avis doit être suffisamment clair pour que le sens en soit saisi. Voir : *Norcan inc.* c. *Lévesque*, [1990] C.A.L.P. 1266.

dans son refus » (art. 18, al. 1, L.S.S.T.). L'inspecteur ainsi dépêché par la C.S.S.T. dispose de l'autorité nécessaire soit pour ordonner au travailleur la reprise du travail, soit pour imposer l'exécution de mesures correctives idoines[4-79]. Sa décision peut être rendue oralement et sur-le-champ, puis ultérieurement précisée par écrit et motivée. Cette décision s'impose à tous les intéressés malgré une demande en révision ou en appel (art. 20, 21, 191 L.S.S.T.).

iv) *La révision et l'appel* : la décision de l'inspecteur peut être révisée selon la procédure générale applicable en la matière (**V-98**).

Il est facile d'imaginer qu'un tel refus produit des effets perturbateurs pour le travailleur initiateur, ses collègues de travail, le représentant à la prévention et l'employeur. Il convient donc de tenir compte de ces multiples effets pour mieux jauger la dimension réelle de ce recours de sauvegarde personnelle.

III-423 — *Effets de l'arrêt* — Dès que le travailleur donne avis de son refus (**III-422, point i**), il peut valablement cesser l'exécution de sa prestation de travail, et ce, jusqu'à ce que l'inspecteur lui ordonne, s'il y a lieu, la reprise de sa prestation habituelle (art. 19 L.S.S.T.). Ce travailleur est alors en disponibilité et ainsi réputé être au travail et rémunéré pour ce même temps (art. 14 *in fine* L.S.S.T.). L'employeur peut lui assigner par ailleurs un poste temporaire « [...] qu'il est raisonnablement en mesure d'accomplir » (art. 25 *in fine* L.S.S.T.). Cette dernière expression est assez large pour permettre à l'employeur de profiter néanmoins des services de ce travailleur[4-80]. Il se peut aussi que l'arrêt impromptu du travailleur empêche ses collègues placés en amont ou en aval du processus de production de poursuivre leur prestation respective. L'article 28 L.S.S.T. précise que des arrêts ainsi provoqués ne peuvent préjudicier à ces mêmes travailleurs qui sont néanmoins « [...] réputés être au travail [...] » tout en demeurant à la disposition de l'employeur. En pareil cas, la procédure d'inspection est accélérée (art. 26, al. 1, L.S.S.T.). Nous devons également savoir si l'employeur peut affecter un autre travailleur au poste laissé temporairement vacant par celui qui exerce son droit de refus. Quatre dispositions distinctes de la loi traitent de cette problématique.

i) Règle générale, un autre travailleur ou toute autre personne ne peut être affecté aux tâches laissées en suspens jusqu'à ce qu'une décision exécutoire soit rendue permettant la reprise de ce travail (art. 14 L.S.S.T.) (**III-422, point iii**).

4-79. *Mallette* c. *Hydro-Québec*, [1987] C.A.L.P. 192; *Naud* c. *S.T.C.U.M.*, [1987] C.A.L.P. 528; *Domtar* c. *C.A.L.P.*, [1990] R.J.Q. 2190 (C.A.).

4-80. La règle édictée à l'article 2087 C.c.Q., à savoir que l'employeur « [...] est tenu de permettre l'exécution de la prestation de travail convenue [...] » ne saurait valablement servir au travailleur de moyen d'opposition si, bien évidemment, les tâches provisoires auxquelles on entend l'assigner ne portent pas atteinte à sa dignité (**II-106**).

ii) Si l'employeur ou son représentant et le représentant à la prévention ou son substitut s'accordent à reconnaître que le danger n'existe pas, ou plus, ou encore s'ils reconnaissent ensemble que cette appréhension serait rattachée à la seule personne du travailleur initiateur du refus, alors un autre travailleur peut y être affecté à la condition toutefois qu'il soit informé des motifs du refus déjà exercé (art. 17 L.S.S.T.)[4-81].

iii) Si l'inspecteur est d'avis que les motifs relatifs au danger sont rattachés à la personne même du travailleur initiateur du refus et non nécessairement applicables aux autres travailleurs, alors l'employeur peut y affecter un autre travailleur si ce dernier est préalablement informé du premier refus (art. 19, al. 2, L.S.S.T.).

iv) Si ce refus empêche au moins deux autres travailleurs d'exercer leur prestation et que l'inspecteur n'est pas présent dans les six heures de la demande d'intervention (**III-422, point iii**)), l'employeur peut y affecter un autre travailleur préalablement informé du refus exercé et des motifs du travailleur (art. 26, al. 2, L.S.S.T.)[4-82].

Afin de réaliser sans heurts ni retard inutile l'opération du premier constat (**III-422, point ii**)), l'article 29 L.S.S.T. précise bien le droit du représentant à la prévention ou de son substitut de pouvoir sur-le-champ s'absenter de ses tâches habituelles pour assumer ces fonctions de contrôle (art. 29 L.S.S.T.) (**III-409**). Finalement, l'employeur ne saurait valablement entreprendre de représailles à l'endroit du salarié qui exerce son droit de refus, même si éventuellement il était clairement établi, à l'une ou à l'autre des phases du processus, qu'un tel danger n'existait pas ou fut efficacement évacué. Bien évidemment, cette immunité ne saurait s'appliquer lorsque l'employeur établit qu'il y eut véritablement abus de droit de la part du travailleur (art. 30 L.S.S.T.) (**V-18**). Dans ce dernier cas, l'employeur dispose d'un délai de dix jours depuis la décision finale pour imposer une mesure disciplinaire[4-83]. Pareille mesure de protection s'applique au représentant à la prévention ou à son substitut (art. 31 L.S.S.T.). Dans l'un ou l'autre de ces cas, le travailleur peut exercer un recours de contrôle de la décision de l'employeur, soit auprès de la C.S.S.T. ou, s'il est assujetti à une convention collective, auprès de l'arbitre de griefs (art. 227 et suiv. L.S.S.T.) (**IV-183; V-18**)[4-84].

4-81. Il va de soi que cet autre travailleur pourrait lui-même exercer son droit de refus à la suite de cette assignation. En d'autres termes, ce droit est individuel et inaliénable.

4-82. La logique de cette troisième exception ne nous paraît guère évidente puisqu'il s'agit d'un retard administratif étranger à la situation et causé par un tiers.

4-83. *Inspection sous-marine J.P.B. Ltée* c. *Bergeron*, D.T.E. 84T-625 (T.T.); *Fleurant* c. *General Motors du Canada*, [1990] C.A.L.P. 465.

4-84. *Thibault* c. *Ministère du Revenu*, [1989] C.A.L.P. 334.

III-424 — *Le retrait préventif* — Le travailleur peut personnellement connaître quelques défaillances physiques ou être plus vulnérable à certains agents
agressifs sans que la situation externe constitue véritablement un danger susceptible de justifier l'exercice du droit de refus (**III-420**). Il n'empêche
cependant que sa santé peut être ainsi affectée et alors, ce travailleur dispose
d'une autre mesure protectrice articulée aux articles 32 à 39 L.S.S.T. et qui
pondère d'autant son obligation contractuelle de disponibilité professionnelle
(**II-87**). Parce qu'il s'agit bien de protéger la santé d'un travailleur, la mise en
branle de cette mesure doit directement prendre en considération l'état réel de
vulnérabilité de cette même personne. Les premières lignes de l'article 32
L.S.S.T. illustrent bien, par les possessifs employés, que l'on y vise une personne déterminée et une seule personne à la fois[4-85]. En deuxième lieu, l'opération consiste à retirer provisoirement ce même travailleur de ce lieu de
travail afin d'éviter que sa santé n'en soit davantage détériorée et qu'entre-
temps des mesures correctrices soient entreprises. Il s'agit d'un simple retrait
d'un poste de travail, ce qui implique qu'il peut recevoir une autre affectation
qu'il lui serait normalement possible d'assumer. La portée réelle de ce mécanisme de protection individuelle peut varier en fonction des règlements édictés par la C.S.S.T. qui, selon l'article 34 L.S.S.T., peuvent porter notamment :

— sur les contaminants pouvant donner prise à l'exercice de ce retrait
préventif[4-86] ;

— sur les « critères d'altération » propres à chaque contaminant visé;

— sur les modalités d'exécution du retrait;

— sur le contenu de l'attestation médicale exigible.

On comprend qu'il demeure possible de moduler de multiples façons
par voie de règlement l'exercice de cette mesure protectrice et même, son
accès.

III-425 — *Mécanisme du retrait* — Nous résumons ci-après en six points le
processus mis en place permettant au travailleur d'exercer cette mesure
protectrice.

4-85. Nous retenons notamment l'expression : « [...] son exposition à un contaminant comporte pour lui des dangers, eu égard au fait que sa santé [...] ». Sur la nécessité que le
contaminant soit retenu et identifié préalablement par règlement, voir : *Paul Bizier* c. *Le
Renfort inc. et C.S.S.T.*, [1987] C.A.L.P. 543.

4-86. L'article 1 L.S.S.T. définit ainsi le terme « contaminant » : « Une matière solide, liquide
ou gazeuse, un micro-organisme, un son, une vibration, un rayonnement, une chaleur,
une odeur, une radiation ou toute combinaison de l'un ou de l'autre susceptible d'altérer
de quelque manière la santé ou la sécurité des travailleurs »; *Cité de la santé de Laval* c.
Houle et C.S.S.T., [1989] C.A.L.P. 655 (C.S.); *Sauvageau* c. *Commission scolaire de
Charlesbourg*, [1993] C.A.L.P. 1133.

i) *L'initiative (art. 32 L.S.S.T.)* : Il revient au travailleur d'entreprendre les premières démarches pour obtenir une mutation provisoire. Le texte même de l'article 32 L.S.S.T. laisse bien entendre qu'il connaîtrait déjà des signes de contamination ou d'altération. Parce qu'il ne s'agit pas d'une mesure d'urgence, comme peut l'être le refus (**III-420**), cette demande du travailleur doit être corroborée par un médecin.

ii) *Le certificat médical (art. 33 L.S.S.T.)* : Une simple déclaration d'un médecin disant qu'il pourrait être préférable qu'un travailleur soit muté dans un autre lieu ne pourrait suffire. L'attestation médicale requise répond à deux qualités :

— elle provient du médecin de l'établissement (**III-412**) et, si elle est donnée par le médecin choisi par le travailleur, ce même médecin doit préalablement consulter le médecin de l'établissement ou le directeur régional de la santé publique ;

— son contenu est conforme aux conditions imposées par le *Règlement sur le certificat délivré pour le retrait préventif*, S-2.1, r. 2.2 (art. 34, al. 4, L.S.S.T.).

iii) *Le retrait* : Sur réception d'une telle demande étayée de l'attestation médicale requise, l'employeur doit retirer le travailleur de son poste et lui offrir des tâches à l'extérieur de ce champ d'exposition qu'il peut raisonnablement assumer (art. 32, 35 L.S.S.T.). Ce travailleur conserve les mêmes bénéfices et avantages afférents au poste qu'il doit dès lors laisser (art. 38 L.S.S.T.).

iv) *La mutation provisoire* : Si le travailleur croit que les tâches nouvellement confiées ne lui conviennent pas, le C.S.S. et, à défaut, le R.P. ou encore la C.S.S.T., peut, avec l'employeur et sur avis du médecin, ou rassurer le travailleur ou rechercher un autre poste acceptable (art. 37 L.S.S.T.). La décision alors prise est sujette à révision (art. 37.1 à 37.3 L.S.S.T.) (**V-99**)[4-87].

v) *La mise en disponibilité* : Si l'employeur ne peut offrir au travailleur un poste convenable, ce dernier peut valablement cesser toute prestation de travail sans perte de privilèges et avantages qu'il pourrait autrement conserver ou acquérir s'il était encore au travail, et ce, pour la première année de son retrait, sauf si la cause du retrait est imputable à l'employeur en raison de la non-conformité aux normes applicables (art. 39 L.S.S.T.). Cependant, sa rémunération habituelle ne lui est

---

4-87. *Noël* c. *Centre hospitalier Saint-Laurent*, [1991] C.A.L.P. 675 ; *Hôpital Royal Victoria* c. *C.A.L.P. et C.S.S.T.*, [1989] C.A.L.P. 1218 (C.S.) ; *Lafontaine* c. *C.A.L.P. et C.S.S.T. et Centre hospitalier Saint-Joseph de Trois-Rivières*, [1994] C.A.L.P. 1328 (C.A.) ; *Fournier* c. *Leviton du Canada Ltée*, [1991] C.A.L.P. 377.

versée, selon l'article 36 L.S.S.T., que pour les cinq premiers jours de son retrait. Par la suite, il est soumis au régime d'indemnisation de remplacement applicable à l'accidenté du travail de la C.S.S.T. (art. 179, 185 L.A.T.M.P.) **(III-313)**.

vi) *La réintégration* : Ce retrait préventif sous-entend un retour au poste initial dès que « [...] son état de santé lui permet de réintégrer ses fonctions antérieures » (art. 32 L.S.S.T.) ou encore, dès que la source du danger est éliminée (art. 35, 38, al. 2, L.S.S.T.). S'il ne fut pas entretemps affecté à d'autres tâches par l'employeur et que la cause de ce retrait n'est pas imputable à l'employeur du fait de la non-conformité aux normes applicables, alors ce droit à la réintégration ne vaudrait pas au-delà d'une année (art. 38, al. 2, et 39, al. 3, L.S.S.T.).

III-426 — *Maternité sans danger* — À l'instar de la procédure applicable au retrait préventif, la femme enceinte ou qui allaite dispose d'une semblable mesure protectrice (art. 40 à 49 L.S.S.T.)[4-88]. Il s'agit encore d'une articulation spécifique de la règle générale édictée à l'article 2087 C.c.Q. quant au devoir de l'employeur « [...] de prendre les mesures appropriées à la nature du travail, en vue de protéger la santé, la sécurité et la dignité du salarié ». Ce même devoir est aussi explicité en quelque sorte à l'article 122 L.N.T. où il est dit que « [...] l'employeur doit, de son propre chef, déplacer une salariée enceinte si les conditions de travail de cette dernière comportent des dangers physiques pour elle ou pour l'enfant à naître [...] » **(II-217)**[4-89]. Parce qu'elle est enceinte ou qu'elle allaite, il y a alors lieu de considérer les méfaits résultant de son poste de travail à l'égard de la travailleuse même et de l'enfant né ou à naître. Selon les articles 40 à 43 et 46 à 48 L.S.S.T., l'exercice de ce recours obéit aux règles applicables au retrait préventif **(III-425)**[4-90]. Le seul fait que la travailleuse soit enceinte ou allaite ne saurait la rendre admissible à cette mesure protectrice. De même, le seul fait que les tâches exécutées comportent quelques dangers ne peut donner accès à ce retrait. L'attestation médicale requise doit établir un rapport entre l'état de la travailleuse ou celui de

---

4-88. Katherine LIPPEL, Stéphanie BERNSTEIN et Marie-Claude BERGERON, *Le retrait préventif de la travailleuse enceinte ou qui allaite : réflexions sur le droit et la médecine*, Cowansville, Les Éditions Yvon Blais inc., 1996; Karen MESSING et Sophie BOUTIN, « Les conditions difficiles dans les emplois des femmes et les instances gouvernementales en santé et en sécurité du travail », (1997) 52 *Rel. Ind.* 333.

4-89. De plus, cet article 122, paragraphe 4, L.N.T. prohibe expressément le congédiement, la suspension, le déplacement ou autres représailles au motif que la salariée serait enceinte **(III-129; V-19)**.

4-90. *Giroux c. Société hôtelière Canadien Pacifique*, [1986] C.A.L.P. 141; *Johanne Dion et Ressources informatiques Quantum Ltée*, [1988] C.A.L.P. 449; *Plourde c. Imprimerie Harricana*, [1991] C.A.L.P. 367; Serge LAFONTAINE, « Le retrait préventif de la travailleuse enceinte ou qui allaite : qui décide quoi ? », dans *Développements récents en droit du travail (1991)*, Cowansville, Les Éditions Yvon Blais inc., p. 133.

l'enfant né ou à naître et cette même situation[4-91]. Cette attestation médicale est soumise au *Règlement sur le certificat délivré pour le retrait préventif et l'affectation de la travailleuse enceinte ou qui allaite* (S-2.1, r. 2.2) qui propose en annexe une formule précise et détaillée à cet effet. Notons que la mesure protectrice consiste à retirer la travailleuse d'un poste comportant des dangers, ce qui ne lui confère nullement droit à un congé. Il va de soi que ce danger peut varier selon qu'il s'agit d'une travailleuse enceinte ou d'une travailleuse qui allaite. La réponse donnée dans une situation ne vaut pas nécessairement dans une autre[4-92]. L'arrêt de travail ne s'acquiert que lorsque la demande de réaffectation ne lui est pas accordée (art. 41 L.S.S.T.) et alors, elle peut recevoir l'indemnité afférente (art. 36 L.S.S.T.), et ce, jusqu'à l'arrivée de l'une des deux situations suivantes :

— le jour de l'accouchement (art. 41, al. 2, L.S.S.T.) ou la fin de la période de l'allaitement (art. 41, al. 1, 47 L.S.S.T.);

— la source du danger est écartée ou une nouvelle tâche sans la présence d'un tel danger lui est valablement offerte (art. 40, 43, al. 2, 46 et 47 L.S.S.T.).

On a cependant assoupli le mécanisme applicable au versement de l'indemnité compensatoire afin d'éviter les préjudices autrement possibles résultant des délais accusés à son versement (art. 44 et 45 L.S.S.T.)[4-93]. Les recours de la travailleuse qui subit par la suite des représailles de la part de l'employeur pendant son retrait ou pour résilier son retour si elle a cessé de travailler sont semblables à ceux du retrait préventif (**III-425**)[4-94]. Dans une affaire assez récente, on a pu constater les difficultés pratiques d'application de ces mesures de protection lorsque la travailleuse occupe deux emplois à temps partiel et que survient un conflit d'horaire si elle devait accepter l'affectation temporaire qu'un des deux employeurs lui offrait pour le temps

---

4-91. *Fontana* c. *Centre d'accueil Miriam*, [1989] C.A.L.P. 628; *Cité de la santé de Laval* c. *C.A.L.P.*, [1989] C.A.L.P. 655; *Dumont* c. *Sherbrooke Maintenance Entretien général*, [1989] C.A.L.P. 192; *Fortin* c. *Provigo*, [1986] C.A.L.P. 25; *Blais* c. *Québec (Ministère de l'Énergie et des Ressources)*, [1990] C.A.L.P. 940.

4-92. *Cnadek inc. et Maher*, [1991] C.A.L.P. 278.

4-93. Selon le rapport annuel de la C.S.S.T., 20 040 demandes d'indemnisation furent déposées sous ce chef en 1996 et 94 % d'entre elles furent retenues. On explique ainsi les critères administratifs retenus pour recevoir ces demandes : « L'évaluation des demandes de prestation par la Commission repose sur une analyse individuelle de chaque cas. Sa décision s'appuie sur l'information contenue dans le certificat médical, sur la liste fournie par la Régie régionale de la santé et des services sociaux dans son rapport d'évaluation du poste de travail et sur tous renseignements obtenus en communiquant avec la travailleuse, son médecin traitant et son employeur », C.S.S.T., *Rapport annuel 1996*, p. 44; *Lucie Marcoux et Hôpital Julien*, [1990] C.A.L.P. 511; *Gagnon et Hôpital de la Baie*, [1992] C.A.L.P. 284; *Canadelle inc. et Durette*, [1992] C.A.L.P. 1006.

4-94. *Sécurité Saglac* c. *Trudeau*, [1990] C.A.L.P. 501.

de son retrait[4-95]. Sur un tout autre plan, les prochains développements de la connaissance sur l'influence de l'environnement prénatal et des premières années de vie concernant les capacités intellectuelles de l'homme pourraient permettre de contester plus vigoureusement une approche trop simpliste du refus des demandes de retrait[4-96]. Dans ce domaine comme dans bien d'autres, le droit doit suivre l'évolution de la connaissance si, bien entendu, la société qui le forme agit et réagit toujours en fonction des mêmes grands paramètres : égalité, liberté, justice, ordre et cohérence !

4-95. *Lafontaine* c. *C.A.L.P. et C.S.S.T.*, [1994] R.J.Q. 1523 (C.A.).

4-96. Journal *Le Monde* (1997-08-01), sous le titre « La démocratie des gènes au secours de l'intelligence », rapportait quelques résultats d'une étude publiée dans la revue *Nature* sur l'importance de la période intra-utérine pour le développement intellectuel de l'enfant à naître.

CHAPITRE III-5

LA *LOI SUR LES DÉCRETS DE CONVENTION COLLECTIVE* (L.D.C.C.)[5-1]

III-501 — *La démarche* — On ne peut étudier le droit de l'emploi sans considérer la *Loi sur les décrets de convention collective*, notamment en raison de sa signification historique. En effet, cette loi de 1934 fut la première intervention directe de l'État pour conférer une portée certaine et enrichie au résultat de la négociation collective des parties[5-2]. L'entente collective que pouvait conclure un employeur et un syndicat sortait ainsi du seul domaine contractuel et subissait une métamorphose juridique pour étendre ses effets auprès de tiers, c'est-à-dire des autres employeurs et salariés d'une même branche d'activité. Il nous faudrait savoir pourquoi, en 1934, une telle intervention de

---

5-1. *Loi sur les décrets de convention collective*, L.R.Q., c. D-2. Par commodité, cette loi est
       citée par le sigle L.D.C.C.

5-2. La convention collective résultant du régime aménagé au *Code du travail* reçoit aussi de
       l'État un statut juridique et une portée qui dépassent le seul cadre du contrat (**IV-160**).

l'État fut possible, à quelles conditions elle put être réalisée et quelles furent les implications d'un tel procédé. À la suite de ce rappel historique, nous faisons une lecture plus méthodique de cette loi afin d'en connaître la mécanique et de mieux apprécier les effets d'un décret et les contraintes administratives inhérentes. Nous terminons par une brève discussion sur la survie de cette loi depuis le souffle nouveau qui lui fut donné en 1996 et l'usage que l'on pourrait faire de la *Loi sur les décrets de convention collective*.

III-502 — *Mixité des sources* — D'une façon fort schématique, nous pourrions concevoir deux grandes voies d'élaboration des conditions de travail, c'est-à-dire d'un ensemble cohérent de modalités relatives à la réalisation concrète du contrat de travail. En somme, ces conditions traitent de la prestation qui incombe au salarié et de celle qu'assume l'employeur, entendu que leur exécution respective mais interdépendante s'échelonne dans le temps et que ce dernier élément constitue de part et d'autre une variable modulant sans cesse leurs droits et obligations respectifs. Ces conditions peuvent être élaborées par les parties elles-mêmes dans le cadre de leur liberté contractuelle, en fonction de leur pouvoir distinct de négociation. Cette première voie connaît deux niveaux : la négociation dite individuelle, c'est-à-dire celle conduite par le salarié et l'employeur, et la négociation collective où le syndicat agit auprès de l'employeur au lieu et place d'un groupe de salariés. La deuxième voie serait celle où l'État articule lui-même ces conditions de travail et qu'il les impose aux parties liées par contrat de travail[5-3]. Bien évidemment, la situation réelle n'est pas aussi simple et les parties ne disposent pas d'une pleine liberté pour choisir l'une ou l'autre de ces deux voies. L'inégalité des parties en présence, la nécessité de leur offrir une base sécuritaire et stable pour la tenue et l'exécution de leurs rapports et la complexité de certaines questions soulevées imposèrent différentes approches où ces deux voies principales (la libre négociation et l'intervention étatique) furent à la fois retenues de manière à élaborer un régime mixte de travail qui puisse être satisfaisant quant à son contenu et respectueux des contraintes et des besoins des parties. Déjà, en 1934, le législateur retint une formule comprenant cette mixité des sources. Dans un premier temps, les syndicats d'une même branche d'activité peuvent conclure avec des employeurs visés ou leur association une entente collective mais qui, sur le plan juridique, ne pourrait lier que ses parties signataires. C'est alors que l'État intervint pour élargir par décret la portée de l'entente initiale de manière à y soumettre également les autres salariés et employeurs de cette même branche d'activité. Telle est la dynamique essentielle de la *Loi sur les décrets de convention collective*. Pour mieux en saisir la portée et la mécanique, nous devons d'abord en connaître les origines lointaines, ses premières péripéties en sol québécois, puis l'usage que

---

5-3. L'intensité de l'intervention de l'État en matière d'emploi connaît quatre grands degrés déjà signalés (**I-76**).

l'on en fait depuis. Outre cette première mise en contexte politico-juridique (**section 5.1**), nous présentons les personnes qui y sont visées et les principaux agents dans l'élaboration d'un décret et son administration (**section 5.2**). Nous étudions ensuite (**section 5.3**) le processus retenu pour l'obtention d'un décret et la portée juridique de ce dernier. Finalement, la question de sa mise en application et ses différents contrôles terminent cette vue générale (**section 5.4**).

Section 5.1
De 1934 à nos jours

III-503 — *Genèse lointaine* — Les origines lointaines de la *Loi sur les décrets de convention collective* remonteraient à Bismark qui, à la fin du XIXe siècle, permit l'extension juridique d'ententes patronales–syndicales à l'ensemble d'une branche d'activité professionnelle. Ce soi-disant « socialisme d'État » visait à combattre sur son propre terrain les revendications d'un réel mouvement socialiste[5-4] en voie de gestation. Progressivement, cette approche fut raffinée, notamment en Allemagne en 1918, puis elle fut retenue dans bien d'autres pays, dont l'Italie, la France et la Belgique[5-5]. L'évolution des textes législatifs dans ces derniers pays suivit à peu de chose près la courbe des aléas politiques, notamment en ce qui a trait à l'intervention plus ou moins directe de l'État ou, à l'opposé, à l'initiative laissée aux parties pour établir elles-mêmes les conditions de travail. Les oscillations entre ces deux pôles varièrent d'une façon notoire selon que l'on se situe avant ou après l'avènement du socialisme national en Allemagne (1934), du régime de Vichy en France (1941) ou du fascisme italien en 1942. À ces époques, l'emprise de l'État était très forte et seuls les syndicats d'obédience

---

5-4. Réaction politique séculaire et semblable à celle plus contemporaine où un employeur revoit parfois à la hausse les conditions de travail à la suite de la rumeur de la venue possible d'un syndicat dans son entreprise!

5-5. Aux États-Unis, le *National Industrial Recovery Act* de 1933 procédait par voie d'ordonnance du président, alors émise après consultation des employeurs et des syndicats d'une même branche industrielle. Ce procédé fut déclaré inconstitutionnel par la Cour suprême des États-Unis en 1934. Le président Roosevelt modifia alors son approche en 1935 en préconisant un régime laissant aux parties d'une seule entreprise à la fois le soin d'établir elles-mêmes les conditions de travail par la voie d'une négociation collective directe. Voir: le *Wagner Act* (**I-54**).

corporatiste participaient à l'élaboration des conditions de travail. Ce n'est qu'au lendemain de la guerre que ces mêmes pays réorganisèrent leur régime de négociation collective dans le cadre duquel les syndicats et les employeurs pouvaient plus librement établir les conditions de travail. Quoi qu'il en soit, la technique de l'extension juridique de convention collective par voie de décret fut développée et elle est encore retenue dans ces mêmes pays, mais bien évidemment selon des modalités contemporaines. Cette même approche servit de modèle à la législation québécoise de 1934, comme elle influença également la législation du travail en voie d'élaboration dans plusieurs autres pays tels la Belgique, le Mexique et la Nouvelle-Zélande[5-6]. Cette influence des modèles européens au sujet des choix que fit alors le législateur québécois connut un autre vecteur, soit celui de l'enseignement de la doctrine sociale de l'Église catholique : « La doctrine sociale de l'Église avait orienté leurs réflexions vers des organismes de collaboration, dont il croyait voir un bel exemple dans les corporations italiennes[5-7]. »

III-504 — *1934* — Depuis la *Loi des syndicats professionnels de 1924* (**III-712**), l'entente collective que pouvait conclure un syndicat constitué sous son empire avait valeur de contrat civil et ne pouvait lier que les salariés membres du syndicat signataire. Un tel syndicat ne représentait que ses propres membres, ce qui limitait d'autant son pouvoir de négociation. L'employeur n'était guère incité à négocier puisqu'il n'était nullement contraint, en droit et en fait, à s'y soumettre. Ainsi, peu d'ententes collectives étaient alors conclues. Le syndicat affrontait d'autres difficultés d'implantation, du fait que l'employeur qui acceptait néanmoins de convenir ainsi de meilleures conditions de travail fragilisait sa position concurrentielle vis-à-vis des employeurs encore libres de toute entente. On ne saurait également ignorer la situation économique de l'époque où le taux de chômage était fort élevé et les salaires au plus bas. Saisissant bien cette situation, le mouvement syndical québécois, et notamment la C.T.C.C.[5-8], entreprit, dès 1931, la recherche de voies susceptibles de lui permettre d'atteindre ses premiers objectifs : l'amélioration des conditions de travail par la voie de la négociation collective. Au cours des années 30, l'approche européenne d'extension juridique des conventions collectives (**III-503**) fut connue au Québec à la suite du retour d'études de l'abbé Aimé Boileau et des travaux de la

---

5-6. Au sujet de la genèse de ces lois européennes et de leur contexte particulier, voir : Jean-Marie ARNION, *L'évolution des conventions collectives de travail*, Paris, Librairie du recueil Sirey ; Paul DURAND, *Traité du droit du travail*, tome 3, Paris, Librairie Dalloz, 1956 ; Michel DESPAX, *Traité du droit du travail*, tome 7, Convention collective, dans *Traité de droit du travail*, sous la direction de G.H. CARMERLYNCK, Paris, 1966.

5-7. Gérard HÉBERT, Thèse soumise à la Faculté d'études supérieures et de recherche en vue de l'obtention d'un doctorat, Université McGill, avril 1963, p. 208.

5-8. Il s'agit de la Confédération canadienne des travailleurs catholiques, qui fut la structure organique à l'origine de l'actuelle C.S.N.

Commission des assurances sociales constituée en 1931. Ainsi, la direction de la C.T.C.C. y vit une voie de solution à ses propres difficultés à convaincre les employeurs de conclure des ententes collectives tout en les rassurant contre les effets autrement pervers à l'égard de leurs concurrents[5-9]. En quelques phrases, Jean-Réal Cardin résume ainsi les avantages escomptés d'un tel projet d'extension juridique des conventions collectives :

> Cette mesure, si elle était votée, protégerait du même coup l'existence de ces syndicats, en consacrant par un décret officiel les avantages obtenus par eux; par le fait même, elle favoriserait l'extension du syndicalisme en faisant se multiplier les négociations collectives du travail. Elle remédierait donc à la faiblesse de la loi de 1924, en la complétant dans une certaine mesure. Enfin, elle aiderait, pour une bonne part, à la solution des problèmes causés par la dépression en relevant le niveau des revenus parmi les classes laborieuses[5-10][...].

Pareille proposition supposait une intervention certaine, directe et concrète de l'État, une certaine collaboration patronale–syndicale, et cette double condition préalable ne pouvait être acceptée d'emblée par le gouvernement de l'époque ni par le patronat. Même au sein du mouvement syndical, ce projet fut longuement débattu, tant parmi les instances de la C.T.C.C. qu'au sein de la population[5-11]. M. Gérard Tremblay, nommé en 1931 sous-ministre du Travail et qui était jusqu'alors secrétaire général de la C.T.C.C., prépara une esquisse du projet de loi en 1933, qui fut étudiée par tous les intéressés. Finalement, l'Assemblée nationale adopta ce projet en avril 1934 sous le titre : *Loi relative à l'extension juridique des conventions collectives de travail* (24 Geo. V, c. 56)[5-12]. Bien évidemment, une loi aussi innovatrice et rédigée

---

5-9. L'histoire de cette loi nous est racontée par Gérard HÉBERT, *op. cit.*, note 5-7, tome 1, p. 61 et suiv.; Jean-Réal CARDIN, *L'influence du syndicalisme national catholique sur le droit syndical québécois*, Institut social populaire, Montréal, juin 1957, p. 29 et suiv.; Marie-Louis BEAULIEU, *Les conflits de droit dans les rapports collectifs du travail*, Québec, Les Presses de l'Université Laval, 1955, p. 136 et suiv.

5-10. Jean-Réal CARDIN, *op. cit.*, note 5-9, p. 31.

5-11. D'autres approches étaient aussi discutées, notamment celle d'une loi du salaire minimum généralisé. On ne peut oublier également qu'à l'instar de plusieurs pays européens (Allemagne, France et Italie), une conception corporatiste de la société avait également ses tenants au sein du mouvement syndical : les corporations de métiers réunissant employeurs et syndicats sous l'égide de l'État. Les journaux *Le Devoir* et *La Presse* des années 1933–1934 rendent compte des nombreux débats qui eurent alors lieu à l'égard de ces trois thèmes.

5-12. M.-L.-BEAULIEU, *op. cit.*, note 5-9, explique ainsi la dimension politique de l'acceptation de ce projet de loi par le gouvernement libéral d'alors : « À la session de 1934, convaincu sans doute de l'opportunité d'introduire chez nous la convention collective extensionnée, mais probablement aussi pour plaire à l'électorat ouvrier, à la veille d'une élection qui s'annonçait périlleuse, [...] », p. 136.

en s'inspirant davantage de textes des lois française, italienne et allemande ne pouvait répondre à l'avance aux difficultés pratiques de mise en application en terre québécoise. Ces premières expériences permirent de constater les faiblesses de cette loi, notamment au sujet de la procédure d'extension, du contenu possible des conditions de travail ainsi rendues obligatoires, des pouvoirs de contrôle du comité paritaire, etc. La loi fut réécrite, en quelque sorte, en 1937 à la suite des travaux d'une commission d'étude constituée par le gouvernement et elle fut corrigée à nouveau en 1940, à l'aide des travaux d'un autre comité[5-13]. Du point de vue syndical, on peut croire que la C.T.C.C. avait ainsi atteint ses objectifs qui, d'ailleurs, furent en quelque sorte verbalisés au préambule même de cette loi de 1934 : « Adopter, étendre et rendre obligatoires les conditions de travail consignées dans les conventions collectives, tant pour prévenir la concurrence déloyale faite au signataire que pour établir le juste salaire et satisfaire à l'équité. »

III-505 — *Premiers lendemains* – Dès les premières années de cette loi, dix-sept décrets furent mis en vigueur, principalement dans les industries du bâtiment, de la chaussure et de l'imprimerie. Dès lors, la syndicalisation devint plus facile, même du côté patronal où l'on retrouvait de nombreuses associations représentant respectivement les employeurs au sein d'une même branche d'activité. Cette mise en application rapide et constante permit aux usagers de faire le rodage de la loi initiale. Les nombreux amendements qui lui furent apportés depuis 1934 et d'une façon assez régulière jusqu'en 1940 illustrent bien l'intérêt que les parties accordaient à cette aventure et le souci du gouvernement d'ajuster de multiples manières le tir législatif. Une question d'ordre politique importante fut soulevée dès les premières années d'application relativement à l'intensité de l'intervention de l'État : une condition de travail conventionnelle pouvait-elle être retouchée par le gouvernement et à quelle condition pouvait-elle être ainsi modulée ? L'article 2 de la loi précisait qu'il était « loisible » au gouvernement d'émettre pareil décret d'extension, ce qui devait sous-entendre qu'il disposait d'une discrétion certaine soit d'accepter ou de refuser de le faire, mais pouvait-il, à cette occasion, modifier le texte conventionnel[5-14] ? En pratique, le ministre du Travail prenait alors soin de faire accepter par les parties signataires les modifications qu'il apportait. Par la suite, la loi fut amendée pour conférer expressément pareil pouvoir au ministre du Travail[5-15]. Le gouverne-

---

5-13. *Loi des conventions collectives du travail*, 2 Geo. VI, c. 52 et 4 Geo VI, c. 38.

5-14. La question fut discutée par la Cour d'appel dans l'affaire *Diva Shoe Ltd.* c. *Gagnon et al. et P.G. du Québec*, [1941] B.R. 411 ; *Comité paritaire de l'industrie de l'imprimerie de Montréal* c. *Dominion Blank Book Company*, [1944] R.C.S. 213. Ces deux arrêts sont commentés à Fernand MORIN, *Jurisprudence commentée en droit du travail*, Cowansville, Les Éditions Yvon Blais inc., 1992, p. 65 à 71 et 85 à 91.

5-15. La discrétion dont peut disposer le ministre pour modifier les modalités de la convention collective pour un décret fit l'objet d'incessants débats depuis 1935 et, encore, en 1996 lors des modifications apportées à l'article 6 de la loi : L.Q. 1996, c. 71, art. 6 (**III-508**).

ment de l'Union nationale édicta en 1937 la *Loi des salaires raisonnables*[5-16] permettant d'établir par voie d'ordonnance les salaires et les heures de travail pour les salariés non assujettis à un décret. Cette voie parallèle pouvait dès lors réduire le recours au décret et rendre fort plus réticents bien des employeurs à conclure des ententes collectives. Dans l'entrefaite, des modifications apportées en 1938 à la *Loi relative aux salaires des ouvriers* et à la *Loi des salaires raisonnables* prohibant respectivement toutes mesures incitatives à l'adhésion syndicale ralentirent sensiblement la ferveur initiale connue au lendemain de la loi de 1934[5-17]. Un regain fut amorcé par celles apportées en 1940 (4 Georges VI, c. 38) sous l'égide du nouveau gouvernement libéral élu en 1939. Sous son titre nouveau, *Loi de la convention collective*, on y trouvait les éléments essentiels qui constituent encore la partie principale de cette loi depuis plus de 50 ans[5-18]. Au cours de la guerre (1940–1944), le gouvernement fédéral exerça un contrôle direct sur les salaires[5-19]. C'est ainsi que les inspecteurs des comités paritaires devinrent provisoirement des inspecteurs du ministère du Travail fédéral en vue de l'application des ordonnances fédérales alors applicables[5-20]. Au cours de cette même période, la *Loi des relations ouvrières de 1944* donna un tout autre essor aux relations du travail au Québec (**IV-3**). Cette dernière loi aménage les rapports collectifs en fonction de l'entreprise, et d'une seule à la fois, alors que l'approche de la loi de 1934 aborde ces questions au niveau d'un secteur ou d'une branche d'activité. De 1947 à 1960, le gouvernement intervint davantage pour moduler le contenu même des propositions de décrets ou par voie de modifications apportées aux décrets déjà en vigueur. À titre d'exemple, il peut parfois suffire de quelques exclusions ou de réduire quelque peu le territoire initialement visé par un décret pour libérer quelques concurrents de la férule d'un décret et ainsi, rendre ce dernier fort moins inefficace[5-21]. L'avènement d'un régime juridique distinct en 1969 propre à l'industrie de la construction (**III-601**) eut l'effet de réduire sensiblement les personnes éventuellement assujetties à la *Loi sur les décrets de convention collective* : vingt décrets régionaux furent ainsi abolis et plus de 90 000 salariés changèrent aussitôt de régime.

5-16. 1 Geo. VI, c. 50 : cette loi donna prise à la *Loi du salaire minimum*, S.R.Q. 1941, c. 164, qui fut elle-même remplacée en 1979 par la *Loi sur les normes du travail*, L.R.Q., c. N-1.1 (**III-201**).

5-17. 2 Geo. VI, c. 52 et 2 Geo VI, c. 53.

5-18. Peu de modifications aussi importantes furent apportées à cette loi, outre celles de 1996 qui sont soulignées notamment aux sections 5.2 et 5.3. Les corrections apportées au cours de ces 50 ans visaient surtout à répondre aux difficultés signalées à l'occasion par les tribunaux.

5-19. La *Loi des mesures de guerre* et les arrêtés en conseil d'application, C.P. 7679 du 4 oct. 1941.

5-20. G. HÉBERT, *op. cit.*, note 5-7, p. 261.

5-21. Il y eut de nombreux cas où le gouvernement de l'époque fit de semblables opérations. Voir : Gérard HÉBERT, *op. cit.*, note 5-7, p. 265 et suiv. On cite notamment le cas de l'imprimerie où en retaillant la configuration du territoire du décret de Montréal, on épargnait de nombreuses imprimeries à peu de distance du centre-ville.

Section 5.2
Les personnes visées et les interlocuteurs

III-506 — *Intérêt et réserve* — Comme toute autre loi de l'emploi, on doit y décrire la population visée : salarié et employeur. Sans imaginer chaque fois des définitions originales, des nuances sont néanmoins apportées dans ces différentes lois en fonction de leur objet propre (**II-77**)[5-22]. En deuxième lieu, l'action consiste en l'élaboration de conditions de travail applicables à la fois à des groupes de salariés et d'employeurs et, ainsi, devons-nous prendre en considération la présence de syndicats et d'associations patronales. Finalement, l'administration du résultat du processus, soit le décret, incombe à un comité paritaire qui juridiquement est distinct des parties en présence et doit également nous être connu. Le ministre du Travail et ses représentants interviennent tout au long du processus (élaboration du décret et contrôle de son administration); aussi, nous en discutons au cours des deux sections qui suivent la présentation des principaux acteurs (**III-512 et suiv.**). Les modifications récentes apportées à cette loi nous paraissent néanmoins importantes parce qu'elles touchent des modalités essentielles du processus d'élaboration et des conditions d'admissibilité qui n'avaient pas été retouchées depuis près de 50 ans. Nous les soulignons au passage mais sans trop pouvoir dépasser le niveau de la description initiale. Le droit de l'emploi est un droit concret, pragmatique, qui se jauge par ses résultats réels et tangibles et nullement à l'aide de quelques énoncés liminaires. Aussi nous faudra-t-il attendre

---

5-22. Les personnes visées par le *Code du travail* ne peuvent certes être les mêmes que celles de la *Loi sur la santé et la sécurité du travail*, notamment parce que le risque d'accident, semblable à la neige et au vent, ne discrimine pas en fonction de la hiérarchie ou du statut professionnel de chacun, etc.

quelque peu encore avant de tenter une appréciation critique de la portée véritable de ces modifications.

III-507 — *Salariés* — L'article 1 j) L.D.C.C. retient encore la définition initiale du salarié élaborée en 1934 qui consiste davantage en une énumération de divers titres sous lesquels une personne peut travailler pour le compte d'une autre : « apprenti, manœuvre, ouvrier non spécialisé, ouvrier qualifié ou compagnon, artisan, commis ou employé qui travaille individuellement, en équipe ou en société ». Cette définition ou plutôt cette énumération descriptive de la population des travailleurs visés permettrait, au besoin, d'élargir sensiblement la population en cause à l'aide de descriptions appropriées aux situations contemporaines[5-23]. Au-delà de ces hypothèses, nous croyons que le salarié tel qu'il est circonscrit dans cette loi serait d'abord le salarié au sens du *Code civil du Québec*, où l'article 2085 retient trois composantes propres à ce statut : un travail, une rémunération et la subordination d'une personne à une autre **(II-52)**[5-24]. Il est vrai que certains titres retenus dans cette nomenclature, notamment ceux d'artisan et d'employé qui travaille en société, peuvent éventuellement donner prise à quelques débats en raison de nouvelles liaisons d'emploi qui sont aujourd'hui retenues **(II-57)**. Nous croyons que le sens à retenir de ces deux dernières expressions — artisan et celui qui travaille en équipe — doit se comprendre à l'aide des autres termes retenus au sein de cette même définition qui signifierait que, pour cette loi, les personnes coiffées de l'un ou l'autre titre sont aussi considérées comme des salariés. Une telle approche libérale permettrait d'atteindre à la finalité de cette loi qui consiste en une protection **(I-102)**. Il est vrai que dans plusieurs milieux où peut s'appliquer un décret, un artisan peut cumuler le statut d'employeur ou d'associé à l'égard des autres travailleurs qui assument avec lui la permanence d'un service, soit aux mêmes périodes de travail, soit dans des quarts successifs[5-25]. À notre avis, la lecture de cette définition de salarié doit s'effectuer en tenant compte à la fois de la finalité de cette loi et de l'état du droit en général, notamment de l'avènement du *Code civil du Québec*. En clair, on ne devrait pas nécessairement s'en tenir à une acception univoque

---

5-23. À cette fin, nous pourrions retenir *a contrario* les exclusions que l'on trouve à l'article 29 L.D.C.C.

5-24. Jean-Louis DUBÉ, *Décrets et comités paritaires*, Les Éditions Revue de droit, Université de Sherbrooke ; l'auteur rend compte des nombreuses nuances tirées de la jurisprudence au sujet de cette question épineuse : p. 34 à 58. Si le législateur n'a pas cru bon de modifier de quelque manière cette définition initiale à l'occasion de la loi de 1996 (L.Q. 1996, c. 71), il nous faut en déduire qu'elle doit se lire sous le prisme du Code civil de 1994 **(I-41)**. Au sujet d'une définition de la loi telle qu'elle est analysée et appliquée par les tribunaux, voir : Patrick DE NIVERVILLE, Claude CARIGNAN et Hélène OUIMET, *Loi annotée sur les décrets de convention collective*, Montréal, Wilson & Lafleur ltée.

5-25. L'exemple des salariés d'un établissement commercial ouvert sans interruption sept jours par semaine devrait permettre d'illustrer cette situation.

des signes employés pour se limiter aux seuls renvois à quelques concepts usuels (**II-77**).

III-508 — *Employeur* — L'article 1 f) et g) L.D.C.C. définit l'employeur et l'employeur professionnel. Nous nous en remettons à la définition générale d'employeur pour en saisir le premier sens (**II-54, 114**). La définition de l'employeur serait, en ce sens, tributaire de celle de salarié, et plus cette dernière peut être vaste et floue, plus celle de l'employeur peut également s'embrouiller. Le qualificatif de « professionnel » se rapporte expressément à l'employeur qui est directement visé par un décret du fait qu'il occupe ses salariés à des activités qui relèvent du champ d'application d'un décret. Dès lors, cet employeur est à cet égard un employeur professionnel[5-26]. Le salarié et son activité servent de critère de qualification pour l'employeur professionnel et non le statut juridique ou sociologique du bénéficiaire de la prestation de travail[5-27]. Il va de soi que l'employeur professionnel est astreint à différentes obligations particulières concernant notamment la tenue de livres, la préparation de rapports d'activités et la cotisation à l'administration du décret (**III-517**). Selon cette approche de qualification objective, l'employeur agricole pourrait être un employeur au sens de la *Loi sur les décrets de convention collective*, même si par ailleurs son activité principale est à ce titre exclue du champ d'application général de cette même loi (art. 29 a) L.D.C.C.) (**III-511**). Il est aussi possible qu'un décret définisse d'une façon plus précise ou plus exclusive les entreprises visées et, partant, les employeurs.

III-509 — *Association* — En 1996, on ajouta à cette loi deux nouvelles définitions, celles d'association accréditée et d'association d'employeurs[5-28]. Jusqu'alors, la définition d'association valait autant pour l'association de salariés que pour celle d'employeurs. Ces changements comportent dorénavant deux éléments nouveaux :

— on établit, pour la première fois, un lien de rattachement entre la *Loi sur les décrets de convention collective* et le *Code du travail*. Ce premier pas implique une redéfinition de la convention collective en faisant également un deuxième rattachement à celle conclue en vertu du *Code du travail* (**III-513**);

5-26. Avant le 13 décembre 1996 (L.Q. 1996, c. 71), cet employeur professionnel devait avoir **habituellement** à son emploi de tels salariés; cette condition n'est plus requise. Ainsi, l'argument fondé sur la présence du terme « habituellement » ne vaut plus. Voir : *Laiterie Perrette Ltée* c. *Comité paritaire de l'industrie automobile de Montréal et du district*, [1988] R.J.Q. 76 (C.A.).

5-27. *Confection Coger inc.* c. *Comité paritaire du vêtement pour dames*, [1986] R.J.Q. 153 (C.A.).

5-28. Les suggestions de Jean-Louis DUBÉ, *Décrets et comités paritaires*, *op. cit.*, note 5-24, p. 111, semblent ainsi être satisfaites.

— ces trois définitions (art. 1 b), b.1) et b.2) L.D.C.C.) précisent maintenant que les buts respectifs de ces associations doivent notamment porter sur la négociation et l'application de la convention collective[5-29].

Au sujet de l'association accréditée, on peut déjà comprendre que le législateur entend ainsi s'assurer, du moins partiellement, de la qualité représentative du cosignataire de la convention pouvant servir de base à l'extension demandée[5-30].

III-510 — *Comité paritaire* — Une des grandes caractéristiques de cette loi consiste à confier principalement aux parties signataires de la convention initiale l'administration du décret. À cette fin, une organisation paritaire est légalement mise en place pour assurer l'application du décret. S'il constitue une entité distincte et s'il dispose de pouvoirs particuliers, ce comité paritaire agit sous l'impulsion et la direction de représentants patronaux et syndicaux du milieu. Ainsi, cette gestion peut être plus sensible aux besoins des parties directement visées par le décret, et les gestionnaires peuvent être mieux en mesure de connaître leurs contraintes particulières que ne saurait le faire une administration centralisée pour l'ensemble des décrets et sous la direction du ministre ou d'un organisme public[5-31]. Nous dirions qu'un tel choix respecte davantage la logique et les objectifs mêmes de la loi qui vise, avons-nous vu, l'amélioration des conditions de travail, sans pour cela que les employeurs consentants soient préjudiciés par l'action de leurs concurrents **(III-504)**[5-32]. Ainsi le comité paritaire a-t-il tout intérêt à assurer une application intégrale et uniforme du décret auprès de tous et de chacun des salariés et des employeurs du secteur visé. L'article 16 L.D.C.C. précise bien la double fonction du comité paritaire : surveiller et assurer l'observation du décret, d'une part, et, d'autre part, informer et renseigner les salariés et les employeurs au

---

5-29. Dans le cas de l'association accréditée, on ne le dit pas expressément mais bien implicitement par le renvoi qui est fait au *Code du travail*, lequel s'y réfère à son article 1, paragraphe a).

5-30. L'absence de liens structurels entre ces deux lois (L.D.C.C. et C.t.) a parfois suscité des difficultés pratiques et juridiques. À l'origine, la nature juridique de l'entente collective servant jusqu'alors de base à un décret était pour le moins hybride. À titre d'illustration d'une méprise judiciaire au sujet du lien entre ces deux lois, la Cour d'appel fit comme s'il existait un tel rapport entre elles : *C.R.T.* c. *L'Association unie des compagnons et apprentis de l'industrie de la plomberie et de tuyauterie des États-Unis et du Canada et al.*, [1968] B.R. 199 et confirmé à [1969] R.C.S. 466.

5-31. Comment les mêmes inspecteurs pourraient-ils bien connaître à la fois le milieu de l'industrie du bois ouvré, de la mécanique automobile et de la confection des vêtements pour dames ? La diversité des règles applicables en chaque décret et les moyens pratiques de contrôle favorisaient une telle approche où les instigateurs du projet de décret demeurent actifs pour donner suite à l'opération.

5-32. Il est possible que cette proximité entre les gestionnaires du comité paritaire et les sujets des décrets puisse gêner la prise de décisions moins favorables à ces derniers.

sujet des conditions de travail applicables[5-33]. Ce comité est constitué de représentants en nombre égal des parties syndicale et patronale cosignataires de la convention étendue (art. 18 L.D.C.C.), et un maximum de quatre autres membres peuvent, à la discrétion du ministre, le compléter[5-34]. Le statut d'entité juridique distincte du comité s'acquiert par la voie d'un règlement constitutif de régie interne que ses membres élaborent et qui est, par la suite, entériné par le gouvernement, puis publié à la *Gazette officielle du Québec* (art. 19 L.D.C.C.). Cette opération s'effectue dans le cadre de normes générales établies par la voie d'un règlement du gouvernement (art. 20 L.D.C.C.). L'article 22 L.D.C.C. précise d'une façon fort détaillée les attributs du comité paritaire ainsi formé, notamment au sujet de ses pouvoirs de contrôle au sein des entreprises en vue d'assurer le respect du décret et la prise de recours en recouvrement des sommes dues aux salariés[5-35]. À ces fins, le comité paritaire peut déléguer ses pouvoirs à ses propres inspecteurs (art. 22 e) L.D.C.C.). Ce comité dispose également de ressources financières nécessaires à l'exercice de sa mission par voie principalement de prélèvement pour un maximum de 1 % de la masse salariale des employeurs et des salariés visés (art. 22 i) L.D.C.C.). Le comité paritaire doit rendre compte annuellement de son administration au ministre, et ce dernier peut, au besoin, effectuer des enquêtes internes et, même, suspendre provisoirement les activités d'un comité ou dépêcher un administrateur provisoire (art. 23 à 26.10 L.D.C.C.) (**III-517**)[5-36]. Le professeur Jean Bernier fit une étude sur l'efficacité de l'administration des comités paritaires en prenant notamment en considération les éléments suivants : le nombre de réunions tenues annuellement par leur conseil d'administration, leur situation financière respective, leur nombre d'inspecteurs en fonction de la population visée, le nombre d'inspections et de plaintes traitées, la valeur des recouvrements salariaux obtenus, les pénalités, etc. Au terme de cette enquête, l'auteur formulait l'observation générale suivante :

> Ce qui frappe, notamment, c'est l'extraordinaire disparité dans les ressources et dans l'usage de ces ressources même à l'intérieur d'un même secteur d'activité en termes du nombre d'inspecteurs et du nombre d'inspections par année par travailleur

---

5-33. À titre exceptionnel, l'administration du décret peut être confiée à un comité paritaire déjà constitué pour un autre décret ou par la Commission des normes du travail (**III-223**).

5-34. Le décret peut à ces fins qualifier d'autres personnes ou associations de « partie contractante » (art. 10 L.D.C.C.) (**III-514**). Selon le nouvel article 17 L.D.C.C. (non encore en vigueur selon L.Q. 1996, c. 71, art. 43), le ministre devrait dorénavant effectuer ces quatre nominations : elles ne seront plus seulement discrétionnaires.

5-35. On constate que les pouvoirs conférés au comité paritaire sont assez semblables à ceux qui relèvent de la C.N.T. (**III-223**); il n'est que normal qu'il en soit ainsi puisque les missions de surveillance et de contrôle sont de même nature; G.P. LATULIPPE et K. O'FARRELL, « Le Comité paritaire, anachronisme ou formule d'avenir », [1982] 37 *Rel. Ind.* 634.

5-36. Le ministre fait lui-même rapport à l'Assemblée nationale sur les enquêtes et les interventions qu'il peut enclencher en cours d'année (art. 26.10 L.D.C.C.).

assujetti et des montants d'argent réclamés et perçus. Faudrait-il croire que, dans certaines branches et dans certains territoires, les employeurs sont à ce point respectueux du décret et les salariés à ce point satisfaits que tout système de surveillance et de réclamation est devenu pratiquement inutile et superflu alors que chez le voisin on n'a de cesse de multiplier les inspections, les réclamations et les pénalités[5-37] ?

III-511 — *Champ d'application* — Pour mieux circonscrire les personnes liées par un décret et aussi celles qui sont susceptibles de le devenir ou qui y sont admissibles, il nous faut connaître les propres limites de cette loi. L'article 2 L.D.C.C. précise la double dimension de son champ possible d'application :

— *horizontale* : l'ensemble du Québec ou une région déterminée ;

— *verticale* : une profession, un métier, une industrie ou un commerce[5-38].

De plus, certaines activités sont expressément exclues, tels l'exploitation agricole et le stage autorisé et non rémunéré d'un étudiant ou d'une personne en voie de réadaptation (art. 29 L.C.C.C.). Le salarié et l'employeur sont, à ces seuls titres, soumis aux conditions de travail édictées en vertu de la *Loi sur les normes du travail* et, par voie de conséquence, la convention servant de base à un éventuel décret ne peut valablement comprendre des conditions de travail inférieures à ces mêmes normes (**III-210**). Par ailleurs, cette même *Loi sur les normes du travail* reconnaît qu'un décret ou une convention collective peuvent être différents à l'égard de certaines conditions de travail particulières (art. 53, 59.1, 70 L.N.T) (**III-25**) et alors, la règle de la disposition la plus avantageuse s'applique toujours (art. 94 L.N.T. ; art. 62 C.t. ; art. 13 L.D.C.C.). C'est ainsi que l'on peut établir l'harmonisation entre les conditions de travail émanant de l'une ou de l'autre de ces trois sources.

5-37. Rapport de recherche pour le compte de la Commission consultative pour le travail et la révision du travail sous le titre : « L'extension juridique des conventions collectives au Québec », Les Publications du Québec, 1986, p. 78. Une partie de cette même analyse apparaît également dans un texte révisé sous le titre : « L'expérience de l'application des décrets », dans *Les relations industrielles au Québec, 50 ans d'évolution*, Département des relations industrielles, Sainte-Foy, Les Presses de l'Université Laval, 1994, p. 671.

5-38. La pertinence de l'étendue professionnelle et territoriale du projet de décret constitue un critère d'appréciation de la proposition (art. 6, par. 1, L.D.C.C.) (**III-513**).

Section 5.3
La mise en place d'un décret

III-512 — *La convention collective* — Cette loi, on le sait, établit un processus permettant de prolonger la portée d'une convention collective au-delà des parties signataires, de manière à y soumettre les autres entreprises exerçant pareille activité dans une région donnée (art. 2 L.D.C.C.) (**III-511**). Cette convention collective de base doit comporter certaines qualités fondamentales pour légitimer l'opération, et cette question est maintenant d'autant plus importante que de nouvelles conditions sont imposées depuis 1996. L'article 3 L.D.C.C. indique que toute partie à une convention peut en demander l'extension, mais encore faut-il qu'il s'agisse bien d'un tel acte au sens donné à l'article 1 d) L.D.C.C. Cette convention s'entend de la convention collective au sens du *Code du travail* (**IV-161**) ou d'une entente élargie intervenue entre plusieurs syndicats accrédités, d'une part, et, d'autre part, plusieurs employeurs ou leur association, mais entente qui repose néanmoins sur une ou plusieurs conventions collectives au sens du *Code du travail*. Cette nouvelle définition :

— établit ainsi un lien direct et concret entre le régime général de la négociation collective aménagé au *Code du travail* et cette loi[5-39];

— signifie que dorénavant tout décret doit reposer sur un tel fondement minimum : une convention collective conclue par au moins un syndicat accrédité;

5-39. Depuis 1944, soit depuis l'avènement de la *Loi sur les relations ouvrières*, aucune bretelle n'avait été établie entre ces deux lois. Jusqu'en 1996, la convention collective servant de base possible au décret pouvait avoir des origines diverses et plus ou moins connues et congrues.

— implique que même dans le cas d'une entente élargie qualifiée alors de « convention », les syndicats cosignataires doivent néanmoins être accrédités au sens du *Code du travail*;

— ne s'applique pas aux décrets actuels, sans égard à la qualité des ententes qui furent à leur origine. Ces décrets perdurent au moins jusqu'au 23 juin 1998 ou à une date ultérieure comme cela est prévu à ces mêmes décrets et ils peuvent être prolongés par règlement pour au plus dix-huit mois[5-40].

En raison de ces nouvelles exigences relatives à la qualité de la convention servant d'étalon au décret et de la présence exclusive de syndicats accrédités signataires de cette entente, ces derniers seraient-ils forclos d'entreprendre par la suite une négociation collective complémentaire en vertu cette fois du *Code du travail*? Parce que le syndicat accrédité et l'employeur visé demeurent assujettis au *Code du travail*, notamment à son article 53, alinéa 2, et ce, malgré la présence d'un décret et même d'une entente élargie au sens de l'article 1 d) L.D.C.C., nous ne croyons pas que cette entente peut de ce seul fait valoir une convention collective au sens et pour l'application du *Code du travail*. Par ailleurs, selon la nouvelle définition de la « convention » il serait impossible qu'elle soit conclue sous condition suspensive de l'avènement d'un décret, du moins pour son segment obligatoire de convention collective (art. 72 C.t.)[5-41].

III-513 — *Requête et enquête* — L'élément enclencheur du processus est simple : le dépôt d'une demande formulée au ministre par au moins une partie signataire de la convention accompagnée d'une copie de cette dernière (art. 1 d), 3 et 4 L.D.C.C.)[5-42]. Dès lors, il incombe au ministre de faire enquête afin d'établir la recevabilité de la requête et, à cette fin, les premières mesures suivantes peuvent être entreprises :

— demande d'un complément d'information à l'instigateur (art. 4.1 L.D.C.C.);

— publication à la *Gazette officielle du Québec* et dans deux journaux de la demande et d'un projet de décret : ce projet ne lie pas le ministre

---

5-40. L.Q. 1996, c. 71, art. 37 et 38 : cette prolongation maximale nous conduirait à l'an 2000.

5-41. *Steinberg ltée c. Comité paritaire de l'alimentation au détail, région de Montréal*, [1968] R.C.S. 971 ; Jean-Louis DUBÉ, *Décrets et comité paritaires*, *op. cit.* note 5-24, p. 129 et suiv.

5-42. La multiplicité des requêtes ou des conventions collectives à l'égard d'un même secteur professionnel et d'un même territoire ne peut donner prise à plus d'un décret (art. 4, al. 2, L.D.C.C.). Malgré l'évidence apparente de cette disposition, elle implique que le ministre devrait départager entre ces conventions ou ces requêtes pour établir le contenu d'un seul projet de décret.

puisqu'il sert de moyen de consultation et lui permet de prendre ultérieurement position (art. 5 L.D.C.C.)[5-43];

— réception des oppositions que peuvent formuler les intéressés au cours d'une période maximum de 45 jours (art. 5, al. 3, L.D.C.C.): cette publication peut enclencher un débat entre les opposants et les instigateurs du projet, qui serait alors conduit sous la présidence du représentant du ministre.

Si, à sa face même, cette proposition d'extension lui paraît inadmissible, le ministre doit informer le demandeur des raisons de sa conclusion préliminaire, de manière à lui permettre de bonifier ou d'étayer sa demande initiale (art. 4.2, al. 2, L.D.C.C.). Par la suite, le ministre peut ou non recommander au gouvernement l'extension de la convention, et sa décision doit être prise à l'aide d'une grille d'analyse fort plus détaillée que celle retenue depuis 50 ans. Cette grille porte sur deux points principaux:

— la pertinence du champ d'application territorial et professionnel proposé: à cette fin, il doit tenir compte du particularisme des régions et, aussi, des caractéristiques du travail, des produits en cause et des marchés (art. 6 L.D.C.C.);

— les implications d'un tel projet du point de vue concurrentiel, du nombre d'emplois et de la qualité de gestion des entreprises (art. 6, par. 2 b), c) et d) L.D.C.C.)[5-44].

Cette procédure est aussi suivie pour toute modification substantielle que l'on voudrait apporter à un décret (art. 6.1 et 6.2 L.D.C.C.)[5-45]. Si le gouvernement donne suite à la recommandation du ministre par voie d'un décret, ce dernier est publié à la *Gazette officielle du Québec* et devient dès lors en vigueur, sauf si une autre date est prévue à cette fin (art. 7 L.D.C.C.). L'évaluation des qualités intrinsèques de la convention servant de base à un éventuel décret et celle des implications possibles de ce dernier sont fonda-

---

5-43. Depuis 1996, la loi précise, à chaque occasion, que les frais de ces publications sont à la charge des demandeurs (art. 5, al. 2; 6.1, al. 1; 11.9, al. 2, 26.7 L.D.C.C.). Ce sont là des stigmates de la période financière pénible au cours de laquelle ces modalités furent étudiées à l'Assemblée nationale.

5-44. J.-L. DUBÉ, *Décrets et comités paritaires*, *op. cit.*, note 5-24, p. 133 à 141: l'auteur rappelle, à l'aide de citations, les différentes formules d'évaluation retenues dans d'autres pays. Dans certains cas, cette décision relève d'un tribunal spécialisé, alors qu'au Québec il s'agit toujours d'une prérogative de l'Exécutif. Voir: *P.G. du Québec*, c. *Lazarovitch*, [1940] B.R. 214.

5-45. Nous pouvons croire qu'à l'occasion de modifications proposées aux décrets en vigueur le 23 décembre 1996, le ministre pourrait réévaluer le contenu de ces mêmes décrets à l'aide de cette nouvelle grille d'analyse. Cette assertion se fonde sur les règles transitoires qui ne disent pas mot de ce sujet, tout en faisant d'autres exceptions: *unius inclusion, exclusio alterius* (L.Q. 1996, c. 71, art. 37 à 43).

mentales pour la valeur même de l'opération. En d'autres termes, si ces dispositions conventionnelles n'avaient pas véritablement de racine dans le milieu visé et si elles n'étaient nullement représentatives de l'état des conditions de travail dans ce milieu, elles ne serviraient alors que de prétextes à l'État pour intervenir à sa guise. En fait, il ne s'agirait plus de l'extension d'une convention, mais plutôt d'une ordonnance déguisée semblable alors à celle émise en vertu de la *Loi sur les normes du travail* (**III-210**). Telle pourrait être la principale différence réelle ou seulement apparente, selon les circonstances, entre un décret et une ordonnance.

III-514 — *Contenu possible* — En sus du processus d'évaluation du projet de décret, il faut savoir que le contenu même de la convention doit respecter certains paramètres. En somme, toute « condition de travail » négociée et faisant l'objet d'une convention n'est pas de ce seul fait objet d'extension. Les articles 9, 9.1, 9.2 et 10 L.D.C.C. établissent quelques balises quant au contenu possible d'un décret. On y précise d'abord ce qui ne peut faire l'objet d'une extension par voie de décret :

— les dispositions conventionnelles relatives à la gestion syndicale et à son financement (art. 9.1, al. 1, L.D.C.C.)[5-46] ;

— une augmentation salariale imposée, alors que le taux réel retenu par l'employeur serait déjà supérieur à celui arrêté à ce même décret (art. 9.1, al. 2, L.D.C.C.) ;

— l'imposition d'une augmentation salariale excédentaire au taux retenu à ce décret (art. 9.1, al. 3, L.D.C.C.) ;

— des prix imposés aux usagers des services visés (art. 9.1, al. 4, L.D.C.C.)[5-47].

En deuxième lieu, la loi signale de différentes manières certains éléments que l'on peut trouver au décret :

— le temps supplémentaire : le taux réel doit alors être majoré dans le cas où ce temps est excédentaire à la fois sur la base journalière et hebdomadaire[5-48] ;

5-46. Il s'agirait notamment des dispositions dites de « sécurité syndicale » (**IV-19**).

5-47. Jusqu'alors (art. 10, par. 4, L.D.C.C.), le décret permettait exceptionnellement qu'on puisse fixer le prix minimal pour les services des barbiers et des coiffeurs. Dans le cas d'un artisan véritable (**III-507**), le salaire dont il s'agit ne serait-il pas le « prix » versé par l'employeur d'occasion, le donneur d'ouvrage ? Sur la définition d'artisan, voir : *Comité paritaire de l'entretien d'édifices publics* c. *Confédération des caisses populaires et d'économie Desjardins du Québec*, [1985] C.A. 17.

5-48. À cette fin, il faut supposer que le décret précise aussi l'étendue d'une journée normale, ce que la *Loi sur les normes du travail* ne prévoit pas.

— des fonctions relatives au développement de stratégies industrielles et à la formation de la main-d'œuvre qui peuvent être dévolues au comité paritaire (art. 9);

— la reconnaissance du statut de « partie contractante » à un syndicat accrédité et de représentants des employeurs autres que les cosignataires de la convention collective (art. 10 L.D.C.C.);

— l'article 37 L.D.C.C. laisse croire que le décret pourrait aussi aménager certaines conduites relatives aux rapports collectifs du travail : grève, lock-out, piquetage, etc.

Dans le cadre de ces balises tant positives que négatives et sous réserve du pouvoir d'appréciation et de modification du ministre, on peut trouver dans un décret toutes modalités aménageant les conditions de travail qui ne contreviennent pas à l'ordre public ni aux lois[5-49].

III-515 — *Modification, prolongation et abrogation* — Après sa mise en vigueur, le contenu du décret peut être modifié, et sa durée initiale peut aussi être prolongée ou réduite. La procédure en modification du contenu d'un décret demeure celle suivie pour son élaboration principale (art. 6.1 L.D.C.C.). S'il en était autrement, un malin pourrait agir en deux temps : la mise en place d'un contenu peu significatif (une coquille), puis l'insertion par voie d'amendements à ce décret de son réel contenu. Le gouvernement peut, de sa propre initiative, modifier ou abroger un décret, à la condition qu'il y ait une consultation préalable auprès des intéressés (art. 8, al. 2 et 3, L.D.C.C.). Au sujet de la prolongation de la durée du décret, il est clairement dit que : « Le gouvernement peut en tout temps prolonger le décret » (art. 8, al. 1, L.D.C.C.). À titre transitoire, les décrets en vigueur au 23 décembre 1996 perdurent normalement jusqu'au 23 juin 1998 ou à la date prévue à ce décret si elle est ultérieure et ils peuvent par la suite être prolongés pour un maximum de dix-huit mois[5-50].

5-49. À titre d'exemple, il va de soi que le décret relatif à des établissements commerciaux doit tenir compte de la *Loi sur les heures et jours d'admission dans les établissements commerciaux*, L.R.Q., c. H- 2.1; de la *Loi sur la fête nationale*, L.R.Q., c. F-1.1, etc.; Jean-Louis DUBÉ, *Décrets et comités paritaires*, *op. cit.*, note 5-24, donne plusieurs exemples aux p. 165 et suiv; *Steinberg's Ltd.* c. *Comité paritaire de l'alimentation au détail, région de Montréal*, [1969] R.C.S. 971.

5-50. Notons que le processus d'arbitrage en cas de double assujettissement de décrets (art. 11.1 à 11.9 L.D.C.C.) (**III-516**) ne s'appliquerait pas aux décrets en vigueur au 23 décembre 1996 : L.Q. 1996, c. 71, art. 40.

Section 5.4
La portée et l'administration du décret

III-516 — *Effets du décret* — Dans un énoncé simple et direct, l'article 11 L.D.C.C. précise bien que « Les dispositions du décret sont d'ordre public. » Cette règle signifie que toute entente qui y contreviendrait, sans égard à ses sources, ses auteurs et son support, ou qui les contournerait ou tenterait de s'en esquiver serait nulle et sans effet[5-51]. Le salarié ne saurait même valablement renoncer aux bénéfices inhérents (art. I-95, 102)[5-52]. Malgré la clarté apparente de l'article 11 L.D.C.C., on précise à l'article 12 que l'employeur ne peut verser moins que le salaire arrêté au décret[5-53]. Cet ordre public social ne prive pas le salarié d'obtenir par la voie d'une convention collective ou du contrat de travail des conditions objectivement plus avantageuses (**I-96**). Le libellé de l'article 7 relatif à l'entrée en vigueur du décret (**III-513**) permet de comprendre que le décret ne pourrait produire d'effets rétroactifs. Par son caractère d'ordre public, les dispositions relatives aux conditions de travail profitent à tout salarié qui exécute des activités relevant du champ d'application du

---

5-51. *Office de la construction du Québec* c. *Les industries J.A. L. Ltée*, [1989] R.J.Q. 1201 (C.A.); *Entreprise M. D. de Chicoutimi inc.* c. *Tremblay*, [1990] R.J.Q. 1533 (C.A.).

5-52. *Le comité paritaire de l'industrie de l'imprimerie de Montréal et du district* c. *Dominion Blank Book Ltd. Employees' Association*, [1944] R.C.S. 213 ; *Commission de l'industrie de la construction* c. *Commission de transport de la Communauté urbaine de Montréal*, [1986] 2 R.C.S. 327. Pour clarifier la question, il est possible que le comité paritaire demande l'annulation de l'entente alléguée (art. 48 L.D.C.C.).

5-53. Cette précision, qui peut sembler plus ou moins utile, traite particulièrement du salaire au sens de l'article 1 i) L.D.C.C., ce qui comprend l'ensemble des avantages de nature pécuniaire dus en raison du travail du salarié (**II-137**). Au sujet de l'article 12 L.D.C.C., Jean-Louis DUBÉ rend bien compte de sa nécessité en raison d'une approche bien restrictive retenue par certains tribunaux. Voir : *Décrets et comités paritaires*, *op. cit.*, note 5-24, p. 222 à 227.

décret, sans égard au statut de l'employeur (**III-508**) ou au fait que ce salarié soit membre ou non d'un des syndicats accrédités cosignataires de la convention originale. Notons aussi que l'employeur professionnel (**III-508**) ne saurait éviter l'application du décret en plaçant en guise d'écran quelques intermédiaires entre lui et les salariés. À l'endroit des salariés, l'employeur professionnel demeurerait solidairement responsable avec ses intermédiaires à l'égard des salaires dus (art. 14 L.D.C.C.)[5-54]. Il en est ainsi à la suite d'une aliénation ou d'une concession totale ou partielle de son entreprise (art. 14.1 et 14.2 L.D.C.C.). Il est également possible que les activités de l'employeur soient assez complexes, multiples ou élargies dans le cadre d'un processus de production horizontal ou vertical pour que plusieurs décrets lui soient à la fois applicables. Ces conflits de droit ou de compétence sont dorénavant soumis à un nouveau processus de départage. L'article 11 L.D.C.C. définit les deux situations envisagées : celle du double assujettissement et celle du conflit de champ d'application (art. 11.1, al. 2 et 3, L.D.C.C.). En pareilles situations, les comités paritaires en cause et l'employeur professionnel doivent tenter de trouver ensemble une solution. À défaut d'entente (art. 11.2 L.D.C.C.), on peut procéder par voie d'arbitrage à la seule demande d'un intéressé (art. 11.3 L.D.C.C.). Dès lors, cet arbitrage devient obligatoire et lie les parties (art. 11.8 L.D.C.C.). Les pouvoirs conférés à l'arbitre devraient lui permettre de trancher le litige, notamment en déterminant le décret applicable à l'égard des salariés visés (art. 11.5, 11.6 et 11.7 L.D.C.C.)[5-55]. Cette sentence arbitrale aurait l'effet pratique de soustraire cet employeur de l'application d'un ou de plusieurs décrets à l'égard d'un groupe de salariés.

III-517 — *Administration du décret* — Le comité paritaire (**III-510**) assume l'application intégrale du décret en fonction du double objectif du régime : assurer de meilleures conditions de travail à tous les salariés d'un champ d'activité professionnelle déterminé et dans une région donnée, et imposer le respect de ces mêmes conditions par tous les employeurs, de telle sorte que la concurrence entre eux ne porte pas sur le volet des conditions de travail. L'article 22 L.D.C.C. confère d'une façon précise et détaillée les pouvoirs idoines au comité paritaire, de manière à lui éviter des obstacles à sa nécessaire vigilance. Nous énumérons ci-après certains des moyens dont dispose le comité paritaire et qui sont, d'une certaine manière, des mesures instaurées à la suite de nombreuses difficultés pratiques jadis éprouvées :

— le salarié peut lui-même entreprendre sa propre réclamation salariale en justice, mais son silence au cours d'une première période de quinze

---

5-54. *Toronto Dominion Bank* c. *Coronet Sportman et Clothing Mfg. Ltd.*, [1980] C.A. 386.

5-55. Ces nouvelles modalités ne s'appliquent pas cependant si ces situations (double assujettissement et conflit de champ d'application) surviennent à l'égard de décrets en vigueur le 23 décembre 1996 et susceptibles d'être prolongés jusqu'en l'an 2000 : L.Q. 1996, c. 71, art. 40.

jours depuis l'échéance de la dette permet, de ce seul fait, au comité paritaire de prendre lui-même l'initiative du recours[5-56];

— cette réclamation, le comité paritaire l'effectue de son propre chef, sans autorisation préalable du salarié, mais bien évidemment à son bénéfice[5-57];

— une pénalité possible égale à 20 % du salaire réclamé peut être ajoutée à la poursuite entreprise par le comité paritaire (art. 22 c) L.D.C.C.);

— le comité paritaire peut, par règlement, exiger des employeurs la tenue d'un registre d'activités professionnelles effectuées par les salariés et l'identification de ces derniers à l'égard des travaux qu'ils réalisent (art. 22 g) L.D.C.C.);

— l'employeur peut être tenu de faire également des rapports mensuels au comité paritaire relativement aux activités visées par le décret (art. 22 h) L.D.C.C.);

— le comité paritaire peut, par le truchement de ses inspecteurs, contrôler la comptabilité des employeurs relative aux salaires, inspecter les lieux de travail, interroger les personnes présentes et même dresser des procès-verbaux qui peuvent être contresignés par les intéressés (art. 22 e), al. 2, L.D.C.C.)[5-58];

— la gestion d'un régime de sécurité sociale, y compris un régime de congé annuel (art. 22 l), m), n) et o) L.D.C.C.), peut ainsi être confiée au comité paritaire;

— le comité paritaire peut contribuer au développement de stratégies industrielles du secteur et aux divers programmes de formation professionnelle autorisée (art. 22 p), q) et r) L.D.C.C.).

5-56. Le comité peut aussi prendre le relais du salarié qui aurait initialement entamé un tel recours (art. 22 b) L.D.C.C.).

5-57. Le seul paragraphe a) de l'article 22 L.D.C.C. comprend sept points précis d'allégement du fardeau de la preuve, que l'on aurait pu autrement exiger de ce comité, soit autant d'obstacles et de contraintes écartés pour lui permettre de réussir l'entreprise : les articles 43 à 50 L.D.C.C. visent pareil objectif.

5-58. La Cour suprême du Canada reconnut que l'inspection sur les lieux du travail ou dans l'établissement de l'employeur effectuée par l'inspecteur du comité paritaire ne viole pas, de ce seul fait, l'article 24.1 de la *Charte des droits et libertés de la personne* ni l'article 8 de la *Charte canadienne des droits et libertés* (**III-100**) : la finalité de la loi et le caractère « public » de l'établissement justifient cette intrusion nécessaire à l'efficacité recherchée de cette loi selon l'arrêt *Comité paritaire de l'industrie de la chemise et P.G. Québec* c. *Jonathan Potash et al.*, [1994] 2 R.C.S. 406, infirmant l'arrêt de la Cour d'appel, [1992] R.J.Q. 1743. Cet arrêt est commenté par Me Yves SAINT-ANDRÉ, « Les décrets de convention collective : récents développements, bilan et perspectives », dans *Développements récents en droit du travail (1995)*, Cowansville, Les Éditions Yvon Blais inc., p. 94 à 99. Aussi : le *Comité paritaire du bois ouvré* c. *2536-8283 Québec inc.*, [1993] R.J.Q. 993 (C.Q.).

Les poursuites que peut entreprendre le comité paritaire en vue d'assurer un respect intégral et uniforme du décret, de nature civile ou pénale, sont régies par des procédures particulières pour mieux assurer leur efficacité[5-59]. Ces nombreuses activités qui sont de la compétence du comité paritaire sont sous le contrôle du ministre du Travail. À cette fin, il dispose de nombreux moyens d'intervention de nature à la fois préventive et corrective à l'égard des faits et gestes du comité paritaire. Nous ne mentionnons ci-après que les principales mesures mises à la disposition du ministre :

— l'approbation du règlement constitutif du comité paritaire (art. 19 L.D.C.C.), de ses autres règlements (art. 22 h) et i) L.D.C.C.), de ses états financiers annuels et de son budget (art. 23 L.D.C.C.);

— depuis 1996, le ministre peut, de son propre chef, effectuer des contrôles directs sur la gestion du comité paritaire, suspendre les pouvoirs de son conseil d'administration, le remplacer provisoirement par un administrateur *ad hoc*, procéder à la réorganisation de ses structures, démettre ses membres, etc. (art. 25.1 à 26.10 L.D.C.C.)[5-60].

Finalement, on ne peut ignorer que le ministre dispose d'un moyen radical et fatal, soit celui de proroger prématurément le décret lui-même si les circonstances l'y obligent, ce qui, de ce seul fait lui confère une autorité certaine (**III-515**). D'ailleurs, le caractère assez draconien de ces mesures de contrôle confiées principalement en 1996 au ministre comporte également une mesure de contrôle sur leur exercice même. En effet, l'article 26.10 L.D.C.C. exige que le ministre inscrive dans son rapport annuel présenté à l'Assemblée nationale « [...] sous une rubrique particulière un compte rendu de l'application de la présente section ». Ainsi ferme-t-on la boucle du contrôle sur le contrôle : contrôle du décret par le comité paritaire, contrôle du ministre à l'égard des activités du comité paritaire et contrôle de l'Assemblée nationale sur l'exercice des pouvoirs de contrôle du ministre !

5-59. Ces recours sont étudiés d'une façon plus précise au titre V (**V-52, 54**).

5-60. Ce contrôle mis en place en 1996 (L.Q. 1996, c. 71) en sus de ceux déjà pratiqués sont si draconiens et impérieux que l'on pourrait croire que le comité paritaire serait virtuellement placé sous la tutelle pressante du ministre. Ces règles nouvelles sont sans doute le résultat de difficultés éprouvées au cours des dernières années où des comités paritaires furent entraînés dans des aventures financières malheureuses ou qu'ils ont souffert d'un laxisme chronique qui les plaçait dans le sens contraire de celui qu'indiquait leur mission... Si la présence de tels moyens d'intervention peut être conseillère de sagesse, un usage trop hâtif et immodéré de ces derniers pourrait produire plus de mal que de bien en privant le comité paritaire de l'*animus* dont une telle institution a si grand besoin pour exercer sa difficile mission. On ne peut faire du comité paritaire un simple satellite du ministère, et de ses administrateurs des fonctionnaires assimilés. Il s'agit d'abord et avant tout des représentants d'associations patronales et de syndicats accrédités.

III-518 — *L'avenir* — Sur le plan du seul libellé de la *Loi sur les décrets de convention collective*, il nous semble que les modifications apportées en 1996 permettent d'établir des ponts entre les deux autres sources d'élaboration de conditions de travail. Ainsi, on éliminerait bien des foyers possibles de conflit de droit. Pour illustrer et étayer cette assertion, nous donnons ci-après trois exemples.

i) La convention collective qui, d'une façon générale, retiendrait des salaires inférieurs à ceux applicables selon un décret ne pourrait être opposée à l'endroit d'un salarié de cet employeur si les fonctions du salarié sont au nombre des activités professionnelles visées par un décret (art. 1 g) L.D.C.C.) (**III-507**).

ii) Des mesures de protection du salarié qui exerce un droit en vertu du décret ou de la *Loi sur les décrets de convention collective* sont maintenant semblables à celles applicables en pareilles situations à l'égard de la *Loi sur les normes du travail* (**III-218**) ou du *Code du travail* (**IV-25**).

iii) La présence requise du syndicat accrédité et l'exigence d'au moins une convention collective conclue selon le *Code du travail* conféreront des qualités fort plus précises et claires à la convention-étalon d'un décret (**III-514**).

Par ailleurs, il nous semble que les mesures de contrôle conférées au ministre sont d'une telle ampleur que l'on pourrait craindre que tout syndicat accrédité et que toute association patronale agissent sous l'œil bienveillant ou réducteur du ministre. Au-delà de la réalité, sans égard à l'usage réel que pourrait en faire le ministre, il est possible que la seule présence de ces dispositions acariâtres ait un effet antipathique envers la voie de la négociation collective des conditions de travail d'une branche ou d'un secteur d'activité. Il serait dommage s'il devait en être ainsi parce que, dans bien des milieux et pour de multiples questions importantes, ce serait dorénavant au niveau de la branche ou d'un secteur industriel ou de service que les grandes questions du travail pourraient être avantageusement traitées, telles la formation professionnelle, la sécurité d'emploi, la rémunération d'appoint, etc.[5-61]

5-61. Gérard HÉBERT, « Le renouvellement du régime des décrets de convention collective », (1990) 45 *Rel. Ind.* 404.

CHAPITRE III-6

LA *LOI SUR LES RELATIONS DU TRAVAIL, LA FORMATION PROFESSIONNELLE ET LA GESTION DE LA MAIN-D'ŒUVRE DANS L'INDUSTRIE DE LA CONSTRUCTION* (LOI **R-20**)

———

———

III-601 — *L'approche retenue* — Le titre de cette loi quelque peu alambiqué indique néanmoins qu'il s'agit de l'aménagement du régime des relations du travail propre à cette industrie[6-1]. Il nous paraît impossible, dans un si bref exposé, de rendre compte d'une façon satisfaisante de l'originalité des mécanismes retenus, de la complexité des divisions imposées (secteurs

———

6-1. Le législateur respecta l'usage du milieu qui emploie le terme « construction » et non « bâtiment ». Compte tenu de la longueur du titre et de l'incongruité du sigle qu'il entraînait, L.R.T.F.P.G.M.O.I.C., nous nous y référons surtout à l'aide du numéro de chapitre de cette loi : L.R.Q., c. R-20. Notons que le renvoi à des articles de loi sans autres indications ont trait à cette même loi.

et catégories), des multiples composantes du processus de négociation collective, de l'étendue des questions traitées (délimitation du champ d'application, conditions de travail, avantages sociaux, formation professionnelle, contrôle de la main-d'œuvre) et du grand nombre de lois qui modifièrent quasi annuellement le projet initial. Pour éviter de produire de trop nombreuses fausses impressions sur la portée même de ce régime en raison des multiples raccourcis que nous empruntons, nous voulons préciser dès maintenant que cette présentation sommaire se limite à souligner les traits caractéristiques des principales règles de ce régime et leur fonction respective. Ainsi, nous rappelons, dans une brève section, comment et pourquoi il fallut élaborer un régime distinct et adapté à ce secteur d'activité afin de mieux prendre en considération la dynamique générale du milieu de la construction. Ces données contextuelles nous permettent aussi de mieux saisir que l'on ne pouvait innover dans un tel domaine sans devoir corriger à maintes reprises le tir législatif initial. De semblables changements, et à une telle fréquence, comportent cependant le risque de fragiliser les fondements du régime[6-2]. À la suite de ces premières données qui servent en quelque sorte de prolégomènes, nous déployons, dans une deuxième section, les principales coordonnées du régime et les institutions mises en place. La troisième section porte sur la négociation et l'administration des conventions collectives qui en résultent ainsi que des règlements d'accompagnement. Dans une dernière section, nous retenons certaines questions qui nous permettent de souligner la manière selon laquelle elles sont traitées au sein de cette industrie en raison même du particularisme de ce régime. On y voit notamment les garanties relatives à l'exercice de la liberté syndicale, les mécanismes liés à la santé et à la sécurité, aux régimes sociaux, à la formation professionnelle et au départage des droits et des obligations des acteurs du milieu.

6-2. Les entrepreneurs et les salariés de la construction n'ont pas toujours le temps de se procurer annuellement une édition mise à jour de la loi R-20 et d'y établir les rapports entre les dispositions remplacées, celles aujourd'hui applicables et celles qui pourraient éventuellement être mises en vigueur ou qui sont en voie d'élaboration.

Section 6.1

La genèse du régime

III-602 — *Avant 1969* — Depuis les années 1935, les conditions de travail applicables à l'industrie de la construction étaient principalement arrêtées par voie de décrets rendus en vertu de la *Loi sur les décrets de convention collective* (**III-501**)[6-3]. Ces derniers visaient respectivement une région qui coïncidait souvent avec le territoire d'un diocèse[6-4]. On compta, à une époque, près de quinze décrets régionaux établissant distinctement des conditions de travail nullement harmonisées d'une région à une autre. Le régime de négociation collective établi par la *Loi des relations ouvrières* de 1944 puis renouvelé et mis à jour par le *Code du travail* de 1964 est conçu pour une seule entreprise à la fois et suppose une certaine stabilité des acteurs, ce qui n'est certes pas la situation type dans l'industrie de la construction[6-5]. Ainsi, malgré l'article 27 C.t. qui autorisait la Commission des relations du travail à élaborer une procédure particulière permettant de prendre en considération les contraintes du secteur de la construction, rien de valable ne fut fait par cette voie[6-6]. Par

---

6-3. Dans le cas des travaux publics et de voirie, le gouvernement, à titre de donneur d'ouvrage, imposait des salaires *minima* fixés par voie d'ordonnances spéciales, croyant provoquer ainsi quelques effets d'entraînement auprès des entrepreneurs. Malgré la logique de cette approche, sa portée pratique fut très limitée.

6-4. Les grands travaux de construction de l'époque comprenaient particulièrement les églises, les hôpitaux, les orphelinats et les établissements d'enseignement. Ces mises en chantier supposaient, en chaque région, l'aval de l'évêque du diocèse.

6-5. Le temps nécessaire pour élaborer valablement une requête en accréditation, l'étudier dans le cadre d'un débat contradictoire et rendre une décision, peut toujours excéder la durée même du chantier.

6-6. L'article 27 C.t. était ainsi libellé : « Pour les exploitations forestières et l'industrie de la construction, la Commission peut, par règlement, établir une procédure d'accréditation appropriée au caractère temporaire ou saisonnier des opérations de ces entreprises. »

ailleurs, les décrets régionaux édictaient des conditions de travail différentes et parfois contraires d'une région à une autre, ce qui rendait difficile l'exécution de grands projets, alors que les travailleurs et les entrepreneurs visés pouvaient venir de régions autres que celle où se réalisaient ces chantiers. À cette même période, soit à compter de 1960, l'État québécois prenait charge des principales institutions de santé et d'éducation et devenait lui-même un donneur d'ouvrage ou un bailleur de fonds toujours plus présent. On découvrit également, à cette époque, qu'il était possible de faire grève sur une base régionale et il y eut plusieurs grèves, notamment dans un contexte de rivalité syndicale assez vive. Ces éléments modifièrent sensiblement la donne, au point que les centrales syndicales et les associations patronales demandèrent au ministre du Travail, en 1966, d'entreprendre la recherche de voies et moyens nouveaux susceptibles d'adapter le régime de la négociation collective aux besoins de l'époque. Ce travail préparatoire donna lieu à une consultation auprès des syndicats et des associations patronales de l'industrie de la construction[6-7]. Le 18 décembre 1968, la *Loi sur les relations de travail dans l'industrie de la construction* était sanctionnée et instituait un régime distinct et adapté à ce milieu. Il convient dès lors de rappeler quelques composantes de cette industrie afin de mieux saisir les choix fondamentaux qui furent faits et aussi, les difficultés d'application éprouvées.

III-603 — *Particularisme* — Pourquoi un régime distinct pour cette branche d'activité ? Quels sont les principaux facteurs qui exigèrent la recherche d'un modèle mieux adapté aux besoins des employeurs, des salariés et des syndicats de la construction ? Sur les seuls plans économique, social et politique, l'importance de l'industrie de la construction n'est certes pas négligeable. Un dicton populaire n'exprime-t-il pas la réalité suivante : « Quand le bâtiment va, tout va ! » ? Sous le seul angle de l'emploi, nous devons notamment prendre en considération la dynamique même de cette industrie et les contraintes que ses acteurs doivent éprouver. Quelques données statistiques relatives à l'année 1996 permettent d'étayer ainsi cette double assertion[6-8] :

— la population active totale directement visée était de 101 159 personnes, comprenant 16 942 employeurs et 84 217 salariés;

— la population indirectement visée, c'est-à-dire celle qui se situe en aval et en amont du processus même de la construction et qui, de ce fait, en

---

6-7. Réal Mireault rend compte de ces travaux préparatoires et de leurs suites sous le titre : « Témoignage sur l'évolution du régime des relations du travail dans le secteur de la construction », dans Rodrigue BLOUIN, éd., *Vingt-cinq ans de relations industrielles*, Cowansville, Les Éditions Yvon Blais inc., 1990.

6-8. Données tirées de *Analyse de l'industrie de la construction de Québec (1996)*, rapport préparé et publié par la Commission de la construction du Québec. Au-delà de la valeur relative du numérique concernant l'année 1996, on y traite néanmoins des mêmes réalités que l'on trouvait dans ces milieux en 1968, toutes choses étant égales par ailleurs.

serait partiellement tributaire est près du double de celle de la construction[6-9];

— la valeur annuelle des travaux de construction dépasse 15 milliards de dollars au Québec et elle ne représente qu'une partie des sommes investies puisqu'il faut y ajouter le coût des travaux de rénovation et d'entretien;

— le nombre d'heures total de travail était de 64,6 millions, soit une moyenne de 767 heures par salarié, pour un salaire moyen de 19 242 $[6-10];

— la masse salariale annuelle versée directement aux salariés de la construction fut de 1 milliard 620 millions de dollars; il faudrait y ajouter les salaires différés (régime supplémentaire de rentes, avantages sociaux, congés annuels, etc.).

Aux fins de l'aménagement de ce régime de relations du travail et pour en assurer l'administration, il nous faut aussi prendre en compte d'autres données qui peuvent constituer autant de variables:

— un grand nombre des 16 942 employeurs comptent respectivement peu de salariés: 88 % des entreprises ont moins de cinq salariés;

— 12 % des entreprises ont effectué 70 % de la masse des heures de travail;

— 55 % des employeurs se situent dans la région de Montréal;

— les employeurs se divisent en deux grandes catégories: 26,8 % sont des entrepreneurs généraux et 73,2 % des entrepreneurs spécialisés, notamment en charpenterie et menuiserie, électricité et tuyauterie;

— 30 % des employeurs exercent dans plus d'un secteur (résidentiel, commercial, institutionnel, industriel, génie civil et voirie), mais 4 % seulement sont actifs en dehors de la région de leur place d'affaires;

— le volume d'activités mensuelles en haute saison (août, septembre, octobre et novembre) équivaut au triple de la basse saison;

— le nombre de femmes est minime (222) et on les retrouve principalement dans les métiers de peintre, d'électricien et de charpentier-menuisier[6-11];

— l'âge moyen serait de 40 ans, (un vieillissement de trois ans au cours de la dernière décennie) et 11 % d'entre eux ont plus de 55 ans;

6-9. En amont, on trouve notamment les fabricants de matériaux et d'équipements, les ingénieurs et les architectes et, en aval, les producteurs de biens meubles et d'équipements, les services d'entretien, etc.

6-10. Il s'agit des heures comptabilisées par les entrepreneurs à l'aide des rapports mensuels faits à la Commission de la construction du Québec (**III-612**). Il existe certes un nombre d'heures de travail qui échappent à cette comptabilité: le contraire serait invraisemblable.

6-11. Le nombre de femmes exerçant réellement ces métiers serait inférieur à 222, car certaines occupent des postes aux services comptables ou des achats, etc.

— les entrées, les sorties et les retours dans le secteur de la construction de la part des salariés sont assez élevés (18 %). En 1996, il y eut 8 335 retours et 30 % des salariés ont travaillé pour plus d'un employeur;

— la caisse du régime supplémentaire de rentes s'élève à 5,5 milliards de dollars en 1996. Il y avait pour cette même année 91 962 participants et 50 876 prestataires de rentes;

— en 1996, 1 500 salariés furent indemnisés par le truchement de la C.C.Q. pour une somme totale de 2,4 millions de dollars (employeurs mauvais payeurs);

— en 1996, 175 millions furent versés aux salariés pour des congés annuels;

— les associations patronales reçurent, en 1996, la somme de 6 millions de dollars à titre de cotisations, et les syndicats, 26 millions de dollars.

Ce simple tableau chiffré[6-12] permet de percevoir les caractéristiques de l'industrie de la construction qu'il fallut considérer pour l'aménagement des relations du travail et qui demeurent autant de faits têtus inéluctables à l'appréciation de l'état actuel de ce régime. En effet, ces données permettent quelques constats et observations préliminaires.

i) En raison du grand nombre de petites entreprises disposant de cinq salariés ou moins et dispersées sur de vastes territoires, la négociation collective au niveau de l'entreprise est impossible et chaque employeur ne peut disposer de services pour intervenir en matière de santé et de sécurité, en formation professionnelle, etc.

ii) L'activité de construction impose de multiples changements de lieux et de personnes au cours d'une même année : elle est assez saisonnière, mais non d'une façon égale dans tous les secteurs et pour tous les métiers à la fois.

iii) Le travail s'effectue durant une période limitée dans un même lieu, celui d'un chantier, et la fidélité des travailleurs auprès d'un même employeur varie selon les métiers exercés et les régions d'origine : en moyenne, plus de 30 % des salariés ont annuellement deux employeurs ou encore davantage.

iv) Plusieurs associations étaient déjà constituées et fort actives pour représenter et les employeurs et les salariés en fonction notamment des secteurs d'activité et des métiers : la bannière « construction » qui sert de commun dénominateur n'a pas la même couleur ni la même intensité pour chacun.

6-12. Bien évidemment, ces données ne sont pas absolues ni exhaustives. Compte tenu de la régularité du traitement annuel des rapports des employeurs, on peut valablement en tirer profit, au moins à titre indicatif. L'économie souterraine a bien évidemment pénétré ce milieu assez accessible, notamment dans les secteurs résidentiel et commercial.

Ainsi, les quatre secteurs retenus (résidentiel, commercial, institutionnel, industriel, génie civil et voirie) ne sont pas hermétiques puisque salariés et entrepreneurs peuvent être actifs dans un seul secteur ou dans plusieurs. Il existe une rivalité entre les syndicats en présence et aussi entre les associations patronales puisque plusieurs membres exercent au moins dans deux secteurs et parfois davantage. Sur le plan pratique, il va de soi que les conditions générales de travail ne sauraient être totalement différentes d'un secteur à un autre en raison même de cette inéluctable mobilité.

v) Le volume annuel des activités peut varier sensiblement selon la conjoncture économique, ce qui peut imposer le départ de plusieurs travailleurs durant une période donnée ou permettre leur retour au cours des années suivantes.

vi) Au-delà du nombre d'employeurs et de salariés de l'industrie, de nombreux autres secteurs sont aussi tributaires de sa vigueur. Si la construction connaît des secousses particulières tel un arrêt de travail ou une augmentation des coûts de main-d'œuvre, ces autres secteurs en ressentent les contrecoups.

vii) Plusieurs employeurs peuvent se retrouver dans un même lieu de travail (entrepreneur général et entrepreneurs spécialisés). Ces derniers partent et reviennent au chantier selon l'état ou l'étape des travaux; les salariés de métiers différents se côtoient, et alors la comparaison de leurs conditions de travail ne peut qu'aller de soi.

viii) La nature de l'activité est telle que le risque d'accidents du travail est très élevé. Les mesures préventives ne peuvent être semblables à celles applicables aux entreprises de production de biens et de services, notamment parce que l'activité ne se situe pas dans un lieu fixe et l'état du milieu du travail évolue sans cesse du fait même de ce travail de construction.

De telles données servirent de fondement à l'élaboration d'un régime distinct de relations du travail. Dès lors, on ne peut être surpris que le modèle sur lequel repose le *Code du travail* (**titre IV**) et qui se résume par trois unités (un seul syndicat, une seule entreprise et une seule convention collective) ne pouvait s'appliquer. La stabilité du lieu de travail et des personnes ne se retrouve pas dans l'industrie de la construction, d'où la nécessité d'élaborer un régime qui tienne compte de multiples mobilités de lieux, de temps et de personnes. En d'autres termes, cette triple mobilité propre à la construction devait servir de base positive à la conception du régime[6-13].

6-13. L'opération consistait à trouver une façon de marcher sur un tel « tapis roulant » ! Une description bien détaillée de l'industrie de la construction apparaît au *Rapport de la Commission sur la stabilisation du revenu et de l'emploi des travailleurs de l'industrie de la construction*, commission coprésidée par Laurent Picard et Jean Sexton, Les Publications du Québec, juin 1990, 275 p.

III-604 — *Loi de 1968* — La *Loi sur les relations du travail dans l'industrie de la construction* (L.Q. 1968, c. 45) proposa l'aménagement d'un régime de relations du travail suffisamment large et souple pour qu'il soit applicable et efficace dans de tels lieux. À ces fins, il devait offrir une stabilité certaine à la tenue de rapports entre les parties et leur conférer une sécurité juridique relative mais suffisante à l'exercice de leurs droits respectifs. Il ne s'agissait nullement d'une œuvre imaginaire ni fondée sur une quelconque utopie, mais bien de concevoir un régime à l'aide des règles déjà connues en les adaptant et en les conjuguant de manière à répondre aux contraintes particulières au milieu de la construction. Le régime de 1968 emprunte plusieurs schémas à la *Loi sur les décrets de convention collective* (**III-501**) et au *Code du travail* (**IV-2**). D'une façon fort générale, le processus relatif à l'administration paritaire de la convention collective s'inspire de la loi de 1934[6-14]. Les règles ayant trait à la liberté syndicale, aux droits des syndicats et des associations patronales et aux mécanismes de la négociation collective furent plus inspirées des dispositifs que l'on trouve au *Code du travail*. Bien évidemment, les règles finalement retenues pour ce nouveau régime furent modulées pour pouvoir les adapter au milieu de la construction, et leur conjugaison en un tout confère à chacune une forme, une portée ou une allure qui peuvent parfois occulter leurs origines premières. Les règles principales retenues pour l'aménagement de ce nouveau régime du travail peuvent être résumées de la façon qui suit.

i) Le *régime est exclusif* à tout autre, dans le sens que ni le *Code du travail*, ni la *Loi sur les décrets de convention collective*, ni la *Loi sur les normes du travail* ne leur sont opposables. Salarié, syndicat, employeur et association patronale exerçant dans cette industrie en quelque partie du territoire québécois n'ont plus d'autres voies légales. Cette sécession des régimes généraux est précisée et affirmée aux articles 27 et 124[6-15].

ii) Le *régime est autonome et complet*, en ce sens que l'on y trouve l'ensemble des règles de droit permettant sa mise en place, établissant ses propres processus d'action et d'intervention et imposant ses mécanismes de protection et de contrôle : description de son champ d'application; définition des acteurs; processus de reconnaissance de la représentativité des associations et des syndicats; formation de multiples organismes d'administration et de départage; régime distinct relatif à la liberté syndicale, à la formation professionnelle, à la régulation du marché du travail, à la prévention d'accidents du travail et à la sécurité sociale, etc.

6-14. Au départ, c'est-à-dire de 1968 à 1993, la convention collective donnait prise à un décret, ce qui sous-tendait la participation du ministre à cette dernière étape du processus et souvent, en devançant cette phase terminale.

6-15. L'article 3 de la *Loi sur les normes du travail* exclut les salariés assujettis à la loi R-20, sauf pour le régime du congé de maternité et les règles assurant sa sanction.

iii) Le *régime est sectoriel*, c'est-à-dire qu'il englobe toutes les facettes concernant les relations du travail qui surviennent dans cette branche d'activité entre les employeurs, les salariés et leurs représentants respectifs. Non seulement il ne saurait y avoir une convention collective autre liant un employeur à ses salariés, mais plusieurs questions sont administrées et traitées directement par les représentants sectoriaux et demeurent à ce niveau. À titre indicatif, la prise du congé annuel (temps et rémunération), le régime de retraite et celui des avantages sociaux échappent à la gestion de chaque employeur et à la volonté distincte de chaque salarié. À l'origine, il ne pouvait y avoir qu'un seul et même décret applicable à tous.

iv) Le *régime est sous une administration centralisée et paritaire.* À l'instar du processus obligatoire et exclusif de la négociation collective, on mit en place un organisme chargé du contrôle de l'application des conditions de travail et formé, en principale partie, de représentants des associations et des syndicats leur permettant ainsi de suivre de près l'application et les effets des conventions collectives négociées et aussi, de connaître ensemble et d'une façon continue l'évolution de la conjoncture (**III-619**). Une telle administration centralisée permet d'instituer de multiples régimes de protection des salariés. Malgré le va-et-vient des salariés auprès des employeurs et dans les chantiers, leur rémunération différée pour congés annuels ou pour établir un fonds de retraite est comptabilisée et gérée dans un lieu unique et ainsi, mise à l'abri des aléas de chaque entreprise et autres impondérables. À l'égard de semblables questions où le long terme doit prévaloir, c'est au niveau sectoriel que le salarié et l'entrepreneur peuvent retrouver une nécessaire stabilité et sécurité.

III-605 — *Grands objectifs* — Ce régime tel que constitué en 1968 permet-il d'atteindre la double qualité fondamentale en droit, soit la stabilité et la sécurité des rapports entre les parties individuelles et collectives? Un tel aménagement des relations du travail et les choix qu'il suppose satisfont-ils aux autres objectifs que l'on recherche dans ce domaine : la démocratisation des lieux de travail par un réel exercice de la liberté syndicale et une participation tout aussi réelle à l'élaboration des conditions de travail? Il ne serait certes pas facile de répondre d'un seul et simple trait de plume à ces lourdes et complexes questions. Les premiers éléments de réponse que nous pouvons proposer devront être analysés, critiqués et aussi complétés tout au long du présent exposé, et ces mêmes questions nous servent de forts lointains pour moduler nos observations. Il importe de bien tenir compte de la dimension historique du défi relevé en 1968. Toute appréciation de cet ordre ne peut être que relative et variée entre le meilleur et le pire en fonction de la situation délaissée.

i) À l'époque de l'instauration de ce régime, les deux lois alors applicables ne répondaient pas aux besoins réels de cette industrie :

— la loi de 1934 était anachronique et confinait les parties à une négociation régionale par la voie d'un décret dont le contenu était limité et au sujet duquel l'État exerçait une grande discrétion. De plus, le processus de négociation était assez nébuleux, ce qui rendait impraticable la mise en place de divers régimes sociaux;

— le *Code du travail* de 1964 rendait pratiquement inaccessible l'accréditation et contraignait le syndicat à négocier sur la base d'un seul employeur ou d'un seul chantier. Le roulement de la main-d'œuvre et la durée limitée du chantier rendaient caduque cette opération, même si elle avait eu lieu.

ii) Le Québec entamait alors une période de croissance certaine, et d'importants chantiers étaient amorcés en maintes régions souvent éloignées des centres urbains. Les donneurs d'ouvrage, dont le gouvernement et les entrepreneurs, ne pouvaient établir avec garanties les coûts réels, tellement les salaires pouvaient fluctuer d'une région à une autre et en raison des revendications plus ou moins spontanées que formulaient des syndicats. Malgré les efforts des entrepreneurs pour régulariser le processus d'appels d'offres et en contrôler l'exercice afin de réduire le marchandage sous la table entre un entrepreneur général et les entrepreneurs spécialisés ou les donneurs d'ouvrage, le saucissonnage des conditions de travail en quinze décrets rendait souvent l'opération périlleuse.

iii) Depuis le début des années 60 et toujours de plus en plus par la suite, les salariés négociaient par voie négative, c'est-à-dire en faisant grève. Plusieurs facteurs provoquèrent ces brusques mouvements : la coexistence sur un même chantier de salariés venant de différentes régions et ne connaissant pas les mêmes conditions de travail; la rivalité entre syndicats et leur tendance hégémonique ou monopolistique; les pratiques de placement exercées souvent *manu militari* par certains syndicats; etc.[6-16].

On comprend alors que l'on voulut, en 1968, aménager un régime qui puisse :

— écarter les deux lois du travail d'alors et élaborer un processus adapté et exclusif;

— permettre une négociation sectorielle au-delà des chantiers, des entreprises et des régions;

— contenir les initiatives subreptices de syndicats et d'associations patronales, de manière qu'entrepreneurs et salariés sachent bien qui peut entreprendre le processus de négociation collective des conditions de travail, quand, comment et quel est l'exercice possible de moyens de pression;

6-16. De trop grands écarts de salaire sur un même chantier ne peuvent que susciter convoitise, frustration et conflits, et ces méfaits s'accroissent dangereusement dès qu'ils sont exploités par un syndicat cherchant à « pénétrer ou à dominer » le milieu.

— préciser d'une façon claire la rémunération totale (**II-137**) à verser pour chaque heure de travail;

— fournir des garanties aux donneurs d'ouvrage relatives à la réalisation d'un projet dans le temps convenu et selon les coûts retenus, grâce à l'élimination de brusques arrêts de travail ou à l'exigence de changements rapides des conditions de travail;

— conférer au salarié la possibilité réelle et juste de faire carrière dans un métier, de véritablement y gagner sa vie, en toute sécurité pour lui et pour les siens et notamment grâce à des régimes de santé et de sécurité, d'avantages sociaux et de retraite, etc.

Tels étaient, croyons-nous, les multiples objectifs retenus dans le but de civiliser ou de policer le milieu du travail. Les prochains développements permettent d'étayer cette assertion et d'en moduler la portée. Dès maintenant, on peut saisir que de tels changements de régime et de semblables objectifs ne furent pas atteints par la simple promulgation de la loi de 1968. Contrairement à ce que l'on voudrait parfois, un tel passage de l'abstrait au concret ne peut être direct, simple ni entier. Ainsi, ces premiers énoncés législatifs ne constituèrent que la phase préalable, mais nécessaire, à la réalisation de ce changement radical.

III-606 — *Une saga de lois* — Cette loi de 1968 ne pouvait, dès sa première rédaction, saisir parfaitement l'ensemble des composantes de la problématique de la construction et, dès lors, produire d'un seul trait les effets recherchés. La réunion à une même table de divers représentants des centrales syndicales rivales et de cinq associations patronales pour assurer ensemble la bonne administration du décret, comme l'imposait cette loi, constituait une approche plus avancée que pouvait proposer bien des représentants de ces mêmes parties. À l'égard de plusieurs questions, on ne disposait pas encore de la logistique nécessaire pour atteindre les objectifs retenus, tels l'exercice d'un contrôle quantitatif de la main-d'œuvre, l'étalement planifié des grands chantiers, la prévention réelle des accidents du travail, etc. Au fur et à mesure des expériences non toujours heureuses, de la découverte de failles aux dispositifs retenus, de l'avènement d'impasses dans les relations entre les parties ou encore, des contraintes qu'imposait le marché, il fallut procéder par la voie de modifications au texte initial pour ajouter, préciser, modifier ou moduler autrement les modalités alors retenues. Au cours de la première décennie (1970–1980), ces lois de modification ou lois dites spéciales visaient principalement le gouvernement syndical ou à corriger quelques mouvements anarchiques survenus en divers chantiers. Durant la décennie suivante (1980–1990), ces lois modificatrices portèrent davantage sur le processus de la négociation collective et les champs complémentaires d'intervention. Les ajouts législatifs de la décennie actuelle semblent destinés à conférer aux parties une meilleure prise en main de la négociation collective,

sans trop de béquilles étatiques. À l'aide d'un tableau de synthèse, nous tentons de rendre compte de l'œuvre de l'Assemblée nationale dans le domaine
(**annexe 5**). La lecture, de ce même tableau récapitulatif de la production
législative permet de dégager quelques observations.

i) Le rythme des interventions est assez régulier, continu et paraît être
aussi intensif sous l'un ou l'autre des gouvernements.

ii) La présence d'un régime aussi particulier et aussi différent de ceux
applicables à l'extérieur de cette industrie suppose de difficiles conflits
frontaliers afin d'établir ce qui relève du champ d'application de cette
loi et aussi, pour délimiter, à l'intérieur même de ce champ, les différents secteurs contenus et les activités propres à chaque métier. Si le
droit est, selon Stendhal, l'art de la définition, on peut dire que dans ce
milieu, on pratiqua copieusement le droit.

iii) La nature des questions traitées dans ce régime (relations du travail, formation professionnelle, santé et sécurité, sécurité sociale, etc.) provoqua ou autorisa de nombreuses interventions des agents de l'État placés
en aval ou en amont et imposa aussi la mise en place de divers processus de contrôle et d'encadrement. À une époque pas très lointaine,
d'ailleurs, la négociation collective même se faisait à l'ombre des offi-
cines du ministère du Travail. En conséquence, la stratégie des parties à
la négociation collective devait prendre acte de l'intervention plus que
probable du ministre et aménager à cette fin leurs tactiques respectives.
Ainsi, chaque partie devait conserver un peu de lest pour l'inévitable
étape « ministérielle ». Il y a peu de temps (1993), on délaissa ce
schéma « décret » pour s'en tenir à la convention collective qui doit être,
par définition, l'œuvre principale des parties.

iv) Les nombreuses modifications à la loi initiale, souvent complétée ou
modulée par règlements et dont l'application suppose le dénombrement
des décisions rendues par divers organismes (**III-612**), constituent un
faisceau complexe de règles de droit. La saisie intelligente de leur portée est trop souvent réservée aux conseillers spécialisés dans le
domaine. Un tel état serait contraire à la situation que l'on vise dans une
société de droit. Après 30 ans de turbulences législatives, il semble bien
qu'une réécriture de cette loi et son élagage seraient utiles à tous et
pourraient faciliter sa compréhension par ceux qui y sont pourtant
directement visés : l'entrepreneur, le salarié et aussi, par ceux qui veulent éventuellement le devenir.

v) En raison même de la portée exclusive et nationale de ce régime et des
structures mises en place, il était nécessaire que des voies d'accès
soient établies à l'égard des entrepreneurs et des salariés des provinces
voisines, de manière à permettre une circulation bilatérale fondée sur le
principe de la réciprocité. Ainsi, le 3 mai 1994, le Québec et l'Ontario

concluaient l'*Accord sur la reconnaissance mutuelle des compétences et des expériences de travail dans les métiers et les occupations du secteur de la construction*. Cet accord prit une forme législative, en partie du moins, à la loi (L.Q. 1996, c. 74). De semblables assouplissements n'auraient guère été possibles à la phase initiale de la loi.

vi) Malgré ces nombreuses modifications relatives, l'économie générale de la loi de 1968 fut sauvegardée et sa finalité initiale demeure toujours pressante et reconnue par les premiers intéressés.

Étant donné le terreau socio-économique primesautier, où les agents en présence ont des intérêts respectifs immédiats non toujours convergents, et l'obligation de traiter de questions sans disposer de modèles concrets, la rétrospective de l'état des lieux et le cheminement parcouru ne nous paraissent nullement surprenants ni aucunement désastreux, bien au contraire. Nous pouvons mieux nous en rendre compte en constatant, au cours des prochaines sections, que ce régime confère aux salariés et aux entrepreneurs un encadrement certain pour contenir les relations du travail et leur fournir des garanties socio-économiques inégalées dans bien d'autres pays et provinces.

Section 6.2
Une vue générale du régime

III-607 — « *Construction* » — Pour mieux saisir les grandes coordonnées de ce régime, il importe de connaître son champ d'application, soit la description des activités professionnelles qui y sont assujetties. Ce premier exercice consiste à indiquer et à dresser l'emplacement des bornes qui circonscrivent l'acte de « construction ». Cette donnée fondamentale sert par la suite à mieux identifier les personnes en présence. Son champ d'application est d'abord abstraitement défini à l'article 1 f) où le terme « construction » y est explicité, puis à l'article 19 à l'aide de douze paragraphes distincts où l'on découpe par voie d'éliminations ou d'exclusions les activités limitrophes, c'est-à-dire non assujetties à ce régime La définition de départ est si large qu'il fallut y apporter autant de précisions ou plutôt de soustractions particulières afin d'arriver à un entendement plus réaliste de l'activité visée dans ce régime[6-17]. Cette dernière méthode consiste à indiquer que certains travaux qui seraient autrement rattachés à la construction selon la définition initiale de la loi R-20 relèvent néanmoins d'une activité principale d'un tout autre domaine, notamment en raison de leur destination et du contexte. Il s'agit notamment de travaux de construction liés aux activités usuelles et nécessaires d'une municipalité, d'une commission scolaire, d'Hydro-Québec, de l'exploitation d'une ferme, d'une mine, de la forêt ou de travaux exécutés à des fins personnelles ou encore, du transport en vrac par un artisan camionneur, etc. De tels travaux ne sont pas assujettis au régime des relations du travail de l'industrie de la

---

6-17. Un aussi bref aperçu général ne peut rendre compte d'une façon précise du cheminement législatif parcouru depuis 30 ans pour effectuer l'ensemble de ces délimitations ou exclusions de l'activité de construction et des personnes non assujetties à ce régime ni, surtout, pour expliquer les causes des restrictions ou réserves apportées.

construction parce qu'ils sont considérés comme tributaires de ces autres activités[6-18]. De tels ajouts et soustractions apportés à la description du champ d'application par tant de modifications à la loi au cours des 30 dernières années comportent des implications pratiques importantes, que nous illustrons par les quelques exemples qui suivent.

i) Depuis 1988, les travaux d'entretien, de réparation et de rénovation d'un logement exécutés par une personne physique et à son seul profit et avantage furent écartés de l'application du régime (art. 19, par. 9). Il suffit de visiter les quincailleries à grandes surfaces pour constater l'importance de ce marché qui échappe ainsi aux permanents de l'industrie de la construction et les difficultés inhérentes au contrôle de ce qui est fait à l'intérieur de tels immeubles.

ii) En 1994, on soustrayait les immeubles d'habitation de huit logements ou moins. Un tel retrait pouvait constituer environ 80 % des logements mis en chantier au Québec, ce qui signifiait qu'une partie fort importante de l'industrie échappait au régime et, en conséquence, ces salariés, soit près de 15 000, pouvaient être totalement et partiellement privés des mesures protectrices qui y sont prévues. De plus, bien des entrepreneurs pouvaient en partie être soumis au régime et en partie en être écartés, ce qui rendait la tenue des relations du travail assez complexe, et la comptabilité pouvait vaciller d'un côté ou de l'autre. Cette exception de 1994 (L.Q. 1993, c. 11) fut retirée en 1995 et ce nouveau changement exigea du même coup que les salariés de tels chantiers disposent dorénavant de qualifications professionnelles reconnues et attestées selon les exigences du régime (**III-624**). Il n'est pas évident que cette question de retour ou de retrait soit définitivement réglée.

iii) Le transport en vrac effectué directement par un camionneur artisan (art. 19, par. 11) est maintenant exclu du champ d'application du régime et ainsi, cette dernière activité demeure régie exclusivement par les règlements édictés en vertu de la *Loi sur les transports*. Cette question donna prise, avant 1994, à bien des interprétations non toujours cohérentes de la part du commissaire de la construction (**III-614**).

III-608 — *Quatre secteurs* — L'activité de « construction » au sens de cette loi est en quelque sorte divisée en quatre secteurs distincts.

6-18. Les libellés de ces deux dispositions, les articles 1 f) et 19, comprennent tant de détails et de précisions qu'il nous serait impossible d'en faire une intelligible synthèse. De plus, on ne saurait croire que le législateur cessera sous peu la pratique du pointilleux, soit la méthode d'ajouts et de soustractions.

i) *Le secteur génie civil et voirie (art. 1 v))* : les ouvrages d'intérêt général public ou privé tels les routes, les égouts, les ponts, les lignes électriques, etc.

ii) *Le secteur industriel (art. 1 w))* : les bâtiments destinés à l'exploitation ou à la transformation de richesses naturelles, ou à la production de biens.

iii) *Le secteur institutionnel et commercial (art. 1 x))* : les bâtiments ou autres activités de construction qui ne répondraient pas à celles visées dans l'un ou l'autre des trois autres secteurs.

iv) *Le secteur résidentiel (art. 1 y))* : les bâtiments destinés à 85 % à l'habitation et dont le nombre d'étages depuis le sol « [...] n'excède pas six dans le cas de bâtiments neufs ou huit dans les autres cas ».

Cette division sert à plusieurs fins, notamment :

— pour établir, à l'égard de chaque secteur, le caractère représentatif des parties en vue de la négociation collective;

— pour élaborer des conditions de travail mieux adaptées au particularisme des activités propres à chacun des secteurs visés, entendu qu'il existe une convention collective distincte par secteur (**III-616**). On comprend que la problématique de l'organisation du travail dans le cadre du secteur des grands travaux de génie, tels un pont ou un barrage, puisse sensiblement différer de celle d'un chantier destiné à la construction d'une résidence, etc.

— pour regrouper les employeurs et les salariés qui exercent habituellement dans un même secteur, sans pour cela leur servir d'enclaves, c'est-à-dire les empêcher d'exercer leurs activités professionnelles dans tout autre secteur.

Une telle division ne peut servir à la détermination du champ d'application de la loi (art. 1 *in fine*). Cette précision s'imposait afin d'éviter toute extrapolation de ces mêmes définitions. Les divisions sectorielles rendent néanmoins compte de la réalité «construction». Ces mêmes regroupements se traduisaient déjà par la formation d'associations patronales constituées sur de semblables bases. En d'autres termes, les quatre secteurs retenus formellement à la loi R-20 ne seraient pas le fruit d'une œuvre abstraite d'un juriste, mais seulement la prise en considération d'une donnée réelle et antérieure à la loi.

III-609 — *Les personnes visées* — Comme dans toute autre relation d'emploi, on y trouve un salarié et un employeur, et s'y ajoute leur association respective. Parce qu'il s'agit d'un régime applicable à l'ensemble des personnes de cette industrie que l'on divise, à cette même fin, en quatre secteurs, il fallut apporter quelques distinctions ou nuances aux définitions des personnes mises en présence. Ainsi, le travailleur peut être un salarié, un salarié permanent ou, dans une certaine mesure, un entrepreneur autonome (art. 1 k.1)). On peut dire que le salarié serait celui normalement lié par contrat de travail (art. 2085 C.c.Q.) (**II-43**). Le salarié permanent serait celui habituellement affecté à des travaux d'entretien de bâtiments ou d'ouvrages de génie civil ou qui travaille au moins depuis six mois à la production (art. 1 s))[6-19]. Un travailleur peut aussi être qualifié d'entrepreneur autonome lorsqu'il exécute lui-même et seul un travail de construction au profit d'un tiers. Il se doit alors d'exiger de ce dernier une rémunération totale équivalente à celle normalement due à un salarié exerçant pareilles tâches (art. 19 *in fine*). Ce statut hybride est bien souligné du fait que, pour les autres points du régime, cet entrepreneur autonome est traité comme s'il s'agissait d'un employeur, même s'il lui faut travailler seul, sauf pour quelques exceptions précises (art. 19). Les employeurs comprennent deux catégories : celui, y compris le gouvernement, qui retient les services d'un salarié pour effectuer un travail de construction (art. 1 j)) et celui dont la principale activité relève de la construction. Dans ce dernier cas, il est qualifié « d'employeur professionnel » (art. 1 k)). Notons que l'employeur peut lui-même participer à l'exécution du travail de construction. Dans le cas d'une corporation ou d'une société, un seul actionnaire ou sociétaire peut effectuer personnellement ce travail à ce dernier titre et dans la mesure où il est préalablement désigné à cette même fin, alors que les autres actionnaires et sociétaires doivent endosser le statut de salarié lorsqu'ils entendent exécuter eux-mêmes un travail de construction (art. 19.1).

III-610 — *Association d'employeurs* – Puisque la négociation collective n'a pas lieu au niveau de l'entreprise, comme c'est le cas au *Code du travail*, les employeurs doivent se regrouper pour se doter d'une représentation valable. Après quelques années d'expérience, le législateur exigea et réalisa la formation d'une association générale représentant d'autorité l'ensemble des entrepreneurs de construction (art. 1 c), 41) : Association des entrepreneurs en construction du Québec (A.E.C.Q.). Aux fins de la négociation collective à l'égard des quatre secteurs (**III-608**), la loi reconnaît maintenant directement le caractère représentatif des trois associations suivantes (art. 1 c. 2), 41) :

— secteur résidentiel : Association provinciale des constructeurs d'habitation du Québec inc.;

— secteurs institutionnel, commercial et industriel : Association de la construction du Québec;

6-19. Le libellé de la définition du salarié permanent n'aide guère à le situer dans cette industrie. Parce que le régime de la négociation collective n'est pas réalisé sur la base de l'entreprise, il n'était pas nécessaire de retenir les exclusions imposées au *Code du travail* à la définition de salarié (**IV-60**).

— secteur génie civil et voirie : Association des constructeurs de routes et grands travaux du Québec[6-20];

Bien que ces trois dernières associations sectorielles d'employeurs soient respectivement habilitées à représenter et à négocier pour le compte des entrepreneurs de leur secteur, les conditions de travail élaborées avec leurs vis-à-vis syndicaux ne peuvent valablement lier ces mêmes entrepreneurs sans une ratification spéciale de la part de ces derniers, donnée selon une procédure démocratique établie aux articles 41, alinéa 3, 44.1, alinéa 2 (**III-616**). Notons aussi que l'association générale des employeurs en construction, l'A.E.C.Q., dispose de la mission spécifique de la négociation des conditions de travail générales ou communes aux conventions collectives respectives des secteurs (art. 41, al. 2, 61.1) (**III-616**). L'A.E.C.Q. peut aussi agir pour le compte de l'une ou de l'autre des trois associations sectorielles d'employeurs si elle est expressément autorisée à cette fin (art. 41, al. 3, 44.2, al. 2)[6-21]. De plus, l'A.E.C.Q. doit offrir aux associations sectorielles d'employeurs un soutien logistique, notamment dans des domaines d'intérêts communs : l'information générale nécessaire à la négociation collective, la formation professionnelle, la santé et la sécurité, etc. (art. 41.1, al. 2). Tout employeur et même tout entrepreneur autonome sont tenus d'adhérer à l'A.E.C.Q. (art. 19 *in fine*, 40). Par ailleurs, ils ne sont pas tenus d'adhérer à l'une ou l'autre des associations sectorielles d'employeurs.

III-611 — *Les syndicats* — Le regroupement nécessaire des salariés selon ce régime souleva plusieurs difficultés, notamment parce que :

— la C.S.N. regroupe les membres sur une base industrielle et, à la F.T.Q., les travailleurs adhèrent à des syndicats constitués sur la base du métier;

— il existait une rivalité certaine entre ces deux centrales syndicales et l'on entendait respecter ce pluralisme syndical.

La mise en place d'un tel régime exigeait néanmoins des regroupements de manière qu'une ou plusieurs associations soient suffisamment représentatives de l'ensemble de l'industrie dans chacun des quatre secteurs visés (**III-608**). À ces fins, trois règles principales sont retenues :

6-20. Il existe deux autres associations d'entrepreneurs qui, en raison de leur loi constitutive, représentent de droit et, de fait, la totalité des employeurs de leur champ respectif d'activités professionnelles : la Corporation des maîtres électriciens du Québec et la Corporation des maîtres mécaniciens en tuyauterie du Québec (art. 1, par. 1). Ces deux corporations ne participent pas directement à la négociation collective des conditions de travail, mais leurs représentants sont présents à bien d'autres instances.

6-21. Avant 1994, l'A.E.C.Q. agissait à titre d'agent négociateur exclusif pour tous les entrepreneurs de la construction.

— cinq associations de salariés sont seuls admissibles à représenter ces salariés, et leur caractère représentatif respectif est établi en fonction du nombre de leurs adhérents (art. 28 et 29)[6-22];

— tous les salariés de la construction doivent adhérer à l'une ou à l'autre des cinq associations reconnues représentatives, et l'employeur ne peut embaucher aux fins de la construction un salarié qui n'est pas membre en règle de l'une d'elles (art. 32, 39);

— aucune association représentant les salariés de la construction ne peut être accréditée vis-à-vis d'un employeur de la construction en vertu des règles du *Code du travail* (art. 27).

En prenant en considération ces trois premières règles, la représentativité de chaque association de salariés est fixée par la Commission (C.C.Q), qui l'établit dans le cadre d'une procédure détaillée précisée aux articles 29 à 39, puis complétée par voie de règlements[6-23]. Pour déterminer cette représentativité relative de chaque association, on procède à la tenue d'un scrutin comprenant les différentes étapes suivantes :

— à l'aide des rapports mensuels transmis par les employeurs, la Commission dresse la liste des salariés admissibles au scrutin au sens de l'article 30, et ces salariés reçoivent, au cours du douzième mois précédant la fin de la convention collective, une attestation à cet effet;

— la sollicitation des adhésions auprès des salariés n'a lieu qu'au cours de ce même douzième mois et, à cette fin, ces associations reçoivent copie de la liste des salariés ayant droit de vote (art. 30 *in fine* et 31);

— un scrutin est tenu le onzième mois précédant l'expiration de la convention collective (art. 32, 47). Il appert que l'exercice réel de ce scrutin ne serait pas très manifeste en raison de l'application des règles relatives au choix présumé (art. 32, al. 3, 35.2, 35.3, al. 2, 37);

— la Commission dresse une liste des salariés en fonction de leur adhésion et établit ainsi le pourcentage relatif de représentativité de chaque association participant à cette opération (art. 33 à 35)[6-24];

— la Commission transmet à chaque salarié une attestation relative à son adhésion à une association ou à celle à laquelle il est réputé avoir

---

6-22. La Centrale des syndicats démocratiques (C.S.D.-Construction); la Confédération des syndicats nationaux (C.S.N.-Construction); le Conseil provincial du Québec des métiers de la construction (international); la Fédération des travailleurs du Québec (F.T.Q.-Construction); les Syndicats de la construction Côte-Nord inc. (S.C.C.N.).

6-23. La C.C.Q. (**III-612**) assume, en l'occurrence, la fonction qu'exerce le commissaire du travail aux fins d'accréditation du syndicat dans le cadre du *Code du travail* (**IV-56**).

6-24. À titre indicatif, cette représentativité respective s'établissait ainsi en 1997 : 11,87 % C.S.D.-Construction; 13,19 % C.S.N.-Construction; 33,05 % C.P.Q.M.C.; 39,88 %, F.T.Q.-Construction; et 1,99 %, S.C.C.N.

adhéré selon les articles 32, 35.2 et 36. En conséquence, sa cotisation syndicale prélevée par l'employeur et transmise à la Commission est dès lors versée à cette même association syndicale (art. 38).

La présence et l'importance relative de ces cinq associations syndicales aux fins de la négociation collective sont directement tributaires du degré de représentativité, entendu que, pour valoir, la convention collective doit être l'œuvre de l'une ou de plusieurs de ces associations représentant la majorité des salariés en cause (art. 44). Cette première règle relative à la validité de la convention collective en comprend une deuxième qui porte sur le contenu même de la convention collective. Cette dernière doit éventuellement être ratifiée par une majorité des membres des syndicats signataires et majoritaires du projet de convention collective (art. 44.1, al. 1) (**III-616**). Nous pouvons aussi dégager quelques observations générales au sujet de la représentativité syndicale.

i) Contrairement à la règle retenue initialement, le nombre d'heures de travail réalisées par chaque salarié ne sert plus de critère pour pondérer le vote des salariés : un minimum de 300 heures est exigé à leur admissibilité respective, et cette condition ne s'applique pas aux salariés de 50 ans ou plus (art. 30 b)).

ii) L'adhésion à une association syndicale est valable pour toute l'industrie et non seulement à l'égard d'un secteur particulier où le salarié pourrait principalement travailler. Ce salarié peut exercer son droit de vote (autorisation de grève, ratification de convention collective, etc.) dès que son association le requiert.

iii) Les négociateurs syndicaux doivent représenter plus de 50 % des salariés visés et, à cette fin, les syndicats peuvent se regrouper. Par ailleurs, les syndicats minoritaires peuvent être présents à la négociation et même, soumettre des propositions (art. 42.1) (**III-615**).

III-612 — *C.C.Q.* **—** Un tel régime suppose la présence de nombreux autres acteurs aux différentes phases du processus pour prendre, au besoin, la relève des parties, les départager ou encore, assurer l'application uniforme et intégrale des conventions collectives et autres ententes collectives. Il nous faut connaître ces principaux organismes déjà institués puisque leur présence est quasi constante ou, à tout le moins, les parties doivent distinctement et mutuellement tenir compte de leur éventuelle intervention. La Commission de la construction (C.C.Q.) est l'organisme central qui assume, depuis 1987, une certaine permanence au sein des multiples réseaux de communication des parties et agit aussi à titre de « corbeille » principale pour recevoir et traiter les données de base des systèmes mis en place[6-25]. La C.C.Q. ressemble à la

---

6-25. La loi R-20 révèle bien l'importance de cet organisme en y consacrant ses premiers 35 articles pour en préciser les fonctions et pouvoirs. Le libellé de plusieurs de ces dis-

fois à un comité paritaire, au sens de la *Loi sur les décrets de convention collective* (**III-517**) et à la Commission des normes du travail (**III-223**). Un tel caractère hybride provient principalement du fait que :

— ses dix-sept membres comprennent six représentants syndicaux et six représentants d'associations patronales et aussi, quatre représentants des ministères (art. 3.2);

— sa fonction consiste à « [...] administrer la présente loi [...] » (art. 4) et elle agit sous tutelle ministérielle (art. 9)[6-26];

— ses principaux champs d'activité sont ainsi résumés : « [...] veiller à l'application de la convention collective régissant les relations du travail; voir à l'application de la loi et des règlements se rapportant à l'embauche et à la mobilité de la main-d'œuvre; s'assurer de la compétence de la main-d'œuvre; organiser et surveiller le vote d'adhésion syndicale; veiller à l'application des mesures des programmes relatifs à la formation professionnelle de la main-d'œuvre; administrer des régimes complémentaires d'avantages sociaux; organiser et administrer tout fonds d'indemnisation que les parties jugent nécessaire pour assurer à la main-d'œuvre le paiement de son salaire et de tous ses avantages sociaux; administrer tous fonds que les parties jugent nécessaires aux fins de formation[6-27] ».

À ces fins, la C.CQ. dispose de vastes pouvoirs, notamment :

— pour faire enquête auprès des employeurs et des salariés et pour inspecter les chantiers. Elle peut déléguer ses pouvoirs aux personnes qu'elle désigne et, au besoin, elle peut ordonner la suspension des travaux (art. 7 à 7.10);

— pour poursuivre en justice en vue d'assurer l'application des conventions collectives et recevoir à titre exclusif les plaintes fondées sur les normes relatives au placement, à l'embauche et à la mobilité de la main-d'œuvre (art. 78 à 81) (**III-618**);

---

positions renferme des stigmates des difficultés opérationnelles survenues depuis sa formation initiale sous le nom de Commission de l'industrie de la construction puis d'Office de la construction du Québec (1975). Cet organisme voit principalement au respect de la convention collective, et ainsi, sert de prolongement aux parties signataires. La nature de certaines missions que la loi lui confie et la présence de représentants des ministères à son conseil d'administration lui confèrent un statut assez particulier.

6-26. L'administration financière de la C.C.Q. a un encadrement public précis et serré, notamment au sujet de son plan d'effectifs (art. 4); de la convention collective de son personnel (art. 5); de la gestion des fonds (art. 9); de son budget (art. 10); de sa comptabilité (art. 11); et de l'obligation de fournir une caution (art. 13).

6-27. C'est ainsi que la C.C.Q. rappelait en huit points ses champs d'intérêt dans son rapport d'activités de 1996.

— pour imposer par voie de règlement approuvé par le gouvernement les modalités nécessaires à la réalisation des divers mandats qui lui incombent : la tenue d'un registre des employeurs et des salariés, la formation professionnelle, les avantages sociaux, l'indemnisation des salariés en souffrance de rémunération, etc. (art. 82, 123.1)[6-28];

— pour s'assurer du caractère représentatif des associations de salariés et de l'admissibilité de leurs dirigeants à ces fonctions (art. 95, 96 et 97).

Notons que la C.C.Q. doit également collaborer avec le gouvernement pour l'application de certaines ententes intergouvernementales et avec le ministre du Revenu à l'égard des lois fiscales[6-29].

III-613 — *Deux comités paritaires* — Sur une voie parallèle à la C.C.Q., on trouve le comité mixte de la construction (C.M.C.), chargé notamment de donner des avis « [...] sur tout litige relatif à l'interprétation de la convention collective et sur toute question que peut lui soumettre la Commission [...] » (art. 16, al. 2). Il est constitué de douze membres dont six viennent des associations syndicales, et six, de l'A.E.C.Q et des associations d'entrepreneurs[6-30]. Les assemblées du C.M.C. sont présidées par un de ses membres, et ses décisions sont prises à la double majorité : celle des représentants syndicaux et celle des représentants patronaux (art. 16, par. 9). Ce comité a compétence prioritaire sur toutes questions relatives à la gestion des fonds de sécurité sociale (art. 18), il approuve le budget annuel de la C.C.Q. (art. 10, al. 2) et reçoit un rapport trimestriel des sommes perçues par elle sous tous les chefs et de leur usage (art. 12). Le C.M.C. est également consulté à l'égard des règle-

---

6-28. Nous rappelons ces sept règlements : 1- *Règlement d'application de la Loi sur les relations du travail, la formation professionnelle et la gestion de la main-d'œuvre dans l'industrie de la construction*, R.R.Q., 1981, c. R-20, r. 1, et modifications; 2- *Règlement de prélèvement de la Commission de la construction du Québec*, Décret 1530-96, G.P. 18 décembre 1996; 3- *Règlement sur le choix d'une association représentative par les salariés de l'industrie de la construction*, Décision G.O. 2, 7 mai 1997, p. 2447; 4- *Règlement sur la délivrance des certificats de compétence*, Décret 673-87, G.O. 2, 6 mai 1987 et modifications; 5- *Règlement sur certaines exemptions à l'obligation d'être titulaire d'un certificat de compétence ou d'une exemption délivrés par la Commission de la construction de Québec*, Décret 4-97, G.O. 2, 15 janvier 1997; 6- *Règlement sur l'embauche et la mobilité des salariés dans l'industrie de la construction*, Décret 1946-82, G.O. 2, 15 septembre 1982 et modifications; 7- *Règlement sur le registre, le rapport mensuel, les avis des employeurs et la désignation d'un représentant*, Décret 1528-96, G.O. 2, 24 décembre 1996.

6-29. Dans ce dernier cas, il s'agit notamment d'interventions ponctuelles susceptibles de réduire les activités de l'économie souterraine ou le « travail au noir ». On aurait ainsi mis à découvert, en 1996, plus de trois millions d'heures de travail non déclarées. Voir : C.C.Q., *Rapport annuel 1996*, p. 43. Il va de soi que ce travail d'enquête et de collaboration de la C.C.Q. ne doit pas occulter ses principales missions à l'endroit des salariés et des employeurs de la construction.

6-30. On tient compte de la distinction entre les associations d'entrepreneurs et les associations sectorielles d'employeurs faite à l'article 1 c.1) et c.2).

ments édictés par la C.C.Q. (art. 123.3). Par sa composition et son objet, ce comité mixte de la construction se situe à proximité de la C.C.Q. Il existe également un deuxième comité chargé spécialement des questions relatives à la formation professionnelle[6-31]. Il s'agit du Comité sur la formation professionnelle de l'industrie de la construction (C.F.P.I.C.). Il est aussi paritaire à l'instar du C.M.C., bien que les modalités de sa composition varient quelque peu[6-32]. Selon l'article 18.2, le mandat du C.F.P.I.C. consiste à donner « [...] des avis sur toute question relative à la formation professionnelle dans l'industrie de la construction en tenant compte notamment des besoins qualitatifs et quantitatifs des employeurs et des salariés de cette industrie ». Ce comité dispose d'un pouvoir décisionnel au sujet de l'usage par la C.C.Q. du fonds destiné à la formation professionnelle (art. 18.10.1). La C.C.Q. doit aussi rechercher l'avis du C.F.P.I.C. au sujet de tout projet de règlement relatif à la formation et à la qualification professionnelles (art. 123.1, 123.3). À ces deux comités paritaires et complémentaires à l'organisme central d'administration, s'ajoutent deux autres acteurs dont les fonctions consistent à départager, au besoin, les parties et autres intéressés : le commissaire de la construction et le conseil d'arbitrage.

III-614 — *Partage d'autorité* — Il paraît évident que l'étendue pratique et claire du champ professionnel de ce régime est susceptible de soulever bien des difficultés en raison de multiples conjugaisons possible de quatre facteurs :

— l'élasticité de la définition initiale de la « construction » (art. 1 f)) **(III-607)**;

— l'aire professionnelle propre à chaque métier ne fait pas toujours l'objet d'entendements partagés, et les tenants de chaque métier sont susceptibles de grignoter réellement ou en apparence le champ des autres métiers;

— par voie de règlement (art. 20), il est possible que soient clarifiées, précisées ou circonscrites l'étendue et la portée des descriptions apparaissant à l'article 1 f), alinéa 2[6-33];

— les développements technologiques, l'usage de nouveaux produits, de nouveaux instruments et de nouvelles méthodes de travail peuvent remettre en cause des façons de faire au sein de l'industrie de la construction. Combien de travaux préparatoires étaient autrefois réalisés à pied d'œuvre et par ceux-là mêmes qui ont charge de les intégrer ou de les abouter à l'immeuble et qui sont maintenant livrés prêts pour usage immédiat, etc.!

6-31. La formation professionnelle est, dans une large mesure, confiée aux organismes de l'industrie de la construction (art. 3.12, 4, par. 5, 18.2, 85.1 à 85.6, 124) **(III-624)**.

6-32. Les articles 18.3 et 18.4 précisent qu'un treizième membre désigné par la C.C.Q. s'y ajoute à titre de président.

6-33. Voir les sept règlements déjà signalés à la note 6-28.

Le commissaire de la construction dispose de la compétence nécessaire pour départager les parties, c'est-à-dire pour dire le droit des uns et des autres et imposer les mesures appropriées afin de résoudre de tels conflits ou d'en prévenir la résurgence (art. 21 et suiv.). Sa décision est finale et lie les parties (art. 22)[6-34]. À ces fins, il entend les parties intéressées, visite au besoin les lieux et peut aussi requérir l'avis d'un comité consultatif (art. 23 à 25). Ce dernier comité est formé en partie de représentants autres que ceux de l'industrie de la construction puisque le litige peut soulever la question du tracé frontalier entre ce qui est ou serait construction et ce qui ne peut l'être[6-35]. Outre ces questions frontalières définissant le champ d'application du régime ou les aires respectives des métiers, il survient également des litiges concernant davantage la qualification professionnelle des employeurs et des salariés ou l'application des règles relatives au placement, à l'embauche ou à la mobilité de la main-d'œuvre. Ces dernières questions relèvent au premier chef de la C.C.Q., et ses décisions peuvent être prises en appel par un conseil d'arbitrage (art. 78, 80.1)[6-36]. D'autres acteurs peuvent se présenter à tour de rôle sur la scène des relations du travail dans le cadre de ce régime; nous les présentons au fur et à mesure de leur apparition, notamment à l'occasion du processus même de la négociation collective (**III-619**).

6-34. La Cour d'appel souligna déjà la portée finale et sans appel des décisions du commissaire de la construction. Voir : *Mathews Conveyer Co.* c. *Geoffroy*, [1978] C.A. 108; *Office de la construction du Québec* c. *Les Entreprises Jean Pruneau inc.*, [1990] R.J.Q. 1272 (C.A.).

6-35. L'intérêt de tels débats peut être important puisque les conditions de travail et les coûts de production peuvent être fort différents entre ce qui est fait à pied d'œuvre et ce qui est fabriqué en usine, et dans l'un et l'autre cas, ce ne sont ni les mêmes employeurs ni les mêmes salariés qui disposent de cette production.

6-36. Ces conseils d'arbitrage sont formés par le ministre du Travail. Voir : *Loi sur la formation et la qualification professionnelles de la main-d'œuvre*, art. 41.

Section 6.3

La négociation collective

III-615 — *Mise en branle* — Près de 40 articles de cette loi aménagent le processus même de la négociation collective et précisent principalement les acteurs en cause, quand, comment et sur quoi ils peuvent élaborer ensemble par cette voie les conditions de travail d'un secteur (**III-608**). Dans une large mesure, on constate que ces dispositions sont davantage des adaptations de règles générales propres à la négociation collective et déjà arrêtées au *Code du travail*[6-37]. La négociation collective débute « [...] au plus tard le premier jour du septième mois » précédant la date d'expiration de la convention collective. Cette initiative peut être prise par l'association sectorielle d'employeurs visée ou une association des salariés si, bien évidemment, elle dispose du caractère représentatif requis (art. 42), entendu cependant que les autres associations peuvent aussi y participer (art. 42.1). La méthode employée et le rythme de la négociation relèvent également de la compétence des parties, et la seule consigne imposée au sujet de la façon de faire consiste à négocier avec diligence et bonne foi au plus tard sept mois avant l'arrivée du terme de la convention collective (**IV-102**). Deux interventions demeurent possibles pour aider les parties à conclure une entente.

i) *La conciliation* : La venue d'un conciliateur peut être requise par l'une ou l'autre partie ou imposée du seul chef du ministre (art. 43 à 43.3). Comme dans la conciliation prévue au *Code du travail*, ce tiers aide les

---

6-37. Il est normal qu'il en soit ainsi parce que l'on vise le même objectif et par la même voie. Le *Code du travail* résulte de l'expérience acquise depuis 1944 et les parties connaissent bien la démarche retenue. À l'occasion, nous signalons ces liens de rattachement au *Code du travail*, alors que nos développements relatifs à ces dernières règles sont fort plus détaillés au titre IV et que nous nous y référons.

parties, tente de rétablir la communication et propose quelques pistes de solutions. Les parties demeurent entièrement libres de poursuivre, de conclure ou de cesser de négocier (**IV-105**).

ii) *La médiation* : Cette intervention est certes plus structurée du fait que ses résultats s'intègrent à la dynamique même du processus. La médiation n'a lieu qu'aux dernières heures du processus, soit à compter du 60e jour précédant le terme de la convention collective. Le médiateur donne acte des résultats, soit de l'accord complet, soit d'un accord partiel et, dans ce dernier cas, il indique également les éléments constitutifs du différend et rend publics ses commentaires (art. 43.4 à 43.7)[6-38]. Cette publication serait susceptible de provoquer quelques réactions de la part de tous les intéressés et sert également à informer le public des réels enjeux. Il s'agit d'éléments utiles si le différend donne éventuellement prise à une grève ou à un lock-out (art. 45.4).

Au-delà d'un calendrier plus précis, notamment au sujet des tenants et des aboutissants, le processus de la négociation est assez semblable à celui retenu au *Code du travail*, en ce qui a trait à la libre négociation des parties. Par ailleurs, il en est tout autrement des questions relatives au contenu même de la convention collective.

III-616 — *L'objet de la négociation collective* — Parce que la négociation collective porte sur un champ vaste et complexe (l'industrie et non plus une entreprise à la fois), elle fut sous-divisée en quatre secteurs (**III-608**), ce qui permet de mieux tenir compte des particularismes de ces différents milieux. Par ailleurs, il s'agit toujours et partout de la même industrie, c'est-à-dire que dans chaque secteur, des points communs les unissent. Pour ces raisons, on conçoit deux types de négociation : celle qui se réalise par les parties représentatives de chacun des quatre secteurs et celle commune à tous et dont le résultat se retrouve dans ces quatre conventions collectives. Pour effectuer le partage des questions relevant de l'une ou de l'autre négociation, il suffisait d'établir les points déclarés qui étaient communs à tous. Au-delà de ce tronc commun, toutes les autres conditions de travail non contraires à l'ordre public et à la loi peuvent être négociées distinctement dans chacun des secteurs (art. 46, al. 2, 61 *in fine*, 61.3)[6-39]. L'arti-

---

6-38. Malgré le qualificatif retenu, il s'agit davantage d'une conciliation que d'une médiation, pour trois raisons : la médiation peut être imposée par l'une des parties; le médiateur est dépêché par le ministre et non choisi par les deux parties; et ce médiateur fait un rapport annoté au ministre. Une médiation réelle supposerait, à notre avis, la décision conjointe des parties d'y recourir et le choix d'un tiers par ces mêmes parties, de manière qu'ils agissent avec et pour les parties, sans plus.

6-39. Évidemment, les lois les plus directement visées sont les chartes (**III-101**), le *Code civil du Québec* (**I-41**), la *Loi sur les normes du travail* (**III-201**); la *Loi sur la santé et la sécurité du travail* (**III-401**) et la *Loi sur les accidents du travail et les maladies professionnelles* (**III-301**).

cle 61.1 précise ce qui constitue les matières communes, dont les modalités conventionnelles sont, de ce fait, partagées et respectées par tout employeur, syndicat et salarié (**III-609**). On y trouve une énumération en sept points qui portent principalement sur la sécurité syndicale, le contrôle des mesures disciplinaires et les régimes d'avantages sociaux. Ces conventions collectives ne peuvent imposer de conditions de travail susceptibles de constituer des pratiques discriminatoires ou portant atteinte aux libertés fondamentales semblables à celles qui eurent déjà lieu dans ces milieux (art. 61.2). De telles mentions expresses à cette loi servent à clarifier la situation et à rappeler la vigilance pour éviter des maladresses inopportunes. L'article 61 énumère en trois paragraphes le contenu obligatoire ou facultatif des conventions collectives sectorielles. De tels énoncés peuvent éviter un débat préalable ou *a posteriori* relatif à la capacité des parties à convenir sur de tels sujets, notamment concernant la mobilité de la main-d'œuvre, le roulement par quart de travail, etc. Si la question de la légalité d'une disposition conventionnelle est soulevée, le Tribunal du travail dispose de la compétence juridictionnelle nécessaire pour en décider (art. 61.4). Afin d'éviter des débuts ou des fins discordants et aussi une certaine surenchère intersectorielle qu'une telle situation pourrait autrement provoquer ou encore, pour réduire les imbroglios possibles, la durée réelle ou fictive de ces conventions collectives ou de ce qui en tient lieu est expressément arrêtée : « La date d'expiration d'une convention collective est le 30 avril à tous les trois ans, à partir du 30 avril 1995 » (art. 47, al. 2). Cette date de tombée du 30 avril vaut même en l'absence d'une convention collective au cours des trois années antérieures (art. 47 *in fine*)[6-40]. Bien évidemment, les vis-à-vis présents à ces deux réseaux de négociation ne sont pas les mêmes, et pour la phase commune et pour chaque secteur. À cette fin, deux séries de règles s'imposent : la première sert à l'identification des parties suffisamment représentatives pour négocier, et la deuxième, pour assurer la ratification des projets d'entente par les groupes de salariés et d'employeurs visés (**III-610 et 611**). Du côté patronal, l'association sectorielle dispose de cette première compétence, et du côté syndical, ce sont les associations représentatives regroupant plus de 50 % de la population (art. 44). Par ailleurs, le projet de convention collective négocié est soumis pour ratification à la majorité relative par la voie d'un scrutin secret (art. 44.1). Dans le cas du tronc commun, l'A.E.C.Q. est seule habilitée à représenter l'ensemble des employeurs, bien que son projet de convention collective doive être ratifié par les associations sectorielles selon les modalités établies aux articles 41, alinéa 2, 44.2 et 44.3 (**III-610**). À ces mêmes fins, les syndicats doivent respecter de semblables consignes. Si le projet d'entente concernant les éléments communs n'est pas entériné, alors les dispositions communes antérieures sont maintenues pour le secteur visé jusqu'à ce qu'elles soient autrement renouvelées ou modifiées (art. 44, al. 2).

6-40.   Avec une même date de tombée pour tous, on peut, en pratique, en déduire que la négociation collective en renouvellement pourrait s'amorcer environ aux mêmes époques, mais nécessairement avant le 7e mois précédant ce 30 avril (art. 42) !

III-617 — *Le différend* — Puisque les parties ne sont pas tenues de conclure, il peut arriver que la négociation aboutisse à une impasse que l'on qualifie de différend. De trois choses l'une : ou les parties s'emploient de quelque manière à poursuivre néanmoins la recherche d'une voie de solution et même à donner du « temps au temps », ou elles exercent des moyens de pression (grève ou lock-out) pour forcer la main du vis-à-vis, ou elles s'en remettent à un tiers pour élaborer au lieu et place les conditions de travail. Cette troisième voie doit résulter du choix des deux parties alors habilitées à négocier selon qu'il s'agit des points communs ou d'un secteur (art. 44.3, 45). Sa réalisation s'effectue selon le processus arbitral de différend retenu au *Code du travail* (**IV-139 et suiv**). L'article 45.1 précise que les éléments au sujet desquels il y eut entente avant l'arbitrage ou en cours d'arbitrage sont de ce seul fait exclus de ce dernier. Signalons cependant l'article 45.2 *in fine* qui permet l'usage de la méthode dite de la « meilleure offre finale », si les parties y acquiescent[6-41]. L'usage des moyens de pression demeure une éventualité qui hante l'esprit des négociateurs dès le premier jour de la négociation et impose une dynamique certaine au processus lui-même (**IV-108**). Si, au terme de la négociation, les parties acquièrent respectivement le droit de faire usage de la grève et du lock-out, elles doivent néanmoins obtempérer aux conditions préalables suivantes :

— la médiation doit avoir précédé cette voie d'au moins 21 jours depuis la publication du rapport du médiateur (art. 43.7 *in fine*, 45.4);

— les parties n'ont pas déjà emprunté la voie de l'arbitrage (art. 45 *in fine*, 45.4, al. 4);

— l'objet de la grève ou du lock-out ne porte pas sur des questions communes, car les parties habilitées à cette dernière négociation ne peuvent, à ce titre, faire grève ou décréter un lock-out (art 45.4 *in fine*);

— la grève et le lock-out ne peuvent être réservés à certains chantiers : le secteur entier en est frappé;

— l'association sectorielle d'employeurs ou, selon le cas, l'association des salariés habilitée à négocier dans un secteur doit être préalablement autorisée à la majorité relative par la voie d'un scrutin secret spécial (art. 45.4, al. 2 et 3);

— ces moyens ne peuvent être exercés au cours de la durée de la convention collective (art. 56, 57 et 58).

6-41. Cette méthode peut ressembler à la « roulette russe », en ce sens que l'enjeu tactique peut être fort exigeant pour chaque négociateur. Une telle façon de faire se situe à l'opposé des tendances contemporaines dites de négociation donnant-donnant, par convergence ou raisonnée, c'est-à-dire où l'intérêt de l'autre est aussi pris en considération par chacun.

Si les parties exercent la voie de l'attente ou de la poursuite de la négociation sans emprunter l'une ou l'autre des deux autres voies (arbitrage et grève ou lock-out), alors les conditions de travail applicables sont maintenues et lient les parties pour ce temps (art. 60.1)[6-42].

III-618 — *La convention collective* — D'une façon générale, la convention collective sectorielle (**III-608**) comprend les dispositions communes à toute l'industrie de même que les dispositions propres au secteur, et ces deux composantes résultent de deux processus de négociation. Si la partie commune n'était pas parachevée au moment de la conclusion de l'entente sectorielle, les dispositions communes antérieures en tiennent lieu (art. 44, 60.1, al. 3). Il est également possible que cette partie commune soit conclue avant l'entente sectorielle (art. 44). Selon l'article 44.1, la conclusion d'une entente sectorielle doit être autorisée tant par les salariés que par les employeurs au moyen d'un scrutin secret. Cette dernière condition s'applique aussi à l'égard de la partie commune (art. 44.2). Par ailleurs, l'entente sectorielle doit répondre aux conditions suivantes :

— elle est unique et applicable à la fois à tous les métiers et emplois du secteur (art. 46 et 47);

— certaines questions ne peuvent valablement constituer des conditions de travail conventionnelles : la fonction de délégué de chantier (art. 83), l'usage ou la prohibition de faire usage de matériaux donnés ou la pratique de l'étiquette syndicale (label) (art. 89 et 90);

— toute autre entente modifiant de quelque façon la convention collective ne peut avoir effet, à l'exception de l'entente d'un grand projet (art. 60.2);

— elle est d'une durée maximum de trois ans et se termine nécessairement le 30 avril de la troisième année (art. 47, al. 2), et ce, depuis le 30 avril 1995;

— elle est déposée dans les dix jours de sa conclusion auprès du commissaire général du travail, et un avis de ce dépôt est publié dans deux journaux (art. 48);

— elle entre en vigueur à compter de ce dépôt et ses effets ne peuvent être antérieurs à la date de sa signature (art. 48)[6-43];

— ce dépôt crée une présomption de conformité relativement à la validité de la convention collective (art. 52);

— les parties signataires de l'entente sectorielle doivent en distribuer copie à leurs membres respectifs (art. 48, al. 3);

6-42. Cet article 60.1 serait le pendant de l'article 59 C.t. (**IV-85**).

6-43. Cette rétroactivité limitée prend en compte sa durée déterminée à trois ans arrêtée à l'article 47, alinéa 3.

— tous les employeurs et tous les salariés (**III-609**) qui exécutent des travaux de construction visés dans ce secteur sont assujettis à la convention collective au-delà de leur volonté propre (art. 50, 53)[6-44];

— l'article 54 établit une obligation solidaire entre le sous-entrepreneur et l'entrepreneur à l'égard de la rémunération des salariés due en vertu de la convention collective. Dans certains cas, le donneur d'ouvrage peut aussi y être solidairement responsable[6-45].

Outre la convention collective sectorielle, il serait possible de conclure une entente collective particulière pour de grands projets. Un tel projet suppose la présence sur un même chantier, à un certain moment, d'au moins 500 salariés (art. 60.2). L'entente comprend les conditions de travail communes à l'industrie, mais peut retenir des conditions de travail différentes de celles de la convention sectorielle autrement applicable[6-46]. Elle devient alors une composante de la convention collective sectorielle, dont l'application est réservée aux seuls employeurs et salariés affectés à la réalisation du projet. Compte tenu de la finalité pratique de cette voie exceptionnelle, il convenait que les parties soient tenues de conclure pareille entente dérogatoire avant la réalisation des appels d'offres de service (art. 60.3, al. 1). Bien évidemment, la convention collective sectorielle ou l'entente collective particulière s'applique impérativement, dans le sens qu'employeurs et salariés ne pourraient valablement s'y soustraire ou y déroger. Ces actes collectifs s'intègrent au cadre normatif général du droit et, en conséquence, il leur est toujours possible de convenir des conditions de travail plus avantageuses[6-47].

III-619 — *Administration des conventions collectives* — En raison de la diversité mêmes des questions traitées dans ces conventions collectives, trois organismes peuvent intervenir afin d'assurer leur application intégrale et le respect des droits qui en résultent : la C.C.Q., l'arbitre de griefs et le Tribunal du travail. Bien évidemment, la C.C.Q. (**III-612**) demeure le principal agent pour imposer, au besoin, aux employeurs et aux salariés, une application uniforme et entière des conditions de travail arrêtées par convention collective.

6-44. En cas de doute au sujet de l'étendue possible d'un secteur ou pour la détermination de la convention collective sectorielle applicable, la définition donnée à l'article 1 x) du secteur institutionnel et commercial englobe toutes activités de la construction non directement visées par l'un ou l'autre des trois autres secteurs (**III-608**). Voir : *Entreprises M.D. de Chicoutimi inc.* c. *Tremblay*, [1990] R.J.Q. (C.A.) : par analogie au sujet de l'application objective de la convention collective au-delà de la détention du certificat de compétence valable exigible du salarié.

6-45. *Commission de la construction du Québec* c. *Armatures olympiques inc.*, [1995] R.J.Q. 2988 (C.S.); *Mole Construction inc.* c. *C.C.Q.*, [1996] R.J.Q. 1180 (C.A.).

6-46. Une telle entente fut conclue dans le cadre du projet *Alcan–Alma* (le 10 octobre 1997).

6-47. Nous renvoyons le lecteur à nos commentaires généraux à ce sujet concernant le contrat de travail et la convention collective (**II-79; IV-169**).

Son rôle, ses pouvoirs et ses moyens tiennent à la fois de ceux conférés au comité paritaire (**III-517**) et à la Commission des normes du travail (**III-223**). Ainsi, la C.C.Q. dispose de l'autorité nécessaire pour entreprendre, sans mandat préalable de la part des salariés, tous les recours fondés sur la convention collective que ces derniers n'exerceraient pas eux-mêmes (art. 81). Par la suite, elle peut conclure des règlements ou des transactions à cette fin et aussi exiger, s'il y a lieu, une indemnité compensatoire égale à 20 % des sommes dues[6-48]. Elle dispose de divers moyens pour vérifier la tenue des livres comptables des employeurs, peut visiter les chantiers et procéder aux enquêtes lui permettant d'exercer des contrôles préventifs nécessaires à l'application des conventions collectives (art. 81 à 85). À ces fins, on peut souligner que la C.C.Q., à l'instar de la C.N.T., établit par voie de règlement le protocole comptable que doit suivre l'employeur (art. 82). Ce dernier est d'ailleurs responsable des sommes qu'il doit prélever sur les salaires selon la convention collective et « [...] même s'il omet de retenir ce prélèvement ou cette cotisation » (art. 82.1). La légalité des dispositions conventionnelles peut être établie par le Tribunal du travail à l'initiative du procureur général du Québec ou d'une partie intéressée, bien que cette voie ne soit pas exclusive (art. 61.4). Pareille question peut incidemment aussi être tranchée par l'arbitre de griefs s'il est par ailleurs valablement saisi d'un grief exigeant cette réponse. Selon l'article 62, l'arbitre de griefs a compétence à l'égard des griefs fondés sur les dispositions conventionnelles relatives à la sécurité syndicale (art. 61, al. 2) « [...] ou sur l'ancienneté, la mobilité de la main-d'œuvre, les mouvements de main-d'œuvre ou le tableau d'affichage [...] » (art. 62)[6-49]. Les voies et moyens procéduraux pour assurer la bonne marche de l'arbitrage sont semblables à ceux dévolus à l'arbitre de griefs nommé dans le cadre du *Code du travail*[6-50]. Pour les besoins d'un exposé en continu du processus de la convention collective, nous avons omis ou provisoirement écarté certaines questions d'un grand intérêt qu'il nous faut maintenant reprendre. Certains de ces éléments peuvent aussi avoir été directement traités dans ces conventions collectives et, pour d'autres questions, les parties à la négociation doivent, à l'occasion, les prendre en considération.

6-48. Les règles de preuve facilitant le processus judiciaire sont celles déjà arrêtées aux articles 40 à 50 de la *Loi sur les décrets de convention collective* (art. 109).

6-49. Selon l'article 87, alinéa 2, la convention collective peut préciser la façon de trancher toute mésentente touchant le délégué de chantier et relative aux paragraphes 2, 4, 5 et 6 de l'article 86.

6-50. Les articles 63 à 77 sont une version antérieure des articles 100 à 102 du *Code du travail* et furent puisés au même creuset. Voir : *Rapport annuel de 1975* du Conseil consultatif du travail et de la main-d'œuvre.

Section 6.4
Des mesures particulières

III-620 — *Présentation* — À la suite de l'exposé relatif au processus de la négociation collective et à ses résultats, il convient maintenant de parcourir à nouveau la loi R-20 de manière à pouvoir mieux souligner les autres éléments distinctifs du régime. Certaines de ces règles sont intimement liées à la tenue des rapports collectifs, notamment celles relatives à l'exercice de la liberté syndicale. D'autres règles sont davantage rattachées à l'objet même de la négociation collective : la formation professionnelle, les avantages sociaux, la santé et la sécurité du travail. Ainsi, ces dernières observations complètent la brève synthèse du régime, en ce sens qu'elles révèlent d'autres aspects de son particularisme. Encore récemment, la loi R-20 était modifiée de manière à imposer à la C.C.Q. l'obligation d'élaborer un programme d'accès à l'égalité des femmes sur ce marché du travail, ce qui constitue certes une manifestation de l'évolution sociale et professionnelle que l'on cherche à atteindre aussi dans ce milieu[6-51]. La réalisation d'une semblable réforme exigera sans doute que l'on sache encore donner du « temps au temps » et aussi, que l'exercice de certains métiers soit recherché par des femmes[6-52].

6-51. Les règlements relatifs à l'apprentissage et à la formation professionnelle peuvent être adaptés pour favoriser l'accès des femmes à ces métiers (art. 123.1 *in fine*).

6-52. On sait que la proportion actuelle hommes/femmes est assez faible 222/84 217 ou un rapport de 0,0026 % (**III-603**). Cette correction systémique pourrait avantageusement cibler prioritairement certains métiers où les barrières culturelles et professionnelles peuvent être moins impénétrables afin de constituer quelques points de repère ou d'atteindre ainsi plus solidement un seuil critique. Selon son rapport annuel de 1996, la C.C.Q. viserait l'objectif de 2 000 femmes d'ici l'an 2006 : il est difficile de dégager la rationalité de cette seule donnée quantitative.

III-621 — *La liberté syndicale* — Cette loi renferme de multiples dispositions assurant la liberté syndicale aux salariés et régissant la gestion syndicale. Dans bien des cas, il s'agit de règles arrêtées à la suite de certaines
pratiques que l'on a voulu bannir. Ainsi ces règles peuvent-elles parfois sembler d'une grande rigueur et, en dehors de leur contexte historique, elles pourraient paraître exorbitantes. Les premières règles visent à garantir la liberté
syndicale au salarié et nous les résumons de la façon qui suit.

i) L'article 94 affirme le principe du libre choix individuel, à l'instar de
l'article 3 du *Code du travail* **(IV-15)**. Le salarié ne peut adhérer à plus
d'un syndicat, lequel doit se trouver parmi les associations représentatives **(III-611)**, puisque l'employeur ne peut retenir les services que d'un
salarié détenteur d'une attestation émise par la C.C.Q. (art. 32, 36 et 39).

ii) L'adhésion syndicale libre, mais nécessaire, est publique, dans le sens
que la C.C.Q. établit une liste des adhérents répartis selon les associations représentatives, et ces derniers en reçoivent copie (art. 30, 33,
35.4, 36, 37).

iii) Aucune convention collective ne peut contraindre un salarié d'adhérer,
ni de maintenir son adhésion à un syndicat déterminé (art. 108).

iv) L'adhésion syndicale déterminée d'un salarié ne peut être considérée
par l'employeur pour toute décision relative à son emploi : embauche,
promotion, affectation licenciement, etc. (art. 101, 103).

v) Un syndicat ne peut entreprendre de manœuvres discriminatoires à
l'endroit d'un salarié parce qu'il refuse d'y adhérer ou est membre d'un
autre syndicat (art. 102, 104).

vi) Le salarié qui croit être lésé par un syndicat ou par un employeur en raison de son adhésion ou de son refus d'adhésion à un syndicat donné
peut s'en plaindre au ministre. Dès lors, cette plainte enclenche une
procédure d'enquête et d'arbitrage (art. 105 à 107) : mécanisme de correction semblable à celui prévu aux articles 15 à 20 du *Code du travail*
(IV-18; V-18).

À ces premières règles relatives à l'exercice de la liberté syndicale, on
ajoute celles qui traitent plus directement de la formation, de la gestion et de
l'action du syndicat. En premier lieu, tout syndicat de cette industrie au Québec doit être enregistré auprès de la C.C.Q. par la voie d'une déclaration dont
le contenu indique les coordonnées des dirigeants, ses affiliations et son statut
juridique (art. 95). On exige également que la régie interne du syndicat soit
fondée sur des règles démocratiques (art. 26, 96) et qu'il fasse un rapport
annuel de ses états financiers (art. 97). La sollicitation d'adhésion des salariés
est prohibée sur les chantiers de travail (art. 98 et 99) et elle n'est autorisée
que dans les périodes préalables au contrôle de la représentativité des associations **(III-611)**. Des règles particulièrement sévères visent le « délégué de

chantier », c'est-à-dire la personne représentant directement et quotidienne-ment le syndicat sur les lieux mêmes du travail. La seule présence de ces dis-positions indique bien l'importance pratique de ce délégué d'atelier[6-53].

i) *Un délégué de chantier* : Un syndicat peut être directement représenté dans un chantier si au moins sept salariés qui y travaillent en sont mem-bres. Ce délégué est alors élu par ces mêmes membres. Un autre délégué peut s'y adjoindre par tranche de cinquante salariés additionnels (art. 86).

ii) *L'éligibilité* : Toute personne déclarée coupable de voies de fait simples ne peut être élue à titre de délégué de chantier, et ce, pour cinq ans (art. 26)[6-54].

iii) *La disponibilité* : Ce délégué de chantier peut disposer d'un maximum de trois heures par jour ouvrable pour l'exercice des affaires relatives à l'application de la convention collective sur le chantier (art. 86).

iv) *La sécurité d'emploi* : Le délégué de chantier bénéficie d'une priorité d'emploi, de manière qu'il puisse être présent sur le chantier tant qu'au moins sept membres et salariés de l'employeur y demeurent.

v) *Les dispositions conventionnelles* : On ne saurait valablement utiliser la convention collective pour moduler autrement la fonction et le statut du délégué de chantier, sauf en ce qui a trait aux questions relatives à la santé et à la sécurité au travail (**III-624**).

III-622 — *Sécurité sociale* — Sous ce titre, on peut comprendre les divers risques communs susceptibles d'être pris en charge par cette collectivité. À ces fins, une partie de la rémunération totale des salariés y est affectée et con-fiée principalement à l'administration de la C.C.Q. (art. 92) (**III-612**). Le régime particulier assurant la prise des congés annuels s'inscrit à ce titre pour trois raisons.

i) Sur les plans historique et contextuel, c'est en raison même du système généralisé de retenue à la source et du fait que ces sommes soient confiées à la C.C.Q. que la prise réelle du congé annuel est devenue possible[6-55].

6-53. Les événements tumultueux des années 1972 à 1976 dans certains grands chantiers, notamment ceux de la Baie-James et des Jeux olympiques, permirent de faire découvrir au public le rôle que certains délégués de chantier pouvaient exercer et leur impact sur les coûts de réalisation de semblables projets et sur le libre exercice de ces métiers.

6-54. Dans le cas d'une condamnation plus grave (art. 26, par. 2), l'inadmissibilité et l'inéligi-bilité à de telles fonctions sont entières. Tout recours relatif au respect de ces dernières règles est entrepris selon les modalités de l'article 838 C.p.c. (art. 91).

6-55. Il ne suffit pas qu'un salarié ait droit à quelques semaines de congé pour réaliser ce pro-jet ; il doit aussi et en temps opportun disposer des sommes nécessaires à l'exercice de cette liberté. Sans cette double condition, ce congé demeure socialement et personnel-lement impossible à réaliser.

ii) Parce que ces retenues sont effectuées et transmises sur une base mensuelle par chacun des employeurs et que ces sommes sont créditées au
compte personnel du salarié, ce dernier reçoit en temps utile la somme
totale gagnée par lui au cours d'une même année, sans égard au nombre
d'employeurs qu'il a eus durant cette même période[6-56].

iii) La prise de ces congés annuels étant imposée à tous, les salariés et les
entrepreneurs n'ont pas à craindre d'être subrepticement remplacés par
des tiers durant leur absence provisoire des chantiers[6-57].

En dehors d'un tel régime sectoriel, cette mesure sociale et économique
ne pourrait être réalisée; s'y ajoute la protection offerte au salarié dans le cas où
l'employeur connaît quelques défaillances financières et ne lui verse pas la
rémunération due[6-58]. Ce risque assez élevé dans ce milieu est ainsi collectivement pris en charge par la voie d'une cotisation spéciale[6-59]. Deux autres risques majeurs sont également socialisés et d'une façon fort détaillée. Il s'agit, en
premier lieu, du régime complémentaire de rentes. Ce dernier, qui existe depuis
plus de 25 ans, comprend un fonds individualisé de retraite constitué à l'aide
des cotisations prélevées en fonction des heures travaillées : l'employeur y participe par la voie d'une rémunération différée, et le salarié, à l'aide d'une retenue tirée de sa rémunération directe. La C.C.Q. administre ce régime et, au
moment de la prise de la retraite, une rente viagère est versée au salarié ou à son
conjoint[6-60]. Ce sont les parties aux conventions collectives qui établissent les
modalités générales du régime de retraite et des contributions exigibles de part
et d'autre. Ces dispositions conventionnelles sont complétées par la voie de
règlements édictés par la C.C.Q. (art. 92, al. 1)[6-61]. Notons que la pérennité de
ce régime est en partie assurée du fait que l'expiration ou l'absence d'une convention collective n'en perturbe pas l'existence (art. 92). Les décisions de la
C.C.Q. relatives aux prestations versées aux salariés sous ce chef peuvent être
révisées par le président de la C.C.Q., et les décisions de ce dernier peuvent être
soumises en appel et de façon finale au Tribunal du travail (art. 93). À ce premier régime de retraite, on ajoute certains régimes complémentaires établis au

---

6-56. Le salarié peut travailler pour plusieurs employeurs au cours d'une même année, n'en
éprouver aucune difficulté et ne plus être tributaire de ses propres qualités d'épargnant.

6-57. Les dates de ces congés sont connues, ce qui permet à tous d'en tenir compte pour l'élaboration des échéanciers critiques de réalisation des projets de construction. Sur le plan
économique, ces travailleurs disposèrent de 175 millions de dollars versés à ce titre en
1996, dont 8 millions d'intérêts sur les sommes perçues en cours d'année.

6-58. Selon l'article 122, paragraphe 8, la C.C.Q. rembourse le salarié victime de la faillite de
l'employeur qui n'a pu recevoir le versement entier de la rémunération due, et elle est
subrogée à ses droits.

6-59. La C.C.Q. versa à ce titre la somme de 3,4 millions de dollars en 1996 à des salariés
victimes de faillite.

6-60. Le capital constitué est confié à la Caisse de dépôt et placement du Québec : selon le
rapport de 1996, ce portefeuille est évalué à près de 5,5 milliards de dollars.

6-61. Voir l'annexe 2.

profit des travailleurs de certains métiers. S'y greffe également un régime complémentaire d'invalidité et de décès. Si un salarié quitte l'industrie de la construction, il peut faire suivre son crédit-retraite à un autre régime d'épargne-retraite autorisé. Le régime d'avantages sociaux, lui, comprend une large fourchette d'éléments complémentaires au régime public de santé : assurance-salaire de courte durée, « carte-médic », etc.

III-623 — *Santé et sécurité* — En raison de la nature même de l'activité de construction, les questions relatives à l'hygiène, à la santé et à la sécurité font l'objet de règles de droit particulières. Bien que l'on en traite à la loi R-20, les règles principales se trouvent à la *Loi sur la santé et la sécurité du travail* (**III-413**). Le régime de santé et de sécurité propre à cette industrie s'élabore en fonction de ces deux sources principales. Des règles complémentaires ou parti-culières peuvent également provenir de règlements édictés en vertu de l'une ou de l'autre de ces deux mêmes lois et, également, des parties aux conventions collectives. En conséquence, de multiples organismes peuvent respectivement ou concurremment intervenir et en maintes occasions, soit pour prévenir, soit pour assurer le respect des normes de santé et de sécurité au travail. D'une façon générale, la C.S.S.T. demeure l'organisme pivot pour assurer l'application inté-grale des normes applicables sous ce chef[6-62]. La volonté de prendre en considé-ration le particularisme de la construction est manifeste du fait que l'article 99 L.S.S.T. impose directement la formation d'une association sectorielle paritaire de la construction, alors qu'il ne s'agit que d'une structure facultative à l'endroit des autres industries (**III-411**). Il allait également de soi que le régime général de santé et de sécurité du travail soit adapté à cette industrie, notamment :

— pour préciser celui qui doit assumer la fonction normalement dévolue à l'employeur dans un autre type d'entreprise. Sur un même chantier, plusieurs employeurs peuvent être à la fois présents, mais à des moments plus ou moins différents (art. 196 L.S.S.T.) : il y a donc unité de lieu et diversité d'employeurs et de salariés ;

— pour connaître en temps utile l'ouverture, la durée prévisible et la fer-meture d'un chantier (art. 197 L.S.S.T) ;

— pour établir un plan d'intervention préventive adapté à l'importance et à la nature des travaux en cause, entendu que ces derniers peuvent varier d'un chantier à un autre (art. 198 à 203)[6-63].

6-62. Il suffit de consulter l'article 223 L.S.S.T. pour constater que la C.S.S.T. dispose des pouvoirs nécessaires pour adopter et adapter les règlements en fonction des contraintes propres à la construction.

6-63. Les articles 204 à 215 L.S.S.T. édictés en 1968 relatifs à l'institution d'un comité de chantier et du représentant à la prévention ne sont toujours pas en vigueur. À ces mêmes fins, on applique encore le *Code de sécurité pour les travaux de la construction* en vigueur depuis 1979, et ses modifications. Notons que ce dernier exige que les salariés aient bénéficié d'un cours de formation en santé et sécurité (art. 2.4.2).

Certes, le salarié de la construction dispose aussi du droit de refus édicté aux articles 12 et suivants L.S.S.T. (**III-420**). Il doit cependant exercer ce moyen de protection en tenant compte des deux règles qui suivent.

i) L'appréciation du danger s'établit en tenant compte de la nature même du travail qui relève de chaque métier de la construction, c'est-à-dire « [...] si les conditions d'exécution de ce travail sont normales dans le genre de travail qu'il exerce » (art. 13 *in fine* L.S.S.T.).

ii) L'employeur peut imposer l'installation ou la manutention de matériaux (art. 88), et le salarié ou le syndicat ne peuvent s'y opposer, sauf si le refus du salarié est effectivement fondé sur l'article 12 L.S.S.T. ou en raison des dispositions conventionnelles, et alors, sous réserve de l'article 89.

Les conventions collectives sectorielles comprennent effectivement des modalités relatives à l'hygiène et à la sécurité. On y précise des mesures de prévention particulières selon les métiers et notamment le nombre de salariés qui doivent être affectés à l'exécution de certains travaux pénibles ou dangereux et les outils ou l'équipement dont chaque salarié doit disposer, etc. Bien que les parties à la convention collective puissent articuler ensemble des modalités particulières plus précises que celles édictées par la loi et les règlements ou les compléter, elles ne peuvent cependant en réduire la portée[6-64]. Nous devons aussi signaler les articles 247 à 251 L.A.T.M.P. (**III-314**) affirmant le droit de retour au travail du salarié accidenté, tout en le circonscrivant de manière à tenir compte du particularisme de la construction[6-65]. Un tel retour au travail est plus ou moins réalisable selon la durée réelle de l'absence de l'accidenté, et l'exercice de ce droit est aussi tributaire :

— de la durée du chantier, sauf dans certains métiers où la relation d'emploi est davantage rattachée à l'entrepreneur[6-66];

— d'un éventuel accord avec l'employeur pour assurer ce retour en temps utile, car si le salarié devait s'en remettre à la décision de la C.S.S.T., il est fort possible que le chantier fût terminé au moment de son prononcé (art. 250 et 251 L.A.T.M.P.).

Le renouvellement assuré, selon l'article 249 L.A.T.M.P., du certificat de classification ou d'apprentissage, nonobstant le nombre d'heures de travail

---

6-64. L'employeur et le salarié ne peuvent valablement s'entendre sur quelques manières pour obvier à ces mêmes règles. Voir : *Plomberie Pichette inc.* c. *Procureur général du Québec*, [1994] R.J.Q. 2493 (C.A.).

6-65. La seule présence de ces dispositions témoigne de l'objectif recherché, bien que le réalisme des modalités retenues ne soit guère évident.

6-66. À titre d'exemple, il peut s'agir d'entreprises dont une partie importante des activités a trait à l'entretien et à la réparation : électricité, tuyauterie, ascenseur, etc.

requis, nous apparaît être la seule garantie réaliste et favorable à tous les salariés accidentés de cette industrie qui entendent faire un éventuel retour au travail.

III-624 — *Formation et qualification* — Pour les mêmes raisons qui justifient toujours la mise en place du régime de la négociation collective sectorielle dans cette industrie (**III-605**), il était tout aussi nécessaire que la formation et la qualification professionnelles soient prises en charge par les parties ou, à tout le moins, qu'elles y soient activement présentes[6-67]. Les articles 85.1 et 85.2 indiquent que l'élaboration des politiques de main-d'œuvre dans cette industrie incombe au ministre. Ce plan général d'intervention pourrait être très vaste selon les objectifs formellement retenus : la formation d'une main-d'œuvre compétente et polyvalente et une approche favorable à l'emploi et à la mobilité. Cependant, il revient à la C.C.Q., sur avis du C.F.P.I.C. (**III-613**), d'élaborer des programmes de formation professionnelle induits de cette politique[6-68]. Puisque tous les salariés doivent posséder un certificat de compétence approprié émis également par la C.C.Q., on constate que cette dernière peut exercer un contrôle certain, à la fois qualitatif et quantitatif (art. 85.5). Par voie de règlement, la C.C.Q. peut établir les modalités complémentaires applicables aux deux volets de la formation et de la qualification professionnelles[6-69]. De semblables règlements peuvent établir notamment des normes déterminant :

— le contenu des activités relevant de chacun des métiers ;

— les conditions d'apprentissage : qualifications préalables, nombre d'heures exigibles, rapport apprenti-compagnon et contrôle des acquis ;

— les qualifications requises pour l'obtention d'un certificat de compétence à titre de compagnon, les conditions aux fins d'exemptions ou de reconnaissance d'équivalences, etc. ;

— les critères établissant l'ordre de priorité d'embauche, etc.

6-67. Avant l'institution de ce régime en 1968 (**III-604**), les syndicats et les associations patronales traitaient de la formation professionnelle, soit par l'apprentissage sur le tas ou dans un établissement scolaire. De 1968 à 1986, la formation professionnelle releva particulièrement du ministère de l'Éducation, et le contrôle de la qualification professionnelle, du ministère du Travail. En 1986, on a compris que ces questions étaient trop tributaires des aléas de l'industrie pour maintenir encore ce parallélisme structurel. Une difficulté pratique subsiste toujours, soit la conciliation des politiques ministérielles et des objectifs souvent plus immédiats des représentants de l'industrie.

6-68. En raison de l'ampleur possible de ce mandat, l'article 3.10 précise que la C.C.Q. peut former au sein de son conseil un comité administratif sur la formation professionnelle. Notons que le nouvel article 18.15 habilite la C.C.Q. à former tout comité nécessaire à la réalisation de la convention collective que peuvent conclure les parties : L.Q. 1997, c. 74, art. 1.

6-69. L'article 123.1 précise, en quatorze paragraphes distincts, les champs d'intervention de la C.C.Q. en ces matières.

La C.C.Q. est habilitée à vérifier l'application de l'ensemble du cadre normatif relatif à la qualification professionnelle sur les lieux mêmes du travail : ceux qui exécutent le travail et ceux qui en prennent charge (art. 7.3 et 7.4). S'il y a lieu, il lui incombe d'entreprendre les poursuites judiciaires nécessaires. Compte tenu du nombre de métiers et des particularités de chacun d'eux, on peut imaginer que ces règlements peuvent parfois être complexes et subir de constantes et nécessaires modifications[6-70]. Le faisceau de modifications à la loi R-20 et des règlements qui en découlent engendrent un contentieux important et très certainement lourd, et pour les travailleurs et pour les employeurs[6-71]. Les conventions collectives comprennent aussi certaines dispositions relatives :

— à la sécurité d'emploi;

— aux taux de rémunération établis selon les classifications ou activités particulières ou en raison de sous-divisions de ces mêmes classifications;

— à la nomination d'un chef d'équipe;

— etc.

On y établit aussi un fonds de formation professionnelle dont la contribution de chaque employeur est égale à vingt sous par heure de travail de chacun de ses salariés. Ces conventions collectives définissent ainsi l'objet de ce fonds : « [...] améliorer les compétences des travailleurs de l'industrie de la construction en supportant toutes les formes de formation et de mesures jugées pertinentes aux fins du perfectionnement et du recyclage des travailleurs de cette industrie en fonction des besoins de cette dernière, favorisant ainsi une meilleure stabilité de l'emploi et du revenu[6-72] ». La gestion de ce fonds relève de la C.C.Q. et, à cette fin, elle émet à chaque employeur un relevé annuel de sa contribution totale au sens et selon la *Loi favorisant*

6-70. À titre d'exemples, le *Règlement sur la délivrance des certificats de compétence* (Décret 673-87) fut modifié quatorze fois depuis 1987 et le *Règlement sur la formation professionnelle de la main-d'œuvre de l'industrie de la construction* (Décret 313-93) connut cinq modifications de 1993 à 1997, etc.

6-71. Il suffit de lire quelques décisions pour se rendre compte qu'entre l'apprenti, le compagnon et l'entrepreneur s'interposent plusieurs acteurs (C.C.Q., commissaire de la construction, donneur d'ouvrage, associations représentatives et associations d'employeurs, etc.). Voir : *Entreprises M.D. de Chicoutimi inc.* c. *Tremblay*, [1990] R.J.Q. 1533; *Procureur général du Québec* c. *Jean-Paul Decoste*, [1991] R.J.Q. 2714 (C.S.); *Toitures Falardeau inc.* c. *Juges André Marceau et Barry McCunes*, [1992] R.J.Q. 1771 (C.A.); *Association des manœuvres interprovinciaux* c. *Fraternité nationale des charpentiers-menuisiers, forestiers et travailleurs d'usine, local 9 et al.*, [1995] R.J.Q. 35 (C.A.).

6-72. Protocole d'entente sur les règles d'administration et de gestion de l'utilisation du fonds de formation. Cette entente est intégrée, en annexe, à chacune des conventions collectives.

le développement de la formation et de la main-d'œuvre (L.Q. 1995, c. 43) (art. 85.4.1)[6-73].

III-625 — *Un dernier mot* – Malgré les raccourcis que nous avons pris, nous pouvons constater l'ampleur de ce régime d'aménagement des relations du travail au niveau de l'industrie de la construction et son articulation sous une forme juridique. Le grand nombre d'associations en présence et en situation de concurrence ou de conflits d'intérêts rend difficile la tâche d'établir les regroupements nécessaires et d'arrêter convenablement leur représentativité respective. Il fallut d'abord contraindre tous les salariés et tous les employeurs d'adhérer à une association pour pouvoir exercer leurs activités professionnelles. La concurrence était si forte à l'intérieur même de cette industrie que l'on ne pouvait y ajouter la pression des interventions atomistes de la part de salariés ou d'employeurs francs-tireurs. Sur le plan juridique, l'élaboration de ce cadre normatif se réalise à la pièce et souvent avec peine et tiraillements en raison des aléas politiques et des pressions provenant de l'une ou de l'autre des associations en présence[6-74]. Ce sont là des contraintes et turbulences sans doute inévitables, mais nullement infranchissables en raison même des intérêts communs. Malgré l'expérience de l'élaboration des normes à l'échelle d'une branche d'activité par la voie de décrets et de l'administration de ces derniers (**III-501**), il fallut innover pour assurer la mise en place de systèmes jusqu'alors inconnus relatifs à la prise des congés annuels, à l'indemnisation des salariés victimes de faillite de la part de certains employeurs, à l'institution d'un régime de retraite et d'avantages sociaux, à la formation professionnelle et au contrôle de la qualification, etc. Nous le répétons, aucune autre industrie ne dispose de tels systèmes, et seule l'industrie de la construction au Québec en bénéficie dans toute l'Amérique du Nord. Loin de laisser entendre que le plus difficile est maintenant fait, il est cependant évident que les résultats obtenus sont déjà suffisamment probants pour qu'aucune partie représentative ni aucun parti politique ne puissent valablement proposer une quelconque marche arrière. Il nous paraît néanmoins évident que le système est encore en période de rodage et que dans bien des

---

6-73. Ce fonds était de 47 millions de dollars au terme de l'année 1996, comprenant un apport de 12,5 millions pour la seule année 1996. Compte tenu de la destination spécifique et exclusive de ce fonds, il serait intéressant de connaître les modalités de partage retenues et l'usage qui en est fait. Depuis décembre 1997, des amendements furent apportés à la *Loi favorisant le développement de la formation de la main-d'œuvre* (L.R.Q., c. D-7.1) et à la loi R-20, de manière que la contribution des employeurs versée à ce titre soit retenue en vertu de cette première loi et administrée par un comité institué par la C.C.Q. : *Loi édictant diverses dispositions législatives relatives à la formation dans l'industrie de la construction*, L.Q. 1997, c. 74.

6-74. Le nombre de lois modifiant la loi R-20 révèle bien le parcours difficile et parfois tortueux qui fut retenu (**annexe 5**), et les corrections sans cesse apportées au règlement en témoignent tout autant (**III-606**).

domaines, les parties syndicale et patronale devront ajuster ou adapter ces mécanismes de manière à mieux tenir compte :

— du vieillissement de la population des travailleurs;

— de la technologie nouvelle concernant les matériaux utilisés et les méthodes de travail qui peuvent modifier l'ordre séquentiel de l'exécution des travaux ou bouleverser le contenu traditionnel des activités propres à chaque métier;

— de l'hégémonie de certaines associations syndicales et patronales susceptibles d'étouffer ou de réduire à peu de chose l'action possible des autres associations;

— de la bureaucratisation et de la marginalisation des institutions devant servir d'abord les acteurs de l'industrie et moins les objectifs de l'administration publique[6-75].

Il va de soi que de telles questions et bien d'autres provoqueront des débats destinés à la recherche de solutions idoines et que, en conséquence, la loi R-20, les règlements d'accompagnement et les conventions collectives devront tôt ou tard traduire les changements nécessaires permettant cette constante adaptation. En somme, on ne peut tenter de juguler ainsi un marché de l'emploi d'une telle ampleur, et de surcroît très volatile, sans se doter de structures fortes et parfois imposantes d'encadrement. Ne s'agit-il pas de maintenir des lignes frontalières sûres et rassurantes entre les acteurs exerçant différents métiers et activités professionnelles et aussi, de bloquer la venue concurrentielle de ceux qui ne sont pas de cette industrie ou qui entendent n'y être que de passage ?

6-75. Jusqu'à quel point la C.C.Q. peut-elle être le partenaire actif du ministère du Revenu ou du ministère de l'Éducation, sans trahir sa principale raison d'être ? Il n'y a pas d'opposition ni de contradiction de principe, mais le partage des intérêts à sauvegarder demeure une question qui peut, de fait, être soulevée en certaines situations pratiques.

CHAPITRE III-7

AUTRES LOIS DE L'EMPLOI

Section 7.1

La *Loi sur les syndicats professionnels* (L.S.P.)

III-711 — *L'itinéraire* — La *Loi sur les syndicats professionnels* (L.S.P.) fut initialement promulguée en 1924 et ainsi est-elle la première loi au Québec traitant des institutions du travail[7-1]. Cette loi confère au syndicat qui s'y soumet un statut légal déterminé et certains droits et prérogatives utiles à l'aménagement collectif de services de soutien et d'aide à ses membres. Sur les plans historique et épistémologique, elle constitue l'un des premiers jalons du droit de l'emploi, puisqu'elle situait le syndicat sur la scène des relations du travail et reconnaissait la valeur juridique des ententes collectives du travail qu'il pouvait conclure. En l'état actuel du droit de l'emploi, cette loi est maintenant d'un usage plus modeste. Pour ces motifs, nous rappelons d'abord ses origines, son contenu initial, puis les adaptations qu'il fallut lui apporter pour répondre aux besoins d'une société en évolution. Dans un deuxième temps, nous voyons comment on peut en faire usage pour disposer d'une pleine personnalité juridique et les attributs qui s'y rattachent. Finalement, nous la situons dans son contexte contemporain pour mieux percevoir sa fonction réelle.

III-712 — *Sources de la loi* — La *Loi sur les syndicats professionnels* fut la première conquête législative de la Confédération des syndicats catholiques du Canada[7-2]. Cette centrale syndicale demanda au gouvernement la promulgation

---

7-1. 14 Geo. V, c. 112 et maintenant L.R.Q., c. S-40. Le Canada s'était déjà doté d'une loi d'enregistrement des associations. Voir : *Actes concernant les associations ouvrières*, (1872) 25 Vict., c. 30.

7-2. Cette centrale syndicale est aussi identifiée à l'aide du sigle C.C.T.C. et devint la Confédération des syndicats nationaux (C.S.N.) en 1956. Voir : Actes du colloque sur les leaders du Québec contemporain, Université du Québec à Montréal, 1997.

d'une telle loi et, pour éviter toute méprise au sujet de ce qu'elle recherchait, elle présenta une esquisse détaillée du contenu souhaité. Il s'agissait d'une transposition et adaptation de deux lois françaises : la loi sur les syndicats professionnels de 1884 et la loi sur les conventions collectives de 1919. Dans le contexte de cette époque, ce projet permettait de conférer au syndicat un statut juridique clair, reconnu auprès du public et, ainsi, susceptible de faire sortir les syndicats de la clandestinité. De cette manière, croyait-on, la syndicalisation pourrait être plus facile en apaisant les craintes de plusieurs salariés puisque l'institution était reconnue par l'État. D'autre part, le gouvernement pouvait aussi croire qu'une telle loi permettrait de connaître l'étendue et l'importance de ces groupuscules[7-3]. La proposition de cette confédération syndicale officiellement soumise en 1923 fut très rapidement retenue par le gouvernement et, dès 1924, la loi était sanctionnée. Par crainte d'un contrôle possible de l'État, plusieurs syndicats d'obédience américaine ou de culture anglo-saxonne s'opposèrent à un tel projet et exigèrent de ne pas être tenus de se vêtir d'un tel manteau juridique[7-4]. Mus par les idées maîtresses de la doctrine sociale de l'Église catholique, les instigateurs syndicaux du projet de loi avaient retenu une approche qui nous paraîtrait maintenant assez singulière, mais qui, à l'époque, pouvait être partagée par les membres de l'Assemblée nationale. Ainsi, la lecture du texte initial de cette loi de 1924 comprenait quelques dispositions qui ne résistèrent pas au temps ou qui sont maintenant des anachronismes, comme ce qui suit.

i) À l'égard du mineur, l'âge de 16 ans est encore une condition exigée, et ce, depuis 1924 : ce dernier dispose néanmoins de la capacité de se lier par contrat de travail et ainsi d'être salarié depuis l'âge de 14 ans (**II-34**).

ii) L'article 3 du texte de 1924 reconnaissait au mari un droit d'opposition à l'adhésion de la femme mariée. Une telle prérogative régalienne fut tardivement écartée en 1976.

iii) L'article 4 du texte initial limitait le nombre maximum d'aubains à titre de membres à un tiers de l'ensemble, et cette règle constitue encore une cause de dissolution d'autorité du syndicat (art. 26 c) L.S.P.). En pratique, cette limite n'a pas ou peu d'effets, elle n'en demeure pas moins un stigmate du chauvinisme de l'époque...

7-3. On ne doit pas oublier que 30 ans auparavant, l'action syndicale était illicite. En 1892 et 1905, des modifications furent apportées au *Code criminel* rendant licite la concertation syndicale. Le passage de l'illicite au légal est lent au-delà des textes de loi.

7-4. Jean-Réal CARDIN, *L'influence du syndicalisme national catholique sur le droit syndical québécois*, Montréal, Institut social populaire, juin 1957 ; Marie-Louis BEAULIEU, *Les conflits de droit dans les rapports collectifs du travail*, Québec, Les Presses de l'Université Laval, p. 114 et suiv. : ces deux auteurs présentent d'intéressantes données historiques au sujet de la venue de cette loi.

iv) Une fédération ou une confédération professionnelles ne pouvait comprendre que les syndicats professionnels d'abord établis sous l'égide de cette même loi (art. 11 initial L.S.P.). Maintenant, il est possible que les fédérations et confédérations soient constituées selon cette loi sans que les syndicats qui en amorcent la formation soient eux-mêmes des syndicats professionnels (art. 19 et 20 L.S.P.).

v) La convention collective pouvait être multipartite, c'est-à-dire comprendre et lier à la fois plusieurs syndicats et employeurs (art. 15 et 16 L.S.P.). On y précisait déjà qu'elle ne prenait effet qu'à compter de son dépôt et au seul bénéfice des membres des syndicats ou associations signataires. Pareille convention collective pouvait servir d'utile base d'extension par voie de décret (**III-512**). Les articles 15 à 18 L.S.P. relatifs à la convention collective furent abrogés en 1964 par l'avènement du *Code du travail* (**IV-3**).

III-713 — *Contenu général* — Nous pouvons résumer les traits principaux de cette loi en six points.

i) *Les personnes admissibles* : Cette forme juridique est accessible autant aux salariés qu'aux employeurs, mais distinctement. Il suffit cependant que les instigateurs partagent un intérêt professionnel commun (art. 1, par. 1, 4, L.S.P.).

ii) *Une voie facultative* : Aucun syndicat ni association n'est tenu de s'établir selon cette loi pour disposer du libre exercice d'association (**IV-11**). Une association de salariés ainsi formée dispose d'un statut clair et il lui est certes alors plus facile d'établir son existence, son mode de fonctionnement interne, ses conditions d'admission, etc., en somme, son gouvernement.

iii) *Un usage aux trois strates* : La loi permet la formation d'entité juridique à trois niveaux à la fois : par des personnes pour constituer un syndicat (art. 1 L.S.P.), pour réunir des syndicats en fédération, et ces dernières, en confédération (art. 19 et 20 L.S.P.).

iv) *L'autorisation par requête* : Les instigateurs (personne, syndicat ou fédération) doivent obtenir l'autorisation de l'administration publique : il ne suffit pas d'un simple dépôt d'une déclaration quelconque (art. 1, 3, 4 et 5 L.S.P.).

v) *Une libre adhésion* : Un syndicat ainsi formé n'acquiert aucun droit de contrainte à l'égard des personnes exerçant une activité professionnelle concurrente ou similaire à celle de ses membres. En d'autres termes, l'existence d'un tel syndicat ne peut signifier une obligation d'y adhérer ou de maintenir son adhésion (art. 22 L.S.P.)[7-5].

7-5. L'accréditation confère au syndicat une certaine autorité auprès des salariés non membres mais œuvrant au sein de l'unité d'accréditation (**IV-86**), et la convention collective peut aussi raffermir son emprise (**IV-23**).

vi) *Une personnalité juridique* : Le groupe ainsi constitué acquiert le statut juridique de personne distincte de chacun de ses membres : ce syndicat est une corporation (art. 1, par. 6, L.S.P.). Ainsi, il jouit des attributs juridiques d'une personne qui peuvent être nécessaires à la réalisation de son objet (art. 6, 9 L.S.P.)[7-6]. Cette autonomie juridique signifie que ses actes n'engagent pas la responsabilité de ses membres (art. 22, al. 2, L.S.P.).

III-714 — *Formation du syndicat* — La procédure de formation d'un syndicat est relativement simple et ne comprend que trois étapes :

— un énoncé des éléments essentiels à son gouvernement rédigé sous forme de déclaration (art. 1, par 2 et 2.1, L.S.P.);

— la présentation d'une requête à l'inspecteur général des institutions financières (art. 1, par. 3 et 4, L.S.P.);

— le dépôt de l'autorisation de l'inspecteur au registre constitué en vertu de la *Loi sur la publicité légale des entreprises individuelles, des sociétés et des personnes morales* (L.Q. 1993, c. 48) (art. 1, par. 5, L.S.P.).

Au sujet de la déclaration des demandeurs, nous devons, selon l'article 1 de cette loi, y trouver les principaux éléments suivants :

— elle est l'œuvre d'au moins quinze personnes disposant de la citoyenneté canadienne et partageant une activité commune, c'est-à-dire de même nature;

— le nom choisi doit être admissible selon l'article 9.1 de la *Loi sur les compagnies*;

— son objet doit se limiter à l'étude, à la défense et au développement des intérêts économiques, sociaux et moraux des membres (art. 6 L.S.P.).

La requête exigible implique que sa formation n'est pas automatique et que l'inspecteur général des institutions financières doit s'assurer de la conformité de la déclaration aux impératifs de la loi. Le dépôt de l'avis favorable de l'inspecteur permet alors de déterminer avec précision la date de naissance de cette personne juridique et, dès lors, ses droits, titres et obligations. Tout changement de nom du syndicat professionnel constitué selon cette loi exige une autorisation expresse de l'inspecteur général. Cette dernière est alors versée au registre, etc. (art. 10 et 11 L.S.P.).

7-6. Cette corporation dispose d'un nom propre, d'un domicile (siège social), de biens et peut ester en justice. Dans le cadre de son objet, elle peut effectuer les transactions juridiques nécessaires : achat, vente, location, prêt, etc. (**III-717**).

III-715 — *Le gouvernement du syndicat* — La loi établit certaines balises relatives à la régie interne du syndicat professionnel en fonction d'un schéma général où l'on présume qu'il existerait une assemblée générale des membres et un conseil d'administration ou un bureau de direction. On entend que la déclaration constitutive du syndicat (**III-714**) précise les attributions respectives de cette double structure, notamment pour y établir le processus d'élection ou de nomination à ces postes, les conditions d'admissibilité des membres (art. 4 L.S.S.P.) et pour élaborer ses règlements et leur modification. Cette liberté générale ou de principe reconnue aux instigateurs est néanmoins contenue par certaines dispositions[7-7].

i) Le nombre d'administrateurs doit varier entre trois et quinze (art. 1, par. 2 c), L.S.P.).

ii) La cotisation initiale puis mensuelle doit être d'au moins 1 $ (art. 2 L.S.P.).

iii) L'adhésion au syndicat est suspendue après trois mois de paiements arriérés de la cotisation (art. 3 L.S.P.). Par ailleurs, le membre peut se retirer à volonté et n'assume aucune responsabilité à l'égard des dettes du syndicat (art. 22 L.S.P.).

iv) Pas plus d'un tiers des membres peuvent être dépourvus de la citoyenneté canadienne (art. 26 c) L.S.P.).

v) Dans le cas d'une association patronale, la société anonyme ou corporation peut y adhérer et y être présente par le truchement d'un directeur ou d'un salarié (art. 8 L.S.P.).

vi) Des registres doivent être tenus pour y inscrire les procès-verbaux des séances de l'assemblée générale et de celles du conseil d'administration, la liste des membres et les rentrées et sorties de fonds (art. 5 L.S.P.).

vii) La citoyenneté canadienne est une conditions d'admissibilité au conseil d'administration et aussi pour être membre de son personnel (art. 8 L.S.P.).

viii) Le syndicat doit tenir une comptabilité distincte « [...] de manière que chaque genre de services et avantages accordés aux sociétaires puisse être administré séparément et faire l'objet de caisses ou fonds distincts » (art. 13 L.S.P.).

ix) Les règlements du syndicat pour établir « [...] une caisse spéciale d'indemnités, une caisse spéciale de secours ou toute autre caisse de même nature » (art. 29 L.S.P.) doivent recevoir l'approbation de l'inspecteur général des institutions financières. Les fonds de ces caisses de secours sont insaisissables (art. 18 L.S.P.).

7-7. Ces dispositions sont encore plus ou moins pertinentes et certaines nous apparaissent anachroniques, notamment celles soulignées aux alinéas ii), iv), vii) et viii).

x) La dissolution du syndicat peut être ou volontaire par voie de liquidation (art. 25 L.S.P.) ou imposée par l'inspecteur général dans trois situations visées aux articles 26 et 27 L.S.P.

Selon l'article 149 du *Code du travail*, le Tribunal du travail peut dissoudre une association qui viole l'article 12 C.t. (ingérence dans les affaires d'une association de salariés ou d'employeurs)[7-8]. Dans ce cas, le curateur public prend charge de la liquidation (art. 27 L.S.P.). En recevant ce statut juridique, le syndicat se doit d'agir de manière à pouvoir rendre compte à ses membres et, au besoin, à l'État. Pour des raisons historiques, plusieurs de ces mesures s'imposaient alors pour rassurer les membres éventuels de ces syndicats et le public en général. Par ailleurs, il n'est pas évident que l'ensemble de ces mêmes mesures soient encore utiles, sauf, bien entendu, celles relatives aux caisses, en raison des engagements à long terme qu'elles sous-tendent au profit des bénéficiaires.

III-716 — *Voies et moyens* — Le syndicat professionnel établi selon cette loi constitue une personne juridique distincte ou autonome et dispose de pouvoirs lui permettant de réaliser son objet (art. 7 L.S.P.). L'article 9, alinéa 1, L.S.P. énonce d'une façon générale la compétence relative du syndicat et énumère en onze alinéas ses pouvoirs particuliers. Un tel procédé visait à éviter quelques hésitations relatives à la compétence réelle du syndicat. Il faut aussi retenir qu'en 1924, les grands services sociaux publics n'étaient pas institués, que l'idée même d'un État-providence était méconnue, sinon décriée et que les services d'aide et de secours dépendaient davantage de la charité privée et des institutions religieuses. En semblable contexte, il était donc nécessaire que la loi précise clairement que l'aide mutuelle mue par la solidarité entre ceux qui éprouvent les mêmes besoins puisse être organisée et structurée par leur syndicat professionnel. Ainsi y précise-t-on que le syndicat peut « établir et administrer des caisses spéciales [...] », établir un régime de retraite, faciliter l'accès à la propriété domiciliaire, etc. (art. 9, al. 1, par. 1, 2, 3 L.S.P.). Sur le plan professionnel, il convenait et il convient encore que ce syndicat professionnel, d'employeurs ou de salariés, selon le cas, puisse s'intéresser au « marché de l'emploi », instituer des bureaux de recherche et de développement, faciliter l'acquisition de moyens de production et même, participer à la commercialisation des produits des membres. Sur celui des relations du travail, on reconnaît bien évidemment que ce syndicat professionnel puisse négocier collectivement les conditions de travail de ses membres, et que ces derniers en bénéficient bien qu'ils ne soient pas expressément ni personnellement parties

---

7-8. *Tremblay* c. *Commission des relations ouvrières du Québec*, [1967] R.C.S. 697; *Chalifoux* c. *Association des employés Peerless Clothing*, [1971] T.T. 103 C.t.; *Union des employés de commerce, local 500, T.U.A.C.* c. *Syndicat des employés d'alimentation Legardeur inc.*, [1984] T.T. 181.

à la convention collective (art. 9, al. 2, par. 10, art. 23 L.S.P.). On notera que l'article 23 L.S.P. ne traite expressément que du salaire; en 1924, semble-t-il, on devait s'attarder davantage à cette question. Puisque les syndicats peuvent s'unir entre eux sous la forme de fédérations et que ces dernières peuvent aussi se regrouper en confédérations (art. 19 à 21 L.S.P.), il est possible que surviennent quelques difficultés opérationnelles entre ces différents gouvernements. Ainsi, l'article 22, alinéa 2, L.S.P. permet qu'elles soient tranchées par voie d'arbitrage civil et on reconnaissait déjà la valeur juridique d'une telle décision. Ce moyen était certes plus facile d'accès, moins coûteux et pouvait permettre une recherche de solution à l'intérieur du cercle syndical. Jusqu'en 1964, cette loi comprenait un processus facilitant l'élaboration de la négociation collective en vue de la conclusion d'une convention collective. Ce dernier acte avait la valeur juridique du contrat civil et ne bénéficiait qu'aux salariés déjà membres du syndicat signataire. Lors de la refonte des lois du travail relatives à la tenue de rapports collectifs du travail pour constituer un système plus cohérent et pratique par la voie du *Code du travail* de 1964, on abrogea ces dispositions de la *Loi sur les syndicats professionnels* : il s'agissait alors des articles 15 à 18.

III-717 — *C.c.Q.* — Depuis l'avènement du *Code civil du Québec* (1994), le syndicat professionnel établi selon la *Loi sur les syndicats professionnels* constitue une personne morale soumise notamment aux articles 298 et 364 C.c.Q.[7-9]. Bien évidemment, les règles de cette loi constitutive demeurent prévalentes. Notons que l'article 300 C.c.Q. précise bien qu'elles sont supplétives et peuvent aussi être complémentaires. Plusieurs dispositions nouvelles du *Code civil du Québec* permettent de préciser ou de confirmer des éléments importants relatifs à la gestion des affaires du syndicat professionnel :

— les règlements du syndicat professionnel (art. 4 L.S.P.) lient les membres par voie contractuelle (art. 313 C.c.Q.);

— la personnalité juridique du syndicat ne peut servir d'écran protecteur à quiconque en cas de fraude ou d'abus de droit (art. 317 C.c.Q.);

— les administrateurs du syndicat professionnel sont ses mandataires et, à ce titre, ils doivent agir dans les seuls intérêts de leur mandant et éviter tout conflit d'intérêts (art. 321 à 328 C.c.Q.);

— une personne déjà déclarée coupable de malversation à l'endroit d'une personne morale peut être inadmissible à la fonction d'administrateur pour au plus cinq ans à la suite d'un jugement à cet effet (art. 329 et 330 C.c.Q.);

7-9. Le syndicat *de facto*, c'est-à-dire formé en vertu d'aucune loi ou par simple contrat d'association présumé, est assujetti au régime élaboré aux articles 2267 à 2279 C.c.Q.

— la régie interne du conseil d'administration et les questions relatives à la tenue de l'assemblée générale des membres occupent les articles 335 à 354 C.c.Q.; ces dispositions constituent une source de règles supplétives pour la gouverne du syndicat professionnel, c'est-à-dire applicables en cas de silence de la *Loi sur les syndicats professionnels* ou des règlements du syndicat professionnel;

— dans le cas d'une liquidation, il va de soi que les dispositions 25 à 27 L.S.P. s'appliquent en priorité; les articles 355 à 364 C.c.Q. demeurent applicables à titre supplétif.

Il est possible que l'harmonisation de ces diverses règles cause quelques difficultés pratiques, mais on peut aussi y voir une toile de fond juridique plus résistante assurant aux membres des syndicats professionnels plus de sécurité juridique. Par ailleurs, il ne nous semble pas évident que les précisions apportées au *Code civil du Québec* (art. 2267 à 2279) à l'endroit du syndicat *de facto*, c'est-à-dire dépourvu de personnalité juridique claire et entière, lui soient très favorables. Peut-être que les dirigeants de tels syndicats ou associations devront établir un bilan des coûts inhérents à leur statut hybride et alors y verront-ils d'un meilleur angle les effets possibles de la *Loi sur les syndicats professionnels*!

Section 7.2

La *Loi sur l'équité salariale* (L.E.S.)

──────

III-720 — *Raison d'être* — La *Loi sur l'équité salariale*[7-10], attendue depuis fort longtemps par certains et quelque peu redoutée par d'autres, comporte des difficultés pratiques en raison des objectifs retenus, des moyens mis en avant et du contexte général qui lui sert de toile de fond. L'article 1 L.E.S. énonce ainsi son objet : « [...] corriger des écarts salariaux dus à la discrimination systémique fondée sur le sexe [...] ». On établit principalement une série de mesures susceptibles de corriger les écarts salariaux durables entre les emplois à prépondérance féminine et ceux à prépondérance masculine au sein d'une même entreprise, et ce, à la suite d'une analyse effectuée par voie comparative. Nous pourrions déjà dégager que cette loi n'impose d'obligations particulières que si des écarts existent, bien que l'employeur doive pouvoir établir qu'il en serait épargné en raison de l'inexistence de tels écarts **(III-729)**. On s'en tient principalement au salaire, ce qui pourrait sousentendre que les mesures correctives induites seraient dès lors légitimes ou équitables du seul fait du constat d'écarts à combler, c'est-à-dire en prenant le salaire moyen versé à l'égard d'un groupe d'emplois à prépondérance masculine à titre de critère exclusif. En d'autres termes, l'équité recherchée ne serait que relative puisqu'elle proviendrait de la simple élimination de ces seuls écarts entre ces deux groupes d'emplois[7-11]. La *Loi sur l'équité salariale* vise

──────

7-10. L.Q. 1996, c. 43 ou L.R.Q., c. E-12.001, ci-après : L.E.S. Notons que le Canada dispose déjà depuis 1995 d'une telle loi de redressement en faveur des différentes minorités : *Loi sur l'équité en matière d'emploi*, L.C. 1995, ch. 44. L'Ontario édicta aussi une telle loi qui nous servit partiellement de modèle : *Loi sur l'équité salariale*, L.O. 1990, c. P-7.

7-11. Cette recherche d'accès à l'égalité ne vise pas directement à assurer aux femmes l'accès aux emplois traditionnellement assumés par les hommes. Il est vrai qu'à moyen terme, la standardisation de la rémunération peut faciliter un tel passage.

à réaliser ou à transposer de manière concrète la règle générale énoncée depuis vingt ans à l'article 19 de la *Charte des droits et libertés de la personne* : «Tout employeur doit, sans discrimination, accorder un traitement égal aux membres de son personnel qui accomplissent un travail équivalent au même endroit[7-12].» Pour de multiples raisons, la mise en place des mesures directes de correction ne pouvait se faire d'un seul trait de plume ni de la même manière en tout lieu de travail :

— les écarts peuvent varier sensiblement d'une entreprise à une autre et selon les types d'emploi ;

— les interlocuteurs diffèrent selon la présence ou l'absence de syndicats accrédités pour représenter les salariés et aussi, selon la composition des unités d'accréditation en présence ;

— dans certains cas, ces écarts peuvent être cristallisés dans des dispositions conventionnelles, ce qui supposerait que ces conventions collectives seraient modifiées (art. 74 L.E.S.) ;

— l'enracinement de ces écarts peut être plus ou moins profond selon les traditions ou la culture du milieu professionnel, les contraintes réelles ou déclarées du marché, le militantisme des syndicats présents ou leur affiliation à des centrales syndicales rivales ;

— s'il est question d'équité salariale, la base comparative demeure néanmoins la rémunération réelle, qui est composite (**II-136**), et peut connaître de nombreuses variables selon les données prises en compte[7-13] ;

— les coûts inhérents à ces ajustements peuvent être assez élevés et directement tributaires de la capacité de payer de l'entreprise de même que de sa politique salariale à l'endroit des autres salariés au cours de cette même période[7-14].

7-12. Ce lien est si direct que la Commission de l'équité salariale (**III-722**) prend en partie la relève de la Commission des droits et libertés de la personne afin d'assurer l'application de ce même article à l'égard des plaintes portant sur la discrimination salariale en fonction du sexe (art. 129 L.E.S. ; art. 49.1 de la Charte).

7-13. Les articles 65, 66 et 67 L.E.S. traitent d'ailleurs davantage de la rémunération que du seul salaire direct. À titre d'exemple, les modes de calcul de la rémunération du vendeur itinérant diffèrent encore sensiblement de ceux applicables au vendeur sédentaire, alors que les mesures de contrôle à distance, notamment par l'informatique, justifieraient fort moins le maintien de ces distinctions d'antan, etc.

7-14. Qui doit assumer les coûts de ces mesures correctives : les propriétaires ou actionnaires ou les autres salariés en réduisant les augmentations salariales qu'ils pourraient autrement recevoir ? Cette discrimination systémique est donc combattue par une «discrimination systémique» autorisée provisoirement, c'est-à-dire pour le temps nécessaire à la correction : le feu par le feu. D'où l'inévitable question relative à l'imputabilité de cette charge. L'article 19, alinéa 3, de la Charte reconnaît néanmoins que ces mesures correctives sont «réputées non discriminatoires» ; c'est qu'autrement, elles le seraient !

Ces premières données permettent déjà de comprendre que le législateur ne pouvait réaliser l'objectif de l'équité salariale sans faire de nuances ou moduler de multiples façons les règles retenues pour mieux tenir compte des conditions de temps, de lieux et des personnes. Les mesures de correction concrètes adaptées à chaque milieu ne peuvent provenir exclusivement de l'extérieur de l'entreprise si elles devaient être réalistes et efficaces. Il fallait permettre, dans la mesure du possible, la participation de tous ceux qui en sont ou en seraient touchés et, au premier chef, l'employeur, les salariés et, bien évidemment, les femmes qui travaillent au sein de l'entreprise.

III-721 — *La démarche retenue* — En vue de permettre la participation à l'œuvre de correction et d'ajustement, les mécanismes retenus varient en fonction de l'importance des entreprises en cause (**III-722**). L'opération principale comprend une démarche générale qu'imposait la simple logique[7-15] : préciser d'abord les caractéristiques des emplois détenus principalement par les femmes dans une entreprise et faire de même pour les emplois dits masculins qui doivent servir de base comparative. Cette phase certes laborieuse et délicate est néanmoins essentielle pour établir s'il existe véritablement de tels écarts et en préciser l'ampleur (**III-726**). Par la suite, il devient possible d'élaborer un plan d'intervention pour les combler et maintenir la parité salariale (**III-727**). On ne saurait être surpris que cette démarche soit quelque peu encadrée de manière qu'on aboutisse à un même objectif. À cette fin, des moyens logistiques devaient être offerts à tous et il fallait instituer un centre décisionnel pour départager, au besoin, les parties et assurer le respect des objectifs retenus. Ces missions relèvent de la Commission sur l'équité salariale (**III-722**). Certaines entreprises ont déjà effectué une semblable démarche sans attendre la promulgation de la loi. Aussi a-t-on voulu leur permettre d'établir ce fait et, s'il y a lieu, les exempter de reprendre totalement ou partiellement cet exercice. (**III-728**). La *Loi sur l'équité salariale* comporte un véritable défi pour l'ensemble des personnes en cause au sein des entreprises privées et publiques, aussi son application devait être étalée sur une assez longue période. L'échéancier critique élaboré dans chaque entreprise doit tenir compte de grands paramètres.

i) Bien que la loi fût sanctionnée le 21 novembre 1996, seules les dispositions relatives à la Commission sur l'équité salariale étaient alors en vigueur : la partie principale de la loi entra en vigueur à son premier anniversaire, soit le 21 novembre 1997 (art. 134 L.E.S.).

ii) Le programme d'équité salariale ou les ajustements salariaux doivent être arrêtés avant le 21 novembre 2001 (art. 37 L.E.S.). Il est possible que ce dernier délai soit prolongé dans le cas où l'entreprise ne dispose pas de catégories d'emplois à prépondérance masculine devant servir

---

7-15. Pour reconnaître l'existence d'un écart et pour établir une voie susceptible de l'enrayer, il faut d'abord pouvoir connaître le fait de l'écart et son étendue relative (**III-725**).

de base comparative : il s'agit d'une prolongation possible d'un maximum de deux ans depuis la mise en vigueur d'un règlement fournissant une telle base (art. 38 L.E.S.).

iii) L'entreprise mise en place depuis le 21 novembre 1996 est soumise aux échéanciers fixés aux articles 37 et 38 L.E.S. à compter du douzième mois depuis le début de ses activités (art. 39 L.E.S.).

iv) Les versements des ajustements salariaux peuvent être étalés sur une base annuelle, et ce, jusqu'au 21 novembre 2005 (art. 70 L.E.S.)[7-16].

v) Le ou avant le 21 novembre 2002, le ministre doit faire un rapport au gouvernement au sujet de la mise en œuvre de la loi pour les entreprises comptant moins de 50 salariés et, avant le 21 novembre 2006, il lui faut présenter un deuxième rapport portant notamment sur « [...] l'opportunité de la maintenir en vigueur ou de la modifier » (art. 130 L.E.S.)[7-17].

La démarche retenue et les obligations inhérentes ne peuvent être altérées, modulées ni réduites par le truchement du contrat de travail, de la convention collective, d'un décret et même, d'un règlement du gouvernement donnant force à quelques ententes relatives aux conditions de travail (art. 2 L.E.S.). Si l'employeur n'obtempère pas aux échéanciers fixés par la loi, la C.E.S. peut exiger le dépôt d'un rapport spécial présenté selon les modalités arrêtées par règlement (art. 95 L.E.S.). L'entreprise qui contrevient à de telles directives commet une infraction pénale (art. 115 L.E.S.).

III-722 — *Contenu général de la loi* — Dans un premier temps, la loi indique les personnes qui y sont assujetties et établit certaines catégories ou certains regroupements nécessaires de manière à pouvoir répartir les fonctions de chacun. Le salarié visé répond à la définition générale (art. 2085 C.C.Q.) (**II-50**), bien que l'on exclue certains salariés en raison de leur présence limitée ou provisoire dans l'entreprise ou de leur statut particulier[7-18]. Les étudiants en formation professionnelle, les stagiaires, les cadres supérieurs[7-19], les policiers

---

7-16. Il est possible que la C.E.S accorde une prolongation maximale de trois ans (art. 72 L.E.S.) pour effectuer ces versements en de plus petites coupures annuelles compte tenu de l'incapacité de payer de certaines entreprises. On ignore, pour l'instant, les conditions et la démarche à suivre pour l'obtention de cette extension.

7-17. Ces deux rapports sont soumis pour étude à la commission compétente de l'Assemblée nationale. Un tel rattachement au point d'origine de la loi souligne bien que l'Assemblée nationale appréhendait déjà en 1996 les difficultés inhérentes à la mise en œuvre d'une telle loi.

7-18. Si chaque individu peut être présent pour un temps fort limité, un même poste peut être occupé successivement par plusieurs personnes. Il nous faut croire que ces exclusions facilitent l'établissement de moyennes plus réalistes.

7-19. Par analogie et à défaut d'autres sources, l'expression « cadre supérieur » peut s'entendre à l'aide de l'article 3, paragraphe 6, L.N.T. (**III-207**).

et les pompiers de même que le véritable travailleur autonome sont parmi ces exclus (art. 8 et 9 L.E.S.). L'employeur répond également à la définition traditionnelle (**II-110**) et comprend le gouvernement (art. 3 et 4 L.E.S.). Cette notion d'employeur revêt quelques caractéristiques particulières.

i) Le Conseil du trésor agit à titre d'employeur et assume l'ensemble des droits et des obligations qui résultent de cette loi à l'égard de la fonction publique, des organismes gouvernementaux, des collèges, des commissions scolaires, des établissements de santé (**IV-200**)[7-20]. Les interlocuteurs syndicaux identifiés aux fins de la négociation collective dans ces secteurs publics interviennent à ce titre auprès du Conseil du trésor (**IV-211**).

ii) Une fédération ou une confédération des caisses d'épargne et de crédit peut également assumer la fonction d'employeur au lieu et place de chacune des caisses affiliées (art. 5 L.E.S.)[7-21].

iii) Les entreprises de moins de dix salariés sont dispensées de la démarche systématique de recherche d'équité (art. 4 L.E.S.). Elles ne sont nullement libérées de l'obligation édictée à l'article 19 de la *Charte des droits et libertés de la personne* (art. 93, par. 7, L.E.S.).

La Commission sur l'équité salariale (ci-après C.E.S.) assume la fonction de maître d'œuvre. Elle est composée de trois membres (art. 78 L.E.S.)[7-22] et un seul peut agir en son nom dans le cadre des diverses fonctions d'intervention auprès des parties (art. 85 et 96 à 111 L.E.S.). La mission principale de la C.E.S. consiste à s'assurer de l'établissement des programmes d'équité salariale (**III-724**). À cette fin, elle peut enquêter, imposer des mesures idoines, apporter l'aide et le soutien logistique aux parties et trancher d'autorité les différends que peuvent connaître les intéressés

---

7-20. Cette assimilation comprend tous les organismes dont la rémunération du personnel est déterminée ou approuvée par le gouvernement (art. 3 L.E.S.). À titre d'exemple, le personnel de la Commission de la construction du Québec (art. 5 de la *Loi sur les relations du travail, la formation professionnelle et la gestion de la main-dœuvre dans l'industrie de la construction*, L.R.Q., c. R-20) (**III-612**).

7-21. Cette disposition exceptionnelle à l'égard des caisses d'épargne peut être difficile à justifier puisque, d'une part, chaque caisse constitue une entité juridique distincte et que, d'autre part, elles pouvaient effectuer des mises en commun par le truchement d'un comité sectoriel d'équité salariale ou partager des instruments ou des bases comparatives (art. 12, 44 L.E.S.) (**III-724 et 725**).

7-22. Les articles 77 à 92 L.E.S. confèrent à cette commission le statut et les pouvoirs de fonctionnement habituels à de semblables organismes publics. Il existe cependant une disposition particulière à savoir qu'un règlement édicté par la C.E.S. ne peut être entériné par le gouvernement « [...] avant qu'il n'ait fait l'objet d'une étude par la commission compétente de l'Assemblée nationale » (art. 114 *in fine* L.E.S.). Une telle condition alourdit sensiblement le processus normatif et peut même être préjudiciable à l'action initiale de la C.E.S., soit au cours des cinq premières années.

à ces occasions (art. 93 à 103 L.E.S.). Un salarié peut aussi s'adresser à la C.E.S. s'il croit que le programme d'équité salariale ou les ajustements proposés lui paraissent inéquitables à son endroit (art. 96 à 103 L.E.S.). Le Tribunal du travail peut être saisi de plaintes déposées par la C.E.S. lorsque les mesures qu'elle impose ne sont pas respectées, et l'inverse est aussi possible : une partie peut contester auprès de ce tribunal une mesure exigée par la C.E.S. (art. 104, 105, 110 L.E.S.). Le salarié victime de représailles à la suite de l'application de cette loi peut également bénéficier de mesures de protection et de réparation par jugement du Tribunal du travail. Il s'agit de mesures semblables à celles retenues aux articles 15 à 20 du *Code du travail* (art. 108, 112 et 113 L.E.S.) (**V-17**). La C.E.S. peut prendre l'initiative de tels recours et, à défaut, le salarié peut lui-même les entreprendre (art. 107, 109 et 111 L.E.S.) (**V-18**). Chaque étape du processus de redressement salarial doit être connue par les salariés et, à au moins deux occasions, l'employeur a l'obligation d'afficher correctement et ostensiblement l'information pertinente (art. 14, 30, 35, 75 et 76 L.E.S.). Ce procédé permet par la suite aux intéressés d'entreprendre l'une ou l'autre des mesures disponibles (art. 97, 99, 102, 109 L.E.S.).

III-723 — *Catégories d'entreprises* — L'opération du redressement salarial entraîne moins de difficultés s'il s'agit d'une entreprise comprenant relativement peu de salariés et encore moins si le groupe est assez homogène. Par ailleurs, l'aventure peut être fort plus complexe et laborieuse si on y trouve un personnel nombreux, hétérogène et sous-divisé de multiples manières pour la production, la tenue des rapports collectifs du travail ou toute autre cause. Pour ces raisons, les entreprises sont d'abord réparties en quatre catégories :

— 1re catégorie : celles qui comprennent 100 salariés ou plus;

— 2e catégorie : celles de 50 à 99 salariés;

— 3e catégorie : celles de 10 à 49 salariés;

— 4e catégorie : celles de 1 à 9 salariés.

Le seul critère quantitatif ne pouvait être suffisant en raison des fluctuations possibles que connaissent les entreprises selon les variations saisonnières, économiques, de marché ou encore, selon les aléas internes de l'entreprise : fusion, restructuration, changement de créneaux, réorganisation des processus de production, roulement du personnel, etc. À ces dernières fins, la loi apporte d'autres précisions.

i) À la suite de l'opération initiale de redressement équitable (programme et ajustements), l'employeur doit adopter une politique salariale susceptible de maintenir l'équité atteinte ou en voie de l'être, notamment à l'occasion de nouvelles embauches, de renouvellement de la convention collective ou de la création de nouveaux postes, etc. (art. 40 L.E.S.).

ii) L'avènement d'un syndicat accrédité ne saurait suffire pour remettre en cause le programme déjà arrêté, et ce syndicat assume par la suite l'obligation du maintien du programme d'équité salariale déjà en place (art. 40 *in fine* et 41 L.E.S.). Si le programme n'est pas déjà établi, l'employeur peut, sur demande, élaborer un programme applicable à ce seul groupe de salariés représentés par ce syndicat (art. 41, al. 2, L.E.S.).

iii) S'il survient une aliénation de l'entreprise ou un changement de sa structure juridique, le nouvel employeur assume les obligations de l'employeur antérieur à l'égard du programme d'équité salariale déjà retenu (art. 42, al. 1, L.E.S.).

iv) Dans le cas d'une fusion ou d'une restructuration de plusieurs entreprises, les règles alors applicables seraient celles qui visent l'entreprise numériquement la plus importante parmi celles touchées par ce changement (art. 42, al. 2, L.E.S.).

v) Si de tels mouvements au sein de l'entreprise rendent plus ou moins efficace le programme d'équité salariale déjà arrêté, l'employeur doit prendre les mesures nécessaires susceptibles de le corriger dans le but d'assurer l'équité salariale (art. 43 L.E.S.).

Le calcul du nombre de salariés dans une entreprise constitue une étape préliminaire essentielle puisque les obligations de l'employeur et les modalités du processus diffèrent en fonction de cette qualification. Bien évidemment, on ne compte que les salariés au sens de cette loi (**III-722**), mais tous les salariés sont pris en compte sans égard à leur statut personnel (à temps plein, à temps partiel ou occasionnel). La détermination du nombre total de salariés est établie en fonction du nombre moyen de salariés inscrits au registre de paie dans chacune des périodes s'étendant ainsi :

— pour les entreprises déjà en activité, cette moyenne s'établit à l'aide des périodes de paie entre le 21 novembre 1996 et le 21 novembre 1997 (art. 6, al. 1, L.E.S.);

— pour les nouvelles entreprises, soit celles constituées depuis le 21 novembre 1996, cette période de douze mois débute le jour de l'embauche du premier salarié (art. 6, al. 2, L.E.S.)[7-23].

Dès que la détermination de la catégorie qui sied à l'entreprise est effectuée, cette donnée ne change pas, malgré les fluctuations que l'entreprise peut connaître (art. 7 L.E.S.), sous réserve cependant de la règle

---

7-23. Il serait possible que le registre de paie de l'employeur ne révèle pas toute la réalité lorsque des salariés sont rémunérés par une entreprise de placement ou dans d'autres situations tripartites (**II-140**).

particulière déjà signalée relative aux fusions d'entreprises ou de changements des structures de l'entreprise (art. 42 et 43 L.E.S.). S'il survient quelques difficultés relatives à la qualification de l'entreprise dans l'une ou l'autre des quatre catégories, la C.E.S. peut intervenir, faire enquête et déterminer d'autorité la catégorie applicable (art. 106 L.E.S.). On comprend que cette qualification est importante, puisque le processus diffère en fonction de la catégorie. Ainsi, l'entreprise de la première catégorie doit constituer un comité d'équité salariale (art. 10, 16 L.E.S.). Dans le cas d'une entreprise de la deuxième catégorie, la formation de ce comité demeure facultative, mais l'élaboration d'un programme d'équité salariale est obligatoire (art. 31 L.E.S.). Ce comité, s'il en est un, qu'il soit obligatoire ou facultatif, élabore le programme d'équité salariale. Si les salariés sont représentés par un syndicat accrédité au sein d'une entreprise relevant de la deuxième catégorie, l'employeur peut alors être tenu de constituer un comité paritaire si telle est l'intention de ce syndicat en vue de l'élaboration du programme d'équité salariale (art. 32 L.E.S.). Dans le cas de la troisième catégorie, on peut dire que la loi exigerait davantage de l'employeur le résultat principal, soit l'équité sans prescription expresse quant aux voies et moyens retenus pour la détermination et la réalisation des ajustements requis. Il nous paraît cependant difficile qu'un employeur puisse réellement atteindre le résultat exigible sans avoir emprunté les voies et moyens connus ou, à tout le moins, semblables, et qui permettent d'établir ce même objectif, alors qu'il pourrait éventuellement être tenu de faire cette démonstration (art. 99 L.E.S.). Dans tous les cas, l'employeur de l'une ou l'autre des trois premières catégories a l'obligation d'atteindre ce même résultat. Il peut être parfois plus simple et plus efficace d'effectuer ce travail avec la participation du syndicat accrédité, s'il y en a un, au lieu de devoir, *a posteriori*, justifier les résultats de la démarche entreprise. Un bref tableau synoptique indique les étapes du processus que devraient franchir les entreprises en fonction de leur catégorie respective.

Entreprise de :	Assujettisse-ment à la *Loi sur l'équité salariale* (art. 4)	Programme d'équité salariale (art. 50 à 76)	Comité d'équité salariale (art. 10 à 49)	Détermination des ajustements salariaux sans programme d'équité	Obligation d'affichage, de maintien de l'équité, du respect des délais (art. 14, 30, 76)
1) 100 salariés ou plus	oui	obligatoire (art. 10)	obligatoire (art. 16)	s.o.	oui
2) 50 à 99 salariés	oui	obligatoire (art. 31)	**facultatif** pour l'employeur et **obligatoire** si demandé par le syndicat accrédité (art. 32)	s.o.	oui
3) 10 à 49 salariés	oui	facultatif (art. 34)	s.o.	obligatoire (art. 34)	oui
4) moins de 10 salariés	non	s.o.	s.o.	s.o.	s.o.

III-724 — *Comité d'équité salariale* — Ce comité, dont la formation est obligatoire ou facultative selon la catégorie de l'entreprise (**III-723**), doit permettre aux salariés de participer activement à l'élaboration du programme d'équité salariale (art. 10, al. 1, L.E.S.)[7-24]. Si la représentation au sein du comité n'est pas paritaire, le pouvoir décisionnel le demeure néanmoins : une voix pour les salariés[7-25] et une voix pour l'employeur (art. 25 L.E.S.). Ce comité doit comprendre au moins trois membres et au plus dix-huit (art. 17, 21 L.E.S.). Les articles 17 à 25 L.E.S. apportent moult détails afin d'assurer la constitution d'un comité qui soit représentatif du milieu directement visé et, notamment, du groupe de femmes. La présence de plusieurs syndicats accrédités au sein de l'entreprise ou encore, de nombreux établissements composant l'entreprise (**II-122**) pourrait exceptionnellement justifier la formation de plusieurs comités et la mise sur pied de programmes d'équité salariale (art. 10, al. 2, et 11

7-24. Les deux tiers de ses membres sont des salariés et au moins la moitié de cette délégation est constituée de femmes. L'employeur peut y désigner qui il veut pour le représenter (jusqu'à un tiers du total des membres) et tout différend au sujet de la représentation au sein du comité peut être tranché d'autorité par la C.E.S. (art. 20, 21 et 22 L.E.S.).

7-25. Il pourrait être difficile d'obtenir un consensus lorsque les représentants des salariés sont d'une obédience syndicale différente ou ont des statuts professionnels ou hiérarchiques différents.

L.E.S.)[7-26]. Plusieurs employeurs peuvent établir un programme commun d'équité salariale (art. 12 L.E.S.), ce qui ne réduit pas l'obligation principale qui incombe à chacun d'eux. Le temps consacré par les membres au comité ou aux travaux inhérents qu'ils peuvent respectivement effectuer est assimilé à un temps de travail et rémunéré à ce dernier titre (art. 28 L.E.S.). Les membres du comité reçoivent, au besoin, la formation requise aux frais de l'employeur (art. 26 L.E.S.). Ce dernier doit également leur fournir l'information nécessaire pour qu'ils puissent établir ensemble le programme d'équité salariale. Les membres du comité sont respectivement soumis à un devoir d'équité envers tous les salariés de l'entreprise (art. 15 L.E.S.) et aussi, à un devoir de réserve (art. 29 L.E.S.). Les décisions sont prises par la voie d'un consensus au sein du comité, entendu que la délégation patronale dispose d'une voix, et de même en est-il pour celle des salariés (art. 25, al. 1, L.E.S.). À défaut de consensus, la question relève de la C.E.S. (art. 96 L.E.S.). Notons que l'employeur décide seul des questions relatives à l'élaboration de ce programme lorsque les membres représentant les salariés ne peuvent ensemble convenir d'une position commune (art. 25, al. 2, L.E.S.) ou encore, si le syndicat accrédité et les salariés refusent ou négligent de désigner leurs représentants au sein du comité (art. 30 L.E.S.)[7-27]. Notons que le comité n'a pas de fonction propre au sujet de l'obligation imposée à l'employeur relative au maintien de l'équité salariale. Par ailleurs, la loi ne précise pas quand ni à quelles conditions se termine la présence du comité.

III-725 — *Élaboration du P.E.S* — Le chapitre IV de la loi comprend six sections relatives à la démarche générale devant permettre l'élaboration d'un programme d'équité salariale (P.E.S.)[7-28]. Ce processus ne réduit pas l'obligation imposée à l'employeur de veiller à ce que ce P.E.S. et sa réalisation soient dénués de tous éléments ou effets discriminatoires en fonction du sexe (art. 15, 51 L.E.S.)[7-29]. Cette obligation ne serait pas réduite du fait que le programme fut élaboré ou réalisé avec la collaboration des salariés et des

---

7-26. L'élaboration de programmes distincts pour un établissement en raison de disparités régionales (art. 10, al. 2, L.E.S.) doit être autorisée par la C.E.S. puisque la base comparative peut alors différer d'un programme à un autre au sein de la même entreprise, ce qui peut modifier les résultats (**III-725**). Cette autorisation préalable de la C.E.S. ne s'applique pas dans le cas visé à l'article 11 L.E.S., où ce droit à un programme distinct est expressément conféré au syndicat accrédité. Ce dernier peut ne pas l'exercer puisqu'il n'est pas toujours certain que le résultat de cette opération séparée sera plus satisfaisant, du moins pour les salariés!

7-27. Dans ces cas, l'employeur doit en aviser la C.E.S. et afficher cet avis de manière que les salariés puissent connaître les motifs qui justifieraient l'employeur de prendre seul de telles décisions (art. 30, al. 2, L.E.S.).

7-28. Les articles 50 à 76 L.E.S. suivent l'ordre logique du processus, ce qui facilite la lecture et l'intelligence de ces modalités sans pour cela rendre plus simple une opération foncièrement complexe.

7-29. S'il nous fallait s'en tenir au seul libellé de l'article 51 L.E.S., on y trouverait une véritable antinomie puisque le programme visé est essentiellement et exclusivement favorable à la femme. Voir : note 7-14.

syndicats accrédités (**III-724**). Que l'opération soit effectuée par la voie d'un comité d'équité salariale, qu'elle soit obligatoire ou facultative, la préparation même du programme comprend deux phases principales.

i) *La détermination des catégories d'emplois (art. 52 à 55 L.E.S.)* : Cette première phase consiste à établir une base comparative en vue d'une mise à niveau salariale : elle s'effectue en fonction de catégories d'emplois et non en opposant un emploi à un autre (art. 54 L.E.S.). La première démarche consiste à cerner des catégories qui puissent être comparées. S'il n'y a pas dans l'entreprise de catégories à prépondérance masculine servant de base comparative, on s'en remet alors aux critères retenus par règlement de la C.E.S. (art. 13 et 114 L.E.S.). Une catégorie prépondérante d'emplois signifie :

— un faisceau d'emplois partageant des fonctions, des responsabilités, des compétences et une rémunération (taux ou échelle) assez semblables (art. 54 L.E.S.);

— que 60 % des titulaires actuels de ces emplois sont du même sexe. Outre ce critère quantitatif, cette prépondérance peut être dégagée à l'aide d'une commune connaissance selon laquelle un ensemble d'emplois sont attribués principalement aux femmes ou aux hommes. L'article 55 L.E.S. énumère trois situations caractéristiques où la prédominance masculine ou féminine peut ainsi être décelée. Ces trois critères sont certes indicatifs, mais nullement assez précis pour permettre une transposition pratique, claire et finale. Ainsi faudrait-il savoir ce que peut être une « évolution historique » alors que l'entreprise peut exister depuis 50 ans ou seulement 5 ans, et ce qui peut être « jugé significatif » par les uns et par les autres. Autant de questions dont pourrait être saisie la C.E.S.

ii) *La méthode d'évaluation (art. 56, 57 et 58 L.E.S.)* : Il s'agit de retenir des voies et des moyens susceptibles de permettre une comparaison afin de pouvoir ultimement établir la mise à niveau salariale qui s'imposerait. Sur le plan technique, cette opération devrait faciliter la prochaine démarche qui consiste à déterminer correctement les fondements réels ou présumés de la rémunération attribuée à chaque catégorie. L'article 57 L.E.S. retient quatre facteurs pour circonscrire les caractéristiques propres d'une catégorie d'emplois : les compétences requises, les responsabilités, les efforts et les conditions dans lesquelles le travail s'effectue. Même s'il ne peut s'agir d'une liste exclusive de facteurs, ces derniers sont assez vastes pour comprendre de nombreux éléments de nature intellectuelle, physique et contextuelle[7-30]. À cette phase, on détermine également le processus

---

7-30. Puisque l'on procède par comparaison, on doit utiliser une même grille d'analyse servant en quelque sorte de commun dénominateur : passage nécessaire du concret à l'abstrait à l'aide de facteurs universels.

même d'évaluation afin de rapporter le tout sur une base concrète et utile, soit la rémunération réellement versée dans l'une et l'autre des catégories comparées (art. 58 L.E.S.)[7-31].

Il serait possible que le travail d'élaboration d'un tel plan s'effectue pour une branche d'activité : un comité sectoriel d'équité salariale (art. 12, 44 L.E.S.). Un tel comité, formé à la suite d'une autorisation préalable de la C.E.S. peut élaborer les bases fondamentales des P.E.S. applicables dans les entreprises visées (art. 46 L.E.S.). Ces dernières doivent donc partager de nombreux points communs et, pour ces mêmes raisons, les instruments mis au point au niveau sectoriel doivent aussi être préalablement autorisés par la C.E.S. (art. 47 L.E.S.). Par la suite, la valeur de ces données et instruments ne peut être contestée auprès de la C.E.S. par les parties dans chaque entreprise (art. 49 L.E.S.). Dès que l'élaboration du programme d'équité salariale est terminée, le comité procède à sa transposition concrète. Dans le cas des entreprises de la troisième catégorie, l'employeur peut avoir réalisé seul ces étapes préalables d'évaluation ou avoir constitué un comité à ces fins (art. 34 à 36 L.E.S).

III-726 — *Réalisation du P.E.S.* — Les catégories d'emplois étant circonscrites et analysées, il faut alors transposer le tout en fonction des rémunérations effectivement versées. Il s'agit de l'étape indispensable puisque l'on cherche à déterminer l'existence d'écarts salariaux puis à jauger leur importance relative (art. 60 L.E.S.). À cette fin, deux méthodes de comparaison sont proposées[7-32].

i) *La méthode dite « globale »* : elle consiste à comparer chaque catégorie d'emplois à prépondérance féminine avec la courbe salariale générale des catégories d'emplois propres aux hommes (art. 62 L.E.S.);

ii) *La méthode « individuelle »* : on procède par paires en prenant une catégorie féminine d'emplois pour l'opposer à une catégorie masculine d'emplois de même valeur (art. 63 L.E.S.).

Il importe de bien prendre en compte la rémunération intégrale versée dans chaque catégorie. Selon les articles 65 et 66 L.E.S., il doit s'agir à la fois des rémunérations directes, différées et circonstancielles rattachées à ces catégories d'emplois (**II-138**)[7-33]. Par ailleurs, on ne tient pas compte des variations salariales fondées sur certains critères objectifs s'ils ne sont pas eux-mêmes discrimi-

---

7-31. Différentes méthodes peuvent être retenues à ces fins et varient selon les données disponibles. Voir : Marie-Thérèse CHICHA, *L'équité salariale — mise en œuvre et enjeux*, Cowansville, Les Éditions Yvon Blais inc., 1997, p. 240; Alain GAZAILLE, *Réaliser l'équité salariale*, Montréal, Wilson & Lafleur ltée, 1996.

7-32. La C.E.S. peut reconnaître ou retenir d'autres méthodes par voie de règlement (art. 61 L.E.S.).

7-33. Quelques difficultés peuvent survenir pour établir ces bases comparatives du fait que des salariés sont parfois rémunérés à la pièce, au rendement ou à commission au sein d'une même catégorie d'emplois.

natoires, telles l'ancienneté, la prime d'éloignement, la rareté professionnelle, etc. (art. 67 L.E.S.). Ces bases comparatives étant établies, il est alors possible de déterminer l'écart salarial et, par voie de conséquence, les sommes requises ou le taux d'ajustement nécessaire afin de réaliser une véritable mise à niveau salariale.

III-727 — *Mise à niveau réelle* — L'opération comparative entreprise par le comité d'équité salariale ou, à défaut, par l'employeur, se termine par le calcul des écarts salariaux réels à combler (art. 68 L.E.S.). Il revient alors à l'employeur d'établir les modalités des versements dus (art. 69 L.E.S.)[7-34]. Cette transposition concrète du programme de redressement répond à de nombreuses règles d'encadrement :

— ce projet est soumis pour avis au comité d'équité salariale ou, s'il y a lieu, au syndicat accrédité s'il y en un (art. 69 L.E.S.)[7-35] ;

— l'estimation des écarts et les modalités des versements sont affichées pour permettre aux salariés de demander, en temps utile, un supplément d'information ou de faire connaître leurs observations (art. 76 L.E.S.)[7-36] ;

— l'étalement des sommes dues à chacun est possible, mais il doit s'effectuer par tranches annuelles égales et en deçà d'une période de quatre ans, ce qui autorise cinq versements (art. 70 L.E.S.)[7-37] ;

— le premier versement est dû à la date d'échéance relative à l'élaboration du P.E.S. ou de son équivalent (art. 71 L.E.S.) : il porte intérêt depuis cette dernière date[7-38] ;

— l'employeur ne pourrait réduire l'écart entre les catégories d'emplois par un grignotage quelconque de la rémunération totale de la catégorie masculine (art. 66, 73 L.E.S.);

— la politique de rémunération de l'entreprise doit être adaptée ou corrigée de manière à éviter par la suite le renouvellement de tels écarts (art. 100 L.E.S.).

L'article 74 L.E.S. précise que les ajustements salariaux ainsi établis et les modalités relatives à leurs versements sont parties de la convention collective

---

7-34. Si la catégorie d'emplois à prépondérance féminine comprend des salariés masculins, il va de soi que ces derniers bénéficient aussi de ces redressements salariaux.

7-35. Nous devons souligner que ce comité n'a qu'une voix consultative : saisie d'une plainte, la C.E.S. pourrait certes considérer l'avis donné par ce comité.

7-36. Si les données complémentaires ne sont pas satisfaisantes, le salarié ou le syndicat accrédité peut porter plainte auprès de la C.E.S. (art. 96, al. 2, L.E.S.).

7-37. Une prolongation est aussi possible : note 7-16. La C.E.S. peut aussi raccourcir l'extension préalablement autorisée si la nouvelle situation financière de l'employeur justifie cette révision à la baisse.

7-38. Cet intérêt court distinctement à l'égard de chaque versement partiel dû et depuis leur date respective d'échéance.

applicable aux salariés bénéficiaires. Une telle intégration de ces dispositions à la convention collective peut signifier que :

— ces mêmes modalités modifient *ipso facto* les dispositions inconciliables de la convention collective : la règle de la disposition la plus avantageuse s'applique toujours (**I-95; IV-173**);

— s'il survient une difficulté d'application concernant ces nouvelles modalités conventionnelles, il devrait s'agir d'un grief et, dès lors, la question relèverait principalement de l'arbitre de griefs (art. 1 f), 100 C.t.) (**IV-181**);

— à titre de composantes de la convention collective, ces modalités sont soumises aux mesures de stabilité énoncées à l'article 59 C.t.

Selon la formulation de la question litigieuse, notamment si elle porte davantage sur une disposition de la loi et non directement sur cet ajout conventionnel, la C.E.S. peut s'en saisir (art. 15, 101 et 102 L.E.S.) et, éventuellement, le Tribunal du travail (art. 112 L.E.S.).

III-728 — *Exemption totale ou partielle* — L'entreprise ayant déjà redressé les salaires de manière à enrayer de tels écarts discriminatoires peut être présumée par voie d'anticipation s'être conformée à la loi et pourrait ne pas être tenue de reprendre de nouveau l'opération[7-39]. L'article 119 L.E.S. impose cependant quelques conditions préalables à la réalisation de cette présomption. Ces conditions reprennent les grandes lignes applicables au P.E.S. (**III-725**). À ces fins, l'exemption doit être expressément autorisée par la C.E.S. à la suite d'un examen du dossier que doit présenter l'employeur (art. 120 L.E.S.). Une telle requête de l'employeur est aussi affichée (art. 14 L.E.S.) de manière à permettre aux salariés ou à un syndicat accrédité, s'il y a lieu, de s'interposer (art. 120, al. 3, L.E.S.). La C.E.S. peut refuser l'exemption ou exiger la réalisation de conditions particulières avant d'autoriser cette exemption (art. 121 L.E.S.). Bien évidemment, les modalités relatives au versement des sommes dues pour combler les écarts salariaux sont maintenues (art. 122, 123 et 124 L.E.S.). Nous savons que l'entreprise comprenant neuf salariés ou moins n'est pas tenue d'effectuer cette opération systémique de redressement (art. 4 L.E.S.) (**III-722**). Cet employeur est néanmoins soumis à l'article 19 de la *Charte des droits et libertés de la personne*[7-40]. S'il y a violation, le salarié peut s'en plaindre (art. 129 L.E.S.); la C.E.S. peut également prendre semblable initiative (art. 93, al. 6, L.E.S.) et en saisir directement le Tribunal du travail (art. 106 L.E.S.).

7-39. Si ce redressement n'était pas terminé le 21 novembre 1996, bien qu'il soit assez avancé, l'employeur pouvait être expressément autorisé à poursuivre sa démarche initiale (art. 119 *in fine* L.E.S.).

7-40. À ces fins, la *Charte des droits et libertés* fut modifiée pour y ajouter l'article 49.1, où l'on précise que la C.E.S. dispose de la compétence pour traiter ces plaintes bien que l'entreprise de moins de dix salariés ne soit pas soumise aux autres dispositions de cette loi (art. 126 L.E.S.).

III-729 — *Les autres entreprises* — Cette loi est fondée sur le postulat de l'existence d'écarts salariaux discriminatoires et elle se limite à établir des voies et des moyens pour les enrayer. On n'y vise que les entreprises où l'on trouverait une discrimination salariale systémique en fonction du sexe (**III-720**)[7-41]. À part les entreprises de la quatrième catégorie (**III-723**), toutes les autres doivent établir, selon les prescriptions de cette loi, l'état de leur situation salariale afin de déterminer si elles doivent effectuer une mise à niveau systématique ou si elles en sont vraiment épargnées. Dans cette dernière hypothèse, c'est-à-dire si, de fait, il n'y a pas de tels écarts salariaux systémiques en fonction du sexe dans une entreprise donnée, l'employeur tout comme le syndicat accrédité n'ont qu'à maintenir cet état *satisfecit*. Il se peut par ailleurs que la C.E.S. exige de cet employeur quelques mesures susceptibles d'assurer le maintien de la situation de parité salariale préalablement établie. Il serait pour le moins téméraire de porter dès maintenant un quelconque jugement sur les qualités de cette loi et sur ses éventuels effets. Son énoncé n'est certes pas toujours d'une précision parfaite et certaines de ses dispositions exigent ou supposent l'apport d'éléments complémentaires par voie de règlements et de décisions administratives ou judiciaires pour tenir compte de multiples contraintes de temps, de lieux et des personnes. Nous devons reconnaître que l'on y traite de questions délicates comportant souvent de nombreuses ramifications à l'égard de la politique salariale de l'entreprise ou de sa gestion générale des ressources humaines (dotation, plan de carrière, etc.). Dans bien des milieux, les syndicats devront également savoir départager entre les contraintes provenant de l'application intégrale de cette loi et les besoins ou exigences des autres groupes de salariés qu'ils doivent continuer à représenter. On ignore encore comment les employeurs, les syndicats et les salariés vont réagir au cours de la prochaine décennie, soit la période nécessaire à la mise en application complète des processus de redressement systématique des salaires des femmes. Il nous faut espérer ne pas connaître d'effets pervers semblables à ceux qui résultèrent de la *Loi du salaire minimum des femmes*[7-42].

7-41. L'entreprise où il n'y aurait que des salariés masculins est de fait exclue du régime, mais il en serait autrement d'une entreprise où l'on ne retrouverait que des femmes (art. 13 L.E.S.).

7-42. 9 Geo. V, c. 11. À la suite de cette loi, certains employeurs engagèrent des hommes pour des emplois jusqu'alors assignés à des femmes. Afin de bloquer ce manège, il fallut modifier la loi de 1919, de manière à en faire bénéficier un homme détenant un emploi « [...] qui d'ordinaire et selon la coutume est exécuté par une femme » (24 Geo. V, c. 30) (**III-203**).

Section 7.3
Les régimes applicables aux artistes

III-730 — *Lois de l'emploi des artistes* — Depuis 1988, les artistes des arts visuels et de la scène disposent de mécanismes leur permettant d'établir collectivement les conditions générales d'exercice de leur art à l'égard des diffuseurs et des producteurs[7-43]. Ces processus empruntent des éléments propres à la négociation collective et retiennent à cette fin des modalités semblables à celles que l'on trouve au *Code du travail* (**IV-42 et suiv.**) et aussi des règles qui relèvent fort plus des pratiques relatives à la conclusion du contrat d'emploi (**II-29 et suiv.**). Une brève analyse des mécanismes mis en place permet de constater qu'il est juridiquement possible d'élaborer des modalités qui puissent bien répondre aux contraintes et aux dynamiques des situations particulières que connaissent les artistes. À ces fins, il peut être utile, dans un premier temps, de souligner quelques traits socio-économiques des artistes afin de mieux apprécier la qualité des modalités retenues. Par la suite, nous considérons les principales dispositions de ces deux régimes applicables aux artistes et les pratiques retenues par leur association respective. Cette double analyse peut permettre d'y déceler quelques pistes valables susceptibles d'en faire d'éventuelles applications à d'autres types d'emploi : travailleur autonome, pigiste, télétravailleur, salarié intérimaire, etc. (**VI-4**).

7-43. Deux lois aménagent ces régimes : la *Loi sur le statut professionnel et les conditions d'engagement des artistes de la scène, du disque et du cinéma*, L.R.Q., c. S-32.1 et la *Loi sur le statut professionnel des artistes des arts visuels, des métiers d'art et de la littérature et sur leurs contrats avec les diffuseurs*, L.R.Q., c. S-32.01, ci-après respectivement désignées : S-32.1 et S-32.01. Notons que plusieurs personnes de ces milieux désignent ces mêmes lois à l'aide de leur numéro initial de chapitre au recueil annuel des lois : Loi 90 pour S-32.1 et Loi 78 pour S-32.01.

III-731 — *Description de la population* — Deux lois aménagent respectivement un régime permettant la négociation collective des conditions d'exercice de l'activité professionnelle des artistes. Nous devons d'abord connaître les groupes d'artistes qui peuvent se prévaloir de ces processus collectifs, entendu que chaque loi traite d'un champ artistique distinct. D'une façon générale, la loi S-32.1 vise les artistes qui exercent «[...] à la scène, y compris le théâtre, le théâtre lyrique, la musique, la danse, les variétés, le film, le disque et les autres modes d'enregistrement du son, le doublage et l'enregistrement d'annonces publicitaires» (art. 1). La loi S-32.01 s'applique «[...] aux artistes qui créent des œuvres à leur propre compte dans le domaine des arts visuels, des métiers d'art et de la littérature [...]» (art. 1)[7-44]. Pour mieux saisir la portée des ces deux lois et l'intérêt d'en connaître les mécanismes pour l'étude du droit de l'emploi, nous esquissons, en premier lieu, un profil socio-économique de l'artiste. La connaissance de certains traits caractéristiques des artistes facilite la discussion à savoir si ce costume juridique qui leur fut taillé pourrait, à l'aide de quelques retouches, convenir aux salariés à statut précaire. Cette problématique est d'autant plus intéressante du fait que ces deux lois retiennent une même caractéristique importante à leur sujet, soit celle de personnes qui œuvrent «[...] à leur propre compte[7-45]». On ne peut être surpris de cette possible extrapolation de ces régimes en faveur des travailleurs autonomes puisqu'un grand nombre d'artistes partagent ce statut socio-économique. À cette première donnée, nous ajoutons une brève esquisse statistique du profil de la population active du secteur culturel[7-46]. Ainsi, on y trouverait 3 % de la population active, soit environ 100 000 personnes et cette population:

— a connu un taux de croissance supérieur à la moyenne: 15 % comparativement à 12 %, de 1986 à 1991;

— est plus scolarisée que la moyenne: diplôme universitaire de 27 % par rapport à 14 %;

— se situe à 61 % dans la région métropolitaine de Montréal;

— reçoit des revenus de transfert inférieurs à la moyenne: 6 % au lieu de 7 %.

7-44. L'article 2 de la loi S-32.01 explicite d'une façon détaillée le contenu respectif des pratiques artistiques concernant les arts visuels, les métiers d'art et la littérature. Ainsi en est-il à la loi S-32.1, où l'on définit à l'article 2 les termes artiste, film et producteur. Ces définitions sont assez larges, souples et quelque peu évasives, mais elles délimitent néanmoins le champ d'application respectif de ces deux régimes et, au besoin, il faut nous y référer et surtout, ne pas s'en écarter.

7-45. S-32.1, art. 2 « artiste » et S-32.01, art. 1.

7-46. Ces données sont tirées du rapport statistique publié par la DIRECTION DE LA RECHERCHE, DE L'ÉVALUATION ET DES STATISTIQUES, MINISTÈRE DE LA CULTURE ET DES COMMUNICATIONS, *La population active du secteur culturel au Québec (données du recensement de 1991)*, ISBN-550-25873-8, 1996.

Le secteur culturel comprend un sous-secteur des arts qui regroupe 28 % du total de cette population active : il s'agit de 31 400 personnes qui pratiquent différents arts. En 1991, 30 % d'entre eux étaient des travailleurs autonomes dont le revenu moyen était de 31 000 $[7-47].

III-732 — *La C.R.A.A.A.P.* — Ces deux lois répondent à une même économie et leur libellé respectif comprend de multiples ressemblances. Pour éviter d'innombrables doublons, nous en donnons une description de façon parallèle en soulignant, à l'occasion, les éléments discordants ou distinctifs de ces lois. On y trouve des définitions de l'artiste et des pratiques artistiques de même que l'articulation des processus servant à la détermination des associations représentatives des artistes et de celles des producteurs et des diffuseurs. Les parties disposent respectivement de moyens d'action et d'intervention aux fins de la négociation collective des conditions minimales d'emploi des artistes et de l'exercice de l'activité artistique. Finalement, la portée des ententes qui résultent de ces processus collectifs y est précisée. Le ministre de la Culture et des Communications est responsable auprès de l'Assemblée nationale de ces deux lois (art. 49 S-32.01 ; art. 76 S-32.1) et leur administration pratique relève de la Commission de reconnaissance des associations d'artistes et des associations de producteurs (ci-après : la C.R.A.A.A.P.). Cet organisme, formé de trois membres, dispose des pouvoirs et de l'encadrement juridique généralement dévolus à de telles fonctions (art. 44 à 55 S-32.1)[7-48]. Selon les articles 56, 57 et 58 S-32.1, les principales fonctions de la C.R.A.A.A.P. consistent à :

— s'assurer de l'admissibilité des associations qui entendent intervenir dans le cadre de ces lois (art. 56, par. 2) ;

— établir les champs d'activité professionnelle ou les secteurs de négociation au sujet desquels les associations peuvent être représentatives des parties en présence (art. 57) ;

— constater la représentativité des associations des artistes et des producteurs (art. 56, par. 1) ;

— dépêcher, au besoin, auprès des parties à la négociation, un médiateur ou un arbitre et, à cette fin, dresser une liste de personnes habilitées à exercer ces deux fonctions (art. 56, al. 3, 4, 6)[7-49] ;

7-47. Au sein de ce sous-groupe, les revenus moyens sont différents selon les arts pratiqués : en arts visuels, la moyenne des revenus serait de 17 700 $; en art d'interprétation, de 29 220 $, et en littérature, de 33 700 $.

7-48. Les modalités relatives à la C.R.A.A.A.P. sont définies à la loi S-32.1 et cette commission assume pareillement l'administration de la loi S-32.01 selon l'article 56 *in fine* S-32.1.

7-49. La direction générale des relations du travail du ministère du Travail fournit des médiateurs sur demande de la C.R.A.A.A.P.

— préciser, sur demande, le statut d'artiste d'une personne et son champ d'activité professionnelle (art. 58);

— établir, par voie de règlement, la procédure et les modes de preuve applicables aux fins d'enquête[7-50];

— donner, s'il y a lieu, des avis au ministre sur les mesures susceptibles de «[...] favoriser la protection du statut professionnel de l'artiste en harmonie avec les développements des entreprises de production» (art. 56, par. 5).

Compte tenu de la similitude des fonctions de la C.R.A.A.A.P. avec celles des commissaires du travail, plusieurs dispositions de cette loi apparaissent assez semblables à celles que l'on trouve depuis longtemps au *Code du travail*. Pour ces raisons, la jurisprudence élaborée par les commissaires du travail et le Tribunal du travail peut souvent servir de guide pratique d'interprétation de ces mêmes dispositions[7-51]. Notons que les décisions de la C.R.A.A.A.P. sont finales et sans appel (art. 66 S-32.1)[7-52], sous réserve de l'exercice du pouvoir de surveillance et de contrôle de la Cour supérieure (**V-76**).

III-733 — *L'artiste visé* — Les catégories de personnes respectivement visées par ces lois y sont définies. Les critères retenus permettent une reconnaissance de fait du statut d'artiste et, au besoin, la C.R.A.A.A.P. confirme d'autorité cette qualité aux fins de l'application de ces deux lois. Notons que cette qualification professionnelle est nécessaire pour établir par la suite la représentativité des associations en présence et aussi, pour déterminer l'applicabilité des ententes négociées à l'égard de situations particulières (**III-736**). Pour la loi S-32.01 (arts visuels, métiers d'art et littérature), la définition d'artiste professionnel donnée aux articles 1 et 2 est en quelque sorte complétée à l'aide des quatre conditions énoncées à l'article 7. Les deux premières

---

7-50. Ces modalités se trouvent aux *Règles de preuve et de procédure de la Commission de reconnaissance des associations d'artistes*, Décret 1538-90, (1990) 122 G.O. 2, 4070.

7-51. Ainsi l'article 56 S-32.1 (reconnaissance) a son pendant à l'article 21 C.t.; l'article 57 (champ d'activité), à l'article 21 C.t.; l'article 58 (qualification), à l'article 39 C.t.; l'article 59 (champ approprié), aux articles 31 et 32 C.t.; l'article 60 (complément d'information), à l'article 26 C.t.; l'article 61 (enquête), aux articles 23.1 et 33 C.t.; l'article 62 (objet de la décision), aux articles 34 et 42; l'article 63 (audition des parties), aux articles 32 et 34 C.t.; l'article 64 (demande frivole), à l'article 130.1 C.t.; l'article 67 (révision des décisions), à l'article 49 C.t. et enfin, l'article 68 (contrôle judiciaire), à l'article 139 C.t. Pour ces raisons, nous renvoyons le lecteur à nos commentaires présentés en marge de ces mêmes dispositions du *Code du travail* qui apparaissent au titre IV. Voir: *Association des professionnels des arts de la scène du Québec (APASQ–CSN) et Union des artistes (UDA)*, [1995] C.R.A.A.A.P. 441.

7-52. L'article 68 S-32.1 limite l'exercice du contrôle judiciaire (**V-78**). Voir: *Conseil du Québec de la Guilde canadienne des réalisatrices et réalisateurs c. Association québécoise des réalisatrices et réalisateurs de cinéma et de télévision*, D.T.E., 95T-1176 (C.A.).

conditions relèvent de la personne même : elle doit se déclarer artiste profes-sionnel et créer des œuvres « pour son propre compte ». Les deux autres con-ditions imposées lui sont extrinsèques : les œuvres de l'artiste doivent être accessibles au public et l'artiste doit aussi disposer d'une reconnaissance de ce statut par ses pairs. Il est aussi possible d'accéder à ce statut par la voie d'une présomption induite du fait d'être déjà membre d'une association reconnue d'artistes professionnels (art. 8 S-32.01). Dans le cas de S-32.1, le statut professionnel d'artiste s'acquiert par la voie d'une présomption établie du seul fait que la personne exécute habituellement sa prestation à titre d'artiste auprès d'un producteur contre rémunération (art. 2, 6). Le fait qu'un artiste exerce par le truchement juridique d'une personne morale ne modifie pas son statut professionnel ni ne le prive des bénéfices des ententes conclues sous ce régime et des garanties afférentes (art. 3 S-32.1; art. 4 S-32.01)[7-53]. Par ailleurs, le salarié visé par une accréditation rendue en vertu du *Code du travail* ne peut bénéficier concurremment des droits et des avantages qui peu-vent autrement lui échoir de ces mêmes lois (art. 5 S-32.1; art. 5 S-32.01)[7-54]. Ces exclusions ne seraient, à notre avis, ni totales ni absolues; elles ne s'appliqueraient que dans l'espace où il y a conflit de droit **(I-95)**[7-55]. En rai-son de cette dualité de régime applicable aux artistes, il est possible que l'œuvre d'un artiste, ou son activité même, paraisse relever tantôt de la scène et tantôt des arts visuels ou de la littérature, d'où la nécessité d'effectuer par-fois une qualification plus fine et plus spécifique. Saisie d'une semblable question, la C.R.A.A.A.P. dégagea quelques balises directrices.

i) La loi S-32.1 (scène, disque, cinéma, etc.) traite des rapports entre l'artiste et le producteur, et la loi S-32.01 (arts visuels, métiers d'art et littérature) porte sur la relation entre l'artiste et son diffuseur.

7-53. Si une telle disposition se retrouvait au *Code du travail*, nous n'aurions pas connu la si-tuation déplorable résultant du stratagème qui consiste à placer entre l'employeur et le salarié une personne morale servant d'écran et lui faisant ainsi perdre le statut de salarié à l'égard du véritable employeur. Voir : *Commission scolaire du Lac Témiscamingue* c. *S.C.F.P.*, [1986] T.T. 106, commenté sous le titre « La double personnalité d'un concier-ge », (1986) 41 *Rel. Ind.* 835.

7-54. Dans le cas de S-32.1, pareille exclusion s'appliquerait aussi si l'artiste était assujetti à un décret en application de la *Loi sur les décrets de convention collective* (**III-516**). Voir : *Association des professionnels des arts de la scène du Québec (APASQ–CSN) et Société professionnelle des auteurs et compositeurs du Québec (SPACQ)*, [1994] C.R.A.A. 122.

7-55. En d'autres termes, un artiste qui serait salarié à temps partiel pour le compte d'une en-treprise où le personnel est représenté par un syndicat accrédité en vertu du *Code du tra-vail* ne saurait, dans ce milieu et cette situation, faire prévaloir son statut d'artiste ni une entente collective conclue en vertu de l'une ou l'autre de ces deux lois (S-32.1 et S-32.01). Par ailleurs, cette même personne pourrait se prévaloir de son statut d'artiste dès qu'elle exercerait d'autres activités artistiques en dehors de ce même milieu de tra-vail. Voir : *Association des professionnels de la vidéo du Québec (APVQ) et Syndicat des techniciennes et techniciens du cinéma et de la vidéo du Québec (STCVQ)*, [1994] C.R.A.A. 263.

ii) La réalisation d'une œuvre telle qu'une pièce de théâtre, une interprétation de danse, de musique, d'un film, etc., suppose qu'un producteur soit généralement l'initiateur du projet, du moins pour sa réalisation et non nécessairement pour sa conception. À cette fin, il retient la participation de l'artiste, alors que l'œuvre est à produire seul ou avec d'autres artistes (S-32.1).

iii) Dans les cas visés à S-32.01, l'œuvre de l'artiste (peinture, estampe, photographie, roman, essai, etc.) est généralement déjà créée et par la suite confiée au diffuseur qui la présente au public[7-56].

Cet ordre séquentiel des faits, c'est-à-dire où l'utilisateur (producteur ou diffuseur) se situe ou en aval ou en amont de l'œuvre, n'est pas toujours la situation réelle que l'on trouve. Il est possible qu'un producteur propose à un artiste la création d'une œuvre originale ou son adaptation : œuvre dramatique, traduction, livret, etc. Un diffuseur peut commander une œuvre à un peintre ou à un sculpteur[7-57]. De même, une entreprise peut confier à une firme de communication le soin de préparer une brochure publicitaire ou une « bande » magnétoscopique de publicité, etc. On doit en conclure qu'il nous faut éviter de trop simples qualifications hâtives *in abstracto*. L'arbitrage de la C.R.A.A.A.P. peut parfois être nécessaire, ou pour préciser quel groupe d'artistes peut être valablement représenté par une association ou encore, pour déterminer si tel artiste ou tel utilisateur est lié à l'entente négociée par une association reconnue d'artistes (art. 58 S-32.1)[7-58].

III-734 — *Association reconnue d'artistes* — Ces deux lois aménagent respectivement une démarche collective en vue d'établir les conditions générales de la réalisation de diverses pratiques artistiques. En d'autres termes, il s'agit de pourvoir les artistes d'une voie collective pour faire ensemble et mieux ce que chacun devrait ou pourrait juridiquement accomplir seul, soit la négociation des conditions d'exécution de son art auprès d'un diffuseur ou d'un producteur. À cette fin, il est nécessaire d'identifier des associations habilitées à entreprendre pareille aventure. Les principes directeurs retenus sont semblables à ceux de l'accréditation du syndicat au sens du *Code du travail* (**IV-43 et suiv.**). Il s'agit notamment

---

7-56. À titre d'illustration, voir le cas où il fallut qualifier l'œuvre d'un scénariste (auteur du texte servant à un film) : *Writers Guild of Canada et Union des écrivaines et écrivains du Québec*, [1995] C.R.A.A. 336.

7-57. En situation mixte, c'est-à-dire à cheval sur ces deux lois, la C.R.A.A.A.P. départagerait, semble-t-il, en considérant le rapport entre l'artiste et l'utilisateur de son œuvre. Voir : *Association Théâtres Associés inc. et Association québécoise des auteurs dramatiques*, [1995] C.R.A.A., 571 : « [...] même si la Loi 78 (S-32.01) n'exclut pas expressément l'œuvre commandée, c'est la Loi 90 (S-32.1) qui s'applique dans ce cas puisque cette dernière traite de relations de travail plutôt que de contrat commercial » (p. 583).

7-58. *Conseil du Québec de la Guilde canadienne des réalisateurs (C.Q.G.C.R.) et Association québécoise des réalisateurs et réalisatrices de cinéma et de télévision (A.Q.R.R.C.T.)*, [1994] C.R.A.A. 134 ; *Simard et Union des artistes*, [1996] C.R.A.A. 628.

de s'assurer de la qualité intrinsèque de l'association requérante, de son authenticité et de son indépendance à l'égard de son éventuel vis-à-vis, puis d'apprécier sa représentativité tant quantitative que qualitative (**IV-49, 66**). Cette identification suppose aussi que soit préalablement circonscrit le champ d'activité artistique dans le cadre duquel une association peut ainsi satisfaire à cette double condition[7-59]. Les articles 9 à 11.2 S-32.1 et 12 à 14 S-32.01 énoncent les qualités intrinsèques de l'association d'artistes qui permettent de témoigner de son authenticité et de son caractère démocratique[7-60]. Selon la loi S-32.01, il est aussi possible de constituer des regroupements de ces associations (art. 3, 10, 11, 13). De telles réunions d'associations respectent la spécificité de chaque association tout en disposant d'une structure permettant d'agir efficacement dans l'un ou l'autre des trois champs exclusifs retenus aux fins d'une négociation collective au profit de ces artistes : les arts visuels, les métiers d'art ou la littérature (art. 10 S-32.01). En raison même de cette exclusivité et de ces limites, on saisit mieux les critères retenus à l'article 11 de cette loi, soit la majorité relative en faveur de la seule association ou du seul regroupement qui comprend « [...] le plus grand nombre d'artistes professionnels du domaine visé et dont les membres sont les mieux répartis parmi le plus grand nombre de pratiques artistiques et sur la plus grande partie du territoire du Québec » (art. 11, al. 2, S-32.01). L'association ou le regroupement reconnu peut représenter les artistes auprès d'un diffuseur, soit pour négocier les conditions spécifiques du contrat, soit pour en assurer le respect (art. 25 S-32.01) (**III-736**). Dans le cadre de la loi S-32.1, la C.R.A.A.A.P. doit déterminer le secteur professionnel approprié (art. 13). Cette donnée est préalable à la détermination de la représentativité de l'association puisque cette dernière qualité résulte notamment de l'appui d'une majorité de la population visée (art. 16, 18 S-32.1). La procédure de reconnaissance s'inspire fortement de la méthode d'accréditation retenue au *Code du travail* : on y indique qui peut être demandeur, quand la requête peut être formulée, le processus retenu pour en permettre l'étude et qui peut intervenir à ces occasions (art. 12 à 19 S-32.1; art. 15 à 20 S-32.01)[7-61]. Cette reconnaissance confère à son titulaire le statut et les

---

7-59. Hors contexte, la description du secteur de négociation visé peut paraître assez complexe et relativement floue. Voir : *Union des artistes et Conseil du Québec de la Guilde canadienne des réalisateurs, réalisatrices et al.*, [1994] C.R.A.A. 277.

7-60. Ces dispositions sont des adaptations des articles 1 a), 12, 14, 20.1, 20.2, 20.3 et 21 du *Code du travail* (**IV-11 à 41**). La C.R.A.A.A.P. peut, au besoin, s'enquérir du respect des qualités exigées de l'association, soit à l'occasion d'une demande de reconnaissance, soit au cours des activités de l'association reconnue. Voir : *Simard et Union des artistes*, [1995] C.R.A.A. 325.

7-61. On trouve au *Code du travail* les articles 22, 25, 26, 27, 27.1, 28, 33, 36.1 à 40 qui ont pu servir de modèles à la rédaction de ces dispositions. À ces fins, voir nos commentaires aux paragraphes IV-48 à 71. Par ailleurs, ces deux lois prévoient la publication dans les journaux des demandes de reconnaissance, et les décisions de reconnaissance rendues par la C.R.A.A.P. sont publiées à la *Gazette officielle du Québec* (art. 19). À titre d'illustration, voir : *Union des artistes et Association québécoise des réalisateurs et réalisatrices de cinéma, de télévision*, [1997] C.R.A.A. 289; *Canadian Actor's Equity Association*, [1997] C.R.A.A. 429.

pouvoirs nécessaires à la négociation collective des modalités générales d'exercice de la pratique artistique et notamment les conditions minimales d'emploi dans un secteur professionnel déterminé. Les résultats de cette négociation collective peuvent être consignés dans un contrat type ou dans une entente collective (art. 24 et 27 S-32.1; art. 26 et 31 S-32.01)[7-62]. Cette reconnaissance vaut tant qu'elle ne lui est pas expressément retirée par la C.R.A.A.A.P. ou par l'effet d'un nouvelle reconnaissance officielle émise en faveur d'une autre association (art. 14, 21, 22 et 23 S-32.1; art. 15, 17, 21, 22 et 23 S-32.01)[7-63]. Les associations de producteurs ou le producteur lui-même doivent reconnaître et négocier avec cette seule association d'artistes reconnue (art. 26 et 27 S-32.1). Par ailleurs, s'il existe une association de producteurs reconnue, l'association d'artistes reconnue doit négocier exclusivement avec ce vis-à-vis[7-64].

III-735 — *Négociation collective* — Le producteur, son association ou l'association d'artistes reconnue peuvent respectivement prendre l'initiative d'enclencher la négociation collective (art. 27, 29 et 30 S-32.1). Le processus de négociation articulé aux articles 31 à 34 S-32.1 est un décalque de celui que l'on trouve au *Code du travail*. Pour ces raisons, il va de soi que l'étude de ces dispositions peut être facilitée par une connaissance de l'entendement pratique que l'on dégage depuis fort longtemps de semblables règles au *Code du travail*[7-65]. Ainsi, cette négociation s'effectue dans un contexte général où chaque partie peut à la fois exercer et subir des pressions du fait qu'une grève et qu'un lock-out peuvent survenir **(IV-107)**[7-66]. Pour éviter l'usage de tels recours généralement coûteux aux deux parties à la fois, il leur est possible de

---

7-62. Ces dispositions confèrent à l'association reconnue de vastes pouvoirs d'intervention, notamment pour la défense des intérêts collectifs et individuels des artistes.

7-63. *Union des écrivaines et écrivains québécois et Association québécoise des auteurs dramatiques*, [1994] C.R.A.A. 403.

7-64. Il faut parfois distinguer entre le donneur d'ouvrage, le commanditaire et le producteur, puisque c'est ce dernier qui est visé à la loi S-32.1. Le cumul de ces titres et fonctions est aussi possible. Voir : *Union des artistes et Au bon marché*, [1995] C.R.A.A. 198; *Guilde des musiciens du Québec et Ville de Montréal (Service de la culture)*, [1995] C.R.A.A. 583; *Union des artistes et Sirbain International inc.*, [1995] C.R.A.A. 195.

7-65. À des fins comparatives, l'article 28 S-32.1 (avis de négociation) correspond à l'article 52 C.t.; l'article 30 (négociation de bonne foi), à l'article 53 C.t.; les articles 31 et 32 (la médiation), aux articles 54 et 55 C.t.; les articles 33 et 33.1 (1re négociation), aux articles 93.1 et suivants C.t.; les articles 34, 37 et 38 (moyens de pression), aux articles 58, 106 et 107 C.t.; l'article 35 (dépôt de l'entente), à l'article 72 C.t.; les articles 35.1 et 35.2 (arbitrage de griefs), aux articles 100 et suivants C.t.; l'article 36 (durée de l'entente), à l'article 65 C.t.; l'article 37 (remplacement de l'association), aux articles 43 et 59 C.t.; l'article 40 (portée de l'entente), à l'article 67 C.t.; l'article 41 (mandat non requis), à l'article 69 C.t. et l'article 42 (actes prohibés) à l'article 14 C.t.

7-66. Au lieu des expressions « grève » et « lock-out », le législateur utilise cette circonlocution bémolisante : « [...] une action collective en vue de l'amener à conclure une entente collective » (art. 34 S-32.1). De même en est-il d'« entente collective » qui est préférée à l'expression « convention collective » ! Encore cette question : *est et non* ?

rechercher quelques voies de solutions avec l'aide d'un médiateur (art. 31, 32, 56 S-32.1)[7-67] et même, d'accepter ensemble l'intervention d'autorité d'un arbitre (art. 34 S-32.1)[7-68]. Dans le cas des arts visuels, des métiers d'art et de la littérature (S-32.01), les associations reconnues (art. 10 S-32.01) négocient davantage les modalités particulières d'un contrat type servant d'inéluctable toile de fond à l'entente individuelle qui intervient entre chaque artiste et son diffuseur. Cette opération se réalise dans le cadre général du régime contractuel spécifique établi aux articles 30 à 42 S-32.01. Ces dernières dispositions comprennent de multiples mesures protectrices de l'artiste vis-à-vis de son diffuseur, de son éditeur ou de son distributeur. Ainsi, ces règles comportent notamment :

— l'obligation que ce contrat soit constaté à l'aide d'un écrit signé par les deux parties et en deux exemplaires (art. 31 S-32.01);

— la réserve voulant que ce contrat n'entre en vigueur qu'au moment où un exemplaire dûment signé est remis à l'artiste (art. 31, 32 et 33 S-32.01);

— un contenu minimal doit s'y trouver : la nature de la transaction; la description de l'œuvre; les coordonnées générales relatives aux cessions de droits qui peuvent y être faites; le prix et les modalités de paiement; et les redditions de comptes faites à l'artiste (art. 31 S-32.01);

— la caducité immédiate du contrat du fait de la faillite du diffuseur, du distributeur ou de l'éditeur (art. 36 S-32.01);

— l'interprétation du contrat, si nécessaire, devant relever de l'arbitrage civil[7-69], sauf si ce moyen est déjà expressément exclu au contrat (art. 37 S-32.01).

De plus, l'artiste dispose de garanties supplémentaires si le contrat porte atteinte à sa pratique artistique future (art. 34 S-32.01). Parce que le diffuseur exerce souvent la gestion d'une partie importante du patrimoine de l'artiste et doit assurer la publication de ses œuvres, les articles 38 à 41 S-32.01 précisent d'une façon détaillée l'obligation imposée au diffuseur relative à sa reddition de comptes, y compris le droit à un examen de ses livres comptables par un expert désigné par l'artiste. Notons que ces dispositions sont d'ordre public, c'est-à-dire que l'artiste ne peut y renoncer, sauf en

---

7-67. *Guilde des musiciens du Québec, Ville de Montréal (Service de la culture)*, précité, note 7-64.

7-68. Dans le cas d'une première négociation collective, une des parties peut imposer cet arbitrage : les articles 33 et 33.1 S-32.1 sont les pendants des articles 93.1 et suivants du *Code du travail* (**IV-144**).

7-69. Les règles du *Code de procédure civile* (art. 940 et suiv.) sont alors applicables. Voir : *Développements récents en arbitrage civil et commercial*, Cowansville, Les Éditions Yvon Blais inc., 1997.

ce qui concerne les articles 35 et 37 (art. 42 S-32.01). Finalement, les droits intellectuels cédés au diffuseur ou à l'éditeur n'entrent pas dans le patrimoine de ce dernier au profit de ses créanciers (art. 35, 36, 41 S-32.01). Cette négociation collective peut aussi s'effectuer sur une base doublement collective : une association reconnue ou un regroupement reconnu d'artistes et une association de diffuseurs (art. 43 S-32.01).

III-736 — *L'entente ou convention* — L'entente collective conclue au terme du processus lie alors le diffuseur membre d'une association de diffuseurs, même s'il en est exclu ou démissionnaire par la suite ou si cette dernière est dissoute (art. 45 S-32.01). L'entente type sert de creuset à la conclusion du contrat individuel et c'est par cette dernière voie que les modalités collectivement négociées trouvent leur application concrète (art. 43 S-32.01). Dans les champs professionnels visés à S-32.1, les associations reconnues d'artistes dans un secteur précis (film, vidéo, théâtre, etc.) négocient avec des producteurs ou leurs associations, et ces ententes collectives peuvent lier par la suite d'autres producteurs au moyen d'ententes particulières[7-70]. L'entente collective est déposée à la C.R.A.A.A.P. pour avoir effet (art. 35 S-32.1). L'article 8 S-32.1 relatif à la coexistence des actes en présence (contrat, entente collective et loi) édicte une règle tout à fait conforme au droit de l'emploi, mais que l'on ne trouve pas aussi clairement énoncée dans d'autres lois de l'emploi[7-71]. On y précise que ce régime de représentation collective et les actes qui peuvent en découler n'ont nullement l'effet d'exclure ni d'annihiler la liberté de l'artiste à conclure une entente individuelle avec un producteur, pourvu que son contenu ne soit pas « moins avantageux pour l'artiste [...] » que les conditions qui lui sont garanties à l'entente collective ou à la loi. Il va de soi que cette qualité s'établit en fonction de chacune des dispositions en cause et nullement par la voie d'une comparaison globale de ces ensembles : le contrat, l'entente collective et la loi. Si l'on ne trouve pas le pendant de cet article 8 S-32.1 à la loi S-32.01, le principe de la condition la plus avantageuse s'applique néanmoins, et ce, d'autant plus que, dans cette dernière problématique, le contrat est davantage utilisé, alors que les dispositions légales relatives à son élaboration sont d'ordre public (art. 42 S-32.01). Ainsi, l'entente collective qui traite du contrat type ne peut certes contredire les dispositions des articles 30 à 42 S-32.01. Elle ne peut que les compléter, les préciser et les bonifier : le plus contenant le moins (**I-95**). Un tel ordre des sources de droit assure la protection de l'artiste tout en sauvegardant sa liberté pour en améliorer et en adapter le contenu.

7-70. À titre d'exemple, le rapport annuel de la C.R.A.A. (1996–1997) cite le cas de l'Union des artistes qui déposa à ce dernier titre « 703 reconnaissances de juridiction intervenues avec des producteurs indépendants et se rapportant à des ententes collectives déjà déposées [...] » (p. 13).

7-71. Il nous a fallu dégager cette même règle par voie d'analyse déductive et à l'aide des principes directeurs du droit de l'emploi (**I-107; II-79 et suiv.; IV-169 et suiv.**).

Section 7.4

La protection des renseignements personnels

___

III-741 — *La problématique* — Le *Code civil du Québec* comprend sept dispositions générales relatives au respect de la réputation et de la vie privée contenues aux articles 35 à 41. Ces dernières s'appliquent à toute personne, comprenant celle qui, en raison de ses activités professionnelles, bénéficie du statut de salarié ou d'un statut assimilé. Ces règles générales sont, d'une certaine manière, complétées par un ensemble de dispositions qui s'adressent d'une façon plus directe au salarié. Il s'agit de la *Loi sur la protection des renseignements personnels dans le secteur privé* (ci-après L.P.R.P.)[7-72]. Bien qu'elles ne s'appliquent pas exclusivement aux salariés actuels ou futurs, ces mêmes dispositions traitent, en pratique et d'une façon soutenue, de la situation que connaît le salarié en raison même du caractère personnel de la relation d'emploi (**II-53**). Parce que l'employeur n'entend pas recevoir les services professionnels de quiconque, mais bien d'une personne disposant de qualités, de capacités et d'aptitudes personnelles et professionnelles déterminées, il lui faut tenter de mieux connaître les postulants, d'où l'intérêt de la collecte de renseignements préalables (**II-14**). Même lorsque le salarié est au service de l'employeur, ce dernier continue à faire un certain suivi du salarié afin d'établir et de préciser peu à peu son profil ou sa trajec-

___

7-72. L.Q. 1993, c. 17; cette loi ne vise pas uniquement le salarié, mais bien toutes personnes dont des renseignements personnels peuvent être retenus, traités ou exploités par un tiers. Pour les besoins de notre propos, nous ciblons uniquement les aspects de ces dispositions qui touchent l'employeur et le salarié. Nous particularisons ainsi ces règles de droit sans nier pour autant leur portée générale, notamment à l'égard du consommateur de biens et de services. Voir : René CÔTÉ et René LAPERRIÈRE (dir.), *Vie privée sous surveillance : la protection des renseignements personnels en droit québécois et comparé*, Cowansville, Les Éditions Yvon Blais inc., 1994.

toire professionnelle : absences, productivité, formation continue, promotions, discipline, activités diverses à l'intérieur de l'entreprise, etc. Ainsi, une kyrielle de questions peuvent déjà être soulevées :

— Un employeur peut-il librement constituer un dossier à l'égard de tout postulant ?

— Le consentement d'un postulant autorisant la divulgation de renseignements ou d'enquête auprès de tiers est-il encore valable au terme du concours ?

— Un employeur peut-il conserver *ad infinitum* l'ensemble des renseignements relatifs à la carrière de chaque salarié ?

— Un employeur peut-il transmettre les renseignements dont il dispose à l'égard d'un ex-salarié à tout autre employeur qui les lui demande ?

— Un tiers peut-il faire commerce de semblables renseignements au sujet des personnes à la recherche d'emploi et les transmettre à titre onéreux à d'éventuels employeurs ?

— Un salarié peut-il s'enquérir du contenu du dossier constitué à son sujet par son employeur ou par un marchand en semblable matière et peut-il exiger que des corrections y soient apportées ?

Dans notre société où le traitement informatisé permet d'emmagasiner, de traiter et d'exploiter si facilement et si rapidement de semblables renseignements, des mesures de protection s'imposaient pour assurer le respect de la vie privée (art. 35 C.c.Q. ; 5 de la Charte) de la personne du salarié et sa dignité (art. 2087 *in fine* C.c.Q.). Ce bref exposé a comme objet de rappeler le contenu des principales mesures de protection que l'on trouve maintenant au *Code civil du Québec* (**I-38**) et à la *Loi sur la protection des renseignements personnels dans le secteur privé*[7-73]. Plusieurs dispositions de cette loi doivent être respectées, notamment au moment de l'engagement d'un salarié (**II-18**). D'autres mesures de contrôle du traitement des renseignements personnels réalisé par les organismes publics sont édictées à la *Loi sur l'accès aux documents des organismes publics et sur la protection des renseignements personnels*[7-74].

III-742 — *Le C.c.Q.* — Le respect de la vie privée est d'abord affirmé à l'article 5 de la *Charte des droits et libertés de la personne* et, aux fins de la relation d'emploi, les articles 18.1 et 20 de cette charte complètent ces garanties (**II-15 ; III-104, 106, 107**). Les articles 35 à 41 C.c.Q. comprennent les

---

7-73. Cette loi constitue un réel ajout au sens de la disposition préliminaire du *Code civil du Québec* (**I-41**). L'article 1 L.P.R.P. établit expressément ce rapport de complémentarité.

7-74. L.R.Q., c. A-2.1

grandes règles relatives au respect de la réputation et de la vie privée. On comprend qu'il pourrait être utile de savoir ce que l'on entend par domaine privé[7-75]. Il semble difficile d'en donner une idée exacte à l'aide d'une simple définition. Ce concept renvoie à ce qui est le propre d'une personne et qu'elle n'est pas tenue, à titre de citoyen et de justiciable, de partager avec les autres. Le législateur n'en fournit pas de définition précise. À titre indicatif et d'une façon négative, l'article 36 C.c.Q. comprend une énumération de certaines situations constituant des atteintes à la vie privée : violation du domicile, interception ou utilisation d'une communication privée, de l'image ou de la voix d'une personne alors qu'elle est dans un lieu privé, surveillance d'activités, etc. De telles énumérations ont trait au « domaine privé » (lieu, vie, expression personnelle, etc.) sans que ce même qualificatif[7-76] soit explicite. Il serait sans doute trop simple de réduire cette problématique à une dichotomie, à savoir que ce qui ne relèverait pas du domaine public serait du domaine privé. Ce sont là deux notions à contenu variable et contingent[7-77]. Pour nos besoins plus immédiats, on peut déjà entrevoir les questions susceptibles d'être soulevées en pratique puisque le salarié réalise généralement son travail chez l'employeur, à l'aide des voies et moyens que lui fournit ce dernier (lieu ou poste de travail, vestiaire, ordinateur et autres instruments de travail) et dispose de certaines aires où il peut librement circuler (cantine, corridor, salle d'eau, stationnement, etc.). On trouve, même au sein d'un établissement, des lieux, des espaces, des renseignements qui demeurent néanmoins de nature privée, bien que le salarié soit chez l'employeur et à son service[7-78]. Ces « bulles privées » protectrices du salarié, l'employeur ne saurait valablement les nier d'autorité, sauf s'il s'agit de circonstances exceptionnelles susceptibles, à ce titre et à cette fin, de légitimer quelques interventions constituant autrement des atteintes à la vie privée et à la dignité du salarié (art. 2087 *in fine* C.c.Q.). L'article 37 C.c.Q. vise à contenir et à restreindre la pratique de la constitution de fichiers à l'égard de toute personne, sauf si le dossier :

— s'autorise d'un intérêt sérieux et légitime ; et

7-75. La division droit public et droit privé n'aiderait guère à clarifier cette notion. De plus, l'article 1 *in fine* L.P.R.P. précise que la collecte et le traitement de renseignements à des fins journalistiques ne sont pas des opérations assujetties à cette loi. On trouve bien des questions de nature privée qui sont aussi traitées à la *Loi sur l'accès aux documents des organismes publics et sur la protection des renseignements personnels*.

7-76. Sous cet aspect, on peut y voir une tautologie, une notion étant définie à l'aide même du concept qui est l'objet de l'exercice de la définition.

7-77. Il suffit de considérer l'importance des banques d'information confidentielle sur les personnes que l'on peut trouver au sein des organismes rattachés au réseau de la santé, de la sécurité sociale, des accidents du travail, à la Sûreté du Québec, aux ministères du Revenu, etc.

7-78. Cette même question est aussi traitée en vue de savoir jusqu'où l'employeur peut exercer des contrôles ou faire des enquêtes au moment où il embauche une personne ou pour apprécier le comportement du salarié dans certaines circonstances (**II-107, 108, 130**).

— ne contient que des renseignements pertinents en fonction de ces mêmes intérêts sérieux et légitimes; et

— ne renferme pas d'information susceptible de porter injustement atteinte à la vie privée et à la réputation de la personne visée; et

— n'est pas utilisé à d'autres fins que celle de sa destination première et légitime; et

— n'est pas communiqué en tout ou en partie à d'autres personnes sans le consentement du premier intéressé, sauf si la loi autorise un tel usage.

L'employeur n'a pas à recevoir une autorisation préalable pour constituer un dossier, et l'appréciation du respect des conditions exigibles est, au besoin, effectuée *a posteriori*. Ainsi, la personne qui fait l'objet d'un dossier peut exiger d'en connaître la teneur, d'en faire rectifier l'information et de recevoir copie de ces corrections. Elle peut aussi exiger la radiation des renseignements inexacts ou périmés et même, d'y faire ajouter ses propres commentaires (art. 38, 39 et 40 C.c.Q.). Le détenteur du dossier peut s'opposer à de semblables exigences, s'il dispose de motifs sérieux pour agir de la sorte (art. 39 C.c.Q.) (**III-746; V-89**). L'article 41 C.c.Q. précise que l'application de ces règles générales serait assurée par le tribunal à défaut de moyens plus particuliers retenus à la loi. Une semblable loi fut promulguée en 1993, il s'agit de la *Loi de protection sur les renseignements personnels*[7-79]. Compte tenu de la règle générale énoncée à l'article 35 C.c.Q., la L.P.R.P. ne peut restreindre la portée des dispositions du *Code civil du Québec*, sauf dans la mesure où celui-ci l'y autorise. De même en serait-il des autres lois, règlements, conventions collectives et contrats. Par ailleurs, ces autres sources de droit peuvent conférer des garanties meilleures ou mieux adaptées au respect de la réputation et de la vie privée du salarié. Dans ces cas, ces règles plus avantageuses et plus protectrices doivent prévaloir (art. 94, al. 2, L.P.R.P.)[7-80].

III-743 — *Portée de L.P.R.P.* — Partant des règles générales énoncées à l'article 37 C.c.Q. (**III-742**) relativement à la liberté contenue de la collecte et de la garde de renseignements personnels, la L.P.R.P. reconnaît implicitement qu'un employeur peut valablement disposer de certains renseignements relatifs à ses salariés actuels ou futurs. Cette loi établit le cadre et fixe les balises devant servir à la bonne gestion de semblables opérations[7-81]. La première

---

7-79. Parce qu'elle est le prolongement et aussi le complément de ces règles du *Code civil du Québec*, l'étude des dispositions de la loi est nécessaire pour mieux saisir la portée pratique des articles 35 à 41 C.c.Q.

7-80. *Malenfant* c. *Caisse populaire Desjardins de L'Ancienne-Lorette*, [1996] C.A.I. 218.

7-81. Notons que l'article 1, alinéa 2, L.P.R.P. précise bien que le support pour recevoir, traiter, conserver ou transmettre ces renseignements ne peut aucunement restreindre les obligations édictées à cette loi. Ainsi, le détenteur initial de ces renseignements personnels ne saurait excuser les fuites en raison de la volatilité de la messagerie.

obligation imposée à l'employeur ou à l'entrepreneur en semblable matière consiste à circonscrire lui-même l'objet de l'opération, c'est-à-dire à préciser ce pourquoi elle serait réalisée. Une telle mention doit apparaître au dossier et dès lors, la pertinence de son contenu s'établit en fonction de son objet (art. 4 et 5 L.P.R.P.). De même en est-il de l'usage qui peut en être fait. S'il entend sortir de cette orbite, le consentement de la personne visée doit lui être donné, sauf si la loi autorise cet écart (art. 13, 20 L.P.R.P.). La deuxième règle impose que la collecte des renseignements pertinents se fasse d'abord et avant tout auprès du sujet même : il demeure la meilleure source (art. 6 L.P.R.P.)[7-82]. Cette personne doit savoir à quelle fin l'information lui est demandée, qui la traitera et y aura accès et où elle sera conservée (art. 8 L.P.R.P.). L'employeur peut recourir à une source secondaire si le sujet autorise l'usage de cette voie, si la loi autorise l'employeur à y recourir ou encore, si ce dernier dispose d'un motif sérieux et légitime pour obtenir la corroboration d'information déjà légitimement obtenue. Dans ces derniers cas, si cette information provient d'une entreprise, celle-ci doit être identifiée au dossier (art. 7 L.P.R.P.)[7-83]. Quelle que soit la source d'information, les procédés retenus doivent être licites (art. 5, al. 2, L.P.R.P.)[7-84]. La portée de l'article 9 L.P.R.P. demeure assez énigmatique ou difficile à jauger, notamment à l'effet que le refus du postulant à répondre à une demande illicite d'information ne pourrait justifier sa radiation d'un concours[7-85]. Compte tenu de l'expression retenue à cet article (demande relative à un emploi), on peut aussi croire que cette règle s'appliquerait dans le cas d'une promotion ou d'une demande de mutation, etc.

III-744 — *La gestion des renseignements* — Les principales obligations qui incombent à l'entreprise portent sur la garde du dossier et le traitement des

---

7-82. Il est possible que le comportement d'une personne puisse avoir l'effet d'abolir le caractère confidentiel d'un document sans pour cela cependant réduire la réserve quant à sa pertinence, par exemple : le dépôt volontaire d'un rapport médical au dossier d'une entreprise de sélection de personnel. Voir : *Biochem Pharma inc.* c. *Pouliot et Dion Management Groupe Conseil inc.*, [1997] R.J.Q. 1. Au même effet et dans le contexte d'une démission, voir : *Office municipal d'habitation de Montréal* c. *Beaulieu*, [1995] C.A.I. 466.

7-83. L'informateur privé, c'est-à-dire une personne seule et non une entreprise, n'est pas identifié au dossier.

7-84. On peut saisir la portée pratique de cette règle lorsque, par exemple, l'employeur s'autoriserait d'une information obtenue illégalement et consignée au dossier du salarié pour imposer une décision d'ordre disciplinaire.

7-85. L'article 9 *in fine* L.P.R.P. crée une présomption à savoir que le doute relatif à la nécessité de la question posée ne serait pas nécessaire. Nous renvoyons le lecteur à nos propos antérieurs (**II-18**). L'intérêt de l'employeur pour la question posée et l'intérêt du salarié à refuser d'y répondre supposent un départage qui peut relever de la Commission d'accès à l'information (**III-748**). Ce n'est qu'en cas de doute que cette présomption de l'article 9 *in fine* s'appliquerait.

renseignements qu'il renferme[7-86]. Elles consistent à prendre les mesures idoines pour en préserver le caractère confidentiel (art. 10 L.P.R.P.). À titre d'exemple, l'employeur peut confiner le dossier dans un lieu où l'accès est limité ou encore, mettre en place un système de sécurité afin de réserver l'accès au support informatique contenant des renseignements personnels aux seules personnes autorisées à les consulter. Cette règle indique clairement que le fait que l'on puisse légitimement et légalement constituer de semblables dossiers (**III-743**) ne saurait équivaloir à une autorisation pour les exploiter à volonté et leur usage doit être confiné à leur destination légitime et déclarée (**III-743**). S'ajoute dès lors le devoir de s'assurer de l'exactitude de ces mêmes renseignements au moment où ils sont utilisés notamment s'ils servent à la prise de décision touchant cette personne (art. 11 L.P.R.P.). L'information contenue dans un dossier constitué pour un objet précis et déclaré (par exemple, un concours pour un poste vacant, une promotion, une fonction, une opération, etc.) (**III-743**) ne peut être retenue pour une autre fin, sauf si la personne visée y consent, et ce, d'une façon expresse, pour un temps déterminé ou déterminable et pour une fonction particulière qui y est précisée (art. 13 et 14 L.P.R.P.)[7-87]. Lorsque la personne visée autorise une autre personne ou un employeur à recueillir auprès d'un tiers certains renseignements, ce tiers est de ce fait lui aussi autorisé à les lui transmettre (art. 15 L.P.R.P.). Il est également possible qu'un règlement établisse à l'égard de certains renseignements ou situations particulières un calendrier de péremption (art. 12 *in fine* L.P.R.P.)[7-88]. Finalement, cette loi impose aux détenteurs de semblables dossiers un devoir de sauvegarde concernant le bon usage que pourrait faire un tiers situé à l'extérieur du Québec de ces renseignements qu'il lui transmet au sujet d'un résident du Québec. Ce tiers ne disposerait pas plus de la liberté de les exploiter que le détenteur initial, et ce dernier doit, dans le cas d'une liste nominative, s'assurer que les personnes visées peuvent s'opposer auprès de ce tiers à leur usage à des fins de prospection commerciale ou philanthropique (art. 17 L.P.R.P.). S'il y avait abus de la part de ce tiers, il faut croire que le détenteur qui a transmis l'information pourrait être contraint de démontrer la qualité des mesures de protection qu'il a exigées et engagerait d'autant sa propre responsabilité. Les télécommunications étant sans frontières, il importe que l'on ne puisse exporter des données du Québec pour les traiter de quelque manière et ensuite, les retourner au lieu d'origine alors que la «plus-value» commerciale n'aurait pu légalement s'effectuer au Québec (art. 18 *in fine* L.P.R.P.). La consigne générale se

---

7-86. Selon l'article 96 L.P.R.P., l'association qui dispose de renseignements personnels relatifs à ses membres serait aussi assujettie à ces règles. Voir : *Gauthier* c. *Syndicat des employées et des employés de la Bibliothèque de Québec*, D.T.E., 97T-463, C.A.I.

7-87. Les règles générales du *Code civil du Québec* relatives à la qualité du consentement sont évidemment applicables (**II-32**).

7-88. À ce jour, aucun règlement ne traite de cette question.

trouve à l'article 37 *in fine* C.c.Q., où l'on précise à ce sujet que le détenteur du dossier ne peut en faire un usage qui porterait « [...] atteinte à la vie privée de l'intéressé [ou] à sa réputation ».

III-745 — *Communication aux tiers* — Puisqu'il s'agit de la protection de renseignements personnels, s'impose la règle générale selon laquelle le détenteur légitime de ces renseignements (**III-743**) ne peut lui-même les communiquer à des tiers, sauf s'il dispose déjà d'une autorisation de la personne intéressée (art. 13, 14 et 15 L.P.R.P.)[7-89]. S'il en était autrement, les premières règles limitant la collecte et le traitement initial de ces renseignements serait sans effet pratique[7-90]. Au sujet de la communication de l'information, retenons d'abord que toute personne dont les renseignements personnels sont ainsi colligés a droit de recevoir confirmation de l'existence d'un tel dossier et d'en connaître le contenu (art. 27 L.P.R.P.). Dans l'intérêt de la société et, dans certains cas, dans l'intérêt même du salarié, il importe parfois que ces renseignements soient transmis à des tiers. À cet effet, l'article 18 L.P.R.P. énumère dix situations où le détenteur légitime des renseignements peut les communiquer à certains tiers sans le consentement préalable de la personne en cause. Par exemple lorsque :

— l'information est requise par son propre procureur;

— dans les multiples situations où ces renseignements sont nécessaires à l'administration d'une loi ou de la justice;

— pour l'arbitrage d'un grief;

— pour la sauvegarde de la santé et de la sécurité de la personne visée;

— etc.

Certaines autres situations témoignent d'un compromis imposé entre le respect de la vie privée d'une personne et les impératifs des processus assurant certaines activités économiques et sociales. Ainsi, les créanciers actuels du salarié ou ceux qu'il sollicite peuvent demander des compléments d'information au sujet de leur débiteur (art. 18, par. 9, et 19 L.P.R.P.). Il est vrai que ces rapports de crédit et les annotations qui s'y rattachent sont aussi accessibles à la personne en cause, mais il est assez fréquent que leur contenu ne lui soit connu qu'après coup. Les dispositions de la loi nous paraissent cependant plus libérales lorsqu'il s'agit de listes nominatives (nom, adresse et

---

7-89. Qui est le tiers et qui est la première personne intéressée ? Il n'est pas toujours facile de le préciser. Ainsi, le syndicat qui demande l'opinion juridique d'un avocat au sujet des droits d'un syndiqué est-il le seul qui dispose de l'avis à titre confidentiel ? Le syndiqué a-t-il droit de vue sur le dossier du syndicat ? Voir : *Bouchard* c. *Fédération des travailleurs et travailleuses du papier et de la forêt*, D.T.E. 97T-1318, C.A.I.

7-90. Ne dit-on pas en droit que l'on ne saurait faire indirectement ce qui est directement prohibé ?

téléphone) utilisées à des fins commerciales ou philanthropiques (art. 18, par. 10, 22 et 23 L.P.R.P.). Nous dirions que cette dernière diffusion serait favorisée du seul fait qu'il existe moins de contraintes protectrices. Le salarié qui refuse que ses coordonnées personnelles soient ainsi commercialisées par le truchement d'une liste nominative peut s'y opposer par la voie d'un protêt formulé :

— à l'employeur qui entend fournir ou exploiter lui-même cette liste : on doit présumer que le salarié serait déjà informé d'une telle intention (art. 22, par. 2, 23, al. 2, L.P.R.P.);

— à ce tiers qui dispose d'une telle liste au moment où il communique avec lui (art. 24, 25 et 26 L.P.R.P.)[7-91].

Pour des recherches scientifiques, il est aussi possible d'obtenir une autorisation circonstanciée de la Commission (**III-748**) afin d'obtenir les renseignements personnels pertinents, sans le consentement des personnes en cause (art. 18, par. 8, 21 L.P.R.P.).

III-746 — *Consultation et rectification* — Le droit d'accès au dossier personnel dressé par l'employeur et de correction de son contenu est d'abord garanti aux articles 38, 39 et 40 C.c.Q. Les modalités particulières de la loi en précisent et en aménagent l'exercice sans pour cela en réduire la portée (art. 27 à 41 L.P.R.P.)[7-92]. Selon l'article 30 L.P.R.P., les demandes de consultation du dossier et de correction de son contenu sont présentées par écrit : cette mesure permet de clarifier éventuellement le débat quant à l'objet de la demande et le moment de sa présentation (**V-89**). L'exercice de ce droit est gratuit, sauf pour la reproduction des pièces demandées par le salarié (art. 33 L.P.R.P.). Certaines conventions collectives renferment des modalités particulières à ce même sujet, de manière à faciliter l'exercice de ce droit d'accès et de rectification du contenu du dossier[7-93]. En d'autres lieux, l'employeur établit de semblables dispositions par la voie d'une directive interne (**II-117**) en vue d'assurer une meilleure gestion des dossiers et d'éviter quelques désagréments de part et d'autre. Une telle initiative de l'employeur s'autoriserait certes de son devoir de sauvegarde du caractère confidentiel des renseignements obtenus, de son obligation de réserve quant à leur usage et des limites ou

---

7-91. Il existe certes un écart entre l'énoncé idyllique de cet article 24 et la réalité quotidienne des personnes ainsi sollicitées.

7-92. Notre lecture de ces dispositions est limitée à la relation d'emploi. Pour cette raison, nous ignorons plusieurs dispositions ou précisions que l'on y trouve puisqu'elles s'adressent non seulement au salarié et à l'employeur, mais aussi, à tout citoyen.

7-93. Ces dispositions conventionnelles permettent souvent un exercice plus commode et plus harmonieux de ce droit tout en réduisant les inconvénients et les coûts des visites trop rapprochées. Elles ne peuvent cependant réduire les droits conférés par la loi (art. 67 C.t.) (**IV-163, 166**).

restrictions concernant les membres du personnel autorisés à traiter ces dossiers (art. 10, 11, 13, 20 L.P.R.P.). Il va de soi que les directives internes, tout comme celles retenues à la convention collective, ne peuvent restreindre indûment les droits du salarié garantis au *Code civil du Québec* et à la loi. Si l'employeur refuse au salarié l'accès à son dossier ou d'y apporter les corrections demandées, il doit l'en aviser par écrit et justifier sa décision dans les 30 jours de la demande. L'absence de réponse à l'intérieur de ce délai constitue une présomption de refus de sa part (art. 32, al. 2, L.P.R.P.)[7-94]. Si l'employeur effectue les changements désirés, il lui faut aussi fournir au salarié la preuve des corrections apportées, et ce, à ses frais (art. 35 L.P.R.P.). Le refus de l'employeur de donner accès au dossier ou de corriger son contenu peut donner prise à l'exercice de deux recours : l'un civil (**III-747**) et l'autre de nature pénale (**V-104**). Il est aussi possible que des renseignements n'apparaissent pas au dossier bien qu'ils existent et qu'ils soient connus. Le salarié pourrait aussi en demander la déposition s'ils peuvent d'abord être réputés parties au dossier[7-95]. Si le dossier comporte certains rapports médicaux concernant un salarié et qu'en raison de leur teneur, l'employeur croit prudent que ce salarié n'en connaisse pas directement le contenu, il peut alors requérir la médiation d'un professionnel de la santé désigné par le salarié. (art. 37 L.P.R.P.). De même, l'employeur serait justifié de refuser au salarié l'accès à certaines pièces de son dossier contenant de l'information de nature confidentielle concernant une autre personne (art. 40 L.P.R.P.). Il va de soi que ces décisions laissées à la discrétion de l'employeur peuvent être revues et corrigées par la Commission (**III-747**). Les corrections que peut apporter l'employeur peuvent porter sur les faits qu'il a notés au dossier, mais il ne peut retoucher un document dont il n'est pas l'auteur. Dans ces cas, il est possible d'y joindre les commentaires et précisions que propose le salarié[7-96]. Notons que la famille ou les proches d'un salarié décédé sont soumis à des règles particulières pour accéder au dossier du défunt (art. 31, 41 L.P.R.P.)

III-747 — *La mésentente* — La Commission d'accès à l'information (ci-après C.A.I.) (**III-749**) reçoit toute plainte au sujet d'une mésentente, que peut lui soumettre l'employeur ou le salarié au sujet de l'accès au dossier de renseignements personnels ou à son contenu. Elle doit être formulée par écrit dans les 30 jours qui suivent le refus réel ou présumé (art. 42 et 43 L.P.R.P.). Elle peut être collective, c'est-à-dire déposée par un représentant, tel le syndicat

---

7-94. Cette présomption relative au refus permet au salarié de ne plus attendre de réponse et justifierait en conséquence le dépôt d'une plainte auprès de la Commission (**III-747; V-89**).

7-95. On peut imaginer, à ce titre, les échanges de notes et de rapports entre les gestionnaires de l'entreprise pour la préparation de l'arbitrage d'un grief ou pour la prise de décision au sujet du maintien à l'emploi du salarié. Voir : *Duchesne* c. *Minerais Lac Ltée, la mine Doyon*, D.T.E. 97T-1319 (C.A.I.); *Lavoie* c. *Pinkerton du Québec ltée*, [1996] C.A.I. 67; *X* c. *La Prudentielle d'Amérique*, [1994] C.A.I. 257.

7-96. *X* c. *Service de réadaptation L'Intégrale*, D.T.E. 97T-464 (C.A.I.).

accrédité au nom des salariés privés de l'accès à leur dossier respectif ou ou à qui l'on a refusé les corrections demandées (art. 45 L.P.R.P.). L'employeur peut obtenir de la C.A.I. la confirmation de son refus de donner accès à un dossier et prendre cette initiative lorsqu'il lui paraît que les demandes d'accès ou de correction sont « manifestement abusives par leur nombre, leur caractère répétitif ou systématique [...] » (art. 46 L.P.R.P.). Dans les autres cas, l'employeur dispose d'une discrétion administrative lui permettant d'opposer un refus dont la qualité de la décision peut être appréciée par la C.A.I. Cette dernière peut également constater la péremption si, au terme d'une année, aucune personne n'a entrepris un acte de procédure à la suite d'une première demande (art. 60 L.P.R.P.).

III-748 — *Décisions de la C.A.I.* — Dès qu'elle est valablement saisie d'une demande, la C.A.I. peut, si elle le croit utile, dépêcher un médiateur pour aider les parties à dénouer l'impasse et à trouver une solution. Autrement, elle étudie le dossier à l'aide des observations reçues par les parties, soit de leur propre chef, soit en réponse à ses demandes (art. 48 à 51 L.P.R.P.). Il va de soi que la C.A.I. se doit d'analyser la nature et le contenu des pièces du dossier de manière à pouvoir distinguer les renseignements accessibles de ceux que l'employeur ne peut divulguer au requérant[7-97]. La C.A.I. dispose de la discrétion administrative nécessaire pour écarter toute demande frivole ou manifestement injustifiée (art. 52 L.P.R.P.). Par la suite, la Commission tranche la mésentente et rend, si nécessaire, une ordonnance que requiert la protection des droits respectifs des parties, y compris les inscriptions ou mentions qui doivent apparaître au dossier ou en disparaître (art. 55 et 56 L.P.R.P.). Cette décision écrite et motivée est transmise aux parties (art. 54 L.P.R.P.). Si elle exige la réalisation d'un acte, l'ordonnance est exécutoire à compter du 30e jour suivant la réception de la décision. L'ordonnance à l'effet de cesser de poser un acte ou de s'en abstenir est exécutoire dès réception de la décision (art. 56 L.P.R.P.). Si une partie n'obtempère pas volontairement à l'ordonnance, la décision peut alors être homologuée à la Cour supérieure pour valoir comme jugement de cette dernière cour (art. 58 L.P.R.P.). Les faits retenus à la décision de la C.A.I. ne peuvent donner prise à un appel (art. 59 L.P.R.P.), alors qu'il peut y avoir appel sur les questions de droit et de compétence juridictionnelle directement tranchées par décision de la C.A.I. Cet appel auprès de la Cour du Québec comprend deux étapes que nous décrivons au titre V (**V-89**).

III-749 — *La C.A.I.* — La Commission de l'accès à l'information fut d'abord formée en 1982 par la *Loi sur l'accès aux documents des organismes publics et sur la protection des renseignements personnels* (ci-après Loi sur

---

7-97. *Nadeau* c. *Le Contrevent*, [1996] C.A.I.

l'accès). Douze ans après, on lui confia la fonction complémentaire, soit celle de l'application de la L.P.R.P. Cette commission comprend un président et quatre commissaires (art. 104 de la Loi sur l'accès) nommés pour au plus cinq ans (art. 105 de la Loi sur l'accès) par résolution de l'Assemblée nationale prise aux deux tiers de ses membres (art. 104 de la Loi sur l'accès). La Commission et ses membres sont à l'abri du contrôle judiciaire par la voie de recours extraordinaires (art. 114 de la Loi sur l'accès) et disposent de vastes pouvoirs leur permettant d'intervenir auprès des parties, d'enquêter et de trancher d'autorité les litiges qui surviennent à l'occasion de l'application de l'une ou de l'autre de ces deux lois. Selon les parties en cause et la nature de la mésentente, le débat peut porter sur la sauvegarde du caractère confidentiel et privé des renseignements ou sur leur divulgation et leur accès. Les critères servant de guides à la sauvegarde des renseignements confidentiels ne peuvent être retenus *a contrario* pour décider des questions assurant la divulgation. La protection de la vie privée et de la réputation de chacun, la mise en place d'institutions publiques assurant une certaine redistribution des richesses, la prise en charge collective de quelques risques de la vie, la participation démocratique aux activités politiques de la société et les garanties conférées aux citoyens du plein exercice du droit de défense sont des bases fondamentales de l'organisation de notre société. Par ailleurs, ces divers objectifs et services sous-entendent respectivement des conditions et des contraintes qui ne sont pas toutes conciliables ou compatibles les unes avec les autres. Telle serait la toile de fond sur laquelle reposent les affaires dont est souvent saisie la C.A.I. et ainsi, ses décisions doivent être lues et analysées en tenant compte de leur contexte particulier afin d'éviter de trop rapides extrapolations. Cette même base justifie également les pouvoirs particuliers dont elle dispose, notamment[7-98] :

— celui de prescrire à un organisme public les conditions pour la tenue et la sauvegarde des renseignements personnels qui lui faut recueillir et traiter (art. 124 de la Loi sur l'accès);

— celui de faire une enquête secrète sur le contenu et la tenue de fichiers confidentiels constitués par un organisme public (art. 127 de la Loi sur l'accès);

— celui d'ordonner à un organisme public de donner accès à une personne à des renseignements confidentiels ou d'en prohiber la divulgation (art. 141 de la Loi sur l'accès). Par décret, le gouvernement peut suspendre l'exécution d'une telle ordonnance (art. 145 de la Loi sur l'accès);

— celui de publier un répertoire des fichiers de renseignements personnels constitués par les organismes publics (art. 132 de la Loi sur l'accès).

7-98. Voir : les articles 103 à 134 de la Loi sur l'accès et les articles 81 à 87 L.P.R.P.

Au sujet de l'application de la L.P.R.P., la C.A.I. dispose de pouvoirs assez semblables en faisant les adaptations nécessaires à ceux que lui confère la Loi sur l'accès (art. 81 à 87 L.P.R.P.). Pour ces mêmes raisons et sans doute par prudence, on imposa à la C.A.I. de produire un rapport circonstancié à l'Assemblée nationale le ou avant le 1er octobre 1997 (art. 88 L.P.R.P.)[7-99]. Ce rapport comporte une description de la situation et propose plusieurs modifications à la loi afin de la rendre plus efficace et mieux adaptée aux nouvelles réalités. On peut croire qu'il servira à la réflexion nécessaire et préalable à l'élaboration des modifications qui s'imposent après la période de rodage (art. 89 L.P.R.P.)[7-100].

Finalement, il nous faut signaler le caractère prépondérant conféré à cette loi, qui fait que ses dispositions prévalent sur celles de toutes autres lois postérieures édictées en toute matière, sauf si ces lois ont des dispositions expresses à l'effet contraire (art. 94 L.P.R.P.).

7-99. COMMISSION D'ACCÈS À L'INFORMATION, *Rapport sur la mise en œuvre de la Loi sur l'accès aux documents des organismes publics et sur la protection des renseignements personnels et de la Loi sur la protection des renseignements personnels dans le secteur privé*, juin 1997.

7-100. Malgré leur titre respectif, chacune de ces deux lois (L.P.R.P. et Loi sur l'accès) traite à la fois de la protection, de la sauvegarde, du caractère confidentiel des renseignements ainsi que de l'accès à ces mêmes données et leur divulgation.

Section 7.5
Les régimes de retraite

III-750 — *Le propos* — La sénescence est un processus inéluctable commun à tous les hommes. De ce fait, la réduction des activités de l'emploi en raison de l'âge serait un phénomène naturel incontournable. Cependant, la création d'un cadre normatif facilitant cette « relâche » professionnelle est un concept relativement récent et intimement lié à l'industrialisation et à l'urbanisation (**I-8, 65**). Son apparition coïncide avec le passage de l'économie artisanale, pour ne pas dire familiale, au mode de production industrielle (**II-45**)[7-101]. D'un point de vue phénoménologique, la retraite trouve son fondement dans notre système de production industrielle. L'attribution d'une rente de retraite constitue une des contreparties pour les services rendus par le salarié au cours de sa carrière professionnelle (**II-56**). La première législation canadienne dans ce domaine fut une loi fédérale en 1887[7-102] autorisant les compagnies à charte fédérale à établir des caisses de retraite en faveur de leurs salariés et auxquelles les employeurs étaient libres de cotiser. Au fil des ans, la législation se développa et encadra les différents régimes privés de retraite (**III-752**). Au cours de la première moitié du XXᵉ siècle, on institua de nombreux programmes de sécurité sociale. L'État-providence prend modèle sur les sociétés assurantielles et tente d'assumer collectivement les nombreux risques et avatars qui pèsent sur chaque citoyen et au-delà de sa seule volonté : maladie, invalidité, chômage, retraite, etc. (**I-74**). Les techniques assurantielles sont mises à contribution en vue d'atteindre une certaine justice sociale. Ces différentes mesures de

---

7-101. A. LABOURDETTE, *Les régimes de retraite*, Que sais-je ?, Paris, Presses Universitaires de France, 1989, p. 14. L'auteur rend compte d'une conception marxiste des régimes de retraite.

7-102. *Acte autorisant les employés des compagnies constituées en corporation à établir des sociétés de caisse de retraite*, S.C. 1887, c. 21.

sécurité sociale s'analysent en fonction des risques et renvoient à une dimension probabiliste et statistique du domaine social puisque maintenant le risque devient déterminable. C'est dans ce contexte que de multiples régimes de retraite, tant publics que privés (**III-753**), furent aménagés. Initialement, ces régimes étaient complémentaires afin qu'un salarié puisse quitter son emploi en étant assuré d'un revenu décent. Plusieurs facteurs de nature démographique et économique bouleversent cette sérénité des retraités d'aujourd'hui et de demain[7-103]. Sans être alarmiste, il est néanmoins de commune connaissance que, dans un avenir rapproché, il faudra compter de plus en plus sur les régimes privés de retraite pour s'assurer des revenus suffisants à cette étape de la vie[7-104]. Dans ce contexte, nous présentons un bref exposé sur l'encadrement juridique des régimes privés de retraite[7-105]. D'ailleurs, le nombre de régimes (4 408 au Québec), le nombre de cotisants (1,3 million de cotisants) de même que la valeur des cotisations (4,78 milliards de dollars annuellement) justifient amplement cette analyse[7-106]. En somme, nous esquissons très brièvement une réponse à la question suivante : Comment la loi encadre-t-elle la naissance, l'existence, l'administration et la terminaison d'un régime de retraite ? Pour ce faire, nous rappelons certains préalables tels les changements démographiques que connaît la société québécoise et qui, en raison de la nature même de ces régimes, auront un effet direct et marquant sur le financement des rentes de retraite. Nous abordons les grandes étapes historiques de la législation québécoise dans ce domaine et dressons une brève typologie des régimes de retraite (**s.-s. 7.51**). Dans la seconde sous-section (**s.-s. 7.52**), nous présentons la *Loi*

7-103. Pierre ROSANVALLON, *La nouvelle question sociale, repenser l'État-providence*, Paris, Éditions du Seuil, 1995. Voir également : Jean-Claude GUILLEBAUD, *La trahison des lumières, enquête sur le désarroi contemporain*, Paris, Éditions du Seuil, 1995.

7-104. [...] si l'on accepte qu'il faut obtenir 70 % de son revenu d'emploi pour maintenir son niveau de vie à la retraite, les régimes publics de pension à eux seuls ne sauront suffire à la tâche. Pour recevoir un revenu à la retraite de 14 000 $, équivalant à un revenu d'emploi de 20 000 $, la personne ne se fiant qu'aux régimes publics pour subvenir à ses besoins verra son niveau de vie fondre de 32 %. Le niveau de vie sera réduit de moitié pour un retraité désirant conserver l'équivalent d'un revenu d'emploi de 40 000 $ mais comblant ses besoins uniquement à partir des régimes publics » : *Le Devoir*, 12 février 1995, p. B-7.

7-105. Par régimes privés, nous entendons les régimes de retraite qui ne sont pas des régimes publics tels la pension de sécurité de la vieillesse, le supplément de revenu garanti ou le régime des rentes du Québec. Nous traiterons des régimes qui viennent compléter les régimes publics, d'où le nom de régimes complémentaires. De plus, parmi les régimes complémentaires, nous analysons uniquement ceux qui font partie du champ d'application de la *Loi sur les régimes complémentaires de retraite*. De ce fait et sans minimiser leur importance, nous ne traitons pas des régimes complémentaires de retraite propres à certains groupes professionnels qui sont régis par des lois particulières. Ainsi, nous évacuons les régimes de retraite des employés de l'État, des organismes publics et des entreprises de juridiction fédérale. Ajoutons que les régimes enregistrés d'épargne-retraite sont également exclus.

7-106. RÉGIE DES RENTES, *Rapport annuel 1994–1995*, Québec, Direction des communications et des renseignements, 1995, p. 56.

sur les régimes complémentaires de retraite (ci-après L.R.C.R.)[7-107]. Dans la dernière sous-section (**s.-s. 7.53**), nous présentons l'organisme administratif qui a la mission d'administrer cette loi. Nous n'abordons pas certaines questions par ailleurs fort pertinentes tels les effets de la retraite sur le contrat de travail ou encore, l'abolition de la retraite obligatoire, puisqu'elles sont traitées plus avant (**II-133, 181, 182, 183; V-19**).

Sous-section 7.51

Préalables

III-751 — *Évolution démographique et nécessaires régimes privés* — La problématique des régimes privés de retraite se pose avec une particulière acuité en raison de l'évolution démographique. Il ne s'agit nullement d'un phénomène social propre au Québec; tous les pays industrialisés connaissent à peu près le même parcours[7-108] : hausse et puis baisse brutale du taux de fécondité, ce qui engendre une disproportion des strates d'âge au sein de la population. Le choc démographique du *baby-boom* a des conséquences importantes sur les régimes de retraite puisque la proportion des personnes âgées ne cesse de croître par rapport aux générations de la relève. À titre d'exemple, au début du siècle il y avait au Québec 77 000 personnes âgées de plus de 65 ans. En 1951, ce chiffre grimpe à 232 000, puis à 569 000 en 1981. En 1921, ce groupe représentait 4,6 % de la population totale du Québec, alors qu'en 1981, cette proportion était de 8,8 %[7-109] Selon les données de la Régie des rentes du Québec[7-110], en l'an 2015, le groupe d'âge majoritaire au Québec sera constitué de personnes se situant entre 50 et 60 ans. En 1990, le groupe majoritaire se situait entre 25 et 35 ans, c'est dire que le nombre de personnes âgées ne cessera de croître. Ajoutons que la hausse du nombre de personnes âgées s'accompagne d'une baisse constante de leur participation à la vie professionnelle. De 1921 à 1984, le taux d'activité des hommes de 65 ans ou

---

7-107. L.R.Q., c. R-15.1.

7-108. Roger ASPIS, *La retraite en question*, Paris, Hatier, 1991, p. 34. Voir également : CENTRALE DE L'ENSEIGNEMENT DU QUÉBEC, *Prendre une retraite différente : les expériences des autres pays industrialisés*, mai 1987.

7-109. Rapport présenté au Comité interministériel sur la population et l'immigration, *La fécondité au Québec, 1926–1980, la démographie québécoise : passé, présent, perspectives*, par J. SHIRLEY, Service de l'analyse et de la prévision démographique, Bureau de la statistique du Québec, février 1992, p. 57 à 102.

7-110. RÉGIE DES RENTES DU QUÉBEC, *Analyse actuarielle du régime de rentes du Québec*, Québec, 1992, p. 15.

plus est passé de 52,3 % à 12 %, et celui des femmes, de 7,8 % à 4,7 %. C'est ainsi que de plus en plus, la vieillesse devient synonyme de retraite. De même, l'âge de la retraite s'abaisse constamment; il est vrai qu'elle est parfois préci-pitée par des considérations étrangères au bien-être de ceux ainsi éjectés. Cette évolution, pour ne pas dire cette révolution démographique, risque de déséqui-librer financièrement les régimes publics de retraite. Dans ce contexte, les régimes privés devront, dans une large mesure, combler la différence écono-mique entre les besoins des personnes âgées et les revenus provenant des régi-mes publics. Un autre facteur doit également être pris en considération, soit la situation financière des personnes âgées. Les données statistiques, les vues globales chiffrées laissent croire à une situation dans son ensemble assez bonne quant à la situation financière des personnes âgées. Selon ces mêmes données, nous ne connaîtrions pas une paupérisation généralisée de ce groupe de personnes. Ainsi, en 1991, au Québec, le revenu total des personnes âgées de 65 ans ou plus s'est élevé à 11,5 milliards de dollars alors qu'il était de 4,4 milliards en 1981. Entre 1981 et 1991, leur revenu moyen a doublé, pas-sant de 8 114 $ à 16 244 $, mais l'augmentation réelle a été de 20 %[7-111]. En 1991, près de 17 % du revenu moyen des personnes âgées provenait d'un régime privé de retraite. De plus, le taux de pauvreté est également en régres-sion[7-112]. Selon les seuils (base de 1992), le taux de pauvreté des personnes âgées au Québec a diminué de 39,5 % à 27,3 % entre 1981 et 1991. Bien que leur situation économique semble statistiquement s'améliorer, ces données ne doivent cependant pas occulter certaines réalités brutales. Ainsi :

— il existe de grands écarts de revenu au sein de la population âgée;

— le revenu des personnes âgées provient principalement des régimes publics de retraite. En 1991, 53,8 % du revenu moyen d'une personne âgée était constitué de la pension de sécurité de la vieillesse, du supplé-ment de revenu garanti et du régime de rentes du Québec. Si l'État se désengageait des régimes ou tout simplement réduisait sa participation, le revenu des personnes âgées en serait directement affecté, sauf pour un groupe minoritaire fort bien nanti;

— par de multiples autres mesures et notamment celles relatives à la santé, l'État consacre de plus en plus de ressources en vue de subvenir aux besoins des personnes âgées.

Pour des raisons à la fois politiques, sociales et économiques, l'État, les employeurs, les syndicats et les salariés ont respectivement intérêt à soutenir

---

7-111. RÉGIE DES RENTES DU QUÉBEC, *L'évolution du revenu des personnes âgées au Québec entre 1981 et 1991*, Direction de la statistique et du développement des programmes.

7-112. Les concepts de pauvreté et de faible revenu demeurent des notions bien relatives. Au Canada, ce sont les seuils de faibles revenus déterminés par Statistique Canada qui ser-vent de référence lorsqu'il s'agit de déterminer les taux de pauvreté.

le développement des régimes complémentaires de retraite. L'État encourage l'émergence des régimes privés de retraite pour les raisons qui suivent.

i) Ces régimes complètent le revenu minimal que procurent les régimes publics de retraite et ainsi, ils allègent le fardeau financier de l'État en matière de sécurité du revenu.

ii) Ils incitent à épargner en vue de la retraite et constituent ainsi un apport permettant la mise en valeur des ressources et l'expansion industrielle du pays.

iii) Ces caisses de retraite souscrivent massivement à des titres de l'État et lui servent d'utiles modes de financement.

Pour les syndicats et les salariés, les régimes privés de retraite :

— dépendent d'une gestion distincte de celle du portefeuille de l'employeur, et ainsi ces caisses seraient moins tributaires des vicissitudes de l'entreprise (faillite, vente, fusion, etc.);

— procurent à la retraite un complément de revenu nécessaire au maintien du niveau de vie;

— confèrent aux bénéficiaires une certaine indépendance et autonomie financière;

— permettent aux travailleurs d'épargner une partie de leur rémunération tout en leur accordant des avantages fiscaux appréciables. Ils sont moins contraignants qu'un régime personnel d'épargne-retraite;

— sont administrés avec la participation des syndicats et des salariés, ce qui permet une information continue et un suivi à long terme.

Pour l'entreprise, ces régimes revêtent un attrait appréciable puisque :

— les avantages fiscaux sont réels. L'employeur peut déduire de ses revenus les cotisations versées au régime;

— la présence d'un bon régime de retraite facilite le recrutement des effectifs et le renouvellement du personnel;

— la constitution de ces caisses permet d'amortir à long terme le coût des rentes et peut réduire d'autant le prix de revient des produits ou services.

III-752 — *Dimension historique* — Six ans après la première loi fédérale sur la retraite des employés de l'État, la province de Québec créait, en 1876, un pareil régime pour ses fonctionnaires[7-113]. Peu après et de façon sporadique,

---

7-113. *Acte pour établir un fonds de retraite et de secours, en faveur de certains employés publics et leurs familles*, S.Q. 1876, c. 10.

l'État intervint pour encadrer les sociétés de secours mutuels et les caisses de retraite de certaines catégories d'employés tels les instituteurs[7-114], les policiers[7-115], les pompiers[7-116],les magistrats[7-117] et les employés municipaux[7-118]. Les premières dispositions législatives générales sur les sociétés de secours mutuels remontent à 1889[7-119]. Cette loi serait, en quelque sorte, la synthèse d'un très grand nombre de lois particulières adoptées au cours de la seconde moitié du siècle passé pour constituer des sociétés de secours mutuels. L'article 3096 définit ainsi la société de secours mutuels :

> Les mots « société de secours mutuels » désignent toute société établie dans le but de se mettre, au moyen de contributions de la part de ses membres, en état de secourir ceux de ses membres qui sont affligés par suite de maladie, d'accident ou de revers de fortune, et — dans le cas de la mort des membres — leurs veuves, orphelins ou représentants légaux.

En 1924, la législature de la province de Québec adopte la *Loi sur les syndicats professionnels* (**III-711**)[7-120]. L'article 5 de cette loi permet à un syndicat professionnel de constituer une caisse de retraite. Ces caisses ne connaissent guère de popularité, car elles étaient administrées par la partie syndicale, et les employeurs entendaient prendre part à leur organisation et à leur gestion. À cette époque, cette catégorie de régime ne faisait l'objet d'aucun encadrement juridique quant à l'administration, à la surveillance et aux conditions de placement de ces caisses[7-121]. Même si elle ne comportait aucune disposition à cet égard, la *Loi des relations ouvrières* (**I-73; IV-3**)[7-122]

7-114. *Du fonds de pension des fonctionnaires de l'enseignement primaire*, S.R.Q. 1888, c. 11. *Loi amendant la Loi de l'instruction publique concernant les arrondissements scolaires, les dissidents et la pension des fonctionnaires et de leurs veuves*; S.Q. 1909, c. 33; *Des pensions de retraite des fonctionnaires de l'enseignement primaire*, S.R.Q. 1909, c. 8; *Loi concernant l'instruction publique*, S.R.Q. 1925, c. 133.

7-115. *Loi constituant en corporation l'Association de Bienfaisance et de Retraite de la Police de Montréal*, S.Q. 1892, c. XC.

7-116. *Loi constituant en corporation l'Association de Bienfaisance et de Retraite des Pompiers de Québec*, S.Q. 1905, c. 100.

7-117. *Loi concernant la pension des magistrats de district*, S.Q. 1921, c. 65; *Loi concernant la pension des juges de sessions*, S.Q. 1907, c. 33.

7-118. *Loi concernant les cités et villes*, S.Q. 1903, c. 38 (art. 428, al. 8).

7-119. Voir notamment : S.R.Q., titre VIII, c. premier, art. 3096 et suiv.; S.Q. 1889, c. XXXII; S.Q. 1899, c. XXXII.

7-120. S.Q. 1923–1924, c. 112.

7-121. L'absence de contrôle à l'égard de semblables caisses de retraite donna lieu à plusieurs abus au Canada. Voir : *Commission on the Disruption of Shipping*, Ottawa, juin 1963. Dans ce rapport, le juge Norris écrit : « The history of welfare plans in the United States, and particularly in connection with the E.L.A. and the teamsters, indicates that, unless there are strict standards and regulations as to administration, they provide an opportunity for racketeering on a wide scale. »

7-122. S.Q. 1944, c. 30.

permit l'instauration de plusieurs régimes privés de retraite par la voie de la négociation collective. Au fil des ans et selon leur importance relative, ces régimes de retraite conventionnels posèrent de nombreux problèmes juridiques puisqu'ils ne faisaient l'objet d'aucune réglementation. Au besoin, on tentait de les résoudre en faisant appel, par analogie, au droit commun pour en dégager quelques règles juridiques applicables, notamment au sujet de la gestion des caisses et des titres de propriété afférents. En 1948, le législateur esquisse un timide début de réglementation par l'adoption de la *Loi autorisant le paiement de pensions aux employés de compagnies*[7-123]. Ce régime conférait aux compagnies à charte provinciale le droit de créer un système contributoire de pension pour leurs salariés (art. 2). Ces fonds devaient être déposés dans un compte en fidéicommis (art. 8) de manière à éviter leur confusion avec ceux de la compagnie (art. 9). Le surintendant des assurances en assurait la surveillance générale (art. 10) et les administrateurs devaient annuellement en rendre compte (art. 11). Si la compagnie devenait insolvable ou cessait de faire affaire, le fonds de pension était liquidé et distribué (art. 12). En 1962, le législateur modifia la *Loi relative à l'extension des conventions collectives de travail* (**III-504**)[7-124] pour permettre l'extension juridique des clauses relatives aux avantages sociaux et en particulier, pour l'établissement d'un régime de retraite. Peu après cette modification, on constitua un régime de retraite applicable à plus de 60 000 travailleurs de la construction[7-125]. À l'automne de la même année, le gouvernement forma un comité interministériel d'étude dont le mandat consistait à «Apprendre et savoir ce qui se fait ailleurs et les lignes de force et de faiblesse des régimes existants. En somme, faire la cueillette de l'expérience valable des autres.» Ce mandat fut par la suite élargi pour qu'il puisse analyser la faisabilité de la création «d'une caisse de retraite publique et universelle sur une base de calculs d'actuaire et de contribution». En avril 1964, le comité remettait son rapport et proposait notamment :

— l'institution d'un organisme, la Régie des rentes, chargé d'encadrer et de surveiller les régimes privés de retraite;

— l'enregistrement obligatoire de tous régimes de retraite à la Régie des rentes;

— la reconnaissance du droit d'un travailleur qui quitte son emploi au terme d'une carrière, à une rente ou encore, au remboursement de ses cotisations avec les intérêts accumulés;

7-123. S.Q. 1948, c. 10.

7-124. *Loi modifiant la Loi de la convention collective*, S.Q. 1962, c. 42.

7-125. *Rapport du comité interministériel d'étude sur le régime de rentes du Québec*, vol. II, Québec, avril 1964 (membres W. Dupont et autres), p. 273. Ces régimes de retraite applicables à certains groupes de travailleurs de la construction se trouvent maintenant intégrés au régime général des avantages sociaux de l'industrie de la construction (**III-622**).

— la solvabilité des régimes de retraite assurée par des mesures préventives idoines;

— l'établissement par l'entremise de la Régie des rentes de normes en matière de placement des fonds ainsi constitués.

Le 1er janvier 1966, la *Loi des régimes supplémentaires de rentes*[7-126] était mise en application en vue:

[d']établir des normes se rapportant à l'administration, à la solvabilité et aux placements des régimes supplémentaires et prévoir des dispositions protégeant les droits des travailleurs; surveiller les régimes et s'assurer de leur conformité avec les normes prescrites; promouvoir l'établissement des régimes supplémentaires de rentes et l'amélioration des régimes existants; favoriser la mobilité de la main-d'œuvre et faciliter l'embauchage des travailleurs âgés, en assurant le maintien de la protection accordée lors d'un changement d'emploi[7-127].

En 1989, cet encadrement juridique est mis à jour par la *Loi sur les régimes complémentaires de retraite* par laquelle on visait notamment:

— l'accessibilité des travailleurs à un régime de retraite;

— la transférabilité des droits d'un régime complémentaire à un autre régime;

— la participation des salariés à l'administration de leur régime;

— l'amélioration de l'information donnée aux participants;

— une surveillance plus dynamique de la Régie des rentes du Québec de l'administration et du fonctionnement des régimes privés.

III-753 — *Typologie des régimes de retraite* — L'étude des régimes privés de retraite nécessite au préalable de les classifier à l'aide de quelques catégories. Pareille opération peut se faire en fonction des différents paramètres qui suivent.

i) *Les sources de financement*: Suivant ce critère, les régimes sont contributifs ou non. Un régime contributif implique que les salariés contribuent eux aussi au financement de la caisse de retraite (art. 8 L.R.C.R.). Ainsi, un régime établi en vertu de la *Loi sur les syndicats professionnels* est un régime contributif puisqu'il est financé par les salariés exclusivement ou encore, à égalité de parts entre eux et les employeurs.

7-126. S.Q. 1965, c. 25.

7-127. RÉGIE DES RENTES DU QUÉBEC, *Rapport annuel 1975–1976*, Québec, Direction des communications et des renseignements, 1976, p. 33.

Un régime dont le financement incombe exclusivement à l'employeur n'est pas de type contributif.

ii) *La garantie des prestations* : Dans cette perspective, il y aurait deux types de régime : celui dont les prestations sont entièrement garanties par le truchement d'une compagnie d'assurances (art. 9 et 10 L.R.C.R.). Dans les autres cas, elle seraient dépourvues d'une semblable caution.

iii) *La formation de la rente de retraite* : Selon cette classification, il existerait quatre principaux types de régime :

— à cotisations déterminées : En somme, la cotisation patronale et, le cas échéant, la cotisation salariale sont déterminées ou déterminables à l'avance (art. 7 L.R.C.R.). De plus, dans ce type de régime, la cotisation patronale, sous réserve d'un minimum, peut être une participation aux bénéfices de l'entreprise. Quant au montant de la rente, il est fonction des sommes portées au compte du participant et des intérêts accumulés. De ce fait, il ne peut être déterminé à l'avance;

— à prestations déterminées : La rente normale du participant est soit un montant déterminé, indépendant de la rémunération du participant, soit un montant qui correspond à un pourcentage de cette rémunération (art. 7, al. 2, L.R.C.R.);

— à cotisations et prestations déterminées : Il s'agit d'un régime de retraite dans lequel sont déterminées à la fois les formules de calcul de la cotisation et de la rente (art. 7, al. 3, L.R.C.R.);

— à régime hybride : Système selon lequel la rente est fixée par la conjugaison de modalités de diverses natures.

Sous-section 7.52
La *Loi sur les régimes complémentaires de retraite*

III-754 — *Établissement d'un régime* — La *Loi sur les régimes complémentaires de retraite* établit la toile de fond juridique sur laquelle reposent tous les régimes privés de retraite[7-128]. Elle compte plus de 320 articles complétés par trois règlements[7-129]. Nos propos ne traitent que des faits saillants de cette

---

7-128. La loi comporte un certain nombre d'exceptions (art. 2 L.R.C.R.).

7-129. *Règlement sur les régimes complémentaires de retraite*, R-15.1, r. 1; *Règlement sur les régimes soustraits à l'application de la Loi sur les régimes complémentaires de retraite*, R-15.1, r. 2; *Règlement sur l'arbitrage relatif aux excédents d'actif des régimes complémentaires de retraite*, R-15.1, r. 3.

loi relative à l'établissement, à la participation, à l'administration et à la terminaison d'un régime de retraite. Elle s'applique à tous les régimes de retraite touchant les salariés travaillant dans un établissement situé au Québec ou, à défaut, qui reçoivent leur rémunération de cet établissement (art. 1, al. 1, L.R.C.R.) et même s'ils exécutent leur prestation de travail à l'extérieur du Québec, si toutefois ils sont domiciliés au Québec et qu'une loi du lieu ne leur impose pas déjà un régime de retraite (art. 1, al. 2, L.R.C.R.). Juridiquement, un régime de retraite est un contrat[7-130] en vertu duquel le participant bénéficie d'une prestation de retraite à certaines conditions, à compter d'un âge donné et dont le financement est assuré par des cotisations versées soit par l'employeur seul, soit par l'employeur et le salarié (art. 6, al. 1, L.R.C.R.)[7-131]. Afin de protéger les participants (**I-95**), la loi précise que toute disposition d'un régime inconciliable avec la législation serait nulle et sans effet. Il va de soi que les dispositions du régime peuvent être plus avantageuses pour les participants que celles garanties par la loi (**I-96**) (art. 5 L.R.C.R.)[7-132]. Chaque régime de retraite, à moins qu'il ne soit garanti (**III-753, point ii**), doit constituer une caisse de retraite distincte où sont versés les cotisations et les revenus qui en résultent. Cette caisse constitue un patrimoine fiduciaire affecté[7-133] au versement des prestations auxquelles ont droit ses participants (art. 6, al. 2, L.R.C.R.). Cette qualification de patrimoine fiduciaire fait en sorte que la caisse de retraite est distincte et autonome du patrimoine de l'employeur et de chacun des participants et ainsi, elle n'est pas soumise aux vicissitudes de chacun d'eux (faillite, aliénation, insolvabilité, etc.) (art. 1261 C.c.Q.). L'élaboration légalement valable d'un régime de retraite relève d'une démarche stricte que nous résumons ci-après.

7-130. Pour le salarié qui y adhère, il s'agit certainement d'un contrat d'adhésion (**II-36**). Voir : *TSCO of Canada Ltd.* c. *Châteauneuf*, [1995] R.J.Q. 637 (C.A.).

7-131. La qualification juridique exacte des régimes de retraite a donné lieu à bien des débats. Voir : Raymonde CRÊTE, « Les régimes complémentaires de retraite au Québec : une institution à découvrir en droit civil », 1989, 49 *R. du B.* 177; *Schmidt* c. *Air Products Canada Ltd.*, [1994] 2 R.C.S. 611.

7-132. Cette technique du seuil minimal est bien connue en droit de l'emploi. Voir : art. 94 de la *Loi sur la santé et la sécurité du travail*, L.R.Q., c. S-2.1 (**III-407**); art. 4 de la *Loi sur les accidents du travail et les maladies professionnelles*, L.R.Q., c. A-3.001 (**III-304**), etc.

7-133. Cette notion de patrimoine fiduciaire est définie à l'article 1260 du *Code civil du Québec* : La fiducie résulte d'un acte par lequel une personne, le constituant, transfère de son patrimoine à un autre patrimoine qu'il constitue, des biens qu'il affecte à une fin particulière et qu'un fiduciaire s'oblige, par le fait de son acceptation, à détenir et à administrer. Voir : John E.C. BRIERLEY, « Titre sixième : De certains patrimoines d'affectation selon les articles 1256–1298 », dans BARREAU DU QUÉBEC, CHAMBRE DES NOTAIRES DU QUÉBEC, *La réforme du Code civil*, vol. 1,1, Sainte-Foy, Les Presses de l'Université Laval, 1993, p. 795. Antérieurement à l'adoption du *Code civil du Québec*, cette question était loin d'être évidente. Voir : Pierre CHARBONNEAU, « Les patrimoines d'affectation : vers un nouveau paradigme en droit québécois du patrimoine », (1982–1983) 85 *R. du N.* 491.

i) *Le contrat* : Pour l'établissement d'un régime, les fondateurs (employeur, syndicat ou salariés) doivent soumettre à la Régie des rentes du Québec le texte du régime proposé qui comprend notamment les éléments suivants[7-134] : la désignation de l'employeur, le nombre de membres du comité de retraite, les conditions d'adhésion, le caractère contributif ou non du régime (**III-753, point i**), le caractère facultatif ou non de l'adhésion, l'âge normal de la retraite, les montants des cotisations salariales ou patronales ou la méthode de calcul, la nature des remboursements et prestations, les règles applicables à un transfert de régime (**III-755**), les conditions pour modifier le régime et les modalités de partage ou d'attribution de l'excédent d'actif lors de la terminaison du régime (**III-757**). Le texte du régime doit parvenir à la Régie dans les 90 jours qui suivent la date d'entrée en vigueur du régime (point ii) (art. 14 L.R.C.R.).

ii) *Entrée en vigueur* : L'existence d'un régime de retraite débute soit à la date à compter de laquelle les services d'un salarié sont pris en compte pour déterminer la valeur de la rente normale ou de celle de la perception des cotisations salariales (art. 13 L.R.C.R.).

iii) *L'enregistrement* : Tout régime de retraite doit être enregistré auprès de la Régie. Afin de procéder à cet enregistrement, l'employeur ou le comité de retraite doit faire parvenir à la Régie une copie du régime (point i), la désignation des membres du comité de retraite, le consentement écrit de l'employeur aux obligations qui lui incombent, les autres documents requis par la réglementation et l'acquittement des frais prescrits. La demande d'enregistrement doit également parvenir à la Régie dans les 90 jours de l'entrée en vigueur du régime (point ii) (art. 24 et 25 L.R.C.R.). Sur réception d'une demande d'enregistrement, la Régie expédie un accusé de réception si elle satisfait aux exigences de la loi. Après analyse de la demande et après avoir donné aux parties l'occasion de faire valoir leur point de vue, la Régie peut refuser l'enregistrement du ou d'une partie du régime (art. 28 L.R.C.R.). Si, au contraire, la Régie enregistre le régime, elle délivre alors un certificat d'enregistrement (art. 29 L.R.C.R.). À défaut de faire parvenir un tel certificat ou un avis de refus dans les 90 jours de la réception d'un accusé de réception, un régime est alors réputé enregistré auprès de la Régie (art. 30 L.R.C.R.)[7-135].

iv) *Les modifications* : Toute modification au régime de retraite doit également faire l'objet d'une demande d'enregistrement auprès de la Régie (art. 19 L.R.C.R.). Préalablement à cette demande, le comité de retraite

---

7-134. Sauf certaines réserves, le texte du régime ne doit comprendre aucune clause qui serait discriminatoire et ainsi prohibée par la *Charte des droits et libertés de la personne* (**III-106 et 107**).

7-135. Notons que l'enregistrement obligatoire du régime ne garantit pas pour autant qu'il est conforme à la loi (art. 31 L.R.C.R.).

doit informer les participants du projet, soit en expédiant à chacun d'eux un avis énonçant l'objet de la modification ou, avec l'autorisation de la Régie, en procédant à un affichage de cet avis sur les lieux de l'entreprise ou encore, dans un journal distribué dans la localité où travaillent au moins la moitié des participants[7-136] (art. 26 L.R.C.R.). Aucune modification ne peut réduire le montant de la prestation d'un participant ayant entrepris son service avant la prise d'effet de la modification (art. 21 L.R.C.R.). Au-delà de la procédure impérative à suivre, précisons que toute modification au régime doit être tributaire des droits acquis par les salariés[7-137].

v) *Cas de radiation* : Dans certaines circonstances bien précises et après avoir donné aux intéressés l'occasion de faire valoir leur point de vue, la Régie peut radier l'enregistrement d'un régime ou d'une modification. Dans un tel cas, elle avise, au moyen d'un avis écrit, tous les intéressés de sa décision et des motifs de celle-ci (art. 32 L.R.C.R.).

Une fois son existence reconnue par la Régie, le régime de retraite est mis en place et les participants peuvent y adhérer et y cotiser.

III-755 — *Participation au régime* — Tout salarié a droit d'adhérer au régime de retraite d'une entreprise ou peut être tenu d'y adhérer s'il exécute un travail similaire ou identique à celui de la catégorie de salariés en faveur de laquelle est établi le régime et si, pendant l'année civile ayant précédé son adhésion, il satisfait à l'une des deux conditions suivantes (art. 34 L.R.C.R.) :

— avoir eu une rémunération[7-138] égale à 35 % du maximum des gains admissibles établis conformément à la *Loi sur le régime de rentes du Québec*[7-139];

— avoir été au service de l'employeur pendant au moins 700 heures[7-140].

S'il existe un litige sur les conditions d'adhésion à un régime, la Régie peut ordonner au comité de retraite d'accepter l'adhésion d'un salarié qui, à

7-136. Cet avis n'est cependant pas nécessaire si la modification est établie par convention collective, sentence arbitrale en tenant lieu ou décret (art. 26 *in fine* L.R.C.R.).

7-137. *Eljer Manufacturing Canada inc.* c. *Syndicat national des salariés des Outils Simonds*, D.T.E. 95T-356 (C.A.).

7-138. La loi ne définit pas le mot «rémunération»; de ce fait, on pourrait reprendre l'idée retenue au *Code civil du Québec* (**II-56**).

7-139. L.R.Q., c. R-9.

7-140. La définition de l'expression « au service de l'employeur » n'est pas évidente : s'agit-il de service continu au sens de la *Loi sur les normes du travail*, L.R.Q., c. N-1.1 (**III-201**) ou d'une prestation effective de travail ? La réponse à cette question fait varier considérablement la condition d'adhésion, il suffit de penser aux salariés à temps partiel pour comprendre l'enjeu de cette problématique. Heureusement, la convention collective peut prévoir des modalités d'adhésion qui sont plus facilement applicables.

son avis, satisfait aux règles énoncées à la loi (art. 35 L.R.C.R.). Le salarié devient participant au régime dès qu'il y cotise ou que l'employeur cotise à son bénéfice et qu'il satisfait aux conditions d'adhésion. Il demeure participant jusqu'à ce que ses droits soient acquittés, soit par un transfert dans un autre régime ou par la terminaison du régime (art. 33 L.R.C.R.). La cotisation peut provenir du salarié ou de l'employeur ou des deux à la fois (art. 37 L.R.C.R.). Le montant de la cotisation répond à un certain nombres d'exigences précises (art. 39, 40, 124 et 125 L.R.C.R.). La cotisation patronale doit être versée mensuellement par l'employeur à la caisse de retraite (art. 41 L.R.C.R.)[7-141] et celui qui perçoit la cotisation salariale, habituellement l'employeur, doit également en faire remise mensuellement à la caisse de retraite pour le compte du participant (art. 43 L.R.C.R.). Toute cotisation versée, qu'elle soit salariale ou patronale, porte intérêt à compter du premier jour du mois qui suit celui au cours duquel elle doit être versée à la caisse de retraite, et le taux d'intérêt applicable est déterminé par la loi, et ce, en fonction du type de régime (à cotisations ou à prestations déterminées ou garanties) (**III-753**) (art. 44 à 47 L.R.C.R.). Si un employeur fait défaut de verser les cotisations dans le délai prescrit, le comité de retraite doit, dans les 60 jours de leur échéance, en aviser la Régie (art. 51 L.R.C.R.). De plus, dans le cas où les versements de cotisations n'auraient pas été faits par l'employeur et que ce dernier soit devenu insolvable, ses administrateurs sont personnellement et solidairement responsables jusqu'à concurrence de six mois des cotisations non versées (art. 52, 53 L.R.C.R.)[7-142]. Dans certaines circonstances, un salarié peut se retirer d'un régime de retraite s'il devient inactif[7-143]. Par exemple, à la suite de la perte de son emploi, le salarié a droit soit au remboursement des cotisations salariales et patronales et des intérêts versés à son compte (art. 66 L.R.C.R.)[7-144], soit, s'il respecte certaines conditions[7-145], de transférer son régime de retraite dans un autre régime qu'il indique (art. 98 L.R.C.R.). Ce droit du salarié facilite la mobilité des avantages accumulés dans un régime de retraite lors, par exemple, d'un changement d'emploi. Le transfert d'une partie du régime de retraite du salarié peut aussi s'effectuer au régime de son conjoint au moment de la dissolution du mariage puisque le régime est partie du patrimoine familial[7-146]. Finalement, au-delà des divers incidents de parcours (remboursement et transfert), l'objet même

---

7-141. Jusqu'à leurs versements à la caisse de retraite, l'employeur est présumé détenir les cotisations en fidéicommis, et ce, qu'il les ait ou non gardées séparément de ses biens (art. 49 L.R.C.R.).

7-142. L'administrateur ne pourra se disculper de sa responsabilité que dans la seule mesure où il pourra démontrer qu'il a agi avec prudence, diligence et compétence (art. 52 L.R.C.R.).

7-143. Le participant devient inactif s'il cesse d'adhérer au régime, s'il cesse de travailler pour l'employeur ou s'il décède (art. 36 L.R.C.R.).

7-144. Le régime peut cependant prévoir des modalités différentes.

7-145. Voir : art. 98, 99 et 100 L.R.C.R.

7-146. Art. 426 C.c.Q.; art. 107 à 110 L.R.C.R.

du régime demeure essentiellement le versement de prestations à une période déterminable. Ces prestations peuvent revêtir différentes formes en fonction des objectifs retenus, comme on peut le voir ci-après.

i) *La rente normale* : Le participant actif qui atteint l'âge normal de la retraite (65 ans) a droit à la rente normale, et ce, suivant les conditions et les modalités établies par le régime (art. 73 L.R.C.R.).

ii) *La rente différée* : Le participant qui est actif pendant au moins deux ans et qui cesse de l'être a droit à une rente (art. 69 L.R.C.R.) dont le paiement est différé à l'âge normal de la retraite (art. 68 L.R.C.R.).

iii) *La prestation anticipée* : Le participant actif dont le temps de travail est réduit en raison d'une entente conclue avec son employeur et dont l'âge est inférieur de dix ans ou moins à l'âge normal de la retraite ou qui a atteint ou dépasse cet âge, a droit au paiement en un seul versement d'une prestation calculée en fonction de la loi. Cette prestation a pour objet de compenser la diminution de revenu associée à la réduction du temps de travail (art. 69.1 L.R.C.R.).

iv) *La rente anticipée* : Le participant actif pendant au moins deux ans et dont la période de travail se termine dans les dix ans qui précèdent la date où il atteindra l'âge normal de la retraite a droit à une rente anticipée (art. 71 L.R.C.R.).

v) *La rente ajournée* : Le participant actif qui a atteint l'âge normal de la retraite et qui continue à travailler voit sa rente ajournée jusqu'à sa retraite effective (art. 75 et 76 L.R.C.R.) ou encore, il peut la percevoir en tout ou en partie pour compenser une réduction de son temps de travail (art. 77 L.R.C.R.). L'ajournement de la rente cesse dès que le salarié termine son travail auprès de l'employeur (art. 80 L.R.C.R.).

vi) *La rente d'invalidité* : Le participant devenu invalide a droit à une rente dont le montant minimal est fixé par la loi (art. 82 L.R.C.R.). Cette rente peut cesser lorsque le participant cesse d'être invalide (art. 82.1 L.R.C.R.).

vii) *La rente additionnelle* : Sauf pour les régimes à cotisations déterminées (**III-753**), le participant dont les cotisations salariales, avec les intérêts accumulés, excèdent la limite fixée par la loi (art. 60 L.R.C.R.) et qui perçoit sa rente de retraite normale (point i) a droit à la création d'une rente pour tenir compte du surplus accumulé dans son régime de retraite (art. 83 L.R.C.R.).

viii) *La prestation de décès* : Lorsqu'un participant décède sans qu'aucun remboursement ni prestation aient eu lieu, le conjoint a droit à une prestation payable en un seul versement dont le montant minimal est établi par la loi (art. 86 L.R.C.R.). Si, au contraire, le participant était à la retraite et recevait une prestation, son conjoint survivant a droit à une rente égale à 60 % du montant de la rente du participant (art. 87 L.R.C.R.).

Les modalités et les montants payables pour chacun de ces types de rente est tributaire des dispositions et particularismes de chacun des régimes de retraite. Par ailleurs, la loi prévoit certaines modalités de coordination et de pondération des régimes privés avec les régimes publics de retraite lors du paiement de la rente normale (art. 94 à 97 L.R.C.R.).

III-756 — *L'administration du régime* — Un comité de retraite agit à titre de maître d'œuvre de l'administration d'un régime de retraite (art. 147 L.R.C.R.). La composition minimale de ce comité comprend deux participants désignés suivant les conditions établies au régime et un membre qui n'est pas participant[7-147]. Il est possible que d'autres membres puissent se joindre au comité, ce qui permet à l'employeur et à l'association accréditée d'y être représentée. La durée du mandat de chacun des membres est de trois ans. Le régime peut prévoir une durée plus courte ou encore, le renouvellement des mandats (art. 148 L.R.C.R.). Le comité de retraite, sauf s'il s'agit d'un régime garanti, agit à titre de fiduciaire (art. 150 L.R.C.R.), ce qui signifie que ses membres doivent être prudents, diligents et compétents comme le ferait en pareilles circonstances une personne raisonnable. De plus, les membres doivent agir avec honnêteté et loyauté, et ce, dans le meilleur intérêt des participants (art. 151 L.R.C.R.), ce qui signifie notamment qu'ils doivent éviter tout conflit d'intérêts (art. 158 L.R.C.R.)[7-148]. Le degré de responsabilité de chacun des membres du comité de retraite peut varier en fonction de ses profession, connaissances ou aptitudes et chacun est tenu de les mettre en œuvre dans l'administration du régime (art. 151, al. 2, L.R.C.R.). Le comité de retraite peut déléguer certains de ses pouvoirs à un tiers (art. 152 L.R.C.R.) et, dans un tel cas, ce dernier assume les mêmes obligations que les membres du comité (art. 153 L.R.C.R.). Chaque membre du comité est réputé avoir approuvé toutes décisions prises, même en son absence, par les autres membres, à moins qu'il ne manifeste avec célérité et clarté sa dissidence (art. 156 L.R.C.R.). De plus, le comité doit être détenteur d'une police d'assurance pour prévenir la caisse contre toute perte résultant d'un vol, d'un détournement de fonds ou de la responsabilité du défaut d'agir avec honnêteté et loyauté de la part des membres du comité (art. 156.1 L.R.C.R.). La loi impose plusieurs obligations au comité que nous résumons succinctement ci-après.

i) *La déclaration annuelle* : Dans les six mois de la terminaison de chaque exercice financier (31 décembre de chaque année) (art. 160 L.R.C.R.), le comité fait parvenir à la Régie une déclaration annuelle qui contient les renseignements prescrits par règlement. Il doit également joindre un

---

7-147. Les membres du comité ne sont pas rémunérés; ils ont droit au remboursement de certaines dépenses (art. 162, 182 L.R.C.R.).

7-148. À titre supplétif, les obligations imposées par le *Code civil du Québec* aux fiduciaires devraient également s'appliquer aux membres du comité de retraite (art. 1274 et suiv.).

rapport financier sur l'état de l'actif du régime ainsi que l'état des revenus et des dépenses (art. 161 L.R.C.R.).

ii) *L'avis d'assemblée* : Dans les six mois de la fin de chaque exercice financier, le comité de retraite doit convoquer, par écrit, les participants et l'employeur à une assemblée pour qu'ils prennent connaissance de la situation financière du régime et décident de toutes les questions et des sujets qui peuvent légalement être mis à l'ordre du jour (art. 166 L.R.C.R.). À cette assemblée, le comité de retraite fait rapport de son administration (art. 166 *in fine* L.R.C.R.).

iii) *L'information des participants* : Plusieurs dispositions de la loi imposent au comité de retraite d'informer adéquatement les participants, actifs ou non, des droits qu'ils ont accumulés dans le régime (art. 111 à 115 L.R.C.R.). Un nouveau participant doit recevoir un sommaire du régime accompagné d'une brève description des droits et obligations du participant (art. 111 L.R.C.R.). Chaque année, le comité transmet au participant un relevé annuel sur l'état des droits qu'il a accumulés dans le régime et sur la situation financière du régime (art. 112 L.R.C.R.). Lorsqu'un participant cesse d'être actif, le comité doit lui remettre, dans les 60 jours, un relevé contenant notamment le montant de son remboursement ou la nature et la valeur de la prestation à laquelle il a droit (art. 113 L.R.C.R.). Finalement, le comité doit, dans les 30 jours de toute demande à cet effet, permettre à un travailleur admissible ou à un participant de consulter le texte du régime, ou tout autre document, (art. 114 L.R.C.R.) ou lui transmettre.

iv) *La politique de placement* : Le comité de retraite doit se doter d'une politique écrite de placement (art. 169 L.R.C.R.) qui précise, entre autres choses, le rendement visé, le degré de risque attaché au portefeuille, les seuils de liquidités, les catégories de placements autorisées, les mesures assurant la diversification du portefeuille et les règles relatives à l'évaluation du portefeuille (art. 170 L.R.C.R.). Copie de cette politique doit être expédiée à la Régie.

v) *Les placements* : Seuls le comité de retraite, celui à qui fut délégué ce pouvoir ou, si le régime le stipule, les participants, peuvent décider des placements à faire avec l'actif du régime (art. 168 L.R.C.R.). Afin d'assurer la solvabilité et la viabilité du régime, plusieurs règles encadrent, régissent et précisent les placements qui peuvent être effectués. Ainsi, règle générale, aucun investissement dans un même bien (meuble ou immobilier) ou chez une même personne physique ou morale ne peut dépasser 10 % de l'actif du régime de retraite (art. 172 L.R.C.R.). Cette règle vise à assurer une plus grande diversité des placements et ainsi, un meilleur étalement des risques. Par ailleurs, certains placements sont totalement interdits, afin de préserver l'intégrité du système. Ainsi, l'actif du régime ne peut servir à faire un prêt d'argent à un membre du comité de retraite ou à un de ses proches parents, à une association de salariés qui représente des participants, à certains actionnaires de l'employeur et à des personnes morales qui sont liées à l'employeur (art. 176 L.R.C.R.)[7-149].

Ces obligations imposées au comité de retraite font en sorte que ses membres exercent un rôle déterminant dans l'administration du régime, et il est nécessaire qu'il en soit ainsi puisqu'il s'agit de l'épargne de nombreux salariés.

III-757 — *Terminaison du régime* — À moins que la convention collective n'en dispose autrement ou qu'il ne s'agisse d'un régime de retraite promulgué par un décret, dans tous les autres cas, l'employeur peut mettre fin au régime au moyen d'un avis de terminaison transmis aux participants ou à l'association de salariés, au comité de retraite et à la Régie[7-150]. Cet avis précise si la terminaison est totale ou partielle, la date de terminaison et les participants visés (art. 198 L.R.C.R.). Sur réception de cet avis et après avoir permis au comité de retraite de faire valoir son point de vue (art. 199 L.R.C.R.), la Régie peut retenir l'une ou l'autre des voies suivantes : entériner cette décision, décider que le régime n'est pas terminé, modifier la décision de l'employeur quant à l'étendue de la terminaison ou encore, fixer une autre date de terminaison. Cette décision doit être notifiée à tous les intéressés (art. 201 L.R.C.R.). En raison des implications financières lourdes de la fin d'un régime de retraite, la loi établit plusieurs étapes à franchir, susceptibles d'amortir les contrecoups, décrites ci-après.

i) *Le rapport terminal* : Dans les 60 jours de la décision de la Régie, le comité de retraite doit préparer, pour approbation par la Régie, un rapport établissant les droits de chacun des participants, leur valeur respective accumulée au régime et certains autres renseignements ainsi que le montant du surplus accumulé (art. 202 L.R.C.R.). À la suite du dépôt de ce rapport et s'il est conforme à la loi, la Régie émet un avis de conformité (art. 202 *in fine* L.R.C.R.).

ii) *Le relevé des droits* : Dans les 60 jours de la réception de l'avis de conformité, le comité de retraite transmet à chaque participant un relevé des droits et de leur valeur. Cet avis doit être accompagné de l'information relative : à la possibilité pour le participant de transférer ses droits dans un autre régime; à l'excédent d'actif déterminé au rapport terminal; à l'accès au projet de rapport final; au droit du participant de faire valoir son point de vue au comité de retraite et à la Régie; et tout autre renseignement exigé par règlement (art. 203 L.R.C.R.).

7-149. Cette règle comporte certaines exceptions dans la mesure où il s'agit d'un prêt garanti (art. 177 L.R.C.R.).

7-150. Il peut en être ainsi lorsque l'employeur procède à la fermeture de l'entreprise et à sa liquidation. La raison qui pousse habituellement l'employeur à agir ainsi est qu'il cesse de faire affaire ou qu'il ferme ses portes.

iii) *L'avis public* : Dans certains cas, le comité de retraite doit, dans les 30 jours de la transmission du relevé des droits (point ii), faire publier dans un journal un avis invitant toute personne qui croit avoir des droits dans ce régime à les faire valoir auprès du comité de retraite (art. 204 L.R.C.R.).

iv) *La demande d'approbation* : Dans les 30 jours de l'expiration du délai accordé à chaque participant pour faire valoir ses observations (points ii et iii), le comité de retraite doit présenter à la Régie une demande d'approbation du projet de rapport terminal ayant fait l'objet d'un avis de conformité (point i) (art. 205 L.R.C.R.).

v) *La décision de la Régie* : La décision de la Régie statuant sur la demande d'approbation du projet de rapport terminal est communiquée au comité de retraite qui, par écrit, en informe immédiatement l'employeur, l'assureur, le cas échéant, l'association de salariés et chaque participant (art. 207 L.R.C.R.).

vi) *La liquidation des droits* : Après l'expiration d'un délai de 60 jours de la décision de la Régie (point v), le comité de retraite doit procéder à l'acquittement des droits de l'employeur et des participants, et ce, conformément au rapport terminal (point i). Les articles 209 et 227 L.R.C.R. précisent toutes les modalités applicables en cette matière. Si le régime ne compte pas suffisamment d'actif pour payer l'ensemble des droits accumulés par les participants, l'employeur est responsable du déficit. Il lui incombe de payer la différence (art. 228 L.R.C.R.). Pour ce faire, il doit en faire remise au comité de retraite ou encore, si la Régie en convient, amortir le paiement sur une période maximale de cinq ans (art. 229 L.R.C.R.).

La problématique de la terminaison des régimes de retraite a pris une importance particulière au cours des dernières années en raison des excédents d'actif qui peuvent être accumulés dans les régimes. La loi prévoit qu'un régime de retraite doit, sauf exception, être solvable (art. 137 L.R.C.R.), c'est-à-dire, que son actif doit au moins être égal à son passif (art. 136 L.R.C.R.). En somme, si l'on procédait à la terminaison du régime, il doit y avoir suffisamment de biens pour payer tous les droits des participants. Dans certains cas, il est possible que l'actif soit supérieur au passif. Cette situation s'est manifestée particulièrement au cours des années 1980, par l'effet combiné de l'envol des taux d'intérêt provoqué par un accroissement rapide de l'inflation. Ces facteurs économiques ont entraîné un écart actuariel important entre les hypothèses initiales retenues par les actuaires pour établir les taux des cotisations et le véritable rendement de la caisse de retraite. C'est ainsi que certains régimes de retraite ont accumulé des surplus considérables que des auteurs estiment entre 8 et 16 milliards de dollars[7-151]. Cette problématique a soulevé

7-151. Jean LAURENT, « Droit des participants aux surplus des caisses de retraite », (1990) 50 *R. du B.* 959, 966.

avec acuité deux questions particulières : Ces surplus permettent-ils à l'employeur de disposer d'un congé de cotisation ? À la terminaison du régime, à qui profitent ces surplus ? Ces deux questions ont entraîné une multitude de recours devant les tribunaux[7-152]. En raison des lacunes de la législation, les tribunaux analysèrent chaque dossier à la lumière des faits particuliers propres à chaque cas. En 1992, le législateur intervint et imposa l'arbitrage en cas de litige[7-153]. L'excédent d'actif en cas de terminaison est distribué en fonction de l'une ou l'autre des voies suivantes (art. 230.1 L.R.C.R.) :

— selon les modalités pertinentes de l'entente intervenue entre l'employeur et les participants ;

— selon les dispositions de la convention collective si elle le prévoit ou conformément à l'entente particulière intervenue entre l'employeur et le syndicat ;

— selon la sentence arbitrale rendue sur cette question.

Si une entente intervient entre les intéressés, elle est soumise pour approbation à la Régie (art. 205.1 L.R.C.R) et doit comprendre un mécanisme permettant aux participants de manifester, s'il y a lieu, leur désaccord (art. 230.4 L.R.C.R.). À défaut d'entente ou encore si plus de 30 % des participants s'opposent au projet d'entente ou que la Régie refuse son approbation, les parties doivent recourir à la procédure d'arbitrage (art. 230.7 L.R.C.R.). Cette voie arbitrale doit respecter certains paramètres :

— les dispositions du *Code de procédure civile* s'appliquent (art. 243.1 L.R.C.R.) ;

— le nombre d'arbitres varie de un à trois en fonction de la valeur de l'excédent (art. 243.3 L.R.C.R.) ;

— le recours à l'arbitrage est amorcé par une demande en ce sens au comité de retraite (art. 243.5 L.R.C.R.) ;

— les représentants désignés des parties (art. 243.6 L.R.C.R.) choisissent l'organisme d'arbitrage agréé par le gouvernement chargé d'organiser l'arbitrage, et les représentants doivent aussi désigner le ou les arbitres (art. 243.7 L.R.C.). À défaut d'entente sur le choix de l'arbitre, il

---

7-152. À titre d'exemples, on peut consulter : *TSCO of Canada Ltd.* c. *Châteauneuf*, précité, note 30 ; *J.J. Newberry Canadian Ltd.* c. *Régie des rentes du Québec*, [1986] R.J.Q. 1884 (C.A.) ; *Pierre Moreau ltée* c. *Sauvé*, [1997] R.J.Q. 44 (C.A.) ; *A. Janin et Compagnie Ltée* c. *Allard*, [1991] R.J.Q. 1737 (C.S.) ; *Schmidt* c. *Air Products Canada Ltd.*, précité, note 7-131 ; François MERCURE, « Qu'advient-il d'une caisse de retraite à la disposition de l'employeur ? », dans SERVICE DE LA FORMATION PERMANENTE, BARREAU DU QUÉBEC, *Développements récents en droit commercial (1989)*, Les Éditions Yvon Blais inc., 1989, p. 305.

7-153. *Loi modifiant la Loi sur les régimes complémentaires de retraite*, L.Q. 1992, c. 60.

incombe à l'organisme chargé du bon déroulement de l'arbitrage de le désigner (art. 243.7 *in fine* L.R.C.R.);

— pour rendre sa décision, l'arbitre doit prendre en considération les règles de droit et il peut tenir compte de l'équité, de l'évolution du régime, des modifications qui ont été apportées, de l'origine de l'excédent, de l'utilisation qui a pu être faite de l'excédent dans le passé ainsi que de l'information qui fut transmise aux participants à ces occasions (art. 243.14 L.R.C.R.);

— l'arbitre dispose d'un délai de six mois à compter de sa désignation pour rendre sa décision, sauf si les parties prolongent ce délai (art. 243.10 L.R.C.R.);

— la décision est finale et sans appel (art. 243.14 *in fine* L.R.C.R.), mais demeure tributaire du pouvoir de surveillance et de contrôle de la Cour supérieure (**V-76**);

— une fois déposée au bureau du protonotaire de la Cour supérieure, la décision arbitrale devient exécutoire comme un jugement de cette cour (art. 243.15 L.R.C.R.) (**V-85**);

— les frais et honoraires de l'arbitre sont à charge de la caisse de retraite jusqu'à concurrence du montant de l'excédent d'actif (art. 243.18 L.R.C.R.).

Certes, ce nouveau mécanisme de règlement des mésententes sur la propriété des surplus des régimes de retraite est un progrès, car il permet de régler plus rapidement et à moindre coût ces litiges. En cette matière, comme en bien d'autres d'ailleurs, il incombe aux parties de prévoir dès le départ (**III-754**) les modalités de la propriété des surplus et ainsi d'éviter bien des problèmes.

Sous-section 7.53
Un organisme de contrôle

III-758 — *Régie des rentes* — La Régie des rentes du Québec[7-154] est responsable de l'application de la *Loi sur les régimes complémentaires de retraite*. Elle est composée d'un président et de onze membres qui sont nommés après consultation d'organismes représentatifs du monde des affaires, du monde du travail, des groupes socio-économiques, des organismes liés aux avantages

---

7-154. Les dispositions constitutives de la Régie se trouvent à la *Loi sur le régime de rentes du Québec* (ci-après L.R.R.Q.).

sociaux ainsi que parmi les bénéficiaires de prestations versées par la Régie (art. 14 L.R.R.Q.). Aux fins d'administration de la loi, la Régie peut déléguer tout pouvoir à un membre de son conseil d'administration à un membre de son personnel ou à un comité qu'elle constitue (art. 250 L.R.C.R.). La *Loi sur les régimes complémentaires de retraite* lui confère deux importantes fonctions :

— celle de s'assurer de la saine administration et du bon fonctionnement des régimes de retraite (art. 245 L.R.C.R.);

— celle de promouvoir la planification financière de la retraite en favorisant l'établissement et l'amélioration des régimes de retraite.

Pour réaliser cette mission, la Régie peut (art. 246 L.R.C.R.) :

— effectuer des études et faire des recommandations au ministre;

— donner des instructions sur l'application de la loi;

— faire l'inspection des régimes;

— exiger du comité de retraite tout document ou renseignement exigé par la loi;

— assumer tout mandat que lui confie le gouvernement.

Lorsque la situation l'exige, la Régie peut prendre charge de l'administration provisoire d'un régime de retraite (art. 183 L.R.C.R.), et ce, après avoir donné aux parties l'occasion de se faire entendre (art. 184 L.R.C.R.). Dans le cadre des deux missions que lui a confiées le législateur, la Régie doit rendre plusieurs décisions ou ordonnances (art. 248 L.R.C.R.) et peut aussi requérir l'avis de la cour si elle connaît une difficulté réelle sur l'interprétation de la loi ou d'un régime de retraite. Cette consultation se fait par requête, et les dispositions du *Code de procédure civile* relatives à la requête en jugement déclaratoire reçoivent application (art. 454 à 456 C.p.c.) (**V-80**). La Régie peut également requérir de la Cour supérieure une ordonnance d'injonction relative à toute matière visée par la loi (art. 255 L.R.C.R.). Ajoutons qu'elle peut réviser une décision qu'elle a rendue si une partie en formule la demande par écrit dans les 60 jours de la notification de la décision ou de l'ordonnance contestée (art. 241 L.R.C.R.). Finalement, cette décision peut faire l'objet d'une contestation devant le Tribunal administratif du Québec (art. 243 L.R.C.R.).

III-759 — *Pour conclure* — La loi encadre l'organisation, la participation, l'administration et la terminaison des régimes de retraite. Pour réaliser ces diverses fonctions, la Régie des rentes du Québec exerce le rôle de gardien de la bonne gestion des économies des salariés[7-155]. Au-delà de cette mission

---

7-155. Récemment, la foi du public en cette mission fut ébranlée à la suite de la déconfiture de la caisse de retraite des travailleurs de l'industrie du vêtement.

primordiale, cette loi de l'emploi, comme bien d'autres d'ailleurs, fut conçue en fonction du salarié à temps complet et travaillant durant toute sa vie active chez le même ou chez très peu d'employeurs. Un tel modèle s'éloigne de plus en plus de la réalité et ainsi, le législateur devra se pencher sur les nouvelles formes de travail (à temps partiel, sur appel, télétravail, etc.) **(titre VI)** pour adapter cette législation. Autrement, il est à craindre que bien des travailleurs assument difficilement le passage de l'emploi à la retraite dès le début du XXIe siècle.

Section 7.6
La formation professionnelle

III-761 — *Formation et emploi* — L'obtention d'un emploi, le maintien et la progression en emploi sont souvent tributaires d'une même cause, celle de la formation professionnelle de son titulaire. Quelles que soient les péripéties professionnelles que connut une personne au cours de sa carrière, le volet «formation professionnelle[7-156]» que l'on peut dégager de son curriculum vitae fournit généralement d'excellentes explications sur son parcours. Avait-elle déjà acquis les connaissances nécessaires pour accéder à tel poste? A-t-elle, en cours d'emploi, acquis une formation complémentaire ou de soutien pour suivre les développements de la technologie et de la science lui permettant d'assumer les prochains défis professionnels qui peuvent se présenter? S'intéresse-t-elle à son environnement professionnel, social et économique de manière à mieux saisir les nouvelles problématiques? Etc. Ce sont de telles questions que peut poser ou, à tout le moins, qui interpellent toute personne qui siège à un comité de sélection pour l'embauche, la promotion ou le licenciement d'un candidat. À ce titre, on peut comprendre que la formation professionnelle soit intimement liée à l'emploi et, en raison de ce même rapport, on ne saurait saisir le droit de l'emploi sans aborder cet autre volet qui donne accès à l'emploi et en assure le maintien. Si nous reconnaissons que le travail peut, dans notre société, avoir trois missions: satisfaire les besoins fondamentaux, contribuer à la réalisation d'une personne et renforcer ou maintenir la cohésion sociale (**I-4**), nous pouvons aussi

---

7-156. La formation professionnelle ou l'éducation revêt, pour nos fins, une connotation large et souple qui comprend la formation scolaire générale et s'étend jusqu'à l'acquisition de connaissances techniques ou scientifiques en établissement et sur le tas, susceptibles d'aider une personne à la réalisation de diverses tâches de production de biens ou de services actuels ou éventuels.

avancer que la formation professionnelle retient de semblables finalités. Jacques Delors explique ainsi ce même triptyque :

> [...] permettre aux hommes et aux femmes de mieux maîtriser leur propre destin et, à travers la production, d'assumer les besoins de l'économie. Mais aussi afin que chacun puisse mieux se connaître, et, par conséquent, être mieux à même de faire face aux situations déstabilisantes qui peuvent se produire dans la vie privée, comme dans la vie professionnelle. Enfin, l'éducation doit faire de chacun un être social, capable de comprendre les autres et le monde dans lequel il vit[7-157].

Sous-section 7.61
La problématique

III-762 — *Une démarche contenue* — La formation ou l'éducation professionnelle embrasse fort grand et ne s'arrête nullement à la seule personne ayant le statut de salarié. Le régime scolaire public en tient compte dès le niveau secondaire, puis collégial et finalement, universitaire. L'État recourt à cette voie pour faciliter le reclassement des salariés licenciés ou remettre en route les chômeurs et les laissés-pour-compte. Les employeurs et les syndicats doivent s'en préoccuper et retenir de multiples moyens en vue de procurer aux salariés l'acquisition des connaissances et du savoir-faire qu'imposent les développements technologiques et les réorganisations des entreprises. On peut comprendre alors la mise en place de nombreux réseaux publics et privés qui varient selon les aléas politiques, économiques et sociaux pour traiter de telles questions. Pour mieux aborder cette problématique et saisir les enjeux pour la société que pose la formation professionnelle à l'aube du XXIe siècle, il nous faudrait aussi considérer les besoins futurs de la société, c'est-à-dire savoir tirer quelques enseignements pratiques des grandes données démographiques[7-158] :

7-157. Jacques DELORS, *L'unité d'un homme*, Paris, éditions Odile Jacob, 1994, p. 343.

7-158. *La crise de l'emploi : de nombreux partages s'imposent*, Actes du LIIe Congrès des relations industrielles de l'Université Laval, Sainte-Foy, Les Presses de l'Université Laval, 1997.

Répartition des emplois selon les secteurs (en %)[7-159]

Secteur	1966	1995	Écart
Primaire	8,2	3,5	− 4,7
Secondaire	34,9	23,0	− 11,9
Tertiaire	56,9	73,5	+ 16,6 = en 30 ans

Vieillissement de la population (en %)

Âge	1961	1991	2011
− de 45 ans	72	69	54
45 ans et +	23	31	45

Ces seules données relatives au vieillissement et à la longévité de la population conjuguées au développement technologique et aux nouveaux partages des créneaux des entreprises sont des facteurs qui ont des répercussions multiples, importantes et certaines sur l'approche générale qu'il nous faudrait retenir au sujet de la formation professionnelle. Pensons notamment à la situation de l'an 2011 où le groupe des 18 à 45 ans serait en minorité alors que nous aurions une forte présence des plus de 70 ans[7-160]. Il est fort possible que les jeunes de demain travailleront un peu moins chaque jour et chaque semaine, mais il est tout aussi vraisemblable qu'ils devront étaler leur carrière sur un plus grand nombre d'années et diversifier le champ de leurs activités professionnelles. À ces fins, ils devront disposer d'une formation générale suffisamment solide, de manière à pouvoir y ajouter, au fur et à mesure des besoins et de leur parcours, une formation complémentaire générale, technique ou scientifique. Nous ne pouvons embrasser toutes ces questions dans la présente section et devons nous limiter aux facettes les plus pressantes et les plus pertinentes au regard de l'objet général et principal de l'ouvrage. Sous ces réserves, nous rappelons très succinctement les principales étapes franchies relatives aux lois sur la formation professionnelle au Québec, puis nous abordons la question du droit à la formation. Ces premières données nous permettent par la suite de rappeler les grands traits des lois actuelles d'encadrement de divers régimes relatifs à la formation professionnelle.

7-159. MINISTÈRE DES FINANCES, *Oser choisir ensemble. L'économie du Québec: revue des principales tendances*, Les Publications du Québec, 1996, p. 45. Pour une analyse des données de base au Québec, voir: *Le développement des compétences, le défi des années 90*, Ministère de la Main-d'œuvre, de la Sécurité du Revenu et de la Formation professionnelle, Direction de la recherche, juin 1991.

7-160. La tranche des 70 ans augmenterait de 50 % au cours de la période de 1991–2011. Il serait possible que le segment de 55 à 70 ans (comprenant les retraités par anticipation d'aujourd'hui et ceux écartés au cours des prochaines années) serve de bassin pour y recruter les ressources complémentaires afin d'assumer notamment les fonctions les plus diverses que suscite la forte présence des aînés (70 ans ou plus).

III-763 — *Pour qui la formation ?* — Selon l'une de ses finalités, la formation professionnelle consiste en une transmission des connaissances d'une génération à la suivante, de manière à préparer la relève et à poursuivre plus avant la même démarche en vue de la production de biens et de services nécessaires à la vie en société. À ce premier niveau, on comprend qu'une telle action s'impose depuis fort longtemps. Il en est ainsi encore aujourd'hui et peut-être davantage en cette période trouble où les bonds en avant ne sont plus linéaires ni articulés dans un simple rapport de cause à effet. Dès que nous traitons de la formation professionnelle, deux grandes questions sous-jacentes hantent nos esprits, et les réponses que nous y donnons, consciemment ou non, peuvent moduler l'approche retenue par les uns et les autres. Ces questions immergées consistent à savoir pour qui et pour quoi une formation serait donnée. Le salarié en est-il vraiment et toujours le principal sujet ? Bien qu'il soit porteur de la formation, l'approche, le contenu, les méthodes, l'agencement des programmes peuvent varier sensiblement selon que l'on se préoccupe davantage de la personne formée, que cette personne n'est que l'instrument dont on veut développer les habiletés ou que l'on souhaite la préparer à l'exécution de tâches nouvelles ou différentes. En ce sens, la formation professionnelle revêt une dimension démocratique fondamentale et souvent occultée par des contraintes immédiates de production et de finances publiques. Il faut aussi reconnaître que les deux principaux intéressés, le salarié et l'employeur, peuvent aborder la question fort différemment l'un de l'autre. Pour le premier, le salarié, sa carrière peut être en jeu ou il peut s'agir d'une voie efficace pour acquérir une meilleure sécurité d'emploi, alors que l'autre, l'employeur, peut y voir un investissement à court terme dont peut dépendre la survie ou la croissance de son entreprise[7-161]. De telles divergences sont également sources de tension et d'orientation tout aussi opposées. Fondamentalement, la formation professionnelle peut permettre à chacun de contribuer à construire la société et non seulement à subsister dans le cadre d'une société construite par et pour d'autres. Dès lors, on constate l'aspect politique que soulève également la question de la formation professionnelle. Il est vrai que l'État peut utiliser ce moyen pour rendre plus performant et plus dynamique l'appareil productif (la formation marchande) ou pour améliorer la qualité de vie de l'ensemble des citoyens (formation démocratique), ou encore, pour tenter de remettre sur le marché du travail les victimes du chômage structurel et légitimer le versement d'allocations aux chômeurs. Dans ce domaine, il n'y a pas lieu de procéder à des choix exclusifs : le salarié, l'entreprise ou le chômeur. Bien au contraire, il s'agit d'une question si importante pour tous que l'on doit considérer les approches différentes ou opposées en présence, de manière à rechercher une politique susceptible de répondre aux besoins des entreprises tout en

---

7-161. Pierre DORAY, « Les stratégies des entreprises québécoises en matière de formation », (1991) 46 *Rel. Ind.* 329 ; Colette BERNIER, Michèle BILODEAU et Jean-Noël GRENIER, « Les comités paritaires de formation professionnelle au Québec », (1996) 51 *Rel. Ind.* 665.

favorisant le développement général et professionnel des salariés. Pareil compromis ne serait possible que si les programmes de formation professionnelle étaient élaborés sur une base plus grande qu'une seule entreprise à la fois et dans le cadre d'une concertation tripartite[7-162]. Un tel débat sur la formation professionnelle ne peut être neutre ni froidement universitaire, et aucun citoyen conscient ne saurait y demeurer indifférent. Bien évidemment, ce bref exposé des règles de droit relatives à cette question ne peut esquiver cette même problématique soulevée d'ailleurs depuis bien des décennies. Pour mieux saisir l'importance de la question, nous proposons un bref rappel du cheminement de l'intervention législative dans ce domaine. Ces premières données facilitent la présentation des éléments relatifs au débat politique que la question sous-entend, puisqu'il s'agit finalement du droit à la formation des salariés et non d'une simple activité de production, telle l'exploitation d'un gisement minier. Par la suite, nous présentons brièvement les lois actuelles sur la formation professionnelle (**III-759**).

Sous-section 7.62
La démarche historique

III-764 — *D'hier à aujourd'hui* — La question de la formation professionnelle se pose aujourd'hui avec beaucoup d'acuité et revêt des volets à la fois politiques et économiques cruciaux. Puisqu'il s'agit fondamentalement de la transmission de connaissances, on peut croire que la question se pose dans toute société et de tout temps. À titre d'exemple, il existait peu avant l'ère industrielle l'organisation des métiers sous la forme de corporations professionnelles respectivement établies selon un ordre hiérarchique ascendant en fonction du degré de formation professionnelle reconnu par les pairs : apprenti, compagnon et maître[7-163]. Nous en avons conservé le souvenir par l'usage de ces mêmes appellations dans certains milieux professionnels, notamment dans l'industrie de la construction et dans l'imprimerie[7-164].

7-162. Colette BERNIER, « La formation professionnelle, un objet de concertation patronale–syndicale ? », dans Jacques BÉLANGER, Colette BERNIER, Jean BOIVIN, Lise CHRÉTIEN et Jean SEXTON (dir.), *Innover pour gérer les conflits*, Actes du LIᵉ Congrès des relations industrielles de l'Université Laval, Sainte-Foy, Les Presses de l'Université Laval, 1996, p. 63.

7-163. Au lendemain de la Révolution française, on voulut abolir ce régime de manière à permettre à chacun le libre choix de ses activités professionnelles. Voir : *Loi le Chapelier 1791*.

7-164. Il existe certaines corporations de métiers, la Corporation des maîtres électriciens, S.Q. 1950, c. 146, et la Corporation des maîtres mécaniciens en tuyauterie et chauffage, S.Q. 1949, c. 109, où l'on fait aussi usage de ces mêmes dénominations.

L'apprentissage, c'est-à-dire l'acquisition d'une formation pratique par voie de mimétisme à l'aide d'un compagnon servant de mentor est toujours retenu, du moins pour apprendre certains « tours de main », le non-dit. Bien évidemment, la transmission des connaissances hautement techniques et scientifiques ne peut s'effectuer exclusivement par cette voie et elle exige, au préalable, une formation générale de plus en plus élaborée et maîtrisée (un savoir et un savoir-faire). Il serait d'ailleurs assez difficile maintenant de dissocier ces deux réseaux : celui de l'éducation en établissement, du primaire à l'université, et celui de la formation professionnelle qui se greffe au premier et pourvoit au développement par voie de spécialisation pratique. Il semble bien que cette liaison soit mieux saisie maintenant, bien qu'il fallût pour ce faire franchir de multiples étapes. Il va de soi que le régime public d'éducation à titre gratuit et obligatoire pour tous les citoyens constitue un préalable nécessaire (**II-26**). Plus ce premier niveau peut être élevé et de bonne qualité, plus il peut être possible, facile et même intéressant pour le sujet d'y abouter une formation professionnelle complexe, raffinée et continue. Comment transmettre une information technique, scientifique et des façons de faire si la communication quant au français, à l'anglais, à la mathématique, à la chimie, etc., ne peut s'établir entre celui qui connaît et celui qui veut apprendre ? Si ce simple énoncé peut aujourd'hui être mieux partagé, l'histoire de la législation relative à la formation professionnelle révèle que tous n'en étaient pas convaincus il y a encore peu de temps. Depuis près de 75 ans, l'action et les interventions des gouvernements du Québec et du Canada s'entremêlent, s'entrecroisent, se conjuguent et parfois se nuisent les unes les autres. Certes, le débat constitutionnel en est une cause importante, mais nullement exclusive. De plus, la conjoncture économique, les grands événements qui bouleversèrent la société au cours du XXe siècle (dépression, guerre, industrialisation, globalisation des marchés, externalisation des entreprises, etc.) provoquèrent ou permirent plusieurs initiatives non toujours coordonnées ni cohérentes. Il est d'ailleurs symptomatique que plusieurs interventions d'envergure des gouvernements furent en quelque sorte balisées par des commissions d'enquête, soit pour préparer la venue d'une loi, soit pour rechercher la voie la plus pertinente ou légitimer une intervention prochaine, soit encore, pour retarder quelque peu l'étude d'un tel chantier[7-165].

7-165. Parmi ces commissions d'enquête, nous en rappelons quelques-unes : 1889 : Commission royale d'enquête du gouvernement fédéral sur le Capital et le Travail ; 1919 : Commission royale fédérale sur les relations de travail ; 1933 : Commission des assurances sociales du Québec ; 1940 : Commission royale d'enquête sur les relations fédérales–provinciales ; 1961 : Comité sénatorial d'étude sur la main-d'œuvre et l'emploi ; 1962 : Comité d'étude sur l'enseignement technique et professionnel (Québec) ; 1964 : Comité d'étude sur la formation professionnelle par l'apprentissage ; 1963 : Commission d'étude sur l'assistance publique ; 1971 : Commission d'enquête sur la santé et le bien-être social ; 1980 : Comité d'étude sur la formation des adultes (Québec).

III-765 — *Avant 1960* — D'une façon sans doute grossière, nous disons que la formation professionnelle se donnait au Québec, avant 1960, par la conjugaison de trois grandes voies :

— le réseau scolaire public, à compter notamment du secondaire;

— les écoles de métiers et d'arts, soit sous l'égide de l'État, soit formées à l'initiative du milieu professionnel (syndicats et employeurs) au sein d'une même branche;

— l'apprentissage, c'est-à-dire la formation sur le tas et réalisée selon un programme déterminé et contrôlé par un organisme public.

Dans le cadre du réseau scolaire public, la formation professionnelle donnée au terme du primaire fut longuement vue et utilisée comme une voie de sortie pour les élèves moins portés aux connaissances abstraites. Cette conception est maintenant dépassée, bien qu'il en reste encore quelques stigmates dans certains milieux. Les institutions publiques se prolongent aujourd'hui jusqu'au niveau universitaire où on trouve plusieurs facultés d'enseignement professionnel, tels la médecine, le droit, le commerce, l'ingénierie, etc.[7-166]. Certaines lois de l'emploi confèrent depuis longtemps aux employeurs et aux syndicats le pouvoir de prendre des initiatives dans ce domaine. La *Loi sur les décrets de convention collective* (**III-501**) précise, depuis ses origines, que le décret peut contenir des règles relatives à l'apprentissage, notamment au sujet des conditions d'admissibilité, du rapport entre le nombre de compagnons et d'apprentis dans le cadre d'une entreprise, de la rémunération établie en fonction de l'avancement graduel de l'apprenti et du contrôle des connaissances pratiques et théoriques. À ces fins, les parties au décret de convention collective pouvaient se doter d'un centre de formation professionnelle permettant un enseignement en établissement, préparatoire ou complémentaire à la formation sur le tas[7-167]. Cette approche répondait à un tripartisme tout à fait conforme à la philosophie sous-jacente dans les années 30 (**III-503**). Au lendemain de la seconde grande guerre, Québec se dota de divers moyens susceptibles de fournir à l'industrie une main-d'œuvre qualifiée, alors que la dépression puis la guerre avaient décimé le nombre de salariés qualifiés. La principale loi édictée à cette fin fut la *Loi de l'aide à l'apprentissage*[7-168]. Elle autorisait les municipalités et les comités paritaires à se doter d'un établissement ou d'un centre d'apprentissage en leur assurant la participation financière de l'État. Elle permettait également la conclusion d'une entente avec le gouvernement du Canada susceptible « [...] d'aider à la réadaptation des membres des forces armées [...] » (art. 21). Il

---

7-166. Dans certaines facultés, l'enseignement professionnel théorique et pratique est donné, en partie, en milieu de travail. Notons que tous ceux qui fréquentent ces facultés ne pratiquent pas nécessairement ces mêmes professions, soit par choix, soit par manque d'opportunité.

7-167. *Loi de l'aide à l'apprentissage*, S.Q. 1945, c. 41.

7-168. S.R.Q. 1964, c. 148, loi abrogée en 1969.

s'ensuivit cependant que « [...] seuls les secteurs industriels dotés de comités paritaires fonctionnels profiteront d'un système de formation adéquat. Ce sera le cas surtout dans le secteur de la construction[7-169]».

III-766 — *D'hier à aujourd'hui* — Sur le plan constitutionnel, une réforme apparemment secondaire modifia sensiblement la donne. En effet, en 1940 la Constitution canadienne était modifiée de manière à conférer pleine compétence au Parlement fédéral en matière d'assurance-chômage. Il s'agissait d'assumer, au niveau du Canada, le risque social du chômage[7-170]. Ainsi, l'article 92 A.A.B.N. comprend l'ajout suivant au nombre des titres de compétence propres au Parlement fédéral : « 2.A L'assurance-chômage » (**I-28**). Il va de soi que l'autorité compétente en matière d'assurance-emploi qui dispose de ressources financières pour assurer le paiement de revenus de substitution peut établir elle-même les conditions d'admissibilité à ces prestations et aussi, prendre toutes les mesures jugées utiles à la réduction du chômage ou pour contenir sa croissance. Dès lors, l'intervention, à tout le moins indirecte, de l'État fédéral au sujet de la formation professionnelle prit un envol certain pour des raisons à la fois financières, économiques et sociales. À compter des années 60, le gouvernement fédéral prit un grand nombre d'initiatives concernant la formation professionnelle au point d'être partout au Canada le véritable maître d'œuvre des grandes opérations de formation : détermination des besoins, sélection des candidats admissibles aux programmes subventionnés et financement des cours par ailleurs donnés par les établissements locaux[7-171]. Cette approche de la part du Canada plaça, à tort ou à raison, le gouvernement du Québec sur la défensive à l'égard de ses intérêts constitutionnels et ainsi, il s'ensuivit une série d'interventions plus réactives qu'originales sans une planification bien arrêtée!

III-767 — *1960–1998* — Depuis la loi canadienne de 1967, la *Loi sur la formation professionnelle des adultes*, la formation professionnelle ne découlait guère au Québec d'une politique générale de main-d'œuvre bien orientée, articulée et cohérente[7-172]. Sans disposer d'une telle vue d'ensemble et d'objec-

---

7-169. Lise POULIN-SIMON et Judith CARROLL, « Historique des interventions du gouvernement du Québec dans le domaine de la main-d'œuvre : une politique en panne », (1991) 46 *Rel. Ind.* 766, 781.

7-170. Déjà, en 1919, le Parlement fédéral était intervenu auprès des provinces dans le but de stimuler la formation professionnelle au moyen de subventions. Voir : *Loi d'enseignement technique*, S.C. 1919, c. 73; *Loi de l'enseignement professionnel*, S.C. 1931, c. 59; *Loi sur la coordination de la formation professionnelle*, S.C. 1942–1943, c. 34.

7-171. *Loi sur la formation professionnelle des adultes*, S.C. 1966–1967, c. 94. On utilisera dès lors la malencontreuse expression « achat de cours par le fédéral ».

7-172. La situation est notamment décrite et commentée à Jean-Paul DESCHÊNES (éd.), *Politiques de main-d'œuvre : évaluation de l'expérience québécoise*, Actes du XXVIIᵉ Congrès des relations industrielles de l'Université Laval, Québec, Les Presses de l'Université Laval, 1972.

tifs généraux assez précis et bien partagés, il peut être difficile d'élaborer des programmes efficaces de formation professionnelle. En effet, une politique de main-d'œuvre bien articulée et conçue en fonction d'une politique générale et dynamique d'emploi nous paraît être préalable à la bonne orientation d'un régime de formation professionnelle répondant aux besoins à long terme des entreprises tout en respectant au mieux les aspirations légitimes des salariés. Il est d'ailleurs assez symptomatique que les programmes des partis politiques de l'époque aient tous retenu la « prise d'un inventaire de la main-d'œuvre » comme s'il s'agissait d'une condition essentielle et préalable à une politique de main-d'œuvre et de formation professionnelle[7-173]. Cet objectif de départ était si élevé ou si peu réaliste que l'on dut se limiter à quelques discours sur le thème annonçant toujours une prochaine politique de la main-d'œuvre[7-174]. Faute d'une politique bien articulée, le Québec consacra davantage son action à l'aide ponctuelle aux chômeurs et aux assistés sociaux par le truchement de divers programmes d'emplois à court terme dans le cadre d'initiatives locales. En effet, le Québec doit assumer de multiples mesures d'aide sociale à la population et à cette fin, on a tenté de faciliter et de stimuler le retour à l'emploi de ceux déclarés aptes au travail parmi ces allocataires. Il va de soi qu'une telle orientation ne peut être qu'une facette de l'action que l'État peut entreprendre dans ce vaste champ de la formation professionnelle. À cette époque (1950–1970), on puisait aussi régulièrement dans le bassin des immigrants pour obtenir une main-d'œuvre qualifiée, ce qui rendait sans doute moins aigu ce besoin : « Il n'est donc pas tout à fait étonnant de constater que les programmes publics de main-d'œuvre ont pu être déviés de leurs objectifs initiaux et se transformer graduellement en mesures passives de soutien du revenu[7-175]. » En 1982, on institua le ministère de la Main-d'œuvre et de la Sécurité du revenu, et les projets de relance *ad hoc* mis en application illustrent bien cette double orientation[7-176].

7-173. Le Parti libéral, l'Union nationale et le Parti québécois promirent tous, au cours des années 70, de « dresser l'inventaire qualitatif et quantitatif de la main-d'œuvre. Voir : Fernand MORIN et Claudine LECLERC, « L'usage de la loi pour contenir les relations du travail : l'expérience du Québec », dans Ivan BERNIER et Andrée LAJOIE, *Le droit du travail et le droit urbain au Canada*, Commission royale sur l'Union économique et les perspectives du développement du Canada, Ottawa, Ministère des Approvisionnements, 1986, p. 110. Notons qu'aucun pays n'a pu réussir cet exploit, et cette approche idéaliste ou utopique n'est nullement un préalable indispensable à toute action de main-d'œuvre et de formation professionnelle.

7-174. Plusieurs rapports annuels du C.C.T.M. déplorent cette absence de politique de main-d'œuvre. Voir : rapports de 1970–1971, p. 36; 1979–1980, p. 60; 1980–1981, p. 19.

7-175. Colette BERNIER, Ginette DUSSAULT et Lise POULIN-SIMON, « La formation professionnelle au Québec : la remise en question du système », dans *La formation professionnelle : perspective internationale*, Collection instruments de travail, Sainte-Foy, Université Laval, Département des relations industrielles, 1993, p. 36.

7-176. Remarquons ce tandem fort révélateur d'une certaine conception de l'emploi : main-d'œuvre et sécurité du revenu, qui deviendra, quinze années plus tard et selon une traduction moderne : emploi et solidarité (**III-776**).

Compte tenu de la prédominance des interventions du Canada (choix des programmes, financement et allocations versées aux étudiants), le ministère de l'Éducation du Québec prit davantage la coordination générale de la diffusion des cours de formation professionnelle au sein du réseau de l'éducation (1972–1985). Sans doute par quelques raccourcis téméraires, nous dirions que le Québec ne sut et ne put relever le double défi que représente le chômage conjoncturel conjugué au chômage structurel, c'est-à-dire tenir compte des difficultés immédiates des sans-emploi tout en assurant la préparation, à moyen terme, d'une main-d'œuvre capable de suivre et même de prévoir les besoins futurs résultant notamment des développements technologiques et de l'externalisation des marchés. Cette observation suppose implicitement qu'il pourrait ou devrait y avoir dans notre société des emplois pour tous et que chacun aurait droit au travail. Les fondements politiques et juridiques d'un tel *a priori* demeurent encore du domaine de la discussion politique.

Sous-section 7.63
Les lois sur la formation professionnelle

III-768 — *Un droit à la formation* — Existe-t-il un droit à la formation professionnelle ? Sachant les implications des changements technologiques et des constantes réorganisations des processus de production de biens et de services, pourrions-nous aussi croire que tout salarié doit implicitement assumer l'obligation de poursuivre sa formation professionnelle ? L'employeur aurait-il l'obligation correspondante, soit de l'offrir à ses salariés ou de collaborer efficacement de façon qu'ils puissent s'en prévaloir ? En d'autres termes, l'obligation de disponibilité qui incombe au salarié (**II-89**) comprendrait-elle un tel volet ? Nous ne pouvons dégager du droit positif actuel un droit subjectif à la formation professionnelle au profit du salarié ni une obligation correspondante de sa part. Tout comme le droit au travail n'est pas articulé en un droit positif direct, il en est ainsi du droit à la formation professionnelle (**II-6**). D'ailleurs, il s'agit de deux droits fondamentaux, dans toute société industrielle développée, et qui sont intimement liés l'un à l'autre : la formation donnant accès à l'emploi et devant permettre au salarié d'assumer des activités professionnelles nouvelles en fonction des trois même finalités du travail et de la formation (**III-761**). Il allait aussi de soi que le Canada ratifia la *Convention sur la politique de l'emploi*[7-177], dont l'objet principal comprend l'engagement du gouvernement à mettre en œuvre des politiques

---

7-177. Organisation internationale du travail, Genève, convention n° 122, 1964 : voir l'annexe 1.

d'emploi : « Le droit à la politique de l'emploi repose sur le phénomène de la déprivatisation du droit international, des droits économiques de la personne, c'est-à-dire sur la nouvelle obligation qui fut faite aux États d'agir à l'extérieur des liens d'emploi existants par des actions macro-économiques destinées aux personnes[7-178]. » Au-delà de la seule dimension juridique, il n'empêche que la nécessité d'une telle action s'impose, soit un processus de formation professionnelle qui soit de mieux en mieux intégré à l'activité professionnelle actuelle, et ce, dans l'intérêt du salarié, de l'entreprise et de la société. En somme, l'évolution technologique, l'externalisation de l'entreprise et la globalisation des marchés exigeraient une telle conjugaison où l'activité de formation soit conçue et vécue à titre de composante de l'activité professionnelle, au point que la description d'un poste comprendrait cette facette tout comme celle des qualifications préalables exigibles. Pour ces raisons, l'État, le patronat, les syndicats et les salariés ne peuvent dorénavant se limiter à l'une ou l'autre des seules voies qui suivent, ni s'en satisfaire :

— offrir des cours dans le cadre des programmes publics d'éducation;

— permettre des cours ponctuels et à usage immédiat selon les besoins d'une entreprise donnée;

— exiger de possibles périodes libres et rémunérées par l'employeur à titre de congé sabbatique;

— accepter une formation complémentaire ou différente accessible à la suite seulement d'un licenciement plus ou moins long ou pour une durée imprévisible.

Il est vrai que la conjugaison emploi–formation n'est nullement une proposition nouvelle. Dès 1965, l'Organisation internationale du travail invitait chaque pays à élaborer, par la voie de lois et d'accords, des formules de « congé-éducation payé ». Il faut reconnaître qu'un tel ajout à l'activité professionnelle d'une formation servant les intérêts à moyen terme du salarié et de l'ensemble de la société ne peut être assumé exclusivement par l'employeur immédiat. Une action tripartite élaborée selon des programmes à long et moyen terme s'impose sur une base de branches, de secteurs ou de régions, de manière à constituer de multiples bassins d'un personnel toujours en voie de formation et disposant ainsi de suffisamment de flexibilité professionnelle pour répondre aux besoins nouveaux des uns et offrir aux autres une progression certaine de leur qualité de vie professionnelle, sociale et économique. Bien évidemment, il ne s'agit aujourd'hui que d'un droit à la

---

7-178. Lucie LAMARCHE, « Le droit au travail et à la formation : les enjeux et les doutes du droit international », dans *Emploi précaire et non-emploi; droits recherchés*, Actes de la 5ᵉ journée en droit social et du travail, Département des sciences juridiques, U.Q.A.M., Cowansville, Les Éditions Yvon Blais inc., 1994, p. 67.

formation, et sa gestation peut être plus ou moins retardée selon que l'on s'enfonce encore davantage dans une approche individualiste néolibérale ou dans la dialectique constitutionnelle. La *Charte des droits et libertés de la personne* garantissant le droit à l'égalité et des conditions de travail justes et raisonnables pourrait même être invoquée (art. 46) s'il nous fallait une base politico-juridique pour articuler ce droit à la formation professionnelle. La question est pressante puisqu'il ressort clairement que l'accès à l'emploi et le maintien en emploi ne peuvent plus maintenant être garantis sans la réalisation d'un programme dynamique de formation professionnelle continue. Il est aussi évident que la définition même de l'emploi, soit son contenu, ne puisse être celle retenue selon une conception traditionnelle. Ce nouvel entendement de l'emploi pourrait comprendre toute activité professionnelle, incluant la formation professionnelle à titre de composante.

III-769 — *La convention collective* — Les parties à la négociation collective pourraient-elles seules aménager un tel régime combinatoire emploi-formation ? Certes, la convention collective peut servir d'instrument permettant à certains syndicats accrédités et à quelques employeurs d'articuler ensemble des éléments d'un programme de formation professionnelle susceptibles de répondre à leurs besoins à court terme[7-179]. Sauf pour les très grandes unités d'accréditation, on ne peut imaginer qu'un employeur et un syndicat puissent disposer de voies et de moyens utiles à l'élaboration d'un régime complet de formation. Certaines orientations relatives au contenu technique de la formation offerte, les questions ayant trait à la participation financière et aux prises de congé afférentes sont des éléments qui peuvent faire l'objet d'une entente collective. Pour le reste, l'élaboration des contenus précis des cours, le choix d'une pédagogie pertinente, les modes d'évaluation et de qualification, etc., les parties doivent nécessairement faire appel à des sources externes privées et publiques. Laissés à eux-mêmes et isolément, l'employeur et le syndicat accrédité viseraient exclusivement, ou presque, une formation professionnelle immédiate, en fonction des contraintes actuelles de la production et sans être en mesure de considérer valablement les besoins à long terme de chaque salarié, ses ressources intellectuelles et ses habiletés. Les multiples unités d'accréditation au sein des grandes entreprises et le petit nombre de salariés dans la majorité des autres unités d'accréditation constituent un obstacle structurel au bon usage de la convention collective à titre d'instrument porteur d'un

---

7-179. Sur l'évolution de l'intérêt de la question de la formation professionnelle dans les conventions collectives québécoises de 1980 à 1992, voir : *Le marché du travail*, vol. 14, n° 7, juillet 1993, p. 6 et suiv. On y révèle des écarts importants entre le contenu des conventions collectives du secteur public et du secteur privé de même que entre les conventions collectives applicables à de petits ou à de grands groupes. Sur le même thème, voir aussi : Odette VOYER, « À l'heure de la formation — La situation des syndiqués au Québec », dans *Le marché du travail*, vol. 13, n° 1, janvier 1992, p. 6 et n° 3, mars 1992, p. 5.

véritable programme de formation professionnelle à long terme[7-180]. On peut certes y trouver des moyens facilitant la réalisation de tels programmes, notamment en jouxtant harmonieusement et utilement les moments d'activité de formation à ceux de production. Pour ces raisons, l'État doit, de multiples manières, s'intéresser à la question, établir des projets collectifs, mettre à la disposition de tous les ressources nécessaires instrumentales et financières et faire appel à la collaboration dynamique et constante des premiers intéressés, salariés, syndicats et employeurs. Cette action politique s'articule, dans un premier temps, par des dispositions législatives qui tracent le cadre général de l'activité, répartissent les fonctions et mettent en place des structures de base permettant une concertation efficace pour circonscrire les besoins et articuler les orientations générales à moyen terme.

III-770 — *Trois lois* — Selon l'entendement large et souple que nous retenons de la formation professionnelle (**III-761**), le système public d'éducation constituerait la base première ou fondamentale du régime de formation professionnelle[7-181]. Pour cette raison, l'étude de l'organisation de la formation professionnelle au Québec doit tenir compte et des lois et des institutions qui composent et aménagent le réseau national d'éducation. La *Loi sur l'instruction publique*[7-182], la *Loi sur les collèges d'enseignement général et professionnel*[7-183] et la *Loi sur les établissements d'enseignement de niveau universitaire*[7-184] de même que les multiples règlements qui se rattachent à l'une ou à l'autre de ces lois constituent également les premiers jalons de l'infrastructure juridique et administrative du régime général de la formation professionnelle. Pour illustrer ce propos, nous rappelons que :

— une commission scolaire peut « [...] contribuer, par des activités de formation de la main-d'œuvre et d'aide technique à l'entreprise dans ce domaine, au développement de la région [...][7-185] » ;

— la *Loi sur les collèges d'enseignement général et professionnel* comprend cet article 60.1 : « Contribuer, par des activités de formation de la

---

7-180. C. BERNIER, G. DUSSAULT et L. POULIN-SIMON, *loc. cit.*, note 20, p. 9 : ces auteurs indiquent bien que le cadre retenu pour la négociation collective, soit l'entreprise ou une de ses composantes, limite l'action concertée des parties à l'égard de la formation professionnelle. Il est vrai que la *Loi favorisant le développement de la formation de la main-d'œuvre*, L.R.Q., c. D-7.1, et notamment l'article 9, peut inciter les parties à convenir du bon usage des ressources budgétaires minimales qui doivent être consacrées à la formation (**III-773**).

7-181. Plus grande serait la population estudiantine franchissant le cap du collégial et du premier cycle universitaire, mieux disposerions-nous d'un bassin de population capable de recevoir une formation professionnelle continue, diversifiée et à haute teneur technologique et scientifique.

7-182. L.R.Q., c. I-13.3.

7-183. L.R.Q., c. C-29.

7-184. L.R.Q., c. E-14.1.

7-185. *Loi sur l'instruction publique*, art. 255.

main-d'œuvre, de recherche appliquée, d'aide technique à l'entreprise et d'information, à l'élaboration et à la réalisation de projets d'innovation technologique, à l'implantation de technologies nouvelles et à leur diffusion, ainsi qu'au développement de la région »;

— les universités au Québec disposent respectivement d'un service général de formation destiné aux adultes, et la plupart de leurs facultés et départements donnent ou proposent cette formation professionnelle tant aux entreprises qu'aux associations d'employeurs et de salariés, ou encore y contribuent.

À cette première base, il faut aussi ajouter les corporations professionnelles (**I-49; II-27**) qui exigent respectivement un profil scolaire précis des candidats et qui doivent s'assurer d'un suivi de la qualification professionnelle de leurs membres. Il en est ainsi au sujet de la pratique de plusieurs autres professions et métiers, notamment dans l'industrie de la construction où l'apprentissage et le contrôle de la qualification sont soumis à un régime distinct[7-186]. En sus, nous disposons de trois lois dont l'objet principal porte expressément sur la formation professionnelle :

— la *Loi sur la formation et la qualification professionnelles de la main-d'œuvre* (ci-après L.F.Q.M)[7-187];

— la *Loi favorisant le développement de la formation de la main-d'œuvre* (ci-après L.F.D.F.M.)[7-188];

— la *Loi sur le ministère de l'Emploi et de la Solidarité et instituant la Commission des partenaires du marché du travail* (ci-après L.E.S.C.P.)[7-189].

Ces dernières lois établissent un encadrement général, répartissent pouvoirs et fonctions en vue de l'élaboration de programmes de formation professionnelle et précisent les sources de financement et les moyens logistiques nécessaires à la réalisation de ces projets et aux contrôles qui s'y rattachent. Elles ne peuvent guère dépasser l'énoncé du cadre général des voies et moyens puisque les questions relatives aux priorités, aux stratégies, aux contenus et aux moyens de formation sont des données trop sensibles et trop variables pour être saisies d'un seul trait législatif et tous à la fois[7-190]. Dès

---

7-186. *Loi sur les relations du travail, la formation professionnelle et la gestion de la main-d'œuvre dans l'industrie de la construction*, L.R.Q., c. R-20 (**III-613, 624**).

7-187. L.R.Q., c. F-5.

7-188. L.R.Q., c. D-7.1.

7-189. L.Q. 1997, c. C-63. Selon son article 125, cette loi prend la relève de la *Loi sur la Société québécoise du développement de la main-d'œuvre*, L.R.Q., c. S-22.001.

7-190. À l'instar de la négociation collective où le *Code du travail* se limite à établir les grands paramètres de la convention collective (**IV-162**) et les grandes voies pour y aboutir en laissant aux parties le soin de fixer le contenu des conditions de travail (**IV-164**), de même en est-il de la fonction de la loi au sujet de la formation professionnelle.

que l'on aborde la question de l'intervention de l'État dans ce domaine, il faut aussi savoir s'il convient d'y œuvrer sur une base verticale, c'est-à-dire sectorielle, ou s'il peut être préférable de retenir une approche plus régionale, nous dirions horizontale. L'étude du contenu même de la formation professionnelle est sans doute mieux réalisée par la voie sectorielle. À ce niveau, il est souvent plus facile et plus précis :

— d'inventorier l'état de la formation actuelle de la main-d'œuvre avec l'aide directe des participants qui connaissent bien les milieux visés;

— de circonscrire les besoins à moyen terme alors que la production est réalisée dans le cadre de réseaux;

— d'élaborer une approche adaptée de formation qui puisse tenir compte et des diverses méthodes de production et des périodes de relâche que peut connaître chaque secteur;

— d'assurer l'action concertée des intéressés en raison des nombreux points communs partagés;

— de rassembler des ressources, tant en personnel que matérielles par ceux-là mêmes qui y sont intéressés.

Par ailleurs, l'immensité du territoire et l'étalement disparate et inégal des ressources humaines au Québec imposent que l'action sectorielle soit pondérée pour tenir compte des régions. Un tel arbitrage ou départage relève des autorités publiques qui agissent à titre de maîtres d'œuvre et peuvent assurer une répartition plus équitable des ressources. L'analyse des lois sur la formation professionnelle permet de voir le partage des fonctions et attributions qui fut réalisé[7-191].

III-771 — *L.F.Q.M.* — En 1969, on édicta la *Loi sur la formation et la qualification professionnelles de la main-d'œuvre* qui amenait la formation de commissions régionales de formation professionnelle de la main-d'œuvre en remplacement des commissions d'apprentissage[7-192]. Cette loi permet d'éta-

---

7-191.   *La politique d'intervention sectorielle, un an après*, Rapport de la Société québécoise de développement de la main-d'œuvre (S.Q.D.M.), avril 1997. Ce rapport sur la situation illustre bien la difficulté de coordonner et d'harmoniser l'action sectorielle avec l'action régionale.

7-192.   Ces commissions furent elles-mêmes remplacées en 1992 par la Société québécoise du développement de la main-d'œuvre : *Loi sur la Société québécoise du développement de la main-d'œuvre*, précitée, note 34. Notons que cette société est maintenant remplacée par la Commission des partenaires du marché du travail : *Loi sur le ministère de l'Emploi et de la Solidarité et instituant la Commission des partenaires du marché du travail*, art. 129 (**III-776**). Ces métamorphoses institutionnelles révèlent bien la recherche entreprise pour trouver la voie d'une prise en main permettant une action concertée et dynamique en ce champ.

blir par voie de règlement des normes relatives à la qualification professionnelle et à l'élaboration de programmes de formation. Faute d'une orientation politique certaine et bien articulée de la part du ministère du Travail[7-193], il semble bien que le ministère de l'Éducation du Québec demeurât néanmoins le principal centre d'orientation politique relative à la formation professionnelle. D'une façon générale, cette loi de 1969 autorise le gouvernement à édicter des règlements pour déterminer les conditions d'admissibilité à l'exercice d'un métier ou d'une profession, les processus de qualification et de contrôle et la délivrance de certificats de qualification (art. 30, 42 L.F.Q.M.). Elle permet même d'établir des programmes de formation et de qualification professionnelles pour des métiers ou professions non déjà soumis à un régime aménagé par voie de règlement (art. 29.1 L.F.Q.M.). Le ministre est aussi autorisé à constituer des jurys d'examen aux fins d'évaluation professionnelle et des conseils d'arbitrage de manière à départager, s'il y a lieu, le contenu respectif des champs professionnels propres aux différents métiers et professions. Cette même loi comporte une disposition relative au licenciement collectif (art. 45 L.F.Q.M.) qui est, selon toute apparence, un hors-d'œuvre[7-194]. Outre cet article 45, la L.F.Q.M. eut peu d'effet pratique au sujet de la formation professionnelle. D'ailleurs, il n'existe qu'un seul règlement relatif à quatre métiers et il n'est applicable que dans les cas où les travaux exercés ne sont pas soumis au régime concernant l'industrie de la construction (**III-607**)[7-195].

III-772 — *L.F.D.F.M.* — La *Loi favorisant le développement de la formation de la main-d'œuvre* fut promulguée en 1995 et son objet est ainsi énoncé à son article 1 : « [...] améliorer, par l'accroissement de l'investissement dans la formation et par l'action concertée des partenaires patronaux, syndicaux et communautaires et des milieux de l'enseignement, la qualification de la main-d'œuvre et ainsi [...] de favoriser l'emploi de même que l'adaptation, l'insertion en emploi et la mobilité des travailleurs [...] ». D'une façon pratique, il s'agit d'une loi imposant une contribution minimale de la part des entreprises aux coûts rattachés à la formation professionnelle. Cette somme doit être exclusivement consacrée à la formation professionnelle des salariés de l'entreprise et agréée par l'organisme public autorisé. Le résidu non utilisé à cette même fin est versé à un fonds spécial de formation. Un tel système soulève trois grandes questions relatives :

7-193. L. POULIN-SIMON et J. CARROLL, *loc. cit.*, note 14, p. 790. Les auteurs citent neuf documents qui sont autant de projets ou d'esquisses d'une orientation de politique du marché du travail du ministère du Travail publiés entre 1965 et 1985, sans pour cela aboutir à un énoncé cohérent et réaliste d'une politique.

7-194. Cette disposition est étudiée au chapitre relatif à la résiliation du contrat de travail (**II-173**).

7-195. *Règlement sur la formation et la qualification professionnelles de la main-d'œuvre s'appliquant aux métiers d'électricien, de tuyauteur, de mécanicien d'ascenseur et d'opérateur de machines électriques dans les secteurs autres que celui de la construction*, R.R.Q., 1981, c. F-5. r. 4.

— la détermination de la somme minimale annuelle vouée à la formation professionnelle dans chaque entreprise;

— au choix de la formation professionnelle agréée et dispensée à l'aide de cette dernière ressource financière;

— au contrôle *a priori* et *a posteriori* de l'organisme public responsable de l'application intégrale du système[7-196].

Cette loi ne traite pas directement de la formation professionnelle, elle porte principalement sur les aspects financiers de l'opération. Un tel objet ne peut que lui conférer un fort accent comptable. Au cours des premières années de sa mise en application, il appert que ces dimensions comptable et parfois fiscale attirèrent davantage l'attention des gestionnaires. À ce sujet, il faut noter que le ministre du Revenu intervient pour la perception des sommes dues et l'exercice d'un certain contrôle des dépenses admissibles (art. 15 à 19 L.F.D.F.M.). Toutes les entreprises ne sont pas soumises à cette contribution financière. Seuls les employeurs dont la masse salariale excède un seuil fixé annuellement par règlement doivent consacrer « [...] à des dépenses de formation admissibles un montant représentant au moins 1 % de [leur] masse salariale (art. 3 L.F.D.F.M.)[7-197] ». Cette ligne frontalière suppose l'existence et l'application de critères ou balises permettant d'établir d'une façon juste et uniforme la masse salariale de chaque employeur. À cette fin, la loi fournit en annexe certains paramètres et définitions afférentes (art. 4 L.F.D.F.M.). Il va de soi que les entreprises non assujetties aux lois de l'emploi du Québec sont dispensées de cette obligation (**I-25**)[7-198].

III-773 — *Les frais admissibles* — Le budget obligatoire voué à la formation professionnelle doit y être totalement et réellement consacré et, à cette fin, divers mécanismes de contrôle sont institués. Il va de soi que l'on ne pouvait s'en remettre exclusivement à la compréhension subjective que peut avoir chaque gestionnaire de ce qui constitue la formation professionnelle. Non

---

7-196. Initialement, la Société québécoise de développement de la main-d'œuvre était responsable de l'application de cette loi et elle est maintenant remplacée par la Commission des partenaires du marché du travail (**III-777**).

7-197. Il s'agissait d'un seuil de 250 000 $ en 1995, de 1 000 000 $ en 1996 et de 500 000 $ en 1997 : Décret 1585, (1995) 127 G.O. 2, 5191.

7-198. Pour départager ces entreprises sur le plan constitutionnel, il faut savoir si la formation professionnelle est de la nature d'une condition de travail. Ainsi interpellée par une entreprise dont l'objet principal est de compétence fédérale, la Cour supérieure fut d'avis que cette loi (L.F.D.F.M.) ne portait pas sur les conditions de travail, mais qu'elle était plutôt de la nature d'une loi d'éducation. Voir : *Albany Bergeron et fils inc. et Express du Midi inc.* c. *S.Q.D.M.*, C.S. n° 200-05-006089-960, 10 novembre 1997 (en appel). Nous ne pouvons faire une telle lecture de cette loi puisque l'on y traite de la masse salariale et de la formation des salariés d'un employeur, et que ces questions font l'objet des lois de l'emploi depuis 1934 (**III-765**).

seulement il doit s'agir d'activités de formation professionnelle réalisées à l'aide de ces ressources budgétaires, mais elles doivent aussi être pertinentes tant en raison de la nature de l'entreprise qu'envers les salariés qui la reçoivent. De plus, il convenait de s'assurer que tous les salariés puissent, selon les circonstances de temps, de lieux et les personnes, en bénéficier. À titre indicatif, ces activités de formation professionnelle et les frais afférents admissibles peuvent être :

— les coûts directs exigés par un établissement d'enseignement reconnu à l'égard de la formation faite aux salariés inscrits à ses programmes (art. 6 et 7 L.F.D.F.M.);

— les indemnités compensatoires versées aux salariés dans le cadre de congés de formation et les frais directs assumés pour leur permettre de participer à celle-ci;

— les frais engagés pour l'élaboration d'un programme *ad hoc* de formation professionnelle, y compris les études préalables des besoins, si toutefois l'opération est acceptée par l'organisme de contrôle;

— la réalisation d'un programme de formation résultant d'une entente collective conclue par l'employeur et un syndicat accrédité (art. 9 L.F.D.F.M.);

— l'acquisition d'équipement et de fournitures nécessaires à la formation professionnelle (art. 10 L.F.D.F.M.);

— l'aménagement ou la location des locaux nécessaires pour réaliser cette activité (art. 10 L.F.D.F.M.);

— etc.

La loi donne plusieurs autres indications semblables quant aux personnes admissibles à cette formation et à la nature des frais de formation (art. 5 et 6 L.F.D.F.M.)[7-199]. Il va de soi que l'employeur puisse, du moins en principe, choisir l'activité de formation professionnelle qu'il entend offrir à ses salariés. Par ailleurs, il est aussi évident que de telles dépenses ne sont pas nécessairement admissibles et alors déductibles de la somme totale minimale qu'il doit consacrer à ce titre. Pour des raisons pratiques, il convenait que l'activité de formation proposée et que les frais afférents, en aval et en amont, puissent être préalablement acceptés par l'organisme de contrôle. Ainsi, l'employeur peut, s'il le désire, obtenir directement un tel agrément préalable d'un projet de formation (art. 20 à 23 L.F.D.F.M.). Il peut aussi participer au financement d'un

---

7-199. Ces éléments sont si épars et si variés selon les milieux et si difficiles à cerner en quelques définitions qu'il fallut procéder par la voie d'un règlement, lequel renvoie à son tour à des modalités relatives aux techniques fiscales. Voir : *Règlement sur les dépenses de formation admissibles*, Décret 1586-95, (1995) 127 G.O., 2, 5311 (D-7.1, r. 1).

programme déjà autorisé et encadré ou réalisé par une association sectorielle ou un comité paritaire (art. 8 et 9 L.F.D.F.M.)[7-200], ou encore, inscrire les salariés à un programme de formation professionnelle élaboré par un établissement d'enseignement reconnu au sens de l'article 7 L.F.D.F.M. Bien évidemment, dans ces derniers cas, la question de la pertinence est résolue en fonction des salariés sélectionnés pour recevoir cette formation professionnelle, bien que la qualité du programme soit objectivement reconnue.

III-774 — *Du bon usage* — Partant de la somme minimale déterminée annuellement (**III-772**), l'employeur est contraint de faire un rapport circonstancié comportant d'abord les éléments permettant de saisir le montant total ainsi arrêté, puis les dépenses engagées sous ce chef (art. 16 L.F.D.F.M.). Si ces dernières excèdent la somme totale consignée, on procède par voie de report à l'année suivante et si, au contraire, il existe un surplus, il est versé au Fonds national de formation de la main-d'œuvre (art. 26 L.F.D.F.M.). Dans le cas de la cession d'une entreprise à la suite de sa liquidation, l'excédent dont pouvait disposer le premier employeur est transféré à titre de dépense au compte du nouvel employeur (art. 2, al. 2, L.F.D.F.M.). Le contenu du rapport présenté par l'employeur peut être précisé par voie de règlement relatif aux pièces ou de données soumises pour étayer ces dépenses de formation professionnelle (art. 21 L.F.D.F.M.). Par ailleurs, l'employeur peut éventuellement entreprendre un recours auprès du Tribunal administratif du Québec à la suite d'une décision de l'organisme de contrôle qui refuserait de reconnaître une dépense à titre de formation professionnelle ou qui retirerait son agrément (art. 23.1 L.F.D.F.M.). De telles opérations comptables sont bien évidemment appréciées par les organismes de contrôle. Le ministre du Revenu reçoit ces surplus et ils sont traités comme s'il s'agissait d'une cotisation au sens fiscal du terme (art. 14 à 19, 67 L.F.D.F.M.), avant que ces mêmes sommes soient acheminées au Fonds national (art. 18 L.F.D.F.M.). Le Fonds national sert exclusivement : « à la promotion et au soutien financier ou technique des actions de formation de la main-d'œuvre et des initiatives prises en ces matières [...] » (art. 26 L.F.D.F.M.). Ces ressources financières doivent être affectées aux dépenses autorisées conformément au plan annuel accepté par le ministre (art. 30 L.F.D.F.M.).

III-775 — *Apprentissage* — Depuis la modification apportée à cette loi le 5 juin 1997[7-201], il est possible d'établir par voie de règlement « [...] un régime d'apprentissage pour favoriser, en fonction des besoins des marchés du travail, l'accès des jeunes et des adultes à des métiers et à des profes-

---

7-200. *Règlement sur les organismes collecteurs*, Décret 874-97, (1997) 129 G.O. 2, 4692.

7-201. *Loi modifiant la Loi favorisant le développement de la formation de la main-d'œuvre et d'autres dispositions législatives*, L.Q. 1997, c. 20. Il s'agit de l'article 11 de cette loi qui est en vigueur depuis le 5 juin 1997.

sions » (art. 44.1 L.F.D.F.M.). Il devrait s'agir d'une combinaison de formation en établissement et sur le tas. On y précise qu'une telle formation devrait posséder une triple qualité : doter l'apprenti d'une formation professionnelle qualifiante, cumulable et transférable, et elle doit aussi être sanctionnée par le ministre de l'Éducation (art. 44.1, al. 2, L.F.D.F.M). Ce régime devrait être planifié, mis en place et réalisé avec la participation du milieu professionnel, notamment des comités sectoriels de la main-d'œuvre (art. 44.2, 44.5, 44.6, L.F.D.F.M.)[7-202]. L'article 40.1 L.N.T. précise que le salaire minimum fixé selon la *Loi sur les normes du travail* ne s'applique pas aux apprentis inscrits au régime établi selon la *Loi favorisant le développement de la main-d'œuvre* : un règlement fondé sur cette dernière loi doit y pourvoir.

III-776 — *L.E.S.C.P.* — Le 25 juin 1997, une nouvelle loi de l'emploi nous était donnée, la *Loi sur le ministère de l'Emploi et de la Solidarité et instituant la Commission des partenaires du marché du travail* (ci-après L.E.S.C.P.)[7-203]. Comme son titre l'indique, cette loi porte sur la mise en place à la fois d'un ministère et d'une commission administrative. Ainsi recherche-t-on à instituer un « comptoir unique » responsable de l'ensemble des services qui se rapportent, en aval et en amont, à l'emploi, tout en permettant aux organismes représentatifs les plus directement intéressés à y participer sur les plans national et régional. À ces doubles fins, on prévoit que les fonctionnaires du gouvernement du Canada peuvent être mutés à « Emploi-Québec » et que la Commission des partenaires du marché du travail remplace la Société québécoise de développement de la main-d'œuvre (art 125 L.E.S.C.P.)[7-204]. Dans une certaine mesure, il s'agissait d'effectuer une réforme importante de la S.Q.D.M. instituée en 1992 : modification des pouvoirs et fonctions de l'organisme et intégration plus directe au processus administratif et politique du ministère[7-205]. Au sujet des questions fondamentales relatives à l'emploi, au marché du travail, au placement et à la formation professionnelle, la L.E.S.C.P. n'apporte aucune réponse directe ; elle se limite à répartir autrement les fonctions et à permettre une éventuelle coordination des décisions et mesures qui peuvent être prises par différents services. L'étude des modalités relatives aux fonctions et compétences du ministre et de la Commission devrait en faciliter la démonstration.

7-202. L'article 44.3 énonce en douze paragraphes distincts le contenu d'un règlement pouvant établir un tel régime d'apprentissage.

7-203. Les dispositions relatives au ministère de l'Emploi et de la Solidarité (art. 1 à 15, 138, 139, 144, 148, 149 et 150) sont en vigueur depuis le 25 juin 1997 et les autres dispositions de cette loi le seront par voie de décrets ultérieurs.

7-204. L'article 7 permet ce transfert d'un gouvernement à l'autre et l'article 149 L.E.S.C.P. précise que ce même article 7 cessera d'avoir effet le 1er janvier 2000. Notons que l'article 5, paragraphe 3, autorise le ministre à conclure une telle entente Canada-Québec.

7-205. Pour des raisons politiques et aussi techniques, il était certes plus commode de former juridiquement une autre entité que de procéder par voie de modification à la *Loi sur la Société québécoise de développement de la main-d'œuvre*.

III-777 — *Ministère et Commission* — Le double titre de ce ministère indique bien le lien étroit établi d'ailleurs depuis longtemps au Québec (**III-767**) entre l'emploi et le non-emploi. Les articles 2 et 3 L.E.S.C.P. répartissent en quatre volets le champ d'intervention du ministère de l'Emploi et de la Solidarité : main-d'œuvre, emploi, sécurité du revenu et allocation sociale. Plusieurs dispositions de cette même loi visent à conférer au ministre et à ses fonctionnaires les pouvoirs habituellement nécessaires à l'exercice de semblables fonctions (art. 5, 6, 11 à 15, 138, 139, 144, 148 L.E.S.C.P.). Au sujet des deux premiers volets, la main-d'œuvre et l'emploi, le ministre définit les politiques et mesures retenues en collaboration avec la Commission des partenaires du marché du travail (art. 3 L.E.S.C.P.). La mission de cette commission (ci-après C.d.p.)[7-206] comprend plusieurs volets interdépendants :

— la participation à l'élaboration des politiques et des décisions relatives à la main-d'œuvre et à l'emploi (art. 17, al. 1, 2, 3, L.E.S.C.P.);

— la détermination de critères servant au partage des ressources disponibles (art. 17, al. 4, 19 L.E.S.C.P.);

— la supervision des plans régionaux d'intervention (art. 17, al. 6, 20 L.E.S.C.P.);

— l'application des tâches diverses qui découlent de la L.F.D.F.M. (**III-772**);

— la coordination et la stimulation de la concertation entre les partenaires aux niveaux sectoriel et régional (art. 18 L.E.S.C.P.).

Cette commission comprend dix-neuf membres ayant droit de vote : six représentants des syndicats et six, des associations patronales; deux représentants des organismes communautaires; deux représentants des milieux d'enseignement; s'y ajoutent : le sous-ministre de l'Emploi et de la Solidarité, le secrétaire général et le président de la Commission[7-207]. Quatre autres membres n'ayant pas droit de vote se joignent à ce premier groupe : les sous-ministres ou leur représentant respectif des quatre ministères les plus intéressés à ces questions (art. 21 L.E.S.C.P.). Le président de la Commission est nommé par le Gouvernement après consultation des membres (art. 21, par 1, L.E.S.C.P.) et, à ce titre, il assume aussi la liaison entre le ministère et la C.d.p. (art. 24 L.E.S.C.P.).

III-778 — *Emploi-Québec* — L'ensemble des services destinés au marché du travail et à l'emploi forment une même unité administrative connue sous

---

7-206. La C.d.p. prend la relève de la S.Q.D.M. (art. 69, 125, 138, al. 4, 140 et 141 L.E.S.C.P.).
7-207. Il s'agit d'une composition à peu près semblable à l'organisme qu'elle remplace, la S.Q.D.M.

le nom d'Emploi-Québec[7-208]. Ces services sont réunis en un comptoir unique, de façon que leurs interventions soient plus dynamiques et mieux coordonnées. Selon l'article 30 L.E.S.C.P., on réunirait sous ce toit des services concernant « [...] l'information sur le marché du travail, le placement ainsi que les services liés à la politique active du marché du travail ». Cette dernière expression devrait comprendre notamment la formation professionnelle et les fonctions relevant du ministre et de la Commission des partenaires selon la *Loi favorisant le développement et la formation de la main-d'œuvre* (**III-772**). Emploi-Québec serait sous une certaine administration bicéphale formée du ministre et de la Commission des partenaires et dont les grandes politiques et orientations seraient établies à l'aide d'une convention (art. 31 L.E.S.C.P.), puis précisées dans un plan annuel d'action (art. 32 L.E.S.C.P.). Les articles 22, 31 et 33 L.E.S.C.P. laissent bien comprendre que le principal gestionnaire serait le sous-ministre associé à l'Emploi, et ce dernier cumule avec sa fonction, celle de secrétaire général de la C. d. p. À titre de secrétaire général, il doit rendre compte de sa gestion à la Commission, notamment au sujet de l'élaboration de l'entente et du plan annuel d'action qui sont conclus avec le ministre, puis il se doit d'en assurer le suivi. Il assume pareille responsabilité auprès du sous-ministre de l'Emploi et de la Solidarité dont il est par ailleurs le sous-ministre associé (art. 33 L.E.S.C.P.). Il s'agit sans doute d'une subtilité législative susceptible de permettre l'harmonisation des décisions du secrétaire général avec celles du sous-ministre associé à l'Emploi. Il faut aussi espérer qu'il en sera ainsi entre la Commission des partenaires et le ministre puisque c'est le secrétaire général qui prépare le rapport annuel que la C.d.p. remet au ministre (art. 34 L.E.S.C.P.)[7-209]. Au-delà de ces aspects relevant sans doute davantage du droit administratif et de la déontologie, les mêmes articles 31, 32 et 33 L.E.S.C.P. précisent que ces ententes de gestion fixent des objectifs concrets et des indicateurs de performance ainsi que des mécanismes d'évaluation des programmes en place. Par voie de conséquence, nous pouvons croire que le rapport annuel de la Commission des partenaires au ministre (art. 34 L.E.S.C.P.) permettra ainsi de connaître ces évaluations et ces redditions de comptes. S'il pouvait en être réellement ainsi au cours des prochaines années, il est évident que le dossier de la formation professionnelle, sans nul doute une composante des politiques actives du marché du travail, serait mieux connu et plus transparent.

7-208. L'article 30 L.E.S.C.P. qualifie ce service « d'unité autonome » chargée de la gestion des programmes relatifs à la main-d'œuvre et à l'emploi, ce qui comprend le marché du travail, le placement et la formation professionnelle.

7-209. En raison du cumul des titres et de l'interdépendance des fonctions, il nous semblerait difficile, dans ce cas particulier, d'appliquer rigoureusement les règles édictées à la *Loi modifiant la Loi sur le ministère du Conseil exécutif et d'autres dispositions législatives concernant l'éthique et la déontologie*, L.Q. 1997, c. 6.

III-779 — *Conseils régionaux et Fonds de développement du marché du travail* — Le gouvernement peut instituer dans une région un conseil régional de partenaires constitué d'une manière assez semblable à celle de la Commission des partenaires du marché du travail (art. 40 à 42 L.E.S.C.P.). La C.d.p. coordonne ou supervise ces conseils régionaux, qui peuvent lui permettre une intervention et une application des programmes et services mieux adaptés au particularisme de chaque région. Parce que leur encadrement général et leurs ressources dépendent de la Commission des partenaires, ces conseils régionaux peuvent servir de prolongement dynamique et efficace et aussi, permettre à Emploi-Québec des interventions concrètes et adaptées. Il va de soi que les problématiques relatives à la formation professionnelle, à l'emploi et aux marchés du travail que peuvent connaître la Gaspésie et l'Abitibi diffèrent sensiblement de celles de la région des Bois-Francs ou de Montréal. Admettre ces derniers faits et mettre en place des structures fortes et des composantes régionales bien adaptées à ces milieux distincts ne peuvent cependant suffire pour assurer des interventions ponctuelles réelles, vives et efficaces. À cette structure régionale retenue à cette loi, nous ne saurions ignorer les regroupements plus verticaux mis en place dans de multiples secteurs et dont l'action est reconnue notamment par la *Loi favorisant le développement de la formation de la main-d'œuvre* (**III-772**). On suppose que la Commission des partenaires se chargera de la coordination active de ces multiples réseaux. D'ailleurs, le ministère dispose d'un Fonds de développement du marché du travail devant lui permettre d'assumer le financement de ces multiples programmes et interventions (art. 58 L.E.S.C.P.). Si le ministère de l'Emploi et de la Solidarité est le gestionnaire de ce fonds, son administration interne et sa comptabilité relèvent du ministère des Finances (art. 61 à 68 L.E.S.C.P.). La mise en place de ces diverses institutions n'est nullement terminée, et l'application de ces règles nouvelles demande un certain temps avant que l'on puisse apprécier leur portée véritable. Pour ces raisons, il serait téméraire de notre part de tenter d'aller plus avant dans cette présentation du droit sur la formation professionnelle, qui est très certainement un droit en voie de formation et qui ne peut que connaître d'importants développements en cette fin de XXᵉ siècle.

Table des matières

CHAPITRE IV-3

LA NÉGOCIATION COLLECTIVE DES CONDITIONS DE TRAVAIL

CHAPITRE IV-4

LA CONVENTION COLLECTIVE DE RÉGLEMENTATION DU TRAVAIL
ET SON APPLICATION

CHAPITRE IV-5

LES SERVICES ET LE SECTEUR PUBLICS

Titre IV

LE DROIT DES RAPPORTS COLLECTIFS DU TRAVAIL

Introduction

IV-1 — *Trois données de base* — Le titre IV porte sur le droit des rapports collectifs du travail, soit l'ensemble des règles de droit permettant l'élaboration des conditions de travail par la voie de la négociation collective et les normes qui peuvent résulter de ce processus. Ce volet du droit de l'emploi traite de l'aménagement même des réseaux de négociation collective des conditions de travail puis, du processus de la négociation collective des conditions de travail et enfin, des différents moyens visant à assurer l'application des résultats de cette négociation aux parties et aux salariés. Ce cadre normatif se retrouve principalement dans le *Code du travail*[1] et dans la convention collective, acte qui renferme d'une façon cumulative les résultats de la négociation des parties dans une entreprise donnée. Ces deux sources de règles (le *Code du travail* et la convention collective) sont intimement liées et complémentaires, si bien que l'on ne pourrait en ignorer une et traiter de l'autre. Nous ne pourrions davantage réduire la fonction du *Code du travail* à un simple cadre procédural ou à un protocole permettant d'engager la négociation qui la contiendrait et considérer par la suite la convention collective comme source exclusive du droit substantif en cette matière. Certes, le *Code du travail* établit le seul processus reconnu permettant d'élaborer une véritable convention collective de réglementation du travail produisant des effets

---

1. L.R.Q., c. C-27.

juridiques certains et reconnus. Cependant, ce code renferme aussi une série d'autres règles touchant directement et distinctement l'employeur, le syndicat et le salarié. Pour mieux saisir la dynamique résultant de cette conjugaison de règles étatiques et de règles conventionnelles sur l'ensemble des rapports collectifs du travail, il convient de souligner trois données de base sur lesquelles s'articulent, sur le plan juridique, les rapports collectifs du travail.

i) *Les rapports continus des parties* : Employeur et syndicat ne se retrouvent pas occasionnellement ou accidentellement pour négocier une affaire, mais ils sont en présence l'un de l'autre d'une façon continue et il en est de même pour les salariés visés. Cette situation de fait nous apparaît fondamentale pour saisir la vraie nature des rapports collectifs du travail. Sous cet éclairage, on peut constater que le rapport de cause à effet peut être facilement inversé et soutenir que généralement les résultats d'une négociation collective sont aussi une des causes de la qualité de la prochaine négociation et ainsi de suite. En d'autres termes, les parties et leurs conseillers agissent et réagissent à la fois et d'une manière concomitante, de telle façon que causes et effets d'une négociation s'entrecroisent. Il résulte de la permanence de ces rapports continus que toutes les questions du travail passées, actuelles et appréhendées se conjuguent au présent. Sur le plan pratique, on peut déjà en déduire que tous les tiers (conseiller, avocat, fonctionnaire ou représentant d'une partie) ne pourraient ignorer cette situation et n'agir qu'en vue de résultats immédiats.

ii) *L'intervention accrue de l'État* : L'État ne se limite plus à permettre ou à favoriser la négociation collective et à répondre, au besoin, aux situations critiques que de tels rapports peuvent provoquer. Il suffit de parcourir le *Code du travail* pour constater qu'un agent public peut intervenir à toutes les phases des relations entre les parties : articles 8, 15, 21, 46, 47.3, 52.1, 55, 93.1, 100, 109.4, 111.12, 111.16, 111.17 et 137 C.t. Ces modalités illustrent que les rapports collectifs ne sont plus du domaine strictement privé et que le schéma traditionnel n'y serait aucunement applicable : deux bons pères de famille acceptant de négocier et pouvant seuls et respectivement refuser de poursuivre leur démarche ou résilier leur lien contractuel. Le législateur retire maintenant certaines questions du champ de la négociation collective pour en traiter lui-même et, en d'autres matières, il incite ou invite les parties à s'en préoccuper. Ainsi, la négociation collective ne se situe pas exclusivement au sein du domaine privé : elle se déroule au vu et au su de tous, selon un cadre précis et touche de nombreux tiers[2].

iii) *L'idéal démocratique* : Le régime des rapports collectifs du travail fut conçu, en quelque sorte, comme moyen permettant d'appliquer, dans le

---

2. Les amorces sont publicisées (art. 52 C.t.), les résultats sont déposés, accessibles à tous (art. 72 C.t.) et lient des tiers (art. 45, 67, 68 et 69 C.t.) et le contentieux est soumis à l'arbitrage d'un tiers (art. 47.5, 100 C.t.).

milieu du travail, certains principes démocratiques : remplacer les diktats de l'employeur propriétaire par des règles consenties et résultant d'une participation réelle des personnes visées **(I-53)**. À cette fin, les articles 21 et 53 C.t. imposent l'obligation de reconnaître et de négocier avec le syndicat choisi à la majorité des salariés. Maintenant, les articles 20.1, 20.2 et 20.3 C.t. affirment le droit des syndiqués de participer à la prise de trois grandes décisions : le choix des représentants, faire grève et conclure une convention collective. Pour réaliser cette démocratisation des milieux de travail, un grand nombre de moyens et de dispositifs sont mis en place par le *Code du travail* **(IV-37)**. Il ne s'agit pas, pour l'instant, d'apprécier l'efficacité de ces mesures par rapport à l'idéal recherché ou simplement déclaré, mais d'en prendre acte à titre de données préliminaires. Notons immédiatement l'importance que doit prendre à cette même fin le droit syndical. En effet, pour atteindre tant soit peu à cet idéal démocratique, de véritables rapports collectifs du travail supposent un syndicat qui soit à la fois dynamique, authentique et lui-même imprégné de cet idéal, tant dans sa régie interne que dans son action représentative, c'est-à-dire à l'égard des salariés visés et auprès de l'employeur.

Outre ces trois données préalables toujours essentielles à la compréhension du droit des rapports collectifs du travail, nous devons également prendre en considération certaines autres contraintes nécessaires à l'aménagement de ce droit. Si l'on peut comprendre qu'au point de vue économique, social, politique, phénoménologique et même psychologique, une collectivité de salariés se distingue et se distancie de chacun des membres qui la composent, autant le droit des rapports collectifs du travail devait aussi en rendre compte. Disons que la collectivité de salariés dont il s'agit ne peut être réduite ou définie à titre de simple cumul des singularités de chacun. La transposition juridique de cette situation comporte de grandes difficultés en droit que l'on n'a pas encore réussi à juguler d'une manière satisfaisante. La logique juridique éprouve de fortes difficultés à prendre acte du constat sociologique voulant que ce tout (la collectivité des salariés) puisse être antérieur et distinct de ses parties (les salariés individus). Ainsi nous faut-il savoir comment reconnaître des droits et privilèges au syndicat et conférer une autorité aux ententes collectives sans trop limiter ou contenir les droits et libertés des individus qui y sont visés. On ne saurait résoudre cette dernière question à l'aide d'une approche mécaniste ou d'une équation mathématique à savoir que ce que l'un perd, l'autre le gagnerait. Par ailleurs, on doit aussi tenir compte que l'on ne saurait favoriser la tenue de rapports collectifs du travail tout en laissant libre le va-et-vient sur la voie individuelle[3]. Il va de soi que nous devrons revenir maintes fois sur cette délicate question du dosage entre les droits dits collectifs et ceux qui visent plus personnellement ou subjectivement le salarié individu afin de retenir une approche générale qui soit cohérente et dynamique.

---

3. BORA LASKIN, « Collective Bargaining and Individuals Rights », (1963) 6 *Can. Bar J.* 278.

IV-2 — *Coordonnées du* Code du travail — En raison de l'importance historique du *Code du travail*, de son rôle d'encadrement général et du fait qu'il renferme les principales règles d'aménagement des rapports collectifs du travail, il
importe de cerner immédiatement ses tenants et ses aboutissants. Sauf pour
quelques secteurs ou sous-groupes, le *Code du travail* constitue la seule voie
permettant la mise sur pied des rapports collectifs du travail[4]. Malgré son titre,
le *Code du travail* ne renferme nullement l'ensemble des dispositions législatives relatives à l'emploi (**titres II et III**) et il s'en tient principalement à l'aménagement du régime de rapports collectifs du travail articulé sur trois piliers.

   i) *L'unité ou l'aire d'accréditation* : Chaque faisceau de rapports collec-
       tifs du travail est constitué de l'ensemble ou d'une partie des salariés
       d'une seule entreprise à la fois : articles 1, al. 1, 21 C.t. (**IV-59**).

   ii) *L'exclusivité de représentation* : Le syndicat accrédité représente seul et
       à l'exclusion de tout autre syndicat, tous les salariés actuels et futurs
       compris dans une unité d'accréditation préalablement circonscrite :
       articles 22, 43, 67, 69 C.t. (**IV-86**).

   iii) *La convention collective* : Elle est conçue comme la « loi du lieu » appli-
        cable pour une période déterminée, en ce sens que les parties doivent y
        consigner les résultats de leur négociation collective, qu'elles y sont
        liées et qu'elles ne peuvent, pour ce même temps, faire grève ou subir
        un lock-out; seul l'arbitrage des griefs leur est laissé comme moyen de
        solution à leurs mésententes éventuelles : articles 52, 65, 66, 100, 101,
        107 C.t. (**IV-126, 167**).

Partant de ces trois paramètres principaux, le *Code du travail* articule
d'une façon détaillée de nombreuses règles particulières, ce qui assure
l'encadrement, l'aménagement et l'organisation des rapports collectifs du
travail. Le rappel schématique du contenu de ces règles peut servir de vue
panoramique et rapide du *Code du travail* et, du même trait, indique déjà le
plan du titre IV[5].

   i) *Identification des personnes visées* : Le salarié, l'employeur et le syndi-
       cat : article 1 a), k) et l) C.t. (**IV-9 et suiv.**).

---

4. Ces principales exceptions visent l'industrie de la construction (**III-601**), la Sûreté du Québec et, en partie, les secteurs public et parapublic (**chap. IV-5**). Signalons l'existence de
   réseaux collectifs aménagés pour les artistes qui s'inspirent, sur plusieurs points techniques, du *Code du travail*. Voir : *Loi sur le statut professionnel et les conditions d'engagement des artistes de la scène, du disque et du cinéma*, L.R.Q., c. S-32.1; *Loi sur le statut
   professionnel des artistes des arts visuels, des métiers d'art et de la littérature et sur leurs
   contrats avec les diffuseurs*, L.R.Q, c. S-32.01 (**III-730**).
5. Le plan du titre IV suit, règle générale, celui du *Code du travail*, et ce dernier respecte assez
   bien l'ordre chronologique du processus même de la négociation collective. À titre illustratif, voir le tableau synoptique présenté à l'annexe 6.

ii) *Protection à l'exercice de la liberté syndicale* : articles 3 à 19 C.t. (**IV-17**).

iii) *Participation des syndiqués au gouvernement de leur syndicat et droit à un traitement égal et juste pour tous les salariés* : articles 20.1 à 20.5 et 47.1 à 47.5 C.t. (**IV-30**).

iv) *Détermination du syndicat représentatif d'un groupe de salariés constituant ainsi une unité d'accréditation au sein d'une entreprise* : articles 21 à 46 C.t. (**IV-42**).

v) *Obligation de négocier de bonne foi et avec diligence les conditions de travail de ce groupe de salariés* : articles 53, 93.4, 141 C.t. (**IV-103**).

vi) *Tenue de la négociation collective et droits et obligations des parties à chacune des étapes de cette démarche* : articles 52 à 58 C.t. (**IV-95**).

vii) *Exercice possible de moyens de pression (grève ou lock-out)* : articles 58, 105 à 111.12 C.t. (**IV-108**).

viii) *Intervention éventuelle de tiers au cours du processus : conciliateur et arbitre de différends* : articles 55, 58, 74 et 93.9 C.t. (**IV-138**).

ix) *Conclusion d'une convention collective* : articles 62 à 74 C.t. (**IV-155**).

x) *Arbitrage obligatoire et final des griefs* : articles 100 à 102 et 107 à 109 C.t. (**IV-174**).

xi) *Prise en considération du particularisme des services et du secteur publics* : articles 111.1 à 111.20 C.t. (**IV-195**).

xii) *Administration du* Code du travail : articles 25 à 47.6, 54, 55 et 112 à 153 C.t. (**IV-5**).

Les cinq chapitres du titre IV permettent de mieux saisir la portée juridique et pratique de ces règles du *Code du travail*[6].

IV-3 — *Genèse du* Code du travail — Depuis 1964, nous retrouvons sous une seule loi appelée par anticipation *Code du travail* les principales règles d'aménagement des rapports collectifs du travail. Auparavant, nous avions une série de lois éparses et chacune d'elles se limitait à quelques règles sur des points précis édictées au fur et à mesure que l'on en ressentait l'utilité ou la nécessité (**I-72**). Ces lois du travail, non reliées les unes aux autres et suramendées au cours des 30 années antérieures, pouvaient être difficilement connues et comprises par leurs propres bénéficiaires, les salariés[7]. Pour clarifier la situation et

---

6. Ces douze points sont replacés selon l'ordre chronologique de leur réalisation habituelle dans un tableau synoptique : annexe 6.

7. Pour en faire un constat rapide, voir : Gérard VAILLANCOURT, *Les lois ouvrières de la province de Québec*, Montréal, Wilson & Lafleur ltée, 1957.

aussi pour en faire la synthèse, le législateur entreprit leur codification en 1964[8]. Ainsi, le *Code du travail* constitue une refonte des lois alors existantes et présentées d'une manière plus cohérente en suivant notamment l'ordre chronologique du processus. Ces lois remaniées et adaptées à ces fins étaient au nombre de sept :

— la *Loi des différends ouvriers de Québec*[9] ;

— la *Loi des syndicats professionnels*[10] ;

— la *Loi des enquêtes en matière de différends industriels*[11] ;

— la *Loi des relations ouvrières de 1944*[12] ;

— la *Loi des grèves et contre-grèves municipales*[13] ;

— la *Loi concernant les corporations municipales et scolaires et leurs employés*[14] ;

— la *Loi concernant l'ordre public*[15].

Pour nos fins, la *Loi des relations ouvrières* promulguée en 1944 était de beaucoup la plus importante et ses principales modalités forment encore le noyau dur de l'actuel *Code du travail*. Il faut rappeler qu'elle fut élaborée selon le modèle américain conçu en 1935[16]. À ce moment, il importait davantage que les questions du travail demeurent exclusivement dans le cadre de chaque entreprise parce qu'elles étaient perçues à titre d'éléments dynamiques de la libre concurrence. Si le législateur québécois traduisit en 1944, et adapta la loi américaine, qui avait déjà servi de creuset à de semblables lois au fédéral et en Ontario, on ne pourrait maintenant être surpris du fait que l'ensemble des lois au Canada relatives aux rapports collectifs partagent un grand nombre de traits similaires. Les amendements apportés au *Code du travail* en 1977 n'ont fait

---

8. Au sujet de l'histoire du *Code du travail*, voir : Gérard HÉBERT, « La genèse du présent *Code du travail* », dans Jean-Réal CARDIN (dir.), *Le Code du travail du Québec (1965)* (Rapport du XXe Congrès des relations industrielles de l'Université Laval), Québec, Les Presses de l'Université Laval, 1965, p. 13 ; Robert COMEAU (dir.), *Jean Lesage et l'éveil d'une nation : Les débuts de la révolution tranquille*, Sillery, Presses de l'Université du Québec, 1989, p. 209 à 235.

9. S.R.Q. 1941, c. 167.

10. S.R.Q. 1941, c. 162 (art. 21 à 26 seulement).

11. S.R.Q. 1941, c. 168.

12. S.Q. 1944, c. 30 (ajoutant un chapitre 162A aux S.R.Q. de 1941).

13. S.R.Q. 1941, c. 169.

14. S.Q. 1949, c. 26.

15. S.Q. 1950, c. 37.

16. À son origine, cette loi de 1944 comportait certaines particularités que l'on ne retrouvait pas au modèle américain : l'union ou la coalition de syndicats pour former une majorité, l'accréditation d'associations patronales, etc. Voir : Roy J. ADAMS, « A *Pernicious Euphoria* : 50 years of Wagnerism in Canada », (1995) 3 *C.L.E.L.J.* 321.

qu'accentuer cette ressemblance, particulièrement au regard des lois de l'Ontario, de la Colombie-Britannique et de la législation fédérale[17]. Sans faire un exposé distinct des divers amendements apportés à l'édition initiale du *Code du travail* de 1964, nous les soulignons, à l'occasion, pour mieux saisir leur portée historique et juridique.

IV-4 — *Objet du* Code du travail — Le *Code du travail* traite de l'aménagement des rapports collectifs du travail et, à cette fin, on y décrit le cadre général et exclusif qui lui sert d'enceinte et y énonce les principales garanties permettant aux acteurs (salarié, syndicat et employeur) d'agir et d'évoluer à l'intérieur de ce réseau. Il s'agit notamment des règles de droit relatives :

— à la protection de la liberté d'association : articles 3 à 20 C.t.;

— à la détermination du syndicat habilité à représenter un groupe de salariés : articles 21 à 46 C.t.;

— aux rapports entre le salarié et le syndicat : articles 20.1 à 20.5; 47 à 47.6, 63, 67 à 70 C.t.;

— à la liberté de convention des parties : articles 62 à 72 C.t.;

— aux rapports entre le syndicat accrédité et l'employeur : articles 12 à 14, 52 à 60, 110 et 110.1 C.t.;

— au contrôle des décisions de l'employeur : articles 15 à 20 C.t., 100 à 102 C.t.

L'élément le plus fondamental permettant de bien saisir la portée du *Code du travail* nous paraît être le cadre limité qui y est imposé, soit le groupe de salariés d'une entreprise ou une partie de ce même groupe (art. 21 C.t.)[18]. Cette première notion circonscrit la portée réelle et première de ce régime et explique plusieurs autres règles qui en découlent. Au-delà de ces fonctions, le *Code du travail* n'établit pas directement ni immédiatement les conditions de travail. Ces dernières sont généralement du ressort de la négociation collective et ses résultats sont consignés à la convention collective. On trouve cependant au *Code du travail* certaines règles substantives qui remplacent bien souvent des modalités que l'on aurait pu autrement retrouver à la

---

17. Pour une étude comparative de ces lois, consulter : Canadian Labour Law Reporter (CCH); George W. ADAMS, *Canadian Labour Law : a comprehensive text*, Aurora, Canada Law Book, 1985; Harry W. ARTHURS, Donald D. CARTER et Harry J. GLASBEEK, *Labour Law and Industriel Relations in Canada*, 3e éd., Toronto, Butterworths, 1988.

18. Sur l'objet du Code et sa finalité, voir la version judiciaire qu'en donne M. le juge Brossard dans l'affaire *United Steelworkers of America* c. *Gaspé Copper Mines Limited*, [1967] B.R. 487, 550 et suiv.

convention collective des parties ou qui faisaient, jusqu'à ce que le législateur prenne la relève, l'objet de la négociation collective :

— la règle relative au versement de la cotisation syndicale ou de son équivalent : article 47 C.t. (**IV-22**) ;

— la règle qui précise certains effets du refus d'adhérer au syndicat lorsque cette adhésion est obligatoire selon la convention collective : article 63 C.t. (**IV-23**) ;

— la règle assurant le retour au travail des salariés à la suite d'une grève ou d'un lock-out : article 110.1 C.t.[19].

Si l'on trouve au *Code du travail* les principales règles positives du droit des rapports collectifs du travail applicables à la majorité des salariés, il existe par ailleurs un grand nombre d'autres lois de l'emploi qui ne sont pas intégrées à ce code (**annexe 2**). Bien que certaines d'entre elles aient une application limitée ou spéciale, on ne saurait les ignorer ni refuser d'en tenir compte pour bien saisir l'encadrement et le contexte juridique des rapports collectifs du travail (**titre III**). Bien évidemment, il en est ainsi pour les parties à la négociation collective qui doivent notamment considérer la portée de ces lois, soit :

— le *Code civil du Québec*[20] (**I-15 ; II-39**) ;

— la *Loi sur les syndicats professionnels*[21] (**III-711**) ;

— la *Loi sur les normes du travail*[22] (**III-201**) ;

— la *Loi sur les accidents du travail et les maladies professionnelles*[23] (**III-301**) ;

— la *Loi sur la santé et la sécurité du travail*[24] (**III-401**) ;

— la *Loi sur la formation et la qualification professionnelles de la main-d'œuvre*[25], la *Loi sur le ministère de l'Emploi et de la Solidarité et insti-*

---

19. Plusieurs autres lois du travail imposent également certaines conditions en dehors de la voie conventionnelle. Voir : Fernand MORIN, « L'institutionnalisation des rapports collectifs du travail : réalité d'aujourd'hui et de demain », dans Jacques BÉLANGER, Rodrigue BLOUIN, Fernand MORIN et Jean SEXTON (dir.), *Le statut du salarié en milieu de travail* (Rapport du XLe Congrès des relations industrielles de l'Université Laval), Québec, Les Presses de l'Université Laval, 1985, p. 75.
20. L.Q. 1991, c. 64.
21. L.R.Q., c. S-40.
22. L.R.Q., c. N-1.1.
23. L.R.Q., c. A-3.001.
24. L.R.Q., c. S-2.1.
25. L.R.Q., c. F-5.

tuant la Commission des partenaires du marché du travail[26] et la *Loi favorisant le développement de la formation de la main-d'œuvre*[27] (**III-768**);

— la *Loi sur l'équité salariale*[28] (**III-721**);

— la *Loi sur les décrets de convention collective*[29] (**III-501**);

— la *Loi sur le régime de négociation des conventions collectives dans les secteurs public et parapublic*[30] (**IV-205**);

— la *Loi sur les relations du travail, la formation professionnelle et la gestion de la main-d'œuvre dans l'industrie de la construction*[31] (**III-601**);

— la *Loi sur le régime syndical applicable à la Sûreté du Québec*[32] (**IV-222**).

Ces autres lois qui s'aboutent ou se mélangent au *Code du travail* ou en modulent l'application sont d'une telle importance que l'on ne saurait maintenant situer ni jauger ce code sans en tenir compte. À maintes occasions, nous devrons établir les liaisons entre ces différentes lois de l'emploi et constater les difficultés d'harmonisation que l'opération peut comporter pour établir un lien cohérent entre le *Code civil du Québec* et le *Code du travail* (**II-79; IV-170**). Pour ces raisons, il se peut qu'une refonte générale des lois de l'emploi rendrait plus accessible et plus cohérent cet ensemble de règles de droit. Cette opération peut certes s'effectuer à l'aide d'une nouvelle codification, c'est-à-dire par la réunion systématique et structurée de l'ensemble des principales règles de droit relatives à l'emploi édictées dans ces multiples lois. Ce projet de codification recevrait sans doute l'assentiment de tous les intéressés, si l'on demeure au niveau du principe[33]. Si l'on tentait, à une telle occasion, d'entamer une phase plus concrète auprès des principaux intéressés, les points de vue syndicaux et patronaux divergeraient. On pourrait croire que chaque partie voudrait profiter de l'occasion pour corriger le tir législatif selon ses visées et entendements respectifs. Un semblable projet est ainsi retardé par crainte peut-être qu'une fois l'opération lancée, des prises de position plus draconiennes sur l'emploi ou plus claires ne s'imposent. Règle générale, de telles aventures législatives comportent un risque politique que l'on n'entend peut-être pas courir ni assumer.

---

26. L.R.Q. 1997, c. 63 (**titre VI**).
27. L.R.Q., c. D-7.1.
28. L.Q. 1996, c. 43.
29. L.R.Q., c. D-2.
30. L.R.Q., c. R-8.2.
31. L.R.Q., c. R-20.
32. L.R.Q., c. R-14.
33. Recommandation IV-1, Rapport final de la Commission consultative sur le travail et la révision du *Code du travail*, *Le travail, une responsabilité collective*, Québec, Les Publications du Québec, 1985, p. 285 : pour étayer cette prise de position et illustrer la faisabilité de cette codification, un projet de code intégrant les lois principales du travail comme la Commission proposait qu'elles soient colligées fut joint, sous forme d'annexe, à son rapport, aux pages 357 et suivantes.

C'est ainsi que l'on retarde ou néglige d'effectuer même un simple ravalement des lois de l'emploi de manière à les rendre plus congruentes et homogènes les unes avec les autres[34].

IV-5 — *Administration du Code* — L'intervention étatique dans le domaine des rapports collectifs du travail exige la présence de multiples organismes spécialisés outre celle du ministère du Travail (**I-43**)[35]. Ce dernier prend charge de l'administration générale des lois de l'emploi, bien que certaines parties de ces lois soient confiées directement à des organismes spécialisés : Commission des normes du travail, Commission de la santé et de la sécurité du travail, Commission des partenaires du marché du travail, Commission de la construction du Québec, Régie du bâtiment du Québec, Commission sur l'équité salariale, etc. Remarquons que ces principaux organismes ont des fonctions et pouvoirs que le législateur leur confère d'une façon directe et distincte de la compétence générale du ministre et disposent ainsi d'une certaine autonomie administrative, en ce sens qu'ils n'agissent pas par voie de délégation du ministre ni en son nom. Par ailleurs, ces institutions spécialisées respectivement responsables de l'administration de certaines lois de l'emploi sont reliées au gouvernement par de nombreux points d'ancrage ou de rattachement.

  i) Le ministre demeure leur répondant ou leur tuteur auprès de l'Assemblée nationale.

 ii) Leur pouvoir respectif d'édicter des règlements d'application s'exerce sous le contrôle du gouvernement et par l'intermédiaire du ministre du Travail.

iii) Leur budget doit être autorisé par le gouvernement, bien que certains de ces organismes disposent aussi de sources distinctes de financement.

iv) La nomination des membres de leur conseil d'administration relève du gouvernement.

 v) Dans bien des cas, l'engagement du personnel obéit aux normes de la *Loi sur la fonction publique*[36], et la négociation collective des conditions de travail applicables est soumise au régime particulier du secteur public (**IV-200**).

Il existe au sein du ministère du Travail un service de recherche et notamment un service de conciliation qui intervient pour aider les parties à la

---

34. Sur les avantages et les coûts inhérents d'une codification du droit de l'emploi, voir : Fernand MORIN, « Un véritable code du travail, un projet réalisable », dans *Étude de la Commission consultative sur le travail et la révision du Code du travail*, Québec, Direction générale des publications gouvernementales, 1986.
35. Les rapports annuels du ministère fournissent l'information utile sur son organisation : budget, personnel, orientation, organismes dont il a charge, etc.
36. L.R.Q., c. F-3.1.1.

négociation collective sans toutefois pouvoir imposer un quelconque compromis (**IV-105**). En plus de fournir cet apport, la venue d'un conciliateur permet de connaître davantage les questions en litige et de préparer d'autres interventions, le cas échéant, de la part du ministre : nomination d'un médiateur (art. 94), d'un enquêteur (art. 47.3, 109.4 C.t.) ou d'un arbitre (art. 77, 93.2, 100 C.t.). Les articles 13 et 14 de la *Loi sur le ministère du Travail*[37] précisent d'ailleurs le pouvoir du ministre de dépêcher des personnes susceptibles d'aider les parties dans leurs rapports collectifs du travail (**I-43**). Enfin, le *Code du travail* prévoit également la formation, au besoin, d'organismes compétents pour trancher d'autorité certaines mésententes, notamment l'arbitre de différends (**IV-139**), l'arbitre de griefs (**IV-174 et suiv.**), le Conseil des services essentiels (**IV-215**). De plus, il existe deux organismes chargés de l'administration directe d'une partie importante du *Code du travail*, soit le Bureau du commissaire général du travail et le Tribunal du travail (**IV-6**). Il convient d'en étudier dès maintenant les principaux traits puisque nous les voyons en action notamment aux chapitres IV-1 et IV-2 (les mesures de protection de la liberté syndicale et l'accréditation).

IV-6 — *B.C.G.T.* — Contrairement aux autres lois de même nature au Canada, nous avons, depuis 1969, un système à trois paliers et non nécessairement successifs, pour l'administration d'une importante partie du *Code du travail*[38]. En effet, ces fonctions (accréditation, mesures protectrices de l'exercice de la liberté syndicale, etc.) relèvent, en première instance, de la compétence du Bureau du commissaire général du travail composé d'agents d'accréditation et de commissaires du travail et, en appel, du Tribunal du travail[39]. L'agent d'accréditation (art. 23 C.t.) est un fonctionnaire jouissant de pouvoirs spéciaux qui lui sont directement confiés par la loi ; il ne les exerce pas par voie de sous-délégation et n'agit pas au nom du ministre. L'agent d'accréditation a compétence en matière d'accréditation et seulement pour les affaires dont il est saisi par le commissaire général du travail (art. 24, 28 C.t.). De plus, sa compétence est limitée par trois autres restrictions.

i) Il ne peut traiter des cas où il y a plus d'une association requérante ou s'il y a déjà une association accréditée en place (art. 28 e) C.t.) (**IV-56**).

---

37. L.Q. 1996, c. 29.
38. De 1944 à 1969, cette institution relevait d'une commission tripartite, appelée d'abord Commission des relations ouvrières (C.R.O.) puis, en 1964, Commission des relations du travail (C.R.T.). Pour une analyse de ce régime québécois à trois paliers par une personne de l'extérieur, c'est-à-dire qui l'apprécie par le prisme des régimes retenus dans les autres provinces ou sur cette base comparative, voir : Donald D. CARTER, « The Labour Code of Quebec : Some Reflections and Comparisons », dans Michel BROSSARD (dir.), *La loi et les rapports collectifs du travail* (Rapport du 14ᵉ Colloque de relations industrielles de l'Université de Montréal), Montréal, École de relations industrielles de l'Université de Montréal, 1983, p. 9.
39. Ce tribunal relève, sur le plan administratif, du ministère de la Justice (art. 137 C.t.), et non du ministère du Travail.

ii) Il doit se dessaisir du dossier dès qu'une plainte fondée sur l'article 12 C.t. est déposée en rapport avec l'affaire en cours (art. 29 C.t.) (**IV-49; V-29**).

iii) Il ne peut directement déterminer l'unité de négociation appropriée; dans ce cas, ce choix relève des parties (**IV-61**).

Malgré ce cadre étroit, cette voie permet de régler rapidement des cas simples et sans histoires[40]. Si l'on tient compte de l'importance du « temps » dans ce domaine, on saisit davantage l'intérêt d'une telle procédure pragmatique, souple et expéditive. L'étude de la procédure d'accréditation permet de préciser davantage les fonctions qui relèvent de l'agent d'accréditation (**IV-56**). Les commissaires du travail disposent également d'un champ de compétence qui leur est aussi directement conféré par le *Code du travail* et qui touche de multiples questions :

— l'accréditation pour tous les cas où l'agent d'accréditation n'a pas compétence ou n'a pu rendre une décision[41] (**IV-56**);

— la détermination de personnes comprises ou non dans une unité d'accréditation, selon l'article 39 C.t. (**IV-79**);

— la révision d'une décision ou la révocation de l'accréditation (art. 41, 49 C.t.) (**IV-75, 81**);

— le constat de changement d'employeur et les questions afférentes (art. 45 et 46 C.t.) (**IV-88**);

— les mesures de protection des droits garantis par le *Code du travail* selon les articles 15 à 20 C.t. (**IV-18; V-8**);

— la suspension de la négociation en cours et des délais inhérents établis par le *Code du travail* (art. 42, 52 à 58) (**IV-74**);

— la détermination de la date d'expiration d'une convention collective (art. 52.2 *in fine* C.t.) et la validation d'un mandat donné par une corporation scolaire (art. 11 C.t.)[42].

Outre cette compétence principale et caractéristique de la fonction du commissaire du travail, le législateur a élargi progressivement son domaine. Parce qu'il disposait déjà d'une compétence pour contrôler certaines décisions de l'employeur (congédiement, suspension ou déplacement) afin de

---

40. En 1995, les agents d'accréditation ont traité 326 requêtes en accréditation, alors que les commissaires du travail furent saisis de 478 requêtes.

41. Outre le cas prévu à l'article 28 d) C.t., la décision en accréditation de l'agent est finale et le dossier ne peut être revu par un commissaire du travail. Voir : *Association des employés de A. De La Chevrotière Inc., Fédération canadienne des associations indépendantes* c. *Gagné*, [1970] T.T. 370.

42. *Syndicat des employés des commissions scolaires de la Chaudière* c. *Commission scolaire des Érables*, [1980] C.A. 61.

garantir au salarié l'exercice du droit d'association, le commissaire du travail intervient également dans de semblables mécanismes de protection de l'exercice de droits résultant notamment de diverses lois :

— la *Charte de la langue française* (**V-18**)[43] ;

— la *Loi sur les normes du travail* (art. 122, 124) (**V-20**);

— la *Loi sur la santé et la sécurité du travail* (art. 227) (**V-18**);

— la *Loi sur la protection des personnes et des biens en cas de sinistre*[44] ;

— la *Loi sur les heures et les jours d'admission dans les établissements commerciaux* (L.R.Q., c. H-2.1) (**V-18**).

L'étude de l'exercice même de ce vaste champ de compétence permet de mieux percevoir la nature exacte des fonctions du commissaire du travail. De plus, ses décisions peuvent être soumises au contrôle du Tribunal du travail, sauf celles rendues en vertu d'autres lois que le *Code du travail* et qui ne prévoiraient pas la possibilité d'un appel.

IV-7 — *Tribunal du travail* — Le Tribunal du travail est formé de juges de la Cour du Québec spécialement affectés à cette fonction selon la procédure prévue à l'article 113 C.t.[45]. Si l'article 112 C.t. laisse entendre qu'il s'agit d'un tribunal à compétence générale en matière du « travail », il dispose plutôt de titres de compétence particuliers. Il a d'abord compétence exclusive en appel de toutes décisions des commissaires du travail qui terminent une affaire et entend, en première instance, toutes affaires pénales résultant du *Code du travail* (art. 118 C.t.)[46]. Le Tribunal reçoit progressivement, depuis sa formation en 1969, d'autres titres de compétence juridictionnelle, soit par voie d'amendement apportés au *Code du travail*, soit par d'autres lois. Ainsi a-t-il compétence :

— pour établir le caractère confidentiel de l'emploi d'un fonctionnaire (art. 1, al. 1, 3, C.t.);

---

43. L.R.Q., c. C-11, art. 47; *Cara Operations Ltd.* c. *Prud'homme*, [1979] T.T. 118, infirmé par [1980] T.T. 21.
44. L.Q. 1979, c. 64, art. 49.
45. Sur la validation constitutionnelle du tribunal, voir : *Tomko* c. *Labour Relations Board (N.S.)*, [1977] 1 R.C.S. 112; *Agence provinciale Québec 1972 Inc.* c. *Tribunal du travail*, [1977] C.S. 689; *Bétonnières Meloche Inc.* c. *Office de la construction du Québec*, [1978] C.S. 992.
46. Au sujet du Tribunal, on peut lire avec intérêt : René BEAUDRY, « Le tribunal du travail vu sous certains aspects », (1974) 20 *McGill L.J.* 341; Louis LeBEL, « La procédure d'appel au Tribunal du travail et l'application de l'article 134 du *Code du travail du Québec* », (1974) 20 *McGill L.J.* 364; Jean-Jacques RAINVILLE, « Commentaires concernant l'interprétation de l'article 131 du *Code du travail* par le Tribunal du travail », (1979) 39 *R. du B.* 862. Le lecteur doit cependant tenir compte du fait que la procédure d'appel auprès du Tribunal du travail fut quelque peu modifiée par la *Loi modifiant le Code du travail*, L.Q. 1994, c. 6.

— pour recevoir toute plainte d'un salarié fondée sur l'article 47.3 C.t. (égalité de traitement par le syndicat) et, s'il y a lieu, pour imposer l'arbitrage (art. 47.5 C.t.) (**V-90**);

— pour résoudre certaines difficultés survenues au cours d'une procédure arbitrale : délai, dépôt et transmission de la sentence (art. 101.7 C.t.);

— pour décréter la dissolution d'un syndicat qui enfreint les dispositions de l'article 12 C.t. (ingérence) (art. 149 C.t.);

— pour siéger en appel des décisions des commissaires rendues en vertu de la *Loi sur les heures et les jours d'admission dans les établissements commerciaux* (art. 28.1);

— en matière de normes du travail, pour siéger en appel sur les plaintes de pratiques interdites (art. 122, 127 L.N.T.);

— pour préciser, par inclusion et exclusion, le contenu des unités de négociation d'abord déterminées par la *Loi sur la fonction publique*[47];

— pour déterminer les services essentiels à maintenir en cas de grève des fonctionnaires[48];

— à l'égard des divers organes décisionnels propres à l'industrie de la construction[49], pour exercer un contrôle sur certaines décisions de la Régie du bâtiment et de la Commission de la construction du Québec;

— en matière de santé et de sécurité du travail, le Tribunal a juridiction exclusive pour les questions pénales (**V-104**).

Ces ajouts apportés sans plan défini quant à la vocation du Tribunal du travail multiplient les possibilités de conflits juridictionnels entre les divers organismes spécialisés et entre le Tribunal et les tribunaux judiciaires de contrôle[50]. Le Tribunal du travail comporte quelques traits particuliers qu'il convient de souligner pour mieux saisir son particularisme :

— il s'agit de juges de la Cour du Québec assignés au Tribunal du travail;

— ces juges sont désignés après consultation auprès du Barreau du Québec et du Conseil consultatif du travail et de la main-d'œuvre (art. 113 C. t.);

---

47. Précitée, note 36, art. 64 et 65 (**IV-207**).
48. *Ibid.*, art. 69.
49. *Loi sur le bâtiment*, L.R.Q., c. B-1.1 (art. 11.1); *Loi sur les relations du travail, la formation professionnelle et la gestion de la main-d'œuvre dans l'industrie de la construction*, précitée, note 31, art. 65, 93.
50. Louis MORIN, « La multiplicité des recours en droit du travail », dans Monique DESROCHERS (dir.), *La négociation collective en question* (Rapport du 11ᵉ Colloque de relations industrielles de l'Université de Montréal), Montréal, École de relations industrielles de l'Université de Montréal, 1980, p. 72.

— tout en servant d'instance finale d'appel des décisions des commissaires du travail, le Tribunal du travail agit, en première instance, en matière pénale (art. 118, al. 2, 119 C.t.);

— il siège dans tous les districts judiciaires du Québec et il ne connaît pas de relâche au cours de l'année pour un congé (art. 128 C.t.);

— les délais pour exercer l'appel et pour chacune des étapes du processus sont brefs et précis, particulièrement les délais pour la prise de décision du juge (art. 130, 130.1, 131, 135.1 et 135.2 C.t.)[51];

— siégeant en appel des décisions des commissaires du travail en matière d'accréditation, le Tribunal jouit alors de tous les pouvoirs de ces derniers (art. 119, 122 C.t.)[52];

— les employeurs et syndicats peuvent y être représentés par toute personne : il ne s'agit pas d'un domaine réservé aux avocats, sauf pour les questions pénales[53];

— il y a absence de frais et d'adjudication d'honoraires pour les représentants des parties;

— la procédure y est souple et non formaliste (voir le *Règlement de procédure du Tribunal du travail*, Décret 1203-94).

Ce bref rappel des institutions chargées de l'application du *Code du travail* permet déjà de constater l'ampleur du dispositif mis en place pour assurer la bonne tenue des rapports collectifs du travail, et les prochains chapitres procurent moult occasions de voir ces organes à l'œuvre et de mieux saisir leur fonction respective. Ces données sont essentielles à une appréciation qualitative des interventions de l'État dans ces milieux et permettent de constater que les parties aux rapports collectifs du travail ne sont plus jamais seules et qu'un tiers doté d'une autorité publique est présent ou sur le point de l'être, à tout moment.

IV-8 — *Le plan du titre* — À l'instar du régime américain de 1935 qui nous servit de modèle, notre régime des rapports collectifs du travail se voulait et se voudrait encore à la fois simple et efficace! Bien évidemment, la recherche de cette double qualité exigea plusieurs corrections du tir législatif par voie d'amendements au texte original de 1944. Ce régime, qui est encore le nôtre, est toujours bâti en fonction de la règle des trois unités (3 U) :

---

51. Ces délais furent sensiblement remaniés par la *Loi modifiant le Code du travail*, L.Q. 1994, c. 6.
52. *Oil, Chemical and Atomic Workers International Union, Local 9-745* c. *Tribunal du travail*, J.E. 80-520 (C.A.); *Fortin* c. *Circo Craft Inc.*, J.E. 80-753 (C.A.); *Collège Notre-Dame du Sacré-Cœur* c. *Syndicat des employés professionnels et de bureau, local 57*, [1987] T.T. 209.
53. *Loi sur le Barreau*, L.R.Q., c. B-1, art. 128.

i) *Unité de lieu* : le personnel d'une entreprise ou de l'une de ses composantes (établissement, succursale, service, département, etc.);

ii) *Unité de personne* : un seul syndicat à la fois et représentant l'ensemble des salariés du groupe de salariés retenu;

iii) *Unité de temps* : une seule convention collective applicable à ce même groupe de salariés et liant les parties pour une période préfixe.

Ces trois données de base de temps, de lieu et de personne (**IV-2**) confèrent ou devraient conférer aux parties un régime de rapports collectifs du travail doté de trois qualités importantes : **simplicité, stabilité et sécurité** (les 3 S). Selon l'approche générale retenue, le scénario des rapports collectifs du travail serait relativement simple alors qu'il n'y a qu'un seul employeur et un seul syndicat en présence, et leurs rapports devraient être stables puisque le changement possible de syndicat ne peut survenir qu'en des périodes déterminées (art. 22 C.t.) et que la convention collective doit être conclue pour un temps déterminé (art. 65 C.t.) et pendant lequel la grève et le lock-out sont prohibés (art. 107 C.t.). Ainsi, les parties disposeraient d'une certaine sécurité juridique en ce que leur statut respectif et les résultats de leur négociation les lient pour un temps et ainsi en est-il pour tous les salariés visés.

Ce régime des rapports collectifs du travail que l'on peut résumer à l'aide de la formule schématique « 3 U = 3 S » comprend d'abord un ensemble de dispositions assurant l'exercice de la liberté syndicale, fondement essentiel à la formation d'un syndicat réellement et démocratiquement représentatif des salariés (**IV-9**). Il s'agit par la suite d'articuler des règles applicables à l'identification du seul syndicat habilité pour un temps à représenter un groupe de salariés au sein de l'entreprise (**IV-42**). La négociation collective des conditions de travail peut alors se faire entre ces parties ainsi identifiées. Au terme de la négociation, ou l'employeur et le syndicat accrédité s'entendent et concluent une convention collective, ou ils éprouvent des difficultés et ils emploient la force (grève ou lock-out), ou ils s'en remettent à un tiers arbitre pour élaborer les conditions de travail applicables en ce lieu (**IV-138**). Finalement et pour un temps déterminé, une convention collective ou une sentence arbitrale s'impose à tous et s'il survient quelques difficultés d'application, les parties doivent la soumettre au départage d'un arbitre de griefs puisque les moyens de pression sont prohibés pour le temps de la convention collective (**IV-174**). Tel est le cheminement en cinq chapitres que nous suivons et, au terme de cette analyse du régime des rapports collectifs, nous pouvons mettre en perspective les régimes particuliers ou exceptionnels applicables notamment aux services et au secteur publics (**IV-195**).

CHAPITRE IV-1

APERÇU DU DROIT SYNDICAL

IV-9 — *Introduction* — La qualité du régime des rapports collectifs du travail dépend directement de l'exercice libre, réel et pratique du droit d'association. En effet, comment la négociation collective du travail peut-elle atteindre son ultime objectif, qui consiste à permettre aux salariés de participer démocratiquement à l'élaboration de leurs conditions de travail, si ces mêmes salariés ne peuvent d'abord former librement et réellement leurs propres organes collectifs et en disposer collectivement selon leur commune volonté ? Pour cette raison, la qualité du régime des rapports collectifs du travail dépend de l'authenticité des parties et, notamment, de celle du syndicat. Sans cette condition préalable, certes les salariés pourraient demeurer l'objet d'une négociation collective, mais ils n'en seraient cependant pas les sujets. La portée pratique de la liberté syndicale et la présence du syndicat soulèvent des questions politiques extrêmement délicates que l'on n'a pas encore résolues d'une façon claire et satisfaisante. En effet, nous sommes confrontés à maintes occasions à départager entre les droits de l'individu et ceux de sa collectivité ou, à tout le moins, à constater qu'une nécessaire et délicate conciliation s'impose entre ces droits. À titre indicatif, l'étude du droit syndical soulève inévitablement des questions :

— Faut-il privilégier les intérêts immédiats d'un salarié ou ceux de la collectivité, alors que ces derniers peuvent être plus abstraits ou moins immédiats ?

— Pour mieux protéger les salariés qui entendent assumer solidairement la défense de leurs intérêts communs, jusqu'où faut-il réduire ou écarter la liberté individuelle de chacun ?

— La liberté syndicale du salarié comprend-elle toujours celle de refuser d'adhérer à un syndicat ou doit-on parfois contenir cet aspect négatif de la liberté individuelle pour sauvegarder la force protectrice que recherherait la majorité des salariés ?

— Quels sont les justes moyens dont doit disposer le syndicat accrédité pour accomplir sa mission ?

— Dans quelle mesure les prérogatives traditionnelles de l'employeur relatives à l'embauche, au choix des créneaux et des moyens de production, à l'organisation du travail, au contrôle, etc., doivent-elles être limitées, contenues ou aménagées pour permettre à une collectivité de salariés de participer démocratiquement aux activités de l'entreprise ?

Le débat que peut provoquer de semblables questions repose souvent sur une conception dichotomique trop draconienne entre les interlocuteurs qui tentent de mettre en opposition salariés et syndicat alors qu'il y a entre eux plus d'éléments d'union que de division. Bien évidemment, nous reprenons ces questions pour en discuter et pour analyser les éléments de réponse déjà retenus en droit de l'emploi.

IV-10 — *La démarche* — L'appréciation des organisations syndicales qui représentent d'importants sous-groupes de la société s'effectue généralement à la lumière des règles fondamentales de la démocratie. Cette approche ne peut surprendre puisque l'action syndicale consiste d'abord à permettre à des salariés de mieux faire collectivement ce qu'il leur était impossible de réaliser individuellement et isolément et, ainsi, de prendre une part à l'élaboration des règles qui les gouvernent (**I-90**). Nous devons donc tenter de savoir si, au Québec, on retrouve ces mêmes traits de la démocratie industrielle. La question est fort intéressante puisque le *Code du travail* renferme des règles particulières qui visent directement ce même objectif démocratique : la participation financière obligatoire des salariés, le processus décisionnel et le contrôle judiciaire de certaines décisions syndicales, etc. Les interventions de l'État sous ces trois chefs sont assez révélatrices d'une certaine conception du syndicat qui consiste à le traiter à titre d'institution plus ou moins publique et non plus comme s'il s'agissait d'un agent strictement privé[54]. Ce caractère public du syndicat était ainsi reconnu par le professeur Otto Kahn-Freund qui prenait garde néanmoins de rappeler que le syndicat n'était pas un organe de l'État :

---

54. Mancur OLSON, *Logique de l'action collective*, Paris, Presses Universitaires de France, 1978, p. 89 et suiv.; Gérard HÉBERT, « L'évolution du syndicalisme au Canada : comment un mouvement devient une institution », (1987) 42 *Rel. Ind.* 500; F. MORIN, « L'institutionnalisation des rapports collectifs du travail », *loc. cit.*, note 19.

Les syndicats jouent un rôle public, mais ne peuvent l'exercer que s'ils sont libres et autonomes. Dans une société démocratique, ils ne font pas partie du gouvernement. Ils représentent les intérêts des travailleurs et, ce faisant, jouent un rôle public[55].

Dans le cadre du présent chapitre, nous voyons, dans une première section, l'affirmation du droit fondamental que constitue la liberté syndicale et les modalités garantissant son véritable exercice dans sa dimension individuelle et collective. Dans une deuxième section, nous soulignons la place faite, sur le plan juridique, au fruit de l'exercice de cette même liberté, le syndicat. Nous y précisons les aménagements nécessaires pour assurer et maintenir le caractère démocratique du processus collectif des décisions syndicales. Ces sous-thèmes retenus permettent de signaler les éléments caractéristiques du droit syndical tel qu'il est conçu dans notre régime de rapports collectifs du travail[56].

---

55. Otto KAHN-FREUND, « Trade Union Democracy and the Law », (1961) 22 Ohio State *L.J.* 4, 8 (traduction libre).
56. Gregor MURRAY et Pierre VERGE, *Le droit et les syndicats*, Sainte-Foy, Les Presses de l'Université Laval, 1991.

Section 1.1
L'exercice de la liberté syndicale

———

IV-11 — *Facettes de la liberté* — Cette première section porte principalement sur la reconnaissance formelle et réelle de la liberté des salariés de former des associations ou syndicats, puis d'y exercer une action[57]. Nous considérons, dans une première sous-section, la liberté syndicale individuelle, c'est-à-dire vue strictement en fonction de la personne du salarié. Puis, nous voyons la dimension collective de cette même liberté syndicale, soit ses implications possibles à l'égard de la collectivité ainsi structurée et de l'organe même qui la contient, le syndicat. Dans une seconde sous-section, nous étudions les mesures particulières de protection mises en place afin de faciliter l'exercice de cette liberté par le salarié et le syndicat dans le cadre des rapports collectifs du travail. Dans ce dernier cas, ces mesures visent surtout à pourvoir le syndicat de moyens utiles pour qu'il puisse accomplir sa mission malgré quelques défaillances possibles de la part de salariés ou les pressions que peut exercer l'employeur. L'analyse de la liberté syndicale peut s'effectuer en scindant ses diverses manifestations en quatre volets.

i) La libre formation et la libre adhésion au syndicat.

———

57. Le terme « syndicat » peut avoir des connotations étrangères à nos propos : syndicat de coopérative agricole, syndicat financier (coalition ou cartel pour faciliter le placement d'émission de titres). Nous utilisons généralement ce terme dans le sens d'association de salariés tel qu'il est défini à l'article 1 a) C.t., c'est-à-dire que nous qualifions ainsi tout regroupement de salariés voué à la défense des intérêts socio-économiques des membres, notamment par la voie de la négociation collective et sans apporter alors de distinction quant à leur structure juridique et à leur affiliation. Pour les autres types d'associations, voir : Michel FILION, *Droit des associations*, Cowansville, Les Éditions Yvon Blais inc., 1986. Pour éviter toute erreur de vocabulaire sur le thème, voir : Gérard LYON-CAEN, « Corporation, corporatisme, néo-corporatisme », (1986), *Droit social* 742.

ii) La libre affiliation des syndicats entre eux selon la structure de leur choix : permanent ou temporaire, union, fédération, confédération, conseil régional ou sectoriel, cartel, etc.

iii) Le libre gouvernement interne des affaires syndicales.

iv) La libre représentation des intérêts des membres auprès des tiers par leur syndicat respectif et par le truchement de leurs organes de regroupement permanents ou occasionnels (point ii).

Ces manifestations de la liberté syndicale sont fondamentales. Elles forment les quatre points d'appui du droit syndical et c'est souvent en fonction de la qualité de leur affirmation respective que l'on jaugera, au cours des prochains développements, la qualité même du droit syndical au Québec.

IV-12 — *Historique* — Pour faciliter l'analyse des diverses règles du droit positif affirmant maintenant la liberté syndicale, il convient de rappeler, même succinctement, leur cheminement historique. Cette approche permet d'ailleurs de mieux percevoir la véritable dimension politique de ces règles de droit. Jusqu'à la fin du XIXe siècle, toute coalition, et le syndicat en est une, était prohibée parce qu'elle constituait une atteinte directe à la libre concurrence, base du libéralisme pur et dur (**I-64; II-46**). Aussi, la première conquête de la liberté syndicale consista à rendre licite la coalition des travailleurs, c'est-à-dire qu'elle ne soit plus un acte criminel. Cette étape fut franchie vers 1890 : « Les objets d'un syndicat ouvrier ne sont pas illégaux au sens du paragraphe (1) pour la seule raison qu'ils restreignent le commerce » (art. 466, al. 2, C. cr.). Dans un second temps, le droit fit une place au fait syndical en reconnaissant la possible existence permanente et stable du syndicat et les effets de ses actions : l'expression de la revendication par voie de piquetage, d'arrêts de travail, de conclusions d'ententes collectives, etc. Ainsi, au cours de la première moitié du XXe siècle, une série de lois canadiennes et québécoises reconnurent ou prirent acte du fait syndical en s'inspirant principalement des modèles anglais et français conçus 30 ou 40 ans auparavant.

i) 1907 : *Loi des enquêtes en matière de différends industriels*[58].

ii) 1924 : *Loi des syndicats professionnels*[59] : sa formulation est empruntée de la loi française de 1884 (**III-711; IV-27**).

iii) 1934 : *Loi relative à l'extension des conventions collectives*[60] (**I-45; III-501**).

---

58. S.C. 1907, c. 20 (appelée Loi Lemieux). Bien qu'elle fût déclarée *ultra vires* du champ de compétence fédérale, plusieurs modalités de cette loi furent reprises dans des lois provinciales.

59. S.Q. 1924, c. 112.

60. S.Q. 1934, c. 56.

iv) 1939 : initialement l'article 502 a) C.cr., maintenant l'article 425 : amendements au *Code criminel* facilitant l'exercice de la liberté syndicale (**V-6**).

v) 1944 : *Loi des relations ouvrières du Québec* contraignant l'employeur à négocier avec le syndicat accrédité (**IV-3**).

Ces lois suivirent une vague de fond de syndicalisation des milieux industrialisés et ainsi, les syndicats prirent une part toujours plus directe et ouverte aux affaires internes des entreprises puis progressivement, aux affaires publiques. À leur première action de revendication et de défense des intérêts immédiats des salariés, les syndicats occupent de nombreuses autres fonctions telles que :

— l'administration des régimes complémentaires d'avantages sociaux et de régimes de retraite ;

— l'application de mesures de sécurité et de protection de la santé des travailleurs (**III-405**) ;

— la consultation préalable à la réalisation de programmes d'expansion et de développement technologique, et notamment la formation professionnelle continue ou le rattrapage ;

— la participation directe au financement de l'entreprise par la voie d'acquisition de titres ;

— etc.

Le mouvement syndical participe aussi à des consultations privilégiées auprès de l'État et même, à la gestion des affaires publiques, soit directement, soit par la voie de la négociation dans le secteur public (**IV-195**)[61]. À plus ou moins longue échéance, ces diverses actions à double sens confèrent aux syndicats un statut qui les situe carrément en dehors du strict domaine privé. On constatera au cours des prochains développements que le droit syndical évolua pour tenir compte ou pour rendre compte de ces manifestations de l'action syndicale[62]. Pour l'instant, il nous faut considérer les règles de droit relatives à l'exercice de la liberté syndicale des salariés qui traduisent sa signification

---

61. Pierre FOURNIER, « La concertation au Canada, étude de cas et perspectives », dans Keith G. BANTING (dir.), *L'État et les milieux économiques*, Étude n° 32, Commission royale sur l'union économique et les perspectives de développement au Canada, Ottawa, Ministère des Approvisionnements et Services Canada, 1986, p. 321 ; Fernand MORIN, « La représentation démocratique au sein de l'administration publique du Québec », dans Colette BERNIER et autres (dir.), *Rapport du 49ᵉ Congrès des relations industrielles*, Sainte-Foy, Les Presses de l'Université Laval, 1994, p. 57 à 84 ; Gregor MURRAY et Pierre VERGE, « Transformation de l'entreprise et représentation syndicale », (1993) 48 *Rel. Ind.* 3.

62. Les seuls amendements apportés au *Code du travail* en 1977 visaient notamment à préciser le rôle, les fonctions et les moyens conférés au syndicat accrédité pour assumer sa mission représentative (art. 20.1 et suiv., 47.2 et suiv., 63, 109.1 et suiv. *Code du travail*).

réelle. Celles assurant l'exercice de cette liberté visent tantôt l'individu et tantôt le syndicat dans le sens d'une collectivité structurée de salariés. Si nous devons, aux seules fins de la présente étude, les analyser distinctement, il s'agit toujours de deux volets intimement liés d'une même réalité. Nous le répétons, il est souvent dangereux de trop dissocier le salarié du syndicat, même pour les besoins d'une analyse, car on peut ainsi laisser entendre qu'ils pourraient être fondamentalement dissociables, et même opposés.

IV-13 —*Liberté syndicale affirmée* — Pour le salarié, la libre adhésion au syndicat de son choix constitue la première manifestation d'un exercice réel de la liberté syndicale. L'affirmation de cette liberté apparaît à la *Charte canadienne des droits et libertés*[63] (art. 2 d)) et aussi aux articles 3 et 17 de la *Charte des droits et libertés de la personne*[64]. Sur le plan international, l'article 2 de la Convention concernant la liberté syndicale et la protection du droit syndical[65] (**I-34**) reconnaît aussi cette même liberté :

> Les travailleurs et les employeurs, sans distinction d'aucune sorte, ont le droit, sans autorisation préalable, de constituer des organisations de leur choix, ainsi que celui de s'affilier à ces organisations, à la seule condition de se conformer aux statuts de ces dernières.

Nous aurons maintes occasions de constater l'importante influence qu'exercent ces chartes pour assurer la promotion et le respect de la liberté d'association et, notamment, l'aspect qui nous intéresse davantage, la liberté syndicale. Ces proclamations de la liberté d'association, aussi solennelles soient-elles, ne peuvent attester d'une liberté absolue. La liberté syndicale, comme toutes les autres libertés, doit connaître des frontières, des limites qui s'imposent de quelque manière et que nous devons aussi prendre en considération[66]. Selon les situations envisagées, l'exercice pratique de chacune de ces libertés fondamentales doit être contenu de manière à permettre également l'exercice des autres libertés. Pareille réconciliation peut être obtenue par la voie d'une mutuelle tolérance et, à défaut, des limites sont imposées d'autorité. C'est ainsi que l'article premier de la Charte canadienne et l'article 9.1 de la Charte québécoise établissent les critères justifiant l'imposition possible de contraintes législatives :

> Ils ne peuvent être restreints que par une règle de droit, dans des limites qui soient raisonnables et dont la justification puisse se

---

63. Partie 1 de la *Loi constitutionnelle de 1982* [annexe B de la *Loi de 1982 sur le Canada* (1982, R.-U., c. 11)].
64. L.R.Q., c. C-12.
65. O.I.T., convention n° 87.
66. Anne-Marie BRUNET, « Les limites à la liberté d'expression dans l'entreprise », (1991), 32 *C. de D.* 438.

démontrer dans le cadre d'une société libre et démocratique (article 1)[67].

Les libertés et droits fondamentaux s'exercent dans le respect des valeurs démocratiques, de l'ordre public et du bien-être général des citoyens du Québec. La loi peut à cet égard, en fixer la portée et en aménager l'exercice (article 9.1).

Le caractère relatif des libertés fondamentales et le fait que leur exercice respectif puisse être contenu par la loi sont donc ainsi clairement énoncés aux chartes[68]. Ce double bémol implique et annonce la nécessaire intervention des tribunaux pour établir si l'acte visé constitue une manifestation de l'exercice d'une liberté fondamentale et, s'il en est ainsi, pour apprécier la qualité des règles de droit qui pourraient la contenir selon les critères retenus à l'une ou à l'autre de ces deux chartes (**III-103**).

IV-14 — *L'apport des tribunaux* — On peut dès lors saisir l'importance de la contribution judiciaire à la clarification de ces divers éléments; notamment l'approche que peut retenir ou privilégier la Cour suprême du Canada[69]. Ainsi, notre plus haut tribunal dut déterminer si la garantie constitutionnelle relative à la liberté d'association s'étendait à certains actes collectifs des salariés, notamment la négociation collective et l'acte de grève. L'étendue des notes des juges, le nombre et la diversité des motifs évoqués au soutien des multiples théories invoquées, les divergences d'opinions ou les approches retenues respectivement par les membres de la Cour nous apparaissent des manifestations d'un inconfort certain. À la majorité, soit 4 sur 6, la Cour suprême du Canada affirma que l'article 2 d) de la Charte canadienne s'entendait de tout type d'association (politique, professionnelle, sportive, etc.) et

---

67. C'est précisément à l'occasion de ce contrôle que l'entendement des juges de la Cour suprême du Canada au sujet de l'article premier de la Charte canadienne prend toute son importance (**I-32**).

68. Plusieurs facettes des implications des chartes à l'égard de la relation d'emploi sont étudiées dans Rodrigue BLOUIN, Gilles FERLAND, Gilles LAFLAMME, Alain LAROCQUE et Claude RONDEAU (dir.), *Les chartes des droits et les relations industrielles* (Rapport du XLIIIe Congrès des relations industrielles de l'Université Laval), Québec, Les Presses de l'Université Laval, 1988; Marie-France BICH, « Petit manuel de guérilla patronale-syndicale : effets de la *Charte canadienne des droits et libertés* sur le *Code du travail*, (1987) 47 *R. du B.*, 1097. Le juge en chef Dickson dégagea, de ce même article premier, que le droit au travail constituait une assise d'une « société libre et démocratique ». Voir : *Slaight Communications Inc.* c. *Davidson*, [1989] 1 R.C.S. 1038.

69. André MOREL, « La clause limitative de l'article 1 de la *Charte canadienne des droits et libertés* : une assurance contre le gouvernement des juges », (1983) 61 *R. du B. can.* 81. Sur les différentes étapes du contrôle judiciaire que suppose cet article premier pour ne pas injustement limiter la liberté garantie à l'article 2, voir : *Singh* c. *Ministre de l'Emploi et de l'Immigration*, [1985] 1 R.C.S. 177, 240; *Renvoi relatif à la Public Service Employee Relations Act (Alb.)*, [1987] 1 R.C.S. 313, 373 (j. Dickson).

que le seul titulaire de cette liberté était l'individu et non les organes qui pourraient en résulter, ni les moyens collectifs d'expression généralement utilisés telle la grève. À titre illustratif, nous rappelons l'observation du juge McIntyre :

> En considérant la situation constitutionnelle de la liberté d'association, il faut reconnaître que, bien qu'elle assure la promotion de nombreux intérêts collectifs et, naturellement, qu'elle ne puisse être exercée seule, il s'agit néanmoins d'une liberté qui appartient à l'individu et non aux groupes formés grâce à son exercice. [...]. Le groupe ou l'organisation n'est qu'un moyen adopté par des individus pour mieux réaliser leurs droits et aspirations individuels. Les gens ne peuvent pas, simplement en se joignant à d'autres, créer une entité qui a des droits et des libertés constitutionnels plus grands que ceux que possèdent les individus. La liberté d'association ne saurait donc conférer des droits indépendants au groupe[70].

Ces dernières observations supposeraient une distinction fort nette entre les salariés et leur syndicat pour nier à ce dernier des droits « plus grands[71] ». Cette décision de la Cour suprême du Canada ne couvre donc qu'une facette de la liberté syndicale et ne permet pas de dégager des éléments de réponse à bien d'autres questions telles que :

— L'obligation légale (art. 47 C.t.) de contribuer financièrement à un syndicat accrédité selon le choix de la majorité des salariés constituerait-elle une violation du même article 2 d) de la Charte canadienne ?

— Les autres libertés garanties à ce même article 2 de la Charte canadienne (de conscience, de pensée, d'opinion) pourraient-elles justifier le refus opposé par un salarié que sa contribution serve partiellement à la défense d'idées et de positions opposées aux siennes[72] ? Pour ces mêmes motifs, pourrait-il refuser d'adhérer au syndicat accrédité ?

---

70. Cette décision de la Cour suprême est aussi étudiée au chapitre 3 du présent titre pour établir les fondements juridiques de la grève (**IV-110**). Voir : *Renvoi relatif à la Public Service Employee Relations Act (Alb.)*, précité, note 69, p. 397 ; arrêt étudié à Fernand MORIN, *Jurisprudence commentée en droit du travail de 1898 à nos jours*, Cowansville, Les Éditions Yvon Blais inc., 1992, p. 675.

71. Quand un droit serait-il plus grand qu'un autre ? Dans ce contexte, ce droit serait certes de nature différente parce que collectif...

72. *Syndicat des employés de la fonction publique de l'Ontario* c. *Procureur général de l'Ontario*, [1987] 2 R.C.S. 2. On y traite des limites à l'exercice d'activités politiques imposées aux fonctionnaires et de la nécessité de concilier ces droits prioritaires. Bien que la *Charte canadienne des droits et libertés* n'y soit pas invoquée, la discussion demeure d'un intérêt certain.

La Cour suprême du Canada répondit partiellement à ces deux questions dans l'arrêt *Lavigne*, d'abord en reconnaissant que la contribution financière de tous les salariés de l'unité d'accréditation n'était pas une obligation contraire à la liberté d'association garantie par la Charte et qu'une telle obligation s'autorisait même de l'article 1 de cette charte :

> Que les activités du syndicat soient un moyen d'expression attribuable au seul syndicat en tant que représentant de la majorité des employés, c'est là une caractéristique inhérente de la formule Rand. Le syndicat n'exprime pas l'avis de tout un chacun des membres de l'unité de négociation. Je conclus par conséquent que le droit de l'appelant reconnu à l'article 2 b) n'a pas été violé[73].

Par ailleurs, plusieurs membres du plus haut tribunal du Canada laissèrent entendre qu'ils ne prenaient pas position, pour l'instant, au sujet des dispositions conventionnelles pouvant obliger les salariés à adhérer au syndicat accrédité (**IV-22**). Ces questions permettent de saisir comment il peut être prudent d'éviter une approche trop absolue et catégorique si l'on veut toutefois assurer la coexistence pratique et réaliste de l'ensemble de ces mêmes libertés. Toute analyse judiciaire ou autre de la portée réelle de ces garanties constitutionnelles et de la Charte québécoise doit également être faite en considérant l'aire existentielle des droits collectifs. En d'autres termes, nous devons nous rappeler qu'historiquement ces droits collectifs ont été mis en place, en premier lieu, pour suppléer à l'exercice de droits individuels difficilement réalisables : négociation du contrat de travail, refus de conclure, etc. (**I-65 et suiv.**). En second lieu, il nous faut considérer que le droit des rapports collectifs du travail exige, pour sa mise en place, un certain nombre de moyens pour que ce régime puisse vraiment atteindre sa fin. N'est-ce pas d'ailleurs ce qui légitimise les dispositions 21, 45, 47, 59, 67, 69, 100, 109.1 et 110.1 du *Code du travail*? À vouloir trop protéger l'exercice des libertés sous leur seul angle individuel, nous ne ferions qu'étouffer l'application de ces dernières règles du *Code du travail* qui visent à l'aménagement réaliste et stable d'un régime de rapports collectifs du travail (**IV-2**).

IV-15 — *Liberté syndicale selon le* Code du travail — À ces déclarations transcendantes relatives à la liberté d'association, nous devons aussi ajouter leur transposition fort explicite à l'article 3 du *Code du travail*. On y réitère ce même principe, mais en le traduisant cette fois de manière à lui donner un sens pratique pour l'aménagement direct des rapports collectifs du travail :

> Tout salarié a droit d'appartenir à une association de salariés de son choix et de participer à la formation de cette association, à ses activités et à son administration (art. 3 C.t.).

---

73. *Lavigne* c. *Syndicat des employés de la fonction publique de l'Ontario*, [1991] 2 R.C.S. 211, 281 ; F. MORIN, *op. cit.*, note 70, p. 795.

Il s'agit d'une affirmation particulière de la liberté d'association puisqu'elle s'adresse au salarié tel qu'il est défini à l'article 1 a) C.t. et c'est pour cette raison qu'on la qualifie de liberté syndicale[74]. On y affirme à la fois les trois dimensions essentielles à l'exercice pratique de cette liberté : former un syndicat, y adhérer et participer à ses activités[75]. Pour effectuer une évaluation de la dimension réelle et de la portée véritable du droit syndical dont peuvent jouir les salariés, nous pouvons utiliser une grille d'analyse constituée de cinq points.

i) Les conditions exigées par l'État pour former une association de salariés ayant accès au régime de rapports collectifs du travail.

ii) La nature et l'intensité des contrôles qu'exerce l'État sur la régie interne des syndicats.

iii) L'efficacité des mesures protectrices du salarié qui exerce sa liberté syndicale sous l'une ou l'autre des trois facettes suivantes : formation, adhésion et participation.

iv) Les effets pratiques pour le salarié qui refuse d'adhérer à un syndicat donné.

v) La liberté de manœuvre des syndicats pour remplir convenablement leur mission et pour adapter leur action à l'évolution des besoins.

Les prochains développements reprennent ces mêmes points de manière à fournir quelques éléments de réponse et à pouvoir ainsi apprécier la qualité de la liberté syndicale au Québec[76].

---

74. Par l'effet des exclusions apportées à la définition de salarié au *Code du travail*, l'affirmation de l'article 3 de ce code en est d'autant réduite. Voir : *Major* c. *Procureur général de la province de Québec*, [1994] R.J.Q. 1622 (C.S.).

75. Avant 1977, l'article 3 ne précisait pas que la formation d'un syndicat était aussi partie de cette liberté. Voir : Jules BRIÈRE et Fernand MORIN, « Le droit de former une association de salariés est-il un droit résultant du *Code du travail* ? », (1968) 23 *Rel. Ind.* 501. La décision étudiée à cette occasion, *Bergeron* c. *Compagnie d'assurance Les Provinces-Unies*, [1967] R. D.T. 535 (C.R.T.), statuait que le droit de former un syndicat n'était pas garanti à l'article 3. Cette position de la C.R.T. ne fut pas retenue par le Tribunal du travail à l'occasion de la révision du dossier. Voir : *Bergeron* c. *Commission des relations ouvrières*, [1972] T.T. 219. En 1977, le même article 3 fut corrigé mettant ainsi fin à ce débat. Voir : *Loi modifiant le Code du travail et la Loi du ministère du Travail et de la Main-d'œuvre*, L.Q. 1977, c. 41, art. 3.

76. Notons que les amendements de 1977 apportés au *Code du travail* (L.Q. 1977, c. 41) ont touché notamment à ces mêmes points. Voir : les articles 3, 13, 15, 20.1 à 20.5, 47, 47.1 à 47.6, 63, 109.1 à 109.4, 110.1 et 146.1 C.t. Pour ces raisons, ce fut sans doute l'occasion où le législateur modifia le plus profondément le droit syndical au Québec. Sur la syndicalisation au Québec et au Canada, voir : Diane GALARNEAU, « Le point sur l'adhésion syndicale », *Perspective*, printemps 1996, p. 48 à 58.

IV-16 — *Liberté d'affililation* — La liberté syndicale comporte également celle de la libre union des forces au-delà du cadre étroit d'un seul syndicat. D'une certaine manière, nous pourrions dire que la liberté d'affiliation serait l'exercice de la liberté d'association des syndicats. Cette dimension du droit d'association consiste en l'union ou en la réunion de syndicats sur une base territoriale, professionnelle, industrielle ou nationale, d'une façon permanente ou temporaire. De tels regroupements de syndicats peuvent être aménagés sous de multiples recoupements : vertical ou horizontal; régional ou sectoriel, national ou international; fédéral ou confédéral, etc. Selon le cas, il s'agit d'union, de fédération, de confédération, de conseil, de coalition, de front commun, de cartel, etc. Ces divers regroupements de syndicats, sous quelque forme que ce soit, sont essentiels pour permettre aux syndiqués de disposer de moyens d'intervention efficaces sur des questions qui dépassent la seule dimension de l'entreprise. Ni la *Charte canadienne des droits et libertés*, ni la *Charte des droits et libertés de la personne* du Québec ne reconnaissent expressément la liberté d'affiliation. Par ailleurs, la dimension du droit d'association nous paraît si fondamentale, si essentielle et si bien ancrée dans la pratique que nous pouvons croire qu'elle serait une facette des libertés que l'on n'entendait pas nier par l'affirmation expresse de certaines autres libertés fondamentales, comme le rappelle l'article 26 de la Charte canadienne. Cette dimension proprement collective de la liberté syndicale peut s'exercer, règle générale, sans que les syndicats aient à satisfaire à quelque condition préalable ou sans devoir obtenir une quelconque autorisation de l'État[77]. Signalons que la *Loi sur les syndicats professionnels* permet même à des syndicats non constitués sous son empire de former par cette voie une fédération ou une confédération et d'acquérir ainsi et à ce niveau les attributs généraux d'une personne morale (**III-714**). Ces unions ou confédérations peuvent aussi être formées en dehors du cadre proposé par cette dernière loi, et c'est d'ailleurs ainsi qu'elles sont de fait constituées. Il existe cependant une disposition au *Code du travail*, l'article 73, qui limite dans le temps et pour les seules associations accréditées et liées par convention collective, l'exercice du droit d'affiliation[78]. Cette dernière disposition vise à éviter qu'un changement possible d'affiliation ne perturbe les rapports collectifs au sein d'une entreprise. Cette raison explique le rattachement de cette règle aux événements qui peuvent se produire au terme d'une convention collective, notamment la

---

77. L'arrêt *Institut professionnel de la fonction publique du Canada* c. *Territoires du Nord-Ouest (commissaire)*, [1990] 2 R.C.S. 367 rappelle à nouveau que les conditions restrictives imposées pour contenir la négociation collective et pour identifier le syndicat habilité à négocier ne portent pas directement atteinte à la liberté syndicale ni à la liberté de former un syndicat.

78. Cette disposition est apparue dès 1944 dans la *Loi des relations ouvrières* (ajoutant un chapitre 162A aux S.R.Q. de 1941), article 26 devenu l'article 61 C.t. en 1964 puis, l'article 73. Le pendant de l'actuel article 73 C.t. pour le secteur public se trouve à l'article 111.4 C.t.

possibilité d'un changement d'accréditation (**IV-51**). En clair, un syndicat accrédité non lié par une convention collective ou qui en est délié (art. 61 C.t.), une fédération, une union ou une centrale syndicale ne seraient pas assujettis à la prohibition de l'article 73 C.t.[79]. Dans la mesure où l'on admet que les deux seuls sujets des restrictions imposées à cet article seraient l'association accréditée et le groupe de salariés lié par une convention collective, la portée de cette double prohibition prend un sens cohérent et conforme aux définitions retenues au *Code du travail* par le rattachement ainsi établi aux périodes charnières utilisées au Code pour la remise en cause du choix de l'interlocuteur syndical et sur laquelle pivotent plusieurs autres questions inhérentes ou complémentaires (art. 22, 41, 52, 58, 106 et 107 C.t.) (**IV-51**). Il est vrai cependant que certains aspects de l'article 73 C.t. demeurent obscurs et quasi impénétrables. Ainsi, le libellé de cet article semble confondre syndicat et unité d'accréditation au point qu'on laisse sous-entendre qu'il y aurait un syndicat pour chaque unité d'accréditation, ce qui n'est certes pas conforme à la situation réelle. Outre cette limite générale à l'exercice du droit d'affiliation applicable aux syndicats accrédités et non aux autres, l'article 4 C.t. impose aussi une réserve particulière aux policiers municipaux et à leurs syndicats. Cette disposition limite le libre choix du policier en ce qu'il ne pourrait adhérer à une association qui comprendrait des salariés autres que des policiers municipaux, et la liberté d'affiliation des syndicats de policiers municipaux est pareillement restreinte. Malgré une formulation quelque peu ambiguë ou elliptique, cette dernière prohibition à l'article 4 C.t. signifierait que ces syndicats ne peuvent s'affilier à des syndicats, unions ou fédérations comprenant d'autres salariés que des policiers municipaux. Cette double limite provient du caractère particulier des fonctions du policier et explique du même coup qu'il soit soumis à un régime de négociation quelque peu différent (**IV-151**). Mis à part ces restrictions et limites, le droit d'affiliation ne comporte pas, d'une façon directe et expresse, d'autres contraintes. En somme, la liberté syndicale est clairement affirmée au bénéfice des salariés et des syndicats et ne comporte pas de restrictions ou de limites susceptibles d'en réduire véritablement la portée aux fins de la formation et de la mise en place de syndicats, d'unions et de fédérations. Il nous faut maintenant savoir si les modalités d'application de ces règles générales et déclaratoires peuvent suffisamment soutenir et faciliter l'exercice réel de cette liberté d'une façon pratique ou, au contraire, si elles réduisent leur portée virtuelle.

---

79. Voir les décisions qui suivent rendues par la Commission des relations ouvrières : *Union des ouvriers en électricité, local 242* c. *Association des employés de Canadian General Electric* et *Franco Canadian Dyers Ltd.* c. *Association des ouvriers du textile de St-Jean*, dans G. VAILLANCOURT, *op. cit.*, note 7, p. 136 et 206; *Tancrède* c. *Beaudoin*, [1980] T.T. 531; *Syndicat des salariés d'autocar Shawinigan Ltée* c. *Association des chauffeurs et mécaniciens des autobus J.M. Landry et Michel Inc.*, [1983] T.T. 85; *Craig* c. *Centrale des syndicats démocratiques*, D.T.E. 87T-187 (T.T.).

Section 1.2

La protection de l'exercice de la liberté syndicale

IV-17 — *Nécessaire protection* — L'appréciation de la qualité des mesures de protection assurant l'exercice véritable de la liberté syndicale permet de jauger la valeur réelle de l'affirmation de cette même liberté. Si le soutien juridique n'est pas suffisant ou plus ou moins efficace, on ne saurait dès lors véritablement parler de la liberté syndicale, sauf dans certains salons ou tribunes politiques. Ces moyens doivent également profiter aux salariés et à leur collectivité structurée, le syndicat. Si nous devions exclusivement protéger l'exercice individuel de la liberté syndicale, notamment dans sa dimension négative (celle de ne pas se syndiquer), on aboutirait à très court terme à nier cette même liberté[80]. D'autre part, il faut savoir pondérer cette double facette de la liberté syndicale (individuelle et collective), car à vouloir protéger sans limites la liberté collective, on pourrait nier ou grandement déformer la liberté syndicale du salarié et son droit au travail. Cette difficulté intrinsèque à contenir en quelques règles de droit pareille liberté constitue un défi et pour les législateurs et pour les tribunaux. Cet exercice permet néanmoins de révéler les véritables qualités libérales et démocratiques de notre société[81]. Par ailleurs, les moyens de soutien de cette liberté doivent viser les quatre foyers principaux de pressions susceptibles de contenir, de réduire ou d'anéantir ce mouvement de regroupement et d'actions

---

80. N'est-il pas de commune connaissance qu'un abus de liberté nie la liberté ? Voir : Georges SPYROPOULOS, *La liberté syndicale*, Paris, Librairie générale de droit et de jurisprudence, 1956, p. 205 et suiv.

81. Le législateur doit aussi reconnaître les limites de l'usage des normes en pareil domaine et la nécessité de laisser aux groupes une marge de manœuvre suffisante leur permettant d'établir eux-mêmes et pour eux-mêmes des balises de fonctionnement et d'exercice de la double dimension de leur liberté syndicale. En ces matières, on ne saurait procéder par voie de réquisition et de mobilisation.

collectives : l'État, l'employeur, le syndicat et les salariés eux-mêmes. Certes, ces diverses pressions plus ou moins antagonistes ne s'autorisent pas des mêmes motifs et peuvent se réaliser à l'aide de moyens bien différents les uns des autres selon qu'il s'agit d'un État inquisiteur ou protecteur, d'un employeur paternaliste ou autocratique, d'un syndicat concurrent ou hégémonique ou encore, de salariés simplement indifférents, ignorants ou primitivement égoïstes. Bien que ces questions soient envisagées dans le contexte du régime des rapports collectifs du travail, il s'en dégage certains éléments d'ordre politique en raison même du rôle attribué aux syndicats accrédités[82]. Par l'effet de l'accréditation (**IV-85**), ce syndicat devient le seul véritable porte-parole de tous les salariés visés et, pour cette raison, l'État doit lui conférer des moyens appropriés (art. 47, 67, 69, 100 C.t.) et en même temps, lui imposer l'obligation d'exercer convenablement et démocratiquement sa mission à l'égard de tous les salariés et non seulement au profit de ses seuls membres (art. 20.1 et suiv., 47.2 et suiv. C.t.). Nous voyons, distinctement, ces diverses mesures visant d'abord à protéger le salarié dans l'exercice de sa liberté syndicale (art. 14 et 15, 55, 59 C.t.), puis celles qui protègent le syndicat face aux pressions ou aux obstacles qui peuvent venir de l'employeur (art. 12, 14, 143 C.t.) et même des salariés (art. 47, 63 C.t.). L'étude des règles relatives à l'accréditation (**IV-48 et suiv.**) permet de saisir le rôle dévolu au syndicat accrédité et des interventions possibles des autres syndicats, ce qui ajoute à ces premières analyses des dispositions assurant l'exercice pratique de la liberté syndicale.

IV-18 — *Protection du salarié* — On ne saurait se limiter à affirmer ni à proclamer la liberté syndicale du salarié; il faut surtout qu'il puisse, sans trop de frais, pouvoir l'exercer. Si en adhérant à un syndicat, un salarié risque de perdre son emploi, si parce qu'il est syndiqué, on lui refuse un emploi pour l'offrir à un autre salarié, la liberté syndicale demeurerait alors au simple niveau de la proclamation officielle puisqu'il lui faudrait la troquer contre un travail. Tenant compte de la situation économique précise du salarié et des expériences plus ou moins heureuses dans ce domaine, des mesures facilitant l'exercice réel de la liberté syndicale s'imposaient. En raison des diverses sources de pression qu'il peut subir, ces moyens sont édictés par le *Code criminel*[83], la *Charte des droits et libertés de la personne* et le *Code du travail*. Une première mesure légale de protection de la liberté syndicale se trouve à l'article 425 C.cr. Malgré le ton impératif de cette disposition, la nature de cette prohibition et la gravité des pénalités dont elle est assortie, on constate que syndicats et salariés n'y font appel que très rarement en raison des difficultés techniques et pratiques qu'elle

---

82. Pierre VERGE, « Évolution de la protection juridictionnelle de l'accès au syndicat », (1984) 39 *Rel. Ind.* 710.
83. L.R.C. (1985), ch. C-46, mod. par L.R.C. (1985), ch. 2 (1er supp.).

comporte[84]. La *Charte des droits et libertés de la personne* prohibe également semblable discrimination à son article 16 :

> Nul ne peut exercer de discrimination dans l'embauche, l'apprentissage, la durée de la période de probation, la formation professionnelle, la promotion, la mutation, le déplacement, la mise à pied, la suspension, le renvoi ou les conditions de travail d'une personne ainsi que dans l'établissement de catégories ou de classifications d'emplois.

Il appert que ce n'est pas par cette voie que les salariés tentent d'obtenir une juste réparation lorsqu'ils croient être lésés dans l'exercice de cette liberté. Par ailleurs, le *Code du travail* (art. 15 à 20) comprend un dispositif fort mieux adapté pour protéger le salarié dans l'exercice des droits qui lui sont conférés par le *Code du travail*, notamment la liberté syndicale. Nous résumons succinctement ce moyen en vue d'en donner immédiatement un aperçu général permettant de mieux saisir sa véritable portée.

i) *Bénéficiaire* : Seul le salarié au sens du *Code du travail* (art. 1, al. 1, C.t.) est ainsi protégé (**IV-65**).

ii) *Champ de protection* : Ce recours ne s'applique qu'à l'égard des décisions unilatérales de l'employeur sous forme d'un congédiement, d'une suspension, d'un déplacement, d'une mesure discriminatoire ou d'une autre sanction (art. 15 C.t.)[85].

iii) *Mise en branle du recours* : Il suffit d'une simple plainte écrite formulée au commissaire général du travail (art. 16 C.t.) (**V-11**).

iv) *Fardeau de la preuve* : Dès que le commissaire du travail saisi de l'affaire est convaincu que le plaignant avait auparavant exercé un droit accordé par le *Code du travail*, il s'établit une présomption qu'il s'agirait du motif de la décision de l'employeur. Ce dernier doit alors démontrer que sa décision est fondée sur une autre cause juste et suffisante (art.17 C.t.) (**V-15**).

v) *Mesure correctrice* : À défaut par l'employeur d'établir cette autre cause juste et suffisante, le commissaire du travail ordonne la réintégration du salarié au poste qu'il a perdu et le recouvrement de l'équivalent du salaire dont il fut privé depuis la décision de l'employeur.

---

84. Cette disposition de 1939 portait à l'origine le n° 502 au *Code criminel*, elle devint l'article 367 en 1953 puis l'article 382 en 1970. Elle porte maintenant la cote 425. Nos observations au sujet de l'article 425 C.cr. se trouvent au titre V (**V-6**).

85. Ces deux derniers chefs furent ajoutés en 1983 : *Loi modifiant le Code du travail et diverses dispositions législatives*, L.Q. 1983, c. 22, art. 3. Quand y a-t-il « représailles » ? *Cloutier c. Société des alcools du Québec*, [1986] T.T. 137.

L'exercice de ce recours soulève maintes questions importantes mises en relief par la jurisprudence[86] dont nous faisons l'analyse au titre V (**V-8 à 17**)[87].

À l'égard des rapports collectifs du travail, la présence de cette mesure confère aussi une meilleure stabilité à la relation d'emploi en limitant très certainement certains aspects de la liberté de manœuvre de l'employeur. Nous délaissons maintenant l'étude des mesures protectrices de l'exercice individuel de la liberté syndicale pour aborder son aspect collectif et connaître les moyens particuliers de protection ou de soutien offerts au syndicat.

IV-19 — *Protection à l'exercice collectif* — Le réel exercice de la liberté syndicale implique que le syndicat qui en résulte et qui reçoit des adhésions puisse jouir des moyens nécessaires à la réalisation de sa fonction principale : la représentation et la défense des intérêts économiques et sociaux des salariés, notamment par la voie de la négociation collective (art. 1 a) C.t.). Puisque des forces contraires peuvent réduire sensiblement les efforts d'un syndicat et que l'objectif principal du *Code du travail* vise la négociation collective réelle des conditions de travail, il fallut ajouter aux mesures de protection individuelle certaines garanties en faveur de la collectivité syndicale. L'action à rebours de syndicats concurrents ou, encore, la passivité et l'individualisme de certains salariés peuvent faire perdre au syndicat accrédité une partie de ses membres au cours d'une convention collective et, ainsi, réduire sensiblement son efficacité au-delà de son statut formel. Notre régime entend aussi que le syndicat accrédité, bien que son statut exclusif soit provisoire, puisse disposer d'une certaine stabilité, et ainsi fallait-il limiter les périodes où un autre syndicat peut tenter de le supplanter (art. 22 C.t.) (**IV-51**). On devait également déterminer si les frais du syndicat accrédité seraient assumés par les seuls membres de ce syndicat accrédité, alors que le régime des rapports collectifs du travail exige que le syndicat représente la totalité des salariés constituant l'unité d'accréditation (**IV-86**). Sans de réelles dispositions législatives à ces sujets, tout syndicat accrédité serait affaibli par ces diversions ou le manque de ressources nécessaires pour assurer convenablement la défense des intérêts professionnels de l'ensemble des salariés. Pour parer à ces défaillances, pressions et contrecoups réels ou appréhendés, les syndicats tentent, par diverses dispositions de la convention collective, de contraindre tous les salariés du

---

86. Le grand nombre de décisions rapportées sous ce chef aux recueils des décisions du Tribunal du travail et des tribunaux judiciaires illustre bien l'importance pratique de ce recours et sa pertinence. De 1972 à 1987, 26 584 plaintes furent déposées : 63 % furent retirées, 23,8 % rejetées et 12,8 % accordées : données extraites de *Synthèse des activités du Bureau du commissaire général du travail*, étude du Conseil consultatif du travail et de la main-d'œuvre, août 1987.

87. Ce report permet d'éviter de nombreuses répétitions puisque plusieurs autres lois de l'emploi renvoient à ces mêmes articles 15 à 20 C.t. pour articuler la mise en place de pareilles mesures de protection applicables sous d'autres chefs.

groupe à demeurer solidaires, soit par celle de maintenir leur adhésion syndicale, soit par l'obligation d'adhérer au syndicat accrédité pour le temps de la convention ou encore, par l'obligation de participer à son financement. Historiquement, ces moyens ne s'obtenaient que par la voie de la convention collective et ils étaient connus sous le titre de « clause de sécurité syndicale[88] ». Après un long et difficile parcours judiciaire, le législateur intervint pour généraliser l'application de certaines de ces mesures au profit de tous les syndicats accrédités (art. 47 C.t.). Pour mieux saisir l'interrelation de ces modalités législatives et conventionnelles ainsi que leur portée juridique respective, nous soulignons brièvement les grandes étapes du débat judiciaire qui les ont précédées et ainsi, légitimées. Cette mise en contexte historique nous paraît essentielle pour mieux comprendre l'intention du législateur lorsqu'il intervint à ce sujet et pour mieux camper ces mesures dans le contexte des rapports collectifs du travail parce que de telles contraintes pourraient autrement heurter une certaine conception de la liberté syndicale.

IV-20 — *La problématique retenue* — Dès le début du régime des rapports collectifs du travail en 1944, le syndicat accrédité tentait de négocier l'insertion de certaines modalités à la convention collective pour inciter les salariés à maintenir leur adhésion syndicale ou tenter de contraindre les autres à en devenir membres. Ces pressions prirent des formes diverses, bien qu'elles aient le même objectif: la sécurité du syndicat accrédité[89]. Nous devons reconnaître que de telles contraintes conventionnelles réduisent d'autant l'exercice individuel de la liberté syndicale. Dès lors, il nous faut savoir si, sur les plans politique et juridique, cette dimension individuelle plutôt négative de la liberté syndicale devait être privilégiée ou même respectée sans égard aux intérêts collectifs des syndiqués, membres de syndicats accrédités. Certains pourraient formuler ainsi cette même question: lorsqu'une majorité de salariés adhèrent à un même syndicat ou acceptent par voie d'un scrutin d'y être ainsi collectivement représentés, les autres salariés du même groupe doivent-ils, pour le temps de l'accréditation, souffrir quelques limites à l'exercice de leur liberté syndicale[90]? Pour mieux traiter cette question et

---

88. L'annexe 7 présente sous forme schématique les six modalités les plus retenues à ce sujet.

89. Le rapport de la Commission d'enquête Prévost de 1943 traitait déjà des implications des clauses de sécurité syndicale et pour les salariés et pour les autres syndicats. Voir: G. VAILLANCOURT, *op. cit.*, note 7, p. 105 et suiv.

90. Pareil débat est plus ou moins ouvert dans la plupart des pays industrialisés à économie de marché et souvent, sous des éclairages fort différents. G. SPYROPOULOS, *op. cit.*, note 80, p. 258 et 259; W.E.J. McCARTHY, *The Closed Shop in Britain*, Los Angeles, University of California Press, 1964; Otto KAHN-FREUND, *Labour and the Law*, 2ᵉ éd., Londres, Stevens & Sons, 1977; Roger W. RIDEOUT, *Principles of Labour Law*, 3ᵉ éd., Londres, Sweet & Maxwell, 1979, p. 282 et suiv. Pour la problématique québécoise, voir: Gérard DION, « Définitions, aspect moral », Arthur DROLET, « La sécurité syndicale et l'employeur », Gérard PICARD, « La sécurité syndicale et le syndicat », dans Philippe BÉCHARD (dir.), *Convention*

bien saisir les implications du cheminement politico-judiciaire parcouru sur ce thème, nous devons prendre en considération les contraintes qu'un syndicat accrédité doit tenter de lever. Bien qu'il soit l'organe représentatif exclusif d'un groupe de salariés, il peut ne disposer du soutien que d'une simple majorité d'entre eux et il n'est pas évident que tous ses membres soient d'actifs militants. Au-delà de son autorité formelle, les défaillances trop apparentes des syndiqués et le désintéressement des autres salariés du groupe peuvent affaiblir le syndicat accrédité face à l'employeur qui ne peut ignorer l'appui dont le syndicat bénéficie ou dont il est privé. Par ailleurs, le régime entend que cet interlocuteur syndical respecte certaines normes démocratiques pour sa régie interne tout en étant capable de défendre « les intérêts socio-économiques » de la totalité des salariés du groupe (**IV-30 et suiv.**). À cette fin, il lui faut être en mesure à la fois d'arrêter des objectifs réalisables et d'adopter une stratégie souple et adaptée aux besoins de même que d'utiliser des tactiques appropriées, ce qui sous-entend qu'il puisse prendre rapidement des décisions, qu'il dispose d'une information correcte et pertinente et qu'il bénéficie de moyens logistiques adéquats. Est-ce possible de disposer à la fois d'une souplesse interne et d'une rigueur externe sans prendre quelques mesures susceptibles de raffermir ce syndicat ou, du moins, de maintenir ses moyens pour le temps où il doit servir ? Telle est pourtant la problématique que sous-tend la question de la légitimité de ces mesures coercitives ou de « solidarité concrète » selon l'économie même du régime des rapports collectifs du travail. En somme, nous devons savoir jusqu'à quel point un syndicat accrédité peut acquérir, notamment par les voies législative et conventionnelle, la sécurité et les ressources nécessaires à sa mission.

IV-21 — *Solutions législatives* — Les articles 47 et 63 C.t. fournissent certains éléments de réponse que nous devons situer dans leur contexte historique afin d'en circonscrire la portée et d'en saisir la légitimité. La première étape du débat judiciaire mettait en cause la liberté de convention des parties dont le principe est maintenant articulé à l'article 62 C.t., où l'on précise que la convention collective peut « [...] contenir toute disposition relative aux conditions de travail qui n'est pas contraire à l'ordre public ni prohibée par la loi ». C'est alors qu'il fallut savoir si une telle clause de sécurité syndicale pouvait constituer une « condition de travail » imposée à tous les salariés par la convention collective. En d'autres termes, un syndicat accrédité pouvait-il ainsi contraindre tous les salariés d'y adhérer ou de contribuer à son financement ? À titre d'agent négociateur disposant de pouvoirs conférés par le *Code du travail*, un syndicat accrédité peut-il acquérir des garanties de sécurité et de stabilité par la voie de la convention collective, et l'employeur peut-il participer à leur réalisation ? Ces questions

---

collective — *Sécurité syndicale* (Rapport du IIe Congrès des relations industrielles de l'Université Laval), Québec, Département des relations industrielles de la Faculté des sciences sociales de l'Université Laval, 1947, respectivement aux pages 77, 129 et 151.

revêtaient une grande importance puisque les modalités recherchées pouvaient éventuellement contraindre l'employeur à refuser d'embaucher un postulant parce qu'il n'était pas membre du syndicat signataire ou encore, à congédier tel autre salarié parce qu'il refusait d'y adhérer ou de contribuer au financement du syndicat ou encore, parce que le syndicat refusait d'admettre tel ou tel salarié à titre de membre alors que cette condition deviendrait nécessaire au maintien de son emploi. Toutes ces situations peuvent survenir ou sont des conséquences pratiques selon le type de modalité conventionnelle retenue par les parties (**annexe 7**). Compte tenu de ces implications pratiques pour elles et les salariés et du pouvoir ainsi acquis par le syndicat accrédité, bien des employeurs refusè-rent de se plier à de telles contraintes. Les études de contenu de conventions col-lectives conclues au cours des 50 dernières années indiquent que des dispositions semblables apparurent progressivement, selon la force de pression respective des syndicats et aussi, selon les traditions de chaque milieu ou bran-che industrielle. Bien souvent, le syndicat obtenait l'insertion dans la convention collective d'une « clause » dite de préférence syndicale ou de maintien d'affilia-tion et tentait, à chaque renouvellement, de raffermir cette garantie (**annexe 7 : points i à vi**). Ces acquis par voie conventionnelle furent parfois ralentis et, en d'autres temps, stimulés selon l'évolution de la jurisprudence en cette matière. Dès 1897, la Cour suprême du Canada avait déjà reconnu que des salariés pou-vaient individuellement et collectivement refuser de travailler avec d'autres sala-riés au motif que ces derniers n'étaient pas syndiqués[91]. Il est évident que cette même décision de la Cour suprême du Canada ne répondait pas directement à la question de la légalité des clauses de sécurité syndicale. Aussi, les tribunaux judiciaires furent-ils appelés à préciser progressivement leur réponse selon une démarche marquée par les trois grandes décisions qui suivent.

1re étape : En 1953, la Cour d'appel du Québec reconnaissait la légalité d'une disposition conventionnelle par laquelle l'employeur s'engageait à rete-nir à la source la cotisation syndicale des salariés qui l'y autoriseraient volon-tairement, et ce, sur une base révocable[92]. Seul le syndiqué y était visé et il devait lui-même permettre à l'employeur de faire cette retenue sur sa rémunéra-tion (**II-143**), et ce, jusqu'à avis contraire, que le salarié pouvait donner en tout temps. Pour les syndicats, cette perception à la source assurait la régularité et l'intégralité du paiement des cotisations dues et, du point de vue juridique, elle signifiait que l'employeur pouvait légalement offrir ce service au syndicat sans pour cela participer indirectement à son financement (art. 12 C.t.) (**IV-51**). Cette première décision judiciaire facilita aussi la tâche des négociateurs syndi-caux de convaincre les employeurs d'assumer ce rôle de percepteur. À l'occa-sion de la codification de 1964, cette même mesure conventionnelle fut généralisée et imposée à tous les employeurs par voie législative.

---

91. *Perrault* c. *Gauthier*, (1897–1898) 28 R.C.S. 241 ; aussi à F. MORIN, *op. cit.*, note 70, p. 17.
92. *Price Brothers and Company* c. *Letarte*, [1953] B.R. 307 ; F. MORIN, *op. cit.*, note 70, p. 140.

Un employeur est tenu d'honorer l'autorisation écrite volontaire et révocable donnée par tout salarié, membre d'une association accréditée, de retenir mensuellement un montant spécifié comme cotisation à prélever sur son salaire au bénéfice de cette dernière. L'employeur est tenu de remettre mensuellement à l'association accréditée les montants ainsi retenus avec un état indiquant le montant prélevé de chaque salarié et le nom de celui-ci. S'il reçoit une révocation, il doit en remettre une copie à l'association[93].

Cette nouvelle disposition législative allégea d'autant la négociation collective puisque la question de principe était maintenant tranchée, et par les tribunaux et par le législateur. Cette première mesure acquise était cependant limitée aux seuls membres du syndicat accrédité et ne visait nullement les autres salariés qui, pourtant, bénéficiaient des services de ce même syndicat.

2e étape : Les tribunaux durent ensuite établir la légalité d'une formule de retenue obligatoire de la cotisation syndicale pour tous les membres du syndicat accrédité, et de son équivalent pour les autres salariés : modalités communément connues sous l'appellation « formule Rand[94] ». Saisie de cette question, la Cour d'appel du Québec considéra qu'une telle contrainte était exorbitante du rôle dévolu au syndicat accrédité et que ce dernier ne pouvait profiter de sa situation de « mandataire » pour en tirer un bénéfice personnel[95]. Cette dernière décision fut soumise à la Cour suprême qui retint la position contraire au motif principal qu'une telle modalité n'était pas légalement interdite et qu'elle pouvait être qualifiée de « condition de travail » compte tenu de la pratique courante dans ces milieux. Les arguments alors retenus par la Cour suprême du Canada font davantage appel à des considérations d'ordre pratique et d'utilité. On semble ne s'être guère embarrassé de longues arguties juridiques, sauf peut-être pour signaler qu'il ne fallait pas confondre la convention collective avec un agrégat de contrats individuels de travail négociés par la voie d'un même interlocuteur.

3e étape : Peu après l'arrêt *Paquet*, la Cour d'appel du Québec précisa qu'une telle disposition (la formule Rand) ne devait pas autoriser un employeur à payer lui-même ces montants (l'équivalent de la cotisation) dans le cas où des

---

93. *Code du travail*, S.R.Q. 1964, c. 141, art. 38.

94. Cette étiquette provient du nom du juge Rand, qui, en 1945, avait agi à titre d'arbitre de différends à la compagnie Ford. La formule proposée par le juge Rand était assortie de dix conditions précises qui furent assez vite oubliées. Voir : John Jacob *Spector, Essays in Labour Law in the Province of Quebec*, Montréal, 1952, p. 44 et suiv.

95. *Syndicat catholique des employés de magasin de Québec Inc.* c. *Compagnie Paquet Ltée*, [1958] B.R. 275 et [1959] R.C.S. 206, commenté sous le titre « Sécurité syndicale et le droit du travail au Québec », (1961) 21 *R. du B.* 449 et aussi à F. MORIN, *op. cit.*, note 70, p. 191.

salariés s'opposeraient à une telle retenue[96]. La légalité étant ainsi judiciairement reconnue, cette condition de travail ayant trait directement au financement des syndicats fut dès lors très répandue dans les conventions collectives. En 1977, le législateur québécois en généralisa la portée au lieu et place de la disposition de l'article 38 d'alors (1re étape) : il s'agit de l'actuel article 47 C.t. Ce bref rappel historique de l'évolution du droit relatif à ces mesures conventionnelles de sécurité syndicale sert d'assise et de mise en contexte à l'étude des articles 47 et 63 du *Code du travail*.

IV-22 — *Contribution obligatoire* — L'actuel article 47 C.t. est en quelque sorte une «formule Rand» imposée par voie législative et au libellé semblable à celui que l'on trouve encore dans de nombreuses conventions collectives. Compte tenu de sa source législative, cette disposition comporte cependant certaines caractéristiques.

i) Les parties n'auraient plus à négocier pareille disposition puisqu'elle s'impose à tous. Dans bien des milieux, elles semblent néanmoins préférer le texte de leur convention collective, qu'elles réitèrent malgré cette disposition législative et qu'elles dédoublent en quelque sorte. Il en est souvent ainsi parce qu'elles y ajoutent des modalités complémentaires d'application et aussi parce que cette répétition permet de disposer d'un ensemble plus cohérent et complet[97]. Toute difficulté d'application de ce texte conventionnel peut donner prise à un grief tranché par voie d'arbitrage, alors que la violation de la seule disposition législative (art. 47 C.t.) serait soumise aux instances judiciaires civiles ou pénales selon la nature du litige (**V-104**).

ii) Le montant de la cotisation est unilatéralement établi par le syndicat, qui peut le modifier à volonté et choisir les barèmes et moyens qu'il décide : un pourcentage de la paie totale, un forfait, etc.[98]. Il doit cependant en décider

---

96. *Building Service Employees' International Union, Local 298* c. *Hôpital St-Luc*, [1960] B.R. 875, confirmé par la Cour suprême du Canada, [1962] R.C.S. 776. Selon la disposition étudiée, l'employeur aurait aussi ainsi donné plus (l'équivalent de la cotisation), soit une prime au salarié qui s'opposerait à la retenue. C'est d'ailleurs pourquoi une telle contribution patronale ne pouvait être légale.

97. Au sujet de la légalité d'une telle répétition conventionnelle d'une disposition législative, nous croyons que le raisonnement de la Cour suprême du Canada au sujet d'un semblable dédoublement de l'article 107 C.t. devrait s'appliquer (**IV-115**). Une disposition conventionnelle, même lorsqu'elle répète matériellement le dispositif de l'article 47 C.t., peut néanmoins servir d'assise à un grief (**IV-181**). Voir : *Garage Georges Montplaisir Ltée* c. *Association des employés de garages de Drummondville*, [1986] T.T. 97; *Manoir St-Castin (1986) inc.* c. *Travailleurs unis de l'alimentation et du commerce, section locale 503*, [1989] T.A. 107; *Syndicat des employés du Renfort inc. (CSN)* c. *Renfort inc.*, D.T.E. 91T-1121 (T.T.); *Hôpital Royal Victoria* c. *Bergeron*, D.T.E. 92T-538 (C.S.).

98. *Syndicat des employés du Pavillon Charleroi-Boyer (C.S.N.)* c. *Pavillon Charleroi-Boyer Inc.*, [1979] T.T. 195; *Syndicat des ouvriers du fer et du titane* c. *Q.I.T. Fer et Titane inc.*,

dans le respect des règles applicables à son gouvernement interne et sans discrimination à l'égard de sous-groupes.

iii) Les salariés non membres du syndicat accrédité doivent verser un montant identique à celui exigé de la part des membres, ni plus ni moins[99].

iv) Cette disposition oblige l'employeur à être le percepteur à la source et à rendre compte mensuellement au syndicat à titre de dépositaire. Une violation de cette obligation rend l'employeur également passible d'une sanction (art. 144 C.t.) et civilement responsable des sommes dues (**V-38**)[100].

v) Le seul bénéficiaire de ce régime de soutien financier est le syndicat accrédité pour le temps où il détient ce titre et pour toute cette période, mais non au-delà (*Syndicat des salariés d'Aliments Prince* c. *Aliments Vermont inc.*, D.T.E. 97T-224 (C.S.)). Si un autre syndicat lui succède, c'est ce deuxième syndicat qui y a droit à compter de la date de son accréditation (**IV-86**)[101]. Si l'accréditation est révoquée (art. 41, 49 C.t.)

[1985] T.T. 115; *Côté* c. *Hôpital Notre-Dame*, [1988] T.T. 15; *Paul Côté* c. *Hôpital Notre-Dame*, [1988] T.T. 15, confirmé par D.T.E. 88T-348 (C.S.); *Q.I.T. Fer et Titane* c. *Syndicat des ouvriers du fer et du titane (C.S.N.)*, [1985] T.A. 46. *Contra*, voir: *Syndicat des ouvriers du fer et du titane (C.S.N.)* c. *Q.I.T. Fer et Titane inc.*, [1985] T.T.115

99. La liste des salariés visés par l'accréditation, d'abord dressée par l'employeur, puis remaniée ou constatée par le commissaire du travail, peut servir de point d'appui pour établir le nombre de salariés participants. Voir: *Union des employés d'hôtels* c. *Propriétés Cité Concordia*, T.T. Montréal, n° 500-28-000202-804, le 22 avril 1981, j. Girouard. À titre d'illustrations d'un usage discriminatoire, voir: *Fraternité unie des charpentiers menuisiers* c. *Syndicat national de la Construction Hauterive*, [1977] C.S. 1008; *Syndicat des ouvriers du fer et du titane (C.S.N.)* c. *Q.I.T. Fer et Titane Inc.*, précité, note 98; *Lavigne* c. *Syndicat des employés de la fonction publique de l'Ontario*, précité, note 73.

100. Art. 47.3 C.t.; *C.* c. *Syndicat des travailleurs du Centre Hospitalier de Verdun*, [1979] T.T. 333. Cette obligation prend effet le jour de l'accréditation, mais elle peut être suspendue depuis que l'appel est régulièrement formé (art. 130 *in fine* C.t.). *Syndicat des employés du Mont d'Youville (C.S.N.)* c. *Conseil des services essentiels*, [1989] R.J.Q. 340, 350 (C.S.) (en appel); *Conseil conjoint québécois de l'Union internationale des ouvriers et ouvrières du vêtement pour dames* c. *Max Sabel*, [1993] R.J.Q., 2909 (C.Q.). La perception à la source des cotisations syndicales fut de nouveau l'objet d'un débat lorsque l'État employeur décida, en 1989, d'en prohiber le cours à titre de sanction d'une grève illégale; *Loi assurant le maintien des services essentiels dans le secteur de la santé et des services sociaux*, L.R.Q., c. M-1.1, art. 18.

101. Lorsque le commissaire du travail ou le Tribunal du travail sont sur le point de rendre une décision susceptible d'accorder l'accréditation à un autre syndicat, il est possible que l'employeur retarde quelque peu à verser les montants ainsi retenus en raison de la rigueur de l'obligation qui lui incombe selon l'article 47, de manière à le faire valablement au seul ayant droit, son seul récipiendaire. Voir: *Union des employés d'hôtels* c. *Propriétés Cité Concordia*, précité, note 99; *Syndicat des employés du Pavillon Charleroi-Boyer (C.S.N.)* c. *Pavillon Charleroi-Boyer*, précité, note 98; *Infirmières et infirmiers unis Inc. (I.I.U.)* c. *Syndicat des infirmières et infirmiers de la Cité de la santé de Laval (F.Q.I.I.)*, [1986] T.T. 200.

sans qu'un autre syndicat soit, du même trait, accrédité (art. 61 C.t.), alors l'employeur ne serait plus autorisé à faire telle retenue (art. 49 L.N.T.) **(IV-85)**.

L'article 47 C.t. ne porte que sur le soutien matériel des salariés et ne touche pas directement la question de l'adhésion syndicale. Concurremment à cette évolution jurisprudentielle et législative, les conventions collectives comprenaient, de plus en plus, différentes autres modalités qui touchaient l'adhésion au syndicat signataire pour maintenir l'adhésion déjà donnée ou pour l'imposer aux autres salariés nouvellement engagés ou à tous les salariés, ou encore, pour y contraindre à titre de condition préalable ceux qui veulent postuler **(annexe 7 : iii à v)**. Les tribunaux furent plus lents et souvent réticents à répondre clairement à la question de la légalité des modalités conventionnelles rendant obligatoire l'adhésion syndicale ou son maintien à titre de condition de travail. La Cour d'appel reconnut, en 1969, la légalité d'une disposition relative au maintien de l'adhésion syndicale[102], qui est une modalité de fidélité puisqu'elle implique que le salarié avait déjà accepté d'adhérer au syndicat. Il en va autrement dans tous les cas où l'adhésion initiale est quelque peu « forcée » **(annexe 7 : v et vi)**. De telles dispositions conventionnelles étaient de plus en plus recherchées par les syndicats et aussi devenait-il nécessaire que le législateur prenne position, ce qui fut partiellement fait par l'ajout de l'article 63 C.t., en 1977.

IV-23 — *Double sanction évitée* — En même temps que l'article 47 C.t. était sanctionné, le législateur québécois prenait une autre position au sujet des clauses dites de sécurité syndicale :

> Un employeur ne peut être tenu, en vertu d'une disposition de la convention collective, de renvoyer un salarié pour la seule raison que l'association accréditée a refusé ou différé d'admettre ce salarié comme membre ou l'a suspendu ou exclu de ses rangs, sauf dans les cas suivants :
>
> a) le salarié a été embauché à l'encontre d'une disposition de la convention collective ;
>
> b) le salarié a participé, à l'instigation ou avec l'aide directe ou indirecte de son employeur ou d'une personne agissant pour ce dernier, à une activité contre l'association accréditée (art. 63 C.t.).

---

102. *Montreal Children's Hospital* c. *Syndicat national des employés de Montreal Children's Hospital*, [1969] B.R. 341, commenté par Fernand MORIN, « La légalité des clauses de sécurité syndicale doit-elle être encore remise en cause ? », (1969) 24 *Rel. Ind.* 789 ; *Lavigne* c. *Syndicat des employés de la fonction publique de l'Ontario*, précité, note 73 ; *Lefort* c. *Syndicat canadien de la fonciton publique, section locale 3247*, [1993] T.T. 346.

La situation retenue dans cet article 63 serait celle où la convention collective comprend une clause de sécurité syndicale selon laquelle le salarié doit être membre du syndicat accrédité pour conserver son emploi, et le syndicat accrédité en recherche le respect de la part d'un salarié qui n'y obtempère pas ou plus. La portée première ou directe de l'article 63 C.t. nous semble être une protection donnée au salarié dans le cas où l'employeur pourrait être complice d'un syndicat accrédité lorsque ce dernier refuse l'adhésion d'un salarié ou qu'il exclut provisoirement ou définitivement un salarié membre. Sans cette disposition, ce même employeur pourrait être contraint de refuser d'embaucher ou de congédier un salarié dans le cas où un syndicat jouit des avantages d'une clause d'atelier syndical ou d'atelier fermé à la convention collective (**annexe 7**). D'une façon générale, l'article 63 C.t. bloque l'avènement de cette deuxième sanction résultant de la décision syndicale de refuser l'adhésion ou d'imposer l'expulsion, soit la perte de son emploi, du chef de l'employeur ou son refus d'embauche[103]. Compte tenu de sa formulation négative et des exceptions qu'elle renferme, il convient de schématiser d'une façon plus serrée la portée véritable de cette disposition.

i) L'objet principal de l'article 63 C.t. permet d'éviter certains effets de la décision syndicale sur l'emploi du salarié, et ce, sans que le législateur s'immisce directement dans la régie interne du syndicat. En pareille circonstance, on donne préséance au droit au travail sur la mesure conventionnelle de protection collective de la liberté syndicale. L'objet de cette règle serait le maintien de l'emploi dans une situation déterminée (point ii). Pour le reste, le législateur ne semble pas prohiber les autres effets possibles de ces mêmes dispositions conventionnelles (point iii).

ii) La préséance du droit individuel au travail (point i) ne vaut que dans le cas où le salarié entend adhérer au syndicat accrédité ou y maintenir son adhésion et qu'elle lui est plus ou moins refusée ou retirée par celui-ci. Le syndicat ne pourrait alors s'autoriser d'une clause d'atelier syndical pour exiger de l'employeur, à la suite de son propre refus ou de son expulsion, de congédier ou de refuser d'embaucher ce salarié. En raison même de l'article 63 C.t., le syndicat ne pourrait l'exiger (art. 47.2 C.t.), la convention collective ne peut valablement le prévoir directement ou implicitement (art. 62 C.t.) et l'arbitre de griefs ne saurait sanctionner un tel résultat si l'affaire devait, de quelque manière, lui être soumise (art. 100 *in fine*, 100.12 a) et f) C.t.) (**IV-181**).

---

103. La Cour suprême du Canada fut déjà saisie d'une affaire où le syndicat avait imposé cette double sanction (expulsion puis congédiement). Voir : *Orchard* c. *Tunney*, [1957] R.C.S. 436. Pour une illustration de la dynamique du débat auquel cette question peut donner prise, voir : *Lefort* c. *S.C.F.P., local 3247* c. *Centre hospitalier Anna-Laberge*, (T.T.), dans *Le marché du travail*, juillet 1993, p. 12.

iii) En limitant ainsi la portée de cette protection aux seuls cas où le syndicat refuse l'adhésion d'un salarié ou en expulse un (points i et ii), il faut croire que le législateur reconnaît, sinon confirme implicitement, les autres effets des « clauses de sécurité syndicale ». Compte tenu du contexte général, de la commune connaissance de la portée pratique de ces dispositions conventionnelles et de l'évolution progressive du droit dans ce domaine (**IV-20**), il nous faut croire qu'en ne prohibant qu'une partie des effets de ces clauses, le législateur admettait implicitement les autres effets selon la règle *unius inclusio, alterius exclusio*.

iv) Si le refus d'adhérer au syndicat ou d'y maintenir son adhésion provient du salarié lui-même et non pas du syndicat, nous croyons que ce dernier pourrait exiger l'application intégrale de la disposition de la convention collective : le refus d'embaucher, si la convention collective comprend une disposition dite d'atelier fermé, ou la perte de l'emploi s'il s'agit d'un atelier syndical. À cette fin, on doit tenir compte du fait que le législateur prit aussi soin de biffer au même moment où il édictait l'article 63 C.t., la finale de l'article 13 C.t. : « [...] ni pour amener un salarié à signer, à refuser, à révoquer ou à rétablir une autorisation de retenir un montant sur un salarié comme cotisation ».

v) Considéré sous cet angle (points iii et iv), l'article 63 C.t. constituerait une affirmation implicite des effets ultimes des clauses de sécurité syndicale dans le seul cas où l'acte négatif provient du salarié, soit par son refus d'adhérer au syndicat ou son retrait volontaire. D'ailleurs, la présence de deux cas d'exception (point vi) à la règle principale (point i) confirmerait *a contrario* cette thèse.

vi) Les deux exceptions édictées à ce même article 63 C.t. sont conformes à la logique du système. Puisque l'on recherche la mise en place d'un syndicat authentique (art. 1 a), 6, 12, 13, 14 C.t.) et qu'il est chargé de la représentation des intérêts de tous les salariés (art. 21, 47.2, 67, 69 C.t.), il est normal que le syndicat accrédité refuse l'adhésion d'un salarié ou l'expulse s'il fut embauché par l'employeur en violation de la convention collective ou si ce salarié a agi, à l'instigation de l'employeur, en vue de le combattre[104]. Dans ces deux cas, la situation devrait d'abord être constatée par l'autorité compétente avant de priver un salarié d'un emploi : l'arbitre de griefs pour le premier cas et le Tribunal du travail pour le second (art. 31, 118 C.t.) (**V-26**).

vii) L'expression « embauché à l'encontre d'une disposition de la convention collective » (art. 63 a) C.t.) ne comprend pas, croyons-nous, l'atelier

---

104. Sur le sens et la portée de l'expression « activité contre l'association accréditée », voir l'approche de la Commission des relations du travail de l'Ontario : *Walker* c. *McAnally Freight-Ways*, [1964–1966] 3 C.L.L.C. 664 (Ont. L. R. B.).

fermé, mais bien la procédure générale d'embauche établie dans la convention collective. S'il devait en être autrement, la règle principale du même article 63 C.t. perdrait son sens véritable dès qu'un employeur se placerait sous le régime conventionnel de l'atelier fermé :

— sur le plan exégétique, on ne pourrait prétendre qu'il s'agit d'un salarié puisque, sous ce régime, il lui faudrait être syndiqué comme condition préalable à ce titre;

— le syndicat ne pourrait prétendre avoir refusé l'adhésion d'un salarié, mais bien celle d'un quidam.

Si l'entendement que nous proposons du paragraphe a) était inexact, il faudrait reconnaître que la règle principale de l'article 63 C.t. ne s'appliquerait pas dans les cas d'un atelier syndical fermé et qu'elle ne viserait que le cas d'un atelier parfait. Un tel résultat nous paraîtrait illogique et contraire à l'économie du régime.

viii) Au sujet de la seconde exception (art. 63 b) C.t.), nous devons retenir qu'elle ne vise que les cas où le salarié agissait sous l'impulsion de l'employeur et qu'elle ne vaut pas du seul fait qu'il adhère de son propre gré à un autre syndicat (double adhésion) ou qu'il participe de son seul chef aux activités de ce dernier, actes qui s'autoriseraient alors de l'article 3 C.t. Si le syndicat accrédité expulse un salarié simplement en raison de sa double allégeance syndicale, nous croyons que l'employeur ne pourrait être contraint à son renvoi en vertu même de l'article 63 C.t. puisque ce salarié ne ferait qu'exercer un droit[105].

Dans ces trois situations visées à l'article 63 C.t., c'est-à-dire lorsque le salarié refuse lui-même d'adhérer au syndicat accrédité ou d'y maintenir son adhésion, ou lorsque le refus ou l'expulsion de la part du syndicat résulte de l'un ou l'autre des deux cas d'exception « a) et b) », nous croyons que le renvoi pourrait être légitimement exigé et imposé. En somme, la présence même de ces deux exceptions constitue une reconnaissance *a contrario* que le syndicat peut alors exiger le renvoi. En raison d'une telle reconnaissance législative des effets de pareilles clauses conventionnelles, il nous semble que le salarié ne pourrait utilement exercer quelque recours à l'endroit de l'employeur ou du syndicat à la suite de son renvoi en pareille situation : la recherche d'une ordonnance en réintégration ou le versement de dommages-intérêts compensatoires, etc. L'inverse serait aussi vrai : l'expulsion ou le refus à l'initiative du syndicat, en dehors de ces trois mêmes situations prévues à l'article 63 C.t., pourrait donner prise à de tels recours. Parmi ces moyens, le salarié ainsi congédié par l'employeur pour-

---

105. En raison même de l'article 63 C.t., l'employeur devrait assumer les effets de sa décision en congédiement du salarié expulsé du syndicat accrédité au motif d'une double allégeance. Voir : *Toilet Laundries Ltd.* c. *Pilon*, [1971] T.T.142. Bien qu'antérieure à la venue de l'article 63 C.t., cette dernière décision conserve, croyons-nous, un intérêt certain.

rait, selon les circonstances, rechercher sa réintégration par la voie d'une plainte fondée sur l'article 15 C.t. **(V-8)**[106] ou entreprendre un recours en vertu des articles 47.3 et suivants C.t. **(IV-40)**. Si l'exercice de ce dernier recours aboutissait à une ordonnance du Tribunal du travail, l'arbitre nommé pourrait, s'il y a alors lieu, casser ce congédiement[107]. Bien que l'article 39 C.t. confère compétence au commissaire du travail pour statuer sur l'adhésion syndicale, on n'imagine pas que l'on puisse, par ce moyen, attaquer directement la question de la légalité des dispositions conventionnelles relatives à la sécurité syndicale. Cette dernière intervention est réservée à une fin déterminée, qui est l'établissement du caractère représentatif d'un syndicat, élément essentiel à l'accréditation[108] **(IV-66)**. Depuis le 1er octobre 1983, soit la date de la mise en vigueur de l'article 52 de la Charte québécoise, il est possible que la Commission des droits de la personne et des droits de la jeunesse prenne quelques initiatives en cette matière selon la portée qu'elle peut prêter à l'article 3 de la Charte[109].

IV-24 — *Conjugaison des articles 47 et 63 C.t.* — Outre les deux dispositions de ces deux articles, il n'existe pas d'autres modalités au *Code du travail* qui traitent directement de l'adhésion syndicale obligatoire à titre de condition de travail[110]. On peut alors comprendre que les tribunaux ont pu être saisis de la question de la légalité de ces modalités conventionnelles en raison de leurs effets ultimes, soit le refus d'un emploi ou le renvoi du salarié[111]. Dans la mesure où le salarié est congédié en raison de son refus d'adhérer au syndicat et que le processus pour le faire respecte les principes fondamentaux de justice, notamment celui du droit de défense, s'il y a une

---

106. *Miranda* c. *Louis Ethan Ltd.*, [1976] T.T. 118 : dans ce cas, le refus ne provenait pas du syndicat mais bien du salarié.

107. C'est d'ailleurs ce que l'arbitre fit dans : *Coopérative Agro-alimentaire de Granby* c. *Syndicat des travailleurs de produits laitiers de Notre-Dame-du-Bon-Conseil*, [1986] T.A. 536.

108. *Tessier* c. *Ouvriers unis du caoutchouc, liège, linoléum et plastique d'Amérique, local 919 (F.A.T.–C.O.I.–C.TC.–F.T.Q.)*, [1984] C.S. 1063.

109. Il nous semble que l'approche retenue par la Cour suprême du Canada à ce même sujet devrait aussi influencer cette commission **(V-97)**.

110. En raison de l'absence de dispositions claires sur le sujet, il serait difficile qu'un arbitre de différends puisse légitimement imposer une telle clause de sécurité syndicale par la voie de sa sentence. Voir : *Union des employés de services, section locale 298 F.T.Q.* c. *Armée du Salut*, [1986] T.A. 515. Les motifs énoncés à cette sentence témoignent des difficultés alors éprouvées par l'arbitre de différends **(IV-142)**.

111. N'est-ce pas cette question ultime que l'on posait dans les affaires suivantes : *Hoogendoorn* c. *Greening Metal Products and Screening Equipment Company*, [1968] R.C.S. 30; *Seafarers International Union of North America (Canadian District)* c. *Stern*, [1961] R.C.S. 682; *Association internationale des débardeurs, local 375* c. *Lelièvre*, [1966] B.R. 155 ? Il s'agit du double effet de la décision syndicale : la perte de l'emploi à la suite d'un refus d'adhérer ou d'une expulsion du syndicat. Même pour discuter du maintien de l'accréditation, la question de la portée des clauses de sécurité syndicale peut être soulevée. Voir : *Conseil conjoint québécois de l'Union internationale des ouvriers et ouvrières du vêtement pour dames (F.A.T.–C.O.I.–C.TC.)* c. *Maggie Muggins Inc.*, [1988] T.T. 261.

occasion de les appliquer, ce salarié doit subir les effets de sa décision. C'est dans ce contexte que l'on peut lire le commentaire suivant du juge Judson de la Cour suprême du Canada :

> These are facts that are now given effective recognition in labour and industriel laws where labour relations, labour conditions, collective agreements and industriel peace are, amongst other matters, dealt with. The right here invoived is the right which respondent shares with any other member of the working classes to maintain himself in a position to obtain work and, for a practical purposes, it is the right to earn his living. And those who exercise a control over union membership hold, towards the working classes, a position which the law effectively raises above the level of a merely private nature.

> Under like conditions, the right claimed by respondent and the duty required to be performed by appellent cannot be of a merely private nature[112].

Vingt-cinq années après l'affaire *Stern*, la Cour suprême du Canada semblait animée de la même préoccupation lorsqu'elle entérina ainsi une décision du Conseil canadien des relations du travail contraignant un syndicat à recevoir l'adhésion de quelques salariés pour qu'ils puissent obtenir un emploi :

> [...] cette Cour estime qu'il est plus conforme aux objectifs du législateur dans un cas comme celui-ci d'avoir plutôt plus que moins d'égards pour les tribunaux administratifs qui s'acquittent de tâches difficiles, comme c'est le cas du Conseil [...][113].

Bien qu'incomplète et imprécise, la conjugaison des articles 47 et 63 C.t. et les modalités conventionnelles qui peuvent s'y greffer (**annexe 7**) confèrent au syndicat accrédité une protection pour parer aux défaillances des salariés qu'il doit néanmoins représenter et pour lui assurer les moyens financiers nécessaires à la réalisation de sa mission auprès de l'employeur. Par contre, ce dernier peut utiliser sa situation privilégiée dans l'entreprise pour opposer au syndicat moult obstacles. Pour ces raisons, le *Code du travail* impose à l'employeur quelques règles de conduite susceptibles, selon l'enseignement tiré de l'expérience, d'éviter qu'il influence indûment les salariés.

---

112. *Seafarers International Union of North America (Canadian District)* c. *Stern*, précité, note 111, p. 692. Certaines législations avoisinantes limitent sensiblement la portée de ces mesures conventionnelles. À ce sujet, voir : Gabriel MARCHAND, « Les droits individuels des salariés et la régie interne de leur association », (1979) 9 *R.D.U.S.* 406, notamment le tableau comparatif, à la page 478.

113. *Conseil canadien des relations du travail* c. *Association des débardeurs d'Halifax, section locale 269 de l'Association internationale des débardeurs*, [1983] 1 R.C.S. 245, 256. On constate que les implications pratiques l'emportèrent auprès de la Cour suprême malgré la fragilité de l'assise juridique de la décision du C.C.R.T. fondée sur l'article 189 (d) C.c.t.

IV-25 — *Pratiques interdites* — Quelle que soit la volonté des salariés et malgré le dynamisme déployé par un syndicat pour solliciter leur appui, il est possible qu'un employeur puisse réduire à peu de chose l'action syndicale dans son entreprise. N'est-il pas « chez lui » **(II-114)** ? N'a-t-il pas embauché et rémunéré des salariés pour l'exécution de tâches précises et non pour qu'ils s'occupent à une autre mission ? Ne dispose-t-il pas de mille occasions pour exprimer ses vues, sa conception des choses et son échelle de valeurs ? En somme, l'employeur dispose de multiples moyens grâce à sa situation plus que privilégiée pour ralentir et même bloquer l'entrée d'un syndicat dans son entreprise, si telle est son intention. Il pourrait aussi, s'il le jugeait utile, participer à son choix, du moins entreprendre quelques initiatives en ce sens. De semblables pressions patronales sont beaucoup moins imminentes, directes et ouvertes lorsque les rapports collectifs s'organisent sur la base d'une région ou d'un secteur d'activité. Dans le cadre exclusif d'une entreprise, comme c'est le cas en Amérique du Nord **(IV-2)**, la proximité est telle que l'employeur peut plus facilement sentir les préparatifs de la venue d'un syndicat ou ressentir davantage les implications immédiates de la mise en place de rapports collectifs dans l'entreprise. Aussi, ses réactions ne peuvent être que plus directes et plus vives. Ces dangers d'influence indue de l'employeur furent appréhendés dès l'origine des premières lois sur les rapports collectifs du travail aux États-Unis. Ainsi, en 1935, le *National Labor Relations Act* ou *Wagner Act* comprenait déjà cinq types d'interventions patronales prohibées dans le but de permettre une action syndicale libre. Ces mesures furent modifiées en 1947 (*Taft-Hartley Act*) pour alléger quelque peu leur prétendue rigueur et prohiber de la même manière l'intervention des syndicats auprès des associations patronales[114]. Tout comme la loi-matrice américaine, nous avons aussi, depuis 1944, une série de règles prohibant certaines interventions patronales qualifiées de pratiques interdites[115]. Les deux premières modalités, soit les articles 5 et 6 C.t., établissent une démarcation entre l'action syndicale et l'activité de production du salarié. On y prohibe la sollicitation syndicale durant les heures de travail et la tenue de réunions syndicales sur les lieux de travail. Bien que ces deux dispositions soient d'ordre général, en ce qu'elles s'adressent autant à l'employeur qu'au syndicat et à leurs représentants respectifs, il s'agit de mesures qui ont aussi pour but d'empêcher l'employeur d'abuser d'une population captive. On tente également d'éviter qu'une association favorite ou nettement dominée par l'employeur ne puisse,

---

114. Harry A. MILLIS et Emily CLARK BROWN, *From the Wagner Act to Taft-Hartley, a Study of National Labor Policy and Labor Relations*, 5ᵉ éd., Chicago, University of Chicago Press, 1965.

115. Il s'agit d'une traduction un peu trop fidèle de l'expression américaine *unfair labor practices*. On retrouvait initialement ces règles aux articles 20, 21, 22 et 23 de la *Loi des relations ouvrières*, précitée, note 12. Ces dispositions se retrouvent maintenant aux articles 5, 6, 12, 13 et 14. C.t.

en un clin d'œil, voir le jour, obtenir l'adhésion d'un grand nombre de salariés, ou occuper, en une seule assemblée, tout le terrain. L'exception prévue à l'article 6 C.t. illustre bien *a contrario*, la finalité de cette prohibition générale et bilatérale[116]. Les mesures les plus sévères et les plus draconiennes relatives aux initiatives prohibées de l'employeur se trouvent aux articles 12, 13 et 14 C.t. En effet, l'action subversive de certains employeurs pour miner l'exercice réel, pratique et efficace de la liberté syndicale consiste principalement « à dominer, entraver ou financer la formation ou les activités d'une association de salariés [...] » (art. 12 C.t.)[117]. Les articles 13 et 14 C.t. complètent la prohibition principale énoncée à l'article 12 en défendant d'une façon plus particulière toute discrimination à l'embauche (**II-24**) ou le maintien de l'emploi sur la base de l'adhésion ou du refus d'adhésion à telle ou telle association. D'une certaine manière, ces deux dispositions trouvent appui dans la *Charte des droits et libertés de la personne*, notamment aux articles 16, 17 et 18[118] (**III-106**).

---

116. Le contentieux qui peut résulter de l'application des articles 5 et 6 C.t. est traité au paragraphe V-27.
117. André C. CÔTÉ, « Les pratiques interdites, l'ingérence et l'entrave de l'employeur dans la formation ou les activités du syndicat », dans Noël MALLETTE (dir.), *Gestion des relations du travail au Québec : le cadre juridique et institutionnel*, Montréal, McGraw-Hill, 1980, p. 159. Un syndicat aussi dominé par l'employeur n'est pas admissible à l'accréditation (**IV-49**).
118. Les articles 12, 13 et 14 C.t. donnèrent prise à un épineux contentieux de nature pénale étudié aux paragraphes V-29 et V-30; *Syndicat canadien des communications, de l'énergie et du papier, local 194* c. *Disque Améric inc.*, (T.T.), dans *Le marché du travail*, juin 1996, p. 12.

Section 1.3

Les aspects juridiques du gouvernement syndical

IV-26 — *La démarche retenue* — À quelles et dans quelles conditions les salariés peuvent-ils participer librement au gouvernement de leur syndicat ? Tel est le thème principal de cette section. En premier lieu, nous considérons l'acte même de formation d'un syndicat afin de savoir si cette formation nécessite, de quelque façon, l'assentiment de la puissance publique, l'État. Si l'existence d'un syndicat était tributaire de la volonté d'un agent public sans égard aux motifs d'une telle intervention étatique, l'exercice de la liberté syndicale pourrait en être affecté et aussi, l'organe qui en résulterait. Nous devons aussi connaître son statut juridique, car un syndicat dont l'existence serait ignorée en droit pourrait devenir un piètre moyen de protection des intérêts des salariés, tant sur le plan individuel que collectif. Il va sans dire que nous limitons notre étude (**s.-s. 1.31**) aux éléments qui visent ou permettent la tenue de rapports collectifs du travail. Dans un second temps (**s.-s. 1.32**), nous voyons comment les syndiqués peuvent vraiment et librement participer au processus décisionnel de leur syndicat. Compte tenu de l'idéal démocratique sous-jacent (**IV-1**), il apparaît essentiel que l'organe collectif dont entendent se doter les salariés ne puisse totalement les remplacer. Il doit servir, en quelque sorte, de liant institutionnel, d'amplificateur, d'instrument collectif, de soutien à chacun et à tous et non de joug pour les asservir. Telle est sa mission, ce qui, par ailleurs, ne peut priver cet agent collectif de disposer de certains droits distincts des personnes qu'il a mission de représenter. Il y a parfois lieu de départager, c'est-à-dire de distinguer le « un pour tous » du « tous pour un ». Sous ce dernier angle, nous voyons notamment les règles du droit positif garantissant aux syndiqués une participation réelle aux décisions syndicales et un véritable soutien de la part du syndicat accrédité (art. 20.1 et suiv., 47.1 et suiv. C.t.). Ces questions relatives au gouvernement syndical nous amènent forcément à traiter à la fois des aspects individuels et collectifs du droit syndical, qui sont interreliés au point que l'on a besoin d'étudier une dimension pour connaître l'autre, sans oublier d'inverser cet ordre de manière à respecter le principe mutualiste fondamental du mouvement de solidarité : *Tous pour un et un pour tous.*

Sous-section 1.31
La formation du syndicat et son statut

IV-27 — *Modes de formation syndicale* — Il n'y a pas de véritables conditions légales qui régissent directement et péremptoirement la formation d'un syndicat. Il existe simplement différentes façons de le constituer. Nous ne considérons que les voies les plus utilisées aux fins de l'aménagement des rapports collectifs du travail. La définition même de l'association de salariés donnée par le *Code du travail* (art. 1 a) C.t.) illustre bien la liberté reconnue à ces derniers de pouvoir former un syndicat à leur guise sans privilégier ni un mode, ni une forme :

> Un groupement de salariés constitué en syndicat professionnel, union, fraternité ou autrement et ayant pour buts l'étude, la sauvegarde et le développement des intérêts économiques, sociaux et éducatifs de ses membres et particulièrement la négociation et l'application de conventions collectives.

Le seul libellé de cette définition permet de dégager les premières observations qui suivent.

i) Aucun nombre minimum de salariés n'est exigé à cette fin. L'expression « un groupement de salariés » est, dirions-nous, suffisamment large et permissive pour que l'on ne s'arrête pas à faire un quelconque décompte préalable du nombre d'adhérents.

ii) Ce groupement de salariés peut prendre la forme et la structure qu'il désire. N'est-ce pas à dessein que le législateur énonce les différentes dénominations généralement retenues : « syndicat, union, fraternité » ? La finale de l'article 36.1 C.t. (**IV-68**) révèle bien le principe retenu voulant que l'État et ses organes administratifs ne doivent pas s'immiscer dans les questions institutionnelles des syndicats[119]. Notons que ces

---

119. *Metropolitan Life Insurance Company* c. *International Union of Operating Engineers, local 796*, [1970] R.C.S. 425. L'article 36.1 C.t. de 1977 est en quelque sorte la réponse du législateur à la conclusion particulière retenue alors par la Cour suprême du Canada. Voir : F. MORIN, *op. cit.*, note 70, p. 352.

trois expressions correspondent aussi à celles respectivement utilisées dans les trois pays qui constituent nos principales sources d'influence dans ce domaine : France, Angleterre et États-Unis. Après cette énumération illustrant, nous osons dire, le souci de neutralité du législateur, on ajoute l'expression « ou autrement », c'est-à-dire toute autre forme de même nature. Ce moyen indique bien, croyons-nous, que ce n'est nullement à la forme, ni à la structure que l'on doit accorder quelque attention pour qualifier le syndicat habilité à représenter les salariés au sens et en vertu du *Code du travail*[120].

iii) Le seul critère effectivement retenu dans cette définition vise à la fois l'objet et la finalité de l'association : « la défense et le développement des intérêts de ses membres et particulièrement la négociation et l'application de conventions collectives [...][121] ». Un syndicat qui n'aurait pas cette vocation réelle ou dont la constitution permettrait de défendre les intérêts de « non-salariés » au sens de l'article 1, al. 1, C.t. (**IV-60**), ou encore, un syndicat voué à la défense de tous les membres d'une profession (employeur, compagnon, apprenti ou stagiaire, etc.) ne pourrait être qualifié « d'association de salariés » au sens et selon le *Code du travail*[122].

iv) Dans certains cas exceptionnels, quelques restrictions relatives au droit d'affiliation sont imposées à des groupes particuliers : policiers municipaux, membres de la Sûreté du Québec et agents de la paix (**IV-16, 151**). Les statuts et règlements de telles associations doivent refléter ces limites et surtout, elles doivent les respecter dans les faits.

---

120. Bien qu'une grande partie des syndicats ne soit pas formés en vertu d'une loi particulière, plusieurs associations ont utilisé la *Loi sur les syndicats professionnels* (**III-711**) ou la *Loi sur les compagnies*, L.R.Q. 1977, c. C-38, partie III. Voir : M. FILION, *op. cit.*, note 57.

121. Au cours des années sombres de 1950, la *Loi sur les relations ouvrières* fut amendée avec un effet rétroactif de dix ans pour limiter ainsi l'accès à l'accréditation : « Depuis le 3 février 1944, date de la sanction de la Loi instituant une commission des relations ouvrières, une association qui tolère, au nombre de ses organisateurs ou officiers, une ou plusieurs personnes adhérant à un parti ou à un mouvement communiste ne peut être, pour les fins de la présente loi, considérée comme une association *bona fide* et la reconnaissance prévue par le présent article, à titre de représentant d'un groupe de salariés ou d'employeurs, doit lui être refusée ou être révoquée, selon le cas. » Voir : *Loi modifiant la Loi des relations ouvrières*, S.Q. 1953–1954, c. 10, art. 1. Cette disposition, archétype du duplessisme, fut abrogée en 1964 par le *Code du travail*.

122. *Association des gardes-bébés de la province de Québec* c. *Syndicat catholique féminin des employés des maisons hospitalières de Québec et district*, [1963] R.D.T. 465 (C.R.O.). Dans l'affaire *Belson* c. *Baroff*, T.T. Montréal, n° 500-28-000093-773, le 29 septembre 1977, j. Beaudry, on refusa de reconnaître l'association de salariés au sens du *Code du travail*, parce que tout en œuvrant à la défense des intérêts des salariés, cette association ne semblait pas privilégier le recours à la négociation collective. Voir aussi : *Association internationale des machinistes et travailleurs de l'aéroastronautique* c. *Union des employés d'hôtels, motels et clubs, local 382*, [1978] C.A. 104 ; *Syndicat canadien des travailleurs du papier, section locale 100* c. *Syndicat national des travailleurs de la pulpe et du papier de Kénogami Inc.*, [1980] T.T. 406.

Au sujet de la formation même d'un syndicat, la pratique révèle que l'on emprunte généralement l'une ou l'autre des voies[123] qui suivent.

i) *Un simple constat d'une situation de fait*: Les salariés peuvent se réunir et décider collectivement qu'ils forment dorénavant un groupe structuré pour convenir d'un mode d'opération, sous réserve de le parfaire et de l'adapter à la conjoncture selon un processus décisionnel qu'ils choisissent eux-mêmes[124].

ii) *La* Loi sur les syndicats professionnels: En suivant une procédure simple prévue par cette loi, il est possible de former légalement un syndicat alors immédiatement doté d'une personnalité juridique distincte et autonome de ses membres[125].

iii) *La formation d'un syndicat à l'aide ou sous l'égide d'une centrale syndicale ou d'une fédération syndicale*: Les salariés décident, dès la gestation, de former un syndicat qui soit sous l'obédience d'une centrale ou d'une fédération. Cette affiliation peut être directe et immédiate, au point que ses fondateurs en font une condition essentielle à son existence, ou elle peut être initialement voulue de la part des organisateurs du syndicat sous condition de l'assentiment de la fédération mère. C'est dans ce cadre que la question de l'émission d'une « charte syndicale » est généralement soulevée. Il s'agit d'une question de régie interne, qui relève de l'exercice du droit d'affiliation (**IV-16**) et qui est plus ou moins liée à la formation d'un syndicat.

iv) *La* Loi sur les compagnies, 3ᵉ partie.

Quel que soit le mode de formation retenu, le syndicat demeure du domaine privé tant qu'il ne prétend pas représenter d'autres personnes que ses seuls membres et qu'il n'est pas accrédité (**IV-86**). Cette dernière fonction lui confère alors un statut qui ne peut plus alors être « of a merely private

---

123. Il nous paraîtrait antinomique d'utiliser la *Loi sur les coopératives*, L.R.Q., c. C-67, pour former une association de salariés selon le *Code du travail*: les sociétaires se dotent d'une coopérative pour faire par eux-mêmes et pour eux-mêmes ce que les salariés font pour un autre, en travaillant avec les moyens de ce dernier et à son profit. Si certaines coopératives ouvrières de production sont accréditées, c'est que l'esprit coopératif de travail ne s'y retrouvait plus et que seule la forme juridique demeure: une autre manifestation de faits que l'on ne saurait estomper.

124. Leurs premières normes collectives préciseront la finalité ou la vocation du groupe, la procédure de convocation et de tenue d'assemblées délibérantes, les moyens d'élection de leurs représentants, les conditions d'adhésion, l'affiliation du groupe, etc.

125. L'effet est semblable à celui d'une compagnie par rapport à ses actionnaires. Le syndicat dispose alors et distinctement de chacun de ses membres des attributs de la personne en droit (**III-714; IV-2**).

nature » [...]¹²⁶. Comme cette fonction est vitale pour le syndicat, compte tenu du régime exclusif de représentation imposé par le *Code du travail* (**IV-2**), il apparaît évident qu'il prend, dès sa formation, les moyens pour pouvoir respecter les conditions le rendant éventuellement admissible à l'accréditation. Par cette voie indirecte, il serait possible que l'État puisse exercer un certain dirigisme auprès des syndicats et c'est aussi ce qui survient dans une certaine mesure par la présence des articles 20.1 et suivants (**IV-33**), 47.1 et suivants (**IV-38**) et 63 C.t. (**IV-23**). Pour être admissible à l'accréditation, le syndicat doit satisfaire à diverses conditions imposées par l'État et alors, il lui faut respecter ce qui suit :

— retenir une finalité générale compatible avec celle exigée de « l'association de salariés » au sens de l'article 1 a) C.t. (**IV-20**);

— ne pas être sous la domination, l'ingérence ou le financement d'un employeur ou de ses représentants (art. 12 C.t.) (**IV-25; V-49**);

— respecter les conditions établies à l'article 36.1 C.t. (**IV-68**) relatives aux adhésions;

— permettre l'adhésion au syndicat et son maintien aux salariés qu'il entend représenter (art. 63 C.t.) (**IV-23**).

— représenter la majorité des salariés (art. 21 C.t.) (**IV-66 et suiv.**).

IV-28 — *Personnalité juridique du syndicat* — Le syndicat formé librement et en dehors de tout cadre officiel, c'est-à-dire non constitué sous l'égide de la *Loi sur les syndicats professionnels* ou d'une autre loi, jouit-il néanmoins d'une existence juridique ? Peut-il, à titre de syndicat, être propriétaire de biens, s'engager par contrat et s'adresser aux tribunaux pour obtenir le soutien de la « vindicte publique¹²⁷ » ? S'il était un véritable « non-être » en droit, le syndicat ne pourrait-il pas bénéficier d'une certaine immunité de fait puisqu'il serait en quelque sorte inatteignable par le truchement des tribunaux ? En somme, le syndicat ne demeurerait-il qu'une simple réunion de fait d'individus qui seuls existeraient et dont le collectif ne constituerait nullement une entité juridique distincte de ceux qui la composent ? Selon une conception traditionnelle, il devrait en être ainsi, puisque, dira-t-on, la formation juridique d'une personne morale relèverait de l'État. C'est ce que l'on qualifie communément d'acte d'incorporation, soit la reconnaissance officielle de l'existence, par voie de fiction, d'une personne assimilée à qui l'on confère

---

126. *Seafarer's International Union of North America (Canadian District)* c. *Stern*, précité, note 111. Voir également les propos de M. le juge Estey dans *Association internationale des débardeurs, section locale 273* c. *Association des employeurs maritimes*, [1979] 1 R.C.S. 120.

127. Ces questions sont encore d'actualité. Voir : *Syndicat des postiers du Canada, local de Montréal* c. *Syndicat des postiers du Canada*, [1989] R.J.Q. 591 (C.S.); *United Nurses of Alberta* c. *P.G. Alberta*, [1992] 1 R.C.S. 901.

certains attributs juridiques : domicile, patrimoine, accès à la justice, etc.[128].
Cette approche s'explique bien dans le contexte individualiste du XIXe siècle, où seul l'homme pouvait être sujet de droit et où il ne pouvait subsister
d'intermédiaires entre lui et l'État. Par la suite, les faits et les besoins ont
obligé l'État à procéder par voie de constat et à se départir, du moins en partie, d'une approche aussi rigide et exclusive. Ces attributs de la personne
(nom civil, domicile, titulaire d'un patrimoine, droit de propriété, droit
d'ester en justice, droit de convention, etc.) ne furent reconnus au syndicat
que progressivement et, disons, à la pièce. Dans ce contexte, nous rappelons,
quelques étapes qu'a dû franchir le syndicat pour acquérir le droit « d'être »
devant le tribunal, celui d'ester en justice[129]. Bien qu'il ne s'agisse pas d'un
élément exclusif à la personnalité juridique, le droit d'ester n'en demeure pas
moins une caractéristique essentielle, notamment pour le syndicat appelé à
défendre les droits et les libertés des salariés. Cette démarche pour acquérir le
droit d'ester en justice connut trois phases principales. En premier lieu, le
syndicat non officiellement formé n'avait aucunement ce droit : on devait le
traiter comme un « non-être », c'est-à-dire qu'il n'était aucunement titulaire
de droits fondamentaux de la personne (propriétaire, contractant, etc.). Dans
les relations du travail, l'accord intervenu avec l'employeur ne pouvait être
un contrat, mais une simple entente morale, on disait *gentlemen's agreement,*
n'ayant pour seule force contraignante celle respective des parties : [...] « the
only sanction for the breach by an employer of a collective agreement was a
strike by the labour union affected by the breach[130] ». Un des avantages soulignés par les protagonistes de la *Loi sur les syndicats professionnels* était justement que la convention collective signée par un syndicat ainsi formé
constituait un contrat civil contraignable en justice (art. 21 L.S.P.). La Cour
suprême du Canada précisa ainsi la situation initiale des syndicats :

> The province of Quebec has not yet legislated to give legal exis-
> tence to or recourse against unincorporated bodies [...]. We must,
> accordingly, ignore the industriel reality and must refuse to regard
> an unincorporated labour union as, in law, an entity distinct from
> its individuel members[131].

---

128. Notons que cette personne n'est pas fictive et qu'elle existe en droit. C'est plutôt le proces-
    sus qui serait une fiction parce que l'on procède par assimilation. À ce sujet, voir : André
    ROUSSEAU, « Les syndicats ont-ils une âme... juridique ? », (1975) 53 *R. du B. can.* 126 ;
    G. MARCHAND, *loc. cit.*, note 112.

129. Sur ce thème, voir : Marie-Louis BEAULIEU, *Les conflits de droit dans les rapports col-
    lectifs du travail*, Québec, Les Presses de l'Université Laval, 1955, p. 114 à 132 ; Jan K.
    WANCZYCKI, « Québec Labour Code and the Status of Unions and Collective Agree-
    ments », (1965) 20 *Rel. Ind.* 237.

130. Bora LASKIN (dir.), *Actes du deuxième congrès international du travail*, Genève, 1956,
    p. 156 ; *Young* c. *Canadian Northem Railway Company*, [1931] A.C. 83 (C. privé).

131. *Society Brand Clothes* c. *Amalgamated Clothing Workers of America*, [1931] R.C.S. 321,
    328.

En 1938, le *Code de procédure civile* fut modifié de manière à permettre qu'un syndicat puisse être poursuivi en justice[132]. Cet amendement avait une portée limitée, comme le fit remarquer la Cour suprême du Canada qui refusa d'y voir l'attribution de la personnalité civile[133]. La portée étriquée de cette disposition, pour ne point dire davantage, fut brutalement mise à jour dans l'affaire *Perreault* c. *Poirier*[134], où la Cour suprême du Canada statuait que des administrateurs d'un syndicat ne pouvaient conjointement et personnellement poursuivre un tiers qui aurait volé les biens de leur syndicat. M. le juge Fauteux en tirait alors un conseil quelque peu moralisateur :

> [...] les associations ou unions ouvrières qui refusent de prendre avantage de la législation spéciale leur permettant d'obtenir, comme groupe, une existence juridique et de faire valoir, comme tels, leurs droits en justice, doivent accepter les conséquences de leur attitude[135].

En 1960, l'article 81 b) du *Code de procédure civile* fut « bilatéralisé » en ce qu'il permettait autant au syndicat de poursuivre que d'être poursuivi en justice[136]. Le syndicat n'a pas de ce seul fait un plein droit d'ester en justice; il lui faut respecter préalablement une condition : obtenir un certificat confirmant son état d'association de salariés au sens du *Code du travail* (Les modalités de la délivrance d'un tel certificat sont édictées à l'article 31 du *Règlement sur l'exercice du droit d'association conformément au Code du travail*). L'article 60 C.p.c., même à double voie, ne vise que le droit d'ester en justice, un élément de procédure, et non directement, croyons-nous, la question plus fondamentale de la personnalité juridique du syndicat[137]. Peut-être doit-il encore en être ainsi au sujet de la pleine personnalité juridique du syndicat accrédité, mais du seul fait que l'on permette de le poursuivre, ne faut-il pas admettre que le jugement obtenu serait aussi exécutoire sur les biens du syndicat et non sur les biens de tiers (les syndiqués) (art. 115 C.t.)? Si c'est le cas, n'est-ce pas déjà reconnaître indirectement et par voie de

---

132. *Loi favorisant l'exercice de certains droits*, S.Q. 1938, c. 96.
133. *Society Brand Clothes* c. *Amalgamated Clothing Workers of America*, précité, note 131, p. 327.
134. *Perreault* c. *Poirier*, [1959], R.C.S. 843, 849.
135. *Ibid.*, p. 849.
136. La *Loi modifiant le Code de procédure civile*, S.Q. 1959–1960, c. 99, art. 6. La disposition équivalente du Code actuel (L.R.Q., c. C-25, art. 60, al. 2) se lit comme suit : « Tel groupement peut aussi se porter demandeur, s'il dépose au greffe du tribunal, avec l'acte introductif d'instance, un certificat de la Commission des relations du travail instituée en vertu du Code du travail attestant qu'il constitue une association de salariés au sens du Code du travail. »
137. Cette question fit l'objet d'un débat. Voir : Guy FAVREAU, « Case and Comment », (1948) 26 *R. du B. can.* 584; Jacob SPECTOR, « Case and Comment », (1949) 27 *R. du B. can.* 217. En outre, quelques décisions judiciaires permettent également d'entretenir ce débat. Voir : *Comtois* c. *Union locale 1552 des lambrisseurs de navires*, [1948] B.R. 671; *International Brotherhood of Teamsters* c. *Thérien*, [1960] R.C.S. 265.

conséquence que ce même syndicat puisse être propriétaire de biens ? Comment en serait-il autrement puisqu'il dispose d'une source de revenus aménagée par l'État (art. 47 C.t.) (**IV-22**) ?

IV-29 — *Attributs juridiques du syndicat* — À la première dimension de la personnalité juridique, celle d'ester en justice, nous devons aussi ajouter que le syndicat bénéficie de certains affranchissements au *Code criminel*. Il suffirait, pour le constater, de parcourir les articles 52, al. 3, 422, al. 2, 425, 430, al. 6, 466, al. 2 et 467 du *Code criminel*, où des bémols ou des modalités particulières furent ajoutés pour tenir compte de cette nouvelle réalité. Il est évident que ces sauf-conduits n'autorisent qu'une action syndicale par ailleurs licite et destinée à la défense des droits et des intérêts du syndicat (art. 1 a) C.t.). Sur le plan historique, la plupart de ces dispositions permirent au syndicat de sortir de la clandestinité. Le législateur reconnut le fait syndical et sa liberté d'action sur un plan donné, mais là s'arrêta sa reconnaissance juridique. Disposant de divers moyens pour acquérir une personnalité juridique, dont la *Loi sur les syndicats professionnels* (**III-711**), les tribunaux n'ont pas voulu s'avancer davantage que ne le fit le législateur. Il est vrai que le *Code du travail* confère au syndicat par l'effet ou du fait de l'accréditation (**IV-44**) des prérogatives spéciales qui s'accommodent mal d'un statut juridique précaire[138]. En somme, le syndicat sort, par la voie de l'accréditation, du domaine privé et devient titulaire de droits, de privilèges et aussi d'obligations distincts de ceux de ses membres considérés sur le plan individuel ou collectif (**IV-86**). Ces acquis ne semblent pas suffisants, selon les tribunaux, pour lui reconnaître une personnalité juridique pleine et entière. On hésite encore à se dégager totalement de la règle que seul un acte officiel et exprès de l'État pourrait lui conférer pareil statut. Face à ce même problème en droit anglais, Lord Denning prit la position suivante :

> Let me first show, however, that a trade union is a legal entity. And I start observing that as simple matter of fact, not law, a trade union has a personnality of its own distinct from its members. Professor Dicey pointed that out long ago. He said : « When a body of twenty, or two thousand, or two hundred thousand men, bind themselves together to act in a particular way for some common purpose they create a body, which by no fiction of law, but by the very nature of things, differs from the individuals of whom it is constituted ». [...] And Professor Maitland expressed his wholehearted concurrence with unrivalled clarity and felicity. He

---

138. Pensons notamment au droit de subrogation (art. 61 C.t.) à l'égard du syndicat qu'il remplace; au droit d'ester pour le compte de chacun des salariés (art. 69 et 70 C.t.); au droit de recevoir l'aide financière de tous les salariés visés (art. 47 C.t.); à l'obligation de rendre compte de sa gestion financière (art. 47.1); au droit de lier les salariés (art. 67 C.t.); au droit de compromettre (art. 100.3 C.t.), etc.

quotes the incident in the House of Commons in 1904 when the Prime Minister, Mr. Balfour, spoke of trade unions as corporations. Sir Robert Reid (afterwards Lord Loreburn) interrupted him with « The trade unions are not corporations ». « I know that », retorted Mr. Balfour, « I am talking English, now law[139].

Au-delà du discours juridique formel et par la force des faits, nous nous sommes peu à peu départis, à l'égard du syndicat accrédité, du simple modèle de syndicat-association pour adopter celui de syndicat-organe ou agent public[140]. La question du statut du syndicat accrédité non par ailleurs doté autrement d'une personnalité juridique pleine et entière revient à maintes occasions, notamment lorsque l'on traite du processus décisionnel du syndicat et de la portée de ses décisions[141]. S'il ne devait s'agir que d'une association, à statut juridique primaire, d'agrégats d'individus salariés, comment et pourquoi les tribunaux pourraient-ils justifier leur intervention pour contrôler, limiter ou préciser la portée des décisions syndicales[142]? Quoi qu'il en soit, il est un fait certain, ces décisions syndicales sont prises et affectent nécessairement, en fait et aussi en droit, un grand nombre de syndiqués, de salariés et bien d'autres personnes[143]. Combien de décisions prises par le syndicat produisent des effets juridiques certains et bien reconnus ou étayés par le *Code du travail* ? Il peut suffire de rappeler notamment cinq situations :

— la demande d'accréditation et ses effets juridiques à l'égard des salariés, de l'employeur et des autres syndicats : articles 27.1, 42, 45, 47, 59 C.t.;

— la décision de faire grève : articles 109.1, 110, 132 C.t.;

---

139. Lord Alfred T. DENNING, *The Discipline of Law*, Londres, Butterworths, 1979, p. 156.
140. L'explication d'une double entité dans le cas d'un syndicat accrédité (l'association de salariés et le syndicat) proposée par Michel Filion demeure, à notre avis, aussi fantaisiste que mystérieuse. Voir : M. FILION, *op. cit.*, note 57, p. 208.
141. Dans le cas d'une grève, lorsque la question de la responsabilité civile est soulevée, les tribunaux reconnaissent facilement que le syndicat puisse disposer lui-même d'un patrimoine. Voir : *United Steelworkers of America* c. *Gaspé Copper Mines Ltd.*, [1970] R.C.S. 362; *Association internationale des débardeurs, section locale 273* c. *Association des employeurs maritimes*, précité, note 126, p. 130 et suiv., où le juge Estey fait un rappel historique de l'évolution jurisprudentielle concernant la personnalité juridique du syndicat. La question préalable de l'applicabilité des règles relatives à la responsabilité ne fut guère évoquée à la Cour d'appel dans l'affaire *Association des professeurs de Lignery (A.P.L.), syndicat affilié à la C.E.Q.* c. *Alvetta-Comeau*, [1990] R.J.Q. 130 (C.A.).
142. Sur le plan juridique, nous devrions logiquement déterminer si l'association est capable de décision collective ou s'il faut n'y voir qu'un processus collectif de décisions individuelles prises simultanément et de concert.
143. Faut-il rappeler, à titre d'exemple, que la grève décidée par le syndicat a pour effet de priver l'employeur de la possibilité d'embaucher tout autre salarié pour pourvoir aux postes laissés vacants ou de retenir, à d'autres fins, les services des salariés visés (art. 109.1 C.t.) **(IV-117)**? Voir aussi : *Syndicat des employés professionnels et de bureau, section locale 57* c. *La Presse*, [1994], T.T. 497.

— la décision de conclure une convention collective : articles 59, 63, 67, 107 C.t. ;

— la décision de soumettre un grief à l'arbitrage ou celle de refuser de le faire : articles 47.3, 69, 100 et 101 C.t. ;

— l'acceptation d'un règlement à la suite d'un grief ou pour l'éviter : articles 100.0.2 et 100.3 C.t.

Aussi est-il intéressant de connaître les droits des syndiqués à participer aux grandes décisions du syndicat accrédité concernant les rapports collectifs du travail qui, de toute manière, les affectent.

Sous-section 1.32
La décision syndicale et la participation des membres

IV-30 — *Le plan* — Aux fins de l'étude des rapports collectifs du travail, il nous faut aussi connaître les principales règles de droit relatives au processus décisionnel du syndicat. Cette question comporte tellement d'éléments de grand intérêt que nous ne pouvons les traiter en profondeur. Ainsi devons-nous écarter les aspects psychologiques du processus collectif de décision, la dimension politique de l'intervention de l'État dans ce domaine, les éléments stratégiques de ces décisions dans le cadre de la négociation collective, etc. Pour les seuls rapports collectifs du travail, nous analysons les garanties légales assurant aux salariés leur participation à la prise de trois décisions : celle relative à l'élection des dirigeants, celles de faire grève et de conclure une convention collective. Par la suite, nous étudions les mesures de contrôle assurant aux salariés un traitement juste et loyal de la part du syndicat accrédité. En ne traitant que ces deux volets bien particuliers à la prise de décision du syndicat et leurs implications, nous risquons de cacher la règle principale et essentielle en cette matière, à savoir que les décisions du syndicat accrédité lient normalement tous les salariés de l'unité d'accréditation et que le syndicat jouit d'une telle autorité (**IV-87**). En effet, un syndicat ne pourrait valablement assumer son rôle de défenseur des intérêts d'un groupe de salariés s'il ne bénéficiait pas d'un pouvoir de contrainte pour assurer le respect de ses décisions. Cette autorité est nécessaire dans l'intérêt de chacun des salariés visés et aussi, pour conférer une certaine sécurité juridique à l'employeur. Pour ne point trop laisser en sous-entendu cette règle générale ou n'en parler que par prétérition, nous la soulignons à titre de préalable.

IV-31 — *Autorité du syndicat* — Il est de commune expérience que toute action de groupe ordonnée et efficace suppose la soumission de chacun des membres à une certaine discipline. De même en est-il du syndicat accrédité; ses dirigeants doivent disposer d'une autorité et d'un pouvoir disciplinaire idoines. Pour la tenue de rapports collectifs du travail, aux fins de la négociation collective et du contrôle de son application intégrale, la nécessité d'une autorité semblable nous paraît aller de soi et, d'ailleurs, le principe n'est généralement pas contesté. Cette autorité est d'autant plus nécessaire que ces rapports collectifs s'effectuent :

— dans le contexte d'une dynamique conflictuelle ou d'intérêts partiellement opposés;

— en présence ou vis-à-vis d'un employeur qui dispose lui-même de nombreuses prérogatives, de moyens financiers et d'une liberté de manœuvre certaine.

En conséquence, un syndicat doit pouvoir imposer aux salariés qu'il représente le respect des décisions régulièrement prises[144]. Dépourvu d'une telle autorité, le syndicat accrédité connaîtrait parfois des difficultés pour assumer convenablement sa mission première de défense des intérêts collectifs des salariés. Diverses dispositions du *Code du travail* affirment ou confirment l'autorité du syndicat accrédité.

i) Dès qu'il dépose une requête en accréditation, le syndicat acquiert un droit de vue sur les modifications des conditions de travail que l'employeur pourrait vouloir apporter (art. 59 C.t.) (**IV-85**).

ii) L'article 67 C.t. affirme que la convention collective « lie tous les salariés actuels et futurs », ce qui constitue la reconnaissance de l'autorité du syndicat accrédité de contraindre les salariés au respect des ententes qu'il conclut à ce titre (**IV-168**) et réduit d'autant la liberté contractuelle du salarié (incapacité de protection) (**II-41; IV-169**).

iii) Le syndicat accrédité peut, de son seul chef, entreprendre tous les recours résultant de la convention collective au bénéfice de chacun des salariés, et cela, sans avoir à justifier d'une cession de créance de l'intéressé, (art. 69 C.t.)[145] et sans être gêné par les initiatives personnelles de chaque salarié.

iv) Le syndicat accrédité bénéficie de l'autorité pour soumettre tout grief à l'arbitrage et peut s'en désister en tout ou en partie (art. 100, 100.2, 100.3, 100.5 et 101 C.t.) (**IV-86**).

---

144. B. LASKIN, *loc. cit.*, note 3; Reuben M. BROMSTEIN, « Must an Individual Union Member's Right Be Sacrificed to Protect the Group Interest ? », (1970) 25 *R.I.* 325; Anne-Marie BRUNET, « Les obligations du syndicat accrédité envers les salariés », dans *Le marché du travail*, avril 1991, p. 9 et août 1991, p. 9 et suiv.

145. Sur la portée de l'article 69 C.t., voir: *Danby Corporation c. Clément*, [1978] C.S. 746; *Kodie c. Lande*, D.T.E. 84T-741 (C.S.).

v) Le syndicat accrédité acquiert le droit de grève après avoir satisfait à certaines conditions (art. 106 C.t.) et, s'il exerce ce droit, les salariés visés sont provisoirement privés de leur travail, qu'ils soient ou non syndiqués (art. 109.1 c) et d) et 110 C.t.) **(IV-115, 184)**.

Les tribunaux reconnaissent aussi cette autorité au syndicat accrédité, mais alors de façon plus implicite. Lorsque la Cour suprême du Canada fut saisie de multiples affaires où l'on contestait la valeur des décisions syndicales, on a pu constater qu'elle ne mettrait guère en doute l'autorité du syndicat ni son pouvoir disciplinaire; elle s'attarda davantage aux modalités d'exercice de ces mêmes pouvoirs. Quelques exemples permettent d'étayer cette assertion.

i) Dans l'affaire *Hoogendoorn*, la Cour suprême du Canada, à la majorité, s'arrêta au respect du droit de défense du salarié et ne s'attaqua pas au pouvoir du syndicat d'imposer au salarié le respect d'une clause de sécurité syndicale arrêtée à la convention collective **(IV-22)**[146].

ii) Si la Cour suprême du Canada déclara abusive la décision syndicale dans l'arrêt *Stern*[147], ce fut parce qu'elle était non reliée à la finalité du syndicat. Ne peut-on y voir, *a contrario*, une reconnaissance que le syndicat aurait pu imposer pareille prohibition à ses fins[148] ?

iii) L'usage des ressources financières du syndicat selon ce qu'il lui semble opportun et utile fut aussi reconnu par la Cour suprême du Canada dans l'arrêt *Lavigne*[149].

L'autorité du syndicat accrédité étant ainsi reconnue, l'État en prend acte en quelque sorte et encadre de plusieurs façons ce pouvoir. Dans un premier temps, la loi établit un mode à suivre pour la prise de certaines décisions **(II-33)** et par la suite, l'État intervient de nouveau pour contrôler la qualité de certaines autres décisions syndicales par voies administratives et judiciaires **(IV-39)**. De tels contrôles sont-ils justifiés ? Ces interventions étatiques risquent-elles de réduire dangereusement l'efficacité de l'action syndicale et, ainsi, l'exercice pratique de la liberté syndicale ? Cette double question permet de souligner la nécessité de la recherche d'un juste équilibre dans ce

---

146. *Hoogendoorn* c. *Greening Metal Products and Screening Equipment Company*, précité, note 111. Dans cet arrêt, la dissidence du juge Laskin repose également sur la légalité d'une telle mesure conventionnelle.

147. *Seafarers International Union of North America (Canadian District)* c. *Stern*, précité, note 111.

148. Nous pourrions répéter cette démonstration dans les cas suivants : *Orchard* c. *Tunney*, précité, note 103; *Montreal Children's Hospital* c. *Syndicat national des employés de Montreal Children's Hospital*, précité, note 102; *Blanchette* c. *Beaubien*, [1975] R.D.T. 43 (C.A.).

149. *Lavigne* c. *Syndicat des employés de la fonction publique de l'Ontario*, précité, note 73.

domaine et les dangers résultant d'un interventionnisme étatique trop pointilleux. C'est sous cet éclairage que nous étudions les règles de ce double contrôle des décisions syndicales.

IV-32 — *Droits individuels et collectifs* — Le législateur et les tribunaux ont cessé depuis longtemps de considérer le syndicat comme une simple organisation privée et dont la régie interne ne préoccupait que ses propres membres. Les fonctions de nature publique conférées ou reconnues au syndicat accrédité l'ont, pour ainsi dire, forcé à se doter d'un gouvernement plus transparent et qui s'inspire des principes démocratiques[150]. On reconnaît également que la collectivité syndicale doit exercer ses prérogatives dans le respect des droits fondamentaux de ses membres : droit de défense, droit à la dissidence, droit à l'information et à la participation, droit au travail, etc. Ces fragiles conjugaisons et, parfois, ces délicates confrontations des droits individuels et des droits collectifs, se réalisent sur une base pragmatique, c'est-à-dire en recherchant, lorsque la situation l'impose, une solution acceptable par tous et aussi, sous l'éventuel contrôle judiciaire. Lorsque de telles affaires leur sont soumises, les tribunaux déterminent sous le prisme de la *Charte canadienne des droits et libertés* ou de la *Charte des droits et libertés de la personne* **(I-32)** si les droits individuels doivent prévaloir sur les droits collectifs. Ces interventions judiciaires sont généralement favorables à l'approche individualiste, ce qui pourrait, à moyen terme, affaiblir l'action de défense du groupe qui est pourtant la mission propre du syndicat. Il nous paraît d'ailleurs que les tribunaux ne sont pas, dans ce domaine délicat, l'organe toujours approprié, en raison de leur manque de perspective ou de vue d'ensemble et des contraintes inhérentes au procès : « [...] the law developed by the courts is mainly concerned with the exceptional and pathological situation known as the labour dispute[151] ». Cette difficulté peut provenir du fait que l'on met trop en opposition les intérêts du syndicat, considéré comme une entité distincte, de ceux des salariés et même, des syndiqués. Ne faut-il pas reconnaître que, dans la mesure où les intérêts des composantes du groupe sont relativement semblables, une approche trop individualiste pourrait, à court et à moyen terme, desservir chacun des salariés ? Pour conserver une approche réaliste de la situation, il nous semble que l'on doit considérer que la collectivité de salariés serait en quelque sorte antérieure à chacune de ses parties, sans pour cela retenir la thèse opposée qui consisterait à nier l'individu. Dans ce cadre général, nous nous arrêtons d'abord aux règles du droit positif relatives aux décisions syndicales. Ce premier volet peut permettre de connaître les choix faits par l'État et la portée de ces règles sur le gouvernement interne du

---

150. Archibald COX, « The Role of Law in Preserving Union Democracy », (1958–1959) 72 *Harvard L.R.* 609 ; G. MURRAY et P. VERGE, *op. cit.*, note 56 ; F. MORIN, *loc. cit.*, note 61.

151. Otto KAHN-FREUND, *Labour Law : Old Tradition and New Developments*, Toronto, Clarke Irwin, 1968, p. 53.

syndicat[152]. Ces interventions, rappelons-le, visent exclusivement l'aménagement de certains droits individuels qui se situent à l'intérieur même du gouvernement syndical et par rapport au syndicat. Il s'agit simplement de
mesures garantissant aux syndiqués certains droits de participation au gouvernement syndical et assurant aussi à tout salarié de l'unité d'accréditation
un traitement juste et loyal de la part du syndicat accrédité.

IV-33 — *Trois temps de participation* — En 1977, le *Code du travail* fut
amendé pour imposer le vote au scrutin secret des syndiqués lorsqu'il s'agit
d'élire les dirigeants, de voter une grève et de conclure une convention collective (art. 20.1, 20.2 et 20.3 C.t.). Il s'agit certes de trois moments importants de la vie syndicale et on a voulu, à l'instar des Américains, imposer ces
minima démocratiques[153]. Au même moment où le syndicat accrédité recevait
certains droits nouveaux, notamment par le truchement des articles 47, 63 et
109.1 C.t. **(IV-21, 117)**[154], s'ajoutèrent des obligations formelles imposées
aux syndicats accrédités : celles de garantir aux syndiqués une participation
au gouvernement syndical et de traiter équitablement tous les salariés. Il n'y a
pas lieu, pour le moment, de traiter de la pertinence de ces interventions étatiques ni de l'efficience de ces mêmes dispositions[155]; il nous importe par
ailleurs d'en prendre acte à l'aide d'une première lecture des articles 20.1,
20.2 et 20.3 C.t. et d'en dégager quelques observations.

i)   Les trois garanties de participation à la décision (élection, grève et con-
     vention collective) sont réalisées à l'aide d'un même moyen : la tenue
     d'un vote au scrutin secret des syndiqués.

ii) Si cela va de soi dans le cas de l'élection des dirigeants, le législateur
     reconnaît et affirme, dans ces trois cas, le droit de participation en

---

152. Clyde W. Summers, « Union Powers and Worker's Rights », (1951) 49 *Michigan L.R.* 805,
     817; Earl E. Palmer, *Responsible Decision Making in Democratic Trade Unions*, étude
     n° 11, Rapport de l'équipe spécialisée en relations de travail, Ottawa, University of Western
     Ontario, 1969.

153. *Labour Management Reporting and Disclosure Act of 1959*, 73 stat. Public Law 86-257
     (sept. 14, 1959), p. 519, connu aussi sous le nom de *Landrum Griffin Act*.

154. En ce sens, on pourrait soutenir que les articles 20.1 et suivants ainsi que 47.1 et suivants
     C.t. servent de contrepoids aux articles 47 et 63 C.t. Par ailleurs, il était assez particulier
     que des avocats d'obédience patronale fussent, à cette occasion, les principaux protago-
     nistes des droits démocratiques et fondamentaux des salariés. Pareille situation avait déjà
     été soulignée par la Cour suprême dans l'arrêt *Cunningham Drug Stores Ltd.* c. *Labour
     Relations Board*, [1973] R.C.S. 256.

155. Pour établir l'efficacité réelle des articles 20.1 et suivants C.t., il nous faudrait savoir si cer-
     taines pratiques autoritaires furent depuis abolies; si les syndiqués exercent jalousement
     leurs droits maintenant garantis, si l'état d'esprit et la façon de faire dans certains milieux
     syndicaux en furent modifiés depuis 1977 et aussi, si ces règles nouvelles sont plutôt utili-
     sées comme simple écran démocratique, etc. C'est dire que le libellé d'un article de loi ne
     suffit pas à traduire la réalité ni à la modifier.

faveur des syndiqués et non au profit de tous les salariés de l'unité d'accréditation. Cette distinction était nécessaire pour respecter l'autonomie du gouvernement syndical et aussi, la décision de salariés de ne pas y adhérer lorsque cette condition n'est pas imposée (**IV-23**).

iii) Le législateur ayant choisi d'une façon expresse ce moyen de participation directe, l'assemblée générale des membres ne pourrait, même à l'unanimité, renoncer à procéder par scrutin secret et choisir une autre voie considérée, d'une façon générale ou occasionnelle, plus utile (par exemple, déléguer ce pouvoir au comité de négociation ou à un collège réduit) ou encore, à une « classe » ou une sous-catégorie de membres, etc.).

iv) La tenue d'un vote par scrutin secret n'exige pas qu'il soit pris dans le cadre d'une seule et exclusive assemblée générale des membres. Le vote par voie postale, par procédé électronique ou donné au cours de réunions régionales ou sectorielles est possible, pourvu que l'expression de la volonté de chacun des membres se manifeste en préservant son anonymat et en toute liberté[156].

v) Ces décisions sont prises à la majorité relative et simple des voix. Pour les questions ayant trait à la grève et à la convention collective, il doit s'agir de la majorité des syndiqués de l'unité d'accréditation qui ont voté (art. 20.2, al. 1 et 20.3, al. 1, C.t.). Dans le cas de l'élection de dirigeants, on exige également une majorité simple de l'ensemble des syndiqués qui ont voté, sauf si les règlements ou les statuts du syndicat prévoient une règle précise plus rigoureuse qui a alors force (art. 20.1, al. 2, 20.5 C.t.).

vi) Ces conditions générales prescrites aux articles 20.1, 20.2 et 20.3 C.t. sont des *minima* qui peuvent être complétés ou supplantés par des exigences supérieures imposées par le syndicat (art. 20.5 C.t.). Si ce « plus syndical » peut contenir le « moins législatif », nous croyons qu'une « exigence supérieure » serait celle qui est démocratiquement plus exigeante.

vii) En matière d'élection (art. 20.1 C.t.), toutes les mesures judiciaires de redressement ou de correction demeurent disponibles, alors que dans le cas d'une violation des dispositions des articles 20.2 et 20.3 C.t., seules les poursuites pénales prévues par le *Code du travail* (art. 144, 145 et 146) peuvent être entreprises (art. 20.4 C.t.) (**V-30**). Cette réserve indique bien que le législateur n'entendait pas forcer par voie judiciaire l'exécution de

---

156. *Raymond c. Syndicat des employés de l'Université Laval (S.C.F.P.), section locale 2500*, [1984] C.S. 428. La faculté de tenir un scrutin en dehors d'une assemblée générale fut déjà reconnue dès 1958 à titre d'autorisation syndicale nécessaire à la requête en accréditation. Voir : *Eddy Co.* c. *Commission des relations ouvrières de la province de Québec*, [1958] B.R. 542. Peu importe le moyen retenu, si le secret du vote de chacun est préservé. Voir : *Procureur général du Québec* c. *Syndicat des employés de garage de Rivière-du-Loup*, [1995] T.T. 159.

ces deux obligations[157]. Ne serait-il pas antinomique d'utiliser la force judiciaire (injonction ou *mandamus*) pour atteindre un objectif démocratique ? Par ailleurs, la publicité donnée à telle sanction pénale devrait généralement suffire pour corriger la situation par la pression des syndiqués et des autres salariés de l'unité d'accréditation[158].

viii) Dans ces trois situations, le procureur général et les syndiqués de l'unité d'accréditation sont les seules parties intéressées pour toute poursuite pénale (art. 148 C.t.). Cette précision donnée à l'article 20.4 C.t. permet, au moins à titre déclaratoire, de préciser que l'employeur ne pourrait valablement utiliser cette voie pénale à des fins stratégiques ou dilatoires.

En sus de ces observations générales et préalables, il convient de souligner certains traits distinctifs sous chacune des trois dispositions.

IV-34 — *Élection des dirigeants* — L'article 20.1 C.t. n'apparaît pas, du moins à première vue, d'une clarté évidente. À titre d'exemple, l'expression initiale « Lorsqu'il y a élection [...] » laisserait entendre que cette disposition ne vise que les cas où le syndicat prévoit déjà, dans sa constitution même, la voie élective pour des postes donnés et qu'ils y seraient spécifiés. Heureusement, le deuxième paragraphe corrige, croyons-nous, cette première impression en imposant une règle supplétive pour parer aux lacunes de la constitution ou des statuts du syndicat. Cette même disposition ne précise nullement son objet, c'est-à-dire les fonctions syndicales soumises au suffrage. Nous croyons que cette règle vise notamment les membres du conseil d'administration et les premiers dirigeants (président, vice-président, secrétaire et trésorier). Cette deuxième imprécision permettrait aussi de s'interroger à savoir si les administrateurs élus peuvent eux-mêmes et parmi eux désigner leur président. L'article 20.1 C.t. ne le défend pas expressément; il

---

157. L'opinion contraire fut retenue dans *Marinier* c. *Fraternité interprovinciale des ouvriers en électricité*, [1988] R.J.Q. 495, 500 et suiv. (C.S.). Il nous paraît inconcevable qu'un employeur puisse demander l'annulation d'une convention collective ou la déclaration de l'illégalité d'une grève parce qu'un scrutin n'aurait pas été régulièrement tenu. Notons que la Cour supérieure reconnut que l'article 20.4 C.t. ne privait pas un syndiqué d'exercer un recours en dommages-intérêts contre le syndicat. Voir : *Beaulieu* c. *Association des pompiers de Montréal*, [1981] C.S. 419. Dans certaines circonstances, l'injonction peut être utilisée pour contraindre le syndicat à tenir un vote ou une assemblée. Voir : *Aubrais* c. *Syndicat des travailleurs unis de l'électricité, radio et machinerie du Canada (T.U.E., F.T.Q.), local 568*, D.T.E. 86T-668 (C.S.); *Arseneault* c. *Boudreault*, D.T.E. 87T-152 (C.S.); *Noel et als.* c. *Alliance de la fonction publique du Canada et Les Arsenaux canadiens ltée*, [1989] R.J.Q. 1233 (C.S.).

158. Il va sans dire que l'on ne saurait prévoir ni savoir quelles seraient les réactions des syndiqués, dans chaque cas particulier. La pression qu'ils peuvent exercer peut dépendre de la conjoncture, des objectifs partagés, de leur niveau d'autonomie, de leur échelle respective de valeurs morales ou des enjeux politiques internes.

est possible que les statuts des syndicats prévoient cette façon d'agir ou d'autres semblables. Si de telles précisions y sont fournies, alors telle serait, croyons-nous, la portée relative de l'article 20.1, al.1, C.t. Notons que le deuxième alinéa de cet article comporte une double règle supplétive; elle s'applique en cas de silence quant au moyen (le scrutin) pour déterminer les dirigeants et quant aux intervalles de la tenue de ces élections.

IV-35 — *Autorisation de grève* — L'article 20.2 C.t, relatif à la décision de faire grève, reconnaît au syndiqué le droit de participer à cette décision, sans égard aux modalités de la constitution et des règlements du syndicat. Si les statuts du syndicat comportent d'autres conditions préalables, elles doivent être respectées dans la mesure où le syndicat ne contourne pas ainsi l'obligation de la tenue d'un tel scrutin (art. 20.5 C.t.). À titre d'exemple, tel syndicat peut être tenu d'obtenir l'autorisation préalable de la fédération ou de la centrale ou celle d'un comité de soutien financier : ce ne sont là que des règles de régie interne ne pouvant réduire ni remplacer l'obligation de la tenue d'un scrutin. L'inobservation de cette règle légale rend passibles de peines les dirigeants qui auraient dû organiser la tenue de ce scrutin, mais sans plus (art. 20.4 C.t.). Le caractère exclusif de cette dernière disposition nous permet de croire qu'une grève non précédée d'un scrutin ne serait pas en violation de l'article 422 C.cr., ni illégale en ce qui a trait à la responsabilité civile du syndicat (**IV-33**) ni selon l'article 109.1 C.t. (**IV-118**). Le législateur qui a lui-même édicté cette obligation en a réduit, en même temps, la portée véritable en limitant les effets de son inobservation à une seule sanction pénale (**IV-33, point vii**)[159]. Ce droit de participation à une telle décision incombe exclusivement aux groupes de syndiqués directement visés. Ainsi, un même syndicat, accrédité à la fois pour représenter plusieurs unités d'accréditation de la même entreprise, voire du même établissement ou encore, de plusieurs entreprises, devrait procéder distinctement à autant de scrutins qu'il y a d'unités d'accréditation[160]. La majorité requise, selon ce même article 20.2 C.t., est relative par rapport à chacune des unités d'accréditation[161]. Il est

---

159. *Syndicat des travailleurs industriels du Québec* c. *Syndicat des employés des produits Lionel Inc. C.S.N.*, [1978] T.T. 408, 411; *Syndicat des employés du théâtre St-Denis* c. *France Film Inc.*, [1981] C.S. 70, 73. Voir aussi : *Girard* c. *Syndicat des employés de C.T.R. (C.S.N.)*, [1981] C.S. 768; *Union des employés de service, local 800* c. *Farbec inc.*, [1997] R.J.Q. 2073 (C.H.).

160. *Procureur général du Québec* c. *Syndicat des employés de garage de Rivière-du-Loup*, précité, note 156. Si une partie de l'unité initiale d'accréditation est sous l'effet de l'article 45 C.t., il faudrait également respecter cette scission (**IV-90**).

161. Il est vrai que le libellé de cette disposition du *Code du travail* n'apparaît pas aussi précis sur ce point. Voir : *Beverage Dispensers and Culinary Workers Union, Local 835* c. *Terra Nova Motor Inn Ltd.*, [1975] 2 R.C.S. 749. La Cour supérieure reconnut que la décision prise par la majorité des syndiqués d'arrêter la grève liait le syndicat. Voir : *Marinier* c. *Fraternité interprovinciale des ouvriers de l'électricité*, précité, note 157.

également possible que l'aire de négociation comprenne plusieurs unités d'accréditation et que divers syndicats se concertent dans une action commune. De semblables situations, non expressément prévues à ces articles, mais nullement prohibées (art. 68 C.t.), soulèvent néanmoins plusieurs questions. Ainsi, un syndicat pourrait-il établir, dans ses statuts ou par voie de règlement *ad hoc*, que la décision de faire grève requiert un vote majoritaire de toutes les unités d'accréditation qu'il représente dans une même « aire de négociation » ou la majorité relative de tous les syndiqués visés dans ces multiples unités ? Pareille prescription s'autoriserait-elle de l'article 20.5 C.t. en ce qu'elle serait « une exigence supérieure » ? Si l'on comprend que l'aire de négociation peut être plus grande que chaque unité d'accréditation et que de telles réunions volontaires d'unités d'accréditation ont pour but de faciliter son action de défense et de représentation, il nous apparaît alors que cette modalité de régie interne syndicale serait supérieure, en ce sens qu'elle respecterait l'esprit de cette disposition et sa portée pratique. Selon ces hypothèses, les syndiqués auraient alors eux-mêmes reconnu qu'il est avantageux de réunir leurs forces et leurs actions aux fins d'une négociation. Dans ce cas, ne serait-il par normal qu'ils s'imposent une discipline cohérente et pratique pour franchir une étape difficile du processus de négociation[162] ? On peut néanmoins saisir l'imbroglio où pourraient se trouver des syndicats qui négocient dans le cadre de telles « aires » alors que certaines unités d'accréditation ainsi regroupées voteraient pour faire grève et que d'autres s'y refuseraient ou même, accepteraient la proposition de l'employeur (art. 20.3 C.t.) en autorisant la conclusion d'une convention collective. La logique impose que la tenue de ce scrutin précède le fait de grève et l'expression « déclarer la grève » retenue à l'article 20.2 C.t. confirme cette compréhension. Il n'y a cependant pas de moment précis pour tenir ce scrutin : sur le plan stratégique, cet élément conserve toute son importance. Le législateur n'impose pas que les salariés rejettent d'abord expressément l'offre patronale avant de décider de faire grève et, en pratique, l'autorisation collective de faire grève comprend implicitement le rejet de la proposition patronale. Par ailleurs, on ne pourrait nullement déduire qu'un refus majoritaire de faire grève comprendrait l'acceptation de l'offre patronale, et il en serait ainsi parce que :

— une telle déduction d'un acte négatif répugne à la logique simple et à celle qui préside à la négociation collective. Ce vote négatif ne peut-il pas aussi signifier que les syndiqués croient qu'il serait encore possible ou préférable de poursuivre la négociation par d'autres voies ?

---

162. Cette question laisse croire que le législateur a confondu le concept de l'unité d'accréditation avec celui de l'aire de négociation. Dans bien des secteurs, il y a longtemps que l'on regroupe les unités d'accréditation aux fins de la négociation : forêt, papier, aluminium, etc.

— l'acceptation de l'offre patronale, au terme d'une négociation, signifie la conclusion de la convention collective, et cette dernière décision doit elle-même faire l'objet de la tenue d'un autre scrutin (art. 20.3 C.t.)[163].

Malgré une apparente contradiction, ces dispositions ne privent pas un syndicat de tenir un double scrutin en posant l'alternative : autorisez-vous le syndicat à faire grève ou à conclure une convention collective selon les termes actuels du projet négocié ? Nous le répétons, ces dispositions doivent néanmoins laisser au syndicat une certaine souplesse et lui permettre d'utiliser la stratégie qui lui convient, et le libellé apparemment lacunaire de ces dispositions permet ainsi de tenir compte de ce contexte. Par ailleurs, cette obligation imposée à l'article 20.2 C.t. porte strictement sur la décision de faire grève et nullement sur celle de sa suspension une fois déclenchée, ni sur celle de cesser de la faire. Ces deux autres décisions, assez importantes on en conviendra, incombent à l'autorité compétente, selon les statuts respectifs des syndicats[164]. Il est difficile d'imposer une règle générale, dans ces deux derniers cas, sans risquer de trop s'immiscer dans la stratégie syndicale : un des éléments importants d'une grève ou d'un lock-out demeure sa durée indéfinie et indéterminable pour l'interlocuteur. Cette situation rend difficile toute tentative pour en jauger le poids véritable ou en supputer les inconvénients, autant pour ceux qui exercent ces moyens que pour ceux qui les subissent (**IV-111**). On peut aussi s'interroger sur la valeur démocratique d'un scrutin pour décider de faire grève, alors que cette procédure peut être entreprise en tout temps et même avant d'avoir reçu l'offre patronale et sans l'obligation de fournir aux syndiqués une complète information concernant les résultats de la négociation. Dans certains cas, il est possible que l'opération « scrutin » soit plus un exercice tactique, un appui ou une marque de confiance donnée aux négociateurs qu'une réelle décision de faire grève !

IV-36 — *Autorisation de conclure* — La troisième participation garantie aux syndiqués vise la conclusion de la convention collective (art. 20.3 C.t.). Le défaut de suivre cette procédure ou d'obtenir pareille autorisation rend passibles d'une pénalité ceux qui y participent (art. 20.4 C.t.) mais n'affecte

---

163. Par voie de contrainte judiciaire, on empêcha un syndicat d'imposer ce cumul des votes (le refus des offres signifiant l'autorisation de faire grève). Voir : *Noël* c. *Alliance de la fonction publique du Canada*, [1989] R.J.Q. 1233 (C.S.).

164. Dans plusieurs cas, des groupes de syndiqués peuvent demander la tenue d'un pareil scrutin ou d'une assemblée générale pour décider de la suspension ou de l'arrêt de la grève. Dans d'autres cas, le conseil d'administration a autorité pour prendre de telles initiatives. Il existe cependant une exception : celle où l'arbitre décide de trancher d'autorité le différend, alors que les parties en sont à leur première négociation (art. 93.5 C.t.) (**IV-148**). Des salariés pourraient-ils exiger, par voie judiciaire, la reprise d'un scrutin ? *Marinier* c. *Fraternité interprovinciale des ouvriers en électricité*, précité, note 157.

pas la qualité de la convention collective (**IV-33, point vii**). Cette condition préalable à la conclusion formelle de la convention collective étant de nature publique, l'employeur pourrait en exiger la preuve ou encore, refuser de conclure d'une façon formelle en l'absence d'une telle autorisation[165]. Pour ce qui est des rapports collectifs du travail, ce troisième scrutin nous apparaît de première importance puisque, pour le temps de la convention collective, tous les salariés y sont liés (art. 67 C.t.). Sous l'angle de l'idéal démocratique et sous celui de la finalité du régime, il n'est que juste que les syndiqués acceptent eux-mêmes l'acte qui les lie (art. 69 C.t.). Cette autorisation préalable par voie de scrutin s'applique également, croyons-nous, aux actes complémentaires à la convention collective que l'article 72 C.t. qualifie d'« annexes » (**IV-162**). Pareil scrutin n'est cependant pas exigé pour la prise d'une autre décision syndicale qui, ultimement, produit le même effet que celle de conclure une convention collective : l'accord des parties de soumettre le différend à l'arbitrage (art. 93 C.t.). Cette dernière décision ne comprend-elle pas également celle de ne pas faire grève (art. 58, 106 C.t.) ? Il en est également ainsi lorsque le syndicat prend l'initiative de demander l'intervention d'un médiateur-arbitre dans le cas d'une première négociation collective (**IV-146**). S'autorisant du contexte de la négociation collective, des considérations d'ordre pratique permettent de comprendre cette retenue de la part du législateur, sans toutefois pleinement la justifier. Outre ces règles incitatives à la participation directe et ponctuelle des syndiqués, le syndicat doit rendre accessibles ses états financiers annuels (art. 47.1 C.t.). Cette première information donnée par les dirigeants du syndicat peut aussi produire le double effet :

— d'enclencher, au besoin, auprès des syndiqués une demande d'information complémentaire sur la gestion des fonds par rapport aux objectifs et aux politiques du syndicat;

— de rendre plus transparente ou plus apparente, sinon moins mystérieuse, la gestion financière du syndicat.

En somme, elle donne la possibilité à tous les syndiqués de suivre de près et de manière plus intelligente les affaires de leur syndicat. Elle incite du même coup les dirigeants à faire preuve d'une plus grande sagesse. Selon l'article 47.1 C.t., le syndicat accrédité n'est nullement tenu de présenter ses états financiers en fonction de chaque unité d'accréditation qu'il représente. Il peut alors être difficile pour un syndiqué de connaître avec exactitude les autres sources de revenus du syndicat et surtout, l'ensemble de ses frais et

---

165. L'employeur n'a-t-il pas intérêt à ce que tous les syndiqués soient dans « le coup » ? La conclusion d'une convention n'est qu'une étape du continuum des rapports collectifs du travail et il est normal, voire nécessaire, que l'employeur considère les effets à moyen terme d'une conclusion précipitée d'un accord qui n'aurait peut-être pas l'aval de la collectivité.

leur justification. Dans la mesure où les syndiqués sont quelque peu initiés à la lecture des codes comptables, cette garantie s'autorise aussi de l'idéal démocratique[166].

IV-37 — *Démocratie contenue* — Les articles 20.1 et suivants C.t. servent-ils vraiment à la démocratisation des syndicats ? Jusqu'où l'État peut-il imposer la démocratie par voie d'édits ? Au-delà de l'idéal démocratique que l'on ne saurait valablement remettre en cause, nous devons, dans ce domaine, prendre en considération quelques réalités qui incitent à favoriser une approche que l'on voudrait pragmatique.

i) Il s'agit de deux décisions, faire grève et conclure une convention collective, prises dans un contexte conflictuel où un groupe de salariés tente d'obtenir les meilleures conditions de travail possibles dans les circonstances, alors que l'employeur peut exercer, seul, avec beaucoup de souplesse et sans de tels préalables, des pressions économiques réelles ou virtuelles.

ii) La tenue d'un scrutin obligatoire pour franchir chaque étape du processus de négociation collective pourrait alourdir le fonctionnement du syndicat sur le plan stratégique et donner aussi plus d'emprise à l'égoïsme individuel de certains salariés.

iii) Au cours de la dernière décennie, plusieurs syndicats durent faire accepter à la majorité de leurs membres des réductions de salaire dans le cadre d'une négociation dite « donnant-donnant » ou de convergence, ce qui sous-entend que l'intérêt général du groupe et de l'entreprise devait alors prévaloir ou que les objectifs à plus court terme furent quelque peu écartés.

Dans le contexte des rapports collectifs du travail, alors que ces rapports sont tenus exclusivement au sein d'une entreprise à la fois (**IV-2**), il est indéniable qu'un syndicat qui se voudrait efficace et aussi démocratique apparaisse comme une institution tiraillée par des impératifs trop souvent antinomiques. Aussi, nous croyons qu'un syndicat doit savoir moduler à ses fins particulières et selon ses moyens le type de gouvernement démocratique possible sans travailler à sa propre perte en appliquant d'une façon intégrale et absolue les grandes règles d'un gouvernement démocratique. La nécessité de ces adaptations ne signifie nullement par ailleurs qu'un syndicat pourrait se permettre toutes discrétions. Ne faut-il pas rappeler que les salariés forment des syndicats ou qu'ils y adhèrent dans le but de réaliser ce qu'ils ne

---

166. Notons que l'article 47.1 C.t. n'exige pas que les états financiers soient vérifiés par un comptable public. De même, on ne précise nullement à l'aide d'un quelconque devis les données minimales que l'on devrait y trouver. Dans ce sens, l'article 47.1 C.t. constitue davantage une règle de nature indicative.

peuvent pas faire seuls : participer réellement à l'élaboration des conditions de travail au lieu de recevoir passivement l'aide de l'État par voie d'une législation impérative ou encore, de supporter les conditions que l'employeur peut offrir de son seul chef ou en fonction des aléas du marché ? En ce sens, le syndicat doit servir d'instrument de libération, mais non à n'importe quel prix. La question fondamentale consiste à savoir si cet objectif démocratique est vraiment réalisable dans le cadre des rapports collectifs du travail. L'acceptation de l'offre patronale ou la décision de faire grève ne peuvent être réduites à de simples décisions administratives.

IV-38 — *Une démocratisation relative* — Les décisions prises par le syndicat accrédité dans le contexte d'une négociation collective ont toujours de fortes implications sociales, économiques et politiques pour tous ceux qui sont en cause. Pour ces raisons, il nous paraît prudent d'apprécier la qualité des différentes méthodes utilisées d'une façon concrète par les syndicats en tenant compte du cadre, du contexte et des difficultés particulières qu'ils éprouvent au cours d'une négociation collective. Nous croyons qu'il pourrait être dangereux de juger le caractère démocratique d'un syndicat en se limitant à la simple constatation de l'usage de méthodes démocratiques, alors que ces données pourraient être plus apparentes que réelles. Pour ce qui est du respect des principes démocratiques au sein des syndicats, nous devons également considérer l'évolution sociale résultant de la conjugaison de multiples facteurs qui ne peuvent qu'accroître la demande d'une véritable démocratisation, tels que :

— la formation et l'information accrues des syndiqués;

— le recrutement de dirigeants et de conseillers syndicaux plus instruits, dotés d'un sens de responsabilité accru et plus conscients de leur véritable mission;

— une meilleure information des conditions économiques et des stratégies de l'entreprise[167];

— un entendement renouvelé des relations du travail et partagé par un plus grand nombre de gestionnaires d'entreprise;

— une conjoncture économique fort instable aux mouvements souvent brusques créant un climat d'insécurité partagé par tous : entrepreneurs, gestionnaires, syndicat et salariés.

Ce ne sont là que quelques considérations complémentaires qui nous incitent à ne pas jauger la qualité du gouvernement syndical par la seule grille

---

167. Pour illustrer cette évolution, rappelons qu'il y a à peine vingt ans, on n'aurait pu imaginer que les centrales syndicales constitueraient des institutions de gestion de l'épargne et pas davantage, qu'un grand nombre de salariés participeraient de multiples manières à divers programmes de souscription de titres.

formée de ces trois occasions de participation imposées par le *Code du travail*. Ces règles de droit ne sont que des outils servant à tracer les tenants et les aboutissants d'un processus, alors que l'éducation, la formation et l'information sont aussi d'autres moyens fort valables qui peuvent même corriger à la source les difficultés éprouvées ou appréhendées dans de semblables situations.

IV-39 — *Une juste et loyale représentation* — En plus d'assurer aux syndiqués un droit de participation directe à la prise de grandes décisions en matière de rapports collectifs, le *Code du travail* impose certaines normes relatives au gouvernement syndical. Lorsque les décisions du syndicat ont des effets directs sur l'accès à l'emploi, le maintien de l'emploi et les conditions générales de vie au sein de l'entreprise, il importe que ces mêmes décisions soient prises avec intelligence et qu'elles respectent les droits fondamentaux de chacun des salariés. La première mesure protectrice du salarié à l'égard de tout ostracisme dont il pourrait être victime est énoncée à l'article 17 de la *Charte des droits et libertés de la personne* :

> Nul ne peut exercer de discrimination dans l'admission, la jouissance d'avantages, la suspension ou l'expulsion d'une personne d'une association d'employeurs ou de salariés ou de toute corporation professionnelle ou association de personnes exerçant une même occupation.

On a voulu, en quelque sorte, raffermir cette règle générale et la rendre plus immédiatement applicable à l'égard du syndicat accrédité compte tenu de sa mission toute particulière **(IV-43)**. Dans la foulée des amendements de 1977 apportés au *Code du travail*, l'article 47.2 C.t. précise maintenant le devoir du syndicat accrédité à l'égard de chaque salarié :

> Une association accréditée ne doit pas agir de mauvaise foi ou de manière arbitraire ou discriminatoire, ni faire preuve de négligence grave à l'endroit des salariés compris dans une unité de négociation qu'elle représente, peu importe qu'ils soient ses membres ou non.

Ce n'est pas un simple effet du hasard si ce rappel des devoirs du syndicat accrédité se trouve à la suite de l'article 47 C.t. qui contraint tous les salariés à participer aux frais du syndicat **(IV-22)**. Conformément à la dichotomie classique suivie dans ce domaine, le législateur voulut, en imposant à chacun l'obligation de contribuer aux frais collectifs, préciser les obligations correspondantes qui incombent au syndicat accrédité. Tout comme l'article 47 C.t. ne bénéficie qu'au syndicat accrédité, ces règles complémentaires ne lient que ce même syndicat. D'une manière générale, l'obligation de bonne conduite ainsi imposée formellement au syndicat accrédité à l'article 47.2 C.t. vise toutes les décisions pouvant affecter les salariés qu'il représente en vertu du Code (art. 21 C.t.). Malgré sa formulation négative, cette obligation touche deux aspects.

i) *La régie interne du syndicat accrédité* : l'adhésion des salariés, l'expulsion et la suspension des membres, leur participation au gouvernement syndical, l'information, l'admission à tout poste soumis au suffrage ; l'expression de dissidences, etc. Sous réserve de deux exceptions prévues à l'article 63 C.t. (**IV-23**), cette obligation générale comprend le devoir de recevoir l'adhésion de tous les salariés de l'unité d'accréditation s'ils se conforment aux conditions jusqu'alors généralement et régulièrement exigées de tous.

ii) *La conduite syndicale en matière d'emploi* : la négociation collective, le contenu de la convention collective et son administration, etc. Dans ces occasions, tout salarié de l'unité d'accréditation doit pouvoir disposer d'une représentation qui ne soit ni arbitraire, ni discriminatoire, ni entachée de mauvaise foi ou de négligence grave.

Il peut être difficile de définir *in abstracto* l'obligation de « ne [...] pas agir de mauvaise foi ou de manière arbitraire ou discriminatoire, ni faire preuve de négligence grave ». Par quel signe reconnaîtrait-on une conduite syndicale violant cette consigne ? D'ailleurs, la bonne foi ne se présume-t-elle pas (art. 2805 C.c.Q.) ? Outre l'élasticité des expressions retenues à l'article 47.2 C.t., ces qualificatifs sont également cumulatifs, ce qui peut rendre encore plus coriace la tentative de préciser le sens et la portée de cette obligation qui résulterait d'une telle conjugaison, elle-même située par ailleurs dans le contexte propre des rapports collectifs du travail et au-delà de conceptions abstraites, théoriques ou par voie d'analyse exégétique[168]. Pour ces raisons d'ailleurs, la jurisprudence devrait, au fil des expériences et du temps, mieux circonscrire le sens et la portée de cette consigne. La méthode

---

168. On trouvera les données historiques relatives à l'évolution de ce devoir d'une « conduite juste et loyale » dans Jean-Denis GAGNON, « Le devoir de représentation des associations de salariés en droit canadien et québécois », (1981) 41 *R. du B.* 639 ; Louis GARANT, « Le devoir de représentation et les associations de salariés depuis l'entrée en vigueur du projet de loi 45 », (1980) 35 *R.I.* 570 ; André ROUSSEAU, « Les relations entre l'individu et le syndicat et le devoir du syndicat de représenter loyalement le membre de l'unité d'accréditation », (1974) 74 *Gaz. Trav.* 600 ; Mark Anthony HICKLING, « The Right to Membership of a Trade Union », (1967) *U.B.C.L.C. de D.* 243. Pour le droit américain, voir : George William SUMMERS, « The Individual Employee's Rights under the Collective Agreement : What Constitutes Fair Representation », dans *Proceedings of the Twenty-Seventh Annual Meeting National Academy of Arbitrators*, Washington, The Bureau of National Affairs, 1974, p. 14 et suiv. ; Raymond E. BROWN, « The « Arbitrary », « Discriminatory » and « Bad Faith » Tests under the Duty of Fair Representation in Ontario », (1982) 60 *R. du B. can.* 412. La Cour suprême du Canada rappela aussi l'historique judiciaire de cette règle d'une juste et loyale représentation dans l'arrêt *Guide de la marine marchande du Canada* c. *Gagnon*, [1984] 1 R.C.S. 509. Voir aussi : *Gendron* c. *Syndicat des approvisionnements et services de l'Alliance de la fonction publique du Canada, section locale 50057*, [1990] 1 R.C.S. 1298 ; *Centre hospitalier Régina Ltée* c. *Tribunal du travail*, [1990] 1 R.C.S. 1330 ; Diane VEILLEUX, « Le devoir de représentation syndicale », (1993) 48 *Rel. Ind.* 661.

inductive, parce que plus relative et plus pragmatique, paraît, en semblable matière, préférable à une approche théorique[169]. D'ailleurs, le législateur comprit que cette simple déclaration générale relative à la conduite du syndicat (art. 47.2 C.t.) ne suffisait pas et qu'il lui fallait être plus précis pour en assurer une application stricte dans des situations bien déterminées, soit celles du renvoi, d'une sanction disciplinaire et du refus d'un retour à l'emploi après une grève ou un lock-out. Dans ces trois situations, un mécanisme particulier de contrôle est prévu et, s'il y a lieu, de redressement de la conduite du syndicat (art. 47.3 à 47.6 C.t.). Ainsi, le salarié qui croit ne pas avoir bénéficié d'un traitement juste et loyal de la part du syndicat accrédité, à la suite de son renvoi, d'une mesure disciplinaire ou du refus de son retour au travail par l'employeur, peut ou s'en plaindre au ministre ou procéder par voie de requête auprès du Tribunal du travail[170] (**V-90**).

IV-40 — *Trois situations visées* — L'accès au contrôle de la qualité de la décision du syndicat est soumis à quatre conditions préalables.

i) *Le plaignant* : Le salarié compris dans l'unité d'accréditation peut seul bénéficier du recours, et ce, s'il croit que le syndicat accrédité ne l'a pas traité d'une façon loyale et juste au sens de l'article 47.2 C.t.[171]. Cette croyance implique que le salarié soit de bonne foi, sans exiger qu'il ait nécessairement raison ou que l'erreur du syndicat soit à première vue manifeste. Par ailleurs, cette prétention à de mauvais services de la part du syndicat ne signifie nullement que ce dernier doive toujours et sans discernement prendre fait et cause de tout salarié, lui offrir les services des meilleurs avocats ou conseillers et obtenir le résultat qu'il souhaite.

ii) *Situations visées* : Dans trois cas seulement, le salarié peut éventuellement y recourir : il doit s'agir d'un salarié frappé d'un renvoi[172], d'une

---

169. Cette jurisprudence apparaît au titre V rapportée au soutien de l'étude du recours fondé sur l'article 47.3 C.t. (**V-90** à **92**). Sur les fondements juridiques de la responsabilité du syndicat, voir : *Syndicat des fonctionnaires provinciaux du Québec inc.* c. *Bastien*, [1993] R.J.Q. 702 (C.A.).

170. La portée de ce recours n'est certes pas toujours facile à circonscrire. Voir : *Syndicat des travailleuses et travailleurs de la CSN* c. *Verret*, [1992] R.J.Q. 979 (C.A.).

171. *Godin* c. *Fraternité unie des charpentiers et menuisiers d'Amérique, local 2533*, [1979] T.T. 157; *Bécotte* c. *Syndicat canadien de la fonction publique, local 301*, [1979] T.T. 231, 237; *Larouche* c. *Boulangerie Racine Ltée*, D.T.E. 87T-333 (C.A.); *Centre hospitalier Régina ltée* c. *Tribunal du travail*, précité, note 168; F. MORIN, *op. cit.*, note 70, p. 795; Jean-Yves BRIÈRE et Jean-Pierre VILLAGGI, « Grandeurs et misères du devoir de représentation », (1990) 50 *R. du B.* 1077.

172. Le renvoi s'entend au sens large, soit toute situation où le salarié ne peut poursuivre la réalisation de son emploi en raison d'une décision unilatérale de l'employeur. Voir : *Gavin* c. *Association internationale des machinistes et des travailleurs de l'aéroastronautique, local 2468*, [1983] T.T. 358; *Dallaire* c. *Métallurgistes unis d'Amérique, local 6833*, [1984] T.T. 402; *Ross* c. *Association des professeurs du collège Laflèche*, [1987] T.T. 419; *Leclerc* c.

sanction disciplinaire ou encore, d'un refus de réintégrer son emploi à la suite d'une grève ou d'un lock-out (art.110.1 *in fine* C.t.)[173]. En dehors de ces trois situations, ce recours particulier n'est pas accessible, peu importe par ailleurs la conduite du syndicat[174]. Ces trois cas visent le maintien de l'emploi que le législateur a voulu protéger d'une façon toute particulière. Le terme générique « renvoi » utilisé comprend à la fois celui de licenciement, de mise à pied et de congédiement. L'usage de ce terme dispense ainsi de faire des distinctions en fonction de la cause de la décision de l'employeur : administrative, disciplinaire, économique ou autre.

iii) *L'objet de la plainte* : Ce moyen de contrôle ne vise que la conduite du syndicat dans ces trois mêmes occasions et nullement la décision de l'employeur d'imposer ce renvoi, cette sanction ou ce refus de retour à l'emploi. Cette dernière décision patronale pourra éventuellement être soumise au contrôle de l'arbitre de griefs (art. 47.3, 47.6 C.t.) : tel est, semble-t-il, le premier résultat recherché[175].

iv) *Les conditions d'enclenchement* : Six mois suivant la violation par le syndicat de son obligation d'une conduite juste et loyale ou de la connaissance de ces faits[176], le salarié doit adresser au ministre une plainte

---

Syndicat des employés du Foyer Kingsey Falls Inc., [1989] T.T. 476; *Boivin-Wells* c. *Syndicat professionnel des infirmières et infirmers*, [1992] R.J.Q. 331 (C.A.); *Delacoste* c. *Syndicat des chargées et chargés de cours de l'Université du Québec à Montréal*, D.T.E. 97T-292 (T.T.); *Rollin* c. *Syndicat canadien des communications, de l'énergie et du papier, section locale 142*, D.T.E. 96t-461 (T.T.); *Armen* c. *Syndicat des professionnelles et professionnels du milieu de l'éducation de Montréal*, D.T.E. 97T-193 (T.T.).

173. Le juge Girouard reconnut que le salarié, lorsqu'il se trouve dans la situation visée à l'article 110.1 C.t., pouvait, outre les recours donnés à l'article 47.3 C.t., soumettre sa plainte en vertu de l'article 15 C.t. Voir : *Desjardins* c. *Classic Bookshops*, [1980] T.T. 444; *Syndicat des employés de biscuits David* c. *Biscuits David, une division de Les Biscuits associés du Canada Ltd.*, D.T.E. 83T-578 (T.A.) **(V-9)**; *Daigneault* c. *Union des employés de service*, [1992] T.T. 609.

174. *Imbeau* c. *Syndicat des professeurs du Collège de Maisonneuve*, [1979] T.T. 340; *Baker* c. *Syndicat canadien de la fonction publique, section locale 1965*, [1978] T.T. 445; *Gendron* c. *Fraternité interprovinciale des ouvriers en électricité (secteur communications)*, D.T.E. 83T-695 (T.T.).

175. Pour cette raison, certains soutiennent que ce recours ne serait d'aucune utilité si le plaignant n'a pas droit à l'arbitrage lorsque, en raison de son statut, la convention collective le prive d'un tel recours. Bien que nous doutions de la légalité d'une telle exclusion conventionnelle, certaines décisions en reconnaissent la valeur et les effets. Voir : *Hallé* c. *Syndicat canadien de la fonction publique*, [1981] T.T. 535; *C.S.N.* c. *D'Anjou*, D.T.E. 87T-331 (C.A.); *Nolin* c. *Syndicat des employés de Molson*, [1988] T.T. 99; *Gisèle Dion* c. *Syndicat canadien de la fonction publique, section locale 3562 et Hôpital Notre-Dame*, [1994] T.T. 518.

176. Le salarié n'est pas tenu d'épuiser les recours internes établis aux status du syndicat avant d'enclencher ce recours. Voir : *Milhomme* c. *Aubé*, [1984] C.A. 1; *Clarke* c. *Syndicat des employées et employés de soutien de l'Université Concordia, secteur technique*, D.T.E. 94T-22 (T.T.); *Laforteza* c. *Fédération des infirmières et infirmiers du Québec*, D.T.E. 97T-22 (T.T.).

ou, à son choix, soumettre au Tribunal du travail une requête en vue d'un arbitrage. Au cours de cette même période de six mois, le syndicat a pu soumettre un grief sous ce même chef, faire enquête et même rechercher un règlement dans le cadre de la procédure préalable à l'arbitrage, mais ces faits et gestes ne privent pas le salarié d'exercer ce recours exceptionnel. Bien au contraire, c'est parfois dans ces occasions que le salarié pourra percevoir si le syndicat l'a représenté d'une manière juste et loyale au sens de l'article 47.2 C.t.

L'analyse des deux voies (médiation et contrôle du Tribunal) se situe dans l'ordre des affaires contentieuses et aussi, on la retrouve au titre V. L'étude ce cette double question par la voie de la jurisprudence qui s'y rattache permet d'explorer plus à fond le sens et la portée pratique de cette mesure de protection du salarié et, par ricochet, des obligations et droits du syndicat accrédité (**V-90 à 92**).

IV-41 — *Conclusion* — Cette brève esquisse du droit syndical québécois, élaborée principalement aux fins de l'étude des rapports collectifs du travail, nous permet de souligner la conjugaison de trois sources de ce droit : l'œuvre des parties (la convention collective), celle du législateur (la loi) et celle des tribunaux (la jurisprudence). Leur étroite interrelation apparaît très importante, au point que les normes provenant de l'une de ces trois sources ne s'expliquent qu'à l'aide de celles émanant des deux autres et qui se situent, selon le cas, en amont ou en aval du continuum. Les illustrations les plus frappantes de cette symbiose concernent les mesures de protection de l'exercice de la liberté syndicale, tant sur le plan individuel que collectif. Par ailleurs, les fonctions respectives de ces trois sources ne sont pas également dynamiques et positives.

i) La loi se situe généralement aux deux pôles du processus : elle établit le cadre et précise les personnes en présence (sa « clientèle ») et ensuite, elle prend acte d'une situation en infirmant ou en généralisant la solution retenue par l'une des deux autres sources.

ii) La jurisprudence ouvre ou ferme certaines voies, précise les droits et les limites respectifs des parties et, surtout, assure protection au salarié-individu en tenant compte alors d'une situation concrète et en faisant, à cette fin, les nuances ou adaptations qui s'imposent.

iii) La convention collective moule les autres normes et mécanismes selon les besoins propres des différents milieux et recherche des moyens nouveaux pour s'adapter à la conjoncture. Elle est sans cesse ajustée en fonction de deux autres sources et, le plus souvent, elle les dépasse ou en tire avantage.

Nous avons pu également constater les difficultés à établir un équilibre satisfaisant entre les droits individuels et les droits collectifs. Jusqu'où doit-on limiter la liberté syndicale du salarié pour permettre une action syndicale dynamique et forte du groupe où il évolue ? Les réponses données aux conventions collectives ne semblent point faire de nuances et favorisent le groupe et le syndicat, alors que les solutions imposées par les tribunaux protègent davantage le salarié. À ce niveau, l'apport du législateur arrive d'une façon lente, progressive et aucunement irréversible. Les amendements apportés en 1961 (art. 15 à 20 C.t.), ceux de 1964 (art. 38, 50 ou maintenant 47, 62 C.t.) et ceux de 1977 (art. 47, 47.2 et suiv., 63, etc.) illustrent bien le rôle particulier de la loi dans l'élaboration de notre droit syndical. Il serait encore prématuré, sinon téméraire, de tirer des conclusions définitives au sujet des effets des articles 20.1 et suivants, 47.2 et suivants et 63 C.t. sur le gouvernement syndical. Nous avons d'ailleurs pu constater que la jurisprudence ne fournit pas tous les éléments de réponse à nos points d'interrogation et que l'approche des tribunaux n'est pas encore suffisamment stable et constante pour croire que les orientations jurisprudentielles soient déjà irréversibles. Entre-temps, les syndicats appliquent à leur manière ces mêmes dispositions du *Code du travail* dans le cadre général de leur principale mission, celle de la défense collective des intérêts des salariés. Quant à la valeur même de ces règles de droit, il nous faut apprendre à la jauger par leurs effets réels, sans égard à toute déclaration incantatoire formulée à la phase inaugurale ou dans d'autres occasions solennelles. Cette étude du droit syndical se poursuit d'une certaine manière par l'analyse des voies et moyens mis en place pour l'identification du syndicat habilité à représenter les salariés auprès de leur employeur. Nous apprenons ainsi comment un syndicat devient l'unique interlocuteur d'un groupe de salariés auprès de l'employeur.

CHAPITRE IV-2

L'ACCRÉDITATION

IV-42 — *La démarche retenue* — Un syndicat libre qui respecte les qualités énoncées à l'article 1 a) C.t. ne saurait, pour ces seules raisons, imposer sa présence auprès d'un employeur. Selon notre régime de rapports collectifs du travail, il doit d'abord se soumettre à un contrôle de la qualité de sa représentativité à l'égard d'un groupe de salariés donné. Ce préalable est d'une importance primordiale puisque, selon le *Code du travail*, un seul syndicat à la fois peut être habilité à représenter les salariés d'un même groupe au sein d'une entreprise, et cette mission échoit au syndicat déclaré le plus représentatif (**IV-1**). Cette identification s'effectue par la voie d'une procédure d'agrément ou, comme on le dit généralement, d'accréditation[177]. Par ses multiples facettes historiques, politiques et techniques, l'accréditation constitue l'enclume sur laquelle est façonné le particularisme même de notre régime des rapports collectifs (**IV-2**). Nous divisons l'exposé en trois sections principales comprenant, en premier lieu, une brève mise en contexte pour mieux situer la fonction même de l'accréditation dans ce régime des rapports collectifs du travail. Dans une deuxième section, nous étudions la procédure de l'accréditation, soit le déroulement de cette procédure, les interventions des parties en présence et surtout, l'enquête préalable à la conclusion recherchée. Nous y voyons certaines

---

177. Initialement, soit de 1944 à 1964, on utilisait la métaphore anglo-saxonne *certification* pour désigner cette démarche qui se terminait par l'émission « d'un certificat spécifiant le groupe à l'égard duquel elle a qualité de représentant ». Voir : *Loi des relations ouvrières* (ajoutant le chapitre 162A au S.R.Q. 1941), art. 9.

procédures incidentes auxquelles peut donner prise la présence d'un syndicat accrédité puis, nous terminons (troisième section) par une brève analyse des effets de l'accréditation à l'égard du syndicat, des salariés et de l'employeur puis de ceux plus indirects ou circonstanciels pour le futur ou l'éventuel employeur ou encore, pour d'autres syndicats.

Section 2.1

Le sens et la portée de l'accréditation

IV-43 — *Fonction de l'accréditation* — Quelle est la fonction propre de l'accréditation ? Cette question préalable met en relief la dimension historique et politique de ce moyen et surtout, les enjeux qui sont en cause. Ces premières données permettent de comprendre l'intérêt pratique que les interlocuteurs en présence peuvent accorder à l'accréditation et, par voie de conséquence, l'hypertrophie procédurière et jurisprudentielle qu'elle a pu engendrer. D'ailleurs, la production jurisprudentielle des commissaires du travail est d'une telle ampleur et d'une telle diversité que nous ne pourrions, au sein du présent ouvrage, en rendre compte ni même tenter de le faire d'une manière exhaustive ou satisfaisante. Aussi, nous ne donnons que des indications générales sur les orientations jurisprudentielles retenues, rejetées ou, selon le cas, reprises à l'égard des principales questions étudiées. À ces fins, il nous a fallu choisir, c'est-à-dire retenir certaines décisions et en écarter d'autres pour ne pas trop alourdir l'exposé par un apport superflu de détails techniques[178]. Pour mieux saisir la portée de cette procédure, nous rappelons sa fonction propre, sa genèse et ses implications pratiques pour les parties. Puisqu'elle donne accès au régime des rapports collectifs du travail aménagé par le *Code du travail*, nous rappelons qu'il s'agit d'une voie exclusive, en ce sens qu'elle est la seule donnant aux parties des moyens légaux de négociation collective des conditions de travail et pour assurer l'exécution des actes qui en résultent (convention collective, sentence arbitrale)[179]. Ce régime

---

178. Cette mise en garde implique ou rappelle qu'il n'y a pas de « choix neutre ». Les nôtres ne le sont pas davantage. Il va de soi que nous avons retenu et signalé les décisions qui nous paraissent les plus significatives ou qui illustrent au mieux nos propos.
179. Les exceptions et règles particulières sont déjà soulignées (**IV-1**).

général est construit sur des bases visant à la fois la simplicité, la stabilité et la sécurité (les 3 S) à l'aide des unités de personne, de lieu et de temps (les 3 U) que l'on peut résumer comme ci-dessous (**IV-8**).

i) *Le lieu* : Celui de l'entreprise ou de l'une de ses parties (établissement, département, section, etc.) et non un secteur industriel ni une région.

ii) *La personne* : Face à l'employeur de ce lieu de travail, un seul interlocuteur syndical peut être habilité à représenter l'ensemble des salariés visés.

iii) *Le temps* : Bien que les parties ne soient pas formellement tenues de conclure un accord, s'il y en a un, il doit être consigné dans une seule convention collective qui lie nécessairement et pour un temps déterminé ou déterminable ce même ensemble de salariés.

Dans un tel cadre, l'accréditation consiste principalement à identifier l'interlocuteur unique d'une collectivité de salariés. Sur le strict plan juridique, nous proposons une définition provisoire de l'accréditation en tenant compte des règles de droit applicables et du processus qu'elle implique : *Le constat officiel d'une situation de fait, soit le caractère représentatif d'un syndicat à l'égard d'un groupe donné de salariés d'une même entreprise.*

Cette définition souligne que l'opération administrative vise à reconnaître et à affirmer l'existence d'un droit induit d'une situation de fait[180], comme le précise l'article 21 C.t. : le syndicat qui satisfait aux conditions précisées au Code, « a droit à l'accréditation[181] ». Ces coordonnées générales du régime permettent déjà de dégager l'importance pratique de l'accréditation :

— pour l'employeur, qui connaît ainsi son vis-à-vis et sait que ce dernier est le seul représentant légalement autorisé des salariés directement visés et qu'il est légalement tenu de le reconnaître à ce dernier titre (**IV-102**);

---

180. Cette question fut en maintes occasions soulignée par les tribunaux. Voir : *Syndicat catholique des employés de magasins de Québec Inc.* c. *Compagnie Paquet Ltée*, [1959] R.C.S. 206, 214; *Canadian Copper Refiners Limited* c. *Labour Relations Board of the Province of Quebec*, [1952] C.S. 295; *Union des commis de détail (R.C.I.A.) (486)* c. *Cie Singer du Canada Ltée*, [1967] R.D.T. 193 (C.R.T); *De la Chevrotière Ltée (A) C.N.R. Spur* c. *Union des employés de commerce, local 500 R.C.I.A.*, [1971] T.T. 290; *Caisse populaire Sainte-Bernadette* c. *Comité conjoint de l'Union internationale des ouvriers du vêtement pour dames*, [1984] T.T. 343.

181. Le troisième alinéa de l'article 21 C.t. exprime d'ailleurs bien cette situation. Dans une deuxième affaire *Paquet, Association internationale des commis du détail F.A.T.–C.I.O.–C.T.C., local 486* c. *Commission des relations de travail du Québec et Laperrière et Compagnie Paquel inc.*, [1971] R.C.S. 1043, la Cour suprême ordonna l'émission de l'accréditation parce que la C.R.T. avait déjà constaté que le syndicat satisfaisait aux conditions exigibles et ne pouvait, dès lors, lui nier ce droit en raison de l'opposition formelle de certains salariés.

— pour le syndicat, qui devient le seul organisme habilité à représenter l'ensemble des salariés du groupe visé (l'unité d'accréditation) auprès de l'employeur et à négocier avec ce dernier diposant, à ces fins, de plusieurs moyens (**IV-22, 107**);

— pour le salarié, qui connaît ainsi son représentant collectif exclusif (**IV-40, 67**).

IV-44 — *L'influence américaine* — Le rappel historique et politique des décisions législatives prises pour instaurer ce régime d'accréditation permet de mettre en relief le particularisme des règles applicables et de mieux comprendre les choix qui furent alors faits en vue de régir les rapports collectifs en contenant certains effets autrement implacables des lois économiques. L'accréditation, telle que nous la comprenons depuis 1944, fut initialement conçue par le législateur américain au *National Labor Relations Act* ou *Wagner Act de 1935*. Jusqu'alors, on abordait les questions de relations du travail par les lois relatives à la vie économique : liberté de commerce, libre concurrence, liberté de convention, etc. Afin de garantir ces libertés, les tribunaux intervenaient pour briser toute coalition ouvrière, tout comme s'il s'agissait de cartels entre les grands capitaines d'industrie. Les rapports collectifs du travail en cette période de début du siècle, notamment de 1920 à 1935, étaient, disait-on aux États-Unis, sous le régime du *government by injunction*, c'est-à-dire sous l'égide des tribunaux judiciaires[182]. Par le jeu de la loi de l'offre et de la demande, les coalitions ouvrières et les syndicats tentaient d'imposer leur présence par l'effet d'absences stratégiques de salariés. En effet, les salariés devaient souvent faire grève en vue de forcer leurs employeurs à reconnaître leurs représentants collectifs dans la négociation de leurs conditions de travail. Ces grèves dites de reconnaissance syndicale furent nombreuses, souvent féroces et brutales[183]. Dans le cadre de la relance économique (*New Deal*) et grâce à un contexte politique favorable, le législateur américain intervint de manière à contraindre les parties à établir ensemble les conditions de travail dans chaque entreprise et à reconnaître la valeur juridique de leur accord collectif[184]. Cette approche était certes conforme à l'esprit du régime économique américain, bien qu'elle impliquât au préalable l'intervention de l'État pour en permettre l'amorce. À cette fin, le gouvernement américain s'inspira des premières expériences législatives et pratiques concernant l'industrie ferroviaire où l'on avait

---

182. Les tribunaux intervinrent pour maintenir un certain « ordre » dans les rapports collectifs du travail jusqu'à l'avènement en 1932 du *Norris-La Guardia Act*. Voir : Jacob SEIDENBERG, *The Labor Injunction in New-York City 1935–1950*, Ithaca, Cornell University, 1953.

183. On ne peut comprendre le sens historique de l'intervention du législateur américain en 1935 (*Wagner Act*) sans le rappel des expériences meurtrières que connurent les Américains à cette même période et où le droit ne faisait que conforter les titulaires du pouvoir économique. Voir : Calvert MAGRUDER, « A Half Century of Legal Influence upon the Development of Collective Bargaining », (1937) 50 *Harvard L. R.*. 1071.

184. Louis L. JAFFE, « Law Making by Private Groups », (1936) 51 *Harvard L. R.* 201.

déjà emprunté cette voie. Après plusieurs revers, tant au Congrès qu'à la Cour suprême, le législateur américain promulgua, en 1935, le *National Labor Relations Act* ou *N.L.R.A.*[185]. Cette loi comportait principalement l'affirmation du droit des salariés de former des syndicats et de négocier collectivement leurs conditions de travail ainsi que l'obligation pour l'employeur de reconnaître ces syndicats et de négocier avec les représentants syndicaux. À cette fin, un organisme étatique se chargeait de l'identification du syndicat ainsi habilité et du contrôle des pratiques déloyales que pouvait entreprendre l'employeur en vue d'éviter ou de retarder la négociation collective. À la suite de dix années d'expérience de cette loi de 1935 et en raison de nombreuses critiques concernant l'intervention trop directe du National Labor Relations Board (N.L.R.B.), des amendements importants y furent apportés en 1947[186]. Ces retouches législatives sauvegardèrent l'essentiel de la prise de position politique initiale de 1935 à l'égard de la liberté syndicale et du droit à la négociation collective :

> Full freedom of association» and «representatives of their own choosing», under the protection of the Wagner Act, were essential for the free and democratic collective bargaining which Congress believed would promote a healthy economy[187].

IV-45 — *Respect du régime économique* — L'approche américaine contient les rapports collectifs du travail dans le cadre de l'entreprise d'un seul employeur à la fois. Ce choix initial écartait ainsi la négociation par branche sectorielle ou sur une base régionale ou nationale. En d'autres termes, on laissait à chaque entrepreneur la question de la négociation collective des conditions de travail, question considérée comme une partie de la régie interne de l'entreprise. On peut croire qu'un tel choix reposait sur plusieurs facteurs concurrents et longuement considérés, tels :

— le désir partagé par plusieurs d'instaurer une véritable démocratie industrielle, c'est-à-dire où les salariés visés dans chaque milieu de travail participeraient à l'élaboration de leurs conditions de travail;

— la nécessité de respecter les règles fondamentales du régime économique : libre concurrence des entreprises, entrepreneuriat, propriété privée, liberté de convention, etc.;

— la volonté de limiter l'intervention de l'État au minimum indispensable.

---

185. Philip ROSS, *The Government as a Source of Union Power — the Role of Public Policy in Collective Bargaining*, Providence, Brown University Press, 1965, p. 49 à 100 : l'auteur y résume l'histoire du N.L.R.A.

186. Sur les antécédents du N.L.R.A. de 1935 et de la loi de 1947, voir : H. A. MILLIS et E.C. BROWN, *op. cit.*, note 114. L'influence de cette loi de repli de 1947 sur notre *Code du travail* se retrouve encore aux articles 5, 6, 12, 14, al. 2, et 53.

187. H.A. MILLIS et E.C. BROWN, *op. cit.*, note 114, p. 138.

La base fondamentale retenue, l'entreprise, était donc conforme au régime économique du milieu. Il s'agissait tout au plus d'une réforme portant sur la nature des rapports entre les agents économiques en présence dans chaque « unité de production ». Pour suppléer à la négociation individuelle des conditions de travail qui d'ailleurs n'avait pas lieu ou pouvait difficilement se réaliser en milieu industriel, on lui ajoutait un mode collectif. Ce n'est que sur cet élément que l'État intervint à la phase initiale : l'obligation faite à l'employeur visé d'accepter l'intervention des représentants collectifs et d'entretenir des rapports à ce niveau en vue d'établir les conditions de travail applicables dans ce seul milieu préalablement identifié par l'administration publique (N.L.R.B.). Cette approche fit tache d'huile jusqu'au Canada par l'intermédiaire de plusieurs relais et dans un contexte semblable à celui qui servit de terrain de culture aux États-Unis. Ainsi :

— on tentait également au Canada d'assurer une relève économique aux lendemains douloureux de la dépression ;

— les réseaux financiers et d'affaires américains s'étendaient déjà au Canada, notamment pour l'exploitation des matières premières ;

— le mouvement syndical américain pénétrait en territoire canadien ;

— les grands conseillers œuvraient à la fois aux États-Unis et au Canada et plusieurs d'entre eux reçurent leur formation des universités américaines[188].

IV-46 — Loi des relations ouvrières *de 1944* — Parmi les causes circonstancielles de la venue de ce régime de négociation collective du travail, on peut croire que la volonté de tout mettre en œuvre pour assurer une productivité maximale aux fins de la défense nationale (1940) contribua à l'instauration de formules participatives. Tout comme aux États-Unis, le contrôle de l'État sur l'activité économique était alors plus serré, ce qui facilita cette intrusion dans le sacro-saint de l'entreprise privée[189]. Vers 1944, les principales provinces industrialisées du Canada et le gouvernement fédéral étaient déjà dotés d'un régime aménageant les rapports collectifs du travail sur les assises qui avaient cours depuis une décennie aux États-Unis[190]. Avant la *Loi des*

---

188. À titre d'exemple, rappelons que William Lyon MACKENZIE KING fut conseiller de grandes entreprises américaines avant de devenir ministre du Travail puis, premier ministre du Canada de 1921 à 1926, 1926 à 1930 et 1935 à 1948. Il écrivit en 1918 *Industry and Humanity — A Study in the Principles Underlying Industrial Reconstruction*, Toronto, University of Toronto Press, 1973 (réédition).

189. Pierre VERGE, « Bref historique de l'adoption du monopole de la représentation syndicale au Québec », (1971) 12 *C. de D.* 303 ; Gilles TRUDEAU et Diane VEILLEUX, « Le monopole nord-américain de représentation syndicale à la croisée des chemins », (1995) 50 *Rel. Ind.* 9.

190. James Carrothers CAMERON et Frederick John Lenane YOUNG, *The Status of Trade Unions in Canada*, Kingston, Department of Industrial Relations, Queen's Unversity, 1960, p. 65 et suiv.

relations ouvrières de 1944, il n'y avait pas au Québec de loi aménageant la tenue de rapports collectifs du travail[191]. Cette loi de 1944 fut la première intervention québécoise dans ce domaine et fut, en quelque sorte, poussée ou provoquée par les faits[192]. Rédigée dans le creuset de la loi américaine de 1935, elle comprenait quatre dispositions principales :

— Article 4 : Tout employeur est tenu de reconnaître comme représentant collectif des salariés à son emploi les représentants d'une association groupant soixante pour cent desdits salariés et de négocier, de bonne foi, avec eux, une convention collective de travail. Plusieurs associations des salariés peuvent s'unir pour former le pourcentage ci-dessus et nommer des représentants pour fins de négociation collective à telles conditions non incompatibles avec la présente loi qu'elles peuvent juger opportunes.

— Article 5 : Selon les décisions de la commission, l'obligation prévue à l'article précédent incombe à l'employeur envers la totalité des salariés à son emploi ou envers chaque groupe desdits salariés que la commission déclare devoir former un groupe distinct pour les fins de la présente loi.

Si l'employeur est membre d'une association reconnue à cette fin par la commission, cette obligation incombe exclusivement à ladite association envers tous les salariés à l'emploi de ses membres ou envers chaque groupe de tels salariés que la commission déclare devoir former un groupe distinct pour les fins de la présente loi.

— Article 17 : Toute association réunissant au moins vingt salariés ne constituant pas moins de dix pour cent du groupe visé par une convention collective conclue par une autre association a droit d'obtenir de celle-ci une copie de ladite convention et elle a droit de soumettre, au nom de ses membres, à l'employeur, ou à l'association d'employeurs, tout grief résultant d'une violation de la présente loi ou de la convention collective.

---

191. La *Loi des décrets de convention collective* de 1934 se limitait et se limite encore à élargir le champ d'application de l'accord collectif volontaire des parties (**III-516**).

192. M.-L. BEAULIEU, *op. cit.*, note 129; Louis-Marie TREMBLAY, « Le pluralisme de représentation ouvrière au niveau local », (1960) 15 *Rel. Ind.* 325; Jacques ROUILLARD, *Histoire de la C.S.N. 1921–1981*, Montréal, Boréal Express/C.S.N., 1981, p. 111 et suiv.; G. VAILLANCOURT, *op. cit.*, note 7, p. 105 à 122. Le rapport de la Commission d'enquête à la suite d'un conflit intersyndical : les faits qui y sont relatés invoquent bien l'influence américaine et les craintes ressenties pour les parties.

— Article 30 : Cette commission est formée d'un président et de deux autres membres nommés par le lieutenant-gouverneur en conseil et dont il fixe le traitement[193].

La *Loi des relations ouvrières* de 1944 fut amendée à plusieurs reprises au cours de ses vingt ans d'existence formelle[194]. Malgré quatre versions successives d'un projet de loi permettant l'élaboration d'un *Code du travail* en 1964, le régime d'accréditation ne fut pas alors fondamentalement modifié, outre la substitution, en 1969, des commissaires du travail et du Tribunal du travail à la Commission des relations du travail (C.R.T.)[195]. Pour mieux saisir la portée véritable du régime des rapports collectifs du travail, il nous faut mieux comprendre le chemin que doit emprunter un syndicat pour acquérir officiellement le statut d'organe exclusif de représentation d'un groupe de salariés auprès de leur employeur.

---

193. Les règles substantives des articles 4, 5, 17 et 30 se trouvent respectivement dans l'actuel *Code du travail* sous les numéros 53, 21, 68, 72, 112 et suiv. et, bien évidemment, elles connurent bien des retouches d'adaptation, mais non de réels changements radicaux, sauf l'élimination du rôle du syndicat minoritaire (art. 4 à 17... qui ont disparu).

194. Cette loi fut abrogée et remplacée par le *Code du travail* de 1964 (**I-118; III-3**).

195. *Loi modifiant le Code du travail*, L.Q. 1969, c. 48. Voir : Fernand MORIN, « Aperçu général et critique de la *Loi modifiant le Code du travail* », (1969) 24 *Rel. Ind.* 623.

Section 2.2
La procédure d'accréditation

—

IV-47 — *Démarche empruntée* — La démarche générale suivie pour établir le constat officiel de la représentativité suffisante du syndicat comporte un grand nombre d'éléments techniques relativement complexes. Si le syndicat requérant a tout intérêt à une procédure simple et rapide, l'employeur et parfois des syndicats rivaux tentent souvent d'en ralentir le rythme par leurs multiples interventions occultes et publiques. Nous nous arrêtons aux deux temps forts du processus : la détermination du groupe visé que l'on qualifie d'unité d'accréditation appropriée (**s.-s. 2.22**) et le contrôle de la représentativité suffisante du syndicat (**s.-s. 2.23**). En raison du rapport étroit et interdépendant de ces deux mêmes questions, il nous faudrait presque les étudier en même temps et d'un seul trait. En effet, comment déterminer le caractère majoritaire d'un syndicat requérant si l'on ignore l'étendue de la population totale visée, c'est-à-dire le nombre réel de salariés qu'entend ainsi représenter ce même syndicat ? Ne s'agit-il pas de constater si ce sont bien ces mêmes salariés qui sont les membres réguliers du syndicat requérant ou si un nombre suffisant de ces mêmes salariés acceptent d'être représentés par ce syndicat ? Quoi qu'il en soit, les contraintes de l'analyse et de l'exposé exigent de scinder ces questions en deux parties distinctes. Auparavant, il nous faut voir la procédure d'enclenchement de ce mécanisme puisque tout syndicat ne peut s'en réclamer au moment où il prétend à ce titre (**s.-s. 2.21**). À ces fins, il existe une série de conditions préalables de temps, de moyens et de formes exigées pour policer cette démarche et atteindre les trois qualités recherchées : simplicité, stabilité et sécurité (les 3 S) (**IV-2**).

Sous-section 2.21
La requête

IV-48 — *Une procédure ordonnée* — L'accréditation constitue un moyen pour identifier, dans l'ordre et la paix, l'interlocuteur syndical unique de l'employeur à l'égard d'un groupe particulier de ses salariés. Cela sous-entend l'existence de règles qui président à cette fonction, c'est-à-dire un encadrement juridique. En d'autres termes, on ne pouvait permettre qu'un syndicat puisse, à tout moment et à sa seule discrétion, rechercher la consécration de ses prétentions et qu'il puisse à son gré enclencher cette même procédure puis exiger de l'employeur qu'il entame la négociation collective des conditions de travail. Le mécanisme retenu devait aussi pourvoir l'employeur d'une sécurité juridique et pratique dans ce domaine. Ce dernier peut vouloir être assuré que l'interlocuteur déterminé est véritablement le choix des salariés pour qu'il puisse entretenir avec lui des rapports continus et stables. Un régime permettant des changements impromptus d'interlocuteurs syndicaux et dépourvu de garanties quant à l'authenticité des racines du syndicat pourrait être pire que les défauts que l'on voudrait corriger par l'accréditation. Pour ces raisons, on exige que le syndicat dispose des qualités intrinsèques nécessaires à cette fonction et satisfasse à certaines conditions préalables pour valablement soumettre une demande de constat[196]. En d'autres termes, des règles déterminent haut et clair par qui, quand et comment une requête en accréditation peut être valablement présentée et qui officie cette procédure préalable à la négociation collective du travail.

IV-49 — *Syndicat admissible* — Toute association de salariés au sens de l'article 1 a) C.t. est admissible à l'accréditation. Aux fins de cette qualification, le modèle retenu pour la formation d'un syndicat n'importe pas directement puisque, comme nous l'avons vu **(IV-4)**, on s'en tient au résultat. Sans égard à son mode de formation, seul le syndicat constitué exclusivement de salariés et voué totalement à la défense de leurs intérêts peut valablement prétendre à l'accréditation. Le syndicat déjà accrédité à l'égard d'un sous-groupe de salariés de l'entreprise peut aussi demander l'élargissement de l'unité d'accréditation initiale pour représenter, sous le même titre et d'une manière intégrée, d'autres

---

196. *Alliance des professeurs catholiques de Montréal* c. *Quebec Labour Relations Board*, (1953) 2 R.C.S. 140; *Association laurentienne des travailleurs de l'enseignement* c. *Syndicat des travailleurs de l'enseignement des Laurentides*, [1977] T.T. 89; *Syndicat des travailleurs d'usines* c. *Delvista Construction, (1976) Inc.*, T.T. Montréal, n° 500-28-005344-800, le 4 mars 1981, j. Burns; on y précise que l'accréditation ne peut faire l'objet de tractations privées comme s'il s'agissait d'un titre de propriété.

salariés du même employeur[197]. Pour mieux circonscrire cette première condition, considérons quatre situations particulières.

i) Une association formée de tous les membres d'une profession ou de tout un secteur industriel, sans distinction entre salariés, cadres et employeurs, ne pourrait être considérée comme une association de salariés au sens de l'article 1 a) C.t. À titre d'exemples, pensons aux corporations professionnelles (médecins, arpenteurs, avocats, etc.) ou aux associations favorisant la recherche ou la promotion dans tel ou tel domaine et réunissant sous de telles bannières des personnes à statuts divers : professionnels, conseillers, gestionnaires, recherchistes, étudiants, etc.[198]. On notera cependant que l'article 21 *in fine* C.t. confère nommément l'accréditation à deux associations comprenant des cadres et des salariés. À titre exceptionnel, on a voulu alors maintenir des droits déjà acquis sous ce le régime applicable de 1964 à 1969.

ii) Une fédération ou une union de syndicats à laquelle les salariés ne peuvent directement adhérer ne serait pas admissible à l'accréditation. Dans ce cas, les syndiqués ne pourraient participer eux-mêmes aux prises de décisions (art. 20.1 et suiv. C.t.) et ils devraient agir par voie de représentants auprès de la fédération, ce qui est contraire à l'économie générale du Code et ainsi, l'accréditation serait refusée à cette fédération[199].

iii) Le syndicat requérant peut indifféremment être formé pour réunir des salariés d'un même métier ou profession (les électriciens) ou pour tous les salariés d'un secteur industriel (les papetiers) ou d'un secteur ou service d'une entreprise (les caissiers des établissements de Provigo). La structure organisationnelle du syndicat n'importe pas et il n'y a

---

197. *Pouliot* c. *Travailleurs unis du pétrole du Canada*, T.T. Montréal, n° 500-28-000562-793, le 17 décembre 1980, j. Girouard; *Syndicat canadien des travailleurs du papier, section locale 100* c. *Syndicat national des travailleurs de la pulpe et du papier de Kénogami inc.*, précité, note 122.

198. *Jarvis* c. *Associated Medical Services Inc.*, [1964] R.C.S. 497; *Union internationale des employés des services, local n° 333* c. *Nipawin District Staff Nurses Association*, [1975] 1 R.C.S. 382; *Compagnie Paquet Inc.* c. *Auclair*, [1972] C.S. 20; *Association des infirmières de la province de Québec* c. *Hôpital du Sacré-Cœur de Cartierville*, [1947] R.L. 306, 307 (C.R.O.); *Association des gardes-bébés de la province de Québec* c. *Syndicat catholique féminin des employés des Maisons hospitalières de Québec et district*, précité, note 122; *Syndicat des travailleurs d'entreprises, local 105* c. *Union des camionneurs de construction et apprentis mécaniciens d'automobile*, [1991] T.T. 201.

199. *Fédération des professionnels des services administratifs, pédagogiques et personnels des institutions d'enseignement du Québec* c. *Association des professionnels de l'orientation du Québec*, T.T. Québec, n° 75-1135, le 25 février 1976, j. Michaud, bref d'évocation refusé : [1978] R.P. 220 (C.S.). Par ailleurs, l'association Au bas de l'échelle, qui ne retient pas la négociation collective au nombre de ses moyens de défense des intérêts des salariés, n'a pu être qualifiée d'association de salariés au sens du *Code du travail*. Voir : *Belson* c. *Barnoff*, précité, note 122.

aucune obligation à ce qu'il existe un rapport direct entre les dimensions et les caractéristiques du groupe visé par l'accréditation et la structure du syndicat requérant[200].

iv) On voit parfois des syndicats initialement formés par des salariés d'un même métier, profession ou secteur industriel qui élargissent, selon les circonstances de temps et de lieu, leur champ initial d'activités pour représenter d'autres groupes de salariés. Pour des raisons historiques, il y eut au Québec des syndicats formés pour représenter les « institutrices laïques » de tel comté ou région qui furent par la suite accrédités pour représenter tous les enseignants de cette région, sans égard au sexe ni à leur statut religieux. On connaît également des syndicats de soutien, de machinistes ou de métallurgistes qui représentent des commis de bureau, des employés d'hôtellerie, de boulangerie, etc. Sous réserve des trois points précédents, la constitution formelle du syndicat et encore moins, le nom du syndicat ne peuvent faire obstacle à son admission à l'accréditation vis-à-vis des groupes apparemment étrangers. Il s'agit d'abord et avant tout de savoir si ces nouveaux groupes de salariés désirent être représentés par ces syndicats et qu'ils le manifestent par leur adhésion ou, s'il y a lieu, à l'occasion d'un scrutin **(IV-67)**. En second lieu, il faut savoir si ces salariés y sont régulièrement et librement admis comme membres à part entière. Aux fins de l'accréditation, il suffit qu'ils soient syndiqués ou qu'ils puissent le devenir, en fait ou en droit, au sens des prescriptions générales et uniformes du *Code du travail* (art. 36.1 C.t.) : « [...] l'agent d'accréditation, le commissaire du travail ou le tribunal ne doivent tenir compte d'aucune autre condition exigible selon les statuts ou règlements de cette association de salarié[201] ».

Dès que l'authenticité du syndicat est valablement attaquée, par la voie d'une plainte fondée sur l'article 12 C.t., son admissibilité à l'accréditation doit être vérifiée. Le libellé de l'article 31 C.t. indique clairement qu'un syndicat doit alors faire l'objet d'une requête préalable à la procédure d'accréditation

---

200. Parfois, les personnes non averties croient qu'à une unité d'accréditation doit correspondre un syndicat distinct. Il arrive souvent que l'on trouve cette coïncidence, mais cette situation provient de la volonté des salariés et ne répond pas à une obligation légale. Il est fréquent qu'un syndicat formé sur la base d'un métier soit titulaire de plusieurs accréditations pour représenter des salariés de diverses entreprises concurrentes ; c'est le cas du Syndicat des métallurgistes unis d'Amérique et de bien d'autres. De plus, ce même syndicat pourrait aussi être accrédité pour représenter divers autres groupes de salariés : chauffeurs de camion, commis de bureau. Ainsi, des syndicats d'infirmières sont affiliés à la C.E.Q., etc.

201. Cette précision apportée au *Code du travail* en 1977 eut l'effet d'écarter la jurisprudence d'alors qui allait en sens contraire, notamment : *Metropolitan Life Insurance Company* c. *International Union of Operating Engineers, local 796*, précité, note 119 ; *Association internationale des machinistes et travailleurs de l'aéroastronautique* c. *Union des employés d'hôtels et clubs, local 382*, précité, note 122.

puisqu'une violation de l'article 12 C.t. rendrait le syndicat inadmissible à l'accréditation, peu importe par ailleurs toutes ses autres autres qualités. L'importance de cette question est bien indiquée par le fait que le commissaire du travail peut la soulever de son propre chef (**IV-73**). Le caractère impératif et précis du libellé de ces modalités (art. 12, 31, 36.1 C.t.) révèle bien l'importance donnée à l'authenticité exigée du syndicat requérant. Cette qualité est nécessaire pour recevoir ce statut et aussi, pour le conserver. Outre ces qualités intrinsèques fondamentales exigées du syndicat, ce dernier doit également respecter d'autres conditions de forme et de temps pour acquérir l'accréditation.

IV-50 — *Première requête* — Lorsqu'il n'y a pas de syndicat accrédité à l'égard d'un groupe de salariés, aucune restriction n'est imposée quant au moment où un syndicat peut demander que l'on procède au constat officiel de sa représentativité (art. 22 a) C.t.). D'un point de vue pratique, le syndicat entame cette démarche quand il est relativement certain qu'il jouit, d'une manière ou d'une autre, de l'appui de la majorité des salariés visés. L'avis public d'une telle requête produit souvent des effets-chocs auprès des intéressés, aussi convient-il d'agir, du point de vue stratégique, avec prudence, sagesse et perspicacité. D'ailleurs, un essai trop prématuré ou sur une base représentative fragile peut produire divers contrecoups pratiques et même juridiques, notamment le respect d'un délai de carence de trois mois (art. 40 C.t.). Dans ce cas, c'est-à-dire s'il s'agit d'un groupe de salariés pour lequel aucune accréditation ne fut préalablement émise, le dépôt d'une première requête suspend le droit d'un autre syndicat de faire pareil dépôt à l'endroit du même groupe, et ce, jusqu'à ce qu'une décision soit rendue à l'égard de la première requête (art. 22 a), 27.1 C.t.)[202]. Cette dernière réserve édictée à l'article 27.1 C.t. en 1983 vise ainsi à éviter des conflits intersyndicaux et à rendre plus expéditive la procédure d'accréditation[203]. Il serait encore difficile de savoir si ces deux objectifs particuliers sont réellement atteints et nous demeurons sceptiques même au sujet de l'opportunité d'une telle technique en raison des effets pervers appréhendés.

---

202. *Syndicat des professionnels et des techniciens de la santé du Québec* c. *Syndicat des travailleurs(euses) du C.L.S.C. Haute-Yamaska*, [1984] T.T. 154; *Ferme Carnaval Inc.* c. *Union des employés de commerce, section locale 500*, [1986] T.T. 41; *Villa Sainte-Geneviève (1986) inc.* c. *Syndicat des salariés de la Villa Sainte-Geneviève*, [1988] T.T. 36; *Jeno Newman & fils inc.* c. *Tribunal du travail et al.*, [1994] R.J.Q. 2321 (C.S.).

203. La règle ainsi imposée à l'article 27.1 C.t. est parfois identifiée comme celle du guichet fermé ou, pourrions-nous dire, celle du premier arrivé, premier servi (PAPS) : *Loi modifiant le Code du travail et diverses dispositions législatives*, L.Q. 1983, c. 22, art. 13. Alors qu'il s'agissait de savoir si cette disposition limitait trop l'activité syndicale affirmée à l'article 3 C.t., le Tribunal du travail déclara que l'article 27.1 C.t. ne contrevenait pas aux chartes. Voir : *Association des employés de Pyradia Inc.* c. *Pyradia Inc.*, [1988] T.T. 32; *Association des salariés d'autobus B. Dion (Windsor) ltée* c. *Union des chauffeurs de camion, hommes d'entrepôts et autres ouvriers, local 106*, [1991] T.T. 58.

i) Par mesure préventive ou offensive, un syndicat pourrait déposer une requête pour une infime « partie » d'un petit groupe de salariés ne constituant pas encore une unité d'accréditation et alors, tout autre syndicat devrait attendre que cette première affaire soit tranchée avant de déposer valablement une requête (art. 22 a), 27.1, 40 C.t.).

ii) À l'instigation de l'employeur, une association « sympathique » pourrait prendre pareille initiative d'un premier dépôt d'une requête en accréditation et ainsi bloquer ou retarder l'arrivée d'un véritable et authentique syndicat. Cette collusion serait d'autant plus efficace que ces mêmes parties peuvent s'entendre au sujet de l'unité appropriée (art. 28 C.t.). Cette méthode douce et non coûteuse peut par ailleurs retarder la véritable négociation collective des conditions de travail.

Compte tenu des difficultés pratiques de l'application des articles 22 a) et 27.1 C.t. et qu'une deuxième requête peut facilement être écartée sous ce chef, le délai de carence de trois mois (art. 40 C.t.) ne s'applique pas, dans ce cas, à l'égard de ce deuxième requérant. Il est vrai que cet assouplissement réduit quelque peu les craintes que nous nourrissons.

IV-51 — *Requête à des périodes différentes* — Lorsqu'un syndicat est déjà accrédité à l'égard d'un groupe de salariés, tout autre syndicat peut aussi, dans des périodes prédéterminées respectivement de 30 jours chacune, valablement prétendre à le remplacer. Ces périodes fixes de possibles remises en cause sont arrêtées en fonction, s'il y en a une, de la durée de la convention collective et, à défaut, de la durée de son absence depuis l'accréditation. Ces différentes situations font l'objet de quatre autres paragraphes à ce même article 22 C.t., que nous voulons ainsi synthétiser :

1re situation (art. 22 b. 1) C.t.) : Le syndicat est accrédité depuis douze mois et aucun événement caractéristique n'a eu lieu : absence d'arbitrage de différends (**IV-106**), de grève, de lock-out (**IV-115**) et de convention collective déjà conclue. Le législateur crut alors nécessaire de retenir la possible revendication d'un autre syndicat comme un antidote à la léthargie ou à la somnolence apparente du syndicat accrédité ou, peut-être, pour libérer les salariés d'une connivence tacite ou recherchée entre les parties alors en place[204]. Malgré cette

---

204. L'article 22 b.1) C.t. illustre la dynamique conflictuelle implicite de ce régime. Voir : *Pyrofax Gas Ltd.* c. *Syndicat international des travailleurs des industries pétrolière, chimique et atomique, local 9-618*, [1971] T.T. 252; *Infirmières et infirmiers unis inc.* c. *Syndicat des employés du Centre local des services communautaires Hochelaga-Maisonneuve*, [1975] T.T. 185; *Union des vendeurs d'automobiles et employés auxiliaires, local 1964* c. *Mont-Royal Ford Ventes Ltée*, [1979] T.T. 37; *City Buick Pontiac (Montréal) Ltée* c. *Union des vendeurs d'automobiles et employés auxiliaires, local 1974 (R.C.I.A.)*, [1979] T.T. 66; *Syndicat des salariés du Château Bonne-Entente (C.S.N.)* c. *Union des employés de restauration du Québec, local 102*, [1983] T.T. 408.

possible intervention d'un syndicat tiers sur le plan juridique, la situation prati-que peut être tout autre si les parties négocient vraiment et qu'elles ont besoin de plus de douze mois pour rechercher ensemble une solution mutuellement acceptable, puisque le rythme de la négociation dépend de leur commune volonté (**IV-95**). Si telle est la véritable situation de fait, il pourrait être diffi-cile, en pratique, à un deuxième syndicat de soumettre avec succès une requête en accréditation au moment où les parties sont en pareille situation de négocia-tion au su et au vu des salariés. Ces derniers n'ayant alors aucun intérêt à tenter un tel « flirt syndical », tel événement s'expliquerait plutôt, croyons-nous, par un conflit interne.

2ᵉ situation : (art. 22 c) C.t.) : Il s'agit d'un cas semblable à la première situation, mais les absences apparentes surviennent alors que la convention collective est expirée depuis déjà neuf mois. Dès lors, un autre syndicat peut valablement présenter une requête en accréditation[205].

3ᵉ situation (art. 22 d) C.t.) : Dans tous les cas où les parties sont liées par convention collective d'une durée de trois ans ou moins, un autre syndicat peut valablement présenter sa requête en accréditation entre le 90ᵉ et le 60ᵉ jour précédant son expiration. Cette situation touche aussi tous les cas où les conditions de travail furent arrêtées par voie d'une sentence arbitrale de diffé-rend (art. 92, 99.8 C.t.) (**IV-142**).

4ᵉ situation (art. 22 e) C.t.) : Dans les cas d'une convention collective de longue durée, soit de plus de trois ans, le législateur n'a pas voulu s'en remettre à la seule règle du paragraphe d) (3ᵉ situation), c'est-à-dire attendre presque l'arrivée du terme d'une telle convention. La dynamique démocratique impo-sait qu'une remise en cause soit possible à un rythme plus rapide, et c'est pour-quoi la substitution du syndicat signataire de la convention collective encore en vigueur est exceptionnellement possible[206]. À ces fins, on divise les conven-tions collectives de longue durée en deux sous-catégories :

— celle dont la durée est de plus de trois ans, mais de moins de six ans : la requête d'un autre syndicat est alors recevable entre le 180ᵉ et le 150ᵉ jour précédant son expiration ;

---

205. Techniquement, il se peut qu'un syndicat puisse renouveler en peu de temps sa tentative d'accréditation puisqu'il aurait pu, douze mois auparavant, faire un premier essai en vertu du paragraphe d) du même article 22 (3ᵉ situation). Voir : *Rénovaprix inc.* c. *Travailleurs et travailleuses unis de l'alimentation et du commerce, local 502*, [1995] T.T. 187 ; *Réno-vaprix inc.* c. *Travailleurs et travailleuses unis de l'alimentation et du commerce, local 502*, [1995] T.T. 187.

206. Sur le phénomène nouveau de convention collective de longue durée, voir : E. CANTIN et R. SHAWL, « La durée des conventions collectives », dans *Le marché du travail*, juillet–août, 1995, p. 9 ; Reynald BOURQUE et Guylaine VALLÉE, « Ententes de partenariat ou en-tentes de longue durée ? Inventaire et analyse juridique », dans *Info-ressources humaines*, février–mars 1994, p. 16.

— celle où les conventions collectives sont d'une durée de six ans ou plus : la première occasion se situe entre le 180e et le 150e jour précédant le 6e anniversaire de la convention collective et ensuite, précédant chaque 2e anniversaire subséquent si la période résiduelle de la convention collective après un tel anniversaire est de douze mois ou plus[207].

IV-52 — *Calcul des délais* — Ces limites et réserves ont pour but d'empêcher que soit autrement perturbée la tenue de rapports collectifs du travail déjà en place par la venue subreptice d'un autre interlocuteur syndical. De telles restrictions permettent à la fois d'assurer aux parties déjà en présence (employeur et syndicat accrédité) une sécurité juridique en sachant qu'elles ne peuvent valablement être distraites par l'arrivée impromptue d'un tiers et aussi, d'informer tous les intéressés (les parties actuelles comme les prétendants) que la subrogation ou la révocation ne peut être possible (art. 41, 43, 61 C.t.). Compte tenu de ces derniers objectifs, qui sont essentiels à ce régime des rapports collectifs du travail, il va de soi que ces délais soient d'application impérative[208]. Lorsque la période de 30 jours est déterminée en fonction de la fin de la convention collective, il importe que cette dernière date soit bien déterminée. En cas de doute, le commissaire du travail est habilité à trancher cette question (art. 52.2 *in fine* C.t.). Notons que le prolongement de la durée initiale de la convention collective du travail, à l'aide d'une entente complémentaire entre les parties, ne pourrait affecter le droit des tiers à présenter cette requête en accréditation au temps initialement fixé[209]. Sur le

---

207. Les difficultés pratiques et juridiques qui résultent de cet article 22 e) furent déjà signalées par Isabelle VAILLANCOURT, « Étude des implications juridiques et pratiques des modifications apportées à la procédure d'accréditation en 1994 » (essai présenté pour l'obtention du grade de maîtrise en droit), Faculté de droit, Université Laval ; Fernand MORIN et Jean-Yves BRIÈRE, *Critique de la* Loi modifiant le Code du travail, Farnham, Publications CCH/ FM ltée, 1994.

208. *Premier Meat Packers Ltd.* c. *Travailleurs unis des salaisons et autres denrées alimentaires, local 723*, [1970] T.T. 346 ; *Syndicat national des métiers de la construction des Cantons-de-l'Est (C.S.N.)* c. *Syndicat des travailleurs spécialistes de Sintra (C.S.D.)*, [1975] T.T. 252 ; *Association des employés de Skiroule-Wickham* c. *Métallurgistes unis d'Amérique, local 7765*, [1975] T.T. 412 ; *Association des techniciens en diététique du Québec Inc.* c. *Centre hospitalier de Matane*, [1979] T.T. 127 ; *Association professionnelle des paramédicaux du Québec* c. *Syndicat des employés de l'Institut Roland Saucier (C.S.N.)*, [1979] T.T. 165 ; *Cinémas Odéon Ltée* c. *Union canadienne des travailleurs unis des brasseries de la farine des céréales et des liqueurs douces et distilleries, local 303*, [1981] T.T. 207.

209. *Gagné* c. *La Brique Citadelle Ltée*, [1955] B.R. 394 ; *Syndicat canadien des travailleurs du papier* c. *Union des bûcherons et employés de scieries de la Fraternité unie des charpentiers et menuisiers d'Amérique*, [1977] T.T. 276 ; *Ambulance S.O.S. Enr.* c. *Rassemblement des employés techniciens ambulanciers du Québec*, [1984] T.T. 359, commenté par Fernand MORIN, « Les tenants et aboutissants de la convention collective », (1985) 40 *Rel. Ind.* 371. Voir aussi : *Syndicat des employés de l'imprimerie Veilleux Ltée* c. *Syndicat international des arts graphiques, local 509*, [1984] T.T. 4 ; *Conseil conjoint québécois de l'Union internationale des ouvriers du vêtement pour dames* c. *Ateliers Laudia inc.*, D.T.E. 87T-376 (T.T.).

strict plan de la technique juridique, on ne saurait affirmer que ces quatre paragraphes de l'article 22 C.t. règlent parfaitement toutes les situations qui peuvent se présenter, compte tenu de leur complexité intrinsèque ou encore, des intérêts concurrents des parties en présence. Il revient au commissaire du travail et au Tribunal du travail de départager afin d'assurer la stabilité des rapports collectifs du travail, la sécurité juridique des parties et aussi, la liberté syndicale comprenant le libre choix du représentant collectif et d'un seul à la fois, etc. Parce qu'il peut être difficile ou délicat d'y voir clair, on aborde ces questions avec rigueur en s'appuyant fortement sur la lettre de la loi, notamment lorsque les questions suivantes sont soulevées :

— la date réelle de l'accréditation du syndicat en place : point d'ancrage pour le calcul des délais applicables ;

— le cas du renouvellement de la convention collective par un nouvel employeur au sens et en raison de l'article 45 du *Code du travail* **(IV-88)**[210] ;

— la détermination de la date d'échéance de la convention collective lorsqu'on n'y précise que sa durée totale, alors que sa date de tombée peut varier selon les imprécisions que l'on connaît quant aux effets de la période dite de rétroactivité[211] ;

— la validité des conventions collectives conclues avant le 19 mai 1994, mais non nécessairement visées à l'article 37 de la *Loi modifiant le Code du travail* sanctionnée le 19 mai 1994.

Lorsque la décision en révocation d'une première accréditation est en appel ou en révision **(IV-76)**, il peut être aussi difficile d'établir le moment où une autre requête en accréditation serait valablement déposée[212]. Selon le paragraphe e), l'accréditation pourrait survenir au cours du terme d'une convention collective de longue durée, ce qui est un phénomène tout à fait nouveau dans notre régime, et alors le syndicat nouvellement accrédité pourrait mettre fin à cette même convention, comme le lui permet l'article 61 du *Code du travail*. D'ailleurs, l'amendement apporté en 1994 à l'article 61.1 C.t. confirmerait *a contrario* cet entendement. Il est aussi évident que ces nouvelles modalités apportées à l'article 22 C.t. comportent des implications pratiques, notamment à l'égard de l'article 41 C.t. (révocation de l'accréditation) **(IV-81)**, de l'article 42 C.t. relatif à la suspension de la négociation **(IV-74)**, de l'article 51.2 concernant la présomption de l'avis de négociation, de l'article 58 qui traite d'acquisition du droit de grève et de lock-out à une date fixe

---

210. *Syndicat de la ville de Brossard* c. *Les services d'entretien Fany inc.*, [1995] T.T. 423.
211. *Ambulance S.O.S. enr.* c. *Rassemblement des employés techniciens ambulanciers du Québec*, précité, note 209.
212. *Alliance des employés du supermarché Dunant inc.* c. *Union des employés de commerce, local 504*, [1987] T.T. 241.

(**IV-115**) et enfin, des articles 107 et 109.1 concernant le fait de grève et de lock-out (**IV-108**). Ces différentes problématiques induites du nouvel article 22 C.t. sont vues et analysées au titre et paragraphes indiqués.

IV-53 — *L'état de l'entreprise* — Un syndicat peut-il présenter une requête sans égard à la phase d'exploitation où peut se situer l'entreprise : mise en place initiale, période d'activités extraordinaires ou de déclin approchant une fin probable, etc. ? À ces occasions exceptionnelles ou provisoires, le nombre et le statut des salariés alors en fonction peuvent varier et les conditions ambiantes être tout à fait différentes de ce qu'était ou pourrait être la situation régulière. Ne peut-on retrouver, dans ces occasions, de nombreux salariés spécialisés retenus seulement pour le rodage de l'équipement, un personnel occasionnel, temporaire ou surnuméraire, etc.[213] ? Le *Code du travail* ne donne aucune indication à ce sujet ni le règlement d'application[214]. Pour cette raison, nous croyons que la décision de la Cour suprême du Canada portant sur une semblable situation pourrait utilement servir de guide alors que le plus haut tribunal confirma une décision rendue en Saskatchewan établissant qu'à cette époque (la phase initiale de l'entreprise), il n'y avait pas un nombre suffisamment important de salariés en place par rapport au total des employés devant être embauchés[215]. Notons cependant que les commissaires du travail n'ont pas encore suivi cette approche et qu'ils se limitent à ne considérer que la situation présente au moment de la requête[216]. Une dernière réserve relative au temps où un syndicat peut valablement présenter une requête est imposée à l'article 40 C.t. Un syndicat n'est pas admissible à l'accréditation, pour une période de trois mois, depuis le rejet de sa requête ou du moment de son désistement. Ce délai de carence empêche un syndicat de faire un premier essai pour profiter de l'événement afin de recruter des membres et devenir ainsi suffisamment représentatif dans un deuxième essai. De telles méthodes de recrutement à l'égard des salariés et de harcèlement vis-à-vis de l'employeur sont bannies ou, du moins, sévèrement sanctionnées[217].

---

213. *Union of Canadian Fashion Workers (C.S.N.)* c. *Canada Fashion Reg'd*, [1977] T.T. 113.
214. Il n'existe qu'une règle d'exception applicable seulement à l'industrie de la forêt. Voir : *Règlement sur l'accréditation dans les exploitations forestières et sur les permis d'accès à des campements forestiers*, R.R.Q., 1981, c. C-27, r. 1; *Fraternité unie des charpentiers et menuisiers d'Amérique* c. *Howard Bienvenu Inc.*, [1983] T.T. 116; Rita R. POTHIER, « L'accréditation syndicale des travailleurs en forêt », dans *Le marché du travail*, septembre 1986, p. 72.
215. *Noranda Mines Ltd.* c. *Labour Relations Board of the Province of Saskatchewan*, [1969] R.C.S. 898, 904. Pour appuyer cette approche, le juge Martland disait : « That the Board should consider this factor in cases of this kind, in the interests of employees, seems to me to be logical. [...]. The selection of a union at that early stage could be more readly subject to the influence of an employer. »
216. *Cie Price Ltée* c. *Syndicat des employés de la scierie Price Péribonka*, [1975] T.T. 309.
217. *Syndicat indépendant Weldco* c. *Weldco inc.*, [1986] T.T. 360; *Jardin Super Frais inc.* c. *Syndicat des employés(es) de Consomat (C.S.N.), Le Jardin Super Frais inc.*, D.T.E. 92T-115 (T.T.).

IV-54 — *Le coup d'envoi : une requête* — Le syndicat enclenche la procédure d'accréditation au moyen d'une requête adressée au commissaire général du travail. À cette fin, une formule simple est mise à la disposition du requérant sans qu'il soit cependant tenu de s'y astreindre ou même de l'utiliser[218]. Outre les prescriptions du Code (art. 25 et 26 C.t.), il serait difficile de reprocher au requérant de ne pas avoir donné tous les renseignements nécessaires alors qu'il aurait dûment rempli pareille formule qui fut élaborée en tenant compte de la pratique et de l'expérience ayant cours depuis des décennies. Tel est sans doute un des avantages de l'usage de cette formule. Notons aussi que le règlement sur l'exercice du droit d'association précise, à son article 9, les données que l'on devrait trouver dans la requête et les documents qui l'accompagnent :

— le nom de l'association requérante ;

— une description de l'unité d'accréditation recherchée ;

— le nom de l'employeur et l'adresse des établissements visés ;

— une copie de la résolution du syndicat autorisant ses dirigeants à présenter cette requête (**IV-55**) ;

— les formules d'adhésion remplies selon l'article 36.1 b) C.t. ou leurs copies jointes à la requête[219].

Ces éléments résultent, plus ou moins directement, des prescriptions mêmes que l'on trouve à l'article 25 C.t. Le requérant peut, sur autorisation, modifier, par voie d'amendement, sa requête initiale, pourvu qu'il ne s'agisse pas de modifications substantielles qui en changeraient autrement la nature (art. 151 C.t. ; art. 38 du règlement)[220]. D'une façon chronologique, le dépôt d'une requête en accréditation pourrait comprendre, en amont et en aval, la séquence suivante :

— rédaction d'un projet de requête comprenant les renseignements exigibles (les quatre points précédents) ;

---

218. *Règlement sur l'exercice du droit d'association conformément au Code du travail*, R.R.Q., 1981, c. C-27, r. 3. et amendements. Cette formule précise, à toutes fins utiles, l'ensemble des données que l'on doit y trouver. Si elle fut soustraite du règlement, il n'en demeure pas moins que son contenu est indicatif des données à fournir (art. 40 du règlement); *Caisse populaire Ste-Agathe-des-Monts* c. *Ass. des travailleurs de l'industrie et du commerce, local 614*, [1990] T.T. 187.

219. Par une modification apportée en 1986, on précisa à l'article 25 C.t. que le dépôt des copies suffisait (*Loi modifiant le Code du travail*, L.Q. 1986, c. 36, art. 1). Avant cette précision, certains juges du Tribunal du travail exigèrent le dépôt des originaux. Voir : *Tripar Inc.* c. *Vitriers travailleurs du verre, local 1135*, [1985] T.T. 431; *Travailleurs unis de l'alimentation et du commerce, local 501* c. *Bourgeois*, [1991] R.J.Q. 951 (C.A.).

220. *Corporation Cadillac Fairview Ltée* c. *Vassart*, [1983] C.S. 111; *Union of Canadian Fashion Workers (C.S.N.)* c. *Canadian Fashion Reg'd*, précité, note 213; *Poly Expert inc.* c. *Métallurgistes unis d'Amérique, local 8990*, [1988] T.T. 335.

— autorisation du syndicat accordée par l'organe décisionnel compétent et donnée par voie de résolution pour habiliter ses dirigeants à entreprendre cette action (moyen d'expression juridique d'un groupe)[221] ;

— signature de la requête par les représentants expressément mandatés du syndicat ;

— requête adressée au commissaire général du travail (art. 151 C.t.) par toute voie d'expédition et comprenant copie de l'autorisation ; cette requête doit, à sa face même, être conforme aux prescriptions de l'article 25 C.t.[222] ;

— expédition d'une copie de la requête à l'employeur par le commissaire général du travail ;

— dans les cinq jours de la réception de cette copie, affichage par l'employeur de la liste des salariés apparemment visés par la requête et mention de leur fonction respective, puis transmission immédiate de cette liste au syndicat requérant ;

— mise à la disposition du public d'une copie de la requête au bureau du ministère du Travail (art. 27 C.t.) ;

— dépôt des statuts et règlements du requérant sur demande expresse du commissaire général du travail ou du commissaire du travail saisi du dossier, après le dépôt de la requête (point v)[223].

Ces paraphrases des articles 25, 26 et 27 C.t. permettent de constater les divers moyens retenus de manière que l'opération s'effectue au vu et au su de tous les salariés, employeurs et tiers[224].

IV-55 — *Deux questions* — Cette démarche initiale soulève deux questions particulières : celle de l'autorisation préalable et celle de la description de l'unité d'accréditation recherchée. Bien que le libellé de l'article 25 C.t. ne

---

221. Il y a 40 ans, cette question de l'autorisation par l'assemblée générale des syndiqués fit l'objet d'un grand débat. Voir : *Eddy Co.* c. *Commission de relations ouvrières de la province de Québec*, [1958], précité, note 156 ; *Syndicat des cadres des hôpitaux de la région de Montréal C.S.N.* c. *Hôpital du Sacré-Cœur de Montréal*, [1983] C.A. 144 ; *Syndicat des travailleurs forestiers de Lower Mattawin (F.T.P.F.–C.S.N.)* c. *Syndicat des travailleurs forestiers de Québec-Nord (F.T.F.Q.)*, [1980] R.J.Q. 2243 (C.S.).

222. Copie de la résolution peut être transmise après le dépôt de la requête si toutefois elle fut prise conformément (art. 151 C.t.). Voir : *Syndicat des cadres des hôpitaux de la région de Montréal (C.S.N.)* c. *Hôpital du Sacré-Cœur*, T.T. Montréal, n° 500-28-001092-774, le 7 décembre 1979, j. Brière ; *Rodrigues* c. *Bibeault*, [1986] R.J.Q. 2243 (C.S.)

223. Rien n'empêche un syndicat de joindre ces documents à sa requête, bien qu'il ne soit pas tenu de prendre pareille initiative.

224. Bien que tous soient ainsi informés de la mise en branle de la procédure, certains seulement sont autorisés à intervenir à titre de parties intéressées (**IV-57**).

soit pas très clair à ce sujet, l'autorisation requise vise le syndicat en ce qu'il doit mandater expressément ses représentants d'entreprendre pareille démarche[225]. En d'autres termes, cette prescription ne signifie nullement que l'assemblée générale des membres du syndicat doive, dans le cadre d'une réunion dûment convoquée à cette fin, autoriser la présentation d'une requête comprenant déjà d'une façon précise les données exigées. La Cour suprême du Canada rappela précisément que cette requête est celle du syndicat-institution et non celle d'un groupe de salariés[226]. En d'autres termes, le syndicat doit se commettre expressément et directement en autorisant, selon son processus interne et habituel de décision, ses représentants au dépôt de cette requête. Il ne peut par ailleurs laisser à la seule discrétion de ses représentants, la décision d'entreprendre ou non cette démarche[227]. La description de l'unité d'accréditation retenue à la requête ne lie pas le syndicat au point que cette requête serait rejetée s'il n'y avait pas parfaite coïncidence avec celle ultérieurement retenue par le commissaire du travail. Une telle coïncidence ne saurait être logiquement exigée. En effet, un syndicat ne peut préciser avec certitude l'unité d'accréditation que pourrait retenir le commissaire du travail ou encore, celle constitutive de l'accord éventuel des parties (**IV-59 et suiv.**). L'article 32, alinéa 1, C.t. modifié en 1983 précise maintenant que le commissaire du travail « peut modifier l'unité proposée par l'association requérante », ce qui sous-entend que la requête demeure néanmoins valablement présentée malgré l'écart réel entre l'unité recherchée selon la requête et celle finalement retenue par le commissaire du travail. Le dépôt de la requête en accréditation rend l'affaire publique et enclenche une enquête de la part du commissaire du travail ou, selon le cas, de l'agent d'accréditation (**IV-56**). Cette première démarche produit également un certain nombre d'effets juridiques et pratiques importants pour les autres intéressés, notamment ceux qui suivent.

i) Dès ce dépôt, il incombe au commissaire général du travail de confier l'affaire à un agent ou à un commissaire (art. 28 C.t.).

ii) L'employeur ne peut dès lors modifier seul les conditions de travail alors appliquées (art. 59 C.t.) (**IV-85**).

---

225. La résolution et la requête doivent impérativement être signées par les dirigeants mandatés. Voir : *Rodriges* c. *Bibeault et Syndicat des travailleurs en communication, électronique, électricité, techniciens et salariés du Canada*, [1986] R.J.Q. 2243 (C.S.); *Fraternité canadienne des cheminots, employés de transports et autres ouvriers, section locale 227* c. *Syndicat démocratique des salariés du Château Frontenac*, D.T.E. 92T-1408 (T.T.); *Sérigraphie Richford inc.* c. *Syndicat canadien des communications, de l'énergie et du papier, section locale 145*, D.T.E. 96T-834 (T.T.).

226. Voir : l'arrêt *Paquet*, précité, note 181; *Saindon* c. *Union des employés de commerce, local 5045*, [1979] T.T. 61, 64.

227. *Syndicat des travailleurs forestiers de Lower Mattawin (F.T.P.F.–C.S.N.)* c. *Syndicat des travailleurs forestiers de Québec-Nord (F.T.F.Q.)*, précité, note 221.

iii) L'évaluation qualitative du caractère représentatif du syndicat s'effectue en fonction de la situation des parties au jour du dépôt de la requête (art. 36.1 C.t.)[228].

iv) La requête comporte implicitement une demande, s'il y a lieu, de révocation de l'accréditation du syndicat déjà en place, du moins pour le groupe de salariés compris dans l'unité finalement retenue (art. 43 C.t.) **(IV-81)**[229].

v) La liste des salariés visés par la requête telle qu'elle a été dressée par l'employeur (art. 25, al. 2, C.t.) permet au syndicat requérant de constater lui-même son propre caractère représentatif puisqu'il connaît le nombre réel de ses membres. Cette information peut aussi servir d'assise aux fins de l'application de l'article 47 C.t. (contribution financière) qui prend effet à compter de l'accréditation au sujet de laquelle l'employeur se doit de rendre compte **(IV-22)**.

IV-56 — *Commissaire ou agent* — Bien qu'il s'agisse d'un droit acquis sur la base d'une situation de fait, le syndicat ne peut exercer son rôle auprès de l'employeur avant la réception du constat officiel de sa représentativité par le commissaire du travail ou l'agent d'accréditation **(IV-61)**. Soulignons que ces derniers disposent d'une compétence exclusive par une attribution directe conférée par le *Code du travail* et nullement par la voie d'une sous-délégation du ministre (art. 21 C.t.) **(IV-6)**. Le Tribunal du travail a compétence en matière d'accréditation et autres questions afférentes par voie d'appel des seules décisions finales du commissaire du travail et aucunement de celles de l'agent **(IV-76)**[230]. Sur réception d'une requête en accréditation, le commissaire général du travail y assigne, selon les qualités du dossier dont il est saisi, soit un agent à l'accréditation, soit un commissaire du travail (art. 28 C.t.). Depuis cette répartition administrative et sous réserve des situations visées aux articles 23.1 et 29 C.t., le commissaire du travail ou, selon le cas, l'agent d'accréditation **(IV-61)** saisi de l'affaire en devient le titulaire exclusif.

i) Les articles 24 et 151, alinéa 2, C.t. précisent bien que toute demande ou autre procédure afférente doit depuis lui être adressée.

---

228. *Auberge la Renaissance Inc.* c. *Syndicat des travailleurs de l'hôtel Howard Johnson (C.S.N.)*, [1968] T.T. 135. Dans l'affaire *Supermarché Reid et Frères Inc.* c. *Galipeau*, [1981] C.A. 151, la Cour d'appel laissa entendre que cette date pourrait être reportée, s'il y a lieu, à celle du dépôt de l'amendement à la requête.

229. *Union typographique de Québec, local 302* c. *Syndicat des employés de bureau du Saguenay (C.S.N.)*, [1978] T.T. 222; *Syndicat des travailleurs de l'Hôpital du Haut-Richelieu et Centre d'accueil St-Jean (C.S.N.)* c. *Association des employés de l'Hôpital de St-Jean et de l'Hôpital du Haut-Richelieu (C.S.D.)*, [1980] T.T. 47; *Syndicat des salariés de Lavaltrie et Syndicat des employé(e)s de Provigo Lavaltrie C.S.N.*, [1990] T.T. 301.

230. Dans le cas de la fonction publique, le Tribunal intervient directement en matière d'accréditation. Voir: *Loi sur la fonction publique*, art. 110 à 113 **(VI-207)**.

ii) Les articles 28 a) et 33 C.t. indiquent clairement que l'enquête est de sa compétence, dans le sens qu'il doit la conduire d'une façon active et non strictement recevoir la preuve versée au dossier par les intéressés : il s'agit d'un enquêteur debout et non assis. Cette principale caractéristique de l'enquête est primordiale pour le succès de la démarche générale et il importe qu'elle ne soit pas dénaturée en pratique par des interventions intempestives ou exagérées des intéressés ou la passivité de l'enquêteur. Faut-il rappeler à ce sujet qu'il incombe à l'agent ou au commissaire d'établir le caractère représentatif du syndicat sans pour cela dévoiler l'appartenance syndicale des salariés visés (art. 35 et 36 C.t.) ? Dans les affaires de la compétence du commissaire du travail, il lui revient aussi de déterminer ce qu'il croit être l'unité d'accréditation appropriée sans être strictement enclavé par les prétentions du requérant et celles de l'employeur (art. 32 C.t.) (**IV-62**). De nombreux indices au *Code du travail* permettent de saisir que telles seraient les coordonnées générales de sa mission :

— dans de multiples dispositions du *Code du travail*, on se réfère expressément à son «enquête» (art. 29, 32, 33, 34, 39 C.t.);

— l'agent et le commissaire doivent décider en fonction des données qu'ils recueillent eu égard aux dispositions du *Code du travail* (art. 28, 29, 31, 32, 34, 36.1);

— des moyens spéciaux sont conférés au commissaire du travail pour qu'il puisse atteindre l'objectif recherché (art. 33, 35, 36, 37, 37.1, 38, 39, 42 C.t.).

En maintes occasions, les tribunaux reconnurent l'exclusivité de ce champ réservé au commissaire du travail[231] et confirmèrent qu'il s'agissait d'une enquête administrative et nullement conduite selon le strict modèle judiciaire[232], ce qui, par ailleurs, n'écarte nullement l'application des principes fondamentaux de justice[233].

IV-57 — *Intérêts des parties* — Au sujet de la conduite de l'enquête, il nous faut savoir qui a un intérêt juridique à l'accréditation et, de ce fait, un droit d'intervention. L'article 32 C.t. fournit quelques éléments de réponse :

---

231. Il en était ainsi de l'organisme prédécesseur, la *Commission des relations du travail*. Voir : *Association internationale des commis du détail F.A.T.–C.I.Q.–C.T.C., local 486* c. *Commission des relations de travail du Québec et Laperrière et Compagnie Paquet inc.*, précité, note 181.

232. *Komo Construction Inc.* c. *Commission des relations de travail du Québec*, [1968] R.C.S. 172; *Industries plastiques Polar Ltée* c. *Burns*, [1986] R.J.Q. 2211 (C.S.); *Magasin Wise inc.* c. *Syndicat international des travailleurs unis de l'alimentation, section locale 503*, [1992] T.T. 337.

233. *Alliance des professeurs catholiques de Montréal* c. *Labour Relations Board*, précité, note 196.

— au sujet de l'unité d'accréditation appropriée : toute association en cause et l'employeur (art. 32, al. 1, C.t.) disposeraient d'un tel intérêt ;

— pour la question de la représentativité du syndicat : le ou les syndicats requérants, le syndicat déjà accrédité, s'il y a lieu, et les salariés visés ou susceptibles de l'être (art. 32, al. 3, C.t.).

L'articulation de ces règles dans des alinéas distincts indique bien que le droit d'intervention de l'employeur est limité à la question du choix de l'unité d'accréditation appropriée[234]. Il serait difficile d'ailleurs de nier cet intérêt tellement le choix de l'unité d'accréditation peut avoir des implications importantes sur la conduite bilatérale des rapports collectifs qui devraient suivre et aussi, sur la gestion générale de l'entreprise **(IV-64)**[235]. Il ressort de la lecture des alinéas 1 et 3 de l'article 32 C.t. que les salariés n'auraient pas, à ce titre, un droit d'intervention directe sur la question de la détermination de l'unité d'accréditation[236]. De plus, il peut être parfois difficile de préciser quels salariés peuvent individuellement intervenir dans le débat portant sur le caractère représentatif du syndicat requérant, alors qu'ils ne peuvent être entendus sur la question de l'unité appropriée **(IV-62)**. Une telle dichotomie entre l'unité et la représentativité signifie-t-elle que le salarié directement visé à la requête qui, pour de multiples motifs, voudrait en être exclu, ne pourrait intervenir ? En serait-il ainsi pour ceux exclus de l'unité d'accréditation recherchée et qui voudraient en être ? Le salarié qui, par conviction personnelle ou en raison de sa formation professionnelle, ou encore, de sa fonction au sein de l'entreprise, n'entendrait pas adhérer à ce syndicat requérant ni être représenté par ce dernier pourrait-il faire valoir son point de vue ? Nous croyons que toute question qualitative comme quantitative relative à la représentativité peut être soulevée par un ou des salariés visés par l'unité d'accréditation recherchée ou convenue[237]. Il va sans dire cependant que l'intérêt juridique de ces salariés ne peut se

---

234. Si l'intérêt juridique de l'employeur est ainsi circonscrit, les implications de son intervention à ce même sujet peuvent atteindre à la conclusion finale en raison de leurs effets sur la représentativité relative du syndicat **(IV-66)**. Voir : *Guilde des employés de Super Carnaval (Lévis)* c. *Tribunal du travail*, [1986] R.J.Q. 1556 (C.A.) ; *Cunningham Drug Stores Ltd.* c. *Labour Relations Board*, [1973] R.C.S. 256.

235. Les statuts du syndicat relèvent de la question de la représentativité. En conséquence, l'employeur n'y a pas d'intérêt juridique. Voir : *Komo Construction Inc.* c. *Commission des relations de travail du Québec*, précité, note 232 ; *Tribunal du travail* c. *Compagnie de la Baie d'Hudson (Québec) Ltée*, [1976] C.A. 646.

236. *Bibeault* c. *McCaffrey*, [1984] 1 R.C.S. 176, 190. Au sujet de l'historique de cet article 32 C.t., voir : Pierre LAPORTE, « Les parties intéressées lors de l'accréditation à la lumière de récentes décisions de la Cour d'appel du Québec », (1983) 43 *R. du B.* 19.

237. *Carrier* c. *Vassard*, [1981] C.S. 80 ; *Lorange* c. *Union des employés de commerce, local 501*, [1978] T.T. 250 ; *Saindon* c. *Union des employés de commerce, local 504*, précité, note 226 ; *Travailleurs unis de l'alimentation et d'autres industries, local P-405* c. *McCaffrey*, [1981] C.A. 406.

manifester que dans le cadre retenu pour effectuer cette partie de l'enquête administrative[238]. Sans soulever directement la question de l'unité appropriée, un salarié peut éventuellement et par voie incidente, intervenir, soit par une demande en précision (art. 39 C.t.) (**IV-79**) dans la mesure de son intérêt personnel, soit par requête en révocation (art. 41 C.t.) (**IV-81**). Malgré les apparences, il n'est pas toujours facile de maintenir la distinction retenue à l'article 32 C.t. et de ne pas considérer, plus ou moins ouvertement, la question de la représentativité à l'occasion de la recherche de l'unité d'accréditation appropriée[239]. L'intime relation de ces deux éléments les rend quasi inséparables dans les faits : les implications du choix de l'unité d'accréditation sur la représentativité sont souvent déterminantes de l'enjeu final. Dans combien de cas le choix d'une unité d'accréditation plus ou moins élargie ou rétrécie peut ainsi permettre à un syndicat d'être accrédité ou de lui nier ce droit ? Pour mieux circonscrire l'intérêt juridique de l'employeur en cette matière, il convient de souligner l'approche administrative retenue depuis plus de vingt ans, à savoir que la procédure d'accréditation ne soit nullement traitée comme s'il s'agissait d'un procès où l'employeur serait partie opposée dans un débat contradictoire[240].

IV-58 — *Droit de défense* — Si employeur, syndicats et salariés peuvent intervenir, bien que leur droit respectif de défense soit certes contenu, comment et quand peuvent-ils exercer ce droit ? Quelle est l'étendue de ce droit et quelles en sont les implications ? Pour mieux répondre à ces questions, il nous semble prudent de souligner que l'exercice d'un tel droit de défense connaît des limites du fait qu'il doit s'agir de l'enquête du commissaire et que cette enquête doit être conduite « par tout moyen d'enquête que ce dernier juge opportun » (art. 32, al. 2, C.t.). C'est dire que ce droit, aussi fondamental soit-il, doit avoir une portée relative afin d'éviter toute déviation qui pourrait autrement résulter d'un débat contradictoire « présidé » par le commissaire du

---

238. Il faut comprendre, sous ce chef, les questions relatives à l'admissibilité et à l'admission du salarié à titre de membre du syndicat. Voir : *Association internationale des machinistes et travailleurs de l'aéroastronautique* c. *Union des employés d'hôtels, motels et clubs, local 382*, précité, note 122 ; *Rôtisseries St-Hubert Ltée*, c. *Syndicat des travailleurs(euses) des rôtisseries St-Hubert, C.S.N.*, [1981] T.T. 573.

239. *Montmorency Ford Sales Ltée* c. *Geoffroy*, [1976] C.S. 683 ; *Distribution aux consommateurs Ltée* c. *Union des employés de commerce, local 503*, [1988] T.T. 54.

240. *United Steelworkers of America* c. *Continental Can. Company of Canada Ltd.*, [1964] R.D.T. 65, 86 (C.R.O.). Cette même idée fut reprise par la Cour d'appel dans *Commission des relations de travail du Québec* c. *Civic Parking Centre Ltd.*, [1965] B.R. 657, 662. Voir aussi : *Syndicat des employés municipaux de Sainte-Anne-des-Monts (C.S.N.)* c. *Ville de Sainte-Anne-des-Monts*, [1979] T.T. 297. Ces propos ont un sens et une portée certaine pour la conduite du processus administratif, mais bien moins pour la conduite et la pratique des parties. Voir : *Industries plastiques Polar Ltée* c. *Burns*, précité, note 232, p. 2219.

travail ou l'agent d'accréditation[241]. Pour la seule question de la représentativité du syndicat, les salariés visés par l'unité d'accréditation recherchée ont qualité de « partie intéressée » (art. 32 *in fine* C.t.) et peuvent aussi être entendus. Le commissaire du travail ou l'agent d'accréditation n'a cependant pas à les convoquer : l'affichage de la liste des salariés visés par la requête que doit faire l'employeur selon l'article 25 C.t. tient lieu de préavis (**IV-55**)[242]. Par la suite, il revient au salarié de faire connaître au commissaire ou à l'agent ses « observations ». Il n'est nullement nécessaire d'ailleurs que l'exercice de ce droit se réalise dans le cadre d'une audition et, nous le répétons, le commissaire ou l'agent peut aussi prendre l'initiative de la collecte de semblables données (art. 32, al. 2, 33 C.t.). Il faut aussi souligner que l'article 39 C.t. lui permet d'apporter, en tout temps, des clarifications utiles relativement au statut d'un salarié ou d'un sous-groupe de salariés (**IV-79**)[243]. Ce moyen, toujours disponible par ailleurs, réduit sensiblement le préjudice réel que pourrait subir le salarié du fait qu'il n'aurait pu, avant l'accréditation, faire valoir ses observations. Pas plus par cette voie que par celle de l'enquête préalable à l'accréditation, le salarié ne pourrait ainsi intervenir pour faire modifier la description même de l'unité d'accréditation. Faut-il rappeler que la requête en accréditation relève du syndicat et non celle d'un groupe de salariés comme le souligna la Cour suprême du Canada dans l'affaire *Paquet*[244] ? S'il y a véritablement conflit de droits, celui de la collectivité des salariés que représente le syndicat devrait, nous semble-t-il, prévaloir. Notons que l'accréditation relative à un groupe de salariés d'une exploitation forestière est soumise à un régime quelque peu différent pour tenir compte du particularisme de ce milieu de travail[245].

---

241. Déjà en 1968, la Cour suprême du Canada donnait un tel enseignement. Voir : *Komo Construction Inc.* c. *Commission des relations de travail du Québec*, précité, note 232; *Supermarché Reid et Frères Inc.* c. *Galipeau*, précité, note 228, p. 154 (j. Beauregard).

242. *Travailleurs unis de l'alimentation et d'autres industries, local P-405* c. *McCaffrey*, précité, note 237; *Carrier* c. *Vassard*, précité, note 237; *Giroux* c. *Syndicat des travailleurs de la Société Asbestor*, D.T.E. 92T-146.

243. Sous ce chef, le commissaire peut répondre à de semblables questions : S'agit-il d'un salarié ? Est-il compris dans l'unité d'accréditation retenue ? Est-il membre de l'association ? etc.

244. *Association internationale des commis du détail F.A.T.–C.I.O.–C.T.C., local 486* c. *Commission des relations de travail du Québec et Laperrière et Compagnie Paquet Inc.*, précité, note 181.

245. *Règlement sur l'accréditation dans les exploitations forestières et sur les permis d'accès à des campements forestiers.* À titre d'illustrations de l'application de ce règlement, voir : *Syndicat des travailleurs forestiers du Saguenay—Lac-St-Jean (F.T.F.Q.)* c. *Métallurgistes unis d'Amérique, syndicat, local 8692 (F.T.Q.)*, [1978] TT. 281; *Syndicat des forestiers de Rayonnier Québec (C.S.N.)* c. *Industries I.T.T. Canada Ltée division Rayonnier Québec*, [1979] T.T. 160; *La Fraternité unie des charpentiers et menuisiers d'Amérique et al.* c. *Havard Bienvenu inc.*, [1983] T.T. 106.

Sous-section 2.22

L'unité appropriée

IV-59 — *Règles applicables* — La détermination d'un groupe approprié de salariés aux fins d'une accréditation constitue, sans aucun doute, la phase pratique culminante du processus. L'opération consiste à déterminer qui participera à ce réseau particulier de rapports collectifs du travail et qui sera éventuellement lié par la convention collective et, du même coup, qui en sera écarté. Dans le cadre du système exclusif mis en place par le *Code du travail*, cette délimitation du groupe de salariés visés par l'accréditation peut être vue comme une application concrète des trois unités caractéristiques du régime : un seul employeur, un seul interlocuteur syndical et une seule convention collective (3 U = 3 S) **(IV-2)**[246]. Au-delà des seuls intérêts pratiques et immédiats des parties **(IV-43)**, la détermination du groupe approprié constitue souvent un facteur important pour atteindre les objectifs du régime de rapports collectifs retenus par le législateur. Pour ces raisons d'ailleurs, le commissaire du travail ne pouvait disposer d'une discrétion absolue pour circonscrire ce groupe de salariés. Il lui faut respecter certaines règles, somme toute assez larges, édictées par le *Code du travail* et aussi, celles que lui fournit le droit prétorien. Il va sans dire que cette opération n'a lieu que dans les affaires dont est saisi le commissaire du travail, c'est-à-dire toutes celles non traitées par l'agent d'accréditation **(IV-61)**.

IV-60 — *L'unité selon le Code* — Les premières règles devant servir à la détermination de l'unité d'accréditation appropriée fixent d'abord le cadre général, soit les salariés d'une seule entreprise. L'article 21, alinéas 1 et 3, précise que l'unité d'accréditation ne pourrait comprendre à la fois des salariés de plusieurs employeurs. L'évolution même de la formulation de cet article nous indique clairement qu'il doit s'agir de salariés liés à un même employeur. Puisque ce dernier peut disposer de plusieurs services, établissements ou entreprises, il faut parfois distinguer ou conjuguer la notion d'employeur et celle d'entreprise **(II-80)**[247]. Au-delà de la distinction entre l'employeur et l'entreprise, il apparaît clair que le *Code du travail* ne permet pas actuellement les unités multipatronales[248]. Telle

---

246. Ce groupe de salariés est qualifié d'« unité de négociation » au *Code du travail*, selon une traduction plus ou moins heureuse de l'expression anglaise *bargaining unit*. Il nous paraît plus approprié d'utiliser l'expression « unité d'accréditation » puisque tel est l'objet premier de la démarche.

247. *U.E.S., local 298* c. *Bibeault*, [1988] 2 R.C.S. 1048, 1101 ; *Syndicat des travailleurs de l'énergie et de la chimie, local 105 (F.T.Q.)* c. *Transport Matte Ltée*, [1988] R.J.Q. 2346 (C.A.).

248. Sur le plan théorique et bien que cela soit improbable en pratique, l'article 21 C.t. ne prohibe pas la formation d'une unité d'accréditation pour tous les salariés de Provigo au Québec, ou pour tous ceux de Domtar ou de l'Alcan. Il s'agirait de savoir si, dans un cas précis, pareil regroupement serait approprié **(IV-63)**.

est la principale et fondamentale règle applicable à la détermination de toute unité d'accréditation. Nous connaissons cependant certaines situations qui font l'objet de dispositions particulières. Ainsi, l'exploitant forestier qui, aux mêmes fins, est réputé l'employeur des salariés de ses sous-traitants (art. 2 C.t.)[249]. Bien qu'il s'agisse de l'aménagement de rapports collectifs du travail, une autre règle du Code précise que le nombre de salariés visés n'importe pas : « un seul salarié peut former un groupe » (art. 21, al. 4, C.t.)[250]. Il existe cependant une exception à cette dernière disposition particulière, qui vise les salariés de ferme ; ils doivent être au moins trois en permanence pour s'engager sur la voie collective (art. 21, al. 5, C.t.)[251]. Jusqu'en 1977, il y avait également une autre restriction relative aux professionnels qui devaient, depuis 1964, former des groupes distincts des autres salariés de la même entreprise[252]. Maintenant, cette qualité ne constitue plus un critère obligatoire de distinction, au point que l'unité peut comprendre, selon le lieu, exclusivement des professionnels salariés ou d'autres salariés On induit de l'article 4 C.t. une autre restriction applicable aux policiers municipaux : si le droit d'adhésion et d'affiliation syndicale est limité, il en va autant des unités d'accréditation (**IV-16**). Dans certains autres cas, les unités d'accréditation sont directement définies par la loi et alors, la seule question pendante porte sur la représentativité du syndicat (**IV-66**). Il s'agit notamment des trois situations qui suivent.

i) *Les fonctionnaires* : La *Loi sur la fonction publique* précise les sous-groupes de fonctionnaires devant constituer distinctement des unités d'accréditation (**IV-207**).

ii) *Certains employés cadres d'Hydro-Québec et de la Ville de Montréal* : À titre exceptionnel, l'article 21, alinéa 6, C.t. déclare que ces groupes, autrefois reconnus, demeurent des unités d'accréditation au sens et selon le Code.

iii) *Les salariés de la Commission de la construction du Québec* : Ils forment obligatoirement une seule unité d'accréditation[253].

---

249. *Syndicat national des travailleurs de la Consolidated Bathurst Ltée* c. *Consolidated Bathurst Inc.*, [1980] T.T. 371. Notons que l'expression « concessionnaire forestier » fut remplacée par « exploitant forestier ». Voir : *Loi modifiant la Loi sur les forêts et d'autres dispositions législatives*, L.Q. 1988, c. 73, art. 72.

250. Cette disposition a le mérite d'indiquer que le concept collectif n'a pas exclusivement une connotation quantitative. Voir : *Syndicat des employés de la Caisse populaire de Giffard* c. *Caisse populaire de Giffard*, C.T. n° Q.R.014-11-83, le 14 mai 1984 (R. Cormier).

251. Encore faut-il qu'il s'agisse bien d'une ferme, soit une entreprise agricole. Voir : *Corporation de l'école d'agriculture de Ste-Croix* c. *Syndicat des employés de l'école d'agriculture de Ste-Croix*, [1984] T.T. 232.

252. Nous disons depuis 1964, car auparavant, de 1944 à 1964, ces « salariés professionnels » n'avaient pas accès à ce régime en raison de leur appartenance à l'un ou l'autre des ordres professionnels.

253. *Loi sur les relations du travail, la formation professionnelle et la gestion de la main-d'œuvre dans l'industrie de la construction*, art. 85 (**III-612**).

Pour la suite et pour les cas non directement visés par ces règles particulières ou d'exception, il revient au commissaire du travail de circonscrire d'autorité l'unité d'accréditation appropriée, sauf les affaires qui sont de la stricte compétence de l'agent d'accréditation. Dans l'un et l'autre cas, ces critères édictés à l'article 21 C.t. s'imposent à tous. Aux questions relatives à la structure du groupe s'ajoute une autre règle encore plus fondamentale, à savoir que ce groupe ne peut être constitué que de salariés. La définition donnée par le *Code du travail* (art. 1, al. 1) comprend deux parties : un énoncé général et une série d'exclusions en raison du statut ou de la nature de la fonction qu'exercent certains salariés (neuf sous-groupes y sont énumérés). Bien évidemment, les parties et le commissaire du travail ne peuvent convenir d'inclure dans une unité d'accréditation des salariés détenant réellement l'une ou l'autre des fonctions exclues. Les difficultés que ces qualifications peuvent engendrer relèvent du commissaire du travail et elles sont tranchées au moment de la définition particulière de l'unité d'accréditation (**IV-65**). On aura noté que la définition initiale donnée du salarié est fort large : « une personne qui travaille pour un employeur moyennant rémunération ». Le sens et la portée de cette définition sont généralement précisés à l'aide de l'entendement que les tribunaux retiennent au sujet du contrat de travail, c'est-à-dire que l'on exige que le lien d'emploi du salarié à l'employeur d'une part comporte un lien de subordination juridique conférant, d'autre part, un pouvoir de commander[254]. Si la qualification de salarié suppose l'existence du contrat de travail, il va de soi que l'on se réfère à la définition de ce même contrat maintenant retenue à l'article 2085 C.c.Q. Pour cette raison, nous ne développons pas davantage ce point important en droit de l'emploi et renvoyons le lecteur à nos commentaires en marge de l'article 2085 C.c.Q. (**II-50 à 60, 74 à 84**).

IV-61 — *L'unité devant l'agent* — Depuis 1969, l'agent d'accréditation a la charge de la procédure d'accréditation accélérée (**IV-6**). Pour atteindre ce premier objectif, on n'a retenu que les affaires qui ne devraient pas donner prise à

---

254. Il suffit de consulter la jurisprudence des commissaires du travail et du Tribunal du travail pour constater la référence au droit commun qui y est faite directement ou par voie de décisions antérieures y faisant référence. Voir : *Syndicat des vendeurs d'automobiles du district de Québec (C.S.N.)* c. *Giguère automobiles*, [1967] R.D.T. 321, 328 (C.R.T.) ; *Laiterie Perrette Ltée* c. *Campeau*, [1973] T.T. 141 ; *Seven Up Valleyfield Ltée* c. *Local 1999, Union des routiers, brasseries, liqueurs douces et ouvriers de diverses industries (F.T.Q.)*, [1975] T.T. 232 ; *Syndicat professionnel des médecins du gouvernement du Québec* c. *Procureur général du Québec*, [1985] T.T. 127 ; *Caisse populaire Saint-Malo* c. *Syndicat des travailleuses de la Caisse populaire St-Malo (C.S.N.)*, [1986] T.T. 113 ; *Syndicat des travailleurs de l'énergie et de la chimie, section locale 145 (F.T.Q.)* c. *Data service de courrier Ltée*, [1987] T.T. 94 ; *Pétroliers inc.* c. *Syndicat international des travailleurs des industries pétrolières chimiques et atomiques*, [1979] T.T. 209, 220. *Union des chauffeurs de taxi, métallurgistes unis d'Amérique, local 917* c. *Municipale Taxi Inc.*, [1990] T.T. 138.

un trop lourd contentieux : les autres cas étant de la compétence du commissaire du travail (**IV-62**). Pour ces raisons, l'agent d'accréditation est saisi des seuls dossiers où :

— le groupe de salariés visé n'est pas déjà représenté par un syndicat accrédité (art. 28 C.t.);

— il n'y a qu'un seul requérant (l'article 27.1 C.t. facilite cette situation);

— il n'y a pas de plainte déposée en vertu de l'article 12 C.t., ni d'indices permettant à l'agent de croire qu'il y aurait eu pareille violation (art. 29 C.t.) (**IV-73**).

Ce processus accéléré d'accréditation repose néanmoins sur les mêmes règles générales du *Code du travail* et soulève aussi deux questions principales : celle de la détermination du groupe approprié et celle de la représentativité du requérant. L'agent ne traite directement que de la question de la représentativité et selon les mêmes règles et méthodes qu'applique le commissaire du travail (**IV-66**). La description de l'unité appropriée relève principalement des parties (art. 28 c) C.t.). Pour que l'agent d'accréditation puisse évaluer le degré de représentativité (qualité et quantité) du syndicat, il lui faut d'abord constater l'accord des parties au sujet du groupe de salariés visé. Ou bien l'accord lui est clairement exprimé et il lui suffit d'en faire le constat à sa décision ou bien il s'agit d'un accord présumé induit du double fait de l'employeur : son refus non exprimé ni motivé à l'égard de l'unité d'accréditation recherchée et dépourvu d'une contre-proposition (art. 28 c), C.t.). En cas de pareil défaut, l'unité recherchée par le syndicat est retenue et l'agent procède à la deuxième phase du processus en suivant les modalités de l'article 28 C.t.

i) Si 35 à 50 % des salariés du groupe convenu ou retenu ont adhéré au syndicat, il doit procéder par voie de scrutin (art. 28 b), C.t.) (**IV-70**).

ii) Au terme de son enquête (sans égard aux moyens), s'il est convaincu que le requérant « jouit du caractère représentatif » requis, il doit l'accréditer sur-le-champ (art. 28 a), C.t.).

iii) S'il est satisfait du caractère représentatif du syndicat, bien que l'accord entre le requérant et l'employeur relatif à l'unité d'accréditation ne soit pas complet, il doit pareillement l'accréditer, alors que les questions pendantes secondaires sont dévolues à un commissaire du travail (art. 28 d), C.t.).

À deux reprises, on rappelle à ce même article 28 C.t. que l'agent doit émettre avec grande célérité l'accréditation dès qu'il lui est possible de faire pareil constat selon l'une ou l'autre des trois voies.

IV-62 — *L'unité selon le commissaire* **—** La détermination d'autorité de l'unité d'accréditation par le commissaire du travail implique un processus en deux étapes. En premier lieu, il doit circonscrire le groupe approprié dans le cadre général de l'entreprise (**IV-60**). Par la suite, il lui faut raffiner cette première description par voie d'inclusion ou d'exclusion particulières de salariés qui sont plus ou moins susceptibles d'y être visés. Soulignons également que cette description ne comprend pas nommément les personnes en place, mais bien les fonctions, tâches ou activités professionnelles exercées par des salariés travaillant pour le compte de l'entreprise. Les salariés peuvent individuellement y venir, repartir et même y revenir, mais l'unité, le groupe de salariés ainsi circonscrit demeure, y compris le syndicat accrédité, et ce, pour assurer une stabilité à la tenue des rapports collectifs du travail. Outre le respect du cadre légal arrêté par le *Code du travail* (**IV-60**), le commissaire du travail utilise certaines autres balises, fruits d'une longue expérience, afin de déterminer ce qui peut constituer l'unité appropriée. L'article 21, alinéa 3, C.t. précise bien le pouvoir du commissaire du travail de déterminer au sein de l'entreprise le ou les groupes distincts de salariés pour lesquels des rapports collectifs peuvent être aménagés avec leur employeur. Le commissaire du travail exerce ce pouvoir discrétionnaire en fonction de l'économie générale du régime et en respectant sa finalité. C'est sous cet éclairage qu'il nous faut comprendre que l'unité d'accréditation appropriée doit être celle qui, selon les circonstances particulières de temps et de lieu, comporte les attributs permettant de croire qu'ainsi constituée, la tenue de rapports collectifs pourrait être effectivement réalisable[255]. N'est-ce pas en ce sens qu'une unité d'accréditation peut être déclarée appropriée à la négociation collective des conditions de travail ? À ces fins, le commissaire du travail n'est nullement lié par la description proposée par le requérant ni davantage par celle souhaitée par l'employeur (art. 32, al. 1, C.t.)[256]. En pratique, il est évident que la description du requérant sert de point de départ et qu'il en tient compte puisqu'il s'agit de l'expression de la volonté du groupe (troisième critère) (**IV-64**) et il ne saurait pas davantage négliger de considérer la contreproposition patronale (quatrième critère) (**IV-64**). Le commissaire du travail n'est pas confiné à contrôler l'existence ou non de vices ou de scories de l'unité recherchée. En somme, il lui faut retrouver le regroupement de salariés qui peut, ainsi constitué, entretenir d'une façon utile des rapports collectifs avec l'employeur et vice versa. Il s'agit de préparer les parties à la négociation, acte essentiellement transactionnel (art. 53,

---

255. Il ne peut s'agir d'une étude psychologique ou caractérielle des interlocuteurs en présence. Cette recherche se limite à considérer les caractéristiques du milieu à l'aide d'une grille d'analyse résultant de l'expérience acquise (**IV-63**).

256. *Commission des relations ouvrières de la province de Québec* c. *Burlington Mills Hosiery Co. of Canada*, [1964] R.C.S. 342; *Henry Morganand Co.* c. *Labour Relations Board of the Province of Quebec*, [1961] B.R. 672; *Coca-Cola Ltd.* c. *Commission des relations ouvrières de la province de Québec*, [1965] R.D.T. 50 ou [1965] B.R. 136. La décision de la Cour suprême dans l'affaire *Paquet*, précitée, note 181, est également basée sur ce postulat. Voir aussi : *Lawjack Equipment Ltd.* c. *Syndicat des employés de Lawjack (C.S.N.)*, [1974] R.D.T. 418 (C.A.); *Conseil canadien des relations du travail* c. *Transair Ltd.*, [1977] 1 R.C.S. 722, 745; *Union des employés de commerce, local 502* c. *J. Pascal inc.*, D.T.E. 86T-818 (C.S.).

al. 2, C.t.). Pour cette même raison, il lui faut aussi prendre en considération la situation de l'employeur, sa structure organisationnelle, le processus général de production et aussi, la situation réelle du groupe de salariés placé ou situé dans un ensemble donné. Enfin, la théorie de la meilleure unité d'accréditation nous apparaît utopique, irréaliste et, sous certains aspects, contraire à l'économie même du *Code du travail*. En effet, sous prétexte de rechercher la meilleure unité d'accréditation, il serait possible que l'on doive nier le droit qu'ont pourtant des salariés à se syndiquer pour négocier collectivement (art. 1 a), 3, 21 C.t.)[257]. Autant le commissaire du travail ne saurait être complaisant à l'égard d'un syndicat qui, pour avoir accès à une entreprise, rechercherait une accréditation pour un sous-groupe circonscrit à ses seules fins tactiques, autant, croyons-nous, il ne devrait pas rejeter une requête parce que l'unité proposée ne serait pas idéalement la meilleure. Il lui faut, entre autres choses, s'assurer que certains salariés n'en sont pas inutilement écartés ou laissés-pour-compte. Parfois, ce résultat peut être inévitable, mais il revient au commissaire de s'en assurer[258]. On ne peut ignorer que des exclus sous ce chef peuvent, par la suite, difficilement exercer les droits qui leur sont accordés en vertu du *Code du travail*[259]. Pour toutes ces raisons, il nous faut maintenant considérer les critères pratiques retenus pour la détermination de l'unité appropriée.

IV-63 — *L'expérience cristallisée* — Depuis plus de 50 ans, les organismes responsables de l'application de ce régime doivent déterminer l'unité ou les unités appropriées en tenant compte, dans chaque cas, des personnes et d'un ensemble souvent complexe de circonstances de temps et de lieu. L'opération peut parfois être complexe, ardue et délicate lorsque, par exemple, un autre syndicat est déjà accrédité et que, depuis l'accréditation précédente, l'organisation du travail s'est grandement modifiée. Il va de soi qu'une telle décision du commissaire du travail ne peut être arbitraire, fantaisiste et simplement subjective[260]. Pour la

---

257. *Jay Norris Canada inc.* c. *Vitriers, travailleurs du verre, local 1135 de la Fraternité internationale des peintres et vitriers connexes*, [1991] T.T. 47 ; *Syndicat national des services hospitaliers de Rivière-du-Loup* c. *Syndicat des professionnels et des techniciens de la santé du Québec*, [1992] T.T. 691.

258. Pensons à la présence de quelques estafettes, chauffeurs de voiture de service, secrétaires ou salariés occasionnels qui peuvent, à première vue, être perçus comme marginaux par rapport au noyau principal. À ce sujet, voir : Fernand MORIN, « L'accréditation syndicale au Québec : mise en relief des effets de l'accréditation », (1970) 25 *Rel. Ind.* 401.

259. *Montreal Amateur Athletic Association* c. *Union des employés d'hôtels, restaurants et commis de bars, local 31*, [1987] T.T. 274 ; *Literie Primo Cie* c. *Métallurgistes unis d'Amérique, section locale 8990*, [1995] T.T. 512.

260. La détermination de l'unité appropriée peut certes varier en fonction de l'évolution des situations de fait et dans une certaine mesure, selon la conception que peut s'en faire le commissaire du travail et le juge du Tribunal du travail. Cette dernière variable, plus subtile et aussi plus difficile à jauger, est aussi vraie au Québec que dans les autres provinces. Voir : David C. MCPHILLIPS, « The Appropriate Bargaining Unit », (1988) 43 *Rel. Ind.* 63 ; Marc BRIÈRE, « La détermination des unités de négociation, recherche d'une politique », (1980) 35 *Rel. Ind.* 534.

sécurité juridique de tous et aussi, pour des considérations pratiques, on a, en quelque sorte, cristallisé l'expérience acquise depuis les premières années d'application du régime pour établir ainsi des paramètres servant de guides à la prise de semblables décisions. Cette grille formée de cinq critères principaux est aussi connue des employeurs et des syndicats et peut également leur servir d'indication pour prévoir quels pourraient être, dans chaque cas, les groupes susceptibles d'être considérés comme appropriés[261]. Il est aussi logique que les parties tirent, distinctement et parfois ensemble, une application pratique de ces mêmes critères pour la présentation au commissaire du travail de leurs « observations » et le convaincre de la justesse de leur prétention respective. Outre le cadre général tracé par le Code (art. 1 k) et l), 2, 4, 21 C.t.) (**IV-60**), le commissaire fait face à cette alternative selon l'article 21, alinéa 3, C.t. : ou l'unité appropriée comprend la totalité des salariés de l'entreprise ou seulement l'une de ses parties et, dans ce dernier cas, il lui faut la circonscrire d'une manière plus précise. Pour y répondre, il fait appel à ces critères tirés de la jurisprudence[262].

— la cohérence du groupe au sein d'un milieu de travail donné ;

— les expériences dans des milieux industriels ou professionnels semblables ;

— le choix du requérant ;

— la structure organisationnelle de l'entreprise ;

— la paix industrielle, soit l'aménagement pacifique et virtuellement utile des rapports collectifs du travail ainsi envisagés selon les quatre premiers critères.

Cette grille résulte, en grande partie du moins, des premières expériences acquises aux États-Unis au cours des années 1935 à 1940 et fut retenue et adaptée progressivement par la Commission des relations ouvrières de 1944, puis par les administrations qui lui succédèrent (**IV-5**). Ces synthèses des expériences servent ainsi d'instruments de travail commodes à tous, sans qu'ils soient ni exhaustifs ni exclusifs. Selon le particularisme de la situation étudiée, chacun de ces cinq critères n'est pas nécessairement retenu, ni

---

261. N'est-ce pas l'effet préventif que peut permettre la jurisprudence ? Connaissant ces critères, l'employeur peut aussi apprécier davantage la situation alors qu'il reçoit copie de la requête en accréditation (art. 25 C.t.).

262. Edward E. HERMAN, *Determination of the Appropriate Bargaining Unit by Labour Relations Boards in Canada*, Ottawa, Queen's Printer, 1966, p. 13, où il est fait état de dix indices susceptibles d'être pris en considération. On peut également trouver bien d'autres façons de regrouper les critères retenus. Une autre schématisation est proposée dans l'affaire *Syndicat canadien des officiers de marine marchande* c. *Syndicat national des employés de O.M.E. Maintenance (C.S.N.)*, [1972] T.T. 248.

également appliqué[263]. La façon d'aborder ces questions, les éléments ou données à considérer pour y répondre ne résultent pas de recherches *in abstracto*, mais bien d'études de cas précis et aussi, d'une suite d'expériences et de corrections de la loi afin de mieux atteindre les objectifs du régime. Par ailleurs, ces critères doivent être constamment adaptés pour répondre aux problèmes actuels, bien que le schéma général soit relativement stable.

IV-64 — *Cinq critères* — Il convient maintenant d'analyser distinctement les cinq critères servant à circonscrire l'unité appropriée :

— *1er critère* — *La cohérence du groupe* : Sous ce titre, on considère les différents découpages possibles susceptibles de mieux préserver la communauté d'intérêts professionnels des salariés visés. Autant on doit chercher à réunir l'ensemble des salariés partageant, dans un même milieu de travail, une situation semblable, autant il peut convenir d'écarter de ce groupe ceux dont les conditions de travail et de vie au travail sont disparates[264]. Cette communauté d'intérêts sert, en quelque sorte, de coagulant entre les salariés et peut résulter de différents facteurs tels que :

— une similitude ou une ressemblance générale des tâches ou fonctions;

— une interchangeabilité des fonctions sinon réelle, du moins possible;

— un mode de rémunération et des conditions de travail à peu près semblables;

— etc.

— *2e critère* — *Les expériences dans des milieux semblables* : On tient compte des expériences dans un même milieu professionnel (les accréditations antérieures) et aussi, de celles des autres entreprises de la même branche d'activité. Cette connaissance permet d'apprécier la qualité des différentes hypothèses mises en avant. Sous ce chef, l'histoire des *relations*

---

263. À titre d'illustrations d'une application systématique de ces critères, voir deux décisions rendues il y a déjà plus de 30 ans : *Coca-Cola Ltd.* c. *Commission des relations ouvrières de la province de Québec,* précitée, note 256; *Syndicat national des employés de Sicard (C.S.N.)* c. *Association internationale des travailleurs de métal en feuilles (116),* [1965] R.D.T. 353 (C.R.O.). Ces décisions sont utilisées en maintes occasions par les commissaires du travail et le Tribunal du travail.

264. *S.C.F.P.* c. *Ville de St-Hubert,* [1986] T.T. 252; *Association des coopératives forestières de St Louis* c. *Fraternité des charpentiers-menuisiers d'Amérique,* [1986] T.T. 439; *Rôtisserie Laurier inc.* c. *Métallurgistes unis d'Amérique, local 8470,* [1987] T.T. 363; *Boischatel (municipalité de* c. *Fraternité des policiers de Boischatel,* D.T.E. 95T- 1124 (T.T.); *Ressources Meston Inc.* c. *Syndicat des infirmières du Nord-Est québécois,* D.T.E. 95T-295 (T.T.).

du travail de l'entreprise et celle du secteur où elle évolue est nécessaire-
ment prise en considération[265].

— *3ᵉ critère* — *Le choix du requérant* : Sur le plan des rapports collectifs, les
parties amorcent une longue démarche, c'est pourquoi le vœu des salariés de
parcourir ensemble cette aventure, d'être solidaires les uns des autres et d'une
façon exclusive prend une signification qui ne peut être sous-estimée[266]. Dans
certains cas, il se peut que ce choix résulte d'un égoïsme collectif, d'une
approche mesquine qui dégage un parfum corporatiste. Pareille situation peut
survenir notamment lorsqu'il existe, dans une entreprise, un noyau permanent de salariés auquel s'ajoutent, au besoin, divers sous-groupes de salariés
atypiques que l'on chercherait, sans raison valable, à exclure du groupe.

— *4ᵉ critère* — *La structure organisationnelle de l'entreprise* : L'organisation du travail varie sensiblement d'une entreprise à une autre. Sur ce plan,
une multitude d'éléments, non toujours apparents ni toujours importants s'ils
sont considérés d'une façon isolée, peuvent permettre de distinguer une
entreprise d'une autre en raison de la présence de certains facteurs tels que :

— ses titres de propriété : entreprise familiale, compagnie autonome,
   filiale, établissement[267] ;

— sa structure hiérarchique : pyramidale, linéaire, circulaire, etc.;

— l'organisation du travail : division des tâches, mobilité professionnelle,
   travail en équipe, production continue, roulement de main-d'œuvre,
   emplois atypiques;

— les moyens de production : équipement plus ou moins moderne, travail
   direct ou assisté de programmes informatisés, etc.;

— les acquisitions ou les aliénations récentes d'établissements ou encore
   les changements de créneaux plus ou moins amorcés[268] ; le processus de

---

265. *Verdun Lasalle English Teachers Association (P.A.C.T.)* c. *Association des enseignants de
    Verdun*, [1974] T.T. 133; *Syndicat des travailleurs de la R.I.O. (C.S.N.)* c. *Régie des instal-
    lations olympiques*, [1982] T.T. 437; *Magasins Wise Inc.* c. *Travailleurs et travailleuses
    unis de l'alimentation et du commerce, local 503*, [1992] T.T. 337.
266. *Syndicat canadien des officiers de marine marchande (F.A.T.–C.O.I.–C.T.C.)* c. *Interna-
    tional Union of District 50*, [1971] T.T. 163; *Pinkerton du Canada Limitée* c. *Union des
    employés de service, local 298 (F.T.Q.)*, [1973] T.T. 279; *Palmont Packers Limited* c. *Tra-
    vailleurs canadiens de l'alimentation et d'autres industries, section locale 628*, [1974] T.T.
    369; *Jay Norris Canada Inc.* c. *Vitriers travailleurs du verre, local 1135 de la Fraternité
    internationale des peintres et métiers connexes*, [1991] T.T. 47.
267. *Revêtement Ferox Coatings Inc.* c. *Métallurgistes unis d'Amérique, local 8990*, [1988]
    T.T. 108.
268. L'acquisition d'une entreprise par un concurrent peut donner prise à une fusion de deux
    unités d'accréditation. Voir : *Syndicat des salariés d'autobus Dupont et Bélair (C.S.N.)* c.

production de l'entreprise est aussi pris en considération de façon à éviter de scinder en plusieurs groupes distincts les salariés rattachés à une œuvre commune.

— *5ᵉ critère — La paix industrielle* : On s'assure, au-delà des autres facteurs, que le groupe retenu puisse ainsi former quelques garanties de succès. Il s'agit d'une approche téléologique, c'est-à-dire que l'on considère si un tel groupe pourrait normalement atteindre les résultats recherchés sans difficultés graves qui déjà seraient perceptibles en raison même de sa composition. D'une certaine manière, ce facteur sert d'éclairage plus ou moins direct, mais constant, à toute l'opération du choix de l'unité d'accréditation appropriée[269]. Dans l'hypothèse où le commissaire du travail trouverait une unité d'accréditation répondant parfaitement, du moins en apparence, aux quatre premiers critères, mais non au cinquième, il devrait sans doute rechercher des mesures nécessaires pour remodeler l'unité de manière qu'elle soit mieux appropriée à la négociation collective et que les parties puissent respecter la consigne donnée à l'article 53, alinéa 2, C.t. Compte tenu de la finalité recherchée, on évite de plus en plus de multiplier le nombre d'unités d'accréditation au sein d'un même établissement ou entreprise. Un trop grand nombre d'accréditations distinctes dans une même entreprise peut imposer la répétition inutile du processus de la négociation et augmenter d'autant les occasions de conflit et aussi, stimuler la surenchère entre groupes. De plus, on établit ainsi artificiellement des frontières entre ces sous-groupes, ce qui pourrait réduire leur mobilité professionnelle et la flexibilité de la gestion de l'entreprise[270].

IV-65 — *Inclusion et exclusion* — Dans sa recherche d'une unité d'accréditation appropriée à l'aide de ces mêmes critères, il est possible que le commissaire du travail soit contraint d'intégrer ou d'exclure expressément des sous-groupes de salariés situés à proximité du groupe principal retenu. Il peut s'agir, selon les

---

Autobus Bélair Inc., [1986] T.T. 285 ; *Conseil conjoint québécois de l'Union internationale des ouvriers et ouvrières du vêtement pour dames* c. *Modes D'Allaird's Inc.*, [1988] T.T. 367 ; *Ville de Pointe-Claire* c. *Syndicat des employés professionnels et de bureau, section locale 57*, [1995] R.J.Q. 1671 (C.A.).

269. *Syndicat des employés de l'hôpital de Chicoutimi* c. *Syndicat professionnel des infirmières et infirmiers de Chicoutimi*, [1989] T.T. 322 ; *Syndicat national des services hospitaliers de Rivière-du-Loup (C.S.N.)* c. *Syndicat des professionnels et professionnelles et des techniciens de la santé du Québec*, [1992] T.T. 691 ; *Syndicat des employés du Centre d'accueil du pavillon de Notre-Dame-de-la-Guadeloupe (C.S.N.)* c. *Syndicat des professionnelles et professionnels de la santé et des services sociaux de Québec (C.E.Q.)*, [1992] T.T. 637.

270. À titre d'exemple, voir la consolidation de dix-sept unités au sein de l'Hôpital Jean-Talon : *Hôpital Jean-Talon* c. *Syndicat national des employés de l'Hôpital Jean-Talon*, T.T. Montréal, nº 500-28-000855-791, le 26 mars 1981, j. St-Arnaud ; *Syndicat des travailleurs(euses) de l'hôtellerie de l'Outaouais (C.S.N.)* c. *Hôtel Plaza de la Chaudière*, [1988] R.J.Q. 2040 (C.A.). La Cour d'appel y traite du 3ᵉ critère (le choix du requérant), en l'occurrence de l'unité la plus vaste possible et de la discrétion administrative.

circonstances de temps et de lieu, du personnel surnuméraire ou occasionnel, de quelques préposés à l'entretien technique ou ménager, de salariés d'un sous-traitant, d'un concessionnaire ou d'un sous-locataire, etc. Ces précisions résultent des prescriptions mêmes du Code (art. 1, al. 1, 21 C.t.), ou parce que l'un des intéressés demande que de telles précisions soient apportées (art. 39 C.t.), ou encore, elles s'imposent en raison du particularisme de l'affaire[271]. Nous regroupons ci-dessous ces situations en trois principales catégories.

i) *Les salariés assimilés à l'employeur* : Selon l'article 1, l), 1) C.t., les salariés exerçant les fonctions de « gérant, surintendant, contremaître [...] » sont réputés ne pas être des salariés selon le *Code du travail*. À leur égard, il est évident que le commissaire ne peut les inclure à l'unité d'accréditation et ces personnes sont écartées du groupe des autres salariés en raison même de leurs fonctions de « représentants de l'employeur dans ses relations avec ses salariés ». Ces exclusions ne valent que pour l'aménagement des rapports collectifs du travail. Ces titres (gérant, surintendant, contremaître et autres représentants) sont indicatifs et ne peuvent être retenus à la lettre[272]. En cas de doute, il incombe au commissaire du travail d'effectuer, au cours de son enquête, ces exclusions édictées au Code. L'organisation des entreprises est si diverse, l'usage des titres peut être tellement différent d'une entreprise à une autre, qu'il faut parfois procéder par voie de qualification expresse afin de déterminer ceux qui sont les véritables représentants de l'employeur auprès des salariés[273]. Il existe des salariés hautement qualifiés et très spécialisés qui, dans une entreprise donnée, constituent le personnel d'encadrement professionnel des techniciens et autres salariés sans pour cela être leurs supérieurs hiérarchiques[274]. L'adhésion obliga-

---

271. *Picotin* c. *Gareau*, [1990] R.J.Q. 2373 (C.A.).

272. Celui qui est qualifié de contremaître par les autres salariés peut ne pas l'être selon le *Coae du travail*, et l'inverse est aussi possible, c'est-à-dire qu'un salarié peut effectivement représenter l'employeur sans être coiffé d'un de ces titres.

273. En pratique, les principaux représentants de l'employeur sont facilement identifiés et reconnus par le requérant et sont exclus sans aucune discussion. Dans l'entreprise moderne, il est vrai que « savoir » et « pouvoir » se conjuguent de nouvelles façons et la question est parfois plus délicate. La rémunération et l'aspect vestimentaire ne sont plus des critères sûrs pour effectuer des divisions dichotomiques. Dans combien de milieux, la veste bleue fut javellisée sans pour autant faire disparaître nécessairement les divisions hiérarchiques ? Le salarié qui dispose d'un certain pouvoir discrétionnaire ou d'une marge de manœuvre pour l'exécution de ses tâches n'est pas de ce seul fait un cadre. Voir : *Caisse populaire St-Rédempteur de Matane* c. *Syndicat des employées et employés professionnels(les) et de bureau, section locale 57*, S.E.P.B., [1988] T.T. 291 ; *Syndicat des employés professionnels et de bureau, section locale 57* c. *Barreau du Québec*, [1994] T.T. 482.

274. Ainsi, les chefs d'équipe ne sont pas exclus, sauf s'il y a véritablement incompatibilité professionnelle entre eux et les autres salariés. Voir : *Matériaux Blanchet Inc.* c. *Syndicat canadien des travailleurs du papier, local 3057*, T.T. Montréal, n° 500-28-000583-807, le 7 juillet 1981, j. Lesage ; *Syndicat des travailleurs et travailleuse de la R.I.O. (C.S.N.)* c. *Régie des installations olympiques*, précité, note 265 et [1984] T.T. 302 ; *Syndicat profes-*

toire à une corporation professionnelle n'est plus un critère automatique d'exclusion et les membres ne peuvent être exclus à ce seul titre mais bien, s'il y a lieu, en raison de leur statut marginal. L'accès à des données confidentielles n'est pas de ce seul fait, au Québec, un critère d'exclusion, sauf dans la fonction publique (**IV-207**). Enfin, nous devons convenir que l'exclusion des cadres de la définition de « salariés (art. 1, al. 1, C.t.), selon l'état actuel de la jurisprudence, serait d'ordre absolu et non relatif, en ce sens qu'ils ne sauraient valablement constituer une unité distincte et entretenir, en vertu du *Code du travail*, des rapports collectifs avec leur employeur (**II-124**)[275]. Selon l'article 1, l), 2) C.t., les administrateurs ou officiers d'une corporation ne peuvent être qualifiés de salariés selon la définition de l'unité d'accréditation. D'une façon générale, sous ce chef d'exclusion, on comprend notamment les membres du conseil d'administration de ces personnes morales et leurs premiers représentants. Une telle exception va de soi puisque ces personnes participent au processus décisionnel de ces corporations-employeurs ou en sont les premiers porte-parole[276]. Comme à la question de qualification des cadres aux fins d'exclusion, il ne pourrait suffire d'élever nominalement au rang d'administrateur une partie du personnel de l'entreprise pour obtenir leur sortie de l'unité d'accréditation[277].

ii) *Les non-salariés* : Le régime des rapports collectifs aménagés par le *Code du travail* vise des travailleurs en particulier et n'est nullement applicable à tous. Pour cette raison, le commissaire du travail doit exclure de l'éventuelle unité d'accréditation les personnes qui ne peuvent être qualifiées de salariés (**I-10; II-43, 74; IV-60**). En conséquence, tout travailleur agissant à quelque autre titre dans ce même milieu, sans être pour cela salarié, est exclu du régime. Le laconisme de la définition même de salarié donnée par le *Code du travail* incita les tribunaux à se référer à la définition retenue au droit commun et, par

---

sionnel des médecins du gouvernement du Québec c. *Procureur général de la province de Québec*, [1985] T.T. 127; *Syndicat canadien de la fonction publique, section locale 306* c. *Longueuil (ville de)*, D.T.E. 94T-1244 (T.T.).

275. *Syndicat des cadres des hôpitaux de la région de Montréal (C.S.N.)* c. *Hôpital du Sacré-Cœur de Montréal*, précité, note 221.

276. L'exception à cette exclusion visant les salariés élus à ces mêmes conseils répond à une politique de participation. En toute logique, ils ne pouvaient être exclus sans rompre leur liaison avec ceux qu'ils doivent pourtant représenter, et nier ainsi cette participation, aussi symbolique soit-elle. Elle est quand même révélatrice d'une compréhension assez restrictive de la question : si le législateur a dû le dire, c'est que cela n'allait pas de soi pour tous! Voir : *Corporation municipale de St-Lin* c. *S.C.F.P.*, [1980] T.T. 380.

277. *United Last Company* c. *Tribunal du travail*, [1973] R.D.T. 423 (C.A.); *Corporation municipale de la Paroisse de St-Lin* c. *Syndicat canadien de la fonction publique (F.T.Q.), section locale 2245*, [1980] T.T. 380. Dans cette dernière affaire, le juge Robert Burns semblait dire que la qualification doit être faite strictement en fonction du *Code du travail*. Cette approche, si souhaitable soit-elle, dépasse quelque peu le texte de l'exclusion.

voie de conséquence nous nous référons maintenant à l'article 2085 C.c.Q. (**II-50, 77**). En somme, le salarié serait le travailleur dont les services personnels sont nommément retenus par le truchement d'une entente expresse ou implicite ayant l'effet de le soumettre à l'autorité juridique du cocontractant (l'employeur) pour l'exécution de sa prestation de travail en contrepartie d'une rémunération (**II-137**). Cette dépendance juridique peut varier sensiblement d'une situation à une autre, être plus ou moins apparente et ressentie ou assumée de multiples manières. Si la situation demeure ambiguë, le commissaire du travail doit analyser les traits caractéristiques de la relation d'emploi et les conditions réelles d'exécution du service personnel pour procéder à cette qualification juridique[278]. La jurisprudence du Tribunal du travail est relativement constante sur l'idée que le statut de salarié s'établit par la recherche de l'existence du contrat de travail, et ce, même si la définition donnée à l'article 1, al. 1, C.t. permettrait une approche plus souple ou élargie (**II-76**)[279]. Il existe aussi bon nombre de situations où des travailleurs bénéficient d'une relative liberté de manœuvre qui peut même masquer l'autorité sous-jacente de l'employeur. Compte tenu du dosage des divers éléments qui forment cette relation d'emploi, il arrive que la conclusion, dans un cas particulier, soit diamétralement opposée à celle retenue dans un autre ou encore, que la perception des agents en présence diffère sensiblement des uns aux autres :

> L'on peut être pigiste et salarié au sens du *Code du travail*, tout comme il est possible d'être pigiste et entrepreneur indépendant. Dans le présent cas, selon la preuve faite, il appert que l'ensemble des journalistes et photographes dont les services sont utilisés par les publications Quebecor ne sont pas des entrepreneurs indépendants : il existe entre eux et l'entreprise un lien de subordination à la fois juridique et économique qui, malgré tout, existe réellement : leur statut réel se rapproche bien davantage de la condition classique du salarié que de celle de l'entrepreneur indépendant. Les journalistes et photographes en question n'exerçaient certainement pas leur profession comme propriétaires de leur propre entreprise[280].

---

278. Différentes approches de qualification sont possibles. À titre d'illustration, voir l'analyse exégétique de M. le juge Rinfret de la Cour d'appel dans l'arrêt *Régie de la Place des Arts c. Devlin*, [1975] R.DT. 257, 273.

279. *Gaston Breton Inc. c. Union des routiers, brasseries, liqueurs douces et ouvriers de diverses industries, local 1999*, [1990] T.T. 471.

280. *Syndicat des employés des Publications Quebecor (C.S.N.) c. Publications Quebecor Inc.*, [1977] T.T. 46, 59. Cette citation illustre l'approche analogique souvent retenue. Certaines législations des provinces du Canada appliquaient cette méthode, mais non toujours avec grand succès. Voir également : *Yves Thibault c. Les Publications Photo Police Inc.*, [1984] T.A. 55; *Publications Le Peuple, division du Groupe Quebecor inc. c. Vallerand*, D.T.E. 95T-765 (C.S.).

Dans certains cas, on aurait réussi à interposer un écran corporatif entre le donneur d'ouvrage et le salarié pour couper ou occulter juridiquement la relation d'emploi entre ces deux personnes et affirmer que l'un ne saurait être l'employeur de l'autre[281].

iii) *Les disparates* : À proximité du groupe de salariés d'abord retenu à titre d'unité appropriée, on peut y trouver des salariés qui participent aussi à la même œuvre tout en connaissant des conditions particulières d'exécution de leur travail. Selon l'importance de ces différences, distinctions ou nuances, le commissaire du travail doit se prononcer sur la pertinence de leur exclusion ou inclusion comme l'illustrent les quatre situations particulières suivantes.

— *Le mode de rémunération* : Bien qu'ils soient par ailleurs salariés, il est possible que des travailleurs soient soumis à un mode de rémunération différent de celui du groupe principal et que cet élément soit lui-même révélateur d'un régime de travail assez particulier[282].

— *Le statut personnel d'un salarié* : Sauf s'il existe une relation directe entre le statut d'une personne et l'emploi visé, on ne peut tenir compte des facteurs suivants pour exclure un salarié de l'unité : âge, appartenance à une communauté religieuse, relations parentales, statut professionnel (étudiant, apprenti, stagiaire), emploi à l'extérieur de l'entreprise visée (double emploi), etc.[283] **(III-104)**.

---

281. *Commission scolaire du Lac Témiscamingue* c. *Syndicat canadien de la fonction publique, section locale 1911*, [1986] T.T. 106, commenté par Fernand MORIN, « La double personnalité d'un concierge! », (1986) 41 *Rel. Ind.* 835. La présence d'un tiers entremetteur peut aussi brouiller la situation. Le travailleur devient-il salarié de l'entreprise qui reçoit sa prestation de travail ou demeure-t-il le salarié de ce tiers qui lui donne cette assignation ? La réponse varie généralement selon le degré réel de dépendance juridique établi entre le travailleur et le bénéficiaire du service **(II-76; VI-13)**.

282. Considérons le cas où le groupe principal serait constitué de vendeurs au comptoir rémunérés principalement sur une base hebdomadaire ou horaire, alors que les représentants itinérants aux ventes seraient rémunérés à commission. Cette distinction ne révélerait-elle pas bien d'autres différences au sujet du contrôle général du travail, des heures de travail, de la liberté de manœuvre, des frais, etc. ? Dans le premier cas, la clientèle va au commis, alors que le vendeur à commission se rend auprès de la clientèle pour la solliciter. La question ne consiste pas à savoir si les uns sont des salariés et non les autres, mais bien de déterminer s'il convient de les réunir dans une même unité d'accréditation en raison de leurs disparités de fonction et de contraintes!

283. *Montreal Newspaper Guild, Local 111* c. *Commission des relations ouvrières de la province de Québec*, [1965] B.R. 753; *Montreal Newspaper Guild, Local 111* c. *Montreal Star Co.*, [1964] R.D.T. 532 (C.R.).; *Coca-Cola Ltd.* c. *Commission des relations ouvrières de la province de Québec*, précité, note 256; *Association professionnelle des enseignants de la Mauricie* c. *Commissaires d'écoles pour la municipalité de St-Alexis-des-Monts*, [1966] R.D.T. 88 (C.R.T.); *Hôtel-Dieu de Roberval* c. *Syndicat national des employés de l'Hôtel-Dieu de Roberval*, [1970] R.D.T. 106 (T.T.); *Syndicat national des employés de transport scolaire (C.S.N.)* c. *Transport scolaire Chauveau Ltée*, [1970] T.T. 127; *Écoles Berlitz langues vivantes*

— *Le personnel d'appoint* : Il y a lieu parfois de préciser si des salariés occasionnels, surnuméraires, à temps partiel sur une base permanente ou intermittente, etc. devraient, de ce seul fait, être détachés du groupe principal des salariés constituant l'unité d'accréditation à qui ils viennent prêter main-forte ou qu'ils remplacent. La nécessité de les exclure de l'unité retenue doit être clairement établie en tenant compte de la balance des inconvénients, c'est-à-dire des implications d'une telle ségrégation à leur égard[284]. Ce point est des plus pertinents en raison d'une forte présence d'emplois atypiques dans le secteur tertiaire qui ne peut cesser de croître sous de multiples formes. Le cas du salarié travaillant au sein d'une entreprise dans le cadre d'une relation tripartite (agence de placement) peut parfois soulever la délicate question à savoir qui est son véritable employeur[285] (**VI-7**).

— *Les salariés futurs et ceux des employeurs éventuels* : L'accréditation vise des fonctions à l'intérieur d'une entreprise existante et ne peut expressément couvrir ou exclure à l'avance des départements, des services, des unités ou des activités et services qui ne sont pas encore en place ou qui ne sont que probables ou possibles dans un avenir plus ou moins éloigné ou qui sont simplement

---

c. *Syndicat des employés de Berlitz du Québec*, [1971] T.T. 191; *Gagnon Sports Inc.* c. *Syndicat des employés de Gagnon Sports*, [1974] T.T. 392; *Union des chauffeurs de camion, hommes d'entrepôts et autres ouvriers, local 106* c. *Boisjoli Transport inc.*, [1977] T.T. 64; *Syndicat des externes de l'Université Laval* c. *Hôpital Laval*, [1978] T.T. 170; *Rôtisseries Laurier Inc.* c. *Métallurgistes unis d'Amérique, local 8470*, précité note 264.

284. *Salaison Herpak Limitée* c. *Travailleurs canadiens de l'alimentation et d'autres industries, local P-405*, [1971] T.T. 151; *Union des routiers, brasseries, liqueurs douces et ouvriers de diverses industries, local 1999* c. *Serre Rougemont Inc.*, [1976] T.T. 251; *Fraternité canadienne des cheminots, employés de transport* c. *Auberge de la Chaudière*, T.T. Montréal, n° 500-28-000037-796, le 23 octobre 1979, j. St-Arnaud; *Télé-Université* c. *Syndicat canadien de la fonction publique*, T.T. Québec, n° 200-28-000022-811, le 23 février 1981, j. Morin; *Ville de Pointe-Claire* c. *Syndicat des employés professionnels et de bureau, section locale 57*, précité, note 268; *Régal inc.* c. *Syndicat international des travailleurs unis de l'automobile, de l'aérospatiale et de l'outillage agricole d'Amérique*, D.T.E. 87T-105 (T.T.); *Magasins Wise Inc.* c. *Travailleurs et travailleuses unis de l'alimentation et du commerce, local 503*, [1992] T.T. 337; *Sobeys inc.* c. *Syndicat des travailleurs et travailleuses de Sobeys de Baie-Comeau (C.S.N.)*, [1995] T.T. 306.

285. Le secteur tertiaire comprend maintenant plus de 70 % des emplois et on y retrouve beaucoup d'entreprises de services publics et privés dont le personnel est formé d'un noyau dur (les emplois permanents à temps plein) et autour duquel gravitent ou s'agglutinent différents sous-groupes d'emplois : à temps partiel, occasionnels, intermittents. Ce système confère une plus grande flexibilité à l'entreprise pour répondre aux variations de ses besoins, mais est-ce suffisant pour justifier des régimes de travail différents au-delà des *desiderata* de l'employeur, des syndicats et même des salariés permanents à temps plein ? Sur la relation tripartite et l'identification de l'employeur du salarié, voir : *Pointe-Claire (ville de)* c. *Québec (Tribunal du travail)*, [1997] 1 R.C.S. 1015.

éventuels[286]. De même, l'unité d'accréditation ne pourrait exclure à l'avance les concessionnaires ou sous-traitants futurs de l'employeur car, ce faisant, on tenterait de faire échec à l'application des articles 45, 46 et suivants C.t. (**IV-89**).

Ces diverses situations obligent le commissaire du travail à circonscrire davantage le contenu réel de l'unité d'accréditation par voie d'exclusion ou d'inclusion particulière à l'unité d'accréditation déclarée appropriée. Si ces précisions ne suffisent pas parce que certains cas furent omis à cette occasion ou en raison de faits nouveaux, l'article 39 C.t. permet alors de corriger le tir et d'obtenir pareilles précisions en tout temps (**IV-79**). Certaines conventions collectives adaptent parfois les conditions de travail pour tenir compte de la situation quelque peu particulière de certains sous-groupes composant l'unité d'accréditation : application limitée de la convention collective aux stagiaires ou aux salariés en période d'essai; adaptation du régime de rémunération ou de sécurité d'emploi pour les employés occasionnels et à temps partiel; computation de l'ancienneté par voie analogique, etc. Ces adaptations conventionnelles sont généralement mieux faites par les parties qui connaissent bien l'ensemble des données de la situation du milieu et permettent parfois d'éviter des conflits entre sous-groupes qui travaillent pourtant ensemble. Soulignons que les parties à la convention collective ne pourraient élargir ni réduire l'unité d'accréditation officiellement décrite[287].

Sous-section 2.23
Le constat de représentativité

IV-66 — *Vérification* — Partant de l'hypothèse voulant qu'un syndicat ait valablement déposé une requête en accréditation (**s.-s. 2.21**), que l'unité d'accréditation soit maintenant circonscrite par le commissaire du travail ou, si nous sommes devant un agent d'accréditation (**IV-57**), qu'il y ait constat d'un accord à ce même sujet (art. 28 C.t.), il demeure une autre étape à franchir,

---

286. *Syndicat des salariés de l'Hôpital d'Asbestos (C.S.N.)* c. *Syndicat national des services hospitaliers d'Asbestos*, [1973] T.T. 38; *Union canadienne des travailleurs en communication* c. *Compagnie Northern Electric Limitée*, [1973] T.T. 62; *Syndicat des employés de la Scierie des Outardes Enr.*, T.T. Québec, n° 77-1623, le 13 février 1978, j. Morin.

287. Ces précisions apportées à la convention collective ne peuvent valablement modifier l'unité d'accréditation circonscrite par le commissaire du travail et elles ne doivent pas être discriminatoires au sens des chartes. Voir : *Foyer St-Antoine* c. *Lalancette*, [1978] C.A. 349.

soit la vérification de la représentativité du syndicat[288]. Il s'agit d'établir si le syndicat ou un des syndicats requérants jouit suffisamment de l'aval du groupe de salariés visé pour le commettre. À ce sujet, soulignons que le syndicat accrédité ne reçoit pas de chacun des salariés un quelconque mandat de le représenter et que l'accréditation ne fait pas du syndicat accrédité le mandataire personnel de chaque salarié ou syndiqué. C'est d'ailleurs ce que la Cour suprême du Canada avait bien indiqué il y a déjà 35 ans :

> If the relation between employee and union were that of mandator and mandatory, the result would be that a collective agreement would be the equivalent of a bundle of individual contracts between employer and employee negotiated by the union as agent for the employees. This seems to me to be a complete misapprehension of the nature of the juridical relation involved in the collective agreement[289].

L'article 21 C.t. précise bien qu'un syndicat a « droit à l'accréditation » si sa représentativité est établie par l'une ou l'autre des deux voies suivantes :

— une majorité absolue des salariés visés (l'unité d'accréditation) en sont membres ;

— les suffrages à la majorité absolue ou, selon le cas, à la majorité relative, lui sont dévolus à l'occasion d'un scrutin régulièrement tenu.

Ce n'est que par l'une ou l'autre de ces deux conditions que le syndicat acquiert ce droit à l'accréditation, entendu que les préalables s'y retrouvent. Par ailleurs, elles ne constituent pas une simple alternative laissée à la discrétion du syndicat. Le critère principal demeure, croyons-nous, celui de l'adhésion : un nombre suffisamment représentatif de salariés de l'unité d'accréditation doivent être membres en règle du syndicat. Le législateur précise bien d'ailleurs que le deuxième moyen (le scrutin) n'est applicable que « [...] dans les cas prévus aux articles 28, 32 et 37 [...] » (art. 21, al. 1, C.t.). Si aucun syndicat ne regroupe une majorité absolue de salariés, si on ne se retrouve pas dans une des situations prévues pour emprunter la voie du suffrage et si, dans ces derniers cas, un tel scrutin ne donne pas les résultats exigés, alors aucun syndicat ne peut être accrédité, cette opération prend fin et elle ne pourrait être reprise qu'aux conditions énoncées aux articles 22 et 40 C.t. (**IV-51**).

---

288. Les conditions générales relatives au contrôle de la représentativité du syndicat requérant visent tout autant l'agent d'accréditation, le commissaire du travail et le Tribunal du travail.

289. *Syndicat catholique des employés de magasins de Québec Inc.* c. *Compagnie Paquet Ltée*, [1959] R.C.S. 206, 214. Il est vrai qu'un arrêt plus récent laisse croire à un autre entendement du rapport syndicat–salarié : *CAIMAW* c. *Paccar of Canada Ltd.*, [1989] 2 R.C.S. 983. Cet arrêt est commenté par A.W.R. CARROTHERS, « Labour Law through the Prism of Paccar », (1990) 45 *Rel. Ind.* 585 ; Fernand MORIN, « Modification unilatérale des conditions de travail au terme d'une négociation collective ! », (1990) 50 *R. du B.* 592 ou (1990) 45 *Rel. Ind.* 566.

IV-67 — *Scrutin ou adhésion* — Depuis 1944, le caractère représentatif du syndicat est établi principalement en fonction des adhésions : les articles 7 et 8 de la *Loi des relations ouvrières* indiquaient que l'élection n'était retenue qu'à titre de moyen secondaire, pour départager dans les cas ambigus[290]. D'une façon générale, cette approche demeure celle encore retenue au Québec, bien que l'on permette un dosage des deux moyens offrant maintenant plus de souplesse. L'élection par les salariés visés serait-elle démocratiquement et pratiquement préférable à l'adhésion ? Au Québec, la question ne se pose pas d'une façon aussi catégorique puisque l'on conjugue ces deux critères contrairement aux Américains où l'on retient principalement l'élection. Il importe cependant de souligner les différences entre ces deux moyens avant d'entreprendre l'étude de leurs modalités respectives d'application. L'acte d'adhésion et la tenue d'un scrutin se situent généralement dans des contextes fort différents l'un de l'autre. Le scrutin est tenu à un moment précis et il est précédé d'une campagne de sollicitation et parfois, d'événements particuliers provenant de factions opposées. Par ailleurs, les adhésions demeurent des actes individuels étalés parfois sur une assez longue période et, dans chaque cas, dans un cadre quelque peu particulier (le degré de spontanéité peut varier d'une adhésion à une autre). En deuxième lieu, ces deux actes, scrutin et adhésion, sont de nature fondamentalement différente : le vote est un acte secret, intime, à l'abri des pressions extérieures, qui a lieu dans le cadre d'une opération publique et contrôlée par des tiers; l'adhésion est un acte privé, commis en quelque lieu que ce soit, mais qui devient progressivement connu de tiers (les multiples organisateurs syndicaux savent qui est membre, de même que le commissaire du travail, l'agent d'accréditation et combien d'autres!). Enfin, le vote n'engage pas formellement son auteur anonyme, même au moment où il accomplit l'acte ni par la suite, alors que l'adhésion exige un engagement personnel (signature d'une demande d'adhésion soutenue par le versement personnel d'une cotisation), soumis à l'approbation du syndicat et qui ne peut être rescindé que par une démission formelle[291]. Le troisième trait distinctif résulte du fait que le scrutin s'inspire du modèle politique, et lorsqu'il exprime un choix clair, il peut avoir d'heureux effets auprès des syndicats rivaux, des sous-groupes dissidents, des factions, des francs-tireurs et de l'employeur qui pouvaient autrement croire ou laisser entendre que ces salariés ne désiraient pas la tenue de rapports collectifs ou être représentés par ce syndicat, etc. Par ailleurs, le scrutin ne donne pas aux électeurs accès au gouvernement interne du syndicat, alors que l'adhésion demeure essentielle à une véritable participation

---

290. *Loi des relations ouvrières*, art. 8 : cette disposition correspond maintenant à la modalité que l'on trouve à l'article 22 C.t. Les conditions retenues aux articles 32, alinéa 2, 36.1 et 41 b) C.t. montrent bien l'importance encore reconnue à l'adhésion.

291. La majorité requise varie dans le temps et fort différemment selon qu'il s'agit d'un scrutin ou du calcul des adhésions. Voir : *Fortin c. Syndicat canadien des travailleurs de papier, section locale 3057*, T.T. Montréal, n° 500-28-000438-796, j. Prud'homme.

des salariés à la négociation de leurs conditions de travail (**IV-33**). Enfin, l'adhésion est la principale voie à la démocratisation syndicale et contraint l'organe à demeurer l'instrument de ceux qu'il doit servir. Aux fins de la négociation et de l'administration de la convention collective, il importe qu'il y ait une intime relation entre le syndicat considéré comme organe ou instrument et le groupe de salariés en cause. En ce sens, le syndicat accrédité doit comprendre un nombre certain de salariés qu'il représente. En somme, comment pourrions-nous être assurés de l'authenticité du syndicat si un nombre important de salariés n'en étaient pas membres ? Comment une forte majorité de salariés pourraient-ils supporter longtemps d'être représentés par un syndicat réunissant un groupe vraiment minoritaire, tout en étant contraints de contribuer financièrement à ce service (art. 47 C.t.) (**IV-22**) ? Pareille distorsion entre les faits et le droit formel engendre très souvent des difficultés qui se manifestent de multiples manières. Tout compte fait, il ressort que ces deux moyens — scrutin et adhésion — sont complémentaires ou, à tout le moins, qu'ils ne sont pas exclusifs l'un de l'autre. Le scrutin ne peut remplacer totalement l'adhésion, mais il peut servir de moyen efficace pour départager dans des situations ambiguës ou troubles et même, pour convaincre les salariés, les autres syndicats et aussi l'employeur qui entretenaient des doutes relatifs à la volonté du groupe. Avec bonheur et réalisme, croyons-nous, le *Code du travail* conjugue finalement ces deux moyens à l'article 21 C.t. et un tel dosage résulte d'un long et parfois pénible enseignement acquis sur le tas, au cours des derniers 50 ans.

IV-68 — *L'adhésion d'abord* — À quelles conditions l'adhésion confère-t-elle le « droit à l'accréditation » ? Sur le strict plan quantitatif, la règle est expressément énoncée aux articles 21 et 37.1 C.t. : la majorité absolue est nécessaire, sauf, dans certains cas, alors qu'une majorité relative peut suffire. Cela signifie que le syndicat doit compter, à titre de membres en règle, plus de 50 % des salariés de l'unité d'accréditation préalablement retenue[292]. Il doit s'agir, dans chaque cas, d'adhésions régulièrement données au sens de l'article 36.1 C.t., où on y énumère les seules conditions applicables « Aux fins d'établissement du caractère représentatif [...][293] ». Ces mêmes conditions ne sont ni des *minima*, ni des règles supplétives, mais bien des modalités exclusives et on y précise que l'on ne doit « [...] tenir compte d'aucune autre condition exigible selon les statuts et règlements de cette association de

---

292. Généralement, on définira une majorité absolue comme 50 % + 1. Cette formulation peut ne pas être toujours exacte. Ainsi, dans le cas d'un groupe de 7, la majorité absolue serait de 4 et non de 31/2. S'il fallait retenir la formule 50 % +1, cette majorité serait de 5 et non de 4.

293. L'article 36.1 C.t. écartait un arrêt de la Cour suprême du Canada où l'on avait retenu les critères propres aux statuts de chaque syndicat requérant. Voir : *Metropolitan Life Insurance Company* c. *International Union of Operating Engineers, local 796*, précité, note 119 ; *Caisse populaire Ste-Agathe-des-Monts* c. *Association des travailleurs de l'industrie et du commerce*, [1990] T.T. 187.

salariés » (art. 36.1 *in fine* C.t.)[294]. En d'autres termes, le contrôle de la qualité des adhésions, aux fins du calcul de la majorité requise, s'effectue en fonction des seules trois conditions générales applicables à tout requérant, et qui sont d'ailleurs relativement simples.

ii) Être salarié dans l'unité retenue, soit par accord, soit par décision du commissaire du travail.

ii) Adhérer au syndicat par écrit avant le dépôt de la requête.

iii) Verser personnellement une cotisation minimale de 2 $ dans les douze mois précédant le dépôt de la requête et non nécessairement le jour de l'adhésion (point ii)[295].

L'employeur ne peut d'aucune manière intervenir dans la question de la qualité des adhésions ni connaître l'identité des syndiqués (art. 36 C.t.)[296]. Le calcul des adhésions soulève parfois quelques difficultés parce que leur nombre peut varier de jour en jour par l'arrivée de nouvelles adhésions et le retrait d'autres déjà reçues. Pour agir avec plus de sécurité et dans l'intérêt de tous, il fallut établir d'autorité un moment précis où la situation d'alors servirait d'une façon déterminante à ce calcul : «le jour du dépôt de la requête en accréditation ou de sa mise à la poste [...]» (art. 36.1 d) C.t.)[297]. C'est bien par fiction légale que l'on considère que la situation est figée à la date du dépôt, à l'instar d'une photographie instantanée, alors que la situation réelle évolue et peut être plus ou moins avantageuse pour le requérant[298]. De plus, les démissions survenues avant la date du dépôt doivent être soustraites du nombre d'adhésions que le requérant pouvait initialement escompter. À ce

---

294. À titre d'illustration, voir : *Building Service Employees International Union, Local 298* c. *Syndicat national des employés de l'Hôpital Royal Victoria (C.S.N.)*, [1969] B.R. 209.

295. Au sujet du versement personnel de la cotisation, voir : *Syndicat des travailleurs de garage de la Côte-Nord (C.S.N.)* c. *Teamsters du Québec, local 69*, [1981] T.T. 63 ; *Union des chauffeurs de camion, hommes d'entrepôts et autres ouvriers, local 106* c. *Union des employés de service, local 298, F.T.Q.*, [1985] T.T. 341 ; *Le syndicat des travailleurs de garage de la Côte-Nord (CSN)* c. *Teamsters du Québec, chauffeurs et ouvriers de diverses industries, local 69 et al.*, [1985] T.T. 63 ; *Infirmières et infirmiers unis inc. (I.I.U.)* c. *Syndicat des infirmières et infirmiers de la Cité de la santé de Laval (F.Q.1.1.)*, [1986] T.T. 200 ; *Raymond Bouchard* c. *Syndicat des travailleurs des Viandes Montcalm (C.S.N.), syndicat indépendant Montcalm et des Viandes Montcalm inc.*, [1991] 360.

296. *La ferme du gourmet inc.* c. *Union des routiers, brasseries, Le marché du travail*, février 1991, p. 12.

297. *Gaylor et al.* c. *Jacquelin Couture et Vitriers travailleurs du verre, local 1135 de la Fraternité internationale des peintres et métiers connexes et al.*, [1988] R.J.Q. 1205 (C.A.); *Syndicat des communications graphiques, local 509 M, Québec* c. *Robert Auclair*, [1990] R.J.Q. 334 (C.A.).

298. Il en serait ainsi même s'il n'y avait plus de salariés au lendemain du dépôt de la requête. Voir : *Auberge La Renaissance Inc.* c. *Syndicat des travailleurs de l'hôtel Howard Johnson (C.S.N.)*, précité, note 228; *Bouchard* c. *Syndicat des Travailleurs des Viandes Montcalm*, [1991] T.T. 360.

sujet, l'article 36.1 b) C.t. édicte une règle très explicite : «qui n'a pas été révoquée avant le dépôt de la requête en accréditation [...]». Cet élément est souvent important dans le cas de grandes rivalités intersyndicales ou si un nombre important de salariés hésitent ou sont ballottés d'un syndicat à un autre. Parfois, certains syndiqués délaissent le premier syndicat pour adhérer à celui nouvellement arrivé, puis retournent au syndicat initial ou se désistent des deux syndicats en présence. Il arrive que ce va-et-vient soit presque concomitant, en ce sens que la deuxième adhésion ne fut pas précédée d'une révocation de l'adhésion initiale. Pour clarifier ces situations, il fallut déterminer comment une démission était valablement faite et à quelles conditions une deuxième adhésion pouvait être retenue, entendu qu'un salarié ne peut adhérer à plus d'un syndicat à la fois, du moins aux fins du calcul d'une majorité[299]. Constatons que l'adhésion est révocable et que la seule présence de cette modalité au *Code du travail* (art. 36.1 b)) rendrait nul tout engagement spontané ou imposé à l'effet contraire[300]. Ainsi, un syndicat ne saurait valablement exiger d'un adhérent de renoncer, en même temps, à son droit de retrait[301]. Puisqu'il s'agit de défaire, il convient d'utiliser à rebours la voie empruntée pour l'adhésion, soit un écrit indiquant clairement la volonté de retirer son adhésion, et cet acte est porté à la connaissance du syndicat avant le jour du dépôt de la requête ou à ce jour :

> [...] le Tribunal a décidé à plusieurs reprises et de manière constante que la démission d'un salarié n'est valable qu'au moment où elle est portée à la connaissance du syndicat. En d'autres termes, la démission doit avoir été «notifiée» au syndicat [...][302].

Le caractère exclusif et impératif du même article 36.1 ne permet pas d'exiger, croyons-nous, un ordre séquentiel déterminant entre la démission et l'autre adhésion[303]. La démission peut être postérieure à la deuxième

---

299.	Bien que non écrit, ce postulat s'impose, car autrement il y aurait plus d'adhésions que de salariés. S'il pouvait en être ainsi, deux syndicats pourraient regrouper respectivement une majorité absolue d'adhésions (art. 21, 37, al. 2, C.t.).

300.	Si la démission peut faire l'objet d'une procédure particulière arrêtée aux statuts du syndicat, elle ne saurait être considérée aux fins de l'accréditation (art. 36.1 *in fine* C.t.); *Syndicat des communications graphiques, local 509 M, Québec* c. *Auclair*, précité, note 297.

301.	*Fraternité unie des charpentiers-menuisiers d'Amérique, local 2877* c. *Conseil conjoint québécois de l'Union internationale des ouvriers et ouvrières du vêtement pour dames*, [1987] T.T. 191.

302.	*Syndicat professionnel des diététistes du Québec* c. *Murphy*, [1979] T.T. 74, 77; *Côté* c. *Association nationale des employés de l'alimentation au détail de Québec Inc.*, T.T. Québec, n° 78-1877, le 8 février 1979, j. Morin; *Syndicat canadien des travailleurs du papier, section locale 100* c. *Syndicat national des travailleurs de la pulpe et du papier de Kénogami Inc.*, précité, note 122, p. 412; *Syndicat des employés de la Rôtisserie St-Hubert du Haut-Richelieu, St-Jean* c. *Union des employés de commerce, local 502*, [1877] T.T. 70.

303.	Sur la qualité de l'article 36.1 C.t. au regard de la *Charte canadienne des droits et libertés* et la fonction de cette disposition pour la réalisation du système, voir : *Gaylor* c. *Couture*, précité, note 297.

adhésion, pourvu qu'elle ait lieu avant le jour du dépôt. Malgré ces règles assez bien connues dans le milieu syndical et qui doivent servir de guide à tous, il arrive que le calcul des adhésions ne donne pas, en qualité ou en quantité, les résultats attendus selon l'article 21 C.t. et qu'il faille utiliser le second moyen, le scrutin, pour compléter ou clarifier l'état réel de la représentativité du syndicat.

IV-69 — *Départage par le scrutin* — Un scrutin est-il tenu à la seule discrétion du commissaire du travail ou de l'agent d'accréditation ou peut-il être exigé par l'un des intéressés ? Le Code prévoit quatre situations où le scrutin peut servir à établir la représentativité requise donnant droit à l'accréditation.

i) *Le scrutin tenu par l'agent (art. 28 b) C.t.)* : À l'égard des affaires dont peut être saisi l'agent d'accréditation (**IV-61**), le scrutin sert de moyen complémentaire à celui de l'adhésion si toutefois ce syndicat compte au moins 35 % des salariés à titre de membres. S'il obtient par la voie du scrutin la majorité absolue des voix, ce syndicat est accrédité. À ce sujet, remarquons l'effet automatique que l'on semble prêter à ce scrutin à l'article 28 b) *in fine* C.t.

ii) *Le scrutin discrétionnaire (art. 32, al. 2, C.t.)* : Le commissaire du travail dispose de ce moyen dans tous les cas où il croit ainsi pouvoir mieux apprécier la représentativité réelle du syndicat.

iii) *Le scrutin obligatoire (art. 37 C.t.)* : Le scrutin devient une voie obligatoire pour départager lorsque au moins un syndicat requérant comprend, à titre de membres, 35 % des salariés visés et par ailleurs, aucun des requérants ne jouit d'une majorité absolue. Dans ce cas, tous les requérants représentant respectivement au moins 35 % des salariés ainsi que le syndicat accrédité, si c'est le cas, participent au scrutin[304]. Le rôle complémentaire du scrutin y est donc clairement reconnu. En même temps, on utilise le scrutin pour préciser une situation où il y a de la part de certains salariés des adhésions multiples et, peut-être, autant de révocations plus ou moins bien formulées. Cette procédure comporte deux éléments particuliers : on écarte au départ tous les requérants qui

---

304. Une illustration de la situation envisagée à ce premier alinéa de l'article 37 C.t. nous est donnée dans l'affaire *Syndicat canadien des travailleurs du papier, section locale 100* c. *Syndicat national des travailleurs de la pulpe et du papier de Kénogami Inc.*, précitée, note 122; *Syndicat des travailleurs et travailleuses de Steinberg* c. *Travailleurs et travailleuses unis de l'alimentation et du commerce, Le marché du travail*, avril 1992, p. 12.

ne représentent pas au moins 35 % des salariés et le syndicat accrédité déjà en place y participe, peu importe sa représentativité à ce même moment[305].

iv) *Un possible deuxième scrutin à la majorité relative (art. 37.1 C.t.)* : À la suite de la tenue d'un premier scrutin où une majorité absolue de salariés ont voté pour l'un ou l'autre des syndicats et qu'aucun requérant n'a obtenu seul une majorité absolue, alors le commissaire du travail doit trancher en fonction de l'une des deux situations qui suivent.

— *Si le scrutin met en concours trois syndicats ou plus* : Un deuxième scrutin est alors tenu entre ces mêmes syndicats, à l'exclusion du syndicat qui obtint le moins de voix au premier tour. Notons que l'on retient alors le syndicat qui recevait le plus grand nombre de voix, à ce deuxième tour, même s'il ne dispose pas d'une majorité absolue.

— *Si seulement deux syndicats sont en lice au premier scrutin* : Le syndicat qui reçoit le plus grand nombre de voix est immédiatement retenu, bien qu'il n'ait pas obtenu une majorité absolue; une majorité relative au premier tour lui suffit, sans procéder à un deuxième tour.

Ces assouplissements des conditions acquisitives du droit d'accréditation constituent certes une solution efficace aux inextricables affaires où, pour des raisons diverses, il devenait impossible ou seulement difficile d'obtenir la majorité absolue. Il s'agit de cas exceptionnels et marginaux où bien souvent ces difficultés sont étrangères à la popularité réelle du syndicat requérant. Dans les cas visés à l'article 27.1 C.t., c'est-à-dire pour un groupe non déjà représenté par un syndicat accrédité et alors qu'une seule requête peut être entendue à la fois, un scrutin peut ou doit être tenu selon les articles 32, alinéa 2, ou 37, alinéa 1 C.t. Bien évidemment, les modalités relatives au départage de l'article 37.1 C.t. ne lui sont pas applicables.

IV-70 — *Tenue du scrutin* — Le scrutin est tenu selon la procédure que l'on trouve au *Règlement sur l'exercice du droit d'association*[306]. À l'aide de simples paraphrases de ces dispositions réglementaires, nous rappelons les principaux traits de cette procédure.

i) Le commissaire du travail désigne un président de scrutin (art. 33, al. 3, C.t.; art. 13 du règlement).

ii) Le président de scrutin tient une réunion préliminaire des représentants des syndicats qui participent au scrutin dans le but de prendre les

---

305. *Syndicat des travailleurs de l'Hôpital du Haut-Richelieu et Centre d'accueil St-Jean (C.S.N.)* c. *Association des employés de l'Hôpital de St-Jean et de l'Hôpital du Haut-Richelieu (C.S.D.)*, précité, note 229.

306. *Règlement sur l'exercice du droit d'association édicté conformément au Code du travail*.

dispositions nécessaires au bon fonctionnement du processus : liste des votants, bureau de scrutin, nomination des représentants des parties, etc. (art. 14 du règlement).

iii) Conformément à l'unité d'accréditation retenue, une liste préliminaire des salariés ayant droit de vote est dressée par l'employeur. Toute contestation à ce sujet est tranchée par le commissaire du travail saisi de l'affaire (art. 32, al. 2, C.t.; art. 15, 18 et 19 du règlement).

iv) L'affichage de l'avis de la tenue du scrutin et de la liste des votants doit se faire au moins 48 heures avant le vote (art. 21 du règlement).

v) Toute propagande doit cesser au cours des 36 heures précédant la tenue du scrutin (art. 20 du règlement)[307].

vi) Le scrutin est tenu en présence de représentants des syndicats intéressés et, avant de recevoir les votes, le président de scrutin ou son représentant vérifie les bulletins, les boîtes, l'isoloir, etc. (art. 22, 23 et 24 du règlement).

vii) Au terme du scrutin, un procès-verbal est dressé par le président du scrutin et transmis au commissaire du travail (art. 33 C.t.; art. 25 du règlement).

En somme, la tenue proprement dite du scrutin est soumise aux règles généralement applicables à toute élection politique (art. 15 à 25 du règlement). Si l'employeur doit « faciliter la tenue du scrutin » (art. 38 C.t.; art. 15 et 16 du règlement), cette obligation ne lui confère pas pour autant le droit d'y participer[308]. Il convient de rappeler que le commissaire du travail dispose de l'exclusive autorité, dans le cadre des dispositions du Code, d'enclencher la tenue d'un scrutin et d'en arrêter les modalités pratiques[309]. Seuls les salariés compris dans l'unité d'accréditation d'abord retenue par décision du commissaire du travail ou, selon le cas (art. 28 b), C.t.), convenue entre les parties peuvent avoir droit de vote. Si le calcul de la majorité d'adhésions requises s'établit en fonction de la situation à la date du dépôt de la requête (**IV-68**), la majorité requise pour le scrutin est déterminée selon le nombre total de votants apparaissant dans la liste dressée à cette fin, moins ceux qui

---

307. *Ouvriers unis des textiles d'Amérique, local 371* c. *Syndicat démocratique des salariés du textile de Grand-Mère (C.S.D.)*, [1974] T.T. 42.

308. Article 32 C.t. (**III-40**); *Syndicat du textile des employés de Malibu (C.S.N.)* c. *Malibu Fabrics of Canada Limited*, [1970] T.T. 146; *Syndicat des chargés de cours de l'Université de Montréal (C.S.N.)* c. *Université de Montréal*, D.T.E. 85 T-896 (C.A.).

309. *Syndicat international des communications graphiques, local 555, Montréal (C.T.C.–F.T.Q.–C.T.M.)* c. *Margo Corporation*, [1986] R.J.Q. 21133 (C.A.); *Union des routiers, brasseries, liqueurs douces et ouvriers de diverses industries, local 1999* c. *Syndicat des salariés des Laboratoires Aérosol (C.S.D.)*, [1986] T.T. 265.

ne sont plus salariés au jour du scrutin[310]. Les salariés initialement visés à l'unité proposée par le syndicat requérant n'ont pas droit de vote s'ils ne sont pas finalement compris dans l'unité retenue (**IV-65**)[311]. De plus, les salariés sont tenus « de voter à moins d'une excuse légitime » (art. 38 C.t.). Compte tenu de cette dernière obligation, on connaît, avant la tenue du scrutin, le nombre de votes nécessaires pour obtenir la majorité des voix exigibles. Notons aussi que cette obligation de voter est essentielle lorsqu'on requiert ainsi une majorité absolue; autrement, l'abstention constituerait un vote négatif. Il va de soi que ce droit de vote est forclos si, au jour même du scrutin, le titulaire n'est plus salarié[312]. Il arrive que le scrutin ne donne pas les résultats attendus en raison d'incidents de parcours et alors, le commissaire du travail peut ordonner sa reprise. Il importe de distinguer la reprise d'un scrutin, qui sous-entend la nullité ou l'irrégularité fatale du premier exercice, de la simple répétition de ce moyen parce que les résultats ne donneraient à aucun requérant la majorité absolue. Dans cette dernière situation, il ne peut y avoir un deuxième scrutin, sauf dans le cas expressément prévu à l'article 37.1 C.t.[313]. En somme, si le scrutin est valablement tenu et ne donne pas le résultat exigé pour donner droit à l'accréditation, la requête est rejetée et alors s'applique la prescription de l'article 40 C.t.

IV-71 — *Décisions en accréditation* — Au terme de l'un ou l'autre de ces deux contrôles quantitatifs, le syndicat qui obtient l'appui de la majorité absolue et, dans deux cas, de la majorité relative (art. 37.1 C.t.) des salariés visés a « droit à l'accréditation » (art. 21, al. 1 et 3, C.t.). Bien que le texte de cette dernière disposition soit clair, il faut également entendre que ce droit est

---

310. *Métallurgistes unis d'Amérique, section locale 7765* c. *Association des employés de Skiroule Wickham*, [1974] T.T. 395; *Syndicat des travailleurs de la Mine Noranda (C.S.N.)* c. *Noranda Mines Limited*, [1979] T.T. 20 (implicitement confirmé par la Cour d'appel : *Métallurgistes unis d'Amérique, section locale 4278* c. *Tribunal du travail*, C.A. Québec, n° 200-09-000480-795, le 3 juillet 1980; *Fortin* c. *Syndicat canadien des travailleurs du papier, section locale 3057 (F.T.Q.–C.T.C.)*, précité, note 261.

311. *Walker* c. *Manitoba Labour Board*, [1976] R.C.S. 78.

312. L'article 18 du règlement traite de ceux qui « sont encore salariés », et de ceux qui « sont considérés l'être » selon l'article 19 du règlement. Il faut comprendre qu'il s'agit des salariés tels qu'ils ont définis à l'article 1, al. 1, C.t. (**IV-65**). À ces fins, le fait de ne pas exécuter une prestation au cours de cette période ne fait pas nécessairement disparaître le statut de salarié ni le droit de vote. Voir : *Union des employés d'hôtels, restaurants et commis de bars, local 31 (C.T.C.)* c. *Syndicat des travailleurs du Bonaventure (C.S.N.)*, [1984] T.T. 393; *Université Laval* c. *Syndicat des chargés de cours de l'Université Laval*, [1986] T.T. 351; *Syndicat des employés des Abattoirs Charlemagne* c. *Union internationale des travailleurs unis de l'alimentation et de commerce (F.A.T.–C.T.C.–F.T.Q.), section locale 625*, [1986] T.T. 64; *Syndicat des travailleurs du Centre d'accueil, Anne-Le-Seigneur (C.E.Q.)* c. *Syndicat des employés du Service Bétournay (C.S.N.)*, [1990] T.T. 481.

313. *Lamothe Québec Inc.* c. *Caron*, J.E. 80-521 (C.S.); *Syndicat professionnel des infirmières et infirmiers auxiliaires des Laurentides* c. *Syndicat canadien de la fonction publique, section locale 2105*, [1983] T.T. 95.

ainsi acquis si, par ailleurs, le syndicat satisfait aux autres conditions qualitatives d'admissibilité à ce titre (**IV-49**). Le scrutin n'a aucun effet de blanchissage pour le syndicat qui en ressortirait vainqueur si, par ailleurs, il n'était pas admissible à cette fonction[314]. Le libellé de l'article 31 C.t. souligne éloquemment cette condition fondamentale comme le rappela le Tribunal du travail :

> Un scrutin ne doit pas servir, règle générale, après coup et hors délai, à bonifier ou valider une requête pour accréditation qui doit essentiellement s'appuyer sur une représentativité réelle, ni à bonifier ou refaire une représentativité devenue boiteuse ou insuffisante et constatée telle selon la loi[315].

Les quelques maladresses, excès de zèle ou débordements mineurs des représentants du syndicat commis au cours de la campagne de sollicitation préélectorale peuvent donner ouverture à des recours d'ordre pénal, sans plus (**V-104**). Ces incidents de parcours, pouvant parfois donner prise à quelques recours incidents, ne devraient pas suspendre l'accréditation ni en priver le syndicat si, par ailleurs, il répond aux conditions acquisitives de ce droit[316]. Finalement, le commissaire ou l'agent doit rendre une décision reconnaissant ou non le droit à l'accréditation du syndicat et décrivant l'unité d'accréditation visée. L'article 34 C.t. précise ce devoir et incite à la diligence : « Sitôt son enquête terminée [...] » (art. 34 C.t.). Cette incitation à la célérité apparaît également à l'article 28 C.t. pour les affaires qui relèvent de l'agent d'accréditation. Dans ce dernier cas, on précise que le désaccord sur l'inclusion ou l'exclusion de quelques personnes ne peut retarder l'accréditation si le caractère représentatif du syndicat ne peut être mis en jeu par ces clarifications ultérieures. Même dans le cas de refus de l'accréditation, la décision devrait comprendre la description de l'unité d'accréditation visée puisque cet élément serait en quelque sorte son objet[317]. Ajoutons que cette décision du commissaire du travail ou de l'agent d'accréditation ne serait pas véritablement attributive du droit à l'accréditation : elle ne fait que constater ou reconnaître ce droit en raison du constat que les conditions acquisitives sont ou ne

---

314. Même à cette phase terminale du processus, le nombre d'adhésions ou de voix n'est pas suffisant : la qualité du requérant (**IV-49**) et celle de la requête (**IV-52**) doivent aussi être considérées.

315. *Syndicat des enseignants de la Rive-Sud* c. *Syndicat des enseignants de Champlain*, [1977] T.T. 84, 86. Voir au même effet : *Travailleurs canadiens de l'alimentation et d'autres industries, section locale p-713* c. *Denardi*, [1978] T.T. 86, 90.

316. Cette approche positive fondée notamment sur les effets d'un refus de l'accréditation pour les salariés fut retenue en maintes occasions par les tribunaux. Voir : *Supermarché Reid et Frères Inc.* c. *Galipeau*, précité, note 228; *Location de voitures compactes (Québec) Ltée* c. *Garneau*, [1986] R.J.Q. 160 (C.A.).

317. Sans cette dernière description, l'application des articles 40 et 43 C.t. pourrait difficilement s'exercer.

sont pas réunies (art. 21, 33 C.t.)[318]. D'ailleurs, il est normal qu'il en soit ainsi puisque l'accréditation a eu, sur le plan historique, la fonction d'écarter la reconnaissance syndicale plus ou moins conquise ou imposée dans les faits (grève dite de reconnaissance) pour y substituer un moyen de droit, c'est-à-dire plus pacifique et administré par le pouvoir public (**IV-43**).

---

318. Si le commissaire ou l'agent accordait ce droit d'accréditation dans le sens de concéder, donner ou conférer, l'article 21 C.t. constituant, croyons-nous, le point central du système, n'aurait plus la portée considérable qu'on lui prête. Ce « droit » est depuis longtemps reconnu. Voir : *Alliance des professeurs catholiques de Montréal* c. *Quebec Labour Relations Board*, précité, note 196.

Section 2.3

Les moyens de contrôle et les procédures incidentes

IV-72 — *Contrôle et incidents* — Sous ce titre, nous réunissons les principaux recours qui peuvent être entrepris durant le processus même d'accréditation et à la suite de la décision en accréditation. Il suffit de parcourir les recueils de jurisprudence des organismes spécialisés pour constater le grand nombre d'incidents de parcours qui peuvent survenir en pareilles occasions. Certains peuvent être bien fondés, du moins à titre de légitimes moyens de défense de droit, alors que dans d'autres circonstances, on semble les utiliser comme mesures dilatoires, de harcèlement ou comme simples tactiques préparatoires à d'autres fins (inciter à la démission, obtenir la tenue d'un scrutin, préparer une révision ou une requête en révocation, retarder la négociation collective, etc.)[319]. Nous ne faisons pas un quelconque inventaire de la production judiciaire dans ce domaine et nous nous limitons à rappeler quatre situations distinctes où des interventions particulières peuvent survenir. Selon leur ordre chronologique par rapport à la requête en accréditation, nous les situons dans le temps.

i) *Au cours de la procédure en accréditation* : Le commissaire du travail peut être saisi d'une plainte basée sur l'article 12 C.t. (ingérence patronale) à l'endroit du requérant (**IV-73**) ou d'une demande en vue de faire stopper momentanément la négociation entreprise par le syndicat déjà accrédité (art. 42 C.t.) (**IV-74**).

ii) *Au lendemain de l'accréditation* : Un intéressé peut demander au commissaire du travail d'apporter une correction de tir (révision, art. 49 C.t.)

---

319. Les recueils de jurisprudence renferment de nombreuses illustrations de tels abus de procédure. À titre d'exemple, voir la démarche judiciaire préalable à une grève et rapportée à *United Steelworkers of America* c. *Gaspé Copper Mines Ltd.*, précité, note 18.

(**IV-75**) ou soumettre l'affaire au contrôle du Tribunal du travail (art. 118 C.t.) (**IV-76**).

iii) *En tout temps après l'accréditation* : Le commissaire du travail peut, sur demande, préciser ou expliciter le contenu ou la portée de l'unité d'accréditation retenue par décision ou par voie d'accord (art. 39 C.t.) (**IV-79**).

iv) *Peu avant le terme d'une convention collective* : Tout intéressé, et notamment l'employeur, peut soumettre une requête en révocation de l'accréditation lorsqu'il lui apparaît que la représentativité du syndicat peut alors être valablement mise en doute ou l'existence même du syndicat (art. 41 C.t.) (**IV-81**).

En raison de la proximité de ces divers incidents à la procédure principale d'accréditation, l'étude même sommaire de ces divers recours permet de compléter nos analyses de l'unité d'accréditation et du caractère représentatif du syndicat. Notons que ces différents recours ou moyens complémentaires ou incidents sont exercés sans formalisme. Ces requêtes ou demandes doivent être adressées au commissaire général du travail ou, s'il y a lieu, au commissaire ou à l'agent déjà saisi de l'affaire (art. 24, 151 C.t.). Il n'existe pas ou peu de dispositions précisant la forme que doit emprunter l'exercice de ces moyens[320]. L'article 151 C.t. indique clairement, autant à l'intention des parties qu'à celle du commissaire du travail, qu'un acte « ne doit pas être considéré comme nul ou rejeté pour vice de forme ou irrégularité de procédure[321] ». Cette invitation à la souplesse ne dispense pas le requérant de formuler sa requête de manière à bien faire connaître son objet et les conclusions recherchées. Il a également l'obligation de la présenter dans les délais impartis lorsque cette question devient un élément de fond. En sus de ces recours incidents à l'accréditation, les parties s'adressent parfois à la Cour supérieure pour contrôler la régularité des décisions prises par le commissaire du travail ou le Tribunal du travail. Les articles 139 et 140 C.t. prohibent l'usage de recours spéciaux auprès des tribunaux judiciaires (révision, *mandamus* et action en nullité) dans la mesure où il n'y a pas eu excès de juridiction ou violation des principes fondamentaux de justice[322]. À ces fins, les tribunaux judiciaires peuvent néanmoins intervenir et déterminer s'il y a eu excès ou violation[323] (**V-76**). Depuis quelques années, les

---

320. Le *Règlement sur l'exercice du droit d'association conformément au Code du travail* fournit néanmoins quelques indications et directives.

321. Il est vrai cependant que la portée réelle de l'article 151 C.t. peut varier selon le sens donné à l'expression « vice de forme ou irrégularité de procédure ». Comparez les deux arrêts suivants de la Cour suprême du Canada : *Galloway Lumber Co.* c. *Labour Relations Board of British Columbia*, [1965] R.C.S. 222, 231 ; *Union Carbide Canada Limited* c. *Weiler*, [1968] R.C.S. 966, 970.

322. *Ségal* c. *City of Montreal*, [1931] R.C.S. 460 ; *Alliance des professeurs catholiques de Montréal* c. *Labour Relations Board of Quebec*, précité, note 196.

323. La question du contrôle judiciaire est traitée au titre V et notamment aux paragraphes V-75 à 79.

tribunaux judiciaires ont réduit sensiblement leurs interventions et la Cour suprême du Canada enseigne qu'une telle intervention judiciaire ne s'imposerait que si le juge de contrôle peut conclure que la décision visée est « manifestement déraisonnable[324] ». Il nous paraîtrait autrement paradoxal qu'un processus administratif que l'on souhaite placé à l'écart du contrôle judiciaire devienne de ce fait tributaire de la jurisprudence judiciaire au sujet de questions par ailleurs expressément dévolues à la compétence du commissaire du travail et du Tribunal du travail.

IV-73 — *Influence indue* — Nous savons qu'un syndicat, sous l'influence de l'employeur au sens de l'article 12 C.t., ne peut être admissible à l'accréditation **(IV-49)**. Dès que cette question est valablement soulevée, le commissaire du travail doit d'abord la vider (art. 31 C.t.) Dans de semblables circonstances, l'agent d'accréditation doit également cesser son enquête en marge d'une accréditation et remettre le dossier au commissaire général du travail pour que cette affaire soit préalablement tranchée (art. 29 C.t.) **(IV-56)**. De plus, le commissaire du travail doit, de son propre chef et sans même attendre la présentation formelle d'une pareille plainte, s'enquérir d'une telle violation (art. 31, al. 2, C.t.). Cette démarche s'inscrit dans le cadre de sa mission principale, qui consiste à s'assurer de l'authenticité du syndicat, c'est-à-dire de vérifier ses qualités intrinsèques en rapport avec la fonction recherchée **(IV-49)**[325]. Les articles 29 et 31 C.t. indiquent clairement qu'une telle atteinte à l'intégrité ou à l'authenticité du syndicat lui serait fatale[326]. Au sujet de toute prétendue violation de l'article 12 C.t., il existe deux voies possibles pour en traiter :

— la plainte pénale dûment formulée (art. 143 C.t.) qui est de la stricte compétence du Tribunal du travail **(V-26, 104)** ;

— l'enquête administrative soulevée par un intéressé ou une entreprise à la suite du rapport de l'agent d'accréditation (art. 29 C.t.) ou du seul chef

---

324. *Syndicat des employés de production du Québec et de l'Acadie* c. *Conseil canadien des relations du travail*, [1984] 2 R.C.S. 412 ; *Blanchard* c. *Control Data Canada Ltd.*, [1984] 2 R.C.S. 476, commenté par Fernand MORIN, « Le "raisonnable" déraisonnable ou la rationalité du raisonnable », (1985) 40 *Rel. Ind.* 646 ; Claude D'AOUST, « Le contrôle judiciaire des décisions arbitrales — Réflexions sur les moyens d'y échapper », (1986) 41 *Rel. Ind.* 348 ; Gilles PÉPIN, « Les erreurs juridictionnelles et intrajuridictionnelles devant la Cour suprême du Canada », (1985) 45 *R. du B.* 117, 128. Voir également : *Procureur général du Canada* c. *Alliance de la fonction publique du Canada*, [1993] 1 R.C.S. 941 ; *Domtar inc.* c. *Québec et als.*, [1993] 2 R.C.S. 756 ; *Conseil de l'éducation de Toronto (cité)* c. *F.E.E.E.S.O., district 15*, [1987] 1 R.C.S. 487.

325. *Chalifoux* c. *Association des employés de Peerless Clothing*, [1970] T.T. 103 ; *Syndicat de la chemise beauceronne Enr. S.C.B.* c. *Syndicat du vêtement de la Beauce*, [1978] T.T. 146.

326. *Syndicat de l'enseignement de la région des Mille-Îles* c. *Commission scolaire des Mille-Îles*, [1984] T.T. 324. Au sujet de la dissolution possible du syndicat selon l'article 149 C.t., voir : *Tremblay* c. *Commission des relations de travail du Québec*, [1967] R.C.S. 697 ; *Confédération des syndicats nationaux* c. *Syndicat de l'alimentation, local 109 (F.S.A.)*, [1986] T.T. 416.

du commissaire du travail saisi de la requête en accréditation (art. 31 C.t.). Cette dernière disposition précise qu'il suffirait qu'il soit « établi à sa satisfaction que l'article 12 n'a pas été respecté » pour qu'il soit justifié de rejeter la requête en accréditation sans égard à l'aspect pénal qui peut être traité par le Tribunal du travail.

IV-74 — *Suspension provisoire* — Un autre type d'incident peut survenir au cours de l'étude d'une requête en accréditation ou d'une requête en révision ou en révocation de l'accréditation (art. 22, 41, 49 C.t.), alors que le syndicat déjà accrédité peut vouloir néanmoins entamer la négociation en renouvellement de la convention collective (art. 52, al. 2, 58 C.t.). On saisit facilement les difficultés pratiques résultant de cette concomitance. Alors que ces diverses requêtes remettent en cause le statut du syndicat déjà accrédité (art. 43 C.t.), ce dernier cherche à franchir de nouveau l'étape cruciale des rapports collectifs du travail, soit la négociation des conditions de travail (**IV-94**). Sans égard aux résultats de la négociation amorcée ou sur le point de l'être, si le syndicat était remplacé ou simplement destitué à la suite du recours entrepris, la négociation collective devrait éventuellement être reprise par le successeur ou serait vaine (art. 43, 44, 61 C.t.). On peut comprendre alors l'importance d'une mesure provisoire cherchant « [...] la suspension des négociations et du délai pour l'exercice du droit de grève ou de lock-out et empêcher le renouvellement d'une convention collective » (art. 42 C.t.). Il est vrai cependant qu'une telle coïncidence est assez rare et que ce moyen est peu utilisé[327], ce qui n'enlève pas l'intérêt de connaître les tenants et les aboutissants d'un tel moyen. La présentation d'une requête en suspension est soumise aux règles habituelles, notamment aux articles 32, 33 et 34 du règlement[328]. Compte tenu des droits en présence, il faut, croyons-nous, une situation vraiment exceptionnelle pour que le commissaire du travail ordonne cette suspension ou refuse de le faire sans entendre préalablement les intéressés, notamment le requérant, le syndicat accrédité et l'employeur. À l'égard du syndicat accrédité, on ne saurait imposer la suspension de l'exercice de ses droits du seul fait qu'un syndicat rival ou que l'employeur le demande. Il importe que le requérant démontre bien la nécessité d'une telle mesure préventive parce que le syndicat accrédité dispose encore du droit et même de l'obligation de représenter ce groupe de salariés[329]. Lorsqu'une telle ordon-

---

327. On reçoit, en moyenne, 70 requêtes par année à cet effet et environ 35 % de ces requêtes en suspension seraient accordées. Voir : *Synthèse des activités du Bureau du commissaire général du travail (1972–1990)*, étude du C.C.T.M., p. 62.

328. *Règlement sur l'exercice du droit d'association conformément au Code du travail.*

329. *Collège de Lévis* c. *Syndicat national des employés de maisons d'éducation de Lévis*, [1967] R.D.T. 498, 500 (C.R.T.). Cette analogie avec l'injonction maintes fois reprise peut inciter le commissaire du travail à une sage prudence dans l'exercice de cette discrétion. Voir : *Syndicat des employés du transport de Montréal* c. *Fraternité canadienne des cheminots*, [1965] R.D.T. 8 (C.R.T.)

nance est rendue, les conditions de travail, (art. 42, al. 2, C.t.) existantes sont maintenues de la manière prévue aux articles 59, 60 et 100.10 C.t. (**IV-183**)[330]. La décision du commissaire du travail n'est qu'une mesure provisoire et, à ce titre, elle ne peut être soumise directement au contrôle du Tribunal du travail (art. 42, al. 3, 118 C.t.) (**IV-76**).

IV-75 — *Révision* — À la suite de toute décision ou ordonnance du commissaire du travail, il est possible d'en demander la révision s'il existe quelque motif raisonnable pouvant justifier une telle correction de tir (art. 49 C.t.)[331]. Il va de soi qu'un tel moyen ne peut être utilement exercé sans raison valable, sans cause véritable. En se fondant sur l'enseignement jurisprudentiel, on peut croire qu'une pareille requête serait recevable s'il était établi que :

— le dispositif de la décision ne correspond pas, en plus ou en moins, aux conclusions recherchées ;

— des données nouvellement disponibles, mais antérieures à la décision, permettent de croire que le dispositif aurait été différent si elles avaient été connues avant la décision initiale ;

— une partie qui avait droit de prendre part au débat ne fut pas appelée ;

— etc.

Sous réserve des précisions qui suivent, ce moyen peut être perçu comme une mesure immédiate de correction d'une décision qui serait autrement préjudiciable ou injuste. Notons aussi que l'erreur strictement matérielle (typographie, calcul, etc.) peut être corrigée *proprio motu* et en tout temps par le commissaire du travail (art. 49, al. 2, C.t.)[332]. Par ailleurs, on ne pourrait assimiler ce moyen à un appel ou croire qu'il serait accessible du seul fait qu'un intéressé ne serait pas satisfait de la décision rendue. De plus, le complément de preuve que l'on pourrait désirer soumettre ne doit pas avoir été disponible au moment de l'enquête principale. Si par négligence, inadvertance, manque de perspicacité et de clairvoyance ou pour des raisons tactiques, une partie n'avait pas fourni certains éléments de preuve, elle n'aurait qu'à s'en prendre à elle-même et la révision devrait lui être normalement

---

330. S'il survient une difficulté d'application des conditions de travail au cours de cette suspension, il doit s'agir d'un grief assimilé, qui est du ressort de l'arbitre de griefs (art. 42, al. 2, 59, al. 3, 60, 100.10 C.t.).

331. Ce moyen demeure disponible pour toute décision du commissaire (interlocutoire ou terminale) et non seulement en matière d'accréditation. Voir : Georges CÔTÉ, « La requête en révision sous le *Code du travail* », dans *Le marché du travail*, mars 1989, p. 70.

332. *Entreprises de nettoyage d'édifice Ltée* c. *Union des employés de service, local 800*, [1987] T.T. 403 ; *T.U.A.C. section locale 500* c. *Association des travailleurs du marché Sabrevoie*, [1991] T.T. 123.

refusée[333]. Lorsque ce recours peut être valablement entrepris et qu'il y a réouverture d'enquête, il est possible que les données alors mises en preuve soient d'une telle importance que le commissaire du travail ne puisse se limiter à corriger la conclusion initiale au moyen de simples ajouts, soustractions ou précisions et qu'il retienne une conclusion opposée à la première. Pour cette raison, il importe de connaître quelles décisions peuvent ainsi être révisées et qui peut en être saisi. Selon l'article 24 C.t., cette requête peut être adressée au commissaire qui a rendu la décision ou l'ordre lorsqu'il s'agit d'une affaire complémentaire ou intimement liée à son enquête principale. L'article 49 C.t. confère cette compétence en révision à tout commissaire, ce qui sous-tend que le commissaire général du travail pourrait, au besoin, confier l'affaire à tout autre commissaire (art. 23, al. 2, C.t.). Ce dernier moyen est essentiel dans le cas d'une révision d'un ordre ou d'une décision de l'agent d'accréditation. La généralité des termes «toute décision ou tout ordre rendu» (art. 49 C.t.) laisse bien entendre qu'il est possible de réviser ainsi les décisions de l'agent d'accréditation[334]. Cette procédure ne peut cependant être assimilée à un appel. Pour cette raison, le commissaire doit se limiter à ne recevoir que les données nouvellement disponibles et à ne considérer que leurs effets sur la conclusion initiale de l'agent ou du commissaire du travail[335]. La réserve faite à l'article 49 C.t. précise ainsi qu'il n'y a pas de révision des décisions du commissaire lorsqu'il y a appel (**IV-76**) ni davantage après le jugement d'appel du Tribunal du travail[336]. Autant les parties avaient-elles le droit d'être entendues à l'enquête principale, autant ce même

---

333. Ainsi, l'ignorance d'une règle de droit et l'invocation de sa propre turpitude ne peuvent être des motifs valables justifiant la révision. Voir : *Syndicat des employés en quincaillerie industrielle et commerciale* c. *Syndicat des travailleurs en quincaillerie, local 1683 C.T.C.*, [1977] TT. 260; *François Nolin Ltée* c. *Commission des relations de travail du Québec*, [1968] R.C.S. 168; *Laberge et Laberge Ltée* c. *Association des manufacturiers de bois de sciage du Québec*, [1970] T.T. 65; *Industries Can-Am* c. *Fraternité internationale des peintres et métiers connexes et autres industries, local 349*, [1987] TT. 326; *T.U.A.C. section locale 500* c. *Association des travailleurs(euses) du Marché Sabrevoie* précité, note 332.

334. Le texte même de l'ancien article 39 a) C.t. (1969 à 1978) laissait mieux sous-entendre cette compétence du commissaire en matière de révision des décisions de l'agent d'accréditation. Les changements apportés en 1977 au libellé de cette disposition ne permettent pas de croire qu'il y a eu retrait de cette compétence. Voir : *Union des employés de commerce, local 500* c. *Conseil des employés de commerce du Québec*, [1973] T.T. 385; *Automobiles Canbec inc.* c. *Union des vendeurs d'automobiles et employés auxiliaires, local 1974*, D.T.E. 86T-238 (C.T.); *Création Joseph Sarrazin inc.* c. *Conseil conjoint québécois de l'Union internationale des ouvriers du vêtement pour dames*, [1985] C.T. 410. *Contra* : *Jardins du bonheur* c. *Union des employés de service, local 298 (F.T.Q.)*, D.T.E. 84T-107 (C.T.).

335. *Création Joseph Sarrazin Inc.* c. *Conseil conjoint québécois de l'Union internationale des ouvriers du vêtement pour dames (F.A.T.–J. C.O.I.–C.T.C.)*, [1985] T.T. 410.

336. Si le tribunal a «disposé de l'appel» (art. 49, al. 1, C.t.), le droit à une révision serait forclos. Voir : *Industries Can-Am* c. *Fraternité internationale des peintres et métiers connexes et autres industries, local 349*, précité, note 333.

droit doit être respecté à l'occasion d'une révision. L'article 50 C.t. le précise d'une façon claire, tout en laissant au commissaire du travail le soin de déterminer les moyens appropriés. À tout le moins, les parties doivent préalablement en recevoir avis à cinq jours francs de la tenue de cette audition (art. 151.3 et 151.4 C.t.). À défaut d'exercer dans les délais impartis son droit de défense, on précise que « [...] aucun recours judiciaire ne peut être fondé sur le fait qu'il a ainsi procédé en l'absence de cette partie » (art. 50, al. 2 *in fine*, C.t.).

IV-76 — *Appel au Tribunal* — La décision en accréditation peut être soumise au contrôle du Tribunal du travail agissant alors en instance d'appel (**IV-7**). L'article 118 C.t. précise les limites de ce droit d'appel :

— seule la décision terminale du commissaire du travail peut être soumise à ce contrôle;

— cette intervention est exclusive à toute autre instance.

Aucune décision de l'agent d'accréditation ni aucune décision interlocutoire du commissaire du travail rendue au cours de son enquête ou à cette fin ne peut être soumise directement au Tribunal du travail. Les parties doivent attendre la décision principale du commissaire du travail clôturant ainsi l'affaire, du moins à son niveau. Une décision terminale s'entend de celle qui clôt normalement l'affaire (sous réserve de l'article 49 C.t.) (**IV-75**). Ainsi, la décision en accréditation ou celle concluant à son refus ou à sa révocation ont pour effet de terminer l'affaire, du moins auprès du commissaire du travail[337]. Pourquoi limite-t-on ainsi l'intervention du Tribunal du travail? Compte tenu des objectifs du régime, le législateur cherche à réduire le nombre de recours et à éviter que chaque décision interlocutoire du commissaire du travail constitue une occasion pour s'adresser au Tribunal du travail, ce qui ralentirait et alourdirait le processus d'accréditation[338]. Une telle limite à l'intervention du Tribunal du travail est certes légitime à la lumière de l'économie générale du système. Par ailleurs, il est possible qu'une décision du commissaire du travail portant sur un point de droit principal, notamment sa réponse positive à une

---

337. *Northern Electric Employees Association* c. *Métallurgistes unis d'Amérique, local 8001*, [1970] T.T. 52, 54. Cette approche fut reprise par la Cour d'appel dans l'affaire *White Sister Uniform Inc.* c. *Tribunal du travail*, [1976] C.A. 772; *Larocque* c. *Commission scolaire régionale Duvernay*, [1973] T.T. 355; *C.E.G.E.P. de St-Hyacinthe* c. *Syndicat des professeurs du C.E.G.E.P. de St-Hyacinthe*, [1973] T.T. 112; *Association indépendante des agentes et agents de télévente Molson-O'Keefe* c. *Syndicat des employées et employés professionnels et de bureau, section locale 57*, D.T.E. 93T-1286 (T.T.).

338. *Syndicat des employés de l'Industrielle (C.S.N.)* c. *L'Industrielle compagnie d'assurance sur la vie*, [1978] T.T. 59.

exception de juridiction, puisse terminer effectivement l'affaire[339]. Dans le cas contraire, si le commissaire du travail reconnaissait sa compétence pour entendre l'affaire à la suite d'une même exception de juridiction, il devrait alors poursuivre l'enquête et rendre par écrit une décision sur le fond (art. 51, al. 1, C.t.). Par la suite, si le Tribunal du travail est saisi de l'affaire, soit de l'ensemble du dossier, la décision interlocutoire attributive de compétence peut être réétudiée, sauf si l'une des parties a déjà intenté une requête en révision judiciaire sous ce même chef[340].

IV-77 — *Procédure d'appel* — Le *Code du travail* précise ainsi les pouvoirs du Tribunal du travail pour un appel :

— il dispose des pouvoirs du commissaire du travail (art. 122 C.t.);

— il peut confirmer, infirmer ou modifier la décision du commissaire du travail pour y substituer la décision qui « [...] à son jugement, aurait dû être rendue en premier lieu » (art. 119 *in fine* C.t.)[341].

Si le Tribunal du travail peut demander un complément de preuve et entendre l'argumentation des parties, il ne s'agit cependant pas d'un véritable procès *de novo* où l'on reprendrait totalement l'opération initiale comme si elle n'avait pas eu lieu. Au contraire, l'appel est plutôt un moyen de contrôle de la qualité de la décision du commissaire du travail et, s'il y a lieu, le juge dispose de moyens nécessaires pour parachever, préciser ou corriger la décision initiale de façon à départager les droits des parties[342]. En d'autres termes, ce contrôle ne porte pas exclusivement sur les questions de droit, mais sur l'ensemble de la preuve dont disposait le commissaire du travail. Sauf s'il est convaincu qu'il y a eu erreur, l'économie du système et les contraintes pratiques incitent le Tribunal à s'en remettre aux faits rapportés par le commissaire et à son appréciation de la valeur des témoignages[343]. À ce sujet, soulignons que le Tribunal doit

---

339. Aux fins de notre étude, imaginons que la décision du commissaire établit qu'il n'a pas juridiction pour entendre la requête en accréditation parce qu'elle vise des fonctionnaires (*Loi sur la fonction publique* et art. 111.1 C.t.). Cette décision résultant d'une exception de juridiction est certes terminale quant au commissaire. Voir : *White Sister Uniform Inc.* c. *Tribunal du travail*, précité, note 337, p. 775.
340. À première vue, cette distinction concernant les effets d'une telle décision, selon qu'elle est attributive ou négative de juridiction, peut paraître illogique. Nous croyons cependant qu'elle respecte davantage l'économie du régime (rapidité et réduction des recours) et la logique même du processus. Si une telle démarche était franchement préjudiciable à une partie, la Cour supérieure pourrait intervenir. Voir : *Lamothe Québec Inc.* c. *Caron*, précité, note 313.
341. Il reçoit le dossier du commissaire général du travail (art. 35, 130, al. 1, C.t.).
342. *Chomedey Ford Sales Limited* c. *L'Union des employés de commerce, local 500 R.C.I.A.*, [1970] T.T. 416; *Syndicat des communications graphiques, local 509 M, Québec* c. *Auclair*, précité, note 297.
343. *Garcia Transport Ltée* c. *Robertson*, [1978] T.T. 346, 349. Cette prise de position s'appuie sur plusieurs arrêts de la Cour suprême du Canada, dont *Dorval* c. *Bouvier*, [1968] R.C.S. 288; *Métivier* c. *Cadorette*, [1977] 1 R.C.S. 371.

tenir compte du fait que le commissaire peut ne pas avoir de formation juridique et que le libellé de sa décision peut alors emprunter une facture différente des jugements des tribunaux judiciaires[344]. Par ailleurs, le contrôle exercé par le Tribunal du travail saisi d'une décision qui « termine une affaire » peut porter, si nécessaire et si l'opération demeure possible, sur l'ensemble des décisions interlocutoires qui ont pu être rendues par le commissaire[345]. Il peut alors confirmer ou infirmer en tout ou en partie ces mêmes décisions, puisqu'il est investi « de tous les pouvoirs du commissaire du travail » (art. 122 C.t.) et qu'il peut « rendre toute ordonnance qu'il estime propre à sauvegarder les droits des parties » (art. 124 C.t.) dans le champ juridictionnel qui est le sien[346]. La procédure d'appel élaborée au *Code du travail* comporte un certain nombre de particularités qui permettent de circonscrire la portée de ce recours de la manière suivante : ce droit est réservé à certains, son exercice ne dépend pas seulement de la volonté de son titulaire et il n'est accessible que pour un temps fort limité. Reprenons une à une ces trois contraintes. L'article 129 C.t. précise, d'une manière exclusive, les personnes habilitées à l'exercice d'un tel recours. À cette deuxième instance, on identifie les intéressés en fonction des points de droit soulevés ; en ce sens, l'article 129 C.t. serait aussi le pendant logique de l'article 32 C.t. (**IV-58**). La déclaration d'appel doit être « produite au greffe du Tribunal dans les dix jours de la mise à la poste par courrier recommandé ou certifié de la décision du commissaire du travail ou de sa signification par un agent d'accréditation ou une autre personne » (art. 130, al. 1, C.t.) et elle est signifiée également aux autres parties intéressées. L'article 124 C.t. comprend maintenant (19 mai 1994) un deuxième alinéa permettant au Tribunal d'assouplir, dans certains cas, ce délai de dix jours[347]. Dans le contexte des rapports collectifs du travail, où la célérité est une qualité importante, l'article 130.1 C.t.

---

344. *Beaudoin* c. *Acklands Limited*, [1977] T.T. 23. Le juge De Grandpré de la Cour suprême du Canada avait ainsi pris en considération le fait que l'arbitre de griefs n'avait pas de formation juridique pour apprécier le sens de sa décision arbitrale. Voir : *Syndicat international des travailleurs du bois d'Amérique, local 217* c. *Lean*, [1977] 1 R.C.S. 703, 710.

345. *Union des chauffeurs de camion, hommes d'entrepôts et autres ouvriers, local 106 F.T.Q.–I.B.T.* c. *Association des employés de Magog Express Inc.*, [1975] T.T. 301 ; *Syndicat indépendant des salariés des industries Leclerc, Daveluyville* c. *Syndicat des salariés des industries Leclerc*, [1995] T.T. 294.

346. Le pouvoir ainsi conféré à l'article 124 C.t. n'est pas directement attributif de compétence juridictionnelle. Voir : *Syndicat des employés de l'Industrielle (C.S.N.)* c. *L'Industrielle compagnie d'assurance sur la vie*, précité, note 338.

347. Cet ajout du législateur vise à mettre un terme à une approche judiciaire fort restrictive refusant de reconnaître pareille discrétion au Tribunal du travail. Voir : *Marchand* c. *Kruger inc.*, [1983] C.A. 398 ; *Les Entreprises H. Pépin (1991) inc.* c. *Tribunal du travail et Union des employés du secteur industriel, local 791*, [1993] R.J.Q. 2230 ; *Breton* c. *Sœurs de la Charité*, [1995] T.T. 170. ; *Groupe Sanivan inc.* c. *Francine Plante*, [1994] T.T. 366 ; *H. (B) c. D. inc.*, D.T.E. 95T-197 (T.T.) ; *Placement V. et K. inc.* c. *Syndicat des travailleuses et travailleurs de produits manufacturés et de service, section locale 130*, D.T.E. 95T-197 (T.T.) ; *Ville de Laval* c. *Syndicat des cols bleus de la ville de Laval inc.* c. *Maintenance Eurêka ltée*, [1995] T.T. 103 ; *Mirabel Aéro service inc.* c. *Gamache*, D.T.E. 96T-476 (T.T.).

prévoit maintenant l'élimination simple et directe des appels futiles, non sérieux ou encore utilisés comme simples mesures dilatoires ou d'exaspération, et ce, sur demande expresse de tout intéressé dans les dix jours de la signification de l'appel ou encore, en cours d'audition, si le juge considère lui-même que ce recours est abusif ou dilatoire[348]. On note que les qualificatifs « abusif » et « dilatoire » peuvent avoir une portée différente l'un de l'autre, et seule la jurisprudence éventuelle permettra, à l'occasion, d'en préciser ou d'en circonscrire le sens et la portée dans le contexte propre des rapports collectifs du travail[349]. Il est aussi possible que le recours entrepris ne soit pas totalement abusif et, dans ce cas, le Tribunal dispose d'un pouvoir discrétionnaire suffisant pour élaguer et contenir l'appel à sa juste dimension (art. 130, al. 1 *in fine*, C.t.). À défaut d'un tel arrêt de la procédure d'appel, nous devons considérer que ce recours serait régulièrement formé et alors, son premier effet consiste en la suspension de l'exécution de la décision du commissaire du travail (art. 130, al. 3., C.t.), sauf dans deux cas :

— la décision en appel constitue une ordonnance en réintégration fondée sur l'article 15 C.t. (**IV-18**) selon l'article 130, al. 4, C.t. ;

— le Tribunal en décide expressément autrement sur demande formelle d'une partie (art. 130, al. 3, C.t.).

IV-78 — *Rythme imposé* — Cette procédure d'appel devrait se dérouler à un rythme particulièrement expéditif s'il faut en croire les articles 130 et 131 C.t.

i) Les intéressés disposent de 10 jours de l'envoi de la décision pour produire la déclaration d'appel et la signifier aux autres parties (art. 130, al. 1, C.t.).

ii) La présentation d'une requête pour le rejet de cette déclaration d'appel en raison de sa futilité doit aussi être faite dans les 10 jours qui suivent la signification de cette déclaration d'appel (art. 130.1 C.t.) (**IV-76**).

iii) La transmission immédiate du dossier au Tribunal du travail est exigée du commissaire général du travail (art. 35, 130, al. 1, C.t.).

iv) L'audition des parties sur le fond doit avoir lieu dans les 30 jours de la déclaration d'appel (art. 131 C.t.).

v) Dans les 90 jours de la prise en délibéré du dossier, le Tribunal du travail devrait rendre son jugement (art. 135.1 C.t.).

---

348. L'article 130.1 C.t. fut promulgué le 19 mai 1994 et remplace la procédure de permission d'appel, étape préliminaire qui avait cours jusqu'alors. Voir : *Rénovaprix inc.* c. *Travailleurs et travailleuses unis de l'alimentation et du commerce, local 502*, précité, note 205 ; *Noël* c. *Tricots San Remo inc.*, D.T.E. 95T-466 (T.T.) ; *Lacourse* c. *Gérant de services gérontologiques inc.*, D.T.E. 97T-342 (T.T.).

349. Denis FERLAND, « La répression des appels dilatoires ou abusifs dans la Cour d'appel », (1981) *R. du B.* 923 ; *Guessous* c. *Lighstone*, J.E. 90-809 (C.A.).

L'essai d'imposer un rythme de travail aux parties et au juge est assez unique en son genre et l'expérience enseigne qu'il est difficilement réussi. S'agirait-il de délais impératifs à effet couperet, et pour les parties et pour le Tribunal ? Il va de soi que si les parties n'étaient pas valablement entendues dans les 30 jours (point iv), elles ne sauraient en être davantage préjudiciées par la caducité automatique de l'appel[350]. Ces nouvelles dispositions, notamment les articles 131, 134, 135.1 et 135.2 C.t., incitent pour le moins le Tribunal du travail à la diligence. L'expression « le plus tôt possible » (art. 131 C.t.) conjuguée aux souplesses du nouvel article 135.1 C.t. permet de croire que l'incitation à la diligence ne donnerait guère de résultats tangibles, sauf si le juge en chef manifestait une grande fermeté et exerçait de réelles pressions. Les articles 135 et 135.2 C.t. ajoutés au *Code du travail* en 1994 révèlent bien les difficultés pratiques de respecter les délais impartis au Tribunal du travail. Il est vrai que le délai de 15 jours en vigueur de 1969 à 1994 n'était pas réaliste et d'ailleurs, il ne fut jamais respecté. À ce sujet, le nouveau délai de 90 jours apparaît à la fois plus juste et, de ce seul fait, devrait faire plus autorité. Notons cependant l'élasticité des formules retenues aux articles 135.1 et 135.2 C.t. et l'usage qui peut en être fait.

i) Le compte à rebours du délai de 90 jours commence depuis la « prise en délibéré » ! Ne peut-il pas y avoir un temps d'attente entre la fin réelle de l'audition et celle de la prise en délibéré ? Les limbes administratifs ! Il suffirait qu'une partie demande le dépôt d'une pièce quelconque au dossier ou que le juge exige pareil dépôt des parties ou du commissaire général du travail et dès lors, la fin de l'audition retarderait d'autant. Par ailleurs, en s'inspirant de l'amendement apporté à l'article 101.5 C.t., on pourrait comprendre que le temps du délibéré débuterait dès la fin des séances d'audition. Si telle devait être l'interprétation retenue, cette nouvelle disposition aurait alors une portée certaine.

ii) Ce premier délai peut lui-même être prolongé par le juge en chef. Ce dernier peut dessaisir le juge retardataire, mais ce moyen ne saurait être retenu que pour des situations très exceptionnelles. Encore faudrait-il que le juge en chef veuille bien assumer pareille autorité et aussi, ose pareille initiative, car les parties n'aiment guère enclencher elles-mêmes de telles procédures disciplinaires à l'égard de celui qui les juge. D'ailleurs, quel ressentiment pourrait éprouver la partie qui demande cette dessaisie qui, par la suite, perd sur la question de fond étant donné le jugement finalement rendu par ce même juge ?

---

350. *Air Care Ltd.* c. *United Steel Workers of America*, [1976] 1 R.C.S. 2.

iii) La consigne donnée au juge en chef de dessaisir un juge tout « [...] en tenant compte des circonstances et de l'intérêt des parties » peut être comprise de multiples façons. Elle peut signifier notamment que les intérêts des justiciables devraient prévaloir sur ceux du juge en cause. Est-ce vraiment ce sens qui sera retenu ?

iv) Dans le cas où le juge en chef prend l'initiative d'une telle dessaisie, quelle pourrait être l'attitude des parties face à l'autre juge nouvellement saisi du dossier ? Pourraient-elles exiger d'être à nouveau entendues ou cette disposition de l'article 135.2 C.t. permettrait-elle à cet autre juge de refuser de les entendre ? Une réponse à cette double question semble être donnée à ce même article 135.2 C.t. qui précise que le consentement des parties s'imposerait pour pouvoir « [...] s'en tenir aux notes et au procès-verbal de l'audience [...] » !

v) Le juge en chef peut, s'il le croit nécessaire, ordonner la reprise de l'enquête ou un procès *de novo* (art. 135.1, al. 2, C.t.) et, en pratique, le juge nouvellement saisi peut même reprendre l'enquête *ab initio*, en exigeant « [...] toute autre preuve » qu'il considère nécessaire à l'intelligence de l'affaire (art. 135.2 *in fine* C.t.).

Ces quelques observations illustrent la fragilité de l'objectif de célérité, et seule la mise en pratique de ces dispositions permettra finalement d'en apprécier le contenu réel.

IV-79 — *Précision du contenu* — Depuis l'accréditation, l'organisation du travail au sein de l'entreprise peut évoluer en fonction de bien des facteurs : production, équipement, structures, mouvement de personnel, etc. Ces changements peuvent engendrer quelques doutes, à savoir si un salarié ou un groupe de salariés fait ou ne fait plus partie de l'unité d'accréditation selon la formulation initiale retenue pour la décrire. L'article 39 C.t. permet à tout intéressé de s'adresser « en tout temps » au commissaire du travail pour le saisir de cette question[351]. Le commissaire du travail peut aussi effectuer une opération semblable pour compléter la description de l'unité d'accréditation à la suite d'une accréditation visant une unité déjà convenue entre les parties auprès de l'agent d'accréditation, sauf pour quelques questions de détails (art. 28 d), 30 *in fine*, 33, al. 2, C.t.). L'article 39 C.t. permet de comprendre qu'une telle demande de clarification peut aussi être formulée par un salarié, et ce, dans la mesure où il y est directement visé. Les trois questions retenues à cette disposition (statut de salarié ou de membre du syndicat et son inclusion à l'unité) ne

---

351. Le simple usage d'une nouvelle technologie ne saurait suffire à remettre en cause l'unité d'accréditation. Voir : *Dominion Textile Ltée* c. *Textile Printers Association of Magog*, [1976] T.T. 39.

portent pas sur le choix de l'unité appropriée (art. 32 C.t.) (**IV-58**)[352]. Cette requête en précision comporte d'immenses avantages pour clarifier, sans autre délai, des situations particulières, alors que la description initiale de l'unité a pu être faite en termes très généraux, par la voie de catégories plus ou moins précises ou à l'aide de quelques coordonnées n'indiquant que le lieu ou les activités professionnelles visées. Il se peut d'ailleurs que ce besoin de clarification soit accru dans les cas d'unités convenues (**IV-61**) : la recherche entre les parties en vue d'un tel accord peut entraîner l'usage de termes ambigus ou vagues. On ne saurait cependant utiliser valablement ce moyen édicté à l'article 39 C.t. pour arriver à d'autres fins et notamment :

— pour tenter ainsi de modifier ou de compléter l'unité actuelle d'accréditation : cette dernière opération doit s'effectuer en respectant les délais de l'article 22 C.t. (**IV-52**). Il est toutefois possible qu'un recours en révision (art. 49 C.t.) (**IV-75**) puisse parfois produire une telle modification de l'unité d'accréditation[353] ;

— pour tenter de couvrir une activité maintenant assumée par un sous-traitant ou un concessionnaire : l'article 46 C.t. prévoit un recours spécial à cette fin. Tenant compte de l'effet automatique de l'article 45 C.t., il semble d'ailleurs préférable de recourir à l'article 46 C.t., d'autant plus que le commissaire du travail pourrait, à cette même fin, préciser la portée réelle de l'unité d'accréditation pour constater si ce tiers est soumis aux effets de l'article 45 C.t.[354] ; dans certaines

---

352. *Picotin* c. *Gareau*, [1987] R.J.Q. 453, 458 (C.S.), confirmé [1990] R.J.Q. 2373 (C.A.). Cette décision retient la thèse opposée à celle que nous soutenons et qui consiste à distinguer la question du choix de l'unité appropriée (élément d'intérêt collectif régi par l'article 32 C.t.) de la question du statut d'un salarié (élément d'intérêt personnel visé à l'article 39 C.t.). Sur le droit d'un salarié d'interpeller directement le commissaire afin qu'il détermine s'il exerce des fonctions visées par l'unité d'accréditation, on peut lire avec intérêt *Syndicat canadien de la fonction publique, section locale 963* c. *Société des alcools du Nouveau-Brunswick*, [1979] R.C.S. 227.

353. *Syndicat des fonctionnaires de la Société des alcools du Québec* c. *Société des alcools du Québec*, [1973] T.T. 397 ; *Union canadienne des travailleurs en communication* c. *Compagnie Northern Electric Limitée*, précité, note 286 ; *Uniroyal Limited* c. *Synthetic Rubber Workers union, section locale 78 de Distillery Rectifying Wine Workers union of America*, [1975] T.T. 429. La requête en vertu de l'article 39 C.t. visant à modifier et non à clarifier l'unité, serait irrecevable. Voir : *Asbestos Corporation* c. *Syndicat national des employés de l'Asbestos Corporation*, [1973] T.T. 98 ; *Syndicat des professeurs de l'Université du Québec à Montréal* c. *Univesité du Québec à Montréal*, [1975] T.T. 182 ; *Syndicat canadien de la fonction publique, local 1113* c. *Fraternité des policiers de Ville de Laval et Ville de Laval*, [1982] T.T. 104 ; *Hôpital de Montréal pour enfants* c. *Infirmières et infirmiers unis inc.*, [1982] T.T. 321 ; *Union des employés de commerce, local 501, T.U.A.C. (U.F.C.W.)* c. *Steinberg inc.*, [1984] T.T. 337.

354. À titre d'exemple, voir : *J.A. Hubert Limitée* c. *Syndicat des employés de soutien du Collège Ahuntsic*, [1977] T.T. 110. Si l'entreprise du nouvel employeur était déjà sous une accréditation, il peut être possible, par la voie de l'article 46 C.t., d'obtenir la fusion des unités d'accréditation. Voir : *Villa Notre-Dame-de-Grâce* c. *Syndicat des employés de la*

occasions, il sera difficile de tracer une frontière de façon précise et péremptoire entre l'application de l'article 39 et celle des articles 45 et 46. Voilà pourquoi dans bien des cas, et ce, de façon pragmatique, certains praticiens fondent leurs recours à la fois sur les articles 39, 45 et 46 C.t.

— pour obtenir l'exclusivité d'une activité professionnelle en faveur des salariés visés par l'unité d'accréditation[355].

La question soulevée par cette requête en précision peut être simple : le titulaire du poste X est-il salarié au sens du *Code du travail* (**IV-60**) ? À ce moment, on peut présumer que les parties reconnaissent qu'une réponse positive impliquerait que ce salarié serait dès lors partie de l'unité d'accréditation. Le commissaire n'est cependant pas lié par un tel sous-entendu : tout en reconnaissant le statut de salarié du titulaire d'un poste, il peut aussi préciser, du même coup, qu'il n'est pas inclus dans l'unité d'accréditation[356]. Il est logique qu'il en soit ainsi puisque la qualification de salarié ne peut servir que les fins de l'application du *Code du travail*[357]. Parfois, la question est plus complexe puisque le commissaire doit aussi déterminer si tel poste ou telle activité professionnelle est compris dans cette unité. Pour y répondre, il faut d'abord connaître l'unité d'accréditation existante, puis s'enquérir des éléments particuliers de cette activité ou de ce poste pour enfin établir s'il y a adéquation. À ces fins, une enquête s'impose et le commissaire du travail doit alors permettre aux parties, dans la mesure énoncée à l'article 32 C.t., d'exercer leur droit de défense. Nous croyons cependant qu'un syndicat peut disposer d'un intérêt juridique certain à demander de telles clarifications en vertu de l'article 39 C.t. Ainsi, un syndicat accrédité vis-à-vis d'un autre groupe de salariés d'une entreprise peut vouloir faire clarifier la ligne frontalière des différentes unités d'accréditation en présence. Un syndicat peut

---

Villa Notre-Dame-de-Grâce, [1983] T.T. 390; *Syndicat des professionnels et des techniciens de la santé du Québec (S.P.T.S.Q.)* c. *C.L.S.C. des Trois-Vallées*, [1985] T.T. 317.

355. D'ordinaire, une telle question peut être plus ou moins précisée dans la convention collective. Si tel est le cas, elle devient ainsi du ressort de l'arbitre des griefs. Cette même question est parfois difficile à trancher selon que sa formulation met en relief certains aspects plutôt que d'autres. Ainsi, demander au commissaire du travail si une activité peut être effectuée par telle catégorie de salariés ou si les personnes qui font l'activité sont comprises dans l'unité d'accréditation peut faire toute la différence. Voir : *Syndicat des journalistes de Montréal Inc.* c. *Union typographique Jacques-Cartier (145)*, [1966] R.D.T. 241 (C.R.T.); *Association professionnelle des inhalothérapeutes de Québec* c. *Infirmiers et infirmières unis de Montréal Inc.*, [1977] T.T. 255.

356. *Syndicat des employés de l'Hôtel-Dieu de Lévis (C.S.N.)* c. *Hôpital Hôtel-Dieu de Lévis*, [1974] T.T. 67; *Pointe-Claire (ville)* c. *Québec (Tribunal du travail)*, précité, note 285.

357. Cette limite ou réserve vaut aussi pour l'exclusion ou le refus de la qualification de salarié au sens du *Code du travail*, entendu que cette même personne puisse néanmoins être un salarié sous tout autre aspect (**II-51**).

aussi entreprendre une semblable opération lorsqu'il entend être accrédité pour un autre groupe de salariés exerçant des activités très voisines de celles d'une unité d'accréditation pour laquelle une accréditation est déjà émise.

IV-80 — *Les précisions apportées* — Pour répondre à ces diverses questions, le commissaire du travail doit préciser la portée de l'unité d'accréditation déjà retenue. À cette fin, doit-il considérer l'état actuel de la situation ou s'en remettre à la situation initiale? La portée et le sens de l'unité d'accréditation s'établissent plutôt en fonction des faits du moment et du comportement des parties depuis l'accréditation. En effet, la logique du régime impose que les précisions demandées aient une portée pratique certaine et aussi qu'elles soient données en fonction de la situation en cours et non passée, mais sans pour cela modifier la description de l'unité. Si le commissaire du travail devait s'en remettre au passé, la décision recherchée pourrait n'être d'aucune utilité pour les parties : la portée pratique d'un droit est toujours en fonction des données factuelles et celles-ci évoluent[358]. Répétons-le, il ne s'agit nullement de reconsidérer l'unité d'accréditation pour l'adapter à la situation du moment, mais bien de l'interpréter en fonction de la situation réelle des parties[359]. La demande de précision peut également provenir d'une mésentente entre les parties, employeur et syndicat accrédité, au sujet de la portée de l'unité d'accréditation au moment de leur première négociation collective ou à la suite de faits nouveaux. Le commissaire du travail peut alors s'enquérir de l'intention recherchée et sous-jacente à l'actuelle description et, à cet effet, on ne peut ignorer que la description initiale a pu provenir de l'accord des parties[360]. Dans ce dernier cas, ce serait leur intention commune d'alors que le commissaire du travail devrait chercher à préciser à l'aide des termes employés et du contexte. À cette fin, le comportement des parties depuis l'accréditation peut également permettre de dégager des éléments de réponse[361]. La description du champ d'application de la convention collective peut être retenue comme source d'information qui lie les parties

---

358. L'accréditation initiale peut affecter en pratique 100 salariés au départ, puis 500 et après un certain nombre d'années, 1 000 ou 380 : le titre de droit est le même, mais sa portée pratique ou ses effets évoluent, selon la conjoncture. Outre ces variations d'ordre quantitatif, le groupe initial peut connaître bien d'autres changements qui modifient aussi sa structure, sa composition ou sa dynamique.
359. *Hôpital Joyce Memorial* c. *Syndicat national des employés de l'hôpital Joyce Memorial*, [1970] T.T. 348; *Syndicat canadien des travailleurs du papier, section locale 3057* c. *Forpan inc.*, dans *Le marché du travail*, juillet 1991, p. 12.
360. L'accord des parties au sujet de l'unité d'accréditation est possible pour les cas relevant de l'agent d'accréditation (**IV-61**).
361. *Fédération des magasins Co-op* c. *Syndicat national de l'alimentation en gros de Québec Inc.*, [1973] T.T. 130; *Ville de Val-Bélair* c. *Syndicat des employés municipaux de la Ville de Val-Bélair (F.I.S.A.)*, [1991] T.T. 332; *Villa de l'Essor* c. *Syndicat national des employés de la Villa de l'Essor*, [1991] T.T. 303; *Industries James Macharen inc.* c. *Jasmin*, D.T.E. 93T-881 (C.S.).

dans le sens qu'elles ne peuvent logiquement la dénoncer ni la réfuter[362]. Parce que ces conventions collectives sont élaborées par les parties bien au fait des conditions du milieu, elles se moulent à leur situation et permettent souvent de comprendre la portée réelle d'une unité d'accréditation. Ainsi, l'entreprise a pu modifier sa structure, moderniser son équipement, réorganiser ses méthodes de travail, embaucher des salariés de formations techniques différentes, et les parties ont pu adapter ou traduire, au cours de trois ou quatre renouvellements de convention collective, le sens et la portée pratique de l'unité d'accréditation à ces changements. Lorsqu'il arrive une situation nouvelle qui cause quelques problèmes, cette expérience commune consignée à leur convention collective nous paraît contenir de sérieux indices[363]. Il va de soi que les parties ne peuvent elles-mêmes valablement élargir ni restreindre la portée de l'unité d'accréditation par le truchement de la convention collective. Ces propos permettent de constater que ce recours en précision de l'unité d'accréditation confère au régime d'accréditation une certaine souplesse d'adaptation et d'application concrète. Ces dernières qualités sont essentielles pour que le régime n'entraîne pas l'entreprise dans une sclérose, tout en assurant aux salariés de pouvoir vraiment exercer leurs droits collectifs à la négociation des conditions de travail.

IV-81 — *La révocation* — Aux époques où il est possible qu'un autre syndicat demande d'être accrédité au lieu et place du syndicat en fonction (**IV-52**), tout intéressé, et notamment l'employeur (art. 41, al. 2, C.t.), peut aussi exiger la vérification de l'existence ou du caractère représentatif du syndicat accrédité (**IV-66**)[364]. S'il peut prendre pareille initiative, il ne saurait à cette fin ou occasion s'immiscer dans les questions relatives à la représentativité du syndicat (art. 36 C.t.) (**IV-58**). Le libellé même de l'article 41, alinéa 2, C.t. précise bien la répartition des rôles : l'employeur demande ce contrôle de qualité et le commissaire du travail l'effectue. Le contrôle de la représentativité peut entraîner la préparation d'un rapport d'enquête (art. 41, al. 3, C.t.) qui est transmis aux parties, mais il ne doit pas comprendre « la liste des membres des associations en cause [...] » (art. 35 et 36 C.t.) (**IV-68**). Il faut reconnaître que l'employeur a un intérêt certain, au terme d'une convention

---

362. Il ne s'agit que d'une source d'information parce que le commissaire du travail n'y est pas lié et n'a pas compétence pour interpréter la convention collective. Voir : *Syndicat canadien des officiers de marine marchande* c. *Syndicat national des employés de Ome Maintenance (C.S.N.)*, [1973] T.T. 231 ; *Matériaux Blanchet inc.* c. *Syndicat canadien des travailleurs du papier, local 3057*, T.T. Montréal, n° 500-28-000-583-867, le 7 juillet 1981, j. Lesage.
363. *Union typographique de Québec, local 302* c. *Syndicat des employés du personnel de soutien de la rédaction du Soleil (C.S.N.)*, [1975] T.T. 84, confirmé par [1975] C.A. 377 ; *Syndicat canadien de la fonction publique, section locale 2115* c. *Centre d'accueil Miriam, The Miriam Home*, [1989] T.T. 271.
364. Le libellé même du 2e alinéa de l'article 41 C.t. indique bien qu'il s'agit d'un cas particulier et dérogatoire à la règle générale de l'article 32, alinéa 3, C.t. (**IV-81**).

collective et peu avant la négociation de son renouvellement, à être assuré des qualités de l'interlocuteur syndical, s'il éprouve un doute raisonnable à ce sujet. En effet, à l'une ou l'autre de ces époques précises (art. 22 b.1), c), d) et e) C.t.), un tel contrôle de la représentativité du syndicat peut être utile, selon les circonstances, pour déterminer si ces rapports collectifs doivent être maintenus et s'il convient de les poursuivre. Puisque la représentativité du syndicat est la base même du droit à l'accréditation, il fallait permettre d'en vérifier la qualité sans pour cela perturber à tout moment la tenue des rapports collectifs du travail. Pour ces raisons, cette remise en cause a lieu à la même époque où un autre syndicat peut tenter de supplanter celui alors accrédité (**IV-52**)[365]. La requête en révocation met en présence des intérêts multiples et souvent fort opposés. Pour s'en convaincre, il suffit de rappeler les effets possibles recherchés :

— confirmer les droits du syndicat déjà accrédité ou y mettre fin;

— rendre immédiatement possible l'exercice du droit à l'accréditation d'un autre syndicat;

— mettre un terme aux obligations qui incombent à l'employeur en raison de l'accréditation alors en vigueur : art. 45, 47, 52, 53, 59, 67, 100, 106, 109.1 C.t., etc.

— etc.

Outre cette procédure directe et expresse en révocation prise selon l'article 41 C.t., toute requête en accréditation comporte elle-même implicitement une demande en révocation de celle alors en vigueur en raison même de son éventuel effet (art. 43 C.t.). Ni l'article 41 C.t. ni d'ailleurs le *Règlement sur l'exercice du droit d'association* ne fournissent de modalités pour la présentation d'une requête en révocation. Il suffit de respecter les règles générales applicables à la présentation d'une requête au commissaire général du travail[366] pour qu'un commissaire du travail en soit saisi (art. 151 C.t.). Le commissaire du travail est seul compétent pour révoquer toute accréditation sans égard à l'auteur initial (la C.R.O., la C.R.T., l'agent d'accréditation, un autre commissaire du travail ou le Tribunal du travail) de la décision en accréditation ainsi remise en question. Sans qu'il soit techniquement saisi d'une

---

365. Parce qu'il est techniquement possible qu'une révocation soit prononcée au cours du terme d'une convention collective de longue durée (art. 22 C.t.), on ignore ce qu'il adviendrait alors de cette même convention collective dépourvue d'une partie syndicale au lendemain de la révocation : hypothèse nullement envisagée aux amendements apportés en 1994 (L.Q. 1994, c. 6).

366. Il va sans dire que les délais impartis à la prise de ce recours sont impératifs. Puisque le droit du syndicat accrédité est contesté, il paraît indispensable que la requête lui soit également signifiée. À notre avis, une signification tardive, c'est-à-dire en dehors de la période mentionnée à l'article 22 C.t., serait fatale au requérant.

requête en révocation, le commissaire du travail pourrait, si les circonstances l'exigent et si les conditions de temps le permettent, aboutir lui-même à pareille conclusion. Il pourrait en être ainsi lorsque la requête en accréditation d'un deuxième syndicat est rejetée et que, ce faisant, le commissaire du travail constate que le syndicat en place ne regroupe plus la majorité absolue des salariés[367]. Ce recours en révocation est généralement entrepris par l'employeur puisqu'un syndicat a d'ordinaire davantage intérêt à aborder l'affaire d'une manière qui lui soit plus utile, soit au moyen d'une requête en accréditation qui, avons-nous vu, comprend l'autre (art. 43 C.t.).

IV-82 — *Raisons de la révocation* — Cette révocation peut être obtenue lorsque l'une ou l'autre des deux conditions suivantes est régulièrement satisfaite dans une des occasions prévues à l'article 22 C.t. : le syndicat accrédité « a cessé d'exister » ou il « ne groupe plus la majorité des salariés ». Comment reconnaît-on qu'un syndicat a cessé d'exister ? Cette expression quelque peu ambiguë vise l'état moribond d'un syndicat, c'est-à-dire lorsqu'il n'exerce plus, sans égard aux motifs, ses prérogatives et n'assume nullement ses devoirs auprès des salariés. Pareille situation peut résulter de diverses causes : l'anesthésie générale provenant plus ou moins directement de l'employeur; l'ensemble des salariés ont délaissé cette structure syndicale pour en emprunter une autre; ou encore, à la suite d'une restructuration syndicale, d'une fusion ou d'un changement d'affiliation, le syndicat accrédité n'a plus qu'une existence formelle. La deuxième hypothèse retenue à l'article 41 C.t., celle où le syndicat « ne groupe plus la majorité absolue », laisse sous-entendre une situation qui a pu ne jamais se présenter, celle de regrouper une majorité absolue de salariés. En effet, il est maintenant possible qu'un syndicat soit accrédité alors que seulement 35 % des salariés en étaient membres et qu'une majorité requise fut obtenue par la voie d'un scrutin (art. 21, 37.1 C.t.) **(IV-66)**[368]. À moins que l'on ne puisse valablement adapter le texte de cet article 41 C.t. par voie interprétative et par besoin de cohérence, il faudrait autrement reconnaître qu'un syndicat accrédité, à la suite d'un scrutin, devrait poursuivre sa sollicitation pour atteindre et maintenir la majorité requise de membres[369]. Il nous faut rappeler aussi que la seule fermeture de l'établissement ne peut constituer une cause valable de révocation automatique et

---

367. Cette approche fut déjà retenue, notamment dans *United Cement, Lime and Gypsum Workers International Union, local 415* c. *Union des opérateurs de machinerie lourde du Québec, local 791*, [1974] T.T. 114; *Syndicat des enseignants de la Rive-Sud* c. *Syndicat des enseignants de Champlain*, [1977] T.T. 84, 86.
368. Cette ambiguïté ou cet anachronisme résulte du fait que l'article 37 C.t. fut modifié puis complété par les articles 21 et 37.1 C.t. pour multiplier les occasions de suppléance du scrutin aux adhésions sans que le libellé de l'article 41 C.t. ait été adapté à ces nouvelles conditions facilitant l'accréditation.
369. Il est possible que la présence d'une clause de sécurité syndicale dans la convention collective corrige la situation **(IV-19)**.

directe de l'accréditation. Le Tribunal du travail écarta cette proposition en démontrant d'abord ses effets néfastes et contraires à l'économie générale du *Code du travail*, notamment au sujet des garanties données à l'article 45 C.t. :

> L'accréditation dépend de la seule volonté des salariés et les gestes posés par l'employeur ne peuvent avoir à eux seuls la conséquence de faire perdre cette accréditation. Le Code ne permet au commissaire de révoquer une accréditation à la demande de l'employeur que si les salariés ont décidé de dissoudre leur association ou de ne plus y adhérer majoritairement[370].

La Cour d'appel retint aussi cette même approche en précisant cependant que l'absence de salariés ne privait nullement l'employeur d'exercer ce recours en révocation[371]. Par l'effet de l'article 45 C.t., un nouvel employeur pourrait également l'exercer à l'égard du sous-groupe de salariés visé[372].

II-83 — *Décision en révocation* — Saisi d'une requête en révocation, le commissaire du travail doit s'enquérir du caractère représentatif du syndicat accrédité et plus précisément du nombre réel de ses adhérents par rapport au nombre total des salariés actuels de l'unité d'accréditation. À cette fin, il peut dépêcher un agent d'accréditation qui lui fait rapport (art. 41, al. 3, C.t.). Par cette voie, il lui est possible d'intervenir plus rapidement (le syndicat en place y a généralement intérêt) et d'éviter la tenue d'une audition si le requérant, l'association accréditée et l'employeur ne contestent pas le rapport de l'agent d'accréditation dans les dix jours de sa réception. Parce que le syndicat accrédité disposait d'une majorité absolue de membres ou qu'il l'a acquise après l'accréditation, l'enquête porte généralement sur la qualité des démissions **(IV-67)**[373]. Ajoutons que la vérification du caractère représentatif du syndicat à la suite d'une requête en révocation s'effectue à l'aide des seuls paramètres

---

370. *Cartonnerie Standard Ltée, Standard Paper Box Ltd.* c. *Syndicat de la boîte de carton de Québec Inc. (C.S.N.)*, [1979] T.T. 78, 81 ; *Francon Division de Canfarge Limitée* c. *Syndicat national des employés de Francon (C.S.N.)*, [1979] T.T. 357, 360; *Syndicat des employés de Zeller's (C.S.N.)* c. *Zellers Ltée*, [1982] T.T. 771 ; *Ivanhoe Inc.* c. *Travailleurs et travailleuses unis de l'alimentation et du commerce, local 500*, [1993] T.T. 600; *Syndicat des travailleuses et travailleurs de l'alimentation en gros du Québec inc.* c. *Épiciers unis Métro-Richelieu inc. (division Servit inc.)*, D.T.E. 93T-1220 (T.T.).

371. *Entreprises Rolland Bergeron Inc.* c. *Geoffroy*, [1987] R.J.Q. 2331 (C.A.). Peu après, le Tribunal du travail (le juge Jean Girouard) reprit cette approche de la Cour d'appel. Voir : *Conseil conjoint québécois de l'Union internationale des ouvriers et ouvrières du vêtement pour dames (F.A.T.–C.O.I.–C.T.C.)* c. *Maggie Muggins Inc.*, précité, note 111.

372. *Association internationale des travailleurs du métal en feuilles, local 116* c. *Moulées Vigor Ltée, Vigor Feeds Co.*, [1978] T.T. 384, 390. Voir aussi : *Syndicat des employés de l'aluminium de Shawinigan (F.S.S.A.)* c. *Syndicat des employés de l'aluminium de Shawinigan Inc.*, [1977] T.T. 72.

373. *Syndicat des ouvriers unis de l'électricité, radio et de la machinerie d'Amérique, section locale 532 (F.T.Q.–C.T.C.)* c. *Méo*, [1979] T.T. 43.

de l'article 36.1 C.t. Il y est clairement indiqué que, pour valoir, la démission doit être donnée avant ou la journée même du dépôt de la requête en révocation, y compris la notification au syndicat[374]. Si, au terme de l'enquête, la requête en révocation est rejetée, les parties peuvent techniquement en demander la révision (**IV-75**) ou procéder par voie d'appel auprès du Tribunal du travail (**IV-76**). À la suite de ce rejet, le syndicat accrédité conserve son titre et peut exercer les droits afférents. Par ailleurs, les premiers effets de cette révocation pour le syndicat visé sont indiqués à l'article 44 C.t. À compter de cette date, le syndicat déchu ne représente plus les salariés auprès de l'employeur et ne reçoit plus, par l'entremise de ce dernier, les cotisations syndicales ou leurs équivalents (**IV-22**).

---

374. *Syndicat professionnel des diététistes du Québec* c. *Murphy*, précité, note 302; *Syndicat des employés de transport scolaire E.R.B. (C.S.N.)* c. *Autobus Québec Métro Inc.*, [1982] T.T. 97; *Urbain* c. *Union des employés de commerce, local 500 et al.*, [1984] T.T. 25; *Grondin* c. *Syndicat des employés professionnels et de bureau, section locale 57 (U.I.E.P.B.–C.T.C.– F.T.Q.)*, D.T.E. 86T-146 (T.T.).

Section 2.4

Les effets de l'accréditation

IV-84 — *Une décision motivée* — Au terme de son enquête, le commissaire du travail rend une décision à l'effet d'accorder ou de refuser l'accréditation. Cette décision écrite et motivée (art. 51, al. 1, C.t.) devrait être rendue dans les cinq jours de la fin de l'enquête et comprendre la description de l'unité d'accréditation retenue (art. 34 C.t.)[375]. Il doit en être ainsi pour que toutes les personnes visées puissent en connaître la portée et exercer des droits qui en résultent ou pour assumer les obligations qu'elles engendrent (art. 40, 43, 47, 52, 53, 59 C.t.). De nombreux impératifs d'ordre juridique et pratique exigent que la décision finale soit écrite, valablement motivée et déposée au bureau du commissaire général du travail (art. 51 C.t.). Ces contraintes de fond et de forme ne justifieraient nullement par ailleurs que la décision du commissaire du travail emprunte la forme ou le style des arrêts du « palais de justice », ni un libellé farci de « considérants ». Sans être astreint à une formulation particulière, le commissaire du travail doit néanmoins chercher à exprimer clairement sa décision et, à cette fin, on devrait y trouver les éléments qui suivent.

    i) L'identification des parties en cause : nom complet du syndicat requérant, de l'employeur visé et des autres syndicats dont les droits sont touchés par la décision.

---

375. Outre la mention à ce sujet que l'on trouve à l'article 28 d) C.t., on n'y traite pas expressément de la décision en accréditation que doit néanmoins rendre également l'agent d'accréditation. S'il est vrai que les parties y participent davantage, particulièrement pour préciser l'unité d'accréditation, cela n'explique pas ni ne justifierait ce silence. Bien que la décision de l'agent d'accréditation soit sans appel, elle peut donner prise à des procédures incidentes (**IV-72 à 83**).

ii) Une description de l'unité d'accréditation, soit celle convenue (**IV-61**), soit celle finalement retenue par le commissaire, en la distinguant bien de celle recherchée par le requérant et, le cas échéant, de celle du syndicat déchu (art. 43 C.t.).

iii) L'expression claire d'une conclusion, le dispositif, de façon à savoir qui est accrédité et qui ne l'est pas et à l'égard de quelle unité d'accréditation.

iv) L'identification de l'établissement visé par l'unité d'accréditation.

v) La date de la décision, compte tenu des effets qu'elle peut produire (art. 43, 47, 61, 130 C.t.).

Il convient de souligner que l'obligation de motiver la décision terminale ne signifie pas d'y dresser le procès-verbal de l'enquête, ni d'y relater l'ensemble des péripéties ou des hauts faits de l'enquête ni les savantes arguties des représentants des parties. Il nous paraît superfétatoire et souvent encombrant d'y rappeler l'état des débats entre les commissaires du travail et le Tribunal du travail ou d'y présenter un essai de théorisation *ad hoc* de la jurisprudence. Mis à part ces hors-d'œuvre, il peut être néanmoins utile, dans certains cas, que le commissaire du travail rappelle certaines décisions antérieures au soutien de l'approche retenue pour bien marquer de cette autorité la cohérence et la logique de sa décision ou encore, si c'est le cas, pour bien souligner qu'il dut s'en écarter en toute connaissance de cause. Cette obligation de motiver constitue l'ultime manifestation du droit de défense, aussi limité soit-il par ailleurs. En effet, les intéressés à l'accréditation ont le droit de savoir qu'ils ont été entendus, et l'expression des motifs devrait en rendre compte, notamment pour :

— comprendre l'approche retenue;

— constater en quoi et pourquoi sa démarche diffère de celle proposée par l'une des parties ou les deux; et aussi,

— reconnaître qu'il ne s'agit pas d'une décision fantaisiste, purement abstraite ou de l'expression de simples préjugés[376].

C'est à ces conditions que les parties peuvent raisonnablement croire que justice fut rendue, même si la conclusion ne sert pas leurs intérêts immédiats. Cet exposé devrait aussi permettre aux parties de prendre leur propre décision relativement à l'exercice de leurs droits ou des obligations correspondantes : droit à une révision ou à l'appel (art. 49, 129 C.t.) (**IV-75, 77**), droit à la négociation (art. 52 C.t.) (**IV-94**), droit à la retenue syndicale (art. 47 C.t.) (**IV-22**), etc. La décision en accréditation officiellement rendue et déposée produit un certain nombre d'effets juridiques immédiats auprès des salariés, du syndicat et de l'employeur

---

376. *Northwestern Utilities Ltd.* c. *Ville d'Edmonton*, [1979] 1 R.C.S. 684; *Union des employés d'hôtels, restaurants et commis de bars, local 31 (C.T.C.)* c. *Syndicat des travailleurs et travailleuses de l'Hôtel Maritime*, [1986] T.T. 240.

directement visés. Ces effets surviennent à la date du dépôt de la décision au greffe, et alors le greffier en transmet copie aux intéressés[377]. Le rappel des premiers effets de l'accréditation (**s.-s. 2.41**) permet de résumer les principales composantes de ce régime. L'accréditation confère à son titulaire des droits et des prérogatives pour une durée indéterminée, de manière qu'il puisse profiter d'une certaine stabilité, élément essentiel à l'exercice de sa mission principale. Ainsi, ni l'employeur ni ses successeurs, à quelque titre que ce soit, ne pourront unilatéralement et à leur seule convenance, rendre caduc ce titre du syndicat. À certaines conditions, tout nouvel employeur à l'égard du même groupe de salariés est lié tout comme son prédécesseur (art. 45 C.t.). De tels effets de l'accréditation auprès des tiers doivent également être étudiés puisqu'elle confère ainsi à son titulaire un statut particulier et incite à mieux circonscrire la notion d'entreprise (**IV-88**). Tous ces effets directs, indirects et circonstanciels de la décision en accréditation rendue par le commissaire du travail ou l'agent d'accréditation sont instantanés depuis le jour où elle est formellement déposée, mais sans effets rétroactifs à la date de la requête ou à une autre date. Signalons encore que l'accréditation, à titre de constat officiel du droit du syndicat (**IV-43**), est un acte public qui ne peut valablement faire l'objet de convention privée, soit pour en limiter la portée, soit pour en modifier la tenue, en plus ou en moins, et surtout pas pour la troquer avec l'employeur ou entre syndicats :

> C'est l'accréditation qui détermine la portée d'une convention collective et non vice versa; les parties ne peuvent de consentement, par le biais de la convention collective, élargir le cadre imposé par la définition de l'unité d'accréditation[378].

Sous-section 2.41
Les premiers effets de l'accréditation

IV-85 — *Effets pour l'employeur* **—** Les effets de l'accréditation visent à la fois et réciproquement les salariés, les syndicats en présence et l'employeur.

---

377. Selon les articles 51 et 130 C.t., les parties reçoivent copie de la décision. Elle produit ses effets depuis le dépôt. Ceux-ci sont suspendus s'il y a dépôt valablement fait d'une déclaration d'appel, sauf décision contraire du Tribunal du travail (art. 130, al. 3, C.t.) (**IV-78**).

378. *Foyer Saint-Antoine* c. *Lalancette*, [1978] C.A. 349, 351. Voir aussi : *Syndicat des employés du C.E.G.E.P. régional de la Côte-Nord (C.S.N.)* c. *Agence Pinkerton*, [1977] T.T. 36; *Association laurentienne des travailleurs de l'enseignement* c. *Syndicat des travailleurs de l'enseignement des Laurentides*, précité, note 196. Pour les mêmes raisons, le syndicat ne pourrait se désister à son gré en tout temps. Voir : *Caisse populaire Ste-Bernadette* c. *Comité conjoint de l'Union internationale des ouvriers du vêtement pour dames*, [1984] T.T. 343.

Le principal effet de l'accréditation consiste à imposer d'autorité la présence d'un représentant d'une collectivité de salariés auprès de l'employeur. Dès lors, l'employeur n'est plus jamais tout à fait seul pour toute affaire relative aux conditions de travail. Certes pourra-t-il toujours prendre des initiatives fort importantes dans ce domaine, mais en sachant que dorénavant il pourrait être interrogé à ce sujet par l'interlocuteur officiel des salariés. L'article 59 C.t. précise bien cet effet en retirant le droit de l'employeur de modifier unilatéralement les conditions de travail d'alors sans « le consentement écrit » du syndicat requérant. Cette obligation s'impose depuis le dépôt même de la requête en accréditation jusqu'au moment de l'exercice réel du droit de grève ou de lock-out (**IV-116**). On peut facilement saisir l'importance d'une telle règle appliquée dès le dépôt d'une requête en accréditation : l'employeur ne peut dès lors utiliser *in extremis* sa grande liberté de manœuvre pour être particulièrement généreux ou exercer quelque autre moyen de pression[379]. Cette prohibition de modifier les conditions de travail signifie que le régime du travail d'alors doit être maintenu et non pas gelé. Si telle majoration de salaire ou autre changement devait normalement et régulièrement se produire, l'article 59 C.t. ne pourrait servir de prétexte pour en suspendre la réalisation[380]. Il nous faut aussi souligner le caractère assez extraordinaire de cette mesure qui produit un tel effet juridique avant même l'émission de l'accréditation et au bénéfice de tout requérant[381]. Malgré l'expression un peu ambiguë utilisée à l'article 59, alinéa 1, C.t., la situation retenue serait celle d'une première requête en accréditation (art. 22 a) C.t.) (**IV-52**). Dans ce dernier cas, l'article 59, alinéa 1, C.t. confère un effet anticipé de l'accréditation recherchée afin, dirions-nous, de permettre parfois que ce droit principal puisse se réaliser. Dès qu'un syndicat est accrédité, un régime de rapports collectifs du travail est institué envers ce groupe de salariés de l'entreprise, et l'employeur doit reconnaître le statut et l'autorité des représentants syndicaux. Cette obligation est fondamentale puisqu'il s'agit du premier objectif de l'accréditation : mettre en place vis-à-vis de l'employeur et sans égard à sa volonté, un interlocuteur régulièrement constitué

---

379. Sous cet aspect, l'article 59 C.t. complète les dispositions du *Code du travail* protégeant le syndicat et les salariés des pressions indues de l'employeur (art. 12, 13 et 14 C.t.) (**IV-25; V**).
380. *Kiddies Togs Mfg. Co.* c. *La Reine*, [1964] C.S. 444; *St-Louis Bedding Company* c. *Syndicat national des employés de St-Louis Bedding*, [1966] R.D.T. 24 (C.R.T.); *Gravel et Fils inc.* c. *Syndicat d'entreprises funéraires*, [1984] T.A. 87; *Syndicat des employés professionnels et de bureau, section locale 57* c. *Caisse populaire Marie-Reine-des-Cœurs*, D.T.E. 86T-496 (T.A.); *Gaston Miron inc.* c. *Union des employés de commerce, section locale 500*, D.T.E. 86T-586 (T.A.); *Syndicat des employées et employés de Consomat (C.S.N.)* c. *2524-9954 Québec inc. (Comptoir Fin Gourmet)*, D.T.E. 92T-357 (C.S.); André C. CÔTÉ, « Le gel statutaire des conditions de travail », (1986) 17 *R.G.D.* 151.
381. Parce que ce premier effet est si intimement lié à la requête en accréditation, il fallait donner cette garantie. S'il survient quelques mésententes quant au maintien des conditions de travail et à leur application, elles sont traitées par la voie de l'arbitrage comme s'il s'agissait d'un grief (art. 100.10 C.t.) (**IV-183**).

pour représenter les intérêts d'une collectivité déterminée de salariés[382]. Cet effet principal de l'accréditation entraîne une série d'effets en chaîne que nous schématisons ci-dessous.

i) L'élaboration des conditions de travail devient une œuvre commune et non plus l'affaire exclusive de l'employeur.

ii) L'employeur ne peut exercer, du moins pas aussi librement, des moyens de pression économique auprès de chaque salarié : majoration de salaire, changement des heures de travail, temps supplémentaire, licenciement temporaire, etc. Ces mêmes questions peuvent faire l'objet de la négociation collective ou elles sont déjà traitées à la convention collective.

iii) L'employeur doit prélever à la source la cotisation syndicale ou son équivalent et en rendre compte au syndicat (art. 47 C.t.) (**IV-22**).

iv) L'administration de la convention collective ou de son équivalent (art. 93 C.t.) que doit assumer l'employeur doit être générale, uniforme et non discriminatoire : elle s'effectue sous la surveillance du syndicat et toute mésentente peut être soumise au contrôle d'un arbitre de griefs (art. 100 C.t.) (**IV-175**).

v) Si l'employeur peut aussi exercer, à des périodes déterminées, des moyens de pression tel le lock-out, il devra par la suite reprendre les salariés en ayant fait l'objet au fur et à mesure des besoins et sans discrimination (art. 110 et 110.1 C.t.) (**IV-129**).

vi) Au cours d'une grève ou d'un lock-out, l'employeur ne peut embaucher de substituts aux absents (art. 109.1 et suiv. C.t.) (**IV-117**).

vii) S'il modifie la structure de son entreprise, s'il la cède en totalité ou en partie ou s'il laisse à des tiers, par voie de sous-traitance, une partie des activités régulières jusqu'alors confiées aux salariés visés par l'accréditation, le syndicat accrédité et la convention collective demeurent (art. 45 C.t.) (**IV-98**)[383].

Ces sept éléments permettent de mieux saisir l'effet produit par l'accréditation à l'égard de l'employeur. En somme, il s'agit d'une véritable métamorphose de l'entreprise qui ne peut, au lendemain de l'accréditation, être strictement perçue comme simple objet de propriété (**III-119**). La présence des salariés, du moins à titre de groupe structuré, s'impose juridiquement

---

382. L'article 53 C.t. sous-entend cette obligation en mettant en relief le devoir de négocier de bonne foi avec ce syndicat (**IV-101**) et l'article 141 C.t. en traduit la dimension pénale.

383. L'employeur ne saurait utiliser le recours en révision dans le but d'obtenir une mainlevée de « l'hypothèque syndicale » pour mieux vendre l'actif.

comme une donnée essentielle à la définition de l'entreprise[384]. On peut comprendre comment il fut dès lors nécessaire de distinguer, sur le plan juridique, l'employeur de l'entreprise[385]. Les effets de l'accréditation auprès de l'employeur, déjà signalés, ont leur contrepoids du côté syndical quoiqu'ils soient différents selon qu'il s'agit du titulaire même de l'accréditation ou des autres syndicats.

IV-86 — *Effets pour les syndicats* — Le syndicat alors accrédité devient le seul interlocuteur de l'employeur à l'égard du groupe visé et il doit représenter tous les salariés, sans discrimination. Cette représentation exclusive et totale constitue d'ailleurs un des fondements du régime des rapports collectifs du travail (**IV-1**). Depuis sa conception initiale, cette unicité constitue, autant pour le syndicat en fonction que pour l'employeur, une qualité primordiale garantissant à la fois la sécurité, la stabilité et aussi, la simplicité des rapports collectifs (3 U = 3 S) (**IV-8**). L'exclusivité de représentation que confère l'accréditation et qui est confirmée par le *Code du travail*, notamment à ses articles 21, 22, 43, 52 et 61, comporte un certain nombre de droits, de prérogatives et aussi d'obligations inhérentes que nous rappelons sous forme de dix capsules de synthèse.

i) Le syndicat accrédité bénéficie du soutien financier de tous les salariés visés et le prélèvement à la source incombe à l'employeur (art. 47 C.t.) (**IV-22**).

ii) Il est subrogé à tous les droits afférents à la convention collective encore en vigueur, s'il en existe une (art. 61 et 61.1 C.t.).

iii) Le syndicat accrédité peut entamer la négociation des conditions de travail et alors prendre l'initiative de toute demande (art. 52, 53, 62 C.t.) (**IV-99**).

iv) Le syndicat peut conclure une convention collective relative aux conditions de travail (art. 62, 67 C.t.) et lier ainsi tous les salariés en place et futurs du groupe et de plus en surveiller l'application intégrale (art. 100 C.t.).

---

384. Cette série d'obligations était tout à fait nécessaire si nous nous replaçons dans le contexte historique où prit racine ce régime (**IV-2**). Par ailleurs, ces obligations peuvent parfois paraître d'un poids assez lourd : le droit s'accommode mal de demi-mesures et demeure intrinsèquement rigide. L'expérience démontre que là où les gestionnaires ont su aborder les questions de relations du travail avec intelligence pratique, la venue d'un syndicat put même être bénéfique.

385. Cette distinction est fondamentale pour saisir la portée juridique de l'article 45 C.t. (**II-80; IV-90**), comme le souligne M. le juge Beetz : « Il est de l'intention du législateur que la négociation et la convention collective qui en résulte se réalisent dans le cadre tripartite suivant : un employeur, son entreprise et l'association » : *U.E.S., local 298* c. *Bibeault*, précité, note 247, p. 1101.

v) Le syndicat peut, selon des conditions de temps et de lieu, exercer vala-blement son droit de grève entraînant à sa suite tous les salariés de l'unité d'accréditation (art. 106, 109.1 C.t.).

vi) Tous les salariés de l'unité d'accréditation sont nécessairement repré-sentés par le syndicat accrédité (art. 67, 69, 100, 100.3 C.t.) et ce der-nier a l'obligation de défendre leurs intérêts d'une façon juste et loyale (art. 47.2 et suiv. C.t.) **(IV-40)**[386].

vii) Les salariés ont droit d'adhérer au syndicat accrédité et de participer, à titre de syndiqués, aux grandes décisions syndicales pour la conduite des rapports collectifs (art. 20.1, 20.2, 20.3, 63 C.t.) **(IV-33)**.

viii) L'arrivée d'un nouvel employeur, au sens de l'article 45 C.t. **(IV-90)** ne devrait pas perturber directement le statut du syndicat accrédité.

ix) Le syndicat conserve son exclusivité de représentation pour une période indéterminée, laquelle ne peut lui être retirée que par révocation (art. 41 C.t.) **(IV-81)** ou par son remplacement (art. 43, 61 C.t.)[387].

x) Depuis sa requête en accréditation, le syndicat exerce un contrôle sur le maintien des conditions de travail (art. 59 C.t.) et dès lors, il peut demander la suspension de la négociation que pourrait autrement entre-prendre le syndicat en place (art. 42 C.t.) **(IV-74)**.

Outre le syndicat bénéficiaire de l'accréditation, les autres syndicats qui présentèrent, à la même occasion, une requête en accréditation visant, en tout ou en partie, le même groupe de salariés sont nécessairement touchés par cette décision en accréditation. Cette dernière implique le rejet de ces autres requêtes, du moins à l'égard de l'unité d'accréditation retenue. Sous réserve de leur droit de révision de la décision ou d'appel **(IV-75, 77)**, ces autres syndicats ne peu-vent exercer de fonction auprès de l'employeur. Ils subsistent néanmoins à titre de syndicats et les salariés peuvent y maintenir leur adhésion, participer à leurs activités, mais ces adhésions ne réduisent en rien l'obligation qui incombe à ces mêmes salariés en vertu de l'article 47 C.t. et celles qui sont contenues dans la convention collective (clause de sécurité syndicale **(IV-24)**). Pour le temps de l'accréditation, tout autre syndicat est placé en dehors de la scène des rapports collectifs du travail à l'égard de cette unité d'accréditation. Il demeure en attente et peut réitérer sa demande en accréditation aux moments prévus à l'article 22 C.t. **(IV-52 et suiv.)**. À l'égard du syndicat prédécesseur, c'est-à-dire accrédité jusqu'alors, l'accréditation d'un deuxième syndicat produit des effets plus dra-coniens. En effet, l'article 43 C.t. précise que la nouvelle accréditation « [...] annule de plein droit l'accréditation de toute autre association pour le groupe

---

386. *Guèvremont* c. *Association du personnel navigant des lignes aériennes canadiennes*, [1990] R.J.Q. 2099 (C.A.).
387. *Marché Bouchos inc.* c. *Syndicat des salariés de Lavaltrie*, [1990] T.T. 301.

visé par la nouvelle accréditation ». Cette révocation implicite vaut dans la mesure de la coïncidence entre les deux unités d'accréditation[388]. Si la nouvelle ne couvre pas totalement l'unité d'accréditation du syndicat précédent, ce dernier conserve son accréditation pour la partie résiduaire. L'économie du régime et le texte même de l'article 43 C.t. imposent un tel entendement, même si le groupe résiduaire peut plus ou moins constituer objectivement une unité appropriée. Il est vrai cependant que cette situation est rarissime. Dès cette décision en accréditation, il est évident que le syndicat remplacé perd les droits inhérents à son titre (soutien financier en vertu de l'article 47 C.t.) et ceux qui résultent de la convention collective (art. 44 C.t.). L'accréditation a pour effet de subroger son titulaire « [...] dans tous les droits et obligations résultant d'une convention collective en vigueur conclue par une autre association [...] » (art. 61 C.t.)[389]. Ce dernier effet n'a cependant pas lieu dans le cas d'une exploitation forestière (art. 61.1 C.t.). Dans ce dernier secteur, les moments d'accréditation et de remplacement sont généralement modifiés pour s'adapter aux contraintes cycliques de l'industrie forestière (art. 138 b) C.t.).

IV-87 — *Effets pour les salariés* — Dès l'accréditation, les salariés compris dans l'unité d'accréditation sont représentés auprès de l'employeur par ce seul syndicat, sans égard alors à leurs *desiderata* individuels. Entre le syndicat accrédité et le salarié, avant comme depuis l'accréditation, il ne s'établit pas une relation de mandataire à mandant et on ne saurait assimiler l'accréditation à un mandat légal. C'est à titre de membre de l'unité d'accréditation, c'est-à-dire de cette collectivité, que les salariés y sont représentés. Ainsi, les individus qui servirent à la détermination de sa représentativité (**IV-66**) peuvent ne plus s'y trouver, selon le roulement du personnel, sans que cela perturbe le statut du syndicat auprès de l'employeur, du moins sur le plan juridique. D'une façon générale, on peut dire que les effets de l'accréditation à l'égard de l'employeur et des syndicats se retrouvent, à titre d'écho, chez les salariés. La mise en branle de ce réseau de rapports collectifs a pour effet de contraindre cet ensemble de salariés à agir dans ce cadre et à y demeurer. À ces fins, chaque salarié de l'unité d'accréditation :

— est tenu de contribuer au financement du syndicat en place (art. 47 C.t.), a le droit d'y adhérer, et le syndicat accrédité peut l'admettre[390] ;

---

388. *Hygienic Coat and Towel Supply Inc.* c. *Syndicat des employés de buanderie*, [1972] T.T. 26 ; *Association laurentienne des travailleurs de l'enseignement* c. *Syndicat des travailleurs de l'enseignement des Laurentides*, précité, note 196.

389. Dans le cas d'une convention collective de longue durée (**IV-163**), il est possible que cette situation se présente en raison des moments où une accréditation peut être obtenue selon l'article 22 e) C.t. (**IV-51**). Le syndicat nouvellement accrédité peut dénoncer avant terme cette même convention collective.

390. *Hogan* c. *Association des travailleurs et des travailleuses de l'industrie et du commerce*, [1991] R.J.Q. 805 (C.S.).

— a droit de participer, si toutefois il est membre du syndicat, aux grandes décisions collectives pour le maintien des rapports collectifs du travail (art. 20.1, 20.2 et 20.3 C.t.);

— est lié par la seule convention collective conclue par ce syndicat (art. 67 C.t.);

— ne peut valablement renoncer à l'application de la convention collective (art. 69, 70, 100, 100.0.2 et 100.3 C.t.);

— a droit à un traitement juste et loyal de la part du syndicat accrédité (art. 47.2 C.t.) et bénéficie, dans ces trois cas, d'un recours spécial pour en assurer le respect (art. 47.3 C.t.);

— est contraint de respecter les décisions collectives quant à l'exercice du droit de grève (art. 109.1 C.t.).

Cette analyse de la portée juridique de l'accréditation auprès des premiers intéressés (syndicat, employeur et salarié) peut aussi permettre de mieux saisir les implications de l'accréditation à l'égard des tiers, notamment vis-à-vis d'un nouvel employeur[391].

Sous-section 2.42
Les effets de l'accréditation chez le nouvel employeur

IV-88 — *Nécessité de distinguer l'entreprise* — L'article 45 C.t. précise que l'accréditation vise tout nouvel employeur dont l'arrivée résulte d'une aliénation ou d'une concession totale ou partielle de l'entreprise. Sur le plan pratique, on peut facilement saisir l'intérêt d'une telle règle qui confère une sécurité au syndicat accrédité, le rendant ainsi moins vulnérable aux décisions unilatérales de l'employeur. Si l'accréditation était intimement liée à la personne de l'employeur, la durée de la fonction du syndicat accrédité dépendrait du bon vouloir du premier. En cédant son actif, en transférant ses titres, en confiant à un tiers l'exécution de ses activités de production, en modifiant substantiellement sa structure juridique ou par toute autre voie semblable, l'accréditation deviendrait caduque. Cette simple éventualité ou cette dépendance déstabiliserait la tenue des rapports collectifs du travail. En conséquence, il fallut rendre le syndicat accrédité moins directement tributaire des décisions de l'employeur. À cette fin, on dissocia deux concepts qui se confondent généralement en droit,

---

391. Diane VEILLEUX, « Proposition d'une conception organiste de la représentation syndicale selon le *Code du travail* du Québec », (1993) 34 *C. de D.* 899.

celui d'employeur et celui d'entreprise (**II-120**). Outre cette première difficulté conceptuelle qui n'est pas parfaitement surmontée, la recherche de voies et de moyens de stabilisation des rapports collectifs dans un milieu de travail donné soulevait d'épineuses questions :

— Comment dissocier l'employeur de l'entreprise sans trop limiter les droits de propriété de l'employeur et sa liberté de commerce[392] ?

— Comment conférer au syndicat accrédité une certaine sécurité et à la convention collective la durabilité nécessaire sans contraindre l'entreprise à l'immobilisme, c'est-à-dire lui maintenir la souplesse requise pour qu'elle puisse adapter à la conjoncture ses méthodes de production et d'organisation ?

— Comment réussir cette opération sans conférer une trop grande emprise au syndicat accrédité et réduire d'autant les possibilités des autres syndicats de le supplanter ?

— Comment le faire pour permettre au tiers-acquéreur de la totalité ou d'une partie de l'entreprise de connaître la portée et le sens des obligations qu'il doit assumer à la suite de cette transaction ?

Ces seules questions laissent croire que l'on recherchait peut-être l'impossible conciliation d'objectifs contraires les uns des autres : stabilité, sécurité, d'une part, et d'autre part, souplesse et liberté de manœuvre. Si ces multiples objectifs sont irréalisables ensemble, en raison de leur opposition fondamentale, on peut dès lors comprendre que la formule retenue à l'article 45 C.t. ne pouvait satisfaire à la fois tous les intéressés et que chacun tenterait d'en tirer les meilleurs effets possibles selon les voies et moyens usuels. Somme toute, le régime d'accréditation et finalement celui des rapports collectifs du travail dépendent également de la portée de l'application réelle de cet article 45 C.t. Une application trop automatique et rigoriste de cette disposition pourrait servir de frein à l'évolution de l'entreprise en lui imposant une rigidité qui l'empêcherait de progresser. Par ailleurs, si l'article 45 C.t. ne devait être qu'une simple déclaration formelle vidée d'un réel contenu, on forcerait le syndicat à rechercher par d'autres voies la sécurité dont il a besoin. Cette double problématique permet de mieux saisir la fonction importante de cet article dans l'aménagement de notre régime de rapports collectifs du travail. Pour cerner d'un peu plus près la question et tenter de rendre compte de l'état du droit en cette matière, certaines données historiques de ces règles nouvelles peuvent apporter un éclairage instructif.

---

392. C'est d'ailleurs sous ce chef que la première décision en application de l'article 45 C.t. (alors l'article 10 a)) rendue par la C.R.T. fut immédiatement soumise à la Cour suprême du Canada, mais sans succès. Vu l'article 46 C.t. (alors l'article 10 a), al. 2), on retourna les parties devant la C.R.T. Voir : *Syndicat national des employés de l'aluminium d'Arvida inc.* c. *J.-R. Théberge ltée*, [1965] R.D.T. 449 (C.R.T.), [1966] R.C.S. 378.

IV-89 — *La genèse* — L'article 45 C.t. établit le point d'ancrage de l'accréditation. Si l'entreprise demeure, malgré certains changements apparents qu'elle peut subir, le syndicat accrédité et la convention collective sont maintenus. Une telle norme dépasse les règles générales de droit, notamment au sujet de la liberté de commerce, de la propriété et de la relativité des contrats. Aussi devait-elle être imposée par une intervention législative particulière et après un constat de la nécessité d'une telle mesure. En 1958, la Cour d'appel précisa les limites de l'accréditation et de la convention collective en appliquant la théorie de la relativité du contrat dans une affaire où il s'agissait de déterminer si la vente de l'actif de Brown Corporation (usine de La Tuque) à Canadian International Paper avait mis fin à l'accréditation du syndicat en place ou si l'acquéreur s'était, du même coup, lié par l'accréditation du syndicat au lieu et place de l'employeur cédant. Notons que l'acte de cession contenait l'acceptation par l'acquéreur d'assumer l'ensemble des obligations de Brown Corporation dans ce domaine, tant auprès des salariés que du syndicat[393]. La Cour d'appel décida, à la majorité, qu'il n'y avait pas eu substitution d'employeur dans la convention collective alors en vigueur[394]. Dans une dissidence bien étayée, le juge Choquette démontra que les contrats entre le vendeur, l'acquéreur et le syndicat accrédité devaient permettre cette transition au lieu et place d'une disposition légale exceptionnelle et autrement nécessaire pour assurer ce passage[395]. C'est ainsi qu'une intervention législative s'imposa pour stopper l'application des règles du droit civil limitant les effets d'un tel « contrat » à ses seules parties. La *Loi des relations ouvrières* fut amendée en 1961 pour y apporter cette disposition (art. 10 a)) :

> L'aliénation ou la concession totale ou partielle d'une entreprise autrement que par vente en justice n'invalide aucun certificat émis par la Commission, aucune convention collective, ni aucune procédure en vue de l'obtention d'un certificat ou de la conclusion ou de l'exécution d'une convention collective.

> Sans égard à la division, à la fusion ou au changement de structure juridique de l'entreprise, le nouvel employeur est lié par le certificat ou la convention collective comme s'il y était nommé et devient par le fait même partie à toute procédure s'y rapportant, au lieu et place de l'employeur précédent. La Commission peut

---

393. Vu l'entente entre les trois parties, vendeur, acquéreur et syndicat, on aurait pu croire qu'aucune difficulté ne surviendrait en raison de cette transition. Cependant, un deuxième syndicat crut qu'une telle occasion lui permettait de revendiquer la place en vertu de l'article 22 a) C.t., car, selon lui, l'acquéreur constituait une nouvelle entreprise.

394. *Syndicat national des travailleurs de la pulpe et du papier de La Tuque Inc.* c. *Commission de relations ouvrières de la province de Québec*, [1958] B.R. 1 (parfois dénommé l'affaire *Brown Corporation*).

395. *Ibid.*, p. 28 et suiv.; la lecture de cette dissidence permet de mieux comprendre l'état du droit à ce moment, les solutions alors possibles et finalement, le choix que le législateur fit en 1961.

rendre toute ordonnance jugée nécessaire pour constater la transmission de droits et d'obligations visée au présent article et régler
toute difficulté découlant de l'application du présent article[396].

Une telle disposition demande une analyse préliminaire pour en décortiquer les principales composantes et mieux saisir les débats judiciaires
qu'elle suscita depuis sa promulgation en 1961 et encore aujourd'hui.

IV-90 — *Sens et portée de l'article 45 C.t.* — Comme préliminaire, nous
dégageons quinze observations générales au sujet des articles 45 et 46 C.t.
Cette première analyse devrait permettre, par la suite, de mieux cerner certaines questions particulières. Ainsi, la lecture de ces articles et la jurisprudence
qui s'y rattache nous font comprendre ce qui suit.

i) Le premier alinéa de l'article 45 C.t. traite directement de l'entreprise et
non de l'employeur, ce qui suppose et impose une claire distinction
entre ces deux concepts et il importe, croyons-nous, de la maintenir, et
pour l'analyse de cette règle et pour son application. La règle générale
énoncée à ce premier alinéa vise strictement l'entreprise, soit l'entité
organisationnelle économique de production d'un bien ou d'un service
sans égard à la forme juridique ni aux structures retenues, et ce, dans la
mesure où l'unité d'accréditation y est visée (**II-121**). Il s'agit, croyons-
nous, de l'élément le plus fondamental et, disons, préalable à toute
étude des autres conditions nécessaires à l'application de l'article 45
C.t.[397]. Cette règle principale de la survie de l'entreprise à l'événement
fut ainsi reconnue par la Cour suprême du Canada : « La continuité de
l'entreprise s'impose comme condition essentielle à l'application de
l'article 45 parce que la pertinence de l'accréditation et de la convention dépend de l'existence de cette entreprise au moins dans ces éléments essentiels[398]. »

---

396. *Loi modifiant la Loi des relations ouvrières*, S.Q. 1960–1961, c. 73, art. 1, commentée par
Roger CHARTIER, « Évolution de la législation québécoise du travail », (1961) 16 *Rel. Ind.*
381. Notons que cette disposition 10. L.R.O. se trouvait initialement au *Code du travail* de
1964 à l'article 36 et porte maintenant les cotes 45 et 46 sans pour cela avoir subi de
profondes modifications.

397. La distinction ainsi établie entre l'employeur et l'entreprise laisse sous-entendre qu'il y
avait jusqu'alors confusion, du moins sur le plan conceptuel. Le point d'ancrage de cette
règle est bien l'entreprise considérée comme entité économique ou, disons, factuelle, et
ainsi pourrait-il s'agir d'un transfert entre deux établissements du même employeur. Voir :
Banque Nationale du Canada c. *Union des employés de commerce*, [1984] 1 R.C.S. 269.
Nous discutons plus avant de la nature de l'entreprise (**IV-91**).

398. *U.E.S., local 298* c. *Bibeault*, précité, note 247, p. 1107, commenté par Gilles PÉPIN, « La
notion de compétence, ses conditions préalables et la retenue judiciaire : décisions récentes de
la Cour suprême », (1989) 49 *R. du B.*, 135; Alain BARRÉ « La sous-traitance et l'article 45
après l'affaire C.S.R.O. », (1991) 32 *C. de D.* 179; Fernand MORIN, « D'un entrepreneur à un
autre : l'accréditation ne suit pas », (1989) 44 *Rel. Ind.* 315; F. MORIN, *op. cit.*, note 70, p. 712.

ii) L'approche générale retenue à ce premier alinéa (point i) permet également de constater que l'employeur, qu'il soit propriétaire ou dépositaire des titres, conserve son entière liberté de manœuvre. Sans autorisation préalable, il peut décider d'aliéner ou de concéder, en tout ou en partie, cet élément de son patrimoine, aussi important soit-il. En effet, la règle porte essentiellement sur l'effet possible de la décision prise par l'employeur à l'égard du syndicat accrédité, de la convention collective et des autres actes qui s'y rattachent (point iv)[399].

iii) La dissociation des concepts et la relative imperméabilité du statut du syndicat (l'accréditation et la convention collective) à l'égard des divers changements ou transferts entre les détenteurs des titres de l'entreprise sont générales, complètes et sans exception, sauf celle qui y est expressément formulée, soit la vente en justice (point xii)[400]. Cette dernière réserve peut d'ailleurs être retenue, *a contrario*, au soutien de l'affirmation principale. De plus, l'emploi trois fois répété de l'adjectif « aucune » n'est-il pas symptomatique de l'intention fort bien arrêtée du législateur ?

iv) Les garanties ainsi recherchées visent directement les rapports collectifs du travail, les institutions afférentes et non pas les salariés dont le maintien du statut personnel est garanti à l'article 2097 C.c.Q. (**II-174**). Pour cette raison, l'aménagement exprès du passage de salariés d'un employeur à un autre n'est pas déterminant, il pourrait tout au plus être indicatif[401]. De plus, on trouve dans la *Loi sur les normes du travail* (art. 96 et 97) quelques mesures protectrices des droits individuels des salariés à cette même occasion (**III-219**)[402]. Comme le soulignait la Cour

---

399. S'il en est ainsi sur le plan juridique, à savoir qu'il n'existe pas de conditions préalables pour accomplir un tel acte, en pratique il paraît évident que l'employeur doit, en temps utile, considérer les effets réels et juridiques de la décision qu'il pourrait prendre. De plus, le tiers susceptible de prendre la relève doit aussi tenir compte de ces éléments.

400. Il doit bien s'agir d'une vente en justice et non simplement de la prise en main des affaires par les créanciers de l'employeur, par l'intermédiaire d'un fiduciaire, autrement, l'article 45 C.t. devrait s'appliquer. Voir : *Syndicat des employés du vêtement de la région de Shawinigan* c. *Montreal Trust Company*, [1975] T.T. 61 ; *Produits Lionel (1976) Ltée* c. *Syndicat des employés de Les produits Lionel* (C.S.N.), [1977] T.T. 281 ; *Structal (82) Inc.* c. *Métallurgistes unis d'Amérique*, [1984] T.T. 68 ; *Caron, Bélanger, Ernst and Yong Inc.* c. *Syndicat canadien des travailleurs du papier, section locale 204*, [1993] T.T. 317 ; *Banque Toronto-Dominion* c. *Union des employées et employés de service, section locale 800*, D.T.E. 95T-925 (T.T.).

401. *Industries Baribeau Inc.* c. *Syndicat des employés de Baribeau (C.S.D.)*, [1976] T.T. 225 ; *Union des employés de service, local 298* c. *United Church Montreal Homes for Elderly People et Modern Building Cleaning*, [1978] T.T. 306.

402. Compte tenu de l'approche retenue par la Cour d'appel, on peut considérer les articles 96 et 97 L.N.T. à titre de dispositions complémentaires à celles des articles 45 et 46 C.t. Voir : *Produits Pétro-Canada Inc.* c. *Moalli*, [1987] R.J.Q. 261 (C.A.), commenté par Hélène OUIMET, « Commentaires sur l'affaire *Produits Pétro-Canada Inc.* c. *Moalli* », (1987) 47 *R. du B.* 852 ; Jean-Louis DUBÉ et Nicola DI IORIO, *Les normes du travail*, Sherbrooke, Éditions Revue de droit, Université de Sherbrooke, 1987, p. 150 à 173.

suprême du Canada, le fait que l'article 45 C.t. vise d'abord et directement les institutions des rapports collectifs du travail, cela ne signifie pas que cette mesure ne puisse produire quelques effets protecteurs au profit des salariés[403], et ce, d'autant plus maintenant que l'article 2097 C.c.Q. doit être pris en considération notamment en raison de son caractère général (**I-41; II-174**) et de sa portée impérative (**II-71**). Par ailleurs, la garantie que confère l'article 45 C.t. s'étend à tous les rapports collectifs du travail, depuis la mise en branle de la procédure en accréditation jusqu'à l'application de la convention collective, notamment l'arbitrage des griefs et la négociation de son renouvellement[404].

v) L'effet juridique de l'article 45 C.t. est automatique et, dirions-nous, d'ordre public, en ce sens que le syndicat ne pourrait valablement y renoncer en tout ou en partie par voie d'entente privée avec le cédant ou avec l'acquéreur[405]. Nous savons d'ailleurs que l'accréditation ne peut être objet de transactions privées (**IV-85**). La facture même de l'énoncé de l'article 45 C.t. permet un tel entendement, la logique du régime le requiert et l'article 46 C.t. le confirme en limitant le rôle du commissaire du travail à « trancher toute question relative à l'application de l'article 45 ». Une telle fonction suppose qu'elle a déjà eu lieu par l'effet même de la loi. Cet effet immédiat s'imposait de manière à obtenir les avantages recherchés, notamment la sécurité et la stabilité juridique, tout comme on emploie cette technique pour arrêter les effets immédiats et impératifs de l'accréditation (**IV-84**) et de la convention collective auprès des salariés (**IV-167**). Ce constat doit être établi en fonction de la situation dans laquelle étaient alors les parties lors de la transaction et non pas au moment de l'enquête du commissaire du travail[406]. Bien qu'il

---

403. *Adam* c. *Daniel Roy Ltée*, [1983] 1 R.C.S. 683; *Métallurgistes unis d'Amérique, syndicat local 8676* c. *Syndicat des travailleurs de Canadian Safety Fuse*, T.T. Montréal, n° 500-28-000296-780, le 30 avril 1979, j. Girouard; *Ciné-Pop (Montréal) Ltée* c. *Syndicat des travailleurs du cinéma du sud-ouest (C.S.N.)*, [1981] T.T. 217; *Distribution Réal Chagnon inc.* c. *Prud'homme*, D.T.E. 90T-838 (C.A.).

404. Les obligations du syndicat accrédité énoncées ou rappelées aux articles 47.2 et suivants C.t. sont maintenues en faveur de tous les salariés visés par le transfert d'une partie de l'entreprise (**IV-38**). Voir : *Transport de l'Anse Inc.* c. *Syndicat des chauffeurs d'autobus du Bas-St-Laurent (C.S.N.)*, [1986] T.T. 207; *Syndicat des employés du Centre hospitalier de St-Augustin (C.S.N.)* c. *Pinkerton du Québec Ltée*, [1986] T.T. 133.

405. *Banque Nationale du Canada* c. *Union des employés de commerce*, précité, note 397; *Fafard* c. *Graybec inc.*, D.T.E. 86T-345 (C.S.); *Boily* c. *Centre commercial Place du Royaume inc. (Centroshop Properties Inc.)*, D.T.E. 91T-802 (T.T.); *Camions White Québec* c. *Syndicat national des travailleurs et travailleuses de l'automobile, de l'aérospatiale et de l'outillage agricole du Canada (T.C.A.-Canada)*, D.T.E. 90T-902 (T.T.).

406. *Paquet* c. *Syndicat des travailleurs du Ciment (C.S.D.)*, [1983] T.T. 183. À la suite de tels changements, le syndicat n'est pas techniquement tenu de faire modifier la décision en accréditation pour y insérer le nom de l'acquéreur ou d'apporter une telle modification à la convention collective.

s'agisse d'un effet automatique, immédiat et ayant lieu dès le moment de la cession ou du transfert, s'il y a contestation de la part du prétendu « nouvel employeur », la question de droit ainsi soulevée doit être arrêtée par le commissaire du travail (point ix)[407]. Si la règle de l'article 45 C.t. est fondamentale au régime juridique d'aménagement des rapports collectifs du travail et que le commissaire du travail est l'organe spécialisé responsable de son application « fonctionnelle et pragmatique », ce dernier dispose de la compétence juridictionnelle nécessaire pour établir le constat de l'aliénation, de la vente ou de la cession réalisée entre l'ancien et le nouvel employeur[408].

vi) En raison de l'effet automatique de l'article 45 C.t. (point v), le nouvel employeur ne pourrait justifier tout retard de sa part à l'exercice d'un droit ou au respect d'une obligation sous prétexte de l'attente d'une décision du commissaire du travail au sujet de son statut : sa réponse à un grief, sa contestation de la requête en accréditation, sa demande en révocation, sa perception des cotisations selon l'article 47 C.t., etc. Ainsi, une ordonnance en réintégration (art. 15 C.t.) rendue depuis le transfert, mais à l'encontre d'une décision prise par l'employeur cédant lierait le nouvel employeur[409]. De même que la reconnaissance à la convention collective du droit de l'employeur de procéder par voie de sous-traitance ne saurait constituer, si elle a lieu, une renonciation aux effets de l'article 45 C.t.[410]. Sur le plan pratique, il faudrait en déduire qu'un éventuel « nouvel employeur » serait sage de s'enquérir

---

407. En raison même de cet effet immédiat, les délais de présentation d'un grief ne sont donc pas interrompus par cet événement. Tout en recherchant le constat, le syndicat devrait aussi présenter, s'il y a lieu, le grief en temps utile à ce « nouvel employeur ». Voir : *Investissements Opticlair Inc.* c. *Syndicat des employés de Unisol (C.S.N.)*, J.E. 82-535 (C.S.); *Paquet* c. *Syndicat des travailleurs du ciment (C.S.D.)*, précité, note 406. Selon la Cour d'appel, le syndicat aurait l'obligation implicite d'exercer son recours avec diligence, en vertu de l'article 45 C.t. Voir : *Syndicat des cols bleus de Ville St-Hubert* c. *St-Hubert (Ville de)*, D.T.E. 99T-48 (C.A.).

408. Dans l'arrêt *U.E.S.* c. *Bibeault*, précité, note 247, la Cour suprême du Canada refusa de reconnaître cette compétence au commissaire du travail, c'est pourquoi l'article 46 C.t. fut modifié pour l'affirmer; *Syndicat des travailleurs du Holiday Inn Ste-Foy* c. *Prime Hospitality inc. Holiday Inn Ste-Foy*, [1991] T.T. 40; *For-Net inc.* c. *Tribunal du travail et Syndicat des travailleurs de l'énergie et de la chimie, local 115 (F.T.Q.) et autres*, [1992] R.J.Q. 445 (C.S.); *St-Hubert (ville de)* c. *Prud'homme*, D.T.E. 95T-946 (C.S.); *Université McGill* c. *St-Georges*, D.T.E. 95T-1156 (C.S.); *Entreprise conjointe Groupe construction Pamico inc. et Rebuts solides canadiens inc.* c. *Tribunal du travail*, D.T.E. 95T-1157 (C.S.); *Maison l'Intégrale inc.* c. *Tribunal du travail*, [1996] R.J.Q. 859 (C.A.).

409. *Adam* c. *Daniel Roy Ltée*, précité, note 403.

410. *Wallmaster Cleaning services Ltd.* c. *Union des employés de service, section locale 298*, T.T. Montréal, n° 5000-28-000138-775, le 27 octobre 1977, j. Geoffroy; *Sam Rubinsin Trust et Curly Joe's Sherbrooke* c. *Union des employés de restauration du Québec, local 101*, T.T. Montréal, n° 500-28-000264-804, le 30 mars 1981; *Métalco* c. *Galipeau*, D.T.E. 83T-858; *Syndicat canadien de la fonction publique, section locale 2589* c. *Services sanitaires du St-Laurent inc.*, D.T.E. 94T-1246 (C.T.).

préalablement auprès du commissaire général du travail s'il existe des plaintes, requêtes et autres demandes visant l'employeur cédant avant d'effectuer l'opération d'acquisition et pour mieux la réaliser[411].

vii) Le deuxième alinéa de l'article 45 C.t. traite des effets de la règle générale à l'égard de l'acquéreur : ce transfert produit immédiatement et obligatoirement une substitution d'employeur vis-à-vis de l'entreprise aliénée ou cédée, en totalité ou en partie, mais dans la seule mesure où l'unité d'accréditation y est visée (points i et iv). Il s'agit donc de l'effet principal ou du conséquent de la règle énoncée au premier alinéa et nullement d'une règle distincte de cette dernière. Ce lien de complémentarité entre les deux alinéas peut être important à maintenir aux fins d'interprétation de l'article 45 C.t. : « le second alinéa de l'article 45 C.t. n'a pas une vie indépendante du premier alinéa[412] ». S'agit-il d'une parfaite substitution au point que l'employeur cédant serait proportionnellement libéré des obligations résultant de cette même accréditation et de la convention collective qu'il conclut ? Le nouvel employeur prend lieu et place de « l'employeur précédent » (art. 45 *in fine* C.t.), dans le sens qu'il ne peut faire intervenir l'employeur cédant ni utiliser ce dernier comme excuse ou moyen pour retarder d'assumer ses obligations vis-à-vis du syndicat accrédité (point vi). Sur le plan des droits individuels des salariés, nous devons reconnaître que l'employeur cédant ne serait pas complètement libéré par le fait de ce transfert, d'abord et surtout en raison de l'article 2097 C.c.Q. (**II-174**) et aussi, lorsqu'il y a lieu, par l'effet de l'article 95 L.N.T. (point IV).

viii) L'article 45 C.t. n'entraîne pas une nouvelle accréditation; il se limite à garantir le maintien efficace de celle déjà émise à la suite d'un changement total ou partiel de l'interlocuteur patronal, alors que l'entreprise survit (point i). Celui que l'on qualifie de nouvel employeur devient titulaire des obligations résultant de l'accréditation et de la convention collective et il exerce également les droits de l'employeur précédent dans les limites où « l'entreprise » cédée ou concédée peut être visée par l'accréditation[413]. Dans le cas d'une aliénation ou d'une concession partielle, l'employeur initial conserve son titre, ses droits et ses obligations à l'égard de la partie de l'unité d'accréditation qu'il conserve, et le

---

411. Cette « recherche de titres », si l'on peut dire, tout comme on le fait pour l'acquisition d'un immeuble, peut permettre d'ajuster le poids réciproque des charges. À titre d'illustration, voir : *Uncle Ben's Industries Ltd.* c. *Canadian union of United Brewery, Flour, Cereal, Soft Drink and Distillery Workers, Local 300*, [1979] 2 Can. L.R.B.R. 126 (B.C.).

412. *Syndicat des travailleurs du bois usiné de St-Raymond (C.S.N.)* c. *Banque Nationale du Canada*, [1987] R.J.Q. 1685, 1692 (C.A.).

413. *L.A.B. Société en commandite* c. *Syndicat des employés de la société Asbestos Ltée Inc.*, [1988] T.T. 195; *Métallurgistes unis d'Amérique, local 7649* c. *Syndicat des travailleurs de la Mine Nationale inc.*, [1988] T.T. 230; *Mode D'Allaird's Inc.* c. *Brière*, [1989] R.J.Q. 391, 396 (C.S.).

nouvel employeur dispose du même statut, des mêmes droits et obligations pour la partie cédée[414]. En somme, du côté patronal il y aurait une administration distincte et parallèle de ces deux parties de l'unité d'accréditation, mais nullement la naissance d'une deuxième accréditation au profit du syndicat.

ix) Compte tenu des innombrables situations plus ou moins directement touchées par ces deux alinéas de l'article 45 C.t. où l'on utilise des termes assez larges et au contenant élastique (entreprise, aliénation, concession, changement de structure juridique, etc.), des difficultés d'application étaient immédiatement prévisibles dès 1961 et le législateur le reconnut aussitôt en conférant au commissaire du travail les pouvoirs nécessaires et, disons, immédiats pour les résoudre (art. 46 *in fine* C.t.)[415]. En plus des difficultés résultant des rapports entre le nouvel employeur et le syndicat accrédité, on ne peut ignorer celles provoquées par l'arrivée de ce syndicat dans un terrain contigu où un autre syndicat représente les salariés de l'employeur acquéreur[416]. Selon les circonstances, le commissaire du travail pourrait notamment ordonner la suspension d'une négociation (**IV-74**), réviser une accréditation ou encore, remodeler l'unité d'accréditation du nouvel employeur.

x) Le maintien des rapports collectifs du travail ainsi garanti s'applique lorsque l'entreprise est aliénée ou concédée en tout ou en partie et il n'a pas lieu si l'objet de la transaction est d'une autre nature telle que :

---

414. À titre d'illustration, considérons le cas où ce nouvel employeur a gain de cause à la suite d'une enquête en révocation (**IV-81**). Cette décision ne devrait pas affecter l'accréditation à l'égard de la partie de l'unité conservée par l'employeur initial. Voir : *Services de lavage de Granby Inc.* c. *Syndicat du personnel scolaire de la région Haut-Richelieu*, T.T. Montréal, n° 500-28-001108-778, le 26 septembre 1977, j. Geoffroy; *Association internationale des travailleurs du métal en feuilles, local 116* c. *Moulées Vigor Ltée, Vigor Feeds Co.*, précité, note 372.

415. *Syndicat des employés municipaux de la ville de Hull* c. *Ville de Hull*, [1985] C.A. 552. Cette compétence s'entend des questions relatives à l'applicabilité de l'accréditation et de la convention collective. Si la question constitue véritablement un grief (**IV-181**), la compétence relève de l'arbitre. Voir : *Banque Nationale du Canada* c. *Syndicat des travailleurs du bois usiné de St-Raymond (C.S.N.)*, [1985] T.T. 1. Nous l'avons déjà signalé (point v) le libellé de l'article 46 fut modifié en 1996 de manière à préciser que le commissaire du travail dispose bien de la compétence nécessaire pour traiter de toutes questions relatives à l'applicabilité et à l'application de l'article 45 C.t. (*Loi modifiant le Code du travail*, L.Q. 1990, c. 69, art. 2).

416. Cette question est reprise au paragraphe IV-92. L'application concomitante de deux conventions collectives peut soulever bien des difficultés. Comment concilier les deux listes d'ancienneté pour départager entre les salariés ? Voir : *Royal Chesterfield Inc.* c. *Syndicat catholique national des travailleurs du meuble de Princeville*, [1974] T.T. 353; *Syndicat canadien de la fonction publique, section locale 3333* c. *Commission de transport de la Rive-Sud de Montréal*, [1980] T.T. 25; *Touzin* c. *Épiciers unis Métro-Richelieu inc.*, [1994] T.T. 394.

— la vente pure et simple d'équipement, d'outillage et de matériel appartenant à l'employeur et jusqu'alors utilisés par l'entreprise sous accréditation[417];

— une activité que le cédant n'a pas déjà effectuée et qui ne pouvait pas être visée par l'accréditation[418].

En somme, il doit s'agir d'une partie d'un tout déjà sous l'emprise d'une accréditation, soit l'entreprise ainsi visée et non seulement le transfert d'une de ses composantes matérielles ou intellectuelles. Par ailleurs, cette même partie cédée aurait une importance relative minime[419].

xi) La construction littérale de l'article 45 C.t., son sens et sa portée historique laissent entendre un mouvement à sens unique, c'est-à-dire de l'employeur, sous l'effet d'une accréditation, à celui qui acquiert en totalité ou en partie l'entreprise dès lors visée par cette même accréditation. Aussi, on ne semble pas appliquer l'article 45 C.t. quand le mouvement est inverse : dans une situation où le cédant reprend l'activité. Un tel cas peut facilement survenir lorsque le donneur d'ouvrage met un terme à la sous-traitance pour assumer lui-même cette activité ou qu'il doit repren-

---

417. On peut penser au cas où l'employeur cesse une activité de l'entreprise (le transport, l'ensachage, etc.) et se libère des instruments qu'il n'utilise plus. Voir : *Palmont Packers Limited* c. *Travailleurs canadiens de l'alimentation et d'autres industries, section locale 628*, précité, note 266; *Syndicat national du textile primaire de Drummondville* c. *Filature de Drummondville Ltée*, [1974] T.T. 181; *Union des chauffeurs de camion, hommes d'entrepôts et autres ouvriers, local 106* c. *Alain Lacasse Transport Inc.*, [1977] T.T. 231. Il en est autrement si cette vente de biens a pour effet de permettre à l'acheteur d'assurer la relève du vendeur ou est à l'avantage de ce dernier. Voir : *Dauphin de l'automobile Ltée* c. *Syndicat des employés de garage de Charlevoix Est (C.S.N.)*, [1978] T.T. 338; *Syndicat des employés de commerce et des services de Shawinigan (section service sanitaire) (C.S.N.)* c. *Service sanitaire de la Mauricie Inc.*, [1989] T.T.491; *Réal Bergeron* c. *Métallurgie Frontenac Ltée*, [1992] R.J.Q. 2656 (C.A.).

418. Imaginons qu'un fabricant décide de ne plus vendre exclusivement ses produits par l'intermédiaire de courtiers et tente d'atteindre directement le consommateur par la voie de catalogue imprimé ou électronique (Internet). L'entreprise spécialisée pour un tel procédé de vente à qui est confiée cette activité pour le compte du fabricant serait-elle un « nouvel employeur » en vertu de l'article 45 C.t.? Voir : *Syndicat des employés de la Commission régionale de Tilly* c. *Langlois*, [1976] T.T. 165; *C.E.G.E.P. de Shawinigan Enr.*, [1976] T.T. 209; *Industries Baribeau Inc.* c. *Syndicat des employés de Baribeau (C.S.D.)*, précité, note 401; *J.A. Hubert Ltée* c. *Syndicat des employés de soutien du collège Ahuntsic*, précité, note 354.

419. *Transport de l'Anse Inc.* c. *Syndicat des chauffeurs d'autobus du Bas-St-Laurent (C.S.N.)*, précité, note 404; *Ville de Gatineau* c. *Syndicat des cols bleus de Gatineau (C.S.N.)* c. *Parizeau*, [1992] T.T. 599; *Les Entreprises Chaudo-Net Enr.* c. *Union des employés(es) de service, local 800 F.T.Q. et I.P.L. inc.*, [1992] T.T. 620; *Buanderie Blanchelle inc.* c. *Syndicat canadien de la fonction publique, section locale 2105*, D.T.E. 97T-354 (T.T.); *Roxboro Excavation inc.* c. *Le Syndicat national des employés municipaux de Pointe-Claire*, [1995] T.T. 541. *Contra*, voir : *Sept-Îles (ville de)* c. *Tribunal du travail*, D.T.E. 96T-747 (C.S.).

dre l'entreprise cédée en raison du défaut de paiement, par exemple de la part de l'acquéreur. Il y a lieu cependant de distinguer deux situations :

— celle où le sous-traitant était sous l'effet de l'article 45 C.t. en vertu de l'accréditation visant initialement le donneur d'ouvrage. Ce dernier serait lié par l'accréditation en reprenant l'affaire, comme il l'était avant la cession temporaire[420] ;

— celle où le donneur d'ouvrage n'a jamais été soumis à une telle accréditation pour cette activité, alors que le sous-traitant le fut en premier lieu. Dans ce cas, l'article 45 C.t. ne paraît pas avoir un effet ascendant[421]. Formellement, le libellé même de l'article 45 C.t. permettrait une interprétation favorable à cette remontée de la chaîne, bien que la jurisprudence n'avalise pas cet entendement.

xii) Nous avons déjà souligné que l'appréciation de l'article 45 C.t. ne souffrait que d'une seule exception, celle de la « vente en justice » (point iii). Encore faut-il pouvoir déterminer l'étendue d'une telle exception, alors que sa justification pratique soulève peu de discussion. Par cette exclusion, on a voulu faciliter cette vente de manière à obtenir les meilleurs résultats, et ce, normalement, au profit des tiers créanciers. Compte tenu de l'intérêt de certains à tirer avantage de cette exception, on tenta de moult façons d'en élargir la portée. Quand y aurait-il vente en justice d'après l'article 45 C.t. ? Selon notre conception de l'entreprise (**II-81**), elle ne pourrait être véritablement l'objet d'une vente; il doit s'agir de la vente d'autorité des biens de l'entreprise, c'est-à-dire de son patrimoine. À cette première nuance, ajoutons aussi que cette exception ne s'appliquerait pas du seul fait qu'il y ait déclaration de faillite ou prise de contrôle au profit des créanciers puisque dans ces deux cas, l'entreprise peut survivre à ces secousses, du moins pour un temps plus ou moins prolongé[422]. À ces questions, la Cour d'appel du Québec apporta quelques nuances d'un intérêt certain :

---

420. *Ministère de l'Éducation du Québec* c. *Syndicat catholique des employés des maisons d'éducation de Sainte-Anne-de-La-Pocatière*, [1979] T.T. 183; A. BARRÉ, *loc. cit.*, note 398.

421. *Cartage and Miscellaneous Employee's Union (931)* c. *Crelinster Fruit Company*, [1966] R.D.T. 30 (C.R.T.); *Martinique Motor Inn Ltd.* c. *Union des employés d'hôtel, motel et club*, [1973] T.T. 151; *Canadian Kenworth Ltd.* c. *Syndicat international des travailleurs unis de l'automobile, de l'aéronautique, de l'astronautique et des instruments aratoires d'Amérique (local 1146)*, [1975] T.T. 168; *Association des professionnels non enseignants du Québec* c. *Association des psychologues scolaires du Québec*, [1975] T.T. 55; *Brasserie Labatt Ltée* c. *Commissaire général du travail*, [1986] R.J.Q. 908 (C.S.).

422. Pour des raisons pratiques, les gestionnaires délégués peuvent maintenir les activités de l'entreprise et alors, ils seraient, au sens de l'article 45 C.t., le « nouvel employeur ». Il importe ici de bien distinguer l'entreprise de l'employeur (point i). Voir à cet effet : *Industrie Dodec Inc.* c. *Syndicat des employés de Métal Sigodec » (C.S.N.)*, [1984] T.T. 27; *Syndicat des employés de Métal Sigodec Inc. (C.S.N.)* c. *St-Arnaud*, [1986] R.J.Q. 927 (C.A.);

Ce qui importe au législateur ce n'est pas que la vente soit faite par un officier de justice plutôt que par un officier public, ce n'est pas non plus que la vente purge les droits réels dans l'entreprise vendue et, finalement, ce n'est pas que la vente soit faite sous l'autorité d'un jugement plutôt que sous l'autorité de la loi. Ce qui importe c'est que la vente soit forcée [...].

[...]

Je conclus donc que dans le contexte d'une cession de biens ou d'une ordonnance de séquestre en application de la *Loi sur la faillite*[423], l'expression « vente en justice », de l'article 45 du *Code du travail* réfère également à la vente de l'entreprise du failli que fait le syndic pour payer les créanciers[424].

Dans une autre affaire, la Cour d'appel fit la subtile distinction entre un employeur dit « provisoire » et un nouvel employeur :

La conclusion de ce qui précède s'impose : je suis d'avis que, en raison de droits limités — surtout dans le temps — que conféraient à l'intimée les instruments juridiques en vertu desquels elle a pris possession et exploité certains actifs de Bourassa, il n'y a pas eu d'aliénation ou de concession totale ou partielle d'une entreprise.

J'ai dit plus haut qu'on ne pouvait nier que l'intimée était, le 25 mai 1982, devenue l'employeur des salariés de Bourassa. Mais il n'en résulte pas que s'applique le second alinéa de l'article 45 du *Code du travail*. Ce qui y est prescrit ne s'applique que dans la mesure où on en vient à la conclusion qu'il y a eu aliénation ou concession totale ou partielle d'une entreprise, ce qui n'est pas le cas[425].

Coopérative fédérée du Québec c. *Syndicat des travailleurs de la Coopérative agricole de Charlevoix*, [1986] T.T. 191 ; Georges TASCHEREAU, « La réalisation des garanties du fiduciaire et les syndiqués », (1985) 26 *C. de D.* 471.

423. L.R.C. (1985), ch. B-3.

424. *Syndicat des employés de Métal Sigodec Inc. (C.S.N.)* c. *St-Arnaud*, précité, note 422, p. 928.

425. *Syndicat des travailleurs du bois usiné de St-Raymond (C.S.N.)* c. *Banque Nationale du Canada*, précité, note 412, p. 1692. Une approche semblable fut déjà retenue par le Tribunal du travail. Voir : *Fermes D. Drouin Inc.* c. *Syndicat national des employés de l'alimentation en gros de Québec Inc.*, [1986] T.T. 52.

Ce raisonnement surprend d'autant plus que l'article 45 C.t. vise bien l'aliénation partielle, que cette dernière eut manifestement lieu en vertu d'un acte intervenu entre ces deux parties (l'employeur et la banque)[426]. On semble vouloir privilégier le droit patrimonial aux règles particulières du *Code du travail*, alors que l'on disposait d'un enseignement à l'effet contraire[427].

xiii) Bien que l'article 45 C.t. ne renferme qu'une exception à la règle générale (points iii et xii), on a tenté, par voie interprétative, d'en dégager une autre relative aux accréditations du sous-secteur de la fonction publique. Ces dernières relèvent d'abord de la *Loi sur la fonction publique* (**IV-203**), aussi a-t-on voulu[428] éviter l'application de l'article 45 C.t. Cette approche répond bien à certaines considérations pratiques, mais sur le strict plan juridique, elle dépasse certes la lettre et l'économie du *Code du travail* (art. 1 b), 111.1 C.t.) et de la *Loi sur la fonction publique* (art. 65 *in fine* et 66 *in fine*), ce que reconnut la Cour d'appel du Québec[429].

xiv) Dans l'arrêt *U.E.S., local 298* c. *Bibeault*, la Cour suprême du Canada exigea que l'acte donnant prise à l'application de l'article 45 C.t. (la cession, l'aliénation ou la concession) intervienne directement entre le précédent et le nouvel employeur ou, à tout le moins, qu'il existe un lien de droit entre ces deux parties. Le juge Beetz, au nom de la Haute Cour, considéra que ce lien juridique direct devait s'imposer, bien qu'il ne soit pas formellement exigé à l'actuel article 45 C.t. parce que, dit-il « [...] l'existence d'un tel lien s'infère nécessairement des principes de la négociation collective, des termes employés par le législateur et de

---

426. Peu après, la Cour d'appel reprit l'idée que les activités temporaires conduites par un fiduciaire ne signifiaient pas le maintien de l'entreprise selon l'article 45 C.t. Voir : *Raymond, Chabot, Martin, Paré et associés* c. *Association des employés de G.D.I. Inc.*, [1989] R.J.Q., 1791 (C.A.). Dans l'affaire de la liquidation de *Les Coopérants Société mutuelle d'assurance-vie* c. *Raymond, Chabot, Fafard, Gagnon, inc.*, [1993] R.J.Q. 1867 (C.S.) (requête pour permission d'appeler accueillie : C.A. Montréal, n° 500-09-001146-935, le 29 juin 1993).

427. *United Last Co.* c. *Tribunal du travail*, [1973] R.D.T. 423 (C.A.), notamment à la page 433 et approche retenue par la Cour suprême du Canada dans *Adam* c. *Daniel Roy Ltée*, précité, note 403, p. 690.

428. *Centre d'insémination artificielle du Québec Inc.* c. *Tribunal du travail*, [1984] T.T. 263, D.T.E. 85 T-407 (C.S.). Rappelons que l'entreprise nouvellement acquise par l'État peut être assujettie au régime des relations du travail du secteur public : article 111.2 C.t. et article 76 de la *Loi sur le régime de négociation des conventions collectives dans les secteurs public et parapublic*, L.R.Q., c. R-8.2 (voir : art. 82 à 95).

429. *Syndicat des professionnels du gouvernement du Québec* c. *Centre d'insémination artificielle du Québec*, [1988] R.J.Q. 265 (C.A.); *Syndicat des fonctionnaires provinciaux du Québec* c. *Centre d'insémination artificielle du Québec C.I.A.Q. Inc.*, [1988] R.J.Q. 623 (C.A.). La Cour d'appel entérine une approche que le Tribunal du travail avait lui-même retenue quelques années auparavant. Voir : *Gouvernement du Québec* c. *Syndicat national des mesureurs de bois*, [1980] T.T. 269; *Syndicat des professionnels du gouvernement du Québec* c. *Fonds F.C.A.C. pour l'aide et le soutien à la recherche*, [1982] T.T. 453.

l'histoire des articles 45 et 46 C.t.[430] ». Cette évidence ne nous paraît ni flagrante, ni même éblouissante, mais nous devons néanmoins la retenir puisque le législateur n'intervint pas sur cette question principale de ce même arrêt, alors qu'il le fit au sujet de la compétence du commissaire du travail. Si un tel lien direct est ainsi exigé, il nous faut en déduire qu'une transaction tripartite, c'est-à-dire lorsqu'un tiers sert d'écran entre l'une et l'autre partie, comme on peut le voir parfois dans le cas d'une franchise, cet article 45 ne s'appliquerait pas à cet autre employeur[431]. Notons qu'il peut en être autrement au sujet de l'application de l'article 2097 C.c.Q. et des articles 96 et 97 L.N.T. (point iv).

xv) Si les articles 45 et 46 C.t. parurent très innovateurs et isolés en 1961, nous avons maintenant des dispositions aux semblables effets à la *Loi sur les normes du travail* qui traite de la relation d'emploi (art. 96 et 97) **(III-219)** et aussi au *Code civil du Québec* assurant le maintien du contrat de travail (art. 2097) **(II-174)**. Le nouvel employeur doit considérer dorénavant les implications pratiques de ces autres sources de droit puisque les tribunaux, par souci de cohérence, devraient aussi en tenir compte et, si les circonstances s'y prêtent, les conjuguer de quelque manière. Ne pourrait-on pas, par exemple, croire que les articles 1767 à 1770 C.c.Q. (de la vente d'entreprise) autoriseraient une telle approche plus globale ? En abordant la question sous un angle fort plus large que celui des rapports collectifs du travail, tout en n'écartant pas cette dernière dimension, la jurisprudence pourrait, au cours de la prochaine décennie, connaître une évolution aujourd'hui difficilement prévisible.

IV-91 — *Évolution jurisprudentielle* — Ces deux alinéas de l'article 45 C.t. nous paraissent complémentaires à l'élaboration efficace d'une même règle substantive[432]. Cette dernière est nécessairement limitée par sa fin propre : l'aménagement des rapports collectifs du travail et le maintien de tels rapports entre les parties représentatives. Malgré la nouveauté de cette règle de droit, notamment en imposant une scission par l'usage des concepts « employeur » et « entreprise », il n'y a pas lieu encore d'y voir une solide amorce en droit d'une théorie de l'entreprise. Les articles 45 et 46 C.t. ont une portée fort plus limitée et demeurent encore parfois difficiles d'application[433]. D'ailleurs, la production

---

430. *U.E.S., local 298.* c. *Bibeault*, précité, note 247, p. 1112. Nous critiquons cette position de la Cour suprême à F. MORIN, *op. cit.*, note 70, p. 727.

431. *Banque Nationale du Canada* c. *Syndicat des travailleurs de Les Jardins Laval*, [1992] T.T. 376.

432. C'est d'ailleurs cette conclusion que retient la Cour d'appel dans *Syndicat des travailleurs de bois usiné de St-Raymond (C.S.N.)* c. *Banque Nationale du Canada*, précité, note 412.

433. Il est cependant vrai que l'éventuelle conjugaison des deux articles 45 et 46 C.t. aux articles 96 et 97 L.N.T. et aux articles 1525, 176 et 2097 C.c.Q. puisse permettre, à la faveur d'affaires pertinentes, de dégager plus nettement l'entreprise des employeurs passés, actuels ou futurs.

jurisprudentielle depuis 35 ans démontre que l'application des articles 45 et 46 C.t. n'est pas facile et de tout repos. Nous empruntons de multiples raccourcis afin de rappeler le plus succinctement possible l'approche jurisprudentielle à l'égard des trois principales situations retenues à l'article 45 C.t.

i) *Changements de la structure juridique* : Sans égard à la structure juridique ou aux écrans juridiques mis en place et aux moyens utilisés (roulement des titres, ententes entre actionnaires, associés ou sociétaires pour l'exercice de leur droit de vote, accumulation de votes par voie de procuration, etc.), il suffit que l'entreprise demeure pour que l'article 45 C.t. trouve application. Le concept « entreprise », qui sous-entend la présence d'un employeur, permet néanmoins de s'en détacher afin de mieux faire apparaître son successeur. Autant ce moyen est utile pour contrer les effets de la théorie de la relativité du contrat, autant serait-il nécessaire que son sens soit précisé. C'est ce dernier exercice qui semble causer bien des difficultés aux juges et aux juristes. Depuis les premières décisions de la C.R.T. en 1962 en application de cette disposition, les tribunaux font souvent porter le débat sur la notion d'entreprise[434]. Cette première donnée sert généralement de fondement pour déterminer si l'activité de production visée à l'unité d'accréditation s'est maintenue malgré les changements survenus[435]. Dans l'affaire *Mode Amazone*, le juge Lesage du Tribunal du travail proposa une définition qui, soulignons-le, fut reprise par la Cour suprême du Canada dans l'affaire *U.E.S., local 298 c. Bibeault* :

> L'entreprise consiste en un ensemble organisé suffisant de moyens qui permettent substantiellement la poursuite en tout ou en partie d'activités précises. Ces moyens, selon les circonstances, peuvent parfois être limités à des éléments juridiques ou techniques ou matériels ou incorporels. La plupart du temps, surtout

---

434. Il y a vingt ans, Mᵉ Jacques DAIGLE rendait déjà compte de cette situation en mentionnant quatre étapes jurisprudentielles franchies à cette même fin. Voir : « L'entreprise, un concept à définir », (1978) 38 *R. du B.* 795. Sous ce thème, voir également : Pierre VERGE, « Le rattachement de l'accréditation et de la convention collective à l'entreprise », (1969) 24 *Rel. Ind.* 403.

435. À titre indicatif des différentes définitions retenues par les tribunaux, voir : *Syndicat national des employés de l'aluminium d'Arvida Inc. c. J.-R. Théberge Ltée*, précité, note 392, p. 468; *Centrale de chauffage Enr. c. Syndicat des employés des institutions religieuses de Chicoutimi Inc.*, [1970] T.T. 236, 238 et 239; *Barnes Security Service Ltd. c. Association internationale des machinistes et des travailleurs de l'aéroastronautique, local 2235*, [1972] T.T. 1,9; *Jack Schwartz Service Station c. Teamster Local Union 900*, [1975] T.T. 125, 128; *Syndicat des travailleurs forestiers de la division Jacques-Cartier c. H.C. Leduc Ltée*, [1977] T.T. 249; *Syndicat des travailleurs du Holiday Inn Ste-Foy c. Prime Hospitality inc., Holiday Inn Ste-Foy*, précité, note 408, commenté dans *Le marché du travail*, mars 1991, p. 12; Jean-Denis GAGNON, « Aliénation et cession de l'entreprise, retombée en droit du travail canadien », (1996) 56 *R. du B.* 689 (on y résume les multiples décisions rendues sur le thème).

> lorsqu'il ne s'agit pas de concession en sous-traitance, l'entreprise exige pour sa constitution une addition valable de plusieurs composantes qui permettent de conclure que nous sommes en présence des assises mêmes qui permettent de conduire ou de poursuivre les mêmes activités; c'est ce qu'on appelle le *going concern*[436].

En raison de la fugacité de la notion d'« entreprise », il faut croire que cette dernière définition ne saurait encore fixer l'étendue ni la portée de ce concept.

ii) *L'aliénation totale ou partielle* : De multiples voies juridiques peuvent être empruntées pour produire cette cession, ce transfert ou cette dislocation (vente, location, échange, etc.). Très souvent, elle se matérialise en un transfert de biens nécessaires à cette activité. C'est alors que cette vente peut servir d'indice d'un acte d'une tout autre nature[437]. Au-delà de ces nuances, on ne pourrait réellement parler d'aliénation du seul fait que le sous-traitant perde un client et que ce dernier assume directement cette activité par la suite ou qu'il la confie à un deuxième sous-traitant[438]. L'aliénation totale de l'actif de l'entreprise est suffisamment claire pour qu'on n'entretienne pas de doute au sujet de l'applicabilité de l'article 45 C.t. Cependant, l'accréditation et la convention collective rattachées à l'entreprise totalement absorbée ne s'étendent pas à l'ensemble des autres activités de l'employeur acquéreur[439]. La situation apparaît toujours plus complexe dans le cas d'une cession ou d'une aliénation partielle. Pour déterminer si une partie fut cédée, ne faut-il pas d'abord préciser ou définir le tout, c'est-à-dire l'entreprise ? C'est alors que la décision du commissaire du travail peut varier en fonction de la définition qu'il retient au sujet de l'entreprise.

iii) *La concession totale ou partielle* : Il semble que ce soit à l'occasion d'une concession que l'on trouve le plus grand nombre d'applications

---

436. *Mode Amazone* c. *Comité conjoint de Montréal de l'Union internationale des ouvriers du vêtement pour dames*, [1983] T.T. 227, 231, cité dans *U.E.S., local 198* c. *Bibeault*, précité, note 247, p. 1105.

437. *Cartage and Miscellaneous Employee's Union (931)* c. *Crelinster Fruit Company*, précité, note 421 ; *Lester (W.W.) (1978) Ltd.* c. *Association unie des compagnons et apprentis de l'industrie de la plomberie et de la tuyauterie, section locale 740*, [1990] 3 R.C.S. 644.

438. *Vitriers-travailleurs du verre, local 1135 de la Fraternité internationale des peintres et métiers connexes* c. *Vetroform Inc.*, [1990] T.T. 514 ; *Syndicat canadien des travailleurs du papier, section locale 2995 (F.T.Q.–C.T.C.)* c. *Industries James MacLaren*, [1990] T.T. 469 ; *Union des chauffeurs de camion, hommes d'entrepôts et autres ouvriers, local 106* c. *Alain Lacasse Transport Inc.*, précité, note 417.

439. *Commission des relations de travail du Québec* c. *Canadian Ingersoll-Rand Company Ltd.*, [1968] R.C.S. 695.

de l'article 45 C.t. Cette situation peut cependant prendre de multiples formes, notamment l'une ou l'autre des six situations suivantes :

— cessation d'une activité pour en confier l'exécution à un tiers ;

— formation d'une société distincte pour lui laisser ce champ d'activité que l'employeur devrait autrement assumer ;

— intervention d'un tiers dans les activités de l'entreprise à titre de soutien technique ou pour assurer une surcharge plus ou moins chronique ;

— activité confiée à une entreprise spécialisée que le donneur d'ouvrage ne peut normalement ni économiquement assumer lui-même : recherche, enquête, contrôle de la qualité, étude de marché, design, transport, service après-vente, etc. ;

— location d'un ensemble de biens et d'équipements servant de soutien matériel à l'exploitation d'un service qui est alors concédé aux locataires sous forme de franchise ou autrement.

— etc.

Dans chacun de ces cas, l'entreprise principale, c'est-à-dire celle qui sert d'assiette ou de point de départ, demeure et maintient ses autres activités générales malgré cette concession[440]. Un tel lien économique, professionnel ou organisationnel doit subsister. Par ailleurs, un même entrepreneur mettant en place une entreprise distincte pourrait assumer, dans ces deux lieux de travail, la fonction d'employeur sans qu'il y ait ni aliénation ni concession totale ou partielle d'une entreprise à l'autre[441]. Une concession peut résulter du fait qu'une société cesse d'effectuer elle-même une activité nécessaire à l'entreprise (emballage, transport, vente au détail, service après-vente, entretien, publicité, etc.) pour la confier à une autre société. Cette dernière société peut être spécialement constituée en vue de prendre la relève et même avec l'aide ou la participation de la société mère. Cette intimité ou cette relation de dépendance permet alors de croire, sur le plan économique tout au moins, qu'il s'agit presque d'une même entreprise devenue

---

440. *Syndicat national des employés de l'aluminium d'Arvida Inc.* c. *J.-R. Théberge Ltée*, précité, note 392, p. 471 ; *Cégep du Vieux-Montréal* c. *Ménard*, [1992] R.J.Q. 1603 (C.S.) (en appel) ; *Ville de Gatineau* c. *Syndicat des cols bleus de Gatineau*, [1992] T.T. 599 ; *Maison L'intégrale inc.* c. *Tribunal du travail*, [1996] R.J.Q. 859 (C.A.) ; *Ivanhoé inc.* c. *Travailleurs et Travailleuses unis de l'alimentation et du commerce, section locale 500*, [1999] R.J.Q. 32 (C.A.) ; *Union des employées et employés de la restauration, métallurgistes unis d'Amérique, section locale 8470* c. *Ultramar Canada inc.*, D.T.E. 99T-25 (C.A.) ; *Syndicat des employées et employés professionnels et de bureau, section locale 57* c. *Commission scolaire Laurenval*, D.T.E. 99T-46 (C.A.) ; *Université McGill* c. *St-Georges*, D.T.E. 99T-47 (C.A.).

441. *Les viandes Sefliclo Inc.* c. *Union des employés de commerce, section locale 501*, [1984] T.T. 147 ; *Société d'habitation et de développement de Montréal* c. *Syndicat des fonctionnaires municipaux de Montréal*, [1994] T.T. 246.

bicéphale ou tentaculaire. Sans égard à ces causes, on pourrait prétendre que l'article 45 C.t. s'appliquerait si l'on se réfère à la décision de la Cour suprême dans l'affaire *White Lunch* et à celle de la C.R.T. dans *Aluminium Co. of Canada* ou encore, à celle du Tribunal du travail dans l'affaire *Centrale de chauffage Enr.*[442]. S'il y a concession totale ou partielle, il faut aussi que cette activité, que cette « production d'un bien ou d'un service » soit directement visée par l'accréditation touchant le cédant[443].

IV-92 — *La situation de l'entreprise acquéreur* — Le principal but de l'article 45 C.t. consiste à stopper l'érosion des droits collectifs du fait de décisions unilatérales de l'employeur. Sous cet angle, il pourrait suffire de considérer les faits et gestes de l'employeur lié par une accréditation. L'expérience démontre cependant qu'il est sage de considérer les effets produits auprès de l'acquéreur pour mieux qualifier la situation : la vente d'équipement peut n'être qu'une partie de la transaction réelle ou encore, les activités régulières de ce dernier peuvent rendre illogique la conclusion qu'il soit un nouvel employeur[444]. Par ailleurs, les liens et affinités des intéressés dans ces deux sociétés peuvent aussi jeter un autre éclairage sur le sens réel de ce mouvement[445]. L'analyse de la vocation de chaque entreprise en cause peut servir à mieux saisir la nature de la transaction. Devrions-nous considérer le fait de la présence d'un syndicat déjà accrédité chez l'acquéreur ? En principe, la réponse devrait être négative, puisque la garantie donnée à l'article 45 C.t. consiste à maintenir l'accréditation et la convention collective pour toutes les activités de l'entreprise cédée, quelles que soient la situation et l'intention de l'acquéreur. Cependant, le syndicat accrédité pour les salariés de l'entreprise acquéreur jouit également des mêmes garanties. Cette dernière accréditation n'a pas de limite quantitative et ne vise pas les seuls salariés qui

---

442. *Bakery and Confectionery Workers International Union of America, local 468* c. *White Lunch Ltd.*, [1966] R.C.S. 282, commenté par Fernand MORIN, « L'affaire White Lunch Limited : une illustration du réalisme du droit du travail », (1967) 22 *Rel. Ind.* 278; *Syndicat national des employés de l'aluminium d'Arvida Inc.* c. *J.-R. Théberge Ltée*, précité, note 392. *Centrale de chauffage Enr.* c. *Syndicat des employés des institutions religieuses de Chicoutimi Inc.*, précité, note 435.

443. *Hippodrome Blue Bonnets Inc.* c. *Syndicat des travailleurs de Blue Bonnets (C.S.N.)*, [1987] T.T. 312; *Compagnie d'entretien d'édifices Arcade Ltée* c. *Union Inter des travailleurs unis de l'alimentation et du commerce*, [1993] T.T. 453.

444. L'employeur A cesse son activité de transport de ses ventes et confie l'opération à l'entreprise B : ou B^1 est spécialisée dans la livraison et alors elle ne reçoit qu'un client de plus, ou B^2 est constituée en vue d'assurer le service de livraison de A. Pourrions-nous traiter de la question de l'applicabilité de l'article 45 C.t. sans considérer ces deux points de chute, B^1 ou B^2? Et pourrions-nous aboutir aux mêmes conclusions qu'il s'agisse de B^1 ou de B^2? Voir : *Fort-Net inc.* c. *Tribunal du travail*, [1992] R.J.Q. 445 (C.S.) (appel : C.A. Montréal, n° 500-09-000211-920).

445. N'est-ce pas ce que la Cour suprême du Canada fit dans l'affaire *White Lunch*, précitée, note 442 ?

étaient embauchés au moment de l'accréditation (**IV-86**). Ainsi, la situation de fait et de droit dans chaque cas peut nous inciter à porter attention aux implications pratiques de l'application de l'article 45 C.t., tant à l'égard de l'acquéreur qu'à celui du cédant. Si, en principe, l'article 45 C.t. vise simultanément cette double situation, ne faudrait-il pas, dans ces circonstances, trouver des solutions pratiques pour résoudre les problèmes engendrés par le conflit de droit qui peut apparemment en résulter[446] ? Des difficultés sérieuses peuvent survenir de cette double présence au sein de l'entreprise acquéreur : deux syndicats, deux conventions collectives, deux régimes de sécurité d'emploi utilisés pour maintes décisions administratives, deux listes d'ancienneté, etc. L'article 46 C.t. confère au commissaire les pouvoirs nécessaires pour résoudre de telles difficultés, bien que cette voie d'autorité connaisse des limites certaines, car il se doit néanmoins de prendre acte des effets réels et immédiats produits par l'article 45 C.t. et qu'il ne peut écarter[447]. Bien souvent, la véritable solution ne saurait venir que d'un compromis idoine provenant des intéressés eux-mêmes[448]. Parfois, la « loi malthusienne » semble prévaloir : le syndicat le plus fort et la convention collective la plus bénéfique survivent et s'imposent. Si les circonstances s'y prêtent, le commissaire du travail peut, après consultation et étude, redéfinir les unités d'accréditation accidentellement en conflit[449].

IV-93 — *De l'accréditation à la négociation* — On ne peut ignorer la fonction civilisatrice de l'accréditation servant de substitut administratif à la grève de reconnaissance syndicale (**IV-4**). En plus de cette importance historique, l'accréditation confère à son titulaire le statut de représentant exclusif d'un groupe de salariés et, à ce titre, il dispose de moyens particuliers. Les implications de cette opération pour les salariés, le syndicat en présence et l'employeur suscitent de nombreuses interventions et il en résulte que le processus devient très souvent long, laborieux et complexe[450]. On a pu constater, en maintes occasions, que la jurisprudence élaborée en matière d'accréditation complique aussi la situation par la méthode discursive très souvent employée et les innombrables nuances ou rappels des décisions antérieures.

---

446. Compte tenu de l'étroite relation des articles 45 et 46 C.t., peut-on croire qu'un tel entendement serait moins juridiquement justifié qu'une application abstraite du seul article 45 C.t. ?

447. *Syndicat canadien de la fonction publique, section locale 3333* c. *Commission de transport de la Rive-Sud de Montréal*, précité, note 416.

448. *Ibid.*

449. *Northwestern Utilities Ltd.* c. *Ville d'Edmonton*, précité, note 376; *Conseil conjoint québécois de l'Union internationale des ouvriers et ouvrières du vêtement pour dames* c. *Modes D'Aillaird's Inc.*, précité, note 268.

450. Il suffit de consulter les rapports annuels d'activités du commissaire général du travail et aussi les recueils des décisions des commissaires du travail et du Tribunal du travail pour constater le temps requis pour franchir ces multiples péripéties, les frais induits et les contraintes qu'éprouvent les multiples représentants et conseillers en présence.

De plus, il faut reconnaître que les tribunaux de droit commun apportent aussi leur contribution. À l'occasion de l'exercice du contrôle de la régularité du processus, ils touchent parfois le fond des questions importantes et donnent ainsi certaines orientations. Cette dialectique feutrée entre les organes spécialisés dans ce domaine et les tribunaux judiciaires officiellement écartés de ce champ de compétence (art. 139 et 140 C.t.) (**V-77**) alourdit sensiblement cette partie importante du droit de l'emploi. Pourtant, le *Code du travail* reconnaît le droit à toute personne de représenter les parties en ces matières sans qu'elle soit membre d'un ordre professionnel (art. 150 C.t.)! Dans les circonstances actuelles du droit en matière d'accréditation, il paraît difficile qu'un non-initié, même membre du Barreau, puisse agir avec maîtrise dans ce domaine. Quoi qu'il en soit, au terme de cette longue démarche et si elle aboutit à une accréditation, son titulaire acquiert l'autorité juridique nécessaire pour entamer la négociation collective des conditions de travail. Il incombe alors à l'employeur de reconnaître ce syndicat à titre de représentant exclusif et d'entreprendre avec lui le processus d'élaboration d'une convention collective du travail (**chap. IV-3**).

CHAPITRE IV-3

LA NÉGOCIATION COLLECTIVE DES CONDITIONS DE TRAVAIL

IV-94 — *La collectivité négocie* — Le régime des rapports collectifs du travail mis en place par le *Code du travail* vise à permettre aux salariés de participer collectivement à l'élaboration de leurs conditions de travail, d'abord en leur facilitant l'exercice réel de leur droit d'association (**chap. IV-1**) puis, en conférant les pouvoirs nécessaires à l'organe pouvant valablement exprimer la volonté de la collectivité des salariés vis-à-vis d'un employeur (**chap. IV-2**). Ces deux préalables étant réalisés, il est alors possible de franchir la partie la plus dynamique du processus, soit la négociation collective entreprise par le seul syndicat accrédité et l'employeur[451]. Le *Code du travail* prévoit un cadre général ou squelettique devant servir à la négociation collective. Ce scénario y est énoncé en suivant l'ordre chronologique des étapes généralement franchies pour aboutir à l'élaboration des conditions de travail. Ainsi retrouve-t-on quelques modalités pour démarrer la négociation et établir les droits des parties en cours de négociation (art. 52 à 62 C.t.). Une série de dispositions précisent comment des tiers peuvent, dans certaines circonstances, se substituer aux parties pour établir les conditions de travail (art. 74 à 99 C.t.). Enfin, on y précise à quel moment les parties peuvent utiliser directement ou virtuellement des moyens de pression ultimes pour aboutir aux résultats recherchés (art. 58, 105 à 110.1 C.t.). Une première lecture de ces mêmes dispositions du *Code du travail* permet de dégager quelques observations d'ordre général au sujet du processus de la négociation collective. La fonction principale de ce code consiste

---

451. Selon le tableau synoptique (annexe 6), nous sommes au point 3 du modèle retenu au *Code du travail*.

à établir un certain protocole que doivent observer les négociateurs autorisés. À l'intérieur de ce cadre légal, les parties disposent d'une certaine liberté de manœuvre, du moins sur le plan juridique, en ce sens que l'aboutissement n'est pas formellement imposé, que les parties n'ont pas à suivre nécessairement un modèle ni un tempo prédéterminés et qu'il n'y a pas de convention collective type ou minimale à laquelle les parties doivent se soumettre ou qu'il leur faut dépasser[452]. Le *Code du travail* précise quand et comment s'amorce la négociation, établit le moment où une étape peut se terminer et laisse ainsi place à celle qui suit. Si les deux parties s'entendent sur ce point, elles peuvent prolonger à volonté la durée de chacune des étapes du processus de négociation. Ainsi, le *Code du travail* indique la façon de déterminer le début et la fin de chacune des étapes pour éviter qu'une seule partie puisse, sans égard à la qualité de ses motifs, imposer unilatéralement de demeurer à une même phase du processus. À défaut d'entente sur ce point de procédure, l'une ou l'autre partie peut, aux conditions prévues à ce code, imposer le passage à une autre phase. En d'autres termes, le temps ne peut servir exclusivement les intérêts d'une seule des deux parties, du moins sur le plan juridique. Ces étapes de la négociation traitées par le *Code du travail* ne sont nullement successives ni obligatoires. Les parties peuvent, à la suite d'une négociation directe, conclure immédiatement une convention collective sans passer préalablement par la voie de la conciliation. Bien qu'elles en acquièrent le droit, elles ne sont pas tenues d'exercer des moyens de pression[453]. En somme, il serait pour le moins inexact de tenir une comptabilité serrée à l'égard des délais prévus par le *Code du travail* pour le début de la négociation collective et la conclusion de la convention collective. D'une façon quelque peu schématique, ces règles de droit reposent sur une triple base.

i) *Le temps* : Le temps y joue toujours un rôle important. La situation des parties peut changer au cours du processus selon la conjoncture économique, cyclique, saisonnière, etc. De plus, les articles 22, 41, 52, 53, 55, 58, 93.1, 100, 102, 106 et 107 C.t. indiquent bien cette constante préoccupation de pouvoir situer dans le temps les étapes franchies ou susceptibles de l'être ou encore, d'établir ce qu'il est permis ou prohibé de faire à tel ou tel stade du processus.

ii) *L'initiative des parties* : Cette priorité est d'ailleurs essentielle au maintien de la libre négociation et conforme à la finalité historique du

---

452. Elles ne peuvent cependant convenir de conditions de travail inférieures aux normes établies selon les lois de l'emploi (**III-210**) ou contraires à la *Charte des droits et libertés de la personne* (**III-104**).

453. Si l'on écarte, pour le moment, la procédure exceptionnelle applicable au cas d'une première négociation (art. 93.1 et suiv. C.t.), on constate que, selon le tableau synoptique (annexe 6), trois cheminements sont possibles; des points 3 à 7; des points 3 à 4, puis à 6; ou encore, des points 3, 4 et 5, puis à 7.

processus de la négociation (art. 52 C.t.). Le passage d'une étape à une autre (art. 54, 58 C.t.), l'exercice des moyens de pression (art. 106, 109 C.t.), la durée de la convention collective (art. 65 C.t.) et, pour une bonne part, son contenu (art. 62 C.t.) sont de la compétence commune ou respective des parties.

iii) *L'éventuelle présence de l'État* : De nombreux dispositifs pour suppléer aux lacunes et aux défaillances du processus bipartite sont imposés par l'État. À cette fin, des mesures sont prises pour permettre le suivi de la négociation (art. 20.2, 52.1, 58.1 C.t.), pour imposer la présence de délégués du ministre (art. 55 C.t.) et pour prendre, dans certains cas, la relève (art. 93.1 C.t.). À cela s'ajoutent des contraintes quant au mode décisionnel (art. 20.2 et 20.3 C.t.), quant au moment d'exercer des moyens de pression (art. 58, 106 et 107 C.t.) et quant aux effets de ces mêmes moyens (art. 109.1, 110 et 110.1 C.t.). Les lois générales de l'emploi (**titre III**) ont certes des effets directs sur la négociation[454]. La négociation collective devient ainsi de plus en plus tridimensionnelle et confère au régime une tout autre allure, au point que le résultat, soit la convention collective, peut ne plus être perçu comme l'œuvre exclusive des deux parties signataires.

L'étude du processus même d'élaboration des conditions de travail s'effectue en suivant l'ordre presque séquentiel des événements tels qu'ils se déroulent d'une façon générale. D'abord, nous considérons les règles de droit relatives à la négociation directe par les parties (**s. 3.1**). Puis, si la convention collective n'est pas conclue, les parties doivent emprunter l'une ou l'autre des deux voies suivantes pour régler leur différend :

— l'intervention d'un tiers (**s. 3.2**); ou

— l'exercice réel de moyens de pression (grève ou lock-out) (**s. 3.3**).

---

454. Elles élèvent le débat de la négociation et lui imposent une orientation. Les services d'information offerts par l'État (**I-83**) au sujet de la négociation collective des autres groupes exercent également une influence sur les parties si cette intervention est plus douce et moins quantifiable; cet effet d'entraînement est non moins réel.

Section 3.1
Les parties négocient seules...

IV-95 — *L'initiative des parties* — Le tracé législatif que doivent suivre les parties se limite à fixer le point de départ de la négociation, l'objet et la manière de négocier et enfin, l'aide plus ou moins volontaire que les négociateurs peuvent recevoir. On constatera que le rôle de la loi, dans cette phase primordiale du régime, est relativement discret et limité. Plus il le demeure, plus la liberté des parties peut être grande et plus la convention collective peut être leur œuvre[455]. Si le processus de la négociation, l'étude des demandes et des offres, les réactions réciproques qu'elles engendrent auprès des parties, des salariés, du public et de l'État peuvent faire l'objet d'études approfondies des autres sciences sociales (économie, sociologie, psychologie et politique), la dimension juridique occupe un rôle plus timide et certes plus effacé à cette phase du processus[456]. Cette situation répond à la logique même de ce droit où les aspects juridiques des rapports collectifs du travail se retrouvent principalement aux tenants et aux aboutissants du processus et beaucoup moins à sa partie centrale, la négociation libre.

IV-96 — *L'amorce* — Les règles de droit relatives à la mise en branle d'une négociation collective laisseraient croire à un certain formalisme puisque le

---

455. Pour l'instant, il ne s'agit pas de savoir qui profite de cette liberté ni même si elle est plus bénéfique à l'une ou l'autre des parties.
456. Jack BARBASH, *The Elements of Industrial Relations*, Madison, University of Wisconsin Press, 1984. L'auteur y rappelle, au passage, les grandes études sur les principales facettes du régime nord-américain des rapports collectifs du travail; Gilles FERLAND, « L'évolution de la négociation collective au Québec », dans Rodrigue BLOUIN (dir.), *Vingt-cinq ans de pratique en relations industrielles au Québec*, Cowansville, Les Éditions Yvon Blais inc., 1990, p. 379.

processus de négociation doit emprunter cette seule voie. Ces règles permettant d'amorcer la négociation (art. 52, 52.1 et 52.2 C.t.) s'appliquent à tous et, généralement, les parties n'ont vraiment pas intérêt à les contourner, en raison même de leurs effets juridiques (art. 58 C.t.). Ainsi, l'article 52 C.t. précise, d'une façon détaillée, quelle partie peut prendre l'initiative pour démarrer le processus de la négociation collective des conditions de travail et comment elle peut le faire. Seul un syndicat accrédité et l'employeur visé peuvent valablement utiliser ce mécanisme articulé par le *Code du travail*. Dès qu'un syndicat a déposé sa requête en accréditation, nous savons que l'établissement des conditions de travail sort du domaine exclusif de l'employeur pour devenir une affaire conjointe (art. 59 C.t.) (**IV-55**). L'employeur est directement visé par cette négociation collective, bien qu'il puisse agir par l'entremise d'une association patronale (art. 68 C.t.), sans pour cela diminuer ni limiter ses obligations (art. 141 C.t.). Par ailleurs, l'article 52 C.t. précise bien que l'employeur ne peut être légalement contraint à négocier en tout temps et avec tout syndicat. Il s'agit d'un des principaux effets recherchés par ce régime, celui de conférer aux parties une certaine stabilité dans la conduite de leurs rapports collectifs et de permettre aux salariés et à l'employeur de connaître, d'une façon précise et pour un temps déterminé (la durée de la convention collective), les conditions de travail applicables. À cette fin, l'article 52 C.t. aménage différemment l'amorce de la négociation selon qu'il s'agit d'un syndicat nouvellement accrédité, du renouvellement de la convention collective arrivée à terme ou de celui d'une sentence arbitrale qui en tient lieu.

IV-97 — *Quand négocier ?* — Dans le cas d'une nouvelle accréditation, le syndicat et l'employeur peuvent prendre, en tout temps, une telle initiative[457]. Lorsque subsiste une convention collective conclue par un prédécesseur, ce nouveau syndicat doit d'abord la dénoncer, comme le prévoient les articles 61 et 61.1 C.t. Cette situation peut davantage se présenter depuis qu'il est légalement possible de conclure des conventions collectives de longue durée et qu'une nouvelle accréditation peut survenir durant son terme (**IV-52**)[458]. À défaut de le faire, les parties sont soumises aux règles applicables au cas de renouvellement. Il est essentiel que les coordonnées de lieu et de temps soient

---

457. Déjà entrent en jeu des éléments d'ordre logistique, soit la préparation de dossiers, et d'ordre tactique, l'opportunité de donner cet avis en raison de la position de faiblesse ou de force de l'interlocuteur à un moment précis ou de difficultés internes qu'éprouvent les parties, etc. La date du début de la négociation peut aussi être utile aux fins de l'application de l'article 109.1 a) C.t. (**IV-117**). Voir: *Hilton Canada inc.* c. *Union des municipalités régionales de comté*, [1992] R.J.Q. 1190 (C.A.), commenté par Denis NADEAU, « Avis de négociation : l'illusion de la souplesse », 1994, 15 *R.G.D.* 113.

458. La présence de l'article 61.1 C.t. permet de déduire, *a contrario*, que les conventions collectives même de longue durée qui ne visent pas les exploitations forestières peuvent être dénoncées en vertu de l'article 61 C.t. par le syndicat nouvellement accrédité.

clairement indiquées à l'avis, de façon à permettre à l'interlocuteur d'être en mesure d'y répondre[459], mais encore faut-il qu'il soit donné de manière à pouvoir en faire la preuve (art. 52.1, 58 C.t.). Outre le parallélisme ainsi préservé entre l'employeur et le syndicat, il est normal que l'employeur ait aussi l'avantage tactique de prendre l'initiative de cet avis pour bénéficier de l'effet produit à ce moment et tenter d'acquérir le droit au lock-out au moment où il le juge favorable (art. 58 C.t.). Dans le cas d'un syndicat nouvellement accrédité et non seulement dans celui d'une première négociation à l'égard d'une unité d'accréditation précise, la liberté tactique des parties, pour donner semblable avis, est limitée à 90 jours (art. 52.2, al. 2, C.t.)[460]. Dans ces situations, on constate que le droit à la grève ou au lock-out est acquis automatiquement 90 jours après cette première phase (art. 58 C.t.), soit au plus tard le 180e jour depuis « la date de l'obtention de l'accréditation[461] ». Parce qu'il s'agit d'une règle supplétive (art. 52.2, al. 2, C.t.), ce délai de 180 jours peut être réduit selon qu'un avis est effectivement donné plus hâtivement par l'une ou l'autre des parties au cours de la première période de 90 jours. Lorsqu'il s'agit du renouvellement de la convention collective, les parties signataires peuvent donner semblable avis de négociation à compter du 90e jour précédant l'expiration de leur convention collective, sauf si un autre délai est prévu à ladite convention. Ayant déjà fait ensemble l'expérience de la négociation, les parties peuvent convenir d'un délai supérieur à 90 jours et amorcer ainsi plus tôt la recherche d'un compromis, ce qui peut éviter une négociation hâtive et précipitée. Cette dernière entente implique une renonciation partielle de la période totale d'accalmie dont elles bénéficient, soit celle de l'entière durée de la convention collective (art. 65, 100, 107 C.t.). Les parties sont soumises aux mêmes règles pour la reprise de la négociation lorsque les conditions de travail qui ont cours résultent d'une sentence arbitrale (art. 52, al. 3, C.t.)[462]. Si les parties éprouvent des difficultés pour établir clairement la date terminale de la convention collective et ainsi, celle du début de ce délai de 90 jours, elles peuvent demander au commissaire du travail, comme tout autre intéressé peut le faire, de déterminer d'autorité cette date (art. 52.2, al. 3, C.t.).

IV-98 — *Une période charnière* — Avant d'entamer l'étude même du processus de négociation, il peut être utile de souligner l'importance de la

---

459. Il s'agit là d'une première manifestation de l'obligation imposée en vertu de l'article 53 C.t. (**IV-101**).

460. En raison de cette règle supplétive (art. 52.2, al. 2, C.t.), le silence du syndicat au cours de cette première période de 90 jours produit le même effet juridique que si l'avis avait été donné ce 90e jour.

461. Cet élément peut être utile aux fins de l'application de l'article 22 b.1) et c) C.t. si, depuis l'accréditation, les parties conservent toujours un parfait silence.

462. Il est normal qu'il en soit ainsi puisque « la sentence a l'effet d'une convention collective » (art. 93 C.t.). Il peut en être autrement si les parties s'entendent pour la modifier (art. 92 C.t.) (**IV-140**).

période de 90 jours, soit les trois derniers mois de la convention collective (art. 52, al. 2, C.t.). En effet, on y fait appel à maintes reprises pour situer les parties dans le temps.

i) Il s'agit d'une des périodes où il est possible de contester le statut du syndicat accrédité (art. 22 d), 41 C.t.).

ii) Compte tenu de la prescription légale établie à l'article 52.2, alinéa 1, C.t. et de la rigueur de l'article 58 C.t., il est peu probable que les parties conviennent d'un délai moindre que 90 jours pour entamer la négociation en renouvellement, bien que cela soit techniquement possible.

iii) Si les parties ont ainsi pleine liberté pour adopter une procédure en renouvellement de la convention collective qui leur convient mieux, la période arrêtée à leur convention collective ne lie que les signataires ou ceux considérés à ce titre par l'effet de l'article 45 C.t. Ce délai conventionnel ne lie pas un autre syndicat en vertu de l'article 22 C.t., ni le syndicat nouvellement accrédité qui peut déclarer non avenue la convention collective précédente (art. 61 et 61.1 C.t.).

iv) Cette négociation en renouvellement effectuée avant l'expiration de la convention collective peut permettre de réduire, sinon d'éliminer, toute période entre la fin d'une convention collective et le début de celle qui la remplace. Par ailleurs, la négociation en renouvellement qui aboutit à un différend au cours de la période de 90 jours ou de celle prévue à la convention collective ne peut permettre de faire la grève ni d'imposer un lock-out avant l'expiration de cette convention : la souplesse de l'article 52 C.t. n'affecte pas le caractère impératif de l'article 107 C.t. et ne permet pas d'écarter les implications qui découlent de l'article 58 C.t.[463]

IV-99 — *Quoi négocier ?* — D'une façon générale, on peut dire que la négociation collective peut porter sur toutes les conditions de travail qui ne sont pas contraires à l'ordre public ni prohibées par la loi (art. 62 C.t.). En d'autres termes, cette négociation collective ne doit porter que sur des matières qui sont de la nature des conditions de travail et qui, par ailleurs, ne sont ni défendues par la loi ni contraires à l'ordre public. Il nous faut d'abord savoir ce qui peut constituer une condition de travail[464]. Nous croyons qu'il doit s'agir de

---

463. Les présomptions établies par l'article 52.2 C.t. indiquent bien l'intention du législateur de pouvoir déterminer, à l'avance et d'une façon précise, le moment d'acquisition du droit de grève ou de lock-out et que cette question fasse ainsi moins l'objet de tactique de l'une ou de l'autre des parties. Sur le thème et ses implications juridiques et pratiques, voir : F. MORIN, *loc. cit.*, note 209.

464. Les tribunaux en ont déjà traité lors de l'étude de la question de la légalité des clauses de sécurité syndicale afin de savoir si ces dernières constituent réellement des conditions de travail, qu'elles soient bien profitables aux syndicats (**IV-22**).

tout ce qui a trait à la relation d'emploi, tant sur le plan individuel que collectif et, notamment, comprendre l'une ou l'autre des cinq facettes suivantes :

— les rapports des parties signataires à la convention collective[465] ;

— l'aménagement des activités personnelles, sociales et professionnelles au sein de l'entreprise;

— les garanties d'emploi et les voies et moyens qui s'y rattachent;

— la relation d'emploi;

— les droits et obligations respectifs du salarié et de l'employeur.

Sous ces cinq chefs, nous comprenons l'ensemble des modalités ayant pour objet la prestation du salarié et la contre-prestation de l'employeur en partant de l'embauche jusqu'à la prise de la retraite et aussi, la mise à pied temporaire ou définitive et la fin de l'emploi. Il suffit de lire quelques conventions collectives pour constater l'ampleur, d'ailleurs toujours extensible, du sens donné à l'expression « condition de travail ». Parmi les points qui font l'objet d'une façon générale de la négociation collective et qui sont ainsi implicitement qualifiés de conditions de travail, nous comprenons notamment les définitions de tâches, les droits de gestion de l'employeur, l'adhésion plus ou moins obligatoire au syndicat, la présence et les interventions des représentants du syndicat dans l'établissement, les salaires, les vacances, les congés, la durée quotidienne et hebdomadaire du travail, l'ancienneté, les différents régimes supplémentaires d'avantages sociaux et de retraite, le règlement des griefs, la sécurité d'emploi et les mécanismes de prévention de santé et de sécurité au travail, les programmes de formation professionnelle, la réouverture de la négociation, les effets de l'implantation d'une nouvelle technologie, les programmes d'investissements de l'employeur ou des salariés, etc. La grande liberté de manœuvre que l'on reconnaît aux parties à l'article 62 C.t. doit permettre d'élaborer une convention collective bien moulée aux conditions particulières à chaque entreprise (**IV-160**). Cette liberté de convention doit s'exercer dans les limites de la légalité; les parties ne peuvent convenir de toute condition de travail contraire à une disposition législative[466]. Si cela va

---

465. La Cour suprême du Canada a reconnu que les parties pouvaient convenir de prohiber toute grève et tout lock-out pour la durée de la convention collective et que cette condition de travail conventionnelle se superposait à la disposition législative visant pareil arrêt (art. 107 C.t.). Voir : *Shell Canada Ltd.* c. *Travailleurs unis du pétrole du Canada, local 1*, [1980] 2 R.C.S. 181 (**IV-166**).

466. Il va sans dire que l'on entend également les chartes des droits et libertés canadienne et québécoise. Voir : John MOONEY, « L'obligation de l'employeur dans les cas de discrimination par suite d'un effet préjudiciable à la suite des arrêts *Bhinder* et *Commission ontarienne des droits de la personne* », (1986) 46 *R. du B.* 551. Sur le contenu des conventions collectives, voir : « La rémunération à double et à multiples paliers dans les conventions collectives en vigueur au Québec », dans *Le marché du travail*, mars 1988, p. 79.

de soi d'une façon générale, cette réserve peut engendrer néanmoins certaines difficultés d'application en raison de l'imposition d'un grand nombre de conditions de travail par le truchement des lois générales de l'emploi (**titre III**)[467]. Il est indéniable que ces lois élèvent le plancher au-dessous duquel les parties ne peuvent valablement négocier[468]. Outre les questions traditionnelles tels la rémunération (**II-136**), le temps supplémentaire et les congés, ces lois touchent maintenant un grand nombre d'autres sujets soit directement, soit par voie de décrets ou de règlements. Ainsi, bien des conventions collectives doivent être revues et corrigées, au fur et à mesure de la promulgation ou de l'arrivée de ces nouvelles règles d'application[469]. À titre d'illustrations, nous signalons, de manière indicative seulement, quelques seuils :

— la langue de la convention collective et de ses actes complémentaires (**III-113; IV-163**);

— le bulletin de paie (art. 46 L.N.T.);

— le temps supplémentaire : taux applicables et définition (art. 52, 55 L.N.T.);

— la « pause détente » (art. 59 L.N.T.);

— les sept jours fériés (art. 59.1, 60, 62 à 65 L.N.T.);

— la troisième semaine de congé (art. 68.1, 69 L.N.T.);

— les congés sociaux et parentaux (art. 80 à 81.17 L.N.T.);

— le préavis de fin d'emploi ou de mise à pied (art. 82 et 83 L.N.T.);

— le port d'uniforme (art. 85 L.N.T.);

— le contrôle des motifs de congédiement (art. 124 et 125 L.N.T.);

---

467. *Québec (Commission de l'industrie de la construction)* c. *C.T.C.U.M.*, [1986] 2 R.C.S. 327 : la Cour suprême du Canada reconnut le caractère impératif des conditions de travail imposées par décret et que l'on ne devait pas se satisfaire d'une simple comparaison globale et approximative pour déterminer lequel de ces ensembles pouvait être plus ou moins avantageux ; cette analyse devait s'effectuer point par point. La Cour d'appel fit sienne cette même approche d'évaluation d'une disposition conventionnelle objectivement plus avantageuse. Voir : *Montreal Standard* c. *Middleton*, [1989] R.J.Q. 1101, 1101 à 1103 (C.A.); *Commission des normes du travail du Québec* c. *Campeau Corporation*, [1989] R.J.Q. 2108 (C.A.) et réitérée dans deux autres décisions : *Commission des normes du travail du Québec* c. *Hawker Siddeley Canada Inc.*, [1989] R.J.Q. 2123 (C.A.); *Commission des normes du travail du Québec* c. *Domtar Inc.*, [1989] R.J.Q. 2130 (C.A.); Fernand MORIN, « Liberté des parties à la négociation collective », (1993) 48 *Rel. Ind.* 461 à 478.

468. L'article 93 L.N.T., l'article 4 L.S.S.T., l'article 4 L.A.T.M.P. et l'article 11 *Loi sur les décrets de convention collective* précisent que les dispositions de ces lois sont d'ordre public, sauf dérogations ou réserves expresses (**I-22, 96**).

469. Plus les conventions collectives sont de longue durée, plus des occasions d'adaptation se présenteront compte tenu des amendements apportés aux lois de l'emploi au cours de cette même période.

— le précompte de la cotisation syndicale et de son équivalent pour le non-syndiqué (art. 47 C.t.);

— l'usage de moyens de protection individuels et collectifs et leur coût (art. 3, 51 (11), 78 (4) L.S.S.T.);

— l'exercice individuel du droit de refus ou de retrait, ses implications pécuniaires et pour la production (art. 14, 25, 30, 31, 37, 38, 39, 46 L.S.S.T.);

— pour des questions de santé et de sécurité : l'âge, la durée du travail et les attestations médicales (art. 53 L.S.S.T.);

— la surveillance et le contrôle des risques pour la santé et la sécurité en milieu de travail incombent d'abord aux travailleurs (art. 1.76, 8 L.S.S.T.) et à des organes particuliers (comité de santé et de sécurité, représentant à la prévention, Commission de la santé et de la sécurité du travail);

— le retour au travail de l'accidenté et le maintien de son ancienneté garanti à l'article 234 L.A.T.M.P., dont les modalités d'application peuvent faire l'objet de la négociation collective (art. 243 L.A.T.M.P.);

— les programmes de formation professionnelle et les ressources financières qui y sont rattachées (art. 3 L.D.F. M.O.);

— la durée minimale de la convention collective (art. 65 C.t.);

— les mesures de sauvegarde des données personnelles des salariés (**II-15**);

— les taux de rémunération, la durée et l'indemnité de congé annuel des salariés à temps partiel (art. 41.1, 74.1 L.N.T.);

— etc.

Ces *minima* ou balises garantis par ces lois de l'emploi servent de plate-forme ou de point de départ à la négociation de conditions plus avantageuses selon les expressions des articles 94 L.N.T., 4, alinéa 2, L.S.S.T. et 4, alinéa 2, L.A.T.M.P. Cette consigne s'entend des conditions qui seraient objectivement plus favorables et non seulement considérées comme telles par les parties, soit implicitement, soit explicitement[470]. Nous devons constater que l'on ne saurait maintenant ignorer cette toile de fond législative pour apprécier la

---

470. Une autre illustration des limites à la liberté de négociation, par l'effet des lois de l'emploi est donnée dans l'affaire *McLeod* c. *Egan*, [1975] 1 R.C.S. 517. Sur le rôle supplétif et l'effet minimal de la *Loi sur les normes du travail* alors que la convention collective comporte des conditions plus avantageuses, voir : *Cité de Hull* c. *Commission du salaire minimum*, [1983] C.A. 186. Au sujet du rapport entre la loi et une convention collective plus avantageuse, voir : Fernand MORIN, « Un préavis de licenciement ou son équivalent », (1988) 43 *Rel. Ind.* 943 et jurisprudence précitée, note 467.

liberté de manœuvre des parties à la négociation collective et aussi, pour constater l'étroite interrelation entre ce qui est législatif et conventionnel dans ce processus[471].

IV-100 — *Pas de table rase* — Outre ce cadre et ces seuils législatifs et réglementaires, la négociation collective ne part jamais de zéro, mais bien de la situation du moment (art. 59 C.t.). De plus, elle constitue généralement une grande occasion pour les parties, et notamment pour le syndicat, de tenter d'améliorer les conditions qui ont cours. En pratique, il va de soi que l'on ne saurait faire table rase, et l'article 59 C.t. le reconnaît en assurant le maintien des conditions de travail qui ont force dans ce même lieu de travail au moment de la négociation collective. Selon cette dernière disposition, le seul moment où les conditions de travail pourraient techniquement être modifiées à la baisse serait celui où l'employeur exerce le droit au lock-out et qu'il tente d'obtenir quelques rabais[472]. En pratique, il paraît difficile d'obtenir pareil résultat par une telle voie, sauf en situation fort exceptionnelle et de consentement mutuel. Ainsi, la négociation d'une première convention collective, tout comme celle en renouvellement, reposerait sur un double plancher :

— de droit : les conditions de travail générales garanties par les lois et règlements ;

— de fait : les conditions de travail existantes du milieu dans la seule mesure où elles sont plus avantageuses et non expressément prohibées par les lois.

De plus, l'article 64 C.t. précise d'une façon suffisamment claire que la convention collective subsiste malgré « la nullité d'une ou de plusieurs de ses clauses ». Cette garantie de validité confère une sécurité juridique accrue aux négociateurs qui peuvent parfois, dans le contexte qui est le leur, ressentir quelques difficultés à s'assurer de la légalité de toutes les dispositions qu'ils négocient, et notamment à certains moments de grande effervescence de la négociation.

IV-101 — *Comment négocier ?* — L'œuvre même de la négociation est principalement le fruit d'une dynamique où le droit se fait discret. Exercice pratique d'une liberté, la négociation ne doit pas nécessairement ni obligatoirement aboutir, sur le plan juridique, à la conclusion d'une convention

---

471. Sur ce thème, voir : F. MORIN, *loc. cit.*, note 19. Au sujet de la conjugaison loi et convention collective, voir : *Durham Regional Police Association* c. *Durham Regional Board of Commissioners of Police*, [1982] 2 R.C.S. 709.

472. Nous devons, cependant, tenir compte d'un arrêt de la Cour suprême du Canada retenant la thèse contraire, alors que la convention collective précédente comprenait une façon de mettre fin à la négociation. Voir : *CAIMAW* c. *Paccar of Canada Ltd.*, précité, note 289, commenté par A.W.R. CARROTHERS, *loc. cit.*, note 289 et F. MORIN, *loc. cit.*, note 289.

collective. La seule contrainte juridique imposée consiste en une véritable recherche d'un compromis et à la prise de dispositions appropriées à cette fin. S'il y a finalement accord, s'il y a effectivement conclusion d'une convention collective, c'est-à-dire acceptation d'un compromis, cela ne signifie nullement que chacune des dispositions soit parfaitement acceptable pour l'une ou l'autre des parties. Au contraire, on peut y trouver certaines modalités nettement désavantageuses ou coûteuses pour l'une des parties. Finalement, l'accord est global et c'est le tout que l'on apprécie en raison même de la nature transactionnelle de la convention collective. À cette fin, chaque partie juge de la qualité du compromis d'ensemble selon la balance des inconvénients du moment. C'est d'ailleurs pour cette raison qu'il est parfois si difficile à des tiers de jauger la valeur et les résultats d'une négociation collective par rapport au coût d'un arrêt de travail (grève ou lock-out) qui eut lieu ou que l'on évita, notamment parce que ces observateurs ne peuvent toujours tenir compte des éléments suivants : le climat, la productivité, la clientèle, la perte de revenus, le départ autrement possible d'une main-d'œuvre spécialisée, etc. En second lieu, certaines modalités de la convention collective peuvent, dans l'immédiat, n'avoir qu'une simple valeur de principe et ce n'est qu'à la suite d'un deuxième ou d'un troisième renouvellement de la convention collective que l'on pourra déterminer la qualité réelle de l'entente initialement intervenue sous ce chef. L'inverse est également vrai. Une règle générale peut ne pas avoir été modifiée directement, mais l'ajout de conditions particulières d'application, à l'occasion du renouvellement de la convention, peut diminuer sensiblement sa portée réelle ou produire de nouveaux effets ou encore, ouvrir des avenues jusqu'alors inconnues. Dans d'autres cas, il est évident qu'une partie peut avoir été mal desservie par suite d'une conjoncture économique, syndicale ou politique qui lui était défavorable ou en raison de la piètre performance de ses représentants, etc. En somme, la négociation collective étant libre, le droit y joue un rôle secondaire en établissant, çà et là, quelques normes ou balises ; pour le reste, la négociation dépend directement des lois économiques au sens le plus large du terme[473]. N'est-ce pas le lieu par excellence où l'on conjugue l'avoir et l'être ? L'application parfois implacable de ces lois économiques s'effectue dans un contexte bien particulier qui a pour effet de pondérer les réactions des parties. Il s'agit du rapport continu des parties où le présent est souvent le résultat du passé et la préparation du futur puisqu'elles agissent sur une base continue. En ce sens, la négociation en renouvellement d'une convention collective résulte, en partie du moins, des acquis et des déboires des négociations précédentes et de la qualité de l'administration de la convention collective en vigueur par l'une et l'autre partie et aussi, de la même

---

473. Sans vouloir jouer de paradoxe, disons que l'absence des règles de droit suppose, selon notre régime économico-politique, l'intensification de l'action des lois économiques.

façon préparent-elles la prochaine[474]. Ce continuum, cette permanence des rapports des parties exerce une influence constante sur elles et leurs représentants au point que toute action est, en même temps et en partie du moins, une réaction immédiate et anticipée. Il est vrai que bien d'autres facteurs contingents modifient ou modulent le positionnement respectif des parties. Ces éléments ne peuvent être ignorés par les tiers qui interviennent à quelque titre que ce soit dans ces rapports. Bien plus, cette toile de fond et ce contexte transcendent toutes les règles du *Code du travail*, limitant la négociation à des périodes déterminées. Tout comme la relation d'emploi, la négociation collective est continue, sauf qu'elle connaît des périodes plus intensives, plus explicites et plus formelles que d'autres. Constatons que les parties ne sauraient tirer du droit leurs véritables moyens de négociation. Tout au plus, peut-on y trouver quelques consignes relatives au comportement et à l'approche que doivent retenir les deux parties : la diligence et la bonne foi.

IV-102 — *Diligence et bonne foi* — De la façon même d'effectuer une négociation collective, le *Code du travail* ne traite guère qu'en un seul article et par l'énoncé d'une consigne dont la formulation demeure simple et sa portée, toujours énigmatique : « Les négociations doivent commencer et se poursuivre avec diligence et bonne foi » (art. 53, al. 2, C.t.). Quel serait le sens et la portée de cette double règle de conduite puisque les parties n'ont pas juridiquement l'obligation formelle de conclure une convention collective[475] ? Quand y a-t-il diligence dans ce domaine ? Comment distinguer la bonne de la mauvaise foi ? Ne faudrait-il pas répondre à ces questions puisque ce sont là les deux seules consignes légales imposées aux négociateurs ? Malgré sa formulation hermétique et même si nous devions constater que cette consigne de la bonne foi a peu d'effets pratiques, l'article 53 C.t. conserve toute son importance politique et historique. Pouvons-nous oublier que ce type de rapports collectifs, mis initialement en forme juridique aux États-Unis, visait à civiliser quelque peu un régime de négociation rustre, induit jusqu'alors des seules lois économiques ? Maintenant que la vindicte publique contraint l'employeur à reconnaître le syndicat (art. 141 C.t.) et que les parties doivent ensemble négocier les conditions de travail, nous devons tenter de mieux saisir la portée de cette double obligation. Placé dans son contexte historique, il ne serait pas exagéré d'affirmer que l'article 53 C.t. constituait initialement la pierre angulaire de cette construction législative. Ce système d'aménagement

---

474. Il suffit parfois d'assister à quelques arbitrages de griefs pour bien saisir qu'il s'agit de retombées bénéfiques ou malheureuses de la dernière négociation collective ou de la préparation de la prochaine (**IV-174**).

475. Dès 1948, la Cour d'appel chercha à préciser ce point. Voir : *Association catholique des institutrices rurales du district n° 60 Inc. c. Commissaire d'écoles de la municipalité scolaire de St-Pascal*, [1948] R.L. 97, 111 (B.R.).

des rapports collectifs du travail reposait et repose encore sur une double contrainte fondamentale : l'obligation faite à l'employeur de reconnaître le syndicat accrédité à titre de représentant exclusif de ses salariés et l'obligation aux deux parties de négocier sans délai et de bonne foi les conditions de travail. Dans ce contexte même, la procédure d'accréditation se situe sur le plan des moyens préalables et de soutien à cette disposition maîtresse. Le texte original de la *Loi des relations ouvrières* de 1944 indiquait fort bien l'étroite relation entre ces deux obligations (art. 4 L.R.O.) (**IV-46**) : la reconnaissance obligatoire du syndicat à titre de représentant d'un groupe de salariés, et ce, en vue de la négociation collective[476]. Cette double règle, reconnaître et négocier ou plutôt, reconnaître pour négocier fut modifiée par le *Code du travail* de 1964. L'obligation de reconnaître le syndicat n'est plus formellement exprimée, on la retrouve néanmoins par voie déductive aux articles 1 b) (l'association accréditée), 21 (droit à l'accréditation) et 52 (avis de négociation) C.t. Par ailleurs, l'article 53 C.t. établit le moment où la négociation doit légalement commencer et comprend la double obligation de diligence et de bonne foi qui s'adresse à deux parties[477]. L'obligation de négocier avec diligence s'apprécie à compter de l'avis de négociation (art. 52 C.t.) valablement donné[478]. Il peut être difficile de jauger la bonne foi et la diligence des négociateurs, d'autant que l'on ne peut se fier uniquement aux résultats. Une partie peut être de mauvaise foi et conclure rapidement une convention collective, alors qu'une autre vraiment de bonne foi peut valablement refuser de conclure ou hésiter longtemps à le faire. La bonne foi authentique et l'autre, l'apparente bonne foi, peuvent facilement coexister. En matière d'attitude et de comportement intime, le droit a une portée fort limitée et particulièrement dans le domaine des rapports collectifs du travail. Ces limites peuvent d'ailleurs être facilement dépassées par simple inadvertance et, dans d'autres cas, par témérité ou autoritarisme. Si la portée extensive d'une loi est souvent inversement proportionnelle à l'étendue de son libellé[479], cette observation

---

476. L'obligation de négocier de bonne foi et avec diligence vise maintenant autant l'employeur que le syndicat. Voir : *Travailleurs unis de l'alimentation et du commerce, local 501 (T.U.A.C.)* c. *Steinberg Inc.*, [1989] R.J.Q. 603 (C.S.); *Royal Oak Mines Inc.* c. *Canada (Conseil des relations du travail)*, [1996] 1 R.C.S. 369.

477. La disposition pénale (art. 141 C.t.) ne s'adresse encore qu'à l'employeur : Le ministre du Travail de l'époque, Me Carrier Fortin, déclara alors qu'il préférait s'en remettre à la disposition pénale *omnibus* (art. 126, aujourd'hui art. 144) dans le cas d'une contravention sous ce chef de la part du syndicat. Voir : Débats de l'Assemblée législative du Québec, 3e session, 27e législature, 20 juillet 1964, vol. 1, no 111, p. 4867 et suiv.; 22 juillet 1964, vol. 1, no 113, p. 4917 et suiv. Il ne peut donc s'agir d'une omission à l'article 141 C.t. commise par inadvertance.

478. *Projectionnistes de vues animées de Montréal de l'Alliance internationale des employés de théâtre et des opérateurs de machines à vues animées, local 262* c. *Compagnie France Film*, [1964] T.T. 374.

479. Louis-Philippe PIGEON, « The Human Element in the Judicial Process », (1970) 8 *Alberta L.R.* 301; Yves-Louis HUGTEAU, *Le référé législatif et les pouvoirs du juge dans le silence de la loi*, Paris, Presses Universitaires de France, 1965; Chaim PERELMAN, *Logique*

serait davantage pertinente dès que l'objet de la loi porte sur la qualité du comportement et des attitudes des personnes. Dans ce domaine, lorsque le législateur précise trop la façon de faire, lorsque l'ornière juridique est ainsi trop démarquée, les intéressés peuvent alors se laisser conduire par ce cadre légal et s'en tenir strictement à la lettre de la loi. De plus, le législateur est très mal outillé pour agir en ces matières, en raison de la rigidité intrinsèque de l'écrit normatif. Ainsi est-il impossible de définir, dans une formule concise, en quoi consiste un comportement de bonne foi de la part des négociateurs, et il n'est pas plus facile d'intervenir en aval, c'est-à-dire en considérant les effets produits par un tel état d'esprit authentiquement manifesté au cours de la négociation. À ce sujet, rappelons de nouveau que les parties, même de très bonne foi, n'ont aucunement l'obligation légale d'aboutir à la conclusion d'une convention collective.

IV-103 — *L'approche des tribunaux* — Puisque la loi n'explicite pas le sens de cette double obligation, nous devons rechercher l'enseignement fourni par la jurisprudence. En 1961, la Cour des sessions de la paix rendait une décision à la suite d'une plainte pénale pour défaut de négocier de bonne foi et le juge concluait qu'il ne pouvait y avoir infraction de la part de l'employeur puisqu'il n'avait pas rencontré les représentants du syndicat. Cette rencontre, élément essentiel selon cette thèse, devait comprendre la présence physique et la participation intellectuelle et morale des deux parties. La Cour d'appel confirma ce jugement en soulignant alors l'obligation de faire une preuve hors de tout doute raisonnable pour convaincre le tribunal d'une telle infraction. Dès lors, les tribunaux abordèrent cette question sous cet angle rigoureusement pénal. Le Tribunal du travail reprit en 1969 cette même approche en faisant peu de cas de la disposition substantive de l'article 53 C.t.[480]. Cette dernière prend son sens véritable en la situant dans son propre contexte résultant de la nécessaire conjugaison des articles 21, 52, 53 et 141 C.t. En somme, rencontrer, reconnaître et agir avec diligence ne seraient que des moyens de soutien afin de permettre la réalisation du premier devoir, celui de la négociation collective des conditions de travail[481]. Si les deux premiers éléments, reconnaître et rencontrer, peuvent permettre d'éta-

---

juridique — nouvelle rhétorique, Paris, Dalloz, 1979; Jacques LENOBLE et François OST, «Les fonctions exercées par le postulat de rationalité du législateur», dans *Droit, mythe et raison : essai sur la dérive mythologique de la rationalité juridique*, Bruxelles, Facultés universitaires Saint-Louis, 1980, p. 151.

480. *Burke* c. *Gazoline Station Ltd.*, [1973] T.T. 13, 23; *Lépine* c. *Tremblay*, [1973] T.T. 404, 406; *Lévesque* c. *Cie Gilles Bureau Ltée*, [1975] T.T. 404, 407; *Nunez* c. *Lloyd's Electronics Ltée*, [1978] T.T. 193, 199.

481. Au moment de l'institution du régime, face aux grèves de reconnaissance que devait faire le syndicat, il était nécessaire que l'on précise bien, à la loi, l'obligation de reconnaître et celle de négocier. Sur les plans logique et pratique, par ailleurs, la première n'est et ne demeure qu'un préalable à la seconde. Quoi qu'il en soit, on maintient encore la distinction entre ces deux obligations. Voir : *Charbonneau (Travailleurs unis du pétrole, local 1)* c. *Shell Canada Limitée*, [1980] T.T. 327, [1983] C.A. 162.

blir ou de démontrer une attitude de bonne foi, leur absence ne devrait en aucune façon, croyons-nous, réduire ou annuler l'obligation principale de négocier de bonne foi, car, répétons-le, peut-on négocier sans reconnaître et pourquoi reconnaît-on si ce n'est pour négocier[482] ? De plus, l'article 141 C.t. ne demeure qu'un soutien à l'article 53 C.t. et devrait être appliqué sous cet éclairage. Cette double obligation cesse-t-elle lorsque les parties font grève ou exercent un droit de lock-out ? À première vue, il peut paraître difficile de soutenir que l'obligation de négocier de bonne foi puisse coexister avec le droit de grève ou de lock-out. S'il est vrai qu'il s'agit de deux actes de nature fort différente, ils visent néanmoins le même objectif. Le *Code du travail* impose un mode de négociation qui commence par la procédure d'accréditation jusqu'à la phase qualifiée de différend (**IV-106**). À ce stade, nous pourrions y voir une sorte de relâche, du moins en ce qui a trait à l'application du *Code du travail*, pour s'en remettre aux lois économiques de notre régime[483]. Cette relaxation provisoire ne peut autoriser l'employeur à nier le syndicat accrédité, à refuser de le reconnaître à titre de représentant exclusif du groupe de salariés visé[484]. L'obligation de négocier de bonne foi peut aussi être suspendue par décision du commissaire du travail lorsque les circonstances l'exigent pour permettre l'identification des interlocuteurs (art. 42 C.t.) (**IV-74**). Par ailleurs, une partie ne pourrait valablement justifier son refus de négocier au motif que la description de l'unité d'accréditation ne serait pas suffisamment claire (art. 28 d), 53.1 C.t.).

IV-104 — *Le boulwarisme!* — Ce bref exposé relatif à l'obligation d'une négociation de bonne foi illustre, à tout le moins, les difficultés éprouvées pour effectuer sa transposition dans la pratique. Les problèmes juridiques que suscite une telle obligation légale, et notamment le fait qu'elle sous-entend une intervention de l'État, font toujours l'objet de longs débats depuis sa mise en vigueur initiale aux États-Unis en 1934. Pour certains, l'État ne devait et ne devrait pas encore s'immiscer dans la négociation proprement dite ; il lui suffirait de « conduire les représentants syndicaux à la porte de l'employeur[485] ».

---

482. *Martineau c. Commission scolaire régionale des Vieilles Forges*, [1975] T.T. 337 ; *North Island Laurentian Teacher's union c. Commission scolaire Laurenval*, [1981] T.T. 237. Comment corriger le préjudice subi lorsque l'employeur ne négocie pas de bonne foi ? Les faits donnant prise à l'arrêt *Royal Oak Mines inc.*, précité, note 476 et les solutions retenues par le C.C.R.T. ne sauraient être ignorés.

483. Ce n'est pas par hasard qu'il nous faut consulter davantage le *Code criminel* et le *Code civil* plus que le *Code du travail* à compter du moment où il y a grève ou lock-out (**IV-114**).

484. *Travailleurs unis de l'alimentation et du commerce, local 501 (T.U.A.C.) c. Steinberg Inc.*, précité, note 476.

485. L'expression est attribuée au sénateur Walsh, alors président du comité sénatorial : « The bill does not go beyond the office door. » Pour un compte rendu de ce débat, voir : Philip ROSS, *The Government as a Source of Union Power, The Role of Public Policy in Collective Bargaining*, Providence, Brown University Press, 1965. Voir également : Archibald COX et John T. DUNLOP, « Regulation of Collective Bargaining by the National Labor Relations Board », (1949-1950) 63 *Harv. L. Rev.* 389.

Pour d'autres, il ne peut suffire que les parties aient l'obligation de se rencontrer ou d'échanger quelques points de vue mais, soutiennent-ils, une telle obligation de négocier de bonne foi doit comprendre celle d'adopter une attitude positive et de réelle recherche d'une entente manifestée par des propositions concrètes. Les tenants de cette dernière thèse prétendent qu'il serait nécessaire d'examiner les voies et les moyens utilisés, et même l'objet de la négociation. Dans un essai pour circonscrire la portée pratique de cette obligation, un auteur résumait en trois points l'entendement américain de cette obligation de négocier :

> The employer must meet with the union at reasonably frequent intervals at a mutually agreeable time and place. He must refrain from passing the union and negotiating directly with his employees. He must not refuse to discuss the mandatory subjects of collective bargaining, which, under National Labor Relations Board doctrine, include not only wages and hours but merit increases, bonuses, subcontracting, work rules, pensions, stock-purchase plans, and any other subject which affects the terms and conditions of employment[486].

La négociation de bonne foi comprise comme la mutuelle recherche à l'aide de voies et de moyens concrets d'en arriver à une entente est tout à fait à l'opposé d'une négociation effectuée selon la tactique boulwariste[487]. Cette dernière méthode consiste à soumettre « a firm and fair offer » et à la soutenir au moyen d'une grande publicité pour atteindre directement, et les salariés et le public, et tenter ainsi de les convaincre qu'il s'agit là de la seule proposition valable qui puisse être retenue par un employeur responsable. En somme, cette tactique a comme objectif d'écarter le syndicat, de percer cet écran collectif pour négocier directement avec les salariés. Le boulwarisme n'est pas inconnu au Québec, même s'il est assez rare qu'il soit pratiqué d'une façon intensive[488].

---

486. P. Ross, *op. cit.*, note 485, p. 2. Voir aussi les études comparatives suivantes : Brian BEMMELS, E.G. FISHER et Barbara NYLAN, « Canadian-American jurisprudence on "good faith" bargaining », (1986) 41 *Rel. Ind.* 596 ; Bernard ADELL, *The Duty to Bargain in Good Faith : its Recent Development in Canada*, Kingston, Queen's University, 1980. À titre d'illustration d'une appréciation générale du comportement des parties en droit canadien, on peut consulter : *Syndicat canadien de la fonction publique* c. *Conseil des relations du travail (Nouvelle-Écosse)*, [1983] 2 R.C.S. 311.

487. On peut craindre que l'arrêt *CAIMAW* c. *Paccar of Canada Ltd.*, précité, note 289, soit compris de manière à reconnaître à l'employeur la liberté d'ignorer le syndicat, pour s'adresser directement aux salariés dès qu'il exerce son droit de lock-out.

488. Quand il s'agit d'un service public où la population est à la fois usager du service et contribuable, l'institution politique peut faire connaître, en tout temps, sa version des enjeux, sans qu'il s'agisse réellement de boulwarisme, si toutefois l'information est exacte.

Section 3.2
La négociation avec l'aide d'un tiers

IV-105 — *Appel à l'aide* — Dans le cadre des quelques règles déjà étudiées relatives à l'amorce de la négociation, à son objet et au comportement général des négociateurs, les parties sont libres de choisir le mode, le rythme et le temps qu'elles désirent pour élaborer ensemble les conditions de travail. Cette liberté de manœuvre vaut autant pour les questions relatives aux voies et moyens utilisés que pour les questions de fond. D'ailleurs, l'aboutissement à des compromis, à des concessions, à des gains ou à des pertes s'effectue à la fois tant sur des questions de forme que de fond[489]. Ce processus plus ou moins long, laborieux ou tumultueux vise finalement la conclusion d'une entente et la signature d'un document qui en prend acte, soit la convention collective de réglementation du travail (**IV-156**) et il s'agit là du cheminement le plus courant[490]. Malgré une certaine impression contraire en raison de son effet peu spectaculaire, la négociation collective n'aboutit que d'une façon exceptionnelle à une grève ou à un lock-out. Pour les autres cas, lorsque les parties ne trouvent pas immédiatement de solutions de compromis et que les deux ou l'une d'elles ne croient pas pouvoir y arriver, elles peuvent faire appel à un conciliateur. La venue de ce tiers peut être le fait de l'une ou de l'autre partie (art. 54 C.t.) ou encore, celui du ministre (art. 55 C.t.). Il est aussi possible que l'une des parties ou même les deux souhaitent l'aide de ce tiers et le fassent savoir officieusement au ministre pour que ce dernier accepte d'en prendre formellement l'initiative.

---

489. Le débat peut porter sur le lieu de la négociation, le nombre de participants, le choix et l'ordre des questions étudiées, les données servant de base comparative, les constats d'accords ou de différends, des points particuliers terminaux ou sous condition suspensive, etc.

490. C'est le passage du point 3 au point 7 selon le tableau synoptique (annexe 6).

Outre cette dernière situation, la venue d'un conciliateur résulte d'une demande écrite au ministre de la part d'une partie qui en donne copie à l'autre, et elle peut être formulée en tout temps durant la négociation, pendant la grève ou le lock-out et même, après ces événements. Cette demande enclenche nécessairement la conciliation : le ministre n'a pas le choix. Par ailleurs, ce dernier peut dépêcher, de sa seule autorité, pareil conciliateur lorsqu'il le croit utile[491]. Le conciliateur ainsi désigné auprès des parties est généralement un fonctionnaire, quoique ce statut ne soit nullement nécessaire. Sa mission consiste principalement à « aider à effectuer une entente » (art. 54, al. 1, C.t.)[492]. Il s'agit, somme toute, de tenter de prêter main-forte aux parties à la recherche d'un compromis. Parfois, et même souvent, le rôle du conciliateur consiste principalement à permettre la reprise du dialogue parce que :

— les représentants respectifs des parties souffrent de surdité passagère les uns envers les autres sous l'effet de la répétition des mêmes discours;

— l'une ou l'autre des parties ou les deux ont perdu toute confiance en la possibilité de trouver une avenue de compromis;

— l'amoncellement de questions non réglées obscurcit la vue des négociateurs;

— la fatigue des porte-parole réduit leurs facultés respectives d'imaginer d'autres hypothèses de solution;

— une difficulté technique, un manque d'information sur un point bloque l'engrenage du processus;

— ou pour tout autre accident de parcours qui porte ou sur une question de fond ou sur une question de temps, de lieu ou de personne.

La venue d'un tiers peut alors faciliter la reprise du processus en obligeant parfois les parties à effectuer un premier exercice de clarification de leur situation : l'inventaire des questions réglées ou susceptibles de l'être dans un proche avenir et celles sur lesquelles la négociation achoppe et qui sont vraiment importantes pour l'une ou l'autre partie, etc. À cette même occasion, elles peuvent en profiter pour procéder à une relève de leur délégation respective. Le conciliateur peut aussi leur transmettre des données perti-

---

491. Cette initiative s'inscrit dans la mission propre du ministre. Voir : *Loi sur le ministère du Travail*, L.Q. 1996, c. 24, art. 10 et suiv. (**I-43**).

492. Qu'ils soient deux conciliateurs affectés au même dossier, que le ministre qualifie cette intervention de conciliation spéciale ou extraordinaire, fondamentalement la tâche est la même et ces interlocuteurs n'ont pas juridiquement plus de pouvoirs ni les parties, plus d'obligations. Voir : Claudette ROSS. « La conciliation, un mode de règlement encore mal connu », dans R. BLOUIN (dir.), *op. cit.*, note 456, p. 397.

nentes susceptibles de servir de bases à la reprise du dialogue[493]. Il peut également recevoir quelques confidences distinctes des parties au sujet de l'ordre relatif de leurs priorités respectives[494]. De telles entrées de jeu permettent parfois de découvrir une nouvelle piste de compromis, de revenir à une voie trop rapidement écartée ou, à tout le moins, de redonner espoir.

IV-106 — *Apport limité* — Le conciliateur sert, ni plus ni moins, de trait d'union entre l'employeur et le syndicat pour assurer le maintien de la communication, en permettre la reprise ou encore, proposer des avenues plus prometteuses. Une telle mission, sur demande ou du chef du ministre, exige de la personne du conciliateur beaucoup de talents, de disponibilité et surtout, une bonne connaissance de la pratique des relations du travail[495]. Son efficacité dépend de la qualité du service personnel qu'il peut offrir, du soutien logistique que le ministère peut lui apporter et des qualités personnelles des négociateurs qui savent ou veulent véritablement rechercher un compromis. Le conciliateur ne dispose d'aucune autorité juridique; le seul moyen mis à sa disposition consiste à convoquer péremptoirement les parties à des réunions de conciliation auxquelles « les parties sont tenues d'assister » (art. 56 C.t.)[496]. Dans certains cas exceptionnels où l'ampleur des événements exige la prise de mesures spéciales, alors le ministre et même les parties recherchent l'intervention de personnes ayant à leur égard ou à celui du public une grande autorité morale ou professionnelle. Ces sages, ou conseils, viennent prêter main-forte aux parties et parfois, les médiateurs recevront le mandat de formuler des recommandations et même, de les rendre publiques. De tels procédés sont susceptibles alors d'inciter les parties à faire de plus grands efforts par la suite pour les accepter ou pour tenter d'expliciter davantage leur position respective. Dans certains cas, les parties accepteront que ces tiers servent

---

493. Des données sur la conclusion récente de conventions collectives de milieux comparables ou sur certaines études statistiques, économiques, sociales, etc., peuvent parfois aider. En les fournissant ainsi aux deux parties et d'autorité, elles peuvent leur paraître plus acceptables de part et d'autre.

494. Les parties peuvent accepter de mieux informer le conciliateur de l'état de leur propre dossier, sachant qu'il ne saurait être contraint d'en dévoiler le secret. Voir : *Loi sur le ministère du Travail*, art. 15.

495. Le vedettariat des conciliateurs ou des tiers interlocuteurs, entretenu parfois par les médias d'information, peut réduire le vrai service qu'ils doivent offrir aux parties qui, somme toute, demeurent les maîtres du dossier. Le meilleur conciliateur serait celui qui facilite la reprise constructive de la négociation entre les parties puis, sait par la suite s'effacer. Voir : Claudette Ross et Michel Brossard, « La conciliation volontaire est-elle plus efficace que la conciliation obligatoire ? », (1990) *Rel. Ind.* 3.

496. Il ne peut en être autrement dès que les parties demeurent libres de ne pas conclure une convention collective. C'est pour ce même motif qu'au cours de la première moitié du XXe siècle au Québec, la conciliation fut parfois effectuée par des évêques qui disposaient alors d'une autorité morale : Mgr L.N. Bégin (1901); Mgr Langlois (1926); Mgr Roy (1949).

d'amiables compositeurs[497]. Notons que le ministre ne peut juridiquement forcer la main des parties ni les contraindre à accepter les recommandations du conciliateur. Il est vrai qu'il peut exiger du conciliateur qu'il lui soumette un rapport précis du différend (art. 57 C.t.) et il ne lui est pas formellement défendu de publier ce rapport[498]. Si les parties n'ont pu conclure une entente seules ou avec l'aide d'un tiers, elles se trouvent alors à un carrefour où elles peuvent décider, selon l'article 58 C.t., d'attendre un moment opportun avant de passer à une autre étape, ou elles peuvent aussi s'entendre pour confier leur différend à un arbitre (**IV-139**) ou encore, elles peuvent exercer des moyens de pression économiques : la grève ou le lock-out. Selon ce même article 58, cette impasse qui peut survenir, sur le plan juridique, depuis le 90e jour de l'avis de négociation ou qui est présumé l'être (art. 52, 52.2 C.t.), prend le nom de différend (art. 1 e) C.t.). Il importe de souligner que ce n'est pas parce que les parties ont légalement le droit d'opter pour l'une ou l'autre des deux grandes voies, l'arbitrage et les moyens de pression, qu'elles doivent nécessairement faire immédiatement un tel choix et le réaliser. De plus, cette situation ne signifie nullement qu'elles doivent cesser de négocier, c'est-à-dire rechercher un compromis par toute voie pacifique. En fait, il arrive parfois que les parties, après un premier échec, cessent de négocier pour quelque temps, une période de relâche ou de décantation puis, poursuivent le dialogue avec plus d'acharnement après que les conditions préalables à la grève ou au lock-out sont satisfaites. Ces efforts ultimes, ces assouplissements *in extremis* ou à l'arraché permettent très souvent d'atteindre à un compromis global, en épargnant ainsi l'usage de moyens plus coûteux.

---

497. Yves DULUDE, « Médiation préventive et négociation permanente », dans Monique DESROCHERS (dir.), *La négociation collective en question*, Rapport du 11e colloque de relations industrielles de l'Université de Montréal, Montréal, École de relations industrielles de l'Université de Montréal, 1980, p. 96; Rodrigue BLOUIN, « Médiations spéciales, commissions parlementaires ou arbitrage des différends », dans M. DESROCHERS (dir.), *ibid.*, p. 100.
498. La continuité des relations entre les parties ne peut être ignorée pour juger de l'opportunité de ces divulgations. D'ailleurs, l'attitude des parties à l'égard du conciliateur, à la prochaine négociation, peut en être marquée.

Section 3.3

La négociation sous pression : grève et lock-out

Si la société tolère de tels conflits de travail, ce n'est qu'à titre de corollaire inévitable du processus de négociation collective[499].

IV-107 — *Un choix stratégique* – Pouvons-nous être surpris que la négociation collective découle d'une logique conflictuelle puisque ce processus n'est qu'un simple reflet de notre régime économique ? Dès le début de la négociation collective, les parties adaptent leur position respective au fait qu'elles pourront faire ou subir une grève ou un lock-out[500]. C'est ainsi qu'une partie peut faire plus ou moins sentir à son interlocuteur qu'il s'agit d'événements presque inévitables dans les circonstances ou, à tout le moins, qu'il devrait en tenir compte. Chaque partie doit à la fois se comporter de manière à laisser entendre qu'elle est disposée à recourir à ces moyens, savoir qu'il est possible qu'elle les subisse et en plus, se préparer effectivement à deux éventualités : agir et subir. Ces effets de la grève et du lock-out virtuels ou latents constituent déjà des pressions certaines sur les parties et stimulent la recherche d'un compromis ou du moins, incitent chaque interlocuteur à mieux apprécier la valeur réelle des propositions du vis-à-vis et le force à jauger les possibilités de ce dernier à exercer les pressions plus ou moins directement annoncées. La grève et le lock-out impliquent, pour les deux parties à la fois, des coûts certains, et chacune d'elles doit en soupeser le poids. La conduite et la stratégie des parties dépendent respectivement de tels aléas. D'ailleurs, le droit ne prohibe pas

---

499. *SDGMR* c. *Dolphin Delivery Ltd.*, [1986] 2 R.C.S. 573, 591 (j. McIntyre).

500. Dans les cas où ces moyens de pression sont retirés ou suspendus, la dynamique de la négociation doit reposer sur une autre base, les parties cherchent d'autres ressorts ou ont des agissements et des réactions mimétiques (**IV-138**).

l'usage de la force; il ne fait que l'encadrer et le contenir en prenant en considération cette éventualité. Par ailleurs, les parties ne sont jamais tenues d'utiliser ces moyens dès qu'elles acquièrent le droit à la grève ou au lock-out (art. 58 C.t.). À ce même moment, plusieurs autres voies s'offrent à elles[501].

   i) Poursuivre la négociation ou la suspendre momentanément.

  ii) Maintenir une communication par la voie d'un tiers (conciliateur ou médiateur).

 iii) Menacer de recouvrir à la grève froide ou faire l'annonce d'une fermeture imminente de l'entreprise.

  iv) Confier à un tiers arbitre le soin de trancher le différend (**IV-139**).

   v) Attendre un moment plus opportun pour recourir efficacement, s'il y a alors lieu, à la grève ou au lock-out.

Ces différentes avenues illustrent, à tout le moins, que l'on doit éviter de croire ou de laisser entendre qu'au lendemain de la négociation directe, les parties doivent utiliser la grève ou le lock-out. Dans la mesure où elles conservent la maîtrise de leur propre conduite, ne faut-il pas aussi qu'elles puissent disposer des ressources indispensables à l'exercice de pareils recours (pertinence et faisabilité)? Il convient d'analyser distinctement ces deux grands moyens de pression pour bien comprendre leur dynamique et leurs multiples implications. Pour des raisons pratiques et aussi parce que le régime juridique propre à la grève est applicable *mutatis mutandis* au lock-out, nous étudions ci-après d'une façon fort plus détaillée le droit de grève.

Sous-section 3.31
Le droit de grève

IV-108 — *Le fait de grève* — Selon un entendement fort large que nous pourrions lui prêter (un arrêt collectif de poursuivre une activité habituelle), la grève apparaît comme un fait économique et social connu de toutes les civilisations. Ce refus de poursuivre, cette cessation momentanée de fournir une prestation, ce holà collectif pouvait être qualifié ou, selon les circonstances de temps et de lieu, est encore qualifié d'émeute, de rébellion, d'insurrection,

---

501. Cette situation fut déjà signalée lors de l'étude de l'article 52 C.t. et du moment choisi pour la tenue du vote d'autorisation de la grève selon l'article 20.2 C.t. (**IV-35, 116**).

de révolte, de libération, d'émancipation[502]. Dans le contexte d'une société industrielle, ce même arrêt de travail prend une dimension particulière et devient plus facile à identifier en raison des personnes en présence et de son objet. Il s'agit alors de salariés, c'est-à-dire de personnes qui s'obligent à l'exécution directe d'une prestation de travail et de l'employeur propriétaire ou gestionnaire des moyens de production. Dans ce contexte contemporain, la grève a pour objet les conditions de travail, soit l'ensemble des mesures ou conditions mises à la charge de l'employeur pour l'exécution du travail ou en contrepartie de celui-ci (**IV-99**). La grève prend ainsi un sens et a une portée et une finalité particulières : un arrêt perturbateur de l'exécution des prestations de travail dans le but d'améliorer le prix du service (la rémunération) ou ses moyens de réalisation[503]. Malgré l'effet positif recherché, le moyen comprend d'abord un acte négatif, l'arrêt, l'abstention. Au-delà de cette première dimension qui constitue sa matérialité, la grève sous-entend aussi un aspect positif, la solidarité. Ce dernier élément devient d'autant plus frappant lorsque l'acte de grève affecte directement un autre groupe de la population. Bien qu'elle soit perçue comme l'acte d'un groupe, d'une collectivité, la grève ne se réalise que par le fait concomitant d'individus. Ces deux éléments, l'un individuel et l'autre collectif, sont indissociables dans le fait de grève et l'un d'eux ne pourrait être ignoré pour toute analyse de cet acte[504]. Il va sans dire que le droit ne peut saisir ni contenir la totalité du phénomène complexe de la grève. De plus, nous devons aussi nous limiter à considérer le fait de grève dans le seul cadre des rapports collectifs du travail. Outre ces multiples moyens de réalisation, nous ne retenons la grève que sous un seul aspect : un conflit ouvert, direct et conduit par le syndicat accrédité dans le cadre du processus de la négociation établi par le *Code du travail*. Il nous faudra constater d'ailleurs que tout autre fait assimilable à la grève est plus ou moins prohibé ou honni en droit. Il arrive que d'autres manifestations de mécontentement ou de revendications spontanées ou planifiées, collectives ou individuelles, empruntent bien d'autres formes en milieu de travail : absentéisme, gaspillage de matériaux et d'équipement, baisse de la qualité du travail, ralentissement du rythme de travail, formulation de griefs à la moindre occasion et gestion formaliste des procédures, augmentation des déclarations d'accidents

---

502. Sur le plan historique, le qualificatif du même fait peut varier dans le temps selon les résultats obtenus ou la situation du narrateur ou encore, la finalité de l'exposé et les conclusions recherchées.

503. Si l'objet n'est pas toujours directement la rémunération, la grève entraîne généralement une augmentation du coût de la production. La réduction du temps ou du rythme de travail, les changements de méthodes de production, de gestion ou de contrôle, etc., se traduisent de diverses manières sur les fiches comptables de l'employeur.

504. Le groupe et le salarié se retrouvent en grève et non nécessairement le syndicat. Ce dernier ne pourrait seul faire grève. Le phénomène de la grève illustre bien comment il peut être faux de trop séparer le salarié de sa collectivité, alors que ces deux éléments sont essentiels à la tenue de la grève. Voir : M. OLSON, *op. cit.*, note 54.

de travail, etc. Ces diverses situations et les effets qui en résultent peuvent certes faire l'objet d'études en droit, mais nous les écartons de notre brève analyse du droit de grève. Sous de multiples autres catégories juridiques, ces différentes manifestations de mécontentement peuvent aussi être analysées : autorité de l'employeur, pouvoir disciplinaire de l'employeur, responsabilité civile des acteurs, arbitrage de griefs, contraintes judiciaires, mise à pied, etc.

IV-109 — *Liberté de grève* — Reconnaissons la difficulté ressentie pour définir et contenir en droit le phénomène de la grève; pareille tentative serait téméraire si nous devions qualifier l'apport du droit ou sa fonction dans un tel domaine. Pour cette raison, nous retenons une approche plus pragmatique en évitant de rechercher une définition exhaustive du phénomène juridique de la grève. Cependant, il convient de souligner le paradoxe de la fonction du droit en matière de grève. En effet, le droit de grève peut être perçu à la fois à titre de garantie d'une liberté, comme l'expression négative du travail libre et aussi, comme moyen d'encadrement pour contenir ou circonscrire cette liberté. Par ses précisions et ses modalités diverses, la loi définit un type de grève et réduit d'autant l'expansion virtuelle du phénomène[505]. En considérant ses effets à l'égard de cette liberté, le droit peut être perçu comme une négation de la négation parce que l'État, par ses interventions législatives, cherche davantage la continuité du travail, le maintien paisible des activités quotidiennes que l'assurance du libre exercice du refus collectif. Dans le contexte des rapports collectifs du travail, l'acte de grève met directement en cause plusieurs autres règles fondamentales de notre régime, notamment la liberté d'expression, la liberté de circulation, la liberté d'association, la libre propriété de biens, la liberté de convention, la libre concurrence. Lorsqu'il y a conflit entre l'exercice de la liberté de grève et l'exercice de l'une de ces autres libertés ou encore, pour éviter ou prévenir de tels conflits, des lignes frontalières doivent être dressées ou un ordre prioritaire doit être établi. En ce sens, la fonction du droit est de contenir les manifestations de cette liberté afin de rendre la grève moins intolérable aux autres membres et groupes de la société. En plus de ces effets possibles du droit à l'égard de la liberté de faire grève, il existe une autre difficulté qui résulte de la dimension collective de l'acte, alors que notre droit est foncièrement construit sur les bases de l'individu et qu'il saisit difficilement les pluralités. Il existe par ailleurs une autre facette du paradoxe, à savoir que l'apport du droit peut être nécessaire à ceux qui entendent faire grève afin qu'ils ne paient pas trop cher l'usage de cette liberté. Dès qu'un salarié risque vraiment le maintien de son emploi ou la perte véritable du droit au travail parce qu'il fait grève, cette liberté disparaît,

---

505. L'effet premier de toute définition ne consiste-t-il pas à marquer les tenants et les aboutissants de l'objet et à signaler ses éléments caractéristiques, ses composites ? S'il en est ainsi sur le seul plan conceptuel, ce l'est davantage en droit, où l'on impose l'application des données alors retenues.

à toutes fins utiles. De ce point de vue, ne peut-on pas reconnaître que le droit à des conditions justes et raisonnables garanti par la *Charte des droits et libertés de la personne* (art. 46) **(II-38)** pourrait aussi servir de base juridique au droit de grève, c'est-à-dire au droit au travail dans sa dimension négative ? En somme, il importait que le législateur confère aux grévistes quelques garanties particulières quant à l'exercice pratique de cette liberté et à ses suites. Il va de soi par ailleurs que ce droit ne puisse servir de sauf-conduit général ni d'une amnistie par anticipation. Dans le cadre de notre société, il demeure, croyons-nous, socialement, politiquement et économiquement intolérable qu'un groupe puisse exercer ce moyen en prenant le public comme otage ou qu'il profite du service qui lui est normalement confié pour assouvir sa voracité et son égoïsme collectif. Cette problématique à multiples volets parfois opposés les uns aux autres exigeait que des balises soient établies pour la sauvegarde de plusieurs droits et libertés qui peuvent s'opposer au cours d'un exercice concomitant de ces mêmes droits et libertés.

IV-110 — *Charte et grève* — Les limites de l'intervention possible du législateur en matière de grève proviennent principalement des articles 1, 2 et 15 de la *Charte canadienne des droits et libertés*. Ces règles constitutionnelles soulèvent une double question : la liberté de grève serait-elle implicitement comprise parmi les libertés garanties par l'article 2 de la Charte et, s'il en était ainsi, quelles seraient les dispositions législatives limitant son exercice que l'on pourrait considérer comme raisonnables et légitimes au sens de l'article 1, c'est-à-dire respectueuses d'une « société libre et démocratique[506] » ? La recherche de tout élément de réponse à cette double question sous-entend une analyse des dispositions pertinentes bien campée ou « située dans ses contextes linguistique, philosophique et historique appropriés[507] ». La garantie constitutionnelle conférée à la liberté d'association (art. 2) comprend tout type d'association sans égard à leur finalité respective : politique, académique, sportive, professionnelle, sociale, économique, etc. S'il va de soi que cette même garantie comprenne la liberté d'association professionnelle des salariés, elle ne la vise cependant pas exclusivement ni d'une manière particulière. Ce dernier élément rend alors plus précaire l'extrapolation que l'on voudrait faire entre la fin et les moyens. C'est dire que la généralité de cette garantie constitutionnelle qui embrasse tout genre d'association permet difficilement de soutenir que, pour toutes les variantes de la liberté d'association, on sous-entend également une pareille protection constitutionnelle pour couvrir les moyens usuels d'exercice qui sont propres à chacune d'elles, ou s'y étendre. D'une façon plus particulière, la liberté d'association des salariés ainsi garantie constitutionnellement ne saurait directement comprendre la liberté de négociation collective, et cette première extension ne peut

---

506. Jean Denis GAGNON, « Les effets de la Charte canadienne des droits et libertés sur le droit du travail », (1984) 18 R.J.T. 131.
507. *R. c. Big M. Drug Mart Ltd.*, [1985] 1 R.C.S. 295, 344 (j. Dickson).

sous-entendre à son tour la liberté de grève. À l'occasion de l'arrêt *Dolphin*, la Cour suprême du Canada donna déjà un certain aperçu de l'approche qu'elle pourrait retenir pour éventuellement préciser l'étendue de la garantie constitutionnelle relative à la liberté de grève. Dans cette affaire, il s'agissait de déterminer si un piquetage tripartite, dit secondaire, était protégé par l'article 2 d) de la *Charte canadienne des droits et libertés*, soit la liberté d'expression et autres moyens de communication. M. le juge McIntyre reconnut d'abord que le piquetage était un moyen d'expression et aussi de pression :

> Cette forme d'expression sera évidemment toujours accompagnée d'actes de la part des piqueteurs, mais ce ne sont pas tous leurs actes qui auront pour effet de changer la nature de l'ensemble de l'opération et de la soustraire à la protection accordée à la liberté d'expression par la Charte. Bien sûr, cette liberté ne jouerait pas dans le cas de menaces ou d'actes de violence. Aucune protection n'est accordée lorsqu'il y a destruction de biens, voies de fait ou autres types de conduite manifestement illégale. Nous n'avons toutefois pas à nous préoccuper de cela puisque, en l'espèce, le piquetage aurait été paisible. Je suis donc d'avis que le piquetage qu'on a voulu empêcher aurait comporté l'exercice du droit à la liberté d'expression[508].

Peu après, la Cour suprême du Canada rendait un autre arrêt établissant que ni la négociation collective du travail ni la grève ne constituaient des libertés garanties implicitement à l'article 2 d) de la Charte canadienne. Dans le cadre de cet arrêt, M. le juge McIntyre indiquait bien que l'œuvre interprétative de la Cour n'était pas définitivement arrêtée :

> Les conditions variables et constamment changeantes de la société moderne exigent que cela continue. Intervenir dans ce processus dynamique à ce premier stade de l'évolution de la Charte, en reconnaissant une protection constitutionnelle implicite du droit de grève reviendrait, selon moi, à conférer à l'une des forces en présence une arme économique qui échapperait, sous réserve de l'article premier, à tout contrôle législatif et pourrait aller jusqu'à geler les relations de travail et à restreindre le processus d'évolution nécessaire pour faire face aux circonstances changeantes de la société contemporaine. Je répète que cela ne revient pas à dire que le droit de grève n'existe pas en droit ni qu'il devrait être aboli. Cela signifie simplement qu'à ce stade de l'évolution de notre Charte un tel droit ne devrait pas recevoir un statut constitutionnel qui porterait atteinte à l'essor futur que lui réserve le législateur[509].

---

508. *SDGMR* c. *Dolphin Delivery Ltd.*, précité, note 499, p. 588 (j. McIntyre).
509. *Renvoi relatif à la Public Service Employee Relations Act* (Alb.), précité, note 69, p. 415. L'emploi du conditionnel dans la dernière phrase de cette citation révèle bien le sens de

On fit également remarquer que si le droit de grève était expressément garanti par la Charte, ce sont les tribunaux et non le gouvernement qui préciseraient, dans chaque cas, le caractère raisonnable de toutes limites ou conditions législatives imposées à son exercice[510]. Bien évidemment, une telle situation bouleverserait profondément l'ordre juridique que nous connaissons. La position de la Cour suprême du Canada, bien que majoritaire, ne peut surprendre[511]. En effet, ce déploiement tridimensionnel serait trop étiré, trop loin de la portée simple et générale de l'énoncé de l'article 2. Puisque nous avons, au Canada, une expérience concrète et générale de plus de 50 ans de négociation collective et de conflits du travail extériorisés souvent par des grèves et des lock-out, le silence manifeste de la Charte à ce sujet devait avoir un sens. Rappelons aussi, s'il le faut, que l'article 2 de la Charte ne comprend nullement l'ensemble des libertés dont tous les Canadiens peuvent disposer : l'article 26 de la Charte le rappelle et l'affirme.

IV-111 — *Limites aux analyses comparatives* — Pour jauger la qualité des limites ou conditions imposées à l'exercice de la liberté de grève, nous pouvons certes procéder par voie d'analyses comparatives de la législation relative à la grève applicable dans les diverses provinces canadiennes et à l'aide d'études sur l'évolution historique de ces mêmes législations. Par ailleurs, si l'on entend dépasser le cadre canadien pour faire appel au droit international ou européen, on risque d'abuser de la méthode en comparant ou plutôt, en juxtaposant des éléments en dehors de leur contexte pour les rapprocher de quelques modalités du droit canadien ou québécois[512]. Avec déférence, nous

---

l'intervention judiciaire alors posée. Le jugement ainsi porté semble être un jugement d'opportunité et non d'interprétation stricte ! Les notes des deux juges dissidents démontrent cependant que ces questions peuvent être comprises bien autrement : « C'est précisément l'intérêt qu'a une personne de se joindre à d'autres personnes et d'agir avec elles afin de maximiser son potentiel, que protège l'al. 2 d) de la Charte » (p. 371, j. en chef Dickson (dissident)).

510. *Renvoi relatif à la Public Service Employee Relations Act (Alb.)*, précité, note 69 ; *AFPC c. Canada*, [1987] 1 R.C.S. 424 ; *SDGMR c. Saskatchewan*, [1987] 1 R.C.S. 460. Ces trois décisions furent rendues en même temps par une formation des mêmes six juges et, dans chacun de ces jugements, on se réfère, en maintes occasions, aux notes et motifs énoncés aux deux autres jugements, d'où l'intérêt à les considérer, à des fins jurisprudentielles et pour enseignement, ensemble et comme un tout. Le cadre du présent exposé ne permet pas cependant d'en faire une analyse détaillée.

511. L'approche retenue par la Cour suprême du Canada dans une autre affaire constitue une indication certaine de l'interprétation non extensible qu'elle pourrait donner à l'article 2. Il s'agissait d'interpréter cette fois le sous-paragraphe 2 b) de l'article 6 de la Charte : « de gagner leur vie dans toute province ». Le tribunal vit une garantie de la libre circulation territoriale des salariés et donna un sens à l'ensemble du paragraphe plutôt que de le scinder en deux parties et d'y voir une garantie relative au droit au travail. Voir : *The Law Society of Upper Canada c. Skapinker*, [1984] 1 R.C.S. 357.

512. Sur le danger de comparaisons hâtives et directes, voir Otto KAHN-FREUND, « On Uses and Misuses of Comparative Law », (1974) 37 *The Modern L.R.* 1, 26.

dirions que le danger que comporte la simple comparaison de modalités, sans égard au régime général duquel elles sont momentanément extirpées, existe autant pour nous au Canada que pour les comparatistes des systèmes européens ou des institutions internationales[513]. Outre cette mise en garde, il faut reconnaître que le *Code du travail* établit depuis fort longtemps des rapports étroits entre l'exercice de la liberté d'association (art. 1 a), 3 C.t.), la détermination des parties à la négociation (art. 20 et suiv. C.t.) et l'exercice de la grève (art. 58, 107 et suiv. C.t.). Comment ne pas aussi admettre du même coup que ces droits ainsi contenus comportent différentes réserves et contraintes et surtout, que l'ensemble des modalités relatives à l'acquisition et à l'exercice du droit de grève se situent dans un cadre doublement limité : soit l'unité d'accréditation qui s'insère dans une entreprise ou une de ses parties et la négociation des conditions de travail en vue d'une fin strictement professionnelle[514]. Bien que la Cour suprême du Canada ait arrêté que la liberté de grève ne jouissait pas d'une garantie constitutionnelle, il n'en demeure pas moins, sur les plans politique et juridique, que la question de la délimitation acceptable ou légitime de son exercice doit être posée. Certes, la prohibition totale avant le fait, en tout temps et pour tous serait la négation de la liberté de grève sans égard à la garantie ou à l'absence d'affirmation constitutionnelle expresse ou implicite. Est-ce à dire cependant qu'elle ne pourrait être valablement prohibée à l'égard d'un groupe particulier de salariés ? La question peut certes être soulevée en marge des règles applicables à certains groupes des établissements hospitaliers du Québec, où 90 % des salariés normalement en poste pour un quart donné doivent y demeurer pour assurer les services essentiels (art. 111.10 et suiv. C.t.). Pour bien apprécier la portée pratique de ces dernières règles restrictives ou prohibitives, il faut vérifier si les salariés en cause sont totalement dépourvus de moyens efficaces permettant la détermination de justes conditions de travail sans les soumettre au strict paternalisme ou à la seule discrétion de l'État ou de l'employeur en cause. La réponse traditionnelle et générale dans ces cas consisterait à garantir aux groupes privés du

---

513. Jean-Maurice VERDIER, « Débat sur le droit de grève à la Conférence internationale du travail », (1994) *Droit social* 968. Les rapports des commissions d'experts du Bureau international du travail sur la qualité de nos législations sont parfois étayés d'*a priori* étrangers au droit du travail nord-américain. Notons d'ailleurs que le texte de ces conventions internationales, notamment la convention n° 87, comprend généralement des règles pondératrices ou des soupapes pour tenir compte du contexte politico-juridique propre à chaque pays. Voir : Pierre VERGE, *Le droit de grève : fondements et limites*, Cowansville, Les Éditions Yvon Blais inc., 1985, notamment les pages 61 à 79 et 111 et suiv. On constatera d'ailleurs que le juge Dickson donna une grande importance à ces conventions internationales et aux rapports de comités d'experts de l'O.I.T. Voir : *Renvoi relatif à la Public Service Employee Relations Act (Alb.)*, précité, note 69, p. 348 et suiv. La méthode comparative à l'aide de quelques citations rend souvent le lecteur de l'exposé plus perplexe et circonspect que convaincu.

514. Ce sont deux éléments aussi étroitement réunis dans notre régime que l'on ne trouve pas généralement dans les systèmes de rapports collectifs du travail européens et qui ont pour effet de modifier sensiblement l'exercice de la grève et, très souvent, son sens réel.

droit de grève pour des considérations sérieuses et légitimes, un droit à l'arbitrage du différend. À notre avis, il ne s'agirait là que d'une solution possible et nullement exclusive (art. 111.10 et suiv. C.t.). Compte tenu du contexte dans lequel la question peut être soulevée et surtout dans les cas où d'autres groupes apparentés peuvent disposer de cet ultime moyen, on pourrait convenir d'une certaine parité. En pratique, il est quasi assuré, en raison des effets d'entraînement inévitables et du poids des pressions qu'engendre une discrimination de ce genre, que cette parité serait respectée. On ne peut nier cependant le fait qu'un groupe de salariés qui sert ainsi de locomotive ou d'étalon peut à son tour ressentir ce poids en raison des effets d'entraînement à rebours produits par tout acquiescement de la part de l'employeur. D'une certaine manière, on réduit ainsi la « force de frappe » de ce groupe de salariés utilisés à titre de remorques et peut-être sans qu'ils consentent à exercer cette dernière fonction. À tout le moins, cette dernière situation illustre bien que l'on ne peut évaluer de telles limites imposées à un groupe de salariés sans considérer l'ensemble de la toile de fond ou l'arrière-scène.

IV-112 — *Essai de définition* — Quand et à quelles conditions le fait de grève serait-il juridiquement reconnu ? Nous devons prendre en considération les principaux éléments constitutifs de la grève et ses coordonnées caractéristiques, car toute autre manifestation, désapprobation, tout refus ou contestation ne pourrait juridiquement être qualifié de grève et devrait être considéré, en droit de l'emploi tout au moins, sous d'autres aspects. Le *Code du travail* définit ainsi la grève : « la cessation concertée de travail par un groupe de salariés » (art. 1 g) C.t.). Les dispositions régissant cet acte doivent être lues et entendues à la lumière de cette première définition[515]. Remarquons d'ailleurs qu'elles renferment les trois principaux éléments essentiels à la qualification d'un tel acte, soit la concertation, la cessation et le groupe[516]. Sans égard, pour le moment, à la question de la légalité de l'acte de grève, ce dernier doit préalablement comprendre les éléments caractéristiques de la grève, d'où la nécessité de les connaître pour pouvoir par la suite et, au besoin, les reconnaître.

— UNE CONCERTATION — L'arrêt de travail doit résulter d'une entente, même tacite, des acteurs. En ce sens, il doit s'agir d'une action consciente et voulue de leur part et non d'une série d'actes individuels ou d'une réaction face à un même événement extérieur et particulier. Cette concertation, aux fins de qualification juridique de l'acte, ne vise pas nécessairement la décision

---

515. Cette définition serait en quelque sorte « inanimée » en droit, en ce sens qu'elle ne comprend pas de règles substantives. Il conviendrait alors de ne pas l'utiliser comme si elle en contenait ou en était une.

516. Les définitions retenues par plusieurs auteurs reprennent ces trois mêmes éléments. Voir : P. VERGE, *op. cit.*, note 513 ; Gérard DION, *Dictionnaire canadien des relations du travail*, 2ᵉ éd., Québec, Les Presses de l'Université Laval, 1986, p. 232.

collective prise selon l'article 20.2 C.t. (**IV-35**). Elle ne présuppose pas non plus qu'il y ait eu véritablement préméditation ni entente formelle. Il suffit simplement qu'elle résulte d'un accord réel ou présumé entre ses auteurs[517]. Face à un même obstacle réel et vrai, soit une ligne de piquetage établie par des membres d'une autre unité de négociation, considérons que des salariés ne se rendent pas au travail. Cette absence n'implique pas nécessairement une concertation et elle peut résulter d'un faisceau de décisions individuelles. La concomitance de ces absences donne l'apparence d'une action concertée; seuls certains éléments de preuve, dans chaque cas, permettraient d'aller au-delà[518]. Le refus individuel d'effectuer du temps de travail supplémentaire ne peut isolément constituer un acte de grève, même si le salarié viole ainsi ses obligations conventionnelles. Par ailleurs, un tel refus change de nature lorsqu'il résulte d'une concertation et qu'il s'inscrit dans le processus des rapports collectifs du travail[519]. À ces trois conditions, il s'agit d'une grève qui serait légale ou illégale selon que cet arrêt stratégique se réalise conformément aux conditions préalables à l'exercice du droit de grève (**IV-115**). La seule décision collective de faire grève prise par l'assemblée générale des syndiqués ou par tout autre organe compétent du syndicat et non réalisée ne saurait alors constituer un acte de grève, même si la connaissance de cette seule décision pouvait produire, par voie d'anticipation, certains effets perturbateurs auprès du personnel, de l'employeur ou des usagers. Ce ne sont là que les effets d'une grève virtuelle ou potentielle[520]. En somme, la seule concertation, même formelle, ne saurait suffire. La réalisation de l'acte convenu demeure nécessaire.

— UNE CESSATION — Au-delà des apparences, il doit s'agir d'une réelle interruption de la prestation régulière de services de la part des salariés. Elle peut se produire de multiples façons, mais l'effet principal doit être l'arrêt de la prestation de services personnels que fournissent normalement ces salariés : quitter le lieu de travail, ne pas se rendre au lieu de travail ou à son poste de travail au moment convenu, bien que l'on soit dans l'enceinte de l'établissement, être au poste de travail et y demeurer passif, etc. Cet arrêt, cette abstention, cette omission sont essentiellement des faits négatifs et n'ont pas besoin

---

517. *Association internationale des débardeurs, section locale 273* c. *Association des employeurs maritimes*, précité, note 126; *Société de transport de la Rive-Sud de Montréal* c. *Cléricy*, D.T.E. 89T-302 (T.T.).

518. *Mutual Steel Corporation* c. *Synotte*, [1981] T.T. 282.

519. *Syndicat des employés de production du Québec et de l'Acadie* c. *Conseil canadien des relations du travail*, précité, note 324, commenté par F. MORIN, *loc. cit.*, note 324. *Contra* : *Molson Outaouais ltée* c. *Union des routiers, brasseries, liqueurs douces et ouvriers de diverses industries, local 1999*, D.T.E. 89T-874 (C.S.).

520. *Nantel* c. *Compagnie de papier Rolland Ltée*, [1978] T.T. 315; *Syndicat des travailleurs industriels du Québec* c. *Syndicat des employés de Produits Lionel Inc. (C.S.N.)*, [1980] T.T. 111.

d'être appuyés, manifestés ou exprimés par des actes positifs[521]. Le ralentissement de la prestation normale, soit par un respect minutieux des directives de l'employeur, soit en modérant sensiblement le rythme des mouvements, ce que l'on qualifie communément de grève du zèle ou de grève perlée comprend, malgré les premières apparences, une cessation d'effectuer sa prestation régulière. Le salarié qui demeure inactif à son lieu de travail, qui occupe son poste, fait un *sit-in* ou du surplace ou qui refuse d'assumer les tâches qui lui sont régulièrement confiées afin de perturber le service ou l'activité, commet une interruption de travail[522]. Si l'on retrouve les deux autres éléments, soit la concertation et le groupe, il pourrait s'agir d'une grève, en fait et en droit. La question de sa légalité doit cependant être précisée en tenant compte alors de l'article 108 C.t. Une manifestation en dehors des heures normales de travail ne peut donc être une cessation de travail. Toute interruption de travail n'est pas nécessairement une grève, comme le prévoit l'article 110, alinéa 2, C.t. L'arrêt ne constitue qu'un élément de l'acte de grève, sans plus. Si la grève tournante permet de maintenir le service ou la production de l'entreprise, il peut y avoir véritablement arrêt de travail de la part d'un certain nombre de salariés et pour un temps plus ou moins long. Que ces grévistes ne soient pas toujours les mêmes, puisqu'il y a roulement et que la durée de leur arrêt respectif est limitée et parfois prédéterminée, ne change rien à la situation[523].

— UN GROUPE — Dans le contexte de la négociation collective qui est celui du *Code du travail*, il paraît évident que l'arrêt concerté de travail doit être celui d'un groupe de salariés[524]. Ce groupe peut être l'ensemble des salariés de l'unité d'accréditation, comme il peut être formé d'une partie seulement de cette unité ou être constitué de différents sous-groupes de plusieurs unités d'accréditation. Le fait que l'article 21, alinéa 3, C.t. précise, aux fins d'accréditation, qu'un seul salarié puisse constituer un groupe ne pourrait servir de fondement, selon nous, pour qualifier de grève l'arrêt d'un seul salarié dans le cas où il ne forme pas lui-même une unité d'accréditation[525]. Nous devrons

---

521. *Strasser* c. *Roberge*, [1979] 2 R.C.S. 953, 970.

522. *Centre hospitalier d'Asbestos* c. *Gibbs*, [1978] R.P. 431 (C.S.), confirmé par C.A. Montréal, n° 500-10-000245-77, le 29 janvier 1979, j. Turgeon, Bélanger et Owen.

523. *Commission scolaire de Saint-Tharsicius* c. *Association des enseignants de la Matapédia*, [1976] R.D.T. 229 (C.S.); *Hollands* c. *Francœur*, [1973] T.T. 34. Les grèves tournantes ou par roulement posent une difficulté particulière depuis l'avènement des dispositions anti-briseurs de grève, alors que l'employeur ne peut maintenir en service tous les salariés (**IV-117**).

524. Il doit s'agir de salariés et non d'ex-salariés. Voir : *Hôpital Ste-Justine* c. *Charbonneau*, [1976] C.S. 477. En raison des implications des articles 109.1 et suiv. C.t., ce groupe serait l'unité d'accréditation. En fait, sans égard à sa légalité, une seule partie de ce groupe pourrait enclencher la grève.

525. *Premier Meat Packers Ltd.* c. *Travailleurs unis des salaisons et autres denrées alimentaires, local 723*, [1972] T.T. 153; *Perreault* c. *Lamontagne*, [1976] R.D.T. 80 (B.R.); *Syndicat des employés de Uniroyal (C.S.N.)* c. *Union des ouvriers du caoutchouc synthétique,*

cependant retenir que l'article 109.1 C.t. impose ou suppose que tous les salariés compris dans l'unité d'accréditation cessent de travailler (**IV-117**).

Ces trois mêmes éléments doivent être réunis ou conjugués de façon à produire l'effet de grève sans égard aux déclarations de leurs auteurs ou acteurs. L'effet premier d'une grève, son résultat immédiat, dans le contexte de la négociation collective du travail, est la pression que l'on cherche ainsi à produire par cette perturbation, cette discontinuité de service. Un arrêt concerté d'un groupe de salariés qui ne produirait pas un pareil effet sur l'employeur ou dont l'objectif serait tout autre (participer à une manifestation sportive, religieuse ou politique, etc.) n'est généralement pas traité en droit à titre d'acte d'une collectivité, mais d'une série d'actes individuels concomitants, et cela, tant en droit disciplinaire, civil, pénal que criminel[526]. Pour ces raisons, nous croyons que la seule grève traitée par le *Code du travail* d'une manière positive, c'est-à-dire pour en permettre l'exercice à certaines conditions, serait la grève professionnelle, soit celle exercée aux fins et dans le cadre de la négociation collective des conditions de travail (art. 1 a), 62 C.t.).

IV-113 — *Définition complémentaire* — À l'aide de ces données, nous proposons une définition de la grève dans le contexte des rapports collectifs du travail tels qu'ils sont aménagés par le *Code du travail* : *Une interruption concertée de la prestation normale de travail, de caractère temporaire, motivée par des revendications professionnelles en vue de contraindre ainsi l'employeur d'accepter des demandes du syndicat accrédité présentées dans le cadre de la négociation d'une convention collective ou de son renouvellement.*

Bien qu'elle ne soit ni originale ni personnelle, cette capsule comprend, croyons-nous, les éléments qui permettent d'identifier le fait de grève survenant dans le cadre de la dialectique conflictuelle de la négociation collective encadrée par le *Code du travail*, alors que les parties connaissent un différend (art. 1 e) C.t.). Outre les trois premiers éléments de la grève déjà analysés (**IV-112**) (arrêt concerté d'un groupe), la définition proposée comprend trois autres données.

— LA PRÉSENCE D'UNE ORGANISATION D'ENCADREMENT — La présence d'un syndicat accrédité s'impose puisque selon les articles 58 et 107

---

local 78 de l'Union internationale des employés de distilleries, vins et industries connexes d'Amérique, [1980] T.T. 150. Sur le thème, voir le commentaire de G.A. MACALLISTER, (1956) 34 R. du B. can. 587.

526. Alain TURCOTTE, « La grève pour motifs politiques est-elle illégale ? », (1979) 39 R. du B. 1094. Pour évaluer l'acte des salariés qui avaient participé à la grève de salariés d'une autre entreprise, afin d'établir s'il y avait juste cause à un congédiement individuel, la Cour suprême du Canada n'a nullement considéré le fait collectif ni le droit relatif à la grève. Voir : Douglas Aircraft Company of Canada Ltd. c. McConnell, [1980] 1 R.C.S. 245.

C.t., il serait le titulaire de ce droit. Bien que le syndicat accrédité dispose du droit de grève, sa seule décision de la faire ne peut constituer une grève tant qu'elle n'est pas exercée par les salariés[527]. Pour cette raison, nous pouvons concevoir que le syndicat accrédité acquiert ce droit à titre d'agent de la collectivité et que c'est cette dernière ainsi encadrée qui l'exerce[528].

— LE CARACTÈRE TEMPORAIRE DE L'ARRÊT DONT LA DURÉE PEUT ÊTRE PLUS OU MOINS INDÉTERMINÉE — Il s'agit d'une dimension stratégique importante de la grève : l'employeur est contraint de spéculer sur le temps qu'elle peut durer et sur les coûts actuels et éventuels de l'arrêt. De même, ni le syndicat ni les salariés qui la font ne savent vraiment, en règle générale, combien de temps elle durera, ni ce qui leur en coûtera. Soit en raison de la riposte de l'employeur, soit parce que le syndicat éprouve des difficultés internes pour contenir ce mouvement collectif, il est fréquent qu'une grève se prolonge au-delà de sa durée initiale ou prédéterminée. Quoi qu'il en soit, la grève est nécessairement temporaire puisqu'elle est généralement faite dans le but de retourner au travail à de meilleures conditions[529]. Un arrêt définitif, c'est-à-dire sans intention de retour, ne pourrait être une grève, mais plutôt des démissions en bloc. De même, une fermeture définitive de l'entreprise ne saurait constituer un lock-out, mais elle peut provoquer un licenciement collectif (**II-179**).

— LA NATURE PROFESSIONNELLE DE L'ACTE QUI PROVIENT DE SES ACTEURS ET DE SON OBJET — Dans le cadre de notre régime des rapports collectifs, il s'agit d'un moyen destiné à une fin, celle de la détermination des conditions de travail (art. 1 a), 62 C.t.) (**IV-99**). Il va de soi que la finalité de la grève ne saurait être prise en considération pour apporter quelques nuances lorsqu'on considère le fait de grève sur le strict plan pénal. Dans ce dernier cadre, il peut suffire au tribunal de considérer si la personne participe au refus pour lui permettre de conclure qu'elle fit grève, si par ailleurs il y eut grève[530].

Il ne s'agit là que des conditions générales de qualification d'une grève exercée dans le cadre du processus de la négociation collective. À notre avis,

---

527. *Syndicat des employés de Uniroyal (C.S.N.)* c. *Union des ouvriers du caoutchouc synthétique, local 78 de l'Union internationale des employés de distilleries, vins et industries connexes d'Amérique*, précité, note 525; *Mussens Equipment Ltée* c. *Magnan*, [1980] T.T. 295.

528. Pierre VERGE, « Syndicalisation de la grève », (1983) 38 *Rel. Ind.* 475; Jean SAVATIER, « La distinction de la grève et de l'action syndicale », (1984) *Droit social* 53.

529. Cette finalité de la grève fut déjà rappelée par le juge en chef Laskin. Voir : *McGavin Toastmaster Ltd.* c. *Ainscough*, [1976] 1 R.C.S. 718. Elle le fut aussi par le juge McIntyre : « L'employé qui cesse de travailler n'envisage pas un retour au travail, alors que les grévistes envisagent toujours un retour au travail », *Renvoi relatif à la Public Service Employee Relations Act (Alb.)*, précité, note 69, p. 410.

530. *R.* c. *Corporation de la ville de Sault Ste-Marie*, [1978] 2 R.C.S. 1299; *Association internationale des débardeurs, section locale 273* c. *Association des employeurs maritimes*, précité, note 126; *Strasser* c. *Roberge*, précité, note 521.

il ne saurait y avoir de grève, au-delà de sa légalité formelle, sans que l'on trouve d'abord les six éléments mentionnés réunis. L'inverse n'est cependant pas toujours vrai; même si ces six éléments y sont conjugués et réunis, la grève peut ne pas être légale ou elle peut devenir illégale si les conditions qui régissent l'acquisition de ce droit ou de son exercice ne sont pas respectées.

IV-114 — *De la licéité de la grève* — Nous rappelons succinctement les principales règles de droit qui autorisent et aussi limitent l'exercice de la grève, ce qui peut à la fois compléter l'essai de définition et permettre de circonscrire davantage le domaine limité où une grève peut être légalement tenue. La jurisprudence en cette matière constitue véritablement la troisième source que l'on ne saurait sous-estimer pour faire état de ce droit. En l'absence de dispositions légales concernant les moyens d'exercice et les effets de la grève, les tribunaux appliquent les règles générales du droit relatives aux libertés publiques, à la propriété, au contrat, à la responsabilité civile, etc., pour combler ces lacunes réelles ou déclarées. Parce qu'il s'agit d'un acte allant à contre-courant du régime économique, nous devons souligner la facture restrictive de ce droit jurisprudentiel qui ressort fort bien de la lecture de ces arrêts. Pour des raisons historiques, c'est d'abord dans le *Code criminel* que l'on trouve les premières dispositions établissant qu'un tel acte collectif de salariés n'est plus, pour lui-même et de son seul fait, prohibé. Il y a un siècle, pareil arrêt concerté de travailleurs était perçu et traité comme s'il s'agissait d'une coalition portant directement atteinte à la libre concurrence et, de ce fait, était prohibé. La grève devint peu à peu licite par l'effet combiné d'amendements apportés au *Code criminel* et de décisions judiciaires[531]. À l'instar de l'Angleterre, mais en respectant toujours un recul de trois à quatre décades, notre droit criminel franchissait aussi le passage à la licéité de la grève. Si la grève ne devenait plus ainsi immédiatement et de son seul fait illicite, sa licéité fut et demeure soumise à une condition suspensive : l'usage préalable des moyens pacifiques mis en place pour permettre la recherche d'un règlement du différend (art. 422 C.cr.). Ces autres moyens se retrouvent principalement, selon les règles du partage des compétences, dans le *Code*

---

531. À partir de *l'Ordinance of Labourers de 1349* puis du *Combination Laws Repeal Act de 1824 (An Act to repeal the Laws relative to the Combination of Workmen, and for other purposes, 5 Geo. IV, c. 95 (1824))* et du *Conspiracy and Protection of Property Act, 38–39 Vict.*, c. 86 (1875) jusqu'à la première moitié du XXᵉ siècle, la common law s'est élaborée par voie de nuances et de distinctions tout en demeurant fondée sur le dogme économique de la sauvegarde de la libre concurrence. Voir : Beatrice et Sydney WEBB, *The History of Trade Unionism 1894*, New York, A.M. Kelley, 1965; Norman Arthur CITRINE, *Trade Union Law*, 2ᵉ éd., Londres, Stevens, 1960; John A.G. GRIFFITH, *The Politics of the Judiciary*, Glasgow, W. Collins, 1977; Susan A. JACON, *Tort Liability in a Collective Bargaining Regime*, Toronto, Butterworths, 1980; Claude D'AOUST et François DELORME, « The Origin of the Freedom of Association and of the Right to Strike in Canada, an Historical Perspective », (1981) 36 *Rel. Ind.* 894.

canadien du travail ou le *Code du travail* (**I-25**). La licéité de la grève est établie dans le *Code criminel* sous forme d'exceptions aux règles générales. C'est ainsi que l'on y trouve, en cinq occasions principales, des mesures d'exception visant à ce que l'acte de grève ne puisse *a priori* être qualifié d'acte criminel[532]. Ces exceptions ne constituent pas autant d'immunités totales pour les salariés et ne leur garantissent pas, au seul titre de salariés, l'impunité s'ils commettent de tels actes. Il ne s'agit pas davantage d'un sauf-conduit permettant, à l'occasion d'une grève ou d'un piquetage de ces mêmes salariés, d'exprimer ce refus par la commission des actes visés dans ces dispositions et ainsi prohibés. On y précise seulement que l'acte de grève ne pourrait, de ce seul fait, être condamné sous l'un ou l'autre de ces chefs. La jurisprudence fournit de nombreuses illustrations du sens et de la portée de ces exceptions[533]. De plus, le *Code criminel* comprend plusieurs autres dispositions qui peuvent régir, de multiples façons, les actes d'expression de la grève. Ainsi, dès qu'il s'agit d'une manifestation syndicale publique, on doit notamment tenir compte, selon les circonstances de temps et de lieu, de l'article 175 (troubler la paix, etc.), des articles 63 et 64 (attroupement illégal et émeute), de l'article 129 (entrave à un agent de la paix), etc.

IV-115 — *Acquisition du droit* — Si la grève peut être licite selon le *Code criminel*, elle doit cependant respecter certaines autres conditions préalables pour être et demeurer légale, comme l'annonce d'ailleurs l'article 422 C.cr. Ces conditions, que l'on trouve principalement dans le *Code du travail* pour les relations du travail sous son égide, visent à la fois les personnes qui peuvent faire grève et le temps où elles peuvent exercer ce droit. Nous rappelons ces règles sous une forme schématique.

 i) *Les personnes* : Seuls les salariés, au sens du *Code du travail* (**IV-65**), peuvent faire grève, à l'exception des policiers et des pompiers à l'emploi des municipalités (art. 105 C.t.)[534]. De plus, ces salariés ne peuvent légalement exercer ce moyen que s'ils sont encadrés par un syndicat accrédité qui, pour un temps, peut l'acquérir (art. 1 b),

---

532. Il s'agit notamment des articles 52, 422, 423, 430, 466 et 467. Voir : P. VERGE, *op. cit.*, note 513, p. 123 à 139, où l'auteur commente certaines de ces dispositions.

533. *Perreault* c. *Gauthier*, précité, note 91. Depuis cette époque, la Cour suprême sut faire plus de nuances entre l'acte collectif et celui d'un individu. Dans l'affaire *Syndicat des employés de production du Québec et de l'Acadie* c. *Conseil canadien des relations du travail*, précitée, note 324, on reconnut que le refus collectif d'effectuer du temps supplémentaire ne pouvait être juridiquement assimilé à un tel refus opposé par un individu. M. le juge McIntyre, au nom de la majorité, fit également d'intéressantes mises en garde sur la transposition trop rapide de l'acte individuel à l'acte collectif. Voir : *Renvoi relatif à la Public Service Employee Relations Act (Alb.)*, précité, note 69, p. 395.

534. Pour éviter toute confusion ou tout malentendu, rappelons immédiatement que le régime de grève concernant les secteurs public et parapublic est traité au chapitre IV-5 et que les membres de la Sûreté du Québec ne disposent pas de ce droit, ni d'ailleurs les agents de la paix.

106 C.t.)[535]. Ce dernier élément est important puisque la mise en place de la procédure d'accréditation avait comme objet notamment d'éliminer la grève dite de reconnaissance syndicale exercée pour forcer l'employeur à négocier (**IV-44**)[536]. Cette double condition, être salarié et agir par la voie d'un syndicat accrédité, implique que les autres travailleurs non soumis au *Code du travail* seraient privés de ce droit[537].

ii) *Le temps* : Il ne peut y avoir grève que si le syndicat accrédité en acquiert provisoirement le droit selon l'article 58 C.t. L'article 107 C.t. précise que la grève est prohibée durant le terme de la convention collective, et l'article 58 établit que le temps pour acquérir ce droit se calcule depuis l'avis de négociation réellement donné ou présumé l'être (art. 52, 52.2 C.t.) (**IV-97**). D'une façon très exceptionnelle, lorsque la convention collective prévoit expressément la réouverture de la négociation pour permettre la révision des conditions de travail, il est alors possible de faire grève au cours d'une convention collective si le syndicat accrédité a préalablement négocié en respectant les articles 52 et 58 C.t. Finalement, ce droit à la grève s'estompe dès l'arrivée de l'une des trois situations suivantes :

— le dépôt d'une convention collective (art. 58 C.t.)[538] ;

— les parties ont accepté de soumettre leur différend à l'arbitrage; cet accord peut survenir en tout temps, même au cours d'une grève ou d'un lock-out (**IV-139**);

— les parties à une première négociation collective sont informées que l'arbitre nommé en vertu de l'article 93.3 C.t. entend maintenant déterminer d'autorité les conditions de travail, ne croyant plus possible la conclusion d'un accord (art. 93.5 C.t.) (**IV-146**).

---

535. Nous avons déjà distingué cette question de droit et de fait : la grève, selon le *Code du travail*, demeure l'acte d'un groupe de salariés, mais encadrés par un syndicat (**IV-113**).

536. Sur le plan historique, dans trois circonstances principales donnant lieu auparavant à de nombreuses grèves, on y substitue une règle de droit : celle de l'accréditation (art. 21 à 51 C.t.) au lieu et place de la grève de reconnaissance; l'arbitrage du différend (art. 93.1 à 93.9 C.t.) pour terminer la première négociation et l'arbitrage de griefs (art. 100 à 102 C.t.) pour prohiber la grève durant le terme d'une convention collective. Il s'agirait de trois manifestations de l'apport du droit à la civilisation des rapports du travail.

537. Si le législateur prit la peine, et quelle peine par ailleurs, de définir le salarié, n'est-ce pas parce qu'il entendait exclure de ce régime certaines catégories de travailleurs ? La thèse opposée est retenue par P. VERGE, *op. cit.*, note 513, p. 162 et suiv.

538. La conclusion d'une convention collective s'entend de celle qui produit ses effets caractéristiques selon l'article 72 C.t. et non seulement un accord officieux. Voir : *Syndicat national des employés de filature de Montréal* c. *J.&P. Coats (Canada) Ltée*, [1979] C.S. 83; *Société d'électrolyse et de chimie Alcan Ltée* c. *Syndicat des travailleurs de l'aluminerie Alcan Shawinigan (C.S.N.)*, [1980] T.T. 520. Sur les conditions acquisitives du droit de grève, voir : Denis NADEAU, « Avis de négociation prématuré : l'illusion de la souplesse! », (1994) 25 *R.G.D.* 113.

Ces conditions et réserves indiquent bien la nature juridique de la grève telle qu'elle est conçue et contenue dans le *Code du travail* : moyen ultime de pression inscrit au processus même de la négociation des conditions de travail et mis en œuvre sous l'égide d'un syndicat accrédité. Sous cet angle, on peut constater qu'il serait peut-être plus approprié de considérer ces règles comme des conditions acquisitives du droit de grève plutôt que comme de simples modalités d'exercice d'une liberté[539].

IV-116 — *Exercice du droit de grève* — Les conditions acquisitives du droit de grève sont pour ainsi dire complétées à l'aide de diverses modalités relatives à la tenue de la grève. Nous savons que le syndicat doit être préalablement autorisé par les syndiqués pour faire grève, et cette décision doit être celle de la majorité relative des syndiqués (art. 20.2 C.t.) (**IV-35**). Le scrutin secret peut être tenu au moment jugé opportun par les dirigeants syndicaux et il n'est pas obligatoirement précédé d'un rapport sur les offres de l'employeur et leur rejet. Le choix du moment d'un tel scrutin peut être primordial, sur le plan stratégique. Ce scrutin peut servir, selon le moment choisi et la publicité qui lui est donnée, à confirmer le mandat des porte-parole ou à tenter de convaincre l'employeur du sérieux des demandes syndicales, etc. À ces mêmes fins, un syndicat peut multiplier la tenue de scrutins au cours de la négociation, pendant la conciliation et même, durant la grève. Qu'il s'agisse alors de simples sondages internes ou de moyens pour raffermir l'autorité du syndicat, cela n'importe pas sur le plan juridique. Notons que la décision de cesser la grève n'est pas soumise à une telle condition légale. La grève non autorisée par la majorité des syndiqués visés ou non précédée d'un scrutin serait-elle de ce seul fait illégale ? Tout en créant cette obligation, le législateur précise que sa violation « ne donne ouverture qu'à l'application du chapitre IX » (art. 20.4 C.t., pénalité) et que l'employeur ne peut utiliser ce recours. Puisque ces deux modalités (art. 20.2, 20.4 C.t.) résultent du même trait de plume législatif, il nous paraît difficile d'ajouter, par voie interprétative, plus de poids à l'obligation imposée au syndicat[540]. En plus des règles concernant la décision syndicale de faire grève, le syndicat doit également informer le ministre de l'acte de

---

539. Bien que la Cour suprême du Canada ait statué que l'article 2 de la Charte canadienne ne comprenait pas la liberté de grève au nombre des libertés publiques ainsi garanties, il s'agit néanmoins d'une liberté contenue dans un cadre réglementaire détaillé (**IV-109**); *Syndicat des travailleurs(euses) de Hilton* c. *Hilton Canada inc.*, [1992] R.J.Q. 1190 (C.A.).

540. Cette approche semble avoir été reconnue dans *Syndicat professionnel des infirmières et infirmiers du Québec* c. *Centre hospitalier Robert Giffard*, T.T. Québec, n° 200-28-000070-794, le 20 décembre 1979, j. Aubé ; *Syndicat des employés du théâtre Saint-Denis* c. *France Film Inc.*, précité, note 159. Elle a cependant été rejetée par la reconnaissance aux syndiqués du droit d'exercer un recours en dommages. Voir : *Beaulieu* c. *Association des pompiers de Montréal*, précité, note 157 ; *Girard* c. *Syndicat des employés de C.T.R. (C.S.N.)*, précité, note 159 ; *P.G. du Québec* c. *Syndicat des employés de garage de Rivière-du-Loup*, [1995] T.T. 159 ; *Noël* c. *Alliance de la fonction publique*, [1989] R.J.Q. 1233 (C.S.).

grève (art. 58.1 C.t.). Pour l'instant, nous ne traitons pas des conditions applicables aux salariés des entreprises qualifiées de « services publics » (art. 111.016 C.t.); ces dernières règles sont fort plus restrictives en vue d'assurer une certaine continuité de ces services[541]. Pour obtenir un aperçu plus complet de la situation juridique des salariés et du syndicat en cette matière, il nous faudrait pouvoir évaluer l'ensemble des contraintes qui résultent de la seule présence des pénalités imposées en cas de violation de ces mêmes règles de droit. La conjugaison des règles générales et des interventions judiciaires spéciales ou particulières qui surviennent avant, pendant ou après le fait de grève, modifie sensiblement cette liberté d'expression. C'est pourquoi il peut être parfois difficile d'exercer le droit de grève tout en demeurant avec certitude à l'intérieur du cadre légal. Le contraste entre la complexité des règles et les contraintes qu'elles sous-tendent, d'une part, et, d'autre part, la nature même de l'acte, sa finalité, sa dynamique collective et son contexte propre paraît d'une façon plus éclatante dès que l'on considère certains aspects inhérents à la tenue de la grève et à ses effets.

IV-117 — *Les briseurs de grève* — La grève est basée strictement sur l'idée que l'abstention de la prestation de travail devrait inciter l'employeur, à la suite d'une appréciation forcée des inconvénients qu'elle comporte, à offrir de meilleures conditions de travail. Si ce dernier remplaçait à volonté les absents par d'autres personnes, la grève deviendrait non seulement inutile, mais véritablement désastreuse pour ceux qui exercent collectivement ce droit de refus. L'expérience et la seule logique ne suffisent pas dans ce domaine. On sait aussi que là où des francs-tireurs remplacent les grévistes, les actes de violence provoqués par l'exaspération, la frustration et le désespoir sont plus nombreux et plus néfastes[542]. De tels substituts, plus ou moins volontaires, peuvent également vouloir y demeurer après la grève, ce qui ne ferait que rendre plus difficiles l'aménagement du retour au travail et la fin de la grève. Si celle-ci doit permettre, sur le plan économique, d'imposer une réévaluation bilatérale de la prestation de travail, ne faut-il pas que les autres conditions ne soient pas modifiées, notamment par la venue de remplaçants qui s'y installent d'une manière plus ou moins définitive ? Enfin, il fallait, selon la logique du système, que ce droit limité à un groupe de personnes et dans un temps prédéterminé, ait un sens réel et positif. Tels sont les principaux motifs qui expliquent les modalités des articles 109.1 et suivants C.t. édictées en 1978 et qui prohibent l'embauche de substituts aux grévistes et salariés en lock-out. L'importance de cette intervention législative résulte principalement du fait qu'elle réduit une liberté traditionnelle de l'employeur, soit celle

---

541. Ces règles particulières (art. 111.0.15 à 111.0.24 C.t.) sont traitées au paragraphe IV-219.
542. Une analyse des articles 109.1 et suivants C.t. (genèse et application judiciaire) est aussi présentée par Me Jean PAQUETTE, *Les dispositions anti-briseurs de grève au Québec*, Coll. Relations industrielles, n° 26, Cowansville, Les Éditions Yvon Blais inc., 1995.

d'embaucher qui il veut et quand il le veut et, du même coup, force tous les salariés visés à ne plus se présenter au travail, c'est-à-dire les contraint à accomplir l'acte collectif dans son entier (grève ou lock-out)[543]. Nous présentons ci-dessous sous forme de schéma de synthèse les principales coordonnées de ces règles exceptionnelles.

i) Cette mesure ne s'applique que dans les cas où la grève est initialement «[...] déclarée conformément au présent code [...]». Il s'agit notamment du respect des articles 58, 105, 106 et 107 C.t. Si la grève devenait illégale en cours d'exécution, ce mécanisme continuerait de s'appliquer et, s'il y a alors lieu, les articles 109.2, 109.3 et 109.4 prévoient des voies de solutions précises. Dans le cas d'un lock-out, il n'y aurait pas de distinction à faire quant à la façon dont il est déclaré : la rédaction même du préambule de l'article 109.1 indique bien que les qualificatifs « conformément au présent code » ne visent que la situation de la grève.

ii) Les fonctions comprises dans l'unité d'accréditation en grève ou en lock-out ne peuvent être confiées à toute personne embauchée depuis l'avis de négociation donné selon les articles 52 à 52.2 C.t., et cela, jusqu'à la fin de la grève (art. 109.1 a) C.t.)[544].

iii) Les travaux ou fonctions qui relèvent normalement des salariés compris dans l'unité d'accréditation en grève ou en lock-out ne peuvent être effectués sur le lieu même du travail par les salariés d'un autre employeur ou d'un sous-traitant (art. 109.1 b) C.t.). Compte tenu des termes de cette disposition, il faut croire que l'on n'y vise pas la situation où ces mêmes activités seraient réalisées en dehors de l'établissement en grève ou en lock-out et par les salariés d'un sous-traitant.

iv) L'employeur ne peut autoriser des salariés de l'unité d'accréditation en grève ou en lock-out à continuer de travailler à son service, soit dans le même établissement (art. 109.1 c) C.t.), soit dans un autre de ses établissements (art. 109.1 d) C.t.). Il existe cependant trois exceptions à cette double règle : l'entente avec le syndicat, le maintien des services essentiels et l'imposition d'un décret (art. 109.1 c), sous-par. (i), (ii) et (iii) C.t.)[545].

---

543. Nos propos au sujet du gréviste valent autant pour le salarié en lock-out (**IV-136**). Sur la portée de telles règles dans le cadre particulier de la négociation collective, voir : *S.C.F.P., section locale 963* c. *Société des alcools du Nouveau-Brunswick*, [1979] 2 R.C.S. 227, 240. Dès 1936, les Américains tentèrent, à leur manière, de résoudre ce même problème. Voir : *Anti-Strike Breaking Act* ou *loi Byrnes* (ces mesures prohibaient le transport de briseurs de grève).

544. *Charbonneau (Travailleurs unis du pétrole, local 1)* c. *Shell Canada Limitée*, précité, note 481.

545. Dans certains milieux, de tels accords de protection des lieux de travail et des moyens de production ont cours depuis fort longtemps. L'employeur réduit ainsi une de ses libertés traditionnelles : celle d'embaucher le nombre désiré d'employés, ceux qu'il veut et quand il les veut.

v) L'employeur ne peut muter des salariés d'un autre établissement sur les lieux de travail de l'unité d'accréditation en grève ou en lock-out (art. 109.1 e) C.t.). Pareille obligation comprend aussi le personnel non salarié au sens de l'article 1, al. 1, C.t. provenant de ses autres établissements où les salariés ne seraient pas directement en grève ou en lock-out (art. 109.1 f) C.t.).

vi) Les salariés qui travaillent dans l'établissement où il y a grève ou lock-out mais qui ne sont pas compris dans l'unité d'accréditation en cause ne peuvent exercer les fonctions des salariés grévistes ou en lock-out (art. 109.1 g) C.t.).

IV-118 — *L'interprétation judiciaire* — Pour comprendre la portée des six paragraphes spéciaux de l'article 109.1, et pour mieux circonscrire les situations visées, il nous faut, dans chaque cas, bien saisir le sens des termes utilisés : personne, salarié, unité d'accréditation, établissement, fonction et embauche. La formulation minutieuse et pointilleuse de l'article 109.1 C.t. semble être élaborée en fonction de deux grands paramètres :

— ne pas prohiber formellement ni directement l'arrêt de l'activité de l'établissement;

— garantir à chacun des salariés que son poste de travail demeure ainsi inoccupé pour la durée du conflit.

Cette disposition complexe vise directement et quasi exclusivement les fonctions comprises dans l'unité d'accréditation en cause et généralement localisées dans un lieu précis. Les tribunaux analysent ces modalités principalement sous l'angle du droit pénal, c'est-à-dire d'une manière restrictive. Selon cette approche, toute personne qui serait embauchée en tout temps pour effectuer un travail qui ne grignote pas d'une manière substantielle les fonctions des salariés en grève ou en lock-out, ne serait pas visée par ces mêmes règles[546]. On ne saurait cependant valablement retenir les services de personnes embauchées postérieurement à l'avis de négociation (art. 109.1 a) C.t.)[547] et il ne pourrait suffire de les affubler d'un quelconque titre propre au statut de cadre pour qu'elles puissent exercer les fonctions d'un gréviste ou d'un salarié en lock-out. La formulation des paragraphes a) et b) de l'article 109.1

---

546. *Métallurgistes unis d'Amérique, syndicat local 6833* c. *Société d'énergie de la Baie James*, [1979] C.S. 738; *Gagnon* c. *Syndicat des travailleurs en communication du Canada, section locale 81* c. *Télébec Ltée*, [1986] T.T. 29; *Syndicat national des travailleurs(euses) de l'automobile, de l'aérospatiale et de l'outillage agricole du Canada* c. *Société Asbestonos Ltée*, [1988] T.T. 339; *Syndicat démocratique des salariés de la scierie Leduc* c. *Daishowa inc.*, [1991] R.J.Q. 2477 (C.A.).

547. *Guérard* c. *Groupe I.P.A. Pièce d'auto Ltée*, [1984] C.A. 327; Claude D'AOUST, « De l'obligation des cadres d'accomplir les tâches habituellement réservées à leurs subalternes, dans certaines circonstances », (1983) 43 *R. du B.* 3.

C.t. permet de comprendre que l'employeur peut confier à un sous-traitant les tâches autrement accomplies par les grévistes et salariés en lock-out, et ceux qui exécutent ce travail, par cette voie, ne violeraient pas la loi s'ils travaillent, bien sûr, à l'extérieur de l'enceinte de l'établissement en grève ou en lock-out[548]. Un employeur pourrait-il bénéficier des services rendus par des bénévoles qui, à ce titre, ne sauraient être qualifiés de salariés ? Il s'agirait alors de personnes qui acceptent, dans ces circonstances particulières, de servir à titre gratuit et sur une base volontaire. Techniquement, il n'y aurait pas alors d'embauche, dans le sens que l'on n'aboutit pas à la conclusion d'un contrat de travail, bien qu'il faille présumer que l'employeur accepte ce service. Sous cet angle, les tribunaux ont, à quelques reprises, reconnu que le bénévolat ne constituait pas une violation de l'article 109.1[549].

IV-119 — *Mesures de sauvegarde* — L'article 109.2 C.t. serait susceptible de soulever quelques difficultés d'application parce qu'il induit une double appréciation de la part de l'employeur :

— celle relative à la contravention qu'auraient commise le syndicat ou les salariés ;

— celle de la détermination du nombre requis de salariés pour assurer le respect de l'obligation visée au paragraphe (c), sous-paragraphe (i), (ii) ou (iii) de l'article 109.1 C.t.

La portée de l'article 109.1 C.t. peut également subir, d'une façon indirecte, une autre exception à l'occasion de l'application de l'article 109.3 C.t. Cette dernière disposition vise la sauvegarde du droit de l'employeur à la protection des lieux et des moyens de production de l'entreprise. Les expressions utilisées laissent alors à tous les intéressés une grande latitude de pensée et d'action. On a aussi prévu l'envoi possible d'un enquêteur sur les lieux (art. 109.4 C.t.). L'enquête consiste, selon le libellé de cette disposition, en un constat de la situation par rapport aux obligations qui incombent à l'employeur selon l'article 109.1 et aussi, en fonction des obligations qui sont indirectement imposées aux salariés (art. 109.2 et 109.3 C.t.)[550]. Le rapport de l'enquêteur, s'il était publié en temps utile, pourrait certes avoir des implications

---

548. *Ouellette* c. *Zellers Ltée*, [1980] T.T. 429 ; *Syndicat des travailleurs de la Société des alcools du Québec* c. *Société des alcools du Québec*, [1991] R.J.Q. 112 (C.S.).

549. *Syndicat des placeurs et des ouvreuses de la Place des Arts* c. *Régie de la Place des Arts*, C.S. Montréal, n° 500-05-000212-801, le 6 février 1980, j. *Lamb ; Gagnon* c. *Syndicat des agents de la paix de la fonction publique*, [1980] T.T. 260 ; *Caisse populaire Saint-Charles-Garnier de Montréal* c. *Syndicat des employés professionnels et de bureau, local 57 (F.T.Q.)*, [1985] C.S. 121, confirmé par [1987] R.J.Q. 979 (C.A.) et commenté par Denis NADEAU, « Briseurs de grève : les bénévoles à l'abri de tout soupçon », (1987) 18 *R.G.D.* 693.

550. Obligation de respecter le sauf-conduit, de ne pas obstruer la prise de mesures de protection des biens de l'employeur, etc.

immédiates sur la conduite des parties et surtout, dans les cas où l'opinion publique peut exercer une certaine pression[551], situation qui ne semble pas se produire très souvent. Quoi qu'il en soit de ces dispositions pondératrices (art. 109.2 et 109.3), les questions débattues devant les tribunaux visent davantage l'article 109.1 C.t.[552]. S'il est vrai que le libellé du paragraphe (b) de l'article 109.1 permettrait à l'employeur de confier une certaine activité à un sous-traitant, il demeure néanmoins que l'article 45 C.t. (**IV-90**) pourrait s'appliquer et ce sous-traitant deviendrait un « nouvel employeur » au sens de cette disposition. Dès lors, le syndicat qui fait grève ou subit le lock-out pourrait demander que le commissaire du travail en fasse le constat, comme le lui permet l'article 46 C.t., et exiger l'application de l'article 59 C.t. S'il devait en être ainsi dans une situation donnée, l'employeur donneur d'ouvrage éprouverait quelques difficultés pratiques à trouver un véritable sous-traitant!

IV-120 — *Mesures pénales et leurs implications* — La sévérité des mesures pénales imposées en vertu de l'article 142.1 C.t. (1 000 $ par jour) illustre l'importance donnée par le législateur au respect de ces règles. Notons également que certaines ordonnances de contrainte furent aussi émises par la Cour supérieure lorsqu'il était établi que ces condamnations pénales ne suffisaient pas à stopper la violation continue de l'article 109.1 C.t.[553]. Règle générale, le tribunal interprète ces dispositions à l'occasion de poursuites pénales fondées sur l'article 142.1 C.t.[554]. Si l'employeur ne peut retenir à son service, dans l'établissement visé par la grève ou ailleurs, les salariés de l'unité d'accréditation en cause, il faut en déduire que ces mêmes salariés ne peuvent y travailler. Nous devons donc constater que le libellé de l'article 109.1 C.t. ne semble pas laisser aux salariés le choix de ne pas faire grève ni au syndicat de procéder par voie de grève tournante ou partielle. Quoi qu'il en soit, il ne s'agit là que du résultat pratique de l'obligation imposée à l'employeur et non strictement d'une prohibition qui viserait expressément et directement les salariés[555]. Par ailleurs, ces mêmes

---

551. Louis GARANT, « Les briseurs de grève et le *Code du travail* », dans *Le marché du travail*, décembre 1981; Louis J. LEMIEUX (dir.), *Études et recherches*, Québec, Centre de recherches et de statistiques sur le marché du travail, 1982; Gilles FLEURY, « Les dispositions anti-briseurs de grève (1978–1989) », dans *Le marché du travail*, août 1991, p. 6 et 7.

552. *Gagnon c. Syndicat des agents de la paix de la fonction publique*, précité, note 549; *Charbonneau (Travailleurs unis du pétrole, local 1) c. Shell Canada Limitée*, précité, note 481.

553. *Syndicat des travailleurs et travailleuses de l'alimentation en gros de Québec Inc. (C.S.N.) c. Dellixo Inc. Division Landry-Québec*, [1988] R.J.Q. 1960 (C.S.).

554. *Métallurgistes unis d'Amérique, syndicat local 6833 c. Société d'énergie de la Baie James*, précité, note 546; *Syndicat national des travailleurs(euses) de l'automobile, de l'aérospatiale et de l'outillage agricole du Canada (T.C.A.-Canada) c. Roy*, [1988] T.T. 301.

555. La relation de cause à effet n'est cependant pas démontrée; l'article 109.1 C.t. en est-il la raison ? Nous pourrions aussi poser la question à savoir si le salarié qui continue néanmoins de travailler aide, au sens de l'article 145 C.t., l'employeur à commettre l'infraction prévue à l'article 142.1 C.t. (**V-30, 105**).

salariés en grève ne sont pas tenus à l'oisiveté et peuvent travailler pour tout autre employeur au cours de la grève[556]. Il est cependant possible que le syndicat émette des directives ou des mots d'ordre en sens contraire ou qu'il réquisitionne les services des grévistes. Pour les salariés non syndiqués de l'unité d'accréditation en grève, l'autorité du syndicat est relativement faible pour leur imposer l'exécution d'actes positifs. Tout au plus peut-il exiger d'eux un comportement qui ne soit pas préjudiciable aux intérêts du groupe ou soumettre à certaines conditions le versement de prestations de soutien. Il est possible également que le syndicat attende la fin de la grève pour sévir à l'endroit des salariés francs-tireurs, soit en appliquant l'article 110.1 C.t. (**IV-129**) ou encore, en exigeant leur congédiement par l'application rigoureuse d'une clause d'atelier syndical parfait et de l'article 63 b) C.t. (**IV-23**).

IV-121 — *Expression de la grève* — Un arrêt de travail trop passif peut ne pas suffire à produire l'effet recherché. Les salariés peuvent avoir l'impression que cette seule abstention serait trop lente à donner des résultats tangibles, compte tenu des coûts personnels que la grève impose. Pour exprimer ou manifester ce refus, pour donner une certaine résonance à cette absence, il existe deux moyens bien connus, soit le piquetage et le boycott. Notons déjà que l'un et l'autre de ces moyens ne font pas l'objet de dispositions particulières et bien articulées au *Code du travail* et que seul le *Code criminel* en traite[557], sauf bien évidemment la *Charte des droits et libertés de la personne* quant à la dimension de leur moyen d'expression (**IV-109**). D'une façon générale, on peut dire que le piquetage consiste en la présence de salariés près du lieu de travail ou à quelque autre endroit utile pour manifester ainsi leur différend, pour tenter d'obtenir ou de transmettre de l'information à ce sujet ou pour persuader l'employeur, les autres salariés ou le public de la

---

556. Un salarié en grève pourrait-il travailler pour un sous-traitant, dans l'établissement de ce dernier et pour effectuer le travail qu'il aurait autrement accompli pour son employeur initial ? De la part du salarié, l'article 109.1 C.t. ne le prohibe pas, mais il en serait autrement pour l'employeur initial s'il cherche indirectement à faire ce qui lui est défendu, soit de retenir, par cette voie, les services d'un salarié en grève.

557. Sur ce thème, voir : Noël MALLETTE, « Le piquetage (étude comparée des dispositions législatives et des critères jurisprudentiels des provinces de Common Law et de la province de Québec) », (1980) 11 *R.G.D.* 433 ; Suzanne HANDMAN et John LEOPOLD, « The Legality of Picketting », (1979) 34 *Rel. Ind.* 158 ; Gaston NADEAU, « Les limitations à la liberté de manifestation et d'association », (1978) 19 *C. de D.* 1000 ; Louis LEBEL et Pierre VERGE, « Le piquetage (aperçu de sa situation juridique actuelle) », (1969) 10 *C. de D.* 483 ; J.D. GAGNON, *loc. cit.*, note 506. L'article 111.10.3 C.t. peut cependant être considéré à titre de limite à l'exercice du piquetage à l'égard des seuls milieux qui y sont visés. Voir : Jonathan D. EATON, « Is Picketing a Crime ? », (1992) 47 *Rel. Ind.* 101. L'article 37 L.D.C.C. reconnaît que l'on pouvait, par le truchement d'un décret, prohiber un certain exercice du piquetage et assortir cette interdiction d'une sanction.

justesse de leurs demandes et les inciter à les soutenir[558]. Cette présence, cette manifestation tangible est à la fois un moyen de pression et un moyen d'expression[559]. Le piquetage est aussi utilisé par les salariés pour surveiller les faits et gestes de l'employeur et peut servir à protéger leur poste en empêchant, si possible, que le travail soit effectué par des briseurs de grève, malgré les contraintes imposées à l'employeur aux articles 109.1 et suivants C.t. (**IV-117**). Il demeure une excellente manifestation de la solidarité des grévistes par leur réunion près du lieu de travail et l'expression éloquente de leurs revendications. L'apparent paradoxe d'un retour près du lieu de travail alors que l'on refuse de travailler souligne encore davantage l'attachement à l'emploi et ainsi, l'objectif même de la grève, soit d'y revenir à de meilleures conditions. Le juge en chef Dickson de la Cour suprême du Canada décrivit ainsi l'effet recherché :

> Le piquetage est une forme essentielle d'action collective dans le domaine des relations du travail. Une ligne de piquetage a pour but de sensibiliser le public au conflit de travail dans lequel se trouvent plongés les grévistes et de démontrer leur solidarité. Cela représente un élément primordial d'un système de relations du travail fondé sur le droit de négocier collectivement et de prendre des mesures collectives [...]. Le piquetage transmet un message puissant et automatique : ne franchissez pas la ligne de crainte de nous nuire dans notre lutte [...][560].

Ce piquetage, ce guet ou cette surveillance constitue, en soi, un acte tout à fait licite et peut même s'exercer en l'absence de grève ou de lock-out[561]. En effet, l'article 423 (2) du *Code criminel* reconnaît ainsi la licéité du piquetage :

> Ne surveille ni ne cerne, au sens du présent article, celui qui se trouve dans un lieu, notamment une maison d'habitation, ou près de ce lieu, ou qui s'en approche, à seule fin d'obtenir ou de communiquer des renseignements.

---

558. *World Wide Gum Co.* c. *Syndicat national des employés de World Wide Gum (C.S.N.)*, [1970] R.D.T. 531, 531 à 535 (C.S.), le juge Carrier Fortin y rappelle les coordonnées du piquetage pacifique. L'endroit utile où le piquetage a lieu pourrait être un autre établissement de l'employeur. Voir : *Magasins Continental Ltée* c. *Syndicat des employé(es) de commerce de Mont-Laurier (C.S.N.)*, [1988] R.J.Q. 1195 (C.A.).

559. G. DION, *op. cit.*, note 516, p. 344 et 345 ; l'auteur y rapporte 24 variations ou qualificatifs du piquetage.

560. *B.C.G.E.U.* c. *Colombie-Britannique (Procureur général)*, [1988] 2 R.C.S. 214, 230 et 231. Ces variations du juge en chef sur la force de frappe du piquetage lui permettaient d'ajouter au sujet de la situation particulière d'un tel acte aux abords du palais de justice un bémol à effet éteignoir : « une ligne de piquetage gêne *ipso facto* l'accès du public à la justice » (p. 231).

561. *Roger Rainville et Fils Inc.* c. *Bisaillon*, [1984] T.T. 219.

Déjà en 1942, la Cour d'appel soulignait clairement l'objet et la finalité légitime du piquetage :

> Ce n'est plus un crime de surveiller ou d'épier un établissement industriel (watch and best) dans le but de donner ou d'obtenir des informations, de solliciter et de tâcher de persuader paisiblement des ouvriers à se joindre à une union ouvrière et même de tenter de convaincre les ouvriers sans menace ni violence qu'il est de leur intérêt de cesser de travailler pour certains patrons[562].

En communiquant pareille information, cette manifestation peut provoquer une action de solidarité de la part de ceux qui sont ainsi informés et elle peut déranger des tiers et, plus ou moins directement, l'employeur sans que le piquetage soit de ce seul fait ni abusif ni agressif[563]. Il ne faut cependant pas croire que tout piquetage est et demeure licite en tout temps et en toutes circonstances. Dans certaines occasions, il peut engendrer des actes d'obstruction, d'intimidation et de violence. S'il y a abus, s'il devient pour ceux qui l'exercent, une occasion de désordre, de bris à la propriété ou d'atteinte au libre exercice du droit des autres, alors le piquetage est illicite :

> Combination not to work is one thing and is lawful. A combination to prevent others from working by annoying them if they do is avery different thing, and is *prima facie* unlawful[564].

En d'autres termes, l'exception favorable au piquetage à l'article 423 (2) C.cr. peut ne pas s'appliquer si ce dernier s'écarte de son premier et principal objectif : « [...] obtaining or communicating information[565] ». Ainsi, l'exercice du droit de grève et l'établissement d'une ligne de piquetage ne peuvent conférer au syndicat un droit de contrôle de l'accès à l'établissement de l'employeur[566]. On comprend donc la nécessité de connaître davantage la portée et les limites de ce moyen d'expression pouvant s'autoriser de la liberté d'expression garantie par les chartes. En effet, la Cour suprême du Canada n'a-t-elle pas reconnu que le piquetage était une manifestation de la liberté d'expression ?

> Le piquetage, je le répète, comporte toujours un élément d'expression. Le syndicat informe le grand public qu'il est impliqué dans un conflit de travail, qu'il cherche à imposer sa volonté à l'entreprise

---

562. *Shane* c. *Lupovich*, [1942] B.R. 523, 530.
563. *Williams* c. *Aristocratic Restaurants Ltd.*, [1951] R.C.S. 762.
564. *Quinn* c. *Leathem*, [1901] A.C. 495, 538 (C. privé). Il faut maintenant entendre cette note dans le contexte des articles 109.1 et suivants C.t. (**IV-108**).
565. *Canadian Gypsum Co.* c. *Confédération des syndicats nationaux*, [1973] C.A. 1075, 1083.
566. *Union nationale des employés de Vickers* c. *Canadian Vickers Limited*, [1958] B.R. 470; *Beloit Canada Ltée/Ltd.* c. *Syndicat national de l'industrie métallurgique de Sorel inc.*, D.T.E. 88T-56 (C.S.).

qui fait l'objet du piquetage et qu'il demande aux membres du public de l'aider en respectant la ligne de piquetage. Cette forme d'expression sera évidemment toujours accompagnée d'actes de la part des piqueteurs, mais ce ne sont pas tous leurs actes qui auront pour effet de changer la nature de l'ensemble de l'opération et de la soustraire à la protection accordée à la liberté d'expression par la Charte. Bien sûr, cette liberté ne jouerait pas dans le cas de menaces ou d'actes de violence[567].

Cette liberté peut s'exercer dans le cadre du processus de la négociation collective et, dans un tel contexte, il est possible qu'elle puisse déborder de son contenant. Ainsi, une ligne de piquetage bloquant le libre accès au palais de justice constituerait, selon la Cour suprême du Canada, une atteinte directe à l'administration de la justice et dès lors, serait illégale[568]. Si les limites de ce moyen d'expression s'établissent à l'aide de la portée des droits des autres, la Cour suprême donna jadis un bel exemple de cette juxtaposition des droits dans le cas où le piquetage se tenait dans un centre commercial[569]. À cette occasion, la liberté d'expression par le piquetage était confrontée au droit de la propriété privée mais, soulignons-le, cette juxtaposition provenait du fait que l'on avait d'abord considéré ce lieu commercial regroupant de multiples entreprises comme un lieu privé[570]. La Cour suprême du Canada décida de limiter le piquetage pour mieux protéger le droit de propriété, mais nous pourrions croire qu'elle modulerait maintenant autrement son approche depuis que la liberté de communiquer un différend par voie du piquetage constitue un moyen d'expression garanti, à ce titre, par la Charte canadienne.

IV-122 — *Le piquetage illicite* — Quand le piquetage est-il illicite ou comment le devient-il ? Aucun élément de réponse n'est donné à cet effet par le *Code criminel* ni par le *Code du travail*. Sur une base essentiellement pragmatique, les tribunaux ont élaboré les seules balises disponibles pour connaître les voies et moyens pour faire le guet. De plus, l'apport des tribunaux à cette construction du droit sur le piquetage est essentiellement négatif, c'est-à-dire que l'on dit plus ce qu'il est défendu de faire que ce qui est permis :

> The conduct of the defendant throughout was peaceful. There is no suggestion of disturbance nor that anyone was accosted. There is no evidence that there was any crowd; there is no evidence of any threats, obstruction, molestation or incommoding of customers,

---

567. *SDGMR* c. *Dolphin Delivery Ltd.*, précité, note 499, p. 588 (j. McIntyre) **(IV-110)**.

568. *B.C.G.E.U.* c. *Colombie-Britannique (Procureur général)*, précité, note 560, p. 251.

569. *Harrison* c. *Carswell*, [1976] 2 R.C.S. 200, 217 (j. Dickson), commenté par John ULMER, « Picketing in Shopping Centres : The case of Harrison v. Carswell », (1975) 13 *O.H.L.J.* 879.

570. *Société du parc industriel du Centre du Québec* c. *Syndicat des travailleurs de Didier (C.S.N.)*, D.T.E. 91T-654 (C.S.).

nor is there any suggestion that the material on the sandwich-board is untrue[571].

Certaines de ces normes judiciaires ne sont que des applications pratiques de grandes règles de droit de notre régime, d'autres ressemblent à des épiphénomènes ou à des extrapolations de ces mêmes règles. Dans ces derniers cas, l'application est moins certaine, moins régulière et, selon les éléments et les circonstances réunis, la conclusion pratique peut varier. En d'autres termes, il y a, dans ce domaine, une zone grise jurisprudentielle qui incite à la prudence et qui oblige à procéder par voie d'analogie. Selon cette jurisprudence, il nous faut distinguer entre le piquetage dit pacifique et alors licite et le piquetage agressif qui est défendu s'il est établi qu'il porte abusivement atteinte aux droits des autres. Une telle distinction exige que les tribunaux apprécient, dans chaque cas, les faits et gestes des participants et leurs effets à l'égard des autres salariés, de l'employeur et du public. On procède encore une fois à cette mise en balance entre les droits des autres, d'une part, et, d'autre part, les droits de ceux qui font le piquetage. Dès qu'il y a assaut, intimidation, obstruction ou diffamation, les tribunaux déclarent généralement que ce piquetage est illicite. Il est difficile de résumer l'état de la jurisprudence en cette matière puisque, dans chaque affaire, les circonstances de temps, de lieu et l'usage des moyens changent et qu'il s'agit de l'appréciation d'une seule personne, le juge[572]. Parce qu'il bénéficie d'une garantie constitutionnelle et qu'il est soumis à des règles particulières du *Code criminel*, nous croyons que le piquetage est un acte distinct de la grève et qu'il doit être apprécié sans égard au caractère légal ou illégal de la grève[573]. Il faut

---

571. *Canada Dairies Ltd.* c. *Seggie*, [1940] 4 D.L.R. 725 (Ont. S.C.).
572. Pour se rendre compte de cette situation jurisprudentielle, voir : *Direct Film inc.* c. *C.S.N.*, D.T.E. 82T-206 (C.S.); *Coopératives du Saguenay* c. *Syndicat national des employés de la Chaîne coopérative du Saguenay*, [1972] R.D.T. 418 (C.S.); *World Wide Gum Co.* c. *Syndicat national des employés de World Wide Gum (C.S.N.)*, précité, note 558; *Commission Hydro-électrique de Québec* c. *Union internationale des journaliers (local 617)*, [1968] C.S. 10; *Verdun Printing and Publishing Inc.* c. *Union internationale des clicheurs et électrotypeurs de Montréal, local 33*, [1957] C.S. 204; *Sauvé Frères Limitée* c. *Amalgamated Clothing Workers of America*, [1959] C.S. 341. Au sujet de l'appréciation subjective de la situation de fait qui relève du juge, il peut être intéressant de lire les notes du premier juge intervenant *proprio motu* pour interdire le piquetage dans l'affaire *Re British Columbia Government Employees'Union and Attorney-General of British Columbia*, (1985) 20 D.L.R. (4th) 399 (B.C.C.A.), [1983] 6 W.W.R. 640 (B.C. Sup. Ct.).
573. *Nipissing Hotel Ltd.* c. *Hotel and Restaurant Employees and Bartenders International Union C.L.C., A.F. of L., C.I.O.*, (1963) 36 D.L.R. (2d) 81 (Ont. H.C.J.); *Borek* c. *Amalgamated Meat Cutters and Butcher Workmen of North America*, [1956] C.S. 333; *United Steelworkers of America* c. *Gaspé Copper Mines Limited*, [1967] B.R. 486; *Conseil des ports nationaux* c. *International Longshoremen's Association*, [1968] R.D.T. 15 (C.S.); *World Wide Gum Co.* c. *Syndicat national des employés de World Wide Gum (C.S.N.)*, précité, note 558; *Araden Fur Corp.* c. *Montreal Fur Workers Union*, [1966] C.S. 417; *Ritz-Carlton Hotel Co.* c. *Union des employés d'hôtel, motel, club (382)*, [1970] R.D.T. 28 (C.S.).

reconnaître que cette opinion n'est pas partagée par tous et qu'une certaine jurisprudence soutient qu'un piquetage en appui à une grève illégale serait nécessairement illégal, sans égard à la façon dont il peut être fait[574]. Avec déférence pour l'opinion contraire, cette logique simple à l'effet de considérer le piquetage comme accessoire et, de ce fait, tributaire de l'acte de grève nous apparaît encore moins convaincante depuis que le piquetage bénéficie d'une garantie constitutionnelle. Finalement, une ligne de piquetage est-elle infranchissable par quiconque? Du point de vue syndical, il s'agirait, en quelque sorte, d'une question sacrilège, alors que sur le plan juridique, la réponse varie selon l'effet véritable que cette ligne peut produire, son opacité ou sa densité. Si un message agressif s'en dégage au point que les autres soient véritablement privés et non seulement gênés d'une libre circulation, il y aurait abus. Au-delà de la responsabilité civile que soulève cette question, la présence d'une ligne de piquetage peut, dans certains cas, justifier d'autres salariés de ne pas se rendre à leur lieu de travail et non seulement servir de prétexte pour dissimuler une grève de solidarité[575]. S'il s'agit de salariés de la même unité d'accréditation ou de véritables briseurs de grève qui veulent franchir une telle ligne, peut-on croire que la résistance ainsi offerte par les piqueteurs ne serait que l'exercice défensif des droits garantis à l'article 109.1 C.t.? En effet, cette dernière disposition du *Code du travail* ne signifie-t-elle pas que les postes de l'unité d'accréditation en grève ne seraient ni touchés par les salariés actuels ni par de nouveaux employés (**IV-117**)? La Cour supérieure refusa cette thèse au motif qu'il n'appartenait pas au syndicat de se faire justice ni d'identifier les personnes pouvant encore avoir accès à l'établissement à cette occasion[576].

IV-123 — *Le boycott* — Les salariés utilisent également le boycott pour persuader l'employeur d'accepter leurs revendications. Le boycott consiste généralement à tenter de priver l'entreprise de poursuivre ses activités régulières, créant ainsi une pression incitative à la reconsidération de sa position. Il peut

---

574. On applique, d'une certaine manière, la règle qui veut que l'accessoire suit nécessairement le principal. Voir: *Gagnon* c. *Foundation Maritime Ltd.*, (1961) 28 D.L.R. (2d) 174 (C.S.C.); *Sanguinet automobile limitée* c. *Fraternité canadienne des cheminots employés des transports et autres ouvriers, local 511*, [1964] C.S. 544; *Freight Aide Limited* c. *Cartage and Miscellaneous Employees, local 931*, [1968] R.D.T. 51 (C.S.).

575. Sur le refus de franchir une ligne de piquetage et ses implications, voir: *Association internationale des débardeurs, section locale 273* c. *Association des employeurs maritimes*, précité, note 126; *Valois* c. *Procureur général du Canada*, [1986] 2 R.C.S. 439.

576. *Corporation de l'Hôpital de Sept-Îles* c. *Syndicat professionnel des infirmières et infirmiers de Chicoutimi*, C.S. Mingan, n° 650-05-000191-79, le 28 mai 1978, rapporté et commenté par Pierre VERGE, « La solidarité syndicale devant un piquet de grève », (1979) 34 *Rel. Ind.* 608. Par ailleurs, les articles 109.2 et 109.3 C.t. confèrent à l'employeur une certaine discrétion pour assurer lui-même le respect du droit de propriété! Voir aussi: *Association internationale des débardeurs, section locale 273* c. *Association des employeurs maritimes*, précité, note 126.

alors être retenu à titre de complément d'un piquetage. On incite de cette manière les autres salariés qui ne font pas partie de l'unité d'accréditation à refuser de se rendre à leur poste de travail (ne pas franchir la ligne de piquetage) ou on décourage les tiers de se substituer aux grévistes (les francstireurs). Il s'agit, dans ces cas, d'un boycott direct, s'il s'exerce sur les lieux du travail et s'il est effectué par les salariés eux-mêmes. Lorsque l'on tente d'exercer une telle pression sur l'entreprise par personnes interposées, c'est-à-dire par des personnes en dehors du circuit des relations du travail, nous la qualifions alors de boycott tripartite[577]. Dans ce dernier cas, on exerce une pression auprès de tiers (le client, le fournisseur, le transporteur, etc.) pour les inciter à suspendre leurs relations avec l'employeur ou à le menacer de le faire. Ce boycott tripartite peut aussi être fait sur les lieux de travail des salariés en conflit qui exercent eux-mêmes cette pression ou par des salariés de ce tiers employeur, par solidarité syndicale[578]. Règle générale, le boycott tripartite, et particulièrement lorsqu'il s'exerce à l'extérieur des lieux de travail, est déclaré illégal par les tribunaux si l'incitation ou la pression exercée auprès de ces tiers est telle qu'ils subissent une contrainte à accomplir des actes involontaires[579]. Il en est ainsi dès que ces manifestations s'étendent à des tiers qui ne sont pas directement visés par le conflit[580]. Dans le cas de salariés directement en grève qui tentent par leur piquetage de persuader d'une façon non agressive les tiers à leur être solidaires, en suspendant leur commerce avec l'employeur, on peut alors croire que ce sont des effets licites résultant du piquetage ou de la grève. Dans tous les cas de boycott tripartite, il nous faut

---

577. L'expression anglaise employée, *secondary boycott*, est parfois trop facilement traduite par «boycott secondaire», alors que nous y voyons un boycott tripartite. Au sujet du boycott, voir: Pierre VERGE et Alain BARRÉ, «L'appel à la solidarité des consommateurs lors d'un conflit de travail», (1986) 17 *R.G.D.* 283; *Les magasins Continental ltée* c. *Syndicat des employés de commerce de Mont-Laurier (C.S.N.) et un autre*, [1988] R.Q. 1195 (C.A.); *Syndicat international des communications graphiques, section locale 41 M* c. *Journal de Montréal* (C.A. Montréal, n° 500-09-000152-942) D.T.E. 94T-929 (C.A.); *Fédération du commerce inc.* c. *2985420 Canada inc.*, [1995] R.J.Q. 44 (C.A.).

578. À titre d'exemples, considérons le cas où des salariés d'une station de radio «A» font pression sur l'employeur «B» pour l'inciter à suspendre son programme de publicité radiophonique. Ou encore, supposons que les employés de «B» exercent eux-mêmes cette pression sur leur employeur, par solidarité avec les salariés de «A», qui sont en conflit. On peut aussi avoir le cas où des chauffeurs de camion de l'entreprise «C» refusent de se rendre à l'entreprise «A», par solidarité avec les grévistes de cette dernière.

579. *Verdun Printing and Publishing Inc.* c. *Union internationale des clicheurs et électrotypeurs de Montréal, local 33*, précité, note 572; *Sauvé Frères Limitée* c. *Amalgamated Clothing Workers of America*, précité, note 572; *Noé Bourassa Limitée* c. *United Packinghouse Workers of America, A.F.L.–C.I.O.*, [1961] C.S. 604; *Imprimerie Montreal Offset Inc.* c. *Union typographique Jacques-Cartier*, [1968] R.D.T. 28 (C.S.); *Canuck Lines Limited* c. *Seafarers'International Union of Canada*, [1966] C.S. 543.

580. N'est-ce pas un des motifs principaux retenus par le juge McIntyre dans l'affaire *Dolphin* pour établir que le piquetage tripartite débordait le cadre de la négociation collective? Voir: *SDGMR* c. *Dolphin Delivery Ltd.*, précité, note 499.

considérer notamment si la liberté de commerce d'un tiers n'est pas abusivement restreinte, ce qui peut alors inciter les tribunaux à imposer des limites expresses à l'action des protagonistes. Que des tiers soient ennuyés par l'effet d'un boycott direct, cela ne serait qu'un résultat normal de l'action licitement entreprise. Mais, dans ce dernier cas, l'incitation des grévistes auprès de la clientèle doit connaître certaines limites, certes difficiles par ailleurs à circonscrire[581]. À titre d'illustration, la Cour d'appel qualifia d'injurieux et de tendancieux un message publicitaire qu'entendait diffuser la C.S.N. pour inciter les touristes américains à ne pas séjourner dans certains hôtels[582]. Dans différentes situations où l'employeur ou un tiers croient que les salariés ou que les syndicats abusent de leur droit par du piquetage et des boycotts, ils peuvent demander une intervention immédiate du tribunal pour faire cesser ces pressions et protéger leurs droits et leurs biens. Il est aussi possible, si la convention collective prohibe la grève et tout ralentissement, que l'employeur puisse, par la voie d'un grief, réclamer des dommages-intérêts (**IV-182**)[583].

Sous-section 3.32
L'après-grève

IV-124 — *Fin de la grève* – Au lendemain d'un événement aussi important qu'une grève, chacun fait ses comptes et certains doivent aussi en rendre. Ces tâches ne sont généralement pas faciles et parfois, elles peuvent être pénibles autant pour ceux qui ont fait la grève que pour les autres qui l'ont subie. La comptabilité en deux parties simples des résultats de la grève (jours et salaires perdus) ne saurait tenir compte de toute la charge que renferme un compromis officiel : les coûts réels de l'aventure pour les deux parties et les implications futures de cet événement sur la tenue de leurs rapports continus. Pour le salarié, les méfaits de la grève et ses coûts ou

---

581. Un trop grand succès pourrait devenir catastrophique et pour l'employeur et pour les grévistes si l'entreprise devait ainsi s'écrouler. De plus, nous pourrions nous interroger à savoir si les salariés grévistes sont totalement libérés de leur obligation de loyauté. Voir : *Roger Rainville et Fils Inc.* c. *Bisaillon*, précité, note 561.

582. *Larose* c. *Malenfant*, [1988] R.J.Q. 2643 (C.A.). Est-ce le texte même ou le contexte qui incita ces juges à en décider ainsi ? Sans ces trois expressions : *rotten apple*, *injustly laid off* et *to hell*, aurait-on abouti à la même conclusion ? Le juge Beauregard dégagea l'entendement suivant de telles expressions : « [...] il suggère que les établissements des intimés sont de qualité inférieure aux autres établissements hôteliers québécois et, par ce qu'il ne dit pas, le texte dénature les faits » (p. 2646).

583. *St. Anne Nackawic Pulp & Paper Co.* c. *Section locale 219 du Syndicat canadien des travailleurs du papier*, [1986] 1 R.C.S. 704.

contrecoups ne disparaissent pas toujours du seul fait d'un retour au travail : manque à gagner, endettement, prise de conscience de la précarité de l'emploi, comportement des collègues de travail, etc. Dans le cycle des rapports collectifs du travail, la position relative des parties franchit une nouvelle étape. L'administration de la convention collective incombe d'abord à l'employeur, et ce changement de situation oblige les deux parties à modifier leur approche respective[584]. Quoi qu'il en soit, une grève laisse parfois des séquelles que le simple effet du temps ne peut lessiver. À cette occasion, certains salariés ont pu abuser de la situation, prendre des initiatives malheureuses ou même, commettre des actes vils sous l'écran de l'anonymat collectif, notamment lorsqu'ils en sont à leur première expérience ou qu'ils connaissent un trop-plein de frustrations. En riposte à la grève, l'employeur a pu faire appel à de nombreux moyens dont les effets ne s'estompent pas toujours par l'arrêt de la grève : lock-out, licenciement collectif des autres groupes de salariés, injonction, plainte pénale, réclamation de dommages-intérêts, menace de fermeture ou de vente de l'actif, usage de mesures de protection des biens, etc. Ainsi, le contentieux peut être lourd et donner prise à de coûteux procès judiciaires ou d'intention. Sans nullement tenter d'être exhaustifs ni pouvoir l'être de toute manière, nous considérons néanmoins certains effets de la grève à l'égard des principaux intéressés : le salarié, le syndicat et l'employeur. Auparavant, il nous faut savoir comment prend fin la grève et comment s'amorce le retour au travail.

IV-125 — *Une question de fait* — Dans le cadre d'une telle action collective, le droit se situe davantage aux périphéries de la dynamique de la grève et ne fournit guère de réponse relative à la manière d'y mettre un terme. Parfois, on constate que la grève cesse ou s'estompe parce que :

— sans avoir formellement ou expressément abandonné le combat, la majorité des grévistes ont trouvé d'autres emplois, donnant des signes certains qu'ils n'entendent plus revenir à leur premier poste : l'arrêt devient définitif quant à ces salariés et à l'égard de l'employeur ;

— l'ensemble des grévistes sont, en fait, retournés au travail, acceptant ainsi individuellement les dernières offres de l'employeur[585] ;

---

584. L'employeur bénéficie, à cette fin, d'une certaine liberté de manœuvre et peut prendre bien des initiatives que lui permet la convention collective ou qu'elle ne lui défend pas (pouvoir résiduaire). Pour sa part, le syndicat a un rôle plus conservateur de contrôle sur l'administration de la convention collective et il doit prendre les dispositions pour être en mesure d'assumer cette fonction.

585. En raison de l'article 109.1 C.t. (**IV-117**), cette situation ne devrait pas juridiquement se produire, mais la réalité et le droit ne coïncident pas toujours ! Voir : *Syndicat démocratique des salariés de la scierie Leduc (C.S.D.)* c. *Daishowa inc.*, précité, note 546 ; *Syndicat démocratique des salariés de la scierie Leduc (C.S.D.)* c. *Daishowa, division Scierie Leduc*, [1994] T.T. 57.

— l'employeur a véritablement fermé l'établissement et ainsi, le retour au travail devient impossible, comme le sous-entend la grève par son caractère temporaire et sa finalité : de grévistes, ces salariés deviennent mis à pied (**II-134**)[586] ;

— le retour au travail est provisoirement impossible du seul chef des grévistes puisque l'employeur a pris, en quelque sorte, la relève de l'offensive en imposant un lock-out ou un licenciement collectif des salariés en grève ou des autres (**IV-133**).

Outre ces diverses situations marginales, la grève prend généralement fin à la suite d'un accord entre les parties au sujet de nouvelles conditions de travail. Cette entente principale sera consacrée dans une convention collective de réglementation du travail (**IV-156**). Le passage de l'arrêt de travail à la conclusion officielle de la convention collective est souvent assuré à l'aide de modalités provisoires consignées dans un acte que l'on qualifie généralement de protocole de retour au travail (**IV-128**).

IV-126 — *Décision syndicale* — Selon l'article 20.2 C.t., le syndicat doit obtenir l'autorisation de la majorité des syndiqués pour faire grève (**II-35**), mais pareille autorisation n'est nullement nécessaire pour en arrêter le cours[587]. La décision proprement dite d'arrêter la grève ou d'en suspendre l'exécution, comme celle du retour au travail, relève généralement des règles de régie interne de chaque syndicat. Il est cependant possible que l'autorisation de conclure la convention collective donnée selon l'article 20.3 C.t. puisse indirectement servir à cette même fonction (**IV-36**). En effet, une telle autorisation comprend implicitement l'acceptation du compromis global auquel en sont arrivés les négociateurs ou, du moins, celle des offres patronales. Remarquons que le dépôt de la convention collective alors conclue rend caduc le droit de grève (art. 58, 107 C.t.). De plus, une autorisation de conclure la convention collective ne signifie-t-elle pas l'acceptation du retour à ces nouvelles conditions de travail ? Cependant, l'inverse peut ne pas être vrai : la décision de suspendre la grève ne signifie pas nécessairement qu'il y ait accord sur les conditions de travail. Elle peut servir d'accalmie permettant ou facilitant la recherche d'un compromis. En s'en tenant à l'aspect formel, soit l'autorisation de signer, l'article 20.3 C.t. laisse encore une grande liberté de manœuvre au syndicat. Par ailleurs, les modalités permettant le retour au travail peuvent être essentielles pour assurer l'arrêt véritable de la grève. Le

---

586. À ce sujet, les faits dans l'affaire *McGavin Toastmaster Ltd.* c. *Ainscough*, précitée, note 529, sont d'un intérêt certain, ainsi que l'approche majoritairement retenue par la Cour suprême du Canada à cette même occasion.

587. Il faut croire que le législateur n'a pas voulu faire dépendre de quelques règles de procédure la prise de décision d'arrêter la grève et ainsi, ralentir son avènement. Pour les syndiqués, la véritable fin de la grève régulièrement autorisée a lieu par le retour réel au travail.

syndicat ayant acquis provisoirement le droit de grève, il ne le perd que par la complète conclusion d'une convention collective de travail ou son équivalent (**IV-157**).

i) Selon l'article 58 C.t., le syndicat acquiert provisoirement le droit de grève pour négocier, aussi le perd-il par la conclusion d'une convention collective, l'opération étant parachevée.

ii) Pour toute la durée de la convention collective « la grève est prohibée » (art. 107 C.t.).

iii) La soumission du différend à l'arbitrage (art. 58 C.t.) (**IV-139**) ou la décision de l'arbitre nommé en vertu de l'article 93.1 C.t. de trancher le différend met pareillement un terme à l'exercice du droit de grève (**IV-148**).

Pour ces raisons, la simple conclusion d'un accord au terme de la négociation collective ne produit pas la forclusion immédiate du droit de grève. Le syndicat conserve ce droit tant qu'il n'est pas formellement lié par une convention collective (art. 72 C.t.) et tel serait le premier effet juridique de l'arrivée de cet acte collectif.

IV-127 — *Protocole de retour au travail* — Sous le titre « protocole de retour au travail », nous entendons tout acte ou dispositif entre les parties ayant pour objet la détermination des conditions immédiates de retour au travail et, plus particulièrement, pour réaliser ce même retour. La bretelle entre la fin de la grève et l'application régulière de la convention collective peut engendrer des droits et préciser des obligations aux uns et aux autres, aussi nous faut-il en connaître la portée et les effets. On trouve principalement dans ces protocoles des modalités portant sur les quatre chefs suivants[588].

i) La clarification pratique du statut des salariés durant l'arrêt du travail concernant l'application de certaines conditions de travail : le calcul de l'ancienneté, la durée de l'emploi, les régimes d'avantages sociaux, les congés, etc. En d'autres termes, on y précise la façon de traiter cette période d'absence pour la computation des délais applicables.

ii) La prise de position des parties au sujet des recours de nature civile, pénale ou disciplinaire qui ont pu être entrepris durant la grève ou qui sont susceptibles de l'être par la suite. On tente de ne pas imposer une surcharge à l'ensemble des grévistes en raison d'égarements ou de bévues de quelques individus. La question peut parfois être délicate

---

588. Claude D'AOUST et Louis LECLERC, *Les protocoles de retour au travail : une analyse juridique*, monographie n° 6, Montréal, École de relations industrielles de l'Université de Montréal, 1980 ; Raymond DÉSILETS, « Les protocoles de retour au travail », dans M. DESROCHERS (dir.), *op. cit.*, note 497, p. 25.

parce que les tiers peuvent intervenir, dont le procureur général (art. 148 C.t.), s'il y eut véritablement infraction, délit, crime ou dommages au cours ou à l'occasion de la grève (**V-66**).

iii) L'élaboration du processus même du retour effectif au travail : l'ordre de la rentrée des sous-groupes en fonction des besoins. Parfois, des critères sont retenus pour constituer une présomption de refus de la part des salariés qui ne répondraient pas à l'appel du retour, etc. On peut aussi y préciser, s'il y a lieu, la situation des salariés exclus du retour au travail (**IV-183**).

iv) L'application intégrale des modalités mêmes du protocole à la procédure d'arbitrage de griefs et, à cette fin, les parties reconnaissent le protocole à titre de partie intégrante de la convention collective (**IV-181**).

Il convient de préciser la nature juridique du protocole de retour au travail, car s'il ne satisfait pas aux conditions générales de fond et de forme (**IV-162**), il ne saurait être une composante de la convention collective et sera plutôt une simple convention issue du régime du droit civil propre au contrat[589].

IV-128 — *Une composante possible de la convention collective* — Rien ne s'oppose à ce que le protocole soit partie de la convention collective à titre de disposition transitoire ou joint comme annexe. À cette fin, deux règles majeures doivent être respectées : celle du dépôt de cet acte, comme l'exige l'article 72 C.t. (**IV-162**), et celle qui vise la nature des modalités de ce protocole[590]. À ce sujet, il nous semble que l'objet même du protocole serait de la nature des « conditions de travail » puisqu'on y vise le retour au travail en précisant comment ou dans quelles conditions s'effectue cette reprise des activités, de même que le statut, les droits, les obligations des salariés, du syndicat et de l'employeur à compter de ce même jour. Pour ces raisons, il nous paraît, *a priori*, difficile de ne pas qualifier ces modalités de conditions de travail, bien que leur portée respective puisse généralement être de courte durée, soit durant la période transitoire. Si le protocole renferme quelques modalités qui seraient illégales ou contraires à l'ordre public, cela ne peut suffire, croyons-nous, à modifier la nature fondamentale de l'acte (art. 64 C.t.) (**IV-163**). À cet argument principal au soutien que le protocole serait de la nature d'une convention collective et que les mésententes d'application qui en résultent constitueraient alors des griefs soumis à l'article 100 C.t., nous ajoutons que :

— la convention collective peut être formée de plusieurs parties tout en respectant la règle d'une convention collective unique (art. 67 C.t.) : on

---

589. Le syndicat accrédité jouit d'une personnalité civile relative ou, disons, proportionnelle à ses fonctions. La Cour suprême du Canada le rappelait encore dans *Association internationale des débardeurs, section locale 273* c. *Association des employeurs maritimes*, précité, note 126.

590. Les parties doivent cependant respecter la règle d'unicité de la convention collective édictée à l'article 67, alinéa 2, C.t.

y prévoit notamment le dépôt d'annexes et d'actes de modification (art. 72 C.t.) (**IV-162**);

— les parties disposent de la liberté nécessaire pour couvrir toute période entre deux conventions collectives (art. 59 C.t.). Le mode de calcul des délais selon l'article 58 C.t. respecte cette idée de fond.

Si la grève est terminée et qu'un protocole établit les voies et les moyens assurant la reprise des activités de production, il n'empêche que les différents intéressés ou participants peuvent être contraints de rendre compte de leurs faits et gestes, tant auprès de leur mandant respectif que devant la société. Nous savons d'ailleurs que la liberté de faire grève n'est reconnue que d'une façon négative par le *Code criminel* et que les règles du droit de grève ne constituent nullement une immunité absolue (**IV-114**), d'où l'importance de considérer les effets de la grève à l'égard des multiples intéressés. La grève est un moyen de pression qui perturbe le cours régulier des choses, et c'est alors que ceux qui en sont affectés ou troublés peuvent demander réparation. Quels sont les moyens disponibles et à quelles conditions peuvent-ils valablement exercer pareils recours ? Les réponses aux questions de cette nature varient selon bien des facteurs dont le dosage peut être différent en fonction de chaque intéressé. À ces fins, il faut distinguer la situation du salarié de celle du syndicat, de l'employeur et des tiers, bien que chacune de ces quatre facettes puisse aussi servir de complément de réponse aux trois autres. Par commodité et pour éviter certains doublons, les questions relatives à la responsabilité du fait de grève sont traitées au titre V (**V-66 à 74**). Au départ, il faut savoir que l'exercice d'un droit, et la grève peut en être un, n'engage pas la responsabilité de son titulaire.

IV-129 — *Le retour du salarié* — La théorie générale du contrat synallagmatique aurait permis d'assimiler la brusque interruption de la prestation de travail du salarié en grève à une rupture unilatérale du contrat de travail. Ne s'est-il pas engagé à fournir une prestation continue et régulière (**II-47**) et l'employeur n'est-il pas en droit de l'exiger ? Dès lors, il aurait suffi à l'employeur de prendre acte de son manquement sans avoir à rompre lui-même le contrat de travail puisque l'initiative aurait été prise par le gréviste. Selon ce schéma civiliste, l'employeur serait de nouveau libre de requérir les services de qui il veut, au lendemain d'une grève, entre ses ex-salariés et d'autres travailleurs, sans droit prioritaire à l'égard des premiers. On peut facilement comprendre qu'une telle application serait irréaliste et que ces règles anachroniques de droit civil ne pouvaient s'appliquer dans le contexte d'une grève alors que cet acte est reconnu par le *Code du travail* comme moyen légitime et légal de pression. La grève n'est-elle pas considérée comme un arrêt temporaire pour tenter de retourner au travail à de meilleures conditions (**IV-108**) ? Il aurait donc été illogique, au lendemain de celle-ci, de présumer une rupture du contrat. Aussi a-t-on ébauché la théorie de la suspension du contrat de travail au cours de la grève fondée

sur la distinction établie entre l'acte collectif de la grève et le lien individuel de l'emploi[591]. Selon cette théorie, pendant le cours d'une grève, l'exécution des obligations individuelles du salarié à l'endroit de l'employeur
(disponibilité, obéissance, exécution du travail, etc.) est suspendue, dans le
sens que le salarié en est provisoirement libéré, alors que le contrat de travail, le lien d'emploi, subsiste. Le salarié conserve son statut de salarié et il
en est ainsi pour l'employeur. Cette théorie fut retenue au Québec en 1964
et consacrée en ces termes par le *Code du travail*: «Personne ne cesse
d'être un salarié pour l'unique raison qu'il a cessé de travailler par suite de
grève ou lock-out» (art. 110, al. 1, C.t.). Cette règle générale démontre bien
que la grève est et demeure un acte de la collectivité et non un agrégat
d'arrêts individuels de travail. Si le contrat de travail subsiste et que seules
les obligations principales des parties sont suspendues (travail et rémunération), et ce, pour la durée de la grève, il semble que cette garantie ne fut pas
suffisante pour en assurer une application pratique et satisfaisante, en tous
les cas[592]. En d'autres termes, il est vite apparu que cette disposition ne
conférait pas à chacun des salariés un laissez-passer sans condition lui permettant de réintégrer son poste dès l'annonce de la fin de la grève. L'article
110.1 C.t. tente, depuis 1978, de compléter la règle principale en précisant
que tout gréviste ou salarié en lock-out recouvre son emploi de préférence à
toute autre personne. La portée de cette règle n'est que relative, en ce sens
qu'elle ne confère pas un droit direct et immédiat au retour parce que:

— la réintégration n'est pas certaine ni assurée d'une manière absolue
  pour tous et chacun;

— la garantie ne vaut que si l'emploi survit à la grève;

— si le salarié ne répond pas au rappel au travail, on pourra présumer qu'il
  a renoncé à son droit[593].

---

591. Jean-Claude JAVILLIER, *Les conflits du travail*, coll. Que sais-je?, nᵒ 1638, Paris, Presses
     Universitaires de France, 1981, p. 38 et suiv.; Marie-Louis BEAULIEU, *Les conflits de droit
     dans les rapports collectifs du travail*, Québec, Les Presses de l'Université Laval, 1955,
     p. 458 et suiv., rappelle l'évolution historique de cette question et en signale la position
     chancelante en droit québécois à cette même époque; Gaston NADEAU, *Le statut juridique
     du salarié-gréviste québécois*, Québec, Les Presses de l'Université Laval, 1981, p. 57 et
     suiv., souligne quelques traits des travaux parlementaires relatifs à l'élaboration de cette
     règle au moment de la codification.
592. S'il n'y avait pas une telle coexistence du contrat de travail et de la convention collective
     de travail, et certains le soutiennent, alors il faudrait poser cette question autrement (**II-79**).
593. Le protocole peut ajouter des indices permettant d'établir cette présomption avec plus de
     certitude (**IV-127**). On peut aussi préciser dans le protocole l'ordre de retour des salariés
     mis à pied avant la grève ou le lock-out. Voir: *Cie de volailles Maxi Ltée* c. *Bolduc*, [1987]
     R.J.Q. 2626 (C.S.) (appel rejeté le 1ᵉʳ mai 1991).

Ce retour ne peut s'exercer si l'employeur connaît une cause juste et suffisante pour le nier et qu'il entend exercer son *veto*. Le contentieux qui résulte de ce refus de l'employeur dépend de trois autres règles.

i) Il revient à l'employeur de démontrer la qualité des motifs de son refus[594].

ii) Toute difficulté à ce sujet entre l'employeur et le syndicat constitue un grief et peut ainsi être tranchée par voie d'arbitrage (art. 110.1 C.t.) **(IV-183)**.

iii) Le salarié ainsi privé de son emploi peut exercer un recours à l'endroit du syndicat, s'il croit ne pas avoir bénéficié, en ces circonstances, d'une représentation juste et loyale (art. 47.3 et suiv. C.t.) **(IV-40)**.

IV-130 — *Effets pour le gréviste* — L'ensemble des modalités conférant aux groupes de salariés certaines garanties à l'occasion de l'exercice du droit de grève ne constitue d'aucune manière une immunité à l'égard de tout acte individuel qui serait autrement abusif. C'est ainsi qu'il faut aborder la question du non-rappel du salarié à la suite d'une grève ou de son congédiement. Ce salarié peut-il prétendre être congédié en raison de l'exercice d'un droit qui lui est accordé en vertu du *Code du travail* et exercer le recours prévu aux articles 15 et suivants C.t. ? Certes, si la grève est légale et qu'on ne peut imputer à ce salarié des actes illégaux précis, il bénéficierait du recours et de la présomption de l'article 17 C.t. et, éventuellement, d'une ordonnance en réintégration **(IV-18; V-8)**. Il est maintenant assez bien établi que l'illégalité de la grève ne constitue pas directement et de ce seul fait une rupture automatique du contrat de travail de chaque gréviste (art. 110 C.t.) ni une cause justifiant, à ce seul titre, pareille décision de l'employeur[595]. S'il en était autrement, si l'employeur pouvait, au lendemain de toute grève illégale, congédier tout gréviste, ne pourrait-il pas facilement alléger son personnel de tous les salariés qui représentent pour lui des trouble-fête ? Par ailleurs, l'illégalité de la grève peut être une cause justifiant un congédiement si l'employeur démontre, dans chaque cas, que les faits et gestes personnels du salarié, à cette dernière occasion, constituent selon les

---

594. Cette règle ne vise que la question de la preuve et ne crée pas l'équivalent d'une présomption favorable au salarié semblable à celle établie à l'article 17 C.t. **(IV-18)**. Cependant, ce recours à l'arbitrage n'exclut pas *a priori* la possibilité de déposer une plainte sous les articles 15 à 17 C.t. **(IV-130)**. Voir : *Desjardins* c. *Classic Bookshop*, [1980] T.T. 444; *Syndicat des employés de Biscuits David* c. *Biscuits David, une division de Les Biscuits Associés du Canada ltée*, D.T.E. 83T-578 (T.A.).

595. *McGavin Toastmaster Ltd.* c. *Ainscough*, précité, note 529; *Association internationale des débardeurs, section locale 273* c. *Association des employeurs maritimes, Bruntern Ltd.*, [1979] 1 R.C.S. 120; *Douglas Aircraft Company of Canada Ltd.* c. *McConvel*, [1980] 1 R.C.S. 245; *Lafrance* c. *Commercial Photo Service*, [1980] 1 R.C.S. 536; *Hilton Québec Ltée* c. *Tribunal du travail*, [1980] 1 R.C.S. 548; *Barette* c. *Chapais ltée* c. *Brière*, C.A. Montréal, n° 500-09-001647-817, le 5 août 1982.

circonstances de temps et de lieu, un motif juste et suffisant pour imposer ce congédiement (**II-137**)[596]. En somme, la grève illégale ne constitue pas de ce seul fait et automatiquement une cause véritable de congédiement. La validité d'un tel congédiement, à la suite d'une grève illégale, peut être soumise à l'arbitrage, soit directement, lorsque les circonstances le permettent, soit à la suite d'une ordonnance du Tribunal du travail (art. 110.1, al. 2 et 3, C.t.)[597].

IV-131 — *Absence de revenu* — Outre les questions relatives au maintien du lien d'emploi pendant et après la grève, cet événement produit une série d'effets d'ordre économique que l'on ne saurait sous-estimer[598]. Malgré le fait de la grève, les besoins de subsistance du salarié gréviste ne deviennent pas pour cela compressibles au degré zéro et pourtant, il ne reçoit pas de rémunération[599]. Il s'agit, en droit tout au moins, d'une évidence puisque la rémunération est la contrepartie du travail (**II-35, 136 et suiv.**). Cette rémunération s'entend de tous les bénéfices et avantages habituellement versés par l'employeur en raison ou à l'occasion du travail (**II-138**). Il en est généralement autrement des bénéfices secondaires versés par des tiers (assureurs et autres), alors que les primes sont déjà payées sous forme de rémunération différée ou indirecte en fonction d'un travail déjà effectué. Ainsi, le salarié recevant déjà des prestations d'assurance-salaire pour maladie au moment de la grève ne devrait pas perdre ce bénéfice du fait de la grève tenue par ses collègues de travail. Sauf disposition expresse à l'effet contraire dans la police d'assurance et sous réserve de la légalité d'une telle disposition, il nous semble difficile d'admettre que le seul fait de la grève puisse produire un tel effet de déchéance lorsque, par ailleurs, les conditions d'admissibilité à ce régime d'avantages sociaux demeurent[600]. De même, le salarié qui, au moment de la grève, reçoit des prestations de la Commission de la santé et de la sécurité du travail à la suite d'un accident de travail survenu avant la grève ne peut perdre momentanément droit à ses bénéfices (**III-306**). Il en est tout autrement cependant des régimes publics de substitution de rémunération telles l'assurance-emploi et la sécurité du revenu. Dans ces deux cas, le gréviste n'est pas admissible à ces prestations[601]. Par

---

596. Sur l'évolution jurisprudentielle sur ce sujet, voir : G. NADEAU, *op. cit.*, note 591, p. 71 à 97 et notamment : *Lafrance* c. *Commercial Photo Service Inc.*, [1980] 1 R.C.S. 548.

597. Une sanction pénale peut aussi être imposée (art. 146.1) (**V-104**). Voir : *Association internationale des débardeurs, section locale 273* c. *Association des employeurs maritimes*, précité, note 126; *Douglas Aircraft Company of Canada Ltd.* c. *McConnell*, précité, note 526.

598. Sur le thème du coût de la grève, et pour le salarié et pour l'employeur, voir : Hélène SINAY, « Les conflits collectifs et l'argent », dans *Tendances du droit du travail français contemporain. Études offertes à G.H. Camerlynck*, Paris, Dalloz, 1978, p. 299 et suiv.

599. *Canadian Pacific Railway Company* c. *Zambri*, [1962] R.C.S. 609.

600. Malgré la grève, le salarié conserve son état d'invalidité! Dans l'affaire *McGawin Toastmaster Ltd.* c. *Ainscough*, précitée, note 529, la Cour suprême n'a-t-elle pas retenu la même approche ?

601. Ces caisses publiques ne peuvent indirectement servir de fonds de grève. Voir : Daniel HARVEY et Vital JULIEN, « La sécurité sociale et la santé », dans *Guide d'information en droit*, t. 7, vol. 2, Montréal, SOQUIJ, 1979, n° 35, p. 15; G. NADEAU, *op. cit.*, note 591, p. 111 et suiv.

ailleurs, il serait possible qu'il puisse recevoir des prestations lorsque le conflit est terminé et que le retour au travail n'est pas simultané, et ce, jusqu'à son retour au travail. Celui qui ne peut assumer sa prestation de travail en raison d'une ligne de piquetage qu'il ne saurait normalement franchir est-il assimilé à un gréviste ? Aux fins du respect des prescriptions de la *Loi sur l'assurance-emploi*, la Cour suprême du Canada reconnut qu'un salarié contraint à ne pas franchir une ligne de piquetage formée par un autre groupe de salariés, alors que le syndicat qui le représente ne participait pas à cette grève, demeure admissible aux prestations[602]. D'une manière générale et selon une formulation simplifiée, nous pourrions dire que le droit à la prestation subsiste si le conflit de travail n'est pas l'occasion pour l'acquérir, toutes autres conditions étant satisfaites par ailleurs.

IV-132 — *Effets pour le syndicat* — Pour connaître les effets de la grève à l'égard d'un syndicat et notamment sa responsabilité, il nous faudrait préalablement déterminer si celle-ci est bien son acte puisqu'on exigerait qu'il en réponde. Est-il le titulaire du droit de grève ? Est-il possible d'attribuer ce mouvement essentiellement collectif à cet organisme sans égard aux salariés qui accompliraient cet acte[603] ? Toute question relative à la responsabilité de la grève ou à l'imputabilité de ce fait impose ou suppose que l'on sache répondre à ces interrogations préalables (**IV-108**). Ces questions révèlent aussi l'équivoque qui subsiste entre l'organe, la collectivité et le salarié. Quoi qu'il en soit de cette question fondamentale, nous devons noter que le libellé même du *Code du travail* permettrait de croire que le syndicat accrédité serait bien le titulaire du droit de grève. N'est-ce pas lui qui acquiert ce droit selon les expressions retenues aux articles 58 et 106 C.t. ? N'y prohibe-t-on pas la grève s'il n'y a pas de syndicat accrédité (art. 106 C.t.), et ce, jusqu'à ce que ce même syndicat ait respecté les conditions préalables ou acquisitives (art. 58 C.t.) ? Malgré ces apparences, il nous paraît inexact de traiter pareil droit comme s'il s'agissait d'un titre de propriété. La grève est d'abord et avant tout l'exercice d'une liberté des salariés, bien qu'elle soit aménagée et encadrée par le droit. Fondamentalement, les salariés ne sont pas de simples moyens pour exercer ce droit, mais ils en sont collectivement les sujets. Certes, ils doivent agir collectivement et respecter le processus légal qui sous-tend la présence active d'une structure organisationnelle d'abord agréée puis habilitée à encadrer le groupe et à lui servir d'organe d'expression. C'est dans ce contexte et par l'usage d'une formule elliptique que l'on peut dire que le

---

602. *Valois* c. *Procureur général du Canada*, précité, note 575; cette affaire révèle un autre élément important, à savoir que les faits et gestes du syndicat auraient pu, s'ils avaient été favorables aux grévistes, priver chaque salarié de son droit individuel à la prestation d'assurance-emploi. N'y aurait-il pas alors confusion des genres ?

603. Sur la difficile dichotomie salarié–syndicat et auteur–acteur de la grève, voir : P. VERGE, *loc. cit.*, note 528.

syndicat est le titulaire du droit de grève. À proprement parler, il serait davantage le dépositaire et non strictement le titulaire de ce droit, d'autant plus, avons-nous vu (**IV-109**), qu'il ne peut seul l'exercer. Il est vrai que le syndicat a une fonction primordiale pour l'acquérir et aussi pour l'exercer. Malgré cette approche *in abstracto*, il n'existe cependant pas un écart très grand entre l'organe, la structure d'encadrement et la collectivité des syndiqués. Par ailleurs, la démarche juridique partant de l'*a priori* que le syndicat serait titulaire du droit de grève entraîne une série d'effets assez importants. Ainsi, dès que surviennent quelques difficultés résultant du fait de la grève, les tribunaux semblent faire abstraction de ces autres dimensions, pour ne voir que le syndicat et lui imposer le devoir de rendre compte[604].

Sous-section 3.33
Le lock-out

IV-133 — *Acquisition du droit* — Selon une formule caricaturale, le lock-out serait la grève du patron. Une première lecture de l'article 109 C.t. permettrait de croire que la législation épouse cette conception puisque l'on soumet le lock-out aux règles relatives à la grève. Cette analogie provient du fait que la grève et le lock-out sont utilisés à une même fin dans le cadre des rapports collectifs du travail : deux grands moyens de pression exercés l'un sur l'employeur et l'autre par lui. Pour cette raison d'ailleurs, on a déjà voulu qualifier le lock-out de contre-grève[605]. Il s'agit cependant d'un terme inexact puisque le lock-out n'est pas toujours ni seulement la riposte patronale à une grève étant donné que l'employeur peut prendre l'initiative et déclencher un lock-out sans qu'il y ait nécessairement une grève[606]. Tout comme la grève, le lock-out ne sous-entend aucune décision terminale de l'employeur, et il se situe parmi les moyens ; l'employeur refuse ainsi momentanément de recevoir les prestations de travail d'un groupe de salariés afin d'exercer sur eux une pression économi-

---

604. La question de la responsabilité civile et pénale du fait de grève et celle du contentieux qui s'y greffe sont étudiées au titre V (**V-66 à 74**). Voir : *Québec (Curateur public) c. Syndicat national des employés de l'Hôpital St-Ferdinand*, [1996] 3 R.C.S. 211, commenté dans Jean-Yves BRIÈRE, « La responsabilité du syndicat du fait de la grève : l'affaire Hôpital St-Ferdinand », dans bulletin d'information *Travail actualité*, mars (1997), p. 1, Farnham, Publications C.C.H.
605. L'expression « contre-grève » était utilisée à l'article 2 g) de la *Loi des relations ouvrières*.
606. L'usage du terme « lock-out » est tellement répandu, même en France, qu'il semble inopportun de tenter de rechercher un terme français qui lui soit équivalent. Dans les cas où les salariés sont tenus au maintien de services essentiels, le lock-out est alors prohibé (art. 111.0.26 C.t.) (**IV-226**).

que susceptible de les inciter à reconsidérer leur position. L'article 109 C.t. demeure la seule disposition de droit substantif du *Code du travail* qui traite expressément du lock-out. Cette règle ne porte que sur les conditions préalables à l'exercice du lock-out à l'aide d'un renvoi aux règles d'encadrement de l'exercice du droit à la grève. D'une manière générale, l'article 109 C.t. signifie que l'on doit appliquer, en les adaptant en raison de la nature du lock-out, les mêmes règles relatives à l'acquisition du droit de grève (**IV-115**). Ainsi, les articles 58, 60, 93.5, 105, 106, 107, 108, 109.1, 110, 111.0.26 C.t. constituent les principales dispositions articulant *mutatis mutandis* le droit au lock-out.

IV-134 — *Définition du lock-out* — Pour mettre en relief la portée relative des dispositions du *Code du travail* au sujet du droit au lock-out, il importe de souligner le particularisme de la définition du lock-out donnée à l'article 1 h) C.t. :

> Le refus par un employeur de fournir du travail à un groupe de salariés à son emploi en vue de les contraindre à accepter certaines conditions de travail ou de contraindre pareillement les salariés d'un autre employeur.

Cette définition permet de dégager cinq observations.

i) Ce refus de l'employeur implique qu'il doit s'agir d'un acte voulu et accompli par lui et non imposé par suite de contraintes extérieures d'ordre économique, politique ou naturel (art. 110, al. 2, C.t.). Dans certaines circonstances, il peut être difficile de procéder à cette qualification en raison de la concomitance ou de la coexistence d'événements qui se superposent (grève et lock-out, arrêt saisonnier et lock-out annoncé, licenciement collectif, etc.) (**IV-159**)[607].

ii) Le lock-out est retenu à titre de moyen de pression exercé par un employeur sur des salariés « en vue de les contraindre à accepter certaines conditions de travail » (art. 1 h) C.t.). Compte tenu de l'article 109 C.t. et de l'économie générale de notre régime des rapports collectifs du travail, il nous faudrait comprendre que ce groupe de salariés doit être celui pour lequel un syndicat est déjà accrédité. Si cette définition du lock-out donnée par le *Code du travail* permettait de croire que l'employeur pouvait ne frapper d'un lock-out qu'une partie de l'unité d'accréditation, les prescriptions de l'article 109.1 C.t. n'autoriseraient plus cette manœuvre. À la suite d'un lock-out, l'employeur ne doit retenir les services d'aucun salarié de l'unité d'accréditation en cause (**IV-117**).

iii) La dernière partie de cette même définition laisse entendre que ce moyen de pression exercé sur un groupe de salariés pourrait être entrepris dans

---

607. *Canuck Lines Limited* c. *Seafarer's International Union of Canada*, précité, note 579; *Syndicat des employés de salaisons de Princeville Inc.* c. *Coopérative fédérée de Québec (succursale de Princeville)*, [1976] R.D.T. 89.

le but de forcer les salariés d'un autre employeur à accepter des conditions de travail[608]. Un semblable lock-out tripartite suppose une relation étroite entre les deux entreprises pour que les effets d'entraînement d'un règlement anticipé chez l'un puissent profiter à l'employeur qui pratique le lock-out[609]. Pareil lock-out tripartite impliquerait que l'employeur en ait acquis le droit vis-à-vis des salariés mêmes qui le subissent au premier chef.

iv) Ce refus d'un employeur comporte une caractéristique distincte de la grève en ce qu'il est décidé et exercé par la même personne. Le titulaire du droit au lock-out est également celui qui en prend directement l'initiative et ses représentants exécutent la décision de l'employeur.

v) Le lock-out demeure initialement un acte individuel, bien qu'il se réalise dans le contexte des rapports collectifs du travail et qu'il vise un groupe de salariés en les privant de leur travail et, par voie de conséquence, de leur rémunération.

IV-135 — *Conditions d'exercice* — L'application relative des articles 58, 60, 93.5, 105, 107, 108, 109.1 et 110 C.t., auxquels nous renvoie l'article 109 C.t., permet de comprendre qu'un employeur peut décréter un lock-out aux quatre conditions suivantes.

i) Un syndicat est déjà accrédité pour un groupe de salariés de l'entreprise (art. 106 C.t.).

ii) Le syndicat accrédité et l'employeur ont épuisé la procédure de négociation arrêtée aux articles 52 et suivants C.t. D'une façon plus précise, la période de 90 jours prévue à l'article 58 C.t. est écoulée et les parties n'ont pas choisi de soumettre leur différend à l'arbitrage ou ne sont pas contraintes à l'arbitrage selon les articles 93.4 et 93.5 C.t.

iii) La période prévue pour la durée de la convention collective est également épuisée (art. 107 C.t.) ou le syndicat, nouvellement accrédité.

iv) Il ne s'agit pas de pompiers ni de policiers municipaux (art. 105 C.t.), ni de salariés d'un service public visés par décret rendu selon l'article 111.0.17 C.t., ni de salariés d'un établissement au sens de l'article 111.2 (2) C.t.[610].

---

608. La finale de la définition du lock-out : « ou de contraindre pareillement les salariés d'un autre employeur [...] » se trouvait autrefois dans la définition de la grève retenue dans les premières lois du travail au Canada et fut, en ce sens, biffée.

609. Selon la définition de l'employeur déjà retenue par le Tribunal du travail en application de l'article 45 C.t. (un employeur par unité d'accréditation), une telle relation entre deux employeurs peut certes survenir.

610. Il ressort cependant que l'application relative des articles 60 et 108 C.t. soulève quelques questions particulières en raison de la difficulté de les traduire en obligations correspondantes pour l'employeur. Voir : *Beaulieu* c. *Produits hydrauliques de Varennes*, [1987] T.T. 140.

Au moment où il acquiert le droit au lock-out, l'employeur ne pourrait modifier unilatéralement les conditions de travail selon l'article 59, al. 2, C.t. Il ne pourrait le faire s'il s'agit bien d'un lock-out réel puisque, selon l'article 109.1 C.t., les salariés visés ne peuvent continuer de travailler pour cet employeur. Contrairement à ce que la Cour suprême du Canada a pu dégager dans l'arrêt *Paccar*[611], il faut retenir que l'employeur au Québec est aussi soumis aux modalités de l'article 109.1 C.t., c'est-à-dire qu'il ne peut remplacer le salarié en lock-out par une autre personne et il ne peut l'utiliser dans d'autres établissements. Nous avons déjà souligné que cet article s'appliquait pour tout lock-out, qu'il soit légal ou illégal (**IV-117**). Il est possible que la grève et le lock-out s'entrecroisent : à un lock-out, le syndicat réplique par une grève ou, encore, les deux parties qualifient respectivement l'arrêt de travail de grève ou de lock-out selon leurs intérêts respectifs. L'employeur peut aussi imposer un arrêt de travail qu'il qualifiera de licenciement collectif temporaire (**II-164**). Dans ce dernier cas, la situation de fait apparaît être semblable à celle d'un lock-out. Le fait que l'employeur ait respecté les règles applicables au licenciement collectif peut ne pas être déterminant pour la qualification juridique de cet arrêt de travail. Parfois, il faut tenir compte des causes réelles et du contexte qui entraînent ce licenciement et des faits et gestes des parties à la reprise du travail pour effectuer convenablement cette qualification juridique[612]. On comprend que de telles qualifications juridiques ont généralement lieu *a posteriori*, car au cours de la mêlée, il est souvent difficile d'y voir clair[613].

IV-136 — *Effets du lock-out* — Les effets du lock-out sont semblables, sur le plan juridique, à ceux de la grève (**IV-130**). Quels que soient les préjudices personnels que subit le salarié, l'employeur n'en est pas responsable s'il s'agit d'un lock-out légalement exécuté[614]. Ce salarié est également privé de ressources directes (la rémunération) et indirectes (les services publics assurant des revenus de remplacement) (**IV-131**). Au lendemain du lock-out, le salarié réintègre son poste selon les modalités de l'article 110.1 C.t. (**IV-129**). Tout comme l'employeur ne peut, en raison du lock-out, refuser de réintégrer le salarié, ce dernier ne peut prendre prétexte du lock-out pour refuser de réintégrer son poste au moment du rappel au travail. Un tel refus constituerait de sa part une rupture unilatérale du contrat de travail et pourrait le priver des droits afférents à la fin de l'emploi (**II-140**). Vis-à-vis des tiers et plus particulièrement de la

---

611. *CAIMAW* c. *Paccar of Canada Ltd.*, précité, note 289.
612. *T.A.S. Communications* c. *Thériault*, [1985] T.T. 271.
613. *Asselin* c. *Trachy*, [1982] C.A. 101.
614. Ainsi, un salarié en lock-out ne pourrait exercer le recours prévu à l'article 15 C.t. pour obtenir sa réintégration. Voir : *Cauchon* c. *J.D. Chevrolet Oldsmobile Ltée*, [1968] R.D.T. 183, commenté par Pierre VERGE, « Caractères du lock-out », (1968) 23 *Rel. Ind.* 513; *Association des employés de la corporation pharmaceutique professionnelle* c. *Corporation pharmaceutique professionnelle*, D.T.E. 83-723.

clientèle de l'employeur, il s'agit d'affaires du domaine civil et non plus de questions rattachées au droit des rapports collectifs du travail. À ce sujet, on ne peut ignorer qu'un tel arrêt résulte de la décision de l'employeur et qu'en conséquence, il peut être mal placé pour écarter l'imputabilité de son acte[615].

IV-137 — *Grève et lock-out diffèrent* — Malgré la similitude de traitement sur le strict plan de la technique juridique, le lock-out est et demeure essentiellement différent de la grève[616]. Cette distinction fondamentale porte sur deux points majeurs.

— Le lock-out demeure l'acte d'une personne pour en décider, pour le réaliser et pour y mettre fin, et la grève, au contraire, implique un processus décisionnel fort différent qui comporte des implications pratiques plus complexes du fait qu'elle est l'acte d'une collectivité (**IV-108**). D'ailleurs, les articles 20.2 et 20.3 du *Code du travail* n'ont pas leur pendant pour la prise de décision patronale.

— Les effets du lock-out sont d'ordre économique et, parfois, certes importants, mais le lock-out n'impose pas directement ni immédiatement des privations ni des contraintes personnelles à son auteur. Il est rare qu'un employeur doive, en raison d'un lock-out, modifier son mode de vie, réduire sa consommation et celle de sa famille, etc.

Pourtant, l'étude de ces deux phénomènes, grève et lock-out, peut parfois, sur le plan juridique tout au moins, nous faire oublier ces quelques réalités indélébiles. Les faits brutaux s'insurgent devant cette apparente égalité que semble chercher à établir le *Code du travail* par la voie d'un parallélisme de traitement du syndicat et de l'employeur dans ces deux occasions. Nous devons constater de nouveau que le salarié, le syndicat et l'employeur n'ont aucun point de ressemblance sur les plans économique et social. Bien plus, ne nous faut-il pas nous convaincre que le droit de l'emploi résulte d'un fondement tout à fait opposé, soit l'inégalité juridique des parties (**I-89**) ? Le droit de l'emploi vise essentiellement les salariés et il est bâti en fonction des salariés (**I-86**). Ceux-ci ne sont-ils pas juridiquement des subordonnés et n'est-ce pas en raison même de cette inégalité des parties à la relation d'emploi que ce droit émergea ? L'étude du droit relatif à la grève et au lock-out doit donc toujours être effectuée en fonction de ces réalités distinctes et combien irréductibles.

---

615. Cette éventualité est parfois prévue aux engagements pris par l'employeur vis-à-vis de sa clientèle et même auprès de ses fournisseurs.
616. Hélène Sinay et Jean-Claude Javillier, « La grève », dans Guillaume Henri Camerlynck (dir.), *Traité de droit du travail*, 2e éd., t. 6, Paris, Dalloz 1984, n° 104, p. 333 et suiv.; Paul Durand, *Traité de droit du travail*, t. 3, Paris, Dalloz, 1947, p. 897 et suiv.

Section 3.4

La substitution des parties : l'arbitrage de différends

———

IV-138 — *Sens de l'arbitrage* — Si la négociation collective directe n'aboutit pas à la conclusion d'une convention collective, les parties connaissent un différend selon la terminologie même du *Code du travail* (art. 1 e) C.t.) Plusieurs hypothèses peuvent s'offrir aux parties pour résoudre cette impasse (**IV-106**). Outre les moyens les plus coûteux aux deux parties à la fois (grève et lock-out), il existe une autre voie, celle de l'arbitrage. Ce moyen met plus ou moins fin à la négociation directe des parties, alors qu'un tiers intervient pour établir d'autorité les conditions de travail. Si les parties ne sont pas écartées totalement du processus, elles n'ont plus, sur le plan juridique, l'initiative de la décision terminale. On saisit immédiatement que l'arbitrage ne peut être qu'un palliatif, qu'une mesure de secours ou de dépannage retenue lorsque les parties constatent ne plus pouvoir résoudre elles-mêmes leur différend ou que l'on établit d'autorité qu'il en est ainsi. D'une certaine manière, l'arbitrage peut être considéré comme une faille à l'objectif démocratique que sous-tend le régime de la négociation collective. Il est vrai que l'arbitrage volontaire, celui qui provient d'une décision libre des deux parties, porte moins atteinte aux principes fondamentaux du régime puisque les parties font indirectement ce qu'elles reconnaissent ne plus être en mesure d'effectuer elles-mêmes. Dans certains cas, pareille décision révèle une grande sagesse de la part des parties, alors qu'elles reconnaissent que l'exercice des moyens de pression serait futile ou simplement désastreux compte tenu de la nature de leur différend, de la conjoncture, de la complexité technique des questions en litige ou de la difficulté à jauger leurs éventuelles implications (changements technologique, analyse actuarielle, intervention inéluctable de tiers au dossier, etc.). Sauf le cas des pompiers et policiers des municipalités (**s.-s. 3.43**), l'arbitrage de différends comprend deux catégories : l'arbitrage obligatoire au terme d'une première négociation collective et l'arbitrage volontaire, c'est-à-dire résultant de l'accord des parties pour emprunter cette voie[617]. Le déroulement proprement dit de la procédure arbitrale étant semblable, qu'il soit volontaire ou obligatoire, nous étudions d'abord le régime général avant de signaler les traits distinctifs de l'arbitrage obligatoire retenu pour mettre fin à la première négociation (s.-s. **3.42**) ou celui imposé aux pompiers et policiers municipaux (s.-s. **3.43**)[618].

Sous-section 3.41

L'arbitrage volontaire du différend

IV-139 — *Un tiers désiré* — Au terme de la négociation directe, avec ou sans l'intervention d'un conciliateur, les parties peuvent constater l'impossibilité de conclure en raison de l'importance de leur différend. Ce dernier peut d'ailleurs ne porter que sur quelques éléments alors que les parties ont déjà convenu, sur plusieurs autres sujets, des ententes définitives ou sous condition suspensive (art. 1497 C.c.Q.) d'un règlement total du différend. La grève et le lock-out peuvent leur paraître des voies inappropriées ou trop coûteuses ou, encore, n'offrant pas de réelles garanties de succès face aux risques inhérents. Dans de telles circonstances, il peut arriver que les parties décident de s'en remettre à la décision d'un tiers pour trancher à leur place ce différend plus ou moins résiduel. En d'autres termes, les parties s'entendent pour faire, par la voie d'un arbitre, ce qu'elles n'ont pu directement ou entièrement parachever seules. Cet élément volontaire confère une dimension particulière à un tel arbitrage. Il devient ainsi une émanation des parties, leur prolongement en quelque sorte, et confère à l'arbitre une autorité réelle et une légitimité certaine. Finalement, la sentence arbitrale qui résulte de ce processus accepté devrait être plus facile à supporter puisqu'elle est au moins un effet attendu, sinon un résultat voulu.

IV-140 — *Effets du choix conjoint* — L'arbitrage constitue une voie pacifique de règlement du différend au sujet de laquelle les deux parties doivent être

---

617. Outre les deux cas où l'arbitrage est obligatoire en raison de situations fort particulières, le caractère volontaire de l'arbitrage est fondamental et nous ne croyons pas que l'on pourrait l'imposer aux parties sans ébranler sérieusement le régime. Voir : *Syndicat des employés de production du Québec et de l'Acadie* c. *Conseil canadien des relations du travail*, précité, note 324.

618. Claude D'AOUST, « Réflexions sur l'arbitrage des différends », (1983–1984) 14 R.D.U.S. 625 : l'auteur compare l'arbitrage de différends avec l'arbitrage de griefs et met en relief les caractéristiques du premier.

d'accord pour s'y astreindre. Cette décision conjointe étant prise, elle est par la suite irréversible et les conclusions de l'arbitre lient les parties (art. 92 C.t.). L'article 58 C.t. énonce clairement le premier effet de la décision conjointe des parties de soumettre l'affaire à l'arbitrage. Cet accord équivaut à une renonciation implicite à l'exercice du droit de grève et de lock-out pour cette négociation. Notons aussi que la situation inverse n'est pas soumise au même régime : à la suite ou au cours d'une grève ou d'un lock-out, les parties peuvent toujours s'entendre pour soumettre la partie résiduelle du différend à l'arbitrage. Au sujet de cette dernière décision, signalons que les articles 20.2 et 20.3 C.t., portant sur la prise de décision syndicale en vue de la conclusion d'une convention collective ou pour faire grève, ne couvrent pas la décision de s'en remettre à un tiers (**IV-35**)[619].

IV-141 — *Le processus* — Le régime général d'arbitrage de différends est articulé de manière détaillée aux articles 74 à 93 du *Code du travail*. L'histoire de notre législation du travail nous fournit quelques explications à ce sujet puisque ces dispositions furent reprises en 1964 (**IV-3**) de trois lois qui édictaient depuis fort longtemps pareil régime[620]. La définition même du différend donnée à l'article 1 e) C.t. prévoit trois occasions où cette procédure peut être utilisée pour régler les mésententes des parties : au moment de la négociation de la convention collective, pour le renouvellement de cette dernière ou, si elle y pourvoit, pour sa révision. Dans ces trois cas, il s'agit d'un arbitrage volontaire, c'est-à-dire que les parties doivent être toutes deux d'accord pour utiliser ce moyen : une partie ou même le ministre ne saurait seul valablement l'imposer. Par ailleurs, en choisissant la voie de l'arbitrage, les parties sont astreintes à agir dans un cadre déterminé par le *Code du travail* que nous schématisons de la façon qui suit.

i) Les parties doivent faire une demande écrite au ministre (74 C.t.).

ii) Le ministre avise les parties qu'il défère le différend à l'arbitrage (art. 75 C.t.).

iii) L'arbitrage est confié à un arbitre nommé par le ministre (art. 74 et 75 C.t.).

iv) Avant ou dans les dix jours suivant l'avis du ministre de procéder à l'arbitrage, les parties peuvent choisir la personne pouvant agir à ce titre ; s'il y a accord, alors le ministre nomme cette même personne. À

---

619. Cette dernière décision comprend néanmoins la renonciation à faire la grève ou à imposer le lock-out et l'acceptation conjointe par anticipation de l'équivalent de la convention collective (art. 92, 93, 106 C.t.).

620. Il s'agit de la *Loi des différends ouvriers de Québec*, S.Q. 1901, c. 31, de la *La Loi concernant l'arbitrage des différends entre les services publics et les salariés à leur emploi*, S.Q. 1944, c. 31 et de la *Loi concernant les corporations municipales et scolaires et leurs employés*.

défaut d'accord, il nomme l'arbitre à l'aide d'une liste annuelle de candidats retenus sur la recommandation du Conseil consultatif du travail et de la main-d'œuvre (art. 77 C.t.).

v) L'arbitre est aidé de deux assesseurs représentant respectivement les parties et nommés par elles. Les parties peuvent cependant renoncer à leur présence (art. 78 C.t.) et le retard ou le refus de les désigner ne bloquent pas la démarche arbitrale (art. 80, al. 2, C.t.).

vi) L'arbitre doit d'abord prêter serment d'exercer sa fonction avec équité et bonne conscience, ce qui signifierait le devoir de rechercher des solutions qui lui paraissent justes, raisonnables et cohérentes (art. 79 C.t.). Cette liberté de manœuvre lui permet de s'adapter aux circonstances sans pour cela l'autoriser à ignorer les règles fondamentales de justice (entendre les parties, tenir des séances publiques, etc.) (art. 81 à 86 C.t.).

vii) L'assesseur exerce une double fonction : celle d'aider l'arbitre tout en représentant son mandant à l'audition et au délibéré (art. 78 C.t.). Il n'est pas tenu de prêter un serment d'office comme l'arbitre (art. 79 C.t.) et il n'est pas soumis à la règle d'impartialité (art. 76 C.t.). L'assesseur ne participe pas à la prise de décision de l'arbitre, bien qu'il se doive d'être présent à l'audition et au délibéré (art. 78, al. 2, C.t.). Ajoutons également qu'il est rémunéré par son mandant et selon les modalités qu'ils conviennent. Il en est autrement dans le cas de l'arbitre (art. 103 C.t.).

viii) L'arbitre, accompagné des deux assesseurs, doit entendre les parties, c'est-à-dire leur permettre de soumettre respectivement et en présence l'une de l'autre leur position et de la justifier (art. 81 C.t.). Il va de soi que les critères énoncés à l'article 79 C.t. servent de balises aux parties pour préparer leur présentation, bien que ces facteurs ne soient pas exclusifs (**IV-142**). Pour l'instruction du différend, l'arbitre dispose des voies usuelles d'enquête (art. 83 à 87 C.t).

ix) Malgré la présence des assesseurs, l'arbitre seul et seulement l'arbitre peut prendre et rendre les décisions pour la tenue de l'audition (art. 78, 80, al. 2, C.t.), pour la conduite de l'enquête (art. 82, 83, 84 et 85 C.t.), pour trancher toute affaire incidente (art. 91 C.t.) et finalement, pour élaborer des conditions de travail au lieu et place des parties (art. 88, 92 C.t.). On doit comprendre que l'autorité ainsi reconnue à l'arbitre de différends et les pouvoirs qui lui sont conférés le rendent plus directement responsable de la célérité du processus et du rythme de travail des parties.

x) La sentence de l'arbitre doit être rendue dans les 60 jours de sa nomination : le ministre peut cependant accorder un délai supplémentaire de 30 jours à la fois (art. 90 C.t.). La sentence est l'œuvre exclusive de l'arbitre, mais sa décision doit être précédée d'une séance de prise en délibéré avec les assesseurs (art. 78, al. 2, C.t.).

xi) La sentence de l'arbitre lie les parties pour au moins une année et au plus deux ans, et elles doivent la respecter comme s'il s'agissait d'une convention collective qu'elles auraient elles-mêmes signée (art. 92 et 93 C.t.). Les parties disposent cependant de la liberté de modifier, d'un commun accord, cette sentence arbitrale, tout comme elles peuvent modifier, de la même manière, une convention collective (art. 72, 92 C.t.).

xii) L'original de la décision est transmis au ministre et l'arbitre doit en remettre copie aux parties, puis en déposer copie au greffe du commissaire général du travail, tout comme s'il s'agissait d'une convention collective (art. 72, 89 C.t.).

IV-142 — *Portée de la sentence* — À la suite de l'instruction de l'affaire où les parties ont tenté de justifier leur position respective à l'égard de leurs propres prétentions et au sujet des demandes et propositions du vis-à-vis, l'arbitre doit rendre une décision. À cette fin, il décide avec équité et selon sa bonne conscience ce qu'il croit être les conditions de travail devant prévaloir dans ces circonstances (art. 79 C.t.). Outre cette double condition d'équité et de bonne conscience, qui s'adresse plus à l'esprit et à l'attitude générale de l'arbitre, l'article 79 C.t. lui impose l'obligation d'établir les conditions de travail en fonction d'une base comparative pertinente[621]. Dans sa décision, l'arbitre doit aussi tenir compte des points sur lesquels il y a eu accord entre les parties, bien que l'arbitrage proprement dit n'ait porté que sur la partie résiduaire du différend. Cette façon de procéder permet d'obtenir ainsi un texte mieux intégré et plus cohérent[622]. La décision terminale du différend rendue selon les prescriptions de l'article 88 C.t. produit des effets semblables à ceux d'une convention collective (art. 93 C.t.)[623]. Ce résultat est d'ailleurs celui attendu par les parties qui ont voulu faire, par cette voie indirecte, ce qu'elles ne pouvaient conclure elles-mêmes. Pour cette raison d'ailleurs, les difficultés d'application de la sentence arbitrale de différend sont de même nature que si elles résultaient de l'application d'une convention

---

621. En pratique, les arbitres procédaient, bien avant 1983, par voie comparative : les paramètres retenus à l'article 79, alinéa 2, C.t. ne sont d'ailleurs nullement exclusifs. Ces bases comparatives sont plus circonscrites dans les cas des pompiers et policiers municipaux (**IV-154**).

622. La loi ne prévoit pas expressément la coexistence d'une convention collective partielle et d'une sentence arbitrale de différend. Au sujet des implications et complications qui pourraient résulter de la coexistence de ces deux actes, voir les prescriptions des articles 67, alinéa 2, 72, 92 et 93 C.t.

623. On pourrait presque dire que la sentence arbitrale de différend constitue une *convention collective institutionnalisée*. Puisqu'il en est ainsi, le maintien des conditions au terme de la sentence arbitrale de différend doit s'appliquer selon les situations visées à l'article 59 C.t. Voir : *Baie-James (Municipalité de la)* c. *Fraternité des policiers de la municipalité de la Baie-James*, D.T.E. 95T-107 (C.A.).

collective. En conséquence, elles sont soumises au régime d'arbitrage des griefs (**IV-174**). Au terme de la décision arbitrale de différend (art. 92 C.t.), la négociation collective du renouvellement des conditions de travail est aussi soumise aux règles applicables à la mise en branle formelle du processus de négociation (art. 52, al. 3, C.t.) (**IV-97**)[624].

IV-143 — *Impopularité* — En pratique, le régime volontaire d'arbitrage de différends est fort peu utilisé. Cette situation proviendrait de la conjugaison de quatre facteurs.

i) Cette voie d'élaboration des conditions de travail suppose un constat, de la part des deux parties à la fois, de leur impuissance respective à obtenir, par l'exercice des moyens traditionnels, un compromis acceptable. Déjà, nous pouvons comprendre qu'un tel accord « négatif » n'est pas évident puisqu'il exige la même analyse de la part des deux parties.

ii) L'intervention de ce tiers signifie que l'ultime choix des conditions de travail (du moins à un certain degré) serait celui de l'arbitre et non une combinaison des choix et compromis des parties. En pratique cela signifie que les salariés devront personnellement accepter de travailler à ces conditions, que l'administration de l'entreprise devra s'y soumettre et finalement, que ces mêmes conditions serviront de point de départ de la prochaine négociation collective.

iii) Il est vrai que les parties disposent d'une certaine liberté de manœuvre pour circonscrire le différend et ses composantes et pour choisir l'arbitre, mais, semblable à un train sur une voie ferrée, le processus arbitral est contenu dans un cadre juridique assez formel qui limite l'action de l'une et l'autre partie. En bout de ligne, elles peuvent modifier la sentence arbitrale, mais à la condition qu'elles puissent s'entendre à cet effet.

iv) D'un point de vue psychologique et sociologique, il peut être difficile pour les parties de s'en remettre à un tiers et d'accepter que ce dernier puisse déterminer seul les conditions du travail.

Ces facteurs permettent de mieux saisir à la fois le peu d'empressement des parties à emprunter cette voie lorsqu'elle n'est pas vraiment inéluctable et aussi, le danger pour le législateur de forcer indûment son usage si d'autres voies sont encore possibles et plus respectueuses des libertés respectives des parties.

---

624. À cette même époque, soit au terme de la sentence arbitrale, le statut du syndicat accrédité peut aussi être mis en cause (art. 22 d), 41 C.t.) (**IV-51, 81**).

Sous-section 3.42
L'arbitrage terminal d'une première négociation collective

IV-144 — *Justification historique* — L'expérience nous enseigne que généralement les conflits de travail les plus longs, les plus coûteux, et souvent, les plus pénibles ont lieu à l'occasion de la première expérience commune des parties à la négociation collective. Cette première négociation suit de près l'accréditation du syndicat et, souvent, la reconnaissance officielle de la compétence du syndicat ne suffit pas à convaincre l'employeur qu'il ne peut plus agir seul pour établir les conditions de travail. Sur le plan historique, il est vrai que l'accréditation constitue une procédure légale et civilisée pour éviter les grèves dites de reconnaissance (**IV-43**). Cela ne signifie pas pour autant que l'employeur s'y soumet immédiatement et qu'il reconnaît de bonne grâce l'interlocuteur qui lui est légalement imposé. De même, un syndicat nouvellement accrédité peut vouloir rattraper le temps perdu, ou démontrer rapidement son efficacité et imposer un rythme de négociation trop rapide, ou formuler des demandes importantes qui estomaquent l'employeur. Ce double événement, l'arrivée soudaine du syndicat et le bouleversement appréhendé des conditions de travail, peut inciter l'employeur à réagir violemment et à prendre des dispositions fermes et draconiennes. C'est ainsi que grève, lock-out, menace de fermeture, licenciement collectif, congédiement et contrainte judiciaire surviennent et alourdissent d'autant le dossier de ces premières négociations[625]. Le législateur intervint, en 1977, pour inciter davantage les parties à conclure une première convention collective en la présence d'un tiers médiateur et, si nécessaire, en dotant ce dernier de l'autorité nécessaire pour relever les parties de leur obligation de négocier (art. 53 C.t.) et leur imposer une sentence arbitrale. En clair, ce dispositif comprend le possible retrait d'autorité du droit à la négociation collective pour conférer à un arbitre le soin d'élaborer, au lieu et place des parties, les conditions de travail[626]. Cet arbitrage obligatoire constitue une intervention de l'État fort importante, du moins en apparence. Pour cette raison, il nous faut bien saisir le moment où elle peut survenir et aussi, le rôle des parties. Cette double question permet de démontrer que le législateur comprit qu'il ne convenait pas d'intervenir d'une façon inconsidérée dans ce domaine pour écarter trop hâtivement et trop facilement les véritables intéressés. L'analyse de cette nouvelle voie par rapport aux objectifs connus de cette

---

625. Pour étayer ce point, il suffirait de comparer l'origine des plaintes de congédiement pour activités syndicales à la liste des syndicats nouvellement accrédités et de vérifier cette concomitance. Voir : Norman A. SOLOMON, « The Negotiation of First Agreements under the *Canadian Labour Code* — an Empirical Study », (1985) 40 *Rel. Ind.* 458.

626. Sur l'origine de ce mécanisme, voir : Paul C. WEILER, *Reconcilable Differences : New Directions in Canadian Labour Law*, Toronto, Carswell, 1980, p. 49 et suiv.

mesure particulière ne peut suffire; il nous faudrait tenter de savoir quels en sont les effets réels[627].

IV-145 — *La problématique visée* — Malgré le titre de la section 1.1 du *Code du travail* (art. 93.1 à 93.9 C.t.) «De la première convention collective», on y vise plutôt, par ellipse, la situation de la première négociation des parties en vue de conclure une convention collective. En ce sens, la sentence arbitrale résultant de cette nouvelle mesure serait justement le substitut à cette première convention collective que les parties n'ont pu conclure. L'article 93.1 C.t. indique d'ailleurs que la situation envisagée est bien celle de la négociation en vue d'une première convention collective «pour le groupe de salariés visé par l'accréditation». Pour cette raison, le critère principal de détermination serait l'unité d'accréditation. C'est en fonction de ce groupe de salariés que l'on détermine s'il s'agit bien, à son égard, d'une première expérience de négociation collective. Ainsi, il n'y aurait pas pareille aventure pour un groupe de salariés placé dans l'une ou l'autre des cinq situations qui suivent.

i) L'une des parties (syndicat ou employeur) est nouvellement arrivée au dossier; par ailleurs, le groupe de salariés visé connaît déjà le régime d'une convention collective.

ii) Un syndicat est nouvellement accrédité en remplacement d'un autre qui avait déjà conclu une convention collective[628].

iii) Un nouvel employeur survient par l'effet de l'article 45 C.t. alors que l'unité d'accréditation était déjà régie par une convention collective.

iv) L'accréditation nouvellement émise n'est en somme qu'une correction, une précision ou une refonte apportée à l'unité d'accréditation déjà soumise à une convention collective[629].

v) L'unité d'accréditation vise des pompiers ou des policiers municipaux (art. 99.9 C.t.).

---

627. Pour un aperçu de l'usage de ce moyen au Canada, voir : George Sayers BAIN, *Accréditations, premières conventions et retraits d'accréditation : cadre d'analyse*, Ottawa, Travail Canada, 1981, p. 35; Marc LAPOINTE, «Règlement de la première convention collective», dans Rodrigue BLOUIN, Jean-Paul DESCHÊNES, Jean SEXTON et Alain VINET (dir.), *Le Code du travail du Québec, 15 ans après...*, (Rapport du XXXIVe Congrès des relations industrielles de l'Université Laval), Québec, Les Presses de l'Université Laval, 1979, p. 159; Jean SEXTON, «First Contract Arbitration : A Canadian Invention», dans William KAPLAN, Jeffrey SACK et Morley GUNDERSON, *Labour Arbitration Yearbook 1991*, vol. 1, Toronto, Butterworths, 1991, p. 231.

628. Un syndicat accrédité dans le cadre prévu à l'article 22 b.1) C.t. pourrait exceptionnellement connaître une première négociation.

629. *Transport scolaire de Chauveau Ltée* c. *Syndicat des employés de transport scolaire de Chauveau Ltée*, C.S. Québec, n° 200-05-0011463-78, avril 1978.

En somme, il doit s'agir d'un groupe de salariés constitué en une unité d'accréditation par décision de l'agent d'accréditation ou du commissaire du travail et à l'égard de laquelle un syndicat accrédité n'a pas conclu une convention collective ou ne fut pas déjà assujetti à une sentence arbitrale en tenant lieu.

IV-146 — *Conditions préalables* — Les dispositions du *Code du travail* établissent un processus comprenant deux temps forts : celui de la médiation et celui de l'arbitrage. Il existe cependant deux conditions préalables à son enclenchement :

— un conciliateur intervient auparavant auprès des parties à la négociation, soit à la demande de l'une d'elles, soit du chef du ministre (art. 54, 55, 93.1 C.t.) (**IV-105**);

— une des parties à la négociation demanda par écrit au ministre cette intervention particulière et fit connaître à l'autre l'initiative ainsi prise (art. 93.1 et 93.2 C.t.).

Cette demande ne produit pas un effet automatique, car le ministre jouit d'une discrétion administrative à ce sujet (art. 93.3 C.t.). Cet élément permet de s'assurer que la mesure conserve sa finalité première, que le demandeur se situe bien dans la problématique visée (**IV-145**) et que cette requête ne sert pas strictement de simple moyen tactique pour faire pression sur le vis-à-vis. Par ailleurs, si les conditions préalables sont satisfaites et s'il n'apparaît pas que l'on recherche un usage abusif ou clairement inutile de ce recours, il pourrait être difficile au ministre de refuser d'enclencher le processus. Il peut cependant retarder la nomination d'un arbitre pour mieux apprécier les implications réelles de la situation ou pour tenter d'autres moyens (conciliation spéciale, médiation, intervention directe, etc.). Malgré le bref énoncé de l'article 93.3 C.t., la nomination d'un arbitre peut ne pas être aussi rapide puisque la procédure habituelle du choix de l'arbitre et de la désignation des assesseurs s'applique (art. 93.9 C.t.) (**IV-141**). Dès qu'un arbitre est nommé, il lui revient alors de prendre seul les autres décisions qui s'ensuivent (art. 93.4 et 93.5 C.t.). Ainsi, le ministre ne pourrait, par la suite, rappeler l'arbitre ou lui enjoindre de ne pas franchir la deuxième étape, soit l'arbitrage proprement dit, ou encore, de s'y précipiter en escamotant la médiation[630].

---

630. Au sujet des premières expériences de ce processus de dépannage édicté en 1977, voir : Jean SEXTON, « L'arbitrage de première convention collective au Québec, 1978–1984 », (1987) 42 *Rel. Ind.* 272; on y trouve une première analyse de l'expérience, qui est aussi comparée à celle des autres provinces. Voir aussi : « L'arbitrage de première convention collective — douze années d'application », *Le marché du travail*, janvier 1993, p. 6 et suiv.; *Séguin c. Industrie Simard et Frères inc.*, [1992] R.J.Q. 652 (C.A.).

IV-147 — *Mécanisme à deux temps* — Les deux étapes de ce recours sont fort différentes l'une de l'autre, aussi il importe de saisir à la fois en quoi et pourquoi elles se distinguent de même que dans quelle mesure elles sont néanmoins interdépendantes.

i) *Première étape (la médiation)* : La conjugaison des articles 93.3 et 93.4 C.t. indique bien que l'arbitre doit d'abord et avant tout « tenter de régler le différend ». Il s'agit d'une recherche de voies de compromis acceptables de part et d'autre. Cette mission de médiation n'incombe pas aux assesseurs, bien qu'ils puissent être mis à contribution dans cette recherche si toutefois il ne s'agit pas des négociateurs de la veille. Notons qu'à cette étape, l'arbitre dispose d'un moyen de pression non équivoque, soit celui de pouvoir imposer d'autorité les mêmes propositions ou d'autres. En pareille situation, il est possible d'inciter davantage les parties à assouplir leurs positions respectives ou à réduire leurs demandes ou leurs exigences. Il est vrai que le succès de la médiation peut varier selon que les parties veulent plus ou moins éviter l'arbitrage (le poids relatif des inconvénients) ou selon que l'arbitre sait utiliser sa position stratégique, et ce, sans en abuser. Si ses efforts réussissent à faire repartir la négociation entre les parties ou à les conduire à la conclusion d'un accord total ou partiel, sa démarche prend fin ou elle est d'autant réduite qu'une partie des conditions de travail sont déjà arrêtées par les parties. Cet exercice permet également à l'arbitre de mieux connaître le dossier, la nature exacte du différend et la qualité de la négociation directe qui a eu lieu jusqu'à ce moment. Ces dernières données servent aussi de base à sa décision pour franchir la deuxième étape s'il « [...] est d'avis qu'il est improbable que les parties puissent en arriver à la conclusion [...] » (art. 93.4 C.t.). Ce passage dépend de la seule appréciation de l'arbitre; le ministre ne peut l'imposer ni l'empêcher; les parties ne peuvent s'y refuser et il nous paraîtrait inconvenant qu'un tribunal judiciaire de contrôle puisse y substituer son appréciation. La discrétion dont dispose l'arbitre ne peut être exercée d'une façon arbitraire ou capricieuse parce qu'il lui répugnerait personnellement de franchir cette seconde étape si, par ailleurs, il constate que les parties n'arriveront pas, dans un délai raisonnable, à la conclusion d'une convention.

ii) *Seconde étape (l'arbitrage)* : Dès que l'arbitre décide d'arrêter d'autorité les conditions de travail, il lui faut respecter les règles applicables au processus arbitral. Outre les règles générales déjà signalées (**IV-141**), l'arbitre doit obtempérer à des consignes précises pour mener à bien cet arbitrage, soit :

— informer le ministre et les parties de sa décision (art. 93.4 *in fine* C.t.);

— prendre acte de tout accord survenu entre les parties avant et pendant l'arbitrage et il ne peut, dès lors, modifier ces mêmes conditions (art. 93.7);

— entendre les parties sur tout le différend selon les règles applicables pour un tel type d'arbitrage (art. 75 à 93, 93.9 C.t.).

Cet arbitrage comporte cependant quelques traits particuliers qu'il faut maintenant souligner puisqu'il ne s'agit plus d'une voie empruntée d'un commun accord.

IV-148 — *L'arbitrage rendu obligatoire* — Nous savons que le ministre ne fait qu'enclencher le mécanisme d'intervention en imposant la présence d'un médiateur-arbitre (art. 93.3 C.t.), sans nécessairement imposer directement l'arbitrage. Il incombe à l'arbitre, au terme de sa médiation, d'apprécier seul la situation et de prendre position sur la probabilité des parties « d'en arriver à la conclusion d'une convention collective dans un délai raisonnable » (art. 93.4 C.t.). Au sujet de ce dernier critère, observons que :

— le législateur retient encore l'élément temps pour jauger la situation puisqu'il s'agit d'un facteur très important de la négociation collective (**IV-1**);

— cette appréciation relève uniquement de l'arbitre, et la décision de procéder à l'arbitrage ne pourrait lui être exigée ni prohibée par quiconque;

— s'il constate une improbabilité à conclure de la part des parties, il lui faut entamer l'arbitrage. Le libellé de l'article 93.4 C.t. ne semble pas lui permettre d'opter pour une troisième voie, soit celle de laisser les parties s'enliser, du moins pour un temps, dans leur différend.

Dès que les parties sont informées de la décision de l'arbitre (art. 93.4 C.t.), leur situation juridique en est aussitôt modifiée :

— la grève ou le lock-out qui aurait cours doit immédiatement cesser. Bien qu'il ne soit pas toujours facile, en pratique, d'arrêter un tel mouvement, il faut comprendre que les parties doivent tout mettre en œuvre pour permettre le retour au travail (art. 93.5 C.t.);

— jusqu'au moment où l'arbitre rend une sentence arbitrale (art. 92 C.t.), les conditions de travail existantes, au sens de l'article 59 C.t., doivent être respectées de part et d'autre (**IV-100**).

Ainsi, la décision de l'arbitre produit un effet semblable à celui de l'accord des parties de soumettre le différend à l'arbitrage (art. 58, 106 C.t.) (**IV-140**). Compte tenu de la finalité de ce moyen exceptionnel, on ne peut être surpris d'une telle transposition qui consiste à traiter les parties comme si elles s'étaient placées volontairement en situation d'arbitrage du différend, décision qui implique une renonciation à l'exercice de la grève et du lock-out (**IV-140**). La même logique imposait aussi l'application de l'article 59 C.t., soit le maintien des conditions de travail et la protection qui s'y rattache (art. 100.10 C.t.) (**IV-183**).

IV-149 — *L'enquête de l'arbitre* — Bien que cet arbitrage soit imposé d'autorité par décision de l'arbitre, les parties ne sont nullement écartées du dossier. À l'instar de l'arbitrage volontaire du différend (**IV-139**), l'arbitre doit les entendre, c'est-à-dire leur permettre de faire connaître leur position respective sur l'ensemble du différend. De plus, le législateur reconnaît que les parties peuvent, en tout temps, jouer un rôle actif et même, reprendre la maîtrise de l'élaboration conjointe des conditions de travail.

i) Les parties peuvent s'entendre pour modifier ou adapter les conditions de travail pour la période nécessaire à l'arbitrage (art. 59, al. 1, C.t.).

ii) L'article 93.7, alinéa 1, C.t. précise que les parties « peuvent, à tout moment, s'entendre sur l'une des questions faisant l'objet du différend ». Soulignons-le, ces accords globaux ou partiels peuvent survenir avant et pendant l'enquête de l'arbitre et lient ce dernier (art. 93.7 C.t.).

iii) La sentence arbitrale n'est pas terminale ni exclusive puisque les parties peuvent ensemble la modifier (art. 92 C.t.).

iv) La limite maximale de deux ans de la sentence arbitrale permet, à court terme, la reprise en main du dossier par les parties (art. 93.9 C.t.).

Ces règles démontrent bien la fonction supplétive réservée à ce mécanisme. Le retour éventuel des parties à la table de négociation ainsi annoncé et facilité par ces quatre dispositions place, en quelque sorte, le statut juridique de l'arbitre sous condition résolutoire. Par ailleurs, cette faculté laissée aux parties apporte une autorité supplémentaire à l'arbitre du seul fait qu'il demeure en fonction, c'est-à-dire du seul fait que les parties ne réussissent pas à reprendre en main la négociation collective. La présence de l'arbitre peut être présumée encore nécessaire alors que les parties pourraient autrement limiter le rôle de l'arbitre à prendre acte de leur accord.

IV-150 — *Contenu limité de la sentence* — Le *Code du travail* n'impose pas un contenu minimal à la sentence arbitrale. Il fournit seulement une base comparative, soit celle « des conditions de travail qui prévalent dans des entreprises semblables ou dans des circonstances similaires ainsi que des conditions de travail applicables aux autres salariés de l'entreprise » (art. 79, al. 2, C.t.). Ces trois critères doivent certes être retenus, mais nullement à titre exclusif, car trois autres données peuvent servir de guides à la recherche de conditions de travail imposées d'autorité.

i) Les accords des parties sur quelques points peuvent également servir de balises pour effectuer les autres choix, assurer la cohérence de l'ensemble et pondérer les autres demandes et propositions des parties.

ii) Les propositions et contrepropositions des parties présentées ou soumises à l'arbitre servent aussi de tenants et d'aboutissants pour contenir les conditions de travail finalement imposées.

iii) La base comparative donnée à l'article 79 C.t. indique bien que l'arbitre ne doit pas imposer les meilleures ni les pires conditions de travail du secteur comparable. Il faut ajouter à cela qu'en raison de sa fonction supplétive, l'arbitre aurait avantage à limiter son intervention aux conditions de travail essentielles, évitant ainsi de s'immiscer dans des questions trop particulières à ce milieu et qui, généralement, résultent de deux ou trois générations de conventions collectives. Cette progression permet, de part et d'autre, d'effectuer par la suite les dosages nécessaires et d'y mouler le processus administratif qui doit s'y rattacher. En d'autres termes, il est souhaitable que l'arbitre évite d'orienter les prochaines négociations directes ou qu'il impose aux parties, d'un seul et premier trait, un ensemble complexe de conditions de travail importées d'ailleurs.

Ces réserves et conditions d'exercice d'une telle intervention arbitrale indiquent qu'il doit s'agir d'un mécanisme voué à aider les parties dans la suite inéluctable de leurs rapports collectifs du travail. Ainsi, le choix des arbitres demeure une question importante afin d'y dépêcher des personnes suffisamment avisées de la nature du double rôle qui leur est confié et des implications de leurs interventions sur la conduite des futurs rapports des parties. La qualité de ce tiers est donc primordiale pour atteindre l'objectif réel sous-jacent de ce recours, qui consiste à résoudre l'impasse avec les parties, et seulement s'il le faut vraiment, sans elles.

Sous-section 3.43
Les policiers et pompiers municipaux

IV-151 — *L'arbitrage palliatif* — N'ayant pas le droit de faire grève (art. 105 C.t.), les policiers et pompiers municipaux doivent ultimement soumettre leur différend à l'arbitrage. S'il survient quelques difficultés particulières au cours d'une convention collective ou d'une sentence arbitrale en tenant lieu, qui ne pourraient être qualifiées de différend ou de grief au sens du *Code du travail*, une procédure particulière est aussi prévue pour résoudre l'impasse : la médiation, qui peut être suivie d'un arbitrage de la mésentente assimilée alors à un différend (art. 99.10 et 99.11 C.t.). Au sujet de cet élargissement du droit à l'arbitrage dans le cas des policiers et pompiers municipaux, la Cour d'appel rappelait qu'il s'agit « [du] pendant logique de l'interdiction de toute grève des pompiers en toutes circonstances [...][631] ». Cette double mesure visant à assurer

---

631. *Association des pompiers de Montréal* c. *Ville de Montréal*, [1986] R.J.Q. 1576, 1577 (C.A.).

à ces parties que les impasses qu'elles peuvent connaître ou appréhender seront ainsi déverrouillées par voie d'arbitrage est déjà indicative du particularisme de ce milieu. Trois traits caractéristiques doivent être retenus pour saisir les intérêts en présence et la portée des nouvelles modalités applicables.

i)   L'employeur est un « gouvernement local » (municipalité ou régie intermunicipale), ce qui signifie que cet organisme a l'obligation d'assurer au public un service de sécurité de qualité, sans interruption ni défaillance et mis à la charge financière de chaque milieu local. Il dispose de divers autres groupes de salariés et il se doit d'avoir une gestion cohérente et juste à l'égard de l'ensemble de ses ressources. Par ailleurs, ce même organisme public exerce un pouvoir de réglementation pour assurer le bon ordre au sein de son territoire. Ainsi faut-il parfois préciser les limites de ce pouvoir, alors qu'un règlement municipal pourrait modifier plus ou moins directement certaines conditions de travail et, inversement, l'imposition d'autorité de conditions de travail par sentence arbitrale pourrait également contenir ou réduire le pouvoir de réglementation du gouvernement municipal, ou sa capacité financière ou encore, son pouvoir d'imposition. S'il s'agit d'un règlement d'ordre général et régulièrement édicté par une municipalité, on ne pourrait, par la voie d'une sentence arbitrale, le contourner, le contredire, l'écarter ou le modifier. Cette question est souvent délicate parce qu'une municipalité ne pourrait, d'une façon unilatérale et sous le couvert d'un règlement, imposer des conditions de travail et rendre impossible, en particulier, l'arbitrage, ou sans effet utile, la sentence arbitrale. Ainsi, un règlement municipal assurant l'accès en toute sécurité aux parcs publics au cours des fins de semaine peut certes avoir des répercussions pratiques pour l'élaboration des plages de temps de travail des policiers municipaux. Finalement, l'arbitre de différends, devra prendre en considération cette donnée sans que l'on puisse valablement prétendre que l'employeur impose unilatéralement, par cette voie, des conditions de travail.

ii) Les salariés pompiers ou policiers sont, en raison de la nature de leurs tâches, quelque peu mis à l'écart. La population doit pouvoir compter sur leur disponibilité sans faille. Ainsi, les policiers municipaux ne peuvent s'affilier à des syndicats autres (**IV-16**). Ces deux groupes de salariés sont dépourvus du droit de grève (**IV-115**)[632]. Pour ces raisons, il importe que les pompiers et policiers municipaux disposent d'un moyen qui soit juste et légitime pour départager, s'il y a lieu, au terme

---

632. Bien évidemment, les employeurs sont aussi privés du droit de lock-out. Il nous faudrait reconnaître l'incongruité de leur conférer un tel moyen, que certains requièrent néanmoins, alors qu'ils doivent assurer la sécurité des citoyens. Un lock-out municipal des policiers ne reviendrait-il pas à interposer les citoyens entre les élus et les policiers ?

d'une négociation collective en vue du renouvellement de leur convention collective ou de ce qui en tient lieu. Par ailleurs, cette balkanisation syndicale a pu, avec le temps et la pratique, renforcer les liens organiques de solidarité des policiers et des pompiers, alors que bien des élus municipaux assument isolément cette gestion et cherchent à offrir aux citoyens toute la sécurité désirée. Peut-être est-ce ainsi qu'il faut comprendre que le régime d'arbitrage obligatoire de leurs différends aurait assez bien servi les policiers et pompiers municipaux!

iii) Cette procédure d'arbitrage obligatoire leur fut imposée depuis plus de 60 ans et le mécanisme fut mis au point au moment de la codification de 1964. Le législateur tenta à nouveau, en 1993, de peaufiner ce système et il dut revenir à la tâche en 1996[633]. Il n'y a pas lieu, dans le présent cadre, d'analyser les visées politiques de ces dernières lois ni de faire état de leur genèse. Cette bousculade de trois interventions législatives en si peu de temps et le fait que le ministre du Travail doit faire rapport sur l'application de ces nouvelles dispositions à l'Assemblée nationale avant le 20 juin 1999 révèlent assez bien le scepticisme ambiant[634].

IV-152 — *La médiation volontaire* — Pour éviter, si possible, l'arbitrage, les parties peuvent d'un commun accord disposer des services d'un médiateur pour les aider à chercher une voie de solution à leur différend[635]. Cette médiation se réalise dans un cadre précis et comporte des implications particulières qu'il nous faut souligner[636]. Elle serait volontaire, dans le sens qu'elle résulte d'une demande conjointe : une partie ne peut l'imposer à l'autre et elle se situe dans une période où les parties sont encore seules au dossier de la négociation. Cette demande suffit pour enclencher la médiation. Bien que volontaire, celle-ci doit se faire dans un temps déterminé : 60 jours, avec une seule extension de 30 jours. Cette limite peut parfois inciter les parties à tenter l'opération puisqu'elles ne peuvent être entraînées malgré elles dans des mesures dilatoires et dans un quelconque labyrinthe procédurier. Aucune indication n'est donnée quant au bassin de recrutement de tels médiateurs, ce qui permettrait de croire que les parties pourraient également s'entendre à ce

---

633. *Loi modifiant le Code du travail* et *Loi sur le ministère du Travail*, L.Q. 1993, c. 6; *Loi modifiant diverses dispositions législatives en application de la Loi sur l'organisation territoriale municipale*, L.Q. 1996, c. 2; *Loi modifiant le Code du travail*, 1996, c. 30.

634. L'article 9 de la *Loi modifiant le Code du travail* (L.Q. 1996, c. 30) précise que ce rapport du ministre doit être étudié en commission parlementaire où les organismes représentatifs du milieu pourraient être entendus.

635. Au-delà de ces dispositions particulières (art. 94 C.t.), les parties peuvent toujours, d'un commun accord, recourir aux services d'un médiateur « privé ». L'annexe 8 comprend un tableau synoptique des différentes voies d'accès à la médiation et à l'arbitrage proposées à ces parties.

636. Les articles 94 à 97 C.t. furent intégrés au *Code du travail* en 1993 (L.Q. 1993, c. 6) et des retouches importantes furent apportées en 1996 (L.Q. 1996, c. 30).

sujet et que le ministre devrait respecter ce choix[637]. Certes, il est possible qu'un médiateur professionnel du ministère exerce cette fonction, bien qu'elle ne semble pas lui être réservée d'une manière exclusive. Le succès d'une médiation dépend beaucoup des qualités réelles de la personne choisie et aussi, des qualités que les parties veulent bien lui reconnaître[638]. Pour cette raison, il est possible que l'accord des parties dépende de cette condition. Cette voie librement choisie par les parties comporte plusieurs implications juridiques qui doivent certes être considérées avant même d'y acquiescer, notamment les quatre points qui suivent.

i) S'il y a échec, le médiateur doit faire rapport par lequel il signale les questions qui firent l'objet d'un accord et précise les éléments de la négociation (offre et demande, contreproposition, etc.) qui composent le différend résiduel.

ii) Ce rapport est transmis aux parties et au ministre. L'article 96 C.t. ne précise pas le temps alloué au médiateur pour le déposer. On y ajoute cependant que la copie du procès-verbal de la médiation transmise au ministre serait complétée de commentaires. Il nous paraît assez particulier qu'un médiateur souhaité par les parties et peut-être même choisi par elles, travaillant avec elles pour découvrir quelques pistes de solutions, fasse néanmoins des commentaires à la seule intention du ministre. Si telle est la solution retenue, il nous faudrait reconnaître que le législateur retient une conception particulière de la médiation et qu'au-delà des termes employés, il s'agirait davantage d'une « conciliation ministérielle » !

iii) Ce rapport du médiateur peut produire des effets certains pour la suite des événements puisqu'il sert en quelque sorte à contenir l'arbitrage terminal du différend (art. 98, al. 3, 99.4 C.t.). On ne saurait en conséquence minimiser l'importance pratique de ce même rapport ni des commentaires du médiateur.

iv) Le dépôt du rapport du médiateur a l'effet d'enclencher l'arbitrage. Il est vrai que l'une des parties peut aussi prendre pareille initiative sans attendre ce dépôt (art. 97, al. 1, C.t.).

À cette phase du processus, les parties peuvent poursuivre dans deux voies distinctes : celle de la médiation-arbitrage (**IV-153**) ou celle de l'arbitrage direct (**IV-154**).

---

637. Si les parties exigent la nomination d'un tiers qui n'est pas fonctionnaire, il faudrait savoir alors qui en assume les frais ! Si le ministre dispose du choix du médiateur, il serait normal que l'État supporte les coûts inhérents, mais la question peut être différente si les parties veulent un tiers de leur choix commun.

638. À ce même sujet, notons que le dispositif relatif à la conciliation (art. 54 et 55 C.t.) (**IV-105**) ne s'applique plus dans ce milieu (art. 99.9 C.t.).

IV-153 — *Médiation-arbitrage* — Sans égard s'il y eut ou non médiation volontaire selon les articles 94 et 96 C.t., les parties peuvent choisir l'une ou l'autre des deux voies ci-dessous.

  i) Si une partie prend l'initiative de demander l'arbitrage et entend l'imposer à l'autre, alors on procède par la voie traditionnelle de l'arbitrage (**IV-154**).

  ii) Si les deux parties s'entendent à cette fin, elles peuvent retenir la voie nouvelle de la médiation-arbitrage (art. 97, al. 2, C.t.).

Les articles 98 à 99.8 C.t. comprennent diverses modalités applicables à la fois à la médiation arbitrale et à l'arbitrage proprement dit. Dans des objectifs de synthèse et d'analyse, nous tentons de les distinguer afin de mieux saisir ce qui les différencie l'un de l'autre. Ainsi, le choix de l'arbitre ou du médiateur-arbitre par les parties s'impose, bien qu'il soit fort contenu. Le législateur prit acte des appréhensions ou des critiques des municipalités, de manière que les parties puissent avoir la plus grande confiance possible en cette personne. À cette fin, le véritable choix de l'arbitre ou du médiateur-arbitre se réalise selon cinq étapes ou conditions.

  i) Une liste préalable de personnes agréées à cette fonction particulière est établie pour cinq ans selon les recommandations conjointes des associations représentatives (art. 99 C.t.) : cette présélection suppose bien des analyses et supputations de la part des parties puisque seules les personnes retenues par toutes les parties représentatives à la fois apparaîtront dans cette liste.

  ii) À l'aide de cette seule liste de personnes agréées, les parties qui connaissent un différend doivent alors tenter de s'entendre sur le choix de l'une d'entre elles pour agir à titre d'arbitre ou de médiateur-arbitre auprès d'elles.

  iii) Le ministre nomme arbitre ou médiateur-arbitre la personne choisie par les parties et, à défaut d'un tel choix, il procède directement à cette nomination, mais toujours à l'aide de cette même liste de personnes présélectionnées (art. 98, al. 2, C.t.).

  iv) Toute personne agissant à titre d'arbitre ou de médiateur-arbitre ne peut par la suite agir à titre d'arbitre au sujet d'un grief fondé sur sa sentence arbitrale de différend (art. 99.1 C.t.)[639].

  v) À l'étape de la médiation précédant l'éventuel arbitrage, le médiateur-arbitre intervient seul auprès des parties ; ce n'est qu'au terme de cette phase, s'il y a alors lieu, que des assesseurs sont nommés pour l'assister, sauf si les parties renoncent expressément à ce droit (art. 99.2 C.t.).

---

639. Si le législateur crut nécessaire de souligner cette évidence, est-ce parce qu'elle n'allait pas de soi pour tous ?

L'intervention initiale du médiateur-arbitre est semblable à celle déjà applicable à l'arbitrage terminal d'une première négociation collective (art. 93.1 et suiv. C.t.)[640]. S'il incombe au médiateur-arbitre d'aider les parties à trouver une voie de solution, aucun délai n'est prévu pour ce premier exercice, si ce n'est qu'il lui faut entamer l'arbitrage lorsqu'il est convaincu de l'échec de la médiation (art. 99.1 C.t.), c'est-à-dire s'il constate l'absence d'éléments sérieux lui permettant de croire à la conclusion prochaine de la négociation par les parties elles-mêmes.

IV-154 — *L'arbitrage* — Cet arbitrage est tenu et présidé par l'arbitre, que ce dernier ait ou non exercé au préalable le rôle de médiateur (**IV-153**). Dès que la phase réelle de l'arbitrage est entamée, des assesseurs lui sont nommés selon l'article 99.2 C.t. Le défaut ou le refus d'effectuer ces nominations par les parties ne fait pas obstacle au processus arbitral. L'arbitrage porte sur la partie résiduelle du différend, c'est-à-dire sur tous les points (offres, demandes et contrepropositions) au sujet desquels il n'y a pas déjà eu accord. L'arbitre a compétence exclusive pour dresser d'autorité la liste de ces mêmes points constitutifs du différend dont il est saisi et il utilise à cette fin, s'il y a lieu, le rapport de la médiation volontaire (art. 98, al. 3, C.t.) (**IV-152**) et ses propres constats, s'il est intervenu lui-même auparavant à titre de médiateur (art. 99.4, 99.7 C.t.) (**IV-153**). Depuis le 20 juin 1996, l'article 99.5, alinéa 1, C.t. établit à nouveau les critères pouvant servir de balises à sa décision, bien qu'ils puissent être élargis et même contenus selon la preuve administrée par les parties (art. 99.5, al. 2 et 99.6 C.t.). La conjugaison des articles 99.5 et 99.6 C.t. modifie sensiblement l'aire discrétionnaire laissée à l'arbitre de différends, notamment par l'obligation qui lui est faite de prendre en considération les conditions de travail des autres salariés de la même municipalité. D'une certaine manière, cette précision apportée par l'article 99.5, alinéa 1, C.t. indique que le policier et le pompier sont d'abord des salariés d'une municipalité tout comme leurs collègues exerçant d'autres professions dans ces mêmes lieux. Cette obligation signifie que l'arbitre ne peut plus isoler le groupe de policiers ou de pompiers et comparer seulement leurs conditions de travail à celles de leurs collègues des autres municipalités. Ce dernier exercice est encore permis, mais il ne peut être exclusif ni prévalent, d'autant plus que cette même consigne se termine en l'incitant à considérer « [...] la situation et des perspectives salariales et économiques du Québec ». Le deuxième alinéa de l'article 99.5 et l'article 99.6 C.t. précisent que les parties peuvent élargir les bases comparatives et autres données servant à la décision de l'arbitre. Puisque l'arbitre de différends est lié par la preuve qui lui est présentée, il est aussi possible que les limites, réserves ou lacunes de cette même preuve modulent d'une certaine manière, positive ou négative, la

---

640. À cette fin, il suffirait de comparer les libellés des articles 99.1 et 93.4 C.t. (**IV-146**).

discrétion administrative de l'arbitre. La sentence arbitrale peut être de trois ans (art. 99.8 C.t.) et non de deux ans comme c'est le cas pour les autres arbitrages de différends (art. 92, 93.9 C.t.). Au sujet de la procédure d'enquête, les règles générales d'arbitrage de différends s'appliquent également dans ce cas (art. 76, 80 à 91.1, 93, 99.9 C.t.). Outre les définitions de grief et de différend du *Code du travail*, toute mésentente que connaissent les policiers et pompiers municipaux peuvent aussi faire l'objet d'une médiation et, finalement, d'un arbitrage (art. 99.10 et 99.11 C.t.) (**IV-151**). Cette dernière mesure illustre, on ne peut mieux, le souci d'éviter l'avènement de mésententes qui perdurent et enveniment les rapports collectifs du travail dans ces milieux particuliers[641]. Pour une synthèse de ce régime particulier applicable aux policiers et pompiers municipaux, nous renvoyons le lecteur au tableau schématique de l'annexe 8.

---

641. Il est néanmoins rare que l'on utilise cette voie qui, face à un problème particulier, peut engager les parties dans une démarche assez longue, coûteuse et aux aboutissements imprévisibles.

Chapitre IV-4

La convention collective
de réglementation du travail
et son application

IV-155 — *La démarche retenue* — Accréditation, négociation, conciliation et pressions sont les moyens, entre autres, pour aboutir à l'acte bilatéral de réglementation du travail, la convention collective. Cet acte concrétise, en quelque sorte, l'objectif même du processus, qui est de permettre aux salariés de prendre part collectivement à l'élaboration de leurs conditions de travail. Cette convention collective de réglementation du travail remplace les diktats, bons ou mauvais, de l'employeur et permet également de réduire l'intervention directe de l'État. En ce sens, la convention collective symbolise la présence d'un groupe de salariés participant au gouvernement de leur vie professionnelle. Tout en étant un aboutissement d'une négociation collective, elle n'est nullement son étape terminale. Dans le cadre du processus continu des rapports collectifs du travail, elle marquerait davantage une halte, une pause, un relais et nullement un arrêt. La convention collective signifie, à sa manière, le franchissement d'une nouvelle étape par rapport à la précédente et en même temps, elle prépare la suivante. Placée dans le continuum des rapports collectifs, elle sert de point de référence, consignant l'acquis et comprenant des éléments générateurs de l'action prochaine des parties. Cette double fonction conservatrice et progressiste révèle déjà son originalité et annonce les difficultés quant à sa qualification juridique et à la détermination de sa portée véritable. L'originalité de la convention collective est telle qu'il ne serait pas exagéré de prétendre qu'elle est l'ipséité même du droit des rapports collectifs. L'analyse de son contenu révèle à la fois le régime actuel de travail du milieu et les thèmes de la prochaine négociation. Cette conjugaison au présent du passé et du futur révèle sa constante adaptabilité, la recherche par ses auteurs de nouvelles réponses à l'expérience quotidienne tout en préparant des lendemains en fonction de leurs appréhensions respectives. Par son application, elle permet aussi de prendre conscience des limites de l'écrit, des défaillances des acteurs et rédacteurs de même que des multiples perceptions de ses divers lecteurs : le président-directeur général, le directeur des ressources humaines, le conseiller syndical, l'agent de griefs, le salarié, l'arbitre, etc.[642]. Ainsi, la dynamique qui s'instaure entre les parties pour assurer une application concrète et satisfaisante de la convention collective, le contentieux qu'elle engendre et l'intervention, à nouveau, de tiers pour trancher les griefs constituent autant de dimensions fort importantes des rapports continus des parties. Vue sous l'angle de la continuité des rapports collectifs et de l'évolution conjoncturelle du milieu, l'administration de la convention collective ne serait que la suite logique et inéluctable d'une négociation collective qui ne prend jamais totalement fin. Pour mieux apprécier les qualités de la convention collective, nous mettons en relief l'originalité de cet acte juridique en soulignant ses traits caractéristiques et ses conditions d'existence juridique (**s. 4.1**) Nous examinons alors son contenu et ses effets, et nous nous interrogeons également au sujet de sa nature juridique. Dans une seconde section (**s. 4.2**), nous traitons de l'administration de la convention collective, et plus particulièrement, du contentieux qui en résulte. Nous voyons quand et pourquoi l'arbitrage des griefs est obligatoire et nous étudions le processus arbitral en mettant en relief les caractéristiques de ce régime de justice.

---

642. Le fait que la convention collective soit l'œuvre des deux parties ne signifie pas que son contenu soit à l'épreuve de tous soupçons. Voir : Muriel CARON, *Les conventions collectives : une piste pour l'analyse de la discrimination en milieu de travail*, Cowansville, Les Éditions Yvon Blais Inc., 1989.

Section 4.1

La nature juridique
de la convention collective et sa portée

IV-156 — *Définition initiale* — À l'aide de la définition de la convention collective du *Code du travail* (art. 1 d)), nous proposons, à titre préliminaire, une autre définition : *Un acte écrit de caractère public et exclusif par lequel un syndicat accrédité et un employeur fixent d'autorité, soit directement, soit par leur mandataire respectif et pour une durée limitée, le régime de travail applicable à tous les salariés compris dans l'unité d'accréditation visée.*

Cette synthèse des éléments caractéristiques de la convention collective de réglementation du travail met simplement en relief le rôle principal des parties à titre d'auteurs de l'acte et son champ d'application propre, l'unité d'accréditation. On constate que l'on y réunit, dans une capsule, les principaux éléments déjà étudiés, notamment l'accréditation et la négociation, données qui servent de sources vives à la réalisation de l'acte. Les autres éléments de cette définition (un régime de travail qui s'impose d'autorité) sont les effets recherchés par la conclusion même de la convention collective. Cette dernière ne saurait être un faisceau de vagues promesses ni d'engagements sous conditions suspensives. Une des caractéristiques principales de cet acte juridique résulte du fait qu'un cosignataire agit au nom d'une collectivité en raison de sa représentativité, et que l'acte lie toutes les personnes placées dans la situation objective envisagée, soit la relation d'emploi dans un milieu donné. Dès lors, nous pouvons mieux saisir la nature et la portée de cet acte juridique en soulignant certains de ses traits caractéristiques. Ce bref essai devrait aussi servir de mise en garde pour une qualification trop hâtive de cet acte juridique à l'aide des seules catégories émanant d'un siècle passé (loi et contrat). Par la suite, nous complétons et précisons ces premières données par l'étude de son contenu possible et de ses effets. Ce procédé entraîne ou provoque parfois des redites ou des rappels, mais ces inexorables doublons nous paraissent constituer le prix exigible pour tenter de cerner cette réalité fugace.

IV-157 — *Une trêve contenue* — Dès la conclusion de la convention collective ou de son fac-similé (la sentence arbitrale), les parties doivent respecter une trêve jusqu'à son expiration (art. 58, 107 C.t.). L'employeur et le syndicat perdent provisoirement leur droit respectif de grève et de lock-out (**IV-126**). Les droits et obligations de chacun étant arrêtés et consignés à la convention collective, ils ne peuvent unilatéralement être reconsidérés au cours de cette même période. À l'égard d'un même groupe de salariés défini (l'unité d'accréditation), un deuxième syndicat ne peut entreprendre une autre négociation pour les salariés visés par l'unité d'accréditation du syndicat signataire et il ne peut valablement remettre en cause à tout moment l'accréditation de ce dernier (art. 22 C.t.). Nous savons également que le statut du syndicat et l'existence de la convention collective ne sont pas ébranlés par les changements internes survenus dans l'entreprise (art. 45 C.t.) (**IV-44**). Ces quelques dispositions illustrent l'intention du législateur de conférer aux deux parties en place une relative stabilité pour le temps déterminé par la durée de la convention collective. Cette dernière peut elle-même procurer au syndicat accrédité une autre garantie par la voie d'une clause dite de sécurité syndicale (**IV-19**). L'employeur dispose aussi d'une période d'accalmie puisqu'il n'assume des obligations qu'à l'endroit du seul syndicat accrédité. De plus, cette convention collective est exclusive, en ce sens qu'elle vaut pour tous les salariés visés par l'unité d'accréditation, et le syndicat ne peut exiger de scinder en sous-groupes cette unité, soit afin de négocier pour chacun d'eux à des moments différents, soit pour élaborer plus d'une convention collective (art. 67, al. 2, C.t.). Au cours d'une convention collective, une partie ne peut, directement ou indirectement, forcer l'autre à modifier les conditions de travail (art. 52, 67, 107 C.t.).[643] Toute difficulté d'application et d'interprétation de la convention collective doit être réglée à l'aide de moyens pacifiques (art. 100 et suiv. C.t.). Pour les autres mésententes, si cette éventualité n'est pas prévue dans la convention collective (art. 102, 107 C.t.), les parties doivent attendre la fin de cette dernière pour rechercher ou imposer une solution. Ainsi, la conclusion d'une convention collective impose un temps d'arrêt à la négociation directe et formelle. Au risque de paraître contradictoire, la convention collective n'implique nullement une totale absence de négociation. Qu'on le veuille ou pas, la situation de fait évolue, la conjoncture se modifie, d'autres besoins se font jour et l'administration de la convention collective exige que l'on s'adapte, de part et d'autre, à ces changements. Même l'évolu-

---

643. L'article 107 C.t. précise que la convention collective peut contenir une disposition permettant la réouverture avant terme de la négociation. À défaut d'une telle modalité expresse, les parties doivent attendre l'arrivée du terme, sauf, en pratique, si elles s'entendent pour entrouvrir la négociation sans autre préalable.

tion de l'administration courante de la convention collective influe sur la position respective des parties et il en est ainsi par le prononcé des décisions arbitrales venant confirmer ou infirmer l'entendement de l'employeur ou du syndicat à l'égard de telle ou telle autre disposition. On constate donc que cette trêve, cet arrêt de la négociation formelle, directe, ouverte et structurée durant le terme de la convention collective ne signifie nullement l'immobilisme, le statisme, bien au contraire. Ce n'est là qu'un premier paradoxe de la convention collective que l'on érige par ailleurs en traité de paix pour assurer aux rapports des parties une certaine stabilité et ainsi, une sécurité relative (**IV-1**).

IV-158 — *Lois et convention* — L'étude des caractéristiques du droit de l'emploi (**I-86**) et du contenu de ses principales lois nous permet de saisir l'inévitable relation de complémentarité entre les lois de l'emploi et la convention collective. De plus, ces rapports sont à double sens :

— plusieurs dispositions législatives prirent la relève de la convention collective pour régir certaines questions qui étaient, jusqu'à ce temps, du seul domaine conventionnel ;

— certaines autres dispositions législatives n'ont qu'une fonction supplétive et sont généralement remplacées par des dispositions conventionnelles.

À titre d'exemples, nous savons que :

— l'article 47 C.t. confère l'équivalent d'une « formule Rand » à tous les syndicats accrédités, avant même la conclusion d'une convention collective, bien que cette dernière puisse contenir des modalités complémentaires (**IV-22**);

— l'article 100.12 f) C.t. précise le droit de l'arbitre de modifier les mesures disciplinaires de l'employeur, et les parties ne peuvent lui retirer cette discrétion que si elles respectent les conditions édictées à ce même paragraphe (**IV-188**);

— le *Code du travail* renferme plusieurs dispositions reconnaissant expressément le pouvoir des parties à la convention collective d'établir d'autres normes et alors, les dispositions légales font fonction de règles supplétives (art. 59, al. 3, 100, 100.2, 100.3, 101.5 et suiv. C.t.);

— les articles 41 à 50 de la *Charte de la langue française* déterminent dorénavant la langue officielle de la convention collective, alors qu'il revenait autrefois aux parties de faire ce choix[644];

---

644. La situation est ainsi inversée puisque la *Charte de la langue française* (art. 50) précise que ses dispositions concernant la langue française sont réputées parties intégrantes de la convention collective des parties (**III-113**).

— la *Loi sur les normes du travail* établit des conditions de travail concernant les congés annuels, les jours fériés, les congés sociaux, le temps supplémentaire, le préavis de licenciement, etc., ce qui élève d'autant la ligne de départ de la négociation collective des parties et établit que le plus conventionnel comprend le moins normalisé (art. 94 L.N.T.) (**III-210**);

— la *Loi sur la santé et la sécurité du travail* précise des droits aux salariés, tant sur le plan individuel que collectif, et confère un certain statut au syndicat accrédité, alors que les conventions collectives antérieures à la promulgation de cette loi donnaient peu de réponses à ces questions (**III-405**);

— le droit de retour au travail est affirmé par la *Loi sur les accidents du travail et les maladies professionnelles* (art. 234). Les parties peuvent en traiter dans leur convention collective.

Outre ces quelques exemples, il nous faudrait aussi considérer le contenu possible ou éventuel des règlements qui peuvent être édictés en vertu de ces même lois[645]. Il existe donc une véritable dynamique entre loi, règlement et convention collective, alors que chacune de ces trois sources peut agir ou réagir en fonction des deux autres. En d'autres termes, la négociation collective dépend, en aval ou en amont, de normes étatiques[646]. En ce sens, on constate que la convention collective est véritablement retenue à titre de moyen collatéral et dynamique de réglementation dans ces milieux.

IV-159 — *Un procès-verbal cumulatif* — Les parties disposent d'une grande liberté de manœuvre pour établir le contenu de la convention collective. En somme, cette dernière peut comprendre toute disposition acceptée par les parties, pourvu qu'elle soit de la nature des conditions de travail et qu'elle ne soit pas contraire à l'ordre public ni prohibée par la loi (**IV-99**). Cette grande souplesse reconnue aux parties permet d'adapter régulièrement la convention collective à leurs besoins particuliers ou nouveaux. Cela ne signifie nullement qu'elles puissent faire table rase à chaque négociation. D'ailleurs, il s'agit davantage de la négociation du renouvellement de la convention collective que de la négociation intégrale d'une nouvelle convention. Selon leur vue

---

645. L'élasticité de ces lois (L.N.T., L.S.S.T. et L.A.T.M.P.) tout comme leur rétractabilité sont en fonction directe du vaste pouvoir de réglementation conféré au gouvernement. Ainsi, les effets de ces lois peuvent être progressifs ou régressifs sans qu'elles soient même amendées; un simple changement du contenu des règlements peut suffire et dans certains cas, l'abstention d'édicter de tels règlements rend ainsi inapplicables des dispositions législatives soumises à de tels antécédents.

646. Même les conventions collectives de l'État employeur exercent une influence certaine sur la négociation dans le secteur privé. L'intérêt que suscite la négociation du secteur public auprès des chambres de commerce et du Conseil du patronat du Québec l'illustre bien. Voir : André BEAUCAGE, *Syndicats, salaires et conjoncture économique : L'expérience des fronts communs du secteur public québécois de 1971 à 1983*, Sillery, Éditions Presses de l'Université du Québec, 1989, p. 80 et suiv.

respective, leur expérience et l'évolution de la conjoncture, les négociateurs tentent plutôt de compléter, clarifier, raffiner, corriger ou soustraire certains éléments de la convention collective précédente, tout en conservant cette dernière comme toile de fond. Cette opération se répète généralement à chaque renouvellement. L'écriture comporte trop d'incertitudes et elle est trop approximative par rapport à la réalité pour que l'on risque, chaque fois, l'usage de nouvelles formules qui n'ont pas connu l'épreuve d'une transposition concrète[647]. Outre ces contraintes provenant de l'écrit, le milieu de travail ne connaît généralement pas de changements si profonds et subits qu'il faille réécrire la convention à chaque négociation collective. Pour cette raison, une convention collective reproduit très souvent les meilleurs et les pires compromis des négociations précédentes entre les parties. Ces textes ont souvent subi l'épreuve du temps, une application et une compréhension particulières et même, des arbitrages. Pour toutes ces raisons, il arrive fréquemment que la convention collective paraisse rédigée, aux yeux d'un profane, d'une façon plus ou moins cohérente et dans un style plus ou moins châtié. Il s'agit tout de même d'une situation de fait que l'on ne peut négliger. Si les parties s'adaptent assez bien à cette situation, parce qu'elles en ont vécu point par point l'évolution et la mise en application, il n'en va pas toujours de même pour les tiers. Nous entendons les personnes appelées à s'immiscer occasionnellement dans les rapports des parties pour tenter de comprendre la portée générale de leur convention collective, en vigueur ou en voie de renouvellement : conciliateur, médiateur, arbitre de différends, arbitre de griefs, etc.

IV-160 — *Originalité de la convention* — Au-delà de toute approche comparative, la convention collective de réglementation du travail constitue un acte juridique d'une originalité particulière induit de trois facteurs : son contexte, son contenu et ses qualités intrinsèques. C'est notamment par la conjugaison même de ces trois données que se découvre le particularisme juridique de la convention collective.

Son contexte : La convention collective est d'abord et avant tout le résultat de la négociation telle qu'elle est aménagée par le *Code du travail*. Ainsi, elle constitue le compromis provisoire auquel les parties aux rapports collectifs en sont arrivées dans un encadrement juridique bien particulier.

i) Aucun des interlocuteurs n'a pu choisir son vis-à-vis : l'employeur, le nouvel employeur au sens de l'article 45 C.t., les représentants syndicaux et chacun des salariés pris distinctement.

---

647. Certes, salariés et employeurs profitent-ils individuellement d'une qualité de l'écriture à la lecture de romans, mais il en est tout autrement pour celle d'une convention collective, comme d'une loi d'ailleurs. Voir : Umberto ECO, *Lector in Fabula : ou la coopération interprétative dans les textes narratifs*, Paris, Grasset, 1985 et aussi dans Coll. Livre de poche, n° 4098, Paris, Librairie générale française, 1989.

ii) Les syndiqués ont pu intervenir dans la négociation en prenant part à quelques décisions formelles du processus (art. 20.2 et 20.3 C.t.).

iii) Les parties doivent négocier avec diligence et de bonne foi selon l'article 53 C.t. (**IV-10**).

iv) La dynamique qui résulte de la situation de fait où les parties se trouvent (produire ensemble ou fermer), le régime économique général et l'usage possible de moyens de pression (**IV-109**) poussent les parties à la recherche d'un compromis[648].

v) Le compromis a pu être trouvé à la suite d'une grève ou d'un lock-out, c'est-à-dire après que les parties eurent subi des pertes réelles et après avoir respectivement jaugé d'une façon concrète la balance des inconvénients.

vi) La négociation donnant naissance à la convention collective est publique et subit les influences extérieures, tant du côté patronal (le secteur, les concurrents, les affiliés, etc.) que du côté syndical (la fédération, la centrale, les syndicats rivaux, etc.).

On est donc loin du schéma contractuel classique où deux personnes réputées sages et raisonnables conviennent volontairement de se lier de quelque façon. Le milieu où a été élaborée la convention collective et le contexte dans lequel elle le fut influent d'une façon certaine sur sa forme, son style, son contenu et sa portée, ce qui devrait permettre de mieux saisir la facture transactionnelle d'un tel acte.

Son contenu : Le contenu même de la convention collective révèle de multiples facettes particulières :

i) Elle est un cumul, avons-nous vu, de compromis antérieurs (**IV-159**), rédigés dans le tumulte de la négociation collective, et ses rédacteurs successifs sont multiples et de formations professionnelles disparates.

ii) Si la proposition d'une partie peut servir de base, elle est souvent adaptée pour tenir compte des avis de l'autre, et parfois on y trouve quelques morceaux choisis de conventions collectives provenant de milieux étrangers.

iii) Elle renferme d'abord et surtout des modalités précisant la prestation de travail et la contre-prestation de l'employeur, les conditions d'exécution du travail et l'organisation de celui-ci. Elle contient aussi des conditions

---

648. Nous employons à dessein l'expression « compromis » parce qu'il y a intérêt, à moyen terme, à ce que le résultat ne soit pas trop mauvais pour l'une et l'autre des parties et qu'il soit perçu ainsi par chacune d'elles. Il s'agit aussi d'une recherche puisque juridiquement les parties ne sont nullement tenues à un quelconque compromis.

ayant trait aux parties signataires (leurs droits et prérogatives propres et l'aménagement de leurs rapports continus). Enfin, elle édicte des modalités procédurales pour trancher le contentieux résultant de l'application de la convention collective (art. 100 C.t.).

iv) Son contenu est souvent de nature transitoire, en ce sens qu'il faut parfois deux ou trois générations de convention collective pour parachever tel ou tel régime (l'ancienneté, la sécurité d'emploi, la promotion, la formation, la procédure de licenciement, etc.).

v) Semblables à la loi, les modalités d'une convention collective subissent l'épreuve de l'interprétation judiciaire, d'abord et surtout par les arbitres et parfois par les tribunaux. Cette jurisprudence confirme l'entendement de telle ou telle modalité et, dans d'autres cas, le texte est modifié pour tenir compte des interprétations judiciaires déjà reçues. Il s'agit donc de modalités qui ont connu l'épreuve du feu et dont le libellé a parfois un sens précis et historique en tenant compte des expériences qui y sont consignées.

Ses qualités intrinsèques: Par-delà ses sources dynamiques, son contexte conflictuel et sa forme gigogne, la convention collective est un acte juridique de réglementation du travail et doit être appliquée et interprétée à ce titre. Si elle résulte d'une négociation conflictuelle, son application ne peut être imposée sous l'autorité de la pression exercée par une partie. Elle est donc soumise à l'interprétation judiciaire (art. 100 C.t.). Nous devons tenir compte des qualités intrinsèques de la convention collective et de sa destination, autant lorsqu'il s'agit de son élaboration que de son interprétation, puisque la première opération prépare la seconde. Ainsi, croyons-nous, la convention collective comprendrait trois attributs plus ou moins sous-entendus.

i) *La communauté de l'œuvre*: Dès sa mise en vigueur, la convention collective devient l'œuvre commune des parties, sans égard aux tractations qui l'ont précédée. Aucune des deux parties ne conserve la paternité de quelque disposition particulière.

ii) *La suprématie de la commune volonté*: La finalité du régime et l'économie des mécanismes mis en place imposent que la volonté conjointe des parties, telle qu'elle est exprimée à la convention, fasse loi pour tous: les salariés, l'arbitre et chacune des parties.

iii) *La plénitude de l'acte*: On présume qu'elle forme, pour toute sa durée, un tout complet, entier, défini et en conséquence, limité. Si cette présomption s'impose avec tellement d'évidence et si l'on ressent ainsi sa présence, c'est qu'elle résulte, en quelque sorte, de la finalité même de ce régime des rapports collectifs (la recherche de périodes d'accalmie et de stabilité) (**IV-2**).

Nous croyons qu'un tel acte juridique ne peut atteindre sa fin, produire les effets recherchés et permettre une application juste si on ne lui prête pas, au moins par anticipation, ces trois qualités. Ces *a priori* sont aussi nécessaires aux négociateurs et aux administrateurs qu'aux interprètes officiels de la convention collective, les arbitres. L'étude de ses composantes essentielles et l'analyse de ses effets permettent de cerner d'un peu plus près et un peu mieux la véritable dimension juridique de la convention collective de réglementation du travail.

IV-161 — *Éléments constitutifs* — Avant l'arrivée d'un régime d'aménagement structuré de rapports collectifs du travail en 1944, l'accord survenu entre un employeur et un syndicat n'avait même pas la valeur juridique du contrat. Très souvent, le cosignataire syndical n'était pas une entité juridique, il ne pouvait donc y avoir accord de deux volontés. De tels ententes ou engagements avaient un statut assez précaire; il devait s'agir d'ententes morales que l'on qualifiait, dans les provinces de common law, de *gentlemen's agreements* dont l'exécution était ou volontaire ou assurée par la menace d'une grève[649]. Dès 1924, les syndicats formés sous l'égide de la *Loi des syndicats professionnels* (**III-716**) pouvaient, à titre de personnes morales, valablement conclure des ententes collectives ayant la valeur juridique du contrat[650]. Depuis la codification de 1964, la seule convention collective de réglementation du travail reconnue juridiquement serait celle négociée et conclue selon les prescriptions du *Code du travail*[651]. Certes, des ententes et des conventions peuvent être conclues en dehors du *Code du travail*, mais elles n'ont pas le statut que confère ce code et ne peuvent produire les effets qui y sont garantis[652]. En raison de la fonction réservée à la convention collective dans l'économie des rapports collectifs et de son importance pratique pour les personnes visées, on comprend qu'un tel acte juridique soit soumis à quelques conditions pour en garantir les qualités intrinsèques et permettre la réalisation de tous ses effets. Ces conditions, somme toute assez élémentaires, touchent et la forme et le fond de la convention collective. Elles ont été élaborées en fonction des besoins ressentis au fil des années d'expérience et s'ajoutent les unes aux autres, sans constituer encore un tout parfaitement cohérent.

---

649. B. LASKIN (dir.), *op. cit.*, note 130; Harry W. ARTHURS, «Developping Industrial Citizenship: a Challenge for Canada's Second Century», (1967) 45 *R. du B. can.* 786, 814.
650. Les articles 21 à 26 de la *Loi des syndicats professionnels* précisaient la valeur civile du contrat collectif. Notons que ces articles furent abrogés par l'arrivée du *Code du travail*, S.Q. 1963–1964, c. 45, art. 141.
651. Nous écartons la convention collective servant de base à un décret et le contrat collectif des membres de la Sûreté du Québec.
652. Selon le statut juridique des parties signataires et l'objet de ces autres ententes, il est possible de les qualifier à l'aide des catégories du droit civil ou du droit administratif. La convention collective servant de base à un décret en vertu de la *Loi sur les relations du travail, la formation professionnelle et la gestion de la main-d'œuvre dans l'industrie de la construction* s'apparente juridiquement à celle visée au *Code du travail*.

IV-162 — *Conditions de forme* — Quatre conditions touchent plus particulièrement la forme de la convention collective : un écrit en langue française
dûment signé et déposé. Outre la définition donnée à l'article 1 d) C.t., aucune
disposition du *Code du travail* ne précise expressément que la convention collective doit être un acte écrit. Cette condition est pourtant nécessaire à la sécurité des parties et des tiers (nouvel employeur selon l'article 45 C.t. et syndicat
nouvellement accrédité selon l'article 61 C.t.). Bien plus, elle est implicite du
fait même qu'elle doit être déposée pour avoir effet (art. 72 C.t.). Certaines
conditions de travail peuvent ne pas être directement ni expressément consignées dans cet acte écrit, mais on les trouve généralement sous la forme d'un
renvoi : les coutumes[653]. Sous réserve d'en établir le contenu exact, la coutume
ainsi maintenue par voie d'un rappel nominal dans la convention collective
peut être considérée à titre de condition de travail conventionnelle, même si
elle n'apparaît pas expressément au texte de la convention. Il est vrai que ce
procédé est assez exceptionnel. Au sujet de la langue de la convention collective, l'article 43 de la *Charte de la langue française* exige que : « Les conventions collectives et leurs annexes doivent être rédigées dans la langue officielle
[...] ». Une telle règle laisse cependant les parties libres de négocier dans une
autre langue ou d'établir des versions de la même convention collective dans
toute autre langue (**III-112**)[654]. En troisième lieu, cette entente collective doit
être conclue par les parties visées à l'accréditation. Certes, d'autres personnes
peuvent être chargées de la négocier (art. 68 C.t.); les parties peuvent s'entendre pour s'en remettre aux résultats de la négociation qui a lieu à l'égard d'une
autre unité d'accréditation (les conventions collectives pilotes) et enfin, elles
peuvent s'entendre pour négocier avec d'autres et élargir ainsi l'aire de négociation. Sans égard à ces moyens ou à ces sources matérielles, l'employeur et
le syndicat accrédité peuvent seuls conclure la convention collective établissant d'autorité les conditions de travail applicables à ce milieu de travail prédéterminé, l'unité d'accréditation. Ajoutons que le syndicat accrédité doit être
préalablement autorisé à lier ainsi ce groupe de salariés (art. 20.3 C.t.)[655]. Le
caractère public de l'article 20.3 C.t. nous rend perplexes quant à savoir comment l'une ou l'autre partie signataire de la convention collective pourrait prétendre ignorer cette absence d'autorisation ou ne pas s'en préoccuper ou

---

653. Rodrigue BLOUIN et Fernand MORIN, *Droit de l'arbitrage de griefs*, 4ᵉ éd., Cowansville,
   Les Éditions Yvon Blais inc., 1994, nᵒˢ II-55 et suiv.
654. Louis GARANT, « La *Charte de la langue française* et la langue du travail », (1982) 23 *C.
   de D.* 263; Raynald MERCILLE, « La langue du travail : analyse de la jurisprudence relative à l'application des articles 41 à 50 de la *Charte de la langue française* », (1985) 45
   R. du B. 33.
655. Nous ne croyons pas que l'absence de cette autorisation donnée régulièrement soit un
   empêchement dirimant à la qualification de la convention collective de travail (art. 20.5
   C.t.) (**IV-36**).

encore, soutenir, après coup et sous ce chef, la nullité de l'acte[656]. Pour valoir, la convention collective doit être régulièrement déposée (art. 72 C.t.) au bureau de la Commission générale du travail[657]. Parce qu'elle s'applique à tous les salariés visés, qu'elle s'impose, au besoin, malgré eux, qu'un syndicat rival ne peut généralement intervenir (**IV-51**), qu'entre les 90e et 60e jours précédant son expiration, la convention collective ne produit ses effets qu'à compter de son dépôt selon les modalités de l'article 72 C.t. Cette quatrième condition permet à tous de connaître, d'une façon certaine, les conditions de travail applicables et les dates du début et de la fin de la convention collective (art. 22, 41, 52, 52.2, al. 3, 58 C.t.)[658]. Ce dépôt est aussi obligatoire pour toute entente destinée à compléter, par ajout ou par retrait, la pièce principale de la convention collective. En plus de leur dépôt, ces annexes ou modifications à la convention collective doivent être conclues sous autorisation des syndiqués, tout comme l'acte principal[659]. La réception du dépôt par le commissaire général du travail est une fonction administrative, et ce dernier ne pourrait le refuser, sauf s'il est manifeste que les parties signataires ne sont pas habilitées à conclure une convention collective conformément au *Code du travail*[660].

---

656. La question peut avoir un intérêt pratique puisque, s'il n'y a pas légalement de convention collective, le droit de grève perdure. Voir : *Bradburn* c. *Wenthworth Arms Hotel Ltd.*, [1979] 1 R.C.S. 846.

657. Si elle n'est pas déposée, alors les parties sont sans convention collective; une grève qui survient à ce moment enfreint-elle l'article 107 C.t. ? Telle est la question étudiée dans : *Syndicat national des employés de filature de Montréal* c. *J. & P. Coats (Canada) Ltée*, [1979] C.S. 83; *Ambulances S.O.S. Enr.* c. *Rassemblement des employés techniciens ambulanciers du Québec*, précité, note 209. Notons que le Tribunal du travail a déjà écarté cette obligation du dépôt de la convention collective pour valoir. Voir : *Syndicat national catholique des employés des institutions religieuses de Saint-Hyacinthe inc.* c. *Syndicat des employés de la corporation épiscopale C.R. de Saint-Hyacinthe*, [1990] T.T. 277.

658. Sur les effets pratiques de la détermination certaine de la durée de la convention collective et de sa portée, voir : F. MORIN, *loc. cit.*, note 209; L.N. CHRISTOFIDES, *Les déterminants de la durée des conventions : document de travail*, Ottawa, Direction de l'économique et de la recherche en relations industrielles, 1985.

659. *Beaulieu* c. *Association des pompiers de Montréal*, précité, note 157. Compte tenu du recours exprès et de nature exclusive donné à l'article 20.4 C.t., nous sommes surpris que la Cour supérieure reconnaisse le droit du salarié de réclamer des dommages-intérêts au syndicat contrevenant. Sur la distinction entre les simples accords et ceux qui sont parties de la convention collective, voir : *Parent* c. *The Gazette*, [1987] R.J.Q. 1291 (C.S.); *Syndicat des travailleuses(eurs) du Domaine de la Sapinière d'East Angus (C.S.N.)* c. *Domaine de La Sapinière inc.*, D.T.E. 92T-29 (T.A.).

660. Nous voulons dire que le commissaire général du travail ne peut valablement porter un jugement relatif à la qualité de la convention collective. Voir : *Syndicat des travailleurs de Commonwealth Plywood Co. (C.S.N.)* c. *Commonwealth Plywood Co.*, [1978] T.T. 158; *Syndicat des travailleurs de l'énergie et de la chimie, local 129* c. *Association des employés de « Les tuiles Dynamark Inc. »*, [1984] T.T. 211; *Société des traversiers du Québec* c. *Syndicat des employés de la Traverse du Saint-Laurent (C.S.N.)*, [1985] T.A. 70; *Union des employés d'hôtels, restaurants et commis de bars, (C.T.C.)* c. *Syndicat des travailleuses et travailleurs de l'Hôtel de Dorval (C.S.N.)*, D.T.E. 88T-567 (T.T.).

IV-163 — *Conditions de fond* — La négociation collective étant initialement basée sur les principes généraux du régime économique, nous trouvons peu de règles au *Code du travail* qui imposent des conditions de fond. Les interventions de l'État, en cette matière, s'effectuent généralement par voie indirecte, notamment en imposant des seuils et des balises (**IV-100**). Néanmoins, la convention collective est soumise à cinq conditions de fond.

i) L'acte doit provenir des parties habilitées à entretenir des rapports collectifs au sens du *Code du travail* : tout accord collectif conclu par un syndicat non accrédité ne pourrait être qualifié de convention collective de réglementation du travail (**IV-2**). Il est possible cependant qu'un employeur ou qu'un syndicat puisse succéder à une partie signataire par l'effet des articles 45 ou 61 C.t. Cette condition ne sous-entend nullement que les modalités doivent être l'œuvre originale des parties. Elles peuvent faire des emprunts et même procéder à des renvois ; ce procédé est utile dans le cas de données techniques : étude actuarielle, analyse descriptive des tâches, statistiques sur le coût de la vie, etc. La convention collective peut aussi être le produit d'une négociation réalisée dans un cadre plus vaste que celui de l'unité d'accréditation (art. 68, 111.6 C.t.).

ii) Les modalités conventionnelles doivent être de la nature d'une condition de travail par leur objet et leur finalité si, par ailleurs, elles ne sont ni prohibées par la loi ni contraires à l'ordre public[661] (**IV-99**). On peut y comprendre l'ensemble de celles qui « déterminent le cadre, dans lequel les problèmes sociaux posés par le travail humain seront résolus[662] ».

iii) La convention collective doit être unique, en ce sens qu'il ne peut y en avoir qu'une seule qui soit applicable intégralement à l'unité d'accréditation (art. 67, al. 2, C.t.)[663]. Pour respecter cette unicité, le syndicat nouvellement accrédité est subrogé aux droits et obligations résultant de la convention collective encore en vigueur. Il lui faut aussi dénoncer cette dernière pour pouvoir en conclure une autre (art. 61 C.t.) (**IV-52**). Cette règle ne prive nullement les parties de compléter la convention initiale à l'aide d'annexes ou par voie de modifications, mais ce ne sont

---

661. Sur le sens large, souple et aussi complexe de l'expression « conditions de travail », voir : IV-99.
662. P. DURAND, *op. cit.*, note 616, p. 402.
663. Pas plus que l'on ne pourrait écarter des salariés visés par l'unité d'accréditation, les parties ne pourraient valablement élargir cette unité, ni assujettir des travailleurs qui ne sont pas des salariés. Voir : *Syndicat canadien de la fonction publique* c. *Sa Majesté du chef de la province du Nouveau-Brunswick représentée par le Conseil du trésor*, [1982] 2 R.C.S. 587 ; *Société d'électrolyse et de chimie Alcan ltée* c. *Fédération des syndicats du secteur de l'aluminium inc.*, D.T.E. 95T-1360 (C.A.).

là que des prolongements du même acte et ils doivent en faire partie intégrante (art. 72 C.t.) (**IV-162**)[664].

iv) La convention collective est d'une durée limitée qui est déterminée ou déterminable. Selon l'article 66 C.t., celle à durée indéterminée est présumée d'une durée d'un an. Les parties sont libres de fixer la durée de la convention collective, pourvu qu'elle demeure dans les limites légales, à savoir un minimum d'une année, un maximum de trois ans s'il s'agit du résultat d'une première négociation collective et aucun maximum pour les autres situations (art. 65 C.t.). Cette dernière disposition laisse une plus grande flexibilité aux parties pour établir une convention collective d'une durée convenant mieux à des circonstances particulières. L'article 59 C.t. reconnaît par ailleurs que la convention collective peut produire des effets au-delà de sa durée formelle. On veut ainsi couvrir une grande partie de la période de travail où l'on négocie le renouvellement de la convention collective expirée (art. 59, al. 2, C.t.). Il est également possible de convenir que ces effets se prolongent jusqu'à l'arrivée de la convention collective de relève (art. 59, al. 2, C.t.). Cette dernière modalité permet de bien distinguer entre la durée de l'acte juridique et la portée de ses modalités[665]. Cette distinction est éminemment pratique et s'autorise de la continuité des rapports collectifs. Le paradoxe où les composantes survivent ainsi à l'acte qui les engendre est assurément un autre trait caractéristique de la convention collective[666].

v) Pour assurer sa validité, malgré la présence d'éléments dont la valeur juridique pourrait être douteuse, l'article 64 C.t. place la convention collective à l'abri de l'application directe, ou par analogie, de la théorie de la cause (art. 1410, 1422 C.c.Q.). En effet, la présence de dispositions nulles ou illégales à la convention collective de réglementation du travail ne pourrait être valablement invoquée pour justifier l'annulation de sa partie résiduaire.

Il importe de souligner l'intérêt de bien connaître la date de tombée d'une convention collective. D'abord, les parties elles-mêmes, signataires ou remplaçantes, doivent connaître ce moment pour se préparer, selon les articles 52 et

---

664. Cette question peut être importante pour la qualification juridique de tout acte complémentaire, tel le cas du protocole de retour au travail (**IV-128**). Les parties ne sauraient par cette voie modifier la durée initiale de leur convention collective. Voir, par exemple : *Syndicat des employés de l'imprimerie Veilleux Ltée* c. *Syndicat international des arts graphiques, local 509*, précité, note 209.

665. Dans une affaire portée devant la Cour suprême du Canada où la loi applicable ne comportait pas une modalité semblable à l'article 59 C.t., on éprouva des difficultés à trancher ce débat. Voir : *Bradburn* c. *Wenhworth Arms Hotel Ltd.*, précité, note 656.

666. A.C. CÔTÉ, *loc. cit.*, note 380. On y trouve un rappel historique de l'article 59 C.t. et de sa finalité ; F. MORIN, *loc. cit.*, note 209.

58 C.t. (**IV-97**), au renouvellement de la convention. S'il survient quelque doute, l'article 66 C.t. renferme, à titre supplétif, un terme fixe et certain. De toute manière, le commissaire du travail peut établir d'autorité la fin de la convention collective, comme le prévoit l'article 52.2, alinéa 4, C.t. (**IV-52**). Ce dernier moyen peut être utilisé par tout intéressé et notamment par un nouvel employeur ou un syndicat qui recherche l'accréditation (art. 22 C.t.) (**IV-51**). Enfin, les parties peuvent rouvrir la négociation durant son terme (art. 107 C.t.), mais elles ne peuvent, croyons-nous, utiliser ce procédé pour en étendre la durée au-delà de la limite initialement arrêtée. Si elles en convenaient, cette modalité ne lierait pas les tiers. Il doit en être ainsi afin de permettre à tout autre syndicat, à intervalles précis, de revendiquer la fonction d'agent négociateur (art. 22 C.t.).

IV-164 — *Le contenu conventionnel* — Depuis les origines du régime des rapports collectifs du travail, on souhaite atteindre à la meilleure adéquation possible, compte tenu du contexte et de la conjoncture, entre les conditions de travail ainsi élaborées et les besoins réels des parties. La détermination de l'unité d'accréditation appropriée s'autorise de ce même objectif (**IV-59**). Ce résultat, s'il était hypothétiquement trouvé, reposerait néanmoins sur un équilibre instable en raison de l'évolution quasi continue des besoins des parties et de leur pouvoir de négociation respectif qui se modifie au gré des saisons, des cycles et de la conjoncture. L'une et l'autre partie tente alors, à la période suivante de négociation, et parfois bien avant, de corriger les conditions de travail pour les adapter à la situation de l'heure, selon la lecture que chacune en fait. Outre l'article 62 C.t. qui laisse aux parties pleine liberté de manœuvre, ou presque (**IV-99**), le *Code du travail* et les lois de l'emploi renferment de nombreuses autres indications de la volonté que la convention collective serve de moyen privilégié pour bien mouler les conditions de travail[667]. C'est ainsi que l'on croit que la solution négociée peut être, à l'endroit d'une unité d'accréditation, plus efficace et plus acceptable que la norme étatique générale et abstraite, notamment :

— pour établir le moment à partir duquel il serait possible d'entamer la négociation en renouvellement (art. 53, al. 2, C.t.);

— pour adapter une procédure arbitrale de règlement des griefs (art. 100, al. 1, C.t.);

— pour limiter, s'il y a lieu, le pouvoir de contrôle de l'arbitre en matière disciplinaire (art. 100.12 f) C.t.) en donnant préséance à un code de discipline ou de déontologie propre à l'entreprise;

---

667. On doit comprendre par cette liberté d'adaptation que la règle conventionnelle serait objectivement plus avantageuse (**IV-100**).

— pour élargir le domaine arbitral durant le terme d'une convention collective (art. 102 C.t.);

— pour permettre la révision de la convention collective avant terme (art. 107 C.t.);

— pour aménager des périodes de travail, de repos, autres que celles fixées d'une façon générale par la *Loi sur les normes du travail* (**III-214**);

— pour assurer l'exercice du droit de retour au travail de l'accidenté (*Loi sur les accidents du travail et les maladies professionnelles* (art. 244) (**III-314**).

Cette plasticité de la convention collective s'obtient généralement grâce à l'interaction de quatre facteurs.

i) *La proximité des négociateurs* : Les rapports assez directs qu'entretiennent les négociateurs avec le milieu de travail visé exercent une influence plus favorable. Ainsi, la négociation conduite au siège social pour l'ensemble des établissements d'un conglomérat, alors que le vis-à-vis syndical est un représentant de la fédération des syndicats accrédités, ne peut produire les mêmes résultats que celle menée directement par un directeur d'un établissement et le président du syndicat local. Les préoccupations des personnes en présence à ces deux niveaux, l'information dont elles disposent, la formation professionnelle des porte-parole et leur perception des implications de telle ou telle question auprès des salariés et des supérieurs immédiats ne sont que quelques éléments, entre bien d'autres, qui peuvent marquer bien différemment la facture générale des conventions collectives qui en résultent[668].

ii) *Le milieu visé* : L'aire de négociation peut également modifier le contenu même de la convention collective. La négociation dans le cadre d'une unité d'accréditation formée de salariés exerçant à peu près la même profession peut presque se mouler à la personnalité des sujets. Dans le cas d'une unité d'accréditation plus vaste comprenant de multiples métiers et devant s'appliquer dans plusieurs lieux, la convention doit être formulée en des termes plus impersonnels, plus généraux et souvent plus abstraits[669].

iii) *Le temps* : La durée de la convention collective est aussi un facteur qui peut modifier le contenu de la convention, du moins à l'égard de certai-

---

668. C'est pour de semblables raisons que l'on pourrait dire : rien de plus ressemblant que deux sièges sociaux ou deux établissements et rien de plus différent qu'un siège social et un établissement.

669. Il suffirait, pour s'en convaincre, de comparer les textes des conventions collectives du secteur public (fonctionnaires, enseignants et infirmières) à ceux des conventions collectives d'unités d'accréditation de 100 ou de 200 salariés du secteur privé.

nes dispositions. Plus les parties se lient pour une longue durée, moins il leur est possible de juguler l'avenir et ainsi, les termes employés sont plus abstraits et les formules de correction de tir ou d'adaptation retenues doivent être plus souples et conférer une discrétion certaine aux uns et des moyens de contrôle plus directs aux autres.

iv) *L'expérience conjointe* : L'administration même de la convention collective est un facteur certain de préparation et d'adaptation de la prochaine convention collective. Selon la qualité des rapports des parties en cours d'application de la convention collective, des modalités de correction de tir ou d'adaptation sont recherchées. Parfois, on les mettra à l'essai avant même qu'elles ne soient formalisées au moment du renouvellement. Dans d'autres cas, l'application d'une disposition de la convention collective par l'employeur ou l'entendement pratique que tente d'en tirer le syndicat inciteront les parties à trouver des formules de rechange à proposer au moment de la prochaine négociation collective. La jurisprudence arbitrale qui résulte de l'application de la convention en vigueur sert également de base aux modifications recherchées, soit pour généraliser et préciser l'interprétation qui y fut donnée, soit pour en arrêter ou en réduire le cours, etc.

Le caractère provisoire d'une convention collective illustre, on ne peut plus, la recherche d'adaptation entreprise par les deux parties. Ces dernières proposent cependant des moyens différents d'adaptation en fonction de leur objectif propre. Cette opposition de moyens d'adaptation et les frictions qu'elle suscite ont pour effet de réduire, en pratique, les changements qui pourraient être autrement apportés à la convention collective. Il est aussi possible que la conjugaison de ces quatre facteurs ne donne pas toujours les résultats recherchés, en raison des personnes en cause et de circonstances particulières de temps et de lieu. Dans ce domaine, il ne peut y avoir de formule prévisible aux résultats certains et automatiques.

IV-165 — *Absence d'uniformité* **—** À première vue, la facture générale des conventions collectives peut surprendre le non-initié puisque la présentation des différentes modalités ne suit aucun ordre prédéterminé et varie d'une convention collective à une autre selon les *desiderata* des parties, les aléas de la négociation et l'histoire de ces rapports collectifs du travail. Souvent, les modalités sont placées selon un ordre chronologique; les dispositions portant sur des éléments nouveaux se retrouvent à la fin de la convention collective, et les premières modalités sont celles de la convention collective initiale. On ajoute également des pièces satellites pour y insérer des modalités qui doivent être revues presque entièrement à chaque renouvellement : les données chiffrées à des fins salariales, les rangs des salariés selon l'ordre d'ancienneté, la description des postes, les dates des jours fériés et chômés, les mesures transitoires, etc. On fait également usage des lettres d'entente jointes à titre d'annexes à la convention collective pour y insérer des éléments d'ordre secondaire ou plus individualisés : les droits acquis de certains sous-groupes ou de personnes, des situations exceptionnelles ou particulières, etc. Ces pièces complémentaires demeurent soumises aux mêmes conditions que l'acte principal pour produire l'effet juridique recherché (**IV-162 et 163**). Cette dernière remarque vaut aussi pour l'entente particulière relative au retour au travail à la suite d'une grève ou d'un lock-out[670]. Il va de soi que ces dispositions conventionnelles lient les parties pour le présent et l'avenir, et non pour le passé. Le principe de la non-rétroactivité s'applique à la convention collective comme à tout autre acte de réglementation. Cette règle fondamentale s'impose à tout interprète de la convention collective, et les parties qui la rédigent doivent aussi la retenir. En d'autres termes, toute disposition devant avoir effet sur une période antérieure à la date de la conclusion de la convention collective doit comprendre une mention expresse à cette fin. À défaut d'une telle précision, on doit présumer que les parties n'entendaient se lier que pour le présent et l'avenir. Dans certaines matières, il peut être utile de faire rétroagir la portée de certaines conditions de travail, de façon à bien abouter la fin véritable des effets de la convention précédente au début de la nouvelle. Vu cet aspect, on peut aussi considérer les modalités de la convention collective arrêtées en vertu de l'article 59, alinéa 3, C.t. comme si elles étaient sous conditions résolutoires[671]. Enfin, l'article 72 C.t. ne renferme nullement la prohibition de donner un effet rétroactif lorsqu'il est dit que « la convention collective ne prend effet qu'à compter du dépôt ». Cette expression signifie que ce n'est qu'à compter de ce dépôt que les effets de la convention collective se produisent, même ceux qui rétroagissent[672]. L'article 72, alinéa 2, C.t. laisse clairement entendre que les parties peuvent convenir d'un tel effet rétroactif, mais il se produit au moment du dépôt et par celui-ci. Si cette question n'est pas clairement déterminée dans la convention collective, bien des difficultés peuvent survenir, telles que :

— le calcul de la durée totale de la convention collective ;

— le délai de présentation d'un grief fondé sur des faits survenus avant le dépôt de la convention, etc. ;

— le moment où un autre syndicat peut valablement présenter une requête en accréditation lorsque la date de la fin de la convention collective n'est pas indiquée.

---

670. Sur l'importance d'établir clairement si le protocole de retour au travail est partie de la convention (**IV-128**), voir : *Union des employés de commerce, local 503* c. *Ménard*, [1986] R.J.Q. 1317 (C.S.).

671. Entre deux conventions collectives, les salariés travaillent sous le régime des conditions de travail énoncées dans la convention expirée (art. 59 C.t.), en sachant qu'elles pourraient être rétroactivement améliorées par la nouvelle.

672. *Ambulances S.O.S. Enr.* c. *Rassemblement des employés techniciens ambulanciers du Québec*, précité, note 209.

IV-166 — *Apparents doublons* — Certaines dispositions conventionnelles apparaissent n'être que des reprises de dispositions législatives. On trouve de semblables répétitions au sujet :

— de la prohibition de faire grève et de recourir au lock-out durant la convention collective (art. 107 C.t.);

— du pouvoir de l'arbitre de modifier les mesures disciplinaires imposées par l'employeur (art. 100.12 f) C.t.);

— de la reconnaissance du syndicat à titre de représentant exclusif du groupe de salariés;

— de la description du groupe de salariés visé par l'accréditation (art. 34 C.t.);

— de la prohibition faite aux parties de procéder à des actes discriminatoires à l'égard des salariés (art. 10 de la Charte);

— de l'établissement de certaines conditions de travail qui ne sont que le fac-similé de la *Loi sur les normes du travail*;

— etc.

S'agit-il de redites inutiles et sans valeur juridique ? Nous ne le croyons pas et parfois, de telles modalités conventionnelles complètent, auprès des parties, les dispositions légales d'ordre général. Il est évident qu'elles ne pourraient réduire la portée de la disposition légale, mais au-delà de cette limite, ce procédé peut être fort utile et efficace.

i) Si l'unité d'accréditation jugée appropriée par le commissaire du travail ne peut être modifiée dans la convention collective, les précisions apportées par les parties peuvent servir à l'administration courante de cette dernière et éviter moult difficultés d'application. Cette description conventionnelle traduit néanmoins l'entendement pratique des parties de l'unité d'accréditation. À moins de faits nouveaux, il serait difficile que l'une des parties en conteste par la suite la pertinence auprès du commissaire du travail (**IV-75**).

ii) La violation d'une disposition conventionnelle prohibant la grève et le lock-out pour la durée de la convention collective fut maintes fois sanctionnée par les tribunaux qui reconnaissent ainsi qu'un tel ajout conventionnel conférait aux parties une plus grande sécurité juridique et des recours plus appropriés (**IV-182**)[673].

---

673. *Imbleau* c. *Laskin*, [1962] R.C.S. 338; *Shell Canada Ltd.* c. *Travailleurs unis du pétrole du Canada, local 1*, précité, note 465; *St. Anne Nackawic Pulp and Paper Co.* c. *Section locale 219 du Syndicat canadien des travailleurs du papier*, précité, note 583; *Commission*

iii) La modalité conventionnelle portant sur le contrôle ou le pouvoir de révision de l'arbitre en matière disciplinaire, si elle respecte les deux conditions énoncées à l'article 100.12 (f) C.t., peut assurer aux parties le respect uniforme d'un même code de discipline[674].

iv) Cette transposition à la convention élargit d'autant l'étendue du champ juridictionnel de l'arbitre de griefs.

La question de la légalité des dispositions conventionnelles qui se superposent aux dispositions législatives peut être soulevée, notamment lorsque ces normes du travail sont plus précises et détaillées et qu'elles s'imposent à titre d'ordre public. Dans ces cas, il faut établir si chaque modalité conventionnelle correspondant à la disposition d'une loi est objectivement plus avantageuse (art. 94 L.N.T.; art. 4 L.S.S.T.) (**I-100; IV-171**)[675].

IV-167 — *Effets généraux* — Pour obtenir les effets recherchés par la négociation collective, il fallait reconnaître, sur le plan juridique, une autorité certaine à la volonté collective. Dans ce domaine, toute brèche individuelle, tout travail à rabais serait susceptible de mettre en danger les intérêts du groupe de salariés tout comme la moindre fissure à la digue. Si le salarié pouvait accepter moins que ce qui lui est garanti dans la convention collective de réglementation du travail, cette dernière deviendrait vite un agrégat de promesses, un objectif désirable sans doute, mais un leurre. De même, si le syndicat pouvait exiger davantage que ce qui est arrêté dans la convention collective, l'employeur n'aurait aucun avantage à s'y lier. C'est ainsi que l'étude des effets juridiques de la convention collective peut permettre de vérifier la cohérence du régime et son efficacité. La règle des trois unités servant d'assise à ce régime (**IV-1**) confère à la convention collective sa véritable dimension auprès des parties. Ces dernières sont liées à leur convention collective pour sa durée, et l'arrivée de faits nouveaux ne pourrait justifier, soit d'écarter une de ses modalités, soit de permettre d'en ajouter d'autres[676]. Toute partie peut contraindre l'autre au respect des dispositions de la convention collective (art. 100

---

des normes du travail c. *Chantiers Davie Ltée*, [1987] R.J.Q. 1949 (C.A.), réitéré à *Commission des normes du travail du Québec* c. *Domtar Inc.*, [1989] R.J.Q. 2130 (C.A.); *Syndicat des employés manuels de la ville de Québec* c. *Québec (ville de)*, [1994] R.J.Q. 1552 (C.A.)

674. Sur les limites conventionnelles apportées au pouvoir de contrôle et de réparation de l'arbitre, voir : *General Drivers, Warehousemen and Helpers Union, section locale 979* c. *Brink's Canada Ltd.*, [1983] 1 R.C.S. 382.

675. *Winnipeg School Division no. 2* c. *Craton*, [1985] 2 R.C.S. 150; *Cité de Hull* c. *Commission du salaire minimum*, précité, note 470.

676. Ensemble, d'un commun accord, elles peuvent, en tout temps, corriger ou compléter leur convention collective, toujours dans les limites de l'unité d'accréditation. Voir : *Société d'électrolyse et de chimie Alcan ltée* c. *Fédération des syndicats du secteur de l'aluminium inc.*, 95T-1360 (C.A.).

et 101 C.t.) (**IV-177**). Il en est ainsi même dans le cas où l'entreprise subit quelques modifications de structure ou d'organisation, au sens de l'article 45 C.t. (**IV-88**). Cette dernière disposition fait en sorte que la convention collective survit à l'employeur signataire. Elle se détache de la personne qui l'a conclue pour régir plus objectivement le milieu de travail, l'entreprise, sans être tributaire directement et immédiatement des aléas de la personne de l'employeur initial. Dans une certaine mesure, on pourrait aussi considérer, sous cet aspect, l'article 61 C.t. comme le pendant syndical de l'article 45 C.t. Nous savons aussi que les parties sont liées par les effets de la convention collective au-delà de la durée qu'elles ont elles-mêmes fixée à cet acte (art. 59 C.t.) (**IV-148**).

IV-168 — *Effets pour le salarié* — Les effets de la convention collective à l'égard du salarié permettent davantage de saisir son caractère impératif. Rappelons la formulation peu ambiguë de l'article 67 C.t. : « La convention collective lie tous les salariés actuels ou futurs visés par l'accréditation. » En somme, la convention collective devient la *loi du lieu de travail* et tous les salariés compris dans l'unité d'accréditation en sont les bénéficiaires d'une façon impérative, automatique et immédiate[677]. Ce caractère impératif de la convention collective est maintenant bien reconnu par la jurisprudence et la doctrine. Prétendre qu'un employeur et qu'un salarié pourraient convenir de conditions de travail inférieures à celles qui y sont prévues serait détourner, de sa propre fin, la convention collective. À ce caractère impératif s'ajoute l'effet automatique de la convention. Une fois conclue, le salarié n'a pas à exprimer son consentement aux avantages qui résultent de la convention collective. Il acquiert les bénéfices qui en découlent du seul fait qu'il est ou qu'il devient un salarié compris dans l'unité d'accréditation. Aucune formalité ni aucun accord préalable ne sont exigibles de sa part. Ces effets automatiques et impératifs de la convention collective expliquent, en partie, le droit de recours sans autorisation individuelle conféré au syndicat en vertu de l'article 69 C.t. En définitive, le salarié ne peut même pas refuser de recevoir ces avantages. S'il néglige de les réclamer, le syndicat peut le faire pour lui sans autre formalité et « sans avoir à justifier d'une cession de créance de l'intéressé[678] ». Inversement, tous les salariés doivent également et équitablement pouvoir bénéficier de tous les avantages qui résultent de la convention collective : les articles 47.2 et suivants

---

677. En raison de ce triple effet, l'autorisation requise à l'article 20.3 C.t. y trouve sa principale justification (**IV-36**).

678. Nous l'avons déjà souligné, cette disposition (art. 69 C.t.) illustre encore que l'autorité du syndicat accrédité ne résulte pas du mandat exprès ou présumé provenant de chacun de ces salariés. De plus, l'article 69 C.t. constitue une manifestation du caractère protectionniste du droit de l'emploi (**I-102**). Voir : *Épiciers unis Métro-Richelieu inc. c. Syndicat des travailleurs et des travailleuses des épiciers unis Métro-Richelieu (C.S.N.)*, [1996] R.J.Q. 1509 (CA), requête pour autorisation de pourvoi à la Cour suprême du Canada rejetée le 30 janvier 1997 (25542).

C.t. précisent ce point (**IV-39**). Enfin, la convention collective s'applique immédiatement, soit dès son entrée en vigueur. Les salariés en place ou futurs y sont liés, ce qui signifie que leur contrat de travail respectif (art. 2085 C.c.Q.) (**II-41; IV-34**) alors en vigueur est automatiquement, immédiatement et obligatoirement adapté pour se conformer à ces nouvelles normes, tout comme une loi nouvelle peut produire pareil effet sur la convention collective et le contrat de travail (**II-39**). Dès sa mise en vigueur, la nouvelle convention collective s'applique et les modalités de la précédente non reportées ni reconduites disparaissent à ce titre et pour tous. Dans ce domaine, l'acte collectif prévaut sur toute entente individuelle qui lui est contraire ou inférieure ou qui s'oppose à sa pleine réalisation.

IV-169 — *Survie du contrat de travail* — Le salarié serait-il personnellement lié à la convention collective au point que l'on ne saurait plus justifier juridiquement sa présence dans ce milieu de travail ni son statut auprès de l'employeur à l'aide du contrat de travail ? Bénéficiaire d'une convention collective, le salarié pourrait-il dès lors être privé de sa propre liberté contractuelle pour obtenir de l'employeur des conditions de travail véritablement plus avantageuses ? La protection collective du salarié exigerait-elle de le rendre relativement incapable de conclure quelques dispositions contractuelles complémentaires à la convention collective ? À l'arrivée de la convention collective, que reste-t-il du contrat de travail que l'on pourrait autrement induire de la dépendance juridique du salarié à son employeur ? Quel rapport existe-t-il, s'il y en a un, entre la convention collective de réglementation du travail et le contrat de travail ? Sur le plan juridique et sans considérer la question de l'opportunité pratique de leur contenu respectif, l'un fait-il fuir l'autre ? Ces multiples questions portent sur deux points principaux qui doivent faire l'objet de discussions distinctes : celui de la survie du contrat de travail et celui de l'exercice de la liberté contractuelle résiduelle du salarié, s'il y en a une. Constatons d'abord qu'il n'y a pas de disposition législative donnant une réponse satisfaisante et claire à ces mêmes questions. Au sujet de la survie même du contrat de travail à l'arrivée d'une convention collective ou de la coexistence de ces deux actes, nous y avons déjà répondu au titre II et nous y renvoyons le lecteur afin d'éviter d'inutiles doublons (**II-79, 84**). Il nous semble toujours que le salarié peut être lié par la convention collective, au sens de l'article 67 C.t., sans pour cela lui nier toute attache individuelle directe et bilatérale avec l'employeur. La simple opportunité de cette négation pour donner par ce ricochet une plus grande autorité à la convention collective ne pourrait servir d'assise solide à la thèse voulant l'abolition de cette liberté individuelle. On ne saurait davantage limiter la portée du contrat de travail aux seules fins de l'embauche, c'est-à-dire pour expliquer juridiquement la présence du salarié dans l'entreprise et sa subordination à l'employeur. Pour le reste, les tenants de cette même thèse soutiendraient que le contrat de travail serait vide de sens dès qu'un groupe est soumis au régime des rapports collectifs. Certains arrêts de la Cour suprême du Canada laisseraient croire qu'il en serait ainsi et, par voie de conséquence, on chercha même à définir la convention collective comme un acte tripartite : « la structure consacre une nouvelle forme de contrats tripartites avec seulement deux signataires, une solution législative aux lacunes de la *common law* dans le domaine des droits des tiers[679] ». On y voit davantage un raccourci pour tenter d'établir un rattachement entre le salarié et les auteurs de la convention collective. La jurisprudence de la Cour d'appel semble également osciller selon la question particulière qui lui est posée[680]. Si la convention collective devait vraiment se substituer au contrat de travail, n'aurions-nous pas quelques difficultés à qualifier de « travailleur » cette même personne selon la *Loi sur la santé et la sécurité du travail* et la *Loi sur les accidents du travail et les maladies professionnelles* en raison même des définitions retenues ? Nous sommes tenants d'une autre rationalisation juridique pour saisir le rapport entre ces deux actes qui nous paraissent, en principe, nullement en opposition, bien qu'en pratique, leur coexistence puisse provoquer des conflits de droit (**IV-170**). Si le contrat de travail survit à l'arrivée de la convention collective, en quoi consiste la liberté contractuelle du salarié ou comment peut-elle s'exercer ? Sur le plan pratique, faut-il craindre que la coexistence du contrat de travail porte véritablement atteinte à la convention collective de réglementation du travail ? Remarquons que l'argument fondé sur le non-usage de cette liberté contractuelle par les salariés pour soutenir son évanescence dès l'arrivée d'une convention collective n'est guère convaincant. En effet, ces mêmes salariés pouvaient-ils davantage utiliser leur liberté contractuelle avant l'arrivée de la convention collective ? Cette difficulté de certains salariés à exercer leur liberté contractuelle ne saurait autoriser l'affirmation qu'ils n'en disposeraient pas et surtout, que les dispositions du *Code civil du Québec* (**I-41**) ne sauraient s'appliquer. Le législateur n'a jamais retenu la thèse abolitionniste et il utilisa expressément le contrat de travail en maintes occasions où le salarié pouvait aussi être lié à une convention collective : articles 1 (4), 76, 82, 84 et 93 L.N.T. et articles 1 (définition de convention collective et de travailleurs) et 4 L.S.S.T. De plus, le chapitre 7 du titre deuxième du *Code civil du Québec* de 1994 portant sur le contrat de travail n'apporte aucune nuance, distinction ni exception à l'égard du salarié sous convention collective.

---

679. *St. Anne Nackawic Pulp and Paper Co.* c. *Section locale 219 du Syndicat canadien des travailleurs du papier*, précité, note 583, p. 718 (j. Estey). Le qualificatif de contrat tripartite surprend d'autant plus que l'on ne pourrait le traiter comme un simple accident de parcours, car M. le juge La Forest, de la Cour suprême, le reprit dans l'affaire *CAIMAW* c. *Paccar of Canada Ltd.*, précitée, note 289, p. 1008.

680. *Robitaille* c. *Commissaires d'écoles pour la municipalité de la Cité de Thetford Mines*, [1967] B.R. 206; *Commissaires d'écoles pour la municipalité de Bromptonville* c. *Allaire*, [1973] C.A. 423; *Administration de pilotage des Laurentides* c. *Gagnon*, [1981] C.A. 431, 457 (j. L'Heureux-Dubé), infirmé sur un tout autre point par la Cour suprême du Canada, [1984] 1 R.C.S. 509; *Maribro inc.* c. *Union des employés de service, local 298*, [1992] R.J.Q. 572 (C.A.); Jean-Denis GAGNON, La compétence de l'arbitre de griefs en droit du travail, [1997] 57 *R. du B.* 173 : l'auteur relate les positions des tribunaux vis-à-vis de la problématique sans dégager de propositions critiques.

IV-170 — *Coexistence des actes* — Si le contrat de travail subsiste à l'arrivée de la convention collective, encore nous faut-il comprendre comment ces deux actes coexistent. En premier lieu, on ne saurait répondre à cette question en assimilant le processus de la négociation collective et l'acte qui en résulte, la convention collective, comme s'il s'agissait d'une négociation concomitante par le syndicat accrédité de chacun des contrats de travail des salariés visés. Pour en être ainsi, il nous faudrait considérer ce syndicat à titre de mandataire de ces mêmes salariés : cette hypothèse serait contraire à l'économie de la procédure d'accréditation (**IV-43**) et d'ailleurs, dès 1959, elle fut catégoriquement rejetée par la Cour suprême du Canada[681]. Cette même théorie du mandat nous conduirait à concevoir la convention collective comme s'il s'agissait d'un agrégat de contrats de travail, ce qui nierait la spécificité juridique de l'acte collectif. De plus, on réduirait le syndicat accrédité à la fonction de simple intermédiaire ou d'agent, alors qu'il a, en vertu du *Code du travail*, une mission particulière et nullement assimilable à celle de mandataire (art. 2138 C.c.Q.). À défaut, pourrions-nous nous satisfaire d'un rapport fonctionnel entre la convention collective et le contrat de travail ? Ce rapport serait, en quelque sorte, semblable à celui de contenant à contenu ou, théorie dite de l'incorporation par laquelle on considérerait le contrat de travail à titre de contrat d'adhésion qui renfermerait d'autorité les dispositions de la convention collective. Cette approche mécanique permet d'établir une liaison fonctionnelle entre les deux actes, mais elle ne saurait être satisfaisante puisqu'elle nie indirectement tout rôle juridique actif au contrat de travail en le réduisant à la fonction passive d'instrument. En droit français, cette théorie de l'incorporation fut majoritairement rejetée par la doctrine et clairement écartée par la Cour de cassation[682]. Nous croyons qu'il doit en être ainsi au Québec et qu'il faut rechercher une autre voie pour expliquer ou rationaliser l'inévitable coexistence de ces deux actes puisque l'un n'anéantit pas l'autre (**II-82**). D'ailleurs, même le *Code du travail* traite de situations où s'entrecroisent ou coexistent les rapports collectifs et individuels telles que :

— l'article 59 C.t. qui suppose différentes situations où le salarié maintient un lien d'emploi et assume sa prestation malgré l'arrivée du terme de la convention collective;

— l'article 110 C.t. qui précise bien que le refus collectif de travailler par l'acte de grève ne peut être interprété comme un manquement individuel de la part de ceux mêmes qui néanmoins y participent.

---

681. *Syndicat catholique des employés de magasins de Québec Inc.* c. *Compagnie Paquet Ltée*, précité, note 95, p. 206 à 214. Le moins que l'on puisse dire serait que le tripartisme avancé depuis par certains juges pour définir la convention collective (réf. note 679) ignore cet arrêt.

682. Philippe LANGLOIS, « Contrat individuel de travail et convention collective : un nouveau cas de représentation », (1975) *Droit social* 283; Gérard LYON-CAEN et Jean PÉLISSIER, *Les grands arrêts de droit du travail*, Paris, Éditions Sirey, 1980, p. 130; Jean-Claude JAVILLIER, *Manuel — Droit du travail*, 2e éd., Paris, Librairie générale de droit et de jurisprudence, 1988, p. 386.

À titre d'illustration, considérons une autre situation où un salarié devenu contremaître sort ainsi de l'orbite de la convention collective et de celle du *Code du travail* (art. 1, al. l, C.t.) tout en demeurant néanmoins un salarié au sens de l'article 2085 C.c.Q. et soumis aux autres lois de l'emploi (L.N.T., L.A.T.M.P., etc.). Après à une rétrogradation, cette même personne peut aussi redevenir un salarié au sens du *Code du travail*. Pourrions-nous sérieusement soutenir qu'au moment de sa promotion, il y a eu conclusion d'un contrat de travail qui se termina dès le moment où le contremaître fut rétrogradé et de nouveau assujetti à la convention collective ? Par ailleurs, pour déterminer de quelle manière le salarié peut exercer sa liberté contractuelle sous le régime d'une convention collective ou quelle serait l'étendue possible de sa liberté contractuelle, nous devons préciser la portée même de la convention collective et cerner davantage son caractère impératif.

IV-171 — *Portée de la convention collective* — Les parties à la convention collective de réglementation du travail pourraient-elles valablement imposer l'obligation que le contrat de travail soit exclusivement et totalement constitué des seules modalités conventionnelles outre celles du *Code civil du Québec* et des lois de l'emploi ? L'employeur peut-il s'engager dans la convention à ne pas soumettre tout salarié de l'unité d'accréditation à d'autres conditions de travail que celles arrêtées à la convention ? Peut-il valablement renoncer à l'exercice de sa liberté contractuelle ? En principe, de telles dispositions ne répugnent pas puisqu'elles peuvent être utilisées pour empêcher le favoritisme ou des actes de déstabilisation. Cependant, il y aurait lieu de considérer, dans chaque cas, la finalité réelle de cette double négation : pour le salarié et pour l'employeur. En pratique, il semblerait aussi nécessaire d'analyser le contenu particulier de la convention collective et des effets que ses dispositions pourraient avoir sur les droits fondamentaux d'un salarié (liberté d'expression, liberté politique, liberté de religion, etc.)[683]. Il est cependant rare que des prohibitions absolues soient inscrites dans des conventions collectives. Plus souvent, on y contraint l'employeur à soumettre au contrôle du syndicat tous les cas où il entend donner à des salariés d'autres avantages que ceux prévus à la convention collective. Par ailleurs, les clauses relatives au maintien de droits acquis, que l'on trouve dans plusieurs conventions collectives peuvent implicitement être perçues à titre d'une reconnaissance que le contrat de travail sert encore d'assiette pour l'obtention ou le maintien de conditions de travail particulières. Précisons, s'il

---

683. On ne saurait être trop à l'écoute des développements jurisprudentiels que l'on pourrait connaître dans ce domaine au cours des prochaines décennies. On en trouve plusieurs éléments annonciateurs aux décisions suivantes, y compris aux dissidences qui s'y rattachent : *Commission ontarienne des droits de la personne* c. *Simpson-Sears Ltd.*, [1985] 2 R.C.S. 536; *Bhinder* c. *Compagnie de chemins de fer nationaux du Canada*, [1985] 2 R.C.S. 561; *Fraser* c. *Commission des relations de travail dans la fonction publique*, [1985] 2 R.C.S. 455; *Slaight Communications Inc.* c. *Davidson*, précité, note 68.

le faut, que ces autres conditions de travail doivent être objectivement plus avantageuses que celles de la convention collective, dans le sens qu'elles ne doivent nullement avoir pour effet d'en réduire l'application intégrale, même pour le salarié bénéficiaire (**I-100**). Ce dernier ne pourrait valablement accepter toute condition de travail inférieure à celles de la convention collective, même si, sur le plan strictement personnel et circonstanciel, il lui serait bénéfique d'en convenir[684]. C'est en ce sens qu'il serait lié par la convention collective (art. 67 C.t.) et qu'il serait permis d'affirmer que le plus individuel se superpose au moins collectif (**I-22**). Il est aussi possible de considérer l'effet juridique de la convention collective auprès du salarié comme celui d'une loi qui s'appliquerait d'autorité (art. 67 C.t.) dès que la situation ou l'antécédent se présente : le salarié travaillant pour l'employeur dans un milieu prédéterminé, soit l'unité d'accréditation (**IV-59**). Selon cette approche analogique, tout contrat de travail devrait nécessairement se conformer à la loi du lieu collectivement négociée (*locus regit actum*). Une telle assertion n'implique nullement la disparition du contrat de travail, bien au contraire. Ainsi, il existerait des éléments nullement traités à la convention collective ou encore qui ne le seraient que partiellement (des lignes directrices, etc.) et alors, leur transposition pratique à l'endroit du salarié pourrait faire l'objet d'une mention particulière dans le contrat de travail à la suite d'une négociation individuelle ou encore, imposée par l'employeur sous forme de politique interne et à laquelle adhère le salarié. À titre d'exemple, la politique de formation professionnelle générale ou particulière peut certes être traitée à la convention collective, et les modalités du congé avec solde dont peut bénéficier le salarié en fonction de sa durée et de son objet peuvent faire l'objet de tractations sur une base individuelle. Pour rémunérer le salarié en congé de formation professionnelle, l'employeur ne pourrait-il pas s'assurer de la pertinence de la formation recherchée, que cette formation soit réellement acquise et qu'il puisse disposer de quelques garanties de remboursement, s'il y a lieu, etc. ? Ne pourrions-nous pas envisager de semblables hypothèses relatives à la prise d'une retraite anticipée, pour l'établissement d'un programme de souscription de titres de l'entreprise, etc.[685] ?

---

684. Bien qu'il s'agissait d'établir le rapport entre une convention collective et un décret, la Cour suprême du Canada fit une application de ce principe fondamental en droit de l'emploi à l'effet de donner priorité à toute norme garantissant des « conditions de travail plus avantageuses ». Voir : *Québec (Commission de l'industrie de la construction)* c. *C.T.C.U.M.*, [1986] 2 R.C.S. 327. Cette approche dite de la norme plus objectivement avantageuse fut reprise peu après par la Cour d'appel dans *Montreal Standard* c. *Middleton*, précité, note 467 ; *Commission des normes du travail du Québec* c. *Campeau Corporation*, précité, note 467 ; F. MORIN, *loc. cit.*, note 467.

685. Quelques arrêts récents de la Cour d'appel fournissent de belles illustrations des questions de coexistence de la convention collective et du contrat de travail. Voir : *Syndicat professionnel des ingénieurs de la ville de Montréal et de la Communauté urbaine de Montréal* c. *Tremblay*, D.T.E. 94T-816 (C.A.) ; *The Gazette* c. *Parent*, D.T.E. 91T-552 (C.A.) ; *Association de l'enseignement du Nouveau-Québec* c. *Commission scolaire crie*, D.T.E. 94T-1400 (C.A.).

IV-172 — *Particularisme juridique de la convention collective* — Ces quelques notes sur les traits caractéristiques de cet acte collectif, sur les conditions de forme et de fond nécessaires à son existence (**IV-162**) et sur ses principaux effets (**IV-167**) nous permettent de mieux connaître la fonction propre de la convention collective de réglementation du travail. Nous pouvons maintenant tenter de préciser le statut juridique de cet acte. Ainsi soulève-t-on la question à savoir si la convention collective est un contrat, une loi ou les deux à la fois. Est-ce là simple question académique ? Nous ne le croyons pas puisque la réponse que l'on peut retenir résulterait principalement de la conception que nous entretenons à l'égard du droit des rapports collectifs du travail. Sans en fournir une réponse expresse, n'y donne-t-on pas quelques éléments de solution, par voie de prétérition, dès que l'on utilise, aux fins de l'interprétation de la convention collective, les règles propres au contrat ou celles applicables aux lois ? On ne saurait, croyons-nous, retenir l'article 1432 C.c.Q., à titre d'exemple, comme s'il pouvait s'agir d'un contrat d'adhésion. Par ailleurs, considérant que les négociateurs ne disposent pas toujours de la même formation ni du même entraînement que les juristes, il serait également malencontreux d'appliquer rigoureusement les règles relatives à l'interprétation des lois, etc. Assimiler, du moins sur le plan formel, la convention collective à une loi, équivaudrait à nier sa facture propre, ses sources vives, son contexte, ses caractéristiques et sa finalité. Pour ces raisons, il semble prudent de procéder à la qualification de la convention collective, d'abord par voie d'élimination. En effet, ne nous faut-il pas admettre que la convention collective n'apparaît nullement comme un simple contrat et qu'elle ne peut davantage être assimilée, sur le plan technique, à une loi ? Et comment pouvoir réduire la convention collective à un contrat de nature privée, alors que nous savons ce qui suit ?

i) La convention est élaborée par des personnes contraintes légalement à négocier (art. 21, 52, 53, 141 C.t.).

ii) Des tiers peuvent s'immiscer dans la négociation, soit à la demande des parties, soit sous l'autorité d'une disposition législative (art. 54 et 55 C.t.).

iii) Elle peut être conclue à la suite de l'exercice, légal ou non, de moyens de pression (art. 58, 107, 109 C.t.).

iv) Elle peut pourvoir à sa propre procédure judiciaire et à celles de l'exécution de ses dispositions (art. 69, 93, 100 et 101 C.t.).

v) Sa valeur n'est pas affectée par l'illégalité d'une partie, même importante, de ses dispositions (art. 64 C.t.).

vi) Elle s'impose avec force et autorité à tous les salariés en place et futurs et sans égard à leur consentement individuel (art. 67, 69 C.t.), à leur présence ou à leur absence personnelle au moment de sa conclusion.

vii) Elle établit un régime de travail d'une façon objective et impersonnelle sans être affectée par les variations de nombre de ses sujets ou bénéficiaires.

viii) Elle peut survivre au départ de l'une ou de l'autre de ses parties signataires (art. 45, 46, 61 C.t.).

ix) Elle produit des effets même après l'arrivée de son terme (art. 59 C.t.).

On constate donc qu'une structure législative très forte la soutient et lui confère une vitalité juridique exorbitante des actes de nature privée, notamment en ce qu'elle peut constituer le prolongement du *Code du travail* et le substitut ou le complément de la *Loi sur les normes du travail*. Si nous considérons le contexte dans lequel la convention collective est élaborée et le fait que les parties entretiennent, bon gré mal gré, des rapports continus, on ne pourrait certes assimiler celle-ci à un contrat d'adhésion. Aucune des deux parties n'offre à son vis-à-vis une formule *tout compris*, à prendre ou à laisser. Nous savons aussi que le syndicat n'agit nullement à titre de mandataire des salariés, mais bien de sa propre autorité, en vertu des droits qu'ils obtiennent à la suite de l'accréditation (**IV-86**). Par ailleurs, on ne saurait valablement assimiler la convention collective à une loi ou à un règlement. Elle n'est certes pas élaborée par quelques agents publics légalement constitués, l'Assemblée nationale n'a pas délégué un tel pouvoir de réglementation aux parties et le gouvernement n'a pas le devoir de sanctionner ni de contrôler le contenu de la convention collective. Il est vrai cependant que l'accréditation confère au syndicat le pouvoir de lier les salariés (art. 67 C.t.), mais il le fait par la voie et dans le cadre d'un compromis avec l'employeur. Ce bipartisme module le pouvoir du syndicat et pondère celui de l'employeur. De plus, si l'on replace la convention collective dans le contexte politique général et que l'on considère sa fonction dans le système régulateur de l'emploi, on ne peut nier sa fonction subsidiaire à l'acte législatif autrement inévitable. À cette fin, soulignons de nouveau certains de ses traits qui lui confèrent très certainement sa facture normative en dehors du cadre privé entendu au sens traditionnel.

i) Elle survit à ses auteurs, qui peuvent être remplacés, alors que la convention collective demeure (art. 45, 61 C.t.) (**IV-90**).

ii) La convention collective vise une situation de fait sans égard aux individus en cause : un salarié exerce, dans le cadre de l'entreprise, une activité comprise dans l'unité d'accréditation et immédiatement, la convention s'applique sans que l'on considère si ce salarié fut embauché avant ou après sa conclusion ou s'il y consent ou s'y oppose (**IV-171**).

iii) La conjugaison recherchée de normes étatiques et de normes conventionnelles : certaines questions sont maintenant traitées par le *Code du travail* (art. 47, 109.1, 110.1) et pas nécessairement dans la convention collective, alors qu'en d'autres points, la loi ne prévoit que des règles supplétives et même incitatives, laissant aux parties la liberté d'en retenir de mieux adaptées (art. 100 C.t.; art. 4 L.S.S.T.; art. 97 L.N.T., etc.).

À l'instar d'une loi, la convention collective établit, pour un milieu donné, un régime de travail d'une façon objective et impersonnelle. Enclavée par cette dichotomie juridique (la loi, œuvre de l'État, et le contrat, acte des particuliers) (**I-100**), on peut facilement comprendre le dilemme apparent que soulève la convention collective. Il faut également noter que les tenants des diverses thèses en présence semblent parfois témoigner d'une conception rigide et limitative de l'acte (contrat ou loi), à laquelle ils s'opposent. Si l'on reconnaît une certaine autonomie au droit de l'emploi, si l'on accepte, dans une société moderne, que les corps intermédiaires entre les individus et l'État ont acquis une vocation à élaborer certaines règles de vie en société, que l'employeur n'est plus seulement un simple propriétaire des moyens de production et que l'on ne peut réduire le salarié à un quelconque locateur d'une force de travail, il peut sembler inutile de tenter de résoudre cette quadrature du cercle en se cantonnant aux deux pôles : loi et contrat. Il serait trop facile de situer la solution à mi-chemin de ces deux thèses opposées ou, selon un savant dosage d'éléments contractuels et d'éléments réglementaires, nous pourrions constituer une catégorie hétéroclite. Même la formule, aussi séduisante soit-elle, voulant que la convention collective ait le corps d'une loi et l'âme du contrat ne saurait être convaincante. Selon une approche plus pragmatique, que nous partageons, il importe avant tout et surtout de savoir situer la convention collective dans l'ensemble du cadre normatif d'une entreprise. C'est d'ailleurs l'approche que proposait, il y a plus de 40 ans, le juge Judson dans l'affaire *Paquet* :

> The collective agreement is a recent development in our law and has a character all of its own. To attempt to engraft upon it the concepts embodied in the law of mandate, would, in my opinion, effectively frustrate the whole operation of the Act[686].

IV-173 — *L'ordre hiérarchique des sources* **—** Pour mieux établir le rapport entre la convention collective et le contrat de travail, nous pourrions les considérer selon l'ordre hiérarchique des normes qui résultent de ces deux actes en fonction de leur conditionnement et de leur force respective. Règle générale, la convention collective et le contrat de travail ont le même fondement juridique et le même encadrement, soit la loi (le *Code du travail* pour la convention et le *Code civil* pour le contrat). Les normes qui résultent de ces deux actes sont donc, sous cet angle, au même niveau hiérarchique. Quant à leur force contraignante, le caractère impératif de la norme conventionnelle est certes bien affirmé (art. 67 C.t.) et c'est en ce sens, pourrions-nous dire, que

---

686. *Syndicat catholique des employés de magasins de Québec Inc.* c. *Compagnie Paquet Ltée*, précité, note 95, p. 215.

la convention collective saisit le contrat de travail. On le sait, la finalité même de la convention collective devant l'impuissance pratique du salarié d'exercer sa liberté contractuelle imposait cette autorité à effet immédiat (**IV-167**). Si tel est l'effet ultime et fondamental de la convention collective, une fois qu'il est accompli elle ne peut faire obstacle à la réalisation normale des dispositions contractuelles objectivement plus favorables ou nullement conflictuelles. Il va sans dire que la convention collective doit aussi respecter l'ordre hiérarchique des sources. Ainsi, une liberté ou un droit garanti à un salarié par la Constitution, une charte, le *Code civil du Québec* ou une loi de l'emploi ne pourrait être autrement grignoté par la convention collective, sauf si cet acte hiérarchiquement supérieur le permet et dans cette seule mesure ou condition. Nous devons aussi considérer que la convention collective dispose de sa propre force juridique, d'une âme qui lui est propre. En effet, dans certains cas, le *Code du travail* lui reconnaît son existence et ses effets au-delà même de la volonté des parties puisqu'elle subsiste ou survit au départ de l'une ou de l'autre des parties et que ses effets dépassent l'arrivée de son terme officiel (art. 45, 59, 61, 100.10 C.t.). Cette approche plus téléologique et sans doute moins dogmatique embrasse l'ensemble des éléments en présence, sans nier l'un pour faire prévaloir l'autre. Pour cette raison, elle nous paraît plus conforme à l'économie générale du droit qui recherche la cohérence, la logique, l'ordre et la sécurité. Cela implique que l'on accepte la convention collective au rang de l'ordre juridique, c'est-à-dire de composante du processus juridique au moyen duquel s'élaborent des règles de droit, des normes[687]. Quel que soit le caractère juridique de la convention collective et en la considérant à des fins plus pragmatiques, aucune garantie ne peut être donnée, au lendemain de sa conclusion, que les parties s'entendront sur son sens et sa portée. Il fallut donc mettre en place un mécanisme de règlement du contentieux résultant de l'application de la convention collective du travail. Cette question est d'autant plus importante pour les parties qu'elles ne peuvent se faire justice elles-mêmes au cours de cette période (art. 107 C.t.).

---

687. Pour une application de la théorie normativiste kelsenienne, voir : Nikitas ALIPRANTIS, *La place de la convention collective dans la hiérarchie des normes*, Paris, Librairie générale de droit et de jurisprudence, 1980; P. LANGLOIS, *loc. cit.*, note 682.

Section 4.2
L'arbitrage des griefs

IV-174 — *Inévitables difficultés d'application* — Une simple lecture d'une convention collective de travail suffit pour constater les innombrables occasions où les parties peuvent éprouver quelques difficultés d'interprétation et d'application de leur propre œuvre. La prise en considération de multiples facteurs de mésentente permet de comprendre que la conclusion de la convention ne saurait mettre un terme réel aux difficultés des parties.

i) *Les limites intrinsèques de l'écriture pour traduire fidèlement la réalité vécue* : Si tout texte permet plusieurs entendements (des Saintes Écritures aux romans), il ne peut être surprenant que le libellé même de la convention collective, compte tenu de ses sources immédiates, prête aussi flanc à des versions multiples et non toujours conciliables les unes avec les autres.

ii) *Les limites conscientes ou inévitables du compromis* : Certaines dispositions n'ont pu être parachevées et se réduisent à de simples énoncés de principe : parce que les parties recherchent avant tout un compromis global, il arrive fréquemment que des conditions de travail ne soient pas complétées ou pourvues de l'ensemble des modalités permettant une application complète et satisfaisante. Au moment de leur réalisation, les parties doivent néanmoins faire face à ces lacunes. Qu'elles soient réellement surprises ou qu'elles feignent de l'être, elles tentent alors de tirer chacune tout le suc du texte en vigueur. C'est à ce moment que l'on doit distinguer l'interprétation de l'extrapolation.

iii) *L'écart entre l'effet recherché et l'effet réel* : Il peut s'agir de la répétition d'une expérience commune qui consiste à prendre acte que l'esprit peut facilement demeurer dans l'absolu, alors que toute transposition concrète est réduite au relatif. Même dans le cas où les deux parties ont vraiment cru que leur entente donnait entièrement réponse à leurs problèmes mutuels, sa réalisation peut susciter des difficultés inattendues ou des contrecoups que l'une d'elles n'entend pas assumer ou n'avait pas prévus.

iv) *L'évolution de la conjoncture et des besoins respectifs* : Il va sans dire que les parties ont arrêté leur convention collective selon les données disponibles à un moment précis. Par ailleurs, ces dispositions matérialisées et ainsi figées dans un acte visent un milieu qui évolue sans cesse : les variations des marchés en aval et en amont de l'entreprise, l'accès à de nouvelles données ou moyens d'action, la position plus ou moins solide ou confortable des agents ou interlocuteurs en présence, la conclusion de nouvelles conventions collectives dans l'entreprise même ou chez les concurrents ou voisins, ou encore, l'arrivée de sentences arbitrales projetant un nouvel éclairage.

v) *L'arrivée inéluctable du renouvellement de la convention* : La continuité des rapports collectifs pousse chaque partie à proposer une interprétation restrictive ou extensive de la convention collective pour tenter d'atteindre, à cette phase, ce que l'on n'a pas obtenu avec la négociation. Par cette voie, l'une ou l'autre des parties peut essayer de réduire la portée du compromis déjà accepté ou d'en obtenir l'effet optimal ou encore, de préparer la voie à la prochaine négociation formelle.

On constate que de telles difficultés ne proviennent pas nécessairement de la plus ou moins bonne foi de l'une des parties; elles seraient davantage inhérentes au système et à sa dynamique. D'ailleurs, les parties en sont généralement conscientes et savent souvent trouver elles-mêmes des modalités acceptables pour résoudre ces éventuelles difficultés de parcours. En effet, bien des conventions collectives renferment un processus de rencontres pour faciliter cette recherche conjointe et parfois, elles prévoient l'intervention de tiers, tel un médiateur. D'ailleurs, plus les conventions collectives sont de longue durée, plus ces mécanismes de soutien ou d'adaptation des modalités conventionnelles s'imposent. On doit noter que les parties ne peuvent légalement exercer de véritables moyens de pression (grève et lock-out) pour obtenir gain de cause à ces occasions (**IV-113**). À défaut de trouver ensemble une solution à la difficulté d'application de la convention collective, les parties doivent s'en remettre à l'arbitrage (art. 100 C.t.). Ou cette voie obligatoire de solution finale les stimule pour trouver elles-mêmes une réponse mieux adaptée à leur problème ou elles s'y soumettent pour faire ainsi préciser leurs droits et établir les obligations correspondantes de l'autre partie. Il ne faudrait pas croire cependant que la partie qui opte pour la voie arbitrale soit absolument convaincue d'avoir gain de cause. Parfois, des contraintes d'ordre financier, politique ou stratégique forcent une partie à aller jusqu'au bout de ses prétentions, à renoncer à tout compromis et à risquer le tout pour le tout. Des raisons pratiques et historiques écartent les parties de la voie judiciaire générale et imposent l'usage de l'arbitrage. Il en est ainsi notamment parce que les implications pratiques de toute interprétation de la convention collective sur les rapports et la conduite des parties, et le particularisme du processus d'élaboration de la convention incitent les parties à conserver, le plus possible, un constant contrôle de la convention collective. Le législateur reconnut le bien-fondé de cette situation et écarta ce contentieux de la compétence générale des tribunaux civils (art. 101, 139 C.t.).

IV-175 — *La démarche empruntée* — L'arbitrage permet aux parties de demeurer actives et, dans la mesure où elles le veulent, de conserver une bonne maîtrise de ce processus de justice. On ne pourrait oublier que les mésententes sont des accidents de parcours qui demeurent intégrés au continuum des rapports collectifs des parties. Contrairement à la situation générale devant les instances civiles et pénales où ces rencontres sont fortuites et sans suite, il s'agit de parties qui entretiennent, bon gré mal gré, des rapports quasi ininterrompus, et l'avènement d'un arbitrage s'explique bien souvent par l'histoire des relations des parties et s'intègre même à la trame de leurs rapports présents et futurs. Ces premiers éléments sont à la fois ce qui différencie le plus l'arbitrage de tout autre système de justice et ce qui particularise le mieux ce même mécanisme. Pour cette raison, nous rappelons succinctement l'évolution historique de l'arbitrage des griefs au Québec afin de mieux comprendre comment il s'intègre au processus des rapports collectifs du travail. Toute analyse *in vitro* de l'arbitrage, c'est-à-dire détachée des tenants et des aboutissants du processus général, ne pourrait véritablement rendre compte de sa réalité et de sa portée. Par la suite, nous analysons les règles générales de l'arbitrage, mettant ainsi en relief la difficile conjugaison recherchée qui consiste à permettre aux parties d'exercer un rôle actif, tout en les contraignant à subir l'intervention d'un tiers, l'arbitre. Consécutivement à ces vues générales, nous étudions certains points particuliers de l'arbitrage qui surviennent depuis la nomination de l'arbitre jusqu'à la fin de l'enquête et nous terminons ce bref exposé par une analyse des effets de la décision arbitrale[688].

IV-176 — *L'évolution de l'arbitrage* — Au fil des ans, on a tenté d'adapter le processus arbitral aux conditions de la pratique des parties qui entendent généralement conserver un contrôle de l'usage même de ce moyen pour trancher certaines de leurs mésententes. La dynamique du régime des rapports collectifs du travail repose notamment sur la présence potentielle ou réelle de moyens de pression dont disposent les deux parties en présence : grève et lock-out. Les uns doivent travailler, mais ils peuvent cesser de le faire ou formuler, de façons diverses, des menaces en ce sens (il s'agit des effets virtuels d'une grève). D'autre part, l'employeur a besoin du travail des salariés, mais il peut les mettre

---

688. Il va sans dire que ces mêmes thèmes sont étudiés d'une façon fort plus élaborée dans R. BLOUIN et F. MORIN, *op. cit.*, note 653.

à pied ou menacer de le faire. C'est en partant de cette base conflictuelle qu'il nous est possible de comprendre le cheminement historique de la législation régissant l'arbitrage des griefs. En somme, il existe un rapport direct entre la grève et l'arbitrage : plus la liberté de faire grève fut suspendue ou restreinte dans le cadre du processus légal de la négociation collective, plus, à titre compensatoire et transitoire, l'arbitrage devint obligatoire. Avant 1944, l'employeur n'était pas tenu légalement de négocier collectivement avec le syndicat représentant ses salariés. Il pouvait y avoir négociation et conclusion d'accords collectifs selon la volonté de l'employeur ou selon la force de conviction du syndicat ou du groupe de salariés visé. De plus, seule la force économique des parties pouvait en garantir l'exécution ou en permettre l'application ou la dérogation. En 1944, l'exercice du droit de grève fut toutefois suspendu durant le cours de la convention collective jusqu'à ce que le grief soit soumis à l'arbitrage : cette mesure était obligatoire, mais la décision arbitrale ne l'était pas et ne liait pas les parties. Il arrivait cependant qu'elles s'engagent mutuellement, dans la convention collective, à respecter la décision arbitrale et à ne point faire grève ou recourir au lock-out pour la durée de cette convention. Cette dernière pratique fut, en quelque sorte, généralisée en 1961 par une modification apportée à la *Loi des relations ouvrières*[689]. Par la suite, le régime d'arbitrage des griefs évolua progressivement en raison et en fonction de divers événements.

i) En 1969, la *Loi des tribunaux judiciaires*[690] prohibait, à toutes fins utiles, aux juges de la Cour provinciale, d'agir à titre d'arbitres. Ce changement obligea les parties à trouver de nouvelles personnes capables d'exercer la fonction d'arbitre de griefs au Québec.

ii) Depuis 1970, le Conseil consultatif du travail et de la main-d'œuvre (C.C.T.M.) publie annuellement, à l'intention des parties, une liste de personnes satisfaisant à des critères de présélection et qui peuvent assumer cette fonction.

iii) En 1974, les personnes agissant à titre d'arbitres de griefs au Québec formèrent la Conférence des arbitres du Québec dans le but de constituer un corps d'arbitres mieux formés et plus compétents.

iv) En 1977, le régime juridique de l'arbitrage des griefs fut de nouveau modifié : 26 nouvelles dispositions complétèrent ou précisèrent les modalités du processus arbitral édictées aux articles 100, 101 et 102 C.t.[691].

---

689. *Loi modifiant la Loi sur les relations ouvrières*, S.Q. 1960–1961, c. 73, art. 24 (4) (5) et (6). Ces trois paragraphes, bien que modifiés depuis, se retrouvent substantiellement encore aux articles 107, 100 et 102 du *Code du travail*.

690. *Loi des tribunaux judiciaires*, L.Q. 1969, c. 19, art. 15.

691. Plusieurs de ces nouvelles dispositions intercalées entre les articles 100, 101 et 102 résultent de l'expérience pratique des parties ou sont tirées de la jurisprudence d'alors, soit pour en généraliser la portée, soit pour l'écarter.

v) En 1983, de nouveaux amendements furent apportés au régime d'arbitrage des griefs, notamment en confiant l'arbitrage à un seul arbitre et non plus à un tribunal tripartite. Le nouvel article 100.0.1 précise aussi que tout grief soulevé dans les quinze jours de sa cause est et demeure, sous ce chef, régulièrement présenté, ce qui limite d'autant la liberté conventionnelle des parties. Le nouvel article 100.0.2 C.t. précise que le règlement d'un grief intervenu entre les parties ne met plus fin à l'affaire, d'une façon définitive et absolue, si les parties n'y donnent pas réellement suite, etc.

IV-177 — *Position respective des parties* — Il importe de bien connaître le rôle primordial réservé aux parties tout au cours du processus arbitral, car cet événement, croyons-nous, ne pourrait être dissocié de la tenue et du maintien des rapports collectifs du travail. Il s'agit, en somme, de la sauvegarde du caractère transactionnel de tout le régime. La continuité des rapports des parties, leur négociation quasi ininterrompue, l'administration cohérente de la convention collective et l'obligation du syndicat de veiller à une application intégrale de la convention collective à l'avantage de tous les salariés nous paraissent des éléments suffisants pour croire et soutenir qu'aucun grief ne pourrait être considéré comme un acte isolé et sans lendemain. Les arbitres, les conseillers et les observateurs ne pourraient d'ailleurs ignorer ce fond de scène pour comprendre la position momentanée des parties à l'égard d'un grief et pour moduler leur comportement respectif. Si les parties sont également placées dans un même continuum, elles n'exercent pas cependant des fonctions semblables pour l'administration de la convention collective. Dans sa phase initiale, cette tâche incombe à l'employeur. Il suffit de considérer quelques points importants de la convention collective pour comprendre que l'initiative est de sa compétence. N'est-ce pas l'employeur qui émet le chèque de paie, qui décide de sévir, qui choisit le candidat à une promotion et qui détermine qui est mis à pied ? Par la suite, il revient au syndicat de contrôler la qualité de ces décisions ou comportements à la lumière des dispositions de la convention collective. C'est dans ce cadre que l'arbitrage des griefs devient, dans la pratique quotidienne, un mécanisme de contrôle externe des décisions prises par l'employeur. Cette situation de fait où un syndicat doit recourir à l'arbitrage pour contrôler l'application de la convention collective alors que l'employeur se trouve, en quelque sorte, en défense, constitue une donnée importante pour comprendre le comportement, la dynamique et le point de vue respectif des parties à l'égard de la procédure arbitrale et des personnes qui exercent la fonction d'arbitre de griefs. L'inversion des rôles entre les parties, selon qu'il s'agit de la négociation ou de l'administration de la convention collective, n'est certes pas tout à fait complète ni irréversible. Dans ces deux situations, la partie placée à la défensive peut contre-attaquer et aussi revendiquer. C'est ce que fera d'ailleurs le syndicat en tentant de convaincre l'arbitre d'un entendement particulier de la convention collective à l'aide d'une interprétation téléologique, extrapolative ou analogique, etc.

L'employeur peut rechercher de l'arbitre la confirmation de sa décision, non seulement pour consolider son autorité ou faire reconnaître la qualité de sa gestion, mais aussi en vue des effets d'entraînement ainsi escomptés, notamment à l'occasion du renouvellement de la convention collective.

IV-178 — *Particularisme de l'arbitrage* — Si l'arbitre de griefs doit être perçu comme un agent dans le processus général des rapports collectifs du travail et que les parties ont un intérêt à conserver une mainmise sur le mécanisme afin de tenter de l'utiliser à leurs fins respectives et parfois communes, il fallait que ce moyen de rendre justice puisse être moulé à un pareil usage. Le choix initial des parties de retenir l'arbitrage fut, en quelque sorte, généralisé et même imposé d'autorité par le législateur en rendant l'arbitrage obligatoire (art. 100, 101, 139 et 140 C.t.)[692]. Pour saisir davantage les implications de la voie retenue, il peut être utile de souligner quelques traits distinctifs de l'arbitrage par rapport au processus judiciaire usuel. Cette administration *ad hoc* de la justice en milieu de travail se distingue du régime commun de justice, notamment par la conjugaison de quatre éléments.

i)   Les justiciables doivent normalement se rendre au palais de justice et dès que cette rencontre forcée est terminée, ils se séparent. En sens inverse, les parties liées par les rapports continus du travail demeurent, en quelque sorte, sur les lieux, alors que l'arbitre y vient et les quitte à la fin de l'instruction.

ii) Le juge est permanent et généralement stationnaire : il est un professionnel de l'administration de la justice et sa personne est imposée aux justiciables. L'arbitre, au contraire, est un itinérant, un occasionnel de la justice et il se rend, sur invitation, auprès des parties pour trancher un grief[693].

iii) Les parties se retrouvent dans un même lieu, le palais de justice, communiquent par le truchement de conseillers qui ont une même formation professionnelle (le droit), en présence d'un juge ayant aussi une formation en droit et ayant exercé la même profession que leurs conseillers, tous doivent faire appel aux mêmes règles de communication, le *Code de procédure civile*, et le débat est généralement articulé en fonction des mêmes règles de droit (la loi). On retrouve donc un faisceau de points communs

---

692. Sur le choix de l'arbitre au lieu du tribunal de droit commun, voir : Mark Anthony HICKLING, *Grievance Arbitration : a Review of Current Issues*, Vancouver, The Institute of Industrial Relations, 1977, p. 8 et suiv. Pour une critique de ce choix, voir : Paul Raymond HAYS, *Labour Arbitration, a Dissenting View*, New Haven and London, Yale University Press, 1966; P.A. JOSEPH, « Perfecting the Administrative Solution to Labour Disputes, The British Columbia Experiment », (1983) 38 *Rel. Ind.* 380.

693. Dans le cas où le ministre nomme l'arbitre, les candidats sont présélectionnés par les centrales syndicales et organismes patronaux (C.C.T.M.) (**I-43**); Rodrigue BLOUIN, *La juridicisation de l'arbitrage de griefs*, Cowansville, Les Éditions Yvon Blais inc., 1996.

susceptibles de faciliter la procédure d'enquête, le processus décisionnel et même la rédaction de la décision : les sous-entendus sont plus faciles et les « ce qui va de soi », plus nombreux. Par ailleurs, l'arbitrage ne fournit nullement ces mêmes bases communes : les représentants des parties peuvent avoir une formation assez disparate (les avocats y ont accès, mais non d'une façon exclusive), l'arbitre peut être économiste, sociologue, administrateur, juge à la retraite ou avocat, etc., l'enquête ne suit pas nécessairement ni toujours un ensemble de règles de procédure prédéterminées (selon l'article 100.2 C.t., l'arbitre est maître de la procédure) et le litige porte principalement sur une modalité de la convention collective des parties, disposition qui peut varier sensiblement d'une convention collective à une autre. La décision arbitrale peut donc être fort différente d'un jugement par sa facture, son style et son dispositif[694].

iv) Le justiciable est lié par le jugement du tribunal judiciaire sous réserve de l'exercice de son droit d'appel, alors que les parties à la convention collective peuvent ensemble se soustraire à une sentence arbitrale lorsqu'il y a avantage, à moyen terme, d'éviter certains effets pervers. À l'instar du législateur qui, surpris de l'interprétation que l'on donne à la loi, en modifie le tir, les parties peuvent amender ou corriger leur convention collective, et ainsi, limiter les effets futurs de leur jurisprudence arbitrale.

Ces quelques traits illustrent l'importance d'étudier le processus arbitral en respectant sa nature propre, le milieu où il évolue et le particularisme de la convention collective, sa toile de fond juridique. À tout le moins, ces éléments distinctifs devraient permettre d'éviter trop d'extrapolations du régime commun de justice. À n'en point douter, l'arbitrage d'un grief n'est qu'un maillon de cette chaîne sans fin de rencontres, de tractations, de discussions, de correspondance préparatoires à la prochaine négociation collective formelle. Même les délimitations du grief, le cadre de l'enquête, les réserves et les ententes au cours de l'enquête sont conditionnés par le fait que les parties survivent ensemble, bon gré mal gré, à ces événements judiciaires. Outre la dimension collective, tous les gestionnaires et tous les salariés peuvent également apprécier, pour leur propre gouverne, la façon dont on traite un grief, depuis sa présentation jusqu'à l'application de la sentence arbitrale. En considérant la situation de l'arbitre, il nous faut aussi rappeler que ce dernier exerce sa fonction parfois pour un seul grief puis, disparaît. On peut comprendre les réserves que les parties peuvent entretenir à lui laisser trop d'initiative, trop de liberté de manœuvre, alors qu'il pourrait nuire là où il voudrait aider, n'ayant pas une connaissance parfaite de tout le dossier. Ces premières observations sur la permanence des parties et la présence passagère ou éphémère de l'arbitre se constatent ou se vérifient dans de multiples occasions au cours du processus arbitral. Comme on vise ainsi le

---

694. Pour utiliser avec prudence la jurisprudence arbitrale, comment pourrait-on ignorer ces éléments ? Voir à ce sujet : R. BLOUIN et F. MORIN, *op. cit.*, note 653, n° II-61.

contentieux résultant de l'administration courante de la convention collective, on peut comprendre que les parties ont un intérêt à ce que cette justice réponde bien à leurs besoins. N'ayant pas le droit de faire grève (art. 107 C.t.) et, de toute manière, ne pouvant utiliser un moyen aussi draconien et coûteux pour forcer la solution de tout grief, on tente d'obtenir l'effet optimum de l'arbitrage. À ces fins, trois attributs particuliers sont généralement recherchés à l'arbitrage des griefs, mais pas toujours par les deux parties à la fois.

i) *La célérité* : Le temps est souvent préjudiciable à l'une ou à l'autre, ou encore, aux deux parties. Puisque la prestation de travail est réalisée d'une manière continue, il importe généralement pour les parties, et notamment pour le salarié plus directement visé, que justice soit rendue dans les meilleurs délais.

ii) *L'objectivité* : La solution imposée d'autorité par l'arbitre doit provenir ou résulter du contenu même de la convention collective, c'est-à-dire de l'œuvre conjointe des parties et non de ce qui pourrait paraître juste et équitable à l'arbitre. Les parties lui rappellent d'ailleurs cette consigne au moyen d'une disposition conventionnelle.

iii) *L'efficacité* : La décision doit être clairement énoncée en termes précis, ce qui permet de l'appliquer sans autre délai et discussion. L'arbitre doit régler un problème et non en provoquer d'autres par un dispositif obscur, incomplet ou abstrait.

Il n'est pas sûr que cette triple qualité de l'arbitrage puisse toujours être atteinte, mais de toutes parts et de multiples façons on s'y emploie[695].

IV-179 — *Les règles générales* — Le *Code du travail* comprend un ensemble de règles propres à l'aménagement d'un mécanisme efficace pour trancher les griefs d'une façon finale. Les articles 100 et 101 C.t. président à la mise en place du régime, alors que les 30 autres modalités décimalisées servent d'encadrement au déroulement du processus arbitral. L'ensemble de ces dispositions permettent d'éviter certains obstacles possibles, allègent le mécanisme de quelques lourdeurs jurisprudentielles et participent ainsi à l'aménagement d'une procédure de justice qu'on a voulu simple, rapide et efficace. La principale règle se trouve à l'article 100 C.t., où l'on décrit, au premier alinéa, toute la dynamique du système, par ce qui y est dit, par la façon de l'exprimer et aussi, par ce qui y est sous-entendu. Le principe fondamental est énoncé en son début : « Tout grief doit être soumis à l'arbitrage [...] ». Les termes utilisés

---

695. Nous en faisons une analyse critique sous le titre « L'arbitrage des griefs au Québec : pratiques et paradoxes », dans Michel BROSSARD (dir.), *Le point sur l'arbitrage des griefs*, Rapport du 21ᵉ Colloque de relations industrielles de l'Université de Montréal, Montréal, École de relations industrielles de l'Université de Montréal, 1991; *Heustis c. Commission d'énergie électrique du Nouveau-Brunswick*, [1979] 2 R.C.S. 768.

rendent compte du caractère impératif et enveloppant de cette règle, d'autant plus qu'elle sert de pendant à une règle de même portée : « La grève est prohibée pendant la durée d'une convention collective [...] » (art. 107 C.t.). Si la voie arbitrale est obligatoire, les moyens pour l'emprunter sont laissés au choix des parties. Ce bémol illustre le particularisme du régime malgré une apparente contradiction ou sa saveur aigre-douce. Une deuxième règle impérative précise la vraie nature de cet arbitrage : « La sentence arbitrale est sans appel [et] lie les parties [...] » (art. 101 C.t.). Non seulement les parties doivent soumettre leur grief à l'arbitrage, mais elles sont liées d'une façon finale à la décision qui en résulte. Compte tenu des raisons qui justifient le caractère obligatoire de l'arbitrage, il devenait nécessaire que ce moyen soit exclusif et définitif. On ne pouvait permettre à l'une des parties d'exercer d'autres recours judiciaires si elle n'était pas satisfaite de la sentence arbitrale. En somme, ces deux règles principales et impératives des articles 100 et 101 C.t. signifient que :

— les parties à la convention collective ne peuvent s'entendre pour retenir un autre type d'intervention finale pour trancher leurs griefs;

— l'une ou l'autre des parties à la convention collective ne peut imposer la seule négociation et les moyens usuels qui s'y rattachent pour régler d'une façon finale les griefs;

— les parties ne peuvent mutuellement s'autoriser, dans la convention collective ou autrement, l'usage de la grève et du lock-out (art. 100, al. 3, 107 C.t.);

— les deux parties ou l'une d'elles n'ont pas le choix entre l'arbitrage et le recours (civil ou pénal) devant les tribunaux de droit commun;

— si elles s'entendent à ce sujet, les parties peuvent emprunter de multiples voies susceptibles de faciliter la recherche d'une solution agréée à leurs griefs : échange des données selon l'ordre ascendant de leur structure respective, comité permanent ou *ad hoc*, médiation, etc. Si au terme de ces processus, les parties conviennent d'une solution, alors le grief disparaît et l'arbitrage perd sa raison d'être;

— la sentence arbitrale tranche le grief de telle manière qu'il n'existe plus sur le strict plan juridique : les droits et les obligations visés y sont précisés ou reconnus d'autorité;

— la sentence arbitrale vaut titre, dans le sens que tout salarié placé dans la situation visée au grief peut en réclamer le bénéfice[696];

---

696. *Hamilton Street Railway Company* c. *Northcott*, [1967] R.C.S. 3. Cette règle fut timidement réaffirmée dans l'affaire *General Motors of Canada Ltd.* c. *Brunet*, [1977] 2 R.C.S. 537 et, d'une certaine manière, quelque peu contenue par l'arrêt *Isabelle* c. *Association des fonctionnaires provinciaux de l'Ontario*, [1981] 1 R.C.S. 449.

— les tribunaux de droit commun n'ont pas compétence pour trancher en matière de griefs, le législateur ayant déterminé que ce domaine était de la seule compétence des arbitres (art. 139, 139.1 et 140 C.t.) (**V-77**)[697].

180-IV — *Mécanisme adapté* — La double règle relative à l'arbitrage obligatoire et final établit le cadre général, le caractère proprement judiciaire du processus et l'effet juridique terminal de l'arbitrage[698]. Par ailleurs, les parties peuvent tailler, à leur mutuelle convenance, les voies et moyens pour effectuer cet arbitrage. Ainsi, aucune étape, aucun élément du processus n'est totalement ni parfaitement imposé d'autorité aux parties. Elles peuvent, si elles le désirent et si elles s'entendent sur ce point, conserver même la maîtrise de l'administration de cette justice. L'article 100 C.t. précise bien que l'arbitrage doit avoir lieu « en la manière prévue dans la convention collective si elle y pourvoit [...] ». L'article 100.2 C.t. indique clairement, par la présence d'une simple règle supplétive, que la convention collective peut élaborer la procédure et le mode de preuve applicable. Il est donc loisible aux parties d'arrêter des dispositions conventionnelles portant sur toute question procédurale et notamment sur les points suivants : la formulation du grief, la désignation des assesseurs, le mode de nomination de l'arbitre, les délais de présentation du grief, les délais pour franchir les différentes étapes du processus et la rigueur de ces délais, la qualité de la preuve exigible, le mode de preuve, les modalités de l'instruction, y compris l'élaboration d'un dossier conjoint, les présomptions applicables selon telle ou telle situation donnée, le règlement total ou partiel du grief en cours de processus, etc. Il ressort que les moyens conventionnels retenus prévalent si les parties exercent leur liberté d'une façon positive et aussi, dans la mesure où elles respectent ces mêmes modalités. Pour éviter que l'on puisse de connivence, par inadvertance ou par faiblesse, rendre l'arbitrage irréalisable, l'article 100, alinéa 1 *in fine*, C.t. prévoit une double règle supplétive relative à la nomination de l'arbitre.

i) L'absence de règles conventionnelles relatives à la nomination d'un arbitre ne peut faire obstacle à l'arbitrage : les parties peuvent en

697. Malgré la clarté de l'intention exprimée dans ces trois articles, la délimitation du champ juridictionnel exclusif de l'arbitre de griefs pose parfois des difficultés aux juges de la Cour supérieure, mais fort moins à ceux de la Cour suprême du Canada. À titre d'illustrations, on peut consulter : *Cité de Salaberry-de-Valleyfield* c. *Dulude*, [1986] R.J.Q. 2156 (C.S.); *Union des employés(es) de service, local 298 (F.T.Q.)* c. *Jasmin et Maribro Inc.*, [1988] R.J.Q. 2282 (C.S.); *Bilodeau* c. *Hydro-Québec*, [1993] R.J.Q. 2215 (C.S.); *Syndicat des postiers du Canada* c. *Société canadienne des postes*, [1995] R.J.Q. 2404 (C.A.).

698. Cet encadrement juridique est si déterminé et précis que le processus arbitral est, à notre avis, foncièrement de nature publique, bien que les parties puissent participer à sa réalisation. L'intérêt d'une telle question est bien illustré par Donald D. CARTER, « Grievance Arbitration and the Charter : The Emerging Issues », (1989) 44 *Rel. Ind.* 337. Cette dernière étude se fonde sur les traditionnelles dichotomies — public–privé et loi–contrat — ce qui ne peut que soulever d'innombrables questions collatérales (**I-100**).

désigner un, et ce dernier applique les dispositions du *Code du travail* pour réaliser l'arbitrage.

ii) Le défaut de l'une ou de l'autre partie de respecter ces règles conventionnelles n'empêche pas la nomination d'un arbitre par les parties ou, à défaut, par le ministre[699].

Cette liberté de convention comporte une autre réserve : en cas d'incompatibilité entre les règles conventionnelles et celles du *Code du travail* (art. 100 à 102 C.t.), les modalités législatives prévalent (art. 100, al. 3, C.t.). Cette préséance indique bien que la liberté conventionnelle des parties s'exerce à l'intérieur d'un cadre normatif circonscrit et bien orienté. Par ailleurs, l'article 100.3 C.t. précise que les parties peuvent, en tout temps, trouver elles-mêmes une solution à leur litige. Toute entente totale ou partielle des parties limite d'autant la question à trancher par l'arbitre, même s'il était déjà saisi du grief dans son entier. Cette entente totale ou partielle, ou ce désistement, lie automatiquement l'arbitre : il n'a pas à l'accepter ni à l'apprécier, il ne lui reste qu'à en prendre acte et à consigner le tout à la sentence. S'il y a lieu, il lui faudra cependant trancher la partie résiduaire de ce même grief, en tenant alors compte de l'entente partielle.

IV-181 — *Le grief selon le Code* – L'arbitrage obligatoire et final ne vise que les mésententes qualifiées de griefs. Dès lors, il faut préciser l'objet de l'arbitrage, ce qui circonscrit du même coup la juridiction de l'arbitre. Ce point est fondamental puisque tout litige qui ne peut être qualifié de grief n'est nullement soumis aux articles 100 et suivants C.t. Pour définir le domaine arbitral, il convient de bien déterminer les éléments caractéristiques du grief qui sont plus complexes et plus larges que ne le laisse entendre la seule définition qui en est donnée à l'article 1 f) C.t. : « Toute mésentente relative à l'interprétation ou à l'application d'une convention collective ». Retenons que tous les litiges, disputes ou désaccords entre les parties aux rapports collectifs du travail sont généralement qualifiés de mésententes et que ces dernières peuvent être divisées en deux sous-catégories : le différend et le grief (art. 1 e) et f) C.t.). Globalement, le différend porte sur les revendications ou certains éléments non encore énoncés dans la convention collective ou qui le sont déjà et dont une partie cherche à en modifier la teneur.

---

699. En dépit du fait que la procédure de nomination d'un arbitre soit bien établie dans la convention collective, si les parties ou l'une d'elles n'y donnent pas suite, le ministre désigne l'arbitre. Voir : *Bourret* c. *Alphonse Lafleur Ltée*, [1969] B.R. 90; *Venditelli* c. *Cité de Westmount*, [1980] C.A. 49; *Union des employés de commerce, local 500* c. *Larouche*, T83-66 (C.S.); *Coopérative agricole du Bas-St-Laurent* c. *Syndicat national des employés des produits laitiers du Bas-St-Laurent*, [1983] T.A. 1; *Épiciers unis Métro-Richelieu inc.* c. *Syndicat des travailleurs(euses) de l'alimentation en gros de Québec inc.*, [1990] T.A. 146; *Papiers peints Impérial (Canada) inc.* c. *Syndicat des employées et employés des papiers peints Berkley*, D.T.E. 96T-762 (T.A.).

L'objet de ce type de mésentente vise généralement l'élaboration de la convention collective pour y ajouter ou y soustraire des conditions de travail. On comprend que l'arbitrage portant sur un différend a pour effet d'établir des règles nouvelles ou différentes (**IV-142**). Ce type de mésentente, le différend, est totalement soustrait à l'application de l'article 100 C.t. Cette dernière disposition ne vise que les mésententes qui surviennent à l'occasion de l'administration de la convention collective, c'est-à-dire pour assurer le respect intégral des règles conventionnelles déjà établies qui lient les parties (art. 67 C.t.). D'une façon générale, il s'agit de toutes mésententes relatives à l'interprétation, à l'application de la convention collective (art. 1 f) C.t.) et aussi, à sa violation de quelque manière[700]. Nous pouvons dire qu'il y a grief, au sens et en vertu de l'article 100 C.t., lorsque la mésentente porte sur le sens, la nature, la portée ou l'étendue à donner à une disposition de la convention collective ou à un acte qui en tient lieu, ou qui est de même nature ou encore, si elle porte sur la façon de respecter ou d'exécuter une disposition de la convention collective qui a force entre les parties ou dans un acte complémentaire de la convention collective. Il s'agit, en premier lieu, d'annexes au sens de l'article 72 C.t. ou de documents intégrés ou rattachés à la convention collective par disposition expresse et auxquels on se réfère comme s'ils y étaient inscrits ou insérés à titre de parties constitutives. Ces textes intégrés ou rattachés à la convention collective et qui en sont ainsi une des composantes doivent être lus dans ce contexte, si toutefois ils respectent les conditions de forme et de fond applicables (**IV-162**). Il faut déjà en déduire que les litiges susceptibles d'être qualifiés de griefs varient en fonction même du contenu réel en vigueur de la convention collective visée. Ainsi, ce qui peut être vrai ou faux dans un cas peut être différent selon le contenu d'une autre convention collective. Ce premier entendement du grief et, de ce fait, du domaine arbitral, peut être élargi, restreint ou assoupli par la voie d'une disposition précise à la convention collective, ou encore, par une disposition particulière de la loi. Nous qualifions ces ajouts, assouplissements, restrictions ou élargissements de grief assimilé par voie conventionnelle et de grief assimilé par voie législative.

IV-182 — *Les griefs assimilés par voie conventionnelle* — Selon l'article 102 C.t., les parties ont la faculté de préciser, à leur convention collective, d'autres catégories de mésententes qui, bien que ne résultant pas directement de l'interprétation ou de l'application de cette convention, pourraient néanmoins

---

700. *General Motors of Canada Ltd.* c. *Brunet*, précité, note 696, p. 551. Ce principe est réitéré dans l'affaire *Shell Canada Ltd.* c. *Travailleurs unis du pétrole du Canada, local 1*, précitée, note 465. Voir aussi : *Centre des services sociaux de Montréal Métropolitain* c. *Syndicat des employés du C.S.S.M.M.*, [1983] C.A. 147; *Weber* c. *Ontario Hydro*, [1995] 2 R.C.S. 929; *Nouveau-Brunswick* c. *O'Leary*, [1995] 2 R.C.S. 967; *Commission scolaire crie* c. *Association de l'enseignement et du Nouveau-Québec*, D.T.E. 90T-1095 (C.A.).

être soumises au même régime arbitral. Pour illustrer l'usage qui peut être fait de cette liberté, considérons quelques exemples où les parties peuvent recourir avantageusement à ce moyen.

i) Tout en reconnaissant la compétence exclusive de l'employeur pour l'aménagement ou le réaménagement des dispositions physiques et techniques du lieu de travail ou des processus de production, les parties peuvent aussi convenir que toute initiative, en ce domaine, considérée comme préjudiciable par le syndicat, peut être soumise au contrôle de l'arbitre. En semblable situation, les parties peuvent contenir ce contrôle arbitral aux modalités de réalisation du projet en vue de réduire ou d'atténuer les dommages ou pour articuler des moyens de réparation, etc.

ii) Les changements technologiques, l'acquisition de nouveaux équipements et l'organisation du travail peuvent être laissés à l'initiative de l'employeur mais, si ces faits nouveaux modifient les conditions d'exécution du travail au point d'être préjudiciables aux salariés, on convient de soumettre la question à l'arbitrage.

iii) Alors que le travail serait rémunéré à la pièce, sans que soit précisé le nombre d'opérations ou de tâches qu'il comprend, on peut convenir de soumettre à l'arbitrage les modalités des variables déjà retenues pour le calcul de la rémunération si l'employeur modifie unilatéralement le processus de fabrication durant le terme de la convention collective.

Ces exemples montrent que les parties peuvent recourir à l'arbitrage comme mesure de sécurité face à un risque ou à une incertitude provenant d'une situation dont elles ne maîtrisent pas toutes les données et alors, les effets préjudiciables possibles demeurent difficiles à jauger. Nous pouvons croire que ce «filet de sécurité» serait davantage employé dans le cas de conventions collectives de longue durée. Il est vrai que les parties à de telles conventions font aussi appel à la médiation, moyen qui leur permet de conserver l'entière maîtrise du dossier puisqu'un tiers n'est là que pour faciliter la communication entre elles. Il demeure possible que ces deux moyens soient successivement employés; à la suite de l'échec de la médiation, l'affaire peut toujours être tranchée par voie arbitrale[701]. Cet accès élargi à l'arbitrage doit cependant satisfaire à deux conditions : être expressément prévu dans la convention ou une annexe, au sens de l'article 72 C.t., et l'entente doit clairement indiquer que l'arbitrage est retenu comme moyen pour trancher éventuellement la question en litige. Parce qu'il s'agit d'un

---

701. Le médiateur qui intervient à la première phase peut-il se muter en arbitre, et cette métamorphose serait-elle souhaitable? Nous ne le croyons pas, règle générale, bien qu'il soit possible, dans certains cas, que les parties puissent préférer pour des raisons pratiques de poursuivre l'aventure avec la même personne, même si cette dernière s'est déjà commise à titre de médiateur (**IV-187**).

élargissement conventionnel, permis à titre exceptionnel et d'une façon restrictive à l'article 102 C.t., il convient, dans chaque cas, de vérifier si ces deux conditions sont respectées. Sur réponse affirmative de l'arbitre à cette question d'applicabilité, les mésententes peuvent alors être qualifiées de griefs assimilés. Dès lors, l'arbitre de griefs dispose de la compétence pour en décider et les parties sont liées par la sentence[702]. Par ailleurs, il faut souligner que les parties ne pourraient utiliser ce moyen d'élargissement du domaine arbitral pour y assujettir des salariés qui ne seraient pas de l'unité d'accréditation ou encore, pour trancher des questions qui ne pourraient être qualifiées de conditions de travail (**IV-99**).

IV-183 — *Griefs assimilés par voie législative* — Le législateur précise certaines situations où les mésententes entre les parties et même entre l'employeur et un salarié doivent être traitées comme s'il s'agissait de griefs, c'est-à-dire qu'elles sont tranchées selon les modalités des articles 100 et suivants C.t. Ces élargissements du domaine arbitral par dispositions législatives témoignent du souci d'éviter la multiplication des forums pour trancher des questions de même nature ou de nature similaire. Le *Code du travail* comprend lui-même trois assimilations.

i) *Le maintien des conditions de travail selon l'article 59 C.t.* : Cette disposition prévoit l'application des conditions de travail dans trois situations où il n'y a pas ou plus de convention collective qui lie directement et expressément les parties. En conséquence, les mésententes qui surviennent, dans ces trois cas, ne pourraient autrement constituer un grief au sens de l'article 1 f) C.t. et c'est pourquoi on précise bien qu'elles sont traitées « comme s'il s'agissait d'un grief » (art. 100.10 C.t.)[703]. Dans le cas d'une première négociation, alors que l'on doit également appliquer l'article 59 C.t. (art. 93.5 C.t.) (**IV-146**), les difficultés qui s'ensuivent sont pareillement assimilées à des griefs.

ii) Le rappel au travail refusé à la suite d'une grève ou d'un lock-out : Compte tenu du droit prioritaire de retour au travail garanti par le Code (**IV-129**), toute mésentente entre l'employeur et le syndicat à ce sujet est également assimilée à un grief et soumise à l'arbitrage (art. 110.1, al. 2, C.t.). Parce que la convention collective ou le protocole de retour au travail ne précisent pas toujours les modalités de ce retour et que

---

702. Luc CHAMBERLAND, « Les mésententes au sens de l'article 102 du *Code du travail* du Québec », (1982) 42 *R. du B.* 661 ; *Pakenham c. Union des vendeurs d'automobiles et employés auxiliaires, section locale 1974*, U.F.C.W., [1983] T.T. 189 ; *Syndicat des employés de magasins et de bureaux de la Société des alcools du Québec c. Société des alcools du Québec*, [1993] R.J.Q. 2170 ; *Lachine (ville de) c. Deslienes*, D.T.E. 93T-1277 (C.S.).

703. À titre d'exemple, voir : *Brown c. Municipalité de la Baie-James*, [1980] R.P. 322 (C.S.), commenté par Louis LEBEL, Pierre VERGE et Robert P. GAGNON, « Droit du travail », (1980) 40 *R. du B.* 702, 703.

l'on ne pouvait alors y retrouver une assiette conventionnelle à cette mésentente, le législateur l'a établie d'autorité[704]. Même s'il n'y a pas mésentente entre le syndicat et l'employeur au sujet du refus relatif au retour d'un salarié en particulier, ce dernier peut avoir accès à l'arbitrage à la suite de l'ordonnance du Tribunal du travail (art. 110.1, al. 3, 47.3 et suiv. C.t.).

iii) *La violation du devoir d'une juste et loyale représentation à l'occasion du renvoi et d'une sanction disciplinaire (art. 47.3 et suiv. C.t.)* : L'affaire peut être soumise à l'arbitrage comme s'il s'agissait d'un grief dès que le Tribunal du travail estime que le salarié ne fut pas représenté d'une façon juste et loyale par le syndicat (art. 47.3 C.t.) **(IV-40)**.

En plus des situations visées expressément par le *Code du travail*, d'autres lois comprennent de semblables renvois à l'arbitrage.

i) *La* Charte de la langue française *(III-113)* : À titre de partie intégrante de la convention collective, en vertu de l'article 50 de cette charte, toute difficulté d'application des articles 41 à 49 constitue par analogie un grief soumis aux prescriptions des articles 100 C.t. et suiv.[705]. De plus, le salarié peut exceptionnellement prendre la relève du syndicat défaillant (art. 47, al. 2 de la Charte) **(V-18)**.

ii) *La* Loi sur la santé et la sécurité du travail *(III-423)* : Le travailleur qui croit avoir été congédié, suspendu ou mis à pied à la suite de l'exercice d'un droit qui lui est conféré en vertu de cette loi, au sens de l'article 227 L.S.S.T., peut soumettre l'affaire à l'arbitrage, comme s'il s'agissait d'un grief **(V-18)**.

iii) *La* Loi sur les accidents du travail et les maladies professionnelles *(III-301)* : Le travailleur qui croit avoir été congédié, suspendu ou mis à pied parce qu'il a été victime d'un accident du travail ou à cause de l'exercice d'un droit accordé par cette loi, peut se prévaloir de la procédure d'arbitrage et soumettre le tout à l'arbitre (art. 32 L.A.T.M.P.). Le droit de retour au travail à la suite d'une lésion professionnelle peut faire l'objet d'un arbitrage selon les conditions prévues à l'article 244 de cette même loi **(III-312; V-18)**.

iv) *La* Loi sur l'équité salariale : Cette loi précise que les ajustements salariaux résultant de ce processus sont réputés faire partie intégrante de la convention collective **(III-728; V-18)**.

---

704. Le droit à l'arbitrage conféré ainsi par le *Code du travail* implique une compétence particulière pour l'arbitre de griefs. Voir à ce sujet : *Compagnie de volailles Maxi Ltée* c. *Bolduc*, précité, note 593.

705. R. MERCILLE, *loc. cit.*, note 654.

La double source d'élasticité (convention et loi) indique bien qu'il serait inexact et dangereux de réduire la portée véritable du régime d'arbitrage à la seule définition initiale du grief donnée à l'article 1 f) C.t. Par ailleurs, toute mésentente qui ne peut être qualifiée de grief, par l'une ou l'autre de ces trois voies, ne pourrait être soumise à un arbitre disposant de l'autorité qui lui est conférée aux articles 100 et suivants C.t. et produire les effets qui y sont garantis. Outre cette qualification du grief par voie de rattachement direct ou par assimilation, nous devons aussi prendre en considération la position respective des parties pour mieux saisir la toile de fond générale de l'arbitrage.

IV-184 — *Les parties à l'arbitrage* — La règle impérative de l'article 100 C.t. ne s'applique que si la mésentente peut être qualifiée, directement ou par analogie, de grief mettant en cause l'employeur et, d'une façon générale, le syndicat[706]. La question est relativement simple dans le cas de l'employeur. Selon le *Code du travail*, il n'y a qu'une convention collective applicable à l'égard d'un groupe de salariés (**IV-167**) et c'est l'employeur des salariés visés qui est légalement partie à l'arbitrage. Il l'est ou à titre de signataire de la convention collective ou à titre de nouvel employeur au sens de l'article 45 C.t.[707] La question est parfois plus délicate dans le cas du syndicat et des salariés. Règle générale, le syndicat signataire de la convention collective ou son ayant droit (art. 61 C.t.) est seul partie au grief et il est d'ailleurs seul habilité à participer à son règlement. L'économie générale du régime impose pareille solution puisque le grief est fondé sur la convention collective, qui est l'œuvre exclusive du syndicat et de l'employeur. Cette assertion fut d'ailleurs affirmée ou explicitée en moult occasions par les tribunaux[708]. Ce premier rôle réservé au syndicat ne signifie nullement que le salarié, considéré distinctement du syndicat, ne puisse jamais intervenir. Il existe des situations où il peut personnellement intervenir et être entendu d'une façon distincte ou particulière, comme l'affirme l'article 100.5 C.t. Cette intervention ne peut être qu'exceptionnelle. Il doit en être ainsi parce

---

706. Sauf quelques cas déjà signalés parmi les griefs assimilés par voie législative (**IV-183**).

707. *Adam* c. *Daniel Roy Ltée*, précité, note 403. Cette décision permet aussi de comprendre que le nouvel employeur au sens de l'article 45 C.t. prend également la relève de son prédécesseur à l'égard des griefs alors en cours et des sentences arbitrales qui s'ensuivent. Seul l'employeur directement visé par un grief serait soumis à la sentence arbitrale et non les autres employeurs par ailleurs liés à la même convention collective. Voir : *Isabelle* c. *Association des fonctionnaires provinciaux de l'Ontario*, précité, note 696.

708. *Hoogendoorn* c. *Greening Metal Product and Screening Equipment Company*, précité, note 111 ; *General Motors of Canada Ltd.* c. *Brunet*, précité, note 696, p. 555 ; *Blanchette* c. *Beaubien*, précité, note 148, p. 48 ; *Testulat* c. *Ville de Sherbrooke*, [1977] C.A. 312, 313 ; *Syndicat des employés du Centre hospitalier Robert-Giffard et annexes (C.S.N.)* c. *Syndicat professionnel des infirmières et infirmiers du Québec (S.P.I.I.Q.)*, [1979] C.A. 323 ; *Danby Corporation* c. *Clément*, précité, note 145 ; *Gendron* c. *Syndicat des approvisionnements et services de l'Alliance de la fonction publique du Canada, section locale 50057*, [1990] 1 R.C.S. 1298 ; *Confédération des syndicats nationaux* c. *Verret*, [1992] R.J.Q. 975 (C.A.).

que le syndicat accrédité est responsable de l'application intégrale de la convention et, à l'occasion de tout grief, il ne représente pas seulement ni exclusivement les intérêts personnels du salarié immédiatement visé mais, en même temps et par ce moyen, ceux de la collectivité des salariés de l'unité d'accréditation. À cette fin, le syndicat doit d'abord faire prévaloir les intérêts de la collectivité, l'ordre et la discipline de groupe sur les besoins ou les prétentions des individus considérés d'une façon isolée. Par contre, cette plénitude décisionnelle reconnue au syndicat ne fait pas obstacle au droit d'un salarié de pouvoir éventuellement intervenir dans l'arbitrage pour faire valoir des éléments particuliers selon la singularité de l'affaire[709]. Dans certaines situations, la loi précise que le grief est ou peut devenir l'affaire du salarié (les griefs assimilés par voie législative). On ne peut cependant confondre ces dernières occasions avec celles où la convention collective autorise expressément le salarié à prendre personnellement l'initiative d'enclencher la procédure arbitrale. Dans plusieurs conventions collectives, pareille discrétion est laissée au salarié, de façon à permettre à chacun de veiller à la protection de ses intérêts. Parfois, ces griefs personnels doivent être entérinés ou contresignés par un représentant autorisé du syndicat. De telles initiatives totales ou partielles ne modifient en rien le rôle, la responsabilité ni le pouvoir du syndicat pour la suite de l'arbitrage : défense, tractation, règlement, désistement, etc.

IV-185 — *Étude conjointe du grief* — Le dépôt d'un grief enclenche, en tout premier lieu, un mécanisme de rencontres qui peut ressembler à une chambre de compensation. On utilise cette voie dans le but d'en circonscrire l'objet, de faire connaître les positions respectives des parties et aussi, pour explorer les avenues possibles de solutions. À cette fin, il est de pratique courante d'élaborer dans la convention collective un mécanisme de rencontres entre les deux parties. Bien évidemment, l'absence de semblables dispositions conventionnelles ne fait pas obstacle à la tenue de ces réunions, si les parties le souhaitent à l'occasion (art. 100.3 C.t.). Les modalités conventionnelles retenues à de telles fins varient en fonction de plusieurs facteurs, notamment :

— selon le type d'industrie et la dimension de l'entreprise ou de l'établissement ;

— en tenant compte des structures administratives de l'entreprise et de celles du syndicat ;

---

709. *Blanchette* c. *Beaubien*, précité, note 148 ; *Guay* c. *Lalancette*, [1977] C.S. 725. Devant les tribunaux, les conclusions peuvent être diamétralement opposées selon que l'on reconnaît le rôle prévalent du syndicat ou que l'on met au premier chef la situation de l'individu visé. Comparez, sous cet éclairage, les jugements majoritaires et dissidents dans l'affaire *Hoogendoorn* c. *Greening Metal Products and Screening Equipment Company*, précitée, note 111 et dans l'affaire *Bradley* c. *Ottawa Professional Fire Fighters Association*, (1967) 63 D.L.R. (2d) 376 (Ont. C.A.) ; *Syndicat des salariés d'Autobus Laval ltée* c. *Brochu*, [1992] R.J.Q. 61 (C.A.).

— l'expérience des parties et de leurs agents respectifs et aussi, le climat particulier des relations du travail de l'entreprise influent beaucoup sur l'usage qui en est fait et le soin apporté à leur adaptation;

— la conception respective des représentants des parties vis-à-vis de la tenue de rapports collectifs et de l'arbitrage des griefs.

Compte tenu du caractère impératif et exclusif de l'article 100 C.t. (**IV-179**), ces préalables ne peuvent servir d'exutoire pour écarter trop facilement la consigne principale relative à la tenue de l'arbitrage[710]. Soulignons d'ailleurs que l'entente intervenue entre les parties à ce stade préliminaire résout le grief dans la seule mesure où elle se réalise contrètement et ne demeure pas un simple acte formel (art. 100.0.2 C.t.)[711]. Si cette entente couvre tout le grief, l'arbitrage est sans objet et, si elle est partielle, l'arbitre qui en est informé doit se limiter à trancher la partie résiduaire (art. 100.3 C.t.).

IV-186 — *Nomination de l'arbitre* – La nomination de l'arbitre s'effectue de multiples façons. Dans certains lieux, les parties procèdent au choix de l'arbitre à chaque occasion, alors que dans d'autres milieux, on préfère effectuer à l'avance ces désignations dans la convention collective et pour sa durée. Dans ce dernier cas, les parties peuvent nommer des arbitres ou en dresser une liste pour agir à tour de rôle ou selon un autre ordre préétabli[712]. Quoi qu'il en soit, la double règle supplétive de l'article 100, alinéa 1 C.t., vise à éviter tout imbroglio à cette phase du processus (**IV-180**). Il n'existe aucune condition particulière d'admissibilité à la fonction d'arbitre. Pour les parties visées, le candidat à cette fonction doit cependant offrir des garanties d'impartialité : être en état ou en mesure de dire le droit des parties, de façon que chacune d'elles puisse normalement croire que justice fut rendue. En somme, la qualité fondamentale de tout candidat consiste à pouvoir donner des garanties personnelles et professionnelles suffisantes aux deux parties à la fois pour qu'elles consentent à retenir ses services. Une liste de candidats présélectionnés par le Conseil consultatif du travail et de la main-d'œuvre (C.C.T.M.) est mise à la disposition des parties pour aider à la recherche de la personne qui, selon les circonstances de chaque grief, peut répondre à leurs besoins. Il s'agit, en quelque sorte, d'un choix préliminaire, effectué au plus haut niveau hiérarchique des structures syndicales et patronales, de personnes susceptibles d'assumer convenablement la fonction d'arbitre de griefs. Pour permettre la réalisation de cet arbitrage obligatoire, l'article 100 C.t. prévoit trois modalités complémentaires et supplétives.

---

710. *Ville de Montréal* c. *Vaillancourt*, [1977] R.C.S. 849.
711. *Infirmières et infirmiers unis Inc.* c. *Brody*, [1986] R.J.Q. 491 (C.S.); *Syndicat du bois ouvré de l'Isletville, C.S.N.* c. *Côté*, [1977] C.S. 371.
712. *Syndicat canadien de la fonction publique, section locale 301* c. *Ville de Montréal*, [1983] C.A. 394; *Association des pompiers de Montréal inc.* c. *Imbeau*, [1985] C.A. 311.

i) L'arbitre est nommé selon le processus prévu à la convention collective.

ii) À défaut d'un tel processus ou à défaut d'y obtempérer, le syndicat accrédité et l'employeur choisissent, à l'occasion d'un grief déterminé, un arbitre.

iii) À défaut d'accord pour effectuer ce choix, le ministre nomme l'arbitre à l'aide de la liste annuelle qu'il dresse à la suite des propositions du C.C.T.M. (art. 100, al. 2, C.t.).

La nomination de l'arbitre ne vaut que pour le ou les griefs dont il est directement et expressément saisi. La fonction commence par l'acte de nomination du ministre ou des parties et se termine normalement par le dépôt de la sentence arbitrale (art. 101.6 C.t.).

IV-187 — *Le statut de l'arbitre* — La mission de l'arbitre de griefs est fondamentalement judiciaire; sa fonction consiste à *dire le droit*. Cette qualification résulte de la nature même de l'acte qu'il accomplit, des sources juridiques de son autorité et de l'effet de sa décision. L'objet de l'arbitrage n'est-il pas de circonscrire, d'articuler ou de constater les droits et les obligations correspondantes des parties qui leur sont conférés par la convention collective[713] ? L'arbitre de griefs répond aux conditions essentielles d'un tribunal doté d'une véritable fonction judiciaire et, pour cette raison, il lui faut respecter certaines conditions.

i) Offrir des garanties d'impartialité à sa nomination, au cours de l'enquête et par sa décision[714]. Nous doutons qu'un arbitre puisse d'abord intervenir à titre de médiateur puis agir à titre d'arbitre dans un même dossier. Il est vrai cependant que les parties peuvent expressément renoncer à soulever la question de la partialité du médiateur-arbitre de griefs. Par ailleurs, on reconnaît que le fait que le paiement des émoluments de l'arbitre soit à la charge de l'une ou des deux parties ne saurait affecter son impartialité[715].

---

713. *Port Arthur Shipbuilging Co.* c. *Arthurs*, [1969] R.C.S. 89, 94: *Re Board of Moosomin School Unit no. 9* c. *Gordon*, (1972) 24 D.L.R. (3d) 505, 511 (Sask. Q.B.); *Ville de Montréal-Est* c. *Gagnon*, [1978] C.A. 100, 102; *Syndicat des professeurs de l'Université du Québec à Trois-Rivières* c. *Durand*, D.T.E. T82-182 (C.A.); *Hôpital général de Sorel* c. *Tremblay*, [1982] C.S. 119. Pour un rappel de la démarche évolutive de la Cour suprême du Canada sur la question, voir : *Roberval Express Ltée* c. *Union des chauffeurs de camion, hommes d'entrepôts et autres ouvriers, local 106*, [1982] 2 R.C.S. 888.
714. Yves BERGERON, « De la règle d'impartialité en matière d'arbitrage de griefs », (1975) 35 *R. du B.* 163. Il peut être intéressant de comparer les deux décisions suivantes : *Asbestos Corporation* c. *Syndicat national des travailleurs de l'amiante de l'Asbestos Corporation*, [1975] R.D.T. 133 (C.S.); *C.S.N. Construction* c. *Gagnon*, [1978] T.T. 287.
715. *G.E. Hamel Ltée* c. *Cournoyer*, [1989] R.J.Q. 2767 (C.S.), portée en appel (C.A.M., n° 500-09-001170-893). Règlement hors Cour le 7 juillet 1993.

ii) Assurer aux parties l'exercice de leur droit de défense à chacune des étapes du processus : de la convocation à la publication de la sentence arbitrale.

iii) Demeurer dans les limites de son champ de compétence particulier circonscrit selon l'enseignement que l'on peut dégager de la jurisprudence.

iv) Respecter les chartes des droits et libertés et en assurer le respect.

En somme, l'arbitre doit respecter les règles fondamentales de justice. Il ne peut, à ce titre, ignorer, compléter ou corriger la convention collective sous prétexte, selon les circonstances, qu'il lui paraîtrait plus juste ou plus équitable d'agir ainsi[716]. Si l'arbitre de griefs ajoutait des règles nouvelles en procédant par analogie ou extrapolation, il cesserait d'être arbitre et d'interpréter le droit pour faire le droit. À l'égard du grief lui-même, l'article 100.11 C.t. précise bien que l'arbitre doit fonder sa décision sur la seule preuve qui lui fut présentée. Autant cet énoncé va de soi, autant il peut être parfois difficile de l'appliquer parfaitement et avec certitude, notamment lorsque la décision de l'applicabilité de la convention peut être soulevée. L'arbitre de griefs a compétence pour effectuer la qualification de la mésentente[717], la détermination de l'intérêt des personnes ou groupe autres que l'employeur et le syndicat, et la vérification des questions de procédure, notamment celle des délais, ayant effet de déchéance. L'exposé sur le fondement même du contrôle judiciaire, de ses implications générales à l'égard de l'arbitrage et de ses limites permet d'établir quelques bornes au tracé de la ligne frontalière délimitant le champ juridictionnel de l'arbitre de griefs ou les limites de sa compétence (**V-76 et suiv.**).

IV-188 — *Les pouvoirs généraux de l'arbitre* — Une revue générale des pouvoirs de l'arbitre de griefs fait mieux saisir la nature judiciaire du processus arbitral et ses implications. Si les parties doivent soumettre leurs griefs à l'arbitre (art. 100, al. 1, C.t.) et que la décision de ce dernier tranche définitivement le débat (art. 101 C.t.), il fallait que l'arbitre dispose de moyens idoines pour assumer cette fonction judiciaire[718]. C'est ainsi qu'on lui reconnaît le pouvoir de décider des questions préalables : la qualification du grief, la procédure de présentation, l'identification des parties, etc. Il dispose aussi d'un

---

716. Charles BELLEAU, « Le contrôle judiciaire de l'application des principes de justice naturelle par les arbitres des griefs québécois », (1983) 14 *R.G.D.* 93.

717. *Fraternité des policiers de la Ville de Laval Inc.* c. *Ville de Laval*, [1978] C.A. 120, 122. Sur ce thème, voir : R. BLOUIN et F. MORIN, *op. cit.*, note 653, nᵒˢ IV-41 et suiv. À titre d'illustration d'une situation où l'arbitre se doit d'établir s'il s'agit vraiment d'un grief ou d'une réclamation de nature purement civile, voir : *Syndicat des employés de bureau d'Hydro-Québec* c. *Hydro-Québec*, [1993] R.J.Q. 2757 (C.A.).

718. La logique juridique impose cette déduction et la *Loi d'interprétation*, L.R.Q., c. I-16, l'affirme : « L'autorisation de faire une chose comporte tous les pouvoirs nécessaires à cette fin » (art. 57).

ensemble de moyens nécessaires et usuels à la tenue d'une enquête ordonnée, impartiale et diligente. Le *Code du travail* précise qu'à défaut de règles particulières énoncées à la convention collective, l'arbitre procède « selon la procédure et le mode de preuve qu'il juge appropriés » et qu'il doit agir « en toute diligence à l'instruction du grief » (art. 100.2, al. 1, C.t.). À ces fins, il bénéficie d'une façon particulière des pouvoirs suivants :

— convoquer d'autorité les parties à l'audition et, si nécessaire, procéder par défaut (art. 100.2, al. 2, 100.5, al. 2, C.t.);

— poursuivre le cours de l'instruction s'il y a retard à nommer un assesseur ou absence de ce dernier (art. 100.1.1 et 100.1.2 C.t.);

— ordonner le huis clos si les circonstances l'imposent (art. 100.4 C.t.);

— entendre tout salarié intéressé, ce qui comprend le pouvoir de reconnaître et de circonscrire cet intérêt (art. 100.5 C.t.);

— assigner les témoins (art. 100.6 C.t.);

— interroger directement les témoins (art. 100.7 C.t.);

— visiter les lieux (art. 100.9 C.t.);

— interpréter les lois et règlements afférents (art. 100.12 a) C.t.)[719];

— confirmer, modifier ou casser les mesures disciplinaires, sauf disposition conventionnelle expresse à l'effet contraire (art. 100.12 f) C.t.);

— ordonner la réouverture de l'enquête (art. 100.16 C.t.);

— imposer le paiement d'une indemnité compensatoire aux dommages ou pertes subis à la suite d'une violation de la convention collective[720];

— trancher un grief pour lequel le règlement déjà intervenu entre les parties n'est cependant pas en cours ou respecté (art. 100.2 C.t.);

---

719. Par voie déductive, la Cour suprême du Canada était déjà arrivée à cette conclusion. Voir : *McLeod* c. *Egan*, [1975] 1 R.C.S. 517; Claude H. FOISY, « Juridiction de l'arbitre de griefs à interpréter et appliquer les lois », dans SERVICE DE LA FORMATION PERMANENTE, BARREAU DU QUÉBEC, *Développements récents en droit du travail (1992)*, Cowansville, Les Éditions Yvon Blais inc., 1992, p. 69; Jean PAQUETTE, « La compétence de l'arbitre de griefs pour interpréter et appliquer une loi : synthèse et récents développements », dans SERVICE DE LA FORMATION PERMANENTE, BARREAU DU QUÉBEC, *Développements récents en droit du travail (1996)*, Cowansville, Les Éditions Yvon Blais inc., 1996, p. 91.

720. *Imbeau* c. *Laskin*, précité, note 673, *Shell Canada Ltd.* c. *Travailleurs unis du pétrole du Canada, local 1*, précité, note 465; *St. Anne Nackawic Pulp and Paper Co.* c. *Section locale 219 du Syndicat canadien des travailleurs du papier*, précité, note 583; *Bell Canada* c. *Foisy*, [1989] R.J.Q. 521 (C.A.); *Weber* c. *Ontario Hydro*, [1995] 2 R.C.S. 929; *Nouveau-Brunswick* c. *O'Leary*, [1995] 2 R.C.S. 967; Diane VEILLEUX, « La portée du pouvoir remédiateur de l'arbitre... contestée! », (1995) 55 *R. du B.* 429.

— imposer des mesures de sauvegarde des droits des parties par voie de décision interlocutoire ou d'ordonnances de contrainte (art. 100.12 g))[721].

Ces dispositions ajoutées au *Code du travail* en 1977 illustrent bien la volonté du législateur que le processus arbitral ne soit pas ralenti, suspendu ni bloqué par autant d'accidents de parcours. La décision arbitrale étant finale (art. 101 C.t.), l'arbitre dispose pareillement de pouvoirs de correction et de réparation nécessaires pour réellement trancher le grief et permettre à chacune des parties de bénéficier concrètement ou réellement de ses droits, soit en nature et, à défaut, par voie d'équivalence[722]. L'article 100.12 d) C.t. précise que l'arbitre peut, à la suite de la sentence arbitrale sur la question de droit, fixer le montant dû, y compris le paiement d'un intérêt (art. 100.12 c) C.t.) ou celui du remboursement de l'indu à l'employeur (art. 100.12 b) C.t.).

IV-189 — *L'enquête* — Deux règles principales servent de base à la tenue de l'enquête, soit le respect intégral du droit de défense des parties et, s'il y a lieu, des autres intéressés et aussi, la tenue de l'instruction avec diligence. Le droit de défense articulé à l'article 100.5 C.t. comprend notamment :

— la tenue de l'audition dans un lieu où tous les intéressés peuvent librement et sans pression indue présenter leur position respective;

— l'occasion réelle et valable donnée aux parties de présenter leurs prétentions et d'y apporter au soutien les témoignages et les pièces disponibles, admissibles et pertinentes. À ces fins, l'arbitre n'est pas contraint de suivre nécessairement les règles de procédure applicables devant les tribunaux de droit commun (art. 100.2, al. 1, C.t.);

— la connaissance de l'ensemble des moyens adoptés par les autres intéressés et l'ensemble des éléments constitutifs du dossier, de manière que chaque partie puisse exercer un droit de réponse;

— la conduite de l'enquête de manière impartiale, tant à l'égard de la personne même de l'arbitre que de son comportement à cette occasion.

Au sujet de la deuxième règle, la diligence, plusieurs articles du *Code du travail* sont édictés afin de permettre que tout le processus se déroule

---

721. Serge BRAULT et Maryse TREMBLAY, « Le point sur le pouvoir de l'arbitre de griefs d'émettre des ordonnances interlocutoires », (1995) 55 *R. du B.* 693.

722. La Cour suprême du Canada avait reconnu ce pouvoir dès 1962. Voir : *Imbleau c. Laskin*, précité, note 673; *General Drivers, Warehousemen and Helpers Union, section locale 979 c. Brink's Canada ltd.*, précité, note 674. La Cour d'appel reconnaît également le pouvoir exclusif de réparation de l'arbitre à l'égard des salariés liés par convention collective. Voir : *Bell Canada c. Foisy*, précité, note 720; *Hôpital général juif Sir Mortimer B. Davis c. De Vleeschouwer*, [1994] R.J.Q. 64 (C.A.).

promptement et sans mesure dilatoire[723]. De nombreuses dispositions visent cet objectif qui s'impose tant aux parties qu'à l'arbitre (art. 100.2, 100.5, 100.8, 101.5, 101.7 et 101.8 C.t.). L'instruction de l'affaire s'effectue dans le cadre de séances d'auditions publiques, bien que l'arbitre puisse, si les circonstances l'exigent, ordonner le huis clos (art. 100.4 C.t.). Sous la présidence de l'arbitre (art. 100.2 C.t.), l'enquête s'effectue selon les règles usuelles du débat contradictoire. C'est dire que l'initiative revient principalement aux parties qui ont tout intérêt à faire valoir leurs prétentions. L'article 100.7 C.t. rappelle le droit de l'arbitre d'interroger lui-même les témoins, si une telle initiative paraît vraiment nécessaire. Aux fins de l'enquête, l'arbitre a une triple fonction :

— celle de gardien de l'ordre, pour assurer le bon déroulement de l'enquête ;

— celle de président d'assemblée, pour permettre à chaque partie d'être convenablement entendue ;

— celle de greffier, pour recevoir les pièces déposées, prendre note des étapes du déroulement général de l'enquête et, au terme du processus, assurer la conservation du dossier (art. 101.9 C.t.).

IV-190 — *La preuve* — Le cadre du présent exposé ne permet pas d'étudier l'ensemble des facettes des règles relatives à la preuve. Nous ne soulignons que quelques éléments particuliers qui tiennent compte du contexte des rapports collectifs du travail. En matière d'arbitrage, il n'y a pas, au départ et d'une façon générale, une présomption qui soit vraiment favorable ou défavorable à l'une ou à l'autre partie. Par ailleurs, il arrive fréquemment que le syndicat, principal réclamant en matière de griefs, ne puisse offrir une preuve complète au soutien de sa prétention, en raison même du rôle qui lui est imparti. En effet, le syndicat qui conteste une décision de l'employeur peut éprouver des difficultés à faire la preuve des véritables motifs de celui-ci, et notamment en trois occasions.

i) *La mise à pied* : Comment peut-il savoir s'il existe un surplus de personnel ou que le carnet de commandes est vide, etc. ?

ii) *Le congédiement* : Compte tenu des facteurs que peut retenir l'employeur, comment évaluer la gravité intrinsèque de l'infraction et l'importance relative de la faute du point de vue de la gestion du personnel, etc. ?

iii) *La promotion* : Sur quelle base peut être évalué le candidat promu, et être écarté tel autre postulant ?

---

723. Denis NADEAU, « Arbitres de griefs : attention à vos délais ! », (1985) 45 *R. du B.* 629. L'arbitre peut parfois éprouver quelques difficultés à inciter les parties à la célérité, comme l'illustre l'affaire *Brasserie O'Keefe Ltée* c. *Lauzon*, [1988] R.J.Q. 2833 (C.S.). Dans la mesure où les deux parties s'entendent au sujet du rythme à suivre, l'arbitre devrait s'en accommoder, sauf si le salarié en était abusivement préjudicié.

Dans de multiples situations semblables, le syndicat ne saurait fournir une preuve complète et entière sur tous les éléments pertinents puisqu'il s'agit de manifestations de l'exercice d'un pouvoir discrétionnaire. Ainsi, la pratique veut qu'à la suite d'une preuve préliminaire du syndicat sur les assises juridiques de sa prétention, l'employeur justifie sa décision unilatérale au regard des prescriptions de la convention collective[724]. Très souvent, cette dernière précise l'obligation de l'employeur d'expliciter ou de justifier sa décision, notamment en matière disciplinaire ou de mouvement de personnel. Il doit alors démontrer, à la satisfaction de l'arbitre, que sa décision initiale se situe bien dans le cadre ou dans les limites de ses droits, qu'il n'en a pas abusé ou qu'il ne les a pas utilisés à d'autres fins (**IV-182**). Quelquefois, la convention collective fournit directement ou implicitement des indications particulières relatives à la qualité de la preuve à présenter ou au fardeau de la preuve. À l'égard de certaines questions, on peut ainsi reconnaître à l'employeur le droit de prendre toute initiative, mais en contrepartie, il doit supporter le fardeau de justifier la qualité de sa décision. On voit également des situations précisant et affirmant le droit de l'employeur d'agir en tel ou tel domaine; dans ces cas, il revient au syndicat d'établir que la décision contestée est en dehors du domaine réservé à l'employeur ou qu'elle est abusive. Ces modalités changent d'une convention collective à une autre, si bien que l'approche retenue par les parties et par l'arbitre dans un cas peut ne pas valoir dans un autre. En matière disciplinaire, l'article 100.12 f) C.t. précise maintenant le pouvoir de l'arbitre de griefs de modifier la sanction imposée par l'employeur, s'il est convaincu qu'elle n'est pas fondée sur des motifs justes et raisonnables[725]. Il revient à l'employeur de faire la preuve de la qualité (cause juste et suffisante) de sa décision; non seulement de l'existence d'une faute et de son imputabilité, mais de sa gravité eu égard à la sanction imposée (**II-176**). L'employeur est aussi placé en pareille situation à la suite de son refus de rappeler un salarié au terme d'une grève ou d'un lock-out (art. 110.1, al. 1, C.t.) (**IV-129**).

IV-191 — *L'interprétation* — Outre les questions d'application immédiate dans une situation concrète, les parties peuvent aussi éprouver des difficultés

---

724. Dans certaines autres occasions et, semble-t-il, pour la même raison pratique, le *Code du travail* impose à l'employeur l'obligation d'établir la qualité de sa décision (art. 14, al. 2, 110.1, al. 1, C.t.); Louise VERSCHELDEN, *La preuve et la procédure en arbitrage de griefs*, Montréal, Wilson & Lafleur ltée, 1994.

725. *Port Arthur Shipbuildind Co.* c. *Arthurs*, précité, note 713. Depuis cette dernière affaire, la Cour suprême du Canada a tenté de limiter la portée de sa propre décision. Voir à ce sujet : *Newfoundland Association of Public Employees* c. *Procureur général de Terre-Neuve*, [1978] 1 R.C.S. 524; *Heustis* c. *Commission d'énergie électrique du Nouveau-Brunswick*, précité, note 695; *Hockey* c. *Agence de Sécurité Phillips Canada inc.*, D.T.E. 94T-1338 (C.A.); *Syndicat des employés de Molson* c. *Molson O'Keefe*, D.T.E. 95T-44 (C.A.); *Audette* c. *Lauzon et Ville de Farnham*, [1995] R.J.Q. 393 (C.A.).

à s'entendre au sujet de la signification d'une disposition de la convention collective : son sens, sa portée, les droits ou les obligations qui en découlent. Parfois, lorsque cette première dimension du grief est clarifiée, les parties trouvent plus facilement la façon de la transposer en pratique. L'arbitre a pleine compétence pour interpréter la convention collective; il en est l'interprète officiel, mais il ne doit exercer cette fonction que dans les cas où il y a lieu de le faire. En quoi consiste l'interprétation ? Lorsque l'employeur décide de procéder à une mutation de personnel, on peut présumer qu'il agit selon son entendement de la convention collective. Si le syndicat conteste cette décision patronale, c'est aussi en se fondant sur un sens différent qu'il prête aux dispositions conventionnelles. En pareille situation, ces deux prétentions sont inconciliables et il devient nécessaire de préciser d'autorité le sens et la portée des règles applicables. C'est cette version officielle du texte que l'arbitre doit donner et il est seul habilité à le faire. Cela ne signifie nullement que l'interprétation de l'arbitre est nécessairement la meilleure et infailliblement la bonne, mais simplement qu'elle est la seule qui puisse faire autorité et lier les deux parties pour la durée de la convention collective (art. 101 C.t.), si toutefois elle n'est pas judiciairement déclarée manifestement déraisonnable (**V-18**). L'arbitre n'exerce cette prérogative qu'à l'égard des modalités de la convention collective visées par le grief dont il est valablement saisi, et seulement si ces mêmes modalités sont ambiguës. Ce n'est qu'à défaut d'un texte clair, lorsqu'il devient nécessaire d'en élucider la portée confuse que l'arbitre peut s'autoriser à l'interpréter et à imposer ainsi sa version. Cette règle fondamentale, limitant l'acte d'interprétation judiciaire aux strictes nécessités de l'opération, est essentielle pour assurer la suprématie de l'acte des parties, la convention collective. Autrement, celle-ci pourrait trop facilement ou trop souvent être qualitativement modifiée par voie interprétative et une telle élasticité réduirait d'autant la sécurité juridique des parties et la stabilité de leurs rapports. Par ailleurs, les négociateurs doivent savoir que leur texte peut être soumis à l'interprétation de l'arbitre et que ce dernier devra faire appel à un certain nombre de règles d'interprétation et à certaines méthodes pour le décoder. Aussi doivent-ils en tenir compte au moment même de l'écriture de la convention collective[726]. Outre la compétence exclusive d'interpréter la convention collective, l'arbitre de griefs peut également interpréter les lois afférentes (art. 100.12 a) C.t.), dans la mesure où cette opération est nécessaire à l'exercice de sa tâche véritable et première qui consiste à élucider un grief.

IV-192 — *La réintégration du salarié* — L'arbitre de griefs dispose-t-il d'un pouvoir suffisant pour ordonner la réintégration d'un salarié à la suite d'un

---

726. La complicité ou le lien de complémentarité entre l'auteur et le lecteur d'un écrit est fort bien signalé dans U. Eco, *op. cit.*, note 647. Sur la discrétion de l'arbitre, voir : *Métallurgistes unis d'Amérique, local 4589* c. *Bombardier*, [1980] 1 R.C.S. 905, 911.

départ imposé unilatéralement par l'employeur[727] ? Dans le cas d'un congédiement imposé à titre de sanction disciplinaire, l'article 100.12 f) C.t. fournit une réponse claire et positive[728]. Si l'arbitre a compétence pour entendre une telle affaire d'une façon exclusive (art. 100 C.t.) et que la sentence arbitrale doit être finale (art. 101 C.t.), il fallait en déduire que l'arbitre peut réparer, s'il y a vraiment lieu et comme il se doit, c'est-à-dire par le retour à l'emploi[729]. N'aurait-il compétence que s'il s'agit d'un congédiement disciplinaire et nullement pour les renvois d'une autre nature ? Nous ne le croyons pas, et ce, pour les raisons qui suivent.

i) Dans l'un et l'autre cas, il s'agit d'une mesure administrative : une décision prise par l'employeur dans le cadre et aux fins de la gestion de l'entreprise.

ii) Dans ces deux situations, le salarié est rejeté, par décision unilatérale de l'employeur, en dehors de l'entreprise et peut avoir droit à un contrôle de la qualité juridique de cette décision ; s'il y a lieu, l'arbitre régulièrement saisi de l'affaire doit pouvoir imposer la réparation qui convient, notamment la réintégration.

iii) Le contexte historique ou conjoncturel de l'intervention du législateur en 1977 (art. 100.12 f) C.t.) permet de comprendre qu'il ne s'agissait nullement de distinguer les sanctions des autres renvois. Il est vrai que le libellé de cette disposition est taillé en fonction de la décision judiciaire que l'on voulait écarter au passage[730].

---

727. Rodrigue BLOUIN, « Le contrôle juridictionnel arbitral sur la cessation d'emploi motivée par l'insuffisance professionnelle », (1985) 45 *R. du B.* 3 ; Pierre ARGUIN, Natalie BRISSETTE et Robert L. RIVEST, « La notion de faute grave en matière de congédiement sans préavis », (1989) 49 *R. du B.* 375.

728. Cet ajout apporté en 1977 visait à écarter l'arrêt *Port Arthur Shipbuilding Co.* c. *Arthurs*, précité, note 713. À trois reprises, des membres de la Cour suprême reconnurent que la portée pratique de cette décision de 1969 dépassait ce qu'ils avaient ou auraient voulu dire : M. le juge Estey qualifia la *ratio decidendi* de Port Arthur de « principe draconien ». Voir : *Dairy Producers Co-Operative Ltd. de Prince-Albert* c. *Lyons*, [1982] 1 R.C.S. 338. Voir aussi : *Newfoundland Association of Public Employees* c. *Procureur général de Terre-Neuve*, précité, note 725 ; *Heustis* c. *Commission d'énergie électrique du Nouveau-Brunswick*, précité, note 695. Naturellement, la décision de l'arbitre ordonnant la réintégration ne doit pas être qualifiée de manifestement déraisonnable par le tribunal de contrôle. Voir : *Conseil de l'éducation de Toronto (cité)* c. *F.E.E.E.S.O., district 15*, [1997] 1 R.C.S. 487.

729. N'est-ce pas la conclusion à laquelle aboutissait le juge en chef Dickson dans l'affaire *Heustis* c. *Commission d'énergie électrique du Nouveau-Brunswick*, précitée, note 695, 782 : « Pour que cette procédure ait un sens, le droit de modifier la sévérité de la mesure disciplinaire par l'imposition d'une peine moindre doit certainement être inhérent à l'exercice du pouvoir de l'arbitre ? »

730. Cette question est étudiée par R. BLOUIN et F. MORIN, *op. cit.*, note 653, nos IX-84 et suiv. Une autre approche est proposée par Claude D'AOUST et Gilles TRUDEAU, « La distinction entre les mesures disciplinaires et non disciplinaires (ou administratives) en jurisprudence arbitrale québécoise », 41 *R. du B.* 514. Voir aussi : l'approche retenue par la Cour d'appel

Outre cette question importante, on reconnaît également la compétence de l'arbitre à exiger de l'employeur réparation en nature ou par voie d'équivalence[731].

IV-193 — *La sentence arbitrale* — Au terme de l'enquête, l'arbitre doit trancher et accomplir ainsi l'acte ultime de la démarche arbitrale. Cette sentence, selon la terminologie officielle, lie les parties et est sans appel (art. 101 C.t.). À quelles conditions est-elle vraiment terminale ? Au-delà de la lettre de la loi, la décision arbitrale peut atteindre cet objectif par ses qualités intrinsèques, c'est-à-dire en raison de la clarté de sa rédaction et de son réalisme. L'exposé même des motifs et la détermination précise et intelligible de la question litigieuse peuvent aussi aider les parties à considérer la conclusion de l'arbitre comme un aboutissement normal, du moins non surprenant et surtout, nullement choquant. Si l'arbitre quitte les lieux à la suite de sa décision, les parties demeurent en place et sa sentence sera dorénavant intégrée au dossier général de leurs rapports collectifs. La sentence arbitrale peut leur servir de guide et même d'autorité pour l'administration de la convention collective, tout comme elle peut aussi constituer une donnée à écarter à la prochaine négociation. Pour ces raisons, outre ces premiers effets pratiques de la sentence arbitrale auprès des parties, elle en produit également à l'égard des salariés qui peuvent individuellement en tirer un enseignement pour leur propre gouverne. La sentence ne doit répondre qu'aux questions véritablement soulevées par le grief et dans la mesure où les parties n'avaient pas déjà convenu d'un règlement total ou partiel (art. 100.3 C.t.)[732]. Si cela paraît évident, il nous faut reconnaître qu'il peut être parfois difficile de cerner ces questions et, partant, la qualité de la réponse peut en dépendre. Une fois qu'il a circonscrit la ou les questions dont il est saisi, l'arbitre doit s'y astreindre, c'est-à-dire y répondre en totalité et strictement à l'aide de la preuve régulièrement recueillie à l'enquête (art. 100.11 C.t.). Le *Code du travail* impose que la sentence de l'arbitre soit motivée (art. 101.2 C.t.), obligation fondée sur le droit de défense garanti aux parties. En somme, l'expression des motifs devrait permettre aux parties de savoir pourquoi et comment l'arbitre peut

---

dans ces cas : *Syndicat national des employés de l'Hôpital de Montréal pour enfants* c. *Hôpital de Montréal pour enfants*, [1983] C.A. 118 ; *Syndicat des travailleurs de l'Hôpital Notre-Dame* c. *Hôpital Notre-Dame*, [1983] C.A. 122 ; *Donohue Inc.* c. *Simard*, [1988] R.J.Q. 2118 (C.A.). D'une façon générale, voir : Claude D'AOUST, Louise DUBÉ et Gilles TRUDEAU, *L'intervention de l'arbitre de griefs en matière disciplinaire*, monographie n° 29, Collection Relations industrielles, Cowansville, Les Éditions Yvon Blais inc., 1995.

731. La Cour d'appel reconnut que l'arbitre de griefs avait même la compétence exclusive pour ordonner le paiement de dommages-intérêts à la suite d'un grief : *Bell Canada* c. *Foisy*, précité, note 720 et il disposerait aussi du pouvoir d'imposer des ordonnances de faire ou de ne pas faire (une lettre de recommandation, par exemple). Voir : *Slaight Communications Inc.* c. *Davidson*, précité, note 68, commenté par F. MORIN, « Liberté d'expression et droit au travail », (1984) 44 *Rel. Ind.* 921.

732. *Restaurant Faubourg St-Denis Inc.* c. *Durand*, [1990] R.J.Q. 1218 (C.A.).

ainsi conclure. Elle devrait conférer aux deux parties, du moins en principe, l'impression que justice fut rendue, même si la conclusion ne coïncide pas avec les intérêts immédiats de l'une des parties. En somme, la conclusion à laquelle en arrive l'arbitre devrait être claire, facilement compréhensible et surtout, pleinement réalisable[733].

IV-194 — *Les effets de la sentence* — Lorsque la décision est prise, l'acte rédigé et signé, la sentence arbitrale peut prendre effet[734]. Il revient à l'arbitre d'en transmettre copie aux parties et d'en faire le dépôt (art. 101.6 C.t.). La sentence arbitrale prend alors effet dès sa publication, c'est-à-dire dès que l'arbitre s'en départ pour la déposer (art. 101 C.t.). Les parties y sont liées sans autre délai ni formalité. En somme, la sentence arbitrale constitue un titre de droit en faveur des personnes visées[735]. La logique du régime exige qu'elle soit finale et que les parties ne puissent disposer d'une seconde chance auprès des tribunaux judiciaires (**IV-179**). La sentence arbitrale produit également des effets certains vis-à-vis de l'arbitre, son auteur. Après les actes de clôture, soit la signature de la décision, la transmission des copies aux parties, le dépôt au ministère et l'envoi du récépissé de ce dépôt, l'arbitre est *functus officio*. Il redevient, à l'égard des parties, un tiers, cependant il peut exceptionnellement être appelé à compléter ou à parfaire son acte :

— pour établir le quantum de la somme à verser à la suite de sa décision lorsque les parties n'ont pu elles-mêmes arrêter ce montant (art. 100.12 b) C.t.);

— pour corriger quelques erreurs de forme constatées après l'envoi de la sentence (art. 100.12 e) C.t.).

---

733. *Union internationale des employés des services, local n° 333* c. *Nipawin District Staff Nurses Association*, [1975] 1 R.C.S. 382, 391. Quand une sentence serait-elle insuffisamment motivée ? Dans l'affaire *Blanchard* c. *Control Data Canada limitée*, [1983] C.A. 129, la Cour d'appel considéra qu'il y avait une nette défaillance à ce sujet, alors que la Cour suprême du Canada, [1984] 2 R.C.S. 476, fut satisfaite des motifs invoqués. Cette comparaison illustre la difficulté de savoir en quoi consiste une motivation suffisante; *Union des employés de service, local 298 — F.T.Q.* c. *Hôpital St-Luc*, [1978] C.S. 586; *Association des fonctionnaires municipaux* c. *Cité de Dorval*, [1986] R.J.Q. 463 (C.S.); *Commission scolaire des patriotes* c. *H. Cain et Syndicat du personnel de soutien de la Commission scolaire des patriotes*, D.T.E. 95T-566 (C.S.). Voir également : Denis NADEAU, « Ordonnance de réintégration et outrage au tribunal : une orientation jurisprudentielle préoccupante », (1987) 47 *R. du B.* 830.

734. *Hôpital Joyce Memorial* c. *Gélinas*, [1976] R.D.T. 66 (C.A.).

735. *Hamilton Street Railway Company* c. *Northcott*, précité, note 696; *Ville de Montréal* c. *Desfossés*, [1972] R.D.T. 473 (C.A.). Ce principe fut aussi réitéré dans les affaires *General Motors of Canada Ltd.* c. *Brunet*, précitée, note 696; *St. Anne Nackawick Pulp and Paper Co.* c. *Section locale 219 du Syndicat canadien des travailleurs du papier*, précitée, note 583. Dans une certaine mesure, l'arrêt *Isabelle* c. *Association des fonctionnaires provinciaux de l'Ontario*, précité, note 696, réduit la portée de la sentence.

Règle générale, les parties exécutent cette sentence sans qu'il soit nécessaire d'entreprendre quelque recours pour en forcer le respect. S'il y a lieu, une partie ou un salarié peut alors utiliser la procédure de dépôt de la sentence arbitrale au greffe de la Cour supérieure (art. 101, 19.1 C.t.)[736]. Si les parties sont juridiquement liées par la sentence arbitrale et qu'elles se doivent d'y obtempérer, il en va autrement dans le cas où elle serait entachée d'un vice de fond. En d'autres termes, personne ne peut être contraint de respecter les conclusions d'une sentence arbitrale lorsqu'il y a des raisons sérieuses de croire qu'elle est entachée d'un vice ou d'une irrégularité fondamentale. Comme on ne peut se faire justice soi-même, il faut donc recourir au pouvoir général de contrôle de la Cour supérieure pour établir ce constat. L'importance pratique de ce moyen de contrôle, ses effets directs ou virtuels exigent que nous prenions bon acte de la nécessité et des limites de ce même contrôle[737].

---

736. *Syndicat national des travailleurs de St-Thomas Didyme (C.S.N.)* c. *Donohue St-Félicien Inc.*, [1981] C.S. 415; *Bédard* c. *Centre d'accueil Relais Jeune Est Inc.*, [1990] R.J.Q. 2821 (C.S.); l'appel de cette décision a été rejeté : [1995] R.D.J. 219.
737. Par commodité et pour réduire les doublons, l'étude du contrôle judiciaire est faite au titre V (**V-75 et suiv.**)

CHAPITRE IV-5

LES SERVICES ET LE SECTEUR PUBLICS

IV-195 — *La reine négocie* — Depuis 1965, l'État se soumet, à titre d'employeur, au régime des rapports collectifs du travail. Outre quelques ajouts apportés à la *Loi sur la fonction publique* du moment[738] pour établir d'autorité quelques grandes unités d'accréditation, quatre mots suffirent pour effectuer ce passage, soit l'insertion à la définition d'employeur (art. 1 k) C.t.) de la mention « y compris sa majesté ». Dès lors, les fonctionnaires pouvaient négocier collectivement leurs conditions de travail à la manière des autres salariés. À première vue, la simplicité, pour ne point dire la naïveté de cette opération législative, peut maintenant surprendre[739]. L'expérience des 30 dernières années enseigne d'une façon éclatante que la loi ne peut réduire si facilement une situation de fait aussi complexe, polyvalente et fondamentalement politique. Sans faire un rappel critique du cheminement tumultueux de la législation entrepris depuis 1965 pour redresser sans cesse le tir primitif, nous devons savoir que tous les deux ou trois ans, de nouvelles modalités sont apportées au régime des rapports collectifs du travail, où l'État agit à

---

738. *Loi sur la fonction publique*, S.Q. 1965, c. 14 : les règles particulières relatives à la détermination des unités d'accréditation sont étudiées à la section 5.2 (**IV-207**).

739. Il suffit de consulter quelques études au sujet des expériences des autres États pour constater les difficultés éprouvées ailleurs pour assimiler tant soit peu l'État à un employeur. Voir : M. OZAKI, « Les relations professionnelles dans la fonction publique », (1987) 126 *Revue internationale du travail* 307; Mark THOMPSON et Allen PONAK, « Les relations professionnelles dans les entreprises publiques canadiennes », (1984) 123 *Revue internationale du travail* 699; A.V. SUBBARAO, « Impasse Choice in the Canadian Federal Service », (1985) 40 *Rel. Ind.* 567.

titre d'employeur ou de bailleur de fonds[740]. Il nous paraît utile de faire le point, c'est-à-dire de tenter de dégager une vue d'ensemble des principales règles de droit aménageant ce régime public. Dans le cadre du présent exposé, nous n'étudions que les règles particulières aux services publics, à la fonction publique et aux divers sous-secteurs publics, dans le but de souligner en quoi et pourquoi ces rapports collectifs du travail se distinguent du régime général tel qu'il est aménagé par le *Code du travail* (les chapitres antérieurs au titre IV). Compte tenu du caractère éphémère des multiples lois d'adaptation ou des remises à jour de ce régime des relations du travail applicables dans les milieux publics, nous devons aussi nous limiter à une simple analyse descriptive, sans pouvoir aller au-delà[741].

IV-196 — *Le plan* — Ce segment du droit de l'emploi est particulièrement inachevé et souvent, ses modalités sont remises en cause bien avant leur application concrète intégrale. Droit volatile, parce qu'il a une haute teneur politique par ses sujets et par son objet. Aux fins de notre étude, la brève présentation du régime public des rapports collectifs du travail comprend quatre sections.

Section 5.1. *Quelques généralités* : On y trouve une courte présentation des questions préliminaires : définition des services publics, des secteur et sous-secteurs publics et de leurs caractéristiques, et aussi l'applicabilité du *Code du travail*, de manière à saisir par la suite les fondements du particularisme des règles de droit particulières à ce milieu.

---

740. Au sujet des expériences législatives et pratiques dans ce domaine, voir : Jean BOIVIN, *The Evolution of Bargaining Power in the Province of Quebec Public Sector (1964–1972)*, Québec, Université Laval, Département des relations industrielles, 1975; Gérard HÉBERT, « Le régime québécois de négociation des secteurs public et parapublic — Réflexions », (1982) 37 *Rel. ind.* 420; Roch BOLDUC, « Le régime québécois de négociation des secteurs public et parapublic. Bilan et Perspectives », (1982) 37 *Rel. Ind.* 403; Jean-Claude CADIEUX et Jean BERNIER, *Régime de relations de travail dans le secteur public de certains pays industrialisés*, Québec, Service des communications du Secrétariat du Conseil du trésor, 1985; Jean-Louis DUBÉ, « Les lois spéciales de retour au travail adoptées au Québec : description et fondement », (1978) 8 R.D.U.S. 360; Jacob FINKELMAN et Shirley B. GODENBERG, *Collective Bargaining in the Public Service : the Federal Experience in Canada*, Montréal, Institute for Research on Public Policy, 1983; Morley GUNDERSON, *Collective Bargaining in the Essential and Public Service Sectors*, Toronto, University of Toronto Press, 1974; John E. HODGETTS et Onkar Prasad DWIVEDI, *Provincial Governments as Employers*, Montréal, McGill-Queen's University Press, 1974; Maurice LEMELIN, *Les négociations collectives dans les secteurs public et parapublic*, Montréal, Éditions Agence d'Arc, 1984; Nicole MORGAN, *Implosion : analyse de la croissance de la fonction publique fédérale canadienne 1945–1985*, Montréal, Institut de recherches politiques, 1986.

741. Il peut être difficile parfois de décrire utilement l'état du droit dans ce domaine du fait que certaines dispositions des lois applicables sont plus ou moins esquivées par les parties et que certaines règles nouvelles s'ajoutent au besoin avant, pendant ou peu après un même cycle de négociation collective : lois, décrets, conventions, directives administratives et jugements sont sans cesse conjugués ou bousculés dans une constante recherche de rééquilibre des positions.

Section 5.2. *Les parties et les interlocuteurs en présence* : Nous y décrivons les organes mis en place pour assurer la bonne marche du processus puis nous présentons les interlocuteurs à la négociation collective dans ces milieux de travail.

Section 5.3. *Le processus de la négociation collective des conditions de travail* : Si la négociation collective dans les services publics est essentiellement soumise au régime général établi par le *Code du travail*, elle s'effectue néanmoins sous la consigne du maintien des services essentiels. Cette dernière règle s'applique également dans le cas de la négociation dans le secteur public. Il s'ensuit que la dynamique des mécanismes retenus répond à des règles assez particulières.

Section 5.4. *La convention collective* : Le caractère public de la convention collective résultant de ce processus est particulièrement souligné ainsi que les règles assurant son application.

Pour éviter quelques doublons et certaines méprises, nous rappelons immédiatement les principales lois qui aménagent l'actuel régime des rapports collectifs du travail des services et du secteur publics. Sans une consultation constante de ces lois, la lecture de notre exposé pourrait être pénible, fastidieuse et peut-être même assez stérile. En somme, nous devons prendre en considération les sept lois suivantes :

— le *Code du travail*, notamment les articles 1 k) et l), 11, 111.0.15 à 111.0.24 et 111.1 à 111.20;

— la *Loi sur le régime de négociation des conventions collectives dans les secteurs public et parapublic* (ci-après Loi C-12)[742];

— la *Loi sur la fonction publique* (L.F.P.);

— la *Loi sur les employés publics*[743];

— la *Loi sur l'administration financière*[744];

— la *Loi sur le régime syndical applicable à la Sûreté du Québec*;

— la *Loi assurant le maintien des services essentiels dans le secteur de la santé et des services sociaux*.

Sauf pour quelques modalités exceptionnelles citées à titre d'illustrations, il n'y a pas lieu, nous semble-t-il, d'analyser la séquence des lois

---

742. L.R.Q., c. R-8.2 (initialement L.Q. 1985, c. 12). Tel que modifié par L.Q. 1997, c. 47 et L.Q. 1998, c. 44.
743. L.R.Q., c. E-6.
744. L.R.Q., c. A-6.

limitant provisoirement, mais successivement, le régime salarial dans les services et secteur publics. Il s'agit notamment des trois lois suivantes :

— la *Loi concernant les conditions de travail dans le secteur public et le secteur municipal*[745] ;

— la *Loi modifiant la Loi concernant les conditions de travail dans le secteur public et le secteur municipal*[746] ;

— la *Loi sur la diminution des coûts de la main-d'œuvre dans le secteur public* et donnant suite aux ententes intervenues à cette fin[747].

---

745. L.Q. 1993, c. 37.
746. L.Q. 1996, c. 82.
747. L.Q. 1997, c. 7.

Section 5.1

Quelques généralités

IV-197 — *La démarche retenue* — Cette première section comprend les données de base permettant de mieux saisir le particularisme de cette partie du droit de l'emploi. Il nous faut en tout premier lieu définir ou circonscrire ces milieux publics puis en souligner les principaux traits caractéristiques. Ce préalable serait essentiel à une meilleure compréhension des règles de droit particulières qui s'y appliquent et aussi, pour effectuer une analyse critique de ce régime public. Nous décrivons d'une manière fort générale les principales règles d'aménagement de ces rapports collectifs du travail. À cette fin, il nous faut savoir dans quelle mesure les règles arrêtées par le *Code du travail* peuvent être applicables dans ces milieux publics. Cette mise en contexte nous sert de prolégomènes à l'étude des deux principales questions que nous abordons dans ce dernier chapitre : l'identification des interlocuteurs (**section 5.2**) et la détermination de la liberté de manœuvre dont ces négociateurs peuvent disposer en raison du caractère public des services visés (**section 5.3**)[748].

IV-198 — *Du privé au public* — Tous les services destinés aux citoyens ou à la bonne organisation de la vie en société et toutes les activités où l'État intervient à un titre ou à un autre ne sont pas de ce seul fait et automatiquement assujettis au régime particulier assurant la tenue de rapports collectifs du travail. Parmi les entreprises ou les organisations qui composent le vaste champ d'activités publiques, certaines se distinguent en

---

748. La prolifération des lois modificatrices de ce régime ou, encore, des lois dites spéciales en raison de leur caractère provisoire est d'une telle ampleur que nous ne pouvons vraiment les étudier dans notre trop bref exposé.

raison du caractère plus ou moins essentiel des services qu'elles offrent, de leur source de financement ou pour ces deux chefs à la fois. À l'aide de ces deux critères distinctifs, on peut circonscrire les entreprises qui y sont visées en deux grands sous-groupes, soit les entreprises destinées à des services publics et les entreprises constitutives du secteur public. Si l'ensemble des entreprises relevant de l'un et de l'autre de ces deux sous-groupes peut partager un point commun, soit l'obligation d'assurer le maintien minimum de leurs services respectifs dans l'intérêt des citoyens et du bon ordre, elles sont soumises à des règles distinctes relatives à la négociation collective. Aussi faut-il distinguer les entreprises ou les organisations qui relèvent de la catégorie « services publics » de celles qui constituent le « secteur public ».

IV-199 — *Services publics* — L'article 111.0.16 C.t. définit les champs d'activité ou les créneaux qui constituent les services publics pour l'aménagement des rapports collectifs du travail :

1° une municipalité et une régie intermunicipale;

    1.1° un établissement et une régie régionale visés par la *Loi sur les services de santé et les services sociaux* (L.R.Q., c. S-4.2) qui ne se sont pas visés au paragraphe 2 de l'article 111.2;

2° un établissement et un conseil régional au sens des paragraphes a et f de l'article 1 de la *Loi sur les services de santé et les services sociaux pour les autochtones cris* (L.R.Q., c. S-5) qui ne sont pas visés au paragraphe 2 de l'article 111.2;

3° une entreprise de téléphone;

4° une entreprise de transport terrestre à itinéraire asservi tels un chemin de fer et un métro, et une entreprise de transport par autobus ou par bateau;

5° une entreprise de production, de transport, de distribution ou de vente de gaz ou d'électricité;

    5.1° une entreprise qui exploite ou entretient un système d'aqueduc, d'égout, d'assainissement ou de traitement des eaux;

6° une entreprise d'incinération de déchets ou d'enlèvement, de transport, d'entreposage, de traitement, de transformation ou d'élimination d'ordures ménagères, de déchets biomédicaux, d'animaux morts impropres à la consommation humaine ou de résidus d'animaux destinés à l'équarrissage;

7° une entreprise de transport par ambulance, la Corporation d'urgences-santé de la région de Montréal Métropolitain, le responsable d'une centrale de coordination des appels des personnes et des établissements qui demandent des services d'ambulance, qui n'est pas visé au paragraphe 2 de l'article 111.2 et la Société Canadienne de la Croix-Rouge; ou

8° un organisme mandataire du gouvernement à l'exception de la Société des alcools du Québec et d'un organisme dont le personnel est nommé et rémunéré selon la *Loi sur la fonction publique* (L.R.Q., c. F-3.1.1).

Il ne s'agit pas d'une réelle définition, mais plutôt d'une simple énumération de diverses activités qui confèrent aux entreprises qui les assument le statut de services publics. Cet énoncé de l'article 111.0.16 C.t. permet néanmoins de dégager quelques observations.

i) Cette description des services publics fut retenue dès 1964 (alors article 1 n) C.t.): elle fut relogée et réaménagée à l'article 111.0.16 C.t. en 1982 et elle subit depuis de constantes retouches[749].

ii) Les diverses entreprises assumant des services publics sont ainsi qualifiées sans distinction, par ailleurs, qu'elles soient lucratives ou gratuites ou que l'organisme soit, par sa structure interne ou ses titres de propriété, un agent public ou privé, ou encore, que l'État en assume plus ou moins directement le financement.

iii) L'article 111.0.16, alinéas 1.1, 2, 7 et 8 indique bien que certaines entreprises pourraient autrement être des composantes du secteur public ou, si elles ne le sont pas ou ne le sont plus, demeurent ou deviennent parties des services publics.

IV-200 — *Secteur et sous-secteurs publics* — L'article 111.2 C.t. définit ainsi les « secteurs public et parapublic[750] » :

Le gouvernement, ses ministères et les organismes du gouvernement dont le personnel est nommé ou rémunéré suivant la *Loi sur la fonction publique* (L.R.Q., c. F-3.1.1), ainsi que les collèges, les commissions scolaires et les établissements visés dans la *Loi sur le régime de négociation des conventions collectives dans les secteurs public et parapublic* (L.R.Q., c. R-8.2).

Cette première définition est certes assez hermétique puisqu'elle ne fait qu'un renvoi à la loi qui établit directement le processus particulier de

---

749. L'article 111.0.16 a eu, depuis 1982, huit ajouts : L.Q. 1982, c. 37, art. 6; L.Q. 1983, c. 55, art. 161; L.Q. 1988, c. 47, art. 3; L.Q. 1990, c. 69, art. 3; L.Q. 1992, c. 21, art. 128; L.Q. 1994, c. 6, art. 27; L.Q. 1994, c. 23, art. 23; L.Q. 1996, c. 2, art. 221.

750. L'adjonction « parapublique » nous paraît toujours moins pertinente en raison de la grande centralisation dans ces milieux et de l'emprise du Conseil du trésor à titre de négociateur patronal (**IV-211**).

négociation collective des conditions de travail applicables selon certaines variantes aux quatre sous-secteurs ainsi décrits[751] :

— 1er sous-secteur : la fonction publique au sens de la *Loi sur la fonction publique*;

— 2e sous-secteur : les organismes gouvernementaux énumérés à l'annexe C de la Loi C-12 : cette liste peut subir des retraits ou des ajouts par voie de décret (art. 76 Loi C-12)[752];

— 3e sous-secteur : les commissions scolaires selon la *Loi sur l'instruction publique*[753] et les collèges selon la *Loi sur les collèges d'enseignement général et professionnel*[754];

— 4e sous-secteur : les établissements publics et privés, conventionnés au sens de la *Loi sur les services de santé et les services sociaux* et aussi, les établissements complémentaires ou satellites des premiers qui peuvent être ainsi qualifiés par voie de déclaration gouvernementale (Loi C-12, art. 1, al. 4 *in fine*).

Deux groupes du premier sous-secteur, en raison du particularisme de leurs fonctions, sont soumis à des règles fort différentes, notamment à la phase terminale de la négociation collective des conditions de travail, ce sont : les agents de la paix (art. 64 (4), 69, al. 1, 71 à 76 *Loi sur la fonction publique*) et les membres de la Sûreté du Québec (**IV-222**)[755]. Cette brève description des multiples milieux d'emploi soumis à certaines règles distinctes de celles du régime général établi par le *Code du travail* nous permet néanmoins de constater qu'il s'agit de secteurs d'activité importants pour l'organisation politique, sociale et économique de notre société. Aussi, une double question demeure sous-jacente à nos propos : Dans quelle mesure ces entreprises à caractère public sont-elles assez semblables aux autres entreprises pour que le régime général des rapports collectifs du travail leur soit

---

751. La *Loi sur le régime de négociation des conventions collectives dans les secteurs public et parapublic* (L.R.Q., c. R-8.2) est citée ci-après selon ses coordonnées initiales : « Loi C-12 ». Notons que les descriptions de ces quatre sous-secteurs données à l'article 1 de la Loi C-12 ne sont pas définitives ni rigides : le gouvernement peut, par décret, les adapter aux besoins de la conjoncture, sauf celles des collèges.

752. Les organismes gouvernementaux non énumérés à l'annexe C sont assujettis au régime général du *Code du travail*. Au sujet de la définition du qualificatif « organisme gouvernemental », voir : *Commission des normes du travail* c. *Conseil régional des services de la santé et des services sociaux de la Montérégie*, [1987] R.J.Q. 841 (C.A.).

753. L.R.Q., c. I-14.

754. L.R.Q., c. C-29. Les relations du travail dans les universités ne sont pas de ce troisième sous-secteur, quoiqu'elles aient été assujetties à la *Loi concernant les conditions de travail dans le secteur public*, L.Q. 1982, c. 45, et aux récentes lois sur les réductions salariales (**IV-196** *in fine*).

755. *Loi sur le régime syndical applicable à la Sûreté du Québec* (L.R.Q., c. R-14).

applicable, et quand ou pourquoi convenait-il d'y substituer des règles mieux adaptées ? Ce questionnement nous sert également de guide de mesure pour délimiter ou circonscrire l'étendue de l'exposé sur ce dernier volet du titre IV.

IV-201 — *Caractéristiques de l'entreprise publique* — Que les entreprises soient à vocation publique ou privée, elles partagent toutes un certain nombre de points communs. Ne retrouve-t-on pas dans chacune d'elles des personnes qui travaillent pour le compte des autres ? Salariés et employeurs ne doivent-ils pas reconnaître leur impossibilité pratique d'arrêter toutes les conditions de leurs relations sur une base strictement individuelle ? La question de la démocratisation de ces milieux de travail par la voie collective ne se soulève-t-elle pas ? Au-delà des premières apparences, toutes ces entreprises ne sont-elles pas aussi soumises plus ou moins directement aux lois du marché ou tributaires de ces dernières ? En raison de cette même trame de fond, dans ces divers milieux de travail, qu'ils soient publics ou privés, les rapports entre salariés, syndicat et employeur sont soumis à une même dynamique provenant de la nécessaire conjugaison de trois facteurs.

i) *La position des parties* : L'autorité initiale et la fonction de l'employeur placent le syndicat en position revendicatrice ou en demande à l'étape de la négociation collective puis, en défense ou en situation de contrôle *a posteriori* aux fins de l'administration de la convention collective (**IV-177**).

ii) *Leurs rapports continus* : Les contraintes inhérentes à la production d'un bien ou d'un service mettent ou remettent en rapport constant l'employeur et les salariés et leurs agents respectifs, et ainsi, les rapports collectifs du travail sont à flux continu et en constante évolution.

iii) *Le temps* : Cet élément implacable exerce une pression incessante sur les parties, non toujours égale sur l'une et l'autre ni nullement toujours favorable à la même partie.

Malgré ces points communs, le régime des rapports collectifs public comprend cependant un trait indélébile, transcendant et nettement distinctif, soit son inéluctable caractère politique à cause de la nature même des services rendus. On semble parfois sous-estimer les implications pratiques du caractère éminemment politique des rapports collectifs du travail en milieu public afin d'assimiler certaines questions délicates qui y sont soulevées pour les confondre avec celles d'une quelconque entreprise. À notre avis, la négociation des conditions de travail dans les milieux publics est essentiellement un acte politique en raison de la constante conjugaison de cinq données.

i) *L'employeur* : Bien qu'il se reconnaisse « employeur » depuis 1965, l'État ne pouvait, ni ne pourrait renoncer, et ne l'a pas fait, à son premier et fondamental statut d'autorité suprême du gouvernement de notre société. La relation est si étroite entre le premier ministre, le gouvernement et l'Assemblée nationale que les prises de position du premier à l'égard des offres de l'État présentées aux fonctionnaires et personnel assimilé peuvent, au besoin et très rapidement, être entérinées par les deux autres instances sous forme de décret ou de loi.

ii) *L'objet* : Toute fluctuation du coût des services publics entraîne des effets sur la marge de manœuvre financière du gouvernement vis-à-vis d'autres champs d'activité actuels ou futurs. Une telle problématique suppose des choix politiques multiples puisque l'expérience enseigne maintenant que la capacité de payer de l'État connaît des limites certaines et qu'elle est circonscrite par la capacité financière réelle ou présumée des contribuables.

iii) *Les usagers ou bénéficiaires des services visés* : Ce sont les citoyens, sur les plans collectif et individuel, qui sont directement en cause, d'abord à titre d'usagers, de parents ou de patients actuels ou futurs et simultanément à titre d'électeurs et de contribuables.

iv) *Les salariés* : Compte tenu du grand nombre de salariés des milieux publics, de leurs caractéristiques (âge, formation, etc.) et de leur participation au débat politique, il apparaît évident que les partis politiques ne peuvent demeurer indifférents à leurs besoins réels ou déclarés. Il est aussi clair que ces salariés s'intéressent aux priorités retenues par le gouvernement. La déréglementation, la privatisation, le renforcement de l'ordre, le contrôle de l'environnement, l'exploitation des richesses naturelles, l'épuration des eaux et de l'air, l'équilibre budgétaire ont des implications et des résonances réelles pour les fonctionnaires et le personnel assimilé, et aussi, pour les salariés des entreprises parapubliques.

v) *Les syndicats* : Tout en représentant les intérêts de leurs membres directement visés par la négociation collective des secteurs public et parapublic, et ils sont nombreux, il s'agit souvent d'une excellente occasion ou plate-forme permettant aux syndicats de soulever des débats au sujet de questions importantes, pour constituer des précédents et aussi, pour être particulièrement actifs dans des milieux fort sensibles aux contingences politiques.

En raison de cette dimension politique de la négociation collective du secteur et des sous-secteurs publics, il nous semble impossible d'assimiler l'État à un employeur comme les autres. Toute confusion ou réduction de ces deux fonctions, sans nuance et sans réserve en cours d'étude du régime de négociation collective, ne saurait que provoquer et accroître les difficultés d'une juste appréciation des règles de droit servant à l'aménagement de ce régime.

IV-202 — *L'apport des rapports collectifs* — La gestion publique est certes modifiée par la dimension relativement nouvelle d'une réglementation conventionnelle de ces milieux. On peut croire que la mise en place d'un régime de négociation collective peut déjà produire certains effets positifs :

— parce que politiciens, grands commis de l'État et gestionnaires des institutions publiques sont dorénavant contraints de s'interroger sur la qualité des structures administratives, la répartition de l'autorité administrative, les contrôles de l'exercice de la discrétion administrative et éventuellement, l'imputabilité de la responsabilité et la productivité;

— parce que les relations entre le gouvernement et les serviteurs de l'État se sont ainsi quelque peu démocratisées : les critères de sélection à l'embauche et les règles applicables au cheminement de carrière sont mieux connus et leur application peut être contrôlée *a posteriori*; la fourchette des salaires s'est rétrécie en faveur des moins bien rémunérés;

— parce que la négociation collective dans ces milieux provoque de nombreux débats publics, ce qui permet aux citoyens d'acquérir une meilleure connaissance de l'importance des services publics, de la part du budget qui y est consacrée et des implications fiscales de la politique salariale de l'État.

Malgré les crises sociales et politiques qui résultent parfois de la négociation collective des secteur et sous-secteurs publics, il est indéniable que ces nouveaux rapports contribuent à l'amélioration des conditions de travail des salariés visés et aussi, à la qualité des politiques administratives. Par ailleurs, il faut aussi reconnaître que cette négociation collective connaît des limites certaines en pareil milieu parce qu'elle se réalise dans un cadre relativement rigide.

i) Il s'agit toujours de l'État, ce qui sous-entend un grand nombre de seuils incompressibles qui ne peuvent faire l'objet de négociation, telle l'autorité constitutionnelle des titulaires des pouvoirs publics.

ii) Plusieurs services publics doivent être maintenus sans défaillance pour l'organisation ordonnée de la société et la sécurité et le bien-être de l'ensemble des citoyens.

iii) La négociation collective vise à la fois plusieurs milliers de salariés répartis sur de vastes territoires, ce qui rend plus difficile le partage d'objectifs communs et l'action solidaire continue de tous.

iv) Cette négociation collective étant fondamentalement politique, il va de soi que le gouvernement de chaque époque, selon le mandat qu'il croit détenir, peut adopter une approche plus ou moins favorable au processus employé pour arrêter les conditions de travail en pareil milieu, ce qui sous-entend un certain partage de pouvoir.

IV-203 — *L'applicabilité du* Code du travail — L'aménagement des rapports collectifs dans le secteur et les sous-secteurs publics s'articule dans le contexte juridique du *Code du travail*. L'article 111.0.15 C.t. le précise ainsi à l'égard des services publics : « Les dispositions du présent code s'appliquent aux relations du travail dans un service public, sauf dans la mesure où elles sont inconciliables avec celles de la présente section. » De même en est-il pour le secteur et les sous-secteurs publics au sujet desquels l'article 111.1 C.t. précise que : « À l'exception de la section 1.1 du chapitre IV et de la possibilité de convenir d'une durée de plus de trois ans pour une convention collective, les dispositions du présent code s'appliquent aux relations du travail dans les secteurs public et parapublic, sauf dans la mesure où elles sont inconciliables avec celles de la présente section[756]. » Parce que ce processus de négociation collective connaît un rythme différent du régime général, que l'ordre d'intervention des interlocuteurs est autre et que l'aire de négociation est fortement élargie (le secteur et non l'unité d'accréditation), plusieurs dispositions du *Code du travail* sont assorties de règles de remplacement ou d'adaptation. Nous rappelons ci-dessous les principales dispositions du *Code du travail* qui sont ainsi plus ou moins écartées ou adaptées pour tenir compte du particularisme des milieux publics.

   i) *Article 1 l) 1) C.t. (définition de salarié)* : On y trouve de nombreuses autres exclusions (sous-paragraphes 3, 4, 5 et 6) applicables à la fonction publique.

   ii) *Article 21 C.t. (unité d'accréditation)* : L'article 64 de la *Loi sur la fonction publique* détermine quatre divisions initiales de cette population.

   iii) *Articles 22 d), 41, 43, 45, 61 et 73 C.t. (demande d'accréditation et effets d'une nouvelle accréditation)* : À l'égard des secteurs public et parapublic, les délais et les effets d'une nouvelle accréditation sont différents (art. 111.3 et 111.4 C.t.).

   iv) *Articles 52, 52.1 et 52.2 C.t. (moment et procédure pour entamer la négociation)* : Les articles 111.6 à 111.8 C.t. établissent d'autres périodes et d'autres voies que complètent et précisent les articles 44 à 74 Loi C-12.

   v) *Articles 53, 67 et 68 (obligation de négocier)* : Selon les articles 25 à 43 Loi C-12, l'obligation de négocier incombe, en partie, à des regroupements d'employeurs et de syndicats dans le secteur et les sous-secteurs publics.

   vi) *Article 62 C.t. (liberté des parties de déterminer l'objet de la négociation)* : Les articles 44, 52 et 57 Loi C-12 répartissent et définissent, selon trois niveaux, l'objet de la négociation dans certains milieux publics.

---

756. Les articles 111, 111.0.15 à 111.0.24 et 111.1 à 111.20 C.t. supposent ou impliquent une même compréhension, c'est-à-dire de l'intime relation entre ces lois particulières et le régime général.

vii) *Articles 54, 55, 56 et 57 C.t. (intervention d'un conciliateur sur appel ou à l'initiative du ministre)* : Les articles 46 à 50 et 62 à 66 Loi C-12 aménagent différentes interventions volontaires ou obligatoires, soit comme condition préalable, soit en substitution à l'exercice de moyens de pression.

viii) *Articles 58 et 106 à 109 C.t. (acquisition du droit de grève et de lock-out)* : On y ajoute d'autres conditions suspensives, d'exercice ou prohibitives aux articles 109.1 c), 111.0.17 à 111.024, 111.10 à 111.14 C.t. et aux articles 55, 56, 62 à 71 Loi C-12.

ix) *Articles 59 et 62 à 68 C.t. (contenu et effets de la convention collective)* : Pour le secteur et les sous-secteurs publics (un certain ordre de préséance est établi selon le niveau des sources d'élaboration des conditions de travail (art. 111.6 C.t.; art. 25, 41, 44, 51, 52, 55, 56, 59, 67, 70, 73, 74, 80 Loi C-12).

x) *Article 65 C.t. (durée de la convention collective)* : Dans le secteur et les sous-secteurs publics, la durée de la convention collective ne peut excéder trois ans selon l'article 111.1 C.t.

Malgré ces nombreuses règles d'adaptation, l'aménagement des rapports collectifs du travail des services et secteur publics est néanmoins tributaire du régime général articulé par le *Code du travail*, ce qui signifie que :

— le *Code du travail* sert de prisme pour lire et analyser les règles de ce régime particulier[757]. En dehors de cet encadrement général, il pourrait parfois être pénible de tenter de dégager une perception intelligente et cohérente de ces dispositions particulières ou distinctives, tellement elles sont rédigées en fonction des règles du *Code du travail*;

— en cas de lacune, de silence ou d'absence de règles particulières, les règles générales du *Code du travail* s'appliquent dans la mesure où il est possible de le faire sans violer pour cela les quelques dispositions particulières ou dérogatoires[758].

---

757. Ce fut d'ailleurs l'approche retenue par la Cour suprême du Canada. Voir : *Procureur général de la province de Québec* c. *Labrecque*, [1980] 2 R.C.S. 1057; *Association des employés du gouvernement de la Nouvelle-Écosse* c. *Commission de la fonction publique de la Nouvelle-Écosse*, [1981] 1 R.C.S. 211.

758. *Procureur général de la province de Québec* c. *Tribunal du travail*, [1975] C.A. 8; *Procureur général de la province de Québec* c. *I*, [1974] C.A. 327; *Lemay* c. *Lachance*, [1973] T.T. 492; *Syndicat des fonctionnaires provinciaux du Québec Inc.* c. *Gouvernement du Québec*, [1974] T.T. 97; *Gouvernement de la province de Québec* c. *Trépanier*, [1976] T.T. 109; *Gouvernement du Québec, ministère des Terres et Forêts* c. *Syndicat national des mesureurs, assistants-mesureurs, gardes forestiers et forestiers du Québec*, [1980] T.T. 269.

Il est cependant vrai qu'il n'est pas toujours facile de cerner le sens et la portée véritables de ces dispositions. Les règles particulières, dérogatoires ou complémentaires aux règles générales du Code imposent une interprétation propre qui ne doit cependant pas être isolée ou étrangère au tronc commun[759].

IV-204 — *Services et secteur publics* — Le régime général de négociation collective aménagé par le *Code du travail* s'applique aux entreprises de services publics, à l'exception de règles particulières visant à restreindre ou à contenir l'usage de moyens de pression (grève et lock-out). De telles réserves et limites modifient, sans aucun doute, la dynamique des rapports dans ces milieux mais, au-delà de cette donnée, les syndicats accrédités et les employeurs assurant des services publics (**IV-199**) négocient à l'échelle des unités d'accréditation (**IV-42 et suiv.**). Les conventions collectives qu'ils concluent sont soumises aux mêmes règles générales quant à leur contenu et à leur portée (**IV-156 et suiv.**). Pour ces raisons, nous ne traitons pas davantage des services publics, sauf dans la prochaine section portant sur le processus même de la négociation collective (**IV-216**). Il en est autrement cependant du secteur et des sous-secteurs publics, où les règles particulières d'aménagement des rapports collectifs du travail sont fort nombreuses, détaillées et souvent bien différentes de celles applicables au régime général. Il en est ainsi notamment parce que le cadre de la négociation diffère sensiblement de celui aménagé par le *Code du travail* : les parties visées aux unités d'accréditation sont regroupées au niveau sectoriel ou sous-sectoriel (**IV-205**). Selon le cas, elles disposent ou dépendent en tout ou en partie, d'un même bailleur de fonds, l'État. Ce dernier est aussi présent et exerce une influence certaine sur la conduite du processus (**IV-211**). Ce tripartisme, plus ou moins direct selon les lieux, les circonstances et l'objet modifie certes la donne, et une mécanique différente fut retenue afin de permettre à chacun d'exercer normalement et pleinement le rôle qui lui est assigné. Pour ces raisons, le présent chapitre porte davantage sur le régime distinctif applicable aux secteur et sous-secteurs publics.

---

759. *Syndicat des professionnels du gouvernement du Québec* c. *Centre d'insémination artificielle du Québec (C.I.A.Q.) Inc.*, [1988] R.J.Q. 265, 266 (C.A.).

Section 5.2

Les parties et les interloccuteurs du secteur et des sous-secteurs publics

---

IV-205 — *De l'unité à l'aire de négociation* — Dans les secteur et sous-secteurs publics, la négociation collective s'effectue sur la base « sectorielle », c'est-à-dire par la réunion obligatoire d'une multitude d'unités d'accréditation relevant d'un même champ d'activité (éducation, santé, fonction publique). Ces regroupements ou ces aires de négociation collective supposent que les salariés visés sont représentés par des agents syndicaux regroupant pareillement les syndicats accrédités en cause. De même en est-il pour les employeurs, bien que l'État assume, à ce titre, une présence distincte et plus ou moins prononcée selon les milieux ou les questions étudiées. Il nous faut donc aborder ce premier volet, c'est-à-dire savoir comment sont identifiés les négociateurs respectifs des parties à ces niveaux sectoriels. Nous devons aussi connaître les autres interlocuteurs pouvant s'immiscer à divers titres dans le processus. Tel est le double objet de la section 5.2. Le passage des unités d'accréditation à l'aire de négociation aurait été une opération délicate n'eût été la présence de nombreux dénominateurs communs rendant, sous de multiples facettes, plus homogènes les populations qui travaillent dans ces milieux.

i) Ces entreprises et institutions émanent de la même autorité, sont régies par des lois qui leur sont édictées par l'Assemblée nationale et exercent sous la tutelle politique d'un ministre du gouvernement.

ii) Le financement de ces organismes provient directement ou indirectement d'un même bailleur de fonds, lequel contrôle les coûts en fonction de barèmes ou de critères applicables à tous.

iii) Les activités de ces institutions et entreprises sont aménagées et encadrées selon les mêmes politiques ou plans directeurs : les programmes et directions concernant la santé, l'éducation et les ressources palliatives de revenus, etc.

IV-206 — *Un regroupement d'unités* — Bien avant l'institution de l'actuel régime applicable aux secteur et sous-secteurs publics, les syndicats avaient pris racine dans de multiples institutions publiques par leur seule voie juridique d'accès, la *Loi des relations ouvrières* devenue peu après : le *Code du travail* (**IV-3**). À titre d'exemple, les enseignants et le personnel infirmier étaient respectivement représentés par des syndicats accrédités sur la base d'une commission scolaire ou d'un hôpital, et le personnel d'Hydro-Québec était aussi sous-divisé pour constituer plusieurs unités d'accréditation. Malgré le grand nombre de réformes ou de réaménagements du régime public initialement mis en place à compter de 1965, on n'a pas fait table rase de cette situation de fait. Bien au contraire, il s'agit encore de la première règle appliquée, à savoir que les syndicats doivent acquérir leur statut d'agent négociateur par la voie habituelle de l'accréditation dans chaque entreprise ou l'une de ces parties (**IV-59**). Les quelques règles particulières ou d'adaptation pour l'identification des interlocuteurs syndicaux au sein des regroupements sectoriaux s'élaborent à compter d'une base commune : l'accréditation. Des modalités différentes de regroupement sont retenues par la suite afin de tenir compte du particularisme de chaque segment ou sous-secteur (**IV-209**). Parce que la négociation par sous-secteur a lieu selon un calendrier distinct de celui applicable au régime général (**IV-94**), il a également fallu tenir compte de cette donnée afin d'établir les moments de remise en cause possible des accréditations, soit par un syndicat concurrent, soit par les employeurs. Ainsi, l'article 111.3 C.t. précise que la période habituelle de 30 jours prévue à l'article 22 d) C.t. relative aux changements d'accréditation se situe, dans ces cas, entre le 270e et le 240e jour précédant la date d'expiration d'une convention collective applicable à un segment particulier du secteur public. Compte tenu de ce délai et de ceux prévus pour entamer la négociation en renouvellement de la convention collective, soit 180 jours précédant la fin de la convention (art. 111.7 C.t.), on précise également que le nouveau syndicat accrédité, au cours de cette dernière période y demeure lié.

IV-207 — *Les fonctionnaires* — Dans le cas de la fonction publique (premier sous-secteur public) (**IV-200**), la *Loi sur la fonction publique* prédétermine les unités d'accréditation[760] de la façon qui suit.

i) L'unité constituée de tous les fonctionnaires, à l'exception des ouvriers et de ceux qui font expressément partie d'une des autres unités d'accréditation ci-dessous (art. 65 L.F.P.).

---

760. Il en est ainsi depuis 1965 et le libellé des dispositions est sensiblement le même, quoique les numéros des articles aient été modifiés.

ii) L'unité formée de tous les ouvriers-fonctionnaires, sauf ceux qui sont expressément inclus dans l'une des autres unités d'accréditation ci-dessous (art. 65 L.F.P.).

iii) L'unité des fonctionnaires-enseignants (art. 64 a) L.F.P.).

iv) Les unités regroupant respectivement les fonctionnaires membres des ordres professionnels ci-après énumérés ou admis à l'étude : avocats, notaires, médecins, dentistes, pharmaciens, optométristes, médecins, vétérinaires, agronomes, architectes, ingénieurs, arpenteurs-géomètres, ingénieurs forestiers, chimistes, comptables agréés (art. 64, al. 2, 66 al. 1, L.F.P.).

v) L'unité constituée des fonctionnaires diplômés d'universités et autres professionnels (art. 64, al. 3, L.F.P.).

vi) Les unités regroupant les agents de la paix répartis en sept sous-groupes : les agents de conservation de la faune, les agents de pêcherie, les constables à la chambre de la jeunesse de la Cour du Québec, les gardiens-constables, les inspecteurs des transports, les instructeurs, surveillants et préposés aux soins infirmiers en établissements de détention et tout autre groupe de préposés à des fonctions d'agents de la paix (art. 64, al. 4, L.F.P.).

Cette loi conféra directement l'accréditation au Syndicat des fonctionnaires provinciaux du Québec pour représenter les fonctionnaires des deux premières unités ci-dessus (points i et ii) (art. 65 L.F.P.). Outre cette première accréditation par voie législative, le gouvernement procéda lui-même aux accréditations initiales dans les quatre autres regroupements (points iii à vi). Dans les cas des quinze professions constituant autant d'unités disponibles (point iv), du groupe des fonctionnaires diplômés d'universités (point v), et des sept sous-groupes d'agents de la paix (point vi), il est possible de les réunir en totalité ou en partie au sein de ces trois groupes si les membres y consentent (art. 67, al. 1 et 2, L.F.P.). Ces accréditations par voie législative et par décret produisent les mêmes effets que si elles provenaient d'une décision du commissaire du travail (art. 65, al. 1, 66, al. 3, L.F.P.)[761]. Il faut comprendre que ces syndicats ainsi accrédités disposent des droits, titres, présomptions et obligations qui échoient à tout autre syndicat accrédité en vertu du *Code du travail* (**IV-86**). Comment ignorer cependant que l'employeur est en l'occurrence l'État, c'est-à-dire que les droits reconnus aux syndicats doivent être vus ou filtrés à travers le prisme de la *Loi sur la fonction publique* et de la *Loi sur l'administration financière* (**IV-203, 211**) ? À la suite de ces accréditations initiales, le Tribunal du travail dispose d'une compétence exclusive pour

---

761. *Syndicat des professionnels du gouvernement du Québec* c. *Centre d'insémination artificielle du Québec (C.I.A.Q.) Inc.*, précité, note 759.

décider « de tout litige sur l'exclusion ou l'inclusion effective d'un fonctionnaire dans chacun de ces groupes et il a le pouvoir de révoquer l'accréditation
et d'en accorder une nouvelle aux conditions prévues par le *Code du travail*»
(art. 65, al. 2, 66, al. 4, L.F.P.)[762]. Compte tenu de la diversité des situations
qui peuvent se présenter, de nombreuses précisions peuvent être apportées à
ces unités pour respecter les divisions et regroupements imposés aux articles
64 et 67, pour souligner les lignes frontalières de ces unités ou pour assurer
l'application des nombreuses exclusions édictées par le *Code du travail*
(art. 1, al. 1, 3 à 6 C.t.)[763]. Au sujet de cette discrétion laissée au Tribunal du
travail, notons que l'on a maintes fois souligné qu'il n'avait pas compétence
pour remodeler ni redéfinir les unités d'accréditation déterminées aux articles
64 et 65 L.F.P.[764]. Une telle limite ne peut empêcher, croyons-nous, le Tribunal du travail de préciser, de clarifier et même d'adapter ces mêmes unités
d'accréditation pour tenir compte des besoins et des contraintes de ces
milieux évolutifs.

IV-208 — *Les organismes gouvernementaux* — Dans le deuxième segment du secteur public formé de l'ensemble des organismes gouvernementaux, on s'en tient directement et exclusivement aux unités d'accréditation
circonscrites par les commissaires du travail (**IV-62**). Selon la taille et la
nature des activités de chacune de ces organisations, on y trouve plus ou
moins d'unités d'accréditation et de syndicats accrédités. Les gestionnaires de ces institutions négocient distinctement avec chacun des syndicats
habilités à représenter une partie de leur personnel. Cependant, la présence
du Conseil du trésor demeure toujours réelle (**IV-211**) et parfois aussi,
celle des centrales syndicales qui servent de soutien politique et technique

---

762. Le Tribunal du travail dispose de cette compétence depuis son institution en 1969, alors
qu'il remplaça la Commission des relations du travail (**IV-7**). Voir : *Syndicat des
professeurs de l'État du Québec* c. *Québec (Ministère des Affaires culturelles)*, D.T.E. 91T-
1126 (T.T.).

763. *Procureur général de la province de Québec* c. *Tribunal du travail*, précité, note 758; *Syndicat des professionnels du gouvernement du Québec* c. *Procureur général de la province
de Québec*, [1981] T.T. 287; *Syndicat des professionnels du gouvernement du Québec* c.
Procureur général de la province de Québec, [1982] T.T. 449; *Syndicat des fonctionnaires
provinciaux du Québec Inc.* c. *Procureur général du Québec*, [1984] T.T. 353. Bien qu'il
soit salarié au sens du Code, il est et demeure fonctionnaire, ce qui implique certaines
autres obligations professionnelles et un lien juridique particulier. Voir : Claude D'AOUST
et Monique DESROCHERS, « Le rapport juridique entre la Couronne et son préposé », (1986)
R.G.D. 135.

764. *Association des policiers des autoroutes du Québec* c. *Gouvernement du Québec*, [1975]
T.T. 217; *Gouvernement du Québec, ministère des Terres et Forêts* c. *Syndicat national des
mesureurs, assistants-mesureurs, gardes forestiers et forestiers du Québec*, précité, note
758. L'approche retenue par la Cour d'appel dans l'affaire *Syndicat des professionnels du
gouvernement du Québec* c. *Centre d'insémination artificielle du Québec (C.I.A.Q.) Inc.*,
précitée, note 759, permettrait de croire que l'interprétation restrictive au sujet de la compétence du Tribunal pourrait être assouplie.

à leurs syndicats locaux, compte tenu de l'unicité patronale. Sur le plan stratégique, cela peut signifier que le rythme de la négociation ainsi que les grands objectifs peuvent être tributaires d'une négociation tenue dans d'autres lieux publics et par d'autres parties. Notamment au sujet des questions relatives à la rémunération, on peut comprendre que ni l'État ni les centrales syndicales ne peuvent accepter de dépendre des initiatives locales dont les effets d'entraînement demeurent toujours imprévisibles **(IV-220)**.

IV-209 — *Santé et éducation* — Dans les troisième et quatrième sous-secteurs (éducation et santé) **(IV-200)**, la stratification des regroupements est plus globale :

— le sous-secteur de l'éducation est divisé en deux segments : le primaire et le secondaire, d'une part, et, d'autre part, le collégial. Dans chacun de ces deux sous-groupes, on divise le personnel en trois champs d'activité ou catégories : les enseignants, le personnel professionnel non enseignant et le personnel de soutien (art. 29 Loi C-12);

— dans le sous-secteur de la santé, on trouve six sous-divisions : centres hospitaliers, centres d'hébergement et de soins de longue durée, centres locaux de services communautaires, centres d'accueil publics et de réadaptation, centres de protection de l'enfance et de la jeunesse et établissements privés conventionnés. (art. 36, al. 1 à 6, Loi C-12).

À l'égard de ces multiples regroupements, il a fallu établir les interlocuteurs respectifs. À titre d'exemple, chaque syndicat d'enseignants accrédité ne pouvait dépêcher un négociateur, pas plus que chaque commission scolaire ne pouvait y être représentée distinctement, et il en est de même des syndicats d'infirmiers de chaque hôpital du Québec, etc. Outre ces contraintes pratiques, il a également fallu tenir compte de nombreux impératifs d'ordre historique, politique, syndical et administratif. La conjugaison de ces multiples données permet de saisir la logique qui présida à la détermination des négociateurs patronaux et syndicaux au sein des deux grands sous-secteurs publics : éducation et santé. Notons que les responsables de la négociation collective du côté patronal n'assument pas les autres fonctions et prérogatives propres aux employeurs, et ces derniers conservent les leurs, sauf celles rattachées à l'obligation de la négociation de bonne foi qui incombe aux organismes patronaux désignés à cette seule fin. Outre cette dernière fonction relative à la négociation collective, il n'y a pas de distinction à faire entre un hôpital, une commission scolaire, Hydro-Québec ou un ministère. Au sein de chacun de ces organismes, selon leur acte constitutif respectif, l'organe chargé de la direction générale des opérations continue d'assumer les fonctions propres d'employeur. Il en est ainsi des rapports individuels comme des rapports collectifs du travail et pour toutes questions telles que l'embauche, la mise à pied ou la retraite. À ce même titre, les droits et obligations qui incombent normalement à l'employeur selon le *Code du travail* et notamment les articles 10, 12, 14, 17, 32, 52, 53, 68, 109.1 et 110.1 C.t. s'appliquent à chacun de ces employeurs publics, sous réserve de l'article 111.1 C.t. (**IV-203**).

IV-210 — *Négociateurs patronaux* — Qui intervient à titre de partie patronale dans les rapports collectifs du travail au sein de ces milieux publics ? Bien que chacune de ces institutions publiques dispose d'une direction générale, il n'en demeure pas moins qu'elles partagent ensemble plusieurs points communs qui les rendent interdépendantes en ce qui a trait aux rapports collectifs du travail. Ces communs dénominateurs, que nous avons déjà soulignés (**IV-205**), imposaient, à tout le moins, une coordination, sinon une centralisation certaine du processus de la négociation collective des conditions de travail. Autant il peut paraître logique et légitime qu'un commis reçoive, pour un travail semblable, une rémunération équivalente à celle des autres salariés assumant pareilles fonctions dans les divers organismes publics, autant il convenait aussi que l'employeur de chacun de ces organismes publics ne rémunère pas moins cher ni mieux ses salariés à l'aide des mêmes fonds publics. En ce domaine, les effets d'entraînement sont des plus rapides et des plus efficaces. Ce qui peut paraître convenable à un groupe pourrait difficilement ne pas l'être pour les autres, toutes choses étant égales par ailleurs[765]. De plus, il s'agit de 3 300 unités d'accréditation ou davantage déjà constituées au sein de 1 250 établissements publics. Ces seuls chiffres permettent de reconnaître facilement que l'on ne pouvait entreprendre distinctement, pour chacune de ces unités, un processus complet de négociation collective des conditions de travail. Pour ces raisons, les employeurs de ces milieux publics ne sont pas les premiers interlocuteurs patronaux aux fins de la négociation collective. On impose leur regroupement dans de solides structures, et chacun de ces regroupements constitue la partie patronale dans le cadre d'une aire de négociation (**IV-205**). À titre d'illustration, considérons le sous-secteur de l'éducation, où les employeurs sont réunis en trois comités de négociation : l'un pour les commissions scolaires francophones, un deuxième pour les commissions scolaires anglophones et un troisième pour les collèges. Il suffit de lire les articles 30 à 35 de la Loi C-12 pour saisir avec quels détails la composition et les fonctions de ces comités y sont précisées, et notamment l'emprise du Conseil du trésor. Il en va de même du côté de la santé, où un sous-comité patronal est formé pour chacun des cinq sous-groupes (**IV-208**), lesquels sont réunis en un grand comité patronal formé des présidents et vice-présidents des cinq sous-comités (art. 36 à 41 Loi C-12).

---

765. Ces effets d'entraînement et cette tendance à l'uniformisation jouent dans bien des sens : entre les secteurs privé et public; entre les divers sous-secteurs publics; entre les fonctionnaires et les employés contractuels, etc. Cette même logique est aussi imposée aux arbitres de différends des policiers et pompiers municipaux (art. 99.5 C.t.).

IV-211 — *L'État employeur* — Le Conseil du trésor exerce une fonction capitale au sein de la partie patronale publique. Selon l'article 42 de la Loi C-12 et l'article 22 de sa loi constitutive (*Loi sur l'administration financière*), le Conseil du trésor assume la direction générale et exerce un contrôle auprès des employeurs visés à l'égard de toute négociation collective dans les secteur et sous-secteurs publics. À titre d'illustrations, signalons que :

— les articles 33, 40, 42 et 43 de la Loi C-12 précisent que tous les comités patronaux de négociation de chaque sous-secteur public interviennent à ce titre en fonction d'un mandat qui leur est respectivement donné par le Conseil du trésor, et il en est de même pour les gestionnaires des organismes gouvernementaux (art. 78 Loi C-12);

— l'article 53 de la Loi C-12 précise que la négociation des salaires et échelles de salaires relève directement du Conseil du trésor (**IV-224**);

— les articles 77 à 86 de la *Loi sur la fonction publique* confèrent au Conseil du trésor toute autorité patronale pour l'élaboration des conditions de travail applicables aux fonctionnaires.

La seule exception formelle relève des matières réservées ou retenues aux fins d'une négociation collective locale ou régionale : ces questions demeurent de la seule compétence respective des employeurs visés (art. 42, al. 2, 57 et 58 Loi C-12)[766]. Cette réserve ne s'applique pas dans le cas de la négociation collective de la fonction publique, où le Conseil du trésor exerce seul, directement et en une seule étape (sauf pour les salaires) toutes les prérogatives patronales relatives à la négociation collective (art. 81 Loi C-12).

IV-212 — *Négociateurs syndicaux* — Vis-à-vis des interlocuteurs patronaux, les salariés sont représentés par leur centrale ou leur fédération respective qui y dépêche des agents négociateurs[767]. Prenons comme exemple le personnel de soutien des collèges (une sous-catégorie du segment « collégial » du sous-secteur de l'éducation) (**IV-209**). Dans ce milieu, le personnel de soutien des collèges est représenté par divers syndicats accrédités, lesquels sont respectivement affiliés à quelques fédérations ou centrales syndicales (C.S.N., F.T.Q., C.E.Q.). On peut donc connaître, au sein de cette aire de négociation « soutien-collège », trois réseaux de communication. Face au même comité patronal du secteur collégial et, plus concrètement, face au sous-comité patronal « soutien », les agents négociateurs des trois regroupements syndicaux négocient chacun les conditions de travail pour les unités qu'ils représentent

---

766. Il ne s'agit nullement d'une voie échappatoire puisque les résultats de ces négociations particulières doivent être compatibles avec les dispositions négociées au niveau sectoriel ou national (**IV-231**).

767. Les articles 26, 27 et 28 de la Loi C-12 imposent cette façon d'agir aux syndicats, y compris aux associations non affiliées à l'une ou l'autre des centrales syndicales.

respectivement. Il est possible que ces trois groupements de syndicats accrédités au niveau « soutien-collège » puissent coordonner leur action et même négocier à une même table. Ces choix relèvent davantage cependant de la stratégie et de la politique que du droit. Ce qui est vrai pour l'aire « soutien-collège » peut l'être aussi pour chacune des sous-catégories des sous-secteurs publics éducation et santé. Cet ensemble de lieux de négociation différents, communément appelés « tables de négociation », suppose, pour des questions d'efficacité, de logistique et de stratégie, des structures assez solides. Ainsi, les négociateurs patronaux et syndicaux doivent, aux périodes critiques des opérations, disposer de la contribution d'un nombre assez important de personnes, et pour la préparation des dossiers, et pour assurer une courroie de communication rapide et claire avec l'ensemble des membres qu'elles représentent et qui seront éventuellement soumis aux conditions de travail ainsi élaborées.

IV-213 — *I.R.I.R.* — Pour mieux saisir le processus de la négociation collective et les actes que peuvent accomplir les principaux acteurs, nous devons également connaître les autres interlocuteurs susceptibles de se présenter à certaines phases critiques du processus ou qui apparaissent au générique (Loi C-12). Le seul fait qu'on leur ait aménagé un rôle particulier, par rapport aux conciliateurs du régime général (**IV-105**), indique à la fois que cette négociation répond à une dynamique différente, que les enjeux peuvent parfois être importants et aussi, que l'on a cherché à tenir compte de certaines expériences parfois durement acquises. Dans l'ordre de l'entrée en scène de ces interlocuteurs survient l'Institut de recherche et d'information sur la rémunération (I.R.I.R.). Celui-ci prend charge principalement de l'étude comparative entre la rémunération versée aux fonctionnaires et personnel assimilé et celle que peuvent recevoir les autres salariés québécois « de toutes catégories ». Selon le libellé de sa loi constitutive (art. 2 à 24 Loi c-12), son conseil d'administration serait formé en fonction de sa mission principale et ainsi, ses dix-neuf membres possibles seraient nommés selon le schéma qui suit.

i) L'Assemblée nationale participe à la nomination du président-directeur général et des deux vice-présidents : consultation des parties, proposition du premier ministre et vote aux deux tiers (art. 5 Loi C-12).

ii) L'élaboration d'une liste de candidats proposés par les associations de salariés, dont six peuvent être retenus par le gouvernement. Si ces listes comprennent ensemble plus de six noms, le gouvernement départage. On agit de même du côté patronal pour désigner six autres membres (art. 6, al.1, Loi C-12).

iii) La désignation de quatre membres aussi nommés par le gouvernement à l'aide de listes de candidats proposés par les associations patronales et syndicales du secteur privé (art. 6, al. 2, Loi C-12).

Cependant, la réalité diffère quelque peu du devis. En effet, les parties syndicales s'étant refusées, pour des considérations stratégiques et juridiques, à proposer des candidats[768], l'Institut ne comprend pour l'instant que trois membres : le président et les deux vice-présidents. Aussi son conseil d'administration ressemble-t-il davantage à un comité de régie interne provisoire puisque l'élément qui devrait lui conférer une certaine authenticité et originalité ainsi qu'une véritable autorité auprès des négociateurs lui fait encore défaut. Bien que l'article 14 de la Loi C-12 impose que le quorum au conseil d'administration soit formé de la majorité de ses membres, on semble comprendre qu'il ne peut s'agir que des membres nommés[769]. Quoi qu'il en soit, une telle flexibilité technique permit à l'I.R.I.R. d'agir malgré cette lacune de seize membres. Il paraît évident que ses études sur la rémunération auraient une portée plus grande si elles avaient l'aval d'un tel conseil d'administration, sans égard par ailleurs à leurs qualités intrinsèques. Ce point est d'autant plus important que sa mission consiste à effectuer des études pertinentes et à publier à ce sujet un rapport le 30 novembre de chaque année. On voulait que ce rapport serve, en quelque sorte, d'élément enclencheur de la négociation sur les salaires, si les parties respectaient vraiment le processus apparaissant aux articles 53 et suivants de la Loi C-12, ce qui ne fut jamais le cas (**IV-224**).

IV-214 — *La médiation* — Dans le cadre même du processus de la négociation collective, la Loi C-12 prévoit également l'arrivée éventuelle de tiers pour aider les parties dans la recherche de voies de compromis et, dans certains cas, ces tiers pourraient même trancher leur différend. Il importe de faire une distinction entre ces derniers puisqu'ils ne disposent pas tous des mêmes fonctions. De plus, les parties peuvent s'entendre pour préciser, au besoin, le mandat qui peut leur être confié, retenir un autre type d'intervention ou encore, écarter la venue d'une tierce partie. Le titre de ces interlocuteurs et leurs pouvoirs respectifs changent selon la phase de la négociation et la nature des questions dont ils peuvent être saisis.

i) *Le médiateur (négociation nationale) (IV-225)* : Aucune qualité particulière n'est formellement exigée de la part de la personne désignée à titre de médiateur. Il peut s'agir d'un conciliateur du ministère du Travail ou de tout autre tiers jugé compétent pour une semblable mission. Il faut cependant reconnaître l'importance des questions en litige et des implications politiques du différend dont il peut être saisi pour comprendre que les parties pourraient souhaiter l'intervention d'une personne

---

768. Depuis le 1er avril 1999. l'I.R.I.R. est abrogé et remplacé par l'Institut de la statistique du Québec, organisme strictement gouvernemental et qui ne dispose aucunement d'un conseil d'administration représentatif des parties. Voir : l'article 51 de la *Loi sur l'Institut de la statistique du Québec*, L.Q. 1998, c. 44.

769. L'Institut de la statistique du Québec exerce le rôle de l'I.R.I.R. pour les fins de la négociation collective comme le prévoit l'art. 53 de la Loi C-12.

vraiment capable d'aider et qui soit suffisamment sage et prudente au moment de la rédaction de ses recommandations rendues publiques à défaut d'entente (art. 47 Loi C-12). Si les parties s'entendent à cet effet, elles peuvent convenir de tout autre mode d'intervention médiatrice. Elles peuvent soit nommer elles-mêmes un comité de sages ou un groupe d'intérêt public ou encore, elles peuvent convenir d'éviter l'intervention de tout tiers et de rendre elles-mêmes public l'état de leur différend sous la forme d'un rapport conjoint (art. 48 et 49 Loi C-12)[770].

ii) *Le médiateur-arbitre* : Dans le cas de la négociation locale ou régionale (**IV-225**), un médiateur-arbitre peut agir dans trois situations distinctes expressément énoncées par la Loi C-12. On y précise à la fois quand et comment cette intervention est possible.

— *Première situation* : Dans le cours d'une négociation portant sur des matières de compétence locale ou régionale, une seule partie peut demander sa venue (art. 62 Loi C-12). Cette mésentente est qualifiée de désaccord et non de différend, pour mieux rappeler que ces parties sont privées du droit de grève et de lock-out (art. 111.14 C.t.).

— *Deuxième situation* : La composante locale ou régionale de la convention collective telle que négociée à ce niveau aurait l'effet de modifier les dispositions résultant de la négociation nationale, et les parties locales ne s'entendent pas sur la façon de faire les adaptations qui s'imposeraient pour assurer l'harmonisation des textes (art. 68, al. 1, Loi C-12).

— *Troisième situation* : Les parties locales tentent de renégocier une disposition conventionnelle de leur ressort, mais sans succès (art. 60 Loi C-12).

La fonction du médiateur-arbitre varie selon qu'il s'agit de l'une ou l'autre de ces trois situations. Dans le premier cas, il intervient d'abord et avant tout à titre de médiateur, c'est-à-dire d'aide pour dénouer le conflit et «amener les parties à régler leur désaccord» (art. 63 Loi C-12). Après 60 jours de sa nomination, trois hypothèses sont retenues :

— les parties s'entendent pour que le médiateur devienne arbitre et tranche le désaccord (art. 64 Loi C-12);

— à défaut d'entente, le médiateur-arbitre transmet aux parties ses recommandations et ce rapport est rendu public dix jours après le dépôt (art. 65 Loi C-12);

— les parties ont convenu d'un «tout autre mode de règlement» (art. 66 Loi C-12).

---

770. On comprend que cet exposé porte sur le libellé des dispositions législatives et nullement sur les faits, c'est-à-dire sur les choix réels et l'usage qui fut fait de ces tiers.

Pour le deuxième cas, le médiateur-arbitre intervient comme dans la première situation, sauf qu'il devient arbitre à la demande d'une seule partie (art. 68, al. 2, Loi C-12). Il doit cependant s'assurer que sa décision ne modifie pas les dispositions nationales (art. 67, al. 2, Loi C-12). À la suite de l'échec de la négociation prévue au troisième cas, l'affaire ne pourrait être soumise au médiateur-arbitre (art. 60, al. 2, Loi C-12). Cependant, rien n'empêcherait les parties de s'entendre pour accepter l'aide d'un tiers, au-delà des titres retenus pour le qualifier ou l'identifier (art. 66 Loi C-12).

IV-215 — *Conseil des services essentiels* — Institué sur une base permanente depuis 1982, le Conseil des services essentiels est responsable de l'application des règles relatives au maintien des services considérés comme essentiels, tant dans les services publics (**IV-199**) que dans les établissements du sous-secteur public de la santé. (**IV-209**). De multiples expériences furent tentées au cours des années 1970 en vue d'assurer le maintien des services essentiels, mais sans trop de succès. Les moyens retenus étaient régulièrement modifiés dans l'espoir de trouver une solution satisfaisante[771]. L'articulation des règles applicables énoncées succinctement au chapitre V.1 du *Code du travail* et la formation d'un organisme permanent et constitué majoritairement de personnes (six ou huit) provenant des milieux visés semblent être la meilleure formule que l'on ait pu trouver (art. 111.0.1 à 111.0.14 C.t.). D'une façon générale et à l'aide de dix citations, nous résumons les principales fonctions que le Conseil des services essentiels exerce auprès des entreprises de services publics et des établissements du sous-secteur public de la santé.

i) Élaborer un règlement précisant les critères applicables à la détermination des services essentiels par voie d'entente ou d'une liste (**IV-226**). Le projet de règlement du Conseil doit être entériné par le gouvernement, et ce dernier peut à cette occasion le remanier (art. 111.0.12 C.t.).

ii) Aider et conseiller les parties dans l'évaluation des services à maintenir (art. 111.0.10, 111.0.11, 111.0.18, al. 2, 111.10.5, 111.16 C.t.).

iii) Qualifier, s'il y a lieu, certains établissements des secteur et sous-secteurs publics en vue d'établir les modalités qui leur sont applicables pour assurer le maintien des services essentiels (art. 111.10, 111.10.1, 111.10.4 C.t.).

---

771. Jean BERNIER (dir.): *Grèves et services essentiels* (Actes d'un colloque organisé à l'occasion du dixième anniversaire du Conseil des services essentiels du Québec), Sainte-Foy, Les Presses de l'Université Laval, 1994; Madeleine LEMIEUX, « Le Conseil des services essentiels », dans SERVICE DE LA FORMATION PERMANENTE, BARREAU DU QUÉBEC, *Développements récents en droit administratif (1992)*, Cowansville, Les Éditions Yvon Blais inc., 1992, p. 47. La Cour d'appel précisa aussi la fonction élargie du Conseil des services essentiels et son statut. Voir : *Communauté urbaine de Montréal* c. *Fraternité des policiers et pompiers de la Communauté urbaine de Montréal*, [1995] R.J.Q. 2549 (C.A.); *Syndicat canadien de la fonction publique, section locale 301* c. *Montréal (ville de)*, [1997] 1 R.C.S. 793.

iv) Recevoir et approuver les ententes des parties concernant le maintien des services essentiels ou les listes des syndicats dressées à ce même effet dans les services publics (art. 111.0.18, al. 1, 111.10.1 C.t.).

v) Évaluer la suffisance des moyens retenus selon la liste des syndicats ou l'entente des parties pour assurer la continuité des services essentiels et, s'il y a lieu, proposer des améliorations aux parties ou au syndicat et finalement, faire rapport au ministre (art. 111.0.10, 111.0.19, 111.0.20, 111.10.4 et 111.10.5 C.t.).

vi) Faire un rapport circonstancié au ministre au sujet du respect de l'entente ou de la liste et y préciser, s'il y a lieu, en quoi les services rendus seraient insuffisants et les implications de ces failles pour la santé et la sécurité publique (art. 111.0.20, 111.12 C.t.).

vii) Modifier, au besoin, les ententes des parties dans les établissements, même si elles sont abstraitement conformes aux règles applicables (art. 111.10.5, 111.10.7 C.t.).

viii) Approuver l'entente préalable des parties sur le maintien des services dans les établissements des secteur et sous-secteurs publics (art. 111.10, 111.10.1, 111.10.6 C.t.).

ix) Informer le public sur toutes ces questions (art. 111.0.11, 111.00.21 C.t.).

x) Imposer par voie d'ordonnance des mesures idoines et directes qui lui paraissent nécessaires au maintien des services essentiels auxquels le public a droit (art. 111.16 à 111.20 C.t.)[772].

Ce rapide schéma des fonctions du Conseil des services essentiels permet néanmoins de constater qu'il intervient avant, pendant et même après une grève à titre de conseiller, d'enquêteur, d'évaluateur, de gardien de l'ordre et même, de justicier. Il est possible qu'un tel cumul de fonctions n'apparaisse pas à certains observateurs d'une logique évidente. Par ailleurs, l'expérience chèrement acquise permet de soutenir qu'il serait difficile de confier certaines de ces tâches à d'autres organismes, sans danger

---

772. Les tribunaux ont déjà reconnu la légalité de tels moyens conférés à certaines commissions de relations du travail des autres provinces. Voir : *Tomko* c. *Labour Relations Board (N.S.)*, précité, note 45 ; *Syndicat canadien de la fonction publique* c. *Conseil des relations du travail (N.-É.)*, [1983] 2 R.C.S. 311, commenté par Richard M. BROWN, « Developments in Labour Law : The 1983–1984 Term », (1985) *S.C. Law Rev.* 305 ; *McKinlay Transport Ltd.* c. *Goodman*, [1979] 1 C.F. 760 ; *Syndicat canadien de la fonction publique* c. *Conseil des services essentiels*, [1989] R.J.Q. 2648 (C.A.) ; *Syndicat canadien de la fonction publique, section locale 301* c. *Montréal (ville de)*, précité, note 771 ; *Syndicat canadien de la fonction publique, section locale 301* c. *Conseil des services essentiels et Ville de Montréal*, [1995] R.J.Q. 1050 (C.A.) ; *Communauté urbaine de Montréal* c. *Fraternité des policiers et policières de la Communauté urbaine de Montréal inc. et Conseil des services essentiels*, [1995] R.J.Q. 2549 (C.A.).

d'interventions discordantes, inopportunes, tardives ou bien prématurées, alors que les services essentiels doivent être maintenus d'une façon continue. On peut comprendre que les interventions du Conseil ont lieu à des moments de haute tension et que le bon dosage des moyens retenus peut éviter bien des bévues dans ces périodes de surchauffe. L'action du Conseil se situe dans un ensemble fort complexe où le gouvernement employeur exerce une fonction capitale. Ce dernier doit notamment lui allouer les effectifs et les ressources budgétaires qu'il croit nécessaires (art. 111.0.13 C.t.), ce qui illustre encore l'intime relation du gouvernement employeur et du gouvernement pourvoyeur.

Section 5.3
Le processus de la négociation collective

IV-216 — *Approche retenue* — Nous considérons maintenant le processus suivi pour atteindre l'objectif, soit l'élaboration conjointe des conditions de travail dans les milieux publics. Nous nous arrêtons particulièrement aux moyens dont disposent respectivement les parties pour tenter d'obtenir le meilleur compromis par la voie d'une négociation collective. Leurs voies et moyens, leur liberté de manœuvre et le cadre légal destiné à contenir le débat varient sensiblement selon qu'il s'agit d'une entreprise de services publics ou du secteur public (**IV-198**). Nous étudions séparément les règles applicables dans ces deux milieux de travail, mais en les considérant à l'aide d'une même grille d'analyse ou base comparative, soit le régime général arrêté par le *Code du travail* (**IV-203**). Cette brève description du processus de négociation collective dans ces milieux publics porte principalement sur les règles de droit. Un tel regard ne peut donner qu'une vue squelettique et parfois en trompe-l'œil d'une réalité fort plus complexe, souvent fugace et difficilement ou péniblement saisie par le droit. À titre de mise en garde ou tout simplement d'excuse, nous rappelons que :

— la loi ne peut prendre trop d'emprise si l'on entend vraiment privilégier une autre source de droit : la convention des parties (**IV-95**);

— le régime général relatif aux rapports collectifs du travail arrêté par le *Code du travail* s'applique, sauf dispositions contraires ou particulières (**IV-203**), ce qui devrait signifier que nos analyses et observations aux autres chapitres du titre IV pourraient, dans cette même mesure, être pertinentes[773];

---

773. À cette fin, il s'agirait notamment des règles générales relatives à la liberté syndicale (**IV-11**), à l'accréditation (**IV-43**), à l'exercice du droit de grève (**IV-108**) de même qu'au contenu et à la portée de la convention collective (**IV-158**).

— l'écart entre les scénarios abstraits élaborés par le *Code du travail* et la négociation concrète des conditions de travail dans ces milieux publics et forcément à haute teneur politique peut être assez vaste, au point qu'il existerait de véritables dangers d'erreurs pour le lecteur qui voudrait, par la seule fenêtre juridique, photographier un tel tableau circulaire[774].

IV-217 — *Services publics visés par décret* — De façon sommaire, nous pourrions dire que le régime général relatif à la négociation collective que l'on trouve dans le *Code du travail* s'applique directement et distinctement dans chacune des entreprises de services publics. En somme, chaque syndicat accrédité pour représenter un groupe de salariés d'une entreprise de services publics négocie directement avec l'employeur visé. Les articles 52 à 62 C.t. s'appliquent pour arrêter les coordonnées générales de cette négociation (**IV-95 à 106**). En raison de la nature de certains services publics, des règles particulières visent à réduire l'exercice de la grève, de manière à assurer le maintien minimum de ces services. Il va sans dire que les règles de droit sur le maintien des services essentiels en période de différend produisent des effets sur la dynamique même de tout le processus de la négociation. La commune expérience enseigne que la stratégie, les moyens et les approches des parties tiennent compte du fait que, de part et d'autre, celles-ci devront assurer ces services essentiels. Pour jauger avec réalisme la portée réelle de ces règles réductrices du droit de grève, on ne saurait donc les analyser *in vitro*, c'est-à-dire d'une manière isolée, ni ignorer leurs implications sur le processus général de la négociation collective applicable à ces mêmes parties. Puisque ce n'est qu'au stade de l'exercice des moyens de pression que les règles de droit diffèrent de celles du régime général, nous considérons d'un peu plus près ces dispositions particulières. Les articles 111.0.17 à 111.0.24 C.t. traitent de trois questions : la détermination des entreprises de services publics soumises à l'obligation du maintien des services essentiels, l'étendue des obligations inhérentes et la manière d'y obtempérer puis, les mesures de contrôle exercé notamment par le Conseil des services essentiels (**IV-215**).

IV-218 — *Qualification des entreprises* — Toutes les entreprises offrant des services publics (**IV-199**) ne sont pas immédiatement et de ce seul fait assujetties à l'obligation du maintien des services essentiels. Seules celles visées expressément par décret y sont soumises, et cela, pour la seule durée d'une négociation collective (art. 111.0.17 C.t.). Il ressort de ce dernier article que :

— la dangerosité de chaque arrêt de travail appréhendé relève de l'appréciation du ministre;

---

774. À titre d'exemple, le processus de négociation annuelle de la rémunération construit sur des cycles de trois ans (art. 52 et suiv. Loi C-12) ne fut jamais mis en application depuis son élaboration formelle (**IV-223**).

— le décret d'assujettissement ne peut être rétroactif, mais il peut être émis en tout temps au cours de la négociation collective;

— cet assujettissement est temporaire (la durée de la négociation en renouvellement) et devient caduc dès le dépôt de la convention collective.

Cette procédure administrative peut être assez coûteuse et périlleuse du fait qu'elle doit être reprise à chaque nouvelle négociation collective. Pourtant, il importe que les parties sachent bien sous quel régime elles négocient, car l'effet d'un tel décret d'assujettissement affecte directement et profondément la dynamique de la négociation et modifie le processus parce que :

— le droit de grève ne peut plus être exercé (art. 111.0.17, al. 3, C.t.) avant l'établissement des services à maintenir selon l'article 111.0.23, al. 3, C.t. (**IV-219**);

— le droit de grève peut éventuellement être suspendu par voie d'un deuxième décret (art. 111.0.24 C.t.);

— le droit de lock-out est immédiatement et totalement interdit (art. 111.0.26 C.t.).

Ce sont là des éléments majeurs que les parties ne peuvent négliger, de part et d'autre, pour établir leur stratégie respective, et ce, avant même d'entamer la première phase de la négociation (art. 52 C.t.)[775]. Si le *Code du travail* prévoit un mécanisme d'identification des entreprises de services publics contraintes au maintien des services essentiels, on n'y précise pas d'une façon explicite les paramètres ou les critères qui président à ces décisions ministérielles. L'article 111.0.17 C.t. ne fait qu'énoncer le pouvoir du gouvernement d'imposer par la voie d'un décret l'obligation faite aux parties dans certaines entreprises d'assurer le maintien des services essentiels. Cette obligation principale comprend de nombreux volets :

— la suspension de l'exercice du droit de grève, même s'il est autrement acquis, et ce, jusqu'à la conclusion d'une entente sur le maintien des services essentiels ou d'une liste qui en tient lieu (art. 111.0.17, al. 3, C.t.);

— l'obligation faite à l'employeur et au syndicat accrédité de « négocier les services essentiels à maintenir en cas de grève » (art. 111.0.18, al. 1, C.t.);

— l'obligation imposée à ces deux mêmes parties de respecter l'entente ou la liste et de ne pas y déroger (art. 111.0.18, al. 4, 111.0.22, al. 1, C.t.);

---

775. « Les services essentiels et les stratégies de négociation dans les services publics », dans *Le marché du travail*, avril 1992, p. 6 et suiv.; *Fraternité internationale des ouvriers en électricité, local 2365* c. *Télébec Ltée* (T.T.), commenté dans *Le marché du travail*, avril 1993, p. 12 et suiv.

— l'obligation formulée au syndicat accrédité de ne pas établir une liste, s'il y a lieu, contenant un nombre supérieur de salariés à celui habituel, selon les circonstances de temps et de lieu (art. 111.0.22, al. 2, C.t.);

— l'obligation qui incombe au syndicat de donner les avis requis selon l'article 111.0.23 C.t. avant d'enclencher la grève et de donner de semblables avis en cas de report du début de la grève (art. 111.0.23.1 C.t.) **(IV-220)**;

— l'interdiction faite à l'employeur d'imposer un lock-out aux salariés compris dans l'unité d'accréditation visée (art. 111.0.26 C.t.).

Il nous faut donc déduire qu'un tel décret comporte des effets importants pour les parties, pour la détermination des services à maintenir et pour assurer le respect réel de cette consigne.

IV-219 — *Services essentiels à maintenir* — La détermination précise des services à maintenir résulte de l'entente des parties et, à défaut, d'une liste établie unilatéralement par le syndicat accrédité (art. 111.0.18, al. 3, C.t.). Cette dernière disposition laisse aux parties l'initiative de l'opération, cependant les contrôles exercés par le Conseil des services essentiels ou par le gouvernement réduisent sensiblement leur liberté de manœuvre. En effet, l'entente ou la liste est transmise au Conseil des services essentiels qui doit en évaluer la suffisance et, à cette fin, une séance d'enquête peut être tenue (art. 111.0.19 C.t.). Il revient au Conseil des services essentiels, s'il y a lieu, de recommander aux parties la modification de l'entente ou de la liste soumise (art. 111.0.18, al. 4 et 111.0.19, al. 3, C.t.). Notons que le dépôt de l'entente ou de la liste auprès du Conseil des services essentiels constitue, en quelque sorte, une condition suspensive à l'exercice du droit de grève autrement acquis. En effet, l'article 111.0.23, alinéa 1 et 3, C.t. impose au syndicat l'obligation de faire ce dépôt au moins sept jours avant de donner le préavis de déclaration de grève, lequel avis est aussi de sept jours[776]. Ces conditions restrictives et ces procédures de contrôle servent en quelque sorte d'abrasif pour éviter le déclenchement précipité de l'acte de grève avant que les mesures idoines ne soient effectivement prises pour assurer les services essentiels. Le contexte social, politique, économique et psychologique peut être si différent d'un conflit de travail à un autre qu'il nous paraît impossible que ces règles de droit produisent partout et toujours les mêmes effets analgésiques ou d'accalmie recherchés.

IV-220 — *Double contrôle* — Le Conseil des services essentiels peut exercer un contrôle préventif et un contrôle curatif en vue d'assurer le maintien

---

776. *Hydro-Québec* c. *Conseil des services essentiels*, Cour d'appel Montréal, n° 500-09-001725-894, le 16 septembre 91, dans *Le marché du travail*, décembre 1991, p. 12 et suiv.

continu des services essentiels dans les entreprises de services publics visées par un décret (**IV-217**).

i) *Contrôle préventif*: En premier lieu, le Conseil des services essentiels évalue la suffisance des services essentiels proposés à l'entente ou à la liste déposée (art. 111.0.18, al. 1 et 111.0.19, al. 1, C.t.). À défaut de critères retenus selon le *Code du travail* ou par voie de règlement (art. 111.0.12 C.t.), le Conseil s'en rapporte à sa propre expérience tout en tenant compte des circonstances de temps et de lieu qui peuvent différer dans chaque cas. Cette évaluation *in abstracto* par voie d'extrapolation et de comparaison et aussi à l'aide des données fournies par les parties (art. 111.0.19 C.t.) se situe généralement peu de temps avant la tenue de la grève. Au terme de cette appréciation, le Conseil des services essentiels peut emprunter l'une ou l'autre des trois voies suivantes:

— il est satisfait des services maintenus;

— il formule quelques recommandations aux parties dans le cas d'une entente ou, s'il s'agit d'une liste, au syndicat accrédité, de manière que les modalités lui paraissent ainsi satisfaisantes (art. 111.0.19, al. 3, C.t.);

— il fait un rapport circonstancié au ministre s'il considère la liste ou l'entente insuffisante (art. 111.0.20 C.t.). Ce rapport est rendu public (art. 111.0.21 C.t.), ce qui est susceptible d'inciter les parties ou le syndicat à obtempérer davantage aux recommandations du Conseil.

ii) *Contrôle curatif*: Au cours de la grève, le Conseil des services essentiels doit vérifier la qualité des services essentiels effectivement rendus et, s'il en est insatisfait, faire rapport au ministre (art. 111.0.20, al. 1, C.t.). Ce rapport circonstancié et public peut aussi servir de fondement à une intervention gouvernementale pour suspendre l'exercice du droit de grève par voie d'un décret lorsque l'on considère que les services essentiels « [...] effectivement rendus sont insuffisants et que cela met en danger la santé ou la sécurité publique » (art. 111.0.24 C.t.). Le libellé de l'article 111.0.24, alinéa 3, C.t. indique bien qu'un tel décret ne pourrait produire d'effet rétroactif : « [il] entre en vigueur le jour où il est pris ou à toute date ultérieure [...] ». Outre ce décret en suspension, le Conseil des services essentiels dispose d'un pouvoir d'intervention et de correction particulier, qui est l'ordonnance de redressement (**IV-215**). Ce moyen extraordinaire d'intervention directe et, si nécessaire, à sa seule initiative, est articulé aux articles 111.16 à 111.20 C.t.

IV-221 — *Négociation des fonctionnaires et personnel assimilé* — Contrairement aux entreprises de services publics (**IV-217**), le processus de négociation collective dans le secteur public diffère sensiblement du régime général, et des nuances importantes s'imposent selon qu'il s'agit de la fonction publique, des organismes gouvernementaux ou des sous-secteurs de l'éducation et de la santé. Dans le cas de la fonction publique, la négociation collective s'effectue au niveau de chacune des unités d'accréditation. En conséquence, les interlocuteurs sont, d'une part, le Conseil du trésor (**IV-211**) et, d'autre part, le syndicat accrédité pour chacune des unités d'accréditation (**IV-207**). Quelle que soit la diversité des interlocuteurs syndicaux, le fait de retrouver le même vis-à-vis patronal produit certes des effets niveleurs d'une unité à une autre[777]. Parce que l'on négocie distinctement sur la base des unités d'accréditation, le processus général de négociation élaboré par le *Code du travail* s'applique en tenant compte de trois règles particulières d'une importance capitale.

i) Au lieu et place des règles générales relatives à la conciliation (art. 54 à 57.1 C.t.), on applique les modalités de la médiation élaborée aux articles 46 à 51 Loi C-12 (**IV-214**).

ii) La négociation des salaires et échelles salariales relèverait d'un processus élaboré aux articles 52 à 56 et 81 Loi C-12. En termes plus concrets, nous dirions que cette négociation serait fortement tributaire de la politique salariale articulée par le Conseil du trésor (**IV-211**).

iii) Les membres de la Sûreté du Québec en sont totalement exclus (art. 1, al. 1, 5 C.t.) (**IV-222**).

Deux règles modifient la dynamique de la négociation collective de ce sous-secteur public :

— celle relative à l'objet de la négociation. Les différents groupes de fonctionnaires sont soumis aux conditions de leur convention collective respective de travail, mais ces dernières ne peuvent limiter les pouvoirs et fonctions de la Commission de la fonction publique, de l'Office des ressources humaines et des sous-ministres à l'égard des questions qui y sont énumérées à l'article 70 L.F.P. On doit aussi rappeler la règle supplétive énoncée à l'article 33 L.F.P. relative à la fonction de contrôle qui relève de la Commission de la fonction publique[778] ;

— celle de convenir au préalable du maintien des services essentiels et de la façon d'assurer cette continuité (art. 69 L.F.P.) avant de faire usage de

---

777. Les grands programmes qui y sont négociés, tels la sécurité d'emploi, la formation professionnelle, les avantages sociaux, le régime de retraite, l'arbitrage, etc., ne peuvent guère différer d'une convention collective à une autre et de même en est-il des ajustements salariaux qui proviennent d'une même source.

778. Il peut être nécessaire de concilier les droits et les pouvoirs particuliers conférés dans certaines lois ou reconnus par elles, traitant de l'organisation de la fonction publique de même que les obligations conventionnelles auxquelles l'État s'est lui-même lié. Voir : *Association des employés du gouvernement de la Nouvelle-Écosse* c. *Commission de la fonction publique de la Nouvelle-Écosse*, précité, note 757.

moyens de pression[779]. Aucune disposition législative ne précise l'étendue de cette dernière obligation et n'impose quelque critère pour en délimiter la portée. L'article 69, alinéa 2, L.F.P. se limite à énoncer cette condition relative au maintien du service. On y retient deux voies pour en préciser la portée : l'entente entre les parties, et à défaut, la décision du Tribunal du travail.

Dans le cas des organismes gouvernementaux (**IV-208**), chaque employeur négocie directement avec les syndicats accrédités à l'égard du personnel. Ils sont toutefois liés aux politiques, stratégies et méthodes arrêtées par le Conseil du trésor et, plus spécialement, au sujet de la rémunération (art. 78, 79 et 80 Loi C-12). Compte tenu de la règle générale relative à l'applicabilité du *Code du travail* (**IV-203**) et du caractère restrictif de l'article 75 de la Loi C-12, il faut croire que le processus général du *Code du travail* s'appliquerait à ces organismes gouvernementaux et non celui élaboré aux autres chapitres de la Loi C-12 (**IV-203**).

IV-222 — *Sûreté du Québec et agents de la paix* — Deux segments de la fonction publique sont soumis à des régimes différents de celui des autres fonctionnaires : les membres de la Sûreté du Québec et les agents de la paix. Nous savons que les premiers sont soustraits à l'application du *Code du travail* (**IV-203**). Par ailleurs, la Sûreté du Québec constitue un organisme gouvernemental au sens et pour l'application de la Loi C-12. Ses dirigeants sont assujettis aux politiques et mandats définis par le Conseil du trésor (**IV-211**). L'élaboration des conditions de travail s'effectue par la voie d'un comité bipartite constitué en vertu de la *Loi sur le régime syndical applicable à la Sûreté du Québec*. Ce dernier comité est chargé :

— d'effectuer la négociation en vue de la conclusion et de renouveler tout contrat collectif relatif à la rémunération, aux heures de travail, aux congés, aux vacances, au régime de retraite ou à toutes autres conditions de travail comportant, pour les membres de la Sûreté, des avantages pécuniaires;

— de poursuivre, au besoin, la négociation en vue de la révision du contrat collectif de travail pendant sa durée;

— de prendre en considération les demandes des membres de l'association reconnue relativement à l'application de ce même contrat de travail;

— d'étudier les griefs qui naissent de l'application de ce contrat collectif de travail;

---

779. Les agents de la paix (un sous-groupe d'unités d'accréditation) (**IV-207**) ne disposent pas du droit de grève et sont soumis à un autre régime terminal du processus de négociation (**IV-222**).

— d'entendre et de discuter des recommandations de l'association reconnue relativement aux améliorations qui peuvent être apportées au *Code de discipline* et au système de mutation et de promotion.

Dans une certaine mesure, il s'agit d'un régime de négociation continue puisqu'il est possible de poursuivre la négociation sur certains points, même au cours du terme de la convention collective. Bien que la négociation puisse être à flux continu, il reste que le défaut d'accord sur un sujet dont est saisi le comité bipartite doit être déféré à l'arbitrage de différends ou de griefs, car la grève et le lock-out sont interdits en toutes circonstances et en tout temps. L'arbitrage du différend relève d'un juge de la Cour du Québec, et la décision arbitrale a l'effet d'une recommandation au gouvernement. Lorsqu'il s'agit d'un grief (**IV-181**), la décision de l'arbitre est finale et exécutoire. Les sept unités d'accréditation des agents de la paix (art. 64, al.4, L.F.P.) (**IV-207**) peuvent aussi, distinctement ou par voie de regroupements volontaires, négocier leurs conditions de travail par l'intermédiaire d'un comité bipartite (art. 67, al. 2, 71 L.F.P.). À l'instar des membres de la Sûreté du Québec, ces agents de la paix sont également privés de l'exercice du droit de grève (art. 69, al. 1, L.F.P.). Il faut souligner que les résultats du travail de ces comités bipartites prennent la forme d'une recommandation et celle-ci ne constitue une composante de la convention collective que lorsqu'elle est retenue par le gouvernement (art 74 et 75 L.F.P.). Le processus de règlement de leurs différends serait élaboré selon la même procédure que pour l'établissement des autres conditions de travail, c'est-à-dire par entente collective (art. 76 L.F.P.) et le résultat ne lie pas *ipso facto* le gouvernement.

IV-223 — *Négociation sectorielle : éducation et santé* — La négociation dans les deux autres sous-secteurs publics, éducation et santé, est fort plus complexe et exige que nous portions attention au processus même de la négociation, selon qu'il s'agit du niveau national ou local, notamment au sujet de l'usage des moyens de pression[780]. Ce bref rappel des règles relatives à la négociation dans ces deux aires (**IV-205**) doit être entendu sous une inéluctable réserve : ce qui se passe dans ces milieux diffère sensiblement du déroulement des interventions énoncées aux dispositions de la loi[781]. L'écart entre le concret et le droit formel s'accentuerait davantage si nous prenions en considération les dispositions légales relatives à la négociation salariale. En effet, selon la Loi C-12, les salaires et les échelles de salaires devraient être exclus de la négociation distincte réalisée dans chaque sous-secteur et aire de négociation, et cette

---

780. Pour bien saisir l'aménagement de ce processus, nous devons retenir que cette négociation se fait à deux niveaux ou paliers en fonction de la nature des question traitées et, malgré ces divisions de la matière, les résultats cumulatifs de la négociation constituent une seule convention collective à l'égard de chaque unité d'accréditation (**IV-205, 232**).

781. De façon semblable à certaines pièces de théâtre où les acteurs disposent d'une liberté d'improvisation, mais non toujours également répartie entre chacun d'eux.

négociation salariale devrait être conduite directement par le Conseil du trésor pour tous les secteur et sous-secteurs publics (art. 52 et suiv. Loi C-12). Si les organismes gouvernementaux négocient formellement la rémunération applicable dans leur milieu respectif, ils sont cependant tous liés à la politique salariale et au mandat émanant du même Conseil du trésor (**IV-211**). Le scénario d'une négociation salariale intersectorielle devrait connaître trois cycles annuels successifs[782]. Les articles 52 et suivants de la Loi C-12 articulent d'une façon détaillée la démarche de chacune de ces étapes et aussi le rythme des discussions entre les interlocuteurs : ce triptyque est si peu réaliste qu'aucune partie ne voulut le retenir ni ne reprocha à son vis-à-vis le fait qu'il s'en écartait. Un tel cheminement est trop précis et trop formaliste pour contenir un processus de négociation collective, notamment lorsqu'il porte sur un point aussi névralgique que la rémunération et qui sert de *substratum* à tellement d'autres conditions de travail. En fait, les parties de ces deux sous-secteurs ont négocié les salaires dans le cadre du processus principal et pour la durée totale de leur convention collective. Par ailleurs, il faut reconnaître que la question salariale fait l'objet depuis plusieurs années d'interventions législatives détaillées et réductrices (**IV-196** *in fine*). Pour ces raisons, nous n'analysons pas en détail ces dispositions (art. 52 à 56 Loi C-12) inappliquées et sans doute inapplicables[783]. Afin de mieux saisir le processus suivi normalement dans ces deux sous-secteurs publics, nous étudions successivement trois questions : la répartition de l'objet de négociation (**IV-224**), la négociation sectorielle et locale (**IV-225**) et l'exercice des moyens de pression (**IV-226**).

IV-224 — *Répartition de l'objet* — La négociation des conditions de travail au sein des réseaux de l'éducation et de la santé relève des parties désignées au niveau sous-sectoriel (**IV-209**), à l'exception toutefois des questions réservées expressément au niveau régional ou local, soit par l'effet de la loi, soit indirectement par voie d'une entente autorisée entre les parties du sous-secteur (art. 44, al. 1, Loi C-12). Ainsi, les conditions de travail qui peuvent être négociées au niveau local ou régional varient en fonction des sous-secteurs visés.

i) *La santé* : Au niveau local, la négociation porte sur les questions qui sont précisées par voie d'entente nationale (art. 57 Loi C-12). De plus, on peut y négocier des arrangements locaux sur les questions mentionnées à l'annexe B ou convenues à cette fin à l'entente nationale (art. 70 Loi C-12).

---

782. Nous employons le conditionnel puisque la réalité est tout autre : les dispositions relatives à ce type de négociation salariale n'ont jamais eu lieu depuis la proclamation de cette loi en 1985.

783. Un tableau de synthèse de ces mêmes articles 52 et suivants apparaît à Fernand MORIN, *Rapports collectifs du travail*, 2ᵉ éd., Montréal, Les Éditions Thémis inc., 1992, p. 706 et suiv.

ii) *Les segments « soutien » et « professionnel » des commissions scolaires* (**IV-209**) : La négociation dans ces milieux ne porte que sur les questions déléguées par voie d'entente nationale aux parties locales (art. 57 Loi C-12). Des arrangements locaux peuvent aussi être négociés à la suite de la conclusion d'une entente nationale sur les points visés à l'annexe B ou convenus à cette fin à l'entente nationale (art. 70 et annexe B Loi C-12).

iii) *Les segments formés des enseignants des commissions scolaires et des professionnels des collèges* : Dans ces milieux, les parties locales négocient directement pour toutes les questions énumérées à l'annexe A (art. 58 Loi C-12)[784].

Compte tenu de cette division de la matière, il devient difficile de décrire les modalités législatives aménageant un processus de négociation pour ces deux paliers (national et local) sans emprunter la paraphrase et en évitant de longues descriptions neuroleptiques. Aussi, nous nous limitons à présenter une vue générale à l'aide d'un bref tableau panoramique.

IV-225 — *Processus sectoriel et local* — Sous réserve des dispositions particulières relatives au droit de grève et à l'obligation du maintien des services essentiels (**IV-226**), selon les aires de négociation dans ces réseaux, les rencontres entre les négociateurs des parties en vue de l'élaboration conjointe des conditions de travail pourraient connaître cinq étapes.

i) *L'amorce* : À compter du 180e jour précédant la fin de la convention collective en vigueur (art. 111.6 et 111.7 C.t.).

ii) *Les demandes syndicales* : Formulées entre le 180e et le 150e jour précédant la fin de la convention en vigueur (art. 111.8, al. 1 et 2, C.t.).

iii) *Les offres patronales* : Déposées dans les 60 jours qui suivent la réception réelle des demandes syndicales (art. 111.8, al. 3, C.t.).

iv) *L'intervention possible de tiers* (art. 46 à 50 Loi C-12) (**IV-214**) : Il faut noter que la publication du rapport du médiateur constitue une condition préalable à l'exercice de moyens de pression selon l'article 111.11 C.t. (**IV-214, 226**).

v) *Les moyens de pression* : Des conditions acquisitives du droit de grève et de lock-out et des modalités d'exercice fort nombreuses sont imposées pour tenir compte du particularisme de ces milieux publics (**IV-226**)[785].

---

784. Dans le cas des enseignants des collèges, la loi ne prévoit pas expressément une négociation locale, mais on peut croire que ce silence ne serait dû qu'à une erreur technique (voir : l'annexe A, section 1, Loi C-12). Au sujet de l'usage de la rubrique, voir : *The Law Society of Upper Canada* c. *Skapinker*, précité, note 511.

785. Si les délais sont différents de ceux retenus au régime général élaboré au *Code du travail* (**IV-95 et suiv.**), l'ordre séquentiel du processus est semblable. Il est vrai par ailleurs que l'éventuelle intervention législative est certes plus présente et sans doute, plus pressante.

À l'instar du schéma général de négociation retenu par le *Code du travail* (**IV-106**), il est possible qu'une entente globale intervienne à la suite de l'une ou l'autre des quatre hypothèses suivantes :

1° au terme d'une négociation directe suivant le dépôt des offres patronales et contrepropositions syndicales; ou, à défaut d'entente,

2° après ou avec l'aide d'un tiers médiateur; ou,

3° à la suite d'une grève ou d'un lock-out appréhendé ou réel; ou, finalement,

4° par voie d'une loi complétant les résultats partiels de la négociation et imposant d'autorité de nouvelles conditions de travail : il s'agit alors d'un « tenant lieu » de convention collective.

Le processus de négociation local ou régional est tributaire des modalités de répartition de l'objet de négociation (**IV-224**). Ainsi, la négociation dans les sous-secteurs où les parties nationales doivent d'abord convenir de cette délégation ne pourrait s'amorcer avant l'avènement d'une telle entente (art. 57 Loi C-12). Il en est tout autrement dans les cas des unités qui relèvent des sous-secteurs visés à l'annexe A (art. 60 et 61 Loi C-12). Pareils préalables s'imposent pour la négociation d'arrangement (art. 60, 70 Loi C-12). L'intervention d'un médiateur-arbitre au niveau local tient cependant compte, du moins en partie, de la prohibition d'exercer grève et lock-out à ce niveau (art. 111.14 C.t.) (**IV-226**). Ce médiateur-arbitre dispose d'un droit d'intervention plus ou moins prononcé selon la nature du désaccord ou la volonté des parties (art. 63 à 68 Loi C-12) (**IV-214**). Finalement, la liberté de manœuvre des parties locales est limitée en raison des modalités restrictives de répartition de l'objet de négociation à ce niveau, de la liberté résiduaire laissée aux parties nationales (art. 44 Loi C-12) et du résultat exigé, soit l'élaboration d'une convention collective unique et cohérente (art. 44, 52, 67 et 68 Loi C-12) (**IV-231**).

IV-226 — *Moyens de pression* — Dans ces deux plans abstraits de négociation (sectoriel et local), la dynamique réelle, les stratégies retenues et les effets obtenus sont en fonction des moyens de pression disponibles et aussi, de la conjoncture. En conséquence, il importe de connaître les règles acquisitives du droit de grève et celles qui président à son exercice. En premier lieu, les règles générales relatives à la grève et au lock-out (**IV-107 à 137**) s'appliquent aussi dans les milieux publics, sauf dispositions particulières à l'effet contraire. Pour faciliter le lien entre les règles particulières et générales, nous résumons d'abord ces dernières.

i) Seule la collectivité de salariés représentée par un syndicat accrédité peut légalement faire grève ou subir un lock-out (art. 106 C.t.).

ii) Au cours d'une convention collective, il est interdit de recourir à la grève ou au lock-out (art. 107 C.t.).

iii) L'usage de la grève et du lock-out n'est autorisé qu'au terme du processus d'une négociation collective selon le scénario du *Code du travail* (art. 58, 106 C.t.)[786].

iv) Les membres du syndicat accrédité doivent avoir collectivement et directement décidé de l'exercice de la grève (art. 20.2 C.t.).

v) Au cours d'une grève légalement déclarée, l'employeur ne peut retenir à son service d'autres salariés, ni des salariés de l'unité en grève, sauf ceux visés par une entente ou la liste approuvée relative au maintien des services essentiels (art. 109.1 C.t.).

vi) L'exercice de ce droit collectif n'affecte pas directement le statut juridique du salarié ni son droit relatif au retour à l'emploi au terme d'une grève ou d'un lock-out (art. 110 et 110.1 C.t.).

À ces six premières règles s'ajoutent trois interdictions supplémentaires applicables à ces deux sous-secteurs publics.

i) La grève est prohibée dans le cadre des multiples négociations locales : initiale, d'arrangement ou de réarrangement (art. 57, 58, 60, 68, 70 et 71 Loi C-12; art. 111.14 C.t.).

ii) Dans les établissements du sous-secteur de la santé, où les services essentiels doivent être assurés (**IV-227**), le lock-out est interdit et l'employeur ne peut exercer pareille pression par voie de fermeture de service, de réduction du personnel ou de licenciement préventif (art. 111.13 C.t.).

iii) Dans ces mêmes établissements, la grève est prohibée si les services essentiels à maintenir n'ont pas été arrêtés par entente ou au moyen d'une liste approuvée et connue par l'employeur, et ce, 90 jours au préalable (art. 111.12 C.t.).

En sus de ces restrictions totales, sous condition résolutoire ou simplement suspensive relative à l'acquisition du droit de grève, il nous faut tenir compte de certaines autres conditions d'exercice de ce droit, qui sont applicables dans tous les secteur et sous-secteurs publics où la grève ou le lock-out peuvent être pratiqués.

i) Avant que l'on ne puisse donner valablement un préavis de déclaration de grève ou de lock-out, il doit s'écouler une période de vingt jours depuis la réception par le ministre du Travail de l'avis de publication du

---

786. Si les éléments et étapes du scénario diffèrent pour le secteur public, la règle générale s'applique, à savoir que la grève ne peut être que l'ultime moyen et non le premier retenu pour rechercher un compromis. Cet ordre séquentiel s'entend de la réalisation des actes et nullement sur les plans stratégique et psychologique. L'idée d'une éventuelle grève, d'un lock-out ou d'une loi interruptive du processus hante les esprit depuis la formulation des propositions syndicales et des contrepropositions patronales.

rapport du médiateur ou de son équivalent dans les sous-secteurs de la fonction publique, de l'éducation et de la santé (art. 111.11, al. 1, C.t.; art. 50, 81 Loi C-12) (**IV-214**).

ii) Un préavis écrit de sept jours francs de déclaration de grève ou de lock-out doit être donné au ministre, à l'employeur et, dans le cas des établissements, au Conseil des services essentiels (art. 111.11, al. 1, C.t.). Si la grève ou le lock-out n'est pas un fait continu, alors un tel préavis doit être renouvelé depuis la reprise du travail précédée d'une période de grève ou de lock-out (art. 111.11, al. 3, C.t.).

iii) L'exercice de la grève ne peut réduire le libre accès des bénéficiaires à l'établissement, ni limiter le fonctionnement normal des unités de soins intensifs et des unités d'urgence (art. 111.10.1, 111.10.3 et 111.10.4 C.t.) (**IV-227**).

iv) Compte tenu des circonstances et des faits particuliers à l'occasion d'une grève en cours ou simplement imminente, le Conseil des services essentiels peut, par voie d'ordonnance, imposer d'autres réserves ou restrictions particulières permettant ainsi, selon ses vues, de mieux assurer au public les services auxquels il aurait droit (art. 111.16 et 111.17 C.t.) (**IV-215, 227**).

v) Tout arrêt de travail dans un établissement (**IV-209**) est soumis à des mesures correctives rigoureuses, s'il n'est pas respectueux des articles 111.11 et 111.12 C.t.[787]

IV-227 — *Services essentiels des établissements* — Dans le cas des établissements, le maintien des services essentiels de santé est soumis à des dispositions particulières fort détaillées[788]. En premier lieu, l'article 111.10 C.t. impose un pourcentage fixe minimal de salariés devant demeurer en poste : celui-ci varie de 90 % à 55 % selon quatre catégories de services que peuvent rendre ces établissements. La détermination concrète de ce pourcentage s'établit en fonction de trois variables : le nombre de salariés habituellement en poste, par quart, durant une période donnée et entendu que ce calcul s'effectue par unité de soin et catégorie de services (art. 111.10.1, al. 1, 111.10.2 et 111.10.3, al. 1, C.t.). À ce critère quantitatif, on en ajoute deux autres d'ordre qualitatif :

---

787. La loi du 11 novembre 1986, *Loi assurant le maintien des services essentiels dans le secteur de la santé et des services sociaux*, demeure toujours applicable malgré sa portée initiale qui traitait principalement de la situation du 12 novembre 1986.

788. Jean-Louis DUBÉ et Pierre GINGRAS, « Historique et problématique du régime de négociation collective dans le secteur de la santé et des services sociaux », (1991) 21 *R.D.U.S.* 519.

— le nombre et la qualité du personnel laissé en fonction doivent permettre « le fonctionnement normal des unités de soins intensifs et des unités d'urgence » (art. 111.10.1 C.t.);

— « le fait de grève ne doit pas porter atteinte au libre accès des bénéficiaires à l'établissement » (art. 111.10.3, al. 3, C.t.).

Ce dernier critère s'attaque davantage aux voies et moyens d'exercice du droit de grève. Bien qu'elle soit de portée plus générale, il s'agit, nous semble-t-il, de la seule règle du *Code du travail* qui traite du piquetage (**IV-121**). Malgré ces précisions, il faut comprendre que ces critères, barèmes, paramètres ou objectifs ne sont pas exhaustifs ni exclusifs puisque le Conseil des services essentiels peut, selon les circonstances, « augmenter ou modifier les services qui y sont prévus avant de l'approver » (art. 111.10.5, al. 1, C.t.)[789]. Il va sans dire que de telles précisions législatives sont le fruit de l'expérience acquise au cours des 30 dernières années et de la lecture politique qu'en fait le gouvernement du moment. Il incombe aux parties, dans chaque établissement, et non aux négociateurs attitrés pour une aire de négociation (**IV-205**), d'établir le nombre requis de salariés par unité de soins et par quart et aussi, d'identifier nommément les salariés ainsi réquisitionnés. Cette opération résulte d'une entente et, à défaut, d'une liste élaborée par le syndicat visé (art. 111.10.1, 111.10.3 C.t.) (**IV-218**). À défaut d'entente rapide, le syndicat a tout intérêt à élaborer cette liste et à obtenir l'approbation du Conseil des services essentiels (**IV-215, 220**). Ce dernier peut, de son seul chef ou à la demande d'un intéressé, entendre les parties, dépêcher une personne pour les aider et, s'il y a lieu, émettre une ordonnance de redressement susceptible d'atteindre l'un ou l'autre des trois objectifs suivants :

— assurer au public le service auquel il a droit;

— forcer le respect de la liste ou de l'entente approuvée;

— imposer un mode de réparation à l'avantage des usagers de ce service.

Le Conseil peut prendre cette initiative si les événements l'exigent, bien que les faits perturbateurs ne constituent pas une grève, et sans attendre que des dommages réels soient subis. Si ce pouvoir d'intervention peut être exercé avec grande célérité et dans un climat de surchauffe, le Conseil doit cependant permettre aux intéressés de faire connaître leurs observations (art. 111.17 C.t.). De telles ordonnances de redressement ou injonctions administratives peuvent, par leur dépôt au bureau du protonotaire de la Cour

---

789. Cette latitude conférée au Conseil des services essentiels peut être fort utile si l'on tient compte de l'approche retenue par la Cour suprême à l'égard d'un organisme qui ne disposait pas d'une telle liberté de manœuvre. Voir : *Association canadienne du contrôle du trafic aérien c. La Reine*, [1982] 1 R.C.S. 696.

supérieure, valoir comme jugements de cette cour (art. 111.20 C.t.). Il conviendrait aussi de bien prendre en considération certaines mesures extraordinaires ajoutées en 1986 en vue d'assurer le respect des articles 111.11 et 111.12 C.t. par la *Loi assurant le maintien des services essentiels dans le secteur de la santé et des services sociaux*[790].

---

790. *Syndicat professionnel des infirmières et infirmiers de Chicoutimi* c. *Hôpital de Chicoutimi inc.*, [1990] R.J.Q. 141 (C.S.); *Fédération des infirmières et infirmiers du Québec* c. *P.G. du Québec*, [1991] R.J.Q. 2607 (C.S.).

Section 5.4

La convention collective et l'arbitrage

———

IV-228 — *La convention et son administration* — Cette dernière section porte sur les résultats du processus de la négociation collective, soit la détermination des conditions de travail par voie conventionnelle : événement qui survient encore, quoique la convention collective dans ces milieux puisse être soutenue ou contenue à l'aide d'un soutien législatif de plus en plus tatillon et restrictif. Dans ces milieux de travail où la présence des lois et règlements est très forte, le seul fait qu'une convention collective intervienne ou s'immisce, à titre de source de droits et d'obligations, est déjà un phénomène juridique assez particulier. Il ne s'agit pourtant que d'un autre effet produit par la décision initiale de l'État d'accepter le statut d'employeur au sens du *Code du travail* (**IV-195**). L'analyse de la portée juridique de la convention collective permet de mieux saisir toute l'originalité du régime de la négociation collective applicable dans les milieux publics. Nos propos ne portent pas sur la convention collective conclue dans les entreprises de services publics parce que celle-ci ne comporte pas d'éléments vraiment distinctifs, mis à part le cas où l'employeur est un gouvernement local. Il en est ainsi du résultat tout comme de la négociation collective dans les services publics, qui sont soumis au régime général du *Code du travail*, sauf la question du maintien des services essentiels (**IV-219**). Il en va autrement cependant du secteur et des sous-secteurs publics, où la convention collective soulève de multiples questions fort intéressantes et parfois même, intrigantes. D'ailleurs, il est normal qu'il en soit ainsi, alors que la détermination des acteurs ou des auteurs demande la mise en place d'un système assez complexe (**IV-205**), que son élaboration se réalise selon un processus étagé peu simple et qu'il subsiste une distorsion entre le modèle officiel énoncé par la loi et le processus réellement retenu (**IV-224**). Après avoir mis en relief le particularisme de ce résultat, la convention collective dans les secteur et sous-secteurs publics, nous voyons comment elle est appliquée, qui en a charge ou dans quelle mesure les négociateurs laissent la place aux gestionnaires.

IV-229 — *Particularisme de la convention collective* — Puisque les dispositions générales du *Code du travail* s'appliquent aux secteur et sous-secteurs publics, sous réserve des dispositions particulières inconciliables (**IV-203**), il en va ainsi des conventions collectives qui leur sont applicables. C'est dire que ces dernières sont soumises notamment aux articles 62 C.t. (contenu), 64 C.t. (survie de la convention), 67 C.t. (salariés liés) et 72 C.t. (effet de l'acte collectif). Il convient, croyons-nous, de voir distinctement les conventions collectives applicables à la fonction publique et aux organismes gouvernementaux et celles résultant du faisceau de réseaux aménagés dans les sous-secteurs publics de l'éducation et de la santé. Dans ces deux derniers cas, nous savons que les conventions collectives résultent en partie de la négociation nationale et sectorielle puis d'ententes et d'arrangements locaux et régionaux (**IV-224**). Il nous faut souligner les règles servant à l'harmonisation de ces diverses composantes puisque dans un milieu de travail donné, l'employeur et le syndicat doivent les appliquer dans leur entière intégralité, sans égard à leur source, au profit d'un même groupe de salariés et par la voie des mêmes gestionnaires[791]. Ainsi faut-il connaître les règles qui fournissent quelques éléments de réponse aux questions suivantes :

— Qui peut conclure officiellement pareille convention collective ?

— Quelle est la durée de la convention collective dans ces sous-secteurs publics ?

— Dans le cas où il y a conflit entre les diverses composantes de ces conventions collectives, comment les réconcilier ?

— Puisque l'application concrète de la convention collective suppose une intervention quotidienne dans chaque lieu de travail, les négociateurs laissent-ils la place aux gestionnaires et alors, la convention collective échappe-t-elle aux premiers ?

À ces fins, il existe un principe général et essentiel qui préside à l'élaboration et à l'aménagement de la convention collective : la règle dite de l'unicité. Malgré les multiples sources normatives possibles, bien que le régime du travail puisse être arrêté à la fois par entente et décrets intersectoriels, entente nationale, entente locale et arrangement local ou encore, sentence arbitrale

---

791. Un enseignant, une infirmière, un technicien de laboratoire ne peuvent avoir droit à un congé annuel dont le paiement de la rémunération ne coïnciderait pas avec les modalités relatives au départ, à la durée du congé, ni au salaire habituel du bénéficiaire. Il ne s'agit que d'une simple illustration de la nécessaire cohérence pratique que l'on doit trouver dans chacune de ces conventions collectives, malgré la multiplicité possible de leurs sources et auteurs.

(art. 67 et 68 Loi C-12), l'ensemble de ces pièces constitue la convention collective, et la seule dans un même lieu de travail. Cette règle de l'unicité de la convention collective est rappelée à maintes reprises. Elle est énoncée à l'article 111.6 C.t. et reprise d'une façon fort claire aux articles 25, 44, 52 et 56 Loi C-12 qui ne traitent que de composantes intégrées en un seul tout, « la convention collective ». Si elle s'imposait pour des considérations pratiques et juridiques, il faut reconnaître que l'harmonisation et la cohérence de l'acte, sur le strict plan juridique, ne constituent pas une évidence. La possibilité de conflit de droit n'a d'ailleurs pas échappé au législateur qui fournit quelques éléments de solution ou d'harmonisation (**IV-231, 233**).

IV-230 — *Signataires de la convention* — Qui peut conclure valablement l'entente nationale et l'entente ou l'arrangement local ? La Loi C-12 précise, dans chaque cas, que le pouvoir de lier les mêmes employeurs et les mêmes salariés relève des interlocuteurs désignés à chacun de ces niveaux (art. 34, 41, 52, 59 Loi C-12). Par ailleurs, la durée respective de ces différents actes peut ne pas être la même.

i) *Pour les ententes nationales concernant l'éducation et la santé* : Leur durée n'est pas précisée à la Loi C-12, ce qui signifie que l'on appliquerait les règles générales du *Code du travail*, notamment les articles 65 et 66, sauf qu'elle ne peut excéder trois ans (art. 111.1 C.t.) (**IV-203**).

ii) *Les ententes et arrangements locaux* : Ils ne sont pas également soumis à une durée particulière, bien qu'ils cessent d'avoir effet par l'arrivée d'une nouvelle entente nationale (art. 73 Loi C-12). Dans les cas de réarrangements en modification, de remplacement ou de complément de l'entente nationale, la durée devrait être de deux ans, sauf si les parties locales décident de les remplacer avant terme (art. 61, al. 2, Loi C-12). Bien qu'elles soient les composantes d'un même tout, la survie des modalités des ententes locales est garantie à l'article 59 de la Loi C-12 et aussi à l'article 111.6, alinéa 3, C.t. L'article 51 de la Loi C-12 assure également le maintien des conditions de travail résultant d'une entente nationale jusqu'à ce qu'elle soit remplacée par l'entente subséquente. À l'instar de l'article 59 C.t., l'article 111.6, alinéa 2, C.t. précise cependant que la convention collective, à titre d'acte juridique formel, expire à la fin du terme de sa composante nationale, bien que ses effets se prolongent[792].

Devant ces diverses règles, on peut bien comprendre qu'il soit possible que certains gestionnaires du syndicat ou de l'employeur éprouvent quelques difficultés à respecter ce mélange conventionnel hétéroclite.

---

792. Cette question est importante, notamment pour déterminer le moment de reprise de la négociation collective (art. 111.6 C.t.) et de la période pour la présentation de toute requête relative à l'accréditation (art. 111.3 et 111.4 C.t.).

IV-231 — *Ordre prioritaire préétabli* — Pour permettre la diversité dans l'unicité et faciliter par la suite l'harmonisation des dispositions convention-nelles, un certain ordre prioritaire fut établi entre ces composantes.

i) Au sujet des salaires et échelles de salaires, seule l'entente nationale ou le décret peut lier les employeurs des sous-secteurs de l'éducation et de la santé (art. 25, 52, 56 Loi C-12)[793]. Toute entente locale tou-chant les questions des salaires et des échelles de salaires serait, à notre avis, sans valeur, sauf si elle était expressément entérinée par le Conseil du trésor.

ii) Toutes les autres conditions de travail sont du ressort des sous-secteurs (art. 44 Loi C-12), sauf les éléments spécialement réservés (art. 58, al. 1, Loi C-12) ou concédés par les parties au niveau local (art. 57, 58, al. 2, 70, al. 2, Loi C-12) (**IV-224**). Cette façon de répartir la matière indi-que bien qu'en cas de conflit entre les règles de l'un de ces niveaux, il faudrait d'abord déterminer si la disposition locale s'autorise vraiment d'une attribution régulièrement faite avant même de tenter d'harmoni-ser ces règles. Si le conflit subsiste, les articles 67 et 72 de la Loi C-12 tranchent en faveur de la disposition nationale, dont la portée normale serait autrement modifiée par l'effet de la modalité locale. Les parties locales doivent alors s'entendre au sujet du remplacement de leur dis-position ainsi annulée et, à défaut, la substitution serait confiée à un arbitre (art. 68, al. 2, Loi C-12) (**IV-214**). Cette dernière solution ne vaudrait que pour l'entente locale et non pour un arrangement (art. 72 Loi C-12).

iii) Dans le cas des organismes gouvernementaux, la négociation étant effectuée entièrement par les mêmes parties, la convention collective comprend l'ensemble des dispositions, tout comme c'est le cas dans le secteur privé (**IV-221**). Il est possible cependant que l'on puisse y pré-voir la réouverture de la négociation durant son terme (art. 107 C.t.) ou qu'elle soit complétée aussi par la voie d'annexes (art. 72 C.t.).

iv) La convention collective négociée dans chaque unité d'accréditation de la fonction publique est également formée d'un seul acte et non d'un composite. De plus, l'article 70 de la *Loi sur la fonction publique* accorderait même priorité à la règle conventionnelle sur les dispositions de la *Loi sur la fonction publique* :

> Les fonctionnaires sont régis par les dispositions de la conven-tion collective qui leur sont applicables ou, à défaut de telles

---

793. Nous ne tenons pas compte du modèle formel relatif à la négociation salariale retenu aux articles 52 à 56 Loi C-12 puisqu'il fut toujours écarté depuis 1986 (**IV-223**).

dispositions dans une telle convention collective, par les dispositions de la présente loi[794].

IV-232 — *Employeur et syndicat liés* — Ces conventions collectives composites ou homogènes lient respectivement l'employeur et le syndicat accrédité visés dans chacune des unités d'accréditation que peut comprendre l'aire de négociation (**IV-205**). La conjugaison des articles 67 et 111.6, alinéa 1, C.t. et des articles 25, 34, alinéa 2, 41, 56 et 74 Loi C-12 ne permet guère de douter de cet effet juridique annoncé puis imposé. Malgré l'élaboration parfois lointaine de certaines dispositions importantes, la convention collective lie alors l'employeur et le syndicat accrédité comme si ces derniers l'avaient eux-mêmes conclue. Il leur incombe dorénavant d'en assurer l'application immédiate et entière. Deux raisons principales peuvent justifier ce retour au point de départ, c'est-à-dire à l'unité d'accréditation pour la gestion pratique de la convention collective[795].

i) Quelle que soit la voie empruntée pour l'élaboration de la convention collective, il s'agit d'établir le régime de travail applicable à des salariés déterminés et travaillant sous la direction de gestionnaires. À cette fin, l'employeur demeure toujours l'hôpital, le collège, la commission scolaire, etc. (**IV-210**). C'est à ce niveau que se situe la responsabilité de la gestion du personnel et l'application courante de la convention collective. Les implications immédiates de la convention collective demeurent à ce même niveau, tant pour les gestionnaires que pour les salariés et leur syndicat.

ii) Sur le plan juridique, il est plus commode et plus simple d'assimiler ou de réduire l'entente nationale à une convention collective au sens du *Code du travail*. De cette façon, le régime juridique général de la convention collective arrêté par le *Code du travail* s'applique : une seule convention (art. 67 C.t.), la prohibition de la grève durant son terme (art. 58, 107 C.t.), l'arbitrage obligatoire et final des griefs (art. 100 et 101 C.t.), etc. De plus, le syndicat accrédité pour chacune de ces unités conserve les mêmes droits et obligations : l'article 47 C.t. (retenue des cotisations syndicales), l'article 47.3 C.t. (la juste représentation), l'article 69 C.t. (l'initiative des recours) et l'article 100 et suivants C.t. (l'arbitrage obligatoire des griefs).

Le retour à l'unité d'accréditation dès la conclusion de la convention n'engendre nullement une brisure totale des structures nationales de regroupement

---

794. L'article 33 L.F.P. est au même effet. L'énoncé comprend une importante réserve : « À moins qu'une convention collective de travail n'attribue en ces matières une juridiction à une autre instance, [...] ». Le législateur écarte ainsi l'ordre hiérarchique formel des sources (**I-22, 91, 107, al. IV, VIII**).

795. Ce régime de négociation collective aménagé pour le secteur public ne s'applique que dans les milieux où un syndicat est préalablement accrédité (**IV-206**) : en dehors de ces lieux prédéterminés, la convention collective n'a pas de prise.

ni un arrêt complet d'intervention des parties à ce même niveau. Des liens subsistent, dont certains sont assurés par les conventions collectives que les parties ont elles-mêmes élaborées, et d'autres proviennent de la dépendance financière et structurelle des employeurs et aussi, des effets d'entraînement qui résultent de l'administration de la même convention collective dans ces multiples unités d'accréditation. Parfois, les parties au niveau national prévoient expressément la continuité de leurs rapports dans le but d'effectuer, par exemple, des études conjointes portant sur des points d'intérêt commun (art. 44 Loi C-12). Ces interventions des parties au niveau national se manifestent particulièrement à l'occasion de l'arbitrage des griefs[796]. On ne saurait être surpris du maintien de ces liens puisque certaines dispositions de ces conventions collectives dépassent largement le cadre d'une simple unité d'accréditation et supposent des mécanismes et une capacité administrative ou financière d'intervention qui puisse tenir compte de l'ensemble d'un sous-secteur public. Il peut en être ainsi des régimes ou programmes de sécurité d'emploi, de formation professionnelle, d'accès à l'égalité, de retraite, etc. À ces fins, il est nécessaire et utile que la négociation et l'administration de régimes aménagés dans la convention collective demeurent, du moins pour une partie, au niveau des regroupements aménagés pour la négociation ou qu'elles soient confiées directement ou conjointement à un ministère.

IV-233 — *L'arbitrage de griefs* — L'application concrète des multiples composantes de la convention collective dans les secteur et sous-secteurs publics peut donner prise à des difficultés particulières parce que salariés, syndicats et gestionnaires ne font pas toujours la même lecture du texte, pouvant le comprendre différemment ou y voir ce qui les conforterait plutôt que ce qui est réellement écrit. Cette difficulté de transposer ensemble et de la même manière une disposition écrite en une application concrète n'est guère surprenante, et ce fait ignore la frontière qui distingue le secteur public du secteur privé (**IV-174**). Si les mêmes facteurs fondamentaux, au-delà des secteurs et des milieux, permettent d'appréhender un certain nombre de mésententes entre les gestionnaires syndicaux et patronaux de la convention collective, il existe, dans plusieurs milieux publics, d'autres causes qui accentuent ce risque. Ne s'agit-il pas de lieux de travail généralement soumis à une réglementation assez dense, où les gestionnaires sont placés selon un ordre hiérarchique pyramidal et dont le langage incisif et à sens unique propre à la directive est assez usité ? De plus, dans de multiples services publics, les salariés eux-mêmes doivent voir à l'application ou au contrôle de règlements auprès des usagers, et cette pratique peut les inciter à retenir pareille lecture

---

796. Ces conventions collectives établissent que les centrales syndicales et les ministères cosignataires peuvent intervenir dans le cadre du processus arbitral, soit pour établir le type d'arbitrage à retenir, soit pour constituer un arbitrage pilote, soit encore pour faire valoir des aspects d'intérêt sectoriel.

des textes conventionnels. Ces quelques éléments permettent d'entrevoir une plus forte possibilité de conflit entre les règles conventionnelles et les règles étatiques et aussi, en raison de l'attitude ou de l'approche que les agents en présence peuvent adopter par mimétisme ou déformation professionnelle[797]. Ces difficultés de transposition concrète de la convention collective que l'on qualifie de griefs (**IV-181**) ne peuvent normalement être tranchées par décision unilatérale d'une partie, même si l'une d'elles est le gouvernement. En acceptant le statut d'employeur, en se soumettant à un régime de rapports collectifs du travail, l'État ne peut, en cours de route et à la moindre occasion favorable, revenir au système unilatéral[798]. Aucune disposition ne précise d'une façon particulière, soit au *Code du travail*, soit à la Loi C-12, comment et qui peut trancher ces griefs, ce qui signifie que l'on s'en remet aux règles générales du *Code du travail* (art. 100 et suiv.) (**IV-203**). Dans les milieux publics, il y aurait grief dès que subsiste une réelle mésentente entre les parties locales (unité d'accréditation) au sujet du sens, de la portée, de l'application ou de la violation d'une modalité de la convention collective et que l'une d'elles entend qu'elle soit résolue par voie d'autorité. Par ailleurs, les effets d'entraînement d'une sentence arbitrale sur l'ensemble d'un réseau (fonction publique, éducation ou santé) sont si imminents en raison de la similitude des situations qui existent d'un milieu de travail à un autre, de la nature de certains régimes qui dépassent les cadres d'une seule unité d'accréditation et des effets possibles des sentences arbitrales sur la négociation de la prochaine convention collective, que les parties au niveau national participent activement au traitement arbitral des griefs provenant de la multitude d'unités d'accréditation qu'elles regroupent (**IV-231**). À ces fins, les sous-secteurs de l'éducation et de la santé ont respectivement constitué un greffe où sont canalisées les démarches du processus arbitral : les griefs y sont déposés, les représentants des parties y établissent ensemble leur ordre de présentation à l'arbitrage, l'assignation des arbitres y est faite et les sentences arbitrales y sont déposées, puis publiées à l'intention de tous les gestionnaires du même réseau.

IV-234 — *Modalités particulières* — Si les règles générales relatives à l'arbitrage des griefs s'appliquent (**IV-174 et suiv.**), il existe quelques modalités particulières à certains sous-secteurs publics. Dans le cas du sous-secteur de l'éducation, la *Loi sur l'instruction publique* reconnaît le pouvoir de contrôle de l'arbitre de griefs à l'égard des décisions des commissions scolaires

---

797. Du gouvernement au chef de service, on communique par règles de droit : loi, règlement, décret, directive, note de service, etc. De plus, la description des services à fournir au public est généralement articulée par voie de lois et de règlements.

798. Si l'interprétation de l'employeur devait prévaloir, la convention collective perdrait alors toute autorité juridique pour devenir un simple cahier de doléances, de propositions et un guide.

concernant le renvoi des enseignants. En confiant ce genre d'affaire à un même organe de contrôle, on évite des conflits d'ordre juridictionnel autrement incontournables. Dans le cas de la fonction publique, la compétence juridictionnelle de l'arbitre peut être quelque peu limitée en raison de la présence des autres organismes habilités à trancher d'autorité et souvent d'une façon exclusive, certaines questions : l'Office du recrutement et de la sélection du personnel, la Commission de la fonction publique, le Conseil du trésor, etc. À la Sûreté du Québec le contrat collectif de travail qui tient lieu de convention collective (**IV-222**) peut faire l'objet d'une négociation quasi continue. De plus, le comité conjoint permanent qui l'élabore a réellement le pouvoir « de décider des griefs qui naissent de l'application d'un tel contrat de travail » et les décisions prises à ce dernier niveau lient les parties[799]. À défaut d'entente du comité conjoint pour trancher ces griefs, les parties peuvent les soumettre à un arbitre dont le nom apparaît dans la liste visée à l'article 77 C.t. Si la *Loi sur la fonction publique* précise une procédure particulière pour le règlement des différends dans le cas des agents de la paix (art. 71 à 76 Loi C-12), aucune disposition ne fait état expressément de la question de leurs griefs. Ce silence signifie, croyons-nous, que les règles du régime général concernant l'arbitrage s'appliquent (art. 100 et suiv. C.t.) (**IV-203**). Si l'article 72, alinéa 2, L.F.P. reconnaît que le comité conjoint « exerce toute autre fonction que les parties peuvent convenir de lui confier », il nous paraît impossible d'y déceler une dérogation indirecte à l'obligation de l'article 100 C.t. D'ailleurs, les parties n'auraient pas, du moins à notre avis, l'autorité pour confier pareil mandat à ce comité paritaire. Il est vrai cependant que les recommandations du comité paritaire peuvent contenir une procédure pour tenter de régler, à ce premier niveau, toutes difficultés d'interprétation et d'application de leur convention collective, processus que l'on retrouve d'ailleurs dans toute autre convention collective. De telles modalités conventionnelles peuvent certes réduire considérablement le contentieux, mais le procédé ne peut remplacer totalement le recours à l'arbitrage pour trancher d'autorité les griefs qui subsistent. La raison historique qui justifie l'arbitrage obligatoire de tout grief selon l'article 100 C.t. vaut d'autant plus dans le cas des agents de la paix que ces derniers n'ont jamais le droit de faire grève (art. 64, al. 4, L.F.P.) (**IV-222**).

IV-235 — *L'intertextualité* **—** Outre l'application des règles générales ayant trait à l'arbitrage, soit les articles 100 et suivants C.t., il est évident que les parties des divers sous-secteurs publics et l'arbitre de griefs agissent dans un contexte juridique bien particulier. Pourraient-ils ne pas tenir compte, selon les cas, des droits, obligations et statuts propres aux fonctionnaires et personnel assimilé, notamment aux articles 4 à 31 L.F.P.[800], ou des droits et obligations fort détaillés à la *Loi sur l'instruction publique* au sujet de l'engagement

---

799. *Loi sur le régime syndical applicable à la Sûreté du Québec*, art. 8 d) et 12.
800. *Procureur général de la province de Québec* c. *Labrecque*, précité, note 757.

ou du renvoi des enseignants[801] ? Si l'arbitre doit tenir compte des autres lois pour interpréter et appliquer la convention collective, l'inverse est également vrai : les tribunaux comme les arbitres ne sauraient ignorer les engagements conventionnels pris par l'État et qui constituent parfois des renonciations à l'exercice unilatéral de certaines prérogatives. Cette question fut particulièrement traitée dans une affaire de la Nouvelle-Écosse où le juge en chef Laskin tranchait ainsi la question des préséances :

> Le droit est allé loin dans l'établissement d'une égalité relative de situation juridique entre la Couronne et les personnes avec qui elle traite, trop loin à mon avis pour justifier le retour à un anachronisme[802].

Finalement, il nous faudrait savoir si une sentence arbitrale en réponse à un grief lie non seulement l'employeur local et le syndicat accrédité, mais également l'ensemble des employeurs et des syndicats pareillement liés à cette même convention collective d'un sous-secteur donné. Outre la communauté des sources, des auteurs, des structures et des activités, ne pourrions-nous pas, sur le plan juridique, s'autoriser de l'affaire *Northcott* pour soutenir que cette sentence arbitrale vaut à l'égard de tout salarié placé en pareille situation et assujetti à la même convention collective[803] ? Il ne semble pas que l'on puisse aussi facilement remonter à contre-courant de l'unité d'accréditation à l'aire de négociation au moment de l'administration de la convention collective, ce qui serait néanmoins logique, du moins pour établir la portée d'une sentence arbitrale. En effet, la Cour suprême du Canada statua qu'une sentence arbitrale d'interprétation fondée sur une convention collective liant à la fois un ensemble de collèges et un même syndicat, ne valait que pour l'employeur local et le syndicat accrédité du lieu d'où provenait le grief[804].

---

801. *Lemieux Bélanger* c. *Commissaires d'écoles pour la municipalité de St-Gervais*, [1970] R.C.S. 948. La Cour suprême du Canada refusa une interprétation restrictive du droit à l'arbitrage fondé sur les prérogatives d'une commission scolaire, approche qu'avait auparavant retenue la Cour d'appel.

802. *Association des employés du gouvernement de la Nouvelle-Écosse* c. *Commission de la fonction publique de la Nouvelle-Écosse*, précité, note 757, p. 222; *Durham Regional Police Association* c. *Durham Regional Board of Commissioners of Police*, précité, note 471; *Langlois* c. *Ministère de la Justice du gouvernement du Québec*, [1984] 1 R.C.S. 472.

803. *Hamilton Street Railway Company* c. *Northcott*, précité, note 696; F. MORIN, *op. cit.*, note 70, p. 297. Bien que le grief présenté par le syndicat ne spécifiait pas les noms des salariés bénéficiaires, c'est-à-dire ceux qui pouvaient être dans une situation semblable à celle tranchée par l'arbitre, on reconnut que « these men have a point conclusively settled in their favour [...] » (p. 5). Cette position fut réitérée dans l'affaire *General Motors of Canada Ltd.* c. *Brunet*, précitée, note 696, p. 543.

804. *Isabelle* c. *Association des fonctionnaires provinciaux de l'Ontario*, précité, note 696. À la suite de la sentence arbitrale, le syndicat poursuivit les autres collèges non directement ni expressément visés à ce grief pour les contraindre à respecter la décision arbitrale en 1981. La Cour ne fit pas de renvoi ni de distinction au sujet de la décision *Northcott*, précitée, note 696.

Dans cette affaire, la Cour suprême semble avoir contenu à la seule fonction d'agent négociateur l'association patronale des collèges, mais sans qu'elle y soit elle-même liée. Pourrions-nous soutenir cette même proposition dans le cas des commissions scolaires, des collèges et des hôpitaux au Québec ? Si nous devions conclure autrement, c'est-à-dire écarter cet arrêt, compte tenu des structures mises en place et des fonctions dévolues expressément par la Loi C-12 à ces regroupements, ne nous faudrait-il pas alors reconnaître qu'une sentence arbitrale d'interprétation de la convention collective conclue, à titre d'exemple, par la fédération des collèges et rendue à l'occasion d'un grief soulevé dans un collège en particulier, lierait l'ensemble des collèges assujettis à cette même convention collective ? La logique favoriserait certes cet argument *a contrario* et peut-être est-ce par prudence que le juge en chef Laskin concluait, dans la décision *Isabelle* en ajoutant un bémol :

> Il n'existe dans le domaine de l'arbitrage en application d'une convention collective aucune hiérarchie des décisions et un conseil d'arbitrage n'est pas lié (à moins que la convention ou la loi ne le stipule) par la sentence rendue ou par l'interprétation particulière donnée par un autre conseil qui a déjà statué sur une question du même ordre[805].

Cette dernière précision ne traite pas de l'effet premier de la sentence arbitrale à l'égard de l'ensemble des « sujets » de la convention collective ainsi interprétée! Quoi qu'il en soit de cette approche juridique, il n'empêche que l'effet réel d'une sentence arbitrale auprès de l'ensemble des parties de l'aire de négociation subsiste et incite les gestionnaires à la prendre en considération dans la poursuite de leur gestion respective. Ainsi, les gestionnaires de ces conventions collectives doivent consulter les sentences arbitrales portant sur le même texte pour la prise de décision dans un grief similaire et s'interroger si un autre arbitre retiendrait plus ou moins la même solution. Pareille réflexion ne serait d'ailleurs qu'acte de prudence ou de simple logique!

IV-236 — *Autres dimensions* — Ce bref exposé sur le droit des rapports collectifs publics ne traite pas des nombreuses implications du droit administratif qui le pénètre et souvent, le conditionne. Il serait aussi fort utile d'étudier d'une façon plus soutenue le rôle du gouvernement en l'abordant plus directement à ce titre même pour mieux apprécier toutes ses composantes. L'État occupe à la fois tant de fonctions, dispose de tant de pouvoirs, de prérogatives et de titres que l'on ne saurait les ignorer pour qualifier et comprendre la fonction qui nous occupe au premier chef, celle d'employeur. En effet, cet employeur, soit le gouvernement, le premier ministre et ses ministres, n'est-il pas à la fois détenteur du pouvoir majoritaire à l'Assemblée nationale, agent

---

805. *Isabelle* c. *Association des fonctionnaires provinciaux de l'Ontario*, précité, note 696, p. 457.

actif sur le plan économique, gardien de la paix, intermédiaire pacificateur entre les syndicats et les entreprises privées, bailleur de fonds, contrôleur d'un grand nombre d'entreprises publiques et pourvoyeur des principaux services publics (**IV-218**) ? Comment ne peut-il pas être lié par sa propre jurisprudence, alors qu'il agit à la fois à titre de gardien de l'ordre à l'égard des services publics et de gouvernement employeur pour les établissements ? L'arrivée quasi continue de lois modifiant ou adaptant le régime des rapports collectifs dans ces milieux ainsi que les « accommodements » pratiques que l'on se permet créent un climat des plus incertains et souvent déstabilisateur[806]. Les parties et leurs négociateurs respectifs semblent agir sur une base fort instable, où l'équilibre n'est jamais assuré.

IV-237 — *Un dernier mot sur le thème* — Bien que le présent chapitre porte principalement sur les rapports collectifs du travail, nous ne traitons guère de la négociation collective en droit et, d'une certaine manière, il est bien qu'il en soit ainsi. En effet, s'il doit s'agir de la libre négociation collective, le droit et surtout les lois ne doivent pas être trop présents, du moins dans la mesure où chaque partie dispose de voies et de moyens suffisants pour bien faire valoir ses intérêts légitimes. Pour cette raison, nous nous limitons dans le chapitre 5 à souligner le cadre dans lequel les parties des services et secteur publics peuvent négocier. On constate d'ailleurs que les règles relatives au maintien des services essentiels sont à la fois nombreuses et rigoureuses et que nos propos portent plus sur les prohibitions et les conditions que sur la liberté d'action. Ces faisceaux de règles sont le reflet et rendent compte d'une difficulté endogène du système provenant à la fois de la quasi-« toute-puissance » d'une partie, l'État, de son devoir d'assurer aux citoyens les services fondamentaux auxquels ils ont droit et le maintien de la pérennité des institutions, et ce, tout en voulant exercer la fonction d'employeur vis-à-vis des syndicats représentant les collectivités de salariés voués à procurer ces mêmes services publics. Ces négociations collectives réalisées sur une toile de fond comprenant de multiples facteurs variables et incontinents ne peuvent produire des résultats satisfaisants pour les deux parties et provoquent trop souvent frustrations, méprises et abus. Au cours de 35 années d'expérience combien de fois :

— ces négociations collectives aboutirent-elles à l'Assemblée nationale pour se terminer à l'aide d'une loi dite « spéciale » ?

— les parties ont-elle cru nécessaire de faire porter le débat auprès des partis politiques et d'en faire inscrire l'enjeu à leur programme ?

— des usagers des services publics furent-ils privés de soins indispensables ?

---

806. À titre d'exemples entre plusieurs autres : *Loi concernant les conditions de travail dans le secteur public et le secteur municipal* (L.Q. 1993, c. 37); *Loi modifiant la Loi concernant les conditions de travail dans le secteur public et le secteur municipal* (L.Q. 1996, c. 82).

— les différends ainsi engendrés donnèrent lieu à des procès judiciaires longs, coûteux, frustrants et très souvent inutiles[807] ?

Pour ces raisons, l'éventuelle reconstruction du régime des rapports collectifs applicables aux secteur et sous-secteurs publics devrait tendre à un réel retour aux sources, c'est-à-dire aux établissements et institutions, aux syndicats locaux et aux gestionnaires, mais nullement par voie de délégation condescendante des centrales syndicales et du Conseil du trésor. Sans un tel retour, on ne saurait jamais tirer tout le suc d'un régime collectif de relations du travail, bien que l'on paie toujours un prix assez élevé et à haut risque politique pour le maintenir. Quoi qu'il en soit, toute éventuelle réforme législative réaménagerait certes le cadre, les tenants et les aboutissants, les paramètres et les règles de jugement, mais ne pourrait guère faire davantage. Telles sont les limites du droit. La véritable réforme, s'il en était une, se réaliserait plus « par à-coups », soit par la voie de la négociation collective et surtout, par un changement réel d'une *praxis*, délaissant ainsi quelques stéréotypes révolus. Si l'on refusait encore d'aborder la question avec une approche pragmatique, alors il nous faudrait reposer la question trop rapidement esquivée en 1965 : L'État peut-il vraiment se faire employeur au sens du *Code du travail* ?

---

807. À titre d'exemple, pensons à l'histoire de la *Loi assurant le maintien des services essentiels dans le secteur de la santé et des services sociaux*, L.Q. 1986, c. 74 : la question de la grande sévérité de la sanction imposée aux grévistes, soit la réduction proportionnelle de leur ancienneté respective et son inapplicabilité fonctionnelle, ne pouvait être valablement ni efficacement appréciée par voie judiciaire sans égard à la qualité des jugements prononcés par juges et arbitres. Il en était ainsi en raison de la nature même de la question litispendante; pas plus que l'on peut cueillir de l'eau à l'aide d'un tamis, les tribunaux ne pouvaient eux-mêmes dénoncer l'impasse. Seule une entente entre les parties put valablement faire le constat des dégâts de cette règle intempestive que le législateur dut rétracter pour tenir compte de faits concrets : *Loi concernant la restauration de l'ancienneté de certains salariés du secteur de la santé et des services sociaux*, L.Q. 1991, c. 40. La cour d'appel confirma néanmoins la validité de l'article 23 de la *Loi assurant le maintien des services essentiels dans le secteur de la santé et des services sociaux*. Voir : *Centrale de l'enseignement du Québec c. Procureur général du Québec*, [1998] R.J.Q. 2897 (C.A.).

Table des matières

TITRE V
LES CONTENTIEUX DE L'EMPLOI

CHAPITRE V-1
LES CONTRÔLES DE CERTAINES DÉCISIONS DE L'EMPLOYEUR

CHAPITRE V-2
LES TRIBUNAUX DE DROIT COMMUN ET LE DROIT DE L'EMPLOI

CHAPITRE V-3

CERTAINS RECOURS ADMINISTRATIFS ET LE CONTENTIEUX PÉNAL

Titre V

LES CONTENTIEUX DE L'EMPLOI

Introduction

V-1 — *Une approche unifiée* — L'emploi, sous ces multiples formes, est une des composantes fondamentales de la vie dans notre société. Il procure à chacun sa principale source de subsistance et demeure encore un moyen de valorisation personnelle et d'intégration sociale. La Cour suprême du Canada reconnaissait en ces termes l'importance de l'emploi : « L'emploi est une composante essentielle du sens de l'identité d'une personne, de sa valorisation et de son bien-être sur le plan émotionnel[1]. » Par ailleurs, cette relation d'emploi engendre un contentieux très particulier et relativement complexe en raison de la nature même des statuts respectifs des parties, des droits et des libertés sous-jacents (liberté de commerce, d'association, droit au travail, etc.) et des conséquences économiques qui découlent du maintien ou de la cessation de cette même relation. À ces fins, les décisions prises dans le cadre de la relation d'emploi peuvent faire l'objet de multiples recours puisant leurs sources dans diverses lois de l'emploi. Nous en faisons une présentation en regroupant ces divers recours sous ce seul titre, pour les quatre raisons qui suivent.

    i) L'importance quantitative de ces contentieux justifie leur analyse, de manière à pouvoir saisir la globalité du phénomène. Plusieurs milliers

---

1. *Renvoi relatif à la Public Service Employee Relations Act (Alb.)*, [1987] 1 R.C.S. 313, 368; *Rizzo & Rizzo Shoes Ltd. (Re)*, [1998] 1 R.C.S. 27.

de plaintes de toutes sortes sont déposées chaque année auprès de multiples instances spécialisées[2].

ii) Ce regroupement des recours s'imposait, à notre avis, en raison de leur mutuelle complémentarité. Règle générale, ils ne s'excluent pas les uns les autres et parfois, ils sont cumulatifs[3], ce qui permet de les analyser en parallèle.

iii) Ainsi rassemblés, il est plus facile de souligner leurs traits communs et de dégager leur particularisme respectif par voie comparative. À titre d'exemple, aucun délai uniforme n'existe en matière de prescription des recours ou encore, les pouvoirs de réparation du décideur peuvent considérablement varier en fonction du recours. Une analyse regroupée permet une vision plus cohérente et significative tout en évitant de bien lourds et fastidieux doublons.

iv) Cette approche plus systématique des contentieux fait mieux ressortir les droits, obligations et effets qui peuvent circonscrire les litiges que connaissent les parties, et nous pouvons ainsi mieux jauger les coups et contrecoups qu'elles peuvent ressentir.

V-2 — *La démarche* — Nous regroupons l'ensemble des contentieux de l'emploi en trois chapitres. Le premier porte sur le contentieux naissant de certaines décisions unilatérales prises par l'employeur. Ces recours visent à contrer quelques pratiques patronales que prohibent la *Loi sur les normes du travail*, le *Code du travail* et diverses autres lois de l'emploi[4]. Ainsi, les atteintes à la

---

2. À titre d'illustration, pour la période comprise entre 1986 et 1995, il y eut : 19 627 plaintes déposées à l'encontre d'un congédiement sans cause juste et suffisante (art. 124 L.N.T.); 14 554 plaintes à la C.S.S.T. contestant une sanction illégale (art. 32, 253 L.A.T.M.P. et 227 L.S.S.T.); 12 293 plaintes à la Commission des normes du travail portant sur des pratiques interdites (art. 122 et 123 L.N.T.) et 124 592 plaintes en matière pécuniaire (art. 98 et 99 L.N.T.). Voir : Jacques DESMARAIS, « Nouvelles pratiques et traitement des litiges en droit du travail au Québec : un panorama déconcertant », dans Katherine LIPPEL (dir.), *Nouvelles pratiques en gestion des litiges en droit social et du travail*, Actes de la 4e journée en droit social et du travail, Département des sciences juridiques, UQAM, Cowansville, Les Éditions Yvon Blais inc., 1994, p. 95.

3. À titre d'illustrations sur le cumul de plaintes, voir : *Giguère* c. *Kenworth du Canada, division de Paccar du Canada ltée*, [1990] R.J.Q. 2485 (C.A); *Joyal* c. *Hôpital du Christ-Roi*, [1997] R.J.Q. 38 (C.A.); *Commission scolaire Chomedey de Laval* c. *Dubé*, D.T.E. 97T-457 (C.A.); *Provost* c. *Hakim*, D.T.E. 97T-1315 (C.A.).

4. *Charte de la langue française*, L.R.Q., c. C-11; *Loi sur les heures et les jours d'admission dans les établissements commerciaux*, L.R.Q., c. H-2.1; *Loi sur les jurés*, L.R.Q., c. J-2; *Loi sur les décrets de convention collective*, L.R.Q., c. D-2; *Loi sur les tribunaux judiciaires*, L.R.Q., c. T-16; *Loi sur les relations du travail, la formation professionnelle et la gestion de la main-d'œuvre dans l'industrie de la construction*, L.R.Q., c. R-20; *Loi électorale*, L.R.Q., c. E-3.3; *Loi sur les élections et les référendums dans les municipalités*, L.R.Q., c. E-2.2; *Loi sur les élections scolaires*, L.R.Q., c. E-2.3; *Loi sur la fête nationale*, L.R.Q. c. F-1.1; *Loi sur*

liberté syndicale ou à certains droits protégés et les recours qui en découlent en font l'objet. Finalement, le contrôle exercé à la suite d'un renvoi imposé par l'employeur complète ce premier chapitre (art. 124 L.N.T.). Le second chapitre vise à harmoniser les différents recours pouvant s'exercer auprès des tribunaux de droit commun, qu'il s'agisse de réclamations pécuniaires découlant du *Code civil du Québec* ou de diverses lois de l'emploi. On y voit également les mesures de protection du salarié à l'encontre de ses créanciers et particulièrement les règles visant la perception systématique des pensions alimentaires. Le contrôle exercé par les tribunaux judiciaires à l'endroit des décisions des tribunaux spécialisés y est étudié, de même que les recours au jugement déclaratoire, à l'injonction et à l'outrage au tribunal. Le dernier chapitre porte sur certains recours administratifs et sur le contentieux pénal. Ainsi, nous présentons les règles relatives au contentieux en matière des renseignements personnels, soit les recours à la Commission d'accès à l'information. Nous analysons l'obligation faite au syndicat d'offrir une juste et loyale représentation aux salariés qu'il se doit de protéger. Nous abordons également la procédure applicable devant la Commission des droits de la personne et des droits de la jeunesse et le processus décisionnel en matière d'accidents du travail ainsi que de santé et de sécurité au travail. Puis, finalement, ce chapitre offre une vue panoramique des recours de nature pénale découlant de diverses lois de l'emploi. Il s'agit d'une présentation schématisée des recours, de la procédure et des pénalités qui peuvent être imposées à titre de sanctions pour certaines prohibitions.

V-3 — *Mise en garde* — L'approche retenue est à la fois descriptive, analytique et critique. Nous croyons que la seule connaissance des règles propres à chacun des recours ne pouvait suffire et qu'il fallait aussi pouvoir dégager le substrat des règles de droit propres à chacun des contentieux de l'emploi. Bien évidemment, ce projet embrasse un champ immense; aussi, notre présentation ne peut-elle être que parcellaire. Ainsi, ne pouvant effectuer une analyse systématique de la jurisprudence dans tous ces domaines, nous ne retenons que certaines décisions. De tels choix ne sont pas neutres, mais ils ont l'avantage de ne pas trop alourdir la présentation et permettent ainsi d'éviter certaines épreuves au lecteur. Pour chacun des recours étudiés, nous nous référons à quelques ouvrages spécialisés, qui nous servent, en quelque sorte, de solides relais. Cette analyse du contentieux à forte teneur procédurale est présentée sans vouloir inverser l'ordre des valeurs en droit, comme le soulignait le juge Baudoin :

> [...] La procédure doit être non la maîtresse mais la servante de la justice. Servante, je veux bien, mais la servante doit aussi, comme la maîtresse, être fidèle au droit[5].

---

la protection des personnes et des biens en cas de sinistre, L.R.Q., c. P-38.1 ; *Loi sur l'équité salariale*, L.R.Q., c. E.001 ; *Loi sur les accidents du travail et les maladies professionnelles*, L.R.Q., c. A-3.001 ; *Loi sur la santé et la sécurité du travail*, L.R.Q., c. S-2.1 (**V-18**).

5. *Nobert* c. *Lavoie*, [1990] R.J.Q. 55, 59 (C.A.).

CHAPITRE V-1

LES CONTRÔLES DE CERTAINES DÉCISIONS DE L'EMPLOYEUR

———

V-4 — *Objet de l'étude* — Ce premier chapitre traite des contentieux résultant de quelques décisions prises unilatéralement par l'employeur. Afin de rendre effectifs certains droits et libertés reconnus par la loi (liberté syndicale, respect de la personne, égalité de traitement, etc.), le législateur institua plusieurs recours permettant l'exercice d'un contrôle de la qualité des décisions prises par l'employeur. L'étude de ces recours complète les analyses portant sur ces mêmes droits et libertés présentés aux titres précédents[6]. L'appréciation de la qualité de ces différentes mesures de protection permet de jauger la qualité et l'efficience des droits et libertés affirmés par la législation de l'emploi. Tel est l'objectif même du présent chapitre. La première des cinq sections porte sur les mesures de protection de la liberté syndicale, à savoir comment et par quel mécanisme le *Code criminel* et le *Code du travail* préservent l'exercice de cette liberté fondamentale (**IV-17 et suiv.**). Nous en traitons en tout premier lieu puisqu'il s'agit d'un recours repère auquel plusieurs lois de l'emploi se réfèrent par mimétisme (**V-18**). La seconde section traite des recours visant à protéger l'exercice de droits spécifiques consacrés dans plusieurs lois de l'emploi. Les troisième et quatrième sections abordent quelques pratiques expressément interdites à l'employeur. Ainsi, les mécanismes de contrôle de protection de la *Loi sur les normes du travail* y sont précisés (art. 122 et 123 L.N.T.), de même que ceux articulés au *Code du travail*

———

6. À titre d'exemples, voir : la liberté syndicale (**IV-17 et suiv.**); la protection de l'emploi en vertu de la *Loi sur les normes du travail* (**III-218**); la *Loi sur les décrets de convention collective* (**III-516**); et la résiliation du contrat de travail (**II-167 et suiv.**).

au sujet de l'ingérence de l'employeur dans la régie interne d'un syndicat de salariés, l'intimidation faite pour empêcher un salarié d'adhérer à tel ou tel syndicat (art. 12, 13 et 14 C.t.) ou l'y contraindre. La dernière section porte sur les mesures de contrôle de la qualité des motifs de l'employeur pour imposer le renvoi d'un salarié (art. 124 L.N.T.).

Section 1.1
La protection de la liberté syndicale

———

V-5 — *La liberté syndicale* — Il ne suffit pas de prétendre à un droit pour en disposer; il faut, le cas échéant, en faire la preuve, et il en va de même de la liberté syndicale. On ne saurait se limiter à l'affirmer et à la proclamer, le salarié qui en est injustement privé doit pouvoir, sans trop de frais, exercer un recours protecteur qui soit vraiment efficace[7]. Si, en adhérant à un syndicat, un salarié risque de perdre son emploi, ou si parce qu'il est syndiqué, on lui refuse un emploi pour l'offrir à un autre salarié, la liberté syndicale demeure alors au simple niveau de la proclamation formelle (**IV-17 et suiv.**). Si le prix doit finalement en être l'emploi, on peut vite comprendre que le salarié ne pourrait exercer véritablement sa liberté syndicale. En tenant compte de la situation économique précise du salarié et d'une commune connaissance de certaines pratiques dans ce domaine, des mesures facilitant l'exercice réel de la liberté syndicale s'imposaient. Ces mécanismes de protection devaient décourager, si possible, l'exercice de contraintes extérieures susceptibles de priver un salarié de l'exercice de son droit de se syndiquer si tel est son désir. Compte tenu de la nature de semblables pressions que le salarié peut subir, ces moyens sont donnés principalement au *Code criminel* et au *Code du travail*[8].

V-6 — *La voie criminelle* — Une première mesure légale de protection de cette liberté syndicale se trouve à l'article 425 C.cr. (**I-27; IV-18**):

———

7. En cette matière, la rapidité du processus est essentielle en raison de l'état de vulnérabilité dans lequel se trouve le salarié.
8. La liberté syndicale prend également appui sur la *Charte des droits et libertés de la personne*, L.R.Q., c. C-12 (**IV-18**).

Est coupable d'une infraction punissable sur déclaration de culpabilité par procédure sommaire quiconque, étant un employeur ou
l'agent d'un employeur, injustement et sans autorisation légitime,
selon le cas :

a) refuse d'employer ou congédie une personne pour la seule raison que la personne est membre d'un syndicat ouvrier légitime ou d'une association ou alliance légitime d'ouvriers ou
d'employés formée pour l'avancement licite de leurs intérêts
et organisée pour les protéger dans la réglementation des salaires et des conditions de travail;

b) cherche par l'intimidation, par la menace de la perte d'une
situation ou d'un emploi, ou en causant la perte réelle d'une
situation ou d'un emploi, ou par la menace ou l'imposition
d'une peine pécuniaire, à contraindre des ouvriers ou
employés de s'abstenir d'être membres d'un syndicat ouvrier
ou d'une association ou alliance à laquelle ils ont légitimement
droit d'appartenir;

c) complote, se coalise, conclut une convention ou s'entend avec
un autre employeur ou son agent pour accomplir l'un des actes
mentionnés à l'alinéa a) ou b).

Cette disposition fit à l'origine l'objet de longs et coriaces débats[9].
Aussi, conserve-t-elle encore aujourd'hui une dimension historique de première importance. Il s'agissait alors d'une intervention majeure, directe et précise de l'État dans un domaine privilégié de l'entreprise privée, soit la libre
embauche de salariés et l'entière liberté de gestion du chef d'entreprise[10].
D'un point de vue social, l'État prend position et criminalise une pratique qui
avait régulièrement cours au siècle passé. Cette déclaration de principe eut très
certainement un effet dissuasif auprès de bien des employeurs.

V-7 — *Limites du recours* — Malgré le ton impératif de cette disposition au
Code criminel, malgré la nature de cette prohibition et la gravité des pénalités
dont elle est assortie, on constate que syndicats et salariés n'y font guère appel[11].
L'usage limité de cette mesure protectrice donnée au *Code criminel* résulterait :

---

9. *Société Brand Clothes Ltd.* c. *R.*, [1942] B.R. 535; *R.* c. *Lupovitch*, [1947] 91 C.C.C. 76
(C.S.P.); *R.* c. *J. Alepin Frères ltée*, [1965] R.C.S. 359.

10. Cette disposition illustre les contraintes qui résultent de l'instauration de garanties légales
d'exercice d'une liberté publique. Un choix doit alors être arrêté entre l'exercice positif ou
négatif d'une liberté particulière et les limites qui doivent être apportées à l'exercice des
autres libertés susceptibles autrement de gêner l'exercice de celle que l'on entend privilégier, si c'est vraiment ce que l'on désire. Un cas patent est donné à l'arrêt *Slaight Communications Inc.* c. *Davidson*, [1989] 1 R.C.S. 1038, que nous commentons dans Fernand
MORIN, « Liberté d'expression et droit au travail », (1989) 44 *Rel. Ind.* 921.

11. Aucune décision récente rapportée ne traite de cette disposition.

— des difficultés inhérentes à la preuve et à la procédure alors applicables pour établir l'infraction : on exige l'administration d'une preuve « hors de tout doute raisonnable » pour renverser la présomption d'innocence de l'employeur;

— de la durée nécessaire pour entreprendre et mener à terme une pareille aventure judiciaire et du nombre possible d'accidents de parcours durant un tel procès;

— des effets limités et non curatifs des sanctions susceptibles d'être imposées à l'employeur alors que le préjudice causé aux salariés demeure[12].

Par ailleurs, il est possible que la seule présence de l'article 425 C.cr. produise encore quelques effets préventifs auprès de certains employeurs. Un procès sous un tel chef ternit sans aucun doute l'image de « l'entreprise citoyenne ». Pour cette raison, une telle disposition doit demeurer pour servir de phare lointain à la conduite de tous et ainsi, éviter un retour à une époque non si éloignée où les capitaines d'industrie étaient rois et maîtres.

V-8 — *Le* Code du travail — Il existe cependant un mécanisme assurant une protection plus directe et plus concrète, qui est élaboré aux articles 15 à 19 du *Code du travail*. En 1959, le législateur mettait en place ce dispositif pour protéger le salarié dans l'exercice des droits qui lui sont conférés par le *Code du travail*[13]. Pour mieux analyser certaines questions particulières rattachées à ces mesures, il convient d'en donner de nouveau un aperçu général afin de mieux saisir leur véritable portée **(IV-17)**. Nous devons d'ailleurs y revenir puisque plusieurs autres lois de l'emploi renvoient à ce même mécanisme **(V-18)**.

i) *Le bénéficiaire* : Seul le salarié au sens du *Code du travail* (art. 1, al. 1, C.t.) est ainsi protégé **(IV-65; V-9)**.

ii) *Le champ de protection* : Ce recours porte sur les décisions unilatérales de l'employeur à l'effet d'un congédiement, d'une suspension, d'un déplacement, de mesures discriminatoires ou de représailles ou de toute autre sanction (art. 15 C.t.)[14].

iii) *La mise en branle du recours* : Il suffit d'une simple plainte écrite adressée au commissaire général du travail dans les 30 jours du déplacement, de la suspension, du congédiement ou de tout acte donnant prise à ce recours

---

12. À titre d'illustrations, consulter sous cette triple facette : *R. c. J. Alepin Frères Ltée*, [1964] B.R. 142, [1965] R.C.S. 359; *Savard c. Séguin*, [1964] R.D.T. 353 (C.S.).

13. *Loi modifiant la Loi des relations ouvrières*, S.Q. 1959–1960, c. 8.

14. Ces derniers chefs furent ajoutés en 1983 : *Loi modifiant le Code du travail et diverses dispositions législatives*, L.Q. 1983, c. 22, art. 3. Quand y a-t-il « représailles » ? Voir : *Cloutier c. Société des alcools du Québec*, [1986] T.T. 137; *Produits vétérinaires Dispar Canada ltée c. Sicard*, [1989] T.T. 297; *Unicast Canada inc. c. Brière et Lessard*, [1996] R.J.Q. 630 (C.S.).

lorsque le salarié croit que cette décision patronale résulte du fait qu'il exerçait un droit garanti au *Code du travail* (art. 16 C.t.) (**V-10 et 11**).

iv) *Le fardeau de la preuve* : Dès que le commissaire du travail est convaincu que le plaignant exerçait un droit en vertu du Code, il y a alors présomption simple (art. 2847 C.c.Q.) qu'il s'agit là du véritable motif de la décision de l'employeur. Ce dernier doit, pour repousser la présomption, établir que sa décision est fondée sur une autre cause juste et suffisante (art. 17 C.t.) (**V-15**).

v) *Les mesures correctrices* : À défaut par l'employeur d'établir cette autre cause juste et suffisante, le commissaire du travail doit ordonner la réintégration du salarié au poste qu'il a perdu en raison de ce déplacement, de cette suspension ou de ce congédiement ou, s'il y a lieu, annuler la mesure discriminatoire ou de représailles (art. 15 a) et b) C.t.). À titre complémentaire de cette première ordonnance, le salarié a droit de recouvrer l'équivalent du salaire perdu, à cette occasion, depuis son départ ou cette mesure jusqu'à sa réelle réintégration ou à l'annulation de cette mesure (art. 15, 19 C.t.) (**V-12**)[15].

vi) *L'exécution de l'ordonnance* : À la suite d'une ordonnance en réintégration ou en annulation, l'employeur doit s'exécuter dans les huit jours (art. 15 a) C.t.). À défaut, le salarié peut déposer la décision du commissaire au bureau du protonotaire de la Cour supérieure dans les six mois. Ce dépôt lui confère la même force qu'un jugement de Cour supérieure (art. 19.1 C.t.) (**V-85**).

L'exercice de ce recours soulève maintes questions importantes mises en relief par la jurisprudence[16]. Puisque nous ne pouvons analyser l'ensemble des décisions qui traitent de cette question, nous limitons nos observations à huit points particuliers développés en autant de paragraphes.

---

15. Cette indemnité comprend, outre le salaire perdu, les vacances annuelles, les bonis, le surtemps, les pourboires, etc. Voir : *Laplante Bohec* c. *Publications Quebecor Inc.*, [1979] T.T. 268; *Dart Industries Canada Ltd.* c. *Ledoux*, [1976] T.T. 135; *2540-4773 Québec inc. Restaurant Ming Wong Enr.* c. *Milhomme*, [1992] T.T. 484; *Antoine Guertin ltée* c. *Saint-Germain*, [1988] T.T. 328; *Dufu* c. *Service d'entretien d'édifices Allied (Québec) inc.*, [1984] C.T. 276. Il faut notamment déduire de ce montant les jours où le salarié n'aurait pu normalement travailler (fermeture, maladie, grève, travailleur sur appel, etc.). Voir : *T.A.S. Communications* c. *Thériault*, [1985] T.T. 271; *Mussens Equipment Ltée* c. *Magnan*, [1980] T.T. 295; *Tanguay* c. *2850-1799 Québec inc.*, D.T.E. 94T-59 (C.T.); *Pavages Chenail inc.* c. *Rougeau*, D.T.E. 94T-357 (T.T.); *Caisse populaire Charlemagne* c. *Savard*, [1988] T.T. 185.

16. Le grand nombre de décisions rapportées sous ce chef aux recueils des décisions du Tribunal du travail et des tribunaux judiciaires illustre bien ce fait. De 1986 à 1995, exception faite de l'année 1994, les commissaires du travail ont rendu 10 127 décisions à la suite du dépôt d'une plainte sous l'article 16 C.t. Voir : Jacques DESMARAIS, « Les litiges du travail au Québec : divers tableaux », Colloque annuel du B.C.G.T., Département des sciences juridiques, UQAM, 1995.

V-9 — *Portée du recours* — Au sujet du champ d'application du mécanisme de protection, seul le salarié compris au sens du *Code du travail* peut en bénéficier (**II-52**)[17]. Pour cette raison, ces plaintes peuvent engendrer un débat préalable sur le statut même du plaignant; le contremaître qui est réputé ne pas être salarié selon le *Code du travail* (**II-125**)[18], l'entrepreneur et même le travailleur indépendant en sont exclus (**II-60**). De plus, ce moyen n'est disponible au salarié que dans les situations visées à ce même article 15 C.t.: congédiement[19], suspension, déplacement, discrimination, représailles et autres sanctions[20]. Toute autre mesure imposée par l'employeur ne peut donner prise à ce recours[21], telle la fermeture réelle et définitive de l'entreprise (**II-165**)[22].

V-10 — *Les droits protégés* — Pour profiter de la présomption établie à l'article 17 C.t., le salarié doit démontrer qu'il a exercé un droit «qui lui résulte du présent code[23]». Malgré son apparence simple, cette dernière

---

17. *Jarvis* c. *Associated Medical Services Inc.*, [1964] R.C.S. 497; *Carzol Plastics Corporation* c. *Blais*, [1970] T.T. 321; *Mojan Limited* c. *Tremblay*, [1970] T.T. 123; *Gagné* c. *C.N. Hôtels inc.*, D.T.E. 87T-128 (T.T.); *Bernier* c. *Transport scolaire Larochelle et Théberge inc.*, [1987] C.T. 232; *Gallant* c. *Service ambulance Ascension Escuminac inc.*, [1989] C.T. 130; *Martineau* c. *Commission scolaire*, [1992] T.T. 201; *Timms* c. *Northern Telecom Canada ltée*, [1991] T.T. 275.

18. *Gagné* c. *C.N. Hôtels inc.*, précité, note 17. Cependant, le seul fait d'être actionnaire minoritaire de l'employeur ne prive pas le salarié du recours. Voir: *Bernier* c. *Transport scolaire Larochelle et Théberge inc.*, précité, note 17.

19. Dans bien des circonstances, le commissaire doit déterminer s'il est en présence d'un congédiement ou d'une démission. Voir: *Dion* c. *Ministère des Affaires culturelles*, [1989] T.T. 193; *Scott* c. *Installation de câbles R.P. inc.*, D.T.E. 92T-744 (T.T.); *Bouchard* c. *Services des espaces verts ltée*, D.T.E. 94T-561 (C.T.). Le non-renouvellement d'un contrat de travail à durée déterminée peut, dans certaines circonstances, être assimilé à un congédiement. Voir: *École Weston inc.* c. *Tribunal du travail et Larin*, [1993] R.J.Q. 708 (C.A.); *Mark C. Moore* c. *Compagnie Montréal Trust*, [1988] R.J.Q. 2339 (C.A.); *Centre François-Michelle* c. *Joyal*, D.T.E. 90T-1179 (T.T.); *Commission scolaire Berthier Nord-Joli* c. *Beauséjour*, [1988] R.J.Q. 639 (C.A.).

20. Le concept de discrimination devrait avoir un entendement large et libéral de façon à considérer qu'il y a discrimination si l'employeur traite un individu autrement qu'il se comporte à l'égard des autres placés dans de semblables situations. Voir: *Les produits alimentaires Grandma ltée (division I.T.C. Canada)* c. *Forget, Fejkiel et Klimper*, [1985] T.T. 355; *Beaubien* c. *Communauté urbaine de Montréal*, [1986] C.T. 4; *Bergeron* c. *Cité de la santé de Laval*, D.T.E. 95T-776 (C.T.); *Papaconstantinou* c. *2848-5217 Québec inc.*, D.T.E. 97T-1085 (C.T.); *Talbot* c. *Les Investissements Imqua inc.*, [1997] C.T. 346.

21. Dans certains cas, d'autres recours peuvent être utilisés: sanctions pénales (art. 143 C.t. et suiv.) (**V-101 et suiv.**), recours en vertu de la *Charte des droits et libertés de la personne* (**V-93 et suiv.**) ou encore, l'arbitrage de griefs (art. 100 et suiv. C.t.) (**IV-192**).

22. *Bérubé* c. *Groupe Samson inc.*, D.T.E. 85T-932 (T.T.); *Caya* c. *1641-9749 Québec inc.*, D.T.E. 85T-242 (T.T.); *Les Entreprises Bérou inc.* c. *Arseneault*, [1991] T.T. 312.

23. Si la plainte s'appuie sur une autre loi, le salarié doit, *mutatis mutandis*, faire la preuve correspondante (**V-18**).

expression peut parfois être difficile à saisir[24]. Ainsi, il a fallu quelques décisions avant que l'on ne reconnaisse qu'elle comprenait l'initiative de former un syndicat[25]. Règle générale, on peut dire que la jurisprudence interpréta libéralement le concept de « droit protégé » : l'exercice d'une charge syndicale[26], la participation à une campagne de boycott des produits de l'employeur[27], une démarche (art. 39 C.t.) en vue de sa qualification à titre de salarié[28], la publication de notes dans un journal syndical[29] ou encore, le fait pour le salarié d'exiger la présence d'un officier syndical lors d'une rencontre avec l'employeur[30] furent ainsi reconnus comme des actes suffisants pour faire naître la présomption protectrice. Le plaignant doit faire plus qu'une simple démonstration abstraite ou générale de l'exercice d'un tel droit; il lui faut y avoir personnellement participé par des gestes précis. À titre d'exemple, la seule tenue d'une assemblée de formation d'un syndicat précédant son congédiement ne saurait suffire si ce salarié n'y était pas présent[31]. Par ailleurs, la preuve de la connaissance par l'employeur de l'exercice d'un droit n'est pas exigée[32]. Une question plus délicate consiste à savoir si la participation à une grève ou à l'un de ses moyens d'expression (piquetage) peut être considérée comme « l'exercice d'un droit qui lui résulte du présent code ». Dans le cas d'une grève légale, une réponse affirmative nous est clairement

---

24. Le simple fait d'être membre du syndicat ne peut toujours suffire, tout peut dépendre du contexte. Voir : *Asher Neudorfer* c. *Ateliers d'ingénierie Dominion Textile*, [1980] T.T. 437; *Ladouceur* c. *Télesphère Canada inc. — Média Vision*, D.T.E. 95T-157 (C.T.). L'exercice de ce droit et l'acte de l'employeur doivent se situer à une même époque sans qu'il y ait une nécessaire et parfaite concomitance. Voir : *Rondeau* c. *Centura Québec Ltée*, [1989] T.T. 288; *Menjivar* c. *150467 Canada inc.*, D.T.E. 94T-1188 (C.T.).

25. *Bergeron* c. *Cie d'assurance Les Provinces Unies*, révisé à [1972] T.T. 219; *Fibre de verre T.M. Inc.* c. *Côté*, [1970] T.T. 46; *Labrecque* c. *J. Alleyn Ltée*, [1979] T.T. 252; *Arco Construction inc.* c. *Plante*, [1980] T.T. 7; *Ed. Darche & fils inc.* c. *Boyer*, D.T.E. 89T-444 (T.T.); *Wilsey* c. *Restaurant Bélanger, Major et Fils inc.*, D.T.E. 94T-58 (C.T.).

26. *Nepveu* c. *Commission de la construction du Québec*, [1989] T.T. 80; *Québec (Ministère du Tourisme)* c. *Lalonde*, D.T.E. 90T-1274 (T.T.). *Contra : Hôpital Jean-Talon* c. *Burns*, D.T.E. 96T-838 (C.S.).

27. *Gauvin* c. *Tribunal du travail*, [1996] R.J.Q. 1603 (C.S.), en appel : C.A.M. n° 500-09-002529-964.

28. *Ste-Foy (ville de)* c. *Beauchamp*, D.T.E. 90T-947 (T.T.); *Office municipal d'habitation de Montréal* c. *Marusic*, [1994] T.T. 513.

29. *Longpré* c. *Bridgestone-Firestone Canada*, D.T.E. 96T-956 (T.T.).

30. *Chapdelaine* c. *Emballage Domtar ltée*, [1983] T.T. 149.

31. *Dalpé* c. *Cresswell Pomeroy Ltd.*, [1974] R.D.T. 443 (C.R.O.); *Cauchon* c. *J.D. Chevrolet Oldsmobile Ltd.*, [1968] R.D.T. 183 (C.R.T.); *Fibre de verre T.M. Inc.* c. *Côté*, précité, note 25; *United Last Co.* c. *Tribunal du travail*, [1970] T.T. 383; [1973] R.D.T. 423 (C.A.), commenté par André C. CÔTÉ et Marcel MORIN, « La Cour d'appel a-t-elle ouvert de nouveaux horizons en matière de congédiement pour activités syndicales ? », (1974) 29 *Rel. Ind.* 875.

32. *Quintin* c. *Service de ressort moderne inc.*, [1985] T.T. 156; *Shapiro* c. *Lesage*, D.T.E. 84T-880 (C.S.).

donnée du seul fait des articles 106, 109.1, 110 et 110.1 C.t. Dans celui d'une grève illégale, la Cour suprême du Canada prit la position suivante :

— la participation à une grève illégale peut constituer une cause juste et suffisante de renvoi;

— l'employeur doit néanmoins démontrer que la participation de ce salarié à une grève illégale constitue vraiment la cause de sa décision et non seulement un prétexte;

— le commissaire du travail n'a pas à jauger la « rigueur de la sanction eu égard à la gravité de la faute[33] ».

Certes, le commissaire du travail ne peut modifier la sanction pour la rendre plus juste, comme peut le faire l'arbitre de griefs (**IV-192**). Par ailleurs, il nous paraît difficile, sinon téméraire, de la part d'un juge d'établir isolément l'authenticité de la décision de l'employeur sans s'attarder à la gravité de la faute. Comme la Cour suprême semble le reconnaître, le commissaire doit s'assurer que le motif déclaré par l'employeur constitue à l'égard des faits et gestes mêmes de ce salarié une cause juste et suffisante de congédiement, sans pour cela considérer l'opportunité de cette sanction (**II-176; V-15**).

V-11 — *La plainte* — Le salarié doit-il présenter sa plainte seul[34]? Le libellé de l'article 16 C.t. indique bien qu'il s'agit d'un recours individuel par opposition au recours que pourrait exercer le syndicat, soit de son seul chef, soit pour un groupe ou un sous-groupe de la collectivité (art. 69 C.t.)[35]. Cela ne signifie pas que le salarié doit agir personnellement et qu'il ne peut le faire par la voie d'un mandataire ou même d'un avocat. M. le juge Burns dit ce qui suit sur la question :

> Il ne fait aucun doute que le législateur a voulu consacrer par ce texte, comme lui appartenant en propre, le droit du salarié de se plaindre lorsqu'il est victime des actes prohibés par les articles 15 et suivants. De là à conclure que la procédure introductive de l'instance doit, sous peine de nullité, être signée par le salarié lui-même, il me semble que certaines distinctions devraient s'imposer.

---

33. *Lafrance* c. *Commercial Photo Service Inc.*, [1980] 1 R.C.S. 536, 547; *Hilton Québec Limitée* c. *Tribunal du travail*, [1980] 1 R.C.S. 548, 550; *Fleury* c. *Épiciers unis Métro-Richelieu inc.*, [1987] R.J.Q. 2034 (C.A.); *Turpin* c. *Collège d'enseignement général et professionnel de St-Laurent*, J.E. 88-632 (C.A.).

34. La plainte doit préciser : le nom et l'adresse du plaignant; le nom et l'adresse de l'employeur; la date où la mesure fut imposée par l'employeur, et une déclaration du plaignant, disant qu'il a subi cette mesure en raison de l'exercice d'un droit protégé par le Code. Voir : le *Règlement sur l'exercice du droit d'association conformément au Code du travail*, R.R.Q., 1981, c. C-27, r. 3, art. 28.

35. *Nightingale Saro Inc.* c. *Paquet*, [1985] T.T. 252; Jean-Luc DUFOUR, « Le concept d'intérêt dans les litiges juridictionnels à caractère individuel découlant des relations du travail », (1997) 38 *C. de D.* 607.

Le fait d'exercer devant les tribunaux un droit, si personnel soit-il, n'implique pas, en l'absence d'une disposition spécifique à cet effet, que le justiciable soit empêché d'agir par l'entremise d'un mandataire[36].

Ce mandataire connaît certaines limites. Il lui sera impossible de renoncer au droit à l'indemnité sans l'accord préalable du salarié[37]. Que ce soit par le salarié lui-même ou par son mandataire, cette plainte doit impérativement être déposée dans les 30 jours de l'acte qui lui donne prise[38]. Dans le cas où certains événements, par exemple la fermeture apparente de l'entreprise ou encore une mise à pied d'ordre économique, cachent la situation réelle au salarié, ce délai vaut à compter du moment où il pouvait vraiment savoir qu'il était congédié[39]. En somme, cette plainte doit être présentée dès que le salarié sait ou pouvait normalement savoir d'une façon claire qu'il est congédié, suspendu, déplacé ou sujet d'une autre sanction[40].

V-12 — *Pouvoirs du commissaire* — Deux mesures principales de réparation sont édictées : la réintégration du salarié et, à titre complémentaire, le remboursement du salaire perdu (art. 15 C.t.). Le commissaire du travail n'a aucune latitude : s'il est établi que le salarié fut illégalement congédié, déplacé ou suspendu, il doit bénéficier d'une ordonnance en réintégration car, contrairement à d'autres lois avoisinantes[41], il n'a pas le pouvoir de réparer seulement par équivalence. Dans les autres cas, soit les mesures discriminatoires et de représailles, l'ordonnance exigera de l'employeur l'annulation de sa décision et, s'il y a lieu, le versement d'une indemnité pour les pertes de salaire et autres avantages. Pour des raisons d'ordre juridictionnel, l'annulation de la décision ou de la mesure n'est pas prononcée directement par le commissaire mais imposée à son auteur[42]. Le salarié disposant d'une ordonnance en réintégration et qui ne

---

36. *Simic* c. *Shirtmate Canada Ltée*, [1981] TT. 131, 136; *Lévesque* c. *Location d'équipement Sag Lac inc.*, D.T.E. 85T-319 (C.T.); *Tanguay* c. *Auberge Estrimont*, [1992] C.T. 263. L'approche initiale du C.R.T. était contraire : *Dalpé* c. *Cresswell Pomeroy Ltd.*, précité, note 31.

37. *Dubosse* c. *Abattoir du Nord limitée*, [1984] C.T. 42; *Gosselin* c. *Antoine Guertin ltée*, [1987] C.T. 28.

38. Pour la computation du délai, voir les articles 151.1 et suiv. C.t.

39. *Towers Department Stores Ltd.* c. *Beaudoin*, [1978] T.T. 117; *Le Courrier Express enr.* c. *Beaucage*, [1984] T.T. 198; *Service sanitaire R.S. Inc.* c. *Tribunal du travail*, [1987] R.J.Q. 771 (C.A.); *Lamy* c. *Kraft Limitée*, [1991] T.T. 63; *Émond* c. *Stone-Consolidated inc., division Port-Alfred*, D.T.E. 95T-321 (T.T.).

40. *Forms* c. *Béliveau*, [1978] T.T. 259; *Gauthier* c. *Groupe Jean Coutu (P.J.C.) inc.*, D.T.E. 93T-620 (T.T.); *Fort Chambly Automobile (1979) Inc.* c. *Beaupré*, D.T.E. 84T-734 (T.T.).

41. À titre d'exemple, citons le recours à l'encontre d'un congédiement sans cause juste et suffisante (art. 124 L.N.T.) (**V-36**).

42. L'auteur peut également comprendre le « nouvel employeur » au sens de l'article 45 C.t. Voir : *Adam* c. *Daniel Roy Ltée*, [1983] 1 R.C.S. 683 (**IV-90**). Par cet arrêt, la Cour suprême du Canada établit un lien étroit entre cette mesure de protection individuelle (art. 15 et suiv. C.t.) et le régime de rapports collectifs du travail. On reconnaît dans cet arrêt qu'un

désire pas recouvrer son emploi ne peut alors recevoir que l'équivalent du salaire perdu depuis l'acte fautif jusqu'à son rappel par l'employeur (art. 15 C.t.)[43]. Cette question est intéressante puisqu'il n'est pas certain que la réintégration dans l'emploi soit toujours la meilleure réparation pour le salarié. Dans certains cas, le salarié peut être fort justifié de ne pas vouloir y retourner, soit qu'il ait trouvé un meilleur emploi, soit qu'il sache qu'il lui sera pénible d'y travailler de nouveau ou qu'il croie, à tort ou à raison, que ce retour ne serait que d'une courte durée. D'ailleurs, savons-nous combien de salariés réintégrés ont conservé leur emploi et à quelles conditions[44]? Ce retour peut également être difficile pour l'employeur, notamment dans le cas d'une petite entreprise. Quoi qu'il en soit, la réintégration recherchée consiste en un retour à l'emploi initial puisque le contrat de travail ne fut jamais rompu[45]. L'article 15 C.t. spécifie bien qu'il s'agit de la réintégration à l'emploi, ce qui devrait signifier, croyons-nous, le retour au même poste[46]. Autrement, si le salarié pouvait être réintégré à un quelconque poste, l'employeur pourrait ainsi récidiver puisque le déplacement est aussi défendu que le congédiement. Il n'en demeure pas moins cependant que l'employeur conserve le pouvoir de procéder à des mutations ou à des mises à pied en suivant alors les procédures usuelles (**II-167**). Sous ce chef, le salarié réintégré par voie d'ordonnance n'a pas un droit supérieur ou préférentiel à l'emploi qu'il n'en aurait eu autrement, n'eût été cet incident. Dans l'affaire *Maurice c. Les Tapis Venture du Canada ltée*[47], M. le juge Bernard Lesage signalait que le salarié demeurait toujours soumis aux vicissitudes de l'entreprise. Ainsi, le commissaire n'a pas le pouvoir d'ordonner à l'employeur de créer un poste pour rendre la réintégration effective[48]. Quant au deuxième moyen de réparation, le paiement de l'équivalent du salaire perdu, nous avons déjà souligné son caractère strictement complémentaire : sans l'ordonnance en réintégration, il ne peut avoir lieu et l'article 15 C.t. n'est pas, en ce sens, une exception à la règle principale. La C.R.T. puis le Tribunal du travail ont abordé cette question sous un angle strictement civiliste (**II-172**) en imposant au salarié congédié ou suspendu l'obligation de rechercher un emploi temporaire afin de

---

congédiement constitue un obstacle « à la bonne marche des négociations et à la prompte conclusion d'une convention » (p. 693).

43. *Désignitex Ltd. c. Dennis*, D.T.E. 86T-148 (T.T.); *Artel inc. c. Lesage*, D.T.E. 87T-620 (C.S.).

44. Thomas J. MCDERMOTT et Thomas H. NEWHAMS, « Discharges — Reinstatement : What Happens Thereafter », (1971) 24 *I.L.R.R.* 526.

45. Au sujet de la distinction entre une réintégration et un réemploi, voir le commentaire de M. le juge Pigeon dans *Upper Lakes Shipping Ltd. c. Sheehan*, [1979] 1 R.C.S. 902, 920.

46. *North American Motor Motel Corp. c. Thomas*, (1980) T.T. 103, 111. La réintégration ainsi ordonnée doit être réelle et complète. Voir : *Restaurant Faubourg St-Denis Inc. c. Durand*, [1990] R.J.Q. 1218 (C.A.).

47. [1981] T.T. 373. Voir également : *Fédération des comités de parents de la province de Québec inc. (F.C.P.P.Q.) c. Tribunal du travail*, [1996] R.J.Q. 637 (C.S.). Cette réintégration suppose que le salarié dispose encore des qualités professionnelles requises (admissibilité à la caution). Voir : *Savard c. Caisse populaire de Charlemagne*, [1987] T.T. 372.

48. *Dodd c. 3M Canada Ltd.*, [1997] R.J.Q. 1581 (C.A.).

minimiser le coût de l'indemnité compensatrice[49]. La logique de cette approche peut surprendre de la part du Tribunal du travail, car elle impose à celui déjà reconnu victime d'un abus de pouvoir de l'employeur de tenter de minimiser les dommages de cet abus en recherchant un emploi[50]. Cette approche nous apparaît également irréaliste puisque le salarié devrait normalement informer son éventuel employeur qu'il fut congédié en pareille circonstance et qu'il devrait réintégrer prochainement son premier emploi, croyant alors avoir été congédié ou suspendu pour un motif illégal. Quel employeur accepterait un tel individu pour l'une ou pour l'autre de ces deux raisons ? Pourquoi un salarié convaincu d'être victime d'une telle injustice doit-il comparaître ainsi devant un deuxième employeur ? C'est pourtant l'acceptation présumée du tribunal qui tient compte du fait de cette recherche pour fixer le quantum de l'indemnité due par l'employeur. Ajoutons aussi que cette obligation présumée de rechercher un emploi temporaire ne résiste ni à la logique ni au texte puisque la disposition traite spécifiquement de la question non pour en faire une obligation, mais à simple titre de faits circonstanciels (art. 15 a) *in fine* C.t.). Puisque le montant dû est de nature indemnitaire et non rémunératrice, n'ayant pas de contre-prestation (le travail) aussi, la logique de cette réduction nous apparaît très fragile. Depuis la reformulation du libellé de l'article 15 en 1977, nous remarquons aussi que l'on précise que cette indemnité couvre toute la période visée, et ce, jusqu'à la réelle réintégration du salarié ou à son refus à la suite du rappel de l'employeur[51]. D'autre part, soulignons que les tribunaux reconnaissent que cette obligation de mettre en œuvre les efforts nécessaires pour dénicher un nouvel emploi comporte certaines limites. Il faut tenir compte notamment de l'âge et de l'expérience du salarié de même que des conditions de travail qui lui sont proposées[52]. Le fardeau de la démonstration que le salarié transgressa cette obligation de mitigation appartient à l'employeur[53].

49. *Baillargeon* c. *Tétreault Shoe Ltd.*, [1964] R.D.T. 130 (C.R.O.); *St-Jean Cartage Inc.* c. *Desjardins*, [1970] T.T. 219; *Rivermont Construction Co.* c. *Coulombe*, [1978] T.T. 230; *Laplante Bohec* c. *Publications Quebecor Inc.*, précité, note 15; *Auberge La Renaissance Inc.* c. *Plouffe*, [1980] T.T. 15; *Distribution Nadair ltée* c. *Beaudry*, D.T.E. 93T-587 (C.S.); *Abattoir Jacques Forget ltée* c. *Thibault*, [1994] T.T.351; *Étude Martine Hamel* c. *Lamoureux*, [1991] T.T. 222; *Tricots San Remo inc.* c. *Lalonde*, D.T.E. 95T-1051 (C.S.).

50. *Red Deer College* c. *Michaels*, [1976] 2 R.C.S. 324, 332; Fernand MORIN, « Le salarié injustement congédié doit-il mitiger les dommages causés par l'employeur ? » dans Gilles TRUDEAU, Guylaine VALLÉE et Diane VEILLEUX (dir.), *Études en droit du travail à la mémoire de Claude D'Aoust*, Cowansville, Les Éditions Yvon Blais inc., 1995, p. 221.

51. La limite du huit jours après la décision, telle qu'elle était autrefois établie par le Tribunal du travail, est maintenant écartée. Voir : *United Laundry Ltd.* c. *Lamarche*, [1971] T.T. 197; *St-Jean Cartage Inc.* c. *Desjardins*, précité, note 49.

52. *Alltour Marketing Support Services Ltd.* c. *Perras*, D.T.E. 84T-705 (T.T.); *Restaurant Les Voltigeurs* c. *Pannetier*, D.T.E. 83T-705 (T.T.); *Centre Butters-Savoy inc.* c. *St-Laurent*, D.T.E. 96T-690 (T.T.).

53. *Alltour Marketing Support Services Ltd.* c. *Perras*, précité, note 52; *Construction Rénald Charland Ltd.* c. *Allard*, D.T.E. 95T-1146 (T.T.).

V-13 — *Le quantum* — Les articles 15 et 19 C.t. permettent de comprendre que le commissaire se limite à ordonner à l'employeur le versement de l'équivalent du salaire perdu, sans pour cela en fixer lui-même et immédiatement le montant. À défaut d'entente entre l'employeur et le salarié, le commissaire peut établir ce montant, qui comprend toute la période partant du congédiement ou de la suspension jusqu'au retour réel du salarié, sauf si ce dernier refuse de retourner au travail à la suite d'un rappel (art. 15 a), 19 C.t.)[54]. Aux fins de ce calcul, on déduit du montant ainsi perdu uniquement le salaire gagné ailleurs au cours de cette même période (art. 15 C.t.) et non les indemnités que pourrait percevoir le salarié, telles les indemnités d'assurance-emploi[55] ou d'accident du travail[56]. S'il existe une convention collective, le calcul du montant perdu est établi conformément aux conditions de travail de la convention[57]. En somme, le commissaire doit tenter de replacer le salarié dans la même situation qu'il aurait été n'eût été le fait de la pratique interdite[58]. Ainsi, dans l'établissement de cette indemnité, on doit tenir compte de la perte de tous les avantages à valeur pécuniaire reliés à l'emploi (**V-23, 36**).

V-14 — *La procédure* — Les articles 16 et 17 C.t. établissent la démarche procédurale pour l'exercice de ce recours. D'abord, le salarié établit, à la satisfaction du commissaire, l'existence des conditions préalables au bénéfice de la présomption :

— son statut de salarié ;

— son congédiement, sa suspension, son déplacement ou les mesures de représailles ou de discrimination dont il serait victime ;

— des faits et gestes qui manifestent l'exercice d'un droit résultant du Code ;

— une certaine concomitance entre la sanction imposée et le droit exercé.

En se fondant sur ces premières données, le commissaire peut établir si ce salarié exerçait « un droit résultant du présent code ». Le plaignant n'a nullement à lui démontrer que l'exercice de ce droit fut en quelque sorte la cause de la décision de l'employeur[59]. Dès que le commissaire est convaincu qu'il y eut un tel exercice de droit, alors le plaignant jouit de la présomption qu'il doit s'agir du motif de la décision de l'employeur. Cette première étape

---

54. Ce doit être un véritable rappel, c'est-à-dire une réelle possibilité de réintégrer son emploi. Voir : *Rivermont Construction Co.* c. *Coulombe*, précité, note 49.
55. *Michaud* c. *Terminal de containers Milan inc.*, [1983] C.T. 1.
56. *Unicast Canada inc.* c. *Dion*, [1992] T.T. 69.
57. *Laplante Bohec* c. *Publications Quebecor Inc.*, précité, note 15 ; *Maurice* c. *Les tapis Venture du Canada*, ltée T.T. Montréal, n° 500-28-000433-805, 1981.
58. *Béland* c. *Tremblay et Frères ltée*, D.T.E. 95T-569 (T.T.).
59. *Quintin* c. *Service de ressort moderne inc.*, précité, note 32.

franchie, il incombe à l'employeur de renverser cette présomption légale, à savoir que sa décision de congédiement, de suspension, de déplacement ou encore, que la mesure ou sanction imposée n'était pas basée sur un pareil motif[60], mais bien « [...] pour une autre cause juste et suffisante » (art. 17 *in fine* C.t.). Le commissaire est seul compétent pour trancher cette double question[61]. La démarche générale de l'enquête du commissaire franchit, dans cet ordre, ces deux étapes qui sont à la fois logiques et pratiques. Cette division n'implique pas cependant que le commissaire doive rendre nécessairement une décision formelle à la première question avant de procéder à la deuxième[62]. Selon les circonstances et par commodité, l'employeur peut être appelé à justifier sa décision sans que le commissaire se soit définitivement commis quant à l'application de la présomption. Bien qu'il soit rare d'agir ainsi, la situation de faits peut être si complexe ou ambiguë qu'il lui est nécessaire de connaître l'ensemble des données pour les clarifier, les sérier, les départager et finalement, les qualifier.

V-15 — *L'autre cause* — Quelle preuve doit établir l'employeur[63]? Est-il suffisant de démontrer qu'il existait, lors de la prise de décision, matière à sanction, une faute imputable au salarié ou une autre cause justifiant une correction? L'approche initiale de la Commission des relations du travail, suivie de celle du Tribunal du travail, voulait qu'il suffise à l'employeur d'établir l'existence d'une autre cause réelle et non d'un prétexte, sans considérer par ailleurs si cette cause pouvait être « juste et suffisante[64] ». On peut comprendre que le « fardeau » de l'employeur était ainsi passablement allégé puisqu'il lui suffisait de faire coïncider cette décision punitive avec la commission de quelque égarement de la part du salarié pour emballer le tout. Par la suite, le Tribunal du travail modifia son approche pour tenter de donner un sens à

---

60. *Maresq* c. *Brown Bovari (Canada) Ltd.*, [1963] R.D.T. 242 (C.R.O.); *Van Kessel* c. *Harland Automobile Ltd.*, [1968] R.D.T. 65 (C.R.T.); *Doucet* c. *Biron Knitting Mills Ltd.*, (1963) R.D.T. 496; *Cégep de Thetford Mines* c. *Pelletier*, [1970] T.T. 107; *Sani-Métal* c. *Proulx*, [1972] T.T. 144; *Cie Price Ltée* c. *Duval*, [1988] T.T. 189; *Larose* c. *Brière*, D.T.E. 91T-634 (C.S.); *Conseil régional de la santé et des services sociaux de la région de Trois-Rivières* c. *Auclair*, D.T.E. 92T-93 (C.A.).

61. *Cossette* c. *Ludger Harvey et Fils Ltée*, [1969] C.A. 91, commenté par Fernand MORIN, « À un carrefour des recours en droit du travail », (1968) 23 *Rel. Ind.* 677; *J.&P. Coats (Canada) Ltd.* c. *Lauzon*, [1978] C.S. 1039, [1981] C.A. 163; *General Motors of Canada Ltd.* c. *Gosselin*, [1978] T.T. 350; *Bouliane* c. *Brasserie Le Boucanier inc.*, [1989] T.T. 46.

62. *Mussens Équipement Ltée* c. *Gosselin*, [1977] C.S. 369; *Mussens Equipment Ltd.* c. *Pelletier*, [1978] T.T. 73; *Beauchamp* c. *Scierie Senneterre Inc.*, [1978] T.T. 300.

63. Rodrigue BLOUIN, « Notion de cause juste et suffisante en contexte de congédiement », (1981) 41 *R. du B.* 807.

64. On trouve des illustrations de cette approche initiale dans les arrêts suivants : *Maresq* c. *Brown Bovari (Canada) Ltd.*; *Van Kessel* c. *Harland Automobile*; *Doucet* c. *Biron Knitting Mills Ltd.*; *Cégep de Thetford Mines* c. *Pelletier*, précités, note 60; *Sani-Métal* c. *Proulx*, précité, note 60.

l'expression utilisée à cet article 16 C.t. : « une autre cause juste et suffi-sante[65] ». Nous avons déjà souligné (**V-10**) que la Cour suprême du Canada confirma cette nouvelle approche selon laquelle le commissaire devait soupe-ser ou scruter les éléments caractéristiques de cette autre cause afin de déter-miner si elle était non seulement réelle mais aussi sérieuse. Cette décision de la Cour suprême laisse clairement apparaître que le commissaire ne pourrait cependant « se prononcer sur la rigueur de la sanction eu égard à la gravité de la faute reprochée, en d'autres termes substituer son jugement à celui de l'employeur, ce en quoi elle excéderait sa juridiction[66] ». En pratique, cette dis-tinction subtile nous apparaît tellement difficile à respecter que nous croyons qu'il lui suffirait de soigner en ce sens la rédaction de sa décision. Autrement, on pourrait franchir cette ligne frontalière au cours des cogitations qu'elle implique[67]. Parmi les autres causes jugées justes et suffisantes pour écarter la présomption, nous en rappelons quelques-unes, à simple titre illustratif :

— la fermeture véritable de l'établissement[68] ou le licenciement[69];

— l'insubordination, les actes abusifs, illégaux et insolents commis par le salarié[70];

— l'arrivée du terme du contrat à durée déterminée, selon les circonstances[71];

— un rendement insuffisant et de l'incompétence[72];

— une fraude ou un vol commis par le salarié[73];

65. Ce virement jurisprudentiel fut voulu et clairement reconnu par certains juges du Tribunal du travail. Voir : *Industrielle, compagnie d'assurance sur la vie* c. *Nadeau*, [1978] T.T. 175.

66. *Hilton Québec Limitée* c. *Tribunal du travail*, précité, note 33, p. 550; *Lafrance* c. *Commercial Photo Service Inc.*, précité, note 33, p. 544.

67. À titre d'illustration de cette fragilité, voir : *Transport scolaire de Matane Inc.* c. *Fournier*, [1980] T.T. 537. Il semble cependant que le Tribunal du travail sut connaître ou reconnaître le tracé de cette ligne frontalière qu'il ne peut apparemment franchir. Voir : *Décarie* c. *Produits pétroliers d'Auteuil Inc.*, [1986] R.J.Q. 2471 (C.A.); *Pintendre Autos Inc.* c. *Tanguay*, [1988] T.T. 526.

68. *City Buick Pontiac (Montréal) Inc.* c. *Roy*, [1981] T.T. 22; *Bérubé* c. *Groupe Samson inc.*, précité, note 22; *Caya* c. *1641-9749 Québec inc.*, précité, note 22.

69. *Décarie* c. *Produits pétroliers d'Auteuil Inc.*, précité, note 67; *Tripar inc.* c. *Giordan*, [1988] T.T 76; *Bauhart-Hamel* c. *Laboratoires alimentaires Bio-Lalonde, service de surveillance S.G.S. inc.*, [1992] T.T. 71; *Thibault* c. *Mont-Laurier (Ville de)*, D.T.E. 97T-1041 (T.T.).

70. *Centre de référence du Grand Montréal* c. *Grondin*, [1978] T.T. 274; *Grand Palace inc.* c. *Gingras et Union des employés et employées de service, section locale 800 (F.T.Q.)*, [1995] T.T. 536; *Benoit* c. *Provigo Distribution inc.*, D.T.E. 96T-1278 (T.T.).

71. *Mark C. Moore* c. *Compagnie Montréal Trust*, précité, note 19; *Charland* c. *Université du Québec à Trois-Rivières*, [1983] T.T. 154; *Blouin* c. *Institut québécois de recherche sur la culture*, [1983] T.T. 329; *École Weston inc.* c. *Tribunal du travail et Larin*, précité, note 19.

72. *Informatech inc.* c. *Bass*, D.T.E. 95T-527 (T.T.); *Shuster* c. *Gestion N.S.I. inc.*, D.T.E. 93T-111 (C.T.).

73. *Sévigny* c. *Kraft General Food Canada*, D.T.E. 92T-314 (C.T.); *Page Earl* c. *La compagnie de mobilier Bombay du Canada inc.*, [1994] C.T. 163.

— le refus de se soumettre à un examen médical[74];

— un état d'ébriété ou d'intoxication sur les lieux du travail[75].

Il va de soi que dans chaque cas, il nous faut considérer les circonstances particulières de temps et de lieu ainsi que les personnes en cause.

V-16 — *Les étapes ultérieures* — Le rejet de la plainte par le commissaire peut ne pas être définitif, en ce sens que le salarié pourrait alors soumettre l'affaire à l'arbitre de griefs si des mesures préventives ont été prises pour éviter la prescription de cet autre recours[76]. Cette dernière voie, en l'occurrence assez exceptionnelle, est sans doute possible si le commissaire fait la distinction fragile et subtile proposée par la Cour suprême du Canada entre l'existence d'une autre cause sérieuse et réelle du congédiement et le respect des droits conventionnels du salarié en pareille occasion (**II-176; V-10, 15**). En plus du grief, une autre voie de contestation serait également possible. En effet, le salarié pourrait, si les circonstances le permettent, déposer une plainte en vertu d'une autre loi de l'emploi (**V-18, 19, 31**). Par exemple, un salarié pourrait, parallèlement à sa plainte faite en vertu de l'article 16 C.t., en déposer une autre fondée sur l'article 123 de la *Loi sur les normes du travail* (**V-19 et suiv.**). Un tel cumul est possible[77] si le salarié peut invoquer un des motifs protégés à l'article 122 L.N.T. Une troisième voie de contestation serait l'appel auprès du Tribunal du travail. Ce recours est enclenché par la signification et le dépôt au greffe du Tribunal du travail d'une déclaration écrite, et ce, dans les dix jours[78] de la mise à la poste de la décision du commissaire contestée[79]. Cette déclaration doit contenir les éléments suivants :

— l'indication de la décision contestée;

74. *Labelle* c. *Bell Helicopter Textron*, D.T.E. 95T-752 (C.T.).

75. *Godin* c. *S. Rossy inc.*, D.T.E. 95T-1272 (C.T.).

76. *Dulude* c. *Laurin*, [1989] R.J.Q. 1022 (C.S.); *Union des employé(e)s de service, local 800* c. *2162-5199 Québec inc.*, [1994] T.A. 16.

77. *Villeneuve* c. *Tribunal du travail*, [1988] R.J.Q. 275 (C.A.). Dans cette dernière affaire, la Cour d'appel considéra que le commissaire avait même le pouvoir de modifier la nature de la plainte de son propre chef. Voir également : *Giguère* c. *Kenworth du Canada, division de Paccar du Canada ltée*, précité, note 3.

78. Pour la computation de ce délai, nous nous référons à l'article 151.3 et 151.4 C.t. Ajoutons qu'exceptionnellement, le Tribunal du travail peut proroger le délai d'appel si l'appelant a été dans l'impossibilité d'agir (art. 124 C.t.). Voir : *Groupe Sanivan inc.* c. *Plante*, [1994] T.T. 366; *Breton* c. *Sœurs de la charité, Maison généralice*, [1995] T.T. 170; *H. (B.)* c. *P. inc.*, D.T.E. 95T-197 (T.T.); *Ville de Laval* c. *Syndicat des cols bleus de la Ville de Laval inc. et Maintenance Eurêka ltée*, [1995] T.T. 103; *Mirabel Aéro service inc.* c. *Gamache*, D.T.E. 96T-476 (T.T.); *Saulnier* c. *Légion royale canadienne (filiale Dion Québec 238)*, D.T.E. 96T-1343 (T.T.).

79. Cette déclaration doit être signifiée à toutes les parties et au commissaire général du travail (art. 130 C.t.).

— un exposé complet des motifs invoqués pour reformer la décision[80];

— l'identification du nom du représentant de l'appelant s'il y a lieu.

L'appel régulièrement formé suspend l'exécution de la décision du commissaire, sauf pour ce qui est de l'ordonnance de réintégration, qui demeure exécutoire malgré l'appel (art. 130 *in fine* C.t.)[81]. Après l'introduction de cette procédure d'appel, l'intimé peut, s'il y a lieu, présenter au Tribunal du travail une requête pour faire rejeter sommairement l'appel en alléguant que cette procédure d'appel serait abusive ou dilatoire[82]. Le Tribunal du travail peut aussi, de son propre chef, rejeter cet appel pour de semblables motifs (art. 130.1 C.t.). En principe, lors de l'audition, les parties ne pourront faire entendre de témoins[83] puisqu'il ne s'agit pas d'un procès *de novo*[84], ce qui n'interdit pas au tribunal de réviser les constatations de faits du commissaire[85]. Le Tribunal du travail peut confirmer, infirmer ou même modifier la décision du commissaire (art. 119 C.t.), et sa décision est finale et sans appel. Elle demeure soumise au pouvoir de surveillance et de contrôle de la Cour supérieure (**V-76**)[86]. Dans le cas où l'employeur n'exécuterait pas, sur une base volontaire, l'ordonnance en réintégration ou le paiement de l'indemnité complémentaire, il peut y être forcé en suivant alors la procédure arrêtée à l'article 19.1 C.t. : dépôt de l'ordonnance en réintégration au greffe de la Cour supérieure pour lui donner ainsi l'effet d'un jugement de cette cour[87]. Le refus d'exécution de la décision peut alors

---

80. Il serait impossible de produire une déclaration d'appel amendée qui ajouterait un nouveau moyen si cet amendement n'avait pas lieu dans le délai de dix jours. Voir : *P.C.B. Informatique* c. *Union des employés du transport local et industries diverses, section locale 931*, D.T.E. 97T-590 (T.T.). Cependant, cet interdit n'empêche pas une partie de plaider tout argument de droit pertinent. Voir : *Résidence Sorel-Tracy* c. *Syndicat des travailleuses et travailleurs de la Résidence Sorel-Tracy*, D.T.E. 97T-496 (T.T.).

81. Le Tribunal du travail ne peut suspendre l'exécution provisoire d'une ordonnance de réintégration. Voir : *Emhart Canada ltée* c. *Laurin*, [1985] T.T. 460.

82. *Rénovaprix inc.* c. *Travailleurs(euses) unis de l'alimentation et du commerce, local 502*, [1995] T.T. 187; *Noël* c. *Tricots San Reno Inc.*, D.T.E. 95T-466 (T.T.); *Lacourse* c. *Géronto, services gérontologique inc.*, D.T.E. 97T-342 (T.T.); *Syndicat des travailleuses et travailleurs des Autobus B. Dion* c. *Autobus B. Dion (Windsor) ltée*, D.T.E. 96T-826 (T.T.); *Syndicat canadien de la fonction publique, sections locales 3333 et 3332* c. *Syndicat des employés d'entretien de la Société de transport de la rive-sud de Montréal*, D.T.E. 98T-220 (T.T.).

83. *Autobus Fortin et Poulin* c. *Leclerc*, D.T.E. 83T-693 (T.T.); *Union des employés de commerce, local 501* c. *Fabtron Corp.*, D.T.E. 87T-39 (T.T.).

84. *Garcia Transport ltée* c. *Robertson*, [1978] T.T. 346; *Syndicat des employés de l'Industrielle* c. *L'Industrielle compagnie d'assurance sur la vie*, [1978] T.T. 59.

85. *Quintin* c. *Tribunal du travail*, [1989] R.J.Q. 1471 (C.A.).

86. *Conseil régional de la santé et des services sociaux de la région de Trois-Rivières* c. *Auclair*, précité, note 60.

87. Sur les effets du dépôt, voir : *Caisse populaire Notre-Dame de Fatima* c. *Marcheterre*, D.T.E. 89T-920 (C.S.).

constituer un « outrage au tribunal[88] » et être sanctionné à ce titre (**V-85**)[89]. Signalons aussi la pénalité particulière prévue à l'article 146.1 C.t. : 500 $ pour tout jour de retard dans l'exécution d'une ordonnance en réintégration ou dans le versement de l'indemnité complémentaire (**V-104**). Pour cette même période de retard, l'indemnité journalière due au salarié s'ajoute également à ces sanctions. De plus, les tribunaux ont parfois prononcé des injonctions en pareil cas (**V-82**)[90].

V-17 — *Pour conclure* — Ce mécanisme de contrôle des décisions unilatérales de l'employeur est évidemment plus pratique et plus dynamique que les mesures de protection au *Code criminel* (**V-6**). Il est difficile cependant d'en jauger l'efficacité réelle puisque nous ne disposons pas de données satisfaisantes pour répondre aux questions qui suivent.

— Dans quelle mesure les articles 15 à 19 C.t. peuvent-ils produire un effet préventif bénéfique auprès des employeurs ? Cette question est d'autant plus intéressante que le législateur ajouta, en 1977, une pénalité sévère à l'article 146.1 C.t.

— Quel est le nombre de plaintes déposées, puis retirées, qui relèvent plus de la tactique syndicale au cours d'une période de recrutement que de réels congédiements, suspensions, déplacements, représailles ou sanctions ? Par ailleurs, dans combien de cas des salariés ont-ils refusé, négligé ou ignoré l'exercice de ce recours, alors qu'ils y avaient droit ?

— Quelle est la qualité du retour au travail de ces salariés réintégrés ? Le sont-ils vraiment et pour combien de temps ? Certains refusent-ils d'y retourner et pourquoi ?

---

88. *Duquette* c. *Zellers Inc.*, [1988] R.J.Q. 2461 (C.S.) ; *Paul* c. *9010-5115 Québec inc.*, D.T.E. 97T-310 (C.S.) ; *Hutchison* c. *Investissements Trizec ltée*, D.T.E. 87T-759 (C.A.) ; *Couton* c. *Ambulances routières Beauharnois Soulanges inc.*, D.T.E. 86T-629 (C.S.).

89. Sur la constitutionnalité de cette mesure et sa portée, voir : *Procureur général du Québec* c. *Progress Brand Clothes Inc.*, [1979] C.A. 326.

90. *Syndicat des employés de Montréal Hardware* c. *Montréal Hardware Mfg. Co.*, [1970] R.D.T. 458 (C.S.), [1971] C.A. 592 ; *Cloutier* c. *Hassenfeld Bros. (Canada) Ltd.*, [1970] T.T. 215 ; *Couture* c. *Canadian Structural Steel Works Co.*, [1970] T.T. 340 ; *Marché du Centre Baribeau* c. *Perron*, [1978] T.T. 64. Dans l'arrêt *Desfossés* c. *Dominion Textile Ltée*, J.E 79-551 (C.S.), on précisait que le recours à l'injonction demeure possible en plus des moyens d'exécution maintenant donnés à l'article 19.1 C.t. Voir : Pierre VERGE, « La protection du travail par injonction », (1981) 41 *R. du B.* 605 ; *Auger* c. *Centre hospitalier Bellechasse*, D.T.E. 83T-845 (C.S.) ; *Centre hospitalier Régina ltée* c. *Syndicat national des employés de l'Hôpital Régina*, [1983] R.D.J. 223 (C.A.) ; *Union internationale des travailleurs et travailleuses unis de l'alimentation et du commerce, section locale 503* c. *2971-0886 Québec inc.*, D.T.E. 93T-705 (C.S.).

— Le commissaire devrait-il pouvoir imposer le paiement d'une indemnité compensatrice au lieu et place de la réintégration lorsque ce dernier moyen ne lui paraîtrait pas opportun pour le salarié, l'employeur et même, pour les autres salariés[91] ?

---

91. Cette possibilité est reconnue au commissaire du travail en matière de plainte de congédiement sans cause juste et suffisante (art. 128 L.N.T.) (**V-36**).

Section 1.2
La protection de certains droits du salarié

V-18 — *De divers recours* — Plusieurs lois ont, à des fins semblables, reproduit le mécanisme propre à la protection de la liberté syndicale (**IV-17; V-8**). Par économie de moyens et pour faciliter la congruence des recours, le législateur fait appel à ces mêmes articles 15 à 20 C.t. pour garantir l'efficacité de la protection de certains droits. Dans chaque cas, certaines nuances ou distinctions doivent être faites. Ainsi, les droits protégés et le champ d'application peuvent varier en fonction des objectifs respectifs de chacune de ces lois. Afin d'en rendre compte, nous dressons ci-après un tableau de synthèse de quatorze lois où l'on effectue un semblable renvoi.

i) *La* Charte de la langue française *(ci-après C.L.F.)*: Elle interdit à un employeur « de congédier, de mettre à pied, de rétrograder ou de déplacer un membre de son personnel pour la seule raison que ce dernier ne parle que le français [...] » (art. 45 C.L.F.)[92]. La lecture de cette disposition fait nettement ressortir le champ d'application du recours. Il s'adresse non seulement au salarié au sens du *Code du travail*, mais également à tout employé de l'entreprise, qu'il soit cadre supérieur ou simple journalier. D'autre part, le champ de protection est moins vaste puisqu'il ne protège pas les mesures discriminatoires ou de représailles ou toute autre sanction. L'employé non assujetti à une convention collective qui subirait une sanction visée par la Charte et qui aurait la conviction que cette sanction lui a été imposée uniquement parce qu'il ne maîtrise que le français ou parce qu'il a exigé le respect d'un droit découlant de la Charte peut porter plainte auprès du commissaire général du travail suivant les mêmes délais et modalités que pour la plainte visant à protéger les droits syndicaux (**III-113; V-8 et suiv.**). Ainsi, la

---

92. Pareille interdiction existe également en matière d'embauche (art. 46 C.L.F.) (**II-24**).

procédure, le fardeau de la preuve, les mesures correctrices et l'exécution de l'ordonnance sont identiques. Cependant, la décision du commissaire est finale et sans appel possible auprès du Tribunal du travail[93]. S'il s'agit d'une sanction imposée à un salarié sous convention collective, ce dernier exerce son recours par la voie d'un grief (**IV-183**). Le cumul de la plainte et du grief n'est cependant pas possible[94]. Ce recours à l'arbitre peut exceptionnellement être entrepris par le salarié seul si le syndicat accrédité néglige ou encore refuse de le faire ou même si la convention collective le prive de cette voie, par exemple parce qu'il est un salarié à l'essai, etc. En effet, l'article 50 C.L.F. précise que les articles 45 et 47 C.L.F. sont réputés faire partie de toutes conventions collectives[95]. Finalement, lors de l'analyse de ce grief, le salarié bénéficie du mécanisme de la présomption de l'article 17 C.t.

ii) *La* Loi sur les heures et les jours d'admission dans les établissements commerciaux : En 1992[96], le Québec modifie les heures d'ouverture des établissements commerciaux en permettant l'ouverture sur une plage horaire beaucoup plus étendue ainsi que le dimanche. Afin de permettre aux salariés et à leurs familles de s'adapter à cette nouvelle réalité, la loi prévoit une période charnière du 18 décembre 1992 au 18 décembre 1995. Durant cette période, il était interdit à l'exploitant d'un tel établissement de « congédier, de suspendre ou de déplacer une personne à son emploi [...], d'exercer à son endroit des mesures discriminatoires ou de représailles, ou de lui imposer toute autre sanction pour le motif » que cette personne a refusé de travailler suivant le nouvel horaire de l'établissement. En pareil cas, le salarié disposait d'un recours identique en tous points à celui de l'article 16 C.t. Un appel était également possible auprès du Tribunal du travail (art. 28.1). Le législateur n'a pas cru nécessaire de maintenir cette prohibition pour les salariés qui travaillaient dans un tel secteur avant l'entrée en vigueur des modifications à la loi. Les salariés et leurs familles doivent depuis s'adapter aux vicissitudes de l'entreprise.

iii) *La* Loi sur les décrets de convention collective[97]: Un employeur visé par un décret ne peut, sans raison valable, congédier, suspendre ou déplacer un salarié pour l'un ou l'autre des trois motifs suivants (art. 30) :

— parce que le salarié a transmis certains renseignements à un représentant d'un comité paritaire;

---

93. *Lacombe* c. *W.T.H. Canada inc.*, [1986] R.J.Q. 2865 (C.A.).

94. *Richard* c. *Compagnie Borden Catelli (1989) inc. (division de la compagnie Borden ltée)*, D.T.E. 94T-1114 (C.T.).

95. *Presseault* c. *Centre local de services communautaires St-Louis du Parc*, D.T.E. 92T-518 (C.T.); *Cara Opérations Ltd.* c. *Prud'homme*, [1980] T.T. 21.

96. L.Q. 1992, c. 55, art. 1.

97. Cette dernière loi fait l'objet d'une analyse détaillée (**III-501 et suiv.**).

— en raison d'une plainte, d'une dénonciation ou du témoignage d'un salarié dans une poursuite;

— dans le but de réengager un salarié à un emploi d'une classification inférieure et ainsi éluder l'application du décret.

Le salarié qui subit une telle sanction pour l'un de ces trois motifs dispose du recours élaboré aux articles 16 à 20 C.t. (**V-8 et suiv.**)[98]. Soulignons cependant deux distinctions : seuls trois types de sanctions (congédiement, suspension ou déplacement) peuvent faire l'objet d'une plainte, et le salarié bénéficie d'un délai de 45 jours pour exercer ce recours (art. 30.1).

iv) *La* Loi sur la fête nationale : Cette loi édicte que le 24 juin est fête nationale (art. 1). Afin d'assurer au plus grand nombre de salariés ce jour de congé, la loi énonce diverses modalités d'application (indemnité, congé compensatoire, etc.). Un salarié victime d'un congédiement, d'une suspension ou d'un déplacement ou encore, victime de mesures discriminatoires ou de représailles, ou d'une autre sanction parce qu'il s'est prévalu des règles décrétées par la *Loi sur la fête nationale* dispose de 45 jours pour déposer une plainte à la Commission des normes du travail ou encore auprès du ministre du Travail. En pareil cas, l'article 123 de la *Loi sur les normes du travail* doit s'appliquer (**V-19**).

v) *La* Loi sur les tribunaux judiciaires : Une des composantes essentielles à tous systèmes de justice dans une société démocratique comprend la capacité pour un individu de rendre témoignage sans crainte de perdre son emploi. Cette loi interdit à un employeur « de congédier, de suspendre ou de déplacer un employé, d'exercer à son endroit des mesures discriminatoires ou de représailles, ou de lui imposer toute autre sanction pour le motif que ce dernier est assigné ou a agi comme témoin » (art. 5.2). Toute contravention à cette prohibition peut donner prise à une plainte auprès du commissaire du travail (**V-8**). Cette protection, croyons-nous, ne peut recevoir application que lorsqu'une personne rend témoignage devant un tribunal judiciaire et non devant un tribunal administratif. Ainsi en serait-il lorsqu'une personne témoigne devant la Régie du logement ou le Tribunal administratif du Québec. Il faut y voir une faille certaine à l'étendue de cette protection.

vi) *La* Loi sur les jurés : Notre système de droit criminel repose en partie sur l'institution du jury, moyen permettant à un accusé d'être jugé par ses pairs. Cette fonction de juré est une obligation légale et avant tout, c'est une fonction civique. Dans ce contexte, il était normal que le législateur protège le citoyen appelé à une telle tâche. Voilà pourquoi il

---

98. Un appel est possible auprès du Tribunal du travail (art. 30.1 L.D.C.C.).

est interdit à un employeur « de congédier, de suspendre ou de déplacer un employé, d'exercer à son endroit des mesures discriminatoires ou de représailles, ou de lui imposer toute autre sanction pour le motif » que cet employé a été assigné ou a agi comme juré (art. 47). Dans un tel cas, le salarié peut se prévaloir des dispositions des articles 16 à 20 du *Code du travail*. À l'égard de ce recours, cette loi renvoie intégralement aux dispositions du *Code du travail*. **(V-8)**[99]

vii) *La* Loi sur la protection des personnes et des biens en cas de sinistre : Dans certaines situations d'urgence (catastrophe naturelle, incendie de forêt, tremblement de terre, etc.), il arrive que des citoyens sont réquisitionnés pour exercer certaines fonctions ou encore, pour participer au sauvetage de personnes en détresse. Ces bons samaritains devaient recevoir protection si leur absence provoque quelque malencontreuse réaction de la part de l'employeur. Aussi, le législateur interdit à un « employeur de congédier, suspendre ou déplacer un employé ou modifier ses conditions de travail » parce que ce dernier a participé à un sauvetage ou encore à une mission d'urgence. Il faut cependant que les services de l'employé aient été requis par une personne dûment autorisée (art. 49). Cette disposition s'écarte du libellé habituel, en ce qu'elle prévoit expressément qu'une modification des conditions de travail peut donner prise à un tel recours. Une telle précision n'était peut-être pas nécessaire compte tenu de l'interprétation faite par la jurisprudence de l'expression « mesure de représailles[100] ». Le salarié doit déposer sa plainte au commissaire général du travail en respectant le délai et les formalités de l'article 16 C.t. **(V-14)**.

viii) *La* Loi électorale *(L.E.), la* Loi sur les élections et les référendums dans les municipalités *(L.E.R.M.) et la* Loi sur les élections scolaires *(L.E.S.)* : Que ce soit pour une élection provinciale, municipale ou scolaire, la législation impose à tout employeur d'accorder un congé sans solde à un employé qui désire se porter candidat à une élection (art. 248 L.E.; 347 L.E.R.M.; 201 L.E.S.). Un congé identique doit également être accordé à la personne qui agit comme agent officiel d'un candidat (art. 249 L.E.; 349 L.E.R.M.). Pendant la durée de ce congé, l'employé a droit aux avantages dont il aurait bénéficié s'il était demeuré au travail, à l'exception de sa rémunération (art. 251 L.E.; 352 L.E.R.M.; 204 L.E.S.). À la fin du congé, l'employeur est tenu de réintégrer l'employé (art. 253 L.E.; 354 L.E.R.M.). Il est interdit à un

---

99. Pour une illustration d'un tel recours, voir : *Boudreau* c. *Restaurant Vichy inc.*, [1997] C.T. 336.

100. *2540-4773 Québec inc. (Restaurant Ming Wong enr.)* c. *Doiron*, D.T.E. 91T-1241 (T.T.); *Nautilus Plus inc.* c. *Goulet*, D.T.E. 87T-723 (T.T.); *Produits vétérinaires Dispar Canada ltée* c. *Sicard*, précité, note 14.

employeur, en raison de la prise de ce congé sans solde, de congédier, mettre à pied, suspendre, rétrograder ou déplacer l'employé, ou de lui accorder des conditions de travail moins avantageuses, de porter atteinte à tout avantage relié à son emploi, pas plus qu'il ne peut réduire sa période de vacances (art. 254 L.E.; 355 L.E.R.M.; 205 L.E.S.). Face à une contravention, l'employé peut, à son choix, déposer une plainte auprès du commissaire général du travail et dans un tel cas, la procédure habituelle (art. 15 à 20 C.t.) s'applique (**V-8**) ou encore, déposer un grief (art. 255 L.E.; 356 L.E.R.M.; 205 et 206 L.E.S.) (**IV-183**)[101].

ix) *La* Loi sur les relations du travail, la formation professionnelle et la gestion de la main-d'œuvre dans l'industrie de la construction : Selon cette loi, il est interdit à un employeur de licencier un salarié, de lui refuser une promotion ou de lui imposer une peine disciplinaire pour le seul motif que ce dernier est membre d'une association de salariés[102] ou pour le contraindre à devenir membre d'une association particulière, pour qu'il s'abstienne d'en devenir membre ou encore, pour qu'il quitte une association de salariés donnée (art. 101 L.R.F.G.C.). La personne qui croit avoir été victime d'une telle pratique doit d'abord porter plainte, par écrit, au ministre du Travail dans les 15 jours (art. 105 L.R.F.G.C.). Le ministre désigne alors un enquêteur pour faire rapport. Si le salarié n'a pas reçu satisfaction, la question est soumise à un arbitre désigné par le ministre. Dès que le salarié établit qu'il a exercé un droit résultant de la loi, il incombe à l'employeur de prouver[103] qu'il disposait d'un motif juste et suffisant pour faire le geste dont se plaint le salarié (art. 106 L.R.F.G.C.). L'arbitre peut ordonner la réintégration avec ou sans compensation financière d'un salarié (art. 107 L.R.F.G.C.). Dans cette industrie particulière, le législateur a privilégié le recours à l'arbitrage plutôt que la plainte au commissaire du travail (**III-605, 621**).

---

101. Le cumul n'est cependant pas possible (art. 255 L.E.; art. 356 L.E.R.M.).

102. Le mot « association » selon cette loi signifie toute association ayant pour but l'étude, la défense et le développement des intérêts économiques, sociaux et éducatifs de ses membres, et dont la compétence s'étend à tous les métiers et emplois de la construction. Voir : art. 1 a) L.R.F.G.C. (**III-621**).

103. Le libellé de l'article 106 prévoit, selon nous, un renversement du fardeau de la preuve et non la naissance d'une présomption. Pour qu'une présomption puisse exister, le texte législatif doit le prévoir expressément (art. 2847 C.c.Q.). Pour cette raison, nous ne pouvons partager l'opinion d'un auteur qui écrit : « Si l'arbitre en arrive à la conclusion que le salarié exerce un droit protégé, il y a présomption en sa faveur que l'emploi lui a été refusé pour un tel motif et l'employeur doit démontrer qu'il a posé le geste reproché pour un motif juste et suffisant. » Voir : Pierre SAINT-LAURENT, *Le lien d'emploi : du corpus législatif régissant les droits de gestion de l'employeur*, Coll. Instruments de travail, n° 26, Sainte-Foy, Département des relations industrielles, Université Laval, 1995, p. 19.

x) *La* Loi sur l'équité salariale : Cette loi vise à « corriger les écarts salariaux dus à la discrimination systémique fondée sur le sexe » (art. 1) (**III-721**). Un salarié qui est victime de représailles pour l'un des trois motifs suivants :

— parce qu'il a exercé un droit résultant de la loi,

— parce qu'il a fourni des renseignements à la Commission,

— parce qu'il a agi comme témoin dans une poursuite,

peut déposer une plainte à la Commission de l'équité salariale (**III-722**), dans les 30 jours des représailles (art. 107). Le texte de cette disposition se distingue très nettement du libellé classique, et ce, sur deux points. D'abord, la protection ne vise pas uniquement les seules mesures prises par l'employeur; elle s'étend à quiconque (cadre, employeur, salarié, gestionnaire, consultant) agit illégalement. De plus, elle ne vise que les représailles; pourrions-nous en conclure que ce vocable serait suffisamment large pour comprendre le congédiement, la suspension, le déplacement ou toutes autres sanctions ? Nous souhaitons qu'une interprétation large prévale. Une fois la plainte déposée, la Commission soumet le litige au Tribunal du travail. Si elle refuse de le faire, elle doit en aviser le salarié par écrit et préciser ses motifs. Dans un tel cas, le salarié peut saisir lui-même le Tribunal du travail de sa plainte. Une telle demande doit être faite dans les 90 jours de la réception de l'avis de la Commission (art. 109)[104]. Lors de l'audience, le salarié peut bénéficier d'une présomption, dans la mesure où les représailles ont été appliquées dans les six mois de l'exercice du droit protégé (art. 108). Si la plainte est bien fondée, le Tribunal du travail peut, entre autres choses, ordonner la réintégration du salarié (art. 107). Sa décision est finale et sans appel (art. 113), mais sujette au pouvoir de surveillance et de contrôle de la Cour supérieure (**V-76**).

xi) *La* Loi sur les accidents du travail et les maladies professionnelles *et la* Loi sur la santé et la sécurité du travail : Ces deux lois interdisent à un employeur de congédier, de suspendre ou de déplacer un travailleur, d'exercer à son endroit des mesures discriminatoires ou de représailles ou encore de lui imposer toute autre sanction parce que ce dernier aurait exercé un droit conféré par l'une des deux lois (art. 32 L.A.T.M.P.; art. 227 L.S.S.T.). Les droits protégés par ces lois sont très vastes : demande d'indemnisation, droit de refus, retrait préventif, exercice d'une fonction telle qu'agir à titre de représentant à la prévention, etc. Si

---

104. Compte tenu du libellé des articles 107 et 109, nous ne croyons pas que le salarié puisse s'adresser dès le départ au Tribunal du travail. Il doit nécessairement déposer sa plainte à la Commission. De plus, notons qu'il est curieux que le législateur ait confié directement au Tribunal du travail cette juridiction plutôt que de suivre la filière habituelle du commissaire (**V-8**).

un travailleur croit qu'il fut victime d'une sanction illégale, il peut, à son choix, porter plainte à la Commission de la santé et de la sécurité du travail ou recourir à la procédure de grief s'il est régi par une convention collective. Le travailleur ne peut cependant cumuler ces deux voies; il se doit d'opter pour l'une ou l'autre. Si le travailleur dépose une plainte à la Commission, il devra le faire dans les 30 jours de la sanction imposée. Dans un premier temps, la C.S.S.T. peut tenter de concilier les parties pour trouver une solution à l'amiable (art. 254 L.A.T.M.P.); si cela n'est pas possible, il appartiendra à l'employeur de faire la démonstration que la sanction fut imposée pour une autre cause juste et suffisante puisque le salarié bénéficie d'une présomption dans la mesure où il ne s'est pas écoulé plus de six mois entre l'exercice d'un droit et la sanction imposée (art. 255 L.A.T.M.P.) La Commission peut ordonner à l'employeur de réintégrer le travailleur, d'annuler une sanction ou de cesser d'exercer des mesures discriminatoires ou de représailles et de lui verser le salaire et les avantages perdus (art. 257 L.A.T.M.P.). Cette décision peut faire l'objet d'une contestation devant la Commission des lésions professionnelles (art. 359.1 L.A.T.M.P.) (**V-100**).

La lecture d'un trait continu de ces multiples mesures de protection enchâssées dans ces diverses lois permet facilement de constater un manque flagrant d'uniformité et de constance :

— délai différent;

— possibilité ou non de se pourvoir en appel;

— mesures interdites variées;

— utilisation indifférente du mot « employé » ou « salarié »;

— possibilité dans certains cas de déposer un grief ou une plainte;

— présomption ou simple renversement du fardeau de la preuve;

— etc.

Notre corpus juridique en cette matière est certainement des plus confondants pour le citoyen. Il serait certes possible de reformuler en un même lieu et de façon plus cohérente et plus simple tous ces recours. Une telle approche unifiée aurait aussi le mérite de clarifier la règle de droit applicable et peut-être d'éviter aux parties des débats inutiles et coûteux. Une autre loi prévoit également un mécanisme visant la protection de l'emploi face à certaines autres décisions unilatérales de l'employeur. Il s'agit de la *Loi sur les normes du travail*. Compte tenu de son importance, tant qualitative que quantitative, nous en traitons dans une section distincte.

Section 1.3

Les pratiques interdites en vertu de la *Loi sur les normes du travail*

———

V-19 — *Présentation générale* — À la première section (**V-5**), nous avons présenté le mécanisme de protection de la liberté syndicale à la suite de son réel exercice, et nous savons aussi que ce même recours est retenu dans de nombreuses autres lois (**V-18**). La *Loi sur les normes du travail* retient également un semblable processus afin de protéger le salarié victime de certaines pratiques[105]. Nous abordons néanmoins de façon distincte la protection accordée par la *Loi sur les normes du travail*, pour deux raisons :

— l'étendue de cette loi qui, plus que toute autre, vise l'ensemble des salariés (**III-201**);

— le nombre important de plaintes annuellement déposées en vertu de cette loi indique bien qu'il ne s'agit pas d'un phénomène marginal, bien au contraire[106].

Afin d'assurer la plénitude de ses objets, la *Loi sur les normes du travail* interdit à l'employeur l'usage de certaines manœuvres dolosives et confère au salarié un recours en réparation[107]. Ces moyens sont articulés aux

———

105. L'article 123 L.N.T. renvoie au mécanisme articulé aux articles 15 à 20 C.t., et s'applique *mutatis mutandis* notamment au sujet de la preuve initiale qui incombe au plaignant, de la présomption qui pèse sur l'employeur et de la discrétion administrative dont dispose le commissaire du travail. En conséquence, sous ces trois chefs nous renvoyons le lecteur aux paragraphes précédents (**V-8 à 17**).

106. Le nombre de plaintes fondées sur la *Loi sur les normes du travail* était de 560 en 1986 et de 2 300 en 1996–1997 : un multiple de quatre en dix ans. Voir les rapports annuels de la Commission des normes du travail.

107. Plusieurs ouvrages font une présentation de ce recours, nous y renvoyons le lecteur : Jean-Louis DUBÉ et Nicola DI IORIO, *Les normes du travail*, 2ᵉ éd., Sherbrooke, Éditions Revue de

articles 122 à 123.2 L.N.T. et il convient d'abord d'en préciser les données générales.

i) *Le champ d'application* : Seul le salarié au sens de la *Loi sur les normes du travail* peut se prévaloir du recours (**III-207**)[108]. Contrairement au *Code du travail*, tous les cadres peuvent s'en prévaloir (**II-125; III-207; IV-18; V-8**). Un salarié sous convention collective peut, dans certains cas, également bénéficier d'un tel recours (art. 102 L.N.T.)[109]. De plus, un salarié peut à la fois déposer une plainte à l'encontre d'une pratique interdite et entreprendre un recours à l'encontre d'un congédiement sans cause juste et suffisante au sens de l'article 124 L.N.T. (**V-31**)[110].

ii) *Les décisions visées* : Pour bénéficier du recours, le salarié doit être visé par l'une des mesures suivantes prises par l'employeur : congédiement, suspension, déplacement, mesures discriminatoires ou de représailles, autre sanction ou mise à la retraite (art. 122 et 122.1 L.N.T.).

iii) *Les pratiques interdites* : Le salarié doit démontrer qu'antérieurement à la décision de l'employeur (point ii), il a accompli l'un ou l'autre de ces actes ou encore, il se trouvait dans l'une des situations suivantes protégées par la loi :

— l'exercice d'un droit prévu à la loi (art. 122, al. 1, L.N.T.); la fourniture de renseignements à la Commission des normes du travail (art. 122, al. 2, L.N.T.)[111]; le témoignage dans une poursuite; l'objet

---

droit de l'Université de Sherbrooke, 1992; Georges AUDET, Robert BONHOMME et Clément GASCON, *Le congédiement en droit québécois en matière de contrat individuel de travail*, Cowansville, Les Éditions Yvon Blais inc., 1996; Jean-Yves BRIÈRE et Jean-Pierre VILLAGGI, *Relations de travail*, Farnham, Éditions CCH inc., feuilles mobiles, mise à jour; Charles CAZA, *Loi sur les normes du travail*, Collection Alter Ego, Montréal, Wilson & Lafleur ltée, 1997.

108. *Commission des normes du travail du Québec* c. *Les Immeubles Terrabelle inc.*, [1989] R.J.Q. 1307 (C.Q.); *Guimont* c. *Lévesque, Beaubien, Geoffrion inc.*, D.T.E. 91T-610 (C.T.); *Commission des normes du travail du Québec* c. *Entretien sanitaire Waterville inc.*, D.T.E. 93T-479 (C.Q.). Le fait d'être actionnaire et administrateur de l'entreprise n'exclut pas pour autant le statut de salarié. Voir : *Public Idée* c. *Auclair*, D.T.E. 92T-699 (T.T.).

109. Si l'arbitre de griefs a déjà statué sur la justesse du congédiement imposé par l'employeur, il y a chose jugée et le commissaire devrait rejeter la plainte. Voir : *Carrière* c. *Société de transport de la ville de Laval*, [1995] C.T. 386. *Contra* : *Robitaille* c. *Société des alcools du Québec*, D.T.E. 97T-1282 (T.T.).

110. *Giguère* c. *Compagnie Kenworth du Canada, division de Paccar du Canada ltée*, précité, note 3. Cependant, cette multiplicité des recours soulève la question de la chose jugée. Voir : *Sevick* c. *Produits chimiques Drew Ltée*, [1993] T.T. 518; *Provost* c. *Hakim*, précité, note 3.

111. L'exercice d'un droit comprend le dépôt d'une plainte. Voir : *Thursday's Restaurant et Bar inc.* c. *Roy*, [1984] T.T. 98; une simple demande d'information suffit. Voir : *Lapointe* c. *Ti-Frère Centre de liquidation de tapis et décoration M.B. inc.*, D.T.E. 87T-481 (C.T.); *Beauclair* c. *Tanguay Auto Électrique inc.*, D.T.E. 91T-154 (C.T.); *Lepage Thermopompe inc.* c. *Soulard*, D.T.E. 88T-899 (T.T.). Il importe peu que le droit réclamé soit juridiquement bien fondé. Voir : *Citipark, a division of Citicom Inc.* c. *Burke*, [1988] T.T. 223. Il ne peut cependant s'agir d'une demande frivole ou insignifiante. Voir : *Perzow* c. *Dunkley*, D.T.E. 82T-262

d'une saisie-arrêt (art. 122, al. 3, L.N.T.)[112]; le débiteur alimentaire (art. 122, al. 3.1, L.N.T.)[113];

— la salariée est enceinte (art. 122, al. 4, L.N.T.)[114];

— le refus d'exécuter du temps supplémentaire en raison de ses obligations familiales (art. 122, al. 6, L.N.T.)[115];

— l'âge normal de la retraite (**II-182**) (art. 122.1 L.N.T.)[116];

— l'absence au travail pour cause de maladie ou d'accident (**II-152**) (art. 122.2 L.N.T.). Dans ces deux cas, le salarié doit compter trois mois de service continu[117] et ne pas s'être absenté du travail plus de dis-sept semaines au cours des douze derniers mois[118];

— la tentative de l'employeur d'éluder l'application de la loi (art. 122, al. 5, L.N.T.[119]).

(T.T.). Pour des illustrations de ces principes, voir : *Cappco Tubulor* c. *Montpetit*, [1990] T.T. 286; *Perzow* c. *Dunkley*, D.T.E. 82T-262 (T.T.); *Mathias* c. *Conso Graber Canada inc.*, D.T.E. 86T-934 (T.T.); *Quijada-Lagos* c. *Action Couture enr., division de 122585 Canada ltée*, D.T.E. 92T-1373 (C.T.); *Talbot* c. *Les Investissements Imqua inc.*, [1997] C.T. 346.

112. Pour des exemples de telles situations, voir : *Aubin* c. *Laboratoire Lalco (1987) inc.*, D.T.E. 92T-461 (C.T.); *Verville* c. *Sous-vêtements Excellence inc.*, [1992] C.T. 141; *Laganière* c. *Cantine Chez Paul Enr.*, D.T.E. 94T-367 (C.T.). Cette mesure doit être complétée par l'interdiction prévue à l'article 650 du *Code de procédure civile* (**V-61, 63**).

113. Cette dernière mesure protégée a été ajoutée en 1995 lors de l'adoption de la *Loi facilitant le paiement des pensions alimentaires*, L.Q. 1995, c. 18 (**V-62**).

114. La salariée enceinte bénéficie de la protection législative de ce seul fait. Voir : *Caisse populaire de Vimont* c. *Lachance*, D.T.E. 91T-184 (T.T.).

115. Le salarié doit cependant démontrer qu'il a tenté, par des moyens raisonnables, d'assurer autrement ses obligations familiales. Pour une illustration de démarches qui furent considérées comme raisonnables, voir : *Tardif* c. *27359975 Québec inc.*, D.T.E. 96T-419 (C.T.).

116. *St-Pierre* c. *Mont-Bruno Ford inc.*, D.T.E. 91T-156 (C.T.); *Garand* c. *Monitronick ltée*, D.T.E. 84T-304 (T.T.); *Boutiques de cartes Coronet Carlton Card Ltd.* c. *Bourque*, [1985] T.T. 322; *Gauthier* c. *Thermoshell inc.*, D.T.E. 95T-657 (C.T.). Sur les modalités d'application de cet article 122.1, voir : *Benfey* c. *Royal Institution for the Advancement of learning*, D.T.E. 89T-724 (C.S.); *La Presse Limitée* c. *Hamelin*, [1988] R.J.Q. 2480 (C.S.). Précisons que certains salariés, tels les pompiers et les membres de la Sûreté du Québec, sont exclus de cette mesure de protection. Voir : *Règlement soustrayant certaines catégories de salariés et d'employeurs de l'application de la section VI.1 et de l'article 122.1 de la Loi sur les normes du travail*, décret 2566-83, 6.0, 28 décembre 1983.

117. *Nicolazzo* c. *Copiscope inc.*, D.T.E. 93T-1307 (C.T.). Pour la définition du service continu, il faut se référer à l'article 1, al. 12, L.N.T. Voir : *Lemay* c. *Québec (Ministère du Revenu)*, D.T.E. 94T-244 (C.T.).

118. L'absence résultant d'un accident du travail ne doit pas être computée dans ce délai. Voir : *Lefebvre* c. *125852 Canada ltée*, D.T.E. 96T-473 (C.T.). Pour des illustrations de raisons jugées suffisantes pour procéder au congédiement malgré la protection, voir : *Verreault* c. *Café Laurier*, [1991] C.T. 381; *Rose* c. *Entreprises Frankel ltée*, [1993] C.T. 389; *Lebel* c. *Au Petit Goret (1979) inc.*, D.T.E. 92T-893 (C.T.).

119. *Mathias* c. *Conso Graber Canada Inc.*, précité, note 111; *Lord* c. *Hôtel-Dieu de Montréal*, [1992] T.T. 229 (décision cassée en révision judiciaire sur la question de la concomitance, D.T.E. 92T-1296 (C.S.)); *Nadeau* c. *Provigo Distribution Inc. (division Héritage)*, D.T.E. 93T-814 (T.T.); *Bouchard* c. *R.*, D.T.E. 95T-341 (T.T.); *Thibault* c. *Sa Majesté*, [1994] T.T. 362.

iv) *La mise en branle du recours* : Le salarié expédie une plainte écrite au commissaire général du travail, à la Commission des normes du travail ou encore au ministre du Travail. Cette plainte doit être déposée dans les 45 jours[120] du fait y donnant prise, sauf si le salarié prétend qu'il a été l'objet d'une sanction en raison du fait qu'il a atteint l'âge normal de la retraite (art. 123.1 L.N.T.), où le délai est alors de 90 jours[121]. Il débute à compter du moment où la mesure contestée devient effective et qu'elle est connue du salarié[122]. Pour la computation du délai, on peut se référer aux articles pertinents du *Code du travail* (art. 151.1, 151.2 et 151.3 C.t.).

v) *Le fardeau de la preuve* : Si le plaignant convainc le commissaire du travail qu'il est salarié, qu'il a été l'objet d'une pratique interdite, qu'il peut invoquer un des motifs protégés par la loi et qu'il a déposé sa plainte dans le délai imparti, il y a alors présomption que la sanction imposée par l'employeur l'a été pour l'une des raisons protégées par la loi. Dès lors, l'employeur doit démontrer que sa décision était fondée sur une autre cause juste et suffisante[123] **(V-15)**.

vi) *La concomitance* : Pour bénéficier de la présomption (point v), le salarié doit également démontrer au commissaire qu'il existe une certaine concomitance entre la sanction subie et l'exercice d'un droit protégé par la loi. Cette obligation n'est pas inscrite à la loi, mais elle découle d'une jurisprudence constante[124]. Cette concomitance est essentiellement une question de fait et d'appréciation logique des événements[125]. La période de temps qu'elle représente peut varier considérablement en fonction des circonstances particulières de l'affaire. Afin de baliser

---

120. Ce délai se distingue de la plainte sous l'article 16 C.t. qui prévoyait un délai de 30 jours **(V-11)**.

121. Les deux délais, soit 45 et 90 jours, sont des délais de rigueur. Cependant, un commissaire pourrait constater la suspension de la prescription si le salarié a été dans l'impossibilité absolue d'agir. Voir : *H. (B)* c. *P. Inc.*, précité, note 78.

122. Le délai débute à compter du moment où le salarié est informé de la sanction et qu'il comprend qu'elle est effective. Voir : *Beauregard* c. *Bonneterie Paramount*, D.T.E. 88T-139 (C.T.); *Vivier* c. *L'Industrielle, compagnie d'assurance sur la vie*, [1983] C.T. 48; *Dussault* c. *London Life, compagnie d'assurance-vie*, D.T.E. 93T-866 (C.T.); *Bernard* c. *Garderie Au Petit Nuage*, [1994] C.T. 290.

123. *Bouliane* c. *Brasserie Le Boucanier Inc.*, précité, note 61; *Léger-Gilles-Jean* c. *Centre d'accueil Denis-Benjamin Viger*, D.T.E. 91T-414 (T.T.); *Larose* c. *Brière*, D.T.E. 91T-634 (C.S.).

124. Voir notamment : *Imam* c. *École polytechnique de Montréal*, D.T.E. 90T-1146 (T.T.); *Gaucher Lefebvre* c. *Buanderie Magog inc.*, D.T.E. 85T-851 (C.T.); *Shuster* c. *Gestion N.S.I. inc.*, précité, note 72; *Informatech inc.* c. *Bass*, précité, note 72; *Page-Earl* c. *Compagnie de mobilier Bombay du Canada inc.*, précité, note 73.

125. *Les Produits pétroliers d'Auteuil inc.* c. *Décarie Moro et Tribunal du travail*, D.T.E. 85T-477 (C.S.).

davantage cette discrétion qui échoit au commissaire, la loi (art. 123.2 L.N.T.) prévoit que lors de la prise d'un congé de maternité ou parental, le salarié bénéficie de la présomption pour au moins vingt semaines après le retour au travail du salarié. En somme, la loi détermine la période minimale durant laquelle la concomitance est présumée. Au-delà de cette période, il appartient, dans ces deux cas, au salarié de démontrer ce rapport.

vii) *Les mesures correctrices* : À défaut par l'employeur de repousser la présomption, le commissaire doit ordonner la réintégration du salarié au poste qu'il occupait et qu'il a perdu en raison du congédiement, du déplacement ou de la suspension ou, s'il y a lieu, annuler la sanction ou la mesure de représailles ou discriminatoire (**V-12**). De plus, le commissaire doit condamner l'employeur à payer au salarié l'équivalent du salaire perdu entre l'imposition de la sanction et la réintégration réelle du salarié ou l'annulation de la sanction (art. 15, 19 C.t.) (**V-13**). Cependant, le salarié demeure tributaire de son obligation de mitiger ses dommages (**V-12**). S'il s'agit d'un domestique[126], la loi (art. 123 C.t.) prévoit que la compensation financière ne peut excéder trois mois de salaire sans réintégration.

viii) *L'exécution de l'ordonnance* : L'ordonnance de réintégration doit être exécutée dans les huit jours. À défaut de quoi l'employeur est passible de la pénalité prévue à l'article 146.1 C.t. (**V-104**). De plus, il peut faire l'objet d'une requête pour outrage au tribunal si la décision est déposée au bureau du protonotaire de la Cour supérieure (art. 19.1 C.t.) (**V-16**).

Bien que le mécanisme prévu à cette loi semble simple et facile d'usage, son application entraîne plusieurs embûches et contraintes. De nombreuses questions sont soulevées et la jurisprudence tente, parfois à tâtons et par à-coups, d'y répondre.

V-20 — *Sanctions illégales* — Pour avoir accès à ce recours, le salarié doit être victime d'une pratique interdite (**V-19, point iii**). À l'égard de ces dernières situations, ce ne sont pas toujours les mêmes actes de l'employeur qui sont interdits, d'où l'intérêt de faire une lecture attentive des articles 122 et 122.2 L.N.T. Ainsi, l'article 122 interdit à l'employeur ou à son agent de congédier, suspendre, déplacer un salarié, d'exercer des mesures discriminatoires

---

126. Le domestique est défini ainsi : Salarié employé par une personne physique et dont la fonction principale est d'effectuer des travaux ménagers dans le logement de cette personne, y compris le salarié dont la fonction principale est d'assumer la garde ou de prendre soin d'un enfant, d'un malade, d'une personne handicapée ou d'une personne âgée et d'effectuer dans le logement des travaux ménagers qui ne sont pas directement reliés aux besoins immédiats de la personne gardée (art. 1, al. 6, L.N.T.).

ou de représailles, ou de lui imposer toute autre sanction[127]. Pour sa part, l'article 122.1 L.N.T. prohibe à l'employeur ou à son agent de congédier, suspendre ou mettre à la retraite un salarié. Finalement, l'article 122.2 L.N.T. défend à l'employeur ou à son agent de congédier, suspendre ou déplacer un salarié qui compte trois mois de service continu chez l'employeur, pour le motif d'une absence pour cause de maladie. Comme on peut le constater, les mesures interdites varient et sont plus ou moins étendues selon l'activité protégée. Nous reprenons ci-après ces différentes interdictions afin de mieux les circonscrire.

i) *Congédier* : Le congédiement s'entend d'une rupture unilatérale par l'employeur du contrat de travail. Il convient, selon la jurisprudence, d'interpréter largement le mot congédiement pour les fins particulières de ce recours[128]. Ainsi, cette rupture peut revêtir plusieurs formes selon les circonstances de temps et de lieu. Ce qui peut être vrai dans un cas peut ne pas l'être dans un autre au-delà des premières apparences : non-renouvellement d'un contrat à durée déterminée[129], licenciement[130], non-rappel au travail à la suite d'une mise à pied[131], salarié placé sur une liste de rappel[132]. Des modifications substantielles des conditions de travail pourraient être qualifiées de congédiement[133]. Dans ce dernier

---

127. L'article 122 fut modifié en 1990 (*Loi modifiant la Loi sur les normes du travail et d'autres dispositions législatives*, L.Q. 1990, c. 73) afin d'ajouter les mots : « d'exercer à son endroit des mesures discriminatoires ou des représailles ou lui imposer toute autre sanction ». Cette modification avait pour objet d'harmoniser le texte avec celui de l'article 15 C.t. (**V-8**).

128. *Club de golf de Sherbrooke inc.* c. *Hurdle et Bourgault*, [1984] T.T. 339 ; *Rollin* c. *Acklands Ltée*, D.T.E. 84T-257 (T.T.) ; *Rood-Pasquini* c. *Restaurant Mirada Inc.*, D.T.E. 85T-87 (C.T.) ; *Lizotte* c. *Plante*, D.T.E. 88T-52 (C.T.).

129. *Mark C. Moore* c. *Compagnie Montréal Trust*, précité, note 19 ; *Imam* c. *École polytechnique de Montréal*, précité, note 124 ; *Gagné* c. *Commission scolaire de Chicoutimi*, D.T.E. 96T-78 (C.A.) ; *Écoles musulmanes de Montréal* c. *Dupuis*, D.T.E. 92T-972 (T.T.). Par ailleurs, le non-renouvellement du contrat ne constitue pas l'équivalent d'un congédiement lorsque le contrat est arrivé à son terme et qu'il n'y avait aucune expectative qu'il soit renouvelé. Voir : *Hudon* c. *Ville d'Alma*, D.T.E. 87T-200 (C.T.) ; *École supérieure des Ballets Jazz* c. *Juaneda*, [1984] T.T. 207.

130. *Club de golf de Sherbrooke inc.* c. *Hurdle et Bourgault*, précité, note 128 ; *Boucher* c. *Manufacture de chaussures Excel ltée*, [1983] C.T. 41 ; *Service et ventes Montréal inc.* c. *Rémillard*, D.T.E. 85T-5 (T.T.) ; *Lamy* c. *Kraft ltée*, D.T.E. 91T-49 (C.A.) ; *Commission des normes du travail* c. *Mia inc.*, D.T.E. 85T-590 (C.A.) ; *Fortin* c. *Consultants B.P.R., S.E.N.C.*, D.T.E. 97T-1340 (T.T.).

131. *Boyer* c. *Hewitt Equipment Limitée*, [1988] R.J.Q. 2112 (C.A.) ; *Louidor* c. *LaGran Canada inc.*, D.T.E. 92T-1247 (C.T.) ; *Émond* c. *La Malbaie (Ville de)*, D.T.E. 92T-184 (T.A.).

132. *Leduc* c. *Centre d'accueil Marie-Lorraine inc.*, [1991] C.T. 384.

133. *Couture* c. *Entreprises Camway ltée*, D.T.E. 91T-185 (C.T.) ; *Reilly* c. *Hotels of distinction (Canada) Inc. et Hôtel Le Grand/Grand Hotel*, D.T.E. 87T-645 (C.S.) ; *Courchesne* c. *Restaurant et charcuterie Bens inc.*, D.T.E. 90T-143 (C.A.) ; *Rag* c. *Caisse populaire de Thetford Mines*, D.T.E. 91T-1133 (C.S.) ; *Centre Butters-Savoy inc.* c. *St-Laurent*, [1994] T.T. 488 ; *Farber* c. *Cie Trust Royal*, [1997] 1 R.C.S. 846.

cas, on qualifie la rupture du lien d'emploi de congédiement par induction[134]. La situation qui pose difficulté consiste à savoir distinguer le congédiement de la démission apparente. (**II-180**). En somme, le commissaire doit déterminer qui a pris l'initiative réelle de la rupture du lien d'emploi et si la démission fut librement et volontairement consentie[135].

ii) *Suspendre* : La suspension est l'interruption de l'emploi du salarié pour une période fixée par l'employeur (**II-166**)[136].

iii) *Déplacer* : Le déplacement est l'action de muter le salarié de son poste habituel à un autre poste[137]. Il peut également s'agir d'une modification des tâches à accomplir[138] ou des conditions de travail[139].

iv) *Exercer des mesures discriminatoires, de représailles ou toute autre sanction* : Parce que ces expressions furent importées par mimétisme de l'article 15 C.t., nous renvoyons le lecteur à nos propos plus avant (**V-8, 9**).

V-21 — *La médiation* — Dans la mesure où les parties y consentent, la Commission des normes du travail (**III-223**) peut désigner un médiateur pour tenter de trouver une solution idoine au conflit qui oppose les parties[140]. Cette personne ne doit avoir aucun lien avec les parties, pas plus qu'elle ne peut avoir agi antérieurement au dossier. La médiation se déroule habituellement en trois temps[141] :

— l'explication aux parties des buts, conditions et limites du processus;

— la mention des contraintes et des objectifs des parties;

— la recherche de pistes de compromis.

---

134. Certains utilisent l'expression «congédiement déguisé». Voir : *Lancup* c. *Société canadienne internationale d'informatique ltée*, D.T.E. 97T-228 (C.S.).

135. *Loiseau* c. *Restaurant le Routier Enr.*, D.T.E. 89T-177 (C.T.); *Davis* c. *Garderie Taub*, [1990] T.A. 231, 235-236; *Pierreau* c. *Sirbain inc.*, [1984] T.A. 581.

136. *St-Gelais* c. *Cie de fiducie Canada Permanent*, D.T.E. 85T-362 (C.T.); *Grenier* c. *Services alimentaires C.U.C. inc.*, [1995] C.T. 38.

137. La détermination du poste régulier du salarié peut poser problème. À titre d'illustration, voir : *Sayer* c. *General Motors*, [1983] T.T. 238.

138. *Centre Butters-Savoy inc.* c. *St-Laurent*, précité, note 133; *Hébert* c. *Garderie éducative Citronnelle*, [1994] C.T. 451.

139. *Howard* c. *122596 Canada inc.*, D.T.E. 88T-898 (C.T.); *Bellingham Nettoyeurs et Tailleurs Ltée* c. *St-Hilaire*, [1983] T.T. 64; *Larocque* c. *Créations White Sister inc.*, [1988] C.T. 115; *Daigneault* c. *Olivetti Canada Ltée*, [1992] T.T. 102.

140. L'article 123.3 L.N.T. n'emploie pas le mot médiateur mais le rôle de cette personne est certainement assimilable à celui d'un médiateur. Voir : Hubert TOUZARD, *La médiation et la résolution des conflits*, Paris, Presses universitaires de France, 1977, p. 154.

141. Voir : Commission des normes du travail, «Médiation, règles d'éthique» (document interne).

Si le processus est fructueux, le médiateur peut, à la demande des parties, rédiger l'entente. Cette dernière prend habituellement la forme d'une transaction au sens du *Code civil du Québec* (art. 2631 C.c.Q.). Aucun contrôle de qualité n'est exercé sur cette entente et elle n'est pas entérinée par le commissaire du travail. Si les parties éprouvent des difficultés par la suite, elles doivent s'adresser à la Cour supérieure pour faire homologuer cette transaction (art. 2633 C.c.Q.; art. 885 *Code de procédure civile*). La décision qui homologue l'entente est exécutoire comme toute décision de la Cour supérieure (**V-47, 85**). En aucun cas le médiateur ne peut être contraint à dévoiler toute information recueillie dans le cadre de sa mission (art. 123.3 *in fine* L.N.T.). Cette dernière mesure est essentielle pour assurer l'intégralité et l'impartialité du processus de la médiation. Il faut aussi savoir qu'à toute étape du processus de médiation, l'une des parties peut se retirer et refuser de poursuivre la recherche d'un quelconque compromis.

V-22 — *Autre cause juste et suffisante* — Tout comme en matière de plainte visant à protéger l'activité syndicale (**V-15**), le commissaire doit être satisfait de la preuve présentée par l'employeur relative à la présence d'une cause sérieuse, par opposition à un prétexte, et s'assurer qu'elle constitue bien la cause véritable de sa décision. À cet égard, le fardeau de l'employeur est double : convaincre le commissaire que le motif mis en avant est vrai et qu'il ne constitue pas un prétexte ni une ratiocination[142]. En aucun cas le commissaire ne peut pondérer la sanction ou évaluer sa rigueur. Il est difficile de donner des indications réelles et concrètes de ce qui peut constituer une autre cause juste et suffisante tant les situations peuvent être différentes en cette matière. À titre d'illustrations, nous rappelons qu'en certaines affaires, l'employeur écarta la présomption en faisant valoir : des considérations économiques[143], le comportement délinquant, abusif, intransigeant ou déraisonnable du salarié[144], le rendement insuffisant du salarié[145], l'abolition du poste du salarié[146], des changements technologiques[147] ou un conflit de personnalité[148].

---

142. *Lavigne et Frères inc.* c. *Deland*, [1988] T.T. 249.
143. *Darveau* c. *Bijouterie Paul-A. Langlois ltée*, D.T.E. 92T-1068 (C.T.); *Bauhart-Hamel* c. *Laboratoires alimentaires Bio-Lalonde, service de surveillance S.G.S. inc.*, précité, note 69; *Centre de l'auto Poulin inc.* c. *Breault*, D.T.E. 93T-1176 (T.T.).
144. *Sain* c. *Multi-Démolition S.D.*, [1994] T.T. 248; *Ballou* c. *S.K.W. Canada inc.*, D.T.E. 94T-1074 (C.T.); *Sévigny* c. *Kraft General Foods Canada*, D.T.E. 92T-317 (C.T.); *Labelle* c. *Bell Helicopter Textron*, D.T.E. 95T-752 (C.T.)
145. *McEvoy* c. *École Sacré-Cœur de Montréal*, [1985] C.T. 258; *Gagnon* c. *Best Glove Manufacturing Ltd.*, D.T.E. 92T-405 (C.T.); *Shuster* c. *Gestion N.S.I. Inc.*, précité, note 72.
146. *Blais* c. *Lavery de Billy*, D.T.E. 95T-1246 (C.T.); *Lauzon* c. *Centre hospitalier Ste-Jeanne d'Arc*, D.T.E. 88T-482 (T.T.).
147. *Parent* c. *Freitag et The Gazette*, [1986] C.T. 76.
148. *Lavallée* c. *Abitibi-Price Inc., division Azerty*, D.T.E. 95T-701 (C.T.).

V-23 — *Le redressement* — Les pouvoirs de redressement du commissaire sont essentiellement les mêmes que ceux qu'il possède en matière de protection de la liberté syndicale, soit la réintégration et le paiement d'une indemnité compensatoire (**V-12**). Les tribunaux reconnurent déjà que les pouvoirs de redressement confiés au commissaire du travail (art. 123 L.N.T.) étaient conformes aux dispositions de la Constitution relatives au partage des compétences[149] (**I-25**), sauf pour la question des dommages moraux; l'expression « autres avantages » de l'article 15 C.t. n'engloberait pas cette notion[150]. L'appel et l'exécution de la décision du commissaire du travail ont déjà été vus et nous y renvoyons le lecteur (**V-16**).

V-24 — *La portée réelle de la protection* — Ce mécanisme de protection a connu une efficacité accrue en 1990 à la suite de la modification apportée à l'article 123 autorisant la Commission des normes du travail à représenter le salarié devant le commissaire du travail. Ainsi, la Commission offre les services d'un procureur à ces salariés[151]. Cependant, cette représentation est exclue si le salarié est représenté par un syndicat accrédité, bien que le syndicat n'assume pas formellement une telle obligation selon le *Code du travail*. Soulignons qu'aucune étude empirique ne démontre l'efficacité réelle du recours, et particulièrement le taux de réussite de l'ordonnance de réintégration. Les statistiques permettent de comprendre que très peu de plaintes sont accueillies, soit un peu plus de 10 %. Dans la très vaste majorité des cas, soit 70 %, le salarié se désiste de sa plainte[152]. Ce phénomène peut résulter de ce que :

— le salarié évalue trop hâtivement et superficiellement la justesse et le bien-fondé de sa plainte; ou

— il ressent un sentiment d'impuissance lorsqu'il s'attaque à un employeur souvent mieux pourvu que lui pour faire face à une telle situation; ou

— il y a eu des règlements hors cour ou encore, des plaintes furent soumises pour des fins tactiques; ou

— la multiplicité possible des recours incite invariablement au désistement de ces plaintes;

— etc.

---

149. *Restaurants et motels Inter-cité inc.* c. *Vassart*, [1981] C.S. 1052; *Di Leo* c. *Hétu*, [1982] C.S. 442.
150. *Shomali* c. *Investissements Jeffran ltée*, D.T.E. 88T-537 (C.T.).
151. Cette représentation n'est cependant pas effective lors de la séance de médiation (**V-21**). Dans cette dernière situation, le salarié est laissé à lui-même et peut être accompagné d'un conseiller.
152. J. DESMARAIS, *loc. cit.*, note 2.

Une étude attentive des cas permettrait sans doute de mieux comprendre cette situation afin d'apporter les correctifs nécessaires à la réduction d'un exercice intempestif de ces recours ou d'adapter le mécanisme à la réalité que connaissent vraiment les salariés. D'autres pratiques sont interdites en vertu du *Code du travail* et nous devons également les connaître.

Section 1.4
Les pratiques interdites
en vertu du *Code du travail*

——————

V-25 — *Genèse* — Quelle que soit la volonté des salariés et quels que soient les efforts d'un syndicat pour solliciter leur appui, l'expérience enseigne que des employeurs peuvent, s'ils en décident ainsi, rendre fort difficile la venue d'un syndicat dans leur entreprise. N'ont-ils pas embauché et rémunéré des salariés pour l'exécution de tâches précises et non pour qu'ils s'occupent à une autre mission? Ne disposent-ils pas de mille occasions pour exprimer leurs vues, leurs conceptions des choses et leur échelle de valeurs? Ne sont-ils pas maîtres des destinées des entreprises et des mouvements de personnel? En somme, un employeur têtu, par sa situation plus que privilégiée, pourrait empêcher un syndicat de prendre racine dans son entreprise ou, si nécessaire, participer à son choix. De semblables pressions patronales sont beaucoup moins imminentes, directes et ouvertes, lorsque les rapports collectifs du travail s'articulent sur la base d'une région ou d'un secteur d'activité. Lorsque ces rapports sont tenus dans le cadre d'une entreprise, comme c'est le cas en Amérique du Nord (**IV-I**), la proximité est telle que l'employeur peut plus facilement sentir les préparatifs à la venue d'un syndicat ou ressentir davantage les implications immédiates de ce changement de régime. Les réactions ne peuvent alors qu'être plus directes et plus vives. Ces dangers d'influence indue de l'employeur furent appréhendés dès l'origine des premières lois sur les rapports collectifs du travail. Ainsi, en 1935, le *National Labor Relations Acts* ou *Wagner Act* comprenait déjà cinq types d'interventions patronales prohibées dans le but de permettre une action syndicale libre aux États-Unis. Elles furent modifiées en 1947 (*Taft-Hartley Act*) pour alléger quelque peu leur rigueur et pour prohiber de la même manière l'intervention des syndicats auprès des associations patronales[153]. Tout comme la loi-matrice américaine, nous avons aussi, depuis 1944, une série de règles prohibant certaines interventions patronales qualifiées de pratiques interdites **(IV-25)**[154].

V-26 — *La sollicitation interdite* — Les deux premières modalités, soit les articles 5 et 6 C.t., établissent une démarcation entre l'action syndicale et l'activité de production du salarié. On y prohibe la sollicitation syndicale durant les heures de travail et la tenue de réunions syndicales sur les lieux de travail. Il s'agit de mesures qui visent à éviter que l'employeur n'abuse de son autorité auprès d'une population captive. Durant les heures de travail, le recrutement syndical est prohibé, tant par les salariés que par les agents ou les représentants d'associations[155]. Il en va de même pour la tenue de réunions sur les lieux de travail; tant qu'une association n'est pas accréditée, il ne peut y en avoir[156]. Cette prohibition devrait éviter que les activités de l'entreprise ne soient perturbées par de telles réunions. Par ailleurs, cette même interdiction devrait aussi empêcher qu'une association favorite ou nettement dominée par l'employeur puisse, en un clin d'œil, voir le jour. L'exception prévue à l'article 6 C.t. illustre bien, *a contrario*, la finalité de cette prohibition générale et bilatérale. Dans le cas d'un syndicat accrédité, son authenticité étant préalablement vérifiée, ces réunions peuvent être tenues, si toutefois l'employeur y consent[157].

V-27 — *La liberté d'expression* — Est-ce à dire que l'article 6 C.t. prive l'employeur de transmettre aux salariés sa version au sujet des conditions de travail ou de toutes autres questions ayant trait à la relation d'emploi ? Bien qu'il dispose, comme toute autre personne, de la liberté d'expression et d'opinion, il nous faut considérer l'objet du discours et les effets recherchés, ce qui, on le comprend, rend impossible la prise d'une position catégorique et sans nuances. De plus, il nous faut analyser cette question sous le prisme des libertés constitutionnelles[158]. Dans le cas d'une gestion directe et dynamique, où les rapports et échanges sont réguliers entre tout le personnel de l'entreprise ou d'un service,

---

153. Harry A. MILLIS et Emily CLARK BROWN, *From the Wagner Act to Taft-Hartley, a Study of National Labor Policy and Labor Relations*, Chicago, University of Chicago Press, 1950.
154. Il s'agit d'une traduction un peu trop fidèle de l'expression américaine *unfair labor practices*. On trouvait initialement ces règles aux articles 20, 21, 22 et 23 de la *Loi des relations ouvrières*. Ces dispositions se trouvent maintenant aux articles 5, 6, 12, 13 et 14 C.t.
155. *Mitchell* c. *Serabjet-Singh*, [1979] T.T. 294; *Communauté régionale de l'Outaouais* c. *Rompré*, D.T.E. 87T-851 (T.T.).
156. *Meilleur* c. *Syndicat des employés de Gaz métropolitain Inc. (C.S.N.)*, [1973] T.T. 380; *Collège Bourget de Rigaud* c. *Pellerin*, [1975] T.T. 247.
157. Si une association est déjà accréditée, il peut être parfois préférable qu'une réunion puisse être tenue sur les lieux de travail afin de permettre à plus de salariés d'y participer.
158. David C. MCPHILLIPS, « Employer Free Speech and the Right of Trade Union Organization », (1982) 20 *Osgoode Hall L.J.* 138.

les cadres peuvent disposer de plusieurs occasions pour traiter des implications de la venue éventuelle d'un syndicat ou des demandes attendues ou déjà formulées d'un syndicat accrédité. On ne saurait donc nier le droit de l'employeur de s'exprimer, mais il se doit de le faire avec réserve et, notamment, de manière à ne pas ainsi exercer quelques menaces, pressions ou intimidations par ailleurs expressément prohibées aux articles 12, 13 et 14 C.t.[159]. En raison de ces dernières dispositions et de la nécessité de protéger les salariés, l'employeur a certes une obligation de réserve, ce qui ne pourrait se traduire en une obligation d'abstention totale ni en celle de devoir dire le contraire de ce qu'il croit[160].

V-28 — *L'exploitation forestière et minière* — À l'occasion de la codification de 1964 (**IV-4**), on pondéra quelque peu la rigueur des articles 5 et 6 C.t., de manière à faciliter l'action syndicale et notamment la sollicitation auprès des salariés des milieux éloignés, au point qu'ils doivent aussi y séjourner. Il pouvait alors être difficile de démarquer les lieux de travail des quartiers résidentiels, et les représentants syndicaux devaient pouvoir franchir la propriété de l'employeur pour joindre les salariés. Dans le cas d'activités saisonnières (la coupe de bois), il pouvait même être impossible de rejoindre les salariés hors saison, en raison de la diversité de leur lieu d'origine respectif. Ainsi, les articles 7, 8 et 9 C.t. prévoient-ils des adaptations particulières concernant les exploitations forestières et minières. Ces modalités visent à permettre un réel exercice de la liberté syndicale dans ces milieux :

— à l'aide d'une définition adaptée du lieu de travail (art. 7 C.t.);

— en reconnaissant un droit de séjour aux représentants syndicaux (art. 8 C.t.);

— en autorisant les représentants syndicaux à rencontrer les salariés dans leur lieu d'hébergement;

— en adaptant ces mêmes modalités au régime d'accréditation pour tenir compte du particularisme de ces milieux de travail[161].

---

159. Dans chaque situation, il faut considérer l'ensemble des faits et parfois même du non-dit. Voir : *Syndicat des employés de soutien de l'Université Bishop (C.S.N.)* c. *Université Bishop*, [1990] T.T. 39; *Beauclair* c. *Kirouac*, D.T.E. 93T-194 (T.T.); *Syndicat canadien des communications, de l'énergie et du papier, section locale 194* c. *Disque Améric inc.*, [1996] T.T. 451; *Sobeys inc.* c. *Gauthier*, D.T.E. 96T-1077 (C.S.); *Fleury* c. *Épiciers unis Métro-Richelieu inc.*, D.T.E. 96T-1140 (T.T.); *Hôtel Travel Lodge Montréal Centre* c. *Union des employés(es) de la restauration*, M.U.A., local 9400, [1997] T.T. 261.

160. *Banque Nationale du Canada* c. *Union internationale des employés de commerce*, [1984] 1 R.C.S. 269, notamment l'observation de M. le juge Beetz à la page 296 ; « Ce type de sanctions est totalitaire et par conséquent étranger à la tradition de pays libres [...] ».

161. À ces fins, il faut retenir les dispositions particulières du *Code du travail* aux articles 2, 8 et 138 b) C.t. et des règlements qui en découlent. Voir : *Syndicat des forestiers de Rayonnier Québec (C.S.N.)* c. *Les Industries I.T.T. Canada Ltée Division Rayonnier Québec*, [1979] T.T. 160.

Une simple consultation des décisions des organismes successivement compétents (C.R.O., C.R.T., commissaire du travail et Tribunal du travail) permettrait de constater le nombre de conflits que nous avons connus depuis 1944 dans les secteurs d'activité de la forêt et des mines. On comprend que les articles 7, 8 et 9 C.t. étaient alors parfaitement justifiés. Trente ans après, ces règles ont une importance pratique fort plus réduite, en raison notamment de l'évolution technologique et de nouvelles organisations du travail qui permettent à ces mêmes salariés de réintégrer leur domicile toutes les semaines, sinon tous les jours. Cela ne signifie nullement cependant que ces mêmes dispositions ne seraient plus pertinentes. Elles le demeurent, spécialement aux fins du contrôle de la représentativité des syndicats préalable à une accréditation ou à sa révocation. Par ailleurs, le fait qu'en 1985 la Commission consultative sur le travail et la révision du *Code du travail* n'ait pas proposé quelque changement au sujet de ces trois dispositions est en lui-même révélateur du peu de problèmes qu'elles semblent soulever, tant auprès du commissaire que des parties[162].

V-29 — *Les menaces à la liberté syndicale* — Les mesures les plus sévères et les plus draconiennes relatives aux initiatives prohibées de l'employeur se trouvent aux articles 12, 13 et 14 C.t. En effet, l'action subversive de certains employeurs pour miner l'exercice réel, pratique et efficace de la liberté syndicale consiste principalement «à dominer, entraver ou financer la formation ou les activités d'une association de salariés [...]» (art. 12 C.t.)[163]. Face à la mise sur pied d'un syndicat au sein d'une entreprise, des employeurs utilisent directement ou par personnes interposées des moyens pour stopper ce mouvement en tentant de saborder le syndicat en formation, en contrôlant l'action syndicale par l'infiltration d'hommes de main ou en offrant aux salariés un syndicat maison plus docile et conciliant. De telles actions ou réactions combatives peuvent provenir aussi bien de gestionnaires de grandes ou de petites entreprises, d'institutions privées ou publiques de tous les secteurs économiques (primaire, secondaire et tertiaire)[164]. En

---

162. COMMISSION CONSULTATIVE SUR LE TRAVAIL ET LA RÉVISION DU CODE DU TRAVAIL, *Le travail, une responsabilité collective*, Québec, Les Publications du Québec, 1985; une autre indication de l'absence de controverse résulte du peu de décisions rapportées ayant trait à ces mêmes articles.

163. André C. CÔTÉ, «Les pratiques interdites : l'ingérence et l'entrave de l'employeur dans la formation ou les activités du syndicat», dans Noël MALLETTE (dir.), *Gestion des relations du travail au Québec : le cadre juridique et institutionnel*, Montréal, McGraw-Hill, 1980, p. 159.

164. Les recueils de jurisprudence sous ce titre permettent de découvrir une panoplie de moyens anti-syndicaux et les difficultés à établir parfois la preuve de leur usage. À simple titre d'illustrations, voir : *Union des employés de MacFarlane-Lefaivre Mfg. Ltd. (Division Labelle)* c. *Union des ouvriers du cuir de Montréal, local L-102*, (1965) 20 *Rel. Ind.* 372; *Chalifoux* c. *Association des employés de Peerless Clothing (1962) Ltée*, [1970] T.T. 103; *St-Germain* c. *Clix Fastener Corporation*, [1970] T.T. 307; *Union des employés de commerce, local 500* c. *Association des employés de A. de la Chevrotière Inc.*, [1971] T.T. 121; *Girard* c. *Union des employés de commerce, local 500*, [1971] R.D.T. 129 (T.T.); *Côté* c.

raison de leurs conséquences juridiques, nous soulignons principalement la prohibition des gestes anti-syndicaux visés à l'article 12 C.t. qui est sanctionnée par deux mesures[165]:

— une pénalité particulière établie à l'article 143 C.t. (**V-104**);

— la déchéance du droit à l'accréditation (art. 31, 149 C.t.) (**IV-49**)[166].

Dans certains cas, un troisième moyen serait possible par l'effet de l'article 63 b) C.t. : le salarié à la solde de l'employeur et qui participe à ces actes anti-syndicaux peut, en plus de son expulsion du syndicat, perdre son emploi (**IV-23**). Parce qu'il s'agit d'une matière d'ordre pénal, la preuve de la commission de l'acte prohibé par l'employeur ou ses représentants doit être établie hors de tout doute (**V-103**) :

> On doit convenir qu'il est extrêmement difficile de faire une preuve directe de domination. Les intéressés auront rarement ou jamais l'outrecuidance de faire des déclarations publiques ou de poser des gestes au su et à la vue des tiers ou des intéressés, exprimant de

---

Compagnie F.W. Woolworth, [1976] T.T. 66, confirmé par [1978] R.L. 439 (C.S.); *Union canadienne des travailleurs unis de brasseries, farine, céréales et liqueurs douces, local 302* c. *La Brasserie Molson du Québec Ltée*, [1977] T.T. 235; *Association des employés de St-Lambert Transport* c. *Syndicat international des travailleurs des industries pétrolière, chimique et atomique, local 9-720*, [1978] T.T. 236; *Roy* c. *Commission scolaire des Mille-Îles*, [1984] T.T. 324; *Union des employés de commerce, local 503* c. *Guilde des employés de Super Carnaval (Lévis)*, [1985] T.T. 196; *Desautels* c. *Papeterie La Liberté Inc.*, [1986] T.T. 175; *Association des travailleurs et travailleuses de l'industrie et du commerce, local 303* c. *Travailleurs unis de l'alimentation et du commerce, local 503 et Techni Mica inc.*, [1989] T.T. 404; *Schnaiberg* c. *Métallurgistes unis d'Amérique, section locale 8990 et al.*, [1993] R.J.Q. 55 (C.A.); *Société Radio-Canada* c. *Canada (Conseil des relations du travail)*, [1995] 1 R.C.S. 157; *Bourget* c. *Matériaux B.G.B. ltée*, D.T.E. 95T-1257 (T.T.); *Pavillon St-Joseph, imprimerie des Sœurs de Ste-Croix* c. *Syndicat des travailleuses et travailleurs du Pavillon St-Joseph*, D.T.E. 97T-325 (C.S.).

165. L'article 149 C.t. permet également la dissolution judiciaire du syndicat entaché d'un tel vice. D'ailleurs, la Cour suprême du Canada reconnut la légalité de ce pouvoir de dissolution : « Collective bargaining becomes meaningless if either of the parties to that process is dominated by the other » : *Tremblay* c. *Commission des relations de travail du Québec*, [1967] R.C.S. 697, 701 (j. Abbott).

166. *Syndicat des salariés de Québec Poultry St-Jean Baptiste (C.S.N.)*, [1975] T.T. 359; *Syndicat des employés de la société d'entretien Impar Ltée (C.S.N.)* c. *Union des employés de service, local 298 F.T.Q.*, [1977] T.T. 221; *Confédération des syndicats nationaux et Syndicat des salariés du Château Bonne Entente* c. *Union des employés de restauration du Québec, local 102*, [1983] T.T. 177; *Regroupement des ex-travailleurs des Centres de distribution Steinberg* c. *Union internationale des travailleurs et travailleuses unis de l'alimentation et du commerce, section locale 501*, D.T.E. 93T-1040 (T.T.); *Confédération des syndicats nationaux* c. *L'Association des artisans de reliure Travaction inc.*, [1991] T.T. 235. Un vote favorable au syndicat avant l'étude d'une plainte sous l'article 12 C.t. n'a pas nécessairement l'effet rédempteur. Voir : Fernand MORIN, « L'effet du vote au scrutin secret préalable à l'accréditation », [1969] 24 *Rel. Ind.* 432.

façon irréfutable la domination. Celle-ci, d'ailleurs, se manifeste moins par des gestes positifs que par l'absence de l'exercice de certaines prérogatives que l'expérience révèle être caractéristiques d'une association de salariés. La domination a un effet privatif sur les activités d'une association[167].

L'acte reproché peut être celui du représentant de l'employeur et il en est généralement ainsi lorsqu'il s'agit d'une société ou d'une entreprise assez importante (**V-105**)[168]. En raison de cette approche pénale, le nombre de plaintes retirées ou rejetées pour vice de forme dépasse de beaucoup celles qui sont retenues d'abord à ce premier stade et ensuite, celles qui donnent prise à une condamnation[169]. Le contentieux propre à ce domaine pénal fait l'objet d'une analyse plus détaillée au chapitre 3 du même titre (**V-101 et suiv.**).

V-30 — *Autres pratiques interdites* — Les articles 13 et 14 C.t. complètent la prohibition principale énoncée à l'article 12 en défendant d'une façon plus particulière toute discrimination à l'embauche ou pour le maintien en emploi sur la base de l'adhésion ou du refus d'adhésion à telle ou telle association (**II-24**). D'une certaine manière, ces deux dispositions trouvent appui à la *Charte des droits et libertés de la personne*, notamment aux articles 16, 17 et 18. Dans la mesure où une preuve hors de tout doute peut être administrée, l'infraction aux règles édictées par les articles 13 et 14 C.t. rend passibles de sanctions pénales l'employeur ou ses représentants (art. 143, 145 C.t.) (**V-104**). Aucun autre moyen de correction n'y est prévu, notamment dans le cas d'un refus d'embauche (**II-24**).

---

167. *Chalifoux* c. *Association des employés de Peerless Clothing (1962) Ltée*, précité, note 164, p. 105; *Cormier* c. *Rompré*, [1977] T.T. 18; *Confédération des syndicats nationaux* c. *Union des employés de restauration du Québec, local 102*, [1983] T.T. 177; *Asselin* c. *Lord*, D.T.E. 85T-193 (T.T.); *Syndicat professionnel des diététistes* c. *Toussaint*, D.T.E. 95T-1008 (T.T.); *Elbert* c. *Alliance des professeures et professeurs de Montréal*, [1995] R.J.Q. 2966 (C.S.).

168. L'article 143 C.t. vise « quiconque » et l'article 145 C.t. précise cette relation entre l'employeur et ses représentants. De plus, les contremaîtres, surintendants, etc., sont les représentants de l'employeur selon l'article 1 C.t. Voir : *Syndicat des enseignants des Laurentides* c. *Beaulieu*, [1980] T.T. 266; *Lagacé* c. *Laporte*, D.T.E. 83T-573 (T.T.); *Roy* c. *Commission scolaire des Mille-Îles*, précité, note 164; p. 324; *Harvey* c. *Maison Notre-Dame-de-Laval*, D.T.E. 85T-955 (C.S.).

169. *Gingras* c. *Barnish*, [1974] T.T. 179; *Syndicat des salariés de Stampe's Custom Furniture (C.S.D.)* c. *Union des travailleurs de Stampe*, [1983] T.T. 99; *Création plastique Formplast Inc.* c. *Ménard*, [1986] R.J.Q. 967 (C.S.); *Paré* c. *Simard*, [1992] T.T. 114; *Schnaiberg* c. *Métallurgistes unis d'Amérique, section locale 8990 et al.*, précité, note 164.

Section 1.5

La protection à l'encontre d'un congédiement injustifié

———

V-31 — *Présentation du recours* — Antérieurement à l'adoption de la *Loi sur les normes du travail,* aucun organisme administratif n'avait compétence pour établir et scruter le bien-fondé et la justesse du congédiement d'un salarié non assujetti à une convention collective. Le recours à l'encontre du congédiement sans cause juste est l'une des principales innovations apportées par cette loi en 1979 (**III-205**)[170]. En effet, un tel recours écarte la conception civiliste classique voulant que l'exécution forcée du contrat de travail soit impossible en raison de son caractère personnel (**II-87 et suiv.; V-43**)[171]. Il en serait ainsi puisque ce moyen de contrôle et de réparation au bénéfice des salariés non assujettis à une convention collective constitue un recours rapide, économique et qui offre des remèdes pragmatiques et efficaces[172]. En 1979,

———

170. Cette finalité propre à la *Loi sur les normes du travail* a été reconnue par la Cour d'appel. Voir : *Martin* c. *Compagnie d'assurances du Canada sur la vie,* [1987] R.J.Q. 514 (C.A.); *Produits Pétro-Canada inc.* c. *Moalli et al.,* [1987] R.J.Q. 261 (C.A.).

171. Sur cette question, voir l'arrêt classique : *Dupré Quarries Ltd.* c. *Dupré,* [1934] R.C.S. 528; Pierre LAPORTE, *La réintégration du salarié : nouvelles perspectives,* Montréal, Wilson & Lafleur ltée, 1995; *Ville de Rock Forest* c. *Gosselin,* [1991] R.J.Q. 1000 (C.A); *Boivin* c. *Orchestre Symphonique de Laval 1984 inc.,* D.T.E. 92T-822 (C.S.); *Aubrais* c. *Ville de Laval,* [1996] R.J.Q. 2239 (C.S.). Voir également : Jean-Yves BRIÈRE, « L'exécution forcée en matière de contrat de travail : deux pas en avant, un pas en arrière », dans *Bulletin d'information Travail actualité,* CCH, juillet 1997, p. 5.

172. Ces salariés disposent dorénavant d'un recours semblable à celui de l'arbitrage de griefs (**IV-174 et suiv.**) sans pour autant pouvoir compter sur l'appui et le soutien d'un syndicat, mais par ailleurs sur celui de la Commission des normes du travail. Ajoutons que certaines autres catégories de salariés bénéficient d'un recours semblable. Il y a d'abord les cadres municipaux qui peuvent porter plainte à la Commission municipale du Québec (art. 72 de

ce recours fut accessible uniquement aux salariés ayant déjà cinq ans de service continu. En 1991, la loi fut modifiée[173] pour abaisser cette exigence à trois ans de service continu. À la même occasion, le législateur confiait au commissaire du travail le soin d'entreprendre et de disposer de ces plaintes[174]. Auparavant, cette tâche incombait à l'arbitre de griefs. Si le nombre de plaintes de congédiement sans cause juste et suffisante fut relativement stable au cours de la première décennie (1980–1990)[175], il en est maintenant bien autrement. Depuis 1990, la médiane se situe à 3 300 par année. De ce nombre, environ 1 100 sont déférées annuellement au commissaire général du travail[176]. L'importance quantitative de ce contentieux justifierait déjà l'objet de l'attention apportée à ce dispositif, mais par-delà ces chiffres, ces affaires visent directement la carrière et la vie personnelle du salarié. De tels enjeux exigent une étude plus minutieuse des modalités de ce recours.

V-32 — *Admissibilités* — En premier lieu, nous délimitons le champ d'application de ce recours et précisons ses tenants et ses aboutissants. La loi fixe cinq conditions préalables à l'exercice de ce recours, et le salarié se doit de démontrer qu'il y satisfait.

   i) *Les personnes visées* : Seul un salarié au sens de la loi (**III-207**) peut s'en prévaloir. Le statut (permanent, à temps partiel, sur appel, etc.) du salarié n'importe pas. À l'exception du cadre supérieur (art. 3, al. 6, L.N.T.), les autres cadres peuvent s'en prévaloir[177].

---

la *Loi sur les cités et villes*). Voir : Jean Carol BOUCHER, *Congédiement des cadres municipaux*, Cowansville, Les Éditions Yvon Blais inc. Il y a également les cadres du réseau de la santé qui ont accès à l'arbitrage (art. 3 à 39 du *Règlement sur certaines conditions de travail applicables aux cadres des conseils régionaux et des établissements de santé et de services sociaux*, (1991, 123 G.O. 2, 4139 et modifications). Voir : Eugène ABORRATEGUI, « Les recours des cadres du réseau de la santé et des services sociaux en cas de fin d'emploi et de réorganisation administrative », dans SERVICE DE LA FORMATION PERMANENTE, BARREAU DU QUÉBEC, *Développements récents en droit administratif (1995)*, Cowansville, Les Éditions Yvon Blais inc., p. 31 ; *Cyr* c. *Morin*, D.T.E. 95T-1291 (C.A) (requête pour autorisation de pourvoi à la Cour suprême rejetée, n° 25055).

173. *Loi modifiant la Loi sur les normes du travail et d'autres dispositions législatives*, L.Q. 1990, c. 73.

174. Jean-Yves BRIÈRE, « Principaux amendements à la *Loi sur les normes du travail* et jurisprudence récente et marquante », dans SERVICE DE LA FORMATION PERMANENTE, BARREAU DU QUÉBEC, *Développements récents en droit du travail (1991)*, Cowansville, Les Éditions Yvon Blais inc., 1991, p. 1.

175. Pierre LAPORTE, *Le traité du recours à l'encontre d'un congédiement sans cause juste et suffisante*, Montréal, Wilson & Lafleur ltée, 1992, p. 247 et 248.

176. Jean-Yves BRIÈRE, « Les pouvoirs de réparation du commissaire du travail aux termes de la *Loi sur les normes du travail* : nouvelles tendances ? », dans SERVICE DE LA FORMATION PERMANENTE, BARREAU DU QUÉBEC, *Développements récents en droit du travail (1996)*, Cowansville, Les Éditions Yvon Blais inc., p. 1.

177. *Lajoie* c. *Multi-Marques inc.*, D.T.E. 87T-160 (T.A.) ; *Fillion* c. *Club de curling Riverbend d'Alma*, [1988], T.A. 442 ; *Sklar-Peppler inc.* c. *Loiselle*, [1988] T.A. 449.

ii) *Le temps requis* : Seul le salarié disposant déjà de trois ans de service continu bénéficie de ce contrôle. La notion de service continu est une donnée fondamentale de cette loi et signifie une durée ininterrompue pendant laquelle un salarié et un employeur sont liés par un contrat de travail (art. 1, al. 12, L.N.T.). Cette notion est distincte de la prestation de travail, qui peut connaître des interruptions (maladie, étude, congé) sans briser la continuité de la relation d'emploi (**II-149 et suiv.**)[178]. La notion de service continu a donné prise à une volumineuse jurisprudence tant les situations particulières peuvent rendre plus délicate cette qualification[179].

iii) *La sanction visée* : Outre le congédiement, aucune autre sanction ni mesure imposée par l'employeur ne peut faire l'objet de ce recours. Cette condition réduit considérablement le champ d'application de cette mesure de protection. La situation se distingue donc du recours visant la protection de la liberté syndicale (**V-8**), de ceux découlant de diverses lois de l'emploi (**V-18**) ou de celui offert en matière de pratique interdite en vertu de la *Loi sur les normes du travail* (**V-19**). Par ailleurs, la notion de congédiement doit recevoir une interprétation large[180], de telle sorte que toute rupture unilatérale du lien d'emploi imposée par l'employeur est visée[181]. Il serait possible que des modifications substantielles des conditions de travail puissent être assimilées à un congédiement[182]. Il peut en être ainsi sans que le salarié ait vraiment

---

178. *Buffet de la Brasserie Molière* c. *Charbonneau*, D.T.E. 88T-509 (T.A.); *Carbonneau* c. *N. Morrissette Canada inc.*, D.T.E. 90T-780 (T.A.); *Paradis* c. *Raymond, Chabot, Martin, Paré et associés*, D.T.E. 95T-223 (C.T.); *Lefebvre* c. *125852 Canada ltée*, D.T.E. 96T-473 (C.T.).

179. *Commission scolaire des Mille-Îles* c. *Commission des normes du travail du Québec*, D.T.E. 94T-797 (C.A.); *Produits Pétro-Canada inc.* c. *Moalli et al.*, précité, note 170; *Martin* c. *Compagnie d'assurances du Canada sur la vie*, précité, note 170; *Ventes Mercury des Laurentides inc.* c. *Bergevin*, D.T.E. 88T-153 (C.A.); *Bergeron* c. *Métallurgie Frontenac ltée*, D.T.E. 92T-1248 (C.A.); *Commission scolaire Berthier Nord-Joli* c. *Beauséjour*, précité, note 19; *Mark C. Moore* c. *Compagnie Montréal Trust*, [1988] R.J.Q. 2339 (C.A.); *Commission des normes du travail* c. *Commission des écoles catholiques de Québec*, D.T.E. 95T-887 (C.A.).

180. *F.W. Woolworth Co.* c. *Corriveau*, D.T.E. 85T-286 (C.S.); *Boyer* c. *Hewitt Équipement limitée*, précité, note 131.

181. Cette rupture du lien d'emploi peut revêtir de multiples formes selon les circonstances particulières de lieu, de temps et les personnes : non-renouvellement du contrat de travail à durée déterminée, licenciement, non-rappel au travail, etc. Nous renvoyons le lecteur à nos commentaires et à la jurisprudence précités (**V-20**).

182. *Courchesne* c. *Restaurant et Charcuterie Bens inc.*, précité, note 133; *Rag* c. *Caisse populaire de Thetford Mines*, précité, note 133; Douglas H. TEES, « Le congédiement par induction ("constructive dismissal") et le recours en vertu de l'article 124 de la *Loi sur les normes du travail* », dans SERVICE DE LA FORMATION PERMANENTE, BARREAU DU QUÉBEC, *Développements récents en droit du travail (1995)*, Les Éditions Yvon Blais inc., 1995, p. 47.

démissionné en réaction à de tels changements[183]. Dans le cas où il y eut démission de la part du salarié, il s'ensuit que le commissaire s'enquiert du caractère libre et volontaire de cette décision avant de rejeter la plainte sous ce chef (**II-180**)[184].

iv) *L'inexistence d'une autre procédure* : L'article 124 L.N.T. précise que si le salarié dispose d'un autre recours en vertu d'une loi ou d'une convention collective, il ne peut se prévaloir de ce recours. Cette mesure vise certes à éviter certains doublons coûteux et les dangers de décisions contradictoires. Ne constituent pas un autre recours : l'action en réclamation entreprise en vue d'une indemnité pour tenir lieu de délai-congé (**II-170; V-44**)[185]; la plainte à l'encontre d'une pratique interdite (**V-19**)[186]; une procédure de grief qui n'offre pas à un salarié les mêmes possibilités de résultats[187] ou encore, un recours aléatoire et incertain[188]; un recours fondé sur les articles 16 et suiv. du *Code du travail* (**V-8**) ou sur l'article 32 de la *Loi sur les accidents du travail et les maladies professionnelles* (**III-314; V-18**)[189]; ou une plainte en vertu de la *Charte des droits et libertés de la personne* (**V-93**)[190]. Au contraire, la plainte de congédiement sans cause juste et suffisante serait irrecevable si le salarié disposait d'un droit au grief et que le syndicat refusait de le porter à l'arbitrage[191] ou encore, si le salarié disposait d'une procédure d'arbitrage conventionnelle[192].

V-33 — *La plainte* — La plainte du salarié doit être écrite, mais elle n'obéit à aucune règle particulière de forme[193]. La Commission des normes du travail met à la disposition des salariés un formulaire de plainte; son utilisation

---

183. *Joyal* c. *Hôpital du Christ-Roy*, [1997] R.J.Q. 38 (C.A.). Cette dernière affaire marque un point tournant, car antérieurement la jurisprudence exigeait comme condition de recevabilité du recours que le salarié ait quitté son emploi. Voir : *Pilon* c. *Tremblay*, D.T.E. 90T-573 (C.S.).

184. *Papeterie Montpetit inc.* c. *Me Jean Lalonde et Lucie St-Jean*, [1994] R.J.Q. 727 (C.S.); *Bilodeau* c. *Bata Industries Ltd.*, [1986] R.J.Q. 531 (C.A.); *Rochette* c. *Caisse populaire de Notre-Dame-de-Grâce*, [1992] C.T. 168; *Davis* c. *Garderie Taub*, précité, note 135.

185. *Valois* c. *Caisse populaire Notre-Dame-de-la-Merci (Montréal)*, D.T.E. 95T-1260 (C.A.); *Côté* c. *Hydro-Québec*, [1996] C.T. 225.

186. *Giguère* c. *Compagnie Kenworth du Canada, division de Paccar du Canada ltée*, précité, note 3; cette duplicité des recours n'est pas sans soulever certaines difficultés, telle l'autorité de la chose jugée. Voir : *Provost* c. *Hakim*, précité, note 3.

187. *Dubé* c. *Lefebvre*, D.T.E. 92T-1004 (C.S.).

188. *Nash* c. *Sécur*, [1987] T.A. 726.

189. *Picard* c. *Compagnie américaine de fer et de métaux inc.*, D.T.E. 96T-354 (C.T.).

190. *Commission scolaire Chomedey de Laval* c. *Dubé*, D.T.E. 97T-457 (C.A.).

191. *Dumouchel* c. *Racicot*, [1997] R.J.Q. 1045 (C.S.).

192. *De Lorimier* c. *Université Laval*, D.T.E. 90T-874 (C.A.); *Morin* c. *Bois-Aisé de Roberval inc.*, [1992] C.T. 151.

193. *Mayrand* c. *Magasins à rayons Peoples inc.*, D.T.E. 95T-828 (C.T.).

n'est cependant pas obligatoire. Malgré le peu de formalisme requis, la plainte doit identifier le plaignant, l'employeur[194], indiquer la date d'embauche, la date de congédiement et porter la signature du plaignant. Elle peut être acheminée à la Commission des normes, au bureau du commissaire général du travail ou encore, au ministre du Travail (art. 124 *in fine* L.N.T.). Le salarié dispose d'un délai de 45 jours à compter de son congédiement pour déposer ou mettre à la poste cette plainte et il s'agit là d'un délai de rigueur[195]. Le point de départ de la computation de ce délai peut donner prise à quelque contestation[196] et à cette fin, on retient généralement la date où le congédiement est devenu effectif, dans la mesure où le salarié en avait connaissance[197] (**V-11, 19**). La computation des délais ne peut s'effectuer strictement en fonction des règles énoncées aux articles 151.1 et suiv. du *Code du travail*[198].

V-34 — *Procédure et preuve* — Le dépôt de la plainte enclenche un processus comprenant trois phases possibles.

  i) *La médiation* : Dans un premier temps, les parties peuvent volontairement soumettre leur litige aux bons offices d'un médiateur. Cette médiation obéit aux mêmes règles que celles en matière de pratique interdite (**V-21**). À cette étape initiale, la Commission peut aussi demander à l'employeur de préciser par écrit ses motifs pouvant justifier le congédiement du salarié (art. 125, par. 2, L.N.T.)[199].

  ii) *Le déféré* : Dans les 30 premiers jours du dépôt de la plainte, les parties peuvent tenter de trouver un compromis (point i). Par la suite, le salarié dispose d'un délai supplémentaire de 30 jours pour demander à la Commission des normes du travail de déférer sa plainte au commissaire

---

194. Une erreur dans la désignation de l'employeur n'est pas irrémédiable. Voir : *Importations Fisher Eximp inc.* c. *Laberge*, D.T.E. 93T-87 (C.S.); *Saumur* c. *116806 Association Canada inc.*, [1993] C.T. 425, requête en évocation rejetée : C.S. (Mtl) n° 500-05-008928-937.

195. *Jalbert* c. *KHD Canada inc.*, [1984] T.A. 416, confirmé D.T.E. 85T-634 (C.S.); *Lamy* c. *Urgel Bourgie ltée*, [1996] C.T. 420.

196. *Dorion* c. *Blanchet*, D.T.E. 86T-199 (T.A.); *Gatkowski* c. *Commission des écoles catholiques de Montréal*, [1994] C.T. 433; *Racine* c. *Vallerand*, D.T.E. 94T-1307 (C.S.).

197. *Hamel* c. *Commissaire général du travail*, D.T.E. 97T-624 (C.S.), en appel : C.A.Q. n° 200-09-001433-975; *Jean-François* c. *L.V.M. Tech inc.*, D.T.E. 96T-1377 (C.T.).

198. Il faudrait plutôt, par analogie, se référer aux règles particulières décrétées par la *Loi d'interprétation*, L.R.Q., c. i-16, art. 52 et 61. Ce point de vue n'est cependant pas partagé par tous, voir : *Wendell Leggo* c. *Les fruits de mer de Malbaie inc.*, [1996] C.T. 538.

199. *Cartier* c. *Kodak Canada inc.*, D.T.E. 87T-483 (C.S.). L'employeur serait-il dès lors confiné dans sa preuve aux seuls motifs ainsi allégués ? La réponse semble incertaine en jurisprudence, bien que la logique du processus imposerait qu'il le soit. Voir : *Vachon* c. *Américan Motors du Canada inc.*, [1988] T.A. 604; *Air France* c. *Levac*, [1993] T.A. 922; *Marcel Benoît ltée* c. *Bertrand*, D.T.E. 84T-560 (T.A.); *Georgian* c. *Machinerie Wilson Cie Ltée*, D.T.E. 85T-470 (T.A.).

général du travail afin que ce dernier puisse tenir une audition. Ce second délai de 30 jours n'est pas de rigueur (art. 126 L.N.T.)[200].

iii) *L'audition* : Afin de rendre plus efficace ce recours et d'assurer sa pérennité, la loi autorise la Commission, depuis 1997[201], comme en matière de pratique interdite (**V-24**), à offrir au salarié les services d'un procureur (art. 126.1 L.N.T.)[202]. Ainsi, le salarié peut faire valoir ses droits sans pour autant devoir payer des frais et des honoraires qui risquent d'hypothéquer et même de compromettre ses chances de succès. Dans le cadre de l'audition, le commissaire est libre d'établir les règles de procédure et de preuve qu'il juge appropriées, dans la mesure où il respecte les règles de justice fondamentales : le droit d'être avisé, de faire entendre des témoins, de les contre-interroger, de présenter des documents, etc. (**V-78**)[203]. En principe, toute preuve pertinente serait admissible[204] dans la mesure où elle établit des faits antérieurs au congédiement[205]. Les faits *post facto* ne peuvent être présentés, sauf circonstances exceptionnelles[206]. Il incombe à l'employeur de faire la démonstration du caractère juste et suffisant du congédiement[207], suivant le critère de la prépondérance de la preuve[208].

V-35 — *La cause juste et suffisante* — Comment saisir avec exactitude une notion aussi évanescente que celle de la cause juste et suffisante[209]? La fluidité de ces contours rend difficilement accessible son ipséité. Ce concept peut cependant permettre une approche souple et pragmatique et autoriser une analyse du mérite de chaque situation. Il en résulte qu'il nous faut éviter des généralisations trop hâtives ou trop rigides à ce sujet. Malgré ce danger, nous rappelons deux entendements de la notion de cause juste et suffisante.

---

200. *Campbell* c. *Caisse populaire Ste-Catherine de Montréal*, [1995] C.T. 265; *Gosselin* c. *Clip inc.*, D.T.E. 94T-409 (C.T.); *Shanks* c. *Hydro-fab industriel inc.*, D.T.E. 95T-725 (C.T.).

201. *Loi modifiant la Loi sur les normes du travail*, L.Q. 1997, c. 2.

202. Cette mesure n'est effective que pour les plaintes soumises après le 20 mars 1997 (L.Q. 1997, c. 2 a), 3).

203. *Jacques* c. *Doré*, D.T.E. 95T-119 (C.S.); *Association internationale des travailleurs en ponts, en fer structural et ornemental, local 711 (C.P.Q.M.C. international)* c. *Denis*, [1996] R.J.Q. 1354 (C.S.).

204. *Fraternité des chauffeurs d'autobus, opérateurs de métro et employés de services connexes au transport de la C.T.C.U.M.* c. *Tremblay*, [1981] C.A. 157.

205. *Cie minière Québec Cartier* c. *Québec (arbitre de griefs)*, [1995] 2 R.C.S. 1095.

206. Pour une illustration de telles circonstances, voir : *Roger* c. *Prudentielle d'Amérique (La), compagnie d'assurances générales*, D.T.E. 96T-916 (C.T.).

207. *General Motors du Canada ltée* c. *Tremblay*, [1981] C.S. 754; *Desjardins-Ferland* c. *Compagnie de la Baie d'Hudson*, D.T.E. 94T-1273 (C.A.).

208. Ce critère devrait également être retenu, même lorsque l'on reproche à un salarié la commission d'une infraction criminelle. Voir : *Electrolux Canada inc.* c. *Langlois*, D.T.E. 89T-1067 (C.S.).

209. Sur cette notion, le lecteur peut consulter R. BLOUIN, *loc. cit.*, note 63; G. AUDET, R. BONHOMME, C. GASCON, *op. cit.*, note 107.

i) *Les circonstances intrinsèques* : On entend habituellement par là un manquement imputable directement au salarié. Il n'est pas essentiel que ce manquement repose sur un acte volontaire du salarié. Il peut découler de son incapacité à exécuter sa prestation de travail (incompétence, retard, maladie, etc.). Pour qu'il puisse constituer une cause juste et suffisante, il est nécessaire qu'il existe une relation de proportionnalité entre ce manquement et la sanction ultime qu'est le congédiement. Le caractère proportionnel de la sanction par rapport au manquement demeure une notion assez volatile. Il est difficile d'en faire ressortir les propriétés émergentes. À ces fins, la jurisprudence a établi un ensemble de critères susceptibles de mieux cerner ce caractère proportionnel : le contexte dans lequel est survenu l'acte reproché, la préméditation de l'acte, ses conséquences, les années de service du salarié, la nature du poste, sa feuille de route (dossier disciplinaire) et son attitude. À titre d'illustrations, les agissements suivants ont été considérés comme des causes justes et suffisantes : abus de confiance[210], vol[211], fraude[212] ou conflits d'intérêts; comportement inacceptable du salarié (menace, agression, bagarre, harcèlement sexuel)[213]; attitudes inappropriées[214] ou conflits de personnalité; abus d'alcool ou de drogue[215]; incompétence professionnelle[216], manquements grave aux règlements de l'entreprise[217]; absence pour maladie, incapacité physique ou psychologique[218].

ii) *Les circonstances extrinsèques* : Même si aucun manquement ou acte répréhensible n'est imputalbe au salarié, il peut arriver que l'employeur

---

210. *Lajeunesse* c. *Caisse populaire de St-Vincent-de-Paul*, DT.E. 93T-481 (C.T.).

211. *St-Jean* c. *Place Bonaventure inc.*, D.T.E. 92T-181 (T.A.); *Poulin* c. *Restaurant Rayalco inc.*, D.T.E. 96T-1340 (C.T.).

212. *Boisvert* c. *Migué et Leblanc, arpenteurs-géomètres*, D.T.E. 92T-182 (T.A.).

213. *Purdel, coopérative agroalimentaire* c. *Malenfant*, D.T.E. 88T-604 (T.A.); *Cyr* c. *Sears Canada inc.*, D.T.E. 96T-261 (C.T.); *Innocent* c. *Boiseries Crotone inc.*, D.T.E. 87T-426 (T.A.); *W. (G.)* c. *Pharmacie C.*, D.T.E. 91T-636 (T.A.).

214. *Archambault* c. *Société de transport de la communauté urbaine de Montréal*, [1988] T.A. 113; *Boucher* c. *Cie T. Eaton ltée*, D.T.E. 89T-1105 (T.A.); *Houde* c. *Cartier Pontiac Buick G.M.C. ltée*, D.T.E. 96T-767 (C.T.); *Bell Canada* c. *St-Onge*, D.T.E. 95T-79 (T.A.); *Robillard* c. *Emballages Gab ltée*, 95T-371 (C.T.).

215. *Contant* c. *Station de services Sylvain Charron inc.*, D.T.E. 93T-480 (C.T.); *Gausden* c. *Concordia University*, D.T.E. 96T-1472 (C.T.).

216. *Econauto ltée* c. *Groulx*, D.T.E. 89T-89 (T.A.); *Union internationale des journaliers d'Amérique du Nord* c. *Gendron*, D.T.E. 85T-248 (T.A.); *Landry* c. *First Air, a division of Bradley Air Services Ltd.*, D.T.E. 94T-1308.

217. *Radio Shack* c. *Gratton*, D.T.E. 90T-458 (T.A.); *Rami Elian* c. *Société Canada Trust*, [1992] C.T. 547; *Delisle* c. *Centre d'accueil St Joseph de Joliette*, D.T.E. 93T-1309 (C.T.).

218. *Corp. Baxter* c. *Théberge*, D.T.E. 89T-723 (T.A.); *Morency* c. *Centennial Academy*, [1984] T.A. 532; *Union des employés du transport local et industries diverses, local 931* c. *Beetz*, [1990] R.J.Q. 1358 (C.S.); *Drolet* c. *U.C.S., division hors taxe, aéroport Mirabel*, D.T.E. 95T-369 (C.T.).

justifie le congédiement en raison d'une réorganisation de l'entre-prise[219] ou de contraintes économiques[220]. Dans un tel cas, le com-missaire doit se limiter à vérifier la véracité du motif allégué, sa raisonnabilité et la qualité de la relation causale entre le fait allégué et le départ du plaignant[221].

Nous devons aussi considérer que la notion d'une cause «juste et suffi-sante» fait appel à la fois à un critère qualitatif, le juste, et à un critère plus quantitatif, un degré certain de «suffisance». Cette conjugaison est aussi par-tie du seul critère applicable. Comme on peut le constater, cette notion laisse un très large pouvoir discrétionnaire au commissaire. Il serait périlleux de tenter de prédire l'issue de chaque débat sur ce thème puisque le résultat serait directement tributaire de la preuve présentée. Les statistiques indiquent d'ailleurs que près de six plaintes sur dix seraient rejetées[222].

V-36 — *Voies de réparation* — En matière de congédiement, un déséquilibre évident existe entre l'employeur et le salarié. L'employeur prend l'initiative de la mesure au moment, au lieu et de la façon qu'il juge les plus appropriés. Afin de contrecarrer les effets préjudiciables d'une mesure illégale, il était nécessaire que le commissaire du travail puisse disposer de pouvoirs suffi-samment vastes et étendus pour rétablir cet équilibre fragile qui fut brisé[223]. La *Loi sur les normes du travail* prévoit spécifiquement trois pouvoirs de redressement.

i) *La réintégration (art. 128, al. 1, L.N.T.)* : L'objectif de cette mesure est de permettre au salarié non assujetti à une convention collective de bénéficier d'un mécanisme efficace pour assurer sa réintégration dans son emploi (**V-31**). Compte tenu de cet objectif, la réintégration doit être le remède privilégié qui doit s'imposer d'emblée[224]. C'est d'ailleurs le point de vue adopté par la Cour d'appel :

> Il me semble que, suivant l'économie de la Loi, lorsqu'un arbitre prouve qu'il y a eu un congédiement illégal et que l'employé était sans reproche, la conclu-

---

219. *Papeterie Montpetit inc. c. Me Jean Lalonde et Lucie St-Jean*, précité, note 184.

220. *Corp. de crédit commercial ltée c. Ladouceur*, D.T.E. 84T-541 (C.S.); *Clarke c. Cintube Ltd.*, D.T.E. 93T-534 (C.T.).

221. *Rémillard c. Gabriel of Canada Ltd.*, D.T.E. 86T-361 (C.A.); *Bassant c. Dominion Textile inc.*, D.T.E. 92T-1374 (C.A.).

222. J.-Y. BRIÈRE, *loc. cit.*, note 176. La notion de «motif sérieux» retenue à l'article 2094 C.c.Q. est sans doute encore plus difficile à circonscrire et à préciser (**II-176**).

223. D'ailleurs, la Cour suprême du Canada, dans l'arrêt *Slaight Communications Inc. c. Davidson*, [1989] 1 R.C.S. 1038, a reconnu qu'il fallait interpréter très libéralement les pouvoirs de redressement dans le contexte de congédiement illégal.

224. Sur les questions relatives à la réintégration, nous renvoyons le lecteur à nos propos de plainte relative à la protection de l'activité syndicale (**V-12**).

sion qui s'impose d'emblée est la réintégration et que ce sera seulement lorsque l'arbitre refusera d'ordonner cette réintégration mais choisira plutôt de condamner l'employeur à des dommages-intérêts qu'il y aura lieu pour l'arbitre de donner des explications[225].

Pour déroger au principe de la réintégration, le commissaire doit être placé devant des circonstances exceptionnelles. Règle générale, un commissaire écarte la réintégration lorsqu'il lui paraît évident qu'il y a rupture définitive du lien de confiance[226], que la réintégration perturberait sérieusement la bonne marche de l'établissement[227], qu'il y a faillite de l'employeur[228], que le plaignant s'est livré à des actes de harcèlement sexuel[229], ou encore que les relations entre le plaignant et l'employeur sont irrémédiablement compromises[230]. La preuve de l'existence de circonstances exceptionnelles rendant inappropriée la réintégration incombe à l'employeur[231]. Par contre, d'autres motifs sont parfois invoqués pour bloquer le retour du salarié, lesquels nous paraissent plus ou moins convaincants ou pertinents. Certains commissaires considèrent que la faible taille de l'entreprise permettrait de passer outre au principe de la réintégration[232], alors que pour d'autres, ce critère ne pourrait constituer une fin de non-recevoir à la réintégration puisque le législateur n'a pas jugé bon de refuser ce droit au salarié d'une petite entreprise comme il l'a fait dans le cas des domestiques[233]. La détérioration du climat résultant de l'audition, l'attitude générale de l'employeur, la multiplicité des procédures judiciaires, le fait que le salarié ait été victime d'un congédiement déguisé[234], la détérioration de la qualité de la relation entre l'employeur et le salarié[235], le fait que le salarié se soit trouvé un autre emploi[236], la volonté du salarié[237] ou, tout

---

225. *Skorsky* c. *Rio Algom Ltée*, D.T.E. 85T-840 (C.A.), p. 2 et 3; *Radex ltée* c. *Morency*, D.T.E. 85T-922 (C.A.); *Immeubles Bona ltée* c. *Labelle*, D.T.E. 95T-427 (C.A.).
226. *Labelle* c. *Bell Helicopter Textron*, précité, note 144; *Pelletier* c. *Termaco Ltée*, D.T.E. 90T-1103 (T.A.).
227. *Immeubles Bona Ltée* c. *Labelle*, précité, note 225.
228. *Mayrand* c. *Magasins à rayons Peoples Inc.*, précité, note 193.
229. *Morel* c. *Société canadienne des postes*, D.T.E. 96T-293 (T.A.).
230. *Veillette* c. *Bar salon Bellevue Inc.*, D.T.E. 95T-1142 (C.T.).
231. *Gilbert* c. *École supérieure de danse du Québec*, D.T.E. 94T-613 (C.T.).
232. *Pelletier* c. *Luc Pelletier Inc.*, [1994] C.T. 470.
233. *M.L. St-Barbe Sladen* c. *Groupe financier Empire*, D.T.E. 94T-1383 (C.T.).
234. *Duhamel* c. *Tassé et associés*, D.T.E. 95T-1433 (C.T.), requête en évocation rejetée : C.S.M. n° 500-05-0011718-952.
235. *Fortin* c. *Jean Bleu Inc.*, D.T.E. 95T-120 (C.T.).
236. *Guay* c. *Compagnie Trust Royal*, D.T.E. 95T-726 (C.T.).
237. À titre d'exemples, voir : *Roy* c. *Brasserie La Côte de bœuf*, D.T.E. 95T-1431 (C.T.); *Malo* c. *Industries Pantorama Inc.*, D.T.E. 95T-286 (C.T.), requête en évocation rejetée : C.S.M. n° 500-05-014650-947; *Turbocristal Inc.* c. *Racine*, D.T.E. 95T-993 (C.S.); *Riou* c. *Point*

simplement, le temps écoulé justifient pour certains commissaires de ne pas réintégrer le salarié. Ces critères sont, à notre point de vue, assez douteux puisque par effet exponentiel, ils pourraient servir de fondement pour ne jamais réintégrer un salarié. En effet, il est plutôt rare que les relations soient bonnes après la tenue d'une audition ou encore, que l'attitude d'un employeur soit considérée comme correcte et acceptable alors qu'il a congédié sans cause juste et suffisante un salarié. D'autre part, si le commissaire estime que le congédiement serait une voie trop lourde compte tenu des circonstances, il lui est loisible de substituer une autre voie de réparation à la place du congédiement[238].

ii) *L'indemnité pour compenser la perte de salaire* : En vertu du paragraphe 2 de l'article. 128 L.N.T., le commissaire peut condamner l'employeur à payer au salarié une indemnité équivalant au salaire qu'il a perdu depuis son congédiement. Cette condamnation porte sur le salaire perdu entre le congédiement et la date à laquelle l'employeur procède à la réintégration réelle du salarié[239]. Dans l'établissement de cette indemnité, on doit également tenir compte de la perte de tous les avantages reliés à l'emploi qui ont une valeur pécuniaire. À titre d'exemples, l'on doit tenir compte de la perte des bonis, du régime d'assurance[240], de l'usage d'une automobile[241], du plan de participation aux bénéfices[242], des journées fériées[243], de l'indemnité de vacances afférente au salaire perdu[244] et des commissions[245]. Cette indemnité doit compenser le salarié des pertes subies du fait de l'employeur et on doit tenir compte de la réalité vécue dans l'entreprise. Ainsi, si les

---

de vue-souvenir Inc., D.T.E. 95T-398 (C.T.), requête en évocation : C.S.Q. n° 200-05-000140-959; *Banque Laurentienne du Canada* c. *Landry*, D.T.E. 95T-1144 (T.A.); *Duhamel* c. *Tassé et associés*, précité, note 234; *Fortin* c. *Consultants industriels, C.E.M. Inc.*, D.T.E. 94T-1012 (C.T.); *Yacoubi* c. *Acura Optima*, D.T.E. 95T-256 (C.T.).

238. Pour des illustrations de ce principe, voir : *Émond* c. *Mill Davie Inc.*, D.T.E. 94T-876 (C.T.); *Goldwater* c. *Centre hospitalier de St. Mary*, D.T.E. 94T-542, requête en évocation rejetée : C.S.M. n° 500-05-005095-946; *Damas* c. *Vestiaire sportif Kinney Canada inc.*, D.T.E. 94T-163 (C.T.); *Morin* c. *Corp. de crédit Trans-Canada*, D.T.E. 95T-672 (C.T.); *Otis* c. *Avon du Canada inc.*, D.T.E. 95T-344 (C.T.).

239. *Moncion* c. *Marché Jean Renaud Inc.*, [1994] C.T. 199; *Cousineau* c. *Hewitt Équipement Ltée*, [1993] C.T. 183.

240. *Poirier* c. *Climatisation Fortier & Frères Ltée*, [1996] C.T. 53.

241. *Malo* c. *Industries Pantorama inc.*, [1995] C.T. 56, requête en évocation rejetée : C.S.M. n° 500-05-014650-947.

242. *Daneau* c. *Motorola Canada Ltd. (Système d'information Motorola)*, D.T.E. 95T-491 (C.T.).

243. *Montréal (Société de transport de la Communauté urbaine de)* c. *Brady*, D.T.E. 92T-615 (C.S.).

244. *Tarenzo* c. *Federal Express Canada Ltd.*, D.T.E. 95T-1024 (T.A.); *Pominville* c. *Fabrication Ultra*, D.T.E. 95T-1273 (C.T.).

245. *Savard* c. *Matelas Serta Bon-Aire Inc.*, [1994] C.T. 441; *Laroche* c. *Peinture internationale Canada Ltée*, D.T.E. 89T-90 (T.A.).

autres salariés ont vu leur horaire de travail réduit pendant le temps où le salarié était congédié, l'indemnité du plaignant doit être adaptée en fonction de cet aléa, etc.[246].

iii) *Toutes autres ordonnances (art. 128, par. 3, L.N.T.)* : Le troisième paragraphe de l'article 128 accorde de vastes pouvoirs aux commissaires. D'ailleurs, ces derniers se sont appuyés sur le libellé plutôt sibyllin de cette disposition pour accorder plusieurs chefs de dommages. Dans la mesure où un commissaire n'ordonne pas la réintégration, il peut accorder, par voie d'équivalence, une indemnité de fin d'emploi au salarié. La jurisprudence est très hétérogène quant à l'établissement d'un mode précis de calcul de cette indemnité et, règle générale, les commissaires s'inspirent des critères émanant de la jurisprudence des tribunaux de droit commun relativement au délai-congé **(II-169)**[247]. Sous ce même chef d'autorité, les commissaires peuvent accorder des dommages moraux[248] ou exemplaires[249] ou encore, ordonner à l'employeur le remboursement des frais du salarié[250] ou la remise d'une lettre de recommandation.[251]

Précisons que les commissaires s'autorisent de l'obligation de mitiger les dommages pour soustraire de l'indemnité accordée la rémunération que le salarié a tirée d'un autre emploi[252], pour réduire cette indemnité puisque le salarié a refusé une offre raisonnable de réintégration[253] de l'employeur ou encore, parce que le salarié ne fit aucune démarche sérieuse pour se

---

246. *Lévesque Automobile Ltée* c. *Levac*, D.T.E. 96T-294 (C.S.).
247. Gilles TRUDEAU, « La jurisprudence élaborée par les commissaires du travail dans le cadre de leur nouvelle compétence en matière de congédiement sans cause juste et suffisante », (1992) 52 *R. du B.* 803. Sur l'évaluation de cette indemnité, voir : Isabelle JOLICŒUR, *L'évolution de la notion de délai-congé raisonnable en droit québécois et canadien*, Cowansville, Les Éditions Yvon Blais inc., 1993 ; Réjean BRETON, « L'indemnité de congédiement en droit commun », (1990) 31 *C. de D.* 3 ; Marie-France BICH, « Contrat de travail et *Code civil du Québec* — Rétrospective, perspectives et expectatives », dans SERVICE DE LA FORMATION PERMANENTE, BARREAU DU QUÉBEC, *Développements récents en droit du travail (1996)*, Cowansville, Les Éditions Yvon Blais inc., 1996, p. 189.
248. *Malo* c. *Industries Pantorama inc.*, précité, note 241 ; *Guay* c. *Compagnie Trust Royal*, précité, note 236 ; *Dufour* c. *Helca Métro ltée*, D.T.E. 95T-449 (C.T.) ; *Mayrand* c. *Magasins à rayons Peoples inc.*, précité, note 193.
249. *Roy* c. *Brasseries La Côte de bœuf*, précité, note 237 ; *Gagnon* c. *2753-3058 Québec inc.*, D.T.E. 95T-750 (C.T.) ; *Chouinard* c. *Union du Canada, Assurance-vie*, D.T.E. 97T-492 (C.T.).
250. *Tardif* c. *Entreprises Insta-bec inc.*, D.T.E. 94T-754 (C.T.) ; *Trudel* c. *Jacques Olivier Ford inc.*, [1995] C.T. 457 ; *Scheidman* c. *London Life, compagnie d'assurance-vie*, D.T.E. 95T-1372 (C.T.) ; *Jones* c. *Buffet King Chow inc.*, [1997] C.T. 76.
251. *Joannette* c. *Pièces d'auto Richard ltée*, D.T.E. 93T-867 (C.T.) ; *L'Écuyer* c. *Marché Lord inc.*, [1995] C.T. 258.
252. *Salon d'optique A.R. Laoun inc.* c. *Leroux*, D.T.E. 95T-1305.
253. *L'Écuyer* c. *Marché Lord*, précité, note 251.

trouver un emploi[254], et ce, bien que cet entendement puisse être hautement douteux (**V-12**).

V-37 — *La décision* — Malgré la clarté et la valeur probante de la preuve que peuvent administrer les parties, le commissaire rend une décision écrite et motivée (art. 129 L.N.T.). Il doit, comme en matière d'arbitrage de griefs (**IV-193**), trancher le litige et énoncer aux parties les motifs de sa conclusion. Le libellé même du dispositif de sa décision doit être suffisamment clair afin d'éviter tout débat relatif à son exécution[255]. Cette décision est finale et sans appel (art. 130 L.N.T.)[256]. Le Tribunal du travail ne dispose d'aucune compétence juridictionnelle. Dans certaines circonstances assez exceptionnelles, le commissaire du travail peut revoir sa propre décision, dans la mesure où les conditions d'application de l'article 49 C.t. sont respectées (art. 127 L.N.T.). Une fois rendue, cette décision est déposée au greffe du bureau du commissaire général du travail (art. 131 L.N.T.) et, dès lors, elle produit tous ses effets. À la suite de ce dépôt, le greffe achemine copies aux parties et à leurs procureurs (art. 131 *in fine* L.N.T.). Si l'employeur refuse d'exécuter volontairement la décision, il peut y être forcé par un dépôt de la décision au greffe de la Cour supérieure (art. 19.1 C.t.) qui lui procure les mêmes effets qu'un jugement de cette cour (**IV-194**). Ultimement, un jugement d'outrage au tribunal (**V-85**)[257] et un bref d'exécution (**V-43**)[258] peuvent être rendus afin de matérialiser le dispositif de la décision. Il n'appartient pas aux seuls tribunaux administratifs (commissaire du travail, Tribunal du travail, arbitre de griefs) de régler les litiges relatifs au lien d'emploi. Dans bien des domaines, les tribunaux de droit commun sont seuls compétents. Ces recours auprès des instances civiles font l'objet du prochain chapitre.

---

254. *Boucher* c. *Pliages Apaulo inc.*, D.T.E. 96T-148 (C.A.).
255. *Restaurant Faubourg St-Denis* c. *Durand*, précité, note 46.
256. Elle demeure néanmoins soumise au pouvoir de surveillance et de contrôle de la Cour supérieure (**V-76**).
257. L'outrage au tribunal visera à sanctionner le refus de l'employeur de réintégrer le salarié.
258. Le bref d'exécution a comme objet la réalisation de l'indemnité établie au dispositif de la décision.

CHAPITRE V-2

LES TRIBUNAUX DE DROIT COMMUN ET LE DROIT DE L'EMPLOI

V-38 — *Rôles et fonctions des tribunaux civils* — Malgré la spécificité du droit de l'emploi et la nécessaire présence d'organismes spécialisés (**I-59, 104**), les tribunaux de droit commun exercent encore un rôle important dans ce domaine. Ils contribuent, à leur manière, à moduler ou à orienter le droit de l'emploi au Québec. Par la révision judiciaire des décisions des tribunaux spécialisés, ils participent à assurer le passage de la règle abstraite à une application concrète et fonctionnelle. Ainsi, les tribunaux de droit commun ne se limitent pas à dire le droit, ils le façonnent, notamment en précisant les modalités d'application des règles de droit. Il s'agit bien évidemment d'une fonction normative de suppléance ou de complémentarité à une législation souvent lacunaire ou déclarée telle (**I-107**)[259]. Dans ce contexte, il importe de considérer les contentieux propres aux tribunaux de droit commun et particulièrement les recours entrepris auprès d'instances civiles. Le présent chapitre comprend cinq sections. La première traite des réclamations civiles découlant du contrat de travail, soit les recours intentés directement par un salarié ou par un employeur et qui visent à sanctionner toute transgression du contrat de travail ou encore, à articuler les modalités de terminaison de ce même contrat. La seconde section aborde les recours civils auxquels peuvent donner prise les lois de l'emploi, telles la *Loi sur les normes du travail*, la *Loi sur la fête nationale*, la *Loi sur les décrets de convention collective* et la législation relative aux personnes morales. Dans ce dernier cas, nous analysons notamment la

---

259. Sur cette question, voir : Fernand MORIN, *Jurisprudence commentée du droit du travail de 1889 à nos jours*, Cowansville, Les Éditions Yvon Blais inc., p. 3 à 12.

responsabilité personnelle des administrateurs à l'égard de certaines réclamations salariales. La troisième section traite des recours des créanciers d'un salarié exercés au moyen de la saisie-arrêt de salaires et, par voie de conséquence, des mesures de protection dont dispose le salarié par le dépôt volontaire. Nous considérons également les règles particulières relatives à la perception des pensions alimentaires. À cet égard, l'employeur se voit imposer de nombreuses obligations complémentaires ou inhérentes à son obligation principale relative à la rémunération (**II-56**). La section quatre porte sur la responsabilité civile découlant du fait de la grève. Dans ce domaine, les tribunaux civils peuvent intervenir à la suite d'actes dolosifs commis à l'égard de l'employeur, de cosalariés ou de tiers. La dernière section est consacrée à la révision judiciaire et particulièrement aux critères d'intervention de la Cour supérieure à l'égard des décisions des tribunaux spécialisés du droit de l'emploi. Nous y traitons également du recours en jugement déclaratoire, de l'injonction et de l'outrage au tribunal. Cette vue panoramique des recours s'exerçant devant les instances civiles permet de mieux saisir les conséquences sociales et économiques de ces interventions judiciaires qui s'ajoutent à celles des organismes spécialisés du droit de l'emploi, les complètent ou s'y superposent.

Section 2.1

Des réclamations découlant du contrat de travail

V-39 — *Le contrat de travail* — Le contrat de travail s'intègre au corpus juridique commun à tous les contrats (**II-4, 65**). Parce qu'il est le résultat d'un accord de volontés, les parties disposent d'une certaine liberté pour en préciser le contenu et la portée (**II-29**)[260]. Ainsi peuvent-elles matérialiser les modalités de leur entente dans un plus ou moins long document pour y articuler les détails de leurs obligations respectives ou tout simplement elles peuvent s'en tenir à un accord verbal[261]. Malgré le soin qu'elles mettent à rédiger leur accord, de multiples facteurs ou circonstances peuvent provoquer un litige :

— par ses agissements ou restrictions mentales, il est possible que l'une des parties ait induit l'autre en erreur et ainsi vicié son consentement (**II-32**);

— une partie peut refuser ou négliger de donner suite aux engagements qu'elle a contractés ou prétendus par l'autre partie (**II-56**);

— les parties peuvent diverger d'opinion quant à l'étendue exacte des obligations assumées par l'une ou l'autre (**II-85 et suiv., 110 et suiv.**) ;

— la façon de résilier le contrat de travail peut être source de frustration et de comportement dolosif (**II-167 et suiv.**).

---

260. Elles doivent cependant respecter la *Charte des droits et libertés de la personne* (**II-38**), certaines lois de l'emploi (**II-39**), l'ordre public (**II-40**) et parfois, la législation interne de l'entreprise (**II-41**).

261. Dans certaines circonstances, le contrat de travail peut être qualifié de contrat d'adhésion, ce qui peut réduire finalement sa portée draconienne favorable à l'employeur (**II-36**).

Tous ces litiges portant directement sur l'interprétation ou l'application du contrat de travail ne relèvent pas de la compétence du commissaire du travail (**IV-6**), du Tribunal du travail (**IV-7**) ou encore, de l'arbitre de griefs (**IV-174 et suiv.**), mais bien des tribunaux de droit commun. Trois types d'actions sont habituellement soumises à ces tribunaux. Il y a d'abord le recours qui porte sur la nullité ou l'illégalité même du contrat de travail en raison du non-respect des conditions de base essentielles à la formation de tous contrats (**II-32, 33 et 34**). Puis, les actions visant à obtenir l'exécution ou le respect des obligations qui résultent du contrat de travail et finalement, les litiges relatifs à la terminaison même du contrat de travail (**II-167 et suiv.**). Nous voyons ces trois sources de litige et y ajoutons quelques considérations d'ordre procédural.

V-40 — *La validité du contrat* — Le *Code civil du Québec* impose trois conditions générales pour qu'un contrat de travail soit valablement conclu, et la transgression de ces exigences de base peut mettre en cause la valeur même de ce contrat. La brève synthèse qui suit en fournit quelques illustrations.

i) Le consentement donné par les parties doit être libre et éclairé (art. 1399 C.c.Q.) et non vicié par l'erreur, la crainte ou la lésion (art. 1399 *in fine* C.c.Q.) (**II-32**). Dans les contentieux portant sur la validité même du contrat de travail, la question de l'erreur est habituellement soulevée et plus particulièrement les fausses déclarations faites à l'embauche (**II-32**)[262]. Qu'il nous suffise de rappeler qu'une fausse déclaration faite à l'embauche peut, dans certaines circonstances, être un motif d'erreur ou encore un dol qui vicie le consentement de l'employeur. Dans de telles circonstances, ce dernier peut demander la nullité du contrat, des dommages-intérêts ou encore, la réduction de ses obligations (art. 1407 C.c.Q.).

ii) L'objet et la cause du contrat doivent être licites et non contraires à l'ordre public (art. 1411, 1413 C.c.Q.) (**II-33**). En cas de contravention, la seule sanction possible serait la nullité même du contrat de travail (art. 1416 et 1417 C.c.Q.). L'article 1422 C.c.Q. précise que le contrat est réputé n'avoir jamais existé. Cette nullité peut être soulevée par l'employeur, le salarié et même par le tribunal à l'occasion d'un litige opposant les parties (art. 1418 C.c.Q.).

iii) Les parties doivent posséder la capacité juridique à s'engager (art. 1398 C.c.Q.) (**II-34**). Chacune d'elles doit être apte à s'obliger par contrat

---

262. *Ville de Montréal-Est* c. *Gagnon*, [1978] C.A. 100; *Les Biscuits associés du Canada Ltée et sa division Biscuits David* c. *Commission des droits de la personne*, [1981] C.A. 521; *Maribro Inc.* c. *Union des employés(ées) de service, local 298 (F.T.Q.)*, [1992] R.J.Q. 572 (C.A.); *Syndicat des employés du transport public du Québec métropolitain Inc.* c. *Québec (Commission de transport de la Communauté urbaine de)*, D.T.E. 95T-332 (C.A.).

(art. 1409 C.c.Q.). Le *Code civil du Québec* considère deux types de personnes incapables de s'obliger : le mineur et le majeur nécessitant un régime de protection. Bien que l'âge de la majorité soit fixé à 18 ans (art. 153 C.c.Q.) en matière d'emploi, le mineur de 14 ans est réputé majeur (art. 156 C.c.Q.) et il peut conclure seul un contrat de travail (**II-34**).

Bien que le respect de ces conditions soit essentiel à la validité du contrat de travail, les tribunaux ont rarement l'occasion de se pencher sur des recours visant à faire déclarer la nullité d'un contrat. Le contentieux civil découle davantage du défaut d'exécution des obligations induites du contrat de travail.

V-41 — *L'inexécution des obligations* — Nous devons nous référer au *Code civil du Québec* pour clarifier les règles applicables lorsqu'une partie n'exécute pas les obligations auxquelles elle s'était engagée au terme du contrat de travail. Par voie de paraphrases des dispositions pertinentes, nous dégageons succinctement trois règles :

— chaque partie au contrat peut exiger de son vis-à-vis l'exécution intégrale et diligente des obligations qu'il a contractées (art. 1590 C.c.Q.);

— une partie peut, dans certains cas, forcer l'autre à exécuter dans sa plénitude l'obligation réelle contractée (art. 1601 C.c.Q.). Si l'exécution en nature est impossible, elle a lieu par voie d'équivalence (art. 1458 C.c.Q.);

— une partie peut exiger de l'autre le paiement de dommages-intérêts en réparation du préjudice subi d'une inexécution complète et diligente (art. 1607 C.c.Q.).

Le créancier d'une obligation peut, dans les cas qui le permettent, s'adresser aux tribunaux pour contraindre le débiteur à s'exécuter ou encore, pour le condamner au remboursement du préjudice économique subi. L'exécution en nature s'exerce habituellement par voie d'injonction mandatoire (**V-83**). Il s'agit d'une ordonnance de la Cour supérieure visant à contraindre une personne à accomplir ou non un acte. Par exemple, un employeur pourrait s'adresser à la Cour supérieure pour obtenir une ordonnance interdisant à son salarié de faire des choses qui violeraient l'obligation de loyauté sous-jacente à tout contrat de travail (art. 2088 C.c.Q.) (**II-99 et suiv.**)[263]. En droit de l'emploi, l'exécution en nature est davantage une vue de l'esprit qu'une réalité, car la relation d'emploi suppose une relation de confiance de part et d'autre. Qui voudrait d'un salarié qui doit effectuer sa prestation de travail par ordonnance d'un

---

263. Ce recours existe en théorie, car en pratique, un employeur, dans un tel cas, préfère mettre fin au contrat de travail puisqu'il pourrait certainement prétendre disposer d'un motif sérieux de congédiement (art. 2094 C.c.Q.) (**II-175**).

tribunal ? Cette question met en relief la pertinence de cette vieille maxime latine : *Nemo potest cagi ad factum*[264]. Pour cette raison, le créancier de l'obligation préfère habituellement obtenir par équivalence les dommages résultant de la transgression de telles obligations. Cette règle est d'ailleurs consacrée à l'article 1458 C.c.Q. qui décrète que toute personne qui n'honore pas les engagements qu'elle a contractés est « responsable du préjudice corporel, moral ou matériel qu'elle cause à son cocontractant » et elle est tenue de le réparer. Ainsi, un salarié peut s'adresser au tribunal pour bénéficier des conditions de travail (salaire, jours fériés, congés, vacances, bonis, primes, etc.) auxquelles s'était engagé l'employeur et qui lui sont par la suite refusées[265]. Cette action revêt aussi un caractère bien théorique, car cette hypothèse veut que le salarié travaille encore pour l'employeur. Dans un tel cas, il serait à craindre que ce lien d'emploi ne dure guère longtemps. Voilà pourquoi de semblables recours s'exercent habituellement lors de la résiliation du contrat de travail.

V-42 — *La résiliation du contrat de travail* — Le contrat de travail à durée indéterminée[266] demeure toujours résiliable par l'une ou l'autre partie (**II-167 et suiv.**)[267]. Si l'une des parties veut prendre pareille initiative, elle doit donner au cocontractant un délai-congé raisonnable (art. 2091 C.c.) (**II-168**)[268]. La durée exacte de cette période de temps doit être suffisante et elle varie en fonction notamment de trois critères : la nature de l'emploi, les circonstances particulières de l'événement et la durée de la prestation de travail du salarié (**II-169; V-44**). Cependant, l'employeur n'a pas à donner un tel délai-congé s'il dispose d'un motif sérieux de congédiement (**II-176**). Ces deux mêmes questions étant déjà analysées, nous limitons nos propos à cinq questions :

— L'exécution forcée, à savoir la réintégration du salarié, est-elle possible ?

---

264. Une version plus prosaïque en est donnée en anglais : « One can bring a horse to the water but nobody can him drink. »

265. À titre d'illustration, voir : *Dinelle* c. *Université de Montréal*, J.E. 90-76 (C.S.).

266. Il est parfois difficile de qualifier correctement la nature du contrat en fonction de ce critère temporel (art. 2086 C.c.Q.) (**II-63**). Un contrat qui, en apparence, serait à durée déterminée pourrait même être considéré à durée indéterminée en raison de la possibilité offerte à chacune des parties de le résilier sur simple avis. Voir : *Gagné* c. *Produits forestiers Portbec ltée*, D.T.E. 97T-293 (C.S.).

267. Notre assertion est vraie dans la mesure où le salarié ne bénéficie pas d'une certaine protection d'emploi. Par exemple, s'il a droit au recours fondé sur l'article 124 de la *Loi sur les normes du travail* (**V-31**) ou encore, s'il est lié par une convention collective (**IV-174 et suiv.**), en pareilles circonstances l'employeur devra démontrer une cause juste et suffisante de congédiement.

268. Cette rupture n'a pas à être justifiée par un motif quelconque. À la limite, elle peut découler du seul caprice d'une partie. Voir : *Computertime Network Corporation* c. *Zucker*, [1994] R.J.Q. 2852 (C.A) (référence antérieure : [1994] R.J.Q. 1070 (C.S.)). Il en est ainsi dans le cas d'un contrat de travail à durée indéterminée. Dans l'hypothèse d'un contrat à durée déterminée, l'employeur doit le respecter jusqu'à l'arrivée du terme, à tout le moins quant à sa part d'obligation, soit l'entière rémunération pouvant découler de ce contrat.

— Comment quantifier les dommages subis par le salarié à l'occasion d'un congédiement abusif ?

— Dans quelles circonstances y trouve-t-on un abus de droit ?

— À quelles obligations est tenu le salarié pour bénéficier de la plénitude de l'indemnité afférente ?

— Quel est le régime procédural et de preuve applicable en un tel recours ?

V-43 — *L'exécution forcée* — La jurisprudence traditionnelle des tribunaux de droit commun refusait de contraindre l'employeur à la réintégration du salarié, soit l'exécution forcée à recevoir la prestation de travail, et ce, pour une double raison :

— le caractère *intuitu personœ* du contrat de travail faisait en sorte que les tribunaux considéraient qu'il ne serait pas opportun de contraindre ce retour à l'emploi parce qu'une présence forcée pourrait constituer un élément perturbateur au sein de l'organisation;

— contraindre quelqu'un, en l'occurrence l'employeur, à faire quelque chose qu'il ne désire pas violerait les libertés de la personne (**II-23; V-41**).

Cette position a fait école pendant plusieurs décennies sans être sérieusement remise en question. Avec l'évolution du monde de l'emploi, les fondements d'une telle approche sont devenus, pour certains, quelque peu bancals. En effet, le caractère *intuitu personœ* du contrat de travail peut être assez ténu et, dans bien des situations, inexistant. Par exemple, il serait difficile de reconnaître le caractère personnel du contrat de travail d'un préposé à l'entretien ménager dans une multinationale qui compte plusieurs milliers de salariés. Dans un tel contexte, on comprend aisément que le caractère personnel du contrat de travail n'est pas le même que dans le cas d'un cadre d'une P.M.E. Par ailleurs, plusieurs lois de l'emploi (*Loi sur les normes du travail* (**V-19, 31**), *Code du travail* (**V-8**), *Loi sur la santé et la sécurité du travail* (**V-18**), *Loi sur les décrets de convention collective* (**V-18**), etc.) retiennent expressément la réintégration du salarié abusivement congédié. Cette évolution législative permit de remettre en question les fondements juridiques et philosophiques militant contre l'exécution forcée. Ainsi, on a dû faire le constat qu'il n'était pas toujours ni nécessairement préjudiciable pour l'entreprise de la contraindre à reprendre un salarié alors que le législateur adopta cette solution dans la plupart des lois de l'emploi (**V-18**)[269]. Certains tribunaux ont amorcé ce débat, comme l'illustrent les quelques citations qui suivent.

---

269. Alain PRUJINER, « L'injonction, voie d'exécution forcée des obligations de faire », (1989) 20 *R.G.D.* 51; Marie-France BICH, « Du contrat individuel de travail en droit québécois : essai en forme de point d'interrogation », (1986) 17 *R.G.D.* 85.

i) En 1991, le juge Vallerand de la Cour d'appel aborda cette question en *obiter*[270]:

> On semble admettre de plus en plus difficilement que celui qui a droit à un emploi doive être satisfait du simple paiement d'un traitement tout en restant oisif.
>
> [...]
>
> Point de faits propres à chaque cas et non plus point de droit péremptoire dans tous les cas. Je serais fort tenté d'appuyer mon opinion sur cet avis : l'article 1065 du Code civil n'interdit pas l'exécution spécifique du louage de services ; seule une perception prétorienne des rapports sociaux à une époque y a conduit et rien n'empêche que les tribunaux s'interrogent sur sa pertinence actuelle alors que le législateur y déroge de plus en plus fréquemment sans les conséquences fâcheuses qu'on pouvait, il y a quelques décennies, redouter.

ii) En 1992, la Cour supérieure émettait une injonction interlocutoire provisoire pour permettre à un chef d'orchestre de réintégrer ses fonctions et de diriger un concert[271]. Le juge Greenberg conclut :

> Donc, *a priori*, il nous appert qu'il n'y a pas de motif dirimant qu'il exclu[t] en tous cas l'application dans la matière de contrat de louage de services personnels, l'application de la partie de l'article 1065 C.c.B.C. qui traite de l'exécution en nature des obligations entreprises par les parties.

iii) En 1994, dans une affaire où le plaignant est à la fois actionnaire, administrateur et salarié, à la suite de son congédiement demande sa réintégration par la voie d'une injonction interlocutoire, et ce, jusqu'à ce qu'un juge se prononce définitivement sur son congédiement (**V-82**)[272]. La Cour supérieure a fait droit à la demande d'injonction et a ordonné à l'employeur de le réintégrer. La Cour d'appel ne l'entendit pas de la sorte et elle rejeta la demande d'injonction interlocutoire. Selon la Cour, le *Code civil du Québec* consacre le droit purement discrétionnaire de résilier le contrat de travail. La Cour croit qu'une partie peut mettre fin à un contrat à durée indéterminée sans motif sérieux si un préavis est donné au cocontractant.

---

270. *Ville de Rock Forest* c. *Gosselin*, précité, note 171.
271. *Boivin* c. *Orchestre symphonique de Laval 1984 inc.*, précité, note 171.
272. *Computertime Corp.* c. *Zucker*, précité, note 268.

iv) En 1996, la Cour supérieure contraignit la Ville de Laval à respecter sa promesse d'embauche à l'égard d'un salarié et à cette occasion, le tribunal fit part de plusieurs observations au sujet de l'usage de l'injonction à cette fin :

> [...] 2° Le caractère possible de l'exécution de l'ordonnance, le caractère *intuitu personæ* de l'obligation et le concept de liberté de la personne peuvent être pris en considération afin d'évaluer si, dans les circonstances, une situation entre « dans les cas qui le permettent ».
>
> 4° Le caractère *intuitu personæ* du contrat de travail est une question de fait qui dépend des circonstances. Il doit être prouvé par celui qui l'invoque. La taille de l'entreprise et le type de fonction occupée par l'employé sont des critères à prendre en considération[273]...

v) En 1997, la Cour d'appel, dans *Schacter* c. *Centre d'accueil horizons de la jeunesse*[274], affirmait de façon assez lapidaire qu'en principe, rien ne s'oppose à ce que l'exécution forcée puisse s'appliquer en matière de louage de service.

En cette matière, notre corpus juridique est plutôt incertain et, malgré quelques avancées, la position traditionnelle semble encore prédominer. Cette dernière approche serait d'ailleurs conforme à l'économie générale du *Code civil du Québec*[275].

V-44 — *Les dommages subis* — Les pouvoirs de réparation du tribunal de droit commun visent essentiellement à compenser la victime pour le préjudice subi. Le *Code civil du Québec* consacre le principe de la *restitutio in integrum* (art. 1611 C.c.Q.)[276]. Le salarié congédié sans que l'employeur dispose d'un motif sérieux ne doit pas s'enrichir avec des dommages-intérêts. Il s'agirait de le replacer dans la même situation économique qui aurait dû être la sienne n'eût été la mesure abusive et précipitée de l'employeur (art. 2092

---

273. *Aubrais* c. *Ville de Laval*, précité, note 171 : nous ne rappelons que deux des six observations formulées dans cette décision.
274. [1997] R.J.Q. 1828 (C.A.).
275. Marie-France BICH, « Le contrat de travail, Code civil du Québec, Livre cinquième, Titre deuxième, Chapitre septième (articles 2085–2097 C.c.Q.) », dans BARREAU DU QUÉBEC, CHAMBRE DES NOTAIRES DU QUÉBEC, *La réforme du Code civil*, vol. 2, Sainte-Foy, Les Presses de l'Université Laval, 1993, p. 743.
276. Jean-Louis BAUDOUIN, *Les obligations*, 4ᵉ éd., Cowansville, Les Éditions Yvon Blais inc., 1993, p. 429 et suiv.; *Ratych* c. *Bloomer*, [1990] 1 R.C.S. 940.

C.c.Q.). Dans une action résultant de la rupture intempestive du contrat de travail, le principal chef de réclamation est le montant de la rémunération représentant la durée du délai-congé raisonnable que le salarié aurait dû recevoir[277]. La jurisprudence[278] a tissé une grille d'analyse assez complexe pour déterminer de façon empirique la durée d'un tel délai[279]. Cette indemnité est purement circonstancielle, en ce sens que son évaluation serait tributaire de la situation propre à chaque cas d'espèce. De ce fait, il nous faut nous méfier des formules toute faites. Dans ce domaine, il y a très peu de prêts-à-porter et l'autorité du précédent ne peut être que relative[280]. Cette mise en garde étant faite, la jurisprudence établit le montant de l'indemnité en fonction d'un faisceau de critères[281], tels le contexte de l'engagement, la nature de l'emploi, l'importance du poste occupé, les difficultés pour le salarié de se placer sur le marché de l'emploi, son âge, son nombre d'années de service et sa conduite dans l'entreprise. Notons qu'à une certaine époque, les tribunaux étaient relativement frileux quant aux indemnités accordées. Il semble maintenant que les tribunaux de droit commun soient plus libéraux dans l'évaluation qu'ils font des dommages résultant de cette brusque rupture du lien d'emploi, en considérant à cette fin une grille élargie et assouplie de critères[282]. Une fois établi le montant des dommages représentant l'équivalent en numéraire du délai-congé qu'aurait dû recevoir le salarié, le tribunal peut y ajouter l'équivalent des autres avantages réellement perdus et

---

277. L'employeur dispose également d'un tel recours. À titre d'illustration, on peut consulter: *Poirier* c. *Charron*, [1995] R.J.Q. 1197 (C.S.), commenté par Jean-Yves BRIÈRE, « Le préavis raisonnable : une obligation réciproque », Publications CCH, *Impact*, volume 2, décembre 1995, p. 1. Cependant, dans la très vaste majorité des cas, c'est le salarié qui intente une telle procédure.

278. Pour des analyses plus détaillées de la jurisprudence sur ces questions, voir: R. BRETON, *loc. cit.*, note 247; M.-F. BICH, *loc. cit.*, note 247; Georges AUDET, Robert BONHOMME et Clément GASCON, *Le congédiement en droit québécois : en matière de contrat individuel de travail*, 3ᵉ édition, Cowansville, Les Éditions Yvon Blais inc., 1991, mis à jour; I. JOLICŒUR, *loc. cit.*, note 247.

279. Sur la durée du délai-congé raisonnable, nous renvoyons le lecteur à nos commentaires au titre II (**II-169**).

280. La Cour d'appel fit déjà cette mise en garde, voir : *Standard Broadcasting Corporation Ltd.* c. *Stewart*, [1994] R.J.Q. 1751 (C.A.); *Banque Laurentienne du Canada* c. *Saulnier*, [1998] R.J.D.T. 22 (C.A.).

281. Pour une décision de synthèse sur ces questions, voir: *Jolicœur* c. *Lithographie Montréal ltée*, [1982] C.S. 230, appel rejeté : C.A.M. nº 500-09-000314-823.

282. *Standard Broadcasting Corporation Ltd.* c. *Stewart*, précité, note 280; *Carobene* c. *International Union of Bricklayers and Allied Craftsmen*, D.T.E. 96T-718 (C.A.); *Arcand* c. *Denharco inc.*, D.T.E. 96T-840 (C.S.); *O'Neill* c. *Sirois*, D.T.E. 97T-359 (C.S.); *Hippodrome Blue Bonnets inc.* c. *Jolicœur*, D.T.E. 95T-185 (C.A.); *Mazzella* c. *Compagnie Christie Brown, division de Nabisco Brands ltée*, D.T.E. 96T-312 (C.S.); *Sylvester* c. *Colombie-Britannique*, [1997] 2 R.C.S. 315; *Wallace* c. *United Grain Growers Limited*, [1997] 3 R.C.S. 701; *Banque Laurentienne du Canada* c. *Saulnier*, [1999] R.J.Q. 711 (C.A.); *Sauvé* c. *Banque Laurentienne du Canada*, [1999] R.J.Q. 79 (C.A.).

auxquels le salarié aurait eu droit pendant la durée de ce même délai-congé. À titre d'illustrations, nous en soulignons quelques-uns : les bonis[283]; les commissions[284]; le régime d'assurance ou de retraite[285]; la valeur de l'usage d'un véhicule automobile[286]; la banque de journées de maladie, dans la mesure où elles sont monnayables[287]; les avantages sociaux[288]. En plus de l'indemnité tenant lieu de délai-congé et des divers avantages, les tribunaux accordent parfois des dommages moraux[289] fondés sur la théorie de l'abus de droit (art. 2092 C.c.Q.).

V-45 — *L'abus de droit* — D'un point de vue dialectique, l'abus de droit[290] soulève l'opposition entre la légalité stricte et la justice. Notre idéal de justice entend que l'exercice d'un droit subjectif se réalise pour des motifs raisonnables en vue de fins légitimes et socialement acceptables[291]. On constate que cette notion d'abus de droit n'est nullement étrangère à celle d'équité[292]. En somme, bien qu'un employeur puisse mettre fin au contrat de travail de son propre chef et à sa seule discrétion, il ne peut s'en autoriser pour réaliser quelque dessein ou fin illégitime. À titre d'exemple, il pourrait y avoir abus de droit si, pour congédier un salarié, l'employeur laissait planer, à tort, des

---

283. Dans la mesure où le paiement d'un tel boni n'était pas que purement discrétionnaire de la part de l'employeur. Voir : *Lachapelle* c. *Bourse de Montréal*, D.T.E. 92T-218 (C.S.); *Denis Pépin automobile ltée* c. *Longchamps*, D.T.E. 88T-852 (C.A.); *Couture* c. *Volcano inc.*, [1984] C.S. 546; *Chrétien* c. *Explosif Austin ltée*, D.T.E. 96T-66 (C.S.).

284. *Rémi Carrier inc.* c. *Nolan*, D.T.E. 86T-370 (C.A.); *Beaulac* c. *London Life, compagnie d'assurance-vie*, D.T.E. 93T-940 (C.S.).

285. *Arcand* c. *Denharco inc.*, précité, note 282; *Mazzella* c. *Compagnie Christie Brown, division de Nabisco Brands ltée*, précité, note 282; *Société immobilière Trans-Québec inc.* c. *Colard*, D.T.E. 95T-411 (C.A.).

286. *La Brasserie Labatt Limitée* c. *Villa*, [1995] R.J.Q. 73 (C.A.).

287. *Société canadienne d'hypothèques et de logement* c. *Hudon*, D.T.E. 94T-1398 (C.A.).

288. *La Brasserie Labatt Limitée* c. *Villa*, précité, note 286; *Taxis Coop Québec, 525-5191* c. *Proulx*, [1994] R.J.Q. 603 (C.A.).

289. De même, dans certaines circonstances exceptionnelles, lorsqu'il y a violation de la *Charte des droits et libertés de la personne* à l'occasion d'un congédiement, le tribunal serait fondé d'accorder des dommages exemplaires. Pour des illustrations où de tels dommages furent accordés, voir : *Richard* c. *Maison Robert-Riendeau inc.*, D.T.E. 94T-656 (C.S.); *Savaria* c. *Centraide Richelieu-Yamaska*, D.T.E. 95T-544 (C.S.). La Cour serait également fondée d'ordonner le paiement des frais du procureur du salarié. Voir : *Banque Nationale du Canada* c. *Gignac*, D.T.E. 96T-31 (C.A.); *Bédard* c. *Capitale (La), maître courtier inc.*, D.T.E. 94T-814 (C.S.), en appel : C.A.M. n° 500-09-000810-945.

290. Le concept d'abus de droit est implicitement reconnu dans divers articles de notre *Code civil du Québec*. Voir : art. 6, 7, 1375 C.c.Q.

291. Louis JOSSERAND, *De l'esprit des droits et de leur relativité, théorie dite de l'abus de droit*, Paris, Librairie Dalloz, 1939; Paul-André CRÉPEAU, « Le contenu obligationnel d'un contrat », (1965) 43 *R. du B. can.* 1, 26; Jean-Yves BRIÈRE, « L'abus de droit et la rupture du contrat de travail », dans SERVICE DE LA FORMATION PERMANENTE, BARREAU DU QUÉBEC, *Développements récents en droit du travail (1992)*, Cowansville, Les Éditions Yvon Blais inc., 1992, P. 167.

292. Milivoie MARKOVITCH, *La théorie de l'abus des droits*, Paris, Librairie Dalloz, 1939.

doutes sur l'intégrité de ce dernier[293]; utilisait la force policière indûment lors du congédiement[294]; injuriait ou chassait brutalement le salarié[295]; portait contre lui de fausses accusations[296]; procédait à des saisies abusives[297]; l'humiliait lors de sa réintégration[298]; le forçait à des démarches humiliantes pour obtenir ce qui lui est dû[299]; retardait par vengeance la remise d'un relevé d'emploi[300]; ou encore, le traitait avec le plus grand mépris[301], etc. Dans de telles occasions, la cour accorde habituellement une indemnité pour compenser le stress, les inconvénients subis ou l'atteinte à la dignité[302]. Avant, le salarié doit démontrer que l'attitude ou les agissements de son employeur sont empreints de mauvaise foi[303] ou qu'il dépasse l'exercice normal de ses prérogatives, c'est-à-dire qu'il commet un quasi-délit et, deuxièmement, que le préjudice subi dépasse les inconvénients normaux attribuables à toute rupture du lien d'emploi : « Congédier n'est pas une faute; congédier de façon humiliante, dégradante, blessante ou mortifiante peut l'être[304]. »

---

293. *Langlois* c. *Farr Inc.*, [1988] R.J.Q. 2682 (C.A.).
294. *Chartrand* c. *Résidence Parc central du Canada*, J.E. 79-797 (C.S.); *Tremblay* c. *Ville d'Anjou*, [1991] R.J.Q. 1989 (C.S.).
295. *Carle* c. *Comité paritaire du vêtement pour dames*, [1987] R.J.Q. 2553 (C.S.).
296. *Delorme* c. *Banque royale du Canada*, [1987] R.J.Q. 1814 (C.S.); *Dumont* c. *Radio Etchemin Inc.*, D.T.E. 88T-188 (C.S.); *Pilon* c. *Mitel Corp.*, D.T.E. 93T-313 (C.S.).
297. *Aliments Krispy Kernels inc.* c. *Morasse*, D.T.E. 93T-417 (C.S.).
298. *Occhionero* c. *Roy*, D.T.E. 92T-632 (C.S.).
299. *Dufour* c. *Réseau de télévision Quatre saisons inc.*, D.T.E. 93T-196 (C.S.); *Klamph* c. *International Brotherhood of Electrical Workers*, D.T.E. 95T-1358 (C.S.).
300. *St-Michel* c. *Outremont (Ville d')*, D.T.E. 93T-914 (C.S.).
301. *Bernardini* c. *Alitalia Air Lines*, D.T.E. 93T-519 (C.S.).
302. *Patcom inc.* c. *Arseneault*, D.T.E. 95T-68 (C.A.); *Klamph* c. *International Brotherhood of Electrical Workers*, précité, note 299; *Weir* c. *C.D.S., Depository and Clearing Corp./Caisse canadienne de dépôt de valeurs ltée*, D.T.E. 94T-631 (C.S.); *Cloutier* c. *Carrière Bernier Ltd.*, D.T.E. 94T-911 (C.S.); *Makdesian* c. *Mariette Clermont inc.*, D.T.E. 94T-253 (C.S.).
303. Pour l'application de la théorie de l'abus de droit, la Cour suprême, dans l'affaire *Banque Nationale du Canada* c. *Houle*, [1990] 3 R.C.S. 122, a statué que le critère n'était plus celui de la mauvaise foi, mais tout simplement celui de l'exercice raisonnable d'un droit. Cependant, en droit de l'emploi, la Cour d'appel a toujours exigé un niveau de preuve s'apparentant à celui de la mauvaise foi. Voir : *Standard Broadcasting Corporation Ltd.* c. *Stewart*, précité, note 280; *Taxis Coop Québec, 525-5191* c. *Proulx*, précité, note 288; *Compagnie canadienne d'équipement de bureau* c. *Blouin*, J.E. 94-876 (C.A.); *Groupe Commerce (Le), compagnie d'assurances* c. *Chouinard*, D.T.E. 95T-269 (C.A.); *Société immobilière Trans-Québec inc.* c. *Colard*, D.T.E. 95T-412 (C.A.); Pierre-Gabriel JOBIN, « Grands pas et faux pas de l'abus de droit contractuel », (1991) 32 *C. de D.* 153; *Larsen* c. *Computing Devices Canada Ltd.*, D.T.E. 97T-263 (C.S.).
304. *Standard Broadcasting Corporation Ltd.* c. *Stewart*, précité, note 280, p. 2761; *Taxis Coop Québec, 525-5191* c. *Proulx*, précité, note 288; *Compagnie canadienne d'équipement de bureau* c. *Blouin*, précité, note 303; *Groupe Commerce (Le), compagnie d'assurances* c. *Chouinard*, précité, note 303; *Société immobilière Trans-Québec inc.* c. *Colard*, précité, note 303; P.-G. JOBIN, *loc. cit.*, note 303; *Larsen* c. *Computing Devices Canada Ltd.*, précité, note 303.

V-46 — *Mitigation des dommages* — Il est de commune connaissance que le salarié injustement congédié doit mitiger ses dommages (**V-13, 23, 36**). C'est d'ailleurs la règle retenue à l'article 1479 C.c.Q. qui précise que l'on ne peut être tenu de réparer le « préjudice que la victime pouvait éviter[305] ». Cette obligation qui incombe aussi au salarié congédié sous-entend :

— qu'il lui faut retenir des moyens raisonnables et utiles pour retrouver un emploi dans un domaine d'activité similaire ou connexe ;

— que son refus d'une offre d'emploi qui, dans les circonstances, serait raisonnable, réduirait d'autant son droit à une indemnité.

Ces deux critères s'entendent et s'apprécient en fonction des circonstances propres à chaque situation, mais également de la conjoncture générale dans le domaine de l'emploi. Ainsi, en période d'austérité économique, où les postes vacants sont plus rares, le salarié se doit de faire une recherche d'emploi plus dynamique et d'être plus souple vis-à-vis des propositions qu'il peut recevoir[306]. Il appartient à l'employeur de démontrer que le salarié a failli à son obligation de mitiger ses dommages[307]. D'autre part, ce même principe peut servir de fondement pour déduire de l'indemnité la rémunération qu'un salarié peut percevoir d'un nouvel employeur[308]. À ce même sujet, il nous faut savoir si un salarié peut à la fois cumuler une indemnité de préavis et percevoir des prestations d'assurance-salaire. La jurisprudence n'apporte guère de réponse claire à ce sujet[309]. La même question peut aussi être soulevée au sujet des indemnités d'assurance-emploi[310] et d'accident du travail[311]. La Cour suprême du Canada prit récemment position par l'arrêt *Sylvester* c. *Colombie-Britannique*[312]. Au cours d'un congé de maladie, l'employeur informait un employé qu'il entendait mettre fin à son emploi et il lui offrit une indemnité de départ équivalant à 12,5 mois de salaire, déduction

---

305. L'arrêt classique sur cette question est *Red Deer College* c. *Michaels*, précité, note 50.

306. *Standard Radio inc.* c. *Doudeau*, [1994] R.J.Q. 1782 ; *Logiciels Suivitel inc.* c. *Coupal*, [1995] R.J.Q. 375 (C.A.) ; *Adams* c. *Magnetrol International Ltd.*, D.T.E. 96T-129 (C.S.). Cette recherche d'emploi comporte certaines limites. Voir : *Klamph* c. *International Brotherhood of Electrical Workers*, [1998] R.J.D.T. 28 (C.A.).

307. *Red Deer College* c. *Michaels*, précité, note 50.

308. *Banque Nationale du Canada* c. *Gignac*, précité, note 289 ; *La Brasserie Labatt Limitée* c. *Villa*, précité, note 286 ; *Standard Radio inc.* c. *Doudeau*, précité, note 306 ; *Steinberg's Ltd.* c. *Lecompte*, [1985] C.A. 223 ; *Jolicœur* c. *Lithographie Montréal Ltd.*, précité, note 281.

309. *Bursey* c. *Acadia Motors Ltd.*, *(1982)*, 35 N.B.R. (2d) 587 (C.A.). *Contra* : *Datardina* c. *Royal Trust Corp. of Canada*, (1995) 6 B.C.L.R. (3d) 1 (C.A.) ; *McKay* c. *Camco inc.*, (1986) 53 O.R. (2d) 257 (C.A.).

310. *Jack Cewe Ltd.* c. *Jorgensen*, [1980] 1 R.C.S. 812 ; *Peck* c. *Lévesque Plywood Ltd.*, [1980] 27 O.R. (2d) 108 (C.A.).

311. *Salmi* c. *Greyfriar Developments Ltd.*, [1985] 4 W.W.R. 463 (C.A.) ; *White* c. *F.W. Woolworth Co.*, (1997) 22 C.C.E.L. (2d) 110 (C.A.) ; *Industries du caoutchouc Mondo (Canada) Ltd.* c. *Leblanc*, (1987) 17 C.C.E.L. 219 (C.A.).

312. Précité, note 282.

faite des prestations d'assurance-salaire qu'il recevrait. Le salarié refusa cette proposition, d'où le recours. Selon la Cour suprême du Canada, on ne pourrait dégager de ce contrat de travail l'intention des parties d'accorder ce cumul (les prestations d'invalidité et l'indemnité de départ) :

> Le droit contractuel de l'intimé de recevoir des dommages-intérêts pour congédiement injustifié et son droit contractuel à des prestations d'invalidité reposent sur des hypothèses opposées en ce qui concerne sa capacité de travailler, et il est incompatible avec le contrat de travail que l'intimé puisse toucher ces deux sommes d'argent. Les dommages-intérêts sont fondés sur la prémisse qu'il aurait travaillé pendant la période visée par le préavis. Les prestations d'invalidité ne sont payables que parce qu'il ne pouvait pas travailler. Il serait illogique de verser des dommages-intérêts en supposant que l'employé aurait travaillé, en sus de prestations d'invalidité découlant d'un droit qui n'a pris naissance que parce qu'il ne pouvait pas travailler. Cela tend à indiquer que les parties n'entendaient pas que l'intimé reçoive à la fois des dommages-intérêts et des prestations d'invalidité[313].

Remarquons que la Cour suprême se fonde sur l'incapacité à travailler du salarié pour refuser le double paiement sans considérer la valeur même du préavis donné pendant la période d'invalidité du salarié. Le *Code civil du Québec* impose aux parties une période «tampon», le délai-congé, afin de minimiser les effets du congédiement (art. 2091 C.c.Q.) (**II-168**). Ainsi, le salarié devrait disposer d'une période raisonnable pour se replacer sur le marché du travail sans subir de perte économique. D'ailleurs, à moins qu'il n'en soit relevé par son employeur, le salarié doit exécuter sa prestation de travail pendant cette période (**II-172**). Compris dans ce sens, le concept même de délai-congé suppose que le salarié est apte et qu'il peut régulièrement fournir sa prestation de travail et entreprendre les démarches utiles à la recherche d'un autre emploi. Or, si telle est la finalité première de ce délai-congé, il est difficile de la réconcilier avec une période d'invalidité alors que le salarié ne peut exécuter sa prestation de travail ni chercher activement un emploi de remplacement. Si nous voulons conserver la pérennité et la finalité du délai-congé, ne serait-il pas préférable de ne pas reconnaître la validité d'un tel préavis pendant une absence pour maladie et de reconnaître qu'il peut être donné cependant par voie d'équivalence ? D'ailleurs, à l'occasion d'une telle absence, le contrat de travail n'est-il pas suspendu, en ce sens que les parties sont momentanément relevées de l'exécution de leurs obligations réciproques (**II-149 et suiv.**) ?

---

313. *Ibid.*, p. 322 et 323.

V-47 — *Procédure et preuve* — Les recours découlant des lois de l'emploi comportent généralement deux traits distinctifs (**V-14, 18, 19, 34**) :

— la mise en place de procédures souples, dynamiques et peu contraignantes;

— un régime de preuve favorable au salarié, conçu notamment à l'aide d'une présomption allégeant d'autant son fardeau de preuve.

Il en est bien autrement des recours entrepris devant les tribunaux de droit civil et aussi serait-il fantaisiste de croire ou de laisser entendre qu'un salarié pourrait agir seul, sans l'aide d'un conseil en ces instances[314]. Les modalités procédurales se trouvent principalement au *Code de procédure civile* (ci-après C.p.c.). On ne saurait réaliser une simple synthèse de ce régime de procédure civile et nous nous limitons à un schéma de quelques grands principes.

i) *Les justiciables* : Les deux parties au contrat de travail peuvent, à ce titre, recourir au tribunal civil (art. 57 C.p.c.). En effet, le salarié[315] ou l'employeur[316] qui croit que son cocontractant viole les dispositions du contrat de travail peut s'adresser au tribunal pour obtenir justice (art. 55 C.p.c.). Il doit cependant être apte à exercer pleinement ses droits (art. 56 C.p.c.), disposer d'un intérêt suffisant (art. 55 C.p.c.) et intenter son action dans le délai prescrit par la loi[317].

ii) *Les tribunaux* : Les tribunaux qui ont compétence pour trancher en première instance les litiges civils sont, notamment, la Cour supérieure et la Cour du Québec (art. 22 C.p.c). Le montant de la réclamation détermine la compétence de la Cour : toute action réclamant un montant égal ou supérieur à 30 000 $ est de la compétence exclusive de la Cour supérieure. Soulignons que la Cour du Québec comprend une division de

---

314. Contrairement aux tribunaux spécialisés dans le droit de l'emploi (commissaire du travail, Tribunal du travail, arbitre de griefs, etc.), seul un avocat peut représenter une partie dans le cadre d'un litige civil, mais le citoyen n'est pas tenu d'y faire appel et peut techniquement agir seul. Voir : art. 128, al. 2 a) de la *Loi sur le barreau*, L.R.Q., c. B-1.

315. Le salarié peut légalement cumuler une telle action en dommages-intérêts avec une plainte de congédiement sans cause juste et suffisante (art. 124 L.N.T.) (**V-31**). Voir : *Vachon* c. *Collège d'enseignement général et professionnel de Rimouski*, D.T.E. 94T-494 (C.S.); *Valois* c. *Caisse populaire Notre-Dame-de-la-Merci (Montréal)*, précité, note 185. Cependant, pour prétendre à un tel recours, il doit s'agir d'un salarié et non d'un entrepreneur indépendant. Voir : *Villiard* c. *Dale-Parizeau Inc.*, D.T.E. 97T-507 (C.S.

316. À titre d'illustration, voir : *Vêtements Team Work International Ltée* c. *Laurin*, D.T.E. 97T-227 (C.Q.).

317. Nous croyons que l'action fondée sur le non-respect du contrat de travail se prescrit par trois ans (art. 2925 C.c.Q.), bien qu'un juge de la Cour supérieure y vît une prescription de dix ans (art. 2922 C.c.Q.). Voir : *Pelletier* c. *Coopérative des consommateurs de Rimouski*, D.T.E. 97T-477 (C.S.). Cette prescription est plus avantageuse que celle résultant de l'application de la *Loi sur les normes du travail* (**V-51**).

petites créances, où la procédure est réduite à sa plus simple expression. Cependant, seules les réclamations n'excédant pas 3 000 $ peuvent bénéficier de ces modalités particulières (art. 953 C.p.c.).

iii) *Les voies* : Afin de répondre à certains objectifs de célérité et d'économie pour les parties, le législateur modifia le *Code de procédure civile*[318] de manière à constituer deux voies procédurales. La procédure dite « allégée » s'applique à toutes les demandes dans lesquelles le montant réclamé est égal ou inférieur à 50 000 $[319] (art. 481.1 C.p.c.). La procédure est simplifiée et avec des délais très stricts. Ainsi, sous peine de déchéance du droit d'action, toutes les procédures incidentes (requêtes, interrogatoires, procédures écrites, etc.) doivent être terminées, et la cause, inscrite pour enquête et audition dans les 180 jours après la signification de la procédure initiale (art. 481.11 C.p.c.). Si cette voie allégée n'est pas accessible ou ne le demeure pas, on applique la procédure normale.

iv) *La procédure* : Dans ce domaine, la procédure est formaliste et plus rigoriste. L'action débute à l'aide d'une déclaration (art. 110 C.p.c.) dans laquelle le demandeur décline les nom et adresse des parties ainsi que l'objet et les causes de sa demande (art. 111 C.p.c.). Cette déclaration est signifiée au défendeur (art. 119.2 C.p.c.). Ce dernier peut alors réagir par certains moyens procéduraux, qu'ils soient déclinatoires (art. 163 C.p.c.), de non-recevabilité (art. 165 C.p.c.) ou encore, dilatoires (art. 168 C.p.c.). Le défendeur peut également procéder à l'interrogatoire hors cour du demandeur pour obtenir certains renseignements sur les faits se rapportant au litige (art. 397 C.p.c.). Par la suite, le défendeur produit ses moyens de droit ou de fait, par lesquels il s'oppose au maintien total ou partiel des conclusions de la demande (art. 172 C.p.c.). Puis, la cause sera en état pour être inscrite pour enquête et audition. Bien que la procédure puisse paraître lourde et confondante, elle vise essentiellement à ce que les parties dévoilent avant procès l'ensemble de leurs moyens de fait et de droit. Ainsi, toutes les pièces seront communiquées préalablement à la partie adverse. De ce fait, lorsque le procès est tenu, chacun connaît parfaitement l'ensemble du dossier. Cependant, une divulgation de la preuve en autant d'étapes et de procédures exige beaucoup des parties. Les coûts financiers de telles démarches sont considérables.

v) *L'audition* : Au palais, le salarié ne bénéficie d'aucune présomption ni du renversement du fardeau de la preuve. Il appartient au demandeur de

---

318. *Loi modifiant le Code de procédure civile, la Loi sur la Régie du logement, la Loi sur les jurés et d'autres dispositions législatives*, L.Q. 1996, c. 5.
319. Cette procédure allégée s'applique autant à la Cour supérieure qu'à la Cour du Québec.

prouver les faits qui soutiennent sa prétention (art. 2803 C.c.Q.). Cette preuve doit se faire dans le cadre formaliste des règles établies au *Code civil du Québec* (art. 2803 et suiv. C.c.Q.). Si le demandeur faillit à prouver ses prétentions, l'action est alors rejetée.

vi) *La décision* : Contrairement aux organismes spécialisés, le tribunal de droit commun peut rendre sa décision de façon verbale et il n'a pas l'obligation de la motiver. Cependant, règle générale, les tribunaux motivent leurs décisions afin que les parties comprennent les conclusions retenues. La décision doit être rendue dans les six mois de la prise en délibéré (art. 465 C.p.c.)[320]. Autre point distinctif, en matière civile, le tribunal peut condamner la partie qui succombe au paiement des dépens (art. 477 C.p.c.)[321].

vii) *L'appel* : Peuvent faire l'objet d'un appel à la Cour d'appel du Québec toutes décisions finales de la Cour supérieure ou de la Cour du Québec dont l'objet en litige en appel est supérieur à 20 000 $. Toutes les autres décisions ne peuvent être portées en appel que si un juge de la Cour d'appel l'autorise (art. 26 C.p.c.).

viii) *L'exécution* : À défaut par le défendeur d'exécuter volontairement la condamnation prévue au jugement, des mesures d'exécution forcée peuvent être intentées (art. 568 C.p.c.). Ainsi, le créancier peut faire saisir et vendre sous l'autorité de la justice les biens meubles et immeubles du défendeur afin d'obtenir le paiement de sa réclamation.

L'aventure de la poursuite civile est longue, coûteuse et parfois périlleuse[322]. On comprend aisément que le salarié, récemment privé de sa source de subsistance, hésite et souvent renonce à intenter un tel recours. En pratique, ce sont habituellement les cadres supérieurs exclus de l'application de l'article 124 de la *Loi sur les normes du travail* (**V-31**) qui empruntent cette voie pour obtenir justice, car dans les cas qui le permettent, le salarié a tout avantage à s'adresser au commissaire du travail (**V-33**). Fort heureusement, les lois de l'emploi prévoient certains mécanismes facilitant, pour le salarié, certains recours auprès des tribunaux de droit commun.

---

320. Ce délai est de quatre mois dans le cas d'une procédure allégée (art. 481.16 C.p.c.).
321. Les dépens sont les honoraires judiciaires institués par le *Tarif des honoraires judiciaires des avocats*, R.R.Q., 1981, c. B-1, r. 13.
322. Le salarié qui voit son action rejetée aura non seulement à payer les frais de son propre procureur, mais il devra également assumer les dépens.

Section 2.2

Des réclamations civiles découlant des lois de l'emploi

V-48 — *Présentation* — Plusieurs lois de l'emploi confèrent au salarié le droit de s'adresser aux organismes spécialisés dans l'exercice d'un recours utile à la sauvegarde de ses droits ou d'en recevoir main-forte. Nous signalons ces cas et les organismes qui peuvent ainsi intervenir pour le compte d'un salarié. Dans un premier temps, nous analysons les recours civils découlant de la *Loi sur les normes du travail* et de la *Loi sur la fête nationale*. Un second volet porte sur les recours fondés sur la *Loi sur les décrets de convention collective*. Finalement, nous rappelons les recours entrepris à l'encontre des administrateurs d'une personne morale qui peuvent être tenus de verser au salarié une compensation du défaut de paiement de sa rémunération à la suite de l'insolvabilité ou de la faillite de l'employeur.

V-49 — *Recours sous la L.N.T.* — Le contenu général de la *Loi sur les normes du travail* (ci-après L.N.T.) est esquissé au titre III (**III-201 et suiv.**). Nous savons qu'elle renferme un faisceau de conditions de travail minimales (**I-101; III-209**)[323]. Sauf pour les situations sous le régime d'une convention collective de travail, elle établit, au profit d'un grand nombre de salariés, les seules véritables conditions de travail[324]. Ainsi, un salarié qui croit ne pas recevoir le parfait paiement de sa rémunération (art. 40 L.N.T.) (**III-211**), des heures supplémen-

---

323. Ces normes sont d'ordre public et on ne peut y déroger (art. 93 L.N.T.), sauf par la voie de conditions plus avantageuses pour le salarié (art. 94 L.N.T.). Voir : *Baribeau & Fils inc.* c. *Commission des normes du travail*, D.T.E. 96T-823 (C.A.). Sur la question des dérogations permises, voir : *Montreal Standard* c. *Middleton*, [1989] R.J.Q. 1101 (C.A.).

324. La loi s'applique directement à plus de 1,3 million de salariés travaillant pour le compte d'environ 78 % des employeurs : COMMISSION DES NORMES DU TRAVAIL, *Rapport annuel 1996–1997*, Québec, 58 p.

taires (art. 55 L.N.T.) **(III-213)**, de l'indemnité de congés annuels (art. 74 L.N.T.) **(III-216)**, des jours fériés et chômés (art. 62 L.N.T.), des congés pour événements familiaux (art. 80 et suiv. L.N.T.) **(III-217)**, de l'indemnité de fin d'emploi (art. 82 et 83 L.N.T.) **(III-218)** ou des autres avantages qui lui sont ainsi garantis (art. 85 et 86 L.N.T.), peut, à son choix, poursuivre son employeur devant les instances civiles **(V-47)** ou déposer une plainte à la Commission des normes du travail **(III-223)**. En pratique, un tel choix de recours est plutôt illusoire. Les coûts, les honoraires judiciaires et extrajudiciaires font en sorte que très peu de salariés intentent directement et de leur propre chef un tel recours civil. Cette réticence provient également du fait que ces salariés n'auraient pas accès à la division des petites créances de la Cour du Québec pour exercer leurs recours[325]. Dans la vaste majorité des cas, si un employeur fait défaut de payer le salaire dû[326] (art. 98 L.N.T.) ou les autres avantages (art. 99 L.N.T.) qui résultent de l'application de la loi, le salarié formule une plainte écrite auprès de la Commission des normes du travail. Cette plainte peut également être déposée par un organisme sans but lucratif de défense des droits des salariés si le plaignant y consent par écrit (art. 102 L.N.T.)[327]. Si le salarié plaignant est assujetti à une convention collective ou à un décret, il ne peut recevoir l'aide de la Commission des normes du travail avant d'avoir démontré qu'il a épuisé les recours en découlant. Il ne serait privé de cet apport, selon l'enseignement de la Cour d'appel[328], que dans les cas où la convention collective répond à trois exigences :

— elle est encore en vigueur au moment de la réclamation;

---

325. L'article 953 du *Code de procédure civile* définit la petite créance comme une créance qui n'excède pas 3 000 $ et qui a pour cause une obligation contractuelle ou extracontractuelle. Ce qui impliquerait qu'une réclamation dont l'origine remonte uniquement à la *Loi sur les normes du travail* ne peut être entendue par la division des petites créances. Sur cette question voir : *Procureur général du Québec* c. *Cour provinciale (division des petites créances)*, [1983] C.S. 659; *Lachance* c. *Commission du salaire minimum*, [1973] R.P. 283 (C.P.); *Commission des normes du travail* c. *Constantin*, [1994] R.J.Q. 1429 (C.Q.). Contra : *Commission des normes du travail* c. *Mollinger*, D.T.E. 96T-472 (C.Q.). Mais, pourrions-nous souligner, la relation de travail n'est-elle pas contractuelle et le fondement de la créance salariale, non de son quantum, n'est-il pas le contrat de travail tel qu'il est défini à l'article 2085 C.c.Q. ? **(II-29)**

326. Le libellé de l'article 98 L.N.T. donne compétence à la Commission pour réclamer tout le salaire dû au salarié; elle n'est pas limitée au seul montant établi par le salaire minimum (art. 40 L.N.T.).

327. En 1990, la loi a été modifiée pour permettre aux organismes sans but lucratif d'intervenir dans ce type de plainte. Sur cette question, voir : J.-Y. BRIÈRE, *loc. cit.*, note 174.

328. Voir : *Commission des normes du travail* c. *Campeau Corporation*, [1989] R.J.Q. 2108 (C.A.); *Commission des normes du travail* c. *Hawker Siddeley Canada inc. (La Forge C.S.W.)*, [1989] R.J.Q. 2123 (C.A.); *Villeneuve* c. *Tribunal du travail*, [1988] R.J.Q. 275 (C.A.), *Commission des normes du travail* c. *Les chantiers Davie ltée*, [1987] R.J.Q. 1949 (C.A.); *Commission des normes du travail* c. *Domtar inc. et Procureur général du Québec*, [1989] R.J.Q. 2130 (C.A.); *Commission des normes du travail* c. *Compagnie minière I.O.C. inc.*, D.T.E. 95T-397 (C.A.); *Commission des normes du travail* c. *La compagnie de papier de St-Raymond ltée*, [1997] R.J.Q. 366 (C.A.).

— elle comporte des dispositions de droit substantif équivalentes à celles prévues à la *Loi sur les normes du travail* ou, à tout le moins, un renvoi aux dispositions de la loi à titre de fondement de la réclamation;

— elle comporte un mécanisme approprié et efficace pour faire valoir la violation du droit conféré par la disposition de la convention collective.

La Cour d'appel a également précisé son entendement de l'expression «épuisement des recours»: le salarié doit démontrer qu'il a fait «l'essai de toutes les possibilités offertes dans la situation donnée» en vue d'un juste départage[329]. Il ne suffirait pas qu'il fasse la démonstration de l'indisponibilité d'un autre recours[330].

V-50 — *L'enquête* — Lorsque la plainte est déposée, la Commission des normes du travail doit faire enquête avec diligence (art. 104 L.N.T.). Elle peut aussi entreprendre cette démarche de sa propre initiative à la suite de l'information glanée de quelque manière (art. 105 L.N.T.). Pour chaque dossier, la Commission affecte un enquêteur. Ce dernier est muni des pouvoirs et immunités accordés aux commissaires nommés en vertu de la *Loi sur les commissions d'enquête*[331] (art. 108 L.N.T.). L'enquêteur dispose de vastes pouvoirs: visite des lieux du travail, examen des registres de l'employeur[332], contrôle relatif à l'application de la loi et reproduction de documents pertinents (art. 109 L.N.T.)[333]. Cependant, à aucun moment pendant son enquête, cet officier ne peut dévoiler l'identité du plaignant (art. 103 L.N.T.). La Commission peut interrompre l'enquête dès qu'elle constate que la plainte est mal fondée, frivole ou encore faite de mauvaise foi (art. 106 et 107 L.N.T.)[334]. Dans un tel cas, elle avise alors le salarié des motifs pour lesquels elle ne donne pas suite à la plainte. Le plaignant peut alors demander par écrit, dans les 30 jours, la révision de cette décision. La Commission dispose elle-même de 30 jours additionnels pour en disposer (art. 107 L.N.T.)[335].

---

329. *Commission des normes du travail* c. *Les Chantiers Davie Ltée,* précité, note 328, p. 1954.
330. Le terme «recours» renvoie nécessairement à une demande ayant un lien direct avec un droit reconnu à la *Loi sur les normes du travail.*
331. L.R.Q., c. C-37. Précisons que pour la période de 1996–1997, la Commission a procédé à plus de 21 000 enquêtes. Voir: Québec, Commission des normes du travail, *Rapport annuel, 1996–1997,* Québec, 58 p.
332. Le défaut par l'employeur de tenir de tels registres peut entraîner une plus grande valeur probante au témoignage du salarié. Voir: *Commission des normes du travail* c. *Centre de loisirs métropolitain pour handicapés visuels,* D.T.E. 95T-528 (C.Q.).
333. Les reproductions une fois certifiées conformes, auront la même valeur probante que les originaux (art. 110 L.N.T.).
334. *Commission des normes du travail* c. *Campeau Corporation,* précité, note 328.
335. Pour l'exercice 1996–1997, la Commission des normes du travail a reçu 207 demandes de révision. De ce nombre, 128 ont été maintenues, et 60, changées: COMMISSION DES NORMES DU TRAVAIL, *Rapport annuel 1996–1997,* Québec, p. 34.

V-51 — *La poursuite* — Si la Commission des normes du travail estime que des sommes sont dues au salarié, elle intente la poursuite appropriée. Dans notre analyse, nous nous limitons à souligner les données générales du processus alors suivi.

i) *La mise en demeure* : La première démarche consiste en une mise en demeure à l'employeur de payer la réclamation dans les 20 jours. Une copie de cet avis est également expédiée au salarié (art. 111 *in fine* L.N.T.)[336]. Dès lors, le salarié visé ne saurait valablement accepter lui-même un règlement du dossier sans que la Commission des normes du travail y consente (incapacité de protection : **I-110**). Tout paiement de la part de l'employeur doit être fait directement à la Commission (art. 120 L.N.T.) et tout règlement intervenu entre le salarié et l'employeur comportant une réduction du montant réclamé est nul (art. 101 L.N.T.)[337].

ii) *La poursuite* : À l'expiration du délai de 20 jours, la Commission peut exercer, pour le compte du salarié, l'action appropriée (art. 39, al. 8, 113 L.N.T.)[338], et ce, auprès du tribunal de droit commun (**V-47**). Plusieurs réclamations s'adressant au même employeur peuvent être cumulées dans une même poursuite (art. 119 L.N.T.). Dans un tel cas, c'est le total de la réclamation qui détermine la compétence du tribunal (**V-47**)[339]. Lorsque la Commission intente une action, elle peut réclamer en sus une pénalité équivalant à 20 % du montant en cause, et cette somme lui revient de plein droit et en entier (art. 114 L.N.T.)[340]. Cependant, le tribunal a entière discrétion pour l'accorder ; la bonne foi de l'employeur ou le fait de soutenir une thèse raisonnable (bien qu'erronée) peuvent conduire le tribunal à refuser d'y ajouter cette pénalité[341]. La somme réclamée porte intérêt à compter de la mise en

---

336. *Internote Canada inc.* c. *Commission des normes du travail*, [1989] R.J.Q. 2097 (C.A.).

337. L'endossement d'un chèque portant la mention « En paiement complet et final » ne peut constituer une renonciation à réclamer ce qui est dû au terme de la loi. Voir *Neiderer* c. *Small et Commission des normes du travail*, [1987] R.J.Q. 2671 (C.A.).

338. *Commission des normes du travail* c. *2627-4043 Québec inc.*, [1994] R.J.Q. 1647 (C.S.), appel rejeté sur requête : C.A.M. n° 500-09-000622-944. Précisons que la Commission de la construction du Québec possède un pouvoir analogue à l'égard d'un recours naissant d'une convention collective en faveur d'un salarié. Voir : art. 81 de la *Loi sur les relations du travail, la formation professionnelle et la gestion de la main-d'œuvre dans l'industrie de la construction*.

339. *Commission des normes du travail* c. *Barré*, D.T.E. 91T-1146 (C.S.).

340. Ces sommes servent au financement de la Commission des normes du travail. Pour des illustrations de cette réclamation de pénalité, voir : *Commission des normes du travail* c. *Entreprises Boivin inc.*, D.T.E. 90T-1130 (C.Q.) ; *Commission des normes du travail* c. *Extermination St-Michel Ltée*, D.T.E. 88T-27 (C.Q.).

341. *Commission des normes du travail* c. *Compagnie de construction Cris (Québec) Ltée*, D.T.E. 93T-1188 (C.Q.) ; *Commission des normes du travail* c. *Léo Beauregard & Fils (Canada) ltée*, D.T.E. 97T-143 (C.S.), en appel : C.A.M. n° 500-09-003480-969.

demeure au taux fixé en vertu de l'article 28 de la *Loi sur le ministère du Revenu*[342] (art. 114, al. 2, L.N.T.).

iii) *La personne morale* : Si l'employeur est constitué sous forme de compagnie ou de société et qu'il ne peut assumer sa dette à l'endroit du salarié, la Commission des normes du travail peut entreprendre le recours à l'encontre des administrateurs (art. 113 L.N.T.)[343]. La Commission leur réclame alors jusqu'à six mois de salaire pour les services rendus à l'employeur lorsque ce dernier fait faillite, est déclaré insolvable ou est dépourvu de biens saisissables (**V-57**).

iv) *La défense* : En défense à l'action de la Commission, l'employeur peut faire valoir tous moyens de fait ou de droit qui excluraient ou atténueraient sa responsabilité. Cependant, il ne pourrait soulever une défense de compensation disant que le salarié est lui-même redevable envers l'employeur. Ce moyen de défense ne serait pas disponible puisque le demandeur à l'action est la Commission des normes et non le salarié[344].

v) *La prescription* : Une action civile fondée sur la *Loi sur les normes du travail* se prescrit par un an à compter de chaque échéance (art. 115 L.N.T.)[345]. C'est dire que la Commission ou encore le salarié doit intenter des procédures judiciaires dans l'année suivant la date à laquelle le versement de la rémunération était exigible[346]. Cependant, en cas de fraude, de fausse inscription dans les registres[347] ou de remise

---

342. L.R.Q., c. M-31.

343. Avant 1991, la Commission des normes du travail ne pouvait exercer un tel recours puisqu'il ne découlait pas de la *Loi sur les normes du travail*, et que la juridiction de la Commission était limitée à l'application de la *Loi sur les normes du travail*. Voir : *Neiderer* c. *Small et Commission des normes du travail*, précité, note 337.

344. *Commission du salaire minimum* c. *Venizelos*, J.E. 80-383 (C.P.); *Commission des normes du travail* c. *Toutant*, D.T.E. 84T-14 (C.P.); *Commission des normes du travail* c. *Urgel Bourgie ltée*, D.T.E. 96T-1512 (C.Q.); *Commission des normes du travail* c. *Secret de Marilyn inc.*, D.T.E. 96T-1470 (C.Q.). Soulignons que ce moyen de défense serait cependant opposable au salarié si ce dernier intentait lui-même l'action (**V-47**). Voir : *Syndicat des professionnels de la Commission des écoles catholiques de Montréal* c. *Moalli*, (1991) 9 R.D.J. 521 (C.A.); *Distribution Trans-Canada Kébec Disque* c. *Michaud*, [1996] T.T. 214. Plus généralement sur les moyens de défense que peut soulever l'employeur, voir : Pierre ARGUIN et Robert L. RIVEST, « Les conditions d'exercice du recours civil par la Commission des normes du travail pour le compte d'un salarié », (1987) 47 *R. du B.* 705.

345. En cette matière de prescription, il est souvent difficile de situer avec exactitude le point de départ de la computation du délai de prescription, qui peut varier en fonction de la nature de la réclamation. Voir : *Bell, Rinfret et Cie ltée* c. *Bernard*, D.T.E. 88T-297 (C.A.); *Internote Canada Inc.* c. *Commission des normes du travail*, précité, note 336; *Commission des normes du travail* c. *Bondex International (Canada) Limitée*, [1988] R.J.Q. 1403 (C.S.); *Commission des normes du travail* c. *2627-4043 Québec Inc.*, précité, note 338.

346. *Internote Canada inc.* c. *La Commission des normes du travail*, précité, note 336.

347. Voir : *Règlement sur la tenue d'un système d'enregistrement ou d'un registre*, R.R.Q., 1981 c. N-1.1, r. 6.

clandestine, la prescription ne débute qu'à compter de la date où la Commission connaît l'existence de l'acte dolosif (art. 118 L.N.T.) Ce report de la prescription n'existe qu'en faveur de la Commission, un salarié ne peut l'invoquer. Soulignons que la *Loi sur les normes du travail* ne prévoit aucune modalité particulière relative à la computation du délai de prescription. Il y a donc lieu de s'en remettre aux dispositions du *Code civil du Québec.* **(I-15)**[348]. La prescription est acquise lorsque le dernier jour est révolu, sauf si ce dernier jour est un samedi ou un jour férié. Dans ce dernier cas, la prescription n'est acquise que le jour ouvrable qui suit. Précisons qu'un avis d'enquête expédié par la Commission à un employeur par courrier recommandé ou certifié suspend la prescription à l'égard de tous les salariés de l'employeur pour une période de six mois (art. 116 L.N.T.)[349] et, à la fin de cette suspension, la prescription continue son œuvre là où elle était rendue avant l'expédition de l'avis[350]. Cet effet suspensif n'a lieu que si l'avis est expédié avant que la prescription ne soit acquise.

vi) *La décision* : Il appartient aux tribunaux de juridiction civile d'analyser et d'interpréter les dispositions de la *Loi sur les normes du travail* qui sont visées en fonction du recours entrepris. Lorsque la Commission perçoit la totalité ou une partie de la somme réclamée, elle doit en faire remise au salarié, exception faite du montant de la pénalité qui lui appartient (art. 114 L.N.T.). Avant cette remise, la Commission doit, sur demande du ministre de l'Emploi et de la Solidarité, déduire les prestations que le salarié a pu percevoir de l'État au cours de la période en vertu de la *Loi sur la sécurité du revenu*[351] et qui sont recouvrables (art. 121 L.N.T.).

Au sujet des recours fondés sur la *Loi sur la fête nationale*, on procède par mimétisme. En effet, l'article 17.1 de cette loi précise que l'ensemble des articles 98 à 123 de la *Loi sur les normes du travail* s'appliquent en faisant les adaptations nécessaires. Ainsi, la Commission des normes du travail dispose des pouvoirs déjà décrits afin d'intenter les recours résultant de la violation de droits liés à la *Loi sur la fête nationale*. Il n'y a pas lieu d'en reprendre l'exposé (**V-49 et suiv.**). Notons cependant que les modalités de cette loi conférant le droit au congé de la fête nationale ne permettent guère d'exception ni d'esquive.

---

348. À cet égard, l'article 2879 C.c.Q. précise que la prescription se compute en jours entiers et que le jour à partir duquel elle court n'est pas compté; cependant, le dernier jour l'est.

349. *Commission des normes du travail* c. *Industries graphiques Caméo Crafts ltée*, D.T.E. 96T-1127 (C.Q.).

350. Il est intéressant de noter que l'article 116 a été modifié en 1990. L'ancien texte prévoyait que la prescription était interrompue alors que le nouveau précise qu'elle est suspendue. C'est dire que cet amendement impose à la Commission d'agir avec une plus grande vigilance et célérité puisqu'il a un effet réel et important sur la computation des délais.

351. L.R.Q., c. S-3.1.1.

V-52 — *Les décrets* — La *Loi sur les décrets de convention collective* (ci-après L.D.C.C.) consacre le caractère d'ordre public des dispositions d'un décret (art. 11 L.D.C.C.) (**I-47; III-501**). De ce fait, on ne peut y contrevenir par entente individuelle ou par convention collective[352]. Il est interdit à un employeur de payer un salaire inférieur à celui que fixe le décret (art. 12 L.D.C.C.), et ce, même si le salarié contrevient aux dispositions relatives aux qualifications professionnelles exigibles[353]. Seules les dérogations plus avantageuses pour le salarié sont permises (**I-96; III-516; IV-173**). Bien qu'un salarié puisse exercer seul les recours découlant de la violation par son employeur du décret auquel il est assujetti, cette loi accorde au comité paritaire le pouvoir d'exercer ces recours (art. 22, al. 2 a), L.D.C.C.). Cette intervention du comité paritaire s'autorise de la loi et non pas d'une cession des créances (**III-510**)[354]. Bien évidemment, le salarié peut porter plainte au comité paritaire (art. 24 L.D.C.C.)[355] ou ce dernier peut entreprendre ces recours à sa seule initiative (art. 22, al. 2 e), L.D.C.C.). À cet égard, le comité paritaire, par l'intermédiaire de ses inspecteurs, dispose de vastes pouvoirs d'enquête. Les inspecteurs peuvent pénétrer chez un employeur pour examiner le système d'enregistrement, les registres obligatoires et la liste de paie. Ils peuvent également vérifier auprès de tout employeur ou de tout salarié l'assujettissement à un décret[356], le taux de salaire, la durée du travail, le régime d'apprentissage et l'observation des autres dispositions du décret. Finalement, ils peuvent requérir une déclaration assermentée d'un employeur ou d'un salarié sur tout renseignement jugé nécessaire (art. 22, al. 2 e), L.D.C.C.)[357].

V-53 — *L'action* — Une fois l'enquête menée, si le comité paritaire le juge bon, il lui est loisible d'intenter devant les tribunaux de droit commun le recours civil approprié (**V-47**). Préalablement à l'introduction de l'action et bien que la loi soit muette à cet égard, la pratique veut que le comité expédie à l'employeur une mise en demeure le sommant de payer la réclamation, et ce, avant que l'action ne soit intentée en justice. Au montant de la réclamation

---

352. *Comité paritaire de l'industrie de l'imprimerie de Montréal et du district* c. *Dominion Blank Book Co. Ltd.*, [1944] R.C.S. 213.
353. *Office de la construction du Québec* c. *Entreprise Michel Poulin inc.*, J.E. 89-186 (C.A.); *Office de la construction du Québec* c. *Les Industries J.A.L. ltée*, [1989] R.J.Q. 1201 (C.A.).
354. *Office de la construction du Québec* c. *Entreprise Michel Poulin inc.*, précité, note 353.
355. Le comité paritaire est alors tenu à la confidentialité (art. 24 *in fine* L.D.C.C.).
356. *Comité paritaire de l'industrie du meuble* c. *Métal par dimension ltée*, [1989] R.J.Q. 1442 (C.A.); en cas de double assujettissement, la loi prévoit un mécanisme d'arbitrage (art. 11.1 et suiv. L.D.C.C.).
357. La Cour suprême du Canada reconnut la légalité des pouvoirs d'inspection conférés au comité paritaire. Voir : *Comité paritaire de l'industrie de la chemise* c. *Potash*, [1994] 2 R.C.S. 406, commenté par Yves SAINT-ANDRÉ, « Les décrets de convention collective : récents développements, bilan et perspectives », dans SERVICE DE LA FORMATION PERMANENTE, BARREAU DU QUÉBEC, *Développements récents en droit du travail (1995)*, Cowansville, Les Éditions Yvon Blais inc., 1995, p. 71.

s'ajoute une somme égale à 20 % de la différence entre le salaire obligatoire prévu au décret et celui qui a été effectivement payé (art. 22, al. 2 c), 47 L.D.C.C.)[358]. Les recours de plusieurs salariés contre un même employeur peuvent être cumulés en une seule et même action. Le total de la réclamation détermine la compétence du tribunal (art. 44 L.D.C.C.)[359]. Le comité peut également joindre à sa réclamation une demande en annulation de tout contrat ou engagement ayant pour objet d'enfreindre ou d'éluder les dispositions de la loi ou encore d'un décret (art. 48 L.D.C.C.). La loi décrète que l'employeur professionnel qui accorde un sous-contrat est solidairement responsable avec son sous-traitant du paiement du salaire fixé par le décret (art. 14 L.D.C.C.)[360]. En cas d'aliénation ou de concession totale ou partielle d'une entreprise, l'ancien employeur et l'ayant cause sont solidairement responsables de toutes dettes antérieures à l'aliénation (art. 14.1 L.D.C.C.). Toute poursuite intentée devant un tribunal civil en vertu de cette loi constitue une matière qui doit être instruite et jugée d'urgence (art. 43 L.D.C.C.). Après la réception d'une réclamation, un employeur ne peut acquitter cette dernière qu'auprès du comité paritaire (art. 45 L.D.C.C.). Ainsi, l'employeur ne peut valablement s'entendre directement avec le salarié[361]; la question peut être importante pour éviter le double paiement de la dette.

V-54 — *Le régime de preuve* — En matière d'administration de la preuve, la *Loi sur les décrets de convention collective* comprend quelques particularismes susceptibles de faciliter le processus de l'enquête.

i) Les décrets, règlements et avis sont présumés authentiques et ils font preuve de leur contenu dans la mesure où ils ont été publiés à la *Gazette officielle du Québec* (art. 40 L.D.C.C.). Pour ce qui est des registres de délibération d'un comité paritaire et des documents émanant de l'employeur (registre, liste de paie), ils prouvent leur contenu jusqu'à preuve contraire (art. 22, al. 2 e), 41, L.D.C.C.).

ii) Aucune preuve n'est permise pour établir qu'une poursuite a été intentée à la suite d'une plainte d'un dénonciateur ou encore, pour découvrir l'identité de ce dernier (art. 24, 42 L.D.C.C.). Cette interdiction

---

358. *Les Constructions Bouladier ltée* c. *Office de la construction du Québec*, [1985] C.A. 505; *Bot Québec limitée* c. *Office de la construction du Québec*, D.T.E. 88T-68 (C.A.).

359. *Baril et Biron* c. *W. Rourke ltée*, [1985] C.A. 754. Précisons que la division des petites créances de la Cour du Québec n'a pas juridiction pour entendre une telle réclamation et en disposer. Voir : *Brousseau* c. *Barbeau*, [1979] R. P. 324 (C.S.).

360. *The Joint Commitee of Men's and Boy's Clothing Industry for the Province of Quebec* c. *H. & J. Pants Contractors Co. Ltd.*, [972] C.A. 388; *Commission conjointe de l'industrie de la robe de la province de Québec* c. *Jonathan of California Co.*, [1962] B.R. 858; *Kucer* c. *Comité conjoint de l'industrie de la fabrication du métal en feuilles*, [1973] C.A. 341.

361. *Comité paritaire de l'entretien d'édifices publics* c. *161328 Canada inc.*, D.T.E. 94T-658 (C.Q.).

touche non seulement l'identité du dénonciateur, mais également l'existence d'une plainte.

iii) Contrairement aux règles qui prévalent devant les tribunaux de droit commun, le procureur du comité paritaire est expressément autorisé à poser des questions suggestives aux salariés à l'emploi du défendeur (art. 49 L.D.C.C.).

Ces divers moyens sont le fruit d'un enseignement pratique et peuvent permettre de mieux atteindre à la double finalité de cette loi de 1934 (**III-504**).

V-55 — *Le suivi du dossier* — À la suite de l'audition, le tribunal compétent dispose de la réclamation du comité paritaire. Cette décision est susceptible d'appel en fonction des critères généraux de la procédure d'appel (**V-47**). Les modalités d'exécution suivent également les principes établis au *Code de procédure civile du Québec*. Lorsque le comité paritaire, à la suite de l'exécution volontaire ou forcée de la décision, perçoit les montants réclamés de l'employeur, il doit en faire remise au salarié, déduction faite du pourcentage de la pénalité de 20 %, si elle fut accordée, que retient le comité paritaire. De plus, sur demande du ministre de l'Emploi et de la Solidarité, le comité doit déduire, s'il y a lieu, les prestations versées au salarié ou à sa famille[362] au cours de la période visée par la réclamation (art. 46 L.D.C.C.). Rappelons que la loi accorde une protection particulière contre certaines pratiques illégales. En effet, la loi interdit à un employeur de congédier, de suspendre ou de déplacer un salarié parce qu'il aurait fourni des renseignements aux représentants d'un comité paritaire ou déposé une plainte, une dénonciation, un constat d'infraction, ou encore en raison du témoignage qu'il a rendu dans une poursuite. Pareille plainte peut également être déposée si l'employeur a rompu l'engagement puis réengagé le salarié à un emploi inférieur pour éluder ainsi les dispositions d'un décret ou s'il l'a rétrogradé de classification afin de lui verser un salaire moindre que celui qu'il recevait jusqu'alors (**V-18**). Le salarié victime de telles pratiques interdites peut, de son seul chef ou par le truchement du comité paritaire, intenter une action civile en dommages exemplaires équivalant à trois mois de salaire (art. 30 et 31 L.D.C.C.)[363].

V-56 — *La prescription* — L'action civile résultant d'un décret ou de cette loi se prescrit par un an à compter de chaque échéance. À l'instar de la *Loi sur les normes du travail* (**V-51**), s'il y a fausse inscription, remise clandestine ou toute autre fraude, la prescription ne court qu'à compter de la date où le comité paritaire connaît la fraude (art. 28 L.D.C.C.). Un avis d'enquête du

---

362. *Le comité paritaire de l'industrie de la boîte à carton* c. *Huron Paper Box Inc.*, (1959) R.L. 262 (C.S.).

363. La contravention à l'article 30 L.D.C.C. rend également l'employeur passible d'une poursuite pénale et des amendes afférentes (**V-104**).

comité expédié à l'employeur a pour effet d'interrompre la prescription au bénéfice de tous les salariés, et ce, pour une période de six mois : disposition quelque peu différente de celle de l'article 116 de la *Loi sur les normes du travail* (**V-51**). En matière de décret, la prescription est interrompue et non suspendue, ce qui implique qu'à l'expiration du délai de six mois, la prescription repart à zéro (art. 28.1 L.D.C.C.).

V-57 — *Responsabilité des administrateurs* — Le salarié, la Commission des normes (art. 113. L.N.T) (**V-49**)[364] ou le comité paritaire (art. 22, al. 2 a.1), L.D.C.C.) (**V-52**) peut entreprendre un recours à l'encontre des administrateurs de l'employeur constitué sous forme de compagnie ou de société par actions lorsque cette dernière n'assume pas sa dette à l'endroit d'un salarié, et ce, en raison de son insolvabilité ou de son état de faillie[365]. Ce recours découle des lois constituant les personnes morales. L'article 96 de la *Loi sur les compagnies du Québec*[366] est ainsi libellé :

Art. 96. Salaires des employés. — 1) Les administrateurs de la compagnie sont solidairement responsables envers ses employés, jusqu'à concurrence de six mois de salaire, pour services rendus à la compagnie pendant leur administration respective.

2) Responsabilité assujettie à certaines conditions. — Un administrateur ne devient responsable d'une telle dette que si :

a) la compagnie est poursuivie dans l'année du jour où la dette est devenue exigible et le bref d'exécution est rapporté insatisfait en totalité ou en partie; ou si

b) la compagnie, pendant cette période, fait l'objet d'une ordonnance de mise en liquidation ou devient faillie au sens de la *Loi sur la faillite* et une réclamation de cette dette est déposée.

L'article 119 de la *Loi canadienne sur les sociétés par actions* précise ainsi ce moyen[367] :

Art. 119 : Responsabilité des administrateurs envers les employés. — 1) Les administrateurs sont solidairement responsables,

---

364. Le recours exercé par la Commission des normes demeure tributaire du délai de prescription prévu par cette loi : *Commission des normes du travail* c. *Legault*, [1997] R.J.Q. 2086 (C.A.).

365. Robert BONHOMME et Nathalie-Anne BÉLIVEAU, « La responsabilité civile des administrateurs en matière de droit du travail : les principales dispositions législatives québécoises », dans SERVICE DE LA FORMATION PERMANENTE, BARREAU DU QUÉBEC, *Développements récents en droit du travail (1996)*, Cowansville, Les Éditions Yvon Blais inc., 1996, p. 49; Albert BOHÉMIER et Anne-Marie POLIQUIN, « Réflexion sur la protection des salariés dans le cadre de la faillite ou de l'insolvabilité », (1988) 48 *R. du B.* 75; Maurice MARTEL et Paul MARTEL, *La compagnie au Québec, les aspects juridiques*, Montréal, Éditions Wilson & Lafleur, Martel ltée, 1997, p. 547.

366. L.R.Q., c. C-38.

367. L.R.C. (1985), ch. C-44.

envers les employés de la société, des dettes liées aux services que ceux-ci exécutent pour le compte de cette dernière pendant qu'ils exercent leur mandat, et ce jusqu'à concurrence de six mois de salaire [...].

Ces recours[368] portent sur la rémunération directe[369], les bénéfices marginaux[370], les indemnités de vacances[371] et pourraient même comprendre l'indemnité de départ fondée sur la convention collective[372] (**II-137**). Cependant, une telle action ne pourrait comprendre une indemnité de cessation d'emploi, selon un arrêt de la Cour suprême du Canada[373] :

> Le terme « dettes » ne peut, en effet, être dissocié du contexte dans lequel il se trouve énoncé. Suivant les termes employés par le législateur, les dettes doivent résulter de « l'exécution [...] de services au profit de la société ». Or, la somme payable à titre d'indemnité de cessation d'emploi découle non pas de services exécutés au profit de la société, mais du préjudice qui est lié à l'inexécution d'une obligation contractuelle, celle de fournir un préavis suffisant. Les sommes allouées par la Cour supérieure à titre d'indemnité de cessation d'emploi ont pour cause, et fondement, la rupture fautive du lien d'emploi par l'employeur. [...]. En l'absence de jalons législatifs additionnels, l'exécution de services par l'employé demeure la pierre angulaire de la responsabilité personnelle des administrateurs pour les dettes assumées par la société. Notre Cour ne saurait, sous le couvert d'une inter-

---

368. Un recours collectif serait même possible. Voir : *Masson* c. *Thompson*, [1997] R.J.Q. 634 (C.S.). Un tel recours contre les administrateurs est également possible dans le cas d'une faillite d'une entreprise de la construction : art. 122, al. 7 de la *Loi sur les relations du travail, la formation professionnelle et la gestion de la main-d'œuvre dans l'industrie de la construction.*

369. Le terme « rémunération » est compris dans son sens large et inclut les heures supplémentaires, les commissions et les bonis (**II-137**). Voir : *Filion* c. *Ayers*, [1990] R.J.Q. 610 (C.Q.); *Comité paritaire du camionnage du district de Québec* c. *Rapid Transport inc.*, [1967] C.S. 374; *Masson* c. *Thompson*, précité, note 368.

370. *Bresner* c. *Goldin*, [1979] C.S. 1022; *Masson* c. *Thompson*, précité, note 368; *Nadeau* c. *Boisvert*, J.E. 84-488 (C.A.); *Filion* c. *Ayers*, précité, note 369; *Thiboutot* c. *Kantor*, D.T.E. 94T-596 (C.Q.).

371. *Bresner* c. *Goldin*, précité, note 370; *Whittington* c. *Patry*, J.E. 82-1086 (C.S.); *Boisvert* c. *Nadeau*, [1982] R.L. 101; *Commission des normes du travail* c. *Beausignol Inc.*, [1987] R.J.Q. 688 (C.P.); *Aikens* c. *St-Pierre*, D.T.E. 97T-1223 (C.Q.).

372. *Schwartz* c. *Scott*, [1985] C.A. 713; *Alias* c. *Raymond, Chabot, Fafard, Gagnon inc.*, [1997] R.J.Q. 851 (C.A.).

373. Cette décision fut rendue en vertu de la *Loi canadienne sur les sociétés par actions*. On pourrait croire que le résultat serait différent en vertu de la *Loi sur les compagnies du Québec*. Voir : *Pion* c. *Patenaude*, J.E. 93-1457 (C.Q.). *Contra : Aubé* c. *Astell*, [1988] R.J.Q. 845 (C.Q.); *Fréchette* c. *Patenaude*, D.T.E. 90T-1381 (C.Q.).

prétation extensive, ajouter au texte de la disposition des mots qui ne s'y trouvent pas exprimés[374].

Prenant appui de cette décision, la Cour d'appel[375] considère que les administrateurs d'une entreprise ne peuvent être condamnés personnellement au paiement d'une indemnité pour congédiement illégal (art. 15 C.t.) (**V-8**) à laquelle avait été condamné l'employeur[376] :

> [...] les indemnités couvrant, selon les termes de l'article 15 de la *Loi du travail* (*sic*), l'équivalent du salaire et des autres avantages dont les a privés leur congédiement découlent non pas de services exécutés par les appelants pour le compte de la société mais de la rupture fautive du lien d'emploi par celle-ci ;

> [...] les indemnités ne sont pas liées à l'exécution de services pour le compte de la société une donnée qualifiée de « pierre angulaire de la responsabilité personnelle des administrateurs » par madame la juge L'Heureux-Dubé dans *Barette* c. *Crabtree (succession de)*, [1993] 1 R.C.S. 1027 à la page 1049;

> [...] l'ordonnance de réintégration du salarié dans son emploi « avec tous ses droits et privilèges » (article 15 du *Code du travail*) ne va pas jusqu'à faire naître en sa faveur un droit que la Loi ne lui reconnaît pas, soit celui de réclamer des administrateurs de la société le paiement d'une dette qui n'est pas liée aux services exécutés par lui pour le compte de cette dernière[377].

Il s'agit, à tout le moins, d'entendements très restrictifs des fondements mêmes de ces indemnités qui nous paraissent constituer une rémunération circonstancielle (**II-138**). Ces sommes ne sont-elles pas dues en raison des services déjà rendus ?

V-58 — *Autres recours* — L'approche des tribunaux civils et particulièrement de la Cour d'appel s'adapte mal à la finalité même de cette disposition qui vise à protéger les salariés de l'entreprise à l'égard de la contre-prestation totale due par l'employeur, et cette dernière est la propriété du salarié (**II-139**). Dans certains cas particuliers, le *Code civil du Québec* peut palier certaines lacunes du texte des articles 96 de la *Loi des compagnies* et 119 de

---

374. *Barette* c. *Crabtree (succession de)*, [1993] 1 R.C.S. 1027, p. 1048 et 1049, commenté par Bryan C. G. HAYNES, « Directors' Liability of Termination Pay : *Barette* c. *Crabtree Estate* », (1994) 23 *Can. Bus. L.J.* 283.

375. *Hudon* c. *Frishling*, D.T.E. 96T-67 (C.A.), requête pour autorisation de pourvoi à la Cour suprême du Canada rejetée.

376. Il en serait de même pour la condamnation à une indemnité résultant d'une plainte de congédiement sans cause juste et suffisante. Voir : *Laroche* c. *Brunet*, D.T.E. 95T-158 (C.Q.).

377. *Hudon* c. *Frishling*, précité, note 375, p. 5 et 6.

la *Loi canadienne sur les sociétés par actions*. Selon l'article 317 C.c.Q., une personne de bonne foi peut obtenir la condamnation personnelle d'un administrateur dans la mesure où il y a eu fraude, abus de droit ou contravention à une règle intéressant l'ordre public. Grâce à cette disposition, le salarié pourrait aussi bénéficier d'un recours direct auprès des administrateurs dans la mesure où les conditions d'application de l'article 317 C.c.Q. sont respectées[378]. D'autre part, soulignons qu'en réplique à une action contre les administrateurs, les moyens de défense sont fort limités[379]. Ces derniers pourraient cependant invoquer le bénéfice de discussion (art. 2347 C.c.Q.) afin que les salariés présentent une réclamation à la faillite avant de s'adresser à eux[380]. En cas de faillite de l'employeur, la rémunération des salariés jouit d'une préférence. En effet, la rémunération pour services rendus à l'employeur au cours des six mois qui ont précédé la faillite, et ce, jusqu'à concurrence de 2 000 $, constitue une créance privilégiée. Aussi, cette créance serait payée en entier à chacun des salariés avant que les créanciers non privilégiés de l'entreprise ne puissent recevoir leur paiement (art. 136, al. 1 d); de la *Loi sur la faillite et l'insolvabilité*[381]). La rémunération comprend l'indemnité de vacances qui est également, à titre de salaire différé, une créance privilégiée pour la même période[382]. Cependant, l'indemnité due à titre de préavis ne bénéficierait pas d'une telle protection[383]. Pareil traitement privilégié résulte également de l'article 72 de la *Loi sur les liquidations*[384] qui prévoit la même protection pour les arriérés de salaires dus jusqu'à l'équivalent d'un montant de trois mois de salaire précédant immédiatement l'ordonnance de mise en liquidation[385]. Au-delà de ces quelques mesures de protection de la créance du salarié en cas de faillite de l'entreprise, il nous faut constater que le législateur n'a pas encore mis en vigueur les articles 136, 137 et 138 de la *Loi sur les normes du travail* qui visent à donner au salarié une pleine indemnisation en pareil cas. Soulignons qu'une telle mesure existe pour les salariés du domaine de la construction (art. 122, al. 8 de la *Loi sur les relations du travail, la formation professionnelle et la gestion de la main-d'œuvre dans l'industrie de la construction*).

---

378. Sur l'interprétation à donner à l'article 317 C.c.Q., voir : Paul MARTEL, « Le "voile corporatif" et l'article 317 du *Code civil du Québec* », 1995 *R. du B.* 447.

379. *Masson* c. *Thompson*, précité, note 368; *Commission des normes du travail* c. *Madew*, D.T.E. 96T-1493 (C.Q.); *Zieman* c. *Commission des normes du travail*, D.T.E. 96T-94 (C.A.); *Commission des normes du Travail* c. *Gauthier*, [1998] R.J.D.T. 125 (C.S.).

380. *Commission des normes du travail* c. *Proulx*, [1997] R.J.Q. 2178 (C.S.).

381. L.R.C. (1985), ch. B-3.

382. *(In Re)* : *Comité paritaire de l'alimentation (Région de Montréal)* c. *Mercure*, Gadoury, [1970] C.S. 353.

383. *Nolisair International Inc. (Syndic de)*, D.T.E. 97T-1133 (C.S.).

384. L.R.C. (1985), ch. W-11.

385. *Alias* c. *Raymond, Chabot, Fafard, Gagnon Inc.*, précité, note 372.

Section 2.3

Les recours des créanciers du salarié

V-59 — *Prélude* — La plus vieille loi québécoise en matière de droit de l'emploi remonte à 1875 : *Acte pour rendre saisissable une partie des salaires des officiers et employés publics*[386]. On y prévoyait qu'une partie seulement du salaire des fonctionnaires pouvait être saisissable et ainsi, le résidu salarial était à l'abri des créanciers. Cette loi fut quelque peu généralisée au profit de tous les salariés en 1881 par l'*Acte pour exempter de la saisie, la moitié des gages des journaliers*[387]. En raison du caractère alimentaire du salaire, ces premières mesures de protection assuraient aux salariés la jouissance de cette partie minimale du salaire. Cette mesure de protection existe encore de nos jours et nous en faisons un bref exposé comportant trois volets : les règles applicables en matière de saisie-arrêt de la rémunération d'un salarié, la perception des pensions alimentaires et le dépôt volontaire par le salarié débiteur.

V-60 — *La saisie-arrêt du salaire* — Le corpus juridique régissant la saisie-arrêt est articulé au *Code de procédure civile* et plus particulièrement aux articles 641 à 651.1 C.p.c. La saisie-arrêt permet au créancier d'un salarié de faire déposer entre les mains de la justice la portion saisissable de la rémunération du salarié. Sur le plan juridique, cette mesure s'explique par le fait que cette rémunération, bien que non encore versée par l'employeur, est néanmoins due par ce dernier (**II-141**) et en conséquence, elle est déjà la propriété du salarié. À ce dernier titre, cette portion du salaire sert de « gage commun » aux créanciers du salarié. À l'occasion d'un tel recours, trois acteurs sont en

---

386. S.Q. 1875, c. XII.
387. S.Q. 1881, c. XVIII.

présence : le créancier du salarié, le débiteur, qui est ce même salarié, et le tiers-saisi, l'employeur du salarié. Nous schématisons cette procédure dans un tableau de synthèse.

i) *La procédure* : Comme préalable à l'exécution forcée, le créancier doit être bénéficiaire d'un jugement condamnant le salarié. En somme, il faut qu'un tribunal ait reconnu le caractère réel et exigible de la créance. La saisie-arrêt débute par l'émission et la signification à l'employeur et au salarié[388] d'un bref de saisie-arrêt (art. 625 C.p.c.) lui enjoignant de déclarer et de déposer auprès du greffier de la cour, la portion saisissable de la rémunération du salarié. La déclaration de l'employeur peut être faite en personne ou encore par courrier recommandé ou certifié (art. 641 C.p.c.)[389]. Cette déclaration et le dépôt qui l'accompagne doivent avoir lieu dans les dix jours de la signification du bref et, de nouveau, tous les mois par la suite, tant et aussi longtemps que la saisie reste tenante, c'est-à-dire aussi longtemps que le débiteur conserve son emploi et que n'ont pas été acquittées toutes les réclamations produites par les différents créanciers. Cependant, si la saisie-arrêt de salaire est faite en exécution d'un jugement ordonnant le paiement d'une pension alimentaire, cette saisie-arrêt demeure tenante non seulement tant que les arrérages n'ont pas été payés mais également pour les versements à échoir, et ce, jusqu'à l'obtention d'une mainlevée. Cette mainlevée peut être accordée seulement un an après que les arrérages de la pension ont été acquittés (art. 641.1 C.p.c.), à moins qu'il n'y eut suspension de la saisie-arrêt (art. 659.5 à 659.10 C.t.). Si l'employeur fait défaut de déclarer ou de déposer la partie saisissable du salaire de son salarié, il peut être condamné personnellement au paiement de la dette de ce dernier (art. 634 C.p.c.). En somme, le créancier pourrait alors disposer de deux débiteurs pour la même dette.

ii) *La portion saisissable* : Il incombe à l'employeur de procéder à l'établissement du montant saisissable. Le calcul s'effectue à partir de la rémunération brute, ce qui comprend toutes prestations, en argent, en

---

388. Le salarié dispose d'un délai de dix jours pour former opposition (art. 641.3 C.p.c.). S'il n'y a pas d'opposition ou si l'opposition est rejetée, il doit comparaître devant le greffier afin de dresser la liste de ses créanciers autres que le saisissant. De plus, il doit aviser chacun d'eux de l'existence de la saisie. Ces créanciers produiront une réclamation et ils seront colloqués au même rang que le saisissant. Par la suite, chacun d'eux recevra une quote-part des sommes saisies, proportionnellement au montant de sa créance.

389. Si l'employeur affirme que le salarié est à son emploi mais qu'il travaille sans rémunération ou encore s'il déclare un salaire inférieur à la valeur des services rendus, le créancier saisissant peut présenter une requête pour que la rémunération soit évaluée à sa juste valeur. L'employeur doit alors déposer la partie saisissable en fonction du salaire tel qu'il est évalué par le juge (art. 649 C.p.c.).

nature ou en services, consenties au salarié en contrepartie de sa prestation de travail, mais à l'exclusion des contributions de l'employeur à un fonds de pension, d'assurance ou de sécurité sociale, de la valeur de la nourriture ou du logement fournis ou payés par l'employeur à l'occasion de déplacements effectués dans le cadre de l'emploi et des laissez-passer donnés par une entreprise de transport à ses employés (art. 553, al. 11, C.p.c.). La partie saisissable de la rémunération s'établit ainsi :

— une première portion insaisissable de la rémunération varie en fonction des obligations familiales du salarié. Celui sans personne à charge dispose d'un montant insaisissable de 120 $ par semaine, et pour l'autre qui a des personnes à sa charge, ce montant est porté à 180 $ par semaine. Un montant additionnel de 30 $ par semaine est ajouté pour chaque personne à charge à compter de la troisième.

— Les 7/10 du solde (la rémunération totale moins la première tranche insaisissable) seraient aussi insaisissables. En somme, la portion saisissable s'établit à 3/10 de la rémunération après avoir soustrait la première tranche insaisissable[390].

iii) *La dette alimentaire* : Ce même calcul ne vaut pas dans le cas où la saisie-arrêt s'effectuerait en raison d'une dette alimentaire[391], d'une dette résultant du partage du patrimoine familial ou d'une prestation compensatoire. Dans cette dernière hypothèse, la rémunération du salarié est saisissable jusqu'à concurrence de 50 %. Cette règle ne s'applique que pour les jugements rendus avant le 1er décembre 1995, car après cette date, on applique les mesures prévues à la *Loi facilitant le paiement des pensions alimentaires* (**V-62**).

iv) *La distribution* : Une fois le calcul effectué sur ces bases et la remise faite, le greffier procède à la distribution des sommes aux créanciers. Cette distribution s'effectue dans les dix jours de la signification de la déclaration de l'employeur. Par la suite, tous les trois mois, sauf en matière de créance alimentaire, où la remise s'effectue tous les mois (art. 647 C.p.c.).

---

390. Un exemple permet d'illustrer la méthode de calcul. Un salarié reçoit une rémunération brute de 600 $ par semaine. Il est divorcé, mais il a à charge trois enfants et il est le principal soutien de son père. L'employeur doit effectuer le calcul de la façon suivante :
ÉTAPE I — Le salarié ayant quatre personnes à charge (trois enfants et son père) a droit à une portion insaisissable de 240 $ (180 $ + 30 $ + 30 $);
ÉTAPE II — Le solde de l'opération, soit 360 $ (600 $ – 240 $) sert de base de calcul pour la seconde étape. Une seconde portion insaisissable, soit 250 $ (les 7/10 de 360 $). La portion saisissable sera de 108 $ par semaine.

391. La Cour suprême du Canada, dans l'arrêt *Fortier c. Miller*, [1943] R.C.S. 470, a interprété assez largement la notion de dette alimentaire en qualifiant à ce titre les sommes accordées pour dommages-intérêts, frais médicaux et incapacité partielle permanente à la suite d'un accident.

V-61 — *Protection du salarié* — Le *Code de procédure civile du Québec* (art. 650 C.p.c.) interdit à un employeur de congédier ou de suspendre son employé pour le seul motif que son salaire fait l'objet d'une saisie-arrêt. Si l'événement coïncidait avec cette décision de l'employeur, il y aurait présomption selon laquelle le salarié fut congédié ou suspendu à cause de la saisie-arrêt. Pour cette raison, il incombe à l'employeur de démontrer qu'il existe une autre cause juste et suffisante. Dans un tel cas, le salarié peut intenter une action en dommages-intérêts afin d'être compensé pour le préjudice subi à la suite de cette sanction illégale (**V-47**). Cette mesure peut être complétée par la *Loi sur les normes du travail* (art. 122, al. 3, L.N.T.) qui procure au salarié victime d'une telle pratique interdite un mécanisme permettant sa réintégration dans ses fonctions (**V-19**). Lorsque le débiteur est un travailleur autonome, le créancier peut obtenir l'autorisation d'un juge pour ordonner au débiteur de comparaître afin de déclarer ses revenus ou encore, le salaire versé par un employeur ne résidant pas au Québec et lui enjoindre de déposer la portion saisissable de son salaire (art. 651 C.p.c.).

V-62 — *La pension alimentaire* — En matière de pension alimentaire, le recours de saisie-arrêt est considérablement modifié à l'égard de l'exécution des jugements rendus le ou après le 1er décembre 1995[392] à la suite de l'adoption de la *Loi facilitant le paiement des pensions alimentaires* (ci-après L.F.P.P.A.). Cette loi confère au ministre du Revenu la perception de la partie du salaire équivalant à la pension attribuée pour en faire la remise à son ayant droit. Ces modalités particulières peuvent être résumées de la façon qui suit.

i) *L'avis et la retenue* : Dès le prononcé d'un jugement qui accorde une pension alimentaire, le greffier du tribunal doit aviser le ministre du Revenu (art. 6 L.F.P.P.A.) et alors, la pension est perçue au moyen d'une retenue à la source (semblable aux déductions fiscales) (art. 7 L.F.P.P.A.). Lorsqu'un débiteur alimentaire reçoit périodiquement une rémunération, un traitement, un salaire, des honoraires ou des avances, alors le ministre perçoit la pension au moyen de retenues (art. 11 L.F.P.P.A.). Il avise l'employeur du montant que ce dernier doit retenir sur la paye du salarié (art. 16 L.F.P.P.A.). Ce montant ne peut jamais excéder 50 % de la rémunération brute du salaire et il doit être remis au ministre aux dates et suivant les modalités déterminées par lui (art. 15 et 16 L.F.P.P.A.). L'employeur qui fait la retenue est réputé la détenir en fiducie pour le

---

392. Pour les jugements rendus avant cette date, la loi ne s'applique que dans la mesure où le créancier alimentaire (la personne qui reçoit la pension) a déjà eu recours au percepteur des pensions alimentaires (les mauvais payeurs sont couverts par la loi) ou, dans les autres cas, si les deux parties (débiteur et créancier alimentaires) en font la demande (art. 99 L.F.P.P.A.). Si la loi ne s'applique pas, il faut se référer aux règles générales déjà exposées relativement à la saisie-arrêt (**V-61**).

ministre[393]. Cela doit se poursuivre tant et aussi longtemps qu'une rémunération est payable au débiteur alimentaire (art. 19 L.F.P.P.A.). L'employeur qui refuserait ou négligerait de retenir la somme déterminée par le ministre deviendrait personnellement responsable du paiement de la pension alimentaire (art. 20 L.F.P.P.A.). Si le montant de la rémunération cesse d'être dû (mise à pied, congédiement, etc.), l'employeur en avise immédiatement le ministre (art. 21 L.F.P.P.A.). De plus, si le salaire du débiteur alimentaire fait l'objet d'une saisie-arrêt par un autre créancier, l'employeur doit également en aviser le ministre (art. 22 L.F.P.P.A.).

ii) *L'ordre de paiement* : Lorsque aucun salaire n'est payable (travailleur autonome, professionnel, etc.) à un débiteur alimentaire ou encore, lorsque la retenue ne permet pas de percevoir complètement la pension, alors celle-ci est payable par ordre de paiement (art. 26 L.F.P.P.A.). À cette fin, le ministre détermine le montant qui doit être versé par le débiteur et il l'en avise. Dès la réception de cet ordre de paiement, le débiteur doit verser au ministre le montant déterminé aux dates et suivant les modalités qui y sont précisées (art. 29 L.F.P.P.A.). De plus, ce débiteur doit fournir une sûreté pour garantir le paiement de trois mois de pension alimentaire (art. 30 L.F.P.P.A.). Si le débiteur ne peut fournir la sûreté exigée, le ministre peut alors convenir de modalités assurant la constitution graduelle de celle-ci (art. 31 L.F.P.P.A.). Le débiteur qui fait défaut de constituer ou de maintenir la sûreté exigée est réputé ne pas avoir payé un versement de pension à échéance (art. 32 L.F.P.P.A.). De plus, si la pension n'est pas payée à échéance, le ministre réalise la sûreté (art. 37 L.F.P.P.A.). C'est lui qui fait remise, deux fois par mois, du montant de la pension au créancier alimentaire (art. 36 L.F.P.P.A.).

iii) *Le fonds des pensions* : La loi crée un fonds des pensions alimentaires constitué des sommes perçues en vertu de la loi, des sommes versées au ministre à titre de sûreté; des sommes perçues à même la réalisation des sûretés et des intérêts produits par les sommes déposées dans ce fonds (art. 38 L.F.P.P.A.). Les sommes nécessaires aux paiements que doit effectuer le ministre sont prises à même le fonds (art. 39 L.F.P.P.A.). De plus, les salaires et dépenses nécessaires à l'administration de la Loi y sont également puisés (art. 42 L.F.P.P.A.).

V-63 — *Protection du débiteur alimentaire* — Le salarié sous le coup de l'application de la *Loi facilitant le paiement des pensions alimentaires* bénéficie

---

393. L'employeur doit détenir ces sommes de façon séparée de ses propres biens (art. 18 L.F.P.P.A.). Cette disposition implique que l'employeur doit ouvrir un compte bancaire uniquement à cette fin, de manière que ces sommes provenant des retenues soient complètement mises à l'écart du patrimoine de l'employeur. En cas de faillite de l'employeur, les sommes retenues sont ainsi mises à l'abri des créanciers de l'entreprise.

d'une double protection. Il y a d'abord la protection accordée par le *Code de procédure civile* (art. 650 C.p.c.) (**V-61**), de même que celle qui découle de la *Loi sur les normes du travail* (art. 122, al. 3.1, C.p.c.) qui interdit à un employeur de congédier, de suspendre ou de déplacer un salarié ou d'exercer à son endroit des mesures disciplinaires ou de représailles, ou de lui imposer toute autre sanction, notamment parce que le salarié est un débiteur alimentaire assujetti à la *Loi facilitant le paiement des pensions alimentaires* (**V-19**).

V-64 — *Dépôt volontaire* — Pour éviter la saisie-arrêt de son salaire (**V-60**), un salarié peut se prévaloir des dispositions relatives au dépôt volontaire. Cette mesure ne s'applique pas à l'égard du débiteur alimentaire assujetti à la *Loi facilitant le paiement des pensions alimentaires* (**V-62**). Le dépôt volontaire permet au salarié de payer ses créanciers tout en respectant sa capacité de payer et en évitant la saisie-arrêt. Pour se prévaloir de ce moyen, le salarié[394] doit produire lui-même, au greffe de la Cour du Québec du lieu de son domicile, une déclaration sous serment contenant les renseignements suivants (art. 653 C.p.c.)[395] :

— son adresse et l'identité de son employeur ou encore, de son dernier employeur s'il est privé de son travail;

— le montant de la rémunération qui lui est versée;

— ses charges de famille;

— la liste complète de ses créanciers, leur adresse et le montant de leurs créances.

Dès lors, le salarié doit déposer régulièrement la portion saisissable de sa rémunération (**V-60**), et ce, dans les cinq jours après qu'elle lui est versée. Pour sa part, le travailleur autonome doit déposer mensuellement la portion saisissable de ses revenus, déductions faites des dépenses afférentes (art. 653.1 C.p.c.). S'il survient des modifications ultérieures, tels un changement d'emploi, un arrêt de travail, une reprise du travail, une modification des conditions de travail ou un changement concernant les charges familiales, le salarié doit produire une nouvelle déclaration assermentée dans les dix jours du changement (art. 654 C.p.c.). Le greffier de la cour transmet à chaque créancier inscrit sur la liste produite par le débiteur un avis de production de la déclaration du salarié (art. 655 C.p.c.). Tout créancier dispose alors d'un délai de 30 jours pour faire parvenir sa réclamation au greffier. Le créancier qui reçoit l'avis de production d'une déclaration ne peut plus procéder à une

---

394. Le travailleur autonome peut également se prévaloir des ces dispositions (art. 653.1 C.p.c.).
395. Les dispositions relatives à cette mesure autrefois appelée communément « Loi Lacombe » se trouvent aux articles 652 à 659.0.1 C.p.c. Voir : J.C. Beley, « La loi du dépôt volontaire, une étude de sociologie juridique », (1975) 16 *C. de D.* 27.

saisie-arrêt (art. 652 C.p.c.). S'il procède à une telle saisie, il devient responsable des dommages qui en résultent pour le salarié (art. 658 C.p.c.). Le greffier effectue la distribution aux créanciers des sommes déposées par le salarié (art. 659 C.p.c.). Si le salarié néglige de déposer la portion saisissable de sa rémunération ou encore, s'il n'a fait aucun dépôt depuis au moins une année, il peut perdre le bénéfice de la protection qu'accorde le dépôt volontaire. En effet, un créancier n'a alors qu'à faire parvenir au salarié un avis lui accordant une période de 30 jours pour déposer les arrérages dus, à défaut de quoi le créancier peut demander par requête adressée au tribunal la permission de saisir les biens du salarié (art. 657 C.p.c.).

V-65 — *Conclusion* — Ces diverses mesures de protection visent particulièrement à protéger le salarié et sa famille à l'égard des créanciers qui pourraient être tentés d'exécuter promptement les dettes qui leur sont dues. Elles ne sont pas sans créer de difficultés et des faux frais à l'employeur. À ces occasions, c'est ce dernier qui doit assumer plusieurs obligations administratives : avis, calcul de la portion saisissable, remise à la cour ou au ministre, responsabilité en cas de défaut, etc. Certes, ces différentes opérations compliquent la gestion de l'entreprise, mais elles sont nécessaires à la protection du salarié et surtout, de sa famille.

Section 2.4
La responsabilité du syndicat du fait de la grève

———

V-66 — *Présentation* — Les tribunaux de droit commun interviennent régulièrement dans le cadre des conflits de travail. Cette immixtion a lieu habituellement à deux occasions : une demande d'ordonnance pour contraindre, limiter et restreindre certaines manifestations de la grève (**V-82**) tels le piquetage (**IV-122**) et le boycott (**IV-123**), ou une poursuite du syndicat, de ses dirigeants ou de certains salariés en raison de gestes illégaux ou dolosifs faits à l'occasion de l'arrêt de travail, ou encore, tout simplement pour avoir déclenché une grève illégale. La présente section porte sur le corpus juridique applicable en matière de responsabilité civile du syndicat résultant du fait de la grève, question qui en soulève plusieurs autres :

— À quelles conditions le syndicat serait-il responsable des dommages résultant du fait de la grève ?

— Un syndicat peut-il exercer un parfait contrôle sur tous les actes de ses membres ?

— Dans quel cadre procédural s'inscrit une telle poursuite ?

— À l'aide de quel modèle peut-on apprécier le comportement des dirigeants syndicaux ?

— Comment le syndicat peut-il éviter pareille responsabilité ? Quels peuvent être ses moyens de défense ?

— Qui peut réclamer un dédommagement à la suite d'une grève ?

— Comment quantifier ces indemnités ?

V-67 — *Fondement de la responsabilité* — Il importe de souligner la règle générale : la grève légale et exercée légalement ne peut pas engager la responsabilité du syndicat ni celle des salariés qui la font (**IV-130 et suiv.**). À maintes reprises, les tribunaux ont rappelé que l'exercice d'un droit ne saurait, de ce seul fait, entraîner une faute :

> Si la défenderesse avait préparé, organisé, et financé une grève légale, elle n'aurait fait qu'exercer un droit, partout reconnu ; il n'y a pas faute à exercer un droit si l'on n'en fait pas abus[396].

Selon la dynamique de notre système économique, on suppose alors que l'employeur préférait subir des pertes réelles et un manque à gagner qu'entraîne nécessairement une grève plutôt que d'accepter les demandes syndicales (**IV-109, 116**). Si l'acte de grève est illégal, il n'y a pas exercice d'un droit, et la réalisation de cet acte peut constituer un délit. On cherche alors à déterminer l'importance de l'acte fautif, l'étendue du dommage causé et son imputabilité[397]. Il s'agit de l'application d'une règle fondamentale du droit civil :

> Toute personne a le devoir de respecter les règles de conduite qui, suivant les circonstances, les usages ou la loi, s'imposent à elle, de manière à ne pas causer de préjudice à autrui. Elle est, lorsqu'elle est douée de raison et qu'elle manque à ce devoir, responsable du préjudice qu'elle cause par cette faute à autrui et tenue de réparer ce préjudice, qu'il soit corporel, moral ou matériel [...]. (art. 1457 C.c.Q.)

L'institution du régime des rapports collectifs du travail et le rôle dévolu au syndicat accrédité ne modifient pas l'application du régime général de responsabilité civile[398]. Outre cette responsabilité délictuelle, si la grève constitue de plus une violation d'un engagement consigné à la convention collective, le syndicat peut directement en répondre sous ce deuxième chef. Sous réserve de nos propos ultérieurs (**V-72**), un tel engagement conventionnel implique que le syndicat accepte de prendre toutes les mesures utiles et disponibles pour éviter que la grève ne survienne au cours de la convention collective et, si elle se produit, il retiendra les moyens utiles et disponibles pour en arrêter le cours. Pareille obligation conventionnelle serait une obligation de moyens et nullement de résultat (**IV-166, 182**). Au sujet de la légalité

---

396. *Gaspé Copper Mines Limited* c. *United Steel Workers of America*, [1965] C.S. 51, 86 ; *Syndicat des travailleuses et des travailleurs de Hilton Québec (C.S.N.)* c. *Union des municipalités régionales de comté et des municipalités locales du Québec inc.*, [1992] R.J.Q. 1190 (C.A.).

397. Trois éléments doivent être réunis pour contraindre une personne à répondre de son acte délictuel : une *faute* qui soit vraiment la cause d'un dommage réel, un *préjudice* et un *lien de causalité*. Sur ce thème, voir : Claude D'AOUST et Louise VERSCHELDEN, *Le droit québécois de la responsabilité civile des syndicats en cas de grève illégale*, monographie n° 8, Montréal, École de relations industrielles de l'Université de Montréal, 1980 ; Jean-Louis BAUDOUIN, *La responsabilité civile délictuelle*, 3ᵉ édition, Cowansville, Les Éditions Yvon Blais inc., 1990.

398. *United Steelworkers of America* c. *Gaspé Cooper Mines Limited*, [1970] R.C.S. 362, 391.

d'une telle reprise conventionnelle d'une obligation déjà édictée à l'article 107 C.t., la Cour suprême indiqua qu'il fallait plutôt y voir un rapport de complémentarité et non une simple répétition superfétatoire. S'il y a grève, et ainsi violation de la convention collective, l'employeur peut réclamer des dommages par voie d'arbitrage au lieu de s'adresser aux tribunaux judiciaires, ce qui peut faciliter et précipiter l'exercice de ce recours et ses effets inhérents (**IV-182**)[399].

V-68 — *L'imputabilité* — Règle générale, les questions de droit relatives à l'existence de dommages résultant du fait d'une grève ne posent pas de difficultés particulières. Le processus de l'imputabilité au syndicat révèle cependant des aspects d'un intérêt particulier. Quand, à quelles conditions et comment le syndicat devient-il responsable des dommages résultant du fait d'une grève ? Nous rapportons quelques éléments de réponses données par les tribunaux pour ensuite considérer le comportement susceptible d'écarter ou d'éviter au syndicat cette responsabilité. Bien entendu, on ne pourrait imposer au syndicat accrédité et dépositaire d'un droit de grève acquis, une obligation de résultat, soit la garantie absolue de la légalité de l'ensemble des actes accomplis au cours d'une grève. On exige du syndicat une obligation de moyens, c'est-à-dire la prise de mesures idoines susceptibles d'assurer le respect du cadre légal applicable à l'exercice du droit de grève.

V-69 — *La jurisprudence* — Quel enseignement pouvons-nous tirer des décisions des tribunaux ? Dans l'affaire *Gaspé Copper Mines*, où l'employeur réclamait près de 11 700 000 $, la Cour supérieure, la Cour d'appel et la Cour suprême reconnurent le lien de causalité entre les actes délictuels commis à cette occasion et les dommages subis par l'employeur. Au sujet de l'imputabilité exclusive de la grève au syndicat, il y eut une dissidence remarquable à la Cour d'appel (le juge Brossard). C'est d'ailleurs sous cet angle que la Cour suprême du Canada aborda l'affaire, mais sans retenir l'approche de cette dissidence :

> [...] la question, à mon avis, se limite à savoir si, comme en ont jugé la Cour supérieure et la Cour d'appel, l'appelante doit seule supporter tous les dommages subis par l'intimée ou si, suivant l'opinion de M. le juge Brossard, l'intimée doit être tenue conjointement responsable du déclenchement de la grève et supporter une

---

399. *Imbeau* c. *Laskin*, [1962] R.C.S. 338 ; *General Motors of Canada Ltd.* c. *Brunet*, [1977] 2 R.C.S. 537 ; *Shell Canada Ltd.* c. *Travailleurs unis du pétrole du Canada, local 1*, [1980] 2 R.C.S. 181 ; *St. Anne Nackawic Pulp and Paper Co.* c. *Section locale 219 du Syndicat canadien des travailleurs du papier*, [1986] 1 R.C.S. 704. Cinq conditions seraient nécessaires à la responsabilité contractuelle du syndicat : une activité illégale, une obligation explicite à la convention collective, une faute des dirigeants syndicaux, un préjudice réel et un lien de causalité. Voir : *Cascades (East Angus) Inc.* c. *Syndicat national des travailleurs de la pulpe et du papier de East Angus Inc.*, [1992] T.A. 307.

part du préjudice lui en résultant. En somme, il s'agit d'abord de déterminer si, en fait, la compagnie intimée a provoqué l'entrée en grève par ses agissements, soit en instituant et participant à la suspension des procédures de prohibition ou soit en procédant à ce qu'on a appelé la mise à pied du président du syndicat local de l'appelante et, dans l'affirmative, déterminer si, par suite et en droit, la compagnie intimée doit être tenue conjointement responsable de l'entrée en grève et supporter une partie du préjudice attribuable à la grève elle-même[400].

Par un jugement majoritaire, la Cour suprême confirmait la décision de première et deuxième instances, à savoir que les faits et gestes de l'employeur (l'exercice de nombreux et longs recours judiciaires, le congédiement du président du syndicat local et le refus de négocier) ne pouvaient équivaloir à une provocation et réduire d'autant l'imputabilité des délits au syndicat[401]. Dans l'affaire *Reynolds* où la grève eut lieu au cours d'une convention collective, le juge Vincent Masson de la Cour supérieure qualifia ainsi le comportement du syndicat :

> Le syndicat [...] n'a pris aucune mesure de prévention à l'encontre de ce qui devait être l'aboutissement normal d'une situation que l'on avait volontairement laissée se détériorer. Une fois la grève déclenchée, non seulement le syndicat n'a rien fait pour retourner les hommes au travail, mais il a profité de la situation pour tenter d'arracher à l'employeur, illégalement, des concessions et, en même temps, par ses officiers et ses agents de griefs, participé à la grève, à l'occupation de l'usine, à l'empêchement de baisser les anodes[402].

Les principes de la responsabilité civile du syndicat furent de nouveau l'objet d'une analyse dans l'affaire de *l'Hôpital Saint-Ferdinand* alors qu'il s'agissait aussi d'une grève illégale :

> Si la participation à une grève illégale constitue un délit pénal et civil, l'abstention d'un organisme syndical peut difficilement constituer un quasi-délit civil vis-à-vis des tiers. Ce serait exiger du mouvement syndical une conduite modelée sur des objectifs

---

400. *United Steelworkers of America* c. *Gaspé Cooper Mines Limited*, précité, note 398, p. 367. Voir aussi : la décision de la Cour d'appel, [1967] B.R. 487.

401. Le juge Brossard, de la Cour d'appel, et le juge Hall, de la Cour suprême, croyaient, au contraire, devoir réduire cette responsabilité de 25 % en raison du comportement même de l'employeur.

402. *Société canadienne de métaux Reynolds Ltée* c. *Confédération des syndicats nationaux*, [1980] R.L. 253, 259 (C.S.). Ce jugement condamna la Fédération à payer 5 981 000 $ à l'employeur et les frais. Il n'y eut pas de suite judiciaire à cette décision de première instance, les parties ayant convenu d'un règlement de 2 400 000 $.

différents de ceux qu'il poursuit et lui imposer un rôle social étranger à la négociation de conventions collectives. L'invitation faite par un organisme syndical de rentrer au travail peut, par contre, servir à établir qu'il s'est désolidarisé du délit que constitue une grève illégale. De plus, advenant une injonction, l'obligation d'y obtempérer peut entraîner une responsabilité en cas de défaut, puisqu'il y aura alors délit[403].

Quant à la part de responsabilité des structures fédératives ou d'affiliation d'un syndicat, il doit être établi que ces conseils, unions, fédérations ou confédérations ont directement participé aux délits pour engager leur responsabilité respective[404].

V-70 — *Les faits des dirigeants* — Le syndicat devant agir par le truchement de dirigeants, élus, conseillers ou salariés, les tribunaux analysent les comportements de ces derniers et les assimilent à ceux du syndicat qui doit en répondre : « Le "local 510" est lié par les gestes de son officier et est lui aussi coupable d'outrage au tribunal[405]. » À cette fin, les tribunaux apprécient les gestes des dirigeants pour déterminer s'ils ont provoqué la grève illégale ou y ont participé, et aussi pour savoir s'ils ont omis quelque action positive, réelle et utile pour l'éviter ou la contenir[406]. Dans le cas de personnes travaillant pour le syndicat à titre de salariés, on ne fait qu'appliquer la règle générale du *Code civil du Québec* (art. 1463 C.c.Q.) concernant la

---

403. *Curateur public* c. *Syndicat national des employés de l'Hôpital Saint-Ferdinand (C.S.N.)*, [1990] R.J.Q. 359, 372 (C.S.), confirmé par la Cour d'appel à [1994] R.J.Q. 2761 (C.A.) et par la Cour suprême du Canada, [1996] 3 R.C.S. 211.

404. Question étudiée dans les affaires *United Steelworkers of America* c. *Gaspé Copper Mines Limited*, précitée, note 398; *Société canadienne de métaux Reynolds Ltée* c. *Confédération des syndicats nationaux*, précitée, note 402; *Curateur public* c. *Syndicat national des employés de l'Hôpital Saint-Ferdinand (C.S.N.)*, précitée, note 403. Dans l'affaire *United Aircraft of Canada Ltd.* c. *Travailleurs unis de l'automobile, de l'aéronautique, de l'astronautique, des instruments aratoires de l'Amérique, local 510 (T.U.A.–F.T.Q.)*, [1975] C.S. 272, 278, le juge Lagacé n'attribue pas de responsabilité à l'Union internationale du seul fait que ses fonds aient pu servir à payer des prestations de grève qu'elle versa au syndicat local et que ce dernier devait administrer.

405. *United Aircraft of Canada Ltd.* c. *Travailleurs unis de l'automobile, de l'aéronautique, de l'astronautique, des instruments aratoires de l'Amérique, local 510 (T.U.A.–F.T.Q.)*, précité, note 404.

406. On retrouve cette démarche de la part des tribunaux lors de l'enquête en première instance du juge Lacourcière dans l'affaire *Gaspé Copper Mines Limited* c. *United Steel Workers of America*, précitée, note 396, dans celle du juge Masson dans *Société canadienne de métaux Reynolds Ltée* c. *C.S.N.; Fédération canadienne des métallurgistes et des mineurs*, précitée, note 402; et dans *Parent* c. *Association des pompiers de Montréal*, J.E. 81-926 (C.S.). Voir aussi : *Association des pompiers de Montréal Inc.* c. *Ville de Montréal*, [1983] C.A. 183; *Curateur public* c. *Syndicat national des employés de l'Hôpital Saint-Ferdinand (C.S.N.)*, précité, note 403.

responsabilité du commettant pour les actes de ses préposés[407]. Par ailleurs, le syndicat ne peut être tenu responsable des actes de tout quidam faits à l'occasion de la grève, cette dernière fût-elle illégale. Il ne saurait servir de parapluie mettant à l'abri tout salarié ou autre individu à l'égard d'initiatives personnelles prises en pareille occasion[408]. Même dans le cas d'une grève légale, il est possible qu'elle soit néanmoins l'occasion ou le prétexte d'actes individuels délictuels (**V-72**).

V-71 — *Le rôle des dirigeants* — Comment les dirigeants syndicaux doivent-ils réagir face à des syndiqués qui, visiblement, entendent faire une grève illégale ? La jurisprudence ne fournit guère de réponse sûre à ce sujet. On y utilise généralement des formules assez vagues pour indiquer ce qu'auraient dû faire ces dirigeants[409]. La question devient délicate lorsque cette décision est prise par la voie d'un scrutin tenu selon l'article 20.2 C.t. (**IV-35**)[410]. Malgré un vote démocratique pour faire une grève, qui serait par ailleurs illégale, les tribunaux laissent entendre que les dirigeants doivent, à ce titre, prendre toutes les mesures pour informer les membres de la gravité de l'acte qu'ils s'apprêtent à accomplir. Les tribunaux ne retiennent pas l'argument que les dirigeants étaient liés par la décision collective et qu'ils devaient conduire les troupes là où elles avaient collectivement décidé d'aller[411]. Dans l'affaire *Douglas Aircraft*, où un dirigeant syndical avait été congédié par l'employeur à la suite d'une grève illégale, la Cour suprême du Canada souleva la question des obligations d'un tel dirigeant à l'endroit de l'employeur. Parce qu'il était aussi salarié, ce dirigeant syndical assumait-il une obligation particulière à l'égard de l'employeur ? L'arbitre répondit négativement à cette question :

---

407. À titre d'exemple, voir : *United Steelworkers of America* c. *Gaspé Copper Mines Limited*, précité, note 398.

408. *Gagnon* c. *Foundation Maritime Limited*, [1961] R.C.S. 435 ; *Union nationale des employés de Vickers* c. *Canadian Vickers Limited*, [1958] B.R. 470 ; *Irving Realties Inc.* c. *Nadeau*, [1968] B.R. 21 ; *Syndicat des employés de métiers d'Hydro-Québec, section locale 1500* c. *Eastern Coated Papers Ltd.*, [1986] R.J.Q. 1895 (C.A.).

409. On ne pourrait être surpris qu'il en soit ainsi puisqu'il n'appartient pas aux tribunaux de fournir des guides de conduite et d'ailleurs, ils ne pourraient guère le faire avec pertinence compte tenu de la diversité des situations qui peuvent se présenter.

410. Contrairement à l'approche que semblent retenir C. D'AOUST et L. VERSCHELDEN, *op. cit.*, note 397, la tenue d'un scrutin étant institutionnalisée au Québec, il nous paraît difficile d'en dégager, sans autres motifs, une tactique illégale de la part des dirigeants. Il est néanmoins possible que ce procédé démocratique puisse être détourné de sa fin propre pour servir de paravent à une quelconque tactique. Encore faudrait-il qu'un élément soit clairement établi : le préjugé ne peut servir de jugement.

411. Dans l'affaire *United Steelworkers of America* c. *Gaspé Copper Mines Ltd.*, précitée, note 398, le juge Hyde de la Cour d'appel rejeta l'explication formulée ainsi : « Je suis leur chef, il fallait bien les suivre » ; ce même argument fut également rejeté dans l'affaire du *Curateur public* c. *Syndicat national des employés de l'Hôpital Saint-Ferdinand (C.S.N.)*, précitée, note 403, p. 376.

Il ne doit pas encourir de plus grandes responsabilités que les autres simples participants. Là encore, le responsable syndical n'a généralement aucune obligation d'agir à titre d'agent de la direction[412].

Profitant d'un congé avec solde de l'employeur, permettant ainsi à un salarié dirigeant du syndicat de voir à l'application même de la convention collective, l'arbitre a, dans ce cas précis, reconnu que l'obligation de ce salarié était alors plus grande que celle des autres. M. le juge Pigeon, de la Cour suprême du Canada, fit la distinction des titres et ce ne pouvait être à titre de président du comité que ce dirigeant syndical pouvait être congédié par l'employeur. Sous ce chef, on reconnaît qu'il n'assumait pas d'obligations à l'égard de l'employeur, mais il en avait en raison de son rôle personnel à l'occasion de cette grève :

> L'incitation à une grève, en violation des dispositions de la convention, débordait complètement le cadre des activités qui pouvaient faire partie des fonctions du Président du comité d'entreprise. Par cet acte illégal, Wilson faisait quelque chose pour quoi il ne pouvait se prévaloir d'aucune immunité, tout comme n'importe quel fonctionnaire public qui commet un acte illégal au cours de ses fonctions officielles[413].

V-72 — *Moyens de défense* — Un syndicat peut-il écarter cette responsabilité ? La qualité de la conduite de ses dirigeants peut-elle être suffisamment bien établie pour que ni ces derniers ni le syndicat ne soient tenus responsables ? À ce sujet, la jurisprudence retient parfois l'un ou l'autre des deux entendements suivants diamétralement opposés.

i) Traditionnellement, les tribunaux considèrent qu'un syndicat ne répond pas des actes illégaux commis à l'occasion d'une grève qui ne peuvent lui être directement imputés. On sait que la grève, comme tout mouvement collectif, sert parfois d'excellente occasion au défoulement de certains individus[414]. Dans un cas particulier, où le syndicat et ses dirigeants furent exonérés de toute responsabilité du fait d'une grève illégale, le tribunal établissait, du même coup, que l'on pouvait

---

412. *Douglas Aircraft Company of Canada Ltd.* c. *McConnell*, [1980] 1 R.C.S. 245, 251 : extrait de la sentence arbitrale reprise par le juge Pigeon.

413. *Ibid.*, p. 257.

414. *Union nationale des employés de Vickers* c. *Canadian Vickers Limited*, précité, note 408, p. 472 et 473. La conclusion de la Cour d'appel dans l'affaire *Irving Realties Inc.* c. *Nadeau*, précitée, note 408, est aussi au même motif. Déjà, en 1942, la Cour d'appel rappelait que « no union, however perfect, should be held responsible for all cases of disorder nor be enjoined as soon as any disorder occurs » : *Shane* c. *Lupovich*, [1942] B.R. 523, 528.

s'en disculper en démontrant que des mesures positives et utiles avaient été entreprises pour stopper l'acte illégal[415].

ii) Il serait impossible de faire une distinction entre les membres du syndicat et le syndicat lui-même. « Le syndicat, c'est d'abord les membres en assemblée. Par leur action, le délit que constitue la grève illégale est devenu le délit du syndicat[416]. » Ainsi, le syndicat serait responsable de tous les dommages résultant de cet arrêt de travail. Cette approche sous-entend que le tout et ses parties ne font qu'un et que ce tout serait le syndicat !

Cette seconde approche nous semble aller à l'encontre de la jurisprudence traditionnelle (point i) et particulièrement, sans l'avouer, elle a pour effet de nier la personnalité juridique du syndicat (**IV-28**) et aussi les actes collectifs des salariés qui ne peuvent être aussi facilement assimilés à ceux du syndicat. Un semblable animisme juridique facilite l'analyse ou plutôt la précipite vers des conclusions incongrues. Si cette pratique devait être généralisée, cela signifierait que le syndicat serait tenu à une obligation de résultat et non plus de moyens, et alors, bien peu de moyens de défense seraient disponibles pour le syndicat. D'autre part, la première approche retenue par les tribunaux n'est également pas à l'abri de toute critique. En effet, on semble parfois assimiler la conduite d'un syndicat à celle d'un régiment bien discipliné susceptible d'obéir sur-le-champ aux ordres du président-colonel. Il ne s'agit pas de prétendre que tous les actes illégaux commis à l'occasion d'une grève sont des faits isolés de francs-tireurs et que jamais des dirigeants syndicaux ne les encouragèrent ni ne les provoquèrent. Par ailleurs, il ne serait pas réaliste ni raisonnable de s'attendre à ce qu'une consigne syndicale puisse être respectée au *doigt et à l'œil* par tous les salariés placés dans une telle situation de surchauffe. Dans ce contexte, on peut comprendre que les membres d'une collectivité puissent réagir à bien d'autres causes que l'on ne saurait écarter ni feindre d'ignorer.

V-73 — *Les tiers* — Il est aussi possible que les salariés de l'employeur et les clients, usagers ou bénéficiaires du service interrompu du fait d'une grève puissent demander des comptes au syndicat accrédité.

i) *Les collègues* : Nous connaissons maintenant des cas où des salariés de l'unité d'accréditation visée par la grève ont obtenu réparation de leur

---

415. *Patino Mining Corporation (Copper Rand Mines Division)* c. *Métallurgistes unis d'Amérique (5914)*, [1967] R.D.T. 65, 69 et 75 (C.S.), commenté par Fernand Morin, « Grève spontanée et responsabilité du syndicat », (1967) 22 *Rel. Ind.* 437.

416. *Curateur public* c. *Syndicat national des employés de l'hôpital Saint-Ferdinand (C.S.N.)*, précité, note 403, p. 374.

propre syndicat[417]. Ainsi, à la suite d'une grève illégale de ses collègues de travail, un salarié réclama de son syndicat l'équivalent du salaire perdu pour ce même temps. Comme il n'avait pas participé à cet acte illégal et qu'il a pu établir qu'il était réellement disposé à travailler, n'eût été la présence d'une ligne de piquetage qu'il n'a pas franchie sur les conseils de ses supérieurs immédiats, un tribunal condamna le syndicat à lui payer un montant équivalant au salaire perdu[418]. Nous y voyons une situation assez particulière pour ne pouvoir en dégager un enseignement de longue portée.

ii) *Les autres salariés* : À la suite d'une grève illégale, un syndicat peut aussi être contraint à dédommager les salariés des autres unités d'accréditation qui furent mis à pied et non rémunérés pour cette même période. Dans l'affaire *D'Orsonnens*[419], la Cour reconnut le droit de l'employeur de mettre à pied temporairement les salariés de ces autres groupes dans de telles circonstances (interruption du service). Parce que le syndicat du groupe en grève avait seul commis une faute, il devait seul réparation. Une pratique généralisée de cette approche judiciaire serait susceptible d'inciter les employeurs à licencier tous les salariés des autres unités d'accréditation dès qu'un groupe n'obtempère pas à l'injonction ordonnant le retour au travail. Ces salariés mis à pied devraient par la suite réclamer l'équivalent du salaire perdu au syndicat en grève. En d'autres termes, une telle méthode inciterait les autres salariés et leurs syndicats à faire pression auprès du syndicat en grève illégale pour régler, au plus vite, la question et assurer ainsi la reprise des activités régulières.

iii) *Les usagers* : Outre les salariés de l'employeur qui peuvent subir des contrecoups de la grève, les usagers ou bénéficiaires du service interrompu peuvent aussi en être victimes. Le droit, pour les bénéficiaires, de réclamer des dommages-intérêts pour le préjudice subi, à la suite d'un arrêt illégal de travail fut consacré par la Cour suprême du Canada

---

417. À la suite d'une grève illégale à laquelle certains salariés refusèrent de participer, le syndicat leur imposa des sanctions. Les salariés obtinrent des tribunaux l'annulation des sanctions et réparation. Voir : *West Island Teacher's Association* c. *Nantel*, [1988] R.J.Q. 1569 (C.A.) et *Association des professeurs de Lignery (A.P.L.), syndicat affilié à la C.E.Q.* c. *Alvetta-Comeau*, [1990] R.J.Q. 130 (C.A.).

418. *St-Pierre* c. *Syndicat des fonctionnaires provinciaux du Québec Inc.*, [1979] C.P. 67. Le tribunal ne dit mot des trois autres éléments de cette affaire :
— le caractère abusif ou pacifique de la ligne de piquetage ;
— la responsabilité qui incombe à l'employeur en pareil cas vis-à-vis des salariés devant travailler et les conséquences du conseil donné par les supérieurs ;
— le fait que ce même salarié participa à une pareille grève illégale quelque temps auparavant.

419. *D'Orsonnens* c. *Canadian Air Lines Pilot Association*, [1977] C.P. 280, 284 ; *Viau* c. *Canadian Air Lines Pilot Association, C.P. Kirkland*, n° 520-32-000843-763, le 3 avril 1979.

dans l'arrêt *Hôpital Saint-Ferdinand*[420]. Dans cette affaire, il y eut un arrêt illégal de travail pendant 33 jours. Cet arrêt priva les bénéficiaires, handicapés mentaux, des soins élémentaires d'hygiène auxquels ils avaient droit. La Cour accorda à ces derniers des dommages compensatoires et des dommages exemplaires. Dans l'affaire *Santana*[421], la Cour d'appel confirma le jugement de la Cour provinciale condamnant à payer à un usager privé de la continuité des services postaux du fait d'une grève illégale, la somme de 1 000 $ à titre de dommages-intérêts. Dans une autre affaire, la Cour provinciale, division des petites créances, retenait une approche assez originale après avoir constaté que la grève survint alors que les parties n'avaient pas négocié avec diligence et bonne foi, au sens de l'article 53 C.t. (**IV-102**). L'usager de ce service public ayant subi un dommage résultant de cette grève eut ainsi droit à réparation, et ce, de la part des deux parties à la négociation[422].

iv) *Les clients* : Les clients liés à l'employeur par un contrat peuvent obtenir compensation de la part du syndicat en cas de grève illégale. Si la grève est légale, la responsabilité contractuelle (art. 1458 C.c.Q.) de l'employeur peut être engagée puisqu'une grève légale ne peut être assimilée à un cas de force majeure (art. 1470 C.c.Q.)[423] et l'exonérer.

V-74 — *Les voies procédurales* — Pour obtenir compensation, les salariés, usagers, bénéficiaires ou clients doivent s'adresser aux tribunaux de droit commun en suivant les règles et la procédure déjà esquissées (**V-47**). Cependant, ces tiers peuvent aussi réclamer réparation à l'aide du recours collectif qui constitue « le moyen de procédure qui permet à un membre d'agir en demande, sans mandat, pour le compte de tous les membres » (art. 999 C.p.c.)[424]. Un tel

---

420. *Québec (Curateur public)* c. *Syndicat national des employés de l'Hôpital Saint-Ferdinand*, précitée, note 403.

421. *Syndicat des postiers du Canada* c. *Santana Inc.*, [1978] C.A. 114, 117.

422. *Gagnon* c. *Hydro-Québec*, [1977] C.P. 244, 245. Compte tenu du caractère elliptique de ce jugement, il n'est pas certain qu'il fasse tache d'huile.

423. *Syndicat des travailleuses et des travailleurs de Hilton Québec (C.S.N.)* c. *Union des municipalités régionales de comté et des municipalités locales du Québec Inc.*, précité, note 396.

424. Jacques LAROCHELLE, « Où va le recours collectif ? », dans SERVICE DE LA FORMATION PERMANENTE, BARREAU DU QUÉBEC, *Développements récents en droit civil (1992)*, Les Éditions Yvon Blais inc., 1992, p. 109; Patrice GARANT, *Droit administratif*, 3e éd., vol. 1, Cowansville, Les Éditions Yvon Blais inc., 1991, p. 10 à 12, 381 à 389; Denis LEMIEUX, *Le contrôle judiciaire de l'action gouvernementale*, Farnham, CCH/FM, mis à jour; Alain PRUJINER et Jacqueline ROY (dir.), *Les recours collectifs en Ontario et au Québec : actes de la première conférence Yves Pratte*, Montréal, Wilson & Lafleur ltée, 1992; Manon BEAUMIER, « Le recours collectif au Québec et aux États-Unis », (1987) 18 *R.G.D.* 775; Mario BOUCHARD, « L'autorisation d'exercer le recours collectif », (1980) 21 *C. de D.* 855; Louise DUCHARME, « Le rôle du tribunal en matière de recours collectif : un précédent important », (1986) 46 *R. du B.* 824; Pierre VERGE, « L'action d'intérêt collectif », (1984) 25 *C. de D.*

moyen procédural fut entrepris notamment dans l'affaire *Hôpital St-Ferdi-nand*[425] et ce cas illustre bien les avantages d'une telle procédure : un seul procès, coûts moindres, délais plus restreints, possibilité de recourir aux avantages financiers offerts par le fonds d'aide au recours collectif, etc. Si on tient compte des indemnités versées[426], cette affaire aura certes des répercussions auprès de tous les acteurs (employeur, salariés, syndicats, fédérations, centrales syndicales, etc.). Outre la question de la responsabilité civile du fait de la grève, l'acte illégal qu'il peut comprendre entraîne également des sanctions pénales (**V-104**).

---

553 ; Paul VÉZINA, « Protection des actionnaires minoritaires et recours collectif », dans SERVICE DE LA FORMATION PERMANENTE, BARREAU DU QUÉBEC, *Droit commercial — avenues nouvelles*, Cowansville, Les Éditions Yvon Blais inc., 1988, p. 195.

425. *Québec (Curateur public)* c. *Syndicat national des employés de l'Hôpital Saint-Ferdinand*, précité, note 403. Pour d'autres illustrations, voir : *Syndicat national des employés de l'Hôpital Saint-Charles Borromée* c. *Lapointe*, [1980] C.A. 568 ; *Dinelle* c. *Université de Montréal*, précité, note 265 ; *Comité régional des usagers des transports en commun de Québec* c. *Commission des transports de la communauté urbaine de Québec*, [1981] 1 R.C.S. 424.

426. Dans cette dernière affaire, il y avait 649 membres du groupe, chacun d'eux s'est vu octroyer un dédommagement de 1 750 $, pour un total de 1 135 750 $ ainsi qu'un montant additionnel de 200 000 $ à titre de dommages exemplaires, de même que les intérêts et les dépens.

Section 2.5

De certains recours extraordinaires

V-75 — *Contenu général* — Nous présentons succinctement quatre types d'intervention distincts du tribunal de droit commun. Le premier a trait au pouvoir de surveillance et de contrôle de la Cour supérieure : vérification de la légalité ou du caractère non manifestement déraisonnable d'une décision prise par un organisme spécialisé en droit de l'emploi. Malgré la latitude et les pouvoirs importants dévolus aux tribunaux spécialisés, ils sont soumis à un contrôle visant à assurer la suprématie de la loi. Le second recours vise la requête en jugement déclaratoire permettant de faire circonscrire les tenants et les aboutissants d'un contrat de travail ou encore d'une disposition ambiguë d'une loi ou d'un règlement de l'emploi. Ce recours peut parfois permettre la solution rapide de litiges liés à l'interprétation d'un texte contractuel ou législatif. Le troisième recours porte sur l'injonction qui vise principalement à forcer l'exécution d'engagements contractuels (**V-43**) ou encore, à contraindre, à limiter ou à restreindre certaines manifestations du fait de la grève, tels le piquetage (**IV-122**) et le boycott (**IV-123**). Finalement, nous terminons par l'étude de la requête en outrage au tribunal, moyen susceptible d'assurer parfois la pérennité des ordonnances s'autorisant du droit de l'emploi.

V-76 — *Fondements de la révision judiciaire* — Par leurs nombreuses décisions particulières, les tribunaux spécialisés transposent en droits et obligations subjectifs le droit de l'emploi (**I-78**). Il suffit, pour s'en convaincre, de considérer les effets pour le salarié, le syndicat ou l'employeur :

— de la décision du commissaire du travail qui accrédite un syndicat, ce qui peut produire certains coups et contrecoups dans la gestion de l'entreprise;

— de la décision de l'arbitre de griefs qui maintient le congédiement d'un salarié et ainsi, la carrière de ce dernier peut en être dangereusement perturbée;

— de la décision de la Commission des lésions professionnelles qui refuse de reconnaître le bien-fondé d'une réclamation d'un travailleur: ce dernier est ainsi privé de tous les avantages dévolus par la législation dans ce domaine;

— de la décision du commissaire du travail qui contraint un employeur à réintégrer un salarié à la suite d'une plainte de congédiement sans cause juste et suffisante. L'employeur doit alors indemniser le salarié, et cette décision peut ainsi modifier quelques pratiques relatives à la gestion du personnel;

— etc.

Compte tenu des multiples conséquences que peuvent avoir les décisions de ces organismes, ces derniers sont soumis au pouvoir de surveillance et de contrôle de la Cour supérieure[427]. Les fondements de ce pouvoir dévolu à la Cour supérieure sont multiples:

— les principes généraux de droit public qui imposent aux organismes administratifs d'agir conformément aux règles de droit et à la loi[428];

— l'article 96 de la *Loi constitutionnelle de 1867* qui préserve le statut d'indépendance des juges des cours supérieures;

— le préambule de la *Loi constitutionnelle de 1982* qui affirme que le Canada est fondé sur les principes qui reconnaissent la primauté du droit;

— l'article 33 du *Code de procédure civile* qui consacre le pouvoir de surveillance et de réforme de la Cour supérieure[429];

— l'article 846 C.p.c. qui prévoit la requête en révision judiciaire et en précise les cas d'ouverture.

---

427. Pour une analyse plus approfondie de ce sujet, voir: René Dussault et Louis Borgeat, *Traité de droit administratif*, t. 3, 2e éd., Sainte-Foy, Les Presses de l'Université Laval, 1989; P. Garant, *op. cit.*, note 424, vol. 2; D. Lemieux, *op. cit.*, note 424; Pierre Lemieux, *Droit administratif, doctrine et jurisprudence*, 2e éd., Sherbrooke, Éditions Revue de droit, 1993; Gilles Pépin et Yves Ouellette, *Principes de contentieux administratif*, 2e éd., Cowansville, Les Éditions Yvon Blais inc., 1982.

428. Le droit administratif puise ses sources à même le corpus juridique hérité du droit public britannique. Voir: D. Lemieux, *op. cit.*, note 424, p. 501 et suiv.

429. Cette disposition est ainsi articulée: « À l'exception de la Cour d'appel, les tribunaux relevant de la compétence de la législature du Québec, ainsi que les corps politiques, les personnes morales de droit public ou de droit privé au Québec, sont soumis au droit de surveillance et de réforme de la Cour supérieure, [...].»

Il incombe à la Cour supérieure d'assurer la primauté du droit et ainsi, la suprématie de la loi. Tout organisme spécialisé dans notre droit de l'emploi qui violerait ce principe peut voir sa décision modifiée ou même annulée par la Cour supérieure. Ce principe, très général de la primauté du droit, étant plutôt fugace, il fallut que le législateur et les tribunaux en définissent les contours et en précisent les limites afin d'éviter un interventionnisme trop grand de la part de la Cour supérieure. Ainsi est-il nécessaire de cerner avec le plus d'exactitude possible les cas où il est possible de s'adresser au tribunal de contrôle. À titre de préalable, nous devons aussi poser le principe de la retenue judiciaire, lequel vise à éviter que ce contrôle de la légalité ne se transforme en un appel pur et simple.

V-77 — *Le devoir de réserves* — Le législateur dut, pour des raisons sociales, politiques, économiques et juridiques, confier à des organismes spécialisés le soin de régler les litiges découlant de la relation d'emploi (**I-78**). Dans ce contexte, les tribunaux de droit commun doivent faire preuve d'une certaine retenue[430] à l'égard des décisions des tribunaux spécialisés dans le domaine du droit de l'emploi. Ce principe fut maintes fois rappelé, notamment par la Cour suprême du Canada :

> [...] Il est d'une importance capitale, dans le contexte des relations du travail, de faire preuve de retenue judiciaire dans les cas où la décision du tribunal, comme celle du conseil d'arbitrage en l'espèce, est protégée par une clause privative de large portée. Il existe de nombreuses raisons pour lesquelles il y a lieu de faire preuve de retenue judiciaire dans ces cas. Le domaine des relations de travail est délicat et explosif. Il est essentiel de disposer d'un moyen de pourvoir à la prise de décisions rapides, par des experts du domaine sensibles à la situation, décisions qui peuvent être considérées comme définitives par les deux parties [...]. Il s'agit d'une exigence fondamentale de la paix dans le domaine des relations industrielles, paix qui est importante pour les parties et l'ensemble de la société[431].

---

430. Pour une analyse de la jurisprudence sur cette question, voir : Suzanne COMTOIS, « Les méandres de la politique de retenue judiciaire à l'égard des décisions des tribunaux spécialisés », dans SERVICE DE LA FORMATION PERMANENTE, BARREAU DU QUÉBEC, *Développements récents en droit administratif (1995)*, Cowansville, Les Éditions Yvon Blais inc., 1995, p. 187.

431. *Conseil de l'éducation de Toronto (Cité)* c. *F.E.E.E.S.O., district 15*, [1997] 1 R.C.S. 487, 504 et 505. Une jurisprudence importante de la Cour suprême a maintes et maintes fois martelé ce principe. Voir : *Syndicat des employés de production du Québec et de l'Acadie* c. *Conseil canadien des relations du travail*, [1984] 2 R.C.S. 412; *Blanchard* c. *Control Data Canada Ltd.*, [1984] 2 R.C.S. 476; *U.E.S., local 298* c. *Bibeault*, [1988] 2 R.C.S. 1048; *CAIMAW* c. *Paccar of Canada Ltd.*, [1989] 2 R.C.S. 983; *National Corn Growers Assn.* c. *Canada (Tribunal des importations)*, [1990] 2 R.C.S. 1324; *Lester (W.W.) (1978)*

Le législateur a d'ailleurs reconnu expressément dans plusieurs lois de l'emploi la nécessité que les décisions rendues par ces organismes spécialisés soient finales et sans appel. On trouve de telles précisions notamment aux articles 139, 139.1, 140 et 140.1 du *Code du travail*[432]. En raison de ces dispositions, le tribunal judiciaire de contrôle ne doit intervenir que dans les cas exceptionnels d'un excès de compétence[433], de manière à éviter que la révision judiciaire ne serve de voie indirecte d'appel de la décision du tribunal spécialisé[434].

V-78 — *Surveillance et contrôle* — Compte tenu du choix retenu par le législateur, soit de confier à des tribunaux spécialisés une compétence exclusive dans certains champs particuliers (**V-77**), nous nous limitons à schématiser

---

Ltd. c. *Association unie des compagnons et apprentis de l'industrie de la plomberie et de la tuyauterie, section locale 740,* [1990] 3 R.C.S. 644; *Canada (Procureur général)* c. *Alliance de la fonction publique du Canada,* [1991] 1 R.C.S. 614; *Bell Canada* c. *Canada (Conseil de la radiodiffusion et des télécommunications canadiennes),* [1989] 1 R.C.S. 1722; *Centre hospitalier Régina Ltée* c. *Tribunal du travail,* [1990] 1 R.C.S. 1330; *Alberta Union of Provincial Employees* c. *University Hospitals Board,* [1991] 2 R.C.S. 201; *Zurich Insurance Co.* c. *Ontario (Commission des droits de la personne),* [1992] 2 R.C.S. 321; *Chrysler Canada Ltd.* c. *Canada (Tribunal de la concurrence),* [1992] 2 R.C.S. 394; *Dickason* c. *Université de l'Alberta,* [1992] 2 R.C.S. 1103; *Université du Québec à Trois-Rivières* c. *Larocque,* [1993] 1 R.C.S. 471; *Canada (Procureur général)* c. *Mossop,* [1993] 1 R.C.S. 554; *Canada (Procureur général)* c. *Alliance de la fonction publique du Canada,* [1993] 1 R.C.S. 941; *Dayco (Canada) Ltd.* c. *T.C.A.-Canada,* [1993] 2 R.C.S. 230; *Fraternité unie des charpentiers et menuisiers d'Amérique, section locale 579* c. *Bradco Construction Ltd.,* [1993] 2 R.C.S. 316; *Université de la Colombie-Britannique* c. *Berg,* [1993] 2 R.C.S. 353; *Canada (Procureur général)* c. *Ward,* [1993] 2 R.C.S. 689; *Domtar Inc.* c. *Québec (Commission d'appel en matière de lésions professionnelles),* [1993] 2 R.C.S. 756; *Lignes aériennes Canadien Pacifique Ltée* c. *Assoc. canadienne des pilotes de lignes aériennes,* [1993] 3 R.C.S. 724; *Commission scolaire régionale de Chambly* c. *Bergevin,* [1994] 2 R.C.S. 525; *Pezim* c. *Colombie-Britannique (Superintendent of Brokers),* [1994] 2 R.C.S. 557; *Canadien Pacifique Ltée* c. *Bande indienne de Matsqui,* [1995] 1 R.C.S. 3; *Société Radio-Canada* c. *Canada (Conseil des relations du travail),* précité, note 164; *British Columbia Telephone Co.* c. *Shaw Cable Systems (B.C.) Ltd.,* [1995] 2 R.C.S 739; *Ross* c. *Conseil scolaire du district nº 15 du Nouveau-Brunswick,* [1996] 1 R.C.S. 825; *Newfoundland Association of Public Employees* c. *Terre-Neuve (Green Bay Health Care Centre),* [1996] 2 R.C.S. 3; *Pasiechnyk* c. *Saskatchewan (Workers' Compensation Board),* [1997] 2 R.C.S. 890.

432. Des dispositions semblables apparaissent dans plusieurs autres lois de l'emploi. Voir: art. 409 de la *Loi sur les accidents du travail et les maladies professionnelles;* art. 68 de la *Loi sur le statut professionnel et les conditions d'engagement des artistes de la scène, du disque et du cinéma;* art. 123 et 127 de la *Loi sur les normes du travail,* etc.

433. *Dayco (Canada) Ltd.* c. *T.C.A.-Canada,* précité, note 431.

434. *Métallurgistes unis d'Amérique, local 4589* c. *Bombardier — M.L. W. Ltée,* [1980] 1 R.C.S. 905; *Volvo Canada Limited* c. *Syndicat international des travailleurs unis de l'automobile, de l'aéronautique et des instruments aratoires d'Amérique, local 720,* [1980] 1 R.C.S. 178; *Douglas Aircraft Company of Canada Ltd.* c. *McConnell,* précité, note 412; *Fraser* c. *Commission des relations de travail dans la fonction publique,* [1985] 2 R.C.S. 455.

les principales situations où le tribunal de contrôle pourrait intervenir pour redresser un tort qui fut fait à l'une des parties ou encore, pour sanctionner une transgression à la loi ou aux principes qui sont les fondements du droit, et ce, sans égard aux autres initiatives plus ou moins périlleuses que peuvent prendre les parties insatisfaites des décisions des tribunaux spécialisés.

i) *La compétence* : Les organismes spécialisés de l'emploi ne peuvent intervenir en dehors du cadre juridique déterminé que leur reconnaît la législation de l'emploi. Ainsi, à titre d'exemple, l'arbitre de griefs ne peut intervenir que dans la seule mesure où les parties lui soumettent un grief (**IV-181**), et tout autre conflit opposant les mêmes parties ne pourrait être tranché par lui. Si ce dernier agissait dans un tel cas, il s'attribuerait une compétence que ne lui confère pas la législation[435]. Un autre exemple serait le cas où un commissaire du travail procéderait à l'accréditation d'un syndicat alors que l'entreprise relèverait de la compétence fédérale (**I-25**). Dans ce cas, seul le Conseil canadien des relations de travail serait compétent[436]. Dans ces deux exemples, le tribunal de contrôle pourrait intervenir pour casser la décision prise par l'arbitre ou le commissaire du travail qui n'est pas de leur compétence, quelle que soit par ailleurs la qualité de cette décision.

ii) *Le respect des règles fondamentales* : Le décideur, à titre de tribunal quasi judiciaire, se doit de respecter certaines règles fondamentales sur lesquelles toute procédure contradictoire doit reposer. D'ailleurs, la *Charte des droits et libertés de la personne* a enchâssé quelques-unes de ces règles. L'article 23 garantit à toutes les parties le droit à une audition publique et impartiale par un tribunal indépendant[437]. De même, elle garantit le droit d'être assisté d'un avocat (art. 34) et d'être protégé contre l'auto-incrimination (art. 38). Les lois de l'emploi fixent également certaines règles de procédures fondamentales que l'organisme se doit de respecter. Par exemple, l'arbitre de griefs doit, préalablement à l'audition, convoquer les parties (art. 100.2 *in fine* C.t.), tenir une audition publique (art. 100.4 C.t.), assigner des témoins à la demande d'une partie (art. 100.6 C.t.), assurer la protection des parties contre l'auto-incrimination (art. 100.8 C.t.), rendre une décision motivée (art. 101.2 C.t.) qui repose uniquement sur la preuve recueillie à l'audience (art. 100.11 C.t.), etc. En somme,

---

435. Règle générale, cette question de compétence sous-entend deux volets : celui de la compétence matérielle (*ratione materiæ*) qui vise le champ d'activité propre à l'organisme, puis celui de la compétence personnelle (*ratione personæ*) qui porte sur la légalité et la validité de la nomination du décideur.

436. À titre d'exemple, voir : *Procureur général du Canada* c. *St-Hubert Base Teachers' Association*, [1983] 1 R.C.S. 498.

437. Ces garanties s'appliquent certainement aux organismes spécialisés dans notre droit de l'emploi, et ce, en vertu de la définition très large du mot « tribunal » retenue à l'article 56 de la *Charte des droits et libertés de la personne*.

toutes ces règles visent à assurer un « débat loyal[438]» permettant aux parties d'être entendues et de faire valoir, en toute impartialité, leur point de vue respectif et de connaître, à ces fins, la position du vis-à-vis. Toutes contraventions à ces règles de justice peuvent donner prise à une requête en révision judiciaire afin de faire annuler la décision rendue en de telles circonstances. Maints exemples où de telles questions furent soulevées nous sont donnés par la jurisprudence. À titre d'illustrations, on peut considérer l'une ou l'autre des situations suivantes : où le décideur n'avait pas permis à une partie d'être entendue[439], où des salariés ayant des intérêts juridiques divergents de ceux du syndicat ne furent pas entendus[440], où une preuve pertinente fut écartée par le décideur[441], où une preuve de faits postérieurs fut autorisée[442], où une preuve complémentaire fut ajoutée par le décideur à l'insu des parties[443], où les parties ne purent plaider sur un point particulier et pertinent[444], où le décideur a rendu une décision non motivée[445] ou encore, où un processus collégial pour rendre sa décision fut retenu alors que seul le décideur disposait de cette autorité[446].

iii) *L'interprétation du droit* : L'erreur commise dans l'interprétation d'une loi peut parfois constituer un excès de compétence donnant prise à la révision judiciaire[447]. Le critère d'intervention du tribunal de contrôle

---

438. La *Loi sur la justice administrative*, L.Q. 1996, c. 54, bien qu'elle ne soit pas directement applicable aux organismes spécialisés de l'emploi, précise en son article 9, que les procédures menant à une décision devront être conduites de manière à permettre un débat loyal, dans le respect du devoir d'agir de façon impartiale.

439. *Knight* c. *Indian Head School division no. 19*, [1990] 1 R.C.S. 653; *Poulin* c. *Rouleau*, [1997] R.J.Q. 1617 (C.S.).

440. *Syndicat des débardeurs, Syndicat canadien de la fonction publique, section locale 375* c. *Dufresne*, [1997] R.J.Q. 1774 (C.S.).

441. *Université du Québec à Trois-Rivières* c. *Larocque*, précité, note 431; *Roberval Express ltée* c. *Union des chauffeurs de camion, hommes d'entrepôts et autres ouvriers, local 106*, [1982] 2 R.C.S. 888; *Académie Lafontaine Inc.* c. *Ménard*, D.T.E. 95T-812 (C.S.); *Syndicat des employées et employés de bureau et de loisirs de la Ville de Baie-Comeau, section locale 2641* c. *Baie Comeau (Ville de)*, D.T.E. 95T-191 (C.A.).

442. *Cie minière Québec Cartier* c. *Québec (arbitre de griefs)*, précité, note 205.

443. *International Association of Machinists and Aerospace Workers Flin Flon Lodge no. 1848* c. *Hudson Bay and Smelting Co. Limited*, [1968] R.C.S. 113; *Pfizer Company Limited* c. *Sous-ministre du Revenu national pour les douanes et l'accise*, [1977] 1 R.C.S. 456.

444. *Fraternité des policiers de Lachute inc.* c. *Dulude*, D.T.E. 91T-378 (C.A.).

445. *Blanchard* c. *Control Data Canada Ltd.*, précité, note 431; *Gosselin* c. *Turkhot Tech Inc.*, D.T.E. 96T-235 (C.A.); *Syndicat canadien de la fonction publique, section locale 323* c. *LaSalle (Ville de)*, D.T.E. 95T-1299 (C.A.); *Bail* c. *Université de Montréal*, D.T.E. 92T-884 (C.A.).

446. *Sitba* c. *Consolidated-Bathurst Packaging Ltd.*, [1990] 1 R.C.S. 282.

447. Dans ce domaine, l'état de notre corpus juridique connaît plusieurs tendances. Parfois, elle favorisait une plus grande intervention de la part des tribunaux de droit commun; parfois, au contraire, elle visait à restreindre les cas d'ouverture au pouvoir de surveillance et de contrôle. Ces tendances se sont sédimentées de telle sorte qu'il est possible de donner un aperçu de la situation en droit. Dans ce domaine, la réalité est en constante mouvance et il serait présomptueux de prétendre que l'état de notre droit est clair et définitif sur ces

varie en fonction du type d'erreur de droit commise par le tribunal spécialisé. Si la question de droit en cause relève de la compétence ou de l'expertise propre au tribunal spécialisé, il faudrait que cette erreur soit « manifestement déraisonnable » pour que le tribunal de contrôle puisse intervenir. Au contraire, si la question porte sur un domaine ne relevant pas de l'expertise du tribunal spécialisé, une simple erreur peut être suffisante pour permettre à la Cour supérieure d'intervenir. Afin de déterminer si une question relève ou non du champ de compétence du décideur, la Cour suprême du Canada, dans l'arrêt *U.E.S. local 298* c. *Bibeault*[448], suggérait une analyse pragmatique et fonctionnelle qui consiste à déterminer si le législateur a voulu que ce soit ce tribunal spécialisé qui tranche ultimement la question en litige[449]. La réponse à cette question devant se trouver à partir de cinq critères : la prise en considération du libellé de la disposition législative qui confère compétence, l'objet de la loi habilitante, la raison d'être du tribunal, le domaine d'expertise des membres du tribunal et la nature du problème soumis[450]. Si cette analyse permet une réponse affirmative à la question soulevée, la décision ne serait révisable que dans la seule mesure où elle serait « manifestement déraisonnable ». Ce concept est maintenant assez bien

---

questions. Voir : Luc B. TREMBLAY, « La norme de retenue judiciaire et les erreurs de droit en droit administratif : une erreur de droit ? Au-delà du fondamentalisme et du scepticisme », (1996) 56 *R. du B.* 141.

448. Précité, note 431. Pour des analyses de cette décision, voir : Georges MARCEAU, « L'intention du législateur et l'irrationnalité en matière de révision judiciaire : mise au point », dans SERVICE DE LA FORMATION PERMANENTE, BARREAU DU QUÉBEC, *Développements récents en droit du travail (1989)*, Cowansville, Les Éditions Yvon Blais inc., 1989, p. 1 ; Fernand MORIN, « L'approche dite « pragmatique et fonctionnelle » retenue à la Cour suprême du Canada! », (1994) 25 *R.G.D.* 95 ; Claire L'HEUREUX-DUBÉ, « L'arrêt *Bibeault* : une ancre dans une mer agitée », (1994) 28 8 *R.J.T.* 731 ; Louis LEBEL, « Le contrôle juridictionnel et l'erreur déraisonnable : l'impact de la jurisprudence de la Cour suprême depuis l'arrêt *Union des employés de service (local 298)* c. *Bibeault*, dans SERVICE DE LA FORMATION PERMANENTE, BARREAU DU QUÉBEC, *Congrès du Barreau (1990)*, Cowansville, Les Éditions Yvon Blais inc., 1990, p. 23 ; Alain BARRÉ, « La sous-traitance et l'article 45 du *Code du travail*, après l'affaire C.S.R.O. », (1991) 32 *C. de D.* 179 ; F. MORIN, *op. cit.*, note 259, p. 712.

449. Il peut arriver que le législateur précise au texte de loi qu'il appartiendra seulement au tribunal spécialisé le soin de trancher la question. À la suite de l'arrêt *Bibeault*, l'article 46 C.t. fut modifié pour préciser qu'il appartenait au commissaire du travail de trancher toute question relative à l'application de l'article 45 C.t. (L.Q. 1990, c. 69, art. 2) (**IV-88 et suiv.**). La Cour d'appel a reconnu que la modification législative permettait d'écarter la norme de contrôle élaborée dans l'arrêt *Bibeault*. Voir : *Maison l'Intégrale Inc.* c. *Tribunal du travail*, [1996] R.J.Q. 859 (C.A.).

450. Ces mêmes critères furent repris, explicités et complétés par la Cour suprême du Canada quelques années plus tard. Voir : *Canada (Procureur général)* c. *Mossop*, précité, note 431 ; *Société Radio-Canada* c. *Canada (Conseil des relations du travail)*, précité, note 164 ; *Canada (Diecteur des enquêteurs et recherches)* c. *Southmam Inc.*, [1997] 1 R.C.S. 748 ; *Pasiechnyk* c. *Saskatchewan (Workers' Compensation Board)*, précité, note 431.

fixé en jurisprudence, bien que son application concrète ne soit pas sans soulever certains illogismes, voire même des contradictions[451]. Essentiellement, il s'agit pour le tribunal de contrôle de se demander si l'interprétation retenue par l'organisme de l'emploi est « déraisonnable au point de ne pouvoir rationnellement s'appuyer sur la législation pertinente et d'exiger une intervention judiciaire[452]». Dans le cas d'une sentence arbitrale reposant sur l'interprétation d'une convention collective, la Cour supérieure n'interviendra pas « dans la mesure où les termes de celle-ci [la convention collective] n'ont pas été interprétés d'une façon inacceptable[453]». Ce critère est suffisamment flou pour accorder beaucoup de latitude au tribunal de contrôle ou au tribunal spécialisé. Il est vrai que la Cour suprême du Canada a déjà reconnu qu'un tribunal spécialisé pouvait même commettre une erreur de droit et que cette erreur ne serait révisable que dans la seule mesure où elle constituerait une « fraude à la loi[454]». En somme, il faut que cette décision soit « clairement irrationnelle, c'est-à-dire de toute évidence non conforme à la raison[455]» pour justifier le tribunal de contrôle à intervenir. Ce test très sévère constitue le pivot sur lequel repose le principe de la retenue judiciaire (**V-77**) qui a pour finalité précise d'éviter que le « contrôle de la justesse de l'interprétation administrative ne serve de paravent, comme ce fut le cas dans le passé, à un interventionnisme axé sur le bien-fondé d'une décision donnée[456]».

iv) *L'interprétation d'une loi de portée générale* : Il peut arriver qu'un tribunal spécialisé du droit de l'emploi ait, dans le cadre de ses fonctions,

---

451. Il n'est pas rare que la Cour suprême du Canada soit divisée en de telles occasions. Certains juges considèrent que la décision est manifestement déraisonnable alors que les autres, au contraire, trouveront cette même décision tout à fait raisonnable. Ce concept, aussi fluide puisse-t-il être en apparence, n'est pas sans soulever certaines difficultés dans son application concrète. À titre d'illustration, on peut consulter : *CAIMAW* c. *Paccar of Canada Ltd.*, précité, note 431. Dans cette affaire, pour la majorité, la décision de la Commission était raisonnable, alors que pour les juges minoritaires, elle ne « reposait sur aucun fondement rationnel ». Voir : Fernand MORIN, « Modification unilatérale des conditions de travail au terme d'une négociation collective », [1990] 45 *Rel. Ind.* 921.

452. *Syndicat canadien de la fonction publique, section locale 963* c. *Société des alcools du Nouveau-Brunswick*, [1979] 2 R.C.S. 227, 237.

453. *Fraternité unie des charpentiers et menuisiers d'Amérique, section locale 579* c. *Bradco Construction Ltd.*, précité, note 431.

454. *Syndicat des employés de production du Québec et de l'Acadie* c. *Conseil canadien des relations du travail*, précité, note 431, p. 420. Voir également : *CAIMAW* c. *Paccar of Canada Ltd.*, précité, note 431 ; *Chaput* c. *Société de transport de la Communauté urbaine de Montréal*, [1992] R.J.Q. 1774 (C.A.).

455. *Canada (Procureur général)* c. *Alliance de la fonction publique du Canada*, précité, note 431, p. 964.

456. *Domtar Inc.* c. *Québec (Commission d'appel en matière de lésions professionnelles)*, précité, note 431, p. 775 ; voir également : *Poulin* c. *Ville de Saint-Georges*, [1994] R.J.Q. 1840 (C.A.).

à interpréter une disposition d'une loi de portée générale. Ainsi, un arbitre de griefs pourrait devoir interpréter certaines règles ou certains énoncés contenus au *Code civil du Québec* dans le but de trancher le grief dont il est saisi. La norme d'intervention applicable de la part du tribunal de contrôle peut varier selon chaque situation[457]. D'une façon liminaire, nous dirions qu'une telle décision ne serait révisable que dans la seule mesure où elle apparaît manifestement déraisonnable (point iii)[458]. Il est vrai qu'une réponse différente peut s'imposer en fonction de la loi analysée. Ainsi, un arbitre de griefs peut certes interpréter les chartes des droits[459], mais il ne pourrait alors commettre quelque erreur de droit que ce soit. Dans un tel cas, cette sentence pourrait être soumise à un double test, celui de la décision correcte en ce qui a trait à la portion de la décision portant sur l'interprétation de la charte et celui de l'erreur manifestement déraisonnable pour l'ensemble de la décision[460].

v) *L'appréciation des faits* : Le tribunal spécialisé en matière d'emploi doit, dans la vaste majorité des cas, analyser et soupeser des situations factuelles extrêmement diverses. Il lui appartient d'entendre les témoins et de dégager la force probante qui doit découler de chacun des témoignages. En matière factuelle, l'intervention du tribunal de contrôle doit se limiter aux cas extrêmement clairs :

> Lorsqu'une cour de justice contrôle les conclusions de fait d'un tribunal administratif ou les inférences qu'il a tirées de la preuve, elle ne peut intervenir que « lorsque les éléments de preuve, perçus de façon raisonnable, ne peuvent étayer les conclusions de fait du tribunal[461] ».

La mise en œuvre du pouvoir de surveillance et de contrôle n'est pas sans soulever un faisceau de questions qui ont entraîné des réponses diverses et parfois contradictoires. À cet égard, notre corpus juridique se précise, se

---

457. À ces fins, il nous faut répondre aux questions suivantes : Quelle est la loi analysée ? Le législateur a-t-il donné à l'organisme le pouvoir d'analyser une telle loi ? Le mandat confié à cet organisme comprend-il celui d'interpréter une loi de portée générale ? Etc. Voir : *Société Radio-Canada* c. *Canada (Conseil des relations du travail)*, précité, note 164.

458. *Syndicat des travailleurs et des travailleuses des Épiciers unis Métro-Richelieu (C.S.N.)* c. *Lefebvre*, [1996] R.J.Q. 1509 (C.A.), 1533 ; *Ville de Sept-Îles* c. *Thibodeau*, [1997] R.J.Q. 2903 (C.A.).

459. *Weber* c. *Ontario Hydro*, [1995] 2 R.C.S. 929 ; *Nouveau-Brunswick* c. *O'Leary*, [1995] 2 R.C.S. 967.

460. *Newfoundland Association of Public Employees* c. *Terre-Neuve (Green Bay Health Care Centre)*, précité, note 431, commenté par Denis NADEAU, « Arbitres de griefs, tribunaux des droits de la personne et normes de contrôle judiciaire : une critique des arrêts *Ross* et *Green Bay* », (1997) 28 R.G.D. 149.

461. *Conseil de l'éducation de Toronto (Cité)* c. *F.E.E.E.S.O., district 15*, précité, note 431, p. 508.

raffine et parfois, il se complexifie au fil des décisions rendues par la Cour suprême du Canada[462].

V-79 — *Règles de procédure* — La révision judiciaire est soumise à plusieurs règles procédurales contenues au *Code de procédure civile* (ci-après C.p.c.)[463]. À l'aide de la jurisprudence, il est possible d'en dégager un enseignement que nous schématisons dans le trop bref tableau qui suit.

i) *Les parties* : Seule une partie disposant d'un intérêt juridique peut demander la révision d'une décision rendue par un tribunal de l'emploi. On doit rappeler qu'à l'égard d'une sentence arbitrale, le salarié n'a pas le statut de partie puisque le droit de porter le grief à l'arbitrage relève habituellement du syndicat[464]. Dans ce contexte, seul le syndicat pourrait se pourvoir à l'encontre de cette décision arbitrale; le salarié ne pourrait le faire, et ce, même si ce dernier subit concrètement les contrecoups de la décision rendue par l'arbitre[465]. Il en serait cependant

---

462. La Cour suprême du Canada retenait récemment ce qui semble être une nouvelle norme de contrôle et qu'elle qualifie de « raisonnable *simpliciter* ». Cette norme se situerait dans un spectre entre celle de la décision correcte et celle de la décision manifestement déraisonnable. Voir : *Canada (Directeur des enquêtes et recherches)* c. *Southam inc.*, précité, note 450. Cette autre pièce ajoutée ne simplifie pas l'architecture de ce construit judiciaire.

463. C'est principalement l'article 846 C.p.c. qui crée le recours de la requête en révision judiciaire. Cette disposition est ainsi libellée :
« **846.** La Cour supérieure peut, à la demande d'une partie, évoquer avant jugement une affaire pendante devant un tribunal soumis à son pouvoir de surveillance ou de contrôle, ou réviser le jugement déjà rendu par tel tribunal :
1. dans le cas de défaut ou d'excès de compétence;
2. lorsque le règlement sur lequel la poursuite a été formée ou le jugement rendu est nul ou sans effet;
3. lorsque la procédure suivie est entachée de quelque irrégularité grave, et qu'il y a lieu de croire que justice n'a pas été, ou ne pourra pas être rendue;
4. lorsqu'il y a eu violation de la loi ou abus de pouvoir équivalant à fraude et de nature à entraîner une injustice flagrante.
Toutefois, ce recours n'est ouvert, dans les cas prévus aux alinéas 2, 3 et 4 ci-dessus, que si, dans l'espèce, les jugements du tribunal saisi ne sont pas susceptibles d'appel. »

464. Le syndicat accrédité représente l'ensemble des salariés de l'unité d'accréditation (**IV-87**). Il se doit de les représenter tous avec loyauté (art. 47.2 i)) et il est le seul signataire de la convention collective avec l'employeur (**IV-162**).

465. La Cour d'appel a interprété restrictivement le mot « partie » contenu à l'article 846 C.p.c. Voir : *Hotte* c. *Bombardier ltée*, [1981] C.A. 376; *Armoires de cuisine Hébert & Fils inc.* c. *Richard*, J.E. 94-248 (C.A.); *Péroux* c. *Cité de la santé de Laval*, D.T.E. 94T-1231 (C.A.); *Verdun (Ville de)* c. *Besner*, D.T.E. 94T-1159 (C.A.). La Cour d'appel a réitéré cette position même à l'égard d'une action directe en nullité visant à faire annuler une sentence arbitrale. Voir : *Lessard* c. *Gare d'autobus de Sherbrooke ltée*, D.T.E. 94T-1293 (C.A.); *Lizotte* c. *Marcheterre*, D.T.E. 96T-902 (C.S.); *Warner* c. *Bergeron*, D.T.E. 97T-1170 (C.S.). Soulignons qu'une décision de la Cour supérieure, ultérieure aux décisions de la Cour d'appel, marque sa dissidence en préférant retenir le critère de la « personne lésée » plutôt que celui de « partie ». Voir : *Provençal* c. *Marcheterre*, [1995] R.J.Q. 1343 (C.S.). Récemment, la Cour d'appel a réaffirmé son point de vue. Voir : *Rousseau* c. *Hamelin*, [1997] R.J.Q. 1853 (C.A.); *Noël* c. *La société d'énergie de la Baie-James*, [1998] R.J.D.T. 1064 (C.A.).

autrement si le salarié a été reconnu par l'arbitre comme partie ou comme intervenant[466] (**IV-184**).

ii) *La requête* : Le recours en révision judiciaire s'exerce par requête, où l'on trouve tous les éléments qui justifieraient l'intervention de la Cour supérieure (art. 834 C.p.c.), y compris les documents que la partie requérante entend invoquer au soutien de sa requête (art. 835.2 C.p.c.). En raison de la nature même de ce recours, la requête doit être instruite et jugée d'urgence (art. 834.2 C.p.c.). Elle doit être signifiée à toutes les parties et comporter un avis préalable d'au moins dix jours francs avant sa date de présentation (art. 835 C.p.c.).

iii) *Le délai* : Afin d'assurer une certaine stabilité juridique aux décisions rendues, la requête en révision judiciaire doit être signifiée dans un délai raisonnable après la décision qui fait l'objet de la contestation (art. 835.1 C.p.c.). À ces fins, la Cour considère à la fois la matière dont il s'agit, la nature de l'organisme dont on attaque la décision, la nature de l'ordonnance rendue, les conséquences de cette décision pour les parties, la nature de l'erreur qu'aurait commise le tribunal spécialisé, les motifs du délai et finalement, le fait que l'intérêt du requérant peut naître longtemps après la décision attaquée[467].

iv) *Le sursis* : L'exercice du recours en révision judiciaire n'opère pas sursis d'exécution de la décision rendue par le tribunal spécialisé (art. 834.1 C.p.c.). Un tel sursis d'exécution peut être obtenu auprès d'un juge de la Cour supérieure siégeant en chambre. À cette fin, ce juge retient des critères applicables en matière d'injonction interlocutoire, soit l'apparence de droit, le préjudice sérieux ou irréparable et la prépondérance des inconvénients (**V-83**)[468]. Il faut reconnaître que de tels critères rendent difficile l'obtention d'un sursis[469].

v) *La preuve* : Compte tenu de l'importance et de la célérité à apporter au débat, le législateur impose que l'instruction s'effectue à l'aide de déclarations sous serment détaillées (art. 835.3 C.p.c.). Ce sont en quelque sorte les dépositions des témoins faites hors cour[470].

vi) *La décision* : La Cour supérieure jouit d'un vaste pouvoir discrétionnaire en matière de révision judiciaire. Même si le requérant put établir

---

466. *Thériault* c. *Commission scolaire Outaouais-Hull*, J.E. 96-1038 (C.S.).
467. *Syndicat des employés du commerce de Rivière-du-Loup* c. *Turcotte*, [1984] C.A. 316; *West Island Teachers' Association* c. *Commission scolaire Baldwin-Cartier*, D.T.E. 95T-190 (C.A.).
468. *Manitoba (Procureur général)* c. *Metropolitan Stores Ltd.*, [1987] 1 R.C.S. 110; *Brasserie Molson-O'Keefe (Les Brasseries Molson)* c. *Laurin*, D.T.E. 94T-800 (C.A.).
469. Pour une illustration d'un cas où une ordonnance de sursis fut émise, voir : *Maison L'Intégrale Inc.* c. *Tribunal du travail*, D.T.E. 95T-320 (C.A.).
470. *La Brasserie O'Keefe Ltée* c. *Lauzon*, [1988] R.J.Q. 2833 (C.S.).

valablement sa prétention à une telle intervention judiciaire, la Cour peut utiliser son pouvoir discrétionnaire et refuser d'intervenir au-delà de ce contrôle préalable. Il peut notamment en être ainsi si le requérant n'a pas épuisé les autres recours qui lui étaient disponibles[471]. D'autre part, si la Cour supérieure estime qu'il y a lieu et qu'il est approprié d'intervenir, elle annule la décision rendue par le tribunal spécialisé, ou elle lui retourne le dossier pour qu'il puisse procéder à une nouvelle adjudication, ou encore, elle rend la décision qui aurait dû être rendue n'eût été de l'erreur commise. Cette décision de la Cour supérieure peut aussi faire l'objet d'un appel devant la Cour d'appel du Québec (art. 26 C.p.c.).

V-80 — *La requête en jugement déclaratoire* — Il est parfois nécessaire pour l'une des parties de faire déterminer son état, ses droits, ses pouvoirs ou ses obligations qui se dégagent d'un contrat de travail, d'un écrit instrumentaire, d'une loi ou encore, d'un règlement. Dans un tel cas, une partie peut s'adresser, par requête, au tribunal de droit commun pour demander de résoudre cette difficulté[472]. Ce recours comporte un intérêt pratique certain et offre parfois une solution pragmatique du fait qu'il s'exerce par requête et non par déclaration, en raison de son caractère d'urgence. Il peut s'exercer de façon préventive ou curative[473], et le droit de l'emploi offre plusieurs situations où une telle procédure fut valablement exercée :

— la détermination de l'étendue exacte d'un droit d'un salarié fondé sur un contrat de travail[474];

— la contestation de la validité constitutionnelle d'un règlement portant sur la qualification professionnelle dans l'industrie de la construction[475];

— l'applicabilité du *Code du travail* à une entreprise en fonction du partage des compétences (**I-25**)[476];

— la clarification des droits d'un membre d'une association de salariés découlant des actes constitutifs du syndicat[477];

---

471. *Harelkin* c. *Université de Régina*, [1979] 2 R.C.S. 561.
472. Pour une analyse plus détaillée de ce recours, voir : Danielle GRENIER, *La requête en jugement déclaratoire en droit public québécois*, Cowansville, Les Éditions Yvon Blais inc., 1995.
473. *Duquet* c. *Ville de Sainte-Agathe-des-Monts*, [1977] 2 R.C.S. 1132.
474. *Lessard* c. *Vanier (Ville de)*, D.T.E. 94T-740 (C.A.).
475. *Québec (Procureur général)* c. *Constructions M. Lehouillier ltée*, D.T.E. 93T-287 (C.S.).
476. *Limousine Mont Royal inc.* c. *Syndicat des travailleuses et travailleurs de Murray Hill — Connaisseur (C.S.N.)*, D.T.E. 92T-328 (C.S.).
477. *Pelletier* c. *Syndicat international des communications graphiques, section locale 41 M*, D.T.E. 96T-280 (C.A.).

— la capacité de la Commission des normes du travail en matière de poursuite des administrateurs d'une entreprise[478];

— etc.

Cette même voie ne saurait être valablement empruntée pour faire déterminer les droits d'une personne fondés sur une convention collective : seul l'arbitre de griefs peut trancher une telle question[479] (**IV-179**). Mais les tenants et les aboutissants découlant d'une décision arbitrale peuvent-ils être précisés à l'aide de ces recours ? À ce sujet, il n'est pas certain qu'une sentence arbitrale constitue un « écrit instrumentaire » au sens de l'article 453 C.p.c. Il existe cependant une certaine jurisprudence qui reconnaît même la possibilité de contester la validité d'une sentence arbitrale au moyen de la requête en jugement déclaratoire[480]. En somme, cette procédure cumulerait à la fois des conclusions déclaratoires et d'autres de la nature de la révision judiciaire (**V-78**)[481]. Cette pratique de la part des tribunaux démontre la volonté d'accorder moins d'importance à la procédure et davantage au fond du litige.

V-81 — *La procédure* — Aucun tribunal ne serait expressément compétent, selon le *Code de procédure civile*, pour se saisir d'une requête en jugement déclaratoire; cependant, la Cour supérieure, à titre de tribunal de droit commun, dispose d'une telle compétence (art. 31 C.p.c.). La requête formulée à cette fin doit comprendre un exposé de la question litigieuse, la nature des actes sur lesquels elle serait juridiquement fondée et l'intérêt du requérant à obtenir une décision immédiate (art. 454 C.p.c.). Cette requête est étayée d'une déclaration sous serment et signifiée à toutes les personnes intéressées au moins dix jours avant sa présentation (art. 454 C.p.c.). Contrairement à la requête en révision judiciaire (**V-79**), la preuve ne se fait pas par la voie d'une déclaration sous serment détaillée, mais plutôt suivant les procédés usuels d'administration de la preuve (témoignages, écrits, etc.) La contestation est orale, sauf si le tribunal autorise une partie à procéder par voie écrite (art. 455 C.c.p.). Le jugement rendu (art. 456 C.p.c.) peut faire l'objet d'une requête en rectification (art. 475 C.p.c.), en rétractation (art. 482 et suiv. C.p.c.) ou encore, d'un appel (art. 26 C.p.c.).

V-82 — *L'injonction* — Selon le *Code de procédure civile du Québec*, l'injonction est « une ordonnance de la Cour supérieure ou de l'un de ses juges, enjoignant à une personne, à ses dirigeants, représentants ou employés, de ne pas faire ou de cesser de faire, ou dans les cas qui le permettent,

---

478. *Commission des normes du travail du Québec* c. *Barré*, D.T.E. 91T-1146 (C.S.).

479. *Hémond* c. *Coopérative fédérée du Québec*, [1989] 2 R.C.S. 962.

480. De même, l'expression « écrit instrumentaire » ne pourrait englober les résolutions adoptées par un syndicat. Voir : *Morissette* c. *Syndicat des professionnelles et des professionnels du gouvernement du Québec*, [1992] R.J.Q. 1339 (C.S.).

481. D. GRENIER, *op. cit.*, note 472, p. 132.

d'accomplir un acte ou une opération déterminée [...]» (art. 751 C.p.c.). En droit de l'emploi, on exerce ce recours en maintes situations :

— dans le cadre d'un conflit collectif de travail, l'injonction peut être utilisée pour stopper un conflit illégal ou encore pour interdire ou limiter l'usage du piquetage **(IV-122)**[482], pour interdire le piquetage tripartite[483] ou un boycott **(IV-123)**[484];

— pour contraindre un employeur à respecter et à exécuter une décision arbitrale **(IV-193)**[485] ou une transaction signée par les parties mettant fin à une plainte de congédiement sans cause juste et suffisante **(V-31)**[486];

— pour ordonner provisoirement la réintégration d'un salarié, le temps que le commissaire du travail statue sur la plainte de congédiement pour activité syndicale (art. 15 et suiv. C.t.) **(V-8)**[487];

— pour préserver le *statu quo* le temps qu'un arbitre puisse statuer sur la validité des modifications apportées aux conditions de travail à la suite du dépôt d'une requête en accréditation (art. 59, 100.10 C.t.) **(IV-183)**[488];

— pour contraindre un employeur à respecter les prohibitions contenues au *Code du travail* (art. 109.1 C.t.) visant la protection des salariés pendant la grève ou le lock-out **(IV-117 et suiv.)**[489];

— pour interdire à un salarié d'accomplir des actes qui violeraient l'obligation de loyauté sous-jacente à tout contrat de travail ou même postérieurement à la rupture du contrat (art. 2088 C.c.Q.) **(II-99 et suiv.; V-43)**[490];

---

482. *Syndicat international des communications graphiques, section locale 41 M c. Journal de Montréal, division de Groupe Quebecor inc.*, D.T.E. 94T-929 (C.A.); *Beloit Canada ltée/Ltd. c. Syndicat national de l'industrie métallurgique de Sorel inc.*, D.T.E. 88T-56 (C.S.).
483. *SDGMR c. Dolphin Delivery Ltd.*, [1986] 2 R.C.S. 573.
484. *Les magasins Continental ltée c. Syndicat des employés de commerce de Mont-Laurier (C.S.N.)*, [1988] R.J.Q. 1195 (C.A.).
485. *Syndicat des travailleuses et travailleurs d'Épiciers unis Métro-Richelieu c. Épiciers unis Métro-Richelieu inc.*, D.T.E. 97T-751 (C.S.).
486. *Leclerc c. Municipalité de Chertsey*, [1997] R.J.Q. 2729 (C.S.).
487. *Union internationale des travailleurs et travailleuses unis de l'alimentation et du commerce, section locale 503 c. 2971-0886 Québec inc.*, D.T.E. 93T-705 (C.S.).
488. *Syndicat des employés de la Fédération des sociétés d'entraide économique du Québec c. Fédération des sociétés d'entraide économique du Québec*, [1983] C.S. 129; *Syndicat des employées et employés de bureau de Labrador c. Eau de source Labrador ltée*, D.T.E. 93T-641 (C.S.); *Syndicat des travailleurs de Gilbert-tech c. Gilbert-tech inc.*, D.T.E. 96T-1179 (C.S.); *Fraternité des préposés à l'entretien des voies — Fédération du réseau Canadien Pacifique c. Canadien Pacifique Ltée*, [1996] 2 R.C.S. 495.
489. *Syndicat des travailleurs et des travailleuses de la Société des alcools du Québec c. Société des alcools du Québec*, [1991] R.J.Q. 112 (C.S.).
490. Clément GASCON et Claire VACHON, «Grandeurs et misères de l'obligation de loyauté du salarié», dans SERVICE DE LA FORMATION PERMANENTE, BARREAU DU QUÉBEC, *Développements récents en droit du travail (1996)*, Cowansville, Les Éditions Yvon Blais inc., 1996, p. 307.

— pour prohiber à un salarié d'occuper un emploi qui violerait une clause de non-concurrence validement conclue au contrat de travail[491] et d'interdire à une autre entreprise d'embaucher un tel salarié (**II-69**)[492];

— etc.

Le recours à la procédure d'injonction est certes d'utilisation fréquente et il importe aussi d'en préciser les tenants et les aboutissants en raison des contraintes ou des prohibitions fondamentales qu'elle peut engendrer pour l'une des parties.

V-83 — *Typologie des injonctions* — Selon une approche téléologique, nous pouvons classifier les injonctions en deux grandes catégories.

i) *L'injonction dite prohibitive* : Elle ordonne à une personne de ne pas accomplir un acte précis ou de le cesser. Elle impose une contrainte expresse à une partie en lui interdisant de faire une chose précise : l'interdiction de piquetage aux abords d'une entreprise, etc.

ii) *L'injonction dite mandatoire* : Elle ordonne à une personne d'accomplir un acte ou une opération déterminée. Dans cette situation, l'injonction contraint une partie à un geste précis dans le sens déterminé par le tribunal[493]. Il en serait ainsi de l'ordonnance pour contraindre un employeur à réintégrer un salarié pendant l'analyse de sa plainte de congédiement pour activités syndicales[494].

L'injonction se distingue en fonction de sa finalité et des voies procédurales qu'elle peut emprunter :

i) *L'injonction permanente* : L'injonction est dite permanente si l'ordonnance du tribunal ne connaît pas de limite dans le temps et aurait, en quelque sorte, un effet permanent ou à durée indéterminée[495]. Cette injonction est demandée par la voie d'une action devant la Cour supérieure (art. 752 C.p.c.). Cette ordonnance est directement tributaire du mérite de l'action principale. Elle demeure en vigueur nonobstant

---

491. *Les Emballages Dawson inc.* c. *Béland*, [1994] R.J.Q. 1613 (C.S.); *Béchard* c. *Traitement postal 2000 inc.*, D.T.E. 95T-106 (C.S.); *3108163 Canada inc.* c. Joanisse, D.T.E. 97T-1042 (C.S.).

492. *Honco inc.* c. *Damphousse*, D.T.E. 97T-813 (C.S.).

493. Une telle injonction mandatoire n'est possible que dans les seuls cas où la loi le permet. En vertu du *Code civil du Québec*, l'injonction mandatoire ne serait pas possible pour contraindre un employeur à réintégrer un salarié injustement congédié (**V-43**).

494. En aucun cas l'injonction ne peut être prononcée pour empêcher des procédures judiciaires ni pour faire obstacle à l'exercice d'une charge publique (art. 758 C.p.c.).

495. Il serait cependant possible pour la partie visée par l'injonction de s'adresser au tribunal afin de demander que l'ordonnance cesse de produire ses effets en raison des circonstances factuelles qui ont pu évoluer. Voir : *Radio Taxi Union ltée* c. *Cyr*, J.E. 95-195 (C.A.).

appel, à moins qu'un juge de la Cour d'appel n'en ordonne la suspension pour la durée de l'instance (art. 760 C.p.c.).

ii) *L'injonction interlocutoire* : Comme son nom l'indique, il s'agit d'une ordonnance temporaire, valable uniquement pour la durée de l'instance. Cette procédure est introduite par requête appuyée de déclarations sous serment détaillées et d'un avis de présentation (art. 753 C.p.c.). Le requérant doit démontrer une apparence de droit, c'est-à-dire qu'il doit faire la démonstration d'un droit *prima facie* sur lequel il s'appuie pour obtenir une telle ordonnance, et qu'il subirait autrement un préjudice sérieux ou irréparable qui ne pourrait être compensé par voie d'équivalence, soit l'octroi de dommages et intérêts. Le tribunal doit prendre en considération la prépondérance des inconvénients. En d'autres termes, le juge considère qui, du requérant ou de l'intimé, subira les inconvénients les plus graves selon que l'injonction est accordée ou refusée. Ces critères s'analysent globalement et, à cet égard, le tribunal dispose d'un pouvoir discrétionnaire important[496]. Si le tribunal accorde l'injonction, le requérant doit fournir la caution déterminée par le tribunal (art. 755 C.p.c.).

iii) *L'injonction interlocutoire provisoire* : L'ordonnance peut être rendue provisoirement par un juge siégeant en chambre si le requérant démontre qu'il y a urgence. En somme, dans certains cas exceptionnels, le requérant ne peut attendre l'émission d'une injonction interlocutoire et cette ordonnance provisoire peut être le remède approprié pour sauvegarder le *statu quo* jusqu'à l'étude de la demande d'injonction interlocutoire. Le prononcé d'une telle injonction provisoire répond aux mêmes critères que l'injonction interlocutoire (point ii) si, par ailleurs, l'urgence justifiant l'intervention immédiate du juge est bien établie[497]. Cette injonction interlocutoire provisoire ne peut être accordée que pour une période maximale de dix jours (art. 753 C.p.c.), mais renouvelable (art. 757 C.p.c.).

L'injonction est une « arme » redoutable qui doit être maniée avec beaucoup de parcimonie et ne peut toujours produire les effets escomptés, notamment en matière de conflit collectif du travail[498].

V-84 — *L'outrage au tribunal* — Pour assurer la plénitude de l'ordonnance d'injonction rendue par le tribunal (**V-83**), le législateur a prévu que la partie nommée ou désignée à l'ordonnance qui la transgresse ou refuse d'y obtem-

---

496. *Favre* c. *Hôpital Notre-Dame*, [1984] C.A. 548.
497. *La Société minière Louvem inc.* c. *Aux Ressources inc.*, [1990] R.J.Q. 772 (C.S.).
498. Un exemple d'un tel processus fut récemment donné dans l'affaire *Royal Oak Mines Inc.* c. *Canada (Conseil des relations du travail)*, [1996] 1 R.C.S. 369.

pérer est passible d'une amende d'au plus 50 000 $, avec ou sans emprisonnement pour une durée d'au plus un an[499]. De telles sanctions peuvent être également imposées à toute personne, bien qu'elles ne soient pas désignées spécifiquement à la procédure, dans la mesure où il est établi qu'elle y contrevint en toute connaissance (art. 761 C.p.c.). Cet aspect est important particulièrement dans le cas d'un conflit collectif de travail puisque bien des salariés peuvent techniquement être passibles d'outrage au tribunal, et ce, même s'ils n'ont pas été personnellement désignés à l'ordonnance. D'un point de vue procédural, l'outrage au tribunal répond aux règles suivantes :

i) *La requête* : La partie qui requiert la condamnation doit demander au tribunal une ordonnance enjoignant à l'intimé de comparaître devant la Cour pour entendre la preuve des faits qui lui sont reprochés et faire valoir ses moyens de défense (art. 53 C.p.c.).

ii) *L'ordonnance* : Cette ordonnance de comparaître est signifiée personnellement à l'intimé (art. 53 C.p.c.).

iii) *L'audition* : À la date convenue à cette ordonnance de comparaître, le requérant doit faire la preuve hors de tout doute raisonnable que l'intimé connaissait l'injonction et qu'il y a contrevenu. De plus, en aucun cas, l'intimé ne peut être contraint à témoigner à cette audition (art. 53.1 C.p.c.). Ces deux dernières règles démontrent clairement le caractère quasi pénal d'une telle procédure[500]. Par la suite, l'intimé peut faire valoir ses moyens de défense.

iv) *Le jugement* : Si le juge accueille la requête, le tribunal prononce la condamnation, indique la peine imposée et précise les faits sur lesquels il s'appuie pour rendre une telle décision (art. 54 C.p.c.). Celle-ci peut faire l'objet d'un appel (art. 26, al. 3, C.p.c.).

V-85 — *Les autres cas d'outrage au tribunal* — En droit de l'emploi, plusieurs décisions rendues par les tribunaux spécialisés peuvent entraîner, en cas de contravention, une procédure d'outrage au tribunal. En somme, le législateur emprunte cette voie d'exécution des décisions rendues par ces mêmes tribunaux spécialisés, leur conférant ainsi plus d'autorité. Il peut s'agir notamment de :

— la décision du commissaire du travail qui statue sur une plainte suivant les articles 15 et suiv. C.t. (**V-16**);

— la décision d'un arbitre de griefs (art. 19.1, 101 C.t.) (**IV-194**);

---

499. L'imposition d'une telle pénalité n'interdit pas au requérant d'intenter une action en dommages et intérêts afin d'être compensé pour le préjudice subi (art. 761 C.p.c.) (**V-66 et suiv.**).
500. La Cour suprême a déjà qualifié l'outrage au tribunal d'infraction. Voir : *Vidéotron ltée* c. *Industries Microlec produits électroniques inc.*, [1992] 2 R.C.S. 1065.

— une décision rendue par la Commission de la santé et de la sécurité du travail à la suite d'une plainte d'un travailleur (art. 264 L.A.T.M.P.) (**V-18**);

— l'ordonnance rendue par le Conseil des services essentiels (art. 111.20 C.t.);

— la décision rendue par le commissaire du travail à la suite d'une plainte de pratique interdite (art. 123 L.N.T.) (**V-23**);

— la décision rendue par la Commission d'accès à l'information (**V-89**);

— etc.

Afin de faire exécuter l'ordonnance contenue dans de telles décisions[501], il faut, dans un premier temps, déposer une copie conforme de la décision finale au bureau du protonotaire de la Cour supérieure du district où est situé l'établissement de l'employeur. Un tel dépôt confère à la décision le même effet que s'il s'agissait d'un jugement de la Cour supérieure et dès lors, la contravention à toutes ordonnances de faire ou de ne pas faire contenue dans une telle décision est punissable suivant la même procédure que celle décrite en matière d'outrage au tribunal (**V-84**). Les peines qui peuvent être encourues sont également identiques (**V-84**).

V-86 — *Pour conclure* — Ces derniers exposés permettent de constater que le champ d'intervention des tribunaux de droit commun est très vaste dans notre droit de l'emploi. Parfois, ces tribunaux disposent d'une compétence exclusive, comme pour donner effet aux obligations contenues au contrat de travail (**V-44**) ou encore, pour condamner un employeur qui n'aurait pas versé la rémunération ou les avantages édictés par la *Loi sur les normes du travail* (**V-53**). Parfois, leur juridiction est indirecte, en ce sens qu'ils interviennent pour s'assurer de la légalité des décisions rendues par les tribunaux spécialisés (**V-75**) ou tout simplement, pour en assurer l'exécution (**V-85**). Il demeure un autre volet judiciaire à explorer, celui des recours d'ordre administratif et pénal qui relèvent aussi du droit de l'emploi. Tel est l'objet du prochain chapitre.

---

501. La décision rendue par l'organisme doit contenir une ordonnance; le simple fait de prendre acte d'une entente intervenue entre les parties n'équivaut pas à une telle ordonnance et la procédure en outrage au tribunal ne serait pas possible. Voir : *Restaurant Faubourg St-Denis inc.* c. *Durand*, [1990] R.J.Q. 1218 (C.A.).

CHAPITRE V-3

CERTAINS RECOURS ADMINISTRATIFS ET LE CONTENTIEUX PÉNAL

V-87 — *L'objet* — Le tour d'horizon panoramique des contentieux de l'emploi ne serait certes pas complet s'il esquivait certains recours de nature administrative et le contentieux pénal propre au droit de l'emploi. Pour en traiter quelque peu, nous divisons le chapitre en cinq sections. La première aborde un sujet d'une importance croissante dans le droit de l'emploi, soit le contentieux des renseignements personnels. Qui peut recueillir, détenir et utiliser des renseignements de nature personnelle, de quelle façon et comment trancher les litiges dans ce domaine ? La seconde section analyse l'obligation d'une juste et loyale représentation imposée aux organismes syndicaux. Lorsqu'il y a transgression de cette obligation, un salarié peut s'adresser au Tribunal du travail en vue d'obtenir justice (art. 47.3 C.t.). La troisième section comprend un bref résumé de la procédure applicable devant la Commission des droits de la personne et des droits de la jeunesse. Comment et dans quel délai doit agir une victime de discrimination ? Quels sont les remèdes qui s'offrent à elle ? La quatrième section traite du processus décisionnel en matière de santé et sécurité du travail. Finalement, la dernière section présente un large schéma des recours de nature pénale découlant de diverses lois de l'emploi. Il s'agit d'une présentation de synthèse des recours, de la procédure et des pénalités qui peuvent être imposées pour sanctionner la violation de certaines prohibitions décrétées en ces diverses lois de l'emploi.

Section 3.1
Le contentieux des renseignements personnels

V-88 — *Données de base* — La relation d'emploi offre de multiples occasions de collecte, de détention et d'utilisation de renseignements personnels :

— ceux provenant des nombreux candidats et recueillis à l'occasion d'un processus d'embauche (**II-18**);

— ceux que l'employeur glane au fil des ans et des événements sur la personne de ses salariés (adresse, numéro d'assurance sociale, date d'anniversaire, numéro de téléphone, etc.);

— ceux légitimement retenus des dossiers médicaux des salariés;

— ceux constitués à l'occasion de mesures disciplinaires;

— ceux relatifs aux évaluations de performance ou de rendement;

— etc.

Compte tenu de l'importance de ces renseignements et du droit dont dispose toute personne au respect de sa vie privée (art. 5 de la *Charte des droits et libertés de la personne*; art. 35 C.c.Q.), notre corpus juridique établit de nombreuses règles et obligations pour contenir l'usage que peut en faire tout employeur[502]. Trois lois traitent de la protection des renseignements personnels :

— Le *Code civil du Québec*, articles 35 à 41;

---

502. Ces obligations ne s'imposent pas seulement aux employeurs; elles s'adressent à toutes les personnes qui détiennent de l'information personnelle sur autrui (art. 37 C.c.Q.).

— la *Loi sur l'accès aux documents des organismes publics et sur la protection des renseignements personnels*[503];

— la *Loi sur la protection des renseignements personnels dans le secteur privé* (ci-après L.P.R.P.)[504].

Cette troisième loi s'applique à toute personne qui exploite une entreprise au Québec[505] et qui, à cette occasion possède et gère des renseignements personnels (**III-740 et suiv.**). En raison de son importance, c'est cette troisième loi qui fait l'objet de notre analyse. Ces trois lois imposent aux entreprises, qu'elles soient privées ou publiques, un ensemble d'obligations que nous rappelons très succinctement en raison de l'exposé présenté au titre III (**III-740 et suiv.**) :

— un employeur qui constitue un dossier au sujet d'un salarié doit avoir un intérêt sérieux et légitime pour le faire (art. 37 C.c.Q.; art. 4 L.P.R.P.);

— les renseignements personnels doivent être recueillis uniquement auprès du salarié à moins que celui-ci n'ait consenti à la collecte auprès de tiers, et ce, de façon spécifique (art. 6 L.P.R.P.)[506]. De plus, ces renseignements doivent être glanés par des moyens licites (art. 5 L.P.R.P.);

— l'employeur doit prendre les mesures nécessaires pour que les renseignements personnels soient détenus dans un lieu où leur caractère confidentiel est préservé (art. 10 L.P.R.P.);

— l'employeur doit s'assurer que seul le personnel autorisé ait accès à ce type de renseignements et qu'il soit tenu à la confidentialité (art. 10, 20 L.P.R.P.);

— l'employeur doit assurer la sauvegarde du caractère confidentiel à l'occasion de la transmission de ces documents (art. 10 L.P.R.P.);

— l'employeur ne peut communiquer à des tiers des renseignements personnels, à moins que les salariés n'y aient consenti, et ce, de façon spécifique (art. 13 et 14 L.P.R.P.)[507];

---

503. L.R.Q., c. A-2.1.
504. L.R.Q., c. P-39.1. Par renseignements personnels, il faut entendre tous renseignements qui concernent une personne physique et qui permettent de l'identifier (art. 2 L.P.R.P.).
505. Par le mot « entreprise », il faut comprendre « l'exercice, par une ou plusieurs personnes, d'une activité économique organisée, qu'elle soit ou non à caractère commercial, consistant dans la production ou la réalisation de biens, leur administration ou leur aliénation ou dans la prestation de services » (art. 1525 C.c.Q.).
506. La loi prévoit cependant deux exceptions : les renseignements pourront être recueillis par le truchement d'un tiers s'il est impossible de le faire auprès de la personne ou encore, s'il est nécessaire de s'assurer de l'exactitude des renseignements (art. 6 *in fine* L.P.R.P.).
507. À cet égard, la loi comporte de nombreuses exceptions afin de parer à certaines circonstances particulières (art. 18 L.P.R.P.).

— en principe, le salarié dispose d'un droit d'accès sans restriction aux renseignements personnels que l'employeur détient à son sujet (art. 19, 27, 29 L.P.R.P.);

— le salarié a le droit de faire rectifier l'information contenue dans son dossier lorsqu'elle est inexacte, incomplète ou équivoque, ou encore, il peut y ajouter des commentaires (art. 40 C.c.Q.; art. 30 L.P.R.P.).

On imagine facilement les occasions où les règles relatives à la sauvegarde de la confidentialité peuvent donner prise à quelques litiges entre employeur et salarié. À titre d'exemples, de telles questions peuvent être posées :

— Le salarié licencié peut-il avoir accès à une expertise médicale effectuée pour le compte de l'employeur ?

— L'employeur a-t-il l'obligation de rectifier l'avis disciplinaire, donné au salarié, qui comporterait des inexactitudes ?

— L'employeur peut-il prendre, auprès d'un employeur précédent, certaines références à l'égard d'un postulant ?

— Un salarié a-t-il le droit de connaître les évaluations faites par son contremaître ?

— Un candidat écarté d'un poste peut-il exiger l'accès aux résultats des examens ou des tests qu'il a subis dans le cadre du processus d'embauche ?

— Etc.

Lorsqu'un litige existe entre un employeur et un salarié ou un groupe de salariés, portant sur l'accès aux renseignements personnels ou leur rectification, la Commission d'accès à l'information (**III-749**) a pour tâche de trouver les solutions idoines susceptibles d'assurer la sauvegarde des droits du salarié tout en respectant la liberté de gestion dont dispose l'employeur.

V-89 — *La mésentente* — La Commission d'accès à l'information a compétence pour trancher tout litige portant sur l'accès ou la rectification d'un renseignement personnel (art. 42 L.P.R.P.) et dispose des pouvoirs nécessaires à l'exercice de cette fonction (art. 55 L.P.R.P.)[508]. Elle peut notamment rendre

---

508. La Commission d'accès à l'information exerce cette fonction de façon concurrente avec le tribunal de droit commun. En effet, l'article 762 du *Code de procédure civile du Québec* précise que toutes demandes relatives au respect de la vie privée sont introduites par requête devant le tribunal de droit commun. De même, l'article 41 C.c.Q. stipule que les conditions et les modalités d'exercice du droit de consultation ou de rectification d'un dossier sont déterminées par le tribunal. Cette compétence dévolue à deux instances tout à fait distinctes pourrait éventuellement soulever certaines difficultés. Cependant, les coûts et les délais reliés à la procédure applicable devant le tribunal de droit commun incitent les parties à s'adresser à la Commission d'accès à l'information qui, par ailleurs, dispose d'une expertise certaine.

toutes les ordonnances nécessaires à la sauvegarde des droits des parties et entreprendre de son chef bien des initiatives qu'un tribunal judiciaire ne peut normalement retenir (**III-748**). Nous schématisons ci-après le processus suivi.

i) *La demande* : Le salarié qui veut accéder à son dossier personnel ou encore, qui veut faire rectifier un renseignement, doit d'abord en faire la demande par écrit à son employeur (art. 30 L.P.R.P.). L'employeur dispose d'un délai de 30 jours pour obtempérer à cette demande ou pour la refuser (art. 32 L.P.R.P.). À défaut de répondre dans le délai imparti, l'employeur est réputé avoir refusé d'acquiescer à la demande (art. 32 *in fine* L.P.R.P.). Normalement, l'employeur doit aviser par écrit le salarié de son refus, en donner les motifs et préciser les recours qui s'offrent au salarié (art. 34 L.P.R.P.)[509].

ii) *La plainte* : Toute mésentente peut être soumise à la Commission d'accès à l'information[510]. La plainte doit être faite par écrit dans un délai de 30 jours du refus ou de l'expiration du délai accordé à l'employeur pour répondre à la demande (point i) (art. 43 L.P.R.P.). Elle comprend un bref exposé des raisons justifiant l'examen de la mésentente (art. 44 L.P.R.P.). Sur réception, la Commission transmet copie de la plainte à l'employeur (art. 44, al. 2, L.P.R.P.). Un groupe de salariés peuvent, par l'intermédiaire d'un représentant, par exemple leur syndicat, soumettre collectivement une semblable demande (art. 45 L.P.R.P.). Pour sa part, l'employeur peut demander à la Commission de ne pas tenir compte des plaintes qui lui paraissent abusives en raison de leur nombre ou de leur caractère répétitif ou systématique (art. 46 L.P.R.P.). À titre d'exemple, on peut imaginer la situation où, dans le cadre du renouvellement d'une convention collective, un syndicat donnerait le mot d'ordre à chaque salarié de demander l'accès à son dossier personnel ainsi qu'une copie de ce dernier. Pour sa part, la Commission peut, de son propre chef, refuser ou cesser d'examiner une plainte si

---

509. La loi prévoit un certain nombre de cas où l'employeur peut légitimement refuser ou retarder l'accès à certains renseignements :
    — les renseignements de nature médicale peuvent, au choix de l'employeur, être transmis au salarié ou à un professionnel de la santé désigné par le salarié ;
    — la divulgation pourrait nuire à une enquête ayant pour objet de prévenir, de détecter ou de réprimer le crime ou les infractions à la loi ;
    — la divulgation pourrait avoir un effet sur une procédure judiciaire dans laquelle l'une ou l'autre de ces personnes a un intérêt.

510. Entre 1994 et 1997, pour le secteur privé, la Commission a reçu 554 plaintes relativement à des mésententes. Pour le secteur public, le nombre de demandes de révision est de 2 265. Cet écart important s'explique par le fait que la *Loi sur la protection des renseignements personnels dans le secteur privé* est d'application récente (1er juillet 1994) et qu'elle est encore mal connue du public. Voir : COMMISSION D'ACCÈS À L'INFORMATION, *Rapport annuel 1996–1997*, Québec, p. 17.

elle la considère frivole, faite de mauvaise foi, étrangère à l'objet de la loi ou si son intervention ne lui paraît manifestement pas utile (art. 46, 52 L.P.R.P.).

iii) *La médiation* : La Commission peut désigner un médiateur pour tenter de régler le litige à l'amiable et lui faire rapport sur le résultat de cette démarche (art. 48 L.P.R.P.). La loi n'encadre nullement le travail de ce médiateur et n'assure pas le caractère confidentiel des documents ou des renseignements qu'il peut recueillir des parties dans le cadre de son mandat. Il s'agit certes d'une malencontreuse lacune[511].

iv) *L'audition* : Si aucune entente n'intervient à la suite de la médiation ou si la Commission est d'avis qu'aucune entente n'est possible, elle examine la demande suivant les modalités qu'elle détermine[512]. Dans tous ces cas, elle doit donner aux parties l'occasion de présenter leurs observations (art. 49 L.P.R.P.). La loi ne décrète pas l'obligation pour la Commission de tenir une audition officielle. De ce fait, les observations des parties pourraient très bien être présentées par écrit. Notons qu'en cas de mésentente relative à une demande de rectification, le fardeau de la preuve incombe à l'employeur puisque c'est ce dernier qui détient l'information. Il lui faut établir qu'il n'y a pas lieu de rectifier le dossier, sauf si l'information qui fait l'objet de la controverse a été communiquée par le salarié (art. 53 L.P.R.P.). Dans un tel cas, il appartiendrait à ce dernier de démontrer la nécessité de procéder à la rectification.

v) *La décision* : La Commission doit rendre sa décision par écrit (art. 54 L.R.P.P.) et en transmettre une copie aux parties par courrier recommandé ou certifié. Dans le cadre de sa décision, la Commission peut trancher toute question de fait ou de droit (art. 55 L.P.R.P.). Elle peut aussi rendre toute ordonnance qu'elle estime propre à la sauvegarde des droits des parties (art. 55 L.P.R.P.) et statuer sur les frais (art. 57 L.P.R.P.). La décision de la Commission qui ordonne à une partie d'accomplir un acte est exécutoire à l'expiration d'un délai de 30 jours suivant la date de sa réception par les parties (art. 56 L.P.R.P.). Au contraire, une décision ordonnant à une partie de cesser ou de s'abstenir d'accomplir un acte est exécutoire dès qu'elle est transmise aux parties. Pour être exécutoire et avoir force contraignante, la décision doit être

---

511. À titre d'exemple, voir l'article 123.3 de la *Loi sur les normes du travail* qui encadre et préserve le caractère confidentiel de l'information divulguée dans le cadre de la médiation (**V-21**). Il en est ainsi du conciliateur dépêché auprès des parties à la négociation collective (**IV-105**).

512. Pour la période de 1996–1997, il y avait 1 002 dossiers inscrits au rôle de la Commission. Sur ce nombre, 538 ont fait l'objet d'un désistement, 52 étaient en attente d'un règlement, et la Commission a tenu 432 audiences. Voir : COMMISSION D'ACCÈS À L'INFORMATION, *Rapport annuel 1996–1997*, Québec.

homologuée par dépôt d'une copie conforme au bureau du protonotaire de la Cour supérieure du district où se trouve le domicile ou, à défaut, la résidence ou la principale place d'affaires de la personne visée et non celui de la personne qui fait la demande. Une fois un tel dépôt fait, la décision acquiert les mêmes effets qu'une décision de la Cour supérieure (art. 58 L.P.R.P.), et la contravention à l'ordonnance qu'elle contient rend le contrevenant passible des peines prévues en matière d'outrage au tribunal (**V-85**).

vi) *La permission d'en appeler* : Une décision de la Commission qui porte sur une question de droit ou de compétence peut faire l'objet d'un appel si, au préalable, un juge de la Cour du Québec en accorde la permission (art. 61 L.P.R.P). Aucun appel n'est possible sur une simple question de fait : dans ce dernier cas, la décision est finale (art. 59 L.P.R.P.). La requête pour permission d'en appeler doit préciser les questions de droit ou de compétence qui devraient être examinées en appel. Cette requête doit être signifiée aux parties et à la Commission. De plus, elle doit être déposée au greffe de la Cour du Québec, à Montréal ou à Québec, et ce, au choix du requérant. La signification et le dépôt doivent être faits dans les 30 jours de la date de réception de la décision par les parties (art. 63 L.P.R.P.). Le dépôt d'une telle requête suspend l'exécution de la décision jusqu'à ce qu'un juge de la Cour du Québec statue sur la requête. S'il s'agit d'une demande d'appel relativement à une décision ordonnant à une personne de cesser ou de s'abstenir de faire quelque chose, le dépôt de la requête ne suspend pas l'exécution, à moins que le juge de la Cour du Québec n'en décide autrement (art. 64 L.P.R.P.). Le juge saisi d'une telle requête, qui estime opportun d'autoriser l'appel doit, dans son jugement, mentionner les seules questions de droit ou de compétence qui seront analysées en appel (art. 63 L.P.R.P.). Les frais de cette requête sont à la discrétion du juge.

vii) *L'appel* : Si la permission d'en appeler est accordée, l'appel est formé par le dépôt à la Commission d'un avis à cette fin et signifié aux parties dans les 10 jours qui suivent la date du jugement autorisant le pourvoi. Il n'est pas nécessaire de signifier cet avis à la Commission (art. 65 L.P.R.P.). Sur réception de cet avis, le secrétaire de la Commission doit transmettre l'avis d'appel, la décision attaquée, les pièces de la contestation ainsi que la décision autorisant l'appel (art. 66 L.P.R.P.) à la Cour du Québec[513]. Les dispositions du *Code de procédure civile*[514] relatives à l'appel, sauf en ce qui a trait au mémoire, régissent les appels (art. 67 L.P.R.P.). La décision du juge de la Cour du Québec qui tranche l'appel

---

513. La décision attaquée, les pièces et la décision autorisant l'appel tiennent lieu de dossier conjoint (art. 66 L.P.R.P.).
514. Voir : art. 491 à 524 C.p.c.

est elle-même sans appel. Cependant, elle demeure soumise au pouvoir de surveillance et de contrôle de la Cour supérieure du Québec (**V-76**).

Le contentieux des renseignements personnels en est à ses premières années puisque la *Loi sur la protection des renseignements personnels dans le secteur privé* n'est en vigueur que depuis le 1er juillet 1994. La jurisprudence qui s'élaborera au cours des prochaines années permettra de circonscrire avec plus d'exactitude la portée véritable de ces mesures de sauvegarde des renseignements personnels.

Section 3.2

Les garanties d'une représentation syndicale juste et loyale

———

V-90 — *L'obligation imposée* — Le *Code du travail*, dans son article 47.2, stipule que toute association accréditée ne doit pas « agir de mauvaise foi ou de manière arbitraire ou discriminatoire, ni faire preuve de négligence grave à l'endroit des salariés compris dans une unité de négociation qu'elle représente, peu importe qu'ils soient membres ou non[515] ». Au soutien de cette affirmation de principe, on trouve, au *Code du travail*, un mécanisme administratif pour analyser et soupeser, au besoin, la conduite du syndicat en pareil cas. L'accès à ce contrôle de qualité de la décision syndicale est soumis à quatre conditions préalables (**IV-40**) que nous rappelons :

— il doit s'agir d'un salarié compris dans l'unité d'accréditation, qui croit sincèrement que le syndicat ne l'a pas traité d'une façon juste et loyale;

— cela doit survenir à l'occasion d'un renvoi, d'une sanction disciplinaire ou d'un refus de réintégrer son emploi à la suite d'une grève ou d'un lock-out;

— la plainte porte strictement sur la conduite du syndicat et non sur celle de l'employeur qui a imposé cette sanction;

— dans les six mois de la violation par le syndicat accrédité de cette obligation, le salarié peut, à son choix, porter plainte au ministre du Travail ou encore, adresser directement une requête au Tribunal du travail.

---

515. Cette protection accordée par le Code doit être complétée par l'article 17 de la *Charte des droits et libertés de la personne* qui énonce : « Nul ne peut exercer de discrimination dans l'administration, la jouissance d'avantages, la suspension ou l'expulsion d'une personne d'une association d'employeurs ou de salariés. [...]. »

Il nous faut souligner davantage les tenants et les aboutissants de ce recours qui s'offre au salarié et, à l'aide de la jurisprudence, préciser davantage la portée pratique de ce devoir qui incombe au syndicat accrédité.

V-91 — *La double voie procédurale* — Le salarié qui respecte les quatre conditions préalables (**V-90**) pour l'exercice de ce recours peut emprunter une double voie de contrôle de la décision syndicale qui l'affecte[516].

i) *La plainte* : Un salarié peut porter plainte au ministre du Travail. Dès lors, le ministre doit dépêcher auprès du syndicat un enquêteur qui « tente de régler la plainte à la satisfaction de l'intéressé et de l'association accréditée » (art. 47.4 C.t.). Une plainte en toute apparence frivole ou formulée par une personne qui ne peut manifestement avoir accès à ce recours (un cadre) peut certes être écartée par le ministre. L'enquêteur nommé doit rechercher des moyens de régler immédiatement le litige à la satisfaction du plaignant et du syndicat. Il n'est pas du ressort de cet enquêteur de contrôler d'une façon formelle la véracité des faits allégués et il ne lui revient pas d'apprécier la conduite du syndicat. Il lui suffit de rechercher avec le syndicat et le plaignant une solution concrète, immédiate et satisfaisante au litige. À cette fin, rien ne l'empêche de rechercher des voies et des solutions auprès de l'employeur si les circonstances le permettent puisque ce dernier pourrait aussi bénéficier d'un tel règlement rapide. Par ailleurs, cette mission est de courte durée : 30 jours depuis sa nomination. S'il n'y a pas entente au terme de ce délai ou si le syndicat n'y donne pas suite, alors le plaignant peut soumettre, dans les 15 jours qui suivent cet échec, une requête écrite au Tribunal du travail (point ii);

ii) *La requête* : Le salarié qui ne désire pas emprunter la voie de la médiation (point i) ou qui n'aurait obtenu aucun résultat satisfaisant par cette voie peut soumettre une requête écrite au Tribunal du travail (art. 47.3 et 47.4 C.t.). L'objet de cette requête consiste à autoriser le salarié à

---

516. Dans la mesure où le salarié peut exercer ce recours administratif, l'action directe en dommages-intérêts ne saurait être entreprise. Voir : *Lepage* c. *Syndicat canadien des communications, de l'énergie et du papier, section locale 50*, [1998] R.J.D.T. 1520 (C.A.); *Guèvremont* c. *Association du personnel navigant des lignes aériennes canadiennes*, [1990] R.J.Q. 2099 (C.A.); *Gauthier* c. *Chabot*, D.T.E. 96T-930 (C.S.); *Syndicat des travailleuses et travailleurs de la C.S.N.* c. *Verret*, [1992] R.J.Q. 979 (C.A.); *Begbie* c. *Union des agents de sécurité du Québec*, D.T.E. 95T-1052 (C.S.). Si, au contraire, le recours administratif n'est pas accessible, par exemple un grief qui ne traiterait pas d'un renvoi ou d'une sanction disciplinaire, dans ce seul cas le recours en dommages et intérêts serait disponible. Voir : *Syndicat des fonctionnaires provinciaux du Québec inc.* c. *Bastien*, [1993] R.J.Q. 702 (C.A.); *Goupil* c. *Roberge*, [1996] R.J.Q. 439 (C.S.); *Tremblay* c. *Syndicat des employées et employés professionnels-les et de bureau, section locale 57*, [1996] R.J.Q. 439 (C.S.); *Tremblay* c. *Syndicat des employées et employés professionnels-les et de bureau, section locale 57*, [1996] R.J.Q. 1850 (C.S.); *Hardy* c. *Syndicat des enseignantes et enseignants des Laurentides*, D.T.E. 96T-1514 (C.S.); *Fortin* c. *Fédération des infirmières et infirmiers du Québec*, D.T.E. 96T-711 (C.Q.).

soumettre lui-même à l'arbitrage sa réclamation, comme s'il s'agissait d'un grief (**IV-183**)[517]. Lorsqu'il est saisi d'une telle requête, le Tribunal du travail procède à l'enquête afin de déterminer si la conduite du syndicat à l'endroit du plaignant, en cette occasion, fut contraire à son devoir d'une juste et loyale représentation au sens de l'article 47.2 C.t. (**V-92**). Cette enquête porte sur la conduite du syndicat, par exemple son refus de porter le grief à l'arbitrage, et nullement sur la décision initiale de l'employeur. S'il en était autrement, le Tribunal du travail usurperait la compétence de l'arbitre de griefs, qui seul doit trancher le grief dont l'objet porte sur la décision de l'employeur[518]. Cette attribution de compétence faite à l'article 47.5 C.t. autorise le Tribunal du travail à exercer l'ensemble des pouvoirs généraux dont il dispose pour assumer cette fonction particulière[519].

iii) *L'audition* : Il incombe au plaignant de faire la preuve que le syndicat n'a pas respecté ses obligations particulières énoncées à l'article 47.2 C.t.[520]. Il va sans dire que les parties intéressées dans cette affaire doivent pouvoir régulièrement exercer leurs moyens respectifs de défense. Il paraît évident que le plaignant et le syndicat sont juridiquement intéressés, mais qu'en est-il de l'employeur ? Peut-il intervenir auprès du tribunal pour faire connaître sa position ou dévoiler certains éléments concernant soit les motifs de sa propre décision, soit les faits survenus par la suite au cours de ses transactions avec le syndicat ? Jusqu'où une telle intervention peut-elle être tolérable sans nuire au processus établi au Code, qui annonce la tenue possible de deux enquêtes : celle du Tribunal sur la conduite du syndicat et sur décision favorable du tribunal, celle de l'arbitre sur la décision de l'employeur ? La présence active de l'employeur à la première enquête ne lui permet-elle pas d'effectuer des « préarrangements » pour la seconde ? Le Tribunal du travail a retenu

---

517. Le salarié ne peut cependant soumettre une telle requête s'il y a eu une sentence arbitrale qui a tranché le fond même du grief puisque, en aucun cas, ce recours ne doit être une voie indirecte d'appel des décisions arbitrales. Voir : *Gendron* c. *Municipalité de la Baie-James*, [1986] 1 R.C.S. 401 ; il en sera autrement si la décision arbitrale a rejeté préliminairement le grief. Voir : *Cégep de Dawson* c. *Beaudry*, D.T.E. 87T-126 (C.A.) ; ou encore, si ce grief a été réglé hors cour : *Centre hospitalier Régina ltée* c. *Tribunal du travail*, précité, note 431, commenté par Jean-Yves BRIÈRE et Jean-Pierre VILLAGGI, « Grandeurs et misères du devoir de représentation », (1990) 50 *R. du B.* 1077.

518. *Godin* c. *Fraternité unie des charpentiers et menuisiers d'Amérique, local 2533*, [1979] T.T. 157.

519. Il s'agit notamment des articles 47.5, 121, 128, 133 et 134. En raison de l'article 47.5, alinéa 2, C.t., l'arrêt *Slaight Communications Inc.* c. *Davidson*, précité, note 10, peut être d'un grand intérêt. Le Tribunal du travail semble cependant peu réticent à l'usage d'une telle discrétion. Voir : *St-Laurent* c. *Syndicat des employés de soutien du cégep de St-Jérôme*, [1985] T.T. 353 ; *Gaucher* c. *Syndicat national de l'amiante d'Asbestos*, [1990] T.T. 455.

520. *Boivin* c. *Syndicat des travailleurs et travailleuses de la C.S.N.*, [1988] T.T. 306.

une attitude très permissive à ce sujet en laissant à l'employeur le droit d'intervenir dès que son intérêt pratique, et non nécessairement juridique, y était effectivement en jeu : « La logique de notre système juridique veut que l'intérêt soit la mesure des actions et des interventions. Il n'existe aucune raison pour déroger à ce principe [...][521] ». Dans l'affaire *Lafrance* c. *Fraternité des policiers de Deux-Montagnes*, le juge Saint-Arnaud reconnut à l'employeur le statut de mis en cause, lui permettant ainsi d'intervenir sur toute question préliminaire en droit et lui laissant une grande liberté de manœuvre afin de savoir s'il y eut complicité entre le plaignant et le syndicat intimé[522].

v) *La décision* : Le plaignant cherche à obtenir l'infirmation de la décision syndicale ou à corriger sa conduite de façon à pouvoir soumettre à l'arbitrage la décision de l'employeur lui imposant un renvoi, une sanction ou un refus de le réintégrer (art. 47.4 *in fine* C.t.). Le Tribunal détient pareille autorité (art. 47.5 C.t.) et peut rendre toute autre ordonnance qu'il juge nécessaire dans les circonstances[523]. L'exécution de l'ordonnance du Tribunal de soumettre l'affaire à l'arbitrage commence par la nomination d'un arbitre par le ministre. L'expression utilisée à cet article indique clairement que cette nomination relève du ministre et non des parties à la convention collective[524].

vi) *L'arbitrage* : Il revient à l'arbitre ainsi nommé de contrôler la qualité de la décision de l'employeur concernant ce renvoi, cette sanction ou ce refus de réintégrer en fonction de « la convention collective comme s'il

---

521. Propos du juge Bernard Lesage dans *Leduc* c. *Syndicat international des travailleurs unis de l'automobile, de l'aéronautique, de l'astronautique et des instruments aratoires d'Amérique, T.U.A., section locale 1163*, [1981] T.T. 93, 100. Nous partagerions cette approche si le Tribunal du travail entendait aussi les parties sur la question principale, le grief, ce qui n'est pas le cas (**IV-40**).

522. *Lafrance* c. *Fraternité des policiers de Deux-Montagnes*, T.T. Mtl, n° 500-28-000176-800.

523. Le Tribunal du travail a très rarement émis une autre ordonnance. Voir : *Balthazard* c. *Syndicat des employées et employés professionnels et de bureau, section locale 57*, D.T.E. 95T-568 (T.T.); *Gauthier* c. *Syndicat des employés de l'Office municipal d'habitation de Montréal*, D.T.E. 93T-1203 (T.T.); *Lahaie* c. *Syndicat canadien de la fonction publique, section locale 301 (Cols bleus)*, D.T.E. 96T-1013 (T.T.); *St-Laurent* c. *Syndicat des employés de soutien du cégep de St-Jérôme*, précité, note 519.

524. À cette fin, le ministre désigne un arbitre en puisant à la liste annuelle élaborée par le C.C.T.M. (**IV-186**). Voir : *Maurice* c. *Union canadienne des travailleurs unis des brasseries, farine, céréale, liqueurs douces et distilleries*, C.S. Québec, n° 200-05-003288-797, 21 août 1979, j. Desjardins, renversant la décision arbitrale : *Brasserie O'Keefe Limitée* c. *Local d'union 301 affilié à la Fédération des travailleurs du Québec*, (1979) 10 S.A.G. 797; voir aussi : *Gougeon et Frères Ltée* c. *Association des employés de garage de Drummondville*, [1986] T.A. 578; *Les Fromages Crescent ltée* c. *Dulong*, [1994] T.A. 457; *Velan Inc.* c. *Mallet et Syndicat national des employés de Velan inc. (C.S.N.)*, [1994] T.A. 1000.

s'agissait d'un grief » (art. 47.5 C.t.)[525]. En outre, le syndicat est contraint d'assumer les frais engagés par le plaignant (art. 47.5 *in fine* C.t.)[526]. L'ordonnance du Tribunal de soumettre l'affaire à l'arbitrage ne signifie pas que le syndicat soit contraint de fournir le meilleur procureur[527]. Il lui suffit d'offrir les mêmes services de représentation généralement retenus pour un arbitrage, et ce, dans la mesure où ce procureur ou représentant n'est pas véritablement en conflit d'intérêts pour cette fonction. S'il survenait quelque difficulté sur ce plan, le Tribunal pourrait toujours « rendre toute ordonnance jugée nécessaire » (art. 47.5 *in fine* C.t.).

Quelle est la portée de ce devoir imposé au syndicat accrédité selon la formulation assez négative retenue à l'article 47.2 C.t. ? La jurisprudence du Tribunal du travail nous permet de dégager certaines données d'ordre général au sujet de ce devoir d'une juste et loyale représentation et aussi, à l'égard des quatre qualificatifs servant à le circonscrire. Notons que les termes retenus par le législateur s'inspirent des développements jurisprudentiels américains et canadiens et les décisions rappelèrent cette filiation[528] : « Cette obligation a pris naissance dans la jurisprudence de la Cour suprême des États-Unis vers le milieu du siècle[529]. »

V-92 — *Une conduite juste et loyale* — Sur les plans juridique et politique, on aborde cette obligation comme la contrepartie du pouvoir exclusif de représentation qui découle de l'accréditation (**IV-86**). Il est important que cette appréciation de la conduite du syndicat à l'endroit d'un salarié se fasse en tenant compte du contexte des rapports collectifs et en considérant l'intérêt de la collectivité des salariés, et non pas strictement l'intérêt plus immédiat du salarié visé. Ainsi, ce devoir ne signifie nullement que le syndicat doive prendre « le fait et la cause de tout salarié qui se pense en difficulté, ou qui se déclare insa-

---

525. Si la convention collective nie le droit à l'arbitrage, par exemple parce que le salarié était en période probatoire, dans ce cas le Tribunal du travail doit rejeter la plainte. Voir : *Nolin* c. *Syndicat des employés de Molson*, [1988] T.T. 99 ; *Dion* c. *Syndicat canadien de la fonction publique, section locale 3562*, [1994] T.T. 518.

526. L'expression « les frais encourus » contenue à l'article 47.5 C.t. devrait comprendre les frais engagés pour faire reconnaître le bien-fondé de sa plainte et pour convaincre l'arbitre de la justesse de sa réclamation. Voir : *Belisle* c. *Syndicat des travailleuses et travailleurs de l'Hôtel Méridien de Montréal (C.S.N.)*, [1992] T.T. 205. Il ne s'agit pas pour autant d'un chèque en blanc confié au salarié, les dépenses doivent demeurer dans les limites du raisonnable. Voir : *Mallet* c. *Syndicat national des employés de Velan (C.S.N.) et Velan inc.*, [1996] T.T. 582 ; *Boily* c. *Syndicat des travailleurs en garderie du Saguenay–Lac-Saint-Jean (C.S.N.)*, [1991] T.T. 185.

527. *Paquet* c. *Syndicat des travailleurs du ciment (C.S.D.)*, [1983] T.T. 183 ; *Goudreault* c. *Union des employés de commerce, local 501*, D.T.E. 85T-274 (T.T.) ; *Boily* c. *Syndicat des travailleurs en garderie du Saguenay–Lac-Saint-Jean (C.S.N.)*, précité, note 526.

528. *Boulay* c. *Fraternité des policiers de la Communauté urbaine de Montréal Inc.*, [1978] T.T. 319, 323.

529. *Centre hospitalier Régina Ltée* c. *Tribunal du travail*, précité, note 431.

tisfait[530]». La situation d'un syndicat serait autrement intenable si l'on ne devait qu'appliquer le « tous pour un » et écarter sa contrepartie, le « un pour tous ». Comment un syndicat pourrait-il contester la décision de l'employeur dans le cas d'une promotion ou imposer l'application intégrale de la convention collective sans distinguer l'intérêt du groupe de celui du salarié qui fut d'abord promu ou qui profite immédiatement de la décision de l'employeur[531]? Comment agir lorsque le grief oppose deux salariés[532]? Quelle pourrait être la position du syndicat s'il lui fallait toujours défendre coûte que coûte les seuls intérêts personnels du salarié lorsqu'il s'agit d'une plainte de harcèlement sexuel[533]? Ce devoir d'une juste et loyale représentation est énoncé à l'article 47.2 C.t. à l'aide de qualificatifs qui lui servent en quelque sorte de grille d'analyse. Le Tribunal du travail s'y réfère tout en rappelant, en maintes occasions, qu'ils doivent se conjuguer et ainsi, se compléter pour dégager le sens et la portée véritables de ce devoir d'une juste et loyale conduite. À titre indicatif, nous rappelons quelques données de cet enseignement prétorien sous trois titres.

i) *La mauvaise foi* : On pourrait déceler cette mauvaise foi dans le cas, par exemple, d'un président d'un syndicat personnellement en conflit avec le salarié, et dont la conduite laisse voir qu'il n'a rien fait d'utile pour obtenir un règlement du grief de ce salarié[534]. Le Tribunal du travail en vint à la même conclusion lorsque le refus de porter l'affaire à l'arbitrage était motivé principalement par la violation des statuts du syndicat par le salarié en cause :

> [...] en rejetant le grief de façon précipitée sans discuter
> des motifs du congédiement et parce que Mme Legault

---

530. *Godin* c. *Fraternité unie des charpentiers et menuisiers d'Amérique, local 2533*, précité, note 518; *Shriar* c. *Association des travailleurs sociaux de Ville-Marie*, [1983] T.T. 127; *Bisson* c. *Lamontagne*, [1986] R.J.Q. 155 (C.P.); *Renaud* c. *Union internationale des travailleurs et travailleuses unis de l'alimentation et du commerce, section locale 501*, D.T.E. 94T-931 (T.T.).

531. *Bibeau* c. *Fraternité unie des charpentiers et menuisiers d'Amérique, local 2533 (F.T.Q.)*, [1978] T.T. 131. La Cour suprême du Canada souligna les limites du devoir du syndicat dans le cas d'une promotion qui échoit à un salarié et qui, par voie de conséquence, est refusée aux autres postulants. Voir : *Gendron* c. *Syndicat des approvisionnements et services de l'Alliance de la fonction publique du Canada, section locale 50057*, [1990] 1 R.C.S. 1298, 1328; *Gagné* c. *Union canadienne des travailleurs en communication*, D.T.E. 92T-448 (T.T.).

532. *Syndicat des salariés(es) d'Autobus Laval ltée (C.S.D.)* c. *Brochu*, [1993] R.J.Q. 61 (C.A.); *Deschênes* c. *Syndicat des employés de bureau de G.E.C. Alsthom électromécanique inc.*, D.T.E. 95T-570 (T.T.).

533. *Landry* c. *Syndicat des travailleurs et travailleuses de l'Hôtel-Dieu du Sacré-Cœur de Jésus de Québec*, [1993] T.T. 528; *Jara* c. *Syndicat des travailleuses et des travailleurs en garderie de Montréal*, D.T.E. 95T-631 (T.T.); *Chevalier* c. *Syndicat des fonctionnaires municipaux de Montréal*, D.T.E. 95T-949 (T.T.); *Bouchard* c. *Syndicat des employés du Centre hospitalier Saint-Augustin*, [1996] T.T. 491.

534. *Théoret* c. *Métallurgistes unis d'Amérique*, T.T. Mtl, n° 500-28-000225-797; *Tremblay* c. *Syndicat des employées et employés de la Bibliothèque de Québec*, D.T.E. 97T-1128 (T.T.).

aurait violé les statuts du syndicat, le comité exécutif se comporte d'une manière inadmissible et qui sent la mauvaise foi[535];

Signalons que très peu de décisions du Tribunal du travail se sont fondées sur la mauvaise foi pour accueillir la plainte, une telle preuve étant certainement très difficile à établir puisque la bonne foi se présume toujours (art. 2805 C.c.Q.) et qu'il faut pouvoir retenir des faits patents qui manifesteraient ce sentiment.

ii) *Des manières arbitraires ou discriminatoires*: Lorsqu'un représentant syndical prend trop vite position à l'égard d'un grief et qu'il refuse de le reconsidérer et s'arrange même pour adapter les données de son dossier en vue de conforter sa position initiale, il y aurait alors conduite arbitraire[536].

iii) *La preuve de négligence grave*: Si le syndicat a déjà perdu un grief à l'arbitrage dans un cas semblable à celui dont il est maintenant saisi et que cette similarité est constatée après enquête sérieuse, il n'y a pas négligence de la part du syndicat de refuser de porter le grief à l'arbitrage[537]. Il s'agit plutôt d'une saine décision au profit de la collectivité représentée et assurant ainsi d'utiles rapports avec l'employeur[538]. Dans un cas, on laissa entendre qu'en matière de congédiement, le seul fait de ne pas porter l'affaire à l'arbitrage pourrait constituer une négligence grave[539]. Une telle approche nous paraît incongrue, car cette gravité n'a

---

535. *Legault* c. *Syndicat des travailleurs amalgamés du vêtement et du textile, local 644*, [1979] T.T. 375, 381; *Asselin* c. *Travailleurs amalgamés du vêtement et du textile, local 1838*, [1985] T.T. 74; *Eamor* c. *Association canadienne des pilotes de lignes aériennes*, D.T.E. 97T-744 (C.C.R.T.).

536. *Rivest* c. *Association internationale des pompiers, section locale 1121, F.A.T., C.O.I., C.T.C.*, [1980] T.T. 276; *Maurice* c. *Local d'union 301, Montréal et Québec de l'Union canadienne des travailleurs unis des brasseries, de la farine, des céréales, des liqueurs douces et des distilleries*, [1979] T.T. 82; *Dallaire* c. *Métallurgistes unis d'Amérique, local 6833*, [1984] T.T. 402; *Roy* c. *Association des salariés des autobus de l'Estrie Inc.*, [1985] T.T. 110; *Rousseau* c. *Syndicat des employés de la Société Asbestos Ltée*, D.T.E. 90T-1309 (C.S.).

537. Cependant, un syndicat ne peut se retrancher derrière une opinion juridique biaisée ou trop sommaire pour refuser de porter à l'arbitrage un grief. Voir: *A.(P.)* c. *Syndicat des travailleurs de l'énergie et de la chimie, section locale 143*, D.T.E. 94T-593 (T.T.); *Ryan* c. *Fraternité des policiers et pompiers de LaPrairie*, D.T.E. 96T-1128 (C.S.); *Rochon* c. *Union des employés du transport, local et industries diverses, section locale 931*, D.T.E. 98T-77 (T.T.).

538. *Bibeau* c. *Fraternité unie des charpentiers et menuisiers d'Amérique, section locale 2533 (F.T.Q.)*, précité, note 531; *Caceres* c. *Travailleurs amalgamés du vêtement et du textile (bureau conjoint de Montréal)*, D.T.E. 94T-560 (T.T.); *Syndicat des agents de la paix en services correctionnels du Québec* c. *Tribunal du travail*, [1993] R.J.Q. 2681 (C.S.); *Larocque* c. *Fraternité des chauffeurs d'autobus, opérateurs de métro et employés des services connexes au transport de la S.T.C.U.M., section locale 1983*, D.T.E. 95T-1237 (T.T.); *Couture* c. *Syndicat professionnel de la police municipale de Québec*, D.T.E. 95T-1009 (C.S.).

539. *Courchesne* c. *Syndicat des travailleurs de la Corporation de batteries Cegelec (CBC) de Louiseville (C.S.N.)*, [1978] T.T. 328.

pas pour objet la décision de l'employeur, mais bien la conduite du syndicat. Elle ne fut pas retenue par la suite par le tribunal. Il va de soi qu'un syndicat ne peut assimiler un grief en congédiement à tout autre grief de nature pécuniaire[540] et surtout, les confondre en vue d'un règlement global avec l'employeur[541]. Ce n'était certes pas l'intention du législateur de conférer un droit absolu et direct à l'arbitrage à la suite de tout congédiement. Par ailleurs, la décision du syndicat basée sur les seules données fournies par l'employeur et sans autre vérification pour refuser de porter l'affaire à l'arbitrage pourrait constituer une « négligence grave[542] ». Il doit s'agir d'une véritable négligence grave et non seulement d'une erreur administrative, d'une maladresse ou d'une simple faute par inadvertance ou inexpérience des représentants syndicaux. Ainsi, le juge Saint-Arnaud fit connaître ce qui pourrait être une pareille négligence :

> [Elle doit] s'apparenter à une attitude marquée soit par l'erreur grossière, par la faute lourde commise par ses représentants, par une omission impardonnable des précautions requises, par un manque d'habileté notoire et évident, par une insouciance manifeste dénotant l'incapacité de cette association de prendre sérieusement et efficacement en main les intérêts des salariés compris dans son unité de négociation[543].

Il va de soi qu'un syndicat qui aurait plus ou moins expressément renoncé au droit à l'arbitrage (art. 100 C.t.) en acceptant une procédure de règlement des griefs dont la phase terminale est laissée à la discrétion de l'employeur, commettrait une « négligence grave » du seul fait

---

540. Face à un grief de congédiement, le syndicat doit faire une étude sérieuse et détaillée du dossier. Voir : *Sabo* c. *Syndicat international des transports-communication*, D.T.E. 95T-28 (C.C.R.T.).

541. C'est ce que la Cour suprême du Canada dut rappeler dans l'arrêt *Centre hospitalier Régina Ltée* c. *Tribunal du travail*, précité, note 431. Dans cette dernière affaire, on reconnut clairement qu'un règlement intervenu où le salarié congédié serait directement cosignataire le lierait et, de ce fait, il ne pourrait valablement exercer un recours selon l'article 47.3 C.t., tout comme si une sentence arbitrale avait tranché la question de fond.

542. *Boutin* c. *Syndicat international des travailleurs en électricité, de radio et de machinerie, F.A.T.–C.O.I.–C.T.C. (S.I.T.E.), section 522*, [1979] T.T. 81 ; *Gendreau* c. *Syndicat international des travailleurs de la boulangerie, confiserie et du tabac, local 335*, [1980] T.T. 192 ; *Guérard* c. *Travailleurs canadiens de l'alimentation et d'autres industries, local 748*, [1980] T.T. 420 ; *M. (A.)* c. *Union des employés du transport local et industries diverses, section locale 931 (Teamsters)*, D.T.E. 93T-466 (T.T.) ; *Blanchette* c. *Union canadienne des travailleurs en communication*, D.T.E. 97T-574 (T.T.) ; *Peruzzino* c. *Association des salariés de Norpac*, D.T.E. 97T-742 (T.T.).

543. *Bécotte* c. *Syndicat canadien de la fonction publique, local 301*, [1979] T.T. 231, 236 ; *Lahaie* c. *Syndicat canadien de la fonction publique, section locale 301 (Cols bleus)*, précité, note 523.

de cette abdication[544]. Au surplus, une telle disposition conventionnelle serait, à notre avis, dépourvue de toute valeur légale (art. 100, al. 3, C.t.). Comme on peut aisément le constater, la négligence grave est un concept difficile à cerner, car les situations factuelles peuvent varier d'un dossier à l'autre. Voilà pourquoi le Tribunal du travail doit disposer d'un large pouvoir d'appréciation[545]. Finalement, soulignons que l'obligation d'une juste représentation ne prend pas nécessairement fin avec le prononcé de la sentence arbitrale. Dans certains cas, elle peut imposer au syndicat de porter toute l'affaire à l'attention du tribunal de contrôle (**V-76**)[546].

Ces quelques données jurisprudentielles permettent de dégager une vue plus concrète de l'ampleur de l'obligation du syndicat accrédité. Il pourrait être dangereux cependant d'extrapoler davantage de cette obligation. Cette méthode inductive et pragmatique nous paraît d'ailleurs plus conforme à « l'intention du législateur ». Pour terminer, soulignons que l'arbitrage qui doit être tenu à la suite de l'ordonnance porte sur la décision de l'employeur, et que l'arbitre doit exercer alors un contrôle en fonction de la convention collective des parties. La procédure conventionnelle relative à la tenue de l'arbitrage et aux délais ne peut cependant être opposée au salarié (art. 47.6 C.t.).

---

544. *Roy* c. *Association des salariés des autobus de l'Estrie Inc.*, précité, note 536; *De Muylder* c. *Syndicat des employés de Marconi*, [1984] T.T. 296; *Syndicat des agents de la paix de la fonction publique* c. *Richer*, [1983] C.A. 167.
545. *Union canadienne des travailleurs en communication* c. *Brière*, D.T.E. 97T-1012.
546. *Asselin* c. *Travailleurs amalgamés du vêtement et du textile, local 1838*, précité, note 535; *Mercier* c. *Travailleurs unis de l'alimentation et du commerce, local 502*, [1996] T.T. 465; *Groupe Pro-40 inc.* c. *Tribunal du travail*, D.T.E. 96T-1488 (C.S.).

Section 3.3

La *Charte des droits et libertés de la personne* et son contentieux

V-93 — *L'atteinte illicite* — La *Charte des droits et libertés de la personne* (ci-après la Charte)[547] joue un rôle pivot dans notre droit de l'emploi (**I-32; II-6; III-101**). Son caractère quasi constitutionnel et prééminent (art. 52 de la Charte) fait en sorte que toutes nos lois de l'emploi doivent en tenir compte et il en ainsi pour les parties. Grâce aux garanties qu'elle affirme, le processus de sélection du personnel doit être exempt de discrimination (art. 16 de la Charte) (**II-7, 12**), le bureau de placement chargé de la dotation du personnel doit traiter les demandes d'emploi sans discrimination (**II-20**) et les aides au recrutement ne peuvent requérir la divulgation de renseignements sur l'un des motifs protégés par la Charte (art. 18 de la Charte). Après son embauche, le salarié bénéficie de la même protection vis-à-vis des agissements discriminatoires de son employeur ou du syndicat (art. 16, 17 et 19 de la Charte). Soulignons que tout salarié bénéficie de la protection qu'offre l'article 18.2 de la Charte à la suite d'une condamnation pour une infraction pénale ou criminelle (**II-17, 155**) et qu'il doit bénéficier de conditions de travail justes et raisonnables qui respectent sa santé, sa sécurité et son intégrité physique (art. 46 de la Charte) (**II-38**). Ces protections ainsi affirmées à la Charte, pour être réelles et efficaces, c'est-à-dire pour passer de l'abstrait au concret, doivent reposer sur un support logistique permettant d'assurer pleinement leur réalisation. Il paraît tout aussi nécessaire que de semblables règles de justice soient accessibles, c'est-à-dire qu'elles puissent au besoin être exercées par le truchement de recours simples, efficaces et peu coûteux. Un tel contentieux soulève dès lors plusieurs interrogations :

---

547. L.R.Q., c. C-12.

— Auprès de qui peut s'adresser la victime de discrimination ?

— Dans quels délais doit-elle soumettre sa plainte ?

— Quelles procédures doit respecter le plaignant ?

— De quels remèdes peut disposer le plaignant ?

— La décision rendue par le tribunal serait-elle exécutoire ?

— Peut-on contester cette même décision en appel ?

— Etc.

Tels sont les thèmes que nous développons dans la présente section. Avant d'aborder ces recours et pour mieux le faire, il convient de rappeler une règle générale, à savoir que toute atteinte illicite à un droit ou à une liberté reconnus par la Charte donne droit « d'obtenir la cessation de cette atteinte et la réparation du préjudice moral ou matériel qui en résulte » (art. 49, al. 1, de la Charte) (**V-97**). En cas d'atteinte illicite et intentionnelle, la victime peut également obtenir des dommages exemplaires (art. 49, al. 2, de la Charte). Pour obtenir ces réparations, la victime peut s'adresser, à son choix, au tribunal de droit commun (**V-94**) ou à la Commission des droits de la personne et des droits de la jeunesse (ci-après la Commission) (**V-95**)[548].

V-94 — *Tribunal de droit commun* — Le salarié qui croit que l'on aurait porté atteinte à ses droits ou libertés affirmés à la Charte ou qu'il est victime de discrimination peut s'adresser au tribunal de droit commun pour obtenir réparation (**V-47**)[549]. Il peut requérir du tribunal une ordonnance pour que cesse ce préjudice (art. 49, al. 1, de la Charte)[550]. Cette ordonnance s'exerce au moyen d'une requête en injonction prohibitive ou mandatoire (**V-83**). La jurisprudence nous en fournit deux illustrations :

---

548. Dans certaines circonstances, le plaignant peut cumuler d'autres recours. Le salarié congédié pourrait, s'il respecte les conditions d'accès, déposer une plainte de congédiement sans cause juste et suffisante (art. 124 L.N.T.) (**V-32**) ou encore, le salarié sous convention collective pourrait déposer un grief si la convention prohibe la discrimination. Cependant, cette compétence concurrente pourrait donner lieu à l'application des exceptions de litispendance ou de chose jugée. Voir : *Ateliers d'ingénierie Dominion Ltée* c. *Commission des droits de la personne*, [1980] R.P. 209 (C.A.); *Commission des droits de la personne du Québec* c. *Ville d'Aylmer*, [1993] R.J.Q. 333 (T.D.P); *Voltaire* c. *Commission scolaire Chomedey de Laval*, [1993] R.J.Q. 340 (T.D.P); *Karas* c. *Commission scolaire Kativik*, [1997] R.J.Q. 715 (T.D.P); *Kirkland (Ville de)* c. *Syndicat des employés municipaux de la Ville de Kirkland*, [1997] R.J.Q. 534 (C.S.).

549. Il y a une atteinte illicite à un droit protégé lorsque la violation découle d'un comportement qui transgresse les normes raisonnables de conduite dans une société libre et démocratique. Voir : *Québec (Curateur public)* c. *Syndicat national des employés de l'hôpital St-Ferdinand*, [1996] 3 R.C.S. 211.

550. La Commission peut aussi, selon les articles 81 et 82 de la Charte, s'adresser au tribunal de droit commun pour obtenir une injonction dans certaines circonstances (**V-96**).

— un postulant illégalement écarté d'une offre d'emploi obtint, par voie d'injonction, son intégration à l'entreprise délinquante[551];

— un salarié injustement congédié pour l'un des motifs de discrimination (art. 10 de la Charte) fut ainsi réintégré à son emploi[552].

L'injonction interlocutoire ne peut être obtenue que dans les cas où il y a atteinte flagrante aux droits fondamentaux (**II-11**)[553]. Outre cette voie, le salarié peut intenter un recours en dommages-intérêts pour obtenir « réparation du préjudice moral ou matériel » subi et, dans les cas d'une atteinte intentionnelle, des dommages exemplaires (art. 49 de la Charte) (**V-97**). Une telle action fut accueillie en faveur d'une postulante enceinte à qui l'on avait refusé un emploi en raison de son état de grossesse[554]. Selon la Cour suprême du Canada, l'article 49 de la Charte ne constituerait pas un régime autonome de responsabilité civile, et le plaignant doit pouvoir fonder son action sur les principes généraux de la responsabilité contractuelle (art. 1458 C.c.Q.) ou extra-contractuelle (art. 1457 C.c.Q.)[555]. Ainsi, le plaignant doit prouver une faute, un dommage et un lien de causalité (art. 1457 C.c.Q.). La victime de harcèlement sexuel qui reçoit une indemnité en vertu de la *Loi sur les accidents du travail et les maladies professionnelles* (**III-301**) ne pourrait réclamer du tribunal de droit commun une réparation morale ou exemplaire puisque l'article 438 L.A.T.M.P. interdit toute action en responsabilité civile contre l'employeur de l'accidenté du travail[556]. Il en serait autrement si la Commission de la santé et de la sécurité du travail rejetait la demande d'indemnisation[557]. Une telle poursuite en dommages-intérêts doit être intentée en fonction du délai de prescription générale édicté au *Code civil du Québec,* soit jusqu'à trois ans des faits générateurs de l'acte dolosif (art. 2925 C.c.Q.)[558]. Si le

---

551. *Commission des droits de la personne du Québec* c. *Société d'électrolyse et de chimie Alcan ltée*, [1987] D.L.Q. 340 (C.A.).

552. *Leprêtre* c. *Auberge des Gouverneurs*, D.T.E. 85T-934 (C.S.); *Gagnon* c. *Brasserie La Bulle inc.*, D.T.E. 85T-933 (C.S.); *Blanchette* c. *Cogera inc.*, D.T.E. 85T-935 (C.S.).

553. *Lambert* c. *P.P.D. Rim-Spec inc.*, [1991] R.J.Q. 2174 (C.A.); la Cour d'appel y réaffirme la très grande marge d'appréciation et de discrétion dont dispose le tribunal saisi d'une requête en injonction interlocutoire.

554. *Canada (procureur général)* c. *Morgan*, D.T.E. 92 T-421 (C.F.A.)

555. *Augustus* c. *Gosset*, [1996] 3 R.C.S. 268.

556. *Béliveau St-Jacques* c. *Fédération des employées et employés de services publics inc.*, [1996] 2 R.C.S. 345, commenté par Jean-Yves BRIÈRE et Jean-Pierre VILLAGGI, « L'arrêt *Béliveau St-Jacques* : une banalisation de la *Charte* ? », *Travail Actualité*, Bulletin n° 150, janvier 1997, Publications CCH ltée, p. 1.

557. *Commission des droits de la personne et des droits de la jeunesse* c. *Genest*, [1997] R.J.Q. 1488 (T.D.P.).

558. On tient le délai de prescription de droit commun. Voir : *Gauthier* c. *Beaumont*, [1996] R.D.J. 126 (C.A.); *Commission des droits de la personne du Québec* c. *Repentigny (Ville de)*, [1986] D.L.Q. 95 (C.S.); *Coutu* c. *Tribunal des droits de la personne*, [1993] R.J.Q. 2793 (C.A.); *Voltaire* c. *Commission scolaire Chomedey de Laval*, précité, note 548.

préjudice moral, corporel ou matériel se manifeste graduellement, le délai court à compter du jour où il se manifeste pour la première fois (art. 2926 C.c.Q.). Sur le plan de la procédure, les règles générales déjà esquissées reçoivent application (**V-47**). Ce recours auprès des tribunaux de droit commun en matière de droits et libertés ne semble pas la voie la plus propice au salarié illégalement traité. Les coûts inhérents et les délais nécessaires pour aboutir à une solution pratique n'incitent guère les salariés à emprunter cette voie! La plainte auprès de la Commission serait préférable.

V-95 — *La plainte et l'enquête* — Au nombre des missions principales de la Commission des droits de la personne et des droits de la jeunesse (**III-109**), il lui faut faire enquête à la suite de toute plainte de discrimination au sens des articles 10 à 19 de la Charte (art. 71, al. 1, de la Charte). Cette plainte écrite et expédiée à la Commission (art. 74 de la Charte) doit identifier la victime, la personne à qui la violation est imputée, décrire la nature et les circonstances de temps et de lieu du préjudice allégué, le motif de discrimination, être datée et signée par le plaignant[559]. Plusieurs personnes peuvent ensemble déposer une plainte (art. 74, al. 2, de la Charte)[560]. Une plainte peut également être déposée au nom de la victime par un organisme voué à la défense des droits et libertés ou au bien-être d'un groupement, et ce, dans la mesure où cet organisme a obtenu, au préalable, le consentement écrit de la victime (art. 74, al. 3, de la Charte)[561]. Le dépôt d'une plainte suspend le délai de prescription d'un éventuel recours civil jusqu'à la première des éventualités suivantes :

— la date où intervient un règlement entre les parties;

— la date où la Commission soumet le litige au Tribunal des droits de la personne;

— la date où la victime intente elle-même un recours fondé sur l'article 49 de la Charte;

— la date où la victime reçoit un avis l'informant que la Commission refuse ou cesse d'agir (art. 76 la Charte).

Rappelons que les recours découlant de la Charte sont soumis aux délais de prescription édictés au *Code civil du Québec* (**V-94**). Sur réception de la plainte, la Commission doit se prononcer sur sa recevabilité et la refuser si le plaignant a déjà exercé personnellement un recours auprès du tribunal de

---

559. Art. 3 du *Règlement sur le traitement des plaintes et de la procédure applicable aux enquêtes de la Commission des droits de la personne*, décret 290-91, (1991) 123 G.O. 2, 1458 [c. C-12, r. 2].

560. La Commission peut prêter assistance au plaignant pour la rédaction de sa plainte (art. 72 de la Charte).

561. *Commission des droits de la personne du Québec* c. *La Salle (Cité de)*, [1982] 3 C.H.R.R. 659.

droit commun ou encore, si la victime la retire (art. 77 de la Charte). La Commission peut refuser de donner suite à la plainte lorsque :

— elle survient plus de deux ans après le dernier fait pertinent qui y est rapporté;

— la victime n'a pas un intérêt suffisant;

— la plainte apparaît frivole, vexatoire ou faite de mauvaise foi.

Avant de refuser une plainte pour l'un de ces motifs, la Commission en avise la victime en précisant les raisons pour lesquelles elle entend le faire. Le plaignant peut lui faire part de ses observations ou ajouter un complément d'information pertinente avant qu'une décision ne soit finalement prise[562]. Si la Commission reçoit la plainte, elle propose la médiation pour favoriser un règlement entre les parties (art. 71, 78 de la Charte). Si aucun règlement n'est possible ou envisageable pour les parties, la Commission procède à son enquête[563] afin de recueillir toute preuve pertinente (art. 78 de la Charte), sans pour cela être soumise à quelque délai de déchéance[564]. Il lui faut cependant respecter les principes de l'équité, et notamment informer toute personne qu'une plainte a été déposée contre elle et les éléments essentiels de celle-ci. De plus, elle doit faire enquête en toute impartialité et permettre aux parties de faire valoir leur point de vue[565]. Aux fins de son enquête, la Commission dispose des pouvoirs et immunités accordés au commissaire en vertu de la *Loi sur les commissions d'enquête* (art. 68, al. 2, de la Charte).

V-96 — *Les différentes voies* — Au terme de son enquête et de son analyse des données, la plainte peut connaître l'un ou l'autre des cheminements qui suivent.

i) *Le rejet de la plainte ou le refus d'agir* : Si la Commission estime que la preuve recueillie démontre clairement qu'il n'y a pas eu de discrimination au sens des articles 10 à 19 de la Charte, elle en avise par écrit les parties et cette décision doit être motivée (art. 78 de la Charte). Dès lors, le plaignant peut clore l'affaire ou intenter lui-même un recours fondé sur l'article 49 de la Charte devant le tribunal de droit commun

---

562. Art. 6 du *Règlement sur le traitement des plaintes et de la procédure applicable aux enquêtes de la Commission des droits de la personne*.

563. *Coutu* c. *Tribunal des droits de la personne*, [1993] R.J.Q. 2793 (C.A.).

564. *Centre d'accueil du Haut-St-Laurent* c. *Commission des droits de la personne du Québec*, [1986], D.L.Q. 410 (C.S.); un délai de 38 mois entre le dépôt de la plainte et la procédure devant le Tribunal des droits de la personne n'a pas été jugé déraisonnable puisqu'il n'a pas eu d'effet préjudiciable pour l'employeur. Voir : *Commission des droits de la personne et des droits de la jeunesse* c. *2632-1661 Québec inc.*, D.T.E. 97T-872 (T.D.P.).

565. *Québec (Procureur général)* c. *Commission des droits de la personne du Québec*, [1994] R.J.Q. 2026 (C.S.), en appel : C.A.M. nos 500-09-001363-944, 500-09-001364-942, 500-09-001365-949 et 500-09-001366-947.

(**V-94**)[566], mais non auprès du Tribunal des droits de la personne[567]. Bien qu'une plainte ne soit pas manifestement mal fondée, la Commission peut aussi refuser d'aller plus avant en raison des faibles chances de succès du recours auprès du Tribunal des droits de la personne. Cette décision doit être écrite, motivée et transmise au plaignant (art. 84 de la Charte). Dans ce dernier cas, le salarié peut, à son choix, s'adresser directement au tribunal de droit commun (**V-94**) ou saisir lui-même le Tribunal des droits de la personne (**V-97**). S'il décide de recourir au Tribunal des droits de la personne, il doit le faire dans les 90 jours de la notification de la décision de la Commission (art. 84 de la Charte)[568].

ii) *L'arbitrage* : Au terme de son enquête, la Commission peut suggérer aux parties de soumettre leur litige à l'arbitrage (art. 78 de la Charte). Il s'agit là d'une démarche purement volontaire, et le consentement des deux parties est nécessaire. L'arbitre est choisi à partir d'une liste dressée par le gouvernement à la suite d'un processus de sélection[569]. Ce sont les dispositions du *Code de procédure civile* (art. 940 à 951 C.p.c.) qui régissent la tenue et le déroulement de l'audition, de même que la sentence arbitrale et son exécution (art. 62, al. 3, de la Charte)[570]. La décision de l'arbitre est finale et sans appel, mais demeure sujette au pouvoir de surveillance et de contrôle de la Cour supérieure (**V-76**).

iii) *Les solutions particulières* : Si les parties refusent l'arbitrage et qu'une entente à l'amiable semble impossible, la Commission peut proposer aux parties des mesures de redressement susceptibles de faire cesser la discrimination et de compenser la victime pour le préjudice subi[571]. Ces recommandations doivent prendre en considération l'intérêt public et

---

566. La question à savoir si la décision de rejet de la Commission peut faire l'objet d'un recours en révision judiciaire semble assez controversée (**V-76**). Voir : *Assurance-vie Desjardins* c. *Commission des droits de la personne du Québec*, [1990] R.J.Q. 827 (C.S.); *Foisy* c. *Commission des droits de la personne du Québec*, [1996] R.J.Q. 447 (C.S.). *Contra* : *Corporation du Collège Notre-Dame du Sacré-Cœur* c. *Commission des droits de la personne du Québec*, [1994] R.J.Q. 1324 (C.S.).

567. *Ménard* c. *Rivet*, [1997] R.J.Q. 2108 (C.A.). Cette dernière décision de la Cour d'appel marque un tournant de la jurisprudence du Tribunal des droits de la personne. À cet égard, voir : *Francœur* c. *Procureur général du Québec*, [1995] R.J.Q. 627 (T.D.P.).

568. Sur la computation de ce délai, voir : *McKenzie* c. *Collège d'enseignement professionnel de Chicoutimi*, [1994] R.J.Q. 2419 (T.D.P.).

569. Voir : *Règlement sur la procédure de recrutement et de sélection des personnes aptes à être désignées à la fonction d'arbitre ou nommées à celle d'assesseur du Tribunal des droits de la personne*, décret 916-90, (1990) G.O. 2, 2528, *erratum*, (1990) 122 G.O. 2, 3499 [c. C-12, r. 0.01].

570. Voir : SERVICE DE LA FORMATION PERMANENTE, BARREAU DU QUÉBEC, *Développements récents en arbitrage civil et commercial (1997)*, Cowansville, Les Éditions Yvon Blais inc., 1997.

571. *Foisy* c. *Commission des droits de la personne du Québec*, précité, note 566.

celui de la victime (art. 79, al. 2, de la Charte). Elles n'ont aucune force contraignante et ne visent qu'à favoriser l'émergence d'une solution acceptable par les parties. Si ces dernières les retiennent, ces recommandations sont traduites sous forme d'une convention (art. 79 de la Charte).

iv) *Le Tribunal des droits de la personne* : Lorsque aucun règlement n'est possible et que les parties refusent de se soumettre à l'arbitrage (point ii) ou encore, si les mesures de redressement retenues par la Commission (point iii) ne sont pas mises en œuvre, la Commission peut s'adresser au Tribunal des droits de la personne pour faire trancher le litige (art. 80, 111 de la Charte). De plus, la Commission peut toujours s'adresser au Tribunal des droits de la personne pour obtenir les ordonnances interlocutoires idoines afin de préserver la santé ou la sécurité d'une victime de discrimination autrement menacée, lorsqu'il y a risque de perte d'un élément de preuve ou pour empêcher que des mesures de représailles ne soient prises envers le plaignant (art. 81, 82, 111 de la Charte).

Compte tenu de l'importance de semblables décisions du Tribunal à l'égard des parties à la relation d'emploi, il convient d'en analyser le mode de fonctionnement.

V-97 — *Le tribunal des droits de la personne* — Le Tribunal des droits de la personne fut institué en 1990 (**III-109**)[572]. Il est composé d'au moins sept membres, dont un président et des assesseurs nommés par le gouvernement[573]. Le président du Tribunal est choisi parmi les juges de la Cour du Québec qui ont une expérience, une expertise, une sensibilité ou un intérêt marqués en matière des droits et libertés de la personne (art. 101 de la Charte). Le Tribunal dispose de trois compétences d'attribution : les affaires relatives à la discrimination (art. 10 à 19, 80, 81, 82, 111 de la Charte), les questions touchant la protection des personnes âgées (art. 48, 71, 111 de la Charte) et l'application des programmes d'accès à l'égalité (art. 111 de la Charte) (**II-10**). Au regard du droit de l'emploi, les affaires concernant la discrimination font l'objet d'interventions de la part du Tribunal des droits de la personne. Il possède les pouvoirs et les immunités accordés au commissaire nommé en vertu de la *Loi sur les commissions d'enquête* (art. 112 de la Charte) et dispose d'une clause privative (art. 109 de la Charte) (**V-77**). Au sujet des règles de preuve et de procédure, le Tribunal peut s'inspirer du *Code de procédure civile* pour rendre les décisions et les ordonnances de procédure nécessaires à l'exercice de ses fonctions (art. 113 de la Charte). Il s'est également doté de règles de procé-

---

572. *Loi modifiant la Charte des droits et libertés de la personne concernant la Commission et instituant le Tribunal des droits de la personne*, L.Q. 1989, c. C-51.

573. Les assesseurs sont choisis suivant le même processus de sélection que les arbitres : *Règlement sur la procédure de recrutement et de sélection des personnes aptes à être désignées à la fonction d'arbitre ou nommées à celle d'assesseur du Tribunal des droits de la personne*.

dure fort détaillées qui pourraient paraître assez complexes au justiciable[574]. À l'aide d'un tableau schématique, nous résumons les principales règles de preuve et de procédure applicables auprès de ce tribunal.

i) *Les parties* : Seule la Commission peut saisir le Tribunal d'un recours[575]. Le salarié peut s'adresser directement au tribunal (art. 84, al. 2, de la Charte) seulement si la Commission décide de ne pas intenter un tel recours (**V-96**). Dans tous les cas, le salarié et la personne désignée à titre de contrevenant peuvent intervenir dans l'instance pour exercer leur droit de défense (art. 85, 116 de la Charte).

ii) *La demande* : Elle est faite par écrit et contient les nom, prénom et adresse du demandeur et des autres parties. De plus, elle énonce l'acte reproché, les motifs invoqués et les mesures recherchées[576]. Cette demande est signifiée aux autres parties et elle doit être déposée au greffe de la Cour du Québec du district judiciaire où se trouve le domicile ou la place d'affaires de la personne qui pourrait faire l'objet d'une ordonnance du Tribunal (art. 114 de la Charte).

iii) *Les mémoires* : Dans les 15 jours de la production d'une demande, le demandeur doit produire un mémoire comportant une présentation des faits, les questions de droit en litige, les conclusions recherchées et, au besoin, une liste des expertises à produire, la législation, la jurisprudence et la doctrine qu'il entend invoquer de même que le temps prévu pour l'audition (art. 115 de la Charte). Les autres parties disposent d'un délai de 30 jours pour produire un semblable mémoire, si elles le désirent.

iv) *La conférence préparatoire* : Le président du Tribunal détermine s'il est nécessaire de tenir une conférence préparatoire. Elle est présidée par le juge qui instruit l'affaire et consiste à définir les questions à débattre, à favoriser l'échange des documents entre les parties, à planifier le déroulement de l'audience et à examiner toutes autres questions pouvant simplifier et accélérer le processus d'enquête[577]. Les parties sont tenues d'y assister.

v) *L'audition* : Le Tribunal siège par divisions constituées de trois membres, soit le juge qui préside et les deux assesseurs qui l'assistent (art. 104 de la Charte). Le président du Tribunal détermine la date de l'audition et il avise les parties selon l'article 120 de la Charte. Lors de

---

574. *Règles de procédure du Tribunal des droits de la personne*, décision du 93-11-16, (1993) G.O. 2, 7827 [c. C-12, r. 1.1].
575. *Gauthier c. Montréal (Ville de)*, D.T.E. 96T-284 (T.D.P.).
576. *Règles de procédure du Tribunal des droits de la personne*, art. 17.
577. *Règles de procédure du Tribunal des droits de la personne*, art. 19.

l'audition, le Tribunal peut recevoir toute preuve utile et pertinente[578]. Il n'est pas tenu de respecter les règles particulières de la preuve en matière civile (art. 123 de la Charte). De plus, le Tribunal n'est pas lié par les mesures de redressements proposées par la Commission (**V-96, point iii**)[579], mais il ne peut corriger les erreurs ou les irrégularités survenues au cours de l'enquête de la Commission[580].

vi) *La décision* : La décision du Tribunal doit être rendue par écrit (art. 125 de la Charte). Bien que la Charte ne le précise par expressément, nous croyons que cette décision doit être motivée, de façon à permettre aux parties de comprendre la démarche rationnelle suivie par le Tribunal. Le juge qui préside la division décide seul de la demande (art. 104 de la Charte) et les assesseurs le conseillent. Le Tribunal peut statuer sur les frais et débours (art. 126 de la Charte)[581]. Cette décision doit être signifiée aux parties (art. 129 de la Charte). Le Tribunal possède de vastes pouvoirs de réparation (art. 49 de la Charte) comme l'illustre la jurisprudence :

— ordonnance pour prohiber l'application de critères d'embauche jugés discriminatoires[582];

— ordonnance pour condamner un employeur à indemniser un postulant qui fut illégalement écarté d'un processus d'embauche[583];

— ordonnance enjoignant à un employeur de payer l'équivalent du salaire perdu et les dommages non pécuniaires subis par un salarié congédié pour un motif discriminatoire[584];

---

578. *Commission des droits de la personne du Québec* c. *Systèmes internationaux de fret Dillon Reid inc.*, D.T.E. 96T-961 (T.D.P); *Commission des droits de la personne du Québec* c. *Commission scolaire de Jean-Rivard*, [1995] R.J.Q. 2245 (T.D.P.).

579. *Lapointe* c. *Sécur inc.* D.T.E. 97T-546 (T.D.P.).

580. *Commission des droits de la personne* c. *Québec (ministre de la Justice)*, D.T.E. 96T-133 (T.D.P.)

581. Les dépens peuvent représenter un montant important. Ainsi, dans un dossier, les plaignants qui ont vu leur plainte rejetée ont été condamnés à payer une somme de 12 945,82 $. Voir : *Bigonesse* c. *École secondaire du Mont-Bruno*, [1996] R.J.Q. 3141 (T.D.P.).

582. *Commission des droits de la personne* c. *Montréal (Communauté urbaine de)*, D.T.E. 96T-373 (T.D.P.), en appel : C.A.M. n° 500-09-002115-962; *Commission des droits de la personne du Québec* c. *Ville de Montréal*, [1994] R.J.Q. 2097 (T.D.P.).

583. *Commission des droits de la personne et des droits de la jeunesse* c. *Lachine (Ville de)*, D.T.E. 98T-138 (T.D.P.).

584. *Commission des droits de la personne et des droits de la jeunesse* c. *Emballage Polystar inc.*, D.T.E. 96T-873 (T.D.P.); *Commission des droits de la personne et des droits de la jeunesse* c. *Courrex Courrier inc.*, D.T.E. 97T-10 (T.D.P.); *Commission des droits de la personne et des droits de la jeunesse* c. *Maksteel Québec inc.*, [1997] R.J.Q. 2891 (T.D.P.); *Commission des droits de la personne et des droits de la jeunesse* c. *Société de portefeuille du Groupe Desjardins*, [1997] R.J.Q. 2049 (T.D.P.); *Commission des droits de la personne du Québec* c. *Commission scolaire de Jean-Rivard*, précité, note 578; *Commission des droits de la personne du Québec* c. *Lingerie Roxana ltée*, [1995] R.J.Q. 1289 (T.D.P.).

— ordonnance pour prohiber une méthode discriminatoire du calcul de l'ancienneté[585];

— ordonnance pour interdire à l'employeur de recourir systématiquement à des examens radiologiques lors de l'embauchage de personnel[586];

— ordonnance pour contraindre un employeur à accorder un poste à un salarié à qui l'on avait refusé l'avancement pour un motif discriminatoire[587];

— ordonnance pour condamner un contremaître qui harcelait sexuellement certains salariés[588].

L'établissement du quantum des dommages résultant d'un congédiement illégal n'obéit pas strictement aux critères relatifs au délai-congé raisonnable (art. 2091 C.c.Q.) (**V-44**). La jurisprudence à cet égard est plutôt hétérogène, et les montants accordés varient d'une décision à une autre sans que l'on puisse encore saisir la rationalité de ce mouvement[589]. L'obligation de mitiger les dommages s'impose au salarié. Par ailleurs, le Tribunal a également reconnu que la victime de harcèlement sexuel peut être compensée pour les séquelles psychologiques résultant des agissements illégaux de son employeur[590]. L'atteinte illicite et intentionnelle peut donner prise à des dommages exemplaires (art. 49, al. 2, de la Charte). Il y aurait atteinte illicite et intentionnelle lorsque l'auteur « [...] a un état d'esprit qui dénote un désir, une volonté de causer les conséquences de sa conduite fautive ou encore s'il agit en toute connaissance des conséquences immédiates et naturelles ou au moins extrêmement probables que cette conduite engendrera[591] ». Ces dommages exemplaires ont un but punitif et dissuasif et ne visent plus seulement à compenser la victime pour le préjudice subi. L'évaluation d'un tel type de dommages relève de la discrétion du Tribunal. Cependant, l'article 1621 du *Code civil du Québec* fixe ces balises : la gravité de la

---

585. *Commission des droits de la personne et des droits de la jeunesse* c. *Montréal (Ville de)*, [1998] R.J.Q. 305 (T.D.P.).

586. *Commission des droits de la personne et des droits de la jeunesse* c. *Société de transport de la communauté urbaine de Montréal*, [1996] R.J.Q. 2063 (T.D.P.).

587. *Commission des droits de la personne du Québec* c. *Centre d'accueil Ville Plaisance*, [1996] R.J.Q. 511 (T.D.P.).

588. *Commission des droits de la personne du Québec* c. *Lemay*, [1995] R.J.Q. 1967 (T.D.P.).

589. Dans une décision, le Tribunal précise qu'il fixe « arbitrairement » le montant des dommages. Voir : *Commission des droits de la personne et des droits de la jeunesse* c. *Société de portefeuille du Groupe Desjardins*, précité, note 584.

590. *Commission des droits de la personne et des droits de la jeunesse* c. *Lavoie*, D.T.E. 97T-1436 (T.D.P.)

591. *Québec (Curateur public)* c. *Syndicat national des employés de l'hôpital St-Ferdinand*, précité, note 549.

faute commise, la situation patrimoniale du débiteur et l'étendue de la réparation à laquelle le débiteur est déjà tenu (dommages matériels ou non pécuniaires)[592].

vii) *La révision interne* : Le Tribunal peut d'office ou sur demande réviser ou rétracter sa décision si l'on découvre un fait nouveau déterminant, si l'une des parties n'a pas, pour un motif valable, été entendue ou encore, si le Tribunal a commis un vice de fond ou de procédure susceptible d'invalider la décision (art. 128 de la Charte). Sa décision peut également être portée devant la Cour d'appel du Québec si l'un de ses juges l'autorise (art. 132 de la Charte)[593]. Dans un tel cas, cet appel est régi par les dispositions pertinentes du *Code de procédure civile* (art. 133 de la Charte).

viii) *L'exécution* : L'exécution de la décision qui condamne au paiement d'une somme d'argent se fait par son dépôt au greffe de la Cour du Québec si le montant de la condamnation relève de la compétence de la Cour du Québec (**V-47**), et par son homologation à la Cour supérieure si la condamnation est supérieure à un montant de 30 000 $ (art. 130 de la Charte)[594]. Cette décision est exécutoire nonobstant appel, à moins que la Cour d'appel n'en décide autrement[595]. Les décisions ne comportant pas de condamnation pécuniaire sont exécutoires à l'expiration du délai d'appel, à moins que le Tribunal n'en ordonne l'exécution provisoire. Tout contrevenant à une décision est passible d'outrage au tribunal (art. 131 de la Charte) (**V-85**).

Comme on peut le constater, le processus judiciaire dans ce domaine peut être assez long, laborieux et parfois, parsemé d'embûches[596]. On peut comprendre alors les critiques de certains observateurs qui souhaitent un accès plus direct au Tribunal, au besoin en court-circuitant le processus d'enquête de la Commission[597].

---

592. Claude DALLAIRE, *Les dommages exemplaires sous le régime des chartes*, Montréal, Wilson & Lafleur ltée, 1995; A. VALLIÈRES, « La responsabilité de l'employeur pour le paiement de dommages punitifs à la suite d'un acte commis par un de ses employés », (1995) 36 *C. de D.* 569.

593. *Bigonesse* c. *École secondaire du Mont-Bruno*, précité, note 581.

594. Cette procédure d'homologation est fort simple : il ne s'agit que du dépôt d'une copie de la décision au bureau du protonotaire de la Cour supérieure.

595. *Commission des droits de la personne du Québec* c. *Brzozowski*, [1994] R.J.Q. 1447 (T.D.P.).

596. *Commission des droits de la personne et des droits de la jeunesse* c. *Maksteel Québec inc.*, précité, note 584 : cette affaire résultait d'un congédiement survenu en juillet 1991 alors que la décision est datée du 17 septembre 1997.

597. Lucie LAMARCHE, *Le régime québécois de protection et de promotion des droits de la personne*, Cowansville, Les Éditions Yvon Blais inc., 1996

Section 3.4
Le processus décisionnel en matière de santé et de sécurité au travail

V-98 — *Les décisions rendues* — Pour l'application de la *Loi sur la santé et la sécurité du travail* (ci-après L.S.S.T.) (**III-401**) et de la *Loi sur les accidents du travail et les maladies professionnelles* (ci-après L.A.T.M.P.) (**III-301**), la Commission de la santé et de la sécurité du travail (ci-après C.S.S.T.) rend une multitude de décisions. Pour s'en convaincre, il suffit de rappeler quelques occasions où elle intervient d'autorité :

— pour la suspension des travaux ou la fermeture complète ou partielle d'un lieu de travail jugé dangereux (art. 186 L.S.S.T.);

— pour reconnaître qu'un travailleur est justifié d'exercer un droit de refus (art. 19 L.S.S.T.);

— pour imposer la formation d'un comité de santé et de sécurité dans une entreprise (art. 69, al. 2, L.S.S.T.);

— pour établir qu'un travailleur a été victime d'un accident du travail (art. 176 L.S.S.T.; art. 349 L.A.T.M.P.);

— pour circonscrire les limitations fonctionnelles d'un accidenté du travail (art. 349, 224 et 224.1 L.A.T.M.P.);

— pour élaborer un programme de réadaptation professionnelle d'un accidenté du travail (art. 349, 169, al. 2, L.A.T.M.P.);

— pour fixer les indemnités maximales auxquelles a droit la victime d'une lésion professionnelle (art. 349, 124 L.A.T.M.P.);

— etc.

Ces décisions peuvent affecter, moduler et même nier certains droits aux parties (employeur et travailleur) et il convenait qu'elles puissent donner prise à un contrôle de leur justesse et légalité. Nous proposons de considérer ce processus de contrôle en tenant compte du fait que ces mécanismes furent profondément remaniés en 1997[598] par l'abolition des bureaux de révision paritaire et une restructuration de la Commission d'appel en matière de lésions professionnelles (**III-309**). Dorénavant, la contestation d'une décision rendue par la C.S.S.T. se fait d'abord par la voie d'une demande en révision et, si nécessaire, par une contestation auprès de la Commission des lésions professionnelles (ci-après la Commission).

V-99 — *La révision* — Dans ce domaine, la décision initiale est toujours prise par la C.S.S.T. puisque c'est elle qui a compétence exclusive pour décider de toute question découlant de la L.A.T.M.P. (art. 349 L.A.T.M.P.) et de la L.S.S.T. (art. 176 L.S.S.T.). La C.S.S.T. doit rendre ses décisions suivant l'équité, la justesse et le mérite du cas qui lui est soumis (art. 351 L.A.T.M.P.). Cette décision doit être écrite, motivée et notifiée aux parties intéressées (art. 354 L.A.T.M.P.). Une personne qui se croit lésée par une telle décision peut demander à la C.S.S.T. de la réviser[599] (art. 358 L.A.T.M.P.). La demande de révision faite par écrit dans les 30 jours de la décision contestée (art. 358 L.A.T.M.P.) comprend un exposé sommaire des motifs qui justifieraient la C.S.S.T. de réviser sa décision (art. 358.1 L.A.T.M.P.). Si la C.S.S.T. n'est pas tenue de procéder à une audition des parties, elle doit cependant recevoir leurs observations. Cette déposition peut se faire par écrit ou verbalement. La décision est prise en fonction de l'état du dossier (art. 358.3 L.A.T.M.P.), et elle est écrite, motivée et notifiée aux parties (art. 358.5 L.A.T.M.P.) soit pour confirmer, infirmer ou modifier la décision initiale. Cette nouvelle procédure constitue une voie plus expéditive et surtout, moins coûteuse que les auditions jusqu'alors tenues par le Bureau de révision paritaire et elle s'inscrit dans l'esprit de la *Loi sur la justice administrative*[600].

V-100 — *Commission des lésions professionnelles* — La Commission des lésions professionnelles dispose de la juridiction exclusive et en dernier

---

598. *Loi instituant la Commission des lésions professionnelles et modifiant diverses dispositions législatives*, L.Q. 1997, c. 27.
599. Cette procédure de révision ne s'applique cependant pas aux décisions rendues sur une question d'ordre médical pour laquelle la C.S.S.T. est liée par l'opinion du médecin qui a charge du travailleur (art. 224 L.A.T.M.P.) ou d'une décision disposant de la plainte d'un travailleur contestant une sanction ou une mesure de représailles qui lui fut imposée (**V-18**). Dans ces deux situations le travailleur doit s'adresser directement à la Commission des lésions professionnelles (art. 359.1 L.A.T.M.P.) (**V-100**).
600. L.Q. 1996, c. 54, modifiée par L.Q. 1997, c. 20, c. 43, c. 49 et c. 57. Voir : Denis LEMIEUX, *Justice administrative, loi annotée*, Farnham, Publications CCH Ltée, 1997.

ressort sur toutes questions relevant de la *Loi sur la santé et la sécurité du travail* et de la *Loi sur les accidents du travail et les maladies professionnelles* (art. 369 L.A.T.M.P.). Cette commission peut ainsi être décrite :

— elle est composée de deux divisions : l'une traite des litiges en matière de financement, et la seconde, des questions relevant de la prévention et de l'indemnisation (art. 370 L.A.T.M.P.);

— le commissaire membre constitutif de la Commission est impérativement avocat ou notaire (art. 385 L.A.T.M.P.) et possède un minimum de dix ans d'expérience pertinente (art. 387 L.A.T.M.P.);

— le commissaire est nommé par le gouvernement suivant la procédure de recrutement et de sélection établie par la loi (art. 388 L.A.T.M.P.);

— à la division de la prévention et de l'indemnisation, le commissaire est conseillé par deux membres. L'un est issu du milieu patronal, et l'autre, du milieu syndical (art. 374 L.A.T.M.P.)[601];

— dans certains domaines particuliers, comme une question d'ordre médical, le commissaire peut aussi être assisté d'un assesseur spécialisé dans le domaine (art. 423 L.A.T.M.P.);

— le commissaire préside l'audience et tranche d'autorité chaque affaire (art. 373, 429.2 L.A.T.M.P.).

Le processus séquentiel dans lequel s'engage la partie qui entend contester une décision de la C.S.S.T. devant la Commission peut être schématisé comme suit.

i) *La requête* : Cette contestation doit être faite par requête écrite (art. 429.22 L.A.T.M.P.), qui indique la décision contestée, expose les motifs invoqués et fait état des conclusions recherchées (art. 429.23 L.A.T.M.P.). Cette requête est déposée au bureau de la Commission où est situé le domicile du travailleur (art. 429.29 L.A.T.M.P.), et ce, dans les 45 jours de la décision contestée (art. 359 L.A.T.M.P.)[602]. Sur réception de cette requête, la Commission en transmet copie aux parties et à la C.S.S.T. (art. 429.25 L.A.T.M.P.). Cette dernière dispose alors d'un délai de 20 jours pour expédier une copie complète du dossier à chacune des parties et à la Commission (art. 429.26 L.A.T.M.P.).

---

601. Cette disposition reprend une donnée importante dans notre droit de l'emploi, soit le paritarisme. D'ailleurs, rappelons que le conseil d'administration de la C.S.S.T. se compose en parts égales de membres provenant de chacun de ces milieux (art. 141 L.S.S.T.) (**III-308**).

602. Il s'agit sans doute d'un délai de déchéance, mais la Commission peut relever une personne des conséquences de son défaut de l'avoir respecté, dans la mesure où son retard se justifie par un motif raisonnable (art. 429.19 L.A.T.M.P.).

ii) *La conciliation* : Si les parties y consentent (art. 429.44 L.A.T.M.P.), la Commission désigne un conciliateur qui tente de rechercher une solution par la voie d'une entente entre les parties (art. 425 L.A.T.M.P.). La loi préserve le caractère confidentiel de l'information ou des écrits échangés dans le cadre de la conciliation (art. 429.45 L.A.T.M.P.), et le conciliateur ne peut être contraint à divulguer ce que l'une des parties lui a révélé (art. 429.48 L.A.T.M.P.). Si cette démarche est fructueuse, l'accord des parties est constaté par écrit et signé par elles et le conciliateur (art. 429.46 L.A.T.M.P.). Pour être valable et exécutoire, cet accord doit être entériné par la Commission, ce que fera cette dernière dans la seule mesure où il est conforme à la loi (art. 429.46 L.A.T.M.P.). S'il n'y a pas d'accord ou si la Commission refuse de l'entériner, il doit y avoir une audition dans les meilleurs délais (art. 429.47 L.A.T.M.P.).

iii) *La conférence préparatoire* : Le commissaire saisi du dossier peut convoquer les parties à une conférence préparatoire. Celle-ci sert à délimiter les questions en litige, à clarifier et à préciser les prétentions respectives des parties, à s'assurer de l'échange de la preuve, à planifier le déroulement de l'audience et à examiner la possibilité pour les parties de procéder à certaines admissions (art. 429.34 L.A.T.M.P.). Une telle démarche permet normalement de baliser le débat et surtout, d'assurer un meilleur déroulement du processus.

iv) *L'audience* : Elle a lieu sur avis donné par la Commission et par lequel on précise la date, l'heure, le lieu de l'audience, le droit des parties d'être assistées ou représentées[603] et le pouvoir de la Commission de procéder malgré le défaut d'une partie d'être présente (art. 429.37 L.A.T.M.P.). L'audience est présidée par le commissaire (art. 429.2 L.A.T.M.P.), et les membres peuvent poser des questions et intervenir lors de l'instruction (art. 379 L.A.T.M.P.)[604]. Bien que la loi n'en dise mot, à titre de tribunal quasi judiciaire, la Commission doit respecter certaines règles fondamentales, tel le droit pour les parties de faire entendre des témoins, de contre-interroger les témoins de la partie adverse, d'être jugées par un tribunal impartial et d'avoir une audience publique. Toute transgression à l'une de ces règles donnerait prise à un recours en révision judiciaire (**V-76**).

v) *La décision* : Le commissaire rend seul la décision (art. 429.49 L.A.T.M.P.), mais il lui faut faire état de l'opinion et des motifs exprimés

---

603. Devant la Commission, une partie peut être représentée par une personne qui n'est pas avocat, car il ne s'agit pas d'un acte réservé au seul membre du Barreau. Voir : art. 128, al. 2 de la *Loi sur le Barreau*.

604. La Commission a l'obligation d'entendre les parties (art. 429.13 L.A.T.M.P.). Cependant, elle peut procéder sur dossier uniquement si elle le juge approprié et si les parties y consentent (art. 429.14 L.A.T.M.P.).

par les membres (art. 429.50 L.A.T.M.P.). Cette dernière exigence pourrait, nous semble-t-il, inciter le commissaire à ménager certaines susceptibilités, et ces données pourraient entretenir et stimuler les pourvois en révision judiciaire (**V-76**). La décision doit être écrite, motivée, signée et notifiée aux parties (art. 429.50 L.A.T.M.P.). Elle peut confirmer, infirmer ou modifier la décision qui fut prise par la C.S.S.T. (art. 377 L.A.T.M.P.). De plus, la loi détermine le délai dans lequel elle doit être rendue : pour la majorité des dossiers, le commissaire dispose d'un délai de neuf mois suivant le dépôt de la requête (point i) et de trois mois de la prise en délibéré de l'affaire (art. 429.51 L.A.T.M.P.). Il s'agit certes d'un délai indicatif[605] susceptible d'inciter le commissaire à faire diligence. La décision rendue par la Commission est finale et sans appel, et toute personne visée est tenue de s'y conformer (art. 429.49, 429.58 L.A.T.M.P.). Elle demeure néanmoins sujette, dans une certaine mesure, à la surveillance et au contrôle de la Cour supérieure[606] (**V-76**). Dans certaines circonstances bien précises[607], la Commission peut réviser ou révoquer sa décision et ce, à la demande d'une partie[608]. Finalement, l'exécution forcée d'une décision de la Commission s'opère par son dépôt au greffe de la Cour supérieure du district où le recours a été formé (art. 429.58 L.A.T.M.P.). À compter de cette date, la décision devient exécutoire comme s'il s'agissait d'une décision de la Cour supérieure (**V-85**).

Cette réforme de 1997 du processus de contrôle des décisions de la C.S.S.T. était nécessaire en raison des coûts et des délais excessifs qui étaient liés à la procédure de contestation à deux paliers existant jusqu'alors. Le salarié qui voulait contester une décision de la C.S.S.T. devait subir deux audiences, la première devant le Bureau de révision paritaire et la seconde, devant la C.A.L.P. Il était habituel que ce processus s'étende sur une période de deux à trois ans. Une telle situation pouvait être préjudiciable à certains travailleurs qui n'avaient d'autres sources de revenu que les indemnités versées par la C.S.S.T. Il est certes trop tôt pour établir même un bilan provisoire des effets de ce décapage administratif.

---

605. En effet, la loi ne prévoit aucune sanction en cas de non-respect; bien au contraire, elle précise que l'inobservation des délais n'a pas pour effet de dessaisir le commissaire, ni d'invalider la décision qu'il peut rendre après l'expiration du délai (art. 429.51 L.A.T.M.P.).

606. Soulignons cependant que la Commission est protégée par une clause privative (art. 429.59 L.A.T.M.P.) (**V-77**).

607. L'article 429.56 L.A.T.M.P. précise trois situations qui donnent prise à une telle requête en révision interne :
— lorsque l'on a découvert un fait nouveau déterminant;
— lorsqu'une partie n'a pu, pour des raisons jugées suffisantes, se faire entendre;
— lorsqu'un vice de fond ou de procédure est de nature à invalider la décision.

608. Cette demande doit être faite par requête écrite dans laquelle on mentionne la décision visée et les motifs invoqués à son soutien. Elle doit être présentée dans un délai raisonnable à partir de la décision contestée (art. 429.57 L.A.T.M.P.).

Section 3.5
Le contentieux pénal du droit de l'emploi

V-101 — *Présentation* — Le titre V comprend un exposé des principaux recours qui peuvent être entrepris pour contraindre au respect des lois de l'emploi ainsi que des actes qui s'y rattachent et pour les garantir. Dans la vaste majorité des cas, ces recours sont autant de mesures protectrices et réparatrices des décisions ou des situations injustes ou préjudiciables que peuvent subir les parties à une relation d'emploi (**I-102**). Outre les recours civils déjà signalés, il existe un contentieux pénal qui vise à châtier l'auteur d'un comportement déviant que nous présentons dans la dernière section. La démarche retenue comprend les quatre temps suivants :

— une typologie des infractions en fonction de leur type, entendu que le fardeau de la preuve assumé par le poursuivant peut, selon le cas, connaître d'importantes variations (**V-102**);

— un bref exposé des règles de preuve et de procédures applicables en matière pénale (**V-103**);

— un tableau synoptique de l'ensemble des infractions propres au droit de l'emploi (**V-104**);

— un rappel de deux notions fondamentales en droit pénal : la complicité et la conspiration (**V-105**).

V-102 — *Typologie des infractions* — Les infractions édictées par les lois de l'emploi sont considérées comme des infractions contre le bien-être public et non comme des infractions de nature criminelle[609]. L'infraction contre le

---

609. Cette distinction est exprimée dans deux maximes latines : *Mala in se* et *Mala prohibita*.

bien-être public est celle qui vise à prévenir les situations dangereuses pour les membres les plus vulnérables de la société. Historiquement, elles ont pris naissance dès le début de l'industrialisation :

> On a donc adopté des dipositions réglementaires pour protéger les personnes vulnérables, en particulier les enfants, les femmes et les hommes qui travaillaient pendant de longues heures dans des endroits dangereux et malsains. Sans ces dispositions, un grand nombre de ces personnes seraient mortes. [...]. Il ne fait aucun doute que les infractions réglementaires étaient destinées à l'origine, et qu'elles le sont encore, à protéger les personnes incapables de le faire elles-mêmes[610].

En somme, il s'agit d'imposer des normes minimales de conduite pour les parties à la relation d'emploi et de sanctionner les contrevenants, notamment en raison des méfaits de leur conduite à l'égard des autres membres de la société. Ces infractions statutaires contribuent aussi à la mission des lois de l'emploi, soit la protection du salarié (**I-105**). En nous inspirant de l'arrêt *Sault Ste-Marie*[611], nous pouvons classer les infractions contre le bien-être public en trois catégories.

i) *L'infraction de* mens rea : Il s'agit d'une infraction où l'existence d'un état d'esprit (l'intention, la connaissance, l'insouciance) doit être prouvée par la poursuite pour qu'il y ait commission d'une telle infraction. On trouve, règle générale, à la disposition législative de qualification d'une telle infraction une mention indicatrice de cette caractéristique, telle que « volontairement », « sciemment », « avec l'intention de », ou « sans excuse légitime », etc.[612]. À titre d'exemple, l'article 139 L.N.T. s'énonce ainsi : « Commet une infraction [...], l'employeur qui : 1° Sciemment, détruit, altère ou falsifie [...]. » Dans un tel cas, pour obtenir la condamnation de l'employeur sous ce chef, la poursuite doit faire la démonstration, hors de tout doute raisonnable, que l'employeur avait une intention coupable en procédant à cette contrefaçon.

ii) *L'infraction de responsabilité stricte* : Pour ce type d'infraction, la démonstration d'une intention coupable de la part de l'inculpé n'est pas posée. La preuve de l'accomplissement de l'acte reproché suffit pour démontrer la commission de l'infraction. Le prévenu peut se libérer de cette imputabilité en prouvant, selon la prépondérance des probabilités, qu'il a pris toutes les précautions nécessaires pour ne pas commettre cette infraction. En somme, le défendeur doit démontrer qu'il fit montre de diligence raisonnable, que son comportement serait assimilable à

---

610. *R.* c. *Wholesales Travel Group Inc.*, [1991] 3 R.C.S. 154, 216 et 217.
611. *R.* c. *Sault Ste-Marie*, [1978] 2 R.C.S. 1299.
612. *R.* c. *Pierce Fisheries Ltd.*, [1971] R.C.S. 5.

celui d'une personne raisonnable en semblables circonstances. À titre d'illustration, considérons l'article 237 L.S.S.T. :

> Quiconque par action ou par omission, agit de manière à compromettre directement et sérieusement la santé, la sécurité ou l'intégrité physique d'un travailleur [...][613].

La participation à une grève illégale ou le déclenchement d'un lock-out illicite sont également des exemples d'infractions de responsabilité stricte[614].

iii) *L'infraction de responsabilité absolue* : Ce sont les cas où le législateur indique clairement qu'il y a culpabilité dès que l'acte prohibé est accompli. Pour déterminer si une infraction relève de cette catégorie, il faut vérifier et soupeser l'objet de la loi, la gravité de la peine et les termes utilisés par le législateur.

Cette typologie des infractions est importante parce qu'elle établit le fardeau de la preuve que doit assumer le poursuivant et indique quels sont les moyens de défense dont doit disposer le défendeur.

V-103 — *Règles de preuve et procédure* — En matière pénale, le *Code de procédure pénale*[615] (ci-après C.p.p.) précise les règles relatives à la preuve et à la procédure[616]. Toutes les poursuites pénales découlant d'une loi du Québec, à l'exception des poursuites disciplinaires, doivent être intentées et poursuivies selon l'ensemble des règles de ce code. Il serait hors de notre propos d'analyser ces dispositions et nous nous limitons à souligner sous forme schématique certains principes de base incontournables.

i) *La poursuite* : Le procureur général peut intenter toute poursuite (art. 9, al. 1, C.p.p.), et peuvent aussi enteprendre pareille initiative toutes personnes spécifiquement autorisées par un texte de loi. Règle générale, l'organisme administratif, soit habituellement la Commission qui a charge d'administrer une loi, dispose de la compétence nécessaire pour intenter une telle poursuite afin d'assurer le respect des dispositions législatives. De plus, toute personne autorisée par un juge peut ester en justice à titre de poursuivant (art. 9, al. 3, C.p.p.). Avant d'accorder cette autorisation, le tribunal s'assure du sérieux de l'affaire et autorise la poursuite « s'il a des motifs raisonnables de croire qu'une infraction a été commise (art. 10 C.p.p.) ».

---

613. *Les contenants industriels ltée* c. *Commission de la santé et de la sécurité du travail*, [1988] R.J.Q. 1345 (C.S.).

614. *Strasser* c. *Roberge*, [1979] 2 R.C.S. 953 ; *Syndicat de la rédaction du journal Le Devoir* c. *Devoir inc. (Le)*, D.T.E. 95T-1099 (T.T.).

615. L.R.Q., c. C-25.1.

616. Au sujet du champ d'application du *Code de procédure pénale*, voir : *Terrasses St-Sulpice inc.* c. *R.*, [1994] R.J.Q. 1179 (C.A.).

ii) *La prescription* : Contrairement aux crimes qui sont imprescriptibles, les infractions pénales doivent être intentées dans un délai précis. Règle générale, ce délai est d'une année à compter de la date de la perpétration de l'infraction (art. 14 C.p.p.)[617]. Le texte législatif qui crée l'infraction peut établir un autre délai ou certaines conditions particulières. Il en est ainsi, à titre d'exemple, à la *Loi sur les accidents du travail et les maladies professionnelles*, où l'on prévoit que le délai de prescription est d'une année à compter de la connaissance par le poursuivant de la perpétration de l'infraction. Dans aucun cas, une poursuite ne peut être intentée plus de cinq ans après la date de la perpétration de l'infraction (art. 473, al. 3, L.A.T.M.P.).

iii) *Le constat d'infraction* : Les poursuites pénales sont intentées au moyen d'un constat d'infraction[618]. Ce constat doit contenir l'information sur le poursuivant, le défendeur, le district où la poursuite est intentée, la date de signification, la description de l'infraction, l'obligation pour le défendeur de consigner un plaidoyer, le droit du défendeur de présenter une demande préliminaire, la peine minimale prévue pour la première infraction, l'endroit où faire parvenir le plaidoyer et, le cas échéant, le montant de l'amende et des frais ainsi que la date limite pour les acquitter (art. 146 C.p.p.). La rédaction de ce constat revêt une importance capitale. En cette matière, le tribunal doit assurer un strict respect de la loi, tout vice de forme ou de fond pourrait entraîner le rejet de la poursuite[619]. Il en serait ainsi si un chef d'accusation comprenait plus d'une infraction que l'on reproche au défendeur[620]. De même, lorsqu'une infraction dure plus d'une journée, on doit compter autant d'infractions que de jours ou de fractions de jours pendant lesquels perdure cette infraction. Cependant, dans un tel cas, il serait possible de cumuler l'ensemble de ces infractions dans un même chef d'accusation (art. 155 C.p.p.). À compter de la signification du constat d'infraction, la poursuite pénale débute (art. 156 C.p.p.).

iv) *Le plaidoyer* : Sur réception du constat, le défendeur dispose d'un délai de 30 jours pour transmettre au poursuivant un plaidoyer (art. 160 C.p.p.). À défaut de le faire, il est présumé avoir transmis un plaidoyer

---

617. La computation de ce délai obéit à certaines règles précises. Voir : art. 17 et 18 C.p.p.
618. La forme que doit revêtir le constat d'infraction est établie par règlement (art. 145 C.p.p.). Voir : *Règlement sur la forme des constats d'infraction*, décret 1019-93 (1993) 125 G.O. 2, 5725, c. [c-25.1, r. 0.1].
619. *Basque* c. *Paradis*, [1971] T.T. 180; *Roy* c. *Hovac Mfg. Inc.*, [1973] R.D.T. 457 (B.R.); *Gingras* c. *Bornish*, [1974] T.T. 179, *Lavoie* c. *Hart's Department Store Inc.*, [1977] T.T. 186; *Syndicat des salariés de Stampe's Custom Furniture* c. *Union des travailleurs de Stampe*, [1983] T.T. 99; *Paré* c. *Simard*, [1992] T.T. 114; *Syndicat national des employés de garages de Québec inc. (C.S.D.)* c. *Leblanc Pontiac Buick*, [1991] T.T. 515.
620. *Gibeault* c. *Langlois*, [1995] T.T. 119.

de non-culpabilité (art. 163 C.p.p.). Le défendeur qui désire enregistrer un plaidoyer de culpabilité transmet le montant de l'amende et des frais réclamés (art. 161 C.p.p.)[621]. Si le poursuivant exige une peine supérieure à la peine minimale imposée par la loi, le défendeur peut alors enregistrer un plaidoyer de culpabilité tout en contestant le montant de la peine réclamée. Dans un tel cas, le défendeur suspend le versement de l'amende (art. 161, al. 2, C.p.p.) et le tribunal dispose de cette question.

v) *Les demandes préliminaires* : Avant la tenue du procès, les parties peuvent présenter certaines demandes préliminaires (art. 174 C.p.p.). À titre d'exemple, une partie peut demander, entre autres choses, le transfert du dossier dans un autre district judiciaire (art. 175 C.p.p.), des détails relativement à une infraction reprochée afin d'être en mesure de présenter une défense adéquate (art. 178 C.p.p.) ou le rejet de la poursuite parce que l'infraction serait prescrite ou que le chef d'accusation comporte plus d'une infraction (art. 184 C.p.p.). Le tribunal dispose de ces demandes avant la tenue de l'instruction.

vi) *L'instruction* : Contrairement aux recours civils (**V-38 et suiv.**) et au contentieux administratif (**V-87**), en matière pénale le fardeau de la preuve incombe toujours au poursuivant et ce dernier doit faire la démonstration, hors de tout doute raisonnable, de la commission de l'infraction par le défendeur, c'est-à-dire que le défendeur bénéficie de ce doute raisonnable. Lorsqu'il s'agit d'une infraction de *mens rea* (**V-102**), le poursuivant doit démontrer non seulement la commission de l'infraction (*actus reus*), mais également l'intention coupable (*mens rea*) du défendeur. Pour sa part, le défendeur dispose de différents moyens de défense. Il peut d'abord nier l'existence de la commission de l'infraction reprochée. S'il soulève un doute raisonnable, il devrait être acquitté. Dans le cas d'une infraction de *mens rea*, le défendeur peut soulever un doute raisonnable quant au fait qu'il n'avait pas conscience d'accomplir un acte défendu par la loi; en somme, qu'il n'avait pas d'intention coupable. Pour les infractions de responsabilités strictes, le défendeur peut présenter une défense de diligence raisonnable, c'est-à-dire qu'il a pris toutes les précautions raisonnables pour éviter de commettre cette infraction. Par exemple, l'employeur pourra tenter de repousser sa responsabilité en faisant la démonstration que l'infraction a été commise par un salarié et que ce dernier a agi en dehors du cadre d'exécution de son travail. Pour qu'une telle défense soit recevable, il lui faut respecter certaines balises. « Lorsqu'un employeur est poursuivi pour un acte commis par un employé dans le cours de son travail il faut déterminer si l'acte incriminé a été accompli sans l'autorisation ni l'approbation de l'accusé, ce qui

---

621. Le défendeur qui ne transmet que le montant de l'amende sans enregistrer un plaidoyer est présumé avoir plaidé coupable à l'infraction reprochée (art. 162 C.p.p.).

exclut toute participation intentionnelle de ce dernier, et si l'accusé a fait preuve de diligence raisonnable, à savoir s'il a pris toutes les précautions pour prévenir l'infraction et fait tout le nécessaire pour le bon fonctionnement des mesures préventives[622]. » Cette défense de diligence raisonnable peut revêtir de multiples formes compte tenu de l'infraction reprochée[623]. Le seul moyen de défense recevable en matière d'infractions de responsabilité absolue serait de soulever un doute raisonnable quant à la perpétration même de l'infraction. Pour ce type d'infraction, la défense de diligence raisonnable ne peut recevoir application.

vii) *Le jugement* : Le juge qui a instruit l'affaire dispose de trois voies : l'acquittement, la condamnation ou le rejet de la poursuite (art. 219 C.p.p.). Si le jugement est verbal, il est consigné au procès-verbal (art. 226 C.p.p.). Le juge n'a pas l'obligation de motiver cette décision[624]. En pratique, la majorité des décisions sont motivées afin qu'elles puissent être comprises et mieux acceptées par les parties. Le juge qui déclare coupable le défendeur doit lui imposer une amende dans les limites fixées par la disposition législative qui crée l'infraction (**V-104**)[625]. Lorsqu'il y a récidive et pour qu'une amende plus élevée soit imposée, cette seconde déclaration de culpabilité doit intervenir impérativement dans les deux ans de la première déclaration de culpabilité. Au-delà de cette limite de deux ans, toute infraction est réputée être une première infraction (art. 236 C.p.p.).

viii) *Les appels* : La décision rendue par le juge de la Cour du Québec ou par le Tribunal du travail peut faire l'objet d'un appel à la Cour supérieure (art. 270 C.p.p.). L'appel est formé au moyen d'un avis d'appel (art. 272 C.p.p.) qui doit être déposé au greffe de la Cour supérieure dans les 30 jours du jugement attaqué (art. 271 C.p.p.). L'avis précise les motifs de l'appel et les conclusions recherchées (art. 272, al. 2, C.p.p.). Il suspend l'exécution de la décision rendue (art. 276 C.p.p.). L'appel se fait à partir du dossier constitué par les parties ou une nouvelle instruction de l'affaire peut être entreprise si une partie le requiert et si le juge l'estime préférable dans l'intérêt de la justice (art. 281 C.p.p.). Le juge accueille l'appel s'il est convaincu que le jugement rendu en première instance est déraisonnable eu égard à la preuve, qu'une erreur de droit déterminante

---

622. *R.* c. *Sault-Ste-Marie*, précité, note 611, p. 1331.
623. Pour une analyse exhaustive de cette défense, voir : Jean-Pierre VILLAGGI, *La protection des travailleurs, l'obligation générale de l'employeur*, Cowansville, Les Éditions Yvon Blais inc., 1996, p. 193.
624. *R.* c. *Burns*, [1994] 1 R.C.S. 656.
625. Sauf si la disposition législative qui crée l'infraction en dispose autrement, les amendes sont versées au fonds consolidé du revenu (art. 318 C.p.p.).

a été commise ou que justice ne fut pas rendue (art. 286 C.p.p.). Dans les autres cas, le juge rejette l'appel. Cette décision de la Cour supérieure peut faire l'objet d'un appel à la Cour d'appel du Québec, dans la mesure où un juge de cette cour le permet (art. 291 C.p.p.). Lorsque la décision soulève une question d'une très grande importance, un appel demeure possible, sur permission, à la Cour suprême du Canada[626].

ix) *L'exécution de la décision* : À l'expiration du délai accordé pour payer l'amende, le poursuivant peut recourir à la procédure visant la saisie de biens du défendeur pour recouvrer les sommes dues. Par la suite, si le débiteur est toujours en défaut, il pourrait, dans certaines circonstances bien précises, être l'objet d'une ordonnance d'incarcération (art. 346 C.p.p.). Le juge ne peut imposer une telle peine que s'il est convaincu que les mesures de recouvrement prévues sont insuffisantes pour assurer le paiement de l'amende. L'imposition de cette peine doit être écrite et motivée (art. 347 C.p.p.).

Contrairement aux recours administratifs (**V-87**), les recours pénaux doivent être appliqués assez strictement compte tenu des conséquences importantes qui peuvent en découler pour le contrevenant, sans pour autant tomber dans un formalisme excessif. En droit pénal statutaire, comme en d'autres matières, la substance doit primer sur le byzantinisme et le formalisme excessif et désuet[627].

V-104 — *Tableaux des infractions* — La maxime latine *Nulla poena sine lega* exprime un principe de base en droit pénal : Il n'y a pas d'infraction sans une loi qui en précise la teneur[628]. L'exigence d'une disposition claire créant une infraction est essentielle pour qu'une condamnation puisse être imposée. À ce titre, il peut être utile de rappeler d'une façon schématique les principales infractions imposées par les lois de l'emploi. À l'aide de tableaux synoptiques, nous en proposons l'inventaire selon l'ordre de présentation suivant :

Charte des droits et libertés de la personne	Tableau 1
Charte de la langue française	Tableau 2
Code du travail	Tableau 3
Loi sur la santé et la sécurité du travail	Tableau 4

---

626. *Loi sur la Cour suprême du Canada*, L.R.C. (1985), ch. S-26, art. 40, al. 1.
627. *R. c. Sault-Sainte-Marie*, précité, note 611.
628. *R. c. Filteau*, [1984] C.A. 272. Déjà, en 1761, Beccaria affirmait l'importance et pour le juge et pour le justiciable que l'infraction punissable soit d'abord circonscrite en une loi : « Mettez le texte sacré des lois entre les mains du peuple, et plus il y aura d'hommes qui le liront, moins il y aura de délits; car on ne peut douter que, dans l'esprit de celui qui médite un crime, la connaissance et la certitude des peines ne mettent un frein à l'éloquence des passions. [...]. On voit encore par là l'utilité de l'imprimerie, qui seule peut rendre tout le public, et non quelques particuliers, dépositaire du code sacré des lois. »

TABLEAU 1
Charte des droits et libertés de la personne

Dispositions	Objet des infractions	Pénalités	Poursuivants	Tribunal
Art. 134	1) Acte discriminatoire au sens des articles 10 à 19 de la Charte 3) Entrave ou tentative d'entrave au travail de la Commission des droits de la personne et des droits de la jeunesse ou d'un membre de son personnel. 5) Représailles contre une victime, un plaignant ou un témoin.	– Aucune pénalité à la Charte : application du *Code de procédure pénale* (art. 232 C.p.p.) : De 50 $ à 2 000 $	– Procureur général (art. 9(1°) C.p.p.) – Commission des droits de la personne et des droits de la jeunesse (art. 136) – Une personne autorisée par un juge (art. 9(3°) C.p.p.)	– Cour du Québec
Art. 135	Si une corporation commet une infraction prévue à l'article 134, tout officier, administrateur, employé ou agent qui a prescrit ou autorisé cette infraction est réputé être partie à cette infraction.	– Aucune pénalité à la Charte : application du *Code de procédure pénale* (art. 232 C.p.p.) : De 50 $ à 2 000 $	– Procureur général (art. 9(1°) C.p.p.) – Commission des droits de la personne et des droits de la jeunesse (art. 136) – Une personne autorisée par un juge (art. 9(3°) C.p.p.)	– Cour du Québec

TABLEAU 2
Charte de la langue française

Dispositions	Objet des infractions	Pénalités	Poursuivants	Tribunal
Art. 205	Violation des obligations édictées par la Charte : • utilisation de la langue officielle pour communiquer avec les salariés (art. 41); • offre d'emploi ou de promotion publiée en français (art. 42); • convention collective rédigée en français (art. 43); • congédiement, mise à pied, rétrogradation ou déplacement d'un salarié pour la seule raison que ce dernier ne parle que le français (art. 45); • exigence pour l'accès à un emploi ou à un poste de la connaissance d'une langue autre que la langue officielle, sauf si l'emploi le requiert (art. 46);	• 1re infraction – Personne physique : 250 $ à 700 $ – Personne morale : 500 $ à 1 400 $ • Récidive – Personne physique : 500 $ à 1 400 $ – Personne morale : 1 000 $ à 7 000 $	– Procureur général (art. 9(1°) C.p.p.) – Commission des droits de la personne et des droits de la jeunesse (art. 136) – Une personne autorisée par un juge (art. 9(3°) C.p.p.)	– Cour du Québec

TABLEAU 2 *(suite)*
Charte de la langue française

Dispositions	Objet des infractions	Pénalités	Poursuivants	Tribunal
	• usage de la langue officielle dans les communications écrites de l'association accréditée avec ses membres (art. 49);			
	• formulaire de demande d'emploi rédigé en français (art. 57);			
	• francisation des entreprises (art. 135 et suiv.).			

TABLEAU 3
Code du travail

Dispositions	Objet des infractions	Pénalités	Poursuivants	Tribunal
Art. 141	Défaut de reconnaître ou de négocier de bonne foi avec une association de salariés accréditée (art. 53).	100 $ à 1 000 $ pour chaque jour ou fraction de jour que dure l'infraction.	– Procureur général (art. 9(1°) C.p.p.) – Toute personne autorisée par un juge (art. 9(3°) C.p.p.)	– Tribunal du travail (art. 118, al. 2, C.t.)
Art. 142	Déclaration, provocation ou participation à une grève ou à un lock-out illégal (art. 106, 107, 109).	– Salarié : 25 $ à 100 $ pour chaque jour ou partie de jour que dure l'infraction. – Dirigeant syndical ou patronal : 1 000 $ à 10 000 $ pour chaque jour ou partie de jour que dure l'infraction. – Employeur, association de salariés, fédération ou confédération syndicale : 5 000 $ à 50 000 $ pour chaque jour ou partie de jour que dure l'infraction.	– Procureur général (art. 9(1°) C.p.p.) – Toute personne autorisée par un juge (art. 9(3°) C.p.p.)	– Tribunal du travail (art. 118, al. 2, C.t.)

TABLEAU 3 *(suite)*
Code du travail

Dispositions	Objet des infractions	Pénalités	Poursuivants	Tribunal
Art. 142.1	Contravention aux dispositions anti-briseurs de grève (art. 109.1).	1 000 $ pour chaque jour ou partie de jour que dure l'infraction.	– Procureur général (art. 9(1°) C.p.p.) – Toute personne autorisée par un juge (art. 9(3°) C.p.p.)	– Tribunal du travail (art. 118, al. 2, C.t.)
Art. 143	Infraction aux articles 12, 13 ou 14 : • interdiction pour un employeur de s'ingérer dans les activités d'une association de salariés (art. 12); • intimidation pour amener quiconque à devenir membre ou à s'abstenir de devenir membre d'une association de salariés ou d'employeurs (art. 13); • refus d'embauche ou imposition d'une sanction à une personne à cause de l'exercice d'un droit conféré par le Code (art. 14).	100 $ à 1 000 $ pour chaque jour ou partie de jour que dure l'infraction.	– Procureur général (art. 9(1°) C.p.p.) – Toute personne autorisée par un juge (art. 9(3°) C.p.p.)	– Tribunal du travail (art. 118, al. 2, C.t.)

TABLEAU 3 *(suite)*
Code du travail

Dispositions	Objet des infractions	Pénalités	Poursuivants	Tribunal
Art. 143.1	Entraver, tromper l'action du Conseil des services essentiels ou lui faire obstacle.	– Salarié : 25 $ à 100 $ – Dirigeant syndical ou patronal : 100 $ à 500 $ – Employeur, association de salariés, fédération ou confédération syndicale : 500 $ à 1 000 $	– Procureur général (art. 9(1°) C.p.p.) – Toute personne autorisée par un juge (art. 9(3°) C.p.p.)	– Tribunal du travail (art. 118, al. 2, C.t.)
Art. 144	Défaut de se conformer à une obligation ou à une prohibition imposée par le Code ou à une décision d'un commissaire ou du Tribunal du travail : • Vote de grève au scrutin secret (art. 20.2 et 20.4). • Vote pour la conclusion d'une convention collective (art. 20.3 et 20.4). • Employeur qui entrave la tenue d'un scrutin déclenché par le commissaire du travail (art. 38).	• 1re infraction 100 $ à 500 $ • Récidive 1 000 $ à 5 000 $ pour chaque récidive.	– Procureur général (art. 9(1°) C.p.p.) – Toute personne autorisée par un juge (art. 9(3°) C.p.p.) – Exception : une infraction aux articles 20.2 C.t. ou 20.3 C.t. Ne peut être intentée que par un membre de l'association accréditée (art. 148 C.t., art. 9(2°) C.p.p.).	– Tribunal du travail (art. 118, al. 2, C.t.)

TABLEAU 3 *(suite)*
Code du travail

Dispositions	Objet des infractions	Pénalités	Poursuivants	Tribunal
	• Refus de se présenter à une réunion convoquée par un conciliateur (art. 56).			
	• Déclenchement d'une grève sans avis au ministre (art. 58.1).			
	• Employeur qui ne maintient pas les conditions de travail des salariés à la suite du dépôt d'une requête en accréditation (art. 59).			
	• Etc.			
Art. 145	Quiconque aide à commettre une infraction ou la conseille est passible de la peine prévue au même titre qu'une personne qui commet cette infraction. Si l'infraction principale est commise par une personne morale ou par une association, est coupable de l'infraction tout direceur, administrateur, gérant ou officicr qui approuve la commission de cette infraction ou y acquiesce.	– Voir chacune des infractions.	– Procureur général (art. 9(1°) C.p.p.) – Toute personne autorisée par un juge (art. 9(3°) C.p.p.)	– Tribunal du travail (art. 118, al. 2, C.t.)

TABLEAU 3 *(suite)*
Code du travail

Dispositions	Objet des infractions	Pénalités	Poursuivants	Tribunal
Art. 146	Si plusieurs personnes forment l'intention commune de commettre une infraction, chacune d'elles est coupable de l'infraction commise.	– Voir chacune des infractions.	– Procureur général (art. 9(1°) C.p.p.) – Toute personne autorisée par un juge (art. 9(3°) C.p.p.)	– Tribunal du travail (art. 118, al. 2, C.t.)
Art. 146.1	Refus d'exécuter une ordonnance de réintégration ou le paiement d'une indemnité rendue en vertu des articles 15 et 110.1	– 500 $ par jour de retard	– Procureur général (art. 9(1°) C.p.p.) – Toute personne autorisée par un juge (art. 9(3°) C.p.p.)	– Tribunal du travail (art. 118, al. 2, C.t.)
Art. 146.2	Une association ou un employeur qui contrevient à une entente ou à une liste des services essentiels à maintenir en cas de grève, ou une association qui ne prend pas les moyens appropriés pour amener les salariés à se conformer à cette entente ou à cette liste.	– 1 000 $ à 10 000 $ pour chaque jour ou partie de jour que dure l'infraction.	– Procureur général (art. 9(1°) C.p.p.) – Toute personne autorisée par un juge (art. 9(3°) C.p.p.)	– Tribunal du travail (art. 118, al. 2, C.t.)

TABLEAU 4
Loi sur la santé et la sécurité du travail

Dispositions	Objet des infractions	Pénalités	Poursuivants	Tribunal
Art. 234	Quiconque révèle ou divulgue un secret ou un procédé de fabrication dont il prend connaissance à l'occasion de l'exercice de ses fonctions (ex. : le représentant à la prévention qui divulgue un secret industriel connu à l'occasion de l'exercice de son rôle au sein de l'entreprise).	• 1re infraction – Individu : 200 $ à 500 $ – Corporation : 500 $ à 1 000 $ • Récidive – Individu : 500 $ à 1 000 $ – Corporation : 1 000 $ à 2 000 $	– Procureur général (art. 9(1°) C.p.p.) – Commission de la santé et de la sécurité du travail (art. 9(2°) C.p.p.; art. 242 L.S.S.T.) – Une association de salariés si elle est autorisée par un juge (art. 9(3°), 10 C.p.p.; art. 242 L.S.S.T.). – Les amendes appartiennent à la Commission, sauf si la poursuite est intentée par le procureur général (art. 246 L.S.S.T.).	– Tribunal du travail (art. 244 L.S.S.T.)

TABLEAU 4 *(suite)*
Loi sur la santé et la sécurité du travail

Dispositions	Objet des infractions	Pénalités	Poursuivants	Tribunal
Art. 235	Fausse déclaration ou refus de fournir l'information requise par la loi (ex. : refus de répondre aux demandes de l'inspecteur).	• 1re infraction – Individu : 200 $ à 500 $ – Corporation : 500 $ à 1 000 $ • Récidive – Individu : 500 $ à 1 000 $ – Corporation : 1 000 $ à 2 000 $	– Procureur général (art. 9(1°) C.p.p.) – Commission de la santé et de la sécurité du travail (art. 9(2°) C.p.p.; art. 242 L.S.S.T.) – Une association de salariés si elle est autorisée par un juge (art. 9(3°), 10 C.p.p.; art. 242 L.S.S.T.). – Les amendes appartiennent à la Commission, sauf si la poursuite est intentée par le procureur général (art. 246 L.S.S.T.).	– Tribunal du travail (art. 244 L.S.S.T.)

TABLEAU 4 *(suite)*
Loi sur la santé et la sécurité du travail

Dispositions	Objet des infractions	Pénalités	Poursuivants	Tribunal
Art. 236	Contrevenir à la loi ou à un ordre rendu en vertu de la loi ou induire une personne à ne pas s'y conformer, par exemple : • Défaut d'assurer la santé et la sécurité des travailleurs (art. 151). • Défaut de tenir les registres obligatoires (ex. : art. 52). • Défaut d'établir un programme de prévention (art. 58). • Défaut du travailleur de prendre les mesures nécessaires pour protéger sa santé, sa sécurité ou son intégrité physique (art. 49(2°)). • Défaut de mettre sur pied un comité de santé et de sécurité lorsque requis (art. 68, 69). • Etc.	• 1re infraction – Individu : 200 $ à 500 $ – Corporation : 500 $ à 1 000 $ • Récidive – Individu : 500 $ à 1 000 $ – Corporation : 1 000 $ à 2 000 $	– Procureur général (art. 9(1°) C.p.p.) – Commission de la santé et de la sécurité du travail (art. 9(2°) C.p.p.; art. 242 L.S.S.T.) – Une association de salariés si elle est autorisée par un juge (art. 9(3°), 10 C.p.p.; art. 242 L.S.S.T.). – Les amendes appartiennent à la Commission, sauf si la poursuite est intentée par le procureur général (art. 246 L.S.S.T.).	– Tribunal du travail (art. 244 L.S.S.T.)

TABLEAU 4 *(suite)*
Loi sur la santé et la sécurité du travail

Dispositions	Objet des infractions	Pénalités	Poursuivants	Tribunal
Art. 237	Action ou omission de manière à compromettre directement et sérieusement la santé, la sécurité ou l'intégrité d'un travailleur.	• 1re infraction – Individu : 500 $ à 1 000 $ – Corporation : 5 000 $ à 20 000 $ • Récidive – Individu : 1 000 $ à 2 000 $ – Corporation : 10 000 $ à 50 000 $	– Procureur général (art. 9(1°) C.p.p.) – Commission de la santé et de la sécurité du travail (art. 9(2°) C.p.p.; art. 242 L.S.S.T.) – Une association de salariés si elle est autorisée par un juge (art. 9(3°), 10 C.p.p.; art. 242 L.S.S.T.). – Les amendes appartiennent à la Commission, sauf si la poursuite est intentée par le procureur général (art. 246 L.S.S.T.).	– Tribunal du travail (art. 244 L.S.S.T.)

TABLEAU 4 *(suite)*
Loi sur la santé et la sécurité du travail

Dispositions	Objet des infractions	Pénalités	Poursuivants	Tribunal
Art. 241	Si une corporation commet une infraction, tout administrateur, dirigeant, officier, employé ou repré-sentant de cette corporation qui a prescrit ou auto-risé l'accomplisse-ment de l'acte est réputé avoir parti-cipé à l'infraction.	– Voir chacune des infrac-tions.	– Procureur général (art. 9(1°) C.p.p.) – Commission de la santé et de la sécurité du travail (art. 9(2°) C.p.p.; art. 242 L.S.S.T.) – Une associa-tion de sala-riés si elle est autorisée par un juge (art. 9(3°), 10 C.p.p.; art. 242 L.S.S.T.). – Les amendes appartien-nent à la Commis-sion, sauf si la poursuite est intentée par le procu-reur général (art. 246 L.S.S.T.).	– Tribunal du travail (art. 244 L.S.S.T.)

TABLEAU 5
Loi sur les accidents du travail et les maladies professionnelles

Dispositions	Objet des infractions	Pénalités	Poursuivants	Tribunal
Art. 458	L'employeur qui contrevient aux articles 32, al. 1 (sanctions illégales), 33, al. 1 (contribution illégale), 59 (indemnité compensatrice), 60, al. 1 et 2 (salaire pour les 14 premiers jours), 61, al. 1 (salaire pour absence médicale), 190, al. 1 (premiers soins), 191 (coût de l'assistance médicale), 215, al. 1 (rapports médicaux), 235, al. 1, par. 2° (perte d'ancienneté), 266, al. 2 (communication d'avis), 268 (avis d'accident), 269 (transmission de l'avis à la Commission), 270, al. 2 (aide dans la rédaction de l'avis), 234, al. 1 (contrat d'assurance obligatoire).	• 1re infraction – Individu : 500 $ à 1 000 $ – Personne morale : 1 000 $ à 2 000 $ • Récidive – Individu : minimum 1 000 $ – Personne morale : minimum 2 000 $ (art. 467 L.A.T.M.P.) • Récidive additionnelle – Individu : minimum 1 500 $ – Personne morale : minimum 3 000 $ (art. 467 L.A.T.M.P.)	– Procureur général (art. 9(1°) C.p.p.) – Commission de la santé et de la sécurité du travail (art. 9(2°) C.p.p.; art. 473 L.A.T.M.P.) – Une personne autorisée (art. 9(3°) C.p.p.) – Les amendes appartiennent à la Commission, sauf si la poursuite est intentée par le procureur général (art. 474 L.A.T.M.P.).	– Tribunal du travail (art. 473 L.A.T.M.P.)

TABLEAU 5 *(suite)*
Loi sur les accidents du travail et les maladies professionnelles

Dispositions	Objet des infractions	Pénalités	Poursuivants	Tribunal
Art. 459	Le maître d'œuvre contrevenant à son obligation d'apporter les premiers soins (art. 190, al. 1) ou de payer les coûts des premiers soins (art. 191).	• 1re infraction – Individu : 500 $ à 1 000 $ – Personne morale : 1 000 $ à 2 000 $ • Récidive – Individu : minimum 1 000 $ – Personne morale : minimum 2 000 $ (art. 467 L.A.T.M.P.) • Récidive additionnelle – Individu : minimum 1 500 $ – Personne morale : minimum 3 000 $ (art. 467 L.A.T.M.P.)	– Procureur général (art. 9(1°) C.p.p.) – Commission de la santé et de la sécurité du travail (art. 9(2°) C.p.p.; art. 473 L.A.T.M.P.) – Une personne autorisée (art. 9(3°) C.p.p.) – Les amendes appartiennent à la Commission, sauf si la poursuite est intentée par le procureur général (art. 474 L.A.T.M.P.).	– Tribunal du travail (art. 473 L.A.T.M.P.)

TABLEAU 5 *(suite)*
Loi sur les accidents du travail et les maladies professionnelles

Dispositions	Objet des infractions	Pénalités	Poursuivants	Tribunal
Art. 460	L'employeur qui empêche ou retarde l'exercice du droit de retour au travail d'un travailleur.	• 1re infraction – Individu : 500 $ à 1 000 $ – Personne morale : 1 000 $ à 2 000 $ • Récidive – Individu : minimum 1 000 $ – Personne morale : minimum 2 000 $ (art. 467 L.A.T.M.P.) • Récidive additionnelle – Individu : minimum 1 500 $ – Personne morale : minimum 3 000 $ (art. 467 L.A.T.M.P.)	– Procureur général (art. 9(1°) C.p.p.) – Commission de la santé et de la sécurité du travail (art. 9(2°) C.p.p.; art. 473 L.A.T.M.P.) – Une personne autorisée (art. 9(3°) C.p.p.) – Les amendes appartiennent à la Commission, sauf si la poursuite est intentée par le procureur général (art. 474 L.A.T.M.P.).	– Tribunal du travail (art. 473 L.A.T.M.P.)

TABLEAU 5 *(suite)*
Loi sur les accidents du travail et les maladies professionnelles

Dispositions	Objet des infractions	Pénalités	Poursuivants	Tribunal
Art. 461	La personne qui contrevient à l'art. 14 (registre obligatoire), l'association de travailleurs autonomes ou de domestiques qui contrevient à l'art. 22, al. 1 ou 2 (registre des membres) ou à l'art. 24 (retrait d'un membre), l'employeur qui contrevient à l'art. 275 (information à la C.S.S.T.), 280, al. 1 ou 3 (registre de premiers soins), 290 à 296 (déclarations et registres obligatoires), 333 (avis écrit), 334 (contrat d'assurance obligatoire), 335 (avis obligatoire) ou qui fait défaut de payer une cotisation.	• 1re infraction — Individu : 300 $ à 500 $ — Personne morale : 500 $ à 1 000 $ • Récidive — Individu : minimum 600 $ — Personne morale : minimum 1 000 $ (art. 467 L.A.T.M.P.) • Récidive additionnelle — Individu : minimum 900 $ — Personne morale : minimum 1 500 $ (art. 467 L.A.T.M.P.)	— Procureur général (art. 9(1°) C.p.p.) — Commission de la santé et de la sécurité (art. 9(2°) C.p.p.; art. 473 L.A.T.M.P.) — Une personne autorisée (art. 9(3°) C.p.p.) — Les amendes appartiennent à la Commission, sauf si la poursuite est intentée par le procureur général (art. 474 L.A.T.M.P.).	— Tribunal du travail (art. 473 L.A.T.M.P.)

TABLEAU 5 *(suite)*
Loi sur les accidents du travail et les maladies professionnelles

Dispositions	Objet des infractions	Pénalités	Poursuivants	Tribunal
Art. 462	Un professionnel de la santé ou en établissement de santé qui refuse ou néglige de faire une attestation, un avis ou un rapport prévu à la loi (art. 199 à 203 ou 208, 230, al. 2, ou 231, al. 3) ou une personne qui contrevient aux art. 211 (examen médical obligatoire), 265 (avis d'accident), 270, al. 3 (formulaire d'accident), 274 (information à l'employeur), 276 (information à la Commission), 277 (information à la Commission) ou 278 (information à la Commission).	• 1ʳᵉ infraction – Individu : 300 $ à 500 $ – Personne morale : 500 $ à 1 000 $ • Récidive – Individu : minimum 600 $ – Personne morale : minimum 1 000 $ (art. 467 L.A.T.M.P.) • Récidive additionnelle – Individu : minimum 900 $ – Personne morale : minimum 1 500 $ (art. 467 L.A.T.M.P.)	– Procureur général (art. 9(1°) C.p.p.) – Commission de la santé et de la sécurité (art. 9(2°) C.p.p.; art. 473 L.A.T.M.P.) – Une personne autorisée (art. 9(3°) C.p.p.) – Les amendes appartiennent à la Commission, sauf si la poursuite est intentée par le procureur général (art. 474 L.A.T.M.P.).	– Tribunal du travail (art. 473 L.A.T.M.P.)

TABLEAU 5 *(suite)*
Loi sur les accidents du travail et les maladies professionnelles

Dispositions	Objet des infractions	Pénalités	Poursuivants	Tribunal
Art. 463	Quiconque agit ou omet d'agir en vue d'obtenir un avantage auquel il sait ne pas avoir droit ou de se soustraire à une obligation légale.	• 1re infraction – Individu : 500 $ à 2 000 $ – Personne morale : 2 000 $ à 8 000 $ • Récidive – Individu : minimum 1 000 $ – Personne morale : minimum 4 000 $ (art. 467 L.A.T.M.P.) • Récidive additionnelle – Individu : minimum 1 500 $ – Personne morale : minimum 6 000 $ (art. 467 L.A.T.M.P.)	– Procureur général (art. 9(1°) C.p.p.) – Commission de la santé et de la sécurité du travail (art. 9(2°) C.p.p.; art. 473 L.A.T.M.P.) – Une personne autorisée (art. 9(3°) C.p.p.) – Les amendes appartiennent à la Commission, sauf si la poursuite est intentée par le procureur général (art. 474 L.A.T.M.P.).	– Tribunal du travail (art. 473 L.A.T.M.P.)

TABLEAU 5 *(suite)*
Loi sur les accidents du travail et les maladies professionnelles

Dispositions	Objet des infractions	Pénalités	Poursuivants	Tribunal
Art. 464	Fausse déclaration ou entrave à une enquête, à une vérification ou à un examen ou défaut de se soumettre à une décision ou à une ordonnance.	• 1re infraction – Individu : 300 $ à 500 $ – Personne morale : 500 $ à 1 000 $ • Récidive – Individu : minimum 600 $ – Personne morale : minimum 1 000 $ (art. 467 L.A.T.M.P.) • Récidive additionnelle – Individu : minimum 900 $ – Personne morale : minimum 1 500 $ (art. 467 L.A.T.M.P.)	– Procureur général (art. 9(1°) C.p.p.) – Commission de la santé et de la sécurité du travail (art. 9(2°) C.p.p.; art. 473 L.A.T.M.P.) – Une personne autorisée (art. 9(3°) C.p.p.) – Les amendes appartiennent à la Commission, sauf si la poursuite est intentée par le procureur général (art. 474 L.A.T.M.P.).	– Tribunal du travail (art. 473 L.A.T.M.P.)

TABLEAU 5 *(suite)*
Loi sur les accidents du travail et les maladies professionnelles

Dispositions	Objet des infractions	Pénalités	Poursuivants	Tribunal
Art. 465	Quiconque contrevient à une disposition de la loi pour laquelle aucune peine n'est prévue.	• 1re infraction – Individu : 300 \$ à 500 \$ – Personne morale : 500 \$ à 1 000 \$ • Récidive – Individu : minimum 600 \$ – Personne morale : minimum 1 000 \$ (art. 467 L.A.T.M.P.) • Récidive additionnelle – Individu : minimum 900 \$ – Personne morale : minimum 1 500 \$ (art. 467 L.A.T.M.P.)	– Procureur général (art. 9(1°) C.p.p.) – Commission de la santé et de la sécurité du travail (art. 9(2°) C.p.p.; art. 473 L.A.T.M.P.) – Une personne autorisée (art. 9(3°) C.p.p.) – Les amendes appartiennent à la Commission, sauf si la poursuite est intentée par le procureur général (art. 474 L.A.T.M.P.).	– Tribunal du travail (art. 473 L.A.T.M.P.)

TABLEAU 5 *(suite)*
Loi sur les accidents du travail et les maladies professionnelles

Dispositions	Objet des infractions	Pénalités	Poursuivants	Tribunal
Art. 466	Quiconque sciemment agit ou omet d'agir, en vue d'aider une personne à commetre une infraction ou conseille à une personne de la commettre est passible de la même peine que celle qui l'a commise.	– Voir chacune des infractions.	– Procureur général (art. 9(1°) C.p.p.) – Commission de la santé et de la sécurité du travail (art. 9(2°) C.p.p.; art. 473 L.A.T.M.P.) – Une personne autorisée (art. 9(3°) C.p.p.) – Les amendes appartiennent à la Commission, sauf si la poursuite est intentée par le procureur général (art. 474 L.A.T.M.P.).	– Tribunal du travail (art. 473 L.A.T.M.P.)

TABLEAU 5 *(suite)*
Loi sur les accidents du travail et les maladies professionnelles

Dispositions	Objet des infractions	Pénalités	Poursuivants	Tribunal
Art. 469	Si une personne morale commet une infraction, l'administrateur, le dirigeant, l'officier, l'employé ou le représentant de cette corporation qui a prescrit ou autorisé l'accomplissement de l'infraction est réputé y avoir participé.	– Voir chacune des infractions.	– Procureur général (art. 9(1°) C.p.p.) – Commission de la santé et de la sécurité du travail (art. 9(2°) C.p.p.; art. 473 L.A.T.M.P.) – Une personne autorisée (art. 9(3°) C.p.p.) – Les amendes appartiennent à la Commission, sauf si la poursuite est intentée par le procureur général (art. 474 L.A.T.M.P.).	– Tribunal du travail (art. 473 L.A.T.M.P.)

TABLEAU 6
Loi sur les normes du travail

Dispositions	Objet des infractions	Pénalités	Poursuivants	Tribunal
Art. 139	L'employeur qui sciemment détruit, altère ou falsifie un registre ou un document ou omet, refuse ou néglige de tenir un tel document.	• 1re infraction 600 $ à 1 200 $ • Récidive 1 200 $ à 6 000 $	– Procureur général (art. 9(1°) C.p.p.) – Une personne autorisée (art. 9(3°) C.p.p.)	– Cour du Québec
Art. 140	Quiconque entrave l'action de la Commission, trompe par réticence ou fausse déclaration, refuse de fournir un renseignement ou un document, cache un document, est partie à une convention ayant pour objet de stipuler une condition de travail inférieure à la loi, contrevient à toute disposition de la loi.	• 1re infraction 600 $ à 1 200 $ • Récidive 1 200 $ à 6 000 $	– Procureur général (art. 9(1°) C.p.p.) – Une personne autorisée (art. 9(3°) C.p.p.)	– Cour du Québec
Art. 141	Quiconque tente de commettre une infraction, aide ou incite une autre personne à commettre une infraction commet alors lui-même une infraction passible de la même peine.	– Voir chacune des infractions.	– Procureur général (art. 9(1°) C.p.p.) – Une personne autorisée (art. 9(3°) C.p.p.)	– Cour du Québec

TABLEAU 6 *(suite)*
Loi sur les normes du travail

Dispositions	Objet des infractions	Pénalités	Poursuivants	Tribunal
Art. 142	Si une corporation commet une infraction, un officier, un administrateur, un employé ou un agent qui a prescrit ou autorisé l'accomplissement de l'infraction ou qui y a consenti ou acquiescé, est réputé être partie à l'infraction.	– Voir chacune des infractions.	– Procureur général (art. 9(1°) C.p.p.) – Une personne autorisée (art. 9(3°) C.p.p.)	– Cour du Québec

TABLEAU 7
Loi sur les décrets de convention collective

Dispositions	Objet des infractions	Pénalités	Poursuivants	Tribunal
Art. 32	Tout membre d'un comité paritaire qui refuse ou néglige de remplir les devoirs de sa charge.	Une amende n'excédant pas 25 $.	– Comité paritaire (art. 52 L.D.C.C.; art. 9(2°) C.p.p.) – Une personne autorisée (art. 9(3°) C.p.p.)	– Cour du Québec
Art. 33	L'employeur professionnel, l'employeur ou le salarié qui entrave l'inspection.	• 1ʳᵉ infraction 200 $ à 500 $ • Récidive 500 $ à 3 000 $	– Comité paritaire (art. 52 L.D.C.C.; art. 9(2°) C.p.p.) – Une personne autorisée (art. 9(3°) C.p.p.)	– Cour du Québec
Art. 34	Quiconque sciemment détruit, altère ou falsifie un registre, une liste de paye, un système d'enregistrement ou un document requis par la loi ou transmet sciemment quelque renseignement faux ou inexact.	• 1ʳᵉ infraction 200 $ à 500 $ • Récidive 500 $ à 3 000 $	– Comité paritaire (art. 52 L.D.C.C.; art. 9(2°) C.p.p.) – Une personne autorisée (art. 9(3°) C.p.p.)	– Cour du Québec
Art. 35	Tout employeur professionnel ou salarié qui viole un règlement rendant obligatoire un certificat de qualification.	• 1ʳᵉ infraction 50 $ à 200 $ • Récidive 200 $ à 500 $	– Comité paritaire (art. 52 L.D.C.C.; art. 9(2°) C.p.p.) – Une personne autorisée (art. 9(3°) C.p.p.)	– Cour du Québec

TABLEAU 7 *(suite)*
Loi sur les décrets de convention collective

Dispositions	Objet des infractions	Pénalités	Poursuivants	Tribunal
Art. 36	Quiconque, au moyen d'avantages ayant une valeur pécuniaire, accorde ou accepte une remise en réduction du salaire obligatoire.	• 1re infraction 50 $ à 200 $ • Récidive 200 $ à 500 $	– Comité paritaire (art. 52 L.D.C.C.; art. 9(2°) C.p.p.) – Une personne autorisée (art. 9(3°) C.p.p.)	– Cour du Québec
Art. 37	Contrevenir à un décret qui interdit la grève, le lock-out, le ralentissement de travail et le piquetage.	• 1re infraction maximum 100 $ • Récidive maximum 1 000 $	– Comité paritaire (art. 52 L.D.C.C.; art. 9(2°) C.p.p.) – Une personne autorisée (art. 9(3°) C.p.p.)	– Cour du Québec
Art. 37.1	Quiconque fait obstacle ou nuit à un administrateur provisoire, à un enquêteur ou à un vérificateur qui agit dans l'exercice de ses fonctions.	• 1re infraction – Individu : 500 $ à 5 000 $ – Personne morale : 1 000 $ à 10 000 $ • Récidive – Individu : 1 000 $ à 10 000 $ – Personne morale : 2 000 $ à 20 000 $	– Comité paritaire (art. 52 L.D.C.C.; art. 9(2°) C.p.p.) – Une personne autorisée (art. 9(3°) C.p.p.)	– Cour du Québec

TABLEAU 7 *(suite)*
Loi sur les décrets de convention collective

Dispositions	Objet des infractions	Pénalités	Poursuivants	Tribunal
Art. 38	Quiconque viole la loi, un décret ou un règlement dans un cas non prévu aux articles précédents (32 à 37.1).	• 1re infraction 50 $ à 200 $ • Récidive 200 $ à 500 $	– Comité paritaire (art. 52 L.D.C.C.; art. 9(2°) C.p.p.) – Une personne autorisée (art. 9(3°) C.p.p.)	– Cour du Québec
Art. 39	Quiconque aide, encourage, conseille, autorise, amène une autre personne à commetre une infraction prévue à cette loi ou y consent.	– Voir chacune des infractions.	– Comité paritaire (art. 52 L.D.C.C.; art. 9(2°) C.p.p.) – Une personne autorisée (art. 9(3°) C.p.p.)	– Cour du Québec

TABLEAU 8

*Loi sur les relations du travail, la formation professionnelle et la gestion
de la main-d'œuvre dans l'industrie de la construction*

Dispositions	Objet des infractions	Pénalités	Poursuivants	Tribunal
Art. 83	1) Celui qui refuse ou néglige de fournir à la Commission les renseignements requis par l'article 82. 2) Tout employeur qui n'accorde pas sur demande à la Commission l'accès aux registres, au système d'enregistrement ou à la liste de paie. 3) Toute personne qui n'accorde pas à la Commission l'accès aux lieux de travail.	– Individu : 200 $ à 400 $ – Personne morale : 800 $ à 1 600 $	– Procureur général (art. 9(1°) C.p.p.) – Une personne autorisée (art. 9(3°) C.p.p.)	– Cour du Québec
Art. 83.1	Défaut de se conformer à l'article 81 f).	– Individu : 200 $ à 400 $ pour chaque jour que dure l'infraction. – Personne morale : 800 $ à 1 600 $ pour chaque jour que dure l'infraction.	– Procureur général (art. 9(1°) C.p.p.) – Une personne autorisée (art. 9(3°) C.p.p.)	– Cour du Québec

TABLEAU 8 *(suite)*
Loi sur les relations du travail, la formation professionnelle et la gestion de la main-d'œuvre dans l'industrie de la construction

Dispositions	Objet des infractions	Pénalités	Poursuivants	Tribunal
Art. 83.2	Défaut de fournir à la Commission les renseignements requis par l'article 81.0.1.	– Individu : 200 $ à 400 $ pour chaque jour que dure l'infraction. – Personne morale : 800 $ à 1 600 $ pour chaque jour que dure l'infraction.	– Procureur général (art. 9(1°) C.p.p.) – Une personne autorisée (art. 9(3°) C.p.p.)	– Cour du Québec
Art. 84	Molester, incommoder ou injurier un employé de la Commission dans l'exercice de ses fonctions.	650 $ à 1 300 $	– Procureur général (art. 9(1°) C.p.p.) – Une personne autorisée (art. 9(3°) C.p.p.)	– Cour du Québec
Art. 112	Toute association représentative qui fait défaut de négocier conformément à la loi.	175 $ à 1 400 $ pour chaque jour ou partie de jour que dure l'infraction.	– Procureur général (art. 9(1°) C.p.p.) – Une personne autorisée (art. 9(3°) C.p.p.)	– Cour du Québec

TABLEAU 8 *(suite)*
Loi sur les relations du travail, la formation professionnelle et la gestion de la main-d'œuvre dans l'industrie de la construction

Dispositions	Objet des infractions	Pénalités	Poursuivants	Tribunal
Art. 113	Ordonner, encourager, appuyer une grève, un ralentissement de travail ou un lock-out illégal ou y participer.	– Employeur, association, membre de bureau ou représentant d'une association : 7 000 $ à 70 000 $ pour chaque jour ou partie de jour que dure l'infraction. – Autres cas : 50 $ à 175 $ pour chaque jour ou partie de jour que dure l'infraction.	– Procureur général (art. 9(1°) C.p.p.) – Une personne autorisée (art. 9(3°) C.p.p.)	– Cour du Québec
Art. 115	1) Tout employeur qui offre, donne ou tente d'offrir à un représentant syndical, à un agent d'affaires ou à un délégué un prêt, une récompense ou un avantage. 2) Tout représentant syndical, agent d'affaires, ou délégué qui obtient, tente d'accepter ou d'obtenir un tel avantage.	– 700 $ à 13 975 $	– Procureur général (art. 9(1°) C.p.p.) – Une personne autorisée (art. 9(3°) C.p.p.)	– Cour du Québec

TABLEAU 8 *(suite)*
*Loi sur les relations du travail, la formation professionnelle et la gestion
de la main-d'œuvre dans l'industrie de la construction*

Dispositions	Objet des infractions	Pénalités	Poursuivants	Tribunal
Art. 116 et 82 a) et b)	1) Un salarié qui refuse d'installer ou de manutentionner des matériaux. 2) Un syndicat ne peut obliger ou tenter de forcer un salarié à refuser d'installer ou de manutentionner des matériaux.	– 700 $ à 13 975 $ pour chaque jour ou partie de jour que dure l'infraction.	– Procureur général (art. 9(1°) C.p.p.) – Une personne autorisée (art. 9(3°) C.p.p.)	– Cour du Québec
Art. 117 et 26	Toute personne qui occupe une fonction de direction dans une association de salariés alors qu'elle est inhabile au sens de l'art. 26.	– 1 400 $ pour chaque jour ou partie de jour que dure l'infraction.	– Procureur général (art. 9(1°) C.p.p.) – Une personne autorisée (art. 9(3°) C.p.p.)	– Cour du Québec
Art. 118	Quiconque tente de commettre une infraction à la loi, aide, ou incite quelqu'un à commetre ou à tenter de commettre une telle infraction.	– Voir peine pour cette infraction.	– Procureur général (art. 9(1°) C.p.p.) – Une personne autorisée (art. 9(3°) C.p.p.)	– Cour du Québec
Art. 119	1) Refus d'embaucher un salarié ou licenciement de celui qui est membre d'une association, ou contrainte d'un salarié à devenir membre d'une association, à s'abstenir de le devenir ou à cesser de l'être.	– 3500 $ à 700 $ pour chaque jour ou partie de jour que dure l'infraction.	– Procureur général (art. 9(1°) C.p.p.) – Une personne autorisée (art. 9(3°) C.p.p.)	– Cour du Québec

TABLEAU 8 *(suite)*
Loi sur les relations du travail, la formation professionnelle et la gestion de la main-d'œuvre dans l'industrie de la construction

Dispositions	Objet des infractions	Pénalités	Poursuivants	Tribunal
	2) Toute association qui exerce des pressions sur un employeur pour que ce dernier en exerce à l'égard des salariés.			
Art. 119.1	1) Exécuter des travaux de construction sans être titulaire d'un certificat de compétence.	– Individu : 200 $ à 400 $ – Personne morale : 800 $ à 1 600 $	– Procureur général (art. 9(1°) C.p.p.) – Une personne autorisée (art. 9(3°) C.p.p.)	– Cour du Québec
	2) Exécuter des travaux relatifs à un métier sans être titulaire d'un certificat de compétence.			
	3) Utiliser les services d'un salarié pour des travaux de construction sans que ce dernier soit titulaire d'un certificat de compétence.			
	4) Utiliser les services d'un salarié pour l'exécution de travaux relatifs à un métier sans que ce dernier soit titulaire d'un certificat de compétence.			

TABLEAU 8 *(suite)*
Loi sur les relations du travail, la formation professionnelle et la gestion
de la main-d'œuvre dans l'industrie de la construction

Dispositions	Objet des infractions	Pénalités	Poursuivants	Tribunal
	7) Exécuter des travaux de construction et refuser ou omettre de montrer son certificat à une personne en autorité.			
	8) Utiliser le certificat d'une autre personne.			
	9) Falsifier ou altérer un certificat.			
	10) Faire une fausse déclaration ou falsifier un document pour l'obtention d'un certificat.			
	11) Exécuter des travaux de construction sans être employeur, salarié ou entrepreneur autonome.			
Art. 119.3	Exécuter des travaux de construction pendant une période de suspension du certificat de compétence.	– 800 $ à 1 600 $	– Procureur général (art. 9(1°) C.p.p.) – Une personne autorisée (art. 9(3°) C.p.p.)	– Cour du Québec

TABLEAU 8 *(suite)*
Loi sur les relations du travail, la formation professionnelle et la gestion de la main-d'œuvre dans l'industrie de la construction

Dispositions	Objet des infractions	Pénalités	Poursuivants	Tribunal
Art. 119.4	Utiliser les services d'un salarié pendant une période de suspension de son certificat de compétence.	– Individu : 800 $ à 1 600 $ – Personne morale : 200 $ à 4 000 $	– Procureur général (art. 9(1°) C.p.p.) – Une personne autorisée (art. 9(3°) C.p.p.)	– Cour du Québec
Art. 120	Violer la loi, un décret, un règlement ou une convention collective pour lesquels aucune peine n'est prévue.	• 1re infraction – Individu : 175 $ à 800 $ – Personne morale ou association : 650 $ à 2 800 $ • Récidive – Individu : 350 $ à 1 600 $ – Personne morale ou association : 700 $ à 3 200 $ • Récidive additionnelle – Individu : 525 $ à 2 400 $ – Personne morale ou association : 1 050 $ à 4 800 $	– Procureur général (art. 9(1°) C.p.p.) – Une personne autorisée (art. 9(3°) C.p.p.)	– Cour du Québec

TABLEAU 8 *(suite)*
Loi sur les relations du travail, la formation professionnelle et la gestion
de la main-d'œuvre dans l'industrie de la construction

Dispositions	Objet des infractions	Pénalités	Poursuivants	Tribunal
Art. 122(2)	Tout employeur qui impose à un salarié une sanction illégale.	• 1re infraction 400 $ à 1 600 $ • Récidive 800 $ à 3 200 $	– Procureur général (art. 9(1°) C.p.p.) – Une personne autorisée (art. 9(3°) C.p.p.)	– Cour du Québec
Art. 122(4)	Quiconque sciemment détruit, altère ou falsifie un registre, une liste de paie, le système d'enregistrement requis par la loi.	• 1re infraction – Individu : 800 $ à 1 000 $ – Personne morale ou association : 1 600 $ à 3 200 $ • Récidive – Individu : 1 600 $ à 2 000 $ – Personne morale ou association : 3 200 $ à 4 000 $ • Récidive additionnelle – Individu : 2 400 $ à 3 000 $ – Personne morale ou association : 4 800 $ à 9 600 $	– Procureur général (art. 9(1°) C.p.p.) – Une personne autorisée (art. 9(3°) C.p.p.)	– Cour du Québec

TABLEAU 9

Loi sur la protection des renseignements personnels
dans le secteur privé

Dispositions	Objet des infractions	Pénalités	Poursuivants	Tribunal
Art. 91	Recueillir, détenir, communiquer à un tiers ou utiliser un renseignement personnel sans se conformer à la loi.	• 1re infraction 1 000 $ à 10 000 $ • Récidive 10 000 $ à 20 000 $	– Procureur général (art. 9(1°) C.p.p.) – Une personne autorisée (art. 9(3°) C.p.p.)	– Cour du Québec
Art. 93	Si une personne morale commet une infraction, l'administrateur, le dirigeant ou le représentant qui a prescrit ou autorisé l'accomplissement de l'acte ou de l'omission est partie à l'infraction.	• 1re infraction 1 000 $ à 10 000 $ • Récidive 10 000 $ à 20 000 $	– Procureur général (art. 9(1°) C.p.p.) – Une personne autorisée (art. 9(3°) C.p.p.)	– Cour du Québec

TABLEAU 10
Loi sur l'équité salariale

Dispositions	Objet des infractions	Pénalités	Poursuivants	Tribunal
Art. 115	1) Contrevenir aux art. 10, al. 1 (programme d'équité salariale), 14 (affichage), 15 (obligation de bonne foi), 16 (Comité d'équité salariale), 23 (réunion sur les lieux du travail), 29, al. 2 (confidentialité), 31, al. 1 (programme d'équité salariale), 34 (ajustements salariaux), 35 (affichage), 40 (maintien de l'équité salariale), 71 (ajustements), 73 (diminution de la rémunération), 75 (affichage), 76, al. 2 (affichage). 2) Omettre de fournir un rapport, un renseignement ou un document. 3) Tenter d'exercer des mesures de représailles. 4) Tenter d'entraver le travail de la Commission.	• 1re infraction 1 000 $ à 25 000 $ Dans la détermination de l'amende, le tribunal tient compte du préjudice et des avantages tirés de l'infraction (art. 117 L.E.S.). • Récidive 2 000 $ à 50 000 $	– Procureur général (art. 9(1°) C.p.p.) – Commission (art. 118 L.E.S., art. 9(2°) C.p.p.) – Une personne autorisée (art. 9(3°) C.p.p.)	– Cour du Québec

TABLEAU 10 *(suite)*
Loi sur l'équité salariale

Dispositions	Objet des infractions	Pénalités	Poursuivants	Tribunal
Art. 116	Aider, conseiller, autoriser, amener une autre personne à commettre une infraction ou y consentir.	• 1re infraction 1 000 $ à 25 000 $ Dans la détermination de l'amende, le tribunal tient compte du préjudice et des avantages tirés de l'infraction (art. 117 L.E.S.). • Récidive 2 000 $ à 50 000 $	– Procureur général (art. 9(1°) C.p.p.) – Commission (art. 118 L.E.S., art. 9(2°) C.p.p.) – Une personne autorisée (art. 9(3°) C.p.p.)	– Cour du Québec

TABLEAU 11
*Loi sur la formation et la qualification
professionnelles de la main-d'œuvre*

Dispositions	Objet des infractions	Pénalités	Poursuivants	Tribunal
Art. 47	1) Utiliser un certificat de qualification dont il n'est pas titulaire. 2) Délivrer un certificat de qualification à une autre personne que celle qui a passé l'examen. 3) Faire une fausse entrée dans un document prescrit par la loi ou la falsifier. 4) Contrevenir à toute disposition de la loi.	• 1re infraction – Individu : 325 $ à 700 $ par jour ou fraction de jour que dure l'infraction. – Personne morale : 650 $ à 1 400 $ par jour ou fraction de jour que dure l'infraction. • Récidive – Individu : 650 $ à 1 400 $ par jour ou fraction de jour que dure l'infraction. – Personne morale : 1 300 $ à 2 800 $ par jour ou fraction de jour que dure l'infraction.	– Procureur général (art. 9(1°) C.p.p.) – Une personne autorisée (art. 9(3°) C.p.p.)	– Cour du Québec

V-105 — *La complicité et la conspiration* — L'employeur occupe un rôle clé dans la relation d'emploi, notamment parce qu'il dispose des moyens de production et de l'autorité ou de la discrétion nécessaires pour l'organisation du travail des salariés (**II-110**). En raison de cette situation privilégiée à l'égard des salariés, de nombreuses dispositions pénales encadrent ses faits et gestes dans le but d'éviter ou de réprimer les abus qu'il pourrait commettre en ces occasions (**V-102**). Le titulaire de la fonction patronale est très souvent une personne morale (comité, société, compagnie, coopérative); il fallut aussi tenir compte de cette réalité juridique et ainsi, la majorité des lois de l'emploi comprennent des dispositions particulières qui s'adressent aussi aux représentants ou aux mandataires de ces personnes morales[629]. Pour assurer l'efficacité des lois de l'emploi, la personne physique qui accomplit l'acte, acquiesce ou encore participe à la commission d'une infraction pour le compte de la personne morale est aussi partie de cette commission. En somme, les administrateurs ou officiers de l'entreprise ne peuvent valablement se retrancher derrière la personnalité juridique de l'employeur pour tenter de se disculper de leur comportement et de leurs agissements. Ils sont considérés comme les complices de l'auteur de l'infraction. Cette notion de complicité a d'ailleurs une portée fort large au *Code du travail* (art. 145 C.t.). En effet, elle ne vise par uniquement le cas des personnes morales, mais elle s'applique également à toute personne qui aide à commettre l'infraction ou en conseille la commission, même si le premier coupable n'est pas une personne morale. Selon l'article 145 C.t., le simple conseil à un tiers constitue une façon particulière de commettre aussi l'infraction[630]. À titre d'exemple, l'officier syndical qui signe une convention collective sans que cette dernière ait été autorisée par un scrutin secret (art. 203. C.t.) serait complice de l'infraction commise par le syndicat[631]. De même, le salarié qui remplace un gréviste pendant un arrêt de travail serait complice de l'employeur en contrevenant aux dispositions anti-briseurs de grève[632] (**IV-120; V-104**). Notons que l'article 145 C.t. ne crée pas de nouvelle infraction et ne fait que préciser que le complice est lui-même partie à l'infraction commise. Un syndicat ne pourrait être déclaré coupable à la fois d'une participation à une grève illégale (art. 142 C.t.) et d'incitation à la commission du même acte (art. 145 C.t.)[633]. La complicité suppose que le contrevenant principal ait commis l'infraction. Le *Code du travail* contient un second particularisme relatif à l'infraction de conspiration. En effet, selon l'article 146 C.t., si plusieurs personnes forment l'intention commune de commettre une infraction, chacune d'elles serait coupable de l'infraction commise, et ce, sans égard au fait qu'elle ait participé ou non à la réalisation de cette infraction. Dans ce cas cependant, la personne ne serait reconnue coupable de conspiration que si l'infraction principale est commise; le simple dessein ne suffit pas[634].

---

629. À titre d'exemple, voir : art. 135 de la *Charte des droits et libertés de la personne*, art. 145 du *Code du travail*, art. 241 de la *Loi sur la santé et la sécurité du travail*, art. 469 de la *Loi sur les accidents du travail et les maladies professionnelles* (**V-104**).

630. *Schnaiberg* c. *Métallurgistes unis d'Amérique, section locale 8990*, [1993] R.J.Q. 55 (C.A.).

631. *Martin* c. *Savard*, D.T.E. 93T-1283 (C.S.).

632. *Charbonneau* c. *Soucy*, [1980] T.T. 184.

633. *Centre des services sociaux Richelieu* c. *Syndicat des employés de services sociaux du diocèse de Valleyfield (C.S.N.)*, [1984] T.T. 312.

634. *Ibid.*, 321.

V-106 — *Pour conclure* — Le contentieux pénal du droit de l'emploi n'est certes pas des plus prolifiques. La voie pénale demeure heureusement l'exception et, en conséquence, la jurisprudence n'est pas très abondante. Cependant, le contentieux pénal conserve son caractère symbolique et son effet préventif puisque aucun employeur, syndicat ou salarié n'accepte volontiers d'être condamné pour la commission d'une infraction en pareille matière. Il nous semble que l'effet dissuasif relié à ces poursuites permet d'atteindre, dans une certaine mesure, cet objectif. À cet égard, il demeure encore vrai de dire que « la crainte du châtiment est le début de la sagesse » et, sous cet aspect, le contentieux pénal participe des objectifs généraux des lois de l'emploi. On constate cependant que plusieurs questions fondamentales semblent être traitées par la seule voie du droit pénal. À titre d'exemple, celle de la liberté d'expression de l'employeur à l'occasion de l'accréditation ou du processus de négociation de la convention collective n'est guère traitée au *Code du travail*, outre son aspect pénal (art. 141 C.t.), de même en est-il de l'obligation de négocier de bonne foi (**IV-103**). Cependant, le cadre étroit du droit pénal et particulièrement d'une contravention à l'article 12 du *Code du travail* ne nous semble pas des plus appropriés (fardeau de la preuve, défense possible, etc.) pour disposer de ces enjeux importants[635]. Malgré ses faiblesses, le contentieux pénal comme l'ensemble des contentieux déjà décrits permettent aux règles du droit de l'emploi d'être traduites de façon concrète lorsqu'un tel support devient nécessaire.

---

635. À titre d'exemple, on peut consulter : *Syndicat canadien des communications, de l'énergie et du papier, section locale 194* c. *Disque Améric inc.*, précité, note 159 ; *Sobeys inc.* c. *Gauthier*, précité, note 159.

Table des matières

TITRE VI

ÉPILOGUE :
L'EMPLOI ATYPIQUE
ET LE DROIT DE L'EMPLOI

VI-1 — *Objet* **—** Les cinq premiers titres de l'ouvrage constituent une démarche progressive partant de notions très générales (les sources et les composantes du droit de l'emploi) pour aboutir à l'étude de la pathologie de ce droit (les contentieux). Les deux actes juridiques caractéristiques du droit de l'emploi qui sont principalement les œuvres des parties en présence, le contrat de travail et la convention collective de travail, y sont particulièrement étudiés. Un tel développement exigeait, du moins dans un premier temps, d'écarter momentanément quelques questions spéciales, complémentaires ou marginales. Pour l'instant, ces situations singulières ne sont guère traitées à titre de composantes du régime principal du droit de l'emploi, mais nous ne pourrions longtemps encore feindre de les ignorer. Il s'agit de la problématique juridique que soulèvent les diverses situations que connaissent les travailleurs qui ne bénéficient pas d'un emploi à temps complet pour le même employeur et pour une période indéterminée. Nous devons savoir quels peuvent être les statuts juridiques de ces travailleurs et quelle protection le droit de l'emploi peut ou pourrait leur garantir. Malgré une composition hétéroclite, du moins à première vue, ces derniers développements permettent de nombreux retours aux cinq autres titres, soit pour établir quelques liaisons ou rappels, soit pour souligner certaines limites ou lacunes que comportent les règles de droit qui y sont étudiées. Ce bref exposé terminal sert aussi, par ses effets d'ombre ou de surimpression, à souligner davantage certains traits caractéristiques du droit de l'emploi. Une telle façon de clôturer l'ouvrage illustre encore que l'on ne pouvait aborder un tel thème, l'emploi, à l'aide d'un plan purement et strictement linéaire, alors que l'on cherche à saisir une réalité en constante évolution et dont maints éléments sont fort volatiles. En paraphrasant Cioran, nous dirions que la structure du présent ouvrage ne pouvait être parfaitement cohérente, s'il devait être vrai[1].

VI-2 — *La problématique de l'atypique* — Le lien d'emploi connaît d'innombrables variations retenues afin de pouvoir mieux l'adapter aux besoins ou aux exigences du donneur d'ouvrage. Pour de multiples raisons, notamment parce que les entreprises cherchent à disposer d'une grande mobilité tactique et d'une production au moindre coût, l'embauche et le maintien en emploi pour une durée indéterminée et à temps complet sont limités au strict nécessaire. Cette anorexie organisationnelle endémique serait maintenant assez généralisée dans tous les pays industrialisés et s'étend même, par mimétisme, aux organisations du secteur public. Dès que l'on altère l'un ou l'autre des éléments constitutifs de la relation d'emploi typique ou que l'une des composantes du contrat de travail apparaît moins présente ou disparaît presque (**II-52**), il devient utile ou nécessaire d'accoler une dénomination particulière à ce rapport, soulignant ainsi ce trait distinctif. Il va de soi que ces nouvelles qualifications ne sont pas toujours neutres ni dépourvues d'effets. Il nous faut saisir un peu mieux ce phénomène, de manière à savoir quand et à quelles conditions les personnes en présence à l'occasion de la réalisation d'une activité professionnelle ne seraient plus un employeur et un salarié (**VI-4 et suiv.**). Par la suite, nous devons nous enquérir à savoir si, dans une certaine mesure à tout le moins, les lois de l'emploi peuvent être assez souples pour s'appliquer à ces nouveaux types de liaisons professionnelles (**VI-10 et suiv.**). La finalité des lois de l'emploi et les principes généraux à l'aide desquels le droit de l'emploi est articulé (**I-84, 101**) imposent cette dernière préoccupation qui, dans son sens historique, nous fait nous interroger sur l'avenir même de ce droit. Un tel exercice, une semblable recherche d'éléments de réponses, permet ou provoque plusieurs retours aux titres précédents et ainsi peut-il servir à raffermir, à préciser ou à circonscrire davantage la portée des analyses qui s'y trouvent, notamment au sujet des caractéristiques du contrat de travail.

---

1. « Un ouvrage de longue haleine, soumis aux exigences d'une construction, faussé par l'obsession de la continuité, est trop cohérent pour être vrai », *Entretiens*, Paris, Édition Gallimard, Collection Arcade, 1995, p. 232.

CHAPITRE VI-1

DES LIENS D'EMPLOI VARIÉS

VI-3 — *Les emplois atypiques* — Le qualificatif « atypique » généralement retenu pour désigner les situations qui divergent quelque peu du pur et clair contrat de travail type (temps complet) est certes vague, flou et ne fournit guère d'indications au sujet des réalités que l'on croit ainsi saisir et décrire. En général, on regroupe sous cette étiquette tous les emplois qui ne correspondent pas parfaitement au modèle traditionnel implicitement visé par les lois de l'emploi, dans l'organisation des entreprises industrielles et les conventions collectives. Pour nos fins, l'emploi typique serait celui qu'occupe une personne liée par contrat de travail au sens de l'article 2085 C.c.Q. et dont les services sont retenus sur une base continue, soit pour un temps déterminé, soit pour une durée indéterminée et, dans l'un et l'autre cas, pour des jours et des semaines ouvrables entiers[2]. C'est principalement en fonction de ce double profil de fait et de droit que les lois de l'emploi sont élaborées, bien que certaines comprennent des assouplissements ou des réserves pour mieux tenir compte de leur économie respective[3]. Il n'y a pas lieu de tenter d'élaborer une quelconque « typologie » des emplois atypiques et celle que nous offrent bien des auteurs est établie en fonction de besoins ou de lieux spécifiques que nous ne saurions ignorer pour généraliser la portée des définitions

---

2. Ce serait, en quelque sorte, le salarié d'un seul employeur parce que ce dernier occupe tout son temps ouvrable et ouvré.

3. Ces modulations particulières apportées aux définitions des populations visées selon les lois de l'emploi sont déjà signalées et notamment pour le *Code du travail* (**IV-65**), la *Loi sur les normes du travail* (**III-207**), la *Loi sur les accidents du travail et les maladies professionnelles* (**III-306**) et la *Loi sur la santé et la sécurité du travail* (**III-415**).

proposées[4]. Nous voulons simplement signaler quelques variantes à l'égard de ces emplois, qui peuvent permettre de mieux saisir les implications sociales et politiques de ces tendances fortes qui, à ces causes, interpellent le droit de l'emploi. En procédant d'une façon négative, nous considérons à tour de rôle l'absence plus ou moins réelle de l'une des caractéristiques traditionnelles du contrat de travail : l'engagement de la personne même du travailleur, la subordination à l'endroit du bénéficiaire de la prestation et le versement d'une rémunération par ce dernier. L'absence ou le relâchement de l'un ou l'autre de ces trois traits provoque souvent une requalification du statut du travailleur ou, à tout le moins, impose que nous en vérifions l'exactitude puis, en précisions les effets.

VI-4 — *Un engagement personnel* — Le caractère personnel de l'engagement peut être considéré à la fois du côté du salarié et de celui qui reçoit la prestation demandée (**II-30**). Au sujet du prestataire, on reconnaît assez facilement que cette personne ne pourrait, de son seul chef, y dépêcher un substitut de son choix (**II-53**)[5]. Il est aussi possible que l'employeur s'en remette à une entreprise de placement pour lui trouver le personnel nécessaire, sous réserve de l'exercice éventuel d'un droit de *veto* ou d'opposition. On assiste alors à un tripartisme plus ou moins clair où l'organisme de placement s'interpose entre le prestataire et le bénéficiaire de services. Dans chaque cas, il faut alors analyser le rôle exact de ce tiers, afin de connaître les rapports qui peuvent subsister entre les deux autres. S'il n'exerce que des fonctions de logistique, tels la présélection, la comptabilité de la paie, le versement du numéraire, etc., il se peut alors que le salarié soit bien celui de l'entreprise bénéficiaire de services. Dans d'autres cas, la présence de ce tiers peut être si intense et déterminante que ce dernier assume véritablement la fonction d'employeur et que le bénéficiaire de services ne soit alors qu'un donneur d'ouvrage ou un client du véritable et seul employeur. En semblable situation tripartite, la question porte fort plus sur l'identification de l'employeur et fort

---

4. Voir l'essai proposé par Lucie-France DAGENAIS, *Différenciation des statuts d'emploi : esquisse de typologie et réflexions,* Commission des droits et libertés de la personne; SOCIÉTÉ QUÉBÉCOISE DE DÉVELOPPEMENT DE LA MAIN-D'ŒUVRE (dir.), *Diagnostic sur le travail autonome,* Collection connaissances du marché du travail, 1997, S.Q.D.M.; Annette DUBÉ et Daniel MERCURE, *Les entreprises et l'emploi,* Les Publications du Québec, Québec, 1997; Danielle MEULDERS et Bernard TYTGAT, « L'émergence des emplois atypiques dans les États de la Communauté européenne », *Travail et Emploi,* n° 39, janvier 1989; Jean PELLISIER, « La relation de travail atypique », (1985) *Droit social,* 531.

5. Un employeur peut certes conférer pareille liberté de manœuvre à un salarié. Sur le plan juridique, il s'agirait d'une renonciation à l'exercice direct de cette prérogative. En fait, une telle situation suppose une grande confiance de la part de l'employeur quant au choix qui serait fait, et sans doute pareille situation exige un cadre de travail assez particulier, mais nullement invraisemblable. Selon la clause d'atelier fermé que l'on trouve dans certaines conventions collectives (**IV-20; annexe 7**), l'employeur doit recevoir le salarié syndiqué que lui envoie le syndicat : la sélection initiale ne relevant pas de l'employeur.

moins sur celle du salarié, bien que l'on ne puisse qualifier l'un en ignorant l'autre[6]. Le débat entre les deux employeurs potentiels ressemble à celui qui aurait lieu entre deux États qui refuseraient de recevoir un salarié prétendument apatride. En pratique, la réponse peut néanmoins être importante pour ce salarié selon l'employeur qui est identifié d'autorité. Il va de soi que cette même qualification entraîne aussi de sérieuses implications pour l'employeur désigné. Si l'utilisateur des services devient effectivement l'employeur du salarié envoyé par une entreprise de placement, ce dernier peut souvent bénéficier d'un meilleur terreau professionnel, d'une plus grande stabilité et même, d'un certain plan de carrière[7]. Une troisième hypothèse est aussi possible : le travailleur présenté à l'utilisateur de ses services par le truchement de l'entreprise de placement devient dès lors « libéré » ou sans lien de subordination en aval et en amont. Dans cette situation, le travailleur assume seul tous les risques inhérents à son activité dite de « service » (art. 2099 C.c.Q.). On peut comprendre que le réveil de ce travailleur à sa nouvelle réalité juridique pourrait certes être assez brutal puisqu'il serait subrepticement placé sur un tout autre registre[8]. La situation peut être suffisamment ambiguë pour qu'il puisse néanmoins se croire salarié, mais juridiquement pour un employeur non encore identifié. L'engagement personnel du salarié peut aussi être allégé par les limites du temps de la prestation. Que les services d'une personne soient retenus pour une durée déterminée ou pour des périodes fixes d'heures, de jours ou de semaines ne change pas nécessairement le statut juridique du salarié, du moins aux fins de qualification. Il peut en être tout autrement, d'abord en fait, et aussi en droit. Si les services d'une personne ne sont requis de la part d'un employeur qu'à l'occasion ou sur demande expresse et particulière, nous pouvons supposer qu'en dehors du temps de ses prestations déterminées, ce dernier demeure libre et n'assume nullement une obligation implicite de disponibilité réelle (**II-90**). De même en est-il de son obligation de loyauté qui n'a qu'une portée relative puisque les autres employeurs bénéficiant de ses services peuvent aussi prétendre à cette même loyauté (**II-100**). Dans ces cas, il faudrait savoir distinguer entre

---

6. Dans l'arrêt *Lemay Construction*, la Cour d'appel eut à préciser pourquoi l'entrepreneur demeura l'employeur de l'opérateur de la pelle mécanique bien que les manœuvres de ce dernier fussent intégrées à celles de l'équipe de salariés de la Ville et qu'elles étaient effectuées sous la conduite directe du contremaître de la Ville. Voir : *Lemay Construction Ltée c. Poirier*, [1965] B.R. 465 ; *Jurisprudence commentée en droit du travail*, Cowansville, Les Éditions Yvon Blais inc., 1992, p. 247. Dans cet arrêt, le critère juridique retenu fut la subordination et son pendant patronal, mais en aucun moment le statut de salarié de l'opérateur ne fut discuté, tellement il allait de soi qu'il était salarié (mais de qui ?).

7. *Pointe-Claire (la Ville) c. Québec (Tribunal du travail)*, [1997] R.C.S. p. 1015 : voir, dans ce cas l'intérêt pratique pour cette personne d'être salariée de la Ville. Les notes des juges indiquent aussi les difficultés et les tiraillements éprouvés pour effectuer pareille qualification juridique.

8. Il suffit d'imaginer la situation où il subit des lésions à l'occasion de ses activités professionnelles (**VI-15**).

la situation du salarié à temps partiel mais permanent, c'est-à-dire en service tous les jours ouvrables, ou toutes les semaines ouvrables et le salarié occasionnel ou intérimaire appelé en service pour dépanner, remplacer ou pour absorber des activités de pointe ou imprévisibles[9]. La périodicité régulière et continue de la prestation de travail modifie la qualité de la liaison et les attentes raisonnables et justes de part et d'autre : le temps, dans ce domaine, comme dans bien d'autres, n'est pas neutre.

VI-5 — *Subordination assouplie* — L'existence d'un lien de subordination, même assoupli (**II-54**), demeure encore essentielle à la qualification du salarié (art. 2085 C.c.Q.). Si le travailleur n'exerce pas ses fonctions dans un cadre arrêté par l'autre, et si ce dernier ne peut nullement intervenir pour apprécier ou sanctionner le comportement professionnel du premier, alors il nous faudrait en déduire que ce rapport s'articule à l'aide d'un contrat d'entreprise ou de services ou d'un tout autre ordre que celui du contrat de travail (art. 2099 C.c.Q.). Entre un rapport rigoureusement autoritaire articulé dans un cadre hiérarchique clair et symbolisé par la verticale, d'une part, et d'autre part, une liaison parfaitement égalitaire entre associés, sociétaires ou partenaires où tous se situent les uns par rapport aux autres sur une ligne horizontale, il y a place à bien des nuances et à de subtils mélanges qui peuvent se ranger dans ces « 90 degrés ». Dans ce vaste espace de « 90 degrés », on peut trouver de nombreux rapports professionnels où le prestataire du service dispose réellement ou selon toute apparence d'une quelconque liberté de manœuvre, soit parce qu'il contrôle les éléments techniques ou scientifiques des opérations, au point que le bénéficiaire du service ne peut qu'en apprécier les résultats, soit parce que ce bénéficiaire ne peut exercer de contrôle que par personnes interposées, qui peuvent même être les pairs du prestataire[10]. Le pigiste qui prend l'initiative de faire un reportage peut être un véritable artisan et sa relation peut être néanmoins fort différente si, par la périodicité et la régularité de ses opérations avec quelques journaux, on s'attend de part et d'autre à la réalisation de telles transactions sur une base continue. Outre les

---

9. Si la majorité des emplois à temps partiel, occasionnels et intérimaires se situent dans le secteur tertiaire (80 % dans les services et les commerces) et que le nombre d'emplois progresse fort plus vite dans ce secteur, alors on peut croire que la tendance aux emplois précaires ne pourrait que s'accentuer.

10. À titre d'exemple, l'université qui serait déclarée l'employeur de chercheurs retenus par un professeur n'exerce guère de contrôle autre que comptable sur les activités de ces salariés, qui sont planifiées et coordonnées par ce professeur, et ces chercheurs sont rémunérés en fonction d'une subvention ou d'une commandite que ce dernier sollicita et obtint. Voir : *Syndicat des employés de soutien de l'Université de Sherbrooke* c. *Université de Sherbrooke*, [1993] T.T. 265 ; *Syndicat des professionnelles et professionnels des affaires sociales du Québec* c. *Centre hospitalier Maisonneuve-Rosemont*, [1995] T.T. 409 ; *Université Laval* c. *Association professionnelle des assistants de recherche en sciences de Québec*, DTE 97T-1218 (T.T.).

frais assumés par l'un et la contribution professionnelle recherchée et escomptée de l'autre, on ne saurait nier que cette continuité suppose aussi une certaine harmonisation des vues qui peut être plus ou moins à sens unique. Cet autocontrôle implicite et réel peut-il équivaloir au « contrôle » au sens de l'article 2085 C.c.Q. (**II-54**), c'est dire que le critère de la subordination juridique puisse lui-même être évolutif et bien présent au-delà des premières apparences ou de sa connotation traditionnelle.

VI-6 — *La rémunération versée* — Le bénéficiaire de la prestation doit-il verser lui-même directement, exclusivement ou totalement la rémunération au travailleur ? Cette question porte sur un élément fort plus important que le seul acte matériel ou comptable relatif au versement du numéraire. Il s'agit de savoir, d'une part, qui assume réellement le coût du service et, d'autre part, si la somme reçue par le prestataire de services est bien de la nature de la rémunération et non un réel partage des profits entre deux associés, partenaires ou sociétaires. Le seul fait que la quotité du paiement puisse varier en fonction de quelques aléas n'est pas immédiatement ni nécessairement probant d'un statut différent de celui de salarié. Le paiement d'une commission à un taux variable selon l'importance des opérations ne suffit pas à départager entre un salarié, un courtier, un agent de commerce, etc. De même, le seul fait que le prestataire de services reçoive d'un tiers le paiement entier de l'opération et qu'il retienne au passage sa quote-part ne peut constituer un empêchement dirimant au statut de salarié[11]. Par ailleurs, il serait impossible, croyons-nous, de qualifier de salarié celui qui ne recevrait qu'une quote-part de l'opération fructueuse, aucune compensation en cas d'échec tout en disposant d'une complète liberté professionnelle quant à la façon d'offrir le produit ou le service. Dès que le versement de la rémunération emprunte quelques voies non traditionnelles, on éprouve bien des difficultés de qualification et généralement, les tribunaux sont assez réticents à y reconnaître un employeur (**II-139**)[12].

VI-7 — *Prestation en dehors l'établissement* — Il existe également d'autres modes d'emploi où le travailleur ne s'acquitte pas de sa tâche sous le toit de l'employeur, soit en raison même de la nature de la démarche professionnelle, tel le travail itinérant (vente, formation du personnel des entreprises-

---

11. La commission versée par l'employeur ne provient-elle pas elle aussi de l'acheteur, c'est-à-dire du paiement versé à la suite de la prestation ? Le fait que ce montant transite chez l'employeur ne modifie pas la nature de l'opération principale. De même en est-il, en sens inverse, du pourboire. Ce n'est pas parce qu'il passe par la caisse de l'aubergiste avant d'être remis au salarié qu'il cesse d'être la propriété de ce dernier depuis son versement initial par le client. C'est pourquoi le pourboire n'est pas de la nature d'une rémunération bien que pour d'autres fins, le législateur puisse l'assimiler à ce titre, notamment pour établir le « revenu imposable » du bénéficiaire (**II-139**).

12. *L'arrêt Yellow Cab Ltd.* c. *Board of Industrial Relations*, [1980] 2 R.C.S. 761 en demeure une belle illustration.

clients, mise en état des équipements vendus, etc.), soit parce qu'il peut disposer à domicile des moyens techniques et opérationnels nécessaires (le télétravail). Il est possible de concevoir de semblables situations où le prestataire serait parfaitement et clairement lié par contrat de travail et, à l'opposé, celle où l'obligation assumée serait bien une obligation de résultat, en ce sens qu'il lui reviendrait de prendre lui-même les moyens pour l'atteindre à titre d'entrepreneur. Il serait tout aussi vraisemblable que ce même individu puisse être salarié « à temps partiel » vis-à-vis de l'un et travailleur autonome ou petit entrepreneur à l'égard d'un donneur d'ouvrage tout en effectuant de semblables activités professionnelles[13]. Dans tous ces cas, le fait de ne pas être astreint à une présence chez l'autre lui confère, du moins en toute apparence, une plus grande liberté de manœuvre, notamment de gestion de son temps[14]. En raison des dispositifs électroniques utilisés, on ne peut plus évaluer le degré d'indépendance d'un salarié par la distance matérielle qui le sépare de l'employeur. Il en est ainsi du vendeur itinérant qui doit rapporter sur-le-champ les résultats de chacune de ses transactions et même de ses « visites » aux clients par la voie d'un modem ou encore, de la situation du contremaître, du technicien ou de l'opérateur qui peuvent être appelés ou « zappés » en soirée ou en fin de semaine dès l'arrêt inspiré des systèmes de production en continu. Le fait que ces salariés soient tenus de répondre à l'appel et de justifier ainsi leur disponibilité ou présence indique bien leur rattachement à l'entreprise. Si de tels liens n'étaient pas suffisants pour y dégager la présence d'une « subordination juridique » minimalement exigible selon la conception traditionnelle, il nous paraît néanmoins que nous pourrions trouver, dans de tels rapports professionnels, la raison d'être, l'ipséité même du droit de l'emploi.

VI-8 — *Travailleurs autonomes* — Il existe également un autre mode où le travailleur n'a pas de véritable lien juridique de subordination à l'égard du donneur d'ouvrage et que l'on qualifie parfois de travailleur autonome[15]. Cette autonomie peut être professionnelle et juridique, mais il est plus rare qu'elle soit de nature économique[16]. Ce statut serait en constante progression

---

13. À titre d'exemple, le journaliste peut être à la fois salarié à temps partiel pour le compte d'un journal et, à l'occasion, pigiste pour bien d'autres entreprises d'information.

14. La subordination juridique et le contrôle de l'employeur peuvent néanmoins exister malgré l'absence physique dans un lieu donné, compte tenu des contrôles à distance que permet l'informatique (la laisse électronique). Voir : Martine AUBRY et Pierre-Louis RÉMY : « Le droit du travail à l'épreuve des nouvelles technologies », (1992) *Droit social* 522.

15. On trouve notamment ces travailleurs autonomes à titre de conseillers dans toute discipline (services d'entreprises) et aussi, dans l'exercice de certains métiers alors qu'on leur prête souvent le qualificatif d'artisans.

16. Il serait parfois bien difficile de distinguer cette personne de son organisation professionnelle et d'y voir une entreprise en dehors ou en sus d'elle-même, tellement sa personne constitue l'élément exclusif, sinon essentiel, de son affaire (**II-120**).

au Canada : il formerait près de 18 % des emplois et on les trouve principalement dans les services (comptabilité, informatique, communication, publicité, etc.). S'il s'agit véritablement d'un travailleur autonome, on pourrait dire, sans jeu de mots, qu'il s'emploie à des activités professionnelles auprès de divers donneurs d'ouvrage ou d'entreprises-clients réels ou éventuels. L'accès au statut d'autonomie peut être un acte purement volontaire, le choix d'une aventure professionnelle ou une voie de survie retenue par nécessité en raison de la conjoncture ou encore, une voie tracée, aménagée et préparée par l'employeur qui allège d'autant sa masse salariale en offrant cette sortie à des salariés pour leur confier en sous-traitance certains services. Pareille initiative de l'employeur n'est pas nouvelle, seuls les motifs changent, mais les effets pour les ex-salariés sont généralement les mêmes[17]. C'est que le filet de protection juridique historiquement tissé pour le salarié typique tend à disparaître ou, à tout le moins, à élargir ses mailles en fonction du degré d'autonomie juridique acquis ou prêté. C'est alors que le droit commercial prend place et déloge le droit de l'emploi (**VI-17**).

VI-9 — *L'éclatement de l'emploi* — La diversification des types d'emploi et la précarisation des emplois sont deux phénomènes socio-économiques principalement induits des restructurations et des réorganisations des grandes entreprises. Ces dernières doivent se repositionner sur les marchés, rechercher ou retenir les créneaux les plus prometteurs, s'assurer de revenus constants et d'une image financière forte selon « l'audit-maître » boursier. Pour obtenir la souplesse désirée, on allège les structures et les processus généraux de production. Dans plusieurs cas, ces entreprises forment des réseaux qui s'étendent plus à l'horizontale qu'à la verticale, ce qui peut permettre de modifier, au besoin, l'apport de chaque constituante, d'en ajouter ou d'en soustraire. L'entreprise principale ou moteur, semblable au vaisseau amiral, assure et contrôle la direction générale, la répartition des missions et des objectifs de même que l'intercommunication. Il est aussi possible que certaines unités du réseau soient des entreprises de grande taille et qu'elles puissent employer les mêmes techniques et saucissonner pareillement leur organisation. Ainsi, un travailleur dit autonome peut offrir néanmoins ses services quasi exclusivement à une seule entreprise (Bell, I.B.M., G.M. etc.) ou pour l'une de ses constituantes[18].

---

17. Il fut un temps où ce changement de statut servait à repousser la venue ou la présence d'un syndicat. Voir : *Food Driver's Commission Salesmen, Dairy and Ice Cream Workers, Local union 973* c. *J.J. Joubert Ltée*, rapporté à D.C.R.T., 1638 10 ; *Jurisprudence commentée*, précitée, note 7, p. 252 ; *Commission scolaire du Lac Témiscamingue* c. *S.C.F.P.*, [1986] T.T. 106, commenté sous le titre « La double personnalité d'un concierge, (1986) 41 *Rel. Ind.* 835.

18. Certaines grandes entreprises préfèrent conserver les activités situées aux pôles extrêmes du processus tels le financement et le marketing et faire réaliser par d'autres ce qui était jusqu'alors leur creuset principal, soit la production d'un bien : l'entreprise Sara Lee inc. aurait ainsi confié la fabrication de ses produits à des tiers.

Dans ce méli-mélo, des salariés relevant d'entreprises différentes peuvent occasionnellement travailler à un même produit, tout comme des salariés d'un même employeur peuvent fabriquer les produits les plus variés les uns des autres, notamment par leur destination finale. Dans de tels réseaux, la dépendance économique et l'imposition des mêmes normes techniques peuvent être très fortes, au point que la question de la présence ou de l'absence de subordination juridique apparaîtrait une question anachronique ou superfétatoire, ou peut-être un simple jeu de société[19]. Ces nouvelles formes d'organisation de production de biens ou de services modifient sensiblement et souvent radicalement l'activité professionnelle, l'emploi et le statut des travailleurs, au point qu'il nous faut savoir à nouveau si les définitions retenues du salarié aux différentes lois de l'emploi n'étaient pas déjà vétustes, périmées ou anachroniques[20]. Sous forme de partenariat ou autrement, les organisations publiques, y compris les gouvernements locaux, ont de plus en plus tendance à suivre un semblable modèle (cueillette et traitement des ordures ménagères, traitement de l'eau, gestion des autoroutes, etc.). Ce qui fait qu'il n'importerait pas ou peu, pour les besoins de notre analyse, de distinguer entre les secteurs public et privé.

---

19. Par le truchement de normes techniques, il est aussi possible d'endiguer les faits et gestes du prestataire (**II-128**).
20. Danielle KAISERGRUBER, « Frontières de l'emploi, frontières de l'entreprise », *Futuribles*, n° 193, décembre 1994, p. 3; « L'évolution de l'emploi atypique au Québec », *Le marché du travail*, mai 1998, volume 19, n° 5, Les Publications du Québec.

CHAPITRE VI-2

LE SALARIÉ ATYPIQUE ET LES LOIS DE L'EMPLOI

VI-10 — *Lois de l'emploi applicables* — Notre brève analyse des variations que peuvent connaître les diverses composantes du contrat de travail et des multiples facteurs rendant plus ou moins précaire le lien d'emploi (**VI-1**) soulève l'inévitable question à savoir si le droit de l'emploi sut ou sait s'adapter à ces métamorphoses. Sur le plan historique, cette question résulte du fait que le droit de l'emploi fut initialement élaboré en fonction d'un modèle relativement simple : le salarié à temps complet dont les services sont retenus par une même entreprise et pour une période indéterminée (**I-51; II-52**). Le grand nombre de salariés à statut atypique, c'est-à-dire qui dérogent un peu ou beaucoup du modèle traditionnel, bien qu'ils soient tout aussi présents au sein des entreprises, exigent que nous analysions d'un peu plus près les principales lois de l'emploi afin de savoir si elles leur apportent la même protection qu'aux salariés « typiques ». Cette problématique serait d'autant plus intéressante que le phénomène de la précarisation s'étend, dans une certaine mesure du moins, à ceux qui pouvaient s'en croire à l'abri. En effet, bien des invitations ou incitations sont faites aux salariés à statut typique pour qu'ils modifient leur plan professionnel : spécialisation fortement développée qui marginalise le titulaire, retraite anticipée, proposition de sous-traitance à titre de conseillers, etc. Il devient de plus en plus inapproprié ou inexact de placer en simple et directe opposition l'ensemble des travailleurs en les situant dans deux catégories prétendument imperméables l'une à l'autre. Si sur les plans statistique et du discours vernaculaire, il est facile d'utiliser certains doublets, tels production de biens et production de services, ou encore, emploi de production et emploi de contact, ces formules comportent, aux fins de qualification juridique, des occasions manifestes de dérapage. En effet, ces catégories ne traduisent pas parfaitement la réalité que l'on voudrait ou prétendrait saisir dans l'un ou l'autre des secteurs secondaire et tertiaire. De même en est-il de la combinaison autonomie et subordination. Ce n'est pas parce qu'un salarié participe aux décisions relatives au processus de production ou de contrôle de la qualité du produit que son lien de subordination juridique en est de ce seul fait évacué ou valablement réduit. Il en est ainsi de l'obligation de disponibilité pour répondre aux impératifs de l'entreprise, notamment s'il s'agit d'une production en continu (**II-90; VI-7**). La division des secteurs est aussi nébuleuse, puisque le secteur dit secondaire comprend également plusieurs services en aval et en amont, bien qu'ils soient intimement liés au processus même de production : achat, recherche, design, marketing, comptabilité, contrôle du flux des stocks, etc. Il en est ainsi sans égard au fait que ces mêmes services soient effectués à l'intérieur de l'enceinte de l'établissement de production ou à l'extérieur. Sous réserve de ces mises en garde relatives aux extrapolations hâtives, nous considérons distinctement les principales lois de l'emploi afin de mieux jauger leur adaptabilité respective à cette nouvelle donne professionnelle.

VI-11 — *Les chartes* — Nous savons que la *Charte des droits et libertés de la personne* comprend plusieurs dispositions vouées à l'affirmation de l'égalité de traitement des salariés (**III-105**). Ces dispositions ne comportent aucune distinction en fonction des divers statuts des salariés en présence. Lorsque tous les salariés d'un lieu de travail ou vis-à-vis d'un employeur disposent du même statut, les dispositions assurant l'égalité de traitement peuvent plus facilement s'appliquer et réaliser leur fonction respective. Il peut en être tout autrement dès que cohabitent, dans une même entreprise ou dans le cadre d'un même réseau, des salariés à statuts variés ou variables. Pour illustrer cette assertion, considérons le sens et la portée possible de trois articles de la *Charte des droits*.

   i) L'article 16 prohibe toute discrimination à l'occasion de l'embauche, de l'apprentissage, de la durée de l'essai, de la formation professionnelle, des mesures disciplinaires, etc. (**II-7; III-106**). Ces multiples chefs sont fort pertinents et il est de commune connaissance qu'il s'agit des principales occasions où l'employeur peut exercer une réelle discrétion et que le salarié peut être en situation de grande vulnérabilité. Il faut cependant reconnaître que la discrimination prohibée demeure toujours celle visée à l'article 10 de la Charte (**III-105**). Ainsi, l'employeur ne transgresserait nullement la Charte en embauchant deux salariés à temps partiel plutôt qu'un seul à temps complet, en procédant à la mise à pied d'un salarié à temps partiel avant celui à temps complet ou en limitant le paiement des indemnités en fonction du critère de proportionnalité au temps fait par le salarié à temps partiel, etc.

   ii) L'article 19 affirme le droit à l'égalité de traitement pour tous les salariés « [...] qui accomplissent un travail équivalent au même endroit ».

On y précise que cette égalité de traitement est sauvegardée ou qu'il n'y a pas de discrimination si « [...] une différence de traitement ou de salaire est fondée sur l'expérience, l'ancienneté, la durée de service » (art. 19, al. 2 de la Charte). Ainsi, l'application uniforme d'une norme objective ou de la même formule mathématique pour établir la rémunération de tous les salariés (à temps complet, à temps partiel, occasionnels, intérimaires, etc.) pourrait être valable. Selon cette approche aseptique ou de mathématique simple, un salarié atypique peut acquérir un avancement d'échelon après deux ou trois ans, alors que le salarié à temps complet franchit cette étape en douze mois[21]!

iii) L'article 46 affirme que « [...] toute personne qui travaille a droit, conformément à la loi, à des conditions de travail justes et raisonnables [...] ». Cette garantie vise-t-elle exclusivement la personne qui travaille à titre de salarié ? Toutes les personnes qui exercent une activité professionnelle (même bénévole) peuvent-elles aussi bénéficier de conditions justes et raisonnables qui respectent sa personne ? Les termes employés à ce même article et sa fonction sociale objective permettraient de croire que l'on ne devrait pas distinguer les travailleurs selon leur statut. On pourrait y comprendre celui lié par contrat de travail ou par contrat de services puisqu'il s'agit d'une prestation personnelle que fournissent aussi le travailleur autonome, le pigiste et les autres. Compte tenu des autres dispositions de la Charte relatives au travail (art. 16, 17, 18, 18.1, 18.2, 19 et 20), il est probable que la thèse restrictive favorable aux seules personnes ayant le statut de salarié soit privilégiée, bien que l'article 46 se situe dans un chapitre distinct, celui des droits économiques et sociaux.

Ces trois dispositions de la Charte québécoise ne nous semblent guère d'un grand secours à l'endroit de tous les salariés atypiques dès que leur statut les marginalise quelque peu à l'égard du peloton dur de l'employeur, soit les travailleurs à temps complet à durée indéterminée. La *Charte de la langue française* (**III-111**) ne semble pas soulever les mêmes difficultés, du moins à l'égard des salariés à temps partiel occasionnels ou intérimaires. Les termes « emploi », « personnel » et « travailleur » retenus aux articles 42, 45, 46 et 47 de cette charte sont assez vastes pour comprendre tous ceux qui disposent néanmoins du statut de salarié.

VI-12 — *Le Code civil* — Le chapitre portant sur le contrat de travail que l'on trouve maintenant au *Code civil du Québec* (**I-50; II-48**) reprend la division classique fondée sur la durée du contrat (**II-63**). Une telle dichotomie ignore les autres variantes possibles du contrat de travail, même si ses

---

21. Au-delà de la réponse facile, il conviendrait de rechercher les véritables raisons qui justifient la détermination initiale de ce délai de douze mois ou de tout autre !

éléments essentiels s'y trouvent (**II-52**). La définition du contrat de travail donnée à l'article 2085 C.c.Q. serait, en quelque sorte, mise en opposition avec celle, plus négative, retenue à l'article 2099 C.c.Q., où l'on décrit l'entrepreneur ou le prestataire de services comme celui qui dispose du libre choix des moyens et qui demeure libre d'un « lien de subordination » vis-à-vis du donneur d'ouvrage. Dans ces derniers cas, il ne s'agirait pas de salariés. Aussi rapidement énoncées, ces deux définitions laissent croire qu'il pourrait être facile de qualifier, à l'aide de ces deux catégories, les multiples situations où une personne exerce une activité professionnelle au profit, à la demande ou pour le compte d'une autre. Par ailleurs, cette qualification juridique entraîne des effets certains nullement négligeables. Dès que la relation ne serait pas celle que sous-entend le contrat de travail au sens de l'article 2085 C.c.Q., les douze autres dispositions du même code (art. 2086 à 2097 C.c.Q.) ne pourraient s'appliquer, notamment les dispositions protectrices relatives :

— aux obligations spécifiques de respect et de protection de la santé, de la sécurité et de la dignité du salarié (art. 2087 C.c.Q.);

— aux conditions particulières encadrant et imposant des limites relatives à toute entente susceptible de restreindre la liberté de concurrence (art. 2089, 2095 C.c.Q.);

— au préavis de résiliation du contrat et à l'invalidité d'une renonciation à une indemnité par ailleurs due (art. 2092 C.c.Q.);

— au maintien du contrat après le départ de l'employeur à la suite d'une fusion ou d'une modification de l'entreprise (art. 2097 C.c.Q.).

Lorsque les parties se situent en dehors du cadre protecteur du contrat de travail, les principales règles de droit applicables visent davantage l'objet du contrat que le sujet. N'était-ce pas d'ailleurs la fonction sociale du droit de l'emploi et, partant, des principales règles de ce droit positif de recentrer la relation d'emploi sur la personne du prestataire et moins sur l'objet (**I-102**)? À l'égard de plusieurs lois de l'emploi, le travailleur non qualifié de salarié en fonction du particularisme de son lien contractuel avec le donneur d'ouvrage est écarté de leur champ d'application[22]. Dans la mesure où un travailleur dit indépendant ou autonome, tel le pigiste ou le sous-traitant, est soumis aux règles applicables au contrat de services ou d'entreprise, il s'ensuit que le droit commercial prend la relève. Dès lors, les rapports entre les parties en présence et aussi, à l'égard des tiers, répondent à une tout autre économie. À titre d'illustrations, nous rappelons quelques règles tirées du *Code civil du Québec*.

---

22. Certaines lois de l'emploi ont ajouté d'autres liens de rattachement à titre complémentaire de manière à élargir leur population respective (**III-207, 306, 415, 507**).

i) Ce travailleur autonome est directement et personnellement responsable des actes qu'il accomplit et des biens qu'il fabrique, tant à l'égard des tiers que vis-à-vis du donneur d'ouvrage (art. 1458, 1463 *a contrario*, 1468 C.c.Q.).

ii) À titre de sous-traitant ou de cocontractant, il peut aussi partager la responsabilité des préjudices subis par un tiers du fait de l'opération à laquelle il participe (art. 1478, 1480 C.c.Q.).

iii) Il lui faut aussi assumer les garanties contre les défauts cachés (art. 1726 C.c.Q.).

iv) Il lui faut répondre des garanties conventionnelles et d'usage (art. 1732 C.c.Q.).

v) Il lui incombe d'agir au mieux des intérêts du client et suivant les règles de l'art (art. 2100 C.c.Q.).

Puisque le patrimoine de chacun vaut gage commun aux créanciers, on peut aussi déduire que la vulnérabilité d'un tel travailleur serait d'autant plus grande que les occasions d'être tenu directement responsable peuvent l'être. Il serait dès lors logique de savoir si l'on ne devrait pas effectuer une certaine séparation du patrimoine du travailleur autonome, sans pour cela le contraindre à constituer une société personnelle à responsabilité limitée[23].

VI-13 — *Le* Code du travail — L'aménagement des rapports collectifs du travail est établi sur la base d'une dichotomie simple qui ne laisse place à guère de nuances. En effet, les salariés au sens général du *Code civil du Québec* (art. 2085 C.c.Q) (**II-50**) sont divisés en deux groupes : ceux qui représentent l'employeur en raison d'une délégation d'autorité et les autres salariés. Ces derniers peuvent seuls négocier collectivement par le truchement d'un syndicat leurs conditions de travail, alors que les salariés du premier groupe en sont exclus (**IV-2, 65**). Cette absence de nuance et d'adaptabilité pour identifier le seul groupe de salariés bénéficiaires du régime collectif s'autorise d'une recherche initiale d'un système que l'on voulait simple, précis et clair. Cette approche était sans doute nécessaire à la phase initiale de l'industrialisation (1945–1970) où il s'agissait, notamment dans le secteur secondaire, d'imposer à l'employeur la présence d'un véritable et solide représentant collectif. Par la suite, cette dichotomie connut quelques assouplissements, dont le plus important consista à lever, après vingt ans, l'embargo à l'égard des salariés « professionnels », c'est-à-dire dont les actes sont réservés aux seuls membres de l'un des 23 ordres professionnels (**II-27; IV-65**). La seule exception à l'égard des représentants de l'employeur vise les cadres d'Hydro-Québec et

---

23. On entreprit pareille expérience en France. Voir : Michel LAROCQUE, « Présentation introductive de la loi du 11 février 1994 relative à l'initiative et à l'entreprise individuelle », (1995) *Droit social* 631.

ceux de la Ville de Montréal (art. 21, al. 6, C.t.)[24]. Outre ces situations particulières, cette division simple et catégorique comporte cependant quelques effets que l'on ne saurait négliger à l'endroit des personnes qui ne peuvent être qualifiées de salariés au sens du *Code du travail*.

i) Ces travailleurs ne peuvent bénéficier des diverses mesures protectrices édictées au *Code du travail*. Ainsi, la liberté syndicale affirmée à l'article 3 et les mesures de soutien qui s'y greffent ne peuvent s'appliquer (art. 15 à 20 C.t) (**V-8**).

ii) Les associations de cadres ne peuvent être admissibles à l'accréditation (art. 21, 47 C.t.) et elles ne sont d'ailleurs nullement tenues à une juste et loyale représentation des cadres qui n'en sont pas membres (art. 47.2 C.t.).

Sur le plan technique, nous pourrions craindre que des travailleurs ne disposant pas du statut de salarié et qui voudraient néanmoins entreprendre ensemble une action collective (uniformisation à la hausse de leurs émoluments, etc.) ne puissent bénéficier des règles protectrices énoncées à titre exceptionnel au *Code criminel*[25] (**IV-114**) et à *la Loi sur la concurrence*[26]. En raison de la portée pratique de telles exclusions, l'employeur peut mieux saisir l'avantage qu'il pourrait avoir à contester le statut de salarié ou à imposer un statut qui sied à ses propres intérêts. Cette façon de faire n'est pas nouvelle puisqu'elle fut déjà pratiquée il y a très longtemps[27]. La question pourrait prendre une nouvelle ampleur en raison des autres modes d'emploi retenus : sous-traitance, travail autonome, tripartisme, etc. Peut-être faudrait-il rechercher une façon d'assouplir la définition du salarié retenue au *Code du travail* pour rendre plus accessible ce régime ou établir un autre processus de négociation collective pour les travailleurs exclus! Les salariés à temps partiel, occasionnels ou intérimaires sont parfois expressément inclus parmi les salariés visés et font alors partie intégrante de ces unités d'accréditation (**IV-65**)[28]. Nous devons constater que dans bien des conventions collectives, ces salariés constituent une deuxième classe et que certaines mesures de protection leur sont pas garanties ou qu'ils ne disposent pas des mêmes conditions de travail ou de l'intégralité de la convention collective[29].

---

24. Cette double exception apportée au *Code du travail* en 1969 ne devait être que provisoire puisque le ministre du Travail de l'époque avait annoncé la venue imminente d'un projet modifiant le *Code du travail* pour donner aux cadres accès aux rapports collectifs du travail. Ce projet n'advint jamais au cours des 30 dernières années.
25. L.R.C. (1985), ch. C-46.
26. L.R.C., ch. C-34.
27. Voir : *J.J. Joubert* et *Commission scolaire du Lac Témiscamingue*, précités note 17.
28. *Syndicat des employés des Publications Quebecor (C.S.N.)* c. *Publications Quebecor inc.*, [1977] T.T. 46.
29. La légalité de telles ségrégations au sein des salariés d'une même unité d'accréditation nous paraît fort douteuse. Il en est autrement d'une disposition conventionnelle limitant l'accès au contrôle arbitral à l'égard de tous les salariés en période d'essai, si cette période est d'une durée raisonnable et la même pour tous, sans égard à leur statut personnel.

VI-14 — *L.N.T.* — La *Loi sur les normes du travail* prévoit-elle des mesures particulières susceptibles de bien saisir la réalité que connaissent les salariés atypiques ? Cette question est certes d'un grand intérêt puisqu'il s'agit du régime général devant garantir à tous des conditions de travail décentes (**III-201**) et que les titulaires d'emplois atypiques sont généralement en situation de faiblesse (**VI-10**). La définition du salarié retenue à cette même loi est basée sur l'entendement général du contrat de travail. On y ajoute trois conditions cumulatives pour comprendre également un certain type de travailleur autonome parfois qualifié « d'entrepreneur dépendant » (**III-207**). L'article 2 L.N.T. précise que le lieu d'exécution du travail n'importe pas pour établir l'applicabilité de cette loi, ce qui permettrait de comprendre notamment le télétravailleur, le travailleur à domicile ou le travailleur itinérant. Au-delà de ces généralités, il est plus difficile de répondre à notre question liminaire dès que nous considérons d'une façon plus spécifique les normes particulières que renferme cette loi[30]. La notion de « service continu » (art. 1, al. 12, L.N.T.) (**III-207**) sert de critère de qualification pour disposer de plusieurs droits et recours qui s'y trouvent. Dès que survient une réelle césure entre deux prestations, on doit repartir à zéro le calcul du temps de service, et un tel incident peut plus facilement survenir dans le cas des travailleurs à temps partiel, occasionnels et intérimaires. Dès lors, la notion de « service continu » peut servir de frein à l'application de la loi lorsqu'il s'agit d'embaucher pour de brèves durées renouvelées d'une façon irrégulière ou selon un certain roulement tactique. Notons que le lien juridique de service continu n'est pas rompu parce que la prestation de travail ne serait pas fournie d'une façon constante. L'article 41.1 L.N.T. impose le respect du principe d'égalité de traitement (le taux) au profit des salariés à temps partiel[31]. Bien évidemment, ce taux ne garantit nullement une rémunération minimale hebdomadaire ou mensuelle[32]. De plus, la garantie d'un taux égal ne s'applique que si le taux réel applicable à ce salarié est inférieur à deux fois le salaire minimum (art. 41.1, al. 2 *in fine*, L.N.T.). L'article 74.1 L.N.T. reprend une approche semblable au sujet du droit au congé annuel au profit du salarié à temps partiel. Ces situations indiquent bien que le législateur s'en tient à une formule d'une belle apparence et d'une mathématique simple, mais sans vraiment considérer les conditions sociales et économiques du salarié à temps partiel,

---

30. Jean-Yves BRIÈRE, « Le Big Bang de l'emploi ou la confrontation de la Loi sur les normes et des emplois atypiques », Actes de la 5e journée en droit social et du travail, U.Q.A.M., *Emploi précaire et non-emploi : droits recherchés*, Les Éditions Yvon Blais inc., Cowansville, 1994, p. 1.

31. Cette égalité de taux vaut en fonction de celui appliqué aux autres salariés accomplissant par ailleurs les mêmes tâches dans un même établissement. On peut comprendre que cette base comparative peut parfois être difficile à retrouver ou à circonscrire.

32. On pourrait atteindre ces *minima* hebdomadaires ou mensuels en imposant un nombre minimal d'heures de travail pour chaque semaine ou chaque mois ou même, dans certains cas, sur une base annuelle.

occasionnel ou intérimaire. Les sept jours fériés, chômés et payés (art. 60 et suiv. L.N.T.) **(III-215)** peuvent ne pas toujours s'appliquer aux salariés à temps partiel, occasionnels ou intérimaires. En effet, ces congés payés sont accordés à des conditions précises :

— le salarié doit déjà disposer de 60 jours de service continu (art. 65, al. 1, L.N.T.);

— chaque jour férié doit coïncider avec un jour autrement ouvrable pour ce salarié (art. 62 L.N.T.);

— le salarié ne doit pas s'être absenté « la veille ou le lendemain de ce jour » (art. 65, al. 1, L.N.T.)[33];

— le salarié qui normalement n'aurait pas travaillé ce jour férié n'a pas droit à la rémunération ou à l'indemnité afférente pour ce jour (art. 65, al. 2, L.N.T.).

Ces quatre conditions permettent d'éviter quelque abus autrement possibles de la part du salarié à temps complet. À l'égard du salarié à temps partiel, occasionnel ou intérimaire, les occasions où il peut jouir d'un tel congé payé sont en conséquence plus rares. Il nous faut à tout le moins constater que le législateur n'a pas vraiment tenu compte de la situation de ces salariés atypiques[34]. Ces mêmes observations d'inadaptation valent au sujet des règles relatives aux congés annuels dont la durée est établie en fonction du critère du « service continu » (art. 66 à 69 L.N.T.) **(III-216)**. Ce dernier critère s'applique également au travailleur à temps partiel et, dans certains cas, à des occasionnels ou à des salariés saisonniers, dans la mesure où le lien juridique n'est pas interrompu entre chaque période de prestation (art. 1, al. 12, L.N.T.). Il en est tout autrement au sujet de la rémunération différée versée à cette occasion et qui demeure proportionnelle aux gains réels de chaque salarié (art. 74 et 75 L.N.T.). En effet, cette règle de proportionnalité est dysfonctionnelle, en ce sens que la durée du congé possible peut être trop longue compte tenu des sommes afférentes versées. On pourrait imaginer la situation où un salarié à temps partiel pourrait légitimement refuser de prendre la totalité ou une partie du congé annuel auquel il a droit, faute d'un revenu afférent suffisant. Sur le plan technique, il s'agirait d'une façon d'exercer son droit en le refusant, mais du point de vue social, la question conserve toute son ampleur. Au sujet du repos hebdomadaire (un jour par semaine : art. 78 L.N.T.), la règle peut difficilement être appliquée à l'égard de chaque

---

33. Le salarié à temps partiel ou occasionnel qui ne doit pas travailler la veille ni le lendemain du jour férié n'est pas absent du travail ou, si l'on préfère, dispose d'une raison valable de ne pas être présent, et au su de l'employeur.

34. On peut même penser qu'un salarié à temps partiel travaillant cinq ou six jours par semaine auprès de deux employeurs (deux jours pour l'un et trois jours pour l'autre) pourrait n'avoir nullement droit à la plupart de ces jours fériés ni à leur équivalent pécuniaire.

employeur dans l'hypothèse où un salarié à temps partiel, occasionnel ou intérimaire travaille néanmoins sept jours continus, mais répartis entre deux ou trois employeurs. À l'égard des congés sociaux et familiaux (art. 80 à 81.2 L.N.T.) (**III-217**), on constate également l'inadaptation des règles au bénéfice du salarié atypique. Parfois, il serait même possible qu'un salarié à temps partiel puisse disposer d'un droit plus généreux que celui expressément reconnu à la loi[35]. Outre le cas du travailleur autonome ou «entrepreneur dépendant», si le lien contractuel qui unit un travailleur au donneur d'ouvrage s'éloigne trop du contrat de travail au point de ne plus y retrouver les trois composantes essentielles (**II-52**), alors la *Loi sur les normes du travail* ne peut s'appliquer et ce travailleur ne dispose que des droits civils et commerciaux rattachés au prix convenu pour sa prestation. Les règles relatives au préavis de mise à pied ou de cessation d'emploi peuvent s'appliquer aux salariés atypiques s'ils satisfont au critère du «service continu» exigible (art. 82 L.N.T.). De même en est-il, au profit de ces salariés qui disposent néanmoins de trois ans de service continu, du droit de contrôle du renvoi imposé par l'employeur (art. 124 L.N.T.) (**V-32**). Au-delà des situations signalées, la *Loi sur les normes du travail* comporte tant d'exceptions, de nuances, de réserves et de conditions expresses ou possibles imposées par voie de règlement (art. 88 à 92 L.N.T.) (**III-221**) qu'il nous paraît impossible de présenter une synthèse du cadre normatif réellement applicable aux salariés à statut précaire.

VI-15 — *L.A.T.M.P. et L.S.S.T.* — En raison même de son objet, la *Loi sur les accidents du travail et les maladies professionnelles* ne pouvait réserver son filet de protection aux seuls salariés entendus au sens strict. Par voie d'assimilation, de présomption et de fiction, la population des travailleurs protégés est fortement élargie (**III-306**). La question demeure cependant problématique à l'égard du travailleur autonome et pour tous les travailleurs dont le statut peut être insuffisamment défini et se situer entre celui du salarié et de l'entrepreneur (**VI-8**). Afin d'éviter d'apprendre après l'accident du travail ou une maladie professionnelle qu'il n'est pas assimilé à un salarié du donneur d'ouvrage, en raison des exclusions édictées à l'article 9 L.A.T.M.P., le travailleur autonome peut toujours s'enquérir de cette donnée auprès de la C.S.S.T. et, s'il y a lieu, s'inscrire à ses frais au registre des bénéficiaires du

---

35. Nous pensons à la situation où un salarié à temps partiel travaillant deux jours par semaine chez un employeur et trois jours par semaine pour le compte d'un autre. Ne peut-il pas demander au premier un congé de cinq jours, dont deux rémunérés selon l'article 81.1 L.N.T., et faire la même demande auprès du second, et ce, pour un total de quatre jours rémunérés ? Pareil scénario pourrait être imaginé à l'égard de certains autres congés sociaux (art. 80 et 80.1 L.N.T.). Ces exemples n'ont pas comme objet de démontrer comment il peut être possible de violer l'esprit de la loi, mais bien d'illustrer son inadaptation à des situations de plus en plus fréquentes.

régime (art. 18 L.S.S.T.)[36]. L'objet de la *Loi sur la santé et la sécurité du travail* (**III-405**) exige aussi de dépasser le strict cadre de l'entendement traditionnel du salarié pour imposer un comportement sécuritaire à tous ceux qui exécutent leur prestation ou sont présents dans un même lieu de travail. Au besoin, ces préceptes de prévention s'appliquent sans distinction en fonction des différents statuts des collaborateurs en présence ou de l'ordre hiérarchique de l'organisation. Le risque d'accident ne peut reconnaître ces frontières abstraites et demeure un fait brutal et universel. Aussi fallait-il qu'il en soit ainsi du devoir de prudence exigible sans restriction ni réserve dès que l'activité professionnelle de l'un demande l'apport ou la présence de l'autre : du fournisseur à l'utilisateur (**III-406, 414 et 415**).

VI-16 — *Lacunes du droit de l'emploi* — Le débat au sujet de l'inadaptation des lois de l'emploi aux situations nouvelles que connaissent de plus en plus de travailleurs est à la fois d'ordre social, économique et politique. La dimension juridique serait plus secondaire ou technique, en ce sens que la discussion porterait alors davantage sur le choix des moyens pour étendre le filet de protection aux personnes et aux situations d'abord retenues. On admet ou on ne conteste guère que l'entreprise doit être flexible, produire au moindre coût les biens et les services de la meilleure qualité. À ces fins, elle cherche à disposer d'un personnel polyvalent, bien formé, disponible, loyal et qui partage ses propres objectifs. Par ailleurs, ces qualités exigibles ne seraient guère compatibles avec les pratiques retenues par certaines entreprises privées et aussi publiques, qui consistent notamment :

— à réduire d'une façon pratique et souvent intempestive le personnel permanent (le noyau dur);

— à précipiter les mises à la retraite à l'aide de quelques avantages pécuniaires très éphémères;

— à multiplier les sous-traitances en confiant des parcelles d'activités à des « travailleurs autonomes »;

— à embaucher en grand nombre et sur une base quasi régulière des salariés à temps partiel, occasionnels et intérimaires;

— à recruter des salariés fraîchement formés à l'extérieur plutôt que d'instituer des programmes internes de formation continue;

— etc.

En somme, on ne peut cultiver l'insécurité et la précarisation d'une part et, d'autre part, exiger la loyauté, le dévouement, la disponibilité et l'esprit

---

36. Pierre PRATTE, « Le travailleur autonome et la Loi sur les accidents du travail : le cas du sous-traitant », (1995) 55 *R. du B.* 553.

d'initiative. Pour ces raisons, nous devons constater l'inadaptation des lois actuelles aux situations présentes et pressantes. Il ne nous paraît nullement évident que le gouvernement entend bientôt entreprendre un vaste chantier législatif de concert avec les principaux intéressés, de manière à se doter d'un droit de l'emploi conforme à la situation actuelle et à celle d'un proche avenir. À ces fins, c'est-à-dire pour rechercher de nouvelles mesures susceptibles de répondre au besoin de protection juridique des salariés atypiques, le régime applicable aux artistes nous semble une piste des plus intéressantes (**III-730 et suiv.**).

VI-17 — *Artiste et travailleur autonome* — Il ne s'agit nullement de prétendre qu'il existerait une telle similitude entre la situation de l'artiste et celle que connaît le travailleur autonome (**VI-4 et suiv.**) que ce dernier devrait dès lors jouir d'un statut juridique semblable au premier. Si une telle assertion liminaire ne peut être valablement soutenue, il n'empêche que le travailleur autonome exécute sa prestation dans un contexte socio-économique qui ressemble toujours davantage à celui de l'artiste. Si nous considérons leur situation respective, nous pourrions être frappés par le fait que nos réponses personnelles aux six questions qui suivent s'appliqueraient à la fois à la situation de l'artiste et à celle du travailleur autonome.

— Si le travailleur est qualifié d'autonome, n'est-ce pas parce qu'il exerce des activités professionnelles à son propre compte (**III-733**) ?

— Son principal capital, ses premiers instruments de travail, sa capacité d'exécuter une prestation ne relèvent-ils pas directement de la personne même du travailleur autonome ?

— Bien qu'il ne soit nullement un Robinson et qu'il pratique dans un cadre socio-économique complexe, le travailleur autonome n'exécute-t-il pas très souvent sa prestation professionnelle en solitaire ?

— Le travailleur autonome n'est-il pas tributaire, en aval ou en amont, des personnes et des organisations qui font appel à ses services et pourrait-il ignorer les contraintes ou les attentes de ces dernières sans être écarté par elles et connaître de sérieuses difficultés économiques et professionnelles ?

— Si les pairs du travailleur autonome sont aussi ses concurrents sur un même marché, tous ne partagent-ils pas les mêmes difficultés et ne se retrouvent-ils pas respectivement ou distinctement face aux mêmes donneurs d'ouvrage ?

— Son isolement professionnel et sa dépendance individuelle auprès des utilisateurs de ses services et aussi de ses fournisseurs ne rendent-ils pas le travailleur autonome vulnérable et en piètre position pour assumer seul la défense de ses droits au moment de la négociation d'un contrat de services et aussi, pour en imposer le respect intégral ?

Même si nos réponses à ces questions à l'égard de l'artiste étaient assez semblables, cela ne nous suffirait pas pour affirmer simplement que, du point de vue socio-économique, le travailleur autonome est un artiste qui s'ignore. Par ailleurs, l'inverse est sensiblement plus près de la vérité, à savoir que l'artiste est généralement un travailleur autonome qui se reconnaît à ce titre. Ainsi, le double régime que le législateur sut élaborer, dès 1988, à l'avantage des artistes, pourrait servir de creuset ou de modèle pour élaborer un encadrement juridique susceptible de protéger les autres travailleurs autonomes, les entrepreneurs dépendants, les télétravailleurs, les pigistes, etc. À titre d'illustrations, plusieurs techniques retenues par ces deux lois[37] au sujet des artistes pourraient être utilisées au profit des autres travailleurs autonomes, notamment les modalités relatives :

— aux définitions de l'artiste : on se réfère à des données subjectives corroborées par les pairs (art. 1, 2, 7, S-32.01);

— à l'usage d'une personne morale pour l'exercice d'une activité professionnelle qui ne peut servir d'écran pour refuser de reconnaître la personne qui exécute réellement cette prestation (art. 3, S-32.1);

— à la reconnaissance de l'association en fonction d'un secteur ou d'un champ précis d'une activité professionnelle et non seulement ni directement à l'égard d'un employeur déterminé. On peut alors utiliser la voie du contrat type prénégocié avec des entreprises ou leur association ou celle de l'entente collective. Dans ces secteurs ou champs, tout donneur d'ouvrage à un travailleur autonome serait dès lors tenu de négocier de bonne foi avec l'association reconnue (**III-735**);

— à la capacité de l'association reconnue à constituer des caisses d'avantages sociaux et de retraite au bénéfice de ses membres (art. 26 *in fine* S-32.01).

Bien évidemment, on ne saurait se limiter à un simple décalque de ces deux lois au profit de tous les travailleurs « laissés-pour-compte » par les lois de l'emploi. Ces quelques indications visaient à démontrer qu'il est juridiquement possible de tailler un manteau protecteur adapté à ces situations précaires. De telles règles pourraient éviter l'application draconienne du droit commercial, lequel s'adresse plus à l'objet qu'au sujet, selon une conception strictement matérialiste de chaque affaire. La question est d'autant plus pertinente et même pressante que le nombre de personnes exerçant des activités professionnelles, sans être des salariés au sens traditionnel de ce qualificatif,

---

37. *Loi sur le statut professionnel des artistes des arts visuels, des métiers d'art et de la littérature et sur leurs contrats avec les diffuseurs* (ci-après S-32.01), L.R.Q. c. S-32.01; *Loi sur le statut professionnel et les conditions d'engagement des artistes de la scène, du disque et du cinéma*, (ci-après S.-32.1) L.R.Q., c. S-32.1. Un exposé analytique de ces deux lois apparaît à la section 7.3 du titre III.

s'accroît d'année en année. Il existe, dans ces milieux, de trop nombreux francs-tireurs à l'esprit kamikaze qui acceptent toute « commande » quels que soient le prix et les conditions qu'offrent les donneurs d'ouvrage. La concurrence provoque une chute des prix qui ne peut guère être proportionnellement répartie entre fournisseurs de biens et de services du travailleur autonome. Cette situation prive souvent ce dernier de prendre un essor normal et nécessaire à sa survie et à son épanouissement. C'est pour ces raisons que notre droit de l'emploi serait lacunaire, en ce sens qu'il ne confère pas suffisamment de mesures de protection idoines aux travailleurs autonomes. Si une telle piste tirée des lois applicables aux artistes ne pouvait être retenue, pour quelque raison, il serait possible d'élargir ou d'assouplir plusieurs lois de l'emploi à l'aide des techniques usuelles en droit (fiction, présomption, analogie, etc.). Il suffirait, par exemple, de qualifier de salarié toute personne placée en situation socio-économique et professionnelle semblable, apparente ou assimilable à celle que connaît généralement le salarié typique. Il serait aussi possible, par voie de qualification spéciale, de déclarer employeur, à ces mêmes fins, l'entreprise-réseau, de manière à y comprendre ses composantes, ses sous-traitants intégrés ou exclusifs et ses entrepreneurs dépendants.

LISTE DES ANNEXES[1]

---

1. La numérotation des annexes suit l'ordre de leur première citation respective.

ANNEXE 1

CONVENTIONS INTERNATIONALES DU TRAVAIL (O.I.T.)[1] RATIFIÉES PAR LE CANADA

C. 1   *Convention sur la durée du travail* (industrie), 1919

C. 7   *Convention sur l'âge minimum* (travail maritime), 1920

C. 8   *Convention sur les indemnités de chômage* (naufrage), 1920

C. 14   *Convention sur le repos hebdomadaire* (industrie), 1921

C. 15   *Convention sur l'âge minimum* (routiers et chauffeurs), 1921

C. 16   *Convention sur l'examen médical des jeunes gens* (travail maritime), 1921

C. 22   *Convention sur le contrat d'engagement des marins*, 1926

C. 26   *Convention sur les méthodes de fixation des salaires minima*, 1928

C. 27   *Convention sur l'indication du poids sur les colis transportés par bateau*, 1929

C. 32   *Convention sur la protection des dockers contre les accidents* (révisée), 1932

C. 45   *Convention des travaux souterrains* (femmes), 1935

C. 58   *Convention sur l'âge minimum* (révisée) (travail maritime), 1936

C. 63   *Convention concernant les statistiques des salaires et des heures de travail*, 1938

C. 68   *Convention sur l'alimentation et le service de table* (équipage des navires), 1946

C. 69   *Convention sur le diplôme de capacité des cuisiniers de navire*, 1946

C. 73   *Convention sur l'examen médical des gens de mer*, 1946

C. 74   *Convention sur les certificats de capacité de matelot qualifié*, 1946

C. 80   *Convention sur le service de l'emploi*, 1948

---

1. Données extraites de la liste de ratification par convention et par pays (B.I.T.) Genève 1991.

C. 87   *Convention sur la liberté syndicale et la protection du droit syndical*, 1948

C. 88   *Convention sur le service de l'emploi*, 1948

C. 100   *Convention sur l'égalité de rémunération*, 1951

C. 105   *Convention sur l'abolition du travail forcé*, 1957

C. 108   *Convention sur les pièces d'identité des gens de mer*, 1958

C. 111   *Convention concernant la discrimination* (emploi et profession), 1958

C. 116   *Convention portant révision des articles finals*, 1961.

C. 122   *Convention sur la politique de l'emploi*, 1964

C. 162   *Convention sur l'amiante*, 1986.

Total 27/172

ANNEXE 2

PRINCIPALES LOIS DE L'EMPLOI AU QUÉBEC[1]

1. Administration et consultation

1.1. *Loi sur le ministère du Travail*, L.Q. 1996, c. 29

1.2. *Loi sur le Conseil consultatif du travail et de la main-d'œuvre*, L.R.Q., c. C-55

- *Règlement du Conseil consultatif du travail et de la main-d'œuvre*, c. C-55, r. 1

2. Conditions de travail

2.1. *Charte des droits et libertés de la personne*, L.R.Q., c. C-12

- *Code de déontologie des membres du Tribunal des droits de la personne*, R.R.Q., c. C-12, r. 0.001

- *Règlement sur la procédure de recrutement et de sélection des personnes aptes à être désignées à la fonction d'arbitre ou nommées à celle d'assesseur au Tribunal des droits de la personne*, R.R.Q., c. C-12, r. 0.01

- *Règlement sur les programmes d'accès à l'égalité*, R.R.Q., c. C-12, r. 0.1

- Règlement de régie interne de la Commission des droits de la personne, R.R.Q., c. C-12, r. 1

- *Règles de procédure du Tribunal des droits de la personne*, R.R.Q., c. C-12, r. 1.1

- Règlement sur le traitement des plaintes et la procédure applicable aux enquêtes de la Commission des droits de la personne, R.R.Q., c. C-12, r. 2

2.2. *Charte de la langue française*, L.R.Q., c. C-11 (art. 41 à 50)

2.3. *Loi sur les normes du travail*, L.R.Q., c. N-1.1

- *Règlement sur l'exclusion des établissements visés à l'article 90 de la Loi sur les normes du travail*, R.R.Q., c. N-1.1, r. 2

- *Règlement sur les normes du travail*, R.R.Q., c. N-1.1, r. 3

---

1. Nous ne mentionnons que les 33 lois les plus importantes et y ajoutons certains règlements pertinents à l'égard de chacune d'elles : l'énumération de ces derniers n'est nullement exhaustive.

- *Règlement sur le prélèvement autorisé par la Loi sur les normes du travail*, R.R.Q., c. N-1.1, r. 4

- *Règlement de régie interne de la Commission des normes du travail*, R.R.Q., c. N-1.1, r. 5.1

- *Règlement sur la tenue d'un système d'enregistrement ou d'un registre*, R.R.Q., c. N-1.1, r. 6

- *Règlement soustrayant certaines catégories de salariés et d'employeurs de l'application de la section VI.I et de l'article 122.1 de la Loi sur les normes du travail*, Décret 2566-83

2.4. *Loi assurant l'exercice des droits des personnes handicapées*, L.R.Q., c. E.-20.1

- *Règlement sur les centres de travail adapté et l'intégration professionnelle*, Décret 1375-87

- *Règlement visant à favoriser l'embauchage de personnes handicapées*, Décret 2996-82

- *Règlement de l'Office des personnes handicapées du Québec*, R.R.Q., c. E-20.1, r. 1

- *Règlement de régie interne de l'Office des personnes handicapées du Québec*, R.R.Q., c. E-20.1, r. 2

2.5. *Loi sur la fête nationale*, L.R.Q., c. F-1.1

2.6. *Loi sur les employés publics*, L.R.Q., c. E-6

2.7. *Loi sur la fonction publique*, L.R.Q., c. F-3.1.1

2.8. *Loi sur l'équité salariale*, L.R.Q., c. E-12.001

3. Sécurité des salariés et avantages sociaux

3.1. *Loi sur la santé et la sécurité du travail*, L.R.Q., c. S-2.1

- *Règlement sur les associations sectorielles paritaires de santé et de sécurité du travail*, R.R.Q., c. S-2.1, r. 1

- *Règlement sur le certificat délivré pour le retrait préventif et l'affectation de la travailleuse enceinte ou qui allaite*, R.R.Q., c. S-2.1, r. 2.2

- *Règlement sur les comités de santé et de sécurité du travail*, R.R.Q., c. S-2.1, r. 6.1

- *Règlement de régie interne de la Commission de la santé et de la sécurité du travail*, R.R.Q., c. S-2.1, r. 16

- *Règlement sur la révision en matière d'inspection*, Décret 147-83, (1983) 115 G.O. 2, 1147 [S-2.1, r. 18.1]

- *Code de sécurité pour l'industrie du bois ouvré*, R.R.Q., 1981, c. S-2.1, r. 5
- *Code de sécurité pour les travaux de construction*, R.R.Q., 1981, c. S-2.1, r. 6
- *Règlement sur le programme de prévention*, Décret 1282-82, R.R.Q., 1981, suppl. vol. 2, 1167
- *Règlement sur la qualité du milieu de travail*, R.R.Q., 1981, c. S-2.1, r. 15
- *Règlement sur le représentant à la prévention dans un établissement*, Décret 1879-84, G.O. 2, 29 août 1984, 4195
- *Règlement sur la santé et la sécurité du travail dans les mines et modifiant diverses dispositions réglementaires*, Décret 213-93, G.O. 2, 17 mars 1993, 2131

3.2. *Loi sur les accidents du travail et les maladies professionnelles*, L.R.Q., c. A-3.001

- *Règlement sur l'ajustement rétrospectif*, Décret 262-90, G.O. 2, 21 mars 1990
- *Règlement sur le barème des dommages corporels*, Décret 1291-87, G.O. 2, 16 septembre 1987
- *Règlement sur la classification des employeurs*, R.R.Q., 1981, c. A-3, r. 5
- *Règlement sur les normes minimales de premiers secours et de premiers soins*, Décret 1922-84, G.O. 2, 12 septembre 1984
- *Règlement sur l'assistance médicale*, Décret 188-93, G.O. 2, 10 mars 1993
- *Règlement sur le taux personnalisé*, Décret 260-90, G.O. 2, 21 mas 1990

3.3. *Loi sur le régime de rentes du Québec*, L.R.Q., c. R-9

- *Règlement sur l'attribution du numéro d'assurance sociale*, R.R.Q., c. R-9, r. 1
- *Règlement sur les cotisations au régime de rentes du Québec*, R.R.Q., c. R-9, r. 2
- *Règlement sur l'exclusion du travail d'un membre d'un ordre religieux*, R.R.Q., c. R-9, r. 4
- *Règlement sur les prestations*, Décret 967-94
- *Règlement de régie interne de la Régie des rentes du Québec*, Décret 1076-95
- *Règles de procédure de la Commission d'appel des pensions*, R.R.Q., c. R-9, r. 7

3.4. *Loi sur les régimes supplémentaires de rentes*, L.R.Q., c. R-17

- *Règlement général sur les régimes supplémentaires de rentes*, R.R.Q., c. R-17, r. 1

3.5. *Loi sur les régimes complémentaires d'avantages sociaux dans l'industrie de la construction*, L.R.Q., c. R-15

3.6. *Loi sur les régimes complémentaires de retraite*, L.R.Q., c. R-15.1

- *Règlement sur les régimes complémentaires de retraite*, Décret 1158-90

- *Règlement sur les régimes soustraits à l'application de certaines dispositions de la Loi sur les régimes complémentaires de retraite*, Décret 1160-90

- *Règlement sur l'arbitrage relatif aux excédents d'actif des régimes complémentaires de retraite*, Décret 1894-93

3.7. *Loi sur la protection des renseignements personnels dans le secteur privé*, L.Q. 1993, c. C-17

3.8. *Loi sur l'accès aux documents des organismes publics et sur la protection des renseignements personnels*, L.R.Q., c. A-2.1

4. Formation et contrôle de l'activité professionnelle

4.1. *Loi favorisant le développement de la formation de la main-d'œuvre*, L.R.Q., c. D. 7.1

- *Règlement sur l'agrément des organismes formateurs, des formateurs et des services de formation*, Décret 764-97, G.O. 2, 11 juin 1997

- *Règlement sur les frais exigibles en vertu de l'article 23 de la Loi favorisant le développement de la main-d'œuvre*, Avis, G.O. 2, 13 mars 1996, 1902

- *Règlement sur les organismes collecteurs*, Décret 874-97, G.O. 2, 2 juillet 1997

- *Règlement sur les placements du Fonds national de formation de la main-d'œuvre*, Décret 796-97, G.O. 2, 2 juillet 1997

- *Règlement sur la détermination de la masse salariale*, Décret 1585-95, (1995) 127 G.O. 2, 5191

- *Règlement sur les dépenses de formation admissibles*, Décret 1586-95, (1995) 127 G.O. 2, 5311 [D-7.1 r. 1]

4.2. *Loi sur le ministère de l'Emploi et de la Solidarité et instituant la Commission des partenaires du marché du travail*, L.Q. 1997, c. 63

4.3. *Loi sur la formation et la qualification professionnelles de la main-d'œuvre*, L.R.Q., c. F-5

- *Règlement sur l'avis de licenciement collectif*, R.R.Q., c. F-5, r. 1
- *Règlement général sur les comités consultatifs régionaux*, R.R.Q., c. F-5, r. 2
- *Règlement sur les règles de pratique du Conseil d'arbitrage*, Décret 1433-89
- *Règlement sur la formation et la qualification professionnelles de la main-d'œuvre s'appliquant aux métiers d'électricien, de tuyauteur, de mécanicien d'ascenseur et d'opérateur de machines électriques dans les secteurs autres que celui de la construction*, R.R.Q., c. F-5, r. 4

4.4. *Loi sur la Société québécoise de développement de la main-d'œuvre*, L.R.Q., c. S-22.001

4.5. *Loi sur le bâtiment*, L.R.Q., c. B-1.1

- *Règlement sur l'exemption de l'application de la Loi sur le bâtiment*, Décret 375-95, G.O. 2, 5 avril 1995
- *Règlement sur la qualification professionnelle des entrepreneurs en construction et des constructeurs propriétaires*, Décret 876-92, G.O. 2, 23 juin 1992
- *Règles de régie interne de la Régie du bâtiment du Québec*, Décret 571-95, G.O 2, 10 mai 1995

5. Aménagement des rapports collectifs du travail

5.1. *Loi sur les syndicats professionnels*, L.R.Q., c. S-40

5.2. *Loi sur les décrets de convention collective*, L.R.Q., c. D-2

5.3. *Code du travail*, L.R.Q., c. C-27

- *Règlement sur le dépôt d'une sentence arbitrale et les renseignements relatifs à la durée des étapes de la procédure suivie pour l'arbitrage*, R.R.Q., c. C-27, r. 2
- *Règlement sur l'exercice du droit d'association conformément au Code du travail*, R.R.Q., c. C-27, r. 3
- *Règlement sur la rémunération des arbitres*, R.R.Q., c. C-27, r. 4
- *Règlement sur l'accréditation dans les exploitations forestières et sur les permis d'accès à des campements forestiers*, R.R.Q., 1981, c. C-27, r. 1
- *Règles de procédure du Tribunal du travail*, Décret 1486-96, G.O. 2, 11 décembre 1996

5.4. *Loi sur le régime de négociation des conventions collectives dans les secteurs public et parapublic*, L.R.Q., c. R-8.2

5.5. *Loi assurant le maintien des services essentiels dans le secteur de la santé et des services sociaux*, L.R.Q., c. M-1.1

5.6. *Loi sur le régime syndical applicable à la Sûreté du Québec*, L.R.Q., c. R-14

5.7. *Loi sur les relations du travail, la formation professionnelle et la gestion de la main-d'œuvre dans l'industrie de la construction*, L.R.Q., c. R-20

- *Règlement d'application de la Loi sur les relations du travail, la formation professionnelle et la gestion de la main-d'œuvre dans l'industrie de la construction*, R.R.Q., c. R-20, r. 1

- *Règlement de prélèvement de la Commission de la construction du Québec*, Décret 1660-95

- *Règlement sur la délivrance des certificats de compétence*, Décret 673-87

- *Règlement sur la formation professionnelle de la main-d'œuvre de l'industrie de la construction*, Décret 313-93

- *Règlement sur certains frais exigibles par la Commission de la construction du Québec*, Décret 1527-96

- *Règlement sur l'embauche et la mobilité des salariés dans l'industrie de la construction*, Décret 1946-82

- *Règlement sur le registre, le rapport mensuel, les avis des employeurs et la désignation d'un représentant*, Décret 1528-96

- *Règlement sur le rapport mensuel à être transmis par un entrepreneur qui retient les services d'un artisan*, R.R.Q., c. R-20, r. 12

5.8. *Loi sur le statut professionnel des artistes des arts visuels, des métiers d'art et de la littérature et sur leurs contrats avec les diffuseurs*, L.R.Q., c. S-32.01

5.9. *Loi sur le statut professionnel et les conditions d'engagement des artistes de la scène, du disque et du cinéma*, L.R.Q., c. S-32.1

ANNEXE 3

VINGT RÉFÉRÉS LÉGISLATIFS[1]

Jugement	Réaction du législateur
1. *International Ladies Garment Workers Union* c. *Rothman* (1941) R.C.S. 288 à 295	Art. 60 C.p.c. (en partie)
2. *Canadian Copper Refiners Ltd.* c. *Labour Relations Board of the Province of Quebec*, (1952) C.S. 295 à 318	Art. 32 C.t. : genèse lointaine des limites au droit d'intervention de l'employeur en matière d'accréditation
3. *Alliance des professeurs catholiques de Montréal* c. *Commission des relations de travail du Québec*, (1953) 2 R.C.S. 140 à 169	Art. 139 C.t. : amorce des limites apportées au contrôle judiciaire
4. *Price Brothers Company Limited* c. *Letarte et al.*, (1953) B.R. 307 à 326	Art. 38 C.t. de 1964 : précompte syndical volontaire devenu obligatoire en 1977 (art. 47)
5. *Toronto Newspaper Guild (Local 87)* c. *Globe Printing Co.*, (1953) 2 R.C.S. 18 à 41	Art. 139 C.t. : limite au droit d'intervention judiciaire
6. *Syndicat national des travailleurs de la pulpe et du papier de la Tuque* c. *Commission des relations ouvrières de la province de Québec*, (1958) B.R. 1 à 53	Art. 45 C.t. : changement d'employeurs et maintien de l'accréditation
7. *E.B. Eddy Co.* c. *Commission des relations ouvrières de la province de Québec*, (1958) B.R. 542 à 556	Genèse des articles 8, 9 et 138 b) relatifs aux salariés d'exploitation forestière
8. *Syndicat catholique des employés des magasins de Québec Inc.* c. *Cie Paquet Ltée*, (1959) R.C.S. 206 à 218	Art. 47 C.t. : contribution financière obligatoire des salariés
9. *Canadian Car and Foundry Co. Ltd.* c. *Dinham and Brotherhood Railway Carmen of America*, (1960) R.C.S. 3 à 9	Art. 101 C.t. : genèse lointaine
10. *Bergeron* c. *Compagnie d'assurance Les Provinces Unies*, (1967) R.D.T. 535 à 549	Art. 3 C.t. : formation d'un syndicat à titre de composante de la liberté syndicale

---

1. Il s'agit d'une adaptation de l'annexe 3 tirée du volume *Jurisprudence commentée en droit du travail*, Cowansville, Les Éditions Yvon Blais inc., 1992, p. 851.

Jugement	Réaction du législateur
11. *Komo Construction Inc.* c. *Commission des relations de travail du Québec*, (1968) R.C.S. 172 à 176	Arts. 26, 32 C.t. : dépôt des statuts du syndicat et limite à l'intervention de l'employeur
12. *Hoogendoorn* c. *Greening Metal Products and Screening Equipment Co.*, (1968) R.C.S. 36 à 41	Art. 100.5 C.t. : droit d'être entendu du salarié par l'arbitre de griefs
13. *Union Carbide Canada Ltd.* c. *Weiler*, (1968) R.C.S. 966 à 970	Art. 100.2.1 C.t. : vices de forme et irrégularités de procédure n'annulent pas le grief
14. *Port Arthur Shipbuilding Co.* c. *Arthurs*, (1969) R.C.S. 85 à 95	Art. 100.12 f) C.t. : pouvoir de révision de l'arbitre en matière disciplinaire
15. *Metropolitan Life Insurance Co.* c. *International Union of Operating Engineers, Local 796*, (1970) R.C.S. 425 à 436	Art. 36.1 C.t. : critères d'évaluation des adhésions au syndicat
16. *Association internationale des commis du détail* c. *Commission des relations de travail du Québec*, (1971) R.C.S. 1043 à 1052	Art. 32, al. 1, C.t. : commissaire du travail non lié par la description de l'unité recherchée par le syndicat
17. *Bell Canada* c. Office and Professional Employees'International Union, Local 131, (1974) R.C.S. 335 à 353	Art. 84.1 L.N.T. : prohibition à la prise obligatoire d'une retraite
18. *Venditelli* c. *Cité de Westmount*, (1980) C.A. 49 à 53	Art. 100, al. 3, C.t. : priorité du *Code du travail* sur la convention collective
19. *Vassart* c. *The Robert Simpson's Montreal Ltd.*, (1980) C.A. 412 à 416	Art. 36 C.t. : réserve judiciaire relativement aux adhésions syndicales des salariés
20. *U.E.S., local 298* c. *Bibeault*, (1988) 2 R.C.S. 1048 à 1127	Art. 46 C.t. : pouvoir du commissaire de qualifier la transaction assurant la venue d'un nouvel employeur

ANNEXE 4

Code civil français (1804)	*Code civil du Bas-Canada* (1866)
Art. 1779 : Il y a trois espèces principales de louage d'ouvrage et l'industrie	Art. 1666 : Les principales espèces d'ouvrages qui peuvent être loués, sont :
1) Le louage des gens de travail qui s'engagent au service de quelqu'un ;	1) Le service personnel des ouvriers, domestiques et autres ;
2) Celui des voituriers, tant par terre que par eau, qui se chargent du transport des personnes ou des marchandises ;	2) Le service des voituriers tant par terre que par eau, lorsqu'ils se chargent du transport des personnes et des choses ;
3) Celui des entrepreneurs d'ouvrages par suite de devis ou marchés.	3) Celui des constructeurs et autres entrepreneurs de travaux suivant devis et marchés.
Art. 1780 : On ne peut engager ses services qu'à temps ou pour une entreprise déterminée.	Art. 1667 : Le contrat de louage de service personnel ne peut être que pour un temps limité ou pour une entreprise déterminée.
	Il peut être continu par tacite reconduction
	Art. 1668 : Il se termine par le décès de la partie engagée, ou lorsque, sans sa faute, elle devient incapable de remplir le service convenu.
	Il se termine aussi, en certains cas, par le décès du locataire, suivant les circonstances.
	Dans le cas d'un domestique, serviteur, compagnon ou journalier engagé à la semaine, au mois ou à l'année, mais pour un laps de temps indéfini, il peut être mis fin au contrat par avis, de l'une des parties à l'autre, d'une semaine, si l'engagement est à la semaine, de deux semaines, si l'engagement est au mois ; d'un mois, si l'engagement est à l'année.

Code civil français (1804)	*Code civil du Bas-Canada* (1866)
Art. 1781 : Dans toute action pour salaire par les domestiques ou serviteurs de ferme, le maître peut, à défaut de preuve écrite, offrir son serment quant aux conditions de l'engagement et sur le fait du paiement, en l'accompagnant d'un état détaillé.	Art. 1669 : Dans toute action pour salaire par les domestiques ou serviteurs de ferme, le maître peut, à défaut de preuve écrite, offrir son serment quant aux conditions de l'engagement et sur le fait du paiement, en l'accompagnant d'un état détaillé; mais ce[1] serment peut être *contredit comme tout autre témoignage.*
	Art. 1670 : Les droits et obligations résultant du bail de service personnel sont assujettis aux règles communes aux contrats.

---

1. Partie finale ajoutée en 1878.

ANNEXE 5

PRODUCTION LÉGISLATIVE 1968–1998

Industrie de la construction

Nº	Loi	Date de sanction	Coordonnées[1]	Objet
(0)	*Loi sur les relations du travail dans l'industrie de la construction*	18 décembre 1968	L.Q. 1968, c. 45	— Secteur de la construction écarté du champ d'application du *Code du travail* et de celui de la *Loi sur les décrets de convention collective*. — Réglementation des conditions de travail de tous les métiers pour l'ensemble du Québec.
(1)	*Loi sur la formation et la qualification professionnelles de la main-d'œuvre*	13 juin 1969	L.R.Q., c. F-5 (p. l. 49)	— Réduction du mandat de la Commission consultative mixte.
(2)	*Loi modifiant la Loi des décrets de convention collective*	12 décembre 1969	L.Q. 1969, c. 49, abrogée (p. l. 79)	— Modification des pouvoirs des comités paritaires.
(3)	*Loi concernant les régimes supplémentaires de rentes établis par décrets de convention collective*	23 décembre 1969	L.Q. 1969, c. 50, abrogée, sauf art. 9 (p. l. 81)	— La Régie des rentes du Québec administre les régimes de retraite transférables de l'industrie de la construction jusqu'alors confiés à des comités paritaires.

---

1. Nous y ajoutons le numéro du projet de loi (p. l.) en raison de l'usage qui en est fait dans certains documents.

N°	Loi	Date de sanction	Coordonnées[1]	Objet
(4)	*Loi concernant l'industrie de la construction*	8 août 1970 (p. l. 38)	L.Q. 1970, c. 34	— Loi « spéciale » de retour au travail. — Le gouvernement dispose du pouvoir d'imposer un décret après une période de négociation, de conciliation et d'audition des parties en commission parlementaire.
(5)	*Loi modifiant la Loi sur les relations du travail dans l'industrie de la construction*	19 décembre 1970	L.Q. 1970, c. 35, abrogée (p. l. 68)	— Redéfinition des mots « construction » et « salarié permanent ». — Élargissement du pouvoir de réglementation. — Institution du commissaire de la construction.
(6)	*Loi modifiant la Loi sur les relations du travail dans l'industrie de la construction et la Loi sur les régimes supplémentaires de rentes*	30 juin 1971	L.Q. 1971, c. 46, abrogée, sauf art. 4 à 7, 9 (p. l. 55)	— Formation de la Commission de l'industrie de la construction (C.I.C.) et du Comité des avantages sociaux de l'industrie de la construction (C.A.S.I.C.).
(7)	*Loi modifiant la Loi sur les relations du travail dans l'industrie de la construction*	29 mars 1972	L.Q. 1972, c. 10, abrogée (p. l. 15)	— Renforcement des garanties relatives à la liberté syndicale. — Interdiction aux travailleurs de l'industrie d'adhérer à plus d'une association de salariés.
(8)	*Loi modifiant de nouveau la Loi des syndicats professionnels et d'autres dispositions législatives*	8 juillet 1972	L.Q. 1972, c. 63, abrogée, sauf art. 3 (p. l. 58)	— C.S.D. reconnue à titre d'association représentative. — Prohibition de discrimination en fonction de l'appartenance syndicale.

1. Nous y ajoutons le numéro du projet de loi (p. l.) en raison de l'usage qui en est fait dans certains documents.

N°	Loi	Date de sanction	Coordonnées[1]	Objet
(9)	*Loi modifiant la Loi sur les relations du travail dans l'industrie de la construction*	1er juin 1973	L.Q. 1973, c. 28, abrogée, sauf art. 19 à 21 (p.l. 9)	— Exception ajoutée à l'article 2 (verre plat). — Principe de la décision majoritaire basée sur un calcul de représentativité pondérée (moyenne de 3 %) appliqué aussi à la C.I.C. — Double majorité patronale–syndicale requise. — Vise à donner rétroactivement un caractère légal à une entente intervenue entre la F.T.Q. et cinq associations patronales.
(10)	*Loi modifiant de nouveau la Loi sur les relations du travail dans l'industrie de la construction*	22 décembre 1973	L.Q. 1973, c. 29, abrogée, sauf art. 4 (p.l. 14)	— Les clauses de l'entente reconduites par le décret sont exécutoires à la date convenue par les parties ou, à défaut, à celle fixée par décret. — La tenue d'un registre et la production du rapport mensuel demeurent obligatoires malgré l'expiration du décret.
(11)	*Loi sur la mise en tutelle de « International Union Elevator Constructors locals 89 ard 101 »*	19 juillet 1974	L.Q. 1974, c.116 (p.l. 43)	— Mise en tutelle des sections 89 et 101 de l'Union internationale des constructeurs d'ascenseurs.
(12)	*Loi modifiant la Loi sur les relations du travail dans l'industrie de la construction*	24 décembre 1974	L.Q. 1974, c. 38, abrogée (p.l. 201)	— Ajustement des salaires. — Le gouvernement peut prolonger, abroger modifier le décret sous certaines conditions : si l'intérêt public l'exige et en l'absence d'une autre solution.

---

1. Nous y ajoutons le numéro du projet de loi (p.l.) en raison de l'usage qui en est fait dans certains documents.

N°	Loi	Date de sanction	Coordonnées[1]	Objet
(13)	*Loi modifiant la Loi sur les relations du travail dans l'industrie de la construction*	22 mai 1975	L.Q. 1975, c. 50, abrogée (p. l. 30)	— Interdiction de certaines pratiques.
(14)	*Loi sur la mise en tutelle de certains syndicats ouvriers*	22 mai 1975	L.Q. 1975, c. 57 (p. l. 29)	— Mise en tutelle de quatre syndicats.
(15)	*Loi constituant l'Office de la construction du Québec et modifiant de nouveau la Loi sur les relations du travail dans l'industrie de la construction*	27 juin 1975	L.Q. 1975, c. 51, abrogée, sauf art. 32, par. 1; 33 à 40, 42 (p. l. 47)	— Règles relatives au pluralisme syndical, au vote par scrutin secret et au principe de la décision majoritaire. — Modification du calcul de la représentativité. — Création de l'Office de la construction du Québec (O.C.Q.) et de l'A.E.C.Q., seule association habilitée à négocier et à conclure une convention collective.
(16)	*Loi modifiant la qualification professionnelle des entreprises de construction*	27 juin 1975	L.Q. 1975, c. 53 (p. l. 33)	— Institution de la R.E.C.Q. chargée de la qualification et de la solvabilité des entreprises de construction.
(17)	*Loi sur les régimes complémentaires d'avantages sociaux dans l'industrie de la construction*	20 novembre 1975	L.R.Q., c. R-15 (p. l. 20)	— L'O.C.Q. administre les régimes complémentaires d'avantages sociaux.
(18)	*Loi modifiant la Loi sur les relations du travail dans l'industrie de la construction*	23 juin 1978	L.Q. 1978, c. 58, abrogée (p. l. 52)	— Nouveau mode de calcul du degré de représentativité en prenant seulement en compte le nombre de salariés.

1. Nous y ajoutons le numéro du projet de loi (p. l.) en raison de l'usage qui en est fait dans certains documents.

N°	Loi	Date de sanction	Coordonnées[1]	Objet
(19)	*Loi modifiant la Loi sur la qualification professionnelle des entrepreneurs en construction et d'autres dispositions législatives*	15 février 1979	L.Q. 1979, c. 2, abrogée, sauf art. 25 à 38, 31 à 33 (p. l. 110)	— Modification des définitions de « salarié » et d'« artisan ». — Statuts et règlements de l'A.E.C.Q. relatifs à la représentativité des six associations traditionnelles. — Modification de la composition de l'O.C.Q.
(20)	*Loi sur la santé et la sécurité du travail*	21 décembre 1979	L.R.Q., c. S-2.1 (p. l. 17)	— Retrait du mandat de l'O.C.Q. relatif à l'application du Code de sécurité pour les travaux de construction et transmission à la C.S.S.T.
(21)	*Loi modifiant la Loi sur les relations du travail dans l'industrie de la construction et concernant la représentativité de certaines associations représentatives*	4 décembre 1980	L.Q. 1980, c. 23, abrogée, sauf art. 5 à 24 (p. l. 109)	— Reconnaissance de la scission entre la F.T.Q. et le C.P.Q.M.C.
(22)	*Loi modifiant la Loi sur les relations du travail dans l'industrie de la construction*	20 juin 1983	L.Q. 1983, c. 13, abrogée, sauf art. 11 à 13 (p. l. 27)	— Mandat d'aviseur conféré au Comité mixte de la construction relatif à l'interprétation du décret. — Instauration du système de la double majorité patronale–syndicale pour valider une décision du Comité. — Décision du commissaire de la construction sans appel, lie les parties.

---

1. Nous y ajoutons le numéro du projet de loi (p. l.) en raison de l'usage qui en est fait dans certains documents.

N°	Loi	Date de sanction	Coordonnées[1]	Objet
(23)	*Loi sur la reprise des travaux de construction*	17 juin 1986	L.Q. 1986, c. 11 (p. l. 106)	— Suspension du droit de grève et de lock-out pour trois ans. — Obligation pour les parties de s'entendre avant le 1er août 1986 et à défaut, le gouvernement fixe les conditions de travail.
(24)	*Loi modifiant la Loi sur les relations du travail dans l'industrie de la construction*	17 décembre 1986	L.Q. 1986, c. 89, abrogée, sauf art. 32 à 62 (p. l. 119)	— Nouvel intitulé de la loi : *Loi sur les relations du travail, la formation professionnelle et la gestion de la main-d'œuvre dans l'industrie de la construction.* — La Commission de la construction du Québec remplace l'O.C.Q. — Création du Comité sur la formation professionnelle dans l'industrie de la construction (C.F.P.I.C.). — Formation en milieu scolaire et sur le chantier devant faciliter l'accès à l'industrie de la construction.
(25)	*Loi modifiant la Loi sur les relations du travail, la formation professionnelle et la gestion de la main-d'œuvre dans l'industrie de la construction*	18 décembre 1987	L.Q. 1987, c.110, abrogée, sauf art. 13 à 16 (p. l. 114)	— Nouvelles règles relatives à la tenue du vote syndical. — Prolongation de trois à sept mois de la période de négociation.

1. Nous y ajoutons le numéro du projet de loi (p. l.) en raison de l'usage qui en est fait dans certains documents.

Nº	Loi	Date de sanction	Coordonnées[1]	Objet
(26)	*Loi modifiant la Loi sur les relations du travail, la formation profession-nelle et la gestion de la main-d'œuvre dans l'industrie de la construction et la Loi sur la formation et la qualifica-tion professionnelles de la main-d'œuvre*	17 juin 1988	L.Q. 1988, c. 35, abrogée, sauf art. 21 et 22 (p. l. 31)	— À la demande des parties, prolongation du décret pour un an. — Notion d'artisan remplacée par celle d'entrepreneur autonome. — Modification du statut de l'entrepreneur autonome. — Nouvelles exceptions inscrites à l'article 19.
(27)	*Loi modifiant la Loi sur le bâtiment et d'autres dispositions législatives*	18 décembre 1991	L.Q. 1991, c. 74, abro-gée, sauf art. 3, 5, 6, par. 2; 8, 10 à 15, 20 à 22, par. 1; 23 et 24, 50 à 55, 60 et 61, 72, par. 2; 73, par. 2; 78, 93, par. 1; 97 et 98, 106, par. 1; 109, 114, 116, 124, 125, par. 2; 130, 132 à 135, 138, 163 à 168. (p. l. 186)	— La Régie du bâtiment du Québec rem-place la Régie des entreprises de construc-tion du Québec (R.E.C.Q.) à compter du 1er février 1992.
(28)	*Loi modifiant la Loi sur les relations du travail, la formation profession-nelle et la gestion de la main-d'œuvre dans l'industrie de la construction*	23 juin 1992	L.Q. 1992, c. 42, abrogée, sauf art. 22 à 29 (p. l. 185)	— Amendes majorées pour les entrepreneurs et les travailleurs qui ne respectent pas le décret. — La C.C.Q. peut suspendre les certificats de compétence.

---

1. Nous y ajoutons le numéro du projet de loi (p. l.) en raison de l'usage qui en est fait dans certains documents.

N°	Loi	Date de sanction	Coordonnées[1]	Objet
				— Reconnaissance d'une entente intervenue entre l'A.E.C.Q. et la F.T.Q.; le C.P.Q.M.C. et la C.S.N. — Nouvelle modification de la définition d'entrepreneur autonome.
(29)	*Loi concernant l'industrie de la construction*	13 décembre 1993	L.Q. 1993, c. 60 (p. l. 158)	— Ordonnance de retour au travail des salariés. — Interdiction de grève ou de lock-out jusqu'au 31 décembre 1994.
(30)	*Loi modifiant la Loi sur les relations du travail, la formation professionnelle et la gestion de la main-d'œuvre dans l'industrie de la construction et d'autres dispositions législatives*	14 décembre 1993	L.Q. 1993, c. 61, abrogée, sauf art. 1, par. 2; 11, par. 2; 12, 48 à 50, 53, par. 1; 59 et 60, 70, par. 3 et 4; 71, par. 1; 72, par. 1 et 6; 76, par. 4 (p. l. 142)	— Soustraction des immeubles de huit logements ou moins destinés exclusivement à l'habitation. — Prolongation des conditions de travail existantes jusqu'à la conclusion d'ententes ne pouvant survenir qu'après le 31 décembre 1994. — Conclusion possible de quatre conventions collectives distinctes et d'un tronc commun. — Modification dans la méthode de calcul de représentativité des parties. — Nouveaux statuts de l'A.E.C.Q.

1. Nous y ajoutons le numéro du projet de loi (p. l.) en raison de l'usage qui en est fait dans certains documents.

N°	Loi	Date de sanction	Coordonnées[1]	Objet
(31)	*Loi modifiant la Loi sur les relations du travail, la formation professionnelle et la gestion de la main-d'œuvre dans l'industrie de la construction et modifiant d'autres dispositions législatives*	8 février 1995	L.Q. 1995, c. 8, abrogée, sauf art. 46 et 47, 48, par. 2; 50, 54 à 75 (p. l. 46)	— Nouvelle modification à l'article 19 (1.1, 11,12). — Modification de la définition du secteur résidentiel. — Prolongation de la date d'échéance des conventions collectives. — Modification du mandat des associations patronales. — Possibilité de conclure des ententes particulières. — Réintroduction de la construction de bâtiments de huit logements ou moins dans le champ d'application. — Nouveau rapport compagnon–apprenti uniforme pour le secteur résidentiel. — Modification du mandat de l'A.E.C.Q. — Représentativité patronale–syndicale à la C.C.Q.
(32)	*Loi concernant l'article 40 de la Loi sur les relations du travail, la formation professionnelle et la gestion de la main-d'œuvre dans l'industrie de la construction*	11 décembre 1995, en vigueur le 11 décembre 1995	L.Q. 1995, c. 62 (p. l. 122)	— Affirmation de l'article 40 relatif à l'adhésion obligatoire à l'A.E.C.Q.

---

1. Nous y ajoutons le numéro du projet de loi (p. l.) en raison de l'usage qui en est fait dans certains documents.

Nᵒ	Loi	Date de sanction	Coordonnées[1]	Objet
(33)	*Loi modifiant diverses dispositions législatives relatives à l'industrie de la construction*	23 décembre 1996, en vigueur le 23 décembre 1996, sauf art. 2, 7, 8, 10, par. 4, 15 à 27 : aux dates déterminées par le gouvernement	L.Q. 1996, c. 74 (p. l. 78)	— Allégement de certaines contraintes applicables aux personnes et aux entreprises dans l'industrie de la construction. — Dispositions dans certaines lois pour favoriser la mise en œuvre d'ententes gouvernementales en matière de mobilité, de reconnaissance des qualifications, de compétences ou d'expériences de travail.
(34)	*Loi édictant diverses dispositions législatives relatives à la formation dans l'industrie de la construction*	17 décembre 1997, en vigueur le 17 décembre 1997	L.Q. 1997, c. 74 (p. l. 400)	— Reconnaissance que les contributions versées par les employeurs aux fins de la formation professionnelle satisfont aux prescriptions de la *Loi favorisant le développement de la main-d'œuvre* et que la C.C.Q. peut former des comités pour en assurer la gestion.

---

1. Nous y ajoutons le numéro du projet de loi (p. l.) en raison de l'usage qui en est fait dans certains documents.

ANNEXE 6

TABLEAU SYNOPTIQUE DU *CODE DU TRAVAIL*

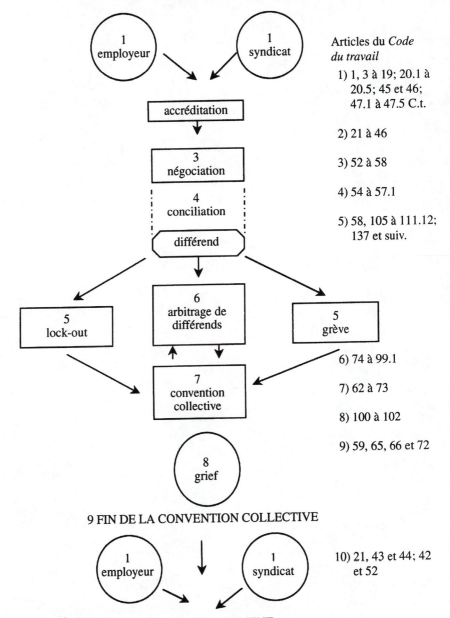

Articles du *Code du travail*

1) 1, 3 à 19; 20.1 à 20.5; 45 et 46; 47.1 à 47.5 C.t.

2) 21 à 46

3) 52 à 58

4) 54 à 57.1

5) 58, 105 à 111.12; 137 et suiv.

6) 74 à 99.1

7) 62 à 73

8) 100 à 102

9) 59, 65, 66 et 72

10) 21, 43 et 44; 42 et 52

La tenue de rapports collectifs du travail comprend un cycle de dix phases renouvelables, mais non nécessairement avec les mêmes parties

ANNEXE 7

LA SÉCURITÉ SYNDICALE
PAR VOIE CONVENTIONNELLE

Pour une meilleure intelligence de ce qui est généralement qualifié de « clause de sécurité syndicale », nous rappelons six dispositions types que l'on ne peut trouver sous ce chef aux conventions collectives. Notons que ces modalités portent un nom différent selon la nature, la durée et le degré de la garantie recherchée[1].

   i) *Retenue syndicale* : Il s'agit de la retenue à la source, exercée par l'employeur sur la rémunération d'un salarié à son emploi, du montant de la cotisation syndicale fixé par le syndicat, et qui lui est remis. Depuis l'article 47 C.t., ce moyen conventionnel n'est plus absolument nécessaire, quoiqu'on trouve encore pareille disposition.

  ii) *Précompte obligatoire et général* : Essentiellement, cette formule consiste en la retenue obligatoire de la cotisation syndicale pour le syndiqué ou de son équivalent pour les autres salariés liés à la convention collective. C'est celle maintenant retenue à l'article 47 C.t. communément qualifiée de « formule Rand » en raison du nom d'un arbitre qui la préconisa lors d'un conflit important.

 iii) *Préférence syndicale* : On cherche ainsi à privilégier les salariés syndiqués lors de l'embauchage de nouveaux salariés. L'employeur peut embaucher des non-syndiqués lorsqu'il ne peut trouver des salariés syndiqués suffisamment qualifiés et disponibles.

 iv) *Maintien d'affiliation* : On oblige les salariés membres du syndicat au moment de la conclusion de la convention collective, et aussi ceux qui le deviennent par la suite, à conserver leur adhésion au syndicat pour le temps de la convention.

  v) *Atelier syndical* : Tous les salariés syndiqués au moment de la signature de la convention doivent le demeurer, et ceux qui alors ne l'étaient pas doivent le devenir dans un court délai puis, le demeurer pour la durée de la convention. Les nouveaux salariés, c'est-à-dire ceux embauchés après la conclusion et pendant la durée de la convention doivent aussi,

---

1. Ces six dispositions sont placées selon l'ordre progressif de sécurité qu'elles confèrent. Les formules en i et ii traitent de la contribution financière, et les autres, de l'adhésion. On peut trouver dans une convention collective une combinaison de ces formules, assortie de modalités particulières.

après un court délai variant généralement de un à trois mois, devenir et demeurer membres du syndicat. L'employeur peut embaucher qui il veut sans obligation de s'adresser d'abord au syndicat, et c'est ce qui constitue, en pratique, la principale différence entre l'atelier fermé et l'atelier syndical. On qualifie cette formule d'atelier syndical imparfait si les salariés non syndiqués au moment de la conclusion de la convention ne sont pas obligés de le devenir pour sa durée.

vi) *Atelier syndical fermé* : Tous les salariés liés par la convention collective doivent être et demeurer membres du syndicat, et l'employeur ne peut embaucher que des postulants déjà syndiqués.

ANNEXE 8

VOIES DE RÈGLEMENT D'UN DIFFÉREND
(policiers et pompiers municipaux)

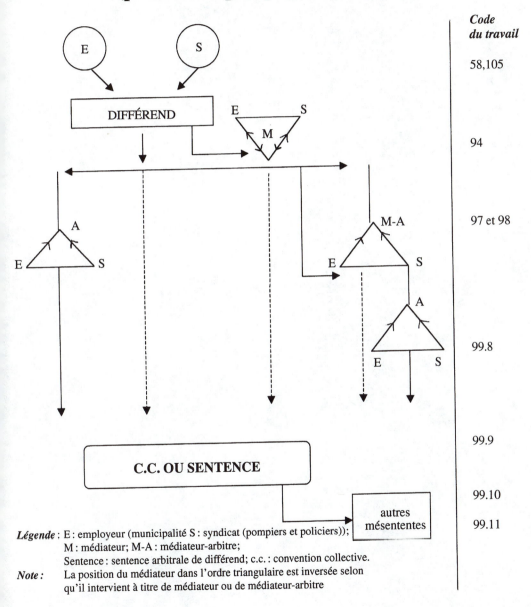

Code du travail

58,105

94

97 et 98

99.8

99.9

99.10

99.11

Légende : E : employeur (municipalité S : syndicat (pompiers et policiers));
M : médiateur; M-A : médiateur-arbitre;
Sentence : sentence arbitrale de différend; c.c. : convention collective.

Note : La position du médiateur dans l'ordre triangulaire est inversée selon
qu'il intervient à titre de médiateur ou de médiateur-arbitre

Table des principales lois citées

(Les chiffres renvoient aux numéros des paragraphes)

Loi sur les accidents du travail et les maladies professionnelles, L.R.Q., c. A-3.001

Loi sur la santé et la sécurité du travail, L.R.Q. c. S-2.1

Loi sur les décrets de convention collective, L.R.Q., c. D-2

Loi sur les relations du travail, la formation professionnelle et la gestion de la main-d'œuvre dans l'industrie de la construction, L.R.Q., c. R-20

Loi sur les syndicats professionnels, L.R.Q., c. S-**40**

Loi sur l'équité salariale, L.R.Q., c. E-12.001

Loi sur le statut professionnel et les conditions d'engagement des artistes de la scène, du disque et du cinéma, L.R.Q., c. S-32.1

Table alphabétique

Table de la jurisprudence